اوکسفرڈ اُردو انگریزی لغت

اوکسفرڈ اُردو انگریزی لغت

OXFORD URDU-ENGLISH DICTIONARY

مؤلفین

ایس ایم سلیم الدین

سہیل انجم

مدیر اعلیٰ

رؤف پاریکھ

OXFORD
UNIVERSITY PRESS

اوکسفرڈ یونیورسٹی پریس

OXFORD
UNIVERSITY PRESS

اوکسفرڈ یونیورسٹی پریس یونیورسٹی آف اوکسفرڈ کا ایک شعبہ ہے۔ یہ دنیا بھر میں
درج ذیل مقامات سے بذریعہ اشاعت کتب تحقیق، علم وفضیلت اور تعلیم میں اعلیٰ معیار کے
مقاصد کے فروغ میں یونیورسٹی کی معاونت کرتا ہے:

اوکسفرڈ نیویورک

اوکلینڈ کیپ ٹاؤن دارالسلام ہونگ کونگ کراچی
کوالالمپور میڈرڈ میلبرن میکسیکوسٹی نیروبی
نیودہلی شنگھائی تیپی ٹورونٹو

درج ذیل ممالک میں اوکسفرڈ یونیورسٹی پریس کے دفاتر ہیں:
آرجنٹینا آسٹریا برازیل چلی چیک ریپبلک فرانس یونان
گوئٹے مالا ہنگری اٹلی جاپان پولینڈ پرتگال سنگاپور
جنوبی کوریا سوئٹزرلینڈ ترکی یوکرین ویتنام

Oxford برطانیہ اور چند دیگر ممالک میں اوکسفرڈ یونیورسٹی پریس کا رجسٹرڈ ٹریڈ مارک ہے۔

پاکستان میں اوکسفرڈ یونیورسٹی پریس سے شائع ہوئی۔

پہلی اشاعت ۲۰۱۳ء

ISBN 978-0-19-597994-7

امینہ سیّد نے اوکسفرڈ یونیورسٹی پریس
نمبر ۳۸، سیکٹر ۱۵، کورنگی انڈسٹریل ایریا، پی او بکس نمبر ۸۲۱۴،
کراچی۔ ۷۴۹۰۰، پاکستان سے شائع کی۔

ترتیب

مؤلفین

ایس ایم سلیم الدین، سہیل انجم

مشیر: جمیل جالبی

ادارتی عملہ

عرضِ ناشر

اوکسفرڈ اردو انگریزی لغت تیاری کے انتہائی دشوار اور صبر آزما مراحل سے گزرنے کے بعد اب ایک معیاری تالیف کی شکل میں پیش کی جا رہی ہے۔ یہ پیش کش اوکسفرڈ یونیورسٹی پریس پاکستان کے لیے بجا طور پر ایک بڑا اعزاز ہے۔ یہ لغت اردو زبان کے تمام قارئین خصوصاً طالب علموں اور مترجمین کی ایک بہت بڑی ضرورت کو پورا کرے گی۔ شان الحق حقی کی اوکسفرڈ انگلش اردو ڈکشنری کے بعد یہ نئی لغت اوکسفرڈ یونیورسٹی پریس پاکستان کا ایک تاریخ ساز کارنامہ ہے جو نہ صرف اردو زبان کی ترویج میں ایک اہم کردار ادا کرے گا بلکہ انگریزی سیکھنے اور سمجھنے میں بھی ممد و معاون ہوگا۔ نیز اردو سیکھنے والے غیر ملکیوں کے لیے بھی مفید ثابت ہوگا۔

ایک جامع اور معیاری اردو انگریزی لغت کی ضرورت ہمیشہ محسوس کی جاتی رہی ہے۔ جان ٹی پلیٹس کی اردو، کلاسیکل ہندی اور انگریزی ڈکشنری کے علاوہ بھی اس ضمن میں کچھ کام ہوئے ہیں تاہم اس نوعیت کے دیگر کام بھی یا تو پرانے ہو گئے ہیں یا بہت معیاری نہیں کہے جا سکتے جیسے پلیٹس کی یہ ڈکشنری ۱۸۸۴ء میں چھپی تھی۔ زبان کوئی جامد شے نہیں ہے اور اردو تو ایک زندہ زبان ہے جس میں آئے دن نئے الفاظ، محاورات اور تراکیب شامل ہوتی رہتی ہیں، پھر بہت سے الفاظ میں معنوی تصرف بھی ہو چکا ہے۔ اس لیے اس بات کی اشد ضرورت تھی کہ ایک ایسی معیاری اور جامع اردو انگریزی لغت تیار ہو جو نہ صرف اردو کے کلاسیکی ادبی سرمائے کو سمیٹ سکے بلکہ جدید دور میں مستعمل الفاظ اور تراکیب کا بھی بخوبی احاطہ کر سکے اور ہر طرح کے قارئین کی ضروریات پوری کر سکے۔ اس امر کا احساس اس وقت خاص طور پر ہوا جب اوکسفرڈ یونیورسٹی پریس پاکستان کی جانب سے شان الحق حقی کی اوکسفرڈ انگلش اردو ڈکشنری سامنے آئی اور اس کے معیار کو دیکھ کر قارئین کی جانب سے پُرزور اصرار ہوا کہ اوکسفرڈ یونیورسٹی پریس پاکستان اولین فرصت میں اسی پائے کی ایک اردو انگریزی لغت بھی سامنے لے کر آئے۔

اس تقاضے کی تکمیل کے لیے ادارے نے پوری تن دہی سے اپنی کوششیں شروع کیں جن کی ابتدا اس معاہدے سے ہوئی جو اوکسفرڈ یونیورسٹی پریس پاکستان نے ایس ایم سلیم الدین اور سہیل انجم سے اکتوبر ۲۰۰۴ء میں کیا۔ ایس ایم سلیم الدین اپنی پیشہ ورانہ ذمے داریوں کے ساتھ ساتھ پچھلے بیس سال سے ذاتی شوق و لگن کے تحت اپنے طور پر ایک اردو انگریزی لغت تیار کر رہے تھے جو تقریباً مکمل ہو چکی تھی۔ سہیل انجم نے کراچی یونیورسٹی سے انگریزی لسانیات میں ایم اے کیا ہے اور گولڈ میڈلسٹ ہیں۔ یہ متعدد کتابوں اور مقالوں پر کام کر چکے ہیں اور اسٹیٹ بینک آف پاکستان میں شعبۂ ترجمہ کے سربراہ ہیں، وہ بھی اسی قسم کی ایک کاوش میں مصروف تھے۔ اوکسفرڈ نے ان دونوں حضرات کی خدمات سے بھرپور فائدہ اٹھایا۔ دونوں کی مشترکہ مساعی کے نتیجے میں ادارے کو ۲۰۰۶ء میں ابتدائی مسودہ موصول ہوا جو ۵۶۰۰۰ اندراجات پر مشتمل تھا۔ اس مسودے کو ہم نے مختلف ماہرین کے پاس تنقید و تبصرے کے لیے بھیجا، تقریباً سب نے اس کام کو بہت پسند کیا اور اس کی بہتری کے لیے مفید مشورے دیے، خصوصاً اس امر کے لیے کہ اس میں اندراجات کی تعداد مزید بڑھائی جائے۔ جمیل جالبی نے خصوصی توجہ دیتے ہوئے وقتاً فوقتاً ہمیں اس کام کو بہتر بنانے کے لیے کئی قیمتی مشوروں سے نوازا۔ ان کی رہنمائی نے ہماری بہت سی مشکلات حل کیں۔ ان آرا کی روشنی میں دفتر میں اس مسودے پر ازسرِنو کام شروع ہوا اور یکے بعد دیگرے طارق محمود اور رؤف پاریکھ کی خدمات حاصل کی گئیں۔ طارق محمود کراچی یونیورسٹی کے شعبۂ تصنیف و تالیف کے ڈائریکٹر رہ چکے ہیں اور متعدد کتابوں کے مصنف ہیں جن میں چار انگریزی اردو لغات بھی شامل ہیں۔ طارق محمود بہترین مترجم ہیں اور جرمن اور انگریزی کی تین سو سے زائد تحریروں کا اردو ترجمہ کر چکے ہیں۔ طارق محمود نے اس مسودے میں گراں قدر اضافے کیے جس سے اندراجات کی تعداد تقریباً ۷۰۰۰۰ ہوگئی۔ ۲۰۰۹ء میں رؤف پاریکھ نے بحیثیت مدیرِ اعلیٰ اس مسودے کی ازسرِنو تدوین و ترتیب کا بیڑا اٹھایا۔ رؤف پاریکھ کی شخصیت کسی تعارف کی محتاج نہیں ہے۔ جناب ایک ماہر لغت نگار اور زبان دان ہیں اور اس کے

ساتھ ان کے قلم سے کئی قابلِ قدر تصانیف سامنے آ چکی ہیں۔ آپ اردو لغت بورڈ میں بطور مدیرِ اعلیٰ بھی فرائض انجام دے چکے ہیں۔ رؤف پاریکھ نے نہ صرف پورے مسودے کو بغور دیکھا بلکہ جہاں کمی دیکھی اس کو پورا کیا اور اکثر جگہ معنوں کے بیان میں خوب صورت اضافے کیے۔ اب یہ لغت ۸۵۰۰۰ اندراجات پر مشتمل ہے جو انتہائی چھان پھٹک کے بعد شامل کیے گئے ہیں۔

اس لغت کی تدوین میں ہم نے ایک مزید انقلابی قدم یہ بھی اٹھایا ہے کہ اردو تلفظ کے ساتھ ساتھ اس کا بین الاقوامی صوتیاتی تلفظ (IPA) بھی دیا ہے جس نے نہ صرف اس کام کی قدر و منزلت بڑھائی ہے بلکہ اس کو اپنے تمام ہم جلیسوں پر واضح فوقیت دے دی ہے۔ اب اردو سے یکسر نابلد لوگ بھی نہ صرف اردو الفاظ و محاورات کے لیے انگریزی متبادل ڈھونڈ سکتے ہیں بلکہ اردو الفاظ کا درست اور صحیح تلفظ بھی ادا کر سکتے ہیں۔ اس اہم مگر خاصے دشوار مرحلے میں ہماری مدد سرمد حسین نے کی جو پاکستان میں اس میدان کے مانے ہوئے ماہر ہیں اور جن کی ڈاکٹریٹ بھی علمِ نطق (Speech Science) کے مضمون میں ہے۔

کسی بھی لغت میں مسودے کی تیاری و تدوین کے بعد سب سے اہم اور دشوار گزار کام پروف ریڈنگ کا ہوتا ہے، خاص طور پر جب دو زبانوں کی یکساں مہارت سے ہی بات آگے بڑھ رہی ہو۔ یہی نہیں آئی پی اے (IPA) کی وجہ سے یہ مسئلہ کہیں زیادہ سنجیدہ تھا۔ اس سلسلے میں ہمارے شعبۂ لغات نے بار بار اس مسودے کو شروع سے آخر تک دیکھا اور حتی الامکان کوشش کی ہے کہ یہ غلطیوں سے پاک ہو۔ ہمیں پوری امید ہے کہ جس طرح ہماری انگلش اردو ڈکشنری کو قارئین کی جانب سے شاندار پذیرائی ملی اسی طرح ہماری یہ اردو انگریزی لغت بھی اپنے قارئین کے لیے سب سے معتبر اور ایک لازمی کتابِ حوالہ ثابت ہوگی۔

امینہ سید

مینیجنگ ڈائریکٹر

اوکسفرڈ یونیورسٹی پریس، پاکستان

مقدمہ

اردو زبان کے بارے میں یہ غلط فہمی بہت عام ہے کہ ''اردو لشکری زبان ہے''۔ اچھے خاصے پڑھے لکھے لوگ بھی یہ سمجھتے ہیں کہ اردو چونکہ مغلوں کے دور میں مختلف زبانیں بولنے والے سپاہیوں کے باہمی میل جول سے وجود میں آئی ہے لہٰذا اردو کے لشکری زبان ہونے میں کیا کلام ہوسکتا ہے۔ اس غلط فہمی کو بڑھاوا دینے میں اس امر کا یقیناً ہاتھ ہے کہ لفظ ''اردو'' ترکی زبان کا لفظ ہے جس کے معنی ہیں لشکر یا فوجی چھاؤنی۔ یہ بات تو درست ہے کہ ترکی زبان میں اردو کا مطلب لشکر ہوتا ہے لیکن اس سے یہ کہاں ثابت ہوتا ہے کہ یہ لشکری زبان ہے؟

اردو لشکری زبان نہیں ہے

لسانیات کی روشنی میں دیکھا جائے تو ثابت ہوتا ہے کہ اردو لشکری زبان ہرگز نہیں ہے۔ دراصل زبانیں اس طرح بنا ہی نہیں کرتیں کہ مختلف زبانیں بولنے والے ملیں اور ایک نئی زبان وجود میں آجائے۔ اگر ایسا ہوتا تو دنیا میں اس طرح کی نام نہاد لشکری یا کھچڑی زبانیں کثیر تعداد میں ہوتیں۔ زبان بننے میں صدیاں بلکہ اس سے بھی زیادہ عرصہ لگتا ہے اور یہ ایک فطری عمل ہوتا ہے جو کسی شعوری کوشش سے جنم نہیں لے سکتا۔ مختلف زبانوں کے الفاظ کو جوڑ کر بنائی جانے والی زبان کو ماہرینِ لسانیات ''مصنوعی زبان'' (artificial language) کہتے ہیں۔ مختلف زبانوں کے الفاظ کو جوڑ کر کوئی مصنوعی زبان بنائی تو جاسکتی ہے اس کو رواج نہیں دیا جاسکتا۔ ''کہیں کی اینٹ کہیں کا روڑا، بھان متی نے کنبہ جوڑا'' قسم کی اس طرح سے بنائی جانے والی مصنوعی زبانوں میں سے آج کوئی بھی زندہ نہیں۔ اس طرح کی ایک زبان، جس نے کچھ عرصے تک بڑی مقبولیت بھی حاصل کرلی تھی، ''اسپرانتو'' (Esperanto) تھی جو یورپ کی بعض زبانوں کے الفاظ کو ملا کر بنائی گئی تھی اور اس کے قواعدی اصول بھی سادہ رکھے گئے تھے۔ لیکن یہ زبان بھی بالآخر اپنی موت آپ مرگئی۔ زبانوں کے قبرستان میں پڑی ایسی سینکڑوں مصنوعی زبانیں اس بات کی یاددہانی کراتی ہیں کہ زبان فطری چیز ہے اور اسے ارادے سے تخلیق نہیں کیا جاسکتا، نہ کسی معاشرے پر اسے تھوپا جاسکتا ہے۔

اردو کو لشکری زبان کہنے والے اس غلط فہمی کا شکار ہیں کہ دو یا دو سے زیادہ زبانوں کو ملا کر ایک نئی، تیسری زبان بنائی جاسکتی ہے۔ زبانوں کے آغاز کے بارے میں پیش کیے گئے سائنسی اور لسانیاتی نظریات پر بحث سے گریز کرتے ہوئے معروف ماہر لسانیات میکس مولر (Max Muller) اور بعض دیگر مآخذات سے اخذ کرکے شوکت سبزواری نے اس ضمن جو دو اصول پیش کیے ہیں انھیں ہم مختصراً یہاں ضرور دہرانا چاہیں گے:

ا۔ زبانوں کی تقسیم اور ان کے باہمی رشتوں کا تعین ان کی صرفی (morphological) اور نحوی (syntactical) خصوصیات کی بنیاد پر کیا جاتا ہے اور اس سلسلے میں ذخیرۂ الفاظ کی کوئی اہمیت نہیں ہوتی۔

۲۔ یہ خیال سراسر غلط اور لسانی بحثوں میں حقیقت سے بھٹکانے والا ہے کہ دو یا دو سے زیادہ زبانوں کو جوڑ کر کوئی تیسری نئی زبان بنائی جاسکتی ہے۔ کوئی زبان آس پاس کی زبانوں اور بولیوں سے غذا حاصل کرکے اور ان کی فضا میں سانس لے کر توانائی تو حاصل کرسکتی ہے لیکن کسی زبان کے لیے یہ ممکن نہیں کہ وہ کسی دوسری زبان سے مل کر تیسری زبان بنا سکے۔ زبان دراصل ایک ایسی چیز ہے جو مسلسل ارتقا اور تغیر کے ذریعے وجود میں آتی ہے۔

دو زبانیں ملنے سے ایک نئی زبان بننے کی ایک استثنائی صورت ہے اور وہ ہے دوغلی زبان، جسے انگریزی میں پجن (pidgin) یا کریول (creole) کہتے ہیں۔ پجن اور کریول کیا ہے؟ یہ ایک قسم کی مخلوط یا دوغلی زبان ہوتی ہے جس میں ایک زبان (بالخصوص کسی یورپی زبان) میں کسی غلام قوم کی زبان (بالخصوص افریقی یا غرب الہند کی زبان) کے الفاظ کو ملا کر ایک نئی زبان بنائی جاتی ہے۔ دو زبانوں کے اس توہین آمیز ملاپ میں بھی کسی ایک زبان کے بنیادی مادے لینے پڑتے ہیں۔ بقول گیان چند یہ دوغلی زبان (جسے پچھڑی ہوئی زبان سمجھنا چاہیے) بھی اپنی مآخذ زبانوں کا ترقی یافتہ روپ ہوتی ہے لیکن اس کا نسلی رشتہ اس زبان

سے قائم کیا جائے گا جس سے اس نے بنیادی مادے اور قواعدی لاحقے وغیرہ لیے ہوں۔ اردو کوئی پچھڑی ہوئی دوغلی زبان (پجن یا کریول) نہیں ہے کہ مختلف زبانوں سے مل کر بن جائے نہ یہ کوئی مصنوعی زبان ہے۔ جو لوگ اردو کو لشکری یا کھچڑی زبان کہتے ہیں وہ دراصل اردو کی اہمیت اور حیثیت کو شعوری یا لاشعوری طور پر کم کر رہے ہوتے ہیں۔

زبان کی حیثیت اور خاندان کو طے کرنے میں صرفی اور نحوی ساخت کے ساتھ ساتھ ذخیرۂ الفاظ کی اہمیت اس لحاظ سے ہوتی ہے کہ اس سے زبان کے ڈھچر کا کچھ اندازہ ہو جاتا ہے۔ خاص کر بنیادی الفاظ یعنی مصادر، اعداد، بنیادی رشتے (ماں، باپ، بھائی وغیرہ) ایک ہی خاندان کی زبانوں میں مماثلت رکھتے ہیں۔ اردو کے بنیادی الفاظ، بنیادی مادے اور ان میں ہونے والی صرفی تبدیلیاں یہ ظاہر کرتی ہیں کہ اردو کی جڑیں سنسکرت اور پراکرت میں ہیں۔

اردو کا خاندان

ماہرینِ لسانیات نے دنیا کی زبانوں کو ان کی خصوصیات کے لحاظ سے مختلف خاندانوں میں تقسیم کیا ہے۔ اسے زبانوں کا خاندان (family of languages) کہتے ہیں۔ اردو کی تشکیل اور ارتقا کے بارے میں کوئی حکم لگانے سے پہلے یہ دیکھنا ضروری ہے کہ اردو کا تعلق زبانوں کے کس خاندان سے ہے۔ دنیا کی دیگر زبانوں کی طرح اردو کو بھی اس کی لسانی مماثلتوں اور مشترک خصوصیات کی بنا پر ایک خاندان میں رکھا گیا ہے، جس کا نام ہند یورپی (Indo-European) ہے۔ یہ زبانوں کا سب سے بڑا اور بہت اہم خاندان ہے اور یہ یورپ اور ایشیا کے علاوہ براعظم امریکا، آسٹریلیا اور افریقا کے کچھ جنوبی حصوں پر بھی محیط ہے۔ دنیا کی کئی بڑی زبانیں اس میں شامل ہیں۔ اس کی کئی شاخیں ہیں جن میں سے ایک شاخ ہند ایرانی (Indo-Iranian) کہلاتی ہے اور اسے انڈک (Indic) اور ہند آریائی (Indo-Aryan) بھی کہتے ہیں۔ اس کا ارتقا برِّعظیم پاک و ہند میں ہوا۔ اس کی ابتدا یوں ہوئی کہ وسط ایشیا سے لگ بھگ پندرہ سو سال قبلِ مسیح میں آریا ترکِ وطن کر کے یہاں آئے۔ وقت گزرنے کے ساتھ ساتھ ان کی زبان ایرانی (اس سے مراد موجودہ فارسی نہیں ہے) سے ہند آریائی سانچے میں ڈھل گئی۔

اردو کی ابتدا سے متعلق مختلف نظریے

جدید لسانیاتی تحقیقات سے یہ تو ثابت ہو چکا ہے کہ اردو لشکری زبان نہیں ہے۔ لیکن اردو سے متعلق ان سوالات کا کہ اردو کب، کہاں اور کیسے پیدا ہوئی، ہنوز کوئی ایسا جواب تلاش نہیں کیا جا سکا جس پر ماہرین متفق ہوں۔ اردو کی ابتدا اور ارتقا کے بارے میں مختلف نظریات پیش کیے گئے ہیں اور کئی نظریات کی تردید بھی کی گئی ہے۔ کوئی کہتا ہے کہ اردو سندھ میں پیدا ہوئی، کسی کا خیال ہے کہ اردو کی جائے پیدائش دکن ہے، کسی نے خیال ظاہر کیا کہ اردو دہلی میں بنی۔ کوئی کہتا ہے اردو ملتان میں بنی ہے، کسی نے کہا کہ اردو پنجابی سے نکلی ہے، کسی کا نظریہ ہے کہ اردو برج بھاشا سے نکلی ہے، کوئی کہتا ہے اردو کھڑی بولی کا ترقی یافتہ روپ ہے۔ مختصراً یہ کہ یہ تو طے ہے کہ اردو ایک جدید ہند آریائی زبان ہے اور اس کی جڑیں سنسکرت میں ہیں اور سنسکرت سے پراکرت بنی ہے۔ لیکن سوال یہ ہے کہ اردو پراکرت کی کس شکل یا کس بولی سے بنی ہے۔ پراکرتیں کئی قسموں کی تھیں۔ ان میں سے ایک کا نام شورسینی پراکرت تھا۔ یہ شورسین کے علاقے میں بولی جاتی تھی۔ ہند آریائی کے بعض ماہرین کا کہنا ہے کہ شورسینی سے ایک زبان نکلی تھی جس کا نام مغربی ہندی تھا۔ یہ ایک وسیع علاقے میں بولی جاتی تھی اور اس کی کئی شاخیں تھیں۔ ان شاخوں کے نام ہریانی، بندیلی، کھڑی بولی، قنوجی اور برج بھاشا ہیں۔ لیکن شوکت سبزواری نے مغربی ہندی کے وجود سے انکار کر دیا۔ وہ کہتے ہیں کہ مغربی ہندی نام کی کوئی زبان نہیں تھی اور یہ محض مغربی ماہرین کی ذہنی اپج ہے۔ ان کا کہنا ہے کہ اردو اور پراکرت کی درمیانی کڑی اپ بھرنش ہے اور مغربی ہندی کو درمیان سے نکال کر یہ کہنا کہ اردو اپ بھرنش سے ارتقا پا کر وجود میں آئی ہے زیادہ صحیح ہے۔

مسعود حسین خان، گیان چند اور شوکت سبزواری اردو کے وہ محققین ہیں جنھوں نے اردو کی ابتدا اور ارتقا کے مسئلے کو خالصتاً لسانیاتی نقطۂ نظر سے دیکھا ہے۔ مسعود حسین خان نواحِ دہلی کی بولیوں میں اردو کی اصل دیکھتے ہیں جن میں کھڑی بولی بھی شامل ہے۔ لیکن شوکت سبزواری اور گیان چند دونوں تاریخی لسانیات،

اردو کی صوتیات اور اس کی صرفیات، نحویات، بنیادی الفاظ وغیرہ کے مطالعے کے بعد اردو اور کھڑی بولی کے مابین تعلق پر متفق ہیں۔ البتہ شوکت سبزواری اردو کا وجود پہلے اور کھڑی بولی کا وجود بعد میں بتاتے ہیں جبکہ گیان چند کا خیال ہے کہ پہلے کھڑی بولی کا وجود تھا اور اردو کا وجود بعد میں ہوا۔ مرزا خلیل بیگ بھی اس معاملے میں گیان چند کے ہم خیال ہیں۔ یہی نظریہ سب سے قرین قیاس اور درست معلوم ہوتا ہے کہ بارھویں صدی عیسوی کے لگ بھگ دہلی، میرٹھ اور بعض ملحقہ علاقوں میں بولی جانے والی زبان کھڑی بولی نے ارتقا پا کر اردو کی شکل اختیار کر لی اور آس پاس کی باقی بولیوں مثلاً برج، قنوجی اور بندیل کھنڈی وغیرہ سے پہلے اس کا ارتقا ہو گیا۔

اگر اردو کے کھڑی بولی سے ارتقا پا کر بننے کا نظریہ درست تسلیم کر لیا جائے تو ایک مسئلہ رہتا ہے اور وہ یہ کھڑی بولی کس اپ بھرنش سے بنی تھی؟ شورسینی کی اپ بھرنش ''او'' والی اپ بھرنش تھی (اس طرح کی بولیوں کو پڑی بولی کہتے ہیں) جبکہ اردو کی اصل بھی کھڑی بولی کی طرح ''آ'' والی بولی ہے۔ لہٰذا یہ تو قرین قیاس ہے کہ اردو کھڑی بولی سے نکلی ہوگی، لیکن کھڑی بولی شورسینی اپ بھرنش سے نہیں نکل سکتی۔ لہٰذا سوال یہ ہے کہ خود کھڑی بولی کس اپ بھرنش سے نکلی ہوگی؟ اس کا جو جواب گیان چند نے دیا ہے، ہم اسی پر اس بحث کو ختم کرتے ہیں۔ گیان چند نے لکھا ہے:

> ''حقیقت یہ ہے کہ اپ بھرنشوں کے ناموں، قسموں اور علاقوں کے بارے میں قدیم قواعد نویسوں میں اتنا اختلاف پایا جاتا ہے کہ ان کے بیچ حقیقت کیا ہے یہ معلوم نہیں ہو پاتا۔ کوئی ستائیس (۲۷) اپ بھرنشیں قرار دیتا ہے تو کوئی تین (۳)۔ ان میں سے کئی نام محض نام ہیں، ان کا کوئی نمونہ نہیں۔ یہ تک طے نہیں ہے کہ شورسینی اپ بھرنش، پچھمی (مغربی) اپ بھرنش اور ناگر اپ بھرنش ایک ہیں یا ان میں کچھ فرق ہے۔ ان کے علاقے کے بارے میں بھی اتفاق نہیں ہے۔ شورسینی کا مرکز متھرا اور ناگر کا گجرات کہا جاتا ہے، اس کے باوجود دونوں کو یکساں کہہ دیا جاتا ہے۔ قدما کے بیانات میں جو اختلاف ملتے تھے کم از کم اتنے ہی ہندی کے موجودہ علمائے لسانیات کی تحریروں میں ہیں۔ انھیں پڑھ کر ''شد پریشاں خوابِ من از کثرتِ تعبیر ہا'' والا معاملہ ہو جاتا ہے۔ اگر سنسکرت اور ہندی لسانیات کے عالم ہی فیصلہ نہیں کر پاتے کہ کس علاقے میں کون سی اپ بھرنش بولی جاتی تھی تو کوئی اردو والا اس میدان میں کیوں کر لب کشائی کر سکتا ہے''۔

اردو صرف مسلمانوں کی زبان نہیں ہے

اردو نے کئی زبانوں اور بولیوں سے استفادہ کیا ہے۔ اس میں کئی زبانوں کے الفاظ شامل ہیں۔ لیکن اپنی ساخت، قواعد، صرفیات اور بنیادی الفاظ کے لحاظ سے یہ وہی قدیم زبان ہے جو اصلاً ہند آریائی تھی۔ چاہے اس میں عربی فارسی کے کتنے ہی الفاظ شامل کیوں نہ ہو جائیں اس کا قواعدی ڈھانچا بتاتا ہے کہ اس کا خمیر برِّعظیم پاک و ہند کی مٹی سے اٹھا ہے۔ اسی لیے یہ کہنا کہ یہ مسلمانوں کی زبان ہے یا مسلمان اس کی پیدائش کے ذمے دار ہیں اتنا ہی گم راہ کن نظریہ ہے جتنا اردو کے کھچڑی یا لشکری زبان ہونے کا نظریہ ہے۔ بابائے اردو مولوی عبدالحق نے لکھا ہے کہ یہ کہنا کہ اردو بدیسی زبان ہے یا مسلمانوں کی زبان ہے سراسر لغو اور بے بنیاد ہے۔ مسلمان جب ہندوستان میں آئے تو اردو بولتے ہوئے نہیں آئے تھے، بلکہ حقیقت یہ ہے کہ اس کے بنانے والے زیادہ تر ہندو ہیں۔ مولوی عبدالحق کی اس بات کی تائید یوں ہوتی ہے کہ مسلمان تو عربی، فارسی اور ترکی بولتے ہوئے ہندوستان میں وارد ہوئے تھے اور اردو جس بولی سے (خواہ وہ پراکرت ہو یا اپ بھرنش، کھڑی بولی ہو یا کوئی اور بولی) وجود میں آئی وہ مقامی تھی اور اس کے بولنے والے زیادہ تر مقامی ہندو تھے۔

یہ ضرور ہے کہ مسلمانوں کی زبانوں نے مقامی بولیوں پر اثر ڈالنا شروع کیا اور مسلمان فاتحین اور مقامی باشندوں میں تہذیبی اور سماجی ربط ضبط سے عربی، فارسی، ترکی کے اسما (nouns) اور صفات (adjectives) مقامی بولیوں میں بے دھڑک شامل ہونے لگے لیکن ان کے افعال (verbs) اور قواعدی ڈھانچا مقامی ہی رہا۔ رفتہ رفتہ ایک ایسی زبان وجود میں آ گئی جو اپنی اصل، بنیاد اور پیدائش کے لحاظ سے مقامی تھی لیکن اس میں غیر ملکی رنگوں کی خوب صورت آمیزش تھی۔ مسلمان حاکموں نے ابتدا میں اپنی مادری زبانوں ہی پر توجہ دی۔ ان کی سرکاری اور دفتری زبان فارسی ہی رہی۔ اس نئی زبان کو، جسے آگے چل کر اردو کی شکل میں ڈھلنا تھا، عوام نے گلے لگایا۔ مسلمان بزرگانِ دین اور صوفیۂ کرام نے اسلام کی تبلیغ اور ترغیب کے لیے اسی زبان کو اپنایا کیونکہ یہ عوام کی زبان تھی۔ اردو کوئی سرکاری

درباری نہیں بلکہ عوامی زبان ہے اور اسی لیے آج تک قائم اور مقبول ہے۔ یہ ہندوؤں کی بھی زبان تھی اور اسے مسلمان بھی بولتے تھے۔ اس میں مسلمان بزرگوں نے توحید کا پیغام سنایا اور کبیر نے اپنے کبت گائے، ہندوؤں نے بھی اس میں شاعری کی اور امیر خسرو نے بھی اس میں اپنے کمال دکھائے۔ سکھوں پر اس کا اتنا اثر ہوا کہ ان کی مذہبی کتاب گرو گرنتھ صاحب میں اردو کے الفاظ ملتے ہیں۔ عیسائیوں نے اردو میں انجیل کے ترجمے کیے اور مشنری پادریوں نے بھی اس زبان کو مسیحیت کے فروغ کے لیے استعمال کیا۔ اس سے تو یہی ثابت ہوتا ہے کہ اردو ہر زمانے میں، ہر علاقے میں، ہر طبقے اور ہر عقیدے کی زبان تھی اور عوام کی زبان تھی۔ کئی نسلوں کے بعد مسلمان فاتحین اور حاکم بھی ثقافتی لحاظ سے ویسے نہ رہے جیسے ان کے آبا و اجداد تھے۔ رفتہ رفتہ وہ بھی اپنی آبائی زبانیں بھولتے گئے اور اس نئی زبان کو اپنالیا جو ہندوستان کی لنگوا فرینکا (lingua franca) بن رہی تھی۔ ہندوستان میں مغلیہ سلطنت کا بانی بابر ترکی زبان کا شاعر تھا۔ اس نے ترکی زبان ہی میں "تزکِ بابری" تحریر کی لیکن اس کے پوتے اکبر بادشاہ کو ترکی زبان نہیں آتی تھی اور اپنے دادا کی کتاب کو سمجھنے کے لیے اس نے اس کا ترجمہ کروایا۔ مغلیہ خاندان کے کئی افراد فارسی کے شاعر تھے لیکن اورنگ زیب کی وفات (۱۷۰۷ء) کے بعد سلطنت کا زوال شروع ہوا تو ہندوستان میں فارسی پر بھی زوال آ گیا۔ آخری مغل تاجدار بہادر شاہ ظفر کے زمانے میں دہلی کے قلعۂ معلّیٰ کی عام زبان، جو پہلے فارسی تھی، اردو ہو چکی تھی اور بادشاہ خود بھی فارسی کے ساتھ اردو میں بھی شاعری کرتے تھے۔ اس سارے عرصے میں عام لوگوں (کیا ہندو کیا مسلمان) کی زبان کیا تھی؟ یہی اردو، جس کا نام کہیں ہندی تھا، کہیں ہندوی۔ کسی نے اسے زبانِ اردوئے معلّیٰ (یعنی شاہی قلعے کی زبان، کیونکہ "اردو" کے ایک معنی "قلعہ" بھی ہیں) کہا اور کسی نے ریختہ۔ کوئی اسے کھڑی بولی کہتا تھا اور کوئی کچھ اور۔ دکنی بھی اس کا ایک روپ تھا اور کسی زمانے میں اسے لاہوری بھی کہا گیا، گجری بھی اور دہلوی بھی۔ غرض زبان ایک ہی تھی، مختلف علاقوں میں اس کے مختلف نام اور مختلف روپ تھے۔ گویا اردو کا نام اردو بعد میں رکھا گیا، یہ وجود میں پہلے آ گئی تھی۔ لہٰذا "اردو" کے لفظی معنی "لشکر" پر اس کی تاریخ کو قیاس کرنا درست نہیں۔ برِّعظیم پاک و ہند کے بیشتر علاقوں کے لوگ یہ محسوس کرتے ہیں کہ ان کی زبان میں اردو کا کچھ نہ کچھ رنگ ہے اور اردو پر بھی ان کی زبان کے اثرات موجود ہیں اور اسی لیے کئی یہ سوچنے پر مجبور ہو جاتے ہیں کہ اردو انھی کی زبان سے نکلی ہے اور انھی کے علاقے میں بنی ہے۔

اردو لغت نویسی کی مختصر تاریخ

اردو زبان کے آغاز و ارتقا کو دیکھنے کے بعد مناسب معلوم ہوتا ہے کہ اردو لغات اور لغت نویسی کی تاریخ پر بھی ایک نظر ڈال لی جائے۔ بعض اہلِ علم کے خیال میں اردو لغت نویسی کا پہلا دور وہ تھا جب عربی اور فارسی تصانیف میں اردو کے الفاظ اپنی اصلی یا کچھ بگڑی ہوئی شکل میں ظاہر ہونے لگے تھے۔ حافظ محمود شیرانی نے تفصیل سے بتایا ہے کہ آٹھویں اور نویں صدی ہجری کی کن کن تصانیف میں اردو کے کون کون سے الفاظ ملتے ہیں۔ لیکن اردو لغت نویسی کے یہ ابتدائی نقوش بے قاعدہ ہیں اور انھیں اردو لغت نویسی کے آغاز کے طور پر تسلیم نہیں کیا جا سکتا۔ اس میں کچھ باقاعدگی اس وقت نظر آتی ہے جب آٹھویں صدی ہجری سے دسویں صدی ہجری (یعنی لگ بھگ چودھویں صدی عیسوی سے سولھویں صدی عیسوی) میں برِّعظیم پاک و ہند میں فارسی کی کئی مستند لغات لکھی گئیں۔ یہ لغات مغلیہ دور سے قبل لکھی گئیں اور آج بھی فارسی لغات کے لیے سند کا حکم رکھتی ہیں۔ ان میں سے بعض بالخصوص بحر الفضائل فی منافع الافاضل، اداۃ الفضلا، شرف نامہ اور موید الفضلا میں کئی مقامات پر عربی اور فارسی الفاظ کے معنی بیان کرتے ہوئے ان کے اردو مترادفات بھی استعمال کیے گئے ہیں تاکہ عام لوگ بھی ان سے استفادہ کر سکیں۔

اردو لغت نویسی کا دوسرا مرحلہ وہ مختصر منظوم لغات تھیں جنھیں نصاب نامہ کہتے ہیں۔ یہ لغات طالب علموں کے نصاب کے طور پر تخلیق کی گئی تھیں۔ ان میں فارسی اور عربی الفاظ کے اردو مترادفات نظم کی صورت میں بیان کیے گئے ہیں۔ اس سلسلے میں سب سے مشہور منظوم لغت یا نصاب نامہ "خالق باری" ہے۔ عام طور پر یہ خیال کیا جاتا ہے کہ "خالق باری" امیر خسرو کی تصنیف ہے لیکن حافظ محمود شیرانی نے اس سے اختلاف کیا اور اسے جہانگیری دور کے کسی خسرو نامی شخص سے منسوب کیا۔ بہرحال، "خالق باری" کے تتبع میں کئی نصاب نامے لکھے گئے۔ بیسویں صدی میں ایسے نصاب نامے بھی لکھے گئے جن کا مقصد عربی اور

فارسی کے علاوہ اردو اور انگریزی الفاظ کے مترادفات بتانا بھی تھا۔

اردو لغت نویسی کے تیسرے مرحلے میں ہمیں ایسی لغات ملتی ہیں جن کو 'اردو بہ فارسی' لغات کہنا چاہیے کیونکہ ان میں اردو الفاظ کی وضاحت فارسی مترادفات کے ذریعے کی گئی ہے۔ ایسی ہی ایک لغت عبدالوسع ہانسوی کی "غرائب اللغات" ہے جسے اردو کی پہلی لغت کہا جاتا ہے۔ اس کے قدیم ترین دست یاب نسخے کا سالِ کتابت ۶۰۔۱۱۵۹ ہجری (۴۷۔۱۷۴۶ عیسوی) ہے۔ اس پر خان آرزو نے سخت تنقید کی اور "نوادر الالفاظ" کے نام سے اس کی تصحیح کی۔ اردو کی دوسری باقاعدہ لغت "کمالِ عترت" ہے جو میر محمدی نعمت اللہی المتخلص بہ عترت اکبر آبادی کی تصنیف ہے۔ اس کا قرینِ قیاس سالِ تصنیف ۱۱۸۹ ہجری (۷۶۔۱۷۷۵ عیسوی) ہے۔ لیکن اس کتاب کا خاصا حصہ ہانسوی کی غرائب اللغات سے ماخوذ ہے اور اس میں جو اردو الفاظ دیے گئے ہیں ان میں سے کئی پنجابی ہیں۔ خود ہانسوی کی لغت پر ہریانی کے اثرات واضح ہیں۔ اس سے اندازہ ہوتا ہے کہ حافظ محمود شیرانی اردو کے جس "پنجابی پن" پر زور دیتے ہیں وہ دراصل اس کا "ہریانی پن" ہے۔ لیکن کمالِ عترت سے بھی پہلے ایک لغت کا ذکر ملتا ہے جس کا نام عجائب اللغات ہے۔ اس لغت کے انتخاب کا ایک مخطوطہ جو صرف ۴۶ صفحات پر مبنی تھا، مسعود حسن رضوی کے کتب خانے میں تھا۔ اس کے مصنف کا پورا نام معلوم نہیں ہوسکا کیونکہ دیباچے میں وہ خود کو صرف 'اجمیری پلولی' لکھتا ہے اور رضوی صاحب کے مطابق اس نے ہانسوی سے عقیدت کا اظہار کیا ہے۔ ان لغات میں اور ان سے قبل نصاب ناموں میں بھی چونکہ تشریح کی بجائے مترادفات پر زور تھا لہٰذا اس کا نقصان یہ ہوا کہ اس کے اثر سے اردو میں لغت نویسی کو مترادفات کی فہرست سازی سمجھ لیا گیا اور آج بھی اردو کی کئی لغات میں تشریح کی بجائے مترادفات کے ڈھیر لگا کر سمجھا جاتا ہے کہ لغت نویسی کا حق ادا ہوگیا۔ حالانکہ جدید لغت نویسی میں تشریح کی اتنی اہمیت ہے کہ کنسائز اوکسفرڈ انگلش ڈکشنری میں زیادہ زور تشریح پر ہے اور اس میں مترادفات بہت کم ہیں۔

'اردو بہ فارسی لغات' کے اس دور کی ایک اہم لغت "شمس البیان فی مصطلحات الہندوستان" ہے۔ ۹۶ صفحات کی یہ لغت مرزا جان طپش دہلوی نے ۱۲۰۷ ہجری (۹۳۔۱۷۹۲ عیسوی) میں تالیف کی تھی، گو اس کی اشاعت کوئی پچاس سال بعد یعنی ۱۲۶۵ ہجری (۱۸۴۸ عیسوی) میں ہوسکی۔ یہ لغت مختصر ہے لیکن اس لحاظ سے اہم ہے کہ اس میں تلفظ کی وضاحت حروف کے اعراب الگ الگ بتا کر کی گئی ہے۔ اس کے بعد جو فارسی بہ اردو لغات ملتی ہیں ان کے نام یہ ہیں: محمد مہدی واصف کی "دلیلِ ساطع" سالِ تالیف ۱۲۴۸ ہجری (۳۳۔۱۸۳۲ء)، اوحد الدین بلگرامی کی "نفائس اللغات" سالِ تالیف ۱۲۵۳ ہجری (۸۔۱۸۳۶ء، سالِ اشاعت ۱۸۶۹ء)، میر علی اوسط رشک کی "نفس اللغہ" سالِ تالیف ۱۲۵۶ ہجری (۴۱۔۱۸۴۰ء) اور محبوب علی رام پوری کی "منتخب النفائس" سالِ تالیف ۱۲۶۲ ہجری (۱۸۴۶ء)۔ اس موخر الذکر لغت میں عربی الفاظ پر زیادہ زور ہے۔ اس زمانے میں کچھ اور لغات بھی لکھی گئیں، مثلاً "مخزنِ فوائد" سالِ تالیف ۱۲۶۱ ہجری (۱۸۴۵ء) لیکن ان کی تفصیل کا یہ موقع نہیں۔ اردو بہ فارسی لغات کا یہ دور خاصے عرصے تک چلا اور اس کی وجہ یہ تھی کہ فارسی سرکاری زبان بھی تھی اور ذہنوں پر بھی چھائی ہوئی تھی۔

اردو بہ اردو لغات کی باری بعد میں آئی اس سے پہلے انگریزی بہ اردو لغات کا چرچا ہوگیا۔ کیونکہ اب انگریزی اقتدار کا سورج پوری آب و تاب سے طلوع ہو چکا تھا۔ اردو لغت نویسی کا چوتھا دور اردو بہ انگریزی لغات کا دور ہے۔ اوپر "دلیلِ ساطع" کا ذکر آیا۔ یہ لغت کسی انگریزی لغت سے الفاظ لے کر ترتیب دی گئی تھی۔ اس سے اندازہ ہوتا ہے کہ اردو بہ انگریزی لغات کی تصنیف بہت پہلے شروع ہو چکی تھی۔ یورپی مبلغین اور مستشرقین نے اردو قواعد، اردو کی دولسانی لغات رفرہنگوں کی تیاری کا کام بہت پہلے شروع کر دیا تھا۔ ان ابتدائی کاموں کی بھی طویل فہرست ہے اور ان سب کا ذکر یہاں ممکن نہیں۔ بابائے اردو مولوی عبدالحق اور مسعود حسن رضوی نے ان کی خاصی تفصیل دی ہے۔ چند انتہائی اہم لغات کا مختصراً ذکر کیا جاتا ہے۔ چونکہ یورپی اقوام بالخصوص پرتگالیوں نے جنوب مغربی ہند کے ساحلوں پر پہلے توجہ کی تھی اور گوا جیسی آبادیوں پر اپنا تسلط قائم کر لیا تھا لہٰذا ان علاقوں میں بھی ان کے اثرات اردو کی لغات اور فرہنگوں (جن میں سے بعض کو الفاظ کی فہرست کہنا چاہیے) میں جھلکتے ہیں۔ مثال کے طور پر سورت (گجرات) میں ۱۶۳۰ء میں ایک ایسی لغت لکھی گئی تھی جس میں اردو، فارسی، انگریزی

اور پرتگالی کے الفاظ دیے گئے تھے اور اس میں اردو کے الفاظ رومن اور گجراتی رسم الخط میں دیے گئے تھے۔ سورت ہی میں ۱۷۰۴ء میں ایک ایسی لغت بھی لکھی گئی تھی جو چار زبانوں اردو، فرانسیسی، ہندی اور لاطینی میں تھی۔

اس دور میں یورپی بالخصوص انگریز لغت نویسوں نے اردو لغت نویسی کی ترقی میں بے مثال کردار ادا کیا۔ ابتدائی فرہنگوں اور لغات سے قطع نظر اردو بہ انگریزی لغات میں جان گل کرسٹ کی لغت "انگلش ہندوستانی ڈکشنری" اہم ہے (جس میں بعض مضحکہ خیز غلطیاں بھی ہیں)۔ یہ ۱۷۸۶ء میں کلکتہ سے شائع ہونا شروع ہوئی اور ۱۷۹۰ء میں مکمل ہوئی۔ بعد کے ایڈیشنوں میں اضافے بھی کیے گئے۔ جان شیکسپیئر کی "اے ڈکشنری، ہندوستانی اینڈ انگلش" نہایت اہم ہے۔ کیونکہ اس نے بعد کے ادوار میں لکھی گئی اردو بہ انگریزی لغات کے لیے بنیادی مآخذ کا کام کیا۔ اس کا پہلا ایڈیشن ۱۸۱۷ء میں شائع ہوا اور بعد کے تمام ایڈیشنوں میں اہم اضافے اور ترمیمات کی گئیں۔ اس کے چوتھے ایڈیشن میں (جو لندن سے ۱۸۴۹ء میں چھپا تھا)، اضافوں نے اور اشاریے کی بجائے انگریزی بہ اردو لغت کے شمول نے اسے ایک جامع انگریزی بہ اردو اور اردو بہ انگریزی لغت کی شکل دے دی۔ اس کے بعد جو انگریزی بہ اردو لغات انگریزوں نے لکھیں ان کی بھی ایک طویل فہرست ہے لیکن ان میں اہم یہ ہیں: ڈنکن فاربس کی "اے ڈکشنری، ہندوستانی اینڈ انگلش" (۱۸۴۸ء)، ایس ڈبلیو فیلن کی "اے نیو ہندوستانی انگلش ڈکشنری" (۱۸۷۹ء) اور جان ٹی پلیٹس کی "اردو، کلاسیکل ہندی اینڈ انگریزی ڈکشنری" (۱۸۸۴ء)۔ ایس ڈبلیو فیلن اپنی لغت کی مکمل اشاعت سے پہلے اسے کراسوں کی شکل میں چھپواتے رہے۔ ان انگریزوں بالخصوص پلیٹس اور فیلن نے بڑی محنت اور جستجو سے کام لیا اور لغت نویسی کے لیے الفاظ، ان کے معنی اور تلفظ کی جمع آوری کے لیے عملی تحقیق بھی قدرتی ماحول میں یعنی زبان برتنے والوں سے مل کر کی تھی۔ پلیٹس کی لغت پر البتہ یہ اعتراض کیا جاتا ہے کہ اس نے ایسے الفاظ بھی لغت میں لے لیے جو خالصتاً سنسکرت کے ہیں اور نہ اردو میں کبھی استعمال ہوئے ہیں اور نہ آئندہ کبھی اس کا امکان ہے۔ لیکن یہ بات بھی یاد رکھنے کی ہے کہ پلیٹس کی لغت صرف اردو کی نہیں ہے بلکہ کلاسیکل ہندی کی بھی ہے اور پلیٹس نے یہ الفاظ غالباً اسی ضمن میں لیے ہیں۔ البتہ یہ ضرور ہے کہ پلیٹس کی لغت کو سند اور جواز بنا کر بعد کے دور میں لکھی جانے والی اردو لغات میں ایسے الفاظ کا اندھا دھند اندراج صحیح نہیں ہے۔ یہ رجحان خواجہ عبدالمجید کی "جامع اللغات" میں خاص طور پر پایا جاتا ہے اور اردو لغت بورڈ کی "اردو لغت (تاریخی اصول پر)" میں بھی کہیں کہیں موجود ہے۔

انگریزوں کی ان لغات سے اردو کو یقیناً فائدہ ہوا۔ ایک تو اردو لغت نویسی کی روایت میں یہ لغات اہم سنگِ میل اور بعض صورتوں میں مآخذ کی حیثیت رکھتی ہیں۔ دوسرے یہ کہ ہمارے ہاں لغت نویسی میں بالعموم شاعری کو سند مانا جاتا تھا اور عام بول چال کی زبان اور روزمرہ کو لغت کے لیے ناموزوں خیال کیا جاتا تھا۔ ایس ڈبلیو فیلن کا ایک بڑا احسان اردو پر یہ ہے کہ اس نے عورتوں کی زبان، ٹھیٹھ اردو، دیہات کی بولی اور لوک ادب کی امثال پر بڑا زور دیا جس سے اردو کے کئی علاقائی محاورے، علاقائی تلفظ اور نسوانی استعمال میں آنے والے الفاظ محفوظ ہوگئے۔ دوسرا رجحان فیلن کے ہاں یہ ہے کہ اس نے اردو کے دیہاتی گیت، کہاوتیں، بولی ٹھولی اور کہیں کہیں کچھ جملے بھی بطور سند دیے ہیں۔ یہ ایک اہم علمی خزانہ ہے۔ ایک اور فائدہ یہ ہوا کہ جن لوگوں نے لغت نویسی میں فیلن کی مدد کی تھی ان کو قیمتی تجربہ حاصل ہوا اور انھوں نے خود بھی لغات تالیف کیں۔ ایسے لوگوں میں سب سے نمایاں سید احمد دہلوی ہیں جنھوں نے "فرہنگ آصفیہ" جیسی اہم، مستند اور ضخیم لغت تالیف کی۔

بہرحال، انگریزوں کی وجہ سے اردو لغت نویسی کی طرف بڑے بڑے لوگوں کی توجہ مبذول ہوگئی اور اردو بہ اردو لغات کا دور شروع ہوگیا۔ سرسید احمد خان نے بھی اردو کی ایک مبسوط لغت لکھنے کا ارادہ کیا۔ انھوں نے اس کا ایک نمونہ اردو زبان کے معروف فرانسیسی عالم گارسیں دتاسی کو پیرس بھی بھیجا جس نے اس کام کی بہت حوصلہ افزائی کی اور کہا کہ اس کا نام "لغتِ زبانِ اردو" رکھیے۔ گارسیں دتاسی نے اپنے خطبات میں بھی سرسید کی اس مجوزہ لغت کا ذکر کیا ہے۔ لیکن سرسید اپنی عظیم تعلیمی اور قومی سرگرمیوں میں مصروفیت کے سبب یہ کام نہ کرسکے اور صرف اس کا نمونہ ہی چھپوا سکے۔ اسی زمانے میں عبدالمجید خاں رام پوری نے ایک عظیم الشان لغت لکھی۔ الطاف حسین حالی نے اس کا ذکر کرتے ہوئے لکھا ہے کہ یہ انیس (۱۹) جلدوں میں تھی مگر شائع نہ ہوسکی۔ والیٔ رام پور نے اس کا مسودہ شاہی کتب خانے

میں داخل کرنے اور اس کی اشاعت کا حکم دیا تھا مگر پھر ان کا انتقال ہو گیا اور یہ بھی معلوم نہ ہو سکا کہ مسودے کا کیا حشر ہوا۔

اس دور کی اہم ترین اور اردو کی چند بہترین لغات میں سے ایک "فرہنگِ آصفیہ" پر کام کا آغاز سید احمد دہلوی نے ۱۸۶۸ء میں کر دیا تھا۔ اس کی اشاعت پہلے مختصر صورت میں "مصطلحاتِ اردو" کے نام سے ۱۸۷۱ء میں ہوئی۔ اس کے بعد یہ ۱۸۷۸ء میں "ارمغانِ دہلی" کے نام سے چھپی۔ پھر انھوں نے اس کی مکمل تدوین کا کام شروع کیا اور ''ہندوستانی اردو لغات'' کے نام سے اسے نومبر ۱۸۸۲ء میں بطورِ رسالہ ماہانہ قسط وار چھاپنا شروع کیا (۱۸۹۲ء میں اس کی تدوین کا کام مکمل ہوا۔ گویا اس کی تکمیل میں تیس سال لگے)۔ نظام دکن نے مولف سید احمد دہلوی کو ۱۸۸۸ء میں انعام دیا۔ نظام کے خطاب اور تخلص ''آصف'' کی مناسبت سے اس کا نام "فرہنگِ آصفیہ" رکھا گیا۔ قسط وار چھپے ہوئے رسالوں کو جلد اول اور جلد دوم پر تقسیم کر دیا گیا تھا۔ تیسری جلد رسالوں کی بجائے باقاعدہ بڑی تقطیع پر لغت کی صورت میں ۱۸۹۸ء میں چھاپی گئی۔ چوتھی جلد ۱۹۰۱ء میں شائع ہوئی۔ اس عرصے میں جلال لکھنوی کی دو لغات "گنجینۂ زبان اردو" (۱۸۸۱ء) اور "سرمایۂ زبان اردو" (۱۸۸۶ء)، چرنجی لال کی "مخزن محاورات" (۱۸۸۶ء) مرزا محمد مرتضیٰ عرف مچھو بیگ ستم ظریف کی "بہار ہند" (۱۸۸۸ء)، غلام سرور لاہوری کی "جامع اللغات" (۱۸۹۲ء) اور بعض دوسری اردو بہ اردو لغات چھپ چکی تھیں مگر سچی بات یہ ہے کہ یہ سب مل کر بھی "فرہنگِ آصفیہ" کو نہیں پہنچ سکتیں۔ امیر مینائی کی "امیر اللغات" کی پہلی جلد ۱۸۹۱ء میں اور دوسری جلد ۱۸۹۳ء میں (گو دوسری جلد پر سال اشاعت ۱۸۹۲ء تحریر ہے لیکن امیر مینائی کے خطوط سے ثابت ہوتا ہے کہ یہ ۱۸۹۳ء میں شائع ہوئی) چھپ چکی تھیں اور سید احمد دہلوی نے امیر پر سرقے کا الزام بھی لگایا جو سراسر غلط تھا۔ امیر مکمل لغت لکھنا چاہتے تھے لیکن ان کی بیماری اور پھر وفات کے سبب یہ کام نامکمل رہ گیا۔ ان کی بقیہ زیر تالیف جلدوں میں سے صرف تیسری جلد (سالِ تالیف ۱۸۹۵ء) کا مسودہ دست یاب ہو سکا اور یہ ۲۰۱۰ء میں شائع ہو گئی۔

اس کے بعد کے دور میں مولوی نورالحسن نیر کی "نور اللغات" (چار حصے، ۱۹۲۴ء تا ۱۹۳۱ء) اور خواجہ عبدالمجید کی "جامع اللغات" (۳۲ حصے، چار جلدیں، ۱۹۳۲ء تا ۱۹۳۵ء) بہت اہم ہیں۔ پھر تو اردو بہ اردو لغات کا تانتا بندھ گیا اور بہت بڑی تعداد میں مختلف ضخامت کی لغات لکھی گئیں گو ان میں سے بیشتر ایسی تھیں کہ ان کا مقصد محض تجارت تھا اور ان سے لغت نویسی کے باب میں کوئی خاص اضافہ نہیں ہوا۔ یہ سلسلہ آج بھی جاری ہے اور پچھلے چند برسوں میں بہت بڑی تعداد میں اردو بہ اردو لغات شائع کی گئی ہیں لیکن پچھلے پچاس برسوں میں منظرِ عام پر آنے والی دو ہی لغات ایسی ہیں جن کی علمی لحاظ سے بھی بہت اہمیت ہے اور ان میں اردو زبان کے الفاظ و محاورات بہت بڑی تعداد میں شامل ہیں۔ یہ دو لغات "مہذب اللغات" (۱۴ جلدیں، ۱۹۵۸ء تا ۱۹۸۹ء) اور "اردو لغت (تاریخی اصول پر)" (اردو لغت بورڈ، ۲۲ جلدیں، ۱۹۵۸ء تا ۲۰۱۰ء) ہیں۔ اگرچہ ان میں کچھ خامیاں بھی ہیں لیکن یہ اپنی جگہ بہت اہم اور وقیع ہیں۔ خاص طور پر اردو لغت بورڈ کی لغت اپنی بعض فروگزاشتوں اور کم زوریوں کے باوجود اردو کی مستند ترین، ضخیم ترین اور سب سے بڑا ذخیرۂ الفاظ رکھنے والی لغت ہے۔ یک جلدی لغات میں وارث سرہندی کی "علمی اردو لغت" اور نسیم امروہوی کی "نسیم اللغات" معتبر سمجھی جاتی ہیں۔

اردو لغت نویسی کے بعض رجحانات

افسوس کہ اردو لغت نویسی کے بعض رجحانات کی وجہ سے اسے سخت نقصان پہنچا۔ ان میں سے کچھ کا ذکر ہم نے اوپر کیا ہے۔ مثلاً ایک رجحان تشریح کی بجائے مترادفات پر زور دینا ہے۔ اردو کی بعض اہم اور بڑی لغات میں بھی بعض اوقات کسی لفظ کی تشریح نہیں ملتی۔ مثلاً اردو لغات میں اگر لفظ ''دل'' کے معنی تلاش کیے جائیں تو اکثر میں اس کے صرف مترادفات مثلاً ''من، جی، ہیا، قلب'' ملیں گے۔ لیکن انگریزی لغات تشریح کرتے ہوئے بتائیں گی کہ دل ایک عضو ہے جو انسانی سینے میں بائیں طرف ہوتا ہے اور اس کے چار خانے ہوتے ہیں اور اس کا بنیادی کام جسم کو خون فراہم کرنا ہے۔ اردو لغت بورڈ کی لغت بڑی حد تک اس خامی سے پاک ہے لیکن کئی جگہوں پر اس میں بھی یہ خامی موجود ہے کہ تشریح کی بجائے محض مترادفات سے کام چلا لیا گیا ہے۔ ایک اور مسئلہ اردو لغت نویسوں میں نقل در نقل کا ہے۔ اگر کسی پرانی لغت میں کسی لفظ کے کوئی غلط یا نامکمل معنی درج ہیں تو بھی بعد میں آنے والے اکثر لغت نویس انھیں جوں کا توں دہرا دیں گے۔ یہ خامی فارسی

کے پرانے لغت نویسوں میں عام تھی لیکن اس میں مزید خرابی یہ ہے کہ کتابت کی اغلاط بھی لغت میں آ کر سند کا درجہ پا جاتی ہیں۔

اردو زبان میں ایک اور رجحان مقامی، علاقائی اور صوبائی تعصب ہے۔ انشا اللہ خان انشا کی معروف کتاب "دریائے لطافت" میں مختلف طبقوں کی اردو کے نمونے دیے گئے ہیں۔ انشا کا انداز وہی ہے جو اس زمانے اور بعد میں بھی کئی لکھنے والوں کا تھا یعنی دہلی کی اردو کو مستند سمجھنا اور بعض دیگر طبقات بالخصوص پنجابیوں اور کشمیریوں کی اردو کو تضحیک کا نشانہ بنانا۔ وہ کہتے ہیں کہ کوئی شخص چاہے کتنے عرصے دہلی میں رہے اس کے اپنے اصلی (یعنی مادری زبان کے) لہجے اور محاورے کا اس کی گفتگو سے جانا (یعنی نکلنا) محال ہے۔ مزے کی بات یہ ہے کہ اس زمانے میں دہلی کے اصلی باشندوں اور اردو کے اہلِ زبان سمجھے جانے والے لوگوں میں سے بہت سوں کے آبا و اجداد چند صدیوں قبل ہی ہجرت کر کے دہلی میں آباد ہوئے ہوں گے۔ "نور اللغات" میں اگر لکھنؤ کے محاورات اور وہاں کا روزمرہ اور تلفظ زیادہ ہے تو یہ ایک فطری بات ہے لیکن صرف اہلِ لکھنؤ کی اردو کو سند سمجھنا اردو جیسی زبان کے معاملے میں، جو برِّعظیم پاک و ہند کے وسیع و عریض اور مختلف و متنوع لسانی پس منظر رکھنے والے علاقوں میں بولی جاتی ہو، کہاں تک درست ہے؟ اور کیا یہ زبان کو محدود کرنے کی کوشش نہیں کہلائے گی؟ اردو کی تشکیل کا تاریخی جائزہ لیا جائے تو احساس ہوتا ہے کہ ہر علاقے کے لوگ اردو میں اپنی زبان اور محاورے کا رنگ پاتے ہیں اور اسی لیے کئی علاقے اردو کی جنم بھومی ہونے کے دعوے دار ہیں۔ یہی رنگا رنگی اور تنوع تو اردو کی مقبولیت کا سبب ہے۔ اب اردو کا مرکز کراچی بھی ہے، لاہور بھی اور پشاور بھی۔ ہر وہ شخص اب اردو کا اہلِ زبان ہے جو صحیح اردو بولتا ہے۔ شان الحق حقی صاحب اہلِ زبان بھی تھے اور زبان داں بھی۔ اس مسئلے پر ان کی بصیرت کی داد دینی پڑتی ہے۔ لکھتے ہیں: ''اردو کا جو معیاری لب و لہجہ رہا ہے اس کے بولنے والوں کی تعداد گھٹ رہی ہے۔ اس کے برخلاف اردو بولنے والوں کی تعداد بڑھ گئی ہے اور بڑھتی جا رہی ہے، لہٰذا اس کا مستقبل ان لوگوں کے ساتھ وابستہ ہے جن کی یہ مادری زبان نہیں اور جو اہلِ زبان نہیں ہیں۔ آئندہ اس کا معیار انھیں کے مذاق سے متعین ہوگا اور قدرتاً اسے کھینچ کر وہ اپنے ڈھرّے پر لے آئیں گے۔'' ان کے اس خیال پر مشفق خواجہ صاحب کا تبصرہ بھی خوب ہے: ''اس سے اندازہ کیا جا سکتا ہے کہ زبان کے معاملے میں حقی صاحب جذباتی نہیں ہیں، حقیقت پسندانہ رویہ رکھتے ہیں۔ انھوں نے جو بات کہی ہے وہ کوئی ایسا شخص ہی کہہ سکتا ہے جو زبان کی تاریخ سے پوری طرح واقف ہو اور جسے یہ معلوم ہو کہ زبان کوئی جامد چیز نہیں، ہر دور کے حالات کے پیشِ نظر تبدیلیاں قبول کرتی رہتی ہے۔''

لیکن حقی صاحب جیسے لوگ کتنے ہیں؟ ایک اور رویہ جس نے اردو اور اردو لغت کو بہت نقصان پہنچایا مقامی الفاظ، علاقائی محاورات، اور عوامی بول چال کو لغات میں بہت کم اہمیت دینا ہے۔ اس رویے سے بڑا نقصان یہ ہوا کہ ہم ایسے ہزاروں الفاظ سے محروم ہو گئے جو اردو کا حصہ تھے۔ اس معاملے میں ہمیں انگریزی لغت نویسوں سے ابھی بہت کچھ سیکھنا ہے۔ انگریز لغت نویسوں کے اردو پر جو احسانات ہیں ان میں سے ایک یہ ہے کہ انھوں نے عام بول چال اور عام لب و لہجے کو ترجیح دی۔ پلیٹس تو جا بجا گنوارو تلفظ بھی دیتا ہے اور اسے vulgar کے لفظ سے ظاہر کرتا ہے۔ انگریز لغت نویسوں نے اردو کی علاقائی بولیوں (dialects) کے الفاظ کو بھی اہتمام سے درج کیا۔ ایس ڈبلیو فیلن نے علاقائی تلفظ، مقامی استعمال اور دیہاتی کہاوتوں کو بھی لغت میں جگہ دی۔ اس نے بھوج پوری، مارواڑی، پنجابی، سہارن پوری، مغربی صوبہ جات کے علاوہ عورتوں کی زبان کی بھی نشان دہی کی۔ یہاں ہم غیر معیاری یا غیر رسمی زبان کی حمایت نہیں کر رہے نہ ہی ہر غیر رسمی لفظ فوراً ہی لغت میں اندراج کا اہل ہو جاتا ہے لیکن معیاری زبان کے نام پر لفظوں کے ساتھ چھوت چھات برتنا خود زبان کے لیے اچھا نہیں ہوتا۔

البتہ انگریز لغت نویسوں کے ہاں یہ خامی ضرور پائی جاتی ہے کہ انھوں نے اردو کے کلاسیکی ادبی ذخیرے سے بہت کم الفاظ لیے اور لیے بھی تو مخصوص کتابوں مثلاً انوارِ سُہیلی، پریم ساگر، اخوان الصفا، سنگھاسن بتیسی، گل بکاؤلی، اخلاقِ ہندی، آرائشِ محفل اور کلامِ نظیر اکبر آبادی وغیرہ سے۔ اس کی وجہ یہ تھی کہ وہ اردو ادب کے ذخیرے سے پوری طرح واقف بھی نہ تھے اور ان کا اصل مقصد بھی ہندوستان میں نو وارد انگریزوں کو ''کام چلاؤ'' قسم کی اردو سے واقف کرانا تھا۔ لیکن اس طرح ان لغات کا دائرہ بہر حال محدود ہو گیا اور خاص طور پر کلاسیکی ادب کے طالب علموں کے لیے یہ لغات زیادہ مددگار نہیں رہیں۔

اردو زبان کی چند خصوصیات

اردو زبان کی خصوصیات کا یہاں مختصر سا جائزہ ہی لیا جا سکتا ہے۔

اردو ایک جدید ہند آریائی زبان ہے۔ اس کا اپنا رسم الخط ہے، اپنی قواعد ہے، اپنا ذخیرۂ الفاظ اور رد و قبول کے اپنے پیمانے ہیں۔ اس لحاظ سے اردو ایک منفرد، آزاد اور خود مختار زبان ہے۔ اگرچہ اس کی اصل بہت قدیم اور نسل خالصتاً مقامی ہے اور یہ یہیں یعنی برِعظیم پاک و ہند میں پیدا ہوئی اور یہیں پلی بڑھی لیکن اس نے کئی زبانوں سے اثرات قبول کیے ہیں۔ اردو نہ صرف ہندوؤں اور مسلمانوں کی زبان ہے بلکہ پاکستان اور ہندوستان کے کسی صوبے کی مادری یا اکثریتی زبان نہ ہونے کے باوجود یہ برعظیم پاک و ہند کے تمام طبقوں اور خطوں میں بخوبی سمجھی اور بولی جاتی ہے۔ اس نے کئی زبانوں کے الفاظ، سنسکرت اور پراکرت کی روایات اور مقامی اور عرب، ایرانی، ترک تہذیبی اثرات کو بھی اپنے اندر سمو لیا ہے۔ یہ برِعظیم پاک و ہند کی ہند اسلامی اور گنگا جمنی ثقافت کی عکاس اور صحیح معنوں میں پاکستان بلکہ ہندوستان کی بھی لنگوا فرینکا (lingua franca) ہے۔

اردو کے رسم الخط کو دیکھیے تو اندازہ ہوتا ہے کہ اس سامی اور عربی رسم الخط کو اردو والوں نے کیسی انفرادیت بخشی ہے۔ ایرانیوں نے جب فارسی کو عربی رسم الخط میں لکھنا شروع کیا تو جو آوازیں عربی میں نہ تھیں مگر فارسی کا لازمی حصہ تھیں، یعنی پ، چ، ژ اور گ، ان کو ظاہر کرنے کے لیے انھوں نے عربی حروف میں ترمیم و اضافہ کر لیا اور اضافی نقطوں اور کشش (یعنی کاف کا مرکز یا لکیر) سے ان آوازوں کو ظاہر کرنے والے حروف اپنے حروفِ تہجی میں شامل کر لیے۔ یہی صورت ہمیں ابتدا میں درپیش تھی جب مقامی آوازوں کو اسی عربی فارسی (Perso-Arabic) حروف میں لکھنا پڑا۔ سنسکرت اور پراکرت کے علاوہ دراوڑی کی کچھ آوازوں یعنی ٹ، ڈ اور ڑ کو جب اس رسم الخط میں لکھنے کی ضرورت پڑی تو پہلے تو نقطوں ہی سے کام لیا گیا اور 'ٹ'، 'ڈ' اور 'ڑ' بنانے کے لیے 'ت'، 'د' اور 'ر' پر چار چار نقطے لگائے گئے۔ کسی نے ایک چھوٹی افقی لکیر پر دو نقطے لگائے۔ آج سے ستر اسی سال پرانی بعض کتابوں اور رسالوں میں بھی یہ نقطے نظر آتے ہیں، خاص کر ان کتابوں اور جرائد میں جو ٹائپ پر چھپتی تھیں اگرچہ کتابت کا یہ انداز اس سے بہت پہلے ختم ہو چلا تھا۔ یہ چار نقطے کس طرح ختم ہوئے، اس کی بھی دل چسپ تاریخ ہے۔ الجھن یہ ہوتی تھی کہ لیتھو کی چھپائی میں یہ نقطے جھڑ جاتے تھے اور لفظ کچھ کا کچھ بن جاتا تھا۔ چنانچہ کچھ لوگوں نے ان حروف پر چار نقطوں کی جگہ اردو میں چار کا عدد یعنی ۴ لکھنا شروع کیا، اس میں الجھن یہ تھی کہ یہ رقومات اور دیگر اعداد کے ساتھ مل جاتا تھا۔ پھر کچھ لوگوں نے اس ۴ کو الٹا کر کے لکھنا شروع کر دیا اور وقت گزرنے کے ساتھ ساتھ یہ چھوٹی سی طوئے کی شکل اختیار کر گیا۔

اسی طرح اردو میں ہکاری یا ہائیہ آوازیں (یعنی بھ، پھ، تھ، کھ، گھ وغیرہ) موجود ہیں جو عربی فارسی میں وجود نہیں رکھتیں لہٰذا ان کو لکھنے کا مسئلہ بھی شروع میں رہا اور انھیں ہائے مخلوط یعنی دو چشمی ہ (یعنی ھ) کی بجائے کہنی والی ہ ہی سے لکھا جاتا رہا۔ غالب بھی کھانا اور کہانا کو ایک ہی طرح لکھتے تھے۔ لیکن رفتہ رفتہ ہائیہ آوازوں کے لیے دو چشمی ہ (ھ) لکھنے کا رواج ہو گیا۔ اس طرح اردو رسم الخط کی ایک خاص انفرادیت یہ ہو گئی کہ یہ عربی (ص، ط، ق، غ وغیرہ) اور فارسی (چ، ژ، گ وغیرہ) کی آوازوں کے علاوہ دراوڑی کے معکوسی (retroflex) مصوتوں (ٹ، ڈ، ڑ) اور مقامی ہائیہ آوازوں کو بھی ظاہر کر سکتا ہے۔

اگر صرفی اور نحوی خصوصیات پر نظر ڈالیں تو اندازہ ہوتا ہے کہ کسی زبان کے سرمائے میں اضافہ کرنے اور نئی اصطلاحات گھڑنے میں سابقوں اور لاحقوں کا بڑا ہاتھ ہوتا ہے۔ اردو میں دیسی یا مقامی سابقوں اور لاحقوں کے ساتھ عربی، فارسی اور بعض صورتوں میں انگریزی کے سابقے اور لاحقے بھی استعمال کیے جاتے ہیں۔ اس انفرادیت نے اردو کے دامن کو بہت وسیع کر دیا ہے اور مرکبات بنانے میں کئی امکانات بروئے کار لائے جا سکتے ہیں۔ مختلف زبانوں کے ذخیرۂ الفاظ نے اردو میں ایک ایسی صفت پیدا کر دی ہے جو بہت کم زبانوں میں ہے اور وہ ہے ایک ہی معنی کے لیے مختلف زبانوں کے الفاظ کی موجودگی، مثلاً شمس، سورج، آفتاب۔ ان میں سے پہلا عربی، دوسرا مقامی اور تیسرا فارسی ہے۔

اردو میں الفاظ کے انتخاب کی یہ سہولت مرکبات میں بہت پُر لطف صورت پیدا کرتی ہے اور ادبی تحریروں میں آسانی اور حسن دونوں حسبِ منشا پیدا

ہوسکتے ہیں۔ کیونکہ اردو میں مرکبِ اضافی، مرکبِ توصیفی اور مرکبِ عطفی بنانے میں بھی یہ سہولت ہے کہ یہ اردو قواعد کے لحاظ سے بھی بنائے جاسکتے ہیں اور عربی/فارسی کے قاعدے سے بھی۔ مثال کے طور پر مرکبِ اضافی ''قائد کا مزار'' کو ''مزارِ قائد'' بھی بول یا لکھ سکتے ہیں۔ ''ٹھنڈا پانی'' کے مرکبِ توصیفی کے مفہوم کو فارسی انداز سے ''آبِ سرد'' بھی کہہ سکتے ہیں۔ شاعری میں اس سے قافیے ردیف کے علاوہ وزن و بحر میں بھی سہولت ہوجاتی ہے۔

اردو میں عربی فارسی الفاظ کی جمع اردو کے قاعدے سے بھی بنائی جاسکتی ہے اور ان زبانوں کے لحاظ سے بھی۔ مثلاً محفل اور منزل کی جمع محافل اور منازل بھی بنانا جائز ہے اور جملے کی تصریفی حالت کے لحاظ سے محفلیں/محفلوں، منزلیں/منزلوں بھی درست ہے۔ فارسی الفاظ کے ساتھ بھی ایسا ہے۔ ہزار کی جمع ہزار ہا بھی ہوسکتی ہے اور ہزاروں بھی۔ البتہ انگریزی الفاظ کی جمع صرف اردو ہی کے قاعدے سے بنے گی یعنی بسز کی ہڑتال نہیں بلکہ بسوں کی ہڑتال، ریل کی جمع ریلیں/ریلوں ہوسکتی ہے ریلز نہیں۔

اردو میں ضمیر مخاطب کی تین صورتیں آپ، تم اور تو ہیں، امر کی بھی تعظیمی صورت (آیئے، فرمایئے، وغیرہ) ہے جو حفظِ مراتب کے اظہار کے لیے بہت مدو معاون ہیں۔ انگریزی میں بڑے سے بڑے آدمی کے لیے کوئی تعظیمی صورت نہیں۔

اردو میں دوسری زبانوں کے الفاظ کو اپنانے اور انھیں اپنے سانچے میں ڈھالنے کی عجیب صلاحیت ہے۔ بقول شان الحق حقی اردو کی نحوی ترکیب ہی ایسی ہے کہ اس میں ہر لفظ کھپ جاتا ہے۔ اس نے برّعظیم کی رنگا رنگ ہند اسلامی اور گنگا جمنی تہذیب کو اپنے اندر سمولیا ہے۔ اس نے آریائی کے علاوہ دراوڑی، عرب، ایرانی اور ترک اثرات بھی قبول کیے اور اس میں انگریزی اور بعض یورپی زبانوں کے الفاظ بھی اس طرح گھل مل گئے ہیں کہ بعض تو پہچانے نہیں جاتے۔ مثلاً لینٹرن (lantern) کو ہم نے لالٹین کرلیا اور ریکروٹ (recruit) کو ہم نے رنگروٹ بنادیا۔ پھر اردو میں ایک بڑی سہولت یہ ہے کہ علامتِ مصدر نا، انا، یانا وغیرہ لگا کر نئے مصادر بنائے جاسکتے ہیں۔ عربی اور فارسی الفاظ کے ساتھ تو یہ بے تکلفی اردو والے بہت عرصے سے کر رہے ہیں مثلاً ملا وجہی کی سب رس (۱۶۳۵ء) میں تلاشنا اور اندیشنا ملتے ہیں۔ اس کے بعد بھی نوازنا، بخشنا، برفانا، قومیانا، قبولنا، وصولنا، بدلنا، بخشنا، برقانا جیسے مصادر عام طور پر رائج ہیں اور کبھی خیال بھی نہیں آتا کہ یہ اردو کے اصلی مصادر نہیں ہیں۔ حد تو یہ ہے کہ ہم نے انگریزی کے لفظ ''فلم'' کے ساتھ ''انا'' لگا کر فلمانا بنایا اور یہ خوب چلا۔ مزے کی بات یہ ہے کہ انگریزی کے الفاظ کے ساتھ اس عمل کو اردو بالعموم قبول نہیں کرتی اور انگریزی لفظ کے ساتھ ہونا، کرنا، مارنا، لگانا جیسے مصدر لگانے پڑتے ہیں، جیسے فیل/پاس ہونا یا کرنا، فٹ کرنا یا ہونا، ہٹ مارنا یا لگانا، گول کرنا یا ہونا، وکٹ حاصل کرنا یا لینا، ٹی وی آف/آن کرنا۔ آپ پاس سے ''پاسنا'' یا فیل سے ''فیلنا'' نہیں بنا سکتے۔

اردو ایک منفرد، آزاد اور خود مختار زبان ہے اور عربی یا فارسی یا انگریزی کے پیمانوں اور معیارات سے اس کو جانچنا درست نہ ہوگا۔ کیونکہ اردو نے دوسری زبانوں کے کئی الفاظ اور مرکبات میں تصرف کرلیا ہے۔ اردو کے تصرفات میں یہ بھی شامل ہے کہ ہم اپنی دانست میں ''عربی'' کے کئی ایسے الفاظ استعمال کرتے ہیں جن کا عربی میں کوئی وجود نہیں، جیسے: مکانیت، محویت، ذہنیت، ماتحت۔ اور تو اور ہم نے انگریزی کے ''بور'' سے ''بوریت'' بنالیا۔ اردو کا تصرف دیکھیے کہ عربی میں طیر پرندہ ہے جس کی جمع طائر ہے، اردو میں طائر واحد ہے۔ اس کی جمع فارسی کے قاعدے سے طائران بنالی اور غالب نے بھی ''طائرانِ آشیاں گم کردہ'' کی ترکیب استعمال کی ہے۔ مثلاً عربی میں صحیح تلفظ موسِم ہے۔ پہلے اردو والے، کم از کم پڑھے لکھے لوگ، اسی طرح بولتے تھے۔ اب موسَم بھی درست ہے۔ شاید کچھ عرصے بعد موسَم ہی درست ہوگا۔ فارسی میں شادی کا مطلب خوشی ہے اردو والے بیاہ کے معنی میں لیتے ہیں۔ عربی میں شراب مشروب ہے، اردو میں خمر یعنی نشہ آور مشروب کے معنی میں آتا ہے۔ جدید فارسی میں ''آوارہ'' پناہ گزین یا مہاجر کے معنی میں آتا ہے۔ ''آوارگانِ فلسطین'' کا مطلب فارسی میں وہ ہرگز نہ ہوگا جو اردو والے سمجھیں گے۔ خصم اردو میں شوہر کو کہتے ہیں حالانکہ عربی میں وہ دشمن ہوتا ہے۔ اسی سے خصومت یعنی دشمنی ہے جو اردو میں اسی معنی میں آتا ہے اور شوہر سے اس کا کوئی تعلق نہیں۔ حضرت کتنا اچھا لفظ ہے لیکن کچھ لوگ کہتے ہیں کہ میں تو آپ کو شریف آدمی سمجھا تھا آپ تو بڑے حضرت نکلے۔ صلوٰۃ عربی میں سننے کو ملے تو اچھی چیز ہے لیکن کوئی اردو میں صلواتیں نہ ہی سنائے تو اچھا ہو۔ فارسی کے فقرے ''چہ می گوئی؟'' کی ''جمع'' ہم نے اپنے قاعدے سے ''یاں'' لگا کر بنالی اور

خوب ''چہ میگوئیاں'' کرتے ہیں۔ گویا اردو والوں نے تلفظ، معنی، محاورہ، ہر چیز کو اپنے رنگ میں رنگ لیا ہے۔ اب اردو کا اپنا استعمال ہے جو سند ہے۔ اردو پر یہ جبر کرنا کہ کسی لفظ کو اصل زبان (یعنی فارسی یا عربی) کے معنی یا تلفظ یا محاورے کے ساتھ بولا جائے ظلم ہے۔ اس باب میں انشا اللہ خان انشا نے دو صدیوں پہلے ہی ایک صحیح اصول وضع کر دیا تھا جو آج بھی درست ہے اور وہ یہ ہے کہ جو لفظ اردو میں آ گیا چاہے کسی زبان کا ہو، اب اس کا مفہوم اور تلفظ اردو ہی کے حساب سے ہوگا۔ خواہ اصل زبان کے حساب سے اردو میں کیا جانے والا استعمال غلط ہی کیوں نہ ہو۔ بابائے اردو مولوی عبدالحق نے بھی اس کی تائید کی۔ اسی لیے سید سلیمان ندوی نے اردو میں ممنون کے معنی میں مشکور کا استعمال درست مانا تھا گو وہ عربی کے حساب سے غلط ہے۔ اور سید صاحب سے بڑا عربی داں کون ہوگا؟ لیکن وہ اردو داں بھی تو تھے۔

لیکن بقولِ اقبال: خوگرِ حمد سے تھوڑا سا گلہ بھی سن لے۔ جو غیر ملکی ہماری زبان سیکھتے ہیں انھیں اردو کی بعض ''خصوصیات'' سے بڑی الجھن ہوتی ہے۔ ان میں ایک تو رسم الخط کی وہ ''خوبی'' ہے جسے عربی، فارسی اور اردو والے خوبی سمجھتے ہیں یعنی اس کے حروف کا مختصر شکلیں بنا کر آپس میں جڑ جانا اور جو انگریزی جیسے رسم الخط والوں کے لیے بہت حیرت انگیز اور مشکل ہے کیونکہ وہاں ہر حرف پورا لکھا جاتا ہے۔ دوسرے اردو اسم کی محرف شکل، مثال کے طور پر اردو میں کتا کی جمع کتے ہے، بچہ کی جمع بچے ہے۔ لیکن ہم کہیں کہ ''ایک کتے نے ایک بچے کو کاٹا'' تو اس جملے میں لفظ ''کتے'' اور لفظ ''بچے'' واحد ہیں۔ پھر ان کی جمع بنائیے تو ''دو کتوں'' اور ''دو بچوں'' وغیرہ بولنا پڑے گا۔ ان کی مونث کے ساتھ جمع بنائیے تو کچھ اور تبدیلی ہوگی۔ یہ بعض غیر ملکیوں کے لیے عجیب ہوتا ہے۔ انگریزی میں اس طرح کے جملوں میں واحد میں کوئی تبدیلی نہیں ہوگی اور مذکر کی جمع اور مونث کی جمع دونوں موقعوں پر صرف ایس (s) سے کام چل جائے گا۔

اردو کی لسانی خصوصیات میں سب سے غیر معقول غالباً اس کی تذکیر و تانیث ہے جو قیاسی نہیں سماعی ہے یعنی اس کا کوئی قاعدہ مقرر نہیں اور جب تک آپ کسی اہلِ زبان کو اردو بولتے ہوئے نہ سنیں آپ قیاس نہیں کر سکتے کہ اردو کا فلاں لفظ مذکر ہے یا مؤنث۔ مثلاً لڑکا، مرغا، دریا اور دولھا وغیرہ کو دیکھ کر کوئی سمجھے کہ ان کے آخر میں ''ا'' مذکر کی علامت ہے تو وہ ماں، ممتا، دعا، سزا، انتہا وغیرہ کو دیکھ لے جو مونث ہیں۔ اسی طرح اگر آپ لڑکی، مرغی، مولی میں ''ی'' دیکھ کر اسے علامتِ تانیث سمجھیں تو یاد رکھیے کہ پانی، نائی، دھوبی، ساتھی، ہاتھی، بھائی سب مذکر ہیں۔ کہیں نون علامتِ تانیث ہے جیسے دولھن، دھوبن۔ تو یہ نہ سمجھنا چاہیے کہ شیر کی تانیث شیرن ہے، بلکہ یہ شیرنی ہے۔ کیونکہ نی بھی تانیث کی علامت ہے جیسے ہتھنی۔ اور یہ ہتھنی جو ہاتھی کی مونث ہے ہتھنی ہی ہے نا کہ ہاتھنی۔ حد تو یہ ہے کہ بے جان چیز میں بھی آپ کو اس کی جنس طے کرنی پڑتی ہے تب کہیں جا کے آپ کہہ سکیں گے کہ دروازہ بڑا ہے اور کھڑکی بڑی ہے۔ گویا اسم تو اسم، صفات بھی مذکر اور مؤنث کے چکر سے آزاد نہیں ہیں، حتیٰ کہ بعض مصادر بھی مونث بولے جاتے ہیں، جیسے نماز پڑھنی ہے، پھر روٹی کھانی ہے اور پھر شربت پینا ہے۔ ستم بالائے ستم یہ کہ کہیں تو مذکر مونث کی کوئی علامت ہی نہیں ہوتی اور اس میں عربی، فارسی، ہندی، ترکی، انگریزی کسی زبان کی کوئی تخصیص نہیں۔ ٹھوکر اور نوکر میں سے ایک مذکر ہے ایک مؤنث۔ کتاب اور خطاب، بیگم اور چاقو، گِل (مٹی) اور گُل (پھول)، بس اور ٹریکٹر کا بھی یہی حال ہے۔ ان میں سے پہلی ہوتی ہے اور دوسرا ہوتا ہے۔ یعنی ٹھوکر، کتاب، بیگم اور گِل مؤنث ہیں۔ نوکر، خطاب، چاقو اور گُل مذکر ہیں۔ بس ہوتی ہے لیکن ٹریکٹر ہوتا ہے۔ ان میں سے کسی کے آخر میں نہ ''ا'' ہے، نہ ''ی''، نہ ''ن''، نہ ''نی''۔ یہ علی الترتیب اردو ہندی، عربی، ترکی، فارسی اور انگریزی لفظوں کے جوڑے ہیں۔

اردو میں ایک عجیب بات یہ ہے کہ ایک ایک لفظ کئی کئی معنی دیتا ہے۔ اردو لغت بورڈ نے اپنی لغت میں لفظ ''میدان'' کے بیس سے زیادہ معنی دیے ہیں، لفظ ''نکلنا'' کے لفظی معنی اور محاوروں میں استعمال ملا کر چالیس سے زیادہ ہیں۔ صرف دل کے لفظ کے ساتھ اردو میں بلا مبالغہ سیکڑوں محاورے بنتے ہیں۔ پھر اردو کے امدادی افعال عجب گُل کھلاتے ہیں۔ ان میں سے صرف چند کو لیجیے: آنا (ہو آنا، کھا آنا، دیکھ آنا) جانا (آ جانا، کھا جانا، دیکھ جانا) دینا (دیکھ دینا، کر دینا، لے دینا)، پڑنا (رہ پڑنا، گر پڑنا، بھاگ پڑنا)، لینا (آ لینا، جا لینا، دیکھ لینا)۔ غور کیجیے کہ جن قواعدی اصولوں کو ہم شعوری طور پر جانے بغیر بلا تکلف بولتے ہیں وہ ہماری زبان سیکھنے والے غیر ملکی کے لیے کتنے عجیب ہو سکتے ہیں۔

کچھ اس لغت کے بارے میں

''اوکسفرڈ اردو انگریزی لغت'' میں یہ کوشش کی گئی ہے کہ اردو زبان کے الفاظ، مرکبات، محاورات، اصطلاحات، کنایات، تلمیحات اور ضرب الامثال کو سمیٹ لیا جائے۔ نیز ممکنہ حد تک معنی کے تمام فرق واضح کیے جائیں اور جدید اور مروجہ زبان کے الفاظ اور مرکبات بھی اس کا حصہ ہوں۔ اس طرح یہ لغت عام قارئین کے علاوہ اہلِ قلم، اساتذہ، مترجمین، طلبہ اور صحافیوں کے لیے بھی ہے اور اس سے اردو سیکھنے کے خواہش مند غیر ملکی بھی پوری طرح مستفید ہو سکتے ہیں۔ اردو کے غیر ملکی استاد اور طالب علم بھی اسے بہت مفید پائیں گے کیونکہ اس کی چند خصوصیات، جن کی تفصیل آگے آ رہی ہے، اسے بہت کارآمد بناتی ہیں۔

یہ ایک ضخیم اور جامع لغت ہے جو کم و بیش ۸۵۰۰۰ اندراجات پر مشتمل ہے۔ ان اندراجات میں عام الفاظ و محاورات و مرکبات کے علاوہ دینی و مذہبی اصطلاحات، مختلف علوم و فنون میں استعمال ہونے والے الفاظ و مرکبات و اصطلاحات، خواتین کے مخصوص الفاظ، بعض عوامی الفاظ و محاورات، شعری اصطلاحات، تمثیلی اور مجازی معنی اور ضرب الامثال بھی شامل ہیں۔ ان کے علاوہ اردو کے وہ الفاظ بھی اس میں درج ہیں جو قدیم ہیں اور کبھی کبھار، مثلاً کلاسیکی ادب میں، نظر آ جاتے ہیں لیکن یک جلدی لغات میں درج نہ ہونے کی وجہ سے طالب علموں کے لیے مشکل پیدا کرتے ہیں۔ اس ضمن میں سال ۱۸۰۰ء کو بنیاد بنایا گیا ہے اور اس حد یعنی اٹھارھویں صدی کے اواخر اور انیسویں صدی کے اوائل کے بعد متروک ہو جانے والے الفاظ اس لغت میں نہیں لیے گئے ہیں۔ یاد رہے کہ اس دور کے بعد متروک ہونے والے الفاظ کی تعداد بہت کم ہے اور اس سے قبل کے کلاسیکی ادب میں، مثلاً ولی دکنی یا سودا کی شاعری میں، آنے والے بیشتر الفاظ کے استعمال کی سند تواتر سے ملتی ہے لہٰذا وہ متروک کے ذیل میں نہیں آتے اور وہ سب الفاظ اس لغت میں یقیناً شامل ہیں۔ بلکہ احتیاطاً کئی ایسے الفاظ بھی لے لیے گئے ہیں جن کا استعمال اس مجوزہ حد کے بعد شاذ و نادر ملتا ہے اور قاری کو ان کے معنی دیکھنے کی ضرورت پیش آ سکتی ہے۔ البتہ ایسے الفاظ کے معنی کے ساتھ قدیم (*arch.*) لکھ دیا گیا ہے۔ اس لغت میں اردو کے وہ الفاظ و مرکبات بھی شامل کیے گئے ہیں جو نسبتاً نئے سمجھے جاتے ہیں اور عام طور پر اخبارات و جرائد میں نظر آتے ہیں لیکن پرانی لغات میں موجود نہیں ہیں۔ گویا ذخیرۂ الفاظ کی وسعت اور تنوع کے لحاظ سے یہ ایک منفرد اور مثالی اردو انگریزی لغت ہے۔

اس لغت میں اندراجات کے طریقۂ کار، ان کی ترتیب اور قواعدی حیثیت، تلفظ اور معنی کے اندراج وغیرہ کے بارے میں تفصیلی معلومات اگلے صفحات میں درج ہدایات و توضیحات میں موجود ہیں۔ مختصراً یہ کہ اردو کے حروفِ تہجی کی تعداد اور ترتیب کے سلسلے میں اردو لغت بورڈ اور مقتدرہ قومی زبان کی سفارشات کو مدِنظر رکھا گیا ہے۔ اردو لغت بورڈ کی لغت میں اردو کے ۵۳ حروفِ تہجی مانے گئے اور ان میں ہائیہ آوازوں کو بھی باقاعدہ حرف مان کر ان کی ترتیب قائم کی گئی۔ ہائیہ حروف کو الگ اور باقاعدہ حروفِ تہجی مان کر لغت میں ان کی علیحدہ تقطیع قائم کرنا بابائے اردو مولوی عبدالحق کا کارنامہ تھا۔ مولوی عبدالحق اور شان الحق حقی اردو کے لغت نویسوں اور اردو زبان کے مزاج شناسوں میں اعلیٰ مقام کے حامل سمجھے جاتے ہیں۔ نیز اردو لغت بورڈ وفاقی وزارتِ تعلیم کا حصہ تھا (حال ہی میں کابینہ ڈویژن کے ماتحت آ گیا ہے) اور اس لحاظ سے بورڈ کی مرتّبہ ترتیبِ حروفِ تہجی کو حکومت سے منظور شدہ سمجھنا چاہیے۔ البتہ زیرِنظر لغت پر نظرِثانی اور اضافوں کے کام کے دوران میں حکومتِ پاکستان کے کابینہ ڈویژن کے ماتحت ادارے مقتدرہ قومی زبان نے اردو کا ایک قاعدہ شائع کیا جس میں لغت بورڈ کی مرتّبہ حروفِ تہجی کی تعداد اور ترتیب میں صرف یہ اضافہ کیا گیا ہے کہ اس میں حرف ''ن'' کے بعد نون غنہ (ں) کو جگہ دی گئی ہے۔ چنانچہ ہم نے اس تعداد اور ترتیب کو درست مان کر اسی بنیاد پر اپنی اس لغت کے اندراجات کو ترتیب دیا ہے۔ ان ۵۴ حروف کی تعداد اور ترتیب آپ اگلے صفحات میں ملاحظہ کر سکتے ہیں۔ یہاں یہ وضاحت بھی ضروری ہے کہ ان دونوں اداروں نے ترتیبِ حروفِ تہجی کے ضمن میں الف مقصورہ (ا) کو مفرد حرفِ تہجی اور الف ممدودہ (آ) کو مرکب حرفِ تہجی مان کر ترتیب میں الف مقصورہ کو پہلے اور الف ممدودہ کو بعد میں رکھا ہے۔ چنانچہ اردو لغت بورڈ کی لغت میں اردو کی متداول لغات کے برعکس الف مقصورہ سے شروع ہونے والے الفاظ کی تقطیع پہلے قائم کی گئی ہے اور ان الفاظ کے اندراجات ختم ہونے کے بعد الف ممدودہ سے شروع ہونے والے الفاظ درج کیے گئے ہیں۔ ہم نے اس لغت میں بورڈ کی اس ترتیب کی پیروی کی ہے کیونکہ یہ اصولاً درست ہے۔

جیسا کہ آگے دی گئی موضوعی عنوانات کی فہرست سے اندازہ کیا جاسکتا ہے، اس لغت میں جدید وقدیم علوم وفنون کی اصطلاحات کا اندراج کرنے کے بعد قوسین یعنی بریکٹ میں ان شعبوں یا موضوعات کی وضاحت کی گئی ہے جن سے ان اصطلاحات کا تعلق ہے۔ قارئین کی رہنمائی کے لیے ایسے الفاظ اور تراکیب کی بھی نشان دہی کی گئی ہے جو طنزیہ، بازاری، عوامی، مجازی معنی رکھتے ہیں یا بول چال یا حقارت پر مبنی یا ناپسندیدہ استعمال کو ظاہر کرتے ہیں۔ لغت میں معنی کے نازک اور باریک فرق بھی دیے گئے ہیں اور ان کو شمار کے عدد سے واضح کیا گیا ہے۔ یہ فرق ذیلی مرکبات میں بھی واضح کیے گئے ہیں۔ اس کے علاوہ زیادہ سے زیادہ معنی دینے کی کوشش کی گئی ہے۔ چنانچہ قارئین دیکھ سکتے ہیں کہ بعض اندراجات کے دس دس یا اس سے بھی زیادہ معنی دیے گئے ہیں کیونکہ معنی کی یہ کثرت اردو کے مزاج اور خصوصیات کا حصہ ہے اور اسے سمیٹے بغیر اردو لغت نویسی کا حق ادا نہیں ہوسکتا۔ البتہ اس میں اختصار کو مدنظر رکھنے کی کوشش کی گئی ہے۔ ذیلی اندراجات کے سلسلے میں ہماری یہ کوشش رہی ہے کہ کوئی اہم ذیلی اندراج جس کی قارئین کو تلاش ہوسکتی ہے درج ہونے سے رہ نہ جائے، یہی وجہ ہے کہ بعض بنیادی مفرد اندراجات (headwords) کے ذیلی اندراجات بھی کثیر تعداد میں ہیں اور ان میں محاورے اور کہاوتیں بھی شامل ہیں۔ دراصل اردو لغات میں کہاوتیں درج کرنے کی روایت رہی ہے اور انگریزی کے مقابلے میں اردو میں کہاوتیں ہیں بھی کثیر تعداد میں اور ان کا اندراج ناگزیر تھا۔

اس لغت کی ایک اہم اور منفرد خصوصیت یہ ہے کہ اس میں تلفظ کی توضیح بین لاقوامی صوتیاتی حروف تہجی (International Phonetic Alphabet) کے ذریعے کی گئی ہے جو پوری دنیا میں استعمال ہوتے ہیں۔ اس طرح اردو رسم الخط نہ جاننے والے مگر انگریزی سے واقف قاری بھی اردو حروف کا صحیح تلفظ ادا کرسکیں گے۔ اس لحاظ سے یہ ایک کارنامہ ہے اور اس کی اولیت کا سہرا اوکسفرڈ کے سر ہے۔

لغت میں برطانوی انگریزی کو معیار بنایا گیا ہے اور اس ضمن میں اوکسفرڈ ہی کی مختلف لغات کو سامنے رکھا گیا ہے۔ البتہ یہ لغت کسی اردو اردو لغت یا انگریزی اردو لغت کا ترجمہ نہیں ہے اور نہ ہی کسی اردو لغت یا لغات کا چربہ ہے۔ لغت کے مولفین اور مدیران نے بڑی محنت اور جستجو سے جدید وقدیم اندراجات تلاش کیے ہیں اور اس بات کا خیال رکھا ہے کہ ان کے استعمال کی سند اگر عام اردو متون میں دست یاب نہ ہوں تو کم از کم کسی اردو لغت میں ان کا اندراج ضرور ہو۔ اس لغت کی تیاری میں اردو، فارسی، عربی، انگریزی اور ہندی کی کئی لغات کی سند لی گئی ہے۔ اس کے علاوہ محاورات، ضرب الامثال اور اصطلاحات کی فرہنگوں کے علاوہ بعض دیگر مصادر ومنابع سے بھی مدد لی گئی ہے، ظاہر ہے کہ ان سب کے ناموں کا اندراج یہاں ممکن نہیں۔ ان میں سے کچھ یہ ہیں: اردو لغت (تاریخی اصول پر) (مرتبہ اردو لغت بورڈ)، فرہنگِ آصفیہ، نوراللغات، مہذب اللغات، جامع اللغات، فرہنگِ اثر، فرہنگِ تلفظ، ہندی اردو لغت (مرتّبہ راجا راجیشور راو اصغر)، جدید ہندی اردو لغت (مرتّبہ نصیر احمد خاں)، فرہنگِ عامرہ، پلیٹس، جان شیکسپیر، فوربس اور فیلن (کی اردو انگریزی لغات)، اسٹین گاس کی فارسی انگریزی لغت، المنجد، المورد، مصباح اللغات وغیرہ۔

اردو انگریزی لغات جو انگریزوں نے لکھیں انگریزی کی طرف سے یعنی بائیں جانب سے شروع ہوتی ہیں اور ان کے تتبع میں بعد میں لکھی جانے والی لغات میں بھی یہی رجحان ہے حالانکہ اس کا کوئی جواز نہیں۔ حدتو یہ ہے کہ فیلن کی اردو انگریزی لغت اور انگریزی اردو لغت دونوں الٹے ہاتھ سے شروع ہوتی ہیں۔ ہم نے اس اردو انگریزی لغت کو دائیں ہاتھ یعنی اردو کی جانب سے شروع کیا ہے۔ اندراجات کے مطالعے میں بھی اسی میں آسانی ہے۔

اردو لغات میں ذیلی اندراجات کے ضمن میں بعض اوقات حرفِ اضافت کی وجہ سے عام قارئین کو الجھن کا سامنا کرنا پڑتا ہے اور اس کی وجہ یہ ہے کہ جب یائے مجہول (یعنی بڑی ''ے'') حرفِ اضافت کے طور پر آتی ہے تو ترتیبِ حروف میں شمار نہیں کی جاتی اور اس یائے مجہول پر جو ہمزہ (ء) بعض لوگ لگاتے ہیں (اور جو بعض کے نزدیک بلا جواز ہے لیکن عام رواج کو دیکھتے ہوئے ہم نے اس لغت میں مرکبات میں ہمزہ کو برقرار رکھا ہے) وہ ہمزہ بھی ترتیب میں شمار نہیں کیا جاتا۔ اس بات کو یوں سمجھیے کہ اگر کسی لغت میں لفظ ''بابا'' کا اندراج کیا گیا ہے اور اس کے ذیل میں ''بابا آدم''، ''بابا جان''، ''بابائے اردو'' اور ''بابائے قوم'' کا اندراج کیا گیا ہے تو ''بابائے اردو'' اور ''بابائے قوم'' کی ہمزہ اور یائے مجہول دونوں کو ترتیب میں نظر انداز کردیا جائے گا اور ''بابائے اردو'' کا اندراج ''بابا جان''

سے پہلے ہوگا۔ اردو لغت بورڈ کی لغت میں بھی اسی اصول کو پیش نظر رکھا گیا ہے۔ لیکن چونکہ یہ اصول عام قاری کے لیے الجھن کا باعث بنتا ہے اور اکثر لوگ اس سے واقف بھی نہیں ہیں لہٰذا ہماری اس لغت میں حرفِ اضافت کو بھی ترتیبِ حروف تہجی میں شامل کیا گیا ہے۔

اردو املا کا ذکر ہے تو اردو کے بعض الفاظ کے بارے میں وضاحت مناسب ہوگی کیونکہ ہم نے اس لغت میں معیاری املا کا خاص خیال رکھا ہے اور وہی املا لکھا ہے جو اردو کے معتبر اور مستند عالموں کے نزدیک درست ہے اور ان کی کتابوں میں اس کی تفصیل بھی ملتی ہے (البتہ کچھ مستثنیات ہیں جن کا ذکر آگے آرہا ہے)۔ مثال کے طور پر بعض اوقات اردو کے بعض الفاظ میں ہمزہ کو غیر ضروری طور پر شامل کرلیا جاتا ہے جس سے املا غلط ہوجاتا ہے اور تلفظ بھی بگڑنے کا امکان ہوتا ہے۔ مثلاً ''لیے'' اور ''کیجیے'' کو ''لئے'' اور ''کیجئے'' لکھنا غلط ہے کیونکہ بقول رشید حسن خان جس لفظ کا املا ''ک ی ج ی ے'' ہے اس کو ''ک ی ج ء ے'' لکھنا کیسے درست ہوسکتا ہے۔ دراصل ہمزہ بھی باقاعدہ ایک حرفِ تہجی ہے اور کسی حرفِ تہجی کو بلا ضرورت کسی لفظ میں لانا صحیح نہیں۔ لیے، کیے، جیے، دیجیے، لیجیے اور چاہیے وغیرہ میں ہمزہ نہیں آئے گا۔ البتہ آیئے، جایئے، فرمایئے، بتایئے وغیرہ میں ہمزہ لکھنا چاہیے تاکہ ان الفاظ کا درست تلفظ ادا ہوسکے اور اسی طرح نئے اور گئے میں ہمزہ لکھا جائے گا اور اسی طرح رویئے، دھویئے وغیرہ میں بھی ہمزہ آئے گا کہ اس کے بغیر ان کا صحیح تلفظ ادا نہیں ہوسکتا۔ ہمزہ کے ذیل میں یہ بھی عرض کردیا جائے کہ یائے معروف (ی) پر ختم ہونے والے الفاظ جب مضاف یا موصوف ہوتے ہیں تو ''ی'' پر ہمزہ لکھا جاتا ہے۔ کچھ لوگوں کا خیال ہے کہ ایسے موقعوں پر زیر لکھنا چاہیے یعنی کرسیٔ صدارت اور ترقیٔ اردو کو کرسیِ صدارت اور ترقیِ اردو بھی لکھا جاتا ہے۔ لہٰذا ہم نے بھی دونوں طرح کا املا روا رکھا ہے۔

املا کا دوسرا مسئلہ ان الفاظ کے آخر میں ہائے مختفی (ہ) لکھنے کا ہے جو عربی یا فارسی کے نہیں ہیں اور ان کے آخر میں ہائے مختفی نہیں بلکہ الف آنا چاہیے، مثال کے طور پر انڈا، اڈا، بھروسا، گھونسلا وغیرہ لیکن اردو میں بعض اوقات ان کے آخر میں الف کی بجائے ہائے مختفی لکھی جاتی ہے یعنی ان کو انڈہ، اڈہ، بھروسہ اور گھونسلہ لکھ دیا جاتا ہے۔ یہ طرزِ املا رائج رہا ہے مگر اب صحیح نہیں سمجھا جاتا۔ اسی طرح اردو کے بعض الفاظ کے املا میں ہائیہ آواز شامل ہے لہٰذا ان میں ہائے مخلوط یا دوچشمی ہ (یعنی ھ) لکھنی چاہیے، مثلاً انھیں، تمھیں، تمھارا، کمھار، دولھا، چولھا، وغیرہ۔ بلکہ اگر ان کے املا اور تلفظ میں ہائے مخلوط کا خیال نہ رکھا جائے تو اردو کے ہزاروں بلکہ لاکھوں مصرعے وزن سے گر جائیں گے اور دیوان کے دیوان ناکارہ ہوجائیں گے۔ اردو کے بعض الفاظ میں غیر ضروری طور پر ''ط'' لکھی جاتی ہے جبکہ وہاں ''ت'' آنی چاہیے۔ اصول یہ ہے کہ طوئے عربی الفاظ میں آئے گی۔ ''توتا''، جس کو عام طور پر ''طوطا'' لکھا جاتا ہے، عربی کا لفظ نہیں ہے اس لیے اس میں ''ت'' ہی درست ہے۔ تشت، تشتری اور ناتا (جیسے رشتہ ناتا) میں ''ط'' کا کوئی کام نہیں کیونکہ یہ عربی کے الفاظ نہیں ہیں۔ اسی طرح ذال (ذ) کا غلط استعمال بھی عام ہے۔ زکریا (علیہ السلام)، زخّار (جیسے بحرِ زخّار)، آزر (حضرت ابراہیم علیہ السلام کے والد یا بعض روایت کے مطابق چچا)، گزارا، گزرنا، گزارش، عبادت گزار میں زے (ز) لکھنا چاہیے لیکن آذر (یعنی آگ)، آذر کدہ، بتانِ آذری، ابوذرؓ، پذیر (جیسے ترقی پذیر)، پذیرائی، ذرا اور ذرّہ وغیرہ میں ذال صحیح ہے۔ البتہ بعض الفاظ میں اختلاف ہے اور گزشتہ اور گذشتہ، راہ گزر اور راہ گذر دونوں کو درست ماننا چاہیے۔ اس کے علاوہ کئی متفرق الفاظ ہیں جن کا املا غلط کیا جاتا ہے۔ مثلاً عربی میں ایک لفظ ہے ''زحم'' (ز ح م) جس کے معنی ہیں ہجوم میں دبانا یا دھکا دینا۔ اسی سے ''ازدحام'' بنا ہے لیکن اردو میں اسے کبھی تو اژدہام لکھ دیا جاتا ہے اور کبھی اژدہام۔

سرِ دست عرض صرف یہ کرنی ہے کہ ہم نے تحقیق اور تنقیح کے بعد درست املا لکھا ہے البتہ جہاں اختلاف ہے اس کو بھی مدِ نظر رکھا ہے اور دونوں املا دے دیے ہیں۔ پھر بعض الفاظ کا املا اردو میں اتنا رائج ہوگیا ہے کہ وہ اصلاً غلط ہونے کے باوجود درست مانا جاتا ہے اور ایسے کئی الفاظ ہیں جو عربی یا فارسی کے نہیں ہیں مگر ہم ان کے آخر میں ''ہ'' لکھتے ہیں اور چونکہ زبان میں چلن اور رواج کی بڑی اہمیت ہوتی ہے اور غلط العام فصیح کا اصول بھی موجود ہے اس لیے ان کے اس مختلف (یا غلط؟) املا کو بھی تسلیم کرنا پڑتا ہے۔ بلکہ شمس الرحمٰن فاروقی تو یہ کہتے ہیں کہ ان کا یہ املا غلط نہیں بلکہ از روئے قاعدہ درست ہے۔ اپنی کتاب ''لغاتِ روزمرّہ'' میں وہ کہتے ہیں کہ جن اردو الفاظ کے آخر سے ہائے مختفی کو یہ کہہ کر نکال دیا گیا ہے کہ یہ عربی فارسی کے نہیں ہیں ان کے پرانے املا (مثلاً گھنٹہ، پیسہ، مہینہ، خاکہ وغیرہ) کو ترک کرکے اپنائے جانے والے ان کے نئے املا (یعنی گھنٹا، پیسا، مہینا، خاکا) کو سب نے تسلیم نہیں کیا۔ اسی طرح بعض مقامات کے ناموں مثلاً آگرہ اور شیخو پورہ

میں بھی ہائے مختفی لکھی جا رہی ہے۔ ہاں البتہ وہ یہ مانتے ہیں کہ پچھلے بیس تیس برسوں میں بعض الفاظ کے املا سے الف نے ہائے مختفی کو کم و بیش باہر کر دیا ہے، مثلاً اب انڈہ، بیڑہ، ڈبہ، جھانسہ، کلیجہ کو بالعموم انڈا، بیڑا، ڈبا، جھانسا اور کلیجا ہی لکھا جاتا ہے جبکہ ٹھکانا/ٹھکانہ، دھبا/دھبہ، دھوکا/دھوکہ وغیرہ میں بھی اب الف لکھنے کا رجحان زیادہ ہے۔

اس ساری بحث کا خلاصہ یہ ہے کہ ہم نے نہ صرف رائج املا کو مدنظر رکھا ہے بلکہ جدید کو بھی نظر انداز نہیں کیا۔ بلکہ اکثر الفاظ کے قدیم املا یا مختلف املا بھی قوسین میں ظاہر کر دیے ہیں کیونکہ اردو املا کا انتشار بہت قدیم ہے اور نہ صرف یہ کہ اردو میں ایک ایک لفظ کے کئی کئی املا رائج رہے ہیں بلکہ کلاسیکی ادب اور پرانی مطبوعات میں پرانا املا زیادہ ملتا ہے (اردو کی قدیم کتابوں میں لفظ ''مُنھ'' کے کئی املا ملتے ہیں، مثلاً مُونھ، مُوں، منھہ اور حتیٰ کہ مُو۔ اور پہلے رواج ''منہ'' کا تھا اور حالیہ رجحان ''منھ'' کی طرف ہے)۔ املا کی الجھنوں سے قاری کو بچانے کے لیے اس لغت میں ایک لفظ کی عام طور پر مستعمل تقریباً ساری شکلیں دے دی گئی ہیں اور دوطرفہ حوالوں (cross-references) کے ذریعے ان کی نشان دہی کے علاوہ اکثر دو جگہوں پر اندراج بھی کیا گیا۔ البتہ ان میں سے جو کم رائج شکل ہے وہاں معنی تفصیل سے دینے کی بجائے دوسرے زیادہ مستعمل املا سے رجوع کرا دیا گیا ہے۔

رہا غیر عربی فارسی یعنی دیسی یا مقامی (ہندی یا اردو کہہ لیجیے) الفاظ کے ساتھ اضافت اور عطف کا مسئلہ تو اردو میں اصلاحِ زبان کی تحریکوں کے اثر سے دیسی اور غیر دیسی الفاظ کے درمیان اضافت اور واوِ عطف کے لانے کو برا سمجھا جانے لگا اور اس ضمن میں یہ گویا طے ہو گیا کہ کسی مرکب میں حرفِ اضافت یا واوِ عطف صرف اس صورت آ سکتا ہے جب اس مرکب کے الفاظ عربی یا فارسی کے ہوں، یعنی یا تو دونوں عربی کے ہوں (جیسے مزارِ قائد یا قلب و نظر) یا دونوں فارسی کے ہوں (جیسے گلِ رنگیں یا جان و دل) یا ایک فارسی کا اور ایک عربی کا ہو (جیسے اختتامِ ہفتہ یا نامۂ اعمال)۔ گویا ترکیب کا جزو اول یا ثانی دیسی یا مقامی یعنی خالص اردو رہندی کا لفظ نہ ہو۔ اسی لیے ''قابلِ بھروسا ربھروسہ''، ''لبِ سڑک''، ''نیلامِ دکانات'' (ویسے نیلام بھی اصلاً اردو کا لفظ نہیں ہے، پرتگالی سے آیا ہے اور لیلاو کا بگاڑ ہے)، ''وزیرِ بجلی'' اور ''محکمۂ ڈاک'' جیسی تراکیب میں اضافت اور ''چیخ و پکار''، ''دین و دھرم'' اور ''رات و دن'' جیسی تراکیب میں واوِ عطف کو غلط سمجھا جاتا ہے۔ لیکن ایسی تراکیب اردو میں بہت عرصے سے چلی آ رہی ہیں اور قدما کی شاعری میں بھی ان کا استعمال ہے بلکہ پرانے استاد شعرا کے ہاں کہیں کہیں انگریزی الفاظ کے ساتھ بھی مرکبِ اضافی اور مرکبِ عطفی بنائے گئے ہیں۔ شان الحق حقی صاحب بھی ایسے مرکبات میں کوئی عار نہیں سمجھتے اور اکبر اور اورنگ زیب کے زمانے سے نہ صرف اردو میں بلکہ برعظیم پاک و ہند کی فارسی میں بھی ان کے استعمال کی سند دیتے ہیں۔ چنانچہ ہم نے یہ طے کیا کہ اس طرح کے جن مرکبات کے استعمال کی تاریخی سند موجود ہے ان کا اندراج ہماری اس لغت میں ضرور کرنا چاہیے۔ لہٰذا اس ضمن میں ہم لغت نویسی کے اس بنیادی اصول پر عمل پیرا ہوئے ہیں جو کہتا ہے کہ پڑھے لکھے اور باشعور افراد کے ہاں کسی لفظ یا مرکب کے تسلسل سے استعمال سے اس کے معنی کا استناد ہوتا ہے۔ اب ہمارے ٹی وی چینل ''زیرِ کنٹرول''، ''ممبرِ پارلیمنٹ'' (یا ''رکنِ پارلیمنٹ'') اور ''تیل و گیس'' جیسی تراکیب استعمال کر رہے ہیں گویا انگریزی الفاظ کے ساتھ عربی، فارسی اور اردو رہندی الفاظ کے جوڑ بھی حرفِ اضافت اور واوِ عطف سے بنا رہے ہیں۔ کل کو اگر اردو کے کسی مستند اہلِ قلم نے ان تراکیب کو اپنی تحریروں میں استعمال کر لیا تو شاید ان کو بھی سند مل جائے گی۔ کم از کم ''وزیرِ پانی و بجلی'' کی ترکیب تو اخبارات اور ٹی وی چینل دونوں استعمال کر رہے ہیں حالانکہ اس میں واوِ عطف اور اضافت دونوں کے اصول کی بیک وقت خلاف ورزی ہو رہی ہے۔ دراصل زبان ایک سیلاب کی طرح ہوتی ہے، اس پر کوئی بند نہیں باندھا جا سکتا اور جب کسی لفظ، محاورے یا ترکیب کو استعمالِ عام اور قبولیت حاصل ہو جائے تو اسے سند تسلیم نہ کرنا بہت مشکل ہوتا ہے کیونکہ زبان میں مطلق العنانیت نہیں چلتی اور اس میں تبدیلیاں جمہوری ذرائع یا طریقوں سے ہوتی ہیں۔ اس ضمن میں کئی الفاظ کی مثالیں دی جا سکتی ہیں لیکن بخوفِ طوالت ان سے احتراز کیا جاتا ہے۔

آج کل میڈیا اور اطلاعاتی ٹیکنالوجی کے کثرتِ استعمال نے زبانوں کے مابین فاصلوں کو تیزی سے کم کیا ہے۔ جس طرح اردو زبان پر انگریزی الفاظ کا غلبہ دکھائی دیتا ہے اسی طرح انگریزی نے بھی اردو سے بہت کچھ اکتساب کیا ہے۔ انگریزی نے نہ صرف آج سے سو ڈیڑھ سو سال پہلے اردو الفاظ کو قبول کرنا شروع

کر دیا تھا بلکہ آج بھی اردو کے الفاظ انگریزی زبان میں شامل ہو کر اس کی زینت بڑھا رہے ہیں۔ اس رجحان کا ایک مظہر تو وہ خصوصی لغات ہیں جو انگریزی میں شامل یا مستعمل اردو الفاظ کو پیش کرتی ہیں اور دوسرا یہ کہ اوکسفرڈ نے اپنی انگریزی کی مختصر (کنسائز) لغت میں سموسہ اور گلاب جامن جیسے لفظوں کا بھی اندراج کیا ہے۔ زبان کی اس اہم پیش رفت کو بھی ہم نے اس لغت میں شامل کیا ہے۔ اوکسفرڈ انگلش ڈکشنری (کلاں) اور اوکسفرڈ کی مختصر لغات میں شامل انگریزیائے گئے اردو الفاظ کو چن کر تقریباً سوا سات سو الفاظ کی فہرست اس لغت کے آخر میں مہیا کی گئی ہے۔

اس لغت کی تیاری میں مؤلفین، مدیران، معاونین، ماہرین اور اوکسفرڈ کے عملے نے بڑی جاں فشانی اور جستجو سے کام لیا ہے اور اس کی صحت، درستی، استناد اور معیار کے لیے حتی الامکان سعی کی ہے۔ کسی خاص لفظ، مرکب یا املا کو درست ماننے یا نہ ماننے کا فیصلہ تحقیق، مطالعے اور غور و خوض کے بعد کیا گیا ہے، الل ٹپ فیصلے صادر نہیں کیے گئے۔ اس لغت پر نہ صرف کثیر سرمایہ صرف ہوا ہے بلکہ یہ تقریباً دس برسوں تک تالیف، تدوین، تصحیح، تنقیح، نظرِ ثانی، ترمیم اور اضافوں کے مرحلوں سے گزری ہے اور اس منصوبے میں شامل ہر فرد کی حتی الامکان یہ کوشش رہی ہے کہ یہ اغلاط سے پاک ہو۔

کسی بھی جامع اور مستند لغت کی تیاری اور اشاعت ایک اجتماعی کارگزاری ہوتی ہے۔ لغت کے مؤلفین ایس ایم سلیم الدین صاحب اور سہیل انجم صاحب سے لے کر حروف چینی کرنے والوں تک کا اس میں اہم حصہ ہے۔ اگر اسے خودستائی پر محمول نہ کیا جائے تو یہ عرض کرنے کی اجازت چاہوں گا کہ راقم الحروف نے بھی بہت وقت اور محنت صرف کر کے اس میں تصحیح، ترمیم اور اضافے کیے ہیں۔ میرا یہ خوش گوار فریضہ ہے کہ میں مؤلفین اور اوکسفرڈ کے تمام کارپردازان کا شکریہ ادا کروں جن کی ان تھک محنت سے یہ منصوبہ تکمیل تک پہنچا۔ بالخصوص غوثیہ علی صاحبہ، ابراہیم سعد صاحب اور حمیرا اشرف صاحبہ نے بے مثال تعاون اور تحمل مزاجی کا مظاہرہ کیا جس پر میں ان کا تہہ دل سے ممنون ہوں۔ طارق محمود صاحب اور معاونینِ خصوصی کا بھی شکریہ واجب ہے۔ سرمد حسین صاحب نے تلفظ کو بین الاقوامی صوتیاتی علامات (IPA) میں ڈھال کر اس لغت کو ایک اور انفرادیت بخشی ہے۔ اوکسفرڈ کی روح و رواں محترمہ امینہ سید صاحبہ نے میری بعض تجاویز کو پذیرائی بخشی اور کام کی مکمل آزادی دی جس سے اس لغت کی ترتیب و تدوینِ نو میں حد درجہ آسانی رہی۔ اس کے لیے ان کا خصوصی شکریہ ہم سب کو ادا کرنا چاہیے۔

رؤف پاریکھ
مدیرِ اعلیٰ

لغت سے استفادے کے لیے ہدایات و توضیحات

۱ اندراجات کا خاکہ (Structure of entries)

یوں تو دنیا کی بیشتر زبانوں میں دوسری زبانوں کے الفاظ شامل ہیں اور ان میں ترکیب سازی اور تصریفی تبدیلیاں (morphological changes) بھی ہوتی ہیں لیکن اردو میں یہ عمل ذرا زیادہ ہی ہوتا ہے اور عربی، فارسی اور بعض دیگر زبانوں کے الفاظ اردو میں کثیر تعداد میں شامل ہیں۔ اسی لیے اس لغت میں الفاظ، محاورات، مرکبات، اصطلاحات، کہاوتیں اور بعض فقرے بھی شامل کیے گئے ہیں۔ نیز اس میں عربی اور فارسی یا بعض دوسری زبانوں کے کچھ فقرے اور کہاوتیں بھی آپ کو ملیں گی کیونکہ اب یہ اردو زبان کا حصہ ہیں اور عام طور پر تحریر وتقریر میں مستعمل ہیں۔ اس لغت کے اندراجات کو ہم واضح طور پر دو حصوں میں تقسیم کر سکتے ہیں۔

(الف) اردو الفاظ (words)

(ب) انگریزی معنی و متبادلات (meanings)

(الف) اردو الفاظ:

اردو الفاظ بنیادی مفرد اندراج (headwords) کے طور پر اور ان سے بننے والے مرکبات و محاورات بطور ذیلی اندراجات (sub-entries) شامل کیے گئے ہیں۔ جہاں کہیں کسی لفظ کے صیغوں میں تبدیلی ہوئی اسے بنیادی اندراج (headword) کے طور پر شامل کیا گیا ہے۔ جیسے لکھنا سے لکھا، لکھانا، لکھائی، لکھت، لکھنی، لکھنے، لکھوانا سب اپنی جگہ بنیادی اندراج ہیں۔ ان کے ذیلی اندراجات کے طور پر مثلاً ''لکھا پڑھی'' لکھا کے ذیل میں ہے، ''لکھنا پڑھنا'' لکھنا کے ذیل میں آیا ہے اور'' لکھے نہ پڑھے نام محمد فاضل'' کا اندراج آپ کو لکھے کے تحت ملے گا۔ وہ مرکبات جو کثرت استعمال کے باعث نئی شکل، مختلف املا یا نئے معنی اختیار کر چکے ہیں ان کو بھی بطور بنیادی اندراج شامل کیا گیا ہے جیسے آبشار، بزدل، پیداوار، جانماز وغیرہ۔ نیز قاری کی سہولت کے لیے انھیں ان کے بنیادی لفظ کے تحت بطور ذیلی اندراج (sub-entry) بھی دیا گیا ہے اور ان کے مابین دوطرفہ حوالہ (cross-reference) دیا گیا ہے۔ مثلاً آبشار کا اندراج آپ کو''آب'' کے تحت بھی ملے گا اور'' آبشار'' بطور بنیادی مفرد لفظ کے طور پر بھی آیا ہے۔ اسی طرح بُزدل ''بُز'' کے ذیل میں بھی ہے اور اس کا الگ سے اندراج بھی کیا گیا ہے۔

لغت سے مثال:

بنیادی اندراج	اب[1] /əb/ ■ *adv.* **1** now, nowadays, presently. **2** right now, at this moment. **3** in this situation. ■ *n.m.* the present time. اب اب کر کے recently. اب بھی even now, still.
ضرب المثل/کہاوت	اب بھی سویرا ہے it's never too late. اب پچھتائے کیا ہوت جب چڑیاں چگ گئیں کھیت no use crying over spilt milk.
محاورہ	اب تب now and then; shortly; presently.
مرکب	اب تب کرنا put off continually, evade.

(ب) انگریزی معنی و متبادلات:

اردو الفاظ کے ممکنہ انگریزی معنی اور متبادلات فراہم کرنے کی کوشش کی گئی ہے۔ ایک سے زائد معنی ہونے کی صورت میں قاری کی تفہیم کے لیے ان کے استعمال کو اولیت دی گئی ہے۔ کسی لفظ کے سب سے زیادہ مستعمل معنی پہلے دیے گئے ہیں۔ ہر معنی کے مترادفات کو سکتہ یعنی کوما (,) سے الگ کیا گیا ہے۔ جہاں کہیں معنی میں باریک فرق ہے وہاں نیم وقفہ (سیمی کولن ;) لگایا گیا ہے اور یکسر مختلف معنی کا حامل ہے تو ہر معنی کو الگ نمبر کے تحت درج کیا گیا ہے۔

ہر بنیادی مفرد اندراج کی قواعدی حیثیت کے لیے علامت مربع کے نشان (■) کے تحت کیا گیا ہے۔ اسی طرح اگر کوئی لفظ مختلف قواعدی حیثیت کا حامل ہے، مثلاً ایک اسم مذکر کے طور پر الگ معنی میں آتا ہے اور مؤنث کے طور پر الگ معنی میں، تو ان دونوں کا الگ الگ اندراج مربع کے نشان (■) کے تحت کیا گیا ہے۔ اسی طرح اگر ایک لفظ اسم بھی ہے اور صفت بھی تو ان دونوں کا الگ اندراج اسی نشان کے تحت کیا گیا ہے۔

لغت سے مثال:

قواعدی حیثیت کی علامت

قواعدی حیثیت

مفہوم کے فرق کو ظاہر کرنے والا عدد

آب /ɑ:b/ ■ *n.m.* **1** pani, water. **2** juice. **3** sweat. **4** saliva. **5** dewdrop. **6** wine. **7** pus (of a boil). **8** (***Med.***) fluid oozing from a sore. ■ *n.f.* **1** sparkle, brightness, sheen, polish; lustre or water (in gems). **2** edge or sharpness of sword, etc. **3** temper of steel. **4** splendour, elegance, dignity, reputation; honour; magnificence. آب اترنا/بگڑنا **1** lose lustre or polish, fade; (of a sword) become dull or blunt. **2** lose honour; be disgraced. آبِ ارغوانی **1** red wine. **2** (*fig.*) tears of sorrow. آبِ انار **1** pomegranate juice. **2** red wine. آبِ انگور **1** the grape-juice. **2** wine.

۲ ترتیبِ اندراجات (Order of entries)

اردو حروفِ تہجی کی معیاری ترتیب اور تعداد اردو لغت بورڈ کے وضع کردہ اصولوں اور مقتدرہ قومی زبان کے شائع کردہ اردو حروفِ تہجی کے قاعدے سے اخذ کی گئی ہے۔ یعنی ہائیہ آوازوں کو الگ حروف تسلیم کیا گیا ہے۔ یوں اس لغت میں حروف کی ترتیب اس صورت میں ملے گی:

ا آ ب بھ پ پھ ت تھ ٹ ٹھ ث ج جھ
چ چھ ح خ د دھ ڈ ڈھ ذ ر رھ ڑ ڑھ ز ژ
س ش ص ض ط ظ ع غ ف ق ک کھ گ
گھ ل لھ م مھ ن نھ ں و ہ ء ی ے

ایک ہی املا لیکن مختلف اعراب کے حامل الفاظ کے اندراجات کی ترتیب اعراب کی مدد سے کی گئی ہے، جو یہ ہے:

فتحہ (زبر)، کسرہ (زیر)، ضمہ (پیش)، جزم، تشدید

اعراب کے ضمن میں اندراج کا پہلا حرف مفتوح ہونے کی صورت میں علامت ''فتحہ'' نہیں لگائی گئی ہے (ماسوائے واوِ لین اور یائے لین کی صورت میں یا کسی جگہ ابہام کا امکان ہو) جبکہ پہلا حرف مکسور یا مضموم ہونے کی صورت میں کسرہ یا ضمہ کا اندراج کیا گیا ہے۔ اندراج کے دیگر حروف پر اعراب اسی صورت میں

لگائے گئے ہیں جہاں تلفظ کی تفہیم میں ابہام پیدا ہونے کا احتمال ہے۔

۳ قواعدی معلومات (Grammatical information)

(الف) اجزائے کلام (Parts of speech) اور دیگر قواعدی توضیحات

(مخففات کی فہرست صفحہ "تینتیس اور چونتیس" پر ملے گی)

بنیادی مفرد اندراج (headword) کے اجزائے کلام کا اندراج کیا گیا ہے تاکہ لفظ کی قواعدی حیثیت معلوم ہو سکے۔

(ب) استعمال کی وضاحت

جہاں ضروری محسوس ہوا وہاں قوسین میں معنی کے محلِ استعمال کی وضاحت کی گئی ہے۔ اس ضمن میں موضوعی عنوانات (Subject labels)، قواعدی توضیحات (Grammatical explanations) اور خصوصی عنوانات (Specified labels) درج کیے گئے ہیں جن کے اشاریے بالترتیب صفحہ "تینتیس" اور "چونتیس" پر ملیں گے۔

لغت سے مثال:

شاہ /ʃɑ:h/ ■ *n.m.* (also شہ) **1** shah, king, monarch. **2** the king (at chess). **3** (***Islam***) title, often given to a Sayyid. **4** honorific title sometimes given to Sufis. **5** queen bee. ■ *adj.* principal, main; largest; best, excellent. شاہِ اُمم **1** king of nations. **2** (*fig.*) Prophet Muhammad. شاہ جہاں آباد old name of Delhi. شاہ خانم (*iron.*) proud woman. شاہ راہ **1** highway, thoroughfare. **2** (*fig.*) way, method, manner. شاہ رگ the jugular vein. (See also جبل الورید under جبل.)

ضرب /zərb/ ■ *n.f.* **1** blow, beating, stroke. **2** stamping of coins. **3** impression. **4** (***Pros.***) last metrical part of a couplet. **5** (***Arith.***) multiplication. **6** loss, damage. ضربُ المثل (***Gram.***) saying, proverb, saw, maxim. ضربِ چلیپا (***Math.***) cross multiplication. ضرب دینا multiply. (*pl.* اضراب، ضروب)

قواعدی حیثیت

خصوصی عنوانات

موضوعی عنوانات

قواعدی توضیحات

۴ لسانی ماٰخذ (Etymology)

اردو میں تصرّفات اور تحریفات کی کثرت کے باعث مختلف لسانی ماٰخذات (یعنی زبانوں اور بولیوں) سے آنے والے الفاظ نئی صورت و معنی اختیار کر چکے ہیں اس صورت میں ماخذ زبان کے طویل کلیوں سے انحراف کرتے ہوئے کسی بھی لفظ کے بنیادی ماخذ کو ہی مخفف کی صورت میں درج کیا گیا ہے (جس کی فہرست صفحہ "چونتیس" پر موجود ہے)۔ ماٰخذ زبان صرف اسی صورت میں دیا گیا ہے جب ایک ہی املا کے حامل دو یا زائد الفاظ زبانوں یا بنیادی مادۂ زبان کے فرق سے اردو میں داخل ہوئے ہوں۔ اگر ایک ہی املا اور تلفظ کے حامل دو یا زیادہ الفاظ ایسے ہیں جن کی اصل اور ماٰخذ جدا ہیں تو ان کے اندراجات کو اردو

ہندسوں میں شمار کا باریک نمبر دے کر الگ الگ درج کیا گیا ہے۔ اندراج کے اختتام پر اس زبان یا بولی کا نام بھی دیا گیا ہے جو اس کا ماخذ ہے۔

شمار کا عدد

ایک ہی املا اور تلفظ کے حامل الفاظ

لسانی ماخذات

سا¹ /sɑ:/ ■ *adj.* like, resembling; so; used in comp. as: تجھ سا like you. کالا سا blackish. [Prk.]

سا² ____ ■ *n.m.* (***Music***) first of the seven notes of classical music. [Prk.]

سا³ ____ ■ *suffix & adv.* very; intensely; used in comp. as: بہت سا very much. تھوڑا سا very little. [S]

سا⁴ ____ ■ *suffix* something that brushes, polishes or shines; used in comp. as: جبیں سا rubbing the forehead (on ground in adoration). [P]

۵ دوطرفہ حوالہ (Cross-reference)

(الف) see اور also کا استعمال:

وہ املا جو فصیح اور عام فہم ہے اسے مرکزی اندراج مان کر معنی پوری تفصیل سے دیے گئے ہیں جبکہ غیر فصیح و کم مستعمل املا کو ضمنی اندراج مان کر یک لفظی و دو لفظی معنی دیے گئے ہیں:

سِرہانے /sɪrhɑ:ne:/ ■ *adv*. at the head of the bed. See سِرھانے.

سِرھانے /sɪrʰɑ:ne:/ ■ *n.m.* (also سِرہانے) (*pl. & infl.* of سِرھانا).
■ *adv.* at bedside, by the bed.

(ب) See also کا استعمال:

کم مستعمل لفظ کو مزید تفہیم کے لیے اس کے ہم معنی عام مستعمل لفظ کی طرف رجوع کروانے کے لیے (See also ....) کا استعمال کیا گیا ہے:

چمانی /tʃəmɑ:ni:/ ■ *n.m.* cupbearer. (See also ساقی.)

(ج) موازنہ کیجیے (compare) یا (*cf.* ...) کا استعمال:

معنی کے مابین باریک فرق یا امکانی غلط فہمی کی نشان دہی کے لیے (*cf.* ...) دیا گیا ہے۔

مُترجِم /mʊt̪ərdʒɪm/ ■ *n.m.* translator, interpreter.
(*pl.* مُترجِمین) (*cf.* ترجمان)

ترجمان /t̪ərdʒumɑ:n/ ■ *n.m.* interpreter, spokesperson, representative, mouthpiece, dragoman. (*cf.* مُترجِم)

(د) متضاد الفاظ کے لیے (*opp.* ...) کا استعمال:

مَیسرہ /mæ:sərɑ:/ ■ *n.m.* left wing of army. (*opp.* مَیمنہ)

مَیمنہ /mæ:mənɑ:/ ■ *n.m.* right wing of army. (*opp.* مَیسرہ)

اردو الفاظ کا تلفظ

زیرِنظر اردو انگریزی لغت میں اردو تلفظ کی فراہمی کے لیے بین الاقوامی صوتیاتی انجمن (International Phonetic Association) کی وضع کردہ بین الاقوامی صوتیاتی علامات (International Phonetic Alphabet) کا استعمال کیا گیا ہے جس کی بدولت تلفظ کی مکمل جزئیات کے ساتھ فراہمی ممکن ہوئی ہے۔ نیز مذکورہ علامات کے لاطینی رسم الخط میں ہونے کے باعث اردو تلفظ سے آشنائی اُن انگریزی دان قارئین کے لیے بھی آسان ہوگئی ہے جو عربی رسم الخط سے واقفیت نہیں رکھتے۔ لغت میں اردو الفاظ کے لیے استعمال ہونے والی بین الاقوامی صوتیاتی علامات کے تعین میں سمعی صوتیات (Acoustic Phonetics) سے استفادہ کیا گیا ہے۔ اس عمل میں پہلے اردو بطور مادری زبان بولنے والے افراد سے مطلوبہ حروف و الفاظ کے حامل جملوں کی متعدد بار ادائیگی کرائی گئی اور اُن آوازوں کو حساس ترین جدید صوتیاتی آلات کے ذریعے ریکارڈ کیا گیا۔ بعدازاں صوتیاتی تجزیے کے لیے مخصوص سوفٹ ویئر میں اُن تمام اصوات کے تفصیلی مشاہدے کے بعد حاصل ہونے والے نتائج کو معیار بنایا گیا ہے۔ واضح رہے کہ اس سے پہلے کسی لغت میں اردو الفاظ کے تلفظ کی فراہمی بین الاقوامی صوتیاتی علامات کے ذریعے نہیں کی گئی اور ہمارے سامنے اردو کا کوئی معیاری صوتیاتی تلفظ موجود نہیں تھا۔ اس لیے لغات میں درج تلفظ کو ہی معیاری سمجھتے ہوئے بین الاقوامی صوتیاتی علامات کی شکل میں درج کیا گیا ہے البتہ دورانِ تجربہ مشاہدات کو فہرستِ علامات میں متعلقہ جدول کے بعد ''تجزیاتی مشاہدات'' کی ذیل میں بیان کر دیا گیا ہے تاکہ اردو صوتیات میں مزید تحقیق کے امکانات پیدا ہوسکیں۔ علامات کی فہرست درج ذیل ہے۔

اردو کے مصمتے (Urdu consonants)

ب b	پ p	ت t̪	ٹ ʈ	ث s	ج dʒ
چ tʃ	ح h	خ x	د d̪	ڈ ɖ	ذ z
ر r	ڑ ɽ	ز z	ژ ʒ	س s	ش ʃ
ص s	ض z	ط t̪	ظ z	ع ʔ	غ ɣ
ف f	ق q	ک k	گ g	ل l	م m
ن n	و v	ہ h	ی j	نک ŋk	نگ ŋg

جدول ۱: اردو مصمتے

اردو مصمتوں سے متعلق تجزیاتی مشاہدات

- تحریری زبان میں ''ع'' کسی لفظ یا حرکت کے آغاز، درمیان اور آخر، تینوں مقامات پر ظاہر ہوتا ہے لیکن تقریری زبان کے عوامی تلفظ میں اکثر مقامات پر ادا نہیں کیا جاتا۔ لغات میں درج تلفظ کو معیاری سمجھتے ہوئے ''ع'' کو مصمتوں کی جدول میں شامل رکھا گیا ہے۔
- تقریری زبان کے عوامی تلفظ میں بعض علاقوں میں ''ق'' اور ''ک'' کے مابین فرق روا نہیں رکھا جاتا۔ لغات میں درج تلفظ اور تعلیم یافتہ اہلِ زبان کے تلفظ کو معیاری

سمجھتے ہوئے ''ق'' کو مصمتوں کی جدول میں شامل رکھا گیا ہے۔

- تحریری زبان میں ہمزہ (ء) کے مختلف استعمالات ہیں لیکن تقریری زبان میں یہ عموماً بے آواز رہتا ہے اور محض اعراب لگانے کی جگہ فراہم کرتا ہے اس لیے صوتیاتی تلفظ میں اس کے لیے کوئی علامت مختص نہیں کی گئی۔ ہمزہ عموماً الف کے قائم مقام کا کام کرتا ہے، مثلاً حائل یا دوائر یا دوئی میں، وہاں تلفظ اسی مناسبت سے صوتیاتی حروف میں ظاہر کیا گیا۔ بالفاظِ دیگر ہمزہ کی دہری حیثیت کا خیال رکھا گیا ہے۔ (یاد رہے کہ اس امر پر تمام ماہرین متفق ہیں کہ ہمزہ الف کا قائم مقام ہے)۔
- تجزیے کے مطابق تحریری زبان میں مختصر مصوتے کے بعد اگر نون غنہ ''ں'' اور بعدازاں ''ک'' آئے تو اس حرکت (syllable) کی ادائیگی کے دوران ''ں ک'' کے امتزاج سے ایک منفرد آواز پیدا ہوتی ہے جسے صوتیاتی علامت میں "ŋk" سے ظاہر کیا جاتا ہے۔
- تجزیے کے مطابق تحریری زبان میں مختصر مصوتے کے بعد اگر نون غنہ ''ں'' اور بعدازاں ''گ'' آئے تو اس حرکت (syllable) کی ادائیگی کے دوران ''ں گ'' کے امتزاج سے ایک منفرد آواز پیدا ہوتی ہے جسے صوتیاتی علامت /ŋg/ سے ظاہر کیا جاتا ہے۔

ہائیہ مصمّتے (aspirates)

بھ b^{h}	پھ p^{h}	تھ t̪^{h}	ٹھ ʈ^{h}	جھ dʒ^{h}
چھ tʃ^{h}	دھ d̪^{h}	ڈھ ɖ^{h}	رھ r^{h}	ڑھ ɽ^{h}
کھ k^{h}	گھ g^{h}	لھ l^{h}	مھ m^{h}	نھ n^{h}

جدول ۲: ہائیہ مصمّتے

ہائیہ مصمّتوں سے متعلق تجزیاتی مشاہدات

- بول چال کے عوامی تلفظ میں بعض اوقات ہائیہ آواز ''لھ'' کے بجائے اکثر ''ل'' اور ہائے ہوز ''ہ'' الگ الگ بھی ادا کی جاتی ہے۔ مثلاً سولھواں، چولھا اور دلھن کی بجائے سولہواں، چولہا، دلہن وغیرہ۔ لیکن لغات میں درج تلفظ اور تعلیم یافتہ اہلِ زبان کے تلفظ کو معیاری سمجھتے ہوئے /لھ/ کو مصمتوں کی جدول میں شامل رکھا گیا ہے۔
- بول چال کے عوامی تلفظ میں ہائیہ آواز /مھ/ کے بجائے بعض اوقات /م/ اور ہائے ہوز /ہ/ الگ الگ بھی ادا کی جاتی ہے مثلاً کمھار اور تمھارا کی بجائے کمہار، تمہارا وغیرہ۔ لیکن لغات میں درج تلفظ اور تعلیم یافتہ اہلِ زبان کے تلفظ کو معیاری سمجھتے ہوئے /مھ/ کو مصمتوں کی جدول میں شامل رکھا گیا ہے۔
- مذکورہ بالا ہائیہ آوازوں کے علاوہ تین مزید ہائیہ آوازیں ''وھ''، ''یھ'' اور ''ں ھ'' بھی قدیم اردو کے املا میں شامل سمجھی جاتی تھیں لیکن اب اُن کا استعمال تقریباً متروک ہو چکا ہے اس لیے اُنھیں مصمتوں کی جدول میں شامل نہیں کیا گیا۔

اردو کے مصوّتے (Urdu vowels)

طویل مصوّتے (long vowels)

بین الاقوامی صوتیاتی علامتوں میں طویل مصوتوں کے لیے مختص علامتوں کے ساتھ علامتِ دورانیہ /:/ (durational mark) عموماً چند مخصوص صورتوں میں ہی لگائی جاتی ہے لیکن ایک ناگزیر ضرورت کی بنا پر یہاں تمام طویل مصوتوں کے ساتھ علامتِ دورانیہ لگائی گئی ہے جس کی تفصیلی وجوہات آئندہ سطور میں ''مجہول مصوتے'' کی ذیل میں درج

ہیں۔ اردو کے طویل مصوتے اور اُن کے لیے مختص علامات درج ذیل ہیں۔

الف طویل، الف مد	ɑ:	گانا، آنا	/gɑ:nɑ:, ɑ:nɑ:/
یائے لین	æ:	بیٹھنا	/bæ:ʈʰnɑ:/
یائے معروف	i:	پیلا	/pi:lɑ:/
یائے مجہول	e:	دینا	/d̪e:nɑ:/
واؤ لین	ɔ:	پودا	/pɔ:d̪ɑ:/
واؤ معروف	u:	گودنا	/ku:d̪nɑ:/
واؤ مجہول	o:	بونا	/bo:nɑ:/

جدول ۳: طویل مصوّتے

مختصر مصوّتے (short vowels)

فتحہ (زبر)	ə	بَن	/bən/
کسرہ (زیر)	ɪ	بِن	/bɪn/
ضمہ (پیش)	ʊ	بُن	/bʊn/

جدول ۴: مختصر مصوّتے

مجہول مصوّتے (majhul vowels)

دورانِ تجربہ یہ مشاہدہ سامنے آیا کہ اردو میں طویل اور مختصر کے علاوہ مصوتوں کی ایک تیسری قسم بھی ہے جن کی آوازیں طویل مصوتوں سے ملتی ہیں لیکن لمبائی طویل مصوتوں سے کم اور مختصر مصوتوں سے زیادہ ہے۔ تحریری نظام میں اِنھیں مجہول حرکات کہا جاتا ہے اِسی مناسبت سے اِنھیں مجہول مصوتوں کا نام دیا گیا ہے۔ بین الاقوامی صوتیاتی علامات میں ان آوازوں کے لیے الگ سے کوئی علامات مختص نہیں تھیں اس لیے لمبائی کے فرق کو مدنظر رکھتے ہوئے طویل مصوتوں کی علامتوں کے ساتھ علامتِ دورانیہ /:/ (durational mark) لگا کر انھیں ممیز کیا گیا ہے اور مجہول مصوتوں کے لیے اُنھی علامتوں کو علامت دورانیہ کے بغیر استعمال کیا گیا ہے۔ مجہول مصوتے اور اُن کے لیے مختص علامات درج ذیل ہیں۔

فتحہ مجہول	æ	شہر	/ʃæhr/
کسرہ مجہول	e	سہرا	/sehrɑ:/
ضمہ مجہول	o	عہدہ	/ohd̪ɑ:/

جدول ۵: مجہول مصوّتے

طویل انفی مصوّتے (long nasalized vowels)

تحریری زبان میں طویل مصوتے کے بعد اگر نون غنہ /ں/ آئے تو تو اس حرکت (syllable) کی ادائیگی کے دوران مصوتے میں انفیت پیدا ہو جاتی ہے جس کے اظہار کے لیے صوتیاتی تلفظ میں مصوتے پر انفی علامت / ~ / لگائی جاتی ہے۔

الف طویل، الف مد مغنونہ	ɑ̃:	جاں، آں	/dʒɑ̃:, ɑ̃:/
یائے لین مغنونہ	æ̃:	ہَیں	/hæ̃:/
یائے معروف مغنونہ	ĩ:	آئیں	/ɑ:ĩ:/
یائے مجہول مغنونہ	ẽ:	آئیں	/ɑ:ẽ:/
واؤ لین مغنونہ	ɔ̃:	لَونڈی	/lɔ̃:ḍi:/
واؤ معروف مغنونہ	ũ:	یُوں	/jũ:/
واؤ مجہول مغنونہ	õ:	اِنسانوں	/ɪnsɑ:nõ:/

جدول ۶: طویل انفی مصوّتے

مختصر انفی مصوّتے (short nasalized vowels)

تحریری زبان میں مختصر مصوتے کے بعد اگر نون غنہ /ں/ آئے تو اس حرکت (syllable) کی ادائیگی کے دوران مصوتے میں انفیت پیدا ہو جاتی ہے جس کے اظہار کے لیے صوتیاتی تلفظ میں مصوتے پر انفی علامت / ˜ / لگائی جاتی ہے۔

کسرہ مغنونہ	ɪ̃	اِنچا	/ɪ̃tʃɑ:/
فتحہ مغنونہ	ə̃	بھنور	/bʰə̃vər/
ضمہ مغنونہ	ʊ̃	گُنوارا	/kʊ̃vɑ:rɑ:/

جدول ۷: مختصر انفی مصوتے

دیگر اعراب (other diacritical marks)

الف بالا	ɑ:	اعلیٰ	/əʔlɑ:/
الف زیریں	i:	بذاتہٖ	/bezɑ:ṭehi:/
تنوین	n	اجمالاً	/ɪdʒmɑ:lən/
تشدید	ṭṭ	لٹّو	/ləṭṭu:/

جدول ۸: دیگر اعراب

زیرِ نظر لغت میں بین الاقوامی صوتیاتی حروف تہجی کے ذریعے تلفظ کی فراہمی، اردو لغات میں اپنی نوعیت کی پہلی اور تجرباتی کاوش ہے جس میں بہتری اور اصلاح کی گنجائش یقیناً موجود ہے۔ زبان کے مروجہ لہجوں اور تجزیاتی مشاہدات پر مزید تحقیق کے بعد مجاز ادارے یا افراد، اردو کے لیے استعمال ہونے والی بین الاقوامی صوتیاتی علامات کی معیار بندی کا فریضہ سرانجام دے سکتے ہیں جو صرف عہد حاضر کا تقاضا ہی نہیں بلکہ زبان کی بقا کے لیے بھی اشد ضروری ہے۔ ہمیں امید ہے کہ اوکسفرڈ کی اس کاوش کو سراہا جائے گا اور اردو زبان کو جدید تقاضوں سے ہم آہنگ کرنے کی اس سعی میں اہلِ علم مفید تجاویز کے ذریعے ہاتھ بٹائیں گے۔

سرمد حسین
مدیر برائے بین الاقوامی صوتیاتی
حروف تہجّی (IPA)

اشارات / اجمالی توضیحات

موضوعی عنوانات

Accounting	Accounting	حساب کتاب / محاسبی
Alg.	Algebra	الجبرا
Anat.	Anatomy	تشریحُ الاعضا
Arith.	Arithmetic	حساب، حساب دانی
Astrol.	Astrology	نجوم / جوتش
Astron.	Astronomy	فلکیات / علمِ ہیئت
Biol.	Biology	حیاتیات
Bot.	Botany	نباتیات
Buddhism	Buddhism	بدھ مت
Callig.	Calligraphy	خطاطی
Cards	Cards	تاش
Chem.	Chemistry	کیمیا
Chess	Chess	شطرنج
Christianity	Christianity	عیسائیت
Econ.	Economics	معاشیات
Elect.	Electronics	برقیریات
Engr.	Engineering	انجینیری
Fencing	Fencing	فنِ شمشیرزنی
Geog.	Geography	جغرافیہ
Geol.	Geology	ارضیات
Geom.	Geometry	ہندسہ / اقلیدس
Gram.	Grammar	قواعدِ زبان
Hadith	Hadith	علمِ حدیث
Hinduism	Hinduism	ہندومت
Hist.	History	تاریخ
Hunting	Hunting	شکاریات
Isj.	Islamic Jurisprudence	اسلامی فقہ
Islam	Islam	اسلام
Judaism	Judaism	یہودیت
Law	Law	قانون
Ling.	Linguistics	لسانیات
Literature	Literature	ادب
Logic	Logic	منطق
Masonry	Masonry	راج گیری
Math.	Mathematics	ریاضی
Mech.	Mechanics	میکانیات
Med.	Medicine/ Medical	طب
Mining	Mining	کان کنی
Music	Music	موسیقی
Myth.	Mythology	اساطیریات، علم الاصنام
Philos.	Philosophy	فلسفہ
Phonetics	Phonetics	صوتیات
Physics	Physics	طبیعیات
Physio.	Physiology	فعلیات / عضویات
Poet.	Poetry	شعریات، بوطیقا
Pol. Science	Political Science	سیاسیات
Printing	Printing	طباعت
Pros.	Prosody	علم عروض
Psych.	Psychology	نفسیات
Recitation	Recitation	قرأت / ترتیل و تجوید
Shiites	Shiism	شیعیت
Sports	Sports	کھیل
Sufism	Sufism	تصوف
Surveying	Surveying	مساحت
Theol.	Theology	دینیات
Weaving	Weaving	پارچہ بافی
Wrestling	Wrestling	کُشتی
Zool.	Zoology	حیوانیات

قواعدی توضیحات

adj.	adjective	صفت
adv.	adverb	متعلق فعل
aug.	augmentative	اسمِ مکبّر
aux.	auxillary	فعل امدادی
cf.	compare	موازنہ کیجیے
comb.	combination	ترکیب، اتصال
comp.	compound	مرکب

euph.	euphemism	حسنِ تعبیر/خوش کلامی
fig.	figuratively	تمثیلی/مجازی طور پر
form.	formal, formally	رسمی/پُرتکلف
indef.	indefinite	غیر معین
inform.	informal	غیر رسمی
iron.	ironical	طنزیہ/طعنے کے طور پر
joc.	jocularly	مزاحیہ/ظریفانہ
lit.	literary	ادبی/ادب سے متعلق
literal	literally	لفظاً
obs.	obsolete	متروک/غیر مروج
offens.	offensive	نازیبا/گستاخی پر مبنی
opt.	optative	تمنائی/فعلِ تمنائی
pej.	pejorative	پھبتی/ہجو
rev.	reverentially	تعظیم سے
poet.	poetical	شاعرانہ
rhet.	rhetorical	بیان و بدیع سے متعلق
rust.	rustic	دیہاتی/بھدّا
slang	slang	عامیانہ
usu.	usually	بالعموم
vale.	valedictory	الوداعی
vulg.	vulgar	فحش/بازاری
women's slang	women's slang	خواتین کی روزمرہ بول چال

زبانیں

E	English	انگریزی
A	Arabic	عربی
dial.	dialect.	مقامی/اردو کی کوئی علاقائی تحتی بولی
P	Persian	فارسی
Pj.	Punjabi	پنجابی
Prk.	Prakrit	پراکرت
Pt.	Portuguese	پرتگالی
Push.	Pushto	پشتو
Russ.	Russian	روسی
S	Sanskrit	سنسکرت
Sind.	Sindhi	سندھی
T	Turkish	ترکی

conj.	conjunction	حرفِ عطف
contr.	contraction	اختصار/تخفیف
corr.	corruption	لفظوں کا بگاڑ، تخریب
dim.	diminutive	مصغّر
exclam.	exclamatory	استعجابی
fem.	feminine	مؤنث
imper.	imperative	فعلِ امر
infl.	inflexion	عملِ تصریف
int.	interjection	فجائیہ
n.f.	noun feminine	اسم مونث
n.m.	noun masculine	اسم مذکر
neg.	negative	منفی/انکاری
opp.	opposite	متضاد
past	past	ماضی/فعلِ ماضی
phr.	phrase	جملہ/فقرہ
pl.	plural	جمع کا صیغہ
ppl.	plural of plural	جمع کی جمع (جمعُ الجمع)
pr.n.	proper noun	اسم معرفہ
prep.	preposition	حرفِ جار
pron.	pronoun	اسم ضمیر
prov.	proverb	کہاوت/ضربُ المثل
sing.	singular	واحد
tabe	echo word	تابع
v.	verb	فعل
var.	variant	متبادل/اصل شکل سے مختلف
voc.	vocative	ندائی/ندائیہ

خصوصی عنوانات

arch.	archaic	قدیم
coll.	colloquial	روزمرہ کا لفظ
deris.	derisively	تمسخرانہ/تحقیرانہ
derog.	derogatory	مذمتی/توہین آمیز
disap.	disapprovingly	ناگوار طور پر
emph.	emphatically	تاکیدی/پُرزور
esp.	especially	خصوصاً/بطورِ خاص
etc.	et cetera	اور، وغیرہ

ا

ا /əlɪf/ ■ (also الف مقصورہ) the first letter of the Urdu alphabet.

اَ /ə/ ■ *prefix* denoting lack, absence or opposite, as: اتھاہ unfathomable. اٹوٹ unbreakable.

اب¹ /əb/ ■ *adv.* **1** now, nowadays, presently. **2** right now, at this moment. **3** in this situation. ■ *n.m.* the present time. اب اب کرکے recently. اب بھی even now, still. اب بھی سویرا ہے it's never too late. اب پچھتائے کیا ہوت جب چڑیاں چگ گئیں کھیت no use crying over spilt milk. اب تب now and then; shortly; presently. اب تب کرنا put off continually, evade. اب تب ہونا be at the point of death, be in a dying state. اب تک/تلک till now, hitherto, yet, still. اب چپ بھی کرجاؤ now be quiet please. اب رنگ لائی گلہری now he/she shows his true colours; now he outdid himself in the worse way. اب سے henceforth, from now on, in future. اب سے آئے گھر سے آئے what is done by mistake I shall not repeat. اب سے دور far be it from us! God forbid! اب کا/کی **1** of the present time; this, present. **2** the next, the coming, the following. اب کیا تھا without hesitation; at this (point), consequently. اب کی بات اب کے ساتھ جب کی بات جب کے ساتھ changed circumstances call for a changed attitude. اب کے برس this year; next year. اب نہ تب neither now nor then, never. اب وہ پانی ملتان بہہ گیا that quality is gone now. اب ہی just now, this very moment. [Prk.]

اب² ——— ■ *n.m.* father. اب و اُم father and mother. اب وجد forefathers, ancestors. [A]

اِبا /ɪbɑ:/ ■ *n.m.* & *f.* **1** denial, refusal. **2** abhorrence. **3** disobedience, insubordination. اِبا کرنا avoid; abhor.

ابّا /əbbɑ:/ ■ *n.m.* abba, father, dad.

ابابیل /əbɑ:bi:l/ ■ *n.f.* swallow.

اِباحت /ɪbɑ:hət̪/ ■ *n.f.* **1** permission, liberty, licence. **2** permissibility, making something permissible (legally or religiously).

اِباحیّت /ɪbɑ:hɪjjət̪/ ■ *n.f.* the acts or beliefs of the sect *ibahiyya* (اِباحیّہ).

اِباحیّہ /ɪbɑ:hɪjjɑ:/ ■ *pr.n.m.* (also اِباحی) a sect which does not believe in taboos and is generally considered blasphemous by majority of Muslims.

اباز یر /əbɑ:zi:r/ ■ *n.m.pl.* (also *sing.*) spices.

اُباسی /ʊbɑ:si:/ ■ *n.f.* (also اُوباسی) yawn, when feeling sleepy. اباسی آنا/لینا yawn.

اباطیل /əbɑ:t̪i:l/ ■ *n.m.* (*pl.* of باطل) falsehoods; lies.

اباعد /əbɑ:ʔɪd̪/ ■ *n.m.* (*pl.* of ابعد) very distant relatives.

اُبال /ʊbɑ:l/ ■ *n.m.* **1** (of liquid) the act of boiling. **2** (*fig.*) rage, anger. ابال آنا boil. ابال کھانا (*fig.*) become enraged, be angry.

اُبالا /ʊbɑ:lɑ:/ ■ *adj.* **1** boiled. **2** without oil and spices; tasteless (food).

اُبالنا /ʊbɑ:lnɑ:/ ■ *v.* cause to boil; cook by boiling.

اُبالی /ʊbɑ:li:/ ■ *adj.* (*fem.* of اُبالا) ابالی سالی ہنڈیا food without oil and spices, tasteless food.

ابالیس /əbɑ:li:s/ ■ *n.m.* (*pl.* of ابلیس) Lucifers, Satans.

ابتث /əbt̪əs/ ■ *n.f.* acronym for a sequence of the Arabic alphabet with initial letters ا،ب،ت،ث, as opposed to abjad. (*cf.* ابجد)

اِبتدا /ɪbt̪ed̪ɑ:/ ■ *n.f.* **1** beginning, commencement. **2** start. **3** source, birth, origin. ابتدا سے right from the beginning or start. ابتدا کرنا begin, commence. ابتدا میں (also اِبتداءً) in the beginning, at first; originally.

اِبتداع /ɪbt̪ed̪ɑ:ʔ/ ■ *n.m.* **1** invention, innovation, creation, producing something new. **2** heresy, something new in religion.

اِبتدائی /ɪbt̪ed̪ɑ:i:/ ■ *adj.* initial, elementary, primary, preliminary. ابتدائی تعلیم primary education. ابتدائی رسوم initiatory rites. ابتدائی طبی امداد first aid. ابتدائی مدارس primary schools.

اِبتدائیات /ɪbt̪ed̪ɑ:ɪjɑ:t̪/ ■ *n.f.pl.* the ABC of something, basics, fundamentals.

اِبتدائیہ /ɪbt̪ed̪ɑ:ɪjɑ:/ ■ *n.m.* **1** preface, introduction of a book. **2** news headline.

اِبتذال /ɪbt̪ezɑ:l/ ■ *n.m.* **1** vulgarity, foulness, filth, indecency, lewdness. **2** triteness.

ابتر /əbt̪ər/ ■ *adj.* **1** ruined, spoiled, deteriorated; miserable. **2** disorderly, confused, scattered. **3** childless. ابتر کرنا ruin, spoil; make disorderly. ابتر ہونا be ruined.

ابتری /əbt̪əri:/ ■ *n.f.* **1** deterioration; ruin. **2** confusion, disorder, mismanagement, disorganization.

ابتسام /ɪbt̪esɑ:m/ ■ *n.m.* smile; cheerfulness.

ابتغا /ɪbt̪eɣɑ:/ ■ *n.m.* desire, urge, demand.

ابتکار /ɪbt̪ekɑ:r/ ■ *n.m.* innovation; initiative.

ابتلا /ɪbt̪elɑ:/ ■ *n.m.* & *f.* **1** suffering; distress, misfortune. **2** temptation, trial.

ابتہاج /ɪbt̪ehɑ:dʒ/ ■ *n.m.* gladness, happiness; gaiety, cheerfulness.

ابتہال /ɪbt̪ehɑ:l/ ■ *n.m.* **1** act of praying with tears, begging earnestly, beseech. **2** humility; humbleness.

اُبٹن /ʊbʈən/ ■ *n.m.* (also اُبٹنا) paste made up of oil, flour, turmeric and herbs used to rub the body with, especially that of a bride. ابٹن کھیلنا engage in festivities when a bride is anointed with it. ابٹن لگانا، ملنا anoint the body with this paste.

ابجد /əbdʒəd̪/ ■ *n.f.* **1** abjad, arrangement of the Arabic alphabet; mode of reckoning numbers by the letters of the alphabet (See also [1]جُمّل). **2** rudiments of a subject; beginning, inception. ابجد خواں abecedarian, one who is beginning to learn one's alphabet, beginner; novice.

ابحاث /əbhɑ:s/ ■ *n.f.* (*pl.* of بحث) arguments.

ابحار /əbhɑ:r/ ■ *n.m.* (*pl.* of بحر) (also بُحُور) oceans.

ابخر /əbxər/ ■ *adj.* suffering from halitosis (bad breath).

ابخرا /əbxərɑ:/ ■ *n.m.* (also ابخرہ) fume, vapour. (*pl.* ابخرات)

ابخل /əbxəl/ ■ *adj.* (*elative* of بخیل) very greedy, covetous, avaricious.

ابد /əbəd̪/ ■ *n.m.* the eternity, time without end. ابدُالآباد **1** eternity. **2** the Judgement Day.

ابداً /əbəd̪ən/ ■ *adv.* forever, eternally.

ابدا /ɪbd̪ɑ:/ ■ *n.m.* (also ابداء) declaration, pronouncement.

ابداع /ɪbd̪ɑ:ʔ/ ■ *n.m.* creation, invention, innovation.

ابدال /əbd̪ɑ:l/ ■ *n.m.pl.* (also *sing.*) **1** (***Sufism***) spiritual men believed to be capable of changing their guise, entrusted with management of mundane affairs. **2** a member of this group. (*sing.* بدل، بدیل)

ابدال /ɪbd̪ɑ:l/ ■ *n.m.* **1** change, exchange, substitution. **2** (***Gram.***) substitution of one letter of the alphabet with another.

ابدان /əbd̪ɑ:n/ ■ *n.m.* (*pl.* of بدن) bodies.

ابدی /əbəd̪i:/ ■ *adj.* eternal, endless. ابدی نیند سونا (*fig.*) die.

ابدیّت /əbəd̪ɪjjət/ ■ *n.f.* immortality, eternity.

ابدھوت /əbd̪ʰu:t̪/ ■ *n.m.* yogi, devotee, hermit.

ابر /əbr/ ■ *n.m.* cloud. ابرِ آذاری rain cloud in the month of Azar (corresponding to November-December). ابرِ باراں rainy-cloud. ابرِ بہار spring cloud. ابرِ بہمن winter cloud. ابر پھٹنا dispersing of cloud. ابرِ تر rain-bearing cloud. ابرِ تنک light cloud. ابرِ تیرہ dark cloud. ابر چھانا be cloudy or overcast. ابردار cloudy. ابرِ دریابار rain cloud, cloud heavy with rain. ابرِ رحمت/کرم **1** much needed cloud. **2** (*fig.*) God's blessings. ابرِ سیاہ dark cloud. ابرِ عالمگیر rain cloud which covers a large area. ابرِ غلیظ thick cloud. ابرِ قبلہ rain cloud from west which generally showers at eastern regions of Makkah; cloud which comes from the direction of Makkah. ابرِ کہسار thick clouds scattered or coming from mountain hills. ابر کھلنا scattering of cloud, (of sky) to become clean. ابرِ گندہ بہار dark winter cloud. ابر گھر آنا be overcast. ابرِ مردہ sponge. ابرِ مطیر cloud causing shower. ابرِ نیساں rain clouds in the month of Naisan, i.e. spring, which are said to produce pearls in oyster shell. ابر و باد cloud and wind.

اِبر /ɪbr/ ■ *n.f.* (also اِبرہ) **1** sewing needle. **2** sting of an insect. **3** (*fig.*) anything resembling a needle.

ابرا /əbrɑ:/ ■ *n.m.* (also ابرہ) **1** the obverse or outer layer of a quilt, etc. (*cf.* [1]استر). **2** (*fig.*) the upper surface of anything.

ابرا /ɪbrɑ:/ ■ *n.m.* (also ابراء) remission, release, acquittal. ابرا ذمہ exemption from responsibility. ابرا نامہ deed of remission.

ابرار /əbrɑ:r/ ■ *n.m.* (*pl.* of [5]بر) pious men; saints.

ابرام /ɪbrɑ:m/ ■ *n.m.* earnest request, solicitation; emphasis, insistence.

اُبرانا /ʊbrɑ:nɑ:/ ■ *v.* **1** keep as surplus or balance, keep in reserve. **2** release, liberate.

ابراہیم /ɪbrɑ:hi:m/ ■ *pr.n.m.* Prophet Abraham.

ابرد /əbrəd̪/ ■ *adj.* **1** very cool, colder. **2** frigid, uninterested in sex.

ابرش /əbrəʃ/ ■ *n.m.* horse with spots of two colours or shades; piebald.

ابرص /əbrəs/ ■ *adj.* having disease of vitiligo or leucoderma.

ابرق /əbrəq/ ■ *n.m.* & *f.* (also ابرک، ابرکھ، ابھرک) talc, mica.

ابرن /əbrən/ ■ *n.m.* ornament(s), jewellery.

غ	ع	ظ	ط	ض	ص	ش	س	ژ	ز	ڑ	ر	ذ
ɣ	ʔ	z	t̪	z	s	ʃ	s	ʒ	z	ɽ	r	z

ابرو /əbru:/ ■ *n.m. & f.* the eyebrow. ابرو پر بل، شکن آنا frown, knit the brows; dislike. ابرو پر میل نہ آنا remain steadfast, not to resent, not to show displeasure. ابرو پھڑکانا signal furtively (with eyebrows). ابرو تاننا knit the brows, frown; glower. ابروئے فلک (*fig.*) the crescent.

ابرہ /əbrɑ:/ ■ *n.m.* See ابرا.

اِبرہ /ɪbrɑ:/ ■ *n.f.* See اِبر.

ابری /əbri:/ ■ *adj.* cloudy, of or relating to cloud. ■ *n.f.* a kind of thick paper with wavy patterns, marble paper. ابری کا پتھر stone with coloured veins.

اِبری /ɪbri:/ ■ *n.f.* 1 dust or layer of fine particles on a surface. 2 dandruff.

ابریشم /əbre:ʃəm/ ■ *n.m.* (also افریشم، بریشم) silk, raw silk.

ابریشمی /əbre:ʃmi:/ ■ *adj.* (also ابریشمیں) made of silk, silken.

اِبریق /ɪbri:q/ ■ *n.m.* ewer; a water-pot with spout and handle.

ابڑدھبڑ /əbəɽ dʰəbəɽ/ ■ *n.f.* utter confusion; pandemonium.

ابس /əbəs/ ■ *adj.* 1 weak, powerless, intractable. 2 unrestrained, disobedient.

اُبسانا /ʊbsɑ:nɑ:/ ■ *v.* cause to rot or ferment.

اُبسنا /ʊbəsnɑ:/ ■ *v.* putrefy, become fetid; emit a foul smell, (of meat or food) to stink.

ابصار /əbsɑ:r/ ■ *n.m.* (*pl.* of بصر) 1 the eyes, looks. 2 views; understanding.

اِبطا /ɪbṯɑ:/ ■ *n.f.* (also اِبطاء) procrastination.

ابطال /əbṯɑ:l/ ■ *n.m.* (*pl.* of بطل) heroes; brave warriors.

اِبطال /ɪbṯɑ:l/ ■ *n.m.* refutation, rebuttal, proving wrong.

ابعاد /əbʔɑ:d/ ■ *n.m.* (*pl.* of بُعد) distances; dimensions. ابعادِ ثلاثہ the three dimensions: length, breadth and depth or thickness.

ابعاض /əbʔɑ:z/ ■ *n.m.* (*pl.* of بعض) some persons or things.

ابعد /əbʔəḏ/ ■ *adj.* farther, farthest, most distant or remote.

اِبقا /ɪbqɑ:/ ■ *n.m.* preservation, prolongation, rendering permanent, perpetuation.

اُبکا /ʊbkɑ:/ ■ *n.m.* slip knot placed around the neck of a vessel for drawing water with it.

ابکار /əbkɑ:r/ ■ *n.f.* (*pl.* of بکر) virgins, unmarried girls.

اُبکائی /ʊbkɑ:i:/ ■ *n.f.* retch, nausea. ابکائی آنا 1 feel sick, feel nausea. 2 (*fig.*) be repelled. ابکائی لینا to retch.

ابکم /əbkəm/ ■ *adj.* dumb, unable to speak.

اُبکنا /ʊbəknɑ:/ ■ *v.* 1 vomit, disgorge. 2 expel.

اِبل /ɪbl/ ■ *n.m.* camel.

ابلا /əblɑ:/ ■ *n.f.* woman. ■ *adj.* (*fig.*) weak; delicate. ابلا بلی one who helps the weak. ابلاپا weakness; delicacy. ابلا پری beautiful and delicate woman.

اُبلا /ʊblɑ:/ ■ *adj.* 1 boiled. 2 (food) without oil and spices. (*fem.* اُبلی)

اِبلاغ /ɪblɑ:ɣ/ ■ *n.m.* communication; sending, conveying. ابلاغِ عامہ mass communication.

ابلج /əblədʒ/ ■ *adj.* prominent; obvious; vivid.

ابلغ /əbləɣ/ ■ *adj.* (*elative* of بالغ) more or most eloquent.

ابلق /əbləq/ ■ *adj.* 1 piebald. 2 black and white; mottled. ابلق چشم black-eyed; having beautiful eyes.

ابلقا /əbləqɑ:/ ■ *n.m.* (also ابلخہ) a white-breasted bird with black plumage, similar to myna.

اُبلنا /ʊbəlnɑ:/ ■ *v.* 1 boil, boil over; rise, swell; flow over. 2 (*fig.*) to become furious.

ابلوچ /əblo:tʃ/ ■ *n.m.* (also ابلُوج، آبلُوج، آبلُوچ) crystallized sugar, white sugar-candy.

ابلہ /əblɑ:/ ■ *adj.* silly, foolish, stupid. ابلہ فریب swindler, cheat, con man. ابلہ فریبی (practising) fraud, deceit.

ابلہی /əbləhi:/ ■ *n.f.* foolishness, silliness.

اِبلیس /ɪbli:s/ ■ *pr.n.m.* Lucifer, Satan, the Devil.

اِبلیسی /ɪbli:si:/ ■ *adj.* of or relating to Satan, satanic, devilish.

اِبلیسیت /ɪbli:sɪjəṯ/ ■ *n.f.* devilry, satanism; roguery.

اِبن /ɪbn/ ■ *n.m.* son. ابن ُالامیر high-born, of noble blood. ابن ُالسبیل traveller. ابن ُالغرض selfish person. ابن ُالوقت time-server, opportunist. ابنِ آدم man, human being. ابنِ بُجدہ one who knows somebody or something profoundly. ابنِ سینا Abu Ali Hussain bin Sena, the great Muslim polymath. ابنِ مریم 1 son of Mary, i.e. Jesus Christ. 2 (*fig.*) the Messiah who can cure all ills. ابنِ مُقنّع a wizard of the town of Nakhshab in Turkestan who is said to have made an artificial moon.

ابنا /əbnɑ:/ ■ *n.m.* (*pl.* of ابن) 1 sons. 2 people; tribes. ابنائے جنس people of the same beliefs, quality or rank, equals; human being; fellow human beings; mankind. ابنائے دہر، روزگار، زماں people of the world. ابنائے عصر، عہد people of the age; contemporaries.

اُبنہ /ʊbnɑ:/ ■ *n.f.* sodomy, buggery; addiction to be

sodomized.

ابنیہ /əbnɪjɑ:/ ■ *n.f.* (*pl.* of بِنا) foundations, bases.

ابُو /əbu:/ ■ *n.m.* father. ابوالانبیا father of the prophets, title of Prophet Abraham. ابوالبشر father of the human race, i.e. Prophet Adam. ابوالبشر ثانی title of Prophet Noah. ابوالحارث the lion. ابوالقاسم appellation of Prophet Muhammad. ابوالمنصور dove. ابوالہول the Great Sphinx of Egypt. ابوتراب an appellation of Hazrat Ali, the fourth Rightly Guided Caliph.

ابُّو /əbbu:/ ■ *n.m.* father, papa.

ابواب /əbvɑ:b/ ■ *n.m.* (*pl.* of باب) **1** doors. **2** chapters, sections (of a book). **3** cesses; taxes; heads of account. **4** (***Gram.***) morphological patterns into which an Arabic root fits in order to form a word. ابوابِ زمینداری land rights or taxes. ابوابِ ناجائز unauthorized cesses.

اُبُوّت /ʊbʊvvət̪/ ■ *n.f.* fatherhood, patriarchy, paternity.

اِبُوتی /ɪbu:t̪i:/ ■ *n.f.* mixture of dung and ashes smeared by the Hindu yogis on their bodies.

ابُوجھ /əbu:dʒʰ/ ■ *adj.* **1** insoluble, unanswerable; inconceivable. **2** witless, foolish, ignorant.

ابُوئین /əbu:i:n/ ■ *n.m.pl.* Ebionites, Christian sect which denied the divinity of Christ.

ابوی /əbvi:/ ■ *adj.* paternal, of or relating to father.

اِبہام /ɪbhɑ:m/ ■ *n.m.* **1** ambiguity, confusion, uncertainty, lack of clarity. **2** thumb. **3** thumb impression.

اُبہّت /ʊbbəhət̪/ ■ *n.f.* greatness, superiority.

ابہل /əbhəl/ ■ *n.m.* the common juniper, *Juniperus communis*.

ابّی /əbbi:/ ■ *n.m.* (also ابی) daddy; father.

اِبّی /ɪbbi:/ ■ *n.f.* (***Sports***) the first hit on tipcat. اِبی دِبی game of tipcat; the first and the second hit.

ابے /əbe:/ ■ *exclam.* (*slang*) hello! hey you! ابے تبے offensive or rude talk. ابے یار (*slang*) **1** O my friend! **2** oh no!

ابیات /əbjɑ:t̪/ ■ *n.m.* (*pl.* of بیت۲) distichs, couplets, verses.

ابیج /əbi:dʒ/ ■ *n.m.* seed that does not germinate.

ابیر /əbi:r/ ■ *n.m.* (*var.* of عبیر) red powder made with rose, sandal and saffron and sprinkled on clothes at the Hindu Holi festival.

ابیری /əbi:ri:/ ■ *adj.* of or relating to ابیر; blackish red. ■ *n.f.* a ragini of *asawri* (اساوری) raga.

ابیض /əbjəz/ ■ *adj.* white; bright, shining.

ابیقوریت /əbi:qu:rɪjət̪/ ■ *n.f.* Epicureanism. [E]

ابَیل دبَیل /əbæ:l d̪əbæ:l/ ■ *adj.* subservient; cowardly.

ابین /əbjən/ ■ *adj.* very clear, very obvious.

اُبھار /ʊbʰɑ:r/ ■ *n.m.* **1** swell, swelling; protuberance. **2** excitement; persuasion. **3** (*fig.*) woman's breast.

اُبھارا /ʊbʰɑ:rɑ:/ ■ *n.m.* incitement, encouragement, motivation; stimulus; incentive.

اُبھارنا /ʊbʰɑ:rnɑ:/ ■ *v.* **1** raise, cause to rise; cause to swell. **2** urge, persuade, excite.

ابھاگ /əbʰɑ:g/ ■ *n.m.* misfortune, bad luck. ■ *adj.* unlucky, unfortunate.

ابھاگا /əbʰɑ:gɑ:/ ■ *adj.* (also ابھاگی) unfortunate; wretched. (*fem.* ابھاگن)

ابھاؤ /əbʰɑ:o:/ ■ *n.m.* **1** extinction, annihilation. **2** want; poverty.

اُبھرنا /ʊbʰərnɑ:/ ■ *v.* **1** rise, grow, flourish. **2** swell. **3** become prominent.

ابھک /əbʰək/ ■ *adv.* very much; greatly; a lot.

ابھلاشا /əbʰɪlɑ:ʃɑ:/ ■ *n.f.* (also ابھلاکھا) desire, craving, longing.

ابھمان /əbʰɪmɑ:n/ ■ *n.m.* (also ابھیمان) pride, arrogance, self-conceit, haughtiness. ابھمان کرنا behave proudly and haughtily. ابھمان مٹانا bring down one's pride, humiliate.

ابھمانی /əbʰɪmɑ:ni:/ ■ *adj.* proud, arrogant, conceited.

ابھن /əbʰɪn/ ■ *adj.* complete, entire; unbroken, undivided.

ابھوگ /əbʰo:g/ ■ *adj.* useless, futile; unenjoyed. ■ *n.f.* relinquishment of pleasures of life.

ابھی /əbʰi:/ ■ *adv.* **1** now, just now, presently, this very moment. **2** immediately; in a short while. ابھی بیٹی باپ کے گھر (میں) ہے there is still time (to mend matters, etc.). ابھی تک/تلک so far; still, yet. ابھی تو منھ کی دال بھی نہیں جھڑی wet behind the ears, you are (or he/ she is) too young. ابھی دلی دور ہے there is still time before the purpose is achieved. ابھی دیکھا کیا ہے you are (or he/ she is) inexperienced. ابھی سویرا ہے there is still time (to mend matters, etc.). ابھی سے from now on; (question) so early? so soon? ابھی کفن بھی میلا نہیں ہوا it is too early after a person's death (said when someone is impatient to inherit or behaves irresponsibly).

ابھیّاس /əbʰbʰɪjɑ:s/ ■ *n.m.* 1 meditation; contemplation. 2 practice, repetition in order that perfection is achieved.

ابھید /əbʰe:d̪/ ■ *adj.* identical; one and the same.

اپ /əp/ ■ *pron.* self, oneself; short form of آپ especially in phrases, as: اپ گھات suicide.

اُپادھیا /ʊpɑ:d̪ʰjɑ:/ ■ *n.m.* (also اُپادھیائے) Vedic scholar; teacher.

اپار /əpɑ:r/ ■ *adj.* 1 boundless; infinite. 2 that which cannot be crossed (e.g. a river).

اِپارہ کرنا /ɪpɑ:rɑ: kərnɑ:/ ■ *v.* finish, eat up.

اُپاڑنا /ʊpɑ:ɽnɑ:/ ■ *v.* uproot, eradicate, ruin.

اُپاس /ʊpɑ:s/ ■ *n.m.* fast, fasting; hunger. ■ *n.f.* worship.

اُپاسا /ʊpɑ:sɑ:/ ■ *n.m.* one who fasts; hungry.

اُپاسنا /ʊpɑ:snɑ:/ ■ *n.f.* worship, adoration, homage. ■ *v.* 1 worship, adore. 2 fast, abstain from eating or drinking.

اپاہج /əpɑ:hədʒ/ ■ *adj.* disabled, crippled; incapacitated.

اُپائے /ʊpɑ:e:/ ■ *n.m.* remedy; device, contrivance, plan, scheme. اپائے کرنا devise, scheme; take a measure.

اپ بھرنش /əpbʰərənʃ/ ■ *n.f.* 1 the ancient Prakrit. 2 common or vulgar language.

اپت /əpət/ ■ *n.f.* insult, offence; disgrace.

اُپٹ /ʊpəʈ/ ■ *n.f.* crack that appears in the ground after water has dried.

اُپٹنا /ʊpəʈnɑ:/ ■ *v.* overflow; be in excess; run over.

اپج /əpədʒ/ ■ *adj.* mean, wicked.

اُپج /ʊpədʒ/ ■ *n.f.* (also اُپج) 1 produce, crop. 2 original idea; flight of fancy; invention; innovation.

اُپدرو /ʊpəd̪rɔ:/ ■ *n.f.* noisy disturbance; pandemonium; turmoil, commotion.

اُپدیش /ʊpd̪e:ʃ/ ■ *n.m.* advice, counsel, admonition; sermon; instruction.

اُپدیشک /ʊpd̪e:ʃək/ ■ *n.m.* teacher; preacher; adviser.

اپراجتا /əprɑ:dʒɪtɑ:/ ■ *n.m.* butterfly pea, a flowering plant native to Asia, *Clitoria ternatea.*

اپرادھ /əprɑ:d̪ʰ/ ■ *n.m.* (also اپراد) 1 transgression; crime; fault; guilt. 2 accusation. اپرادھ کرنا commit offence (against); sin.

اپرادھی /əprɑ:d̪ʰi:/ ■ *n.m.* criminal; offender; sinner; transgressor. ■ *adj.* guilty, faulty.

اُپرالا /ʊprɑ:lɑ:/ ■ *n.m.* support, backing; help. ■ *adj.* upper, higher; exterior. (*fem.* اُپرالی)

اُپرانا /ʊprɑ:nɑ:/ ■ *v.* (also اُپراونا) 1 remain isolated, behave as a stranger. 2 show resentment. 3 rise.

اُپروٹا /ʊprɔ:ʈɑ:/ ■ *n.m.* (also اپروٹھا) balcony; upstairs; upper floor.

اپریل /əpræ:l/ ■ *n.m.* April. [E]

اپسرا /əpsərɑ:/ ■ *n.f.* (also اچھرا) 1 (***Hinduism***) female dancer in the court of Inder, the king of the celestials; nymph. 2 (*fig.*) beautiful woman.

اُپکار /ʊpkɑ:r/ ■ *n.m.* favour; kindness.

اُپکاری /ʊpkɑ:ri:/ ■ *adj.* helpful; philanthropic.

اُپکیٹا /ʊpke:ʈɑ:/ ■ *n.f.* raised embroidered work, design in relief.

اُپلا /ʊplɑ:/ ■ *n.m.* cowpat; dried cake of cow dung used as fuel.

اُپلانا /ʊplɑ:nɑ:/ ■ *v.* (also اُپلائے پھرنا) rise suddenly; float.

اپمان /əpmɑ:n/ ■ *n.m.* disgrace, dishonour; contempt. اپمان کرنا disgrace, ridicule, show disrespect.

اپن /əpən/ ■ *pron.* (*contr.* of اپنا) (*coll., slang*) 1 I; me; we. 2 my; mine.

اپنا /əpnɑ:/ ■ *pron.* my; mine; our; ours; one's. ■ *adj.* personal, own, private; individual; exclusive. ■ *n.m.* relative, kindred; friend; partner. اپنا اپنا to each one his own, respective; personal; individual. اپنا اپنا (ہے) پرایا پرایا blood is thicker than water. اپنا الو سیدھا کرنا look to one's own interest. اپنا الو کہیں نہیں گیا I stand in no way to lose. اپنا آپا پیٹنا bewail. اپنا بوجھ (دوسروں پر) ڈالنا be a burden to others. اپنا بیگانہ relatives and strangers, all and sundry. اپنا پانی آپ کھونا not to care about one's reputation. اپنا ٹھکانہ کرنا find an abode or niche for oneself; search for a house or employment. اپنا جوہر دکھانا show one's talent or skill. اپنا خون blood relation. اپنا خون پانی ایک کرنا work hard; strive; to labour. اپنا ڈھونسا آپ بجاؤ deal with your problem yourself; beat your own drum. اپنا راستہ لینا mind one's own business; go one's own way. اپنا سا منھ لے کر رہ جانا be frustrated; be dumbstruck; look extremely foolish. اپنا سر پیٹنا rue, regret, be sorry for what one has done. اپنا سر کھاؤ do as you please. اپنا سونا کھوٹا، پرکھنے والے کو کیا دوش you cannot blame others when your own people are at fault.

طویل مصوتے:	ɑ: آنا، گانا /gɑ:nɑ:/, /ɑ:nɑ:/	æ: بیٹھنا /bæ:ʈʰnɑ:/	i: پیلا /pi:lɑ:/	e: دینا /d̪e:nɑ:/	ɔ: پودا /pɔ:d̪ɑ:/	u: چول /tʃu:l/	o: گول /go:l/

اپنا کرنا win over someone; appropriate something; usurp. اپنا کیا بھوگنا / پانا suffer the consequence of one's own misdeeds; reap what one sows. اپنا گھر بھرنا fill one's own pocket (usu. at the expense of others). اپنا لہو پینا suffer badly; suffer agony. اپنا ہاتھ جگن ناتھ self help is the best help. اپنا ہی پیٹ پالنا be selfish. اپنا ہی رونا رونا talk only of one's own woes and troubles. (*fem.* اپنی)

اپنانا /əpnɑ:nɑ:/ ■ *v.* **1** make (something or someone) one's own; appropriate for one's own use. **2** take up or adopt (a custom, habit or way of life).

اپنائیت /əpnɑ:ɪjət/ ■ *n.f.* (also اپنایت) intimacy; friendliness; closeness; a feeling of belonging.

اُپ نِشد /ʊpənɪʃəd/ ■ *n.m.* (***Hinduism***) Upanishad, each of a series of ancient treatises written in Sanskrit and expounding the Vedas.

اپنگ /əpəŋg/ ■ *adj.* disabled; infirm.

اُپنگ /ʊpəŋg/ ■ *n.f.* a kind of flute.

اپنی /əpni:/ ■ *pron.* (*fem.* of اپنا) اپنی (اپنی) پڑی ہے allusion to a situation in which everyone is caring for their own interest. اپنی (اپنی) ڈفلی اپنا (اپنا) راگ lack of unity, each one beating his or her own drum. اپنی اپنی گور، اپنی اپنی منزل everyone is answerable for his/ her actions. اپنی ایڑی دیکھنا looking at the heel (spoken on an occasion when wishing to forestall or remove the effect of evil eye or black magic). اپنی ایسی تیسی میں جائے he/she/it can go to hell. اپنی آئی اور پہ گنوائی hold another responsible for one's mistake. اپنی بات پر اڑ جانا persist in one's own view; be adamant or obstinate. اپنی بانی پر آنا be bent on showing one's natural nastiness. اپنی بھوک کھانا اپنی نیند سونا be wholly independent; live in peace. اپنی جان تسلیم کرنا resign one's life. اپنی جان کو رونا live a miserable life; rue or curse one's own fate. اپنی چال سے نہ چوکنا persist in own bad habits. اپنی چھاچھ کو کوئی کھٹا نہیں کہتا everyone praises his own wares. اپنی خوشی سے on one's own, voluntarily. اپنی ڈیڑھ اینٹ کی مسجد الگ بنانا (*disap.*) ignore the collective trend and go one's own way. اپنی رادھا کو یاد کرو mind your own business, it is of no concern to you. اپنی راہ لو be off; mind your own business. اپنی سی سب کچھ کرنا do all in one's power; do as one pleases. اپنی عزت اپنے ہاتھ ہے repute depends upon one's actions. اپنی کرنی آپ بھرنی one reaps what one has sown. اپنی کھال میں مست ہونا be content; be satisfied with what one has. اپنی کہی نہ اور کی سنی died suddenly. اپنی گانا talk about oneself; blow one's own trumpet. اپنی گرہ سے from one's own pocket. اپنی گلی میں کتا بھی شیر ہوتا ہے one is brave in one's own territory. اپنی گور میں انگارے بھرنا commit a great sin. اپنی گوں گانٹھنا act selfishly. اپنی ناک چوٹی میں گرفتار careless of others, self-centred; haughty. اپنی نیند سونا be one's own master; be carefree. اپنی والی / والیوں پر (اُتر) آنا resort to action according to one's baser instincts; be obstinate; be mean. اپنی ہانکنا go on blathering without listening to others. اپنی ہی گانا tell one's own story; blow one's own trumpet.

اپنے /əpne:/ ■ *pron.* (*pl.* & *infl.* of اپنا) اپنے آپ by oneself or itself; on one's own. اپنے پاؤں پر آپ کلھاڑی مارنا hurt oneself unwittingly; be one's own enemy; injure or damage oneself; cut one's own throat; dig one's own grave. اپنے تئیں by oneself. اپنے جامے سے باہر ہونا live beyond one's means; be unable to control one's passion or emotions; be beside oneself with anger or joy. اپنے حساب سے / میں in own view; as for as one can see. اپنے خیال میں مست ہونا revel on one's own thoughts. اپنے سائے سے ڈرنا to show fear; be highly alarmed. اپنے کام سے کام رکھنا to be concerned with own affairs only. اپنے کو ماننا be vain. اپنے کیے پر پچھتانا regret one's actions. اپنے گریبان میں منھ ڈالو look at your own faults or conduct (before criticizing others). اپنے مرے بن سورگ نہیں ملتا one can't get anything without effort. اپنے منڈن میں دوسروں کا کھنڈن troubling others for own comfort. اپنے منھ پر طمانچہ مارنا to reproach oneself. اپنے منھ میاں مٹھو blowing one's own trumpet; indulging in self-praise. اپنے ہاتھوں with or by one's own hands; intentionally. اپنے ہاتھوں اپنی قبر کھودنا dig one's own grave.

اپواد /əpvɑ:d̪/ ■ *n.m.* culpability; blame; censure; reproach.

اُپواس /ʊpvɑ:s/ ■ *n.m.* fast; starving; hunger.

اپوسم /əpo:səm/ ■ *n.m.* (also اپاسم) opossum, tree-dwelling American marsupial. [E]

اُپون /ʊpvən/ ■ *n.m.* garden; shrubbery, hedge; grove.

اُپی /ʊpi:/ ■ *adj.* shining (sword, etc.).

اپیل /əpi:l/ ■ *n.f.* appeal. اپیلِ خاص special appeal. اپیل داخل کرنا file an appeal. اپیلِ سرسری summary appeal. اپیلِ عام regular appeal. اپیل کرنا to appeal. اپیلِ متخالف

abdicate. **3** take down; pull down; copy. **4** remove (something suspended); remove (shoes, etc.), cast off clothes. **5** unload; make someone alight or dismount. **6** land (an aircraft). **7** make recompense; pay back, redeem or discharge (a loan). **8** exorcise, remove the effects of evil spirit or evil eye or sorcery. **9** send (as a prophet); reveal.

اُتارُو /ʊt̪ɑ:ru:/ ■ *adj.* **1** sloping, inclined. **2** prepared, bent upon. (پر) اتارو ہونا be bent upon; be determined to do something.

اتاشی /ət̪ɑ:ʃi:/ ■ *n.m.* attachè; member of the diplomatic corps; junior member of an ambassador's staff. [E]

اُتاق /ʊt̪ɑ:q/ ■ *n.m.* (also اوطاق، اُطاق) room, meeting place or room exclusively for men.

اُتاقا /ʊt̪ɑ:qɑ:/ ■ *n.m.* (also اُتاقہ) crest or comb of a bird like turkey, hoopoe, etc.

اُتال /ʊt̪ɑ:l/ ■ *n.m.* (also اُوتال) one who makes haste, impatient.

اتالیق /ət̪ɑ:li:q/ ■ *n.m.* mentor; private tutor, instructor, teacher. (*fem.* اتالیقہ)

اتالیقی /ət̪ɑ:li:qi:/ ■ *n.f.* tutorship, teaching position or assignment, preceptorship.

اُتاول /ʊt̪ɑ:vəl/ ■ *n.f.* **1** unease, unrest. **2** haste, hurry, quickness. ■ *adj.* one who makes haste, impatient.

اُتاولا /ʊt̪ɑ:vlɑ:/ ■ *adj.* (also اُتاؤلا) **1** one who makes haste, impatient. **2** restless; rash. اتاولا سو باولا haste makes waste. (*fem.* اُتاولی)

اتائی /ət̪ɑ:i:/ ■ *n.m.* quack; charlatan; self taught or half-baked professional, especially a singer or physician. See عطائی.

اِتّباع /ɪt̪t̪eba:ʔ/ ■ *n.m.* following; obeying, obedience.

اِتّحاد /ɪt̪t̪eha:d̪/ ■ *n.m.* union, unity, concord, league, treaty.

اِتّحادی /ɪt̪t̪eha:d̪i:/ ■ *adj.* of or relating to اِتّحاد. ■ *n.m.* ally; supporter. اتحادی افواج رفوجیں allied forces.

اُتر /ʊt̪ər/ ■ (*imper.* of اُترنا) اتر پڑنا **1** settle, lodge. **2** alight, get down.

اُتّر /ʊt̪t̪ər/ ■ *n.m.* the north.

اُترا /ʊt̪rɑ:/ ■ *adj.* **1** aged, worn; faded. **2** disgraced; dishonoured; degraded; decayed. اترا پدر چاند last period of a lunar month. اترا شحنہ مردک نام out of place out of grace; fallen angel is dubbed devil. (*fem.* اُتری)

cross appeal. اپیل منظور کرنا admit or allow an appeal. [E]

اپھار /əpʰɑ:r/ ■ *n.m.* (also اپھارا) swelling; bloating; distension of stomach.

اُپھان /ʊpʰɑ:n/ ■ *n.m.* swelling; froth; foam; effervescence.

اپھر /əpʰər/ ■ *n.f.* **1** swelling, flatulence. **2** (*fig.*) arrogance, haughtiness. اپھر جانا **1** bloat or swell. **2** be sated.

اپھرا /əpʰrɑ:/ ■ *adj.* **1** swollen, bloated. **2** elated; satisfied. (*fem.* اپھری)

اپھرانا /əpʰrɑ:nɑ:/ ■ *v.* **1** swell out; bloat. **2** boast; be puffed up with pride. **3** (*fig.*) become very rich.

اپھرائی /əpʰrɑ:i:/ ■ *n.f.* **1** satiety; fullness of stomach. **2** (*fig.*) excessive pride.

اُپھننا /ʊpʰənnɑ:/ ■ *v.* **1** boil over. **2** foam with rage, fume. **3** turn bad (as milk).

اتا /ət̪ɑ:/ ■ *n.m.* father. اتاترک father of the Turks, honorific title given to Mustafa Kamal who led Turkish war of liberation and Turkish national movement.

اِتّا /ɪt̪t̪ɑ:/ ■ *adj.* (*var.* of اِتنا) this or so much or many.

اُتّا /ʊt̪t̪ɑ:/ ■ *adj* (*var.* of اُتنا) that or so much or many.

اتابک /ət̪ɑ:bɪk/ ■ *n.m.* **1** tutor, teacher. **2** a title of respect.

اتاپتا /ət̪ɑ:pət̪ɑ:/ ■ *n.m.* **1** whereabouts, address, location. **2** trace, clue. اتاپتا بتانا give a clue or hint (e.g. to a riddle).

اُتار /ʊt̪ɑ:r/ ■ *n.m.* **1** descent, fall, decrease; decline; ebb, reduction. **2** slope. **3** exorcism, removal of magical curse. (حلق سے) اتار جانا swallow or gulp down. اتار چڑھاؤ fluctuation, ups and downs, the vicissitudes of life, ebb and flow, loss and gain; ascent and descent; rise and fall. اتار دینا pull or bring down; doff or take off one's clothes. اتار ڈالنا take off; pull down; remove; rub off. اتار کرنا exorcise. اتار لینا bring or take down; to copy.

اُتارا /ʊt̪ɑ:rɑ:/ ■ *n.m.* **1** the act of crossing a river. **2** the act of descending. **3** place for temporary stay. **4** wharf; halting place. **5** duplicate copy. **6** an offering of flowers, sweets, cash, etc. passed a certain number of times over the body of a sick person; exorcise an evil spirit or effects of black magic. اتارا اتارنا exorcise an evil spirit.

اُتارن /ʊt̪ɑ:rən/ ■ *n.m.* **1** the act of casting off. **2** cast off clothes. See اُترن.

اُتارنا /ʊt̪ɑ:rnɑ:/ ■ *v.* **1** lower, bring down. **2** force to

اُتراق /ʊt̪rɑːq/ ■ *n.f.* break in a journey; stopover; camping.

اتراک /ət̪rɑːk/ ■ *n.m.* (*pl.* of تُرک) the Turks; the Turkomans (also used for Mongols).

اُتران /ʊt̪rɑːn/ ■ *n.f.* (also اُتار، اُترائی) slope; gradient.

اِترانا /ɪt̪rɑːnɑː/ ■ *v.* strut, give oneself airs, show off, behave in an affected or foppish manner.

اُترانگ /ʊt̪rɑːŋg/ ■ *n.f.* (***Music***) the last three or four notes of an octave.

اُتراون /ʊt̪rɑːvən/ ■ *n.f.* thick, knotted cord across a charpoy or rope cot, over which the ropes or strings at the foot of a cot are passed and tightened.

اِتراہٹ /ɪt̪rɑːhəʈ/ ■ *n.f.* act of giving oneself air; pride, conceit.

اُترائی /ʊt̪rɑːiː/ ■ *n.f.* slope; descent.

اُترتا /ʊt̪ərt̪ɑː/ ■ *adj.* **1** descending, waning; declining, falling. **2** of low quality; mean. اترتا چاند **1** the waning moon. **2** the last days of lunar month.

اُترتی /ʊt̪ərt̪iː/ ■ *adj.* (*fem.* of اُترتا) اترتی ندی کنارے ڈھائے powerless person tries to establish authority over poor.

اترسوں /ət̪ərsõː/ ■ *n.m.* the day after the day after tomorrow, i.e. the fourth day from now; the day before the day before yesterday.

اُترن /ʊt̪rən/ ■ *n.f.* (also اُتارن) used clothes, cast-offs.

اُترنا /ʊt̪ərnɑː/ ■ *v.* **1** alight, get down, disembark. **2** land (an aircraft); dismount; to halt. **3** (tide) to ebb; wane; cross. **4** (colour) to fade. **5** decrease, decline, abate, fall in value or dignity, depreciate. **6** be settled or paid (debt). **7** become insipid or flat; grow thin.

اُتروانا /ʊt̪ərvɑːnɑː/ ■ *v.* **1** cause to descend, make something go down. **2** ask someone to take something down.

اُتری /ʊt̪riː/ ■ *adj.* (*fem.* of اُترا) اتری پاپوش discharged servant, mistress or concubine, with whom relations have been severed. اتری کمان decadent, in a state of decline. اتری کھلی بلدیوں جوگ one is ignored after one's heyday is over. اتری ہوئی پاپوش mean, abject, contemptible.

اِتری پھل /ɪt̪riːpʰəl/ ■ *n.m.* (also اِطریفل، ترپھلا) medicinal preparation in which three ingredients are used.

اِتّساع /ɪt̪t̪esɑːʔ/ ■ *n.m.* vastness, expanse.

اُتسو /ʊt̪sɔː/ ■ *n.m.* (also اُتسب) happiness, ecstasy, rapture.

اِتّصال /ɪt̪t̪esɑːl/ ■ *n.m.* **1** contact, connection. **2** attachment, union. اتصال ہونا meet, join, come in contact with.

اِتّفاق /ɪt̪t̪efɑːq/ ■ *n.m.* **1** agreement, concord. **2** unanimity, unity. **3** chance, coincidence. اتفاقِ رائے consensus. اتفاق سے by chance. اتفاق کی بات incidentally. اتفاق ہونا **1** be agreed. **2** happen, coincide.

اِتّفاقاً /ɪt̪t̪efɑːqən/ ■ *adv.* by chance, incidentally.

اِتّفاقات /ɪt̪t̪efɑːqɑːt̪/ ■ *n.m.* (*pl.* of اِتّفاق).

اِتّفاقی /ɪt̪t̪efɑːqiː/ ■ *adj.* casual. اتفاقی ملاقات chance meeting.

اِتّفاقیہ /ɪt̪t̪efɑːqɪjɑː/ ■ *adj.* casual, by chance.

اِتّقا /ɪt̪t̪eqɑː/ ■ *n.m.* (also اِتّقاء) abstaining from evil, piety, righteousness.

اِتقان /ɪt̪qɑːn/ ■ *n.m.* perfection; excellence.

اَتقیٰ /ət̪qɑː/ ■ *adj.* (*elative* of تقی) most pious.

اَتقِیا /ət̪qɪjɑː/ ■ *n.m.* (*pl.* of تقی) pious people, virtuous people.

اِتّکا /ɪt̪t̪ekɑː/ ■ *n.m.* reliance; dependence.

اتکا /ət̪kɑː/ ■ *n.f.* (also اتکہ) nanny or her husband.

اِتلاف /ɪt̪lɑːf/ ■ *n.m.* destruction, ruin, decay, loss.

اَتم /ət̪əm/ ■ *adj.* perfect, complete.

اُتّم /ʊt̪t̪əm/ ■ *adj.* highest, uppermost, most excellent, best; first. اتم سے اتم ملے، ملے نیچ سے نیچ، پانی سے پانی ملے اور کیچ سے کیچ birds of a flock fly together. اتم کھیتی مدھم بان / بنج / بیوپار، نکھد چاکری بھیک ندار / ندان the best occupation is agriculture, trade is the second best, service is bad and beggary the worst. اتم گانا مدھم بجانا the golden mean is the best, the principle of moderation.

اِتمام /ɪt̪mɑːm/ ■ *n.m.* completion, conclusion, accomplishment. اتمامِ حجت conclusion of an argument, concluding remark.

اِتنا /ɪt̪nɑː/ ■ *adj.* this much, so much, so many. اتنا سا so little, so small. اتنا سارا so much, plentiful. اتنا سا فتنہ young cunning boy. اتنا سا منھ نکل آنا wax long-faced; face to fall gaunt due to illness, disappointment or sorrow. اتنا کچھ so much. اتنا ہی **1** only this much. **2** very little. اتنا ہی نہیں (بلکہ) not only this (but also). (*fem.* اِتنی)

اُتنا /ʊt̪nɑː/ ■ *adj.* as much as that, that much, so much. اُتنا ہی exactly that much. (*fem.* اُتنی)

اِتنی /ɪt̪niː/ ■ *adj.* (*fem.* of اِتنا) اتنی سی فتنی young cunning girl.

اِتنے /ɪt̪neː/ ■ *n.m.* (*pl.* & *infl.* of اِتنا) اتنے میں meanwhile, in

/əʈɑ:ri:/ ■ *n.f.* attic, terrace, balcony; room on the rooftop. اٹاری

/əʈɑ:l/ ■ *n.f.* (also ٹال) heap, pile, mass. اٹال

/əʈɑ:lɑ:/ ■ *n.m.* commodities, provisions, goods, furniture, chattels. اٹالا

/əʈɑ:nɑ:/ ■ *v.* 1 to cram. 2 pollute, contaminate. اٹانا

/əʈpəʈɑ:nɑ:/ ■ *v.* (also اٹ پٹانا) stammer or talk incoherently in confusion; talk nonsense. اٹپٹانا

/ʊʈpəʈɑ:ŋg/ ■ *adj.* wretched, disorderly, absurd. See اُوٹ پٹانگ. اُٹپٹانگ

/əʈrəmsəʈrəm/ ■ *n.m.* rattletraps, odds and ends. اٹرم سٹرم

/əʈsəʈ/ ■ *n.m.* & *f.* 1 conspiracy, treachery. 2 nonsense. اٹ سٹ

/əʈək/ ■ *n.f.* obstruction, obstacle, restraint; entanglement. اٹک اٹک کر falteringly, stammeringly, slowly. اٹک مٹک coquetry, enticing gestures. اٹک

/əʈkɑ:/ ■ *adj.* 1 hindered, obstructed, stopped, dangling, in a limbo. 2 aground (ship). اٹکا رکھنا withhold, postpone, keep dangling. اٹکا ہوا 1 stuck. 2 hinged on. (*fem.* اٹکی) اٹکا

/əʈkɑ:nɑ:/ ■ *v.* 1 impede, restrain, obstruct. 2 hitch with a hook, fix or hang loosely. اٹکانا

/əʈkɑ:o:/ ■ *n.m.* stop, hindrance, restraint. اٹکاؤ

/ʊʈəkkərlæ:s/ ■ *n.m.* absurd, ineffectual (thing or deed). اُٹکّرلَیس

/əʈkəl/ ■ *n.f.* guess, conjecture, rough computation, rough estimate. اٹکل باز guesser; appraiser. اٹکل پچو at random, randomly; uncertain. اٹکل سے by guesswork, by estimate. اٹکل

/əʈkəlnɑ:/ ■ *v.* guess; make a rough estimate. اٹکلنا

/əʈkən/ ■ *n.f.* link, clasp. اٹکن بٹکن game played by children. اٹکن

/əʈəknɑ:/ ■ *v.* 1 stop, falter in reading or speaking, be entangled. 2 get hooked up. 3 become infatuated. اٹکنا

/əʈkʰe:l/ ■ *adj.* (also ٹھکیل) playful, sportive, lively, merry, frivolous, coquettish. اٹکھیل

/əʈkʰe:li:/ ■ *n.f.* playfulness, gambol, coquetry. اٹکھیلی

/əʈkʰe:lɪjɑ̃:/ ■ *n.f.* (*pl.* of اٹکھیلی) اٹکھیلیاں سوجھنا have a mind to be playful, act playfully. اٹکھیلیاں کرنا be coquettish, be playful. اٹکھیلیاں

/əʈəl/ ■ *adj.* 1 immovable, permanent, stationary, اٹل

the meantime. اتنے کی بڑھیا نہیں رکمائی for a price of. اتنے کا رکی نہ ہوئی جتنے کا لہنگا پھٹ گیا the loss was more than the gain.

/ʊt̪ne:/ ■ *n.m.* (*pl.* & *infl.* of اُتنا) اُتنے کا اُتنا same as before (in quantity). اُتنے

/ʊt̪t̪u:/ ■ *n.m.* plaiting, puckering, plaits or fold of cloth; embroidery. اتو بنانا 1 mark cloth, etc.; embroider. 2 beat severely. اتو کرنا 1 plait; mark. 2 make fool of one; vilify; stupefy. 3 beat severely. اتو ساز رکش رگر tailor who makes ornamental folds in cloth, one who embroiders. اُتّو

/ɪt̪vɑ:r/ ■ *n.m.* Sunday. اِتوار

/ɪt̪hɑ:s/ ■ *n.m.* history, annals; story. اِتہاس

/ɪt̪t̪ehɑ:m/ ■ *n.m.* imputation, accusation. اتہامِ بے جا false accusation. اِتّہام

/ət̪ jɑ:tʃɑ:r/ ■ *n.m.* tyranny, oppression; wrongdoing. اتیاچار

/ɪt̪ jɑ:n/ ■ *n.m.* arrival, coming, happening, execution. اِتیان

/ət̪i:t̪/ ■ *adj.* past, elapsed, gone-by. ■ *n.m.* 1 sadhu; mendicant; pilgrim. 2 guest who arrives suddenly. اتیت

/ət̪i:s/ ■ *n.f.* poisonous root used in medicine, *Aconitum heterophyllum*. اتیس

/ət̪ʰɑ:h/ ■ *adj.* (also اتاہ) bottomless, unfathomable, deep. اتھاہ

/ət̪ʰərve:d/ ■ *n.m.* (also اتھر وید) Atharva Veda, the last of the four Vedas. اتھرووید

/ət̪ʰək/ ■ *adj.* (also ان تھک) untiring. اتھک

/ʊt̪ʰəl/ ■ *adj.* unsteady, wavering. اتھل پتھل upset; topsy-turvy; disordered. اتھل پتھل ہونا become topsy-turvy, be disordered or disarranged. اُتھل

/ʊt̪ʰlɑ:/ ■ *adj.* 1 shallow, superficial. 2 unable to keep a secret, hence untrustworthy. اتھلاپن shallowness. (*fem.* اُتھلی) اُتھلا

/ʊt̪ʰlɑ:nɑ:/ ■ *v.* disarrange, disorder. اُتھلانا

/ʊt̪ʰəlnɑ:/ ■ *v.* 1 (of a sunken object) rise to the surface. 2 turn topsy-turvy. 3 fall; turn over. اُتھلنا

/əʈ/ ■ *n.m.* filth, dirt, dust, rust. اٹ جانا be full, be crammed. اٹ

/əʈɑ:/ ■ *adj.* full of, brimming with. اٹااٹ fully, completely, brimming with. اٹاٹوٹ 1 countless; extremely. 2 full of, brimming with. اٹاہوا covered with. (*fem.* اٹی) اٹا

/əʈʈɑ:/ ■ *n.m.* 1 upper room, balcony; attic. 2 heap, pile. اٹّا

1 awake. 2 make someone go away, banish, eject. اٹھا رکھنا 1 keep safe, save, lay by. 2 postpone, put off. اٹھالے جانا take away, kidnap, abduct. اٹھالینا take up, pick up, carry. (*fem.* اُٹھی)

اُٹھا /ʊṭʰɑ:/ ■ *adj.* raised. See اُٹھا. اٹھابیٹھی (also اٹھک بیٹھک) sit-ups, a kind of exercise; a punishment. اٹھابیٹھی لگا رکھنا stand and sit frequently, be impatient. (*fem.* اُٹھی)

اُٹھارا /ʊṭʰɑ:rɑ:/ ■ *n.m.* jack for raising the front part of a two-wheeled vehicle.

اٹھّارہ /əṭʰṭʰɑ:rɑ:/ ■ *cardinal number* eighteen.

اٹھّارھواں /əṭʰṭʰɑ:rʰvɑ̃:/ ■ *ordinal number* eighteenth.

اٹھّاسی /əṭʰṭʰɑ:si:/ ■ (also اٹھاسی) *cardinal number* eighty-eight.

اٹھّاسیواں /əṭʰṭʰɑ:si:vɑ̃:/ ■ *ordinal number* eighty-eighth.

اُٹھان /ʊṭʰɑ:n/ ■ *n.f.* 1 rise, ascent, ascension. 2 growth, development. 3 flight or height (of a kite). 4 beginning, start. 5 puberty, adolescence.

اُٹھانا /ʊṭʰɑ:nɑ:/ ■ *v.* 1 lift up, raise; cause to rise. 2 hoist, erect. 3 awaken. 4 bear, carry, carry away. 5 have a profit or loss. 6 remove, put aside. 7 steal. 8 eject or banish. 9 kidnap.

اٹھّانوے /əṭʰṭʰɑ:nve:/ ■ *cardinal number* ninety-eight.

اٹھّانویواں /əṭʰṭʰɑ:nve:vɑ̃:/ ■ (also اٹھانوےواں) *ordinal number* ninety-eighth.

اٹھّاون /əṭʰṭʰɑ:vən/ ■ *cardinal number* fifty-eight.

اٹھّاونواں /əṭʰṭʰɑ:vənvɑ̃:/ ■ *ordinal number* fifty-eighth.

اُٹھاونی /ʊṭʰɑ:vni:/ ■ *n.f.* Hindu memorial service held on the third day after a person's death. (See also تیجا.)

اُٹھاؤُ /ʊṭʰɑ:u:/ ■ *adj.* one who lifts or takes up. اٹھاؤ چولھا 1 portable stove. 2 rover, roving, wandering, rolling stone.

اُٹھاؤ /ʊṭʰɑ:o:/ ■ (*imper.* of اُٹھانا) lift, raise.

اٹھّائیس /əṭʰṭʰɑ:i:s/ ■ *cardinal number* twenty-eight.

اٹھّائیسواں /əṭʰṭʰɑ:i:svɑ̃:/ ■ *ordinal number* twenty-eighth.

اُٹھائی گیرا /ʊṭʰɑ:i: gi:rɑ:/ ■ *n.m.* pilferer, petty thief.

اُٹھتا /ʊṭʰṭɑ:/ ■ *adj.* rising, ascending, blooming, budding, flourishing. اٹھتا جوبن blooming youth of a girl; growing breasts.

اٹھتّر /əṭʰəṭṭər/ ■ *cardinal number* seventy-eight.

اٹھتّرواں /əṭʰəṭṭərvɑ̃:/ ■ *ordinal number* seventy-eighth.

اُٹھتی /ʊṭʰṭi:/ ■ *adj.* (*fem.* of اُٹھتا) اُٹھتی جوانی flower of youth, fixed. 2 firm; determined, unshakeable, steadfast, resolute.

اٹم /əṭəm/ ■ *n.m.* heap, pile.

اٹنا /əṭnɑ:/ ■ *v.* be full, be crammed.

اُٹنگا /ʊṭəŋgɑ:/ ■ *adj.* 1 (of trousers, etc.) too short, not reaching the ankles. 2 badly or oddly shaped, unsymmetrical. (*fem.* اُٹنگی)

اُٹنگن /ʊṭəŋgən/ ■ *n.f.* thorny shrub used in medicine, *Blepharis edulis*.

اٹواٹی کھٹواٹی /əṭvɑ:ṭi: kʰəṭvɑ:ṭi:/ ■ *n.f.* old and broken charpoy, old and broken bed. اٹواٹی کھٹواٹی لے کر پڑ جانا lie in bed in a huff or protest, take to bed (in grief); pretend to be ill.

اٹوٹ /əṭu:ṭ/ ■ *adj.* 1 unbreakable, indestructible, inseparable. 2 continuous, constant, without a break. اٹوٹ انگ inseparable part of the body.

اٹّی /əṭṭi:/ ■ *n.f.* bundle or skein of thread, plait, sheaf.

اٹیرن /əṭe:rən/ ■ *n.m.* 1 reel, skein of thread, bobbin. 2 circle in which a horse is trained. اٹیرن ہو جانا be emaciated.

اٹیرنا /əṭe:rnɑ:/ ■ *v.* wind on a reel, wind thread into a skein, reel.

اٹیک /əṭe:k/ ■ *adj.* without a prop, unsupported.

اٹھ /əṭʰ/ ■ (*contr.* of آٹھ) *cardinal number* eight; used in comp. as: اٹھ پکّا fighting rooster whose eyelids are sewn back to keep the eyes open so that it can fight without blinking. اٹھ پہری / پہریا 1 throughout day and night. 2 drums that were sounded at fixed times during day and night. اٹھ ماسا / ماسوانسا baby born after eight months of gestation. اٹھ ماشی (*obs.*) gold coin of eight mashas.

اُٹھ /ʊṭʰ/ ■ (*imper.* of اُٹھنا) used in comp. as: اٹھ بیٹھ 1 rising up and sitting down. 2 restlessness, agitation. 3 a kind of physical exercise. اٹھ بیٹھنا get up; wake up; revive. اٹھ جانا 1 stand up, get up. 2 die; disappear; go away. اٹھ چلنا depart. اٹھ کر پانی نہ پینا be extremely lazy. اٹھ کر پانی نہ مانگنا be very ill; be very weak. اٹھ کھڑا ہونا rise; recover.

اٹّھا /əṭʰṭʰɑ:/ ■ *n.m.* the eight of a suit of playing cards.

اُٹھا /ʊṭʰɑ:/ ■ (*past* of اُٹھنا) woke up. ■ (*imper.* of اُٹھانا) pick up. ■ *adj.* rising. اٹھا بیٹھا (person) having been in refined company. اٹھا پٹخ / پٹک brawl, fight. اٹھا دینا

اِثغار /ɪsγɑːr/ ■ *n.m.* teething.

اثقال /əsqɑːl/ ■ *n.m.* (*pl.* of ثِقل) heavy burdens.

اَثقل /əsqəl/ ■ *adj.* (*elative* of ثقیل) **1** the heaviest; very heavy. **2** (*fig.*) not easily digestible.

اِثلاث /ɪslɑːs/ ■ *n.m.* trisection.

اِثلاج /ɪslɑːdʒ/ ■ *n.m.* state of being numbed through cold.

اِثم /ɪsm/ ■ *n.m.* sin.

اثمار /əsmɑːr/ ■ *n.m.* (*pl.* of ثمر) fruits.

اِثمار /ɪsmɑːr/ ■ *n.m.* bearing fruit.

اثمان /əsmɑːn/ ■ *n.m.* (*pl.* of ثمن) prices.

اثنا /əsnɑː/ ■ *n.m.* period, time; the middle, midst. ■ *adv.* during. اثنائے حال in the midst of certain state or condition. اثنائے راہ while on the way; while going. اثنائے گفتگو during the conversation.

اِثناعشر /ɪsnɑː ʔəʃər/ ■ *cardinal number* twelve. ■ *n.m.* the twelve Imams.

اِثناعشری /ɪsnɑː ʔəʃəriː/ ■ *adj.* (one) believing in twelve Imams. ■ *n.m.* **1** a Twelver Shiite. **2** this sect.

اَثیر¹ /əsiːr/ ■ *adj.* chosen; high. [A]

اثیر² ____ ■ *n.m.* ether. [A]

اثیری /əsiːriː/ ■ *adj.* of or relating to اثیر², ethereal.

اثیم /əsiːm/ ■ *n.m.* sinner.

اِجابت /ɪdʒɑːbət/ ■ *n.f.* **1** answering, consent, compliance, grant, approval, acceptance. **2** (*fig.*) stool; passage of stool/ faeces. اجابتِ دعا divine grant of a prayer.

اجات /ədʒɑːt̪/ ■ *adj.* outcast; without caste, casteless.

اجاتی /ədʒɑːt̪iː/ ■ *adj.* (***Bot.***) divergent (with regard to reproductive system).

اُجاج /ʊdʒɑːdʒ/ ■ *n.m.* salt water, water bitter in taste.

اِجارا /ɪdʒɑːrɑː/ ■ *n.m.* part of the brickwork below the frame of a window.

اِجارہ /ɪdʒɑːrɑː/ ■ *n.m.* **1** lease. **2** monopoly concern. **3** rent. اجارہ دار lease-holder, lessee; tenant; farmer of a land; holder of a monopoly; monopolist. اجارہ داری monopoly. اجارہ کرنا engage; be accountable for. اجارہ نامہ deed of lease.

اِجارے /ɪdʒɑːreː/ ■ *n.m.* (*pl.* & *infl.* of اجارہ) اجارے کا پٹہ deed of lease; title deed; right.

اُجاڑ /ʊdʒɑːɽ/ ■ *adj.* **1** desolate, deserted, depopulated. **2** ruined, spoiled; demolished. ■ *n.m.* devastation, wasteland, wilderness. اجاڑ ڈالنا destroy utterly.

bloom of youth. اٹھتی عمر puberty, early youth.

اُٹھتے /ʊʈʰteː/ ■ *adj.* (*pl.* & *infl.* of اُٹھتا) اٹھتے بیٹھتے **1** all the time, at every moment. **2** with great difficulty. اٹھتے جوتی بیٹھتے لات harsh and degrading treatment all the time. اٹھتے ہی ٹانگ ٹوٹی misfortune overtook at the outset.

اُٹھک بیٹھک /ʊʈʰʈʰək bæːʈʰək/ ■ *n.f.* See اُٹھا بیٹھی under اُٹھا.

اِٹھلانا /ɪʈʰlɑːnɑː/ ■ *v.* (also اِٹلانا) behave, talk or walk coquettishly or in an affected manner; strut; pretend ignorance.

اُٹھلّو /ʊʈʰəlluː/ ■ *n.m.* one who has no fixed dwelling place, wanderer; irresolute person.

اُٹھنا /ʊʈʰnɑː/ ■ *v.* **1** awake, get up, rise. **2** recover. **3** be abolished. **4** (a shop or business) be closed. **5** swell, inflame. **6** leave, depart. **7** (of pain) feel. اٹھنا بیٹھنا **1** manners, etiquette. **2** visit frequently; move in.

اُٹھنتری /ʊʈʰənt̪riː/ ■ *n.f.* revocation of confiscation.

اُٹھنگن /ʊʈʰəŋgən/ ■ *n.f.* **1** forceps used to ease the baby out of the womb. **2** wedge placed beneath something to stop it from rolling.

اَٹھنّی /əʈʰənniː/ ■ *n.f.* eight anna coin (no more in use), equal to half a rupee or fifty paisas.

اٹھوارا /əʈʰvɑːrɑː/ ■ *n.m.* (also اٹھواڑا) period of eight days, a week. اٹھوارا کٹے (curse) may you die in eight days!

اُٹھوانا /ʊʈʰvɑːnɑː/ ■ *v.* **1** have something lifted. **2** have someone kidnapped. **3** have someone awakened.

اثاث /əsɑːs/ ■ *n.m.* (*pl.* of اثاثہ) اثاث البیت household goods.

اثاثہ /əsɑːsɑː/ ■ *n.m.* property, wealth; effects; goods.

اِثارت /ɪsɑːrət̪/ ■ *n.f.* anger, fury, rage.

اثبات /əsbɑːt̪/ ■ *n.m.pl.* dependable, honourable people.

اِثبات /ɪsbɑːt̪/ ■ *n.m.* affirmation, recognition, confirmation; verification, establishing. اثباتِ جرم proving a crime. اثباتِ حقیقت establishing the reality or truth.

اِثخان /ɪsxɑːn/ ■ *n.m.* bloodshed.

اثدی /əsd̪ɑː/ ■ *n.f.* (*pl.* of ثدی) female breasts.

اثر /əsər/ ■ *n.m.* **1** effect. **2** influence. **3** consequence. **4** haunting by an evil spirit. اثرانداز،انگیز influential; impressive; effective. اثر پذیر ہونا be affected. اثر کرنا affect, impress. اثر و رسوخ influence. اثر و رسوخ ہونا be influential; have influence.

اجاڑ صورت ugly, unsightly, deformed. اجاڑ منھ cheerless countenance.

اُجاڑنا /ʊdʒɑːɽnɑː/ ■ *v.* 1 ruin, destroy. 2 drive out.

اُجاڑو /ʊdʒɑːɽuː/ ■ *n.m.* waster; spoiler; spendthrift.

اِجازت /ɪdʒɑːzət̪/ ■ *n.f.* permission, sanction; licence; liberty; leave. اجازتِ تبنیت authority to adopt a child. اجازت چاہنا ask for leave. اجازت خواہ applicant, one asking permission. اجازت دینا permit, allow, authorize, empower. اجازت ملنا get permission. اجازت نامہ deed of permission, authority, licence.

اُجاغ /ʊdʒɑːɣ/ ■ *n.m.* stove; fireplace.

اُجاگر /ʊdʒɑːgər/ ■ *adj.* 1 bright. 2 prominent, clearly visible, evident, manifest. اجاگر کرنا highlight, accentuate, make prominent.

اُجالا /ʊdʒɑːlɑː/ ■ *n.m.* light, daylight, sunshine; daybreak, dawn. اجالا ہونا day to dawn; be lit up, be illuminated, lights to come on. (*opp.* اندھیرا)

اُجالنا /ʊdʒɑːlnɑː/ ■ *v.* cleanse, polish, buff; brighten.

اُجالی /ʊdʒɑːliː/ ■ *n.f.* light, brightness. ■ *adj.* bright, illuminated. اُجالی لینا appear; rise; come out.

اُجالے /ʊdʒɑːleː/ ■ *n.m.* (*pl. & infl.* of اُجالا) اجالے کا تارہ the morning star, Venus. (*opp.* اندھیرے)

اجان /ədʒɑːn/ ■ *adj.* 1 naive, innocent. 2 inexperienced, ignorant. ■ *adv.* by mistake, unknowingly.

اجانب /ədʒɑːnɪb/ ■ *n.m.* (*pl.* of اجنبی) strangers, aliens.

اِجبار /ɪdʒbɑːr/ ■ *n.m.* compulsion, constraint, force.

اجت /ədʒɪt̪/ ■ *adj.* unconquerable, unsubdued, unsurpassed, invincible.

اِجتبا /ɪdʒt̪ebɑː/ ■ *n.m.* (also اِجتباء) selection, choice; liking.

اِجتماع /ɪdʒt̪emɑːʔ/ ■ *n.m.* 1 act of gathering together; assemblage; meeting. 2 agreeing together of many people. 3 (***Astrol.***) conjunction. اجتماعِ ضدین نقیضین combining opposite qualities; combination of two contraries. اجتماع کرنا gather or come together, combine.

اِجتماعی /ɪdʒt̪emɑːʔiː/ ■ *adj.* collective, congregational. اجتماعی حقوق collective rights.

اِجتماعیّت /ɪdʒt̪emɑːʔɪjjət̪/ ■ *n.f.* collectivity.

اِجتناب /ɪdʒt̪enɑːb/ ■ *n.m.* keeping away or aloof, shunning, abstinence, refraining, avoidance. اجتناب کرنا abstain, shun; avoid, keep away (from some act).

اِجتہاد /ɪdʒt̪ehɑːd̪/ ■ *n.m.* 1 exertion; earnest effort. 2 innovation. 3 (***Isl.***) ijtehad, new approach based on reasoning in problems of Islamic law.

اُجٹ /ʊdʒəʈ/ ■ *adj.* (also اُوجٹ) See اُجڈ.

اُجٹّ /ʊdʒdʒəʈ/ ■ *n.m.* untrained wrestler, novice wrestler.

اجداد /ədʒdɑːd̪/ ■ *n.m.* (*pl.* of جد²) ancestors, forefathers.

اُجڈ /ʊdʒəɖ/ ■ *adj.* (also اُجٹ) vulgar; ill-mannered, unrefined; awkward; ignorant, inconsiderate.

اجر /ədʒər/ ■ *adj.* eternal, immortal, imperishable.

اجر /ədʒr/ ■ *n.m.* 1 reward, remuneration, compensation. 2 hire; pay; fare; fee. اجرِ جائز legally allowed remuneration. اجر دینا remunerate, recompense, reward. اجرِ مسمّیٰ stipulated wages.

اِجرا /ɪdʒrɑː/ ■ *n.m.* (also اِجراء) 1 issue, issuance, grant. 2 execution. 3 circulation. 4 flow. اجرا کرنا 1 issue. 2 put in force; execute. اجرائے ڈگری the issuance or execution of a decree.

اجرام /ədʒrɑːm/ ■ *n.m.* (*pl.* of جرم) 1 bodies. 2 celestial bodies. اجرامِ سفلی earthly bodies (as opposed to heavenly bodies). اجرامِ علوی/فلکی heavenly bodies, i.e. stars, planets, etc.

اِجران /ɪdʒrɑːn/ ■ *n.f.* fallow land; land temporarily left uncultivated to keep it fertile.

اجرب /ədʒrəb/ ■ *adj.* suffering from scabies.

اُجرت /ʊdʒrət̪/ ■ *n.f.* wages, remuneration, fee, reward; fare. اجرتِ تفہیمی additional income.

اُجرتی /ʊdʒrət̪iː/ ■ *adj.* waged, working for wages.

اجرد /ədʒrəd̪/ ■ *adj.* bald (man).

اجرک /ədʒrək/ ■ *n.f.* a chador printed in deep blue and red with intrinsic designs, especially one from Sindh.

اُجڑّ /ʊdʒdʒəɽ/ ■ *adj.* derelict, desolate, uninhabited. اجڑ نگری سونا دیس desolate and deserted place.

اُجڑا /ʊdʒɽɑː/ ■ *adj.* desolate, ruined, deserted. اجڑا پجڑا desolate, in ruins. (*fem.* اُجڑی)

اُجڑنا /ʊdʒəɽnɑː/ ■ *v.* 1 be ruined; be ravaged; plundered. 2 become depopulated, deserted.

اُجڑوانا /ʊdʒəɽvɑːnɑː/ ■ *v.* cause to be laid waste.

اُجڑی /ʊdʒɽiː/ ■ *adj.* (*fem.* of اُجڑا) اجڑی صورت cheerless face.

اجزا /ədʒzɑː/ ■ *n.m.* (*pl.* of جُز²) (also اجزاء) 1 parts, portions. 2 elements, divisions, sections, constituents, ingredients. اجزائے ترکیبی ingredients; constituent parts, components. اجزائے ضربی (***Math.***) factors. اجزائے متناسبہ

proportionate parts.

اِجزال /ɪdʒzɑ:l/ ■ *n.m.* increase, boost, growth.

اجساد /ədʒsɑ:d̪/ ■ *n.m.* (*pl.* of جسد) the bodies; substances.

اجسام /ədʒsɑ:m/ ■ *n.m.* (*pl.* of جسم) the bodies.

اجفان /ədʒfɑ:n/ ■ *n.m.* (*pl.* of جفن) the eyelids; the eyelashes.

اجگر /ədʒgər/ ■ *n.m.* large and thick snake; general term for any large, thick serpent; boa-constrictor; dragon or a python. ■ *adj.* (*fig.*) bulky, unwieldy. اجگر کے داتا رام God is the Provider for all.

اجل¹ /ədʒəl/ ■ *n.f.* **1** assigned time; destiny; fate. **2** death. اجل رسیدہ overtaken by fate; doomed; on the point of death. اجل گرفتہ in the throes of death; about to die. [A]

اجل² ____ ■ *adj.* (*elative* of جلیل) the greatest, the grandest, exalted, most glorious; an attribute of Allah. [A]

اُجلا /ʊdʒlɑ:/ ■ *adj.* (also اُجّل) **1** splendid; radiant, shining, luminous. **2** pure; clean. **3** white; of a white complexion. اجلا آدمی **1** guileless man; guiltless man. **2** man wearing clean white clothes. **3** respectable person. اجلا پن whiteness; clearness; radiance, lustre. اُجلا پھل (*fig.*) son. اُجلا خرچ affluence, prosperity. اجلا کرنا **1** whiten, clean. **2** polish, shine. اجلا ہونا be polished; become clear. (*fem.* اُجلی)

اِجلاس /ɪdʒlɑ:s/ ■ *n.m.* an official meeting; a sitting of a law court; an assembly session. اجلاسِ کامل full bench or session. اجلاس کرنا meet; have a meeting. اجلاس میں **1** in the court of. **2** in session. اجلاسِ واحد single judge; single bench.

اجلاف /ədʒlɑ:f/ ■ *n.m.* (*pl.* of جِلف) the lower orders; base, vile, mean or ignoble people.

اِجلال /ɪdʒlɑ:l/ ■ *n.m.* magnificence, honour, glory, exaltation.

اُجلانا /ʊdʒlɑ:nɑ:/ ■ *v.* cleanse; polish; brighten.

اِجلواز /ɪdʒlevɑ:z/ ■ *n.m.* swiftness, rapidity.

اَجِلّہ /ədʒɪllɑ:/ ■ *n.m.* (*pl.* of جلیل) great and illustrious people.

اجلی /ədʒlɑ:/ ■ *adj.* brighter; more vivid.

اُجلی /ʊdʒli:/ ■ *adj.* (*fem.* of اُجلا) اجلی تلسی species of basil bearing white seeds or flowers. اجلی زندگی rich way of life. اجلی طبیعت refinement; clean mind. اجلی گزران comfortable life.

اجم /ədʒəm/ ■ *n.m.* forest; lion's den.

اِجماع /ɪdʒmɑ:ʔ/ ■ *n.m.* **1** meeting, assembly, council. **2** consensus. **3** (***Isj.***) consensus of religious scholars, which is one of the four sources of Sharia, the law of Islam. اجماعِ امت **1** assembly or convocation of people of ummah. **2** unanimous consent.

اِجمال /ɪdʒmɑ:l/ ■ *n.m.* abstract; brief, abridgement, summary, synopsis.

اِجمالاً /ɪdʒmɑ:lən/ ■ *adv.* briefly, concisely, summarily.

اِجمالی /ɪdʒmɑ:li:/ ■ *adj.* **1** abridged, brief, succinct. **2** (***Law***) area or estate commonly controlled by several parties. اجمالی خاکہ brief sketch.

اجمعین /ədʒməʔi:n/ ■ *n.m.pl.* the whole; all together.

اجمل /ədʒməl/ ■ *adj.* (*elative* of جمیل) most beautiful.

اجمود /ədʒmu:d̪/ ■ *n.m.* (also اجموا) celery, a plant with fragrant leaves and white flowers, *Apium graveolens*.

اجناس /ədʒnɑ:s/ ■ *n.f.* (*pl.* of جنس) **1** kinds, sorts, species. **2** goods, especially agricultural produce, grains.

اجنب /ədʒnəb/ ■ *adj.* See اجنبی.

اجنبی /ədʒnəbi:/ ■ *n.m.* stranger; foreigner; alien. ■ *adj.* strange; foreign; unfamiliar, new, unknown.

اجنبیّت /ədʒnəbɪjjət̪/ ■ *n.f.* estrangement; unfamiliarity; coldness of behaviour.

اجنحہ /ədʒnehɑ:/ ■ *n.m.* (*pl.* of جناح) wings of birds.

اِجِنّہ¹ /ədʒɪnnɑ:/ ■ *n.m.* (*pl.* of جن²) genii. [A]

اِجِنّہ² ____ ■ *n.m.* (*pl.* of جنین) foetus, embryo. [A]

اجواد /ədʒvɑ:d̪/ ■ *n.m.* (*pl.* of اجود) generous people.

اجواف /ədʒvɑ:f/ ■ *n.m.* (*pl.* of جوف) holes; cavities; hollows.

اجوائن /ədʒvɑ:ɪn/ ■ *n.f.* (also اجوان، اجواین) seed of plant of the dill kind; species of aniseed having the flavour of caraway. اجوائن خراسانی celery.

اجوِبہ /ədʒvɪbɑ:/ ■ *n.m.* (*pl.* of جواب) answers; replies.

اجوت¹ /ədʒo:t̪/ ■ *adj.* untilled, uncultivated, waste (land). [S]

اجوت² ____ ■ *adj.* dim; dark; dull; unlit. [S]

اجوتا /ədʒo:t̪ɑ:/ ■ *n.m.* fourteenth day of the month of Chait (چیت) when some farmers do not attach oxen to the plough. ■ *adj.* **1** untilled (field). **2** (of oxen) never attached to the plough.

2 sad, depressed, dejected. 3 (of sleep) broken, disturbed. اچاٹ ہونا be disgusted.

اُچاٹی /ʊtʃɑ:ʈi:/ ■ *n.f.* boredom; ennui.

اچار /ətʃɑ:r/ ■ *n.m.* achar, pickles. اچار ڈالنا 1 make pickles. 2 preserve unnecessarily, let go waste.

اچارج /ətʃɑ:rədʒ/ ■ *n.m.* 1 mentor; teacher; erudite person. 2 (***Hinduism***) person who conducts religious rites and rituals.

اُچارن /ʊtʃɑ:rən/ ■ *n.m.* (also اُچارَن) accent, intonation; pronunciation; articulation.

اچاری¹ /ətʃɑ:ri:/ ■ *n.f.* (also آچاری) vessel or bottle for storing pickles. ■ *adj.* of or relating to اچار. [P]

اچاری² ——— ■ *n.m.* (also اچاریہ) 1 teacher, especially one who teaches Vedas; pundit. 2 priest of a Hindu sect who makes arrangements for worship. [S]

اُچان /ʊtʃɑ:n/ ■ *n.f.* (also اُونچان) height; elevation.

اُچانا /ʊtʃɑ:nɑ:/ ■ *v.* raise; elevate; lift up.

اچانک /ətʃɑ:nək/ ■ *adv.* suddenly, all of a sudden, unexpectedly. ■ *adj.* incidental.

اُچانک /ʊtʃɑ:nək/ ■ *n.f.* frolic; caper; gambol.

اچپل /ətʃpəl/ ■ *adj.* (also اچپلا) playful, frisky, vivacious, sprightly; restless, uneasy.

اچپلاہٹ /ətʃpəlɑ:həʈ/ ■ *n.f.* restlessness; playfulness.

اُچُٹ /ʊtʃʊʈ/ ■ *adj.* (*coll.*) silly, foolish, stupid, idiotic.

اُچِت /ʊtʃɪt̪/ ■ *adj.* proper, fit, suitable, right, befitting.

اچتانا پچتانا /ətʃt̪ɑ:nɑ: pətʃt̪ɑ:nɑ:/ ■ *v.* rue; regret; be contrite.

اُچٹانا /ʊtʃʈɑ:nɑ:/ ■ *v.* cause to rebound. See اُچٹنا.

اُچٹّا /ʊtʃəʈʈɑ:/ ■ *adj.* 1 barely touching; off the mark. 2 careless, cursory. 3 bored, fed up, tired of. 4 light, ineffective or only mildly effective.

اُچٹّی /ʊtʃəʈʈi:/ ■ *adj.* (*fem.* of اُچٹّا) اچٹّی نظر casual glance.

اُچٹنا /ʊtʃəʈnɑ:/ ■ *v.* 1 (of arms as sword) rebound, bounce back; touch barely; not to be effective. 2 go astray, go off the mark. 3 be ineffective.

اچرج /ətʃrədʒ/ ■ *adj.* strange, uncommon, surprising, out of the way. ■ *n.m.* a wonder; miracle.

اُچک /ʊtʃək/ ■ *n.f.* 1 jump; sudden upward movement. 2 (*fig.*) height, elevation. 3 act of snatching. اچک پھاند leaping and jumping. اچک لینا 1 snatch, steal. 2 catch, grab.

اُچکّا /ʊtʃəkkɑ:/ ■ *n.m.* minor thief, pickpocket; knave.

اجوَد /ədʒvəd/ ■ *adj.* (*elative* of جواد) most generous.

اُجورہ /ʊdʒu:rɑ:/ ■ *n.m.* (also اُجورا) 1 rent, fare. 2 reward, remuneration. اجورہ دار labourer; hireling.

اجوف /ədʒvəf/ ■ *adj.* hollow, vacant, concave.

اجوگ /ədʒo:g/ ■ *adj.* single, unpaired.

اجولی /ədʒo:li:/ ■ *n.f.* part of the yield given to farm-workers as wages.

اِجہاز /ɪdʒhɑ:z/ ■ *n.m.* abortion.

اجہل /ədʒhəl/ ■ *adj.* (*elative* of جاہل) most ignorant. ■ *n.m.* blockhead.

اجی /ədʒi:/ ■ *exclam.* used to draw attention or express surprise or contempt; hello! hey! ho there! اجی جانے بھی دیجیے leave it, don't give it a thought.

اجیال /ədʒjɑ:l/ ■ *n.m.pl.* contemporaries.

اُجیالا /ʊdʒjɑ:lɑ:/ ■ *n.m.* (also اُجیارا) light. See اُجالا.

اجیت /ədʒi:t̪/ ■ *adj.* invincible, unbeaten, unsubdued, unsurpassed.

اجیٹن /ədʒi:ʈən/ ■ *n.m.* adjutant. [E]

اجیجی /ədʒi:dʒi:/ ■ *n.f.* a kind of silky muslin once made in Dhaka, Bangladesh.

اجید /ədʒjəd/ ■ *adj.* (*elative* of جیّد) most excellent, best.

اجیر /ədʒi:r/ ■ *n.m.* employee, someone hired, servant; wage-worker.

اجیرن /ədʒi:rən/ ■ *adj.* 1 indigestible. 2 difficult; troublesome. ■ *n.m.* indigestion. اجیرن کرنا make extremely difficult.

اِجّے کے بِجّے کرنا /ɪdʒdʒe: ke: bɪdʒdʒe: kərnɑ:/ ■ *phr.* split hairs; explain in details unnecessarily.

اُجھالنا /ʊdʒʰɑ:lnɑ:/ ■ *v.* pour or decant a liquid from one vessel to another.

اجھڑ /ədʒʰəɽ/ ■ *adj.* not shedable; not pourable.

اُجّھڑ /ʊdʒʰdʒʰəɽ/ ■ *adj.* querulous, quarrelsome. ■ *n.m.* quarrel.

اُجھکنا /ʊdʒʰəknɑ:/ ■ *v.* tiptoe; peep or spy.

اُجھیلا /ʊdʒʰe:lɑ:/ ■ *n.m.* earth excavated for filling holes in the ground.

اُجھینا /ʊdʒʰi:nɑ:/ ■ *n.m.* arranged firewood in hearth for quick fire.

اُچاپت /ʊtʃɑ:pət̪/ ■ *n.f.* 1 purchase on credit. 2 quarrel, discord, brawl.

اُچاٹ /ʊtʃɑ:ʈ/ ■ *adj.* 1 disgusted with, bored, dissatisfied.

اچکاپن thievery, pilfering; fraud, knavery. (*fem.* اچکی)

اُچکانا /ʊtʃkɑ:nɑ:/ ■ *v.* **1** lift or raise jerkily. **2** shrug (the shoulders).

اچکن /ətʃkən/ ■ *n.f.* achkan, a knee-length coat with round collar and buttoned at the chest. (See also شیروانی.)

اُچکنا /ʊtʃəknɑ:/ ■ *v.* **1** leap or jump up. **2** make away with. **3** take away, snatch, grab.

اُچکّی /ʊtʃəkki:/ ■ *n.* (*fem.* of اُچکّا).

اچل /ətʃəl/ ■ *adj.* immovable, steady; resolute; firm, fixed.

اُچلنا /ʊtʃəlnɑ:/ ■ *v.* separate; tear off; (of skin or wrapping, etc.) be peeled.

اِچّم /ɪtʃtʃəm/ ■ *n.f.* act of pulling the string of a kite with a jerk.

اچنبھا /ətʃəmbʰɑ:/ ■ *n.m.* (also اچنبا، اچمبھا) **1** marvel, surprise, amazement, astonishment. **2** thing causing wonder. اچنبھا پڑنا/رہنا (also اچنبھے میں آنا) be astounded; be surprised. اچنبھادانہ droplets of sweetmeat.

اُچنگ /ʊtʃəŋg/ ■ *n.f.* sudden impulse of feeling; naughtiness.

اچوک /ətʃu:k/ ■ *adj.* unerring, accurate, unfailing, infallible; sure, certain. ■ *n.m.* a dead shot, an accurate marksman.

اچیت /ətʃe:t̪/ ■ *adj.* out of mind; heedless; insensible, senseless. ■ *n.m.* the unconscious.

اُچیلنا /ʊtʃe:lnɑ:/ ■ *v.* **1** get separated. **2** cause to peel off.

اچّھا /ətʃʰtʃʰɑ:/ ■ *adj.* **1** good, excellent. **2** righteous; correct. **3** healthy, wholesome; recovered (in health), sound. **4** genuine, pure. **5** pleasant, pleasing, lovely. **6** benevolent, kind, noble. **7** skilful. ■ *adv.* **1** well, no matter; don't mention. **2** yes, nice, OK, granted. **3** well, nicely, finely, in a good manner. **4** (*iron.*) bad or awkward. ■ *exclam.* **1** to remind or reprimand; got it? understand? **2** bravo! well done! **3** is that so? اچھا چنگا in good health. اچھا برا **1** (of something) good or bad, profit or loss. **2** (*fig.*) result, consequence. اچھا برتاؤ good behaviour. اچھا بھلا proper; healthy; clear. اچھا خاصا healthy; sufficient; flawless. اچھا رہنا **1** be better off. **2** be liked or approved. **3** treat kindly. اچھا شگون good omen. اچھا کر دینا make well, restore to health, heal, cure. اچھا کرنا **1** cure, heal. **2** do good, do well or right. اچھا کہنا **1** say yes. **2** speak well of. اچھا کیا well done; (I/ we/ you/ he/ she) did well. اچھا لگن lucky or propitious moment. اچھا لگنا **1** like, relish or enjoy, savour. **2** look good. اچھا ہونا recover, be healed, be restored to health. (*fem.* اچھّی)

اِچّھا /ɪtʃʰtʃʰɑ:/ ■ *n.f.* (also اِچھیا) **1** wish, desire. **2** inclination, intention. **3** aim, ambition. اچھا بھوجن desired or longed for food; choice food in abundance.

اُچھال /ʊtʃʰɑ:l/ ■ *n.f.* **1** jump, an upward motion, throwing up, up-thrust, tossing up. **2** nausea. **3** (***Physics***) buoyancy. اچھال چھکا wanton woman; woman of easy virtue, lewd woman. اچھال چھکاپن wantonness of a woman.

اُچھالنا /ʊtʃʰɑ:lnɑ:/ ■ *v.* **1** throw up, toss up, send up with a jerk. **2** scatter. **3** stimulate or excite. **4** (*fig.*) make famous. **5** promote.

اچھائی /ətʃʰtʃʰɑ:i:/ ■ *n.f.* goodness, righteousness, good deed, a good quality.

اچّھر /ətʃʰtʃʰər/ ■ *n.m.* (also اچھر، انچھر) **1** letter. **2** word. **3** syllable.

اُچھل /ʊtʃʰəl/ ■ (*imper.* of اُچھلنا) اچھل پڑنا **1** spring up. **2** rise up to the surface. **3** break into passion. **4** be frightened. **5** jump up with amazement. اچھل پھاند/کود **1** leaping and jumping, hopping and skipping, gambol. **2** effort, endeavour.

اُچھلانا /ʊtʃʰlɑ:nɑ:/ ■ *v.* cause to throw up.

اُچھلنا /ʊtʃʰəlnɑ:/ ■ *v.* **1** leap, bound. **2** rise; gush, spurt. **3** rejoice. **4** be wild with rage.

اچھن بچھن /ətʃʰən bətʃʰən/ ■ *n.m.* lame excuses.

اچّھن بچّھن /ətʃʰtʃʰən bɪtʃʰtʃʰən/ ■ *n.m.* smartness, jolliness.

اُچھّو /ʊtʃʰtʃʰu:/ ■ *n.m.* choking while eating or drinking resulting in a fit of cough. اچھو ہونا choke.

اچھوانا /ətʃʰvɑ:nɑ:/ ■ *v.* clean, free from dirt.

اچھوانی /ətʃʰvɑ:ni:/ ■ *n.f.* gruel mainly of nuts, usually given to women after childbirth.

اچھوبھ /ətʃʰo:bʰ/ ■ *adj.* stationary, still.

اچھوت /ətʃʰu:t̪/ ■ *adj.* untouchable. ■ *n.m.* low-caste Hindu. اچھوت پیدائش (***Bot.***) parthenocarpy, production of food without fertilization of ovules.

اچھوتا /ətʃʰu:t̪ɑ:/ ■ *adj.* **1** untouched (as food for religious persons). **2** new. **3** unique; rare; novel. **4** clean. اچھوتا پنڈا (*fig.*) virgin girl.

اچھوتی /ətʃʰu:ti:/ ■ *adj.* (*fem.* of اچھوتا). ■ *n.f.* nun.

اچھی /ətʃʰtʃʰi:/ ■ *adj.* (*fem.* of اچھا) **1** good. **2** correct. **3** (a way of addressing a woman intimately) dear, darling. اچھی بات okay; alright; so be it. اچھی سے اچھی the best of all; the very best. اچھی طرح in a satisfactory way; well; thoroughly. اچھی طرح سے carefully, in a fitting manner, duly, suitably, thoroughly; fully, plentifully; well; satisfactorily. اچھی کاٹھی پانا have a good physique. اچھی کہی (*iron.*) well said! اچھی گھڑی propitious moment or hour. اچھی مہورت (***Astrol.***) favourable conjunction of the stars.

اچھے /ətʃʰtʃʰe:/ ■ *n.m.* (*pl.* & *infl.* of اچھا) اچھے دن period of prosperity and success, better days. اچھے سے اچھا the best of all. اچھے ہیں he is/ they are in good shape/ health.

اچھیا /ɪtʃʰja:/ ■ *n.f.* wish, desire. See اِچھا.

اچھیا بچھیا /ətʃʰja: bətʃʰja:/ ■ *n.f.* playful activity in which children are tickled.

احاد /əha:d̪/ ■ *n.m.* (*pl.* of احد) units, ones, single digits, the figures between 1 and 9.

احادیث /əha:d̪i:s/ ■ *n.f.* (*pl.* of حدیث) traditions, chiefly the traditions of Prophet Muhammad.

اِحاطت /eha:t̪ət̪/ ■ *n.f.* encirclement; enclosing.

اِحاطہ /eha:t̪a:/ ■ *n.m.* **1** enclosure, surrounding, premises, precinct. **2** boundary; boundary wall. احاطہ کرنا **1** surround, fence, enclose. **2** (*fig.*) cover all aspects of some topic, etc.

احب /əhəb/ ■ *adj.* (*elative* of حبیب) most lovely, most amiable, most beloved. ■ *n.m.* friend.

اَحباب /æhba:b/ ■ *n.m.* (*pl.* of حبیب) (also احبا، احبّہ) friends; dear ones.

احبار /əhba:r/ ■ *n.m.* (*pl.* of حبر) rabbis, Jewish hermits.

احبال /æhba:l/ ■ *n.m.* (*pl.* of حبل) **1** strings; threads; cords. **2** (***Anat.***) veins.

اِحتبا /eht̪eba:/ ■ *n.m.* squatting with the back and calves covered with a piece of cloth.

اِحتباس /eht̪eba:s/ ■ *n.m.* **1** suffocation. **2** (***Psych.***) repression. احتباسِ اسفل (***Med.***) appendicitis.

اِحتجاب /eht̪edʒa:b/ ■ *n.m.* **1** purdah, veil, screen. **2** (***Astrol.***) occultation.

اِحتجاج /eht̪edʒa:dʒ/ ■ *n.m.* protest, objection, outcry.

اِحتجاجاً /eht̪edʒa:dʒən/ ■ *adv.* protestingly, under protest.

اِحتجاجی /eht̪edʒa:dʒi:/ ■ *n.m.* & *f.* protestor; agitator. ■ *adj.* of or relating to protest.

اِحتداد /eht̪eda:d̪/ ■ *n.m.* intensity, especially of heat.

اِحتراز /eht̪era:z/ ■ *n.m.* abstinence, avoidance, guarding against, abstaining from, being cautious of. احتراز کرنا abstain, avoid, shun, eschew; refrain.

اِحتراق /eht̪era:q/ ■ *n.m.* **1** combustion, burning. **2** (*fig.*) vehemence.

اِحترام /eht̪era:m/ ■ *n.m.* respect, veneration, deference.

اِحتساب /eht̪esa:b/ ■ *n.m.* **1** accountability. **2** casting accounts, reckoning, computing, accounting for. **3** (*fig.*) prohibition.

اِحتسابی /eht̪esa:bi:/ ■ *adj.* of or relating to اِحتساب.

اِحساس /eht̪esa:s/ ■ *n.m.* feeling; realization.

اِحتشام /eht̪eʃa:m/ ■ *n.m.* pomp, magnificence, grandeur.

اِحتصار /eht̪esa:r/ ■ *n.m.* (***Psych.***) obsession.

اِحتضار /eht̪eza:r/ ■ *n.m.* the pangs of death; the last breath.

اِحتظاظ /eht̪eza:z/ ■ *n.m.* act of taking pleasure, relish.

اِحتفال /eht̪efa:l/ ■ *n.m.* **1** meeting. **2** congregation, especially on important national or social issues.

اِحتقار /eht̪eqa:r/ ■ *n.m.* despisement, scorn, contempt.

اِحتقان /eht̪eqa:n/ ■ *n.m.* (***Med.***) enema. احتقانِ جلدی injection.

اِحتکار /eht̪eka:r/ ■ *n.m.* hoarding trade goods, especially food grain, etc. in expectation of later rise in its prices.

اِحتکاک /eht̪eka:k/ ■ *n.m.* (also اِحکاک) friction, abrasion, rubbing.

اِحتکاکی /eht̪eka:ki:/ ■ *adj.* frictional.

اِحتلام /eht̪ela:m/ ■ *n.m.* nocturnal emission, night discharge, wet dream.

اِحتمال /eht̪ema:l/ ■ *n.m.* **1** probability, likelihood. **2** apprehension. **3** doubt, uncertainty. احتمالِ قانونی legal presumption. احتمال کرنا **1** apprehend. **2** suppose, presume, guess, suspect. احتمال ہونا be likely; be probable.

اِحتمالی /eht̪ema:li:/ ■ *adj.* **1** conjectural, probable, likely. **2** hypothetical; doubtful, uncertain.

اِحتمام /eht̪ema:m/ ■ *n.m.* phlebotomy, act of cutting a vein and taking out blood.

اِحتوا /eht̪eva:/ ■ *n.m.* inclusion of all the parts of whole;

during Hajj or Umrah. 2 intention (of travelling). 3 starting prayer by saying Allah-o-Akbar. احرام باندھنا wear ihram. احرام پوش person who wears ihram (to perform Hajj or Umrah).

احزاب /æhzɑ:b/ ■ *n.m.* (*pl.* of حزب) groups; parties. ■ *n.f.* 1 title of a sura of the Qur'an. 2 name of a battle of Islam.

احزان /æhzɑ:n/ ■ *n.m.* (*pl.* of حُزن) sorrows; afflictions.

احساس /ehsɑ:s/ ■ *n.m.* feeling; perception; sensibility. احساسِ برتری superiority complex. احساس کرنا 1 feel. 2 realize. احساسِ کمتری/کہتری inferiority complex. احساسِ محرومی sense of deprivation. (*pl.* احساسات)

احساسیت /ehsɑ:sɪjət/ ■ *n.f.* (***Philos.***) empiricism.

اِحسان /ehsɑ:n/ ■ *n.m.* 1 good deed; virtue. 2 beneficence, favour, kindness, conferring of obligation. احسان اتارنا return a favour. احسان جتانا speak or boast of favours conferred. احسان دھرنا/رکھنا do a favour to someone, place someone under obligation; to boast of favours done to someone. احسان شناس acknowledging favours received, grateful. احسان فراموش/ناشناس forgetful of favours received, unthankful, ungrateful, ingrate. احسان کا بدلہ return of favour. احسان کا چھپر سر پر رکھنا do a great favour; expect many thanks for small favour; remind one of favours done. احسان کرنا do someone a favour, oblige someone. احسان لینا accept or receive a favour. احسان ماننا feel thankful, acknowledge a favour received, feel obliged. احسان مند grateful, obliged. احسان مندی gratitude, thankfulness, sense of obligation. (*pl.* احسانات)

احسن /æhsən/ ■ *adj.* (*elative* of حسین) 1 very beautiful. 2 best, excellent; preferable.

احسنت /æhsənt̪/ ■ *exclam.* you have done well! bravo! well done!

احشا /əhʃɑ:/ ■ *n.m.* (also احشاء) organs in the belly, bowels or intestines; contents of the thorax, heart, liver, lungs.

احشام /əhʃɑ:m/ ■ *n.m.* (*pl.* of حشم) 1 followers. 2 faithful servants.

اِحصا /ehsɑ:/ ■ *n.m.* (also اِحصاء) 1 counting; enumerating. 2 narrating; describing; comprehension. 3 (***Math.***) calculus.

encirclement.

اِحتیاج /eht̪ɪjɑ:dʒ/ ■ *n.f.* 1 need, want, necessity; requisite thing. 2 exigency. (*pl.* احتیاجات)

اِحتیاز /eht̪ɪjɑ:z/ ■ *n.m.* act of gathering scattered things together.

اِحتیاط /eht̪ɪjɑ:t̪/ ■ *n.f.* care, caution, circumspection, precaution. احتیاط سے watchfully, carefully, prudently, cautiously.

اِحتیاطاً /eht̪ɪjɑ:t̪ən/ ■ *adv.* as a precautionary measure, circumspectly.

اِحتیاطی /eht̪ɪjɑ:t̪i:/ ■ *adj.* preventive; precautionary. احتیاطی تدابیر preventive measures.

اِحتیال /eht̪ɪjɑ:l/ ■ *n.m.* craft, cleverness, deception.

اخا بحثی /æhsɑ: bæhsi:/ ■ *n.f.* long or sharp discussion or argument, altercation.

احجار /æhdʒɑ:r/ ■ *n.m.* (*pl.* of حجر) stones.

احد /əhəd̪/ ■ *adj.* one, digit one; unique; having no partner (as an attribute of Allah). ■ *n.m.* 1 one, individual. 2 See الاحد under ال. احدُ الطرفین one of the two parties (in a lawsuit). احدُ الفریق one of the parties (to a lawsuit). احدُ المتخاصمین one of the disputants. (*pl.* احاد)

اِحداث /ehd̪ɑ:s/ ■ *n.m.* bringing into existence; causing to be made.

احداق /æhd̪ɑ:q/ ■ *n.m.* (*pl.* of حدق) 1 pupils of the eyes. 2 (*fig.*) the eyes.

احدی /æhd̪i:/ ■ *adj.* (also اَحدی) sluggish, idle, lazy. ■ *n.m.* 1 (***Hist.***) (in Mogul emperor Akbar's reign) an employee receiving wages without doing any work. 2 (*fig.*) lazy person.

احدیت /əhəd̪ɪjət̪/ ■ *n.f.* oneness of God, unity, individuality; belief in the unity of God.

احرار /æhrɑ:r/ ■ *n.m.* (*pl.* of حُر) 1 people who are not slaves, people averse to slavery. 2 (*fig.*) noble men. 3 (as *sing.*) (***Hist.***) name of a freedom movement of the Indian Subcontinent.

اِحراز /ehrɑ:z/ ■ *n.m.* act of hoarding, collecting.

احراق /æhrɑ:q/ ■ *n.m.* (*pl.* of حرق) incendiary materials.

اِحراق /ehrɑ:q/ ■ *n.m.* act of burning, setting on fire; heat, burning.

اِحرام /ehrɑ:m/ ■ *n.m.* 1 ihram, unstitched white sheets of cloth wrapped around the body by male pilgrims responsibility. 2 act disorderly or unlawfully.

احمدی /æhmədi:/ ■ *adj.* 1 relating or concerning to Prophet Muhammad. 2 relating to Ahmadi sect (declared heretic by mainstream Islam). ■ *n.m.* follower of Mirza Ghulam Ahmad Qadiani.

احمر /æhmər/ ■ *adj.* (also احمریں) red.

احمق /æhməq/ ■ *adj.* foolish; stupid. ■ *n.m.* fool, dunce, simpleton, idiot, blockhead. احمق الذی/الذین arrant blockhead or fool. احمق بنانا make a fool of someone, play a trick or prank on, befool, cheat. احمق پن folly, stupidity, idiocy.

احمقانہ /æhməqəna:/ ■ *adj.* foolish, idiotic.

احناف /əhna:f/ ■ *n.m.* (*pl.* of حنفی) 1 (***Islam***) followers of the Muslim Hanafi sect after the jurist Imam Abu Hanifa. 2 (***Hist.***) (also حُنفاء) followers of a pre-Islamic sect who renounced idolatry.

احنفیّہ /æ:hnəsɪjja:/ ■ *n.m.* a Kharijite sect, opposed to excommunicating any Muslim on flimsy evidence.

احنف /æhnəf/ ■ *adj.* club-footed.

احوال /æhva:l/ ■ *n.m.* (*pl.* of حال) 1 circumstances, conditions, affairs, incidents, events. 2 (as *sing.*) state; condition. 3 statement or account of events. احوال پرسی inquiry after health, circumstances, affairs. احوال پوچھنا enquire after one's health, etc.

احوج /æhvədʒ/ ■ *adj.* 1 more needy; poorer. 2 very important, inevitable.

احوط /æhvəṭ/ ■ *adj.* 1 more cautious, more careful. 2 (*Isj.*) safer.

احول /æhvəl/ ■ *adj.* squint; squint-eyed.

احیا /æhja:/ ■ *n.m.* (*pl.* of حیّ) (also احیاء) 1 the living. 2 tribes, clans; families.

اِحیا /ehja:/ ■ *n.m.* (also اِحیاء) 1 revival, restoring life, vivification, resurrection. 2 movement to revive an idea, emotion or belief, etc.; revitalization. احیاالموات 1 reviving the dead. 2 (*fig.*) bringing wasteland into cultivation. احیاءِعلوم the renaissance or revival of arts and letters in Europe in the Middle Ages.

احیان /æhja:n/ ■ *n.m.* (*pl.* of حین) times; moments.

احیاناً /æhja:nən/ ■ *adv.* 1 occasionally; now and then; sometimes; from time to time. 2 by mistake; unmindfully.

اِحصار /ehsa:r/ ■ *n.m.* 1 act of enclosing, encircling or siege. 2 (***Isj.***) hindrance that prevents a person from starting off for Hajj.

اِحصان /ehsa:n/ ■ *n.m.* 1 state of being unmarried and virgin (usu. used for woman). 2 prevention from sins.

اِحضار /ehza:r/ ■ *n.m.* 1 attendance; appearance. 2 summoning; summons. احضاربالجبر forced attendance.

اِحظاظ /ehza:z/ ■ *n.m.* 1 gratification, indulgence. 2 pleasure.

احفاد /æhfa:d/ ■ *n.m.pl.* grandchildren, children of children.

اِحفاظ /ehfa:z/ ■ *n.m.* protection; security.

احق /əhəq/ ■ *adj.* 1 more or most proper; more deserving. 2 more correct.

احقاب /əhqa:b/ ■ *n.m.* (*pl.* of حُقبہ) aeons, very long periods, ages.

اِحقاق /ehqa:q/ ■ *n.m.* act of demonstrating the truth of a doctrine, manifesting or showing the truth or right, due administration of justice. احقاقِ حق establishing the truth (of a doctrine); proof of truth.

احقر /æhqər/ ■ *adj.* (*elative* of حقیر) 1 more or most contemptible or low. 2 vile or unworthy; lowest. ■ *n.m.* (used by the speakers or writers for themselves to show humbleness) I, me, this writer, this man. احقرالعباد lowest of the God's creatures (an expression of humility).

اِحکاک /ehka:k/ ■ *n.m.* friction. See اِحتکاک.

احکام /æhka:m/ ■ *n.m.* (*pl.* of حکم) 1 orders, commands, decrees. 2 ordinances; injunctions. احکامِ عشرہ (***Judaism***) the Ten Commandments.

اِحکام /ehka:m/ ■ *n.m.* 1 strengthening. 2 pillar, column.

احکم /əhkəm/ ■ *adj.* (*elative* of حاکم) 1 the greatest ruler. 2 the strongest; the most stable. احکم الحاکمین Allah.

احلام /æhla:m/ ■ *n.m.pl.* dreams. (*sing.* حُلم)

احلم /əhləm/ ■ *adj.* patient, forbearing, mild-tempered. احلم الناس the soberest.

اِحلیل /ehli:l/ ■ *n.m.* 1 opening of urethra. 2 opening in the nipple.

احمال /əhma:l/ ■ *n.m.* (*pl.* of حمل) load; cargo.

احمد /æhməd/ ■ *adj.* one who praises the most. ■ *pr.n.m.* an appellation of Prophet Muhammad. احمد کی پگڑی محمود کے سر 1 (*iron.*) mistake in blaming or assigning

اخ[1] /əx/ ■ *n.m.* brother; cousin; a form of address among Arabs. (*pl.* اخوان) [A]

اخ[2] ___ ■ *n.f.* (also آخ) sound made when clearing the throat; gurgle. اخ تھو (also آخ تھو) expressing the sound of hawking and spitting to show distaste and loathing. اخ تھو کھٹے ہوتے ہیں grapes are sour. [Prk.]

اخّاذ /əxxɑ:z/ ■ *adj.* 1 absorbing; imbibing. 2 taking by force or fraud. 3 (*fig.*) intelligent.

اخّاہ /əxxɑ:h/ ■ *exclam.* (often *iron.*) expressing wonder or pleasure, aha!

اِخبات /ɪxbɑ:t̪/ ■ *n.m.* 1 humility; meekness; modesty. 2 enjoying peace and quiet.

اخبار /əxbɑ:r/ ■ *n.m.* (*pl.* of خبر) 1 news; events. 2 traditions. 3 (as *sing.*) newspaper, gazette. اخبار بینی reading newspaper. اخبار دیکھنا read a newspaper. اخبار کا پرچہ newspaper. اخبار نکالنا start or issue a newspaper. اخبار نویس journalist; reporter; editor. (*ppl.* اخبارات)

اِخبار /ɪxbɑ:r/ ■ *n.m.* act of sending or communicating news. اخبار بالغیب act of foretelling events, divination.

اخباری /əxbɑ:ri:/ ■ *adj.* of or relating to اخبار. اخباری کاغذ newsprint.

اخبث /əxbəs/ ■ *adj.* (*elative* of خبیث) more or most impure, most evil or mean; most contemptible.

اخپخ /əxpəx/ ■ *n.m.* understanding; wisdom, intelligence.

اُخت /ʊxt̪/ ■ *n.* (*fem.* of اخ[1]) sister. (*pl.* اخوات)

اِختبار /ɪxt̪ebɑ:r/ ■ *n.m.* experiment; analysis; test, evaluation.

اِختباری /ɪxt̪ebɑ:ri:/ ■ *adj.* experimental; analytic. اختباری علوم empirical or experimental sciences.

اِختباریت /ɪxt̪ebɑ:rɪjət̪/ ■ *n.f.* experimentalism; empiricism.

اِختباط /ɪxt̪ebɑ:t̪/ ■ *n.m.* 1 insanity. 2 craze, mania; paranoia.

اِختباطی /ɪxt̪ebɑ:t̪i:/ ■ *adj.* maniac; paranoiac.

اِختتام /ɪxt̪et̪ɑ:m/ ■ *n.m.* 1 end, finish, close. 2 completion, accomplishment. 3 termination. اختتام پر آنا رپہنچنا to end, finish.

اِختتامی /ɪxt̪et̪ɑ:mi:/ ■ *adj.* last; concluding.

اِختتامیہ /ɪxt̪et̪ɑ:mɪjɑ:/ ■ *n.m.* concluding address; finale.

اختر /əxt̪ər/ ■ *n.m.* star. اختر چمکنا fortune to smile; be lucky. اختر شماری 1 counting stars. 2 (*fig., poet.*) act of remaining awake the whole night (due to love sickness); restlessness. اختر شناس astrologer. اختر شناسی astrology.

اِختراع /ɪxt̪erɑ:ʔ/ ■ *n.f.* 1 invention, innovation, contrivance. 2 creation; artifice; artistic novelty. 3 (*fig.*) lie, concoction, fabrication. اختراع فائقہ masterpiece. اختراع کرنا create, contrive, invent.

اِختراعی /ɪxt̪erɑ:ʔi:/ ■ *adj.* innovative.

اختر بختر /əxt̪ər bəxt̪ər/ ■ *n.m.* (also اختر اختر) luggage, goods; bedding, utensils, etc.

اِختزال /ɪxt̪ezɑ:l/ ■ *n.m.* act of writing with symbols, shorthand.

اِختصار /ɪxt̪esɑ:r/ ■ *n.m.* 1 abbreviation. 2 brevity. 3 abridgement, synopsis, summary, precis. اختصار کرنا abridge, summarize.

اِختصاریہ /ɪxt̪esɑ:rɪjɑ:/ ■ *n.m.* resume; summary; precis.

اِختصاص /ɪxt̪esɑ:s/ ■ *n.m.* 1 specialization. 2 characteristic; peculiarity.

اِختصاصی /ɪxt̪esɑ:si:/ ■ *adj.* 1 specialistic. 2 specialized.

اِختفا /ɪxt̪efɑ:/ ■ *n.m.* (also اِختفاء) act of hiding, concealment. اختفا کرنا conceal, hide; cover.

اِختلاج /ɪxt̪elɑ:dʒ/ ■ *n.m.* palpitation; restlessness. اختلاجِ قلب palpitations; tachycardia.

اِختلاط /ɪxt̪elɑ:t̪/ ■ *n.m.* 1 friendship, amity. 2 intimacy, social intercourse. 3 mixture, amalgamation. 4 sexual intercourse.

اِختلاف /ɪxt̪elɑ:f/ ■ *n.m.* 1 difference, disagreement, discord. 2 dissension, contradiction, opposition, antagonism. اختلافِ رائے dissent, difference of opinion.

اِختلافی /ɪxt̪elɑ:fi:/ ■ *adj.* controversial, disputed, discordant, dissenting. اختلافی نوٹ note of dissent.

اِختلاق /ɪxt̪elɑ:q/ ■ *n.m.* mendacity; slander.

اِختلال /ɪxt̪elɑ:l/ ■ *n.m.* 1 obstruction, disorder, confusion. 2 aberrance; deficiency. اختلالِ حواس aberration.

اِختمار /ɪxt̪emɑ:r/ ■ *n.m.* fermentation.

اِختناق /ɪxt̪enɑ:q/ ■ *n.m.* suffocation; asphyxiation. اختناق الرحم hysteria.

اختو بختو /əxt̪o: bəxt̪o:/ ■ *n.f.* stock names for two shrewish marionettes in puppet shows.

اختہ /əxt̪ɑ:/ ■ *adj.* castrated. See آختہ.

اِختیار /ɪxt̪ɪjɑ:r/ ■ *n.m.* 1 jurisdiction; power; authority. 2 autonomy, freedom of action, control, will. 3 election, option, choice. اختیار آمد ورفت right of way or passage. اختیارِ تمیزی self approval. اختیارِ جائز legal authority. اختیارِ حکومت jurisdiction. اختیار رکھنا have authority or power; be entitled; be authorised. اختیارِ سرسری summary power or jurisdiction. اختیارِ شوہری marital authority. اختیار کرنا adopt. اختیارِ مطلق absolute authority. اختیار ملنا be invested with power or authority. اختیار میں ہونا **1** be subject to some authority. **2** (a matter) to be in one's power or jurisdiction or subject to one's authority. اختیارِ ناجائز illegal power.

اِختیاری /ɪxt̪ɪjɑːriː/ ■ *adj.* optional; under one's control.

اخذ /əxz/ ■ *n.m.* **1** extraction; taking. **2** derivation; deduction. اخذ کرنا deduce; take; infer.

اخراج /əxrɑːdʒ/ ■ *n.m.* (*pl.* of خرج) expenses, expenditure.

اِخراج /ɪxrɑːdʒ/ ■ *n.m.* **1** expulsion, eviction, evacuation; dislodgement. **2** discharge, outflow. **3** extradition; deportation. **4** (***Hadith***) entry of traditions along with narrators' names. اخراجِ قومی social boycott.

اخراجات /əxrɑːdʒɑːt̪/ ■ *n.m.ppl.* (also اِخراجات) expenses.

اخرب /əxrəb/ ■ *n.m.* **1** (*literal*) crop-eared. **2** (***Pros.***) metrical unit obtained by dropping some letters of a seven-letter metrical unit.

اخرف /əxrəf/ ■ *adj.* very old (person), senile.

اخرم /əxrəm/ ■ *adj.* pierced in the ear. ■ *n.m.* (***Pros.***) metrical unit with first letter of the initial *watad* (وتد) dropped.

اخرمی /əxrəmiː/ ■ *adj.* of or relating to اخرم.

اخروٹ /əxroːʈ/ ■ *n.m.* walnut. اخروٹ کی گری kernel of walnut.

اخروٹی /əxroːʈiː/ ■ *adj.* **1** of or relating to اخروٹ. **2** having a walnut-like colour.

اُخروی /ʊxrəviː/ ■ *adj.* pertaining to or concerning the hereafter.

اُخریٰ /ʊxrɑː/ ■ *n.f.* the next world; the hereafter.

اخس /əxəs/ ■ *adj.* (*elative* of خسیس) most miser; very mean or base.

اخشم /əxʃəm/ ■ *adj.* unable to smell.

اخص /əxəs/ ■ *adj.* (*elative* of خاص) most special; choicest.

اخصا /ɪxsɑː/ ■ *n.m.* act of castration.

اخضر /əxzər/ ■ *adj.* green.

اِخفا /ɪxfɑː/ ■ *n.m.* (also اِخفاء) **1** concealment; rendering invisible; hiding. **2** recitation of the Holy Qur'an in a very low voice. اخفائے جرم concealment of an offence. اخفائے راز keeping a secret.

اِخفات /ɪxfɑːt̪/ ■ *n.m.* **1** secrecy. **2** lowness of voice.

اخفش /əxfəʃ/ ■ *adj.* having small and weak eyes. ■ *pr.n.m.* title of Abul Hassan Sewyia, a grammarian of Balkh who died in 920. A.D.

اخفیا /əxfɪjɑː/ ■ *n.m.* (*pl.* of خفی) (***Sufism***) the hidden or unidentifiable saints.

اخگر /əxgər/ ■ *n.m.* spark of fire, ember, glowing coal.

اِخلاص /ɪxlɑːs/ ■ *n.m.* **1** sincerity, loyalty. **2** true friendship, love, tenderness. **3** intimacy, candour. **4** (***Sufism***) the pure love of God; state of being pure and free from polytheism. ■ *n.f.* the name of a sura in the Holy Qur'an. اخلاص جوڑنا become intimate; form a friendship. اخلاص رکھنا/رکرنا regard; be friendly with; love; be sincere. اخلاص مند **1** sincere, selfless. **2** affectionate, intimate, true and genuine friend. اخلاص مندی sincerity, affection, love, friendliness.

اخلاط /əxlɑːt̪/ ■ *n.m.* (*pl.* of خِلط) (***Med.***) cardinal humours or four fluids of the body (blood, phlegm, choler, melancholy), thought to determine a person's physical and mental qualities according to medieval medical system.

اخلاف /əxlɑːf/ ■ *n.m.* (*pl.* of خلف) grandchildren; descendants; heirs; offspring.

اخلاق /əxlɑːq/ ■ *n.m.* (*pl.* of خُلق) **1** manners, etiquette; disposition. **2** politeness, good manners; ethics, morals; courtesy. اخلاقِ حمیدہ laudable or praiseworthy morals and manners. اخلاق سوز injurious to morals, immoral, unethical. اخلاقِ فاسدہ evil habits or manners; lewdness; immorality.

اخلاقی /əxlɑːqiː/ ■ *adj.* of or relating to اخلاق, ethical, moral.

اخلاقیات /əxlɑːqɪjɑːt̪/ ■ *n.m. & f. pl.* ethics, morality, moral code.

اِخلال /ɪxlɑːl/ ■ *n.m.* **1** (*literal*) hindrance, obstruction. **2** (***Poet.***) defect of using a word having far-reaching meaning than the apt word as rhetoric expression.

اخلق /əxləq/ ■ *adj.* very old, older, (comparatively) ancient.

اخمار /əxmɑːr/ ■ *n.m.* (*pl.* of خمر) wines, intoxicating drinks.

اخو /əxuː/ ■ *n.m.* (also اَخ) brother.

اخوات /əxəvɑ:t̪/ ■ *n.f.* (*pl.* of أُخت) **1** sisters. **2** homogenous; things of same kind.

اخوال /əxvɑ:l/ ■ *n.m.* (*pl.* of خال²) maternal uncles.

إخوان /ɪxvɑ:n/ ■ *n.m.* (*pl.* of اخ¹) **1** brothers; brethren. **2** relatives; friends. اخوانُ الزمان people of the same age, contemporaries. اخوانُ الشیاطین devils; wicked people. اخوانُ الصفا **1** (*literal*) sincere friends; righteous people. **2** (***Hist.***) a secret society of intellectuals in the Abbasid period.

اُخُوّت /ʊxʊvvət̪/ ■ *n.f.* brotherhood.

اَخُوند /əxʊnd̪/ ■ *n.m.* **1** teacher, tutor; mentor. **2** leader; master; ruler.

اَخّوہ /oxxo:h/ ■ *exclam.* (also اوخّوہ) (*var.* of اخاہ) expressing wonder or pleasure.

اخی /əxi:/ ■ *n.m.* **1** brother, friend. **2** my brother.

اخیار /əxjɑ:r/ ■ *n.m.* (*pl.* of خَیر) good or pious people.

اخیاف /əxjɑ:f/ ■ *n.m.pl.* brothers or sisters having the same mother but different fathers; half brothers or sisters. (*sing.* اخیف)

اخیافی /əxjɑ:fi:/ ■ *adj.* of or relating to اخیاف; half (brother or sister), step-(brother or sister).

اخیر /əxi:r/ ■ *adj.* last, final. ■ *n.f.* end, finale; moment of death. ■ *adv.* at last, lastly; consequently. اخیرکو at last. اخیرمیں finally; in the end.

اخیل /əxjəl/ ■ *adj.* (person) with many moles on the face. ■ *n.m.* black bird with white and coloured spots on the wings.

ادا¹ /əd̪ɑ:/ ■ *n.m.* & *f.* **1** act of doing or discharging (duty, responsibility). **2** payment, settlement (of loan). ادابندی **1** payment or settlement of debt by instalments. **2** fixing a period for the performance of a contract. اداکرنا **1** execute, perform, discharge, comply. **2** utter, read out, recite, express. **3** pay off, pay (money); repay. اداکنندہ payer, one who fulfils one's obligations. اداہونا **1** be done or performed satisfactorily, be discharged. **2** be paid. **3** be expressed or uttered. ادائے خدمت performance of service. ادائے دَین payment of debt. ادائے زر payment of money. ادائے زرِ ڈگری payment of the sum decreed or the decreed amount. [A]

ادا² —— ■ *n.f.* **1** style, posture, graceful or elegant gesture. **2** beautiful or attractive style; coquettishness; graceful or charming body language. ادابند poet or composer of ghazel, one who describes beauty and coquetry of a beloved. اداد کھانا act in an affected way to attract or impress others. اداشناس رفہم one who understands signs and gestures. اداکانا adopt a style or manner. اداکلنا style to emerge or be adopted. اداوالا graceful; elegant. (*pl.* ادائیں) [P]

ادات /əd̪ɑ:t̪/ ■ *n.m.pl.* **1** instruments; tools; implements; apparatuses. **2** articles; letters, alphabet. (*sing.* ادو; *ppl.* ادوات)

اُدار /ʊd̪ɑ:r/ ■ *adj.* **1** noble, gentle. **2** bountiful, charitable, generous. ■ *n.f.* generosity; gentleness.

اِدارت /ɪd̪ɑ:rət̪/ ■ *n.f.* editorship of a newspaper or journal, editing of a book, etc.; compilation.

اِدارہ /ɪd̪ɑ:rɑ:/ ■ *n.m.* **1** institution; management board. **2** premises or office of an institution.

اِداریہ /ɪd̪ɑ:rɪjɑ:/ ■ *n.m.* editorial, leading article.

اُداس /ʊd̪ɑ:s/ ■ *adj.* (also اُداسا،اُوداس) sad, melancholic, depressed, dejected, sorrowful, grieved, sombre. اداس ہونا be sad, be depressed.

اُداسا /ʊd̪ɑ:sɑ:/ ■ *adj.* sad, sorrowful. ■ *n.m.* bedding of beggars or mendicants. اداسا کسنا prepare for travel. اداسا کھینچنا rivet the attention on something; meditate deeply, become a hermit or recluse. اداسالگانا get settled in a place, live.

اُداسی /ʊd̪ɑ:si:/ ■ *n.f.* (also اُوداسی) sorrowfulness, melancholy, cheerlessness, sadness. ■ *n.m.* hermit, sadhu, fakir. اداسی چھانا become sad.

اداکار /əd̪ɑ:kɑ:r/ ■ *n.m.* actor.

اداکارہ /əd̪ɑ:kɑ:rɑ:/ ■ *n.f.* actress.

اداکاری /əd̪ɑ:kɑ:ri:/ ■ *n.f.* **1** acting (as profession). **2** pretence.

ادام اللہ /əd̪ɑ:məllɑ:h/ ■ *opt.* **1** may God preserve you! **2** (*fig.*) may God grant you long life!

ادانت /əd̪ənt̪/ ■ *adv.* from beginning to end; always.

ادانی /əd̪ɑ:ni:/ ■ *n.m.* (*pl.* of ادنیٰ) mean, vile or vulgar people.

اُداہٹ /ʊd̪ɑ:hət̪/ ■ *n.f.* (also اُوداہٹ) purpleness; lividness (of lips) due to fear.

ادائیگی /əd̪ɑ:e:gi:/ ■ *n.f.* (also ادائگی،ادائی) **1** payment. **2** discharge (of duty); fulfilment. **3** style or manner of

اِدّعا /ɪd̪d̪eʔɑː/ ■ *n.m.* 1 claim, demanding as a right. 2 pretension, baseless claim. 3 request. ادعائے ملکیت assumption of proprietorship.

ادعیہ /əd̪ʔɪjɑː/ ■ *n.f.* (*pl.* of دُعا) prayers, benedictions; good wishes. ادعیہ ماثورہ prayers attributed to Prophet Muhammad.

اِدغام /ɪd̪ɣɑːm/ ■ *n.m.* 1 merger; integration; amalgamation. 2 (***Phonetics***) duplication of letter by *tashdid* (تشدید); assimilation.

ادق /əd̪əq/ ■ *adj.* 1 (*literal*) very fine. 2 (*fig.*) most abstruse, most difficult or profound, complicated. 3 having insight into abstruse subject, etc.

ادقچہ /əd̪əqtʃɑː/ ■ *n.m.* a kind of bed sheet; covering, coverlet, wrapper.

ادکچرا /əd̪kətʃrɑː/ ■ *adj.* (also ادھ کچرا) half-cooked.

ادگدرا /əd̪gəd̪rɑː/ ■ *adj.* (also ادھ گدرا) not yet ripe (fruit).

اَدل[1] /əd̪əl/ ■ *adj.* 1 very good guide. 2 prominent, evident. [A]

اَدل[2] ____ ■ (*tabe* of بدل) ادل بدل 1 exchange, interchange, substitution, barter. 2 alteration, change, turning over.

ادلا[1] /əd̪lɑː/ ■ *n.m.* (*corr.* of عضلہ) calf-flesh; flesh on the back of the leg. [A]

ادلا[2] ____ ■ (*tabe* of بدلا) ادلا بدلا / بدلی exchange, interchange, barter. ادلا بدلا کرنا interchange; exchange one thing for another, commute, barter.

اِدلال /ɪd̪lɑːl/ ■ *n.m.* 1 guidance; advice; supervision. 2 reasoning, logic; arguing, debate. 3 coquetry; pride.

ادلّہ /əd̪ɪllɑː/ ■ *n.m.* (*pl.* of دلیل) reasonings; arguments. ادلۂ اربعہ (***Isl.***) four sources of Sharia: Qur'an, Hadith, *Ijma* (اِجماع) and *Qiyas* (قِیاس) (in Sunnites) or *Ijtehad* (in Shiites).

ادلے[1] /əd̪le:/ ■ *n.m.* (*pl.* & *infl.* of ادلا[1]) ادلے کی بوٹی the penis. [A]

ادلے[2] ____ ■ (*pl.* & *infl.* of ادلا[2]) ادلے بدلے کی شادی an exchange marriage in which a brother and sister get married to a sister and brother. ادلے کا بدلا tit for tat.

اُدم /ʊd̪əm/ ■ *n.m.* (also اُدّم) hard work, labour, effort. ادم سے دلدر گھٹے hard work brings luck.

اَدما /əd̪mɑː/ ■ *n.m.* 1 skin. 2 hide (of a buffalo, etc.).

اُدمات /ʊd̪mɑːt̪/ ■ *n.f.* (also اُدماد) 1 arrogance. 2 sexual speech or acting.

ادب /əd̪əb/ ■ *n.m.* 1 decorum, civility, etiquette. 2 respect, regard, reverence. 3 literature. ادب آداب proper etiquette, good manners. ادب برائے ادب literature for literature's sake. ادب برائے زندگی literature for life's sake; literature as a true chronicle of life. ادب پارہ literary piece. ادب عالیہ classics; belles-lettres. ادب کرنا show regard or respect, respect, behave politely. ادب لحاظ respect, regard.

اُدبا /ʊd̪əbɑː/ ■ *n.m.* (*pl.* of ادیب) (also اُدباء) men of letters, litterateurs.

اِدبار /ɪd̪bɑːr/ ■ *n.m.* 1 decadence, dissoluteness. 2 bad luck; ill-luck; defeat. 3 poverty, pennilessness; deprivation. ادبار آنا / چھانا be overtaken by bad luck; be oppressed by calamity.

ادبد /əd̪bʊd̪/ ■ *adj.* strange; wondrous.

ادبدا /əd̪bəd̪ɑː/ ■ *adv.* (also ادبدا کر) 1 positively, certainly, without fail. 2 deliberately, mischievously.

ادبدانا /əd̪bəd̪ɑːnɑː/ ■ *v.* be agitated, be in a flutter, be uneasy, be active or brisk.

ادبی /əd̪əbiː/ ■ *adj.* literary.

ادبیّات /əd̪əbɪjjɑːt̪/ ■ *n.m.* & *f.* literature; literary studies.

ادبیّت /əd̪əbɪjjət̪/ ■ *n.f.* literariness.

اِدخال /ɪd̪xɑːl/ ■ *n.m.* 1 causing to enter, putting in, insertion, entry. 2 entering or recording in a register.

ادخنہ /əd̪xɪnɑː/ ■ *n.m.* (*pl.* of دُخان) smokes.

اِدراج /ɪd̪rɑːdʒ/ ■ *n.m.* act of inserting one thing in another; mixing together, interpolation.

اِدرار /ɪd̪rɑːr/ ■ *n.m.* 1 involuntary or copious discharge of urine, etc. 2 flow; flux.

اِدراک /ɪd̪rɑːk/ ■ *n.m.* & *f.* 1 comprehension, perception, understanding. 2 sagacity, wisdom; consciousness. 3 (***Psych.***) cognition.

ادرسا /əd̪ərsɑː/ ■ *n.m.* (also ادرسہ) 1 a kind of sweet. See اندرسا. 2 a kind of very fine muslin.

ادرک /əd̪rək/ ■ *n.f.* ginger. ادرک کا پانی ginger ale. ادرک کا لچھا ginger finely cut in the form of a coil.

ادرکنی /əd̪rɪkniː/ ■ *opt.* help me!

ادرکی /əd̪rəkiː/ ■ *adj.* gingery. ■ *n.f.* a kind of sweet, pieces of ginger coated over with sugar.

اِدریس /ɪd̪riːs/ ■ *pr.n.m.* Prophet Enoch.

half-brained; fool.

ادّھا /əd̪ʰd̪ʰɑː/ ■ *n.m.* 1 half of anything. 2 small bottle. 3 two-wheeled horse-drawn vehicle. 4 front half of the sole of a shoe. 5 (***Masonry***) half of a brick.

اُدھار /ʊd̪ʰɑːr/ ■ *n.m.* loan, debt, credit; money payable. ادھار دیجیے دشمن کیجیے lend your money and lose your friend. ادھار دینا lend or give on credit. ادھار کی کیا ماں مری ہے it is not difficult to borrow. ادھار کھانا live on credit. ادھار کھائے بیٹھنا be bent upon. ادھار لینا take a loan, borrow, buy on credit. ادھار ہو جانا/رہنا be indebted, owe.

ادھارمِک /əd̪ʰɑːrmɪk/ ■ *adj.* unjust, unrighteous, wicked.

اُدھارُو /ʊd̪ʰɑːruː/ ■ *adj.* ready, prepared, bent upon, about to.

ادھاری /əd̪ʰɑːriː/ ■ *n.m.* untamed bullock that has never carried a load. ■ *adj.* that which has a support.

ادھر¹ /əd̪ʰər/ ■ *n.m.* lip, especially the lower one. ادھرامرت رس moisture on the lips, saliva. [S]

ادھر² ____ ■ *adj.* 1 suspended, unattached, pendent, hanging. 2 separate, distinct. 3 unsupported; helpless. ■ *n.m.* space between the earth and the sky, midair. ادھر اٹھانا raise up or overhead, lift up. ادھر چلنا walk affectedly, strut. ادھر میں in a state of uncertainty, in a limbo. [S]

اِدھر /ɪd̪ʰər/ ■ *adv.* 1 here; this way; on this side; at this place. 2 near, close. 3 these days, now. 4 during, in the meanwhile. اِدھر اُدھر here and there, right and left, all around, to and fro. اِدھر اُدھر پھرنا wander, roam. اِدھر اُدھر کر دینا lose, misplace. اِدھر اُدھر کی ہانکنا twaddle, gossip, jabber, talk inanely. اِدھر سے اُدھر پھر جانا/رہنا turn about, turn face, change direction. اِدھر سے اُدھر کر دینا/کرنا change direction or orientation, throw into confusion. اِدھر کنواں اُدھر کھائی between the devil and the deep sea. اِدھر کی (باتیں) اُدھر کرنا backbite. اِدھر کی دنیا اُدھر کر دینا bring a revolution, raise the roof. اِدھر کی دنیا اُدھر ہو جائے come what may. اِدھر کے نہ اُدھر کے of no importance, not belonging anywhere.

اُدھر /ʊd̪ʰər/ ■ *adv.* 1 there, that way, in that place, on that side. 2 away, far; beyond; across. 3 at the same place. 4 immediately, instantly; at the same time. اُدھر سے from that side; thence. اُدھر کو over there; to that side. اُدھر ہی اُدھر privately; on their own, away from others'

desire, libido, eroticism. 3 lunacy, mania.

اُدماتا /ʊd̪mɑːt̪ɑː/ ■ *adj.* (also اُدماتی) 1 licentious. 2 arrogant.

ادمغہ /əd̪mɪɣɑː/ ■ *n.m.* (*pl.* of دماغ) brains; intellects.

اڈّن پڈّن /əɖɖən pəɖɖən/ ■ *n.m.* keeping silent (allusion to a children's game). ادن پدن کھیلنا (*fig.*) keep silent.

ادنیٰ /əd̪nɑː/ ■ *adj.* 1 inferior, lowly, small, ignoble, contemptible, mean; petty. 2 bit, little; trivial. 3 near, nearer, closer. ■ *n.m.pl.* commonalty, persons of no consequence, commoners; the lower classes. ادنیٰ جنس inferior material or stuff; inferior grain. ادنیٰ و اعلیٰ the noble and the ignoble; the high-born and the low-born, the high and the low. (*pl.* ادانی)

ادوات /əd̪vɑːt̪/ ■ *n.f.* (*pl.* of ادات) instruments, apparatuses, tools, weapons. ادواتِ جنگ instruments of warfare.

ادوار /əd̪vɑːr/ ■ *n.m.* (*pl.* of دَور) periods; ages.

ادوائن /əd̪vɑːɪn/ ■ *n.f.* (also ادوان) string or rope for tightening a charpoy. ادوائن کھینچنا tighten these strings (so as to keep bed stiff and straight).

ادوَن /əd̪vən/ ■ *adj.* very base or vile; most miserable.

ادویات /əd̪vɪjɑːt̪/ ■ *n.f.* (*ppl.* of دوا) medicines, drugs.

ادویاتی /əd̪vɪjɑːt̪iː/ ■ *adj.* medicinal.

ادویت /əd̪væːt̪/ ■ *adj.* peerless, unique, one of its type, not dual.

ادویہ /əd̪vɪjɑː/ ■ *n.f.* (*pl.* of دوا) medicines, drugs.

ادہم /əd̪həm/ ■ *n.m.* black horse; dark coloured horse.

اُدے /ʊd̪eː/ ■ *n.m.* 1 act of rising, appearance, coming up. 2 (*fig.*) east.

ادیان /əd̪jɑːn/ ■ *n.m.* (*pl.* of دِین) religions, creeds.

ادیب /əd̪iːb/ ■ *n.m.* man of letters; writer; author. (*pl.* اُدبا)

ادیبہ /əd̪iːbɑː/ ■ *n.f.* female writer.

ادیم /əd̪iːm/ ■ *n.m.* 1 tanned and scented leather. 2 expanse, surface. ادیم السما the expanse of heaven.

ادھ /əd̪ʰ/ ■ *prefix* (*contr.* of آدھا) half. ادھ بنا half-formed; unfinished. ادھ پکا/پکی unripe; immature; half-cooked. ادھ جلا/جلی half-burnt. ادھ جل گگری چھلکت جائے empty vessels make the most sound. ادھ چکر half circle. ادھ سیر/سیری (*arch.*) weight of half a seer (no longer in use). ادھ کچا half-ripe. ادھ کچرا half-cooked. ادھ کہا/کہی half-spoken. ادھ کھلا/کھلی not in full bloom. ادھ کُھلا/کُھلی half-naked; ajar, half-open. ادھ گدرا (of a fruit) unripe. ادھ گلا half-cooked. ادھ مرا/موا almost dead. ادھ مغز/مغزی

eyes, secretly.

ادھرم /əd̪ʰərm/ ■ *n.m.* irreligion; ungodliness; impiety; immorality. ■ *adj.* irreligious; ungodly; unfair; wrong.

ادھرنگ /əd̪ʰrəŋg/ ■ *n.m.* (***Med.***) paralysis of half of the body.

ادھرنگی /əd̪ʰrəŋgi:/ ■ *n.f.* a kind of masquerade, half man, half woman.

اُدھڑا /ʊd̪ʰɽɑ:/ ■ *adj.* unravelled, torn. (*fem.* اُدھڑی)

اُدھڑنا /ʊd̪ʰəɽnɑ:/ ■ *v.* **1** be ripped open or torn, (stitches) to come undone or be taken off, unravel. **2** peel off; come off, to come apart. **3** (*fig.*) be beaten badly.

ادِھک /əd̪ʰɪk/ ■ *adv.* excessive, much, more, additional.

ادھکار /əd̪ʰɪkɑ:r/ ■ *n.m.* (also اِدھیکار) privilege, entitlement; right; authority, power. ■ *adj.* righteous, virtuous; saintly.

ادھکاری /əd̪ʰɪkɑ:ri:/ ■ *adj.* possessing right or title to, one invested with power and authority. ■ *n.f.* ownership; authority.

اُدھلا /ʊd̪ʰlɑ:/ ■ *adj.* intoxicated; lustful.

اُدھلنا /ʊd̪ʰəlnɑ:/ ■ *v.* be intoxicated; become sinful.

ادھم /əd̪ʰəm/ ■ *adj.* mean, base, inferior, low, contemptible, insignificant.

اُدھم /ʊd̪ʰəm/ ■ *n.m.* (also اُودھم) **1** disturbance, tumult, uproar. **2** (*fig.*) fame; publicity. ادھم جوتنا رمچانا make noise, create a disturbance, play noisily.

اڈّھم /əd̪ʰd̪ʰəm/ ■ *adj. & adv.* the middle, the centre, between.

ادھن /əd̪ʰən/ ■ *n.m.* **1** water boiled for cooking rice, etc. **2** hot water.

ادھنّا /əd̪ʰənnɑ:/ ■ *n.m.* former coin of half an anna (no longer in use).

ادھنت /əd̪ʰənt̪/ ■ *n.m.* one year old billy goat or sheep.

ادھواڑ /əd̪ʰvɑ:ɽ/ ■ *n.m.* half a bottle; half of anything; one of two equal pieces.

ادھوتر /əd̪ʰo:t̪ər/ ■ *n.m.* (also دھوتر) a kind of cotton cloth.

ادُھورا /əd̪ʰu:rɑ:/ ■ *adj.* **1** half. **2** half-done, half-prepared, unfinished, incomplete. **3** inadequate, insufficient. **4** crude; inexperienced; unknowing.

ادُھوری /əd̪ʰu:ri:/ ■ *adj.* (*fem.* of ادُھورا).

ادھوڑی /əd̪ʰɔ:ɽi:/ ■ *n.f.* thick leather, tanned skin. ادھوڑی استر shoe lined with such leather. ادھوڑی استر تانا overeat, eat to the fill.

اڈّھی /əd̪ʰd̪ʰi:/ ■ *n.f.* one-eighth of a paisa, half a *damri* (دمڑی) (no longer in use).

اڈّھے /əd̪ʰd̪ʰe:/ ■ *n.m.* (*pl. & infl.* of اڈّھا) ادھے کی باج sound of a bell at every half hour.

اڈّھیا /əd̪ʰd̪ʰɪjɑ:/ ■ *n.f.* **1** division of produce between two parties in equal shares (one furnishing the land, seeds, etc. and the other the labour). **2** payment made to the government by the cultivator in every six months.

ادھیانا /əd̪ʰjɑ:nɑ:/ ■ *v.* **1** halve, share equally, cut in two, bisect. **2** become half, become cut in two.

ادھیائے /əd̪ʰjɑ:e:/ ■ *n.m.* chapter or division of a book.

ادھیراج /əd̪ʰi:rɑ:dʒ/ ■ *n.m.* king of kings, emperor.

ادھیڑ /əd̪ʰe:ɽ/ ■ *adj.* middle-aged. ادھیڑپن the middle period of life. ادھیڑعمر کا middle-aged.

اُدھیڑ /ʊd̪ʰe:ɽ/ ■ *n.m.* unravelling, unweaving, unstitching, unfolding, unpicking (of stitches). ■ (*imper.* of اُدھیڑنا).

ادھیڑ بُن **1** (*literal*) act of unweaving and weaving. **2** deep thinking. **3** unease; perplexity; quandary; uncertainty; indecisiveness. ادھیڑ بُن میں ہونا be in deep thoughts; be worried; be indecisive. ادھیڑ ڈالنا (*fig.*) unravel; examine in detail; thrash. ادھیڑ کر رکھ دینا thrash; beat soundly.

اُدھیڑنا /ʊd̪ʰe:ɽnɑ:/ ■ *v.* **1** unpick (stitches, etc.), undo (a sewn or knitted garment), rip open. **2** peel off; strip off (skin). **3** beat badly, thrash (so as to cause skin to strip off).

اِدھیکار /əd̪ʰi:kɑ:r/ ■ *n.m.* authority, power. See ادھکار.

ادھیل /əd̪ʰe:l/ ■ *n.m.* worth one half; owner of half a village or field.

ادھیلا /əd̪ʰe:lɑ:/ ■ *n.m.* copper coin of half a paisa. See دھیلا.

ادھیلیا /əd̪ʰe:lɪjɑ:/ ■ *n.m.* owner of a half portion of property.

ادھین /əd̪ʰi:n/ ■ *n.m.* subordinate; servant; slave.

اڈّا /əɖɖɑ:/ ■ *n.m.* (also اڈّہ) **1** stand, (bus) stop; (air) port. **2** adda, station or place where persons of the same profession congregate for business or pleasure; rendezvous. **3** heel of a shoe. **4** step of a ladder. **5** base (air or naval). **6** wooden frame (used for

/ɪzn/ ■ *n.m.* 1 permission, leave, consent of two contracting parties (as in marriage). 2 order, injunction. اذنِ عام a general permission for entrance, etc.; permission to depart given after the funeral prayers. اذن نامہ 1 will. 2 invitation card. اِذن

/uzn/ ■ *n.m.* ear, the organ of hearing. اذن القلب auricle of the heart. اُذن

/uznək/ ■ *n.m.* hearing aid. اُذنک

/ɪzni:/ ■ *n.m.* announcer, herald. اِذنی

/əzu:qɑ:/ ■ *n.m.* food. See آزوقہ. اذوقہ

/əzhɑ:n/ ■ *n.m.* (*pl.* of ذہن) minds; wits, intellects. اذہان

/əzɪjjət/ ■ *n.f.* 1 torment; torture. 2 severe pain; agony. اذیت اُٹھانا suffer severe pain or agony. اذیت خانہ torture chamber. اذیت دینا torture, torment; cause or give pain, harm, injure. اذیّت

/ər/ ■ *conj.* (*arch.*) if; granting that. اَر

/ərrɑ:/ ■ *n.m.* 1 the spoke of a wheel. 2 rod with a hook for taking roti out of a tandoor. 3 sawfish. ارّا

/ərɑ:bɑ:/ ■ *n.m.* (also ارابہ) 1 araba, gun carriage; wagon; vehicle; wheeled carriage. 2 cannon mounted on a carriage. ارابا

/ərrɑ:ʈɑ:/ ■ *n.m.* loud echoing sound as occurs on discharge of artillery or fall of a building or something passing very fast through the air. ارّاٹا

/ərɑ:dʒi:z/ ■ *n.m.* (*pl.* of رجز) verses composed in *rajaz* (رجز) and sung in battlefield. اراجیز

/ɪrɑ:d̪ət/ ■ *n.f.* 1 devotion; respect; faith, belief. 2 will, intention. ارادت مند devotee; disciple; faithful; respectful. اِرادت

/ɪrɑ:d̪ət̪ən/ ■ *adv.* (also ارادۃً) intentionally, deliberately, purposely, wilfully. اِرادتاً

/ɪrɑ:d̪ɑ:/ ■ *n.m.* 1 intention, will, inclination. 2 aim, object. 3 desire. 4 option, choice. ارادہ باندھنا/کرنا intend, will. اِرادہ

/ɪrɑ:d̪i:/ ■ *adj.* 1 of or relating to will. 2 wilful, intentional, deliberate. اِرادی

/ɪrɑ:d̪e:/ ■ *n.m.* (*pl.* & *infl.* of ارادہ) ارادے سے intentionally. اِرادے

/ərɑ:d̪ʰnɑ:/ ■ *n.f.* (also آرادھنا) worship; religious service. ■ *v.* worship; adore.ارادھنا

/ərɑ:zɪl/ ■ *n.m.* (*pl.* of رذیل) the lowly; the vulgar, embroidery, etc.). 7 perch (used for bird). اراذل

/əɖɑ:nɑ:/ ■ *n.m.* a raga sung late in the night. اڈانا

/əɖɪg/ ■ *adj.* fixed, immovable, firm, steady, not shaky. اڈِگ

/əɖənɖi:/ ■ *adj.* (land) untaxed. اڈنڈی

/uɖɖu:/ ■ *n.m.* tramp, vagabond, wanderer, gadabout. اڈو ہونا become infamous, get a bad name, lose face. اُڈّو

/uɖo:ni:/ ■ *n.f.* an orchid of genus *Odontoglossum*, with golden and red flowers. اُڈونی

/əɖɖɑ:/ ■ *n.m.* See اڈّا. اڈّہ

/əɖɖi:/ ■ *n.f.* 1 part of a shoe covering the heel. 2 either of the two pieces of cloth put between the cup and armhole of a woman's garment. 3 tool rest of a lathe. 4 work stool of a gold leaf maker. اڈّی

/əɖ jɑ:ni:/ ■ *n.f.* the canopy over the scaffolding built for field watchman. اڈیانی

/əɖi:ʈʰ/ ■ *n.m.* (also اڈیٹ) (***Med.***) cancer; tumour. اڈیٹھ

/ɪzɑ:bət/ ■ *n.f.* act of melting. اِذابت

/əzɑ:n/ ■ *n.f.* (***Islam***) azan, the call to prayers. اذان دینا call out to prayer. اذان

/ɪzxɪr/ ■ *n.m.* (***Bot.***) lemon grass, *Cymbopogon citratus*. اِذخر

/ɪzʔɑ:n/ ■ *n.m.* 1 obedience, submission. 2 surety, certainty. اِذعان

/əzfər/ ■ *adj.* most fragrant; odorous. اذفر

/əzkɑ:r/ ■ *n.m.* (*pl.* of ذِکر) 1 recitation of the Qur'anic verses or other prayers, repeated calling of a Divine name. 2 stories, tales. 3 act of mentioning. اذکار

/ɪzkɑ:r/ ■ *n.m.* 1 praise of God; repeating Divine names. 2 reminding; instruction. اِذکار

/əzkɪjɑ:/ ■ *n.m.* (*pl.* of ذکی) (also اذکیاء) intelligent people, ingenious persons, the wise; the prudent; intelligentsia. اذکیا

/əzəl/ ■ *adj.* (*elative* of ذلیل) more or most despicable or contemptible. اذل

/ɪzlɑ:q/ ■ *n.m.* 1 slippage. 2 (***Recitation***) smooth uttering of the sound of a letter. اِزلاق

/əzlɑ:l/ ■ *n.m.* (*pl.* of ذلیل) mean, lowly people. اذلال

/ɪzlɑ:l/ ■ *n.m.* humiliation; disgrace. اِذلال

/əzɪllɑ:/ ■ *n.m.* (*pl.* of ذلیل) ignoble persons, lowly people. اذِلّہ

mean people.

ارار /əra:r/ ■ *n.m.* canopy for shepherds to rest.

ارارا /əra:ra:/ ■ *n.m.* **1** swelling caused by the sting or bite of an insect. **2** high bank of a river. **3** mark left by the nails in scratching.

اراراِدھم /əra:ra:d̪ʰəm/ ■ *n.m.* (also اڑاڑادھم) sound made by a sudden collapse of a building, etc.

اراراط /əra:ra:t̪/ ■ *n.m.* Mountains of Ararat, where Noah's ark came to rest after the Great Flood.

اراروٹ /əra:ro:ʈ/ ■ *n.m.* arrowroot. [E]

اراضی /əra:zi:/ ■ *n.f.* (*pl.* of ارض) (used as *sing.* in Urdu) land; cultivated land, field; estate; plot; detached portion of land. اراضیِ افتادہ barren, fallow or uncultivated land. اراضیِ آبادی populated part of village. اراضیِ باغ garden land. اراضیِ بسکت untaxed country land. اراضی جل کر اراضیِ بہن agricultural land that has been sown. land used to store rain water. اراضیِ جنگل forest land. اراضیِ خالصہ government land. اراضیِ خراجی rent-paying land. اراضی دار landholder. اراضیِ سیر self-cultivated land. اراضی شاملات undivided common land. اراضیِ عملی land granted by the government in acknowledgement of services. اراضیِ لاخراج/معافی rent-free land. اراضیِ مال گزاری revenue-paying lands. اراضیِ نوبرآمد tract of land appearing owing to the change of course of a river. اراضیِ وقف endowed land.

اراضیات /əra:zɪja:t̪/ ■ *n.f.* (*ppl.* of ارض) lands.

اراک /əra:k/ ■ *n.m.* (also ارک²) tree whose twig is used for cleaning teeth, *Salvadora persica*. (See also مِسواک.)

اراکین /əra:ki:n/ ■ *n.m.* (*ppl.* of رُکن) members.

ارامل /əra:mɪl/ ■ *n.m.pl.* destitute people; widowers; widows. (*sing.* ارمل)

ارّانا /ərra:na:/ ■ *v.* (of an animal) emit a prolonged groaning sound.

ارّاہٹ /ərra:həʈ/ ■ *n.f.* groaning sound.

ارانب /əra:nɪb/ ■ *n.m.* (*pl.* of ارنب) rabbits, hares.

اِراَت /ɪra:ət̪/ ■ *n.f.* guidance; direction.

ارائک /əra:ɪk/ ■ *n.m.* (*pl.* of اریکہ) decorated thrones, sofas.

ارب /ərəb/ ■ *cardinal number* one billion. ارب پتی billionaire. ارب کھرب billions; countless, numberless, innumerable.

ارباب /ərba:b/ ■ *n.m.* (*pl.* of رب) **1** lords, masters. **2** possessors; sustainers; supporters. **3** idols, statues. اربابِ اقتدار the authorities. اربابِ بصیرت prudent people, the intelligentsia; people with insight. اربابِ جاہ people possessed of rank, dignity or position. اربابِ حکومت the government; the authorities. اربابِ حل وعقد the authorities. اربابِ دانش/فہم the wise, the intelligentsia; intellectuals. اربابِ سخن orators; masters of language; poets. اربابِ شرع religious scholars. اربابِ عدالت court authorities. اربابِ فراست the sagacious. اربابِ نشاط entertainers; vocalists, dancers, singers and musicians. اربابِ ہمت men of spirit; men of lofty inspirations.

اربد /ərbəd̪/ ■ *n.m.* a poisonous snake.

اربرانا /ərbəra:na:/ ■ *v.* make haste, be bewildered, be embarrassed, be agitated. See ہڑبڑانا.

اُربسی /ʊrbəsi:/ ■ *n.f.* star-shaped necklace studded with jewels. (See also جگنی².)

اربع /ərbəʔ/ ■ *cardinal number* four. اربع عناصر the four elements: fire, water, air, earth.

اربعہ /ərbəʔa:/ ■ *adj.* the four (usu. used in comp. as: کتبِ اربعہ). اربعہ ستہ **1** (*literal*) four and six. **2** the complete account.

اربعی /ərbəʔi:/ ■ *n.f.* tetrahedron.

اربعین /ərbəʔi:n/ ■ *cardinal number* forty. ■ *n.m.* **1** utterance of the Qur'anic verses or names of Allah for forty days. **2** forty traditions of Prophet Muhammad on a particular topic.

اربل /ərbəl/ ■ *n.f.* patch of hair above a horse's ear.

اربند /ərbənd̪/ ■ *n.m.* lotus; lily.

ارپن /ərpən/ ■ *n.m.* (***Hinduism***) sacrifice; gift; offering; charitable endowment. ارپن کرنا present an offering; make an oblation.

اِرتباط /ɪrt̪eba:t̪/ ■ *n.m.* **1** connection. **2** affinity, familiarity, friendship.

اِرتجاج /ɪrt̪edʒa:dʒ/ ■ *n.m.* quiver; tremor; explosion.

اِرتجاع /ɪrt̪edʒa:ʔ/ ■ *n.m.* retrogression; reaction.

اِرتجاعی /ɪrt̪edʒa:ʔi:/ ■ *adj.* retrogressive.

اِرتجال /ɪrt̪edʒa:l/ ■ *n.m.* act of composing poetry or any literary piece extempore.

ذ	ر	ڑ	ز	ژ	س	ش	ص	ض	ط	ظ	ع	غ
z	r	ɽ	z	ʒ	s	ʃ	s	z	t̪	z	ʔ	ɣ

ارتجالاً /ɪrt̪ədʒɑ:lən/ ■ *adv.* impromptu; extempore; ad-lib.

ارتجک /ərt̪ədʒək/ ■ *n.f.* flash; flash of lightning.

اِرتحال /ɪrt̪ehɑ:l/ ■ *n.m.* **1** (*literal*) act of journeying or marching; departure. **2** death, demise.

اِرتداد /ɪrt̪edɑ:d̪/ ■ *n.m.* returning; relapse (into heresy from faith), apostasy.

اِرتسام /ɪrt̪esɑ:m/ ■ *n.m.* **1** act of marking or writing. **2** impression.

اِرتشا /ɪrt̪eʃɑ:/ ■ *n.m.* (also اِرتشاء) bribery; corruption.

اِرتشاح /ɪrt̪eʃɑ:h/ ■ *n.m.* trickle; dribble; dripping.

اِرتصاد /ɪrt̪esɑ:d/ ■ *n.m.* observation; stare, gaze.

اِرتعاش /ɪrt̪eʔɑ:ʃ/ ■ *n.m.* **1** vibration. **2** quivering, shaking, tremor, trembling.

اِرتعاشی /ɪrt̪eʔɑ:ʃi:/ ■ *adj.* vibratory.

اِرتفاع /ɪrt̪efɑ:ʔ/ ■ *n.m.* **1** altitude, elevation, height, ascent. **2** the peak of a mountain; the highest part of a tree. **3** eminence; grandeur. **4** non-existence (of an opposite). **5** (***Geom.***) altitude of a triangle. ارتفاع پیما altimeter. (*opp.* انخفاض)

اِرتفاعی /ɪrt̪efɑ:ʔi:/ ■ *adj.* of or relating to ارتفاع.

اِرتفاق /ɪrt̪efɑ:q/ ■ *n.m.* **1** state of being friends with, especially in cultural affairs; conjunction. **2** (***Anat.***) bone joint.

اِرتقا /ɪrt̪eqɑ:/ ■ *n.m.* **1** gradual development, step by step progress. **2** (***Biol.***) evolution. ارتقاپذیر evolving.

اِرتقائی /ɪrt̪eqɑ:i:/ ■ *adj.* evolutionary.

اُرتک /ʊrt̪ək/ ■ *n.m.* sheet of cloth to cover horse to protect it from flies and mosquitoes.

اِرتکاب /ɪrt̪ekɑ:b/ ■ *n.m.* commission or perpetration (of a crime, offence, etc.). ارتکابِ جرم perpetration or committing of a crime. ارتکاب کرنا commit (a crime, etc.).

اِرتکاز /ɪrt̪ekɑ:z/ ■ *n.m.* concentration. ارتکازِ توجہ concentration; focussing of attention.

اِرتکازی /ɪrt̪ekɑ:zi:/ ■ *adj.* concentrating (brain or person, etc.).

اِرتکاس /ɪrt̪ekɑ:s/ ■ *n.m.* inversion, reversal.

اِرتماس /ɪrt̪emɑ:s/ ■ *n.m.* immersion, wetting, soaking.

ارتن برتن /ərt̪ən bərt̪ən/ ■ *n.m.* **1** pots, vessels. **2** (*fig.*) household articles.

اِرتہان /ɪrt̪ehɑ:n/ ■ *n.m.* act of mortgaging; pledging.

اِرتیاب /ɪrt̪ɪjɑ:b/ ■ *n.m.* scepticism; doubt.

اِرتیابی /ɪrt̪ɪjɑ:bi:/ ■ *adj.* of or relating to اِرتیاب. ■ *n.m.* one who has doubts about everything; sceptic.

اِرتیاح /ɪrt̪ɪjɑ:h/ ■ *n.m.* happiness, gladness, joy.

ارتھ /ərt̪ʰ/ ■ *n.m.* **1** meaning; significance; interpretation. **2** gestures of hands, fingers and face (in dance). ارتھ بتانا elucidate; give the meaning (of); interpret; explain. ارتھ شاستر Sanskrit treatise on statecraft and economics. ارتھ وِدیا knowledge of ragas.

ارتھی /ərt̪ʰi:/ ■ *n.f.* **1** a Hindu corpse, a Hindu funeral. **2** bier on which a Hindu corpse is carried. ارتھی نکلے (curse) may (you) die!

اِرث /ɪrs/ ■ *n.m.* & *f.* inheritance; succession, heritage.

ارثم /ərsəm/ ■ *n.m.* horse having a white spot on the nose.

اِرثی /ɪrsi:/ ■ *adj.* of or relating to inheritance; hereditary.

اُرثی /ʊrsi:/ ■ *n.m.* Orthodox Church.

ارجاب /ərdʒɑ:b/ ■ *n.f.pl.* entrails.

ارجا پرجا /ərdʒɑ: pərdʒɑ:/ ■ *n.f.* common people; common folks.

اِرجاع /ɪrdʒɑ:ʔ/ ■ *n.m.* **1** bringing back, causing return, turn towards. **2** instituting (a suit).

ارجح /ərdʒəh/ ■ *adj.* (*elative* of راجح) the best; having priority, preferable.

ارجل /ərdʒəl/ ■ *n.m.* horse having one hind foot white, which is regarded as ill-omened.

ارجمند /ərdʒmənd̪/ ■ *adj.* (also اَرجُمند) **1** (*literal*) worthy; honourable. **2** (*fig.*) learned; noble; wise; illustrious.

ارجمندی /ərdʒmənd̪i:/ ■ *n.f.* state of being worthy; honour, nobility.

ارجُن /ərdʒʊn/ ■ *n.m.* (also ارجن) (***Bot.***) tall and large deciduous tree, *Terminalia arjuna*. ■ *pr.n.m.* warrior prince in the Hindu epic Mahabharata.

اُرجُوحہ /ʊrdʒu:hɑ:/ ■ *n.m.* see-saw.

اُرجُوزہ /ʊrdʒu:zɑ:/ ■ *n.f.* verse composed in the *rajaz* (رجز) metre.

اُرجھاسن /ʊrdʒʰɑ:sən/ ■ *n.m.* fibre of hemp used in stitching, sewing, weaving.

ارچھائیں پرچھائیں /ərtʃʰɑ:ĩ: pərtʃʰɑ:ĩ:/ ■ *n.f.* **1** shadow, shade. **2** (*fig.*) haunt of a ghost, etc.; apparition.

ارحا /ərhɑ:/ ■ *n.f.pl.* **1** (*literal*) grinding stones, mill-stones. **2** molar teeth. (*sing.* رحی)

ارحام /ərhɑ:m/ ■ *n.m.* (*pl.* of رَحم) **1** wombs. **2** (*fig.*)

اردھ چوپائی (*Poet.*) metre used for a quartet (See also چارپیت). اردھ کمبھ رکنبھ Hindu festival celebrated every six years near the confluence of the Ganges and Jamuna. اردھ ماگدھی language of Magdhdesh used in Jain scriptures.

اردھا /ərḍʰɑ:/ ■ *adj.* middle-aged (woman).

اردھنگ /ərḍʰəŋg/ ■ *n.m.* 1 upper half of the body, torso. 2 paralysis of half the body; paraplegia.

ارذل /ərzəl/ ■ *adj.* (*elative* of رذیل) meaner or meanest, basest, most lowly, most despicable, most vile or ignoble. ارذل العمر extreme old age.

اررر /ərərərə/ ■ *exclam.* used to express surprise.

ارز /ərz/ ■ *n.m.* 1 value; cost. 2 respect, reverence, honour. 3 quantity. ارزارسال invoice, particulars of the dispatch of treasure, goods, etc. ارزبازار market value, current price.

اُرُز /uruz/ ■ *n.m.* 1 (*literal*) rice. 2 very minute weight (measured in rice grains).

ارزاق /ərzɑ:q/ ■ *n.m.* (*pl.* of رزق) foods, eatables.

ارزاں /ərzɑ̃:/ ■ *adj.* 1 cheap, low-priced; of no value. 2 (*fig.*) abundant.

ارزانی /ərzɑ:ni:/ ■ *n.f.* 1 cheapness, low price. 2 abundance of provisions. ارزانی رکھنا present, give away, give gratuitously. ارزانی کرنا 1 give, grant or bestow. 2 (*Econ.*) reduce price levels. ارزانی ہونا be conferred, granted or bestowed.

ارزب /ərzəb/ ■ *n.m.* a kind of snake which is said to cling.

ارزش /ərzɪʃ/ ■ *n.f.* 1 price. 2 value; worth.

ارزن /ərzən/ ■ *n.m.* millet, a kind of grain.

ارزیز /ərze:z/ ■ *n.f.* tin; pewter.

ارژنگ /ərʒəŋg/ ■ *n.m.* 1 studio of Mani. 2 collection or album of pictures drawn by Mani.

اِرسال /ɪrsɑ:l/ ■ *n.m.* sending; dispatch; remittance; act of sending cash after receiving. ■ *n.f.* amount sent to the goverment or landlord after receiving. ارسالِ خدمت ہے is being sent to you. ارسال کرنا remit; submit; send. ارسال کنندہ sender, dispatcher; remitter.

ارسٹّا /ərsəʈʈɑ:/ ■ *n.m.* monthly account of receipt and disbursements.

ارسطو /ərəstu:/ ■ *pr.n.m.* 1 (also ارسطاطالیس) Aristotle. 2 (*fig.*) wise, sagacious; learned.

mothers.

ارحم /ərhəm/ ■ *adj.* (*elative* of رحم) the most compassionate or merciful. ارحم الراحمین Allah, the most merciful, an attribute of Allah.

اُرد /urəḍ/ ■ *n.f.* a kind of pulse. See اُڑد.

اردابہ /ərḍɑ:bɑ:/ ■ *n.m.* See ارداوا.

اُردابیگنی /urḍɑ:be:gni:/ ■ *n.f.* (also اُڑدابیگنی) armed female attendant in royal harem; mildly pejorative term, usually used by women.

ارداش /ərḍɑ:ʃ/ ■ *n.f.* (also ارداس) (*corr.* of عرض داشت) 1 petition, request, application. 2 apple-polishing, flattering.

اُردانا /urḍɑ:nɑ:/ ■ *v.* See اُردُوانا.

ارداوا /ərḍɑ:vɑ:/ ■ *n.m.* (also اردابہ) coarsely ground grain fed to cattle.

اردب /ərḍəb/ ■ *n.m.* (***Chess***) pin, state of a piece which cannot be moved because it is covering the king. اردب میں آنا 1 pinned (a piece of chessman). 2 be influenced, be pressed.

اِردگرد /ɪrḍgɪrḍ/ ■ *adv.* 1 around, all around, on every side (of), on all sides. 2 near by, close, in vicinity.

اردلی /ərḍəli:/ ■ *n.m.* 1 an orderly, employee in regular attendance on an official; ruler's attendant. 2 procession. اردلی میں چلنا precede (an official). اردلی میں رہنا be in regular attendance on an official or ruler. [E]

اُردو /urḍu:/ ■ *pr.n.f.* the Urdu language. ■ *n.m.* 1 army, troops. 2 army camp, encampment. اردوئے معلّٰی 1 chaste and eloquent Urdu. 2 the royal fort (generally meaning the fort of Delhi). اردوئے معلّٰی کی زبان the Urdu language as spoken in Delhi in the late Mogul period; refined Urdu.

اُردُوانا /urḍuvɑ:nɑ:/ ■ *v.* (also اُردانا) make Urdu in form, style or idiom.

اُردی /urḍi:/ ■ *n.m.* month for arrival of spring; second month of the Persian calendar. اردی بہشت 1 the second month of the Persian calendar corresponding to April-May. 2 the second month of the year *Fasli* prevalent in Hyderabad Deccan during the reign of Nizams.

اردھ /ərḍʰ/ ■ *adj.* half; semi. اردھ پدم a posture in yoga.

ارسلان /ərsəlɑ:n/ ■ *n.m.* lion.

اِرسی /ɪrsi:/ ■ *n.f.* axle.

ارش[1] /ərʃ/ ■ *n.m.* (also اَرَش) an old measure of length, equal to the distance from the root of middle finger to elbow. [P]

ارش[2] ____ ■ *n.m.* blood-money; compensation; fine. [A]

اِرشاد /ɪrʃɑ:d/ ■ *n.m.* **1** saying, utterance, dictum. **2** behest, ordinance, order, command. **3** guidance, showing the right way. ارشاد بجالانا obey an order, carry out the instruction. ارشاد فرمانا/کرنا say, utter, speak, command (usu. used for someone exalted or in a higher position).

اِرشادات /ɪrʃɑ:dɑ:t̪/ ■ *n.m.* (*pl.* of ارشاد) **1** sayings. **2** commands.

اِرشاش /ɪrʃɑ:ʃ/ ■ *n.m.* sprinkling; spray; light shower.

ارشد /ərʃəd̪/ ■ *adj.* (*elative* of رشید) well-guided; most upright; most honest.

ارشق /ərʃəq/ ■ *adj.* charmingly tall; slim.

ارشیا /ərʃɪjɑ:/ ■ *n.m.* accountant; auditor.

ارصاد /ərsɑ:d̪/ ■ *n.m.* (*pl.* of رصد) observatories.

اِرصاد /ɪrsɑ:d̪/ ■ *n.m.* stargazing.

ارض /ərz/ ■ *n.f.* **1** the earth. **2** land, country. ارضِ مقدس **1** the holy lands, Makkah and Medina. **2** Palestine. ارض وسما the heaven and the earth; the entire universe. (*pl.* اراضی، ارضین; *ppl.* اراضیات)

اِرضاع /ɪrzɑ:ʔ/ ■ *n.m.* breastfeeding.

ارضہ /ərzɑ:/ ■ *n.f.* termite, white ant.

ارضی /ərzi:/ ■ *adj.* **1** of or relating to the earth; earthly. **2** terrestrial, mundane, temporal.

ارضیات /ərzɪjɑ:t̪/ ■ *n.f.* geology.

ارضیاتی /ərzɪjɑ:t̪i:/ ■ *adj.* of or relating to geology, geological. ارضیاتی جائزہ geological survey.

ارغُنُوں /ərɣʊnũ:/ ■ *n.m.* (also ارغُن) the organ, a musical instrument.

ارغوان /ərɣəvɑ̃:/ ■ *n.m.* plant whose flowers and fruits are of purple colour. ■ *adj.* purple; red.

ارغوانی /ərɣəvɑ:ni:/ ■ *adj.* of or relating to ارغوان; purple; crimson; violet; of red colour. ■ *n.m.* a kind of plant.

اِرفاہ /ɪrfɑ:h/ ■ *n.m.* conferment of wealth, bestowal of affluence; comforting.

ارفض /ərfəz/ ■ *n.m.* bigoted *rafizi* (رافضی); obstinate and unreasonable adherent of a creed or view.

ارفع /ərfəʔ/ ■ *adj.* (*elative* of رفیع) **1** most elevated; highest; superior. **2** most exalted, most eminent.

ارفق /ərfəq/ ■ *adj.* (*elative* of رفیق) friendliest.

ارق /ərəq/ ■ *n.m.* insomnia, sleeplessness.

ارقام /ərqɑ:m/ ■ *n.m.* (*pl.* of رقم) numerals, figures, numbers. ارقامِ ہندیہ Arabic numerals.

اِرقام /ɪrqɑ:m/ ■ *n.m.* **1** act of writing. **2** written words and their meanings, wording, narration. ارقام کرنا pen, write, mark, stamp. ارقام ہونا be penned; be written.

ارقان /ərqɑ:n/ ■ *n.m.* (also یرقان) **1** jaundice. **2** mildew or blight (in corn).

ارقب /ərqəb/ ■ *adj.* of long neck.

ارقش /ərqəʃ/ ■ *n.m.* a kind of spotted, speckled snake, having black dots on white surface.

ارقط /ərqət̪/ ■ *adj.* having white dots on black surface or black dots on white surface. ■ *n.m.* such a snake.

ارق فرق /ərq fərq/ ■ *n.m.* difference, variation, change, disparity.

ارقم /ərqəm/ ■ *adj.* bicoloured, having two colours (black and white or red). ■ *n.m.* black snake with white dots at the back.

ارک[1] /ərk/ ■ *n.m.* citadel, fort, castle. [P]

ارک[2] ____ ■ *n.m.* (also اراک) *Peelu* (پیلو[1]) tree. [A]

ارک[3] ____ ■ *n.m.* (also آک) mudar, crown flower, giant milkweed, swallowwort, *Calotropis gigantea.* [S]

ارکان /ərkɑ:n/ ■ *n.m.* (*pl.* of رُکن) **1** pillars, columns. **2** essentials; components, ingredients. **3** nobles, heads, chiefs. **4** members. **5** (***Pros.***) metrical components, segments used in prosody. See افاعیل **6** (***Islam.***) five basic articles of faith. ارکانِ اسلام/خمسہ the five basic articles of Islamic faith considered 'pillars' of Islam, i.e. recitation of *kalimah* (کلمہ), namaz, fasting, zakat, and Hajj. ارکانِ پارلیمنٹ members of the parliament. ارکانِ دولت ministers of state; nobles; courtiers. ارکانِ ہشت گانہ the eight parts or segments used in prosody.

ارگوک /ərku:k/ ■ *n.m.* copper colour of an animal; a horse or pigeon of this colour.

ارکہ /ərkɑ:/ ■ *n.f.* wild she-goat or cow.

ارگجا /ərgəd͡ʒɑ:/ ■ *n.m.* yellowish perfume made of rose,

طویل مصوتے:	ɑ: آنا، گانا	æ: بیٹھنا	i: پیلا	e: دینا	ɔ: پودا	u: چُول	o: گول
	/gɑ:nɑ:/, /ɑ:nɑ:/	/bæ:tʰnɑ:/	/pi:lɑ:/	/d̪e:nɑ:/	/pɔ:d̪ɑ:/	/t͡ʃu:l/	/go:l/

اَرِنی /ərɪni:/ ■ *phr*. (also اَرِنی) a manifest Thyself to me! (Moses' prayer to God at Mount Sinai). ارنی گو one who says ارنی, i.e. Moses.

ارنی /ərni:/ ■ *n.f.* female wild buffalo. See ارنا¹

اروا¹ /ərvɑ:/ ■ *n.m.* an average kind of rice. [Prk.]

اروا² ____ ■ *n.m.* nausea, morning sickness (a sign of pregnancy). [A]

ارواح /ərvɑ:h/ ■ *n.f.* (*pl.* of رُوح) **1** spirits; souls. **2** evil spirits, demons. ارواح بھرنا be satiated. ارواح پھرنا be sick and tired of. ارواحِ خبیثہ evil spirits, demons. ارواح لگی رہنا/رہنا have intense desire, long for.

اَرُوپ /əru:p/ ■ *adj*. **1** (***Hinduism***) transcending form; formless (used for God). **2** ugly, unsightly.

اروٹی /əro:ʈi:/ ■ *n.f.* small tent.

اَرُوسا /əru:sɑ:/ ■ *n.m.* (also اَرُوسہ) bamboo tree.

اروگ /əro:g/ ■ *adj*. sound, hale, healthy, well, free from disease.

اروگی /əro:gi:/ ■ *adj.* free from disease; healthy.

اروگیہ /əro:gɪjɑ:/ ■ *n.m.* haleness, soundness, freedom from sickness.

ارَولی /ərvəli:/ ■ *n.m.* a kind of white writing paper (made in Arval, a town in UP, India.).

اروندھنا /ərõ:ḍʰnɑ:/ ■ *v.* (also اروندنا) choke, suffocate; strangle.

ارّوں گھرّوں /ərrõ: gʰərrõ:/ ■ *n.m.* an old game of children.

اروی /ərvi:/ ■ *n.f.* taro, edible arum, a kind of tuberous root, *Colocasia esculenta.*

اروے /ərve:/ ■ *n.m.* (*pl.* & *infl.* of اروا²) nausea. اروے کھانا have morning sickness (a sign of pregnancy).

ارّہ /ərrɑ:/ ■ *n.m.* (also آرا) saw for cutting logs. ارہ کش one who cuts logs with saw. ارہ کشی profession or act of cutting logs with saw.

اِرہاص /ɪrhɑ:s/ ■ *n.m.* (***Islam***) special signs before the announcement of the prophethood.

ارہٹ /ərhəʈ/ ■ *n.m.* water-wheel used to draw water from well. See رہٹ.

ارہر /ərhər/ ■ *n.f.* (also رَہر) the pigeon pea, a kind of pulse.

ارہنت /ərhənʈ/ ■ *n.m.* (in Jainism) a divine being (considered the first man like Adam).

ارئی /ərəi:/ ■ *n.f.* goad, a pointed rod for spurring oxen.

اری /əri:/ ■ *voc.* O! used in addressing a female.

sandalwood, camphor, musk and jasmine oil.

ارگھا /ərgʰɑ:/ ■ *n.f.* (***Hinduism***) tray-like vessel for offering water to deities.

اِرم /ɪrəm/ ■ *pr.n.m.* **1** fabulous garden in Arabia, the earthly paradise created by Shaddad. **2** (*fig.*) paradise, the garden of paradise.

ارمال /ərmɑ:l/ ■ *n.f.* fragrant plant with cinnamon-like bark.

ارمان /ərmɑ:n/ ■ *n.m.* wish, desire, longing, yearning. ارمان بھرا full of wishes. ارمان پورے کرنا/نکالنا gratify one's desires. ارمان خاک میں ملنا be very disappointed. ارمان رہ جانا hope or desire to remain ungratified, be disappointed.

ارمانی /ərmɑ:ni:/ ■ *adj.* aspiring, inclined, desirous, hopeful.

ارمد /ərməḍ/ ■ *adj.* suffering from conjunctivitis.

ارمُغاں /ərmuɣɑ̃:/ ■ *n.m.* (also ارمغان) gift, present, souvenir.

اُرمک /ʊrmuk/ ■ *n.m.* cloth made from wool obtained from a Kabul (Afghanistan) goat called *pat* (پٹ⁵).

ارمن /ərmən/ ■ *pr.n.m.* Armenia.

ارمنی /ərməni:/ ■ *adj.* Armenian.

ارمیاں /ərmijɑ̃:/ ■ *exclam.* (*contr.* of ارے میاں) expression to call someone.

اُرِن /ʊrɪn/ ■ *adj.* cleared of all debts and obligations.

ارنا¹ /ərnɑ:/ ■ *n.m.* (also ارنا بھینسا) wild buffalo. (*fem.* ارنی) [Prk.]

ارنا² ____ ■ *n.m.* a device used to sow (attached to plough). ارنا چھال (***Sports***) (in fencing or dagger-fighting) parry. [S]

اِرنا پھرنا /ɪrnɑ: pʰɪrnɑ:/ ■ *v.* go place to place; make rounds.

ارنب /ərnəb/ ■ *n.m.* **1** rabbit; hare. **2** rabbit-shaped constellation. (*pl.* ارانب)

ارنڈ /ərənḍ/ ■ *n.m.* castor, *Ricinus communis*. ارنڈ خربوزہ papaya, *Carica papaya*. ارنڈ کی جڑ **1** as or like the root of castor. **2** (*fig.*) unstable, infirm, frail, weak. ارنڈ کی جڑ چاکری service (job) is very unreliable and uncertain, one can be fired at any moment.

ارنڈی /ərənḍi:/ ■ *n.f.* castor oil plant; its seed. ارنڈی کا تیل castor oil.

ارنگے برنگے /ərəŋge: bərəŋge:/ ■ *n.m.* joints, limbs, organs, parts.

ارنہ /ərnɑ:/ ■ *adj.* (*var.* of ورنہ) otherwise, or else.

ارے /əre:/ ■ *exclam.* O! ah! expressing contempt, surprise, bewilderment, contrition or wonder. ارے او you! hey! (to call the attention). ارے باپ رے باپ oh, my God! ارے بھئی O! ارے ترے کرنا use abusive language. ارے توبہ my goodness! (expressing excessiveness or surprise). ارے جا used to scold or humiliate someone, also to refute contemptuously. ارے رے رے alas! used to express surprise or acute pain; also used to show that the speaker is sad or sorry. ارے غضب، مار ڈالا used to express that somebody has done something wrong. ارے میاں here boy! listen sonny! (to call someone younger). ارے واہ great! wonderful! (used to show appreciation). ارے ہاں oh yes! (to show that the speaker has just recalled something).

اُریا /ʊrja:/ ■ *n.m.* (also اُریل) oriole, brightly coloured arboreal bird with a musical call, *Oriolus oriolus.*

اریب /əri:b/ ■ *adj.* learned; wise.

اُریب /ʊre:b/ ■ *adj.* (also اُوریب) oblique; crooked; slanting; sloping. ■ *n.m.* **1** deception. **2** a kind of dress with a slanting cutting.

اُریبواں /ʊre:bvɑ̃:/ ■ *adj.* oblique from side to side.

اریکہ /əri:kɑ:/ ■ *n.m.* throne; decorated seat; canopied bedstead. (*pl.* ارائک)

اڑ /əɽ/ ■ *n.f.* **1** stubbornness, obduracy; insistence. **2** barricade; obstruction; stoppage. **3** constipation (esp. of children). اڑ بڑ **1** meaningless words. **2** irregularity; unevenness. اڑ بڑ بکنا talk nonsense; rave; speak heedlessly; tattle; talk wildly or triflingly. اڑ بیٹھنا، پکڑنا، جانا، کرنا be adamant, be firm and inflexible. اڑ پردہ the curtain between the coachman and the travellers. اڑ ڈنڈا bar; barrier; stick used to fasten a door. اڑ ضامنی guarantee for another guarantor.

اُڑ /ʊɽ/ ■ (*imper.* of اُڑنا) اڑ جھبیری ساون آیا lucky days have come. اڑ چلنا **1** go astray, lead an immoral life. **2** be conceited. اڑ کر، کے **1** by flying. **2** (*fig.*) quickly, rapidly, within no time. **3** at the most, maximum. **4** surpassing. **5** spontaneously, automatically. اڑ کے دانہ، کھیل بھی منھ میں نہ جانا be hungry, be starved. اُڑ گیا flew away, went away, evaporated (usu. *derog.*).

اڑا /əɽɑ:/ ■ *adj.* (*contr.* of آڑا) difficult; entangled; checked; opposed. اڑا تھُڑا **1** (of time) bad, impoverished. **2** poverty, neediness. اڑا دینا put (an obstacle) in the way. اڑا وقت difficult time. (*fem.* اڑی)

اُڑا /ʊɽɑ:/ ■ *adj.* **1** flew. **2** fadded. اڑا اڑا faded, dim, faint (colour or temper). اڑا آنا come flying; come very quickly. اڑا پھرنا fly around; wander. اڑا جانا go flying, go very rapidly. اڑا دینا **1** evade, avoid. **2** waste (money), squander. **3** blow off (in an explosion). اڑا لینا، لے جانا **1** take away; kidnap; entice away. **2** steal, take away secretly; pilfer. **3** sweep away; snatch. اڑا مارنا **1** intoxicate. **2** to steal, to take away secretly. (*fem.* اُڑی).

اڑاڑادھم /əɽɑ:ɽɑ:dʰəm/ ■ *exclam.* (also اراراڈھم) expressing the sound of collapse (of a building, etc.). ■ *n.f.* this sound.

اڑاس /əɽɑ:s/ ■ *n.f.* narrowness; constriction. اڑاس کی جگہ narrow or constricted space.

اُڑاک /ʊɽɑ:k/ ■ *adj.* capable of flying; fledged.

اڑان /əɽɑ:n/ ■ *n.f.* a trick in wrestling.

اُڑان /ʊɽɑ:n/ ■ *n.f.* **1** act of flying, flight; manner of flying (esp. of a pigeon). **2** gallop. **3** (*fig.*) loftiness of thought. اڑان بھرنا (esp. of a pigeon) show the elegance or power of flying. اڑان جھلّا an old game played by children with ring taw or marbles. اُڑان گھائی **1** trick; deception. **2** stratagem. اڑان گھائی، گھائیاں بتانا keep in dark by deceiving, deceive; evade.

اڑانا /əɽɑ:nɑ:/ ■ *v.* **1** put something in the way in order to obstruct or impede. **2** thrust something into insufficient space; ram; insert forcefully. **3** put on, wear. ■ *n.m.* **1** piece of wood, etc. put in the way to obstruct. **2** pillar, support.

اُڑانا /ʊɽɑ:nɑ:/ ■ *v.* **1** cause to fly. **2** cause to raise in the air; flap away, whisk away. **3** set a bird free. **4** fly a kite. **5** eat gluttonously. **6** drive (a horse) very fast. **7** waste; fritter away; spend lavishly, squander. **8** steal, pilfer. **9** spread rumours. **10** destroy, blow off (with explosion). **11** delete (a word, etc.). **12** cause to vanish. **13** evade; avoid (a question, etc.). **14** chop off.

اڑّانا /əɽɽɑ:nɑ:/ ■ *v.* (*var.* of اڑانا) (of a goat, calf) bleat; make a loud noise.

اڑانی /əɽɑ:ni:/ ■ *n.m.* **1** large fan. **2** umbrella. **3** a trick in contagious, infectious.

اڑم /əʈəm/ ■ *n.m.* (also اٹم) irregular pile or heap.

اُڑن /ʊʈən/ ■ *n.f.* (*contr.* of اُڑان) flying; raging; spreading. اڑن انار a kind of firework. اڑن تشتری/طشتری flying saucer; UFO (unidentified flying object). اڑن چھو ہوجانا fly away; disappear, vanish. اڑن چھو ہونا vanish (like a ghost); disappear suddenly. اڑن کھٹولا the flying cot (in fairy tales). اڑن گلہری flying squirrel. اڑن ہار (also اُڑنہار) fading (colour).

اڑنا /əʈnɑ:/ ■ *v.* **1** stop, come to a standstill. **2** oppose; be obstinate; be obstructive.

اُڑنا /ʊʈnɑ:/ ■ *v.* **1** fly; soar, move through the air (esp. with the help of wings). **2** move very fast. **3** (of colour) fade; wear out. **4** evaporate. **5** disappear, vanish. **6** explode, blow off.

اُڑناگ /ʊʈnɑ:g/ ■ *n.m.* flying snake.

اڑنگ /əʈəŋg/ ■ *n.m.* heap, pile. اڑنگ بڑنگ nonsensical; absurd; heap. اڑنگ بڑنگ ہونا be misplaced or disordered. اڑنگ ترنگ foolish talk; nonsensical uttering.

اڑنگا /əʈəŋgɑ:/ ■ *n.m.* **1** tripping. **2** hindrance; obstruction. **3** a wrestling trick in which the opponent is overpowered by tripping. اڑنگا لگانا create a hindrance, hinder, impede.

اڑنگے /əʈəŋge:/ ■ *n.m.* (*pl. & infl.* of اڑنگا) اڑنگے پر چڑھانا **1** use this trick on the opponent. **2** deceit, cheat, trick. اڑنگے پر مارنا throw one across the hip.

اڑوا /əʈvɑ:/ ■ *n.m.* side of a box.

اڑواڑ /əʈvɑ:ʈ/ ■ *n.f.* prop, support; stay rod, stay bar.

اُڑوانا /ʊʈvɑ:nɑ:/ ■ *v.* cause to fly.

اڑوس پڑَوس /əʈɔ:s pəʈɔ:s/ ■ *n.m.* (also اڑوس پڑوس) neighbourhood.

اڑُوسا /əʈu:sɑ:/ ■ *n.m.* (also آڑوسہ) medicinal plant with mango-like leaves and white flowers, *Justicia adhatoda*.

اڑوسی پڑوسی /əʈɔ:si: pəʈɔ:si:/ ■ *n.m.* (also اڑوسی پڑوسی) neighbours.

اڑی /əʈi:/ ■ *adj.* (*fem.* of اڑا) difficult; entangled. ■ *n.f.* predicament, difficulty, hardship. اڑی پڑی/دھڑی emergency need, difficulties. اڑی تھڑی میں in helplessness; in difficult times. اڑی وڑی/دھڑی سب قاضی کے سر پڑی allusion to a situation in which a person is wrestling.

اڑاہا /əʈɑ:hɑ:/ ■ *n.m.* wild grass.

اُڑاؤ /ʊʈɑ:u:/ ■ *n.m.* spendthrift; squanderer; extravagant person.

اُڑائی /ʊʈɑ:i:/ ■ *n.f.* demolition by using dynamite, blowing off.

اڑبڑ /əʈbəʈ/ ■ *n.f.* meaningless words. See under اڑ.

اڑبنگا /əʈbəŋgɑ:/ ■ *adj.* bent; uneven; rough. ■ *n.m.* obstacle, obstruction, impediment; quarrel.

اڑپ جھڑپ /əʈəpdʒʰəʈəp/ ■ *n.f.* brawl; scuffle; tussle. اڑپ جھڑپ میں ہونا be in a state of poverty and misery.

اڑپوپوں /əʈ po:põ:/ ■ *adj.* quarrelsome, argumentative; presumptuous; rude.

اُڑتا /ʊʈ t̪ɑ:/ ■ *adj.* flying.

اڑتالیس /əʈ t̪ɑ:li:s/ ■ *cardinal number* forty-eight.

اڑتالیسواں /əʈ t̪ɑ:li:svɑ̃:/ ■ *ordinal number* forty-eighth.

اڑتلا /əʈ t̪əlɑ:/ ■ *n.m.* refuge; shelter; protection; defence. اڑتلا کرنا take shelter.

اُڑتی /ʊʈ t̪i:/ ■ *adj.* (*fem.* of اُڑتا) اڑتی اڑتی rumour; hearsay; gossip. اڑتی چڑیا کے پر گن لینا be smart as a whip; be very clever; be very perceptive; be so shrewd as to guess correctly (usu. used to express wisdom and cleverness). اڑتی سی rumour.

اڑتیس /əʈ t̪i:s/ ■ *cardinal number* thirty-eight.

اڑتیسواں /əʈ t̪i:svɑ̃:/ ■ *ordinal number* thirty-eighth.

اڑچن /əʈ tʃən/ ■ *n.f.* obstruction; snag; hitch.

اُڑد /ʊʈəd̪/ ■ *n.m.* (also اُرد) matpe beans, a kind of pulse. اڑد پڑھ کر مارنا enchant; cast a spell; exorcize. اڑد پہ پر سفیدی the least bit; the smallest particle.

اُڑدابیگنی /ʊʈd̪ɑ:be:gni:/ ■ *n.f.* armed female attendant. See اُردابیگنی.

اڑسٹھ /əʈsət̪ʰ/ ■ *cardinal number* sixty-eight.

اڑسٹھواں /əʈsət̪ʰvɑ̃:/ ■ *ordinal number* sixty-eighth.

اُڑسنا /ʊʈəsnɑ:/ ■ *v.* tuck in (cloth, etc.), stuff in; insert; gather up.

اڑگڑا /əʈ gəʈɑ:/ ■ *n.m.* spiral course for running or training a horse.

اڑگڑے /əʈ gəʈe:/ ■ *n.m.* (*pl. & infl.* of اڑگڑا) اڑگڑے میں نکالنا tame; train.

اُڑلاگ /ʊʈlɑ:g/ ■ *n.f.* **1** property of affecting or contaminating at a distance. **2** (of a disease) unjustly held responsible for others' mistakes. اڑی سِل one who fights obstinately. اڑی کرنا be obstinate; create hindrance.

اُڑی /ʊɽi:/ ■ *adj.* (*fem.* of اُڑا) flew. اُڑی اُڑی طاق پر/میں بیٹھی (of news or rumour) spread, circulated. اُڑی پڑی/پُڑی (of news) unreliable, false; hearsay.

اڑے[1] /əɽe:/ ■ *exclam.* (*var.* of ارے) (*vulg.*) O! ah! expressing surprise. [dial.]

اڑے[2] ____ ■ (*pl.* & *infl.* of اڑا) اڑے رہنا refuse to yield, stand firm. اڑے وقت کا گہنا something valuable saved for a rainy day. اڑے وقت میں during the bad times. [S]

اڑیل /əɽjəl/ ■ *adj.* obstinate, headstrong, mulish; unyielding. اڑیل ٹٹو mulish, very obstinate.

اُڑینچ /ʊɽẽ:tʃ/ ■ *n.f.* malice; malevolence; hostility; enmity. اڑینچ کھڑینچ flimsy excuses for creating trouble. اڑینچ نکالنا raise objection; find fault.

اڑیوا /əɽe:vɑ:/ ■ *n.f.* capital; asset; wealth.

اُڑھانا /ʊɽʰɑ:nɑ:/ ■ *v.* cover with a sheet or mantle; wrap in a garment or cloth.

اڑھائی /əɽʰɑ:i:/ ■ *adj.* (also ڈھائی) two and a half. اڑھائی اچھر 1 (*literal*) two and a half words. 2 (*fig.*) brief but effective words. اڑھائی اینٹ کی مسجد الگ بنانا adopt a position different from others, form a separate clique. اڑھائی دن کی بادشاہت temporary rank or advantageous position, short-lived rule. اڑھائی ہاتھ کی ککڑی نو ہاتھ کا بیج the child is more mischievous than the parents.

اُڑھنیا /ʊɽʰənjɑ:/ ■ *n.f.* (*dim.* of اوڑھنی) a small chador used by ladies to cover the head and upper body.

اڑھیّا /əɽʰəjjɑ:/ ■ *n.m.* 1 former unit of weight of two and a half seers. 2 multiplication table of 2½ times.

از /əz/ ■ *prep.* (also ازیں) 1 from. 2 than. 3 by. 4 because of. ازابتداتاانتہا from beginning to end. ازاں thence; therefore. ازاں جاکہ for, as much as. ازاں جملہ out of that total, out of them all. ازاول تاآخر from first to last. ازآدم تاایں دم from Adam to this moment, from the beginning of the universe to the present times. ازبرائے خدا for God's sake. ازبس 1 much, very much. 2 nevertheless, however. ازبسکہ a great degree; inasmuch as; extremely. ازپئے for the sake of. ازجانب 1 on behalf of, for. 2 from. ازحد boundless, unlimited, beyond description. ازخرداں خطا،ازبزرگاں عطا junior/younger ones make mistakes and seniors/elders forgive. ازخود of ones own accord; voluntarily; *suo moto*. ازخود رفتگی absent-mindedness. ازخود رفتہ distracted; absent-minded. ازراہ by the way of. ازراہِ تلطف kindly, graciously. ازراہِ عنایت by the way of kindness. ازراہِ کرم please; kindly. ازروئے by virtue of; under; by reason of; according to. ازسرتاپا 1 from head to foot, from top to toe. 2 totally, entirely, wholly. ازسرِنو all over again, afresh, de novo. ازطرف from. ازغیبی (of a disaster or trouble) unexpectedly; out of the blue. ازکاررفتہ worn; (of a bygone era hence) of no use, useless. ازماست کہ برماست it is of our own doing that we are suffering. ازمشرق تامغرب from east to west; everywhere. ازیادرفتہ forgotten; out of mind.

ازار /ɪzɑ:r/ ■ *n.f.* 1 trousers, pyjamas. 2 one of the three sheets of Muslim shroud used to cover the lower part of a dead body. ازاربند the string or tape to fasten the trousers at waist. ازاربند پہ ہاتھ ڈالنا make sexual advances, express desire for intercourse. ازاربند ڈالنا run the string into trousers, etc. ازاربند سے نکل پڑنا be beside oneself in anger. ازاربند کا ڈھیلا ever-ready for sexual intercourse; lecherous; of easy virtue. ازاربند کا سچا observant of sexual morality. ازاربندی رشتہ relation on wife's side; petticoat-interest. ازارمیں ڈال کرپہن لینا treat with levity; have no regard; behave insolently or impudently.

ازالہ /ɪzɑ:lɑ:/ ■ *n.m.* removal, abolition; redressal; rectification. ازالۂ امان forfeiture. ازالۂ بکارت deflowering (a girl), depriving of virginity; woman's deflowering or her first sexual intercourse. ازالۂ حیثیتِ عرفی libel; defamation. ازالہ کرنا 1 redress (a grievance); rectify (a mistake). 2 allay (doubt, fear, etc.).

ازبر /əzbər/ ■ *adj.* learnt by heart.

اُزبک /ʊzbək/ ■ *adj.* Uzbek.

اِزدحام /ɪzd̪ehɑ:m/ ■ *n.m.* (also ازدہام، اژدحام، اژدہام) concourse; throng, crowd, mob. ازدحام کرنا/ہونا to crowd around, collect in large numbers, throng.

اِزدواج /ɪzd̪evɑ:dʒ/ ■ *n.m.* matrimony, marriage, wedding, nuptials.

اِزدواجی /ɪzd̪evɑ:dʒi:/ ■ *adj.* matrimonial; conjugal. ازدواجی حیثیت marital status.

اِزدِیاد /ɪzḍɪja:d/ ■ *n.m.* increase; augmentation; addition.

ازر /əzr/ ■ *n.m.* clump of shrubs; shrubbery.

ازرق /əzrəq/ ■ *adj.* (also ازرق) blue. ازرق چشم (of a person) having blue eyes.

ازعر /əzʔər/ ■ *adj.* **1** tailless. **2** bald. ■ *n.m.* a kind of snake which is said to have no tail.

ازکی /əzka:/ ■ *adj.* (*elative* of زکی) purer or purest.

ازکیا /əzkɪja:/ ■ *n.m.* (*pl.* of زکی) pious or righteous people.

ازل /əzəl/ ■ *n.m.* beginning of the time; eternity. ازل سے ابد تک from time without beginning to the time without end, from all eternity to all eternity.

ازلی /əzəli:/ ■ *adj.* **1** eternal, without beginning; perpetual; eternal. **2** (*fig.*) very old. ازلی بیر/دشمنی ہونا be very hostile to; have a very old rivalry.

ازلیت /əzəlɪjəṭ/ ■ *n.f.* eternality.

ازمنہ /əzmɪna:/ ■ *n.m.* (*pl.* of زمان) times; ages; periods. ازمنۂ ثلاثہ the three times, viz. the present, past, and future. ازمنۂ تاریک the Dark Ages. ازمنۂ وسطیٰ the Middle Ages. ازمنۂ وسطیٰ کا of or relating to the Middle Ages, medieval.

ازواج /əzva:dʒ/ ■ *n.f.* (*pl.* of زوج) **1** wives. **2** husbands. **3** spouses. ازواجِ مطہرات (***Islam***) Prophet Muhammad's wives.

ازہار /əzha:r/ ■ *n.m.pl.* buds; flowers. (*sing.* زہر، زہرہ)

اِزہاق /ɪzha:q/ ■ *n.m.* rooting out, extermination.

ازیں /əzĩ:/ ■ *adv.* from this; hence.

اژدہا /əʒḍəha:/ ■ *n.m.* (also اژدر) very large and thick snake, python, dragon, anaconda.

اِژدہام /ɪʒdeha:m/ ■ *n.m.* crowd, mob. See اِزدحام.

اژدہے /əʒḍəhe:/ ■ *n.m.* (*pl.* & *infl.* of اژدہا) اژدہے کے منھ میں جھونکنا send to a dangerous place. اژدہے کے منھ میں ہاتھ دینا undertake a dangerous task. اژدہے کے منھ میں ہونا be in the clutches of a dragon; be in a dangerous situation.

اژدھات /əʒḍʰa:ṭ/ ■ *n.m.* & *f.* alloy of gold, silver, copper, brass, pewter, zinc, lead and iron.

اِس /ɪs/ ■ *pron.* (*form of* یہ) this. اِس اثنا میں meanwhile; in the meantime. اس اعتبار سے from this angle or viewpoint, because of this, in view of this. اس باب میں with regard to this; in this matter. اس بات پر at this. اس بات میں in this matter. اس برس this year. اس پار this side, on this side, this bank (of a river). اس پر upon this, hence, at this. اس پر بھی even at this, even for all this, notwithstanding; in spite of this. اس تک/تلک upto this extent or degree, up to this. اس تناظر میں from or against this perspective, against or in this scenario. اس جہت سے because of this; for this reason; from this angle; from this point of view. اس حالت/صورت میں under the circumstance, in this case. اس حد تک to such extent. اس حساب سے at this rate. اس خوف سے fearing that, lest. اس درمیان میں in the meantime; in the interim. اس دم presently, this moment. اس ذریعے سے hereby; by or through this means. اس رو سے from this angle or point of view. اس زمانے میں at the present times, these days. اس سبب سے for the reason that. اس سرے سے اس سرے تک throughout, from end to end. اس سیاق وسباق میں in this context. اس طرح/طور thus, so, in this manner; for example. اس طریقے سے in this/that manner or way. اِس غرض سے/لیے hence; therefore; with this object; for this purpose. اس قدر to this extent; to such an extent; so much, so many. اس کارن due to; because of; for this reason; hence; therefore. اس کان سننا اُس کان اڑا دینا pay no heed, ignore; turn a deaf ear to; pay no attention to; disregard; in one ear out of the other. اس کوٹھی/کوٹھے کے دھان اس کوٹھی/کوٹھے میں کرنا carry out a useless work. اس کی نہیں ہو رہی this is not fair. اس کے باوجود despite this. اس کے سوا **1** in addition to this. **2** beside this. اس معاملے میں in this matter. اس میں کیا شک ہے undoubtedly, surely. اس وجہ سے therefore; because of. اس ہاتھ دے اُس ہاتھ لے as you sow, so shall you reap; it should be a transparent transaction; in cash.

اُس /ʊs/ ■ *pron.* (*form of* وہ) that; him/her; it. اس اور that way; thither; on that side. اس پر upon that, thereupon; thereafter; upon which. اس دم (also اسی دم) that very moment, instantly. اس دوران/عرصے میں during that period, in the meantime. اس کی جوتی سے he (or she, etc.) doesn't care two hoots. اس کی لاٹھی بے آواز ہے the mills of God grind slowly. اس نے رکھا اس نے اٹھایا nothing changed, both are identical. اس وقت at that time; on that occasion; at that moment.

اساتذہ /əsa:ṭeza:/ ■ *n.m.* (*pl.* of اُستاد، اُستاذ) teachers; masters.

اُسارا /ʊsa:ra:/ ■ *n.m.* small shed.

اِسارت /ɪsa:rəṭ/ ■ *n.f.* captivity; imprisonment.

اُساری /ʊsɑ:rɑ:/ ■ *n.m.* (*pl.* of اسیر) prisoners; captives; inmates.

اساریر /əsɑ:ri:r/ ■ *n.f.* (*ppl.* of سِر) lines on the palm of the hand or the forehead.

اساڑھ /əsɑ:ɽʰ/ ■ *n.m.* (also اساڑ) fourth month of the Bikrami calendar corresponding to June-July. اساڑھ کا گدھا an idle, good-for-nothing; glutton.

اساڑھی /əsɑ:ɽʰi:/ ■ *adj.* of or relating to the month of اساڑھ. ■ *n.f.* the harvest of the month of اساڑھ.

اساس /əsɑ:s/ ■ *n.f.* **1** base, foundation. **2** underlying principle; starting point.

اُساس /ʊsɑ:s/ ■ *n.m.* (*arch.*) exhalation; respiration, breathing; sigh.

اساسی /əsɑ:si:/ ■ *adj.* basic; fundamental, primary.

اساطیر /əsɑ:t̪i:r/ ■ *n.f.* (*pl.* of اُسطور) **1** books; writings. **2** (*fig.*) myths; mythologies. اساطیرُ الاولین stories of the ancient or former people; baseless accounts.

اساطیری /əsɑ:t̪i:ri:/ ■ *adj.* legendary; fabulous; mythical; mythological.

اساطین /əsɑ:t̪i:n/ ■ *n.m.* (*pl.* of اُسطوانہ) pillars, columns, posts.

اسافِل /əsɑ:fɪl/ ■ *n.m.* (*pl.* of اَسفل) lowest and very mean people.

اسالیب /əsɑ:li:b/ ■ *n.m.* (*pl.* of اُسلوب) ways; modes; styles; manners.

اسامی /əsɑ:mi:/ ■ *n.m.* (*ppl.* of اِسم) names. ■ *n.f.* (as *sing.*) **1** cultivator; tenant. **2** client. **3** occupant. **4** debtor. **5** appointment, situation, employment, post. اسامی باز swindler. اسامی بشرحِ معین fixed rate tenant. اسامی بنانا con, swindle. اسامیِ دخیل کار resident cultivator. اسامی چھپر بند occupancy tenant. اسامیِ ساقطُ الملکیت expropriatory tenant. اسامیِ شکمی sub-tenant. اسامیِ غیر مستقل tenant-at-will. اسامیِ موروثی hereditary tenant.

اُسانا¹ /ʊsɑ:nɑ:/ ■ *v.* separate the husk or chaff from corn; sift; winnow. [S]

اُسانا² _____ ■ *v.* boil (potatoes, corn, etc.). [S]

اسانید /əsɑ:ni:d̪/ ■ *n.f.* (*ppl.* of سند) **1** authorities; certificates; deeds; credentials. **2** (***Islam***) a line of narrators of Hadith.

اساوری¹ /əsɑ:vri:/ ■ *n.f.* a raga with five notes. [S]

اساوری² _____ ■ *n.m.* **1** a kind of pigeon. **2** a kind of silk woven with silver and gold threads. [Prk.]

اِساول /ɪsɑ:vəl/ ■ *n.m.* messenger; courier; postman, letter-carrier.

اِسائت /ɪsɑ:ət̪/ ■ *n.f.* vice.

اسباب /əsbɑ:b/ ■ *n.m.* (*pl.* of سبب) **1** causes, reasons, motives. **2** means, resources, implements. **3** (also *sing.*) goods; furniture, things, articles, luggage. اسبابِ جنگی warlike provisions, military stores, ammunition, military hardware. اسبابِ خانہ داری household effects. اسبابِ زراعت agricultural implements. اسبابِ سفر travelling requisites; luggage or provisions for a journey.

اسباط /əsbɑ:t̪/ ■ *n.m.* (*pl.* of سِبط) **1** offspring; grandchildren. **2** (***Hist.***) Twelve Tribes of Israel.

اِسباغ /ɪsbɑ:ɣ/ ■ *n.m.* completion (esp. of ablutions).

اسباق /əsbɑ:q/ ■ *n.m.* (*pl.* of سَبق) lessons; portions of text book.

اسبق /əsbəq/ ■ *adj.* surpassing; comparatively exceeding in age; older, more ancient.

اُسبوع /ʊsbu:ʔ/ ■ *n.m.* week, a period of seven days.

اسپ /əsp/ ■ *n.m.* **1** horse. **2** (***Chess***) the knight. اسپِ پالانی a pack horse. اسپِ تازی the Arabian horse. اسپِ مگسی a horse with black spots.

اِسپات /ɪspɑ:t̪/ ■ *n.m.* steel.

اسپتال /əspət̪ɑ:l/ ■ *n.m.* (also ہسپتال) hospital. اسپتال میں داخل کرنا hospitalize, admit to a hospital. [E]

اِسپرک /ɪspərək/ ■ *n.f.* (also اسپرکا) yellow sweet clover, a grass from which a yellow dye is obtained, also used in medicines, *Melilotus officinalis*.

اسپغول /əspəɣo:l/ ■ *n.m.* (also اسبغول، اِسپغول) ispaghul, psyllium, a plant the seeds and seed-husks of which are of medicinal value.

اسپک /əspək/ ■ *n.m.* large tent.

اِسپنج /ɪspəndʒ/ ■ *n.m.* (also اِسفنج) sponge. [E]

اِسپنجیا /ɪspəndʒɪjɑ:/ ■ *n.m.* a worker who washes printing plates in a litho press.

اِسپند /ɪspənd̪/ ■ *n.m.* (also اسبند) herb of grace; seed of wild rue burnt as a charm to remove the effects of evil eye. (See also کالا دانہ under کالا¹.)

اسپی /əspi:/ ■ *adj.* of or relating to اسپ. اسپی طاقت/قوت horsepower.

اسپیدکار /ɪspe:ḍ kɑ:r/ ■ *n.m.* one who coats cooking utensils with tin, a professional tinner.

اسپینی /ɪspe:ni:/ ■ *adj.* Spanish. اسپینی مکھی Spanish fly.

اسَت /əsəṭ/ ■ *n.m.* **1** wrong, false; spurious, not genuine. **2** non-existent; imperceptible.

است /əsṭ/ ■ *n.m.* (***Myth.***) **1** an imaginary mountain behind which the sun was thought to set. **2** setting (of the sun, etc.). **3** the west. است ہونا (the sun) to set; sink; go down; vanish.

اُستاد /ʊsṭɑ:ḍ/ ■ *n.m.* (also اُستاذ) **1** ustad, teacher, tutor, instructor. **2** skilful man, clever rogue. **3** maestro (of music and other fine arts). **4** term of address for a teacher or trainer of music or some technology. استادِ ازل God. استادجی teacher, tutor; tutor of a dancing girl or prostitute. استاد ہونا **1** be a teacher. **2** be cunning, be clever. (*pl.* اساتذہ)

اُستادانہ /ʊsṭɑ:ḍɑ:nɑ:/ ■ *adj.* masterly.

اِستادگی /ɪsṭɑ:ḍə gi:/ ■ *n.f.* **1** standing up; stay. **2** (penile) erection; firmness.

اُستادوں /ʊsṭɑ:ḍõ:/ ■ *n.m.* (*pl.* of اُستاد) استادوں کا استاد **1** teachers' teacher; great scholar. **2** clever rogue, great deceiver.

اِستادہ /ɪsṭɑ:ḍɑ:/ ■ *adj.* **1** raised up; standing. **2** erect (penis). **3** fixed, established. **4** (*fig.*) ready.

اُستادی /ʊsṭɑ:ḍi:/ ■ *n.f.* **1** the profession of teaching. **2** skill, craftsmanship, acumen. **3** tactics, cunning, artfulness. ■ *adj.* skilful; masterly.

اُستاذ /ʊsṭɑ:z/ ■ *n.m.* (Arabicized form of اُستاد) teacher. استاذ الاساتذہ teachers' teacher; great scholar. (*pl.* اساتذہ)

اُستاذی /ʊsṭɑ:zi:/ ■ *voc.* my teacher.

استار /əsṭɑ:r/ ■ *n.m.* (*pl.* of ستر) curtains; hindrances; stoppages.

اُستانی /ʊsṭɑ:ni:/ ■ *n.f.* female teacher.

استائی /əsṭɑ:i:/ ■ *n.f.* original notes of a raga; initial lines of a song.

اِستباح /ɪsṭebɑ:h/ ■ *n.m.* **1** legitimization of some illegal or proscribed things for personal reasons. **2** (*fig.*) usurpation; looting.

اِستبداد /ɪsṭɪbḍɑ:ḍ/ ■ *n.m.* **1** domination, despotism, authoritarian rule. **2** (*fig.*) atrocity, tyranny.

اِستبدادیت /ɪsṭɪbḍɑ:ḍɪjəṭ/ ■ *n.f.* authoritarianism.

اِستبدال /ɪsṭɪbḍɑ:l/ ■ *n.m.* exchange, interchange, barter, substitution.

اِستبرا /ɪsṭɪbrɑ:/ ■ *n.m.* cleansing (after discharging excreta); lavation, cleanliness.

اِستبرق /ɪsṭəbrəq/ ■ *n.m.* (also اِستبراق) silk cloth; satin; green velvet.

اِستبرقی /ɪsṭəbrəqi:/ ■ *adj.* silken, satiny.

اِستبشار /ɪsṭɪbʃɑ:r/ ■ *n.m.* heralding; bringing good news.

اِستبعاد /ɪsṭɪbʔɑ:ḍ/ ■ *n.m.* impossibility; far-fetchedness.

اَستُت /əsṭʊṭ/ ■ *n.f.* (also اِستُت) commendation; hymn; invocation; prayer.

اِستتابت /ɪsṭɪṭɑ:bəṭ/ ■ *n.f.* penitence, seeking forgiveness.

اِستتار /ɪsṭɪṭɑ:r/ ■ *n.m.* hiding, secrecy, concealment.

اِستتباب /ɪsṭɪṭbɑ:b/ ■ *n.m.* discipline, law and order.

اِستتباع /ɪsṭɪṭbɑ:ʔ/ ■ *n.m.* desire to follow in footsteps; following; succession.

اِستثنا /ɪsṭɪsnɑ:/ ■ *n.m.* (also اِستثناء) exception, exemption, exclusion.

اِستثنائی /ɪsṭɪsnɑ:i:/ ■ *adj.* (also اِستثنائیہ) exceptional.

اِستجابت /ɪsṭedʒɑ:bəṭ/ ■ *n.f.* acceptance, hearing and accepting (prayers, requests, applications, etc.).

اِستجازت /ɪsṭedʒɑ:zəṭ/ ■ *n.f.* asking leave; begging permission.

اِستجلا /ɪsṭɪdʒlɑ:/ ■ *n.m.* (also اِستجلاء) act of brightening; shining; polishing.

اِستحاضہ /ɪsṭehɑ:zɑ:/ ■ *n.m.* menorrhagia; immoderate menstrual bleeding.

اِستحالہ /ɪsṭehɑ:lɑ:/ ■ *n.m.* **1** transformation, metamorphosis, change of state. **2** improbability; impossibility. (*pl.* اِستحالات)

اِستحباب /ɪsṭehbɑ:b/ ■ *n.m.* **1** (*literal*) being favourite. **2** (***Isj.***) act for which one is awarded and there is no punishment for not doing it; supererogation.

اِستحداد /ɪsṭehḍɑ:ḍ/ ■ *n.m.* shaving pubic hair.

اِستحسان /ɪsṭehsɑ:n/ ■ *n.m.* **1** approval; consent; taking as a favour. **2** (***Isj.***) application of discretion in a legal decision.

اِستحصال /ɪsṭehsɑ:l/ ■ *n.m.* **1** (*literal*) act of gaining, gain, acquisition. **2** exploitation, taking undue advantage of someone. استحصال بالجبر extortion; unlawful exaction. استحصال ناجائز wrongful gain or acquisition.

اِستحصالی /ɪsṭehsɑ:li:/ ■ *adj.* exploitative.

ہائیہ مصمتے:

بھ	پھ	تھ	ٹھ	جھ	چھ	دھ	ڈھ	رھ	ڑھ	کھ	گھ	لھ	مھ	نھ
b^h	p^h	$ṭ^h$	t^h	$dʒ^h$	$tʃ^h$	$ḍ^h$	d^h	r^h	$ṛ^h$	k^h	g^h	l^h	m^h	n^h

اِستحضار /ɪsṭehzɑ:r/ ■ *n.m.* 1 being in the active memory. 2 deep concentration, absorption; sincerity.

اِستحفاظ /ɪsṭehfɑ:z/ ■ *n.m.* looking after; caring; keeping safe; act of saving.

اِستحقار /ɪsṭehqɑ:r/ ■ *n.m.* disdain, contempt, considering something or somebody mean and despicable.

اِستحقاق /ɪsṭehqɑ:q/ ■ *n.m.* lawful or rightful claim, right, title; privilege; due. استحقاق اعدائے وراثت reversionary title. استحقاقِ امتناع right of veto. استحقاقِ انفکاکِ رہن equity of redemption of a mortgage. استحقاقِ ترکہ right of inheritance or succession. استحقاق تقدیم خریداری right of pre-emption. استحقاقِ جائز valid right of title. استحقاق حفاظتِ خود اختیاری right of self-defence. استحقاق حین حیاتی life interest. استحقاقِ دائمی permanent tenure; perpetual right. استحقاقِ ذاتی personal interest or privilege. استحقاق شفع pre-emption right or title. استحقاقِ غیر مادی incorporeal right. استحقاق قائم مقامی right of representation. استحقاق قبضہ right of ownership or possession. استحقاق کامل complete right; absolute interest. استحقاقِ مالکانہ proprietary right or title. استحقاق مرتہنی mortgage right or title. استحقاقِ مستقل permanent interest or right. استحقاق نالش right to sue. استحقاقِ وراثت right to inheritance.

اِستحقاقی /ɪsṭehqɑ:qi:/ ■ *adj.* of or relating to استحقاق; privileged; preferential.

اِستحکاک /ɪsṭehkɑ:k/ ■ *n.m.* itching; irritation in the skin.

اِستحکام /ɪsṭehkɑ:m/ ■ *n.m.* stability, firmness, strength.

اِستحلاف /ɪsṭehlɑ:f/ ■ *n.m.* making someone swear or take an oath.

اِستحلال /ɪsṭehlɑ:l/ ■ *n.m.* (***Islam***) legitimization according to Sharia.

اِستخارہ /ɪsṭexɑ:rɑ:/ ■ *n.m.* 1 (*literal*) seeking good. 2 seeking God's will to questions regarding the outcome of a contemplated action or some future event; divination; bibliomancy. استخارہ آنا favourable result of a divination to come out. استخارہ دیکھنا/کرنا to practise divination.

اِستخبار /ɪsṭɪxbɑ:r/ ■ *n.m.* 1 seeking news; asking for news. 2 intelligence; spying.

اِستخدام /ɪsṭɪxḍɑ:m/ ■ *n.m.* seeking or getting employment; making use of another's labour.

اِستخراج /ɪsṭɪxrɑ:dʒ/ ■ *n.m.* 1 moving out, expulsion, taking out, extraction. 2 solution of a problem. 3 (***Isj.***) derivation. 4 (***Logic***) deduction.

اِستخراجی /ɪsṭɪxrɑ:dʒi:/ ■ *adj.* deductive. استخراجی منطق deductive logic. (*opp.* استقرائی)

اِستخفاف /ɪsṭɪxfɑ:f/ ■ *n.m.* disdain, scorn, contempt.

اِستخلاص /ɪsṭɪxlɑ:s/ ■ *n.m.* liberty, liberation, freedom; release, discharge.

اِستخلاف /ɪsṭɪxlɑ:f/ ■ *n.m.* heirship; being a successor.

اُستخواں /ʊsṭʊxɑ̃:/ ■ *n.m.* (also اُستخوان) bone; skeleton. استخواں بند splint or fillet for a broken bone. استخواں فروشی taking undue advantage of one's ancestors' reputation, etc.

اُستخوانی /ʊsṭʊxɑ:ni:/ ■ *adj.* 1 of or relating to bone or skeleton; bony. 2 durable, strong.

اِستداد /ɪsṭeḍɑ:d/ ■ *n.m.* inveterate habit; addiction.

اِستدارت /ɪsṭeḍɑ:rəṭ/ ■ *n.f.* 1 roundness; circularity. 2 circulation.

اِستدام /ɪsṭeḍɑ:m/ ■ *n.m.* (also اِستدامت) perpetuity, permanency.

اِستدانت /ɪsṭeḍɑ:nəṭ/ ■ *n.f.* borrowing; contracting a debt.

اِستدبار /ɪsṭɪḍbɑ:r/ ■ *n.m.* surrender, conceding (defeat).

اِستدراج /ɪsṭɪḍrɑ:dʒ/ ■ *n.m.* 1 advancing gradually. 2 (*fig.*) gradual progress or development. 3 conjuring, miracles through witchcraft.

اِستدراجی /ɪsṭɪḍrɑ:dʒi:/ ■ *adj.* of or relating to استدراج.

اِستدراک /ɪsṭɪḍrɑ:k/ ■ *n.m.* 1 attaining knowledge, comprehension, understanding. 2 redress; reparation; correcting an error.

اِستدعا /ɪsṭɪḍʔɑ:/ ■ *n.f.* 1 request, appeal, prayer, petition, solicitation; supplication. 2 (*fig.*) desire.

اِستدقاق /ɪsṭɪḍqɑ:q/ ■ *n.m.* 1 fineness, discernment. 2 scrutiny, detailed examination, inspection.

اِستدلال /ɪsṭɪḍlɑ:l/ ■ *n.m.* reason; argument. استدلال کرنا argue; reason out.

اِستدلالی /ɪsṭɪḍlɑ:li:/ ■ *adj.* of or relating to استدلال.

استر[1] /əstər/ ■ *n.m.* 1 lining, base-coat; inner part of *abra* (ابرا). 2 coating, priming, plaster. 3 (book-binding) end paper, a sheet of paper attached to the hardback of a book. استرکاری coating; plastering. استر لگانا 1 sew a lining in a quilt or dress. 2 plaster. [P]

استر[2] ____ ■ *n.m.* projectile weapon; arrows; arms in general. استر دھاری armed. [S]

اِستر³ —— ■ *n m.* mule [S]

اُسترا /ʊst̪ərɑ:/ ■ *n.m.* (also اُسترا، اُسترہ) **1** safety razor. **2** dagger, knife. **3** (*arch.*) barber. استرا پھیرنا use razor to shave hair. استرا چلانا **1** shave. **2** (*fig.*) uproot, eradicate; destroy completely. استرا لگانا sharpen the edge of razor or razor blade.

اِستراحت /ɪst̪erɑ:hət/ ■ *n.f.* **1** repose, rest, ease. **2** sleep. استراحت کرنا take rest, relax.

استراخانی /əst̪ərɑ:xɑ:ni:/ ■ *adj.* of the Russian province of Astrakhan (esp. a coat or hat).

اِستراق /ɪst̪erɑ:q/ ■ *n.m.* theft, stealing, thievery. استراقِ سماعت eavesdropping.

اِستربستر /ɪst̪ərbɪst̪ər/ ■ *n.m.* bedding, luggage.

اِسترجاع /ɪst̪ɪrd͡ʒɑ:ʔ/ ■ *n.m.* **1** retrogression; returning to God. **2** recollecting or repeating orally. **3** uttering انا للہ وانا الیہ راجعون (Qur'anic verse meaning 'verily to God we belong and verily unto Him we return').

اِسترحام /ɪst̪ɪrhɑ:m/ ■ *n.m.* appeal for clemency, plea for mercy.

اِسترخا /ɪst̪ɪrxɑ:/ ■ *n.m.* **1** looseness, slackness; laziness. **2** (*fig.*) weakness. **3** paresis, partial paralysis.

اِسترداد /ɪst̪ɪrd̪ɑ:d̪/ ■ *n.m.* **1** reversal, revocation, repeal. **2** annulment, rejection. **3** veto. استردادِ حکم countermand, an order revoking a previous one. استرداد کرنا reverse, revoke, repeal, annul.

اِسترشاد /ɪst̪ɪrʃɑ:d̪/ ■ *n.m.* seeking guidance or instruction, especially in spiritual matters, urge for the right path/truth.

اِسترضا /ɪst̪ɪrzɑ:/ ■ *n.m.* & *f.* assent, willingness, consent.

اِسترقا /ɪst̪ɪrqɑ:/ ■ *n.m.* use of charms, magic, talisman, etc.

اِسترقاق /ɪst̪ɪrqɑ:q/ ■ *n.m.* enslavement; captivity.

اُسترہ /ʊst̪ərɑ:/ ■ *n.m.* **1** razor. **2** dagger, knife. See اُسترا.

اِستری¹ /ɪst̪ri:/ ■ *n.f.* iron, the implement for pressing clothes to remove wrinkles. استری کرنا press or smooth with a heated iron; iron out. [S]

اِستری² —— ■ *n.f.* **1** female. **2** wife. استری جات رجن womankind. استری دھن dowry, wife's property. [S]

اِستسعاد /ɪst̪ɪsʔɑ:d̪/ ■ *n.m.* desiring blessings and happiness, being fortunate, seeking good fortune.

اِستسقا /ɪst̪ɪsqɑ:/ ■ *n.m.* (also اِستسقاء) **1** asking for water; praying for rain. **2** dropsy, oedema. استسقا کی نماز prayer for rain.

اِستشارہ /ɪst̪eʃɑ:rɑ:/ ■ *n.m.* plebiscite; consultation, taking advice.

اِستشراق /ɪst̪ɪʃrɑ:q/ ■ *n.m.* have a leaning towards orient and oriental culture.

اِستشفا /ɪst̪ɪʃfɑ:/ ■ *n.m.* (also اِستشفاء) prayer for restoration of health.

اِستشفاع /ɪst̪ɪʃfɑ:ʔ/ ■ *n.m.* **1** intercession, recommendation. **2** seeking or prayer for intercession.

اِستشمام /ɪst̪ɪʃmɑ:m/ ■ *n.m.* **1** act of smelling. **2** (*fig.*) feeling a smell.

اِستشہا /ɪst̪ɪʃhɑ:/ ■ *n.m.* (also اِستشہاء) libido; stimulation or gratification of sexual desire.

اِستشہاد /ɪst̪ɪʃhɑ:d̪/ ■ *n.m.* evidence, proof, producing evidence, citing witnesses, bringing testimony or proof.

اِستشہار /ɪst̪ɪʃhɑ:r/ ■ *n.m.* making public; proclaiming.

اِستصحاب /ɪst̪ɪshɑ:b/ ■ *n.m.* **1** seeking harmony. **2** (*Isj.*) searching for precedent or analogy.

اِستصعاب /ɪst̪ɪsʔɑ:b/ ■ *n.m.* harsh behaviour; giving harsh treatment.

اِستصلاح /ɪst̪ɪslɑ:h/ ■ *n.m.* correction; seeking correction or improvement, especially in relation to poetry or prose.

اِستصماغ /ɪst̪ɪsmɑ:ɣ/ ■ *n.m.* extracting gum.

اِستصناع /ɪst̪ɪsnɑ:ʔ/ ■ *n.m.* bonded labour; forced labour.

اِستصواب /ɪst̪ɪsvɑ:b/ ■ *n.m.* **1** commendation; approbation; reference; counsel; consultation. **2** inquiry (by a lower court to a higher court). استصوابِ رائے عامہ plebiscite, referendum. استصواب کرنا refer; take advice; hold a referendum or plebiscite.

اِستطاعت /ɪst̪et̪ɑ:ʔət/ ■ *n.f.* power; potentiality; ability; financial ability. استطاعت ہونا have financial ability, be able to afford.

اِستطالت /ɪst̪et̪ɑ:lət/ ■ *n.f.* **1** prolongation. **2** (***Recitation***) lingering on while uttering a letter, especially on ض, occurring in the middle.

اِستطراد /ɪst̪ɪt̪rɑ:d̪/ ■ *n.m.* digression, diversion; parenthesis as footnotes or interpretation.

اِستطلاق /ɪst̪ɪt̪lɑ:q/ ■ *n.m.* diarrhoea.

اِستطلال /ɪst̪ɪzlɑ:l/ ■ *n.m.* seeking shade, seeking refuge.

اِستعاذه /ɪst̪eʔɑ:zɑ:/ ■ *n.m.* saying اعوذ باللہ, an act of seeking God's protection.

اِستعارتاً /ɪst̪eʔɑ:rət̪ən/ ■ *adv.* (also اِستعارۃً) metaphorically, figuratively.

اِستعاره /ɪst̪eʔɑ:rɑ:/ ■ *n.m.* 1 borrowing. 2 metaphor. استعارہ بالتصریح direct metaphor. استعارہ بالکنایہ indirect metaphor. (*pl.* اِستعارات)

اِستعانت /ɪst̪eʔɑ:nət̪/ ■ *n.f.* 1 seeking help or assistance; soliciting aid. 2 aid, help, assistance.

اِستعباد /ɪst̪eʔbɑ:d/ ■ *n.m.* enslavement.

اِستعجاب /ɪst̪eʔdʒɑ:b/ ■ *n.m.* surprise, wonder, astonishment, amazement. استعجاب میں ڈالنا astonish.

اِستعجال /ɪst̪eʔdʒɑ:l/ ■ *n.m.* wishing to make haste, quickening, haste, accelerating.

اِستعداد /ɪst̪eʔd̪ɑ:d/ ■ *n.f.* ability, capacity, ingenuity, mental power, competency, proficiency.

اِستعذار /ɪst̪eʔzɑ:r/ ■ *n.m.* apology.

اِستعظام /ɪst̪eʔzɑ:m/ ■ *n.m.* acknowledgement of greatness or eminence.

اِستعفا /ɪst̪eʔfɑ:/ ■ *n.m.* (also اِستعفاء، اِستعفیٰ) resignation (from an office or employment); relinquishment; the deed of relinquishment.

اِستعلا /ɪst̪eʔlɑ:/ ■ *n.m.* (also اِستعلاء) 1 supremacy, superiority, exaltation, elevation. 2 (***Recitation***) raising the root of the tongue towards the hard palate. (*opp.* اِستفال)

اِستعلاج /ɪst̪eʔlɑ:dʒ/ ■ *n.m.* treatment of diseases.

اِستعلام /ɪst̪eʔlɑ:m/ ■ *n.m.* attainment of learning; awareness.

اِستعلان /ɪst̪eʔlɑ:n/ ■ *n.m.* making known, announcement; propagation; communication.

اِستعمار /ɪst̪eʔmɑ:r/ ■ *n.m.* 1 settlement; immigration. 2 colonization. استعمار پسند imperialist.

اِستعماری /ɪst̪eʔmɑ:ri:/ ■ *adj.* colonial; imperialist; imperialistic. استعماری طاقتیں colonial powers.

اِستعماریت /ɪst̪eʔmɑ:rɪjət̪/ ■ *n.f.* colonialism.

اِستعمال /ɪst̪eʔmɑ:l/ ■ *n.m.* use, utilization, employment, application, usage, operation. استعمال شدہ used; old; worn out; second-hand. استعمال کرنا use; apply. استعمال میں ہونا be in use.

اِستعمالی /ɪst̪eʔmɑ:li:/ ■ *adj* of daily use; used. ■ *n.m.* a kind of good quality rice. استعمالی چاول a kind of good quality rice which is used after storing for some time.

اِستغاثه /ɪst̪eɣɑ:sɑ:/ ■ *n.m.* 1 plaintiff, complainant; complaint, petition for justice or help. 2 lawsuit. 3 a traditional prayer recited during hard times for God's help. استغاثہ دائر کرنا file a suit.

اِستغراب /ɪst̪ɪɣrɑ:b/ ■ *n.m.* marvel, bewilderment, amazement, wonder, surprise.

اِستغراق /ɪst̪ɪɣrɑ:q/ ■ *n.m.* 1 absorption, immersion, total absorption in some work or thought. 2 (***Sufism***) meditation.

اِستغفار /ɪst̪ɪɣfɑ:r/ ■ *n.m.* 1 seeking forgiveness, mercy or pardon. 2 seeking God's shield or refuge. 3 prayer recited for pardon. استغفار کرنا seek divine pardon or forgiveness; ask for mercy.

اَستغفرُاللّٰہ /əst̪əɣfɪrʊllɑ:h/ ■ *exclam.* may God forgive me! expressing penitence or strong displeasure.

اِستغنا /ɪst̪ɪɣnɑ:/ ■ *n.m.* (also اِستغناء) 1 state of being wealthy and above want; state of not needing any help. 2 (*fig.*) lack of concern or care.

اِستفاده /ɪst̪efɑ:d̪ɑ:/ ■ *n.m.* 1 having some gain, advantage, benefit or profit. 2 advantage, benefit, profit.

اِستفاضه /ɪst̪efɑ:zɑ:/ ■ *n.m.* benefitting; seeking benefit.

اِستفاق /ɪst̪efɑ:q/ ■ *n.m.* recovery from sickness; convalescence.

اِستفال /ɪst̪efɑ:l/ ■ *n.m.* 1 fall; descent; coming down. 2 (***Recitation***) not raising the root of the tongue towards the hard palate. (*opp.* اِستعلا)

اِستفتا /ɪst̪ɪft̪ɑ:/ ■ *n.m.* (also اِستفتاء) seeking legal advice or verdict on a legal matter or question (usu. religious); gaining knowledge; taking an opinion; seeking answer to a question.

اِستفتاح /ɪst̪ɪft̪ɑ:h/ ■ *n.m.* seeking help or assistance.

اِستفراغ /ɪst̪ɪfrɑ:ɣ/ ■ *n.m.* 1 vomiting. 2 emitting; rejecting. 3 extreme hatred, abhorrence. 4 something vomitted. استفراغ کرنا vomit.

اِستفسار /ɪst̪ɪfsɑ:r/ ■ *n.m.* 1 question, query, enquiry. 2 seeking information, questioning, interrogation. استفسار کرنا ask, question, interrogate, seek information. (*pl.* اِستفسارات)

اِستفلاح /ɪst̪ɪflɑ:h/ ■ *n.m.* betterment, especially social vainglory.

استکثار /ɪstɪksɑ:r/ ■ *n.m.* 1 multitude, plenty, abundance. 2 greed.

استکراہ /ɪstɪkrɑ:h/ ■ *n.m.* dislike, repugnance, aversion, loathing; abhorrence.

استکشاف /ɪstɪkʃɑ:f/ ■ *n.m.* disclosure or revelation, manifestation, exposition.

استکمال /ɪstɪkmɑ:l/ ■ *n.m.* accomplishment; completion; perfection.

استل /əstəl/ ■ *n.f.* beggar's abode, hermit's hut, hermitage.

استلام /ɪstelɑ:m/ ■ *n.m.* 1 kiss. 2 (***Islam***) kissing or making kissing gesture towards the Hajar-e-aswad (حجرِ اسود) at Ka'aba.

استلذاذ /ɪstɪlzɑ:z/ ■ *n.m.* seeking pleasure, enjoyment.

استلزام /ɪstɪlzɑ:m/ ■ *n.m.* rendering necessary; essentiality.

استماع /ɪstemɑ:ʔ/ ■ *n.m.* 1 hearing; audition; listening. 2 (*fig.*) that which is heard. استماعِ صَوت 1 listening to sound. 2 (***Med.***) the act of listening to sounds from heart and other organs with a stethoscope.

استمالت /ɪstemɑ:lət/ ■ *n.f.* persuasion; wheedling; coaxing; cajoling.

استمتاع /ɪstɪmtɑ:ʔ/ ■ *n.m.* enjoying; reaping the fruits (of).

استمداد /ɪstɪmdɑ:d/ ■ *n.f.* 1 soliciting aid, desiring or begging assistance, asking for help. 2 help.

استمرار /ɪstɪmrɑ:r/ ■ *n.m.* 1 continuance, continuation. 2 perpetuity. استمراردار the holder of a farm on lease in perpetuity, permanent tenure-holder.

استمراری /ɪstɪmrɑ:ri:/ ■ *adj.* 1 uninterrupted; lasting; perpetual. 2 (***Gram.***) continuous (tense). استمراری بندوبست permanent settlement. استمراری پٹہ perpetual lease on farm. استمراری جمع fixed or perpetual assessment of rent. استمراری جوت fixed or permanent tenure.

استمزاج /ɪstɪmzɑ:dʒ/ ■ *n.m.* 1 seeking to find someone's purpose or wish. 2 enquiry after someone's health.

استمساک /ɪstɪmsɑ:k/ ■ *n.m.* 1 holding firmly. 2 self-control; suppressing or withholding ejaculation in coitus.

استملا /ɪstɪmlɑ:/ ■ *n.m.* (also استملاء) saying or reading aloud (words to be written down), dictation.

استملاک /ɪstɪmlɑ:k/ ■ *n.m.* being or coming into possession.

استمنا /ɪstɪmnɑ:/ ■ *n.m.* discharge of semen without sexual uplift; charity.

استفہام /ɪstɪfhɑ:m/ ■ *n.m.* enquiry, investigation, interrogation, question. استفہامِ اقراری rhetorical question with an implied affirmative. استفہامِ انکاری rhetorical question with an implied negative.

استفہامی /ɪstɪfhɑ:mi:/ ■ *adj.* (also استفہامیہ) interrogative.

استقامت /ɪstɪqɑ:mət/ ■ *n.f.* steadiness; firmness; constancy of attitude or intention.

استقبال /ɪstɪqbɑ:l/ ■ *n.m.* 1 reception; welcome; ceremony of welcoming a visitor. 2 (***Gram.***) the future; future tense. استقبالِ اعتدالین precession of the equinoxes. استقبال کرنا greet, receive or advance to meet a visitor, welcome (a guest).

استقبالیہ /ɪstɪqbɑ:lɪjɑ:/ ■ *n.m.* 1 formal gathering held to welcome someone or celebrate something, reception. 2 the area in an office, etc. where visitors are received. ■ *adj.* of or relating to استقبال. استقبالیہ دینا hold a reception.

استقداس /ɪstɪqdɑ:s/ ■ *n.m.* reverence; holiness.

استقدام /ɪstɪqdɑ:m/ ■ *n.m.* the past, preceding, former times.

استقدامی /ɪstɪqdɑ:mi:/ ■ *adj.* 1 of or relating to past. 2 (of statutes or legal decisions) retrospective, taking effect from a date in past.

استقرا /ɪstɪqrɑ:/ ■ *n.m.* (also استقراء) 1 search; quest. 2 (***Logic***) reasoning from induction.

استقرار /ɪstɪqrɑ:r/ ■ *n.m.* 1 ratification, confirmation, recognition. 2 staying; resting; remaining firm. استقرارِ حق حقیقت (***Law***) declaration of a title. استقرارِ حمل conceiving; conception; getting pregnant.

استقراض /ɪstɪqrɑ:z/ ■ *n.m.* borrowing; taking a loan.

استقرائی /ɪstɪqrɑ:i:/ ■ *adj.* inductive. استقرائی قیاس (***Logic***) analogy, reasoning from similar or parallel cases. استقرائی منطق inductive logic. (*opp.* استخراجی)

استقصا /ɪstɪqsɑ:/ ■ *n.m.* 1 encapsulation; covering all related matters. 2 mastery of a subject or an art.

استقلال /ɪstɪqlɑ:l/ ■ *n.m.* 1 constancy, stability. 2 resolution, firmness, perseverance. 3 self-rule, independence.

استکان /ɪstəkɑ:n/ ■ *n.m.* long glass cup for taking tea.

استکبار /ɪstɪkbɑ:r/ ■ *n.m.* pride, conceit, haughtiness,

intercourse. استمنا بالید masturbation; onanism.

اِستناد /ɪst̪enɑːd̪/ ■ *n.m.* 1 seeking or presenting reliable evidence; bringing proof, testimony or authority. 2 confirmation (of an academic degree). 3 leaning or resting (upon); supporting oneself (by). استناد کرنا pass a matter to some authority for a decision or help; consult a source (for information or confirmation), refer.

اِستنباط /ɪst̪ɪmbɑːʈ/ ■ *n.m.* 1 inference; taking out; extraction. 2 deducing unknown facts from known facts, the act of deduction; drawing conclusion; derivation. استنباط کرنا derive from; draw a conclusion.

اِستنتاج /ɪst̪ɪnt̪ɑːdʒ/ ■ *n.m.* inference; conclusion. استنتاجِ بدیہی (***Logic***) immediate inference. استنتاج کرنا infer.

اِستنجا /ɪst̪ɪndʒɑː/ ■ *n.m.* lavation; cleaning after responding to the call of nature. استنجا کرنا/لینا purify oneself after responding to the call of nature.

اِستنجے /ɪst̪ɪndʒeː/ ■ *n.m.* (*pl. & infl.* of استنجا) استنجے کا ڈھیلا 1 clod of earth used for lavation. 2 (*fig.*) anything worthless.

اِستنساخ /ɪst̪ɪnsɑːx/ ■ *n.m.* writing down something; calligraphy; preparation of a duplicate or copy (of a book, etc.).

اِستنشاق /ɪst̪ɪnʃɑːq/ ■ *n.m.* 1 drawing breath in, inhaling. 2 sniffing water up the nostrils, especially in performing the Islamic ablutions (i.e. وضو). 3 (***Med.***) applying nasal drops.

اِستنصار /ɪst̪ɪnsɑːr/ ■ *n.m.* seeking victory; seeking help.

اِستنفار /ɪst̪ɪnfɑːr/ ■ *n.m.* show of hatred; dislike, revulsion.

اِستنکار /ɪst̪ɪnkɑːr/ ■ *n.m.* 1 rejection, refutation. 2 asking unknown things; lack of knowledge.

اِستوا /ɪst̪evɑː/ ■ *n.m.* 1 parallelism; evenness; parity; equality. 2 (***Geog.***) the equator. See خطِ استوا.

اُستوار /ʊst̪ʊvɑːr/ ■ *adj.* 1 strong, powerful. 2 stayable; firm. 3 even, level; equal. استوار کرنا strengthen; make firm.

اُستواری /ʊst̪ʊvɑːriː/ ■ *n.f.* 1 constancy; determination. 2 stability. 3 strength; firmness.

اُستوانہ /ʊst̪ʊvɑːnɑː/ ■ *n.m.* cylinder. See اُسطوانہ.

اُستوانی /ʊst̪ovɑːniː/ ■ *adj.* cylindrical.

اِستوائی /ɪst̪evɑːiː/ ■ *adj.* equatorial. استوائی آب و ہوا equatorial climate. استوائی علاقے equatorial regions.

اِستہدا /ɪst̪ehd̪ɑː/ ■ *n.m.* (also استہداء) seeking guidance or advice.

اِستہزا /ɪst̪ehzɑː/ ■ *n.m.* (also استہزاء) ridicule, jeer, jest, derision. استہزا کرنا mock, deride.

اِستہزائیہ /ɪst̪ehzɑːɪjɑː/ ■ *adj.* derisive.

اِستہلاک /ɪst̪ehlɑːk/ ■ *n.m.* 1 ruining, destroying, seeking someone's death or ruin. 2 toiling beyond endurance; engrossment.

اِستہلال /ɪst̪ehlɑːl/ ■ *n.m.* 1 emphasis. 2 the rise of the new moon.

اِستیثار /ɪst̪iːsɑːr/ ■ *n.m.* greed; covetousness.

اِستیجار /ɪst̪iːdʒɑːr/ ■ *n.m.* receiving wage; working on wages.

اِستیذان /ɪst̪iːzɑːn/ ■ *n.m.* seeking permission or authorization.

اِستیصال /ɪst̪iːsɑːl/ ■ *n.m.* uprooting, eradication. استیصال کرنا eradicate.

اِستیصالی /ɪst̪iːsɑːliː/ ■ *adj.* eradicative.

اِستیعاب /ɪst̪iːʔɑːb/ ■ *n.m.* encompassing all; taking the whole.

اِستیفا /ɪst̪iːfɑː/ ■ *n.m.* completion; accomplishment.

اِستیلا /ɪst̪iːlɑː/ ■ *n.m.* (also استیلاء) dominance; command, rule, control; seize.

اِستیناس /ɪst̪iːnɑːs/ ■ *n.m.* affection, attachment, intimacy.

اِستیناف /ɪst̪iːnɑːf/ ■ *n.m.* 1 starting anew. 2 (***Law***) appeal.

استھان /əst̪ʰɑːn/ ■ *n.m.* 1 abode; residence; place; quarter. 2 residence of deities. 3 sacred place (to be visited by pilgrims); temple. 4 sign of zodiac. استھان کرنا to house, lodge, board.

استھانی /əst̪ʰɑːniː/ ■ *adj.* of or relating to استھان.

اِسٹام /ɪsʈɑːm/ ■ *n.m.* (also اِسٹامپ، اِشٹام) 1 stamp paper, paper bearing official mark and used in preparing official contracts, etc. 2 postage stamp. اسٹام فروش stamp vendor. اسٹام لگانا stamp, affix stamp or seal. [E]

اِسٹوپا /ɪsʈuːpɑː/ ■ *n.m.* stupa, a domed Buddhist shrine or mound.

اِسٹیج /ɪsʈeːdʒ/ ■ *n.m.* stage; dais. [E]

اسجاع /əsdʒɑːʔ/ ■ *n.m.* (*pl.* of سجع) rhyming words used in prose.

اسحار /əshɑːr/ ■ *n.f.* (*pl.* of سحر) mornings.

اِسحاق /ɪshɑːq/ ■ *pr.n.m.* Prophet Isaac.

اسحیہ /əshɪjɑ:/ ■ *n.f.pl.* membranes; meninges. (*sing.* سحایہ)

اسخیا /əsxɪjɑ:/ ■ *n.f.* (*pl.* of سخی) (also اسخیاء) the generous, the magnanimous; the benevolent; big-hearted people.

اسد /əsəd̪/ ■ *n.m.* **1** lion. **2** (***Astrol.***) Leo, the fifth sign of the zodiac. اسدُاللہ (***Islam***) title of the fourth Rightly Guided Caliph Hazrat Ali.

اَسُر /əsʊr/ ■ *n.m.* **1** (***Myth.***) demon; fiend; evil spirit. **2** (*fig.*) cruel.

اُسر /ʊsr/ ■ *n.m.* incarceration; imprisonment. اُسرُ البول (***Med.***) retention of urine; ischuria.

اِسراج /ɪsrɑ:dʒ/ ■ *n.m.* stringed musical instrument of Bengal.

اسرار /əsrɑ:r/ ■ *n.m.* (*pl.* of سر) secrets; confidential concerns; mysteries. اسرارِالٰہی Divine secrets. اسرارورموز mysteries and symbols or codes. (*ppl.* اساریر)

اِسرار /ɪsrɑ:r/ ■ *n.m.* ghost; evil spirit; spectre; influence of an evil spirit.

اِسراع /ɪsrɑ:ʔ/ ■ *n.m.* acceleration. اسراعِ مثبت positive acceleration; increase in speed or velocity. اسراعِ منفی negative acceleration, deceleration, slowing down.

اِسراف /ɪsrɑ:f/ ■ *n.m.* waste, lavish expenditure, extravagance. اسراف کرنا to waste, spend lavishly. اسرافِ وقت waste of time.

اِسرافیل /ɪsrɑ:fi:l/ ■ *pr.n.m.* (***Islam***) Israfel, the angel responsible for sounding the last trumpet on the Doomsday.

اِسرائیل /ɪsrɑ:i:l/ ■ *pr.n.m.* **1** the title of Prophet Jacob. **2** Israel; Jewish state in Palestine.

اِسرائیلی /ɪsrɑ:i:li:/ ■ *adj.* **1** of or relating to the Israel. **2** Jewish. ■ *n.m.* Jewish, follower of Prophet Moses; descendant of Prophet Jacob.

اُسرُب /ʊsrʊb/ ■ *n.m.* lead, the metallic element.

اسرع /əsrəʔ/ ■ *adj.* (*elative* of سریع) very fast; rapid.

اُسری /ʊsri:/ ■ *adj.* barren (land). See اُوسر.

اسطبل /əst̪əbəl/ ■ *n.m.* stable. See اصطبل.

اُسطرلاب /ʊst̪ʊrlɑ:b/ ■ *n.m.* astrolabe. See اُصطرلاب.

اُسطوانہ /ʊst̪ʊvɑ:nɑ:/ ■ *n.m.* (also اُستُوانہ) **1** cylinder. **2** (***Med.***) blood vessel. (*pl.* اساطین)

اُسطوخودُوس /ʊst̪u:xʊd̪d̪u:s/ ■ *n.m.* lavender; a kind of plant whose flowers are used as medicine, *Lavandula stoechas*.

اُسطور /ʊst̪u:r/ ■ *n.m.* (also اُسطورہ) myth. (*pl.* اساطیر)

اُسطول /ʊst̪u:l/ ■ *n.m.* fleet of ships.

اِسعاف /ɪsʔɑ:f/ ■ *n.m.* fulfilment of wishes, prayers.

اسعد /əsʔəd̪/ ■ *adj.* (*elative* of سعید) luckier or luckiest; more or most fortunate.

اسف /əsəf/ ■ *n.m.* **1** remorse, repentance. **2** anger, boiling over with anger; sorrow.

اسفار /əsfɑ:r/ ■ *n.m.* (*pl.* of سفر) **1** journeys, travels, voyages. **2** (*pl.* of سِفر) books (esp. of the Old Testament); writings; volumes; rolls; registers.

اِسفار /ɪsfɑ:r/ ■ *n.m.* dawn.

اِسفاناخ /ɪsfɑ:nɑ:x/ ■ *n.m.* (also اِسفاناج) spinach.

اسفل /əsfəl/ ■ *adj.* (*elative* of سفلہ) meaner or meanest; lower or lowest; infernal; inferior; nethermost. ■ *n.m.* the anus. اسفلُ السافلین **1** the lowest regions of the hell. **2** the bottom of the earth. (*pl.* اسافِل)

اِسفنج /ɪsfəndʒ/ ■ *n.m.* sponge. See اِسپنج.

اِسفنجی /ɪsfəndʒi:/ ■ *adj.* of or relating to اِسفنج; spongy.

اِسفندار /ɪsfənd̪ɑ:r/ ■ *n.m.* (also اِسفندیار) **1** the twelfth month of the Persian calendar corresponding to February-March. **2** Isfendiyar, the son of Gushtasp of the first dynasty of Persian kings. **3** (*fig.*) very brave.

اِسفین /ɪsfi:n/ ■ *n.f.* wedge.

اِسقاط /ɪsqɑ:t̪/ ■ *n.m.* **1** taking away; causing to fall. **2** miscarriage, abortion. **3** (***Pros.***) dropping of a sound, elision. اسقاطِ حمل miscarriage, abortion.

اِسقاطی /ɪsqɑ:t̪i:/ ■ *adj.* of or relating to اِسقاط.

اسقام /əsqɑ:m/ ■ *n.m.* (*pl.* of سُقم) **1** diseases, ailments. **2** defects, flaws, faults.

اُسقُف /ʊsqʊf/ ■ *n.m.* bishop. اسقفِ اعظم archbishop.

اِسقیل /ɪsqi:l/ ■ *n.f.* squill; wild onion.

اسکات /əskɑ:t̪/ ■ *n.f.* ratlines, forming the steps of a ship's rigging.

اِسکات /ɪskɑ:t̪/ ■ *n.m.* calming; silencing (an opponent).

اِسکاچ /ɪskɑ:tʃ/ ■ *adj.* Scottish, Scotch, Scot. ■ *n.m.* Scotch whisky. [E]

اِسکاچستان /ɪskɑ:tʃɪst̪ɑ:n/ ■ *pr.n.m.* Scotland. [E]

اِسکار /ɪskɑ:r/ ■ *n.m.* intoxication, drunkenness.

اِسکارف /ɪskɑ:rf/ ■ *n.m.* scarf, ascot, kerchief. [E]

اِسکاف /ɪskɑ:f/ ■ *n.m.* cobbler.

اِسکان /ɪskɑ:n/ ■ *n.m.* tranquillity, solace, consolation;

comfort.

اُسکانا /ʊskɑ:nɑ:/ ■ *v.* **1** raise the wick of a lamp. **2** instigate, incite, excite. See اُکسانا.

اِسکربوط /ɪskərbu:t̪/ ■ *n.m.* (also سقربوط) scurvy; Moeller's disease.

اِسکندر /ɪskənd̪ər/ ■ *pr.n.m.* (also سکندر) Alexander the Great.

اِسکندری /ɪskənd̪əri:/ ■ *adj.* **1** of or relating to Alexander the Great. **2** (*fig.*) royal.

اِسکول /ɪsku:l/ ■ *n.m.* (also سکول) school, providing education up to tenth grade. [E]

اِسگند /ɪsgənd̪/ ■ *n.m.* (also اسگند، اسگندھ) root of a plant, *Withania somnifera*, of *Solanaceae* family, used in the Ayurvedic system of medicine.

اسلاف /əslɑ:f/ ■ *n.m.* (*pl.* of سلف) forefathers; ancestors; those who have gone before.

اِسلام /ɪslɑ:m/ ■ *n.m.* **1** (*literal*) peace; total surrender or submission of will to God. **2** Islam, the religion. اسلام قبول کرنا embrace Islam, convert to Islam. اسلام لانا embrace or be converted to Islam, become a Muslim.

اِسلامی /ɪslɑ:mi:/ ■ *adj.* Islamic; pertaining to Islam and the Muslim history and civilization. ■ *n.m.* Muslim.

اسلامیات /ɪslɑ:mɪjɑ:t̪/ ■ *n.f.* Islamic studies.

اِسلامیت /ɪslɑ:mɪjət̪/ ■ *n.f.* the belief in the religion of Islam; the Islamic way; the practice of Islamic principles and rites.

اُسل پُسل /ʊsəl pʊsəl/ ■ *adj.* confused, disordered, agitated, harassed, worried.

اسلحہ /əsləhɑ:/ ■ *n.m.* (*pl.* of سلاح) (also *sing.*) arms; weapons; armour. اسلحہ خانہ arsenal, armoury. اسلحہ ساز arms maker.

اسلم /əsləm/ ■ *adj.* (*elative* of سالم) more or most suitable or right; safe and sound.

اُسلُوب /ʊslu:b/ ■ *n.m.* **1** way, manner, style, mode. **2** method, form, shape (of), arrangement. **3** (*lit.*) style (of a writer), style of writing. **4** (*Logic*) syllogism. اسلوب دار methodical, well-regulated, well-arranged. (*pl.* اسالیب)

اِسلیخ /ɪsli:x/ ■ *n.m.* a wild plant of genus *Rauwolfia* whose seeds are used in medicine.

اسلیّہ /əsəlɪjjɑ:/ ■ *n.m.* (***Recitation***) sounds uttered with the tip of the tongue.

اَسَم /əsəm/ ■ *adj.* dissimilar, uneven; not levelled, unequal; unlike; unusual.

اِسم /ɪsm/ ■ *n.m.* **1** name, denomination, appellation. **2** repeated recitation of any name of Allah. **3** (***Gram.***) noun. اسمِ استفہام interrogative pronoun. اسمِ اشارہ demonstrative pronoun. اسمِ اعظم a name of the Almighty; any one of the ninety-nine names of Allah (believed to be very effective for prayers). اسمِ آلہ noun denoting the name of an instrument. اسمِ بامسمیٰ name fully denoting the qualities of the named person; aptly named. اسمِ تاریخی name whose letters produce the year of birth in the numerological system *jumal* (جُمل). اسمِ تصغیر diminutive form of noun. اسمِ تفضیل adjective of comparative or superlative degree. اسمِ تنکیر indefinite pronoun. اسمِ جامد primitive noun; primitive or concrete noun, not derived from any root and from which no word is derived. اسمِ جلالی a name of God indicating His Glory and Power; any name of God which represents His wrath and majesty. اسمِ جمالی a name of God indicating divine attributes of mercy, benevolence, beauty, etc.; a name of God which represents His beauty, glory, love, mercy and beneficence for the mankind. اسمِ جمع collective noun. اسمِ جنس generic noun. اسمِ حالیہ the present participle. اسمِ خاص proper noun. اسمِ ذات **1** personal noun. **2** the name of Allah, especially ہُو or اللہ. اسمِ صفت **1** adjective. **2** any name of Allah that denotes His attributes (e.g. ستار or غفار). اسمِ ضمیر pronoun. اسمِ ظرف any noun denoting time or place. اسمِ عام common noun. اسمِ عدد numeral adjective. اسمِ فاعل subject or agent. اسمِ فرضی assumed name, fictitious name. اسمِ فعل word denoting a state (e.g. ہے، تھا). اسمِ گرامی (*form.*) name of a person (used when asking someone's name). اسمِ مصدر verbal noun, the gerund, radical noun. اسمِ مصغر diminutive noun. اسمِ معرفہ proper noun. اسمِ مفعول noun governed by a verb or preposition, object; passive participle. اسمِ مکبر augmentative noun. اسمِ موصول relative pronoun. اسمِ نکرہ common noun. اسم نویسی roll of names. اسم وار entries according to the order of names, name-wise. (*pl.* اسما; *ppl.* اسامی)

اسمات /əsmɑ:t̪/ ■ *n.f.* (*pl.* of سمت) directions.

اسما /əsmɑ:/ ■ *n.m.* (*pl.* of اسم) (also اسماء) nouns; names. اسماءُالرّجال (***Islam***) the names of persons who reported the traditions or Hadiths of Prophet Muhammad; the study of the art of determining the authenticity of these persons reporting the traditions; biographical literature of Hadith narrators. اسمائے حسنہ/عظمیٰ the ninety-nine names of Allah.

اسمار /əsmɑ:r/ ■ *n.m.* (*pl.* of سمر) night tales, nightly talks, conversations or stories told at night.

اسماع /əsmɑ:ʔ/ ■ *n.m.* (*pl.* of سمع) ears, the organs of hearing.

اِسماعیل /ɪsmɑ:ʔi:l/ ■ *pr.n.m.* Prophet Ishmael, son of Prophet Abraham.

اِسماعیلی /ɪsmɑ:ʔi:li:/ ■ *n.m.* Ismaili, a member of a Shiite sect believing that Ismail, the son of the sixth Shiite Imam, should have become the seventh Imam; follower of the Aga Khan.

اِسماعیلیہ /ɪsmɑ:ʔi:lɪjɑ:/ ■ *n.m.* a Shiite sect, Ismaili.

اَسمبھو /əsəmbʰɔ:/ ■ *adj.* impossible.

اسمر /əsmər/ ■ *adj.* wheat-coloured.

اِسمی /ɪsmi:/ ■ *adj.* 1 relating to noun. 2 for name only, not real.

اِسمیّت /ɪsmɪjjət̪/ ■ *n.f.* 1 (***Gram.***) state of being a noun. 2 (***Philos.***) the doctrine that universal or abstract concepts are mere names, nominalism. (*opp.* شیئیت)

اسناد /əsnɑ:d̪/ ■ *n.f.* (*pl.* of سند) 1 reasons; logics. 2 premises that have been proved. 3 diplomas, certificates. 4 references citations. 5 the chain of narrators of Hadith. (*ppl.* اسانید)

اسنان /əsnɑ:n/ ■ *n.m.* (*pl.* of سن) 1 ages, years. 2 teeth.

اسنیٰ /əsnɑ:/ ■ *adj.* very high, higher.

اسوار /əsvɑ:r/ ■ *n.m.* rider; horsemen; cavalry. See سوار.

اسواری /əsvɑ:ri:/ ■ *n.f.* riding on a horse, camel or in a vehicle. See سواری.

اسواق /əsvɑ:q/ ■ *n.m.* (*pl.* of سوق) bazaars, market-places.

اسوانسی /əsvɑ̃:si:/ ■ *n.f.* land-measuring unit.

اسوج /əsɔ:dʒ/ ■ *n.m.* seventh month of the Bikrami calendar corresponding to September-October. (See also کنوار.)

اسوجھ /əsu:dʒʰ/ ■ *adj.* that which is not seen; hidden; intangible.

اسوچ /əso:tʃ/ ■ *adj.* 1 inconceivable, unimaginable, unthinkable. 2 careless, thoughtless, negligent, unconcerned. ■ *n.m.* 1 carelessness. 2 satisfaction.

اسوچی /əso:tʃi:/ ■ *n.m.* careless person.

اسوَد /əsvəd̪/ ■ *adj.* black; very black. اسود واحمر 1 black and red. 2 (*fig.*) black and white; Arabs and non-Arabs.

اسوَدی /əsvəd̪i:/ ■ *adj.* blackish.

اسوِنی /əsvɪni:/ ■ *n.f.* (***Astrol.***) first nakshatra or lunar mansion.

اُسوہ /ʊsvɑ:/ ■ *n.m.* model; example; emulation. اسوۂ حسنہ (***Islam***) the good example set by Prophet Muhammad.

اِسہال /ɪshɑ:l/ ■ *n.m.* diarrhoea; loose motions. اسہالِ دموی bloody diarrhoea; stools with blood.

اِسہام /ɪshɑ:m/ ■ *n.m.* 1 balloting through arrows. 2 partnership; sharing.

اسہامی /ɪshɑ:mi:/ ■ *adj.* of or about sharing.

اسہل /əshəl/ ■ *adj.* (*elative* of سہل) easier or easiest.

اسہنیہ /əsəhnejɑ:/ ■ *adj.* unbearable, intolerable.

اسئلہ /əsʔelɑ:/ ■ *n.m.* (*pl.* of سوال) questions.

اِسی /ɪsi:/ ■ *pron.* (*contr.* of اِس ہی) this very (thing or person). اِسی دم right now, instantly, immediately. اِسی سے for this reason. اِسی طرح/طور سے likewise, similarly. اسی لیے/وقت instantly, right now, just now.

اُسی /ʊsi:/ ■ *pron.* (*contr.* of اُس ہی) that very (thing or person).

اسّی /əssi:/ ■ *cardinal number* eighty. اسی برس کا ریزہ a youthful old man. اسی کوس very long distance. اسی برس کی عمر نام میاں معصوم (*iron.*) an old man behaving in a childish way. اسی کی آمدنی چوراسی کا خرچ living beyond means.

اسّی واں /əssi:vɑ̃:/ ■ *ordinal number* eightieth.

اِسے /ɪse:/ ■ *pron.* (*infl.* of اِس) this, to him/her. اسے چھپاؤ اُسے دکھاؤ/نکالو (used when mentioning two identical things) the two look so identical that you can not tell one from that other. اسے سائی اُسے بدھائی promising things with one and dealing with the other, double-dealing; duplicity. اسے کیا کہتے ہیں/رکھیے (used to express surprise) what is this? what do you call it? اسے کہتے ہیں that's it, that's great.

اُسے /ʊse:/ ■ *pron.* (*infl.* of اُس) that to him / her.

اسیچ /əsi:tʃ/ ■ *n.f.* land or field that is not irrigable.

اسچا /əsi:tʃɑ:/ ■ *n.m.* field not watered or irrigated.

اسیر /əsi:r/ ■ *adj.* **1** bound; tied; prisoner, captive. **2** (*poet.*) one who is suffering, especially in love. اسیرِ آب وگل bound or attached to one's native land or to the worldly life. اسیرِ سلطانی prisoner of state. (*pl.* اُساریٰ)

اسیری /əsi:ri:/ ■ *n.f.* captivity, imprisonment; confinement.

اسیس /əsi:s/ ■ *n.f.* blessing; benediction.

اُسیلم /ʊsæ:ləm/ ■ *n.f.* (also اُسَیلم) (***Med.***) a blood vessel in the hand between the small and the third fingers from which blood is taken for medicinal purpose.

اِش /ɪʃ/ ■ *exclam.* used to encourage a baby to urinate.

اُش /ʊʃ/ ■ *exclam.* (*var.* of اُف) ouch, alas.

اِشارات /ɪʃɑ:rɑ:t̪/ ■ *n.m.* (*pl.* of اشارہ) **1** clues, hints, signs, symbols. **2** brief notes, brief explanations; footnotes. ■ *n.f.* (as *sing.*) coquetry; gestures of the eyes and eyebrows.

اِشارت /ɪʃɑ:rət̪/ ■ *n.f.* meaningful gesture, coquetry.

اشارف /əʃɑ:rɪf/ ■ *n.m.* (*pl.* of شریف) (also شُرفا) gentlemen; respectable people, nobles.

اِشارم اِشارہ /ɪʃɑ:rəm ɪʃɑ:rɑ:/ ■ *n.m.* exchange of signals, hints, gesturing.

اِشارہ /ɪʃɑ:rɑ:/ ■ *n.m.* **1** mentioning something or someone with the gestures of a finger or eye, etc. **2** sign, signal, symbol; gesture. **3** suggestion, indication. **4** order, command. **5** coquetry. **6** allusion, figurative reference. اشارہ پانا understand the wish or desire, especially of a superior; understand the tacit approval. اشارہ کرنا **1** make a signal, to gesture. **2** suggest, indicate, hint. اشارہ کنایہ act of expressing a desire or feeling in gestures or allusions. (*pl.* اِشارات)

اِشارتاً /ɪʃɑ:rət̪ən/ ■ *adv.* (also اِشارۃً) allusively; hinting at.

اِشارے /ɪʃɑ:re:/ ■ *n.m.* (*pl.* & *infl.* of اشارہ) gestures, signals, hints. اشارے بازی winking, gesturing, making signals, especially with a bad intention. اشارے کنائے hints.

اِشاریت /ɪʃɑ:rɪjət̪/ ■ *n.f.* symbolism.

اِشاریہ /ɪʃɑ:rɪjɑ:/ ■ *n.m.* index. اشاریہ سازی indexation, preparation of index.

اش اش /əʃəʃ/ ■ *exclam.* (also عش عش) expressing great admiration. اش اش کرنا admire greatly; be amazed by a great quality or mastery.

اِشاعت /ɪʃɑ:ʔət̪/ ■ *n.f.* **1** dissemination, circulation, diffusion, propagation. **2** publication; act of announcing a book, etc. (after its publication), publicity. **3** edition. اشاعتِ العلوم diffusion of knowledge.

اِشاعتی /ɪʃɑ:ʔət̪i:/ ■ *adj.* of or relating to اِشاعت. اشاعتی ادارہ publishing house, publisher.

اشاعرہ /əʃɑ:ʔerɑ:/ ■ *n.m.* (*pl.* of اشعریہ) the Asharites, member of a tenth century school of philosophers who contested the Mu'tazilites.

اِشاعیّہ /ɪʃɑ:ʔɪjjɑ:/ ■ *n.m.* press release; a published announcement.

اشانت /əʃɑ:nt̪/ ■ *adj.* restless; anxious.

اشباح /əʃbɑ:h/ ■ *n.m.pl.* bodies; objects. (*sing.* شَبح)

اِشباع /ɪʃbɑ:ʔ/ ■ *n.m.* elongation of vowel sound.

اِشباعی /ɪʃbɑ:ʔi:/ ■ *adj.* of or relating to اِشباع; elongated, (sound or orthography) that shows elongated vowel.

اشباہ /əʃbɑ:h/ ■ *n.m.pl.* precedents; examples, models; images.

اِشباہ /ɪʃbɑ:h/ ■ *n.m.* being like someone or something; similarity.

اشبہ /əʃbɑ:/ ■ *adj.* very similar, resembling.

اَشُبھ /əʃʊbʰ/ ■ *adj.* unfavourable, inauspicious, unlucky, unfortunate.

اشتاد /əʃt̪ɑ:d̪/ ■ *n.m.* twenty-sixth day of each Persian month, considered favourable.

اِشتباہ /ɪʃt̪ebɑ:h/ ■ *n.m.* **1** suspicion, distrust, doubt. **2** ambiguity; lack of clarity. اشتباہ گزرنا have doubts, be suspicious.

اشتباہی /ɪʃt̪ebɑ:hi:/ ■ *adj.* doubtful; suspicious.

اشتُت /əʃt̪ʊt̪/ ■ *n.f.* praise, commendation.

اِشتداد /ɪʃt̪ed̪ɑ:d̪/ ■ *n.m.* **1** intensity, severity. **2** strictness; oppression.

اشتر /əʃt̪ər/ ■ *adj.* having large protruding eyes.

اُشتُر /ʊʃt̪ʊr/ ■ *n.m.* (*var.* of شُتُر) camel. اشترِ بے مہار (*fig.*) unrestrained. اشتر خار a plant which camels like to eat.

اِشترا /ɪʃt̪erɑ:/ ■ *n.m.* (also اِشتراء) purchase; selling; trade, commerce.

اِشتراک /ɪʃt̪erɑ:k/ ■ *n.m.* **1** partnership, fellowship. **2** participation. **3** subscription (to a magazine or newspaper). **4** the theory of common ownership of national resources of production, socialism. 5 collaboration; co-operation.

اِشتراکی /ɪʃt̪ərɑ:ki:/ ■ *adj.* of or relating to اِشتراک. ■ *n.m.* socialist.

اِشتراکیت /ɪʃt̪ərɑ:kɪjət̪/ ■ *n.f.* socialism.

اِشتعال /ɪʃt̪eʔɑ:l/ ■ *n.m.* 1 burning, blazing, bursting into flames. 2 lighting a fire. 3 flaring up, excitation; anger; provocation. 4 instigating a quarrel; fomenting; instigation. اشتعال انگیز/آور provocative, inciting; instigating. اشتعال پذیر inflammable, quick to catch fire. اشتعال دلانا provoke, make angry. اشتعالِ طبع rage, provocation.

اِشتعالک /ɪʃt̪eʔɑ:lək/ ■ *n.f.* (*dim.* of اِشتعال) 1 small blaze. 2 the act of instigating a fire; the act of instigating the wick of a lamp. 3 brawl, excitement. اشتعالک دینا instigate, incite, provoke, foment quarrels.

اِشتعالہ /ɪʃt̪eʔɑ:lɑ:/ ■ *n.m.* flame (of a lamp, etc.).

اِشتعالی /ɪʃt̪eʔɑ:li:/ ■ *adj.* of or relating to اِشتعال; provocative.

اِشتغال /ɪʃt̪eɣɑ:l/ ■ *n.m.* 1 occupation, employment, avocation, business. 2 doing something with full attention. اشتغال کرنا be busy.

اِشتقاق /ɪʃt̪eqɑ:q/ ■ *n.m.* 1 the make (of something); appearance. 2 making one thing from another. 3 (***Gram.***) making one word from another, deriving one word from another; derivation of one word from another; etymology, origin of word(s).

اِشتقاقی /ɪʃt̪eqɑ:qi:/ ■ *adj.* of or relating to اِشتقاق.

اِشتقاقیات /ɪʃt̪eqɑ:qɪjɑ:t̪/ ■ *n.f.* the study of word origins, etymology.

اُشتُلم /ʊʃt̪ʊləm/ ■ *n.m.* 1 (of feelings) rush upon, ferocity, force. 2 abundance (of tears, etc.). 3 (*fig.*) noise, brawl, tumult.

اِشتمال /ɪʃt̪emɑ:l/ ■ *n.m.* 1 inclusion. 2 the theory of common ownership. اشتمالِ اراضی consolidation of land.

اِشتمالی /ɪʃt̪emɑ:li:/ ■ *adj.* of or relating to اِشتمال; communist, communistic.

اِشتمالیت /ɪʃt̪emɑ:lɪjət̪/ ■ *n.f.* communism.

اِشتمام /ɪʃt̪emɑ:m/ ■ *n.m.* 1 smelling, sense of smell, olfactory sense. 2 smell; fragrance.

اِشتہا /ɪʃt̪ehɑ:/ ■ *n.f.* (also اِشتہاء) 1 hunger, appetite. 2 desire; longing, wish, urge. اشتہا انگیز appetizing; whetting appetite.

اِشتہاد /ɪʃt̪ehɑ:d̪/ ■ *n.m.* evidence, testimony.

اِشتہار /ɪʃt̪ehɑ:r/ ■ *n.m.* 1 advertisement, notification, announcement, proclamation. 2 handbill, piece of paper (usu. printed) that bears an announcement or advertisement. 3 paid advertisement in a newspaper, etc. اشتہار آویزاں کرنا/لگانا put up or fix a poster, notification or advertisement. اشتہار بازی (*derog.*) advertising; advertisement. اشتہار دینا advertise, notify, publish, make known. اشتہارِ قرقی notice of confiscation. اشتہار نامہ advertisement; handbill. اشتہارِ نیلام sale or auction proclamation.

اِشتہاری /ɪʃt̪ehɑ:ri:/ ■ *adj.* 1 proclaimed. 2 advertised. اشتہاری مجرم proclaimed offender. اشتہاری مہم publicity campaign.

اِشتیاق /ɪʃt̪ɪjɑ:q/ ■ *n.m.* desire, strong inclination, craving, yearning.

اِشٹام /ɪʃʈɑ:m/ ■ *n.m.* (also اِسٹام، اِسٹامپ) stamp; seal. See اِسٹام. اشٹامِ عدالتی judicial stamp; court-fee stamp. اشٹام فروش stamp-vendor. اشٹامِ منقش embossed stamp. [E]

اشٹانگ /əʃʈɑ:ŋg/ ■ *n.m.* eight parts of the body (hands, both knees, both eyes, chest and forehead) touching the ground in performing Hindu prostration.

اشٹم /əʃʈəm/ ■ *ordinal number* eighth.

اشٹمی /əʃʈəmi:/ ■ *n.f.* 1 eighth day of every lunar month. 2 (also جنم اشٹمی) (***Hinduism***) Krishna's birthday.

اشجار /əʃdʒɑ:r/ ■ *n.m.* (*pl.* of شجر) trees.

اشجع /əʃdʒəʔ/ ■ *adj.* (*elative* of شجاع، شجیع) bravest; most valiant.

اشخاص /əʃxɑ:s/ ■ *n.m.* (*pl.* of شخص) persons, people, men.

اشد /əʃəd̪/ ■ *adj.* 1 most vehement; excessive. 2 strict, severe; staunch. اشد ضروری most important.

اشُدھ /əʃʊd̪^{h}/ ■ *adj.* impure, unholy.

اشر /əʃər/ ■ *adj.* (*elative* of شریر) most wicked or vicious. اشرُ الناس the most wicked of men.

اِشراب /ɪʃrɑ:b/ ■ *n.m.* 1 making (someone) drink water. 2 transfer of fluid into body with the help of a syringe or drip; injection.

اشرار /əʃrɑ:r/ ■ *n.m.* (*pl.* of شریر) wicked, mischievous, criminal or seditious persons; mischief-makers.

اشراف /əʃrɑːf/ ■ *n.m.* (*pl.* of شریف) nobles, gentlemen; aristocrat, honourable men; men of noble birth. ■ *n.m.* (as *sing.*) noble man, man of good character or good lineage. اشراف پاؤں پڑے کمینہ سر چڑھے noble man's gentleness instigates wicked men's evil. اشراف وہ جس کے پاس اشرفی (*iron.*) only the rich are regarded as noble.

اشرافی /əʃrɑːfiː/ ■ *adj.* of or relating to اشراف; aristocratic.

اشرافیہ /əʃrɑːfɪjɑː/ ■ *n.f.* aristocracy.

اِشراق /ɪʃrɑːq/ ■ *n.m.* **1** dawn, daybreak, sunrise. **2** radiance, brilliancy. **3** telepathy, knowing by thought only. **4** the time from sunrise to the moment when the sun is well-risen. **5** (***Islam***) the prayer offered at that time. **6** revelation; clairvoyance.

اِشراقی /ɪʃrɑːqiː/ ■ *adj.* of or relating to اِشراق. ■ *n.m.* one who believes in the theory of اِشراقیت; Platonist.

اِشراقیت /ɪʃrɑːqɪjət̪/ ■ *n.f.* irradiation; Plato's thoughts and his philosophy of mysticism.

اِشراقین /ɪʃrɑːqiːn/ ■ *n.m.pl.* (also اِشراقیہ) **1** a group of mystics who communicated with each other by thought only. **2** philosophers believing in the illumination of the soul as a means of perception of ideas.

اِشراک /ɪʃrɑːk/ ■ *n.m.* sharing; co-partnership; participating. **2** polytheism; assigning partners to Allah.

اشربہ /əʃrebɑː/ ■ *n.m.* (*pl.* of شراب) beverages.

اشرف /əʃrəf/ ■ *adj.* (*elative* of شریف) noblest; most distinguished; gentleman; a person of noble birth. اشرفُ البلاد the best of the cities. اشرفُ المخلوقات the noblest of all creatures, i.e. the mankind. اشرفُ الناس the noblest of men.

اشرفی /əʃərfiː/ ■ *n.f.* (also اشَرفی) gold coin. ■ *n.m.* a flower which has yellowish golden colour. اشرفی بوٹی small flowers on printed cloth like chintz. اشرفی جوتا shoe with small flowers printed on it.

اشرفیاں /əʃərfɪjɑ̃ː/ ■ *n.f.* (*pl.* of اشرفی) اشرفیاں لٹیں اور کوئلوں پر مہر penny wise and pound foolish.

اشرفیوں /əʃərfɪjõː/ ■ *n.f.* (*pl.* of اشرفی) اشرفیوں کا توڑا a purse of guineas or gold coins.

اشعار /əʃʔɑːr/ ■ *n.m.* (*pl.* of شعر) **1** verses, couplets, distiches. **2** hair. اشعار کہنا compose poetry.

اِشعار /ɪʃʔɑːr/ ■ *n.m.* informing; letting know.

اِشعاع /ɪʃʔɑːʔ/ ■ *n.m.* radiation; transmission; spreading of radiant energy.

اِشعاعی /ɪʃʔɑːʔiː/ ■ *adj.* of or relating to اِشعاع. اشعاعی علاج radiation (used as therapy), radiotherapy.

اشعر /əʃʔər/ ■ *n.m.* (*elative* of شاعر) great poet.

اشعریہ /əʃʔərɪjɑː/ ■ *n.m.* (also اشعری) (***Islam***) the Asharites, a school of Islamic philosophers. (*pl.* اشاعرہ)

اِشعہ /əʃeʔɑː/ ■ *n.m.* (*pl.* of شُعاع) beams, rays of light or any radiant energy.

اشغال /əʃɣɑːl/ ■ *n.m.* (*pl.* of شُغل) **1** occupations, employments, engagements, pastimes. **2** prayers recited repeatedly.

اُشغُلہ /ʊʃɣʊlɑː/ ■ *n.m.* (also اُشغلا، اُشغولہ، اُشقلا، اُشکلا) lie, fabrication; story (to make other people quarrel).

اشفار /əʃfɑːr/ ■ *n.f.pl.* the eyelids. (*sing.* شفر)

اشفاق /əʃfɑːq/ ■ *n.m.* (*pl.* of شفق، شفقت) (also as *sing.*) favours, kindness; compassion.

اِشفاق /ɪʃfɑːq/ ■ *n.m.* kindness, affection, tenderness.

اشفق /əʃfəq/ ■ *adj.* (*elative* of شفیق) kinder or kindest.

اِشقاق /ɪʃqɑːq/ ■ *n.m.* corollary, aftermath, consequence.

اشقر /əʃqər/ ■ *n.m.* horse of red colour.

اُشقلہ /ʊʃqʊlɑː/ ■ *n.m.* (*var.* of اُشغُلہ) lie.

اشقیا /əʃqɪjɑː/ ■ *n.m.* (*pl.* of شقی) (also اشقیاء) very cruel people, brutal or savage people.

اشک /əʃk/ ■ *n.m.* tear. اشک ارغوان bloody tears (expressing extreme sorrow). اشک افشاں/فشاں in tears; weeping; mourning. اشک آور causing tears. اشک آور گیس tear gas. اشک بار weeping, shedding tears. اشک بلبل (*fig.*) very little amount, especially of opium. اشک بہانا shed tears, weep. اشک پونچھنا wipe off tears. اشک پینا suppress tears. اشک خونی/خونیں bloody tears, (expressing extreme pain or sorrow). اشک رواں flowing of tears. اشک ریز weeping. اشک سیل flood of tears. اشکِ شمع drops of molten wax dripping from a burning candle. اشک شوئی solace, consolation; wiping off tears; washing of tears, slight consolation. اشکِ کباب water oozing from kebab when being grilled. اشکِ ندامت tears of repentance.

اشکال /əʃkɑːl/ ■ *n.f.* (*pl.* of شکل) **1** shapes. **2** faces, appearances; bodies. **3** idols, statues. **4** figures (in

اِشہا /ɪʃhɑ:/ ■ *n.f.* desire; inclination; craving.

اشہاد /əʃhɑ:ḏ/ ■ *n.m.* (*pl.* of شاہد) witnesses; deponents.

اِشہاد /ɪʃhɑ:ḏ/ ■ *n.m.* bringing forward testimony, producing evidence, presenting proof.

اشہب /əʃhəb/ ■ *adj.* grey; ash-coloured. ■ *n.m.* 1 horse. 2 ash-coloured horse.

اشہد /əʃhəḏ/ ■ *phr.* I bear witness, I testify. اشہدُان لاالٰہ الااللہ I bear witness that there is no God but Allah.

اشہر /əʃhər/ ■ *adj.* (*elative* of شہیر) more or most famous.

اشیا /əʃjɑ:/ ■ *n.f.* (*pl.* of شے) (also اشیاء) goods, things, chattels, effects, wares, articles. اشیائے خوردنی رخوردونوش eatables, food stuff, provisions. اشیائے صرف commodities, consumer items.

اشیرباد /əʃi:rbɑ:ḏ/ ■ *n.f.* 1 (***Hinduism***) blessing, approbation, favour; approval. 2 greeting, a way of greeting.

اِصابت /ɪsɑ:bəṯ/ ■ *n.f.* correct approach, concluding correctly. اصابت رائے correctness of opinion.

اصابع /əsɑ:beʔ/ ■ *n.f.pl.* fingers or toes. (*sing.* اصبع)

اصاغر /əsɑ:ɣɪr/ ■ *n.m.* (*pl.* of اصغر) the small ones (in age, status or rank). (*opp.* اکابر)

اصالت /əsɑ:ləṯ/ ■ *n.f.* 1 being well-rooted; genetic quality; effect of genes or family traditions. 2 personal or real or true nature. 3 firmness of sword. اصالت پر آنا رجانا show the quality of genes or family traditions (by behaving well or badly). اصالت دکھانا show the true colours of one's personality. اصالت کی لینا behave badly, show lack of nobility.

اصالتاً /əsɑ:ləṯən/ ■ *adv.* (also اصالۃً) 1 in person; in propria persona. 2 (***Law***) personal (appearance in a court of law). 3 basically; definitely. (*opp.* وکالتاً)

اصالتی /əsɑ:ləṯi:/ ■ *adj.* of or relating to a noble family; well-rooted.

اصباح /əsbɑ:h/ ■ *n.f.* (*pl.* of صُبح) mornings.

اصبح /əsbəh/ ■ *adj.* (*elative* of صبیح) more or most fair (complexion).

اصح /əsəh/ ■ *adj.* (*elative* of صحیح) more or most correct; most credible.

اصحاب /əshɑ:b/ ■ *n.m.* (*pl.* of صاحب) 1 peers; comrades; friends. 2 gentlemen; men. 3 (***Islam***) direct disciples or companions of Prophet Muhammad. اصحابِ الجحیم geometry, etc.). اشکالِ اربعہ (***Logic***) four figures of syllogism.

اِشکال /ɪʃkɑ:l/ ■ *n.m.* 1 difficulty. 2 doubt, ambiguity, suspicion.

اِشکالنا /ɪʃkɑ:lnɑ:/ ■ *v.* 1 shake, jolt. 2 confound or perplex, cause doubt.

اِشکالی /ɪʃkɑ:li:/ ■ *adj.* creating doubts or difficulties.

اشکل /əʃkəl/ ■ *adj.* (*elative* of مُشکل) harder; more difficult.

اشگن /əʃəgʊn/ ■ *n.m.* bad omen.

اُشلک /ʊʃlək/ ■ *n.f.* (also اُشلق) false accusation; allegation. اشلک لگانا accuse (usu. falsely).

اشلوک /əʃlo:k/ ■ *n.m.* (***Hinduism***) a hymn of praise, a religious panegyric.

اشلیکھ /əʃle:kʰ/ ■ *n.m.* (also اشلیکھا) (***Astrol.***) the ninth nakshatra or lunar mansion, considered evil for the newborn.

اِشمام /ɪʃmɑ:m/ ■ *n.m.* 1 diffusing fragrance. 2 giving to a quiescent consonant a light or smack of *zamma* (ضمہ) or *kasra* (کسرہ), but so as not to lengthen the syllable or make an additional syllable, as in *khwesh* (خویش).

اشمخ /əʃməx/ ■ *adj.* higher; very high.

اشمل /əʃməl/ ■ *adj.* (*elative* of شامل) more or most comprehensive; all inclusive.

اُشن /ʊʃn/ ■ *adj.* hot, especially in medicinal properties.

اشنان /əʃnɑ:n/ ■ *n.m.* bathing, ablutions, washing, purification. اشنان دھیان رگیان (***Hinduism***) bathing and praying. اشنان کرنا bathe, take a bath.

اُشنان /ʊʃnɑ:n/ ■ *n.f.* (also اِشنان) a kind of grass used in cleaning clothes.

اشنع /əʃnəʔ/ ■ *adj.* (*elative* of شنیع) more or most wicked.

اُشنہ /ʊʃnɑ:/ ■ *n.f.* a kind of fragrant moss.

اشو /əʃv/ ■ *n.m.* horse. اشوپت 1 horse rider. 2 (*fig.*) chieftain. اشومیدھ (***Hinduism***) sacrifice of a horse to claim a place in paradise.

اشواق /əʃvɑ:q/ ■ *n.m.* (*pl.* of شوق) desires; interests; objects of desire.

اشوتا /əʃvəṯɑ:/ ■ *n.m.* the fig tree, *Ficus carica*. (See also انجیر.)

اشوک /əʃo:k/ ■ *n.m.* small evergreen tree with bright flowers, *Jonesia asoka*. ■ *pr.n.m.* a famous Indian king.

those who are going to end up in the Hell. اصحاب الرائے (*Islam*) religious scholars who derive conclusions on the basis of knowledge and wisdom in the matters of minute religious queries. اصحابُ الشمال / المشئمہ people on the left, i.e. those who are going to end up in the Hell. اصحابُ الفرائض inheritors of a dead person according to the Qur'an. اصحابُ المیمنہ / الیمین people on the right, i.e. those who will go to the Heaven. اصحابِ صُفّہ companions of Prophet Muhammad who used to spend most of their time worshipping and learning on a platform in Prophet's Mosque in Medina. اصحابِ ظاہر / ظواہر people believing in the literal truth of the Qur'an and Hadith. اصحابِ علم learned men; the learned. اصحابِ فیل masters of elephants, i.e. the army of Abraha-bin-Sabah, ruler of Yemen, which came on elephants to attack Makkah and destroy Ka'aba but Divine punishment annihilated them all. اصحابِ کبار the important companions of Prophet Muhammad; the four caliphs immediately succeeding him. اصحابِ کہف the Seven Sleepers of Ephesus; Companions of the Catacomb. اصحابِ نبی companions of Prophet Muhammad.

اصحاح /əshɑ:h/ ■ *n.m.* (also اِصحاح) Isaiah, a chapter of the Bible.

اِصدار /ɪsḍɑ:r/ ■ *n.m.* proclamation or implementation of the orders; issuance.

اصدق /əsḍəq/ ■ *adj.* (*elative* of صادق) perfectly true; truer or truest.

اِصرار /ɪsrɑ:r/ ■ *n.m.* **1** insistence, persistence. **2** obstinacy.

اصراف /əsrɑ:f/ ■ *n.m.* (*pl.* of صرف) expenditures.

اِصراف /ɪsrɑ:f/ ■ *n.m.* **1** act of spending. **2** lavish expenditure, extravagance, prodigality.

اِصطباغ /ɪsṭebɑ:ɣ/ ■ *n.m.* **1** dipping, immersion; dipping in colour, dying. **2** baptism. **3** (*fig.*) following (unduly).

اِصطبل /əsṭəbəl/ ■ *n.m.* (also اِسطبل) stable, building where horses are kept. [E]

اِصطخر /ɪsṭəxr/ ■ *n.m.* **1** (*literal*) (i) pond. (ii) castle. **2** (*fig.*) Persepolis, an ancient Persian city.

اُصطرلاب /ʊsṭʊrlɑ:b/ ■ *n.m.* (also اُسطرلاب) astrolabe. [E]

اِصطفا /ɪsṭefɑ:/ ■ *n.m.* (also اِصطفاء) **1** chasteness, purity, being free from blemishes. **2** being selected; be exalted.

اِصطفاف /ɪsṭefɑ:f/ ■ *n.m.* classification, cataloguing.

اِصطکاک /ɪsṭekɑ:k/ ■ *n.m.* friction.

اِصطلاح /ɪsṭelɑ:h/ ■ *n.f.* **1** technical term, terminology. **2** spoken words; phrase, phraseology. (*pl.* اِصطلاحات)

اِصطلاحاً /ɪsṭelɑ:hən/ ■ *adv.* terminologically.

اِصطلاحی /ɪsṭelɑ:hi:/ ■ *adj.* of or relating to اِصطلاح, terminological.

اِصطلام /ɪsṭelɑ:m/ ■ *n.m.* uprooting; ruining.

اصعب /əsʔəb/ ■ *adj.* (*elative* of صعب) hardest, most arduous, most difficult.

اِصغا /ɪsɣɑ:/ ■ *n.m.* (also اصغا) listening carefully.

اصغر /əsɣər/ ■ *adj.* (*elative* of صغیر) **1** smallest; youngest. **2** (***Logic***) (of a term) minor. (*opp.* اکبر) (*pl.* اصاغر)

اصف /əsəf/ ■ *n.m.* caper bush, *Capparis spinosa*.

اصفار /əsfɑ:r/ ■ *n.m.* (*pl.* of صفر) ciphers, zeroes.

اِصفاق /ɪsfɑ:q/ ■ *n.m.* pouring from one vessel to another; (blood) transfusion.

اصفر /əsfər/ ■ *adj.* deep yellow; saffron-coloured. ■ *n.m.* a yellow coloured horse with a black tail. اصفر فاقع bright and deep yellow.

اصفری /əsfəri:/ ■ *adj.* yellowish.

اصفیٰ /əsfɑ:/ ■ *adj.* (*elative* of صفی) very pure; cleaner.

اصفیا /əsfijɑ:/ ■ *n.m.* (*pl.* of صفی) (also اصفیاء) the pure-hearted men; saints.

اصل /əsl/ ■ *n.f.* **1** root. **2** beginning. **3** origin; foundation, base; source. **4** principal amount, capital. **5** event, actual incident that has taken place. **6** lineage, family, pedigree. **7** original (book or manuscript, etc.). **8** first copy; prototype. ■ *adj.* **1** real, actual; true; legitimate. **2** pure, original, unadulterated. **3** of a noble lineage; belonging to a noble family. **4** standard, having a good quality or high standard. اصل اصل true or actual, real (feeling, etc.). اصل اصل (ہی) ہے نقل نقل (ہی) ہے the fake or substandard can not compete with the real one. اصلِ اصول fundamental principle; gist. اصلُ السُّوس liquorice (a medicine). اصلِ بعید forefather (as opposed to father). اصل خیر سے with perfect safety. اصلِ دائر capital invested. اصلِ قریب father. اصل مع سود principal with interest. اصل میں in fact, in effect, in reality, really, actually. اصل نفع net profit. اصل وفرع main argument or proper; enhanced.

اُصول /usu:l/ ■ *n.m.* (*pl.* of اصل) **1** roots of trees, etc. **2** (as *sing.*) principle, rule, tenet. **2** dogma, doctrine. **3** (***Med.***) four elements: fire, air, water, dust. اصول اربعہ (***Isj.***) four sources of sharia: Qur'an, Hadith, *Ijma'* (اجماع) and *Qiyas* (قیاس) (in Sunnites) or Ijtehad (in Shiites). اصول باندھنا **1** establish the principles. **2** make a routine. اصول پرست one who adheres to principles. اصولِ صحت principles of health and hygiene. اصولِ کلام (***Isj.***) proving transmitted knowledge, etc. by reason. اصولِ متعارفہ axioms, known and established rules. اصولِ موضوعہ (***Math.***) postulates. اصول وفروع causes and effects; principle and corollaries; roots and branches. اصول وکچول movement of buttocks in dance.

اُصولاً /usu:lən/ ■ *adv.* according to rule, as per principle.

اُصولی /usu:li:/ ■ *adj.* of or relating to اُصول; doctrinal; principled; based on reason. اصولی موقف formal point of view.

اُصولیت /usu:lɪjəṭ:/ ■ *n.f.* (***Philos.***) essentialism.

اصہار /əshɑ:r/ ■ *n.m.pl.* in-laws, relations by marriage. (*sing.* صِہر)

اصہب /əshəb/ ■ *adj.* whitish-red.

اصیل /əsi:l/ ■ *adj.* **1** high-born, of noble blood, of good stock or lineage or pedigree. **2** unmixed, pure. ■ *n.f.* **1** sword made of quality steel. **2** maidservant. اصیل گری profession of maidservant. اصیل گھوڑے کو چابک کی ضرورت نہیں a good worker needs no spur. اصیل مرغ a cockerel of pure lineage. اصیل مرغے کی (وہی) ایک ٹانگ obstinate, stubborn, headstrong.

اِضاعت /ɪzɑ:ʔəṭ/ ■ *n.f.* waste, loss.

اِضافت /ɪzɑ:fəṭ/ ■ *n.f.* **1** the connection between two things; appendage; annexation. **2** (***Gram.***) construction of a compound; prefixing a noun to another so that the former governs the latter in genitive case. (*pl.* اِضافات)

اِضافہ /ɪzɑ:fɑ:/ ■ *n.m.* addition, annexation, enhancement, increment, increase. ■ *adj.* more (things). اضافہ کرنا to increase, add.

اِضافی /ɪzɑ:fi:/ ■ *adj.* **1** extra, over and above; supplementary. **2** relative; genitive.

اِضافیّت /ɪzɑ:fɪjjəṭ/ ■ *n.f.* (***Physics***) Einstein's theory of fact and corollary. (*pl.* اُصول)

اصلا /əslɑ:/ ■ *adv.* (*contr.* of اصلاً) ever, at any time, at all, by any means, entirely, absolutely.

اصلاً /əslən/ ■ *adv.* really, truly; at all. اصلاً مطلقاً not at all; by no means, absolutely never.

اصلاب /əslɑ:b/ ■ *n.m.* (*pl.* of صُلب) offsprings, generations.

اِصلاح /ɪslɑ:h/ ■ *n.f.* **1** reform, rectification. **2** amendment, revision, correction, mending. **3** trimming the beard. **4** (of an ailment) betterment, improvement, recovery. اصلاح پذیر being reformed or cured, reformable; remediable. اصلاح دینا/کرنا reform; rectify, correct; improve; revise; amend. اصلاح ساز hairdresser. اصلاحِ سنگی correction of matter on the lithographic print. اصلاح طلب needing improvement or reform. اصلاح لینا have (one's composition or poetical effort) corrected. (*pl.* اصلاحات)

اِصلاحی /ɪslɑ:hi:/ ■ *adj.* of or relating to اِصلاح; corrected; reformative.

اصلح /əsləh/ ■ *adj.* (*elative* of صالح) **1** superior; better. **2** more virtuous, more pious.

اصلی /əsli:/ ■ *adj.* **1** original, real, true, pure, genuine. **2** fundamental, essential, elementary. **3** ancestral, very old. **4** inherent, intrinsic. **5** innate, natural. اصلی حقوق (***Law***) fundamental rights. اصلی قیمت original value or price; real value. (*opp.* نقلی)

اصلیّت /əslɪjjəṭ/ ■ *n.f.* (also اصلیت) **1** reality, actuality. **2** level, stature; ability. **3** authenticity, genuineness. **4** true or innate nature, instinct. **5** base, foundation, root.

اصم /əsəm/ ■ *adj.* **1** deaf (person). **2** (***Math.***) surd. ■ *n.m.* the month of Rajab (رجب) in Islamic calendar.

اصمّیت /əsəmmɪjəṭ/ ■ *n.f.* lethargy, laziness, indolence.

اصناف /əsnɑ:f/ ■ *n.f.* (*pl.* of صنف) **1** species, kinds, sorts, varieties. **2** genres.

اصنام /əsnɑ:m/ ■ *n.m.* (*pl.* of صنم) **1** idols, icons. **2** (*fig.*) beloved ones. اصنام پرست idolater, one who worships idols. اصنام پرستی idolatry, polytheism.

اصوات /əsvɑ:ṭ/ ■ *n.f.* (*pl.* of صَوت) voices, sounds, noises.

اصوام /əsvɑ:m/ ■ *n.m.* (*pl.* of صوم) fasts (as a form of worship).

اصوَب /əsvəb/ ■ *adj.* (*elative* of صائب) very fine; very

relativity.

اِضائت /ɪzɑːət̪/ ■ *n.f.* illumination.

اضبط /əzbət̪/ ■ *adj.* (*elative* of ضابط) 1 more disciplined. 2 left-hander.

اُضحوکہ /ʊzhuːkɑː/ ■ *n.m.* (also اُضحوک) 1 laughing stock; laugh, joke. 2 object of ridicule. اضحوکۂ روزگار object of ridicule for all.

اضحیٰ /əzhɑː/ ■ *n.f.* (*pl.* of اُضحیّہ) sacrifices.

اُضحیّہ /ʊzhɪjjɑː/ ■ *n.m.* 1 sacrifice. 2 sacrificial animal.

اضداد /əzd̪ɑːd̪/ ■ *n.m.* (*pl.* of ضد) 1 opposites. 2 hostilities, detestations, enmities.

اِضراب /ɪzrɑːb/ ■ *n.m.* 1 disobedience. 2 (***Gram.***) word qualifying an earlier statement.

اضرار /əzrɑːr/ ■ *n.m.* (*pl.* of ضرر) damages, losses.

اِضرار /ɪzrɑːr/ ■ *n.m.* damaging, act of harming.

اِضطراب /ɪzt̪erɑːb/ ■ *n.m.* irritation, perturbation, restlessness anxiety; mental disturbance, mental unease.

اِضطرار /ɪzt̪erɑːr/ ■ *n.m.* 1 perturbation, irritation, restlessness; uneasiness. 2 helplessness.

اِضطراری /ɪzt̪erɑːriː/ ■ *adj.* impulsive, unpremeditated, involuntary, sudden.

اِضعاف /ɪzʔɑːf/ ■ *n.m.* increasing many time, e.g. doubling, tripling, etc.

اضعف /əzʔəf/ ■ *adj.* (*elative* of ضعیف) weaker or weakest; very old.

اضغاثِ احلام /əzɣɑːseːəhlɑːm/ ■ *n.m.pl.* (also *sing.* in Urdu) nightmares.

اضل /əzəl/ ■ *adj.* (*elative* of ضال) more or most astray; deviant; irreligious.

اضلاع /əzlɑːʔ/ ■ *n.m.* (*pl.* of ضِلع) 1 sides (of a figure). 2 districts; divisions (of land); parts.

اِضلال /ɪzlɑːl/ ■ *n.m.* astray; wandering in dark; being misguided or misled.

اِضمار /ɪzmɑːr/ ■ *n.m.* 1 use of a pronoun. 2 being latent or hidden.

اِضمحلال /ɪzmehlɑːl/ ■ *n.m.* 1 lack of vitality, weakness. 2 depression, dejection, despondency, gloom, pensiveness.

اضمِدہ /əzmed̪ɑː/ ■ *n.m.* (*pl.* of ضماد) daubs; coatings, ointments.

اِطاعت /ɪt̪ɑːʔət̪/ ■ *n.f.* obedience, submission, subordination, allegiance. اطاعت شعار/گزار obedient, docile, submissive. اطاعت کرنا obey, comply, succumb, yield; pay homage to.

اُطاق /ʊt̪ɑːq/ ■ *n.m.* & *f.* (also اوطاق) 1 room. 2 room used for meetings, etc. (esp. by males); drawing-room.

اِطالت /ɪt̪ɑːlət̪/ ■ *n.f.* prolongation; extension; deferment.

اِطالوی /ɪt̪ɑːlviː/ ■ *adj.* Italian, of or pertaining to Italy.

اِطالیہ /ɪt̪ɑːlɪjɑː/ ■ *pr.n.m.* (also ایطالیہ) Italy.

اطائب /ət̪ɑːɪb/ ■ *n.m.* (*pl.* of اطیب) pure or saintly people.

اطِبّا /ət̪ɪbbɑː/ ■ *n.m.* (*pl.* of طبیب) (also اطِبّاء) physicians, doctors.

اطباق /ət̪bɑːq/ ■ *n.m.* (*pl.* of طبق) food dishes.

اِطباق /ɪt̪bɑːq/ ■ *n.f.* 1 arrangement in layers; layer over layer. 2 (***Recitation***) contact of the front part of the tongue with the front part of the palate while the back part of the tongue is spread and raised.

اطراف /ət̪rɑːf/ ■ *n.f.* (*pl.* of طرف) 1 sides, boundaries; suburbs; outskirts. 2 (***Med.***) limbs. ■ *adj.* around; near, in vicinity. اطرافِ شہر environs of a city or town; suburbs. اطرافِ عالم all sides of the world; around the world. اطراف واکناف everywhere; all around. اطراف وجوانب vicinity; neighbourhood; quarter; area; sides.

اطرافی /ət̪rɑːfiː/ ■ *adj.* of or relating to اطراف. اطرافی روانّا a pass for the transit of dutiable goods beyond the limits of custom stations.

اِطریفل /ɪt̪riːfəl/ ■ *n.m.* (also اتری پھل، ترپھلا) (***Med.***) an electuary composed of three myrobalans: *har* (ہڑ), *baheera* (بہیڑا), and *amla* (آملہ).

اطعِمہ /ət̪ʔɪmɑː/ ■ *n.m.* (*pl.* of طعام) meals, foods.

اِطفا /ɪt̪fɑː/ ■ *n.m.* 1 putting out or quenching (of fire). 2 (*fig.*) suppression of emotions.

اطفال /ət̪fɑːl/ ■ *n.m.* (*pl.* of طفل) children; toddlers; offspring.

اِطّلاع /ɪt̪t̪elɑːʔ/ ■ *n.f.* 1 information, knowledge. 2 news; announcement; notice. 3 intimation, report, intelligence. اطلاع حاضری joining report. اطلاع دینا/کرنا inform, give notice, report, communicate, apprise, acquaint. اطلاع موصولی ریابی act of receiving an intimation; acknowledgement of the receipt of a notice, etc. اطلاع نامہ bulletin, written notice, summon tyrannical.

اِظہار /ɪzhɑ:r/ ■ *n.m.* 1 expression, statement, demonstration. 2 written testimony; declaration; disclosure; proclamation; examination or deposition of a witness; testimony. ■ *adj.* visible, revealed. اظہارِ تحریری written testimony; deposition in writing. اظہارِ تشکر expression of gratitude. اظہارِ حلفی deposition on oath. اظہارِ رائے expression of opinion. اظہارِ زبانی oral testimony. اظہار کرنا 1 express, announce, notify, reveal, disclose, unfold. 2 (***Law***) testify before a court. اظہار نامہ notification; manifesto. اظہار نویس writer of a deposition or statement.

اظہر /əzhər/ ■ *adj.* (*elative* of ظاہر) more or most visible; most or very clear; most or very plain; very evident. اظہر من الشّمس brighter than the sun; wholly evident; crystal clear.

اعاجم /əʔɑ:dʒɪm/ ■ *n.m.* (*pl.* of عجم) (also اعجام) non-Arabs, especially Iranians.

اِعادہ /ɪʔɑ:dɑ:/ ■ *n.m.* 1 repetition; reiteration; revising. 2 echoing; refreshing.

اعادی /əʔɑ:di:/ ■ *n.m.* (*ppl.* of عدو) enemies; foes.

اعاظم /əʔɑ:zɪm/ ■ *n.m.* (*pl.* of اعظم) great or eminent persons.

اعالی /əʔɑ:li:/ ■ *n.m.* (*pl.* of عالی) noble or high-ranking or distinguished people.

اِعانت /ɪʔɑ:nət̪/ ■ *n.f.* 1 help; aid; succour; assistance; patronage. 2 (***Law***) abetment; support. اعانت بمشورہ (***Law***) abetment by conspiracy. اعانتِ مجرمانہ abetment in an offence; being accessory to a crime.

اِعتاق /eʔt̪ɑ:q/ ■ *n.m.* liberation; emancipation.

اِعتبار /eʔt̪ebɑ:r/ ■ *n.m.* 1 trust, belief, credence, faith. 2 esteem, respect, regard. اعتبار رکھنا/کرنا trust; have faith or belief (in). اعتبار کھونا lose credit or repute; lose trust, respect or regard.

اِعتباری /eʔt̪ebɑ:ri:/ ■ *adj.* trustworthy, dependable, credible, reliable.

اِعتدا /eʔt̪edɑ:/ ■ *n.m.* (also اعتداء) oppression; tyranny.

اِعتداد /eʔt̪edɑ:d̪/ ■ *n.m.* inclusion; counting.

اِعتدال /eʔt̪edɑ:l/ ■ *n.m.* moderation, temperateness, equilibrium. اعتدال پر رہنا be temperate or moderate; exercise moderation. اعتدال پسند moderate; temperate.

or citation. (*pl.* اطّلاعات)

اِطّلاعاً /ɪt̪t̪elɑ:ʔən/ ■ *adv.* by way of notification, announcement or intimation; for (the sake of) information.

اِطلاق /ɪt̪lɑ:q/ ■ *n.m.* application or putting to practical use of any theory, etc. اطلاق رکھنا be applicable (to). اطلاق کرنا apply or use (a word or phrase in a certain sense or theoretical knowledge to practical problem). اطلاق ہونا be applied (to).

اطلاقی /ɪt̪lɑ:qi:/ ■ *adj.* applied; applicable. اطلاقی علوم applied sciences.

اطلس /ət̪ləs/ ■ *n.m.* satin, a thick glossy silk fabric or cloth.

اطلسی /ət̪ləsi:/ ■ *adj.* of or relating to اطلس.

اطلیہ /ət̪lɪjɑ:/ ■ *n.m.* (*pl.* of طلا) daubs; smears.

اِطماح /ɪt̪mɑ:h/ ■ *n.m.* raising one'e eyes; ogling.

اطماع /ət̪mɑ:ʔ/ ■ *n.m.* (*pl.* of طمع) greeds, avarices, covetousness.

اِطمینان /ɪt̪mi:nɑ:n/ ■ *n.m.* 1 satisfaction. 2 calmness; composure. 3 respite; consolation; repose. 4 confidence, reliance, trust. اطمینان بخش satisfactory. اطمینان بخش طور پر satisfactorily. اطمینان بخشنا satisfy. اطمینانِ خاطر peace of mind. اطمینان کا ری سانس لینا take a sigh of relief; be satisfied or relieved, be at ease after trouble, get out of trouble. اطمینان ہونا feel reassured or at ease, be satisfied.

اطناب /ət̪nɑ:b/ ■ *n.f.* ropes of tent; cables. (*sing.* طُنُب)

اِطناب /ɪt̪nɑ:b/ ■ *n.m.* 1 prolongation, lengthening. 2 profuseness of speech, verbosity.

اطوار /ət̪vɑ:r/ ■ *n.m.* (*pl.* of طَور) 1 manners, modes. 2 habits, ways, practice, deportment. 3 behaviour, conduct, custom.

اطول /ət̪vəl/ ■ *adj.* (*elative* of طویل) taller or tallest; longer or longest. اطولُ النّہار longest day of the year.

اطہار /ət̪hɑ:r/ ■ *n.m.* (*pl.* of طاہر) the chaste or pure people.

اطہر /ət̪hər/ ■ *adj.* (*elative* of طاہر) more or most pious, more or most chaste, pure or purest.

اطیب /ət̪jəb/ ■ *adj.* (*elative* of طیّب) holier or holiest, saintliest.

اظفار /əzfɑ:r/ ■ *n.m.pl.* finger nails, toe nails. (*sing.* ظُفر)

اظلال /əzlɑ:l/ ■ *n.m.* (*pl.* of ظِل) shadows.

اظلم /əzləm/ ■ *adj.* (*elative* of ظالم) more or most cruel,

اعتدال سے moderately.

اعتدالَین /eʔt̪ed̪ɑ:læ:n/ ■ *n.m.pl.* the equinoxes.

اعتذار /eʔt̪ezɑ:r/ ■ *n.m.* apology; excuse. اعتذارنامہ letter of apology.

اعتراض /eʔt̪erɑ:z/ ■ *n.m.* **1** objection, protest, fault-finding, criticism. **2** opposition; rejection, non-acceptance. اعتراضِ ضابطہ technical objection. اعتراضِ قانونی legal objection. اعتراض (پیش) کرنا raise an objection, criticize, take exception to, dispute, protest, call in question.

اعتراف /eʔt̪erɑ:f/ ■ *n.m.* recognition, avowal, admission, confession, acknowledgement. اعتراف کرنا confess, admit, own, acknowledge, accept.

اعتزاز /eʔt̪ezɑ:z/ ■ *n.m.* eminence; predominance; prevalence; excellence.

اعتزال /eʔt̪ezɑ:l/ ■ *n.m.* **1** abdication. **2** secession; seclusion.

اعتساف /eʔt̪esɑ:f/ ■ *n.m.* **1** oppression, tyranny. **2** going in the wrong direction, leading astray.

اعتصار /eʔt̪esɑ:r/ ■ *n.m.* extraction of juice; distillation.

اعتصام /eʔt̪esɑ:m/ ■ *n.m.* **1** strong hold. **2** abstinence from what is sinful, unholy or illegal; avoidance of sin.

اعتضاد /eʔt̪ezɑ:d̪/ ■ *n.m.* **1** strength, support. **2** helping others.

اعتقاد /eʔt̪eqɑ:d̪/ ■ *n.f.* **1** firm faith; conviction. **2** religious belief. اعتقاد رکھنا **1** firmly believe. **2** place faith or confidence in. (*pl.* اعتقادات)

اعتکاف /eʔt̪ekɑ:f/ ■ *n.m.* **1** seclusion, going to retreat, retiring to solitude. **2** (***Isj.***) retiring to mosque for worship, especially during the last ten days of fasting month of Ramadan. اعتکاف کرنا/میں بیٹھنا stay secluded in a mosque or in an isolated place for prayers (esp. during Ramadan).

اعتلا /eʔt̪elɑ:/ ■ *n.m.* (also اعتلاء) height, altitude; stature; high rank; greatness.

اعتماد /eʔt̪emɑ:d̪/ ■ *n.m.* **1** trust; reliance. **2** credence, confidence. اعتماد رکھنا/کرنا place confidence in, rely on; depend upon. اعتماد سے confidently. اعتماد میں لینا take into confidence, confide in.

اعتمادی /eʔt̪emɑ:d̪i:/ ■ *adj.* trustworthy; credible.

اعتنا /eʔt̪enɑ:/ ■ *n.f.* (also اعتناء) attention, care, concern, heed, consideration.

اعتیاد /eʔt̪ɪjɑ:d̪/ ■ *n.m.* addiction; habituation.

اعتیادی /eʔt̪ɪjɑ:d̪i:/ ■ *adj.* of or relating to اعتیاد.

اعجاب /əʔdʒɑ:b/ ■ *n.m.pl.* buttocks. (*sing.* عجب)

اِعجاب /eʔdʒɑ:b/ ■ *n.m.* self-conceit; vanity.

اعجاز /eʔdʒɑ:z/ ■ *n.m.* **1** miracle, marvel, miraculous outcome or phenomenon, miraculous effect. **2** (***Islam***) wondrous nature of the Qur'an. اعجازِ بیان eloquence. اعجازِ قرآن the inimitability of the Qur'an. اعجازِ مسیحائی messianic miracle, a cure as miraculous as the cures of the Messiah; miraculous cure.

اعجام /əʔdʒɑ:m/ ■ *n.m.* (*pl.* of عجم) non-Arabs. See اعاجم.

اعجب /əʔdʒəb/ ■ *adj.* (*elative* of عجیب) more or most queer; most odd; most unusual; most wondrous.

اعجف /əʔdʒəf/ ■ *adj.* thin, lean.

اعجمی /əʔdʒəmi:/ ■ *adj.* non-Arab. See عجمی.

اُعجوبہ /oʔdʒu:bɑ:/ ■ *adj.* unusual, odd. See عجوبہ.

اعدا /əʔd̪ɑ:/ ■ *n.m.* (*pl.* of عدو) (also اعداء) enemies; foes. (*ppl.* اعادی)

اعداد /əʔd̪ɑ:d̪/ ■ *n.m.* (*pl.* of عدد) numbers, digits. اعدادِ سالم/صحیح whole numbers. اعدادِ متبائن prime numbers. اعدادِ متوافق composite numbers. اعداد و شمار **1** figures; statistics. **2** database.

اعدادیات /əʔd̪ɑ:d̪ɪjɑ:t̪/ ■ *n.m. pl.* (also *sing.*) statistics.

اعدام /əʔd̪ɑ:m/ ■ *n.m.pl.* non-existent things.

اِعدام /eʔd̪ɑ:m/ ■ *n.m.* **1** annihilation; eradication. **2** non-existence.

اِعدامیت /eʔd̪ɑ:mɪjət̪/ ■ *n.f.* nihilism. اعدامیت پسند nihilist.

اعدل /əʔd̪əl/ ■ *adj.* (*elative* of عادل) (of an act or person) more or most just; fairer or fairest.

اعراب /əʔrɑ:b/ ■ *n.m.* (*pl.* of عرب) Arabs; Bedouins; Arabs of the desert.

اِعراب /eʔrɑ:b/ ■ *n.m.pl.* vowel marks or diacritics in script.

اعرابی /əʔrɑ:bi:/ ■ *n.m.* an Arab; Bedouin. ■ *adj.* of or relating to Arabs.

اعراس /əʔrɑ:s/ ■ *n.m.* (*pl.* of عُرس) commemorative assemblies on mausoleums of saints for votive offerings and other rituals.

اعراض /əʔrɑ:z/ ■ *n.m.* (*pl.* of عَرض) (***Philos.***) contingent properties.

اِعراض /eʔrɑ:z/ ■ *n.m.* **1** evasion, shunning, turning aside.

/əʔqɑ:b/ ■ *n.m.pl.* offspring; next generations. (*sing.* عقب) اعقاب

/əʔqəl/ ■ *adj.* (*elative* of عاقل) wiser or wisest; the cleverest; the shrewdest. اعقل

/əʔlɑ:/ ■ *adj.* (*var.* of اعلیٰ). اعلا

/eʔlɑ:/ ■ *n.m.* upholding; elevation; upraising. اعلائے کلمۂ حق upholding the truth. اِعلا

/əʔlɑ:dʒ/ ■ *n.m.pl.* infidels; outsiders; non-Arabs. (*sing.* علج) اعلاج

/əʔlɑ:m/ ■ *n.m.* (*pl.* of علَم) 1 flags; banners. 2 eminent figures of art or science. 3 (***Gram.***) proper nouns. اعلام

/eʔlɑ:m/ ■ *n.m.* 1 announcing; notification; warrant. 2 court's summon. 3 introduction (written or verbal). اعلام نامہ proclamation. اِعلام

/eʔlɑ:mɪjɑ:/ ■ *n.m.* declaration, communiquè, notification, press note. اِعلامیہ

/eʔlɑ:n/ ■ *n.m.* 1 announcement, proclamation, notification, proclaiming. 2 advertisement; publishing. 3 (***Recitation***) firm articulation of *noon* (ن) or *hamza* (ء), pronouncing *noon* or *hamza*. اعلانِ آزادی declaration of independence. اعلانِ جنگ proclamation of war, declaration of war. اعلان کرنا announce, declare, make an announcement. اِعلان

/eʔlɑ:ntʃi:/ ■ *n.m.* town crier; one who makes announcements. اِعلانچی

/eʔlɑ:nɪjɑ:/ ■ *adv.* (also علانیہ) openly; publicly. اِعلانیہ

/əʔləm/ ■ *adj.* (*elative* of عالم) more or most knowing; most knowledgeable; highly educated. اعلم

/əʔlɑ:/ ■ *adj.* 1 highest, greatest, uppermost. 2 most dignified, elevated, exalted, paramount, supreme. 3 loftiest; most eminent; topmost; first-rate; principal. ■ *n.m.* dignified person, noble man (as opposed to ادنیٰ). اعلیٰ تبار of noble family or descent. اعلیٰ تعلیم higher education. اعلیٰ ثانوی higher secondary. اعلیٰ ثانوی تعلیم higher secondary education. اعلیٰ ثانوی مدارس higher secondary schools. اعلیٰ جنس superior material or stuff, quality stuff; first-rate crop. اعلیٰ حضرت title used in addressing the elite. اعلیٰ درجے کا superb, excellent. اعلیٰ علیین the highest stage of the Heaven. اعلیٰ

/əʔəm/ ■ *adj.* (*elative* of عام) more or most common. اعم

/əʔmɑ:r/ ■ *n.f.* (*pl.* of عُمر) ages, lifetimes. اعمار

2 avoiding, abstention. 3 refusal; disregard; aversion. اعراض کرنا shirk from; eschew; decline; avoid; shun.

/əʔrɑ:f/ ■ *n.m.* 1 the purgatory. 2 (***Islam***) the place between the Heaven and the Hell. 3 name of a sura of the Qur'an. 4 (*fig.*) state between pleasure and pain. اعراف

/əʔrədʒ/ ■ *adj.* lame; crippled. اعرج

/əʔrəf/ ■ *adj.* 1 most aware, au fait. 2 more clear; very famous. اعرف

/əʔəz/ ■ *adj.* (*elative* of عزیز) more or most honourable; most powerful. اعز

/eʔzɑ:z/ ■ *n.m.* honour; distinction; honorific title. اعزاز بخشنا to honour. اِعزاز

/eʔzɑ:zi:/ ■ *adj.* 1 honorific; honorary; complimentary. 2 unpaid, (work) done without being paid. اعزازی ڈگری honorary degree, honoris causa. اعزازی شمشیر sword of honour. اعزازی لقب honorific title. اِعزازی

/eʔzɑ:zɪjɑ:/ ■ *n.m.* honorarium. اِعزازیہ

/əʔɪzzɑ:/ ■ *n.m.* (*pl.* of عزیز) (also اعزّا) relatives; dear ones. اعزہ واقارب kith and kin, kinsfolks, relatives. اعزّہ

/əʔʃɑ:r/ ■ *n.m.* (*pl.* of عُشر) tens; one-tenths. اعشار

/əʔʃɑ:ri:/ ■ *adj.* decimal. اعشاری نظام decimal system. اعشاری

/əʔʃɑ:rɪjɑ:/ ■ *n.m.* decimal point. اعشاریہ

/əʔsɑ:/ ■ *n.m.* (*corr.* of عصا) stick. اعصا

/əʔsɑ:b/ ■ *n.m.* (*pl.* of عصَب) nerves. اعصاب پرسوار ہونا get on someone's nerves. اعصاب زدگی nervousness. اعصاب زدہ of weak nerves; nervous. اعصاب

/əʔsɑ:bi:/ ■ *adj.* pertaining to nerves. اعصابی جنگ war of nerves. اعصابی نظام nervous system. اعصابی

/əʔsɑ:bɪjɑ:t/ ■ *n.m.* neurology. اعصابیات

/əʔsɑ:r/ ■ *n.m.* (*pl.* of عصر) times; ages; eras. اعصار

/ɪʔsɑ:r/ ■ *n.m.* dust storm; whirlwind; hot wind. اِعصار

/əʔzɑ:/ ■ *n.m.* (*pl.* of عُضو) (also اعضاء) 1 organs; parts of body. 2 members (of an organization, etc.). 3 parts, segments, components. اعضا شکنی fatigue, pain in limbs. اعضاو جوارح body, organs and limbs. اعضائے تناسل reproductive organs. اعضائے رئیسہ the vital or the principal organs, viz., heart, brain, liver, kidneys, and lungs. اعضائے مخصوصہ the genitals. اعضا

/eʔtɑ:/ ■ *n.m.* bestowal; grant; bounty; charity. اِعطا

/əʔtɑ:f/ ■ *n.m.* (*pl.* of عاطفت) kindnesses; favours. اعطاف

/əʔzəm/ ■ *adj.* (*elative* of عظیم) the greatest. (*pl.* اعاظم) اعظم

اعماق /əʔmɑːq/ ■ *n.m.* (*pl.* of عُمق) depths, lower strata.
اعمال /əʔmɑːl/ ■ *n.m.* (*pl.* of عمل) **1** actions, acts, deeds, doings, behaviour, conduct. **2** good deeds; virtues. **3** sins; vices. **4** worships or prayers. **5** charms or spells. اعمال نامہ record of conduct or of doings.
اعمام /əʔmɑːm/ ■ *n.m.* (*pl.* of عم) uncles; father's brothers.
اَعمش /əʔməʃ/ ■ *adj.* suffering from an eye disease characterized by watery discharge.
اَعمیٰ /əʔmɑː/ ■ *adj.* **1** blind. **2** (*fig.*) ignorant; uncultivated.
اِعنات /ɪʔnɑːt̪/ ■ *n.m.* self-imposed limitation in composing poetry such as avoiding dotted letters.
اعناق /əʔnɑːq/ ■ *n.m.* (*pl.* of عُنُق) necks.
اَعنی /əʔniː/ ■ *phr.* I mean.
اعوان /əʔvɑːn/ ■ *n.m.* (*pl.* of عَون) **1** helpers; assistants; aides. **2** (as *sing.*) name of a tribe of the Punjab, Pakistan.
اِعوجاج /eʔvedʒɑːdʒ/ ■ *n.m.* crookedness; mental aberration; deviation from the right path.
اَعُوذُبِاللہ /əʔuːzʊbɪllɑːh/ ■ *phr.* I seek refuge in Allah. ■ *exclam.* expression used to see an unpleasant situation.
اعوَر /əʔvər/ ■ *adj.* one-eyed.
اعیاد /əʔjɑːd/ ■ *n.m.* (*pl.* of عِید) festivals; celebrations.
اعیال /əʔjɑːl/ ■ *n.m.* (*pl.* of عِیال) offspring; wife and children; family.
اعیان /əʔjɑːn/ ■ *n.m.pl.* **1** noblemen; grandees. **2** (*fig.*) people present (used in speeches).
اعیانی /əʔjɑːniː/ ■ *adj.* **1** of or relating to اعیان. **2** real (brother and sister).
اغالیط /əɣɑːliːt̪/ ■ *n.m.pl.* wrong and false matters or issues. (*sing.* اُغلُوطہ)
اغانی /əɣɑːniː/ ■ *n.m.pl.* songs; poems. (*sing.* اُغنیہ)
اغبر /əɣbər/ ■ *adj.* khaki.
اغبس /əɣbəs/ ■ *adj.* vivid khaki or greenish khaki.
اِغتسال /ɪɣt̪esɑːl/ ■ *n.m.* washing; bathing.
اِغتصاص /ɪɣt̪esɑːs/ ■ *n.m.* choking in the act of swallowing; choking; suffocation.
اِغتطا /ɪɣt̪et̪ɑː/ ■ *n.m.* (also اِغتطاء) concealment.
اِغتنام /ɪɣt̪enɑːm/ ■ *n.m.* capturing or seizing as booty; pillage.
اِغتیاب /ɪɣt̪ejɑːb/ ■ *n.m.* backbiting; speaking ill of one behind their back.
اغثنی /əɣɪsniː/ ■ *phr.* come to help me; listen to my prayer.
اغذیہ /əɣzɪjɑː/ ■ *n.m.* & *f.* (*pl.* of غِذا) foods; eatables; provisions.
اغراض /əɣrɑːz/ ■ *n.m.* & *f.* (*pl.* of غرض) **1** motives, aims, purposes, ends. **2** needs; desires. اغراض ومقاصد aims and objectives.
اِغراق /ɪɣrɑːq/ ■ *n.m.* **1** sinking, drowning. **2** engrossment. **3** exaggeration. **4** abundance.
اغرَب /əɣrəb/ ■ *adj.* (*elative* of غریب) most strange.
اغشیہ /əɣʃɪjɑː/ ■ *n.f.* (*pl.* of غِشا) membranes; thin skin.
اغصان /əɣsɑːn/ ■ *n.f.* branches; boughs. (*sing.* غُصن)
اِغفال /ɪɣfɑːl/ ■ *n.m.* carelessness; neglect; inattention.
اغلاط /əɣlɑːt̪/ ■ *n.f.* (*pl.* of غلط) mistakes; errors; lapses; inaccuracies; oversights. اغلاط نامہ list of errors (usu. with corrections); corrigendum.
اِغلاق /ɪɣlɑːq/ ■ *n.m.* incomprehensibility; abstruseness; use of abstruse or difficult words in writing.
اغلال /əɣlɑːl/ ■ *n.m.pl.* chains; yokes.
اِغلام /ɪɣlɑːm/ ■ *n.m.* pederasty, sodomy, male homosexuality.
اغلب /əɣləb/ ■ *adj.* (*elative* of غالب) **1** superior, stronger, overpowering, surpassing. **2** more or most probable, most likely. اغلب ہے it is most probable that... .
اغل بغل /əɣəl bəɣəl/ ■ *adv.* on both sides; right and left. اغل بغل میں accompanied by on both sides.
اغلط /əɣlət̪/ ■ *adj.* (*elative* of غلط) more or most wrong; most erroneous.
اِغما /ɪɣmɑː/ ■ *n.m.* unconsciousness; faint, swoon.
اِغماز /ɪɣmɑːz/ ■ *n.m.* pride; arrogance; haughtiness.
اِغماض /ɪɣmɑːz/ ■ *n.m.* **1** overlooking, neglecting. **2** ignoring (someone). **3** coquetry; arrogance, haughtiness. **4** shutting eyes, dozing off, winking. اغماض برتنا/کرنا **1** overlook, neglect. **2** ignore (someone).
اغنام /əɣnɑːm/ ■ *n.m.* (*pl.* of غنم) goats, sheeps.
اغنیا /əɣnɪjɑː/ ■ *n.m.* (*pl.* of غنی) (also اغنیاء) rich and wealthy people.
اِغوا /ɪɣvɑː/ ■ *n.m.* **1** abduction, kidnapping. **2** hijacking. **3** deception, leading astray, misguiding. اغوا کرنا **1** abduct, kidnap. **2** hijack.

اغیار /əɣjɑ:r/ ■ *n.m.* (*pl.* of غَیر) **1** strangers, unfamiliar persons, unrelated or unknown persons. **2** rivals, competitors. **3** enemies. ■ *adj.* unaware, ignorant; oblivious.

اغیاری /əɣjɑ:ri:/ ■ *n.f.* strangeness, unfriendliness.

اُف /ʊf/ ■ *exclam.* **1** expressing physical or mental pain; ouch! **2** shame! alas! **3** expressing access or abundance. **4** expressing resentment or reluctance. اف کر دینا/کرنا **1** sigh in pain or distress. **2** ruin, destroy. اف نہ کرنا endure in silence, make no sign of pain, distress or resentment. اف ہو جانا be reduced to earth or dust, become ruined, destroyed.

اِفادات /ɪfɑ:d̪ɑ:t̪/ ■ *n.m.* (*pl.* of افادہ) **1** visions or spiritual illuminations from a saint, etc. **2** learned saying; utterances of sages or great people.

اِفادہ /ɪfɑ:d̪ɑ:/ ■ *n.m.* **1** gain, benefit, advantage. **2** teaching; spiritual benefit. **3** useful utterance. افادۂ عام general welfare.

اِفادی /ɪfɑ:d̪i:/ ■ *adj.* utilitarian.

اِفادیت /ɪfɑ:d̪ɪjət̪/ ■ *n.f.* utility; usefulness; benefit. افادیت پسندی utilitarianism.

اِفاضت /ɪfɑ:zət̪/ ■ *n.f.* rewarding; benefitting, beneficence.

افاضل /əfɑ:zɪl/ ■ *n.m.* (*pl.* of افضل) able or eminent people; the elite.

اِفاضہ /ɪfɑ:zɑ:/ ■ *n.m.* (*contr.* of اِفاضت).

افاعیل /əfɑ:ʔi:l/ ■ *n.m.* (*ppl.* of فعل) **1** deeds. **2** (***Pros.***) words used as the basic elements of metre. افاعیل تفاعیل nonsense; gibberish.

افاغنہ /əfɑ:ɣenɑ:/ ■ *n.m.* (*pl.* of افغان) the Afghans; Afghan nation or people.

اِفاقہ /ɪfɑ:qɑ:/ ■ *n.m.* gradual recovery from sickness; convalescence; betterment. افاقہ ہونا gradually recover from sickness.

اُفت /ʊft̪/ ■ *n.f.* state or act of falling. افت وخیز **1** falling and rising. **2** great struggle.

اُفتاد /ʊft̪ɑ:d̪ / ■ *n.f.* **1** misery, distress, accident, tragic occurrence, sudden mishap. **2** disposition, foundation. **3** manner, way. افتاد پڑنا meet with an accident, be in misery. افتادِ طبع disposition, aptitude, bent of mind, natural inclination.

اُفتادگان /ʊft̪ɑ:dgɑ:n/ ■ *adj.* (*pl.* of افتادہ) (also اُفتادَگان) افتادگانِ خاک the dead, buried people.

اُفتادگی /ʊft̪ɑ:dgi:/ ■ *n.f.* (also اُفتادَگی) **1** act of falling. **2** helplessness. **3** abasement, weakness, inability to rise. **4** barrenness (of land). **5** defeat, withdrawal, retreat.

اُفتادہ /ʊft̪ɑ:d̪ɑ:/ ■ *adj.* **1** fallen; lowly. **2** broken; demolished, collapsed. **3** waste (land); not in use; unploughed or uncultivated or fallow (land). **4** (*fig.*) humbled; miserable. **5** powerless. **6** useless;

اُفتاں /ʊft̪ɑ̃:/ ■ *adj.* falling, tumbling. افتاں وخیزاں falling and rising; disorderly; moving in a disorderly way; with great trouble; with great difficulty.

اِفتتاح /ɪft̪et̪ɑ:h/ ■ *n.m.* **1** opening. **2** inauguration, launching, inception. **3** elation, ecstasy.

اِفتتاحی /ɪft̪et̪ɑ:hi:/ ■ *adj.* beginning, opening, inaugural. افتتاحی تقریب opening or launching ceremony, inaugural function, inauguration.

اِفتتاحیہ /ɪft̪et̪ɑ:hɪjɑ:/ ■ *n.m.* editorial note, prologue; introduction, prelim.

اِفتخار /ɪft̪exɑ:r/ ■ *n.m.* **1** honour, glory, repute. **2** pride.

اِفترا /ɪft̪erɑ:/ ■ *n.m.* & *f.* (also اِفتراء) **1** lie, fabrication. **2** slander, calumny. افترا باندھنا accuse maliciously. افترا پردازی false imputation, malicious accusation, slandering.

اِفتراع /ɪft̪erɑ:ʔ/ ■ *n.m.* sprouting; branch; department.

اِفتراق /ɪft̪erɑ:q/ ■ *n.m.* **1** separation, division, split, parting. **2** discord, disunity, conflict. افتراق وتشتت schism and disunity.

اِفتعال /ɪft̪eʔɑ:l/ ■ *n.m.* action, work, deed.

اِفتقار /ɪft̪eqɑ:r/ ■ *n.m.* **1** poverty, indigence, neediness. **2** meekness, humility.

اُفتندہ /ʊft̪ɪnd̪ɑ:/ ■ *adj.* **1** fallen. **2** (*fig.*) low; miserable.

اِفحام /ɪfhɑ:m/ ■ *n.m.* act of silencing someone; enforced silence.

افحش /əfhəʃ/ ■ *adj.* (*elative* of فاحش) more or most lewd; most obscene.

افخم /əfxəm/ ■ *adj.* (*elative* of فخیم) respected; most honourable.

افراتفری /əfrɑ:t̪əfri:/ ■ *n.f.* **1** hurly-burly, hurry-scurry, uproar, commotion, tumult, turmoil. **2** chaos, confusion. **3** panic, anarchy; lawlessness. افراتفری پیدا کرنا

افزوں /əfzũ:/ ■ *adj*. increased; more; increasing, augmenting, enlarging, enhancing. افزوں ہونا increase; be enlarged.

افزونی /əfzu:ni:/ ■ *n.f.* **1** increase, enhancement; excess. **2** growth; progress.

اِفساد /ɪfsɑ:d̪/ ■ *n.m.* disturbance, disorder; viciousness, wickedness; strife.

افسان /əfsɑ:n/ ■ *n.f.* (also فسان،سان) whetstone; grindstone.

افسانچہ /əfsɑ:ntʃɑ:/ ■ *n.m.* (*dim.* of افسانہ) very short story.

افسانہ /əfsɑ:nɑ:/ ■ *n.m.* **1** short story. **2** tale; legend; fable. **3** fabrication, lie. **4** very long or detailed account. افسانہ بنانا to fictionalize, to turn into a myth; to fabricate, lie. افسانہ خواں رگو story-teller. افسانہ گوئی story-telling. افسانہ نگار رنویس short story writer. افسانہ نگاری رنویسی short story writing.

افسانوی /əfsɑ:nvi:/ ■ *adj*. **1** fabulous; legendary. **2** fictitious; false. افسانوی شخصیت legendary personality.

افسر /əfsər/ ■ *n.m.* **1** crown, diadem. **2** (*fig*.) person who wears the crown, ruler. [P]

افسر۲ ——— ■ *n.m.* officer, one who has authority. افسرِ اعلیٰ a chief, head, higher officer. افسرِ بالادست superior officer, authority, high authority. افسر شاہی bureaucracy. افسرِ مال revenue officer. [E]

افسرانہ /əfsərɑ:nɑ:/ ■ *adj*. **1** officer-like. **2** (*fig*.) pompous; bureaucratic.

افسردگی /əfsurd̪əgi:/ ■ *n.f.* distress, dejection, depression, lowness of spirit, sadness.

افسردہ /əfsurd̪ɑ:/ ■ *adj*. depressed, sad, dejected, disheartened, low-spirited. افسردہ خاطر ردل disheartened.

افسری /əfsəri:/ ■ *n.f.* **1** authority, rule, sovereignty; royalty. **2** officership.

افسق /əfsəq/ ■ *adj*. (*elative* of فاسق) more or most sinful; most promiscuous.

افسنتین /əfsənt̪i:n/ ■ *n.m.* & *f.* absinth.

افسوس /əfso:s/ ■ *n.m.* sorrow, distress; remorse, regret, repentance. ■ *exclam.* O dear! alas! woe is me! افسوس ظاہر کرنا express regret or sorrow. افسوس کرنا bewail, bemoan, grieve, sorrow; repent; express sorrow or pity; condole; commiserate. افسوس کھانا feel sad. افسوس ناک sad; unfortunate; lamentable; deplorable; distressing.

افسوں /əfsũ:/ ■ *n.m.* (also افسون) magic, sorcery, witchcraft, to create chaos.

افراختہ /əfrɑ:xt̪ɑ:/ ■ *adj*. installed, raised; elevated.

افراد /əfrɑ:d̪/ ■ *n.m.* (*pl*. of فرد) **1** persons, individuals, members, singular numbers. **2** kinds, types; species. **3** lists; balance sheets; details on drafts of accounts; registers; sheets of paper. **4** couplets, pairs of versified lines; individual verses.

اِفراد /ɪfrɑ:d̪/ ■ *n.m.* **1** (*literal*) withdrawing from society. **2** (*fig*.) individuality; speciality.

افرادی /əfrɑ:d̪i:/ ■ *adj*. of or relating to افراد. افرادی قوت manpower.

افراز /əfrɑ:z/ ■ *n.m.* exalting; raising; elevating; used in comp. as: سرافراز exalted.

اِفراز /ɪfrɑ:z/ ■ *n.m.* secretion; diffusion.

افراس /əfrɑ:s/ ■ *n.m.* (*pl*. of فرس) horses.

افراسیاب /əfrɑ:sɪjɑ:b/ ■ *pr.n.m.* an ancient Persian king.

افراشتہ /əfrɑ:ʃt̪ɑ:/ ■ *adj*. hoisted, raised, (flag, etc.).

اِفراط /ɪfrɑ:t̪/ ■ *n.f.* **1** surplus, excess. **2** plenty, profusion, abundance. افراطِ زر inflation. افراط وتفریط increase and decrease; excess and paucity; going to the extremes (in ideas or behaviour); unbalanced view or opinion; lack of balance.

اِفراق /ɪfrɑ:q/ ■ *n.m.* separation; dissociation; break-up.

افرشتہ /əfrɪʃt̪ɑ:/ ■ *n.m.* angel. See فِرشتہ.

افرنج /əfrəndʒ/ ■ *n.m.* (also افرنگ) English man; native of Europe.

افرنجی /əfrəndʒi:/ ■ *adj*. (also افرنگی،فرنگی) of or relating to England or Europe, English, European.

افروختہ /əfro:xt̪ɑ:/ ■ *adj*. **1** kindled, ignited, lighted, set on fire, inflamed. **2** very angry.

افروز /əfro:z/ ■ *suffix* enlightening, igniting, enkindling; used in comp. as: آتش افروز incendiary.

افریشم /əfre:ʃəm/ ■ *n.m.* silk. See ابریشم.

افریقہ /əfri:qɑ:/ ■ *pr.n.m.* Africa.

افریقی /əfri:qi:/ ■ *adj*. of or relating to Africa, African. ■ *n.m.* a native of Africa.

افزا /əfzɑ:/ ■ *suffix* adding, augmenting, increasing; used in comp. as: امید افزا promising.

افزائش /əfzɑ:ɪʃ/ ■ *n.f.* increase, amplification, addition, growth, production. افزائشِ نسل breeding, reproduction.

افزود /əfzu:d̪/ ■ *adj*. more; extra.

coughing, winking, etc. افعالِ شنیعہ evil deeds; sins.

افعی /əfʔi:/ ■ *n.m.* any venomous snake, asp, viper. ■ *adj.* pernicious; noxious.

افغان[1] /əfɣɑ:n/ ■ *n.m.* & *adj.* Afghan; native or inhabitant of Afghanistan. [P]

افغان[2] ____ ■ *n.m.* & *f.* (*var.* of فُغاں) (*poet.*) clamour; wail; lamentation. [P]

افغانی /əfɣɑ:ni:/ ■ *adj.* of or relating to the Afghans or Afghanistan. ■ *n.m.* **1** native or inhabitant of Afghanistan. **2** the monetary unit of Afghanistan.

اُفق /ʊfʊq/ ■ *n.m.* horizon. (*pl.* آفاق)

اُفقاً /ʊfʊqən/ ■ *adv.* horizontally.

افقر /əfqər/ ■ *adj.* (*elative* of فقیر) more or most deprived.

اُفقی /ʊfʊqi:/ ■ *adj.* horizontal.

اِفک /ɪfk/ ■ *n.m.* **1** (*literal*) fabrication, lie. **2** accusing a woman of infidelity or illicit relations.

افکار /əfkɑ:r/ ■ *n.m.* (*pl.* of فکر) **1** ideas, thoughts, opinions, theories, notions. **2** worries, anxieties.

افگار /əfgɑ:r/ ■ *adj.* (*var.* of فگار) wounded, afflicted; worn out; usually used in comp. as: دل افگار heart-broken. ■ *n.m.* sore (on the back of a beast of burden).

افگن /əfgən/ ■ *suffix* hurling, overthrowing, ejecting, casting; used in comp. as: شیر افگن overthrower of a lion.

افگندگی /əfgənd̪əgi:/ ■ *n.f.* flinging; ejecting; state of dejection or helplessness.

افگندہ /əfgənd̪ɑ:/ ■ *adj.* humble; downtrodden; thrown; cast.

اِفلاس /ɪflɑ:s/ ■ *n.m.* **1** poverty. **2** deprivation. افلاس زدہ poor, indigent.

افلاطون /əflɑ:t̪u:n / ■ *pr.n.m.* **1** Plato, the Greek philosopher. **2** (*fig.*) very clever or wise person; overclever or boastful person. **3** (*iron.*) pedantic. افلاطون کا باوا / بچہ / جنا / سالا (*iron.*) over-smart; pedantic.

افلاطُونی /əflɑ:t̪u:ni:/ ■ *adj.* **1** of or associated with Plato, Platonic. **2** platonic; intimate but not sexual; abstract rather than physical. افلاطونی عشق / محبت love that is intense or emotional but not sexual, platonic love.

افلاطُونیت /əflɑ:t̪u:nɪjət/ ■ *n.f.* Platonism.

افلاک /əflɑ:k/ ■ *n.m.* (*pl.* of فلک) firmament, skies, heavens.

enchantment, incantation, spell, charm, formulae or verses used in magic. افسوں پڑھنا / پھونکنا intone a magical word, chant a formula or verse. افسوں چلنا charm to be effective; be enchanted, be bewitched. افسوں کرنا use magic or sorcery; enchant; cast spells or charms. افسوں گر magician, wizard; enchanter, sorcerer. افسوں گری enchantment; sorcery; use of spells.

اِفشا /ɪfʃɑ:/ ■ *n.m.* divulgence; disclosure. افشائے راز divulging or disclosure of a secret. افشائے راز کرنا divulge or disclose a secret.

افشار /əfʃɑ:r/ ■ *suffix* that which squeezes, compresses or wrings; used in comp. as: گلوافشار throttler.

افشاں /əfʃɑ̃:/ ■ *n.f.* glittering golden powder for embellishing clothes, hair, body, paper, etc. ■ *suffix* strewing, dispersing, scattering, sprinkling, shedding; used in comp. as: گل افشاں scattering flowers. افشاں جمانا / چننا / لگانا apply golden powder to head.

افشانی /əfʃɑ:ni:/ ■ *adj.* **1** of or relating to افشاں. **2** strewed with glittering powder. ■ *suffix* dispersal; scattering; strewing, as: گل افشانی showering of flowers. افشانی کاغذ paper impregnated with colours or sprinkled with colourful dust.

افشُردہ /əfʃʊrd̪ɑ:/ ■ *adj.* pressed; squeezed; filtered. ■ *n.m.* juice, etc. extracted from something. افشردۂ انگور **1** grape juice. **2** wine.

افصح /əfsəh/ ■ *adj.* (*elative* of فصیح) more or most eloquent.

افضال /əfzɑ:l/ ■ *n.m.* (*pl.* of فضل) favours; kind acts.

اِفضال /ɪfzɑ:l/ ■ *n.m.* favour; kindness; graciousness; patronage.

افضل /əfzəl/ ■ *adj.* (*elative* of فاضل) better or best; most excellent; most prominent; most rewarding. افضلُ الانبیا / المرسلین the most distinguished of the prophets, an epithet of Prophet Muhammad. (*pl.* افاضِل)

افضلیّت /əfzəlɪjjət/ ■ *n.f.* prominence; greatness; seniority; superiority.

اِفطار /ɪft̪ɑ:r/ ■ *n.m.* (***Islam***) iftar, breaking fast.

اِفطارنا /ɪft̪ɑ:rnɑ:/ ■ *v.* break a fast, especially in Ramadan.

اِفطاری /ɪft̪ɑ:ri:/ ■ *n.f.* food with which the fast is broken.

افعال /əfʔɑ:l/ ■ *n.m.* (*pl.* of فعل) **1** acts; deeds; doings; demeanours; conducts. **2** (***Gram.***) verbs. افعالِ اضطراری reflex actions, involuntary acts as sneezing,

افلاکی /əflɑ:ki:/ ■ *adj.* heavenly, celestial, relating to the heavens.

افواج /əfvɑ:dʒ/ ■ *n.m.* (*pl.* of فَوج) armed forces; soldiery. افواجِ بحری navy. افواجِ بری رخشکی army, land forces. افواجِ شیاطین (*iron.*) host of children. افواجِ فضائی air forces.

افواہ /əfvɑ:h/ ■ *n.m.pl.* (*literal*) mouths. (*sing.* فوہ) ■ *n.f.* (as *sing.*) rumour; gossip; hearsay; common talk. افواہ اڑانا رپھیلانا spread a rumour. (*pl.* افواہیں)

افواہی /əfvɑ:hi:/ ■ *adj.* **1** rumoured. **2** oral, verbal.

افُود /əfu:d̪/ ■ *n.m.* ephod, vestment worn by ancient Hebrew priests.

اُفّوہ /offo:h/ ■ *exclam.* (also اُفّو) expression of irritation, astonishment or resentment.

افہام /əfhɑ:m/ ■ *n.f.* (*pl.* of فہم) intellects; wisdoms.

اِفہام /ɪfhɑ:m/ ■ *n.m.* explaining; informing; making one understand. افہام وتفہیم understanding; dialogue; mutual understanding.

افیال /əfjɑ:l/ ■ *n.m.* (*pl.* of فِیل) elephants.

افیم /əfi:m/ ■ *n.f.* (also افیون) opium. افیم پینا smoke opium. افیم چڑھنا be intoxicated by opium. افیم دینا to drug with opium. افیم کاسَت morphia, morphine. افیم کی لت addiction to opium. افیم کھانا **1** eat opium. **2** suicide by eating opium.

افیمچی /əfi:mtʃi:/ ■ *adj.* (also افیمی) opium addict.

افیون /əfju:n/ ■ *n.m.* See افیم. افیون کا گھولا رگھولوا suspension of opium in water.

افیونی /əfju:ni:/ ■ *n.m.* (also افیمچی، افیمی) opium-eater; opium addict. افیونی جنونی an opium-addict is a crackpot.

اقارب /əqɑ:rɪb/ ■ *n.m.* (*pl.* of اقرب) relatives, kindred, kin, kinsfolk. اقارب کالعقارب relatives are like scorpions, i.e. they are hidden enemies.

اقاصی /əqɑ:si:/ ■ *n.m.* (*pl.* of اقصیٰ) elites; high-class or authoritative people; chiefs.

اقاقیہ /əqɑ:qɪjɑ:/ ■ *n.m.* (also اقاقیا) acacia. (See also ببول.)

اِقالہ /ɪqɑ:lɑ:/ ■ *n.m.* **1** (*literal*) repudiation of what one said. **2** (***Law***) rescind sale-purchase contract; revoke a contract.

اقالیم /əqɑ:li:m/ ■ *n.m.* (*pl.* of اِقلیم) regions; kingdoms; countries.

اِقامت /ɪqɑ:mət̪/ ■ *n.f.* **1** staying, dwelling, lodging. **2** stay; permanent residence. **3** (***Islam***) call just before the start of the congregation prayer. اقامت گاہ place of stay.

اِقامتی /ɪqɑ:mət̪i:/ ■ *adj.* residential; of boarding school.

اِقامہ /ɪqɑ:mɑ:/ ■ *n.m.* visa, endorsement on a passport permitting holder to enter certain countries; permit allowing residence of an alien in a foreign country.

اقانیم /əqɑ:ni:m/ ■ *n.m.* (*pl.* of اُقنوم) fundamentals; basics. اقانیمِ ثلاثہ Trinity, the persons of the Christian Godhead (Father, Son and the Holy Spirit).

اِقباض /ɪqbɑ:z/ ■ *n.m.* arrest; impounding.

اِقبال /ɪqbɑ:l/ ■ *n.m.* **1** luck, good fortune. **2** high position, power; worldly grandeur. **3** blessing, auspiciousness. **4** (***Law***) confession, avowal, owning. ■ *pr.n.m.* Muhammad Iqbal, one of the greatest poets of the Urdu language. اقبالِ جرم confession, admission, pleading guilty, guilty plea; confession of a crime. اقبالِ دعویٰ acknowledgement of a claim, cognovit. اقبالِ سکندری extremely good fortune. اقبال مند fortunate; prosperous.

اِقبالی /ɪqbɑ:li:/ ■ *adj.* confessional. اقبالی مجرم self-confessed criminal.

اِقبالیات /ɪqbɑ:lɪjɑ:t̪/ ■ *n.f.* studies and researches on the life and poetry of Muhammad Iqbal, one of the greatest poets of the Urdu language.

اِقتباس /ɪqt̪ebɑ:s/ ■ *n.m.* **1** extraction, deriving, obtaining. **2** quotation; citation. اقتباس کرنا extract from (a book, etc.), quote.

اِقتدا /ɪqt̪ed̪ɑ:/ ■ *n.f.* (also اِقتداء) **1** act of following, obeying. **2** following or obeying the imam in congregational prayer.

اِقتدار /ɪqt̪ed̪ɑ:r/ ■ *n.m.* **1** authority, power. **2** influence; control. اقتدارِ اعلیٰ supreme authority, sovereignty. اقتدارِ جائز lawful authority. اقتدار حاصل ہونا obtain authority. اقتدار رکھنا **1** have the power or authority. **2** be competent. اقتدار سے ہٹانا dethrone, depose, overthrow.

اِقتراب /ɪqt̪erɑ:b/ ■ *n.m.* **1** proximity, closeness. **2** union; harmony; unity.

اِقتران /ɪqt̪erɑ:n/ ■ *n.m.* (also اِقران) **1** unity; closeness. **2** union; matrimony. **3** (***Astrol.***) conjunction; an aspect when two planets have the same celestial longitude or right ascension (formerly when they are

اقرارنامہ بندوبست administration paper. اقرارنامہ ثالثی arbitration agreement.

/ɪqrɑːriː/ ■ *adj.* **1** confessional; affirmative. **2** confessor, acknowledger, one who assents. اِقراری

/əqrɑːs/ ■ *n.f.* (*pl.* of قُرص) tablets or pills, especially medicinal. اقراص

/əqrɑːn/ ■ *n.m.* (*pl.* of قرین) equals in age, and/or rank; contemporaries. اقران

/ɪqrɑːn/ ■ *n.m.* union; closeness. See اِقتران. اِقران

/əqrəb/ ■ *adj.* (*elative* of قریب) nearer or nearest, very near. ■ *n.m.* a near one, relative. (*pl.* اقارب) اقرب

/əqrɪbɑː/ ■ *n.m.* (*pl.* of قریب) relatives; relations; friends; kins. اقرباپروری nepotism. اقربا

/əqrəʔ/ ■ *adj.* balding. اقرع

/əqsɑːṭ/ ■ *n.f.* (*pl.* of قِسط) instalments, portions, parts. اقساط

/əqsɑːm/ ■ *n.f.* (*pl.* of قِسم) kinds, types, sorts, categories. [A] اقسام

____ ■ *n.f.* (*pl.* of قسم) oaths; pledges. [A] اقسام²

/əqsɑː/ ■ *n.m.* (*pl.* of قاصی) (also اقصاء) boundaries, confines, limits, far-off places. اقصا

/əqsər/ ■ *adj.* (*elative* of قاصر) very short; smallest; undersized. اقصر

/əqsɑː/ ■ *adj.* (*elative* of قاصی) farther; furthest; extreme. ■ *pr.n.f.* name of the mosque at Jerusalem. (*pl.* اقاصی) اقصیٰ

/əqṭɑːb/ ■ *n.m.* (*pl.* of قُطب) **1** poles. **2** pivots, axes. **3** (***Sufism***) saints of highest order who supposedly watch over worldly affairs. اقطاب

/əqṭɑːr/ ■ *n.m.* (*pl.* of قُطر) **1** diameters. **2** sides, edges. **3** (*fig.*) areas, districts, divisions. اقطار

/əqṭɑːʔ/ ■ *n.m.* (*pl.* of قطعہ) **1** land plots, tracts of land. **2** regions divided according to administration or topography; divisions. اقطاع

/ɪqṭɑːʔ/ ■ *n.m.* sundering, cutting, severing, dividing, chopping off. اِقطاع

/əqṭəʔ/ ■ *adj.* **1** (person) with an amputated hand. **2** (*fig.*) ruined, rotten; downtrodden. اقطع

/ɪqʔɑː/ ■ *n.m.* (also اِقعاء) squatting, posture of sitting on hams, like a dog. اِقعا

/əqfɑːl/ ■ *n.m.* (*pl.* of قُفل) locks. اقفال

/əqəl/ ■ *adj.* (*elative* of قلیل) **1** least, minimum. اقل

in the same sign).

/ɪqṭesɑːḍ/ ■ *n.m.* **1** moderation, evenness, golden mean; frugality, thrift. **2** economy, a state of a country or region in terms of production and money-supply, etc. اِقتصاد

/ɪqṭesɑːḍiː/ ■ *adj.* economic, of or relating to economy. اِقتصادی

/ɪqṭesɑːḍɪjɑːṭ/ ■ *n.f.* economics, the branch of knowledge dealing with production, consumption of goods and money, etc. اِقتصادیات

/ɪqṭesɑːr/ ■ *n.m.* reduction, deduction, abridgement; reducing the limit or bounds of anything. اِقتصار

/ɪqṭezɑː/ ■ *n.m.* (also اِقتضاء) need, requisition; requirement, necessity, demand. اقتضائے دانائی what wisdom or reason demands or requires. اقتضائے مصلحت prudent, advisible or needed according to the situation, justified by end. اِقتضا

/ɪqṭɪfɑː/ ■ *n.m.* (also اِقتفاء) following; coming after; going behind. اِقتفا

/ɪqṭenɑːʔ/ ■ *n.m.* contentment; ability to do without. اِقتناع

/əqḍɑːh/ ■ *n.m.* (*pl.* of قدح) goblets; tumblers. اقداح

/əqḍɑːr/ ■ *n.f.* (*pl.* of قدر) values; measures, estimates. اقدار

/əqḍɑːm/ ■ *n.m.* (*pl.* of قدم) steps; paces; footsteps. اقدام

/ɪqḍɑːm/ ■ *n.m.* measure or action taken for some purpose; move. اقدامِ جرم attempted crime; attempt to commit crime, offence. اقدامِ قتل attempt of murder. اِقدام

/əqḍəs/ ■ *adj.* (*elative* of قادِس) holier or holiest; most sacred. اقدس

/əqḍəm/ ■ *adj.* (*elative* of قادِم) most ancient; older; first. اقدم

/ɪqrɑː/ ■ *n.m.* (also اِقراء) first word of the first verse of the Qur'an in order of revelation. ■ *imper.* read. ■ *n.f.* elementary learning; first Qur'anic lesson of a Muslim child. اِقرا

/ɪqrɑːr/ ■ *n.m.* **1** confession; admission. **2** acceptance; acknowledgement. **3** agreement. **4** pledge. اقرارِ صالح solemn affirmation or declaration. اقرارِ صحتِ قرضہ acknowledgement of debt. اقرار کا سچا man of words. اقرار کرنا admit, accept; confess. اقرارِ گناہ confession of sin. اقرار لینا take an undertaking. اقرار مدار swearing and pledging. اقرارنامہ written bond, contract, indenture. اِقرار

of one mind; with full attention or concentration. اِک دَرا room or yard with one door. اک دم at once, immediately; without loss of time. اک رُخا رُخی one-sided. اک ساں even, level, plane. اک لڑا one-stringed (necklace).

اکّا /əkkɑ:/ ■ *n.f.* elder sister; elder woman; old woman. اکابوا aunt (father's sister). اکا بھائی elder brother.

اِکّا /ɪkkɑ:/ ■ *n.m.* **1** a two-wheeled one horse-drawn cart. **2** (***Cards***) eka, the ace. **3** an official of the Mogul era. **4** a lamp with one candle. **5** a kind of bracelet with one gemstone. اکا دکا **1** one. **2** a few; in very small numbers.

اکابر /əkɑ:bɪr/ ■ *n.m.* (*pl.* of اکبر) **1** chiefs, leaders, men of rank or distinction, great ones. **2** elders. اکابر و اصاغر the high and the low; the great and the small; the rich and the poor. (*ppl.* اکابرین) (*opp.* اصاغر)

اکاج /əkɑ:dʒ/ ■ *n.m.* **1** harm, loss. **2** prejudice; atrocity; uselessness. ■ *adj.* harmful; useless.

اکاجی /əkɑ:dʒi:/ ■ *adj.* detrimental, hurtful, injurious; useless. ■ *n.m.* useless person.

اکادشی /ɪkɑ:ḍəʃi:/ ■ *n.f.* (also اکادسی) eleventh day of the lunar month, which is a day of fasting for many Hindus.

اکادمی /əkɑ:ḍmi:/ ■ *n.f.* academy. [E]

اکاذیب /əkɑ:zi:b/ ■ *n.m.pl.* lies, fabrications; false stories. (*sing.* اُکذوبہ)

اکارت /əkɑ:rəṱ/ ■ *adj.* **1** fruitless; inefficient, useless. **2** gainless, worthless, unserviceable. اکارت جانا/رہنا be wasted; be profitless; prove fruitless. اکارت کرنا to undo, destroy.

اکارہ /əkɑ:rɑ:/ ■ *n.m.* (***Bot.***) prickly chaff flower *Achyranthes aspera*, a thorny shrub used in medicine. (See also چرچٹا.)

اکاس /əkɑ:s/ ■ *n.m.* sky; space. See آکاش. اکاس بیل a parasitic climbing plant of the convolvulus family, dodder, *Cuscuta reflexa.*

اکاسی /ɪkɑ:si:/ ■ (also اِکیاسی) *cardinal number* eighty-one.

اِکاسی واں /ɪkɑ:si:vɑ̃:/ ■ *ordinal number* eighty-first.

اکال /əkɑ:l/ ■ *n.m.* **1** dearth, famine, drought. **2** that which survives forever. **3** (*fig.*) god. ■ *adj.* ill-timed; out of season; untimely; inopportune. اکال موت untimely, **2** smallest (number). **3** (***Math.***) (also ذو اضعاف اقل) lowest common factor, LCM. **4** mean, low (in position or respect). اقل درجہ the least degree or quantity; the minimum. اقل قلیل least, slightest. اقل و اکثر least and most; minimum and maximum.

اقلاً /əqəllən/ ■ *adv.* at least, at the very least.

اِقلاب /ɪqlɑ:b/ ■ *n.m.* **1** act of changing, replacing. **2** (***Recitation***) replacement of the sound of one letter with another.

اقلام /əqlɑ:m/ ■ *n.m.* (*pl.* of قلم) **1** writing pens. **2** (*fig.*) scripts (used to write a language).

اقلف /əqləf/ ■ *adj.* uncircumcised (person).

اقلّیت /əqəllɪjjəṱ/ ■ *n.f.* (also اقلیت) minority.

اقلّیتی /əqəllɪjjəṱi:/ ■ *adj.* belonging to minority.

اُقلیدس /ʊqlæ:ḍɪs/ ■ *pr.n.m.* (also اقلیدس) Euclid, the famous Greek mathematician and geometer. ■ *n.f.* geometry.

اِقلیم /ɪqli:m/ ■ *n.m.* **1** the seventh part of the world (according to ancient geographical divisions). **2** country; region, clime; dominion; realm. **3** (***Anat.***) part of a body. (*pl.* اقالیم)

اقمار /əqmɑ:r/ ■ *n.m.* (*pl.* of قمر) moons.

اقمِشہ /əqmɪʃɑ:/ ■ *n.m.* (*pl.* of قُماش) **1** clothes. **2** luggage; household effects.

اُقنوم /ʊqnu:m/ ■ *n.m.* **1** basis; element. **2** (***Christianity***) any person of the Christian Godhead, Father or Son or the Holy Spirit. (*pl.* اقانیم)

اقوال /əqvɑ:l/ ■ *n.m.* (*pl.* of قول) **1** maxims; sayings. **2** statements; opinions. (*ppl.* اقاویل)

اقوام /əqvɑ:m/ ■ *n.m.* (*pl.* of قَوم) **1** nations; peoples. **2** races, castes, ethnic groups. اقوام کی برادری comity of nations. اقوام متحدہ United Nations Organization, UNO.

اقوم /əqvəm/ ■ *adj.* more or most straight, upright; just.

اقویٰ /əqvɑ:/ ■ *adj.* (*elative* of قوی) **1** more or most powerful. **2** more reliable. **3** (*fig.*) (saying or reason) which can not be denied easily.

اقویا /əqvɪjɑ:/ ■ *n.m.* (*pl.* of قوی) powerful people, strong persons.

اِک /ɪk/ ■ (*contr.* of ایک) *cardinal number* one. اک بارگی suddenly. اک پیچا **1** type of a hookah. **2** type of a turban with one turn round the head. اک جا at one place; together. اک جہاں the whole world. اک چت unanimous;

unexpected or premature death.

اکّال /əkkɑ:l/ ■ *n.m.* **1** voracious eater, glutton. **2** (*fig.*) destroyer. اکال الامم a destroyer of nations.

اکالی /əkɑ:li:/ ■ *n.m.* religious sect of Sikhs.

اِکانوے /ɪkɑ:nve:/ ■ (also اِکیانوے) *cardinal number* ninety-one.

اِکانوےواں /ɪkɑ:nve:vɑ̃:/ ■ *ordinal number* ninety-first.

اِکاون /ɪkɑ:vən/ ■ (also اِکیاون) *cardinal number* fifty-one.

اِکاون واں /ɪkɑ:vənvɑ̃:/ ■ *ordinal number* fifty-first.

اِکائی /ɪkɑ:i:/ ■ *n.f.* **1** any digit from one to nine. **2** unit. **3** part of a country considered a unit administratively.

اِکباب /ɪkbɑ:b/ ■ *n.m.* **1** (***Physio.***) state of being upside down. **2** (***Zool.***) walking on all fours.

اکبر /əkbər/ ■ *adj.* greater; greatest. اکبرِ اعظم the great Mogul emperor Akbar. اکبر الکبائر the greatest of all great sins. (*opp.* اصغر)

اکبری /əkbəri:/ ■ *n.f.* name of a sweetmeat. ■ *adj.* of or pertaining to Mogul emperor Akbar.

اِکتارا /ɪkṯɑ:rɑ:/ ■ *n.m.* **1** single stringed musical instrument. **2** very fine cloth.

اِکتالیس /ɪkṯɑ:li:s/ ■ *cardinal number* forty-one.

اِکتالیس واں /ɪkṯɑ:li:svɑ̃:/ ■ *ordinal number* forty-first.

اُکتانا /ʊkṯɑ:nɑ:/ ■ *v.* (also اُکتاجانا) feel the tedium, be fed up with, lose interest, get bored, be bored, grow tired or weary, lose interest.

اُکتادینا /ʊkṯɑ: de:nɑ:/ ■ *v.* bore (someone), make someone uninterested.

اُکتاہٹ /ʊkṯɑ:həṯ/ ■ *n.f.* state of being bored, boredom.

اِکتتام /ɪkṯeṯɑ:m/ ■ *n.m.* concealment, act of covering up or hiding.

اِکتحال /ɪkṯehɑ:l/ ■ *n.m.* application of kohl to the eyes.

اِکتراث /ɪkṯerɑ:s/ ■ *n.m.* hesitation, vacillation.

اِکتساب /ɪkṯesɑ:b/ ■ *n.m.* **1** gain, profit, earning. **2** getting, receiving. **3** (*fig.*) learning.

اِکتسابی /ɪkṯesɑ:bi:/ ■ *adj.* **1** acquired; learnt; acquirable; learnable. **2** (one) who acquires through hard work or planning, (someone) who has acquired something that way (not bestowed by God). (*opp.* فطری)

اِکتشاف /ɪkṯeʃɑ:f/ ■ *n.m.* revelation, the revealing of something previously unknown, disclosure, discovery.

اِکتفا /ɪkṯefɑ:/ ■ *n.m. & f.* contentment, adequacy, sufficiency. اکتفا پذیر contented. اکتفا کرنا be content (with), consider to be sufficient.

اِکتناز /ɪkṯenɑ:z/ ■ *n.m.* coffers, treasury; accumulated wealth.

اِکتناہ /ɪkṯenɑ:h/ ■ *n.m.* seeing through; finding truth.

اکتوبر /əkṯu:bər/ ■ *n.m.* October, the tenth month of the Gregorian calendar. [E]

اِکتہال /ɪkṯehɑ:l/ ■ *n.m.* old age.

اِکتّیس /ɪkəṯṯi:s/ ■ *cardinal number* thirty-one.

اِکتّیس واں /ɪkəṯṯi:svɑ̃:/ ■ *ordinal number* thirty-first.

اَکٹ /əkəṯ/ ■ *adj.* unbreakable; tenacious, firm, determined.

اِکٹا /ɪkṯɑ:/ ■ *n.m.* whetstone for refining gems.

اُکٹاپانچی /ʊkṯɑ:pɑ̃:tʃi:/ ■ *n.f.* quarrel involving exposure of each other's secrets.

اُکٹنا /ʊkəṯnɑ:/ ■ *v.* **1** abuse, vilify, rob the good name of, fish out a secret. **2** dig up, turn up, uproot, root out, damage, ruin.

اِکٹّھا /ɪkəṯʰṯʰɑ:/ ■ *adj.* (also اِکھٹّا) **1** collected together. **2** assembled; in one place. **3** united. ■ *adv.* together; in unison; in one go, in a bulk or lump. اکٹھا کرنا **1** collect. **2** get together, get assembled. **3** get united, create unity. (*fem.* اِکٹھی)

اُکٹھا /ʊkṯʰɑ:/ ■ *adj.* dried out, desiccated and twisted (tree).

اِکثار /ɪksɑ:r/ ■ *n.m.* abundance; profusion.

اکثر /əksər/ ■ *adj.* frequent; very much, great many, most. ■ *adv.* often; frequently; generally. اکثر اوقات often; mostly.

اکثریّت /əksərɪjjəṯ/ ■ *n.f.* majority.

اکثریّتی /əksərɪjjəṯi:/ ■ *adj.* belonging to majority; majority (class, party, etc.).

اکثف /əksəf/ ■ *adj.* (*elative* of کثیف) thicker or thickest; most condensed; dirtiest.

اکچھر /əktʃʰər/ ■ *adj.* unchanged; sustaining; permanent.

اکحال /əkhɑ:l/ ■ *n.m.* (*pl.* of کُحل) kohls, antimonies.

اِکدش /ɪkḏɪʃ/ ■ *adj.* hybrid (man or animal).

اکّر /əkkər/ ■ *n.m.* a kind of pigeon which struts with puffed out breast.

اُکر /ʊkər/ ■ *n.m.* dome; something that is ball-shaped.

اکرا /əkrɑː/ ■ *n.f.* vetch growing under spring crop, *Vicia sativa*.

اکرام /əkrɑːm/ ■ *n.m.* (*pl.* of کرم) generosities, bounties.

اِکرام¹ /ɪkrɑːm/ ■ *n.m.* **1** favour; kindness. **2** gift. **3** reverence, honour, veneration. [A]

اِکرام² ____ ■ *n.m.* the groove in which the door bar is inserted. [dial.]

اِکراہ /ɪkrɑːh/ ■ *n.f.* **1** hatred, abomination, disgust. **2** excuse, plea, pretext. **3** constraint, compulsion, coercion.

اکرم /əkrəm/ ■ *adj.* **1** (*elative* of کریم) more or most compassionate; more benevolent, most gracious. **2** respected, venerable, honourable.

اکرما /əkərmɑː/ ■ *adj.* idle; work-shy; useless.

اکروڑا /əkroːɽɑː/ ■ *n.m.* (also اکروڑا) medicated boiled water for lavation used by a woman after childbirth.

اکری /əkriː/ ■ *n.f.* funnel for sowing seeds.

اکڑ /əkəɽ/ ■ *n.f.* **1** stiffness, hardness, cramp. **2** pride, arrogance, conceit. **3** obstinacy, stubbornness. اکڑباز pompous, arrogant, haughty; obstinate, headstrong person; bully. اکڑبازی arrogance; obstinacy. اکڑبیٹھنا be arrogant; behave stubbornly; show attitude. اکڑپن state of being arrogant or stubborn. اکڑفوں domineering attitude; pompousness; stubbornness.

اَکّڑ /əkkəɽ/ ■ *adj.* arrogant; bad-tempered, stubborn.

اکڑا /əkɽɑː/ ■ *n.m.* (also اکڑاوٹ) **1** stiffness of muscles. **2** rudeness. **3** haughtiness. ■ *adj.* stiff; stiffened; cramped. (*fem.* اکڑی)

اکڑاٹ /əkɽɑːʈ/ ■ *n.f.* (also اکڑاوٹ، اکڑاہٹ) stiffness; hardness; cramp.

اکڑانا /əkɽɑːnɑː/ ■ *v.* stiffen a body part; flex muscle.

اکڑن /əkɽən/ ■ *n.f.* hardness; stiffness; cramp.

اکڑنا /əkəɽnɑː/ ■ *v.* **1** become stiff, be cramped. **2** (of a body part) be numb or without sensation. **3** become hard; be rigid. **4** be arrogant, behave conceitedly. **5** be stubborn, behave adamantly. **6** walk with puffed out breast.

اکڑنت /əkɽənʈ/ ■ *n.f.* **1** cramp, stiffness. **2** conceit.

اکڑو /əkɽuː/ ■ *adj.* arrogant; boastful.

اُکڑوں /ʊkɽũː/ ■ *n.m.* (also اُکڑو) a posture of sitting on the hams and heels. اکڑوں بیٹھنا squat.

اِکزاز /ɪkzɑːz/ ■ *n.m.* shrinking, contracting; tightening.

اِکساد /ɪksɑːɖ/ ■ *n.m.* oxidization.

اِکسار /ɪksɑːr/ ■ *adj.* level, even, flat.

اِکساں /ɪksɑ̃ː/ ■ *adj.* same. See یکساں.

اُکسانا /ʊksɑːnɑː/ ■ *v.* (also اُسکانا) **1** uplift; raise (the wick of a lamp). **2** instigate, excite, provoke, arouse. **3** move.

اُکساہٹ /ʊksɑːhəʈ/ ■ *n.f.* instigation; inducement.

اِکسٹھ /ɪksəʈʰ/ ■ *cardinal number* sixty-one.

اِکسٹھواں /ɪksəʈʰvɑ̃ː/ ■ *ordinal number* sixty-first.

اکسمات /əksəmɑːʈ/ ■ *adv.* without a cause; fortuitously; unexpectedly, without notice, suddenly, abruptly.

اُکسنا /ʊkəsnɑː/ ■ *v.* **1** be provoked, be excited, be roused, be stirred. **2** to rise, mount; struggle to rise. **3** be raised. **4** come out from seed; sprout. **5** (*fig.*) to move away; put off, waver.

اِکسیر /ɪksiːr/ ■ *n.f.* **1** a powder or mixture supposed to turn metals into gold and silver, philosopher's stone, elixir. **2** a cure-all medicine, panacea, sovereign remedy. **3** very effective medicine or advice, a very useful thing. اکسیرِ اعظم cure-all; a panacea. اکسیری بوٹی the herb or medicine which is supposed to turn metals into gold and silver. اکسیری پڑیا extremely useful; very effective. اکسیرگر alchemist.

اِکسیری /ɪksiːriː/ ■ *adj.* of or relating to اِکسیر; very effective (medicine or remedy, etc.).

اکش /əkʃ/ ■ *n.m.* **1** dice; spots on dice. **2** degree of latitude.

اکشت /əkʃəʈ/ ■ *n.m.* whole grain, especially rice used in religious ceremonies.

اکشر /əkʃər/ ■ *n.m.* (also اچھر، انچھر) letter (of the alphabet); syllable.

اکفا /əkfɑː/ ■ *n.m.* (*pl.* of کُفو) people of the same status or family, of equal rank.

اِکفا /ɪkfɑː/ ■ *n.m.* a kind of false rhyme.

اکفر /əkfər/ ■ *adj.* (*elative* of کافر) extreme infidel.

اکل /əkəl/ ■ *adj.* lonely, alone. اکل کھرا (also اکھل کھرا) **1** unsociable; non-cooperative; selfish. **2** unreasonable; bad-tempered; inhospitable, unfriendly.

اکل /əkl/ ■ *n.m.* **1** eating; swallowing. **2** food, eatables, diet. اکلِ حلال **1** food, etc. earned through fair means; means of sustenance earned through hard work. **2** (*fig.*) employment or work permitted by religion. اکل و شرب eating and drinking; food and drink.

اِکلا /ɪklɑ:/ ■ *adj.* one, lone, only, sole, single.

اکلانا /əkʊlɑ:nɑ:/ ■ *v.* **1** feel sick, feel nausea. **2** feel anxious or uneasy. **3** be bored.

اکلاہٹ /əklɑ:hət̪ / ■ *n.f.* dull or unpleasantly bitter taste.

اِکلائی /ɪklɑ:i:/ ■ *n.f.* sheet of cloth, one yard wide, generally laced.

اِکلَوتا /ɪklo:t̪ɑ:/ ■ *adj.* one and only; only. ■ *n.m.* the only son.

اِکلَوتی /ɪklo:t̪i:/ ■ *adj.* (*fem.* of اِکلوتا). ■ *n.f.* the only daughter.

اِکلیل /ɪkli:l/ ■ *n.m.* **1** crown studded with diamonds. **2** solar corona.

اکم /əkəm/ ■ *adv.* much; more than estimation.

اِکمال /ɪkmɑ:l/ ■ *n.m.* completing, finishing, accomplishing; perfecting.

اکمامہ /əkmɑ:mɑ:/ ■ *n.m.pl.* petals; leaves of flower.

اکمل /əkməl/ ■ *adj.* (*elative* of کامل) most perfect; complete in every respect.

اکملی /əkməli:/ ■ *adj.* of or relating to اکمل; having perfection.

اکملیّت /əkməlɪjjət̪/ ■ *n.f.* perfection, the state of being perfect.

اکمہ /əkmɑ:/ ■ *adj.* blind from birth.

اکناف /əknɑ:f/ ■ *n.m.* (*pl.* of کنف) sides; suburbs; environs; region or area of a country. اکنافِ عالم all sides of the world; the whole world.

اِکنّی /ɪkənni:/ ■ *n.f.* sixteenth part of a rupee; one anna piece, (no more in use).

اکوّا /əkəvvɑ:/ ■ *n.m.* swallowwort.

اکواب /əkvɑ:b/ ■ *n.m.* clay tumblers. (*sing.* کوب)

اکوار /əkvɑ:r/ ■ *n.f.* hug, embrace. اکوار بھرنا/لینا to hug, embrace.

اِکوتا /ɪko:t̪ɑ:/ ■ *n.m.* eczema, boils that appear on hand or leg.

اکور /əko:r/ ■ *n.f.* bribe; illegal gratification; allurement.

اکوڑا /əko:ɽɑ:/ ■ *n.m.* forceps. (See also اُٹھنگن.)

اکول /əku:l/ ■ *adj.* glutton, voracious; gormandizer.

اکول /əko:l/ ■ *n.m.* (also انکول) a thorny tree, the oil of which was traditionally used for charm or magic, *Alangium hexapetalum*.

اکولا /əko:lɑ:/ ■ *n.m.* iron stove.

اکولا /əko:lɑ:/ ■ *n.m.* (also اکھولا، اگولا، انگولا) bud developing on the upper stem of sugar cane which is considered not as sweet.

اِکونا /ɪko:nɑ:/ ■ *adj.* sifted or cleaned grain.

اِکونج /ɪkõ:dʒ/ ■ *n.f.* woman who has given birth to one child only. اکونج سے بھلی بانجھ a woman who has never given birth to a child is better than one with only one child; something that produces very little is of no use.

اکونڈی /əkõ:d̪i:/ ■ *n.f.* poker, the iron implement used to stir fire.

اُکونے /ʊko:ne:/ ■ *n.m.pl.* retchings during pregnancy; morning sickness.

اکوہر /əko:hər/ ■ *n.f.* a tree the wood of which is used in cheap buildings.

اِکہرا /ɪkæhrɑ:/ ■ *adj.* **1** of one piece; of single fold. **2** slender, thin. **3** unmarried, bachelor. **4** alone, lonely. **5** sheer, diaphanous. **6** an ox that is thin and not able to do hard work. اکہرا بدن slender body. (*fem.* اِکہری)

اِکیاسی /ɪkjɑ:si:/ ■ *cardinal number* eighty-one.

اِکیانوے /ɪkjɑ:nve:/ ■ *cardinal number* ninety-one.

اِکیاون /ɪkjɑ:vən/ ■ *cardinal number* fifty-one.

اکید /əki:d̪/ ■ *adj.* (used with تاکید) powerful, emphatic.

اِکّیس /ɪkki:s/ ■ *cardinal number* twenty-one.

اِکّیس واں /ɪkki:svɑ̃:/ ■ *ordinal number* twenty-first.

اکیل /əke:l/ ■ *n.f.* (*contr.* of اکیلا) isolation, loneliness, solitude. ■ *adj.* alone.

اکیلا /əke:lɑ:/ ■ *adj.* **1** solitary, lonesome, alone. **2** unique, unprecedented, unrivalled. **3** desolate, uninhabited. ■ *n.m.* loneliness; isolation. ■ *adv.* lonely; only. اکیلا پن loneliness; singleness; the state of being alone. اکیلا چنا بھاڑ نہیں پھوڑتا one flower does not make a garland; one swallow does not make a summer. اکیلا دُکیلا alone, only one fellow or two (thus helpless). اکیلا روتا بھلا نہ ہنستا بھلا a lone fellow cannot enjoy much unless there are a few people.

اُکیلنا /ʊke:lnɑ:/ ■ *v.* **1** peel off. **2** undo; open out; rip up.

اکیلی /əke:li:/ ■ *adj.* (*fem.* of اکیلا) اکیلی تو لکڑی بھی نہیں جلتی a lone fellow cannot do much. اکیلی جان single, companionless.

اکیلے /əke:le:/ ■ *n.m.* (*pl.* & *infl.* of اکیلا) اکیلے دُکیلے alone, only one fellow or two (thus helpless). اکیلے دُکیلے کا اللہ بیلی may God protect a lonely traveller or man! a fellow travelling alone is always in danger. اکیلے میں privately, in privacy.

اکھّا /əkʰkʰɑ:/ ■ *n.m.* sack for putting on an animal's back for carrying burden. ■ *adj.* (*slang*) entire, all, total.

اکھات /əkʰɑ:t̪/ ■ *n.f.* lake, lagoon; wetland.

اُکھاری /ʊkʰɑ:ri:/ ■ *n.f.* sugar cane sapling.

اُکھاڑ /ʊkʰɑ:ɽ/ ■ (*imper.* of اُکھاڑنا) uproot, pull out. ■ *n.f.* pulling up, plucking up, extirpation, uprooting. اُکھاڑ پچھاڑ 1 dismantling; disturbance. 2 conspiracy, plot. 3 row, tussle.

اکھاڑا /əkʰɑ:ɽɑ:/ ■ *n.m.* 1 akhara, a traditional wrestling ground; an area for physical exercise or practising wrestling. 2 battlefield. 3 (*fig.*) assembly; congregation. 4 a place where people gather, meeting place. 5 stage or platform upon which dancers or performers perform. اکھاڑا کرنا (***Hindusim***) worship the idol in a secluded place or forest. اکھاڑا نکلنا 1 take out a procession with performers. 2 come to an end, finish.

اُکھاڑنا /ʊkʰɑ:ɽnɑ:/ ■ *v.* 1 uproot, pull out, dig up, extract. 2 dislocate (a joint of body). 3 separate, detach. 4 peel off; waste; weed out. 5 ravage, demolish, destroy. 6 dismiss; expel, oust. 7 displace, dislodge.

اُکھاڑی /ʊkʰɑ:ɽi:/ ■ *n.f.* low quality sugar cane.

اُکھال /ʊkʰɑ:l/ ■ *n.f.* 1 nausea, vomiting, retching. 2 throwing up.

اُکھالنا /ʊkʰɑ:lnɑ:/ ■ *v.* 1 vomit. 2 throw up.

اکھانی /əkʰɑ:ni:/ ■ *n.f.* millet used as fodder.

اُکھانی /ʊkʰɑ:ni:/ ■ *n.f.* 1 a kind of five-pronged spade for picking stone, etc. 2 rake used for smoothing loose soil.

اکھت /əkʰət̪/ ■ *n.f.* part of produce given to a field worker.

اِکھتّر /ɪkʰət̪t̪ər/ ■ (also اِکہتّر) *cardinal number* seventy-one.

اِکھتّرواں /ɪkʰət̪t̪ərvɑ̃:/ ■ (also اِکہتّرواں) *ordinal number* seventy-first.

اِکھٹّا /ɪkʰəʈʈɑ:/ ■ *adv.* together. See اِکٹھا.

اُکھٹنا /ʊkʰəʈnɑ:/ ■ *v.* (of a plant root) shift so as to become unable to sprout; stumble; trip.

اکھرا /əkʰrɑ:/ ■ *adj.* (of a field) harvested but still not cleared.

اکھرالی /əkʰrɑ:li:/ ■ *n.f.* sign that wild animals leave and which confirms that the animals had been there. اکھرالی کرنا (of wild animals) rest.

اکھرنا /əkʰərnɑ:/ ■ *v.* be offensive, be painful or burdensome, be disagreeable; annoy; vex.

اکھّڑ /əkʰkʰəɽ/ ■ *adj.* 1 uncivilized, unrefined, unpolished. 2 rude; rough; boorish, loutish. اکھڑپن rudeness; boorishness.

اُکھڑا /ʊkʰɽɑ:/ ■ *adj.* 1 pulled out; shaken, shifted. 2 ill-formed, irregular. 3 reluctant, averse. 4 uncertain; indistinct. اُکھڑا اُکھڑا 1 disjointed, unconnected, incongruous. 2 unwilling; disgruntled; disheartened. اکھڑا پکھڑا broken; shattered. اکھڑا لہجہ rough or angry tone, harsh or caustic speech. (*fem.* اُکھڑی)

اُکھڑنا /ʊkʰəɽnɑ:/ ■ *v.* 1 be uprooted, be plucked up or out, be pulled out. 2 become alienated or estranged. 3 be displaced or dislocated. 4 (of a tent) be struck or dismantled. 5 (of breath) be smothered or suffocated. 6 be unstitched. 7 come out or fall out. 8 gallop, stride (of a horse). اُکھڑنا پکھڑنا be plucked up.

اُکھڑوانا /ʊkʰəɽvɑ:nɑ:/ ■ *v.* have eradicated; be extirpated; to cause to be rooted out; have pulled out.

اکھل کھرا /əkʰəlkʰʊrɑ:/ ■ *adj.* selfish. See اکل کھرا under اکل.

اُکھلی /ʊkʰli:/ ■ *n.f.* mortar for pounding grain, etc. See اوکھلی.

اکھنڈ /əkʰənɖ/ ■ *adj.* 1 undivided, unbroken, entire, whole, one. 2 untouched; inaccessible. 3 (animal) never taken for a ride. 4 immortal, perpetual. 5 (*fig.*) God.

اکھنڈا /əkʰənɖɑ:/ ■ *n.m.* pit near a river or pond, etc. for keeping fish catch.

اکھنڈت /əkʰənɖɪt̪/ ■ *adj.* whole, complete; continuous, unbroken, undivided.

اکھوا /əkʰvɑ:/ ■ *n.m.* growth that sprouts first from a seed, bud; shoot.

اکھولا /əkʰo:lɑ:/ ■ *n.m.* (*var.* of اکولا) bud or the upper stem of a sugar cane.

اُکھیڑ /ʊkʰe:ɽ/ ■ *n.f.* 1 opposition. 2 trick of lifting up of the opponent in wrestling.

اُکھیڑنا /ʊkʰe:ɽnɑ:/ ■ *v.* uproot. See اُکھاڑنا.
اگات /əgɑ:ṭ/ ■ *n.f.* harvest or sowing before time.
اگاچی /əgɑ:tʃi:/ ■ *n.f.* veranda or porch.
اُگارنا /ʊgɑ:rnɑ:/ ■ *v.* 1 clean a well by removing the sediment. 2 (*fig.*) lift up; take out.
اگاڑا /əgɑ:ɽɑ:/ ■ *n.m.* front portion of a house.
اگاڑی /əgɑ:ɽi:/ ■ *n.f.* 1 front; frontage. 2 fore-fetters of a horse. 3 money paid in advance. 4 vanguard. 5 scale, either of the dishes on a simple balance upon which thing to be weighed is kept. ■ *adv.* in front of, ahead; early. اگاڑی پچھاڑی 1 rope used to hobble the fore and hind legs of a horse. 2 (*fig.*) the present status and consequence. اگاڑی پچھاڑی لگانا hobble the fore and hind legs of a horse. اگاڑی مارنا surprise the vanguard; attack from the front or head on.
اُگاس /ʊgɑ:s/ ■ *n.f.* growth, vegetation.
اگاسی /əgɑ:si:/ ■ *n.f.* 1 portico; veranda. 2 turban.
اُگال /ʊgɑ:l/ ■ *n.m.* half-chewed morsel spat out, especially of paan. اُگال دان spittoon, container for spitting into.
اُگالنا /ʊgɑ:lnɑ:/ ■ *v.* 1 spit out. 2 chew the cud, ruminate. See جگالنا، جگالی کرنا
اُگانا¹ /ʊgɑ:nɑ:/ ■ *v.* to cause to grow; raise. [S]
اُگانا² ____ ■ *v.* (*contr.* of اُگاہنا). [S]
اُگاہنا /ʊgɑ:hnɑ:/ ■ *v.* realize debt, collect the receivable.
اُگاہی /ʊgɑ:hi:/ ■ *n.f.* 1 act of collecting the receivable. 2 money due, receivable. 3 loan payable in instalments.
اُگاؤ /ʊgɑ:o:/ ■ *n.m.* growth; cultivation.
اگائی /əgɑ:i:/ ■ *n.f.* the act of keeping in front or before one's eyes. ■ *adj.* of or relating to front.
اگایا /əgɑ:jɑ:/ ■ *n.m.* front part (of body, etc.). ■ *adj.* before time, early (of crop).
اُگت /ʊgəṭ/ ■ *n.f.* 1 (also اوگت) innovation; invention. 2 production; growth, cultivation.
اُگٹاپیچی /ʊgʈɑ:pe:tʃi:/ ■ *n.f.* the act of taunting or chiding during a brawl.
اُگٹنا /ʊgəʈnɑ:/ ■ *v.* abuse, use bad language; taunt; remind someone of favours done to him/ her.
اگر¹ /əgər/ ■ *conj.* 1 if, in case that, in the event of. 2 provided, on condition that. 3 so long as, as long as. اگرچہ 1 although, though. 2 even if; granted that. اگر مگر hesitation; prevarication; finding excuses. اگر مگر کرنا hesitate; prevaricate; find excuses for not doing something. [P]
اگر² ____ ■ *n.m.* 1 wood of aloe which gives off fragrance on burning. 2 name of a tree, *Aquilaria agallocha.* اگر بتی thin stick covered with incense paste, joss stick. اگردان vessel for holding joss stick, censer. اگرسوز vessel used for burning incense of aloe wood. اگرِ غرقی the wood of *agar*, named so because it drowns in water due to its weight. [S]
اُگرنا /ʊgərnɑ:/ ■ *v.* (of a well) to become clean.
اگرئی /əgrəi:/ ■ *adj.* 1 of or relating to اگر². 2 of the colour of aloe wood; brown. ■ *n.f.* name given to the troops of a Mogul platoon that wore brownish uniform. ■ *n.m.* a kind of a pigeon.
اگری /əgəri:/ ■ *adj.* of the colour or fragrance of aloe wood.
اگڑ بگڑ /əgəɽ bəgəɽ/ ■ *n.m.* (also اگڑم بگڑم) 1 mess, disorder, jumble, confusion. 2 trifling talk, nonsense, incomprehensible words. ■ *adj.* 1 jumbled up, mixed up. 2 (goods) of any kind (good or bad).
اگست¹ /əgəsṭ/ ■ *n.m.* August, the eighth month of the Gregorian calendar. [E]
اگست² ____ ■ *n.m.* 1 name of a star. 2 shrub with leaves resembling those of tamarind, *Aeschynomene grandiflora*. [S]
اُگ سُگ /ʊgsʊg/ ■ *n.f.* reason, sanity. اُگ سُگ گنوا بیٹھنا lose one's senses.
اگل /əgəl/ ■ *adv.* before; in front, face to face. ■ *adj.* See اگلا.
اُگل /ʊgəl/ ■ (*imper.* of اُگلنا) اگل پڑنا vomit, spew; cast out. اگل نگل کر کھانا eat (usu. tasteless food) reluctantly.
اگلا /əglɑ:/ ■ *adj.* 1 first, foremost. 2 prime, main, chief, principal. 3 prior, previous; former; past; anterior. 4 antecedent, preceding. 5 coming, next (esp. year or age). 6 best, superior, of a good quality. ■ *n.m.* 1 contender, opponent. 2 (*fig.*) God. اگلا پردہ foresail of a ship. اگلا جنم (esp. ***Hinduism***) the next reincarnation; former birth. اگلا دن (*fig.*) doomsday. اگلا گرا پچھلا ہوشیار a person learns from other's mistakes. (*opp.* پچھلا)

غ	ع	ظ	ط	ض	ص	ش	س	ژ	ز	ڑ	ر	ذ
ɣ	ʔ	z	ṭ	z	s	ʃ	s	ʒ	z	ɽ	r	z

اُگلنا /ʊgəlnɑ:/ ■ *v.* **1** vomit, spew; spit out. **2** (*fig.*) disclose (a secret, etc.); tell the truth. **3** exhibit, manifest. **4** dig out; bring forth. (*opp.* نگلنا)

اگلی /əgli:/ ■ *adj.* (*fem.* of اگلا) اگلی پچھلی کرنی (***Hinduism***) the fruits of one's acts in this life or in a former existence. (*opp.* پچھلی)

اگلے /əgle:/ ■ *n.m.* (*pl.* & *infl.* of اگلا) ا اگلے پچھلے **1** ancestors, elders, predecessors; posterity; descendants; preceding and succeeding generations. **2** of past and future (all). ا اگلے زمانے/وقتوں کے **1** of or from a former age or generation. **2** (*fig.*) simple; artless, innocent; straightforward. ا اگلے نے کیا پچھلے پر آئی elders committed mistakes and youngsters faced the consequences. (*opp.* پچھلے)

اگم /əgəm/ ■ *adj.* (also اگھم) **1** very deep, bottomless. **2** inaccessible; unintelligible. ■ *n.f.* depth.

اگن /əgən/ ■ *n.f.* **1** fire; inflammation. **2** (*fig.*) hell. اگن باد a horse disease accompanied by loss of fine hair of the skin. ا اگن بان firework which flies like an arrow. ا اگن بجرا boat carrying fireworks. ا اگن بم firebomb. ا اگن بوٹ steamboat. ا اگن پریکشا/پرچھا (***Hist.***) custom of walking on embers to prove one's innocence, an old lie-detection test. ا اگن چرخ revolving firework. ا اگن روک fireproof; anti-fire (equipment or arrangement). ا اگن کنڈ fire pit. ا اگن گولا a kind of firework flying as a fiery globe. ا اگن گیر earthen pot with fire inside.

اِگن /əgɪn/ ■ *n.m.* species of lark. ا اگن کے بچے کھجور پر بتانا give irrelevant or evasive answer.

اَگُن /əgʊn/ ■ *adj.* tactless, gauche, clumsy.

اُگنا /ʊgnɑ:/ ■ *v.* **1** (of a seed or spore) vegetate, germinate. **2** produce shoots and leaves, etc., start to grow, sprout, spring up, rise; set in.

اگنت /əgnəṯ/ ■ *adj.* countless, in a great number. See ان گنت under ان[1].

اگنی /əgni:/ ■ *n.f.* **1** fire. See اگن. **2** patch of horse hair. ا اگنی باؤ farcy, a contagious disease of horses associated with painful ulcerating growths, especially upon the head and limbs. ا اگنی دیوتا fire-god. ا اگنی دیوی fire-goddess. ا اگنی کریا cremation.

اگوا /əgvɑ:/ ■ *n.m.* **1** guide; leader; conductor; forerunner, harbinger. **2** one who negotiates a marriage, matchmaker.

اگوار /əgvɑ:r/ ■ *n.m.* a portion of grain set apart for field workers.

اگواڑا /əgvɑ:ɽɑ:/ ■ *n.m.* front; front of a house, forepart, front yard. (*opp.* پچھواڑا)

اگواڑے /əgvɑ:ɽe:/ ■ *n.m.* (*pl.* & *infl.* of اگواڑا) ا اگواڑے پچھواڑے vicinage, neighbourhood; places in front and rear. (*opp.* پچھواڑے)

اگواسی /əgvɑ:si:/ ■ *n.f.* body of the ploughshare.

اگوائی /əgvɑ:i:/ ■ *n.f.* front side of oven or fireplace.

اگوٹ /əgo:ṯ/ ■ *n.m.* **1** area where there is no village. **2** safe path in a forest for wild animals to get out in case of a fire.

اگوچر /əgo:tʃər/ ■ *adj.* invisible, unseen, not obvious; hidden; secret. ■ *n.m.* (*fig.*) the invisible Supreme Being, God.

اگور /əgɔ:r/ ■ *n.m.* advance rent paid by the cultivator to the landowner in the month of Jeth (جیٹھ) and Asarh (اساڑھ). ا اگور بٹائی division of the crop in predetermined proportions between landlord and tenant.

اگورا /əgo:rɑ:/ ■ *n.m.* field guard; watchman.

اگولا /əgɔ:lɑ:/ ■ *n.m.* (also اکولا، اکھولا) upper part of sugar cane which is insipid.

اگیا /əgjɑ:/ ■ *n.f.* (*dim.* of آگ) (also اگیّا) fire; flame. ا اگیا بیتال (also اگنی بیتال) **1** will-o'-the-wisp, ignis fatuus. **2** sparks or flames sometimes seen at night in desolate places and forests. **3** a demon who is believed to rule over fire; fire fiend; a bad spirit appearing like a flame. **4** (*fig.*) very active and clever person. ا اگیا گھاس lemon grass.

اگیاری /əgjɑ:ri:/ ■ *n.f.* **1** kindling fire at the time of devotions by the Hindus. **2** fire, fire-place.

اگیّان /əggejɑ:n/ ■ *n.m.* ignorance; foolishness, folly, stupidity.

اگیّانی /əggejɑ:ni:/ ■ *adj.* naive; ignorant; foolish.

اگیتا /əgæ:ṯɑ:/ ■ *adj.* ripening of a crop or a portion of crop sown early.

اگیتی /əgæ:ṯi:/ ■ *adj.* (*fem.* of اگیتا) ا اگیتی کھیتی early crop.

اُگھاڑا /ʊgʰɑ:ɽɑ:/ ■ *adj.* **1** bare, unclothed, undressed, nude; unveiled; visible. **2** disclosed, discovered; manifest, evident.

/ʊgʰɑ:ɽnɑ:/ ■ *v.* **1** lay bare, uncover, unveil. **2** reveal, divulge, disclose. اُگھاڑنا

/əgʰɑ:nɑ:/ ■ *v.* **1** be satiated (with), be satisfied (with), be contented. **2** to satisfy; glut; to fill to excess. **3** give oneself airs, swell with pride. ■ *adj.* satiated; filled. اگھانا

/ʊgʰɑ:nɑ:/ ■ *v.* (*var.* of اُگاہنا) collect or realise (money). اُگھانا

/əgʰəm/ ■ *adj.* (also اگم) very deep, very profound. اگھم

/əgʰən/ ■ *n.m.* ninth month of the Bikrami calendar corresponding to November-December. اگھن

/əgʰni:/ ■ *n.f.* the produce of the month of اگھن; early winter harvest. اگھنی

/əgʰo:r/ ■ *adj.* **1** filthy, dirty. **2** fierce, fearsome. ■ *n.m.* an appellation of Hindu god Shiva. اگھورپنتھ a sect of Hindu mendicants who eat anything and everything however filthy or unclean. (*fem.* اگھورن) اگھور

/əgʰo:ri:/ ■ *adj.* **1** filthy, foul, impure. **2** gluttonous; greedy; voracious, edacious. ■ *n.m.* a follower of Hindu sect of *aghor panth* (اگھورپنتھ). اگھوری پنا **1** greediness. **2** filthiness, impurity, dirtiness. اگھوری

/əl/ ■ *det.* the, Arabic definite article. الاحد the One and Only, one of the ninety-nine names of Allah. الآن now, right now, just now, at this time. التواب the Forgiver of repentants, one of the ninety-nine names of Allah. الجامع the Gatherer, one of the ninety-nine names of Allah. السمیع the All-hearing, one of the ninety-nine names of Allah. العبد (*literal*) servant, slave; the obedient one; (used in applications, etc.) yours obediently. الغیب **1** the concealed, invisible, hidden (truths, facts). **2** the mystical world, the hidden world. الکبیر the Great, one of the ninety-nine names of Allah. المبلغ money, cash, ready money. المصور the Fashioner, one of the ninety-nine names of Allah. النافع the Benefactor, one of the ninety-nine names of Allah. ال

/əlɑ:/ ■ *exclam.* used to call attention or warn; listen! hark! الا

/ɪllɑ:/ ■ *adv.* **1** if, in case. **2** except, save. الا اللہ **1** (*literal*) except Allah; but for Allah; used as an exclamation. **2** the second part of *Kalimah* (کلمہ). اِلّا[1]

الاماشاءاللہ except what Allah wills; in exceptional cases. [A]

اِلّا[2] ____ ■ *n.m.* black thick mole on the skin. [Prk.]

/əlɑ:bəlɑ:/ ■ *n.f.* **1** untidy mass, mess, jumbled miscellany, hotchpotch. **2** calamity, catastrophe. **3** evil spirits. الابلا

/əlɑ:p/ ■ *n.f.* **1** alap, fluctuation of the voice in singing, tuning up. **2** chant, song; melodious voice. **3** (*fig.*) something uttered (either in prose or verse). الاپ چاری act of modulating the voice prior to singing. الاپ

/əlɑ:pnɑ:/ ■ *v.* **1** modulate or tune the voice or run over different notes before or during singing or playing an instrument. **2** (*fig.*) talk loudly or incessantly (usu. about a disagreeable matter). الاپنا

/əlɑ:ʈu:ni:/ ■ *n.f.* nonsense, boastful talk; brag. الاتونی دام very high price. الاتونی

/ɪlɑ:tʃɑ:/ ■ *n.m.* (also الاچا، الاچہ) a kind of cloth embroidered with patterns resembling cardamom leaves. اِلاچہ

/ɪlɑ:tʃi:/ ■ *n.f.* cardamom. See اِلائچی. اِلاچی

/əlɑhəd/ ■ *pr.n.m.* the One and Only. See under ال. الاحد

/əlæhjɑ:/ ■ *n.m.pl.* the living, especially inheritors. الاحیاوالاموات the living and the dead. الاَحیا

/ʊlɑ:r/ ■ *adj.* (also اُلال) (of a cart) upending due to being too heavily laden at the rear. اُلار

/əlɑ:rɑ:si:/ ■ *adj.* **1** carefree, careless, slack; heedless. **2** idle; sluggish. ■ *n.f.* carelessness, slackness. الاراسی کارخانہ something done carelessly. الاراسی مزاج careless. الاراسی

/ʊlɑ:rnɑ:/ ■ *v.* turn over or the side, upend (a cart). اُلارنا

/ʊlɑ:ɣ/ ■ *n.m.* **1** beast of burden, e.g. donkey, mule. **2** (*arch.*) horse used by the mail man from one stage to the next. اُلاغ

/əlɑlɑ:nɑ:/ ■ *v.* exist with vehemence. ال الانا

/əlɑmɑ:n/ ■ *exclam.* (also الامان والحفیظ) Mercy! God save us! Lord preserve me! expressing desire for refuge or protection. الامان

/ʊlɑ:nɑ:/ ■ *n.m.* (also اُلاہنا) **1** taunt, sarcasm. **2** blame, accusation. ■ *v.* tease, jeer, make insinuation (about). اُلانا

/əllɑ:nɑ:/ ■ *v.* shout, cry with pain, make a noise, squeak; groan, wail. الّانا

ninety-nine names of Allah.
البتّہ /əlbət̪t̪ɑ:/ ■ *adv.* of course; surely, certainly. ■ *conj.* but; however.
البدیع /əlbəd̪i:ʔ/ ■ *pr.n.* the Originator, one of the ninety-nine names of Allah.
البر /əlbər/ ■ *pr.n.* the Beneficent one, one of the ninety-nine names of Allah.
البِسہ /əlbɪsɑ:/ ■ *n.m.* (*pl.* of لِباس) clothes; dresses.
البصیر /əlbəsi:r/ ■ *pr.n.* the All-seeing one, one of the ninety-nine names of Allah.
ال بل /əlbəl/ ■ *n.m.* **1** power, strength. **2** difference; discordance. **3** anger; arrogance, conceit.
ال بل کھانا be angry, be annoyed.
البیٹ /əlbe:ʈ/ ■ *n.f.* (also البیٹا) complete loop of a string, etc., turn, twist, winding, bend.
البیٹنا /əlbe:ʈnɑ:/ ■ *v.* **1** loop (a string or rope) to make it strong, to twist, to wind, twine.
البیگ /ɪlbe:g/ ■ *n.m.* chieftain.
البیلا /əlbe:lɑ:/ ■ *adj.* **1** dandy, foppish. **2** versatile; fanciful; uncommon, strange. **3** fun-loving; carefree. **4** naive, simpleton. **5** beautiful, elegant. البیلا پن/ پنا dandyism, foppishness, gaiety.
البیلی /əlbe:li:/ ■ *adj.* (*fem.* of البیلا) coquettish; pretty and playful.
الپٹی /əlpʈi:/ ■ *n.f.* a case for needles, threads, etc.
اِلتباس /ɪlt̪ebɑ:s/ ■ *n.m.* **1** (*literal*) covering. **2** confusion; misunderstanding; obscurity; ambiguity.
اِلتجا /ɪlt̪edʒɑ:/ ■ *n.f.* **1** prayer; begging; entreaty. **2** supplication, solicitation; petition; appeal.
التجا کرنا beg, pray, beseech earnestly.
اِلتحام /ɪlt̪ehɑ:m/ ■ *n.m.* **1** healing of wound. **2** pitched battle.
التحیات /ət̪t̪əhɪjjɑ:t̪/ ■ *n.m.pl.* words expressing obedience and submissiveness. ■ *n.f.* name of a prayer, recited in every namaz.
اِلتذاذ /ɪlt̪ezɑ:z/ ■ *n.m.* enjoyment, taking pleasure.
اِلتزاق /ɪlt̪ezɑ:q/ ■ *n.m.* (also التصاق) adhesion; sticking.
اِلتزام /ɪlt̪ezɑ:m/ ■ *n.m.* being expedient, being necessary, making something compulsory.
اِلتفات /ɪlt̪efɑ:t̪/ ■ *n.m.* **1** attention, consideration. **2** courtesy, kindness; regard. **3** civility; friendship.

الانتظار اشدّ من الموت /əlɪnt̪ezɑ:ro əʃəd̪do mɪnəlmo:t̪/ ■ *phr.* waiting is more severe than death.
اُلانگ /ʊlɑ:ŋg/ ■ *adj.* (of a cart) leaning backward because of load. ■ *n.f.* leap, jump (usu. with پھلانگ).
الانگ پھلانگ کر by jumping over something.
اُلانگنا /ʊlɑ:ŋgnɑ:/ ■ *v.* (also اُلاگھنا) leap over or across; bestride; mount; straddle; pass over; ride (a horse).
الاوّل /ələvvəl/ ■ *pr.n.* the First, one of the ninety-nine names of Allah.
اِلٰہ /ɪlɑ:h/ ■ *n.m.* God.
اِلٰہی /ɪlɑ:hi:/ ■ *n.m.* my God; my Lord. ■ *adj.* divine, celestial, of or from God, heavenly. ■ *exclam.* O my God! الٰہی توبہ Allah forgive me! God accept my penitence! may God be merciful (to me/us)! expression of surprise or perplexity or abhorrence. الٰہی خیر O God may every thing be alright! الٰہی گز yard of forty-one inches instituted by the Mogul emperor Akbar.
الٰہیات /ɪlɑ:hɪjjɑ:t̪/ ■ *n.f.* theology, the study of the nature of God and religious beliefs; Divine things.
الٰہیت /ɪlɑ:hɪjjət̪/ ■ *n.f.* deity, godhead, divinity.
الاچا /ɪlɑ:etʃɑ:/ ■ *n.m.* a kind of silk cloth. See الاچہ.
الائچی /ɪlɑ:etʃi:/ ■ *n.f.* (also الاچی) elaichi, cardamom.
الائچی دانہ **1** cardamom seed. **2** cardamom seeds coated with sugar.
الاؤ /əlɑ:o:/ ■ *n.m.* (also الاو) bonfire; campfire.
الائی /əlɑ:i:/ ■ *n.f.* prickly heat.
الآخر /əlɑ:xɪr/ ■ *pr.n.* the last, one of the ninety-nine names of Allah.
الآن /əlɑ:n/ ■ *adv.* (also الان) now, right now.
See under ال.
الباب /əlbɑ:b/ ■ *n.m.* (*pl.* of لُب) minds, wisdoms.
الباری /əlbɑ:ri:/ ■ *pr.n.* the Maker, one of the ninety-nine names of Allah.
الباسط /əlbɑ:sɪt̪/ ■ *pr.n.* the Bestower of immensity, one of the ninety-nine names of Allah.
الباطن /əlbɑ:t̪ɪn/ ■ *pr.n.* the Hidden, one of the ninety-nine names of Allah.
الباعث /əlbɑ:ʔɪs/ ■ *pr.n.* the Reviver of the dead, one of the ninety-nine names of Allah.
الباقی /əlbɑ:qi:/ ■ *pr.n.* the Everlasting, one of the

الٹ پیچ 1 twisting or winding of a string. 2 dishonesty; crookedness; manipulation. الٹ پھیر 1 vicissitude or alternation (of time or fortune). 2 sleight of hand, trickery. 3 anagram, transposition (of letters, words or phrases). 4 ambiguity, vagueness; complexity. 5 disparity, difference, discrepancy. الٹ پھیروراثت fact or instance of a child taking after the parent of the opposite sex; criss-cross inheritance. الٹ جانا turn over, fall over. الٹ دینا to cause to turn over, to cause to fall. الٹ کے کہنا give a sharp reply, retort.

اُلٹا /ʊlṭɑ:/ ■ *adj.* 1 inverse, reversed; upside-down; inside out. 2 opposite; contrary, converse; contradictory. 3 crooked, curved. 4 foolish, witless, silly. 5 situated on the left side; of or on the left side. ■ *adv.* 1 on the contrary; on the other hand. 2 instantly; immediately after arriving. الٹا استرا پھیرنا trick someone; con someone ruthlessly, rob completely. الٹا بھاڑا return fare. الٹا بھاگنا run or flee back; turn and run away. الٹا پردہ left flap of an *angarkha* (انگرکھا). الٹا پلٹا inverted; topsy-turvy, jumbled; upside-down; disordered; tangled; confused. الٹا پہننا to wear (a cloth) inside out. الٹا پیچ worry, anxiety. الٹا پیش inverted sign of *pesh* (پیش) which is used to indicate a long vowel. الٹا پھرنا return; go back; retrace one's step. الٹا تمانچہ رطمانچہ دینا to slap with the back of the hand. الٹا توا 1 an inverted frying or cooking pan; convex or inverted hot plate. 2 jet-black, coal-black, very black; black as the back of frying pan. 3 (*derog.*) a dark or black face. الٹا جزم inverted sign of *jazm* (جزم), which is used to indicate nasalization. الٹا جننا give birth with child's feet emerging first, deliver a breech birth. الٹا جنیوا (***Fencing***) attack below the left ribs. الٹا جواب retort, impertinent reply. الٹا چور کوتوال کوڈانٹے the theif scolds the police; allusion to an inverted order of things. الٹا دم رسانس condition of being out of breath. الٹا دماغ eccentricity. الٹا دھڑا باندھنا counteract, bring a cross suit or counter action. الٹا سبق پڑھانا give wrong advice. الٹا سلٹا irregular; erratic. الٹا سمجھنا misunderstand, misapprehend, misconstrue. الٹا سیدھا in disorder, messy, untidy, disorganized. الٹا لیا جائے نہ سیدھا cannot be controlled or convinced either way. الٹا واؤ inverted

التفات کرنا 1 attend to; pay attention. 2 behave with kindness and courtesy.

اِلتفاظ /ɪlṭefɑ:z/ ■ *n.m.* writing in words, penning, inscribing.

اِلتفاف /ɪlṭefɑ:f/ ■ *n.m.* being wrapped up, being enveloped.

اِلتقا /ɪlṭeqɑ:/ ■ *n.m.* (also اِلتقاء) convergence; joining; union. التقائے ساکنین occurrence of two *sakin* (ساکن) (quiescent) sounds or letters simultaneously.

اِلتقاط /ɪlṭeqɑ:ṭ/ ■ *n.m.* picking, collecting and gathering.

اِلتماس /ɪlṭemɑ:s/ ■ *n.m.* request, soliciting, beseeching. التماس کرنا request, ask humbly; beg.

التمش /əlṭəməʃ/ ■ *n.m.* advance guard of the army, vanguard. ■ *pr.n.m.* (also اِلتتمش) king of Delhi's Slave dynasty.

التمغا /əlṭəmɣɑ:/ ■ *n.m.* (also آلتمغا) 1 royal seal; royal insignia. 2 royal grant in perpetuity descending to posterity.

التنی /əlṭəni:/ ■ *n.f.* rope round elephant's neck with mounting stirrup for the mahout.

اِلتوا /ɪlṭevɑ:/ ■ *n.m.* 1 postponement, adjournment; abeyance; delaying. 2 act of bending; act of twisting.

التّواب /əṭṭəvvɑ:b/ ■ *pr.n.* the Forgiver of repentants. See under ال.

اِلتہاب /ɪlṭehɑ:b/ ■ *n.m.* 1 flaming, burning. 2 heat. 3 provocation, instigation.

اِلتہابی /ɪlṭehɑ:bi:/ ■ *adj.* of or relating to اِلتہاب.

اِلتیاط /ɪlṭejɑ:ṭ/ ■ *n.m.* sticking, gluing.

اِلتیام /ɪlṭejɑ:m/ ■ *n.m.* 1 being allayed or soothed. 2 being cured; healing or closing of a wound. 3 conciliation; reconcilement.

اِلتیان /ɪlṭejɑ:n/ ■ *n.m.* softening; softness.

التھل /əlṭʰəl/ ■ *n.f.* (also ال تھل) swamp, mire.

الٹ /əlәṭ/ ■ *adj.* hard, strong.

اُلٹ /ʊləṭ/ ■ *adj.* 1 inverse, reverse. 2 opposite, contrary. اُلٹ پڑنا turn and attack, change sides, change the direction of attack. اُلٹ پلٹ 1 the act of turning over. 2 argumentation. اُلٹ پُلٹ 1 act of turning over. 2 change, vicissitude (of time). 3 anxiety, uneasiness, unrest. 4 the state of being turned-over or jumbled up. 5 upside down. 6 changed; much different.

comma. الٹا ہاتھ left hand. الٹا ہاتھ دینا slap with the back of the hand. (*fem.* اُلٹی) (*opp.* سیدھا)

اُلٹانا /ʊlʈɑːnɑː/ ■ *v.* **1** reverse, invert; turn upside down, overturn. **2** upset; thwart; return. الٹانا پلٹانا **1** reverse; turn over. **2** modify; interchange; mix together.

اُلٹاؤُ /ʊlʈɑːuː/ ■ *adj.* that goes on inverting; that can be reversed.

اُلٹاؤ /ʊlʈəoː/ ■ *n.m.* reversal, inversion; upsetting; turning upside down.

اُلٹنا /ʊləʈnɑː/ ■ *v.* **1** upset, overthrow. **2** overturn, turn over. **3** turn inside out. **4** turn upside down. **5** throw down, throw up, cast up. **6** empty, pour from one vessel into another. **7** capsize, be turned over. **8** vomit. **9** be disturbed, be changed. الٹنا پلٹنا turn over (to check or inspect).

اُلٹوانسی /ʊləʈvɑ̃ːsiː/ ■ *adj.* perverted; false; against the norms. ■ *n.f.* **1** change; revolution. **2** contradiction of literal meaning and idiom; word that may be taken in contradictory meaning; something incongruous or odd, as: رنگی کو نارنگی کہیں، بنے دودھ کو کھویا، چلتی کو گاڑی کہیں یہ دیکھ کبیرا رویا.

اُلٹی /ʊlʈiː/ ■ *adj.* (*fem.* of اُلٹا). ■ *n.f.* vomit, matter ejected from the stomach. الٹی آنتیں گلے پڑنا suffer a loss instead of a profit; incur trouble while doing good. الٹی بات something odd or abnormal; an opposite point of view; a statement to the contrary. الٹی پٹی پڑھانا misguide, mislead, divert into wrong direction, poison the mind. الٹی تقدیر bad luck. الٹی جوتی منھ پر کھانا suffer or be humiliated for one's own misdeeds. الٹی چال bad habits, improper conduct; wrong course. الٹی چھاونی باندھنا slander. الٹی چھری سے ذبح کرنا/گلا کاٹنا torture, cause great pain or anguish, behave cruelly. الٹی ریت perverse course. الٹی زقند leap backwards; retrogression. الٹی سانسیں لینا pant, gasp, breathe shallow and fast. الٹی سمجھ/کھوپڑی lack of understanding; proneness to misunderstand. الٹی سیدھی باتیں کرنا talk nonsense. الٹی سیدھی سنانا scold, chide, upbraid, insult. الٹی سیفی charm or spell that harms the charmer, curse which rebounds. الٹی طرف the back; the reverse; to the left, leftward. الٹی طرف سے ناک پکڑنا do something easy in a complicated way. الٹی کا پلو stupid; disagreeable person. الٹی کرنا throw up; vomit, spew. الٹی کھوپڑی اوندھا گیان crooked head, crooked mind.

الٹی گنگا بہانا put the cart before the horse; go against custom or the norms. الٹی گنگا بہنا a situation to be the opposite of what is normal. الٹی لاگ (***Math.***) inverse rule of three, invertendo. الٹی مالا پھیرنا/جپنا call down a curse; cast a spell or charm to harm someone. الٹی مت wrong thinking. الٹی منطق بگھارنا be unreasonable. الٹی نگری/ٹلپٹ/چوپٹ راج **1** bad governance. **2** badly governed land, a place where everything is wrong or unjust. الٹی ہوا contrary or reverse trend. الٹی ہوا چلنا a trend to reverse. (*opp.* سیدھی)

اُلٹے /ʊlʈeː/ ■ *adj.* (*pl. & infl.* of اُلٹا) الٹے استرے سے مونڈنا **1** hoodwink, cheat. **2** punish. الٹے بانس بریلی (کو) carry coals to Newcastle. الٹے پاؤں/قدموں پھرنا turn back, retrace one's steps, return from a place soon after arriving. الٹے توے پر روٹی پکانا do something peculiar. الٹے کانٹے تولنا be dishonest. الٹے معنی پہنانا give a wrong interpretation. الٹے ملک کا foolish, stupid, one who does everything foolishly. الٹے ہاتھ پر on the left side, to the left. الٹے ہاتھ سے by the left hand. الٹے ہاتھ کا کرتب/کھیل an easy and facile job. (*opp.* سیدھے)

الج /əldʒ/ ■ *adj.* infatuated, besotted, lovesick.

الجامع /əldʒɑːmeʔ/ ■ *pr.n.* the Gatherer. See under ال.

الجانا /əldʒɑːnɑː/ ■ *v.* become infatuated, fall in love.

الجبار /əldʒəbbɑːr/ ■ *pr.n.* the Omnipotent, Mighty; Conqueror, one of the ninety-nine names of Allah.

الجبرا /əldʒəbrɑː/ ■ *n.m.* algebra.

الجلیل /əldʒəliːl/ ■ *pr.n.* the Great, the Glorious, the Illustrious, one of the ninety-nine names of Allah.

الجوع /əldʒuːʔ/ ■ *exclam.* I am hungry, famished or starving.

اُلجھ /ʊldʒʰ/ ■ *n.f.* (*contr.* of اُلجھن) الجھ پڑنا become involved in an argument or wrangle, engage in a verbal duel, carp at, wrangle with, dispute with. الجھ پلجھ جانا be in a dilemma; be delayed or detained.

اُلجھانا /ʊldʒʰɑːnɑː/ ■ *v.* **1** ravel (thread), entangle, entwine. **2** complicate, make complex or intricate. **3** disarrange. **4** involve; entice, entrap, embroil.

اُلجھٹّا /ʊldʒʰəʈʈɑː/ ■ *n.m.* skein of tangled strings.

اُلجھن /ʊldʒʰən/ ■ *n.f.* (also اُلجھاوا، اُلجھاؤ) **1** dilemma; anxiety, emotional or mental unease. **2** perplexity, confusion, complication.

اُلجھنا /ʊləd͡ʒʰnɑ:/ ■ *v.* **1** become or be involved, become entangled. **2** argue; quarrel, wrangle. **3** be embarrassed, be baffled. **4** be in love, become infatuated. **5** be confused.

اُلجھیڑا /ʊld͡ʒʰe:ɽɑ:/ ■ *n.m.* **1** snare, trap. **2** (*fig.*) grasp, grip. **3** wrangle, quarrel; entanglement. **4** perplexity, confusion, difficulty.

اُلچ /ʊlət͡ʃ/ ■ *n.m.* money paid to the servant for pouring water in a wedding (a Hindu custom in old days).

اُلچنا /ʊlət͡ʃnɑ:/ ■ *v.* pour out water; drain water.

الچھمی /ələt͡ʃʰmi:/ ■ *n.f.* poverty, bad luck.

الحاج /əlhɑ:d͡ʒ/ ■ *n.m.* person who has performed Hajj.

اِلحاح /ɪlhɑ:h/ ■ *n.m.* & *f.* entreaty, solicitation, importunity.

الحاد /əlhɑ:d̤/ ■ *n.f.* (*pl.* of لحد) graves.

اِلحاد /ɪlhɑ:d̤/ ■ *n.m.* apostasy, heresy; infidelity, disbelief.

الحاسب /əlhɑ:sɪb/ ■ *pr.n.* (also الحسیب) the Reckoner, an attributive name of Allah.

الحاصل /əlhɑ:sɪl/ ■ *conj.* (also المدّعا) **1** (*literal*) outcome; product. **2** shortly, briefly, to sum up, in the final analysis (used when summing up something).

اِلحاف /ɪlhɑ:f/ ■ *n.m.* supplication, entreaty, solicitation.

الحافظ /əlhɑ:fɪz/ ■ *pr.n.* the Guardian, the All-preserver, one of the ninety-nine names of Allah.

اِلحاق /ɪlhɑ:q/ ■ *n.m.* **1** annexation. **2** something added, addition. **3** adjunction, junction. **4** attachment; affiliation (to an institution, etc.).

اِلحاقی /ɪlhɑ:qi:/ ■ *adj.* **1** of or relating to اِلحاق. **2** adjunct. **3** something added to the text (of a poem, book, etc.).

الحال /əlhɑ:l/ ■ *adv.* now; till now, still.

الحان /əlhɑ:n/ ■ *n.m.* (*pl.* of لحن) **1** tunes, notes, airs. **2** songs.

اِلحان /ɪlhɑ:n/ ■ *n.m.* **1** inflection of voice, melody; modulation. **2** outcry, slogan.

اِلحانی /ɪlhɑ:ni:/ ■ *n.f.* modulation, cadence; used in comp. as: خوش الحانی melodiousness.

الحذر /əlhəzər/ ■ *exclam.* take care! beware! may God save!

الحسیب /əlhəsi:b/ ■ *pr.n.* the Reckoner, one of the ninety-nine names of Allah.

الحفیظ /əlhəfi:z/ ■ *pr.n.* the Guardian, the All-preserver, one of the ninety-nine names of Allah.

الحق /əlhəq/ ■ *n.m.* truth, rightness, justness. ■ *pr.n.* the Truth, one of the ninety-nine names of Allah. الحقّ مُر the truth is bitter.

الحکم /əlhəkəm/ ■ *pr.n.* the Arbitrator, one of the ninety-nine names of Allah.

الحکیم /əlhəki:m/ ■ *pr.n.* the Wise, one of the ninety-nine names of Allah.

الحلیم /əlhəli:m/ ■ *pr.n.* the Solemn, one of the ninety-nine names of Allah.

الحمد /əlhəmd̤/ ■ *n.f.* **1** (*literal*) the (real) praise. **2** (*fig.*) first word of the first Sura of the Qur'an. **3** (*coll.*) the title of the first Sura of the Qur'an. الحمدُ لله praise be to Allah, an expression of gratitude to Allah.

الحمرا /əlhəmrɑ:/ ■ *adj.* (*literal*) red. ■ *pr.n.m.* Alhambra, the palace of the Moorish monarchs of Granada in Spain.

الحمید /əlhəmi:d̤/ ■ *pr.n.* the Praiseworthy, one of the ninety-nine names of Allah.

الحیّ /əlhəjjo/ ■ *pr.n.* the Alive, one of the ninety-nine names of Allah.

الخ /ələx/ ■ *phr.* (*contr.* of اِلیٰ آخرہٖ) till its end.

الخافض /əlxɑ:fɪz/ ■ *pr.n.* the Abaser, one of the ninety-nine names of Allah.

الخالق¹ /əlxɑ:lɪq/ ■ *pr.n.* the Creator, one of the ninety-nine names of Allah. [A]

الخالق² ____ ■ *n.f.* (also ارخالق، اَلخالق) an outer garment, coat with sleeves having buttons at the neck, breast and navel. [T]

الخبیر /əlxəbi:r/ ■ *pr.n.* the Knower, one of the ninety-nine names of Allah.

الدّاعی /əd̤d̤ɑ:ʔi:/ ■ *n.m.* one who invites, summons or calls, summoner.

الدّبران /əd̤d̤əbərɑ:n/ ■ *n.m.* **1** Aldebaran, the brightest star of the constellation Taurus, also called Alpha Tauri. **2** the follower, because it seems to follow Pleides.

الرّافع /ərrɑ:fe:ʔ/ ■ *pr.n.* the Exalter, one of the ninety-nine names of Allah.

الرّاقم /ərrɑ:qɪm/ ■ *n.m.* writer, one who writes.

اُلربیگہ /ʊlərbe:gɑ:/ ■ *n.m.* a female guard at harem, a woman guard. (See also اُردابیگنی.)

الرّحمٰن /ərrəhmɑ:n/ ■ *pr.n.* the Compassionate, one of the ninety-nine names of Allah.

الرّحیم /ərrəhi:m/ ■ *pr.n.* the Merciful, one of the

ninety-nine names of Allah.

الرّزّاق /ərrəzzɑ:q/ ■ *pr.n.* the Provider, one of the ninety-nine names of Allah.

الرّشید /ərrəʃi:d̪/ ■ *pr.n.* the Lover of virtue, one of the ninety-nine names of Allah.

الرّقیب /ərrəqi:b/ ■ *pr.n.* the Watchful, one of the ninety-nine names of Allah.

الرّؤف /ərrəu:f/ ■ *pr.n.* the Compassionate, one of the ninety-nine names of Allah.

الڑبلڑ /ələɽbələɽ/ ■ *n.f.* childish pranks, foolish talk.

اُلٹنا /ʊləʈnɑ:/ ■ *v.* (also اُلٹا) fall backwards, roll over, topple over.

اِلزاق /ɪlzɑ:q/ ■ *n.m.* stickiness, adhesiveness, viscosity.

اِلزام /ɪlzɑ:m/ ■ *n.m.* blame, accusation, charge, allegation. الزام اٹھانا **1** take the blame. **2** blame someone. الزام تھوپنا، دھرنا، رکھنا، لگانا accuse, impute, blame, indict, to charge. الزام دہی allegation, slander, vilification. الزام مالا یلزم forcing unduly.

الزم /əlzəm/ ■ *adj.* (*elative* of لازم) inevitable, more compulsory, more obligatory.

الس /ələs/ ■ *n.f.* **1** idleness, laziness, indolence, sloth. **2** (*fig.*) delay; cessation. ■ *adj.* lazy, idle.

اُلس /ʊləs/ ■ *n.f.* tribe, community, clan.

السانا /əlsɑ:nɑ:/ ■ *v.* **1** be idle, be sleepy. **2** be fatigued.

السا ہٹ /əlsɑ:həʈ/ ■ *n.f.* indolence, idleness.

الست /ələst̪/ ■ *phr.* (also الستُ) (*literal*) am I not? allusion to a Qur'anic phrase signifying mankind's oath of allegiance to Allah. ■ *n.m.* admission; devotion. الستُ بِربّکم am I not your God? (the question Allah asked of His creatures on the First Day).

اِلستا بلستا /ɪləst̪ɑ: bɪləst̪ɑ:/ ■ *adj.* cheerful, joyful, happy. (*fem.* اِلستی بلستی)

السّلام /əssəlɑ:m/ ■ *exclam.* peace, well-being (expression of good wishes). ■ *pr.n.* the Source of Peace, one of the ninety-nine names of Allah. السلام علیکم (***Islam***) peace be upon you, may you live in peace and security! an expression of salutation among Muslims.

السّمیع /əssəmi:ʔ/ ■ *pr.n.* the All-hearing. See under ال.

اِلسنا بِلسنا /ɪləsnɑ: bɪləsnɑ:/ ■ *v.* be happy, enjoy life, be cheerful, be carefree.

السنہ /əlsɪnɑ:/ ■ *n.f.* (*pl.* of لسان) **1** tongues. **2** languages. السنۂ شرقیہ oriental languages.

السی /əlsi:/ ■ *n.f.* linseed, flax seed. السی کا تیل linseed oil.

السیٹ /əlse:ʈ/ ■ *n.f.* (also السیٹھ) **1** fraud, deception, duplicity, trickery. **2** obstruction, bar. **3** astuteness, sharpness.

السیٹیا /əlse:ʈjɑ:/ ■ *adj.* (also السیٹھیا) **1** deceiver. **2** quarrelsome.

اُلش /ʊlʊʃ/ ■ *n.m.* leftover food from the table or dish (of a saint or rich man).

الشّاذُ کالمعدوم /əʃʃɑ:zzo kəl məʔd̪u:m/ ■ *phr.* something rare is just like a non-existent one, i.e. something rare cannot be quoted as an example.

الشّکور /əʃʃəku:r/ ■ *pr.n.* the Grateful, one of the ninety-nine names of Allah.

الشّہید /əʃʃəhi:d̪/ ■ *pr.n.* the Witness, one of the ninety-nine names of Allah.

اِلصاق /ɪlsɑ:q/ ■ *n.m.* adhesion, gluing; union; attachment.

الصّبُوح /əssəbu:h/ ■ *n.m.* **1** something eaten or drunk in the morning. **2** an invitation to drink (a glass of wine) in the morning.

الصّبُور /əssəbu:r/ ■ *pr.n.* the Tolerant, one of the ninety-nine names of Allah.

الصّلوٰۃ /əssəlɑ:t̪/ ■ *exclam.* **1** (*literal*) prayer. **2** (*fig.*) call to prayer.

الصّمد /əssəməd̪/ ■ *pr.n.* the Eternal, one of the ninety-nine names of Allah.

الضّار /əzzɑ:r/ ■ *pr.n.* the Distresser, Having the ability to harm, one of the ninety-nine names of Allah.

الطار /əlt̪ɑ:r/ ■ *n.m.* altar, communion table. [E]

الطاف /əlt̪ɑ:f/ ■ *n.m.* (*pl.* of لُطف) grace, kindnesses, favours. الطافِ عمیم kindness for all. الطاف نامہ (*fig.*) letter.

الطف /əlt̪əf/ ■ *adj.* (*elative.* of لطیف) **1** clean; transparent; more delicate, finer. **2** more or most kind.

الظّاہر /əzzɑ:hɪr/ ■ *pr.n.* the Manifest, one of the ninety-nine names of Allah.

العبد /əlʔəbd̪/ ■ *n.m.* (*literal*) servant, the obedient one. See under ال.

العجب /əlʔədʒəb/ ■ *exclam.* (also العجب ثم العجب) O wonder! very strange! (expressing surprise).

العدل /əlʔəd̪l/ ■ *pr.n.* the Just, one of the ninety-nine names of Allah.

uncovered, unclothed. الف لینا/ ہوجانا (of a horse) raise upright on hind legs, rear. الف ننگا totally unclothed, naked, uncovered.

اِلف /əlɪf/ ■ *n.m.* **1** first letter of Urdu, Persian and Arabic alphabets equivalent to the English letter A. **2** abbreviation of Allah written in letters, etc. **3** a straight line. **4** a way of showing sequence, listing or arrangement instead of 1 or A. ■ *adj.* straight, righteous. الف بائی alphabetical. الف بے See الف ب ربا. الف بطنی/ خنجریہ small form of *alif,* (as in رحمٰن، زکوٰۃ). الف بے **1** the alphabet, ABC. **2** rudiments of a subject. الف بے تے پڑھانا to teach ABC (to a child). الف تاسیس (***Pros.***) *alif* coming before *harf-e-ravi* (حرفِ روی). الف خانی سیاہی a fine bright ink named after its inventor Alif Khan. الف سے بے کرنا argue, squabble. الف سے بے نہ سننا not to listen or tolerate. الف سے بے تک from A to Z, from beginning to end. الف کے نام بے نہ جاننا be wholly ignorant. الف کے نام بھالا اٹھ نہ جاننا be ignorant. الف کھینچنا become a fakir, adopt asceticism. الف مقصورہ *alif* as long vowel. الف ممدودہ long form of *alif* equal to the length of two *alifs*.

الف /əlf/ ■ *cardinal number* one thousand. الف لیلائی/ لیلوی **1** in the manner of *the Arabian Nights.* **2** of or relating to *the Arabian Nights*. **3** fictional. **4** romantic. الف لیلہ ولیلہ the famous Arabic classic, *the Arabian Nights,* also known as *One Thousand and One Nights*.

اِلف /ɪlf/ ■ *n.f.* **1** love, fondness, adoration. **2** harmony. **3** (***Chem.***) harmony.

الفا¹ /əlfɑ:/ ■ *n.m.* alpha, the first letter of the Greek alphabet. الفاشعاعیں alpha rays. [E]

الفا² ____ ■ *n.m.* a kind of grass, alfa grass, esparto grass. [E]

الفا³ ____ ■ *n.m.* (also الفی) sleeveless piece of dress worn by fakirs. [A]

الفاظ /əlfɑ:z/ ■ *n.m.* (*pl.* of لفظ) words; terms; articulate sounds. الفاظ تراشا/ گھڑنا to neologize, to coin new words. الفاظ کا جامہ پہنانا to give words to, to put into words. الفاظ واپس لینا retract one's words, unsay.

الفانسو /əlfɑ:nso:/ ■ *n.m.* a kind of mango.

اُلفت /ʊlfət̪/ ■ *n.f.* love, affection; friendship, intimacy,

العزیز /əlʔəzi:z/ ■ *pr.n.* the Mighty one, one of the ninety-nine names of Allah.

العطش /əlʔət̪əʃ/ ■ *exclam.* **1** expressing thirst, cry for water; I am/ we are thirsty; water to drink. **2** thirst.

العظمتُ لِلّٰہ /əlʔəzmət̪ʊlɪllɑ:h/ ■ *exclam.* **1** (*literal*) greatness is for Allah. **2** (*fig.*) expressing wonder or gratefulness.

العظیم /əlʔəzi:m/ ■ *pr.n.* the Great One, one of the ninety-nine names of Allah.

العفو /əlʔəfu:/ ■ *pr.n.* the Forgiver, one of the ninety-nine names of Allah.

العلی /əlʔəli:/ ■ *pr.n.* the Grand, one of the ninety-nine names of Allah.

العلیم /əlʔəli:m/ ■ *pr.n.* the All-knowing, one of the ninety-nine names of Allah.

اِلغا /ɪlɣɑ:/ ■ *n.m.* cancellation, abolition, annulment.

الغار /əlɣɑ:r/ ■ *n.f.* multitude, crowd; attack. See یلغار.

الغاروں /əlɣɑ:rõ:/ ■ *adv.* too much, a great deal, very many, in large numbers and quantity.

الغافر /əlɣɑ:fɪr/ ■ *pr.n.* the most Forgiving, one of the ninety-nine names of Allah.

الغرض /əlɣərəz/ ■ *conj.* shortly, in short, to sum up all.

الغفّار /əlɣəffɑ:r/ ■ *pr.n.* the Great forgiver, one of the ninety-nine names of Allah.

الغفّور /əlɣəfu:r/ ■ *pr.n.* the All-forgiving, one of the ninety-nine names of Allah.

الغم بلغم /əlɣəm bəlɣəm/ ■ *adv.* nonsensically. ■ *n.m.* phlegm.

الغنی /əlɣəni:/ ■ *pr.n.* the Self-sufficient, one of the ninety-nine names of Allah.

الغوزہ /əlɣo:zɑ:/ ■ *n.m. algoza,* a small flute-like musical instrument with two pipes.

اِلغہ /ɪlɣɑ:/ ■ *n.m.* debilitating disease of the pigeons.

الغِیاث /əlɣɪjɑ:s/ ■ *n.f.* (also المدد) (*literal*) assistance, help. ■ *exclam.* help!

الغیب /əlɣæ:b/ ■ *n.m.* **1** invisible, hidden (truths, facts). **2** the mystical world. See under ال. الغیب عند اللہ the hidden or secret is known to Allah.

الَف /ələf/ ■ *n.m.* (also اِلف) (of a horse) the state of being raised upright on hind legs, the state of being reared. ■ *adj.* **1** angry, enraged. **2** naked, bare, totally

ninety-nine names of Allah.

الک[1] /ələk/ ■ *adj.* invisible. ■ *n.m.* transcending vision, i.e. God. See الکھ. [S]

الک[2] ——— ■ *n.m.* lock of curled hair, ringlet. الک پلک سے چین کرنا live comfortably. [S]

الکبیر /əlkəbi:r/ ■ *pr.n.* the Great. See under ال.

الکتاب /əlkɪtɑ:b/ ■ *n.f.* the Book, the Holy Qur'an.

الکحل /əlkohl/ ■ *n.m.* (also الکوحل) **1** (***Chem.***) alcohol, the generic name of a large group of organic compounds having a hydroxyl group in place of a hydrogen atom. **2** the intoxicating alcohol or ethyl alcohol, generally any drink containing it, i.e. wine or spirit.

الکریم /əlkəri:m/ ■ *pr.n.* the Generous one, one of the ninety-nine names of Allah.

الکسانا /əlkəsɑ:nɑ:/ ■ *v.* be idle, be indolent.

الکساہٹ /əlkəsɑ:hət/ ■ *n.f.* (also الکس،الکسی) indolence, idleness, sloth, inactivity.

الکلی /əlkəli:/ ■ *n.f.* (also القلی، اکالی) (***Chem.***) alkali, generic name of a series of compounds called bases, including soda, potash and ammonia.

الکن /əlkən/ ■ *adj.* stuttering (person).

الکھ /əlkʰ/ ■ *adj.* (also الک[1]) unseen, formless, imperceptible (as the Deity). الکھ پُرش the Invisible Being. الکھ جگانا ask alms in the name of God. الکھ نرنجن dabbler in the unknown. الکھ نگری invisible or unseen town or country, i.e. the spiritual world.

الگ /ələg/ ■ *adj.* **1** detached; disconnected, dislocated, loose. **2** distinct, discrete. **3** unique, peculiar. **4** aloof, isolated. **5** separate, not joined. ■ *adv.* **1** apart, to or on one side. **2** into pieces. الگ الگ **1** separately, apart, individually. **2** angry, cross, unhappy. الگ تھلگ alone, away from others, isolated, sequestered, separated. الگ رکھنا keep something or someone away or in another place. الگ رہا رہی **1** (*literal*) kept himself or herself aloof. **2** (*fig.*) apart, on one side. الگ رہنا **1** live apart or alone, stay away, keep away, live in isolation. **2** refrain from, avoid, shun. الگ کا الگ untempered, untouched, unutilized. الگ کرنا **1** set apart; leave out. **2** separate; divorce. **3** remove. **4** sack; fire. الگ ہونا sell off, dispose of.

الگانا /əlgɑ:nɑ:/ ■ *v.* **1** separate, disconnect; keep on one

familiarity; attachment; kindness. الفت ہونا love, hold in affection.

الفتّاح /əlfəttɑ:h/ ■ *pr.n.* the Opener, the Liberator, one of the ninety-nine names of Allah.

اُلفتہ /ʊləftɑ:/ ■ *n.m.* **1** hanger-on, parasite, sponger. **2** dissolute person.

اُلفتی /ʊlfəti:/ ■ *adj.* friendly, attached.

الفراق /əlfɪrɑ:q/ ■ *exclam.* expressing sorrow at the time of leaving. ■ *n.m.* (*literal*) separation; departure,

الفربہ /əlfərbɑ:/ ■ *adj.* (*iron.*) very fat (man).

الفن /əlfən/ ■ *n.f.* a kind of paper kite with a white straight strip.

الفی /əlfi:/ ■ *adj.* pertaining to اِلف. ■ *n.f.* sleeveless piece of dress worn by fakirs.

الفیہ /əlfɪjɑ:/ ■ *adj.* (also الفیّہ) of or relating to الف, consisting of one thousand. ■ *n.m.* a period of a thousand years, a millennium.

اِلقا /ɪlqɑ:/ ■ *n.m.* **1** (*literal*) throwing down, casting. **2** sudden involuntary inspiration or flash of knowledge or information, divine inspiration.

القاب /əlqɑ:b/ ■ *n.m.* (*pl.* of لقب) titles, honorific names, appellations; forms of address in letters; surnames; patronymics. القاب وآداب forms of address.

القابض /əlqɑ:bɪz/ ■ *pr.n.* the Restrainer, one of the ninety-nine names of Allah.

القادر /əlqɑ:dɪr/ ■ *pr.n.* the Powerful, one of the ninety-nine names of Allah.

اِلقائی /ɪlqɑ:i:/ ■ *adj.* of or relating to اِلقا; inspirational.

القدّوس /əlqʊddu:s/ ■ *pr.n.* the Holy, one of the ninety-nine names of Allah.

القصّہ /əlqɪssɑ:/ ■ *adv.* (also المختصر) in short, to cut the story short, in sum.

القط /əlqət/ ■ *adj.* **1** halted; ended. **2** cut off, put aside. **3** dismissed, rejected, inadmissible.

القطرہ /əlqətrɑ:/ ■ *n.m.* coal tar.

القلی /əlqəli:/ ■ *n.f.* alkali. See الکلی.

القوی /əlqəvi:/ ■ *pr.n.* the Strong, one of the ninety-nine names of Allah.

القہّار /əlqəhhɑ:r/ ■ *pr.n.* the Dominant, one of the ninety-nine names of Allah.

القیّوم /əlqəjju:m/ ■ *pr.n.* the Self-sustaining, one of the side. **2** raise.

اُگانا /ʊlgɑːnɑː/ ■ *v.* make (someone) cross over, send from one end to the other; cause to leap over.

الگاوا /əlgɑːvɑː/ ■ *n.m.* separation; bad feeling; mutual distress.

الگاؤ /əlgɑːuː/ ■ *adj.* **1** (*literal*) separative. **2** (***Ling.***) (a language or form) in which separate words realize grammatical distinctions (as opposed to other languages that have inflections), analytical.

الگائی /əlgɑːiː/ ■ *n.f.* isolation; irrelevance, unrelatedness; non-interference; being silent.

الگنا /əlɘgnɑː/ ■ *v.* be separated, be severed.

اُلگنا /ʊlɘgnɑː/ ■ *v.* cross over, jump to cross, leap.

الگنی /əlgɘniː/ ■ *n.f.* clothes-line, wash-line, rope, etc. on which washed clothes are hung to dry. الگنی پر ڈالنے کے قابل (*fig.*) feeble, very weak, infirm. الگنی پر سکھا رکھنا (*fig.*) preserve; keep attached, not let be separated or detached.

اللہ /əllɑːh/ ■ *pr.n.* Allah, God, the Supreme Being, the Omnipotent, the Almighty. ■ *exclam.* (*voc.*) **1** O God! (expressing pain or wonder). **2** O God! (in prayer, etc.). اللہ اکبر **1** (*literal*) God is great. **2** Takbir, a slogan during battles or when slaughtering an animal. **3** (*fig.*) an exclamation of surprise or wonder. اللہ اللہ **1** good God! my goodness! good gracious! wonderful! excellent! **2** prayer, meditation. اللہ اللہ خیر سلّا / صلّا / صلّاح thank God it is over; that is all there is to it. اللہ اللہ کرنا pray, tell (one's) beads. اللہ آمین God grant it be so! so be it! may it be so! اللہ آمین سے after many prayers; with great difficulties and care. اللہ بس، باقی ہوس only the God will remain, everything else will pass away; an advice to shun worldliness. اللہ بیلی God preserve you! may God protect you! Godspeed! goodbye! adieu! اللہ بھلا کرے may God be good to you! an expression of gratitude. اللہ پیر منانا propitiate God and saints, make a religious vow. اللہ تبارک وتعالیٰ Great and Glorious God. اللہ توبہ expressing wonder or disgust. اللہ جانتا ہے I swear by God, Who knows. اللہ جانے God knows. اللہ جھوٹ نہ بلوائے expression used to forestall incredulity. اللہ حافظ goodbye. اللہ خیر کرے may God protect us! اللہ دے اور بندہ لے **1** whatever God wills, one has to accept it. **2** refers to a chaotic situation. اللہ رکھے may God protect him/her! used with the name of a dear one or as a catchword. اللہ رکھے تو کون چکھے what God wills no frost kills. اللہ رے expressing wonder or praise; my God! O God! good God! also used ironically. اللہ سوں / کی سوں by God! اللہ شافی اللہ کافی God is the curer and He is sufficient, a formula used at the time of taking or administering medicine. اللہ شکر خورے کو شکر دیتا ہے one somehow gets his/her heart's desire. اللہ غنی an expression of awe. اللہ قسم (I swear) by God. **اللہ کا بندہ 1** a man, an unnamed or unknown man, somebody, the (mentioned) person. **2** a kind-hearted man. اللہ کا جی simpleton. اللہ کا دیا سر آنکھوں پر what God gives I accept, expressing patience in the face of tribulations. اللہ کا کرنا an act of God; something happening adventitiously. اللہ کا گھر Ka'aba; any mosque. اللہ کا نام refers to a state of penury, i.e. there is nothing in the house except God's name. اللہ کا نام لو be reasonable, have the fear of God; do not lie. اللہ کا نام لینا **1** utter the name of God. **2** be brave, trust in God. اللہ کا نور (*fig.*) **1** beard. **2** naive, foolish. **3** very beautiful, attractive. **4** blessed (person). **5** (*iron.*) very ugly person; very wicked person. اللہ کو پیارا ہونا die. اللہ کو سونپا **1** (*vale.*) adieu; may God protect you! **2** trust in God, leave the things on God. اللہ کو منہ دکھانا ہے one is answerable for one's deeds before Allah, words used when assuring someone of one's honesty. اللہ کی امان may God save...! اللہ کی سنوار (*euph.*) an expression of abuse; may God correct (one's) ways! اللہ کی سوں / قسم I swear by God. اللہ کی شان (often *iron.*) an expression of wonder. اللہ کی لاٹھی بے آواز ہے the mills of God grind slowly. اللہ کے گھر میں کس چیز کی کمی ہے God lacks nothing. اللہ لوگ **1** fakirs, holy men, godly people, ascetics. **2** good natured people. **3** simpleton. اللہ مارا / ماری one stricken by God; a wretched fellow; someone in trouble; also used as a curse. اللہ مالک ہے God will look after this affair, an expression of hope. اللہ میاں (*def.*) Allah; the Supreme Lord. اللہ میاں کا سانڈ sturdy scoundrel. اللہ میاں کی بھینس a black flat-backed insect of the order Coleoptera. اللہ میاں کی گائے **1** a naive or harmless person, simpleton, credulous person, an easily misled person. 2 a kind of snail. اللہ میاں کے پچھواڑے the back of beyond; a very faraway place. اللہ نظر آنا be deserted, desolate. اللہ نگہبان (*vale.*) adieu, may God protect you! اللہ نہ کرے God forbid. اللہ نے اپنے ہاتھ سے بنایا ہے words of praise for a beautiful person. اللہ واسطے کا بیر irrational or unprovoked malice. اللہ ہو Sufi's slogan, saint's rallying cry; He is God. اللہ ہی اللہ ہے God alone remains, it is all finished now. اللہ ہی حافظ ہے there is no hope; it is quite hopeless now, only Allah can save. اللہ ہی ہے there is no hope except Allah.

الل بچھیرا /ələlbətʃʰe:rɑ:/ ■ *n.m.* 1 frisky colt. 2 (*fig.*) lively young man. (*fem.* الل بچھیری)

الل ٹپ /ələlʈəp/ ■ *adv.* (also الل ٹپو) 1 randomly; thoughtlessly. 2 aimlessly, without any reason. 3 inappropriately. ■ *adj.* 1 careless, heedless. 2 stupid, nonsense.

الل جھپ /ələldʒʰəp/ ■ *adj.* 1 vacillating, irresolute, wavering. 2 (*fig.*) unreliable; ignorant.

اِللّذی نہ اُللّذی /ɪlləlləzi: nɑ: ʊlləlləzi:/ ■ *adv.* (also اِل لذی نہ اُل لذی) neither on this side nor on that, neither this nor that; undecided.

اللطیف /əlləṭi:f/ ■ *pr.n.* the Subtle one, one of the ninety-nine names of Allah.

اُللنا /ʊləlnɑ:/ ■ *v.* lean back, turn over on the side.

اللّے تللّے /əlalle: ṭəlalle:/ ■ *n.m.* 1 lavishness, abundance, revelry; extravagance, pomp; ostentation. 2 (*fig.*) luxurious life.

الم[1] /ələm/ ■ *n.m.* pain, anguish, grief, torment. الم انگیز causing sorrow or grief. الم ناک grievous, painful, agonizing; tragic. الم مورث tragedy producing further evils. [A]

الم[2] ____ ■ *n.m.* prop, support. [S]

الماجد /əlmɑ:dʒɪd/ ■ *pr.n.* the Noble, one of the ninety-nine names of Allah.

الماری /əlmɑ:ri:/ ■ *n.f.* almirah, cupboard, cabinet.

الماس /əlmɑ:s/ ■ *n.m.* diamond. الماس تراش 1 diamond-cutter. 2 diamond used in cutting other gems or glass. 3 diamond cut into facets. الماس خانی diamond-shaped or with diamond-like squares. الماس فشاں (*fig.*) very agonizing. الماس کی تختی flat diamond of cabochon set in a ring. الماس کی کنی small piece of diamond. الماس کی کنی کھانا (*fig.*) commit suicide. الماس کے نگینے توڑنا (*fig.*) weep, shed tears.

الماسی /əlmɑ:si:/ ■ *adj.* 1 of or relating to الماس. 2 cut into angles or facets like diamond; diamond-like. الماسی جوبلی diamond jubilee. الماسی رنگ brilliant white colour.

الماغوچی /əlmɑ:ɣu:tʃi:/ ■ *n.f.* (also الماغونچی) 1 fraud, dishonesty. 2 stale food; worthless things. ■ *adj.* 1 of unknown lineage, of dubious birth; of unknown origin. 2 queer, odd; funny; absurd.

المالک /əlmɑ:lɪk/ ■ *pr.n.* the Master, the Owner, one of the ninety-nine names of Allah.

اِلمام /ɪlmɑ:m/ ■ *n.m.* 1 committal of a sin. 2 (*literal*) returning from journey, especially pilgrimage.

المانع /əlmɑ:neʔ/ ■ *pr.n.* the Withholder, one of the ninety-nine names of Allah.

المانوی /əlmɑ:nvi:/ ■ *adj.* (also المانی، المنی) German.

المانیہ /əlmɑ:nɪjɑ:/ ■ *pr.n.m.* Germany.

اُلمبا /ʊləmbɑ:/ ■ *n.m.* (also اُولمبا) lump, tumour, hard swelling.

المُبدی /əlmʊbḍi:/ ■ *pr.n.* the Originator, one of the ninety-nine names of Allah.

المبلغ /əlməbləɣ/ ■ *n.m.* cash, ready money. (See also مُبلغ.)

المتخلّص /əlmʊṭəxəllʊs/ ■ *adj.* (usu. with بہ) having the pen name or nom de plume.

المتعال /əlmʊṭəʔɑ:l/ ■ *pr.n.* the Exalted, one of the ninety-nine names of Allah.

المتکبّر /əlmʊṭəkəbbɪr/ ■ *pr.n.* the Majestic, one of the ninety-nine names of Allah.

المتوفّٰی /əlmʊṭəvəffɑ:/ ■ *adj.* (also متوفی) dead.

المتین /əlməṭi:n/ ■ *pr.n.* the Firm one, one of the ninety-nine names of Allah.

اِلم تِلم /ɪlləm ṭɪlləm/ ■ *n.f.* (*coll.*) lazing away.

المجسطی /əlmədʒəsṭi:/ ■ *pr.n.* Almagest, the title of the Arabic version of Ptolemy's astronomical treatise.

المُجیب /əlmʊdʒi:b/ ■ *pr.n.* the Responsive, one of the ninety-nine names of Allah.

المجید /əlmədʒi:ḍ/ ■ *pr.n.* the Most Glorious, one of the ninety-nine names of Allah.

المحصی /əlmohsi:/ ■ *pr.n.* the Knower of everything, one of the ninety-nine names of Allah.

المحی /əlmʊhi:/ ■ *pr.n.* the Giver of life, one of the

طویل مصوتے:	ɑ: آنا، گانا	æ: بیٹھنا	i: پیلا	e: دینا	ɔ: پودا	u: چول	o: گول
	/gɑ:nɑ:/, /ɑ:nɑ:/	/bæ:ʈʰnɑ:/	/pi:lɑ:/	/ḍe:nɑ:/	/pɔ:ḍɑ:/	/tʃu:l/	/go:l/

/əlmʊləqqəb/ ■ *adj.* (usu. with بہ) titled or having the title (of). اَلملقّب

/əlmʊmi:t̪/ ■ *pr.n.* the Creator of death, one of the ninety-nine names of Allah. اَلمُمیت

/əlmʊnt̪əqɪm/ ■ *pr.n.* the Avenger, one of the ninety-nine names of Allah. اَلمُنتقم

/əlmɪnnət̪o: lɪllɑ:h/ ■ *phr.* God be praised. اَلمِنّۃُ لِلّٰہ

/əlemnəʃrəh/ ■ *n.f.* the name of a Qur'anic sura which starts with the words الم نشرح. ■ *adj.* **1** open, manifest, evident; exposed, revealed. **2** well-known. الم نشرح

/əlmu:t̪/ ■ *pr.n.m.* (also اَلموط) **1** (*literal*) a falcon's nest. **2** (*fig.*) Alamut, an ancient fort in Iran, centre of the Batinia (باطنیہ) sect until 10-11th centuries. اَلموت

/əlmʊəxxɪr/ ■ *pr.n.* the Delayer, one of the ninety-nine names of Allah. اَلمؤخّر

/əlmo:mɪn/ ■ *pr.n.* the Giver of peace, one of the ninety-nine names of Allah. اَلمومن

/əlmohæ:mɪn/ ■ *pr.n.* the Protector, one of the ninety-nine names of Allah. اَلمُہیمن

/əlmɪjjɑ:/ ■ *n.m.* (also المیہ) tragedy. ■ *adj.* tragic, calamitous. اَلمیّہ

/ʊllən/ ■ *n.f.* **1** she-owl. **2** (*fig.*) foolish woman. اُلّن

/ənnɑ:d̪ɪro: kəl məʔd̪u:m/ ■ *phr.* something rare is just like non-existent one, i.e. something rare cannot be quoted as example; something rare is an exception to the rule. النّادرُ کالمعدوم

/ənnɑ:so ʔəlɑ: d̪i:ne mʊlu:kehɪm/ ■ *phr.* people usually follow their kings (in manners and tastes, etc.). النّاسُ علی دینِ مُلوکِہم

/ənnɑ:feʔ/ ■ *pr.n.* the Benefactor. See under ال. النّافع

/əlɒŋkɑ:r/ ■ *n.m.* **1** jewel, gem; ornament. **2** metaphor; simile. النکار

/əlɒŋg/ ■ *n.f.* **1** direction, dimension, side. **2** edge; boundary. **3** line, row (of houses and buildings, etc.); line of defence. النگ

/ʊlɒŋg/ ■ *adj.* **1** stark, naked (body). **2** barren (place), desiccated (tree). [S] اُلنگ[1]

____ ■ *n.f.* long jump, leap; the act of jumping over. [S] اُلنگ[2]

/əlɒŋgɑ:/ ■ *adj.* unable to cross. النگا

/ʊlɒŋgnɑ:/ ■ *v.* **1** leap, pass or go over; step over; اُلنگنا

ninety-nine names of Allah.

/əlmʊxɑ:t̪ɪb/ ■ *adj.* (usu. with بہ) having the appellation... . See مخاطب. المخاطب

/əlmʊxt̪əsər/ ■ *adv.* in short, to sum up. See القصہ. المختصر

/əlməd̪əd̪/ ■ *exclam.* help me! See الغیاث. المدد

/əlmʊd̪d̪əʔɑ:/ ■ *adv.* shortly, briefly, to sum up. See الحاصل. المدّعا

/əlmʊzɪl/ ■ *pr.n.* the Disgracer, one of the ninety-nine names of Allah. المُذِل

/əlmərqu:m/ ■ *adj.* written. See مرقوم. المرقوم

/əlməst̪/ ■ *adj.* (*iron.* or *joc.*) intoxicated, drunk, inebriated. الست

/əlmʊsəmmɑ:/ ■ *adj.* (usu. with بہ) called, named or known (as)... . See مُسمّیٰ. المُسمّیٰ

/əlməʃhu:r/ ■ *adj.* (usu. with بہ) famous as. المشہور

/əlmʊsəvvɪr/ ■ *pr.n.* the Fashioner. See under ال. المُصوِّر

/əlmʊzɑ:ʔəf/ ■ *n.m.* twofold, double, twice. المُضاعف

/əlmʊʔɪz/ ■ *pr.n.* the Honour Giver, one of the ninety-nine names of Allah. المُعِز

/əlmʊʔlɪn/ ■ *n.m.* announcer. المُعلن

/əlmʊʔi:d̪/ ■ *pr.n.* the Restorer, one of the ninety-nine names of Allah. المُعید

/ əlləm ɣəlləm/ ■ *n.m.* **1** prattler, nonsense or foolish talk. **2** miscellaneous articles (mostly unnecessary). ■ *adv.* at random. ■ *adj.* rotten or foul (food). الم غلم بکنا talk nonsense. اَلّم غلّم

/əlmʊɣni:/ ■ *pr.n.* the Enricher, one of the ninety-nine names of Allah. المُغنی

/əlmʊqt̪ədɪr/ ■ *pr.n.* the Powerful, one of the ninety-nine names of Allah. المُقتدر

/əlmʊqəddɪm/ ■ *pr.n.* the Expediter, one of the ninety-nine names of Allah. المُقدِّم

/əlmʊqsɪt̪/ ■ *pr.n.* the Equitable, one of the ninety-nine names of Allah. المُقسِط

/əlmʊqi:t̪/ ■ *pr.n.* the Maintainer, one of the ninety-nine names of Allah. المُقیت

/əlmʊkəllɪf/ ■ *adj.* **1** (*literal*) one who puts to inconvenience. **2** (*fig.*) 'inviter' (used in invitation cards). المُکلّف

/ɪlmɪl t̪ɪlmɪl/ ■ *n.f.* delay; procrastination, quibble, evasion (usu. used by women). اِلمل ٹِلمل

straddle. 2 (*fig.*) ignore.

النُّور /ənnu:r/ ■ *pr.n.* the Light, one of the ninety-nine names of Allah.

اُلُو /ʊlu:/ ■ *n.m.* (also اُلوا) a kind of grass, *Saccharum cylindricum*.

اُلّو /ʊllu:/ ■ *n.m.* **1** owl. **2** (*fig.*) fool, stupid fellow, blockhead, idiot. الو بنانا fool, make a fool of, befool, cheat. الو بولنا (of a place) become desolate or deserted. الوپن foolishness. الو پھانسنا beguile a sucker. الو کا پٹھا/چرخا (*offens.*) great idiot, arrant fool, simpleton, tomfool, duffer, dunce. الو کا گوشت کھلانا enchant or bewitch into submission. الو کی بولی hoot, the cry of an owl. الو کی دم (فاختہ) (*offens.*) idiot, blockhead. الو کی مادہ dim-witted woman. الو ہونا be intoxicated; be enamoured.

الواث /əlvɑ:s/ ■ *n.m.* (*pl.* of لَوث) grime, dirt, filth; pollutant contaminants; adulterants.

الواجب /əlvɑ:dʒɪb/ ■ *pr.n.* the Self-sufficient, one of the ninety-nine names of Allah.

الواجد /əlvɑ:dʒɪd̪/ ■ *pr.n.* the Satisfied, one of the ninety-nine names of Allah.

الواح /əlvɑ:h/ ■ *n.f.* (*pl.* of لوح) **1** planks; wooden, earthen or stone slabs or tablets on which something is written or scratched or drawn. **2** writings engraved on gravestones.

الواحد /əlvɑ:hɪd̪/ ■ *pr.n.* the One, one of the ninety-nine names of Allah.

الوارث /əlvɑ:rɪs/ ■ *pr.n.* the Inheritor, one of the ninety-nine names of Allah.

الواسع /əlvɑ:se:ʔ/ ■ *pr.n.* the All-embracing, one of the ninety-nine names of Allah.

الواط /əlvɑ:t̪/ ■ *n.m.* (*pl.* of لُوطی) gays, homosexual men.

الوالی /əlvɑ:li:/ ■ *pr.n.* the Governor, one of the ninety-nine names of Allah.

الوان¹ /əlvɑ:n/ ■ *n.m.* (*pl.* of لَون) colours; sorts, kinds. ■ *adj.* of different kinds, variant; colourful. [A]

الوان² ——— ■ *n.m.* & *f.* shawl, pashmina. [dial.]

الوانی /əlvɑ:ni:/ ■ *n.f.* colourfulness. ■ *adj.* colourful.

الوائی /əlvɑ:i:/ ■ *n.f.* young cow fit for breeding.

الوایا /əlvɑ:jɑ:/ ■ *adj.* **1** soft, gentle, tender. **2** sensitive as blistering (skin).

الوبھ /əlo:bʰ/ ■ *adj.* selfless, free from greed.

الوپ /əlu:p/ ■ *adj.* vanished; hidden, unseen, concealed; out of sight, imperceptible. الوپ انجن **1** legendary kohl which, when applied to the eyes, renders the wearer invisible. **2** out of sight, unseen; vanished. الوپ مایا the mysteries of nature, the imperceptible power in nature. الوپ ہونا be invisible, be out of sight, disappear; become extinct, vanish.

الوداع /əlvɪd̪ɑ:ʔ/ ■ *exclam.* & *n.m.* good-bye, farewell, valediction, adieu. الوداع کہنا bid farewell, bid adieu.

الوداعی /əlvɪd̪ɑ:ʔi:/ ■ *adj.* farewell, valedictory.

الودود /əlvəd̪u:d̪/ ■ *pr.n.* the Loving, the Friendly, one of the ninety-nine names of Allah.

اُلُوس /ʊlu:s/ ■ *n.m.* clan, group, race.

الوکیل /əlvəki:l/ ■ *pr.n.* the Helper, one of the ninety-nine names of Allah.

اُلُوکھل /ʊlu:kʰəl/ ■ *n.f.* mortar, the vessel in which spices, herbs, etc. are pounded with a pestle.

الول /əlo:l/ ■ *n.f.* caper of animals; frisking, playfulness, gambol. ■ *adj.* **1** steady, firm, static, fixed, unshakeable. **2** playful, frisky. الول کلول کرنا to frolic, gambol, caper, frisk.

الولا /əlo:lɑ:/ ■ *adj.* sexless, castrated; without a penis. ■ *n.m.* eunuch.

الولی /əlvəli:/ ■ *pr.n.* the Friend, one of the ninety-nine names of Allah.

الونا /əlo:nɑ:/ ■ *adj.* (also الَون) saltless, savourless, insipid.

الوند /əlvənd̪/ ■ *pr.n.* mountain near Hamdan (Iran) bearing cuneiform inscriptions of Darius I and Xerxes I.

الونی /əlo:ni:/ ■ *n.f.* act of sifting out gold or silver particles from sand.

الوہّاب /əlvəhhɑ:b/ ■ *pr.n.* the Bestower, one of the ninety-nine names of Allah.

اُلُوہی /ʊlu:hi:/ ■ *adj.* divine; sacred; of or from God.

اُلُوہیّت /ʊlu:hɪjjət/ ■ *n.f.* divinity, deity, godhood; the divine essence.

اُلُوہیّتی /ʊlu:hɪjjət̪i:/ ■ *adj.* of or relating to اُلُوہیّت.

اِلوے تِلوے /ɪlve: t̪ɪlve:/ ■ *n.m.pl.* ragtag; rabble, low people.

الویہ /əlvɪjɑ:/ ■ *n.m.* (*pl.* of لوا) small flags; buntings.

الہادی /əlhɑ:d̪i:/ ■ *pr.n.* the Guide, one of the ninety-nine names of Allah.

اِلہام /ɪlhɑ:m/ ■ *n.m.* intuitive perception or knowledge, inspiration.

اِلہامی /ɪlhɑ:mi:/ ■ *adj.* of or relating to اِلہام; inspired, intuitional.

الّہ غلّہ /əllɑ:ɣəllɑ:/ ■ *n.m.* corn, grains of various sorts.

اُلہنا /ʊlæhnɑ:/ ■ *n.m.* (also اُلاہنا) complaint; taunt; accusation, charge. الہنا دینا taunt; reproach; complain, blame, accuse.

اِلیٰ /ɪlɑ:/ ■ *prep.* till, to, up to, until; used in comp. as: اِلیٰ الآن up to the present time, up to this moment, hitherto, so far. اِلیٰ آخرہٖ up to or till the end of it, so on, so forth.

اِلیاس /ɪljɑ:s/ ■ *pr.n.* Prophet Elias or Elijah.

الیاف /əljɑ:f/ ■ *n.m.pl.* tissues. (*sing.* لیف)

اَلّے پلّے /əlle:pəlle:/ ■ *adv.* (usu. in *neg.*) in one's possession.

اُلیچنا /ʊli:tʃnɑ:/ ■ *v.* **1** bail out water with hands or a vessel. **2** (*fig.*) delve into; inquire; feel with hands.

الیل /əljəl/ ■ *adj.* very dark long (night).

الیل /əle:l/ ■ *adj.* **1** unaware, negligent. **2** thoughtless, heedless.

اُلیل /ʊle:l/ ■ *n.f.* **1** caper, skip, hop. **2** (*fig.*) coquetry.

الیم /əli:m/ ■ *adj.* excruciating, troublesome, agonizing, torturing, very painful.

اِلَیہ /ɪlæ:h/ ■ *adv.* 'to whom' as: مکتوب الیہ. (*pl.* اِلَیہِم)

الّھڑ /əlʰlʰəṛ/ ■ *adj.* **1** innocent, naive; artless, inexperienced. **2** untrained; ignorant; careless. **3** foal (esp. a young horse). الّھڑپن artlessness or playfulness of youth.

الھیّا /əlʰəjjɑ:/ ■ *n.f.* name of a raga of classical music.

ام[1] /əm/ ■ *pron.* Persian pronoun indicating first person singular, infrequently used in Urdu; I, me; my. [P]

ام[2] ____ ■ *n.m.* (*contr.* of آم) used in comp. as: امرس، امچور. [S]

اِم /ɪm/ ■ *pron.* this; used only in comp. as: امروز this day, today. امسال this year.

اُم /ʊm/ ■ *n.f.* (also اُمّ) **1** mother. **2** (*fig.*) origin, principal or original cause, source, foundation. اُم الالسنہ mother of languages. اُم الامراض mother of diseases, i.e. constipation; cold. اُم الائمہ Hazrat Fatima, the daughter of Prophet Muhammad. اُم البلاد/القریٰ mother of cities, i.e. Makkah. اُم الخبائث mother of all evils, i.e. liquor. اُم الخراب cause of desolation; an owl. اُم الصبیان children's disease causing fits. اُم القرآن Fateha, the first sura of the Qur'an. اُم الکتاب **1** mother of the book, i.e. the preserved tablet of divine decrees also known as *Loh-e-Mahfooz* (لوحِ محفوظ). **2** the Qur'an. **3** the first sura of the Qur'an. اُم المؤمنین any one of Prophet Muhammad's wives. اُم الولد **1** mother of a son. **2** (*Isj.*) slave-girl who has borne her master's baby boy. اُم غیلاں acacia, a thorny tree, *Mimosa acacia.* (*pl.* اُمّہات)

اما /əmɑ:/ ■ *exclam.* used when informally addressing someone. امایار (O) my friend! man!

امّا /əmmɑ:/ ■ *conj.* nevertheless; yet; but. امّا بعد and then, after that.

اِماتت /ɪmɑ:t̪ət̪/ ■ *n.f.* putting to death.

اماثل /əmɑ:sɪl/ ■ *n.m.pl.* **1** equals, peers. **2** nobles, grandees, eminent men. (*sing.* اَمثل)

اماجد /əmɑ:dʒɪd̪/ ■ *adj. & n.m.* (*pl.* of امجد) most glorious (people), great nobles, honourable ones, (tribal or family) elders.

امّار /əmmɑ:r/ ■ *adj.* one who rules, ruler, imperious, domineering.

اِمارات /ɪmɑ:rɑ:t̪/ ■ *n.m.* (*pl.* of اِمارت) emirates.

امارت /əmɑ:rət̪/ ■ *n.m.* sign, symbol, mark.

اِمارت /ɪmɑ:rət̪/ ■ *n.f.* **1** lands or reigns of an emir, emirate. **2** wealth, riches, wealthiness, state of being rich. **3** office of a governor. امارتِ بحر admiralship. امارت پرستی snobbishness, snobbery. امارت عطا کرنا to ennoble (a person), give a rank or a title (to someone).

اِمارہ /ɪmɑ:rɑ:/ ■ *n.m.* accounts, counting, calculation.

امّارہ /əmmɑ:rɑ:/ ■ *adj.* (*fem.* of امّار) domineering, commanding, headstrong; usually used with نفس as: نفسِ امّارہ the inner urge in man to do evil.

اِماعت /ɪmɑ:ʔət̪/ ■ *n.f.* act of melting; changing gas or solid into liquid, liquefaction.

اماکن /əmɑ:kɪn/ ■ *n.m.* (*pl.* of مکان) places; houses, habitations. اماکن شریفہ/متبرکہ/مقدسہ sacred places, holy houses.

امالقہ /əmɑ:leqɑ:/ ■ *n.m.pl.* (*var.* of عمالقہ) people of the race *Amleeq* (عملیق) said to be descendants of Shem, son of Noah.

امالہ /ɪmɑːlɑː/ ■ *n.m.* 1 causing to incline, bending, inclination. 2 (***Gram.***) inflection by virtue of which *alif* (الف) and *ha* (ہ) change to *yae majhool* (یائے مجہول) as: افسانہ becomes افسانے and لڑکا becomes لڑکے; also *fatha* (فتحہ) or *zabar* (زبر) changes to *kasra* (کسرہ) or *zer* (زیر) as مطلَع becomes مطلِع

امام /ɪmɑːm/ ■ *n.m.* 1 imam, one who stands before or is followed in prayers. 2 chief leader. 3 honorific title of an erudite scholar (usu. of religious knowledge or any branch of it). 4 Imam, any one of the twelve leaders of the Shiites. 5 large marking bead in the rosary. امام بارگاہ / باڑا Shiite shrine dedicated to Imam Hussain. امام سبحہ the large bead in the middle of the rosary. امام ضامن the protecting Shiite Imam, Ali Raza, who is said to have given a guarantee on behalf of the pilgrims that they would abide by the rules. امام ضامن talisman guaranteeing safety tied on the arm of a traveller containing money to be given in charity at the end of the journey. (*pl.* ائمہ)

امامت /ɪmɑːməʈ/ ■ *n.f.* 1 (***Islam***) imamate, the office of the imam. 2 the act of leading congregational prayers. 3 (***Shiite***) religious leadership vouchsafed for the lineal descendants of Prophet Muhammad.

امام دستہ /ɪmɑːm d̪əsʈɑː/ ■ *n.m.* pestle and mortar. (See also ہاون دستہ under ہاون.)

امان /əmɑːn/ ■ *n.f.* (also اماں) security, safety; refuge; freedom from persecution or fear, protection. امان پانا obtain assurance of safety, find protection. امان دینا give a promise of safety. امان مانگنا seek protection, seek the assurance of safety. امان نامہ writing or letter promising protection and safety.

اماں /əmɑ̃ː/ ■ *exclam.* (also اما) (*contr.* of اے میاں) informal mode of addressing an equal or friend.

اماں /əmmɑ̃ː/ ■ *n.f.* (also اما) 1 amma, mother. 2 (*def.*) a way of addressing elderly women. ■ *suffix* used to show respect, as: پھوپھی اماں، دادی اماں. اماں جان / جی a mode of addressing mother to show love and respect.

امانت /əmɑːnəʈ/ ■ *n.f.* 1 safety, protection, safeguard. 2 sincerity, honesty; faith. 3 thing or property committed to the trust and care of a person or group of persons; deposit. 4 custody, guardianship. امانت دار 1 trustee, depository, guardian. 2 trustworthy. امانت داری trustworthiness, trust; charge; honesty. امانت رکھنا deposit; keep in trust, set or lay aside in trust. امانت میں خیانت breach of trust. امانت نامہ deed of trust or deposit. (*pl.* امانات)

امانتی /əmɑːnəʈiː/ ■ *adj.* deposited; given in trust or charge.

امانی[1] /əmɑːniː/ ■ *n.f.* 1 trust; deposit; safety; land held under government supervision (as opposed to اجارہ). 2 work done under one's own supervision (as opposed to contract work). [A]

امانی[2] ____ ■ *n.f.pl.* desires, wishes, longings. (*sing.* اُمنیہ) [A]

اماوٹ /əmɑːvəʈ/ ■ *n.f.* thickened mango juice.

اماوس /əmɑːvəs/ ■ *n.f.* (***Astrol.***) last day of the dark fortnight; the last night before the new moon, which is very dark and during which the sun and moon are in conjunction.

اُماہنا /ʊmɑːhnɑː/ ■ *v.* provoke (a desire), stimulate, motivate.

امب /əmb/ ■ *n.m.* (also امبا) mango. See آم.

امباڑہ /əmbɑːɽɑː/ ■ *n.m.* (also امباڑا، امباڑی، انباڑا) the esculent plant *Hibiscus cannabinus*, commonly called roselle, the hog plum.

امباسنا /əmbɑːsnɑː/ ■ *v.* season a new earthen vessel by letting water stand in it for some time; rinse, cleanse.

امبان /əmbɑːn/ ■ *n.m.* potter's kiln.

امبر[1] /əmbər/ ■ *n.m.* (also انبر[1]) 1 sky; cloud; atmosphere. 2 perfume. 3 clothes; chador. 4 covering; skin. [S]

امبر[2] ____ ■ *n.m.* bangle made of ivory or horn of an animal. [dial.]

امبوا /əmbvɑː/ ■ *n.m.* (*dim.* of امب) mango (usu. used in songs).

امبُوتی /əmbuːʈiː/ ■ *n.m.* creeping wood sorrel, *Oxalis corniculata*.

امبی /əmbiː/ ■ *n.f.* (also امبیا) (*dim.* of امب) small unripe mango. (*pl.* امبیاں)

امبیل /əmbeːl/ ■ *n.m.* dish prepared with buttermilk, lentil and boiled rice common in South India.

امپیَما /əmpæːmɑː/ ■ *n.m.* (also ام پیا) ammeter, ampere meter, instrument to measure electric current.

[E: Am= ampere + P: پیما]

امت¹ /əmət̪/ ■ *adj.* atheistic, irreligious. [S]

امت² ____ ■ *n.f.* (also امہ) slave girl. [A]

اُمّت /ʊmmət̪/ ■ *n.f.* **1** people; nation. **2** followers, especially of Prophet Muhammad, umma. **3** caste, race. **4** sect, creed; religion. امتِ مرحوم/مرحومہ/مغفور the blessed people, the Muslims. امتِ مسلمہ (***Islam***) Muslims as a nation. (*pl.* اُمَم)

امتثال /ɪmt̪esɑ:l/ ■ *n.m.* act of carrying out an order, compliance; obedience; conforming (to law).

امتحان /ɪmt̪ehɑ:n/ ■ *n.m.* **1** examination, test; trail. **2** investigation, inquiry. **3** (scientific) experiment; proving. امتحان دینا appear in or sit for an examination. امتحان کرنا examine, test; try; prove. امتحانِ لاش/نعش post-mortem, autopsy. امتحان لینا examine, test. امتحان میں بیٹھنا appear in or sit for an examination/ test. امتحان میں پورا اترنا succeed in a test, come up to expectations or standards, come out (of an ordeal) successfully. امتحان میں ڈالنا test severely; put in a quandary, to put in ordeal.

امتحانی /ɪmt̪ehɑ:ni:/ ■ *adj.* of or relating to اِمتحان.
امتحانی نلی test tube.

امتداد /ɪmt̪ed̪ɑ:d̪/ ■ *n.m.* **1** protraction, extension, prolongation. **2** (***Math.***) dimension. ■ *adj.* extended, protracted. امتدادِ زمانہ length or process of time, passage of time.

امتدادات /ɪmt̪ed̪ɑ:d̪ɑ:t̪/ ■ *n.m.* (*pl.* of امتداد) امتداداتِ ثلاثہ the three dimensions, length, breadth and depth.

امتدادیت /ɪmt̪ed̪ɑ:d̪ɪjət̪/ ■ *n.f.* material existence.

امتزاج /ɪmt̪ezɑ:dʒ/ ■ *n.m.* mixture; mingling; combination. امتزاجِ کیمیائی chemical compound.

امتصاص /ɪmt̪esɑ:s/ ■ *n.m.* **1** drawing out, suction, extraction. **2** (***Med.***) taking out (a fluid, etc.) from the body. امتصاصِ نور extinguishment of a lamp, etc.

امتعہ /əmt̪eʔɑ:/ ■ *n.m.* (*pl.* of متاع) valuables, goods, merchandise.

امتلا /ɪmt̪elɑ:/ ■ *n.m.* (also اِمتلاء) **1** state of being filled, surfeit, fullness. **2** repletion. **3** indigestion, vomiting, nausea.

امتلائی /ɪmt̪elɑ:i:/ ■ *adj.* of or relating to اِمتلا.
امتلائی کیفیت nausea, feeling of sickness.

اِمتناع /ɪmt̪enɑ:ʔ/ ■ *n.m.* prohibition; prevention; restriction, restraint. امتناعِ تداخل (in science) impenetrability.

امتناعی /ɪmt̪enɑ:ʔi:/ ■ *adj.* prohibitive; restrictive.

امتنان /ɪmt̪enɑ:n/ ■ *n.m.* conferring a favour or obligation, doing good to others; gratitude, thankfulness, gratefulness.

اُمّتی /ʊmməti:/ ■ *adj.* of or relating to umma. ■ *n.m.* person or people of a religion, especially of Islam. ■ *phr.* my umma.

امتیاز /ɪmt̪ɪjɑ:z/ ■ *n.m.* **1** separation, distinction, discrimination. **2** discernment, sense, judgement, discretion. **3** preference, prominence. **4** honour, respect. **5** an examination grade denoting excellence, distinction. امتیاز حاصل کرنا distinguish (oneself), achieve honours, etc., achieve distinction in exams. امتیاز کرنا discriminate, differentiate; tell apart; diagnose differently; distinguish.

امتیازی /ɪmt̪ɪjɑ:zi:/ ■ *adj.* **1** preferential. **2** (of a person) who discerns, distinctive, distinguished.
امتیازی خصوصیات characteristic features.
امتیازی سلوک discriminatory treatment.

امٹ /əmɪʈ/ ■ *adj.* (*contr.* of اَن مٹ) **1** indelible; ineffaceable. **2** indissoluble, imperishable. **3** fast (colour). **4** immutable; unchangeable, irrevocable.

امثال /əmsɑ:l/ ■ *n.f.* (*pl.* of مَثَل، مِثل) **1** proverbs, adages, sayings. **2** equals. **3** faces; images, semblances.

امثِلہ /əmsɪlɑ:/ ■ *n.f.* (*pl.* of مثال) examples.

امجاد /əmdʒɑ:d̪/ ■ *adj.* (*pl.* of مجید) nobles, honourable (people); elite.

امجد /əmdʒəd̪/ ■ *adj.* (*elative* of ماجد) more or most glorious. (*pl.* اماجد)

امچور /əmtʃu:r/ ■ *n.m.* **1** dried mango-paring. **2** (*fig.*) very skinny (person).

امحا /ɪmhɑ:/ ■ *n.m.* obliteration, eradication.

امخاض /ɪmxɑ:z/ ■ *n.m.* churning milk; making of butter.

امداد /ɪmd̪ɑ:d̪/ ■ *n.f.* **1** help, aid, succour, assistance; relief. **2** favour, kindness; endowment. **3** donation; money given as gift or assistance. **4** subsidy. امدادِ باہمی mutual help; cooperation.

امدادی /ɪmd̪ɑ:d̪i:/ ■ *adj.* affording aid; helping; auxiliary. امدادی قیمت subsidized price. امدادی کارروائی relief pederast.

امرس /əmrəs/ ■ *n.m.* thickened and dried mango juice.

امرض /əmrəz/ ■ *adj.* (*elative* of مریض) very ill.

اِمرَوتی /ɪmro:ṭi:/ ■ *n.f.* upper end of a water pipe or hookah where the bowl of tobacco is placed.

امرُود /əmru:ḍ/ ■ *n.m.* guava.

اِمروز /ɪmro:z/ ■ *adv.* **1** today, this day. **2** (*fig.*) the present era; these days. امروزوفردا **1** very soon; one of these days. **2** procrastination, delay, defer.

امروہی /əmro:hi:/ ■ *n.f.* (***Music***) descending scale; reverse sol-faing.

امرئی /əmrəi:/ ■ *n.f.* (also امرائی، امری) mango orchard.

امریّاں /əmrəjjã:/ ■ *n.f.* (*pl.* of امرئی) mango orchards, mango groves.

امریکی /əmri:ki:/ ■ *adj.* American; of America, of Americans. [E]

اِمریل /ɪmre:l/ ■ *n.m.* precious stone not requiring any cutting.

امڑہ /əmṛɑ:/ ■ *n.m.* a high tree having small leaves, the buds and flowers of which are used as food after cooking, roselle, the hog plum.

امزجہ /əmzɪdʒɑ:/ ■ *n.m.* (*pl.* of مزاج) natures, temperaments.

اُمس /ʊməs/ ■ *n.f.* humid heat without breeze; close atmosphere, heavy and humid atmosphere; humidity and stillness.

اِمساک /ɪmsɑ:k/ ■ *n.f.* **1** the act of keeping back or off, stoppage. **2** miserliness, parsimony. **3** delaying ejaculation by male in coitus, retention, retentivity. **4** the medicine taken for delaying the male ejaculation in coitus. امساکِ باراں want of rain; delayed rainfall; drought.

اِمسال /ɪmsɑ:l/ ■ *adv.* this year.

اُمسنا /ʊməsnɑ:/ ■ *v.* putrefy, rot; emit a foul smell due to decay.

امشاج /əmʃɑ:dʒ/ ■ *n.m.* (*pl.* of مشیج) male or female germ cells able to unite with other cells of the opposite sex, gametes.

امشاسپند /əmʃɑ:sɪpənḍ/ ■ *n.m.* (also امشاسفند) angels.

اِمشب /ɪmʃəb/ ■ *adv.* tonight.

امصار /əmsɑ:r/ ■ *n.m.* (*pl.* of مِصر) countries; large cities.

operation.

اُمڈا /ʊmḍɑ:/ ■ (*past* of اُمڈنا). ■ *adj.* flooded.

اُمڈنا /ʊməḍnɑ:/ ■ *v.* swell; overflow. See اُمنڈنا.

امَر /əmər/ ■ *adj.* eternal, immortal, everlasting, undying. امربیل a parasitic climbing plant of the convolvulus family, with leafless stems that are attached to the host plant, *Cuscuta reflexa*. امرکہانی immortal tale. امرلوک paradise, heaven, the eternal world, the next world, the hereafter. امرہونا become immortal.

امر /əmr/ ■ *n.m.* **1** command, order, behest. **2** permission, allowance. **3** affair, matter; transaction; business. **4** point, fact; case; thing. **5** event, occurrence. **6** (***Gram.***) the imperative mood. امربالمعروف the command to carry out good deeds. امرِتنقیح طلب the point at issue; case demanding inquiry. امرِمحال an impossibility. امرمعروف **1** known fact. **2** See امربالمعروف. امرمعلوم the point or fact that has been mentioned or alluded to. امرِواقعہ fact of the matter; exact happening. امرِواقعی fact, truth. امرونہی **1** command and prohibition. **2** (***Gram.***) affirmative and negative. (*pl.* اُمور، اوامر; *ppl.* اُمورات)

امرا /əmrɑ:/ ■ *n.m.* gram field, field of gram or chickpea.

اُمرا /ʊmərɑ:/ ■ *n.m.* (*pl.* of امیر) (also اُمراء) nobles; grandees; the rich.

امراض /əmrɑ:z/ ■ *n.m.* (*pl.* of مرض) diseases, ailments. امراضِ الشکل diseases which deform the shape of any body part. امراضِ پوشیدہ/خبیثہ venereal diseases. امراضِ ساری recurring or epidemic diseases. امراضِ طاریہ hereditary diseases. امراضِ متعدی infectious diseases. امراضِ مزمن chronic diseases.

امرائی /əmrɑ:i:/ ■ *n.f.* (also امرئی، امری) mango orchard, mango grove.

اُمرائی /ʊmərɑ:i:/ ■ *n.f.* richness, affluence.

امرِت /əmrɪṭ/ ■ *n.m.* (also امرت) nectar conferring immortality, ambrosia, water or elixir of life. امرت دھارا herbal cure-all of Ayurvedic system of medicine; a herbal medicine for indigestion.

اِمرتی /ɪmərṭi:/ ■ *n.f.* kind of sweetmeat comprising small rings arranged round a larger central ring.

امرد /əmrəḍ/ ■ *n.m.* **1** young beardless lad, handsome youth. **2** catamite. امردپرست sodomite, homosexual,

اِمضا /ɪmzɑ:/ ■ *n.m.* 1 issuance (of orders). 2 dispatch; transmission. ■ *n.f.* signature or seal confirming the official issuance.
امعا /əmʔɑ:/ ■ *n.m.* (*pl.* of مِعیٰ) guts, intestines.
اِمعان /ɪmʔɑ:n/ ■ *n.m.* acuteness, penetration, the act of looking attentively. اِمعانِ نظر deep or acute perception; close look.
امک /əmək/ ■ *adj.* (also امکا) (*literal*) such a one, a certain (person), so and so, such and such; (used to show contempt or disrespect) trifle; nobody. امک ڈھمک 1 anybody; Tom, Dick and Harry. 2 rotten things.
امکا /əmkɑ:/ ■ *n.m.* See امک. امکا ڈھمکا 1 anyone or everyone; nobody; term of contempt used for nobodies, Tom, Dick, and Harry. 2 idle talk, trifles.
اِمکان /ɪmkɑ:n/ ■ *n.m.* 1 possibility, probability. 2 potentiality, power. 3 existence. 4 this world. 5 control, hold; authority. امکان بھر as far or as much as possible; to the limit of possibility.
اِمکانی /ɪmkɑ:ni:/ ■ *adj.* 1 possible. 2 potential. 3 practicable.
امکنہ /əmkɪnɑ:/ ■ *n.m.* (*pl.* of مکان) houses, places.
اُمگا /ʊmgɑ:/ ■ *adj.* swelled.
اُمگنا /ʊməgnɑ:/ ■ *v.* enthuse, be motivated, inspirited; be elated or exult, swell with joy or pleasure.
امل¹ /əməl/ ■ *adj.* clean, spotless. [S]
امل² ____ ■ *n.f.* expectation; hope. [A]
امل³ ____ ■ *n.m.* spirituous liquor; intoxication. ■ *adj.* intoxicating (substance), intoxicant. امل پانی intoxicating liquor of any kind. [S]
امل⁴ ____ ■ *n.m.* sourness, acidity. ■ *adj.* sour. امل بید garden sorrel, *Rumex acetosa*. [S]
املا /əmlɑ:/ ■ *n.m.* material used in a building, bricks, paint, etc.
اِملا /ɪmlɑ:/ ■ *n.m.* 1 orthography. 2 dictation. املا طراز calligraphist; one who writes, orthographer.
اِملاص /ɪmlɑ:s/ ■ *n.m.* abortion.
اِملاق /ɪmlɑ:q/ ■ *n.m.* poverty, penury, destitution.
املاک /əmlɑ:k/ ■ *n.m.* (*pl.* of مِلک) possessions; goods; estates; lands. املاکِ غیر منقولہ immovable property. املاکِ منقولہ movable property.
اِملائی /ɪmlɑ:i:/ ■ *adj.* of or relating to orthography, orthographic.
املتاس /əmlt̪ɑ:s/ ■ *n.m.* 1 *Cassia fistula*, tree whose beans are used as purgative. 2 kernel of the same tree, often used as laxative.
املس /əmləs/ ■ *adj.* shining; smooth, having even surface.
املق /əmləq/ ■ *adj.* even, plain; smooth.
املنا¹ /əməlnɑ:/ ■ *v.* tauten; tighten; harden (of abdominal vessels). [S]
املنا² ____ ■ *v.* to become deadened by acidity or sourness (as teeth). [S]
املوک /əmlo:k/ ■ *n.m.* persimmon, a red tomato-like sweet fruit or its tree.
اِملی /ɪmli:/ ■ *n.f.* imli, tamarind tree or its fruit.
اُمم /ʊməm/ ■ *n.f.* (*pl.* of اُمّت، اُمّہ) peoples; nations; sects; tribes.
امن /əmn/ ■ *n.m.* (also اَمَن) 1 peace, calm, tranquillity. 2 safety, security. امن چین 1 security and safety. 2 (*fig.*) relaxed or carefree manner. 3 (*women's slang*) earthquake, tremor. امن وامان peace and safety; law and order.
امنا /əmnɑ:/ ■ *v.* (also ام جانا) be paralysed; become benumbed.
اُمنا /ʊmənɑ:/ ■ *n.m.* (*pl.* of امین) trustees.
اُمنڈنا /ʊmənd̪nɑ:/ ■ *v.* (also اُمڈنا، امنڈ آنا) swell; overflow; gush out; rise; surge; become flooded; run over.
اُمنگ /ʊməŋg/ ■ *n.f.* 1 desire, yearning, longing, urge, ambition. 2 rapture, ecstasy, elation, exultation, intoxication (of success). 3 pride; conceit. 4 passion. امنگ پر ہونا be youthful, be full of passion and youth.
امنگل /əməŋgəl/ ■ *adj.* inauspicious, unfavourable, ominous. ■ *n.m.* ill-luck; disaster.
اُمنگنا /ʊməŋgnɑ:/ ■ *v.* 1 increase, surge. 2 be transported, swell with joy.
امنیت /əmnɪjət̪/ ■ *n.f.* (also امنیّت) 1 immunity, safety. 2 tranquillity, repose; state of being peaceful.
اموا /əmvɑ:/ ■ *n.m.* mango.
امّوا /əməvvɑ:/ ■ *n.m.* mango like colour; dark green.
اموات /əmvɑ:t̪/ ■ *n.f.* (*pl.* of موت) deaths.
امواج /əmvɑ:dʒ/ ■ *n.f.* (*pl.* of موج) waves, billows, surges.
اموال /əmvɑ:l/ ■ *n.m.* (*pl.* of مال) riches, wealth; goods; property; chattels, possessions.

اُمور /ʊmu:r/ ■ *n.m.* (*pl.* of امر) **1** affairs, matters, issues. **2** transactions; actions. امورِخارجہ external affairs, foreign affairs. امورِداخلہ home affairs. (*ppl.* اُمورات)

اموَرت /əmu:rət̪/ ■ *adj.* **1** amorphous; incorporeal; formless, shapeless; faceless. **2** ugly, unshapely.

اموری /əmɔ:ri:/ ■ *n.f.* gift of mangoes.

امول /əmo:l/ ■ *adj.* priceless, invaluable. See انمول.

اُمومت /ʊmu:mət̪/ ■ *n.f.* motherhood, maternity, status as a mother; the state of being motherly.

امونیا /əmu:nɪjɑ:/ ■ *n.m.* **1** ammonia. **2** (***Printing***) ammonia print. [E]

اُموی /ʊməvi:/ ■ *adj.* Umayyad; of Umayyad dynasty of Arabia.

اُمّہ /ʊmməh/ ■ *n.f.pl.* umma, ummah, people; nation. See اُمّت.

اُمّہات /ʊmməhɑ:t̪/ ■ *n.f.* (*pl.* of اُم) mothers. امہاتُ الکتب the essential or authentic books of any branch of knowledge; great books; sacred books, scriptures. امہاتُ المومنین **1** (*literal*) mothers of the faithful. **2** (***Islam***) the title of the wives of Prophet Muhammad.

امہار /əmhɑ:r/ ■ *n.m.* pickle of unripe mango kernel with turmeric and pepper prepared without oil.

اِمہال /ɪmhɑ:l/ ■ *n.m.* delay, postponement, putting off, deferring, retarding.

اَمّی /əmmi:/ ■ *n.f.* mother.

اُمّی /ʊmmi:/ ■ *n.m.* **1** person who does not know how to read or write. **2** citizen of اُمُّ القریٰ i.e. Makkah. **3** an appellation of Prophet Muhammad.

امیا /əmjɑ:/ ■ *n.f.* (*dim.* of آم) small mango.

امیبا /əmi:bɑ:/ ■ *n.m.* amoeba. [E]

اُمّیّت /ʊmmɪjjət̪/ ■ *n.f.* (*var.* of اُمومت) **1** motherhood, maternity. **2** inability to read or write.

اُمیٹھنا /ʊme:ʈʰnɑ:/ ■ *v.* (also اینٹھنا) twist, wring.

امی جمی /əmi:dʒəmi:/ ■ *n.f.* period of peace and tranquillity. امی جمی سے safely; peacefully.

اُمّید /ʊmmi:d̪/ ■ *n.f.* (also اُمید) **1** hope, expectation. **2** longing, desire. **3** state of being pregnant, pregnancy. امیدافزا promising. امید برآنا have hope fulfilled. امیددلانا give hope; raise expectation; promise; assure. امیدرکھنا/لگانا hope; trust, rely on. اُمید سے expecting, pregnant. امید سے ہونا be pregnant. امید کی کرن ray of hope. امیدوار **1** hopeful; expecting. **2** candidate; applicant. امیدوار ہونا be a candidate. امیدواری candidacy; expectancy; hopefulness. امیدوبیم between hope and fear.

اُمّیدوں /ʊmmi:d̪õ:/ ■ *n.m.* (*pl.* of اُمّید) امیدوں پر پانی پھرنا be disappointed.

امیر /əmi:r/ ■ *n.m.* **1** amir, emir, chieftain, commander; ruler; governor; person of rank or distinction. **2** rich man, wealthy. **3** a title of nobles in the reign of Ghaznavis. امیرُ الامرا chief of the nobles, lord of lords; a very wealthy person. امیرُ البحر admiral. امیرُ الجیش commander. امیرالحج/موسم the officer in charge of caravan of Hajj pilgrims. امیرُ المومنین (***Islam***) **1** (*literal*) commader of the faithful. **2** a title of the Muslim caliphs. امیرِ آتش officer in charge of ordnance. امیرِ آخور official in charge of royal stables. امیرِ پائگاہ a nobleman who was permanent courtier of the Nizam of Hyderabad, a former princely state of India. امیرزادہ son of a rich man, of noble birth. امیرِ عساکر commander-in-chief, supreme commander. (*pl.* اُمرا)

امیرانہ /əmi:rɑ:nɑ:/ ■ *adj.* of or pertaining to rich people; lordly, princely, grand, stately; luxurious. امیرانہ ٹھاٹ grandeur; luxurious living.

امیری /əmi:ri:/ ■ *n.f.* **1** sovereignty, lordship. **2** wealth, wealthiness, riches.

امیل /əme:l/ ■ *adj.* pure, unadulterated.

امین /əmi:n/ ■ *adj.* faithful, trustworthy. ■ *n.m.* **1** trustee; receiver; curator. **2** commissioner; inspector, bailiff, law officer. **3** a title of Prophet Muhammad. **4** title of Archangel Gabriel. امینِ حساب auditor of accounts.

اُمّین /ʊmmi:n/ ■ *n.m.* wheat or barley crop harvested when unripe.

امینی /əmi:ni:/ ■ *n.f.* **1** custody, guardianship; trust; security. **2** office of an *ameen* (امین).

اَن /ən/ ■ *prefix* not, reverse of; a lack of; without; un-. ان اچت inapt, unsuitable, improper. ان بن discord, quarrel, disagreement. ان بُوجھ not knowing, witless. ان بول speechless, silent, mute. ان بولا not being on speaking terms. ان بیاہا/بیاہی unwed, unmarried. ان بھل ill will; malice. ان پچ indigestible. ان پڑھ illiterate, another's child. اناد واڑے ignoble people living off their women's earnings.

اِنابت /ɪnɑ:bət̪/ ■ *n.f.* return to godliness or religion; repentance, penitence.

انابیب /ənɑ:bi:b/ ■ *n.m.* (*pl.* of اُنبوب) ducts, tubes, vessels. انابیبِ شعری (*Bot.*) tracheae; tubular conductive vessels in the xylem of vascular plants.

اناپ شناپ /ənɑ:p ʃənɑ:p/ ■ *adv.* foolishly, recklessly; irregularly, indiscriminately. ■ *n.f.* nonsense. اناپ شناپ بکنا drivel, talk nonsense.

اناتھ /ənɑ:t̪ʰ/ ■ *adj.* without a master; orphaned (child); widowed (woman). ■ *n.m.* & *f.* waif, a homeless person. اناتھ آشرم orphanage, a refuge or home for widows, divorced women, orphans and the destitute.

اِناث /ɪnɑ:s/ ■ *n.f.* (*pl.* of اُنثیٰ) women.

اناج /ənɑ:dʒ/ ■ *n.m.* grain; cereal; food. اناج کا دشمن lazy person; shirker; one who eats without working for it.

اناجیل /ənɑ:dʒi:l/ ■ *n.f.* (*pl.* of انجیل) Gospels.

اناد /ənɑ:d/ ■ *adj.* (also انادی) eternal; immemorial.

انار /ənɑ:r/ ■ *n.m.* 1 pomegranate. 2 kind of firework. انارِ بے دانہ superior species of seedless pomegranate, usually very light pink in colour. اناردانہ dried pomegranate seed used as spice.

اناریہ /ənɑ:rjɑ:/ ■ *adj.* non-Aryan.

اناڑی /ənɑ:ɽi:/ ■ *adj.* inexperienced, unskilled, novice, beginner; uncouth, clumsy; blundering; raw. اناڑی پن lack of skill, unskilfulness, ham-handedness, clumsiness; stupidity. اناڑی کا سودا بارہ باٹ an inexperienced trader is always a loser; an inexperienced worker is unreliable.

اُناس /ʊnɑ:s/ ■ *n.m.* (*pl.* of اِنس) people; men.

اُناسی /ʊnɑ:si:/ ■ *cardinal number* seventy-nine.

اُناسیواں /ʊnɑ:si:vɑ̃:/ ■ *ordinal number* seventy-ninth.

انا گت /ənɑ:gət̪/ ■ *adj.* that which is yet to come or occur (i.e. the future); the unknown; (something) unattained or unlearnt.

اِنا گنا /ɪnɑ: gɪnɑ:/ ■ *adv.* few, limited, not many.

انام /ənɑ:m/ ■ *n.m.* creatures; people; mankind; mortals.

انامل /ənɑ:mɪl/ ■ *n.m.pl.* tips of the fingers; fingers. (*sing.* انملہ)

انّان /ənnɑ:n/ ■ *n.m.* person weeping effusively. (*fem.* انّانہ)

unlettered, uneducated. ان تھک untiring, diligent. ان جان 1 not knowing, unfamiliar, unacquainted. 2 ignorant. 3 unknowingly, unwittingly. ان جانا unknown. ان دیکھا ردیکھی unbeheld, unseen, invisible. ان سنی something unheard of. ان سنی کرنا ignore; pretend to not having heard. ان کہنی 1 (*euph.*) any abusive term. 2 an expletive or four-letter word. ان کہی unsaid. ان گنا uncounted, countless, innumerable. ان گنا مہینہ eighth month of pregnancy supposed to be inauspicious or dangerous for the unborn baby. ان گنت countless, without count, innumerable. ان گھڑ 1 irregularly shaped, unshaped; uncut (stone). 2 untrained, inexperienced. 3 awkward; clumsy, coarse (as opposed to refined). ان مٹ ineradicable, indelible, permanent, that cannot be rubbed out, erased or obliterated. ان مل 1 unsuitable; incompatible, ill-assorted. 2 a kind of composition (created by Amir Khusrau) in which absurd combinations are presented to amuse. ان منا رمنی 1 indisposed, out of sorts. 2 dejected, sad, troubled in mind. ان مول priceless, invaluable. ان ہونی impossible, improbable. [S]

ان² ——— ■ *n.m.* corn, grain; food, provision, sustenance. ان پراس رپراسن (*Hinduism*) a ritual observed when a baby is given solid food for the first time (usu. between fifth and eighth month). ان پورنا square meal; satiety. ان داتا food-giver; benefactor, supporter; master, especially God, the Provider; way of addressing a rich or powerful person. ان کا کیڑا 1 (*literal*) grain-worm. 2 (*fig.*) that which lives for food, i.e. man. ان کال famine, drought. [S]

اِن /ɪn/ ■ *pron.* these; them; this. ان تلوں میں تیل کہاں رنہیں said of an inconsiderate or unaccommodating person; a profitless venture. اِن دنوں nowadays, these days.

اُن /ʊn/ ■ *pron.* 1 them; those. 2 (*def.*) him; he. اُن دنوں in those days, then, at that time.

انا /ənɑ:/ ■ *pron.* I; me. ■ *n.f.* self; ego. اناالحق "I am the Truth" or "I am God", the words uttered by the Persian mystic Mansur Hallaj for which he was executed. انا پرست egoist, egotistic.

اِنا /ɪnɑ:/ ■ *n.m.* vessel, receptacle, container.

انّا /ənnɑ:/ ■ *n.f.* wet nurse, a woman employed to suckle

انانیت /ənɑ:nɪjət̪/ ■ *n.f.* egotism, self-conceit; arrogance, boastfulness.

انبار /əmbɑ:r/ ■ *n.m.* pile, stack, hoard, heap, collection. انبارخانہ store, storehouse, warehouse, barn.

انباری /əmbɑ:ri:/ ■ *n.f.* (*var.* of عماری) litter used on a camel or elephant, canopy. (*cf.* ہودہ)

انباز /əmbɑ:z/ ■ *n.m.* associate, partner.

انبازی /əmbɑ:zi:/ ■ *n.f.* partnership, association.

انبان /əmbɑ:n/ ■ *n.m.* wallet, purse, bag; sack of soft leather.

انبر¹ /əmbər/ ■ *n.m.* **1** sky, firmament. **2** dress. **3** ambergris. See امبر¹. [S]

انبر² ____ ■ *n.m.* pliers. [Prk.]

اِنبساط /ɪmbesɑ:t̪/ ■ *n.f.* **1** (*literal*) expansion, the act of expanding or spreading. **2** delight, glee, merriment, gladness, joy.

انبساطی /ɪmbesɑ:t̪i:/ ■ *adj.* of or relating to انبساط.

اِنبعاث /ɪmbeʔɑ:s/ ■ *n.m.* **1** (*literal*) raise; revival, resurrection. **2** elation; joy, ecstasy; the act or state of rising. انبعاثِ موتیٰ resurrection of the dead on the Judgement Day.

اُنبوب /ʊmbu:b/ ■ *n.f.* tube, duct; vessel. (*pl.* انابیب)

انبوہ /əmbo:h/ ■ *n.m.* **1** mob, crowd, multitude. **2** abundance.

انبہ /əmbɑ:/ ■ *n.m.* mango.

انبیا /əmbɪjɑ:/ ■ *n.m.* (*pl.* of نبی) prophets, apostles.

ان بیاہا /ənbɪjɑ:hɑ:/ ■ *adj.* unmarried. See under اَن¹. (*fem.* ان بیاہی)

انبیق /əmbi:q/ ■ *n.m.* (***Chem.***) retort; alembic.

انبیل /əmbi:l/ ■ *n.f.* dish of rice and lentils, etc. relished in South India.

اَنبھو /ənʊbʰɔ:/ ■ *n.m.* (also انوبھو) knowledge; guess, estimation; idea, perception; cognizance.

انت /ənt̪/ ■ *n.f.* **1** limit, boundary. **2** result. **3** end, close, termination. **4** secret. ■ *adv.* after all, at last. انت کال dying moment, last sighs.

اِنتاج /ɪnt̪ɑ:dʒ/ ■ *n.m.* inference; deduction; result, outcome.

اُنتالیس /ʊnt̪ɑ:li:s/ ■ *cardinal number* thirty-nine.

اُنتالیسواں /ʊnt̪ɑ:li:svɑ̃:/ ■ *ordinal number* thirty-ninth.

اِنتباہ /ɪnt̪ebɑ:h/ ■ *n.m.* warning, caution; alarm; notice.

اِنتباہاً /ɪnt̪ebɑ:hən/ ■ *adv.* as a warning.

اِنتباہی /ɪnt̪ebɑ:hi:/ ■ *n.f.* of or relating to انتباہ; alarming.

انت بنت /ənət̪ bənət̪/ ■ *n.f.* make-up and dressing.

انتج /ənt̪ədʒ/ ■ *adj.* low-caste; untouchable.

اِنتخاب /ɪnt̪exɑ:b/ ■ *n.m.* **1** selection; election; choice; option. **2** excerpt (from a book, etc.); compilation. انتخاب کرنا **1** select, choose, pick out. **2** to compile, to select an excerpt from a book, etc.

اِنتخابی /ɪnt̪exɑ:bi:/ ■ *adj.* of or relating to انتخاب; electoral; انتخابی حلقہ constituency. انتخابی مہم election campaign.

اِنتداب /ɪnt̪edɑ:b/ ■ *n.m.* **1** grip; suppression. **2** authority; supervision (of one country over another); influence.

انتر /ənt̪ər/ ■ *n.m.* **1** difference, distinction. **2** distance; intermission. **3** interior; secret. **4** corner. **5** hole, opening. انتر آتما inner soul, inner self. انتر بید part of the land between two rivers, also called *doab* (دوآب/ آبہ). انترپٹ middle flange or screen partitioning a room, etc. in two parts. انترجات inner quality, idea, wish, etc. انترجامی/ یامی the Supreme Spirit. انتردھان ہونا go into hiding. انتردھیان deep or profound meditation.

انترا /ənt̪rɑ:/ ■ *n.m.* **1** intermediate. **2** (***Music***) second line onward of a song. ■ *adv.* in the midst, between.

انتڑی /ənt̪ɽi:/ ■ *n.f.* intestine, bowel, entrail. انتڑی کا بل کھولنا eat a bellyful after starving. انتڑی میں روپ اور بُقچی میں چھب food gives you beauty and dress gives you decoration.

انتڑیاں /ənt̪əɽ jɑ̃:/ ■ *n.f.* (*pl.* of انتڑی) انتڑیاں جلنا be very hungry. (اُلٹی) انتڑیاں گلے پڑنا go to shear but be shorn. انتڑیاں مسوس کررہ جانا suffer helplessly from hunger.

انتڑیوں /ənt̪əɽ jõ:/ ■ *n.f.* (*pl.* of انتڑی) انتڑیوں کا قل ھواللہ پڑھنا feel famished, be very hungry. (ہنستے ہنستے) انتڑیوں میں بل پڑنا laugh long and uncontrollably.

اِنتزاع /ɪnt̪ezɑ:ʔ/ ■ *n.m.* tearing up, being torn up; uprooting, removal. انتزاعِ سلطنت/ ملک forcible removal of government.

انتزاعی /ɪnt̪ezɑ:ʔi:/ ■ *adj.* of or relating to انتزاع.

اِنتساب /ɪnt̪esɑ:b/ ■ *n.m.* **1** dedication (of a book, etc.). **2** descent, lineage; relationship, connection.

انتسابی /ɪnt̪esɑ:bi:/ ■ *adj.* of or relating to انتساب.

اِنتساق /ɪnt̪esɑ:q/ ■ *n.m.* management, governance, administration.

انتسام /ɪnṭesɑ:m/ ■ *n.m.* 1 blowing of fresh wind. 2 (*fig.*) smelling a perfume.

انتشار /ɪnṭeʃɑ:r/ ■ *n.m.* 1 confusion, disturbance. 2 worry, anxiety. 3 clutter, scattering, dispersion. 4 spreading; propagation. انتشار پسند divisive. انتشارِ نور dispersion of light.

انتشاری /ɪnṭeʃɑ:ri:/ ■ *adj.* of or relating to اِنتشار; divisive.

انتصاب /ɪnṭesɑ:b/ ■ *n.m.* installation; erection; fixing; mounting.

انتصاباً /ɪnṭesɑ:bən/ ■ *adv.* vertically.

انتصابی /ɪnṭesɑ:bi:/ ■ *adj.* vertical.

انتصاف /ɪnṭesɑ:f/ ■ *n.m.* 1 dividing into two equal parts. 2 justice.

انتظار /ɪnṭezɑ:r/ ■ *n.m.* waiting; expectation. انتظار دیکھنا wait for; be on the watch or look out for. انتظار کرنا wait for, await. انتظار گاہ waiting room.

انتظاری /ɪnṭezɑ:ri:/ ■ *n.f.* waiting, expectation; looking out for.

انتظام /ɪnṭezɑ:m/ ■ *n.m.* 1 management, administration; disposition, arrangement, organization. 2 method; system; procedure. 3 regulation; general rules. انتظامِ خانگی domestic or private arrangement, household or home management. انتظام رکھنا lay by or keep for use in the case of need; keep order. انتظام کرنا manage, administer; arrange for, make arrangements for.

انتظامی /ɪnṭezɑ:mi:/ ■ *adj.* administrative, managerial; managing (committee, etc.).

انتظامیات /ɪnṭezɑ:mɪjɑ:ṭ/ ■ *n.f.* administrative science.

انتظامیہ /ɪnṭezɑ:mɪjɑ:/ ■ *n.f.* administration, management, executive.

انتعاش /ɪnṭeʔɑ:ʃ/ ■ *n.m.* 1 recovery after stumbling, recovery from sickness. 2 happiness; ecstasy.

انتعاظ /ɪnṭeʔɑ:z/ ■ *n.m.* erection of penis, penile erection, tumescence.

انتفا /ɪnṭefɑ:/ ■ *n.m.* negation.

انتفاخ /ɪnṭefɑ:x/ ■ *n.m.* swelling, bloating, inflation (with air).

انتفاع /ɪnṭefɑ:ʔ/ ■ *n.m.* act of obtaining profit; benefit, gain, profit.

انتقا /ɪnṭeqɑ:/ ■ *n.m.* purification (of mind); piety.

انتقاد /ɪnṭeqɑ:d/ ■ *n.m.* criticism; literary criticism and evaluation.

انتقادی /ɪnṭeqɑ:ḍi:/ ■ *adj.* critical.

انتقاص /ɪnṭeqɑ:s/ ■ *n.m.* reduction, decrease.

انتقاض /ɪnṭeqɑ:z/ ■ *n.m.* breach, violation. انتقاضِ شرط breach of a condition, violation of a stipulation.

انتقال /ɪnṭeqɑ:l/ ■ *n.m.* 1 the act of transporting, transmitting, transferring. 2 transfer; migration; removal. 3 death. انتقالِ اراضی transfer of land. انتقالِ جائداد transfer of property. انتقالِ جائز legal or valid transfer. انتقالِ حقیت transfer of right. انتقالِ خانگی private transfer or conveyance. انتقال دار transferee, alienee. انتقال کرنا 1 transfer; assign; transport; remove. 2 to die, to pass away. انتقال کنندہ alienor; transferer. انتقال نامہ deed of transfer or conveyance.

انتقالی /ɪnṭeqɑ:li:/ ■ *adj.* of or relating to اِنتقال. ■ *n.f.* 1 the act of transferring. 2 property (or anything) that is transferred. انتقالی بہی register of transfer of property. انتقالی رسوم transfer fees.

انتقام /ɪnṭeqɑ:m/ ■ *n.m.* vengeance, revenge, retaliation, reprisal. انتقام لینا take revenge, avenge, retaliate.

انتقامی /ɪnṭeqɑ:mi:/ ■ *adj.* revengeful, retaliatory. انتقامی کارروائی reprisal, retaliatory action or measure.

انعکاس /ɪnṭekɑ:s/ ■ *n.m.* reversal, inversion; being upside down.

اَنت گِنت /ɪnəṭ gɪnəṭ/ ■ *adj.* few, not many, limited in number.

انتم /əntɪm/ ■ *adj.* last, final, ultimate. انتم سنسکار the last rites.

انتما /ɪnṭemɑ:/ ■ *n.m.* relationship, link, connection.

انتہا /ɪnṭehɑ:/ ■ *n.f.* 1 extreme, utmost point or limit. 2 end, finish, close, termination, completion. انتہا پسند extremist. انتہا پسندی extremism. انتہا کا of extreme degree. انتہا کرنا go beyond limits, exceed the limits, overdo.

انتہائی /ɪnṭehɑ:i:/ ■ *adj.* of or relating to اِنتہا; extreme; utmost. ■ *adv.* beyond the limit, too much.

انتہیٰ /ɪnṭehɑ:/ ■ *phr.* (*literal*) it ended, finished, (used at the end of a text) the end.

انتی /ənṭi:/ ■ *n.f.* small earring.

اُنتیس /ʊnṭi:s/ ■ *cardinal number* twenty-nine.

اُنتیسواں /ʊnṭi:svɑ̃:/ ■ *ordinal number* twenty-ninth.

انتیسار /ənt̪iːsaːr/ ■ *n.m.* diarrhoea.

انتھک /ənt̪ʰək/ ■ *adj.* untiring. See ان تھک under ان'.

انٹ /ənʈ/ ■ *n.m.* fold; knot, entanglement. انٹ پڑنا to become knotted or entangled. انٹ (کارکی) سنٹ رشنٹ intrigue, plot; absurd; nonsense; rambling, irrelevant or evasive (answer).

انٹا /ənʈaː/ ■ *n.m.* **1** billiard's ball. **2** (also بنٹا) marble. **3** large pill of opium. **4** large bullet of a gun. انٹابازی billiard. انٹاچت **1** tipsy, dead drunk; senseless. **2** unlucky, unfortunate. انٹاچت ہونا **1** fall on the back. **2** be drunk; be very unlucky. انٹاغفیل **1** intoxicated, dead drunk; soundly sleeping. **2** (*fig.*) totally oblivious, in total oblivion. انٹاگھر billiard room.

انٹالا /ənʈaːlaː/ ■ *n.m.* big ball of opium.

انٹالے /ənʈaːleː/ ■ *n.m.* (*pl. & infl.* of انٹالا) انٹالے کا انٹالا large pill of anything.

انٹوچنا /ənʈoːtʃnaː/ ■ *v.* capture, grab, seize, take away unlawfully.

انٹی /ənʈiː/ ■ *n.f.* **1** reel or spindle of thread, skein of thread; coil. **2** twist of cloth tucked into the waistband in which money, etc. is kept. **3** (*fig.*) money, wealth. **4** a bundle of grass. **5** leg trick in wrestling. **6** the space between two fingers. انٹی باز deceiver, swindler. انٹی پر چڑھانا bring under control; defraud. انٹی دینا/لگانا apply leg trick in wrestling; trip up. انٹی کرنا steal or pilfer money. انٹی میں رکھنا tuck into the waistband; keep safely.

اُنثیٰ /ʊnsaː/ ■ *n.f.* female, woman. (*pl.* اناث، اُنوث)

اُنثیت /ʊnsɪjət/ ■ *n.m.* womanhood.

اُنثیہ /ʊnsɪjaː/ ■ *n.m.* the testicle.

اِنجاح /ɪndʒaːh/ ■ *n.m.* success; fulfilment of a wish.

اِنجاز /ɪndʒaːz/ ■ *n.m.* keeping of promise; compliance.

انجاس /əndʒaːs/ ■ *n.f.* (*pl.* of نجس) impurities, filth, grime, refuse.

انجام /əndʒaːm/ ■ *n.m.* **1** end, completion, termination, close. **2** result, conclusion, consequences, aftermath. **3** doom, fate. انجام پانا be completed, be accomplished, be brought to an end; be done or performed. انجام دینا accomplish (some work); manage; do; carry out or discharge (some duty). انجام کو پہنچانا bring to an end. انجام کو پہنچنا end, come to an end; get one's just desserts.

انجان /əndʒaːn/ ■ *adj.* ignorant, not knowing. See ان جان under ان'. انجان بننا/ہونا feign or pretend ignorance. انجان پن unwittingness, inadvertence.

انجانا /əndʒaːnaː/ ■ *adj.* not known, unknown, unfamiliar, unacquainted. (*fem.* انجانی)

انجانے /əndʒaːneː/ ■ *n.m.* (*pl. & infl.* of انجانا) انجانے میں inadvertently, unknowingly, unwittingly.

انجب /əndʒəb/ ■ *adj.* (*elative* of نجیب) **1** excellent; of noblest birth. **2** (*derog.*) born to a female slave.

انجبار /əndʒbaːr/ ■ *n.f.* bistort, creeping plant from which a drink is prepared for dysentery, strengthening of digestive system and liver, *Polygonum bistorta.*

اِنجباز /ɪndʒebaːz/ ■ *n.m.* act or process of drying.

انجدان /əndʒʊd̪aːn/ ■ *n.m.* assafoetida or *heeng* (ہینگ) plant, *Ferula assafoetida.*

انجذاب /ɪndʒezaːb/ ■ *n.m.* absorption; assimilation.

انجر پنجر /ɪndʒər pɪndʒər/ ■ *n.m.* body parts, joints and bones of body, joints, limbs; parts. انجر پنجر الگ کرنا dismantle (the parts of a machine, etc.) for repair or testing. انجر پنجر ڈھیلے کرنا **1** make tired. **2** beat severely. انجر پنجر ڈھیلے ہونا **1** be exhausted; be tired; become very tired. **2** be beaten or punished severely.

انجلا /əndʒəlaː/ ■ *adj.* (also ان جلا) unburnt, unscorched.

اِنجِلا /ɪndʒɪlaː/ ■ *n.m.* illumination, throwing light.

انجلی /əndʒliː/ ■ *n.f.* (also انجری، انجل) the cavity or bowl formed by joining the hands together.

انجم /əndʒʊm/ ■ *n.m.* (*pl.* of نجم) stars. انجم جالی net with star-shaped loops. انجم شناس astrologer.

اِنجماد /ɪndʒemaːd/ ■ *n.m.* **1** freezing; congealment, condensation, curdling. **2** setting of a liquid into solid state (usu. by cold), solidification. **3** (*fig.*) inertia, inactivity, lethargy.

انجمن /əndʒʊmən/ ■ *n.f.* **1** congregation; meeting. **2** company; society; club; coterie; assembly; association; council. انجمن اتحادِ باہمی cooperative society. انجمن افروز/آرا **1** one who sets up a meeting or party. **2** (*fig.*) life and soul of a party. انجمن سازی forming of an organization or association, etc.

انجن /əndʒən/ ■ *n.m.* lampblack, antimony sulphide powder used as an eye-cosmetic. انجن سار (eye) beautified with this cosmetic. انجن ہاری **1** stye on an

انحس /ənhəs/ ■ *adj.* (*elative of* نحس) more or most ominous.
انحصار /ɪnhesɑːr/ ■ *n.m.* **1** reliance, dependence. **2** blockade, siege, limitation, restriction; being surrounded; encirclement. انحصار کرنا depend, rely.
انحطاط /ɪnheṭɑːṭ/ ■ *n.m.* **1** decline; degradation; sinking; deterioration; decrease. **2** (*fig.*) old age. انحطاط پذیر declining, falling.
انحلال /ɪnhelɑːl/ ■ *n.m.* spread, dispersion, scattering.
انحنا /ɪnhenɑː/ ■ *n.m.* curvature.
انخراج /ɪnxerɑːdʒ/ ■ *n.m.* taking out, extraction.
انخساف /ɪnxesɑːf/ ■ *n.m.* lunar eclipse. (*cf.* انکساف)
انخفاض /ɪnxefɑːz/ ■ *n.m.* **1** falling into a low place; being depressed, as opposed to ارتفاع. **2** being marked with the vowel *kasra* (کسرہ).
انخفاف /ɪnxefɑːf/ ■ *n.m.* levity, lightness.
انخلا /ɪnxəlɑː/ ■ *n.m.* vacation, evacuation, emptying.
انداختہ /ənḍɑːxṭɑː/ ■ *adj.* cast away; discarded; flung away; thrown.
اندار /ənḍɑːr/ ■ *n.m.* narrative, story, tale, fiction.
اندارا /ɪnḍɑːrɑː/ ■ *n.m.* covered water well built of masonry.
انداز /ənḍɑːz/ ■ *n.m.* **1** mannerism, manner. **2** way or mode of behaviour, attitude. **3** style, pose. **4** state, condition. **5** coquetry, loving gestures. **6** intention. ■ *suffix* caster or thrower, as: تیرانداز bowman. انداز اُڑانا copy someone's style or mannerism. انداز بیلی a coquettish woman. انداز دکھانا be a coquette. انداز کرنا **1** to guess or estimate. **2** be a coquette; put on airs.
اندازاً /ənḍɑːzən/ ■ *adv.* by guess; about, approximately, nearly.
اندازہ /ənḍɑːzɑː/ ■ *n.m.* **1** estimate, guess; assessment, evaluation. **2** measurement; calculation; valuation. **3** manner; style. اندازۂ ذہانت intelligence quotient, IQ. اندازۂ فصل crop forecast. اندازہ کرنا estimate, judge. اندازہ گر officer appointed to explore minerals, etc. اندازہ گیر accountant.
اندام /ənḍɑːm/ ■ *n.m.* figure, body, stature. اندام نہانی female private part, vagina.
اندر /ənḍər/ ■ *prep.* into; inside; in; within; at a point or place within an area or space. ■ *adv.* contained within an area, object or substance. اندر اندر within a specific

eye, boil on the eyelid, infection of eyelash follicle. **2** a kind of a fly.
انجن /ɪndʒən/ ■ *n.m.* engine. [E]
انجنا /əndʒnɑː/ ■ *n.m.* grain of the cheap kind of rice.
انجنی /əndʒəniː/ ■ *adj.* woman with eyes treated with lampblack as an eye-cosmetic.
انجو /əndʒuː/ ■ *n.m.* (also انجھو) (*arch.*) tear. See آنسو
انجے پنجے /əndʒeː pəndʒeː/ ■ *n.m.pl.* hands; paws. انجے پنجے گاڑنا to grasp, to grab.
انجیر /əndʒiːr/ ■ *n.m.* the fig, *Ficus carica*. انجیرِ آدم wild fig or *goolar* (گولر).
انجیریا /əndʒiːrɪjɑː/ ■ *n.m.* a kind of pigeon with violet-coloured wings.
انجیل /ɪndʒiːl/ ■ *pr.n.f.* the Christian Bible, the New Testament, the Gospel. (*pl.* اناجیل)
انجھا /əndʒʰɑː/ ■ *n.m.* gap, interval, hiatus; interruption; postponement; adjournment.
انچ /ɪntʃ/ ■ *n.m.* inch. [E]
انچا اِنچا /ĩtʃɑː ĩtʃɑː/ ■ *adj.* angry; withdrawn; aloof.
اُنچاس /ʊntʃɑːs/ ■ (also اُنچاس) *cardinal number* forty-nine.
اُنچاسواں /ʊntʃɑːsvɑ̃ː/ ■ (also اُنچاسواں) *ordinal number* forty-ninth.
انچت /əntʃɪṭ/ ■ *adv.* suddenly, abruptly, all of a sudden.
انچلا /əntʃlɑː/ ■ *n.m.* (*dim.* of آنچل) border of a dupatta or sari.
انچنا /ĩtʃnɑː/ ■ *v.* be attracted, be pulled. See اینچنا
انچے اِنچے /ĩtʃeː ĩtʃeː/ ■ *adv.* (*pl. & infl.* of انچا اِنچا) انچے انچے رہنا be aloof; be angry.
انچھر /əntʃʰər/ ■ *n.m.* **1** magical or mystical word, spell, charm. **2** (*arch.*) a letter (of an alphabet). **3** a disease that inflicts horses.
انچھلا /əntʃʰɪlɑː/ ■ *adj.* (also ان چھلا) **1** unpeeled; unsmoothed. **2** awkward; rude; crude.
انچھی /əntʃʰiː/ ■ *n.f.* opium smoker's pipe.
انحداب /ɪnheḍɑːb/ ■ *n.m.* stoop, bend, hump or curve.
انحداد /ɪnheḍɑːḍ/ ■ *n.m.* limiting, restriction, check.
انحدار /ɪnheḍɑːr/ ■ *n.m.* slope, slant, declivity.
انحراف /ɪnherɑːf/ ■ *n.m.* **1** aberration, deviation. **2** swerving from allegiance; disobedience, apostasy; treachery. انحراف کرنا deviate from, turn against; recant; revolt.

(as opposed to foreign). **2** hidden, concealed. اندرونی احتراق internal combustion. اندرونی سمندر sea bounded by land from four sides.

اِندری /ɪnd̪ri:/ ■ *n.f.* organ of sense or sex; organs of action and perception; male or female genital organ. اندری جلاب diuretic medicine. اندری کے بس میں ہونا be oversexed.

اِندفاع /ɪnd̪efɑ:ʔ/ ■ *n.m.* repulsion, repulsive force or action.

اندک /ənd̪ək/ ■ *adj.* a few, small, a little bit.

اندکے /ənd̪ake:/ ■ *adj.* a few, a little.

اندلس /ənd̪əlus/ ■ *pr.n.m.* (also اُندلُس) Andalusia; Spain.

اِندمال /ɪnd̪emɑ:l/ ■ *n.m.* recovery, healing of a wound, getting better, improvement, cicatrization.

اِندُو /ɪnd̪u:/ ■ *n.f.* the moon. اندووار the day of the moon, Monday.

اندوختہ /ənd̪o:xt̪ɑ:/ ■ *adj.* acquired, gained, collected. ■ *n.m.* acquisition, savings, money or goods kept or saved for lean times or for the future.

اندود /ənd̪u:d̪/ ■ *adj.* (also اندُودہ) overlaid, covered, incrusted, plastered over, washed over, smeared, anointed.

اندوز /ənd̪o:z/ ■ *suffix* **1** gaining, acquiring, gathering, collecting. **2** one who gets, acquires, collects; used in comp. as: غم اندوز gathering or collecting sorrow (sorrowful). لطف اندوز one who collects joy, one who enjoys.

اندوہ /ənd̪o:h/ ■ *n.m.* grief, sorrow. اندوہ گیں رناک sorrowful, sad, grievous; saddening; hurtful.

اندہاش /ɪnd̪ehɑ:ʃ/ ■ *n.m.* shock, astonishment.

اندیش /ənd̪e:ʃ/ ■ *n.m.* apprehension, anxiety, troubling thought. ■ *suffix* thinking, considering, meditating, reflecting, as: خیر اندیش thinking well, well wisher. اندیش ناک causing anxiety or fear, causing apprehension, alarming. اندیش ناکی anxiety, fear, alarm.

اندیشنا /ənd̪e:ʃnɑ:/ ■ *v.* (*rare*) think, ponder.

اندیشہ /ənd̪e:ʃɑ:/ ■ *n.m.* **1** apprehension, anxious or troubling thought, anxiety. **2** concern, care. **3** misgiving; doubt, suspicion. اندیشہ کرنا **1** be apprehensive of, fear; feel anxious about. **2** feel concern for. اندیشہ ناک causing anxiety or period of time; on the sly, surreptitiously, covertly, secretly. اندر باہر within and without, inside and outside, on all sides, everywhere, in every place. اندر خانے **1** (*literal*) inside the house. **2** (*fig.*) conspiratorially, covertly, surreptitiously, secretly. اندر سے from inside; hidden, secret. اندرکا ری internally, from within. اندر کرنا **1** put in; insert, penetrate; push in, bring in. **2** imprison, arrest. اندر کی بات inside story, secret; something from the horse's mouth. اندروار the inside. اندروالا **1** the heart, the conscience. **2** the unborn baby. اندر والی روالیاں maidservant(s).

اِندر /ɪnd̪ər/ ■ *n.m.* king of the inferior divinities in Hinduism; Hindu god of rain known for his court where fairies danced. اندر آسن palace or throne of Inder. اندر جال trick; magic; deception; juggling; illusion. اندر دھنُش rainbow. اندر سبھا رکا اکھاڑا **1** Inder's court, traditionally known for dancing fairies. **2** assembly of beautiful women. اندر کی پری **1** fairy who danced at Inder's court. **2** a beautiful woman. **3** (*fig.*) unique or rare or very strange thing. اندر لوک Inder's domain, i.e. the sky.

اِندرا /ɪnd̪ɪrɑ:/ ■ *n.f.* ***(Hinduism)*** the goddess of wealth, Lakshmi.

اِندراج /ɪnd̪erɑ:dʒ/ ■ *n.m.* entry (in some record), insertion; being folded together. اندراج کرنا record or enter in a register, etc. (*pl.* اندراجات)

اِندراس /ɪnd̪erɑ:s/ ■ *n.m.* vanishing; destruction; elimination; ending.

اِندراین /ɪnd̪rɑ:jən/ ■ *n.m.* bitter apple, wild gourd, *Citrullus colocynthis*.

اِندرجو /ɪnd̪ərdʒɔ:/ ■ *n.m.* seeds of pala, indarjow, *Wrightia tinctoria*.

اندرز /ənd̪ərz/ ■ *n.f.* last will; advice; precept; admonition.

اندرسا /ənd̪ərsɑ:/ ■ *n.m.* fried sweet made of rice flour, sugar and sesame seeds.

اندرُون /ənd̪əru:n/ ■ *adj.* internal, within, inside. ■ *n.m.* **1** the interior, the inner side. **2** part of a house reserved for women. **3** heart. اندرونِ خانہ **1** secretly, covertly. **2** personal, private.

اندرُونی /ənd̪əru:ni:/ ■ *adj.* **1** inner, intrinsic; concerning home or family only, private, domestic or internal apprehension; dangerous; hazardous.

اندھ /ənd̪ʰ/ ■ *prefix* dark, as: اندھ کال the dark age.

اندھا /ənd̪ʰɑ:/ ■ *adj.* **1** not able to see, blind. **2** one who does not realize or notice something; undiscerning; unknowing; unwitting. **3** very strong (feeling, faith or emotion). **4** (of a lamp) flickering, not very bright, glimmering, giving a faint light. **5** (of a glass or mirror) dirty, foggy, misty, cloudy, dim, unclean. **6** rash, reckless. **7** (of a well) deep and without water. **8** dark, without any light. **9** over powered by emotion, carried away by faith or feeling, obsessed. اندھا بانٹے ریوڑیاں اپنوں ہی کو دے allusion to nepotism. اندھا بھینسا blind man's buff. اندھاپن **1** blindness, lack of insight or foresight. **2** blind obsession. اندھا تارا the planet Neptune. اندھا خرچ profuse expenditure, prodigality, extravagance. اندھا دربار corrupt court, office or government; bad governance. اندھا کرنا **1** to blind. **2** dupe, defraud, hoodwink. اندھا کنواں/کوپ dried or waterless well; deep round pit. اندھا کیا جانے بسنت کی بہار pearls before swine. اندھا کیا چاہے دو آنکھیں that's what was desired. اندھا گائے بہرا بجائے nobody knows anything, all are incompetent. اندھا ہونا **1** lose sight, become or go blind. **2** (*fig.*) become obsessed.

انڈھا /ə̃d̪ʰɑ:/ ■ *adj.* anointed, covered with, smeared with (mud, etc.). اندھادھند **1** dark, gloomy; misty. **2** foolish; indiscreet, rash. **3** too much. **4** intoxicated; obsessed, rash. اندھادھند بھاگنا run thoughtlessly; rush.

اندھارا /ə̃d̪ʰɑ:rɑ:/ ■ *n.m.* (*contr.* of اندھیارا) **1** darkness. **2** net of ropes used for carrying cut grass on a pack animal.

اندھڑ /ənd̪ʰəɽ/ ■ *n.m.* (also اندھیاو) gush of stormy wind.

اندھکار /ənd̪ʰkɑ:r/ ■ *n.m.* darkness, gloom. ■ *adj.* dark, gloomy.

اندھلا /ənd̪ʰlɑ:/ ■ *n.m.* blind man. See اندھا.

انڈھوری /ə̃d̪ʰɔ:ri:/ ■ *n.f.* acne caused by hot weather, heat rash, tinea versicolor.

اندھوں /ənd̪ʰõ:/ ■ *n.m.* (*pl.* of اندھا) اندھوں میں کانا راجا a triton among the minnows; a mediocrity among fools easily becomes their leader. اندھوں نے بازار لوٹا impossible or strange event.

اندھی /ənd̪ʰi:/ ■ *adj.* (*fem.* of اندھا) اندھی آنت the appendix. اندھی تقلید blind following. اندھی سرکار a bad or corrupt government, maladministration. اندھی گلی a blind alley, a cul-de-sac.

اندھے /ənd̪ʰe:/ ■ *n.m.* (*pl.* & *infl.* of اندھا) اندھے کو اندھیرے میں بہت دور کی سوجھی expression used to say that a fool has said something very wise by chance. اندھے کو چراغ دکھانا an allusion to wasted effort; help an incompetent person who is unable to benefit from it. اندھے کی ریوڑی nepotistic favour. اندھے کی لاٹھی **1** (*literal*) blind man's walking stick. **2** (*fig.*) son helping in old age. **3** something done blindly. اندھے کے آگے رونا اپنی آنکھیں / اپنے دیدے / اپنے نین کھونا weeping before a blind is wasting one's eyes, i.e. it is useless to describe one's hardships before a heartless person. اندھے کے ہاتھ بٹیر a lucky or serendipitous find.

اندھیارا /ə̃d̪ʰjɑ:rɑ:/ ■ *adj.* dark. ■ *n.m.* (also اندھیارا) darkness.

اندھیاری /ə̃d̪ʰjɑ:ri:/ ■ *n.f.* darkness, blackness.

اندھیاو /ə̃d̪ʰjɑ:o:/ ■ *n.m.* violent storm, very strong wind storm.

اندھیر /ənd̪ʰe:r/ ■ *n.m.* **1** darkness, duskiness. **2** inequity, injustice; tyranny, lawlessness; anarchy, disorder. **3** calamity, affliction, catastrophe. ■ *adj.* dark, murky; gloomy. اندھیر کرنا/مچانا do something outrageous, outrage, maltreat; tyrannize, oppress, act lawlessly; to loot, exploit. اندھیر کھاتا unfairness in accounts or dealings, a corrupt system. اندھیر نگری چوپٹ راج / راجا (ٹکے سیر بھاجی ٹکے سیر کھاجا) an ill-governed state; place where nothing is right.

اندھیرا /ə̃d̪ʰe:rɑ:/ ■ *adj.* dark, hazy, dusky, dim, sombre. ■ *n.m.* darkness, dimness, duskiness, gloom, shadow. اندھیرا چھانا become dark; become gloomy (an allusion to dusk); be clouded (sky), be heavily overcast. اندھیرا چھوڑنا keep out of the light. اندھیرا کرنا darken, put out light, obscure. اندھیرا گھپ very dark, pitch-dark; darkness. اندھیرا ہونا (sky or atmosphere) be darken. (*opp.* اُجالا)

اندھیری /ə̃d̪ʰe:ri:/ ■ *n.f.* **1** duskiness, darkness, gloom. **2** blinker (for a horse). اندھیری جھکنا be overcast, darkness to set in. اندھیری چڑھانا/ڈالنا blindfold; hoodwink, deceive; impose upon. اندھیری کوٹھری **1** dark room. **2** (*fig.*) the belly; the womb.

اندھیرے /ə̃d̪ʰe:re:/ ■ *n.m.* (*pl.* & *infl.* of اندھیرا) **اندھیرے اجالے** **1** when darkness is illuminated by the moon; late at night and early dawn, at twilight. **2** at all times, constantly; untimely. **اندھیرے گھر کا اجالا** apple of one's eye, especially an only child; a very beautiful child. **اندھیرے منہ** (also **منہ اندھیرے**) before daybreak (when face is indistinguishable owing to darkness). **اندھیرے میں تیر چلانا** shoot an arrow in the dark; take an outside chance; guess. **اندھیرے ہی** very early in the morning. (*opp.* اُجالے)

انڈ /ənḍ/ ■ *n.m.* castor. See ارنڈ.

انڈا /ənḍɑ:/ ■ *n.m.* **1** egg. **2** (*slang*) zero. **3** testicle. **4** a kind of firework. **انڈا چھوڑنا** become so hot as to cause a kite (a bird) to leave its egg, an allusion to extreme hot weather. **انڈا دینا** lay egg.

انڈاسی /ə̃ḍɑ:si:/ ■ *adj.* (a hen) showing signs of distress before laying an egg, ready to lay an egg.

انڈرا /ənḍrɑ:/ ■ *n.m.* spike of paddy.

انڈوا /ə̃ḍvɑ:/ ■ *n.m.* (also انڈو) uncastrated bull or goat. ■ *adj.* having large testicles. (*opp.* بدھیا)

اِنڈُوا /ĩḍʊvɑ:/ ■ *n.m.* a coil made of straws. See اینڈوا.

انڈوں /ənḍõ:/ ■ *n.m.* (*pl.* of انڈا) **انڈوں پر آنا** (of a female bird) be ready to lay eggs. **انڈوں پر بیٹھنا** (of a bird) to sit on its eggs to keep them warm until they are hatched, incubate.

انڈے /ənḍe:/ ■ *n.m.* (*pl.* & *infl.* of انڈا) **انڈے بٹھانا** put eggs under a bird for hatching. **انڈے بچے** family, children. **انڈے چھوڑنا** (of bird) leave eggs during hatching due to heat. **انڈے دینا** **1** lay eggs. **2** (*fig.*) do nothing; laze. **انڈے سینا** **1** incubate, hatch eggs, sit on eggs, brood. **2** (*fig.*) lead a secluded or lazy life. **انڈے کا شہزادہ** an inexperienced youth, simpleton; one who prefers to remain inside house.

انڈیل /ə̃ḍæ:l/ ■ *adj.* (young) that hatches out; egg-laying (hen).

اُنڈیلنا /ʊ̃ḍe:lnɑ:/ ■ *v.* pour, decant; discharge; empty.

انرتھ /ənərtʰ/ ■ *adj.* meaningless, nonsensical, useless, fruitless, purposeless. ■ *n.m.* **1** absurdity. **2** ill-fortune. **3** violence, iniquity, persecution. **4** mischief, crime, offence. **انرتھ کرنا** do an injustice, persecute, tyrannize; sin.

انرتھی /ənərtʰi:/ ■ *adj.* sinner, evil-doer; persecutor.

اِنذار /ɪnzɑ:r/ ■ *n.m.* act of frightening.

اِنزال /ɪnzɑ:l/ ■ *n.m.* **1** ejaculation; seminal discharge; climax (in coitus); emission. **2** descent, act of coming down. **3** (*rare*) revelation.

اِنزجار /ɪnzedʒɑ:r/ ■ *n.m.* condemnation, expression of disapproval.

انزروت /ənzəru:t/ ■ *n.m.* the resin of the tree, *Penaea sarcocolla*.

اِنزعاج /ɪnzeʔɑ:dʒ/ ■ *n.m.* restlessness, impatience, restiveness.

اِنزوا /ɪnzevɑ:/ ■ *n.m.* withdrawal, retirement, retreat, seclusion.

انس /əns/ ■ *n.m.* **1** strength, vigour, energy, power. **2** breath. **3** essence, gist. **4** (***Astrol.***) any of the thirty degrees of a sign of zodiac. **5** part; division; share.

اِنس /ɪns/ ■ *n.m.* the man, the mankind (as opposed to jinn). (*pl.* اَناس)

اُنس /ʊns/ ■ *n.m.* love, affection, attachment, fellowship.

انّس /ənnəs/ ■ *n.m.* strike of *danda* (ڈنڈا) on *gilli* (گلّی) in the game of tipcat. See گلّی ڈنڈا under گِلّی.

انساب /ənsɑ:b/ ■ *n.m.* (*pl.* of نسب) lineage, families, generations, races, genealogies.

انساج /ənsɑ:dʒ/ ■ *n.f.* (*pl.* of نسیج) tissues.

انُسار /ənʊsɑ:r/ ■ *adv.* according to, as per.

اِنسان /ɪnsɑ:n/ ■ *n.m.* **1** the human being, the man, the mankind. **2** civilized person. **3** pupil of the eye. **انسان بنانا** civilize; educate. **انسان دوست** humanist, philanthropist. **انسانِ کامل** perfect human being; the perfect man, a tittle of Prophet Muhammad. **انسان کیا پکھیرو ہے** what a bird man is; man travels a lot and far. **انسان ہی تو ہے** he/she is but human, he/she is but a fallible person.

اِنسانی /ɪnsɑ:ni:/ ■ *adj.* of man or concerning man; humane. ■ *n.f.* (*arch.*) humanity.

اِنسانیات /ɪnsɑ:nɪjɑ:t/ ■ *n.f.* anthropology.

اِنسانیت /ɪnsɑ:nɪjət/ ■ *n.f.* humanity, human qualities, human nature.

انسب /ənsəb/ ■ *adj.* (*elative* of مُناسب) very proper, worthy, more or most suitable, convenient.

اُنسٹھ /ʊnsətʰ/ ■ *cardinal number* fifty-nine.

اُنسٹھواں /ʊnsəṭʰvɑ̃:/ ■ *ordinal number* fifty-ninth.

اِنجام /ɪnsedʒɑ:m/ ■ *n.m.* flow, especially that of water, tears, etc.

انسجہ /ənsedʒɑ:/ ■ *n.f.pl.* tissues, nerves, threads, strands.

اِنسداد /ɪnseḍɑ:ḍ/ ■ *n.m.* eradication; prevention, check, bar, hindrance.

اِنسدادی /ɪnseḍɑ:ḍi:/ ■ *adj.* preventive.

اِنسطاح /ɪnseṭɑ:h/ ■ *n.m.* expansion, spread.

اِنسکاب /ɪnsekɑ:b/ ■ *n.m.* flow, flood, gush.

اِنسلاخ /ɪnselɑ:x/ ■ *n.m.* **1** being drawn forth. **2** end of the month. **3** disappearance (of moon). **4** peeling off (skin). **5** (*fig.*) separation.

اِنسلاک /ɪnselɑ:k/ ■ *n.m.* **1** threading; insertion; enclosing; annexation. **2** (*fig.*) establishing a relationship.

اِنسی /ɪnsi:/ ■ *adj.* of or relating to humans.

اُنسی /ʊnsi:/ ■ *n.f.* (***Callig.***) right side of the incised nib of a pen.

اُنسیت /ʊnsɪjət/ ■ *n.f.* feeling of kindness due to familiarity, love, affection.

انش /ənʃ/ ■ *n.f.* part, portion.

اِنشا /ɪnʃɑ:/ ■ *n.f.* **1** writing. **2** creation, composition. **3** the art of writing prose; essay. **4** a collection of letters, an epistolary book; correspondence. انشاپرداز writer, prose writer, essayist. انشاپردازی **1** writing, art of elegant writing. **2** composition, elegance of composition. انشاکرنا to author, create. انشائے لطیف romantic prose in Urdu that was written mainly in the early twentieth century. انشائے مرصع flowery prose, ornate writing.

اِنشاءاللہ /ɪnʃɑ:əllɑ:h/ ■ *adv.* (also اِن شاءاللہ) inshallah, if God willing, Deo volente. انشاءاللہ تعالیٰ if God the Almighty willing.

اِنشائیہ /ɪnʃɑ:ɪjɑ:/ ■ *n.m.* **1** an essay. **2** (***Gram.***) sentence which cannot be categorized as true or false; a sentence that is imperative or exclamatory. ■ *adj.* of or relating to اِنشا.

اَنشٹ /ənɪʃṭ/ ■ *n.m.* harm, damage. ■ *adj.* ominous, bad, evil.

اِنشراح /ɪnʃerɑ:h/ ■ *n.m.* **1** delight, joy; openness. **2** explanation. انشراحِ صدر openness of heart. انشراحِ صدر سے with open heart, with a clear conscience, without prejudice.

اِنشعاب /ɪnʃeʔɑ:b/ ■ *n.m.* branching, division, classification.

اِنشعاع /ɪnʃeʔɑ:ʔ/ ■ *n.m.* spreading in various directions (esp. for pillage).

اِنشقاق /ɪnʃeqɑ:q/ ■ *n.m.* **1** division, split, being broken up. **2** (***Physics***) fission, breaking up of certain atoms into lighter atoms.

اُنشُوط /ʊnʃu:ṭɑ:/ ■ *n.m.* slip knot, especially a loose one.

انصاب /ənsɑ:b/ ■ *n.m.* (*pl.* of نصب) idols, icons.

انصار /ənsɑ:r/ ■ *n.m.* (*pl.* of ناصر) **1** assistants, helpers, friends. **2** the Muslims of Medina who helped Prophet Muhammad and the refugees from Makkah.

انصاری /ənsɑ:ri:/ ■ *adj.* of or relating to انصار. ■ *n.m.* **1** helper(s) of Prophet Muhammad and other Muslim refugees in Medina and their descendants. **2** a South Asian tribe of Sheikhs claiming origin from Medina.

اِنصاف /ɪnsɑ:f/ ■ *n.m.* **1** dividing into halves. **2** justice, equity, fair play; impartiality. **3** (*fig.*) law. انصاف چاہنا demand or seek justice, seek redress. انصاف طلب one who seeks justice. انصاف کا بول بالا کرنا do exemplary justice, dispense justice. انصاف کا خون کرنا be grossly unjust. انصاف کرنا do justice, do right, dispense justice.

اِنصباب /ɪnsebɑ:b/ ■ *n.m.* flowing in small quantity, dripping, trickling; being outpoured or spilled.

اِنصباغ /ɪnsebɑ:ɣ/ ■ *n.m.* **1** colouring, immersion in colour. **2** baptism.

اِنصراف /ɪnserɑ:f/ ■ *n.m.* turning away, diversion; going off, returning.

اِنصرام /ɪnserɑ:m/ ■ *n.m.* **1** (*literal*) being broken off or cut off. **2** administration or management; performance. **3** completion, ending, conclusion, accomplishment.

اِنضاج /ɪnzɑ:dʒ/ ■ *n.m.* ripening (of fruit); cooking; softening meat by cooking.

اِنضباط /ɪnzebɑ:ṭ/ ■ *n.m.* **1** act of regulating; enactment; restraint, self-control; being bound or regulated. **2** writing down, committing to writing. **3** discipline, regulation, rule. انضباطِ اوقات timetable; a routine.

اِنضباطی /ɪnzebɑ:ṭi:/ ■ *adj.* of or relating to انضباط; disciplinary. انضباطی کارروائی disciplinary action.

اِنضغاط /ɪnzeɣɑ:ṭ/ ■ *n.m.* **1** pressure; squeezing; compression. **2** being involved. **3** complicated or closely knit.

اِنضمام /ɪnzemɑːm/ ■ *n.m.* merger, amalgamation, assimilation, fusion, joining or welding together, intermingling.

انطاع /əntɑːʔ/ ■ *n.m.* (*pl.* of نطع) hides used as floor mats, leather beddings.

اِنطباع /ɪnṭebɑːʔ/ ■ *n.m.* **1** impression, being stamped, impressed or printed. **2** printing.

اِنطباق /ɪnṭebɑːq/ ■ *n.m.* agreement; conformity; coincidence; coincident; superposition.

اِنطراق /ɪnṭerɑːq/ ■ *n.m.* pounding, hammering.

اِنطفا /ɪnṭefɑː/ ■ *n.m.* **1** act of being quenched. **2** putting out or extinguishing of a fire. **3** (*fig.*) appeasement.

اِنطلاق /ɪnṭelɑːq/ ■ *n.m.* **1** act of showing up the face. **2** (*fig.*) sunrise; appearing.

اِنطوا /ɪnṭevɑː/ ■ *n.m.* **1** state of being folded together or coiled up; being joined. **2** something rolled up. **3** knowledge or piece of information joined up or given supplementarily.

انظار /ənzɑːr/ ■ *n.f.* (*pl.* of نظر) looks, glances, eyes.

اِنظار /ɪnzɑːr/ ■ *n.m.* astrological observation; stargazing.

اِنظلام /ɪnzelɑːm/ ■ *n.m.* being subject to tyranny, state of being oppressed, persecuted.

اِنعاش /ɪnʔɑːʃ/ ■ *n.m.* revitalization, animation, enlivening.

انعام /ənʔɑːm/ ■ *n.m.* (*pl.* of نعم).

اِنعام /ɪnʔɑːm/ ■ *n.m.* reward, award, prize, benefaction, favour, largesse. انعام دینا reward, award, give a prize. انعام سو سو کا، حساب جو جو کا rewards may be lavish, but the accounting should be exact. انعام واکرام gift, favours and honours. (*pl.* انعامات)

اِنعامی /ɪnʔɑːmiː/ ■ *adj.* of or relating to اِنعام. انعامی رقم prize money.

اِنعدام /ɪnʔedɑːm/ ■ *n.m.* extinction; annihilation; non-existence.

اِنعطاف /ɪnʔeṭɑːf/ ■ *n.m.* **1** turning (attention); inclination, bent. **2** refraction or bending (of light). انعطاف شعاع / ضیا/ نور refraction of light.

اِنعقاد /ɪnʔeqɑːd/ ■ *n.m.* **1** taking place, holding of a function, etc. **2** binding, tying, knotting.

اِنعکاس /ɪnʔekɑːs/ ■ *n.m.* **1** reflection (of light). **2** impact; influence. **3** echo. انعکاس پذیر reflexible. انعکاسِ شعاع / ضیا/ نور reflection of light.

اِنعکاسی /ɪnʔekɑːsiː/ ■ *adj.* of or relating to اِنعکاس. انعکاسی دوربین reflecting telescope. انعکاسی عمل (***Psych.***) reflex action.

اِنغماد /ɪnɣemɑːḍ/ ■ *n.m.* adhesion of one thing into another; filling or occupying a place completely.

انف /ənf/ ■ *n.f.* the nose.

اِنفاخ /ɪnfɑːx/ ■ *n.m.* blowing (breath, air), puffing (with mouth); sounding a horn.

اِنفاذ /ɪnfɑːz/ ■ *n.m.* enforcement of a law, etc.; implementation. (See also نفاذ.)

انفار /ənfɑːr/ ■ *n.m.* (*pl.* of نفر) individuals, persons.

انفاس /ənfɑːs/ ■ *n.m.* (*pl.* of نفَس) **1** breaths, respirations. **2** (*fig.*) moments of life. **3** voices; words. **4** persons, individuals.

اِنفاق /ɪnfɑːq/ ■ *n.m.* **1** spending, disbursing. **2** spending for public welfare, helping poor.

اِنفاقیت /ɪnfɑːqɪjəṭ/ ■ *n.f.* act or system of expenditure.

انفال /ənfɑːl/ ■ *n.m.* (*pl.* of نفل) booty.

اِنفائیّت /ɪnfɑːɪjjəṭ/ ■ *n.m.* **1** negation, refutation, cancellation. **2** (***Philos.***) nihilism.

اِنفتاح /ɪnfeṭɑːh/ ■ *n.m.* **1** opening, expanse, vastness. **2** (***Recitation***) keeping the tongue separate from the palate.

اِنفجار /ɪnfedʒɑːr/ ■ *n.m.* bursting out and flowing freely.

اِنفراج /ɪnferɑːdʒ/ ■ *n.m.* opening of a crevice, cleft or crack.

اِنفراح /ɪnferɑːh/ ■ *n.m.* happiness, ecstasy.

اِنفراد /ɪnferɑːḍ/ ■ *n.m.* singleness, singularity, subsisting as one, existing alone or separately.

اِنفراداً /ɪnferɑːḍən/ ■ *adv.* individually, singly.

اِنفرادی /ɪnferɑːḍiː/ ■ *adj.* individual, pertaining to an individual. انفرادی کوشش individual effort.

اِنفرادیت /ɪnferɑːḍɪjəṭ/ ■ *n.f.* individuality; uniqueness; personal peculiarity; singularity. انفرادیت پرست / پسند individualist.

اِنفراغ /ɪnferɑːɣ/ ■ *n.m.* **1** leisure, free time, repose. **2** (*fig.*) prosperity.

اِنفراق /ɪnferɑːq/ ■ *n.m.* separation; detachment; disunion.

انفس /ənfəs/ ■ *adj.* (*elative* of نفیس) nicer or nicest, most delicate, most exquisite, most refined.

انفُس /ənfʊs/ ■ *n.m.* (*pl.* of نفس) **1** souls, spirits. **2** spiritual world. 3 people.

اِنفساح /ɪnfesɑ:h/ ■ *n.m.* expanse, broadness.

اِنفساخ /ɪnfesɑ:x/ ■ *n.m.* cancellation, nullification, annulment.

اِنفصال /ɪnfesɑ:l/ ■ *n.m.* **1** division, separation. **2** decision; settlement. **3** divorce. انفصال کرنا decide; adjust; settle.

اِنفصام /ɪnfesɑ:m/ ■ *n.m.* **1** breaking up; disintegration; being cut off. **2** schizophrenia; dementia praecox or similar mental disease.

اِنفصامی /ɪnfesɑ:mi:/ ■ *adj.* of or relating to اِنفصام; schizophrenic; schizoid.

اَنفع /ənfəʔ/ ■ *adj.* (*elative* of نافع) more or most useful or beneficial, most advantageous.

اِنفعال /ɪnfeʔɑ:l/ ■ *n.m.* **1** shame; embarrassment; contrition; penitence; act which causes blush. **2** impressibility; impression, effect, impact.

اِنفعالی /ɪnfeʔɑ:li:/ ■ *adj.* of or relating to اِنفعال; penitential.

اِنفکاک /ɪnfekɑ:k/ ■ *n.m.* **1** separation; dislocation (of a bone). **2** redemption; release. اِنفکاکِ رہن redemption of a pledge or mortgage.

اِنفلاق /ɪnfelɑ:q/ ■ *n.m.* **1** fission, splitting. **2** (*fig.*) daybreak.

اَنفی /ənfi:/ ■ *adj.* nasal. اَنفی اصوات/آوازیں nasal sounds.

اَنفیانا /ənfijɑ:nɑ:/ ■ *v.* nasalize.

اِنقباس /ɪnqebɑ:s/ ■ *n.m.* benefiting, taking advantage, seeking gain.

اِنقباض /ɪnqebɑ:z/ ■ *n.m.* **1** suffocation. **2** contraction. **3** retention. **4** constipation. **5** (***Sufism***) a state in which the Sufi does not feel elated (as opposed to اِنبساط).

اِنقراض /ɪnqerɑ:z/ ■ *n.m.* cutting off; dismissal; end; stop.

اِنقسام /ɪnqesɑ:m/ ■ *n.m.* division, apportionment, distribution, partition.

اَنقص /ənqəs/ ■ *n.m.* (*elative* of ناقص) more or most faulty, most flawed.

اِنقصاف /ɪnqesɑ:f/ ■ *n.m.* brittleness; proneness to splinter.

اِنقضا /ɪnqezɑ:/ ■ *n.m.* lapse (of a period), expiration (of a term).

اِنقضاض /ɪnqezɑ:z/ ■ *n.m.* breaking off; fall off.

اِنقطاع /ɪnqeṭɑ:ʔ/ ■ *n.m.* **1** amputation; separation; state of being broken off, cut or severed. **2** end, finish; extinction. **3** (***Isj.***) menopause.

اِنقطاعی /ɪnqeṭɑ:ʔi:/ ■ *adj.* of or relating to اِنقطاع; last, conclusive.

اِنقلاب /ɪnqelɑ:b/ ■ *n.m.* **1** revolution, violent effort to change social and political conditions. **2** vicissitude; alteration, change; turn; transposition; reversion. انقلاب پسند revolutionist. انقلابِ زمانہ vicissitude of time. انقلابِ شتوی start of winter in the northern hemisphere. انقلابِ صیفی/گرما start of summer in the northern hemisphere.

اِنقلابی /ɪnqelɑ:bi:/ ■ *adj.* of or relating to اِنقلاب; revolutionary. ■ *n.m.* of revolutionist.

اِنقیاد /ɪnqɪjɑ:ḍ/ ■ *n.m.* submission, subjection, obedience of rule; discipline.

انک[1] /əŋk/ ■ *n.m.* **1** figure or number. **2** amount written in numbers. **3** trademark. **4** share or portion. **5** chapter or part of a book. [S]

انک[2] ____ ■ *n.f.* lap, embrace. [S]

اِنکار /ɪnkɑ:r/ ■ *n.m.* **1** refusal, denial; abnegation, disapproval, gainsaying, disclaimer, disallowance. **2** deviation. **3** avoidance, refrain. انکارِ دعویٰ denial of claim. انکار کرنا refuse, disown, disavow, reject.

اِنکاری /ɪnkɑ:ri:/ ■ *adj.* **1** expressing refusal, (one) who refuses or denies. **2** negative.

انکانا /əŋkɑ:nɑ:/ ■ *v.* appraise; cause to be appraised; ask to determine the price or worth of.

اِنکباب /ɪnkebɑ:b/ ■ *n.m.* treatment with medicated vapours; exhalation, steam.

انکر /əŋkər/ ■ *adj.* most disagreeable; most unpleasant or offensive. انکرُ الاصوات **1** most unpleasant voice. **2** (*fig.*) the voice of a donkey. **3** donkey; ass.

انکُر /əŋkʊr/ ■ *n.m.* (also انکُرا) sprout; shoot; seed; bud.

انکری /əŋkri:/ ■ *n.f.* pipe used for sowing seeds.

انکڑنا /əŋkəɽnɑ:/ ■ *v.* be contracted, shrink; become dry. See اکڑنا.

انکڑی /əŋkɽi:/ ■ *n.f.* stones used for building roads.

انکس /əŋkəs/ ■ *n.f.* (also اَنکُس) ankus, elephant prod with a sharp spike and hook.

اِنکسار /ɪnkesɑ:r/ ■ *n.m.* **1** breaking, breakage. **2** humility, modesty, meekness.

اِنکساری /ɪnkesɑ:ri:/ ■ *n.f.* (*fig.*) humbleness, humility.

■ *adj.* of or relating to اِنکسار; breaking.

اِنکساف /ɪnkesɑ:f/ ■ *n.m.* solar eclipse. (*cf.* (اِنخساف))

اِنکشاف /ɪnkeʃɑ:f/ ■ *n.m.* disclosure, exposure, discovery, divulgence; revelation.

انکمہ /ənkʊmɑ:/ ■ *n.m.* prickly chaff-flower, *Achyranthes aspera.*

انکنا /əŋknɑ:/ ■ *v.* **1** to be evaluated; determine the price of, estimate, appraise. **2** blow charm or magical words to heal a lump, etc.

انکنٹک /ənkənʈək/ ■ *adj.* carefree, unconcerned, insouciant.

انکوار /əŋkvɑ:r/ ■ *n.f.* bosom, embrace. انکوار بھرنا to embrace.

انکوانا /əŋkvɑ:nɑ:/ ■ *v.* to cause to be evaluated, get appraised or estimated.

انکوٹ /ənnəku:ʈ/ ■ *n.m.* (***Hinduism***) festival commemorating Krishna's win over Indra, celebrated on the day after Diwali.

انکورنا /əŋko:rnɑ:/ ■ *v.* roast lightly, make crisp, parch, to dry up.

انکوڑا /əŋko:ɽɑ:/ ■ *n.m.* large hook, kind of grapnel.

انکول /ənko:l/ ■ *n.m.* thorny tree. See اکول.

انکھ /əŋkʰ/ ■ *n.f.* (*contr.* of آنکھ) used in comp. as: انکھ بکا peeping and peeking, especially amorously. انکھ مُندی **1** girl or woman whose eyes are closed. **2** ignorant; inexperienced (girl or woman).

انکھانا /əŋkʰɑ:nɑ:/ ■ *v.* squirm with anger, writhe, look angry or threatening.

انکھڑی /əŋkʰɽi:/ ■ *n.f.* (*dim.* of انکھ) (normally used lovingly) beautiful eye. (*pl.* انکھڑیاں)

انکھیا /əŋkʰjɑ:/ ■ *n.f.* (*dim.* of آنکھ) the eye. (*pl.* انکھیاں، انکھیوں)

انکھیارا /əŋkʰjɑ:rɑ:/ ■ *adj.* having eyes; seeing.

انگ /əŋg/ ■ *n.m.* **1** the body. **2** a limb, joint (of body). **3** share, division, part, fragment. **4** part of a book. **5** act of a drama. **6** (***Astron.***) Mars. **7** aspect; side. انگ پدیا anatomy. انگ بھنگ ہونا یا روڑیا be mutilated, have a limb cut off. انگ دان **1** (*literal*) body's sacrifice. **2** (*fig.*) offering body as alms, i.e. coitus. انگ کو لگنا (of food) nourish the body. انگ لگانا **1** embrace; clasp. **2** wear, put on. **3** give in marriage. **4** be nourished. انگ موڑنا **1** turn or twist the body. **2** turn away from, avoid, shrink from.

انگا[1] /əŋgɑ:/ ■ *n.f.* nanny, child's nurse. [S]

انگا[2] ____ ■ *n.m.* side open long shirt. See انگرکھا. [S]

انگارا /əŋgɑ:rɑ:/ ■ *n.m.* (also انگار) burning or live coal, ember, cinder. ■ *adj.* burning like a coal, redhot; extremely red. انگارا ہونا be extremely angry.

انگاروں /əŋgɑ:rõ:/ ■ *n.m.* (*pl.* of انگارا) انگاروں پر لوٹنا be extremely jealous or restless, burn with rage, envy or jealousy. انگاروں کے بستر پر سونا be extremely restless, be in great pain; burn with jealousy or rage.

انگارہ /əŋgɑ:rɑ:/ ■ *n.m.* first imprint; incomplete impression.

انگاری[1] /əŋgɑ:ri:/ ■ *n.f.* (*dim.* of انگارا) small ember. [S]

انگاری[2] ____ ■ *suffix* regarding, thinking; used in comp. as: سہل انگاری simplified approach to a problem, taking something lightly. [P]

انگارے /əŋgɑ:re:/ ■ *n.m.* (*pl.* & *infl.* of انگارا) انگارے اگلنا talk angrily and sarcastically; breathe fire. انگارے برسنا (of weather) to be excessively hot. انگارے کا کیڑا (*obs.*) salamander. انگارے کھانا be jealous, be extremely angry with jealousy.

انگبیں /əŋgbĩ:/ ■ *n.m.* honey.

انگد /əŋgəd̪/ ■ *n.m.* bracelet worn on the upper arm.

انگرکھا /əŋgərkʰɑ:/ ■ *n.m.* (also انگا[2]) a side open long silk or cotton coat worn by men, usually covering mostly the chest.

انگرو /əŋgru:/ ■ *n.f.* hard soil inhospitable to plants.

انگریز /əŋgre:z/ ■ *n.m.* & *adj.* Englishman, Britisher.

انگریزن /əŋgre:zən/ ■ *n.f.* (also انگریزنی) Englishwoman.

انگریزی /əŋgre:zi:/ ■ *pr.n.f.* the English language. ■ *adj.* English, pertaining to Englishmen or England or Britain. انگریزی خواں student of English, one who can read English. انگریزی داں one who knows the English language. انگریزی کھانا English or European food.

انگڑانا /əŋgɽɑ:nɑ:/ ■ *v.* stretch one's body, especially due to sleepiness or lethargy or boredom; yawn; roll.

انگڑائی /əŋgɽɑ:i:/ ■ *n.f.* stretching of limbs due to drowsiness, boredom or tiredness.

انگڑ کھنگڑ /əŋgəɽ kʰəŋgəɽ/ ■ *n.m.* (also انگر کھنگر) junk, waste, scraps, refuse, anything rejected, worthless; broken furniture; wastepaper.

انگش بنگش /əŋgəʃ bəŋgəʃ/ ■ *n.m.* (also انگس بنگس) nonsense, balderdash.

provoke.

انگلیٹ /əŋgle:ʈ/ ■ *n.f.* physique; constitution; form; make.

اِنگلیسیہ /ɪŋgli:sɪja:/ ■ *adj.* (also اِنگلیسیا، اِنگلشیہ) of England or Britain, English.

اُنگلیوں /ʊŋglɪjõ:/ ■ *n.f.* (*pl.* of اُنگلی) انگلیوں پر گِنا جانا be few. انگلیوں پر نچانا turn someone into puppet.

انگِنا /əŋgɪna:/ ■ *adj.* uncounted; countless. See ان گنا under اَن¹.

انگنا /əŋgna:/ ■ *n.m.* (*dim.* of آنگن) courtyard.

انگنائی /əŋgna:i:/ ■ *n.f.* the inner yard, courtyard.

انگوٹھا /əŋgu:ʈʰa:/ ■ *n.m.* thumb, the great toe. انگوٹھا ٹیک/ چھاپ illiterate person, unlearned, unable to read or write. انگوٹھا چوسنا to suck thumb, allusion to childish behaviour. انگوٹھا چومنا flatter; show humbleness. انگوٹھا دکھانا show the thumb (to someone) in defiance or derision, defy. انگوٹھا لگانا affix thumb impression (as a sign of acceptance) instead of signing.

انگوٹھی /əŋgu:ʈʰi:/ ■ *n.f.* ring worn on the finger.

انگوٹھے /əŋgu:ʈʰe:/ ■ *n.m.* (*pl.* & *infl.* of انگوٹھا) انگوٹھے پر مارنا regard as contemptible, totally disregard, disdain, not to give a damn, consider unworthy of attention.

انگوچھا /əŋgo:tʃʰa:/ ■ *n.m.* small towel or duster, usually carried on one shoulder; handkerchief.

انگور /əŋgu:r/ ■ *n.m.* **1** grape. **2** (*fig.*) granulation in a healing wound, scab of a sore. انگور باندھنا to heal. انگور بھر آنا to heal. انگور پھٹنا/ تڑخنا to crack or break (of scab of a sore or wound). انگور کی بیل grapevine. انگور کی ٹٹی vine-arbour or frame. انگور کھٹے ہیں grapes are sour.

انگورا /əŋgo:ra:/ ■ *pr.n.m.* (also انقرہ) Ankara, the capital of Turkey. ■ *n.m.* **1** a breed of goat that has long soft hair. **2** wool or cloth made from the hair of angora goat.

انگوری¹ /əŋgu:ri:/ ■ *adj.* made of grape; relating to grape; of the colour of grape. انگوری باغ vineyard. انگوری شراب any grape wine. [P]

انگوری² ——— ■ *n.f.* bud or rudimentary shoot of a plant. [S]

انگوریا /əŋgo:rɪja:/ ■ *n.m.* one allowed the use of a plough in lieu of wages in money or kind.

انگوریا /əŋgu:rɪja:/ ■ *adj.* of the colour of grape, i.e. light-green.

انگشت /əŋgɪʃʈ/ ■ *n.m.* burnt wood, coal; ember.

اَنگُشت /əŋgʊʃʈ/ ■ *n.f.* **1** finger. **2** the width of finger used as a measure. انگشتِ ابہام thumb. انگشتِ اشارت/ اشارہ forefinger. انگشت بہ دنداں astonished. انگشت بہ لب finger on lip; an allusion to silence. انگشت بھر کا of the width of a finger. انگشتِ حیرت دانتوں میں رکھنا express surprise. انگشت رکھنا to object. انگشتِ شہادت forefinger (of the right hand). انگشتِ نر thumb. انگشت نما **1** prominent; famous. **2** infamous; one who is disgraced, criticized or ridiculed. انگشت نما ہونا to be accused, ridiculed; to be pointed at; to be famous. انگشت نمائی ridicule, derision; scorn; accusation, criticism. انگشتِ وسطیٰ middle finger.

انگشتانہ /əŋgʊʃʈa:na:/ ■ *n.m.* (also اَنگشتانا) a broad metallic ring worn on the end of fingers, especially by tailors or workers to protect fingers, thimble.

انگشتری /əŋgʊʃʈəri:/ ■ *n.f.* (also اَنگشتر) ring (worn on a finger).

انگشتی /əŋgʊʃʈi:/ ■ *adj.* of or relating to انگشت. انگشتی حروف / ہجے Braille system of writing for the blind.

انگشتیا /əŋgʊʃʈɪja:/ ■ *adj.* of the width of a finger.

اُنگل /ʊŋgəl/ ■ *n.m.* finger; finger's width. انگل بھر کا of a finger's width.

اِنگلستان /ɪŋglɪsʈa:n/ ■ *pr.n.m.* England.

اِنگلستانی /ɪŋglɪsʈa:ni:/ ■ *adj.* pertaining to England; English.

اِنگلش /ɪŋglɪʃ/ ■ *adj.* pertaining to England. ■ *n.f.* the English language. [E]

اُنگلی /ʊŋgli:/ ■ *n.f.* finger; finger's breadth. انگلی اٹھانا criticize, abuse, disgrace. انگلی پر نچانا bring someone under the thumb, make someone wholly subservient or obedient, turn someone into a puppet. انگلی پکڑتے پہنچا پکڑنا give him an inch and he'll take a mile. انگلی پکڑ کر چلانا train, guide or instruct in detail. انگلی چٹخانا to snap one's finger, to make the finger joint crack by pulling them. انگلی دانتوں میں دبانا express astonishment. انگلی دکھانا **1** evoke; misguide. **2** threaten. انگلی کٹا کر شہیدوں میں داخل ہونا take full credit by doing very little. انگلی کرنا to disturb, annoy. انگلی لگانا (usu. *neg.*) **1** touch with a finger. **2** rebuke slightly.

اُنگلیاں /ʊŋglɪjã:/ ■ *n.f.* (*pl.* of اُنگلی) انگلیاں اٹھانا criticize, abuse, blame, accuse. انگلیاں کانوں میں دینا refuse to listen.

اُنگلیانا /ʊŋglɪja:na:/ ■ *v.* **1** poke with finger. **2** tease;

انگوزہ /əŋgu:zɑ:/ ■ *n.m.* resinous gum with the smell of garlic obtained from the plant *Ferula assafoetida*. See ہینگ.

انگیا /əŋgjɑ:/ ■ *n.f.* brassiere; bodice.

انگیٹھی /əŋgi:ʈʰi:/ ■ *n.f.* heater, stove, grate, brazier, vessel for holding fire.

انگیخت /əŋge:xt̪/ ■ *n.f.* instigation; incitement; inducement; urging.

انگیختہ /əŋge:xt̪ɑ:/ ■ *adj.* excited, aroused, erected.

انگیز /əŋge:z/ ■ *n.m.* **1** bearing; endurance. **2** youth. ■ *suffix* rousing, exciting, causing, fomenting, stirring up, raising; used in comp. as: فتنہ انگیز mischievous. انگیز کرنا incite, urge, excite.

انگیزش /əŋge:zɪʃ/ ■ *n.f.* commotion, tumult, rise, excitement.

انگھانا /əŋgʰɑ:nɑ:/ ■ *v.* (also اگھانا) be surfeited, satiated, satisfied or carefree.

اُنگھائی /ʊŋgʰɑ:i:/ ■ *n.f.* sleepiness, drowsiness, dullness.

انل سٹ /ənəlsəʈ/ ■ *adv.* unrelentingly, without stopping, excessivly.

انمان /ənʊmɑ:n/ ■ *n.m.* conjecture; idea; guess.

انمّت /ənəmmət̪/ ■ *adj.* whole, intact, undivided.

انمٹ /ənmɪʈ/ ■ *adj.* ineradicable, permanent, that cannot be erased. See ان مٹ under ان¹.

انمل /ənmɪl/ ■ *adj.* **1** ill-assorted; not-matching; unmatched. **2** a kind of composition in which absurd combinations are presented to amuse. See ان مل under ان¹. انمل بے جوڑ mismatched.

انموذج /ənmu:zədʒ/ ■ *n.m.* (also نموذج) sample, model, example; image.

انمول /ənmo:l/ ■ *adj.* (also امول) priceless, invaluable, inestimable; rare or precious.

انمیل /ənme:l/ ■ *adj.* unadulterated, without alloy; discordant; heterogeneous. انمیل باتیں incoherent speech or talk, nonsense.

انّناس /ənənnɑ:s/ ■ *n.m.* pineapple.

اننت /ənənt̪/ ■ *adj.* eternal; infinite, boundless, endless. اننت چودس (***Hinduism***) festival celebrated on fourteenth day of Bhadon (بھادوں) in which Vishnu is worshipped. اننت سکھ eternal happiness, endless joy. اننت مول vine, Indian sarsaparilla *Hemidesmus indicus*, used in Ayurvedic medicine to treat skin diseases.

اُنچاس /ʊnəntʃɑ:s/ ■ (also اُنچاس) *cardinal number* forty-nine.

اُنچاسواں /ʊnəntʃɑ:svɑ̃:/ ■ (also اُنچاسواں) *ordinal number* forty-ninth.

اننگ /ənəŋg/ ■ *adj.* without a body, incorporeal. ■ *n.m.* (***Hinduism***) title of Kamadeva, the sex god, Hindus' Cupid.

انُوا /ənʊvɑ:/ ■ *n.m.* bucket used in irrigation.

انُواد /ənʊvɑ:d̪/ ■ *n.m.* answer, reply; translation; repetition; interpretation.

انوار /ənvɑ:r/ ■ *n.m.* (*pl.* of نُور) **1** (*literal*) lights; rays of lights. **2** (*fig.*) splendour.

انواسنا /ənvɑ:snɑ:/ ■ *v.* **1** season a new earthen vessel by letting water stand in it for sometime. **2** (*fig.*) to rinse.

انواسی /ənvɑ:si:/ ■ *adj.* (woman) that is not a virgin.

انواع /ənvɑ:ʔ/ ■ *n.m.* (*pl.* of نَوع) species, varieties, sorts, kinds. انواع واقسام all sorts and kinds.

انوانسی /ənvɑ:nsi:/ ■ *n.f.* very small measure of land.

انُوپ /ənu:p/ ■ *adj.* fresh; unique, matchless, incomparable, peerless.

انُوپان /ənu:pɑ:n/ ■ *n.m.* vessel for mixing or administrating the medicine; anything in which a medicine is mixed to make it more palatable.

انوٹ /ənvəʈ/ ■ *n.m.* **1** a ring with little bells worn by women on the thumb of foot. **2** grace, blandishment.

انُوٹھا /ənu:ʈʰɑ:/ ■ *adj.* See انوکھا.

اُنُوث /ʊnu:s/ ■ *n.f.* (*pl.* of اُنثیٰ) women, females.

انور /ənvər/ ■ *adj.* shining, very splendid, most brilliant, resplendent.

انُوق /ənu:q/ ■ *n.f.* eagle.

انوکھا /əno:kʰɑ:/ ■ *adj.* (also انُوٹھا) strange, wonderful, curious, uncommon, rare, singular, extraordinary, peculiar, unique, untasted, untouched. انوکھا پن uniqueness.

انوکھی /əno:kʰi:/ ■ *adj.* (*fem.* of انوکھا) انوکھی جروا (جورو) ساگ میں شروا a foolish woman spoils whatever she does.

انوکھے /əno:kʰe:/ ■ *n.m.* (*pl.* & *infl.* of انوکھا) انوکھے گاؤں اونٹ آیا لوگوں نے کہا پرمیشر آئے everything is strange for a foolish person, an allusion to attach undue importance to common things.

انہ /əna:/ ■ *suffix* **1** denoting place, as: سرہانہ/سرھانہ head of a bed. **2** denoting tool, as: دستانہ glove. **3** making adjectives, as: بادشاہانہ king like. **4** making nouns, as: دوستانہ friendship. **5** denoting payment of wages, etc. as: بیعانہ advance money.

انہار /ənha:r/ ■ *n.f.* (*pl.* of نہر) canals; rivulets, rivers; streams.

اُنہتّر /ʊn^{h}əttər/ ■ *cardinal number* sixty-nine.

اُنہتّرواں /ʊn^{h}əttərvã:/ ■ *ordinal number* sixty-ninth.

اِنہدام /ɪnheda:m/ ■ *n.m.* demolition, pulling down.

اِنہزام /ɪnheza:m/ ■ *n.m.* defeat, retreat, rout.

انہضام /ɪnheza:m/ ■ *n.m.* digestion.

انہماک /ɪnhema:k/ ■ *n.m.* absorption, concentration, engagement (in work), mental occupation, close attention, (mental) immersion.

انہونا /ənho:na:/ ■ *adj.* not to be, unlikely, improbable, impossible.

انہونی /ənho:ni:/ ■ *adj.* (*fem.* of انہونا). ■ *n.f.* **1** impossibility. **2** (*fig.*) ominous event; unlikely event.

اِنہی /ɪnhi:/ ■ *pron.* (also اِن ہی) (*emph.*) this very (person or thing).

اُنہی /ʊnhi:/ ■ *pron.* (also اُن ہی) (*emph.*) third person 'he' or she.

انی[1] /əni:/ ■ *n.f.* sharp end of an arrow, point of spear, lance or javelin. [S]

انی[2] ____ ■ *suffix* **1** making adjectives, as: روحانی spiritual. **2** making feminine nouns, as: مُغلانی a Mogul woman.

انیاب /ənja:b/ ■ *n.m.* (*pl.* of ناب[2]) four front teeth.

انیاتانک /ənja:ʈa:ŋk/ ■ *adj.* correct weighing.

انیاخنیا /ənja: xənja:/ ■ *n.f.* (also انیاں خنیاں) **1** (usu. *disap.*) any ordinary person, unimportant or common people rather than someone you know or like. **2** untrustworthy women, undesirable or worthless women.

انّیائے /ənnɪja:e:/ ■ *n.m.* injustice, oppression, tyranny, outrage, wrong.

انیث /əni:s/ ■ *adj.* raw (metal, esp. iron).

انیس /əni:s/ ■ *n.m.* associate, companion, comrade.

اُنّیس /ʊnni:s/ ■ *cardinal number* nineteen. انیس بیس slightly different in quality or quantity. انیس بیس کا فرق ہونا differ very slightly.

اُنّیسواں /ʊnni:svã:/ ■ *ordinal number* nineteenth.

انیسون /əni:su:n/ ■ *n.m.* aniseed, *Pimpinella anisum*.

انیق /əni:q/ ■ *adj.* fine, nice; unique, strange. (*fem.* انیقہ)

انیک /əne:k/ ■ *adj.* many, numerous, plenty of.

انیلا /əni:la:/ ■ *adj.* simple, simpleton, inexperienced, novice. انیلا پن simplicity, simpleness, artlessness.

اِنھوں /ɪn^{h}õ:/ ■ *pron.* (*pl.* & *infl.* of اِن) form of third person, this person; these people.

اُنھوں /ʊn^{h}õ:/ ■ *pron.* (*pl.* & *infl.* of اُن) form of third person, that person; those people, they.

اُنھیں /ʊn^{h}ĩ:/ ■ *pron.* (*pl.* & *infl.* of اُن) (*emph.*) those very (thing or persons).

اِنھیں /ɪn^{h}ĩ:/ ■ *pron.* (*pl.* & *infl.* of اِن) (*emph.*) these very (persons or things).

اِنھیں /ɪn^{h}ẽ:/ ■ *pron.* (*pl.* & *infl.* of اِن) form of third person, them; these; (*def.*) him.

اُنھیں /ʊn^{h}ẽ:/ ■ *pron.* (*pl.* & *infl.* of اُن) form of third person, them; those; (*def.*) him.

او[1] /o:/ ■ *pron.* (also اُو) he, she, it, that (used in proverbs and couplets quoted in Urdu). او بہ فکرِ عجیب و من بہ خیالِ عجب he has other plans and I have others. [P]

او[2] ____ ■ *exclam.* the vocative interjection O! hey! for calling (esp. a person of inferior rank or very close friend). [S]

اوّاب /əvva:b/ ■ *adj.* repentant.

اوابین /əva:bi:n/ ■ *n.f.* prayer of repentance (usu. offered after Maghrib (مغرب) prayer.

اواخر /əva:xɪr/ ■ *n.m.* (*pl.* of آخر) **1** ends, latter parts, extremes. **2** last ten days of a lunar month. ■ *adv.* in the end.

اوارجہ /əva:rɪdʒa:/ ■ *n.m.* journal; diary; ledger; abstract account of receipts and disbursements; revenue account.

اواس /əva:s/ ■ *n.m.* populating, dwelling, habitation.

اواسِط /əva:sɪt/ ■ *n.m.* (*pl.* of اَوسط) averages, means, middles.

اواسی /əva:si:/ ■ *n.f.* unripe corn (chiefly barley) cut from time to time.

اوام /əva:m/ ■ *n.m.* **1** debt, loan. **2** colour.

اوامر /əva:mɪr/ ■ *n.m.* (*pl.* of امر) **1** commands; orders. **2** (***Islam***) acts enjoined or permitted.

نیچے کا نیچے رہ جانا be taken aback, be shocked. اوپر کا کام miscellaneous or extra work. اوپر کی آمد emoluments, perquisites, presents; bribe. اوپر کی آمدنی رکمائی income from bribe, commision, etc. اوپر کے کام والے servants doing general work, footmen. اوپر والا God, the Supreme Being. اوپر والے 1 superiors, higher officers; betters. 2 those who have gone before, forefathers. 3 ghosts. اوپر والیاں 1 witches; fairies. 2 maids. 3 kites (birds). اوپر ہی اوپر secretly, quietly, stealthily.

اُوپرا /u:prɑ:/ ■ *adj.* 1 superficial, ostentatious. 2 extra, additional. 3 unsuitable, improper, unseemly.

اُوپری /u:pri:/ ■ *adj.* 1 upper. 2 outer, external, exterior. 3 apparent; superficial. 4 hasty, cursory. 5 not sound or strong. 6 surplus. 7 stranger, unknown. اوپری دل سے speciously, insincerely.

اُوت¹ /u:t̪/ ■ *adj.* 1 one who dies young or unmarried. 2 childless. 3 unfortunate, ill-fated. [S]

اُوت² ——— ■ *n.m.* stupid fellow, blockhead, oaf, fool. [S]

اوت /o:t̪/ ■ *n.f.* advantage, gain, surplus, profit.

اَوتاد /ɔ:t̪ɑ:d̪/ ■ *n.m.* (*pl.* of وتد) 1 pins, pegs. 2 nobles, chiefs. 3 (***Sufism***) four mythical saints regarded as the props of the faith.

اَوتار /ɔ:t̪ɑ:r/ ■ *n.m.* 1 avatar, vicegerent of a god, rebirth of god in another human shape, incarnation. 2 saint, a very pious fellow. 3 (*iron.*) mischievous. اوتار لینا become incarnate.

اوٹ /o:ʈ/ ■ *n.f.* 1 screen or similar structure behind which one gets refuge or protection, place or means of concealment; covert, hide, cover; partition or curtain. 2 veil, mask. 3 fence. ■ *adv.* behind veil. ■ *adj.* hidden, concealed vanished, unseen. اوٹ کرنا hide or conceal oneself. اوٹ لینا take responsibility. اوٹ ہونا be concealed.

اَوٹانا /ɔ:ʈɑ:nɑ:/ ■ *v.* (also اَونٹانا) cause to boil, to boil.

اُوٹ پٹانگ /u:ʈ pəʈɑ:ŋg/ ■ *adj.* absurd, disorderly, nonsense, confused, senseless, illogical. ■ *n.m.* balderdash, hogwash, absurdity, anything without meaning or foundation.

اَوٹنا /ɔ:ʈnɑ:/ ■ *v.* (also اَونٹنا) 1 boil; to be boiled. 2 (*fig.*) seethe (with rage). 3 fume.

اوٹنا¹ /o:ʈnɑ:/ ■ *v.* cover, hide. [Prk.]

اوان /əvɑ:n/ ■ *n.f.* (*pl.* of آن²) times, seasons, periods.

اوائل /əvɑ:ɪl/ ■ *n.m.* (*pl.* of اوّل) 1 commencement, early portion, beginning, outset. 2 first ten days of a lunar month. ■ *adv.* in the beginning. اوائلِ عمر early years of life, early age, childhood, youth.

اوائی /əvɑ:i:/ ■ *n.f.* the act of coming, approach; arrival, ■ (*tabe* of آئی) used in comp. as: آئی اوائی (something) that has come, arrived. آئی اوائی دولت wealth that was coming and had almost come. اوائی جوائی coming and going (mostly used for passage fare).

اوایا /əvɑ:jɑ:/ ■ *adj.* (something) that has come, arrived. ■ (*tabe* of آیا) used in comp. as: آیا اوایا (something) that has arrived.

اُوباسی /ʊbɑ:si:/ ■ *n.f.* yawn. See اُباسی.

اَوباش /ɔ:bɑ:ʃ/ ■ *n.m.* dissolute person, libertine, rake, vagabond, voluptuary, debauchee, profligate. ■ *adj.* wanton, wicked, licentious.

اَوباشی /ɔ:bɑ:ʃi:/ ■ *n.f.* licentiousness, debauchery.

اُوبڑ /u:bəɽ/ ■ *adj.* irregular, jagged, craggy. اوبڑ کھابڑ rough, rugged, uneven, undulating.

اُوبھ /u:bʰ/ ■ *n.f.* (also اُوب) 1 lethargy caused by heat, sultriness. 2 restlessness; uneasiness.

اُوبھٹ /u:bʰəʈ/ ■ *adj.* uneven, rugged, impassable, difficult (way); insurmountable (juncture).

اُوبھنا /u:bʰnɑ:/ ■ *v.* (also اُوبنا) be sick of or bored with, be agitated with oppressive heat, be dissatisfied.

اُوپ /u:p/ ■ *n.f.* loan given to a farmer on the condition, that he will return it in the form of grain at the time of harvest.

اوپ /o:p/ ■ *n.f.* lustre, gloss, shine, polish, brightness.

اوپچی /o:ptʃi:/ ■ *n.m.* armed person.

اُوپر /u:pər/ ■ *adv.* 1 on, at. 2 above, high, atop. 3 outside, on the outer portion. 4 more, in addition to. اوپر اوپر 1 without effect, superficially, not thoroughly. 2 secretly. اوپر اوپر سے skimming the surface, superficially; gently. اوپر اوپر کا superficial. اوپر آنا come up, rise, ascend. اوپر تلے one after the other, in succession. اوپر تلے کے بچے successive siblings close in age. اوپر سے 1 from above, in addition to, over and above. 2 (*fig.*) gratis. اوپر کا 1 alien, stranger. 2 miscellaneous, minor or unimportant. اوپر کا سانس اوپر

اوٹنا² ____ ■ *v.* **1** pick or separate seeds from cotton. **2** be responsible. **3** (*fig.*) to bear. [S]

اوٹنی /o:ʈni:/ ■ *n.f.* instrument for separating the seeds from cotton.

اَوج /ɔ:dʒ/ ■ *n.m.* **1** highest point, top, summit, apex, peak, vertex. **2** high rank, ascendancy, highest position, rank or dignity. **3** (*fig.*) sky. **4** zenith. اوجِ فلک the zenith. اوج کو پہنچنا reach or attain the highest position or dignity. اوجِ مدارِ قمر (***Astron.***) apogee, point (in orbit of moon) farthest from the earth. اوج موج splendour, grandeur.

اَوجاع /ɔ:dʒɑ:ʔ/ ■ *n.m.* (*pl.* of وجع) pains, aches.

اَوجب /ɔ:dʒəb/ ■ *adj.* (*elative* of واجب) compulsory, most essential.

اُوجڑ /u:dʒəɽ/ ■ *adj.* laid waste, depopulated, desolate.

اوجھ /o:dʒʰ/ ■ *n.m.* entrails, guts, stomach of an animal.

اوجھا /o:dʒʰɑ:/ ■ *n.m.* **1** magician, exorcist, sorcerer, wizard. **2** diviner; soothsayer; astrologer; palmist.

اَوجھڑ /ɔ:dʒʰəɽ/ ■ *n.f.* push, thrust, shove; kick, knock, blow.

اوجھڑی /o:dʒʰɽi:/ ■ *n.f.* stomach or guts of an animal.

اوجھل /o:dʒʰəl/ ■ *adj.* invisible, out of sight, screened, hidden, concealed. ■ *n.f.* concealment; privacy; seclusion. اوجھل زمین dead ground. اوجھل کرنا hide, cause to disappear, make invisible. اوجھل ہونا be screened, be invisible, be concealed, be hidden from sight, to disappear.

اوجھنا /o:dʒʰnɑ:/ ■ *v.* pour out a liquid from one vessel into another; spill; toss.

اوچھ /o:tʃʰ/ ■ *adj.* a few; meagre; scanty; little.

اوچھا /o:tʃʰɑ:/ ■ *adj.* **1** common, trite, of low taste; petty-minded, frivolous, graceless. **2** showy; gaudy; flashy, nouveau riche. **3** empty, vain; not profound, shallow; superficial. **4** wanting, short, scant, not enough, less than required. اوچھا برتن اُبلتا ہے empty vessels make the most sounds. اوچھا پن shallowness; meanness, baseness. اوچھا وار grazing or ill-aimed blow, mean attack, a hit below the belt. اوچھا ہتھیار mean trick, immoral tactic. (*fem.* اوچھی)

اوچھے /o:tʃʰe:/ ■ *n.m.* (*pl.* & *infl.* of اوچھا) اوچھے کی پریت اور بالو کی بھیت the friendship of the base is a wall of sand; unstable, unreliable. اوچھے کے گھر تیتر باہر باندھوں کہ بھیتر sarcastic remark on an upstart. اوچھے کے گھر کھانا، جنم جنم کا طعنہ to be under obligation to a mean person is painful.

اُودا /u:d̪ɑ:/ ■ *adj.* purple; azure.

اُوداہٹ /u:d̪ɑ:həʈ/ ■ *n.f.* the state of being purple; the purple colour.

اُودبلاؤ /u:d̪bɪlɑ:o:/ ■ *n.m.* (***Zool.***) otter, an aquatic carnivore, *Lutra vulgaris*. اود بلاؤ کی ڈھیری a dispute which can never be resolved.

اَودیس /o:d̪e:s/ ■ *n.m.* foreign country, strange land.

اُودھر /u:d̪ʰər/ ■ *pron.* (*var.* of اُدھر) (*arch.*) there, on that side.

اُودھم /u:d̪ʰəm/ ■ *n.m.* disturbance. See اُدھم.

اُوڈھنگا /ʊɖʰəŋgɑ:/ ■ *adj.* (also اوڈھینگا) clumsy, inept, awkward, ham-fisted.

اَور /ɔ:r/ ■ *conj.* & *adv.* **1** and. **2** more, moreover. **3** besides, not this, (something) else. **4** also. **5** different. **6** unknown, unfamiliar. **7** of course, neccessarily. اور ایک another, yet another, one more. اور بھی even more. اور تو اور other things apart. اور دیکھنا دیکھو ردیکھیے used for surprise and shock; how strange! اور سنو (often *iron.*) hear this, now listen to this. اور کا belonging to another. اور کچھ anything else, some other, something different. اور کچھ نہیں تو (this or then) if nothing else. اور کہیں somewhere else, elsewhere. اور کیا what else? اور نہیں تو of course, what else? and otherwise. اور نہیں تو کیا of course! this and nothing else! اور ہی quite different.

اور /o:r/ ■ *n.f.* **1** direction, side; way. **2** limit. **3** source, origin. اور چھور beginning and end. اور نبھانا perform (one's) part; carry out to the end; be constant to; support. اور نہ چھور without beginning and without end.

اَوراد /ɔ:rɑ:d̪/ ■ *n.m.* (*pl.* of ورد) (***Islam***) religious verses or formulae repeatedly recited according to a pattern, devotional exercises; repetition.

اَوراق /ɔ:rɑ:q/ ■ *n.m.* (*pl.* of ورق) pages, leaves, foils.

اَورام /ɔ:rɑ:m/ ■ *n.m.* (*pl.* of ورم) swellings.

اَورس چَورس /ɔ:rəs tʃɔ:rəs/ ■ *adj.* (*literal*) plain from all four sides, even, level, flat. ■ *adv.* around, on all sides.

اورما /o:rmɑ:/ ■ *n.m.* breadthwise stitching of two pieces of cloth and then hemming; side seam.

اَورنگ /ɔ:rəŋg/ ■ *n.m.* **1** throne. **2** factory, place where goods are manufactured for sale; industrial estate. **3** a kind of red flower. **4** beauty. **5** wisdom. اورنگ زیب **1** (*literal*) ornament of the throne. **2** name of a Mogul king. اورنگ زیبی پھوڑا a kind of eruption.

اُوروں /o:rõ:/ ■ *adv. & conj.* (*pl.* of اَور) others. اوروں کو نصیحت خود میاں فضیحت he does not practise what he preaches.

اوری /o:ri:/ ■ *n.f.* **1** eaves of a house. **2** bank of a pond or river to the water's edge.

اُوریب /ʊɽe:b/ ■ *adj.* oblique. See اُریب.

اُوڑا /u:ɽɑ:/ ■ *n.m.* dearth, famine, scarcity.

اوڑھنا /o:ɽʰnɑ:/ ■ *v.* swathe or swaddle oneself, drape oneself, cover or wrap oneself with. ■ *n.m.* sheet, covering. اوڑھنا بچھونا **1** bedding. **2** (*fig.*) an all time occupation; routine.

اوڑھنی /o:ɽʰni:/ ■ *n.f.* woman's light stole that is draped over head and torso, dupatta. اوڑھنی بدلنا (women) exchange mantles as a token of friendship. اوڑھنی کی بناس **1** (*literal*) the breeze from a woman's mantle. **2** an allusion to the wife's influence, petticoat government.

اَوزار /ɔ:zɑ:r/ ■ *n.m.pl.* (also *sing.*) instruments, tools, implements. (*sing.* وزر)

اَوزان /ɔ:zɑ:n/ ■ *n.m.* (*pl.* of وزن) **1** weights. **2** measures. **3** (***Pros.***) metres.

اوس /o:s/ ■ *n.f.* **1** dew. **2** a kind of fish found in salty water. اوس پڑ جانا / پڑنا be blighted; become discouraged or disappointed; lose bloom or lustre; lose hope.

اَوساط /ɔ:sɑ:t̪/ ■ *n.m.* (*pl.* of وسط) middle class people.

اَوسان /ɔ:sɑ:n/ ■ *n.m.pl.* (also *sing.*) senses; presence of mind; self-possession; coolness; valour; courage; calmness. اوسان اُڑ جانا / جاتے رہنا / خطا ہونا be stunned or taken aback, stand aghast, lose presence of mind, become rattled or very disconcerted, lose calm; be alarmed; be greatly perturbed or worried. اوسان باختہ taken aback, stunned. (*sing.* وسن)

اوِستا /əvɪst̪ɑ:/ ■ *n.f.* Avesta, the sacred religious book of the Zoroastrians.

اوِستائی /əvɪst̪ɑ:i:/ ■ *n.f.* the ancient Iranian language in which Avesta is written.

اَوستھا /əvəst̪ʰɑ:/ ■ *n.f.* (also اَوَستا) **1** state, condition; circumstances. **2** story, narration, account (of a life).

اَوسر /ɔ:sər/ ■ *n.m.* **1** time; favourable opportunity; occasion. **2** leisure. اوسر چوکنا lose an opportunity. اوسر چوکی ڈومنی گاوے تال بے تال a singer who misses an occasion sings out of tune, i.e. making up for a lost opportunity is seldom successful. اوسر دیکھنا look for the opportunity.

اُوسر /u:sər/ ■ *adj.* barren, unproductive (land). اوسر کھیت میں کیسر (*fig.*) pious one among the wicked; beautiful one among the ugly.

اوسر /o:sər/ ■ *n.f.* young cow or buffalo, heifer.

اوسرا /o:srɑ:/ ■ *n.m.* fixed time; season, especially of harvesting fruits and vegetables. [S]

اوسرا² ——— ■ *n.m.* the meat of bullock. [S]

اُوسرائی /u:srɑ:i:/ ■ *n.f.* barrenness.

اَوسط /ɔ:sət̪/ ■ *adj.* **1** average, middling, intermediate, medium. **2** (***Math.***) mean. ■ *n.m.* average, the middle. اوسط درجے کا mediocre, passable. اوسط ذہانت average intelligence. اوسط شرح لگان average rent rate. اوسط قابلیت average ability. اوسط نکالنا work out or calculate the average.

اَوسطاً /ɔ:sət̪ən/ ■ *adv.* on an average.

اَوسطی /ɔ:sət̪i:/ ■ *adj.* average; mean; intermediate; middling; midmost; moderate.

اَوسع /ɔ:səʔ/ ■ *adj.* very specious, large, wide, roomy, extensive.

اَوسنا /ɔ:snɑ:/ ■ *v.* **1** make (something) wet, rinse. **2** become musty, be stale.

اوِش /əvɪʃ/ ■ *adj.* non-poisonous, non-venomous.

اُوشا /u:ʃɑ:/ ■ *n.f.* dawn, daybreak.

اَوشدھ /ɔ:ʃəd̪ʰ/ ■ *n.f.* drug; medicine; any herb used as a medicine.

اَوشدھالیہ /ɔ:ʃəd̪ʰɑ:ljɑ:/ ■ *n.f.* dispensary, clinic, hospital; medicine shop.

اَوصاف /ɔ:sɑ:f/ ■ *n.m.* (*pl.* of وصف) **1** qualities, attributes; endowments, qualifications. **2** commendations. **3** manners, habits; morals; traits. اوصافِ حمیدہ virtues, commendable or praiseworthy qualities; noble character.

اَوصیا /ɔ:sɪjɑ:/ ■ *n.m.* (*pl.* of وصی) executors, legatees, testators.

اَوضاع /ɔ:zɑ:ʔ/ ■ *n.m.* (*pl.* of وضع) **1** manners, habits; behaviour. **2** gestures, postures. اوضاعِ حمیدہ good

طویل انفی مصوتے: ã: جاں، آں /dʒã:/, /ã:/ æ̃: ہَیں /hæ̃:/ ĩ: آئیں /ɑ:ĩ:/ ẽ: آئیں /ɑ:ẽ:/ ɔ̃: لَونڈی /lɔ̃:ɖi:/ ũ: یُوں /jũ:/ õ: انسانوں /ɪnsɑ:nõ:/

manners.

اَوضح /ɔ:zəh/ ■ *adj.* (*elative* of واضح) more or most clear, most evident, most obvious.

اُوطاق /u:t̪ɑ:q/ ■ *n.m.* & *f.* (also اُطاق) **1** tent. **2** room, chamber.

اَوطان /ɔ:t̪ɑ:n/ ■ *n.m.* (*pl.* of وطن) mother-countries, native lands, homelands.

اَوعیہ /ɔ:ʔɪjɑ:/ ■ *n.m.* (*pl.* of وعا) **1** (*literal*) utensils. **2** blood vessels in the body.

اَوفر /ɔ:fər/ ■ *adj.* (*elative* of وافر) more or most copious, most plentiful, most abundant.

اَوفیٰ /ɔ:fɑ:/ ■ *adj.* (*elative* of وافی) more or most abundant, most plentiful.

اَوقات /ɔ:qɑ:t̪/ ■ *n.m.* (*pl.* of وقت) times, hours. ■ *n.f.* (as *sing.*) **1** means, subsistence, resources. **2** circumstances; life. **3** social status (esp. low); position. اوقات بسری state of just living a life (esp. with mediocre means); subsistence, livelihood. اوقات بسری کرنا subsist, spend one's time, spend life. اوقات بندی fixing the work schedule.

اَوقاف /ɔ:qɑ:f/ ■ *n.m.* (*pl.* of وقف) **1** properties, legacies (esp. for charitable purposes), trusts; charitable endowments. **2** punctuation marks. اوقاف واعراب punctuations and diacritical marks.

اُوک /u:k/ ■ *n.f.* omission, slip, mistake (usu. used with چُوک).

اوک /o:k/ ■ *n.f.* (also اوکھ) draught of water within the hollow of the hand; palm hollowed to drink from, hollow of the hand. (See also چُلّو.)

اَوکل /ɔ:kəl/ ■ *adj.* restless, uneasy, anxious.

اَوکلی /ɔ:kli:/ ■ *n.f.* restlessness, uneasiness, anxiety.

اُوکنا /u:knɑ:/ ■ *v.* fall short; fail (a duty); make mistake, blunder.

اوکنا /o:knɑ:/ ■ *v.* puke, vomit.

اُوکے چُوکے /u:ke: tʃu:ke:/ ■ *adv.* by chance; sometimes, from time to time.

اُوکھ /u:kʰ/ ■ *n.f.* (also ایکھ) sugar cane.

اَوکھا /ɔ:kʰɑ:/ ■ *adj.* **1** bad; disagreeable; nasty. **2** different; strange; incongruous.

اُوکھا /u:kʰɑ:/ ■ *adj.* dry, parched.

اُوکھاری /u:kʰɑ:ri:/ ■ *n.f.* sugar cane field.

اَوکھر /ɔ:kʰər/ ■ *n.f.* drug, medicine.

اوکھلی /o:kʰli:/ ■ *n.f.* (also اُوکھل،اوکھل) mortar (to pound grains, etc.). اوکھلی میں سر دینا expose oneself to danger. اوکھلی میں سر دیا تو موسلوں کا کیا ڈر when one has exposed oneself to danger, one should not fear the consequences; come what may, whatever the consequences.

اَوکھی /ɔ:kʰi:/ ■ *adj.* (*fem.* of اَوکھا). ■ *n.f.* (also اَوکی) pinching or unpleasant remark.

اَوکھے /ɔ:kʰe:/ ■ *n.m.* (*pl.* & *infl.* of اَوکھا) اوکھے لوگ strange people.

اوگرا /o:grɑ:/ ■ *adj.* tasteless, insipid (food), boiled (food).

اَوگُن /ɔ:gʊn/ ■ *n.m.* **1** immorality; vice, wickedness. **2** fault; defect. **3** harm. **4** negligence, oblivion. ■ *adj.* **1** immoral, discourteous. **2** ominous.

اَوگی /ɔ:gi:/ ■ *n.f.* (also اَوگھی) **1** whip used in breaking or training horses. **2** the embroidered edging of a shoe.

اَوگھٹ /ɔ:gʰəʈ/ ■ *adj.* rough, unfrequented, unpassable, uneven, rugged, steep.

اَول /ɔ:l/ ■ *n.f.* epidemic, any great calamity (such as plague).

اُول /u:l/ ■ *n.f.* **1** stopper of a door. **2** (*fig.*) obstruction, hindrance.

اول[1] /o:l/ ■ *n.f.* personal bail or security; surety; pledge; pawn; hostage. [Prk.]

اول[2] ____ ■ *n.m.* esculent root, *Arum campanulatum*. [S]

اوّل /əvvəl/ ■ *adj.* **1** first. **2** prior, foremost, principal. **3** best, highest, chief, excellent. **4** preceding, foregoing, of past time. ■ *n.m.* **1** first or earlier part; beginning, commencement. **2** See الاوّل. ■ *adv.* in the beginning. اول اول from the beginning, at the start. اول خویش بعدہٗ درویش charity begins at home. اول دن سے from the first day, from the start, ab initio. اول طعام بعدہٗ کلام first food, then talk. اول منزل **1** (*literal*) the first stage. **2** (*fig.*) death; grave. (*pl.* اوائل)

اَولا[1] /ɔ:lɑ:/ ■ *adj.* (*corr.* of اَولیٰ) excellent. اولا مولا **1** good for nothing, dimwit. **2** gawky, gauche, awkward, lubberly, bungler, clumsy. **3** stupid, dull-witted. [A]

اَولا[2] ____ ■ *n.m.* hole in the stove where a pan is placed. [Prk.]

اولا[1] /o:lɑ:/ ■ *n.m.* screen; secrecy; secret. [dial.]

اوّلیّت /əvvəlɪjjəʈ/ ■ *n.f.* priority, superiority, pre-eminence.

اوّلین /əvvəli:n/ ■ *n.m.* 1 the people of ancient times, people belonging to the earlier ages. ■ *adj.* the first, the earliest (thing, etc.). اولین و آخرین the ancients and the moderns.

اوم /o:m/ ■ *pr.n.m.* om, name of Hindu god Ishwar; Hindu trinity (Shiv, Vishnu, Brahma).

اُومر /u:mər/ ■ *n.m.* Indian fig-tree, *Ficus glomerata*.

اُون /u:n/ ■ *n.m.* wool, sheep's wool.

اُوں /ũ:/ ■ *exclam.* 1 used to ask someone to repeat something. 2 expressing peevishness or contempt, etc. اوں اوں کرنا whimper, cry, whine; insist, persist (as a child). اوں ہوں no (an expression of refusal).

اُونٹ /ũ:ʈ/ ■ *adj.* 1 tall. 2 fool. ■ *n.m.* camel. اونٹ بان camel-driver. اونٹ برابر ڈیل بڑھایا، پاپوش برابر عقل نہ آئی spoken of a person who is foolish and dimwitted even in old age. اونٹ جب بھاگتا ہے تو پچھم کو everything returns to its origin. اونٹ چڑھے کتا کاٹے misfortune has long arms for the unfortunate. اونٹ دیکھیے کس کل بیٹھے see which way the cat jumps. اونٹ رے اونٹ تیری کونسی کل سیدھی expression used for clumsy work or man. اونٹ کٹارا name of a thistle, *Echinops echinatus*, which camels like to eat. اونٹ کی بولی vomitting. اونٹ کے گلے میں بلی undue or unreasonable precondition. اونٹ گاڑی camel-drawn four-wheeled cart; camel cart. اونٹ گاؤ giraffe.

اَونٹانا /ɔ̃:ʈɑ:nɑ:/ ■ *v.* cause to boil. See اَوٹانا.

اَونٹنا /ɔ̃:ʈnɑ:/ ■ *v.* to be boiled. See اَوٹنا.

اُونٹنی /ũ:ʈni:/ ■ *n.f.* female camel.

اُونچ /ũ:tʃ/ ■ *n.f.* height, tallness, highness. اونچ نیچ 1 unevenness. 2 ups and downs, vicissitudes, highs and lows; pros and cons. 3 error and omission, negligence. اونچ نیچ بتانا inform of pros and cons.

اُونچا /ũ:tʃɑ:/ ■ *adj.* 1 high, elevated, lofty, tall, raised. 2 exalted, superior, eminent. 3 loud (voice). 4 of noble family, belonging to elites. اونچا اُٹھنا rise, be high. اونچا اُڑنا fly high, get airs. اونچا بول بولنا talk big; brag. اونچا سُر major key *soprano, treble* or *alto*. اونچا سننا be hard of hearing, be partially deaf. اونچا گھرانہ rich, high-born or well-connected family. اونچا نیچا high and low, uneven. اونچا ہاتھ رکھنا 1 be always in a position to give. 2 have the

اولا[2] ——— ■ *n.m.* 1 hail. 2 type of sweet. ■ *adj.* icy cold, quite chill. اولا ہوجانا become cold. [S]

اوّلاً /əvvələn/ ■ *adv.* 1 first of all, in the beginning. 2 first thing; at first, in the first place.

اَولاد /ɔ:lɑ:d̪/ ■ *n.f.* (*pl.* of ولد) (also *sing.*) children, issues, descendants, offspring. اولادِ اُنثیٰ female issues. اولادِ آدم mankind. اولادِ حلال legitimate offspring. اولادِ روحانی/معنوی spiritual descendants. اولادِ صالح virtuous offspring. اولادِ قلب fake, spurious; false. اولادِ نرینہ male issues. اولادِ نسبی legitimate children.

اُولانگ /u:lɑ:ŋg/ ■ *n.m.* 1 grassland. 2 hybrid cock.

اولتی /o:lʈi:/ ■ *n.f.* eaves. اولتی ٹپکنا dripping (of rain water) from eaves. اولتی کا پانی بلینڈے نہیں چڑھتا 1 an impossible task. 2 a mean person can not be a gentleman.

اُول جلُول /u:l dʒəlu:l/ ■ *adj.* 1 awkward, clumsy, stupid, unmannerly, gawky. 2 nonesensical. 3 improper.

اَول فَول /ɔ:l fɔ:l/ ■ *n.f.* abusive language, rude talk or drivel. اول فول بکنا drivel, talk nonsense; make no sense.

اَولکھن /ɔ:ləkʰən/ ■ *n.f.* evil or inauspicious omen, misfortune, ill luck.

اولما /o:lmɑ:/ ■ *n.m.* mince meat.

اَولُو /ɔ:lu:/ ■ *adj.* 1 unpleasant, discordant, unsuitable. 2 strange; odd; singular. 3 unusual; uneasy.

اُولُو /u:lu:/ ■ *pron.* (used as *prefix*) (those) endowed with; possessed of; having. اولوالابصار 1 having eyes. 2 the prudent, the wise, the judicious. اولوالالباب persons of understanding. اولوالامر possessor of command or authority. اولوالعزم ambitious, enterprising, courageous, adventurous, determined, firm, steady, brave. اولوالعلم the learned.

اَولویّت /ɔ:ləvɪjjəʈ/ ■ *n.f.* supremacy, excellence, pre-eminence.

اَولیٰ /ɔ:lɑ:/ ■ *adj.* (*elative* of والی) better or best, superior, excellent.

اُولیٰ /u:lɑ:/ ■ *adj.* (*fem.* of اوّل) 1 the first. 2 (*fig.*) this world (as opposed to اُخریٰ).

اَولیا /ɔ:lɪjɑ:/ ■ *n.m.* (*pl.* of ولی) (also اَولیاء) guardians, defenders; friends (of God), saints; holy men. ■ *adj.* (as *sing.*) 1 simple, naive. 2 (*iron.*) godless (person). اولیا اللہ 1 (*literal*) friends of God. 2 (*fig.*) saints. اولیا پرستی hagiolatry, the worship of saints.

اُونگھنا /u:ŋgʰnɑ:/ ■ *v.* doze, feel drowsy or sleepy, catnap.

اُونہوں /ũ:hũ:/ ■ *exclam.* not I! nay! no! never! expression of denial or disapproval.

اُونی /u:ni:/ ■ *adj.* made of wool, woollen. اونی کپڑے woollens, woollen garments, dresses or clothes.

اَونے پَونے /ɔ:ne: pɔ:ne:/ ■ *adj.* low-priced. اونے پونے میں at a price lower than actual, at little or no profit, at whatever price offered. اونے پونے بیچ ڈالنا to sell off at whatever price offered.

اُونی سونی /u:ni: su:ni:/ ■ *adj.* unreasonable; improper; uncivil (word).

اُونھ /ũ:h/ ■ *exclam.* humph, no matter! never mind! pshaw! no, nay, my foot! (expressing denial or scorn), also an expression of vexation.

اوہ /o:h/ ■ *exclam.* oh! ah! pshaw! an exclamation of pain, distress, surprise, etc.

اَوہام /ɔ:hɑ:m/ ■ *n.m.* (*pl.* of وہم) superstitions, delusions, misconceptions, beliefs or ideas not based on reason.

اوہو /o:ho:/ ■ *exclam.* (also اوہوہو) oho! heigh! ho! expressing surprise or delight.

اُوئی /u:i:/ ■ *exclam.* oh! ah! usu. used by women to express shock, pain, fear or hate, also in case of surprise, disbelief. اوئی اللہ female expression of surprise or shock. اوئی نوج female expression of utter disgust.

اویر /əve:r/ ■ *n.f.* delay, lateness. ■ *adv.* belatedly. اویرسویر late and early, at all hours, sooner or later; untimely.

اویرنا /əve:rnɑ:/ ■ *v.* (also اویرکرنا) delay, dally.

اہا /əhɑ:/ ■ *exclaim.* ha! aha! ho! used to express pleasure, wonder, happiness; great! that's wonderful! (See also آہا.)

اِہاب /ɪhɑ:b/ ■ *n.f.* raw hide, a skin not tanned or prepared.

اہاجی /əhɑ:dʒi:/ ■ *n.m.* (*pl.* of ہجو) pasquinades, lampoons, satires.

اہار /əhɑ:r/ ■ *n.m.* **1** food, victuals. **2** starch; cement; paste; glue; gluten. اہاربیوہار trade and economy.

اُہارنا /ʊhɑ:rnɑ:/ ■ *v.* **1** (of criminals) hang on gibbet. **2** uncover; make bare.

اہالی /əhɑ:li:/ ■ *n.m.* (*pl.* of اہل) (also اہالیان) **1** people of a house, village or city, inhabitants; citizens, masses. **2** masters, employers, lords; nobles. اہالی موالی upper hand. (*opp.* نیچا)

اُونچان /ũ:tʃɑ:n/ ■ *n.f.* height. See اُونچائی.

اُونچائی /ũ:tʃɑ:i:/ ■ *n.f.* height, altitude, elevation, loftiness, exaltation, sublimity.

اُونچی /ũ:tʃi:/ ■ *adj.* (*fem.* of اُونچا) اونچی اسامی wealthy man. اونچی دکان پھیکا پکوان great boast, little host. اونچی ناک والا **1** having a chiselled nose. **2** haughty, proud. **3** respected. (*opp.* نیچی)

اُونچے /ũ:tʃe:/ ■ *n.m.* (*pl.* & *infl.* of اُونچا) اونچے بول کا منھ نیچا pride goes before a fall.

اوند /õ:d̪/ ■ *n.m.* cord to pull rafters or frames for thatching.

اوندنا /õ:d̪nɑ:/ ■ *v.* gobble down food.

اوندھا /ɔ̃:d̪ʰɑ:/ ■ *adj.* (also اَوندھ) **1** face-down, lying on the stomach, over-turned. **2** upside down, topsy-turvy; subverted; inverted; distorted. **3** foolish, witless. **4** a man who likes to be sodomized, catamite. اوندھابخت misfortune. اوندھاپن state of being upside down; witlessness. اوندھاسیدھا oblique, crooked; incorrect; improper; unsuitable. اوندھالیٹنا lie on the stomach.

اَوندھانا /ɔ̃:d̪ʰɑ:nɑ:/ ■ *v.* **1** turn upside down, invert, turn over. **2** pour out. **3** upset.

اَوندھنا /ɔ̃:d̪ʰnɑ:/ ■ *v.* be over-turned.

اَوندھی /ɔ̃:d̪ʰi:/ ■ *adj.* (*fem.* of اَوندھا) اوندھی پیشانی inauspicious, ill-starred; unlucky. اوندھی کھوپڑی unreason; unreasonableness.

اَوندھے /ɔ̃:d̪ʰe:/ ■ *n.m.* (*pl.* & *infl.* of اَوندھا) اوندھے منھ on the face, with head or face down. اوندھے منھ گرنا **1** fall flat on the face. **2** be defeated or disgraced. **3** be very fond of.

اَونڈ /ɔ̃:ɖ/ ■ *n.m.* bottom; depth. ■ *adj.* deeply dug, sunk.

اُونڈا /ũ:ɖɑ:/ ■ *n.m.* gizzard of a bird.

اَونگا بُونگا /ɔ:ŋgɑ: bɔ̃:ŋgɑ:/ ■ *adj.* awkward, gauche, ham-handed, lubberly.

اُونگھ /u:ŋgʰ/ ■ *n.f.* drowsiness, sleepiness. اونگھ آنا feel drowsy or sleepy.

اُونگھتا /u:ŋgʰt̪ɑ:/ ■ *adj.* **1** dozing, drowsy, sleepy, napping. **2** sluggish, dull-witted.

اُونگھتے /u:ŋgʰt̪e:/ ■ *n.m.* (*pl.* & *infl.* of اُونگھتا) اونگھتے کو ٹھیلتے کا بہانہ small excuse for doing or not doing something; remark on finding an excuse one was looking for.

اَہل /æhl/ ■ *adj.* able, fit, apt, worthy, suitable for a task, deserving, capable; having. ■ *n.m.* 1 wife (usu. used with عیال). 2 (also *pl.*) inhabitant; follower; people belonging to any particular place, person, profession or order. اہلِ اجتہاد people capable of interpretation of Islamic jurisprudence, qualified jurists. اہلِ اسلام Muslims; true believers. اہلِ اطاعت the submissive; faithful to God. اہل الرّائے learned, wise, sagacious, discerning, people whose opinion counts. اہل السنہ والجماعت majority Muslim sect said to follow Prophet Muhammad's practices. اہل اللہ people of God, saints, dervishes, fakirs. اہلِ باطن people with esoteric or mystical knowledge, Sufis. اہلِ بیت 1 family, people of a house. 2 (esp. in Shiite faith) People of the House, i.e. members of Prophet Muhammad's immediate family. اہلِ تحقیق researchers, research scholars. اہلِ تسنّن the Sunnis, members of the Sunnite sect of Islam. اہلِ تشیع Shiites. اہلِ تفسیر exegetes; elucidators of the Qur'an. اہلِ تقویٰ the pious, the devout; devout persons. اہلِ جوہر men of merits and talents. اہلِ حدیث sub-sect of Sunnis not following the four Sunni juridical schools and relying on Hadith directly. اہلِ حرفہ/صنعت artisans, workmen, men of skill. اہلِ حقوق those possessed of rights or of just claims. اہلِ خانہ people of the house, i.e. wife and children; family members. اہلِ خدمت officers; officials; servants. اہلِ خرد wise men, sages. اہلِ دغل false adherents to a cause. اہلِ دل the mystics; the liberal, the free; the charitable. اہلِ دلق dervishes, mendicants, mystics, hermits, Sufis. اہلِ دوَل/دولت those possessed of fortune, the wealthy, the rich. اہلِ ذوق those having a taste of (literature, etc.); connoisseurs. اہلِ روزگار the skilful; working-men; servants. اہلِ زبان native speaker(s) of a language. اہلِ زماں time-server(s); sycophant(s). اہلِ زمین dweller(s) of the earth. اہلِ زُہد the chaste, the holy, the pious. اہلِ سخن/کلام the eloquent one(s); masters of language; orator(s), poet(s). اہلِ سلوک the mystics, Sufis. اہلِ سنت Sunni(s), followers of the Islamic law and Prophet Muhammad's traditions; the Sunnites. اہلِ شرع lawgiver(s), observer(s) of the Islamic laws. اہلِ صفا the Sufi(s); the pure of heart. اہلِ طبع those 1 followers, retinue; servants, retainers; courtiers. 2 poor and rich, people at large.

اِہانت /ehɑ:nət̪/ ■ *n.f.* affront; insult, slight; contempt; scorn; indignity. اہانتِ عدالت contempt of court. اہانت کرنا insult, affront, dishonour, etc.

اہانے بہانے /əhɑ:ne: bəhɑ:ne:/ ■ *n.m.pl.* flimsy pretexts, lame excuses, poor ruses.

اہبا /əhbɑ:/ ■ *n.m.pl.* small dust particles. اہباء الدّم blood corpuscles.

اِہتدا /eht̪ed̪ɑ:/ ■ *n.f.* guidance, counsel; directing on the right path.

اِہتزاز /eht̪ezɑ:z/ ■ *n.m.* 1 vibration, oscillation; blowing of wind. 2 joy, exultation, rejoicing. اہتزاز نگار oscillograph.

اِہتزازی /eht̪ezɑ:zi:/ ■ *adj.* of or relating to اہتزاز; oscillatory.

اِہتمام /eht̪emɑ:m/ ■ *n.m.* 1 management, arrangement; supervision; vigilance. 2 minding, attention, care.

اِہتمامی /eht̪emɑ:mi:/ ■ *adj.* of or relating to اہتمام; managing. ■ *n.m.* manager, person responsible for something or some work, one who manages or takes care.

اہدا /əhd̪ɑ:/ ■ *adj.* (*elative* of ہادی) greatest leader or guide.

اِہدا /ehd̪ɑ:/ ■ *n.m.* 1 guidance, counsel. 2 present, gift.

اہداب /æhd̪ɑ:b/ ■ *n.m.pl.* cilia. (*sing.* ہدب)

اہداف /æhd̪ɑ:f/ ■ *n.m.* (*pl.* of ہدف) targets, butts for archers.

اہرا /æhrɑ:/ ■ *n.m.* arranged pile of wood for burning.

اِہرا /ehrɑ:/ ■ *n.m.* reservoir for collecting rainwater.

اہرام /æhrɑ:m/ ■ *n.m.* (*pl.* of ہرم) pyramids, monuments, especially of stone structures, with a square base and sloping triangular sides meeting at an apex. اہرامِ مصر ancient Egyptian royal tombs of pyramidal shape.

اہرامی /æhrɑ:mi:/ ■ *adj.* pyramidal.

اہرتہر /æhərt̪æhər/ ■ *n.f.* death agony, death-throes.

اہرمن /æhrəmən/ ■ *n.m.* (also اہریمن) 1 Zoroastrian God of evil (as opposed to یزداں); Devil, Satan. 2 giant; ghost. (*cf.* یزداں)

اہرن[1] /æhrən/ ■ *n.m.* anvil. [Prk.]

اہرن[2] ____ ■ *n.m.* earring. [E]

اُہرنا /ʊhərnɑ:/ ■ *v.* 1 flood tide of river to recede. 2 inflammation to subside. 3 be naked.

endowed with genius, the wise. اہلِ طریق/طریقت the followers of the mystic path, Sufis. اہلِ ظرف the noble; the magnanimous. اہلِ عرف/عرفان learned men, the well-informed, intelligent people; the Sufis. اہلِ علم the erudite; literati; scholars. اہلِ غرض the selfish ones; those who have some favour to ask. اہلِ فرنگ Europeans. اہلِ فضل the righteous; the erudite; the good. اہلِ قلم writer(s); litterateur(s), literary man or men. اہلِ کار clerk; official, officer, public servant. اہلِ کتاب 1 learned man. 2 (***Islam***) believers in revealed Books or People of the Book, i.e. Christians, Jews and Muslims. اہلِ کرم the generous, the charitable. اہلِ کسب traders, those who earn their bread. اہلِ کمال the experts, the skilful, the adroit, the perfect one(s). اہلِ لسان people skilled in a language or languages. اہلِ مجلس courtier(s); member(s) of a society; audience. اہلِ مد person in charge of a department or branch of an office. اہلِ مصارف owner, one having authority to spend. اہلِ معرفت mystic(s), possessor(s) of esoteric knowledge. اہلِ معنی those in the know; thinkers. اہلِ مقدمہ party to a suit. اہلِ منصب minister or officer. اہلِ نصاب (***Islam***) having sufficient means for whom the payment of the Islamic poor-due (zakat) is compulsory. اہلِ نصرت cooperator(s); colleague(s). اہلِ نظر the discerning, the far-sighted, the perspicacious, the sagacious. اہلِ نفاق the schismatic. اہلِ ورع the holy, the godly. اہل وعیال family, wife and children. (*pl.* اہالی)

اِہلاک /ɪhlɑ:k/ ■ *n.m.* perdition, death; destruction, downfall.

اہلا گہلا /æhlɑ: gæhlɑ:/ ■ *adj.* rejoicing, exultant, happy. ■ *adv.* joyously.

اہلاً وسہلاً /æhlən və sæhlən/ ■ *exclam.* expression of welcome.

اہلہ /æhlɑ:/ ■ *n.m.* **1** flood, deluge, overflow. **2** earthquake.

اہلی /æhli:/ ■ *adj.* homely, domesticated; familiar.

اہلیت /æhlɪjət/ ■ *n.f.* fitness, skill, capability, worthiness, qualification, eligibility.

اہلیہ /æhlɪjɑ:/ ■ *n.f.* wife.

اہم /əhəm/ ■ *adj.* important, significant, momentous; pressing. اہم امور important matters or things.

اِہمال /ehmɑ:l/ ■ *n.m.* heedlessness, negligence; laziness; delay.

اہمیّت /əhəmɪjjəṯ/ ■ *n.f.* importance, significance.

اہنسا /əhɪnsɑ:/ ■ *n.f.* (also اہمسا) non-violence, ahimsa.

اہنکار /əhəŋkɑ:r/ ■ *n.m.* egotism, pride, self-consciousness, arrogance.

اہوَن /əhvən/ ■ *adj.* simple, simpler, easier.

اہیر /əhi:r/ ■ *n.f.* a Hindu caste of cowherds; milkman.

اہیرن /əhi:rən/ ■ *n.f.* (also اہیرنی) woman of the caste of اہیر; a cowherd's wife.

اِئتلاف /e:ṯelɑ:f/ ■ *n.m.* friendship. See اِیتلاف.

ائلام /e:lɑ:m/ ■ *n.m.* (also ایلام) sadness, sorrow, gloom.

ائمّہ /əɪmmɑ:/ ■ *n.m.* (*pl.* of اِمام) imams.

اے /e:/ ■ *exclam.* (also اَے) (*voc.*) term for calling; O! اے بادِ صبا ایں ہمہ آوردہ تست you are the sole rabble-rouser. اے خدا O' God! what a surprise! that's strange! اے کاش would that how I wish! اے لو now listen to that! اے وائے (to express sorrow or pain) alas! ah!

اِیاب /ɪjɑ:b/ ■ *n.m.* arrival; usu. used with ذہاب as: ایاب وذہاب arrival and departure.

اِیاباً وذِہاباً /ɪjɑ:bən və: zɪhɑ:bən/ ■ *adv.* in coming and going, while coming and going.

ایادی /əjɑ:ḏi:/ ■ *n.m. & f.* (*ppl.* of ید) **1** hands. **2** blessings, good things; authorities; commands.

ایارج /əjɑ:redʒ/ ■ *n.f.pl.* aperient medicines which mainly includes aloe. (*sing.* ایارجہ)

ایاز /əjɑ:z/ ■ *pr.n.m.* Turkish slave of Sultan Mehmood of Ghazni. ■ *n.m.* (*fig.*) slave; loved, beloved. ایاز قدرِ خود بشناس an allusion to someone who is exceeding his limits.

اِیاس /ɪjɑ:s/ ■ *n.f.* **1** (*literal*) hopelessness. **2** (*fig.*) menopause.

ایاغ /əjɑ:ɣ/ ■ *n.m.* drinking vessel, goblet; cup.

ایال /əjɑ:l/ ■ *n.f.* mane (of a horse, lion, etc.); lock of hair.

اِیالت /ɪjɑ:ləṯ/ ■ *n.f.* dominion, command, rule, sway, government.

ایّام /əjjɑ:m/ ■ *n.m.* (*pl.* of یَوم) **1** days. **2** times, seasons, duration, terms. **3** menstruation period. ایامُ العرب pre-Islamic wars in Arabia and their history. ایامِ بیض thirteenth, fourteenth, and fifteenth days of a lunar month. ایامِ تشریق the three days after the sacrifice at

ہائیہ مصمتے:

بھ	پھ	تھ	ٹھ	جھ	چھ	دھ	ڈھ	رھ	ڑھ	کھ	گھ	لھ	مھ	نھ
b^h	p^h	ṯ^h	ṭ^h	$dʒ^h$	$tʃ^h$	d^h	ḏ^h	r^h	ṯ^h	k^h	g^h	l^h	m^h	n^h

Mina during Hajj; the eleventh, twelfth, and thirteenth days of Zil-hajjah. ایامِ جاہلیت (in Arabia) pre-Islamic period also called the period of ignorance. ایام سے having menses. ایامِ یاس menopause.

ایامیٰ /əjɑːmɑː/ ■ *adj.* (women) without husbands and (husbands) without wives.

ایانا /əjɑːnɑː/ ■ *adj.* foolish; ignorant.

ایانی /əjɑːniː/ ■ *adj.* (*fem.* of ایانا).

اَیتام /æːt̪ɑːm/ ■ *n.m.* (*pl.* of یتیم) orphans.

ایتر /iːt̪ər/ ■ *adj.* (also اِیتر) show-off, braggart, boaster. ایتر کے گھر تیتر باہر باندھوں کہ بھیتر sarcastic remark used for upstarts on a showy display of wealth.

ائتلاف /iːt̪elɑːf/ ■ *n.m.* (also اِئتلاف) **1** friendship, association, familiarity; company; correspondence. **2** (***Physics***) fusion.

ایثار /iːsɑːr/ ■ *n.m.* sacrifice; selflessness. ایثارِ نفس sacrifice of self-interest for some noble cause.

اِیجاب /iːdʒɑːb/ ■ *n.m.* **1** acceptance, assent. **2** making necessary affirmation. **3** acceptance or consent for marriage. ایجاب وقبول proposal and consent in marriage.

اِیجابی /iːdʒɑːbiː/ ■ *adj.* of or relating to اِیجاب; positive, affirmative.

اِیجابیت /iːdʒɑːbɪjət̪/ ■ *n.f.* (***Philos.***) positivism.

اِیجاد /iːdʒɑːd̪/ ■ *n.f.* **1** invention, creation. **2** contrivance, device, design. **3** innovation. ایجادِ بندہ اگرچہ گندہ (*iron.*) something badly conceived (esp. when the creator is proud of his or her inferior creation). ایجاد کرنا invent, create, originate.

اِیجاز /iːdʒɑːz/ ■ *n.m.* **1** conciseness; concision. **2** (*lit.*) writing compact but meaningful statement.

اینچ پیچ /eːtʃ peːtʃ/ ■ *n.m.* **1** entanglement. **2** complication in speech or writing. **3** fraud, deceit; twist. **4** winding course (of a road), meandering pathway.

ایدھر /iːd̪ʰər/ ■ *pron.* (*var.* of اِدھر) (*poet.*) here.

ایذا /iːzɑː/ ■ *n.f.* **1** pain, hurt, injury; torture; harm. **2** trouble, affliction. ایذا پسند masochist. ایذا پہنچانا/دینا injure, inflict pain, hurt. ایذا رساں causing pain or injury, one who hurts, sadist, torturer. ایذا رسانی injuring, hurting, torturing, causing pain.

ایرا پھیری /eːrɑː pʰeːriː/ ■ *n.f.* **1** the act of taking something and returning back, buying something and exchanging it. **2** going and coming.

اِیراد /iːrɑːd̪/ ■ *n.m.* **1** objection, criticism, alleging, bringing (an allegation). **2** presenting, stating, citing (a proof).

اَیرا غیرا /æːrɑː ɣæːrɑː/ ■ *n.m.* stranger, outsider, unconcerned person, anyone and everyone, nobody knows who. ایرا غیرا نتھو خیرا anybody, Tom, Dick or Harry, unimportant person.

ایرانی /iːrɑːniː/ ■ *adj.* Persian; Iranian.

ایرسا /iːrsɑː/ ■ *n.m.* orris, any plant of the genus *Iris*.

اَیرن /æːrən/ ■ *n.m.pl.* earrings. [E]

ایڑ /eːɽ/ ■ *n.f.* spur. ایڑ لگانا/مارنا to spur, urge a horse forward.

ایڑی /eːɽiː/ ■ *n.f.* heel. ایڑی چوٹی کا زور لگانا leave no stone unturned. ایڑی سے لگی تو چوٹی میں آن بجھی become very angry, was outraged.

ایڑیاں /eːɽɪjɑ̃ː/ ■ *n.f.* (*pl.* of ایڑی) ایڑیاں رگڑنا/گھسنا **1** drag heels in walking; rub heels (against the bed in dying). **2** be in extremely straitened circumstances, be in great distress. **3** run hither and thither to get something done.

ایزاد /iːzɑːd̪/ ■ *n.m.* augmentation, increase, addition.

ایزد /eːzɪd̪/ ■ *pr.n.m.* God.

ایزدی /eːzɪd̪iː/ ■ *adj.* divine, heavenly.

اَیسا /æːsɑː/ ■ *adj.* & *adv.* **1** such, like this, of this sort, resembling, like. **2** thus, in this manner. ایسا ایسا کہنا disgrace, chide, scold, rebuke. ایسا تیسا such and such, so and so. ایسا جیسے روپے کے ٹکے بھنا لیے just and fair. ایسا کہاں کا ہے is nothing special. ایسا نہ ہو God forbid, lest, it could be. ایسا ویسا disreputable person, inferior, poor; indecent.

ایستادگی /iːst̪ɑːd̪giː/ ■ *n.f.* **1** delay, defer. **2** erection. See اِستادگی.

ایستادہ /iːst̪ɑːd̪ɑː/ ■ *adj.* erected, standing. See اِستادہ.

ایستگاہ /iːst̪gɑːh/ ■ *n.f.* (also ایستادگاہ) stop or stand of carriages; port; place of stay.

اَیسی /æːsiː/ ■ *adj.* (*fem.* of اَیسا) ایسی تیسی bad end. (اس کی) ایسی تیسی may he/ she come to a bad end, to hell with. ایسی تیسی کرنا beat badly; misbehave. ایسی تیسی میں جاؤ/جائے/گیا go to hell, let it go to hell, I don't give a damn.

اَیسے /æːseː/ ■ *adj.* (*pl.* & *infl.* of اَیسا) ایسے تو میری جیب میں پڑے

رہتے ہیں I am smarter than you are (to show utter contempt). ایسے پر تین حرف it is better to stay away from such a vicious person (an illusion to curse). ایسے گئے جیسے گدھے کے سر سے سینگ vanished, disappeared; extinct. ایسے میں during, meanwhile, in the meantime, in these conditions. ایسے ہی 1 casually, informally; without thinking; accidentally; so to speak; as if. 2 in the same way or manner.

اِیشور /i:ʃvər/ ■ *pr.n.m.* (also ایشر) (***Hinduism***) Ishvara, God, Lord, Supreme Being; Ruler, Master, Chief.

اِیشورتا /i:ʃvərt̪ɑ:/ ■ *n.f.* divinity, supremacy.

ایشیا /e:ʃjɑ:/ ■ *pr.n.m.* (also آسیا) Asia.

ایشیائی /e:ʃjɑ:i:/ ■ *adj.* Asian, Asiatic. ایشیائے کوچک Asia Minor.

اِیصال /i:sɑ:l/ ■ *n.m.* 1 bringing together; conduction. 2 conveying. ایصالِ ثواب votive ritual of praying for the dead and doing good deeds on their behalf. ایصالِ حرارت/حراری conduction of heat; thermal conduction.

اَیضاً /æ:zən/ ■ *adv.* ditto, as above, the same, same thing again (used in lists or footnotes, etc.).

اِیضاح /i:zɑ:h/ ■ *n.m.* explanation; elucidation.

اِیطا /i:t̪ɑ:/ ■ *n.m.* 1 (*literal*) causing to be trampled upon. 2 (***Poet.***) repetition of rhyming word in the two lines of a couplet, which is a poetic flaw. ایطائے جلی clear repetition of rhyme in the lines of a couplet. ایطائے خفی inconspicuous repetition of rhyme in the lines of a couplet.

اِیغو /i:yo:/ ■ *n.f.* (***Psych.***) ego. [E]

اِیفا /i:fɑ:/ ■ *n.m.* fulfilment; observance; performance; satisfaction; paying. ایفائے ڈگری satisfaction of decree. ایفائے عہد fulfilment of an oath or promise, keeping a promise, keeping one's word. ایفائے وعدہ fulfilment of a promise.

اِیقاع /i:qɑ:ʔ/ ■ *n.m.* 1 happening, taking place. 2 (***Music***) harmony, rhythm.

اِیقان /i:qɑ:n/ ■ *n.m.* belief, faith.

ایک /e:k/ ■ *cardinal number* one. ■ *adj.* 1 a, an, one. 2 only, mere. 3 single, sole, alone; unique, singular. 4 united. 5 first. ■ *adv.* nearly, or so, about (as a last part of comp. as: پانچ ایک almost five. ایک انار سو بیمار 1 (*literal*) one pomegranate and a hundred ailing persons. 2 the needy outnumber the remedy. ایک انڈا وہ بھی گندہ 1 (*literal*) only one egg and that too rotten. 2 the only child that is good-for-nothing. ایک اور one more, another. ایک اور ایک گیارہ united we stand, divided we fall. ایک ایک everyone, all, each one. ایک ایک کر کے (also ایک کے بعد ایک) one by one, separately, singly; severally; each in turn. ایک ایک کے دو دو two for one, twice as much, double. ایک آدھ/آدھا some, a few, very few. ایک آدھ بار once or twice. ایک آنچ کی کسر slightly unripe, little imperfect. ایک آنکھ سے دیکھنا (*fig.*) treat people equally. ایک آنکھ نہ بھانا disdain, abhor. ایک آن میں in a moment, easily, readily, instantaneously, at once. ایک بات one and the same thing; one unvarying price. ایک بار once, at one time, once upon a time. ایک بارگی suddenly, forthwith. ایک برن of one colour, identical. ایک بھی نہیں not one, not a single one, not even one, none, neither. ایک پاؤں پر کھڑا رکھنا/کر دینا/کرنا demand total obedience. ایک پاؤں سے کھڑا رہنا be extremely obedient. ایک پنتھ دو کاج to kill two birds with one stone. ایک پیٹ کے uterine, of the same mother; of the same or full blood. ایک تال harmony, unison, concord. ایک تول of the same weight, equal. ایک تھیلی کے چٹے بٹے chips off the same block, birds of a feather. ایک ٹک دیکھنا stare or graze intently. ایک جان of one mind, intimate. ایک جان دو قالب best friends, true and sincere friends. ایک حمام میں سب ننگے all are tarred with the same brush. ایک دفعہ once. ایک دل unanimous, of one accord. ایک دل ہو کر unanimously; single-heartedly, with one heart or mind. ایک دم ek dum, instantly, forthwith, immediately. ایک ڈال کے of one kind; of the same nature or colour. ایک زبان unanimous, of the same view, in full agreement. ایک ساں alike, identical. ایک سر all at once, all together. ایک سر ہزار سودا individual facing a thousand troubles. ایک سے ایک/بڑھ کے ایک one better or worse than another. ایک طرف apart; separate. ایک طرف...دوسری طرف on the one hand...on the other hand. ایک طرف ڈالنا cast or put aside. ایک طرفہ one-sided, partial, ex parte (decision). ایک فصلی yielding but one crop annually. ایک قلم/رخت with one stroke of pen; wholly, entirely; at once. ایک کریلا دوسرے نیم چڑھا evil

ایما /i:mɑ:/ ■ *n.m.* **1** gesture, nod. **2** hint, indirect reference or allusion, sign. **3** intention, will, urging. **4** behest, order. ایما پانا/لینا ascertain the intention, get the nod.

ایماق /i:mɑ:q/ ■ *n.m.* tribe, family, race.

ایمان /i:mɑ:n/ ■ *n.m.* **1** faith, firm belief. **2** integrity, honesty; confidence. **3** conscience; religion, creed. **4** (***Islam***) belief in the oneness of Allah and that Prophet Muhammad is His messenger. ایمان بالغیب believe in unseen things, i.e. Allah, prophets, angels, scriptures, day of judgement and hereafter. ایمان بیچنا break one's word, faith, etc., sell one's conscience, prove faithless or dishonest. ایمان دار **1** believer, religious, faithful. **2** honest, upright, trustworthy. ایمان داری honesty, uprightness, trustworthiness. ایمان سے fairly, solemnly, honestly, conscientiously. ایمان لانا **1** believe in, accept someone's views. **2** embrace Islam wholeheartedly. ایمان میں خلل/فرق آنا belief or faith to be shaken.

ایماندار /i:mɑ:ndɑ:r/ ■ *n.m.* honest. See ایمان دار under ایمان.

ایمانداری /i:mɑ:ndɑ:ri:/ ■ *n.f.* honesty. See ایمان داری under ایمان.

اَیمن[1] /æ:mən/ ■ *adj.* **1** right; right side; on the right hand. **2** auspicious, fortunate; happiest. [A]

اَیمن[2] ——— ■ *adj.* safe, protected, secure. ایمن وادی Sinai Peninsula, where Moses had a glimpse of God. [A]

ایمن /e:mən/ ■ *n.m.* (***Music***) a raga or musical mode. [Prk.]

اِیں /ĩ:/ ■ *pron.* this. ایں جانب **1** (*literal*) this side, in this direction. **2** (often *joc.*) I, we, me, myself. ایں خانہ تمام آفتاب است everyone in this family is brilliant; everybody in this lot is vicious. ایں وآں **1** this and that. **2** this world and hereafter.

اِینٹ /ĩ:ʈ/ ■ *n.f.* **1** brick. **2** (***Cards***) diamond. **3** ingot (of gold or silver). اینٹ بندی brickwork. اینٹ سے اینٹ بجا دینا destroy, raze to the ground, demolish. اینٹ کا جواب پتھر tit for tat. اینٹ کا گھر مٹی کر دینا squander a fortune, ruin oneself by reckless spending. اینٹ کی بھٹی brick-kiln. اینٹ کی چُنائی brick-laying.

اِینٹا /ĩ:ʈɑ:/ ■ *n.m.* (*coll.*) big brick.

اَینٹھ /æ:ʈʰ/ ■ *n.f.* **1** tightening, stiffness, rigidity, toughening; contortion, twisting. **2** recalcitrance; nature that has been further incited. ایک کوسائی ایک کو بدھائی trying to please everyone. ایک کہنا دس سننا not to provoke into harsh rejoinder. ایک کو پانی ایک کو پیچ injustice, favouritism. ایک کی ٹوپی ایک کے سر rob Peter to pay Paul. ایک کی دس جڑنا give an exaggerated report. ایک کی دس سنانا curse more volubly, respond more vehemently, give a volley of abuse; be outspoken, hard-mouthed or foul-mouthed; berate someone; vent spleen on someone. ایک لاٹھی سے (سب کو) ہانکنا make no distinction between good and bad. ایک ماں باپ کے ہونا be related as siblings; live in brotherly peace and harmony. ایک مت unanimous, of one accord. ایک مچھلی سارے تالاب/جل کو گندہ کرتی ہے a rotten apple injures its neighbour. ایک مشت a handful; lump-sum, (payment) in toto. ایک منھ ہونا be unanimous, concur, be of the same opinion. ایک میان میں دو تلواریں نہیں رہتیں/رہ سکتیں two kings cannot rule the same country. ایک نہ ایک someone or the other; either one. ایک نہ ایک دن/روز one day, one of these days. ایک نہ چلنا be totally ineffective; be of no avail. ایک نہ سننا/ماننا pay no heed, disregard all advice. ایک وضع کا of one and the same fashion, kind, sort; of uniform, same or similar shape. ایک ہاتھ سے تالی نہیں بجتی it takes two to make a quarrel. ایک ہی بات same thing, one and the same thing. ایک ہی پھیر میں in one turn or one go. ایک ہی ہونا be unrivalled or unique.

ایکا /e:kɑ:/ ■ *n.m.* **1** unity; unanimity. **2** plot, conspiracy. ایکا ایکی suddenly, all at once; unawares, unexpectedly.

ایکانت /e:kɑ̃:t̪/ ■ *n.f.* solitude, privacy, seclusion.

ایکتا /e:kt̪ɑ:/ ■ *n.f.* **1** oneness. **2** solitude; seclusion. **3** harmony, sameness. **4** unity, union, conjunction. ■ *adj.* unique.

ایکڑ /e:kəɽ/ ■ *n.m.* acre, the land measure. [E]

اِیکھ /i:kʰ/ ■ *n.f.* sugar cane. See اُوکھ.

اِیل /i:l/ ■ *n.m.* friend.

اَیّل /əjjəl/ ■ *n.m.* mountain goat; stag.

اِیلام /i:lɑ:m/ ■ *n.m.* causing injury or hurt, inflicting pain, tormenting; punishment.

ایلچی /e:ltʃi:/ ■ *n.m.* **1** messenger. **2** emissary, representative, ambassador, diplomat. ایلچی گری کرنا act in another's stead, act as an agent or ambassador.

ایلوا /e:lvɑ:/ ■ *n.m.* aloe.

pride, arrogance, airs.

اَینٹھن /æ:ʈʰən/ ■ *n.f.* twist, gripes, colic, cramp.

اَینٹھنا /æ:ʈʰnɑ:/ ■ *v.* (also اَینٹنا) **1** tighten; distort, contort, twist. **2** take something by force or fraud, extort. **3** become angry; dig one's heels, be adamant, refuse to see reason, refuse to listen, consider or understand.

اینچ /ẽ:tʃ/ ■ *n.f.* pulling, drawing; stretching; tightening; attraction. **اینچ کھینچ** **1** tugging, pulling. **2** entanglement. **3** conspiracy, plan. **اینچ لینا** wring from, take away by force, extort.

اینچا /ẽ:tʃɑ:/ ■ *adj.* pulled, drawn. **اینچا تانا** **1** stretched and strained. **2** squint-eyed. **اینچا تانی** **1** struggle; tussle, pulling and pushing. **2** tug of war.

اینچنا /ẽ:tʃnɑ:/ ■ *v.* **1** drag, pull, draw, attract. **2** write, scribble, sketch; draw or rule a line.

ایندھن /ĩ:d̪ʰən/ ■ *n.m.* fuel.

اَینڈ /æ:ɖ/ ■ *adj.* **1** good for nothing. **2** wasted, gaunt. **3** incomplete or half-done. ■ *n.m.* whirlpool. **اینڈ کر چلنا** swagger, strut, walk affectedly or proudly. **اینڈ کر دینا** render something useless.

اَینڈا /æ:ɖɑ:/ ■ *adj.* staggering, rolling, lurching, swaying, crooked, bent, not straight. **اینڈا بینڈا** crooked, awry, irregular; ungainly.

اَینڈنا /æ:ɖnɑ:/ ■ *v.* **1** lie idle, lounge or loll in idleness. **2** (*fig.*) act proudly.

اینڈوا /ẽ:ɖvɑ:/ ■ *n.m.* (also اِنڈُوا) coil of cloth, straw or rope on which a burden is carried on the head.

اَینڈی /æ:ɖi:/ ■ *adj.* (*fem.* of اَینڈا) **اینڈی بینڈی** crooked, irregular. **اینڈی بینڈی سنانا** abuse, call names; talk nonsense.

اِینگر /ĩ:gər/ ■ *n.m.* (also اِینگور) red-lead; cinnabar.

ایواڑا /e:vɑ:ɽɑ:/ ■ *n.m.* cattle-pen.

اَیوان /æ:vɑ:n/ ■ *n.m.* **1** palace; house; chamber. **2** open gallery; portico; balcony on the top of the house. **3** house of elected representatives, assembly, parliament, legislature. **ایوانِ بالا** upper house (of parliament or legislature). **ایوانِ تجارت** chamber of commerce. **ایوانِ زیریں** lower house (of legislature). **ایوانِ صدر** president's house, presidency.

ایُّوب /əjju:b/ ■ *pr.n.m.* Job, a Prophet of Allah, whose patience is proverbial.

ایوڑ /e:vəɽ/ ■ *n.m.* flock of cattle. See ریوڑ.

اِیہام /i:hɑ:m/ ■ *n.m.* **1** creating doubt. **2** (***Poet.***) use of a word having double meaning, double entendre; equivoque, pun; play on words.

مختصر انفی مصوتے: بھنور ə̃ /bʰə̃vər/ — انچا ĩ /ĩtʃa:/ — کُنوارا õ /kõva:ra:/ — دیگر اعراب: اعلیٰ ɑ: /əʔla:/ — بذاتہٖ i: /beza:t̪ehi:/ — اجمالاً n /ɪdʒma:lən/ — لَتُّو /lət̪t̪u:/

آ

آ /əlɪfməd̪d̪ɑː/ ■ (also الف ممدودہ) the second letter of the Urdu alphabet.

آ¹ /ɑː/ ■ *n.m. & f.* sound uttered for modulating voice in singing. آ آ کرنا do practice for singing, start singing. [Prk.]

آ² ____ ■ (*imper.* of آنا) come. ■ *n.m.* (*contr.* of آنا) coming, as: آ بیٹھنا come and sit down. آ آ call to summon domestic pets, fowl and cattle. آ بلا گلے پڑ نہیں پڑتی تو بھی پڑ allusion to inviting unnecessary trouble. آبننا some mishap to fall (on); happen, befall. آ بنی سر پر اپنے چھوڑ پرائی آس cope with your problems on your own, do not expect help from others. آ بوا ر پڑوسن لڑیں allusion to shrewishness. آ بیل مجھے ڈھکوس نہیں تو میں تجھے ڈھکوسوں incite dispute. آ بیل مجھے مار invite trouble. آ بے لونڈے جا بے لونڈے کرنا prevaricate, vacillate, send someone on unnecessary errands. آ پڑنا **1** befall; descend upon. **2** attack, burst upon. **3** be necessary or essential. **4** stay temporarily at someone's place. آ پڑوسن گھر کا بھی لے جا refers to incurring a loss deliberately. آ پڑوسن مجھ سی ہو inducing others to do something that has caused damage to oneself. آ پکڑنا overtake; seize. آ پہنچنا arrive; draw near; appear suddenly. آ پھنسنا come and get caught; get trapped. آ جانا come, arrive; happen to come. آ دبوچنا pounce upon; hold down. آ دھمکنا come suddenly, come unexpectedly or uninvited, blowing. آ ڈٹنا **1** come and brazenly stay. **2** stay for fight. آ رہنا **1** come and stay, reside even when unwelcome. **2** fall down, drop down. آ گرنا pounce upon, fall upon. آ گھیرنا surround, encircle, besiege. آ لپٹنا **1** clasp or hold, come and surround. **2** fall suddenly upon, fall to each other. آ لگنا **1** come close. **2** arrive at the pier, touch the shore. **3** catch (a disease). **4** (a stone or a bullet) to hit. آ لینا **1** overtake, gain upon, catch (on the road). **2** reach. آ مِلنا **1** join, meet. **2** come over, change sides. آ نکلنا come by chance, turn up. [S]

آب /ɑːb/ ■ *n.m.* **1** pani, water. **2** juice. **3** sweat. **4** saliva. **5** dewdrop. **6** wine. **7** pus (of a boil). **8** (***Med.***) fluid oozing from a sore. ■ *n.f.* **1** sparkle, brightness, sheen, polish; lustre or water (in gems). **2** edge or sharpness of sword, etc. **3** temper of steel. **4** splendour, elegance, dignity, reputation; honour; magnificence. آب اترنا / بگڑنا **1** lose lustre or polish, fade; (of a sword) become dull or blunt. **2** lose honour; be disgraced. آبِ احمر red wine. آبِ ارغوانی **1** red wine. **2** (*fig.*) tears of sorrow. آبِ استادہ stagnant or still water. آبِ انار **1** pomegranate juice. **2** red wine. آبِ انفعال the sweat caused by remorse or shame. آبِ انگور **1** the grape-juice. **2** wine. آب آب کر مر گئے سرہانے دھرا رہا پانی (*iron.*) remark said when someone forgets their origins or real self and adopts alien way, e.g. speaking in Persian to people who do not know it. آب آب کرنا **1** ask for water. **2** reproach, put to shame, discredit. آب آب ہونا **1** be humiliated or embarrassed. **2** perspire profusely. آبِ آتش رنگ / رگوں / مزاج red wine. آبِ آتشیں See آبِ آتش رنگ. آب آجانا **1** shine, get polished. **2** become sharp. آب آمد تیمم برخاست no substitutes are needed when the original is available. آبِ آہک lime water. آبِ آہن temper of steel. آبِ آہن تاب water in which red-hot iron has been quenched. آبِ آئینہ lustre or polish of a mirror. آبِ باراں rainwater. آب بازی a water sport; swimming. آبِ بستہ ice, hailstone, frozen water. آبِ بقائے دوام / جاوداں elixir of life, water conferring immortality. آبِ بینی mucus from the nose, nasal discharge. آب پاش **1** water sprinkler. **2** water-can. آب پاشی **1** sprinkling water. **2** irrigation, watering. آبِ پشت semen. آبِ پیکاں sharpness of the arrow. آب پیما hydrometer. آب ترسی rabies, hydrophobia. آبِ تلخ (*fig.*) **1** wine. **2** tears. آبِ تیغ sharpness of the sword. آبِ جاری running water; stream, rivulet. آب جانا lose lustre or polish. آبِ جَو barley water, beer. آب جُو (also آبجُو) stream, runnel, brook, watercourse; (*rare*) a river. آبِ جوش broth, gravy, juice of cooked meat. آب چڑھانا **1** polish. **2** burnish or temper (steel, etc.), whet or sharpen (a sword). آبِ چشم tears. آب چک space at the back of a house used for sewage. آبِ حرام wine, liquor, unclean or forbidden drink. آبِ حیات / حیواں / خضر / زندگی water conferring immortality. آبِ خاصہ special drinking water for nobles and kings. آبِ خجالت sweat caused by shame or embarrassment. آبِ خفتہ (*fig.*)

glass, crystal. آبِ خواہ رُخ (**Bot.**) (plant) seeking or growing in water, hydrophilous, hydrophyte. آب خوردہ rotten and softened due to moisture. آبخورہ a vessel with a narrow mouth for holding water, earthen tumbler. آبخورے بھرنا fill earthen tumblers with milk or sherbet as an offering. آب خیز (land) with high water level. آبدار **1** the person in charge of drinking water. **2** brilliant; polished (as gems). **3** well-tempered (steel). **4** sharp (sword). آبدارخانہ (*arch.*) a room to keep drinks and drinking water. آبداری brilliance (of gems); temper or polish (of steel); sharpness (of sword). آبِ دُر lustre of a pearl. آبدست **1** abdest, laving or washing of private parts. **2** laving water. آبدست کرنا wash or lave private parts. آبِ دنداں **1** shine of teeth. **2** a species of pear. **3** a kind of pomegranate. **4** a kind of soft bread. **5** foolish. **6** frail, weak. آبِ دہن **1** saliva, spittle. **2** rinsing water. آبِ دیدہ tears. آب دیدہ (also آبدیدہ) weeping, in tears, tearful. آب دینا **1** polish. **2** sharpen. **3** watering plants. آب راہ/راہا water channel. آبِ رحمت **1** rainwater. **2** (*fig.*) mercy, pity, kindness. آب رسانی water supply. آب رسیدہ rotten; dampened. آب رنگ watercolour. آب رنگ نقاشی watercolour painting. آبِ رواں **1** running water. **2** a very fine muslin. **3** (*fig.*) fast-paced horse. آب روک waterproof. آب ریز **1** drain. **2** ewer, water-can, sprinkler. **3** slope. آب ریزاں eyesore, disease accompanied by running eyes. آبِ زر gold water; golden ink. آبِ زر سے لکھنے کے قابل **1** (words, etc.) golden. **2** (*fig.*) praiseworthy, precious. آبِ زلال pure and clear water; decanted water. آبِ زمزم water of the *Zamzam* well in Makkah. آب زن **1** sprinkler. **2** water tub for a sick person to sit in for treatment. آبِ زیرکاہ **1** water beneath the grass. **2** (*fig.*) (i) delusion, deception. (ii) cunning. آبِ سرخ wine. آب شناس **1** captain of a ship. **2** water diviner, one who knows where to look for underground water. آبِ شور **1** ocean, sea. **2** salt water. **3** brackish water. آبِ شیریں sweet water. آبِ عشرت wine. آبکار **1** distiller or seller of wine. **2** water-carrier. آبکاری **1** abkari, distillery, liquor shop. **2** department for taxing narcotics. آبکاری محصول excise duty. آب کش **1** one who draws water from the well, water-carrier. **2** strainer. آبِ کوثر the water of the heavenly river Kausar. آبِ گرم warm water. آب گزر water course, waterway. آبِ گل rose water. آبِ گلگوں rose-red wine. آب گوشت soup, gravy. آب گوں **1** watery, of the colour of water or sky. **2** shining (sword). **3** teary. آبِ گوہر/گہر **1** lustre of a pearl. **2** clean and refined water. آب گیر **1** pond. **2** weaver's brush. آبِ لیموں lemon water. آبِ مروارید **1** lustre of a pearl. **2** a disease of the eye, cataract. آبِ مشمس sun-heated water used to treat some diseases. آبِ مقطر distilled water. آبِ ندامت sweat caused by shame. آبِ نشاط wine. آبِ نقرہ **1** silvery ink or paint. **2** quicksilver, mercury. آبِ نے perpendicular tube of a hookah on which the fire bowl or chillum is kept. آبِ نیساں spring rains, rainfall during the month of Nisan (نیساں), the first month of the Jewish calendar corresponding to the month of March. آب وتاب **1** splendour, glory. **2** brightness, brilliance, lustre. آب ودانہ subsistence, means of sustenance, livelihood, employment. آب ودانہ اٹھنا be transferred from a place; a source of income to dry up. آب ودانہ حرام ہونا be tired of or fed up with life, be miserable, vexed, troubled or harassed. آب ورنگ **1** appearance. **2** glory. **3** joy, bliss, pleasure. **4** beauty, loveliness. **5** general effect of colour. آب وگل **1** water and clay, mud; mire, slime. **2** the constitution of man, human body. **3** disposition, temperament. **4** the elements that make up the universe. **5** base, foundation, root (of something existing). آب ونان food. آب ونمک taste, savour, relish. آب وہوا **1** climate. **2** weather. **3** environment. آب وہوا بدل جانا climate to change. آب وہوا تبدیل کرنا go away for a change of climate. آب وہوا راس نہ آنا find a climate or a place disagreeable. آب وہوا موافق آنا find a climate or place agreeable, acclimate. آبِ یخنی water in which meat has been boiled.

آبا /ɑːbɑː/ ■ *n.m.* (*pl.* of اَب[2]) (also آباء) fathers, forefathers. آباواجداد ancestors, ancestry, lineage. آبائے شہر city fathers; members of city or municipal government or councillors. آبائے علوی (**Astrol.**) stars that are supposed to influence the human destiny.

آباد /ɑːbɑːd̪/ ■ *adj.* (also آبادان) **1** inhabited, populated, occupied, peopled. **2** cultivated (land). **3** flourishing,

آبرو پانا / پیدا کرنا / حاصل کرنا gain rank, renown or dignity. آبرو پر حرف آنا be disgraced, lose reputation. آبرو پر پانی پھیرنا ruin someone's reputation. آبرو جگ میں رہے تو بادشاہی جانیے nothing is more precious than good name. آبرو دار کی مٹی خراب a respected person has trouble in preserving his good name. آبرو رکھنا uphold one's reputation, honour or dignity, save someone from dishonour or discomfiture. آبرو رہ جانا to be saved from ignominy. آبرو ریزی 1 rape, violation of chastity. 2 (*rare*) calumny, slander, defamation, vilification. آبرو ریزی کرنا 1 rape, violate someone's chastity. 2 (*rare*) calumniate, slander. آبرو کا دشمن / لاگو ہونا be bent upon defaming someone. آبرو کھونا lose respect, good name to be besmirched. آبرو گئی پھر نہ آتی lost reputation is seldom regained. آبرومند respectable, honourable. آبرومندانہ honourably, respectfully. آبرومندی respect, honour. آبرو موتی کی سی آب ہے honour is like the lustre of a pearl. آبرو میں بٹہ لگنا get one's reputation blemished.

آبسال /ɑ:bsɑ:l/ ■ *n.m.* vineyard; garden.

آبستان /ɑ:bɪsta:n/ ■ *n.m.* 1 a land with many rivers, lakes, etc. 2 irrigated land. 3 expanse of water, lakes.

آبستگی /ɑ:bɪstəgi:/ ■ *n.f.* pregnancy.

آبستہ /ɑ:bɪstɑ:/ ■ *adj.* 1 pregnant (woman). 2 newborn (baby). 3 (an animal) with young.

آبسیر /ɑ:bse:r/ ■ *adj.* watered (field, garden or plant); saturated with water.

آبشار /ɑ:bʃɑ:r/ ■ *n.m.* waterfall, cascade.

آبق /ɑ:bɪq/ ■ *n.m.* absconder, especially an absconding slave.

آبگینہ /ɑ:bgi:nɑ:/ ■ *n.m.* 1 mirror. 2 drinking glass, goblet. 3 diamond.

آبلُوچ /ɑ:blu:tʃ/ ■ *n.m.* (also آبلوج) crystallized sugar; candy.

آبلُوس /ɑ:blu:s/ ■ *n.m.* blue vitriol.

آبلہ /ɑ:blɑ:/ ■ *n.m.* 1 blister, pustule, pemphigus. 2 (*poet.*) bubble. آبلہ بند blister pack(ed) (medical pills). آبلہ پا 1 having blisters on the feet. 2 (*fig.*) tired, distressed. آبلہ پائی 1 the condition of having blisters on the feet. 2 (*fig.*) (i) fatigue, exhaustion after a long and arduous journey. (ii) the sorry state of a lovelorn person. آبلہ پنج پا cancerous abscess. آبلہ رُو pockmarked.

prosperous, happy. 4 verdant, fresh and green. 5 (*Law*) revenue paying lands. ■ *suffix* used in names of cities or towns, as: اسلام آباد. ■ *exclam.* be happy! live long! آباد رہنا live comfortably and happily. آبادکار 1 settler, colonizer. 2 cultivator. 3 termite. آبادکاری act of settlement; colonization, settlement, rehabilitation. آباد کرنا 1 colonize or settle in a place, make a place habitable and live there. 2 give on rent a house or shop. (گھر) آباد کرنا get married. آباد ہونا be settled, be settled in married life; prosper.

آبادان /ɑ:bɑ:d̪ɑ:n/ ■ *n.f.* See آباد.

آبادانی /ɑ:bɑ:d̪ɑ:ni:/ ■ *n.f.* 1 habitation; cultivated or inhabited place. 2 abundance, bloom, prosperity, hustle and bustle.

آبادی /ɑ:bɑ:d̪i:/ ■ *n.f.* 1 populace, population. 2 inhabited place, settlement. 3 people living in a place. 4 hustle bustle, life, activity.

آبادیات /ɑ:bɑ:d̪ɪjɑ:t̪/ ■ *n.f.* demography.

آبادیاتی /ɑ:bɑ:d̪ɪjɑ:t̪i:/ ■ *adj.* demographic.

آبان /ɑ:bɑ:n/ ■ *n.m.* 1 eighth month of the Persian calendar corresponding to October-November. 2 the twelfth month of the calendar prevalent in the former state of Nizam Hyderabad.

آباہن /ɑ:bɑ:hən/ ■ *n.m.* welcome, reception, greeting.

آبائی /ɑ:bɑ:i:/ ■ *adj.* ancestral, hereditary, native.

آبچین /ɑ:btʃi:n/ ■ *n.m.* handkerchief, hand towel.

آبخانہ /ɑ:bxɑ:nɑ:/ ■ *n.m.* washroom or bathroom.

آبدارو /ɑ:bd̪ɑ:ru:/ ■ *n.f.* a medicine that was used as a cure for broken bones. (See also سلاجیت، مومیائی.)

آبدوز /ɑ:bd̪o:z/ ■ *n.f.* submarine; U-boat.

آبرو /ɑ:bru:/ ■ *n.f.* 1 honour, repute, reputation, esteem, respect, prestige, dignity. 2 status; rank, character. 3 fame, good name, credibility. 4 chastity, virginity, sense of honour. 5 brightness, illumination. آبرو اتارنا / بگاڑنا / لینا 1 bring into disrepute, defame, vilify, dishonour, disgrace. 2 violate someone's chastity, rape. آبروباختہ 1 shameless, disgraced. 2 sexually corrupt or unchaste. آبرو بچانا save one's honour. آبروبخشنا confer honour, exalt. آبرو برباد کرنا / خاک میں ملانا bring into disrepute, disgrace, defame, dishonour. آبرو بڑھنا gain more honour. آبرو بنانا acquire honour and reputation.

آبلۂ رُوئی this condition. آبلۂ فرنگ syphilis.

آبنائے /ɑ:bnɑ:e:/ ■ *n.f.* strait, a narrow passage of water connecting two seas or other large areas of water.

آبنُوس /ɑ:bnu:s/ ■ *n.m.* ebony. آبنوس کا کندہ **1** log of ebony. **2** (*joc.*) a fat dark person.

آبنُوسی /ɑ:bnu:si:/ ■ *adj.* **1** made of ebony. **2** black.

آبی /ɑ:bi:/ ■ *adj.* **1** of or belonging to water, watery, aquatic, aqueous; moist. **2** light blue. **3** bright lustrous. ■ *n.f.* **1** irrigated land (through other sources rather than rain or well). **2** crop sown at the commencement of the rainy season. **3** a kind of yeasty bread. **4** a kind of waterfowl. ■ *n.m.* a kind of non-poisonous snake having red skin. آبی برج / بروج (***Astrol.***) three aquatic zodiac signs: Cancer, Scorpio, Pisces. آبی پرندہ / چڑیا waterfowl. آبی رنگ watercolour. آبی طاقت hydraulic power. آبی کھیل aquatic or water sports. آبی مارکہ / نشان watermark, a distinguishing mark or design in paper visible when it is held up to light.

آبیات /ɑ:bjɑ:t̪/ ■ *n.f.* hydrology.

آبیاتی /ɑ:bjɑ:t̪i:/ ■ *adj.* hydrological.

آبیاری /ɑ:bjɑ:ri:/ ■ *n.f.* **1** irrigation. **2** (*fig.*) fulfilment or promotion of a cause.

آبیانہ /ɑ:bjɑ:nɑ:/ ■ *n.m.* water rate, irrigation cess.

آبیدگی /ɑ:bi:d̪gi:/ ■ *n.f.* **1** hydration, the quality of being hydrous or humid. **2** treatment or saturation with water. **3** decay due to moisture.

آبیدہ /ɑ:bi:d̪ɑ:/ ■ *adj.* hydrated.

آبھا /ɑ:bʰɑ:/ ■ *n.f.* beauty, splendour, gracefulness.

آبھاس /ɑ:bʰɑ:s/ ■ *n.m.* **1** semblance, likeness. **2** appearance, emergence; presentation, introduction. آبھاس کتھا preface.

آبھُوشن /ɑ:bʰu:ʃən/ ■ *n.m.* **1** ornament, jewellery. **2** finery.

آپ /ɑ:p/ ■ *pron.* **1** you. **2** self, selves; (one-) self; yourself. آپ اپنی قبر کھودنا dig one's own grave. آپ اپنے دام میں آجانا hoist with (or by) one's own petard. آپ (نے) اُڑائیں ہم (نے) بھون بھون کھائیں I cannot be misled, as I know what you really are/ mean, I do not believe your tall tales. آپ آپ each by himself or itself, each one. آپ آپ کرنا flatter, act selfishly. آپ آئے بھاگ آئے greeting; your arrival is auspicious. آپ بابو منگتے باہر کھڑے درویش allusion to indulgence in poverty; a poor man can not help others. آپ بیتی autobiography, memoirs; one's own story. آپ بیتی کہوں یا جگ بیتی should I speak of myself or others. آپ بھاتی according to one's own pleasure. آپ بھلے اپنا گھر بھلا nowhere is more comfortable than one's home. آپ بھلے تو جگ بھلا if you are good to others, they are good to you. آپ جانیں اور آپ کا ایمان it is up to your conscience. آپ جانیں اور آپ کا کام do as you like, you are responsible for what you do. آپ خراوے آپ مرادے allusion to selfish and self-opinionated man. آپ دنیا میں ہیں کیا میں دنیا میں نہیں I know your tricks, I am cleverer than you. آپ دھاپ، اپنا منھ اپنی بات a reference to someone who cares only for himself. آپ ڈال ڈال تو میں پات پات I am smarter than you are. آپ ڈوبے تو جگ ڈوبا when one dies the world ceases to exist for him/ her. آپ روپ **1** self-made. **2** unique, matchless, unparalleled. آپ سے آپ **1** on one's own accord, by oneself, voluntarily; automatically. **2** spontaneously. **3** without rhyme or reason. آپ سے بے آپ beside oneself, berserk, running amok. آپ فضیحت اور کو نصیحت indulge in vice but advise others to do good. آپ کاج مہا کاج self-help is best help. آپ کا جوگا suitable for you. آپ کا مخلص yours sincerely. آپ کو شاخِ زعفران سمجھنا deem oneself superior, be proud. آپ کی تعریف may I know your name? آپ کی جان سے دور (*opt.*) may you not come to grief! آپ میاں صوبیدار، گھر میں بیوی جھونکے بھاڑ sarcastic comment on someone who puts on unwarranted airs. آپ ہی آپ spontaneously, by oneself. آپ ہی آپ باتیں کرنا soliloquize, speak to oneself. آپ ہی بیوی آپ ہی باندی a lone housewife with none to help her. آپ ہی کی جوتیوں کا صدقہ ہے it is all due to you (an expression of gratitude for one's patron, etc.).

آپا¹ /ɑ:pɑ:/ ■ *n.m.* **1** aapa, self. **2** sense and understanding. **3** the whole body. **4** self-esteem, self-consciousness. آپا آپی self; each for him or herself. آپا بسرانا / بھولنا forget oneself, faint, lose senses, become unconscious. آپا پیٹنا bewail one's fate, deeply regret. آپا تجنا sacrifice one's life. آپا دھاپی selfish struggle or race, selfishness; a mad scramble. [Prk.]

آپا² ____ ■ *n.f.* **1** elder sister. **2** a general form of address for an older woman. [S]

آپس /ɑ:pəs/ ■ *n.f.* used only in the following phrases in

the sense of mutuality, reciprocity, brotherhood, fraternity, kinship, as: آپس داری **1** private or family affair; matter of mutual concern. **2** relationship. آپس کا رکی رکے mutual, reciprocal, internal. آپس کا معاملہ/ کی بات **1** internal matter, private affair. **2** matter within a family. آپس کی بات چیت mutual discussion, consultation. آپس میں mutually, reciprocally, in common. آپس میں رہنا live together in harmony.

آپی¹ /ɑ:pi:/ ■ *adv.* (*contr.* of آپ ہی) آپی آپ on one's own accord, spontaneously by oneself, by itself. [Prk.]

آپی² ——— ■ *n.f.* (*var.* of آپا²) elder sister. [Prk.]

آپے /ɑ:pe:/ ■ *n.m.* (*pl. & infl.* of آپا¹) آپے سے باہر apoplectic. آپے سے باہر ہونا be beside oneself (with joy or anger), be furious, go berserk, rage and rave. آپے میں آنا/رہنا come to one's senses.

آتا /ɑ:t̪ɑ:/ ■ *adj.* next, coming. ■ *n.m.* **1** one who comes, a comer. **2** debt, money owed or due. آتا جاتا **1** traveller, wayfarer. **2** sum-total of knowledge. آتا جاتا کچھ نہیں knows nothing. (*fem.* آتی)

آتش /ɑ:t̪ɪʃ/ ■ *n.f.* **1** fire, flame. **2** anger, rage. **3** (*fig.*) passion; love. آتش افزا rocket. آتش افروز **1** incendiary; incendiary material or fuel. **2** instigator, rioter. آتش افگن/انداز flame-thrower, a weapon casting or throwing fire. آتش انگیز **1** incendiary, inflaming. **2** firebrand, seditious person. آتش بار **1** showering fire, fiery. **2** musket. **3** tinder box. آتش باز pyrotechnician, seller or maker of fireworks. آتش بازی **1** fireworks, pyrotechnics. **2** (*fig.*) jest, frolic, humour. آتش بیاں (مقرر) fiery speaker, orator. آتشِ بے دُود **1** fire without smoke, i.e. wine. **2** anger. **3** sun. آتش پا **1** restless. **2** fast. آتش پارہ **1** spark, burning coal. **2** quarrelsome, troublemaker. **3** (*fig., poet.*) a very beautiful person. آتش پرست **1** fire worshipper. **2** Zoroastrian, Parsee. آتش پرستی **1** Zoroastrianism. **2** pyrolatry. آتش پیکر **1** the sun. **2** creature of fire. **3** jinn, ghost. آتش پیما pyrometer. آتشِ تر liquor. آتشِ جاں سوز fire of love. آتشِ چرخ redness of the sky between sunset and nightfall, evening twilight. آتشِ خاموش **1** extinguished fire. **2** hidden passion of love. آتش خانہ **1** the fire-temple. **2** Zoroastrian place of worship. **3** fireplace. **4** powder magazine. آتش خُو **1** hot-tempered, irascible; testy. **2** fiery. آتش خوار **1** fire-eater; Greek partridge; salamander. **2** cruel. آتش خیز incendiary, inflammatory. آتش دان fireplace, hearth, grate. آتشِ دروں hidden passion (of love). آتش دیدہ burnt, singed. آتش رخ having deep pink facial complexion; poetical allusion to the beloved. آتش رنگ of the colour of fire. آتش ریز **1** rapid-fire (gun), pouring out fire; flame-throwing; incendiary. **2** exciter of quarrels, firebrand. آتش زبان fiery (speaker). آتش زبانی the quality of fiery oratory. آتش زدگی burning, conflagration, fire, arson. آتش زن **1** arsonist. **2** flint and steel. آتش زنی arson; gunfire in a battle; act of striking fire. آتش زیرِ پا restless, agitated, highly volatile (person). آتشِ سیال liquor. آتشِ شوق ardour. آتش طبع hot-tempered, passionate, irascible. آتشِ طور the light that Prophet Moses saw at Mount Sinai. آتش عناں fast, speedy. آتش فشاں **1** volcano. **2** fiery, scattering fire. **3** dazzling, glowing. آتش کا پرکالہ **1** blazing coal. **2** a very astute and mischievous person. **3** seductively handsome person. **4** sharp, astute, clever. **5** irascible, furious. آتش کدہ the Fire Temple. آتش گیر **1** explosive. **2** incendiary, inflammable. **3** (*rare*) tongs. آتش مزاج irascible, quick-tempered. آتش ناک fiery. آتش نفس **1** very hot. **2** (a singer) having a dolefully melodious voice. آتشِ نمرود (***Hist.***) the fire lit by Nimrod to burn Abraham which turned into garden.

آتشزدگی /ɑ:t̪ɪʃzəd̪gi:/ ■ *n.f.* burning. See آتش زدگی under آتش.

آتِشک /ɑ:t̪ɪʃək/ ■ *n.f.* syphilis, a venereal or sexually transmitted disease.

آتِشکی /ɑ:t̪ɪʃəki:/ ■ *adj.* (also آتشکیا) syphilitic, suffering from syphilis or infected by it.

آتِشگیر /ɑ:t̪ɪʃgi:r/ ■ *adj.* **1** explosive. **2** inflammable. See آتش گیر under آتش.

آتِشہ /ɑ:t̪ɪʃɑ:/ ■ *suffix* distilled; potent, as: دوآتشہ (spirits) twice distilled; doubly potent.

آتِشی /ɑ:t̪ɪʃi:/ ■ *adj.* (also آتشی، آتشیں) **1** fiery, of fire; hot or red like fire. **2** irascible. **3** explosive substance. **4** dark red colour. **5** a kind of pigeon. آتشی اینٹ firebrick. آتشی بُرج/بروج (***Astrol.***) three zodiac signs relating to fire: Aries, Leo, Sagittarius. آتشی پہاڑ volcano. آتشی شیشہ convex lens, magnifying glass; burning glass.

آتشیں /ɑ:t̪ɪʃĩ:/ ■ *adj.* See آتشی. آتشیں اسلحہ firearm(s). آتشیں آب red wine. آتشیں خو passionate, irascible. آتشیں رخ having deep pink facial complexion.

آتم /ɑ:t̪əm/ ■ *pron.* (also آتم) self. آتم شدھی catharsis. آتم گھات self-murder, suicide. آتم ہتیا suicide.

آتما /ɑ:t̪mɑ:/ ■ *n.f.* **1** atman, spirit; soul. **2** mind. **3** appetite. آتما ٹھنڈی ہونا **1** be gratified. **2** be happy. آتما ستانا mortify the body, torment; vex. آتما میں پڑے تو پرماتما کی سوجھے a hungry man cannot think of God.

آتمہ /ɑ:t̪mɑ:/ ■ *n.m.* (also آتما) (***Hist.***) a coin of Akbar's reign, equal to one-fourth of a gold coin (guinea).

آتو /ɑ:t̪u:/ ■ *n.f.* female teacher or governess, school mistress.

آتی /ɑ:t̪i:/ ■ *adj.* (*fem.* of آتا) coming. آتی پاتی an old children's game similar to hide-and-seek.

آتے /ɑ:t̪e:/ ■ *n.m.* (*pl.* & *infl.* of آتا) coming. آتے آتے while still on the way. آتے جاتے on one's way, coming and going; casually, informally.

آٹا /ɑ:ʈɑ:/ ■ *n.m.* flour; meal. ■ *adj.* rotten, moth-eaten. آٹا آٹا کر دینا/کرنا reduce to powder. آٹا دال **1** livelihood, means of living. **2** victuals, eatables. آٹا گوندھنا knead flour. آٹا گیلا ہونا **1** overwhelmed with shame, be ashamed of. **2** get into trouble, suffer a loss.

آٹنا /ɑ:ʈnɑ:/ ■ *v.* **1** fill to the brim. **2** pack tightly.

آٹے /ɑ:ʈe:/ ■ *n.m.* (*pl.* & *infl.* of آٹا) آٹے دال کا بھاؤ معلوم ہونا realize the hard facts of life. آٹے کا چراغ a delicate thing that is difficult to protect. آٹے کی آپا foolish woman. آٹے کی بچیا woman of very fair complexion. آٹے کے ساتھ گھن بھی پستا ہے a situation in which no one is spared, neither the good nor the bad. آٹے میں لون/نمک برابر not much, very little.

آٹھ /ɑ:ʈʰ/ ■ *cardinal number* eight. آٹھ اٹھارہ تین تیرہ scattered, disordered, confused. آٹھ آٹھ آنسو رلانا cause deep anguish. آٹھ آٹھ آنسو رونا cry one's eyes out, weep bitterly. آٹھ پہر round the clock, constantly, day and night. آٹھ پہر کی سولی source of continuous worry, trouble or inconvenience. آٹھ کونیا octagonal. آٹھ کھمبا canopy supported on eight pillars. آٹھ ماشی weighing eight mashas.

آٹھواں /ɑ:ʈʰvɑ̃:/ ■ *ordinal number* eighth. ■ *n.m.* eighth month of pregnancy.

آٹھوں /ɑ:ʈʰõ:/ ■ *adj.* all the eight. ■ *n.m.* (***Hinduism***) the eighth day celebration after the Holi festival. آٹھوں پہر کال کا ڈنکا سر پر بجتا ہے death may come any time. آٹھوں گانٹھ کمیت/کمید **1** horse with all the leg joints strong; a strong horse; reddish-brown horse. **2** shrewd, astute, clever, smart. **3** spotless.

آٹھویں /ɑ:ʈʰvĩ:/ ■ *adj.* (*fem.* of آٹھواں).

آٹھویں /ɑ:ʈʰvẽ:/ ■ *adj.* (*infl.* of آٹھواں) eighth (day, etc.)

آثار /ɑ:sɑ:r/ ■ *n.m.* (*pl.* of اثر) **1** symptoms, tokens; signs. **2** traces, spoor. **3** relics, archaeological remains, vestiges. **4** effects, impressions. **5** traditions of Prophet Muhammad and his companions. آثار الصنادید **1** relics of the ancients; relics of celebrities. **2** name of a book written by Sir Syed Ahmad Khan on the historical buildings of Delhi. آثار حشر/قیامت/محشر signs presaging the Judgement day approaching. آثار شریف sacred relics of a holy person. آثار عتیقہ archaeological remains, ancient monuments; relics of the past; archeological finds. آثار قدیم/قدیمہ ancient relics, archaeological monuments, antiquity. [A]

آثار² ____ ■ *n.m.* (also ثار) (*obs.*) *seer* (سیر ²) a weight of approximately two pounds (no longer in use). [dial.]

آثار³ ____ ■ *n.m.* **1** basis. **2** breadth of a wall. [P]

آثاریات /ɑ:sɑ:rɪjɑ:t̪/ ■ *n.f.* archaeology.

آثم /ɑ:sɪm/ ■ *n.m.* sinner.

آثنیہ /ɑ:sennɪjɑ:/ ■ *n.m.* **1** a Muslim sect believing Hazrat Ali, the fourth Rightly-Guided Caliph, to be Prophet Muhammad's equal and imamate to be the completion of prophethood. **2** member of this sect.

آج /ɑ:dʒ/ ■ *adv.* **1** today, this day. **2** now, at this time. **3** nowadays, these days. ■ *n.m.* today. آج آئی کل گئی transient. آج تک till now, to this day. آج سورج کدھر سے نکلا تھا an expression of mild surprise on someone's unexpected arrival after a long time. آج صبح کس کا منھ دیکھا تھا a rueful expression on suffering a series of disappointments or losses on a particular day. آج کا کام کل پر ٹالنا put off, defer, procrastinate. آج کل **1** nowadays, these days. **2** soon, betimes. آج کل بتانا/کرنا procrastinate, delay, shilly-shally. آج کل میں one of these days, soon, shortly, in a day or two. آج کی رات tonight. آج کے دن today. آج مرے/موئے کل دوسرا دن the

مختصر مصوتے: ə بَن /bən/ ɪ بِن /bɪn/ ʊ بُن /bʊn/ مجہول مصوتے: æ شہر /ʃæhr/ e سہرا /sehrɑ:/ o عُہدہ /ohd̪ɑ:/

end, after all. آخر کرنا 1 close, conclude, finish, bring to an end. 2 kill, abolish. آخر وقت approach of death, last breath. آخر ہونا 1 end, close. 2 cease to exist, die. (*pl.* اواخر)

آخرت /ɑ:xɪrəṯ/ ■ *n.f.* afterlife, the next world, hereafter. آخرت سنوارنا do good deeds that ensure salvation in the hereafter. آخرت کا زادِراہ good deeds, worship.

آخرش /ɑ:xɪrəʃ/ ■ *adv.* at last, finally.

آخری /ɑ:xɪri:/ ■ *adj.* 1 last, extreme, later. 2 ultimate. آخری آرام گاہ grave, tomb, mausoleum. آخری بہار 1 end of the spring. 2 old age. آخری چہار شنبہ (***Islam***) the last Wednesday of the month of Safar (صفر) celebrated by Muslims for the recovery of Prophet Muhammad from severe illness. آخری حکم final order. آخری دیدار the last look. آخری گھڑیاں گننا wait for death, be at the end of life. آخری وقت last moments of life.

آخریں /ɑ:xɪrĩ:/ ■ *adj.* last, final. آخریں دم last breath.

آخشیج /ɑ:xʃe:dʒ/ ■ *n.m.* any of the four elements (earth, water, air and fire) in ancient and medieval philosophy.

آخور /ɑ:xo:r/ ■ *n.m.* (also آخُر) 1 filth, refuse, rubbish. 2 stable. 3 fodder of a horse. ■ *adj.* worthless; useless. آخور بیگی equerry, an officer charged with care of horses. آخور کی بھرتی 1 (*coll.*) good-for-nothing employees. 2 odds and ends, odds and sods.

آخوند /ɑ:xʊnḏ/ ■ *n.m.* (also آخون، اخوند) 1 schoolmaster, teacher, instructor, preceptor. 2 master.

آخیر /ɑ:xi:r/ ■ *adj.* last, final, conclusive. ■ *n.m.* end, completion, conclusion.

آد /ɑ:ḏ/ ■ *adj.* first, ancient, pre-eminent. ■ *n.m.* beginning, origin, commencement.

آداب /ɑ:ḏɑ:b/ ■ *n.m.* (*pl.* of ادب) (also *sing.*) 1 manners, etiquette; decorum; protocol, formalities, ceremoniousness. 2 politeness, civility. 3 greetings, salutations, elegant manners. 4 forms of address in writing and speaking. 5 obeisance. آداب بجالانا/عرض کرنا/کہنا 1 pay homage, salute upon arrival or departure. 2 (*fig.*) to thank for a compliment. آداب تسلیمات a form of very polite salutation. آداب عرض ہے (*iron.*) remark made when one's claim is vindicated or one has done something successfully. آدابِ محفل etiquette of society. آداب والقاب salutation; appellation, titles, forms of dead are soon forgotten; it is business as usual even after one's death.

آجا /ɑ:dʒɑ:/ ■ *n.m.* paternal grandfather. آجا گرو teacher of one's teacher.

آجال /ɑ:dʒɑ:l/ ■ *n.m.* (*pl.* of اجل[٢]) assigned times.

آجِر /ɑ:dʒɪr/ ■ *n.m.* 1 one who rewards; the employer; wage payer. 2 owner, master.

آجِل /ɑ:dʒɪl/ ■ *adj.* 1 deferred. 2 evanescent.

آجیوکا /ɑ:dʒi:vkɑ:/ ■ *n.f.* diet; food.

آچار[١] /ɑ:tʃɑ:r/ ■ *n.m.* 1 behaviour, conduct. 2 usage, practice. 3 religious observance. 4 established law. [S]

آچار[٢] ——— ■ *n.m.* (*var.* of اچار) pickle. [P]

آچاری[١] /ɑ:tʃɑ:ri:/ ■ *n.m.* pious or religious person. [S]

آچاری[٢] ——— ■ *n.f.* (also اچاری) glass bottle for storing pickle. [P]

آچاریہ /ɑ:tʃɑ:rjɑ:/ ■ *n.m.* (***Hinduism***) acharya, scholar of Vedas, spiritual or religious guide or teacher, priest; learned man.

آچھیں /ɑ:tʃʰĩ:/ ■ *n.f.* the sound of sneezing. ■ *exclam.* expressing this sound.

آختہ /ɑ:xṯɑ:/ ■ *adj.* 1 castrated, emasculated, gelded. 2 unsheathed (sword). آختہ بیگی 1 castrator of animals. 2 (***Hist.***) a minor official in Mogul and Turkish royal households. آختہ کرنا emasculate, castrate. آختہ مرغ capon. آختہ وار a male horse congenitally incapable of breeding.

آخ تھو /ɑ:x ṯʰu:/ ■ *n.m.* sound of hawking and spitting. ■ *exclam.* imitating this sound as an expression of contempt, huh! tush!.

آخِذ /ɑ:xɪz/ ■ *n.m.* that which takes, obtains or derives.

آخَر /ɑ:xər/ ■ *adj.* 1 the other, another, different. 2 latest. 3 eternal, i.e. God.

آخِر /ɑ:xɪr/ ■ *adj.* 1 last, final; hindmost. 2 ultimate. ■ *n.m.* termination, conclusion, expiration, end. ■ *adv.* 1 at last, finally; conclusively, as a result. 2 by force, compulsorily. آخرالامر eventually, finally, at last, after all, ultimately. آخرالذکر latter, last-mentioned. آخرالزماں the last of all prophets, a title of Prophet Muhammad. آخرآخر at the very end, towards the end. آخرآخر میں towards the end. آخرِ شب pre-dawn hours, small hours of the night. آخرکار eventually, at last, finally, in the

آدمیت /ɑ:ḍmɪjjət/ ■ *n.f.* **1** humanity, good nature, goodness, civility, good manners, courtesy. **2** human nature. **3** youth, young age. **4** wisdom, intellect. آدمیت اٹھ جانا human qualities to disappear. آدمیت پکڑنا become civilized. آدمیت کرنا behave with humanity, act as a man. آدمیت میں لانا civilize, polish, teach politeness or good manners.

آدیش /ɑ:ḍe:ʃ/ ■ *n.m.* (also آدیس) injunction, order, command, instruction.

آدینہ /ɑ:ḍi:nɑ:/ ■ *n.m.* Friday.

آدھ /ɑ:ḍʰ/ ■ *adj.* (*contr.* of آدھا) (also ادھ) half. آدھ انگ (also ادھرنگ) paralysis affecting one side of the body, hemiplegia. آدھ انگی hemiplegic, paralytic. آدھ آنہ (also ادھنّہ) half an anna, a unit of ancient currency. آدھ بر halfway, in the middle, midway. آدھ بنا/بنی half-made, half-formed; unfinished. آدھ بیچ in the middle. آدھ پکا/پکی **1** half-baked, half-cooked, parboiled. **2** immature. آدھ جلا/جلی half-burnt. آدھ کپاری/کپالی migraine. آدھ کچا/کچی **1** half-baked. **2** immature. آدھ کہا/کہی not fully expressed or articulated. آدھ کھلا/کھلی (flower) not yet in bloom or partially open (bud). آدھ کھلا/کھلی half-open. آدھ گدرا/گدری half-ripe; immature. آدھ موا/موئی as if dead.

آدھا /ɑ:ḍʰɑ:/ ■ *adj.* half. آدھا آدھا divided in two equal parts, fifty-fifty, half-and-half. آدھا تیتر آدھا بٹیر **1** incongruous, mismatched, incompatible. **2** hybrid, mongrel. **3** grotesque. آدھا رہ جانا be reduced (in weight), become very lean; decrease in size or quantity. آدھا ساجھا equal share in a business venture, etc. آدھا سیسی کا درد migraine. آدھا کرنا halve, bisect.

آدھار /ɑ:ḍʰɑ:r/ ■ *n.m.* **1** food, victuals, support, subsistence, nourishment. **2** basis, base.

آدھوں آدھ /ɑ:ḍʰõ: ɑ:ḍʰ/ ■ *adj.* half-and-half. ■ *adv.* in exact middle, in two equal parts.

آدھی /ɑ:ḍʰi:/ ■ *adj.* (*fem.* of آدھا) آدھی بات **1** unfinished or partial talk. **2** unfavourable remark. آدھی چھوڑ ساری کو جائے آدھی رہے نہ ساری پائے a bird in hand is worth two in the bush; greed for more may lead to loss of what one has. آدھی رات midnight. آدھی رات بارہ باٹ **1** disoriented. **2** nightbird, a person who wanders at night. آدھی رات کو جماہی آئے، شام سے منہ پھیلائے make a fuss before the trouble starts, make preparations address.

آدتیہ /ɑ:ḍɪṭjɑ:/ ■ *n.m.* the sun.

آدر /ɑ:ḍər/ ■ *n.m.* **1** deference, veneration, respect, reverence, consideration, regard. **2** hospitality, politeness, attention, observation. آدر بھاؤ veneration, deference, respect, esteem. آدر سے reverentially, courteously, with due respect. آدر کرنا pay respect, esteem, revere. آدر نہ بھاؤ، جھوٹے مال کھاؤ a disgraced person has no problem with corruption.

آدرش /ɑ:ḍərʃ/ ■ *n.m.* **1** message. **2** ideal. **3** goal, aim, principles. **4** mirror. **5** original manuscript from which a copy is taken. **6** sign. ■ *adj.* imaginary; ideological.

آدم /ɑ:ḍəm/ ■ *pr.n.m.* Prophet Adam, the first man. ■ *n.m.* (*fig.*) **1** mankind; humanity. **2** well-mannered person, sensible person. **3** initiator, inventor. آدم بیزار misanthrope. آدم ثانی title of Prophet Noah. آدم چشم supposedly ominous horse having eyes like that of frog with red margin. آدم خور **1** maneater, cannibal. **2** (*fig.*) usurer, moneylender. آدم زاد human being (as opposed to other species); the human race. آدم شناس one who recognizes human worth. آدم کی اولاد begotten of man, human being. آدم نما gorilla. آدم نہ آدم زاد wilderness, total desolation without human presence.

آدمی /ɑ:ḍmi:/ ■ *n.m.* **1** man, individual, person, human being; human race. **2** civilized person. **3** servant, retainer. **4** messenger, runner. **5** husband. **6** people, masses. **7** grown-up, adult. آدمی اناج کا کیڑا ہے man first fills his belly. آدمی بنانا civilize, teach good manners. آدمی بن جانا learn good manners, become civilized. آدمی پانی کا بلبلہ ہے man is mortal. آدمی پر آدمی گرنا be crowded or congested. آدمی پیارا نہیں، کام پیارا ہوتا ہے a person is valued by his performance. آدمی پیچھے per head; severally; one by one. آدمی زاد human being. آدمی صحبت سے پہچانا جاتا ہے a man is known by the company he keeps. آدمی کا آدمی شیطان ہے bad company corrupts. آدمی کی دوا آدمی other men's company is a consolation. آدمی کے جامے میں آنا **1** become civilized. **2** adopt the form of human being. آدمی نے کچا دودھ پیا ہے to err is human. آدمی ہونا come of age, be out of one's teens, attain manhood. آدمی ہو یا گھن چکّر **1** fool. **2** wanderer.

decorated and equipped.

آرام /ɑ:rɑ:m/ ■ *n.m.* **1** rest, repose, respite; sleep, slumber. **2** convenience, relief. **3** recovery, abatement or alleviation (of pain), comfort. آرام اٹھانا، پانا **1** live comfortably, be comfortable. **2** regain health, recover, convalesce. آرام باغ public park. آرام بخش comfortable. آرام پائی a kind of soft wide-toed shoe. آرام پسند fond of comforts, indolent, lazy, sluggish, idle. آرام تکیہ a kind of soft pillow. آرام جاں **1** solace of life. **2** (*fig.*) beloved. **3** son. آرام دہ comfortable. آرام دینا **1** give solace, give comfort. **2** relieve, allay. آرام سے **1** easily, comfortably. **2** quietly. آرام طلب idle, lazy, inert, indolent; one who is fond of ease and comfort. آرام کرسی armchair, easy chair. آرام کرنا **1** rest; go to bed. **2** copulate. آرام گاہ **1** rest room, bed chamber or room, snuggery, lodging place. **2** grave, mausoleum. آرام گوش person who cleans people's ears professionally. آرام وآسائش comfort and good living. آرام ہوجانا، ہونا recover, become well.

آرامی[1] /ɑ:rɑ:mi:/ ■ *n.m.* lover of ease. ■ *adj.* indolent, lazy. [P]

آرامی[2] ____ ■ *n.f. & adj.* (also آرامائی) Aramaic. [E]

آرامیدہ /ɑ:rɑ:mi:dɑ:/ ■ *adj.* asleep, resting.

آرائش /ɑ:rɑ:ɪʃ/ ■ *n.f.* **1** adornment, decoration, dressing, beautification. **2** equipage, ornament, ornamental tree, flowers, frills, etc. **3** arrangement. آرائش پسند fond of beautification, adornment and make up. آرائش وزیبائش decor.

آرائشی /ɑ:rɑ:ɪʃi:/ ■ *adj.* decorative, ornamental.

آرائی /ɑ:rɑ:i:/ ■ *suffix* forming nouns meaning adornment, arrangement, as: بزم آرائی **1** arranging a conclave or gathering. **2** (*fig.*) pleasant meetings.

آرتا /ɑ:rṭɑ:/ ■ *n.m.* (***Hinduism***) ceremony on bridegroom's first visit to his in-laws, involving *arti* (آرتی) and songs.

آرتی /ɑ:rṭi:/ ■ *n.f.* (***Hinduism***) a religious ritual in which a tray full of offerings is moved in a circle before an idol or a person. آرتی اتارنا perform this ritual.

آرتھک /ɑ:rṭʰɪk/ ■ *adj.* economic, financial.

آرجار /ɑ:rdʒɑ:r/ ■ *n.f.* coming and going, two-way movement of people or things, two-way traffic.

beforehand.

آدھے /ɑ:ḍʰe:/ ■ *n.m.* (*pl. & infl.* of آدھا) آدھے پیٹ not bellyful. آدھے قاضی قدوہ آدھے باوا آدم sarcastic reference to a very vain person. آدھے کا تہائی of very little amount. آدھے ماگھے کملی کاندھے everything is useless after its proper time.

آدِھین /ɑ:ḍʰi:n/ ■ *adj.* subservient, submissive, obedient, loyal; under the spell of.

آڈ /ɑ:ḍ/ ■ *n.f.* a drain for taking water out of a well.

آڈمبر /ɑ:ḍəmbər/ ■ *n.m.* **1** pomp and show. **2** sound of a small trumpet. **3** trumpeting of an elephant. **4** war cry.

آذار /ɑ:zɑ:r/ ■ *n.m.* spring month according to sixth Roman or Syrian month corresponding to March.

آذر /ɑ:zər/ ■ *n.m.* **1** ninth month of the Persian calendar corresponding to November-December. **2** fire, flame.

آذِین /ɑ:zi:n/ ■ *n.f.* decoration, adornment, embellishment.

آر[1] /ɑ:r/ ■ *n.f.* **1** awl, a tool used for piercing holes in paper or leather, etc. or for stitching. **2** spur. آرلگانا stimulate or rouse (esp. a lazy person). [S]

آر[2] ____ ■ *n.f.* this side, usually used with پار, as: آرپار **1** pierced through. **2** across, all the way across or through, from one side to the other, through and through. [S]

آر[3] ____ ■ *n.f.* (*corr.* of عار) (*arch.*) shame. [A]

آرا[1] /ɑ:rɑ:/ ■ *n.m.* **1** saw. **2** spoke of a wheel. **3** cobbler's knife or awl. آراسر پر چل جانا be tortured or tormented. آراکش sawyer. آراکشی operating a saw, cutting of logs or boards, etc. with a saw. [S]

آرا[2] ____ ■ *suffix* forming figurative nouns; person or thing that decorates or orchestrates; used in comp. as: جہاں آرا adorner of the world. ستم آرا oppressor. [P]

آرا[3] ____ ■ *n.f.* (*pl.* of رائے[1]) (also آراء) opinions, views. [A]

آرادھن /ɑ:rɑ:ḍʰən/ ■ *n.m.* worship, adoration, prayer, devotion; invocation.

آرادھنا /ɑ:rɑ:ḍʰnɑ:/ ■ *v.* pray, invoke, adore, to worship, to supplicate.

آراستگی /ɑ:rɑ:sṭəgi:/ ■ *n.f.* **1** decoration, adornment. **2** arrangement; regularity; preparation.

آراستہ /ɑ:rɑ:sṭɑ:/ ■ *adj.* **1** adorned, decorated, bedecked, embellished. **2** prepared; arranged. آراستہ(و) پیراستہ fully

آرد /ɑːrəd̪/ ■ *n.m.* (also آڑد) flour; meal. آردسائی grinding flour.

آرزو /ɑːrzuː/ ■ *n.f.* **1** wish, desire, longing, appetency, yearning, want, love; solicitude. **2** hope, expectation. **3** request; entreaty. **4** presumption; faith, trust. آرزوبرآنا/پوری ہونا desire to be fulfilled. آرزو پر پانی پھیرنا disappoint, fail to fulfil the hopes or expectations. آرزو کرنا long for, desire. آرزومند desirous, eager, aspiring. آرزومندی eagerness, desire, yearning.

آرسی /ɑːrsiː/ ■ *n.f.* **1** small mirror. **2** a ring set with a piece of mirror worn by women, especially brides on the thumb. آرسی دیکھو (*iron.*) look at your face. آرسی مصحف marriage ritual among Muslims in which the bride and the bridegroom look at each other's faces in a mirror.

آرمبھ /ɑːrəmbʰ/ ■ *n.m.* beginning, commencement, opening.

آرمیدگان /ɑːrmiːd̪əgɑːn/ ■ *n.m.* (*pl.* of آرمیدہ) those who are at rest, the dead ones.

آرمیدگی /ɑːrmiːd̪əgiː/ ■ *n.f.* comfort, ease.

آرمیدہ /ɑːrmiːd̪ɑː/ ■ *adj.* (also آرامیدہ) resting.

آرندہ /ɑːrɪnd̪ɑː/ ■ *adj.* bearing, carrying.

آروغ /ɑːroːɣ/ ■ *n.m.* belch, eructation.

آروہی /ɑːroːhiː/ ■ *n.f.* rising notes in South Asian classical music.

آرہ /ɑːrɑː/ ■ *n.m.* (*var.* of آرا[1]) saw. آرہ ماہی sawfish. آرہ مکھی sawfly.

آری /ɑːriː/ ■ *n.f.* (*dim.* of آرا[1]) **1** small saw. **2** a shoe-maker's awl. آری تلے/کے نیچے رہنا live in fear.

آرے /ɑːreː/ ■ *exclam.* yes! آرے بلے کرنا evade, prevaricate.

آریائی /ɑːrjɑːiː/ ■ *adj.* of or relating to Aryans.

آریہ /ɑːrjɑː/ ■ *n.m.* (also آریا) **1** Aryan. **2** language of Aryans. ■ *adj.* **1** respectable, of a good family. **2** brave, bold. آریہ سماج a Hindu sect. آریہ ورت country of the Aryans, i.e. India.

آڑ /ɑːɽ/ ■ *n.f.* **1** anything natural or man-made behind which one can hide, cover, covert, hide, screen, fence; wall. **2** safety, protection, support. **3** obstacle, hindrance. **4** guarantee, surety. **5** stratagems, ploy, guise. **6** shame, abash. **7** crookedness, curvature. ■ *adv.* at interval. آڑ باندھنا set up or erect a cover. آڑ پکڑنا/ لینا look for a pretext. آڑ بنانا **1** take cover or refuge, seek safety. **2** to prop; lean against something for support. **3** pretend. آڑ توڑنا uncover, remove purdah. آڑ ڈھونڈنا seek cover. آڑ کباڑ scrap, waste, junk. آڑ کرنا observe purdah to hide oneself. آڑ میں behind, under cover, in ambush, under the pretence of.

آڑا /ɑːɽɑː/ ■ *adj.* inclined, bent, slanting, sloping, diagonal, transverse, cross, oblique, crooked. آڑا پاجامہ tight pyjamas of diagonal cutting, the legs of which are pleated after wearing. آڑا ترچھا **1** crooked, cross. **2** displeased. آڑا ترچھا ہونا be angry, get offended. آڑا وقت hard times, adversity.

آڑو /ɑːɽuː/ ■ *n.m.* peach.

آڑی[1] /ɑːɽiː/ ■ *adj.* (*fem.* of آڑا) آڑی ترچھی سنانا upbraid, scold soundly, berate. [S]

آڑی[2] ____ ■ *n.m.* supporter; defender; partner (in a game, etc.); associate. [Prk.]

آڑے /ɑːɽeː/ ■ *n.m.* (*pl. & infl.* of آڑا) آڑے آجانا **1** obstruct; interfere. **2** protect; support. آڑے آنا **1** come between, interpose oneself. **2** protect, shield. آڑے ہاتھ لینا take to task, chide, scold, upbraid.

آڑھ /ɑːɽʰ/ ■ *n.f.* mullet, a sea fish.

آڑھت /ɑːɽʰət̪/ ■ *n.f.* **1** wholesale trade; sale by commission. **2** agency.

آڑھتی /ɑːɽʰt̪iː/ ■ *n.m.* (also آڑھتیا) wholesaler; commission agent; consignee; correspondent.

آز /ɑːz/ ■ *n.f.* greed, avarice. آزمند greedy.

آزاد /ɑːzɑːd̪/ ■ *adj.* **1** free, independent; manumitted, unchained, liberated, absolved, at liberty, not under obligation, unconstrained. **2** carefree, light-hearted. **3** licentious, libertine; immoral. ■ *n.m.* **1** free man, a person free from slavery, not slave. **2** hermit, fakir. آزاد بندرگاہ free port. آزاد تجارت free trade. آزاد خیال/طبع/منش liberal, freethinker, unorthodox, free from bias. آزاد صحافت free press. آزاد کا سونٹا **1** stick of a fakir. **2** (*fig.*) outspoken, saucy, pert. آزاد کرنا liberate, set free, manumit, grant liberty to (a comity), unfetter, let go, affranchise. آزاد نظم free verse, vers libre.

آزادانہ /ɑːzɑːd̪ɑːnɑː/ ■ *adv.* freely. آزادانہ رائے free opinion, independent view.

آزادگان /ɑːzɑːd̪gɑːn/ ■ *n.m.pl.* (also آزادگاں) liberal or freedom-loving people.

آس اولاد offspring, progeny. آس باندھنا pin hopes (on), be hopeful. آس بجھانا fulfil a desire. آس تکنا hope, wait for, expect. آس ٹوٹنا to lose hope. آس جاتی رہنا hope to recede. (*opp.* نراس) [S]

آس² ____ ■ (*tabe* of پاس¹) near; used in comp. as: آس پاس، پڑوس neighbourhood, vicinity.

آس³ ____ ■ *n.m.* myrtle, an evergreen aromatic tree. [A]

آسا¹ /ɑ:sɑ:/ ■ *n.f.* desire. See آشا. [S]

آسا² ____ ■ *suffix* forming adjectives; resembling, similar to, like. حباب آسا 1 like bubble. 2 soothing, allaying. دل آسا cheering. [P]

آسامی¹ /ɑ:sɑ:mi:/ ■ *n.f.* employment. See اسامی. [A]

آسامی² ____ ■ *n.m.* & *adj.* Assamese; language and inhabitants of Assam.

آسان /ɑ:sɑ:n/ ■ *adj.* easy, convenient, manageable, undemanding, facile.

آسانی /ɑ:sɑ:ni:/ ■ *n.f.* ease, facility, effortlessness.

آسائش /ɑ:sɑ:ɪʃ/ ■ *n.f.* (also آسایش) comfort, ease; amenity, repose.

آستانہ /ɑ:sṭɑ:nɑ:/ ■ *n.m.* (also آستان) 1 astana, istana, threshold. 2 a mystic's hospice or residence. 3 (*fig.*) the mausoleum of a saint. آستانہ بوسی kissing the threshold as a gesture of respect.

آستائی /ɑ:sṭɑ:i:/ ■ *n.f.* preparatory piece of a song.

آستک /ɑ:sṭɪk/ ■ *adj.* religious, pious, devout. (*opp.* ناستک)

آستین /ɑ:sṭi:n/ ■ *n.f.* sleeve. آستین جھاڑنا give away whatever one has. آستین چڑھانا roll up one's sleeves, be prepared or ready (for a fight or work, etc.); menace, threaten, adopt a threatening attitude. آستین کا سانپ enemy in the guise of a friend, wolf in sheep's clothing. آستین میں چھری رکھنا be ready to attack enemy.

آسُر¹ /ɑ:sʊr/ ■ *n.m.* demon, monster, fiend. See اسُر. [S]

آسُر² ____ ■ *n.m.* (***Hinduism***) custom of purchasing a bride. [S]

آسرا /ɑ:srɑ:/ ■ *n.m.* 1 trust, reliance, confidence, faith, assurance. 2 expectation, hope. 3 sanctuary, refuge, shelter, retreat, means of protection, means of subsistence; abode. آسرا تاکنا/ڈھونڈنا look for help, support or refuge, seek succour. آسرا ٹوٹنا lose hope, be disappointed. آسرا دینا give or raise hope. آسرا کرنا 1 expect; depend on. 2 (*slang*) stop, pause.

آزادگی /ɑ:zɑ:ḏgi:/ ■ *n.f.* (also آزادَگی) liberality; liberty.

آزادہ /ɑ:zɑ:ḏɑ:/ ■ *adj.* liberated, free.

آزادی /ɑ:zɑ:ḏi:/ ■ *n.f.* freedom, independence, liberation. آزادی کا پروانہ/خط/فرمان/کاغذ a letter of manumission.

آزار /ɑ:zɑ:r/ ■ *n.m.* 1 illness or ailment. 2 injury. 3 woe. 4 hardship, trouble. 5 apparition, appearance of a supernatural being. 6 affliction. ■ *suffix* used in comp. as: دل آزار afflicting or paining the heart. مردم آزار tyrant, oppressor. آزار پسند sadist, masochist. آزاردہ annoying, irksome, vexatious, troublesome. آزاردہی tormenting, injuring. آزار دینا torment, annoy, trouble, afflict, agonize.

آزاری /ɑ:zɑ:ri:/ ■ *n.m.* an ailing person. ■ *n.f.* torture, cruelty. ■ *suffix* used in comp. as: دل آزاری heart afflicting.

آزر /ɑ:zər/ ■ *pr.n.m.* (also آذر) Prophet Abraham's father (or according to some traditions uncle) known to be a carver of idols.

آزُردگی /ɑ:zʊrḏəgi:/ ■ *n.f.* 1 woe, grief, sorrow, grievance. 2 distress, trouble. 3 displeasure, anger.

آزُردہ /ɑ:zʊrḏɑ:/ ■ *adj.* 1 annoyed. 2 distressed, troubled. 3 aggrieved, uneasy, sad. آزردہ خاطر/دل displeased, grieving, dejected, sad, hurt. آزردہ خاطری/دلی dejection; distress; sadness. آزردہ کرنا displease, sadden, cause grief.

آزُوقہ /ɑ:zʊqɑ:/ ■ *n.m.* food. See آذُوقہ.

آزمانا /ɑ:zmɑ:nɑ:/ ■ *v.* test, try, examine, assess.

آزمائش /ɑ:zmɑ:ɪʃ/ ■ *n.f.* (also آزمایش) test, assay, examination, trial, appraisal.

آزمُودہ /ɑ:zmu:ḏɑ:/ ■ *adj.* tried, tested, proven. آزمودہ را آزمودن جہل است it is foolish to try a person already tried and found wanting. آزمودہ کار experienced, skilled; expert; veteran.

آزمُون /ɑ:zmu:n/ ■ *n.m.* experiment, test, demonstration.

آزوبازو /ɑ:zu: bɑ:zu:/ ■ *adj.* flanking left and right. ■ *prep.* on both sides.

آذُوقہ /ɑ:zu:qɑ:/ ■ *n.m.* (also آذُوقہ، آزُوقہ) 1 food, sustenance, provisions. 2 wages, livelihood.

آژنگ /ɑ:ʒəŋg/ ■ *n.f.* wrinkle, fold, crease, frown.

آس¹ /ɑ:s/ ■ *n.f.* 1 hope, expectation. 2 support, protection. 3 desire, wish. 4 children, progeny. 5 trust, faith.

آسری /ɑ:sʊri:/ ■ *adj.* (*fem.* of آسرا).

آسکت /ɑ:skət/ ■ *n.f.* laziness, indolence.

آسکتانا /ɑ:skəta:nɑ:/ ■ *v.* laze, be idle.

آسکتی /ɑ:skəti:/ ■ *adj.* lazy, sluggish.

آسمان /ɑ:smɑ:n/ ■ *n.m.* **1** sky, heaven; celestial order, firmament. **2** horizon. **3** mass of clouds. **4** rain. **5** (*fig.*) zenith, pinnacle. آسمان پر اڑنا behave arrogantly. آسمان پر تھوکنا do something that only disgraces oneself. (چوتھے رساتویں) آسمان پر چڑھانا praise highly. آسمان پر دماغ ہونا be most arrogant, give oneself airs. آسمان پر قدم رکھنا boast, be conceited. آسمان پر کھینچنا have a high opinion of oneself. آسمان پر ہونا **1** occupy a position of honour. **2** be arrogant. آسمان پھٹ پڑنا be overwhelmed with calamities; rain heavily; have troubles; a catastrophe to occur. آسمان تھرّانا (*fig.*) sky to tremble (at some enormity). آسمان ٹل جانا the impossible to happen. آسمان ٹوٹ پڑنا be overwhelmed with calamities, suffer God's wrath. آسمان جاہ of high dignity, an aristocratic title of the Mogul empire. آسمان دیکھنا turn to God in hope. آسمان زمین ایک کر دینا create an uproar, make much ado. آسمان زمین کا فرق a very great difference. آسمان زمین کے قلابے ملانا tell very tall tales, exaggerate. آسمان سر پر اٹھانا raise Cain (or hell), make much fuss, be very noisy. آسمان سے اترنا be exotic, strange or rare. آسمان سے آگ برسنا weather to be very hot. آسمان سے باتیں کرنا a building, mountain, etc. to be very high. آسمان سے ٹکر کھانا be very high. آسمان سے زمین پر anticlimax. آسمان سے گرا کھجور میں اٹکا out of the frying pan into the fire. آسمان سے گرنا **1** fall from the sky. **2** come as a windfall. آسمان قدر very honourable; an aristocratic title of the Mogul empire. آسمان کا تھوکا منہ پر آتا ہے insulting or maligning a good or pious person rebounds upon oneself. آسمان کے تارے توڑ لانا do the impossible. آسمان کھا گیا یا زمین (نگل گئی) (of a lost thing) where has it gone? آسمان کھلنا clouds to scatter. آسمان گیر **1** canopy, projection of roof. **2** catching the sky. آسمان گیری sheet of cloth covering the ceiling of a room. آسمان میں تھگلی لگانا **1** be very clever. **2** accomplish the most difficult task. آسمان میں چھید کرنا be very clever, act cunningly. آسمان میں چھید ہونا rain cats and dogs.

آسمانی /ɑ:smɑ:ni:/ ■ *adj.* **1** celestial, heavenly; divine. **2** upper, higher. **3** of light blue colour of the sky, azure. **4** unexpected, out of the blue. آسمانی آفت / بلا sudden or natural calamity. آسمانی باپ (***Christianity***) God. آسمانی پلانا make (a person) intoxicated (esp. with bhang). آسمانی تیر useless job or talk. آسمانی دھکا unforeseen or sudden shock, unexpected trouble. آسمانی کتاب any one of the four holy scriptures, i.e. the Qur'an, the Bible, the Torah or the book of Psalms. آسمانی گولا **1** God's wrath. **2** large hailstone.

آسن /ɑ:sən/ ■ *n.m.* **1** asana, posture, sitting, mode of sitting. **2** place, seat, small carpet, rug, mattress or deerskin. **3** inner or upper part of the thigh. **4** withers of a horse. **5** rider's or driver's seat. **6** yogic posture. **7** hut or cottage of a yogi. **8** coital posture. آسن اکھڑنا not to be able to retain one's posture or seat on a horse. آسن باندھنا squeeze or clutch (something or someone) between one's thighs; assume a sitting posture in coitus. آسن پاٹی لے کر پڑنا retire in a huff. آسن تلے آنا (*fig.*) come under control, be overpowered; be humble or obedient. آسن جلنا (of legs) become numb by sitting for a long time. آسن جمانا **1** sit firmly on a horse. **2** settle in a place. **3** adopt a firm coital posture. آسن جوڑنا firmly grip with thighs, sit firmly. آسن ڈالنا encamp. آسن ڈگنا shake the virtue (of); seat or posture to be shaken or changed. آسن سے آسن جوڑنا / ملانا sit in close contact with another person. آسن کسنا / گانٹھنا adopt a coital posture. آسن لگانا **1** squat like yogis. **2** make the bed; stay the night; stage a sit-in. آسن لینا begin coitus. آسن مارنا **1** squat. **2** sit firmly on horse back. **3** sit on the haunches (like a yogi).

آسن /ɑ:sɪn/ ■ *n.m.* (also کُنوار) the seventh month of the Bikrami calendar, corresponding to September-October.

آسودگان /ɑ:sʊdgɑ:n/ ■ *n.m.* (*pl.* of آسودہ) those at ease or peace. آسودگانِ خاک the dead in their graves.

آسودگی /ɑ:sʊdəgi:/ ■ *n.f.* **1** prosperity, good circumstances. **2** contentment, satiation. **3** tranquility, peace. آسودگی خلائق / عامہ public peace.

آسودہ /ɑ:sʊdɑ:/ ■ *adj.* **1** opulent, rich. **2** contented, satisfied, at ease, satiated. آسودہ حال wealthy, opulent, well-to-do, in easy circumstances. آسودہ خاطر / دل calm, of composed mind and heart.

آسی¹ /ɑ:si:/ ■ *adj.* hopeful, expecting. [S]

آسی² ____ ■ *n.m.* a medicine man who treats with herbs. ■ *adj.* sad, dejected. [A]

آسیا /ɑ:sjɑ:/ ■ *n.f.* (also آسیہ²) grinding mill. آسیائے آب (also آسیاب) watermill. آسیائے سنگ millstone.

آسیانہ /ɑ:sjɑ:nɑ:/ ■ *n.m.* whetstone.

آسیب /ɑ:se:b/ ■ *n.m.* **1** evil spirit, demon, apparition, poltergeist. **2** ill-fortune, calamity. **3** illness; madness. آسیب اتارنا exorcise, cast off an evil spirit. آسیب زدہ under the influence of or possessed by an evil spirit. آسیب کا خلل mental derangement due to possession or haunting.

آسیبی /ɑ:se:bi:/ ■ *adj.* evil, demoniac, haunting.

آسیمہ /ɑ:si:mɑ:/ ■ *adj.* surprised, astonished, bewildered, lost.

آسیہ¹ /ɑ:sɪjɑ:/ ■ *pr.n.f.* name of Pharaoh's wife who was the foster mother of Prophet Moses. [A]

آسیہ² ____ ■ *n.f.* See آسیا. [P]

آش /ɑ:ʃ/ ■ *n.m.* a soft light meal like soup or porridge, etc. given, especially to the sick. آش پکانا (*fig.*) contrive something against another, plot against. آشِ جو gruel, barley water. آشِ خلیل unhusked brown lentil, dal of *masoor* (مسور) as Abraham's favourite lentil. آشِ عاشورہ offering made on the tenth of Muharram (مُحرّم), the day of Imam Hussain's martyrdom.

آشا /ɑ:ʃɑ:/ ■ *n.f.* (also آسا¹) desire, longing, wish; expectation, hope; confidence.

آشام /ɑ:ʃɑ:m/ ■ *suffix* drinker, quaffer; used in comp. as: خون آشام blood thirsty. ■ *n.m.* boiled rice, night-meal.

آشامی /ɑ:ʃɑ:mi:/ ■ *suffix* drinking, quaffing, imbibing; used in comp. as: خون آشامی blood thirstiness.

آشتی /ɑ:ʃt̪i:/ ■ *n.f.* peace; accord; concert; reconciliation.

آشچریہ /ɑ:ʃtʃərjɑ:/ ■ *n.m.* (also آشچرج) amazement, wonder.

آشرم /ɑ:ʃrəm/ ■ *n.m.* **1** ashram, hermitage, abode of a hermit or of a religious student. **2** a class or a religious order. **3** a place of refuge for orphans and widows. **4** (***Hinduism***) any one of the four stages of Brahmanic scheme of life: Brahmachara, Grihista, Vanaprastha, Sannyas.

آشُفتگی /ɑ:ʃʊft̪əgi:/ ■ *n.f.* **1** agitation, unease, anguish, distraction, mental turmoil. **2** insanity, madness.

آشُفتہ /ɑ:ʃʊft̪ɑ:/ ■ *adj.* **1** mentally stressed, distracted, agitated, anguished, obsessed, distressed, confused. **2** mad, insane. **3** enamoured. آشفتہ حال mentally stressed. آشفتہ حالی state of distraction, wretchedness, embarrassment. آشفتہ خاطر/دل/طبع agitated, distressed, disturbed in mind and heart, in a state of mental stress or anguish. آشفتہ دماغی/سری **1** mental stress, unsoundness of mind, obsession. **2** (*poet.*) stress due to unrequited love. آشفتہ مو having dishevelled hair. آشفتہ نوا one who sings or talks of his obsession, i.e. love in an agitated manner. آشفتہ نوائی such a manner of singing or talking.

آشکار /ɑ:ʃkɑ:r/ ■ *adj.* (also آشکارا) visible, evident, manifest, clear, known, apparent; revealed, disclosed.

آشمال /ɑ:ʃmɑ:l/ ■ *n.m.* **1** servant. **2** hanger-on. ■ *adj.* compliant, dutiful, obsequious.

آشنا /ɑ:ʃnɑ:/ ■ *n.m.* **1** friend, companion, acquaintance, associate, someone personally known. **2** aware, acquainted. **3** paramour, illicit lover. آشنا پرست familiar, sociable, social, friendly. آشنا پرور friendly. آشنا ہونا become friendly or tame.

آشنائی /ɑ:ʃnɑ:i:/ ■ *n.f.* **1** acquaintance, friendship. **2** amour, illicit relationship, affair. آشنائی (پیدا) کرنا **1** become acquainted, develop an acquaintance with. **2** form an illicit relationship. آشنائیِ مُلّا تا سبق selfishness; self-seeking.

آشنایانہ /ɑ:ʃnɑ:jɑ:nɑ:/ ■ *adv.* in an amorous or familiar way, as or like a friend or acquaintance.

آشوب /ɑ:ʃo:b/ ■ *n.m.* **1** disturbance, uproar, turbulence. **2** affliction, calamity. **3** fear, apprehension. **4** inflammation. **5** deceiver. آشوبِ آگہی anguish due to awareness or knowledge. آشوبِ جہاں mischief-maker. آشوبِ چشم opthalmia, inflammation of the eyes, conjunctivitis. آشوبِ قیامت محشر the commotion on the Judgement Day. آشوب گاہ tumultuous place, i.e. this world. آشوب ناک tumultuous.

آشوبی /ɑ:ʃo:bi:/ ■ *adj.* of or relating to آشوب.

آشوری /ɑ:ʃu:ri:/ ■ *adj.* Assyrian.

آشیاں /ɑ:ʃjɑ̃:/ ■ *n.m.* (also آشیانہ) **1** bird's nest. **2** (*fig.*) home. آشیاں بندی **1** building a nest. **2** (*fig.*) creating a home or homeland.

آشیرباد /ɑ:ʃi:rbɑ:d̪/ ■ *n.m. & f.* benediction, blessing; salutation; greeting.

آغا /ɑ:ɣɑ:/ ■ *n.m.* **1** aga, leader, master, ruler, chieftain, nobleman. **2** a form of polite address in Iran, sir. آغا خانی Ismaili, a follower of the Aga Khan. آغا میر کی دائی سب سیکھی سکھائی clever woman. آغا مینا a talking myna that was traditionally taught to utter "aga".

آغاز /ɑ:ɣɑ:z/ ■ *n.m.* **1** beginning, outset, commencement, start. **2** origin. آغاز انجام نہ سوچنا do something thoughtlessly, not to exercise forethought. آغازِ بد کا انجام بد ہے sow thorns reap thorns, an evil thing produces an evil result. آغاز کرنا **1** commence, begin. **2** originate. آغاز میں at the beginning.

آغال /ɑ:ɣɑ:l/ ■ *n.m.* (also آغل) pen for goats and sheep.

آغشتہ /ɑ:ɣəʃt̪ɑ:/ ■ *adj.* **1** besmeared, smeared, draggled, muddied. **2** adulterated.

آغوش /ɑ:ɣo:ʃ/ ■ *n.f.* **1** lap, bosom; clasp, embrace. **2** side. **3** (*fig.*) asylum, refuge. آغوش پھیلانا/کھولنا/وا کرنا open one's arms to take someone in lap. آغوش کا پالا/پروردہ one nurtured with care; offspring. آغوشِ لحد grave.

آغوشی /ɑ:ɣo:ʃi:/ ■ *adj.* of or relating to آغوش; adopted (child). ■ *n.f.* adoption of a child.

آغُوں /ɑ:ɣũ:/ ■ *n.f.* sound uttered by an infant.

آفات /ɑ:fɑ:t̪/ ■ *n.f.* (*pl.* of آفت) آفاتِ سماوی calamities; acts of God.

آفاق /ɑ:fɑ:q/ ■ *n.m.* (*pl.* of اُفق) (also *sing.*) **1** horizons. **2** the world, the universe. آفاق گیر universal.

آفاقی /ɑ:fɑ:qi:/ ■ *adj.* universal, global, worldwide, cosmopolitan.

آفاقیت /ɑ:fɑ:qɪjət̪/ ■ *n.f.* universality, cosmopolitanism.

آفت /ɑ:fət̪/ ■ *n.f.* **1** disaster, catastrophe, adversity, evil, trouble, misfortune, mishap. **2** misery, wretchedness, unhappiness, grief. **3** cruelty, brutality. **4** problem, difficulty, hardship. **5** din, uproar, noise. ■ *adj.* astute, cunning, mischievous. آفت اٹھانا/ڈالنا make or create trouble, raise hue and cry. آفت آنا/پڑنا/ٹوٹنا misfortune to befall. آفت برپا کرنا/جوتنا/ڈھانا/مچانا raise a tumult. آفت توڑنا **1** terrorize, tyrannize. **2** show extreme anger, hostility. **3** raise a tumult. آفتِ جاں **1** bitter enemy. **2** (*fig.*) beloved. آفت جھیلنا suffer pain, sorrow or misery, face misfortunes or troubles. آفت رسیدہ/زدہ/مارا wretched, oppressed, unfortunate, miserable. آفت کا intense; exacting; raging. آفت کا پرکالہ mischievous, playful, prankish, astute. آفت کی پڑیا troublemaker. آفت گلے پڑنا be in trouble, be in hot water.

آفتاب /ɑ:ft̪ɑ:b/ ■ *n.m.* **1** the sun. **2** sunlight. **3** wine. **4** (*fig.*) (i) a luminary, a person of spiritual, intellectual and moral eminence. (ii) beloved. آفتاب آمد دلیل آفتاب a self-evident truth needs no proof. آفتاب پرست **1** Mithraist, worshipper of the sun. **2** sunflower; lotus. **3** chameleon. آفتاب پرستی Mithraism, sun worshipping. آفتابِ عالم تاب the sun illuminating the world. آفتاب گیر umbrella, parasol; sunshade. آفتابِ لبِ بام **1** the setting sun. **2** (*fig.*) (i) decaying thing. (ii) aged person, old man. آفتاب لبِ بام آنا (someone's life) draw to a close, be about to die.

آفتابہ /ɑ:ft̪ɑ:bɑ:/ ■ *n.m.* (also آفتاوا) basin; ewer, vessel for holding water. (See also لوٹا.)

آفتابی /ɑ:ft̪ɑ:bi:/ ■ *adj.* **1** of the sun; like the sun; solar. **2** prepared by exposure to the sun. **3** faded in the sun. **4** yellow, gold coloured. ■ *n.f.* **1** sunshade. **2** small shield made of tortoise shell. **3** a kind of firework. آفتابی غسل sunbath.

آفریدگار /ɑ:fri:d̪gɑ:r/ ■ *n.m.* the Creator.

آفریدہ /ɑ:fri:d̪ɑ:/ ■ *adj.* begotten, created. ■ *n.m.* human being, creature.

آفریدی /ɑ:fri:d̪i:/ ■ *n.m.* a Pathan tribe; a member of this tribe. ■ *adj.* of or relating to this tribe.

آفریں[1] /ɑ:frĩ:/ ■ *n.f.* (also آفرین) praise, laudation, commendation, acclamation. آفریں کرنا applaud, commend, compliment. آفریں ہو well done! bravo! [P]

آفریں[2] ____ ■ *suffix* begetting; used in comp. as: جاں آفریں the maker, the Supreme Being. [P]

آفرینش /ɑ:fri:nɪʃ/ ■ *n.f.* creation of the universe.

آفرینندہ /ɑ:fri:nɪnd̪ɑ:/ ■ *adj.* the Creator.

آفرینی /ɑ:fri:ni:/ ■ *suffix* forming nouns; creating or producing; used in comp. as: اثر آفرینی effectiveness. نکتہ آفرینی making a point.

آفندی /ɑ:fənd̪i:/ ■ *n.m.* **1** former Turkish title for men. **2** master, lord.

آقا /ɑ:qɑ:/ ■ *n.m.* master, owner; lord; employer.

آقائی /ɑ:qɑ:i:/ ■ *n.f.* leadership; ownership; government.

آفتہ بیگی /ɑ:qt̪ɑ:be:gi:/ ■ *n.m.* (also آختہ بیگی) (***Hist.***) an officer of the Mogul period, appointed to care for animals, animal keeper; castrator of animals.

آک /ɑ:k/ ■ *n.m.* (also آکھ) swallowwort, a wild shrub.

آکا /ɑ:kɑ:/ ■ *n.m.* (also آکا بھائی) elder brother.

آکار /ɑ:kɑ:r/ ■ *n.m.* appearance, look, make, form, image; portrait; statue; figure, lineament.

آکاش /ɑ:kɑ:ʃ/ ■ *n.m.* (also اکاس، آکاس) sky, firmament. آکاش بیل (also اکاس بیل) a parasitic climbing plant of the convolvulus family with leafless stems that are attached to the host plant, dodder, *Cuscuta reflexa*. آکاش پھل offspring. آکاش وانی **1** a voice from heaven; inspiration. **2** radio station. (See also آسمان.)

آکری /ɑ:kri:/ ■ *n.f.* swagger, defiance.

آکِل /ɑ:kɪl/ ■ *n.m.* eater, diner, partaker.

آکِلہ /ɑ:kɪlɑ:/ ■ *n.m.* a wasting disease, cancer.

آگ /ɑ:g/ ■ *n.f.* **1** fire, blaze, flame; firelight. **2** heat of the sun; very hot season; hot wind. **3** venereal disease, syphilis. **4** enthusiasm, passion. **5** anger, wrath; jealousy, hatred, envy; enmity. **6** quarrel, revolt; tumult. **7** intense hunger or thirst. **8** extremity of love and devotion. **9** lust, strong sexual desire. ■ *adj*. passionate, fiery, hot-tempered. آگ اٹھانا provoke, enrage, incite a quarrel. آگ برسانا fire volleys; bombard with cannon, bombard. آگ برسنا **1** be extremely hot. **2** heavy bombing or shelling, to be bombarded and shelled. آگ بگولا ہونا be mad with fury or rage. آگ بوٹ (*arch.*; *coll.*) steamship. آگ بھبوکا very hot, ablaze; raging; furious. آگ بھڑکانا **1** fan the flames. **2** provoke, excite a riot. **3** stir up a desire. آگ پانی fit of epilepsy. آگ پر تیل چھڑکنا fan the fire; incite trouble. آگ پھانکنا tell a gross lie, exaggerate highly. آگ پھوکنا be much incensed, be very furious. آگ تاپنا warm oneself before a fire. آگ تلووں سے لگنا be consumed with rage or jealousy. آگ دینا **1** light a fire. **2** illuminate, light up, lighten. **3** (for showing hate and indifference) to hell with; throw into fire; may it perish! **4** burn a corpse. آگ سلگانا **1** light a fire, set on fire. **2** excite action, create a disturbance. آگ سے پانی ہوجانا lose the heat of passion, recover from a violent fit of temper, cool down. آگ سے کھیلنا play with fire, do something perilous. آگ کا باغ **1** firework. **2** goldsmith's furnace. آگ کا پتلا **1** peevish, irritable, snappish. **2** furious, hot tempered. **3** very agile and diligent man, very astute person. آگ کا پتنگا spark of fire. آگ کا دریا (*fig.*) a demanding task. آگ کہتے منہ نہیں جلتا it is no evil to talk of evil. آگ کے مول at a high price, very costly, exorbitant. آگ لگا کر پانی کو دوڑنا pretend to appease a quarrel which one has purposely excited. آگ لگانا **1** light or kindle a fire, ignite, set fire to. **2** inflame the passions, incite. **3** incite rebellion, insurgency or lawlessness. **4** to make someone restless. **5** squander money or wealth. **6** destroy, waste away. آگ لگاؤ inflammable; mischief-maker; a rebel. آگ لگنا **1** catch fire, burn. **2** writhe; be incensed. **3** feel intense hunger. **4** burn with envy or rage. **5** become costly. آگ لگے to hell with it; may it perish! آگ لگے پر کنواں کھودنا take preventive measures after event. آگ لینے (کو) آنا **1** come for fire. **2** (*fig.*) pay a flying visit. آگ موتنا to rage and rave. آگ میں جھونکنا **1** cast into fire. **2** (*fig.*) get someone into trouble. آگ میں لوٹنا **1** be restless or agitated. **2** burn with jealousy. آگ نکالنا strike fire (from flint, etc.). آگ ہوجانا/ہونا **1** become very hot. **2** be enraged.

آگا /ɑ:gɑ:/ ■ *n.m.* **1** forehead; the fore-part, visage, fore-rank. **2** the private parts. **3** space in front of a house, front. **4** the front of an army. **5** front of a turban. **6** prow, the fore-part of a ship. **7** the future, the succeeding. آگا بھاری ہونا **1** be pregnant. **2** have large breasts. **3** (of a road or way) to be rough, uneven or dangerous. آگا پیچھا **1** front and back. **2** cause and effect, antecedents and consequence. **3** demur, doubt. **4** front and rear of a garment (as of achkan). **5** the private parts. آگا پیچھا دیکھنا/سوچنا consider the pros and cons, consider a matter very carefully. آگا پیچھا لینا spy (on), keep a close watch. آگا تاگا لینا **1** to show hospitality, to entertain. **2** care for, look after, warm welcome; call to account. آگا ڈھکنا cover the front of the body; cover the breasts; cover the genitals. (*opp.* پیچھا)

آگار /ɑ:gɑ:r/ ■ *n.m.* dwelling, house, room.

آگاہ /ɑ:gɑ:h/ ■ *adj*. informed, aware or apprised (of),

au fait, abreast of, conversant, acquainted with, alive to. آگاہ دل 1 aware, conscious. 2 shrewd, clever, mindful, sagacious. آگاہ کرنا warn, report, tell, inform, caution.

آگاہی /ɑ:gɑ:hi:/ ■ *n.f.* (also آگہی) 1 awareness, information. 2 insight, knowledge, vigilance.

آگر /ɑ:gər/ ■ *n.m.* salt-mine. ■ *adj.* 1 skilful, capable. 2 filled.

آگرہ /ɑ:grɑ:/ ■ *n.m.* strength, power; grip.

آگل /ɑ:gəl/ ■ *n.f.* bar or piece of wood used to fasten a door; window bolt.

آگم /ɑ:gəm/ ■ *n.m.* 1 the future, time to come. 2 arrival, coming, advent; entrance. 3 commencement. 4 acquisition. 5 East. 6 (***Law***) voucher, document. آگم بدیا futurology, practice of prophesying.

آگمن /ɑ:gəmən/ ■ *n.m.* coming, emergence, advent, appearance.

آگندہ /ɑ:gənd̪ɑ:/ ■ *adj.* 1 filthy, dirty. 2 full, filled with, replete, stuffed. آگندہ گوش deaf; pretending to be deaf; having something stuffed in the ears.

آگَوا /ɑ:gəvɑ:/ ■ *v.* (*var.* of آگیا) (*vulg.*) came.

آگُوا /ɑ:gʊvɑ:/ ■ *n.m.* pommel of a horse.

آگہی /ɑ:gəhi:/ ■ *n.f.* (*contr.* of آگاہی) awareness.

آگے /ɑ:ge:/ ■ *adv.* 1 before, in front of, anterior to. 2 facing, face to face, in the presence of. 3 opposite. 4 in the past; previously, formerly. 5 hereafter, henceforth. 6 ahead, in advance. 7 in future. 8 beyond, further away. 9 onward, further, further on. 10 near, close. 11 next in time or place; just afterwards. آگے آگے 1 in front, before. 2 ahead. 3 in future; by and by. آگے آگے چلنا accompany, lead. آگے آنا 1 come in front, come forward. 2 appear, come in sight. 3 draw near, advance. 4 to reap what one has sown. 5 (of thoughts) take practical shape. آگے (آئی) آیت nothing more; period! whatever has been said is enough! آگے بڑھانا promote, advance. آگے بڑھنا 1 advance, move or come forward or ahead, go or press forward. 2 improve. 3 proceed, get on, go forth, go on. 4 surpass, outdo. آگے پوت/ناتھ نہ پیچھے پگا heirless, lone; lone wolf. آگے پیچھے 1 in a row; one after another, in tandem, in succession; in a series. 2 by and by, in due course. 3 confusedly, improperly. 4 fore and aft. 5 sooner or later. آگے پیچھے کرنا waver, hesitate, demur. آگے چل کر in future; anon; by and by; at a later stage, later, later on. آگے دے کر intentionally, deliberately. آگے دیکھنا take care; be cautious, be vigilant, keep the eyes open. آگے دھرا ہے surely to happen; the outcome is obvious. آگے دھر لینا bring forward. آگے ڈالنا throw or place in front. آگے رکھنا 1 lay or set in front. 2 exhibit; present. 3 imprison, confine. آگے سے 1 moreover, further more, in addition to; over and above (this); from afore; in anticipation. 2 previously, formerly. آگے سے ٹھاننا predetermine, prejudge. آگے سے ہوتے آنا/رہنا be in vogue from before. آگے کا anterior. آگے کرنا bring to the fore; expose, exhibit; present, offer. آگے کنواں پیچھے کھائی between the devil and the deep sea. آگے کو کان ہونا be warned, promise not to repeat (an act). آگے لانا advance, bring in front. آگے ہونا 1 precede. 2 be daring; be insolent. (*opp.* پیچھے)

آگّیا /ɑ:ggejɑ:/ ■ *n.f.* 1 permission, licence. 2 order, command, behest; mandate. آگیا پتر written decree. آگیا کرنا 1 order, dictate; settle; prescribe; enjoin. 2 grant leave.

آگیں /ɑ:gĩ:/ ■ *suffix* forming adjectives; full of; used in comp. as: نیاز آگیں full of respect.

آل [۱] /ɑ:l/ ■ *n.f.* 1 offspring, children, dynasty. 2 followers. 3 race, tribe. آلِ اطہار/عبا Prophet Muhammad's daughter Hazrat Fatima, her husband Hazrat Ali and their sons, Imam Hasan and Imam Hussain. آل اولاد offspring, progeny, family; descendants. آلِ رسول Prophet Muhammad's descendants and/or followers. آلِ سلطانی the royal family, the royal house, dynasty. آل و عیال children, family. [A]

آل [۲] ____ ■ *n.f.* 1 green stalk of onion. 2 a tree yielding red dye, *Morinda citrifolia*. آل جنجال nightmare, frightening or unpleasant dream. [S]

آل [۳] ____ ■ *n.m.* red colour. آل تمغا royal seal. [T]

آل [۴] ____ ■ *n.m.* dampness, moisture, wetness. [S]

آلا [۱] /ɑ:lɑ:/ ■ *adj.* 1 (of a wound) raw, unhealed. 2 damp, wet. ■ *n.m.* thug. [Prk.]

آلا [۲] ____ ■ *n.m.* 1 niche. 2 receptacle. [S]

آلا [۳] ____ ■ *n.m.* (also آلھا) ballad, heroic poem. [dial.]

آلابالا /ɑ:lɑ: bɑ:lɑ:/ ■ *n.m.* **1** evasion, subterfuge, prevarication; sophistry. **2** laziness, idleness.

آلات /ɑ:lɑ:t̪/ ■ *n.m.* (*pl.* of آلہ) instruments, tools, implements, devices, appliances, equipment, apparatus, gadgets, utensils. آلاتِ تنفس respiratory appliances. آلاتِ حرب arms, armaments. آلاتِ رصدی / رصدیہ astronomical instruments. آلاتِ کشاورزی agricultural implements.

آلام /ɑ:lɑ:m/ ■ *n.m.* (*pl.* of الم[1]) **1** pains, grief. **2** troubles, afflictions, misfortunes, suffering. آلامِ دوروزہ brief or transitory troubles. آلامِ روزگار the sorrows and misfortunes of life.

آلان /ɑ:lɑ:n/ ■ *n.m.* **1** chain or rope to tie an elephant's leg. **2** the post to which an elephant is tied.

آلائش /ɑ:lɑ:ɪʃ/ ■ *n.f.* (also آلایش) **1** filth, refuse, garbage. **2** guts, internal organs of a body. **3** pus, discharge from a sore. **4** excreta; muck.

آلپن /ɑ:lpɪn/ ■ *n.f.* (also آلپین) pin.

آلت /ɑ:lət̪/ ■ *n.m.* & *f.* **1** penis. **2** tool, apparatus, utensil, implement.

آلتی پالتی /ɑ:lt̪i: pɑ:lt̪i:/ ■ *n.f.* cross-legged posture, squatting position. آلتی پالتی مارنا sit cross-legged.

آلس /ɑ:ləs/ ■ *n.f.* laziness, idleness, inactivity.

آلسی /ɑ:lsi:/ ■ *adj.* (also آلَسی) indolent, lazy, sleepy.

آلکس /ɑ:lkəs/ ■ *n.f.* (also آلکسی) disinclination to move or work, sluggishness, lethargy.

آلن /ɑ:lən/ ■ *n.m.* **1** straw, etc. mixed with mud for brick making and plastering. **2** a mixture of daal and roti.

آلنگ[1] /ɑ:ləŋg/ ■ *n.f.* **1** (of a female animal) being on heat. **2** lustfulness (in woman). [S]

آلنگ[2] ____ ■ *n.m.* tunnel; entrenchment. [P]

آلو /ɑ:lu:/ ■ *n.m.* aloo, potato, spud. آلو چھولے a savoury of boiled potatoes and chickpeas.

آلوبالو /ɑ:lu: bɑ:lu:/ ■ *n.m.* wild cherry.

آلوبخارا /ɑ:lu: bʊxɑ:rɑ:/ ■ *n.m.* damson; prune.

آلوچہ /ɑ:lu:tʃɑ:/ ■ *n.m.* plum.

آلود /ɑ:lu:d̪/ ■ *suffix* forming adjectives: full of, daubed, contaminated, covered with, smeared with; used in comp. as: غبار/گرد آلود covered with dust.

آلودگی /ɑ:lu:d̪əgi:/ ■ *n.f.* nastiness, uncleanliness; foulness, taint, contamination, pollution, defilement; impurity.

آلودہ /ɑ:lu:d̪ɑ:/ ■ *adj.* unclean, foul, immersed, soiled, filthy, grimy, sullied; smeared, contaminated, polluted.

آلوسن /ɑ:lu:sən/ ■ *n.f.* herb believed to be a cure for rabies.

آلہ /ɑ:lɑ:/ ■ *n.m.* tool, weapon, implement, instrument, appliance; contraption. آلۂ تناسل penis; genital, the male organ. آلۂ جارح weapon. آلۂ جر crane. آلۂ حرارت thermometer. آلۂ حرفت an implement or instrument of trade. آلۂ دورنویس teleprinter. آلۂ سدس sextant. آلۂ سماعت headphone(s); hearing aid. آلۂ کار **1** cat's-paw, dupe. **2** means; useful tool or support. آلۂ مانع brake. آلۂ مردی penis. آلۂ مکبر الصوت loudspeaker. آلۂ مہلک deadly weapon. (*pl.* آلات)

آلہات /ɑ:lehɑ:t̪/ ■ *n.m.* **1** gods, deities; theology. **2** things pertaining to supernatural, divine things. (*sing.* آلِہ)

آلی /ɑ:li:/ ■ *n.f.* **1** (usu. in folk songs) a girl's female friend. **2** bed of flowers.

آلے بالے بتانا /ɑ:le: bɑ:le: bət̪ɑ:nɑ:/ ■ *v.* evade, avoid.

آلھا /ɑ:l^{h}ɑ:/ ■ *pr.n.m.* a legendary romantic warrior hero of northern India. ■ *n.f.* the epic poem praising his deeds. (See also آلا[3].)

آم /ɑ:m/ ■ *n.m.* (also امب، امبا، آنب) mango. آم کے آم گٹھلیوں کے دام double advantage; a deal without a loss; killing two birds with one stone. آم کھانے سے غرض رکھو پیڑ گننے سے نہیں enjoy the opportunity without being curious about details. آم میں بور آنا mango trees to blossom.

آما /ɑ:mɑ:/ ■ *suffix* replete, full of; used in comp. as: شہد آما گلاس glass full of honey.

آماج /ɑ:mɑ:dʒ/ ■ *n.m.* (also آماج گاہ) **1** target, butt, a point aimed at, bullseye. **2** shelter. **3** an object of desire or ambition.

آمادگی /ɑ:mɑ:d̪gi:/ ■ *n.f.* **1** readiness, alertness, preparedness. **2** willingness, inclination.

آمادہ /ɑ:mɑ:d̪ɑ:/ ■ *adj.* **1** ready, prepared, alert. **2** disposed to, willing. **3** present, available. آمادۂ پیکار/جنگ up in arms.

آماس /ɑ:mɑ:s/ ■ *n.m.* intumescence, swelling; tumour. آماس کرنا intumesce, swell, effect a swelling.

آمال /ɑ:mɑ:l/ ■ *n.m.* (*pl.* of امل[2]) desires, hopes, wishes.

آمد /ɑ:məd̪/ ■ *n.f.* **1** arrival, coming in, entry, incoming, advent. **2** access, approach. **3** revenue, income, incomings, receipts. **4** inspiration. **5** spontaneity, volubility, fluency of diction. **6** afflatus. آمد آمد signs of arrival or announcement. آمدِ سخن میں something said extempore. آمدوالا rich man. آمدوخرچ income and expenditure; receipts and disbursements. آمدورفت **1** traffic. **2** coming and going, ingress and egress. **3** thoroughfare, road. آمدوشد coming and going.

آدم برسرِ مطلب /ɑ:mədəm bərsəre: mətləb/ ■ *phr.* coming to the point.

آمدن /ɑ:mdən/ ■ *n.f.* **1** income. **2** advent, coming, arrival.

آمدنی /ɑ:mdəni:/ ■ *n.f.* (also آمدنی) income, revenue, takings, receipts, proceeds. آمدنی خالص net proceeds.

آمدورفت /ɑ:mədo:rəft/ ■ *n.f.* **1** traffic. **2** coming and going. See under آمد.

آمِر /ɑ:mɪr/ ■ *n.m.* **1** ruler, dictator. **2** commander, one who orders.

آمِرانہ /ɑ:mɪrɑ:nɑ:/ ■ *adj.* dictatorial, despotic, tyrannical. آمرانہ حکومت dictatorial government.

آمُرزش /ɑ:mʊrzɪʃ/ ■ *n.f.* **1** forgiveness, grace. **2** Divine pardon of sins.

آمُرزگار /ɑ:mʊrzgɑ:r/ ■ *n.m.* forgiver, one who pardons, i.e. God.

آمِرہ /ɑ:mɪrɑ:/ ■ *adj.* (*fem.* of آمِر).

آمِری /ɑ:mɪri:/ ■ *adj.* (of or relating to آمِر). ■ *n.f.* See آمریّت.

آمِرِیّت /ɑ:mɪrɪjjət/ ■ *n.f.* dictatorship.

آملہ /ɑ:mlɑ:/ ■ *n.m.* (also آنولہ) myrobalan.

آملیٹ /ɑ:mle:ṭ/ ■ *n.m.* omelette, dish of fried beaten eggs. [E]

آمن /ɑ:mən/ ■ *n.f.* a kind of mango and its tree.

آمِن /ɑ:mɪn/ ■ *adj.* safe, secure, protected.

آمناسامنا /ɑ:mnɑ: sɑ:mnɑ:/ ■ *n.m.* **1** face to face. **2** confrontation; front; opposition.

آمنّا وصدّقنا /ɑ:mənnɑ: və səddəqnɑ:/ ■ *phr.* we believe in and testify to its truth...; too true, sure, certainly.

آمنی /ɑ:mni:/ ■ *adj.* mango-shaped.

آمنے سامنے /ɑ:mne: sɑ:mne:/ ■ *adv.* **1** face to face, in front. **2** opposite.

آموختہ /ɑ:mo:xtɑ:/ ■ *adj.* taught, learnt. ■ *n.m.* previous lesson.

آموز /ɑ:mo:z/ ■ *n.m.* teaching; learning. ■ *suffix.* teaching; used in comp. as: دست آموز taught by hand. سبق آموز instructive. نوآموز novice, inexperienced. آموزگار instructor, teacher. آموزگاہ school, madrasa.

آموزش /ɑ:mo:zɪʃ/ ■ *n.f.* education; teaching; learning. آموزش گاہ school.

آمیخت /ɑ:me:xṭ/ ■ *n.f.* mixture, blend.

آمیختہ /ɑ:me:xṭɑ:/ ■ *adj.* **1** mixed, blended. **2** compound.

آمیز /ɑ:me:z/ ■ *n.f.* **1** mixed, fraught with. **2** composition, compound. ■ *suffix* forming adjectives: mixed, compounded; used in comp. as: جرأت آمیز brave, fearless. آمیز کرنا admix, amalgamate.

آمیزش /ɑ:me:zɪʃ/ ■ *n.f.* **1** mixture, mixing; temperament. **2** adulteration. **3** conspiracy. **4** adulterant. آمیزش کرنا adulterate, alloy.

آمیزہ /ɑ:me:zɑ:/ ■ *n.m.* mixture, blend, alloy, amalgam.

آمین /ɑ:mi:n/ ■ *n.f.* amen, so be it! آمین بالجہر (*Isj.*) saying amen loudly at the end of the Sura Fateha during collective namaz. آمین بالسّر (*Isj.*) saying amen in a low voice during collective namaz. آمین ثم آمین (*emph.*) amen.

آن[1] /ɑ:n/ ■ *n.f.* (also آن) **1** rank, dignity, splendour. **2** self-respect. **3** conceit, pride, vanity. **4** graceful bearing, grand or pompous style. **5** nature, habit, temperament. **6** affectation, pomp, air. **7** vow, oath. **8** promise, pledge. **9** desire, wish, intention. **10** bashfulness, coyness. آن بان **1** splendour, beauty, grace, magnificence. **2** vanity, pride, conceit. **3** habit. **4** self-respect, esteem. آن کہاں ہوگیا became afflicted with misfortune; lost all honour and pomp. آن مان dignity, grace. آن مان سے in a dignified way. آن ماننا acknowledge someone's superiority, concede defeat. [P]

آن[2] ——— ■ *n.f.* a moment, instant, a very short time. آنِ سیّال time. آن کی آن میں in a moment, in no time. آن میں کچھ آن میں کچھ wavering, irresolute. [A]

آن[3] ——— ■ *n.m.* (*contr.* of آنا) آن پڑنا come down. آن پہنچنا encounter. آن گرنا fall upon. آن ملنا arrive; join, meet. [S]

آن[4] ——— ■ *pron.* (also آں) he; she; that. آن جہانی **1** for the next world. **2** (*fig.*) late, deceased. آن چہ that which. آن حضرت حضور a reverential way of speaking about Prophet Muhammad. [P]

آنا /ɑ:nɑ:/ ■ *v.* (also آونا) **1** come, arrive, reach. **2** advance, come forward. **3** fit into. **4** (of a mental or physical state) occur, (of a natural phenomenon, time, etc.) happen. **5** appear, emerge. **6** grow, increase. **7** come forth. **8** incline, be bent upon. **9** get on. **10** be entangled, be taken in. **11** (of rain) fall, come down, drop. **12** befall, betide. **13** (of river, etc.) rise, over flow. ■ *n.m.* arrival; advent; approach. آنا جانا coming and going; exchange of visits.

آنا فانا /ɑ:nən fɑ:nən/ ■ *adv.* suddenly, immediately, instantly.

آنا کانی /ɑ:nɑ: kɑ:ni:/ ■ *n.f.* prevarication, equivocation, evasion, purposely neglecting, make excuses, trifling with, disregarding. آنا کانی دینا/کرنا turn a deaf ear to, pass by; make light of (something); trifle with, connive at; disregard, shuffle, pay no heed.

آنبا ہلدی /ɑ̃:bɑ: həlḍi:/ ■ *n.f.* mango ginger, a kind of turmeric, *Curcuma amada.*

آنت /ɑ̃:ʈ/ ■ *n.f.* intestine, gut, entrails. آنت اترنا suffer from hernia. آنت بھاری تو بات بھاری a well-fed person's words are trustworthy. آنت بھاری ہونا suffer from indigestion. آنت کٹو diarrhoea of cattle. آنت کی آنت (*fig.*) very long.

آنتوں /ɑ̃:ʈõ:/ ■ *n.f.* (*pl.* of آنت) آنتوں کا قل ہو اللہ پڑھنا feel very hungry. آنتوں کے بل کھلنا **1** eat well. **2** feel hungry.

آنتیں /ɑ̃:ʈẽ:/ ■ *n.f.* (*pl.* of آنت) آنتیں سوکھنا be very hungry. آنتیں گلے آ نا رپڑنا become entangled in some trouble. آنتیں منھ کو آنا **1** feel suffocated. **2** be very fearful or immensely worried.

آنٹ /ɑ̃:ʈ/ ■ *n.f.* **1** knot. **2** scratch mark on silver or gold to test its purity. **3** skein or reel of thread. **4** (*fig.*) animosity, antagonism; ill-will. آنٹ سانٹ لڑانا engage in a conspiracy. آنٹ سانٹ لگانا obstruct. آنٹ میں آنا be trapped, be snared.

آنٹا /ɑ̃:ʈɑ:/ ■ *adj.* **1** full, replete. **2** fill up, cram in; stuff. **3** scanty, insufficient. **4** restricted, confined. ■ *n.m.* entanglement, difficulty.

آنٹی /ɑ:nʈi:/ ■ *n.f.* aunt. [E]

آنٹی /ɑ̃:ʈi:/ ■ *n.f.* **1** bale or bundle (of wood or thread). **2** a knot or twist in dhoti, etc. **3** a trick in wrestling. **4** a bundle of grass. **5** a small faggot. **6** (*fig.*) pocket.

آنجہانی /ɑ̃:dʒəhɑ:ni:/ ■ *adj.* (*fig.*) deceased. See آن جہانی under آن².

آنچ /ɑ̃:tʃ/ ■ *n.f.* **1** flame, blaze; fire. **2** heat from a fire. **3** fervour, warmth, affection, passion. **4** glare, glow. **5** trial, difficulty. **6** splendour. آنچ دکھانا heat, kindle, ignite. آنچ کھانا be heated, simmer, boil. آنچ کھینچنا lower the flame of a stove, etc. آنچ لگنا be seared by fire. آنچ نہ آنا suffer no harm or injury. آنچ نہ آنے دینا protect from injury.

آنچل /ɑ̃:tʃəl/ ■ *n.m.* **1** border of a dress, dupatta or sari, etc. **2** a sheet used by women as veil or to cover the upper part of the body, particularly head and breasts. **3** the bosom of a woman. آنچل اتارنا (*fig.*) dishonour. آنچل بچانا avoid, show aversion. آنچل پڑنا be afflicted by bad omen. آنچل دبانا (of an infant) to suck the breast. آنچل دینا breast-feed a baby while covered. آنچل میں باندھنا bear in mind. آنچل میں گرہ دینا tie a knot in the corner of a dupatta as an aid to memory.

آنچو /ɑ̃:tʃu:/ ■ *n.m.* raspberry.

آند /ɑ̃:ḍ/ ■ *n.f.* (also آندھ) darkness, especially the dimness of the eyes owing to weakness or weariness.

آندو /ɑ̃:ḍu:/ ■ *n.m.* **1** a chain or rope tied round an elephant's foot. **2** chain worn by a winning wrestler as a trophy.

آندھی /ɑ̃:ḍʰi:/ ■ *n.f.* dust storm, tempest, hurricane, gale, cyclone. آندھی باؤ storm, tempest. آندھی چلنا hurricane or storm to blow. آندھی کا کوا helpless person. آندھی کی طرح آنا arrive suddenly. آندھی کی طرح آنا بگولے کی طرح جانا come suddenly and leave abruptly. آندھی کے آم **1** windfall. **2** very cheap thing; anything obtained without effort. **3** something transitory.

آنڈ /ɑ̃:ɖ/ ■ *n.m.* testicle.

آنڈو /ɑ̃:ɖu:/ ■ *adj.* **1** having testicles, uncastrated. **2** (*fig.*) virile. ■ *n.m.* bull. آنڈو بیل breeding ox.

آنڈی /ɑ̃:ɖi:/ ■ *n.f.* bulb of onion.

آنسو /ɑ̃:su:/ ■ *n.m.* tear(s). آنسو اُمڈنا/اُمنڈنا tears to well up, eyes to fill up with tears. آنسو بہانا shed tears; pretend to weep. آنسو بھر آنا become tearful; tears to well up, weep. آنسو پونچھنا **1** wipe tears. **2** console, comfort. آنسو پی جانا fight back tears, control one's emotions. آنسو توڑ (in thuggee) unseasonable rain, considered as a bad omen. آنسو ڈبڈبانا (of the eyes) to be filled with tears; tears to well up. آنسو ڈھال running or watering of the eyes (a disease in horses). آنسوگیس tear gas.

آنسوؤں /ã:su:õ:/ ■ *n.m.* (*pl.* of آنسو) آنسوؤں سے پیاس نہیں بجھتی shedding tears is no remedy. آنسوؤں سے منھ دھونا weep copiously. آنسوؤں کا تار باندھنا weep continuously. آنسوؤں کی جھڑی لگنا weep copiously.

آنسہ /a:nesa:/ ■ *n.f.* miss, the title prefixed to the name of an unmarried woman.

آنک /a:nək/ ■ *n.m.* large military drum beaten on one side.

آنک /a:ŋk/ ■ *n.m.* **1** estimate, judgement. **2** a mark (showing the selling price of an article); mark or stamp on coins. **3** any letter of alphabet. **4** (***Math.***) numerical figure, cypher. **5** share, portion. **6** hook, curve, bend. آنک بدیا arithmetic. آنک کار assessor.

آنکڑا /a:ŋkɽa:/ ■ *n.m.* **1** hook, tenter. **2** fishing hook; any curved metallic gripping tool. **3** barb of an arrow.

آنکڑی /a:ŋkɽi:/ ■ *n.f.* (*dim.* of آنکڑا) small hook.

آنکس /a:ŋkəs/ ■ *n.m.* ankus, goad, the pointed iron rod with which an elephant is prodded while being ridden. آنکس مارنا **1** goad. **2** bring to submission.

آنکنا /a:ŋkna:/ ■ *v.* assess, evaluate, size up, measure, appraise, rate.

آنکیا /a:ŋkja:/ ■ *n.m.* assessor, a valuer of crops.

آنکھ /a:ŋk^h/ ■ *n.f.* **1** the eye. **2** sight, look, glance. **3** sense of judgement, close observation. **4** opinion; estimation. **5** regard, respect, deference. **6** gesture, hint. **7** hope, expectation. **8** bud of a potato; the clove of a garlic. **9** offspring, children. **10** a loop into which a hook is inserted. **11** lens of a microscope, etc. آنکھ اٹھا کر نہ دیکھنا **1** disregard, treat with disdain; ignore. **2** be ashamed or shy. آنکھ انجنی stye, the small pimple on the eyelids. آنکھ اوجھل پہاڑ اوجھل out of sight, out of mind. آنکھ اونچی نہ ہونا be abashed or ashamed. آنکھ آنا / دُکھنا have pain in the eyes, have an inflammation in the eyes, suffer from ophthalmia or conjunctivitis. آنکھ بچا کے stealthily, covertly, secretly. آنکھ بچانا avoid meeting someone's glance, elude observation. آنکھ بدلنا withdraw one's favour or affection or regard from someone. آنکھ برابر نہ کر سکنا be ashamed, shy or sheepish. آنکھ بند کر کے blindly, thoughtlessly, carelessly. آنکھ بند کر لینا **1** refuse to see. **2** pay no heed (to), pay no attention to. **3** die, expire. **4** shut the eyes, sleep. آنکھ بند ہونا **1** fall asleep. **2** die. آنکھ بھر کے دیکھنا **1** look at something squarely; look intently. **2** cast angry look (at). آنکھ بھر لانا become tearful. آنکھ پتھرانا eyes to become lifeless, eyes to stop moving; become dim-sighted. آنکھ پیدا کرنا cultivate insight, etc. آنکھ پھڑکنا have a tic in the eye, regarded as an omen; eyelid flutter convulsively. آنکھ پھوٹنا lose one's sight, become blind. آنکھ پھوٹی پیڑ گئی trouble is eliminated, though the loss is great. آنکھ پھوڑ ٹڈّا grasshopper. آنکھ پھوڑنا **1** to blind. **2** (*fig.*) study hard. آنکھ پھیر لینا ignore, look another way, avoid, shun, disregard. آنکھ پھیلانا **1** open one's eyes, stare; look astounded. **2** be wise and prudent, discriminate. آنکھ جھپکانا bat or flutter the eyelids. آنکھ جھپک جانا / جھپکنا doze off, be dazzled; take a catnap. آنکھ جھکنا eyes to be lowered due to shame. آنکھ چُرانا **1** avert the eyes, pretend not to see, avoid meeting another's gaze. **2** connive. آنکھ چڑھانا **1** be angry. **2** be drunk. آنکھ چڑھنا eyes to be swollen due to intoxication, headache or want of sleep; be dying. آنکھ چمکانا **1** flash the eyes. **2** roll one's eyes in anger or as a blandishment. آنکھ چھپانا hide one's eyes; be ashamed. آنکھ دابنا shut one's eyes; wink in admonition. آنکھ دبنا be ashamed. آنکھ دکھانا **1** get the eyes examined (by an eye specialist). **2** glare, give an angry look; frighten, overawe, bully. **3** stare defiantly. آنکھ دھوئی دھلائی ہونا be shameless, be ungracious, not realize one's mistake. آنکھ ڈالنا **1** set eyes on, look, turn the eyes to. **2** cast wanton glances. **3** look angrily, glare. **4** look for, search (for). آنکھ ڈبڈبانا tears to well up. آنکھ رکھنا be fond of somebody, covet. آنکھ روشن کرنا delight the eyes. آنکھ سرخ / لال کرنا look angry, be angry. آنکھ سیدھی رکھنا be friendly (to someone). آنکھ سے دیکھ کے with one's eyes open; knowingly, carefully, consciously. آنکھ سے گرنا be out of favour, fall from grace. آنکھ سینکنا delight or refresh the eyes; look lasciviously at someone, contemplate the beauty of. آنکھ کا پانی ڈھلنا behave shamelessly. آنکھ کا پردہ **1** retina. **2** (*fig.*) propriety without veil. **3** modesty, bashfulness (of a woman). آنکھ کا تارا the apple of one's eye. آنکھ کا حلقہ eye socket. آنکھ کا خار **1** eyesore. **2** anything or anyone disliked or hated. آنکھ کا ڈورا red veinlet in eye;

witnessed. آنکھوں دیکھا مانا کانوں سنا نہ مانا seeing is believing. آنکھوں دیکھی نہ کانوں سنی unbelievable. آنکھوں سے چنگاریاں اڑنا be infuriated. آنکھوں کا پانی 1 sense of shame. 2 tear(s). آنکھوں کا پانی مرنا lose all sense of shame. آنکھوں کا تارا the apple of one's eye. آنکھوں کا کاجل چرانا be a very expert thief or cheat. آنکھوں کی ٹھنڈک (*fig.*) a dear one (esp. a child). آنکھوں میں آنکھیں ڈال کے face to face; boldly. آنکھوں میں بسنت/ٹیسو/سرسوں پھولنا 1 be dead drunk. 2 be in high spirits, be jubilant. آنکھوں میں بہار پھولنا be happy, be joyous. آنکھوں میں پھرنا be in the mind's eye. آنکھوں میں چربی چھانا 1 be blinded by pride or lust; to act disloyally. 2 not to discriminate between good or bad. آنکھوں میں خار ہونا be an eyesore. آنکھوں میں خاک ڈالنا/دھول جھونکنا lie brazenly, cheat, swindle, fool someone. آنکھوں میں خون/لہو اترنا become extremely furious. آنکھوں میں سحر/صبح ہونا keep awake whole night. آنکھوں میں سمانا be always before one's eyes; like something very much. آنکھوں میں سیل/مروت ہونا be quiet, modest or polite. آنکھوں میں کھٹکنا be hated or disliked, be an eyesore, prove a very unpleasant sight. آنکھوں میں گھر کرنا win someone's affections.

آنکھیں /ɑ:ŋkʰẽ:/ ■ *n.f.* (*pl.* of آنکھ) آنکھیں بچھانا greet effusively, esteem; love. آنکھیں پھاڑ پھاڑ/چیر چیر کر دیکھنا gaze, look wide-eyed in astonishment, observe avidly. آنکھیں پھٹ جانا 1 become wide-eyed. 2 be extremely surprised. آنکھیں ٹھنڈی کرنا 1 look at someone or something pleasing. 2 give joy and comfort. 3 drive consolation, be comforted. آنکھیں چار ہونا meet the gaze, see each other, come face to face (with). آنکھیں چلانا move the eyeball in amazement, wonder or joy. آنکھیں چھت سے لگانا eyes to roll in death. آنکھیں دیوار ہونا be blind, be deprived of sight. آنکھیں ساون بھادوں ہونا weep bitterly. آنکھیں سینکنا ogle; stare, gaze (at a beautiful person). آنکھیں کُھلنا become enlightened. آنکھیں مٹکانا roll one's eyes, to be coquettish. آنکھیں نکالنا look angrily or menacingly. آنکھیں لال/نیلی پیلی کرنا become angry.

آنگ /ɑ:ŋg/ ■ *n.m.* limb. See انگ.

آنگن /ɑ:ŋgən/ ■ *n.m.* courtyard, yard, the enclosed space adjoining a house.

آنگی /ɑ:ŋgi:/ ■ *n.f.* brassiere, bodice.

آنند /ɑ:nənd̪/ ■ *n.m.* & *f.* 1 ananda, delight, happiness,

bloodshot eye. آنکھ کا ڈھیلا eyeball. آنکھ کا رسیلا having beautiful eyes. آنکھ کا نور 1 eyesight. 2 (*fig.*) a loved one, especially offspring; son. آنکھ کی پُتلی the pupil of the eye. آنکھ کی ٹھنڈک 1 a sight for sore eyes. 2 (*fig.*) a dear one. آنکھ کے روبرو/سامنے to one's face, in presence of, in sight of, under one's eyes. آنکھ کھٹکنا eyes to throb painfully, have pinching pain in the eyes. آنکھ کھلنا 1 awake from sleep; come into senses. 2 become aware of, be conscious, be alive to; become wise. 3 be astonished or amazed. آنکھ کھول دینا/کھولنا 1 be born. 2 open one's eyes. 3 make aware of; impart knowledge. آنکھ لال پیلی کرنا look angrily. آنکھ لجانا lower the eyes due to shame or modesty. آنکھ لڑانا 1 gaze. 2 hint with a wink. 3 look amorously, exchange amorous glances. آنکھ لڑنا 1 exchange love glances. 2 fall in love with. آنکھ لگا a woman's male lover, paramour. آنکھ لگانا 1 flirt, fall in love. 2 wait (for), await. آنکھ لگنا 1 fall asleep; shut the eyes; doze. 2 be entangled in love. آنکھ لگائی/لگی mistress. آنکھ مارنا wink. آنکھ مٹکا flirtation, exchanging amorous looks. آنکھ مٹکانا/مچکانا 1 flutter the eyelids. 2 connive at, hoodwink. آنکھ مچولی hide and seek (children's game). آنکھ ملانا meet someone's gaze, look someone in the face. آنکھ موڑنا turn the gaze, look away. آنکھ موند کے inconsiderately, blindly. آنکھ موندنا 1 (*literal*) shut the eyes. 2 (*fig.*) close one's eyes (to something wrong), ignore deliberately. 3 die. آنکھ میں آنکھ ڈالنا/ملانا look in the face, stare straight in the eyes. آنکھ میں سور کا بال ہونا be ungrateful, ingrate, inconsiderate, faithless. آنکھ میں سیل نہ ہونا be cold and indifferent; be shameless. آنکھ میں لحاظ/مروت ہونا have regard or respect for others. آنکھ میں موہنی ہونا have enchanting eyes. آنکھ میں نیل کی سلائی پھیرنا blind someone. آنکھ نہ ٹھہرنا be unable to fix the gaze, be dazzled by. آنکھ نہ دیدہ کاڑھے کشیدہ said when someone of no ability makes tall claims. آنکھ نہ رکھنا be unseeing or undiscerning, lack discernment; have no desire or hope.

آنکھوں /ɑ:ŋkʰõ:/ ■ *n.f.* (*pl.* of آنکھ) آنکھوں آنکھوں میں quietly, without saying anything, by looks only. آنکھوں پر بٹھانا treat with esteem, honour or veneration. آنکھوں پر پٹی باندھ لینا ignore intentionally. آنکھوں پر ٹھیکری رکھ لینا act shamelessly. آنکھوں دیکھا/دیکھی (something) personally pleasure; enjoyment, entertainment. **2** comfort, solace. ■ *adj.* happy; careless. آنند کے تار بجانا enjoy comforts, rejoice.

آنندتا /ɑ:nənḍəṭɑ:/ ■ *n.f.* happiness.

آنندی /ɑ:nənḍi:/ ■ *adj.* blessed, happy.

آنو /ɑ̃:v/ ■ *n.f.* (also آنوں) mucus excreted in dysentery.

آنول[1] /ɑ̃:vəl/ ■ *n.f.* placenta. آنول جھانول **1** birth of twins. **2** twins. آنول نال umbilical cord. [S]

آنول[2] ____ ■ *n.m.* myrobalan. آنول گٹا dried fruit of myrobalan tree. [S]

آنولا /ɑ̃:vlɑ:/ ■ *n.m.* myrobalan, a fruit having medicinal value. آنولا سار گندھک purified sulphur.

آنون /ɑ̃:vən/ ■ *n.f.* the coat of clay on the bottom of an earthen pot.

آنہ /ɑ:nɑ:/ ■ *n.m.* anna, the sixteenth part of a rupee.

آنی[1] /ɑ:ni:/ ■ *adj.* inevitable. ■ *n.f.* **1** fate. **2** (*fig.*) death. آنی جانی transitory, short-lived. [dial.]

آنی[2] ____ ■ *adj.* momentary, transitory, brief. [A]

آنی[3] ____ ■ *adj.* concerning elegance or vanity. آنی بانی **1** pride, vanity. **2** mischief, wickedness. [P]

آوا /ɑ:vɑ:/ ■ *n.m.* (also آوہ) **1** potter's kiln, furnace for melting glass. **2** brick's kiln. آوا (آوے) کا آوا بگڑا ہونا be rotten from top to bottom or through and through.

آواجاوا /ɑ:vɑ: dʒɑ:vɑ:/ ■ *n.m.* coming and going; communication.

آوار /ɑ:vɑ:r/ ■ *n.m.* injustice, tyranny.

آوارجہ /ɑ:vɑ:redʒɑ:/ ■ *n.m.* record of accounts.

آوارگی /ɑ:vɑ:rəgi:/ ■ *n.f.* **1** vagrancy, wandering. **2** profligacy, licentiousness.

آوارہ /ɑ:vɑ:rɑ:/ ■ *n.m.* (also آوارا) wanderer, tramp. ■ *adj.* **1** homeless, vagrant, vagabond, banished from society. **2** dissolute, licentious, profligate, immoral. **3** scattered, dispersed; wasted, devastated. **4** desolate, uninhabited. **5** (*fig.*) (i) alone, lonesome. (ii) adrift. آوارہ بختی misery, desolation. آوارہ پھرنا wander, rove, hang about. آوارہ چشمی ogling. آوارہ سری mental confusion, puzzlement. آوارہ کتا pye-dog, street cur. آوارہ کرنا **1** scatter. **2** expel. **3** to lead astray. آوارہ گرد vagrant, tramp, wanderer. آوارہ گردی wandering, vagrancy. آوارہ مزاجی caprice; looseness of morals, non-observance of social norms and mores. آوارہ وطنی being in a foreign land, being away from home. آوارہ ہونا wander, behave like a tramp; become corrupt, (a pet) to revert to wild state.

آواز /ɑ:vɑ:z/ ■ *n.f.* **1** voice, sound, noise; tone; cry, shout; echo. **2** call, summon. **3** fame, renown. **4** language, tongue. **5** proclamation, announcement. آواز اٹھانا raise the voice, speak out, protest. آواز آنا a sound to come or be emitted. آواز بدلنا/بنانا change voice or imitate someone's voice. آواز بیٹھنا lose the voice. آواز بھرّانا become hoarse. آواز پر آواز دینا repeatedly call someone; call back when called. آواز پر کان دھرنا listen to, be all ears. آواز پڑنا a call to be given. آواز پیدا ہونا sound to be emitted, noise to be made. آواز دینا call someone. آواز کا پاٹ/پلّہ/رٹپا hearing distance, range or reach of voice, earshot. آواز کان میں پڑنا overhear, catch a sound. آواز لگانا **1** proclaim, herald. **2** (of a hawker) to cry out; (of a beggar) to beg, to call for alms. **3** (***Music***) sing, vocalize. آواز میں آواز ملانا sing along with someone. آواز نگار phonograph, a voice or sound recorder.

آوازہ /ɑ:vɑ:zɑ:/ ■ *n.m.* **1** noise, uproar. **2** rumour, report. **3** fame, reputation. **4** sneer, jibe. آوازہ کسنا pass rude remarks, make rude or jocose comments, hoot, jeer; barrack; boo.

آوازے /ɑ:vɑ:ze:/ ■ *n.m.* (*pl. & infl.* of آوازہ) آوازے توازے taunts, jeers, innuendoes.

آواگون /ɑ:vɑ:gəvən/ ■ *n.m.* (***Hinduism***) transmigration, death and rebirth in another body.

آوت /ɑ:vəṭ/ ■ *n.f.* the area of farmland that may be ploughed with a pair of oxen.

آوخ /ɑ:vəx/ ■ *exclam.* expressing grief; alas!

آور /ɑ:vər/ ■ *suffix* bringing, bearing, possessing, endowed with; used in comp. as: حملہ آور attacker, assailant. زور آور having strength, strong.

آورتک /ɑ:vərṭək/ ■ *n.m.* whirlpool, maelstrom.

آوُرد /ɑ:vʊrḍ/ ■ *n.f.* (also آورد) forced composition, composing poetry with conscious efforts and without inspiration. ■ *adj.* unnatural, affected, assumed. ■ *suffix* fight, armed conflict; used in comp. as: ہم آورد fighting against. آوردگاہ battlefield.

آوُردہ /ɑ:vʊrḍɑ:/ ■ *adj.* (also آوردہ) **1** something brought. **2** one who is favoured, protègè. آوردہ نویس recorder or writer of accounts as delivered.

آون /ɑ:vən/ ■ *n.f.* (*coll.*) arrival, coming.

آونا /ɑ:vnɑ:/ ■ *v.* (*arch.*) to come. See آنا.

آوند /ɑ:vənḍ/ ■ *n.m.* bowl, vessel, pan.

آونگ /ɑ:vəŋg/ ■ *n.f.* 1 clothes line. 2 sling.

آونگی /ɑ:vəŋgi:/ ■ *adj.* 1 of or relating to آونگ, hanging. 2 pendant.

آوے /ɑ:ve:/ ■ (*infl.* of آونا) آوے ہی آوے will surely come.

آویختہ /ɑ:ve:xṭɑ:/ ■ *adj.* suspended, hanging, pendulous, dangling.

آویز /ɑ:ve:z/ ■ *adj.* hanging, attached, gripping. ■ *suffix* used in comp. as: دل آویز winsome.

آویزاں /ɑ:ve:zɑ̃:/ ■ *adj.* suspended, dangling.

آویزش /ɑ:ve:zɪʃ/ ■ *n.f.* conflict, strife, discord.

آویزہ /ɑ:ve:zɑ:/ ■ *n.m.* 1 earring. 2 pendant.

آہ /ɑ:h/ ■ *n.f.* sigh, moan. ■ *exclam.* ah! alas! آہ بھرنا sigh, heave a sigh. آہ پڑنا suffer retribution for cruelty to someone. آہِ جانکاہ، جگر سوز a heart-rending sigh. آہِ سرد groaning, deep sigh. آہِ نیم شب the midnight sigh or lament, midnight prayer. آہ و بُکا، زاری، فغاں wailing, bewailing, moaning, lamenting, lamentation.

آہا /ɑ:hɑ:/ ■ *exclam.* expressing delight, triumph or wonder; how excellent! well done! bravo! aha!

آہار¹ /ɑ:hɑ:r/ ■ *n.m.* (also اہار) food, eatables, victuals, sustenance. [S]

آہار² ____ ■ *n.m.* paste, starch, glue. [P]

آہت /ɑ:hʊṭ/ ■ *n.f.* oblation, a burnt offering.

آہٹ /ɑ:həṭ/ ■ *n.f.* footfall, slight sound (e.g. of footsteps). آہٹ پر کان لگانا 1 be all ears for a sound. 2 (*fig.*) await someone eagerly. آہٹ لیتے رہنا، لینا be on the alert, be on the watch.

آہر جاہر /ɑ:hər dʒɑ:hər/ ■ *n.f.* coming and going, ingress and egress.

آہستگی /ɑ:hɪsṭəgi:/ ■ *n.f.* 1 slowness, gradualness. 2 softness (of voice or sound); gentleness; tenderness.

آہستہ /ɑ:hɪsṭɑ:/ ■ *adv.* 1 slowly, gradually, step by step. 2 tenderly, softly; noiselessly. 3 secretly, covertly. 4 tardily, sluggishly, lazily. ■ *adj.* 1 noiseless. 2 slow, slack. آہستہ چال، خرام، رو slow-paced, amble.

آہک /ɑ:hək/ ■ *n.m.* quicklime. آہک پاشی painting (a house) with lime, limewashing, whitewashing.

آہم /ɑ:həm/ ■ *exclam.* ahem; the sound of hawking uttered to attract attention or as an excuse before saying something.

آہن /ɑ:hən/ ■ *n.m.* 1 iron. 2 (*fig.*) strong, hard. آہن پوش 1 iron-plated, armoured, wearing armour. آہن جان strong, resilient, hard-working. آہن رُبا magnet, loadstone. آہن گر blacksmith. آہن گری the work or trade of blacksmith.

آہنجہ /ɑ:həndʒɑ:/ ■ *n.m.* iron chain, door chain, ring used as doorknob.

آہنکار /ɑ:həŋkɑ:r/ ■ *n.m.* haughtiness, arrogance.

آہنکاری /ɑ:həŋkɑ:ri:/ ■ *adj.* haughty, vain, conceited.

آہنگ /ɑ:həŋg/ ■ *n.m.* 1 intention, purpose. 2 sound, voice, tune; harmony, symmetry; music, melody. 3 manner, method. 4 the voice of a bird. 5 (***Music***) one of the Persian tunes or modulation.

آہنی /ɑ:həni:/ ■ *adj.* (also آہنیں) 1 made of iron. 2 (*fig.*) strong, hard. آہنی خود steel helmet. آہنی راہ difficult route or way. آہنی سڑک tramway or railway line.

آہو /ɑ:hu:/ ■ *n.m.* deer, antelope. آہو بّرہ fawn. آہو چشم having fawn-like beautiful eyes. آہو قدم fast as deer. آہوئے تر رَز (*fig.*) white cloud. آہوئے چرخ، فلک the sun. آہوئے شیر افگن (*poet.*) the beloved's eyes. آہوئے صیاد دیدہ 1 hunted deer. 2 (*fig.*) a hunted person; one who seeks respite or refuge.

آہوتی /ɑ:hu:ṭi:/ ■ *n.f.* (also آہُتی) sacrifice, the thing sacrificed.

آہوری /ɑ:ho:ri:/ ■ *n.f.* mustard, *Sinapis alba*. (See also رائی.)

آہے /ɑ:he:/ ■ *exclam.* expressing pain.

آئیٹا /ɑ:eṭɑ:/ ■ *adj.* being a freebie or easy money.

آئسہ /ɑ:esɑ:/ ■ *adj.* (a woman) having menopause.

آئل¹ /ɑ:ɪl/ ■ *adj.* inclined towards, tending. [A]

آئل² ____ ■ *n.m.* oil. [E]

آئند /ɑ:ɪnḍ/ ■ *adj.* & *suffix* coming; used in comp. as: خوش آئند propitious, pleasing.

آئندہ /ɑ:ɪnḍɑ:/ *n.m.* (also آیندہ) future. ■ *adj.* ensuing, coming, following, subsequent, next. ■ *adv.* in future, for the future. آئندہ و رَوندہ moving; comer and goer, passer-by. آئندہ زندگی afterlife; future life.

آئنہ /ɑ:ɪnɑ:/ ■ *n.m.* mirror. See آئینہ.

آؤ /ɑ:o:/ ■ (*imper.* of آنا) come. آؤ بھگت welcome. آؤ جاؤ coming and going. آؤ دیکھا نہ تاؤ promptly, without hesitation, with no regard for consequences.

آئی /ɑ:i:/ ■ *adj.* (*fem.* of آیا²) coming, received. ■ *n.f.* 1 death; calamity. 2 occasion, opportunity; time. آئی بلا کو (سر سے) ٹالنا avoid getting into trouble, get rid of something troublesome; get rid of a difficulty or trouble. آئی پر رپہ نہ چوکنا never let go the opportunity. آئی تو نوش نہیں تو فراموش content whatever the circumstances. آئی ٹل جانا a trouble to be averted. آئی گئی کا سودا (*coll.*) last moments of life. آئی گئی ہو جانا/رہنا be forgotten, become a thing of the past. آئی ہوئی 1 death. 2 trouble, calamity.

آئے¹ /ɑ:e:/ ■ *n.f.* income; profit. [S]

آئے² ____ ■ *adj.* (*pl.* & *infl.* of آیا²) (also *sing.*) (*rev.*) came. آئے دن often, daily, every so often. آئے گئے casual visitors. آئے نہ آئے whether he/she/they comes/come or not. [S]

آئین /ɑ:i:n/ ■ *n.m.* 1 constitution, law, code, enactment, regulation, statute, set rules or laws. 2 custom, usage; manner, method. آئین بندی decoration of a city upon the visit of a king, etc. آئینِ پارلیمان statutory rules or procedure of a law-making body. آئین پسند constitutionalist. آئینِ تحریری/نوشتہ written law. آئینِ جہاں بانی rules or precepts of governance. آئینِ دادرسی trial procedure, principles of trial. آئینِ دیوانی civil law. آئینِ رواجی common law. آئین ساز lawmaker, legislator. آئین سازی law-making, legislation. آئینِ عدالت judiciary law. آئینِ غیر نوشتہ unwritten law. آئینِ فوجداری criminal law. آئینِ مال revenue law. آئینِ نو new order, modern customs and concepts, etc.

آئیں بائیں شائیں /ɑ:ẽ: bɑ:ẽ: ʃɑ:ẽ:/ ■ *n.f.* claptrap, meaningless or irrelevant talk. آئیں بائیں شائیں کرنا beat about the bush.

آئینتی پائینتی /ɑ:ẽ:t̪i: pɑ:ẽ:t̪i:/ ■ *n.f.* head or feet of a bed; the upper and lower end (of any thing).

آئینہ /ɑ:i:nɑ:/ ■ *n.m.* (also آئنہ) 1 mirror, reflector, looking-glass. 2 (*fig.*) mirror-like, clear, bright. 3 reflection, true copy. آئینۂ انگاری/آتشی the magnifying glass. آئینہ بردار 1 a servant holding a looking glass during make-up. 2 mirror-holder. آئینہ بند embellished with mirrors. آئینہ بندی decorating with mirrors. آئینۂ چینی 1 high quality mirror of China. 2 (*fig.*) the sun. آئینہ خانہ a room or hall where mirrors are fixed in the walls. آئینہ دار 1 reflecting, showing. 2 mirror-holder. آئینہ داری holding a mirror. آئینہ دکھانا to show one what he/she is. آئینہ رخ/رو having a shining face, like a mirror. آئینہ ساز mirror maker. آئینہ سازی mirror making. آئینۂ سکندر/سکندری/رگوہری a mirror of polished steel (attributed to Alexander the Great). آئینہ سیما having a radiant face. آئینہ محل mirror chamber.

آئینی /ɑ:i:ni:/ ■ *adj.* constitutional, in agreement with the laws and customs of the country.

آیا¹ /ɑ:jɑ:/ ■ *n.f.* ayah, a nurse who feeds or look after a child, lady's maid. [Pt.]

آیا² ____ ■ *adj.* (also آیا ہوا) 1 came, arrived. 2 (in reply to a call) "I am coming!" آیا گیا 1 visitor. 2 over and done with; finished. آیا گیا ہونا 1 be clear of debt. 2 dismiss from one's mind. [S]

آیا³ ____ ■ *int.* whether, whether or not, if. [P]

آیات /ɑ:jɑ:t̪/ ■ *n.f.* (*pl.* of آیت) آیاتِ کریمہ the Qur'anic verses. آیاتِ متشابہات the Qur'anic verses needing exegesis. آیاتِ محکمات the Qur'anic verses whose import or meaning is clear.

آیت /ɑ:jət̪/ ■ *n.f.* 1 mark or sign. 2 *ayat*, a verse of the Qur'an. آیت اللہ ayatollah, high ranking Shiite religious leader. آیتِ سجدہ the Qur'anic verses on reciting which prostration becomes mandatory. آیتِ مطلق symbol of stop in the text of the Qur'an. آیت وحدیث (*fig.*) absolutely right/ correct, true, credible.

آیو /ɑ:ju:/ ■ *n.f.* age; life.

آیورویدک /ɑ:jo:rvæ:d̪ɪk/ ■ *adj.* Ayurvedic, of Ayurveda, a traditional Hindu system of medicine, which is based on the idea of balance in bodily systems.

آیہ /ɑ:jɑ:/ ■ *n.f.* (*var.* of آیت) آیۂ رحمت sign or portent of Divine mercy and benevolence. آیۂ ناسخ the Qur'anic verse which repeals a ruling or injunction of an earlier verse.

ب

ب /be:/ ■ the third letter of the Urdu alphabet.

ب /bə/ ■ *prep.* (also بہ) with; for; from; by; to. بآسانی comfortably, with ease. بآواز aloud. بباعث because of. ببانگِ دہل openly, boldly, fearlessly. بتدریج by degrees, gradually, step by step, by and by, in steps, bit by bit, in stages. بتراضیِ طرفین with the consent of both the parties. بتصریحاتِ ذیل as detailed below, with the following remarks or provisos. بتقدیر by chance, fortuitously. بتقریب on the occasion of. بتکرار again and again, repeatedly, many times. بجبر by force, forcibly, by violence. بجنسہٖ **1** identically, exactly same, exactly as it is, in exactly the same way or measure, exact in every particular, entirely, bodily, in its entirety. **2** intact. بجواب in reply to, in response to. بحالت in the state of; in the case of. بحساب **1** at the rate of, under the head of an account, in the proportion of. **2** in the name of. **3** according to. بحسب according to, in such a way that; in the proportion of. بحضور on the service of. بحق in favour of; on account of; in the case of, for the sake of. بحکم by orders of, as per command or order of, under the authority (of). بحمدللہ thanks be to God. بحوالہ apropos. بحیثیت as; in the capacity of; while acting as. بخدا by God. بخصوصیت especially, with special reference. بخلاف in opposition to, contrary to, on the contrary. بخوبی **1** well, in good manner, nicely, gracefully, excellently. **2** thoroughly, completely; properly; duly, in perfection. بخوشی **1** with pleasure, gladly, cheerfully, joyfully. **2** of course. **3** by all means. بخیر **1** all right; well; in peace and safety. **2** impossible, difficult. بدست in hand; to hand; by hand. بدستور as usual; in status quo. بدولت by the favour of, thanks to, through, due to, by reason of, by means of. بذات in itself. بذریعہ by way of, by means of, through, by reason of; by virtue of; through the intervention of. بذریعہ ہٰذا hereby, by these presents. بزعمِ خود presumptuously. بسبب because of, by reason of, on account of; through. بسبیل through, by means of. بسروچشم most willingly, gladly, readily, by all means. بسلامت safely. بسلسلہ in continuation of, as a sequel to. بسہولت easily, comfortably, with ease. بشدّت severely, forcefully, violently, in full measure. بشرحِ صدر with complete frankness, wholeheartedly, frankly. بشرط on condition of; subject to. بشرطیکہ if, in case, with the proviso that, provided that, on condition that. بشمول and; along with, cum; including, all-in, inclusive of. بصد with much, hundred times as much. بصورت in the case of, in the event of. بصیغہ in the jurisdiction of; in the form of; in the case of. بضد opposite; insistent, adamant, unwavering. بطرز in the manner of, in the form of, by way of. بطرف on the side, in the direction; towards. بطریق by means of, by the way, by way of. بطَور as, like; after the manner of; by way of; in the capacity of. بطیبِ خاطر happily, gladly, with open heart; sincerely. بظاہر apparently, externally, outwardly, ostensibly, in appearance. بعبورِ دریائے شور ***(Hist.)*** transportation for life to the Andaman Islands, a punishment, especially for rebels in the British India. بعلّت by reason of, on the ground of; on account of. بعنوان **1** titled as. **2** in the manner of. بعوض in place of; in lieu of; instead of; in exchange for. بعون by the help, aid or assistance of. بغایت abundant, plentiful; extremely, excessively. بغور carefully, attentively; with reflection; closely. بغیر without, except, with the exception of, excepting, excluding, exclusive of, lacking or wanting in. بقدر to the extent of, amounting to, by or in the quantity of, in the measure of. بقسمیہ on oath, by oath. بقلّت in small quantity, sparsely, with scarcity. بقلم by the hand of. بقول according to the saying or dictum of, as said or expressed by, on the authority of, in the words of, according to.

بقیدِحیات living, alive. بکار **1** in use, for use, useful; serviceable. **2** on behalf of. بکثرت in abundance, abundant, plentiful; aplenty. بکف in hand; in the hand. بلحاظ in respect of, in consideration of, with regard to, according to. بلطائفُ الحِیل tactfully or under the pretext (of), with subtle excuses. بمثل like, resembling. بمجرد instantly, forthwith, immediately. بمرتبہ to some extent, the extent of, to a degree; to or in a great degree; ever-so-much. بمصداق in accordance with, following the example of. بمطابق apropos, with reference to, with regard to, concerning. بمع with See مع. بمقتضائے according to the requirements of; in consequence; through; owing to; because of; for the reason of. بمنزلہ instead, in the place of; in the station or degree, of the status of, in loco. بموجب on account of, by reason of, in pursuance of, in accordance with, in conformity with, as per, by; on. بنام in the name of; to; addressed to (someone). بنفسِ نفیس personally, in person; oneself. بواپسی ڈاک by return post. بواسطہ by reason of, because of; on account of; indirectly; through. بوجہ for, by reason of, because of, owing to, on account of. بوساطت through, by means of. بوقت at (some specified time). بیک بینی ودوگوش without anything, penniless, empty-handed. بیک کرشمہ دوکار killing two birds with one stone.

بِ /bɪ/ ■ *prep.* by; with; for. ■ *prefix* in compound adverbs. بالمثل similar, alike. بالمقطع according to agreement, as stipulated, consolidated.

با /bɑ:/ ■ *prep.* by; with; possessed of. بالاتفاق with concord or harmony, unanimously, with one accord, unitedly. باثر having influence, influential, effective; resourceful, well-connected. بااختیار in authority, wielding power, powerful, authorized. بااخلاص sincere. باادب **1** of good manners, polite; respectful. **2** a man of letters, littérateur. **3** respectfully. بااصول principled, upright, of principle. بااقتدار possessing authority or power. باایمان **1** earnest; pious. **2** believing, religious. باایں ہمہ in spite of, despite, notwithstanding. باآبرو honourable, respectable; with honour, respectably, nobly. باآنکہ though, notwithstanding, although, nevertheless. بابرکات blessed, lucky, prosperous, happy. بابرکت blessed, auspicious, fortunate, prosperous. باتدبیر wise, prudent, having practical sense or administrative ability, giving good counsel. باتمیز **1** well mannered, sensible. **2** discreet, judicious. باجماعت **1** congregational, in gathering. **2** (***Islam***) collective (prayer). باحیا modest, bashful. باخبر informed; intelligent, alert. باخدا **1** religious, upright, God-fearing, Godly. **2** (swear word) by God! بادلِ ناخواستہ half-heartedly, reluctantly, grudgingly, unwillingly, against one's will. باذوق/مذاق connoisseur, having a good taste. بارسوخ (person) having contacts with influential and resourceful persons. بارعب awe-inspiring, awesome. باشعور sagacious, shrewd, wise, intelligent. باصفا **1** sincere, truthful, earnest. **2** pure, clear, clean. باصواب proper, good. باضابطہ organized, according to rules and regulations, formal, regular. باطہارت having performed the ablution. باعزت respectable, honourable, reputable, of good repute. باعزم determined, firm about, committed to, resolute. باعزیمت ambitious; (one) with lofty aims. باعصمت (of a woman) chaste, virtuous, modest. بافراغت (person) of means; leisurely; in a satisfactory manner. باقاعدہ regular; according to rule, formal. باقرینہ in order, methodical, well-arranged; orderly. باکمال expert, accomplished, skilful. بامراد successful, with one's object attained. بامروت having regard (for others), accommodative; courteous. بامزہ savoury, palatable, tasty, flavourful, delicious, tasteful. بامسلماں اللہ اللہ بابرہمن رام رام when in Rome do as the Roman do. بالملاحظہ with respect. بامہر affectionate, loving, caring. باوجود in spite of, notwithstanding. باوجودیکہ though, even if, granted that. باوردی uniformed, liveried. باوصف with the attribute or description; nevertheless, notwithstanding. باوضع well-mannered, cultured; gentlemanly. باوضو (***Islam***) having performed the ablutions. باوفا faithful, sincere, true, devoted, loyal. باوقوف conscious, aware, informed about.

باثر /bɑ:əsər/ ■ *adj.* having influence. See under با.

بااختیار /bɑ:ɪxtɪjɑ:r/ ■ *adj.* in authority. See under با.

باادب /bɑ:ədəb/ ■ *adj.* of good manners. See under با.

بااصول /bɑ:ʊsu:l/ ■ *adj.* principled. See under با.

باایں ہمہ /bɑ:ĩ:həmɑ:/ ■ *adv.* in spite of. See under با.

باآنکہ /bɑ:ɑ̃:ke/ ■ *adv.* notwithstanding. See under با.

باب /bɑ:b/ ■ *n.m.* **1** gate, door. **2** section, chapter, division of a book. **3** heading; point; topic, subject. **4** affair, matter. **5** respect, regard. **6** cess, tax. بابُ التوبہ the door of repentance. بابُ العلم Gate of knowledge, appellation of Hazrat Ali, Prophet Muhammad's cousin and son-in-law. بابِ عالی (***Hist.***) the Sublime Porte, Ottoman Caliphs' court or secretariat. باب وار

chapter-wise. باب واری classification. (*pl.* ابواب)

بابا /bɑ:bɑ:/ ■ *n.m.* (also باوا) **1** baba, father, sire; grandfather. **2** old man. **3** fakir, ascetic. **4** child. بابا آدم **1** Adam, the first man on earth. **2** beginner, initiator. **3** manner, style. بابا آدم کے زمانے کا out of the ark, very old, ancient, antiquated, outmoded, outdated. بابا آدم نرالا ہونا (*iron.*) have a singular mode or style. باباجان affectionate and respectful form of address for father, grandfather or some old man. باباجی father; venerable person; teacher; dervish, fakir. بابالوگ **1** fakirs, mendicants; spiritually developed people. **2** babies (used esp. by servants to refer to British children during the Raj). بابا مریں تو بیل بٹیں removal of the obstacle is beyond our power.

بابت /bɑ:bət̪/ ■ *adv.* regarding, concern, respect. ■ *n.f.* **1** account. **2** head; article. **3** affair, business, matter; item. ■ *prep.* on account of, as regards; as for, about.

بابچی /bɑ:btʃi:/ ■ *n.f.* a plant and its kidney-shaped seeds used in medicines, *Psoralea corylifolia*.

بابر /bɑ:bər/ ■ *n.f.* kind of grass used for making twisted rope or string.

بابرنگ /bɑ:bɪrəŋg/ ■ *n.f.* name of a medicinal plant, *Embelia ribes*. See بائے برنگ.

بابری /bɑ:bri:/ ■ *n.f.* sweet basil, *Ocimum basilicum*.

بابُل[1] /bɑ:bʊl/ ■ *pr.n.m.* (also بابِل) Babylon, capital city of the Akkadian Empire on the Euphrates.

بابُل[2] ____ ■ *n.m.* **1** father. **2** a traditional song sung when the bride is about to leave her parents' home.

بابلس /bɑ:bɪlɪs/ ■ *n.m.* opium poppy, *Papaver somniferum*.

بابُو /bɑ:bu:/ ■ *n.m.* **1** clerk; master. **2** babu, variously used as a term of respect, endearment or familiarity in speech, sir, Mr. **3** cute child. **4** father. بابوانگلش English as spoken by Indians. بابوگری clerkship.

بابُونہ /bɑ:bu:nɑ:/ ■ *n.m.* wild ivy, chamomile.

بابی /bɑ:bi:/ ■ *n.m.* **1** Babi, Persian eclectic sect founded by Ali Muhammad Shirazi. **2** a member of this sect.

باپ /bɑ:p/ ■ *n.m.* **1** baap, father. **2** (*fig.*) elder, superior. **3** nurturer, guardian. **4** inventor. باپ بنانا **1** regard (one) as one's father. **2** wheedle, cajole. باپ پر پوت پتا پر گھوڑا بہت نہیں تو تھوڑا تھوڑا like father like son. باپ تک پہنچنا/جانا go to the extent of abusing another's father. باپ دادا ancestors, forefathers, pedigree. باپ دادا کا نام روشن کرنا be a source of pride or bring credit to one's family. باپ دادا کی ہڈیاں بیچنا take unfair advantage of one's ancestral repute. باپ رے باپ expressing astonishment, fear, etc. باپ مارے کا بیر family feud, long-standing enmity. باپ نہ دادے سات پشت حرامزادے a mischievous person from a mischievous family. باپ بتیا patricide.

باپُو /bɑ:pu:/ ■ *n.m.* (*var.* of باپ).

باپھنی /bɑ:pʰni:/ ■ *n.f.* an eye disease; eye-corner.

بات /bɑ:t̪/ ■ *n.f.* **1** talk, word, chit-chat, speech, discourse. **2** saying, adage. **3** gossip, rumour. **4** story, tale. **5** issue, point, topic, subject. **6** affair, matter; substance. **7** proposition, statement. **8** engagement; proposal for marriage. **9** distinction, eminence. **10** ostentation, splendour. **11** quality, merit, excellence. **12** manner, way, mode. **13** aim, purpose. **14** secret, mystery. **15** promise, vow. **16** habit, practice, custom. **17** trivial thing or task. **18** pretext, excuse. **19** advice, suggestion. **20** request, appeal. **21** proof, evidence. **22** complaint. **23** happening, occurrence. **24** need, want. **25** wish, desire. **26** rank, office. **27** taunt, gibe. **28** obstinacy, stubbornness. **29** condition, circumstances. **30** cause, reason. **31** thought, idea. **32** question. بات اٹکا رکھنا **1** complicate. **2** postpone. بات اٹھا رکھنا postpone or shelve a matter, put on the back burner. بات اُڑانا **1** evade discussion. **2** spread rumour. **3** imitate, copy. بات الٹنا contradict. بات آپڑنا (of an issue) become serious or critical. بات آنا be accused for, be put to shame. بات آئی گئی ہوجانا become irrelevant, be forgotten. بات بات پر at every word, on trivial matters, on every occasion. بات بدلنا deviate from one's word, deny an earlier statement. بات بڑھانا prolong a debate, add fuel to fire. بات بگاڑنا **1** make a plan fail. **2** ruin one's credit, bring disgrace upon. بات بگڑنا **1** an attempt or work to be bungled, plan to go awry. **2** to lose credit. بات بنانا **1** make lame excuses, prevaricate, tell a tale, divert other's attention. **2** instigate a conflict. **3** maintain one's dignity or fame. بات بننا succeed, prosper, flourish. بات بے بات every now and then, without a valid reason, whimsically, unreasonably. بات پانا attain one's object, initiate a discussion on something. بات دہرانا recapitulate; repeat a thing; harp on a subject. بات ڈالنا 1 ask in vain; throw away one's words; ask for; request; suggest. 2 send marriage proposal. بات ذہن سے اتر جانا lapse from memory, be forgotten. بات ذہن میں جانا/بیٹھنا something to be stamped on the memory, fully understand. بات رفت گذشت ہوجانا become irrelevant with the passage of time; be forgotten. بات رکھنا 1 respect and act according to someone's words, keep word. 2 propose, give marriage proposal. بات رہ جانا/رہنا 1 avoid or escape being humiliated or proved wrong. 2 have one's words made good, prevail. بات قبول کرنا/ماننا admit, accept, agree, concur, assent. بات کا بتنگڑ بنانا make a mountain out of a molehill, amplify an issue, make much of very little, exaggerate, overstate, enlarge on. بات کا بھرم رکھنا honour own or another's words. بات کا پکا/پورا/سچا true or faithful to one's words, trustworthy. بات کاٹنا interrupt, cut in. بات کا سر پیر نہ ہونا be irrelevant, not be able to make head or tail of something. بات کان پڑنا come to learn a matter, overhear; be informed. بات کرتے پتھر مارنا talk harshly or rudely. بات کرنا speak, talk, discourse. بات کو پہنچنا/کی تہہ تک پہنچنا fully comprehend a matter. بات کو کھٹائی میں ڈالنا postpone, defer a matter, put a matter in cold storage, hold something back; confuse an issue, procrastinate, dilly-dally. بات کہی پرائی ہوئی a word spoken is an arrow let fly; a word and a stone let go cannot be recalled. بات کی بات 1 for a short while, for a brief period. 2 commonplace remark. بات کی بات خرافات کی خرافات said when something disagreeable is said in jest. بات کی بات میں instantly, immediately, in no time. بات کی پچ رکھنا honour the words. بات کی پچ کرنا stick to one's words, be adamant. بات کی تہہ کو پہنچنا see through, get to the bottom of. بات کیے پھول جھڑنا be eloquent and sweet in speech. بات کھل جانا matter to leak out to, become public. بات کھولنا expose a secret, make something known. بات کھونا be mortified through having a request refused, request to be refused. بات گلے سے نہ اترنا be incredible, be impossible to accept. بات گھڑنا concoct a story, tell a tale. بات لانا 1 blame, charge. 2 bring a proposal for marriage. بات لگانا 1 arrange a marriage. 2 negotiate. 3 slander, calumniate, deal or bargain understand, purport, get the bottom of a matter. بات پچا keep a secret. بات پر بات یاد آنا recollect a forgotten matter while talking of something else (said usu. in sarcasm). بات پر جمنا abide by one's words, stick to one's guns, persist, be adamant. بات پر قائم رہنا stick to one's words. بات پر مٹنا defend one's honour to the last, keep one's words till the last. بات پکڑنا 1 pick holes, criticize. 2 hold one to his/ her words. بات پکی کرنا 1 confirm a bargain. 2 fix a marriage, finalize a betrothal. بات پکی ہونا 1 become engaged. 2 be confirmed. بات پلٹنا back out of one's words, retract one's words. بات پلے باندھنا make a mental note of something. بات پوچھنا 1 ask about, make a search. 2 give attention to. 3 inquire after someone's welfare. 4 be solicitous about someone. بات پہنچانا put across; carry news or convey a matter to someone. بات پی جانا swallow some disagreeable utterance or insult, control one's feelings, bear in silence. بات پیدا کرنا 1 create something new, innovate. 2 put a wrong interpretation (on a matter), make some fine point in conversation. 3 attain excellence. بات پھوٹنا be laid bare, be divulged. بات پھیرنا change the topic; use doubtful words in order to mislead, equivocate. بات پھیلانا spread or circulate some news. بات پھیلنا become widely known, news to be talked about, become the talk of the town. بات پھینکنا mock, taunt, jeer. بات تاڑنا get a hint, make a good guess, get to the bottom of a matter or problem. بات ٹالنا put off, evade, make excuses. بات ٹھنڈی پڑنا an affair to cool down or lose importance with time. بات ٹھہرانا 1 make a settlement, arrive at a decision. 2 arrange a betrothal, arrange marriage. بات جانا 1 lose one's credit, be disgraced. 2 lose the chance. بات جی کو لگنا words to ring true, look credible. بات جھوٹی ہونا words to be proved wrong or false. بات چبا جانا 1 swallow one's words. 2 change the topic. بات چبا چبا کر کرنا mince one's words; talk evasively. بات چٹکیوں میں اڑا دینا laugh something away, give no importance to. بات چلانا 1 initiate conversation, start a subject. 2 send marriage proposal. بات چیت talk; conversation; chit-chat; parley, discourse. بات چیت کرنا converse; discourse; talk; confabulate. بات چھیڑنا

with, agree with.

باٹ¹ /bɑ:ʈ/ ■ *n.f.* path, route, way, track; footpath; road. باٹ بھلی پر سانکری the path is good but narrow, i.e. advice is good but difficult to act upon. باٹ تکنا/دیکھنا wait for. باٹ جوہنا await, watch or look out for; expect. باٹ دکھلانا show the way. باٹ روکنا close or obstruct a path, stop (someone) on the road. باٹ کا روڑا **1** stumbling block. **2** (*fig.*) poor, pauper, deserted. باٹ کھوٹی کرنا mislead or be misled, be proven wrong. باٹ گھاٹ busy road or street. باٹ مارنا **1** mug, rob. **2** create obstacle in other's work, obstruct. [S]

باٹ² ____ ■ *n.m.* (also بانٹ², بٹّا) a mass of metal used to measure or determine weight, measure of weight. باٹ اور ترازو weights and scales. باٹ چھپائی **1** fee charged for stamping weights. **2** stamping weights and measures. [S]

باٹا /bɑ:ʈɑ:/ ■ *n.m.* track; beaten track.

باٹکا /bɑ:ʈkɑ:/ ■ *n.m.* **1** hut in a grove. **2** villa.

باٹی /bɑ:ʈi:/ ■ *n.f.* fully cooked loaf of bread.

باج¹ /bɑ:dʒ/ ■ *n.m.* tax, duty, impost, cess, tribute. باج دار/گیر a tax-collector. باج گزار one who pays tributes, duties, etc.; a tributary. [P]

باج² ____ ■ *n.f.* **1** sound of bell, etc. **2** mode of playing a musical instrument. [S]

باجا /bɑ:dʒɑ:/ ■ *n.m.* (also باجہ) **1** any musical instrument, gramophone. **2** instrumental music. باجا بجانا play on a musical instrument. باجا گاجا music; musical instruments.

باجپیئی /bɑ:dʒpe:i:/ ■ *n.m.* a caste of Brahmans.

باجرا /bɑ:dʒrɑ:/ ■ *n.m.* (also باجرہ) **1** bajra, millet. **2** (*fig.*) drizzle. **3** small pieces of betel nut. باجرا برسنا drizzle.

باجری /bɑ:dʒri:/ ■ *n.f.* a species of millet with smaller seeds.

باجرے /bɑ:dʒre:/ ■ *n.m.* (*pl. & infl.* of باجرا) باجرے کی ٹٹی گجراتی تالا something incongruous or absurd. باجرے کی سی بارش very light drizzle.

باجماعت /bɑ:dʒəmɑ:ʔət̪/ ■ *adj.* congregational. ■ *n.f.* (***Islam***) collective (prayer). See under با.

باجنا /bɑ:dʒnɑ:/ ■ *v.* **1** sound, resound, play upon. **2** be well-known.

باجنتری /bɑ:dʒənt̪ri:/ ■ *n.m.* (also باجنتر) **1** band of

with other, instigate a dispute; backbite, deprecate. بات (دل کو) لگنا **1** be impressed by someone's words. **2** be offended by someone's words. بات مارنا **1** talk big. **2** evade or turn a discourse. بات منھ پر آ جانا mention (spontaneously). بات منھ سے نکلی پرائی ہوئی / ہزار میں پڑی a secret revealed gains currency. بات میں سے بات نکلنا one topic to lead to another. بات میں شاخیں نکالنا criticize, find fault with. بات میں فی نکالنا cavil, pick holes in an argument. بات نہ پوچھنا to cold-shoulder someone, not to entertain, show no regard (for). بات ہلکی / ہیٹی ہونا lose face, be slighted, insulted or embarrassed. بات ہنسی میں اڑانا laugh a matter off. بات ہی کیا ہے it is of no great concern. بات یہ ہے کہ the point is.

باتری /bɑ:t̪ri:/ ■ *n.m.* (*obs.*) artillery. [E: *battery*]

باتوں /bɑ:t̪õ:/ ■ *n.m.* (*pl.* of بات) باتوں باتوں میں during talks, in the course of conversation. باتوں کا لچھا interesting or confusing talk. باتوں کی جھڑ باندھنا talk ceaselessly. باتوں کے توتا / طوطا مینا اڑانا **1** talk imaginatively. **2** offer justifications. باتوں کے دفتر کھولنا be prolix or verbose, complain. باتوں میں اڑانا speak disparagingly of something, make little of some matter, talk something away, prevaricate. باتوں میں الجھانا engage in conversation in order to deceive or lead astray. باتوں میں آنا be taken in or deceived by someone's words. باتوں میں بہلانا **1** console or delude with fair speech. **2** divert or beguile with words. باتوں میں لگانا engage a person in conversation. باتوں میں موہنی ہونا talk sweetly.

باتُونی /bɑ:t̪u:ni:/ ■ *adj.* (also باتُونیا) talkative, chatty, loquacious, garrulous (person). ■ *n.m.* chatterbox, talkative person.

باتیں /bɑ:t̪ẽ:/ ■ *n.m.* (*pl.* of بات) **1** chit-chat, light-conversation. **2** easy task. **3** laws, rules. **4** secrets (esp. of God). **5** empty talk, boasting. باتیں بگھارنا **1** talk too much (esp. nonsense or of unbelievable things). **2** (often *iron.*) speak stylishly. باتیں بنانا **1** prevaricate, talk deceptively; quibble. **2** flatter. باتیں جڑنا backbite, slander, speak badly of. باتیں سنانا admonish, scold, rebuke, reprove, upbraid. باتیں لگانا backbite, speak ill of, calumniate; misrepresent. باتیں مٹھارنا talk glibly. باتیں ملانا concur musicians; musician. 2 a tax exacted from professional singers or musicians.

باجی /bɑːdʒiː/ ■ *n.f.* elder sister; a form of respectful address.

باچنا /bɑːtʃnɑː/ ■ *v.* (also بانچنا) 1 study. 2 disregard. 3 explain.

باچھ¹ /bɑːtʃʰ/ ■ *n.f.* (also بانچھ) oral commissure, corner of the mouth. [Prk.]

باچھ² —— ■ *n.m.* 1 tribute; levy, assessment on a share, subscription. 2 estimate (of expenditure, etc.). باچھ برار payment of field worker to the landowner. باچھ لگانا impose a tax. [S]

باچھا /bɑːtʃʰɑː/ ■ *n.m.* calf; young of any animal.

باچھی /bɑːtʃʰiː/ ■ *n.f.* female calf.

باچھیا /bɑːtʃʰɪjɑː/ ■ *n.f.* a mouth disease, cheilosis.

باچھیں /bɑːtʃʰẽː/ ■ *n.f.* (*pl.* of باچھ¹) (also بانچھیں) باچھیں آنا have a pain or inflammation at the corners of the lips. باچھیں کھل جانا رکھلنا be delighted, grin happily.

باحث /bɑːhɪs/ ■ *n.m.* arguer, great disputer. See بحّاث.

باحسنِ وجوہ /bəəhsənevudʒuːh/ ■ *adv.* for good reasons, nicely; easily, satisfactorily; adequately.

باحیا /bɑːhəjɑː/ ■ *adj.* modest. See under با.

باخبر /bɑːxəbər/ ■ *adj.* informed; alert. See under با.

باختر /bɑːxt̪ər/ ■ *pr.n.m.* Bactria (central Asia). ■ *n.m.* west.

باختری /bɑːxt̪əriː/ ■ *adj.* Bactrian. ■ *n.m.* the Bactrian camel which has two humps.

باختہ /bɑːxt̪ɑː/ ■ *suffix* beaten at play, lost (by gambling); having lost, deprived of; used in comp. as: آبروباختہ dishonoured, unchaste (woman). حواس باختہ shocked, out of one's senses.

باخدا /bɑːxud̪ɑː/ ■ *adj.* religious, God-fearing. ■ *exclam.* (swear word) by God.

باخہ /bɑːxɑː/ ■ *n.m.* (also باخا) tortoise.

باد¹ /bɑːd̪/ ■ *n.f.* 1 breeze, air, wind; gale. 2 flatus, wind in the stomach or bowels. 3 a horse disease. 4 (*fig.*) horse. بادآور رآورد 1 brought by the wind, windfall, unexpected wealth or legacy. 2 an entangled thorny plant, usually found in deserts. 3 (***Music***) name of a raga. 4 fan. بادِ بریں north wind. بادِ بہاری 1 spring wind. 2 (*fig.*) something elating. بادپا 1 speedy, swift. 2 swift horse, courser. بادپیما 1 anemometer, barometer. 2 swift, fast. 3 (*fig.*) swift horse. بادِ تند strong wind, tempest, storm. بادِ خایہ prostatic hyperplasia, a disease in men. بادِ خمسین hot dry dust-laden desert wind blowing in Egypt from south or south-east for fifty days in summer; any hot wind in summer. بادخواں eulogizer, flatterer. بادخورہ alopecia. بادِ دبور west wind. باددست spendthrift. بادرفتار swift as wind. بادزدگی stiffness in limbs caused by exposure to air. بادزن fan. بادزنی incitement to trouble. بادِزہر 1 a stone used in making jewellery. 2 antidote. بادِ سحر fresh morning breeze. بادِ سموم hot wind; storm. بادسنج 1 air gauge. 2 one who builds castles in the air. 3 vain, proud. بادِ شرط fair wind, favourable wind. بادشکنجہ stiffness of horse. بادِ شمال north wind; boreal wind. بادِ صبا the zephyr, refreshing wind, morning breeze. بادِ صرصر stormy wind. بادِ عقیم wind harming crops. بادفر a child's toy made with leather or paper. بادفروش 1 flatterer, sycophant. 2 chatter-box, talkative. 3 musician, singer. بادِ فرنگ syphilis. بادکش 1 fan. 2 chimney. 3 vacuum pump. بادگرد whirlwind. بادگولہ flatulence due to indigestion. بادگیر an opening in the roof to admit air. بادِ مخالف contrary wind, foul wind. بادِ مراد fair wind. بادمہرہ an antidote for snakebite. بادنگار anemograph. بادنما weathercock, weathervane. بادِ ہوائی 1 meaningless, useless. 2 misleading. 3 vagrant, wandering. [P]

باد² —— ■ *n.m.* 1 speech, debate; discourse; discussion; statement. 2 dispute, contention. 3 lawsuit, case. [S]

باد³ —— ■ *n.m.* 1 arthritis. 2 adulterant, impurity. 3 remission of rent or revenue on account of bad season. [S]

باد⁴ —— ■ *opt.* (also بادا) may it happen! [P]

بادام /bɑːd̪ɑːm/ ■ *n.m.* almond, the fruit and, especially the kernel.

بادامچہ /bɑːd̪ɑːmtʃɑː/ ■ *n.m.* decorative plates of gold, silver or copper fixed on wooden boxes and butts of guns.

بادامہ /bɑːd̪ɑːmɑː/ ■ *n.m.* 1 silkworm in the pupal state. 2 a sort of silk cloth. 3 fakir's dress made of rags sewn together.

بادامی /bɑːd̪ɑːmiː/ ■ *adj.* 1 almond-shaped, amygdaloid. 2 light-brown, nut-brown. ■ *n.m.* a kind of rice.

■ *n.f.* **1** sweet prepared with almond. **2** a jewellery box. بادامی آنکھیں almond-shaped eyes.

بادبان /bɑːd̪bɑːn/ ■ *n.m.* **1** sail, the sheet of thick cloth or canvas mounted upright on boats and spread to catch the wind and thus propel a vessel. **2** a vessel in which a lamp is placed for protection from the wind.

بادبانی /bɑːd̪bɑːniː/ ■ *adj.* sail (boat); sail-propelled.

بادِر /bɑːd̪ɪr/ ■ *n.m.* net for catching deer, etc.

بادُر /bɑːd̪ʊr/ ■ *n.f.* bat, the mouse-like nocturnal flying mammal.

بادرنگ /bɑːd̪rəŋg/ ■ *n.m.* cucumber. بادرنگ بویہ a fragrant comforting herb.

بادشا /bɑːd̪ʃɑː/ ■ *n.m.* (*contr.* of بادشاہ).

بادشاہ /bɑːd̪ʃɑːh/ ■ *n.m.* **1** king, sovereign. **2** master, lord. **3** independent, unconcern. ■ *adj.* skilled, adept, proficient. بادشاہ بھوگ a fine kind of rice. بادشاہ پرست monarchist. بادشاہ پسند anything which is liked by king, epithet used for some dishes, as: بادشاہ پسند دال. بادشاہ دیمک king termite. بادشاہ زادہ prince, king's son. بادشاہ زادی princess, king's daughter. بادشاہ سلامت **1** (*literal*) the king, may he remain safe! **2** Your Majesty, His Majesty. بادشاہ کشی regicide. بادشاہ گر kingmaker. بادشاہ وقت present or reigning king.

بادشاہانہ /bɑːd̪ʃɑːhɑːnɑː/ ■ *adj.* royal, kingly, imperial, majestic, princely. ■ *adv.* royally.

بادشاہت /bɑːd̪ʃɑːhət̪/ ■ *n.f.* empire, kingdom, kingship, realm, reign, rule.

بادشاہوں /bɑːd̪ʃɑːhõː/ ■ *n.m.* (*pl.* of بادشاہ) ■ بادشاہوں اور دریاؤں کا پھیر کس نے پایا ہے a remark on the fickleness of kings.

بادشاہی /bɑːd̪ʃɑːhiː/ ■ *adj.* royal, kingly. ■ *n.f.* **1** empire, kingdom, reign, sovereignty. **2** period or duration of reign. بادشاہی حکم **1** royal command or mandate. **2** (*fig.*) order or command which cannot be ignored. بادشاہی خرچ (*fig.*) expenditure beyond means. بادشاہی سند royal grant or charter, document conveying lands or titles from the ruling power. بادشاہی عدالت the court of chancery; king's court.

بادل /bɑːd̪əl/ ■ *n.m.* cloud. بادل امنڈنا rain clouds to gather. بادل آنا be cloudy; clouds to gather. بادل پھٹنا/چھٹنا cloud to disperse, sky to become clear. بادل چھانا be overcast, clouds to gather. بادل کا ٹکڑا cloudlet. بادل کو دیکھ کر گھڑے پھوڑنا to act hastily and prematurely (which can be harmful). بادل گرجنا clouds to thunder. بادل میں تھگلی لگانا do some very difficult task.

بادلا /bɑːd̪lɑː/ ■ *n.m.* (also بادلہ) **1** gold or silver thread. **2** brocade. بادلا منڈھے سے نیم نہیں چھپتا appearance does not change one's nature.

بادِلِ نخواستہ /bɑːd̪ɪlenəxɑːstɑː/ ■ *adv.* half-heartedly, reluctantly, unwillingly. See under با.

بادنجان /bɑːd̪əndʒɑːn/ ■ *n.m.* brinjal, the fruit of aubergine or eggplant.

بادہ /bɑːd̪ɑː/ ■ *n.m.* wine, spirits, liquor. بادہ پرست addicted to wine, drunkard. بادہ پیمار/خوار/کش/گسار/نوش wine-drinker, imbiber of wine. بادہ پیمائی/خواری/کشی/نوشی wine drinking. بادۂ دوشینہ yesterday's unconsumed wine. بادۂ شبانہ/شبینہ liqueur drunk at night. بادۂ گلرنگ/گلفام/گلگوں red wine. بادہ گوئی talking big or foolishly like an intoxicated man. بادۂ ناب pure wine. بادۂ نارس/نارسا wine not thoroughly fermented.

بادی[1] /bɑːd̪iː/ ■ *n.f.* flatulence, flatulency. ■ *adj.* **1** windy, flatulent; bloated. **2** rheumatic. بادی بدن bloated body, corpulence. بادی بواسیر piles, haemorrhoids. بادی چھانٹنا reduce weight. [P]

بادی[2] ____ ■ *n.m.* **1** beginner, first. **2** illuminator. **3** forester, wild. بادی الرائے first idea or a tentative guess. بادی النظر میں at first sight or glance, prima facie, to all appearances, apparently. [A]

بادیان /bɑːd̪jɑːn/ ■ *n.f.* (also بادیا) aniseed.

بادیہ[1] /bɑːd̪jɑː/ ■ *n.m.* large bowl; cup, goblet. [P]

بادیہ[2] ____ ■ *n.m.* desert; forest; wilderness, wasteland; jungle. بادیہ پیمار/گرد/نورد wanderer, tramp. [A]

بادھ /bɑːd̪ʰ/ ■ *n.m.* **1** string for tying something. **2** hindrance, obstacle or bar. **3** opposition, enmity.

بادھا[1] /bɑːd̪ʰɑː/ ■ *n.m.* increase, augmentation. [Prk.]

بادھا[2] ____ ■ *n.f.* **1** obstruction, impediment, hindrance. **2** pain, illness. **3** evil spirit, apparition. [S]

بادھی /bɑːd̪ʰiː/ ■ *n.f.* rope; thread.

باڈی /bɑːɖiː/ ■ *n.f.* brassiere, bodice, the upper part of a woman's dress down to waist. [E]

باذِل /bɑːzɪl/ ■ *adj.* benevolent, philanthropic; (one) donating money.

بار[1] /bɑːr/ ■ *n.m.* **1** burden, load; cargo; weight, heaviness.

/ba:ra:/ ■ *n.m.* **1** lifting with a lever of irrigation water in buckets from a well; lever-lift irrigation. **2** bucket used for this purpose. [Prk.] **بارا[1]**

____ ■ *n.m.* **1** wind, storm. **2** process of wire-drawing using a perforated plate of steel. See جنتری. [Prk.] **بارا[2]**

____ ■ *n.f.* (also باری) big leech. [Prk.] **بارا[3]**

/ba:ra:t̪/ ■ *n.f.* (also [1]برات) marriage procession. **بارات**

/ba:rã:/ ■ *n.m.* (also باران) **1** rain. **2** the rainy season, monsoon. باراں پوش raincoat. باراں دیدہ **1** clever; experienced. **2** (land) wetted by rainwater. بارانِ رحمت **1** God's blessings. **2** rain or water which is the blessing of God. باراں گیر eaves. **باراں**

/ba:ra:ni:/ ■ *adj.* **1** pluvial, relating to rain. **2** rain-irrigated. ■ *n.f.* **1** waterproof coat. **2** land irrigated only by rainfall. **3** eaves. **4** rainfall, rainy. **بارانی**

/ba:ra:h/ ■ *n.m.* **1** hog, boar. **2** (***Hinduism***) the third incarnation of Vishnu in the form of boar. **3** land next to a village. **باراہ**

/ba:ra:vər/ ■ *adj.* productive; fertile. See under [1]بار. **بارآور**

/ba:rbərd̪a:r/ ■ *n.m.* carrier, porter. See under [1]بار. **باربردار**

/ba:rbərd̪a:ri:/ ■ *n.f.* carrying cargo or freight. See under [1]بار. باربرداری کا جانور beast of burden, draught horse or cattle. **باربرداری**

/ba:rbe:g/ ■ *n.m.* (***Hist.***) official of the Mogul court, appointed to refer appeals to the king. **باربیگ**

/ba:rt̪a:/ ■ *n.f.* conversation. **بارتا**

/ba:rt̪əŋg/ ■ *n.m.* plantain; seed of fleawort. **بارتنگ**

/ba:rɪdʒ/ ■ *n.f.* words written between the lines. [dial.] **بارِج[1]**

____ ■ *adj.* water-borne (used for lotus, conch-shell, etc.). [Prk.] **بارِج[2]**

/ba:rɪdʒa:/ ■ *n.m.* **1** warship. **2** small boat, barge. **بارِجہ**

/ba:rdʒa:/ ■ *n.m.* (also بارجا) **1** portico, inside balcony, sunshade. **2** small door; window. **بارجہ**

/ba:rɪd̪/ ■ *adj.* **1** cold, frigid. **2** (*fig.*) insensitive. **3** meaningless, useless, absurd, (often used with interpretations and apology). **بارِد**

/ba:rɪz/ ■ *adj.* apparent, manifest, coming forth. **بارِز**

/ba:rɪʃ/ ■ *n.f.* **1** rain. **2** showers. **3** rainy season, rainfall. **4** (*fig.*) plenty, windfall. بارش پیما rain gauge, pluviometer. **بارِش**

2 responsibility. **3** encumbrance; loan. **4** time; turn. **5** occasion, opportunity. **6** produce; blossom, fruit. **7** reiteration. **8** pregnancy. **9** leave, admittance. **10** day of the week. **11** tribunal; assembly. **12** God. ■ *adj.* difficult, arduous; painful. بارانبہ mango crop. بارآور **1** fruit-bearing, productive; fertile. **2** (*fig.*) successful. باربار again and again, time and again, repeatedly. باربٹائی division of the crop by sheaves before the corn is trodden out. باربردار **1** carrier, porter. **2** beast of burden. **3** cargo (boat or plane). **4** hardworking, dedicated. باربرداری **1** carrying cargo or freight. **2** transit charges. **3** carriage. **4** endurance, patience. بارپانا succeed in approaching a place, accession. بارپیا barometer. بارتردید onus or burden of rebuttal or disproof. بارِثبوت onus or burden of proof. بارِخاص private court or hall of audience, privy council chamber. بارخاطر tedious, tiresome. بارخانہ warehouse. باردار **1** pregnant. **2** laden with fruit. **3** loaded with burden. باردانہ **1** supplies; provisions; forage. **2** vessels, bags, etc. in which provisions are kept. بارِدگر again, for a second time. باردینا **1** load. **2** give trouble, pressurize. **3** give permission. بارِعام public audience. بارکرنا load. بارکش **1** porter. **2** conveyance or cart for carrying load. بارِکفالت charge; security. بارگاہ **1** palace, mansion; court, hall of audience. **2** (*fig.*) holy, royal august or noble presence. بارگاہِ خاص privy council chamber. بارگاہِ عام public audience chamber. بارگزرنا (something) to be unpleasant, annoying, irritating. بارگیر **1** syce, horse-keeper. **2** beast of burden, pack animal. **3** a rider or cavalier not owning the horse he rides. باروَر fruitful, producing fruits; plentiful. باروَری **1** fruitfulness. **2** pollination. بارہا often, many times. بارہونا **1** be laden. **2** be an obstacle or burden. باریاب admitted or accepted in a court or in a company, granted audience. باریابی access, admission. باریاری mutual help, sharing a load. [P]

____ ■ *n.m.* door, entrance, portal. بارُکائی (also ڈولاُرکائی) matrimonial custom in which bridegroom's sisters stop the pair at the door to demand money. [S] **بار[2]**

____ ■ *n.m.* God. بارِالٰہ God. بارِالٰہا خدایا O God! [A] **بار[3]**

____ ■ *n.m.* fully irrigated region in the Punjab. [dial.] **بار[4]**

مختصر انفی مصوتے: بھنور ə̃ /bʰə̃vər/ اِنچا ĩ /ĩtʃa:/ کُنوارا ũ /kũva:ra:/ دیگر اعراب: اعلیٰ ʔ /əʔla:/ بذاتہٖ i: /beza:t̪ehi:/ اجمالاً n /ɪdʒma:lən/ لٹّو /lət̪t̪u:/

بارِق /bɑ:rıq/ ■ *adj.* bright, shining.

بارک اللہ /bɑ:rəkəllɑ:h/ ■ *opt.* may God bless you! may you prosper!

بارگاہ /bɑ:rgɑ:h/ ■ *n.f.* palace, mansion; court, hall of audience. See under بار¹.

بارگی¹ /bɑ:rgi:/ ■ *n.m.* (also بارگی) cart-horse. [P]

بارگی² ____ ■ *n.f.* (also بارگی) small tent. [U]

بارگی³ ____ ■ *adv.* (used as *suffix*) times, as: یک بارگی. [P]

بارم /bɑ:rəm/ ■ *adj.* (used in multiplication tables) twelve.

بارم بار /bɑ:rəmbɑ:r/ ■ *adv.* (also بارم بارہ، بارنبار) repeatedly, again and again.

بارن /bɑ:rən/ ■ *n.f.* maid, female servant.

بارنا /bɑ:rnɑ:/ ■ *v.* abandon; separate.

بارِندگی /bɑ:rındəgi:/ ■ *n.f.* rain, raining.

بارنی /bɑ:rni:/ ■ *adj.* intoxicant.

بارُود /bɑ:ru:d/ ■ *n.m.* (also باروت) gunpowder. بارود خانہ gunpowder magazine or store. بارود میں آگ رکھنا/لگانا instigate, provoke.

بارُودی /bɑ:ru:di:/ ■ *adj.* of or relating to بارود. بارودی سرنگ landmine.

باروَر /bɑ:rvər/ ■ *adj.* fruitful. See under بار¹.

باروَری /bɑ:rvəri:/ ■ *n.f.* (also بارآوری) fruitfulness. See under بار¹.

باروں /bɑ:rõ:/ ■ *adj.* all of twelve. باروں ماس for all the twelve months, for the whole year.

بارہ¹ /bɑ:rɑ:/ ■ *cardinal number* twelve. بارہ امام the twelve Imams (religious leaders) of the Shiite sect. بارہ باٹ ہونا 1 become homeless or a vagabond. 2 be scattered or dispersed; be abandoned. 3 be ruined. (بارہ بانی (کا 1 perfect, faultless; expert, experienced. 2 healthy, strong. 3 pure, genuine. بارہ بجنا be dismayed, be lost. بارہ برج (***Astrol.***) twelve signs of the zodiac. بارہ برس دلی میں رہے بھاڑ جھونکا did not learn anything despite opportunities. بارہ برس کے بعد گھورے کے بھی دن پھرتے ہیں one should not lose hope, adversity is ultimately followed by prosperity. بارہ برہمن بارہ باٹ، بارہ دیہاتی ایک گھاٹ high-ups can't be united, the lowly one can. بارہ پتھر 1 space marked off by twelve pillars which shows the boundary of a cantonment. 2 (*fig.*) limitation, boundary (of any thing). بارہ پتھر باہر away from city. بارہ پُلا/پُلی bridge supported on twelve pillars. بارہ پنی توپ 1 cannon of twelve-pound balls, twelve-pounder. 2 corpulent, fatty. بارہ جوری force, violence, compulsion. بارہ خانوادے the twelve Sufi lineages. بارہ دری gazebo, pavilion or summer house in a garden with twelve, usually arched entrances. بارہ سنگھا barasingha, stag; having twelve antlers. بارہ کھڑی the Devanagari script in which Sanskrit/ Hindi is written. بارہ گنی لکھنا to wager with full confidence. بارہ ماسہ 1 a Hindi verse of twelve stanzas describing the characteristic changes of the season and scenery of twelve months. 2 kind of trees bearing flowers and fruits throughout the year. بارہ مسالے 1 twelve spices used as condiments. 2 all reasons of being inclined towards something. بارہ مسالے کی چاٹ something having many ingredients, something that panders to all tastes, pot-pourri. بارہ مہینے the whole year; always. بارہ وفات 1 the third month of the Islamic calendar, Rabiul Avval (ربیع الاول). 2 twelve days of Prophet Muhammad's last illness. 3 twelfth of Rabiul Avval, death anniversary of Prophet Muhammad. [S]

بارہ² ____ ■ *n.m.* city wall; walls of a fort. [P]

بارہ³ ____ ■ *n.m.* concern, topic, respect. [P]

بارہ⁴ ____ ■ *suffix* times (as in دوبارہ، سہ بارہ). [P]

بارہا /bɑ:rhɑ:/ ■ *adv.* often. See under بار¹.

باری¹ /bɑ:ri:/ ■ *n.f.* turn. باری باری 1 again and again. 2 by turns. باری بھرنا do one's duty on one's turn. باری دار 1 shift employee, servant who waits in turn with others. 2 male guard. باری دارنی/رداری female guard of a seraglio or harem. باری کا بخار/تپ malaria, intermittent fever. [P]

باری² ____ ■ *n.m.* One who creates from dust, Allah. باری تعالیٰ Allah, the most high and sublime. [A]

باری³ ____ ■ *n.f.* small door, window; peephole. [Prk.]

باری⁴ ____ ■ *n.f.* (also باڑی) orchard, house. [S]

بارے /bɑ:re:/ ■ *adv.* 1 in short; at length; at last. 2 but. 3 once; suddenly, at once. 4 however; even then. بارے میں in respect of, concerning.

باریاب /bɑ:rjɑ:b/ ■ *adj.* admitted or accepted in a court or in a company. See under بار¹.

باریابی /bɑ:rjɑ:bi:/ ■ *n.f.* access. See under بار¹.

باریطون /bɑ:ri:ṭu:n/ ■ *n.m.* peritoneum. [E]

بازˆ۲ ___ ■ *adv. & adj.* **1** again; back. **2** open, vast. **3** abstaining; refusing. بازآ hold! stop! cease! enough! بازآنا desist, refrain, leave off, give up, withdraw, abstain. بازپرس inquiry, interrogation, investigation, cross-examination. بازپس **1** return. **2** death. بازپسیں last, hindmost. بازپیدائش (***Biol.***) regeneration, regrowth of lost or destroyed organs. بازحراست remand to custody. بازخواست inquiry, interrogation, grilling. بازخواہ interrogator, inquirer. بازدعویٰ withdrawal of a suit. بازدید a return visit. بازرکھنا hold back, disallow, refrain, debar, hinder, prevent. بازرہنا abstain, refrain, shun. بازکش one who takes out money from a bank. بازگرد returnee. بازگشت **1** returning, retrain, retreat, relapse. **2** echo. **3** reaction. **4** death. بازگو backbiter. بازنامہ deed of relinquishment. بازیاب regaining, recovering. بازیابی recovery, getting back. بازیافت retrieval, recovering, recovery, getting back. [P]

باز۳ ___ ■ *suffix* actor, agent, doer; person, as: آتش باز maker of fireworks. شطرنج باز chess player. [P]

بازار /bɑ:zɑ:r/ ■ *n.m.* **1** bazar, market, market place, mart. **2** trade, business. **3** sale; rate, price. **4** people assembled at the market. بازاربٹا discount. بازاربڑھانا close down shops, close sale. بازاربیٹھک fee or tax for holding a stall in a market. بازارِحسن red-light area; brothel. بازارگرم ہونا the market to be bullish, have a good sale. بازارلگانا **1** open shops, start trading. **2** (*fig.*) have things spread out or scattered about in disorder; make a noise and uproar like that of a market. بازارمنداہونا the market to be bearish, have a bad sale. بازاروعدہ futures market.

بازارگان /bɑ:zɑ:rgɑ:n/ ■ *n.m.* merchant, trader.

بازارگانی /bɑ:zɑ:rgɑ:ni:/ ■ *n.f.* merchandise, trade.

بازارن /bɑ:zɑ:rən/ ■ *n.f.* prostitute.

بازارُو /bɑ:zɑ:ru:/ ■ *adj.* **1** ordinary, cheap, common. **2** low, vulgar.

بازاری /bɑ:zɑ:ri:/ ■ *adj.* **1** belonging to the market. **2** ordinary, cheap, common. **3** low, vulgar. ■ *n.m.* market person. بازاری افواہ رخبر unreliable news. بازاری عورت prostitute, harlot. بازاری گپ market rumour. بازاری نرخ market rates.

بازپرس /bɑ:zpʊrs/ ■ *n.f.* inquiry, investigation.

باریک /bɑ:ri:k/ ■ *adj.* **1** thin, skinny, fine, slender, slim, lean, slight, delicate. **2** subtle; minute. **3** intricate, complicated. **4** (*fig.*) high. باریک بات delicate or subtle point or matter. باریک بیں shrewd, sagacious, discerning, discriminating, intelligent, quick of apprehension, connoisseur. باریک جان (of a person) delicate. باریک خیال subtle idea. باریک کام fine or delicate work; delicate matter or affair. باریک میان slender waisted.

باریکا /bɑ:ri:kɑ:/ ■ *n.m.* (also باریکہ) **1** border around the text in books, especially manuscripts; marginal line. **2** pen for fine writing.

باریکی /bɑ:ri:ki:/ ■ *n.f.* **1** fineness, nicety; subtlety, delicacy. **2** discernment. باریکی چھننا to be made fine and delicate. باریکی نکالنا make a fine distinction, discriminate; criticize.

بارھواں /bɑ:rʰvɑ̃:/ ■ (also بارہواں) *ordinal number* twelfth.

باڑ۱ /bɑ:ɽ/ ■ *n.f.* (also باڑھ) **1** border, fence, hedge, an outer boundary of an enclosure; verge, edge, rim, margin. **2** queue, row. باڑباندھنا fence, enclose, hedge in. [S]

باڑ۲ ___ ■ *n.f.* (also باڑھ) **1** volley of bullets. **2** broadside. **3** torrent of abuse. **4** flood, inundation. [S]

باڑا /bɑ:ɽɑ:/ ■ *n.m.* **1** enclosure, cote, fence, hedge. **2** cattle pen. **3** homestead, farmyard. **4** area. **5** graveyard, cemetery. **6** alms, charity.

باڑی /bɑ:ɽi:/ ■ *n.f.* **1** garden, orchard; kitchen garden. **2** plantation, cultivation. **3** enclosure. **4** residence, abode. **5** cotton-field.

باڑیا /bɑ:ɽjɑ:/ ■ *n.m.* (also باڑھیا) knife grinder.

باڑیت /bɑ:ɽjət̪/ ■ *n.f.* destruction of crops due to flooding.

باڑھ /bɑ:ɽʰ/ ■ *n.f.* (also باڑ۲) **1** edge of a weapon. **2** volley of a gun. **3** rise, growth, increase. **4** flood, spate. **5** fence, hedge; margin. **6** row (of soldiers). باڑھ اترنا (of the edge of a sword, etc.) to be blunt. باڑھ پرہونا (river) to be in flood. باڑھ دینا **1** instigate, excite. **2** sharpen the edge (of a weapon). باڑھ کاٹے نام تلوار کا subordinate works and the administrant earns name, God heals and the doctor takes the fee.

باڑھا /bɑ:ɽʰɑ:/ ■ *n.m.* increase, growth.

باز۱ /bɑ:z/ ■ *n.m.* baza, hawk; harrier. بازدار falconer, an employee in charge of falcons or hawks. [A]

See under باز[2].

بازگشت /bɑ:zgəʃṯ/ ■ *n.f.* return. See under باز[2].

بازِندہ /bɑ:zɪnḏɑ:/ ■ *n.m.* **1** player. **2** (also لوٹن کبوتر) tumbler pigeon.

بازنطین /bɑ:zənṯi:n/ ■ *pr.n.m.* Byzantine.

بازُو /bɑ:zu:/ ■ *n.m.* **1** arm. **2** wing of a bird. **3** side, right/left side. **4** side frame of a door; doorpost. **5** flank (of an army). **6** brother. **7** companion, friend, associate. **8** strength, power. بازوبند armlet. بازو تھامنا support. بازو ٹوٹنا lose support. بازو دینا lend a helping hand, support, help, aid. بازو رہ جانا arms to become unable to move. بازو گلے میں حمائل کرنا throw one's arms around (someone's) neck. بازو واپس دلانا (*fig.*) get a female hostage freed.

بازی /bɑ:zi:/ ■ *n.f.* **1** sport, game, play, trick; hazard. **2** bet, wager. **3** game of chess/ cards. **4** stake, money bet. **5** deceit, deception. بازی ابتر an abandoned game. بازی بدنا/لگانا **1** set chess pieces on the board. **2** wager, bet; stake. بازی بند ہونا (***Chess***) stalemate to occur. بازی پانا be victorious, win, beat, defeat. بازی جیتنا come out victorious, win the game or stakes, win. بازی چڑھنا dominate an adversary. بازی دبنا be in a losing state. بازی دینا beat, win (a game), checkmate. بازی کھانا lose, be defeated, be checkmated. بازی کھلنا (***Chess***) deadlock to end. بازی گاہ playground, stadium; theatre; circus. بازی گر acrobat, juggler. بازی گری jugglery, act of tumbling, legerdemain, conjuring. بازی لے جانا win, excel, carry the palm, take the cake.

بازیاب /bɑ:zjɑ:b/ ■ *adj.* recovering. See under باز[2].

بازیابی /bɑ:zjɑ:bi:/ ■ *n.f.* recovery. See under باز[2].

بازیافت /bɑ:zjɑ:fṯ/ ■ *n.f.* retrieval. See under باز[2].

بازیچہ /bɑ:zi:tʃɑ:/ ■ *n.m.* **1** play, diversion, frolic; wagering. **2** (*fig.*) an easy task, child's play. **3** playground. **4** toy. بازیچۂ اطفال/طفلاں child's play.

بازیگر /bɑ:zi:gər/ ■ *n.m.* acrobat. See بازی گر under بازی. (*fem.* بازیگرنی)

بازیگری /bɑ:zi:gəri:/ ■ *n.f.* jugglery. See بازی گری under بازی.

باس[1] /bɑ:s/ ■ *n.f.* **1** scent, odour, smell. **2** unpleasant odour, stench. [S]

باس[2] —— ■ *n.m.* dwelling, habitation, residence, lodging, abode. [S]

باس[3] —— ■ *n.m.* strength, courage. [A]

باسا /bɑ:sɑ:/ ■ *n.m.* a plant, *Justicia gendarussa* bearing fragrant flowers.

باستان /bɑ:sṯɑ:n/ ■ *n.m.* old, ancient; historical.

باسٹھ /bɑ:səṭ^{h}/ ■ *cardinal number* sixty-two.

باسٹھواں /bɑ:səṭ^{h}vɑ̃:/ ■ *ordinal number* sixty-second.

باسط /bɑ:sɪṯ/ ■ *n.m.* **1** the giver of prosperity. **2** See الباسط.

باسق /bɑ:sɪq/ ■ *adj.* high, elevated, lofty.

باسلیق /bɑ:sɪli:q/ ■ *n.f.* (***Anat.***) the great vein in the arm, *Vena basilica*.

باسمتی /bɑ:sməṯi:/ ■ *n.m.* **1** fragrance. **2** (also باسمتی چاول) basmati rice, a long grain rice of superior quality.

باسن /bɑ:sən/ ■ *n.m.* pot; plate, dish; basin, vessel, utensil. باسن سے وہی ٹپکتا ہے جو اس میں بھرا ہے a person's actions are indicative of his nature and nurture.

باسنا /bɑ:snɑ:/ ■ *n.f.* perfume, scent, odour. ■ *v.* spread fragrance.

باسُور /bɑ:su:r/ ■ *n.m.* a haemorrhoid or pile, a malignant boil which develops in some organs. (*pl.* بواسیر)

باسی[1] /bɑ:si:/ ■ *adj.* **1** stale; last night's leftover. **2** old, past its best, referring to the day before. **3** fusty, smelling, rancid. باسی پن staleness. باسی تباسی stale food of several days. باسی خبر stale news, something already known. باسی عید the day after Eid-ul-Fitr; the second day of Eid-ul-Azha. باسی کڑھی میں ابال **1** a delayed show of enthusiasm. **2** a desire to be young in old age. **3** sudden resurgence of vigour, youthfulness or feelings of (friendship, love, etc.). باسی منہ **1** unwashed face or mouth. **2** empty stomach. [S]

باسی[2] —— ■ *n.m.* dweller, inhabitant. [S]

باش /bɑ:ʃ/ ■ *suffix* being; staying, living; used in comp. as: خوش باش happy and satisfied, quite at ease. زندہ باش may you live long! ■ *emph.* stay! stop! hold! be patient!

باشد /bɑ:ʃəḏ/ ■ *adv.* perhaps, it may be. ■ *suffix* used in comp. as: خیر باشد is everything alright?

باشندہ /bɑ:ʃɪnḏɑ:/ ■ *n.m.* inhabitant, resident, dweller, citizen. (*pl.* باشندگان)

باشُعور /bɑ:ʃʊʔu:r/ ■ *adj.* wise, intelligent. See under با.

باشہ /bɑ:ʃɑ:/ ■ *n.m.* (also باشا) a bird of prey, hawk; sparrowhawk; falcon.

باشی /bɑ:ʃi:/ ■ *n.m.* 1 chief, commander. 2 inhabitant.

باصر /bɑ:sɪr/ ■ *adj.* having sight, spectator, one who sees.

باصرہ /bɑ:sɪrɑ:/ ■ *n.f.* sight, the sense or faculty of seeing.

باصور /bɑ:su:r/ ■ *adj.* sight-enhancing (medicine).

باضابطہ /bɑ:zɑ:beṭɑ:/ ■ *adj.* formal, regular. See under با.

باطل /bɑ:ṭɪl/ ■ *adj.* 1 false, spurious, untrue, untruthful, fallacious, fictitious, unsound, wrong, incorrect. 2 futile, vain, worthless, useless. 3 null and void; ineffectual. 4 absurd, nonsensical. 5 annulled, abolished. باطل السحر counteractor or annuller of black magic enchantment. باطل پرستی following false beliefs; unbelief, infidelity. باطل خوری profiteering, dishonesty. باطل سمجھنا regard as false, treat as a nullity. باطل کرنا 1 vitiate, make invalid. 2 nullify, make void, rescind, revoke, cancel, set aside. 3 abolish. باطل ہونا be or prove to be in vain, become void or ineffectual, come to naught. (*fem.* باطلہ)

باطلیّت /bɑ:ṭɪlɪjjət/ ■ *n.f.* unbelief.

باطن /bɑ:ṭɪn/ ■ *n.m.* 1 inside, internal, inner self, hidden self, conscience, soul; mind. 2 spirituality, spiritual power. 3 See الباطن. ■ *adj.* concealed, hidden, invisible. باطن پرست Sufi, one believing or following Sufism. باطن میں inwardly, internally.

باطنی /bɑ:ṭɪni:/ ■ *adj.* internal, intrinsic, esoteric, hidden, latent. باطنی فعل something only imagined, not done. باطنی قوت power of internal vision.

باطنیّت /bɑ:ṭenɪjjət/ ■ *n.f.* ascribing esoteric or latent meanings to the words and verses of the Qur'an as against the obvious ones, esotericism.

باع /bɑ:ʔ/ ■ *n.m.* length of outstretched arms from the middle finger of one hand to that of the other.

باعتبار /bəeʔṭebɑ:r/ ■ *adv.* in respect of; by reason of; according to.

باعث /bɑ:ʔɪs/ ■ *n.m.* 1 cause, reason. 2 origin, basis. 3 See الباعث. باعثِ اشتعال provocative, infuriating. باعثِ اطمینان comforting, satisfying. باعث بننا become the cause, bring about. باعثِ تکلیف/زحمت troublesome, inconvenient, problematic. باعثِ شرم shameful, disgraceful, embarrassing.

باغ /bɑ:ɣ/ ■ *n.m.* 1 orchard, garden, grove. 2 land; area. 3 (*fig.*) children, offspring. باغِ ارم/شدّاد the earthly paradise said to have been created by Shaddad. باغِ آتش باز bunch of flowery images formed by firework. باغ باغ ہونا rejoice greatly, be immensely delighted. باغِ بہشت/جناں/جنت/خلد the Paradise. باغِ خلیل the fire lighted by Nimrod to burn Abraham alive. باغِ رضوان the Paradise, the name of its doorman being Rizwan. باغ رو (***Music***) kind of hybrid Indo-Persian raga. باغِ رواں floating garden, barge loaded with flowers and plants. باغِ عامّہ public garden. باغِ عدن the Garden of Eden. باغِ فدک name of a garden near Khyber in Saudi Arabia, that was acquired by the Muslims without a battle. باغِ معلق the hanging gardens (of Babylon). باغِ نعیم garden packed with all luxuries and comforts, i.e. the Paradise. باغ و بہار 1 cheerfulness, freshness; splendour. 2 pleasant or delectable (personality). باغِ وحوش zoo. (*pl.* باغات)

باغاتی /bɑ:ɣɑ:ṭi:/ ■ *adj.* of or relating to باغ. ■ *n.f.* (also بگوٹی) the revenue derived from gardens, the produce of garden.

باغبان /bɑ:ɣbɑ:n/ ■ *n.m.* gardener.

باغبانی /bɑ:ɣbɑ:ni:/ ■ *n.f.* gardening.

باغی /bɑ:ɣi:/ ■ *n.m.* rebel, traitor, insurgent, mutineer.

باغیانہ /bɑ:ɣjɑ:nɑ:/ ■ *adj.* mutinous, rebellious, treacherous, perfidious.

باغیچہ /bɑ:ɣi:tʃɑ:/ ■ *n.m.* (*dim.* of باغ) small grove or orchard.

باف /bɑ:f/ ■ *suffix* weaver; used in comp. as: دروغ باف liar, fabulist. شال باف shawl-weaver.

بافت /bɑ:fṭ/ ■ *n.f.* 1 weaving, texture; warp and weft. 2 tissue. 3 profession of weaving.

بافتہ /bɑ:fṭɑ:/ ■ *adj.* bafta, woven, knitted. ■ *n.m.* 1 a kind of silk cloth. 2 a colour in pigeons.

بافراط /bəɪfrɑ:ṭ/ ■ *adv.* amply, in abundance; abundant, plenty.

بافندگی /bɑ:fɪndəgi:/ ■ *n.f.* act or profession of weaving.

بافندہ /bɑ:fɪndɑ:/ ■ *n.m.* weaver.

باقاعدہ /bɑ:qɑ:ʔɪdɑ:/ ■ *adj.* regular; according to rule, formal.

باقر /bɑ:qɪr/ ■ *adj.* (also باقر) researcher, deeply learned, abounding in riches, knowledge and science.

باقرخانی /bɑ:qərxɑ:ni:/ ■ *n.f.* kind of crisp bread made of used to break the hard crust of the field. **2** cattle pen.

باکھری /bɑ:kʰri:/ ■ *n.f.* (also باکھڑی، باکھلی) **1** a cow or buffalo when it has given milk for five months or so. **2** young cow or buffalo.

باکھل /bɑ:kʰəl/ ■ *n.m.* **1** enclosure. **2** courtyard enclosed by horse or cattle-sheds. **3** a hamlet of a few houses.

باکھلا /bɑ:kʰlɑ:/ ■ *n.m.* piebald cock.

باگ¹ /bɑ:g/ ■ *n.f.* **1** rein, bridle. **2** a mark of rein on the neck of horses. **3** reins, the power to direct and control. باگ اپنے ہاتھ میں لینا take the control in one's hand, accept the responsibility of any work himself. باگ اُٹھانا **1** set off, to start travel. **2** give a horse the rein; make a horse run at full speed. باگ اچکنا reins to be shaken by the rider as a signal to move. باگ پر جھٹکنا (of a horse) jib on putting pressure on the reins. باگ پھیرنا (of a rider) turn. باگ چھوڑنا رڈھیلی کرنا **1** let (a horse) run. **2** leave one to himself. باگ ڈال دینا let the horse run. باگ ڈور **1** a long rein to lead horses. **2** (*fig.*) control, authority. باگ کا پودا the end of reins held by the rider. باگ لینا take the reins; pull up (a horse). باگ موڑنا **1** turn the rein. **2** turn attention to something else. باگ ہاتھ سے چھوٹنا lose a chance; lose control. [S]

باگ² _____ ■ *n.f.* point or tip of a sword. [S]

باگا /bɑ:gɑ:/ ■ *n.m.* wedding-garment; robe of honour.

باگر /bɑ:gər/ ■ *n.f.* **1** limit of the rise of water on a riverside. **2** hedge of thorns or twigs.

باگری¹ /bɑ:gri:/ ■ *n.f.* wooden tool used by carpenters. [dial.]

باگری² _____ ■ *adj.* (also باگڑی) a member of the Rajput tribe living in Malvah, India. [Prk.]

باگریا /bɑ:gərjɑ:/ ■ *n.m.* a mentor or protector of prostitutes.

باگڑ /bɑ:gəɽ/ ■ *n.m.* herd of deer.

باگڑ بِلّا /bɑ:gəɽ bɪllɑ:/ ■ *n.m.* an imaginary animal invoked to frighten children.

باگ سیار /bɑ:g sɪjɑ:r/ ■ *n.m.* (also باگیسارا) kind of jackal which howls to warn of an approaching tiger.

باگمبری /bɑ:gəmbəri:/ ■ *n.m.* (also باگمبر) tiger's skin.

باگی /bɑ:gi:/ ■ *n.f.* knife; stiletto.

باگیسری /bɑ:ge:sri:/ ■ *n.f.* (also باگیشری، باگیشوری) (***Music***) a kind of ragini.

flour, milk, sugar and butter.

باقلا /bɑ:qlɑ:/ ■ *n.m.* (also باقلہ) kind of edible bean, pot-herb.

باقویہ /bɑ:qevɪjjɑ:/ ■ *n.m.* (***Sufism***) a branch of *Naqshbandi* (نقشبندی) Sufi order following the Sufi saint Khwaja Baqibillah.

باقی /bɑ:qi:/ ■ *adj.* **1** existing, remaining; still due. **2** lasting, perpetual. ■ *n.m.* **1** residue, remainder. **2** balance, surplus, excess, outstanding dues, arrears. **3** See الباقی. باقی باللہ (***Sufism***) apparently mortal but achieves immortality. باقی پڑنا fall in arrears. باقی جمع unrealized assessments. باقی چکانا clear the balance. باقی حساب balance of an account. باقی دار one who owes a balance, defaulter. باقی دارد to be continued. باقی رہنا **1** remain; be saved, survive. **2** remain unpaid or unadjusted, remain in balance. باقی غیر ممکن الوصول irrecoverable balance. باقی فرضی nominal balance. باقی مالگزاری کی علت میں in default of revenue. باقی ماندہ remaining, residuary, remainder. باقی نکالنا strike or carry forward a balance, subtract. باقی وصول کرنا collect the arrears.

باقیات /bɑ:qɪjɑ:t̪/ ■ *n.m.* & *f.* **1** balances, arrears. **2** remnants, residues. **3** archaeological finds, relics. باقیات الصالحات **1** good deeds of the virtuous people of the past. **2** relics of a bygone era. باقیات دائرُ الوصول balance in train of liquidation. باقیاتِ سنینِ ماضیہ outstanding balances. باقیاتِ مشتبہ الوصول arrears, the recovery of which is doubtful.

باک¹ /bɑ:k/ ■ *n.m.* fear, terror; hesitation; irresolution; qualm. [P]

باک² _____ ■ *n.f.* **1** language; speech; locution, word. **2** verbal estimate of the produce of a field. [S]

باکرہ /bɑ:kerɑ:/ ■ *n.f.* virgin.

باکری /bɑ:kri:/ ■ *n.f.* five-months pregnant cow.

باکلانا /bɑ:klɑ:nɑ:/ ■ *n.m.* bamboo field.

باکلی /bɑ:kli:/ ■ *n.f.* boiled grain; usually used as food.

باکمال /bɑ:kəmɑ:l/ ■ *adj.* accomplished. See under با.

باکی /bɑ:ki:/ ■ *adj.* weeping, bewailing (person), especially in Shiite religious gatherings. (See also عزادار under عزا.)

باکھ /bɑ:kʰ/ ■ *n.m.* udder.

باکھا /bɑ:kʰɑ:/ ■ *n.m.* kind of bodice used in Deccan.

باکھر /bɑ:kʰər/ ■ *n.m.* **1** a kind of bullock-hoe or plough

باگھ /bɑ:gʰ/ ■ *n.m.* tiger. باگھ اور بکری ایک ٹھار رکھنا maintain complete peace, not to discriminate between rich and poor. باگھ مار 1 tiger-killer. 2 brave, bold. باگھ نکھ 1 tiger's nail. 2 knuckle-duster, a metallic device worn on fingers for attack or defence in a fight.

باگھن /bɑ:gʰən/ ■ *n.f.* (also باگھن، باگھنی) tigress, lioness.

باگھی /bɑ:gʰi:/ ■ *n.m.* a boil, an inflamed pus-filled swelling under the skin.

بال¹ /bɑ:l/ ■ *n.m.* 1 hair. 2 hair-crack in glass or crockery. 3 child; young boy or girl, minor. 4 the thread on which sugar is crystallized. ■ *n.f.* 1 ear or spike of corn. 2 a kind of large sea-fish. بال اتارنا shave or cut the hair. بال اترنا/گرنا hair to fall off. بال اوستھا infancy, childhood. بال آنا/پڑنا be cracked. بال بال 1 altogether, completely, throughout, entirely. 2 narrowly, very narrow or close. بال بال بچنا have a narrow escape, escape by the skin of one's teeth, have a close shave. بال باندھا غلام very obedient servant. بال باندھنا set or braid the hair. بال بچوں والی mother of a family. بال بچے family, wife and children. بال بدھوا/ودھوا child-widow. بال برابر/بھر very little; very thin, slightest. بال بکھرنا be in a state of perplexity. بال بنانا 1 comb or brush the hair. 2 dress or cut the hair. بال بنوانا have the hair cut or combed. بال بیکا نہ ہونا not receive the slightest injury, remain unharmed. بال پکنا have hair turned grey; grow old. بال پن childhood; infancy. بال تراش hairdresser. بال توڑ an abscess at the root of hair. بال جھڑنا hair to fall off. بال خورا skin disease blocking growth of hair, alopecia. بال دھوپ میں سفید کرنا be ignorant in spite of age. بال رکھنا allow the hair to grow. بال صفا depilatory or hair removing soap, cream, powder or solution applied to remove unwanted hair. بال کاڑھنا comb or brush the hair. بال کا کمبل بنانا make a mountain out of a molehill. بال کمانی hairspring of a watch. بال کی کھال اتارنا/کھینچنا/نکالنا split hairs, be too critical, do nit-picking. بال کھڑے ہونا be frightened. بال ہتیا infanticide. بال ہٹ childish obstinacy, tantrum. [S]

بال² ____ ■ *n.m.* 1 wing; pinion; feather. 2 power, strength. بال شکستہ distressed, wretched. بال فشاں expanding the wings. بال و پر نکالنا 1 grow feathers; become strong, be fledged. 2 betray one's evil dispositions. [P]

بال³ ____ ■ *n.m.* heart; mind; state, condition; power. [A]

بالا¹ /bɑ:lɑ:/ ■ *prep.* on; upon; above; up; aloft. ■ *adj.* 1 lofty, exalted, high, elevated. 2 superior. 3 inaccessible. ■ *adv.* foregoing, aforementioned. ■ *n.m.* 1 summit, top; upper part. 2 stature, height. بالا بالا covertly, stealthily, secretly, privately, without letting anyone know. بالا بتانا frustrate; cheat, deceive, cavil, evade, prevaricate. بالا بر fore-skirt. بالا پوش quilt; bedspread. بالاتر 1 higher, loftier. 2 beyond. بالا چاق overlord, ruler, authority. بالا حصار 1 high fort, fort built on an elevation or high ground. 2 name of a fort in Peshawer, Pakistan. بالا خانہ upstairs; balcony, attic, upper room. بالا خوانی exaggeration. بالا دست 1 higher, superior, having an upper hand. 2 officer; ruler. بالا دستی predominance, superiority. بالا دوی 1 spying. 2 quickness, fast-moving, swiftness. بالا نشین 1 best; highest. 2 president. 3 (*fig.*) prosperous; without any care. بالا و پست high and low. بالائے بنفشی ultraviolet. بالائے بنفشی شعاعیں ultraviolet rays. بالائے طاق رکھنا set aside; do away with. [P]

بالا² ____ ■ *n.m.* 1 large earring. 2 small child, infant. 3 one who has not reached the age of maturity. 4 a custom after marriage in which bride's family send presents (confectionary, fruits) to bridegroom's family. 5 a song sung on the occasion of child's birth. ■ *n.f.* 1 female child, girl. 2 woman; wife. بالا بھولا childlike, innocent, simple. بالا پن infancy; childhood. بالا چاند the new moon. [S]

بالاتفاق /bɪlɪt̪t̪efɑ:q/ ■ *adv.* unanimously, jointly, admittedly, as one man, with one voice.

بالاجماع /bɪlɪdʒmɑ:ʔ/ ■ *adv.* unanimously.

بالاجمال /bɪlɪdʒmɑ:l/ ■ *adv.* briefly, in brief.

بالاستیعاب /bɪlɪst̪i:ʔɑ:b/ ■ *adv.* thoroughly, wholly, completely from the beginning to the end.

بالارادہ /bɪlɪrɑ:dɑ:/ ■ *adv.* intentionally, deliberately, wilfully.

بالاشتراک /bɪlɪʃt̪erɑ:k/ ■ *adv.* in collaboration, in association, in cooperation.

بالاعلان /bɪleʔlɑ:n/ ■ *adv.* openly, for all to see, publicly, boldly.

بِالاقساط /bɪləqsɑ:t̪/ ■ *adv*. in instalments, in parts.

بِالالتزام /bɪlɪlt̪ezɑ:m/ ■ *adv*. deliberately; regularly; pre-meditated, deliberate, with forethought.

بالائش /bɑ:lɑ:ɪʃ/ ■ *n.f.* **1** (*literal*) the process of growth. **2** support; encouragement.

بالائی /bɑ:lɑ:i:/ ■ *adj*. **1** upper, upstair(s). **2** surficial, superficial. **3** extra, additional; extraordinary. ■ *n.f.* **1** cream of milk. **2** highness, eminence, superiority. بالائی آمدنی extra income; (usu.) bribe. بالائی فضا aerospace. بالائی کام general or miscellaneous duties, odd jobs. بالائی مزے secret pleasures. بالائی منزل upper room or storey. بالائی یافت extra emoluments, perquisites, pickings.

بِالآخر /bɪlɑ:xɪr/ ■ *adv*. ultimately, consequently.

بِالتّصریح /bɪt̪t̪əsri:h/ ■ *adv*. expressly, distinctly, explicitly.

بِالتّخصیص /bɪt̪t̪əxsi:s/ ■ *adv*. specifically, specially, particularly.

بِالتّفصیل /bɪt̪t̪əfsi:l/ ■ *adv*. in detail, at length.

بالٹی /bɑ:lṭi:/ ■ *n.f.* bucket or pail. بالٹی گوشت balti, balti gosht a dish made of meat and spices prepared traditionally in a bucket-like pot.

بِالجبر /bɪldʒəbr/ ■ *adv*. by force, forcibly, violently.

بِالجملہ /bɪldʒʊmlɑ:/ ■ *adv*. in short, to sum up, in a word; on the whole, altogether.

بِالجہر /bɪldʒəhr/ ■ *adv*. in loud voice, loudly, audibly.

بالچہ /bɑ:ltʃɑ:/ ■ *n.m.* small pool or cistern.

بالچھڑ /bɑ:ltʃʰəɽ/ ■ *n.f.* a sweet-smelling medicinal plant, spikenard. (See also سُنبل.)

بِالخصوص /bɪlxʊsu:s/ ■ *adv*. specially, particularly, in particular.

بِالخیر /bɪlxæ:r/ ■ *adv*. **1** well, in a good manner. **2** (*fig.*) happy; happily.

بالدا /bɑ:ld̪ɑ:/ ■ *n.m.* cattle-pen.

بالدی /bɑ:ld̪i:/ ■ *n.m.* worker employed on a farm to tend cattle.

بِالذّات /bɪzzɑ:t̪/ ■ *adv*. **1** essentially; intrinsically, naturally, originally. **2** in itself; not indirectly.

بال سندر /bɑ:lsʊnd̪ər/ ■ *n.m.* fertile sandy land.

بالش¹ /bɑ:lɪʃ/ ■ *n.m.* (*contr*. of بالشت). [S]

بالش² ——— ■ *n.f.* pillow, cushion. [P]

بالشت /bɑ:lɪʃt/ ■ *n.f.* span, the maximum distance between the tips of the thumb and little finger. بالشت بھر of the length of a span; very small.

بالشتیا /bɑ:lɪʃt̪jɑ:/ ■ *n.m.* (also بالشتیہ) pygmy, manikin, dwarf, midget.

بِالضّرور /bɪzzəru:r/ ■ *adv*. necessarily, inevitably, certainly, surely, definitely.

بِالعکس /bɪlʔəks/ ■ *adv*. on the contrary, on the other hand, vice versa.

بِالعُموم /bɪlʔʊmu:m/ ■ *adv*. generally, commonly, usually, universally.

بِالعِوض /bɪlʔɪvəz/ ■ *adv*. in lieu of, in compensation.

بالغ /bɑ:lɪɣ/ ■ *adj*. of age, having attained puberty, consummate, adult, mature. بالغُ العلوم having complete and perfect knowledge, well-learned. بالغ نظر having a deep insight. بالغ نظری deep or mature perception, maturity of thought. (*fem.* بالغہ) (*pl.* بالغان)

بالفاظِ دیگر /bəəlfɑ:ze: di:gər/ ■ *adv*. (also بالفاظِ دِگر) in other words.

بِالفرض /bɪlfərz/ ■ *adv*. supposing, granted that, admitting for the sake of argument.

بِالفعل /bɪlfeʔl/ ■ *adv*. practically, actually, in fact; now, at present.

بِالقصد /bɪlqəsd/ ■ *adv*. on purpose, intentionally.

بِالقوّہ /bɪlqʊvvɑ:/ ■ *adv*. (also بالقُوّت) potentially; covertly, vigorously, having latent properties.

بالک /bɑ:lək/ ■ *n.m.* **1** child; infant. **2** disciple. بالک باڑی kindergarten. بالک پن/پنا childhood; infancy. بالک ہٹ childish tantrum, obstinacy. (*fem.* بالکی)

بالکا /bɑ:lkɑ:/ ■ *n.m.* **1** child. **2** disciple or follower, usually young.

بِالکل /bɪlkʊl/ ■ *adv*. **1** entirely, totally, altogether, wholly, completely. **2** certainly.

بِالکلّیہ /bɪlkʊllɪjɑ:/ ■ *adv*. totally, in totality.

بالگیر /bɑ:lgi:r/ ■ *n.m.* (also بارگیر) horse-keeper.

بِاللّٰہ /bɪllɑ:h/ ■ *adv*. by God.

بالم /bɑ:ləm/ ■ *n.m.* (also بلم) lover, sweetheart, beloved; husband.

بِالمشافِہہ /bɪlmʊʃɑ:fəhə/ ■ *adv*. (also بالمشافہ) face to face.

بِالمقابل /bɪlmʊqɑ:bɪl/ ■ *adv*. **1** face to face. **2** compared to.

بِالمقابلہ /bɪlmʊqɑ:bəlɑ:/ ■ *adv*. **1** in the presence of, face to face. **2** as compared to.

بالم کھیرا /bɑ:ləmkʰi:rɑ:/ ■ *n.m.* superior kind of cucumber.

بالن /bɑ:lən/ ■ *n.m.* fuel of any type.

بالنا /bɑ:lnɑ:/ ■ *v.* **1** enkindle, inflame, light. **2** to brown.

بالندہ /bɑ:lnd̪ɑ:/ ■ *adj.* growing, flourishing.

بالنگا /bɑ:lŋgɑ:/ ■ *n.m.* (also بالنگ، بالنگو) kind of citron.

بالنون والصّاد /bɪnnu:n vəssuɑ:d̪/ ■ *phr.* with the blessing of sacred letters *noon* (ن) and *suad* (ص).

بالو /bɑ:lu:/ ■ *n.f.* sand; gravel, grit. بالوبرد arable land covered by sand after a flood and thus ruined. بالوترائی fertile land enriched by inflow of flood water. بالوچر sandy river bank. بالوشاہی kind of sweetmeat. بالو کی بھیت wall of sand; anything frail and decaying. بالو کی بھیت اوچھے کی میت love/ friendship of a selfish can not be everlasting or strong. بالوگھڑی sandglass.

بالوا /bɑ:lvɑ:/ ■ *adj.* sandy.

بِالواسطہ /bɪlvɑ:stɑ:/ ■ *adv.* indirectly; with intervening factors or intermediaries.

بالوترا /bɑ:lo:t̪rɑ:/ ■ *adj.* hairy, especially a horse; hirsute.

بالونچی /bɑ:lũ:tʃi:/ ■ *n.f.* brush for whitewashing, mason's brush.

بالی /bɑ:li:/ ■ *n.f.* **1** small earring. **2** spike or ear of corn. **3** immature girl. ■ *adj.* immature, young. بالی بھرنا to string pearls or flower in an earring. بالی عمر/عمریا young age, early youth, prime of life. بالی کی مچھلی pendant resembling a fish. بالی نیند sound sleep of childhood, careless slumber.

بالیدگی /bɑ:li:d̪əgi:/ ■ *n.f.* **1** vegetation; growth, expansion, development, increase. **2** loftiness, sublimity. **3** maturity, adolescence. **4** tumour, boil.

بالیدہ /bɑ:li:d̪ɑ:/ ■ *adj.* **1** grown, increased, grown-up. **2** delighted, happy, contented.

بِالیقین /bɪljəqi:n/ ■ *adv.* certainly, surely, definitely.

بالیں /bɑ:lĩ:/ ■ *n.f.* **1** head-side of a bedstead or tomb, head board. **2** pillow, cushion. بالیں پرست bedridden due to illness; lazy.

بام[1] /bɑ:m/ ■ *n.m.* upper storey; the terrace or roof of a house, balcony. بامِ مراد کو پہنچنا be successful, achieve an aim. بامِ مسیح **1** (*literal*) attic of Christ. **2** (*fig.*) the fourth sky. بام نشیں (*fig.*) prostitute. بامِ نہم the ninth sky, the highest heaven (as throne of God). [P]

بام[2] _____ ■ *n.m.* fathom. [S]

بام[3] _____ ■ *n.f.* (also بام مچھلی) eel, a long, thin serpent-like fish. [S]

بامداد /bɑ:md̪ɑ:d̪/ ■ *n.m.* early in the morning, dawn.

بامن[1] /bɑ:mən/ ■ *n.m.* (also باہمن) Brahman, a superior caste in Hindus. بامن سے دان مانگنا have false hope. (See also برہمن.) [S]

بامن[2] _____ ■ *n.m.* (***Hinduism***) the fifth avatar of Vishnu. [S]

بامنی /bɑ:mni:/ ■ *n.f.* (also باہمنی) **1** wife of a Brahman. **2** a kind of reptile resembling lizard. **3** a disease which causes the eyelashes to fall off. **4** a disease of horse which causes its tail's hair to fall off. [Prk.]

بامی /bɑ:mi:/ ■ *n.f.* (also بانبی) snake-pit.

بان[1] /bɑ:n/ ■ *n.m.* **1** rope made of twisted grass used in making bedstead. **2** arrow; dart. **3** sky-rocket (firework). **4** storm; high tidal wave in an estuary, bore. [S]

بان[2] _____ ■ *n.f.* **1** temper, disposition, nature, character; conduct, manners; habit, custom. **2** quality, property. **3** (***Hinduism***) a marriage rite which prescribes a certain number of bath (generally from three to eleven) for the bride and bridegroom. [S]

بان[3] _____ ■ *suffix* (used with nouns) signifying agent, doer or keeper, as: دربان doorkeeper. [P]

بان[4] _____ ■ *n.m.* tree which yields benzoin. [A]

بان[5] _____ ■ *n.m.* trade, business. [Prk.]

بانا[1] /bɑ:nɑ:/ ■ *n.m.* **1** dress, garment, costume; uniform. **2** fashion or style of dress, guise. **3** habit, custom, manner. **4** profession, occupation. بانا بدلنا disguise; to change dress, change one's appearance. [S]

بانا[2] _____ ■ *n.m.* **1** weft; woof; silken thread. **2** a kind of sword. **3** a kind of hemispherical bucket used in raising water for irrigation. **4** a superior kind of silk. بانا باندھنا be armed; be ready. [S]

بانا[3] _____ ■ *v.* spread, unfold. [S]

بانا[4] _____ ■ *n.m.* stake, bet, wager. [S]

بانات /bɑ:nɑ:t̪/ ■ *n.f.* baize, a kind of woollen cloth.

باناتی /bɑ:nɑ:t̪i:/ ■ *adj.* woollen.

بانب /bɑ̃:b/ ■ *n.f.* **1** kind of fish, eel. **2** snake.

بانبی /bɑ̃:bi:/ ■ *n.f.* (also بامی، بانبھی، بانھبی) snake-pit; termite-hole; navel.

مختصرانفی مصوتے: بھنور ə̃ /bʰə̃vər/ انچا ĩ /ĩtʃɑ:/ کنوارا ʊ̃ /kʊ̃vɑ:rɑ:/ دیگراعراب: اعلیٰ ɑ: /əʔlɑ:/ بذاتہٖ i: /beza:t̪ehi:/ اجمالاً n /ɪdʒmɑ:lən/ لتّو /lət̪t̪u:/

fabrication. **3** a kind of dotted silky cloth. **4** scheme, pre-planned device.

بانڈ[1] /bɑ̃:ḍ/ ■ *n.f.* land on the confluence of two rivers which is inundated during rainy season. [dial.]

بانڈ[2] ____ ■ *adj.* tailless. (*fem.* باںڈی[3]) [S]

بانڈا[1] /bɑ̃:ḍɑ:/ ■ *adj.* hunchbacked; maimed, crippled. [S]

بانڈا[2] ____ ■ *n.m.* piece of bamboo, stick. [Prk.]

بانڈی[1] /bɑ̃:ḍi:/ ■ *n.f.* cattle-pen.

بانڈی[2] ____ ■ *n.f.* short thick stick, cudgel, club. بانڈی باز quarrelsome, rioter, mischief-monger. [Prk.]

بانڈی[3] ____ ■ *n.f.* tailless female animal, especially cow. [S]

بانس /bɑ̃:s/ ■ *n.m.* bamboo; measure of ten feet. بانس برابر آدمی/قد very tall person. بانس پر چڑھانا **1** disgrace, smear, defame; ridicule. **2** praise unduly, especially for gain; promote or advance unduly or exaggeratedly. بانس پور kind of muslin whose full roll could pass through the hole of bamboo. بانس پھل kind of fine rice. بانس واڑا (also بانسواڑا) bamboo market. بانس واڑی (also بانسواڑی) bamboo thicket, bamboo plantation.

بانسا /bɑ̃:sɑ:/ ■ *n.m.* (also بانسہ) **1** bridge of the nose. **2** hollow bamboo piece attached to a plough for sowing. **3** the backbone. بانسا بیٹھنا bridge of the nose to break. بانسا پھر جانا/پھرنا the bridge of the nose to bend (a sign of death). [S]

بانسری /bɑ̃:sri:/ ■ *n.f.* (also بنسری، بنسی) flute, pipe, fife.

بانسوں /bɑ̃:sõ:/ ■ *n.m.* (*pl.* of بانس) بانسوں اچھلنا **1** jumping with joy, be overjoyed. **2** (tides of river) to rise up.

بانسی /bɑ̃:si:/ ■ *n.f.* **1** bamboo thicket or forest. **2** bamboo stick. **3** a kind of stone having yellow white colour. **4** flute. **5** a kind of delicious aromatic rice. **6** reed used by weaver.

بانقراس /bɑ:nqırɑ:s/ ■ *n.m.* pancreas. [E]

بانک /bɑ:ŋk/ ■ *n.f.* **1** a kind of dagger having curved blade; exercise with the dagger. **2** bend, crookedness, curve, winding, curvature. **3** craftiness, duplicity, wickedness. **4** bend of a river. **5** semi-circular ornament worn on arms. **6** a kind of anklet. **7** settee. **8** sprig, a wavy lace sewed on the sides of a dupatta.

بانکا /bɑ:ŋkɑ:/ ■ *n.m.* **1** beau, gallant, boulevardier, fop. **2** knife to cut bamboo (with). ■ *adj.* **1** curved,

بانتی /bɑ:n̪t̪i:/ ■ *adv.* times, as in دوبانتی twice. چار بانتی four times.

بانٹ[1] /bɑ̃:ʈ/ ■ *n.f.* **1** division, distribution. **2** allotment, portion, share. **3** (***Cards***) a deal. **4** luck, fortune. بانٹ بونٹ/چونٹ share, portion; apportionment. [S]

بانٹ[2] ____ ■ *n.m.* weight. See باٹ[2]. [S]

بانٹل /bɑ̃:ʈəl/ ■ *n.m.* (also *pl.*) shareholder(s).

بانٹنا /bɑ̃:ʈnɑ:/ ■ *v.* **1** divide, distribute; apportion. **2** allot; partake; dispose of. **3** deliver (cards, letters, etc.).

بانٹی /bɑ̃:ʈi:/ ■ *n.f.* share.

بانجھ /bɑ̃:dʒʰ/ ■ *adj.* (also بانج) **1** sterile, barren (woman). **2** unproductive (tree). **3** infertile (land). بانجھ اچھی اکانج بری the only child is a greater headache than no child. بانجھ کاڑا medicine given to a woman in order to make her barren. بانجھ ککوڑا a wild parasitic trailing plant which does not bear fruit.

بانچنا /bɑ̃:tʃnɑ:/ ■ *v.* **1** read, study. **2** decipher, make out. **3** mention, describe.

باند[1] /bɑ̃:d̪/ ■ *n.m.* slave. (*fem.* باندی) [S]

باند[2] ____ ■ *n.m.* (also بان[1]) string or rope that is to make bedstead. [S]

باندا /bɑ̃:d̪ɑ:/ ■ *n.m.* a parasitic vegetation, dodder.

باندر /bɑ̃:d̪ər/ ■ *n.m.* (*var.* of بندر) monkey.

باندی /bɑ̃:d̪i:/ ■ *n.f.* maidservant, handmaid, female surf. باندی بچہ **1** master's son born out of wedlock to a housemaid or slave girl. **2** a term of abuse. باندی کا بیٹا (*fig.*) an obedient and submissive person.

باندھ[1] /bɑ̃:d̪ʰ/ ■ *n.m. & f.* (also بندھ) **1** embankment, dam. **2** imprisonment, fastening, fetter, confinement. باندھ رکھنا/کر رکھنا **1** hold back forcibly. **2** keep with great care. باندھ لانا capture and fetch, fetch (him) along with you. [S]

باندھ[2] ____ ■ *n.m.* rope made of twisted grass. See بان[1]. [S]

باندھنا /bɑ̃:d̪ʰnɑ:/ ■ *v.* **1** bind, tie, fasten with rope or chain, fetter, chain. **2** arrest, captivate, imprison. **3** hold back, check. **4** embank. **5** join together (in marriage), gather. **6** build, construct (bridge). **7** impose; levy tax, etc. **8** devise, design. **9** compose; form. **10** settle. **11** to tie around, wrap around.

باندھنو /bɑ̃:d̪ʰnu:/ ■ *n.f.* **1** knot, bond. **2** slander, insinuation, crooked. **2** arrant, foppish, smart. **3** brave, bold. **4** angry, annoyed. **5** mischievous, vulgar. (*fem.* بانکی[2])

بانکپن /bɑ:ŋkpən/ ■ *n.m.* **1** stylishness, smartness, elegance, jauntiness. **2** curvature, crookedness. **3** rakishness, debauchery.

بانکڑی /bɑ:ŋkɽi:/ ■ *n.f.* a sort of decorative lace stitched on dresses.

بانکی[1] /bɑ:ŋki:/ ■ *n.f.* (*dim.* of بانک) small dagger of curved blade. [S]

بانکی[2] ____ ■ *adj.* (*fem.* of بانکا). [S]

بانکے دِہاڑے /bɑ:ŋke: d̪ɪhɑ:ɽe:/ ■ *adj.* (also بانکے دھیاڑے) dilapidated, decayed.

بانگ /bɑ:ŋg/ ■ *n.f.* **1** crowing of a cock. **2** crying out, shout; voice; musical strain. **3** summons to prayers. بانگِ اسرافیل (***Islam***) the trumpet that will mark the end of world on the Judgment Day. بانگِ جرس/درا sound of bell signalling the start of a caravan. بانگ دینا (cock) to crow. بانگِ رحیل the gong sounded to announce the departure of a caravan.

بانگا /bɑ:ŋgɑ:/ ■ *n.m.* cotton with the seeds in it.

بانگر /bɑ:ŋgər/ ■ *n.m.* (also بانگڑ) highland along the river bank where water does not reach; hilly ground; deserted land, land lacking water.

بانگڑو /bɑ:ŋgɽu:/ ■ *adj.* uncivilized, uncultured; churlish, rude, rough; rustic, fool, stupid; clownish.

بانگی /bɑ:ŋgi:/ ■ *n.f.* pattern, sample, specimen, example.

بانو /bɑ:no:/ ■ *n.f.* **1** woman of rank, lady, gentlewoman. **2** housewife. **3** queen. بانوئے مشرق (*fig.*) the sun.

بانوچ /bɑ:no:tʃ/ ■ *n.m.* swing.

بانوے /bɑ:nve:/ ■ *cardinal number* ninety-two.

بانوے واں /bɑ:nve:vɑ̃:/ ■ *ordinal number* ninety-second.

بانہ /bɑ:nɑ:/ ■ *n.m.* (*var.* of بانا[1]) dress.

بانہہ /bɑ̃:h/ ■ *n.f.* **1** arm. **2** sleeve. **3** aid, support, help. **4** (*fig.*) defender, helper. **5** security, guarantee. **6** strength, power. **7** real brother. بانہہ پکڑنا defend, protect, support. بانہہ توڑ (in wrestling) arm lock. بانہہ ٹوٹنا be without friends or helpers; lose one's prop or support. بانہہ دینا assist, to aid, help.

بانہیں /bɑ̃:hẽ:/ ■ *n.f.* (*pl.* of بانہہ) بانہیں چڑھانا **1** get ready (for or against). **2** threaten, intimidate.

بانی[1] /bɑ:ni:/ ■ *n.m.* **1** founder, initiator, one who lays the foundation. **2** (*rare*) builder; inventor. بانیِ دوجہاں Allah. بانیِ کار originator, founder; expert. بانی مبانی **1** originator, fountainhead, real cause. **2** layer of foundation. [A]

بانی[2] ____ ■ *n.f.* disposition; mental constitution; temperament. [S]

بانی[3] ____ ■ *n.f.* **1** language, tongue; discourse, speech, word. **2** sound, voice, tone. **3** song, melody, rhythm of a song. **4** hawker's call/ cry. **5** beggars' call (when they beg). [S]

بانی[4] ____ ■ *n.f.* **1** weaving. **2** thread with which cloth is woven. [S]

باو /bɑ:v/ ■ *n.f.* (also باؤ) **1** wind, air; atmosphere. **2** flatulence; rheumatism. **3** (*fig.*) pride, arrogance. **4** syphilis. باوبارا stormy wind. باوباندھنا flatter, cajole, wheedle; dominate or overcome an enemy by sophistry or flattery. باوبتاس **1** hysteria. **2** possession by an evil spirit. باوبندی **1** something imaginary or unreal. **2** false excuse, misleading, play of words, sophistry. **3** vain attempt, futile effort. باوسول colic. باو کے گھوڑے پر سوار **1** in a hurry. **2** proud, conceited. باوگولا colic; windiness; acute gout; flatulence.

باوا /bɑ:vɑ:/ ■ *n.m.* (also بابا) **1** father. **2** superior, elder. **3** spiritual guide or teacher. **4** fakir, mendicant. **5** child, son. باوا آدم کے وقت کا out of the ark, very old, obsolete, out of date. باوا آدم نرالا ہونا (*iron.*) have a singular mode or style. باوا بھلا نہ بھیا سب سے بڑا روپیا money is the greatest expedient. باوا کا ancestral, hereditary; personal.

باوتا /bɑ:vt̪ɑ:/ ■ *n.m.* combination of ب, and ت, i.e. بُت idol.

باوٹا[1] /bɑ:vʈɑ:/ ■ *n.m.* flag; banner; standard. [S]

باوٹا[2] ____ ■ *n.m.* a piece of jewellery worn by Hindu women on arm. [S]

باوٹا[3] ____ ■ *n.m.* pain in gout; cramp, spasm; convulsion. [S]

باوُجود /bɑ:vʊdʒu:d̪/ ■ *prep.* notwithstanding; in spite of.

باوُجودیکہ /bɑ:vʊdʒu:d̪eke:/ ■ *adv.* though, even if, granted that.

باور[1] /bɑ:vər/ ■ *n.m.* confidence, faith, trust, credit, belief. ■ *adj.* true, credible, trustworthy. باور آنا take something as true, believe, be convinced. [P]

باور[2] ____ ■ *n.m.* a kind of net for trapping rabbits, deer, etc. [S]

باورا /bɑ:vrɑ:/ ■ *adj.* (*var.* of باولا).

باورچن /bɑ:vərtʃən/ ■ *n.f.* female cook.

باورچی /bɑ:vərtʃi:/ ■ *n.m.* cook, chef. باورچی خانہ kitchen. باورچی گری culinary art.

باوردی /bɑ:vərḍi:/ ■ *adj.* uniformed, liveried.

باوضو /bɑ:vʊzu:/ ■ *adj.* (***Islam***) having performed the ablutions.

باولا /bɑ:vlɑ:/ ■ *adj.* (also باورا، باؤلا) **1** mad, insane, crazy, deranged. **2** (*fig.*) madly in love. **3** foolish, senseless.

باولی[1] /bɑ:vli:/ ■ *n.f.* (also باؤلی) a covered underground well having steps down to the water. [Prk.]

باولی[2] ____ ■ *adj.* (*fem.* of باولا) باولی ہنڈیا dish of various vegetables. [S]

باولے /bɑ:vle:/ ■ *n.m.* (*pl. & infl.* of باولا) باولے کتے نے کاٹا ہے are you mad? what nonsense are you talking? باولے گاؤں میں اونٹ پرمیشر naive people are taken in by every new thing.

باون /bɑ:vən/ ■ *cardinal number* fifty-two. باون تولے پاؤ رتی accurate, absolutely right. باون گز ر گزا **1** long; tall, heighted. **2** haughty, conceited.

باونا /bɑ:vnɑ:/ ■ *adj.* dwarfish. See بونا.

باونواں /bɑ:vənvɑ̃:/ ■ (also باون واں) *ordinal number* fifty-second.

باونی[1] /bɑ:vni:/ ■ *n.f.* act of sowing; time for sowing. [S]

باونی[2] ____ ■ *n.f.* gathering, congregation; festival. [Prk.]

باونی[3] ____ ■ *n.f.* winning all tricks in a whist-like game of cards. [S]

باہ[1] /bɑ:h/ ■ *n.f.* virility; sexual urge or passion, lust, libido, sexual appetite. [A]

باہ[2] ____ ■ *n.m.* ploughing of a field once. [S]

باہا /bɑ:hɑ:/ ■ *n.m.* **1** watercourse. **2** vessel into which the juice of sugar cane is collected during crushing.

باہر /bɑ:hər/ ■ *adj.* **1** out, outside, in open. **2** abroad, foreign. **3** exterior; outward. **4** exceeding. ■ *adv.* **1** externally. **2** beyond, away. باہر بھیتر in and out, within and without, ingress and egress. باہر سے externally, apparently, from the outside. باہر سے باہر کرنا/نکالنا exclude, strike out, turn out, dismiss; oust, eject. باہر کے کھائیں گھر کے (گیت) گائیں those who deserve are deprived (of) and undeserved avail. باہر لے جانا take out, take abroad, take away, export. باہر نکلنا emerge; come out, go about in public. باہر والا **1** stranger, someone from outside the family. **2** sweeper. **3** foreigner. **4** rural; illiterate. **5** waiter who serves the customers outside the hotel/restaurant. باہر ہونا **1** be ejected or ousted. **2** exceed or lie or go beyond (limits, etc.).

باہر /bɑ:hɪr/ ■ *adj.* excelling, eminent, manifest, conspicuous.

باہرا /bɑ:hɪrɑ:/ ■ *adj.* left. ■ *n.m.* (***Fencing***) attack from the left.

باہری /bɑ:həri:/ ■ *adj.* **1** external, outer, exterior. **2** foreign. **3** materialistic. ■ *n.m.* outsider; stranger; outer; foreigner.

باہک /bɑ:hək/ ■ *n.m.* **1** porter. **2** packhorse. **3** water-carrier. **4** horseman.

باہک /bɑ:hʊk/ ■ *adj.* servile, dependent. ■ *n.m.* servant, slave.

باہم /bɑ:həm/ ■ *adv.* together, in unison, jointly, mutually, reciprocally, conjointly. باہم دگر together or against each other.

باہمی /bɑ:həmi:/ ■ *adj.* mutual, reciprocal; common, shared. باہمی رضامندی سے with mutual consent.

باہن[1] /bɑ:hən/ ■ *n.m.* conveyance, vehicle, carriage; animal used for transport. [S]

باہن[2] ____ ■ *n.m.* furrow, track; ploughed land left unsown. [Prk.]

باہنا /bɑ:hnɑ:/ ■ *v.* **1** plough, till. **2** unfold, open, spread. **3** show teeth. **4** toil, drudge. **5** comb (hair). **6** shoot, discharge (a weapon). **7** penetrate. **8** claim, litigate.

باہو /bɑ:hu:/ ■ *n.m.* **1** arm. **2** an ornament worn on arm. **3** a long stick or club.

باہی /bɑ:hi:/ ■ *adj.* aphrodisiac.

بائب /bɑ:əb/ ■ *n.m.* (also بایب) the north-west.

بائب /bɑ:ɪb/ ■ *adj.* (also بایب) **1** separate, apart; distinct. **2** astonishing, amazing. ■ *adv.* besides.

بائدہ /bɑ:ɪḍɑ:/ ■ *adj.* extinct. ■ *n.m.* member of an ancient race of Arabia.

بائع /bɑ:eʔ/ ■ *n.m.* seller; shopkeeper, vendor, trader.

بائلہ /bɑ:elɑ:/ ■ *n.m.* deception, trickery.

بائن /bɑ:ɪn/ ■ *adj.* **1** clear, distinct. **2** decisive; binding;

ف	ق	ک	گ	ل	م	ن	و	ہ	ی	نک	نگ
f	q	k	g	l	m	n	v	h	j	ŋk	ŋg

ببانگِ دُہل /bəba:ŋgedohʊl/ ■ *adv.* openly. See under بَ.

ببر /bəbər/ ■ *n.m.* (also شیرِ ببر) lion.

ببرا /bəbra:/ ■ *n.m.* kind of blue pigeon having black spots.

ببری /bəbri:/ ■ *n.f.* **1** cropped or dressed hair; lock of hair hanging on the forehead of a woman. **2** cropped hair/ mane of a horse. **3** curly hair of a camel.

ببکارنا /bəbka:rna:/ ■ *v.* shout, scream, shriek, call at the top of one's voice.

ببوا /bəbva:/ ■ *n.m.* (*dim.* of بابُو) **1** little boy (a term of endearment). **2** clay effigy of boy; doll.

بِبواہند /bəbva:hɪnd̪/ ■ *n.f.* (also بکھراہند) smell of stale raw meat.

بَبُول /bəbu:l/ ■ *n.m.* acacia tree. ببول کے پیڑ بونا do something evil.

بَبُولا /bəbu:la:/ ■ *n.m.* whirlwind. See بگولا.

ببئی /bəbəi:/ ■ *n.f.* the fragrant herb, *Ocimum pilosum.*

بَبّی /bəbbi:/ ■ *n.f.* kiss, buss.

بِبیا /bɪbja:/ ■ *n.f.* (*dim.* of بی بی) **1** small girl, baby. **2** (***Cards***) queen.

ببیس /bəbe:s/ ■ *n.f.* (also بیبسی) **1** piles. **2** urge to act as a catamite.

بپا /bəpa:/ ■ *adv. & adj.* (*var.* of برپا) raised, established, in progress, going on, afoot.

بپاس /bəpa:s/ ■ *adv.* for the sake of, due to. بپاسِ خاطر for the sake of someone's pleasure.

بِپت /bɪpət̪/ ■ *n.f.* See بپتا. بپت سنگاتی ہیں تین جورو بیٹا آپ in times of calamity you can count on your wife, your son or yourself.

بِپتا /bɪpt̪a:/ ■ *n.f.* adversity, misfortune, calamity, distress, mishap, trouble, suffering.

بپتسمہ /bəpt̪ɪsma:/ ■ *n.m.* the Christian rite of baptism. [E]

بپوتی /bəpɔ:t̪i:/ ■ *n.m. & f.* inheritance, heritage, ancestral property, patrimony.

بپھارا /bəpʰa:ra:/ ■ *n.m.* (*var.* of بھپارا) vapour, fomentation.

بپھرنا /bɪpʰərna:/ ■ *v.* **1** be enraged, flare up; lose self-control (in anger). **2** run riot, run amok. **3** be ready to quarrel. **4** (of a horse) be startled.

بت¹ /bət̪/ ■ *n.f.* (*contr.* of بات) used in comp. as: بت بتاہٹ murmur, low sound of conversation. بت بڑھاؤ prolongation of conversation. بت کہا talkative, chatterbox. بت کہاؤ the manner of talking. بت کہائی talk, (of divorce) irrevocable or decree absolute.

بائی¹ /ba:i:/ ■ *n.f.* **1** mistress, dame, lady. **2** title of respect in parts of central and western India. **3** title appended to the names of singers, dancers or courtesans and prostitutes. **4** wife. [S]

بائی² ____ ■ *n.f.* **1** wind, air. **2** windiness, flatulence. **3** delirium; raving. **4** rheumatism. بائی پچنا **1** be depressed. **2** be mortified. [S]

بائے برنگ /ba:e:bɪrəŋg/ ■ *n.m.* (also بابرنگ، باوبڑنگ) the seed of *Embelia ribes* used to cure flatulence or rheumatism.

بائیس /ba:i:s/ ■ *cardinal number* twenty-two.

بائیسواں /ba:i:svã:/ ■ *ordinal number* twenty-second.

بائیسی /ba:i:si:/ ■ *n.f.* **1** (*obs.*) a Mogul royal army of twenty-two provinces. **2** the command of 2200 troops. ■ *n.m.* commander of 2200 troops.

بائیں /ba:ĩ:/ ■ *adj.* (*fem.* of بایاں) بائیں آنکھ پھڑکنا have a tic in the left eye considered a good or bad omen. بائیں پسلی کا near relative. بائیں پسلی کی نکلی wife.

بائیں /ba:ẽ:/ ■ *n.m.* (*pl. & infl.* of بایاں) بائیں ہاتھ سے رکھوالینا take by force. بائیں ہاتھ کا کھیل easy task.

بایاں /ba:jã:/ ■ *adj.* left. ■ *n.m.* **1** left wing of an army. **2** left portion of tabla. **3** bass sound of tabla, dholak, and pakhawaj which are played with the left hand. بایاں بازو left wing; leftist; socialist. بایاں قدم چومنا pay respect. بایاں قدم کدھر ہے how mischievous you are! what mischief are you after?

بایدوشاید /ba:jəd̪o: ʃa:jəd̪/ ■ *adj.* as happens and is proper; as it should be; fit, proper.

بایستہ /ba:jɪst̪a:/ ■ *adj.* **1** requisite, necessary. **2** fit, proper. بایستہ وشائستہ capable, competent, fit, proper.

بایض /ba:jɪz/ ■ *adj.* egg-laying.

بآسانی /bəa:sa:ni:/ ■ *adv.* easily. See under بَ.

بآواز /bəa:va:z/ ■ *adv.* aloud. See under بَ.

بباد /bəba:d̪/ ■ *adj.* destroyed, ruined.

بِباد /bɪba:d̪/ ■ *n.m.* **1** contest, quarrel, dispute. **2** altercation, debate, argument. **3** controversy. **4** law-suit. بباد اٹھانا raise an objection; start a quarrel.

بِبادی /bɪba:d̪i:/ ■ *adj.* **1** disputant; debater. **2** litigant, plaintiff or defendant.

بباعث /bəba:ʔɪs/ ■ *adv.* (*var.* of باعث) because of. See under بَ.

make aware. **4** disclose, show. **5** (*fig.*) chastise, teach one a lesson. **6** prevaricate, make excuses. **7** gesticulate, demonstrate. [S]

بتانا[2] ____ ■ *n.m.* (also بتانہ) bracelet or anklet. [S]

بِتانا /bɪt̪a:na:/ ■ *v.* spend or pass (time or life).

بتاو /bət̪a:v/ ■ *n.f.* condition of land when after heavy rains it becomes sufficiently dry for ploughing.

بتاوا /bət̪a:va:/ ■ *n.m.* hand and eye gestures in classical dance.

بتاوی /bət̪a:vi:/ ■ *n.m.* shaddock, pomelo. (See also چکوترا.)

بتاؤں /bət̪a:ũ:/ ■ *n.m.* eggplant, brinjal. (See also بینگن.)

بتدریج /bət̪əd̪ri:dʒ/ ■ *adv.* by degrees. See under بہ.

بتر[1] /bət̪ər/ ■ *adj.* (*contr.* of ابتر) very bad, worse.

بتر[2] ____ ■ *adj.* soft and arable (land). [Prk.]

بتر[3] ____ ■ *adj.* **1** dock-tailed; wanting the tail; mutilated. **2** destitute of good qualities, very bad, useless. [A]

بتّر /bət̪t̪ər/ ■ *adj.* (*contr.* of بدتر) destitute of good qualities, very bad, useless.

بترا /bət̪ra:/ ■ *n.m.* (also بتراروگ) disease of cattle accompanied by stiffness of the neck, tetanus.

بُترا /bʊt̪ra:/ ■ *adj.* (also بھُترا) blunt (weapon or tool).

بِترانا /bɪt̪ra:na:/ ■ *v.* **1** spread, scatter. **2** vilify, denounce, criticize pettily.

بِترنا /bɪt̪ərna:/ ■ *v.* **1** abandon, give away. **2** bestow, grant.

بتقدیر /bət̪əqd̪i:r/ ■ *adv.* by chance. See under بہ.

بتقریب /bət̪əqri:b/ ■ *adv.* apropos. See under بہ.

بتک /bət̪ək/ ■ *n.f.* (*var.* of بطّ) duck.

بُتک /bʊt̪ək/ ■ *n.m.* (*dim.* of بت[1]) small idol or effigy, figurine.

بتکرار /bət̪əkra:r/ ■ *adv.* repeatedly. See under بہ.

بتکّڑ /bət̪əkkəɽ/ ■ *adj.* garrulous, talkative, great talker.

بِتلاب /bɪt̪la:b/ ■ *n.m.* petals (of flower).

بتلانا /bət̪la:na:/ ■ *v.* (*var.* of بتانا) tell, describe.

بتنگ /bət̪əng/ ■ *adj.* in dire straits; in difficulties; distressed, vexed.

بتنگڑ /bət̪əngəɽ/ ■ *n.m.* (also بتنگڑا) (*aug.* of بات) an issue amplified or exaggerated, storm in a teacup.

بتوری /bət̪ɔ:ri:/ ■ *n.f.* (also بتوڑی) boil, tumour, hard swelling.

بتول /bət̪u:l/ ■ *n.f.* **1** virgin; chaste woman devoted to God. **2** title of Hazrat Fatima, Prophet Muhammad's mention; allusion. [S]

بت[2] ____ ■ *n.m.* (***Zool.***) teredo, shipworm, worm-like marine bivalve mollusc which bores into wood and can damage wooden structures, *Teredo navalis*. [Prk.]

بِت /bɪt̪/ ■ *n.f.* **1** wealth, riches, money. **2** resources, means; power; substance; ability. بت باہر out of one's power; beyond one's means.

بُت[1] /bʊt̪/ ■ *n.m.* **1** idol, statue, icon. **2** (*poet.*) object of love. ■ *adj.* speechless, dumb, stupefied. بت بنا turn into statue, become rigid or speechless as statue. بت پرست worshipper of images, idolater. بت پرستی idol-worship, idolatry. بتِ پُرفن clever, artful, mischievous beloved. بت تراش رگر sculptor, carver of images. بت تراشی رگری sculpture, statuary, iconography. بتِ چیں very beautiful beloved. بت خانہ رکدہ place of idol worship, idol-temple. بت شکن **1** iconoclast, breaker of idols. **2** title of Sultan Mahmood of Ghazni. [P]

بُت[2] ____ ■ *n.m.* **1** fist; strike of a fist on the cheek or ear. **2** slanting piece of wood used for playing dice. [Prk.]

بُت[3] ____ ■ *n.m.* lamp used by goldsmith, etc., usually used for soldering. [S]

بِتّا /bɪt̪t̪a:/ ■ *n.m.* span, hand-width distance between tip of the thumb and little finger.

بُتّا /bʊt̪t̪a:/ ■ *n.m.* **1** blow, cuff, box. **2** pretext, shuffling, evasion; fraud, deception, trickery, trick. بتا دینا evade; deceive.

بتاس /bət̪a:s/ ■ *n.f.* wind, air.

بتاس پھینی /bət̪a:s pʰe:ni:/ ■ *n.f.* a kind of sweetmeat; a sugar-cake.

بتاشا /bət̪a:ʃa:/ ■ *n.m.* (also بتاسا) **1** bubble. **2** bubble-like sweetmeat. **3** kind of firework. **4** a kind of samosa prepared with white-flour. بتاشا سا گھلنا fade away rapidly; become a shadow.

بتاشے /bət̪a:ʃe:/ ■ *n.m.* (*pl.* & *infl.* of بتاشا) بتاشے کا قفل a round-shaped lock. بتاشے کی طرح بیٹھ جانا رگھل جانا collapse; become weak; be defeated in argument; suffer from a sudden misfortune.

بُتام /bʊt̪a:m/ ■ *n.m.* button. [E]

بُتان /bʊt̪a:n/ ■ *n.m.* (*pl.* of بت[1]) (also بتاں) idols.

بتانا /bət̪a:na:/ ■ *v.* (also بتلانا) **1** tell; point out, indicate, signify. **2** explain; teach; describe. **3** make known, of artificial teeth. 2 collection of thirty-two items. بتیسی بند ہونا / بتیسی بجنا teeth to chatter due to cold or fear. بتیسی بیٹھ جانا have or suffer from lockjaw. بتیسی جھاڑنا break someone's jaw. بتیسی جھڑنا teeth to fall due to old age or any accident. بتیسی چھتیسی cunning, crafty woman. بتیسی دکھانا show teeth in laughing; mock. بتیسی کھِلنا feel like laughing.

بتیلا /bət̪i:lɑ:/ ■ *n.m.* prattler, idle talker. (*fem.* بتیلی)

بِتھا /bɪt̪ʰɑ:/ ■ *n.f.* calamity, suffering, agony; worry; pain.

بِتھارنا /bɪt̪ʰɑ:rnɑ:/ ■ *v.* (also بتھرانا) sprinkle, scatter, spread.

بِتھاری /bɪt̪ʰɑ:ri:/ ■ *n.f.* (also بتھری) (***Weaving***) brushing or cleansing the warp in weaving.

بِتھرانا /bɪt̪ʰrɑ:nɑ:/ ■ *v.* See بتھارنا.

بتھوا /bət̪ʰvɑ:/ ■ *n.m.* (also بتوا) a kind of pot-herb, *Chenopodium album*.

بِتھُونا /bɪt̪ʰu:nnɑ:/ ■ *v.* shatter, smash, break into pieces, scatter.

بتھوے /bət̪ʰve:/ ■ *n.m.* (*pl. & infl.* of بتھوا) بتھوے کا ساگ کن ساگوں میں خلیا ساس کن ساسوں میں an ordinary thing is not valued, nor a distant relation acknowledged.

بتھیا /bət̪ʰjɑ:/ ■ *n.f.* heap of dried cow-dung.

بٹ[1] /bəʈ/ ■ *n.m.* **1** wrinkle, twist. **2** collop, wrinkle on the belly (because of fatness). **3** omasum; tripe (of an animal). **4** raised design on copper utensils. **5** strand of a rope. **6** wale, welt, ridge raised on flesh by stroke of rod or whip. **7** swelling on flesh of children. [S]

بٹ[2] ____ ■ *n.m.* (also بھٹ) a caste of Kashmiri people. [Prk.]

بٹ[3] ____ ■ *n.m.* banyan or Indian fig tree, *Ficus indica*, with aerial roots or rooting branches. [S]

بٹ[4] ____ ■ *n.m.* (*contr.* of باٹ[1]) road; way, path; used in comp. بٹ بھولا one who has lost his way. بٹ بھولنا one who, often goes astray. بٹ پار / مار robber, dacoit, highwayman. بٹ پھیر twists and turns of path. بٹ ماری robbery, dacoity. [S]

بٹ[5] ____ ■ *n.m.* (*contr.* of باٹ[2]) weight. بٹ کرا / کھرا **1** an honest shopkeeper who uses correct measures. **2** (*rare*) correct weights. [S]

بٹ[6] ____ ■ *n.m.* division, partition, portion; lot, share. [S]

بٹا /bəʈɑ:/ ■ *n.m.* (***Math.***) by or over (used to denote fractions), divided by.

youngest daughter. **3** the Virgin Mary.

بتولا /bət̪o:lɑ:/ ■ *n.m.* **1** fraud, bluff, duping; deception. **2** deceiver. (*fem.* بتولی)

بتولیا /bət̪o:ljɑ:/ ■ *n.m.* gossiper; deceiver, cheat, cajoler.

بتی /bət̪i:/ ■ *n.f.* (*contr.* of بات) (*poet.*) word, speech, talk. (*pl.* بتیاں)

بتّی /bət̪t̪i:/ ■ *n.f.* **1** wick. **2** light; lamp; candle. **3** tent inserted into a wound to keep it open, roll of liner. **4** fuse used to ignite a firework. **5** match. **6** roll of paper, cloth or any soft thing. **7** twisted folds of a turban. بتی بٹنا twist the strands of hemp or wire, etc. بتی بجھانا put out a lamp, switch off lights. بتی بل / طاقت candlepower, unit of light measurement. بتی بنانا roll something. بتی جلے at dusk when lights are turned on. بتی چڑھانا raise the wick. بتی دکھانا **1** show light; apply a match to or light a wick; set off an explosive or firework. **2** incite trouble. (*pl.* بتّیاں)

بِتّی /bɪt̪t̪i:/ ■ *n.f.* boys' game in which a stone is kicked to a fixed place, while uttering the word '*bitti*'. بتی بلا دینا / بلانا / بلوا دینا tire, exhaust; cause trouble, tease. بتی بول جانا collapse; lose.

بُتّی /bʊt̪t̪i:/ ■ *n.f.* **1** means of subsistence or provisions for a journey. **2** dish of rice and curd, usually eaten at the time of praying for the dead.

بُتّے /bʊt̪t̪e:/ ■ *n.m.* (*pl. & infl.* of بُتّا) بتے بازی cunningness, trickery.

بتیّا /bət̪jjɑ:/ ■ *n.f.* unripe fruit or vegetable. ■ *adj.* unripe; soft, tender, delicate. بتیا بیگن kind of longish eggplant.

بتیانا /bət̪jɑ:nɑ:/ ■ *v.* chat, talk, converse.

بتّیس /bət̪t̪i:s/ ■ *cardinal number* thirty-two. بتیس ابھرن thirty-two traditional pieces of jewellery. بتیس دانتوں میں (ایک) زبان under strict surveillance; weak person surrounded by many enemies. بتیس دھار / دھارا mother's milk which is supposed to flow in thirty-two streams. بتیس کا سوت (wire-drawing) 1100 yards of wire drawn from a tola of gold or silver.

بتّیسا /bət̪t̪i:sɑ:/ ■ *n.m.* a kind of halwa composed of thirty-two ingredients given to women after childbirth.

بتّیسواں /bət̪t̪i:svɑ̃:/ ■ *ordinal number* thirty-second.

بتّیسی /bət̪t̪i:si:/ ■ *n.f.* **1** set of thirty-two teeth; denture, set be plaited. 3 concoct a story, make lame excuses. [S]

/bʊʈnɑ:/ ■ *n.m.* (*contr.* of اُبٹنا) a bridal cosmetic made of oil and herbs. See اُبٹن. بُٹنا

/bɪʈni:/ ■ *n.f.* (also بھٹنی) nipple (of breast). بٹنی

/bɪʈʈo:/ ■ *n.f.* (*dim.* of بیٹی) daughter; little girl. بٹّو

/bəʈʋɑ:/ ■ *n.m.* purse, wallet or money bag, small purse for keeping betel nuts, chewing tobacco, cardamoms, cloves, etc., as accessories of betel leaves. بٹوا سا ری small and round. بٹوا

/bɪʈʋɑ:/ ■ *n.m.* (*dim.* of بیٹا) son, little boy, child. بٹوا

/bəʈʋɑ:r/ ■ *n.m.* official appointed to collect levy in kind on a field crop, tax gatherer. بٹوار

/bəʈʋɑ:rɑ:/ ■ *n.m.* 1 division of an estate, partition, share, allocation, apportionment. 2 separation of copartner. 3 deed or document under which partition of land is made. بٹوارا

/bəʈʋɑ:nɑ:/ ■ *v.* cause to be apportioned, distributed. [Prk.] بٹوانا[1]

____ ■ *v.* cause to be twisted (thread or rope). [Prk.] بٹوانا[2]

/bɪʈɔ:rɑ:/ ■ *n.m.* (also بھٹورا) heap of dry cowpats. بِٹورا

/bəʈo:rən/ ■ *n.f.* items picked up from a pile of refuse; grain picked from the refuse of the threshed corn; any refuse. بٹورن

/bəʈo:rnɑ:/ ■ *v.* (also بٹولنا) 1 pick up, gather, collect, amass, heap up; sweep; bring together, assemble. 2 get, receive. 3 win (laurels, acclaim, etc.). بٹورنا

/bɪʈɔ:ri:/ ■ *n.f.* tax gathered from village shopkeepers. بِٹوری

/bɪʈɔ:re:/ ■ *n.m.* (*pl.* & *infl.* of بِٹورا) بٹورے جانا go to stool. بٹورے میں اپلے ہی نکلیں گے one should not expect good from bad. بِٹورے

/bəʈo:hi:/ ■ *n.m.* (also بٹوئی) passenger, wayfarer, traveller. بٹوہی

/bəʈʋəjjɑ:/ ■ *n.m.* distributor. بٹوّیا

/bəʈəi:/ ■ *n.f.* embroidery, decorative needlework of silver or gold and silk threads twisted together. بٹئی

/bəʈʈi:/ ■ *n.f.* 1 pebble. 2 anything resembling a pebble. 3 cake of soap. 4 turban. 5 whole copra, whole dried kernel of a coconut. 6 lamp, candle. 7 a small fruit. 8 laddu made with gur. بٹّی

/bɪʈʈi:/ ■ *n.f.* duo, pair, couple, match. بٹی بدنا pair. بِٹّی

/bəʈʈɑ:/ ■ *n.m.* (also بٹہ) 1 inadequacy, deficiency. 2 discount, deduction, rebate. 3 commission. 4 loss; damage. 5 defect, flaw, fault. 6 blemish, stigma; blot, mark, stain. 7 pestle, stone used for grinding spices on a grinding slab. 8 piece of stone. 9 a small brass ewer or jug with a spout. 10 jewellery box; small casket. 11 a small bowl used by conjurors to make a ball vanish. 12 round mirror. 13 weight measure. 14 calamity, agony. بٹا ڈھال complete destruction. بٹا سٹا 1 a kind of iron armour. 2 conspiracy. بٹا کھاتا irrecoverable balance; bad debt, loss account. بٹا لگانا 1 defame, stigmatize. 2 pay discount or exchange. بٹا لگنا loss of reputation, get a bad name, (reputation) to be stained, blot one's copybook. بٹّا

/bəʈɑ:ʈɑ:/ ■ *n.m.* potato. [E] بٹاٹا

/bəʈɑ:nɑ:/ ■ *v.* 1 cause to be shared, cause to be apportioned. 2 help, cooperate. 3 divide or divert (the attention). 4 spread, scatter. [Prk.] بٹانا[1]

____ ■ *v.* cause to be twisted (thread or rope). [Prk.] بٹانا[2]

/bəʈɑ:vən/ ■ *n.f.* commission. بٹاون

/bəʈɑ:u:/ ■ *n.m.* wayfarer, traveller. بٹاؤ

/bəʈɑ:o:/ ■ *n.m.* sharing, dividing. بٹاؤ

/bəʈɑ:i:/ ■ *n.f.* 1 division, partition; share of produce. 2 division of the crop between the cultivator and the landowner; apportionment in kind. 3 land rent paid in kind. [Prk.] بٹائی[1]

____ ■ *n.f.* 1 twisting of ropes. 2 wages for twisting ropes. [Prk.] بٹائی[2]

/bɪʈlɔ:n/ ■ *n.m.* black salt. بِٹلَون

/bəʈlo:i:/ ■ *n.f.* (also بٹلوہی) brass utensil for drinking water and cooking. بٹلوئی

/bəʈli:/ ■ *n.f.* turban worn in Marwar, India. بٹلی

/bəʈən/ ■ *n.m.* 1 button. 2 small round knob. 3 (electric) switch. 4 key (of typewriter, etc.). بٹن دبانا press the switch. بٹن لگانا button (a shirt, etc.). [E] بٹن

/bɪʈʈən/ ■ *n.f.* (also بٹن) (*dim.* of بیٹی) daughter, sometimes a nickname. بِٹّن

/bəʈnɑ:/ ■ *v.* 1 be divided, shared or distributed. 2 (of one's attention) get diverted. 3 obtain, gain, make profit. [S] بٹنا[1]

____ ■ *v.* 1 twist, twine, weave, plait. 2 be twisted, بٹنا[2]

بِھٹور /bɪʈʰɔ:r/ ■ *n.f.* red burnt earth of a stove, sometimes used for treating wounds.

بِھٹونگی /bɪʈʰɔ:ŋgi:/ ■ *n.f.* bamboo shaving or strip or a long thin piece of wood.

بثرہ /bəsra:/ ■ *n.m.* (***Med.***) pimple.

بُثورات /bʊsu:ra:t̪/ ■ *n.m.* (*pl.* of بثرہ) (also بثرات) بثوراتِ خبیثہ dermatitis inflicting leather-dyers or wool carders. بثوراتِ غریبہ infectious skin diseases.

بثیر /bəsi:r/ ■ *adj.* numerous.

بج /bədʒ/ ■ *n.f.* a herb used to treat inflammation of spleen and other disorders.

بج /bɪdʒ/ ■ *n.m.* (*contr.* of بیج) used in comp. بج مار barren (land). بج وار act or time of sowing.

بجا¹ /bədʒa:/ ■ *adj.* fit, appropriate, suitable; true, right; proper, just; in place. ■ *exclam.* very correct, sir! you are right, sir! yes sir! بجا آوری compliance, accomplishment. بجا لانا perform; execute, comply with, obey. [P]

بجا² ____ ■ (*past* of بجنا). ■ *adj.* **1** (of a bell) rung. **2** o'clock; time. (*fem.* بجی) [S]

بجار /bɪdʒa:r/ ■ *n.m.* **1** (***Hinduism***) votive bull. **2** bull reared for breeding. **3** (*fig.*) strong, profligate, promiscuous man.

بجالا /bɪdʒa:la:/ ■ *adj.* (also بجیلا) full of seeds. (*fem.* بجالی)

بجانا /bədʒa:na:/ ■ *v.* **1** play on a musical instrument; beat (drum). **2** sound (an alarm, etc.). **3** (*vulg.*) have sexual intercourse (with).

بجائی /bɪdʒa:i:/ ■ *n.f.* scattering seeds; sowing.

بجائے /bədʒa:e:/ ■ *adv.* in place of, instead of, in lieu of. بجائے خود by itself.

بجبجا¹ /bɪdʒbɪdʒa:/ ■ *adj.* soft and wet due to being rotten. [S]

بجبجا² ____ ■ *adj.* bright, shining. [S]

بجبجانا¹ /bɪdʒbɪdʒa:na:/ ■ *v.* (also بج بج کرنا) ferment, putrefy. [Prk.]

بجبجانا² ____ ■ *v.* shine, glow, beam. [S]

بجبر /bədʒəbr/ ■ *adv.* by force. See under بہ. بجبر واکراہ forcibly and without desire or volition.

بجر¹ /bədʒər/ ■ *adj.* (also بجّر) **1** hard, strong; weighty, heavy. **2** lazy, sluggish. **3** difficult, severe. **4** foolish, idiot. ■ *n.m.* **1** lightning, thunderbolt.

بُٹّی /bʊʈʈi:/ ■ *n.f.* straw basket with a lid.

بٹّے /bəʈʈe:/ ■ *n.m.* (*pl.* & *infl.* of بٹا) بٹے باز **1** juggler, trickster. **2** deceiver, cheat, swindler. بٹے پر at discount. بٹے کھاتے میں پڑنا/جانا/لگنا be recorded in a bad debt account.

بٹیا /bəʈja:/ ■ *n.f.* (*dim.* of باٹ¹) **1** path, route. **2** pebble smoothed by running water of a river or stream. **3** small weight. **4** coconut. **5** swelling, lump. بٹیا آؤں بٹیا جاؤں کھیتک کھاؤں نہ بالی چراؤں (often *iron.*) I am honest, I don't steal from others' fields.

بٹیا /bɪʈja:/ ■ *n.f.* (*dim.* of بٹی) daughter.

بٹیر /bəʈe:r/ ■ *n.m.* & *f.* quail. بٹیر باز rearer/ keeper of fighting quails, one who engages in quail-fights. بٹیر بازی quail-fight as sport. بٹیر لڑانا engage in quail-fight as a sport.

بٹیری /bəʈe:ri:/ ■ *n.f.* (also بٹیڑی) Hindu marriage rite in which bride presents the bridegroom with a wedding garment and money.

بٹھا رکھنا /bɪʈʰa: rəkʰna:/ ■ *v.* **1** set (a stone in ring, etc.). **2** detain; keep seated; keep (a marriageable daughter) at home.

بٹھالنا /bɪʈʰa:lna:/ ■ *v.* See بٹھانا.

بٹھان /bɪʈʰa:n/ ■ *n.f.* resting place for animals in grazing ground.

بٹھانا /bɪʈʰa:na:/ ■ *v.* (also بٹھالنا، بٹھلانا) **1** seat, cause to sit down. **2** enrol (a child in school). **3** thrust in, fix firmly, stuff. **4** adjust. **5** impress (on the mind), to keep in memory. **6** cause to congeal, coagulate. **7** press down any boil, etc. **8** install, place on a throne, assign kingship. **9** plant trees, etc. **10** (of boiled rice) cause to lump. **11** keep a girl as mistress. **12** ruin, destroy, demolish. **13** entrust a tax or levy. **14** gain, realize, gather, collect. **15** make (the heart) sink or faint. **16** establish, set up. **17** keep a marriageable or married girl at home. **18** set a diamond, etc. **19** (***Music***) arrange composition.

بٹھائی /bɪʈʰa:i:/ ■ *n.f.* currying of tanned leather.

بٹھک /bɪʈʰək/ ■ *n.m.* anthill.

بٹھل /bəʈʰʈʰəl/ ■ *n.m.* a round brass utensil.

بٹھواں /bɪʈʰvã:/ ■ *adj.* a kind of ladies' shoe whose heel has been pressed down.

2 diamond, hardstone. بجر انگ having a hard stony body. بجر بٹو 1 talipot, Indian palm, *Corypha umbraculifera*. 2 umbrella-palm. 3 juggler's wooden ball. 4 a toy. 5 a kind of black seed for making necklace. 6 foolish, idiot. بجر بھنگ tobacco. بجر پڑنا be struck by lightning. بجر کٹ scaly anteater; pangolin; a kind of insect which bores holes in wood. بجر کند root (often) used for making pickles. بجر ہڈی ringbone, a bony growth on the fetlock, pastern or coffin bone of a horse's foot, usually causing lameness. [S]

بجر² ___ ■ *adj.* having a large raised belly button; suffering from omphalitis (inflammation of the navel). [Prk.]

بجرا /bədʒrɑ:/ ■ *n.m.* (also بجرہ) **1** large pleasure-boat; gondola. **2** a kind of firework. **3** a basket for carrying goods.

بجرا /bɪdʒrɑ:/ ■ *n.m.* bed of a garden, plot of garden under cultivation having a raised border or hedge around it.

بجرنگ /bədʒrəŋg/ ■ *adj.* sturdy. See بجر انگ under بجر¹. بجرنگ بلی **1** robust hardy man. **2** (***Hinduism***) title of Hanuman.

بجرنگی /bədʒrəŋgi:/ ■ *n.m.* a cross-shaped tilak mark on forehead or mark made with vermilion, i.e. red lead.

بجری /bədʒri:/ ■ *n.f.* **1** gravel. **2** small hailstone. **3** small chopped betel nuts.

بجریلا /bədʒri:lɑ:/ ■ *adj.* gravelly, mixed with gravel. (*fem.* بجریلی)

بجز /bədʒuz/ ■ *prep.* beside, except, save; all but; without; with the exception of.

بجکنا /bɪdʒəknɑ:/ ■ *v.* sparkle, glitter.

بجلی¹ /bɪdʒli:/ ■ *n.f.* **1** electricity, electric current. **2** lightning, thunderbolt. **3** a kind of earring. **4** name of a trick in wrestling. ■ *adj.* active, brisk, quick, smart. بجلی کا قمقمہ/گولا bulb, electric bulb. بجلی کا کوندا flash of lightning. بجلی کی تلوار very sharp sword. بجلی کی کڑک thunderclap. بجلی گرانا create serious trouble or mischief. بجلی گرنا **1** be shocked, be suddenly and unpleasantly surprised; to be taken by an unpleasant surprise, be involved in trouble. **2** be burnt or destroyed by lightning. **3** be struck or blasted by lightning. بجلی گیر lightning-conductor, lightning-rod. [S]

بجلی² ___ ■ *n.f.* **1** kernel of mango-seed. **2** a kind of bamboo used to make mat. [Prk.]

بجن /bɪdʒən/ ■ *n.f.* marshy land at the edge of river.

بجنا /bədʒnɑ:/ ■ *v.* **1** (of a bell, horn, etc.) ring, sound. **2** (of a clock) strike. **3** (music or musical instrument) play. **4** (of teeth) chatter. **5** go by the name of, be famous.

بُجنا /budʒnɑ:/ ■ *n.m.* a piece of cloth used for cleaning menstrual blood, etc.

بجنتر /bədʒənt̪ər/ ■ *n.m.* (also بجنتری) **1** player of a musical instrument. **2** any music instrument. بجنتر محال **1** place where people live. **2** brothel; red-light district.

بجنسہ /bədʒɪnse:hi:/ ■ *adv.* identically. ■ *adj.* intact. See under ب.

بجن کھری /bɪdʒənkʰʊri:/ ■ *n.f.* two protuberant parts on the rear side of a ruminant's hoof.

بجّو /bɪdʒdʒu:/ ■ *n.m.* **1** badger, an animal that is supposed to dig up graves and feeds on dead bodies, *Ursus indicus*. **2** (*deris.*) small faced/ eyed person.

بجوا /bɪdʒvɑ:/ ■ *n.m.* bud, sprout, shoot.

بجواب /bədʒəvɑ:b/ ■ *adv.* in reply to. See under ب.

بجوانا /bədʒvɑ:nɑ:/ ■ *v.* have a musical instrument played; have a bell rung or gong beaten or sounded.

بجورنا /bɪdʒu:rnɑ:/ ■ *v.* (also بچورنا) squeeze or crush between the fingers, rub to pieces.

بجوڑا /bɪdʒo:ɽɑ:/ ■ *n.m.* (also بجورا، بجورہ) citron, a kind of lemon, *Citrus medica*.

بجوڑنا /bədʒo:ɽnɑ:/ ■ *v.* strike, beat.

بجوگ /bɪdʒo:g/ ■ *n.m.* **1** parting, separation, especially from the beloved. **2** misfortune; deprivation; loss. [S]

بجوگی /bɪdʒo:gi:/ ■ *n.m.* (also بجوگیا) **1** unfortunate person. **2** one who is separated from his beloved.

بُجہرا /budʒæhrɑ:/ ■ *n.m.* (also بُجہیرا) **1** large earthen pot or its cover. **2** stand for earthen water-pots. **3** grain which is purchased for seed.

بجئی /bɪdʒəi:/ ■ *n.f.* (also بجائی) sowing seed.

بجی /bədʒi:/ ■ *adj.* (*fem.* of بجا²) بجی تو بجائی نہیں تو توڑ کھائی said of a person who does not let go anything waste and uses it somehow.

بجے /bədʒe:/ ■ (*infl.* of بجا²) time.

بجیا /bədʒjɑ:/ ■ *n.f.* (*dim.* of باجی) elder sister.

بجھا /bʊdʒʰɑ:/ ■ *adj.* **1** extinguished, tempered, quenched. **2** allayed, calmed; dejected, damped. بجھا بجھا ہونا look sad and dejected. (*fem.* بجھی)

بجھارت /bʊdʒʰɑ:rət̪/ ■ *n.f.* **1** riddle, problem or puzzle, mystery, conundrum. **2** document detailing particulars of farmland. **3** examining an account.

بجھالی /bʊdʒʰɑ:li:/ ■ *n.f.* hunter's dagger.

بجھانا[1] /bʊdʒʰɑ:nɑ:/ ■ *v.* (also بُجھاونا) **1** put out, extinguish, smother. **2** satiate, slake (thirst). **3** repress. **4** soothe. **5** slake (lime). **6** temper (a metal). **7** smooth. **8** disinfect water. [S]

بجھانا[2] ____ ■ *v.* **1** persuade; inform, apprise. **2** explain, expound. **3** present a riddle for solution. [S]

بجھاوٹ /bʊdʒʰɑ:vət̪/ ■ *n.f.* (also بُجھاوٹ) union of two planks of wood, the ridge of one being inserted into the other's groove.

بجھڑا /bɪdʒʰrɑ:/ ■ *n.m.* (also بجھرا) mixture of wheat, Indian corn and gram.

بجھکّڑ /bʊdʒʰəkkəɽ/ ■ *adj.* (*joc.*) wise, clever.

بجھنا /bʊdʒʰnɑ:/ ■ *v.* be extinguished, be damped, be quenched.

بجھوّل /bʊdʒʰəvvəl/ ■ *n.f.* **1** riddle, enigma. **2** game of riddles.

بجھوہی /bɪdʒʰo:hi:/ ■ *n.f.* separation (from beloved).

بجھی /bʊdʒʰi:/ ■ *adj.* (*fem.* of بجھا) بجھی آگ extinguished fire. بجھی آواز low subdued voice showing distress or weakness. بجھی بجھی depressed, dejected (disposition). بجھی طبیعت depression, depressed state of mind.

بجھیرا /bʊdʒʰe:rɑ:/ ■ *n.m.* stand for keeping water-pots.

بجھیل /bʊdʒʰe:l/ ■ *adj.* (also بُجھیل) charged; laden. ■ *n.m.* beast of burden; load bearer.

بچ[1] /bətʃ/ ■ (*imper.* of بچنا) used in comp. بچ بچا کر stealthily, at risk; safely. بچ بچاؤ act of saving. بچ کھیلنا **1** defend oneself. **2** (***Chess***) adopt a defensive strategy. بچ نکلنا get clear away, escape, manage to escape. [S]

بچ[2] ____ ■ *n.f.* semi-aquatic perennial plant bearing green flowers, *Acorus calamus*. [S]

بچا[1] /bətʃɑ:/ ■ *adv. & adj.* (also بچا کھچا) remaining, leftover. ■ *n.m.* residue. بچا بچا apart, separate, at a distance. بچا جانا keep clear; avoid, evade, escape; parry (a blow or stroke). بچالانا bring away safely. [S]

بچا[2] ____ ■ *n.m.* (*contr.* of بچہ) (*coll.*) child. [P]

بچّا[1] /bʊtʃtʃɑ:/ ■ *n.m.* piece of meat. [Prk.]

بچّا[2] ____ ■ *adj.* (often used with ننگا) naked, nude; without clothes. [Prk.]

بچّا[3] ____ ■ *n.m.* act of prodding with a finger, nudge. [Prk.]

بچّا[4] ____ ■ *adj.* without ears or of small ears. [Prk.]

بچار /bɪtʃɑ:r/ ■ *n.m.* (often used with سوچ) **1** thought, reflection; consideration; apprehension. **2** guess, estimation. **3** opinion, suggestion. **4** backbiting. **5** examine, test. بچارلینا decide after prolonged consideration.

بچارنا /bɪtʃɑ:rnɑ:/ ■ *v.* **1** think, ponder. **2** examine. **3** estimate, guess. **4** decide.

بچارہ /bɪtʃɑ:rɑ:/ ■ *n.m.* poor. See بے چارہ under بے[3].

بچالا /bɪtʃɑ:lɑ:/ ■ *n.m.* surrounded or bounded place.

بچالی /bɪtʃɑ:li:/ ■ *n.f.* (also بچھالی) straw spread in stable.

بچانا /bətʃɑ:nɑ:/ ■ *v.* **1** save, preserve; rescue; shield, protect; guard, defend. **2** avoid; reserve; spare. **3** save money.

بچاؤ /bətʃɑ:o:/ ■ *n.m.* **1** safety, preservation; defence, guarding; shielding; rescue; escape. **2** salvation; evasion. **3** shelter, refuge. **4** plea; excuse. بچاؤ کرنا save or guard oneself (from). بچاؤ نکالنا contrive to escape, find a way out.

بچپن /bətʃpən/ ■ *n.m.* (also بچپنا) **1** childhood, infancy, babyhood. **2** childishness, inexperience; innocence of childhood. بچپن کی بات story from the childhood days; childish act.

بچت /bətʃət̪/ ■ *n.f.* **1** surplus, remainder, residue. **2** savings; balance. **3** gain, profit. **4** protection, safety.

بچشم /bətʃəʃm:/ ■ *exclam.* accepted, granted.

بچک /bɪtʃək/ ■ *n.f.* **1** fear, fright. **2** disappointment.

بچکا /bɪtʃkɑ:/ ■ *n.m.* (also بُجھکا) scarecrow.

بچکانا /bətʃkɑ:nɑ:/ ■ *adj.* **1** childish; fit for children. **2** small, diminutive. ■ *n.m.* **1** pair of baby shoes. **2** dancing boy.

بچکانا /bɪtʃkɑ:nɑ:/ ■ *v.* **1** frighten; alarm; balk. **2** disappoint.

بچکانی /bətʃkɑ:ni:/ ■ *adj.* (*fem.* of بچکانا). ■ *n.f.* a girl adopted by an old prostitute.

بچکائی /bɪtʃkɑ:i:/ ■ *n.f.* (also بچّی[1]) tuft of hair growing

بچوا /bɪtʃvɑ:/ ■ *n.f.* bluish river fish having a mouth like a lizard.

بچورنا /bɪtʃu:rnɑ:/ ■ *v.* crush between the fingers; break into small pieces; rub; separate.

بچولیا /bɪtʃɔ:lɪjɑ:/ ■ *n.m.* mediator, arbitrator; go-between, middleman. (*fem.* بچولن)

بچوں /bətʃtʃõ:/ ■ *n.m.* (*pl.* of بچہ) بچوں کا سا childlike; childish, infantile, puerile. بچوں کا کھیل mere child's play, an easy task; a mere trifle.

بچونگڑا /bətʃu:ŋgɽɑ:/ ■ *n.m.* (*dim.* of بچہ) a little child.

بچہ /bətʃtʃɑ:/ ■ *n.m.* **1** child; infant, baby, little one; youngster; lad. **2** son. **3** the young of any creature. **4** young plant, sapling. **5** inexperience or unaware (person). **6** (*fig.*) result, outcome. بچہ بازی sodomy. بچہ بچہ (*fig.*) everybody. بچہ بیلا senseless, dead drunk, intoxicated. بچہ جمورا boy acting as a helper of conjurors. بچہ جنانا midwifery. بچہ جنائی/جنوائی midwife. بچہ دان/روانی womb, uterus. بچہ کام کا کچا a child is not an expert, said about a fledgling or novice. بچہ کشی child-bearing. بچہ کشی infanticide. بچہ گاڑی pram, baby carriage; child-go-kart.

بچی /bətʃtʃi:/ ■ *n.* (*fem.* of بچہ) **1** little girl, female child. **2** daughter. **3** (*slang*) young girl.

بچی[1] /bʊtʃtʃi:/ ■ *n.f.* See بچکائی. [Prk.]

بچی[2] ——— ■ *adj.* (*fem.* of [2]بچا) (often used with ننگی) without ornaments or decent clothes. [Prk.]

بچے /bətʃtʃe:/ ■ *n.m.* (*pl.* & *infl.* of بچہ) بچے کے ہاتھ کا بتاشا something very dear that might be snatched.

بچھا /bɪtʃʰɑ:/ ■ *adj.* laid out, spread. بچھا جانا be extremely polite, show great hospitality.

بچھانا[1] /bɪtʃʰɑ:nɑ:/ ■ *v.* **1** spread, lay; make (a bed). **2** (*fig.*) fell, knock down. [Prk.]

بچھانا[2] ——— ■ *n.f.* a musical mode or ragini. [S]

بچھاون /bɪtʃʰɑ:vən/ ■ *n.m.* bed sheet, mat, etc. laid out for sitting.

بچھٹی /bɪtʃʰʈi:/ ■ *n.f.* (*contr.* of بچھو بوٹی) the stinging nettle.

بچھڑا /bətʃʰɽɑ:/ ■ *n.m.* **1** calf. **2** (as an endearment) young boy. ■ *adj.* ignorant, unaware; innocent, naive. (*fem.* بچھڑی، بچھیا)

بچھڑا /bɪtʃʰɽɑ:/ ■ *adj.* separated, parted; left behind; gone. (*fem.* بچھڑی)

بچھڑانا /bɪtʃʰɽɑ:nɑ:/ ■ *v.* cause to be separated, separate, beneath the lower lip of a man.

بچکنا /bɪtʃəknɑ:/ ■ *v.* **1** be alarmed, be startled. **2** be disappointed; retreat; run away, back out, withdraw consent. **3** take fright. **4** sprain.

بچکنّا /bɪtʃkənnɑ:/ ■ *n.m.* **1** middle finger. **2** the ring worn on it. **3** an ornament of ear.

بچکنّی /bɪtʃkənni:/ ■ *n.f.* a kind of earring.

بچکہ /bətʃkɑ:/ ■ *n.m.* (*dim.* of بچہ) **1** little child. **2** (***Zool.***) grown-up hatchlings of some of the insects.

بچ کھایا /bɪtʃkʰɑ:jɑ:/ ■ *adj.* imperfectly cooked, half-cooked.

بچگاں /bətʃtʃəgɑ̃:/ ■ *n.m.*(*pl.* of بچہ) children.

بچّل /bɪtʃtʃəl/ ■ *adj.* middle, intermediate.

بچلا /bɪtʃlɑ:/ ■ *adj.* **1** middling. **2** average. ■ *n.m.* the middle one (of three); the second one of three children.

بچلنا /bɪtʃəlnɑ:/ ■ *v.* **1** slip; stumble. **2** go astray, lose one's way. **3** be left behind. **4** move out of place; retreat. **5** get out of order, be deranged. **6** get out of temper, be angry, become troublesome. **7** become restless or agitated.

بچن /bətʃən/ ■ *n.m.* (also وچن) **1** word, expression, promise. **2** declaration, affirmation, assurance. **3** precept; saying. **4** speech; conversation. **5** pledge; pact; oath. **6** composition, poetry. بچن بندھ کرنا impose an obligation, bind by promise. بچن بندھ ہونا give one's word. بچن پالنا make one's word good, abide by a promise. بچن پتر agreement, deeds, bond, covenant. بچن توڑنا back out of or break one's word or promise. بچن دینا pledge, promise; agree. بچن ڈالنا ask, question, enquire; request. بچن لینا obtain a promise, take a pledge. بچن ماننا submit, comply. بچن ہارنا **1** pledge one's word, promise. **2** break a promise, go back on one's word.

بچنا /bətʃnɑ:/ ■ *v.* **1** be saved, be protected. **2** avoid, abstain. **3** recover. **4** survive, live; escape (from). **5** remain unspent. **6** set aside, keep aloof from. **7** be afraid (of), be frightened.

بچو /bətʃo:/ ■ (*imper.* of بچنا) (also بچیو) take care! watch out of the way! watch your head!

بچّو /bətʃtʃu:/ ■ *n.m.* (*coll.*, *joc.*) child, usually used to threat. See بچہ.

بچوا /bətʃvɑ:/ ■ *n.m.* **1** young, little one. **2** bells attached to a finger ring.

2 refresh.

بحالت /bəha:lət̪/ ■ *adv.* in the state of. See under بہ. بحالتِ مجبوری if forced or compelled, under compulsion.

بحالی /bəha:li:/ ■ *n.f.* restoration. بحالیِ اراضی land reclamation.

بحالیات /bəha:lɪja:t̪/ ■ *n.f.* 1 rehabilitation. 2 restoration of rights.

بحت /bəht̪/ ■ *adj.* 1 pure, unadulterated, unmixed. 2 only, mere.

بحث /bæhs/ ■ *n.f.* 1 (*literal*) research, scholarly or learned investigation. 2 (*fig.*) argument, discussion, debate; dispute, contention, altercation. 3 concern. بحث طلب debatable, subject to discussion. بحث کرنا argue, discuss. بحث و مباحثہ discussion or argument.

بحثا بحثی /bæhsa:bæhsi:/ ■ *n.f.* (also بحثم بحثی) altercation, argumentation.

بحثنا /bæhsnɑ:/ ■ *v.* discuss, argue or quarrel.

بحدے /bəhəde:/ ■ *adv.* such a degree or extent.

بحر /bæhr/ ■ *n.m.* sea; ocean, gulf, bay. ■ *n.f.* 1 poetic metre. 2 distance between string and arch of a bow. 3 fleet (of ships and boats). بحرِ اعظم 1 (*literal*) the greatest ocean. 2 (***Geog.***) each of the five oceans, i.e. Atlantic, Pacific, Indian, Arctic, and Antarctic Oceans. بحرُ الکاہل the Pacific Ocean. بحرِ اوقیانوس ظلمات the Atlantic Ocean. بحرِ بیکراں a vast sea. بحرِ ذخار زخار a raging sea. بحرِ رواں flowing river. بحرِ معلق (*fig.*) the sky. بحرِ منجمد جنوبی Antarctic Ocean, the Southern Ocean. بحرِ منجمد شمالی the Arctic Ocean. بحرِ موّاج a stormy or raging sea. بحر و بر 1 (*literal*) land and water. 2 (*fig.*) the globe, the world. بحرِ ہند the Indian Ocean. (*pl.* بحار، بحُور)

بحرا کھلنا /bəhra: kʰʊlnɑ:/ ■ *v.* mind or intellect to become sharp, become erudite.

بُحران /bohrɑ:n/ ■ *n.m.* 1 (*literal*) extreme illness resulting in death; delirium. 2 (*fig.*) crisis, critical situation.

بُحرانی /bohrɑ:ni:/ ■ *adj.* of or relating to بُحران, critical, disturbing.

بحری /bæhri:/ ■ *adj.* of or relating to sea; oceanic, marine, naval. بحری بیڑا fleet. بحری تار رطناب 1 cable, rope-like line used for submarine telegraphs. 2 cablegram, a message sent by submarine telegraphic cable. بحری حرف the letter ب. بحری رو sea current. بحری سفر sea voyage. بحری میل nautical mile. (*opp.* برّی)

part; keep someone deprived of (something).

بچھڑنا /bɪtʃʰəɽnɑ:/ ■ *v.* 1 be separated or parted; be left behind. 2 die, expire.

بچھڑو /bətʃʰɽu:/ ■ *n.m.* calf-hide.

بچھڑی /bətʃʰɽi:/ ■ *n.* (*fem.* of بچھڑا) (also بچھیا) cow calf.

بچھلنا /bɪtʃʰəlnɑ:/ ■ *v.* 1 separate. 2 slide, slip, lose one's balance. 3 sprain.

بچھنا /bɪtʃʰnɑ:/ ■ *v.* 1 be spread. 2 be very polite, show great hospitality. 3 be enamoured, fascinated; be in love. 4 be prostrate, lie flat. 5 destroy, ruin.

بچھناگ /bɪtʃʰnɑ:g/ ■ *n.m.* (also بچناگ) a very poisonous small plant, *Aconitum ferox*.

بچھک /bətʃʰtʃʰək/ ■ *adj.* astonished, astounded.

بچھّو /bɪtʃʰtʃʰu:/ ■ *n.m.* 1 scorpion. 2 Scorpio, a sign of the zodiac. 2 a kind of firework. ■ *adj.* clever; dangerous. بچھو بوٹی the stinging nettle, *Urtica dioica*.

بچھوا /bɪtʃʰvɑ:/ ■ *n.m.* 1 a kind of knife. 2 an iron claw or hook. 3 (also بچھیا) a ring with small slitted bells worn on the toes by women. 4 a kind of poisonous plant. 5 a kind of tobacco having very bitter taste, usually found in India. 6 a kind of fighting cock. بچھوا گھاس hemp-nettle.

بچھوانا /bɪtʃʰvɑ:nɑ:/ ■ *v.* have something (e.g. a sheet) spread or laid down.

بچھوڑنا /bɪtʃʰo:ɽnɑ:/ ■ *v.* (also بچھورنا) 1 separate. 2 divide into pieces.

بچھونا /bɪtʃʰo:nɑ:/ ■ *n.m.* (also بچھونا) bed, bed linen, bedding; carpet. بچھونا کرنا make bed.

بچھیا /bətʃʰjɑ:/ ■ *n.f.* female calf, young heifer.

بچھیا /bɪtʃʰjɑ:/ ■ *n.f.* (also بچھوا) ornament worn on the toe.

بچھیرا /bətʃʰe:rɑ:/ ■ *n.m.* (also بچھیرا) colt, foal. بچھیرا پلٹن group of playful boys.

بچھیری /bətʃʰe:ri:/ ■ *n.f.* (also بچھیری) female foal, filly.

بچھیلا /bətʃʰe:lɑ:/ ■ *n.m.* (also بچھڑا) calf.

بحّاث /bəhhɑ:s/ ■ *adj.* (also باحث) given to arguing, argumentative. ■ *n.m.* great arguer.

بحار /bɪhɑ:r/ ■ *n.m.* (*pl.* of بحر) (also بحُور) seas; oceans.

بحال /bəhɑ:l/ ■ *adj.* 1 reinstated, restored. 2 recuperated. 3 refreshed, cheerful. 4 in the normal state, as before, in status quo. 5 confirmed, established. بحال کرنا 1 reestablish; reinstate, restore the status quo.

بحریات /bæhrɪjɑ:t̪/ ■ *n.f.* oceanography.

بحرین /bæhræ:n/ ■ *n.m.pl.* **1** the two seas, the Mediterranean and the Euxine sea (Black Sea). **2** the salt water of sea and the sweet water of river. ■ *pr.n.m.* Bahrain, an Arab country.

بحریہ /bæhrɪjɑ:/ ■ *n.f.* (also بَحریّہ) navy.

بحساب /bəhɪsɑ:b/ ■ *adv.* at the rate of, under the head of an account. See under ب.

بحسب /bəhəsb/ ■ *adv.* according to. See under ب.

بحضور /bəhʊzu:r/ ■ *adv.* on the service of.

بحق /bəhəq/ ■ *adv.* in favour of. See under ب. بحق سرکار in the name of the government.

بحکم /bəhʊkm/ ■ *adv.* by orders of. See under ب.

بحل /behɪl/ ■ *adj.* pardonable, permissible.

بحمد للّٰہ /bəhəmd̪ulɪllɑ:h/ ■ *phr.* thanks be to God.

بحوالہ /bəhəvɑ:lɑ:/ ■ *adv.* apropos.

بُحور /bʊhu:r/ ■ *n.m.* (*pl.* of بحر) **1** Oceans. **2** poetic meters.

بحیثیت /bəhæ:sɪjjət̪/ ■ *adv.* while acting as. See under ب.

بُحیرہ /bʊhæ:rɑ:/ ■ *n.m.* a sea smaller than ocean, bigger than lake or gulf. بحیرۂ احمر/قلزم the Red Sea. بحیرۂ اخضر the Caspian Sea. بحیرۂ اسود the Black Sea. بحیرۂ روم the Mediterranean Sea. بحیرۂ عرب the Arabian Sea. بحیرۂ لوط/مردار the Dead Sea.

بخ¹ /bəx/ ■ *exclam.* bravo! well done! congratulations! [A]

بخ² ____ ■ *n.m.* the yelp or short bark of a dog. [Prk.]

بخار /bʊxɑ:r/ ■ *n.m.* **1** fever, temperature. **2** steam, vapour. **3** fume, smoke. **4** anger, rage; animosity. بخار آنا/چڑھنا suffer from fever. بخار بھرا ہونا full of complaints and resentment. بخار ٹوٹنا fever to abate or go. بخار دل میں رکھنا have wrath and malice in the heart. بخار زدہ febrile, suffering from fever. بخار نکالنا **1** let off steam. **2** give vent to one's feelings (of anger); be appeased, be assuaged. (*pl.* بخارات)

بخاری¹ /bʊxɑ:ri:/ ■ *adj.* of or from Bokhara, city of Uzbekistan. ■ *pr.n.m.* (***Islam***) a collection of Hadiths, *Sahih Bokhari,* attributed to Imam Bukhari. [P]

بخاری² ____ ■ *n.f.* niche used as a storehouse. [Prk.]

بخاری³ ____ ■ *adj.* feverish, febrile. [A]

بخالت /bʊxɑ:lət̪/ ■ *n.f.* (also بُخل) miserliness, niggardliness.

بخت /bəxt̪/ ■ *n.m.* **1** fortune, fate, lot. **2** happiness; success. بخت الٹنا be unfortunate. بخت آزمائی trying the luck. بخت آوری good fortune, luck, prosperity. بخت بازی trying one's luck. بختِ برگشتہ bad luck, unlucky. بختِ بیدار/مسعود good luck. بخت بیدار in luck, blessed. بختِ تیرہ/سیاہ misfortune, stroke of bad luck. بختِ خفتہ ill fate, adversity. بختِ دژم bad fortune, bad luck. بخت رسا/سبز good fortune. بختِ زبوں reverse of fortune, stroke of bad luck, adversity. بختِ شوم bad luck. بخت یار lucky, fortunate.

بُخت /bʊxt̪/ ■ *n.m.* (also بُختی) two-humped Bactrian camel.

بختاور /bəxt̪ɑ:vər/ ■ *adj.* (also بخت آور) fortunate, lucky, blessed.

بختوں /bəxt̪õ:/ ■ *n.m.* (*pl.* of بخت) بختوں جلی an unfortunate woman, a woman in dire trouble.

بختیار /bəxt̪jɑ:r/ ■ *adj.* lucky. See بخت یار under بخت.

بخدا /bəxʊd̪ɑ:/ ■ *adv.* by God. See under ب.

بخر /bəxər/ ■ *n.m.* halitosis, bad breath.

بخرا /bəxrɑ:/ ■ *n.m.* (also بخرہ) (usu. used with حِصّہ) dividend, share, part, portion; allotment; lot.

بخش /bəxʃ/ ■ *adj.* & *suffix* granting, giving, bestowing; forgiving; used in comp. as: اطمینان بخش satisfactory. ■ *n.m.* granter. بخش دینا bestow, grant; forgive.

بخشانا /bəxʃɑ:nɑ:/ ■ *v.* get or have pardoned or excused.

بخشائش /bəxʃɑ:ɪʃ/ ■ *n.f.* **1** pardon, forgiveness. **2** favour; bounty; gift; (usu. royal) munificence.

بخشش /bəxʃɪʃ/ ■ *n.f.* **1** baksheesh or bakhsheesh, tip; gift. **2** pardon, forgiveness. بخشش دینا tip; reward. بخشش نامہ deed-of-gift.

بخشنا /bəxʃnɑ:/ ■ *v.* **1** excuse, pardon, forgive, condone. **2** confer, grant, bestow.

بخشندگی /bəxʃɪnd̪əgi:/ ■ *n.f.* forgiveness; generosity.

بخشندہ /bəxʃɪnd̪ɑ:/ ■ *n.m.* **1** giver, bestower, donor. **2** pardoner.

بخشنہار /bəxʃənhɑ:r/ ■ *n.m.* (also بخشن ہار) forgiver, pardoner.

بخشو /bəxʃo:/ ■ (*imper.* of بخشنا) please excuse; leave me alone. بخشو بی بلی چوہا لنڈورا ہی بھلا (in response to some advice which may cause harm) spare me, I am happy without your advice, I do not want your favour.

بخشوانا /bəxʃvɑ:nɑ:/ ■ *v.* See بخشانا.

بخشی /bəxʃi:/ ■ *n.m.* **1** bukshi, bukshee, paymaster.

طویل مصوتے: ɑ: آنا، گانا /gɑ:nɑ:/, /ɑ:nɑ:/ · æ: بیٹھنا /bæ:tʰnɑ:/ · i: پیلا /pi:lɑ:/ · e: دینا /d̪e:nɑ:/ · ɔ: پودا /pɔ:d̪ɑ:/ · u: چُول /tʃu:l/ · o: گول /go:l/

2 commander-in-chief, adjutant; a Mogul military rank. بخشی خانہ pay office, adjutant or paymasters office.

بخصوصیت /bəxʊsu:sɪjət̪/ ■ *adv.* especially. See under بہ.

بُخل /bʊxl/ ■ *n.m.* miserliness, stinginess, parsimony, niggardliness.

بخلاف /bəxɪlɑ:f/ ■ *adv.* (also برخلاف) in opposition to. See under بہ.

بخوبی /bəxu:bi:/ ■ *adv.* well. See under بہ.

بخود /bəxʊd̪/ ■ *adv.* voluntarily, by self, of self. بخود آنا recover one's senses, be oneself again.

بخُور /bəxu:r/ ■ *n.m.* 1 substance for fumigation, such as: incense-stick. 2 perfume, incense. بخوردان censer. بخور کرنا incense.

بخوشی /bəxʊʃi:/ ■ *adv.* with pleasure. See under بہ.

بخیر /bəxæ:r/ ■ *adv.* all right. See under بہ. بخیر گذشت all went well. بخیر وخوبی in an orderly manner, safe and sound. بخیر وعافیت nicely and comfortably, without any trouble, safe and sound, in good health.

بخیل /bəxi:l/ ■ *n.m.* miser, niggard. ■ *adj.* stingy. (*pl.* بُخلا)

بخیلی /bəxi:li:/ ■ *n.f.* avarice, niggardliness, parsimony.

بخیہ /bəxjɑ:/ ■ *n.m.* 1 simple stitching, sewing with long stitches, tacking. 2 (*fig.*) capacity; resources, means. بخیہ اُدھیڑ one who reveals secrets or exposes people. بخیہ اُدھیڑنا 1 unstitch, take out the stitches (of). 2 (*fig.*) take to task, censure severely, expose. بخیہ دوز رگر 1 tailor, one who stitches. 2 (*fig.*) reformer. بخیہ دوزی رگری 1 stitching, stitching of a wound. 2 (*fig.*) reforming or repairing.

بد¹ /bəd̪/ ■ *adj.* 1 bad, evil, wicked, vicious, corrupt. 2 naughty. 3 inauspicious, ominous. بد اچھا بدنام برا being bad is better than having bad name, give a dog a bad name and hang him. بداحتیاط careless, negligent, incautious, indiscreet, reckless. بداختر ill-starred, unfortunate, unlucky. بداخلاق of bad habits, ill behaved, ill-mannered; rude; immoral. بداستخواں shapeless, ugly. بداسلوب ill-shaped, ill-made; inelegant; in bad style. بداصل رنژاد low-born, base-born; mean, vulgar. بداطوار of evil ways, ill-mannered. بداعتقاد unbeliever. بداعتماد untrustworthy. بداعمالی misdeeds, immorality. بدافعالی wicked deeds, misdeeds. بدامنی unrest, public disturbance. بدانتظامی mismanagement, maladministration, misrule. بدانجام having an inauspicious end. بداندازی bad manners. بداندیش spiteful, malicious, inimical, ill-wisher, evil-minded. بدآموز 1 uncivilized; rude; ill-bred. 2 one who misguides or deceives. بدآواز cacophonous, having coarse voice. بدآئین unprincipled, ill-mannered, perverse. بدبات جھنڈے پر چڑھانا defame, censure. بدباطن evil-minded, malicious, false-hearted. بدبخت رنصیب 1 unfortunate, ill-fated. 2 wretched, accursed. بدبختی رنصیبی adversity, misfortune. بدبلا witch. بدبو 1 stink, bad smell, stench. 2 stinky. بدبیں malicious. بدپرہیز intemperate, non-abstainer. بدتر worse; inferior. بدتری deterioration, badness. بدتمیز insolent, impudent, churl, boor, bumpkin, unmannerly, rude, pert, saucy, cheeky. بدتوفیق unable to take advantage of a favourable situation, incompetent. بدتہذیب unrefined, uncivilized, ill-mannered. بدچال unmannerly; impolite. بدچشم one who covets other people's possessions, one who looks at things or people with evil intent. بدچلنی wickedness; corruption; immorality, immoral behaviour, misdemeanour, misconduct. بدحال abject, in a bad condition or state. بدحظ unhappy, disheartened. بدحواس 1 senseless. 2 stunned, stupefied, confounded, bewildered. 3 terrified, afraid. بدحواسی confusion, bafflement, agitation. بدخصال ill-natured, having bad habits. بدخط 1 one who writes bad hand. 2 scrawl, scribble. بدخطی bad handwriting, illegible handwriting. بدخُلق impolite, crude, ill-mannered, uncivil, discourteous. بدخُلقی impoliteness, discourteousness. بدخو rude; immoral; of bad habits. بدخوابی 1 disturbed sleep. 2 nightmare; bad dream. 3 wet dream. بدخواہ ill-disposed; ill-wisher, malevolent, malicious, wishing evil. بدخواہی maliciousness. بددعا curse, imprecation, malediction, anathema. بددل disheartened; discontented, dissatisfied; aghast, disgusted; depressed; no more interested or enamoured. بددماغ 1 rude, angry. 2 proud, vain, above oneself. بددیانت dishonest, fraudulent, faithless. بددیانتی dishonesty; fraud. بددین atheist, non-believer, heretic. بدڈول awkward, clumsy, ill-shaped. بدذات

1 baseborn, ill-bred; unprincipled. 2 wicked, evil-minded; used as a mild swear word. بدذاتی wickedness. بدذوق person having no taste (in arts, literature, music, etc.). بدذوقی lack in aesthetic judgement, bad taste. بدذہن slow; stupid; obtuse. بدراس uncontrollable, restive. بدراہ 1 profligate, sinful, debauched. 2 deviant. بدرکاب ill-paced; (of a horse) difficult to ride, jibbing. بدرگ ill-natured. بدرنگ discoloured, faded, besmirched, dull. بدرَو 1 ill-paced (horse). 2 drain, sewer. بدرُو ill-faced, ugly. بدروح evil spirit, ghost. بدروزگار victim of circumstances. بدزبان rude, indecent (speaker), abusive, foul-mouthed, ill-tongued. بدزبانی foul or obscene language, abuse. بدزیب inelegant, graceless, ugly. بدساعت unhappy moment or unfortunate occasion. بدسرشت ill-disposed, ill-natured, having an evil nature. بدسگال ill-wisher, evil-minded, malevolent. بدسلوکی misbehaviour, maltreatment, discourtesy. بدسلیقگی ineptness, clumsiness. بدسلیقہ inept, uncouth, ham-handed, clumsy. بدسیرت of bad habits, ill-natured, immoral. بدشکل ugly, deformed. بدشگونی an act or talk presaging disaster, deed or words taken as bad omen. بدشوق disinclined to learn, having no interest. بدصورت ugly, unsightly. بدطالع ill-fated. بدطعم tasteless. بدطینت ill-natured, malevolent, iniquitous. بدظن suspicious, mistrustful. بدعقیدہ heretic, deviant, unbelieving, sceptical. بدعنوان corrupt, venal. بدعنوانی malpractice, corruption. بدعہد treacherous; faithless. بدعہدی treachery, breach of trust, untrustworthiness. بدفال ill omen. بدفعل immoral, licentious. بدفعلی fornication, sodomy. بدقریں/قرینہ/قطع maladroit. بدقسمت unfortunate, unlucky. بدقلعی with bad tinning, (vessel) badly tinned, badly polished. بدقمار 1 ill-fated gambler. 2 deceiver, fradulent. بدقماش depraved. بدقوارہ ugly, awkward. بدقوا (esp. animal) of humble stock, lowly, of low caste. بدکار/کردار evil-doer, malefactor, sinful, wicked; fornicator, adulterer. بدکام unsuccessful. بدکلام using offensive language, ill-tongued. بدکہاؤ inelegant or defective language. بدکیش of evil ways, immoral, devian. بدگل ill-natured. بدگمان suspicious. بدگنیا askew, awry, bent. بدگو slanderer, traducer, calumniator. بدگوشت tumour or tumorous growth, a large wart, gangrenous flesh. بدگوہر/گہر of bad origin; unprincipled. بدلحاظ impudent, inconsiderate, disrespectful; audacious; indecent, immodest, shameless. بدلگام 1 (of a horse) jibbing, uncontrollable. 2 (of a person) insolent, impudent, wilful, uncontrollable. بدمآل having an inauspicious end. بدمذاق having bad taste in art, literature, music, etc. بدمذاقی lack of aesthetic taste, indecorum. بدمزاج ill-natured, ill-tempered. بدمزگی tastelessness, estrangement; coolness; strained relations or relationship. بدمزہ 1 tasteless, unsavoury, insipid. 2 out of humour, angry. 3 sick, ill. بدمزہ کرنا annoy. بدمست 1 inebriated, intoxicated, dead drunk, sottish, tippled. 2 lustful, lewd. بدمشرب 1 heavy drinker. 2 having bad company or evil beliefs. بدمظنّہ suspicious, mistrustful. بدمعاش 1 badmash, wicked, bad, immoral. 2 rascal, blackguard, one who earns by immoral or illegal means. بدمعاملگی trickery, dishonesty. بدمعاملہ unfair in dealing, fraudulent, tricky, dishonest. بدمغز dull-witted. بدمنظر ugly, unpleasant to see. بدمہری unkindness, unfriendliness. بدنام notorious, infamous, calumniated, defamed, ignominious, disreputable. بدنام کرنا defame, tarnish the reputation. بدنامی infamy, ignominy, disrepute, stigma, scandal. بدنسل/نسلا of bad descent or race, having lowly or bad lineage; of illegitimate birth. بدنظر looking with lewd eyes, ogler. بدنظمی mismanagement. بدنفس ill-natured. بدنما ugly, ungraceful, clumsy, unbecoming. بدنمائی ugliness. بدنہاد ill-intentioned. بدنہادی malevolence, meanness. بدنیت 1 ill-intentioned, with mala fide intent. 2 gluttonous. بدنیتی mala fides, malignity; ill will, malice; bad faith. بدنیتی سے in bad faith, mala fide. بدوضع misshapen, deformed, ugly. بدوضعی ugliness, deformity. بدہضمی indigestion, dyspepsia. بدہیئت misshapen, deformed. بدیُمن inauspicious, ill-omened; unpropitious. [P]

بد[2] ____ ■ *n.m.* bubo; syphilitic or pestilential swelling of the glands. [Prk.]

بد[3] ____ ■ *n.m.* (also بدجانور) pig. [P]

بِد[1] /bɪd/ ■ *n.f.* (also بِڈھ[1]) the gift of fruits, nuts, etc. given by the bridegroom's family to the bride's family and also distributed among guests. [S]

بد² ____ ■ *n.f.* age, year. [S]

بد³ ____ ■ *n.f.* a shallow pit into which children attempt to throw marbles in a game. [Prk.]

بدا¹ /bəd̪ɑ:/ ■ *exclam.* how bad! [P]

بدا² ____ ■ *adj.* decreed, ordained, predestined. ■ *n.m.* fate, destiny. [Prk.]

بِدا /bɪd̪ɑ:/ ■ *n.f.* act of taking leave; dismissal; farewell, adieu. بدا کرنا **1** send away, bid adieu, permit to depart. **2** send bride with the bridegroom, give away the bride, wed-off.

بدابدی /bəd̪ɑ:bəd̪i:/ ■ *adv.* by force, forcibly.

بِدارنا /bɪd̪ɑ:rnɑ:/ ■ *v.* tear up.

بداری کند /bəd̪ɑ:ri:kənd/ ■ *n.f.* (also بداری کندھا، بدری قند) a perennial herb having large and ovoid roots, used in medicine, bilaikand, *Batatas paniculata*.

بداعت /bəd̪ɑ:ʔət̪/ ■ *n.f.* invention, originality, innovation.

بُداغ /bud̪ɑ:ɣ/ ■ *n.m.* **1** (*literal*) sword. **2** (*fig.*) swordsman.

بِداگی /bɪd̪ɑ:gi:/ ■ *n.f.* (*var.* of بِدائی) valedictory song sung in weddings when the bride departs to her husband's home.

بداوت /bəd̪ɑ:vət̪/ ■ *n.f.* country lifestyle, village life.

بداہت /bəd̪ɑ:hət̪/ ■ *n.f.* something obvious.

بداہتہً /bəd̪ɑ:hət̪ən/ ■ *adv.* **1** certainly, surely. **2** off the cuff; ad lib; extempore.

بدائع /bəd̪ɑ:eʔ/ ■ *n.m.pl.* (also بدایع) **1** rarities or wonders, curiosities. **2** figures of speech. (*sing.* بدیعہ)

بِدائی /bɪd̪ɑ:i:/ ■ *n.f.* (also بِدائگی) departing of bride with the bridegroom; anything given at parting; adieu.

بدایت /bəd̪ɑ:jət̪/ ■ *n.f.* commencement, beginning.

بُدبُد /bud̪bud̪/ ■ *n.m.* bubble.

بُدبُدانا /bud̪bud̪ɑ:nɑ:/ ■ *v.* **1** (*literal*) rising of bubbles. **2** (*fig.*) mutter, murmur, grumble.

بدبُو /bəd̪bu:/ ■ *n.f.* stink. See under بد¹.

بدتر /bəd̪t̪ər/ ■ *adj.* (also بتر) worse, inferior. See under بد¹.

بدچلنی /bəd̪tʃəlni:/ ■ *n.f.* wickedness. See under بد¹.

بدحواس /bəd̪həvɑ:s/ ■ *adj.* stupefied. See under بد¹.

بدحواسی /bəd̪həvɑ:si:/ ■ *n.f.* confusion. See under بد¹.

بددعا /bəd̪d̪uʔɑ:/ ■ *n.f.* curse, imprecation. See under بد¹.

بدَر /bəd̪ər/ ■ *adj.* out, out of door, outside. ■ *n.f.* accounting mistake. بدر ڈالنا turn out, oust. بدر کرنا turn out, expel, eject, banish; exile. بدر نکالنا **1** find fault or discover a mistake. **2** determine dues. [P]

بدر² ____ ■ *n.m.* cotton sapling. [S]

بدر /bəd̪r/ ■ *n.m.* **1** full moon. **2** (***Astron.***) any heavenly body fronting towards the sun. **3** name of a place near Medina, when first battle of Islam was fought. **4** (*fig.*) lover. بدر الدجیٰ **1** moon as the eradicator of darkness. **2** (*fig.*) a title of Prophet Muhammad. بدر کامل full moon. بدر منیر bright moon.

بدر /bɪd̪r/ ■ *n.m.* silvery carving on an alloy. بدر ساز one who does such carving work.

بدَرا /bəd̪ərɑ:/ ■ *n.f.* **1** cotton. **2** the touch-me-not shrub having compound leaves sensitive to light and touch, *Mimosa pudica*.

بدرا /bəd̪rɑ:/ ■ *n.m.* **1** (*poet.*) cloud; cloudiness. **2** fog.

بُدر بُدر /bud̪ur bud̪ur/ ■ *adv.* in a low voice, in undertone.

بدرجہ /bəd̪ərdʒɑ:/ ■ *adv.* in or to a degree; by many degrees; ever so much; greatly, vastly; far. بدرجۂ اتم completely, totally, fully, in every respect. بدرجۂ اقل at least. بدرجۂ اولیٰ/رغایت at most; at farthest; in the first degree.

بدرجہا /bəd̪ərdʒɑhɑ:/ ■ *adj.* by degrees, by far. بدرجہا بہتر very much better.

بدررَو /bəd̪ərrɔ:/ ■ *n.f.* drain, sewer; outlet for water. بدررو عام public sewer. بدررو نکالنا make a drain.

بدرقہ /bəd̪rəqɑ:/ ■ *n.m.* (also بدرقا) **1** guide. **2** guard. **3** escort; fellow traveller. **4** medicine compatible with another medicine.

بدروا /bəd̪ərvɑ:/ ■ *n.m.* (*dim.* of بدرا) (used in songs) cloud.

بدروح /bəd̪ru:h/ ■ *n.f.* evil spirit. See under بد¹.

بدرہ /bəd̪rɑ:/ ■ *n.m.* (also بدرا) bag; bundle; purse of money.

بدری¹ /bəd̪ri:/ ■ *n.f.* a small bundle; packet; wrapper, cover, bale. [A]

بدری² ____ ■ *adj.* (***Islam***) of or relating to the battle of Badr.

بدری³ ____ ■ *n.f.* (*dim.* of بدرا) cloud. [Prk.]

بدری⁴ ____ ■ *n.m.* a source of the Ganges. بدری تیرتھ/رشیل/ناتھ a Hindu pilgrimage site. [S]

بدریا /bəd̪ərjɑ:/ ■ *n.f.* (*dim.* of بدری³) (*poet.*) small cloud,

2 alteration. 3 lieu, stead. 4 exchange. 5 return, requital; redress, compensation. بدلا اتارنا / چکانا / لینا / نکالنا take revenge, retaliate, settle accounts with. بدلا دینا 1 requite; compensate, indemnify. 2 give something in exchange or return. 3 make amends.

بدلائی /bəd̪lɑ:i:/ ■ *n.f.* 1 price of exchange. 2 barter, something given in exchange.

بدلنا /bəd̪əlnɑ:/ ■ *v.* 1 alter, amend, modify, make different, change, vary. 2 transform. 3 exchange. 4 transfer.

بدلوانا /bəd̪əlvɑ:nɑ:/ ■ *v.* (also بدلانا) cause to be exchanged; have or get changed or altered.

بدلی¹ /bəd̪li:/ ■ *n.f.* (*dim.* of بادل) cloud; cloudiness. بدلی کی دھوپ clouded sun. [S]

بدلی² ____ ■ *n.f.* 1 transfer. 2 substitution. 3 change of guards. [Prk.]

بدمعاش /bəd̪məʔɑ:ʃ/ ■ *n.m.* one who earns by illegal means, scoundrel, rogue. ■ *adj.* wicked, bad. See under بد¹.

بدن /bəd̪ən/ ■ *n.m.* 1 body; figure, physique, frame. 2 private parts. بدن اتو کر دینا thrash. بدن بنانا make the body strong by exercise, etc., bodybuilding. بدن پہ نہیں لتا پان کھائیں البتہ said when someone poor does something extravagant. بدن پھل جانا / پھلنا have pustules all over the body. بدن پھیکا ہونا have a slight fever. بدن ٹوٹنا suffer from racking body pain, a sign of weariness or illness. بدن ٹھنڈا / سرد ہونا to die. بدن جلنا have high fever. بدن جھٹکنا become thin and lean. بدن چرانا cringe out of shyness. بدن چور چور ہونا be very tired. بدن خشک ہو جانا be frail or thin. بدن دُہرا ہونا / گدرانا become fat. بدن ڈالنا look sluggish. بدن سانچے میں ڈھلا ہونا have a shapely body. بدن سوکھ کر کانٹا ہو جانا become very thin. بدن قیمہ ہونا be severely wounded. بدن کو غذا نہ لگنا be ill-nourished, remain weak despite eating. بدن کے رونگٹے کھڑے ہو جانا 1 have the hair stand on end. 2 be terror-stricken. بدن ملنا massage one's body. بدن ملوانا have one's body massaged. بدن میں آگ / پتنگے / مرچیں لگنا be very angry.

بدنا /bəd̪nɑ:/ ■ *v.* 1 bet, wager, stake. 2 pledge, vow. 3 predestine. 4 acknowledge, own. 5 stipulate.

بدنام /bəd̪nɑ:m/ ■ *adj.* notorious, infamous. See under بد¹.

بدنامی /bəd̪nɑ:mi:/ ■ *n.f.* infamy, ignominy, disgrace. See under بد¹. بدنامی کا ٹیکا stigma, the blot of infamy.

rain cloud.

بدست /bəd̪əst̪/ ■ *adv.* in hand. See under بہ.

بدستور /bəd̪əst̪u:r/ ■ *adv.* (also بہ دستور) as usual. See under بہ.

بدصورت /bəd̪su:rət̪/ ■ *adj.* ugly. See under بد¹.

بدظن /bəd̪zən/ ■ *adj.* suspicious. See under بد¹.

بدعت /bɪd̪ʔət̪/ ■ *n.f.* 1 (***Islam***) novelty or innovation in religion; heresy. 2 violence, tyranny, oppression. 3 innovation. بدعتِ حسنہ an acceptable innovation, something new but acceptable. بدعتِ شنیعہ a bad and unacceptable innovation. (*pl.* بدعات)

بدعتی /bɪd̪ʔət̪i:/ ■ *n.m.* 1 innovator in religion. 2 innovative person, a person practicing or believing in innovation.

بدعنوان /bəd̪ʔʊnvɑ:n/ ■ *n.m.* corrupt. See under بد¹.

بدعنوانی /bəd̪ʔʊnvɑ:ni:/ ■ *n.f.* corruption. See under بد¹.

بدقت /bəd̪ɪqqət̪/ ■ *adv.* with difficulty. بدقت تمام with great difficulty.

بدقسمت /bəd̪qɪsmət̪/ ■ *adj.* unfortunate. See under بد¹.

بدکار /bəd̪kɑ:r/ ■ *n.m.* evil-doer. ■ *adj.* sinful. See under بد¹.

بدکانا /bɪd̪kɑ:nɑ:/ ■ *v.* scare, startle; frighten or disturb a horse; dissuade; alienate.

بدکنا /bɪd̪əknɑ:/ ■ *v.* 1 (of a horse, etc.) jib; become suspicious or alarmed; be scared; move aside or out of the way; shift; draw back. 2 (of a person) show aversion to something; be dissuaded; shrink.

بدل /bəd̪əl/ ■ *n.m.* 1 change, alteration; transformation. 2 substitute, stand-in. 3 value; price. 4 barter, exchange. 5 repayment; quid pro quo. بدل اشتراک 1 act done in place or on behalf of someone. 2 subscription of a periodical, etc. بدل جانا change, back out. بدل دینا change one thing for another, change, transform. بدل گر the mould for casting molten metals; electrical transformer. بدل لینا exchange, swap, take in change; be compensated for a loss. بدل نصیب ہونا find a substitute of something lost.

بدل /bəd̪ɪl/ ■ *adv.* heartily, in heart; cordially, sincerely. بدل و جان from the core of one's heart, with all one's heart, with heart and soul.

بدلا /bəd̪lɑ:/ ■ *n.m.* (also بدلہ) 1 revenge, retaliation.

بدیہیات /bəd̪i:hɪjɑ:t̪/ ■ *n.m.pl.* self-evident truths, axioms.

بدھ¹ /bɪd̪ʰ/ ■ *n.f.* ritual gift of fruit and nuts from bridegroom's family. See بِد¹.

بدھ² ____ ■ *n.f.* sum total, aggregate. بدھ کھانا / ملانا balance accounts; bring into harmony. [S]

بُدھ /bʊd̪ʰ/ ■ *n.f.* (also بُدّھی) wisdom, sense, intellect, prudence. ■ *pr.n.m.* Buddha, the founder of Buddhism. ■ *n.m.* **1** Wednesday. **2** the planet Mercury. بدھمان wise.

بدھاتا /bɪd̪ʰɑ:t̪ɑ:/ ■ *n.m.* (*var.* of وِدھاتا) **1** God, Creator, Maker, Providence. **2** destiny, fortune.

بدھارا /bɪd̪ʰɑ:rɑ:/ ■ *n.m.* a vine with thorny branches and pointed leaves, *Gmelina parvifolia*.

بدھاوا /bəd̪ʰɑ:vɑ:/ ■ *n.m.* **1** gifts and greetings given at childbirth or marriage. **2** a greeting song. **3** hustle bustle; revelry.

بدھائی /bəd̪ʰɑ:i:/ ■ *n.f.* congratulation. بدھائی ہو congratulations!

بدّھک /bəd̪d̪ʰɪk/ ■ *n.m.* killer; hunter.

بدھنا¹ /bəd̪ʰnɑ:/ ■ *n.m.* small round earthen pot with a spout. بدھنا بوریا اٹھانا leave or go away bag and baggage. [S]

بدھنا² ____ ■ *v.* kill, slay, slaughter, murder. [S]

بدھنا³ ____ ■ *v.* grow, develop, increase. [S]

بدھنا⁴ ____ ■ *v.* break. [Prk.]

بدھنا /bɪd̪ʰnɑ:/ ■ *n.m.* (*poet.*) God, Creator; Arranger; Disposer.

بُدّھو /bʊd̪ʰd̪ʰu:/ ■ *n.m.* (often *joc.*) fool, stupid person, simpleton, blockhead.

بدھوا /bɪd̪ʰvɑ:/ ■ *n.f.* (*var.* of وِدھوا) widow.

بُدھوار /bʊd̪ʰvɑ:r/ ■ *n.m.* Wednesday.

بدّھی /bəd̪d̪ʰi:/ ■ *n.f.* **1** garland or bracelet of flowers. **2** streak, weal, welt, mark of a stroke with cane, etc. **3** belt of leather, sash.

بُدّھی /bʊd̪ʰd̪ʰi:/ ■ *n.f.* wisdom, reason. بدھی مان wise.

بدھیا /bəd̪ʰjɑ:/ ■ *n.f.* **1** gelding; any castrated bull, bullock. **2** eunuch. بدھیا بیٹھنا suffer a loss, be devastated, become bankrupt. بدھیا کرنا castrate, geld. (*opp.* انڈوا)

بدھیا /bɪd̪ʰjɑ:/ ■ *n.m.* pierced pearl.

بِڈارنا /bɪɖɑ:rnɑ:/ ■ *v.* expel, banish, exile, turn away,

بدنصیب /bəd̪nəsi:b/ ■ *adj.* unfortunate, unlucky, inauspicious.

بدنہ /bəd̪ənɑ:/ ■ *n.m.* (***Islam***) animal dispatched to Makkah for sacrifice.

بدُو /bəd̪u:/ ■ *adj.* **1** infamous. **2** vicious, wicked; immoral.

بدو¹ /bəd̪v/ ■ *n.f.* beginning, start. [A]

بدو² ____ ■ *n.m.* village; desert. [A]

بدّو¹ /bəd̪d̪u:/ ■ *n.m.* Bedouin, desert-dweller, nomadic tribesman or tribes of Arabia. ■ *adj.* uncivilized, wild. بدوبوٹی a wild herb used to treat cold. [A]

بدّو² ____ ■ *adj.* wicked, vile, base. ■ *n.m.* bad character, rascal, immoral person. بدو کرنا defame, vilify, traduce. [Prk.]

بُدّوح /bʊd̪d̪u:h/ ■ *n.m.* an appellation of God engraved, usually on swords or daggers and is used as talismans and prayers.

بدَولت /bəd̪ɔ:lət̪/ ■ *adv.* by the favour of. See under بِ.

بدُون /bəd̪u:n/ ■ *adv.* except, save, with the exception of; besides; without.

بدوی /bəd̪vi:/ ■ *adj.* (also بدَوی) of or from desert; uncouth; rustic, uncivilized.

بدی¹ /bəd̪i:/ ■ *n.f.* **1** badness, evil, wickedness, mischief. **2** backbiting. **3** ominousness; misfortune. بدی پر آمادہ / مائل ہونا be bent on mischief. بدی کرنا do something evil, do wrong or harm someone; speak ill of, backbite, malign, slander. [P]

بدی² ____ ■ *n.f.* **1** second fortnight of a lunar month, the period from the night of full moon to the last of the lunar month. **2** the wane of the moon. [S]

بدی³ ____ ■ *n.f.* **1** agreed bet. **2** fate, destiny. [S]

بدّیا /bɪd̪d̪rjɑ:/ ■ *n.f.* learning; knowledge. See وِدّیا.

بدیس /bəd̪e:s/ ■ *n.m.* (also بدیش) foreign land, abroad.

بدیسی /bəd̪e:si:/ ■ *adj.* (also بدیشی) videshi, of another country, foreign; strange.

بدیع /bəd̪i:ʔ/ ■ *adj.* novel; rare, extraordinary; wonderful. ■ *n.m.* **1** a branch of knowledge dealing with qualities of literary writings. **2** innovator, inventor. بدیع الجمال of rare or wonderful beauty. (*fem.* بدیعہ)

بدیہہ /bəd̪i:hɑ:/ ■ *adv.* impromptu, extempore. ■ *n.m.* axiom.

بدیہی /bəd̪i:hi:/ ■ *adj.* self-evident, apparent, manifest.

exclude.

بڈہنس /bəɖhəns/ ■ *n.m.* (also بڈہنسکا) (***Music***) name of a musical raga.

بڈّھا /bəɖʰɖʰɑ:/ ■ *n.m.* pit formed by digging earth, ditch, moat. بڈھا لگانا break into a house by digging a hole under the wall.

بڈّھا /bʊɖʰɖʰɑ:/ ■ *adj.* old, aged. ■ *n.m.* old man. بڈھا پھونس/کھوسٹ (often *derog.*) very old, old and decrepit (man). بڈھا ٹھڈا (*derog.*) very old.

بڈھنگ /beɖʰəŋg/ ■ *n.m.* (also لم بڈھنگ/لم ڈھینگ) flamingo, stork.

بڈّھی /bʊɖʰɖʰi:/ ■ *adj.* (*fem.* of بڈھا) old (woman). بڈھی گھوڑی لال لگام old person trying to dress up or act like young.

بڈّھے /bʊɖʰɖʰe:/ ■ *n.m.* (*pl. & infl.* of بڈھا) بڈھے باپ اور پرانے کپڑے سے شرمانا نہیں چاہیے one should not be ashamed of one's family and condition, i.e. one should always be truthful and honest.

بذات /bəzɑ:t̪/ ■ *adv.* in itself. See under ب. بذاتِ خود in person, of itself, personally.

بذاتہٖ /bəzɑ:t̪ehi:/ ■ *adv.* of himself; itself; in person; by or in itself, of itself, personally; intrinsically; essentially.

بذائت /bəzɑ:ət̪/ ■ *n.f.* buffoonery; obscenity.

بذر /bəzr/ ■ *n.m.* (also بذرہ، بزر) spore, seed, sperm. بذر گر sower, farmer.

بذریعہ /bəzəri:ʔɑ:/ ■ *adv.* by way of. See under ب. بذریعۂ ہذا hereby, by these presents.

بذل /bəzl/ ■ *n.m.* 1 munificence, generosity. 2 gift; donation. 3 expense.

بذلہ /bəzlɑ:/ ■ *n.m.* (also بزلہ) joke, jest, witticism, pleasantry, raillery. بذلہ باز witty, jester, buffoon. بذلہ سنج/گو humorous or witty person.

بر¹ /bər/ ■ *n.m.* (also بَرّ) land. برِ اعظم continent. بربحری amphibian. برِ صغیر subcontinent, especially the Indian Subcontinent. [P]

بر² ——— ■ *n.m.* 1 fiancé, suitor; wooer. 2 husband, bridegroom. 3 width, breadth; breadth of a sword. 4 donation, gift. 5 desire, wish; request. 6 boon, blessing. ■ *adj.* superior, excellent. برجوگ marriageable girl. برچوک over-age woman who has not found a suitor. بردان 1 wedding gift to a girl from her husband. 2 boon conferred by God or a saint. بردکھائی/بردکھوا ceremony in which a girl's family meets the prospective bridegroom. [S]

بر³ ——— ■ *n.m.* 1 body. 2 breast, chest, bosom; lap. 3 fruit. 4 memory, recall. 5 leaf. ■ *n.f.* young woman. برخورد enjoying or eating the fruit; prosperity, success; happiness. [P]

بر⁴ ——— ■ *n.f.* wasp. [Prk.]

بر⁵ ——— ■ *adj.* kind, compassionate; pious. [A]

بر⁶ ——— ■ *prefix & prep.* above, on, upon, up; at; in; with; forth, away; against. برافتاد befallen, fallen away, dwindled away. برافروختہ enraged, infuriated, angry, furious. برانداختہ thrown down, upset; demolished, destroyed. برانداز destroyer, squanderer. برانگیختہ afire, awakened, roused; excited, incited, stirred up. برآر 1 compatibility, favourable conditions. 2 producer; accomplisher, performer. 3 compatible, favourable. برآری fulfilment, accomplishment. برآشفتہ offended, angry, enraged. برآمد 1 export. 2 emergence, issue, rising. 3 recovery. 4 outgoings. 5 land reclaimed from/ by river. 6 secret information (esp. of bribe, accusation). برآمدگی recovery (esp. of stolen property). برآمدہ veranda or verandah, a gallery or terrace with a roof on the front, back or side of a house. برآنا 1 come up, succeed. 2 be accomplished; (hope or wish) to be fulfilled. برآورد 1 expenditure. 2 estimate, calculation. 3 salary account. 4 list of products or trade goods. برآورد کرنا 1 strike out; calculate, estimate or reckon. 2 make entries in an account. 3 draw or receive money. بربنائے on the basis of. برپاپوشِ قلندر I couldn't care less, I do not care at all. برپیچار پیچ (***Math.***) evolute. برتر superior, better, higher. برتری excellence, ascendancy, eminence, superiority, altitude. برتقدیر in the event of; on supposition. برجا in its right place; appropriate. برجاماندہ stagnant. برجستہ 1 prompt, promptly. 2 apt; ready, extempore, off the cuff; proper, right, impromptu, apposite. برحق 1 just, right, correct; justified, rightful; true, real, actual. 2 incumbent, inevitable. برخاست/برخواست 1 breaking up or closing up, end of a meeting or conclave.

1 malpractice; a vice. 2 (*fig.*) adultery; fornication. برا کرنا do wrong, harm, injure. برا کہنے والے پر تین حرف fie on a reviler. برا لگنا offend or be disagreeable or unpleasant. برا ماننا take amiss, be offended or affronted, be displeased. برا وقت hard times, bad days. برا ہو may you/ he/ she/ they suffer! (*fem.* بری)

بَرّا¹ /bərra:/ ■ *n.m.* tug of war. [S]

بَرّا² ____ ■ *n.m.* (also برہ) 1 lamb. 2 zodiac sign Aries. [P]

بُرّا /burra:/ ■ *adj.* hollow, empty from inside.

برابر /bəra:bər/ ■ *adj.* 1 plain, smooth, even, level. 2 uniform, similar; same; corresponding. 3 on a par (with); equal (in measure or status). 4 straight, direct. 5 over against, parallel. 6 accurate, exact, fitting, precise. ■ *adv.* 1 side by side; along with, together; conjointly. 2 regularly, constantly, without intermission, without delay; concurrently. برابر آنا come up (to), overtake, come on level with. برابر برابر side by side, shoulder to shoulder; in a row or line; neck to neck. برابر جوڑ (*Math.*) equation. برابر چھوٹنا a competition or fight to end in a draw, a drawn game or tie. برابر سے جواب دینا retort, answer disrespectfully. برابر کا 1 of the same size, weight, age or standing. 2 adjoining, neighbouring. 3 competitor. برابر کا بیٹا grown up son. برابر کر دینا 1 make level, plane or smooth; raze, demolish, destroy, efface, wipe out; waste (a fortune, etc.). 2 balance, liquidate or discharge debt. 3 equalize or adjust. برابر کرنا 1 smooth, level. 2 adjust, match. 3 finish; destroy. برابر کی ٹکر / چوٹ a contest of equals; a person of equal rank, standing, etc. برابر کی ٹکر / چوٹ کا equally good; evenly matched; comparable. برابر والا equal; competitor; neighbour; the person standing next. برابر ہو جانا be levelled. برابر ہونا 1 end in a failure. 2 be equal; fit. 3 agree.

برابری /bəra:bəri:/ ■ *n.f.* equality, egality, state of being equally matched, par; exactness; parallelism; equipoise, balance. برابری سے equally. برابری کرنا 1 rival, stress equality, contest on the basis of assumed equality. 2 copy, imitate or emulate. 3 confront, oppose or defy.

برات¹ /bəra:t̪/ ■ *n.f.* (also بارات) 1 marriage procession. 2 (*fig.*) flock or assemblage, crowd, multitude. 3 a

2 removal from office. 3 dismissed. برخلاف contrary to, inconsistent with, against; in opposition, opposite, versus. برخوردار 1 son, male issue. 2 fortunate, prosperous. برزبان memorized, well learnt, learnt by heart. برسرِ پیکار engaged in fight, fighting; pitted against. برطرف 1 dismissed, discarded, set aside. 2 vanishing, passing away. برطرفی dismissal, discharge. برعکس reverse, opposite, contrary; contrary to; in contrast to. برعکس نہند نامِ زنگی کافور said of a person whose actions belie their name, Hercules in name but a coward in fact. برقرار continuing as before; firm, fixed; established, standing; existing, extant. برگشتگی turning away from, turning back, inversion; rebellion; apostasy. بر لانا 1 fulfil, accomplish, grant. 2 bring about. برمحل / وقت apt, opportune, suitable, fitting, in place; on the dot, in the nick of time, apropos, seasonable. برملا open, above board, face to face, public. ■ *adv.* openly, publicly. [P]

بَرے ____ ■ *n.m.* bearer, carrier. ■ *suffix* carrying, bearing, taking away; used in comp. as: پیغام بر messenger. نامہ بر letter-carrier. [P]

بِر /bɪr/ ■ *n.f.* 1 virtue, purity, truthfulness, piety. 2 a fox-cub.

بُر¹ /bur/ ■ *n.f.* fine and soft hair, fluff, fuzz. [P]

بُر² ____ ■ *n.f.* (*vulg.*) vagina. [Prk.]

برافروختہ /bərəfroxt̪a:/ ■ *adj.* enraged. See under بر¹.

برانگیختہ /bərəŋge:xt̪a:/ ■ *adj.* afire; excited. See under بر¹.

بُرا /bura:/ ■ *adj.* 1 bad, wicked, vicious; immoral, vile, base, villainous; faulty, defective. 2 abominable, ugly, ill-looking. 3 insincere, selfish. 4 ill-fated. 5 tasteless, insipid. 6 rude, discourteous. 7 poisonous, venomous. ■ *n.m.* 1 a bad, evil or ill action. 2 loss, damage. 3 misbehave. برا بننا 1 be accused; be deemed an enemy; get a bad name. 2 be embarrassed. برا بھلا 1 bad and good; merits and demerits. 2 tolerable; passable. 3 abusive language. برا بھلا کہنا call bad names, revile, scold, chide, abuse, reproach. برا چاہنا / چیتنا wish ill. برا حال 1 sad, deplorable or wretched condition. 2 state of being near death. برا حال کرنا treat badly; reduce to bad or wretched condition, ruin. برا دل کرنا be disheartened; become averse to something. برا کام

ہائیہ مصمتے:	بھ	پھ	تھ	ٹھ	جھ	چھ	دھ	ڈھ	رھ	ڑھ	کھ	گھ	لھ	مھ	نھ
	bʰ	pʰ	t̪ʰ	ʈʰ	dʒʰ	tʃʰ	d̪ʰ	ɖʰ	rʰ	ɽʰ	kʰ	gʰ	lʰ	mʰ	nʰ

trick in the game of cards. برات پیچھے دھونسا عید کے پیچھے ٹر taking action when opportunity is lost. [Prk.]

برات 2 ——— ■ *n.f.* (also بَرأت) discharge; acquittal; immunity or exemption or a document testifying to it. [A]

برات 3 ——— ■ *n.f.* 1 order, ordinance. 2 payment; bill. [A]

براتی /bəra:t̪i/ ■ *n.m.* (also باراتی) participant(s) in the marriage procession.

براٹ /bɪra:ʈ/ ■ *n.m.* beauty, splendour.

براجم /bəra:dʒɪm/ ■ *n.m.pl.* knuckles. (*sing.* بُرجُمہ)

براجمان /bɪra:dʒma:n/ ■ *adj.* 1 sitting in state, presiding, holding the court. 2 brilliant, splendid; shining; gorgeous.

براجنا /bɪra:dʒna:/ ■ *v.* 1 grace; adorn. 2 preside, sit, take a seat.

برادر /bɪra:d̪ər/ ■ *n.m.* (also برادر) 1 brother. 2 (*fig.*) relative or kinsman. برادرِ اخیافی stepbrother by the same mother. برادرِ اعیانی real brother. برادرِ اندر half-brother. برادر پرور kind to brothers. برادرِ توام twin brothers. برادرِ حقیقی real brother. برادرِ خواندہ adopted brother. برادرِ خورد younger brother. برادرِ رضاعی foster brother. برادرزادہ nephew, brother's son. برادرزادی niece, brother's daughter. برادرِ علاتی stepbrother by the same father. برادرِ عینی real brother. برادر کُشی fratricide. برادرِ کلاں elder brother. برادرِ نسبتی brother-in-law.

برادرانہ /bɪra:d̪əra:na:/ ■ *adj.* (also برادرانہ) fraternal. ■ *adv.* fraternally; brotherly.

برادری /bɪra:d̪əri:/ ■ *adj.* of or relating to برادر; fraternal. ■ *n.f.* (also برادری) brotherhood, fraternity, community, kinsfolk; people of same profession, locality, caste, etc. برادری سے باہر کرنا excommunicate, put out of caste.

بُرادہ /bʊra:d̪a:/ ■ *n.m.* sawdust, a powder obtained by scratching or rubbing or filing, filings.

برار /bəra:r/ ■ *n.f.* reconciliation, maintaining relations. ■ *adj.* favourable, agreeable.

برارا /bəra:ra:/ ■ *n.m.* 1 first note of *Megh* (میگھ) raga. 2 rope, string.

براری /bəra:ri:/ ■ *n.f.* 1 name of a musical ragini. 2 forest; desert.

براز /bəra:z/ ■ *n.m.* stool, motion, excrement.

برازوری /bəra:zo:ri:/ ■ *adv.* with full force, strongly; forcibly.

بُراس /bʊra:s/ ■ *n.f.* evil, unpleasantness.

بُرّاس /bʊrra:s/ ■ *n.m.* (also بُرانس) the flame tree, a Himalayan tree having showy scarlet flowers, *Rhododendron arboreum*.

براعت /bəra:ʔət̪/ ■ *n.f.* expertise, ability. براعتُ الاستہلال introductory words indicating the topic of speech.

بُراق /bʊra:q/ ■ *pr.n.* the heavenly mount on which Prophet Muhammad, is believed to have ascended from Jerusalem to Heaven. ■ *n.m.* (*fig.*) swift horse.

برّاق /bərra:q/ ■ *adj.* (also بُرّاق) 1 white, snowy white. 2 flashing, shining. 3 brilliant, smart; swift.

براقت /bəra:qət̪/ ■ *n.f.* (also براقی) shine, glitter, lustre.

براگ /bɪra:g/ ■ *n.m.* renunciation. See بَیراگ.

برام /bɪra:m/ ■ *n.m.* rest, repose; stoppage; stillness.

بُرّاں /bʊrrã:/ ■ *adj.* cutting, sharp.

برانا 1 /bəra:na:/ ■ *v.* avoid, remain at a distance, keep oneself aloof, abstain.

برانا 2 ——— ■ *v.* irrigate (a field, etc.) by a conduit.

برانا 1 /bɪra:na:/ ■ *adj.* of or belonging to another, another's; not related, strange, foreign. [S]

برانا 2 ——— ■ *v.* jeer, jibe, mock; tease, vex. [S]

برّانا /bərra:na:/ ■ *v.* 1 mutter in sleep or in delirium. 2 talk rubbish, rave, grumble. 3 cry, shriek.

برانگا /bəra:ŋga:/ ■ *n.m.* a stick or rod used as a lever.

براوا /bəra:va:/ ■ *n.m.* excuse, ruse; trick, deception. براوا دینا prevaricate, evade.

براہ 1 /bəra:h/ ■ *adv.* by way of, via. براہِ دروغ گوئی falsely. براہِ راست directly, straight. [P]

براہ 2 /bəra:h/ ■ *n.m.* 1 pig. 2 (***Hinduism***) the third avatar of Vishnu. [S]

برّاہٹ /bərra:hət̪/ ■ *n.f.* muttering in sleep.

براہمن /bəra:hmən/ ■ *n.m.* (also برہمن) Brahman, a member of the highest Hindu caste devoted to worship and learning.

براہو /bɪra:ho:/ ■ *n.m.* (also بروہی) a Baluchi tribe or its member.

براہوی /bɪra:hvi:/ ■ *n.f.* a language of Baluchistan which is of Dravidian origin.

براہیم /bəra:hi:m/ ■ *pr.n.m.* (*contr.* of ابراہیم) Prophet

■ *adj.* dishonest.

/bərpɑ:/ ■ *adj.* **1** afoot, continuing, on going. **2** set up; established; firm, standing. برپا رہنا continue firm or standing. برپا کرنا **1** start or begin. **2** raise; hold or establish, set on foot. **3** cause to excite. برپا ہونا (a meeting) to be held; be established or set on foot; be raised. برپا

/bərət̪/ ■ *n.m.* fast; penance; vow; any meritorious act of devotion or austerity. برت رکھنا keep fast. [S] برت¹

_____ ■ *n.f.* **1** thong; rope; cable. **2** mark, streak, weal. [S] برت²

/bərt̪/ ■ *n.m.* use, practice. برت

/bərt̪ɑ:/ ■ *adj.* that which has been used. برتا

/bɪrt̪ɑ:/ ■ *n.m.* **1** power, strength, potency, force. **2** ability. **3** means; help, support. برتا

/bərt̪ɑ:nɑ:/ ■ *v.* cause to use; distribute; deal out. ■ *n.m.* **1** use. **2** used clothes. برتانا

/bərt̪ɑ:o:/ ■ *n.m.* (also برتاوا) **1** practice, usage, custom. **2** conduct, behaviour; treatment. **3** disbursement. برتاؤ کرنا behave, treat or deal with. برتاؤ

/bərt̪ər/ ■ *adj.* high; superior. See under بر¹. برتر

/bərt̪əri:/ ■ *n.f.* eminence, superiority. See under بر¹. برتری

/bərt̪mɑ:n/ ■ *adj.* existing. ■ *n.m.* present, the time now passing. برتمان

/bərt̪ən/ ■ *n.m.* vessel, utensil, crockery. برتن سے برتن کھٹک کھڑک ہی جاتا ہے even family members quarrel sometimes; even close associates have their differences. برتن

/bərət̪nɑ:/ ■ *v.* **1** use; employ; apply. **2** deal with, treat, behave. برتنا

/bɪrt̪e:/ ■ *n.m.* (*pl.* & *infl.* of برتا) (کے) برتے پر اچھلنا rejoice or take pride on some basis or on someone's support. برتے

/bɪrt̪ijɑ:/ ■ *n.m.* cultivator, tenant on whom levy is permanently fixed. برتیا

/bɪrədʒ/ ■ *pr.n.m.* (also برج، برج) **1** an ancient district surrounding Agra and Mathura in North India. **2** (***Hinduism***) the home of Krishna. **3** enclosure of cows. برج بھاشا dialect spoken in the area of Agra and Mathura, India. برج کے نندلال Hindu God Krishna. برج

/burdʒ/ ■ *n.m.* **1** minaret, tower, turret; bastion; بُرج

Abraham.

/bərɑ:hi:n/ ■ *n.m.* (*pl.* of بُرہان) proofs. براہین

/bərɑ:ət̪/ ■ *n.f.* salvation. See برات¹. برأت

/bərɑ:o:/ ■ *n.m.* safeguard, protection; caution, a charm used as an antidote of another charm. براؤ

/burɑ:i:/ ■ *n.f.* **1** evil, badness, vice, wickedness. **2** depravity. **3** corruption. **4** harm. برائی بھلائی **1** ups and downs. **2** good and bad aspects. برائی پر کمر باندھنا resolve on causing mischief. برائی دینا/لگانا blame, accuse. برائی کرنا talk evil of or revile someone; do evil to or harm someone. بُرائی

/bərɑ:e:/ ■ *adv.* in order to; for the sake of; on account of. برائے بیت just for filling the space. برائے چندے for few days. (از) برائے خدا for God's sake. برائے نام **1** nominal, unreal. **2** ostensibly, for show only. برائے

/bərɑ:jəlʔæ:n/ ■ *adv.* with one's own eyes. برای العین

/bərɑ:məd̪/ ■ *n.f.* **1** export. **2** issue. **3** recovery. See under بر¹. برآمد کرنا **1** recover. **2** export. برآمد ہونا **1** come out; appear, emerge. **2** recover; (stolen goods) to be recovered. برآمد

/bərɑ:məd̪gi:/ ■ *n.f.* recovery. See under بر¹. برآمدگی

/bərɑ:md̪ɑ:/ ■ *n.m.* veranda. See under بر¹. برآمدہ

/bərbɑ:d̪/ ■ *adj.* **1** lost; wasted, laid waste, destroyed, dissipated; despoiled. **2** unsuccessful, failed. برباد کرنا squander, ravage, throw away, dissipate, waste, ruin. برباد

/bərbɑ:d̪i:/ ■ *n.f.* ruin, destruction; loss, waste. بربادی

/bərbər/ ■ *n.m.* Berber, an inhabitant of the western part of North Africa. بربر

/burburɑ:nɑ:/ ■ *v.* sprinkle, strew. بُربُرانا

/bərbəri:/ ■ *n.f.* a large goat native to Barbary. بربری

/bərbərɪjjət̪/ ■ *n.f.* barbarity, barbarism, brutality, savagery, cruelty, brutalism. بربریّت

/bərbəs/ ■ *n.m.* strength, power, force. بربس

/bərbəst̪/ ■ *n.m.* arrangement, management; custom, mode. بربست

/bərbət̪/ ■ *n.m.* a kind of harp. بربط نواز one who plays this organ. بربط

/bərbo:li:/ ■ *n.f.* ring given to the bridegroom as a wedding-gift. بربولی

/bərbʰəs/ ■ *n.m.* trick, deceit, deception, hypocrisy. بربھس

/bərbʰəsjɑ:/ ■ *n.m.* trickster, cheat, hypocrite. بربھسیا

برد /bərd̪/ ■ *n.m.* **1** winter, cold, chilliness, coldness. **2** hail. ■ *adj.* **1** cold. **2** (*fig.*) extinguished (fire).

بُرد¹ /bʊrd̪/ ■ *n.f.* **1** gain, profit, acquisition; catch. **2** bribe, haul. **3** (***Chess***) situation when all pieces are lost, only the king remains. **4** stake, wager, bet. برد دینا lose, miss, waste. [P]

بُرد² ____ ■ *n.f.* (also بُردہ) striped sheet or shawl. بُردِ یمانی یمنی sheet or shawl from Yemen. [A]

بردار /bərd̪ɑːr/ ■ *suffix* bearer, carrier; used in comp. as: بندوق بردار gun bearer. فرماں بردار obedient.

برداری /bərd̪ɑːri:/ ■ *suffix* bearing, carrying; used in comp. as: بندوق برداری gun bearing. فرماں برداری obedience.

برداشت /bərd̪ɑːʃt̪/ ■ *n.f.* tolerance, endurance, sufferance; patience. برداشت کرنا tolerate, endure, accept.

برداشتہ /bərd̪ɑːʃt̪ɑː/ ■ *adj.* set up; elevated; removed. برداشتہ خاطر disheartened, sad; uneasy.

بُردبار /bʊrd̪bɑːr/ ■ *adj.* patient, mild, tolerant, meek, forbearing.

بُردباری /bʊrd̪bɑːri:/ ■ *n.f.* forbearance, patience, mildness, toleration; gentleness.

بردئی /bərd̪əʔi:/ ■ *adj.* (of a horse or camel) ready for riding.

بُردگی /bʊrd̪əgi:/ ■ *n.f.* act of being plundered, severed, removed.

بردوخت /bərd̪oːxt̪/ ■ *n.f.* income, gain, profit.

بردوختہ /bərd̪oːxt̪ɑː/ ■ *adj.* bound, impaled, transfixed, joined; sewn.

بردہ /bərd̪ɑː/ ■ *n.m.* slave, captive, prisoner of war. بردہ فروش slave-dealer, slave-trafficker. بردہ فروشی slave-trade.

بُردہ¹ /bʊrd̪ɑː/ ■ *adj.* wrenched, destroyed. [P]

بُردہ² ____ ■ *n.f.* sheet. See بُرد². [A]

بردہی /bərd̪ehi:/ ■ *n.f.* the cattle-grazing charges paid to the landowner.

بردی /bərd̪i:/ ■ *n.f.* a reed-like plant used in paper making, papyrus.

بردھ /bərd̪ʰ/ ■ *n.m.* bull.

بِردھا /bɪrd̪ʰɑː/ ■ *n.m.* old, frail man. بردھاپن old age, senility.

بِردھان /bɪrd̪ʰɑːn/ ■ *adj.* prosperous, thriving.

برڈا /bərɖɑː/ ■ *n.f.* (also برڈی) sandy land.

pavilion on the top of a tower. **2** yogi's hut or cottage. **3** a kind of firework in shape of a paper balloon. **4** (***Astrol.***) a sign of the zodiac. برجِ آبی the water signs: Cancer, Scorpio, Pisces. برجِ آتشی the fire signs: Aries, Leo, Sagittarius. برجِ بادی the air signs: Gemini, Libra, Aquarius. برجِ خاکی the earth signs: Taurus, Virgo, Capricorn. (*pl.* بُروج)

برجا /bərdʒɑː/ ■ *adj.* in place; properly placed or arranged; accurate, right. برجا ماندہ stagnant, standing in one place.

برجستہ /bərdʒəst̪ɑː/ ■ *adj.* prompt. See under بر¹.

برجنا /bərdʒnɑː/ ■ *v.* hold back, detain, disallow, prohibit, caution.

بُرجی /bʊrdʒi:/ ■ *n.f.* (*dim.* of بُرج) turret; a small tower or the pavilion atop of.

برجیس¹ /bɪrdʒi:s/ ■ *n.m.* the planet Jupiter. [A]

برجیس² ____ ■ *n.m.* breeches (dress). [E]

برجھانا /bɪrdʒʰɑːnɑː/ ■ *v.* incline to, have a desire to possess, turn towards.

برجھنا /bɪrədʒʰnɑː/ ■ *v.* quarrel, wrangle.

برچخ /bərtʃəx/ ■ *n.m.* (also برچک) spear.

برچھ /bɪrtʃʰ/ ■ *n.m.* plant or tree.

برچھا /bərtʃʰɑː/ ■ *n.m.* spear, javelin, lance. برچھا بردار spearman, lancer.

برچھک /bɪrtʃʰək/ ■ *n.m.* **1** the scorpion. **2** (***Astrol.***) Scorpio.

برچھی /bərtʃʰi:/ ■ *n.f.* (*dim.* of برچھا) small spear. برچھی تاننا، تولنا hold a spear ready to strike. برچھی جگر کے پار ہونا **1** (*literal*) be stricken by a lance. **2** (*fig.*) be stricken with grief.

برچھیت /bərtʃʰæːt̪/ ■ *n.m.* spearman, lancer.

برحق /bərhəq/ ■ *adj.* just, right. See under بر¹.

برخ /bərx/ ■ *adj.* (also برخے) little, few, some, a little. ■ *n.m.* small piece, part.

برخاست /bərxɑːst̪/ ■ *n.m.* (also برخواست) end of a meeting. ■ *adj.* dismissed. See under بر¹.

برخاستگی /bərxɑːst̪əgi:/ ■ *n.m.* (also برخواستگی) dismissal.

برخلاف /bərxɪlɑːf/ ■ *adj.* & *adv.* contrary to, in opposition. See under بر¹.

برخود /bərxʊd̪/ ■ *adv.* oneself. برخود غلط presumptuous, conceited, full of oneself.

برخوردار /bərxʊrd̪ɑːr/ ■ *n.m.* son. See under بر¹.

برد /bərəd̪/ ■ *n.m.* (also بلد³) ox, bullock. برد وار cattle-pen.

برسنا /bərəsnɑ:/ ■ *v.* **1** rain, fall like rain, fall in shower, pour. **2** (*fig.*) pour torrent of invective (on), give vent to anger.

برسنگھا /bərsɪŋg^{h}ɑ:/ ■ *n.m.* stag, animal with uneven horns. See بارہ سنگھا under بارہ[1].

برسوں /bərsõ:/ ■ *n.m.* (*pl.* of برس[1]) ages, long time, for a long period. برسوں سے for many years. برسوں کارگی very old, ancient. برسوں کا بیمار chronically ill. برسوں کی راہ a long way, a long journey.

برسی /bərsi:/ ■ *n.f.* death anniversary in memory of a deceased, an annual commemoration of a dead person.

بُرسی /bʊrsi:/ ■ *n.f.* (also بُروی) goldsmith's kiln, earthen pot or bowl for fire, brazier.

برسیم /bərsi:m/ ■ *n.f.* a fine type of fodder for cattle.

بُرِش /bʊrɪʃ/ ■ *n.f.* (also بُرّش) cutting with a sharp tool; sharpness.

برشا /bərʃɑ:/ ■ *n.f.* (also ورشا) rain.

بُرشائی /bʊrʃɑ:i:/ ■ *n.f.* cutting of paper reams.

بِرِشتہ /bɪrɪʃt̪ɑ:/ ■ *adj.* **1** roasted, fried, parched, broiled, singed. **2** brownish in colour.

برشگال /bərʃɪgɑ:l/ ■ *n.m.* **1** rain. **2** rainy season.

برص /bərs/ ■ *n.m.* vitiligo or leucoderma, a disease in which the skin loses its natural pigment in patches.

برضا /bərəzɑ:/ ■ *adv.* (also بِرضا) with consent. برضا ورغبت of one's own free will / accord, without any qualm, with one's full consent.

برطانوی /bərt̪ɑ:nvi:/ ■ *adj.* of or relating to Britain; British. [E]

برطانیہ /bərt̪ɑ:nɪjɑ:/ ■ *pr.n.m.* Britain.

برطرف /bərt̪ərəf/ ■ *adv. & adj.* dismissed. See under بر[6].

برطرفی /bərt̪ərəfi/ ■ *n.f.* dismissal. See under بر[6].

برعکس /bərʔəks/ ■ *adj. & adv.* contrary. See under بر[6].

برغبت /bərəɣbət̪/ ■ *adv.* eagerly, avidly.

بُرغو /bʊrɣu:/ ■ *n.m.* (also بُرغوں) hollow horn, a wind instrument.

برغہ /bərɣɑ:/ ■ *n.m.* trot of a horse.

برف /bərf/ ■ *n.f.* ice; snow. برف باری snowfall. برف پروردہ iced, ice-cooled. برف پڑنا **1** snow. **2** be freezing. برف پگھلنا/گلنا/گھلنا ice to melt. برف پوش snow-covered, snow-capped. برف جمانا freeze water into ice, make ice.

برر /bərər/ ■ *n.f.* **1** twisting, crookedness, contortion. **2** (*fig.*) arrogance, obstinacy.

بررنا /bərərnɑ:/ ■ *v.* **1** be twisted. **2** be arrogant.

برز /bərz/ ■ *n.m.* sown field.

برزخ /bərzəx/ ■ *n.m.* **1** hindrance, obstacle. **2** interval between death and resurrection. **3** purgatory. **4** the middle of two opposite things or situations. **5** separation. **6** screen. **7** whimsical idea, fashion, mode or appearance, stature, form. (*pl.* برازخ)

برزن /bərzən/ ■ *n.m.* **1** street, especially a long one; a quarter of town. **2** wilderness. **3** open field. **4** mansion, a large house or dwelling.

برس[1] /bərəs/ ■ *n.m.* an year, a span of twelve months. برس برس کا دن a day of some annual festival, an auspicious day. برس بیاور cow or buffalo bearing a young every year. برس پیچھے after a year. برس پھل (*Astrol.*) the horoscope. برس کے برس annually, every year. برس گانٹھ birthday (party). [S]

برس[2] ____ ■ (*imper.* of برسنا) برس پڑنا **1** begin to rain. **2** give (someone) piece of one's mind; scold soundly. [Prk.]

برسابرس /bərsɑ:bərəs/ ■ *n.m.* (also برسہابرس) a long time stretching to years, many years.

برسات /bərsɑ:t̪/ ■ *n.f.* **1** rain. **2** rainy season. **3** shower. برسات برکے ساتھ rainy season is enjoyed with husband. برسات کی چاندنی something transient.

برساتی /bərsɑ:t̪i:/ ■ *adj.* belonging to the rainy season; rainy. ■ *n.f.* **1** raincoat or mackintosh; waterproof clothing. **2** portico or porch. **3** name of a disease of horses. برساتی بخار fever in rainy season, malaria. برساتی پانی rainwater. برساتی نالا gulch, overflow channel.

برسام /bərsɑ:m/ ■ *n.m.* pleurisy.

برسانا /bərsɑ:nɑ:/ ■ *v.* shower, sprinkle, scatter.

برساؤ /bərsɑ:u:/ ■ *adj.* raining, pertaining to rain; ready to rain.

برسر /bərsər/ ■ *adj.* ready for something; busy in some work; on or at the head of; at the point of. برسرِحق for the sake of truth. برسرِکار رہنا be in business, be at work, be employed.

برسم /bərsəm/ ■ *n.m.* a small piece from the branch of a tree used by the Parsees in worship. برسم دان holder for these branches.

برف خانہ ice making factory. برف سا like ice, cold as ice.

برفاب /bərfɑ:b/ ■ *n.m.* ice-water, ice-cooled water, very cold water.

برفانی /bərfɑ:ni:/ ■ *adj*. snowy, icy. برفانی پہاڑ snowy or snow-covered mountain. برفانی ریچھ polar bear.

برفستان /bərfist̪ɑ:n/ ■ *n.m.* a region of permanent snow.

برفی /bərfi:/ ■ *n.f.* a kind of sweetmeat made of sugar and milk.

برفیلا /bərfi:lɑ:/ ■ *adj*. (also برفیں) snowy, very cold. (*fem.* برفیلی)

برق /bərq/ ■ *n.f.* **1** lightning. **2** electricity. ■ *adj*. quick, active; brisk, alert, expert. برق انداز **1** lightning thrower. **2** sentinel, musketeer, soldier armed with a matchlock; guard of a police station. برق آسا very fast and quick. برق پیا electroscope. برق تاب bright. برق تجلی **1** beatific vision. **2** (also برق طور) the light Moses saw on Mount Sinai. برق حراری electrothermal. برق خرام rapid like lightning. برق خرمن lightning which destroys the crops. برق رفتار very fast. برق زدہ struck by lightning. برق سکونی electrostatic. برق کش lightning-rod; lightning-conductor. برق گرنا be devastated. برق گزار an electrical conductor. برق نما electroscope.

برقاب /bərqɑ:b/ ■ *n.f.* hydroelectricity.

برقابی /bərqɑ:bi:/ ■ *adj*. hydroelectric.

برقانا /bərqɑ:nɑ:/ ■ *v*. electrify.

برقاؤ /bərqɑ:o:/ ■ *n.m.* condition of being electrically charged, electrification.

برقرار /bərqərɑ:r/ ■ *adj*. firm, fixed. See under بر¹.

برقع /bʊrqəʔ/ ■ *n.m.* **1** burka, veil, cover. **2** a long cloak with a hood and cover for head and face worn by purdah-observing women. **3** dress; cloak. **4** guise. برقع پوش veiled, purdah observing (woman).

برقناطیس /bərqnɑ:t̪i:s/ ■ *n.m.* (*contr.* of برقی مقناطیس) electromagnet.

برقناطیسی /bərqnɑ:t̪i:si:/ ■ *adj*. electromagnetic.

برقی /bərqi:/ ■ *adj*. electrical. برقی اخراج electric discharge. برقی افتراق ionization. برقی امالہ electric induction. برقی ایصال electrical conduction. برقی بار electric charge. برقی بٹن electric switch. برقی تار electric wire. برقی ٹانکا electric welding. برقی حاسب calculator; computer. برقی خبر telegram. برقی خانہ electric cell; accumulator. برقی رو electric current. برقی علاج electrotherapy. برقی قلب نگاری electrocardiogram. برقی قوت electric power. برقی ملمع سازی/گری electroplating. برقی مثبت electropositive. برقی مقناطیس electromagnet. برقی منفی electronegative. برقی مورچہ battery.

برقیات /bərqɪjɑ:t̪/ ■ *n.m.* (*pl.* of برقیہ). ■ *n.f.* electrology, electric science.

برقیرہ /bərqi:rɑ:/ ■ *n.m.* electrode either positive or negative.

برقیہ /bərqɪjɑ:/ ■ *n.m.* **1** electron. **2** telegram.

برک /bərək/ ■ *n.m.* a kind of woollen cloth made of camel hair.

برکات /bərəkɑ:t̪/ ■ *n.f.* (*pl.* of برکت) divine blessings.

برکان /bərkɑ:n/ ■ *n.m.* volcano. (*pl.* براکین)

برکت /bərəkət̪/ ■ *n.f.* **1** abundance, increase. **2** good fortune, auspiciousness, divine blessing, divine grace. برکت اٹھنا/اُڑنا auspiciousness be vanished. برکت دینا bless. برکت ہونا be prosperous, be blessed. برکت ہے a reply to beggars: 'have nothing to give you'.

بُرکنا /bʊrəknɑ:/ ■ *v*. strew, sprinkle.

برکندہ /bərkənd̪ɑ:/ ■ *adj*. rooted out, dug up.

برکہ /bɪrkɑ:/ ■ *n.m.* pool, pond.

بُرکی /bʊrki:/ ■ *n.f.* **1** a pinch of something. **2** a pinch of dust used as charm. **3** morsel, small piece of food. بُرکی مارنا bewitched by a pinch of something charmed, under spell.

برکھا /bərkʰɑ:/ ■ *n.f.* rain; shower. برکھا رُت rainy season.

برگ /bərg/ ■ *n.m.* **1** leaf; leafage. **2** provisions for journey. **3** melody. **4** musical instrument. **5** warlike apparatus. برگ پوش (place) full of greenery. برگِ تنبول betel leaf. برگ ریز/ریزان autumn, fall. برگِ سبز است تحفۂ درویش (when offering something) this is my humble gift. برگِ گل rose petal. برگ وبار fruits and leaves. برگ وساز **1** luggage. **2** tools, instruments.

برگا /bərgɑ:/ ■ *n.m.* square plank or sill.

برگچہ /bərgtʃɑ:/ ■ *n.m.* (*dim.* of برگ) leaflet.

برگد /bərgəd̪/ ■ *n.m.* banyan tree, *Ficus benghalensis*.

برگُزیدہ /bərgʊzi:d̪ɑ:/ ■ *adj*. chosen, elect, selected; of elevated (spiritual) status.

برگستواں /bərgʊst̪əvɑ̃:/ ■ *n.m.* armour covering the chest.

برگشتگی /bərgəʃt̪gi:/ ■ *n.f.* turning away from.

برنگا[2] ____ ■ *n.m.* (also بڑنگا) rafter, beam. [Prk.]

برنی[1] /bərni:/ ■ *n.f.* an earthen glass or porcelain jar with a cover. [P]

برنی[2] ____ ■ *adj.* of or from Baran (Bulandshehr) in India.

برنی[3] ____ ■ *n.f.* eyelash. [S]

برنی[4] ____ ■ *n.f.* agricultural or commercial loan. [Prk.]

برو /bəru:/ ■ *n.m.* a kind of reed used for making pens.

بروا /bərvɑ:/ ■ *n.m.* name of a musical mode, ragini, said to enchant even animals.

بِروا /bɪrvɑ:/ ■ *n.m.* **1** tree; plant. **2** child; boy. **3** helper at the wheel for drawing water.

بِرواہی /bɪrvɑ:hi:/ ■ *n.f.* hedge planted around a garden or a field.

بُروت /bʊru:t̪/ ■ *n.f.* whiskers, moustache, used with ریش as: ریش و بروت beard and whiskers.

بروتھ /bəru:ʈʰ/ ■ *n.m.* **1** levelling plank fitted in a plough. **2** fender round a carriage to prevent damage in a collision. **3** armour.

برَوٹ /bərvəʈ/ ■ *n.m.* swelling or tumour in the belly.

بروٹھا /bəro:ʈʰɑ:/ ■ *n.m.* (also بروٹھا) vestibule; porch, veranda.

بُروج /bʊru:dʒ/ ■ *n.m.* (*pl.* of برج) **1** minarets. **2** signs of the zodiac.

بُرودت /bʊru:d̪ət̪/ ■ *n.f.* coldness, coolness, chillness.

برودھ /bəro:d̪ʰ/ ■ *n.m.* hanging branch of a banyan tree.

بُروز /bʊru:z/ ■ *n.m.* emergence, appearance.

بروقت /bərvəqt̪/ ■ *adv.* apt, in place. See under بر[1].

بِروگ /bɪro:g/ ■ *n.m.* separation from beloved.

بِروگی /bɪro:gi:/ ■ *adj.* grieved or distressed (through separation from beloved).

برومند /bəro:mənd̪/ ■ *adj.* **1** blessed, lucky, prosperous, happy, successful. **2** fruitful, fertile.

بُروں /bʊrũ:/ ■ *adv.* (also بِروں) outside, externally; without.

برَوندھا /bərɔ̃:d̪ʰɑ:/ ■ *n.m.* land suitable for cultivating cotton.

بروئے کار /bəru:e: kɑ:r/ ■ *adj.* active, effective. ■ *adv.* effectively, actively. بروئے کار لانا effectuate, implement, carry out.

بِرہ /bɪrɑ:/ ■ *n.f.* separation.

برّہ /bərrɑ:/ ■ *n.m.* lamb, kid, fawn.

See under بر[1].

برگشتہ /bərgəʃt̪ɑ:/ ■ *adj.* turned, changed; rebelled, revolted, mutinous; apostatized. برگشتہ خاطر dejected, disheartened. برگشتہ قسمت suffering from unfavourable circumstances. برگشتہ کرنا alienate.

بِرلا /bɪrlɑ:/ ■ *adj.* **1** rare, scarce; few, little. **2** wonderful. **3** eccentric, perverse.

برلاس /bərlɑ:s/ ■ *n.m.* a Turkish tribe; its member.

برما[1] /bərmɑ:/ ■ *n.m.* drill, borer, gimlet. [S]

برما[2] ____ ■ *n.m.* plant used in medicine, *Trichosanthes incisa*. [Prk.]

برمانا /bərmɑ:nɑ:/ ■ *v.* **1** drill, bore hole. **2** (*fig.*) wound deeply.

برمحل /bərməhəl/ ■ *adj.* & *adv.* apt. See under بر[1].

برملا /bərməlɑ:/ ■ *adj.* open. See under بر[1].

بُرموہی /bʊrmu:hi:/ ■ *adj.* (also بُرمہی) ugly (woman).

برن[1] /bərən/ ■ *n.m.* **1** caste; sect, tribe, division, class. **2** colour, hue. **3** guise. **4** appearance, feature. **5** a letter of the alphabet. **6** beauty, elegance. **7** kind, sort. برن مالا the alphabet. [S]

برن[2] ____ ■ *n.f.* alluvium. [Prk.]

برنا[1] /bərnɑ:/ ■ *n.m.* young person. [P]

برنا[2] ____ ■ *n.m.* tall evergreen tree whose bark is used in medicine, *Crataeva roxburghii*. [S]

برنال /bərnɑ:l/ ■ *n.m.* big drain-pipe, especially of ship.

برنائی /bərnɑ:i:/ ■ *n.f.* youth, adolescent.

برنباتی /bərnəbɑ:t̪i:/ ■ *adj.* parasitic (plant).

بِرنج /bɪrəndʒ/ ■ *n.m.* **1** rice. **2** a weight for weighing gold or jewellery. **3** brass.

برنجن /bərəndʒən/ ■ *n.m.* bracelet; anklet.

بِرنجا /bɪrəndʒɑ:/ ■ *n.m.* nail, small metal spike.

بِرنجی /bɪrəndʒi:/ ■ *adj.* (also بِرنجی) **1** brazen. **2** yellow. ■ *n.f.* small nail, shoe tack.

برندہ /bərɪnd̪ɑ:/ ■ *n.m.* carrier, bearer. برندۂ خفیہ secret emissary or agent; smuggler.

بُرندہ /bʊrɪnd̪ɑ:/ ■ *n.m.* cutter, slasher.

بُرونغار /bʊrʊnɣɑ:r/ ■ *n.m.* right wing of the army.

برنگ[1] /bərəŋg/ ■ *adv.* after the manner or fashion of, *à la*. ■ (*tabe* of رنگ) رنگ برنگ colourful. [P]

برنگ[2] ____ ■ *n.m.* **1** bell. **2** key. **3** bar, bolt. **4** supplies. [P]

برنگا /bərəŋgɑ:/ ■ (*tabe.* of رنگ) رنگ برنگا colourful. [P] language. بری صحبت bad company.

/bərri:/ ■ *adj*. of or relating to the land. (*opp*. بحری) برّی

/bʊre:/ ■ *n.m*. (*pl*. & *infl*. of برا) برے اطوار bad manners. برے پھنسے badly trapped. برے حال/حالوں bad condition; evil days. برے دن bad days. برے وقت آڑے آنا help in trouble. برے

/bərja:/ ■ *n.m*. one who grows betel. بریا

/bɪrja:/ ■ *n.f*. ear ornament of women. بریا

/bɪrjã:/ ■ *adj*. (also بریان) roasted, fried, parched; grilled, singed. بریاں

/bɪrja:ni:/ ■ *n.f*. 1 biryani, a spicy dish of meat and rice. 2 burning. بریانی

/bərjət/ ■ *n.f*. welts marks of beating left on body with some elastic material. بریت

/bərɪjjət/ ■ *n.f*. acquittal, freedom, exemption, immunity, release, liberation, exoneration. بریّت

/bəre:ʈʰa:/ ■ *n.m*. washerman, launderer. (*fem*. بریٹھن) بریٹھا

/bɪri:dʒa:/ ■ *n.f*. galbanum, gum resin of the plant, *Ferula galbaniflua*. بریجہ

/bəri:d/ ■ *n.m*. messenger, courier; post, mail. برید

/bʊri:da:/ ■ *adj*. chopped, amputated, clipped, cut. بریدہ

/bɪre:z bɪre:z/ ■ *exclam*. help! ■ *n.f*. state of being overwhelmed by an enemy. بریز بریز

/bəre:ʃəm/ ■ *n.m*. (*contr*. of ابریشم) silk. بریشم

/bəre:ɣ/ ■ *n.m*. bunch of grapes. بریغ

/bəri:q/ ■ *n.m*. light, sparkle. ■ *adj*. dazzling, sparkling. بریق

/bərĩ:/ ■ *adj*. high, lofty, grand, sublime, often used in comp. as: عرشِ بریں the highest heaven. [P] بریں[1]

____ ■ *adv*. on this; for this; used in comp. as: بنا بریں for this reason. [P] بریں[2]

/bəɽ/ ■ *n.m*. (also برگد) banyan tree. بڑبٹا fruit of this tree. بڑ (تلے) کا بھوت insufferable guest who is difficult to get rid of. [S] بڑ[1]

____ ■ *n.f*. boast, nonsensical or foolish talk. بڑبڑ claptrap, empty talk. بڑ مارنا/ہانکنا boast, talk big. [Prk.] بڑ[2]

____ ■ *adj*. (*contr*. of بڑا) great, excessive, large. بڑا بگڑ/بڑا گل a kind of big bat. بڑبول boasting, gloating, giving oneself airs. بڑبولا braggart; boastful. بڑبھاگی lucky, very fortunate. بڑپیٹو glutton. بڑچچی busty woman. بڑدنتا having large protruding teeth. بڑدیدہ having big بڑ[3]

/bɪrha:/ ■ *n.f*. 1 parting, separation; absence. 2 sad song of longing for the absent beloved. برہا

/bʊrha:n/ ■ *n.m*. proof, demonstration; conclusiveness. برہانِ تماتانغ tongue-in-cheek argument. برہانِ قاطع 1 decisive argument, clincher, argument nullifying other arguments. 2 name of a Persian dictionary. برہان

/bɪrhæspət/ ■ *n.m*. 1 the planet Jupiter. 2 Thursday. برہسپت

/bərhəm/ ■ *adj*. 1 confused; disarranged, disarrayed, discomposed, out of gear, messy, topsy-turvy. 2 angry, enraged, cross, displeased. برہم زدہ scattered, disturbed, dispersed. برہم زن embroiler, one who confuses or disarranges. برہم زنی embroiling, confusing; interfering. برہم

/brəhəm/ ■ *n.m*. 1 (also برہما) (***Hinduism***) the Supreme Spirit, the Divine essence; the Maker, God, the Creator. 2 See برہمن. برہم بھوج feeding the Brahmans, a religious rite of merit. برہم چاری a particular class of ascetics; unmarried student of religion. برہم گھات/ہتیا sacrilege; the murder of a Brahman. برہم

/brəhmã:ɖ/ ■ *n.m*. 1 cosmos, world, globe. 2 the top of the head. برہمانڈ

/bræhmən/ ■ *n.m*. (also برہمن) Brahman. See براہمن. برہمن

/bərhəmi:/ ■ *n.f*. 1 confusion, convulsion. 2 anger. برہمی

/bɪrhən/ ■ *adj*. (*fem*. of برہی[2]) separated, rejected, abandoned (woman). ■ *n.f*. a woman suffering the pangs of separation from her lover. برہن

/bəræhnəgi:/ ■ *n.f*. nakedness, bareness. برہنگی

/bəræhna:/ ■ *adj*. bare, naked, nude, unclothed. برہنہ پا barefooted. برہنہ

/bɪrəhi:/ ■ *n.f*. a bread inlaid with some pulse. برہی[1]

____ ■ *adj*. separated from one's beloved, (one) who doomed to separation. (*fem*. برہن) برہی[2]

/bəri:/ ■ *adj*. acquitted, absolved, discharged, released; free, exonerated, clear, exempt from. بری الذمہ free from charge or obligation, absolved from responsibility; not accountable. [A] بری[1]

____ ■ *n.f*. bridegroom's wedding gift for bride comprising dresses, jewellery, etc. [S] بری[2]

/bʊri:/ ■ *adj*. (*fem*. of برا) bad, wicked. بری آنکھ evil eye. بری خبر bad news, news of death. بری زبان bad بری

babble.

بڑبڑاہٹ /bəɽbəɽɑ:hət/ ■ *n.f.* (also بُڑبُڑاہٹ) murmuring, muttering.

بڑبڑیا /bəɽbəɽjɑ:/ ■ *n.m.* (also بُڑبُڑیا) chatterer; grumbler, mutterer.

بڑبک /bəɽbək/ ■ *n.m.* idiot, fool, dunce, halfwit.

بڑبھس /bʊɽʰəs/ ■ *n.f.* (also بڈبھس) dotage; licentiousness in old age.

بڑبھسیا /bʊɽʰəsjɑ:/ ■ *n.m.* old dotard.

بڑدنگ /bəɽd̪əŋg/ ■ *n.m.* a kind of drum. See مردنگ.

بڑسولہ /bəɽsu:lɑ:/ ■ *n.m.* (also بڑسولا) a kind of sweetmeat like a *batasa* (بتاسا).

بُڑک /bʊɽək/ ■ *n.f.* bite; bitten off chunk. بڑک مارنا bite, snatch away.

بڑکا /bəɽkɑ:/ ■ *adj.* elder, older (son, brother, etc.).

بُڑکا /bʊɽkɑ:/ ■ *n.m.* (also بُڑکا) hold, grip, grasp, clutch.

بڑکنا /bʊɽəknɑ:/ ■ *v.* to bite, sink one's teeth into.

بڑکئو /bəɽkəu:/ ■ *adj.* (*var.* of بڑکا).

بڑکوئیاں /bəɽkʊɪjɑ̃:/ ■ *n.f.* (also بڑکوئیاں) well with unplastered inner walls.

بڑکی /bəɽki:/ ■ *adj.* (*fem.* of بڑکا).

بِڑکی /bɪɽki:/ ■ *n.f.* flock of laden oxen.

بُڑکی /bʊɽki:/ ■ *n.f.* dip, plunge, dive.

بڑگت /bəɽgət̪/ ■ *n.m.* banyan tree. See برگد.

بڑلائی /bəɽlɑ:i:/ ■ *n.f.* mustard plant or seeds.

بُڑم /bʊɽəm/ ■ *n.f.* (also بُڑم) sound of a falling body in water. ■ *n.m.* tool for sounding the depth of a well, etc.

بڑنا /bəɽnɑ:/ ■ *v.* enter; penetrate; go through.

بڑنگا /bəɽəŋgɑ:/ ■ *n.m.* rafter. See بڑنگا².

بِڑنگا /bɪɽəŋgɑ:/ ■ *adj.* warped, misshapen, dislocated, grotesque.

بڑوال /bəɽvɑ:l/ ■ *n.f.* the Himalayan sheep.

بڑوکھا /bəɽu:kʰɑ:/ ■ *n.m.* kind of sugar cane.

بڑولی /bəɽɔ:li:/ ■ *n.f.* fruit of the banyan tree.

بڑوں /bəɽõ:/ ■ *n.m.* (*pl. & infl.* of بڑا¹) بڑوں کی بڑی بات age brings wisdom.

بڑی¹ /bəɽi:/ ■ *adj.* (*fem.* of بڑا¹) big; elder. بڑی اسامی rich man, man of resources. بڑی الائچی species of large cardamom used as spice. بڑی بات 1 something very significant, shocking or crucial. 2 difficult task. بڑی بی (*def.*) old woman, old lady; grandmother, senior

eyes. بڑ کنا having large ears. بڑ مچھا having thick moustache. بڑ منہا (animal) having a large muzzle. [S]

بڑا¹ /bəɽɑ:/ ■ *adj.* 1 burra, big, large, huge, vast, immense. 2 exalted, grand, noble. 3 elder, eldest, old, senior. 4 superior, principal, supreme. 5 respectable. 6 overmuch, excessive. 7 exclusive. بڑا اچھا very good, nice. بڑا افسر senior or superior officer, head of a department. بڑا آدمی big man, eminent or important person, grandee. بڑا آیا (*iron.*) remark in response to dominating attitude. بڑا بوڑھا elderly, respectable person. بڑا بول boasting, tall talk, self-praise. بڑاپا پن dignity, greatness. بڑا تیر مارنا (*iron.*) accomplish a difficult job. بڑا دل کرنا show largeness of heart; show magnanimity. بڑا دن 1 Christmas day. 2 long day. 3 doomsday. بڑا دیدہ ہونا be audacious or impudent. بڑا روگ fatal disease (often used for tuberculosis). بڑا سیانا ہے is very cunning, very clever. بڑا صاحب big boss, head of a department. بڑا کرنا expand, promote, elevate, enlarge. (پال پوس کر) بڑا کرنا rear, bring up. بڑا کوئی ہے is very naughty. بڑا کھانا feast for a whole band, group, etc. بڑا گوشت beef. بڑا گھر 1 spacious house; a well-to-do or noble family. 2 jail, prison. بڑا منہ چاہیے remark in response to someone making big claims. بڑا نام کرنا win great name. (*fem.* بڑی¹) [S]

بڑا² ____ ■ *n.m.* a small spicy cake made of ground pulse, fried in oil and soaked in yoghurt. [S]

بڑاڑ /bəɽɑ:ɽ/ ■ *n.f.* (also بڑکی) flock of laden oxen.

بڑاڑن /bəɽɑ:ɽən/ ■ *n.f.* boastful old woman.

بُڑانا /bʊɽɑ:nɑ:/ ■ *v.* cause to sink.

بڑّانا /bəɽɽɑ:nɑ:/ ■ *v.* mutter in sleep or in delirium. See برّانا.

بڑاوٹ /bəɽɑ:vət/ ■ *n.f.* growth, enlargement.

بڑائی /bəɽɑ:i:/ ■ *n.f.* 1 greatness, magnanimity, largeness; bigness. 2 volume, extent. 3 old age, seniority. 4 praise, applause. 5 honourable behaviour; respect, regard. 6 boast, brag. بڑائی دینا honour, esteem, respect, bestow an honour on someone. بڑائی کرنا/مارنا boast, extol, vaunt. بڑائی کی لینا boast, brag. (*opp.* چھوٹائی)

بڑبڑ /bəɽbəɽ/ ■ *n.f.* (also بُڑبُڑ) muttering, murmuring, grumbling, raving.

بڑبڑانا /bəɽbəɽɑ:nɑ:/ ■ *v.* (also بُڑبُڑانا) 1 murmur, grumble, mutter; talk nonsense; talk in sleep. 2 camel to support in old age.

بڑھانا /bəɽʰɑːnɑː/ ■ *v.* **1** expand, augment, extend, enlarge, stretch, aggravate, add, increase. **2** raise, elevate, exalt, aggrandize. **3** forward, move on. **4** proffer, present, pass across. **5** encourage. **6** close, end; remove; put out (lamp). **7** postpone. **8** exaggerate. **9** advance, promote. بڑھانا چڑھانا exaggerate in praising.

بُڑھانا /bʊɽʰɑːnɑː/ ■ *v.* become old; become senile.

بڑھاوا /bəɽʰɑːvɑː/ ■ *n.m.* **1** increase, excess. **2** inducement to move on or forward, incentive, encouragement, spur. بڑھاوا دینا encourage, incite or stimulate.

بڑھاؤ /bəɽʰɑːoː/ ■ *n.m.* **1** increase, expansion; swell, inundation. **2** prolongation. **3** exaggeration, superfluity. بڑھاؤ گُن elasticity.

بڑھائی /bəɽʰɑːiː/ ■ *n.f.* **1** increase, advancement. **2** act of raising a kite in the air.

بُڑھائی /bʊɽʰɑːiː/ ■ *n.f.* old age.

بڑھت /bəɽʰət̪/ ■ *n.f.* **1** growth, increase, expansion. **2** (***Music***) gradually increasing in tempo, accelerando.

بڑھتا /bəɽʰt̪ɑː/ ■ *adj.* growing, increasing; thriving, rising. ■ *n.m.* increase, enhancement, progress.

بڑھتی /bəɽʰt̪iː/ ■ *adj.* (*fem.* of بڑھتا). ■ *n.f.* **1** enhancement, prosperity, progress, increase, excess, augmentation. **2** surplus. **3** elevation. بڑھتی دولت increasing wealth or prosperity. بڑھتی عمر advancing age. بڑھتی کا پہرا period of prosperity. (*opp.* گھٹتی)

بڑھل /bəɽʰəl/ ■ *n.m.* a broad-leaved tree and its round yellow pulpy fruit, *Artocarpus lakoocha*.

بڑھنا /bəɽʰnɑː/ ■ *v.* **1** grow, increase, accumulate, stretch, expand; swell; be prolonged. **2** be elevated or raised high. **3** rise, exceed, remain over and above. **4** go on, go forward, proceed, advance. **5** prosper, flourish, thrive; surpass. **6** (of a lamp) be extinguished or put out.

بڑھنت /bəɽʰənt̪/ ■ *n.f.* (also بڑھنتی) augmentation, growth, rise.

بڑھوار /bəɽʰvɑːr/ ■ *n.f.* (also بڑھواری) **1** increase, prosperity. **2** maturity, adulthood.

بڑھوت /bəɽʰoːt̪/ ■ *n.f.* (also بڑھوتی) profit, gain.

بُڑھوتا /bʊɽʰoːt̪ɑː/ ■ *n.m.* (also بُڑھوتی) old age characterized by infirmity.

woman in the house. بڑی چیز **1** big shot, important thing. **2** (*coll.*) the Qur'an. بڑی چیز کا جامہ پہننا pose as very pious, be sanctimonious. بڑی دور کی سوجھنا (*iron.*) think of something very clever. بڑی دور کی کوڑی لانا present a far-fetched idea or argument. بڑی رات (گئے) late at night; in the dead of night. بڑی عمر ہے remark on someone's unexpected showing up. بڑی ماتا smallpox. بڑی ناک والا **1** self-respecting. **2** (*iron.*) haughty. [S]

بڑی[2] ____ ■ *n.f.* (*dim.* of بڑا[2]) small lumps of ground and spicy pulse dried in the sun before being cooked. [S]

بڑے /bəɽeː/ ■ *n.m.* (*pl.* & *infl.* of بڑا[1]) بڑے آئے (*iron.*) said of or to a self-important person. بڑے باپ کا بیٹا son of a rich or famous man. بڑے بوڑھے elderly people. بڑے بول کا سر نیچا pride goes before a fall, those who are boastful are finally humiliated. بڑے پاپڑ بیلے ہیں (has/have) striven hard (for it). بڑے پیر (صاحب) Sheikh Abdul Qadir Jeelani. بڑے پیمانے پر on large scale. بڑے ٹھاٹ باٹ سے with great pomp and show, magnificently, splendidly. بڑے حضرت **1** spiritual guide. **2** Imam Hassain or his mausoleum. **3** (*fig.*) very smart, clever. **4** (*iron.*) consummate knave or rascal. بڑے دل کا tolerant, magnanimous, generous, large-hearted, courageous, daring. بڑے سے بڑا largest possible. بڑے شہر کا بڑا چاند the big the head, the bigger the headache; everything is large in a big city. بڑے میاں **1** old man; master of the house. **2** way of addressing an old man. بڑے میاں سو بڑے میاں چھوٹے میاں سبحان اللہ the younger lot is worse than the old.

بڑیاں /bəɽjɑ̃ː/ ■ *n.f.* (*pl.* of بڑی[2]).

بڑیرا /bəɽæːrɑː/ ■ *n.m.* beam, rafter. [Prk.]

بڑیرا[2] ____ ■ *n.m.* field boundary. [S]

بڑھ[1] /bəɽʰ/ ■ (*imper.* of بڑھنا) used in comp. as: بڑھ چڑھ کر surpassing, superior, to the fullest degree, in a large measure, wholeheartedly. بڑھ کر better, superior, loftier.

بڑھ[2] ____ ■ *n.m.* banyan tree. See بڑ[1]. [S]

بڑھا /bəɽʰɑː/ ■ (*past* & *imper.* of بڑھانا) used in comp. as: بڑھا چڑھا pre-eminent, best, greatest. بڑھا چڑھا کر with exaggeration. بڑھا لانا bring forward; lead on an army.

بُڑھاپا /bʊɽʰɑːpɑː/ ■ *n.m.* old age. بڑھاپا پیٹنا suffering from problems of old age.

بُڑھاپے /bʊɽʰɑːpeː/ ■ *n.m.* (*pl.* & *infl.* of بڑھاپا) بڑھاپے کی لاٹھی

بزر /bəzər/ ■ *n.m.* seed. See بذر.

بُزُرگ /buzurg/ ■ *adj.* 1 aged, senior. 2 venerable, reverend, respected, great. 3 sacred (place). ■ *n.m.* 1 grandee, noble. 2 holy man, saint. 3 ancestor or forefather. بزرگ داشت respect for the elderly; caring for the elderly. بزرگ زادہ high-born, of noble extraction. بزرگ سال old, aged. بزرگ منش noble-minded, magnanimous. (*pl.* بزرگان)

بُزرگانہ /buzurgɑ:nɑ:/ ■ *adj.* fatherly, sagely, in a saintly or paternal manner, avuncular.

بُزرگوار /buzurgvɑ:r/ ■ *n.m.* ancestor, elder; saint.

بُزرگواری /buzurgvɑ:ri:/ ■ *n.f.* greatness, exaltation, sanctity.

بُزرگی /buzurgi:/ ■ *n.f.* greatness, grandeur, eminence, nobility, agedness, seniority. بزرگی بعقل است نہ بسال it is wisdom, not age, that makes one superior.

بُزغالہ /buzɣɑ:lɑ:/ ■ *n.m.* kid. See under بُز.

بزغند /bəzɣənd̪/ ■ *n.m.* (also بزغنج) flower of pistachio tree.

بزل /bəzl/ ■ *n.m.* (**Med.**) act of cutting, tearing or ripping, surgery, operation.

بزلہ /bəzlɑ:/ ■ *n.m.* joke. See بذلہ.

بزم /bəzm/ ■ *n.f.* assembly, party, gathering, get-together. بزمِ امکاں رشہود the world and whatever is in it. بزم آرا life and soul of a party. بزم جمانا arrange gathering; make the occasion successful. بزمِ سخن poetry sitting, gathering where poets recite their poetry. بزمِ طرب a singing and dancing party. بزم گرم ہونا a party to be in full swing.

بزمی /bəzmi:/ ■ *adj.* of or relating to بزم.

بزن /bəzən/ ■ *n.m.* leveller, tool used to level ground in a field, a kind of harrow.

بِزَن /bɪzən/ ■ *n.m.* 1 attack (usu. with sword). 2 division of an army. 3 war cry or order to kill. ■ *imper.* kill! attack! strike! بزن بولنا 1 attack, invade. 2 charge. بزن گاہ battlefield.

بزور /bəzo:r/ ■ *adv.* by force, perforce, forcibly. بزورِ بازو (taken) by force, by one's own effort. بزور لینا take by force, extort.

بزیر /bəze:r/ ■ *adv.* under, below, beneath.

بس¹ /bəs/ ■ *adv.* 1 and so, in short, in a word. 2 mere, only. 3 now, at this time. 4 all, completely. ■ *adj.* 1 enough,

بڑھوتری /bəʈʰɔ:t̪ri:/ ■ *n.f.* 1 addition, increase, increment, growth. 2 gain, interest, advantage; surplus.

بُڑھؤ /buʈʰəu:/ ■ *n.m.* (*derog.*) old man.

بڑھئی /bəʈʰəi:/ ■ *n.m.* carpenter.

بڑھیا¹ /bəʈʰjɑ:/ ■ *adj.* 1 superior, excellent, first rate; rich, fertile. 2 expensive, valuable, of good quality. [S]

بڑھیا² ____ ■ *n.m.* a kind of stone. [Prk.]

بڑھیا³ ____ ■ *n.f.* disease of sugar cane and maize plant stemming growth. [S]

بُڑھیا /buʈʰjɑ:/ ■ *n.f.* aged woman, old woman. بڑھیا آفت کی پڑیا overactive and mischievous woman. بڑھیا پھونس very old woman. بڑھیا ٹھڑیا (*derog.*) very old woman. بڑھیا کا کاتا candyfloss. بڑھیا کی شادی میں سو خطرے risky task is fraught with pitfalls. بڑھیا نے سیکھا سلام نہ دیکھی صبح نہ شام repetition of even the good things is tiresome.

بڑھیّا /bəʈʰəjjɑ:/ ■ *adj.* growing, multiplying, enlarging; rising.

بڑھیل /bəʈʰjəl/ ■ *adj.* (plant, etc.) growing rapidly.

بُڑھیل /buʈʰæ:l/ ■ *n.f.* an insufferable garrulous old woman.

بڑھیلا /bəʈʰe:lɑ:/ ■ *n.m.* wild boar.

بُڑھیلا /buʈʰæ:lɑ:/ ■ *n.f.* (*derog.*) old woman.

بُز /buz/ ■ *n.m.* & *f.* goat; sheep; ram. بزِ اخفش 1 brainless person, dolt, blockhead. 2 (*fig.*) yes-man. بز پروانہ a flying insect whose head resembles goat's head. بزدل coward, timid. بزدلانہ cowardly. بزدلی timidity, cowardice. بزغالہ kid, the young of a goat. بزغالۂ فلک / گردوں Capricorn, the tenth sign of the zodiac. بزکوہی mountain goat. بزگیری catching the goat.

بُزّا /buzzɑ:/ ■ *n.m.* ibis.

بزار /bəzɑ:r/ ■ *n.m.* (*contr.* of بازار) bazaar.

بزاز /bəzɑ:z/ ■ *n.m.* (also بزّاز) cloth merchant, clothier, draper.

بزازا /bəzɑ:zɑ:/ ■ *n.m.* (also بزّازا) cloth market.

بزازی /bəzɑ:zi:/ ■ *n.f.* (also بزّازی) business of cloth merchant.

بُزاق /buzɑ:q/ ■ *n.m.* spittle.

بُزدل /buzd̪ɪl/ ■ *adj.* cowardly; timid. ■ *n.m.* & *f.* coward. See under بُز.

بُزدلانہ /buzd̪ɪlɑ:nɑ:/ ■ *adj.* cowardly. See under بُز.

بُزدلی /buzd̪ɪli:/ ■ *n.f.* cowardice. See under بُز.

sufficient. **2** too much, very much. **3** end, finish. ■ *exclam.* enough! that is all! that will do! hold! stay! stop! cease! have done! no more! بس کرنا stop, cease, give up, end, finish. [P]

بس[2] ____ ■ *n.m.* **1** power, authority, control, grasp, sway, influence; command. **2** will. **3** opportunity. بس چلنا have power (over). بس کا روگ نہیں something hard to achieve or accomplish. بس کرن charm, spell. بس میں پڑنا come into the power of, fall into the clutches of. بس میں رکھنا have one under control, manage, hold back, keep under restraint. بس میں کرنا **1** subdue, subjugate, bring under control. **2** fascinate, bewitch. بس نہ چلنا be powerless. [S]

بِس /bɪs/ ■ *n.m.* poison, venom. بِس اگلنا (*fig.*) speak ill (of); malign, revile, sneer at. بِس بونا (*fig.*) sow discord, make mischief between. بِس بھرا **1** poisonous, venomous. **2** (*fig.*) vindictive. بِس کی پڑیا / پوٹ / گانٹھ (*fig.*) mischievous or wicked person, troublemaker; devil. [S]

بسا[1] /bəsɑ:/ ■ *adj.* many, much. ■ *adv.* mostly. بسا اوقات often, frequently, sometimes. [P]

بسا[2] ____ ■ *adj.* subject, tenant, one living on (someone's) land. [S]

بسا[3] ____ ■ *n.f.* marrow; fat; oil. [S]

بُسا /bʊsɑ:/ ■ *adj.* stale, putrid, putrefied; usually used in comp. as: بُس بسا smelly, putrid; سڑا بسا rotten, stinking, rancid. (*fem.* بُسی)

بِسات /bɪsɑ:t̪/ ■ *n.f.* items spread out, goods, wares, stock-in-trade. بسات بھر according to one's power, strength and ability. بسات خانہ grocery. (See also بِساط.)

بِساتی /bɪsɑ:t̪i:/ ■ *n.m.* See بِساطی.

بِسار /bɪsɑ:r/ ■ *n.m.* loan of seed with the stipulation of an ample refund after the harvest.

بِسارنا /bɪsɑ:rnɑ:/ ■ *v.* (also بِسرانا) **1** forget; err; miss. **2** lose, misplace.

بِساط /bɪsɑ:t̪/ ■ *n.f.* **1** bed, bedding; floor covering, carpet. **2** estate, capital. **3** chessboard, dice-board. **4** extent, space, expanse. **5** capacity, power; means. بساط الٹنا circumstances to change for the worse, plans to be destroyed, suffer from hard luck. بساط سے باہر beyond one's power or ability. بساط لپیٹنا wind up, conclude; finish.

بساطت /bəsɑ:t̪ət̪/ ■ *n.f.* vastness, hugeness, expanse.

بِساطی /bɪsɑ:t̪i:/ ■ *n.m.* (also بِساتی) grocer, vendor of small wares.

بِسالا /bɪsɑ:lɑ:/ ■ *adj.* poisonous, venomous.

بسالت /bəsɑ:lət̪/ ■ *n.f.* courage, bravery, fearlessness; intrepidity.

بسان /bəsɑ:n/ ■ *prep.* like, as, resembling.

بسانا /bəsɑ:nɑ:/ ■ *v.* **1** inhabit, colonize people. **2** bring into cultivation. **3** imbue (with); saturate. **4** apply (perfume).

بِسانا /bɪsɑ:nɑ:/ ■ *v.* **1** get, procure, acquire. **2** bear, endure.

بِساند /bɪsɑ̃:d̪/ ■ *n.f.* (also بِساندھ، بِساہند) bad smell, reek, stink, stench.

بِساندا /bɪsɑ̃:d̪ɑ:/ ■ *adj.* (also بِساندھا، بِسیندھا) fetid, stinking.

بساوٹ /bəsɑ:vəʈ/ ■ *n.f.* fragrance, scent.

بساوری /bəsɑ:vəri:/ ■ *n.f.* rent paid by a settler on someone's land, ground-rent.

بِساہا /bɪsɑ:hɑ:/ ■ *adj.* poisonous, venomous; toxic. ■ *n.m.* the dog having poisonous teeth.

بساؤ /bəsɑ:o:/ ■ *n.m.* rehabilitation, act of populating, act of living. بساؤ شہر کا، کھیت نہر کا living in a city and having a field near water is best.

بس باس /bəsbɑ:s/ ■ *n.m.* dwelling, residence.

بسبب /bəsəbəb/ ■ *adv.* because of. See under بَ.

بِسبِسانا /bɪsbɪsɑ:nɑ:/ ■ *v.* bubble, tingle, make the sound of boiling.

بسبیل /bəsəbi:l/ ■ *adv.* through. See under بَ.

بست[1] /bəst̪/ ■ *adj.* bound, shut. ■ *n.m.* **1** obstacle. **2** knot. **3** asylum. بستِ طلب (***Econ.***) reduction in demand due to a cause other than price increase. بست وکشاد opening and shutting; scantiness and abundance, management, administration. [P]

بست[2] ____ ■ *n.f.* **1** goods, things; chattels, baggage. **2** property, commodity. [S]

بِست /bɪst̪/ ■ *cardinal number* twenty. بست بسوہ pure silver. بست در بِست a white magic square of twenty. بست درہ an open building with twenty doors. بست ہزاری (***Hist.***) a noble entitled to maintain an army of twenty thousand men.

بِستار /bɪst̪ɑ:r/ ■ *n.m.* **1** spreading out, abundance,

بسر اوقات passing of time or of life, getting along, living, subsisting. بسر آنا succeed, deal, complete. بسر کرنا live, pass time, spend. بسر ہونا be finished, be spent, be passed.

بِسر /bɪsər/ ■ *n.m.* forgetfulness, oblivion, oversight, omission.

بِسرا /bɪsrɑ:/ ■ *adj.* forgotten; used in comp. as: بھولا بسرا forgotten (thing or person).

بِسرام /bɪsrɑ:m/ ■ *n.m.* **1** stay; pause, stop. **2** comfort, ease, repose. ■ *adv.* easily, comfortingly. بسرام کرنا/لینا rest, repose; pass the night.

بِسرانا /bɪsrɑ:nɑ:/ ■ *v.* **1** forget. **2** mislead, beguile, distract.

بسرانت /bəsrɑ:nt̪/ ■ *n.f.* riverside that has wide stairs for rest.

بِسرانت /bɪsrɑ:nt̪/ ■ *n.f.* rest, repose.

بِسراہٹ /bɪsrɑ:hət̪/ ■ *n.f.* mistake, oversight, forgetfulness.

بِسرنا /bɪsərnɑ:/ ■ *v.* (also بسر جانا) be forgotten; forget.

بسروچشم /bəsəro:tʃəʃm/ ■ *adv.* most willingly. See under ب.

بسط /bəst̪/ ■ *n.m.* **1** expansion, spreading or extending; scope. **2** elucidation, explanation. **3** prosperity.

بسفائج /bəsfɑ:ɪdʒ/ ■ *n.f.* (also بسفایج) root of a medicinal plant resembling a lizard.

بِسکٹ /bɪskʊt̪/ ■ *n.m.* biscuit. [E]

بِسکھاپر /bɪskʰɑ:npər/ ■ *n.m.* (also بس کھپرا، کھوپرا) hogweed, a coarse weedy plant.

بسکھٹ /bəskʰət̪/ ■ *n.f.* a light bamboo cot.

بسلامت /bəsəlɑ:mət̪/ ■ *adv.* safely. See under ب.

بسلسلہ /bəsɪlsɪlɑ:/ ■ *adv.* in continuation of. See under ب.

بِسم اللہ /bɪsmɪllɑ:h/ ■ *n.f.* (*contr.* of بسم اللہ الرحمٰن الرحیم) **1** bismillah, in the name of Allah, an invocation used by Muslims at the beginning of a task. **2** beginning, commencement. **3** the festivities observed among Muslims on a child's initiation of formal education at the age of approximately four years. بسم اللہ سے تمت تک from start to the end. بسم اللہ (ہی) غلط ہونا start at the wrong foot, a work to be bungled at the start. بسم اللہ کرنا **1** commence, begin. **2** (*fig.*) begin to eat and drink. بسم اللہ کے گنبد میں بیٹھنا retire from the world, lead a life of seclusion.

بِسمِل /bɪsmɪl/ ■ *adj.* **1** slaughtered. **2** injured. **3** restless. **4** (*fig.*) lovelorn. ■ *n.m.* sacrificed animal. بسمل کرنا diffusion, extent, amplification, expansion. **2** detail. **3** exaggeration.

بُستان /bʊst̪ɑ:n/ ■ *n.m.* (*contr.* of بوستان) flower garden. بستانُ الاطفال kindergarten. بستان سرا garden behind a palace.

بُستانی /bʊst̪ɑ:ni:/ ■ *adj.* of or relating to بُستان; relating to a flower garden.

بستر /bəst̪ər/ ■ *n.m.* clothes, apparel, dress, garment.

بِستر /bɪst̪ər/ ■ *n.m.* (also بسترا) bedding, bed; mattress. بستر اٹھانا leave residence. (بوریا) بستر باندھنا prepare for a journey. بستر بچھانا/لگانا **1** make ready the bed, spread the bedding. **2** (*fig.*) stay. بستر بند holdall. بستر پکڑنا fall ill. بستر پوش bedspread. بستر سے لگنا be confined to bed due to illness. بستر مرگ deathbed.

بسترا /bəst̪rɑ:/ ■ *n.m.* beautyberry, a shrub whose root is used in treating certain skin diseases, *Callicarpa lanata*.

بستگی /bəst̪əgi:/ ■ *n.f.* **1** sadness. **2** binding, fastening; shrinking, contraction; obstruction; constipation. **3** suffocation.

بِستم /bɪst̪ʊm/ ■ *ordinal number* twentieth.

بستم بستم /bəst̪əm bəst̪əm/ ■ *n.f.* (also بستم بستہ) ban on speech; censor.

بستن /bəst̪ən/ ■ *n.m.* act of tying up or being tied up.

بستنی /bəst̪əni:/ ■ *n.f.* **1** a case or covering for a cage or a musical instrument. **2** tablecloth, a piece of cloth spread on the ground on which food is served. **3** something used to tie.

بستہ /bəst̪ɑ:/ ■ *adj.* **1** closed, shut. **2** bound, tied, fastened, folded up. **3** congealed, frozen. **4** sad, solemn. ■ *n.m.* wrapper; parcel, satchel; bundle; object in which a bundle is tied up. بستہ باندھنا **1** tie up a bundle, fold and put away papers, etc. **2** close office.

بستی /bəst̪i:/ ■ *n.f.* **1** bustee, human habitation, built up area, settlement or settled area, colony, a small residential area, an inhabited place. **2** hustle bustle. بستی اجڑنا an area to be depopulated or destroyed. بستی بسنا a place to be inhabited or be populated.

بستے /bəst̪e:/ ■ *n.m.* (*pl. & infl.* of بستہ) بستے کی کنگھی a comb that oils the hair during combing.

بسر /bəsər/ ■ *n.f.* living; livelihood; course of life.

/bəsvɑ:nɑ:/ ■ *v.* cause to settle; make prosperous. بسوانا
/bɪsvɑ̃:si:/ ■ *v.* one-twentieth part of a *biswa* (بِسوا). بِسوانسی
/bɪsu:rnɑ:/ ■ *v.* put on a crying face. بِسُورنا
/bɪsu:rjɑ:/ ■ *n.m.* one employed or paid to fake weeping. بِسُوریا
/bəsu:lɑ:/ ■ *n.m.* adze, a tool resembling an axe, with a flat blade. بسُولا
/bəso:li:/ ■ *n.f.* (also بسُولی) a tool for cutting bricks. بسولی
/bəsvəjjɑ:/ ■ *n.m.* settler, resident, dweller. بسوّیا
/bɪshɑ:/ ■ *adj.* poisonous, venomous. بِسہا
/bɪsæhri:/ ■ *n.f.* whitlow, paronychia, a boil on the hand. بِسہری
/bəsəhu:lət̪/ ■ *adv.* easily. See under ب. بسہولت
/bəse:/ ■ *adv.* much, excess, many, abundantly. بسے
/bɪsjɑ:r/ ■ *adj.* much, many, very, abundant. بسیارخور gluttonous, gourmand. بسیارگو talkative, prolific poet. بسیارنویس prolific writer. بِسیار
/bəsi:t̪/ ■ *n.m.* village elder, chieftain. بسیت
/bəsi:ʈ/ ■ *n.m.* (also بسیٹھ) 1 messenger, informer; agent, envoy, ambassador. 2 talebearer, backbiter. بسیٹ
/bəse:rɑ:/ ■ *n.m.* 1 roost, nest, perch. 2 dwelling, abode, place where one halts or stays, night's dwelling. 3 time before dusk when birds return to their nests. بسیرابولنا chirping of birds at nightfall. بسیراجمانا stay (for a night). بسیراکرنا roost; rest, repose, stay. بسیرا
/bəse:ru:/ ■ *adj.* (one) spending the night. بسیرو
/bəse:re:/ ■ *n.m.* (*pl. & infl.* of بسیرا) بسیرےکاوقت roosting time. بسیرے
/bəsi:t̪/ ■ *adj.* 1 expansive, extensive; detailed. 2 original, unmixed; uncompounded; simple; primary. ■ *n.m.* 1 surface. 2 (***Pros.***) a metre consisting of مستفعلن فاعلن twice in a line. بسیط
/bəse:kʰ/ ■ *n.m.* (also بسیکھا) 1 property, quality, characteristic; individuality, distinction. 2 manner. بسیکھ
/bəsi:m/ ■ *adj.* smiling, cheerful. بسیم
/bəse:vrɑ:/ ■ *n.m.* a house-warming party. بسیورا
/bəʃɑ:rət̪/ ■ *n.f.* 1 revelation, divine inspiration; happy dream or vision. 2 glad tidings, good news. بشارت دینا convey glad tidings. (*pl.* بشائر) بشارت
/bəʃʃɑ:ʃ/ ■ *adj.* cheerful, elated, in good spirits, hilarious, vivacious, joyful, delighted. بشّاش

1 sacrifice or slaughter. 2 (*fig.*) excite passionate love. بسمل گاہ altar, place of sacrifice.
/bəsmɑ:/ ■ *n.m.* (also وسمہ) leaves of indigo blue, *Indigofera tinctoria*, used as a dye. [P] بسمہ[1]
____ ■ *n.m.* 1 golden design, especially on a garment. 2 old cloth for keeping betel leaves. [P] بسمہ[2]
/bəsməi:/ ■ *adj.* blue, azure. بسمئی
/bəsnɑ:/ ■ *v.* 1 settle, reside, inhabit, dwell; (a locality) to be settled or inhabited. 2 be perfumed, be scented; (a dress) to be scented with perfumes; smell. بسنا
/busnɑ:/ ■ *v.* putrefy, stink, smell fetid; emit a rotten smell. بُسنا
/bəsənt̪/ ■ *n.f.* 1 spring season. 2 a musical raga. 3 smallpox. 4 Hindu spring festival. 5 yellow flowers. بسنت بنانا play a prank. بسنت پنچمی Hindu vernal festival celebrated on the fifth day of Magh (ماگھ). بسنت پھولنا 1 put forth yellow blossoms (like those of the mustard plant). 2 (of face) turn pale. بسنت جاڑےکاانت spring begins when winter season ends. بسنت رت spring season. بسنت کی خبر knowledge or care about futurity. بسنت کی خبر پوچھنا be extremely ignorant or negligent. بسنت
/bəsənʈɑ:/ ■ *n.m.* cowpox. [S] بسنٹا[1]
____ ■ *n.m.* (***Zool.***) barbet, any of the various brightly coloured tropical broad-billed birds of the family Capitonidae. [Prk.] بسنٹا[2]
/bəsənt̪i:/ ■ *adj.* yellow, of yellow colour. بسنتی جاڑا mild winter. بسنتی
/bəsənd̪ər/ ■ *n.m.* (***Hinduism***) the god of fire. بسندر
/bəsni:/ ■ *n.f.* purse; small bag; pocket. بسنی
/bɪsni:/ ■ *adj.* 1 profligate, vagabond, promiscuous, corrupt, malicious. 2 well-dressed, refined. بِسنی
/bɪsvɑ:/ ■ *n.m.* twentieth part; land measure of one-twentieth of a bigha. بسوا دس کی گانٹھ land is the root of conflicts. بسوابیس undoubtedly. بسوادار the holder of a share in a village. بِسوا
/bəsvɑ:ɽi:/ ■ *n.f.* (also بسواری، بسوری) bamboo thicket, bamboo plantation. بسواڑی
/bɪsvɑ:s/ ■ *n.m.* (also بِشواس، وِشواس) trust, faith, belief, confidence, credence, reliance. بسواس گھات abuse of trust, breach of faith. بِسواس

بشاشت /bəʃɑːʃət̪/ ■ *n.f.* cheerfulness, vivacity.

بشدّت /bəʃɪd̪d̪ət̪/ ■ *adv.* severely. See under ب.

بشر /bəʃər/ ■ *n.m.* man, human race, humankind, mortal, human being; Homo sapiens.

بشرحِ صدر /bəʃərhe səd̪r/ ■ *adv.* wholeheartedly. See under ب.

بشرط /bəʃərt̪/ ■ *adv.* on condition of. See under ب.

بشرطیکہ /bəʃərt̪eːkeː/ ■ *adv.* if. See under ب.

بُشرہ /bʊʃrɑː/ ■ *n.m.* **1** visage, appearance, countenance, face; outer skin or dermis. **2** (*fig.*) physiognomy; aspect. بشرۂ باطنہ epidermis. بشرۂ مخاطیہ outer skin.

بُشرئی /bʊʃrəiː/ ■ *adj.* of skin; dermal.

بُشریٰ /bʊʃrɑː/ ■ *n.f.* good news.

بشری /bəʃəriː/ ■ *adj.* human, anthropic.

بشریّات /bəʃərɪjjɑːt̪/ ■ *n.f.* anthropology.

بشریّت /bəʃərɪjjət̪/ ■ *n.f.* humanity, human nature.

بُشقاب /bʊʃqɑːb/ ■ *n.f.* large plate or dish.

بشمول /bəʃʊmuːl/ ■ *prep. & adv.* along with. See under ب.

بِشن /bɪʃən/ ■ *pr.n.m.* (***Hinduism***) Vishnu.

بِشواس /bɪʃvɑːs/ ■ *n.m.* (also بسواس) trust. See وِشواس.

بشیر /bəʃiːr/ ■ *n.m.* **1** messenger of good news, harbinger. **2** a title of Prophet Muhammad.

بصارت /bəsɑːrət̪/ ■ *n.f.* **1** sight, power of seeing, vision; seeing. **2** perceiving, discerning, insight, understanding. بصارتِ دوگانہ intuition. بصارتِ زوجی squint, strabismus.

بصائر /bəsɑːɪr/ ■ *n.m.* (*pl.* of بصارت، بصیرت) perception of facts.

بصد /bəsəd/ ■ *adv.* with much. See under ب. بصد شوق with great pleasure; of course; certainly; by all means.

بصر /bəsər/ ■ *n.f.* **1** vision; sight. **2** the eye.

بصری /bəsəriː/ ■ *adj.* optical, ocular; visual.

بصریّات /bəsərɪjjɑːt̪/ ■ *n.f.* ophthalmology.

بصل /bəsəl/ ■ *n.f.* onion. (*pl.* بصلات)

بصلہ /bəsəlɑː/ ■ *n.m.* (***Bot.***) bulb or root with swollen leaf-bases.

بصلی /bəsəliː/ ■ *adj.* bulbous. بصلی پودے bulbous plants.

بصورت /bəsuːrət̪/ ■ *adv.* in the case of. See under ب. بصورتِ خلاف ورزی in the case of breach. بصورتِ دیگر otherwise, or else.

بصیر /bəsiːr/ ■ *adj.* **1** having sight. **2** knowing, perceptive. ■ *n.m.* See البصیر.

بصیرت /bəsiːrət̪/ ■ *n.f.* **1** foresight; insight, vision, perception; acumen, understanding, discernment; clear-sightedness. **2** skill, deftness. بصیرت افروز enlightening.

بصیغہ /bəsiːɣɑː/ ■ *adv.* in the jurisdiction of. See under ب. بصیغۂ راز confidentially.

بِضاعت /bɪzɑːʔət̪/ ■ *n.f.* **1** capital. **2** merchandise, stock in trade. **3** position, power, means.

بِضاعتی /bɪzɑːʔət̪iː/ ■ *n.m.* well-to-do, rich, affluent.

بضد /bəzɪd/ ■ *adj.* opposite. See under ب.

بِضعہ /bɪzʔɑː/ ■ *n.m.* (also بِضع) **1** piece of meat. **2** (*fig.*) someone very dear.

بط[1] /bət̪/ ■ *n.f.* duck. See بطّخ. بط بط quack. بطِ منقاریہ platypus or duckbill, a mammal which also lays eggs. بطِ مے duck-shaped goblet of wine. [A]

بط[2] ____ ■ *n.m.* making a surgical cut, operation. [A]

بطاریہ /bət̪ɑːrɪjɑː/ ■ *n.f.* battery. [E]

بطّال /bət̪t̪ɑːl/ ■ *n.m.* slowcoach, sluggard. ■ *adj.* **1** crafty; false. **2** very foolish or vain.

بطالت[1] /bət̪ɑːlət̪/ ■ *n.f.* bravery, courage, heroism. [A]

بطالت[2] ____ ■ *n.f.* **1** sluggishness. **2** falsehood, untruthfulness. **3** folly. [A]

بطحا /bət̪hɑː/ ■ *n.m.* a name for Makkah.

بطّخ /bət̪t̪əx/ ■ *n.f.* (also بط) duck; goose; pochard. بطّخ جھول کرسی rocking chair.

بطخا /bət̪xɑː/ ■ *n.m.* drake.

بطخی /bət̪xiː/ ■ *n.f.* **1** small duck. **2** gunpowder-flask.

بطر /bət̪ər/ ■ *n.f.* arrogance, haughtiness, conceit.

بطرز /bət̪ərz/ ■ *adv.* in the manner of. See under ب.

بطرف /bət̪ərəf/ ■ *adv.* on the side. See under ب.

بطریق /bət̪əriːq/ ■ *adv.* by means of. See under ب. بطریقِ احسن neatly, in the best way, nicely, satisfactorily, excellently.

بِطریق /bɪt̪riːq/ ■ *n.m.* **1** bishop, patriarch. **2** penguin. **3** Roman Commander of ten thousand soldiers. (*pl.* بِطارقہ)

بطش /bət̪ʃ/ ■ *n.f.* **1** violence, aggression, ire and fury. **2** power, bravery.

بطل /bət̪əl/ ■ *adj.* brave, courageous. ■ *n.m.* hero. بطل پرستی hero worship. بطلِ جلیل great hero. (*pl.* ابطال)

بُطل /butl/ ■ *n.m.* falsehood, cunning, deception.

بُطلان /butlɑ:n/ ■ *n.f.* **1** contradiction. **2** falseness, abolition, refutation, confutation; vanity.

بطلیموس /bətli:mu:s/ ■ *pr.n.m.* Ptolemy, the Egyptian astronomer of second century A.D.

بطن /bətn/ ■ *n.m.* **1** belly, stomach, abdomen. **2** womb. **3** generation. **4** the inside, the inner self. **5** (*fig.*) subsidiary (of a larger organization). **6** (***Anat.***) auricle. بطن ُالوادی interior of a wadi or valley. بطن بطون great depth. بطن زاد (of verse, etc.) superficial, shallow. بطن مادر womb. (*pl.* بُطون)

بطناً بعد بطنٍ /bətnən bəʔdə bətnɪn/ ■ *adv.* generation after generation.

بطنول /bətno:l/ ■ *n.m.* vessel with a tap like the beak of a duck.

بطنی /bətni:/ ■ *adj.* ventral. بطنی حروف letters pronounced but not written.

بُطو /butu:/ ■ *n.m.* slow pace, tardiness; delay.

بطور /bəto:r/ ■ *adv.* as, like. See under ب. بطورِ خود voluntarily, of one's own accord, on one's own account, in his (or her) own way, of himself (or herself).

بُطون /butu:n/ ■ *n.m.* (*pl.* of بطن) (also *sing.*) heart; mind; inner part.

بطی /bəti:/ ■ *adj.* slow, sedate, faint; temperate. بطی ُالحرکت slow-moving. بطی ُالحس slow on the uptake, slowcoach. بطی ُالفہم slow to understand, dullard, dunce. بطی ُالہضم (of food) hard to digest, heavy.

بِطّیخ /bɪtti:x/ ■ *n.m.* **1** melon, watermelon. **2** cucumber.

بطیرہ /bəti:rɑ:/ ■ *n.m.* an Indian musical instrument with a part resembling a duck's neck.

بطین /bəti:n/ ■ *adj.* pot-bellied.

بظاہر /bəzɑ:hɪr/ ■ *adv.* apparently. See under ب.

بظر /bəzr/ ■ *n.m.* clitoris. (*pl.* بُظور)

بعبورِ دریائے شُور /bəʔubu:re dərjɑ:e: ʃu:r/ ■ *phr.* (***Hist.***) transportation for life to the Andaman Islands. See under ب.

بعث /bəʔs/ ■ *n.m.* **1** waking up, arousal. **2** resurrection. بعث ونشر نشور (*fig.*) the Day of Resurrection, the Doomsday.

بِعثت /beʔsət/ ■ *n.f.* commencement of prophethood, divine mission, apostleship.

بعد /bəʔd/ ■ *prep.* after; since; subsequent; latter. بعدازاں/ازاں after that, afterwards. بعد از جنگ post-bellum, post-war, after the battle. بعد از خرابی بسیار after much trouble. بعد از مرگ واویلا crying over spilt milk. بعد الموت **1** after death; posthumous. **2** post-mortem.

بُعد /boʔd/ ■ *n.m.* **1** dimension. **2** distance, remoteness. **3** difference. بعد المشرقین **1** distance between the two directions. **2** being directions apart, very big difference. بعد بعید great distance or difference, disparity. بعدِ رابع the fourth dimension. بعدِ زمانی (in the theory of relativity) time dimension. بعدِ مقطور natural dimension, space. (*pl.* ابعاد)

بعدہٗ /bəʔdəhu:/ ■ *adv.* after which, after that, afterwards, then.

بُعدیت /boʔdɪjət/ ■ *n.f.* dimensionality.

بعض /bəʔz/ ■ *adj.* **1** some; certain; few; several. **2** sundry; some people. بعض اوقات sometimes. (*opp.* کُل) (*pl.* ابعاض، بعضے)

بعضا /bəʔzɑ:/ ■ *adj.* any; some.

بعضی /bəʔzi:/ ■ *adj.* a few.

بعضیت /bəʔzɪjət/ ■ *n.f.* particularity. (*opp.* کُلّیت)

بعل /bəʔl/ ■ *pr.n.m.* Baal, title of various Middle Eastern deities. ■ *n.m.* false god. (*pl.* بُعول)

بعلبک /bəʔləbək/ ■ *pr.n.m.* Baalbek, ancient city in Lebanon where Baal was worshipped.

بعلّت /bəʔɪllət/ ■ *adv.* by reason of. See under ب.

بعنوان /bəʔʊnvɑ:n/ ■ *adv.* titled as. See under ب.

بعوض /bəʔɪvəz/ ■ *adv.* in place of. See under ب.

بعَون /bəʔo:n/ ■ *adv.* by the help. See under ب. بعونِ الٰہی with God's help.

بعید /bəʔi:d/ ■ *adj.* **1** remote, far, far off, distant. **2** improbable, impossible. بعید از قیاس/ازالقیاس inconceivable. بعید ُالعقل **1** far from reason, absurd; unreasonable; foolish, improbable. بعید ُالفہم difficult to understand, ununderstandable. بعید ُالوطن abroad, far from home. بعید نظری far-sightedness.

بعیر /bəʔi:r/ ■ *n.m.* camel.

بعیرانہ /bəʔi:rɑ:nɑ:/ ■ *adj.* like camels.

بِعَینہٖ /beʔæ:nehi:/ ■ *adv.* **1** the very same, identically, exactly. **2** precisely.

بُغاث /bʊɣɑ:s/ ■ *adj.* slow-flying.

/buɣɑ:rɑ:/ ■ *n.m.* 1 breach in wall, hole, gap, fissure. 2 rent in a garment. 3 gash, deep wound. بُغارا

/bəɣɑ:vət̪/ ■ *n.f.* revolt, rebellion, mutiny, treason. بغاوت پھوٹنا rebellion to break out. بغاوت

/bəɣɑ:jət̪/ ■ *adj.* abundant. See under بـ. بغایت

/bəɣbəɣɑ:/ ■ *n.m.* dewlap; double chin. بغبغا

/bəɣbəɣɑ:nɑ:/ ■ *v.* 1 (of a pigeon) to bill and coo. 2 (of a camel) bray or gurgle in rut. بغبغانا

/bəɣt̪ət̪ən/ ■ *adv.* suddenly, abruptly, all at once. بغتتاً

/buɣtʃɑ:/ ■ *n.m.* (also بُغچی، بُغچیا) bundle, small bundle tied in a piece of cloth. بُغچہ

/buɣd̪ɑ:/ ■ *n.m.* chopper or cleaver used by butchers, chopping knife. بُغدا

/bəɣd̪ɑ:d̪i:/ ■ *adj.* of or relating to Baghdad, the capital of Iraq. بغدادی قاعدہ first elementary book of the Arabic alphabet. بغدادی

/bəɣd̪i:/ ■ *n.m.* male camel of good stock. بغدی

/buɣrɑ:/ ■ *n.m.* vermicelli. بغرا خانی a kind of dish cooked in milk. بُغرا

/buɣz/ ■ *n.m.* malice, grudge, spite, cattiness, rancour, animosity, hatred. بغضِ للّٰہی unreasonable hostility. بغض نکالنا take revenge. بُغض

/bəɣəl/ ■ *n.f.* 1 armpit; flank. 2 side; embrace. 3 gusset (in the armpit of a garment). ■ *adv.* on one side, aside, close by. بغل بچّہ disciple; close associate, constant companion. بغل بچّا ربُچّہ fat muscle of the arm of a brawny man. بغل بِلائی painful glandular swelling in the armpit (supposed to be cured by getting a cat to lick it). بغل بند robe tied under the armpits. بغل پرورده darling child, reared in the arms. بغل تکیہ a pillow placed at the side. بغل سونگھنا be ashamed, repent. بغل کا چور a favourite-turned-enemy. بغل گرمانا رگرم کرنا embrace (a woman). بغل گند armpit odour. بغل گیر ہونا embrace, cuddle, clasp. بغل گیری embrace. بغل میں near, close, adjoining. بغل میں بچہ شہر میں ڈھنڈورا looking for a mislaid thing that is under one's nose. بغل میں چھری منہ میں رام رام malice concealed behind sweet talk. بغل میں دبانا hide (a thing) under the arm. بغل میں لینا 1 embrace, hug. 2 carry off (a thing). بغل میں مارنا take into possession. بغل میں منھ ڈالنا be ashamed. بغل ہونا get out of the way, make way, go aside. بغل

/bəɣlɑ:/ ■ *n.m.* large sailing-boat. بغلا

/bəɣlɑ:nɑ:/ ■ *v.* get out of the way, make way, go aside. بغلانا

/bəɣlo:l/ ■ *n.m.* stupid fellow, dullard, simpleton. بغلول

/bəɣli:/ ■ *adj.* 1 of or relating to armpit, at the side. 2 auxiliary. ■ *n.f.* 1 small bag for needles and threads. 2 sort of dress. 3 dumb-bell. 4 a trick in wrestling. 5 mode of playing with fencing sticks. بغلی تکیہ long pillow for the sides. بغلی دینا break into a house by removing a portion of the wall and unbolting the door. بغلی قبر a grave beside another. بغلی گھونسہ 1 a side blow. 2 secret enemy, traitor. بغلی

/bəɣlẽ:/ ■ *n.f.* (*pl.* of بغل) بغلیں بجانا exult; mock. بغلیں جھانکنا 1 be discomfited or disconcerted. 2 look blank or foolish. 3 be ashamed. 4 try to flee away, desire to escape. بغلیں

/bəɣɔ:r/ ■ *adv.* carefully. See under بـ. بغور

/bəɣi:/ ■ *n.f.* transgression, disobedience; rebellion, revolt. بغی

/bəɣjɑ:/ ■ *n.f.* (also بغیچہ، بگیا) (*dim.* of باغ) small garden. بغیا

/bəɣæ:r/ ■ *adv.* without. See under بـ. بغیر ڈکار لیے ہضم کر لینا usurp; embezzle. بغیر

/bəfɑ:/ ■ *n.f.* dandruff, scurf. بفا

/bəq/ ■ *n.m.* mosquito. بق

/bəqɑ:/ ■ *n.f.* permanence, continuance; survival, immortality. بقائے اصلح survival of the fittest. بقائے باہم coexistence; mutual tolerance. بقائے توانائی conservation of energy. بقائے دوام immortality, eternal life. بقائے معیارِ حرکت conservation of momentum. بقا

/buqqɑ:/ ■ *n.m.* (also بُقّہ، بکّا) 1 puff. 2 waft, whiff of fragrance. 3 billow, wave. بُقّا

/bəqqɑ:l/ ■ *n.m.* greengrocer; grain merchant; shopkeeper; grocer. بقّال

/bəqɑ:jɑ:/ ■ *n.m.* remainder; arrears, dues, balance, amount payable or owing. بقایا

/bəqbɑ:q/ ■ *adj.* chatty, garrulous. بقباق

/buqtʃɑ:/ ■ *n.m.* bundle. See بُغچہ. بُقچہ

/buqtʃi:/ ■ *n.f.* (*dim.* of بُقچہ) small bundle or pouch. بُقچی

/bəqəd̪r/ ■ *adv.* to the extent of. See under بـ. بقدرِ اشکِ بلبل (*fig.*; *poet.*) in a tiny quantity. بقدر

/bəqər/ ■ *n.m.* ox; bull; cow; heifer. بقرِ جبلی nilgai, blue بقر

بُکّا /bʊkkɑ:/ ■ *n.m.* **1** handful. **2** handful of dust. **3** puff of smoke.

بکار /bəkɑ:r/ ■ *adj.* in use. See under بکارِخاص .بہ on special mission. بکارِسرکار on official duty or work, on state service.

بِکار /bɪkɑ:r/ ■ *n.f.* change, alteration; change for the worse; deterioration, degeneration.

بکارت /bəkɑ:rət̪/ ■ *n.f.* virginity, maidenhood.

بکام /bəkɑ:m/ ■ *adj.* & *adv.* favourable, agreeable.

بکاول /bəkɑ:vəl/ ■ *n.m.* cup-bearer; steward; chef, superintendent of the kitchen.

بکاولی /bəkɑ:vəli:/ ■ *n.f.* **1** cooking, profession of cooking. **2** a kind of saucer.

بِکاؤ /bɪkɑ:u:/ ■ *adj.* saleable, for sale.

بُکائیہ /bʊkɑ:ɪjjɑ:/ ■ *adj.* (of verse, style, etc.) full of pathos, evoking sadness.

بکاین /bəkɑ:jən/ ■ *n.m.* a neem like tree, *Melia azedarach.*

بکبکا /bəkbəkɑ:/ ■ *adj.* (also بک بکا) **1** tasteless, savourless, bland; of sickening or disagreeable taste; tasting like an unripe fruit. **2** (of a person) given to chattering or gabbling.

بکبکانا /bəkbəkɑ:nɑ:/ ■ *v.* jabber, blab.

بکتر /bəkt̪ər/ ■ *n.m.* armour, cuirass, coat of mail. بکتربند armoured. بکتربند گاڑی armoured car. بکترپوش man in armour, cuirassier.

بکتری /bəkt̪əri:/ ■ *n.f.* armourer.

بِکٹ¹ /bɪkəʈ/ ■ *adj.* **1** perilous, terrible, frightful, horrible. **2** difficult, hard, burdensome. **3** huge, great. **4** (of a story) tragic, grievous, sorrowful. **5** alert, quick, brisk. بکٹ پہاڑا multiplication table of a fraction. [S]

بِکٹ² _____ ■ *n.m.* body of troops, military post, picket. [E]

بُکٹ /bʊkəʈ/ ■ *n.m.* fist, paw, grip, handful.

بکٹا /bəkʈɑ:/ ■ *adj.* (also بکوٹا، بکھٹا) sour like (an unripe fruit), astringent, pungent, mouth-drying. (*fem.* بکٹی)

بُکٹا /bʊkʈɑ:/ ■ *n.m.* (also بُکٹّا، بکوٹا) pinch or grip between thumb and forefinger; large pinch. بکٹا بھرنا/مارنا **1** take a large pinch. **2** (of a bird) peck off a bit of flesh.

بکثرت /bəkəsrət̪/ ■ *adv.* in abundance. See under بہ. بکثرت ہونا abound, be abundant, be plentiful.

bull. بقرعید sacrificial festival observed by Muslims on the tenth of the month of Zilhaj (ذی الحجّہ).

بُقراط /bʊqrɑ:t̪/ ■ *pr.n.m.* Hippocrates. ■ *n.m.* **1** (*fig.*) wise man. **2** (*iron.*) wiseacre.

بُقراطیت /bʊqrɑ:t̪ɪjət̪/ ■ *n.f.* **1** posing as a know-all. **2** solemnity, gravity.

بقریہ /bəqərɪjjɑ:/ ■ *n.f.* smallpox. بقریہ ٹیکا smallpox vaccination. بقریہ چیچک cowpox.

بقسمیہ /bəqəsmɪjɑ:/ ■ *adv.* by oath. See under بہ.

بُقعہ /bʊqʔɑ:/ ■ *n.m.* **1** plot of land. **2** house, dwelling. **3** prominent place. **4** spot or stain (in the pupil of an eye). بقعۂ ظلمت blind spot. بقعۂ نور **1** dazzling light. **2** a well-lit place.

بقل /bəql/ ■ *n.f.* (also بقلہ) vegetable; pot-herb. بقل بطورا (*fig.*) awkward, presumptuous man. (*pl.* بُقول; *ppl.* بُقولات).

بقلاوہ /bəqlɑ:vɑ:/ ■ *n.m.* (also بقلاوی) a rich sweetmeat with almonds and pistachio much savoured in the Middle East.

بقلّت /bəqɪllət̪/ ■ *adv.* in small quantity. See under بہ.

بقلم /bəqələm/ ■ *adv.* by the hand of. See under بہ. بقلم خود under own hand; signed in person.

بقلہ /bəqlɑ:/ ■ *n.f.* See بقل. بقلۃ الحمقا purslane, *Portulaca oleracea.*

بقول /bəqɔ:l/ ■ *adv.* according to the saying or dictum of. See under بہ.

بُقولاتی /bʊqu:lɑ:t̪i:/ ■ *adj.* vegetarian.

بقیدِحیات /bəqæ:d̪e həjɑ:t̪/ ■ *adv.* living. See under بہ.

بقیع /bəqi:ʔ/ ■ *n.m.* **1** place with many trees. **2** remains.

بقیّہ /bəqɪjjɑ:/ ■ *n.m.* arrears, remainders, balance, residue, remnant. بقیۃ السیف survivors of war. (*pl.* بقیّات)

بک¹ /bək/ ■ *n.f.* idle talk, chatter, raving, prattle, garrulity. بک بک کرنا/لگانا/مچانا babble, idle talk. بک بک جھک جھک babble, talk idle, prattle. [S]

بک² _____ ■ *n.m.* heron. بک چال slow stately gait. بک دھیان meditation. [S]

بِک /bɪk/ ■ *n.m.* (*var.* of بیگ) Turkish title for men.

بُک /bʊk/ ■ *n.f.* fine muslin-like fabric.

بُکا /bʊkɑ:/ ■ *n.f.* wail, weeping, lamentation.

بکّا /bəkkɑ:/ ■ *n.m.* shears used for trimming plants.

بِکّا /bɪkkɑ:/ ■ *n.m.* twenty years old elephant.

بکچی /bəktʃi:/ ■ *n.f.* wild cumin, a plant whose seed is used for curing itch, *Vernonia anthelmintica*.

بکر /bəkər/ ■ *n.m.* (*contr.* of بکرا) بکر بکر چبانا/رکھانا (chew) like a goat. بکر قصاب butcher who sells mutton. بکرکود skip and play like goats. بکرمنڈی goat market.

بکر /bəkr/ ■ *n.m.* name of a hypothetical person, used by way of illustration.

بکر /bɪkr/ ■ *n.m.* virginity. ■ *adj.* untouched, rare. (*pl.* ابکار)

بکرا /bəkrɑ:/ ■ *n.m.* he-goat. بکرا بنانا **1** make small pieces of meat after slaughter and skinning. **2** (*fig.*) dupe someone of something. بکراپیڑی/منڈی goat market.

بکرات /bəkərrɑ:t̪/ ■ *adv.* repeatedly, over and over, (often used with مرات).

بکراوتی /bəkrɑ:vət̪i:/ ■ *n.f.* (also بکراوٹی) alloy, mixed metal, impure gold or silver.

بکرم /bɪkrəm/ ■ *pr.n.m.* the famous Hindu emperor Bikramajit.

بکرم /bʊkrəm/ ■ *n.m.* buckram, the coarse open-woven stiff fabric to stiffen collars, etc. [E]

بکرمی /bɪkrəmi:/ ■ *adj.* of or relating to بکرم. بکری سنہ the Hindu era (beginning from Bikramajit's accession in 57 BC).

بکرنڈی /bəkrənɖi:/ ■ *n.f.* band of twisted ropes at the foot of a charpoy (rope cot) through which the tightening strings at the foot of the bed are passed.

بکروٹا /bəkro:ʈɑ:/ ■ *n.m.* kid, young goat.

بکری /bəkri:/ ■ *n.f.* she-goat, nanny goat.

بکری¹ /bɪkri:/ ■ *n.f.* **1** sale. **2** income. **3** demand. **4** selling price, value fixed. بکری بٹا profit on sale. بکری کر sales tax. بکری کھاتہ account of sales. [S]

بکری² ____ ■ *adj.* of or relating to بکر. بکری تولید (***Biol.***) asexual reproduction. [A]

بکرے /bəkre:/ ■ *n.m.* (*pl. & infl.* of بکرا) بکرے کی بولی بولنا to vomit. بکرے کی ماں کب تک خیر منائے گی one can not escape one's destiny.

بکس /bəks/ ■ *n.m.* box. [E]

بکس /bɪkəs/ ■ *adj.* (*contr.* of بےکس) helpless.

بکسا /bəksɑ:/ ■ *adj.* (also بکسیلا) pungent, unsavoury.

بکساہٹ /bəksɑ:hət̪/ ■ *n.f.* (also بکساپن) unsavouriness.

بکسنا /bɪkəsnɑ:/ ■ *v.* **1** bloom, open; expand. **2** wither. **3** be pleased.

بکسوا /bəksʊvɑ:/ ■ *n.m.* (also بکلس) buckle, safety pin. [E]

بکسیلا /bəksæ:lɑ:/ ■ *adj.* See بکسا.

بکف /bəkəf/ ■ *adv.* in hand. See under بہ.

بکل /bəkʊl/ ■ *n.m.* Spanish cherry, the tree *Mimusops elengi* and its fruit. (See also مولسری.)

بکل /bɪkəl/ ■ *adj.* (*contr.* of بےکل) restless, impatient, uneasy, troubled.

بکل /bəkkəl/ ■ *n.m.* (also بکلا) bark, husk; skin; peel. بکل اڑانا beat severely, give a good beating.

بکل /bʊkkəl/ ■ *n.m.* stole or sheet pulled over head and shoulder to hide the face. بکل لگانا/مارنا to hide the face with a sheet.

بکم /bʊkm/ ■ *adj.* mute, dumb.

بکم /bəkkəm/ ■ *n.f.* sappan or red wood, formerly used as a source of red dye, *Caesalpinia sappan*.

بکنا /bəknɑ:/ ■ *v.* (*derog.*) speak; prate, jabber, babble, rave. بکنا جھکنا go on blabbing, rail at, rave, scold.

بکنا /bɪknɑ:/ ■ *v.* **1** be sold. **2** become subservient, serve as a slave. **3** take bribe.

بکنی /bʊkni:/ ■ *n.f.* **1** powder. **2** shred, tatter. بکنی کر ڈالنا grind or reduce to powder; tear to pieces.

بکو /bəkku:/ ■ *adj.* garrulous, talkative, chatty.

بکواس /bəkvɑ:s/ ■ *n.f.* foolish talk, blabbing, garrulity.

بکواسی /bəkvɑ:si:/ ■ *n.m. & f.* blabbermouth.

بکوانا /bɪkvɑ:nɑ:/ ■ *v.* have something sold, cause to be sold.

بکوٹ /bɪko:t̪/ ■ *n.m.* executioner.

بکوٹا /bəko:ʈɑ:/ ■ *n.m.* pungent. See بکسا.

بکوٹنا /bəko:ʈnɑ:/ ■ *v.* claw, scratch or tear with the nails.

بکور /bʊku:r/ ■ *n.m.* **1** (*literal*) early morning arrival, early arrival. **2** (*fig.*) early morning.

بکولی /bəko:li:/ ■ *n.f.* a pest infesting the paddy fields.

بکہ /bəkkɑ:/ ■ *pr.n.m.* another name of Makkah.

بکی /bəkki:/ ■ *n.m.* prater, chatterer, blabbermouth, blabber.

بکیت /bəkæ:t̪/ ■ *n.m.* (also بنکیت) **1** one who fights with a dagger. **2** fop, beau.

بکیتی /bəkæ:t̪i:/ ■ *n.f.* (also بنکیتی) art of fighting with dagger.

بکیلو /bəke:lu:/ ■ *n.m.* a kind of rush or grass used for making ropes.

بکھ /bɪk^h/ ■ *n.m.* (*var.* of بس) venom, poison. (*opp.* بکھیا)

بکھار /bukʰɑ:r/ ■ *n.m.* (also بکھاری) granary, storeroom.

بکھان /bəkʰɑ:n/ ■ *n.m.* **1** praise, commendation. **2** explanation; description; definition. **3** disgrace, infamy. بکھان کرنا to name with opprobrium. بکھان ڈالنا rave and rant, denounce.

بکھانا /bəkʰɑ:nnɑ:/ ■ *v.* **1** expound, explain; declare. **2** praise. **3** revile, abuse.

بکھٹا /bəkʰʈɑ:/ ■ *adj.* pungent. See بکٹا. (*fem.* بکھٹی)

بکھرا /bəkʰrɑ:/ ■ *n.m.* the cotton pad which a litter bearer puts on his shoulders to avoid injury.

بِکھرا /bɪkʰrɑ:/ ■ *adj.* scattered, disturbed. (*fem.* بکھری)

بِکھرانا /bɪkʰrɑ:nɑ:/ ■ *v.* scatter. See بکھیرنا.

بِکھراؤ /bɪkʰrɑ:o:/ ■ *n.m.* **1** scatter, dispersion. **2** confusion, disturbance.

بِکھرنا /bɪkʰərnɑ:/ ■ *v.* **1** be scattered, spread, dispersed. **2** be wasted, be ruined. **3** be angry, become annoyed.

بکھری /bəkʰri:/ ■ *n.f.* house; cottage, hut.

بکھریّا /bəkʰrəjjɑ:/ ■ *n.m.* owner of house.

بکھڑا /bəkʰɽɑ:/ ■ *n.m.* caltrop, thorn of the shrub *Tribulus terrestris*.

بِکھم /bɪkʰəm/ ■ *n.m.* (of a number) odd, irregular.

بِکھما /bɪkʰmɑ:/ ■ *n.m.* (also بکھمان) antidote.

بکھّی /bəkʰkʰi:/ ■ *n.f.* rib.

بکھیر /bəkʰe:r/ ■ *n.f.* anything dropped, sweepings, rubbish.

بکھیرنا /bəkʰe:rnɑ:/ ■ *v.* (also بکھرانا) scatter, strew, throw about.

بکھیڑا /bəkʰe:ɽɑ:/ ■ *n.m.* **1** quarrel, vexation, wrangling, dispute. **2** worry, agitation; trouble. **3** obstacle, impediment. **4** goods, chattels; rubbish. **5** bustle, uproar, tumult. **6** business, occupation. **7** difference, contrariness. **8** artfulness, slyness. **9** (troublesome) way or manner. بکھیڑا پالنا invite unnecessary trouble. بکھیڑا چکانا settle a dispute. بکھیڑا اچانا complicate things; create a difficulty; cause contention.

بکھیڑیا /bəkʰe:ɽjɑ:/ ■ *adj.* contentious, disputatious, fussy, quarrelsome. ■ *n.m.* brawler, disputant.

بگ[1] /bəg/ ■ *n.m.* (*contr.* of بگلا) heron. بگ پانتی line of herons. بگ ہنس slow, measured walk. بگ چال the grey goose. [S]

بگ[2] ____ ■ *n.f.* (*contr.* of باگ[1]) rein, bridle; used in comp. as: بگ ٹٹ، بگ ٹوٹ. **1** with broken reins, without reins. **2** galloping, very fast. بگ جانا (of a hurt animal) escape. بگ چھٹ gallop. بگ دھر aggressive. [S]

بگّا /bəggɑ:/ ■ *n.m.* rope in the nostril of bullock to control it.

بگارنا /bəgɑ:rnɑ:/ ■ *v.* scatter, spread, disperse, throw away.

بِگاڑ /bɪgɑ:ɽ/ ■ *n.m.* **1** change for the worse, impairment, deterioration, worsening; corruption. **2** defacement, disfigurement. **3** discord, disagreement, quarrel; misunderstanding. **4** souring of a relationship; estrangement. **5** bungling, miscarriage (of plans). **6** vandalism, destruction. بگاڑ پر آنا be bent upon creating discord, be ready to quarrel. بگاڑ کرنا quarrel, become estranged.

بِگاڑنا /bɪgɑ:ɽnɑ:/ ■ *v.* **1** damage, harm. **2** bungle (a job), disconcert (a plan). **3** ruin, mar, vitiate; spoil. **4** disfigure. **5** mess up, screw up. **6** spoil someone (esp. a child) by over pampering or overindulgence. **7** have illicit sex (with).

بِگانا /bɪgɑ:nɑ:/ ■ *n.m.* stranger. See بیگانہ. (*fem.* بگانی)

بگ ڈنڈ /bəgɖənɖ/ ■ *n.m.* parallel bars for making dips in exercise.

بگریلی /bəgre:li:/ ■ *n.f.* a small mountain bird.

بگرینڈی /bəgrɛ̃:ɖi:/ ■ *n.f.* physic nut, an angular leaved herb, *Jatropha curcas*.

بگڑ[1] /bəgəɽ/ ■ *n.m.* **1** enclosed area having several houses. **2** neighbourhood. [Prk.]

بگڑ[2] ____ ■ *n.m.* **1** combination of several food grains from which flour is made. **2** a kind of rice. [Prk.]

بگڑا[1] /bəgɽɑ:/ ■ *n.m.* corruption, malpractice, cheating, fraud, deceit, trickery. [S]

بگڑا[2] ____ ■ *adj.* unthreshed (corn, esp. rice). [S]

بِگڑا /bɪgɽɑ:/ ■ *adj.* **1** impaired, addled, damaged, spoiled. **2** out of temper, angry. بگڑا دل rebellious; reckless, self-willed; wild, cynical. بگڑا وقت hard or lean times, poverty, penury. (*fem.* بگڑی)

بِگڑنا /bɪgəɽnɑ:/ ■ *v.* **1** be spoiled; deteriorate, change for the worse, worsen. **2** be impaired or defaced; be disfigured. **3** be damaged, marred, ruined, destroyed. **4** be corrupted; develop bad habits. **5** go out of order, be mismanaged. **6** be enraged or become angry. **7** (of eatables) be rotten. **8** (of a disease) be severe.

طویل انفی مصوتے: جاں، آں ã: /dʒɑ̃:/, /ɑ̃:/ ; ہَیں æ̃: /hæ̃:/ ; آئیں ĩ: /ɑ:ĩ:/ ; آئیں ẽ: /ɑ:ẽ:/ ; لونڈی ɔ̃: /lɔ̃:ɖi:/ ; یُوں ũ: /jũ:/ ; انسانوں õ: /ɪnsɑ:nõ:/

hindrance. بگھن ڈالنا 1 bloodshed, killing. 2 hinder, obstruct.

بگھنا /bəgʰnɑ:/ ■ *n.m.* lion's nails and teeth used as a charm in the form of a rosary or talisman.

بِگھنا /bɪgʰnɑ:/ ■ *n.m.* wolf.

بگھوٹی /bɪgʰɔ:ʈi:/ ■ *n.f.* land revenue charged as per bigha.

بگھّی¹ /bəgʰgʰi:/ ■ *n.f.* buggy, a light carriage. [E]

بگھّی² ____ ■ *n.f.* a kind of gnat; horse-fly. [Prk.]

بگھیرا /bəgʰe:rɑ:/ ■ *n.m.* (also بگھرا) leopard; panther.

بگھیلا /bəgʰe:lɑ:/ ■ *n.m.* (also بگیلا) 1 young tiger. 2 name of a Rajput tribe.

بل¹ /bəl/ ■ *n.m.* twist, contortion, convulsion; wrinkle, coil, curl, crook, convolution, turn. بل پڑنا have convulsive pain; be twisted. بل دار bent, twisted, curved, coiled, contorted, convoluted, crooked. بل دینا turn, bend, twist, coil, curl. بل کھانا 1 be twisted, be curled. 2 fret and fume. 3 to turn in a twisting movement in dance. بل نکالنا 1 straighten, set right. 2 make humble. بل نکلنا be uncoiled, straightened; be set right. [S]

بل² ____ ■ *n.m.* 1 power, strength, might, vigour; physical force. 2 ability. 3 vanity, pride. 4 dint. 5 military force. 6 support, help. 7 difference, discrepancy. بل بوتا 1 strength. 2 good strong physique. بل بیر brave; strong. بل کرنا 1 show strength. 2 be envious. بل وان/ونت stout, strong, powerful. [S]

بل³ ____ ■ *n.m.* (*contr.* of بلی²) 1 sacrifice, offering, oblation. 2 an innocent person killed without any reason. بل بکرا sacrificial goat. بل بل جانا offer one's devotion and obedience, devote oneself to. [S]

بل⁴ ____ ■ *conj.* but; yet. See بلکہ. [P]

بِل¹ /bɪl/ ■ *n.m.* 1 hole, burrow. 2 a narrow, confining room or place. [S]

بِل² ____ ■ *n.m.* 1 demand for payment, bill. 2 draft of a proposed law. بل جاری کرنا issue a bill. بل سرکاری treasury draft or order. [E]

بُل /bʊl/ ■ *n.f.* vagina. See بُر². [S]

بلا /bəlɑ:/ ■ *n.f.* 1 evil; calamity, affliction, ill, distress, accident. 2 evil genius, devil, fiend, evil spirit; witch. ■ *adj.* 1 wonderful, astonishing, clever, sharp. 2 excessive. 3 horrible, fearful. بلا ٹلنا pending trouble

بِگڑی /bɪgɽi:/ ■ *adj.* (*fem.* of بگڑا). ■ *n.f.* 1 poverty; bad circumstances. 2 misunderstanding. بگڑی بنانا improve or better one's lot. بگڑی زبان bad, obscene or rude language; tendency to use abusive language.

بِگُل /bɪgʊl/ ■ *n.m.* the bugle, a trumpet-like small musical instrument. [E]

بگلا /bəglɑ:/ ■ *n.m.* heron; egret. ■ *adj.* extremely white, clear. بگلا بھگت imposter, pretender, hypocrite, cunning or artful person; false devotee.

بگلوس /bəglu:s/ ■ *n.m.* leather belt, buckles. [E]

بگلولو /bəglo:lo:/ ■ *n.m.* young heron. بگلولو foolish person.

بگلی /bəgli:/ ■ *n.f.* a kind of small egret.

بگلیا /bəgəljɑ:/ ■ *n.m.* troublemaker, mischievous.

بگنا /bəgnɑ:/ ■ *v.* 1 move; go. 2 be in use, be open.

بگنی /bəgni:/ ■ *n.f.* kind of light distilled wine.

بگوائی /bəgvɑ:i:/ ■ *n.f.* a cradle hung from the ceiling.

بِگوبِشنو /bɪgo: bɪʃno:/ ■ *n.f.* 1 (*literal*) say and listen. 2 (*fig.*) discussion, argument.

بگوٹی /bəgɔ:ʈi:/ ■ *n.f.* (*corr.* of باغاتی) 1 land allotted for planting a garden. 2 levy on such land.

بگوڑی /bəgɔ:ɽi:/ ■ *n.f.* pickaxe-like tool for breaking ground.

بگّوگوشہ /bəggu: go:ʃɑ:/ ■ *n.m.* a kind of pear.

بگُولا /bəgu:lɑ:/ ■ *n.m.* (also بگولہ، بگھولا) whirlwind, dust devil.

بگونا /bəgo:nɑ:/ ■ *n.m.* (also بھگونا) a small pot or pan.

بِگونا /bɪgo:nɑ:/ ■ *v.* 1 backbite; censure. 2 make fun of. [S]

بُگّی /bʊggi:/ ■ *n.f.* a long-necked little flask; goblet.

بگیا /bəgjɑ:/ ■ *n.f.* (*poet.*) small garden.

بگیلا /bəge:lɑ:/ ■ *n.m.* See بگھیلا.

بگھار /bəgʰɑ:r/ ■ *n.m.* seasoning with deep fried onions, ginger, garlic, red pepper or cummin seeds.

بگھارنا /bəgʰɑ:rnɑ:/ ■ *v.* 1 season with fried condiments. 2 improper show of one's smartness, bragging.

بگھرا /bəgʰrɑ:/ ■ *n.m.* See بگھیرا.

بُگھڑانا /bʊgʰɽɑ:nɑ:/ ■ *n.m.* 1 be mildewed. 2 look old.

بگھمبری /bəgʰəmbəri:/ ■ *adj.* dun-coloured (horse or pigeon).

بگھمّر /bəgʰəmmər/ ■ *n.m.* skin of a lion.

بِگھن /bɪgʰən/ ■ *n.m.* 1 affliction; pain. 2 bloodshed, killing, slaying, slaughter; havoc. 3 obstacle, or doom be removed. بلاخیز tempestuous, tumultuous, turbulent. بلادور far be the evil. بلازدہ/نصیب unfortunate, overwhelmed with calamity. بلا سے who cares? no concern, reck not. بلاکا extremely, very much (used in praise). بلاکش sufferer. بلاکشانِ محبت lovers suffering from pangs of separation. بلا گلے پڑنا get entangled in trouble. بلانوش 1 great eater, glutton. 2 binge drinker, sot, drunkard. بلائے آسمانی a sudden calamity as an act of God. بلائے بے درماں 1 an unavoidable calamity, an affliction for which there is no remedy. 2 (*fig.*) a person who pesters and can not be got rid of. بلائے جان constant source of worry. (*pl.* بلائیں، بلایات)

بِلا /bɪlɑ:/ ■ *prep.* without. بلااجازت without permission, adulterine, without consent. بلاارادہ without any intention. بلااندیشہ without any worry or fear. بلاپس وپیش without any hesitation, immediately. بلاتردد without hesitation. بلاتکان tirelessly. بلاتکلف without any formality, frankly. بلاتوقف without delay, promptly, speedily. بلاحجت undisputed, unchallenged. بلاروک ٹوک without let or hindrance, unchecked. بلاشبہ assuredly, certainly, without any doubt. بلاشرط unconditional; absolute. بلاشرکتِ غیرے without sharing with anyone; solely, alone, all by oneself. بلاشک doubtless; undoubtedly, unquestionably. بلاکم وکاست without any embellishment, without addition or subtraction; faithfully; as it is, complete, all, in exact measure, in toto. بلاگفتگو really; undoubtedly. بلاناغہ daily, regularly; without fail; without intermission, constantly. بلاواسطہ direct; directly. بلاواسطے کا without any reason or rhyme. بلاوجہ without any grounds, without any foundation. بلاوسوسہ without apprehension, unhesitatingly.

بَلّا /bəllɑ:/ ■ *n.m.* cricket bat; squash or tennis racket.

بِلّا¹ /bɪllɑ:/ ■ *n.m.* male cat. [S]

بِلّا² ____ ■ *n.m.* badge. [Prk.]

بُلّا /bʊllɑ:/ ■ *n.m.* bubble. See بُلبُلا.

بِلاپ /bɪlɑ:p/ ■ *n.m.* weeping, wailing, lamentation.

بِلاد /bɪlɑ:d̪/ ■ *n.m.* (*pl.* of بلد) cities; countries; towns.

بلادت /bəlɑ:d̪ət̪/ ■ *n.f.* folly, stupidity.

بِلاس /bɪlɑ:s/ ■ *n.m.* enjoyment, pleasure, delight. بلاس کرنا enjoy oneself, revel.

بِلاسی /bɪlɑ:si:/ ■ *adj.* addicted to pleasure, seeking pleasure.

بِلاشبہ /bɪlɑ:ʃʊbɑ:/ ■ *adv.* assuredly. See under بِلا.

بَلّاع /bəllɑ:ʔ/ ■ *n.m.* enormous eater, glutton.

بلاغ /bəlɑ:ɣ/ ■ *n.m.* conveying (a message).

بلاغت /bəlɑ:ɣət̪/ ■ *n.f.* rhetoric, eloquence.

بُلاق /bʊlɑ:q/ ■ *n.m.* the septum of the nose; ring-shaped ornament worn in the septum.

بُلاقن /bʊlɑ:qən/ ■ *n.f.* woman who wears ring shaped ornament in her septum.

بِلانا /bɪlɑ:nɑ:/ ■ *v.* 1 vanish, disappear, dissipate. 2 apportion, distribute.

بُلانا /bʊlɑ:nɑ:/ ■ *v.* call, invite, send for, summon, ask for.

بِلاند /bɪlɑ:nd̪/ ■ *n.f.* span, distance between the tips of the thumb and the little finger.

بِلاناغہ /bɪlɑ:nɑ:ɣɑ:/ ■ *adv.* daily, regularly. See under بِلا.

بِلاو /bɪlɑ:o:/ ■ *n.m.* male cat.

بُلاؤ /bʊlɑ:o:/ ■ *n.f.* summon, demand.

بُلاوا /bʊlɑ:vɑ:/ ■ *n.m.* (also بُلاہٹ، بُلاہت) 1 invitation, summons. 2 (*fig.*) death time.

بِلاواسطہ /bɪlɑ:vɑ:st̪ɑ:/ ■ *adv.* direct; directly. See under بِلا.

بِلاوَل /bɪlɑ:vəl/ ■ *n.f.* 1 a ragini sung in the morning. 2 beloved; wife.

بلاہت /bəlɑ:hət̪/ ■ *n.f.* foolishness, stupidity.

بُلاہٹ /bʊlɑ:hət̪/ ■ *n.f.* See بُلاوا.

بلاہر /bəlɑ:hər/ ■ *n.m.* (also بُلاہر) nightwatchman or crier of a village, messenger.

بلاہی /bəlɑ:hi:/ ■ *n.m.* a low caste of workers in hides and leather.

بلائی /bəlɑ:i:/ ■ *n.f.* blessing, prayer, benediction.

بِلائی /bɪlɑ:i:/ ■ *n.f.* 1 female cat. 2 grater for scraping pumpkin, etc.

بلائیں /bəlɑ:ẽ:/ ■ *n.f.* (*pl.* of بلا) calamities. بلائیں لینا touch the sides of someone's head with both hands and then similarly touch one's own head with curled fingers, signifying transfer of all woes and troubles to oneself.

بلایات /bəlɑ:jɑ:t̪/ ■ *n.f.* (*pl.* of بلا) calamities. بلایاتِ روزگار trials and tribulations of life.

بلبان /bəlbɑ:n/ ■ *n.m.* an ancient musical instrument played by blowing while held with teeth.

بلبل /bəlbəl/ ■ *n.f.* blubbering or mumbling of a camel. ■ *n.m.* tumult.

بِلبِل /bɪlbɪl/ ■ *n.f.* sound made to drive off a cat.

بلديات /bəldɪjɑ:t/ ■ *n.f.* (*pl.* of بلديہ) 1 local governments or bodies. 2 towns or districts with local self-government.

بلدياتى /bəldɪjɑ:ti:/ ■ *adj.* relating to local bodies or municipal corporations.

بلديہ /bəldɪjɑ:/ ■ *n.m.* municipal corporation or a similar body.

بلّر /bəllər/ ■ *n.f.* wave.

بلراج /bəlrɑ:dʒ/ ■ *n.m.* a Hindu festival celebrated in the month of Katik (کاتک) in which oxen are decorated.

بلرانڈ /bəlrɑ̃:ḍ/ ■ *n.f.* young-widow.

بِلّڑ /bɪlləɽ/ ■ *n.m.* male cat. See بِلاّ.

بلسان /bəlsɑ:n/ ■ *n.m.* balsam tree.

بِلسنا /bɪləsnɑ:/ ■ *v.* be happy, look glad, take delight, derive pleasure, enjoy.

بِلسيا /bɪləsjɑ:/ ■ *n.m.* one who enjoys and takes pleasure.

بلطائف اُلحِيل /bəlt̪ɑ:efʊlhejəl/ ■ *adv.* tactfully or under the pretext (of). See under بـ.

بلع /bəlʔ/ ■ *n.m.* 1 act of swallowing. 2 absorption.

بلعمِ باعُور /bəlʔəmebɑ:ʔu:r/ ■ *pr.n.m.* (***Hist.***) a legendary character of Mosaic period whose malediction caused Prophet Moses to remain in the wilderness for forty years.

بُلعُوم /bʊlʔu:m/ ■ *n.m.* the throat.

بُلغا /bʊləɣɑ:/ ■ *n.m.* (*pl.* of بليغ) eloquent men.

بلغم /bəlɣəm/ ■ *n.m.* phlegm.

بلغمی /bəlɣəmi:/ ■ *n.m.* 1 phlegmatic. 2 sluggish. 3 moist, damp.

بُلغور /bʊlɣo:r/ ■ *n.m.* any pounded edible material and the food prepared with it.

بِلک /bɪlək/ ■ *n.f.* weeping, wailing.

بِلکانا /bɪlkɑ:nɑ:/ ■ *v.* cause (a child) to cry violently.

بلکاوا /bəlkɑ:vɑ:/ ■ *n.m.* indistinct utterance, affected or distorted language.

بلکنا /bələknɑ:/ ■ *v.* mutter, mumble, speak indistinctly.

بِلکنا¹ /bɪləknɑ:/ ■ *v.* weep, wail, whine. [Prk.]

بِلکنا² ——— ■ *v.* desire earnestly, long for; crave, pine for. [S]

بلکہ /bəlke:/ ■ *adv.* (also بل²) moreover, furthermore; but; also; rather; on the contrary.

بِلاّ /bɪllɑ:/ ■ *adj.* foolish, simple, stupid, silly, senseless.

بُلبُل /bʊlbʊl/ ■ *n.m.* & *f.* 1 bulbul, nightingale. 2 (*fig.*) lover. بلبل چشم a kind of diamond pattern silken cloth. بلبلِ ہزارداستان (*fig.*) eloquent, expressive (poet). (*pl.* بلابل)

بِلبِلا /bɪlbɪlɑ:/ ■ *adj.* given to complaining, snivelling.

بُلبُلا /bʊlbʊlɑ:/ ■ *n.m.* 1 bubble. 2 (*fig.*) any frail thing.

بلبلانا /bəlbəlɑ:nɑ:/ ■ *v.* 1 effervesce. 2 camel to babble, especially when inflamed with passion. 3 ferment. 4 be in a violent rage.

بِلبِلانا /bɪlbɪlɑ:nɑ:/ ■ *v.* 1 lament; whimper and cry from pain or grief. 2 become restless. 3 beseech, entreat.

بِلبِلاہٹ /bɪlbɪlɑ:hət̪/ ■ *n.f.* restlessness, agitation.

بُلبُل ٹین /bʊlbʊlṭi:n/ ■ *n.m.* velveteen or imitation velvet. [E]

بلبُوس /bəlbu:s/ ■ *n.f.* a kind of wild onion, bulbous. [E]

بل بے /bəl be:/ ■ *exclam.* wonderful! good! tush! nonsense! away with you!

بُل بھکوا /bʊlbʰəkvɑ:/ ■ *adj.* 1 greedy. 2 lusty in old age.

بلتوڑ /bəlṭo:ɽ/ ■ *n.m.* (*contr.* of بال توڑ) an abscess at the root of hair.

بلتی /bəlṭi:/ ■ *n.m.* native or language of Baltistan. ■ *adj.* of or relating to Baltistan.

بلتھم /bəlṭʰəm/ ■ *n.m.* a trick in wrestling.

بِلٹنا /bɪləṭnɑ:/ ■ *v.* 1 deteriorate, be destroyed, be lost; be effaced. 2 become vicious or worse.

بِلٹی /bɪlṭi:/ ■ *n.f.* bill of loading/lading; railway voucher for goods carried or sent. [E]

بلچک /bəltʃək/ ■ *n.f.* 1 stroke of sword handle. 2 suppleness of sword.

بلحاظ /bəlehɑ:z/ ■ *adv.* in respect of. See under بـ. بلحاظِ عمر age-wise, according to age. بلحاظِ عہدہ ex-officio, according to rank.

بلخش /bəlxəʃ/ ■ *n.m.* kind of precious stone.

بلد¹ /bələd/ ■ *n.m.*(also بلدہ) city; town; country; region. بلدِ امین town of peace, i.e. Makkah. [A]

بلد² ——— ■ *adj.* knowing, au fait, familiar. ■ *n.m.* leader. [A]

بلد³ ——— ■ *n.m.* 1 (*literal*) one endowing power. 2 (*fig.*) ox; bull; bullock. [S]

بلدنا /bələdnɑ:/ ■ *v.* 1 to bull (a cow). 2 (*fig.*) make a woman pregnant.

بلاپن stupidity, foolishness. (*fem.* بِلّی)

بلم /bələm/ ■ *n.m.* (also بلما، بلماں) (*contr.* of بالم) lover; husband.

بَلّم /bəlləm/ ■ *n.m.* lance, spear. بلم بردار lancer, spearman.

بِلمانا /bɪlmɑ:nɑ:/ ■ *v.* detain; allure, tantalise.

بِلَمب /bɪləmb/ ■ *n.m.* delay, long stay; slowness, tardiness.

بِلَمبنا /bɪləmbnɑ:/ ■ *v.* delay, procrastinate; stay.

بلنا[1] /bəlnɑ:/ ■ *v.* (also برنا) **1** burn; be lighted. **2** (*fig.*) burn like fire. [S]

بلنا[2] ____ ■ *v.* twist, turn; braid, plait, weave. [S]

بلند /bələnd̪/ ■ *adj.* (also بُلند) **1** high, tall, raised, elevated. **2** lofty, exalted, sublime. **3** loud. بلند اختر/اقبال blessed, lucky, fortunate. بلند ارادہ ambitious, aspiring, having high aims and aspirations. بلند آواز loud, stentorian. بلند آہنگ loud; high-sounding. بلند بالا/قامت of good height. بلند بانگ loud. بلند بانگ دعوئ tall claim, an assertion or promise made in public. بلند پایہ exalted, of high rank, of high quality. بلند پرواز soaring high, ambitious, sublime. بلند پروازی lofty flight. بلند ترین highest. بلند حوصلہ aspiring, ambitious, enterprising. بلند رتبہ/مرتبہ of high rank; high in position. بلند فشارِ خون high blood pressure. بلند کرنا lift; exalt; elevate, raise up. بلند نظر/نگاہ of exalted views, aspiring. بلند ہمت morally courageous, mentally vigorous, determined, strong-minded, high-minded. بلند ہمتی high-mindedness. بلند ہونا mount, become high, climb up, ascend, soar.

بلندی /bələnd̪i:/ ■ *n.f.* (also بُلندی) **1** elevation, height, loftiness. **2** eminence, exaltation. بلندی سے پستی پر آنا have an anticlimax. بلندی و پستی declivity and acclivity, ups and downs.

بِلَنگنا /bɪləŋgnɑ:/ ■ *v.* **1** leap up to; ascend, rise; climb. **2** hang.

بِلَنگنی /bɪləŋgni:/ ■ *n.f.* wash-line, clothes-line. (See also اَلگنی.)

بلنی /bəlni:/ ■ *n.f.* **1** powerful female. **2** the plant *Sida cordifolia*.

بِلنی /bɪlni:/ ■ *n.f.* stye, the boil on the eyelids.

بلوا[1] /bəlvɑ:/ ■ *n.m.* (also بلوہ) **1** riot, affray. **2** sedition, rebellion. **3** (***Law***) a disturbance of public peace by a crowd of three or more people. **4** tumult, uproar. [P]

بلوا[2] ____ ■ *adj.* sandy, gritty, pebbly. [S]

بلوار /bəlvɑ:r/ ■ *n.f.* small river boat.

بلُواری /bəlʊvɑ:ri:/ ■ *adj.* sandy, full of sand.

بلوان /bəlvɑ:n/ ■ *adj.* strong, powerful, stout, robust.

بُلوانا /bʊlvɑ:nɑ:/ ■ *v.* have someone called, send for, summon.

بلوائی /bəlvɑ:i:/ ■ *n.m.* rioter. ■ *adj.* riotous.

بِلَوٹا /bɪlɔ:ʈɑ:/ ■ *n.m.* (also بلونگڑا) kitten.

بلوچی /bəlo:tʃi:/ ■ *n.m.* Baluchi, a native of Baluchistan. ■ *n.f.* the language of these people. ■ *adj.* of or relating to Baluchistan.

بِلَّور /bɪllɔ:r/ ■ *n.m.* rock-crystal, crystal glass; beryl. بلورسا crystalline.

بلُوراس /bəlu:rɑ:s/ ■ *n.f.* sandy land.

بِلُورہ /bɪlu:rɑ:/ ■ *n.m.* (also بِلُّورہ) (*dim.* of بِلَّور).

بِلَّوری /bɪllɔ:ri:/ ■ *adj.* (also بِلُّوریں) of or relating to crystal, made of crystal glass.

بلُوط /bəlu:t̪/ ■ *n.m.* (also سیتاسپاری) oak, acorn; chest-nut tree.

بُلُوغ /bʊlu:ɣ/ ■ *n.m.* (also بُلُوغت) **1** adulthood, puberty, sexual maturity. **2** adolescence.

بِلُوکا /bɪlu:kɑ:/ ■ *n.m.* (also بِلُوکھا) opening, crack, rent, fissure, crevice.

بِلونا /bɪlo:nɑ:/ ■ *v.* churn (milk), whip.

بلونت /bəlvənt̪/ ■ *adj.* strong, stout, robust.

بِلُونگڑا /bɪlu:ŋgɽɑ:/ ■ *n.m.* (also بلوٹا) **1** kitten. **2** (*fig.*) child.

بِلونی /bɪlo:ni:/ ■ *n.f.* churning pot.

بلوہ /bəlvɑ:/ ■ *n.m.* riot. See بلوا[1].

بلہ /bəlɑ:/ ■ *n.f.* silliness, folly.

بُلہ /bʊlh/ ■ *adj.* foolish, stupid, silly.

بَلّہ /bəllɑ:/ ■ *n.m.* **1** mid portion between elbow and shoulder. **2** heavy club like exercise tool.

بِلّہ /bɪllɑ:/ ■ *n.m.* enclosed land for cultivating betel leaf.

بلہار /bəlhɑ:r/ ■ *n.m.* (also بلہاری) (a term of endearment) one who offers oneself as sacrifice to protect some dear one. بلہار جانا utter such words.

بِلہری /bɪlæhri:/ ■ *n.m.* **1** a kind of basket for holding betel leaves. **2** a ladle for oil.

بلی /bəlɑ:/ ■ *phr.* yes, why not? yes.

بلی[1] /bəli:/ ■ *adj.* **1** strong, powerful, mighty. **2** (***Astrol.***) more powerful, strongest (star, etc.). [S]

بلی[2] ____ ■ *n.f.* sacrifice, votive offering to a deity. [S]

بلّی /bəlli:/ ■ *n.f.* a long pole to propel a boat; rafter or beam; wooden beam used as a prop. بلّی مارنا propel or steer a boat.

بلّی[1] /bɪlli:/ ■ *n.f.* she-cat. بلّی بھی لڑتی ہے تو منہ پر پنجہ رکھ لیتی ہے even animals are shy to fight (said to a quarrelsome person). بلّی چاٹا منہ (*fig.*) unwashed face. بلّی راستہ کاٹ گئی an evil omen for one setting out on a journey. بلّی کا گو لیپنے کا نہ پوتنے کا something utterly useless. بلّی کے بھاگوں چھینکا ٹوٹا an unexpected gain. بلّی کے خواب میں چھیچھڑے forever thinking about one's interests. بلّی کے گو کی طرح چھپانا be highly secretive. بلّی کھائے گی نہیں تو پھیلائے گی some people can only damage. بلّی لوٹن a fragrant grass, valerian. [S]

بلّی[2] ____ ■ *n.f.* latch, door catch, bolt of a door. [Prk.]

بلے /bəle:/ ■ *adv.* & *int.* yes; true; well; right; so.

بلیا /bəlja:/ ■ *adj.* strong, sturdy, powerful.

بلیّات /bəlɪjja:t̪/ ■ *n.f.* (*pl.* of بلا) 1 ghosts or genii. 2 evils, calamities, misfortunes.

بلیّاں لینا /bələjjã: le:na:/ ■ *v.* ward off someone's evils. See بلائیں لینا under بلائیں.

بلید /bəli:d̪/ ■ *adj.* & *n.m.* fool, simpleton, blockhead, duffer. بلیدُالذہن رالطبع رالفہم foolish.

بلیدان /bəli:d̪a:n/ ■ *n.m.* a votive offering to a deity, sacrifice. بلیدان کرنا to sacrifice.

بلیغ /bəli:ɣ/ ■ *adj.* 1 eloquent, articulate. 2 comprehensive, meaningful. (*fem.* بلیغہ)

بلَیلہ /bəlæ:la:/ ■ *n.m.* (also بہیڑا) belleric myrobalan, a herb.

بلیلہ /bəli:la:/ ■ *n.m.* (*coll.*) decrepit car, jalopy.

بلَینڈا /bəlæ̃:d̪a:/ ■ *n.m.* 1 ridge-pole of a cottage. 2 (*fig.*) a tall person. (*fem.* بلَینڈی)

بلّیوں /bəllɪjõ:/ ■ *n.f.* (*pl.* of بلّی). ■ *adj.* 1 very high or very deep. 2 (*fig.*) very much. بلّیوں پانی اچھلنا a big storm to rage. بلّیوں پانی ہونا water to be very deep.

بم[1] /bəm/ ■ *n.m.* 1 bass part in music; bass or lowest string or a drum having the deepest tone. 2 deep sound; noise, hullabaloo; protest. 3 kettledrum. بم چخ noise, clamour, hullabaloo, uproar, altercation. بم چخ مچانا make hue and cry, create disturbance. بم مچانا cry out for help, make a noise. [P]

بم[2] ____ ■ *n.m.* (also بمب) bomb; bombshell. بم کا گولا رگولہ 1 bombshell. 2 overwhelming surprise or disappointment. [E]

بم[3] ____ ■ *n.m.* bamboo, the pole or shaft of a carriage. [E]

بم[4] ____ ■ *n.f.* 1 spring of water; fountain. 2 pump. ■ *exclam.* expressing joy or devotion. بم بم مہادیو war cry of Hindus in honour of Shiva. [S]

بمان /bɪma:n/ ■ *n.m.* (also وِمان) 1 car or chariot of the gods. 2 aeroplane.

بمب /bɪmb/ ■ *n.m.* a kind of pumpkin plant which produces red fruits, *Momordica monadelpha*.

بمبا /bəmba:/ ■ *n.m.* 1 water pump. 2 tap. 3 spout. 4 canal. 5 letter box.

بمبار /bəmba:r/ ■ *n.m.* bomber; an aeroplane that drops bombs. [E]

بمباری /bəmba:ri:/ ■ *n.f.* bombing, bombardment. [E]

بمبو /bəmbu:/ ■ *n.m.* 1 bamboo, *Bambusa arundinaria*. 2 reed pipe used by opium smokers. بمبو دینا رکرنا (*offens.*) 1 coerce, force; threaten. 2 punish, chastise. [E]

بمبوق /bəmbu:q/ ■ *n.m.* half-witted, silly.

بمبی /bəmbi:/ ■ *n.f.* snake-pit. See بانبی.

بم پلس /bəmpʊlɪs/ ■ *n.m.* (also بم پولس) public latrine. [E]

بمٹا /bɪmt̪a:/ ■ *n.m.* large red ant.

بمثل /bəmɪsl/ ■ *adj.* like, resembling. See under بِ.

بمجرّد /bəmʊdʒərrəd/ ■ *adv.* instantly. See under بِ.

بمرتبہ /bəmərt̪əba:/ ■ *adv.* to some extent. See under بِ.

بمری /bəmṛi:/ ■ *n.f.* scream; wailing, lamentation. بمری مارنا weep with screams, wail, lament.

بمشکل /bəmʊʃkɪl/ ■ *adv.* with great difficulty.

بمصداق /bəmɪsd̪a:q/ ■ *adv.* in accordance with. See under بِ.

بمطابق /bəmʊt̪a:bɪq/ ■ *adv.* apropos. See under بِ.

بمع /bəmə?/ ■ *adv.* (*corr.* of مع) with, alongwith.

بمقتضائے /bəmʊqt̪əza:e:/ ■ *adv.* according to the requirements of. See under بِ.

بمکارنا /bəmka:rna:/ ■ *v.* (also بکارنا) speak in loud angry voice.

بمکنا /bəməkna:/ ■ *v.* 1 (*literal*) become swollen. 2 (*fig.*) brag, gloat, talk big.

بمن /bəmən/ ■ *n.m.* (*contr.* of براہمن) Brahman. [S]

بمنا /bəmna:/ ■ *n.m.* one coloured pigeon having white spots below its beak.

بمنزلہ /bəmənzilɑ:/ ■ *adv.* instead. See under بہ. بمنزلہ ماں باپ in loco parentis.

بموجب /bəmu:dʒɪb/ ■ *adv.* on account of. See under بہ.

بن¹ /bən/ ■ *n.m.* 1 forest, jungle, wood. 2 cotton crop. بن باس 1 living in forest. 2 banishment, exile. بن باسی 1 dweller in woods; person gone into exile. 2 (*fig.*) hermit; inhabitant of the woods. بن بلاؤ wild cat. بن بہار a kind of wild fragrant flower. بن بھاو wandering or hunting in forest. بن تیتر sandgrouse. بن چور yak. بن کٹی fee paid for cutting timber in a forest. بن کر revenue from wood and forests; produce of forest lands. بن کریلا wild bitter gourd. بن ماچھی wild bee. بن مال / مالا garland of wild flowers. بن مانس 1 an ape, gorilla. 2 wild man. [S]

بن² ____ ■ (*imper.* of بننا) used in comp. بن آنا have a stroke of luck, prosper or succeed, meet with success, get the upper hand, prosper. بن بنا کر after dressing up, after getting ready. بن بیٹھنا obtain a position forcefully, foist oneself (on). بن پڑنا find a way out of a trouble, find a solution to a problem. بن جانا adopt a guise or a role; pretend; change. [Prk.]

بِن¹ /bɪn/ ■ *n.m.* (*contr.* of ابن) son. [A]

بِن² ____ ■ *prefix* without, wanting in. بن آئی مرنا die a premature or sudden death; without any reason face some calamity. بن باپ کا orphan. بن بلایا مہمان uninvited guest. بن بویا unsown, uncultivated; fallow or wild. بن بیاہا / بیاہی unmarried. بن پانی ڈوبنا behave in a shameless way. بن پروں اُڑنا boast, make false claims. بن ٹونٹی کا بدھنا misshapen thing. بن جانے unconsciously, unknowingly, unwittingly. بن جوتا unploughed. بن داموں غلام faithful slave, devoted person, one held in thrall. بن دانے پانی without food and water. بن دیکھا unseen, unobserved. بن دیکھا چور باپ برابر one is respected till he is exposed; nobody can be accused without proof. بن دھن without wealth, poor. بن روئے ماں بھی بچے کو دودھ نہیں دیتی a closed mouth catches no flies; nothing venture, nothing gain. بن کوڑی بن پیسے کا free of charge, valueless. بن مارے توبہ کرنا fear without a cause, cry out before being hurt. بن مانگے موتی ملیں اور مانگے ملے نہ بھیک refers to the uncertainties of life; fortune has its vicissitudes. [Prk.]

بُن¹ /bʊn/ ■ *n.f.* 1 foundation, basis, stem, root. 2 bottom. 3 end. بنِ بینی tip of the nose. بنِ دنداں gum. بنِ کوہ bottom or lower part of a mountain. بنِ گوش ear lobe. بنِ مو root of the hair. [P]

بُن² ____ ■ (*imper.* of بُننا) knit, weave. [S]

بُن³ ____ ■ *n.m.* coffee bean, unroasted and ungrounded coffee. [A]

بنا /bənɑ:/ ■ *adj.* 1 made, formed, got ready, prepared. 2 composed; constructed. 3 done, completed, finished. 4 fixed, settled, established; well-arranged, in good order. 5 mock, fictitious, artificial. بنا بنایا finished, complete; ready-made. بنا بنایا کھیل بگاڑنا botch a good scheme or plan, upset the apple-cart. بنا ٹھنا dressed and adorned, fashionably or foppishly dressed. بنا چنا arranged, set in order. بنا رہنا 1 remain in attendance; last long. 2 thrive, prosper. بنا ہوا 1 fictitious, bogus, disguised. 2 shamming. بنائے رکھنا keep good relations intact. بنائے نہ بننا scheme to fail, (a matter) not to be in one's power. (*fem.* بنی³) [S]

بِنا¹ /bɪnɑ:/ ■ *n.f.* 1 foundation, basis. 2 ground, footing. 3 motive. 4 source, root, origin. بنا بر بریں on this account, therefore. بنا پڑنا foundation to be laid, start of something. بنا ڈالنا lay the foundation of, establish, originate, start. بنائے مخاصمت cause of enmity, bone of contention. (*pl.* ابنیہ) [P]

بِنا² ____ ■ *prefix* without. (See also بے³، بلا، بن²). [S]

بنّا /bənnɑ:/ ■ *n.m.* (also بنا) bridegroom.

بنات /bənɑ:t̪/ ■ *n.f.* (*pl.* of بنت) daughters; girls. بنات المسیح branches of a pomegranate tree. بنات النعش the constellation of the Great Bear, consisting of seven stars.

بنادر /bənɑ:d̪ɪr/ ■ *n.m.* (*pl.* of بندر²) ports, harbours.

بنادیق /bənɑ:d̪i:q/ ■ *n.f.* (*pl.* of بندُوق) guns.

بنارس /bənɑ:rəs/ ■ *pr.n.m.* Benares (now Varanasi), a city on the bank of the Ganges.

بنارسی /bənɑ:rsi:/ ■ *adj.* of or relating to بنارس. بنارسی پان a kind of tasty betel-leaf grown in Benares. بنارسی کام golden embroidery on silk fabrics, especially on saris.

بِناس /bɪnɑ:s/ ■ *n.m.* destruction, ruin, utter loss.

بناسپتی /bənɑ:spət̪i:/ ■ *n.f.* 1 vegetation, herbage, forest leaves, grass. 2 a kind of yellowish-green diamond. بناسپتی تیل 1 cooking oil of vegetable origin. 2 (*derog.*) impure, counterfeit, sham. بناسپتی گھی vanaspati, ghee-like shortening or cooking medium of vegetable origin.

بُناگوش /bʊnɑ:go:ʃ/ ■ *n.m.* & *f.* (also بُن گوش) lobe or tip of the ear.

بُنالا /bʊnɑ:lɑ:/ ■ *n.m.* woof of the lace.

بنام /bənɑ:m/ ■ *adv.* in the name of. See under بِ.

بنامی /bənɑ:mi:/ ■ *n.f.* (*contr.* of بےنامی) in another's name (sell, etc.).

بنان /bənɑ:n/ ■ *n.f.* (*pl.* of بنانہ) tips of the fingers; fingers.

بنانا /bənɑ:nɑ:/ ■ *v.* 1 make, create, prepare, form, mould, shape; fashion. 2 build, construct. 3 manufacture, fabricate, forge. 4 compose (music, etc.). 5 perform. 6 adjust, reconcile. 7 reform; rectify, correct (a poetic work of a disciple). 8 decorate, adorn. 9 cook. 10 invent; devise, concoct, contrive. 11 appoint. 12 dress (food). 13 pluck (a fowl). 14 mend, repair. 15 mock, feign, make a fool of.

بناوٹ /bənɑ:vəʈ/ ■ *n.f.* 1 structure. 2 construction, constitution, make, build, workmanship. 3 appearance, figure, shape, contrivance, formation. 4 affectation, pretence, sham, artificiality.

بُناوٹ /bʊnɑ:vəʈ/ ■ *n.f.* knitting, texture, weft, weaving.

بناوٹی /bənɑ:vʈi:/ ■ *adj.* 1 counterfeit, sham, insincere. 2 artificial, affected, unreal. بناوٹی طور پر affectedly, artificially.

بناوری /bənɑ:vri:/ ■ *n.f.* skill, talent, dexterity, art.

بنّاء /bənnɑ:ʔ/ ■ *n.m.* (*aug.* of بانی) founder, builder.

بناؤ /bənɑ:o:/ ■ *n.m.* 1 decoration; preparation; dressing. 2 concord, harmony, mutual agreement; reconciliation, understanding. بناؤ سنگھار embellishment, make-up, adornment, decoration, beautification. بناؤ کرنا adorn, decorate, embellish. بناؤ ہونا be on good terms, get on well.

بُنائی /bʊnɑ:i:/ ■ *n.f.* 1 act or profession of weaving, knitting. 2 price paid for weaving. 3 type or quality of weaving.

بنایا /bənɑ:jɑ:/ ■ (*past* of بنانا) made.

بنت /bənət/ ■ *n.f.* lace, ribbon studded with spangles.

بِنت /bɪnt/ ■ *n.f.* daughter. بنتُ البحر mermaid. بنتِ عنب 1 (*literal*) daughter of the grape. 2 (*fig.*) wine. بنتِ عم paternal uncle's daughter; cousin. بنتِ مریم virgin girl.

بُنت /bʊnəʈ/ ■ *n.f.* texture, weaving.

بنتی /bɪnti:/ ■ *n.f.* 1 petition, prayer, solicitation, entreaty. 2 submission. 3 apology. بنتی کرنا beg, implore, entreat.

بنٹ /bənʈ/ ■ *n.m.* share, division, part; piece, portion.

بِنٹ /bɪnʈ/ ■ *n.m.* (also بینٹا) wooden handle of an axe or spade.

بنٹا /bənʈɑ:/ ■ *n.m.* 1 large round pot-bellied vessel, usually made of brass. 2 playing marble. بنٹا دھار کرنا ruin, wreck.

بنٹانا /bə̃ʈɑ:nɑ:/ ■ *v.* distribute, share, divide.

بنٹوانا /bənʈvɑ:nɑ:/ ■ *v.* (*var.* of بٹوانا) cause to be distributed.

بنج /bənədʒ/ ■ *n.m.* (also بَنج) trade, commerce, traffic, merchandise, transactions; exchange, barter. بنج بیوپار business, profession.

بنج /bəndʒ/ ■ *n.f.* bhang, leaves and shoots of hemp.

بنجارا /bəndʒɑ:rɑ:/ ■ *n.m.* (also بنجارہ) 1 travelling merchant, huckster, pedlar. 2 nomad. 3 species of hunting dog. 4 song of separation. بنجارا تارا morning star. (*fem.* بنجارن، بنجاری)

بنجاری /bəndʒɑ:ri:/ ■ *n.* (*fem.* of بنجارا) kind of tent used by a *banjara*. ■ *adj.* 1 of or relating to بنجارا. 2 strong, durable. 3 boiled (grain).

بنجارے /bəndʒɑ:re:/ ■ *n.m.* (*pl.* & *infl.* of بنجارا) بنجارے کا چولھا makeshift gear.

بنجر /bəndʒər/ ■ *adj.* barren, unproductive (land). بنجر توڑنا bring barren land under cultivation. بنجرِ جدید land recently brought under cultivation after lying fallow. بنجر خارج الجمع fallow land exempt from revenue. بنجرِ قدیم land left fallow for some years.

بنجن /bəndʒɪn/ ■ *n.m.* land close by a village.

بِنجن /bɪndʒən/ ■ *n.m.* 1 anything used in preparing or dressing food, spice, sauce, etc. 2 (***Gram.***) consonant.

بنجنا /bəndʒnɑ:/ ■ *v.* give (a daughter or a sister) in marriage.

بنجی /bəndʒi:/ ■ *n.f.* business, especially peddling. بنجی جانا sell door to door.

بنجھوٹا /bəndʒ^{h}ɔ:ʈɑ:/ ■ *adj.* (also بنجھوٹا) sterile (man).

بنجھوٹی /bənḍʒʰɔːṭiː/ ■ *adj.* (*fem.* of بنجھوٹا) (also بنجھوٹی) 1 barren (woman). 2 contraceptive.

بنچنا /bə̃tʃnɑː/ ■ *v.* be read or perused.

بند[1] /bənḍ/ ■ *n.m.* 1 bond, bandage, fastening, string. 2 fastener. 3 bund, embankment, dam. 4 obstacle. 5 verse or stanza. 6 bracelet. 7 collar. 8 sorcery. 9 a trick in wrestling. 10 slip or piece of paper. 11 fetters, chain. بندآب embankment. بند باندھنا 1 throw a dyke. 2 build a dam. 3 devise, to plan. 4 caste spell. بند پر بند لگنا face a series of troubles. بندِقبا strings to fasten a robe. بند ہیضہ a type of cholera. [P]

بند[2] ____ ■ *adj.* 1 locked up, barred, under arrest, shut, closed. 2 quiet, hushed. بند پانی stagnant water. بندسوال confidential query. بندقید jail with strict guard. بندکرنا 1 shut, lock up, arrest, close, confine, choke. 2 wind up an account. بندکمرے میں in secrecy; in camera. بندمنھ میں مکھی نہیں جاتی speaking too much is risky, if you speak, you will be answered. بندہونا stop, cease. [P]

بند[3] ____ ■ *n.m.* joint, knot, knuckle. بندبند 1 all over (the body), in every joint; every point. 2 depressed, dejected. بندبند پکڑنا all the joints to become stiff. بندبند ٹوٹنا joints to pain, be dead tired. بندبند جدا کرنا hack into pieces, unscrew all parts. بندبند دُکھنا have a muscular pain, have shooting pain through nerves. بند ڈھیلے کردینا wear out. [P]

بندا[1] /bənḍɑː/ ■ *n.f.* mistletoe. (See also امربیل under امر.) [S]

بندا[2] ____ ■ *n.m.* granary above ground. [S]

بندا[3] ____ ■ *n.m.* person. See بندہ. [P]

بِندا /bɪnḍɑː/ ■ *n.m.* (*aug.* of بِندی) decorative mark worn in the middle of the forehead by Hindus before worship.

بُندا /bʊnḍɑː/ ■ *n.m.* pendants worn in ears.

بندابندی /bənḍɑːbənḍiː/ ■ *n.f.* restriction, restraint, hindrance.

بندارا /bənḍɑːrɑː/ ■ *n.m.* river-bank, shore, coast.

بِندال /bɪnḍɑːl/ ■ *n.f.* (also بِنڈال) creeper-like herb, with white, yellow and red flowers, *Xanthium indicum*.

بندر[1] /bənḍər/ ■ *n.m.* (also باندر) ape; monkey. بندربانٹ dividing something in such a way that the benefit goes to the person who divides. بندربھبکی bluff, an empty threat. بندرکا پھوڑا/گھاؤ 1 a wound that is never healed. 2 an issue that is never settled. بندرکیا جانے ادرک کا بھاؤ/سواد to cast pearls before swine, an inferior person cannot appreciate superior things. بندرکی آشنائی friendship of an inconsiderate man. بندرکی بلا طویلے کے سر remark made when someone is blamed for another's mistake or someone's responsibility is foisted on another. بندرکے ہاتھ میں استرا dangerous object in a novice's hands. بندرکے ہاتھ میں ناریل a blind man cannot judge colour, what should a cow do with a nutmeg. بندروالا man with a performing monkey. (*fem.* بندریا) [S]

بندر[2] ____ ■ *n.m.* (also بندرگاہ) harbour, port, dock, anchorage. (*pl.* بنادر) [P]

بندر[3] ____ ■ *n.m.* large hammer used for driving tent pegs. [E]

بندروال /bənḍərvɑːl/ ■ *n.f.* (also بندھن وار) decorative buntings made with kite paper cuttings.

بندریا[1] /bə̃ḍərjɑː/ ■ *n.m.* a kind of grass which sticks to clothes. [S]

بندریا[2] ____ ■ *n.f.* (also باندری، بندری) 1 female monkey. 2 (*fig.*) naughty girl. [S]

بندش /bənḍɪʃ/ ■ *n.f.* 1 ban, band, binding, knot, the act or state of tying. 2 short poetical or musical composition. 3 restriction, hindrance, obstruction. 4 construction. 5 plan, scheme; plot, conspiracy, preparing a false story, making up a false account of transactions, artifice or stratagem; false charge. بندش باز conspirator. بندش باندھنا conspire, contrive, plot.

بُندُق /bʊnḍʊq/ ■ *n.m.* (also فندق) hazelnut.

بندک بندا /bənḍək bənḍɑː/ ■ *n.f.* ban, prohibition, interdiction.

بُندکی /bʊnḍkiː/ ■ *n.f.* droplet, little dot, spot, speck. بندکی دار specked, dotted, spotted. بندکی کی چھینٹ the spotted chintz.

بندگان /bənḍəgɑːn/ ■ *n.m.* (*pl.* of بندہ) (also بندگان) servants, slaves; people.

بندگوبھی /bənḍ gobʰiː/ ■ *n.f.* cabbage, a kind of green vegetable.

بندگی /bənḍəgiː/ ■ *n.f.* (also بندگی) 1 slavery, service. 2 worship, obedience, adoration, humility, devotion. 3 praise, compliment. 4 a mode of salutation.
■ *exclam.* goodbye! adieu! farewell! thank you!

3 cypher.

بُندی /bunḍi:/ ■ *n.f.* a kind of sweetmeat.

بُندیلا /bũḍe:la:/ ■ *n.m.* a Rajput tribe of central India; its member. (*fem.* بندیلن)

بندے ماترم /bənḍe: ma:trəm/ ■ *phr.* Mother, I bow to thee, initial words of a nationalist poem by the Bengali poet Bankam Chandra Chattopadhyay, national song of India.

بندھ /bənḍʰ/ ■ *n.m.* bond, bandage, string. See بند¹.

بندھا /bə̃ḍʰa:/ ■ *adj.* 1 tied, fastened, bound, fixed. 2 usual, ordinary. 3 established. 4 shut up. 5 continuous. بندھا ٹکا specified, fixed; limited. بندھا ٹکا جواب a pet reply, expected reply. بندھا ہوا خرچ regular fixed expenses. (*fem.* بندھی)

بندھان /bənḍʰa:n/ ■ *n.m.* 1 (*literal*) joint, fastening. 2 (*fig.*) joints and limbs.

بندھانی /bənḍʰa:ni:/ ■ *n.m.* coolie, one whose business is to carry stone, timber, etc. upon his shoulders.

بندھائی /bə̃ḍʰa:i:/ ■ *n.f.* (also بندھوائی) 1 the process of binding. 2 price paid for binding.

بِندھائی /bĩḍʰa:i:/ ■ *n.f.* process of piercing pearls and gems.

بندھک /bənḍʰək/ ■ *n.m.* 1 mortgage, pledge, pawn. 2 confinement, imprisonment. 3 wages.

بندھن /bənḍʰən/ ■ *n.m.* 1 fastening, knot, bond (of relationship, marriage, etc.). 2 ligament. 3 confinement, captivity, imprisonment. 4 check, restraint, obstacle, hindrance. 5 homage, adoration, praise, salutation, obeisance. 6 handcuff; chain. بندھن وار festoon of leaves and flowers on festive occasions.

بندھنا /bənḍʰna:/ ■ *v.* get tied or bound. ■ *n.m.* cloth for wrapping small articles in, holdall.

بِندھنا /bĩḍʰna:/ ■ *v.* be punctured, perforated, bored or pierced.

بندھنی /bənḍʰni:/ ■ *n.f.* anything used for tying or holding things together, tie, string, rope, thread, chain, gum, resin, etc.

بندھو /bənḍʰu:/ ■ *n.m.* friend; relative.

بندھوا /bənḍʰva:/ ■ *n.m.* (also بندوا) 1 slave. 2 prisoner, captive.

بندگی بیچارگی a slave or servant has no choices.

بندن¹ /bənḍən/ ■ *n.f.* worship, adoration, praise. [S]

بندن² ——— ■ *n.m.* wrist ornament of silver or of a baser metal. [P]

بندوا /bənḍva:/ ■ *n.m.* slave. See بندھوا.

بندوبست /bənḍo:bəst/ ■ *n.m.* 1 bundobast, organization, system, management, administration, regulation, arrangement; order. 2 plan, method. 3 economy. 4 settlement. بندوبست استمراری permanent settlement. بندوبست چندروزہ temporary settlement. بندوبست کرنا administer, arrange.

بندوڑ /bə̃ḍo:ɽ/ ■ *n.f.* (*dim.* of باندی) (*derog.*) maid; female slave.

بندُوق /bənḍu:q/ ■ *n.f.* bundook, gun, musket or firelock. بندوق بھرنا load a gun. بندوق چلانا رچھوڑنا رداغنا shoot, fire, discharge a gun. بندوق کا توتا رگھوڑا the cocking device of a gun. بندوق کی لبلبی trigger. (*pl.* بنادیق)

بندُوقچی /bənḍu:qtʃi:/ ■ *n.m.* gunman, rifleman, musketeer.

بندول /bə̃ḍo:l/ ■ *n.m.* descendant of a slave.

بندہ /bənḍa:/ ■ *n.m.* (also بندا³) 1 slave. 2 bondsman, servant. 3 worshipper, adorer. 4 human being. 5 (*fig.*) I, this humble person, used when referring to oneself or addressing a superior. بندہ بشر ہے to err is human. بندۂ بے دام 1 obedient, dutiful, submissive. 2 person who serves people selflessly. بندہ پرور 1 sir, a term of respect used in addressing a superior. 2 cherisher of servants. بندۂ درگاہ faithful servant (used for oneself as an expression of humility). بندہ زادہ (*fig.*) one's son. بندۂ زر greedy, avaricious person. بندہ عاجز ہے man is helpless against God's will. بندۂ فرمان obedient. بندۂ ناچیز humble person. بندہ نواز patron; a form of polite address. بندہ نوازی ہے expression of gratitude.

بندی /bənḍi:/ ■ *n.f.* 1 (*fem.* of بندہ). 2 imprisonment. 3 binding, tying, fastening. 4 settlement; arrangement. 5 agreement. 6 obstacle; prohibition; stopping; shutting. ■ *n.m.* slave, prisoner. ■ *adj.* 1 imprisoned. 2 bound. 3 punctual. ■ *suffix* used in comp. as: جلد بندی binding. دستار بندی tying of turban. بندی خانہ prison, jail.

بِندی /bɪnḍi:/ ■ *n.f.* (also بِندیا) 1 bindi, ornamental mark worn on the forehead. 2 dot, spot, mark, point.

بندھوانا /bənd̪ʰvɑ:nɑ:/ ■ *v.* **1** have someone bound, tied or imprisoned. **2** get something constructed or built.

بِندھوانا /bĩd̪ʰvɑ:nɑ:/ ■ *v.* cause to be pierced, bored.

بندھور /bənd̪ʰu:r/ ■ *n.m.* advance purchase of crop at low price.

بندھی /bə̃d̪ʰi:/ ■ *adj.* (*fem.* of بندھا) بندھی کلی **1** bud. **2** (*fig.*) sad, sorrowful. بندھی مٹھی **1** secret, undisclosed. **2** quiet, peaceful. بندھی مٹھی رہنا/رہونا be reticent, remain silent or united. بندھی مٹھی کھلنا information to leak (out), (a secret) be disclosed. بندھی مٹھی لاکھ برابر **1** undisclosed situation keeps the credence. **2** unity is big strength.

بندھیج /bənd̪ʰe:dʒ/ ■ *n.m.* **1** prohibition, restriction. **2** custom; usage, practice. **3** permanence, stability, firmness, steadiness. **4** parsimony. بندھیج کا تعویذ/گنڈا talisman or charm for preventing abortion.

بِندھیرا /bĩd̪ʰe:rɑ:/ ■ *n.m.* person who pierces beads professionally.

بُندھیلی /bũd̪ʰe:li:/ ■ *n.f.* (also بُندیلی) a dialect of Bundhel Khand in India.

بندھیّا /bə̃d̪ʰəjjɑ:/ ■ *n.f.* a piece of jewellery that is fastened when worn.

بنڈا /bənɖɑ:/ ■ *n.m.* **1** a kind of round vegetable like arum. **2** stone; rock. ■ *adj.* dock-tailed.

بِنڈا /bɪnɖɑ:/ ■ *n.m.* bundle of sticks; sheaf of grass or straw.

بنڈار /bənɖɑ:r/ ■ *n.m.* a tree of banyan family.

بنڈال /bənɖɑ:l/ ■ *n.f.* trailing plant with flowers of three colours and bitter fruit, *Xanthium indicum*.

بنڈل /bənɖəl/ ■ *n.m.* parcel, package, packet, bundle. [E]

بنڈی /bənɖi:/ ■ *n.f.* **1** waistcoat or vest, usually quilted. **2** two-wheeler bullock-cart.

بِنڈی /bɪnɖi:/ ■ *n.f.* roll of papers.

بنڈیری /bə̃ɖe:ri:/ ■ *n.f.* ridgepole, ridge of a house.

بنڈیلا /bə̃ɖe:lɑ:/ ■ *n.m.* **1** boar, male swine. **2** (*fig.*) horrible person.

بنڑا /bənɽɑ:/ ■ *n.m.* (also بنرا) **1** bridegroom. **2** husband. **3** a kind of song sung on the occasion of marriage.

بِنڑا /bɪnɽɑ:/ ■ *n.f.* stick used as a latch.

بنڑی /bənɽi:/ ■ *n.f.* (also بنری) new bride, bride.

بنس[1] /bəns/ ■ *n.m.* (*contr.* of بانس) bamboo; used in comp. as: بنس پھوڑ one who makes baskets, chairs, etc. of split bamboos or reeds. بنس لوچن bamboo-manna or sugar, white flinty substance found in the joints of bamboo. بنس واڑی bamboo plantation, bamboo forest. [S]

بنس[2] ____ ■ *n.m.* family; race, lineage, descendant. [S]

بنسا /bənsɑ:/ ■ *n.m.* a species of grass which grows in rice fields and is used as fodder for cattle.

بنساولی /bənsɑ:vli:/ ■ *n.f.* genealogy; genealogical table; pedigree.

بنسری /bənsri:/ ■ *n.f.* (*contr.* of بانسری) flute.

بنسی[1] /bənsi:/ ■ *n.f.* fishing rod. [S]

بنسی[2] ____ ■ *n.f.* flute. See بانسری. [Prk.]

بنسی[3] ____ ■ *adj.* familial. [S]

بنسی[4] ____ ■ *n.f.* a kind of wheat. [S]

بنسیڑا /bənse:ɽɑ:/ ■ *n.m.* (*dim.* of بانس) (*derog.*) thin bamboo used for making sticks.

بِنصر /bɪnsər/ ■ *n.f.* the third finger, ring finger.

بنفسِ نفیس /bənəfse: nəfi:s/ ■ *adv.* (also بنفسہٖ) personally. See under ب.

بنفشہ /bənəfʃɑ:/ ■ *n.m.* a violet, aromatic plant of the genus *Viola odorata* with (usu.) purple, blue or white flowers.

بنفشی /bənəfʃi:/ ■ *adj.* (also بنفشئی) of violet colour.

بنک /bæŋk/ ■ *n.m.* (also بَینک) bank. [E]

بِنکا /bɪŋkɑ:/ ■ *n.m.* tin.

بنکار /bəŋkɑ:r/ ■ *n.f.* **1** loud call. **2** boast.

بنکار /bæŋkɑ:r/ ■ *n.m.* (also بَینکار) banker. [E]

بنکارنا /bəŋkɑ:rnɑ:/ ■ *v.* (also بُکارنا) **1** cry out, rave, rant, shout, yell. **2** boast, brag.

بنکٹ /bənkəʈ/ ■ *n.m.* a small plant, roots of which are used in medicine.

بنکٹا /bəŋkʈɑ:/ ■ *n.m.* ruined crop on the field.

بنکر /bæŋkər/ ■ *n.m.* **1** forest and its products. **2** levy on forest product.

بنکڑا /bəŋkəɽɑ:/ ■ *n.f.* (also بنکھرا) the land on which cotton has grown past season.

بنکڑا /bəŋkɽɑ:/ ■ *n.m.* (also بنکڑی) a coiled bangle.

بنکیا /bəŋkɪjɑ:/ ■ *n.f.* a curved knife, pen knife.

بنگ /bəŋg/ ■ *n.f.* hemp; bhang.

بنگا[1] /bəŋgɑ:/ ■ *n.m.* piece of bamboo. بنگا ٹھوکنا **1** nail a peg. **2** create hindrance in working. [Prk.]

بنگا[2] ____ ■ *n.m.* well-water having slightly brackish taste;

saline earth or land. [S]

بنگا[1] /bɪŋgɑ:/ ■ *n.f.* uncarded cotton. [S]

بنگا[2] ——— ■ *adj.* (usu. used with ٹیڑھا) bent, crooked. [Prk.]

بنگاب /bəŋgɑ:b/ ■ *n.f.* bhang diluted with water.

بنگال /bəŋgɑ:l/ ■ *pr.n.m.* (also بنگالہ) Bengal, a former province of the Indian Subcontinent, divided in 1947 into west Bengal (now a state of India) and East Pakistan (now Bangladesh). بنگال کا جادو wizardry, traditionally associated with Bengal. بنگال کی مینا a girl having a melodious voice, female singer.

بنگالی /bəŋgɑ:li:/ ■ *n.f.* Bengali or Bangla language. ■ *n.m.* a native of Bengal. ■ *adj.* of or relating to Bengal. (*fem.* بنگالن)

بُنگاہ /bʊŋgɑ:h/ ■ *n.m.* place, house, place for keeping baggage, equipage of an army, rare echelons of an army.

بنگڑی /bəŋgɽi:/ ■ *n.f.* (also بنگری) **1** bangle or bracelet made of glass or lac. **2** crescent-shaped curve of an arch.

بنگلہ /bəŋglɑ:/ ■ *n.m.* **1** bungalow, thatched house, a term used for the thatched houses first built by the British in India. **2** a variety of betel-leaf. ■ *pr.n.m.* Bengal. ■ *pr.n.f.* Bengali language.

بنگلیا /bəŋgəljɑ:/ ■ *n.f.* a small bungalow.

بنگو /bəŋgu:/ ■ *n.m.* measure of the quantity of alcohol.

بنگی[1] /bəŋgi:/ ■ *n.f.* beetle. [Prk.]

بنگی[2] ——— ■ *n.m.* binge drinker, one who is addicted to taking bhang. [P]

بِنگی /bɪŋgi:/ ■ *n.f.* humming top, a toy.

بننا /bənnɑ:/ ■ *v.* **1** be, become, be made, done or performed. **2** be built or constructed. **3** be composed. **4** be created. **5** be cooked. **6** be adorned; be improved. **7** feign, pretend; attitudinize. **8** be hoaxed; be ridiculed or laughed at. بنناٹھننا/سنورنا dress up, doll up, wear make-up.

بِننا /bɪnnɑ:/ ■ *v.* (also بیننا) **1** be cleaned, be picked. **2** pick up, gather up.

بُننا /bʊnnɑ:/ ■ *v.* (also بننا) **1** knit, weave, crochet, intertwine. **2** braid, plait. **3** (of a spider) spin a web.

بنو /bənu:/ ■ *n.m.* (*pl.* of ابن) (also بنی[2]) descendants, offspring. بنوعباس the Abbasids. بنوہاشم the Hashemites.

بنّو /bənno:/ ■ *n.f.* **1** a female form of address for another female. **2** bride. **3** daughter, sister. **4** dear. **5** friend.

بِنوا /bɪnvɑ:/ ■ *adj.* something picked up, lifted or chosen.

بنواس /bənvɑ:s/ ■ *n.m.* **1** living in forest. **2** exile.

بنوانا /bənvɑ:nɑ:/ ■ *v.* have or get something made, prepared or built.

بِنوانا /bɪnvɑ:nɑ:/ ■ *v.* cause to be picked, have or get a thing picked.

بُنوانا /bʊnvɑ:nɑ:/ ■ *v.* get something woven.

بنوائی /bənvɑ:i:/ ■ *n.f.* wages paid for making anything.

بِنوائی /bɪnvɑ:i:/ ■ *n.f.* wages paid for picking anything.

بُنوائی /bʊnvɑ:i:/ ■ *n.f.* cost of weaving.

بُنُوّت /bʊnʊvvəʈ/ ■ *n.f.* sonship; male filial relationship; the relation of a son to his parents.

بنوٹ /bənvəʈ/ ■ *n.f.* (*contr.* of بناوٹ) **1** structure, form. **2** artificiality; pretence.

بِنَّوٹ /bɪnno:ʈ/ ■ *n.f.* the South Asian martial art of fighting with cudgels or clubs.

بِنَّوٹیا /bɪnno:ʈjɑ:/ ■ *n.m.* person who knows the art of *binnot*. ■ *n.m.* (*fig.*) clever, sharp.

بنور /bə̃vər/ ■ *n.m.* & *f.* (also بنوڑ) a creeper; vine; tendril.

بِنَوریا /bɪno:rjɑ:/ ■ *n.f.* a wild herb which grows with autumn crops, used as fodder for cattle.

بِنَولا /bɪno:lɑ:/ ■ *n.m.* (also بنولہ) cotton-seed.

بِنَولی /bɪno:li:/ ■ *n.f.* (*dim.* of بنولا) **1** blossomed seed-pod of cotton. **2** small hailstone.

بِنَولے /bɪno:le:/ ■ *n.m.* (*pl.* & *infl.* of بنولا) بنولے کی لوٹ میں برچھی کا گھاؤ little gain with great loss.

بنوی /bənəvi:/ ■ *adj.* of son; like a son.

بنوَیّا /bənvəjjɑ:/ ■ *n.m.* one who makes, maker, manufacturer.

بنی[1] /bəni:/ ■ *n.f.* (also بنّی) bride. [Prk.]

بنی[2] ——— ■ *n.m.* sons. See بنو. بنی اسرائیل **1** the Israelites; the Jews. **2** title of a surah of the Qur'an. بنی امیہ the Umayyads. بنی آدم sons of Adam; the mankind. بنی جان genii. بنی عباس the Abbasids. بنی فاطمہ the Fatimids. بنی نوع انسان human race. بنی ہاشم the Hashemites. [A]

بنی[3] ——— ■ *adj.* (*fem.* of بنا) formed; composed; settled. ■ *n.f.* prosperity, well-being. بنی بات بگڑنا lose one's credit; a plan to go awry or not to materialize. بنی بنائی **1** finished, complete. **2** ready-made. بنی رہنا be fortunate, luck to favour. [S]

بَنی[2] ____ ■ *n.m.* **1** small forest, copse, spinney. **2** cotton field. [S]

بَنّی /bənni:/ ■ *n.f.* portion of grain given to a labourer as a remuneration.

بنیا /bənjɑ:/ ■ *n.m.* **1** (esp. Hindu) merchant or trader; grain seller; shopkeeper; grocer; a vendor of provisions. **2** (*fig.*) miser, niggard. **3** coward. بنیا اپنا گڑ بھی چھپا کے کھاتا ہے it is better to hide one's shortcomings. بنیا مارے جان کو ٹھگ مارے انجان کو *banyas* rob their own neighbours while robbers rob strangers.

بُنیاد /bunjɑ:d̪/ ■ *n.f.* **1** basis, base, foundation, ground-work, roots; origin. **2** start, beginning. **3** power, sources, capacity. **4** belongings, possessions. بنیاد اٹھانا raise the wall on foundation; start. بنیاد پرست fundamentalist. بنیاد پرستی fundamentalism. بنیاد ڈالنا found, lay a foundation, start or initiate. بنیاد ڈھانا utterly destroy or demolish, tear down. بنیاد رکھنا start; establish, lay foundation. بنیاد کا پتھر foundation-stone. بنیاد ہلانا undermine, weaken.

بُنیادی /bunjɑ:d̪i:/ ■ *adj.* fundamental, primary, basic, principal. بنیادی حقوق fundamental rights.

بنیان /bənjɑ:n/ ■ *n.f.* (also بنیائن) banyan, vest, (US.) tank top, upper undergarment for men.

بُنیان /bunjɑ:n/ ■ *n.f.* foundation, origin, basis. بنیانِ مرصوص firm foundation.

بِنیت /beni:t̪/ ■ *adj.* well-trained, educated; well-behaved, modest, gentle.

بَنَیٹی /bənæ:t̪i:/ ■ *n.f.* (also بَنَیٹھی) **1** a show of torch lighted at both ends and whirled round by conjurors so as to form a double circle of fire. **2** such torch.

بنیرا /bəne:rɑ:/ ■ *n.m.* parapet wall.

بنَیلا /bənæ:lɑ:/ ■ *adj.* of or pertaining to the forest; wild, savage.

بنیلا /bəni:lɑ:/ ■ *adj.* light blue, bluish.

بنَینی /bənæ:ni:/ ■ *n.f.* (also بنیائن) wife of a *banya* (بنیا).

بنیوٹی /benjɔ:t̪i:/ ■ *n.f.* miserliness, meanness.

بنیے /benje:/ ■ *n.m.* (*pl. & infl.* of بنیا) بنیے کا بیٹا کچھ سوچ کر ہی گرتا ہے whatever clever people do, they have an axe to grind.

بوا /bɔ:/ ■ *n.f.* the fee customarily paid to a landlord when a daughter of a cultivator in his village is married. [Prk.]

بُو ____ ■ *n.f.* sprout, shoot. [Prk.]

بُو /bu:/ ■ *n.f.* smell, odour, scent; stink. ■ *suffix* scented, as: یاسمین بو jasmine-scented. بو اُڑ جانا/اُڑنا smell to go away. بو آنا stink, emit bad odour or smell. بو باس **1** smell. **2** manner, method. **3** (*fig.*) sign, signal, trace, inkling. بو باس لینا try to get information. بو پانا find a trace (of), get the wind. بو پر جانا/لگنا follow the track or spoor. بو پھوٹنا **1** smell to spread out. **2** (a secret) to leak out. بودار smelly, malodorous, putrid, stinking. [P]

بُو[2] ____ ■ *n.m.* (*contr.* of ابو) father. بوالعجب **1** wonderful, marvellous. **2** foolish. **3** cunning, crafty; deceiver. بوالعجبی legerdemain. بوالفضول blabbermouth, purposeless or trivial talker; inquisitive, nosy person. بوالہوس **1** very greedy, avaricious. **2** slave of passion, libidinous, wanton, fickle. بوالہول the Great Sphinx of Egypt. [A]

بو /bo:/ ■ (*imper.* of بونا) sow (a seed, etc.). بو دینا/لینا to sow, seed; to cultivate.

بُوا /buvɑ:/ ■ *n.f.* **1** aunt by the father's side; old female relative. **2** old friend. **3** a form of address used by women among themselves. **4** old female servant.

بوّاب /bəvvɑ:b/ ■ *n.m.* doorman, doorkeeper.

بوار /bəvɑ:r/ ■ *n.m.* **1** death, destruction. **2** (*fig.*) hell.

بُوار /buvɑ:r/ ■ *n.m.* (also بُوارا) sowing season.

بوارح /bəvɑ:reh/ ■ *n.m.pl.* stars that appear in east. (*sing.* بارحہ)

بوارق /bəvɑ:rɪq/ ■ *n.f.pl.* **1** lightnings. **2** lights. (*sing.* بارقہ)

بواسیر /bəvɑ:si:r/ ■ *n.f.* (*pl.* of باسور) (also *sing.*) piles or haemorrhoids. (حلق/زبان میں) بواسیر ہونا (*derog.*) reference to talkativeness.

بواسطہ /bəvɑ:st̪ɑ:/ ■ *adv.* by reason of. See under ب.

بُوانا /buvɑ:nɑ:/ ■ *v.* **1** have or get a field sown or cultivated. **2** get animals impregnated.

بواہ /bɪvɑ:h/ ■ *n.m.* (*var.* of بیاہ) marriage.

بوائی /bɪvɑ:i:/ ■ *n.f.* chap on the heels, chilblain, agnail. بوائی پھٹنا (*fig.*) suffer greatly.

بُوائی /buvɑ:i:/ ■ *n.f.* **1** act of sowing. **2** sowing time.

بوب /bo:b/ ■ *n.m.* act of digging up ground for sowing.

بُوبا /bu:bɑ:/ ■ *n.m.* **1** goods and chattels; baggage, luggage. **2** bag, bundle.

بُوباش /bu:bɑ:ʃ/ ■ *adj.* **1** ancient. **2** everlasting, perpetual.

بُوبک /bu:bək/ ■ *n.m.* (*derog.*) **1** very old man. **2** an old become very angry.

بوجہ /bəvədʒh/ ■ *adv.* for. See under ب.

بُوجھ /bu:dʒʰ/ ■ *n.f.* **1** perception; intelligence, comprehension, understanding, guessing, guess. **2** answer to a riddle. بوجھ بجھکڑ wise man, wise guy, one who has an answer for every question. بوجھ بجھول the game of guessing riddles.

بوجھ /bo:dʒʰ/ ■ *n.m.* **1** load, weight; burden; pressure, drag. **2** bundle, pack. **3** onus, responsibility, obligation. بوجھ اتارنا **1** unburden, set down a burden. **2** relieve oneself of a responsibility; perform or discharge a duty. **3** work carelessly. بوجھ اُٹھانا **1** lift up a burden. **2** take a responsibility upon oneself. بوجھ بٹانا share a responsibility. بوجھ تلے دبنا be indebted, be burdened. بوجھ سر پر ہونا be under an obligation. بوجھ سنبھالنا take the responsibility.

بوجھا /bo:dʒʰɑ:/ ■ *n.m.* material which is loaded.

بوجھل /bo:dʒʰəl/ ■ *adj.* **1** heavy, weighty. **2** loaded, laden. **3** overcast, oppressive, oppressed.

بُوجھنا /bu:dʒʰnɑ:/ ■ *v.* **1** solve. **2** comprehend, understand, make out, perceive; think; conceive. **3** enquire of.

بُوچا /bu:tʃɑ:/ ■ *adj.* (also بُوجا) without ears, crop-eared, with clipped ears. (*fem.* بُوچی)

بوچا /bo:tʃɑ:/ ■ *n.m.* (also بوچہ) a kind of palanquin.

بوچرا /bo:tʃrɑ:/ ■ *adj.* cogged, toothed; jagged, serrated, denticulate; irregular.

بُوچڑ /bu:tʃəɽ/ ■ *n.m.* butcher. بوچڑ خانہ slaughterhouse, abattoir, butchery. [E]

بَوچھار /bɔ:tʃʰɑ:r/ ■ *n.f.* (also بَوچھاڑ) **1** driving rain; heavy shower spray; drift. **2** abundance, plenteousness. **3** torrent of abuses, etc. بوچھار کرنا **1** repeat an action without interruption; shower, pelt. **2** (*fig.*) ask questions in rapid succession. **3** shower curses.

بُود /bu:d̪/ ■ *n.f.* existence, being. بود و باش/ماند **1** abode, residence. **2** existence. **3** way or manner of living. (*opp.* نابود)

بودا[1] /bo:d̪ɑ:/ ■ *adj.* **1** cowardly, timid. **2** feeble, weak; dull; soft; low-spirited. **3** trivial, worthless. بوداپن timidity; weakness. (*fem.* بودی[2]) [Prk.]

بودا[2] ——— ■ *n.m.* buffalo. [Prk.]

بودر /bo:d̪ər/ ■ *n.m.* **1** an enclosure of mud in which water fool, simpleton, blockhead.

بُوبُو /bu:bu:/ ■ *n.f.* **1** form of addressing elder sister. **2** lady of higher rank.

بُوتا /bu:t̪ɑ:/ ■ *n.m.* (also بُوتہ) **1** ability; strength, power. **2** control. **3** support.

بوتا /bo:t̪ɑ:/ ■ *n.m.* trunk of a tree.

بُوتات /bu:t̪ɑ:t̪/ ■ *n.m.* household goods supplied on credit. بوتات خانہ store, godown.

بُوتام /bu:t̪ɑ:m/ ■ *n.m.* button. بوتام پٹی the strip of neckline on which the buttons are sewn. [E]

بوتل /bo:t̪əl/ ■ *n.f.* **1** bottle. **2** (*fig.*) wine. بوتل چڑھانا drink full bottle, drink too much. بوتل میں بھرنا to bottle. بوتل والی (*fig.*) wine. [E]

بُوتہ /bu:t̪ɑ:/ ■ *n.m.* **1** See بُوتا. **2** crucible, melting-pot.

بوتہ /bo:t̪ɑ:/ ■ *n.m.* **1** young of a camel. **2** (*joc.*) a fat person, an ungainly or ill-looking person.

بوتیمار /bo:t̪i:mɑ:r/ ■ *n.m.* heron.

بُوٹ /bu:ʈ/ ■ *n.m.* (also بُونٹ[1]) unripe green chickpeas, green grains. بوٹ پلاؤ dish of rice cooked with green chickpeas.

بوٹ /bo:ʈ/ ■ *n.m.* **1** vessel, earthen vessel in which Hindus bring water from the Ganges. **2** grasshopper.

بُوٹا /bu:ʈɑ:/ ■ *n.m.* **1** bush, shrub, sprig; small and compact plant. **2** flower or floral pattern embroidered on the cloth or painted on paper. بوٹا سا قد small and well-proportioned stature.

بوٹا /bo:ʈɑ:/ ■ *n.m.* **1** large piece of meat. **2** log of wood.

بُوٹی /bu:ʈi:/ ■ *n.f.* **1** flower or sprig of plant. **2** roots. **3** (*fig.*) hemp, bhang. **4** dot or spot. **5** flowery pattern made on cloth or paper. بوٹی جڑی (also جڑی بوٹی) herb. بوٹی ودیا herbalism, the science or study of herbs or plants; botany.

بوٹی /bo:ʈi:/ ■ *n.f.* (*dim.* of بوٹا) small piece of meat. بوٹی اتار لینا snap or cut off a piece of flesh. بوٹی بوٹی (*fig.*) the whole body. بوٹی بوٹی پھڑکنا **1** throb in every vein. **2** (*fig.*) be excited. بوٹی بوٹی کانپنا tremble in fear or anger. بوٹی چڑھنا become fat.

بوٹیاں /bo:ʈɪjɑ̃:/ ■ *n.f.* (*pl.* of بوٹی) بوٹیاں اڑانا **1** thrash, beat severely. **2** cut into pieces. **3** overeat meat. بوٹیاں کاٹنا **1** make mincemeat of. **2** become very angry. بوٹیاں کرنا cut meat into pieces. بوٹیاں نوچنا (usu. with اپنی)

بُورانی /bu:rɑ:ni:/ ■ *n.f.* a dish of fried egg-plant and yoghurt.

بوربچّہ /bo:rbət̪ʃt̪ʃɑ:/ ■ *n.m.* (***Zool.***) leopard, *Panthera pardus*.

بورتا /bo:rt̪ɑ:/ ■ *n.m.* (also بوردا) white-coloured horse.

بوَرچی /bəvərtʃi:/ ■ *n.m.* (*contr.* of باورچی) cook. بورچی خانہ kitchen. (*fem.* بورچن)

بُورق /bu:rəq/ ■ *n.m.* borax.

بُورنا /bu:rnɑ:/ ■ *v.* sprinkle, strew, spatter.

بورنا /bo:rnɑ:/ ■ *v.* (also بوڑنا) steep, drench, dip, dunk.

بورُو /bo:ru:/ ■ *n.m.* **1** reed of which writing pens are made. **2** flute.

بَوری /bɔ:ri:/ ■ *n.f.* parched or roasted barley or wheat.

بُوری /bu:ri:/ ■ *n.f.* sawdust paste to fill cracks and holes in wood.

بوری /bo:ri:/ ■ *n.f.* (*dim.* of بورا[1]) small sack.

بوریا /bo:rjɑ:/ ■ *n.m.* coarse rug; mat made of palm leaves. بوریا بدھنا a poor man's entire property. بوریا بستر **1** bedding. **2** (*fig.*) belongings. بوریا بستر باندھنا prepare for departure, pack up to leave. بوریا بستر گول کرنا leave, pack up, send someone packing. بوریا نشین beggar; dervish, saint, recluse, hermit.

بوریت /bo:rjət̪/ ■ *n.f.* boredom. [E]

بَورہا /bɔ:rəhɑ:/ ■ *adj.* (also بَورھا) mad. See بَورا.

بوڑ /bo:ɽ/ ■ *n.m.* creeping plant.

بوڑا /bo:ɽɑ:/ ■ *adj.* (also بُوڑا) **1** very old or aged; toothless (person). **2** useless, old, broken, damaged.

بَوڑم /bɔ:ɽəm/ ■ *n.m.* fool, nincompoop, dunderhead.

بُوڑنا /bu:ɽnɑ:/ ■ *v.* **1** dive, dip. **2** drown; sink.

بُوڑی /bu:ɽi:/ ■ *n.f.* the spike at end of a staff; the point of spear.

بوڑی /bo:ɽi:/ ■ *n.f.* poppy head.

بُوڑیا /bu:ɽjɑ:/ ■ *n.m.* diver.

بُوڑھ /bu:ɽʰ/ ■ *n.m.* old age. بوڑھ سہاگن an old woman whose husband is alive; old woman enjoying happy marital life.

بُوڑھا /bu:ɽʰɑ:/ ■ *adj.* aged, old. ■ *n.m.* old man. بوڑھا بابا (respectful) old man. بوڑھا بالا برابر old man is twice a child. بوڑھا پا، پن old age. بوڑھا پھونس very old and feeble man. بوڑھا چونچلا youthful behaviour in old age. بوڑھا چونڈا white hair (of an old woman). بوڑھا خرانٹ، گھاگ cunning old man. بوڑھا کھپّٹ very old man. بوڑھا ہونا become old is taken from well for irrigation. **2** watercourse from well to farm.

بُودری /bu:d̪ri:/ ■ *n.f.* chickenpox or its rash.

بودلہ /bo:d̪lɑ:/ ■ *adj.* (also بودلا) simple, artless; silly, foolish.

بودلی /bo:d̪li:/ ■ *n.* (*fem.* of بودلہ) **1** woman of easy virtue. **2** woman who lives in male attire with fakirs.

بُودم /bu:d̪əm/ ■ *adj.* (of a person) stupid, silly.

بُودن /bu:d̪ən/ ■ *n.f.* being, existence.

بودی[1] /bo:d̪i:/ ■ *n.f.* lock of hair worn by male Hindus in the middle of the head. [Prk.]

بودی[2] ____ ■ *adj.* (*fem.* of بودا[1]) بودی بات a matter in bad taste. بودی دلیل weak or flimsy argument. بودی مار severe corporal punishment. [Prk.]

بَودھ /bɔ:d̪ʰ/ ■ *n.m.* Buddhist, follower of Buddha. بودھ مت Buddhism.

بُوذیت /bu:zɪjət̪/ ■ *n.f.* Buddhism.

بَور[1] /bɔ:r/ ■ *n.m.* the blossom of mango tree. بور آنا mango tree to bloom (a sign of approaching summer). [S]

بَور[2] ____ ■ *n.f.* barren, uproductive land. [A]

بُور /bu:r/ ■ *n.m.* chaff, husk; sawdust. بور بور pulverised, powdery. بور کے لڈو **1** a sweetmeat shaped like balls made with coarse grain, which look good but are tasteless and hard to eat. **2** (*fig.*) something that looks promising but proves otherwise, anything fair without and foul within.

بور[1] /bo:r/ ■ *n.m.* a bore or tiresome person. ■ *adj.* boring. بور کرنا bore or weary. بور ہونا feel bored, feel ennui. [E]

بور[2] ____ ■ *n.m.* **1** dip. **2** fish-bait. [Prk.]

بور[3] ____ ■ *n.m.* reddish-brown horse with black mane and tail. [P]

بَورا /bɔ:rɑ:/ ■ *adj.* (also بَورھا) insane, mad. بورا پا، پن madness, state of insanity.

بُورا[1] /bu:rɑ:/ ■ *n.m.* **1** sawdust, filings, coarse powder. **2** coarse unrefined sugar.

بُورا[2] ____ ■ *n.m.* redeemable mortgage.

بورا[1] /bo:rɑ:/ ■ *n.m.* gunny or jute bag, sack. [Prk.]

بورا[2] ____ ■ *n.m.* a kind of asparagus bean. [S]

بَورانا /bɔ:rɑ:nɑ:/ ■ *v.* go mad. ■ *adj.* mad.

بَورانی /bɔ:rɑ:ni:/ ■ *adj.* delirious. بورانی حالت، کیفیت delirious state.

بُوسیدہ /bo:si:ḍɑ:/ ■ *adj.* decayed, dilapidated, rotten, worn-out.
بوغبند /bo:ɣbənd/ ■ *n.m.* (also بوغ) piece of cloth for wrapping things, saddle-bag.
بوغرا /bo:ɣrɑ:/ ■ *n.m.* a dish made of boiled meat, rice, etc. بوغرا نکالنا beat severely, thrash soundly.
بُوغما /bu:ɣmɑ:/ ■ *n.m.* & *f.* **1** ugly and fat woman. **2** a kind of horse disease. **3** struma, morbid enlargement of a thyroid gland. **4** trifles, rags, scraps.
بُوق /bu:q/ ■ *n.m.* clarion, trumpet.
بوقت /bəvəqt̪/ ■ *adv.* at (time). See under ب.
بُوقلموں /bu:qələmũ:/ ■ *adj.* variegated, of various colours, colourful; chequered. ■ *n.m.* **1** diversity. **2** a species of chameleon. **3** Chameleon, a constellation in the southern sky.
بُوقلمونی /bu:qələmu:ni:/ ■ *n.f.* diversity, variegation.
بُوقی /bu:qi:/ ■ *adj.* relating to the cheek and mouth, buccal.
بُوک¹ /bu:k/ ■ *adv.* perhaps, may be. بوک ومگر perplexity. [P]
بُوک² ——— ■ *n.m.* land recovered by the recession of a river. [S]
بوک /bo:k/ ■ *n.m.* a young male goat reserved for breeding.
بوکا /bo:kɑ:/ ■ *n.m.* **1** goat's hide. **2** leather bucket for drawing water from a well.
بوکاٹا /bo:kɑ:ʈɑ:/ ■ *exclam.* triumphant cry on cutting off a kite. (See also پتنگ کاٹنا under پتنگ¹.)
بوکر /bo:kər/ ■ *n.m.* (also بوکرا) male of any goat-like animal; he-goat.
بَوکھا /bɔ:kʰɑ:/ ■ *n.m.* a gust of wind.
بَوکھل /bɔ:kʰəl/ ■ *adj.* confused, nervous, jittery. ■ *n.m.* fool, simpleton.
بَوکھلانا /bɔ:kʰlɑ:nɑ:/ ■ *v.* be upset, be confused or confounded by some sudden happening.
بَوکھلاہٹ /bɔ:kʰlɑ:hət̪/ ■ *n.f.* confusion, nervousness.
بَول /bɔ:l/ ■ *n.m.* urine. بول وبراز excreta, urine and stool.
بول¹ /bo:l/ ■ *n.m.* **1** word; speech, talk, conversation. **2** delivery; utterance. **3** phrase; sentence. **4** promise. **5** words of a song. **6** command, order. **7** taunt, badger. بول اٹھنا پڑنا speak out, exclaim. بول بالا success, fame. بول بالا ہونا be famous, be acclaimed; triumph. بول جانا **1** accept defeat, give up. **2** be bankrupt. **3** break. **4** be or aged.
بُوڑھُو /bʊʈʰəu:/ ■ *n.m.* (*dim.* of بوڑھا) (often) old man.
بُوڑھی /bu:ʈʰi:/ ■ *n.* (*fem.* of بوڑھا) old (woman). بوڑھی آڑھی a very old woman. بوڑھی گھوڑی لال لگام adapt fashions of youth in old age.
بُوڑھے /bu:ʈʰe:/ ■ *n.m.* (*pl.* & *infl.* of بُوڑھا) بوڑھے توتے بھی کہیں پڑھا کرتے ہیں you cannot teach an old dog new tricks. بوڑھے منھ مہاسے youthful activities in old age.
بوز /bo:z/ ■ *n.m.* animal, especially horse whose hair is not of one colour.
بوزا¹ /bo:zɑ:/ ■ *n.m.* ibis, stork-like bird with long curved bill. [P]
بوزا² ——— ■ *n.m.* a kind of light beer. See بُوزہ. [P]
بُوزم /bu:zəm/ ■ *n.m.* young hawk.
بُوزنہ /bu:znɑ:/ ■ *n.m.* (also بُوزینہ) monkey.
بُوزہ /bu:zɑ:/ ■ *n.m.* (also بوزا²) a kind of beer, a fermented liquor made of rice, millet or barley. بوزہ خانہ beer shop; brewery, pub. بوزہ فروش liquor-seller. بوزہ کش distiller. بوزہ گر brewer, maker of beer.
بُوزینہ /bu:zi:nɑ:/ ■ *n.m.* See بُوزنہ.
بُوس /bu:s/ ■ *n.f.* **1** poverty and hunger. **2** sorrow, grief.
بوس /bos/ ■ *n.m.* (*contr.* of بوسہ) kiss. بوس وکنار kissing and embracing, kissing and fondling. ■ *suffix* forming adjectives, as: فلک بوس kissing sky, i.e. very tall.
بِوساطت /bəvɪsɑ:t̪ət̪/ ■ *adv.* (also بوساطت) through. See under ب.
بِوستا /bɪvəst̪ɑ/ ■ *n.m.* (also بوستھا) (***Hinduism***) legal decision or ruling according to the shastras.
بوستان /bo:st̪ɑ:n/ ■ *n.m.* flower garden; place of fragrance. ■ *n.f.* Sheikh Saadi's collection of Persian poems.
بُوسلیک /bu:səli:k/ ■ *n.m.* (***Music***) seventh note of octave.
بوسنا /bo:snɑ:/ ■ *v.* kiss.
بوسہ /bo:sɑ:/ ■ *n.m.* kiss. بوسہ بازی kissing. بوسہ بہ پیغام **1** expression of love from afar. **2** relationship only for show. بوسہ دینا kiss or give a kiss. بوسہ گاہ sacred place that devotees kiss. بوسہ لینا to kiss.
بوسی /bo:si:/ ■ *n.f.* kissing. ■ *suffix* forming nouns, as: دست بوسی kissing the hand to show respect or faithfulness. قدم بوسی kissing the feet, show respect.
بوسیدگی /bo:si:ḍəgi:/ ■ *n.f.* decay, rottenness, oldness, dilapidation.

بُوم² ——— ■ *n.f.* uproar, tumult, clamour. بوم مارنا make a noise, create an uproar. [Prk.]

بُومک /bu:mək/ ■ *n.m.* (*dim.* of بُوم¹) owlet.

بَون /bɔ:n/ ■ *n.m.* difference, distance. بونِ بعید 1 great distance. 2 great difference.

بَونا /bɔ:nɑ:/ ■ *adj.* dwarfish. ■ *n.m.* dwarf.

بونا /bo:nɑ:/ ■ *v.* sow, plant; cultivate. بوناجوتنا sow seeds and plough.

بونبل /bõ:bəl/ ■ *n.f.* a kind of small slippery fish.

بُونٹ¹ /bũ:ṭ/ ■ *n.m.* green chickpeas. See بُوٹ. [S]

بُونٹ² ——— ■ *n.m.* sturdy donkey or pony. [S]

بُونٹا /bũ:ṭɑ:/ ■ *n.m.* plant. See بُوٹا.

بُوند /bũ:d̪/ ■ *n.f.* **1** drop, raindrop. **2** a kind of spotted silk. **3** (*fig.*) semen. **4** sharpness of sword. ■ *adj.* very high, sublime. بوند بوند drop by drop, by drops; every drop of, to the last drop. بوند بھر very little. بوند پڑنا rain. بوند ٹپکنا ooze, trickle; bleed. بوند چوٹی woman who easily becomes pregnant; ready to conceive. بوند کا چوکا گھڑا ڈھاکائے lack of timeliness will not set the matters right, whatever is done. بوند کی بوند doubly distilled (spirits); distilled. بوند ہوجانا disappear by going very far or high.

بَونڈا /bɔ̃:ḍɑ:/ ■ *n.m.* blade or shoot of barley, poppy head.

بُوندا /bũ:d̪ɑ:/ ■ *n.m.* **1** pellet fired by a gun. **2** heavy drop of rain. بُوندا باندی very light shower of rain; drizzle.

بَوندی /bɔ̃:d̪i:/ ■ *n.f.* bud. See بَونڈی.

بُوندی /bũ:d̪i:/ ■ *n.f.* (*dim.* of بُوند) **1** droplet of water. **2** (also نُکتی) a kind of sweet in the form of very tiny balls.

بُوندیا /bũ:d̪ɪjɑ:/ ■ *n.m.* a kind of spotted snake.

بُوندیاں /bũ:d̪ɪjɑ̃:/ ■ *n.f.* (*pl.* of بُوندی) بوندیاں آنے لگیں broke out in sweat due to shame.

بُوندیں /bũ:d̪ẽ:/ ■ *n.f.* (*pl.* of بُوند) بوندیں آنا begin to rain. بوندیں پڑنا rain drops to fall.

بَونڈا /bɔ̃:ḍɑ:/ ■ *n.m.* the seed-pod of poppy plant.

بَونڈر /bɔ̃:ḍər/ ■ *n.m.* (also بونڈلا) whirlwind, dust devil.

بَونڈل /bɔ̃:ḍəl/ ■ *n.m.* leaf root.

بَونڈی /bɔ̃:ḍi:/ ■ *n.f.* (also بَوندی) **1** bud, especially half-blossomed. **2** flower of the *kachnar* (کچنار) tree. **3** germ of a plant after the flower is shed.

بَونڑی /bɔ̃:ṛi:/ ■ *n.f.* (also بَوڑی) pointed end of spear.

بَونسہ /bɔ̃:sɑ:/ ■ *n.f.* a species of fresh water fish.

old or worn out. بول چال **1** dialect, colloquial language; mode of speech; diction. **2** conversation, speaking terms. بول چال بند ہونا not be on speaking terms. بول مارنا ridicule, taunt. بول ہارنا promise, give word. [Prk.]

بول² ——— ■ *n.m.* **1** myrrh. **2** a kind of drum. [Prk.]

بَولا /bɔ:lɑ:/ ■ *adj.* toothless.

بولا /bo:lɑ:/ ■ *n.m.* verbal agreement between two parties. ■ *suffix* meaning: in name only, e.g. منھ بولا sworn or adopted. بولا چالی talk, conversation.

بَولانا /bɔ:lɑ:nɑ:/ ■ *v.* be stunned or confounded, feel nervous, become agitated, be mad or insane.

بَولاہٹ /bɔ:lɑ:həṭ/ ■ *n.f.* confusion, nervousness, madness, insanity.

بولتا /bo:lt̪ɑ:/ ■ *adj.* **1** speaking, talking; live. **2** vivid, clear; effective. ■ *n.m.* **1** spirit, soul. **2** (*fig.*) hookah.

بولتی /bo:lt̪i:/ ■ *adj.* (*fem.* of بولتا). ■ *n.f.* **1** spirit; soul; life. **2** language; talking, power of speech. بولتی بند کرنا silence someone by an apt or strong remark. بولتی تصویر imitation of something completely resembling the original one. بولتی فلم talkie. بولتی ہڈی (*fig.*) singers' family.

بولتے /bo:lt̪e:/ ■ *n.m.* (*pl.* & *infl.* of بولتا) بولتے بولتے while speaking, during conversation. بولتے کی زبان کس نے پکڑی ہے none can stop a person from criticizing or calling bad names.

بولنا /bo:lnɑ:/ ■ *v.* **1** talk, speak or say; tell. **2** pronounce. **3** (of a clock) strike. **4** (a bird) chirp. **5** criticize, taunt. **6** render dialogues. **7** (of a hookah) gurgle, make a gurgling sound. **8** (of something) creak. بولنا چالنا converse.

بولی /bo:li:/ ■ *n.f.* **1** language. **2** dialect; mode of speaking. **3** taunt. **4** speech. **5** bid at an auction. **6** sound of animals and birds. بولی بڑھانا raise the bid at an auction. بولی بولنے والا bidder at an auction. بولی ٹھولی **1** parlance, jargon. **2** jeering, taunt. بولی ٹھولی مارنا reproach, taunt. بولی دینا/لگانا bid at an auction.

بولے /bo:le:/ ■ (*infl.* of بولنا) بولے سوگھی کو جائے foisting an advisor with the responsibility of acting on it.

بولیاں /bo:lɪjɑ̃:/ ■ *n.f.* (*pl.* of بولی) بولیاں سنانا taunt, jeer. بولیاں مارنا make jeering remarks.

بَوم /bɔ:m/ ■ *n.m.* See بونگ.

بُوم¹ /bu:m/ ■ *n.m.* **1** owl. **2** (*fig.*) fool. [P]

بُونگ /bɔ:ŋg/ ■ *n.m.* (also بوم، بونگ) joint of meat from the shank of a cow, etc.

بُونگا /bɔ:ŋgɑ:/ ■ *adj.* stupid, awkward or clumsy, talking nonsense.

بونگا /bo:ŋgɑ:/ ■ *n.m.* (also بھونگا) **1** stack of straw. **2** heap of chaff. **3** hollow bamboo. **4** the whole shell of a gourd or of a coconut.

بُونگی /bɔ:ŋgi:/ ■ *adj.* (*fem.* of بُونگا).

بونگی /bo:ŋgi:/ ■ *n.f.* removable frame to sit on in an ox-cart.

بُونی /bɔ:ni:/ ■ *adj.* (*fem.* of بُونا) dwarfish (woman).

بونی¹ /bo:ni:/ ■ *n.f.* See بوہنی. [Prk.]

بونی² ____ ■ *n.f.* sowing, sowing season. [S]

بونیا /bo:nɪjɑ:/ ■ *n.m.* white barley with small grains.

بوہار /bɪvhɑ:r/ ■ *n.m.* trade. See بیوپار.

بوہایا /bo:hɑ:jɑ:/ ■ *adj.* syphilitic.

بُوہرا /bɔ:hrɑ:/ ■ *n.m.* (also بوہرہ) **1** member of the Dawoodi Shia sect. **2** (*rare*) village-banker or moneylender.

بُوہری /bɔ:hri:/ ■ *adj.* of or relating to بُوہرا.

بوہری /bo:hri:/ ■ *n.f.* (also بُہری) parched barley.

بوہڑنا /bohʊɽnɑ:/ ■ *v.* return, come back.

بوہلی /bo:hli:/ ■ *n.f.* beestings, first milk of a newly-calved cow.

بوہنی /bo:hni:/ ■ *n.f.* (also بونی¹) first sale for ready money in the morning (considered as a good omen).

بُوئی¹ /bu:i:/ ■ *n.f.* act of smelling. بُوئی لینا test by smell. [P]

بُوئی² ____ ■ *n.f.* (also پُوئی) perennial vine, *Bassela alba*. [Prk.]

بوئی³ ____ ■ *n.f.* ogre, bugaboo (a word to frighten children). [S]

بوئی /bo:i:/ ■ *n.f.* sowing, cultivation.

بُوئیّا /bu:ɪjjɑ:/ ■ *n.f.* small basket.

بُویا /bu:jɑ:/ ■ *adj.* fragrant, scented.

بویا /bo:jɑ:/ ■ *adj.* sowed. ■ (*past* of بونا) sowed. بویا نہ جوتا اللہ نے دیا پوتا remark on acquiring something without an effort.

بُویام /bu:jɑ:m/ ■ *n.m.* (*coll.*) jar of clay or porcelain.

بویرا /bəve:rɑ:/ ■ *n.m.* sowing.

بہ¹ /bə/ ■ *prep.* by; with; in; (used in comp. as: بہ ادب respectfully; pardon me; by your leave. بہ آسانی easily, with ease. بہ آنکہ though, notwithstanding, although, nevertheless. بہ تسلسل in continuation (of), in succession. بہ تفصیل ذیل as described below, as follows, as per detail. بہ حلف by an oath, on oath. بہ خیال with regard (to), in consideration (of). بہ دولت due to; by means of; by the good fortune of. بہ رضا و رغبت willingly; with pleasure. بہ سبب on account of. بہ سرشتہ according to rule or precedent; in due form. بہ شرح ذیل as detailed or shown below; as hereinafter shown. بہ نسبت **1** compared to, than, in comparison (with). **2** with relation, in respect of, with respect to. [P]

بہ² ____ ■ *n.f.* (*contr.* of بہی) ledger. [Prk.]

بِہ¹ /beh/ ■ *adj.* better; good, well. ■ *prep.* by it; with it. بہ اندیش well-wisher. [P]

بِہ² ____ ■ *n.m.* hole pricked in the ear or nose for jewellery. [Prk.]

بہا¹ /bəhɑ:/ ■ *n.f.* value; price, rate. ■ *suffix* as: بیش بہا precious, costly. خون بہا blood-money. [P]

بہا² ____ ■ *n.m.* conduit conveying water from a canal for irrigation. ■ *adj.* floating, drifting. ■ (*past* of بہنا) بہا پھرنا wander about. [S]

بہادر /bəhɑ:ɖʊr/ ■ *adj.* bahadur, brave, bold, courageous, valiant, fearless, high-spirited. ■ *n.m.* part of a British Indian title, as: خان بہادر or رائے بہادر.

بہادرانہ /bəhɑ:ɖʊrɑ:nɑ:/ ■ *adj.* bold, daring. ■ *adv.* boldly.

بہادری /bəhɑ:ɖʊri:/ ■ *n.f.* boldness, bravery.

بہار /bəhɑ:r/ ■ *n.f.* (also بہاراں) **1** spring, spring-time. **2** verdure. **3** prime (of life), bloom (of youth). **4** beauty, glory, splendour, elegance, flourishing. بہار پر آنا blossom, flourish; (female mammals) be on heat. بہاردار **1** grand. **2** colourful. بہار دینا give pleasure, provide enjoyment. بہار لُوٹنا **1** enjoy oneself, have a very good time, revel in. **2** ruin, destroy a flourishing place. (*pl.* بہاریں)

بِہار /bɪhɑ:r/ ■ *n.m.* roving for pleasure, enjoyment, amusement, recreation. ■ *pr.n.m.* Bihar, a province of India.

بہارستان /bəhɑ:rɪsṭɑ:n/ ■ *n.m.* garden, garden in bloom.

بُہارن /bʊhɑ:rən/ ■ *n.m.* **1** sweepings. **2** duster, cloth for dusting.

بُہارنا /bʊhɑ:rnɑ:/ ■ *v.* sweep, dust, tidy up.

بُہارنی /bʊhɑ:rni:/ ■ *n.f.* (also بُہارو، بُہاری) broom, besom.

plenty. بہت کر کے for the most part; frequently, again and again. بہت ہے it is enough or more than needed.

بہتا /bæhṭɑ:/ ■ *adj.* afloat; running, flowing (water), gliding away. بہتا دریا ہے opportunity is there; what you want is available; plenty to benefit. (*fem.* بہتی)

بُہتات /bohṭɑ:ṭ/ ■ *n.f.* plenty, abundance, excess, profusion, profuseness. بہتات سے ہونا abound, be in plenty.

بُہتان /bohṭɑ:n/ ■ *n.m.* false accusation, calumny, vilification, slander. بہتان باندھنا/جوڑنا/لگانا slander, calumniate. بہتان تراشی/طرازی accusation, inculpation, vilification, calumny.

بہتر /behṭər/ ■ *adj.* better, preferable, superior, worthier.

بہتّر /bəhəṭṭər/ ■ *cardinal number* seventy-two.

بہتّرواں /bəhəṭṭərvɑ̃:/ ■ *ordinal number* seventy-second.

بہتری /behṭəri:/ ■ *n.f.* **1** improvement. **2** advantage, welfare, goodness.

بہترین /behṭəri:n/ ■ *adj.* best, finest, most excellent.

بہتی /bæhṭi:/ ■ *adj.* (*fem.* of بہتا) بہتی گنگا میں ہاتھ دھونا take advantage of an open opportunity.

بہتیرا /bəhoṭe:rɑ:/ ■ *adj.* much, very much; many, very many. ■ *adv.* enough, sufficient; a great deal. (*fem.* بہتیری)

بہجت /bæhdʒəṭ/ ■ *n.f.* **1** beauty. **2** joy, pleasure. **3** excellence. بہجتُ الانظار pleasurable to the eyes, good-looking.

بِہدانہ /behḍɑ:nɑ:/ ■ *n.m.* (also بیدانہ) quince seed.

بہر /bəhər/ ■ *prefix* in any, by every, to every (way, mean, etc.). بہر حال/صورت/طور/کیف by all or every means, however, at any rate, anyhow, after all, in any case, at all events; nevertheless.

بہر /bæhr/ ■ *conj.* for the sake of. بہر اللہ/خدا for God's sake.

بُہر /bohr/ ■ *n.m.* **1** middle, centre; middle of anything. **2** asthma. بہر کمان middle of the string of a bow.

بہرا /bæhrɑ:/ ■ *adj.* deaf, hard of hearing. بہراپن/پنا deafness. (*fem.* بہری)

بہرام /bæhrɑ:m/ ■ *n.m.* **1** the planet Mars. **2** twentieth day of each solar month.

بہروپ /bæhru:p/ ■ *n.m.* **1** mimicry, disguise. **2** trickery, guile. بہروپ بھرنا disguise oneself, adopt a guise.

بہروپیا /bæhru:pɪjɑ:/ ■ *n.m.* **1** actor; mimic, dissembler. **2** trickster, cunning.

بُہارو /bʊhɑ:ru:/ ■ *n.f.* **1** used mostly with جھاڑو, as: جھاڑو بہارو broom. **2** sweeper.

بہاری /bəhɑ:ri:/ ■ *adj.* vernal, pertaining to the spring.

بِہاری[1] /bɪhɑ:ri:/ ■ *adj.* carefree, jovial. ■ *pr.n.m.* title of Hindu god Krishna. [Prk.]

بِہاری[2] ____ ■ *adj.* of or relating to Indian province Bihar. ■ *n.m.* native of Bihar. ■ *n.f.* language of Bihar.

بِہاگ /bɪhɑ:g/ ■ *n.m.* (***Music***) a musical raga.

بہانا /bəhɑ:nɑ:/ ■ *v.* **1** cause to flow, spill, throw a liquid on the ground, set afloat or adrift. **2** sell cheap, waste or spoil.

بہانہ /bəhɑ:nɑ:/ ■ *n.m.* **1** excuse, pretext, pretence, feint, plea; shift, subterfuge, contrivance; evasion. **2** cause, means. بہانہ باز/تراش one who offers pretexts. بہانہ بنانا/تراشنا/کرنا pretend, find a pretext or excuse. بہانہ جو (person) seeking an excuse. بہانہ چلنا trickery or deceit to work. بہانہ ساز imposter. بہانہ طلب (person) seeking a pretext.

بہائم /bəhɑ:ɪm/ ■ *n.m.pl.* beasts, animals, quadrupeds; brutes. (*sing.* بہیمہ)

بہاؤ /bəhɑ:o:/ ■ *n.m.* **1** flow, flood, effusion, current, flux; course of a river. **2** flow or rhythm (of a verse).

بہائی /bəhɑ:i:/ ■ *n.m.* member of the Bahai sect.

بِہائی /bɪhɑ:i:/ ■ *n.f.* legendary spirit said to whisper alternately sad and pleasing things in the ears of infants, making them laugh and cry.

بِہبود /behbu:d/ ■ *n.f.* welfare, well-being, betterment, benefit, utility; vigour. بہبودِ خلائق/عامّہ public welfare, public utility.

بُہت /bohəṭ/ ■ *adj.* (also بُہت) **1** much, many, excessive, abundant; plentiful, too much, in or to a great degree, copious. **2** enough. ■ *adv.* very, very much, excessively, exceedingly. بہت اچھا/بہتر/خوب (response to a command or request) very well, very good. بہت اُڑنا boast, brag, practise cunning, overreach. بہت برا کیا did very bad; made big mistake. بہت بڑا all powerful; very large or big. بہت پرانا age-old. بہت تھوڑا very little. بہت ٹھیک quite well or right, all right, quite true. بہت خوب very well, very good. بہت دن پڑے ہیں there is enough time. بہت سارا/سا a great deal, rather too much. بہت سے بہت at the most. بہت کچھ a good or great deal;

بہروزہ /behro:za:/ ■ *n.m.* sap of trees.

بہروزی /behro:zi:/ ■ *n.f.* prosperity.

بہرہ /bæhra:/ ■ *n.m.* **1** portion, share; quota. **2** fortune. **3** property. **4** gain, profit, advantage. بہرہ کھلنا fortune to take a favourable turn. بہرہ مند و ور ریاب blessed, happy, fortunate, prosperous. بہرہ مند کرنا gratify one with, put one in possession of something good. بہرہ مند ہونا possess or make use of something good, derive benefit from; accomplish an object; prosper.

بہری[1] /bæhri:/ ■ *adj.* (*fem.* of بہرا). [Prk.]

بہری[2] ____ ■ *n.f.* female hawk; falcon. [S]

بہری /behri:/ ■ *n.f.* share, share-out, contribution, subscription.

بُہری /bʊhri:/ ■ *n.f.* (also بوہری) parched barley.

بُہریا /bəhʊrɪja:/ ■ *n.f.* (*dim.* of بہو) daughter-in-law, son's wife.

بہریا /bəhrɪja:/ ■ *n.m.* stranger, foreigner.

بہشت /bɪhɪʃt/ ■ *n.f.* (also بہشت) the paradise, the heaven, the garden of Eden. بہشت کا جانور peacock. بہشت کا میوہ pomegranate. بہشت کی قمری beautiful dancing girl. بہشت کی ہوا cool refreshing breeze. بہشت میں ٹھوکر لات مارنا not appreciate blessings or good fortune, deny an advantage.

بہشتن /behɪʃṭən/ ■ *adj.* (*fem.* of بہشتی). ■ *n.f.* water-carrier woman.

بہشتی /behɪʃṭi:/ ■ *adj.* of or pertaining to paradise, celestial, blessed. ■ *n.m.* bheeshti, (*fig.*) water-carrier.

بہق /bəhəq/ ■ *n.m.* vitiligo.

بہک /bəhək/ ■ *n.f.* **1** state of intoxication. **2** talking nonsense, out of one's head.

بہکا /bæhka:/ ■ *adj.* intoxicated; mad; misled. بہکا لے جانا **1** entice or lure away with. **2** elope or run away with. بہکا ہوا mad, intoxicated. (*fem.* بہکی)

بہکانا /bæhka:na:/ ■ *v.* **1** deceive, mislead, beguile, delude, seduce. **2** incite, tempt, allure, excite, instigate.

بہکانے /bæhka:ne:/ ■ (*infl.* of بہکانا) بہکانے میں آنا be deceived or taken in, be misled.

بہکاوا /bæhka:va:/ ■ *n.m.* **1** misleading, leading astray. **2** trick, deception.

بہکاوے /bæhka:ve:/ ■ *n.m.* (*pl.* & *infl.* of بہکاوا) بہکاوے میں آنا be deceived or misled.

بہکنا /bæhækna:/ ■ *v.* **1** be misled, go astray, be deceived. **2** be intoxicated.

بہکی /bæhki:/ ■ *adj.* (*fem.* of بہکا) بہکی بہکی باتیں کرنا talk as if drunk, drivel, talk nonsense.

بہل /bəhəl/ ■ *n.f.* ox-drawn vehicle. See بہلی.

بہل /bæhl/ ■ *n.m.* curse, malediction.

بہل /behɪl/ ■ *adj.* overlooking, excusing, forgiving.

بہلا /bəhela:/ ■ *adj.* (also بہل) (often used for cattle) barren.

بہلانا[1] /bæhla:na:/ ■ *v.* **1** divert; entertain, amuse, recreate, enliven. **2** charm, deceive. **3** prevaricate. بہلانا پھسلانا wheedle, coax, cajole; seduce. [S]

بہلانا[2] ____ ■ *v.* irrigate a field. [S]

بہلاوا /bæhla:va:/ ■ *n.m.* **1** diversion. **2** solace, consolation. بہلاوا دینا **1** seduce. **2** divert. **3** give solace (by a usu. false promise).

بہلنا /bæhælna:/ ■ *v.* **1** be entertained, diverted, amused, cheered. **2** pass (time) pleasantly.

بہلور /bəhlɔ:r/ ■ *n.f.* a tree and its wood used for making drums.

بہلول /bæhlo:l/ ■ *n.m.* (*var.* of بُہلول) **1** simple man. **2** joker, jester. بہلول دانا name of a cynical saint of Abbasid period.

بہلہ /bæhla:/ ■ *n.m.* privy purse, glove worn by falconers. بہلہ بردار bearer of the privy purse.

بہلی /bæhli:/ ■ *n.f.* (also بہل) a small ox-drawn two-wheeled vehicle. بہلی بان (also بہلیا) its driver.

بہم /bəhəm/ ■ *adv.* (*contr.* of باہم) together, one with another. بہم پہنچانا **1** provide, supply. **2** acquire, procure. بہم پہنچنا be procured or obtained. بہم دگر together, one with another. بہم رسانی supply, stock. بہم رسی availability.

بہمان /behma:n/ ■ (*tabe* of فلاں) so-and-so, any Tom, Dick and Harry.

بہمن[1] /bæhmən/ ■ *n.m.* **1** the eleventh month of the Persian calendar corresponding to January-February. **2** a plant which flowers in this month. ■ *pr.n.m.* son of the ancient Persian king Asfandyar. [P]

بہمن[2] ____ ■ *n.m.* (*contr.* of برہمن) Brahman. [S]

بہمنی /bæhməni:/ ■ *adj.* of or relating to بہمن[1].

بہمہ وُجوہ /bəhəma: vʊdʒu:h/ ■ *adv.* in every respect, in very way.

بہن /bæhæn/ ■ *n.f.* (also بہن، بہین) **1** sister; female cousin.

غ	ع	ظ	ط	ض	ص	ش	س	ژ	ز	ڑ	ر	ذ
ɣ	ʔ	z	ṭ	z	s	ʃ	s	ʒ	z	ɽ	r	z

بہی[2] ——— ■ *n.f.* quince. بہی دانہ quince seed. [P]

بہیا /bæhjɑ:/ ■ *n.f.* flood; torrent.

بہیج /bəhi:dʒ/ ■ *adj.* nice, good, pleasing.

بہیر /bəhi:r/ ■ *n.f.* (also بھیڑ) **1** crowd. **2** men carrying the paraphernalia of an army. **3** baggage of an army. **4** camps where families or wives of soldiers live. بہیر چھٹنا (an army) be dispersed, thrown into confusion, be scattered. بہیر وبنگاہ supporting section of an army; supplies.

بہیڑا /bəhe:ɽɑ:/ ■ *n.m.* (also بہیڑہ) the astringent fruit of an Indian myrobalan, species of *Terminalia chebula*, belleric myrobalan.

بہیڑی /bəhe:ɽi:/ ■ *n.f.* **1** calf with two teeth. **2** she-sheep.

بہیم /bəhi:m/ ■ *n.m.* (also بہیمہ) beast, animal.

بہیمانہ /bəhi:mɑ:nɑ:/ ■ *adj.* brutal, beast-like.

بہیمی /bəhi:mi:/ ■ *adj.* of or relating to animals; beastly.

بہیمیت /bəhi:mɪjət/ ■ *n.f.* (also بہیمیّت) bestiality, brutality.

بہین /bɪhi:n/ ■ *adj.* the best, most excellent.

بہیو /bæhju:/ ■ *n.m.* migratory birds.

بی /bi:/ ■ *n.f.* used in addressing ladies; lady. بی بی **1** bibi, bee bee, wife. **2** lady. **3** respectable woman. **4** pious lady. **5** elderly woman. **6** sister, daughter. **7** a respectable way of addressing women. بی بی جی title of respect for a woman. بی بی دولتی اپنے آپ ہی کھولتی said of a bad-tempered, peevish or jealous woman. بی شادی name of an imaginary being used to threaten children.

بے[1] /be:/ ■ *n.f.* the third letter of the Urdu alphabet ب.

بے[2] ——— ■ *exclam.* (*contr.* of ابے) hello! hey! ho there! (impolite or informal) used to show contempt to low people or frankness to friends.

بے[3] ——— ■ *prefix* not, without, devoid of; out of; the reverse of or a lack of (similar to in-, un-, im-, ir-, dis-, less). بے اتفاقی want of agreement or harmony, discord. بے اٹکل **1** improper, inept. **2** unreasonable. بے اثر ineffective, without effect, ineffectual. بے اجل untimely (death). بے احتیاط **1** careless, negligent, reckless, indiscreet, intemperate, incautious. **2** rash, imprudent. بے اختیار **1** helpless, powerless; without choice. **2** spontaneous (gesture or word); spontaneously. بے اختیاری **1** want of power,

2 an affectionate term of address for an unrelated female. بہن اندر تو بھائی سکندر relationships get things done. بہن سو برس کی بھائی پانچ برس کا برابر males are supposed to be superior. بہن کے گھر بھائی کتا it is shameful for a brother to live in a married sister's home.

بہن /behən/ ■ *n.m.* **1** seed for sowing. **2** small pond.

بہنا[1] /bæhnɑ:/ ■ *v.* **1** flow, float, drift, glide. **2** melt, become watery. **3** (sore) run. **4** (of wind) blow. **5** be wasted, be destroyed. [S]

بہنا[2] ——— ■ *n.f.* (*dim.* of بہن) used as a term of endearment. [S]

بہناپا /bæhnɑ:pɑ:/ ■ *n.m.* sisterhood, very close friendship among women.

بہنڈ /bɪhənɖ/ ■ *n.f.* uneven land cut up by a torrent.

بہنکار /behɪnkɑ:r/ ■ *n.f.* alloy of zinc, copper and lead.

بہنگم /behəŋgəm/ ■ *adj.* (*contr.* of بے ہنگم) misshapen, unwieldy, odd-looking, shapeless, deformed.

بہنگی /bæhəŋgi:/ ■ *n.f.* stick or pole with strings at both ends for carrying boxes, goods or baskets on shoulders. بہنگی بردار coolie, baggage-bearer.

بہنور /behnɔ:r/ ■ *n.f.* **1** paddy seed. **2** nursery for plant.

بہنوئی /bæhno:i:/ ■ *n.m.* brother-in-law, sister's husband.

بُہنی /bohni:/ ■ *n.f.* first sale of the day. See بوہنی.

بہنیا /bæhnjɑ:/ ■ *n.f.* (*dim.* of بہن) used either endearingly or derogatively.

بہنیلا /bæhne:lɑ:/ ■ *n.m.* sisterly affection, close friendship among women. (See also بہناپا.)

بہنیلی /bæhne:li:/ ■ *n.f.* **1** adopted sister. **2** woman's female friend.

بہو /bəhu:/ ■ *n.f.* **1** bahu, daughter-in-law, son's wife. **2** (*fig.*) bride. بہو بیٹی respectable woman (usu. as plural). بہو لانا marry a son.

بہوار /bɪhvɑ:r/ ■ *n.m.* trade. See بیوپار.

بہورنا /bəho:rnɑ:/ ■ *v.* (also بہرنا) return, come back.

بہوڑا /bəho:ɽɑ:/ ■ *n.m.* (also بھوڑا) the food sent by bride's family at the time of her departure.

بہی /bəhi:/ ■ *n.f.* (also بہ[2]) ledger, diary or record of a financial transaction. بہی کھاتہ ledger; account book. بہی میں چڑھانا enter into the account book.

بہی[1] /behi:/ ■ *n.f.* goodness, being well or better, welfare. بہی خواہ well-wisher. [P]

unfounded or false (rumour or gossip). بے پر کی اڑانا spread an unfounded rumour, tell cock-and-bull stories, spin a steep yarn. بے پروا careless, uncaring, carefree, heedless, unconcerned; thoughtless. بے پرہیز not restraining oneself. بے پناہ extreme, intense. بے پیر 1 having no spiritual guide. 2 (*fig.*) merciless, cruel. بے پیندی کا بدھنا/پیندے کا لوٹا 1 fickle; time-serving; unprincipled. 2 wavering, vacillating. بے تاب eager, restless, impatient. بے تابی eagerness, restlessness, impatience. بے تاثیر ineffectual. بے تال out of tune (in music). بے تامل unhesitatingly, without hesitation. بے تحاشا recklessly, rashly, headlong. بے ترتیب disarranged, disorderly, irregular. بے تعلق unrelated, without connection; independent. بے تقصیر faultless, blameless; innocent. بے تکا inapt, odd, incongruous. بے تکان untiringly, easily, constantly, continuously; relentlessly. بے تکلف open, frank, familiar. بے تکلفی frankness, familiarity. بے تکی inapt. بے تکی ہانکنا talk nonsense, babble. بے تگ و پو effortlessly, without any effort or endeavour. بے تمنا free from desire, content. بے تمیز indiscreet, rude, cheeky, insolent, ill-mannered; unmannerly; pert; saucy. بے تواں weak; powerless. بے توجہ distracted, absent-minded, inattentive. بے توقع hopeless, without expectation. بے توقیری disrespect, dishonour, insult, disregard. بے تورے کا سونٹا an awkward, blunt man. بے تہ/تہہ 1 bottomless, baseless. 2 silly, stupid. بے ٹھکانا 1 homeless. 2 not to be depended on. بے ٹھکانے 1 out of place. 2 uncertain. 3 inconsistent. بے ثبات transitory, inconstant, unstable. بے ثمر fruitless. بے جا 1 improper. 2 unlawful. 3 misplaced. 4 wrongly, improperly. بے جان 1 dead, lifeless, inanimate. 2 dispirited, listless, insipid, inactive, enervated, weak, feeble. بے جرم faultless, innocent, guiltless. بے جگر courageous, bold, intrepid, daring. بے جگری courage, boldness. بے جگہ out of place, at the wrong place. بے جوڑ 1 unmatched, disjointed, ill-assorted, made of one piece, having no joints. 2 unique, incomparable. بے جون untimely, out of occasion, unseasonable. بے چارہ poor, helpless, miserable. بے چال unprincipled. بے چراغ 1 deserted, abandoned, desolate. 2 dark, unlit. 3 (*fig.*) childless;

helplessness. 2 spontaneity. بے ادب insolent, disrespectful, impudent. بے ادبی insolence, disrespect, impudence. بے اصل 1 groundless, baseless. 2 unreal, false. بے اصولا unprincipled. بے اعتبار incredible, faithless, incredulous, unreliable. بے اعتباری incredulity, untrustworthiness, discredit. بے اعتدال immoderate, intemperate, inordinate. بے اعتدالی 1 immoderation, intemperance. 2 overindulgence. 3 inequality. 4 unevenness. بے التفات inconsiderate, thoughtless, insensitive, selfish, uncaring. بے التفاتی dryness; lack of attention or regard, casualness, inattention, inconsiderateness. بے امتیاز 1 without discrimination, even-handed, undiscriminating. 2 ill-bred. 3 rude. بے انتظامی mismanagement, disorder. بے انتہا infinite, boundless, endless. بے اندازہ immeasurable, immense, unlimited. بے اندیشہ thoughtlessly; fearlessly. بے انصاف unfair, unjust. بے انصافی injustice. بے اولاد childless. بے ایمان dishonest, corrupt; faithless; infidel. بے ایمانی dishonesty, corruption. بے ایمانی کرنا play false, act dishonestly. بے آب 1 waterless, arid. 2 without shine or lustre (a gem). 3 without dignity. بے آبرو disgraced, disreputable, dishonoured. بے آب و گیاہ waterless and barren. بے آپے infuriated, beside oneself with rage. بے آزار harmless, innocuous. بے بات کی/کے without any rhyme or reason, groundless. بے باق paid up in full. بے باقی 1 full payment. 2 adjustment. 3 liquidation. 4 acquittance. بے باک fearless, bold, daring. بے بال و پر helpless, without resources; unfledged; powerless. بے بدل matchless. بے برگ و بار infertile, unproductive. بے بس helpless, powerless, without resources; weak. بے بسی helplessness. بے بصر blind, unaware. بے بصیرت undiscerning. بے بضاعت pauper, powerless. بے بنیاد groundless, unfounded, baseless. بے بود unsound, mortal, unreal. بے بہا priceless, invaluable. بے بہار out of season. بے بہرہ 1 unlucky, poor. 2 lacking (in), wanting (in). بے بھاؤ کی پڑنا 1 be beaten severely. 2 be soundly scolded. بے بھیدی کے چوری نہیں thieves have their informers. بے پایاں boundless, unfathomable. بے پتے کا cool-headed, serious, serene. بے پردہ 1 not observing purdah, unveiled, uncovered. 2 immodest. بے پر کی

anomalous; unlawful. بے دل 1 dissatisfied, dejected, heartless, dispirited; discouraged; unwilling; averse; half-hearted. 2 one who has lost his heart; lover. بے دلی spiritlessness; dejection; unwillingness; discouragement; half-heartedness; aversion. بے دم breathless. بے دماغ ill-tempered, irritable, easily provoked. بے دولت penniless, poor. بے دین irreligious, faithless. بے دھڑک 1 fearless, bold, dauntless. 2 unhesitatingly, fearlessly. بے ڈول shapeless, clumsy, ugly; deformed; irregular. بے ڈھب awkward, unmannerly. بے ڈھب آدمی cunning, mischievous, troublesome man. بے ڈھنگا clumsy; ungainly; ill-mannered; awkward; rude; disordered. بے ذوق lacking in good taste, having no interest in art or literature. بے راہ 1 erring, astray. 2 depraved, dissolute. بے راہ روی depravity. بے ربط 1 irregular, incongruous. 2 disjointed, unconnected; disconnected; unrelated; incoherent; irrelevant. بے رحم pitiless, cruel. بے رحمی cruelty, lack of compassion. بے رخی lack of attention, inconsiderateness, heedlessness. بے رضا without permission or approval. بے رنگ colourless, dull, uninteresting. بے روزگار unemployed. بے روزہ not fasting. بے روک ٹوک without let or hindrance. بے ریا sincere; frank; bona fide. بے ریش beardless. بے ریش وبروت without beard and whiskers, without facial hair. بے ریشہ fibreless; without fibre. بے زبان lacking the faculty of speech, dumb, speechless, mute. بے زر without money; without a penny, penniless, destitute. بے زن وفرزند without wife and children. بے زیب وزینت unadorned, plain, unkempt, dishevelled. بے ساختہ extempore; extemporaneously, unpremeditated; prompt, promptly; spontaneously; on the spur of the moment; impromptu. بے ساختگی spontaneity. بے ساز وسامان unprovided. بے سبب without rhyme or reason. بے ستر naked, nude; not observing purdah. بے سخن taciturn, silent, quiet. بے سدھ senseless, entranced, enraptured, in a swoon. بے سر 1 headless. 2 without a leader. بے سُرا out of tune, unmusical. بے سروپا groundless, absurd; helpless. بے سروسامان poor, without means; destitute; helpless; indigent. بے سروسامانی impoverishment, destitution. بے سلیقہ awkward,

lacking a male issue. بے چشم eyeless, blind. بے چگون unique, one of its kind; one whose attributes are beyond human comprehension, i.e. God. بے چوبہ tent without a pole. بے چون unparalleled, incomparable; without doubt. بے چون وچرا unquestioningly, without demur. بے چین uneasy, restless; eager. بے حاصل unprofitable, fruitless. بے حال ruined, out of condition, senseless. بے حجاب 1 unveiled. 2 shameless, immodest. بے حد boundless, endless. بے حرکت immobile, motionless, still. بے حرمتی 1 disgrace; molestation, sacrilege. 2 rape. بے حس 1 callous, insensitive. 2 insensible; without feeling. بے حساب countless, numberless, myriad. بے حس وحرکت without sense or movement, unfeeling or unmoving, in a coma. بے حضور absent, not present; non-existent. بے حقیقت 1 of low status, having no base in fact. 2 immaterial. 3 unreal. بے حلق ravenous, greedy, covetous. بے حلق کھانا 1 glut oneself. 2 take bribe. بے حمیت shameless. بے حواس senseless, distracted. بے حواسی insensibility, distraction. بے حوصلہ lacking in ambition, spiritless. بے حیا shameless, immodest. بے خانماں homeless, destitute. بے خبر 1 unaware, uninformed; without knowledge. 2 careless, lacking in foresight. 3 unsuspecting. بے خبری unawareness, ignorance, lack of information. بے خطا unerring, infallible, faultless. بے خطر safe, free from danger; fearlessly. بے خلل uninterrupted, undisturbed; unbroken. بے خواب sleepless, wakeful. بے خود 1 ecstatic, in raptures, beyond oneself. 2 drunk. بے خودی ecstasy, trance, insensibility. بے خوف dauntless, audacious. بے خوف وخطر without fear, fearlessly. بے خویش person having no relation(s), friendless. بے داغ spotless, unsullied. بے دانہ seedless. بے دخل excluded; dispossessed; ejected. بے دخل کرنا eject; dispossess; exclude; dislodge. بے دخلی dispossession; ejection. بے درد having no compassion, pitiless, merciless; unsympathetic; unfeeling; cruel; hard-hearted. بے دردی pitilessness, callousness; apathy; cruelty; heartlessness. بے دریغ readily, unstinted, ungrudgingly; blindly. بے دست وپا helpless, without power or authority, without resources. بے دستور without example or precedent; irregular; unprecedented; informal;

clumsy; unmethodical; slovenly, slatternly, inept. بے سمجھ stupid, tactless. بے سوچ سمجھے thoughtlessly, carelessly, tactlessly. بے سود 1 futile, useless, of no use; fruitless; vain. 2 in vain. بے سیاق anomalous, contrary to order. بے شرم shameless, immodest; devoid of sense of shame. بے شرمی shamelessness; immodesty, impudicity. بے شعور lacking in understanding or reason, wanting in perception or wisdom. بے شک no doubt; undoubtedly, surely. بے شکل nondescript, amorphous. بے شک وشبہ certainly, undoubtedly. بے شمار countless, innumerable. بے صبر/صبرا impatient, restless. بے صبری impatience. بے صرفہ futile, vain, fruitless, unprofitable. بے ضابطگی contravention of rules and regulations. بے ضابطہ contrary to rules, irregular. بے ضمیر one who has no sense of right or wrong, depraved, reprobate. بے طاقت weak, frail. بے طالع unlucky, unfortunate. بے طرح 1 profusely, intensely. 2 badly. بے طرف دار impartial, neutral. بے طلب unsought. بے طمع not greedy, generous, selfless, satisfied. بے طور badly, severely. بے عدل unjust, unfair, lawless. بے عدیل in a class of its or one's own, unique, matchless. بے عزت without honour or dignity, disgraced, contemptible, dishonoured; disreputable; defamed; notorious; one who has no dignity or good name. بے عزتی disgrace, ignominy, humiliation, insult. بے عقل stupid, unwise. بے علت without rhyme or reason. بے عنوان 1 without title or heading. 2 irregular. بے عنوانی irregularity; an act or affair contrary to rules. بے عیب faultless, impeccable, unblemished. بے غرض selfless, disinterested, unselfish. بے غل وغش 1 without trouble or anxiety. 2 blindly, rashly, carelessly. بے غم without sorrow, happy. بے غوری inattentiveness, carelessness, thoughtlessness. بے غیرت shameless, unashamed, immodest. بے غیرتی shamelessness, immodesty. بے غیرتی کا ٹھیکرا آنکھوں پر رکھنا brazen it out. بے فائدہ useless, to no purpose, profitless, futile. بے فصل 1 unseasonal, untimely. 2 continuous; without distance. بے فکر/فکرا contented; unconcerned, thoughtless. بے فیض 1 miserly, niggard, churlish. 2 one who does not confer favours. بے قابو without restraint, out of control. بے قاعدہ irregular, unarranged; without order or rule.

بے قدری ingratitude, ungratefulness, non-recognition, lack of appreciation. بے قرار restless, restive, uneasy. بے قرینہ disordered, disarranged, jumbled, displaced. بے قصور innocent, faultless. بے قیاس 1 inconceivable. 2 countless. بے قید unrestricted, unrestrained, free. بے کاج/کار/کام 1 idle; unemployed, jobless; worthless; useless, unserviceable; unprofitable, inoperative. 2 silly. بے کار سے بیگار بھلی it is better to do something for free than remain idle. بے کار کرنا render useless or unserviceable; invalidate. بے کاشت uncultivated; fallow. بے کراں limitless, boundless, shoreless; immense, unbounded. بے کس helpless; friendless. بے کفن unshrouded. بے کل restless, uneasy, disturbed. بے کلی restlessness, uneasiness, fidgetiness, edginess, agitation. بے کم وکاست without omission, accurately, exactly, completely and faithfully without addition or subtraction. بے کہا disobedient, defiant. بے کیف sad, listless. بے کینڈے ugly, awkward, ill-shaped, ungainly. بے کھٹکے fearlessly, without apprehension or doubt. بے گانہ stranger, outsider. بے گناہ sinless, guiltless, innocent. بے گنت/گنتی countless, numberless. بے گھر 1 homeless. 2 exile. بے لاگ 1 (of comment, opinion, etc.) frank, impartial, sincere. بے لباس unclothed, naked. بے لحاظ inconsiderate, impertinent; inattentive. بے لطفی unpleasantness. بے لگام 1 licentious, wayward. 2 unbridled. بے لوث altruist, sincere, unselfish. بے مات stepchild or any other relationship resulting from remarriage where mother is different. بے مایہ without resources or means, poor. بے مثال/مثل unique, incomparable, peerless. بے محابا without fear, unhesitatingly, undaunted. بے محل out of place, improper. بے مروت inconsiderate, insensitive, thoughtless. بے مزہ 1 tasteless, insipid. 2 displeased, unhappy. بے معنی absurd, meaningless. بے مغز 1 stupid, unwise, dense, foolish. 2 useless, futile. بے موسم out of season. بے مہار 1 unbridled, independent. 2 impudent. بے مہر unfriendly, unkind. بے میر بازی ابتر battle is lost when the chief is gone, a group cannot remain organized without the chief. بے ناتھا بیل uncontrolled, stubborn, wilful, undisciplined. بے نام ونشان 1 without any trace, unidentified, unknown, untraceable.

2 heirless, without heirs. 3 insignificant. بے نامی in another's name (of sale, etc.), sale of property in the name of rather than the real owner; dummy sale. بے نصیب unfortunate, unlucky, luckless, ill-fated, destitute. بے نظیر matchless, incomparable, unparalleled, unequalled. بے نفس selfless, unselfish. بے نقط (writing) without using diacritical dots. بے نقط سنانا call names, hurl abuses, severely upbraid or scold, take to task. بے نمازی one who does not pray. بے نمک 1 saltless, insipid. 2 unattractive, ugly. بے نمون unprecedented, exceptional. بے ننگ ونام without sense of honour, shameless; unrefined. بے نوا destitute, indigent. بے نور without light, dark, blind. بے نیاز 1 free from want, not in need, independent. 2 uncaring. بے وارث without heirs, heirless. بے واسطہ direct; unconcerned. بے وجہ without cause or reason. بے وطنی statelessness, exile, banishment. بے وفا treacherous, faithless, unfaithful, disloyal. بے وقار undignified, dishonourable. بے وقت mistimed, out of season, untimely, at an ungodly hour. بے وقت کا راگ/کی راگنی something untimely or inopportune, an untimely remark. بے وقوف fool, stupid. بے وقوفی foolishness, stupidity. بے ہمت 1 cowardly, timid, lacking courage. 2 unaspiring, unambitious. 3 slothful, lazy, indolent, unenterprising. بے ہمہ وباہمہ one who meets everyone but does not interfere in others' affairs. بے ہنر unskilful, unaccomplished, unskilled. بے ہنگم misshapen, unwieldy, odd-looking. بے ہودہ indecent, unmannerly, coarse, vulgar, frivolous, absurd, nonsensical. بے ہوش senseless, unconscious, in a fit. بے ہیئت amorphous. بے یارومددگار helpless. [P]

بیا[1] /bəjɑ:/ ■ *n.m.* (***Zool.***) the weaver bird, *Ploceus philippinus*. [S]

بیا[2] ____ ■ *n.m.* a person appointed to measure out grain. [A]

بیا[3] /bɪjɑ:/ ■ *n.m.* seed. [S]

بیا[4] ____ ■ *n.m.* 1 begum. 2 elder sister. [Prk.]

بیابان /bejɑ:bɑ:n/ ■ *n.m.* wilderness, desert, forest. بیاباں گرد/نورد wanderer; one who roams about in wilderness.

بیابانی /bejɑ:bɑ:ni:/ ■ *adj.* of the desert, wild.

بیاج /bejɑ:dʒ/ ■ *n.m.* (also بیاز) interest (on money), usury. بیاج پر بیاج compound interest. بیاج خور usurer.

بیادھ /bɪjɑ:dʰ/ ■ *n.m.* 1 illness, sickness; anguish, pain. 2 dispute, quarrel.

بیار /bəjɑ:r/ ■ *n.f.* (also بیال) air; wind, storm.

بیاسی /bejɑ:si:/ ■ *cardinal number* eighty-two.

بیاسیواں /bejɑ:si:vɑ̃:/ ■ (also بیاسی واں) *ordinal number* eighty-second.

بیاض /bəjɑ:z/ ■ *n.f.* 1 diary; notebook. 2 whiteness. ■ *adj.* white; clear, clean. بیاضِ سحر morning light.

بیاکرن /bjɑ:kərən/ ■ *n.m.* grammar.

بیاکل /bejɑ:kʊl/ ■ *adj.* uneasy, restless, disturbed, agitated, perplexed, vexed; alarmed.

بیالا /bəjɑ:lɑ:/ ■ *n.m.* 1 skylight. 2 ventilator. 3 sour, acid.

بیالو /bɪjɑ:lu:/ ■ *n.m.* evening meal, supper.

بیالیس /bəjɑ:li:s/ ■ *cardinal number* forty-two.

بیالیسواں /bəjɑ:li:svɑ̃:/ ■ (also بیالیس واں) *ordinal number* forty-second.

بیان /bəjɑ:n/ ■ *n.m.* 1 statement; declaration; description; account, narration. 2 exposition, disclosure. 3 (also علم البیان) science of using figures of speech. بیان بازی giving statements in newspapers, etc. for publication, esp. against one another. بیان بدلنا 1 go back on one's statement. 2 contradict oneself. بیانِ تحریری written statement. بیان دینا depose, make a statement (in a law-court, etc.); declare. بیان کرنا 1 state, narrate, relate, recount, describe, express, report. 2 depose.

بیّاں /bəjjɑ̃:/ ■ *n.f.pl.* (*contr.* of باہنیں) both arms.

بیانا /bejɑ:nɑ:/ ■ *v.* (of an animal) give birth to.

بیانوے /bejɑ:nve:/ ■ (also بانوے) *cardinal number* ninety-two.

بیانویواں /bejɑ:nve:vɑ̃:/ ■ (also بیانوے واں) *ordinal number* ninety-second.

بیانیہ /bəjɑ:nɪjɑ:/ ■ *adj.* narrative. بیانیہ جملہ declarative sentence.

بیاہ /bejɑ:h/ ■ *n.m.* marriage, wedding, wedlock. بیاہ پیچھے بڈھار repenting after opportunity is lost. بیاہ دینا give in marriage. بیاہ رچانا marry, celebrate a marriage. بیاہ کرنا marry. بیاہ لانا bring home a wife. بیاہ نہیں کیا بارات تو دیکھی ہے observation is comparable to personal

/bi:t̪ne: hɑ:rɑ:/ ■ *adj.* temporary, passing, transient. بیتنے ہارا

/bi:t̪o:l/ ■ *n.f.* the grazing ground for cattle, the land left vacant for grazing between fields. بیتول

/bi:t̪i:/ ■ *n.f.* account, narrative; biography. بیتی

/bi:ʈ/ ■ *n.f.* dung or droppings of birds, guano. بیٹ

/be:ʈɑ:/ ■ *n.m.* son; child; boy. بیٹا بنانا رگود لینا adopt a son. بیٹا بیٹی children; family. بیٹا

/be:ʈi:/ ■ *n.* (*fem.* of بیٹا) daughter; girl. بیٹی اور ککڑی کی بیل برابر ہوتی ہے daughters mature fast. بیٹی باپ کے گھر میں ہے it is still not too late. بیٹی بٹارو unmarried girl. بیٹی بیوہار intermarriage, matrimonial alliance. بیٹی دینا give a daughter in marriage. بیٹی والا روالے bride's father/ relations. بیٹی

/be:ʈe:/ ■ *n.m.* (*pl.* & *infl.* of بیٹا) بیٹے والا father of the bridegroom. بیٹے

/bæ:ʈʰ/ ■ *n.f.* land revenue, government's share in land produce. بیٹھ

/bæ:ʈʰɑ:/ ■ *adj.* 1 seated, sitting. 2 settled. بیٹھا رہنا remain sitting; let an opportunity pass. (*fem.* بیٹھی) بیٹھا

/bæ:ʈʰt̪e:/ ■ *adv.* (*infl.* of بیٹھنا) at sitting. بیٹھتے اٹھتے all the time, continually. بیٹھتے کو سنا اٹھتے دو ہتڑ very harsh treatment. بیٹھتے

/bæ:ʈʰək/ ■ *n.f.* (also بیٹھکا) 1 drawing room; meeting hall or place. 2 seat; sitting posture. 3 a kind of exercise or punishment (See also اٹھا بیٹھی، اٹھک بیٹھک). 4 setting (e.g. of gemstones). بیٹھک خانہ assembly room, hall where meetings are held, chamber. بیٹھک

/bæ:ʈʰki:/ ■ *n.f.* a kind of gymnastic exercise. بیٹھکی

/bæ:ʈʰən/ ■ *n.m.* 1 wrapper. 2 a pack of cloth. 3 envelope to keep newly purchased cloth. 4 a sheet or cloth which is spread on table before ironing. بیٹھن

/bæ:ʈʰnɑ:/ ■ *v.* 1 sit. 2 (of a bird) perch. 3 brood, incubate. 4 alight. 5 settle (sediment). 6 be idle, be unemployed. 7 ride. 8 pair (a bird). 9 subside, fall. 10 (of weight) to reduce, decrease. 11 (of voice) become hoarse. 12 (of a business) to destroy. 13 gamble. 14 to cost. بیٹھنا

/bæ:ʈʰi:/ ■ *adj.* (*fem.* of بیٹھا) بیٹھی روٹی pension. بیٹھی

/bæ:ʈʰe:/ ■ *adj.* seated, settled. بیٹھے بٹھائے ربٹھلائے 1 without any labour or exertion. 2 suddenly; unreasonably. بیٹھے بیٹھے refers to a long sitting and its experience. بیٹھے

/bejɑ:hɑ:/ ■ *adj.* married (man). (*fem.* بیاہی) بیاہا

/bejɑ:ht̪ɑ:/ ■ *n.m.* & *f.* 1 married woman, duly married wife. 2 duly married man. بیاہتا

/bejɑ:hnɑ:/ ■ *v.* give in marriage, marry. بیاہنا

/bejɑ:hi:/ ■ *adj.* (*fem.* of بیاہا) بیاہی بیٹی پڑوسن داخل a daughter is like a stranger after her marriage. بیاہی

/be:bɑ:q/ ■ *adj.* paid up in full. See بے باق under بے[3]. بیباق

/bæ:pɑ:r/ ■ *n.m.* trade. See بیوپار. بیپار

/bæ:t̪/ ■ *n.m.* 1 abode, house. 2 temple. 3 cell. بیت الامرا the House of Lords. بیت الحرام رالحرم the Ka'aba. بیت الحزن house of mourning. بیت الخلا water closet; privy, lavatory. بیت السقر infernal abode, hell. بیت السلاح magazine, armoury. بیت الشرف high position, distinguished place. بیت الصنم 1 idol temple. 2 (*poet.*) abode of the beloved. بیت الضرب mint, the establishment where money is coined. بیت العتیق the old house, i.e. the Ka'aba. بیت العروس 1 bride's house. 2 (*fig.*) the Ka'aba at Makkah. بیت العلوم a college or a university. بیت العنکبوت the spider's web. بیت العوام the House of Commons. بیت اللحم Bethlehem, birthplace of Jesus. بیت اللہ the house of Allah, the Ka'aba at Makkah. بیت المال 1 exchequer, public treasury. 2 unclaimed property. بیت المعمور inhabited house; a mosque in Heaven exactly over Ka'aba. بیت المقدس the Dome of the Rock, the Aqsa Mosque in Jerusalem. (*pl.* بیوت) [A] بیت[1]

____ ■ *n.f.* distich, couplet or verse. بیت الغزل the best couplet of a ghazal. بیت بازی a verse recitation contest. بیت بندی versification. (*pl.* ابیات) [A] بیت[2]

/bi:t̪/ ■ *n.f.* 1 the grazing of cattle. 2 the payment for grazing. بیت کھیت grazing land, pasturage. بیت

/be:t̪/ ■ *n.m.* cane, reed. See بید. بیت

/bæ:t̪ɑ:l/ ■ *n.m.* sprite, ghost, ghoul, demon, fiend. بیتال پچیسی the title of a book comprising twenty-five tales narrated by a ghost. بیتال

/bæ:t̪lɑ:/ ■ *adj.* (also بتل) unfortunate, unlucky, good-for-nothing. (*fem.* بیتلی) [A] بیتلا[1]

____ ■ *adj.* stolen. بیتلا مال stolen property. [Prk.] بیتلا[2]

/bi:t̪nɑ:/ ■ *v.* (also بیت جانا) 1 pass, elapse. 2 happen, befall, occur. 3 suffer a misfortune or trouble. بیتنا

seller, vendor.

بیخ /be:x/ ■ *n.f.* source; basis, origin, root, foundation; lineage. بیخ ارنڈ root of castor oil plant. بیخ کن 1 extirpator, eradicator. 2 thief. بیخ کنی uprooting, extirpation, eradication. بیخ وبُن / بنیاد root and seed (of anything or of any matter), basis; root and branch.

بیختہ /be:xt̪ɑ:/ ■ *adj.* sifted.

بَید /bæ:ḍ/ ■ *n.m.* physician. See وَید.

بید /be:ḍ/ ■ *n.m.* (also بیت) cane, reed; ratan, *Calamus rotang*. بید باف caner, cane-weaver. بید مارنا beat with a cane, to cane, flog. بیدِ مجنوں a species of willow. بیدِ مشک musk-willow celebrated for its fragrance.

بَیدا¹ /bæ:ḍɑ:/ ■ *n.m.* wasteland, desert, desolate place; open field. [A]

بَیدا² ——— ■ *n.m.* tumult, riot, disturbance, mutiny. [A]

بیداد /be:ḍɑ:ḍ/ ■ *n.f.* injustice, inequity; tyranny, oppression. بیدادگر unjust; cruel, oppressor.

بیدار /be:ḍɑ:r/ ■ *adj.* 1 wakeful, awake, awakened. 2 vigilant, watchful, alert. بیدار بخت fortunate. بیدار کرنا 1 rouse from sleep. 2 (*fig.*) make conscious of. بیدار مغز wise, intelligent, shrewd, clear-headed.

بیداری /be:ḍɑ:ri:/ ■ *n.f.* 1 waking, wakefulness, awakening. 2 vigilance.

بیدانت /be:ḍɑ:nt̪/ ■ *n.m.* Vedanta. See ویدانت.

بیدانتی /be:ḍɑ:nt̪i:/ ■ *adj.* familiar with the philosophy of Vedanta.

بیدستر /be:ḍəst̪ər/ ■ *n.m.* beaver.

بَیدق /bæ:ḍəq/ ■ *n.m.* chess pawn.

بَیدک /bæ:ḍək/ ■ *n.m.* (also ویدک) Ayurveda, science or practice of the Indian medicine.

بیدی /be:ḍi:/ ■ *n.f.* 1 place for sacrifice, altar. 2 platform.

بیدھ /be:ḍʰ/ ■ *n.m.* hole, perforation.

بیدھا /be:ḍʰɑ:/ ■ *adj.* (also بیدھی) 1 intoxicated. 2 fascinated, spellbound, bewitched.

بیدھنا /be:ḍʰnɑ:/ ■ *v.* 1 stab. 2 bore, pierce, perforate. 3 fascinate, enchant.

بیدھی /be:ḍʰi:/ ■ *n.m.* one who perforates gems, borer, piercer.

بَیر /bæ:r/ ■ *n.m.* malice, enmity, animosity, rancour, hostility; ill-will. بیر رکھنا owe a grudge, bear malice. بیر کرنے والا provoker of enmity. بیر کے رشتے hostile after effects.

بیج /bi:dʒ/ ■ *n.m.* 1 seed, germ. 2 (*fig.*) (i) source, origin. (ii) semen. بیج بونا / ڈالنا sow the seed; cause; engender. بیج پڑنا 1 seed to be sown. 2 become pregnant. 3 foundation to be laid. بیج پھوٹنا / جمنا germinate, sprout. بیج دار full of seeds. بیج رت sowing season. بیج ناس کرنا annihilate, destroy.

بیجک /bi:dʒək/ ■ *n.m.* invoice, the ticket attached to packages to mark the price of their contents, price tag.

بَیجلا /bæ:dʒɪlɑ:/ ■ *n.f.* a kind of dal with black shell.

بیجنا¹ /bi:dʒnɑ:/ ■ *v.* sow, seed, plant. [S]

بیجنا² ——— ■ *n.m.* fan. بیجنا ڈالنا / ڈولنا to fan. [S]

بیجھڑ /be:dʒʰər/ ■ *n.f.* mixed corn, generally gram and barley.

بیجھنا /bi:dʒʰnɑ:/ ■ *v.* (of a bull) tear up earth with horns or hoofs.

بیچ /bi:tʃ/ ■ *n.m.* 1 centre, middle, midst. 2 halfway, midway. 3 interval, difference. 4 average. 5 quarrel, conflict. ■ *adv.* during, between, among; in, into. بیچ ادھر میں 1 hanging, suspended. 2 in a state of uncertainty. بیچ بازار / چوراہے میں openly, flagrantly. بیچ بچاؤ intervention, settlement, arbitration. بیچ بچاؤ کرنا mediate, settle, intervene. بیچ کی بات private talk or affair. بیچ کی راس moderation. بیچ کھیت 1 in the mid of a battlefield, openly, overtly. بیچ میں بولنا interrupt, cut in, butt in, interject. بیچ میں پڑنا act as a middleman or guarantor, negotiate in a bargain or marriage. بیچ والا middle man, intermediary, go between, agent.

بیچ /be:tʃ/ ■ (*imper.* of بیچنا). ■ *n.f.* sale. بیچ باچ کر after selling. بیچ ڈالنا sell off.

بیچا /bi:tʃɑ:/ ■ *n.f.* (also بچا) (used to threaten children) an imaginary woman mentioned to frighten children. ■ *n.m.* horrifying mask.

بیچا /be:tʃɑ:/ ■ (*past* of بیچنا). ■ *adj.* sold. ■ *n.m.* (also بیچو) seller, vendor. بیچا باچی selling, sale; buying and selling. (*fem.* بیچی)

بیچا بیچ /bi:tʃɑ: bi:tʃ/ ■ *adv.* (also بیچم بیچ، بیچوں بیچ) in the exact middle or centre, in the very midst.

بیچنا /be:tʃnɑ:/ ■ *v.* sell; dispose.

بیچنے /be:tʃne:/ ■ (*infl.* of بیچنا) بیچنے کے لائق saleable. بیچنے والا

to no avail. [E]

/bi:ro:zɑ:/ ■ *n.m.* a resin obtained from the willow tree. بیروزہ

/be:ru:n/ ■ *prep.* 1 out, on the outside. 2 without. بیرون بیرون جات suburbs, countryside, overseas territories. بیرون جاتی 1 rural, suburban, of outside city. 2 rustic.

/be:ru:ni:/ ■ *adj.* 1 outer, external; foreign. 2 apparent. بیرونی

/bæ:ri:/ ■ *n.m.* enemy, foe, adversary. (*fem.* بیرن) بیری

/be:ri:/ ■ *n.f.* jujube tree. بیری

/bi:ɽ/ ■ *n.f.* 1 place abounding in trees or bushes. 2 an enclosure. 3 the common grazing ground of a village. بِیڑ

/bi:ɽɑ:/ ■ *n.m.* 1 a preparation of the areca nut with spices and lime and enveloped in betel leaf. 2 quid of tobacco. 3 cigar. بیڑا اٹھانا undertake to accomplish a job, take up the gauntlet. بیڑا ڈالنا propose an award for the performance of a difficult task. [Prk.] بِیڑا[1]

_____ ■ *n.m.* hilt of a sword. [Prk.] بِیڑا[2]

/be:ɽɑ:/ ■ *n.m.* 1 fleet of ships, raft. 2 the votive raft floated by some Muslims to invoke the aid of Khawaja Khizr. بیڑا باندھنا assemble crowd. بیڑا پار کرنا/لگانا (*fig.*) make one succeed after a great effort. بیڑا پار ہونا succeed after a great effort. بیڑا غرق کرنا botch a job; destroy, wreck. بیڑا غرق ہونا be destroyed. بیڑا

/bi:ɽi:/ ■ *n.f.* biri, tobacco wrapped up in a leaf used for smoking in the Indian subcontinent. بِیڑی

/be:ɽi:/ ■ *n.f.* 1 fetters, leg iron. 2 anklet. 3 (*fig.*) wedlock. بیڑی بھرنا/ڈالنا put fetters on, put in chains, restrain, bind. بیڑی کاٹنا make free, remove obstacles. (*pl.* بیڑیاں) [S] بیڑی[1]

_____ ■ *n.f.* 1 small boat. 2 boat-like basket used to irrigate the fields. [S] بیڑی[2]

/be:ɽʰɑ:/ ■ *adj.* (used with ٹیڑھا) crooked, zigzag. بیڑھا

/be:ɽʰnɑ:/ ■ *v.* 1 envelop; besiege, surround. 2 drive away or carry off cattle; pound; enclose with a fence. بیڑھنا

/be:z/ ■ *suffix* sifting, diffusing, dispersing; used in comp. as: عطر بیز scented. بیز

/be:zɑ:r/ ■ *adj.* sick of; displeased; tired of, weary, vexed; disgusted. بیزار

/be:zɑ:ri:/ ■ *n.f.* displeasure; weariness. بیزاری

/bæ:s/ ■ *n.m.* (also ویش) Vaisya, the third of the four relations; wife's natural enemies, viz. a second wife or husband's mother and sister. بیر لینا/نکالنا avenge oneself, take revenge, retaliate. بَیس

/bi:r/ ■ *adj.* 1 brave, gallant. 2 mighty, powerful. ■ *n.m.* 1 hero, warrior, champion. 2 brother. 3 an evil spirit controlled by a sorcerer, supernatural power; spell, charm. 4 jewel worn in the ear. بیرآسن yoga posture in which one leg is folded. بیررس epic poetry. بِیر

/be:r/ ■ *n.m.* the fruit of the jujube tree, *Zizyphus jujuba.* [S] بیر[1]

_____ ■ *n.f.* 1 turn, opportunity. 2 time, age. 3 delay. [S] بیر[2]

/bəjjər/ ■ *n.f.* wife; woman. بیربانی woman (in general). بیّر

/bæ:rɑ:/ ■ *n.m.* bearer, table servant or boy. [E] بیرا[1]

_____ ■ *n.m.* (also بہرا) tenon-like piece driven in wall to hold door frame in place. بیرا[2]

/bæ:rɑ:dʒ/ ■ *n.m.* barrage or barrier to regulate the flow of water in river. [E] بیراج

/bæ:rɑ: kʰe:ri:/ ■ *n.f.* feud; hostility. بیراکھیری

/bæ:rɑ:g/ ■ *n.m.* seclusion, act of renouncing the pleasures of the world, austerity, asceticism. بیراگ

/bæ:rɑ:gən/ ■ *n.f.* (also بیراگنی) a woman who renounces the pleasures of the world. [Prk.] بیراگن[1]

_____ ■ *n.f.* (also بیراگا) the cross-shaped stick placed upon another vertical stick which a Hindu hermit places under his armpit while sitting. [Prk.] بیراگن[2]

/bæ:rɑ:gi:/ ■ *n.m.* devotee, recluse, one who has subdued his worldly desires and passions. (*fem.* بیراگن[1]) بیراگی

/bi:rbəho:ʈi:/ ■ *n.f.* (also بیربوٹی) velvet bug; red velvety insect. بیربہوٹی

/bi:rʈɑ:/ ■ *n.f.* valour, heroism, prowess. بیرتا

/bi:rədʒ/ ■ *n.m.* 1 strength, power. 2 semen. 3 seed. بیرج

/bæ:rəq/ ■ *n.m.* (also بیرک، بیرکھ) flag; standard, banner, pennant, pennon, ensign. بیرق

/bæ:rəm/ ■ *n.m.* 1 lever. 2 drill, tool for boring holes. [A] بیرم[1]

_____ ■ *n.m.* festival, celebration. [T] بیرم[2]

/bæ:rən/ ■ *n.f.* 1 female enemy. 2 (*fig.*) rival-wife. بیرن

/bi:rən/ ■ *n.m.* brother. بیرن

/bæ:rəŋg/ ■ *adj.* with postage unpaid. ■ *adv.* (*coll.*) بیرنگ

بیشہ /be:ʃɑ:/ ■ *n.m.* wilderness, forest.

بیشی /be:ʃi:/ ■ *n.f.* excess, surplus, increase. بیشی لگان enhancement of rent. بیشی لے جانا surpass, take the lead.

بَیض /bæ:z/ ■ *n.m.* **1** (as *pl.*) eggs. **2** signature, an official sign seal affixed to a public document.

بَیضا /bæ:zɑ:/ ■ *adj.* (also بَیضاء) white, bright; shining; spotless.

بیضان /bi:zɑ:n/ ■ *adj.* white-skinned, white people.

بَیضاوی /bæ:zɑ:vi:/ ■ *adj.* (also بَیضوی) egg-shaped, oval.

بَیضہ /bæ:zɑ:/ ■ *n.m.* egg, ovum.

بَیطار /bæ:ṭɑ:r/ ■ *n.m.* veterinarian, a horse doctor; farrier.

بَیطاری /bæ:ṭɑ:ri:/ ■ *n.f.* veterinary science or medicine.

بَیع /bæ:ʔ/ ■ *n.f.* sale. بیعِ استطائی poverty, penury, destitution. بیع بات / بالوفا (***Isj.***) a conditional sale or mortgage. بیع بالخیار sale on approval. بیع پٹہ lease or sublease obtained by purchase. بیع جائز valid sale. بیع دار proprietor by purchase. بیع سازشی collusive sale. بیعِ سلطانی a sale by order of government. بیع سلم sale agreement by advance payment. بیع فاسد sale declared null and void. بیع کرنا sell; transfer. بیع مطلق absolute sale. بیع میعادی conditional sale. بیع ناجائز illegal sale. بیع نامہ sale agreement, sale-deed. بیع نمائشی fictitious sale. بیع وشرا / شری sale and purchase; business transaction. (*pl.* بیوع)

بَیعانہ /bæ:ʔɑ:nɑ:/ ■ *n.m.* earnest money.

بَیعت /bæ:ʔəṭ/ ■ *n.f.* the act of swearing allegiance; homage; fealty. بیعت کرنا become the disciple of a saint. بیعت لینا accept as a disciple or subject, take the oath of allegiance from someone.

بیکا /bi:kɑ:/ ■ *adj.* **1** awry, askew; disordered. **2** damaged, injured.

بَیکال /bæ:kɑ:l/ ■ *n.m.* evening, end of the day.

بیکس /be:kəs/ ■ *adj.* friendless. See بے کس under بے³.

بَیکُنٹھ /bæ:kunṭʰ/ ■ *n.m.* (also بیکنٹ) paradise, heaven. بیکنٹھ باشی ہونا go to heaven, die.

بیگ¹ /be:g/ ■ *n.m.* chief, emir; a title suffixed to the name of a Mogul. [T]

بیگ² ——— ■ *n.m.* haste, speed. [S]

بیگار /be:gɑ:r/ ■ *n.f.* **1** forced labour with or without wages. **2** work done with little interest. بیگار پکڑنا compel someone to work without wages. بیگار ٹالنا work in a perfunctory or careless manner.

major Hindu castes whose occupation is agriculture and trade.

بیس /bi:s/ ■ *cardinal number* twenty. ■ *adj.* (*fig.*) superior to, more excellent. بیس بسوے **1** complete, whole. **2** the whole town. **3** full crop. **4** full amount. **5** in all probability, certainly.

بَیساکھ /bæ:sɑ:kʰ/ ■ *n.m.* the second month of the Bikrami calendar corresponding to April-May.

بَیساکھی /bæ:sɑ:kʰi:/ ■ *n.f.* **1** large myrobalan. **2** crutch, used by the lame. **3** an annual festival celebrated in the month of بیساکھ.

بیستوں /be:sɪṭū̃:/ ■ *n.m.* a Persian mountain where legendary lover Farhad dug a milk-canal to win the hand of his beloved Shirin.

بیسر /bi:sər/ ■ *n.m.* gleanings left in the field for the poor to gather.

بیسر¹ /be:sər/ ■ *n.m.* small heavy nose-ring. [S]

بیسر² ——— ■ *n.m.* mule, offspring of a male donkey and a mare. [S]

بیسن /be:sən/ ■ *n.m.* flour of gram or chickpea, gram flour, chickpea flour.

بیسنی /be:sni:/ ■ *adj.* of or relating to بیسن; used in comp. as: بیسنی روٹی / نان bread made of this flour.

بیسوا /be:svɑ:/ ■ *n.f.* **1** prostitute, harlot, courtesan. **2** crafty or cunning woman.

بیسواں /bi:svɑ̃:/ ■ *ordinal number* twentieth.

بیسوں /bi:sõ:/ ■ *adj.* (*pl.* & *infl.* of بیس) all twenty; many.

بیسی¹ /bi:si:/ ■ *n.f.* an aggregate of twenty; measure for grain; score. بیسی کھیسی ساٹھا پاٹھا a woman looks old yet in her twenties while a man remains young even in his sixties. [S]

بیسی² ——— ■ *n.f.* a scheme for saving money to get it later in lump sum. بیسی ڈالنا participate in such a scheme. [dial.]

بیسیوں /bi:sjõ:/ ■ *adj.* many, scores.

بیش /be:ʃ/ ■ *adj.* **1** more, greater; better, superior, excellent. **2** delightful. بیش ازبیش very much, a great deal. بیش بہا / قیمت precious, costly. بیش تر mostly, for the most part, generally, oftener. بیش قرار considerable, enough, reasonable. بیش گر amplifier. بیش وکم more or less; a moderate quantity.

بیگارو کام /be:gɑ:ru: kɑ:m/ ■ *n.m.* work done with little interest; bad work, useless work.

بیگاری /be:gɑ:ri:/ ■ *adj.* (one) pressed to carry loads. ■ *n.f.* forced labour. ■ *n.m.* forced labourer. بیگاری لینا force someone to do labour with or without pay.

بیگانگی /be:gɑ:nəgi:/ ■ *n.f.* estrangement, alienation, indifference.

بیگانہ /be:gɑ:nɑ:/ ■ *adj.* strange, unconcerned, not related; foreign, alien, exotic. ■ *n.m.* stranger, foreigner, alien. بیگانہ بنانا alienate, put at a distance. بیگانہ پن foreignness, alienation. بیگانہ خو of an unfriendly or savage disposition. بیگانہ وار روش like strangers; languidly, without enthusiasm. بیگانہ وضع of unfamiliar or alien manners.

بیگڑ /be:gəɽ/ ■ *n.m.* foil, gold tinsel, varnish.

بیگم /be:gəm/ ■ *n.f.* 1 begum, queen; lady; title of Mogul ladies. 2 wife. بیگم صاحب/صاحبہ lady; mistress of the house.

بیگماتی /be:gmɑ:t̪i:/ ■ *adj.* concerning a begum, princess, queen or a grand lady.

بیگمی /be:gəmi:/ ■ *n.f.* 1 worthy of begums. 2 (*fig.*) fine; excellent, first class. بیگمی پنیر a white low-salt cheese. بیگمی چاول a rice of fine quality.

بیگن /bæ:gən/ ■ *n.m.* brinjal. See بینگن.

بیگی /be:gi:/ ■ *adj.* soon, quickly. ■ *n.m.* courier.

بیگھا /bi:gʰɑ:/ ■ *n.m.* bigha, measure of land equal to 3025 square yards.

بیگھوٹی /bi:gʰɔ:t̪i:/ ■ *n.m.* measurement of land in bigha.

بیل /bæ:l/ ■ *n.m.* 1 ox; bull. 2 (*joc.*) blockhead, fool. بیل جوتنا/لگانا to yoke oxen to a carriage or to a plough. بیل کے آگے بھیرویں چھیڑنا talk wisely before an unappreciative person. بیل گاڑی bullock-cart.

بیل[1] /be:l/ ■ *n.f.* 1 any climbing or creeping plant, creeper. 2 embroidered lace. 3 a long line of embroidery. 4 (*fig.*) generation, descendants. بیل بدھانا/بڑھانا to breed. بیل بنیاد origin; family. بیل بوٹا/بوٹے 1 shrubs and creepers. 2 flowers embroidered on cloth, etc. بیل منڈھے چڑھنا (of a plan) succeed, flourish; prosper. [S]

بیل[2] ____ ■ *n.m.* 1 spade, shovel, hoe. 2 line of a road marked out with a spade. [P]

بیل[3] ____ ■ *n.m.* the Bengal quince, *Aegle marmelos*, also called wood-apple. بیل کا مارا ببول تلے اور ببول کا مارا بیل تلے an unlucky person who fails everywhere. بیل گری pulp of wood-apple used medicinally for diarrhoea and dysentery. [S]

بیل[4] ____ ■ *n.f.* money scattered on festive occasions for singers and dancers to collect. بیل بٹا money which is given in this way to singers and dancers at marriages. [S]

بیل[5] ____ ■ *n.f.* straightness. بیل چلانا laying bricks in straight line. بیل لینا seeing straightness in masonry work. [S]

بیلا /bæ:lɑ:/ ■ *n.f.* barren cow.

بِیلا /bi:lɑ:/ ■ *n.m.* 1 an effeminate or womanish man. 2 coward.

بیلا[1] /be:lɑ:/ ■ *n.f.* 1 a species of jasmine. 2 cup. 3 musical instrument resembling a fiddle. [Prk.]

بیلا[2] ____ ■ *n.m.* money for distribution as charity. بیلا بردار one of the retinue of a rich man who distributes money as charity. [P]

بیلا[3] ____ ■ *n.m.* time, period; opportunity. [S]

بیلا[4] ____ ■ *n.m.* a forest on the riverside. [Prk.]

بیلچہ /be:ltʃɑ:/ ■ *n.m.* (*dim.* of بیل[2]) shovel, small mattock.

بیلدار /be:ld̪ɑ:r/ ■ *n.m.* labourer employed for digging earth.

بیلک /be:lək/ ■ *n.m.* (*dim.* of بیل[2]) 1 small mattock or hoe. 2 the iron point of an arrow.

بیلن /be:lən/ ■ *n.m.* 1 rolling pin, roller. 2 bolt (of door, etc.). بیلن پڑا rolling platter and rolling pin. بیلن پھیرنا/چلانا break into pieces.

بیلنا /be:lnɑ:/ ■ *v.* spread out, roll the dough ball.

بیلنی /be:lni:/ ■ *n.f.* 1 small rolling pin. 2 bolt. 3 branch.

بیلی /be:li:/ ■ *n.m.* 1 preserver, protector. 2 companion, supporter.

بیلے /be:le:/ ■ *n.m.* (*pl.* & *infl.* of بیلا[2]) بیلے میں میلا (*coll.*) temporary revelry in a deserted place.

بیم /bi:m/ ■ *n.m.* fear, danger, terror. بیم ورجا fear and hope.

بیمات /be:mɑ:t̪/ ■ *n.f.* stepmother. بیمات بھائی stepbrother, born of a different mother, half-brother.

بِیمار /bi:mɑ:r/ ■ *adj.* sick, ill, unwell, indisposed, ailing. ■ *n.m.* 1 sick person, patient. 2 (*poet.*; *fig.*) lover.

pearls, beads, etc. **3** taunt. [S]

بینڈھنا² ____ ■ *v.* plait, braid; fold. [Prk.]

بینڈ /bĩ:ḍ/ ■ *n.f.* heap; bundle; load of straw, truss of hay.

بَینڈا /bæ̃:ḍɑ:/ ■ *adj.* **1** uncivilized. **2** crooked; unmanageable. **3** hard, difficult. ■ *n.m.* bolt or bar placed across a door.

بینڈا /bĩ:ḍɑ:/ ■ *n.m.* **1** twisted grass used in place of rope. **2** roll of paper.

بَینڈی /bæ̃:ḍi:/ ■ *adj.* (*fem.* of بَینڈا) بینڈی چال bad manners, unprincipled behaviour. بینڈی سنانا give a tart answer.

بینڈی /bĩ:ḍi:/ ■ *n.f.* the hair twisted or plaited behind, braided hair.

بینش /bi:nɪʃ/ ■ *n.f.* **1** seeing, sight. **2** discernment; wisdom.

بینک /bæ:ŋk/ ■ *n.m.* (also بنک) bank, the establishment for depositing, withdrawing and borrowing money; a financing institution. [E]

بینکار /bæ:ŋkɑ:r/ ■ *adj.* banker.

بینگن /bæ:ŋgən/ ■ *n.m.* (also بیگن) brinjal, eggplant and its fruit. بینگن سے I don't care, I do not give two hoots.

بینگنی /bæ:ŋgəni:/ ■ *adj.* (also بیگنی، بینجنی) **1** of or relating to بینگن. **2** purple.

بیننا /bi:nnɑ:/ ■ *v.* pick, glean, gather.

بَینی /bæ:ni:/ ■ *adj.* central. بینی وبینگ between you and me.

بینی¹ /bi:ni:/ ■ *n.f.* **1** nose. **2** (*fig.*) sense of smell. بینی بریدہ one whose nose has been cut off. بینی پاک handkerchief. [P]

بینی² ____ ■ *n.f.* act of seeing or regarding; used in comp. as: کتب بینی book reading. [P]

بیوپار /bejo:pɑ:r/ ■ *n.m.* (also بیپار، بیوہار) trade, business, traffic. بیوپار کرنا set up a business, transact business, buy and sell, deal (in).

بیوپاری /bejo:pɑ:ri:/ ■ *n.m.* merchant, dealer, trader.

بیورا /be:vrɑ:/ ■ *n.m.* **1** history. **2** detailed account, daybook. **3** news; intelligence. بیورا دینا یا کرنا inform; relate, describe, intimate. بیوراوار explicit, detailed, in detail.

بَیوستھا /bæ:vəsṯʰɑ:/ ■ *n.f.* decision according to shastras; ruling by pundits.

بیوقوف /be:vʊqu:f/ ■ *n.m.* & *f.* fool. ■ *adj.* foolish, ignorant. See بےوقوف under بے³.

بیوقوفی /be:vʊqu:fi:/ ■ *n.f.* foolishness. See بےوقوفی under بے³.

بیوگ /bejo:g/ ■ *n.m.* (*var.* of بجوگ) **1** separation of lovers.

بیمار پرسی visiting the sick. بیمار پرسی کرنا pay a visit to a sick person. بیمار پڑنا to fall ill. بیمار خانہ hospital. بیمارداری attendance on the sick, nursing. بیمارستان hospital.

بیماری /bi:mɑ:ri:/ ■ *n.f.* illness, disease, ailment, malady, sickness, disorder, indisposition.

بیمہ /bi:mɑ:/ ■ *n.m.* insurance; insurance policy. بیمہ بحری marine insurance. بیمہ بیچنے والا insurance agent, insurer. بیمہ جان life insurance. بیمہ کرنا underwrite insurance, insure. بیمہ کی سند insurance policy, policy document of insurance.

بَین¹ /bæ:n/ ■ *n.m.* lamentation, wailing. بین کرنا weep, lament. [S]

بَین² ____ ■ *n.m.* **1** interval. **2** distance. ■ *prep.* between, among. بین الاقوامی international. بین الجامعاتی inter-university. بین السطور (distance) between the lines. بین السطور ترجمہ interlinear translation. بین الصوبائی inter-provincial. بین الکلیات inter-collegiate; inter-faculty. بین الملّی intra-nation. بین بین **1** middle, moderate. **2** between. [A]

بَیں /bæ̃:/ ■ *adj.* left. بیں ہتھا left-handed.

بین¹ /bi:n/ ■ *n.f.* wind instrument; flute; snake-charmer's flute. بین کار flute player. [S]

بین² ____ ■ *suffix* seeing, beholding, looking; used in comp. as: خوردبین microscope. دوربین telescope. [P]

بیّن /bəjjɪn/ ■ *adj.* clear, vivid, lucid, evident.

بینا /bi:nɑ:/ ■ *adj.* **1** having sight. **2** discerning, clear-sighted, observant. بینا کرنا give sight to, restore someone's sight.

بینا /be:nɑ:/ ■ *n.m.* a fragrant grass, *Andropogon muricatus.* (See also خس.)

بیّنات /bəjjɪnɑ:t̪/ ■ *n.f.* (*pl.* of بیّن) clear facts that need no explanation.

بینامی /be:nɑ:mi:/ ■ *n.f.* dummy sale. ■ *adj.* sale (of property) in the name of other than the real buyer. See بےنامی under بے³.

بینائی /bi:nɑ:i:/ ■ *n.f.* eye-sight, vision, sight.

بَینٹ /bæ̃:ṯ/ ■ *n.m.* handle of axe.

بَینجنی /bæ̃:dʒni:/ ■ *adj.* purple. See بینگنی.

بیندی /bĩ:d̪i:/ ■ *n.f.* ornamental circlet worn by women on the forehead, tiara.

بیندھنا¹ /bi:nd̪ʰnɑ/ ■ *v.* **1** pierce, perforate, bore. **2** string

بیہ /be:h/ ■ *n.m.* (also بہیہ) hole, perforation.

بیہری /be:hri:/ ■ *n.f.* instalment; subscription. بیہری باندھنا raise money by subscription. بیہری دار share-holder.

بیہڑ /be:həɽ/ ■ *adj.* rough, uneven, rugged; uncultivated. ■ *n.f.* sterile or uneven land; broken ground; forest.

بیہن /be:hən/ ■ *n.f.* **1** nursery for rice plants. **2** advances given for seed-grain.

بیہودگی /be:hu:d̪əgi:/ ■ *n.f.* absurdity; immorality, obscenity.

بیہودہ /be:hu:d̪ɑ:/ ■ *adj.* **1** absurd, vain; obscene, indecent, improper, gross, foul, immoral. **2** unprofitable. بیہودہ گو one who talks nonsense or uses coarse or obscene language, a foul-mouthed person. بیہودہ گوئی nonsensical, coarse or obscene talk.

2 unrequited love.

بیوگی /bɪjo:gi:/ ■ *n.m.* lover suffering the pain of separation.

بیوگی /be:vəgi:/ ■ *n.f.* widowhood.

بیونت /bejõ:ʈ/ ■ *n.m.* cutting cloth in shape according to measurement.

بیونتنا /bejõ:ʈnɑ:/ ■ *v.* cut cloth according to measurement.

بیونگا /bejo:ŋgɑ:/ ■ *n.m.* instrument for scraping and cleaning. بیونگا پھرنا be dressed or curried.

بیوہ /be:vɑ:/ ■ *n.f.* widow.

بیوہار /bejo:hɑ:r/ ■ *n.m.* business. See بیوپار.

بیوی /bi:vi:/ ■ *n.f.* **1** wife. **2** mistress of the house; lady. **3** chaste woman; free woman. بیوی کا دانہ کھانے والا husband who lives off his wife's income. بیوی کا غلام henpecked husband. بیوی نیک بخت، دمڑی کی دال تین وقت a good housewife is frugal.

بھ

بھ /bʰe:/ ■ the fourth letter of the Urdu alphabet.

بھابر /bʰɑ:bər/ ■ *n.m.* (also بھابھر، بھابر) **1** a plant yielding fibre for bed strings. **2** a species of nettle. **3** light black soil.

بھابو /bʰɑ:bo:/ ■ *n.f.* (*coll.*) brother's wife. See بھاوج.

بھابی /bʰɑ:bi:/ ■ *n.f.* (also بھابھی) brother's wife, friend's wife; title of respect for married women. [S]

بھابی[2] ____ ■ *n.f.* weevil, insect damaging grain. [dial.]

بھابھرا /bʰɑ:bʰrɑ:/ ■ *adj.* (also بھابرا) red; reddish brown.

بھابھری /bʰɑ:bʰri:/ ■ *n.f.* (also بھابری) **1** hot ashes. **2** sand; dust. بھابھری بخار a fever endemic in the Himalayan foothills in northern India.

بھاپ /bʰɑ:p/ ■ *n.f.* (also بھانپ) **1** steam, vapour. **2** exhalation. بھاپ انجن steam engine. بھاپ بنانا change water into steam. بھاپ بیلن steamroller. بھاپ بھرانا (of a bird) feed its young with its bill. بھاپ بھی منھ سے نہ نکالنا be extremely secretive, not to divulge a secret by word or gesture. بھاپ خانہ boiler. بھاپ دینا foment with steam. بھاپ کا سانپ بنانا make a mountain out of a molehill. بھاپ کا غسل steam bath. بھاپ نکلنا (steam or vapour) to emit.

بھاپنا /bʰɑ:pnɑ:/ ■ *v.* guess. See بھانپنا.

بھات /bʰɑ:t̪/ ■ *n.m.* plain boiled rice. [S]

بھات[2] ____ ■ *n.m.* a marriage ceremony in which presents are given to a bride by her maternal uncle(s). [S]

بھات[3] ____ ■ *n.f.* liking; desire, longing. [S]

بھات[4] ____ ■ *n.f.* dawn, early morning. [S]

بھاتا /bʰɑ:t̪ɑ:/ ■ *adj.* pleasing, charming, agreeable, favourite, preferred. (*fem.* بھاتی)

بھاتی[1] /bʰɑ:t̪i:/ ■ *n.f.* something given as a gift. [Prk.]

بھاتی[2] ____ ■ *n.f.* (also بھتی) food sent to a deceased's home by relatives for first three days after death. [Prk.]

بھاتی[3] ____ ■ *n.f.* (also بھاتھی) bellows. [Prk.]

بھاٹ[1] /bʰɑ:ʈ/ ■ *n.m.* **1** bard, minstrel. **2** eulogist; flatterer. [S]

بھاٹ[2] ____ ■ *n.f.* **1** river basin. **2** alluvium. [S]

بھاٹا[1] /bʰɑ:ʈɑ:/ ■ *n.m.* ebb; tide. [Prk.]

بھاٹا[2] ____ ■ *adj.* boorish, loutish, ignorant. [S]

بھاٹا[3] ____ ■ *n.m.* eggplant. [dial.]

بھاٹا[4] ____ ■ *n.m.* **1** stone; rock. **2** a stone used as weight. [Prk.]

بھاٹا[5] ____ ■ *n.m.* cave, den, pit. [S]

بھاٹی /bʰɑ:ʈi:/ ■ *n.f.* **1** downstream. **2** low ground. **3** stream.

بھاجڑ /bʰɑ:dʒəɽ/ ■ *n.m.* (also بھاجر) stampede, hurly burly, uproar.

بھاجی[1] /bʰɑ:dʒi:/ ■ *n.f.* bhaji, any vegetable dish. [Prk.]

بھاجی[2] ____ ■ *n.f.* guest's share, distribution of food among friends. بھاجی دار (cultivation) sharer. بھاجی کرنا arrange food for kinsfolk. [S]

بھاڈولی /bʰɑ:d̪o:li:/ ■ *n.m.* a kind of low-quality rice, produced in Bangladesh.

بھادوں /bʰɑ:d̪õ:/ ■ *n.m.* the sixth month of the Bikrami calendar corresponding to August-September. بھادوں برسنا heavy August showers to rain, rain heavily. بھادوں کی جھڑی continuous rain in August. بھادوں کے جھالے ڈونگرے light August showers.

بھار /bʰɑ:r/ ■ *n.m.* **1** load, burden, weight. **2** yoke for carrying burden. **3** (*fig.*) charge, trust, responsibility.

بھارت /bʰɑ:rət̪/ ■ *pr.n.m.* India. بھارت ورش ancient name for India.

بھارتی /bʰɑ:rt̪i: /■ *adj.* of or relating to Bharat, Indian.

بھارجا[1] /bʰɑ:rdʒɑ:/ ■ *n.f.* wife; married woman. [S]

بھارجا[2] ____ ■ *n.m.* companion, associate, supporter; disciple. [Prk.]

بھارل /bʰɑ:rəl/ ■ *n.f.* bharal, a species of mountain sheep.

بھاری /bʰɑ:ri:/ ■ *adj.* **1** heavy, weighty; fat, massive, bulky, ponderous, voluminous. **2** large, great. **3** loud. **4** hard, difficult. **5** cumbersome. **6** sluggish. **7** costly, valuable; important; preferable, superior; dignified. **8** ominous. **9** (of food) stodgy, indigestible. **10** sad, sorrowful; dull. **11** rich, wealthy. بھاری آنت constipation. بھاری آواز hoarse or deep voice or sound. بھاری بھرکم **1** fat, plump; ponderous, well-built; heavy. **2** grave, serious. **3** dignified. بھاری پانی heavy water, D_2O. بھاری پاؤں pregnancy. بھاری پتھر **1** very heavy stone. **2** (*fig.*) (i) a very difficult or impossible task. (ii) unmarried daughter. بھاری پتھر چوم کر چھوڑ دینا withdraw from a difficult undertaking. بھاری پن heaviness, unleavened floor.

بھاکریا /bʰɑːkərjɑː/ ■ *n.m.* baker.

بھاکسی /bʰɑːksiː/ ■ *n.f.* **1** prison; dungeon. **2** jail, cell. **3** dried well. **4** oven.

بھاکنا /bʰɑːknɑː/ ■ *v.* (also بھاکھنا) speak, utter, say.

بھاگ¹ /bʰɑːg/ ■ *n.m.* **1** destiny, fortune, luck, kismet, fate, lot. **2** happiness, good fortune. **3** share, portion, part; division, apportionment. **4** rent or revenue (of land). بھاگ بٹائی allotment of shares. بھاگ بھرا fortunate, in luck, blessed, happy, prosperous. بھاگ بھروسا **1** dependence on fate, fatalism. **2** (*fig.*) consolation. بھاگ پھل (***Math.***) quotient, result of division. بھاگ پھوٹنا be unfortunate. بھاگ جگنا/رکھلنا be in luck, be fortunate. بھاگ دار shareholder, sharer. بھاگ سہاگ peaceful married life of a woman. بھاگ کرنا divide, distribute, allot. بھاگ متی fortunate. [S]

بھاگ² ____ ■ (*imper.* of بھاگنا). ■ *n.f.* **1** stampede. **2** haste. بھاگ اٹھنا run away, take to heels. بھاگ جانا **1** run away; abscond. **2** elope. بھاگ دوڑ **1** stampede, hasty run. **2** much effort, exertion. بھاگ کھڑا ہونا flee, run off, run away, take flight. [S]

بھاگا /bʰɑːgɑː/ ■ *adj.* (also بھاگا ہوا) running, escapee, fugitive. ■ *n.m.* **1** disorder, panic, confusion, stampede. **2** freedom war of 1857 against British rulers in the Indian Subcontinent. بھاگا آنا come running. بھاگا بھاگ **1** running away, scamper, helter-skelter, stampede, flight. **2** weariness, hatred. **3** quickly, hurriedly. بھاگا دوڑی See بھاگ دوڑ under بھاگ².

بھاگتا /bʰɑːgt̪ɑː/ ■ *adj.* **1** running, flying. **2** escapee, fugitive. بھاگتا دوڑتا moving, going; active, busy. (*fem.* بھاگتی)

بھاگتے /bʰɑːgt̪eː/ ■ *n.m.* (*pl.* & *infl.* of بھاگتا) بھاگتے بھوت رچور کی لنگوٹی سہی the little that remains in case of great loss. بھاگتے پھرنا running restlessly; running from place to place. بھاگتے کے آگے مارتے کے پیچھے said of a coward who pretends bravery.

بھاگڑ /bʰɑːgəɽ/ ■ *n.f.* stampede; panicked flight, flight or escape from immediate danger. بھاگڑ مچنا a stampede to occur.

بھاگم بھاگ /bʰɑːgəmbʰɑːg/ ■ *adv.* hurriedly, swiftly.

بھاگنا /bʰɑːgnɑː/ ■ *v.* **1** flee, run away; fly, take flight.

weightiness. بھاری پیٹ indigestion. بھاری جوڑا a costly and richly embroidered suit. بھاری رات long tedious night. بھاری سر headache. بھاری صنعت heavy industry. بھاری لگنا find something difficult or tiresome; appear to be heavy. بھاری ہونا **1** be heavy. **2** (*fig.*) be difficult.

بھاریا /bʰɑːrjɑː/ ■ *n.f.* married woman; wife.

بھاڑ¹ /bʰɑːɽ/ ■ *n.m.* furnace, kiln, oast, large oven. بھاڑ جھونکنا **1** (*literal*) feed the fire in a kiln, etc. **2** (*iron.*) have or adopt a lowly job or profession. **3** (*fig.*) waste time, remain idle. **4** humiliate. بھاڑ سا منھ کھولنا talk absurd, say something thoughtlessly or out of place. بھاڑ سے نکالا بھٹی میں جھونکا out of the frying pan into the fire. بھاڑ میں جاؤ/جائے to hell with it! بھاڑ میں جھونکنا/ڈالنا throw into the fire; destroy, waste, cast to the dogs. بھاڑ میں ڈالو (*fig.*) to hell with it. [Prk.]

بھاڑ² ____ ■ *n.m.* wages of sin, a pimp's income from prostitution. بھاڑ کھانا live on this income. [S]

بھاڑا¹ /bʰɑːɽɑː/ ■ *n.m.* freight, rent; price; fare; hire. بھاڑا کرنا hire, settle the fare. [S]

بھاڑا² ____ ■ *n.m.* anthill. [S]

بھاڑو /bʰɑːɽuː/ ■ *n.m.* pimp; supporter or promoter.

بھاڑوتی /bʰɑːɽoːt̪iː/ ■ *n.m.* one who plies for hire.

بھاڑے /bʰɑːɽeː/ ■ *n.m.* (*pl.* & *infl.* of بھاڑا¹) بھاڑے کا ٹٹو **1** hireling. **2** thing in need of constant repairs. **3** slave of necessity or habit; hired hand; a mercenary; one who is ready to do anything for money.

بھاس¹ /bʰɑːs/ ■ *n.f.* marshy land. [S]

بھاس² ____ ■ *n.m.* light, luminosity, refulgence, splendour. [S]

بھاسُر¹ /bʰɑːsʊr/ ■ *n.m.* eldest brother of husband. [S]

بھاسُر² ____ ■ *adj.* bright. ■ *n.m.* crystal. [S]

بھاسکر /bʰɑːskər/ ■ *n.m.* **1** the sun. **2** fire. **3** light. ■ *adj.* bright.

بھاشا /bʰɑːʃɑː/ ■ *n.f.* (also بھاکا، بھاکھا) language; speech; dialect; vernacular.

بھاشن /bʰɑːʃən/ ■ *n.m.* speech, lecture; address, oration, speaking, talking; faculty or manner of public address.

بھاکُر /bʰɑːkʊr/ ■ *n.f.* large-headed fish found in the Indus. [S]

بھاکری /bʰɑːkriː/ ■ *n.f.* roti, chapatti, thin pancake of

intuitively, divine, surmise, see through.

بھانپو /bʰɑ̃:pu:/ ■ *n.m.* knowing or astute person, sharp fellow, one who sees through.

بھانت /bʰɑ̃:t̪/ ■ *n.f.* **1** method, mode, manner. **2** kind, sort. **3** way, style, fashion; order; variety, class. بھانت بھانت کا/کے diverse, various, varied, assorted, miscellaneous.

بھانتل /bʰɑ̃:t̪əl/ ■ *n.f.* wild cauliflower, a plant with cauliflower like flowers, *Elophantopus scaber*.

بھانتی /bʰɑ̃:t̪i:/ ■ *n.f.* pair of bellows.

بھانٹ /bʰɑ̃:ʈ/ ■ *n.m.* about twelve feet long tree with white flowers and black round flat fruit, used as medicine, *Clerodendron infortunatum*.

بھانٹا /bʰɑ̃:ʈɑ:/ ■ *n.m.* eggplant.

بھانٹل /bʰɑ̃:ʈəl/ ■ *n.f.* a wild rose.

بھانج /bʰɑ:nədʒ/ ■ *n.m.* (*contr.* of بھانجا، بھانجی) بھانج بہو wife of sister's son. بھانج داماد husband of sister's daughter.

بھانج [1] /bʰɑ̃:dʒ/ ■ *n.m.* small change for big coin or note. [S]

بھانج [2] ____ ■ *n.f.* twist, twine, contortion, gripes. [S]

بھانجا /bʰɑ:ndʒɑ:/ ■ *n.m.* (also بھنجا) nephew who is sister's son. (*cf.* بھتیجا)

بھانجنا /bʰɑ̃:dʒnɑ:/ ■ *v.* (also بھانا) **1** coil, twine, rotate; turn on a lathe. **2** divide, distribute. **3** fold the printed papers. [Prk.]

بھانجی /bʰɑ:ndʒi:/ ■ *n.f.* niece who is sister's daughter. (*cf.* بھتیجی)

بھانجی /bʰɑ̃:dʒi:/ ■ *n.f.* **1** intervention to someone's disadvantage; putting a spoke in the works. **2** talebearing. بھانجی خور/مار **1** one who puts a spoke in the works. **2** talebearer. بھانجی مارنا **1** frustrate, thwart; obstruct, put a stop to. **2** tell tales.

بھانڈ [1] /bʰɑ̃:ɖ/ ■ *n.m.* (also بھنڈ [3]) **1** street jester, actor, buffoon, mimic. **2** mountebank. **3** babbler. بھانڈپن buffoonery. (*fem.* بھانڈن) [S]

بھانڈ [2] ____ ■ *n.m.* (also بھنڈ [1]) vessel, goods, commodities, stock. [S]

بھانڈا /bʰɑ̃:ɖɑ:/ ■ *n.m.* **1** earthen pot or vessel. **2** wares, goods, equipage. **3** (*fig.*) secret. بھانڈا پھوٹنا a secret to be disclosed or leak out. بھانڈا پھوڑنا spill the beans, blow the gaff, betray a secret.

بھانڈنا /bʰɑ̃:ɖnɑ:/ ■ *v.* make fun of, humiliate; abuse,

2 abscond, escape. **3** deviate, turn against. **4** accept defeat.

بھاگو /bʰɑ:gu:/ ■ *n.m.* runaway, deserter. (See also بھگوڑا.)

بھاگوان /bʰɑ:gvɑ:n/ ■ *adj.* (also بھگوان) **1** lucky, fortunate; rich, wealthy; prosperous, happy. **2** adorable. **3** divine.

بھاگوانی /bʰɑ:gvɑ:ni:/ ■ *n.f.* luck, fortune; wealth.

بھاگی /bʰɑ:gi:/ ■ *adj.* **1** fortunate, lucky. **2** sharer. بھاگی دار partner, sharer.

بھاگے /bʰɑ:ge:/ ■ *n.m.* (*pl. & infl.* of بھاگا) بھاگے بھاگے پھرنا wander aimlessly, be perplexed or worried.

بھاگیرتی /bʰɑ:gi:rt̪i:/ ■ *pr.n.f.* (also بھاگیرتھی) the legendary name of the Ganges. ■ *n.m.* a branch of the Ganges in Bengal.

بھال [1] /bʰɑ:l/ ■ *n.f.* spike, head of spear or lance, point of an arrow. [Prk.]

بھال [2] ____ ■ *n.m. & f.* **1** forehead. **2** luck, fortune. **3** lustre, shine. [S]

بھال [3] ____ ■ *suffix* making noun, as: دیکھ بھال watching, vigilance, looking after. [Prk.]

بھالا [1] /bʰɑ:lɑ:/ ■ *n.m.* lance, spear. بھالا بردار spearman, lancer. [Prk.]

بھالا [2] ____ ■ *suffix* making adjectives, as: بھولا بھالا very innocent. دیکھا بھالا well known. [Prk.]

بھالو /bʰɑ:lu:/ ■ *n.m.* bear. بھالو سؤر a hybrid pig resembling bear. بھالو کولا hyena.

بھان [1] /bʰɑ:n/ ■ *n.m.* **1** the sun. **2** the beams or rays of the sun. **3** brightness. **4** master; sovereign. **5** perception, consciousness; recollection. [S]

بھان [2] ____ ■ *n.m. & f.* loose change, coins. [S]

بھان [3] ____ ■ *n.m.* **1** a sort of dramatic entertainment. **2** trumping up a story. [S]

بھان متی /bʰɑ:n məṱi:/ ■ *n.m. & f.* **1** magician; juggler. **2** trickster, deceiver. **3** coquette, wanton woman. بھان متی کا پٹارا/تھیلا **1** juggler's basket. **2** odds and ends. بھان متی کا تماشا/سوانگ matter which is not understandable, unusual thing. بھان متی کا کنبہ unholy alliance. بھان متی نے کنبہ جوڑا، کہیں کی اینٹ کہیں کا روڑا ill-assorted group; unholy alliance.

بھانا /bʰɑ:nɑ:/ ■ *v.* appreciate; please, be agreeable.

بھانپنا /bʰɑ̃:pnɑ:/ ■ *v.* (also بھانپ لینا، بھاپنا) guess, know

2 dreary and fearsome voice, place, etc. بھائیں بھائیں کرنا 1 make a noise like a calf. 2 building or place to be dreary and desolate.

بھباس /bʰɪbɑ:s/ ■ *n.m.* (also بھاس، بھباگ) a musical mode or raga sung in the morning.

بھبرا /bʰəbrɑ:/ ■ *n.f.* waterlogged, unproductive soil, Armenian bole.

بھبڑ /bʰəbbəɽ/ ■ *n.m.* (also بھبڑ) 1 crowd, mob, rabble, throng. 2 panic, tumult, noise; confusion. بھبڑ پڑنا / مچنا be alarmed, be panic-stricken, confusion or alarm to be raised.

بھبک /bʰəbək/ ■ *n.f.* (also بھبھک) 1 sudden burst of flame. 2 sudden emission of smell, puff of bad smell. بھبک پڑنا become angry, be enraged.

بھبکا /bəbkɑ:/ ■ *n.m.* (also بھبکا) 1 blast from a furnace. 2 blast of bad smell; exhalation of bad or smelly breath. 3 a kind of drinking vessel. 4 alembic, still.

بھبکانا /bʰəbkɑ:nɑ:/ ■ *v.* 1 cause to blaze up suddenly, enkindle. 2 enrage, excite, stimulate. 3 spur a horse. 4 gush forth.

بھبکنا /bʰəbəknɑ:/ ■ *v.* (also بھبکنا) 1 be enraged. 2 become hot; catch fire. 3 boil, simmer, bubble, give out steam. 4 roar.

بھبکی /bʰəbki:/ ■ *n.f.* (also بھبکی) menace, threat (to frighten), show of anger.

بھبلو /bʰəblu:/ ■ *n.m.* fat man or child.

بھبلو /bʰəblo:/ ■ *n.* (*fem.* of بھبلو) 1 fat hen. 2 (*fig.*) very fat woman.

بھبو /bʰəbbo:/ ■ *adj.* 1 portly, fat (woman). 2 grotesque or a misshapen (thing).

بھبوت /bʰəbu:t̪/ ■ *n.f.* (also بھبھوت، بھبوتی) ashes of cow dung which Hindu ascetics or yogis rub over their bodies. بھبوت رمانا / ملنا become a yogi, renounce worldly pleasures.

بھبوکا /bʰəbu:kɑ:/ ■ *n.m.* (also بھبھوکا) flame, blaze. ■ *adj.* 1 red. 2 glowing, ablaze, flaming, shining, bright. 3 splendid, beautiful. بھبوکا بننا / ہونا be mad with fury or rage.

بھبھاکا /bʰəbʰɑ:kɑ:/ ■ *adj.* hot, like fire. See بھبوکا.

بھبھر /bʰəbʰər/ ■ *n.m.* dread, fear, alarm, panic.

بھبھرانا /bʰəbʰrɑ:nɑ:/ ■ *v.* swell, distend.

reproach.

بھانڈیر /bʰɑ̃:ɖi:r/ ■ *n.m.* the Indian fig-tree, *Ficus indica*.

بھانگری /bʰɑ:nkəri:/ ■ *n.f.* a wild shrub, *Ruellia longifolia*.

بھانگ /bʰɑ:ŋg/ ■ *n.f.* hemp plant. See [1]بھنگ.

بھانا /bʰɑ:nnɑ:/ ■ *v.* twist. See بھانجنا.

بھانور[1] /bʰɑ̃:vər/ ■ *n.f.* (also بھانوری) 1 going round, circulation, revolution. 2 (***Hinduism***) the ceremonial walk of the bride and bridegroom round the sacred fire. بھانور پاڑنا / پھرنا walk about; circumambulate. [S]

بھانور[2] ____ ■ *n.f.* a kind of grass of which paper is made. [dial.]

بھانویں /bʰɑ̃:ve:/ ■ *adv.* (also بھاویں) 1 near, close to. 2 as per desire, thought or idea (of). 3 whether.

بھانی /bʰɑ:ni:/ ■ *n.f.* the jingle of a stringed instrument.

بھاوج /bʰɑ:vədʒ/ ■ *n.f.* brother's wife, sister-in-law.

بھاولی /bʰɑ:vli:/ ■ *n.f.* distribution of crop between the landowner and field worker.

بھاون[1] /bʰɑ:vən/ ■ *n.m.* & *f.* liking; desire, longing. [Prk.]

بھاون[2] ____ ■ *n.m.* creator, founder. [S]

بھاونا /bʰɑ:vnɑ:/ ■ *n.f.* 1 contemplation. 2 craving, longing, desire. 3 apprehension. 4 perception, thought, fancy. 5 request, application.

بھاونی /bʰɑ:vni:/ ■ *n.f.* good-looking woman; noble lady; wanton woman.

بھاؤ /bʰɑ:o:/ ■ *n.m.* (also بھاو) 1 value, price, rate, market price. 2 will, choice. 3 notion, idea, sentiment; natural emotion, disposition, temper. 4 blandishment. 5 method, manner. 6 love, passion, affection. 7 respect, honour. بھاؤ اترنا / گرنا price to fall. بھاؤ بتانا 1 gesticulate during a dance. 2 tell price. بھاؤ بڑھانا raise the price or value. بھاؤ بڑھنا value to increase. بھاؤ تاؤ haggling. بھاؤ ٹھہرانا / طے کرنا settle the price. بھاؤ چڑھنا price to rise. بھاؤ چکانا settle a price. بھاؤ دکھانا show airs.

بھائی /bʰɑ:i:/ ■ *n.m.* 1 brother; male cousin. 2 comrade, companion. 3 an affectionate term of address. بھائی بند kinsmen, relations, kindred, kinsfolk; brothers, friends; people of the same caste or tribe or clan. بھائی بندی / چارہ fraternity, brotherhood, brotherliness, friendship. بھائی بھائی like brother, friend, relation.

بھائیں /bʰɑ:ẽ:/ ■ *adj.* fearful, terrible.

بھائیں بھائیں /bʰɑ:ʔẽ: bʰɑ:ʔẽ:/ ■ *n.f.* 1 voice of a calf.

jet-black. بھٹ پڑنا be ruined, be destroyed, be unlucky. بھٹ پڑو curse you! بھٹ پڑے وہ سونا جس سے ٹوٹیں کان to hell with the treasure that brings harm. بھٹ تیتر sandgrouse. بھٹ جانا get dirtied or rusted. [S]

بھٹ[2] ____ ■ *n.m.* (also بھٹار) a kind of grass; a wild plant with broad leaves. بھٹ کٹیا a prickly wild plant bearing yellow flowers, *Solanum jacquini*. [Prk.]

بھٹ[3] ____ ■ *n.m.* scholar, learned man; philosopher. [S]

بھٹ[4] ____ ■ *n.m.* paid warrior, soldier or combatant. [S]

بھٹ[5] ____ ■ *pr.n.m.* old name of river Jhelum in Pakistan.

بھٹا /b^həʈɑ:/ ■ *n.m.* colocynth, wild gourd, also called bitter apple, *Citrullus colocynthis*.

بھٹّا /b^həʈʈɑ:/ ■ *n.m.* **1** kiln, oven, furnace, oast. **2** mound. بھٹا بیٹھ جانا/بیٹھنا become bankrupt, be ruined. [S]

بھٹّا[2] ____ ■ *n.m.* large crevice, big fissure. [S]

بُھٹّا /b^hʊʈʈɑ:/ ■ *n.m.* corn, maize. بھٹا سا (سر) اڑنا (head) to be cut off with one stroke.

بھٹاک /b^həʈɑ:k/ ■ *n.f.* sound of breaking or exploding. بھٹاک سے **1** with loud noise. **2** immediately.

بھٹبھٹانا /b^həʈb^həʈɑ:nɑ:/ ■ *v.* make the sound of breaking or exploding.

بھٹک /b^həʈək/ ■ *n.f.* missing or losing one's way; deviation, erring, depravity. ■ *adv.* immediately, instantly.

بھٹکا /b^həʈkɑ:/ ■ *adj.* astray, wandering; lost. (*fem.* بھٹکی)

بھٹکانا /b^həʈkɑ:nɑ:/ ■ *v.* deceive, mislead, misguide, lead astray.

بھٹکاؤ /b^həʈkɑ:o:/ ■ *n.m.* doubt, suspicion, uneasy feeling.

بھٹکتا /b^həʈəkt̪ɑ:/ ■ *adj.* astray, wandering, straying. بھٹکتا پھرنا go wandering about. (*fem.* بھٹکتی)

بھٹکنا /b^həʈəknɑ:/ ■ *v.* lose one's way, miss the right path, wander, deviate, go astray.

بھٹنا /b^həʈnɑ:/ ■ *v.* (also بِھٹنا) **1** rust, corrode. **2** come in contact with.

بِھٹنی /b^hɪʈni:/ ■ *n.f.* teat, nipple of the breast.

بھٹوا /b^həʈʊvɑ:/ ■ *n.f.* light dry soil yielding only autumn crop.

بھٹہائی /b^həʈhɑ:i:/ ■ *adj.* (woman) given to flattery or exaggeration.

بھٹئی /b^həʈəi:/ ■ *n.f.* **1** praise. **2** fawning, sycophancy, flattery.

بھبھّڑ /b^hə$b^h$$b^h$əɽ/ ■ *n.m.* tumult, noise. See بھبڑ.

بھبھک /b^həb^hək/ ■ *n.f.* burst of fire. See بھبک.

بھبھوڑنا /b^həb^ho:ɽnɑ:/ ■ *v.* tear and mangle with teeth. See بھنبھوڑنا.

بھپارا /b^həpɑ:rɑ:/ ■ *n.m.* (also بھپاڑا) **1** vapour, steam. **2** vapour bath, fomentation. **3** fraud, deceit, deception. بھپارا گھر steam or Turkish bath, sauna.

بھپکا /b^həpkɑ:/ ■ *n.m.* blast of bad smell. See بھبکا.

بھپکنا /b^həpəknɑ:/ ■ *v.* say something to someone in a very angry tone. See بھبکنا.

بھپُورا /b^həpu:rɑ:/ ■ *n.m.* essence extracted by vaporization.

بھت /b^hət̪/ ■ *n.m.* (*contr.* of بھات[1]) boiled rice; used in comp. as: بھت کلیا playful cooking by young girls in small utensils while playing.

بِھت /b^hɪt̪/ ■ *n.f.* **1** wall. **2** picture, shape. **3** place. **4** time. بھت کھائی walls around the four sides of a field.

بُھت /b^hʊt̪/ ■ *n.m.* (*contr.* of بُھوت) terror, fear. بھت رس horror literature or art. [S]

بھتّا[1] /b^hət̪t̪ɑ:/ ■ *n.m.* (also بھتہ) **1** additional allowance, subsistence money; travelling allowance; emoluments in addition to salary. **2** extortion; protection money extorted by criminals. [S]

بھتّا[2] ____ ■ *n.m.* boiled rice. [Prk.]

بھتّا[3] ____ ■ *n.m.* bellows of iron smith. [Prk.]

بھتار /b^hət̪ɑ:r/ ■ *n.m.* husband. بھتار کرنا marry a man.

بُھتاہا /b^hʊt̪ɑ:hɑ:/ ■ *adj.* haunted.

بُھترا /b^hʊt̪rɑ:/ ■ *adj.* **1** blunt. **2** of low quality. (*fem.* بُھتری)

بُھتنا /b^hʊt̪nɑ:/ ■ *n.m.* (*dim.* of بُھوت) ghost, goblin, demon, (*fig.*) ugly man.

بُھتنی /b^hʊt̪ni:/ ■ *n.* (*fem.* of بُھتنا) **1** female demon, old hag. **2** (*fig.*) very ugly woman. بُھتنی ہوکر چمٹنا be unwanted companion, pester, hound.

بھتّی /b^hət̪t̪i:/ ■ *n.f.* meal sent by relatives to the members of the family of the deceased. See بھاتی[2].

بھتیج /b^hət̪i:dʒ/ ■ *n.m.* (*contr.* of بھتیجا) بھتیج بہو wife of brother's son.

بھتیجا /b^hət̪i:dʒɑ:/ ■ *n.m.* nephew, brother's son.

بھتیجی /b^hət̪i:dʒi:/ ■ *n.f.* niece, brother's daughter.

بھٹ[1] /b^həʈ/ ■ *n.m.* (also بِھٹ) **1** furnace, fireplace, oven, kiln. **2** cave, den, lair. **3** hole, hovel, pit. ■ *adj.* (*tabe* of کالا) black, usually used in comp. as: کالا بھٹ

بھجنگا /bʰʊdʒəŋgɑ:/ ■ *n.m.* jet-black fork-tailed bird commonly called king crow; shrike.

بھجنگے /bʰʊdʒəŋge:/ ■ *n.m.* (*pl.* & *infl.* of بھجنگا) بھجنگے اڑانا **1** suffer from hardships, be poor. **2** spread rumours.

بھجوانا /bʰɪdʒvɑ:nɑ:/ ■ *v.* (also بھجانا، بھجوا دینا) have something sent; send.

بھجے /bʰʊdʒe:/ ■ *n.m.* a kind of fried savoury made of pulse (cereal) flour with vegetables inside.

بھجیا /bʰʊdʒjɑ:/ ■ *n.f.* fried greens or potherbs.

بھچ /bʰətʃ/ ■ *n.f.* (also بھچاک) splash.

بھچ /bʰʊtʃ/ ■ *n.f.* rude; illiterate, uncivilized; ignorant, foolish. بھچ پنا rudeness, lack of manners.

بھچا /bʰɪtʃɑ:/ ■ *adj.* (also بھنچا) tight, compressed.

بھچاک /bʰətʃɑ:k/ ■ *n.f.* See بھچ. بھچاک سے with a splash.

بھچاؤ /bʰɪtʃɑ:o:/ ■ *n.m.* **1** denseness, narrowness; constriction. **2** feeling of constriction.

بھچرا /bʰʊtʃrɑ:/ ■ *adj.* fatty, fat.

بھچک /bʰətʃək/ ■ *n.f.* limp, lameness.

بھچک /bʰʊtʃək/ ■ *adj.* (also بھچک، بھچک) startled, alarmed, astonished, nonplussed, amazed, stunned, panic-stricken. بھچک رہ جانا become nonplussed.

بھچّک /bʰɪtʃtʃʊk/ ■ *n.m.* beggar.

بھچکانا /bʰʊtʃkɑ:nɑ:/ ■ *v.* astonish, startle, take by surprise, scare, astound, amaze.

بھچکنا /bʰʊtʃəknɑ:/ ■ *v.* be taken aback, be suddenly amazed or astonished.

بھچنا /bʰɪtʃnɑ:/ ■ *v.* (also بھنچنا) **1** be crushed or squeezed. **2** be sitting in a very tight place. **3** abstain. **4** blush, feel shy.

بھچمپا /bʰʊtʃəmpɑ:/ ■ *n.m.* (also بھومی چمپا، بھونچپا) **1** galangal, Indian crocus, a tall plant with long leaves and fragrant flowers, *Kaempferia rotunda*. **2** a kind of firework.

بھچّی /bʰɪtʃtʃi:/ ■ *n.f.* grip, control. بھچّی میں آنا be besieged, be surrounded; be forced, be constrained.

بھد¹ /bʰəd̪/ ■ *n.f.* a soft-sounding blow; thud, the sound of anything falling on soft ground; dull crash, thump. بھد بھد the footsteps of a portly man. بھد سے گرنا fall with a thud. [Prk.]

بھد² ——— ■ *n.f.* insult, affront, scornful abuse. بھد اڑانا mock; be little; disgrace, insult, humiliate. بھد اڑنا/رہنا

بھٹّی¹ /bʰəʈʈi:/ ■ *n.f.* **1** furnace, fireplace, forge, kiln. **2** distillery, alembic, still. **3** washerman's cauldron for boiling clothes. ■ *adj.* passionate (for), desirous. بھٹّی چڑھانا boil clothes for washing or cleaning. بھٹّی میں جھونکنا destroy, ruin. [S]

بھٹّی² ——— ■ *n.f.* land given away as a gift. [S]

بھٹیا /bʰəʈjɑ:/ ■ *n.f.* (*dim.* of بھٹّی¹) small furnace.

بھٹیار /bʰəʈjɑ:r/ ■ *n.m.* (*contr.* of بھٹیارا) used in comp. as: بھٹیار پن **1** profession or work of baker. **2** (*fig.*) meanness. بھٹیار خانہ **1** inn, public place. **2** (*derog.*) a place of confusion and uproar.

بھٹیارا /bʰəʈjɑ:rɑ:/ ■ *n.m.* **1** baker; cook. **2** innkeeper.

بھٹیارن /bʰəʈjɑ:rən/ ■ *n.f.* (also بھٹیارنی، بھٹیاری) wife of بھٹیارا.

بھٹیال /bʰəʈjɑ:l/ ■ *n.m.* **1** elegy on Imam Hussain's martyrdom at Karbala. **2** ebb.

بھٹیالی /bʰəʈjɑ:li:/ ■ *n.f.* Bengali boatmen's song.

بھٹیانا¹ /bʰəʈjɑ:nɑ:/ ■ *v.* **1** flow out to sea, recede. **2** (*fig.*) ruin (a person). [Prk.]

بھٹیانا² ——— ■ *v.* boil or burn in a cauldron or kiln. [S]

بھٹّی ہو جانا /bʰɪʈʈi: ho: dʒɑ:nɑ:/ ■ *v.* pursue; pester, keep after.

بھج /bʰədʒ/ ■ *n.f.* repeated sequence of prayers.

بھج¹ /bʰʊdʒ/ ■ *n.m.* lout. ■ *adj.* loutish; flat and dark. [S]

بھج² ——— ■ *n.m.* (*contr.* of بھجا) used in comp. as: بھج بند armband. بھج ڈنڈ muscular arm. بھج مول joint of arm and shoulder. [S]

بھجا /bʰʊdʒɑ:/ ■ *n.m.* & *f.* **1** side of a triangle. **2** joint of stem and branch. **3** trunk of an elephant. **4** the distance of the sun from the equator. **5** arm, part from elbow to shoulder.

بھجالی /bʰʊdʒɑ:li:/ ■ *n.f.* kukri, the Nepali weapon with a blade, curved at the end.

بھجانا /bʰɪdʒɑ:nɑ:/ ■ *v.* See بھجوانا.

بھجن /bʰədʒən/ ■ *n.m.* bhajan, Hindu hymn or sacred song. بھجن اور بھوجن اکانت میں بھلے worship and meal are best dealt with alone. بھجن بھاؤ kind offices, attention to the needs of others. بھجن کرنا/گانا chant a hymn, worship, say prayers.

بھجنا /bʰədʒnɑ:/ ■ *v.* **1** adore. **2** chant a hymn, say prayers, count one's beads, worship.

بھجنگ /bʰʊdʒəŋg/ ■ *n.m.* serpent; snake (but commonly) the cobra. ■ *adj.* dark, jet-black.

طویل مصوتے:

o: گول	u: چول	ɔ: پودا	e: دینا	i: پیلا	æ: بیٹھنا	ɑ: آنا، گانا
/go:l/	/tʃu:l/	/pɔ:dɑ:/	/d̪e:nɑ:/	/pi:lɑ:/	/bæ:tʰnɑ:/	/gɑ:nɑ:/, /ɑ:nɑ:/

بھدنت /bʰəd̪ənt̪/ ■ *n.m.* (also بُھدنت) a term of respect applied to a Buddhist beggar or mendicant.

بھدئی /bʰəd̪əi:/ ■ *adj.* relating to the month of Bhadon (بھادوں). ■ *n.m.* crop sown in Bhadon.

بھڈّی /bʰəɖɖi:/ ■ *adj.* (*fem.* of بھڈّا) بھڈّی آواز grating sound.

بھدّیاں /bʰəd̪əjjã:/ ■ *adj.* (mango) ripening in the month of Bhadon (بھادوں).

بھدیسلا /bʰəd̪e:slɑ:/ ■ *adj.* (also بھدیس، بھدیسا، بھدیسل) plump, unsightly; ill-formed, awkward, ill-shaped, ugly.

بھڈری /bʰəɖri:/ ■ *n.m.* palmist. See بھدری¹.

بھڈّورہ /bəɖɔ:rɑ:/ ■ *n.m.* domesticated pig.

بھر /bʰər/ ■ *adj.* **1** full, complete, whole. **2** as far as, as much as; enough or sufficient for; at most. بھر آنا **1** (of wound) to heal up. **2** (of eyes) to be filled with tears. بھر پانا be paid in full; get one's deserts; get as much as one can take. بھر پائی receipt in full. بھرپور **1** fully, full, quite full, over-flowing, abounding, brimful, to the fullest extent. **2** quite enough, ample. بھر پیٹ bellyful. بھر دینا **1** fill; besmear. **2** make good (a loss). بھرسک رشک as far as possible, with all one's might. بھر لینا **1** take the full amount. **2** fill (a vessel). **3** pay a debt. بھرمار abundance, plenty, surfeit. بھر مٹھی generously. بھر منھ promptly, without holding one's tongue. بھر نظر glance that takes in everything. بھر نیند سونا have a full sleep.

بھر بھر /bʰər bʰər/ ■ *n.f.* (also بھڑ بھڑ) **1** sound of burning cloth, etc. **2** sound of strong wind. ■ *adv* swiftly, boldly.

بھرا /bʰərɑ:/ ■ *adj.* **1** filled, filled with, replete, full. **2** bulky, fatty, plump. **3** furious. **4** inhabited (home). بھرا بتولا populated, peopled. بھرا بیٹھا ہونا seethe with rage. بھرا بھرا well-formed, fleshy. بھرا بھرا جسم fleshy body. بھرا بھرا چہرہ fleshy face (as opposed to سُتا ہوا چہرہ). بھرا پرا **1** filled. **2** wealthy, prosperous, fortunate. بھرا پُرا خاندان/گھرانہ the whole family, all the members of a family; a prosperous family. بھرا گھر a happy or well appointed home. (*fem.* بھری)

بھرّا /bʰərrɑ:/ ■ *n.m.* **1** pandemonium. **2** sensation, enthusiasm, incitement, urging, excitement. **3** sound of a flock of birds taking off. **4** trick, cheating, deception. بھرا مارنا (of a flock of birds) take off in a be humiliated or insulted. [Prk.]

بھدّا /bʰəd̪d̪ɑ:/ ■ *adj.* **1** misshapen, clumsy, awkward, ungainly. **2** sluggish, lazy. بھدّاپن ugliness, awkwardness, clumsiness. (*fem.* بھدّی)

بھداکا /bʰəd̪ɑ:kɑ:/ ■ *n.m.* (also بھداک) a dull thud, a low dull sound as of a blow on a non-resonant surface.

بِھدانا /bʰɪd̪ɑ:nɑ:/ ■ *v.* to cause (salt) to be absorbed in something.

بھدبھدا /bʰəd̪bʰəd̪ɑ: / ■ *n.m.* low-lying land where a puddle forms.

بھدبھدانا /bʰəd̪bʰəd̪ɑ:nɑ: / ■ *v.* **1** produce a sound or thud by striking two bodies together. **2** cut half-ripe grain; bring fruit down by shaking branches of a tree.

بھدبھداہٹ /bʰəd̪bʰəd̪ɑ:həʈ / ■ *n.f.* sound made by the fall of fruit or water.

بھدَر /bʰəd̪ər/ ■ *n.f.* thump, thud. See بھد¹. بھدر بھدر sound of stamping or running feet.

بھدر /bʰəd̪r/ ■ *n.m.* area, boundary; jurisdiction. بھدر اکشا a kind of seed used by yogis to make rosaries.

بھدرا /bʰəd̪rɑ:/ ■ *n.m.* **1** (***Hinduism***) shaving of one's head in mourning or before starting for a pilgrimage. **2** an unlucky moment. **3** the second, seventh and twelfth days of a lunar fortnight which are considered inauspicious. **4** (***Hinduism***) the celestial Ganges. بھدرا کالی (***Hinduism***) the goddess Durga also called Kali Mata or Kali Mai.

بھدرارک /bʰəd̪rɑ:rək/ ■ *n.m.* (***Hinduism***) one of the eighteen divisions of the world.

بھدرک /bʰəd̪rək/ ■ *n.m.* **1** virtue, excellence, grace, elegance, neatness. **2** pleasure. **3** gain, profit, advantage. **4** reason, reasonableness. **5** perseverance; lasting quality; strength.

بھدری¹ /bʰəd̪ri:/ ■ *n.m.* (also بھڈری) astrologist, palmist. [Prk.]

بھدری² ____ ■ *n.f.* (***Hinduism***) the religious ceremony of shaving the head. [S]

بھدکنا /bʰəd̪əknɑ:/ ■ *v.* throw down the opponent in wrestling.

بھدمار /bʰəd̪mɑ:r/ ■ *n.f.* (also بھدوار) land prepared for planting of sugar cane.

بِھدنا /bʰɪd̪nɑ:/ ■ *v.* diffuse, entrench.

بھرتی /bʰərt̪i:/ ■ *n.f.* **1** recruitment. **2** admission, enrolment, enlistment. **3** completion. **4** filling in/up, loading; store; any extraneous and irrelevant matter. **5** fabrication. بھرتی شدہ enrolled, entered, enlisted. بھرتی کا شعر a couplet wanting in quality. بھرتی کا مال **1** cheap goods, anything inferior. **2** filler. بھرتی کرنا **1** fill, store up. **2** load. **3** enrol, enlist, recruit. بھرتی ہونا be enlisted, be enrolled, be admitted.

بھرتیا /bʰərt̪ija:/ ■ *n.m.* brazier, a worker in brass.

بھرٹ /bʰɪrəʈ/ ■ *adj.* **1** infatuated, besotted, captivated. **2** mean, ill mannered.

بھرجائی /bʰərdʒɑ:i:/ ■ *n.f.* (also بھوجائی) brother's wife.

بھرجی /bʰərdʒi:/ ■ *n.f.* fried or roasted food.

بُھرجی /bʰʊrdʒi:/ ■ *n.m.* one who parches grains professionally.

بھرشٹ /bʰərəʃʈ/ ■ *adj.* (also بھرَشت) vicious, debased, fallen, impure; dissolute, polluted. بھرشٹ کرنا profane, defile, pollute. بھرشٹ ہونا be polluted.

بھرِشٹ /bʰɪrɪʃʈ/ ■ *adj.* baked, roasted, fried, grilled, parched.

بُھرکس /bʰʊrkəs/ ■ *n.m.* **1** husks, chaff, straw. **2** splinters, fragments, pieces. بھرکس نکالنا beat severely, thrash soundly. بھرکس نکلنا be ruined, become pauper, be beaten, suffer great loss.

بھرکم /bʰərkəm/ ■ *adj.* heavy, fat. (See also بھاری بھرکم under بھاری.)

بُھرکی /bʰʊrki:/ ■ *n.m.* hole, gap, rent, crevice, crack, fissure, puddle; pit for water. بھرکی بھانا swindle, deceive.

بھرم /bʰərəm/ ■ *n.m.* **1** credit, repute, good character. **2** trustworthiness. **3** doubt; suspicion. **4** error; confusion. **5** deceit. **6** secret. بھرم باندھنا **1** credit. **2** believe, rely upon, depend on. بھرم بھاری پٹارہ خالی outward show without real worth. بھرم جانا lose credit or repute. بھرم دکھانا (*slang*) swagger, show arrogance. بھرم رہنا keep reputation. بھرم کرنا **1** suspect, doubt; question. **2** believe, rely upon. بھرم کھل جانا pretensions to be exposed, disclosed, secret to be betrayed. بھرم کھونا lose one's credit or reputation. بھرم گنوانا destroy one's own character or reputation, lose one's credit.

بھرمار /bʰərmɑ:r/ ■ *n.f.* abundance, plenty, surfeit, swarm. بھرا مچانا be panic-stricken, raise tumult.

بھرامر /bʰərɑ:mər/ ■ *n.m.* **1** pure honey. **2** gyration; dance. **3** apoplexy.

بھرانا /bʰərɑ:nɑ:/ ■ *v.* (also بھروانا) **1** cause to fill, have something filled. **2** (of a bird) feed its young.

بھرّانا /bʰərrɑ:nɑ:/ ■ *v.* (voice) to become hoarse or husky.

بھرّاہٹ /bʰərrɑ:həʈ/ ■ *n.f.* hoarseness.

بھراؤ /bʰərɑ:o:/ ■ *n.m.* **1** act of filling. **2** material needed for filling.

بھرائی /bʰərɑ:i:/ ■ *n.f.* **1** filling, stuffing. **2** price paid for filling or stuffing. **3** price for drawing water.

بُھربُھرا /bʰʊrbʰʊrɑ:/ ■ *adj.* friable, crumbly; dry and powdery. (*fem.* بُھربُھری)

بُھربُھرانا /bʰʊrbʰʊrɑ:nɑ:/ ■ *v.* **1** sprinkle sugar, salt or pepper on anything. **2** crush something into a coarse powder. **3** covet; tantalize, be infatuated.

بُھربُھری /bʰʊrbʰʊri:/ ■ *adj.* (*fem.* of بُھربُھرا) **1** soft. **2** sandy (land). بھربھری چٹان crumbly rock.

بھربھنڈ /bʰərbʰənɖ/ ■ *n.f.* confusion, mess; great mental disturbance. بھربھنڈ ہونا be disorganized or disarranged, be dispersed.

بھرپور /bʰərpu:r/ ■ *adj.* **1** fully, full, quite full, over-flowing, abounding, brimful, to the fullest extent. **2** quite enough, ample. بھرپور وار telling blow, fatal blow.

بھرت[1] /bʰərət̪/ ■ *n.m.* an alloy, especially composed of copper and lead. بھرت فولاد alloy steel. [S]

بھرت[2] ____ ■ *n.m.* actor, mimic; drama, play; masque. بھرت شاستر textbook of dramatics. بھرت ناٹیم a classical Indian dance ascribed to Bharat Manu considered the originator of drama. [S]

بھرت[3] ____ ■ *n.m.* (***Zool.***) crested lark, *Galerida cristata.* [Prk.]

بھرت[4] ____ ■ *pr.n.m.* the younger brother of Prince Ramachandra in Ramayana, the Hindu epic.

بھرت[5] ____ ■ *n.m.* filling, stuffing, padding. [S]

بھرتا /bʰərt̪ɑ:/ ■ *n.m.* (also بھرتار) **1** provider; protector, supporter; nourisher. **2** husband.

بُھرتا /bʰʊrt̪ɑ:/ ■ *n.m.* a dish of mashed, boiled or fried potatoes or other vegetables. بھرتا نکالنا **1** make a mash, beat to pulp. **2** give a sound thrashing.

confidence; hope; assurance. بھروسا دینا reassure, give hope or confidence. بھروسا کرنا rely, trust.

بھروسے /bʰəro:se:/ ■ *n.m.* (*pl. & infl.* of بھروسا) بھروسے کا آدمی trustworthy man.

بھری¹ /bʰəri:/ ■ *adj.* (*fem.* of بھرا) filled, replete, full. بھری انجمن/بزم/مجلس/محفل میں in everybody's presence, in public. بھری تھالی میں لات مارنا show ingratitude for a bounty, not to appreciate a boon, gift or opportunity. بھری جوانی blooming youth, prime of life. بھری جوانی مانجھا ڈھیلا said of a person who is sluggish or lazy in youth. بھری دوپہر midday, noon. بھری گود خالی ہونا become childless on a child's death. [S]

بھری² ____ ■ *n.f.* **1** one tola. **2** a kind of grass used for thatching. [Prk.]

بھرّی /bʰɪrri:/ ■ *n.f.* **1** scatter, at sixes and sevens, dispersion. **2** flight, escape. بھرّی پڑنا stampede or chaos to occur. بھرّی ہونا flee.

بھریا /bʰərja:/ ■ *n.m.* land watered by irrigation.

بھرّے /bʰərre:/ ■ *n.m.* (*pl. & infl.* of بھرّا) sensation, incitement, urging. بھرّے پر چڑھانا incite, excite, stir up. بھرّے میں آنا be provoked.

بھڑ¹ /bʰəɽ/ ■ *n.m.* sound of breaking or exploding. بھڑ بھڑ sound of fire burning, crackle, crash. بھڑ بھڑا کر in haste, hurriedly. بھڑ بھڑ کرنا **1** (door) bang. **2** (fire to) crackle; roar; burn fiercely. بھڑ بھڑیا not able to keep a secret; simple, candid, without guile. بھڑ تنگا tumult, uproar, noise, commotion. بھڑ سے with this sound. [Prk.]

بھڑ² ____ ■ *n.m.* (*contr.* of بھاڑ) بھڑ بھونجا man who parches grains. [Prk.]

بھڑ³ ____ ■ *n.f.* fishermen's boat. [Prk.]

بھِڑ¹ /bʰɪɽ/ ■ *n.f.* wasp, hornet. بھڑ کے چھتے میں ہاتھ ڈالنا stir up mischief or evil, raise a hornet's nest round oneself. [Prk.]

بھِڑ² ____ ■ (*imper.* of بھڑنا). ■ *n.f.* fighting; used in comp. as: بھڑ پڑنا/جانا join vigorously in a physical or verbal duel. بھڑ کر چلنا **1** fight, quarrel. **2** rival. **3** dash against. **4** walking close together. [S]

بھڑا /bʰɪɽa:/ ■ *adj.* **1** touching; in contact. **2** closed. بھڑا دینا bring together in a dispute. بھڑا رہنا continue fighting. بھڑا ہوا **1** joined, adjacent. **2** closed (door). (*fem.* بھڑی)

بھڑاس /bʰəɽa:s/ ■ *n.f.* **1** hidden feelings of anger, spite or

بھرمار بندوق muzzle-loader.

بھرمانا /bʰərma:na:/ ■ *v.* **1** mislead, misguide, lead astray; beguile, deceive. **2** allure, tempt. **3** perplex; alarm.

بھرمانی /bʰərma:ni:/ ■ *n.f.* a kind of red ruby.

بھرمر /bʰərmər/ ■ *n.m.* (also بھرمرا) **1** beetle; big bee; bumblebee. **2** (*fig.*) lover.

بھرمنا /bʰərəmna:/ ■ *v.* **1** lose one's way. **2** hesitate, be in doubt.

بھرن /bʰərən/ ■ *n.m.* **1** act of carrying, bearing, supporting, maintaining, sustaining, nourishing, providing (for a family, etc.). **2** heavy shower of rain. **3** reward, requital. بھرن بردار electrically charged. بھرن پوشن supply of bread and clothes.

بھرنا¹ /bʰərna:/ ■ *v.* **1** fill; be filled, stuff (in a box, etc.). **2** pour; be poured. **3** dirty or defile. **4** suffer, pay for (past misdeeds). **5** pay a fine. **6** make good (a loss). **7** stuff oneself with food to eat one's fill, fill the stomach. **8** bear, bear up. **9** mislead or misguide, misdirect. **10** misinform to tell tales, backbite. **11** add colour or paint to a blank thing or space. **12** wind (a watch). **13** load (a gun). **14** pay (fee, bill, instalment), clear off (a debt). **15** (of smallpox) erupt fully. **16** give an offering. **17** (of a wound) heal up. [S]

بھرنا² ____ ■ *n.m.* **1** debt. **2** daily expenses. **3** act of filling. [Prk.]

بھُرنڈا /bʰʊrənɖa:/ ■ *adj*. burnt-out, ashy.

بھرنگی /bʰərɪŋgi:/ ■ *n.f.* a species of large black bee; a species of wasp.

بھرنی /bʰərni:/ ■ *n.f.* **1** weft, woof; shuttle. **2** a kind of rice. **3** declining moon. **4** suffering, retribution, nemesis, returns, deserts.

بھرواں /bʰərvɑ̃:/ ■ *adj*. bulging, thick, stuffed, full, ready to be filled.

بھروانا /bʰərva:na:/ ■ *v.* (also بھرانا) cause to be filled, have something filled.

بھروتی /bʰəro:t̪i:/ ■ *n.f.* **1** receipt of complete payment. **2** compensation of damage.

بھروٹا /bʰəro:ʈa:/ ■ *n.m.* (also بھروٹھا) **1** sheaf of firewood or grass. **2** a load carried on the head.

بھروٹی /bʰəro:ʈi:/ ■ *n.f.* (*dim.* of بھروٹا).

بھروسا /bʰəro:sa:/ ■ *n.m.* (also بھروسہ) trust, reliance, faith,

مختصر انفی مصوتے: بھنور ə̃ /bʰə̃vər/ انچا ĩ /ĩtʃa:/ کنوارا ʊ̃ /kʊ̃va:ra:/ دیگر اعراب: اعلیٰ a: /əʔla:/ بذاتہٖ i: /beza:t̪ehi:/ اجمالاً n /ɪdʒma:lən/ لٹو /lət̪t̪u:/

flabby.

/bʰʊs/ ■ *n.m.* straw, chaff, husk, bran. بھس اڑانا **1** make mincemeat (of). **2** lament, mourn, bewail. **3** make the chaff fly. بھس بھرنا stuff with straw. بھس کی چنگی root of evil. بھس کے دام ملیدہ (*coll.*) a good bargain. بھس میں چنگی ڈال جمالو دور کھڑی said of a mischief-monger who stands aside after creating trouble. بھس میں چنگی ڈالنا make mischief; incite, create problems where none exists. بھس ہونا be exhausted. **بُھس**

/bʰəs bʰəsɑ:nɑ:/ ■ *v.* become brittle or weak. **بھس بھسانا**

/bʰəsɑ:ku:/ ■ *n.m.* an inferior quality tobacco. **بھساکو**

/bʰəst̪ərɑ:/ ■ *n.m.* iron smith's bellows, kiln. **بھسترا**

/bʰɪst̪əl/ ■ *adj.* polluted. See بھشٹل. **بِھستل**

/bʰʊsrɑ:/ ■ *n.m.* an inferior kind of wheat. **بُھسرا**

/bʰəssəɽ/ ■ *adj.* (also بُھسڑا) **1** obese, corpulent. **2** (*fig.*) lazy, ugly. **بھسّڑ**

/bʰəsək/ ■ *adj.* loose, falling. **بھسک**

/bʰəsəknɑ:/ ■ *v.* gormandize, devour, consume, eat up, eat hurriedly. [S] **بھسکنا**¹

——— ■ *v.* drop down, fall. [S] **بھسکنا**²

/bʰəsəm/ ■ *n.f.* ashes, cinders. ■ *adj.* burnt to ashes. بھسم اسنان/اشنان rubbing of ashes on the body. بھسم پتری hemp plant. بھسم رمانا rub ashes on the body. بھسم کرنا reduce to ashes, burn. بھسم گربھ shisham tree. بھسم ہونا **1** be reduced to ashes. **2** be digested or consumed. **بھسم**

/bʰəsmənt̪/ ■ *n.m.* what is burnt to ashes; anything utterly consumed or annihilated. **بھسمنت**

/bʰəsnɑ:/ ■ *v.* **1** flow with the stream, float away. **2** sink; drown. [S] **بھسنا**

/bʰʊsənḍ/ ■ *adj.* stout, sturdy. **بُھسنڈ**

/bʰʊse:rɑ:/ ■ *n.m.* (also بُھسیلا) mound of chaff, place where chaff is kept. **بُھسیرا**

/bʰɪʃt̪ən/ ■ *n.f.* water-carrier woman. See بہشتن. **بِھشتن**

/bʰɪʃt̪i:/ ■ *n.m.* (also بھشتی) bheeshti, water-carrier. See بہشتی. **بِھشتی**

/bʰɪʃṭəl/ ■ *adj.* (also بِھسٹل) polluted, dirty, impure. ■ *n.f.* unclean or dirty looking woman. **بھشٹل**

/bʰəq/ ■ *n.f.* sound of a cork ejecting from a bottle; sound of smoke or air ejected from an orifice; chimney popping sound. **بھق**

grief, rancour. **2** heat. بھڑاس نکالنا give vent to one's feelings, vent one's spleen, express one's rancour.

/bʰəɽɑ:m/ ■ *n.m.* loud sound of falling or collision. (See also دھڑام.) **بھڑام**

/bʰɪɽɑ:nɑ:/ ■ *v.* bring together in a dispute or fight, get (someone) engaged in a scuffle. **بِھڑانا**

/bʰɪɽɑ:i:/ ■ *n.f.* fighting; usually used in comp. with لڑائی as لڑائی بھڑائی fighting. **بِھڑائی**

/bʰəɽək/ ■ *n.f.* **1** flash, splendour, glitter, glare, show, flame, blaze. **2** rage, fury, burst of anger, agitation. **3** shying (of a horse). **4** ostentation. بھڑک اٹھنا flare up (flame, fire or temper). بھڑک جانا (of a horse) shy or run away due to fear. بھڑک دار **1** shining, glittering. **2** splendid; pompous. **بھڑک**

/bʰəɽkɑ:nɑ:/ ■ *v.* **1** kindle, fan (the fire); inflame, incite, instigate, excite. **2** scare, startle. **بھڑکانا**

/bʰəɽəknɑ:/ ■ *v.* **1** fly into a passion, burst into flame; become very excited. **2** frighten, become suspicious. **3** (horse) to shy, jib. **بھڑکنا**

/bʰəɽki:lɑ:/ ■ *adj.* gorgeous; showy, flashy, gaudy. (*fem.* بھڑکیلی) **بھڑکیلا**

/bʰəɽəmbɑ:/ ■ *n.m.* (also بھڑنبا) fraud, trickery, coaxing, cajoling. **بھڑمبا**

/bʰɪɽnɑ:/ ■ *v.* **1** clash, come into collision, close with the adversary in combat. **2** join; touch, abut. **3** door to be closed. **بِھڑنا**

/bʰəɽəŋg/ ■ *n.m.* prattler, silly talker. **بھڑنگ**

/bʰəɽvɑ:/ ■ *n.m.* **1** (*offens.*) pimp, pander, procurer, one who lives on the earnings of a prostitute. **2** (*fig.*) shameless, mean, base. بھڑواگیری (also بھڑوائی) **1** pimping as a profession. **2** (*derog.*) acting as a middleman. (*fem.* بھڑوی) **بھڑوا**

/bʰəɽvət̪/ ■ *n.f.* brokerage in currency transaction. **بھڑوت**

/bʰəɽɔ:l/ ■ *n.m.* big earthen pitcher to store grain. **بھڑول**

/bʰəɽɔ:lnɑ:/ ■ *v.* (a secret) to be revealed, leak out. **بھڑولنا**

/bʰəɽi:/ ■ *n.f.* incitement, enticement, temptation. بھڑی دینا provoke, incite. بھڑی میں آنا be provoked. **بھڑی**

/bʰəɽæ:t̪/ ■ *n.m.* commission agent, lessee; tenant. **بھڑیت**

/bʰəs/ ■ *n.f.* **1** fire; ember. **2** intense desire, especially sexual. بھس تکّا steak, grilled or roasted small pieces of meat. بھس بھسا (also پھس پھسا) soft, limp, loose, flaccid, **بھس**

/bʰɪkʃɑ:/ ■ *n.f.* begged food; alms, begging. بھکشا
/bʰɪkʃʊk/ ■ *n.m.* beggar, mendicant. بھکشک
/bʰɪkʃəni:/ ■ *n.f.* female beggar. بھکشنی
/bʰɪkʃu:/ ■ *n.m.* **1** beggar, one who lives on begging alms. **2** religious mendicant, especially a Buddhist hermit or holy man living on alms. بھکشو
/bʰʊknɑ:/ ■ *v.* be pierced; be pricked. بھکنا
/bʰəkku:/ ■ *adj.* (also بھکوا) foolish, stupid. بھکّو
/bʰəkvɑ:/ ■ *n.m.* **1** ignorant, silly, stupid person. **2** buffoon. بھکوا
/bʰəko:snɑ:/ ■ *v.* See بھکسنا. بھکوسنا
/bʰəkjɑ:/ ■ *n.f.* ill omen. بھکیا
/bʰəg/ ■ *adj.* faulty, bad. بھگ میلا very dirty. بھگ
/bʰəggɑ:/ ■ *adj.* fugitive, escapist, runaway. (*fem.* بھگّی) بھگّا
/bʰʊggɑ:/ ■ *n.m.* simpleton, fool. [Prk.] بُھگّا¹
——— ■ *n.m.* powder, dust. [dial.] بُھگّا²
/bʰəgɑ:nɑ:/ ■ *v.* (also بھگا لے جانا) **1** drive off, put to flight, cause to flee or escape, cause to run away. **2** defeat. **3** abduct; elope with. بھگانا
/bʰɪgɑ:nɑ:/ ■ *v.* soak, wet. (See also بھگونا.) بِھگانا
/bʰəgət̪/ ■ *n.m.* (also بھگت) righteous; a Hindu pious or holy man, a Hindu devotee. بھگت کھیلنا act a play, mimic, imitate. بھگت ہونا be affiliated to a religious order. (*fem.* بھگتانی) بھگت
/bʰʊgt̪ɑ:n/ ■ *n.m.* **1** punishment, penalty. **2** full settlement; liquidation, defrayment. بھگتان بھگتنا suffer or to pay for something done, serve a sentence. بُھگتان
/bʰʊgt̪ɑ:nɑ:/ ■ *v.* **1** dispose of; execute; perform; discharge; complete, have done with. **2** pay off, liquidate. **3** distribute. **4** settle, adjust. بُھگتانا
/bʰəgt̪ɑ:i:/ ■ *n.f.* piety. See بھکتائی. بھگتائی
/bʰʊgət̪nɑ:/ ■ *v.* **1** face the music, take the rap, pay the penalty, be requited, suffer. **2** endure, put up with, settle with. بُھگتنا
/bʰəgt̪i:/ ■ *n.f.* **1** adortion. **2** Hindu religious reform movement. See بھکتی. بھگتی
/bʰəgd̪əɽ/ ■ *n.f.* (also بھگدر) stampede, disorder, panic, panicked flight, confusion, flight due to panic, sudden wild commotion. بھگدڑ مچنا run amok, to stampede, to rush with a common impulse. بھگدڑ
/bʰəgər/ ■ *n.m.* **1** damp, rotten corn. **2** deception, trick, بھگر

/bʰəqɑ:bʰəq/ ■ *n.f.* (*comb.* of بھق) sound of railway engine or any similar sound. بھقا بھق
/bʰəqɑ:qɑ:/ ■ *adj.* open, wide. بھقاقا
/bʰək/ ■ *n.f.* **1** puff; blast, popping sound of an explosion. **2** roaring (of fire). **3** puffing (of steam-engines). بھک بھک کرنا puff, chug. بھک سے **1** with a popping or puffing sound. **2** swiftly, speedily. بھک سے اڑجانا explode, blast; fly off. بھک سے اڑ جانے والا مادّہ a combustible material; an explosive. بھک
/bʰɪk/ ■ *n.f.* (*contr.* of بھیک) begging; used in comp. as: بھک منگا beggar, pauper. بِھک
/bʰʊk/ ■ *n.f.* (*contr.* of بُھوک) hunger. بھک مرا رموا poor, starving. بُھک
/bʰɪkɑ:rən/ ■ *n.f.* (also بھکارنی) female beggar. بِھکارن
/bʰɪkɑ:ri:/ ■ *n.m.* beggar, mendicant. بِھکاری
/bʰəkt̪/ ■ *n.m.* (also بھگت) worshipper; devotee, adorer, follower. ■ *adj.* pious, religious. بھکت
/bʰəkt̪ɑ:i:/ ■ *n.f.* (also بھگتائی) piety, religiousness, devotedness. بھکتائی
/bʰəkt̪i:/ ■ *n.f.* (also بھگتی) **1** bhakti, adoration, devotion, worship. **2** a Hindu religious reform movement. بھکتی
/bʰəkər/ ■ *n.f.* offensive smell of raw oil, spice or vegetable. بھکر
/bʰʊkrɑ:nɑ:/ ■ *v.* give a foul smell. بُھکرانا
/bʰʊkrɑ̃:d/ ■ *n.f.* (also بھکراہند) stench, suffocating smell; smell of packed stale foodstuff. بُھکراند
/bʰʊkrɑ̃:d̪ɑ:/ ■ *adj.* stinky. بُھکراندا
/bʰəkkəɽ/ ■ *n.m.* cow-meat, as opposed to veal or ox-meat. بھکّڑ
/bʰʊkkəɽ/ ■ *adj.* very hungry, famished. بُھکّڑ
/bʰəkuɽɑ:/ ■ *n.m.* ramrod for cleaning a cannon's barrel. بھکڑا
/bʰəksɑ:/ ■ *adj.* (flour) ruined by a weevil, weevily (flour). بھکسا
/bʰʊksɑ:hɪnd/ ■ *n.f.* (also بُھکساندھ) damp smell of clothes in the rainy season. بُھکساہند
/bʰəkəsnɑ:/ ■ *v.* (also بھکوسنا) gobble up, gulp, eat greedily, devour. بھکسنا
/bʰɪkʃ/ ■ *n.f.* life of dervish, becoming hermit, becoming religious mendicant. بِھکش

بھگرا /bʰəgrɑ:/ ■ *adj.* spoiled, putrid.

perfidy. بھگر بدیا legerdemain, deceit, fraud.

بھُگڑی /bʰʊgṛi:/ ■ *adj.* **1** of ugly, ridiculous appearance. **2** stupid.

بھگل /bʰəgəl/ ■ *n.m.* affectation; disguise; hypocrisy.

بھگلی /bʰəgli:/ ■ *adj.* counterfeit, false, sham, fictitious.

بھگندر /bʰəgənd̪ər/ ■ *n.m.* piles; fistula in the rectum; boil in or close to the anus.

بھگو /bʰɪgo:/ ■ (*imper.* of بھگونا) بھگو بھگو کے لگانا/مارنا disgrace or taunt someone.

بھگّو /bʰəggu:/ ■ *n.m.* fugitive, runaway, coward.

بھگوا /bʰəgvɑ:/ ■ *adj.* saffron-coloured. ■ *n.m.* cloth of this colour.

بھِگوا /bʰɪgvɑ:/ ■ *n.f.* a big blue colour fish with head like a lizard.

بھگوان /bʰəgvɑ:n/ ■ *n.m.* (***Hinduism***) bhagwan, God, the Supreme Being. بھگوان جانے God knows, I don't know. بھگوان کی دہائی God help or protect us!

بھگوانا /bʰəgvɑ:nɑ:/ ■ *v.* cause to be driven away, put to flight.

بھِگوانا /bʰɪgvɑ:nɑ:/ ■ *v.* cause to be soaked or drenched.

بھگوت /bʰəgvət̪/ ■ *n.m.* (also بھگوو) God; deity. ■ *adj.* divine, holy. بھگوت گیتا Bhagavad Gita, Hindu religious book that is a part of the epic poem *Mahabharata.*

بھگوتی /bʰəgvət̪i:/ ■ *n.f.* (***Hinduism***) goddess, Lakshmi, the goddess of fortune the goddess Durga.

بھگوڑا /bʰəgo:ṛɑ:/ ■ *n.m.* runaway, fugitive, absconder. (*fem.* بھگوڑی)

بھگونا /bʰəgɔ:nɑ:/ ■ *n.m.* a metal cooking pot.

بھگونا /bʰɪgo:nɑ:/ ■ *v.* soak, wet, steep.

بھگّی /bʰəggi:/ ■ *n.f.* stampede. See بھگدڑ. ■ *adj.* (*fem.* of بھگّا).

بھگیت /bʰəgæ:t̪/ ■ *adj.* runner, racer.

بھگیرت /bʰəgi:rət̪/ ■ *pr.n.m.* (also بھگیرتھ) (***Hinduism***) a Hindu mythological character who brought the Ganges down from the mountains.

بھگیل /bʰəge:l/ ■ *n.m.* **1** runaway. **2** defeat.

بھگیلا /bʰəge:lɑ:/ ■ *n.m.* runaway, the bird that runs away from a fight.

بھل [1] /bʰəl/ ■ *adj.* (*contr.* of بھلا) good. بھل مانس gentleman, courteous person. بھل منساہت gentlemanliness, civility, good behaviour. بھل منسی good nature, benevolence, decorum, gentlemanliness. [Prk.]

بھل [2] ____ ■ *n.f.* silt, mud or fine earth deposited from running or standing water. بھل صفائی dredging and removal of silt from a river or canal. [dial.]

بھل [3] ____ ■ *n.f.* the sound of gushing water. بھل بھل effusively. بھل بھل اُجالا broad daylight.

بھلا /bʰəlɑ:/ ■ *adj.* **1** well, good; benevolent. **2** admirable, pleasing, healthy, sound. **3** wonderful. ■ *n.m.* good, goodness, welfare. ■ *exclam.* let see; let describe; whether. بھلا آدمی gentleman, nobleman, a courteous person, pious man. بھلا برا کہنا speak ill of, reproach, scold, chide. بھلا چنگا in good order, well; recovered from an illness, healthy. بھلا سا familiar, known. بھلا کرنا do good to, do well. بھلا کہیں ٹوٹکوں سے گاج ٹلی ہے humble efforts cannot prevent catastrophes. بھلا لگنا be pleasing, look good. بھلا مانس gentleman, good man. بھلا ماننا admit the truth. بھلا ہو bless you! (*fem.* بھلی)

بھلّا /bʰəllɑ:/ ■ *n.m.* a pulse-pie eaten with spiced yogurt.

بھُلانا /bʰʊlɑ:nɑ:/ ■ *v.* **1** cause to forget. **2** mislead, lead astray; deceive; coax. **3** forget. **4** bewilder; balk.

بھُلاوا /bʰʊlɑ:vɑ:/ ■ *n.m.* cheating; deception; misleading; fraud. بھلاوا دینا deceive, mislead, keep in dark.

بھِلاواں /bʰɪlɑ:vɑ̃:/ ■ *n.m.* moderate-sized deciduous tree found in outer Himalayas, *Semecarpus anacardium,* whose black juice is used for marking clothes, etc.

بھُلاوے /bʰʊlɑ:ve:/ ■ *n.m.* (*pl. & infl.* of بھُلاوا) بھلاوے بتانا cheat, deceive, dupe, take for a ride.

بھلائی /bʰəlɑ:i:/ ■ *n.f.* **1** goodness, virtue; benevolence, kindness. **2** welfare, benefit. بھلائی کرنا be good or kind to, do good to someone.

بھُل بھُل /bʰʊlbʰʊl/ ■ *n.f.* ash. See بھوبل.

بھلبھلانا /bʰəlbʰəlɑ:nɑ:/ ■ *v.* (of water) drip or fall profusely.

بھُلبھُلانا /bʰʊlbʰʊlɑ:nɑ:/ ■ *v.* parch in hot ash.

بھُلسانا /bʰʊlsɑ:nɑ:/ ■ *v.* **1** burn, scorch, singe. **2** give anguish.

بھُلسنا /bʰʊləsnɑ:/ ■ *v.* be scorched, be burnt, burn or singe.

بھلک /bʰələk/ ■ *n.f.* See بھل [3]. بھلک بھلک رونا bitterly weep.

بھلکا /bʰəlkɑ:/ ■ *n.m.* **1** the morning star; dawn of the day. **2** gold star fixed on a nose-ring.

بھُلکّڑ /bʰʊləkkəṛ/ ■ *adj.* **1** very forgetful. **2** thoughtless, careless, remiss, negligent.

بھلی /b^həli:/ ■ *adj.* (*fem.* of بھلا) بھلی بُری سب کے ساتھ ہے good and bad are with everyone. بھلی چلائی (showing surprise) don't trust; what to say; no need to mention. بھلی کہی (*iron.*) well said; no matter.

بھلّی /b^həlli:/ ■ *n.f.* (*dim.* of بھلّا) small pulse-pie, usually used in chaat.

بھلے /b^həle:/ ■ *n.m.* (*pl. & infl.* of بھلا) good men. ■ *adv.* whether. بھلے آدمی a way of informal address, dear fellow. بھلے کو **1** luckily. **2** for the benefit of. بھلے گھوڑے کو ایک چابک، بھلے آدمی کو ایک بات a word is enough to the wise; reasonable people readily take action on good advice. بھلے ہی even though.

بھمباقا /b^həmba:qa:/ ■ *n.m.* (also بھنباقا، بھنبھاکا) **1** large hole, especially in a garment or blind. **2** (*fig.*) an obvious lie.

بھمبو /b^həmbu:/ ■ *n.m.* fat, hideous man.

بھمبو /b^həmbo:/ ■ *n.* (*fem.* of بھمبو) fat, ugly, hideous woman.

بھمبیری /b^həmbi:ri:/ ■ *n.m.* (also بھنبیری) dragonfly. بھمبیری سا دوڑنا (of a child) run swiftly.

بھمبھوڑنا /b^həmb^{h}o:ɽna:/ ■ *v.* tear and mangle with teeth. See بھنبھوڑنا.

بھن[1] /b^hɪn/ ■ *n.f.* buzzing, humming sound (of winged insects). بھن بھن کرنا buzz, hum. [Prk.]

بھن[2] ____ ■ *n.m.* seine, large net. [dial.]

بھُن /b^hʊn/ ■ *n.f.* buzzing or humming sound. بھن سے کہنا say something secretly.

بھنّاٹا /b^hɪnna:ʈa:/ ■ *n.m.* (also بھنّاٹا) **1** loud buzz. **2** anger. **3** giddiness.

بھنّاس /b^hɪnna:s/ ■ *n.m.* destruction, wrecking, ruination. بھنّاس اڑانا cut into pieces.

بھُنّاس /b^hʊnna:s/ ■ *n.m.* **1** a large strong post for chaining an elephant. **2** (*fig.*) a thick thong. **3** (*fig.*) the penis.

بھُنّاسی /b^hʊnna:si:/ ■ *n.f.* bolt of the door.

بھُنانا /b^hʊna:na:/ ■ *v.* (also بھُنجانا، بھُنوانا) **1** cause to be fried or parched. **2** exchange a large coin or note for small change.

بھنّانا /b^hɪnna:na:/ ■ *v.* (also بھنانا) **1** have buzzing or ringing in ears. **2** (of flies, bees, etc.) swarm or buzz around someone. **3** fly into passion, become angry or enraged, be irritated, annoyed or irked. **4** speak with a nasal twang.

بھُنائی /b^hʊna:i:/ ■ *n.f.* (also بھُنوائی) **1** act of or price paid for frying or parching something. **2** act of changing coins or price paid for this purpose.

بھنبھنا /b^hɪnb^{h}ɪna:/ ■ *n.m.* one who speaks through the nose. (*fem.* بھنبھنی)

بھنبھنانا /b^hɪnb^{h}ɪna:na:/ ■ *v.* **1** hum, buzz, produce buzzing sound. **2** speak through the nose.

بھُنبھُنانا /b^hʊnb^{h}ʊna:na:/ ■ *v.* curse someone in an undertone, murmur in disdain or rage.

بھنبھناہٹ /b^hɪnb^{h}ɪna:hət/ ■ *n.f.* buzzing, humming.

بھُنبھُنی /b^hʊnb^{h}ʊni:/ ■ *n.f.* (also بھُنبھنی) **1** soft sound. **2** rumour.

بھُنبھُنیا /b^hʊnb^{h}ʊnja:/ ■ *n.m.* tramp, wanderer, rambler.

بھنبھوا /b^həmb^{h}ʊva:/ ■ *n.m.* a person who steals or robs due to hunger, sponger.

بھنبھوڑنا /b^hə̃b^{h}o:ɽna:/ ■ *v.* (also بھبھوڑنا، بھنبھوڑنا، بھنبھورنا) tear and mangle with teeth, gnaw; bite; savage.

بھنٹا /b^hənʈa:/ ■ *n.m.* eggplant, brinjal.

بھنجانا /b^həndʒa:na:/ ■ *v.* See بھنانا.

بھنچنا /b^hɪntʃna:/ ■ *v.* be crushed. See بھچنا.

بھنڈ[1] /b^hənɖ/ ■ *n.m.* pot. See بھانڈا[1]. بھنڈسال (also بھنڈسار) granary. بھنڈسالی **1** a trader who buys and stores grain to sell later at higher price; a hoarder of food grain. **2** rotten and smelly food grains. [S]

بھنڈ[2] ____ ■ *n.m.* destruction, ruination. بھنڈ کرنا destroy, ruin, spoil. بھنڈ کھلنا have a weakness revealed. بھنڈ ہونا be destroyed or broken, be spoiled. [S]

بھنڈ[3] ____ ■ *n.m.* street jester, buffoon. See بھانڈ[1]. بھنڈ تال clapping with a song.

بھُنڈ /b^hʊnɖ/ ■ *adj.* unlucky, unfortunate, ill-starred. بھنڈ پیرا، قدم inauspicious, ill-omened.

بھنڈا /b^hɪnɖa:/ ■ *n.m.* (also بھنڈ) **1** mound; lump, mass, block. **2** lump or ball of tobacco. **3** a kind of hookah.

بھنڈار /b^hənɖa:r/ ■ *n.m.* storehouse, storeroom; depository. بھنڈار خانہ almshouse, place where anybody can come, narcotic den, tavern.

بھنڈارا /b^hənɖa:ra:/ ■ *n.m.* **1** storehouse. **2** feast of the yogis. **3** kitchen.

بھنڈاری /b^hənɖa:ri:/ ■ *n.m.* storekeeper; treasurer; steward, cook.

بھنڈِل /b^hənɖɪl/ ■ *adj.* fortunate; happy, prosperous. ■ *n.m.* **1** messenger. **2** touch-me-not, the plant

ہائیہ مصمتے: بھ b^h پھ p^h تھ t^h ٹھ $ʈ^h$ جھ $dʒ^h$ چھ $tʃ^h$ دھ d^h ڈھ $ɖ^h$ رھ r^h ڑھ $ɽ^h$ کھ k^h گھ g^h لھ l^h مھ m^h نھ n^h

bhang.
/bʰəŋge:ɽɑ:/ ■ *n.m.* (also بھنگیر) a seller or maker of bhang. بھنگیرا
/bʰʊnnɑ:/ ■ *v.* **1** be fried, grilled, parched, roasted or burnt; seethe. **2** mentally suffer. **3** be jealous of. **4** (larger denomination coin or note) be exchanged for small change. بھُننا
/bʰʊnvɑ:nɑ:/ ■ *v.* cause to be parched. See بھُنانا. بھُنوانا
/bʰʊnvɑ:i:/ ■ *n.f.* act of parching or price paid for this. See بھُنائی. بھُنوائی
/bʰə̃vər/ ■ *n.m.* **1** whirlpool, maelstrom, vortex, eddy. **2** (*fig.*) trouble, hot water. بھنورجال **1** the world and its snares. **2** a small net for fishing. بھنورکلی collar or halter (for dogs and horses). بھنورگھپا pitch dark/black. بھنور
/bʰə̃vrɑ:/ ■ *n.m.* large black beetle. See بھونرا. بھنورا
/bʰəne:dʒ/ ■ *n.m.* (*contr.* of بھانجا، بھانجی) بھنیج بہو wife of sister's son. بھنیج داماد husband of sister's daughter. بھنیج
/bʰəne:dʒɑ:/ ■ *n.m.* nephew. See بھانجا. (*fem.* بھنیجی) بھنیجا
/bʰu:/ ■ *n.f.* world; ground; earth; soil; land; site, place. بھوچال (also بھونچال) earthquake. بھودان grant of land or revenue. بھومنڈل the terrestrial globe, the earth. بھُو
/bʰəvɑ:ni:/ ■ *n.f.* **1** a Hindu goddess, epithet of the wife of Shiva or Mahadeva. **2** smallpox. بھوانی
/bʰu:bəl/ ■ *n.m.* (also بھُوبھل) hot ashes, embers. بھوبل
/bʰu:pɑ:li:/ ■ *n.f.* (***Music***) a musical raga. بھوپالی
/bʰo:pu:/ ■ *n.m.* megaphone; siren. See بھونپو. بھوپو
/bʰu:t̪/ ■ *n.m.* **1** ghost, evil spirit, demon, devil. **2** a vicious or wicked person. **3** the past. **4** (***Philos.***) any one of the five elements, i.e. earth, water, air, fire, ether. **5** any living thing, the created beings. بھوت اُتارنا exorcise an evil spirit. بھوت اُترنا anger to subside. بھوت بننا **1** be intoxicated. **2** be covered with dust. **3** be very angry. بھوت پریت ghosts and evil spirits. بھوت چڑھنا/سوار ہونا **1** become obsessed. **2** become crazy after something. **3** be angry; be possessed. بھوت ہو کے لپٹنا cling to someone. بھوت ہونا be distracted with rage. بھُوت
/bʰu:t̪ɑ:hɑ:/ ■ *adj.* haunted. بھُوتاہا
/bʰu:t̪ni:/ ■ *n.f.* (also بھُتنی، بھُتنیا) female demon; ugly, evil or malicious old woman. بھوتنی کا روالا (*pej.*) dishonest; rascal, rogue. بھُوتنی
/bʰo:dʒ/ ■ *n.m.* enjoying; eating, feasting; banquet. بھوج¹

Mimosa pudica.
/bʰʊnd̪li:/ ■ *n.f.* **1** a kind of worm covered with hair. **2** a kind of fish bait. بھُنڈلی
/bʰɪnd̪i:/ ■ *n.f.* bhindi, ladies' fingers, okra, *Hibiscus esculentus*. بِھنڈی
/bʰənd̪e:lɑ:/ ■ *n.m.* buffoon, mimic. (*fem.* بھنڈیلن) بھنڈیلا
/bʰənək/ ■ *n.f.* (also بھنک، بھنگ) **1** ring; hum, din, echo, low distant sound. **2** inkling. **3** rumour. بھنک
/bʰɪnkɑ:r/ ■ *n.f.* buzzing, humming (of flying insects). بِھنکار
/bʰɪnəknɑ:/ ■ *v.* **1** swarm, buzz. **2** be covered with flies. **3** look filthy. **4** sit idle. بِھنکنا
/bʰəŋg/ ■ *n.f.* (also بنگ، بھانگ) bhang, cannabis, hemp, the intoxicating drug made from hemp-leaves. بھنگ پی جانا be intoxicated, talk nonsense, be out of one's head. بھنگ تو نہیں کھائی are you in your senses? بھنگ رہنا be intoxicated or confused. بھنگ کے بھاڑے میں جانا go to waste. بھنگ کھانا be intoxicated. بھنگ گھٹنا the stick with which hemp drug or leaves are rubbed down to make the beverage. بھنگ گھوٹنا grind cannabis leaves to prepare intoxicating drink. [S] بھنگ¹
_____ ■ *adj.* broken; torn; destroyed; defeated. بھنگ ڈالنا turn topsy-turvy, throw into confusion, disarrange. بھنگ کرنا break, demolish. بھنگ ہونا be broken, be destroyed. [S] بھنگ²
/bʰʊŋgɑ:/ ■ *n.m.* **1** any small insect, mite. **2** (*fig.*) weak or frail person. بھُنگا
/bʰəŋgɑ:n/ ■ *n.f.* (***Zool.***) a kind of carp, the fresh water fish *Cyprinus carpio*. بھنگان
/bʰəŋgrɑ:dʒ/ ■ *n.m.* **1** a bird like cuckoo having a long tail and sweet voice. **2** a spreading shrub that grows in the rainy season, *Eclipta prostrata*. بھنگراج
/bʰəŋgəɽ/ ■ *n.m.* hemp-addict. بھنگڑ خانہ **1** a narcotic den where addicts gather. **2** (*fig.*) an unkempt, disorderly place, house or room. بھنگڑ خانے کی گپ a baseless story. بھنگڑ
/bʰəŋgɽɑ:/ ■ *n.m.* (also بھنگڑہ) bhangra, a folk dance of the Punjab. بھنگڑا ڈالنا perform this dance. بھنگڑا
/bʰəŋgən/ ■ *n.f.* wife of a sweeper; female sweeper. بھنگن
/bʰəŋgi:/ ■ *n.m.* sweeper, a low caste of scavengers. بھنگی
/bʰɪŋgi:/ ■ *n.f.* top, toy spinning on a point. بِھنگی
/bʰəŋgɪjɑ:nɑ:/ ■ *v.* (also بھنگیا جانا) be intoxicated with بھنگیانا

بھوکا ننگا poor, needy. (*fem.* بھوکی)

بھوکنا /bʰo:knɑ:/ ■ *v.* pierce, stab. See بھونکنا.

بھوکوں /bʰu:kõ:/ ■ *n.f.* (*pl.* of بھوکا). ■ *adv.* with hunger, because of hunger. بھوکوں مرنا starve to death, be famished, live poorly.

بھوگ /bʰo:g/ ■ *n.m.* **1** food, meal, victuals; dressed food votively offered to an idol. **2** outcome; reward; punishment. **3** feeling of happiness, joy, revelry. **4** sexual passion. **5** suffering, curse, abuse. **6** (***Math.***) numerator. **7** lines of soldiers. **8** snake. **9** body. **10** a nom de plume. بھوگ بلاس revelry, festivity. بھوگ بلاسی **1** reveller, merrymaker. **2** adulterer; Lothario. بھوگ بھوگنا/کرنا have sexual intercourse. بھوگ پتی chieftain, ruler. بھوگ پڑنا be cursed. بھوگ دینا call (someone) names, curse someone.

بھوگنا /bʰo:gnɑ:/ ■ *v.* **1** endure, bear. **2** enjoy.

بھوگنی /bʰo:gmi:/ ■ *n.f.* woman given to revelry; a ruler's concubine.

بھوگی /bʰo:gi:/ ■ *n.m.* **1** a man of pleasure; voluptuary, debauchee. **2** sufferer. **3** eater. **4** indolent or inactive person.

بھول /bʰu:l/ ■ *n.f.* **1** oversight, forgetfulness; omission, slip, negligence. **2** mistake, fault, error. بھول بھلیّاں labyrinth, maze. بھول چوک oversight; inadvertent error. بھول چوک لینی دینی E and OE, errors and omissions excepted. بھول کے نہ کرنا not to do a thing even by mistake.

بھولا /bʰu:lɑ:/ ■ (*past* of بھولنا). ■ *adj.* lost; forgotten; astray. بھولا بسرا long-forgotten. بھولا بھٹکا forgotten; chance visitor. (*fem.* بھولی)

بھولا /bʰo:lɑ:/ ■ *adj.* (also بھولا بھالا) innocent, simple, naive, artless, undesigning, guileless. بھولا بننا pose as naive. بھولا پن (also بھولپن) innocence, simplicity, guilelessness. بھولا ناتھ (***Hinduism***) an epithet of Shiva. (*fem.* بھولی)

بھولنا /bʰu:lnɑ:/ ■ *v.* forget, go astray, miss, overlook, omit.

بھولی /bʰo:li:/ ■ *adj.* (*fem.* of بھولا) بھولی باتیں innocent prattle. بھولی صورت an innocent face.

بھولے /bʰu:le:/ ■ *n.m.* (*pl.* & *infl.* of بھولا) ■ *adv.* mistakenly. بھولے بھٹکے by chance, once in a blue moon. بھولے سے by mistake, by oversight; erroneously, [S]

بھوج[2] ——— ■ *n.m.* a kind of birch tree. بھوج پتّر the leaf and bark of the birch tree, formerly used for writing. [S]

بھوجائی /bʰo:dʒɑ:i:/ ■ *n.f.* brother's wife.

بھوجن /bʰo:dʒən/ ■ *n.m.* food, meal; victuals. بھوجن پروسنا lay the table for a meal. بھوجن خرچ food expenses. بھوجن کرنا eat, take food.

بھوچکّا /bʰo:tʃəkkɑ:/ ■ *adj.* astonished. See بھونچکّا.

بھور /bʰo:r/ ■ *n.f.* daybreak, dawn, early morning. بھور ہونا **1** day to down. **2** be finished or terminated, suffer much.

بھورا[1] /bʰo:rɑ:/ ■ *n.m.* cellar, basement. [S]

بھورا[2] ——— ■ *n.m.* black beetle. See بھونرا[1]. [S]

بھورا[1] /bʰu:rɑ:/ ■ *adj.* brown; auburn; fair. (*fem.* بھوری) [S]

بھورا[2] ——— ■ *n.m.* crumbs, small particles of bread, etc. [Prk.]

بھورا[3] ——— ■ *n.m.* land belonging to a village away from inhabitants. [Prk.]

بھوری /bʰo:ri:/ ■ *n.f.* a kind of bread prepared on the hot ash of dried cowpats.

بھوری /bʰu:ri:/ ■ *adj.* (*fem.* of بھورا[1]) brown, wheatish.

بھوڑ[1] /bʰu:ɽ/ ■ *n.f.* porous soil, sandy ground. [S]

بھوڑ[2] ——— ■ *n.m.* a breed of oxen. [S]

بھوڑا /bʰo:ɽɑ:/ ■ *n.m.* wedding meal sent with bride at her departure. See بہوڑا.

بھوسا /bʰu:sɑ:/ ■ *n.m.* (also بھوسہ) **1** bhoosa, straw; the dry cut stalks of various cereals; the stem of cereal plant. **2** something insignificant, trifle.

بھوسلا /bʰu:slɑ:/ ■ *adj.* of dull brownish-yellow colour, khaki, clayey. (*fem.* بھوسلی)

بھوسی /bʰu:si:/ ■ *n.f.* (also بھس) **1** husk, chaff, bran. **2** dandruff, scab. بھوسی اڑانا destroy, wreck. بھوسی بتانا refuse to show. بھوسی ہے useless, not acceptable.

بھوک /bʰu:k/ ■ *n.f.* **1** hunger, appetite, craving for food. **2** desire, wish, need. **3** capacity, space. بھوک اڑنا/مرنا lose appetite. بھوک پیاس مارنا repress one's appetite; mortify oneself. بھوک کا مارا ہوا poor, helpless, starved. بھوک کھلنا recover one's appetite. بھوک لگنا feel hungry, be hungry. بھوک ہڑتال hunger strike.

بھوکا /bʰu:kɑ:/ ■ *adj.* **1** hungry, famished, starving. **2** (*fig.*) (i) greedy. (ii) needy, poor. ■ *n.m.* hungry person.

face.

بھونرا[1] /bʰɔ̃:rɑ:/ ■ *n.m.* (also بھونرا) 1 black beetle. 2 dung-beetle. ■ *adj.* jet-black. (*fem.* بھونری) [S]

بھونرا[2] ——— ■ *n.m.* cavern, cellar, vault. [S]

بھونری /bʰɔ̃:ri:/ ■ *n.f.* 1 black bee. 2 a bread cooked on embers. 3 curl hanging on the forehead. 4 a defect in horses. 5 the natural circular turn of hair on the scalp. بھونری پھر جانا be married (in Hindus).

بھونرے /bʰɔ̃:re:/ ■ *n.m.* (*pl.* & *infl.* of بھونرا[2]) بھونرے میں پالنا bring up a child very indulgently.

بھونک /bʰɔ:ŋk/ ■ *n.m.* bark of a dog.

بھونکانا /bʰɔ:ŋkɑ:nɑ:/ ■ *v.* cause to bark.

بھونکڑ /bʰɔ:ŋkəɽ/ ■ *adj.* stupid, ignorant; simple-minded.

بھونکڑا /bʰɔ:ŋkɽɑ:/ ■ *adj.* very large and fat.

بھونکنا /bʰɔ:ŋknɑ:/ ■ *v.* 1 bark. 2 (*fig.*) talk loudly or tediously, talk ad nauseam.

بھونکنا /bʰo:ŋknɑ:/ ■ *v.* (also بھوکنا) pierce, thrust, jab, poke, stab, drive in; sew badly or roughly.

بھونگا /bʰo:ŋgɑ:/ ■ *adj.* stupid, clumsy, foolhardy. See بونگا.

بھوننا /bʰu:nnɑ:/ ■ *v.* 1 parch, fry, roast. 2 scorch, burn; broil. 3 torment.

بھونی /bʰu:ni:/ ■ *adj.* (*fem.* of بھونا) fried or roasted. بھونی بھانگ نہ ہونا be extremely poor.

بھونے /bʰu:ne:/ ■ *adj.* (*pl.* & *infl.* of بھونا) بھونے تیتر اُڑانا do something unreasonable.

بھوئی /bʰu:i:/ ■ *n.m.* palanquin-bearer.

بھوئیں /bʰu:ĩ:/ ■ *n.f.* earth.

بھوَیّا /bʰəvəjjɑ:/ ■ *n.m.* 1 dancer. 2 story-teller.

بھویں /bʰəvẽ:/ ■ *n.f.* (*pl.* of بھوں[1]) the eyebrows. بھویں تاننا ، ٹیڑھی کرنا ، چڑھانا frown, raise eyebrows, scowl. بھویں سکوڑنا frown.

بھئی /bʰəi:/ ■ *n.m.* (*contr.* of بھائی) used as informal address or for expressing mild irritation or to add a comment.

بھی /bʰi:/ ■ *adv.* also, too; even including, likewise.

بھے /bʰæ:/ ■ *n.m.* 1 fear, terror, dread, apprehension. 2 illness.

بھیّا /bʰəjjɑ:/ ■ *n.m.* (*dim.* of بھائی) 1 brother. 2 comrade.

بھیانک /bʰəjɑ:nək/ ■ *adj.* (also بھینکر) fearsome, frightful, dreadful, horrible, frightening.

بِھیت /bʰi:t̪/ ■ *n.f.* 1 wall; the breadth of a wall. 2 embankment.

inadvertently.

بھُوم /bʰu:m/ ■ *n.f.* 1 land; world; ground; country; earth; place, site; domain. 2 (***Math.***) the base of a geometrical figure. بھوم تلے underground, subterranean. بھوم دار landowner.

بھُومی /bʰu:mi:/ ■ *n.f.* terrestrial, earthly.

بھُومیا /bʰu:mɪjɑ:/ ■ *n.m.* 1 landlord, landowner. 2 an old inhabitant.

بھوَن /bʰəvən/ ■ *n.m.* 1 mansion, house, abode, dwelling; building. 2 shrine, temple.

بھُون /bʰu:n/ ■ (*imper.* of بھُونا). ■ *n.f.* roasting; used in comp. as: بھون بھون کھانا 1 fry and eat something, eat all, eat with zest. 2 torment.

بھوں[1] /bʰɔ̃:/ ■ *n.f.* the eyebrow. بھوں پر بل پڑنا face to show anger, disapproval to be seen. بھوں پر بل ڈالنا knit one's brows. بھوں تاننا knit the brows in anger. (*pl.* بھویں) [S]

بھوں[2] ——— ■ *n.f.* 1 the sound of a wind instrument; a deep bass sound. 2 sound of dog barking or cow lowing. ■ *exclam.* expressing any of these sounds; bow-wow. بھوں بھوں 1 bark of a dog. 2 sound of a horn. 3 the sound of loud weeping. بھوں بھوں رونا cry loudly. بھوں بھوں کرنا bark like a dog. [Prk.]

بھُونا /bʰu:nɑ:/ ■ *adj.* parched, roasted. (*fem.* بھُونی)

بھونپو /bʰɔ̃:pu/ ■ *n.m.* (also بھوپو) loud hailer, megaphone or funnel to call someone or announce something; siren.

بھُونجا /bʰũ:dʒɑ:/ ■ *n.m.* parcher; used in comp. as: بھڑبھونجا parcher of grain.

بھونچال /bʰɔ̃:tʃɑ:l/ ■ *n.m.* (also بھوچال) 1 earthquake. 2 (*fig.*) upheaval, commotion; revolution.

بھونچکّا /bʰɔ̃:tʃəkkɑ:/ ■ *adj.* (also بھَوچکّا) aghast, astonished, surprised, flabbergasted, startled. بھونچکا رہ جانا be taken aback.

بھونچپا /bʰəvəntʃəmpɑ:/ ■ *n.m.* firework. See بھُچپا.

بھوندو /bʰõ:d̪u:/ ■ *adj.* (also بھوندا) 1 artless, simple. 2 stupid, foolish. بھوندو بھاؤ نہ جانے پیٹ بھرنے سے کام a fool is interested only in food. (*fem.* بھوندی)

بھونڈ /bʰõ:ɖ/ ■ *n.m.* dung-beetle.

بھونڈا /bʰõ:ɖɑ:/ ■ *adj.* ugly, awkward, ungainly, deformed, ill-shaped, unsightly. بھونڈاپن ugliness, clumsiness.

بھونڈی /bʰõ:ɖi:/ ■ *adj.* (*fem.* of بھونڈا) بھونڈی صورت an ugly

بھیت /bʰeːt̪/ ■ *n.m.* secret. See بھید[1].

بھیتر /bʰiːt̪ər/ ■ *adv.* within; indoor; interior. بھیتر آنا enter, come in. بھیتر باہر 1 half in half out. 2 outward appearance and inward qualities. بھیتر سے from within, internally. بھیتر والا 1 inmate. 2 (*fig.*) conscience.

بھیتری /bʰiːt̪riː/ ■ *adj.* internal, inward; hidden. بھیتری مار internal injury or hurt.

بھیتریا /bʰiːt̪ərjɑː/ ■ *n.m.* 1 one who betrays a secret. 2 inmate, domestic. 3 marriage guests who eat along with family members.

بھیٹ /bʰiːʈ/ ■ *n.f.* mound, hillock, rising ground.

بھیٹ /bʰeːʈ/ ■ *n.f.* 1 offering, a votive offering, a sacrifice at the altar of. 2 meeting. See بھینٹ.

بھیج /bʰeːdʒ/ ■ *n.m.* 1 proportionate share. 2 rent of land.

بھیجا[1] /bʰeːdʒɑː/ ■ *n.m.* (also بھیجہ) brain. بھیجا پکانا / چاٹنا / کھانا talk ad nauseam, bother or sicken by continuous talk. بھیجا پکنا be wearied, be sick. بھیجا پلپلا کرنا beat black and blue, thrash. بھیجا کھائیں سر سہلائیں inflict harm by flattering. بھیجا ہلنا have severe headache. [S]

بھیجا[2] ——— ■ (*past of* بھیجنا). ■ *n.m.* one who is sent; messenger, envoy, emissary. (*fem.* بھیجی) [S]

بھیجنا /bʰeːdʒnɑː/ ■ *v.* send; remit; dispatch; transmit.

بھیجے /bʰeːdʒeː/ ■ *n.m.* (*pl. & infl.* of بھیجا). بھیجے میں خناس ہونا have a satanic mind; have a bee in the bonnet.

بھیچنا /bʰiːtʃnɑː/ ■ *v.* squeeze, crush. See بھینچنا.

بھید[1] /bʰeːd̪/ ■ *n.m.* (also بھیت) 1 secret, mystery. 2 puzzle, riddle. 3 trace, clue. بھید بھاؤ secret. بھید پانا discover or solve a mystery, dig out a secret; get a clue. بھید دینا divulge a secret; give a clue. بھید رکھنا keep a secret. بھید کھولنا expose, unmask, betray. بھید لگانا trace, find by investigation. بھید لینا get at a secret, pry into, spy. [S]

بھید[2] ——— ■ *n.m.* 1 hole, opening, perforation, split, fissure. 2 hole in ears or in pearls. [S]

بھیدنا /bʰeːd̪nɑː/ ■ *v.* make a hole.

بھیدو /bʰeːd̪uː/ ■ *n.m.* one who knows a secret.

بھیدی /bʰeːd̪iː/ ■ *n.m.* confidant, one in the know; spy, detective, informer; conspirator. ■ *adj.* knowing.

بھیدیا /bʰeːd̪ijɑː/ ■ *n.m.* 1 spy. 2 scout. See بھیدی.

بھیر /bʰeːr/ ■ *n.f.* a kind of musical instrument.

بھیراری /bʰæːrɑːriː/ ■ *n.f.* name of a ragini.

بھیروں /bʰæːrõː/ ■ *n.m.* (also بھیرو) a raga having all the seven notes, sung in the morning. ■ *pr.n.m.* Hindu god Shiva. بھیروں چڑھنا talk like lunatics. بھیروں ناچنا be deserted or desolate.

بھیرویں /bʰæːrvĩː/ ■ *n.f.* (also بھیروی) name of a ragini, sung in the morning. بھیرویں اڑانا / گانا celebrate, sing happy songs. بھیرویں مارنا be ruined.

بھیڑ /bʰiːɽ/ ■ *n.f.* (also بھیڑ بھاڑ) 1 crowd, throng, a mob, multitude, congestion. 2 pressure of work. 3 trouble, calamity. بھیڑ بھڑکا crowd, crowding. بھیڑ بھڑکا کرنا create an uproar, assemble at one place. بھیڑ چھٹنا (a crowd) be dispersed. بھیڑ کرنا / لگانا swarm, crowd, throng. بھیڑ کی بھیڑ a big crowd.

بھیڑ /bʰeːɽ/ ■ *n.f.* sheep, female sheep, ewe. ■ *adj.* (*fig.*) submissive, meek. بھیڑ چال jumping on the bandwagon, following others blindly; mob mentality. بھیڑ سالہ sheepfold, pen. بھیڑ کا بچہ lamb. بھیڑ کا گوشت mutton. بھیڑ کی لات ٹخنوں تک a weakling cannot harm.

بھیڑا /bʰeːɽɑː/ ■ *n.m.* ram, uncastrated male sheep.

بھیڑنا /bʰeːɽnɑː/ ■ *v.* shut or close (a door) without locking.

بھیڑنی /bʰeːɽniː/ ■ *n.f.* she-wolf.

بھیڑی /bʰeːɽiː/ ■ *n.f.* 1 ewe. 2 sheepskin.

بھیڑیا[1] /bʰeːɽijɑː/ ■ *n.m.* 1 wolf. 2 (*fig.*) a malevolent, cruel, ugly man. [Prk.]

بھیڑیا[2] ——— ■ *adj.* sheep-like. بھیڑیا چال / دھسان (also بھیڑ چال). 1 multitude crowded together like sheep in a pen. 2 blindly following the example of others. [S]

بھیس /bʰiːs/ ■ *n.m.* root of lotus.

بھیس /bʰeːs/ ■ *n.m.* 1 disguise, feigned appearance, assumed likeness. 2 air, manner, dress, life style. 3 camouflage, semblance, likeness. بھیس بدلنا / بنانا / دھارنا change one's appearance, disguise oneself; play a character.

بھیک /bʰiːk/ ■ *n.f.* begging, alms, charity. بھیک دینا give alms. بھیک کا ٹھیکرا 1 begging-bowl. 2 (*fig.*) means of livelihood. بھیک مانگنا beg.

بھیکڑ /bʰeːkəɽ/ ■ *n.m.* a desert tree.

بھیگا /bʰiːgɑː/ ■ *adj.* wet, moist, soaked. بھیگا موسم rainy season.

بھیگنا /bʰiːgnɑː/ ■ *v.* 1 be wet, damp or moist. 2 (*fig.*) (of night) become cold.

بھیگی /bʰiːgiː/ ■ *adj.* (*fem.* of بھیگا) بھیگی بلی a scared or cowering person, one who has no resistance left, passive, submissive. بھیگی رات the hours after midnight.

بھیل /bʰe:l/ ■ *n.m.* mixture; mixed or mingled state.

بھیلی /bʰe:li:/ ■ *n.f.* (also گڑ کی بھیلی) a large round lump of gur.

بھیم /bʰi:m/ ■ *adj.* dreadful, ghastly, fearful, frightful. بھیم پلاسی (***Music***) a kind of raga. بھیم راج a mocking bird of the Indian Subcontinent.

بھیں /bʰæ̃:/ ■ *n.f.* bleating of a sheep, goat, calf, etc. بھیں بھیں (*fig.*) **1** unpleasant voice. **2** man's weeping sound.

بھیّن /bʰəjjən/ ■ *n.m.* (endearing and familiar form of address) brother.

بھینا /bʰæ:nɑ:/ ■ *n.f.* (endearing and familiar form of address) sister.

بھینا /bʰi:nɑ:/ ■ *adj.* soft, faint (colour).

بھینٹ /bʰẽ:ʈ/ ■ *n.f.* (also بھیٹ) **1** gift or present. **2** sacrifice, offering to a deity. **3** a chance meeting, encounter, visit. **4** bribe. **5** introduction; interview. بھینٹ بکرا sacrificial goat. بھینٹ پوجا (*fig.*) bribe. بھینٹ چڑھانا/ دینا sacrifice, offer, present. بھینٹ چڑھنا/ ہونا **1** die; sacrifice oneself or one's property, fall victim. **2** meet with; have an introduction. بھینٹ لینا accept sacrifice, kill.

بھینچ /bʰĩ:tʃ/ ■ *n.f.* clinch, act of squeezing or pressing.

بھینچنا /bʰĩ:tʃnɑ:/ ■ *v.* (also بھچنا) squeeze, crush, clench, press, tight, clasp tightly.

بھینڈ /bʰẽ:ɖ/ ■ *n.m.* a perennial water-plant, *Aeschynomene aspera*.

بھینس /bʰæ̃:s/ ■ *n.f.* buffalo, water-buffalo, *bubalus arnee* of South Asia, she-buffalo. بھینس کی بھینس (*derog.*) fat and ugly (woman). بھینس کے آگے بین بجانا cast pearls before a swine, talk wisely before a fool.

بھینسا /bʰæ̃:sɑ:/ ■ *n.m.* **1** male water-buffalo. **2** (*fig.*) a fat man. بھینسا داد (also بھینسیا داد) a skin disease akin to ringworm.

بھینکر /bʰəjəŋkər/ ■ *adj.* horrible. See بھیانک.

بھینگا /bʰæ:ŋgɑ:/ ■ *adj.* (also بھنگا) squint-eyed. ■ *n.m.* a squint-eyed or strabismic man, squinter.

بھینگی /bʰæ:ŋgi:/ ■ *adj.* (*fem.* of بھینگا) بھینگی آنکھ squint eye.

بھینی /bʰi:ni:/ ■ *adj.* (*fem.* of بھینا) (also بھینی بھینی) mild, dim; soft, faint (smell).

پ

پ /pe:/ ■ the fifth letter of the Urdu alphabet.

پا¹ /pɑ:/ ■ *n.m.* **1** the foot; the leg. **2** root; stem. پاافتادہ **1** something lying in such a manner that it is stepped upon. **2** worthless, inferior; good-for-nothing. پاافزار/رفزار shoe, slipper. پاافشار wooden sandals; wooden pieces used as foot stands by weavers. پانداز doormat. پابجائی compensation, requital. پابجولاں in chains, chained. پابدامن reclusive. پابدست دگرے دست بدست دگرے under duress, forcibly. پابرآتش (*fig.*) agitated, disturbed, enraged. پابرجا steady, steadfast. پابرنجن an anklet with small bells. پابرہنہ barefooted, barefoot. پابہ گِل **1** (*literal*) one whose feet are covered in mud. **2** (*fig.*) one who cannot walk; helpless. پابند **1** rope used to hobble a horse's hind legs. **2** committed, restrained, beholden (to); detained or imprisoned, bound, controlled. **3** subservient. **4** a person who is bound. پابندی **1** incarceration, imprisonment. **2** ban, restriction, check, control, restraint. پابوس **1** (*literal*) kissing the feet; adoring, showing reverence; worshipping. **2** flattering. پابوسی کرنا kiss the feet; revere, adore, worship. پابہ جولاں/زنجیر in chains, fettered, shackled, chained. پابہ رکاب **1** foot in the stirrup, ready to move; prompt, alert. **2** transitory, short-lived. **3** about to die. پاپاک a cloth for wiping feet, towel. پاپاش shoe. پاپیادہ on foot. پاتابہ **1** socks; stockings. **2** inner sole inserted in a shoe to adjust the size. پاتابی shoe. پاتُراب **1** the act of sending the luggage to another place or neighbourhood a few days before the travel begins, which was supposed to ward off the bad-luck (no more in practice). **2** (*fig.*) the preparation to depart. پاجامہ trousers; pyjamas. پاچراغ standing on one leg as punishment. پاخانہ lavatory, latrine. پاخوردہ spurned, rejected with contempt. پاداری (also پائداری) **1** perseverance, steadfastness. **2** durability, firmness. پادراز **1** stretched legs. **2** (*fig.*) happy, satisfied, contented. پادرافتادگی **1** battle; dispute. **2** helplessness, wretchedness. پادررکاب ready to start; alert, prompt. پادرہوا baseless, illusory. پازیب an ornament worn on the feet or ankles, anklet. پاشکستہ **1** (*literal*) one whose leg is broken; disabled. **2** dead tired; powerless, helpless, resourceless. پاشوئیہ/شوبہ washing or laving of the feet, (ceremonial) washing of the feet. پالغز slip, wrong step; faux pas. پامال (also پائمال) trampled, downtrodden, ruined, destroyed, devastated. پامردی **1** valour, bravery. **2** resolution. پاورق/ورقی **1** the catchword at the bottom of page. **2** footnote; margin (at the bottom of the page). پائے کار **1** employee of a tehsil. **2** second in command. **3** attendant; servant; watchman; labourer. پایاب **1** shallow, fordable, within one's depth. **2** ford. پایابی the state of being fordable. [P]

پا² ____ ■ *n.m.* (***Music***) fifth note of the octave. [Prk.]

پا³ ____ ■ *suffix* denoting an abstract quality; used in comp. as: بڑھاپا old age. جلاپا jealousy. [S]

پا⁴ ____ ■ *suffix* denoting lasting, standing, continuing; used in comp. as: دیرپا durable, permanent, lasting. [P]

پا⁵ ____ ■ (*imper.* of پانا) used in comp. as: پاجانا guess correctly; discover a secret, see through, get the hang of. پالینا **1** secure, obtain, receive. **2** understand, guess, see the point. پالینے کی مچھلی اور دے لینے کے کانٹے sarcastic comment on selfishness. [S]

پا⁶ ____ ■ *n.m.* (*contr.* of پاؤ) one fourth, a quarter, as: آدھ پا half of a quarter. [S]

پابند /pɑ:bənd̪/ ■ *adj.* **1** committed, restrained. **2** subservient. ■ *n.f.* **1** rope used to hobble a horse's forelegs or hind legs. **2** hind leg of a horse. ■ *n.m.* a person who is bound. See under پا¹. پابندرہنا stick to, adhere to, conform, follow, stand committed. پابندِسلاسل under arrest. پابندہونا **1** be bound, be ruled or guided by. **2** (*fig.*) (i) be married. (ii) be reserved for someone (as a concubine).

پابندی /pɑ:bənd̪i:/ ■ *n.f.* **1** imprisonment. **2** ban, restriction. See under پا¹.

پاپ /pɑ:p/ ■ *n.m.* **1** sin, wrongdoing, evil deed, vice; crime, transgression, guilt, fault. **2** calamity, adversity, hardship. پاپ اُبھرے پراُبھرے an evil deed is bound to be revealed. پاپ اُدےہونا be punished for one's sins. پاپ پتی paramour; gallant. پاپ روگ a venereal disease. پاپ کاٹنا to settle a dispute. پاپ کٹنا a disagreeable or problematical matter to end. پاپ کرنا 1 to sin. 2 commit adultery. پاپ کمانا commit sins, do wrong. پاپ کی پوٹ a sin incarnate. پاپ لگانا impute fault; calumniate. پاپ لگنا be stained with sin, be accused of; be in trouble.

پاپا /pɑ:pɑ:/ ■ *n.m.* papa, pope, father. پاپائے روم the Pope. [E]

پاپا² ____ ■ *n.m.* rusk, a small cake that looks like a hard toast. [E]

پاپا³ ____ ■ *n.m.* weevil, an insect infesting stored rice. [Prk.]

پاپڑ /pɑ:pəɽ/ ■ *n.m.* **1** papar, papad, very thin, crisp bread made of any pulse or rice. **2** a thin layer. **3** thin, light soil; fertile soil. ■ *adj.* (*fig.*) **1** very thin. **2** dry, parched. پاپڑ بیلنا **1** roll this bread. **2** (*fig.*) undergo very hard labour, suffer while doing some work, take pains. **3** play tricks, deceive. پاپڑ کھار See پاپڑا کھار under پاپڑا.

پاپڑا /pɑ:pɽɑ:/ ■ *n.m.* **1** fruit of the dhak tree, *Butea frondosa*. **2** (also پرپٹ) the plant *Gardenia latifolia*. **3** the plantain. پاپڑا کھار (also پاپڑ کھار) ashes of the plantain tree used instead of salt to season the papar.

پاپڑی¹ /pɑ:pɽi:/ ■ *n.f.* (*dim.* of پاپڑ) papri, small, thin, fried piece of bread. [S]

پاپڑی² ____ ■ *n.f.* the ear lobe. [dial.]

پاپلیٹ /pɑ:ple:ʈ/ ■ *n.f.* pomfret, a salt water fish. [E]

پاپن /pɑ:pən/ ■ *adj.* (*fem.* of پاپی) sinful (woman).

پاپوش /pɑ:po:ʃ/ ■ *n.f.* any footwear, a shoe or slipper. پاپوش پر مارنا spurn, not care, make light of. پاپوش کی گرد ہونا have no importance. پاپوش کی نوک پر مارنا not care, deem low or base.

پاپی /pɑ:pi:/ ■ *n.m.* sinner, criminal, evil-doer. ■ *adj.* **1** sinful, wicked, guilty. **2** (*fig.*) greedy, avaricious. پاپی پاپ کا، بھائی کا نہ باپ کا the corrupt care for nothing but their vices. پاپی کنواں a water well or pond where people often drown. پاپی کی ناؤ منجدھار میں ڈوبتی ہے a sinner is ultimately ruined. پاپی من wicked heart, i.e. heart that has fallen in love. (*opp.* پتی)

پات /pɑ:t̪/ ■ *n.m.* **1** leaf; any thin leaf or foil of metal. **2** bill or draft on a banker. **3** an ornament, usually like a thin leaf-shaped foil worn in the upper part of the ear. (یہ رہے) پات پات، (وہ رہیں) ڈال ڈال be cleverer than another. پات تیرتے ہیں پتھر ڈوبتے ہیں ordinary people are at ease while the great ones are ruined. پات کھڑکنا a leaf to rattle. پات گھابڑا timid, cowardly.

پاتا /pɑ:t̪ɑ:/ ■ *n.m.* (usu. with گہنا) ornaments, jewellery.

پاتال /pɑ:t̪ɑ:l/ ■ *n.m.* (also پتال) **1** one of the seven nether regions, which in Hindu lore is the abode of serpents and demons. **2** the hell. **3** abyss, chasm. پاتال جنتر an apparatus for calcining and subliming metals and preparing medicines. پاتال کی خبر لانا to know a secret, reach to the deepest point, dig out the fact.

پاتام /pɑ:t̪ɑ:m/ ■ *n.m.* (also پیتام) object placed at the foot of a door to keep it from closing.

پاتُر /pɑ:t̪ʊr/ ■ *n.f.* (also پاتر، پاتریا، پتریا) prostitute, harlot; a dancing girl.

پاتُراب /pɑ:t̪ʊrɑ:b/ ■ *n.m.* the preparation to depart. See under پا.

پاتُرتا /pɑ:t̪ʊrt̪ɑ:/ ■ *n.f.* a chaste woman.

پاتک /pɑ:t̪ək/ ■ *n.m.* **1** sin; crime, guilt. **2** impurity, defilement, especially that of a house due to a death in it. پاتک لگنا be defiled or polluted, be blemished.

پاتِک /pɑ:t̪ɪk/ ■ *n.m.* the Gangetic porpoise, *Delphinus gangeticus*.

پاتُک /pɑ:t̪ʊk/ ■ *n.m.* the slope of a mountain; declivity. ■ *adj.* falling frequently and habitually.

پاتکی /pɑ:t̪əki:/ ■ *n.m.* criminal; sinner. ■ *adj.* fallen.

پاتن /pɑ:t̪ən/ ■ *n.f.* shoe, slipper.

پاتنجل /pɑ:t̪əndʒəl/ ■ *n.m.* the philosophy of yoga named after Patanjali who first taught it.

پاتی /pɑ:t̪i:/ ■ *n.f.* (*dim.* of پات) **1** leaf. **2** letter; note.

پاتھنا /pɑ:t̪ʰnɑ:/ ■ *v.* **1** make up cow-dung into cakes for fuel. **2** mould (bricks). **3** (*fig.*) beat (someone) severely.

پاتھی /pɑ:t̪ʰi:/ ■ *n.f.* cowpat, a dried cake of cow-dung used as fuel.

پاٹ¹ /pɑ:ʈ/ ■ *n.m.* (also پھاٹ) **1** the breadth of a river. **2** the width of cloth. **3** high pitch, resonance of a singer's voice. پاٹ دار (of the voice) loud, orotund, loud and clear. [S]

پاٹ² ____ ■ *n.m.* **1** silk. **2** cocoon of silk. پاٹ امبر silk garment. پاٹ کرم silkworm. [Prk.]

پاٹ[3] ____ ■ *n.m.* throne; royal seat. پاٹ رانی a king's consort. [S]

پاٹ[4] ____ ■ *n.m.* **1** board, slab; plank; tablet. **2** millstone. [S]

پاٹ[5] ____ ■ *n.m.* the fold or width of a door. [S]

پاٹ[6] ____ ■ *n.m.* pot, vessel; chamber pot. [E]

پاٹ[7] ____ ■ *n.m.* perusal, lesson. See پاٹھ. [S]

پاٹا /pɑːʈɑː/ ■ *n.m.* slab or plank on which washermen beat clothes. [S]

پاٹا[2] ____ ■ *adj.* (*past* of پاٹنا) covered. پاٹانالا covered drain. [Prk.]

پاٹل /pɑːʈəl/ ■ *n.m.* **1** the trumpet flower, *Bignonia suaveolens*. **2** a species of rice that ripens in the rainy season.

پاٹلا /pɑːʈlɑː/ ■ *n.m.* (also پاٹلاسونا) gold shaped into a rod or cake of fixed weight or volume.

پاٹمبر /pɑːʈəmbər/ ■ *n.m.* (also پاٹ امبر) silk cloth, silk garment.

پاٹن[1] /pɑːʈən/ ■ *n.f.* **1** roofing, covering; laying of planks. **2** filling (a hole or ditch). ■ *n.m.* city. [S]

پاٹن[2] ____ ■ *n.m.* fine pure silken cloth. [Prk.]

پاٹن[3] ____ ■ *n.m.* millstone. [S]

پاٹنا /pɑːʈnɑː/ ■ *v.* **1** roof, cover. **2** to bridge, make a bridge; put planks or slabs on a bridge. **3** fill a ditch. **4** fill a house with luxuries, enrich; irrigate.

پاٹوپاٹ /pɑːʈoː pɑːʈ/ ■ *adv.* (also پاٹوں پاٹ) wide; completely, all round.

پاٹی /pɑːʈiː/ ■ *n.f.* **1** the side of a bedstead. **2** a kind of board on which children learn to write. **3** a kind of mat. **4** parting of the hair in the middle of the head.

پاٹھ /pɑːʈʰ/ ■ *n.m.* (also پاٹ[7]) perusal, study, reading, lesson. پاٹھ سالہ/شالا pathshala, a schoolhouse; college.

پاٹھا /pɑːʈʰɑː/ ■ *n.m.* **1** youth. **2** wrestler. **3** full-grown animal (esp. elephant). ■ *adj.* youthful. (See also پٹھّا.)

پاٹھک /pɑːʈʰək/ ■ *n.m.* **1** student; reader. **2** teacher or professor; preacher. **3** a class of Brahmans specializing in teaching scriptures. (*fem.* پاٹھکا)

پاج /pɑːdʒ/ ■ *n.m.* **1** a kind of emerald. **2** cobweb.

پاجامہ /pɑːdʒɑːmɑː/ ■ *n.m.* (also پائجامہ) **1** pyjamas, loose trousers; South Asian trousers tied at the waist with threaded tape; long drawers. **2** (*coll.*) a foolish person.

پاجامے /pɑːdʒɑːmeː/ ■ *n.m.* (*pl.* & *infl.* of پاجامہ) پاجامے سے باہر ہونا be beside oneself with rage.

پاجر کاندا /pɑːdʒər kɑ̃ːdɑː/ ■ *n.f.* (also پاچن کاندے) the wild onion, *Urginea indica*.

پاجن /pɑːdʒən/ ■ *adj.* (*fem.* of پاجی).

پاجو /pɑːdʒuː/ ■ *n.m.* an alloy of copper and lead.

پاجی /pɑːdʒiː/ ■ *adj.* naughty, impish. ■ *n.m.* **1** knave, rascal, scamp. **2** low-caste slave. پاجی پن/پنا naughtiness.

پاجیانہ /pɑːdʒɪjɑːnɑː/ ■ *adv.* meanly.

پاچ /pɑːtʃ/ ■ *n.m.* (also پاج) **1** emerald. **2** (*fig.*) glass.

پاچک /pɑːtʃək/ ■ *n.m.* cow-dung dried for fuel. پاچک دشتی dry dung of animals found in field and jungles.

پاچنک /pɑːtʃənək/ ■ *n.m.* borax; digestive, solvent, an infusion of various drugs. ■ *adj.* aiding digestion, digestive.

پاچھ /pɑːtʃʰ/ ■ *n.m.* inoculation; incision (made in the poppy plant to obtain opium).

پاچھن /pɑːtʃʰən/ ■ *n.f.* (also پاجھن) rope to hobble a goat or a sheep.

پاچھنا /pɑːtʃʰnɑː/ ■ *v.* **1** tattoo. **2** give multiple stabs. **3** inoculate; incise for blood-letting; give enema. [S]

پاچھنا[2] ____ ■ *v.* (*tabe* of پوچھنا) ask.

پاچھی /pɑːtʃʰiː/ ■ *n.f.* an animal's double kick. پاچھی کرنا kick in this way.

پاخانہ /pɑːxɑːnɑː/ ■ *n.m.* (also پائخانہ) **1** lavatory, privy, latrine. **2** stool, excrement, faeces; filth. پاخانہ خطا ہونا defecate due to fear. پاخانہ لگنا feel like defecating or need to defecate.

پاد /pɑːd̪/ ■ *n.m.* fart, breaking the wind. پاد اڑانا/مارنا to fart. [S]

پاد[2] ____ ■ *n.m.* **1** foot; leg. **2** root of a tree. **3** foot of a mountain. **4** bottom of a bag. **5** ray, beam. **6** fourth part, quarter. [S]

پاداپونی /pɑːd̪ɑː poːniː/ ■ *adj.* (also پادہ پونی) timid, cowardly.

پاداش /pɑːd̪ɑːʃ/ ■ *n.f.* (also پاداشت) recompense, requital, retribution; punishment.

پادالون /pɑːd̪ɑːloːn/ ■ *n.m.* (also پادانون) black salt.

پادری /pɑːd̪riː/ ■ *n.m.* (also پاڈری، پادھری) clergyman; priest; chaplain; minister. (*fem.* پادرن)

restless. پارا پینا be heavy. پارا چڑھنا 1 mercury to rise (in a thermometer). 2 weather to become warmer. 3 (*fig.*) become very angry. پارا گرنا 1 mercury to fall (in a thermometer). 2 weather to become cooler. پارا مارنا oxidize mercury. [S]

پارا² _____ ■ *n.m.* para, paragraph. [E]

پارا³ _____ ■ *n.m.* wall made with neatly piled up stones. [Prk.]

پارا⁴ _____ ■ *n.m.* piece. See پارہ¹. [P]

پاراپار /pɑ:rɑ:pɑ:r/ ■ *n.m.* (also پاراوار) (*comb.* of پار¹) the nearer and further banks (of a river, etc.). ■ *adv.* completely, thoroughly.

پاراوت /pɑ:rɑ:vət̪/ ■ *n.m.* 1 pigeon. 2 a kind of ebony, *Diospyros glutinosa.* 3 a kind of snake.

پاربتی /pɑ:rbət̪i:/ ■ *pr.n.f.* (also پاروتی) (***Hinduism***) the wife of Shiva. ■ *n.m.* 1 the Olibanum tree, *Boswellia thurifera.* 2 the tree *Celtis orientalis.*

پارچا¹ /pɑ:rtʃɑ:/ ■ *n.m.* trough or reservoir into which water from a well is emptied. [Prk.]

پارچا² _____ ■ *n.m.* piece. See پارچہ. [P]

پارچا³ _____ ■ *n.m.* perch, scaffolding built in the forest for hunting. [E]

پارچنا /pɑ:rtʃnɑ:/ ■ *v.* 1 to dig with a pointed thing. 2 pierce a poppy seed to extract opium juice.

پارچہ /pɑ:rtʃɑ:/ ■ *n.m.* (also پارچا²) 1 piece, fragment. 2 a piece (of meat, fish, etc.). 3 a piece of cloth; cloth, textile. پارچہ باف weaver. پارچہ بافی profession of weaving, textile industry. پارچہ فروش cloth merchants.

پارڈم /pɑ:rḍum/ ■ *n.m.* crupper, the strap of leather fastened to the saddle and looped under the horse's tail to keep the saddle from sliding. (See also دُمچی.)

پارس¹ /pɑ:rəs/ ■ *n.m.* (also پارس پتھر) the philosopher's stone, the touchstone, the proverbial stone supposed to convert other metals into gold. ■ *adj.* 1 rare, unique, valuable. 2 (one) who makes others like himself. 3 (person) who helps others or gives them something of value, benefactor. پارس ناتھ an ancient Jainist scholar. [S]

پارس² _____ ■ *n.m.* rib, side. پارس پیپل pipal-like tree with flowers resembling okra seed pods. [S]

پارس /pɑ:rɪs/ ■ *pr.n.m.* (also فارس) Persia, ancient name of

پادزہر /pɑ:d̪zæhr/ ■ *n.m.* (also پازہر) an expeller of poison, antidote, bezoar.

پادشاہ /pɑ:d̪ʃɑ:h/ ■ *n.m.* (also پادشہ) king, male sovereign. See بادشاہ. پادشاہ زادہ king's son, prince. پادشاہِ نیم روز (*fig.*) the sun.

پادشاہی /pɑ:d̪ʃɑ:hi:/ ■ *adj.* imperial, royal, kingly. ■ *n.f.* empire, kingdom, monarchy, reign; period of rule by a king.

پادل /pɑ:ḍəl/ ■ *n.m.* (also پاڈل، پاڈھل) plant with yellow or red flowers, whose leaves are used medicinally.

پادنا /pɑ:d̪nɑ:/ ■ *v.* 1 to fart, break wind. 2 (*fig.*) flee, turn back.

پاڈنگ /pɑ:ḍɪŋg/ ■ *n.m.* (also پاڈنگہ) a mortar to grind or pound rice; a pestle for separating rice from husk.

پادو /pɑ:d̪u:/ ■ *n.m.* 1 one who farts. 2 (*fig.*) a cowardly person.

پادھا /pɑ:d̪ʰɑ:/ ■ *n.m.* (also پاڈھا) priest; teacher, tutor.

پار¹ /pɑ:r/ ■ *n.m.* 1 the other side, the opposite bank of a river. 2 termination, conclusion; utmost limit, extent or reach. ■ *adv.* over; across, beyond; through; on/to the other side. پار اتارنا ferry across. پار اترنا 1 get across, cross. 2 gain one's end. پار باروری cross-breeding. پار پانا get across the river; get through. پار درشک transparent. پار کرنا 1 cross, ferry over. 2 to stab, pierce. 3 finish some work. 4 succeed, gain an objective. 5 steal. پار لگانا/لنگھانا 1 ferry across. 2 make a project successful. 3 (*fig.*) kill; squander. پار لگنا 1 reach the shore. 2 succeed. 3 (*fig.*) be squandered, go waste. پار لے جانا excel, surpass; accomplish something. پار منتقلہ a railway junction; crossover. پار وار through and through; on both sides; from end to end. پار والے those living on the opposite bank of a river. پار ہو جانا 1 be carried across, reach the shore. 2 be completed or finished. 3 be successful. 4 escape. 5 penetrate all the way, go through. [S]

پار² _____ ■ *adj.* (year) next or previous; past; elapsed. پار سال last year, previous year. پار و پرار all the previous years; past. [P]

پارا /pɑ:rɑ:/ ■ *n.m.* (also پارہ²) 1 mercury, quicksilver. 2 (*fig.*) thermometer. ■ *adj.* 1 heavy. 2 restless, perturb. پارا بھرا ہونا 1 be very heavy. 2 be very active or

/pa:ṛna:/ ■ *v.* 1 (*arch.*) knock down, cause to fall, let fall. 2 kill, hunt. 3 destroy. [Prk.] پاڑنا[1]

—— ■ *v.* obtain lampblack by holding a plate over the flame of a lamp. [S] پاڑنا[2]

/pa:ṛʰa:/ ■ *n.m.* See پاڑا[2]. پاڑھا

/pa:zæhr/ ■ *n.m.* bezoar. See پادزہر. پازہر

/pa:ze:b/ ■ *n.f.* an ornament worn on the feet or ankles, anklet. پازیب

/pa:ʒə̃ḍ/ ■ *n.f.* (also پازند) the exegesis of Zoroastrian scripture. پاژند

/pa:s/ ■ *adj. & adv.* 1 about; near; at; at the side of, alongside, beside; at hand, close by, in the neighbourhood. 2 in possession of. پاس آنا 1 come close, approach, have access to. 2 (*fig.*) to sleep with, have sex with. پاس بٹھانا 1 seat someone close. 2 accept as an apprentice; teach manners. پاس بیٹھنا 1 sit near, sit by. 2 be a constant companion; be apprenticed to; learn manners from. پاس بیٹھنے والا companion. پاس پاس close to. پاس پڑوس vicinity, neighbourhood. پاس جانا (*fig.*) sleep with, have sex with. پاس رکھنا 1 keep near or by, keep in hand; have someone in company. 2 keep ready. 3 retain. پاس رہنا be present or at hand, remain near; live with. پاس نہ پھٹکنا keep assiduously away, not to come near; avoid, keep away. [S] پاس[1]

—— ■ *n.m.* 1 regard, respect. 2 watching, guarding. 3 taking care of. 4 observance, favour. پاسِ ادب feeling of respect. پاسِ خاطر regard for someone's wishes. پاس رکھنا have a regard for words, advice, promise or relationship, etc. [P] پاس[2]

—— ■ *n.m.* fermented substance for making alcohol. [dial.] پاس[3]

—— ■ *n.m.* (also پاسا) rope, noose, net, chain, snare. پاس ہارا one who fastens the noose to hang someone. [S] پاس[4]

—— ■ *n.m.* pass, success (in examination, test, etc.). پاس ہونا get through, be passed, be approved. [E] پاس[5]

/pa:sa:/ ■ *n.m.* (also پانسہ) 1 dice; throw of dice. 2 an ingot or brick of pure gold. پاسا پڑنا be lucky in throwing dice. پاسا پلٹنا a situation to change or reverse. پاسا پھینکنا throw the dice. پاسا کھیلنا gamble with dice. [S] پاسا[1]

—— ■ *n.m.* side; edge, dimension. پاسا بدلنا to turn پاسا[2]

Iran.

/pa:rsa:/ ■ *adj.* holy, chaste, pure, abstemious. پارسا

/pa:rsa:i:/ ■ *n.f.* chastity, purity. پارسائی

/pa:rsɪk/ ■ *adj.* (also پارسیک) of or relating to پارس. ■ *n.m.* an ancient Persian script. پارسِک

/pa:rsi:/ ■ *n.m.* Parsee, a follower of Zoroaster. (*fem.* پارسن) پارسی

/pa:rkʰi:/ ■ *n.m.* (also پارکھ، پارکھا) examiner, judge, assayer, tester, critic, connoisseur. پارکھی

/pa:rgĩ:/ ■ *n.m.* pit for carrying off drainage water and sewerage. پارگیں

/pa:rəl/ ■ *n.f.* a shrub with fragrant flowers, *Bignonia suaveolens*. پارل

/pa:rli:ma:n/ ■ *n.f.* (also پارلیمنٹ) parliament. [E] پارلیمان

/pa:rəmpa:r/ ■ *adj.* (*comb.* of پار[1]) high, exceeding or more. پارم پار

/pa:rna:/ ■ *v.* finish, accomplish; cause to fall. . پارنا

/pa:ra:/ ■ *n.m.* (also پارا[4]) 1 portion, bit, piece, scrap, patch. 2 any of the thirty parts/sections of the Qur'an. پارہ پارہ in pieces; piecemeal. پارہ پارہ کرنا cut into pieces. پارہ دوز 1 patcher. 2 cobbler. [P] پارہ[1]

—— ■ *n.m.* (*var.* of پارا[1]) mercury. [S] پارہ[2]

/pa:ri:/ ■ *n.f.* a round lump of raw sugar. پاری

/pa:re:/ ■ *n.m.* (*pl. & infl.* of پارا[1]) پارے کا کافور calomel, a white powder used as purgatvie in Eastern medicine. پارے کا کشتہ an oxide of mercury with other ingredients used in Eastern medicine. پارے

/pa:ri:na:/ ■ *adj.* 1 old, ancient. 2 outdated, outmoded, elapsed, passed. پارینہ دفتر old register, old record. پارینہ قصہ old tale. پارینہ

/pa:ṛ/ ■ *n.f.* (also پاڑھ) 1 framework. 2 scaffold. 3 stage. 4 platform. 5 wooden frame over a wall. پاڑ باندھنا to scaffold. پاڑ کھولنا to dismantle the scaffolding. پاڑ

/pa:ṛa:/ ■ *n.m.* (also پاڑہ) 1 hamlet; dwelling; small town. 2 an enclosed area or field; quarter, the ward of a town. 3 neighbourhood. [Prk.] پاڑا[1]

—— ■ *n.m.* (also پاڑھا) 1 (***Zool.***) a male buffalo calf. 2 the spotted antelope, the hog-deer, *Cervus porcinus*. [S] پاڑا[2]

dear, sir or madam. [T]

پاشان¹ /pɑ:ʃɑ:n/ ■ *n.m.* **1** stone. **2** an insignificant object. پاشان بھید/بھیدی (also پکھان بید) plant whose root is used to remove bladder stones. [S]

پاشان² ____ ■ *adj.* (also پاشاں) expansive, spacious, wide and open, scattered. ■ *n.m.* scattering, diffusing, dispersion. [P]

پاشانی¹ /pɑ:ʃɑ:ni:/ ■ *n.f.* multiplicity, prolificacy, abundance, sprinkling; expansion, scattering, spaciousness. [P]

پاشانی² ____ ■ *n.f.* **1** a small stone used as a weight; make-weight. **2** a cutter's chisel. [S]

پاشش /pɑ:ʃɪʃ/ ■ *n.f.* scatter; act of spending lavishly.

پاشنہ /pɑ:ʃnɑ:/ ■ *n.f.* **1** the heel of the foot; the heel of the shoe. **2** the part of a horse's foot from the fetlock to the hoof, pastern or hobble of a horse. پاشنہ کوب **1** one who goes after someone, follower. **2** speedy, running fast.

پاشی /pɑ:ʃi:/ ■ *suffix* diffusion, scattering, sprinkling, irrigation, as: آب پاشی irrigation (of water).

پاشیب /pɑ:ʃe:b/ ■ *n.m.* ladder, stair case; slope.

پاشیدنی /pɑ:ʃi:d̪ni:/ ■ *adj.* able to scatter, divisible. پاشیدنی فطرہ fission fungus.

پاغوش /pɑ:ɣo:ʃ/ ■ *n.m.* plunge, dive.

پاک¹ /pɑ:k/ ■ *adj.* **1** sacred, holy; pure, chaste; innocent. **2** immaculate. **3** free; spotless; undefiled, unpolluted. **4** unselfish, selfless, fair. **5** (*iron.*) (i) unabashed, unashamed; fearless. (ii) drunkard. پاک باز **1** one who does not sin, chaste, honest, conscientious; pure. **2** virtuous; austere; one who refrains from sins. پاک بازی purity, candour. پاک بے حیا extremely shameless. پاک بین one who distinguishes between right and wrong. پاک پروردگار God the Cherisher. پاک خصلت of good habit, chaste. پاک دامن chaste, virtuous, innocent. پاک دامنی chastity, virtue, innocence. پاک ذات God. پاک رو virtuous, upright in conduct. پاک روی honesty, integrity, uprightness. پاک زاد pure born. پاک زادہ launderer. پاک سیرت of spotless character. پاک شراکت (***Christianity***) Eucharist, consubstantiation. پاک شہدا scoundrel, rogue, an extremely wicked person. پاک صاف clean, unpolluted.

over; to move aside, change the posture while sitting. [Pj.]

پاسبان /pɑ:sbɑ:n/ ■ *n.m.* (also پاسدار) guard, watchman, sentinel; shepherd, guide.

پاسبانی /pɑ:sbɑ:ni:/ ■ *n.f.* guard, protection, watch and ward.

پاستان /pɑ:st̪ɑ:n/ ■ *adj.* past, old, ancient (times), former, erstwhile.

پاستوئیت /pɑ:st̪u:ɪjjət̪/ ■ *n.f.* (also پاسچریت) pasteurization, disinfection.

پاسخ /pɑ:sʊx/ ■ *n.m.* answer (to a question, letter, etc.). پاسخ نامہ reply to a letter.

پاسدار /pɑ:sd̪ɑ:r/ ■ *n.m.* **1** one who observes decorum, one who has regard for a promise, vow or good turn. **2** guard. (See also پاسبان.)

پاسداری /pɑ:sd̪ɑ:ri:/ ■ *n.f.* **1** regard, partiality, favour. **2** watching. پاسداری کرنا to have regard for.

پاسنا /pɑ:snɑ:/ ■ *v.* milk to descend to the udder.

پاسنگ /pɑ:səŋg/ ■ *n.m.* (also پسنگا) make-weight, counterpoise, anything placed in one pan of a scale to balance the other; a very small quantity. ■ *adj.* **1** equal. **2** relatively low, less than a match. پاسنگ نہ ہونا not be a match for.

پاسی¹ /pɑ:si:/ ■ *n.f.* **1** rope to hobble a horse. **2** noose, snare. **3** death by hanging. **4** rope which is used to climb a toddy tree. **5** a pond for drinking water used by animal. [S]

پاسی² ____ ■ *n.m.* watchman, sentinel. (*fem.* پاسن) [P]

پاسی³ ____ ■ *n.m.* **1** a trapper of birds or small animals. **2** a low caste of Hindus. [S]

پاش /pɑ:ʃ/ ■ *suffix* forming adjectives, scattering, sprinkling, spreading, as: گلاب پاش (person or bottle) sprinkling rose water.

پاش پاش /pɑ:ʃ pɑ:ʃ/ ■ *adj.* **1** broken to pieces, shattered, scattered about. **2** severely wounded. پاش پاش کرنا shatter, break into pieces. پاش پاش ہونا be broken into pieces.

پاشا¹ /pɑ:ʃɑ:/ ■ *n.m.* highest title in the Ottoman Turkish civil and military hierarchy; the governor of a province, councillor of state; great lord; general. [T]

پاشا² ____ ■ *n.m.* a form of address used for both sexes in the former princely state of Hyderabad (Deccan); my has a chaste and innocent face; beautiful. پاکیزہ گوہر گہر of pure nature or essence.

پاکھ /pɑ:kʰ/ ■ *n.m.* a fortnight (of a lunar month); a period of first or last fifteen days of a month.

پاکھا /pɑ:kʰɑ:/ ■ *n.m.* **1** side. **2** shed. **3** side wall. **4** wing (of building). **5** portal. **6** small house.

پاکھٹ /pɑ:kʰəʈ/ ■ *adj.* experienced; sharp. See پاکٹھ.

پاکھر /pɑ:kʰər/ ■ *n.f.* armour for a horse or elephant. See پاکر².

پاکھری /pɑ:kʰri:/ ■ *n.f.* sackcloth as flooring.

پاکھلی /pɑ:kʰli:/ ■ *n.f.* **1** tool used for smoothing wood. **2** plank on which a horse trainer stands.

پاکھنڈ /pɑ:kʰənḍ/ ■ *n.m.* **1** hypocrisy, fraud. **2** mischief, quarrel.

پاکھنڈی /pɑ:kʰənḍi:/ ■ *n.m.* **1** fraudulent person, hypocrite. **2** mischief-maker, troublemaker.

پاگ¹ /pɑ:g/ ■ *n.f.* (also پگ) turban. [S]

پاگ² ____ ■ *n.m.* **1** syrup, treacle. **2** honey. [S]

پاگ³ ____ ■ *n.m.* step, foot. [S]

پاگر /pɑ:gʊr/ ■ *n.f.* act of chewing the cud. پاگر کرنا **1** ruminate, chew the cud; chew. **2** digest.

پاگرانا /pɑ:gʊrɑ:nɑ:/ ■ *v.* ruminate, chew the cud.

پاگل /pɑ:gəl/ ■ *n.m.* **1** insane person, madman. **2** fool. ■ *adj.* **1** mad, insane. **2** silly. پاگل پن **1** madness, insanity. **2** foolishness. پاگل خانہ lunatic asylum, madhouse. پاگل کے سر پہ سینگ نہیں ہوتے stupid acts betray that a person is stupid. پاگل ہونا go mad.

پاگن /pɑ:gən/ ■ *n.m.* a kind of drum or tabor.

پاگنا /pɑ:gnɑ:/ ■ *v.* dip in or cover with syrup, form a cake of crystallized sugar, coat with treacle.

پال¹ /pɑ:l/ ■ *n.f.* straw, etc. in which raw fruits are stored for ripening. پال (میں) ڈالنا **1** leave or keep raw fruit in straw for ripening. **2** (*fig.*) keep in mothballs, keep for future use or assay. پال کا آم straw ripened mango. پال کا پکا ripened in straw. پال میں لگانا **1** store in straw for ripening. **2** (*fig.*) put into storage or on hold for future. [S]

پال² ____ ■ (*imper.* of پالنا) bring up, nourish. ■ *suffix* one who cares or nurtures, as: جگ پال nourisher of the world, i.e. God. [S]

پال³ ____ ■ *n.m.* **1** a small tent. **2** a ship's sail. **3** a

پاک کرنا **1** clean, cleanse, purify. **2** to put an end. پاک محبت platonic or pure love. پاک نہاد chaste, amiable. پاک نیت **1** pure intention or motive. **2** of pure intention. [P]

پاک² ____ ■ *pr.n.m.* (*contr.* of پاکستان) Pakistan. ■ *adj.* of or relating to Pakistan. پاک وہند Pakistan and India. [P]

پاک³ ____ ■ *n.m.* **1** electuary, any medicine with honey as an ingredient, syrup. **2** a kind of sweetmeat, confection (e.g. میسوپاک). [S]

پاک⁴ ____ ■ *n.m.* **1** act of cooking or dressing food. **2** cooking place, kitchen. **3** digestion. پاک پھل *Carissa carandas*, a thorny lemon-like tree and its fruit. پاک رنجن the leaf of cassia, which is used as purgative. [S]

پاکا /pɑ:kɑ:/ ■ *n.m.* sore, boil, abscess.

پاکار /pɑ:kɑ:r/ ■ *n.m.* (*contr.* of پائے کار) labourer. See پائے کار under پا¹.

پاکان /pɑ:kɑ:n/ ■ *n.m.* (*pl.* of پاک¹) **1** virtuous people; pure people. **2** angels.

پاکٹھ /pɑ:kəʈʰ/ ■ *adj.* (also پاکھٹ) mature, very old, experienced (person).

پاکر¹ /pɑ:kər/ ■ *n.m.* (also پاکھر) the wild fig, *Ficus glomerata*. [S]

پاکر² ____ ■ *n.f.* **1** tarpaulin. **2** armour for a horse or elephant. [S]

پاکڑ /pɑ:kəɽ/ ■ *n.m.* **1** a large expansive fast-growing tree, *Ficus infectoria,* with leaves about ten centimetre long. **2** fruit of this tree.

پاکل /pɑ:kəl/ ■ *adj.* bringing to maturity. ■ *n.m.* species of the plant *Costus speciosus*.

پاکنا /pɑ:knɑ:/ ■ *v.* cook or boil something in a syrup.

پاکوب /pɑ:ko:b/ ■ *adj.* (*contr.* of پائے کوب) **1** dancing (person). **2** jumper.

پاکوبی /pɑ:ko:bi:/ ■ *n.f.* act of dancing.

پاکی /pɑ:ki:/ ■ *n.f.* **1** cleanliness, purity. **2** razor. پاکی لینا shave pubic hair.

پاکیزگی /pɑ:ki:zgi:/ ■ *n.f.* **1** chastity, purity; cleanliness. **2** elegance, refinement.

پاکیزہ /pɑ:ki:zɑ:/ ■ *adj.* **1** chaste, vestal, pure; clean. **2** elegant, pretty, fine. **3** flawless, faultless. پاکیزہ خصلت رطینت of chaste habits. پاکیزہ صورت one who

Justicia nasuta. [S]

پالک[2] ____ ■ *n.f.* bed; bedstead. [S]

پالک[3] ____ ■ *adj*. **1** brought up. **2** adopted (son or daughter). ■ *suffix* cherisher; keeper; protector; used in comp. as: لے پالک **1** one who adopt a child. **2** adopted child. [S]

پالکڑا **/pɑ:lkəɽɑ:/** ■ *n.m.* adopted boy brought up as a servant. (*fem.* پالکڑی)

پالکڑی **/pɑ:ləkɽi:/** ■ *n.f.* a piece of wood kept under the legs of bedstead.

پالکی **/pɑ:lki:/** ■ *n.f.* (also پالکھی) palki, a kind of sedan or litter; palanquin. پالکی نشین **1** one carried in a palanquin. **2** (*fig.*) noble, wealthy.

پالم پٹ **/pɑ:ləmpəʈ/** ■ *n.f.* land granted as a gift by the government.

پالن **/pɑ:lən/** ■ *n.m.* **1** nursing, breeding, bringing up, nourishing, cherishing. **2** (*fig.*) guard, protection; support. **3** observing, observance, keeping (a promise). **4** maintaining, supporting. پالن پوسن upbringing. پالن ہار، ہارا nourisher; protector, supporter, patron; God.

پالنا[1] **/pɑ:lnɑ:/** ■ *v*. **1** bring up, rear, nourish. **2** support. [S]

پالنا[2] ____ ■ *n.m.* baby cot, cradle, crib. [S]

پالنک **/pɑ:lənk/** ■ *n.m.* (also پالنکا) the olibanum tree, *Boswellia thurifera*, a species of beetroot.

پالنکی **/pɑ:ləŋki:/** ■ *n.f.* (also پالنکیا) olibanum, frankincense.

پالنے[1] **/pɑ:lne:/** ■ (*infl.* of پالنا[1]) پالنے والا nourisher, patron.

پالنے[2] ____ ■ *n.m.* (*pl. & infl.* of پالنا[2]) پالنے سے پاؤں نکالنا to cross one's limit; become a rebel. پالنے میں پوت کے پاؤں پہچاننا to recognize the talents of a child while he/ she is very young. پالنے میں جھولنا **1** (*literal*) to swing in a cradle. **2** (*fig.*) talk nonsense, be very immature.

پالُو[1] **/pɑ:lu:/** ■ *adj*. pet. See پالتو. [S]

پالُو[2] ____ ■ *n.m.* a field which only gives one crop in a year. [dial.]

پالُو[3] ____ ■ *n.m.* a farm situated on the edge of a village. [S]

پالوانہ **/pɑ:lvɑ:nɑ:/** ■ *n.m.* a long-handled perforated spoon. [P]

پالُودہ **/pɑ:lu:d̪ɑ:/** ■ *adj*. cleaned, purified. ■ *n.m.* (also فالُودہ) covering for horse or cattle. **4** shelter, protection. [S]

پال[4] ____ ■ *n.f.* raised bank, dike, dam, embankment. [S]

پال[5] ____ ■ *n.f.* pigeons' copulation. [Prk.]

پالا[1] **/pɑ:lɑ:/** ■ *n.m.* **1** wrestling ground, a place where wrestlers compete. **2** partition line; border set up by layers to separate the two teams in a game of kabaddi. پالا مارلینا، مارنا win, succeed. [Prk.]

پالا[2] ____ ■ *n.m.* **1** encounter, dealing. **2** entanglement; clutch; change. **3** power. **4** protection. پالا پڑنا have to do with something or someone disagreeable, be entangled. [S]

پالا[3] ____ ■ *n.m.* (also پالہ[2]) **1** frost, hoar frost, coagulation; frozen dew. **2** extreme cold, severely cold weather. پالا پڑنا **1** be very cold; to snow; to frost. **2** (*fig.*) be destroyed due to frost; be ruined. [S]

پالا[4] ____ ■ *adj*. brought up, nourished. (*fem.* پالی[4]) [S]

پالا[5] ____ ■ *n.m.* **1** grass. **2** dry leave of the bush called *jharberi* (جھڑبیری). [S]

پالار **/pɑ:lɑ:r/** ■ *n.m.* the beam supporting a roof.

پالاس **/pɑ:lɑ:s/** ■ *n.m.* a fakir's blanket; the woollen garment of a dervish.

پالاش **/pɑ:lɑ:ʃ/** ■ *n.m.* bay-leaf, leaf of cassia, *Laurus nobilis*. (See also تیج پات under تیج.)

پالاگن **/pɑ:lɑ:gən/** ■ *n.f.* (also پالگن) touching the feet (a gesture of reverence), the act of prostration, reverence, respect.

پالان **/pɑ:lɑ:n/** ■ *n.m.* (also پلان) packsaddle. پالان پرست (*fig.*) one who ignores basics and emphasizes the details.

پالانی **/pɑ:lɑ:ni:/** ■ *n.m.* **1** a maker of packsaddle. **2** a sluggish beast of burden.

پالائش **/pɑ:lɑ:ɪʃ/** ■ *n.f.* **1** filtration; abundance. **2** (*fig.*) progress, development.

پالت **/pɑ:ləʈ/** ■ *n.f.* (also پالٹ) shin, calf; kick.

پالِت **/pɑ:lɪt̪/** ■ *adj*. protected, supported; cherished, nourished, reared.

پالتو **/pɑ:lt̪u:/** ■ *adj*. (also پالُو[1]) pet, domesticated; favourite. پالتو خاوند، شوہر henpecked husband.

پالتی **/pɑ:lt̪i:/** ■ *n.f.* (also پلتھی) squatting posture. پالتی مار کر کے بیٹھنا sit on one's hams, squat.

پالک[1] **/pɑ:lək/** ■ *n.f.* spinach, palak. پالک جوہی the herb pocket money given to wife or any other woman. پان دینا present prepared betel-leaf to a guest. پان سے پتلا beautiful; delicate. پان کا بیڑا رکی گلوری paan a prepared and rolled betel-leaf. پان کالا کھا رکی تحریر red colour on the lips left by chewing a prepared betel-leaf. پان کھلائی offering the betel-leaf to chew in an engagement ceremony; engagement. [S]

پان۲ ____ ■ *n.m.* (*contr.* of پانی) water, drink, beverage; used in comp. as: پان دھار land irrigated by canals. [S]

پان۳ ____ ■ *adj.* (*contr.* of پانچ) five; used in comp. as: پان سو رسے five hundred. پان سیر five seers (weight). [S]

پان۴ ____ ■ *n.m.* the spoke of a wheel. [dial.]

پان۵ ____ ■ *n.m.* quarter of an inch. [dial.]

پان۶ ____ ■ *n.m.* former coin equal to eighty cowries. [dial.]

پان۷ ____ ■ *n.m.* respect, obedience. پان پت honour. [Prk.]

پانا۱ /pɑ:nɑ:/ ■ *v.* **1** get, acquire, receive, obtain, attain; find; secure; discover. **2** get something back, repossess. **3** reach. **4** overtake. **5** perceive, understand. [S]

پانا۲ ____ ■ *n.m.* spanner, tool for gripping and turning nuts. [E]

پانبر /pɑ̃:bər/ ■ *n.m.* rope of black and white strings.

پانت /pɑ̃:t̪/ ■ *n.f.* (also پانتی) **1** queue, line, row, string. **2** tribe, clan; family; people of the same community; people who sit to eat together.

پانجر /pɑ̃:dʒər/ ■ *n.m.* ribs; side; skeleton.

پانجرا /pɑ̃:dʒrɑ:/ ■ *n.m.* an amateur or novice sailor.

پانجنا /pɑ̃:dʒnɑ:/ ■ *v.* solder, to fill or close (a hole in a metallic thing).

پانجی /pɑ̃:dʒi:/ ■ *n.f.* a pointed piece of wood or bamboo.

پانچ /pɑ̃:tʃ/ ■ *cardinal number* five. ■ *adj.* (*fig.*) sharp, astute. پانچ اندری the five senses. پانچ پارچوں کا خلعت dress consisting of five pieces given by a king as an honour. پانچ چار a few. پانچ سات **1** a few. **2** confusion, perplexity. پانچ وقت **1** (*literal*) five times. **2** (***Isj.***) five times on which prayers are offered by Muslims. پانچ ہاتھ کی زبان long-tongued, loquacious, impudent.

پانچا /pɑ̃:tʃɑ:/ ■ *n.m.* rake.

پانچر /pɑ̃:tʃər/ ■ *n.f.* press for extracting sugar cane juice.

پانچواں /pɑ̃:tʃvɑ̃:/ ■ *ordinal number* fifth. پانچواں کالم the fifth a sweet dish made with starch.

پالہ۱ /pɑ:lɑ:/ ■ *n.m.* two-humped camel, the Bactrian camel. [dial.]

پالہ۲ ____ ■ *n.m.* frost. See پالا۳. [S]

پالہنگ /pɑ:læhŋg/ ■ *n.m.* bridle, tether, halter.

پالی۱ /pɑ:li:/ ■ *n.f.* **1** cockpit, a round or pitch used for a cock-fight. **2** a fight of birds. پالی باہر بھاگنا رہونا (*fig.*) accept defeat, surrender, withdraw from competition. [S]

پالی۲ ____ ■ *n.f.* Pali, an Indic language related to Sanskrit, once widely used; the language of Buddhist scriptures. [S]

پالی۳ ____ ■ *n.f.* **1** edge of a cutting instrument/ implement. **2** row, queue, line. **3** the ear lobe. **4** edge; limit, boundary. **5** cover of a pot. [S]

پالی۴ ____ ■ *adj.* (*fem.* of پالا۱).

پالیز /pɑ:le:z/ ■ *n.f.* (also فالیز) a field of melons or cucumbers.

پام۱ /pɑ:m/ ■ *n.f.* the thread running along the edges of gold or silk lace. [Prk.]

پام۲ ____ ■ *n.f.* skin rash. [S]

پامال /pɑ:mɑ:l/ ■ *adj.* (also پائمال) **1** downtrodden; trampled upon; destroyed, trodden, ruined, crushed. **2** hackneyed; beaten (path, etc.); commonplace.

پامالی /pɑ:mɑ:li:/ ■ *n.f.* trampling, the state of being trampled upon; destruction, devastation.

پامرد /pɑ:mərd̪/ ■ *adj.* resolute, determined; courageous.

پامردی /pɑ:mərd̪i:/ ■ *n.f.* resoluteness, courage, valour.

پاموز /pɑ:mo:z/ ■ *n.m.* a species of pigeon with feathers on its claws.

پان۱ /pɑ:n/ ■ *n.m.* **1** pan, paan, betel leaf. **2** an embroidered work resembling this leaf. **3** (***Cards***) the suit of hearts. **4** a piece of leather which is affixed to the heel of a shoe. پان اٹھانا (also بیڑا اٹھانا) undertake to accomplish a difficult task, accept the challenge. پان بنانا رلگانا roll betel-leaf with its condiments, i.e. catechu, lime and areca-nut. پان پتا **1** prepared betel-leaf with its condiments. **2** small gift. **3** petty expenses. پان پھول **1** very slim; delicate (person). **2** small gift. پان دان (also پاندان) paandaan, the box for betels and condiments taken with it. پان دان کا خرچ

column, an organized body working within its own country for the enemy, especially during war.
پانچواں سوار one who poses to be a great one but is not, a self-acclaimed companion of greats.

پانچوں /pã:tʃõ:/ ■ *adj.* (*pl.* of پانچ) all five. پانچوں انگلیاں برابر نہیں ہوتیں all are not alike, all are not equally good or bad. پانچوں انگلیاں پانچوں چراغ skilful, expert; dexterous; adroit; artisan. پانچوں انگلیاں گھی میں (اور سر کڑھائی میں) enjoying to heart's content, being well off, living in luxury; being successful. پانچوں سواروں میں ہونا **1** to be a self-imposed comrade of heroes. **2** be a braggart; be a fool among knights. پانچوں عیب (شرعی) (also پنج عیب شرعی) the five cardinal sins, viz. lying, stealing, drinking, illicit sexual intercourse, and gambling.

پانچویں /pã:tʃvĩ:/ ■ *adj.* (*fem.* of پانچواں).

پانچویں /pã:tʃvẽ:/ ■ *adj.* (*pl.* & *infl.* of پانچواں) constituting number five in a sequence.

پانڈ /pã:ɖ/ ■ *adj.* fruitless (tree). [S]

پانڈ² ____ ■ *n.m.* **1** jaundice. **2** pale or yellowish colour. **3** light-coloured soil. **4** flat-chested woman. [S]

پانڈا /pã:ɖɑ:/ ■ *n.m.* (also پانڈے جی) panda, a Brahmanic title; a Hindu preacher, priest who officiates at Hindu temples; learned man, scholar. [Prk.]

پانڈا /pɑ:nɖɑ:/ ■ *n.m.* panda, a large bear-like black and white mammal native to China and Tibet. [E]

پانڈرا /pã:ɖrɑ:/ ■ *n.m.* (also پونڈا) a thick sugar cane.

پانڈری /pã:ɖri:/ ■ *n.f.* (also پانڈو) whitish, chalky earth or soil.

پانڈو /pã:ɖu:/ ■ *n.f.* mixed soil of sand and clay irrigated by rain.

پانڈے /pã:ɖe:/ ■ *n.m.* (*pl.* & *infl.* of پانڈا¹) پانڈے جی پچھتائیں گے، وہی چنے کی کھائیں گے if you don't listen to me, you'll regret.

پانزدہ /pã:zdəh/ ■ *cardinal number* fifteen.

پانزدہم /pã:zdəhʊm/ ■ *ordinal number* fifteenth.

پانس /pã:s/ ■ *n.m.* & *f.* manure, dung, dung-hill. پانس ڈالنا add manure. پانس ہونا change into manure, rot.

پانسا /pã:sɑ:/ ■ *n.m.* See پانسہ.

پانسنا /pã:snɑ:/ ■ *v.* add manure.

پانسو /pɑ:nsɔ:/ ■ *n.m.* (*contr.* of پانچ سو) five hundred.

پانسو /pã:su:/ ■ *n.f.* rib, rib-bones.

پانسہ /pã:sɑ:/ ■ *n.m.* (also پانسا) dice. پانسہ الٹا پڑنا **1** lose (a game or competition). **2** be unlucky. پانسہ پلٹنا fortune to change. پانسہ پھینکنا throw the dice. (See also پاسا¹.)

پانسی /pã:si:/ ■ *n.f.* a net of ropes or cords in which grass or straw is kept.

پانک /pɑ:ŋk/ ■ *n.m.* (also پانکھ) mud and sand left by inundation, quagmire, bog, mire; an alluvial deposit.

پانکھی /pɑ:ŋkʰi:/ ■ *n.f.* a kind of hoe, a weeding knife.

پانگ /pɑ:ŋg/ ■ *n.m.* weavers' frame.

پانگرا /pɑ:ŋgrɑ:/ ■ *n.m.* (also پانگڑا) the coral tree, *Erythrina indica*.

پانگو /pɑ:ŋgu:/ ■ *n.f.* low-lying land filled with rainwater.

پانو /pã:v/ ■ *n.m.* foot. See پاؤں.

پانی /pɑ:ni:/ ■ *n.m.* **1** water, pani. **2** rain. **3** sweat, perspiration. **4** breed, pedigree. **5** polish; lustre, brightness, sparkle. **6** chastity, modesty, sense of shame. **7** easy task. **8** cockfight. **9** courage, spirit. **10** insipid, tasteless. **11** state of being cold. **12** (*fig.*) (i) wine. (ii) tears. پانی اترنا water level to fall, flood to abate, tide water to ebb. (آنکھوں میں) پانی اترنا suffer from cataract. (فوطوں میں) پانی اترنا suffer from hydrocele. پانی اٹھانا **1** absorb or suck water. **2** use too much water, waste water. پانی اٹھنا rain clouds to gather. پانی باندھنا dam a river. پانی بجھانا disinfect water by plunging red hot iron into it. پانی بند کرنا stop the flow or use of water. پانی بہانا pour or spill water. پانی بہنا **1** water to flow. **2** weep. (منہ میں) پانی بھر آنا **1** have (one's mouth) water, drool. **2** be greedy, covet. پانی بھرنا **1** draw water (from a well, etc.). **2** fill vessels with water. **3** to confess inferiority, hold a subordinate position. **4** be ashamed (of). پانی پانی ہونا perspire with shame, be overwhelmed with shame. پانی پڑنا **1** to rain. **2** be embarrassed, be ashamed. **3** go waste. پانی پلانا **1** give someone water to drink. **2** water a plant or field. پانی پی پی کے کوسنا curse roundly or heartily. پانی پھیرنا undo, dissipate, destroy, waste. (سونے/چاندی کا) پانی پھیرنا gild or silver; polish. پانی چڑھنا (of water level) be raised. پانی چوانا drop water into the mouth of. پانی چھوڑنا **1** release water (from a dam, etc.). **2** (of a woman) have orgasm. **3** (of vegetable or meat) to exude gravy while cooking. پانی دینا **1** irrigate, water a plant. **2** (***Hinduism***) offer a

پاو[2] ——— ■ *n.m.* leg. See پاؤں. [S]

پاورق /pɑ:vərq/ ■ *n.m.* footnote, lower part of the page.

پاولا /pɑ:vla:/ ■ *n.m.* (also پاؤلا) a quarter of rupee, formerly a twenty-five paisa coin. (*fem.* پاولی)

پاوِندہ /pɑ:vɪnda:/ ■ *n.m.* Afghan nomadic tribe of sheep-herders.

پاہ[1] /pɑ:h/ ■ *n.f.* by-path, track. [Prk.]

پاہ[2] ——— ■ *n.f.* land untilled and left fallow for three years. [dial.]

پاہ[3] ——— ■ *n.f.* material used by dyers to make fast colour. [dial.]

پاہن /pɑ:hən/ ■ *n.m.* stone.

پاہُن /pɑ:hʊn/ ■ *n.m.* **1** visitor, guest. **2** son-in-law. (*fem.* پاہُنی)

پاہُونی /pɑ:hu:ni:/ ■ *n.f.* (also پاہُونا) song sung on the occasion of bride's departure from her parents' home.

پاہی /pɑ:hi:/ ■ *n.m.* a tenant at will; a non-resident cultivator; a temporary tenant.

پائتابہ /pɑ:eta:ba:/ ■ *n.m.* socks. See پاتابہ under پا[1].

پائجامہ /pɑ:edʒa:ma:/ ■ *n.m.* trousers. See پاجامہ.

پائچا /pɑ:etʃa:/ ■ *n.m.* (also پانچا، پائنچہ) **1** either of two legs of pyjamas. **2** the lower edge of the pyjamas (usu. turned over and sewn). پائچا بھاری کرنا make a vow of rigid seclusion or not to go out any more. پائچا پھڑکانا strut, walk arrogantly.

پائخانہ /pɑ:exa:na:/ ■ *n.m.* latrine. See پاخانہ.

پائدار /pɑ:eda:r/ ■ *adj.* (also پائیدار، پاے دار) lasting, permanent, firm, steady.

پائداری /pɑ:eda:ri:/ ■ *n.f.* (also پائیداری، پاے داری) stability, firmness, durability.

پائدان /pɑ:eda:n/ ■ *n.m.* (also پائیدان) **1** foot-board; running board. **2** doormat.

پائرہ /pɑ:era:/ ■ *n.m.* stirrup. See پایرا.

پائز /pɑ:ɪz/ ■ *n.m.* (also پائیز) autumn.

پائزہ /pɑ:eza:/ ■ *n.m.* (also پائیزہ) **1** the bolt of a door. **2** a rope which is fastened with peg during encampment.

پائگاہ /pɑ:ega:h/ ■ *n.m.* **1** palace; royal court. **2** stable. **3** rank.

پائل /pɑ:el/ ■ *n.f.* anklet. See پایل.

پائمال /pɑ:ema:l/ ■ *adj.* trodden. See پامال.

پائک /pɑ:ɪk/ ■ *n.m.* messenger. See پایک.

libation of water in the names of the deceased. پانی دیوا **1** one who takes care; heir. **2** (***Hinduism***) one who offers a libation of water to the deceased. پانی ڈھل جانا **1** become dull, lose lustre. **2** become shameless. پانی سر سے اونچا ہونا cross all limits. پانی سمونا mix hot and cold water to make it lukewarm. پانی سے پتلا **1** watery, as thin as water, very dilute. **2** cheap; insignificant. پانی سے پتلا کرنا disgrace, dishonour; shame, abash. پانی سے پہلے پاڑ ر پل باندھنا feel troubled over non-existent difficulties, cross the bridge before reaching it. پانی کا بال figment of one's imagination. پانی کا بتاشا **1** bubble. **2** transitory, short-lived. پانی کا بلبلا **1** a bubble of water. **2** anything unstable or weak, frail. پانی کا توڑ flood, pressure of water. پانی کا توڑا scarcity of water. پانی کاٹنا **1** turn off the water into another channel. **2** swim through; breast the waves. پانی کا رہنے والا aquatic. پانی کا ریلا a stream of water. پانی کا شباب water bloom, deep green scum on stagnant water, thick layer of algae covering the surface of water. پانی کر دینا **1** liquefy, melt. **2** dishearten. **3** make some task easy; explain lucidly. پانی کی بھڑک intensity of thirst. پانی کی چادر a broad cascade or water fall; water falling in a wide stream. پانی کی طرح بہانا waste, spend foolishly, especially money. پانی کے کچے گھڑے بھروانا ask someone to do something impossible. پانی کے گھڑے پڑنا (also گھڑوں پانی پڑنا) to be greatly embarrassed. پانی کے مول as cheap as water. پانی کھلنا rain to stop. پانی لگنا get acclimatized in or adapted to a new place. پانی لینا **1** take water, draw water. **2** wash body parts after the call of nature. پانی مرنا **1** (of water) leak out, be absorbed in a wall, etc. **2** dry up. **3** look suspicious, be suspected; be accused of. پانی میں آگ لگانا **1** revive a dormant or long-forgotten quarrel, sow dissension. **2** attempt the impossible. پانی نکلنا **1** ooze, leak, drip. **2** ejaculate, semen to be discharged. پانی نہ مانگنا die suddenly, be slain with a single stroke of a sword. پانی والا pani-wallah. پانی ہارنا run away from a fight (of a bird), to lose a fight, to accept defeat; become disheartened. پانی ہو جانا / رہنا **1** melt away, dissolve, liquefy. **2** become watery or thin. **3** become very easy. **4** become cold as water. **5** (of heart) fail.

پاو[1] /pɑ:v/ ■ *adj.* a fourth part, quarter. See پاؤ[1]. [S]

ہائیہ مصمتے:

بھ	پھ	تھ	ٹھ	جھ	چھ	دھ	ڈھ	رھ	ڑھ	کھ	گھ	لھ	مھ	نھ
bʰ	pʰ	t̪ʰ	ʈʰ	dʒʰ	tʃʰ	d̪ʰ	ɖʰ	rʰ	ɽʰ	kʰ	gʰ	lʰ	mʰ	nʰ

پائنتی /pɑ:ẽti:/ ■ *n.f.* (also پائینتی) the foot of a bedstead, grave or tomb.

پائندگی /pɑ:ɪndəgi:/ ■ *n.f.* (also پایندگی) durability.

پائندہ /pɑ:ɪndɑ:/ ■ *adj.* (also پایندہ) lasting, permanent; durable, stable, firm. پائندہ باد (*opt.*) long live!

پاؤ¹ /pɑ:o/ ■ *adj.* (also پاو) a fourth part, a quarter. پاؤ بھر **1** a weight about a quarter of a seer or equal to 250 grams. **2** (*fig.*) a little. پاؤ روٹی bread; a loaf of bread. [S]

پاؤ² ____ ■ *n.m.* (also پاوا) (*contr.* of پاؤں) used in comp. as: پاؤدان doormat. پاؤ قدم the swinging stride of a horse. [S]

پاؤلا /pɑ:ola:/ ■ *n.m.* a quarter of any coin. See پاولا.

پاؤلی /pɑ:oli:/ ■ *n.f.* (also پاولی) a quarter rupee; the old four anna coin.

پاؤں /pɑ:ũ:/ ■ *n.m.* (also پانو، پاؤ²) **1** leg. **2** foot, foundation, basis. **3** foothold, footing. **4** footstep. **5** steadiness, firmness. **6** portion, share. **7** liability, responsibility. **8** interference, meddling. پاؤں اترنا foot be dislocated. پاؤں اٹھانا **1** step out, walk fast. **2** start. پاؤں اڑانا interfere or meddle with; interrupt. پاؤں اکھاڑنا force someone to give up his home or intention. پاؤں اکھڑنا lose one's footing, be routed. پاؤں باہر نکالنا **1** (of a purdah-observing lady) go out of the house. **2** become habitual of wandering. **3** cross one's limits. پاؤں پھسلنا **1** lose one's balance. **2** go wrong or astray. پاؤں بڑھانا **1** take the lead, go ahead. **2** exceed bounds. پاؤں بھاری ہونا be pregnant. پاؤں بھر جانا **1** feet to sleep, become numb. **2** get tired. پاؤں پاؤں on foot. پاؤں پٹخنا stamp one's feet in anger. پاؤں پر پاؤں رکھنا **1** sit cross-legged. **2** imitate another; follow someone. پاؤں پر کھڑا ہونا (*fig.*) become independent. پاؤں پڑنا/پکڑنا **1** treat with extreme respect. **2** fall at (someone's) feet in entreaty; be very submissive; request earnestly. **3** seek refuge or forgiveness. پاؤں پسارنا **1** stretch one's legs, take rest. **2** be lazy. **3** die. **4** insist upon, show stubbornness. پاؤں پیٹ میں ہونا be naughtier than usual, be more wicked than appear. پاؤں پیٹنا **1** stamp one's feet. **2** struggle vainly against difficulties. پاؤں پھٹنا have cracked heels; have chilblains. پاؤں پھولنا be alarmed; be afraid; be unable to do anything because of anxiety. پاؤں پھونک پھونک کر رکھنا move very cautiously. پاؤں پھیلا کر سونا be free from care, sleep at ease. پاؤں تلے چوٹی دبی ہونا be helpless against someone. پاؤں تلے کی چیونٹی a poor, helpless or miserable creature. پاؤں تلے کی زمین نکل جانا be caught by an unpleasant surprise, lose one's balance or equanimity in a sudden calamity, become dumbfounded. پاؤں توڑ کر بیٹھنا to lose hope, give up after a great effort. پاؤں توڑنا **1** roam aimlessly. **2** try to do something, follow a case, tire oneself in some effort. **3** be disappointed, become hopeless. پاؤں تھرتھرانا feet to shiver in fear, be afraid. پاؤں ٹکنا stop, stay. پاؤں جمانا stand firmly, obtain a firm footing. پاؤں چومنا kiss foot; show extreme respect. پاؤں چھٹنا menstruate. پاؤں دابنا/دبانا **1** massage someone's calves to alleviate tiredness or flatter him. **2** serve; take utmost care; regard. **3** do a mean job. پاؤں دھرنا set foot in, step in, enter. پاؤں دھو دھو کر پینا revere, hold in deep respect. پاؤں ڈگمگانا/لڑکھڑانا give way; slip. پاؤں زمین پر نہ ٹکنا/ٹھہرنا **1** be unsteady on the feet. **2** be proud. پاؤں زمین پر نہ رکھنا **1** take airs. **2** be very happy. پاؤں سر پر رکھ کر بھاگنا flee in terror. پاؤں سو سو من کے ہو جانا be extremely tired; walk with great difficulty (because of fear or grief). پاؤں سے پاؤں باندھ کر چلنا keep close company. پاؤں سے پاؤں باندھنا keep in close arrest. پاؤں سے لگی تو سر میں بجھی became extremely incensed. پاؤں قبر/گور میں لٹکانا have one foot in the grave, be advanced in age; be about to die; be extremely ill. پاؤں کا/میں چکر **1** wanderlust; inability to settle down. **2** bad luck; curse of the fate. پاؤں کی بیڑی **1** the fetters. **2** (*fig.*) anything that acts as a brake to one's desires or ambitions such as wife, family or a love affair. پاؤں کی جوتی **1** (*offens.*) a mean, lowly or contemptible person or thing. **2** (*derog.*) wife. پاؤں گھسنا undergo useless labour, walk wearily. پاؤں لاگنا/لگنا/لگ لینا touch the feet as a mark of respect; welcome, greet. پاؤں میں بلی بندھنا wander about. پاؤں میں بیڑی پڑنا **1** become a prisoner. **2** (*fig.*) get married. پاؤں میں جوتی نہ سر پر ٹوپی **1** be very poor. **2** be very nervous or bewildered. پاؤں میں چکر/سنیچر ہونا knock around, wander; be unable to settle down. پاؤں میں مہندی لگانا be unable to set foot on the ground, be unwilling to move around or work. پاؤں نکالنا **1** exceed one's proper limits. **2** withdraw

/pɑ:jək/ ■ *n.m.* (also پائک) armed attendant; footman; messenger. پایک

/pɑ:jəl/ ■ *n.f.* (also پائل) **1** an anklet, often of precious metal. **2** a breech birth, i.e. child born feet-foremost. **3** a bamboo ladder. ■ *adj.* sure-footed, easy-paced. پایل

/pɑ:jɑ:/ ■ *n.m.* See پایا¹. پایہ

/pəb/ ■ *n.m.* drain. پب

/pəbən/ ■ *n.m.* lotus as fruit when eaten raw. پبن

/pəbəi:/ ■ *n.f.* a myna-like brown red-necked small bird of sweet voice. پبئی

/pəpɽɑ:/ ■ *n.m.* (also پپڑ) crust. پپڑا

/pəpɽɑ:nɑ:/ ■ *v.* (also پپڑیانا) **1** to form crust or scab; become dry. **2** (of lips) be parched and encrusted. پپڑانا

/pəpɽi:/ ■ *n.f.* (*dim.* of پپڑا) thin crust, scab, scale, encrustation; thin cake of bread. پپڑی جم جانا (also پپڑانا) be encrusted, form a crusty or thin layer on surface. پپڑی جمنا form a thin crusty layer on a liquid surface. پپڑی

/pəpəɽjɑ: kətʰtʰɑ:/ ■ *n.m.* a kind of pink catechu or extract of *Mimosa catechu*, used as a condiment with betel-leaf or paan. پپڑیا کتّھا

/pəpəɽjɑ:nɑ:/ ■ *v.* See پپڑانا. پپڑیانا

/pəpɽi:lɑ:/ ■ *adj.* scurfy, scaly, scabby. (*fem.* پپڑیلی) پپڑیلا

/pʊplɑ:nɑ:/ ■ *v.* (also پپولنا) speak without teeth (like an old person). پُپلانا

/pɪpli:/ ■ *n.f.* fruit of the pipal tree. See پیپلی. پپلی

/pɪppəli:/ ■ *n.f.* long pepper. See پیپل². پپّلی

/pəpni:/ ■ *n.f.* the eyelash. پپنی

/pəpo:ʈɑ:/ ■ *n.m.* the eyelid. پپوٹا ابھرنا the eyelid to swell. پپوٹا بھاری ہونا suffer from inflammation of the eyelid. پپوٹا

/pəpo:ʈən/ ■ *n.f.* the tree *Pavetta indica* and its fruit used for poultices. پپوٹن

/pəpo:lnɑ:/ ■ *v.* roll around the mouth as done by a toothless person while eating. پپولنا

/pəpo:li:/ ■ *n.f.* fruit of the pipal tree. پپولی

/pəpehri:/ ■ *n.f.* flute. See پپیری. پپہری

/pəpəi:/ ■ *n.m.* a kind of papaya. See ارنڈ خربوزہ under ارنڈ. پپئی

/pəppi:/ ■ *n.f.* kiss (esp. of a child), peck. پپی لینا to kiss. پپّی

/pɪpjɑ:/ ■ *n.f.* (*dim.* of پیپا) a small tin cask or barrel. پپیا

/pəpəjjɑ:/ ■ *n.m.* (also پپیہا) child's whistle. پپیّا

/pɪpjɑ:nɑ:/ ■ *v.* become purulent or mattery, to from. **3** set oneself free. پپیانا

/pɑ:i:/ ■ *n.f.* **1** pie, former Pakistani and Indian copper coin of smallest denomination, 100th (formerly 192nd) part of a rupee, no more in use. **2** pins used by a weaver to wind off the warp from. **3** slipper. پائی پائی جوڑنا save bit by bit, save very small amounts for a long time; be very stingy. [S] پائی¹

____ ■ *n.f.* weevil. [Prk.] پائی²

/pɑ:e:/ ■ *n.m.* (usu. used as *pl.*) trotters of cow or goat, etc. cooked with curry. پائے والا one who sells trotters. [P] پائے¹

____ ■ *n.m.* (*pl.* & *infl.* of پایا¹) (also پاے) **1** foundations, pillars (of a building). **2** legs of table or chair, etc. **3** (used as *sing.*), grade, class, rank; degree. **4** dignity. پائے کا of a high class. [P] پائے²

____ ■ *n.m.* (also پاے) leg, foot. See پا¹. پائے تخت capital city. پائے رفتن نہ جائے ماندن utter helplessness. پائے در گل helpless. پائے زنجیر chained by the legs; encumbered with family. پائے کار کاشت a non-resident farmer. پائے کوب (also پاکوب) **1** stamping with the feet. **2** (*fig.*) dancer. پائے گدا ارمرا لنگ نیست ملک خدا تنگ نیست my/ fakir's leg is not broken and God's earth is not small, I can earn my bread anywhere (used by someone who wants to say that he can work anywhere). پائے مرد courage. [P] پائے³

/pɑ:ĩ:/ ■ *adj.* lower. ■ *n.m.* bottom, the lower part. ■ *prep.* & *adv.* under, beneath; back. پائیں باغ garden at the back of the house. پائیں سرخ infrared. پائیں

/pɑ:jɑ:/ ■ *n.m.* (also پایہ) **1** leg of an animal or table, etc. **2** a bedpost. **3** the base of a column, a column or pillar support; prop. **4** step. **5** rank, status, calibre. [P] پایا¹

____ ■ (*past* of پانا) پایا جانا be found. [S] پایا²

/pɑ:jɑ:b/ ■ *n.m.* ford. ■ *adj.* shallow, fordable (river, etc.), within one's depth. پایاب

/pɑ:jɑ:bi:/ ■ *n.f.* the state of being fordable. پایابی

/pɑ:jɑ:n/ ■ *n.m.* **1** extreme, extremity. **2** end, conclusion, termination. پایانِ کار at last. پایان

/pɑ:jəʈi:/ ■ *n.f.* foot of a bedstead. See پائنتی. پایتی

/pɑ:jərɑ:/ ■ *n.m.* (also پائرہ، پایرہ) each of the pair of loop-shaped devices attached at either side of a horse's saddle, stirrup. (See also رکاب.) پایرا

suppurate (of a sore, etc.).

/pəpi:ṭɑ:/ ■ *n.m.* the papaya or pawpaw tree or its fruit. پپیتا

/pəpi:ri:/ ■ *n.f.* (also پپہری) a small fife or flute. پپیری

/pəpi:hɑ:/ ■ *n.m.* 1 (***Zool.***) a black and white crested cuckoo, *Cuculus canorus*. 2 a child's whistle. پپیہا

/pət/ ■ *n.f.* honour, good name, credit, reputation. پت[1] پت اتارنا to disgrace. پت جانا be disgraced or dishonoured. پت رکھنا preserve one's good name, credit or honour. پت گنوانا lose honour. [S]

____ ■ *n.m.* (*contr.* of پتّا) leaf; used in comp. as: پت[2] پت جھڑ fall of the leaves, the autumn. پت جھڑ ہونا 1 shed leaves in autumn. 2 decay. [S]

____ ■ *n.f.* a strengthening gruel given to puerperal women. [S] پت[3]

____ ■ *n.m.* (*contr.* of پتی) 1 husband. 2 master. [S] پت[4]

____ ■ *n.m.* (*contr.* of پتلا) پت کرنا make thin by mixing water. [S] پت[5]

/pɪt/ ■ *n.m.* bile, the bitter secretion from the liver. پت

/pəṭɑ:/ ■ *n.m.* (also پتہ) 1 address of a person. 2 sign trace clue, hint; symptom. 3 information, news. پتا پتا چلانا find out. پتا دینا direct, give a clue, point out. پتا لگانا obtain a clue; trace; discover, find out; follow up a clue, search out. پتا ہونا know, be aware, be in the know.

/pɪṭɑ:/ ■ *n.m.* father, sire. پتا

/pəṭṭɑ:/ ■ *n.m.* 1 leaf. 2 playing-card. 3 leaf-shaped earring. 4 paan, betel-leaf. 5 a triangular piece of paper which is pasted at the bottom of a kite. 6 a small sealed packet containing small quantity of something, sachet. پتا بھی بے حکم خدا نہیں ہلتا nothing can be done without the will of God. پتا کاٹنا sack, remove or exclude someone from some profitable work, venture or office. پتا کھڑکا بندہ سرکا running away on the slightest noise; being wise enough to get the tell-tale signs. پتا کھڑکنا 1 leaves to rattle, produce a very low sound. 2 have a slight fear. پتا نہ ہلنا weather to be suffocating. پتّا

/pɪṭṭɑ:/ ■ *n.m.* 1 the gall bladder. 2 (*fig.*) anger, passion; guts, force of will. 3 tolerance, patience. 4 carnal desire. پتا پانی ہونا have the blue funks. پتا کھینچنا / نکالنا punish, beat severely; take life, kill. پتا مارنا control one's anger, restrain one's passions; be patient while doing hard پتّا work. پتّا ماری painstaking (task, etc.). پتّا ماری کا کام a very tough and demanding task.

/pəṭɑ:l/ ■ *n.m.* chasm. See پاتال. پتال جنتر act of heating in air-tight container for extracting oil, etc. پتال دنتی (elephant) with tusks curved downwards (considered defective). پتال کی خبر لانا discover a secret. پتال

/pɪṭɑ:məhɑ:/ ■ *n.m.* (also پتامہ) paternal grandfather. پتامہا

/pɪṭɑ:məhi:/ ■ *n.f.* paternal grandmother. پتامہی

/pəṭṭɑ:nɑ:/ ■ *v.* 1 be bewildered or puzzled. 2 be ashamed (of). پتّانا

/pəṭɑ:vər/ ■ *n.f.* dry grass or straw used for thatching. پتاور

/pəṭɑ:i:/ ■ *n.m.* a pile of leaves. پتائی

/puṭɑ:i:/ ■ *n.f.* 1 whitewashing or plastering a house. 2 wages paid for this work. پتائی

/pəṭɪt/ ■ *adj.* 1 fallen; abject, degraded, outcast; guilty. 2 fallow land. پتت

/puṭr/ ■ *n.m.* (also پتّر) son. پتر

/pəṭṭər/ ■ *n.m.* (also پتر) 1 leaf. 2 feather. 3 letter; deed, document. 4 a thin plate of a metal, normally of copper. پتر کار writer; essayist; correspondent (of a newspaper). پتّر

/pəṭrɑ:/ ■ *n.m.* 1 leaf. 2 foil, thin flat piece of metal. 3 calendar, almanac. پترا

/pəṭrɑ:ŋg/ ■ *n.m.* the red sandal-wood. پترانگ

/pəṭrɑ:vəli:/ ■ *n.f.* the soil of red colour; red earth; red ochre. پتراولی

/pəṭrɪkɑ:/ ■ *n.f.* 1 leaf or page on which something is written. 2 letter; document. 3 newspaper. 4 news; message. پترکا

/pəṭrəŋgɑ:/ ■ *n.m.* (also پت رنگا) olive bee-eater, a green fly-eating bird, *Merops superciliosus*. پترنگا

/pəṭri:/ ■ *n.f.* note, letter; record. [S] پتری[1]

____ ■ *n.f.* (*dim.* of پترا) leaves folded up in the shape of a plate or tray, a plate made of leaves; metallic strip. (See also دونا[1].) [S] پتری[2]

/puṭri:/ ■ *n.f.* daughter. پتری

/pəṭre:/ ■ *n.m.* (*pl. & infl.* of پترا) پترے کھولنا expose someone's vices. پترے

/pəṭurjɑ:/ ■ *n.f.* (also پاتر، پاتریا) prostitute, whore, a dancing girl. پتریا

/pəṭṭəl/ ■ *n.f.* a plate or bowl made of leaves to serve پتّل

See پیتامبر.

پتمبرا /pɪt̪əmbərɑ:/ ■ *n.f.* girl who chooses her husband on her own.

پت منجری /pət̪məndʒəri:/ ■ *n.f.* ragini which is traditionally sung at midnight.

پٹّن /pəʈʈən/ ■ *n.m.* city, town; settlement, colony.

پتنگ[1] /pət̪əŋg/ ■ *n.f.* paper kite. پتنگ اڑانا fly a kite. پتنگ باز kite-flyer. پتنگ بازی kite-flying. پتنگ کاٹنا cut the string of a flying kite. پتنگ کٹ جانا **1** a kite to snap free. **2** (*fig.*) a connection to sever. **3** an effort to fail. [S]

پتنگ[2] ____ ■ *n.f.* **1** a bird. **2** grasshopper. ■ *n.m.* a flying insect attracted to light, moth. [S]

پتنگا /pət̪əŋgɑ:/ ■ *n.m.* **1** spark. **2** moth. **3** weevil.

پتنگے /pət̪əŋge:/ ■ *n.m.* (*pl.* & *infl.* of پتنگا) پتنگے لگانا to light a fire; to tease, annoy. پتنگے لگنا be annoyed or incensed.

پتنی /pət̪ni:/ ■ *n.* (*fem.* of پتی) wife.

پتوا /pət̪vɑ:/ ■ *n.m.* a seating place on trees for hunting.

پُتوا /pʊt̪vɑ:/ ■ *n.m.* (*dim.* of پُوت) (*coll.*) son.

پتوّا /pət̪əvvɑ:/ ■ *n.m.* (*dim.* of پتّا) leaf. پتوا ساری (*derog.*) feeble; thin.

پتوار /pət̪vɑ:r/ ■ *n.f.* (also پتوال) **1** an oar. **2** rudder of an aircraft. پتوار چلانا row (a boat).

پتواس /pət̪vɑ:s/ ■ *n.f.* perch or roost for birds, especially pigeons.

پُتوانا /pʊt̪vɑ:nɑ:/ ■ *v.* have (a house) plastered or colour-washed.

پُتوائی /pʊt̪vɑ:i:/ ■ *n.f.* the act of plastering or its cost.

پتّوں /pəʈʈõ:/ ■ *n.m.* (*pl.* of پتّا) **1** leaves. **2** playing cards. پتوں والی (*women's slang*) radish (since calling its actual name *mooli* (مُولی) was considered ominous).

پتونتی /pət̪vənt̪i:/ ■ *n.f.* (also پتی ونتی) a married woman, a woman whose husband is alive.

پِتونیا /pɪt̪o:njɑ:/ ■ *n.m.* **1** a green precious stone with pink spots. **2** ornament made with this stone.

پتوہ /pət̪o:h/ ■ *n.f.* (also پتوہو) daughter-in-law; son's wife.

پتوئی /pət̪o:i:/ ■ *n.f.* the froth of sugar cane juice when heated.

پتہ /pət̪ɑ:/ ■ *n.m.* address. See پتا.

پتّہ /pəʈʈɑ:/ ■ *n.m.* leaf. See پتّا.

پِتّہ /pɪt̪t̪ɑ:/ ■ *n.m.* gall bladder. See پِتّا.

پتی /pət̪i:/ ■ *n.m.* **1** husband. **2** lord, master; governor.

food. پتل پروسنا serve food in it. پتل پھاڑنا **1** finish eating. **2** be selfish. پتل پھاڑی اور چل دیے a remark on selfishness.

پتلا /pət̪lɑ:/ ■ *adj.* **1** thin; fine, delicate, lean, slender. **2** narrow. **3** watery, diluted. **4** weak; feeble. پتلا پن **1** leanness, thinness; fineness. **2** wateriness. **3** emaciation. پتلا حال sad state, plight, dire straits. پتلا کرنا to thin, dilute. (*fem.* پتلی)

پُتلا /pʊt̪lɑ:/ ■ *n.m.* **1** puppet; effigy; idol. **2** hilt (of a sword). **3** a person who is a perfect example of a quality or a type, epitome. **4** model; sample. **5** (*derog.*) someone used by others, stooge. پتلا بنا کے جلانا burn an effigy. پتلا خاک کا (*fig.*) man. (*fem.* پُتلی)

پتلانا /pət̪lɑ:nɑ:/ ■ *v.* liquefy, dilute, thin.

پِتلانا /pɪt̪lɑ:nɑ:/ ■ *v.* be stained or contaminated with verdigris (as food kept in a brass or copper-vessel).

پتلائی /pət̪lɑ:i:/ ■ *n.f.* **1** thinness; delicacy, fineness. **2** wateriness.

پتلو /pət̪lo:/ ■ *n.m.* dead leaves fallen from a tree, leaves cut off from the culm of the reed and used for thatching.

پتلُون /pət̪lu:n/ ■ *n.f.* western trousers, pants. پتلون ڈھیلی ہونا (*fig.*) be upset or frightened. [E]

پتلی /pət̪li:/ ■ *adj.* (*fem.* of پتلا) پتلی آواز feeble or delicate voice, especially that of a woman or child. پتلی چیز fluid, a subtle substance. پتلی دال کھانے والا **1** timid, weak. **2** poor, penniless.

پُتلی /pʊt̪li:/ ■ *n.* (*fem.* of پُتلا) **1** the pupil of an eye. **2** doll, puppet, effigy. **3** a slim or delicate woman. **4** a kind of firework. **5** gilt. **6** (*derog.*) someone used by others, stooge, puppet. **7** a person who is a perfect example of a quality, epitome. پتلی بن کر رہ جانا be stunned. پتلی پھیر لینا be disloyal, treat with disdain, show disregard. پتلی تماشا puppet show. پتلی کا تارا apple of an eye. پتلی گھر a place where puppet show's are organized.

پُتلیاں /pʊt̪lɪjɑ̃:/ ■ *n.f.* (*pl.* of پُتلی) پتلیاں پھرنا pupils to turn up at the approach of death, be on the verge or point of death.

پُتلیوں /pʊt̪lɪjõ:/ ■ *n.f.* (*pl.* of پُتلی) پتلیوں کا تماشا **1** puppet show. **2** (*fig.*) coquettish movement of the pupils of eyes (by a woman or lover). پتلیوں میں گھر کرنا become very dear.

پتمبر /pɪt̪əmbər/ ■ *n.m.* & *adj.* yellow silken cloth.

(استری) پتی ورتا pativrata, a devoted wife. پتی ونتی a woman whose husband is alive. (*fem.* پتنی)

پتّی /pət̪t̪i:/ ■ *n.f.* (*dim.* of پتّا) **1** leaf, a tiny leaf. **2** nib. **3** thin plate of metal. **4** share. پتی دار shareholder.

پِتّی /pɪtti:/ ■ *n.f.* itchy eruption on the body, hives, urticaria. پتی اچھلنا have urticaria or hives.

پتے /pət̪e:/ ■ *n.m.* (*pl. & infl.* of پتا) used in comp. as: پتے کی بات a key statement, main point, something revealing, something pivotal. پتے کی کہنا make a point.

پتّے /pət̪t̪e:/ ■ *n.m.* (*pl. & infl.* of پتّا) **1** leaves. **2** playing cards. پتے باز a card-sharper, a professional swindler at card-games. پتے جمانا arrange cards in a pack to swindle the players. پتے کھیلنا play cards.

پتیارا /pət̪jɑ:rɑ:/ ■ *n.m.* belief; confidence, trust, reliance.

پتیانا /pət̪jɑ:nɑ:/ ■ *v.* believe, credit, confide in; agree; support.

پتیت /pət̪i:t̪/ ■ *n.m.* fallow land, wasteland.

پتیر /pət̪i:r/ ■ *n.f.* a row of trees.

پتیل¹ /pət̪i:l/ ■ *adj.* thin, flimsy. [S]

پتیل² ____ ■ *n.m.* the candle wick, the wick of a lamp. پتیل سوز lamp-stand. [P]

پتیلا /pət̪i:lɑ:/ ■ *n.m.* a large stewpot, a big pot for cooking; a cauldron.

پتیلی /pət̪i:li:/ ■ *n.f.* (*dim.* of پتیلا) a small stewpot. پتیلی چاٹنا **1** to lick the pot. **2** finish off.

پتھ /pət̪ʰ/ ■ *n.m.* road, path, way, course; highway.

پتھارا /pət̪ʰɑ:rɑ:/ ■ *n.m.* roadside shop; hawker's tray. پتھارا لگانا set up a roadside shop.

پتھارے دار /pət̪ʰɑ:re: d̪ɑ:r/ ■ *n.m.* a patron of thieves, an influential person who patronizes anti-social elements.

پتھدرم /pət̪ʰɪd̪rəm/ ■ *n.m.* a tree, with yellow fragrant flowers, *Acacia catechu* or *Mimosa alba*.

پتھر /pət̪ʰt̪ʰər/ ■ *n.m.* **1** stone; rock. **2** gem, precious stone. **3** hailstone. **4** (*fig.*) unmarried daughter. **5** anything hard, troublesome or intolerable. **6** tombstone, epitaph. **7** milestone. ■ *adj.* **1** hard. **2** cruel. **3** heavy. **4** difficult. **5** persistent, stubborn. **6** mum, silent, dumbstruck. **7** (of food) indigestible. پتھر برسنا hail. پتھر بن جانا **1** become hard-hearted. **2** pose as deaf. پتھر پانی ہوجانا **1** a hard-hearted person to become compassionate, give way to compassion. **2** a difficult task to become easy. پتھر پر جونک نہیں لگتی hard hearts never melt; refers to someone who is impervious to advice or appeal. پتھر پر کیا اثر no education or training helps a fool. پتھر پر لگانا sharpen a knife, etc. on grindstone. پتھر پر مارنا break, smash to pieces. پتھر پڑنا **1** to hail. **2** be ruined, to fall into a misfortune. **3** (*deris.*) be successful. **4** be impervious. پتھر پڑیں (curse) may it be ruined! may it be crushed under stone! پتھر پسیجنا a stony heart to soften or melt. پتھر پھوڑ **1** a woodpecker. **2** one who breaks stone, quarryman. پتھر تلے کا ہاتھ helplessness. پتھر تلے ہاتھ آنا become helpless due to hardships. پتھر چٹا **1** a kind of serpent. **2** a species of fish. **3** a species of grass with thin soft branches and almost round leaves. **4** a person who is always attached to the very stones of his house and is not ready to leave his house any time. **5** skinflint, miser. **6** a professional sharpener of knives, swords, etc. پتھر چٹانا sharpen a knife or blade, etc. on stone. پتھر چھاتی پر رکھنا suffer patiently; endure out of compulsion. پتھر دل hard-hearted, merciless. پتھر ڈھلکانا use harsh words. پتھر ڈھونا work very hard. پتھر زمین (***Poet.***) a difficult poetic metre. پتھر سا پھینک مارنا give a rude or sharp answer, refuse bluntly. پتھر سے سر پھوڑنا advise a fool or a stubborn and inflexible person; waste time in a futile effort. پتھر کا رکی merciless. پتھر کا بن جانا **1** become stone-hearted. **2** be stunned, be dumbstruck. پتھر کا پگھلنا a hard heart to melt or soften. پتھر کا جگر ردل رکلیجہ **1** a hard heart. **2** great courage. پتھر کا جگر پانی ہونا a hard-hearted person to soften. پتھر کا جگر ہونا **1** be hard-hearted, cruel. **2** have great courage. پتھر کا چھاپا lithography. پتھر کا فرش pavement. پتھر کا کوئلہ coal. پتھر کلا رکلہ firelock, musket. پتھر کی تصویر بننا to petrify, be like a statue, act as a deaf-mute. پتھر کی سل **1** stone-slab. **2** very heavy burden. **3** (*fig.*) pain, suffering, endurance. پتھر کی لکیر something unalterable or ineffaceable. پتھر لنڈھانا use bombastic words. پتھر نچوڑنا expect mercy from a cruel person or benevolence from a miser. پتھر نہیں پگھلتے **1** (*literal*) stones do not melt. **2** (*fig.*) (i) a cruel have no pity. (ii) a miser is not magnanimous. پتھر ہونا **1** petrify due to shock. **2** be

پَٹ¹ /pɪʈ/ ■ *n.m.* (*contr.* of پیٹ) the abdomen. پٹ پُچھنا / پوچھنا the last child, the youngest of all siblings. [S]

پِٹ² ____ ■ *n.m.* (*dim.* of پٹارا) basket, box; container; bag. [S]

پُٹ¹ /pʊʈ/ ■ *n.f.* 1 tincture. 2 seasoning, mixture. [Prk.]

پُٹ² ____ ■ *n.f.* 1 contracting or narrowing of anything. 2 fold. 3 cavity. 4 leaf. 5 cover, covering. پٹ پڑنا 1 be ineffective. 2 (a plan) to go wrong. 3 be upside down, fall on the face. [S]

پُٹ³ ____ ■ *n.f.* (also پُٹھ) 1 roundness. 2 flesh of the hind side of an animal, rump. [S]

پٹا¹ /pəʈɑː/ ■ *n.m.* 1 a wooden club or cudgel. 2 the sport of fighting with wooden clubs or sticks. پٹاباز one who plays with cudgel, fencer. پٹابازی mock fight with a club, clubbing. پٹا کھیلنا have a mock-fight with a club. [S]

پٹا² ____ ■ *adj.* full (of), crowded; covered. پٹا پڑنا be riddled or rife (with), be crowded, be infested with, be piled with. (*fem.* پٹی) [S]

پِٹا /pɪʈɑː/ ■ (*past* of پٹنا). ■ *adj.* beaten. پٹا پٹایا beaten; trite. (*fem.* پٹی)

پٹّا /pəʈʈɑː/ ■ *n.m.* 1 dog-collar. 2 a horse's girth. 3 a belt, sash or strap and badge of service. 4 baldric (for sword or other piece of equipment). 5 a board on which Hindus sit while eating or performing religious ceremonies. پٹا اتارنا take off the strap and badge to dismiss from service. پٹا تڑا کر بھاگنا free oneself and run away, escape. پٹا تڑانا free oneself, flee, run away. [S]

پٹّا² ____ ■ *n.m.* lock of (man's) hair. [S]

پٹّا³ ____ ■ *n.m.* a deed of lease. پٹا لکھوانا have a written agreement. پٹادار lease-holder, lessee. [S]

پٹّا⁴ ____ ■ *n.m.* (*corr.* of پٹھا) muscle. [dial.]

پٹاپٹ /pəʈɑːpəʈ/ ■ *n.m.* (*comb.* of پٹ¹) (also پٹ پٹ) sound of beating or falling of raindrops. ■ *adv.* regularly, continuously; one after another.

پٹاپٹی /pəʈɑːpəʈiː/ ■ *n.f.* fabric with stripes of many colours. پٹاپٹی کا پردہ blind with variegated design.

پٹاخ /pəʈɑːx/ ■ *n.f.* a loud sound; a crash, sound of a cracker or a slap. پٹاخ پٹاخ constantly, continually. پٹاخ سے immediately, at once without thought.

hard-hearted. 3 become difficult. 4 become heavy. 5 to keep mum.

پتھرانا /pət̪ʰrɑːnɑː/ ■ *v.* 1 turn hard and rigid like a stone. 2 (of the eyes) become blind.

پتھراؤ /pət̪ʰrɑːoː/ ■ *n.m.* (also پتھراو) stoning. پتھراؤ کرنا to pelt with stones, to stone.

پتھروٹا /pət̪ʰroːʈɑː/ ■ *n.m.* bowl made of stone used for grinding.

پتھروٹی /pət̪ʰroːʈiː/ ■ *n.f.* (*dim.* of پتھروٹا) small grinding bowl of stone.

پتھری /pət̪ʰriː/ ■ *n.f.* 1 pebble, gravel. 2 stone in the bladder, kidney or gall bladder. 3 flint used for sharpening a knife. 4 hone, whetstone. 5 gizzard.

پتھریلا /pət̪ʰriːlɑː/ ■ *adj.* stony, rocky. (*fem.* پتھریلی)

پتھنا /pət̪ʰnɑː/ ■ *v.* to be moulded into cakes (of cow-dung), to be made into cowpats.

پتھنار /pət̪ʰnɑːr/ ■ *n.f.* (also پتھواری، پتھورا) place where cowpats are made.

پتھیر /pət̪ʰeːr/ ■ *n.m.* a place for moulding bricks.

پتھیرا /pət̪ʰeːrɑː/ ■ *n.m.* a brick-maker or moulder.

پٹ¹ /pəʈ/ ■ *n.m.* sound of falling or beating. پٹ پٹ continuous sound of beating or striking. پٹ پٹ بولنا prate, prattle, speak out, blurt out. پٹ سے at once, quickly, instantly. پٹ سے بولنا interject or speak audaciously. [S]

پٹ² ____ ■ *adj.* 1 face down, lying on the face. 2 ruined, destroyed. [S]

پٹ³ ____ ■ *n.m.* 1 a valve or leaf of a folding door, shutter. 2 screen, covering. 3 (*fig.*) veil. پٹ بند کرنا / لگانا / مارنا shut the door. پٹ بھیڑنا close a door. پٹ کھولنا 1 open a door. 2 take off a covering or veil. [S]

پٹ⁴ ____ ■ *n.m.* slab, tablet (for painting); metal-plate for engraving. [S]

پٹ⁵ ____ ■ *n.m.* a mountain goat, the hair of which is used for making clothes. [S]

پٹ⁶ ____ ■ *adj.* lying uncultivated, barren, desolate, deserted. [S]

پٹ⁷ ____ ■ *n.m.* (*contr.* of پاٹ) throne. پٹ رانی the senior most queen whose offspring had the right to succeed to the throne. [S]

پٹ⁸ ____ ■ *n.f.* width, breadth. [S]

پٹر پٹر /pəʈər pəʈər/ ■ *adv.* fluently, without hesitation, uninterruptedly.

پٹ رنگ /pəʈrəŋg/ ■ *n.m.* **1** the plant, *Caesalpinia sappan*, whose red wood is used for dyeing cloth. **2** a person who dyes the clothes.

پٹری /pəʈri:/ ■ *n.f.* (also پڑی) **1** a narrow slip of wood or metal. **2** rail, track. **3** avenue; a path on the right or left of a road. **4** the banks of a canal. **5** a wooden tablet to write on. **6** small stool-like frame to sit on. **7** scale, ruler. **8** a bracelet (of brass, silver or gold). پٹری بدلنا **1** (of train) to change tracks. **2** (*fig.*) change the topic or adopt new ways. پٹری جمانا sit firmly on horseback. پٹری سے اتر جانا **1** talk irrelevantly; go astray. **2** change lifestyle.

پٹّس /pɪʈʈəs/ ■ *n.f.* (also پٹّن) **1** wailing, lamentation; a violent expression of sorrow by beating chest. **2** beating. پٹّس پڑنا a mass lamentation to break out, have a beating. پٹّس کرنا lament, express sorrow violently; beat severely.

پٹ سن /pəʈsən/ ■ *n.m.* (also پٹسن) jute, the fibre obtained from tropical plant, *Corchorus olitorius* used for making bags and coarse mats.

پٹک /pəʈək/ ■ (*imper.* of پٹکنا) throw down. ■ *n.f.* throwing; beating.

پٹکا /pəʈkɑ:/ ■ *n.m.* (also پٹوکا) **1** patka, girdle, belt, sash; a cloth worn round the waist. **2** a turban cloth worn around the head. پٹکا باندھنا **1** gird up the loins. **2** (*fig.*) (i) prepare for any work. (ii) resolve firmly. پٹکا پکڑنا hinder, hold back, prevent.

پٹکن /pəʈkən/ ■ *n.f.* **1** sharp blow, knock; fall. **2** unease, restlessness. پٹکن کھانا be felled to the ground violently, be thrown down.

پٹکنا /pəʈəknɑ:/ ■ *v.* (also پٹخنا) **1** throw down with force. **2** dash (a swelling) to subside.

پٹکنی /pəʈkəni:/ ■ *n.f.* (also پٹخنی) the act of knocking down; throw or fall. پٹکنی دینا dash one on the ground with force.

پٹکی /pəʈki:/ ■ *n.f.* **1** shock. **2** blow; the act of knocking down. پٹکی کھانا **1** be in agony; writhe. **2** thrash about while lying down.

پُٹکی¹ /pʊʈki:/ ■ *n.f.* catastrophe, calamity. پٹکی آنا suffer or speak out quickly or impromptu. پٹاخ سے بولنا

پٹاخا /pəʈɑ:xɑ:/ ■ *n.m.* (also پٹاخہ) **1** cracker; the percussion of a gun, bang. **2** (*fig.*) (i) young and lively girl or boy. (ii) prostitute.

پِٹارا /pɪʈɑ:rɑ:/ ■ *n.m.* large basket or portmanteau.

پِٹاری /pɪʈɑ:ri:/ ■ *n.f.* (*dim.* of پٹارا) **1** a small basket. **2** betel-box. پٹاری کا خرچ **1** personal allowance given to wife. **2** betel expenses. پٹاری میں بند رکھنے کے لائق (*iron.*) strange, queer, unique.

پٹاک /pəʈɑ:k/ ■ *n.m.* (also پٹاخ، پٹاق) crash or sound of a crack.

پٹانا /pəʈɑ:nɑ:/ ■ *v.* **1** pay money, settle an account; conclude a bargain. **2** lure, entice, seduce. **3** cause to be boarded, roofed or covered. **4** fill up a hole. **5** irrigate.

پٹاؤ /pəʈɑ:o:/ ■ *n.m.* (also پٹاو) **1** irrigation. **2** stone or wood used in roofing.

پٹائی /pɪʈɑ:i:/ ■ *n.f.* **1** beating, thrashing. **2** wages paid for it.

پٹ بیجنا /pəʈbi:dʒnɑ:/ ■ *n.m.* **1** firefly. **2** one who blinks his eyes all the time.

پٹ پٹا کر /pɪʈ pɪʈɑ: kər/ ■ *adv.* after a good beating.

پٹپٹانا /pəʈpəʈɑ:nɑ:/ ■ *v.* **1** twinkle. **2** grumble. **3** regret. **4** parch or roast something in hot ashes. **5** make soft, flaccid. **6** move repeatedly (esp. eyes).

پِٹپِٹانا /pɪʈpɪʈɑ:nɑ:/ ■ *v.* feel helpless.

پِٹ پِٹ کر /pɪʈ pɪʈ kər/ ■ *adv.* (also پٹ پٹ کے) with great difficulty and trouble.

پِٹ پُچھنا /pɪʈ pʊtʃʰnɑ:/ ■ *n.m.* the last-born child. See under ¹پٹ.

پٹخارنا /pəʈxɑ:rnɑ:/ ■ *v.* **1** beat, flog. **2** threaten. **3** clean dust by jerking or striking against something.

پٹخنا /pəʈəxnɑ:/ ■ *v.* (also پٹکنا) throw down with force.

پٹخنی /pəʈxəni:/ ■ *n.f.* the act of throwing down with force; a trick in wrestling. پٹخنی دینا **1** throw on ground. **2** to silence, confute (a person), prove someone wrong. پٹخنی کھانا to be knocked down.

پٹرا /pəʈrɑ:/ ■ *n.m.* (also پڑا) **1** board. **2** a low stool-like frame to sit on (in kitchen or bathroom). **3** chapatti board. **4** a plank used as a harrow. **5** destruction. پٹرا پھیرنا level the ground. پٹرا کر دینا **1** destroy. **2** cause a heavy loss to someone. پٹرا ہونا suffer a heavy loss.

پٹواں لوہا wrought iron.

پٹوانا /pəʈvɑ:nɑ:/ ■ *v.* **1** cause to be roofed or covered. **2** provide money. **3** have irrigated.

پِٹوانا /pɪʈvɑ:nɑ:/ ■ *v.* cause to be beaten, get someone beaten.

پٹوتن /pəʈɔ:ʈən/ ■ *n.f.* **1** planks used to cover a roof. **2** horizontal beams or crossbars to strengthen roof. **3** the act of covering the roof with planks, transom.

پِٹوّر /pɪʈəvvər/ ■ *n.m.* wailing, ululation.

پٹوکا /pəʈu:kɑ:/ ■ *n.m.* belt, sash. See پٹکا.

پٹول /pəʈo:l/ ■ *n.m.* (also پروَل، پلول) a species of cucumber, *Trichosanthes dioica*.

پٹولا /pəʈo:lɑ:/ ■ *n.m.* **1** a kind of silk cloth. **2** silkworm.

پٹّوں /pəʈʈõ:/ ■ *n.m.* (*pl.* of پٹّا[4]) muscles. پٹوں میں چھپنا/گھسنا imbue; pervade, permeate.

پٹہا /pəʈəhɑ:/ ■ *n.m.* drum, kettledrum.

پٹّہ /pəʈʈɑ:/ ■ *n.m.* (also پٹّا[3]) patta, lease document. پٹہ دار lease-holder, lessee. پٹہ رہن mortgage-lease. پٹہ قبولیت settlement-paper.

پِٹی /pɪʈi:/ ■ *adj.* (*fem.* of پِٹا) beaten. پٹی پٹائی **1** beaten. **2** trite.

پٹّی /pəʈʈi:/ ■ *n.f.* **1** bandage. **2** puttee, strip of cloth. **3** ribbon. **4** tape. **5** piece, part, portion; division of a village. **6** the side of a cot. **7** a row of houses or hutments. **8** roadside. **9** path on a canal or river-bank. **10** hem, border. **11** metallic strip. **12** a kind of sweetmeat mainly made of either raw or refined sugar. **13** lesson. **14** parting of hair. **15** a board to write on. **16** list, catalogue. **17** head band, bandeau, fillet for binding a woman's hair, usually after childbirth. **18** loincloth. **19** ticker, a narrow strip shown on television screen's bottom to flash important news. پٹی باندھنا apply a bandage. پٹی بنانا use water or oil to stick a lock of hair on the forehead. پٹی پڑھانا/دینا give a misleading advice; allure; incite; cheat. پٹی پکڑنا be in constant attendance to an ill person. پٹی تلے کا inferior, worthless. پٹی توڑنا be bedridden. پٹی چڑھانا (a wound) be cleaned and bandaged. پٹی دار co-sharer. پٹی داری sharing a piece of land, joint-holding. پٹی داری ناکمل tenure of an estate in partial severalty. پٹی سے لگ جانا attend an ill person face a disaster; die suddenly. پٹکی پڑے (curse) may it be destroyed! پٹکی ڈالنا to blind. [S]

پٹکی[2] ____ ■ *n.f.* blot. See پھٹکی. [S]

پٹل /pəʈəl/ ■ *n.f.* **1** roof, thatch; cover. **2** film over the eye. **3** heap, mass. **4** a sandal-wood mark on the forehead. **5** horse with a crescent mark on the forehead, which is considered a propitious sign.

پٹلا /pəʈlɑ:/ ■ *n.m.* a kind of bangle.

پُٹلا /pʊʈlɑ:/ ■ *n.m.* (*contr.* of پوٹلا) bundle, knapsack.

پُٹلی /pʊʈli:/ ■ *n.f.* (also پُٹلیا) (*dim.* of پُٹلا) small bundle.

پٹم /pəʈəm/ ■ *adj.* closed, shut (eyes). پٹم ہوجانا (the eyes) to become blind.

پٹن /pəʈən/ ■ *n.m.* **1** city. **2** quay; ford.

پِٹّن /pɪʈʈən/ ■ *n.f.* beating. See پِٹس.

پٹنا /pəʈnɑ:/ ■ *v.* **1** be covered or thatched. **2** be filled up, be full. **3** be paid. **4** be watered. **5** (of accounts) be levelled or settled. **6** agree; be struck (a deal or bargain).

پِٹنا /pɪʈnɑ:/ ■ *v.* be beaten, get a beating; be defeated, suffer loss. ■ *n.m.* **1** mallet, a wooden hammer used for pounding, pounder. **2** wailing, lamentation. **3** an unpleasant chore or matter.

پُٹنکھی /pʊʈəŋk^{h}i:/ ■ *adj.* half-shut (eyes).

پٹنی /pəʈni:/ ■ *n.m.* boatman, ferryman.

پٹو /pəʈu:/ ■ *adj.* **1** pungent, hot, acid. **2** sharp, clever, crafty. **3** harsh; hard.

پٹّو /pəʈʈu:/ ■ *n.m.* **1** coarse woollen cloth. **2** raincoat. **3** thick woollen blanket.

پِٹّو /pɪʈʈu:/ ■ *adj.* beaten, defeated; timid (used for fighter birds).

پٹوا[1] /pəʈvɑ:/ ■ *n.m.* (also پٹوہ) a maker of fringes, tape or braid, one who strings beads, pearls, etc. [S]

پٹوا[2] ____ ■ *n.m.* (also پٹوا) **1** a plant *Hibiscus cannabinus* which is used as a pot-herb. **2** tow made from this plant. **3** name of a fruit. [S]

پٹوار /pəʈvɑ:r/ ■ *n.m.* **1** profession of patwari. **2** official of the revenue department. See پٹواری.

پٹواری /pəʈvɑ:ri:/ ■ *n.m.* patwari, the lowest official of the revenue department who keeps land records in a village, village registrar of lands.

پِٹواں /pɪʈvɑ̃:/ ■ *adj.* made by pounding and beating.

ہائیہ مصمتے:

بھ	پھ	تھ	ٹھ	جھ	چھ	دھ	ڈھ	رھ	ڑھ	کھ	گھ	لھ	مھ	نھ
b^h	p^h	t̪^{h}	ʈ^h	dʒ^h	tʃ^h	d̪^{h}	ɖ^h	r^h	ɽ^h	k^h	g^h	l^h	m^h	n^h

flies, *Merops viridis*.

پُٹھ /pʊtʰ/ ■ *n.m.* See پُٹّھا.

پٹّھا /pətʰʈʰɑ:/ ■ *n.m.* **1** sinew, tendon; muscle. **2** youth, adolescent. **3** young full-grown animal. **4** disciple; understudy, trainee (of a wrestler). **5** a juggler's apprentice. **6** a long pointed leaf. **7** a young tree which has not borne fruit. **8** cardboard, stiff cover of a book. پٹھا چڑھنا pull a muscle. (*fem.* پٹھی)

پُٹّھا /pʊtʰʈʰɑ:/ ■ *n.m.* (also پُٹھ) rump, breech, hind-quarter, hip, buttock. (*fem.* پُٹھی)

پٹھار /pəʈʰɑ:r/ ■ *n.f.* rocky, stony land.

پٹھان /pəʈʰɑ:n/ ■ *n.m.* **1** Pathan. **2** (*fig.*) soldier, warrior. ■ *adj.* (*fig.*) cruel. پٹھان کا پُوت، گھڑی میں اولیا گھڑی میں بھوت a moody fellow is not reliable, he may be very nice one moment and may turn very nasty in the next.

پٹھانا¹ /pəʈʰɑ:nɑ:/ ■ *n.m.* parched gram. [dial.]

پٹھانا² ____ ■ *v.* send, dispatch. [Prk.]

پٹھانوں /pəʈʰɑ:nõ:/ ■ *n.m.* (*pl.* of پٹھان) پٹھانوں نے گاؤں مارا، جلاہوں کی چڑھ بنی gentleman keeps away from the conquerors and it's only the mean that greet them.

پٹھانی /pəʈʰɑ:ni:/ ■ *n.f.* **1** a woman of Pathan race; wife of a Pathan. **2** characterstics or traits of a Pathan (ego and bravery, etc.). **3** Pashtu, a language of Pakistan. ■ *adj.* of or relating to Pathans.

پٹھنَولی /pəʈʰnɔ:li:/ ■ *n.f.* traits of a Pathan (pride, ego, bravery).

پِٹّھو /pɪtʰʈʰu:/ ■ *n.m.* **1** comrade, playmate; follower, supporter. **2** stooge, a person who is partisan or under great influence. **3** haversack; a soldier's backpack.

پُٹھوال /pʊʈʰvɑ:l/ ■ *n.m.* (also پٹھوار) accomplice, confederate.

پٹھَورا /pəʈʰɔ:rɑ:/ ■ *n.m.* (also پٹھور) a young animal (goat, ox, buffalo, cock, etc.); young man. (*fem.* پٹھوری)

پٹّھی /pətʰʈʰi:/ ■ *n.f.* young woman, girl (used disparagingly or admiringly).

پِٹّھی /pɪtʰʈʰi:/ ■ *n.f.* (also پیٹھی) pulse steeped in water and then peeled and ground.

پُٹّھی /pʊtʰʈʰi:/ ■ *n.f.* a trick in wrestling.

پُٹّھے /pʊtʰʈʰe:/ ■ *n.m.* (*pl. & infl.* of پٹّھا) پٹھے پر ہاتھ نہ رکھنے دینا **1** not to allow familiarity; be unapproachable. **2** (of animals) be very sensitive to touch.

constantly, remain on the side of an ill person. پٹی کرنا bandage, dress (a wound). پٹی میں آنا be taken in, be cheated. پٹی وار according to shares, holdings, assessment, etc.

پٹّے¹ /pəʈʈe:/ ■ *n.m.* (*pl. & infl.* of ¹پٹّا) long hair, curling locks of hair. پٹے چھوڑنا let the hair grow. [S]

پٹّے² ____ ■ *n.m.* (*pl. & infl.* of ³پٹّا) پٹے پر دینا grant (property) on lease. پٹے دار leaseholder. [S]

پٹیا¹ /pəʈ jɑ:/ ■ *n.f.* a slip of board; slab of stone; slate. [S]

پٹیا² ____ ■ *n.f.* a flat-bottomed boat for loading and unloading from ship. [Prk.]

پٹیارا /pəʈ jɑ:rɑ:/ ■ *n.m.* a crushing mill to extract sugar cane juice.

پٹّیاں /pəʈʈjɑ̃:/ ■ *n.f.* (*pl.* of پٹّی) پٹیاں جمانا arrange hair by combing, paste the hair down on the temples.

پٹَیت¹ /pəʈæ:ʈ/ ■ *n.m.* **1** a cudgel player; fencer. **2** enemy, opponent. **3** blockhead. [S]

پٹَیت² ____ ■ *n.m.* **1** leaseholder. **2** village priest. [S]

پٹَیتی /pəʈæ:ʈi:/ ■ *n.f.* art of fencing with wooden cudgel, cudgelling.

پٹیر /pəʈe:r/ ■ *n.m.* (also پٹیرا) **1** a long coarse grass used as fodder for elephants. **2** a species of reed, papyrus; writing material made by ancient Egyptians from reeds.

پٹیل¹ /pəʈe:l/ ■ *n.m.* **1** the head of a village. **2** sovereignty. [S]

پٹیل² ____ ■ *n.m.* cudgelling. پٹیل ڈالنا beat, subdue, vanquish. [Prk.]

پِٹیل /pɪʈ jəl/ ■ *adj.* easily beaten, cowardly.

پٹیلا /pəʈe:lɑ:/ ■ *n.m.* **1** a log or beam used to roll or harrow ground. **2** stone; slab, slat. **3** large flat-bottomed boat.

پٹیلنا /pəʈi:lnɑ:/ ■ *v.* **1** beat, win, gain (usu. through unfair means). **2** extort, exact, subdue, capture, wring. **3** sell at a very low price.

پٹیلوں /pəʈi:lũ:/ ■ *n.f.* a partridge's call.

پٹیلی /pəʈe:li:/ ■ *n.f.* small flat-bottomed boat.

پٹیما /pəʈi:mɑ:/ ■ *n.m.* the plank on which cloth is spread for printing.

پُٹین /pʊʈi:n/ ■ *n.f.* putty, a paste to fill the cracks in the wood. [E]

پٹَینا /pəʈæ:nɑ:/ ■ *n.m.* (***Zool.***) a green bird which catches

طویل مصوتے: ɑ: آنا، گانا /gɑ:nɑ:/, /ɑ:nɑ:/ æ: بیٹھنا /bæ:tʰnɑ:/ i: پیلا /pi:lɑ:/ e: دینا /ḍe:nɑ:/ ɔ: پَودا /pɔ:ḍɑ:/ u: چُول /tʃu:l/ o: گول /go:l/

پٹھیا /pəʈʰɪjɑ:/ ■ *n.f.* **1** female young of a goat, cow or buffalo. **2** (*fig.*) a young girl.

پجاپا /pudʒɑ:pɑ:/ ■ *n.m.* articles used for worshipping or offering. پجاپا پھیلانا have one's things at sixes and sevens, create confusion or disorder.

پجارن /pudʒɑ:rən/ ■ *n.* (*fem.* of پجاری) **1** a female worshipper. **2** (*fig.*) female lover.

پجاری /pudʒɑ:ri:/ ■ *n.m.* **1** pujari, a priest who officiates at a shrine and lives upon the votive offerings, temple-keeper; worshipper. **2** (*fig.*) lover, ardent admirer.

پجامہ /pədʒɑ:mɑ:/ ■ *n.m.* pyjamas. See پاجامہ.

پجانا¹ /pudʒɑ:nɑ:/ ■ *v.* cause to worship. [S]

پجانا² ____ ■ *v.* fill; complete; accomplish. [S]

پجاوہ /pədʒɑ:vɑ:/ ■ *n.m.* (also پزاوہ) brick-kiln.

پجر /pədʒər/ ■ *n.m.* **1** dripping, trickling. **2** spring, fountain.

پجرنا¹ /pədʒərnɑ:/ ■ *v.* (also پجلنا) **1** catch fire, burn, blaze, be inflamed or incensed. **2** be in a burning fever. [S]

پجرنا² ____ ■ *v.* to flow, drip, trickle, leak. [S]

پجنا¹ /pudʒnɑ:/ ■ *v.* be worshipped. [S]

پجنا² ____ ■ *v.* be filled, be completed. [S]

پجوانا /pudʒvɑ:nɑ:/ ■ *v.* cause to be worshipped.

پجوڑا /pədʒo:ɽɑ:/ ■ *adj.* (*dim.* of پاجی) (*deris.*) shabby; naughty.

پچ¹ /pətʃ/ ■ *adj.* (*contr.* of پانچ) five; used in comp. as: پچ پہلو **1** five-sided, pentagonal. **2** a five-sided figure, pentagon. پچ درہ/دوار having five doors. پچ دھات/رس a kind of bronze used to make bells. پچ رنگ/رنگا of five colours. پچ کلسا ancient vehicle which had five spires on its roof. پچ کلیان a horse with white legs and head (considered ominous). پچ کھن/رکھنا **1** consisting of five divisions, five-storied. **2** a five-storied house. پچ کھونٹ/گوشہ pentagon. پچ گٹا/گٹیا a game played with five pebbles. پچ گنا five times. پچ لڑا/لڑی a necklace consisting of five strings. پچ لونا/لونہ a herbal medicine composed of five kinds of salts. پچ محلا/منزلا five-storied. پچ میل (also پچمیل) **1** mixture composed of five different ingredients, usually five lentils. **2** mess, not pure, mixture. پچ ہتھا **1** five hands high. **2** (*fig.*) very tall. [S]

پچ² ____ ■ *n.f.* **1** defence, protection, support; favouritism; consideration. **2** prejudice, bigotry. **3** obstinacy. پچ آپڑنا be obstinate. پچ لینا defend, support. [S]

پچ³ ____ ■ *exclam.* expressing sound of something falling in mud. پچ پچ sound of someone walking in mud or water, squelching sound. [Prk.]

پچ /pɪtʃ/ ■ *n.f.* sound of spitting pan. پچ پچ sound of spitting again and again.

پچ /putʃ/ ■ *n.f.* **1** sound of calling a domestic animal. **2** sound of kissing. پچ پچ **1** kissing. **2** sound of kissing.

پچا /pətʃɑ:/ ■ *n.m.* cooking or process of cooking.

پچار /putʃɑ:r/ ■ *n.m.* low alluvial land which is irrigated by river or canal water.

پچارا /putʃɑ:rɑ:/ ■ *n.m.* **1** brush. **2** a thin coating of clay or whitewash. **3** a rag for greasing or oiling. **4** the cleaning sponge for a gun. پچارا پھیرنا **1** wipe with a wet cloth. **2** whitewash; apply a thin coat of a paint. **3** sponge a gun. **4** (*fig.*) flatter. پچارا دینا **1** whitewash a wall. **2** (*fig.*) incite, instigate.

پچاس /pətʃɑ:s/ ■ *cardinal number* fifty. پچاس فی صد fifty percent, half of something.

پچاسا /pətʃɑ:sɑ:/ ■ *n.m.* a weight or scale of fifty tolas or rupees.

پچاسواں /pətʃɑ:svɑ̃:/ ■ *ordinal number* fiftieth.

پچاسوں /pətʃɑ:sõ:/ ■ *adj.* (*pl.* of پچاس) many; all the fifty.

پچاسی /pətʃɑ:si:/ ■ *cardinal number* eighty-five.

پچانا /pətʃɑ:nɑ:/ ■ *v.* **1** digest. **2** assimilate. **3** embezzle, misappropriate.

پچانواں /pɪtʃɑ:nvɑ̃:/ ■ *ordinal number* ninety-fifth.

پچانوے /pɪtʃɑ:nve:/ ■ (also پچیانوے) *cardinal number* ninety-five.

پچاؤ /pətʃɑ:o:/ ■ *n.m.* (also پچاو، پچاوا) **1** digestion. **2** assimilation.

پچ پچ /pətʃpətʃ/ ■ *n.f.* squelching sound made by walking in mud. See under پچ³.

پچ پچ /pɪtʃpɪtʃ/ ■ *n.f.* the sound of spitting. See under پچ.

پچ پچ /putʃputʃ/ ■ *n.f.* **1** sound of calling some domestic animal. **2** sound of kissing. See under پچ.

پچپچا /pɪtʃpɪtʃɑ:/ ■ *adj.* flabby, watery, clammy, sticky, flaccid.

پچپچانا /pətʃpətʃɑ:nɑ:/ ■ *v.* be damp, be wet or clammy or

material for cooking; cooking-pan, frying pan. **3** fire. **4** a person who cooks.
پچنا /pətʃnɑː/ ■ *v.* **1** be digested; be consumed. **2** (of property) be swallowed and enjoyed without remorse. **3** (of a secret) be kept close.
پچنا /pɪtʃnɑː/ ■ *v.* be crushed.
پچوانسا /pətʃvɑ̃ːsɑː/ ■ *n.m.* wedge inserted at the junction of beam and spindle of a plough.
پچوائی /pətʃvɑːiː/ ■ *n.f.* an intoxicating drink prepared from fermented rice or other grain.
پچوترا /pətʃoːʈərɑː/ ■ *n.m.* (*arch.*) additional duty or commission at the rate of five percent.
پچونی /pətʃoːniː/ ■ *n.f.* stomach, entrails, digestive organs.
پچئی /pətʃəiː/ ■ *n.f.* a kind of rake with teeth pointed upwards for turning over stack of hay.
پچّی /pɪtʃtʃiː/ ■ *adj.* **1** joined, rooted, firm, attached, fixed, jammed. **2** bruised, crushed, smashed. پچی کاری mosaic work, tessellation. پچی ہونا be joined, adhere, be wedged, be jammed or squeezed.
پچّیت /pɪtʃæːʈ/ ■ *n.m.* wrestler.
پچّیتی /pɪtʃæːʈiː/ ■ *n.f.* wrestling.
پچّیس /pətʃtʃiːs/ ■ *cardinal number* twenty-five.
پچّیسواں /pətʃtʃiːsvɑ̃ː/ ■ *ordinal number* twenty-fifth.
پچّیسی /pətʃtʃiːsiː/ ■ *n.f.* **1** a collection of twenty-five items. **2** pachisi, a game of chance played with cowries (small shells) instead of dice.
پچّیسیا /pətʃtʃiːsɪjɑː/ ■ *n.m.* (also پچّیسیہ) worker who folds printed sheets into book form.
پچھ /pətʃʰ/ ■ *n.f.* favour, support.
پچھ /pɪtʃʰ/ ■ *prefix* (*contr.* of پیچھے) used in comp. as: پچھ تالو (***Ling.***) (of a speech sound) pronounced with the back of the tongue near the soft palate, as: گ. پچھ لگا **1** one who follows or trails someone; servant; parasite. **2** son of wife's previous husband.
پُچھ /pʊtʃʰ/ ■ *n.f.* tail, hinder part. See پُونچھ.
پچھا /pɪtʃʰɑː/ ■ *n.m.* **1** scum of boiled rice and other food grains. **2** the gum of the silk-cotton tree. **3** a sheath, coat or cover. **4** line, row.
پچھات /pɪtʃʰɑːʈ/ ■ *adj.* late sown (grain, fruit, etc.) (*opp.* اگات)
پچھار /pətʃʰɑːr/ ■ *n.f.* low-lying land where water collects.

moist.
پچپچاہٹ /pɪtʃpɪtʃɑːhəʈ/ ■ *n.f.* state of being damp or moist; wateriness, softness, clamminess.
پچپن /pətʃpən/ ■ *cardinal number* fifty-five.
پچپنواں /pətʃpənvɑ̃ː/ ■ *ordinal number* fifty-fifth.
پچتانا /pətʃtɑːnɑː/ ■ *v.* repent. See پچھتانا.
پچتاوا /pətʃtɑːvɑː/ ■ *n.m.* repentance. See پچھتاوا.
پچج /pɪtʃtʃəx/ ■ *adj.* (also پچکا،پچکا) squeezed; flattened.
پچر /pətʃtʃər/ ■ *n.f.* **1** wedge; a slip of wood to fill up a hole or crevice. **2** (*fig.*) hindrance. پچر اڑانا/لگانا **1** put in a wedge, insert a slip of wood. **2** (*fig.*) obstruct, hinder. پچر پڑنا suffer from a sudden calamity. پچر ٹھونکنا put a wedge by hitting, give or cause pain, cause grief; obstruct, thwart. پچر مارنا tease, harass, obstruct, thwart.
پچر پچر /pətʃərpətʃər/ ■ *n.f.* (also پچر پچر) **1** dampness, clamminess, muddiness. **2** sound of spitting paan.
پچک /pətʃək/ ■ *n.f.* underside of a hen's egg.
پچک /pɪtʃək/ ■ (*imper.* of پچکنا) پچک جانا be pressed or squeezed; be flattened.
پچک /pɪtʃʊk/ ■ *n.m.* a moderate-sized thorny plant, *Vangueria spinosa*.
پُچکار /pʊtʃkɑːr/ ■ *n.f.* **1** appeasement, placation, solace. **2** sound of kissing (made to cajole someone).
پُچکارنا /pʊtʃkɑːrnɑː/ ■ *v.* **1** cajole, appease, placate; give solace to. **2** make a sound of kissing to comfort, coax by caressing or patting.
پچکاری /pɪtʃkɑːriː/ ■ *n.f.* **1** syringe, squirt, spray. **2** enema. پچکاری چلنا (of a liquid) be ejected. پچکاری دینا give an enema. پچکاری کا جلاب enema. پچکاری لینا take an enema. پچکاری مارنا **1** discharge water through a syringe. **2** eject betel-leaf juice from mouth with force.
پچکانا /pɪtʃkɑːnɑː/ ■ *v.* cause to squeeze; press flat.
پچکنا /pɪtʃəknɑː/ ■ *v.* be squeezed; be flattened; be dented; become out of shape due to squeezing or pressing or by being hit.
پچُل /pɪtʃʊl/ ■ *n.m.* **1** a tree of the tamarisk kind, *Barringtonia acutangula*. (See also سمندر پھل under سمندر[1].). **2** a kind of cormorant or sea-crow. **3** cotton.
پچمپچا /pətʃəmpətʃɑː/ ■ *n.m.* turmeric plant yielding yellow dye, *Curcuma aromatica*.
پچن /pətʃən/ ■ *n.m.* **1** the act of cooking; ripening. **2** the

پچھاڑ¹ /pətʃʰɑːɽ/ ■ *n.f.* a fall on the back, falling back in a swoon. [S]

پچھاڑ² ——— ■ *n.f.* the act of winnowing. [Prk.]

پچھاڑنا /pətʃʰɑːɽnɑː/ ■ *v.* **1** throw down on the back, fell, knock down. **2** overpower, overcome, subdue; defeat in a combat.

پچھاڑی /pɪtʃʰɑːɽiː/ ■ *n.f.* **1** rear, back, hinder part, hind quarters; rump. **2** the ropes by which a horse's hind legs are hobbled. ■ *adj.* in the rear, behind. ■ *adv.* behind, at the rear side; after the departure of. پچھاڑی مارنا **1** attack from the back. **2** kick with the hind leg (esp. of a horse). (*opp.* اگاڑی)

پچھاڑیں /pətʃʰɑːɽẽː/ ■ *n.f.* (*pl.* of پچھاڑ¹) پچھاڑیں دینا torment, torture. پچھاڑیں کھانا writhe in agony, wallow on the ground in grief.

پچھاں /pətʃʰɑ̃ː/ ■ *n.m.* the west. (See also پچھّم.)

پِچھاوا /pɪtʃʰɑːvɑː/ ■ *n.m.* **1** back portion of the body. **2** the back of a brassiere.

پچھائیں /pətʃʰɑːĩː/ ■ *adj.* of or relating to پچھاں, of west, western; (person) living in the west.

پِچھایا /pɪtʃʰɑːjɑː/ ■ *n.m.* hind side, the rear.

پچھتّا /pətʃʰət̪t̪ɑː/ ■ *n.m.* very tall. See پچ ہتھا under پچ². (*fem.* پچھتّی)

پِچھ تالو /pɪtʃʰt̪ɑːluː/ ■ *adj.* (***Ling.***) (of a speech sound) velar, as: ک and گ. See under پِچھ.

پچھتانا /pətʃʰt̪ɑːnɑː/ ■ *v.* (also پچتانا) repent, rue, regret.

پچھتاوا /pətʃʰt̪ɑːvɑː/ ■ *n.m.* (also پچتاوا) repentance, remorse, compunction, regret.

پچھتر /pətʃʰət̪t̪ər/ ■ (also پچھتّر) *cardinal number* seventy-five.

پچھترواں /pətʃʰət̪t̪ərvɑ̃ː/ ■ (also پچھتّرواں) *ordinal number* seventy-fifth.

پچھڑنا /pətʃʰəɽnɑː/ ■ *v.* **1** fall back, tumble down. **2** be defeated in wrestling; fail, lose a contest. **3** ail, fall ill.

پِچھڑنا /pɪtʃʰəɽnɑː/ ■ *v.* (also پچھڑ جانا) **1** be separated, go astray, go missing. **2** lag behind, fall behind, trail.

پِچھل /pɪtʃʰəl/ ■ *adj.* (also پچّھل) of rear part, behind. ■ *n.m.* rear part, back; used in comp. as: پچھل پائی/پیری **1** the ghost of a woman, a legendary evil female demon or spirit with feet turned backwards. **2** (*derog.*) wicked woman; ominous.

پِچھلا /pɪtʃʰlɑː/ ■ *adj.* **1** back, posterior, hinder. **2** last, later, past, bygone; antecedent. پچھلا پہر **1** the last quarter of the day or night, last hours; small hours. **2** (*fig.*) old age.

پُچھلّا /pʊtʃʰəllɑː/ ■ *n.m.* **1** long tail. **2** one who is always at the heels of another; a constant follower. (*fem.* پُچھلّی)

پِچھلی /pɪtʃʰliː/ ■ *adj.* (*fem.* of پچھلا) پچھلی ٹکیا smaller bread made from the remaining dough. پچھلی رات **1** last night, previous night. **2** time after midnight; small hours. پچھلی مت stupidity; inverse logic.

پِچھلے /pɪtʃʰleː/ ■ *n.m.* (*pl.* & *infl.* of پچھلا) people of the bygone era; people who passed before us, ancestors, forefathers. ■ *n.m.* (as *sing.*) **1** food eaten before sunrise during Ramazan (See also سحری.) **2** dawn, time before sunrise. ■ *adj.* of or relating to rear, situated at the back. پچھلے پاؤں پھرنا return from a place as soon as one reaches it, retrace one's steps without tarrying. پچھلے پاؤں ہٹنا retreat; withdraw from or back out of an agreement. پچھلے پہر last quarter of night or day. پچھلے درجے کا extreme. پچھلے دن the past. پچھلے کو in the last part of the night. پچھلے کی توپ the cannon that used to be fired just before dawn (as an indication of time for those who fasted during Ramazan).

پچھّم /pətʃʰtʃʰəm/ ■ *n.m.* the west. پچھّم جاؤ یا دکّھن وہی کرم کے لچھن go west or east the luck will remain the same, i.e. it is useless to wander for work as one will get what destiny has in store for him.

پچھّمی /pətʃʰtʃʰəmiː/ ■ *adj.* western. ■ *n.m.* a native of the west.

پچھنا /pətʃʰnɑː/ ■ *n.m.* (***Med.***) the act of cutting the skin open with a lancet so as to let the blood come out (as a remedy), the act of cupping.

پُچھنا /pʊtʃʰnɑː/ ■ *v.* be wiped. ■ *n.m.* a cloth to wipe things with, duster, dusting cloth.

پچھنے /pətʃʰneː/ ■ *n.m.* (*pl.* & *infl.* of پچھنا) پچھنے دینا/لگانا to cup, make someone bleed (as a remedy).

پچھوا /pətʃʰvɑː/ ■ *n.f.* (also پچھوائی) the westerly wind, the wind blowing from the west.

پِچھواڑا /pɪtʃʰvɑːɽɑː/ ■ *n.m.* **1** rear, the back part, hind quarter. **2** backyard, the area or building behind a house.

strong. پخت وپز 1 food preparation. 2 full arrangement, complete settlement, concoction.

پختانا /pʊxt̪ɑ:nɑ:/ ■ *v.* make solid, harden.

پختری /pʊxt̪əri:/ ■ *n.f.* 1 pieces of bread laid over dishes to keep food warm. 2 bread not earned by work; free meal or leftover breads given to servants. 3 cakes soaked with oil or ghee, oily food, greasy dishes.

پختگی /pʊxt̪əgi:/ ■ *n.f.* 1 maturity; ripeness. 2 firmness, soundness, solidity, strength. 3 experience.

پختو /pəxt̪o:/ ■ *n.f.* Pashtu. See پشتو.

پختون /pəxt̪u:n/ ■ *n.m.* (also پشتون) the Pathan(s). ■ *pr.n.f.* the Pashtu language.

پختہ /pʊxt̪ɑ:/ ■ *adj.* 1 matured; ripe. 2 shrewd, expert; firm. 3 strong, well-built. 4 cooked. پختہ ارادہ firm intention. پختہ بات something decided. پختہ بیگھا a piece of land of 3025 square yards. پختہ خط handwriting settled or matured, firm handwriting. پختہ رائے firm opinion. پختہ کاری 1 maturity; ripeness. 2 solidity. 3 workmanship, experience. پختہ کرنا 1 make firm or strong. 2 ripen. 3 learn well, learn something by heart. پختہ مزاج (of a person) firm; stable; matured; of a stable disposition. پختہ مزاجی firmness, stability, constancy.

پخچہ /pəxtʃɑ:/ ■ *adj.* shrivelled, flattened; pressed.

پخش /pəxʃ/ ■ *adj.* 1 crushed, pressed, trodden; expanded, spread; soft, tender. 2 dried; pressed.

پخمہ /pʊxmɑ:/ ■ *n.f.* (also پخما) a young girl who talks like a mature person or whose face looks matured.

پخنا /pəxnɑ:/ ■ *adj.* mean, malicious; querulous.

پخنی¹ /pəxni:/ ■ *adj.* (*fem.* of پخنا). [P]

پخنی² ____ ■ *n.f.* the reverse side of a coin that has inscribed date, etc. [dial]

پخیا /pəxjɑ:/ ■ *adj.* querulous, troublemaking.

پد /pəd̪/ ■ *n.m.* 1 foot; footprint; step; trace, mark, sign. 2 abode. 3 status, dignity, office; title of legal proceedings. 4 word; verse, couplet; poem.

پدّا /pɪd̪d̪ɑ:/ ■ *n.m.* the brown-backed robin of Indian origin, *Thamnobia cambaiensis*. ■ *adj.* (*fig.*) tiny; contemptible, mean; ordinary.

پدارتھ /pəd̪ɑ:rət̪ʰ/ ■ *n.m.* 1 meaning of a word or sentence. 2 substance, thing, object, blessing. 3 delicacy.

پچھواڑے /pɪtʃʰvɑ:ɽe:/ ■ *n.m.* (*pl.* & *infl.* of پچھواڑا). ■ *adv.* behind, in the rear, at the back.

پچھوانا /pʊtʃʰvɑ:nɑ:/ ■ *v.* have something asked.

پچھوپا /pɪtʃʰo:pɑ:/ ■ *n.m.* family, household.

پچھوت /pɪtʃʰɔ:t̪/ ■ *adv.* behind, afterwards. ■ *n.m.* 1 the crop sown in the last, the last-born. 2 the back of a house.

پچھَورا /pɪtʃʰɔ:rɑ:/ ■ *n.m.* (also پچھَوڑا) dupatta, cloth or sheet worn round the waist or thrown carelessly over the head.

پچھَوری /pɪtʃʰɔ:ri:/ ■ *n.f.* (also پچھَوڑی) (*dim.* of پچھَورا) 1 portion of sari or long scarf or dupatta covering the head. 2 a small sheet; headkerchief; scarf.

پچھوڑ /pətʃʰo:ɽ/ ■ *n.f.* 1 act of winnowing. 2 cloth used for sifting.

پچھوڑن /pətʃʰo:ɽən/ ■ *n.f.* chaff resulting from winnowing.

پچھوڑنا /pətʃʰo:ɽnɑ:/ ■ *v.* winnow.

پچھونڈ /pɪtʃʰɔ̃:ɖ/ ■ *n.m.* the load carried on the back.

پچھونڈی /pɪtʃʰɔ̃:ɖi:/ ■ *adv.* towards the back. ■ *n.f.* sitting position with back to someone.

پچھویّا /pʊtʃʰvəjjɑ:/ ■ *n.m.* interrogator, seeker, inquirer.

پچھی /pətʃʰi:/ ■ *n.m.* (*var.* of پنچھی) 1 bird. 2 assistant, ally.

پچھّی /pʊtʃʰtʃʰi:/ ■ *n.f.* tax on cattle, tax per tail, i.e. cattle.

پچھیت /pətʃʰi:t̪/ ■ *n.f.* 1 the back of the house, backyard; the compound behind a house. 2 neighbourhood.

پچھیتی /pɪtʃʰæ:t̪i:/ ■ *adj.* late cultivation, a crop which has ripened late or was sown late.

پخ /pəx/ ■ *n.f.* 1 trouble, difficulty. 2 hindrance. 3 a condition that must be fulfilled before something is done, a precondition, objection. 4 dispute, wrangle; noise, disturbance. 5 donkey put in a cart with its load-carrying companion. 6 (*fig.*) one who does not carry any burden or does much but is accompanied by someone all the time. پخ پخ کرنا criticize, object, raise an objection, find out fault. پخ پڑنا a calamity to befall. پخ پھیلانا create trouble, cause disturbance. پخ لگانا lay down a condition.

پخال /pəxɑ:l/ ■ *n.m.* water-bag. See پکھال.

پخت /pʊxt̪/ ■ *n.f.* 1 cooking, style or art of cooking. 2 food prepared for a party, etc. پخت کرنا make hard and often beautiful women are born into poor families.

/pəḓnɑ:/ ■ *v.* tire, be worn out. [dial.] پدنا[1]

—— ■ *adj.* addicted to farting. [S] پدنا[2]

/pəḓni:/ ■ *n.f.* prostitute. پدنی

/pəḓḓu:/ ■ *n.m.* (also پدکو، پدنا[2]، پدوڑا) 1 one addicted to farting. 2 (*fig.*) cowardly person. پدّو

/pəḓvi:/ ■ *n.f.* (also پدبی) 1 way, path, road. 2 place; opportunity. 3 status; title, surname, appellation. پدوی دینا confer rank or honour. پدوی

/pəḓi:/ ■ *n.f.* tonnage or measurement of boats or ships. پدی

/pɪḓḓi:/ ■ *adj.* (*fem.* of پڈا) (one) easily frightened; cowardly. پدّی

/pɪḓḓe:/ ■ *n.m.* (*pl. & infl.* of پڈا) پدے کی چوں چوں chirping of this bird. پدے کی ضامنی (*fig.*) responsibility entrusted to an incompetent or unreliable person. پدّے

/pəḓi:ḓ/ ■ *adj.* public, open; clear, evident, visible, manifest, conspicuous. پدید

/pəḓi:ḓɑ:r/ ■ *adj.* apparent. ■ *adv.* in sight. پدیدار

/pəḓʰɑ:rnɑ:/ ■ *v.* 1 sit down; arrive. 2 depart, go; proceed. پدھارنا

/pəḓʰḓʰi:/ ■ *n.f.* (also پڑھی) piggyback, riding or mounting on someone's back. پدھی پر چڑھانا give a piggyback. پدّھی

/pəḓɑ:/ ■ *n.m.* boundary of a field. پڈا

/pəḓḓɑ:/ ■ *n.m.* buffalo's male young, calf. (*fem.* پڈیا) پڈّا

/pəzi:r/ ■ *suffix* forming adjectives: admitting, accepting, receiving; taking; liable to; used in comp as: اصلاح پذیر remediable, capable of correction or amendment. دل پذیر pleasant, pleasing. پذیر

/pəzi:rɑ:/ ■ *adj.* (also پذیرہ) agreeable, acceptable; accepted; approved. پذیرا

/pəzi:rɑ:i:/ ■ *n.f.* 1 the act of accepting, acceptance. 2 welcome, reception; ovation. پذیرائی

/pəzi:ruftɑ:/ ■ *adj.* accepted; approved. پذیرفتہ

/pəzi:ri:/ ■ *suffix* forming nouns: the state of being accepted; capacity for; acceptance of; taking; used in comp. as: اثر پذیری impressionability. حرکت پذیری mobility. پذیری

/pər/ ■ *n.m.* 1 feather, wing of a bird; pinion, quill. 2 (*fig.*) power, strength; support. 3 blade of a fan. 4 wing of an aircraft. پرافشاں 1 flapping or dropping پر[1]

4 exquisite food. 5 (**Logic**) category of predicates.

/pəḓɑ:nɑ:/ ■ *v.* (also پدانا) 1 make one fart. 2 tire out. 3 make the opponent run about (in a game). پدانا

/pɪḓər/ ■ *n.m.* father. پدرسوختہ 1 (*literal*) (*offens.*) one whose father is burning in hell (because of adultery). 2 (*fig.*) an illegitimate child. پدرکشی patricide. پدرمردہ orphan. (مجازی) پدرمزاجی adopted father, one who has adopted a son. پدر

/pɪḓrɑ:nɑ:/ ■ *adj.* paternal, father-like, fatherly. پدرانہ

/pɪḓrəm sultɑ:n bu:ḓ/ ■ *prov.* my father was a king; boasting of one's great ancestors. پدرم سلطان بود

/pəḓru:ḓ/ ■ *n.m.* departure; dismissal, farewell. پدرود

/pɪḓəri:/ ■ *adj.* of or relating to father, patrimonial, paternal. پدری

/pɪḓṛi:/ ■ *n.f.* 1 a name for small birds like stonechat, wheatear, tomtit, titmouse. 2 (*fig.*) a weak or feeble person. پدڑی

/pəḓək/ ■ *n.m.* 1 step. 2 position, office. 3 an ornament of the neck; badge, medal. 4 (**Hinduism**) an ornament of the neck, often marked with the symbol of a god's foot. پدک

/pəḓɪk/ ■ *n.m.* footman, pedestrian; an infantry man, foot soldier. پدِک

/pəḓəkkəṛ/ ■ *n.m.* one addicted to farting. پدّکڑ

/pəḓəl/ ■ *n.m.* yellow snake tree, *Stereospermum tetragonum*. پدل

/pəḓəm/ ■ *cardinal number* one thousand billion. ■ *n.m.* 1 (*fig.*) an extremely high number, zillion. 2 a particular mark or mole on the human body, which is considered auspicious. 3 the lotus, *Nelumbo nucifera*. 4 (**Hinduism**) a posture in religious meditation. پدم

/pəḓmɑ:/ ■ *adj.* 1 (*literal*) of lotus colour. 2 (*fig.*) fair coloured, beautiful. ■ *n.f.* (**Hinduism**) an epithet of Lakshmi. پدما

/pəḓməni:/ ■ *n.f.* 1 (**Hinduism**) an epithet of Lakshmi, the goddess of fortune and wife of Vishnu. 2 exquisitely beautiful lady; woman of the first or most excellent of the four classes into which women are divided in ancient Hindu sexology, a paragon of feminine beauty and virtue. 3 lotus; a multitude of lotuses or a lake abounding in them. پدمنی چماروں میں ہوتی ہے پدمنی

unless. [S]

/**pur**/ ■ *adj.* & *prefix* complete, full, full of; exceeding, پُر[1]
abounding in; quite. پراثر impressive. پرارمان full of hopes. پرازدشمناں having many enemies, very hostile. پراززروجواہر rich, wealthy, affluent. پرازفتنہ وشر full of evil ways, wicked. پراسرار mysterious, weird, arcane. پراشتیاق desirous, longing, craving. پراشک tearful. پرافسوں magical, enchanting, alluring, fascinating. پرالم sorrowful. پرامن peaceful. پرامید hopeful. پراندام bulky. پرآب **1** full of water or tears, watery, tearful. **2** shining. پرآبلہ blistered. پرآرزو wishful. پرآشوب stormy, tumultuous, riotous, full of mischief. پرباد **1** bloated, swollen. **2** arrogant. پربار **1** fruitful. **2** pregnant. پربہار **1** lush; full of life and colour, lively. **2** good-looking. پرپیچ complex, involved. پرتاب/ضیا bright, radiant. پرتاثیر effective. پرتپاک cordial. پرتصنع affected, artificial, ostensible. پرتکلف elaborate, ceremonious; very formal. پرجاہ stately, majestic, grand. پرجفا cruel. پرجلال/رعب glorious, majestic, having dignity and rank. پرجوش zealous, enthusiastic. پرحذر careful, cautious. پرحسرت wistful. پرخار thorny. پرخطر full of hazard, hazardous or risky. پرخم confused; entangled; topsy-turvy; crooked, bent. پرخمار intoxicated. پرخور glutton, gourmand. پرخون full of blood, smeared with blood; wounded; sorrowful (heart). پردرد painful, sorrowful. پردغا deceitful. پردل **1** courageous, brave. **2** generous. **3** angry, cross. پرذائقہ delicious. پررفعت lofty. پررنگ **1** colourful. **2** (*fig.*) active; vivid. پررونق busy, well-attended, bustling, full of activity; flourishing, blooming; fresh; splendid; successful. پرزور powerful, forceful. پرسکون peaceful, calm, composed; satisfied. پرسوز **1** blazing, lighted. **2** (*fig.*) sore, painful; sorrowful. پرشرارت naughty. پرشعور wise, clever. پرشکوہ stately, magnificent; grand. پرشور noisy. پرضرور must, necessary. پرغرور arrogant. پرغم sorrowful. پرفتن full of mischief, roguish. پرفریب treacherous; deceitful. پرفسوں magical, strange; very attractive. پرفضا open or breezy place, having good or pleasant atmosphere. پرفن **1** skilful. **2** clever, smart, cunning. پرقلم (written in) bold letters. پرکار **1** wise, clever. **2** thick. **3** decorated. **4** skilful, full of the wings. **2** (*fig.*) anxious. پرافشانی the act of dropping or flapping the wing. پرباندھنا **1** bind the wings of a bird. **2** (*fig.*) disabling or making someone helpless. پربستگی helplessness. پربستہ helpless. پرپرزے نکالنا become cheeky, show true colours, give oneself airs. پرتولنا **1** (of a bird) be ready to fly. **2** (*fig.*) be ready to act. پرٹوٹنا lose power or ability. پرجلنا **1** be unable to have access to. **2** become helpless. پرجمنا **1** grow wings. **2** become haughty. پرجھاڑنا **1** shed the feathers, moult. **2** flutter, flap wings. پردار **1** winged. **2** (*fig.*) free, independent. پرریختہ moulted. پرزنی flapping of the wings, fluttering. پرشکستہ afflicted, disabled. پرقینچ **1** of clipped wings. **2** weak, dependent, incapacitated. **3** with clipped hair. پرکاتکیہ a pillow stuffed with feathers. پرکاٹ دینا/کاٹنا clip the wings. پرکاقلم a quill pen. پرکاکوابنادینا make a mountain out of a molehill. پرکاہ **1** a blade of grass. **2** (*fig.*) something insignificant, very light. پرکترنا **1** clip the wings. **2** subdue, overcome. پرکٹ/کٹا/کٹی with clipped wings. پرکھلا free, with wings unclipped; independent; ready to fly. پرگرانا shed the feathers, moult. (اڑتی چڑیا کے) پرگننا to be very perceptive. پرلگا کر اڑ جانا go quickly; vanish. پرلگانا hasten, quicken, expedite. پرلگنا **1** increase very fast. **2** give oneself airs. **3** (of news) spread quickly. **4** vanish, disappear. **5** become fast. پرمارنا fly; flap or flutter the wings; approach. پرنکالنا **1** display one's feathers. **2** show off, give oneself airs. پرنہ ملنا have no resemblance (with). پروبال **1** plumage. **2** (*fig.*) power. [P]

____ ■ *adj.* **1** foreign, alien; other, another. **2** distant; پر[2]
beyond; further, subsequent. **3** hostile. پربیتی others' story (as opposed to آپ بیتی). پردیس abroad, foreign country. پردیسی belonging to another country, foreigner, stranger. پرلوک the next world. [S]

____ ■ *adj.* & *prefix* gone by in time, in past years or پر[3]
ages; last, previous. پرپوتا paternal great-grandson. پرپوتی paternal great-granddaughter. پردادا paternal great-grandfather. پرسال last year, previous year. پرنانا maternal great-grandfather. [S]

____ ■ *prep.* upon, on; at; after; for. ■ *conj.* but; پر[4]
still; however; notwithstanding; yet; nevertheless; else; otherwise; on account of; up to; according to;

پرارتھنا /pra:rtʰəna/ ■ *n.f.* prayer, written petition, request, supplication. پرارتھنا پتر a written request. پرارتھنا کرنا pray; beg, solicit.

پراکرت /pra:krɪt̪/ ■ *n.f.* any of the ancient or medieval vernacular dialects of north and central India which existed alongside or were derived from Sanskrit. ■ *adj*. original, natural; unrefined, uncultivated.

پرّاکھ /pərra:kʰ/ ■ *adj*. great connoisseur.

پراگ /pəra:g/ ■ *n.m.* **1** pollen of a flower. **2** a perfumed powder anointed before bath.

پراگندگی /pəra:gənd̪əgi:/ ■ *n.f.* dispersion, scatteredness; distraction; disturbance.

پراگندہ /pəra:gənd̪a:/ ■ *adj*. scattered, disarranged, disturbed, distracted. پراگندہ حال disturbed, in troubled circumstances, dishevelled. پراگندہ روزی unemployed or having meagre income, one who has seen reversal of fortune. پراگندہ روزی پراگندہ دل the unemployed are always distressed. پراگندہ کرنا scatter, disarrange.

پرال /pəra:l/ ■ *n.f.* (also پیال) dried paddy stems used as loose matting.

پرالبدھ /pra:ləbd̪ʰ/ ■ *n.f.* fate, destiny.

پران /pra:n/ ■ *n.m.* **1** soul; life. **2** breath; respiration. **3** power, strength. **4** beloved. **5** vital organ. پران پت / پتی husband. پران پریا / پیارا dearer than life, beloved. پران تج دینا sacrifice one's life. پران تیاگ death; suicide. پران چھٹانا **1** kill. **2** get rid of. **3** separate from beloved. پران چھوٹ جانا **1** to die. **2** be fed up (with). **3** be tired, be confused. **4** be separated from beloved. پران چھوڑ دینا **1** die. **2** lose heart. پران داتا life-giver, God. پران ڈنڈ capital punishment. پران کھانا tease, torment. پران لینا kill, murder. پران نکلنا to die.

پُران /pura:n/ ■ *n.m.* (***Hinduism***) Puranas, a part of Hindu scriptures. ■ *adj*. old, ancient.

پرّاں /pərrã:/ ■ *adj*. flying. ■ *n.m.* flier. پرّاں ہونا fly; vanish, disappear.

پرانا /pəra:na:/ ■ *v*. run away, abscond, flee.

پرانا /pɪra:na:/ ■ *v*. ache, have pain; be painful, hurt.

پُرانا /pura:na:/ ■ *adj*. **1** old, ancient, time-worn, obsolete, out-of-date, antiquated. **2** stale, rotten. **3** experienced. **4** habitual. پرانا پاپی habitual criminal, an old rogue. پرانا پڑجانا become old, to age. پرانا ٹھیکرا **1** something workmanship. پرکدورت malicious, having complaints. پرکینہ malicious, spiteful, rancorous. پرگو talkative; prolific. پرگوشت fleshy. پرلطف tasteful, pleasant. پرمحن sorrowful, melancholy. پرمغز (of a text, etc.) having substance, meaningful. پرملال sad, sorrowful. پرنم tearful, damp. پرنمود showy. پرنور **1** illuminated; enlightened, illustrious. **2** beautiful, attractive. پرہنر very skilful or accomplished. پرہول awesome, frightening. [P]

پُر[2] ____ ■ *n.m.* (also پُرا، پُور، پُورہ) city or town; village. پرباسی / رواسی inhabitant of a city. [S]

پرا /pəra:/ ■ *n.m.* herd; rank, file, company, body of troops. پرا باندھنا form line, draw up in line of battle.

پُرا /pura:/ ■ *n.m.* **1** skin of a drum, skin. **2** nostrils.

پرّا /pərra:/ ■ *n.m.* **1** either of the two blades of scissors or some other tool. **2** either of two cleft parts of a pen's nib.

پراپت /pra:pt̪/ ■ *adj*. (also پراپت) **1** gain, profit. **2** access, approach. **3** success. پراپت کرنا obtain, get.

پرات /pəra:t̪/ ■ *n.f.* large round tray of metal.

پُراتم /pura:t̪əm/ ■ *adj*. (also پُراتن) **1** ancient. **2** wise, experienced, knowledgeable.

پراٹھا /pəra:ʈʰa:/ ■ *n.m.* (also پرانٹھا) paratha, flat and thick piece of unleavened fried bread. پراٹھا بن جانا / ہوکر رہ جانا / رہنا be run over; be destroyed.

پراجِت /pəra:dʒɪt̪/ ■ *adj*. defeated.

پراجَے /pəra:dʒæ:/ ■ *n.m.* defeat.

پراچہ /pəra:tʃa:/ ■ *n.m.* (also پراچہ) person who sells old clothes or rags.

پراچین /pra:tʃi:n/ ■ *adj*. **1** ancient, old; former. **2** turned towards front or towards the east. **3** belonging to the east, eastern. ■ *n.m.* fence, hedge; wall. پراچین کال belonging to the ancient times; prehistoric times.

پراچینا /pəra:tʃi:na:/ ■ *n.m.* a flowering plant with yellowish white petals, used medicinally, *Cissampelos pareira*.

پرار /pəra:r/ ■ *adj*. before the last. پرارسال year before the last.

پرارُو /pəra:ru/ ■ *n.m.* karela, a kind of bitter gourd or bitter melon, *Momordica charantia*. (See also کریلا.)

پرارتھ /pra:rt̪ʰ/ ■ *n.m.* **1** great profit or useful thing. **2** desire, longing, craving.

get marry.

پرائے /pəra:e:/ ■ *n.m.* (*pl.* & *infl.* of پرایا) پرائے برتے پر depending on others' support. پرائے بردے آزاد کرنا showing generosity with others' money. پرائے پھٹے میں ٹانگ اڑانا meddle into others' affairs. پرائے سر کی بلا لینا take another's responsibility, invite other's troubles. پرائے شگون کے لیے اپنی ناک کٹانا hurt oneself for the sake of others; cut one's nose to spite another's face. پرائے کارن because of others. پرائے گھر جانا/کا ہونا (a girl) be married. پرائے مال پر دیدے لال coveting what belongs to others, concerned or boastful of what belongs to another. پرائے واسطے for the sake of others. پرائے ہاتھ پر شکرا پالنا to gain at the expense of others.

پرایا /pəra:ja:/ ■ *adj.* strange, unknown, foreign, alien; of or belonging to other. پرایا دل پردیس برابر you never know what is in another's mind. پرایا دیس foreign country, alien land. پرایا دھن **1** another's money or property. **2** (*fig.*) daughter (who leaves the house of her parents when married). پرایا سر پنسیری برابر people do not care about others' sufferings. پرایا گھر تھوک کا ڈر اپنا گھر ہگ بھر one should be careful while using things that belong to others. پرایا مال another's money or belongings. پرایا مال پشم کا بال none cares for others' property. پرایا مال لوٹیے اور بندے کا دل دریاو use one's reputation of generosity to rob others. پرایا ہاتھ تکنا depend upon others for one's livelihood or needs. (*fem.* پرائی)

پرب /pərb/ ■ *n.m.* **1** festival, feast or sacred day. **2** chapter of a book. **3** knot, joint or knuckle. **4** gem, diamond flat.

پرباس /prəba:s/ ■ *n.m.* **1** living abroad or away from home. **2** journey. پرباس زمیندار absentee landlord.

پرباسی /prəba:si:/ ■ *adj.* foreigner, one who lives away from home; traveller.

پربال /pərba:l/ ■ *n.m.* (also پروال) depilatory eye-disease causing eyelashes regrow crooked.

پربال /perəba:l/ ■ *n.m.* young shoot, new leaf or branch, sprout.

پربت /pərbət/ ■ *n.m.* hill; mountain. پربت کو رائی کرنا convert something great into a minute one, convert a mountain into a molehill; allusion to powers of God.

پربتّا /pərbət̪t̪a:/ ■ *n.m.* mountain parrot which is bigger

decayed. **2** (*fig.*) an old wife or woman. پرانا ٹھیکرا اور قلعی کی بھڑک mutton dressed as lamb, elderly person dressed to appear younger. پرانا خرانٹ very old and experienced. پرانا دکھڑا same old grievance. پرانا ڈھرانا **1** old and worn, age-old. **2** used, second-hand. پرانا ڈھرا نہ چھوڑنا persist in one's ways; keep one's evil ways. پرانا زمانہ the old days. پرانا گدھ (*fig.*) a very old man. پرانا گھاگ **1** crafty. **2** old-timer. پرانا مال low-quality old goods. [S]

پرانا² ____ ■ *v.* **1** complete; fulfil. **2** fill. [S]

پرانده /parã:d̪a:/ ■ *n.m.* (also پراندا) ribbon worn in the hair. (See also چٹلا.)

پرانسا /pəra:nəsa:/ ■ *n.m.* medicine as a profession.

پرانک /pra:nək/ ■ *adj.* animate. ■ *n.m.* a living being, an animal or plant.

پرانی /pɪra:ni:/ ■ *adj.* alive, living, breathing. ■ *n.m.* **1** a living creature, animal; man; ghost. **2** lover; beloved.

پُرانی /pʊra:ni:/ ■ *adj.* (*fem.* of پُرانا¹) پرانی آن old values, customs, rites. پرانی آنکھیں دیکھے ہوئے ہے said of someone who is experienced. پرانی ڈگر old ways. پرانی کھانسی chronic cough. پرانی کھوپڑی a very old man; knowing, experienced. پرانی لکیر کا فقیر a follower of old customs. پرانی لیکھ پر چلنا follow old customs. پرانی ملاقات an old acquaintance. پرانی ہڈی اکھیڑنا talk about past events.

پُرانے /pʊra:ne:/ ■ *n.m.* (*pl.* & *infl.* of پُرانا¹) پرانے چاول **1** (*literal*) old rice (considered fine and tasty). **2** (*fig.*) experienced, seasoned people. پرانے لوگ elderly persons; ancient people. پرانے مردے اکھاڑنا dig up old controversies. پرانے وقتوں کی باتیں fables of old age, old affairs or matters.

پُراہی /pʊra:hi:/ ■ *n.m.* a leather bucket.

پراچہ /pəra:etʃa:/ ■ *n.m.* cloth merchant. See پراچہ.

پرائشچت /pra:eʃtʃɪt/ ■ *n.m.* (also پرایشچت) atonement, penance, expiation.

پرائی /pəra:i:/ ■ *adj.* (*fem.* of پرایا) پرائی آس چولھے پاس one should not depend on others. پرائی آگ میں کودنا to invite trouble by interfering in others' affairs. پرائی آنکھیں کام نہیں آتیں things belonging to others do not help. پرائی توند کا گھونسا other person's trouble. پرائی بات others' suffering that does not hurt. پرائی کیا پڑی mind your own business, it's none of your business. پرائی ہو جانا a girl to layers, layered, flaky.

پرتاب[1] /pərt̪a:b/ ■ *n.m.* **1** pomp, splendour, grandeur. **2** light, shine, glitter. **3** bounty, favour. [S]

پرتاب[2] ____ ■ *n.m.* **1** bowshot, range of an arrow. **2** (*fig.*) aim. [P]

پرتاپ /pərt̪a:p/ ■ *n.m.* **1** heat, warmth. **2** splendour, generosity, glory, magnanimity, dignity.

پرتال[1] /pərt̪a:l/ ■ *n.f.* check, testing. See پڑتال. پرتال کرنا **1** test. **2** revise. **3** remeasure, recount. [S]

پرتال[2] ____ ■ *n.m.* load, luggage. [S]

پرتالنا /pərt̪a:lnɑ:/ ■ *v.* measure; assess.

پرتگال /purt̪ugɑ:l/ ■ *n.m.* Portugal. [E]

پرتگالی /purt̪ugɑ:li:/ ■ *adj.* of or relating to Portugal. ■ *n.m. & f.* **1** a person from Portugal. **2** the language used in Portugal, Portuguese.

پرتگیا /prət̪iggɪjɑ:/ ■ *n.f.* promise; agreement, commitment.

پرتگیز /purt̪ge:z/ ■ *adj. & n.m.* (also پرتگالی) Portuguese. [E]

پرتگیزی /purt̪ge:zi:/ ■ *adj.* Portuguese. ■ *n.f.* Portuguese (language). [E]

پرتل /pərt̪əl/ ■ *n.f.* (also پڑتل) baggage of a horseman carried on a bullock or pony. پرتل کا ٹٹو **1** a pack-mule or horse. **2** (*fig.*) labourer.

پرتلا /pərt̪əlɑ:/ ■ *n.m.* sword belt; shoulder belt, strap; shoulder belt and cartouche.

پرتو /pərt̪o:/ ■ *n.m.* **1** reflection, image. **2** light, ray, beam.

پرتی /pərt̪i:/ ■ *n.f.* wasteland, uncultivated land. See پڑتی.

پرتی /pɪrt̪i:/ ■ *n.f.* **1** account. **2** map. **3** status.

پرتیت /pərt̪i:t̪/ ■ *n.f.* **1** clear insight; complete understanding. **2** goodwill, grace.

پرتیکشا /prət̪i:kʃɑ:/ ■ *n.f.* wait; longing, desire.

پرتھا /prət̪^{h}ɑ:/ ■ *n.f.* **1** fame, renown. **2** tradition; custom.

پرتھک /pərt̪^{h}ək/ ■ *adj.* separate, apart, distinct; single.

پرتھم /pərt̪^{h}əm/ ■ *adj.* **1** foremost, first, initial; earliest, primary. **2** original.

پرتھوی /prɪt̪^{h}ɪvi:/ ■ *n.f.* earth, world; ground; earth personified as the mother of all beings.

پرج /pərədʒ/ ■ *n.f.* (***Music***) name of a ragini.

پرجا /prədʒɑ:/ ■ *n.f.* **1** people belonging to a particular country or king, subject. **2** tenant. **3** descendant; dependant; race; family. پرجاپالک protector of subjects; king. پرجاپت **1** creator; God. **2** king. **3** father. **4** (*fig.*) than ordinary parrot and has red marks on both wings.

پربتی /pərbət̪i:/ ■ *adj.* of or relating to the hills, hilly. ■ *n.m.* mountaineer.

پربندھ /pərbənd̪^{h}/ ■ *n.m.* **1** bond, tie. **2** link. **3** arrangement, management; discipline.

پربندھک /pərbənd̪^{h}ək/ ■ *n.m.* manager, administrator; one who looks after a Sikh shrine.

پربودھ /pərbo:d̪^{h}/ ■ *n.m.* wisdom, intelligence, sense.

پربی /pərbi:/ ■ *n.f.* **1** festival, day of festival. **2** prize or gift of festival.

پربیا /purbɪjɑ:/ ■ *adj.* (also پوربیا) a native of eastern parts of India.

پربین /pərbi:n/ ■ *adj.* **1** clever, shrewd. **2** pretty.

پربھا /pɪrəb^{h}ɑ:/ ■ *n.f.* light, radiance, lustre, brilliance, splendour.

پربھات /prəb^{h}ɑ:t̪/ ■ *n.f.* morning, daybreak, dawn.

پربھاتی /pɪrəb^{h}ɑ:t̪i:/ ■ *n.f.* (***Music***) **1** singing. **2** name of a ragini sung in the morning.

پربھاکر /pɪrəb^{h}ɑ:kər/ ■ *n.m.* sun, moon; fire. ■ *adj.* radiant, luminous.

پربھاؤ /pərb^{h}ɑ:o:/ ■ *n.m.* **1** effect, efficacy, influence. **2** quality. **3** might, power. **4** force, strength.

پربھو /prəb^{h}u:/ ■ *n.m.* **1** God. **2** master, lord, principal.

پربھوگ /pərɪb^{h}o:g/ ■ *n.m.* enjoyment, entertainment, gaiety.

پرپ /pərp/ ■ *n.m.* wheelchair for invalids.

پرپٹ /pərpəʈ/ ■ *adj.* level, flat, plain. ■ *n.m.* a species of medicinal plant, *Gardenia latifolia.*

پرپٹی /pərpəʈi:/ ■ *n.f.* **1** a hard dry formation on land. **2** aromatic clay from the city of Surat, India. **3** thin bread made of pulses.

پرپر /pərpər/ ■ *n.m.* tingling sensation, smart, throbbing.

پرپرانا /pərpərɑ:nɑ:/ ■ *v.* tingle; throb with pain (as tongue from spice).

پرپراہٹ /pərpərɑ:həʈ/ ■ *n.f.* **1** tingling. **2** pungent taste or sense.

پرپنچ /pərpəntʃ/ ■ *n.m.* **1** expansion, amplification. **2** delusion, illusion; cheat, fraud, treachery, deceit.

پرت /pərət̪/ ■ *n.m. & f.* fold, layer, crust, flake, stratum. پرت جمانا encrust. پرت دار (also پرتیلا) having several act of selling groceries.

پرچہ /pərtʃɑ:/ ■ *n.m.* **1** a slip of paper, chit, scrap of paper. **2** examination paper, question paper. **3** magazine, periodical. **4** newspaper. **5** letter; love letter. **6** message; marriage proposal. پرچۂ ابتدائی First Information Report or FIR. پرچہ کرنا **1** solve an examination paper. **2** lodge a complaint against someone, especially with police. پرچہ گزارنا inform a ruler of some news. پرچہ مرتب کرنا **1** (of police) register a case. **2** set an examination question paper. **3** edit a magazine. پرچہ نویس reporter, correspondent, informant; spy.

پرچی /pərtʃi:/ ■ *n.f.* (*dim.* of پرچہ) **1** a piece of paper, slip, chit. **2** letter, note. **3** permit. **4** ballot paper, vote. پرچی ڈالنا **1** to vote. **2** to have balloting, have draws. پرچی کٹوانا **1** lodge a complaint. **2** issue a receipt. پرچی کاٹنا lodge a report with the police.

پرچین /pərtʃi:n/ ■ *adj.* pierced, transfixed, driven in. ■ *n.f.* mosaic on the boundary of a field. پرچین سازی/کاری (also پچی کاری) mosaics, mosaicking.

پرچھا¹ /pərtʃʰɑ:/ ■ *n.m.* **1** self-sown paddy. **2** large reel for winding thread on. **3** a large cauldron. [Prk.]

پرچھا² ____ ■ *n.m.* **1** decision, settlement, verdict. **2** the process of setting down or cleaning up. پرچھا کرنا decide, settle, dispose of; disperse the crowd; clear the place. پرچھا ہونا (the sky) clear up; clouds to disperse. [Prk.]

پرچھانواں /pərtʃʰɑ̃:vɑ̃:/ ■ *n.m.* (also پرچھاواں) **1** shadow, reflection, image, shade. **2** shadow of an evil spirit, demon, jinn. پرچھانواں ڈالنا affect; influence someone.

پرچھائیں /pərtʃʰɑ:ĩ:/ ■ *n.f.* **1** shadow, reflection, shade. **2** influence of an evil spirit. **3** imagination, fancy; imaginary thing. (اپنی) پرچھائیں سے بھاگنا be frightened of one's (own) shadow, be very afraid.

پرچھتّی /pərtʃʰət̪t̪i:/ ■ *n.f.* **1** small thatch thrown over mud walls; a thatch on leaky roof. **2** scaffold built over the roof.

پرچھنا /pərətʃʰnɑ:/ ■ *v.* **1** kindle (a fire). **2** (***Hinduism***) move a candle lamp over the heads of a bride and bridegroom in order to drive away evil spirits and propitiate good ones.

the sun. پرجا نہیں تو راجا کہاں a king is nothing without his subjects; if subjects are not happy, the king is soon dethroned.

پرجنی /pərdʒəni:/ ■ *n.f.* a species of fragrant melon, *Cucumis aromatica.*

پرجوت /pərdʒo:t̪/ ■ *n.m.* property tax.

پرچ /pərətʃ/ ■ *n.m.* **1** light small gem. **2** piece, splinter, particle.

پرچ /pɪrtʃ/ ■ *n.f.* saucer. پرچ پیالی cup and saucer.

پرچار /pərtʃɑ:r/ ■ *n.m.* **1** preaching. **2** propaganda, propagation, promulgation; diffusion, coming and going forth. **3** being in actual use, currency. **4** custom.

پرچارک /pərtʃɑ:rək/ ■ *n.m.* & *adj.* **1** propagandist. **2** preacher.

پرچانا /pərtʃɑ:nɑ:/ ■ *v.* charm, coax; tame.

پرچخ /pərtʃəx/ ■ *n.m.* (also پرخچ) piece; fragment. پرچخ اڑ جانا be broken into pieces.

پُرچک /pʊrtʃək/ ■ *n.f.* **1** hint, sign, indication. **2** coaxing, flattery, mild instigation. **3** support, encouragement. پرچک دینا side with, support. پرچک لینا obtain support.

پرچلت /pərtʃəlɪt/ ■ *adj.* current, customary, in vogue, prevailing; recognized.

پرچلن /pərtʃələn/ ■ *adj.* **1** moving to and fro, circulating. **2** in use, current.

پرچم /pərtʃəm/ ■ *n.m.* flag, banner, tassel, ensign, a fringed tassel tied to a spear or lance. پرچم اڑانا/بلند کرنا/لہرانا hoist a flag. پرچم کشائی flag hoisting (ceremony).

پرچنا /pərətʃnɑ:/ ■ *v.* be tamed; be coaxed; become intimate; be consoled, to be accustomed (to).

پرچنڈ /prətʃə̃ɖ/ ■ *adj.* **1** vehement, violent, passionate, furious, enraged. **2** intense; intolerable. **3** bold, brave. پرچنڈ موری a plant with white flowers, oleander, *Crataeva tapia.*

پرچُول /pərtʃu:l/ ■ *n.f.* **1** addiction, habit, obsession. **2** curiosity; search.

پرچُون /pərtʃu:n/ ■ *n.m.* (also پڑچون) **1** grocery, household items of daily use. **2** retail, selling of goods to public through shops, etc. پرچون تجارت retail sale. پرچون نرخ retail rate (usu. a bit higher than wholesale rate). (*opp.* تھوک)

پرچُونی /pərtʃu:ni:/ ■ *n.m.* (also پرچونیا) grocer. ■ *n.f.* the

پرچھی /pərtʃʰi:/ ■ *n.f.* (also پرچھّی) bag; sack; pouch.

پرخاش /pərxa:ʃ/ ■ *n.f.* **1** ill will, animosity. **2** bad blood; quarrel. پرخاش جو querulous.

پرخچ /pərəxtʃ/ ■ *n.m.* **1** a horse's buttocks. **2** piece of cloth draped on horseback in place of a saddle. پرخچ اڑ جانا be torn into pieces.

پرخچا /pərəxtʃa:/ ■ *n.m.* part, piece, bit, splinter; smithereen.

پرخچے /pərəxtʃe:/ ■ *n.m.* (*pl. & infl.* of پرخچا) (also پڑخچے) پرخچے اڑانا break into pieces; smash into smithereens. پرخچے اڑنا be torn into pieces.

پرداخت /pərd̪a:xt/ ■ *n.f.* **1** patronage, caring, upbringing. **2** help, assistance, support. **3** correction; completion; perfection.

پرداختہ /pərd̪a:xt̪a:/ ■ *adj.* polished, finished, adorned; usually used with ساختہ as: ساختہ و پرداختہ patronized; brought up; favoured.

پردادا /pərd̪a:d̪a:/ ■ *n.m.* paternal great-grandfather.

پردادی /pərd̪a:d̪i:/ ■ *n.f.* paternal great-grandmother.

پرداز /pərd̪a:z/ ■ *n.f.* **1** performing, completing, finishing. **2** style, manner; habit. **3** finish, accomplishment, perfection. **4** frame (of a picture or mirror); decoration around a picture. ■ *suffix* doer, performer; used in comp. as: فتنہ پرداز riotous; querulous. کارپرداز agent. پرداز اُڑانا follow the style of, imitate.

پردازی /pərd̪a:zi:/ ■ *n.f.* decoration, perfection, elegance. ■ *suffix* used in comp. as: انشا پردازی art of elegant writing.

پردان /pərd̪a:n/ ■ *n.m.* **1** act of giving, offering, presenting, bestowing, granting gift. **2** entrustment. **3** bestowing in marriage.

پردگی /pərd̪əgi:/ ■ *n.f.* **1** state of being behind the veil or purdah. **2** modest, chaste woman.

پردوش /pərd̪o:ʃ/ ■ *n.m.* **1** mistake, fault; offence, sin. **2** first part of the night; evening twilight.

پردہ /pərd̪a:/ ■ *n.m.* **1** screen, curtain, veil, purdah, cover, anything which acts as a screen. **2** act or state of being behind purdah; modesty. **3** seclusion; secrecy, concealment; privacy. **4** a musical tone. **5** pretext, excuse. **6** the surface of the earth. **7** the frets of a guitar, etc. **8** sail of a ship. **9** the eardrum. **10** piece that covers the chest of a coat or shirt. پردہ اٹھانا **1** lift up a curtain. **2** reveal a secret. **3** stain, damage someone's reputation. پردہ اٹھنا be revealed, be seen openly. پردہ الٹ جانا be done away with shyness. پردۂ آہن **1** iron curtain. **2** (*fig.*) sky. پردۂ بکارت the hymen. پردہ پڑ جانا be concealed, be veiled, be unable to see. پردہ پوش **1** purdah observing (lady). **2** one who keeps secrets or conceals faults. **3** (*fig.*) God. پردہ پوشی keeping one's secret; conniving at a fault. پردہ پھاڑنا ر پردہ پھٹنا ر چاک کرنا tear a veil; reveal faults, expose. پردہ چاک ہونا (a secret) to be exposed. پردۂ تصویر canvas or paper for painting. پردۂ چشم the retina. پردہ چھوڑنا **1** give up purdah or veil; come into public. **2** drop the curtain. پردۂ خاک ر دنیا ر زمین the surface of the earth. پردۂ خاک میں پنہاں ر نہاں ہونا die. پردہ دار a purdah-observer. پردہ داری secrecy, concealment of faults. پردہ در **1** revealer of secrets. **2** violator of modesty, an impudent man. پردہ دری **1** revealment of secrets. **2** infamy, ignominy. **3** rape. **4** fault finding. پردۂ دل the pericardium. پردہ ڈالنا **1** draw the curtain. **2** hide. پردہ ڈھانکنا conceal faults; keep a secret. پردہ ڈھکن (*vulg.*) husband. پردہ رکھنا conceal, keep one's secret. پردہ رہ جانا have the face saved. پردۂ زرنگار a golden curtain. پردۂ زنبور ر زنبوری a curtain made of net. پردۂ زنگار ر زنگاری (*fig.*) sky. پردہ سوز dispelling shyness. پردۂ ظلمت darkness. پردۂ عصمت intact hymen as a sign of chastity. پردۂ عنکبوت cobweb. پردۂ غیب things unknown or ordained by God. پردہ فاش کرنا ر کھولنا divulge or disclose a secret. پردہ فرمانا ر کرنا **1** observe purdah. **2** (*fig.*) die (usu. used for saints and holy persons). پردہ کرنا observe purdah; hide behind a veil or screen. پردہ کھلنا secret be disclosed. پردۂ گوش the tympanic membrane or eardrum. پردہ نشین (*literal*) sitting behind the veil; an observer of purdah, a modest woman.

پردے /pərd̪e:/ ■ *n.m.* (*pl. & infl.* of پردہ) پردے بٹھانا make a girl to take the veil. پردے کی بات secret matter. پردے کی چڑیا chink, slit. پردے (پردے) میں secretly, clandestinely. پردے میں زردہ لگانا (of a purdah observing woman) indulge secretly in carnal relationship with men.

پردیپ /pərd̪i:p/ ■ *n.m.* **1** light, lamp, lantern. **2** splendour, brilliance.

پردیس /pərd̪e:s/ ■ *n.m.* a foreign country. پردیس جانا go to a foreign land; travel. پردیس چھانا settle in a foreign land.

پردیسن /pərd̪e:sən/ ■ *n.f.* a female foreigner.

پردیسی /pərd̪e:si:/ ■ *n.m.* **1** a foreigner. **2** one who travels a lot, wanderer. **3** (*fig.*) absentee lover or beloved. پردیسی بلم تیری آس نہیں، باسی پھولوں میں باس نہیں a husband living in a foreign land is not faithful just as stale flowers have no fragrance.

پردیسیا /pərd̪e:sɪja:/ ■ *n.m.* (*dim.* of پردیسی) (*fig.*) an absentee lover.

پردھان /prəd̪ʰɑ:n/ ■ *n.m.* **1** president, chief, principal, head, leader, one who presides; the head of a town or village council. **2** intellect, wisdom. **3** the natural state of a thing. پردھان چاری office of a *pardhan*. پردھان منتری the prime minister.

پردھانتا /prəd̪ʰɑ:nəṯɑ:/ ■ *n.f.* greatness, bigness.

پرذات /pərzɑ:ṯ/ ■ *adj.* low-born; of a different caste or clan.

پُرز /purz/ ■ *n.m.* raised thread or yarn in knitted fabric.

پُرزہ /purzɑ:/ ■ *n.m.* **1** piece, bit, scrap. **2** part of a machine, spare part. **3** a small piece of paper; a brief letter. **4** a short fine thread on the surface of a cloth, nap. **5** very fine soft feather of a bird, down. ■ *adj.* (*fig.*) shrewd, sharp; wicked (usu. as: چلتا پرزہ). پرزہ پرزہ very small pieces, scraps.

پُرزے /purze:/ ■ *n.m.* (*pl.* & *infl.* of پُرزہ) پرزے اڑانا/کرنا **1** cut or tear into pieces, hack. **2** (*fig.*) (i) criticize. (ii) expose someone's faults or fallacious argument. پرزے پرزے کرنا break or tear into pieces.

پرس /pərəs/ ■ *n.m.* the philosopher's stone. See پارس[1].

پُرس[1] /purs/ ■ *n.f.* inquiry. ■ *prefix* & *suffix* forming nouns: inquiring, asking, questioning; used in comp. as: باز پرس interrogation, explanation. پرس وجو investigation. [P]

پُرس[2] ____ ■ *n.m.* beaten silk used by brocade makers for joining broken threads. [S]

پرسا[1] /pərsɑ:/ ■ *n.m.* hatchet, a kind of axe. [S]

پرسا[2] ____ ■ *n.m.* food served in a platter for one man. [Prk.]

پُرسا[1] /pursɑ:/ ■ *n.m.* **1** fathom. **2** the height of a man with his arms and fingers extended. [dial.]

پُرسا[2] ____ ■ *n.m.* condolence. See پُرسہ. [P]

پرساد /pərsɑ:d̪/ ■ *n.m.* (also پرشاد) **1** food offered to propitiate a god. **2** leavings of a great man or spiritual guide. **3** favour; goodwill. پرساد چڑھانا offer something as sacrifice. پرساد چکھنا taste sacrificial food; eat a little. پرساد دینا to gift something.

پرسارنی /pərsɑ:rni:/ ■ *n.f.* skunk vine, a trailing plant with yellow leaves, *Paederia foetida*.

پرسال /pərsɑ:l/ ■ *n.m.* last year. See پارسال under پار[2].

پُرسان /pursɑ:n/ ■ *adj.* asking, inquiring. ■ *n.m.* guardian, helper. پرسانِ حال those who are solicitous about someone.

پرست /pərəsṯ/ ■ *suffix* forming nouns and adjectives: adorer, worshipper, devoted to; used in comp. as: آتش پرست fire worshipper. بت پرست idolater.

پرستار /pərəsṯɑ:r/ ■ *n.m.* (also پرستندہ) **1** adorer, worshipper. **2** a person who has a great admiration for a particular activity or person, fan. **3** servant.

پرستان /pərəsṯɑ:n/ ■ *n.m.* (*pl.* of پرست) worshippers. پرستانِ خیال poets, authors. پرستانِ زمانہ worshippers of world, worldly-minded people.

پرِستان /pərɪsṯɑ:n/ ■ *n.m.* fairyland, wonderland. پرستان کا عالم (*fig.*) a beautiful place; a place where beautiful women are present.

پِرستان /pɪrəsṯɑ:n/ ■ *n.m.* wild sorrel, an acid-leaved herb of the genus *Rumex*, used in salad.

پرستاؤ /prəsṯɑ:o:/ ■ *n.m.* **1** introduction, prelude; beginning. **2** opportunity, occasion.

پرستش /pərəsṯɪʃ/ ■ *n.f.* **1** devotion, worship. **2** extreme love, adoration, great admiration. پرستش خانہ/کدہ/گاہ place of worship.

پرستک /prɪsṯuk/ ■ *n.f.* swift, a bird with long wings somewhat resembling to a swallow.

پرستندہ /pərəsṯənd̪ɑ:/ ■ *n.m.* See پرستار.

پُرستو /purəsṯu:/ ■ *n.m.* farmer who is a partner in the cultivation of a field.

پرستی /pərəsṯi:/ ■ *n.f.* adoration, worship. ■ *suffix* used in comp. as بت پرستی idolatry.

پرستیدہ /pərəsṯi:d̪ɑ:/ ■ *adj.* (one) who is adored or worshipped; respected.

پرستھان /prəsṯʰɑ:n/ ■ *n.m.* departure.

name of Vishnu.

پرکاج /pərkɑ:dʒ/ ■ *n.m.* another's job.

پرکار /pərkɑ:r/ ■ *n.m.* the compass used for drawing circles.

پُرکار /purkɑ:r/ ■ *adj.* **1** wise. **2** thick. **3** decorated. **4** skilful. See under پُر¹.

پرکار /prəkɑ:r/ ■ *n.m.* **1** manner, mode, method, way. **2** kind, sort. **3** difference, disparity.

پرکاری /pərkɑ:ri:/ ■ *adj.* drawn with compass.

پُرکاری /purkɑ:ri:/ ■ *n.f.* **1** workmanship. **2** artfulness, cunningness.

پرکاش /pərkɑ:ʃ/ ■ *n.m.* **1** light, shine. **2** (*fig.*) splendour. **3** disclosure, elucidation. **4** diffusion.

پرکالا /pərkɑ:lɑ:/ ■ *n.m.* **1** ladder, stair, steps; doorstep. **2** upper part of a pillar.

پرکالہ /pərkɑ:lɑ:/ ■ *n.m.* **1** piece, part, portion. **2** spark. **3** pane of glass. پرکالۂ آتش **1** spark of fire. **2** clever and shrewd person. پرکالۂ آفت very sharp; mischievous.

پرکان /pərkɑ:n/ ■ *n.m.* trunnion, axis, axle.

پرکانا /pərkɑ:nɑ:/ ■ *v.* charm, coax, persuade.

پرکاہ /pərekɑ:h/ ■ *n.m.* blade of grass. پرکاہ کے برابر (not) in the least.

پرکٹ /pərkəʈ/ ■ *n.m.* heron.

پرکٹ /prəkəʈ/ ■ *adj.* (also پرگٹ) evident, clear, apparent, manifest. پرکٹ کرنا make evident, make known, divulge.

پرکٹا /pərkəʈɑ:/ ■ *adj.* (one) with clipped wings. See under پر¹.

پرکٹی¹ /pərkəʈi:/ ■ *n.f.* wavy-leaved, fig tree, *Ficus infectoria*. [S]

پرکٹی² ——— ■ *adj.* (*fem.* of پرکٹا) **1** with clipped wings. **2** woman having short hairs. پرکٹی اُڑانا spin a yarn, tell a cock-and-bull story. See under پر¹. [dial.]

پرکرتی /prəkrɪʈi:/ ■ *n.f.* **1** primary substance, original source. **2** space.

پرکشا /pərɪkʃɑ:/ ■ *n.f.* (also پریکشا) investigation, examination, test.

پرکم /pərkəm/ ■ *adj.* paltry, worthless.

پرکمّا /pərkəmmɑ:/ ■ *n.m.* (also پرکرما) walking round or about; walking around a person or an idol as an indication of reverence, circumambulation.

پرسدھ /prəsɪɖʰ/ ■ *adj.* famous, renowned.

پُرسش /pursɪʃ/ ■ *n.f.* **1** asking, inquiry, questioning. **2** visiting the sick, inquiry after health. **3** respect, regard. پرسشِ احوال/خاطر inquiry after one's health. پرسشِ اعمال calling to account of deeds (on the day of Judgement).

پرسن /prəsən/ ■ *adj.* **1** pleased, delighted; flourishing. **2** clear, bright.

پرسنّتا /prəsənnəʈɑ:/ ■ *n.f.* happiness, delight.

پرسندہ /pərsənɖɑ:/ ■ *n.m.* fillet of meat. See پسندا.

پُرسندہ /pursɪnɖɑ:/ ■ *n.m.* one who asks or enquires.

پرسنگ /prəsəŋg/ ■ *n.m.* **1** adherence, attachment, devotion, company. **2** saying; discourse. **3** illicit intercourse.

پرسُوت /prəsu:ʈ/ ■ *n.m.* **1** leucorrhoea, discharge of a white fluid from the vagina during puerperium. **2** childbirth. ■ *adj.* procreated, begotten. پرسوت کا بخار puerperal fever.

پرسول /pərso:l/ ■ *n.m.* spear.

پرسوں /pərsõ:/ ■ *n.m.* **1** the day before yesterday. **2** the day after tomorrow. ■ *adv.* **1** on the day before yesterday. **2** on the day after tomorrow.

پُرسہ /pursɑ:/ ■ *n.m.* (also پُرسا²) condolence, mourning the dead. پرسہ دینا condole over a death. پرسہ لینا accept the condolences over a death.

پرسیا /pərsɪjɑ:/ ■ *n.m.* sickle, reaping hook.

پرسیاوشان /pərsɪjɑ:vʊʃɑ:n/ ■ *n.m.* a medicinal herb, the maidenhair, *Adiantum capillus-veneris*. (See also بالچھڑ.)

پرش /pərʃ/ ■ *n.m.* hatchet, axe.

پُرش /purʊʃ/ ■ *n.m.* (also پُرکھ) **1** man, male. **2** human being. **3** the soul or the original source of the universe. **4** husband. **5** height, stature or measure of a man.

پرشاد /pərʃɑ:ɖ/ ■ *n.m.* food offered before an idol or god. See پرساد.

پرشاسن /pərʃɑ:sən/ ■ *n.m.* administration, management; act of governing or ruling.

پرشد /pərɪʃəd/ ■ *n.f.* assembly, meeting, council; audience, congregation.

پرشن /prəʃn/ ■ *n.m.* query, question.

پُرشوتّم /purʊʃo:ʈʈəm/ ■ *n.m.* **1** best of men. **2** (***Hinduism***) a

Emberiza hortulana, a species of Alauda.

پرگھٹ /pərgʰət/ ■ *adj.* (also پرگٹ، پرکٹ) evident, clear.

پرگھٹی /pərgʰəṭi:/ ■ *n.f.* iron trough into which silver or gold is cast after melting.

پرگھرا /pərgʰəra:/ ■ *n.m.* (also پرگھڑا) pigeon that recognizes another's house.

پرلا /pərla:/ ■ *adj.* next in order; of the other side.

پرلوک /pərlo:k/ ■ *n.m.* the other world, the next world. پرلوک سدھارنا depart for the next world, die.

پرلی /pərli:/ ■ *adj.* (*fem.* of پرلا) of the other side.

پرلے /pərle:/ ■ *n.m.* (*pl.* & *infl.* of پرلا) پرلے پار on the other side (of the river). پرلے درجے/سرے کا of the first or highest degree, in the extreme; utter.

پرَلے /prəle:/ ■ *n.m.* & *f.* doomsday; general destruction (such as the flood or resurrection); any extensive destruction. پرلے کال the time of universal destruction.

پرم /pərəm/ ■ *adj.* first; best, supreme, great, chief; excessive; superior, paramount. پرم آتما (also پرماتما) the Supreme Spirit, First Being, God, the Supreme Being considered as the soul of the universe. پرم آرتھ ideal, lofty aim. پرم آنند (also پرمانند) real happiness. پرم ہنس holy man; great fakir, a Hindu hermit who is always in deepest meditation.

پرما /pərma:/ ■ *n.m.* beauty, style.

پرمانڑو /pərmã:ṛu:/ ■ *n.m.* (also پرمانو) smallest particle, atom.

پرمپرا /pərəmpəra:/ ■ *n.f.* **1** continuous arrangement, uninterrupted series, row, succession. **2** tradition, custom; order, method.

پرمکھ /prəmukʰ/ ■ *n.m.* chief, principal, head, distinguished person. ■ *adj.* foremost.

پرم گرم /pərm gərm/ ■ *n.m.* a kind of expensive woollen cloth.

پرمل /pərməl/ ■ *n.m.* **1** a high-quality rice. **2** roasted rice, barley, maize. **3** a perfume. ■ *adj.* fragrant.

پرملو /pərmɪlu:/ ■ *n.m.* a kind of dance known for its difficult steps.

پرمنڈل /pərmənḍəl/ ■ *n.m.* circle, sphere, orb, globe; ball. ■ *adj.* round, circular.

پرمیشور /pərme:ʃvər/ ■ *n.m.* (also پرمیشر) (***Hinduism***) God.

پرَن /pərən/ ■ *n.m.* **1** one of the twenty-eight stations of

پُرکُن /purkun/ ■ *adj.* (something) extra; serving as a filler.

پرکوپ /prəko:p/ ■ *n.m.* ardour, ebullience, excitement; rage.

پرکوٹا /pərko:ṭa:/ ■ *n.m.* boundary, fence; wall, wall around a town.

پرکی /pərki:/ ■ *n.m.* a thorny tree, similar to jujube tree, zizyphus.

پِرکی /pɪrki:/ ■ *n.f.* sore, boil.

پرکیا /pərəkɪja:/ ■ *n.f.* **1** wife or mistress of another. **2** (according to ancient beliefs) a kind of women who is reluctant to make friends with.

پرکھ /pərəkʰ/ ■ *n.f.* **1** test, scrutiny, inspection, examination, trial. **2** proof.

پُرکھ /purukʰ/ ■ *n.m.* **1** male. **2** human being. See پُرش. پرکھ سا پکھیرو کوئی نہیں there is no bird like human beings, i.e. travels a lot. پرکھ ساٹھا سو پاٹھا، استری بیسی سو کھیسی a man is young even after sixty years of age but a woman becomes old at twenty.

پُرکھا /purkʰa:/ ■ *n.m.* ancestor, forefather, progenitor; man. پرکھا روگ a hereditary disease. (*fem.* پُرکھن)

پرکھانا /pərkʰa:na:/ ■ *v.* cause to inspect, examine or try.

پرکھائی /pərkʰa:i:/ ■ *n.f.* (also پرکھوائی) **1** the act of testing coin. **2** the fee for such a test.

پرکھنا /pərəkʰna:/ ■ *v.* **1** test, assay or examine for purity. **2** discriminate between good and bad, evaluate; determine the price of. **3** to experiment.

پرکھوانا /pərəkʰva:na:/ ■ *v.* cause to test or examine.

پرکھیا /pərkʰɪja:/ ■ *n.m.* inspector, tester, assayer.

پرگاہ /pərga:h/ ■ *n.m.* rubbish, sticks and straw, worthless thing.

پرگت /pərgət/ ■ *n.f.* friendship, attachment, bond.

پرگنہ /pərgəna:/ ■ *n.m.* **1** pargana, an administrative subdivision of a district which has many villages. **2** another town or country, especially where husband is employed. پرگنہ دار the superior officer of a subdivision.

پرگِنہ /pərgɪna:/ ■ *n.m.* an electuary or compound of various fragrant substances.

پرگیان /prəgja:n/ ■ *n.m.* erudition, knowledge; wisdom, intelligence, cognizance.

پُرگیری /purgi:ri:/ ■ *n.f.* (***Zool.***) ortolan, the painted quail, moon, Pleiades. **2** yesterday. **3** moonlight. **4** a kind of silk.

پرن **/pərn/** ■ *n.m.* **1** wing. **2** leaf. **3** betel-leaf. **4** the dhak tree *Butea frondosa*.

پرَن **/perən/** ■ *n.f.* promise, pledge, agreement.

پرناش **/pərnɑ:ʃ/** ■ *n.m.* **1** disappearance. **2** death, end. **3** destruction.

پرنالا **/pərnɑ:lɑ:/** ■ *n.m.* (also پرنال) roof drain or roof gutter, channel to take away water, conduit.

پرنالی **/pərnɑ:li:/** ■ *n.f.* (*dim.* of پرنالا) **1** small channel. **2** small groove-like depression above the upper lip.

پرنالے **/pərnɑ:le:/** ■ *n.m.* (*pl. & infl.* of پرنالا) پرنالے بہادینا **1** weep much and long. **2** (*fig.*) be extravagant.

پرنام **/pərɪnɑ:m/** ■ *n.m.* (also پرینام) **1** result, consequence; end, finish. **2** change, alteration, transformation. **3** reason, cause.

پرنام **/pərnɑ:m/** ■ *n.m.* respectful or reverential salutation; bow; obeisance. پرنام کرنا to salute, make an obeisance.

پرنانا ۱ **/pərnɑ:nɑ:/** ■ *n.m.* maternal great-grandfather. [S]

پرنانا ۲ ____ ■ *v.* (also پرناونا) marry; walk round the fire as a Hindu wedding ritual. [S]

پرنانی **/pərnɑ:ni:/** ■ *n.* (*fem.* of پرنانا ۱) maternal great-grandmother.

پرنتو **/pərənt̪u:/** ■ *conj.* but, yet, still, however.

پرند **/pərɪnɖ/** ■ *n.m.* **1** bird, a winged creature. **2** (*fig.*) very swift horse. **3** sharp sword. **4** a kind of silk. **5** a kind of grass. **6** royal flag. **7** pearl. **8** hope. ■ *adj.* flying, winged.

پرندا **/pərɪndɑ:/** ■ *n.m.* a fishing trawler.

پُرندر **/purənd̪ər/** ■ *n.f.* **1** thief, housebreaker. **2** a kind of pepper.

پرندہ **/pərɪndɑ:/** ■ *n.m.* **1** bird; flyer. **2** (*fig.*) aeroplane. **3** a speedy object. پرندہ پر نہیں مار سکتا even a bird can not approach, said about an inaccessible place, beyond reach. پرندہ ہوجانا fly away, move fast, flee.

پرنواسہ **/pərnəvɑ:sɑ:/** ■ *n.m.* son of maternal granddaughter. (*fem.* پرنواسی)

پرنی ۱ **/pərni:/** ■ *n.f.* catheter. [dial.]

پرنی ۲ ____ ■ *n.m.* chief, lord; guide. [S]

پرنی ۳ ____ ■ *n.m.* water cabbage, an aquatic plant, *Pistia stratiotes*. [S]

پرنیاں **/pərnɪjɑ̃:/** ■ *n.m.* a fine painted silk from China.

پُرو **/puru:/** ■ *n.m.* **1** pollen of a flower. **2** heaven. ■ *adj.* many, numerous.

پروا **/pərɪvɑ:/** ■ *n.f.* first day of the fortnight of a lunar month.

پروا **/pərvɑ:/** ■ *n.f.* (also پرواہ ۱) **1** solicitude, care, concern; anxiety, worry; attention. **2** affection, want, inclination.

پُروا **/purvɑ:/** ■ *n.f.* (also پُروائی، پُرویا، پُورُوا) the easterly wind.

پروار **/pərɪvɑ:r/** ■ *n.m.* family. See پریوار.

پرواز **/pərvɑ:z/** ■ *n.f.* **1** flying, flight. **2** departure. **3** access, reach. **4** (*fig.*) arrogance, pride. پرواز کرنا **1** to fly. **2** flee, run away. **3** (of heart) get out of control. پرواز کناں flying, on the wing.

پروال **/pərvɑ:l/** ■ *n.m.* a disease of the eyelashes. See پربال.

پروان **/pərvɑ:n/** ■ *n.m.* the yard of a sail. ■ *adj.* authentic, true, just. پروان چڑھنا **1** thrive, flourish, grow, increase, prosper. **2** (hope) be realized. **3** be married. **4** become mature.

پروانا **/pərvɑ:nɑ:/** ■ *n.f.* a very hard wood which is used in making handles of axe, etc.

پُروانا **/purvɑ:nɑ:/** ■ *v.* cause to fill.

پروانجات **/pərvɑ:nədʒɑ:t/** ■ *n.m.pl.* (*contr.* of پروانہ جات) royal orders, letters, grants, licenses, permits.

پروانچہ **/pərvɑ:ntʃɑ:/** ■ *n.m.* (*dim.* of پروانہ ۲) order, licence.

پروانچی **/pərvɑ:ntʃi:/** ■ *n.m.* **1** messenger, one who carries royal orders or letters. **2** government officer or secretary for writing royal orders.

پروانگی ۱ **/pərvɑ:nəgi:/** ■ *n.f.* **1** command, order. **2** leave, permission. پروانگی کرنا carry the letter or order, be a messenger. [P]

پروانگی ۲ ____ ■ *n.f.* state of being madly in love, state of being like a *parvana* (پروانہ ۱) that encircles the candle. [P]

پروانہ ۱ **/pərvɑ:nɑ:/** ■ *n.m.* **1** moth particularly one that flies around a candle at night. **2** (*poet.*) lover. **3** servant. پروانہ وار very fondly or affectionately even at the risk of one's life. پروانہ ہونا be ardent in love. [P]

پروانہ ۲ ____ ■ *n.m.* (also پروانچہ) a royal grant, a written order; warrant; licence; letter, permit. پروانہ تلاشی search warrant. پروانہ راہداری pass, permit, safe-conduct, passport. پروانہ گرفتاری arrest warrant. پروانہ لکھنا issue a written order. [P]

پرواہ¹ /pərvɑ:h/ ■ *n.f.* See پروا. [P]

پرواہ² ____ ■ *n.f.* drain, watercourse. [S]

پروائی /pərvɑ:i:/ ■ *adj.* standing in need of. ■ *n.m.* one who stands in need of, needy, indigent.

پُروائی /purvɑ:i:/ ■ *n.f.* easterly wind. See پُروا.

پُروایا /purvɑ:jɑ:/ ■ *n.m.* (also پڑوایا) small blocks of wood or brick placed under bedposts to raise the bed.

پروِت /pərvɪt̪/ ■ *n.f.* a kind of fish, *Silurus pabda*.

پروتا /pəro:t̪ɑ:/ ■ *n.m.* a large basket or sheet to separate the husk or chaff from corn.

پُروتا¹ /puro:t̪ɑ:/ ■ *n.m.* food gifted to servants and low people at marriage ceremonies. [Prk.]

پُروتا² ____ ■ *n.m.* (*var.* of پڑپوتا) paternal great-grandson. [Prk.]

پروتھا /pəro:t̪ʰɑ:/ ■ *n.m.* ploughshare.

پُروَٹ /purvəʈ/ ■ *n.m.* large leather bag or bucket for drawing water from wells.

پَروٹی /pəro:ʈi:/ ■ *n.f.* land left uncultivated for some time, a fallow land. See پڑتی.

پروجن /pəro:dʒən/ ■ *n.m.* need, desire, wish, interest.

پِروجن /pɪro:dʒən/ ■ *n.m.* ceremony held at the time of ear-piercing (for wearing earrings).

پرور /pərvər/ ■ *suffix* forming nouns: protector, supporter; cherisher, nourisher, patron; used in comp. as: بندہ پرور cherisher of servants, a form of address for an older, richer or powerful man. غریب پرور cherisher of the poor, magnanimous, generous or philanthropic (person).

پرورتن /pərvərt̪ən/ ■ *n.m.* exchange, barter.

پروردگار /pərvərd̪ɪgɑ:r/ ■ *n.m.* **1** the Cherisher, Providence, God. **2** (*fig.*) inventor. پروردگارِ عالم God as the protector of the world, Providence. پروردگار کا منھ کرکے for God's sake.

پروردگاری /pərvərd̪ɪgɑ:ri:/ ■ *n.f.* quality or power of being the Cherisher.

پرورده /pərvərd̪ɑ:/ ■ *adj.* (also پرورد، پروریده) bred, reared, supported, patronized, brought up. ■ *n.m.* servant, a child fostered as a servant.

پرورِش /pərvərɪʃ/ ■ *n.f.* **1** fostering, breeding and bringing up, nourishment, patronage; maintenance. **2** (*fig.*) benevolence, kindness; support. پرورش کرنا bring up, nourish, foster.

پروَرش /pɪrəvərʃ/ ■ *n.f.* heavy rain.

پروَرشن /pɪrəvərʃən/ ■ *n.m.* first rain of the rainy season.

پرورنده /pərvərɪnd̪ɑ:/ ■ *n.m.* cherisher, one who fosters. ■ *adj.* cherishing.

پروری /pərvəri:/ ■ *suffix* making nouns; fostering, nourishing; used in comp. as: علم پروری love for or devotion to learning.

پروسا /pəro:sɑ:/ ■ *n.m.* **1** share or portion of food. **2** dish of food laid before a guest. ■ (*past* of پروسنا) served.

پروسنا /pəro:snɑ:/ ■ *v.* to place food before a guest, to serve food, distribute food amongst guests.

پروسیا /pəro:sɪjɑ:/ ■ *n.m.* waiter, one who distributes victuals, one who places food before guests.

پروکا /pəro:kɑ:/ ■ *n.f.* barren ewe.

پروکھ /pəro:kʰ/ ■ *n.m.* prayer for atonement of one's sins.

پروَل /pərvəl/ ■ *n.m.* (also پلول) a kind of vegetable, *Trichosanthes dioica*. See پٹول.

پُرولتاری /puro:lt̪ɑ:ri:/ ■ *n.m.* **1** proletariat. **2** proletarian. [E]

پِرونا /pɪro:nɑ:/ ■ *v.* **1** thread (a needle). **2** string (pearls). **3** pierce; transfix. **4** to file (papers).

پُروَنا /purvənɑ:/ ■ *v.* to fill; to complete.

پروندا /pərɔ̃:d̪ɑ:/ ■ *n.f.* land unsuitable for growing fruit plants.

پروہا /pəro:hɑ:/ ■ *n.m.* a large leathern bag or bucket for drawing water.

پُروہِت /puro:hɪt̪/ ■ *n.m.* family priest, a king's domestic chaplain.

پُروہتانی /puro:hɪt̪ɑ:ni: / ■ *n.f.* priest's wife.

پُروہتائی /puro:hɪt̪ɑ:i: / ■ *n.f.* the office or functions of a priest; the fees of an officiating priest.

پروہنا /pəro:hnɑ:/ ■ *v.* draw water with a bucket for irrigation.

پروی /pərvi:/ ■ *n.f.* dove.

پُروَیّا /purvəjjɑ:/ ■ *n.f.* (also پُروا، پُروائی، پوروا) the easterly wind.

پرویادھ /pərvɪjɑ:d̪ʰ/ ■ *n.m.* a kind of reed, *Calamus fasciculatus*.

پرویز /pərve:z/ ■ *adj.* **1** lucky, happy. **2** precious. **3** refined, functions of a پری خواں. پری دار possessed by a fairy. پری زاد 1 fairy-born. 2 beautiful, lovely. پری شیشے میں اتارنا cajole or wheedle the beloved, coax. پری کا ٹکڑا 1 very beautiful. 2 (*fig.*) beloved. پری کا سایہ ہونا be possessed by fairy or fairies. پری گت a kind of dance. پری وش fairy-like, elfin; exquisitely beautiful.

پُری[1] /pʊri:/ ■ *n.f.* filling, filling up, repletion, fullness. ■ *suffix* forming nouns, as: خانہ پُری filling up the blanks or columns; an empty formality. [P]

پُری[2] ——— ■ *n.f.* town, village; abode, habitation. [S]

پرے[1] /pəre:/ ■ *adv.* away, at distance, beyond, yonder; further off; on the other side. پرے بٹھانا keep someone away (as a deliberate discourtesy). پرے بھاگنا run away (from), avoid. پرے پرے رہنا keep away, keep aloof. پرے ہونا 1 be very far, be beyond reach, stay at a distance. 2 to move away (from). [S]

پرے[2] ——— ■ *n.m.* (*pl. & infl.* of پرا) used in comp. as: پرے جمانا file (troops) in line. پرے کے پرے lines and rows, many rows and columns (of people), line upon line, row upon row, column upon column. [Prk.]

پریا /pərɪjjɑ:/ ■ *n.f.* (*dim.* of پری) lovely, like a peri. ■ *n.m.* a kind of pigeon.

پریاگ /prəjɑ:g/ ■ *n.m.* 1 altar. 2 confluence of two rivers. ■ *pr.n.m.* former name of Allahabad, India, where two rivers, the Ganges and the Jamuna become one.

پریت /pəri:t̪/ ■ *n.m.* (also پریت) ghost, evil spirit, spirit of the dead. (*fem.* پریتنی)

پریت /pri:t̪/ ■ *n.f.* affection, love, fondness, liking. پریت پتر love-letter. پریت لگانا fall in love. پریت نہ جانے جات کجات lovers do not care about caste or class.

پریتا /pəri:t̪ɑ:/ ■ *n.m.* spinning wheel; reel.

پریتم /pri:t̪əm/ ■ *n.m.* lover; most beloved; husband.

پریتن /pərjət̪n/ ■ *n.m.* struggle, effort, endeavour.

پریتنا /pəri:t̪nɑ:/ ■ *v.* to wind, reel (thread or yarn).

پریتنی /pəri:t̪ni:/ ■ *n.f.* female ghost.

پریچے /pəri:tʃæ:/ ■ *n.m.* foreword, preface, introduction.

پریدہ /pəri:d̪ɑ:/ ■ *adj.* 1 taken wing, flown. 2 scattered. ■ *prefix* used in comp. as: پریدہ چشم (one) with a roving eye. پریدہ رنگ discoloured.

پریڈ /pəre:ḍ/ ■ *n.f.* (also پریٹ) parade. پریڈ باندھنا/جمانا form a queue, stand in parade formation. [E]

cultured. 4 victorious. ■ *pr.n.m.* a Persian king.

پرویزن /pərvi:zən/ ■ *n.m.* (also پروزن) sieve, anything perforated all over with holes; a fishing net.

پرویش /pɪrve:ʃ/ ■ *n.m.* entrance, admission.

پَرَویل /pərəve:l/ ■ *n.f.* yellow variety of kidney bean, *Phaseolus vulgaris*.

پروین /pərvi:n/ ■ *n.m.* Pleiades, a cluster of stars in Taurus.

پَروین /prə:vi:n/ ■ *adj.* clever, intelligent, skilful, knowing; excellent.

پرّہ /pərrɑ:/ ■ *n.m.* 1 line of infantry or cavalry. 2 flock (of birds). 3 edge, border, side; extremity. 4 the bolt of a lock. 5 nostril. پرہ باندھنا make a row or line. پرۂ بینی nostrils; the cartilage between the nostrils.

پرہلاد /prəhlɑ:d/ ■ *n.m.* happiness, joy, pleasure.

پرہول /pərho:l/ ■ *n.m.* inflammation of the muzzle of a horse.

پرہیز /pərhe:z/ ■ *n.m.* 1 abstinence, temperance, keeping aloof; caution, continence. 2 care; prevention. 3 sobriety. پرہیز توڑنا give up abstinence (from some food or drink). پرہیز علاج سے بہتر ہے prevention is better than cure. پرہیز کرانا (of a physician) advise abstention; cause to refrain (from). پرہیز کرنا abstain from (some food, etc.), keep aloof; observe a regimen, especially in eating and drinking. پرہیزگار virtuous (person), abstinent or abstemious (person), upright, sober. پرہیزگاری abstinence, sobriety.

پرہیزی /pərhe:zi:/ ■ *adj.* (usu. of food) fit for a person under regimen. پرہیزی کھانا diet prescribed for a sick person.

پری /pəri:/ ■ *n.f.* 1 peri, fairy, a winged legendary female being. 2 (*fig.*) a beautiful woman. 3 lover, a beloved one. 4 a kind of silken cloth. ■ *n.m.* a very beautiful person; beloved. پری اندام having a beautiful body. پری بن جانا become beautiful, dress and adorn oneself splendidly. پری بند an ornament worn on the wrist. پری پیکر/تمثال/جمال beautiful, angelic. پری چہرہ/رخ/رو fairy-faced, beautiful as a fairy. پری چھم stylish beloved. پری خانہ a house where many fairies or beautiful women live. پری خواں one who holds the fairies and genii in subjugation, exorcist, one who knows magic formulas and words. پری خوانی the

پریس /pre:s/ ■ *n.m.* printing press; print media. [E]

پریشان /pəre:ʃɑ:n/ ■ *adj.* **1** scattered, dispersed. **2** (of hair or leaves) dishevelled; tossed, untidy, deranged. **3** disturbed, perplexed, confounded, agitated. **4** troubled, unfortunate, wretched, ruined; disgusted. پریشان اوراق scattered leaves (of a book); unarranged or unedited pages. پریشان حال distraught, distressed, ruined. پریشان حالی distress, anxiety, embarrassment. پریشان خاطر distressed, distraught, worried, anxious, troubled in mind, disturbed. پریشان کرنا trouble, harass, worry, distress. پریشان گوش a horse with fallen ears (considered good for carriage). پریشان گوئی confused talk.

پریشانی /pəre:ʃɑ:ni:/ ■ *n.f.* trouble, distress, bewilderment, anxiety. پریشانیِ خاطر distress, worry, anxiety.

پریک /prɪjək/ ■ *n.m.* **1** a kind of spotted deer. **2** a kind of bird.

پریکھا /pəre:kʰɑ:/ ■ *n.m.* concern; sorrow, regret; objection, complaint.

پریگ /pɪre:g/ ■ *n.f.* metal nail; shoe tack. [E]

پریل /pərjəl/ ■ *n.m.* a feathery bird which is apparently fat but light in weight.

پریم /pre:m/ ■ *n.m.* **1** love, affection. **2** friendship; regard; kindness. پریم پتر love-letter. پریم رکھنا love, be in love with; be a fast friend. پریم کہانی a love tale, love story. پریم لتا a kind of climbing plant, ivy.

پریمی /pre:mi:/ ■ *adj.* of or relating to love. ■ *n.m.* lover.

پریمیکا /pre:mi:kɑ:/ ■ *n.* (*fem.* of پریمی) beloved.

پریوا /pəri:vɑ:/ ■ *n.f.* the first day of the moon.

پریوا /pəre:vɑ:/ ■ *n.m.* **1** dove; pigeon. **2** fast-flying bird. **3** (*fig.*) messenger.

پریوار /pəri:vɑ:r/ ■ *n.m.* (also پروار) family.

پریوگ /prəjo:g/ ■ *n.m.* **1** usage. **2** procedure. **3** effort.

پریوں /pərjõ:/ ■ *n.f.* (*pl.* of پری) پریوں کا اکھاڑا اردنگل an assembly of beauties. پریوں کا تخت اتارنا gather an assembly of beauties. پریوں کا جمگھٹا a crowd of beautiful women.

پڑ /pəɽ/ ■ (*imper.* of پڑنا) used in comp. as: پڑ جانا **1** become ill; lie down. **2** befall. پڑ جائے پٹکی (a curse used by women) God's wrath be on you! پڑ رہنا remain lying; stay overnight.

پڑا¹ /pəɽɑ:/ ■ *adj.* **1** laid aside; lying (unused). **2** prostrate. **3** fallow (land). **4** useless, idle. ■ *adv.* may be! be that as it may! nevertheless, despite what you have said. پڑا پانا find lying. پڑا پھرنا wander about. پڑا رونا weep continuously. پڑا رہنا remain idle or sleep long. پڑا سڑنا live in a very bad condition, be poor or helpless. پڑا کھیت a surface, a horizontal plane. پڑا گرا (also گرا پڑا) **1** sick, disabled, weak. **2** contemptible. پڑا ہونا depend upon. (*fem.* پڑی¹) [S]

پڑا² ——— ■ *n.m.* (also پاڑا، پڑوا) **1** buffalo calf. **2** boundary of a field. [Prk.]

پُڑا /pʊɽɑ:/ ■ *n.m.* a parcel or packet of paper. ■ *suffix* used in comp. as: سہاگ پڑا a packet containing cosmetics, etc. presented to bride from bridegroom's family on eve of wedding.

پڑاپڑ /pəɽɑ:pəɽ/ ■ *n.f.* the sound of one (stroke) after another, successive or repeated (strokes), whack-whack.

پڑاخا /pəɽɑ:xɑ:/ ■ *n.m.* cracker, bang. See پٹاخا.

پڑاق /pəɽɑ:q/ ■ *n.f.* **1** a clap (of sound); sound of a cracker or gunfire. **2** sound of something falling with force or breaking.

پڑاقا /pəɽɑ:qɑ:/ ■ *n.m.* cracker, bang. See پٹاخا.

پڑاقے /pəɽɑ:qe:/ ■ *n.m.* (*pl. & infl.* of پڑاقا) پڑاقے دار variegated, multicoloured. پڑاقے کی گوٹ colourful border of a dress, etc.

پڑانا /pəɽɑ:nɑ:/ ■ *v.* **1** cause to lay down. **2** put to sleep. **3** make (someone) fall or bent.

پڑاؤ /pəɽɑ:o:/ ■ *n.m.* **1** camp; a camping ground. **2** halt; a halting place. **3** station; encampment. پڑاؤ ڈالنا to camp. پڑاؤ مارنا rob a camp or caravan.

پڑپڑ /pəɽpəɽ/ ■ *n.f.* sound of a horse's steps or of rain.

پِڑپِڑ /pɪɽpɪɽ/ ■ *n.f.* sound of passing stool (esp. continually).

پڑپڑانا /pəɽpəɽɑ:nɑ:/ ■ *v.* **1** throb with pain, tingle (as tongue from taste). **2** talk nonsense, say stupid things.

پِڑپِڑانا /pɪɽpɪɽɑ:nɑ:/ ■ *v.* **1** continually break wind while passing stool. **2** (*fig.*) talk nonsense.

پڑپوتا /pəɽpo:t̪ɑ:/ ■ *n.m.* paternal great-grandson. See پرپوتا under پر³.

پڑپوتی /pəɽpo:t̪i:/ ■ *n.f.* paternal great-granddaughter.

پڑوایا /pəɽva:jɑ:/ ■ *n.m.* small blocks placed under bedposts. See پُروایا.

پڑوتا /pəɽo:t̪a:/ ■ *n.m.* (*contr.* of پڑپوتا) son of grandson, paternal great-grandson.

پڑوتی /pəɽo:t̪i:/ ■ *n.f.* waste or far-off land; land which is cultivated only occasionally.

پڑوس /pəɽo:s/ ■ *n.m.* (also اڑوس پڑوس) neighbourhood, vicinity. پڑوس والا/والی/والے neighbour(s).

پڑوسن /pəɽo:sən/ ■ *n.* (*fem.* of پڑوسی) a female neighbour. پڑوسن کے گھر مینھ برسے گا تو اپنی بھی اولتی ٹپکے گی when others get some benefit at least a little would come to our way as well; it is nice to see others prosper since it will help us too.

پڑوسی /pəɽo:si:/ ■ *n.m.* neighbour.

پڑی[1] /pəɽi:/ ■ *adj.* (*fem.* of پڑا[1]) horizontal (as opposed to کھڑی, i.e. vertical). پڑی بولی some of the Urdu dialects of northern India (as opposed to کھڑی بولی). پڑی کرنا stay; stop; encamp. پڑی لکیر a dash, a horizontal stroke in writing. پڑی ہوئی آواز hoarse voice. پڑی ہوئی چیز something found by chance. پڑی ہے to have a desire, be very keen, be eager. [S]

پڑی[2] ____ ■ *n.f.* **1** sudden misfortune, calamity. **2** worry, anxiety. [S]

پُڑی /pʊɽi:/ ■ *n.f.* (*dim.* of پُڑا) small parcel of paper. See پُڑیا.

پڑے /pəɽe:/ ■ *adv.* (*pl. & infl.* of پڑا[1]) پڑے بھاڑ چولھے میں let it go to hell, to hell with it. پڑے پڑے **1** while lying. **2** during storage. پڑے رہنا **1** keep lying, be idle. **2** remain poor or destitute. پڑے ہوا کرے let it be; so what; I don't care; it is of no consequence.

پُڑیا /pʊɽjɑ:/ ■ *n.f.* (also پُڑی) **1** a small packet or parcel of paper loosely wrapped to contain small quantity; anything wrapped up in paper or leaves. **2** such a wrapping. **3** a medicinal powder, usually packed in a piece of paper; a dose of medicine. (*pl.* پُڑیاں)

پڑیل /pəɽjəl/ ■ *n.f.* sweepings, rubbish. ■ *adj.* lazy, sluggish.

پڑھ /pəɽʰ/ ■ (*imper.* of پڑھنا). ■ *n.f.* act of reading; used in comp. as: پڑھ پتھر ہوا did not learn anything. پڑھ پڑھ کے کھلانا cast a magic spell by making someone eat something that has been prepared by incantation.

See پرپوتی under پر[3].

پڑت[1] /pəɽət̪/ ■ *n.f.* uncultivated land. [S]

پڑت[2] ____ ■ *n.f.* real value, cost price, rate. پڑت پھیلانا assess the value, calculate, calculate mean or average value. [S]

پڑتا /pəɽt̪ɑ:/ ■ *n.m.* **1** share, quota, portion, dividend, contribution. **2** cost, price of something (including expenses). پڑتا بٹھانا calculate or assess the value. پڑتا کھانا to be within means, to be affordable; to be tolerable; determine sale-price in such a way that some profit is ensured. پڑتا مال گزاری rateable amount of revenue. پڑتا متوسط average rate.

پڑتال /pəɽt̪a:l/ ■ *n.f.* (also پرتال[1]) **1** check, investigation, inspection. **2** comparison; review, revision. **3** audit; remeasurement or survey. پڑتال چوکی check post, checkpoint. پڑتال کرنا check, inspect; audit.

پڑتل[1] /pəɽt̪əl/ ■ *n.m.* baggage of a horseman loaded on a pony. See پرتل. [S]

پڑتل[2] ____ ■ *n.f.* a kind of wood used for making furniture. [dial.]

پڑتلا /pəɽt̪əlɑ:/ ■ *n.m.* sword belt. See پرتلا.

پڑتی /pəɽt̪i:/ ■ *n.f.* (also پرتی، پڑوتی) uncultivated or fallow land; wasteland. پڑتی پڑنا land to become unproductive or unfit for cultivation. پڑتی جدید land recently left fallow. پڑتی قدیم land which has long lain uncultivated.

پڑچون /pəɽtʃu:n/ ■ *n.m.* grocery. See پرچون.

پڑخچے /pəɽəxtʃe:/ ■ *n.m.pl.* pieces. See پرخچے.

پڑدادا /pəɽd̪a:d̪a:/ ■ *n.m.* paternal great-grandfather. See پردادا under پر[3].

پڑم /pəɽəm/ ■ *n.m.* raft.

پڑنا /pəɽnɑ:/ ■ *v.* **1** fall, drop down; lie down; lie down to sleep. **2** be prostrated. **3** be bedridden. **4** be caught (in trouble); (trouble) to befall or happen. **5** participate. **6** interfere, meddle. **7** hanker after. **8** come to. **9** be vacant. **10** encamp, halt. **11** be idle. **12** hang or depend upon. **13** be bent upon.

پڑوا /pəɽva:/ ■ *n.m.* (also پاڑا، پڑا) male young buffalo.

پڑوانا /pəɽva:nɑ:/ ■ *v.* have (a thing) put down, have or get thrown down.

پڑوانا /pɪɽva:nɑ:/ ■ *v.* crush, squeeze; cause to press, to wring.

/pəz/ ■ *suffix* cooking, baking; used in comp. as: پز
پخت وپز baking and cooking. نان پز baker.
/pəza:va:/ ■ *n.m.* (also پژاوہ، پجاوا) brick kiln. پزاوہ
/pəza:ve:/ ■ *n.m.* (*pl.* & *infl.* of پزاوہ) پزاوے کا پزاوہ کھنگر ہو جانا be ruined totally, be destroyed entirely. پزاوے
پزاوے کا خر گدھا 1 an ass carrying blocks at kiln. 2 (*derog.*) someone of very low position.
/pɪzɪʃk/ ■ *n.m.* physician. پزشک
/pɪzo:hɪʃ/ ■ *n.f.* (also پژوہش) interrogation, examination, investigation, search. پزوہش
/pəʒa:va:/ ■ *n.m.* See پزاوہ. پژاوہ
/pɪʒma:n/ ■ *adj.* (also پشماں) sorrowful, sad. پژمان
/pəʒmʊrḍəgi:/ ■ *n.f.* dejection, sadness, a withered state. پژمردگی
/pəʒmʊrḍa:/ ■ *adj.* dejected, sad; weighted down with worry or sorrow, blighted, withered. پژمردہ
/pəʒa:/ ■ *n.m.* hillock, mound; mountainous country. پژہ
/pəs/ ■ *adv.* & *prep.* 1 after. 2 behind. 3 hence, so; therefore; consequently. ■ *n.m.* the rear part, back. پس
پس اُفتادہ left behind, backward; downtrodden. پس افگندہ dung, excrement. پس انداز savings, something laid up or saved. پس اندازی the act of saving. پس بار (***Physio.***) afterloaded (muscle). پس پا (also پسپا) returned, retreated, defeated. پس پا کرنا to return, to retreat, to defeat. پس پائی (also پسپائی) defeat, retreat. پسِ پردہ backstage, behind the curtain, behind the scenes; privately, covertly; covert, secret. پسِ پشت behind the back. پسِ پشت ڈالنا ignore. پس خوردہ leftover (food). پس خیمہ hind wing of an army. پسِ دیوار 1 behind the wall. 2 (*fig.*) very near. پس رو follower. پس روی following. پس ریز deciduous. پسِ غیبت in one's absence, behind one's back. پسِ فردا the day after tomorrow. پس ماندگان 1 family members of a deceased. 2 survivors. پس ماندگی backwardness. پس ماندہ 1 backward. 2 leftover, surplus. 3 remaining behind. 4 survivor. پسِ مردن / مرگ after death. پس منظر background. پس نوشت postscript. پس نوشہ the leftover portion of a smoked cigarette. پس وپیش indecision, hesitation, vacillation. پس وپیش سوچنا consider the pros and cons. پس وپیش کرنا dilly-dally, hesitate, be reluctant, vacillate.
/pɪsa:tʃ/ ■ *n.m.* ghost. See پشاچ. پِساچ

پڑھ کر پھونکنا / دم کرنا recite some Qur'anic verse or magical formula and blow at someone. پڑھ کے بخشنا recite the Holy Qur'an or prayer to convey its beneficence to someone else (esp. a dead one).
/pəṛʰa:/ ■ *adj.* 1 literate; learned. 2 read; recited. پڑھا
پڑھا گُنا / لکھا educated, learned. پڑھا ہونا be literate or educated. (*fem.* پڑھی)
/pəṛʰa:ku:/ ■ *n.m.* & *f.* bookworm, a devoted or compulsive reader or student, one who is very fond of reading. پڑھاکو
/pəṛʰa:na:/ ■ *v.* 1 teach, make one read, instruct, educate. 2 make aware. 3 tempt, coax. پڑھانا
/pəṛʰa:i:/ ■ *n.f.* 1 study, the act of studying; reading. 2 school fee. 3 act of teaching. 4 reading or reciting a magical formula or incantation. 5 textbook; syllabus. پڑھائی
/pəṛʰɪn/ ■ *n.f.* mullet, a kind of edible fish. پڑھن
/pəṛʰna:/ ■ *v.* 1 read, study; learn. 2 recite. 3 make out. 4 decipher. 5 recite a magical formula. پڑھنا
/pəṛʰənt/ ■ *n.f.* 1 the act of reading or reciting. 2 incantation, the recital of a magical formula. پڑھنت
/pəṛʰne:/ ■ (*infl.* of پڑھنا) پڑھنے بٹھانا enrol (a child) in a school or make a child study (under a teacher). پڑھنے بیٹھنا start one's education. پڑھنے والا reader; learner; student. پڑھنے
/pəṛʰva:na:/ ■ *v.* have something read, to get someone taught (by). پڑھوانا
/pəṛʰva:i:/ ■ *n.f.* payment for teaching, tuition fee. پڑھوائی
/pəṛʰi:/ ■ *adj.* (*fem.* of پڑھا) پڑھی چھری a knife on which an incantation is recited. پڑھی فارسی بیچا تیل یہ دیکھو رے قسمت کے کھیل an allusion to someone doing a menial job despite being educated; when bad luck strikes one has to do a job much below his or her intellect. پڑھی
/pəṛʰe:/ ■ *adj.* (*pl.* & *infl.* of پڑھا) پڑھے جن کو شیشے میں اتارنا bring a clever person under control. پڑھے کو پڑھانا teach someone who is already in the know. پڑھے نہ لکھے نام محمد فاضل allusion to an ignorant person posing as educated or someone known in his profession but with little real talent. پڑھے
/pəṛʰja:/ ■ *n.f.* (also پڑیا) young female buffalo. پڑھیا
/pəṛʰẽ:/ ■ (*infl.* of پڑھنا) پڑھیں فارسی بیچیں تیل reference to a learned man in an unsuitable or inferior job. پڑھیں

پساچین /pəsɑ:tʃi:n/ ■ *n.m.* fruit leftover after picking; gleanings.

پسادست /pəsɑ:d̪əst̪/ ■ *n.m.* debt, borrowing.

پسارا /pəsɑ:rɑ:/ ■ *n.m.* expansion.

پسارنا /pəsɑ:rnɑ:/ ■ *v.* **1** stretch, spread, extend, expand. **2** display.

پساری /pəsɑ:ri:/ ■ *n.m.* (*contr.* of پنساری) grocer.

پِسان /pɪsɑ:n/ ■ *n.m.* finely ground substance, grindings, flour, meal, powder.

پسانا /pəsɑ:nɑ:/ ■ *v.* skim, remove the scum, decant the water (from boiled rice).

پِسانا /pɪsɑ:nɑ:/ ■ *v.* cause to grind.

پَساوا /pəsɑ:vɑ:/ ■ *n.m.* refuse, residue, leavings, scum (mostly of paint, etc.).

پساؤ /pəsɑ:o:/ ■ *n.m.* (also پساو) water in which something has been boiled.

پسائی /pəsɑ:i:/ ■ *n.m.* (also پسی) a kind of thick wild rice.

پِسائی /pɪsɑ:i:/ ■ *n.f.* **1** the act of grinding. **2** price paid for it.

پسپا /pəspɑ:/ ■ *adj.* repulsed, driven back, defeated. See پس پا under پس. پسپا کرنا repulse, drive back, put to flight. پسپا ہونا fall back, retreat.

پسپائی /pəspɑ:i:/ ■ *n.f.* retreat, defeat. See پس پائی under پس.

پُسپوت /puspu:t̪/ ■ *n.m.* an adopted son.

پست /pəst̪/ ■ *adj.* **1** low (as opposed to high). **2** mean, abject, of a lesser status. **3** below, under. **4** tired, down, low-spirited; inactive. **5** bad, of a low quality. **6** lower (of voice). پست خیال one who has mean ideas. پست فطرت **1** stupid. **2** low-spirited. پست قامت of short height. پست قسمت unlucky. پست کرنا **1** put down, humiliate, abase. **2** defeat, beat down. **3** to depress, deprive of courage and energy. پست وبلند ups and downs, vicissitudes. پست وبلند دیکھنا consider and take precautions against the vicissitudes of fortune. پست ہمت mean-spirited, without courage, unambitious. پست ہمتی low spirits. پست ہونا to tire, to be worn out.

پِستان /pɪst̪ɑ:n/ ■ *n.m.* **1** a woman's breast, bust, bosom. **2** dug, udder. پستان میں ہڈی impossibility.

پِستانیہ /pɪst̪ɑ:nɪjɑ:/ ■ *n.m.* (***Zool.***) mammal.

پُستک /pust̪ək/ ■ *n.f.* **1** book; volume. **2** manuscript.

پِستولیا /pɪst̪o:lɪjɑ:/ ■ *n.m.* **1** one carrying a pistol. **2** a kind of cloth.

پستہ /pəst̪ɑ:/ ■ *adj.* See پستہ قامت/قد . پست short-statured.

پِستہ /pɪst̪ɑ:/ ■ *n.m.* pistachio. پستہ دہن/لب having delicate lips.

پِستئی /pɪst̪əi:/ ■ *adj.* pea-green (colour). پستئی رنگ pea-green, pistachio colour.

پستی /pəst̪i:/ ■ *n.f.* **1** lowness, inferiority, baseness. **2** depression (in land). **3** backwardness. **4** tiredness, fatigue.

پسر¹ /pəsər/ ■ *n.f.* grazing the cattle at night (mostly stealthily).

پسر² ____ ■ (*imper.* of پسرنا) used in comp. as: پسر جانا See پسرنا. پسر گیا **1** lie stretched. **2** backed out of a deal or promise.

پِسر /pɪsər/ ■ *n.m.* son, boy, a male sibling. پسر اخیافی wife's son by an earlier marriage. پسر خواندگی adoption. پسرِ خواندہ adopted son. پسرزادہ grandson. پسرِ صلبی one's own son. پسرِ نوح vicious progeny of the virtuous (allusion to Noah's renegade son).

پسرنا /pəsərnɑ:/ ■ *v.* **1** lie spread out, lie stretched out, lie splayed. **2** insist resolutely, to throw a tantrum, demand or ask for something very pressingly or obstinately. **3** back out of a deal, seek excuses to break a promise.

پسرہٹّا /pəsərhəʈʈɑ:/ ■ *n.m.* a grocery market.

پِسری /pɪsəri:/ ■ *n.f.* **1** state of being a son. **2** boyhood; infancy. ■ *adj.* of or relating to son.

پس ساختیات /pəse: sɑ:xt̪ɪjɑt̪/ ■ *n.m.* post-structuralism.

پسلی /pəsli:/ ■ *n.f.* rib. پسلی پھڑکنا **1** know intuitively. **2** have a communication. **3** be restless owing to beloved's absence. **4** feel a quivering sensation in the ribs, a presumed sign of an impending visit of someone dear. پسلی چلنا suffer from infantile pneumonia, breathe shallowly.

پسلیاں /pəslɪjɑ̃:/ ■ *n.f.* (*pl.* of پسلی) پسلیاں توڑنا beat severely. پسلیاں نکل آنا become very frail.

پِسنا /pɪsnɑ:/ ■ *v.* **1** be reduced to powder, be ground, be pulverized. **2** be ruined; be in hot water; have a testing time. **3** be ashamed (of).

پسند /pəsənd̪/ ■ *n.f.* **1** approval, choice, liking, fancy. **2** preference. پسند آنا be liked, meet the approval, take someone's fancy. پسند کرنا **1** like, approve, select, choose. **2** prefer.

پسندا /pəsənḍɑ:/ ■ *n.m.* (also پرسندہ) pasanda, long strip of meat either raw or cooked.

پسندیدگی /pəsənḍi:ḍgi:/ ■ *n.f.* approbation, approval.

پسندیدہ /pəsənḍi:ḍɑ:/ ■ *adj.* chosen, favourite, admired, selected, approved, liked.

پسنگا /pəsəŋgɑ:/ ■ *n.m.* make-weight. See پاسنگ.

پسنہارا /pɪsənhɑ:rɑ:/ ■ *n.m.* miller, a grinder of wheat, etc.

پسنہاری /pɪsənhɑ:ri:/ ■ *n.* (*fem.* of پسنہارا) a miller woman. پسنہاری کے پوت کو چنا لابھ a little is enough for a poor fellow. پسنہاری ماں بھلی a poor mother is better than a rich father.

پسنیا /pɪsənjɑ:/ ■ *n.m.* one who grinds something (esp. cannabis).

پسُو /pəsu:/ ■ *n.m.* (also پشو) beast; animal; cattle. پسو کو ستانا نرا پاپ کمانا ill-treating an animal is a sin.

پِسّو /pɪssu:/ ■ *n.m.* flea, a wingless bloodsucking insect.

پسواڑہ /pəsvɑ:ṛɑ:/ ■ *n.m.* side, flank.

پسواڑھ /pəsvɑ:ṛʰ/ ■ *n.f.* pain in the ribs, a disease of lungs.

پِسوانا /pɪsvɑ:nɑ:/ ■ *v.* cause to be ground.

پِسوائی /pɪsvɑ:i:/ ■ *n.f.* price paid for grinding.

پَسوٹا /pəso:ṭɑ:/ ■ *n.m.* loud slap on the face.

پَسُوج /pəsu:dʒ/ ■ *n.f.* basting, first rough stitching (of a garment), long and loose stitch.

پَسُوجنا /pəsu:dʒnɑ:/ ■ *v.* tack with long and loose stitches while preparing for sewing, baste, sew with running stitch.

پسہی /pəsəhi:/ ■ *n.m.* a kind of thick rice. See پسائی.

پسیج[1] /pəsi:dʒ/ ■ *adj.* ready, prepared. ■ *n.m.* preparation for a journey. [P]

پسیج[2] ____ ■ *n.f.* moisture, dampness. پسیج جانا be softened. [S]

پسیجنا /pəsi:dʒnɑ:/ ■ *v.* **1** perspire, sweat, release moisture in the form of droplet. **2** (*fig.*) melt (with pity), be touched, soften, become kind or supportive. **3** have a liking for, develop an inclination towards. **4** to give alms, donate to charity (as by a miser).

پسیری /pəse:ri:/ ■ *n.f.* (*contr.* of پانچ سیری) a measure of weight of five seers (no longer in use).

پسین /pəsi:n/ ■ *adj.* (also پسیں) posterior, last, hindmost.

پسینہ /pəsi:nɑ:/ ■ *n.m.* (also پسینا) perspiration, sweat. پسینہ آنا **1** perspire, break into sweat due to shame, alarm, shock or embarrassment. **2** be abashed. پسینہ بہنا perspire. پسینہ بہانا work hard, toil; try very hard. پسینہ پونچھنا **1** wipe the sweat. **2** (*fig.*) be not ashamed, have no regret. پسینہ چھوٹ جانا/چھوٹنا sweat with fear or embarrassment, become scared or disturbed. پسینہ نکالنے والا sudorific.

پسینے /pəsi:ne:/ ■ *n.m.* (*pl. & infl.* of پسینا) پسینے پر لہو گرانا (*fig.*) be extremely devoted or loyal. پسینے پسینے ہونا **1** be disturbed or alarmed, embarrassed, ashamed. **2** sweat through heat or toil. پسینے کا پتلا perspiration that is absorbed by soil during physical exercise and creates a wet, halo-like shape on earth. پسینے کی جگہ خون بہانا be extremely loyal. پسینے میں شرابور ہونا/نہانا be all of a sweat.

پِشاچ /pɪʃɑ:tʃ/ ■ *n.m.* (also پساچ، پِساچ) **1** ghost, fiend. **2** (*fig.*) a savage, barbarous person. (*fem.* پشاچنی)

پِشاچی /pɪʃɑ:tʃi:/ ■ *n.f.* a common ancient dialect spoken in north-western parts of the Subcontinent.

پِشاور /pɪʃɑ:vər/ ■ *pr.n.m.* (also پیشاور) Peshawar, a city in northern Pakistan.

پِشاوری /pɪʃɑ:vəri/ ■ *adj.* (also پیشاوری) of or relating to Peshawar. پشاوری چپل a style of sandal.

پُشپ /pʊʃp/ ■ *n.m.* flower. پشپ انجلی offering flowers.

پُشپک /pʊʃpək/ ■ *n.m.* **1** white opaque spot on the eye. **2** flower.

پُشت /pʊʃt/ ■ *n.f.* **1** part of the body that is between the neck and the tops of the legs, back. **2** back of anything. **3** generation, descent. **4** patron, protector, support, assistance. **5** back portion of a building or wall. **6** catamite. پشت بہ دیوار at bay, astonished, at the end of one's wits. پشت پر رہنا support steadily. پشت پر لکھنا endorse the writing of the letter on its back. پشت پناہ supporter, backer. پشت خار **1** a claw or scraper (shaped like the human hand) with a long handle to scratch the back; currycomb. **2** an animal covered with long, needle-like stiff parts, porcupine. پشت خم رکوزہ humpbacked (man). پشت در پشت for many generations, from generation to generation. پشتِ دست کو کاٹنا **1** (*literal*) bite the back of the hand. **2** (*fig.*) regret, suffer, rue. پشت دکھانا/دینا turn tail, flee in fear. پشت سیدھی کرنا relax, rest briefly, have a respite. پشت گرم one who is supported by someone. پشت گرمی support, relief.

پُشتارا /pʊʃṭɑ:rɑ:/ ■ *n.m.* bundle, heap, load, mass, burden.

پُشتانہ /pʊʃt̪a:na:/ ■ *n.m.* background.

پُشتاول /pʊʃt̪a:vəl/ ■ *n.f.* **1** rear part of an army. **2** reinforcement.

پُشتک /pʊʃt̪ək/ ■ *n.f.* **1** somersault. **2** (horse's) kick. پشتک مارنا kick backwards.

پشتو /pəʃt̪o:/ ■ *pr.n.f.* Pashtu, the language of the Pathans.

پشتون /pəʃt̪u:n/ ■ *n.m.* the Pathan(s). See پختون.

پُشتہ /pʊʃt̪a:/ ■ *n.m.* **1** little hill. **2** bank, dyke. **3** buttress, a support built against wall. **4** cloth or leather which is pasted on spine of a book. **5** piece of cardboard. پشتہ بندی embankment.

پُشتی /pʊʃt̪i:/ ■ *n.f.* **1** support, help, alliance. **2** prop. **3** cover of a book. پشتی بان supporter. پشتی بانی support, aid. پشتی بانی کرنا support, assist, back.

پُشتین /pʊʃt̪æ:n/ ■ *n.f.* ancestors, forefathers, lineage.

پُشتینی /pʊʃt̪æ:ni:/ ■ *adj.* hereditary, ancestral. پشتینی رئیس hereditary richman, born-rich.

پشک /pəʃk/ ■ *n.m.* dew.

پُشکر /pʊʃkər/ ■ *n.m.* **1** the blue lotus *Nelumbo nucifera.* **2** pond, tank; lake. **3** intoxication. **4** war, battle.

پِشکِل /pɪʃkɪl/ ■ *n.m.* (also پِشک) dung of sheep, goats, deer, etc.

پشم /pəʃm/ ■ *n.f.* **1** pashm, wool, fur. **2** hair; the pubic hair. **3** any worthless thing. پشم پر مارنا despise, disregard, disdain. پشم سمجھنا regard as worthless. پشم کندہ نہ کر سکنا be unable to harm. پشم نہ اکھڑنا not to suffer at all.

پشمنت /pəʃmənt̪/ ■ *n.f.* (*dim.* of پشم).

پشمینہ /pəʃmi:na:/ ■ *n.m.* pashmina, a fine quality woollen cloth.

پشنگ /pəʃəŋg/ ■ *n.m.* the drill, a tool for boring holes.

پِشنگ /pɪʃəŋg/ ■ *adj.* of dark complexion; reddish brown.

پشو /pəʃu:/ ■ *n.m.* (also پسو) animal, cattle.

پِشواز /pɪʃva:z/ ■ *n.f.* (also پیشواز) a full-dress gown reaching a little below knees.

پِشوری /pɪʃo:ri:/ ■ *n.f.* (*var.* of پشاوری) (*coll.*) of or belonging to Peshawar.

پشّہ /pəʃʃa:/ ■ *n.m.* mosquito; gnat. ■ *adj.* (*fig.*) trivial, of no importance; very minute (quantity).

پِشّی /pɪʃʃi:/ ■ *n.f.* a child's term for urine, pee pee.

پشیمان /pəʃe:ma:n/ ■ *adj.* penitent, repentant, contrite, ashamed, remorseful. پشیمان کرنا put to shame, make one repent. پشیمان ہونا repent; be ashamed.

پشیمانی /pəʃe:ma:ni:/ ■ *n.f.* repentance, regret, compunction, shame, remorse.

پُف /pʊf/ ■ *n.f.* blowing of air from mouth, puff. پف و پوزی boasting, bragging.

پک /pək/ ■ (*imper.* of پکنا) پک جانا **1** become ripe. **2** be cooked.

پکا /pəka:/ ■ *adj.* **1** cooked. **2** ripened. پکاپکایا readily cooked; prepared. پکاپکایا ملنا to get without toil or trouble. (*fem.* پکی)

پکّا /pəkka:/ ■ *adj.* (also پکا) **1** pukka, ripened, ripe. **2** cooked, baked. **3** experienced, expert. **4** mature. **5** fully trustworthy, firm. **6** sure, certain. **7** valid, standard. **8** suppurating. **9** fast, unfading. **10** true to rules laid down. **11** sharp, shrewd, clever, cunning. پکا ارادہ resolve, determination. پکا آدمی a man of his word. پکا آم (*fig.*) a very old man, about to die. پکا آم ٹپکنے کا ڈر a very old person can die any moment. پکا بال white hair. پکا پان **1** very old, frail. **2** experienced. پکا پن **1** (usu. *derog.*) maturity, a look of worldly wisdom and experience. **2** strength. پکا پوڑھا **1** strong. **2** tried and tested. **3** decided. پکا پیسا an experienced person. پکا پھل **1** ripe fruit (ready to fall off the branch). **2** (*fig.*) near death due to age. پکا پھوڑا a pus-filled boil, ready to burst. پکا جن a smart guy. پکا راگ / گانا classical raga/song. پکا رنگ fast colour, unfading colour; dark complexion or skin colour. پکا سیر standard seer (weight). پکا قول assurance. پکا کاغذ a statement on stamp-paper written under oath, affidavit. پکا کرنا bring someone firmly over to one's side, thoroughly coach someone. پکا گھر **1** (*literal*) well-built strong house. **2** (*fig.*) prison. پکا وعدہ firm promise. پکا ہاتھ ڈالنا grasp firmly; do something with confidence. پکا ہونا be firm or resolute. (*fem.* پکّی)

پُکار /pʊka:r/ ■ *n.f.* **1** call, shout, cry. **2** summons. **3** complaint. **4** proclamation, pronouncement. پکار آنا inform; communicate. پکار دینا proclaim, pronounce. پکار کرنا **1** complain. **2** make a noise. پکار کے aloud, openly. پکار کے کہنا speak aloud. پکار لانا bring news. پکار لگانا hawk one's wares.

پُکارا /pʊka:ra:/ ■ *n.m.* fame, renown, repute. ■ *adj.* called; pronounced, proclaimed. پکارا جانا be called; be

ہائیہ مصمتے:

بھ	پھ	تھ	ٹھ	جھ	چھ	دھ	ڈھ	رھ	ڑھ	کھ	گھ	لھ	مھ	نھ
b^h	p^h	$t̪^h$	$ʈ^h$	$dʒ^h$	$tʃ^h$	$d̪^h$	$ɖ^h$	r^h	$ɽ^h$	k^h	g^h	l^h	m^h	n^h

dampness.

پکلی /pəkli:/ ■ *n.f.* a net for holding fodder.

پکنا /pəknɑ:/ ■ *v.* **1** cook, be cooked. **2** ripen. **3** mature. **4** suppurate. **5** (of a matter) be decided or settled. **6** (used with جگر or دماغ) be tortured; suffer greatly.

پکوان /pəkvɑ:n/ ■ *n.m.* **1** something cooked; dressed food. **2** something fried in oil or ghee. **3** something fried, especially for an occasion, e.g. rainy season.

پکوانا /pəkvɑ:nɑ:/ ■ *v.* have something cooked.

پکوائی /pəkvɑ:i:/ ■ *n.f.* wages and/or cost of cooking. See پکائی.

پکوٹھا /pəko:ʈʰɑ:/ ■ *n.m.* (also پکوٹا) (*dim.* of پکھ) a small wing.

پکوڑا /pəko:ɽɑ:/ ■ *n.m.* pakora, fried patty made of some flour or ground lentil. پکوڑا سی ناک a bulbous or wide nose.

پکوڑی /pəko:ɽi:/ ■ *n.f.* (*dim.* of پکوڑا).

پکوڑے /pəko:ɽe:/ ■ *n.m.* (*pl. & infl.* of پکوڑا) پکوڑے بیچنا (*fig.*) do some ordinary work, do a menial work to make both ends meet.

پکی /pəki:/ ■ *adj.* (*fem.* of پکا) cooked. پکی پکائی cooked bread or food, etc., prepared meal. پکی پکائی کھانا live a good life without much labour.

پکّی /pəkki:/ ■ *adj.* (*fem.* of پکّا) پکی اینٹ small rectangular block of fired clay, used in construction. پکی بات firm undertaking. پکی بولی **1** language spoken in the city. **2** a firm bid (in auction). پکی رخصت privilege leave. پکی سڑک a macadamized road. پکی عمارت a concrete building. پکی عمر mature age; someone aged. پکی فصل رکھیتی a ripe crop, a crop ready for harvest.

پکھ /pəkʰ/ ■ *n.m.* **1** wing; flank. **2** (***Astrol.***) the eighth nakshatra or lunar mansion. See پکش.

پکھارنا /pəkʰɑ:rnɑ:/ ■ *v.* (also پکھالنا) clean; wash, rinse.

پکھاڑی /pəkʰɑ:ɽi:/ ■ *n.f.* collar beam, tie-beam.

پکھال /pəkʰɑ:l/ ■ *n.f.* pakhal, a water-bag, usually made of large leather, generally carried on the back of bullocks. پکھال پیٹا رپیٹو رپیٹیا having a big belly, gluttonous.

پکھاوج /pəkʰɑ:vədʒ/ ■ *n.f.* (also پکھواج) pakhawaj, a kind of drum, timbrel.

پکھاوجی /pəkʰɑ:vədʒi:/ ■ *adj.* drummer, one who plays pakhawaj.

announced, be proclaimed.

پُکارنا /pukɑ:rnɑ:/ ■ *v.* **1** call aloud; invoke; to complain; to cry out. **2** ask for alms; beg, pray.

پُکارے /pukɑ:re:/ ■ (*infl.* of پُکارنا). ■ *adv.* openly, loudly. پکارے گلے openly, loudly, pronouncedly.

پِکاس /pɪkɑ:s/ ■ *n.m.* long-handled tool with cone-shaped blade used for digging, a pick.

پکانا /pəkɑ:nɑ:/ ■ *v.* **1** cook, bake. **2** ripen. پکانا ریندھنا cook food.

پکاؤ /pəkɑ:o:/ ■ *n.m.* ripening; suppuration.

پکائی /pəkɑ:i:/ ■ *n.f.* **1** cooking. **2** ripening. **3** (also پکوائی) fee charged for cooking.

پکپن /pəkpən/ ■ *n.m.* (*contr.* of پکاپن) maturity; shrewdness.

پکچھل /pəktʃʰəl/ ■ *n.m.* one-colour horse.

پکڑ /pəkəɽ/ ■ *n.f.* **1** hold, capture, grip, grasp. **2** objection, criticism. **3** act of seizing, arrest. **4** accountability, calling (somebody) to account. **5** altercation, noisy argument, wrangling. **6** a wrestling bout. پکڑ بلانا have someone brought under arrest or duress. پکڑ دھکڑ **1** raid; arrests. **2** brawl. پکڑ کرنا رلڑنا wrestle. پکڑ لانا capture and fetch. پکڑ میں آنا **1** be arrested, be caught. **2** be held liable.

پکڑا /pəkɽɑ:/ ■ *adj.* caught. پکڑا جانا get captured. پکڑا دینا **1** put into one's hand or clutches, hand over. **2** cause to be arrested. (*fem.* پکڑی)

پکڑانا /pəkɽɑ:nɑ:/ ■ *v.* **1** hand over, deliver to or make over (to), entrust. **2** cause to be caught.

پکڑائی /pəkɽɑ:i:/ ■ *n.f.* seizing, catching, apprehension, capture.

پکڑنا /pəkəɽnɑ:/ ■ *v.* **1** catch, hold, grasp, handle. **2** get, receive. **3** arrest, capture. **4** overtake. **5** detect, discover. **6** pick holes in.

پکڑوانا /pəkəɽvɑ:nɑ:/ ■ *v.* cause to be caught, seize, give to hold.

پکسالو /pəksɑ:lu:/ ■ *n.m.* a kind of bamboo used for making baskets, etc.

پکش /pəkʃ/ ■ *n.m.* **1** wing, feather. **2** flank, side. **3** half of a lunar month.

پکشی /pəkʃi:/ ■ *adj.* **1** winged. **2** taking side (of). ■ *n.m.* bird.

پکلا /pəklɑ:/ ■ *n.m.* a sore between the toes caused by

پکھراج /puk^{h}rɑ:dʒ/ ■ *n.m.* topaz.
پکھروٹا /pək^{h}ro:ʈɑ:/ ■ *n.m.* piece of gold or silver leaf covering roll of betel leaf.
پکھڑی /pək^{h}ɽi:/ ■ *n.f.* petal. See پنکھڑی.
پکھوا /pək^{h}vɑ:/ ■ *n.m.* (*dim.* of پاکھا) **1** side, flank; lap. **2** (*fig.*) support.
پکھوٹا /pək^{h}ɔ:ʈɑ:/ ■ *n.m.* (also پکھاٹا) **1** the root of a bird's wings. **2** wing. **3** side, flank.
پکھوڑا /pək^{h}ɔ:ɽɑ:/ ■ *n.m.* (also پکھورا) shoulder-blade.
پکھوے /pək^{h}ve:/ ■ *n.m.* (*pl. & infl.* of پکھوا) پکھوے سے لگانا have someone by the side. پکھوے سے لگنا sit beside someone to keep company.
پکھیرو /pək^{h}e:ru:/ ■ *n.m.* (also پنکھیرو ,) bird.
پکھیو /pək^{h}jo:/ ■ *n.m.* fodder given to a buffalo after the birth of a calf.
پگ[1] /pəg/ ■ *n.m.* pug, foot, step. پگ بن کٹے نہ پنتھ one cannot get anything without hard work. پگ پگ پر at every step. پگ تلی the sole of the foot. پگ ڈنڈی footpath, by-path, track. پگ ڈنڈی لینا go on a track or path. [S]
پگ[2] _____ ■ *n.f.* turban. (See also پگڑی[1].) [S]
پگا /pəgɑ:/ ■ *n.m.* (also پگھا، پگھاڑ) **1** rope used to hobble the hind legs of an animal. **2** (*fig.*) offspring; family.
پگار[1] /pəgɑ:r/ ■ *n.f.* (also پگھار) wages, salary, pay. [Gujarati]
پگار[2] _____ ■ *n.m. & f.* wet earth or clay for building a wall. [Prk.]
پگار[3] _____ ■ *n.f.* low mud parapet enclosing a field, garden, etc., boundary wall. [S]
پگار[4] _____ ■ *n.m.* path, road. [S]
پگاہ /pəgɑ:h/ ■ *n.f.* (also پگہ) dawn, morning.
پگرانا /pəgʊrɑ:nɑ:/ ■ *v.* (also پنگرانا) ruminate, chew the cud.
پگّڑ /pəggəɽ/ ■ *n.m.* (*aug.* of پگڑی) a large turban.
پگڑی[1] /pəgɽi:/ ■ *n.f.* **1** puggaree, turban. **2** (*fig.*) a mark or token of distinction and dignity. **3** headline of an article. **4** person, individual. پگڑی اتارنا **1** dishonour, disgrace. **2** deceive, plunder. پگڑی اترنا be disgraced. پگڑی اٹکانا claim equality. پگڑی اٹکنا compete. پگڑی اچھالنا disgrace, defame. پگڑی الجھنا compete; fight. پگڑی باندھنا **1** put on a turban. **2** enthrone, to crown; install as a substitute or successor. پگڑی بدلنا exchange turbans as a sign of brotherly relations. پگڑی بندھنا be presented with a turban as a token of honour. پگڑی پیروں پر رکھنا place one's turban at the feet of another as a token of submission or supplication. پگڑی پھیر کر رکھنا **1** back out of one's word. **2** be arrogant. پگڑی چپٹنا cheat, swindle. پگڑی دونوں ہاتھوں سے تھامنا to protect one's honour. پگڑی رکھ اور گھی چکھ **1** honesty is the best policy. **2** forget honour and enjoy; have a share in the pie. پگڑی سنبھالنا save one's honour. پگڑی کی عزت خدا کے ہاتھ ہے only God can protect one's honour. پگڑی والا **1** (*women's slang*) (i) physician. (ii) husband. **2** honoured. [S]
پگڑی[2] _____ ■ *n.f.* the amount paid in advance to a landlord to rent a premises (a custom in certain parts of South-Asia). [dial.]
پگّل /pəggəl/ ■ *adj.* (also پگل) (*contr.* of پاگل) mad, crazy.
پگلا /pəglɑ:/ ■ *adj.* (also پاگل) dimwit, lunatic, crazy, mad. پگلا پن lunacy. (*fem.* پگلی)
پگلانا /pəglɑ:nɑ:/ ■ *v.* become mad.
پگلانا /pɪglɑ:nɑ:/ ■ *v.* melt. See پگھلانا.
پگلنا /pɪgəlnɑ:/ ■ *v.* melt. See پگھلنا.
پگنا /pəgnɑ:/ ■ *v.* **1** coat sweetmeat with sugar. **2** (*fig.*) fall in love; adore.
پگوڈا /pəgo:ɖɑ:/ ■ *n.m.* pagoda, a Buddhist temple.
پگیا /pəgjɑ:/ ■ *n.f.* (*dim.* of پگڑی) small turban.
پگھا /pəg^{h}ɑ:/ ■ *n.m.* rope used for hobbling the cattle. See پگا.
پگھارنا /pəg^{h}ɑ:rnɑ:/ ■ *v.* wash, rinse. See پکھارنا.
پگھلانا /pɪg^{h}lɑ:nɑ:/ ■ *v.* (also پگلانا) melt, soften, assuage.
پگھلنا /pɪg^{h}əlnɑ:/ ■ *v.* (also پگلنا) melt, thaw, be dissolved, be softened; yield.
پل[1] /pəl/ ■ *n.m.* **1** a moment; a second; the sixtieth part of a minute. **2** (*fig.*) extremely brief span of time, (within) no time. **3** a particular weight, hundredth part of a tola; a very minute weight. پل بھر کی آس نہیں کہی کل کی بات life is too precarious, the next moment is not ensured, let alone tomorrow; there is no tomorrow. پل بھر میں in a moment, instantly. پل پل at every moment. پل کا بھروسا نہیں life is unreliable. پل کٹنا time to pass. پل کی پل میں in a moment. پل میں in no time, very quickly; within a moment. [S]
پل[2] _____ ■ *n.f.* (*contr.* of پلک) the eyelash. پل مارتے ہی، پل مارنے میں in the wink of an eye, within no time, instantly. پل مارنا to wink. [P]

مختصر مصوتے: بَن ə /bən/ بِن ɪ /bɪn/ بُن ʊ /bʊn/ مجہول مصوتے: شہر æ /ʃæhr/ سہرا e /sehrɑ:/ عُہدہ o /ohdɑ:/

پل /pɪl/ ■ (*imper.* of پلنا) پل پڑنا rush against; attack, jostle violently, assault.

پُل[1] /pʊl/ ■ *n.m.* bridge, causeway. پل اترنا cross a bridge. پل باندھنا 1 make a bridge. 2 (*fig.*) pile up. 3 exaggerate. پل ٹوٹنا (*fig.*) come forth in abundance. پلِ صراط (***Islam***) a bridge over which the righteous will pass to Heaven, and the wicked will fall into the Hell on the Day of Judgement. [P]

پُل[2] ____ ■ *n.m.* a big leather bucket. [S]

پلا[1] /pəlɑː/ ■ *adj.* fostered. پلا پلایا fostered and nurtured. پلا ہوا 1 fostered; reared. 2 (of animal) tamed; not wild, domesticated. (*fem.* پلی) [Prk.]

پلا[2] ____ ■ *n.m.* large spoon for taking out oil. [S]

پلّا[1] /pəllɑː/ ■ *n.m.* 1 one side of a door. 2 the flap of a shawl or stole. 3 a burden carried on head. 4 distance; measure of capacity. 5 range (of an arrow, etc.); target, aim (of an arrow, etc.). 6 ladle. [S]

پلّا[2] ____ ■ *n.m.* (also پلّہ) 1 one scale of a balance, one of a pair of scales. 2 one of a pair of anything (shears, scissors, etc.). پلا بھاری ہونا 1 to be weighty. 2 (*fig.*) have the upper hand. 3 have a large family. 4 have many supporters. 5 the flap of a shawl, etc. to be heavily embroidered. 6 be far or distant. 7 be very sinful. پلا پاک ہوجانا 1 (a debt) be paid up. 2 (an affair) be settled. پلا پکڑلینا take help. پلا جھکنا be heavy or weighty. پلا چھڑانا get rid of. پلا چھوڑنا leave someone alone. پلا کرنا go very far, throw far away. پلا لینا 1 hide one's face. 2 accept help. [S]

پلّا[3] ____ ■ *n.f.* (***Zool.***) shad, a sea fish *Hilsa ilisha*, which travels upstream from the sea to the Indus river to lay eggs. [Sindhi]

پِلّا /pɪllɑː/ ■ *n.m.* puppy, whelp; cub. (*fem.* پِلّی)

پلاتک /pəlɑːt̪ək/ ■ *n.m.* runaway, fugitive; a cultivator who abandons his land.

پلارک /pəlɑːrək/ ■ *n.f.* steel sword.

پلاس[1] /pəlɑːs/ ■ *n.m.* 1 canvas. 2 (*fig.*) very coarse cloth. [P]

پلاس[2] ____ ■ *n.m.* (also پلاش) tree on which the lac insects feed, dhak tree, *Butea frondosa*, whose leaves are used as plates. پلاس پاپڑا seed of this tree which is used in medicine. [S]

پلاس /pɪlɑːs/ ■ *n.m.* pliers. [E]

پلاسنا /pəlɑːsnɑː/ ■ *v.* smooth the edges (of shoes, etc.).

پلانا /pɪlɑːnɑː/ ■ *v.* 1 cause to drink, suckle or fill, give a drink. 2 take animal to water. 3 cause to take in or absorb.

پلانا /pəlɑːnnɑː/ ■ *v.* saddle a horse or bullock.

پلاؤ /pəlɑːuː/ ■ *adj.* domesticated (animal). See پالتو.

پلاؤ /pʊlɑːoː/ ■ *n.m.* pulao, a dish of spiced rice with meat or vegetables. پلاؤ قلیہ 1 sumptuous meal. 2 (*fig.*) good life, luxurious life. پلاؤ کی رکابی luxuries of life. پلاؤ کی رکابی کہیں نہیں گئی nothing is lost, luxurious life is still there.

پلائی /pɪlɑːiː/ ■ *n.f.* 1 wet nurse, foster-mother. 2 wages paid to a wet nurse.

پلپل /pɪlpɪl/ ■ *n.f.* pepper. See فلفل.

پلپلا /pɪlpɪlɑː/ ■ *adj.* 1 flabby, soft, flaccid. 2 (*fig.*) cowardly, timid.

پلپلانا /pɪlpɪlɑːnɑː/ ■ *v.* soften by pressing.

پُلپُلانا /pʊlpʊlɑːnɑː/ ■ *v.* 1 roll a morsel in the mouth due to inability to chew. 2 to fear, be scared; have hair erected due to fear.

پلپلاہٹ /pɪlpɪlɑːhəʈ/ ■ *n.f.* flabbiness; softness.

پُلپُلاہٹ /pʊlpʊlɑːhəʈ/ ■ *n.f.* 1 fear. 2 softness.

پلپلی /pɪlpɪliː/ ■ *adj.* (*fem.* of پلپلا) پلپلی ٹھیکری (*vulg.*; *coll.*) vulva. پلپلی صاحب (*derog.*) a native man dressed in English clothes.

پلتھا /pəltʰɑː/ ■ *n.m.* (also پلٹا) the somersault of a diver.

پلتھی /pəltʰiː/ ■ *n.f.* posture of sitting on the hams with legs rolled round. See پالتی. پلتھی مارنا sit in this posture.

پلٹ /pələʈ/ ■ (*imper.* of پلٹنا). ■ *n.f.* act of returning. پلٹ آنا come back. پلٹ پڑنا 1 return at once; turn and attack suddenly. 2 vent one's spleen (on someone), get angry. پلٹ جانا back out, apostatize. پلٹ دینا turn over, turn upside down. پلٹ کے نہ دیکھنا totally neglect.

پلٹا /pəlʈɑː/ ■ *n.m.* 1 a turn; a complete change; revolution. 2 somersault. 3 revenge. 4 an iron ladle with a long handle. 5 a trick in wrestling. 6 an exchange. پلٹا دینا turn over, turn upside down. پلٹا کھانا 1 turn over, perform a volte-face. 2 (fortune) to change. 3 turn upside down, change one's opinion. پلٹا دینا send back. پلٹا لینا 1 turn or take back. 2 take revenge from, exact retribution.

پلٹانا /pəlṭɑ:nɑ:/ ■ *v.* **1** cause to turn, return, repel. **2** give something back (esp. a borrowed one).

پلٹاؤ /pəlṭɑ:o:/ ■ *n.m.* contradiction; reaction.

پُلٹس /pulṭɪs/ ■ *n.f.* poultice, a soft medicated plaster on cloth applied to sores and boils. [E]

پلٹن /pəlṭən/ ■ *n.f.* **1** platoon, a small military formation. **2** a band or party, a large group; mob, crowd. پلٹن کی پلٹن a big crowd, too many people. [E]

پلٹنا /pələṭnɑ:/ ■ *v.* **1** turn over. **2** retreat, return, withdraw (a statement, opinion or promise). **3** turn upside down, capsize.

پلٹی /pəlṭi:/ ■ *n.f.* somersault.

پلٹے /pəlṭe:/ ■ *n.m.* (*pl.* & *infl.* of پلٹا) پلٹے کھانا **1** switch sides. **2** turn over with pain or anxiety, be anxious. **3** undergo changes. پلٹے میں in lieu of, in return for.

پُلچ /pulɪdʒ/ ■ *n.f.* land cultivated in every season.

پِلچ /pɪlətʃ/ ■ (*imper.* of پلچنا) پلچ پڑنا stick, cling to; use might. پلچ کر کے firmly, with all might.

پلچنا /pɪlətʃnɑ:/ ■ *v.* **1** adhere, stick to, cling to. **2** use full force. **3** devour greedily.

پلڑا /pəlṛɑ:/ ■ *n.m.* (also پلّا²) one of a pair of scales. پلڑا برابر ہونا scale pans to hang at the same level; be equal in status, etc. پلڑا بھاری ہونا have the upper hand.

پِلڑی /pɪlṛi:/ ■ *n.f.* a ball or lump of chopped meat.

پلساٹ /pɪlsɑ:ṭ/ ■ *n.f.* yellowness.

پلستر /pələstər/ ■ *n.m.* plaster; sticking plaster. پلستر اکھاڑنا thrash, beat severely. [E]

پلشت /pəlɪʃṭ/ ■ *adj.* polluted, impure, unchaste. ■ *n.f.* an adulteress.

پلشتی /pəlɪʃṭi:/ ■ *n.f.* impurity, pollution.

پلک /pələk/ ■ *n.f.* **1** the eyelash. **2** (*fig.*) moment, instant. پلک اٹھانا see, behold, look. پلک پڑنا purblind. پلک جھپکتے / مارتے میں in the wink of an eye. پلک جھپکنا **1** to blink. **2** take a catnap. **3** be scared. پلک جھپکنے میں in no time, instantly, immediately. پلک دریا clouds. پلک دریاؤ beneficent. پلک دنتا elephant with upward curving tusks. پلک سے پلک آشنا ہونا / لگنا doze off. پلک لگنا the eyelids to close, the eye to twinkle. پلک مارنا to wink. پلک متنارتی given to weeping, crybaby. پلک نواز extremely forgiving (often used for God). پلک نہ پسیجنا have no mercy. پلک نہ جھپکنا **1** stare. **2** not have a wink of sleep, lie awake. **3** be brave, be unfazed. پلک ہلنا to wink as a signal.

پلکا /pɪlkɑ:/ ■ *n.m.* a piebald pigeon.

پلکوں /pəlkõ:/ ■ *n.f.* (*pl.* of پلک) پلکوں پر بٹھانا welcome or treat with extreme respect and honour. پلکوں سے تلوے سہلانا be extremely fond of, adore; do everything to please a loved one. پلکوں سے تنکے چننا serve someone very devotedly. پلکوں سے زمین جھاڑنا be very obedient. پلکوں سے نمک اٹھانا perform a difficult task

پُلکی /pulki:/ ■ *n.m.* a species of *kadamb* (کدمب) tree, *Nauclea cadamba.*

پلکیں /pəlkẽ:/ ■ *n.f.* (*pl.* of پلک) پلکیں بچھانا welcome with extreme love and respect, treat with great honour. پلکیں بھیگنا tears to well up. پلکیں پٹپٹانا wink repeatedly. پلکیں چڑھنا eyes to spread with sorrow or anger.

پلنا /pəlnɑ:/ ■ *v.* thrive, be nourished, be reared, nurtured, be brought up. ■ *n.m.* cradle.

پِلنا /pɪlnɑ:/ ■ *v.* (also پل پڑنا) **1** rush at, attack, assail, storm. **2** work hard. **3** be pressed or bruised.

پلنٹیوں /pɪlənṭɪjõ:/ ■ *adj.* abundant, existing in large quantity, more than enough. [E]

پُلندا /puləndɑ:/ ■ *n.m.* (also پلندہ) **1** stack of papers, bundle. **2** heap. **3** (of scattered papers or items) package; stack.

پلنگ¹ /pələŋg/ ■ *n.m.* bedstead, bed, sleeping couch. پلنگ پوش bedcover, coverlet, counterpane. پلنگ توڑ (*fig.*) an idle person. پلنگ تین چور (***Astron.***) the Great and the Little Bear. پلنگ ڈالنا place (bed). پلنگ سے لگ جانا become very ill. پلنگ کو لات مار کر کھڑا ہو جانا recover fully from a serious illness; recover from aftermath of childbirth. پلنگ لگانا stay idle and unemployed. پلنگ کے بان توڑنا prepare bed. [S]

پلنگ² ____ ■ *n.m.* cheetah, a swift-running feline with leopard-like spotted coat. پلنگ افگن warrior; cheetah-killer. [P]

پلنگڑی /pələŋgṛi:/ ■ *n.f.* (*dim.* of پلنگ) a small bedstead, small bed (mostly for children).

پلّو /pəllu:/ ■ *n.m.* **1** (also پلّا²) pallu, side of anything; edge. **2** broad hem of a garment; the part of a sari that is wrapped round upper part of the body. پلودار a garment with a silver or gold lace border. پلو سے باندھنا **1** get (a girl) married. **2** (*fig.*) keep in mind, note.

profession of a porter. پلے درجے /سرے کا extremely. پلے (کچھ) نہ پڑنا fail to understand anything. پلے ہونا to have, possess.

پُلیا /pʊlja:/ ■ *n.f.* (*dim.* of پُل) a small bridge; a tunnel-like structure that carries water under a road, culvert.

پلیت /pəli:t̪/ ■ *n.m.* ghost. See پلید².

پلیتا /pəli:t̪a:/ ■ *n.m.* **1** thick twisted wick. **2** a role of lint. **3** suppository. **4** the match of a gun. **5** a piece of paper with spells and prayers written on it (which is burnt by exorcists). پلیتا چاٹ جانا **1** (of a gun or cannon) fail to fire. **2** flash and fume, end up in smoke.

پلیتھن /pəle:t̪ʰən/ ■ *n.m.* dry flour put under and over dough when it is rolled. پلیتھن نکالنا beat severely, thrash. پلیتھن نکل جانا / نکلنا be beaten; suffer a great loss.

پلیتھنی /pəle:t̪ʰəni:/ ■ *n.f.* bread prepared with dry flour laid under and over.

پلید¹ /pəli:d̪/ ■ *adj.* **1** impure, polluted, defiled, unclean. **2** nasty, foul, repugnant. **3** wicked (person). [P]

پلید² ____ ■ *n.m.* evil spirit, ghost, jinn. See پَریت. [S]

پلیدی /pəli:d̪i:/ ■ *n.f.* impurity, uncleanliness, pollution, state of being impure.

پلیکا /pəli:ka:/ ■ *n.m.* (***Music***) an allegretto piece preceded and followed by larghetto one or vice versa.

پُمبئی /pʊmbəi:/ ■ *n.f.* a kind of drum which is used by beggars.

پمپت بازی /pəmpət̪ ba:zi:/ ■ *n.f.* (*slang*) bantering, teasing.

پمپی¹ /pəmpi:/ ■ *n.f.* a kind of soft shoe. [E]

پمپی² ____ ■ *n.f.* shrimps of smallest size. [dial.]

پمّن /pəmmən/ ■ *n.f.* a wheat of superior kind.

پن¹ /pən/ ■ *suffix* forming nouns denoting quality or condition, English equivalents: -hood, -ship, -ness; used in comp. as: پاگل پن madness. [Prk.]

پن² ____ ■ *n.m.* (*contr.* of پان¹) پن باڑی / ملّا betel-garden. پن بٹا / ڈبا betel-box. پن کٹّی betel nut crusher. پن واڑی (also پنواڑی) **1** betel-seller. **2** betel-garden. [Prk.]

پن³ ____ ■ *n.m.* (*contr.* of پانی) used in comp. as: پن بجلی hydroelectricity. پن بدرا rain and sunshine. پن بھتا boiled rice steeped in water. پن توڑ breakwater. پن چکی watermill. پن ڈبّا **1** diver. **2** heron; crane. پن ڈبّی **1** (*obs.*) grebe. **2** submarine. پن روک waterproof, water resistant. پن کال scarcity of water. پن کگڑی curlew.

پلو میں گرہ لگانا knot the hem of a chador, etc. as a reminder.

پِلّو /pɪllu:/ ■ *n.m.* worm.

پلوآ /pəlo:a:/ ■ *adj.* tame, domesticated; one who is nurtured, fostered or protected.

پلوار¹ /pəlva:r/ ■ *n.m.* a method of planting sugar cane. [Prk.]

پلوار² ____ ■ *n.m.* a kind of boat for carrying goods. [Prk.]

پلوان /pəlva:n/ ■ *n.m.* a kind of wild grass used as fodder.

پلوانا /pəlva:na:/ ■ *v.* have someone nourished, reared or brought up.

پِلوانا¹ /pɪlva:na:/ ■ *v.* have some drink served. [Prk.]

پِلوانا² ____ ■ *v.* get crushed in an oil-press, cause to be squeezed. [Prk.]

پلُوتا /pəlu:t̪a:/ ■ *n.m.* curse, imprecation.

پلَوتھا /pəlɔ:t̪ʰa:/ ■ *n.m.* (also پلوٹھا) first-born, the eldest son.

پلَوتھی /pəlɔ:t̪ʰi:/ ■ *n.f.* squat. See پالتی.

پلوٹا /pəlo:ʈa:/ ■ *adj.* slow-moving.

پلوٹنا /pəlo:ʈna:/ ■ *v.* move slowly.

پلَوٹھا /pəlɔ:ʈʰa:/ ■ *n.m.* first-born, eldest son.

پلَوٹھی /pəlɔ:ʈʰi:/ ■ *n.f.* primogeniture; the status of being the first child born in a family. پلوٹھی کا first-born.

پلَورا /pəlɔ:ra:/ ■ *n.m.* young of an animal. (*fem.* پلَوری)

پلوَل /pəlvəl/ ■ *n.m.* (also پٹول) a species of cucumber, *Trichosanthes dioica*.

پلّہ /pəlla:/ ■ *n.m.* (also پلا²) **1** scale-pan. **2** stair; step. **3** side, edge. **4** rank, status. پلہ کش partisan; partial. پلہ کشی partisanship; partiality.

پلہنڈا /pəlæhə̃ɖa:/ ■ *n.m.* (also پلہنڈی) stand for water-pots.

پلی /pəli:/ ■ *n.f.* (*dim.* of پلا²) a small ladle (to take out small quantity of oil). پلی پلی جوڑنا store by saving small amounts.

پِلّی /pɪlli:/ ■ *n.f.* female puppy.

پلّے /pəlle:/ ■ *n.m.* (*pl.* & *infl.* of پلّا¹) پلے باندھنا **1** bear in mind. **2** give a girl in marriage (to). **3** be hold responsible (for), be made liable for. پلے پر **1** at the side of, on support. **2** within striking distance. پلے پر آنا be on the target. پلے پھوٹی / جھنجی کوڑی نہیں has no money. پلے ٹکا / دمڑی نہ ہونا be penniless. پلے جھاڑ کر کھڑا ہو جانا get rid of, sever all connections; distribute everything one has. پلے دار a porter who has bags to carry loads. پلے داری the seek mercy.

پنبا /pəmbɑ:/ ■ *n.m.* a kind of yellow colour which is used in dyeing wool.

پنباہ /pənbɑ:h/ ■ *n.m.* payment of first instalment to settle a matter or its notice.

پنبہ /pəmbɑ:/ ■ *n.m.* (also پُنبہ) cotton. پنبہ اٹھانا flee. پنبہ باف cotton weaver. پنبہ بگوش **1** having cotton in the ear. **2** (*fig.*) ignorant, unaware; turning a deaf ear. پنبہ پا slow-moving. پنبہ دوز cotton-carder. پنبہ دہاں/دہن saying little, uncommunicative, reticent. پنبۂ محلوج/رندّاف carded cotton.

پنبئی /pəmbəi:/ ■ *adj.* (also پُنبئی) **1** made of cotton, lined or quilted with cotton. **2** (of a colour) resembling cotton-seed; yellowish.

پن پن /pɪn pɪn/ ■ *n.f.* **1** buzzing, buzz, hum. **2** crying sound of a weak or sick child.

پنپنا /pənəpnɑ:/ ■ *v.* **1** sprout, grow, germinate. **2** get strong; thrive, prosper. **3** recover, revive.

پنپنانا /pɪnpɪnɑ:nɑ:/ ■ *v.* speak in a low but shrill sound, twang, whistle, whine, whimper.

پِنپناہٹ /pɪnpɪnɑ:həʈ/ ■ *n.f.* whizzing sound, whistling (of a bullet, etc.).

پنت /pənt̪/ ■ *n.m.* (also پنتھ) **1** path, road. **2** religion, faith, belief; sect. **3** leader of a sect or doctrine.

پنتھ /pənt̪ʰ/ ■ *n.m.* (also پنت) **1** path, road, way. **2** sect, religious or mystical order. **3** (*fig.*) era.

پنتھی /pənt̪ʰi:/ ■ *n.m.* **1** traveller. **2** follower of any religion or cult, member of a mystical brotherhood, sectarian. پنتھی پورنا to squat, sit with legs folded.

پنتار /pənt̪ɑ:r/ ■ *n.f.* the act of weeding a field.

پنج /pəndʒ/ ■ *cardinal number* five. ■ *n.m.* **1** cinque (in gaming). **2** seven-year-old horse. پنج ارکان five basic articles of Islam, i.e. *kalimah* (کلمہ), namaz, fasting, Hajj and zakat. پنج آیت/آیتیں the five suras of the Qur'an, which are recited during the mourning. پنج تارا flower with five petals, jasmine. پنج تن (پاک) (also پنجتن) the five holy persons, viz. Prophet Muhammad, his daughter Hazrat Fatima, son-in-law Hazrat Ali, and his grandsons Imam Hasan and Imam Hussain. پنج روزہ **1** of five days. **2** (*fig.*) temporary, transient. پنج سالہ of five years, quinquennial. پنج سر/شاخہ

پن کوا purple coot; moorhen. پن مرغی water fowl. پن ہارا (also پنہیارا) water carrier. پن ہاری (also پنہیاری) female water carrier. [S]

پن[4] ____ ■ *adj.* (*contr.* of پانچ) used in comp. as: پن جیری (also پنجیری) sweetmeat containing five ingredients, used as tonic. پن سول five-pronged spear. پن سیرا/سیری a weight of five seer (about ten pounds). پن شاخہ light with five wicks. [S]

پن[5] ____ ■ *conj.* but. [dial.]

پن[6] ____ ■ *suffix* denoting time or period; used in comp. as: بچپن childhood. لڑکپن boyhood. [Prk.]

پن /pɪn/ ■ *n.f.* pin, a small thin pointed piece of metal with a head. پن گدی pin cushion. [E]

پُن[1] /pʊn/ ■ *n.m.* **1** virtue. **2** charity, alms. پن کرنا **1** give alms. **2** act piously. **3** bequeath for pious purposes. پن کی جڑ سدا ہری virtue is evergreen. [S]

پُن[2] ____ ■ *n.m.* male, man. پن شکتی virility, manhood, vigour. پن لنگ male organ, penis. [S]

پنا /pənɑ:/ ■ *n.m.* width, breadth (of cloth, etc.)

پنّا[1] /pənnɑ:/ ■ *n.m.* **1** a gold or silver leaf, foil. **2** a sheet of metal. **3** a page of a book. [S]

پنّا[2] ____ ■ *n.m.* tamarind juice. [S]

پنّا[3] ____ ■ *n.m.* emerald. [S]

پِنّا[1] /pɪnnɑ:/ ■ *n.m.* **1** reel, a ball of thread. **2** lump. [S]

پِنّا[2] ____ ■ *n.m.* the residue of seeds which have been ground for oil. [S]

پِنّا[3] ____ ■ *v.* (also پینا) to card cotton; to clean. ■ *n.m.* instrument used for carding cotton. [Prk.]

پناک /pɪnɑ:k/ ■ *n.m.* **1** staff, club; a three-pronged spear. **2** a musical instrument.

پُناگ /pʊnɑ:g/ ■ *n.m.* (also پنّاگ) an evergreen tall tree with red flowers, *Rottleria tinctoria*, oil from which is used in medicine.

پنالا /pənɑ:lɑ:/ ■ *n.m.* roof drain. See پرنالا.

پنالی /pənɑ:li:/ ■ *n.f.* (*dim.* of پنالا).

پناہ /pənɑ:h/ ■ *n.f.* shelter, protection, asylum, refuge. پناہ بہ خدا God forbid! پناہ دینا give shelter, harbour, give asylum. پناہ ڈھونڈنا look for a refuge, seek asylum. پناہ گاہ a place of refuge, asylum, a safe haven, shelter. پناہ گزین/گیر refugee, asylum seeker. پناہ لینا take or seek shelter. پناہ مانگنا **1** seek protection; avoid, eschew. **2** to

پنجوانا /pəndʒvɑ:nɑ:/ ■ *v.* (also پنجوانا) **1** have something stitched, cause to stitch. **2** have cotton carded.

پنجوں /pəndʒõ:/ ■ *n.m.* (*pl.* of پنجہ) پنجوں کے بل چلنا walk on tip-toes, strut.

پنجہ /pəndʒɑ:/ ■ *n.m.* (also پنجا) **1** aggregate of five. **2** the palm of the hand with the fingers extended. **3** paw; claw. **4** clutch, grasp. **5** possession; control; power. **6** the fore part of a foot or shoe. **7** a cast or turn of five with the dice; the five of a suit of cards. **8** gold or silver hand with fingers extended (usu. attached to the upper part of a standard). **9** a currycomb, a back scratcher. پنجۂ آفتاب/خورشید rays of the sun. پنجہ پھیرنا **1** twist the hand of an adversary by interlocking fingers with him. **2** overcome, overpower. پنجہ ٹیکنا find room for oneself; settle down. پنجہ کرنا/لڑانا interlock fingers with an adversary and endeavour to twist his hand or wrist. پنجہ کش **1** a hand-like instrument of iron with which wrestlers exercise their fingers. **2** a bread bearing the marks of five fingers. **3** bird that holds food or prey in its claw for eating. **4** wrestler. پنجہ لے جانا triumph, overcome. پنجہ مارنا **1** claw, scratch, tear at or scrape with the claws. **2** (*fig.*) overcome, control. پنجۂ مریم a grass resembling a pair of claws, traditionally believed to facilitate childbirth. پنجۂ نگاریں **1** beautiful palm. **2** (*fig.*) the beloved's hand. پنجہ نما claw-like.

پنجی /pəndʒi:/ ■ *n.f.* **1** sort of link or torch with five branches. **2** five of a suit of cards. **3** small pincers to hold paan.

پنجے /pəndʒe:/ ■ *n.m.* (*pl.* & *infl.* of پنجہ). ■ *adv.* five times (used in multiplying or tables, e.g. تین پنجے پندرہ). پنجے جھاڑ کر پیچھے پڑ جانا **1** hound, pester. **2** take to task, do something with extraordinary devotion. پنجے چھکے چلنا gamble (by throwing dice). پنجے سے چھوٹنا be set freed from an oppressor or enemy. پنجے گاڑنا occupy, seize. پنجے میں پھنسنا be snared or trapped. پنجے میں لانا subjugate, overpower, bring into one's clutches.

پِنجیارا /pɪndʒɪjɑ:rɑ:/ ■ *n.m.* cotton-carder. See پنجارا.

پنجیرا /pəndʒe:rɑ:/ ■ *n.m.* one who joins or solders pans, pots, etc.

پنجیری /pəndʒi:ri:/ ■ *n.f.* a dry tonic preparation composed of five ingredients given to puerperal woman.

light with five wicks. پنج سورہ five suras of the Qur'an; a volume containing the five suras of the Qur'an. پنج شنبہ Thursday. پنج عیب شرعی the five cardinal sins, viz. lying, stealing, drinking, illicit sexual intercourse, and gambling. پنج کلیان horse whose four legs and forehead are white. پنج گانہ fivefold, done or prescribed for five times. پنج گانہ نماز (***Islam***) the five compulsory daily prayers. پنج گوشہ five-cornered, pentagonal.

پنجا /pəndʒɑ:/ ■ *n.m.* (also پنجہ) **1** an aggregate of five. **2** cinque in gaming. پنجا چھکا چلنا throw dice, gamble.

پنجاب /pəndʒɑ:b/ ■ *n.m.* (*contr.* of پنج آب) a land of five rivers. ■ *pr.n.m.* the Punjab.

پنجابن /pəndʒɑ:bən/ ■ *n.f.* a woman native of the Punjab.

پنجابی /pəndʒɑ:bi:/ ■ *adj.* of or relating to the Punjab, inhabitant or native of the Punjab. ■ *pr.n.f.* Punjabi; the language spoken in the Punjab.

پنجارا /pəndʒɑ:rɑ:/ ■ *n.m.* (also پنجارا، پنجیارا) a cotton-carder. (*fem.* پنجارن)

پنجال /pəndʒɑ:l/ ■ *n.m.* **1** the excrement of birds. **2** the nest of birds. **3** the beak of a bird.

پنجاہ /pəndʒɑ:h/ ■ *cardinal number* fifty.

پنجاہم /pəndʒɑ:hʊm/ ■ *ordinal number* fiftieth.

پنجر /pɪndʒər/ ■ *n.m.* (also پنجر) **1** skeleton, rib, the human frame. **2** cage. پنجر ڈھیلا/ڈھیلے کر دینا make the bones and frame of body become loose, make someone tired, cause severe fatigue. پنجر ہونا **1** become a skeleton, become thin or weak, shed flesh. **2** emaciate, waste away.

پنجرا /pɪndʒrɑ:/ ■ *n.m.* (also پنجرہ) **1** cage, hutch. **2** (*fig.*) the human body. پنجرا پول cattle pen.

پنجری[1] /pɪndʒri:/ ■ *n.f.* (*dim.* of پنجرا) (also پنجری) **1** a small cage. **2** coffin; funeral. [S]

پنجری[2] ——— ■ *n.f.* (also پنجری) rib. [S]

پنجرے /pɪndʒre:/ ■ *n.m.* (*pl.* & *infl.* of پنجرا) پنجرے کی کھڑکی کھول دینا to free a captive.

پنجشنبہ /pəndʒʃəmbɑ:/ ■ *n.m.* (also پنج شنبہ) Thursday.

پنجم /pəndʒʊm/ ■ *ordinal number* fifth.

پنجنا /pɪndʒnɑ:/ ■ *v.* (also پنجا) **1** stitch, join; solder. **2** card (cotton).

پنجند /pəndʒnəd/ ■ *adj.* of five rivers. ■ *pr.n.m.* place in Pakistan situated at the confluence of five rivers.

پنچ /pəntʃ/ ■ *cardinal number* five. ■ *n.m.* **1** a member of panchayat, the five-men village administrative council. **2** arbitrator, judge, a member of jury. **3** the head of a village or tribe. پنچ اگنی the five fires amidst which Hindu devotees perform penance. پنچ امرت punch, a mixture consisting of five ingredients: milk, yogurt, sugar, clarified butter and honey. پنچ اِندری/راندریا the five sense organs, viz. the eye, the ear, the nose, the tongue, and the skin. پنچ بھوت the five elements, viz. water, air, fire, earth, and space. پنچ پاتر a kind of vessel used by Hindus during worship. پنچ پولیا large, vast (house with five doors). پنچ پھولا رانی a delicate and pretty woman. پنچ تت the five elements, viz. earth, air, fire, water, and space. پنچ تنتر the famous Hindu classic consisting of animal stories. پنچ درا a five-door house or courtyard. پنچ راشک (***Math.***) the double rule of three. پنچ رتن a collection of five jewels, viz. gold, diamond, sapphire, ruby, and pearl. پنچ سلطانی an arbitrator appointed by the monarch. پنچ فیصلہ a judgement by arbitrators. پنچ کون/کونیا having five angles, a pentagon. پنچ کہیں بلی تو بلی ہی سہی if everyone is of the same opinion, it is decided. پنچ گنا fivefold. پنچ لڑا a necklace of five strings. پنچ محلا five-storeyed. پنچ مل خدا، خدا مل پنچ arbitrator's decision is God's decision. پنچ نکھ animal having five toes.

پنچا /pəntʃɑ:/ ■ *n.m.* a five-pronged fork used in winnowing corn.

پنچال /pəntʃɑ:l/ ■ *adj.* **1** clever, cunning, deceitful. **2** expert, experienced, knowing, wise.

پنچالی /pəntʃɑ:li:/ ■ *n.m.* **1** scholar, expert. **2** (*fig.*) very cunning.

پنچایت /pəntʃɑ:jəṭ/ ■ *n.f.* (also پنچائت) **1** panchayat, meeting of any particular society; a village administrative and arbitration council which originally comprised of five members; a local government council. **2** arbitration, settlement of dispute. **3** fraternity, community. **4** (*fig.*) clamour, loud shouting. **5** (*iron.*) unnecessary interest or curiosity for irrelevant matters; nonsense. پنچایت بدنا bring an issue before panchayat. پنچایت جوڑنا summon a panchayat. پنچایت راج government of the elected representatives. پنچایت کرنا **1** to arbitrate. **2** (*iron.*) discuss the secrets or somebody else's matters. پنچایت نامہ written award of an arbitration.

پنچایتی /pəntʃɑ:jəṭi:/ ■ *adj.* (also پنچائتی) **1** of or relating to the village council; common. **2** (*fig.*) illegitimate child, bastard.

پنچک /pəntʃək/ ■ *adj.* of or relating to five, consisting or made up of five. ■ *n.m.* the figure of five; any collection or aggregate of five.

پنچم /pəntʃəm/ ■ *ordinal number* fifth. ■ *n.m.* (***Music***) high-pitched note, soprano, treble.

پنچمی /pəntʃəmi:/ ■ *n.f.* fifth day of the lunar month.

پنچولی[1] /pəntʃo:li:/ ■ *n.f.* custom of resolving disputes through a panchayat. [Prk.]

پنچولی[2] ____ ■ *n.m.* a plant with fragrant leaves. [S]

پنچوں /pəntʃõ:/ ■ *n.m.* (*pl.* of پنچ) پنچوں کا پیالہ (*fig.*) hookah. پنچوں کا کہنا سر آنکھوں پر، مگر پرنالا یہیں گرے گا allusion to someone's obstinacy.

پنچھا /pəntʃʰɑ:/ ■ *n.m.* fluid oozing out of a blister.

پنچھلا /puntʃʰəllɑ:/ ■ *n.m.* (also پنچھالا، پنچھلّا) **1** tail of a paper-kite. **2** follower, one who dogs the steps of another. **3** a parasite. (*fem.* پنچھلّی)

پنچھی /pəntʃʰi:/ ■ *n.m.* **1** bird. **2** (*fig.*) wanderer.

پند /pənḍ/ ■ *n.m.* advice, counsel, admonition, moral maxim. پندِ سودمند a useful advice. پند گو adviser. پند گیر one who takes or listens to advice.

پندار /pɪnḍɑ:r/ ■ *n.m.* (also پنداشت) **1** pride, conceit, arrogance. **2** notion, thought, imagination, opinion. پندار کا خوگر (also خوگرِ پندار) habitually proud or arrogant.

پندرہ /pənḍrɑ:/ ■ *cardinal number* fifteen.

پندرھواڑا /pənḍərʰvɑ:ɽɑ:/ ■ *n.m.* (also پندرواڑہ) the period of fifteen days, fortnight.

پندرھواں /pənḍərʰvɑ̃:/ ■ (also پندرہواں) *ordinal number* fifteenth.

پنڈ /pɪnɖ/ ■ *n.m.* **1** body. **2** lump; a sweet cake or ball of ground pulse. **3** (***Geom.***) the dimension of thickness. پنڈ پڑنا **1** be given (a responsibility), get involved; fall to one's lot. **2** pursue or dog the steps. پنڈ چھڑانا escape, avoid, get rid oneself of (evil, debt, etc.). پنڈ چھٹنا **1** get rid of, be relieved of responsibility. **2** a relationship to be dissolved. پنڈ روگ chronic disease. پنڈ کھجور fresh dates, dates not yet dried. [S]

پنڈ[2] ____ ■ *n.m.* village; settlement. [Pj.]

پنڈا[1] /pəndɑ:/ ■ *n.m.* minister or priest who presides at a Hindu temple. [S]

پنڈا[2] ____ ■ *n.f.* wisdom, intelligence; knowledge; learning. [S]

پنڈا /pɪndɑ:/ ■ *n.m.* **1** body; person. **2** ball of food; lump. **3** ball of string or rope. پنڈا اچھوتا ہونا be virgin or untouched. پنڈا پھیکا پڑنا رہونا feel feverish. پنڈا جلنا have (high) fever. پنڈا دھلانا bath someone. پنڈا دھونا take a bath. پنڈا غوطہ کرنا wash one's body, bathe. پنڈا کوراہونا be a virgin.

پنڈار /pɪndɑ:r/ ■ *n.m.* a tree bearing fragrant white flowers which later turn yellow, *Flacourtia sapida*.

پنڈارا /pɪndɑ:rɑ:/ ■ *n.m.* (also پنڈاری) plunderer, freebooter, bandit, highway man.

پنڈاری /pɪndɑ:ri:/ ■ *n.m.* **1** a gang of freebooters of eighteenth century India. **2** a member of this gang.

پنڈال /pɪndɑ:l/ ■ *n.m.* a canopy under which a meeting is held.

پنڈالو /pɪndɑ:lu:/ ■ *n.m.* an esculent root-like yam and sweet potatoes, *Trewia nudiflora*.

پنڈِت /pənḍɪt/ ■ *n.m.* **1** pundit, a learned or wise man, one versed in Hindu religious lore; Brahman. **2** a master of classical music. **3** fortune-teller, astrologer; palmist. **4** an honorary title signifying a learned man or teacher; professor. ■ *adj.* wise; learned; master. پنڈت خانہ **1** prison. **2** casino. پنڈت مانی one who considers himself very able, pedant.

پنڈِتانی /pənḍɪtɑ:ni:/ ■ *n.f.* (also پنڈتائن، پنڈیاین) pundit's wife.

پنڈِتائی /pənḍɪta:i:/ ■ *n.f.* **1** learning; the status of a pundit; priesthood. **2** the display of learning, pedantry.

پنڈتگر /pɪnḍɪtəgər/ ■ *n.m.* (also پنڈی تگر) a kind of fragrant wood. See تگر.

پنڈخی /pɪndxi:/ ■ *n.f.* a small species of dove.

پنڈُر /pənḍur/ ■ *n.m.* water snake.

پنڈک /pənḍək/ ■ *n.m.* hermaphrodite, eunuch.

پنڈکی /pɪnḍuki:/ ■ *n.f.* (also پنڈخی) the turtle dove.

پنڈلا /pɪnḍɪla:/ ■ *n.f.* a kind of cucumber, *Cucumis maderaspatanus*.

پنڈلی /pɪnḍli:/ ■ *n.f.* calf of the leg, shin. پنڈلی کی نلی shin bone.

پنڈوری /pənḍu:ri:/ ■ *n.f.* a species of hawk.

پنڈَول /pɪnḍɔ:l/ ■ *n.f.* a kind of pale, yellow or white earth or clay used for whitewashing, Fuller's earth.

پنڈی /pɪnḍi:/ ■ *n.f.* **1** a round mass; a small clew or ball of string. **2** (***Hinduism***) a small altar of sand on which oblations are offered. **3** long gourd.

پنڈیاین /pənḍɪja:jən/ ■ *n.f.* wife of a priest. (See also پنڈتانی.)

پنڈھلانا /pənḍʰlɑ:nɑ:/ ■ *v.* coax, cajole, wheedle; win over.

پُنر /punər/ ■ *adj.* second. ■ *adv.* (also پُنہ) again; afresh, anew; also; another. پنر بھور جنم second incarnation. پنر ملن a second meeting. پنرنوا a creeping plant, hogweed.

پنس /pənəs/ ■ *n.m.* breadfruit or jackfruit. (See also کٹھل.)

پنس /pɪnəs/ ■ *n.f.* (also پینس، فنس) palanquin.

پنسار /pənsɑ:r/ ■ *n.m.* sprinkling, watering; watering of concrete structure.

پنسارا /pənsɑ:rɑ:/ ■ *n.m.* the profession of a grocer.

پنسارہٹّا /pənsɑ:rhəṭṭɑ:/ ■ *n.m.* a locality where there are many groceries, market place.

پنساری /pənsɑ:ri:/ ■ *n.m.* **1** grocer. **2** a vendor of drugs, spices, etc., druggist.

پنسال /pənsɑ:l/ ■ *n.m.* **1** place where water is provided to thirsty people. **2** water-gauge; level.

پنسُورہ /pənsu:rɑ:/ ■ *n.m.* (*contr.* of پنج سورہ) a collection of five suras or chapters of the Qur'an.

پنسُوئی /pənsu:i:/ ■ *n.f.* (also پن سُوئی، پن سُوہی) a kind of small boat.

پنسی /pɪnsi:/ ■ *n.f.* a foul ulcer in the nose.

پنسیرا /pənse:rɑ:/ ■ *n.m.* (*contr.* of پنج سیرا) a five seers weight.

پنک /pəŋk/ ■ *n.m.* mud, mire, clay, slough, quagmire.

پنک /pɪnək/ ■ *n.f.* drowsiness. See پینک.

پنکٹّی /pənkuṭṭi:/ ■ *n.f.* a small iron mortar which is used for grinding betel-leaf ingredients for toothless persons.

پنکج /pənkədʒ/ ■ *n.m.* any species of the lotus flower.

پنکھ /pəŋkʰ/ ■ *n.m.* wing, feather, pinion. پنکھ پسارنا **1** spread the wings. **2** be greedy. **3** (*fig.*) die. پنکھ پکھیرو birds.

پنکھا /pəŋkʰɑ:/ ■ *n.m.* punkah, fan, ventilator.

پنکھڑی /pəŋkʰṛi:/ ■ *n.f.* petal.

پنکھی /pəŋkʰi:/ ■ *n.f.* **1** a small fan. **2** bird. **3** moth.

پنکھے /pəŋkʰe:/ ■ *n.m.* (*pl. & infl.* of پنکھا) پنکھے لگ جانا have palpitation, become agitated.

پنکھیا /pəŋkʰɪja:/ ■ *n.f.* (*dim.* of پنکھا) **1** a small fan. **2** fakir who goes about fanning people for money.

پنولا /pəno:la:/ ■ *n.m.* land watered after ploughing.

پُنہ /puna:/ ■ *adv.* again; afresh. See پُنر

پنہا¹ /pənha:/ ■ *n.m.* **1** a young pigeon or partridge whose wings have been clipped. **2** such a bird that has been caught up. [dial.]

پنہا² ____ ■ *adj.* wide, broad, spacious. [P]

پِنہاں /pɪnhã:/ ■ *adj.* hidden, secret, concealed. ■ *adv.* secretly.

پنہانا /pənha:na:/ ■ *v.* wash or massage the udders to soften them before milking.

پِنہانا /pɪnha:na:/ ■ *v.* cause to wear (clothes, etc.); to put on. See پہنانا.

پنہی /pənhi:/ ■ *n.f.* slipper, shoe.

پنّی /pənni:/ ■ *n.f.* **1** a foil of any metal (usu. tin), tinsel. **2** a thin transparent material used in wrapping. **3** a kind of grass used for thatching.

پِنّی /pɪnni:/ ■ *n.f.* a ball of sweetmeat made of rice, sugar and butter.

پُنّی /punni:/ ■ *adj.* virtuous, righteous, performing good deeds to please God. (*opp.* پاپی)

پنیا /pənɪja:/ ■ *adj.* watery, aquatic. ■ *n.m.* **1** (*dim.* of پانی) water. **2** anything living in water. پنیا سانپ water snake. پنیا سوت spring, fountain-head. پنیا کال **1** scarcity of water. **2** famine caused by excess of rain. پنیا نمک salt obtained from saltish water.

پُنیا /punja:/ ■ *adj.* (also پُنیہ) virtuous, one who performs good deeds to please God. پنیاتما generous, beneficent.

پنیانا /pənja:na:/ ■ *v.* **1** irrigate; yield water; drool. **2** become thin and watery. **3** release or give out water (as milk in coagulating).

پُنّیائی /punneja:i:/ ■ *n.f.* **1** reward of virtue. **2** offspring. **3** clan.

پنیَر /pənjər/ ■ *n.m.* pointer, a dog of a breed that on scenting game stands rigid looking towards it.

پنیر /pəni:r/ ■ *n.m.* paneer, cheese. پنیر چٹانا **1** flatter, bring someone under control, make someone an ally. **2** tame, especially a difficult man by giving gifts. پنیر کے ساتھ خشکا کھاؤ mind your own business and be happy. پنیر مایہ milk curdled by rennet.

پنیری¹ /pəni:ri:/ ■ *adj.* made of cheese, cheesy. [P]

پنیری² ____ ■ *n.f.* seedling, very young plant reared from

پنگ /pəng/ ■ *n.m.* reptile; serpent.

پنگا¹ /pəŋga:/ ■ *adj.* (also پنگا) **1** clumsy, inept. **2** (person) with crooked legs. [Prk.]

پنگا² ____ ■ *n.m.* (*slang*) confrontation, quarrel. پنگا لینا involve oneself in a quarrel. [dial.]

پِنگا¹ /pɪŋga:/ ■ *adj.* watery, thin; weak; tender. [S]

پِنگا² ____ ■ *adj.* having crooked or deformed legs. (*fem.* پنگی) [S]

پنگت /pəŋgət̪/ ■ *n.f.* **1** tribe, caste. **2** a row of people sitting down to a meal. **3** society; fellowship, company. پنگت بیچ لکھت interlining, the writing between the lines. پنگت سے باہر out of caste.

پنگرانا /pəŋgɽa:na:/ ■ *v.* ruminate. See پگرانا.

پنگل /pəŋgul/ ■ *n.m.* a horse of silvery-white colour.

پِنگل /pɪŋgəl/ ■ *n.m.* **1** Hindi prosody. **2** the sun. **3** fire.

پُنگل /puŋgəl/ ■ *n.m.* earring.

پنگو /pəŋgu:/ ■ *adj.* (also پنگلا) deformed, lame, crippled.

پنگورا /pɪŋgu:ra:/ ■ *n.m.* (also پنگوڑا، پنگھوڑا، پنگھولا) cot, crib.

پِنگی /pɪŋgi:/ ■ *n.f.* crooked calf or leg.

پُنگی /puŋgi:/ ■ *n.f.* a kind of flute. See پُونگی¹.

پنگھٹ /pəngʰəʈ/ ■ *n.m.* a platform at the edge of a well or a spring where one stands to draw water; community well.

پُنم /punəm/ ■ *adj.* virtuous, holy; good, righteous.

پُنم /punɪm/ ■ *adj.* (also پُونم) of full moon; of fourteenth (night of a lunar month).

پِننا /pɪnna:/ ■ *v.* (also پِنا³) card (cotton); clean.

پُننا /punna:/ ■ *v.* calumniate someone, revile someone by mentioning every weakness, abuse, reproach.

پنو /pənəv/ ■ *n.m.* **1** a musical instrument, a small drum or tabor. **2** a variety of poetic metre.

پنواڑا¹ /pənva:ɽa:/ ■ *n.m.* panegyric poetry, an epic poem; legend tale. [S]

پنواڑا² ____ ■ *n.m.* (also پواڑا) a platter made of leaves. [S]

پنواڑی /pənva:ɽi:/ ■ *n.m.* betel-seller. See پن واڑی under پن². (*fem.* پنواڑن)

پِنوانا /pɪnva:na:/ ■ *v.* have the cotton carded or cleaned.

پُنوانا /punva:na:/ ■ *v.* have someone reviled.

پِنوائی /pɪnva:i:/ ■ *n.f.* fee or cost of carding or cleaning cotton.

پنوت /pənvət̪/ ■ *n.f.* index; list of contents.

seed, usually for transplantation. پنیری جمانا 1 transplant a seedling, relocate a young plant. 2 (*fig.*) start something which produces other things. 3 not come straight to the point; make out a claim. [Prk.]

پنیلا /pəni:lɑ:/ ■ *adj.* 1 watery. 2 containing much water, thin. 3 insipid, tasteless. ■ *n.m.* 1 food or curry that contains too much water and has become thin and tasteless. 2 raincoat. 3 field that has too much water, a muddy field. (*fem.* پنیلی)

پُنیم /pʊni:m/ ■ *n.m.* the full moon.

پُنیہ /pʊnjɑ:/ ■ *adj.* virtuous, righteous, doing good deeds. ■ *n.f.* good deeds, beneficence.

پہناونی /pɪnʰɑ:o:ni:/ ■ *n.f.* a dress, a suit of clothes given as a wedding present.

پنجر /pənʰət̪t̪ər/ ■ *n.m.* 1 skeleton. 2 parts and components. پنجر بگاڑنا beat severely.

پنھیا /pənʰjɑ:/ ■ *adj.* (also پنیا) of or relating to water. پنھیا کال scarcity of water, drought.

پنھیارا /pənʰjɑ:rɑ:/ ■ *n.m.* a water carrier.

پنھیارن /pənʰjɑ:rən/ ■ *n.* (*fem.* of پنھیارا) (also پنھیاری) water carrier woman.

پنھیانا /pənʰjɑ:nɑ:/ ■ *v.* become wet or saturated with water.

پنھیائی /pənʰjɑ:i:/ ■ *adj.* (*fem.* of پنھیایا) something having too much water. پنھیائی دال cooked pulse that is too watery hence thin and tasteless.

پنھیایا /pənʰjɑ:jɑ:/ ■ *adj.* too watery.

پَو[1] /pɔ:/ ■ *n.f.* 1 ace, face of the dice with one spot. 2 (*fig.*) good luck, good fortune, success. پو بارہ ہونا succeed; have a stroke of good fortune. پو چھکّا gambling. پو چھکّے اڑانا luxuriate. [Prk.]

پَو[2] ____ ■ *n.f.* dawn, daybreak, the first streak of dawn. پو پھٹنا day to break. پو پھٹے at day-break, at dawn, very early in the morning. [Prk.]

پَو[3] ____ ■ *n.f.* a trough or place for animals to drink water, public stand for drinking water. [S]

پَو[4] ____ ■ *n.f.* (*contr.* of پاؤ) a quarter, one fourth. پوقدمی چال slow pace, amble, a leisurely walk. [S]

پوآ /po:ɑ:/ ■ *n.m.* 1 nursling of an animal. 2 the young of a serpent. 3 a plant.

پُوآ /pu:ɑ:/ ■ *n.m.* fried cake made of flour and sugar.

پوّاج /pəvvɑ:dʒ/ ■ *n.m.* (*pl.* of پاجی) mean people.

پوّا /pəvvɑ:/ ■ *n.m.* 1 a quarter of a seer; a unit of weight, no longer used; one quarter of anything. 2 a quarter of a wine bottle.

پواڑا /pəvɑ:ɽɑ:/ ■ *n.m.* platter made of leaves. See پنواڑا[2].

پُوال /pʊvɑ:l/ ■ *n.f.* (also پیال) dry grass or straw used as fodder or to fill pillows and cushions.

پُوانا[1] /pʊvɑ:nɑ:/ ■ *v.* bask in the sun; warm something by steam. [S]

پُوانا[2] ____ ■ *v.* have bread made or baked. [Prk.]

پوائی /pəvɑ:i:/ ■ *n.f.* 1 an odd shoe or slipper. 2 portion of sock. 3 chain for the leg; fetter. 4 (*fig.*) circle.

پوپٹ[1] /po:pəʈ/ ■ *n.m.* blinkers of an ox driving an oil press. [Prk.]

پوپٹ[2] ____ ■ *n.m.* parrot. [dial.]

پوپٹا /po:pʈɑ:/ ■ *n.m.* the eyelid. See پپوٹا.

پوپک /po:pək/ ■ *n.m.* woodpecker.

پُوپلا /pu:plɑ:/ ■ *n.m.* a kind of sweet cake; a small flat bread.

پوپلا /po:plɑ:/ ■ *adj.* toothless.

پوپلانا /po:plɑ:nɑ:/ ■ *v.* 1 to soften by chewing or by turning over in mouth (as a toothless person does). 2 to mumble.

پوپلی /po:pli:/ ■ *adj.* (*fem.* of پوپلا) پوپلی بڑھیا toothless old woman.

پوپلے /po:ple:/ ■ *n.m.* (*pl.* & *infl.* of پوپلا) پوپلے سے ہڈی نہیں چبتی a weakling cannot do hard work.

پوپنی /po:pni:/ ■ *n.f.* a wind instrument.

پُوت /pu:t̪/ ■ *n.m.* 1 son. 2 the young of an animal. پوت کے پاؤں پالنے میں پہچانے جاتے / دکھائی دینے لگتے ہیں signs of future character are visible in childhood; coming events cast their shadow.

پوت[1] /po:t̪/ ■ *n.m.* (also پوتھ) perforated glass beads, ordinary pearl (not a real one). پوت کا چھلّا very ordinary jewellery. [S]

پوت[2] ____ ■ *n.m.* a round or spell of play in a game, turn (in sports). پوت پورا کرنا 1 make up a deficiency. 2 play one's part. [S]

پوت[3] ____ ■ *n.m.* 1 young elephant of ten years. 2 young of an animal. [S]

پوت[4] ____ ■ *n.m.* (*contr.* of پوتا) used in comp. as: پوت بہو wife of the paternal grandson. [S]

طویل انفی مصوتے: ɑ̃: جاں، آں /dʒɑ̃:/, /ɑ̃:/ — æ̃: ہَیں /hæ̃:/ — ɪ̃: آئیں /ɑ:ɪ̃:/ — ẽ: آئیں /ɑ:ẽ:/ — ɔ̃: لَونڈی /lɔ̃:ɖi:/ — ũ: یُوں /jũ:/ — õ: انسانوں /ɪnsɑ:nõ:/

پوت[5] ____ ■ *n.m.* (also پوتھ[2]) a silk fabric embroidered in gold and/or silver. [Prk.]

پوتا[1] /po:t̪ɑ:/ ■ *n.m.* (also پوترا) son's son, paternal grandson. (*fem.* پوتی) [S]

پوتا[2] ____ ■ *n.m.* a white washing brush. پوتا پھیرنا whitewash, coat with colour or clay. [S]

پوتر /pəvɪt̪r/ ■ *adj.* pure, sacred, sinless.

پوترتا /pəvɪt̪rt̪ɑ:/ ■ *n.f.* purity, sacredness, sinlessness.

پوتڑا /po:t̪ɽɑ:/ ■ *n.m.* nappy.

پوتڑوں /po:t̪ɽõ:/ ■ *n.m.* (*pl.* of پوتڑا) پوتڑوں کا رئیس a person born with a silver spoon in his mouth, one who is born rich. پوتڑوں کا واقف a childhood friend, one who knows someone since childhood.

پوتڑی /po:t̪ɽi:/ ■ *n.f.* fetal membrane discharged from the womb after a birth, afterbirth.

پوتڑے /po:t̪ɽe:/ ■ *n.m.* (*pl.* & *infl.* of پوتڑا) پوتڑے بدلنا to change the nappy. پوتڑے دھلوانا 1 make someone wash the nappy. 2 (*fig.*) ask someone to do meanest or dirtiest job.

پُوتِکا /pu:t̪ɪkɑ:/ ■ *n.f.* 1 (also پُوئی) a species of pot-herb, *Basella alba*. 2 a polecat.

پوتنا /po:t̪nɑ:/ ■ *v.* apply a coat of paint or clay, whitewash.

پُوتوں /pu:t̪õ:/ ■ *n.m.* (*pl.* of پُوت) پوتوں پھلنا 1 have many sons. 2 prosper, thrive.

پوتی /po:t̪i:/ ■ *n.f.* son's daughter, paternal granddaughter.

پوتھ[1] /po:t̪ʰ/ ■ *n.f.* a small glass bead. See پوت[1]. [S]

پوتھ[2] ____ ■ *n.m.* a silk fabric. See پوت[5]. [Prk.]

پوتھی[1] /po:t̪ʰi:/ ■ *n.f.* book. [S]

پوتھی[2] ____ ■ *n.f.* a clove of garlic. [S]

پوتھیا /po:t̪ʰjɑ:/ ■ *n.f.* a packet of tobacco, usually carried by villagers in their turbans.

پوٹ /po:ʈ/ ■ *n.f.* 1 bundle, sack, bale; items tied in a piece of cloth. 2 heap. 3 abundance, excess. پوٹ کی پوٹ in great quantity. پوٹ کی چادر shroud.

پوٹا[1] /po:ʈɑ:/ ■ *n.m.* 1 a pouch in a bird's gullet where food is stored or prepared for digestion, the crop or craw of a bird. 2 gizzard; stomach. 3 courage, power, strength. پوٹا بھرنا fill with food. پوٹا تر ہونا 1 be fully satisfied. 2 be wealthy. 3 remain idle. پوٹا ٹیکنا make great effort; beg or beseech. [S]

پوٹا[2] ____ ■ *n.m.* the young of an animal, especially of bird. [S]

پوٹا[3] ____ ■ *n.m.* uncut piece of wood. [S]

پوٹلا /po:ʈlɑ:/ ■ *n.m.* (also پٹلا) (*aug.* of پوٹ) large bundle.

پوٹلی /po:ʈli:/ ■ *n.f.* (also پٹلیا، پوٹلیا) (*dim.* of پوٹ) a small bundle.

پُوج /pu:dʒ/ ■ (*imper.* of پُوجنا). ■ *n.f.* worship; used in comp. as: پوج بیٹھنا squander, waste money.

پُوجا /pu:dʒɑ:/ ■ *n.f.* puja, worship, adoration, veneration. پوجا پاٹ / پاٹھ the ritual worship of an idol.

پُوجنا /pu:dʒnɑ:/ ■ *v.* 1 adore; worship. 2 (*fig.*) idolize, love immensely; venerate, hold in great esteem.

پُوجیہ /pu:dʒjɑ:/ ■ *adj.* honourable, venerable.

پوچ /po:tʃ/ ■ *adj.* (also پُوچ) 1 petty, mean, worthless, trifling, useless, insignificant. 2 shabby, mean. پوچ گو one who talks nonsense, prater, babbler. پوچ گوئی prating, babblement.

پوچا /po:tʃɑ:/ ■ *n.m.* (also پونچا، پونچھا) piece of cloth used for cleaning or wiping, mop. See پوچھا.

پُوچھ /pu:tʃʰ/ ■ (*imper.* of پُوچھنا). ■ *n.f.* 1 inquiry, question. 2 respect, regard. پوچھ پاچھ / تاچھ / گچھ interrogation, inquiry; examination.

پُوچھا[1] /pu:tʃʰɑ:/ ■ *n.f.* (of a soothsayer) enquiry into the future, the act or process of knowing the future. [S]

پُوچھا[2] ____ ■ (*past* of پُوچھنا) پوچھا پاچھ / پاچھی / تاچھی / گچھی enquiry, investigation. پوچھا پوچھ asking (questions, etc.) repeatedly; by repeatedly asking for instruction, etc. [S]

پوچھا /po:tʃʰɑ:/ ■ *n.m.* (also پوچا، پونچا، پونچھا) piece of cloth used for cleaning or wiping of floor; mop. پوچھا لگانا to mop (the floor).

پوچھن /po:tʃʰən/ ■ *n.m.* a coarse cloth for wiping floor, duster, mop.

پُوچھنا /pu:tʃʰnɑ:/ ■ *v.* 1 ask, inquire, question. 2 consult. 3 feel concern. 4 regard, invite; value; take notice of. پوچھنا پاچھنا 1 ask, enquire. 2 take permission. پوچھنا (ہی) کیا of course, no question, surely, certainly.

پوچھنا /po:tʃʰnɑ:/ ■ *v.* clean; wipe; mop. See پونچھنا.

پُوچھی /pu:tʃʰi:/ ■ *n.f.* tail (of a fish). (See also پُونچھ.)

پَود /pɔ:d/ ■ *n.f.* 1 seedling, sapling, young plants. 2 progeny; children, offspring.

پُود /pu:d̪/ ■ *n.m.* woof, the threads for a weft woven across the warp.

مختصر انفی مصوتے: بھنور ə̃ /bʰə̃vər/ اِنچا ɪ̃ /ɪ̃tʃɑ:/ کُنوارا ʊ̃ /kʊ̃vɑ:rɑ:/ دیگر اعراب: اعلیٰ ɑ: /əʔlɑ:/ بذاتہٖ i: /bezɑ:t̪ehi:/ اجمالاً n /ɪdʒmɑ:lən/ لٹّو /lət̪t̪u:/

former, preceding; old, ancient. پورب جاؤ یا پچھّم وہی کرم کے لچھن your destiny is forever with you, wherever you go. پورب یا پچھّم، گھر سب سے اُتّم east or west, home is the best.

پوربک /pu:rbək/ ■ *n.m.* previous, last, former, old.

پوربنی /pu:rəbni:/ ■ *n.f.* a female native of eastern UP, India.

پوربی /pu:rbi:/ ■ *adj.* (also پُربی) of or relating to پورب. eastern, oriental. ■ *n.f.* **1** the eastern dialect of Urdu. **2** a musical mode sung in the late afternoon. **3** a kind of rice found, usually in Bengal.

پوربیا /pu:rəbjɑ:/ ■ *n.m.* (also پُربیا) a native of eastern UP, India.

پورم پور /pu:rəmpu:r/ ■ *adj.* full, brimful. ■ *adv.* fully, completely.

پورن /pu:rən/ ■ *adj.* **1** full, entire, complete. **2** perfect. پورن سوراجیہ (in politics) complete freedom. پورن کرنا accomplish, fulfil. پورن ماشی (also پورنیما) the night of the full moon, the fourteenth night of the lunar month.

پورنا /pu:rnɑ:/ ■ *v.* **1** fill up. **2** weave (of a web).

پورنیما /pu:rni:mɑ:/ ■ *n.f.* the night of the full moon. See پورن ماشی under پورن.

پوروا /pu:rvɑ:/ ■ *n.f.* easterly wind. See پُروا.

پورہ /pu:rɑ:/ ■ *n.m.* a small locality or neighbourhood; settlement.

پوری[1] /pu:ri:/ ■ *n.f.* (also پوڑی) puri, thin fried cake of flour. [S]

پوری[2] ——— ■ *adj.* (*fem.* of پورا) entire, complete. پوری بات the whole matter, complete sentence. پوری نہ پڑنا (earnings, etc.) be insufficient, something to fall short of the amount needed. [S]

پورے /pu:re:/ ■ *adj.* (*pl.* & *infl.* of پورا) پورے دن the ninth month of pregnancy. پورے دنوں سے ہونا (a woman) to be near the end of gestation period, about to deliver the baby.

پوڑا /pu:ɽɑ:/ ■ *n.m.* fried cookie. (See also گلگلا.)

پوڑی[1] /pɔ:ɽi:/ ■ *n.f.* stairs, a flight of stairs. [Pj.]

پوڑی[2] ——— ■ *n.f.* stiff, strong species of soil. [Prk.]

پوڑھا /po:ɽʰɑ:/ ■ *adj.* **1** stout, strong, firm, mighty, stiff. **2** thick, dense. **3** broad. (*fem.* پوڑھی)

پوڑھانا /pɔ:ɽʰɑ:nɑ:/ ■ *v.* lay prostrate, cause to lie-down, across the warp.

پودا /pɔ:dɑ:/ ■ *n.m.* **1** sapling, young plant. **2** tufted head of a plant, tassel. **3** (*fig.*) young boy or girl. پودا لگانا **1** plant a tree. **2** (*fig.*) lay the foundation of some work.

پوددار /po:ddɑ:r/ ■ *n.m.* cashier; examiner of currency.

پودر /pɔ:dər/ ■ *n.m.* short footpath (in a field).

پودنا /po:dnɑ:/ ■ *n.m.* **1** a very small yellowish bird that lives in a domed nest. **2** (*fig.*) dwarf, midget. (*fem.* پودنی)

پودہ /pɔ:dɑ:/ ■ *n.m.* See پودا.

پودینہ /po:di:nɑ:/ ■ *n.m.* podina, pudina, mint; spearmint.

پودینے /po:di:ne:/ ■ *n.m.* (*pl.* & *infl.* of پودینہ) پودینے کا ست peppermint.

پورا /pu:r/ ■ *n.m.* **1** son. **2** person who feigns ignorance. [P]

پور[2] ——— ■ *n.m.* city, town (usu. used as *suffix*). [Prk.]

پور[3] ——— ■ *n.m.* **1** act of filling. **2** a large quantity of water, flood. [S]

پور[4] ——— ■ *adj.* filled, replete. [S]

پور /po:r/ ■ *n.f.* **1** phalange, phalanx. **2** the space between joints of body. **3** the space between the knots of bamboo or sugar cane, etc. پور پور **1** every joint. **2** every inch, thoroughly. پور پور پہ داؤں ہونا confront difficulties at every step. پور پور میں پیچ ہونا to be very clever.

پورا /pu:rɑ:/ ■ *adj.* **1** full, whole, entire; complete; uncut, accomplished; undivided. **2** exact, perfect. **3** constant, firm. **4** sufficient. **5** skilled, experienced; ripe. پورا اترنا come up to expectation or standard, come out with credit; succeed. پورا پڑنا suffice. پورا پن **1** fullness, completeness, accomplishment. **2** maturity; perfectness. **3** sufficiency. پورا پورا complete, entire; entirely. پورا پورا بھر دینا fill to the brim. پورا کرنا **1** fill up, complete, carry out. **2** make up (a deficiency). **3** reimburse, indemnify. **4** fulfil (a promise). پورا وار single telling blow. پورا ہونا **1** be fulfilled; be completed. **2** be successful. **3** be equal in measurement. (*fem.* پوری[2])

پورب /pu:rəb/ ■ *n.m.* **1** the east, the orient. **2** territory between the western borders of Avadh and the eastern borders of Bihar, in India. ■ *adj.* prior,

2 clothes, dress, garment.
پوشہ /po:ʃɑ:/ ■ *n.m.* (***Bot.***) the sepals of a flower that usually form a whorl, calyx.
پوشیدگی /po:ʃi:d̪əgi:/ ■ *n.f.* 1 secrecy, concealment. 2 dubiousness, ambiguity.
پوشیدنی /po:ʃi:d̪əni:/ ■ *n.f.* 1 anything fit to be put on, proper to be worn. 2 dress, clothing.
پوشیدہ /po:ʃi:d̪ɑ:/ ■ *adj.* hidden, concealed, secret; covered, veiled. ■ *adv.* secretly, covertly. ■ *n.m.* hunter's trap.
پوکا /po:kɑ:/ ■ *n.m.* a kind of caterpillar infesting plants.
پوکنا /po:knɑ:/ ■ *v.* (also پُونکنا) (of a horse) to discharge thin excrement.
پوکھر /po:kʰər/ ■ *n.m.* (also پوکھرا) 1 pool, pond, tank, small lake. 2 a place of Hindu pilgrimage.
پُول[1] /pu:l/ ■ *n.m.* coin; money, cash. [P]
پُول[2] ——— ■ *n.m.* pool, pond. [E]
پول[1] /po:l/ ■ *n.m.* a land measure equivalent to five and a half yards. [E]
پول[2] ——— ■ *n.m.* 1 hollowness, emptiness. 2 (*fig.*) secret. پول کھل جانا رکھلنا (of a secret) be exposed. [S]
پُولا /pu:lɑ:/ ■ *n.m.* small bundle of grass or straw used for thatching.
پولا /po:lɑ:/ ■ *adj.* 1 light and hollow; empty. 2 soft, spongy. 3 (*fig.*) foolish, dippy. 4 superficial person.
پولاد /po:lɑ:d̪/ ■ *n.m.* *Persianized* form of فولاد, steel. ■ *adj.* stiff, strong; determined.
پولج /po:ləd͡ʒ/ ■ *n.m.* (also پوچل) land sown every year.
پولک /po:lək/ ■ *n.m.* 1 tip of an arrow. 2 a bundle of burning straw at the end of a staff used to frighten an elephant.
پَولی[1] /pɔ:li:/ ■ *n.f.* door, entrance; threshold. [Prk.]
پَولی[2] ——— ■ *n.f.* 1 the sole of foot. 2 footprint. [Prk.]
پُولی /pu:li:/ ■ *n.f.* (*dim.* of پُولا) straw; grass.
پولی /po:li:/ ■ *n.f.* 1 a honeycomb. 2 anything hollow. 3 (*fig.*) simpleton.
پُولے /pu:le:/ ■ *n.m.* (*pl. & infl.* of پُولا) پولے تلے گزران کرنا 1 live in a hut. 2 be poor and miserable.
پولے /po:le:/ ■ *n.m.* (*pl. & infl.* of پولا) پولے ہاتھوں سے with a soft touch, with soft hands; delicately.
پَوَن /pəvən/ ■ *n.f.* 1 air; wind, north-westerly wind. 2 breath. 3 purification. 4 winnowing. پون پانی climate.

put to sleep.
پوڑھائی /po:ɽʰɑ:i:/ ■ *n.f.* 1 firmness, strength. 2 thickness.
پَوڑھنا /pɔ:ɽʰnɑ:/ ■ *v.* lie down, rest.
پوز /po:z/ ■ *n.m.* muzzle; mouth of a horse. پوز بند muzzle.
پوزش /po:zɪʃ/ ■ *n.f.* apology, excuse.
پوزہ /po:zɑ:/ ■ *n.m.* the part round the muzzle particularly of a horse.
پُوزی /pu:zi:/ ■ *n.f.* ornamental part of the accoutrement of a horse, noseband.
پُوس /pu:s/ ■ *n.m.* (also پوہ) tenth month of the Bikrami calendar corresponding to December-January.
پوسا /po:sɑ:/ ■ *adj.* (usu. with پالا) bred, reared, tamed.
پَوسالا /pɔ:sɑ:lɑ:/ ■ *n.m.* 1 a place for watering the cattle. 2 a shady place for travellers on the roadside.
پوست /po:st̪/ ■ *n.m.* 1 raw hide, skin. 2 crust; bark; shell; rind; layer. 3 an intoxicating drug, poppy. پوست استخواں باقی رہ جانا be mere skin and bones, become very thin and weak, become emaciated. پوست بر پوست layer upon layer. پوست پرست one with a superficial approach. پوست کن flayer, skinner. پوست کندہ with the skin peeled off, without reserve; fully detailed, explicitly, openly, unreservedly. پوست کھینچنا 1 flay, skin. 2 punish (by skinning).
پوستی /po:st̪i:/ ■ *n.m.* an opium-addict. ■ *adj.* lazy.
پوستین /po:st̪i:n/ ■ *n.m.* 1 fur coat or tunic of sheepskin. 2 sheepskin coat. 3 backbiting, act of criticizing; slander. ■ *adj.* made of leather. پوستین دوز furrier, maker of leather garments. پوستین کرنا 1 skin. 2 (*fig.*) defame, disparage, backbite.
پوسنا /po:snɑ:/ ■ *v.* (used with پالنا) nourish, tame, rear, breed.
پُوش /pu:ʃ/ ■ *n.m.* a kind of mulberry, *Morus indica.*
پوش /po:ʃ/ ■ *suffix* covering; wearing, dressed in; used in comp. as: برف پوش snow-covered. برقع پوش one wearing a veil, veiled, covered.
پوشاک /po:ʃɑ:k/ ■ *n.f.* clothes, dress, garment, attire; vestment. پوشاک بڑھانا take off clothes.
پوشاکی /po:ʃɑ:ki:/ ■ *adj.* 1 of or relating to پوشاک. 2 (a cloth, etc.) fit for making garments. ■ *n.m.* a kind of good quality cloth.
پوشش /po:ʃɪʃ/ ■ *n.f.* 1 covering, a coverlet; sheet; blanket.

پون پانی کا اثر climatic effects. پون پریکشا determination or forecast of the direction of wind. پون جھکورا، جھکولا a gust of breeze. پون چکی windmill. پون کا پوت (***Myth.***) **1** snake. **2** an epithet of the Hindu god Hanuman.

پَون¹ /pɔ:n/ ■ *adj.* (also پونا) three-quarters. [S]

پَون² ____ ■ *n.f.* **1** a kind of magic, charm. **2** a magic wand. **3** an evil spirit. پون اُڑانا bewitch with an intention to harm. پون بٹھانا subdue by casting a spell. پون چلانا enchant, bewitch, cast an evil spell, usually to kill someone. [S]

پُون /pu:n/ ■ *n.f.* (also پُونی) a cotton wad. پون سلائی thin roller on which cotton is rolled for spinning.

پُوں /pũ:/ ■ *n.f.* **1** sound of flute, pipe or horn. **2** sound of breaking wind. پوں بول جانا **1** be defeated, accept defeat, surrender. **2** become penniless, be poor.

پَونا¹ /pɔ:nɑ:/ ■ *n.m.* strainer, colander, a perforated iron ladle used by confectioners. [S]

پَونا² ____ ■ *adj.* three-quarters of something. See ¹پَون. [S]

پونا¹ /po:nɑ:/ ■ *v.* to thread (a needle). See پرونا. [S]

پونا² ____ ■ *v.* to bake bread; cook; fry. [S]

پُونجا /pũ:dʒɑ:/ ■ *n.m.* bundle, stack, sheaf.

پُونجی /pũ:dʒi:/ ■ *n.f.* **1** capital, stock, principal sum; wealth. **2** property, belonging. **3** power; capacity; courage. پونجی پتی capitalist. پونجیِ حصہ داراں joint stock, capital of a company.

پُونجیا /pũ:dʒɪjɑ:/ ■ *n.f.* (*dim.* of پُونجی) little or meagre capital, (also *derog.* as in ٹٹ پونجیا).

پونچا /põ:tʃɑ:/ ■ *n.m.* multiplication table of five and a half times.

پُونچڑی /pũ:tʃɽi:/ ■ *n.f.* fly-flapper.

پونچنا /põ:tʃnɑ:/ ■ *v.* to wipe, clean. See پونچھنا.

پُونچھ /pũ:tʃʰ/ ■ *n.f.* **1** tail. **2** (*fig.*) parasite. پونچھ پکڑ کر چلنا **1** follow someone everywhere. **2** be totally dependent on someone. پونچھ دبانا be very submissive and obedient.

پُونچھار /pũ:tʃʰɑ:r/ ■ *adj.* having a thick or long tail. ■ *n.m.* long-tailed animal.

پُونچھڑی /pũ:tʃʰɽi:/ ■ *n.f.* a short tail.

پونچھن /põ:tʃʰən/ ■ *n.m.* rubbish, refuse, anything thrown away after wiping.

پونچھنا /põ:tʃʰnɑ:/ ■ *v.* (also پوچھنا، پونچنا) wipe, clean, dust, expunge, rub out.

پوِندا /pəvɪndɑ:/ ■ *n.m.* (also پاوندہ) a member of the Afghan nomadic Ghilzai tribe that roams between Pakistan and Afghanistan for trade.

پَونڈا /pɔ̃:ɖɑ:/ ■ *n.m.* a species of sugar cane, *Saccharum officinarum*, which is very thick and juicy.

پَونڈر /pɔ̃:ɖər/ ■ *n.m.* a variety of sugar cane of a pale straw colour.

پونکنا /po:ŋknɑ:/ ■ *v.* (also پوکنا) (of a horse) void watery stool, discharge thin excrement.

پُونگ /pu:ŋg/ ■ *n.m.* fledgling of locust.

پونگا /po:ŋgɑ:/ ■ *n.m.* **1** joint or knot of a bamboo. **2** a hollow tube. **3** a kind of drum. **4** (*fig.*) simpleton, blockhead. ■ *adj.* empty, hollow.

پَونگر /pɔ:ŋgər/ ■ *n.m.* a kind of anklet.

پُونگڑا /pu:ŋgɽɑ:/ ■ *n.m.* boy; son.

پونگلی /po:ŋgli:/ ■ *n.f.* small hollow pipe.

پُونگی¹ /pu:ŋgi:/ ■ *n.f.* (also پنگی) a kind of pipe or flute played by the jugglers; the snake charmer's flute. ■ *n.m.* (*fig.*) one who plays a flute; an ascetic, a fakir. [Prk.]

پُونگی² ____ ■ *n.f.* the betel nut tree, the areca. پونگی پھل areca nut. [S]

پُونم /pu:nəm/ ■ *n.m.* the full moon; the fourteenth night of lunar month. See پورن ماشی under پُورن.

پُونی /pu:ni:/ ■ *n.f.* cotton wad from which thread is drawn in spinning.

پَونے /pɔ:ne:/ ■ *n.m.* (*pl.* & *infl.* of پونا) three-quarters; used in comp. as: پونے آٹھ (*slang, deris.*) someone with lady-like manners; unmanly, impotent. پونے تین two and three-quarters, quarter to three.

پوہ¹ /po:h/ ■ *n.f.* (also پَو) the first streak of the dawn, the daybreak. [Prk.]

پوہ² ____ ■ *n.m.* water-stand installed for travellers. [S]

پوہ /po:h/ ■ *n.m.* the tenth month of the Bikrami calendar. See پُوس.

پوہا /po:hɑ:/ ■ *n.m.* domesticated animal, any large domestic animal not carnivorous, cattle. (*fem.* پوہی)

پُوہ پُوہ /pu:h pu:h/ ■ *exclam.* an expression of contempt or scorn, pooh! [E]

پوئی /po:i:/ ■ *n.f.* shuffling pace (of a horse), amble.

پویا /po:jɑ:/ ■ *adj.* running, going.

crafty person. 2 one who makes too much noise. پھپٹ بائی quarrelsome woman.

پہچان /pæhtʃɑ:n/ ■ *n.f.* 1 recognition, familiarity, acquaintance, identification, discernment. 2 sign or mark of identification; distinction. پہچان پانا be able to identify. پہچان میں آنا become familiar, be recognized.

پہچاننا /pæhtʃɑ:nnɑ:/ ■ *v.* 1 recognize, identify, know. 2 distinguish. 3 comprehend, understand.

پہچل /pæhtʃəl/ ■ *n.f.* sound of footsteps.

پہچنا /pəhʊtʃnɑ:/ ■ *v.* reach, arrive. See پہنچنا.

پہچنوانا /pæhtʃənvɑ:nɑ:/ ■ *v.* cause to get recognized, make someone known, have someone identified.

پُہڈّا /pʊhəɖɖɑ:/ ■ *n.m.* recess in a wall or a well to help in climbing.

پہر /pæhær/ ■ *n.m.* eighth part of day and night or a quarter or fourth part of a day or a night, i.e. period of three hours. پہر بجنا bell to sound after every *pahar*. پہر بیٹھنا remain silent. پہردن first three hours of the day. پہردن چڑھے when it is broad daylight. پہررات first three hours after the sunset. پہررات گئے after the first part of the night has passed. پہر کاٹنا live, pass time. پہر کٹنا time to pass.

پہرا /pæhrɑ:/ ■ *n.m.* 1 watching, watch and ward, guard; protection. 2 a soldier or guard whose job is to stand and keep watch, sentinel. 3 (*fig.*) a place where guards stand, a post. 4 turn of watch. 5 season, period, time. 6 a troop comprising corporal and six soldiers. 7 confinement; custody; arrest. پہرا اٹھانا remove the guard, let go. پہرا بٹھانا place a guard over. پہرا بدلنا change the guard. پہرا دینا keep a watch.

پہرانا /pæhrɑ:nɑ:/ ■ *v.* (*var.* of پہنانا) to cause to be dressed.

پہراؤ /pæhrɑ:o:/ ■ *n.m.* (also پہراوا، پہناوا) dress, clothing.

پہراؤنی /pæhrɑ:o:ni:/ ■ *n.f.* (also پہناؤنی) 1 dresses presented to guests at wedding. 2 the maid who helps women in dressing.

پہرنا /pəhɪrnɑ:/ ■ *v.* (*var.* of پہننا) to dress, put on (clothes).

پہروں /pæhrõ:/ ■ *n.m.* (*pl.* of پہر) for a long time, for hours.

پہرے /pæhre:/ ■ *n.m.* (*pl.* & *infl.* of پہرا) پہرے بٹھانا keep watch. پہرے دار روالا sentinel, watchman, guard. پہرے داری watch and ward, guard. پہرے میں رکھنا place or

پویرا /pəve:rɑ:/ ■ *n.m.* act of sowing seed with the hand.

پویریا /pəve:rɪjɑ:/ ■ *n.m.* sower, one who sows with hand.

پویہ /po:jɑ:/ ■ *n.m.* (also پوئی، پویا) amble, canter, shuffling pace. پویہ چلنا canter.

پہ /pe:/ ■ *conj.* & *prep.* (*contr.* of پر) 1 but; yet. 2 on; at. 3 till.

پہارسیا /pəhɑ:rsɪjɑ:/ ■ *n.m.* a tree whose wood is used in making drums, *Grewia vestita*.

پہاڑ /pəhɑ:ɽ/ ■ *n.m.* 1 mountain, a very high hill. 2 difficult task. 3 hill station, hill resort. ■ *adj.* 1 huge, strong. 2 tedious, burdensome. پہاڑ اٹھانا perform a difficult or important task. پہاڑ پانی ہوکر بہنا avert a disaster, overcome a difficulty easily. پہاڑتلی valley. پہاڑ توڑنا رڈھانا cause trouble and distress (usu. associated with violence, oppression, injustice). پہاڑ ٹلنا be delivered from a calamity. پہاڑ ٹوٹنا رگرنا be overwhelmed with troubles. پہاڑ جیسا 1 very tall and large. 2 very difficult or tedious. پہاڑ ڈھانا tyrannize. پہاڑ سا دن رسی رات a long, tedious and unpleasant day (or night), especially of sorrow. پہاڑسی زندگی a long tedious and miserable life. پہاڑ سے ٹکر لینا take a bull by the horns; fight against heavy odds. پہاڑ کا پہاڑ 1 gigantic, huge, towering. 2 a huge responsibility. پہاڑ کاٹنا رکھودنا perform a difficult task. پہاڑ کا دامن the foot of the hill. پہاڑ کی طرح کٹنا (time) to pass very slowly or with difficulty. پہاڑ کے تلے دب جانا become helpless. پہاڑ والی (*fig.*) smallpox. پہاڑ ہو جانا رہونا something to become very difficult or burdensome.

پہاڑا /pəhɑ:ɽɑ:/ ■ *n.m.* a multiplication table.

پہاڑن /pəhɑ:ɽən/ ■ *n.f.* a woman belonging to mountains or mountainous area.

پہاڑی /pəhɑ:ɽi:/ ■ *n.f.* 1 hillock, a small hill. 2 language of people living amongst mountains, especially in lower regions of Himalayas. ■ *n.m.* hill-man. ■ *adj.* of or relating to mountains, hilly, mountainous. پہاڑی بکرا ibex. پہاڑی بھنگ the henbane, *Hyoscyamus niger*. پہاڑی کوا jackdaw. پہاڑی لنگور langur, a long-tailed and black-faced entellus monkey. (*fem.* پہاڑن)

پہاڑیا /pəhɑ:ɽɪjɑ:/ ■ *n.m.* 1 hill-man. 2 a big kite.

پھپٹ /pəhpəʈ/ ■ *n.m.* 1 fraud, deception, betrayal. 2 noise, disturbance. 3 a song, usually sung by women to have a good time. پھپٹ باز 1 cunning and keep under watch or in custody.

پہل /pəhəl/ ■ *n.m.* **1** side, flank, wing. **2** the space between corners. **3** any face of a cut gem. پہل کار a person who cuts, polishes or engraves gems and precious stones, lapidary. پہل کاری cutting or engraving or polishing of gem.

پہل[1] /pæhæl/ ■ *n.f.* **1** beginning, commencement; initiative. **2** first. ■ *adv.* in the first place; previously, formerly. پہل پھول first pregnancy. پہل کرنا take the initiative, make a beginning, take the lead, set the ball rolling, precede, begin, start, commence. [Prk.]

پہل[2] ____ ■ *n.m.* **1** cotton tuft or pad. **2** a flock of cotton used in dressing the wound. [S]

پہلا /pæhlɑ:/ ■ *adj.* **1** first, prior, former. **2** previous. **3** main, primary, chief; original. پہلا پانی first rain of the season. پہلا پھل first child. پہلا پھول first pregnancy. (*fem.* پہلی)

پہلن /pæhlən/ ■ *n.m.* beestings, milk of a cow or buffalo during the first seven days after calving.

پہلَو /pæhləv/ ■ *n.m.* **1** country where Pahlavi was spoken, ancient Iran. **2** name of the people of Persia, Persians. **3** wrestler; hero. ■ *pr.n.m.* Shem, son of Noah.

پہلُو /pæhlu:/ ■ *n.m.* **1** side; flank, wing. **2** point of view; aspect of a matter. **3** fraudulent means. **4** any of the faces of a cut gem. **5** manner, mode. **6** topic, subject. **7** pretext. **8** support. **9** side of the body, rib. پہلو آباد کرنا live with someone, give (someone) the pleasure of one's company, sit beside. پہلو بچانا keep aloof, avoid, evade. پہلو بدلنا **1** turn from side to side; change posture. **2** change style or manner. **3** be worried, be anxious. پہلو بسانا **1** sit close beside someone. **2** be buried next to someone dear. پہلو بستر سے نہ لگنا be extremely restless, toss about in bed. پہلو بہ پہلو side by side, adjacent to. پہلو بہ پہلو ہونا be side by side, confront, meet resolutely. پہلو پر on the side, laterally. پہلو پر نہ آنا not follow the advice; disagree. پہلو پھیرنا change one's manner or method. پہلو چلنا (of a trick) succeed. پہلو داب کر بیٹھنا sit very near to someone, be in close company (to gain something). پہلو دار **1** with protruding corners, many-sided. **2** having many aspects, ambiguous. پہلو دبا جانا conceal one's condition. پہلو دبانا press one's side, overpower; press (enemy's) flank. پہلو دینا evade, avoid. پہلو ڈھونڈنا look for an opportunity or a new aspect. پہلو سبز magnanimous. پہلو سوچنا think of a trick or pretext. پہلو گرم کرنا **1** sit beside; embrace. **2** (*fig.*) have sexual relations with someone, sleep with someone. پہلو مارنا **1** emulate, try to be equal with someone. **2** resemble. **3** confront, compete. پہلو ملنا find a trick or opportunity. پہلو میں by the side of, close, beside. پہلو نشین companion. پہلو نکالنا derive a fresh viewpoint or aspect, discover a way of doing something.

پہلوان /pæhælvɑ:n/ ■ *n.m.* **1** wrestler. **2** a stout and sturdy man. ■ *adj.* **1** brave, courageous. **2** expert, perfect, accomplished.

پہلوانی /pæhælvɑ:ni:/ ■ *n.f.* **1** wrestling. **2** heroism. **3** athletic exercise.

پہلوتہی /pæhlu:təhi:/ ■ *n.f.* evasion, shrinking. پہلوتہی کرنا withdraw, evade, avoid, abstain from.

پہلَوٹھا /pæhlɔ:ʈʰɑ:/ ■ *adj.* (also پہلوٹا، پہلونٹا) first-born (son).

پہلَوٹھی /pæhlɔ:ʈʰi:/ ■ *adj.* (also پہلوٹی، پہلونٹھی) first-born (daughter).

پہلَوی /pæhləvi:/ ■ *n.f.* a language spoken in ancient Iran. ■ *adj.* of or pertaining to پہلَو.

پہلی /pæhli:/ ■ *adj.* (*fem.* of پہلا) پہلی اینٹ start or beginning of something. پہلی باتیں account of olden days, ancient rites and customs. پہلی بسم اللہ ہی غلط starting off on the wrong foot. پہلی رات wedding night. پہلی کی پہلی on the first of every month. پہلی منزل (*fig.*) grave. پہلی نظر first glance. پہلی نظر کی محبت love at first sight.

پہلے /pæhle:/ ■ *adv.* (*infl.* of پہلا) prior, previously, formerly; at one time, at first, in the first instance, first of all. پہلے اپنا پھر پرایا charity begins at home. پہلے آپ پیچھے باپ self comes first. پہلے بو، پہلے کاٹ one who begins first is better off, first come first served. پہلے پہل initially at first, first of all. پہلے پہلے for the first time, in the beginning. پہلے تولو پھر بولو think before you speak. پہلے لکھ اور پیچھے دے بھول پڑے کاغذ سے لے financial transactions must be put in writing. پہلے ہی سے from the very beginning; in advance, before time.

پہن /pæhn/ ■ *n.m.* width, breadth, extension; ampleness.

پہنانا /pæhnɑ:nɑ:/ ■ *v.* (also پنہانا، پنھانا) cause to dress, clothe.

پہناوا /pæhnɑ:vɑ:/ ■ *n.m.* dress, garment, attire.

طویل مصوتے: ɑ: آنا، گانا /gɑ:nɑ:/, /ɑ:nɑ:/ · æ: بیٹھنا /bæ:ʈʰnɑ:/ · i: پِیلا /pi:lɑ:/ · e: دینا /de:nɑ:/ · ɔ: پَودا /pɔ:dɑ:/ · u: چُول /tʃu:l/ · o: گول /go:l/

پہناونی /pæhnɑ:o:ni:/ ■ *n.f.* clothes given as gift to relatives on an occasion.

پہنائی /pæhnɑ:i:/ ■ *n.f.* width, breadth, spaciousness.

پہنچ /pəhõtʃ/ ■ *n.f.* (also پہونچ) 1 arrival. 2 access, entrance, admittance. 3 reach; penetration. 4 comprehension, sagacity; wisdom. 5 (*slang*) (i) acknowledgement, receipt. (ii) power; capacity. پہنچ سے باہر/دور beyond access, beyond comprehension, beyond reach.

پہنچا[1] /pəhõtʃɑ:/ ■ *n.m.* (also پونچا، پوہنچا، پہونچا) wrist; forearm. پہنچا پکڑنا 1 hold the wrist. 2 (*fig.*) try to be friendly (in order to take some advantage). [S]

پہنچا[2] ____ ■ (*past* of پہنچنا). ■ *adj.* came, arrived, reached. پہنچا ہوا 1 saintly, godly, holy. 2 (*iron.*) cunning. [S]

پہنچانا /pəhõtʃɑ:nɑ:/ ■ *v.* 1 convey, conduct. 2 take someone somewhere, transmit, carry. 3 indict (punishment).

پہنچنا /pəhõtʃnɑ:/ ■ *v.* 1 reach, arrive, come. 2 attain, receive, get (as legacy or gift, etc.). 3 have a high status or rank. 4 (*fig.*) progress, develop. 5 happen, befall. 6 know, understand, be aware.

پہنچی /pəhõtʃi:/ ■ *n.f.* (also پہوچی، پہونچی) a kind of bracelet.

پہننا /pæhænnɑ:/ ■ *v.* wear, put on (clothes, etc.), to dress.

پُہوا /pʊhvɑ:/ ■ *n.m.* (also پھاہا، پُھوا، پھویا) a wad of carded cotton.

پہیّا /pəhɪjjɑ:/ ■ *n.m.* (also پہیہ) 1 wheel. 2 circle, round. 3 (*fig.*) manner, mode.

پہیلی /pəhe:li:/ ■ *n.f.* 1 riddle, puzzle. 2 enigma, conundrum. پہیلی بجھانا/بجھوانا 1 present a riddle to be solved. 2 talk in riddles. پہیلی بوجھنا solve or guess a riddle.

پئی /pəi:/ ■ *adj.* (*contr.* of پاؤ) a quarter of something, one-fourth; used in comp. as: ادھ پئی half of a quarter.

پئے /pəe:/ ■ *prep.* for, for the sake of. پئے علم چوں شمع باید گداخت کہ بے علم نتواں خدا را شناخت strive real hard to gain knowledge because an ignorant man cannot recognize God.

پی[1] /pi:/ ■ *n.m.* (*contr.* of پیا) beloved, lover; husband. [S]

پی[2] ____ ■ *n.f.* tallow, grease, fat. [P]

پی[3] ____ ■ *n.f.* (also پی پی، پی کہاں) cuckoo's sound. [Prk.]

پی[4] ____ ■ (*imper.* of پینا) پی جانا 1 drink; absorb. 2 suppress anger; refrain from answering; bear patiently. [Prk.]

پے[1] /pæ:/ ■ *n.m.* 1 foot. 2 sinew, nerve. 3 mark, trace, footprint. ■ *adv.* 1 in pursuit of, after, in the footsteps of, behind. 2 on account of, therefore. پے آنا (a horse) to have a splint. پے بہ پے/در پے consecutively, successively, one after another, incessantly. پے کڑا/رکڑی chains, fetters. پے لے جانا obtain a clue; track, trace, find out. پے لینا follow footsteps of someone, follow (someone). پے میں in the pursuit of, close behind. [P]

پے[2] ____ ■ *n.f.* 1 taunt, sneer. 2 failing, blemish, fault, defect. [S]

پے[3] ____ ■ *conj.* (also پہ، پے) 1 on, upon. 2 but. [S]

پیا /pɪjɑ:/ ■ *n.m.* sweetheart, lover; husband. ■ *adj.* beloved, dear. پیا جسے چاہے وہی سہاگن a favourite will always get preference.

پیادہ /pɪjɑ:d̪ɑ:/ ■ *n.m.* 1 foot soldier; footman. 2 office boy. 3 (***Chess***) pawn. پیادہ پا on foot. پیادہ رو one who goes on foot. پیادہ گری any ordinary service. پیادۂ محاصل person appointed at the house of borrower to recover arrears.

پیار /pəjɑ:r/ ■ *n.m.* thatching grass. See پیال.

پیار /pjɑ:r/ ■ *n.m.* (also پیار) 1 love, affection, attachment, fondness, friendship. 2 kiss. پیار آنا feel affection for. پیار دلار love; affection. پیار دینا give love; give a kiss. پیار کا نام an affectionate nickname. پیار کرنا love, show affection; kiss. پیار کی آنکھ/نظر affectionate look. پیار لینا kiss.

پیارا /pjɑ:rɑ:/ ■ *adj.* (also پیارا) 1 dear, beloved, darling. 2 lovable, favourite. 3 charming, pleasing. 4 (*fig.*) son. پیارا پیارا pretty. پیارا جانا hold dear. پیارا کرنا 1 be reluctant in giving something. 2 hold dear. پیارا لگنا be dear (to someone). پیارا ہونا be very dear.

پیارانگا /pɪjɑ:rɑ:ŋgɑ:/ ■ *n.m.* a reddish yellow hard and knotted root of a plant used in medicine.

پیاروں /pjɑ:rõ:/ ■ *n.m.* (*pl.* of پیارا) (also پیاروں). پیاروں پیٹا/پیٹی (a curse) one whose near and dear ones are dead.

پیاری /pjɑ:ri:/ ■ *adj.* (*fem.* of پیارا) (also پیاری) پیاری پیاری باتیں pleasing and innocent talk (usu. of children).

پیارے /pjɑ:re:/ ■ *n.m.* (also پیارے) (*pl.* & *infl.* of پیارا) dear ones, friends. ■ *exclam.* O dear! my dear! (used in addressing a friend).

پیاز /pɪjɑ:z/ ■ *n.f.* onion; leek. پیاز کی گٹھی onion bulb. پیاز کے سے چھلکے اتارنا 1 (*literal*) peel an onion. 2 (*fig.*) berate, scold soundly.

پیازی /pɪjɑ:zi:/ ■ *adj.* reddish pink, onion-like colour.

پیاں پڑنا fall on someone's feet. پیاں پیاں (used in speaking to children or *joc.*) on foot.

پیانا /pɪjɑ:nɑ:/ ■ *v.* cause to drink; irrigate; water. See پلانا.

پیاؤ /pɪjɑ:o:/ ■ *n.m.* (also پیاو) pool or watering trough for animals; place for drinking water.

پیپ /pi:p/ ■ *n.f.* pus, lymph, purulent discharge, suppuration. پیپ پڑنا become septic or mattery. (کلیجے میں) پیپ پڑنا be sorely anguished. (کلیجے میں) پیپ ڈالنا cause great mental pain or anguish.

پیپا /pi:pɑ:/ ■ *n.m.* 1 cask, canister, barrel; butt. 2 (*fig.*) obese; drunkard. پیپا بن جانا become very fat.

پیپڑا /pi:pɽɑ:/ ■ *n.m.* large black ant.

پیپڑی /pi:pɽi:/ ■ *n.f.* small red ant.

پیپل[1] /pi:pəl/ ■ *n.m.* pipal tree which is sacred to Hindus, *Ficus religiosa*. [S]

پیپل[2] ____ ■ *n.f.* (also پپلی) long pepper, a creeper-like herb, *Piper longum*, with a mulberry-like fruit. [S]

پیپلا[1] /pi:plɑ:/ ■ *adj.* of or relating to پیپل[2]. ■ *n.m.* long pepper. پیپلا مور/مول root of the long pepper plant. [S]

پیپلا[2] ____ ■ *n.m.* striking part or point of a sword. پیپلا توڑنا draw a sword from the sheath. [S]

پیپلی /pi:pli:/ ■ *n.f.* 1 the female pipal tree. 2 fruit of pipal tree.

پیپنی /pi:pni:/ ■ *n.f.* a reed whistle, usually for children.

پیت[1] /pi:t̪/ ■ *n.f.* 1 love, affection, endearment. 2 mirth, happiness. 3 God's love, extreme devotion to God. پیت بسانا fall in love. پیت کی پیت رہے اور میت کا میت ہاتھ لگے if friendship continues, its benefits shall come. پیت کی ریت نرالی strange are the ways of love. پیت نہ جانے جات کجات love does not care for caste and race. [S]

پیت[2] ____ ■ *adj.* & *n.m.* yellow; yellow colour. [S]

پیتامبر /pi:t̪ɑ:mbər/ ■ *n.m.* (also پتمبر، پیتمبر) silk cloth of yellow colour. ■ *adj.* 1 dressed in yellow clothes. 2 a mendicant dressed in yellow; dancer; actor.

پیتاوہ /pæ:t̪ɑ:vɑ:/ ■ *n.m.* (also پاتابہ، پیتابا) stocking.

پیترا /pæ:t̪rɑ:/ ■ *n.m.* (also پینترا) an attitude or mode of behaviour; movements of a wrestler.

پیتس /pi:t̪əs/ ■ *n.f.* wife of the father-in-law's brother.

پیتسرا /pi:t̪əsrɑ:/ ■ *n.m.* father-in-law's brother.

پیتل /pi:t̪əl/ ■ *n.m.* brass.

پیتلا /pi:t̪əlɑ:/ ■ *adj.* (also پیتلی) 1 made of brass, brazen.

پیازی رنگ onion colour, pink or reddish pink colour.

پیاس /pjɑ:s/ ■ *n.f.* (also پیاس) 1 thirst. 2 craving, longing, yearning, desire. پیاس بجھانا 1 quench thirst. 2 (*fig.*) satisfy a desire. پیاس بجھنا (of thirst) to be quenched. پیاس بھڑکنا be intensely thirsty. پیاس کا چسکا permanent thirst. پیاس لگنا be thirsty. پیاس مارنا endure thirst, suppress thirst. پیاس مرجانا stop feeling thirsty.

پیاسا /pjɑ:sɑ:/ ■ *adj.* (also پیاسا) 1 thirsty. 2 (*fig.*) longing for, strongly desirous. پیاسا کنویں کے پاس آتا ہے، کنواں پیاسے کے پاس نہیں آتا it is the seeker who goes to the sought-after, not the sought-after to the seeker. پیاسا مرنا die or be dying of thirst, be very thirsty.

پیاسی[1] /pjɑ:si:/ ■ *adj.* (*fem.* of پیاسا) (also پیاسی). [Prk.]

پیاسی[2] ____ ■ *n.f.* (also پیاسی) a species of fish. [Prk.]

پیاک /pɪjɑ:k/ ■ *n.m.* drunkard, heavy drinker, sot.

پیال /pəjɑ:l/ ■ *n.f.* (also پوال، پیار) long grass used for thatching, straw. پیال کے پاؤں something temporary or transient.

پیالہ /pɪjɑ:lɑ:/ ■ *n.m.* 1 cup, goblet, quaich. 2 fire-pan (of musket). 3 begging-bowl. 4 a feast of mendicants. پیالہ اٹھانا become a beggar. پیالہ بجنا 1 small metallic cups to vibrate or ring (like musical instrument). 2 (*fig.*) be known for something; be successful or exalted. پیالہ بہنا have abortion. پیالہ بھرجانا 1 cup (of life) to fill. 2 (*fig.*) life to come to an end. پیالہ پوراہونا 1 the cup of one's life to be full. 2 be puffed up with pride. پیالہ پینا quaff (a spiritual) cup; become the disciple of. پیالہ چڑھانا drink the whole cup. پیالہ چھلک جانا lose patience or forbearance, become angry. پیالہ گردش میں آنا wine goblet to go round. پیالہ لبریز ہونا the cup of life to be full to the brim, i.e. to approach death. پیالہ ہونا die (in the language of Muslim mendicants).

پیالی /pɪjɑ:li:/ ■ *n.f.* 1 (*dim.* of پیالہ) small cup. 2 (*fig.*) ditch.

پیام /pəjɑ:m/ ■ *n.m.* 1 message. 2 good news. 3 invitation, offer. 4 marriage proposal. پیامِ اجل آنا die. پیام بر messenger. پیام ٹھیرنا be betrothed. پیام دینا propose marriage. پیام رساں messenger. پیام لانا bring the message; convey the order. پیام وسلام a message with regards.

پیامی /pəjɑ:mi:/ ■ *n.m.* messenger.

پیاں /pəjjɑ̃:/ ■ *n.f.pl.* (*dim.* of پاؤں) (usu. used in poetry).

طویل انفی مصوتے:						
ɑ̃: جاں، آں	æ̃: ہَیں	ĩ: آئیں	ẽ: آئیں	ɔ̃: لونڈی	ũ: یوں	õ: انسانوں
/dʒɑ̃:/, /ɑ̃:/	/hæ̃:/	/ɑ:ĩ:/	/ɑ:ẽ:/	/lɔ̃:ɖi:/	/jũ:/	/ɪnsɑ:nõ:/

2 of the colour of brass, metallic yellow.

پیتم /pi:t̪əm/ ■ *n.m.* lover. See پریتم.

پیتمبر /pi:t̪əmbər/ ■ *n.m. & adj.* See پیتامبر.

پیتمبری /pi:t̪əmbəri:/ ■ *adj.* of yellow colour.

پیٹ /pi:ʈ/ ■ (*imper.* of پیٹنا) beat, punish. پیٹ پیٹ کر with great difficulty. پیٹ ڈالنا thrash soundly. پیٹ لینا **1** scrape together. **2** earn with difficulty.

پیٹ /pe:ʈ/ ■ *n.m.* **1** the belly, stomach, abdomen. **2** the womb. **3** cavity. **4** capacity. **5** mundane needs, livelihood. **6** interior of anything. **7** greed. **8** pregnancy. **9** hunger, appetite. پیٹ اپھرنا be bloated, suffer from flatulence. پیٹ ارتھی gluttonous, epicurean, devoted to refined sensuous enjoyment. پیٹ آنا have running stomach. پیٹ باندھنا avoid overeating, eat less than one's fill. پیٹ بجانا be overjoyed. پیٹ بری بلا ہے ربڑا ظالم ہے hunger is a hard taskmaster. پیٹ بڑا ہونا be very greedy. پیٹ بڑھانا **1** eat voraciously. **2** encroach upon the rights of another. پیٹ بڑھنا **1** become fat. **2** be gluttonous or greedy. پیٹ بند ہونا diarrhoea to stop. پیٹ بولنا stomach to rumble. پیٹ بیچ پڑی روٹیاں تو سبھی باتیں موٹیاں when the belly is full one talks big. پیٹ بھاری ہونا suffer from indigestion; have heaviness in the stomach. پیٹ بھر bellyful. پیٹ بھرا (*deris.*) one who is ostentatious, vulgar, arrogant or boastful; someone well off hence inclined to refined things. پیٹ بھر کر کے fully; satisfactorily. پیٹ بھرنا **1** eat, fill the stomach, eat to one's fill. **2** live, earn one's bread and butter, subsist. **3** (of a need or desire) to be fulfilled. **4** be fed up, get bored. **5** be wealthy or rich. پیٹ بھرے رذالے اور بھوکے بھلے مانس سے ڈریے an ignoble but rich man and a noble but hungry poor man are equally dangerous. پیٹ بھرے کی باتیں a rich person's viewpoint. پیٹ بھرے کی کھوٹی چال wealthy people are often wayward. پیٹ بھرے کے گن arrogant talk; unreserved manners. پیٹ بھی خالی گود بھی خالی poor and childless. پیٹ پاپی ہے hunger drives one to sin. پیٹ پالنا earn one's bread, subsist. پیٹ پانی ہونا **1** have watery stools. **2** be frightened. پیٹ پر پتھر باندھنا starve (oneself). پیٹ پکڑ کر بھاگنا be greatly shocked, run nervously. پیٹ پکڑ کر ہنسنا laugh loudly and long. پیٹ پوجا eating. پیٹ پونچھن ر پوچھنا (usu. used by women) the last child of a woman. پیٹ پیٹنا be impatient with hunger.

پیٹ پیٹھ سے لگنا starve, be emaciated due to hunger. پیٹ پھٹنا **1** inner part of something to crack or open. **2** to envy, be jealous. **3** laugh uncontrollably; be impatient. پیٹ پھولنا **1** (of the belly) to swell, to suffer from flatulence. **2** be restless. **3** belly to swell due to malnutrition. **4** be pregnant. **5** have something to say. پیٹ ٹھنڈا رہنا have one's children alive. پیٹ ٹھہرنا become pregnant. پیٹ جاری ہونا suffer from diarrhoea. پیٹ جلنا **1** be very hungry. **2** have fever. پیٹ چپاتی ہو جانا be very hungry. پیٹ چلنا suffer from diarrhoea. پیٹ چوٹّی ر چوٹی pregnant woman whose belly does not swell much. پیٹ چھٹنا become thin. پیٹ خالی ہونا be hungry; have an empty stomach. پیٹ دکھانا beg for food, complain of poverty and hunger. پیٹ ڈالنا have a miscarriage. پیٹ رکھانا make a woman pregnant. پیٹ رکھنا **1** have stomach. **2** (*fig.*) feel hunger; have material needs. پیٹ رہنا become pregnant, conceive. پیٹ سب رکھتے ہیں everyone feels hunger. پیٹ سے پاؤں باہر نکالنا show one's claws, take up a threatening attitude, show one's evil nature; show arrogance. پیٹ سے پتھر باندھنا starve oneself. پیٹ سے ہونا to be pregnant. پیٹ کا ایندھن food. پیٹ کا بچہ embryo, fetus. پیٹ کا بندہ selfish, greedy person. پیٹ کا پانی نہ ہلنا be carried about without being shaken, (of transportation) to carry smoothly. پیٹ کا پردہ omentum; diaphragm. پیٹ کاٹنا starve oneself (for the sake of another). پیٹ کا ٹوٹا رمارا starving, famished. پیٹ کا جلا گاؤں جلائے a destitute person may go berserk. پیٹ کا دکھ دینا starve (someone). پیٹ کا دُکھیا **1** destitute person. **2** (*iron.*) glutton. پیٹ کا دھندا means of livelihood. پیٹ کا کپٹی malicious person. پیٹ کا گہرا secretive; one who keeps secrets. پیٹ کا ہلکا unable to keep a secret. پیٹ کسی کی نہیں سنتا the belly has no ears. پیٹ کو مرنا strive to earn livelihood; starve. پیٹ کی آگ **1** hunger. **2** (*fig.*) maternal affection. پیٹ کی آگ بجھانا **1** give someone to eat. **2** eat to survive. پیٹ کی باتیں secrets. پیٹ کی فکر concern for livelihood. پیٹ کی کھرچن last of the offspring. پیٹ کی کھری a woman who keeps secrets, trustworthy. پیٹ کی مار hunger, lack of food. پیٹ کے بگاڑ سے سارے بگاڑ ہیں stomach is the root of all ailments. پیٹ کے بل lying on the stomach. پیٹ کے گن کون جانے who knows what is in someone's heart. پیٹ گدرانا belly to swell (as a sign of pregnancy).

/pi:ṭnɑ:/ ■ *v.* **1** beat, thrash; punish. **2** chastise. **3** earn. **4** weep, mourn. **5** tilt, (steel, etc.) to hammer. **6** curse. پِیٹنا

/pe:ṭu:/ ■ *adj.* **1** gluttonous. **2** greedy, miser, voracious. پیٹُو

/pe:ṭi:/ ■ *n.f.* **1** belt, belly-band; circlet. **2** box, case, casket, suitcase, large tin or iron box, portmanteau, leather suitcase. پیٹی اتارنا sack (a soldier), suspend. پیٹی اترنا to be sacked or suspended. پیٹی باندھنا **1** buckle on a belt. **2** become ready and active. پیٹی توڑنا pick the lock of a box (for stealing, etc.). پیٹی قید open arrest. پیٹی کھولنا (*fig.*) surrender, accept defeat. پیٹی لڑانا have sexual intercourse. پیٹی

/pe:ṭe:/ ■ *n.m.* (*pl. & infl.* of پیٹا) پیٹے میں around, almost, within. پیٹے میں آجانا **1** be overburdened. **2** come near or within a limit; attain specific age. پیٹے میں پڑنا be under control. پیٹے

/pæ:ṭʰ/ ■ *n.m.* **1** entrance, entry, admission; ingress. **2** duplicate bill of exchange. [Prk.] پَیٹھ¹

——— ■ *n.f.* village market organized every week. See پَینٹھ. [S] پَیٹھ²

/pi:ṭʰ/ ■ *n.f.* **1** the back; loin; the back part (of anything). **2** support, aid. **3** generation, pedigree. پیٹھ پر کارکی younger child; younger sister or brother. پیٹھ پر ہاتھ پھیرنا encourage; give a pat on the back. پیٹھ پر ہاتھ رکھنا console, support. پیٹھ پر ہونا be ready with support or aid. پیٹھ پیچھے **1** in the absence of, behind someone's back. **2** (*fig.*) after (someone's) death. پیٹھ پیچھے ڈال دینا ignore. پیٹھ پیچھے کہنا to backbite. پیٹھ پھیرنا withdraw, turn back, take flight. پیٹھ توڑنا **1** dishearten, discourage. **2** break the back. پیٹھ ٹھونکنا cheer, applaud by slapping the back, encourage; praise. پیٹھ جھکنا stoop owing to age or heavy burden. پیٹھ چارپائی سے لگ جانا fall ill, become seriously ill and weak. پیٹھ دکھانا **1** depart, leave; turn tail, run away. **2** deceive, betray. پیٹھ دینا leave someone in a lurch, betray. پیٹھ زمین کو لگنا be knocked out in a wrestling bout. پیٹھ سیدھی کرنا take rest for a while. پیٹھ لگانا **1** throw down (in wrestling). **2** injure or gall the back of an animal (by the saddle, etc.). پیٹھ لگنا (of a horse) have a sore back. پیٹھ موڑنا leave, depart, turn tail. پیٹھ میں چھرا گھونپنا stab in the back. پیٹھ نہ لگنا remain restless. پیٹھ

/pi:ṭʰɑ:/ ■ *n.m.* a kind of sweetmeat. پِیٹھا

/pe:ṭʰɑ:/ ■ *n.m.* a kind of sweet gourd. پیٹھا

پیٹ گرانا induce or have abortion, abort. پیٹ گرنا have a miscarriage. پیٹ لگ جانا to starve. پیٹ مارنا **1** to eat less. **2** mortify oneself; to stab oneself in the belly, commit suicide. پیٹ مسوس کررہ جانا suffer silently. پیٹ مسوسنا remain hungry. پیٹ ملوانا have the belly massaged. پیٹ میٹ کام سمیٹ finish the work before demanding food. پیٹ میں انگارے بھرنا amass wealth by unfair means. پیٹ میں اینٹھن ہونا suffer from stomach cramps. پیٹ میں آڑ ہونا (of children) have bellyache due to constipation. پیٹ میں آگ لگنا feel very hungry. پیٹ میں آنت نہ منھ میں دانت old and decrepit. پیٹ میں بات رکھنا keep a secret. پیٹ میں بات نہ پچنا/سمانا be unable to keep a secret. پیٹ میں بل پڑنا **1** be convulsed with laughter. **2** have a twisting pain in stomach due to hunger. پیٹ میں بیٹھنا get close to have another's secret; become intimate with someone for selfish reason. پیٹ میں پالنا silently nurse an idea or plan. پیٹ میں پانی ہونا have diarrhoea. پیٹ میں پاؤں ہونا be very sly. پیٹ میں پِٹھو an imaginary player in a children's game. پیٹ میں پڑنا **1** food to get into the stomach. **2** become pregnant. پیٹ میں چوہوں کا قلابازیاں کھانا/چوہے دوڑنا be extremely hungry. پیٹ میں دم/سانس نہ سمانا **1** suffer from asthma or shortness of breath. **2** be jittery; be in a state of extreme fear, be panicky. پیٹ میں ڈاڑھی ہونا be precocious, show certain signs of cleverness at an early age (said of a clever boy). پیٹ میں روٹی پڑنا have bread in the belly. پیٹ میں قراقر rumbling of the stomach. پیٹ میں گڑبڑ stomach upset; indigestion. پیٹ میں ہنستے ہنستے بل پڑنا to be convulsed with laughter. پیٹ میں ہول اٹھنا be worried, fret. پیٹ والی pregnant. پیٹ ہڑبڑانا the stomach to grumble, have gripes. پیٹ ہے یا بے ایمان کی قبر sarcastic remark on gluttony.

/pe:ṭɑ:/ ■ *n.m.* **1** slack of the string of a flying kite. **2** channel of a river. **3** span; girth. **4** breath, circumference, diameter. **5** total sum. **6** stomach and intestines. **7** middle of a page. پیٹا پانی heavy rain. پیٹا پیٹ very heavy (rain). پیٹا چھوڑنا kite string to slacken. پیٹا

/pe:ṭək/ ■ *n.f.* a covered wicker-basket. پیٹک

/pi:ṭəkpəjjɑ:/ ■ *n.f.* (also پیٹک پھیّا) **1** wailing, ululation, lament, lamentation. **2** uproar, furore. پیٹک پیّا

/pe:ṭəl/ ■ *adj.* having a bulging belly. پیٹل

complexity; intricate; rolled; curled; crooked.

پیچاک /pe:tʃa:k/ ■ *n.m.* **1** twist, turn. **2** curl; curls of hair. **3** snail. **4** intricacy, perplexity. **5** (***Psych.***) complex.

پیچاں /pe:tʃã:/ ■ *adj.* **1** twisted, convoluted, coiled. **2** (*fig.*) deeply engrossed, in deep thought.

پیچش /pe:tʃɪʃ/ ■ *n.f.* **1** colic gripes; dysentery. **2** twist, turn. **3** circle; turning round. پیچش کرنا **1** have dysentery, have colic gripes. **2** fight, quarrel; argue, debate.

پیچک /pe:tʃək/ ■ *n.f.* bobbin or reel of thread.

پیچنا /pi:tʃnɑ:/ ■ *v.* crush, trample under foot, tread upon.

پیچو /pi:tʃu:/ ■ *n.m.* **1** a kind of peach. **2** the fruit of *Capparis decidua.*

پیچوان /pe:tʃvɑ:n/ ■ *n.m.* **1** hookah with a long smoking tube. **2** winding, a coil of electric wires; solenoid. **3** a trick in wrestling.

پیچہ /pe:tʃɑ:/ ■ *n.m.* **1** a kind of spiral drill. **2** See پیچا.

پیچیا /pe:tʃjɑ:/ ■ *adj.* trickster, cheat.

پیچیدگی /pe:tʃi:dəgi:/ ■ *n.f.* **1** turn, twist; the state of being twisted, contortion. **2** complexity, complication.

پیچیدہ /pe:tʃi:dɑ:/ ■ *adj.* **1** turned, twisted. **2** complex; complicated; involved; intricate. **3** ambiguous. **4** difficult. پیچیدہ معاملہ an intricate or complex affair.

پیچھا /pi:tʃʰɑ:/ ■ *n.m.* **1** rear, the hind or back part. **2** absence. **3** pursuit, chase, following. پیچھا بھاری ہونا **1** have great support or assistance. **2** face difficulty at the end of any task. **3** have an enemy in the rear, be pursued. پیچھا پکڑنا **1** be bent upon (doing something). **2** persecute. پیچھا پھیرنا withdraw, turn away. پیچھا چھٹانا/چھڑانا get rid of, shake off. پیچھا چھٹنا be rid of. پیچھا چھوڑنا leave (someone) alone. پیچھا دبائے چلے جانا pursue, follow, chase. پیچھا دکھانا flee, run away. پیچھا کرنا **1** follow, pursue, go after, chase. **2** (of a gun) recoil, move suddenly backward. پیچھا لینا **1** pursue. **2** be obstinately persevering. پیچھا نہ چھوڑنا **1** stick close to someone, not to give up. **2** pursue unremittingly, hound someone.

پیچھے /pi:tʃʰe:/ ■ *adv.* (*pl. & infl.* of پیچھا) **1** behind, after, in the rear, astern, afterwards. **2** ago, at some time in the past, formerly. **3** in the absence of. **4** subsequently, in consequence of. **5** after the death of. **6** for the sake of, on account of; due to. پیچھے آنا **1** follow, come after, ensue. **2** come late. پیچھے بلا لگانا be hounded by or to

پیٹھانا /pæ:ʈʰɑ:nɑ:/ ■ *v.* cause to run, rush; enter, penetrate.

پیٹھنا /pæ:ʈʰnɑ:/ ■ *v.* penetrate, drive in; enter, break into, intrude.

پیجامہ /pæ:dʒɑ:mɑ:/ ■ *n.m.* pyjamas. See پاجامہ.

پیچ /pi:tʃ/ ■ *n.f.* rice-gruel, water left after rice is boiled.

پیچ /pe:tʃ/ ■ *n.m.* **1** winding, turn, coil, curl, twist. **2** a nail with raised spiral groove around it, screw. **3** gripe, colic. **4** trouble, entanglement; ambiguity, perplexity. **5** plait, fold. **6** tactics, deceit, stratagem. **7** a trick in wrestling. **8** enmity; bias. **9** a fold of turban. پیچ اٹھانا **1** suffer hardships, experience trouble. **2** separate strings of one kite from the other. پیچ آسا oscillation. پیچ باندھنا grapple in wrestling. پیچ بتانا tell the tricks. پیچ پاچ tricks, chicanery. پیچ پر پیچ one trouble after another. پیچ پر پیچ اٹھانا face one trouble after another. پیچ پر پیچ کھانا to writhe in anger, to rage. پیچ پر چڑھانا use a counter trick (in wrestling). پیچ پڑنا **1** a trouble to arise, become difficult or intricate. **2** the strings of two kites to become entangled. پیچ چل جانا/چلنا a trick or stratagem to be successful. پیچ دار **1** spiral, winding, coiled, twisted. **2** intricate, hard to understand. **3** cunning, clever. پیچ در پیچ **1** multiply coiled. **2** involved, complicated. پیچ دینا **1** screw, twist. **2** complicate. **3** deceive. پیچ ڈالنا **1** raise obstacles in the way. **2** use a trick in wrestling. **3** entangle the string of a competitor's kite. پیچ ڈھیلا ہونا have a screw loose, be eccentric, not to be entirely right in the head. پیچ کاٹنا **1** to cut the string of someone else's kite (with the string of one's own kite). **2** (*fig.*) to defeat the opponent, to counter the tricks of enemy. پیچ کسنا **1** tighten a screw. **2** (*fig.*) put under restrictions. پیچ کش screw-driver. پیچ کھانا **1** writhe, be perplexed. **2** swing round and round, whirl. **3** be deceived. پیچ کھولنا unscrew, untwist. پیچ لڑانا **1** hold a kite-flying contest; entangle the string of own kite with another's kite. **2** (*fig.*) to flirt. پیچ میں آنا be in a dilemma. پیچ و تاب anger, agitation, indignation, vexation, distress, restlessness. پیچ و تاب کھانا be angry, writhe in anger. پیچ و خم **1** curves, twists and turns. **2** intricacies; troubles, perplexities; ups and downs.

پیچا /pe:tʃɑ:/ ■ *n.m.* (also پیچہ) **1** entanglement of kites; turn, twist. **2** a kind of turban. پیچا پیچ one twist after another;

پیدائش /pæ:dɑ:ɪʃ/ ■ *n.f.* **1** birth, creation. **2** produce, profits, earnings.

پیدائشی /pæ:dɑ:ɪʃi:/ ■ *adj.* innate, natural, original, inborn, congenital. پیدائشی حق birthright.

پیدائی /pæ:dɑ:i:/ ■ *n.f.* **1** manifestation. **2** existence. ■ *adj.* obvious, manifest.

پیدل /pæ:dəl/ ■ *adv.* by walk, on foot. ■ *n.m.* **1** (***Chess***) pawn. **2** a foot soldier. ■ *adj.* (a person who is) not mounted on horse, etc.; walking, on foot. پیدل اور سوار کا کیا ساتھ the poor and the rich can hardly associate. پیدل فوج foot soldiers, infantry.

پَیر /pæ:r/ ■ *n.m.* **1** foot. **2** footsteps or footprints. **3** the place where corn, etc. is trodden out, the threshing floor. **4** the track of oxen while treading out corn or working an oil press or drawing water. **5** a show. پیر اٹھانا lift the feet, move; proceed or start on a journey. پیر اکھڑ جانا be defeated. پیر بھاری ہونا be pregnant. پیر پٹخنا stamp one's feet in anger or frustration. پیر پڑنا touch the feet as a sign of submission, bow down, to fall on feet, to beg earnestly. پیر پسارنا stretch feet. پیر پیر on foot. پیر پھیرنا the ritual first visit of a bride or new mother to her relatives and friends. پیر پھیلا کر سونا **1** sleep well. **2** (*fig.*) be wholly at ease, have no worry. پیر پھیلانا **1** stretch feet. **2** (*fig.*) demand more, make undue demands. پیر چھوٹنا to continue menstruating after the usual period. پیر دھرنا step, tread. پیر کا ناخن نہ دکھانا remain hidden behind the veil, observe purdah fastidiously. پیر کا نشان footprint. پیر کی جوتی (*fig.*) something contemptible or of no value. پیر میں بلّی بندھی ہونا be always on the move. (See also پاؤں.)

پِیر /pi:r/ ■ *n.m.* **1** an old man. **2** pir, holy man, saint, spiritual guide, mystic, founder or head of a religious order. **3** cunning and shrewd person. پیر بھائی fellow disciple, followers or disciples of the same spiritual guide. پیر پیغمبر منانا pray earnestly. پیرِ تسمہ پا person difficult to get rid of. پیر دستگیر appellation of saint Shaikh Abdul Qadir Jilani. پیرِ دیدار **1** imaginary saint associated with reunion of separated people. **2** very old person. پیر زادہ the son of a spiritual guide or teacher. پیر زال/زن **1** very old woman; old hag. **2** (*fig.*) world. پیر سال/سالہ old, aged person. پیر شو بیاموز live and become involved with a troublesome person. پیچھے پڑنا **1** become obsessed with or deeply involved in some work, take someone to task, persevere in or be bent upon finishing (some work), be bent upon acquiring something or making someone do something. **2** pursue tenaciously, hound, dog, chase, stalk. پیچھے پیچھے after (someone). پیچھے پیچھے پھرنا follow everywhere, to dog someone's steps. پیچھے پھرنا **1** go back, turn away. **2** follow, go after. پیچھے چھوڑنا **1** surpass, leave someone behind (in a contest). **2** bequeath, hand down to posterity; be survived by (after death). پیچھے ڈالنا lay by. پیچھے رہا ہوا remaining, surviving. پیچھے رہنا keep back, fall or lag behind; survive. پیچھے سے from behind, from the rear; afterwards. پیچھے کرنا push or move back, put behind. پیچھے کو later on. پیچھے لگا رہنا make continuous efforts; pursue or follow doggedly. پیچھے لگانا **1** have someone hound, cause (someone) to pursue. **2** to set (someone) against. پیچھے لگنا **1** follow, hound. **2** accompany. **3** be opposed, turn against; constantly try to harm. پیچھے ہٹنا/ہونا give up, withdraw, step back, retreat. پیچھے ہولینا go in the wake of someone, follow. (*opp.* آگے)

پیچال /pi:xɑ:l/ ■ *n.m.* bird droppings, guano.

پیخانہ /pæ:xɑ:nɑ:/ ■ *n.m.* (also پخانہ) toilet. See پاخانہ.

پیدا /pæ:dɑ:/ ■ *adj.* **1** produced, born, created, generated. **2** earned; gained, acquired, procured. **3** invented; discovered. **4** manifest, exhibited. **5** available provided. ■ *n.f.* **1** gain, profit, earning, income. **2** bribe. پیدا آور gainful, productive. پیدا کرنا **1** create, bring into existence. **2** give birth to. **3** earn (money, etc.). **4** produce, manufacture. **5** make available, provide. **6** get, gain, acquire; find; obtain. **7** invent, innovate. پیدا کنندہ creator, maker. پیدا گیر (*slang*) one who takes every opportunity to make money, one who makes money by hook or by crook. پیدا ہونا **1** be born. **2** be earned.

پیداوار /pæ:dɑ:vɑ:r/ ■ *n.f.* **1** produce of land; yield, income, fruit, out-turn. **2** profits of trade. پیداوارِ اراضی land produce. پیداوارِ خودرَو the natural produce of land.

پیداواری /pæ:dɑ:vɑ:ri:/ ■ *adj.* productive. پیداواری صلاحیت productivity.

learn, learning can take place even at an old age; keep on learning until you are dead. پیرِطریقت spiritual guide. پیرِفرتوت decrepit old man. پیرِفلک **1** the sky. **2** the planet Saturn. پیرکا نیزہ a relic of a spiritual guide; sacred, venerable. پیرکرنا become disciple of a spiritual guide. پیرِکنعاں old man of Canaan, i.e. the Prophet Jacob. پیرکی چوٹی holiness. پیرمرد old man. پیرِمغاں **1** tavern-keeper. **2** wine-seller. **3** the host at a party. **4** (***Sufism***) spiritual guide, mystic master. پیرِنابالغ a stupid old man. پیرومرشد spiritual guide; the head of a religious order. پیرِہشت خلد the angel Rizwan, the gatekeeper of Paradise. پیرِہفت فلک the planet Saturn. (*fem.* پیرانی، پیرنی) [P]

پیر[2] ____ ■ *n.m.* Monday. [P]

پیر[3] ____ ■ *n.f.* (also پیڑ) pain. See پیڑ. [S]

پیرا[1] /pæ:rɑ:/ ■ *n.m.* the track of oxen. [S]

پیرا[2] ____ ■ *n.m.* an omen of (someone's) arrival. [S]

پیرا[3] ____ ■ *suffix* one who decorates or polishes, one who executes with elegance and accuracy; often used in comp. as: چمن پیرا gardener. عمل پیرا emulator, follower, doer. [P]

پیرا[4] ____ ■ *n.m.* (*contr.* of پیراگراف) para, paragraph. [E]

پیرا /pi:rɑ:/ ■ *adj.* yellow. See پیلا.

پیراستگی /pæ:rɑ:st̪gi:/ ■ *n.f.* decoration; trimming.

پیراستہ /pæ:rɑ:st̪ɑ:/ ■ *adj.* adorned, decorated; arranged; adjusted.

پیراک /pæ:rɑ:k/ ■ *n.m.* (also تیراک) swimmer. پیراک ہی ڈوبتا ہے experts do occasionally fail.

پیراکہ /pæ:rɑ:kɑ:/ ■ *n.m.* a part of the body of some sea animals which is used for swimming, flipper.

پیراکی /pæ:rɑ:ki:/ ■ *n.f.* swimming, the art of swimming.

پیراکیہ /pæ:rɑ:kɪjɑ:/ ■ *n.m.* (also پیراکو، پیراکیا) very small form of plants and animals that live under water, plankton.

پیرامن /pæ:rɑ:mən/ ■ *adv.* (also پیرامون) around, about. ■ *n.m.* **1** circuit, circumference, environs. **2** skirt; flap of a garment.

پیران[1] /pi:rɑ:n/ ■ *n.m.* (*pl.* of پیر[1]) holy men; priests; saints. پیرانِ پیر **1** (*literal*) the saint of saints. **2** (*fig.*) a popular honorific title of saint Shaikh Abdul Qadir Jilani. پیران نمی پرند مریدان می پرانند **1** (*literal*) saints do not fly, their disciples make them fly. **2** (*fig.*) good men do not brag but sycophants spread good news about them. [P]

پیران[2] ____ ■ *n.m.* land given for the support of a saint or land reserved for the tomb of a saint. [P]

پیرانا /pæ:rɑ:nɑ:/ ■ *v.* cause to swim or float; make someone swim; teach to swim.

پیرانہ /pi:rɑ:nɑ:/ ■ *adj.* elderly; saint like. پیرانہ سال old, aged. پیرانہ سالی/سری old age.

پیرانی /pi:rɑ:ni:/ ■ *n.f.* the wife of a saint or spiritual guide; female saint.

پیراہن /pæ:rɑ:hən/ ■ *n.m.* (also پیرہن) dress, long robe, apparel, attire, mantle. پیراہنِ خاکی (*fig.*) human body. پیراہنِ کاغذی **1** petitioner or supplicant's dress (reference to a custom in ancient Iran where supplicant was presented before king in paper dress. **2** a petition for justice. **3** brightness of dawn; rays of the sun.

پیراؤ /pæ:rɑ:o:/ ■ *adj.* (also پیراو) deep; beyond man's depth; too deep to ford but deep enough to swim.

پیرائی[1] /pæ:rɑ:i:/ ■ *n.f.* decoration, adornment. ■ *suffix* **1** action, practice, operation; effect. **2** adoring, decorating; used in comp. as: عمل پیرائی action, action according to an advice, emulation. نغمہ پیرائی singing. [P]

پیرائی[2] ____ ■ *n.f.* **1** the art or practice of swimming. **2** place or distance to be swum across. **3** place where swimming is taught. **4** charge or wages for teaching swimming. [S]

پیرائی /pi:rɑ:i:/ ■ *n.m.* drum-beater; singer. ■ *n.f.* a community whose profession was to sing songs of saints.

پیرایہ /pæ:rɑ:jɑ:/ ■ *n.m.* **1** manner (of writing or speaking). **2** style, conduct, behaviour, method. پیرایۂ بیان style, way of exposition or expression.

پیرنا /pæ:rnɑ:/ ■ *v.* **1** swim. **2** penetrate, pierce, pass into or through. **3** be an expert, become experienced. **4** attain (one's) object or aim.

پیرنی /pi:rni:/ ■ *n.f.* wife of a pir; a female saint.

پیرو /pæ:ro:/ ■ *n.m.* follower, votary, disciple; pupil.

پیرُو /pi:ru:/ ■ *n.m.* turkey, a large bird, bred largely for Christmas feast.

پیروز /pi:ro:z/ ■ *adj.* successful, victorious; prosperous.

belly below the navel. پیڑو کی آنچ woman's sexual desire.

پَیڑی /pæ:ɽi:/ ■ *n.f.* step, stair; rung of a ladder, flight of steps.

پیڑی /pe:ɽi:/ ■ *n.f.* 1 trunk of a tree. 2 a kind of betel-leaf. 3 indigo plant after being cut once. پیڑی لگان rate paid by cultivators to landlord for the use of fruit trees.

پِیڑھا¹ /pi:ɽʰɑ:/ ■ *n.m.* large low square stool to sit on. [Prk.]

پِیڑھا² ____ ■ *n.m.* the track or path of oxen for drawing water. [S]

پِیڑھی¹ /pi:ɽʰi:/ ■ *n.f.* generation, pedigree, lineage. پیڑھی در پیڑھی generation after generation, from one generation to the next. [S]

پِیڑھی² ____ ■ *n.f.* a small square stool. [Prk.]

پَیزار /pæ:zɑ:r/ ■ *n.f.* slipper, shoe. پیزار پٹی beating with shoes. پیزار پر مارنا disdain, not to care in the least. پیزار خور one who deserves a beating; mean, base. پیزار سے it concerns my shoe, I couldn't care less. پیزار کی نوک پر (I put it) on the tip of (my) shoe; I don't give a damn. پیزار کھانا be beaten with shoes, i.e. be thoroughly insulted and chastised.

پِیس /pi:s/ ■ (*imper.* of پیسنا) used in comp. as: پیس ڈالنا 1 grind down to a powder or paste. 2 (*fig.*) torment; destroy.

پَیسا /pæ:sɑ:/ ■ *n.m.* (also پیسہ) 1 paisa, name of a momentary unit equal to hundredth part of a rupee. 2 money, cash. 3 (*fig.*) fortune, wealth, riches. پیسا اڑانا squander one's wealth, spend money extravagantly. پیسا بچانا پیسا کمانے کے برابر ہے a penny saved is a penny earned. پیسا بنانا make money. پیسا بولتا ہے money talks. پیسا بھر very minute weight; very little. پیسا پیسا جوڑنا save money. پیسا پیسے کو کھینچتا ہے money begets money. پیسا پھونکنا 1 (*literal*) burn money. 2 spend money foolishly. پیسا ٹھیکری کرنا spend lavishly. پیسا ڈبونا lose money, waste money on a questionable venture. پیسا ڈوبنا suffer loss in business, etc. پیسا کھانا make money by unfair means, embezzle; take bribes. پیسا لگانا lay out or invest money. پیسا ہاتھ کا میل ہے money is unimportant.

پِیسنا /pi:snɑ:/ ■ *v.* 1 powder, grind, pulverize, crush. 2 ruin, destroy. 3 to toil, drudge. 4 to gnash (the teeth).

See فیروز.

پیروزہ /pi:ro:zɑ:/ ■ *n.m.* turquoise, a kind of precious stone. See فیروزہ.

پَیروکار /pæ:ro:kɑ:r/ ■ *n.m.* 1 follower, adherent. 2 litigant's agent in a lawsuit.

پَیروکاری /pæ:ro:kɑ:ri:/ ■ *n.f.* 1 pleading (of a lawsuit). 2 following.

پَیروں /pæ:rõ:/ ■ *n.m.* (*pl. & infl.* of پیر) پیروں پیروں on foot, by walk. پیروں میں سر دینا put one's head on someone's feet; abjectly implore. پیروں میں مہندی لگی ہونا 1 be unable to move because of having applied henna on feet. 2 (*iron.*) offer a lame excuse. پیروں میں مہندی لگی ہے کیا why don't you move or do your own work?

پَیروی /pæ:rəvi:/ ■ *n.f.* 1 pleading (of a lawsuit). 2 devotion, obedience. 3 following. پیروی کرنا 1 to represent someone in a lawsuit. 2 follow, act according to injunctions or religious teachings. 3 follow in the footsteps of.

پَیرہن /pæ:rəhən/ ■ *n.m.* robe, mantle. See پیراہن.

پَیری /pæ:ri:/ ■ *n.f.* 1 an ornament for the leg, anklet. 2 the quantity of grain obtained after threshing.

پِیری /pi:ri:/ ■ *n.f.* 1 status of a saint. 2 old age. 3 authority, power. 4 shrewdness, cunningness. پیری کا عصا 1 helper in old age. 2 (*fig.*) son. پیری مریدی spiritual guidance as an organized practice or institution. پیری و صد عیب old age brings all kinds of ailments and deficiencies or defects.

پِیڑ /pi:ɽ/ ■ *n.f.* (also پیر³) 1 pain, sorrow, anguish; illness; the pain of childbirth. 2 affliction. 3 sympathy, pity. پیڑ پڑنا 1 have pain; suffer. 2 be needy.

پیڑ /pe:ɽ/ ■ *n.m.* tree; plant; shrub. پیڑ بوئے ببول کے تو آم کہاں سے ہوں as you sow, so shall you reap; sow the wind and reap the whirlwind. پیڑ پھل ہی سے پہچانا جاتا ہے 1 a man is known by his deed. 2 a noble man is known by his noble offspring. پیڑ گننے سے مطلب ہے یا آم کھانے سے 1 (*literal*) eat the fruit, don't count the trees. 2 (*fig.*) it should be no concern of yours as long as you get what you want. پیڑ لگانا plant trees or saplings.

پیڑا /pe:ɽɑ:/ ■ *n.m.* 1 sweetmeat made with curdled milk. 2 ball of dough or kneaded flour, dough.

پیڑُو /pe:ɽu:/ ■ *n.m.* the pelvis, lower abdomen, the part of

طویل مصوتے:	ɑ: آنا، گانا	æ: بیٹھنا	i: پیلا	e: دینا	ɔ: پودا	u: چول	o: گول
	/gɑ:nɑ:/, /ɑ:nɑ:/	/bæ:tʰnɑ:/	/pi:lɑ:/	/ḍe:nɑ:/	/pɔ:ḍɑ:/	/tʃu:l/	/go:l/

progress, development, forward movement. پیش رَو
1 one who is earlier, forerunner; a predecessor.
2 advanced guard. **3** commencement, beginning; preface, preamble. پیش روی preceding, advance; leadership. پیش طبیب مُلّا پیش مُلّا طبیب پیش ہیچ ہر دو پیش ہر دو ہیچ (*iron.*) someone posing as an expert before the unknowing and becoming submissive before the expert, someone who brags about his knowledge and experience but gives way when confronted. پیش قبض dagger. پیش قدمی (military) advance. پیش قدمی کرنا to advance. پیش کار clerk; office assistant, especially in a court of law. پیش کرنا submit; present. پیش کش
1 peshkash, presentation, present, gift; offer. **2** tax. پیش گاہ the front; the foremost place; court. پیش گوئی prediction, prophecy, forecast. پیش لفظ preface, foreword, introduction to a book. پیش منظر foreground. پیشِ نظر in view, in sight. پیش نماز (***Islam***) (*rare*) the leader of congregational prayers. پیش نہاد **1** intention, aim, objective. **2** what is present or placed before. پیش نہ جانا to be powerless; all tricks or tactics to fail, all efforts to come to nought. پیش و پس vacillation; indecision. [P]

پیشاب /pe:ʃɑ:b/ ■ *n.m.* urine. پیشاب آور diuretic. پیشاب بند ہونا be unable to urinate. پیشاب بھی نہ کرنا not give a damn, have no regard for, despise. پیشاب خطا ہونا urinate (due to fear), be very afraid. پیشاب دان chamber pot, piss-pot, urinal. پیشاب کر دینا urinate (due to fear). پیشاب کرنا pass urine, urinate, piss. پیشاب کی دھار پر مارنا not give a damn, have no regard for, despise. پیشاب گاہ
1 urinal. **2** body part from where urine is discharged. پیشاب لگنا have the urge to urinate.

پیشا پیش /pe:ʃɑ:pe:ʃ/ ■ *adv.* in advance, before, ahead.
■ *n.m.* forerunner, leader.

پَیشاچ /pæ:ʃɑ:tʃ/ ■ *n.m.* secret sexual intercourse with a sleeping or intoxicated woman.

پَیشاچی /pæ:ʃɑ:tʃi:/ ■ *n.f.* (also پیشاچی) a Prakrit dialect (considered very low) spoken in ancient India's certain parts.

پیشانی /pe:ʃɑ:ni:/ ■ *n.f.* **1** the forehead, front; brow. **2** fate.
3 heading, title. پیشانی پر بل آنا frown, express displeasure. پیشانی پر لکھا ہونا be apparent from the face.

■ *n.m.* **1** the act of grinding. **2** the quantity of grain ground in one go.

پِسنی /pi:sni:/ ■ *n.f.* the corn or grain for grinding.

پَیسے /pæ:se:/ ■ *n.m.* (*pl.* & *infl.* of پیسا) پیسے برابر بوٹیاں کرنا beat severely. پیسے پر بوٹیاں کاٹنا inflict intense pain. پیسے پیسے کو حیران penniless. پیسے کا دوست greedy. پیسے کا کھیل matter of money, privilege of wealth. پیسے کی جگہ دھیلا اٹھانا be very thrifty. پیسے کی ریل پیل ہونا to roll in money. پیسے کے پچاس ten a penny, a dime a dozen, very cheep and easily available. پیسے کے کام کا نہ ہونا be useless. پیسے میں کھیلنا have plenty of money. پیسے والا rich, wealthy.

پیش /pe:ʃ/ ■ *n.m.* **1** front, fore-part. **2** diacritic mark (ُ) denoting 'ʊ' sound as in the English word '*put*'. ■ *adj.* advanced, promoted, frontal, before. پیش از پیش forthwith, instantly, as early as possible. پیش از مرگ واویلا crying wolf. پیش ازیں formerly, before this. پیش امام (***Islam***) the leader of congregational prayers. پیش اندیش prudent, far-seeing, careful. پیش آگاہی knowing beforehand, premonition. پیش آنا **1** happen, occur, come to pass. **2** behave, treat. پیش بند **1** apron.
2 harness belt passing over horses' breast. پیش بندی precaution, precautionary measure, foresight; timely preparation, anticipation. پیش بیں prudent, circumspect, farsighted, wise. پیش بینی foresight, prudence, anticipation. پیش پا افتادہ **1** obvious.
2 commonplace, ordinary. **3** old; trite, hackneyed.
4 something for which not much effort is required hence worthless. پیش پانا defeat, overcome, win. پیش تاز winning, leaving the competitors behind. پیش جامہ apron. پیش جانا / چلنا have effect; have one's way. پیش چادر apron, a sheet made of lead used in construction. پیش خدمت private attendant, valet; personal maid of a noble-woman. پیشِ خدمت ہے (*def.*) here we offer, it is presented; it is submitted. پیش خیمہ
1 tent or other baggage sent on ahead. **2** prelude.
3 forerunner, harbinger. پیش دالان front yard, porch; antechamber; balcony. پیش دامن servant, attendant. پیش دست **1** excelling, outstripping. **2** an assistant (in office). **3** advance, earnest money. پیش دستی **1** paying beforehand. **2** initiative; transgression. پیش دستی کرنا take initiative, take lead; exceed the limits. پیش رفت

پیشانی رگڑنا 1 flatter. 2 prostrate in humility, entreat. **پیشانی روشن ہونا** (of a virtuous person) have a bright face. **پیشانی کا خط/کی تحریر** (*fig.*) fate. **پیشانی کا داغ** stigma, brand of infamy.

پیشاور /peːʃɑːvər/ ■ *pr.n.m.* a city in Pakistan. See پشاور.

پیشاوری /peːʃɑːvəriː/ ■ *adj.* of or relating to پیشاور.

پیشتر /peːʃtər/ ■ *adv.* formerly, before, earlier.

پیشرس /peːʃrəs/ ■ *n.m.* (also پیش رس) 1 first fruit of the season. 2 introduction or preface to a book, foreword.

پیشکار /peːʃkɑːr/ ■ *n.m.* a clerk who puts up cases before the magistrate, a magistrate's clerk, assistant, deputy. See پیش کار under پیش.

پیشکاری /peːʃkɑːriː/ ■ *n.f.* deputyship, agency.

پیشکش /peːʃkəʃ/ ■ *n.f.* 1 presentation, proposal, offer. 2 tribute. See پیش کش under پیش.

پیشگفتار /peːʃgʊftɑːr/ ■ *n.f.* preface, foreword, introductory remarks.

پیشگی /peːʃgiː/ ■ *n.f.* earnest money, prepayment; money paid in advance. ■ *adj.* advance. ■ *adv.* in advance, in anticipation.

پیشوا /peːʃvɑː/ ■ *n.m.* 1 priest; chief of a religious sect; guide. 2 head of a party, leader. 3 title of the Maratha rulers. 4 exemplar, model. ■ *adj.* given precedence, preferred.

پیشواز /peːʃvɑːz/ ■ *n.f.* (also پشواز) the pleated gown of a girl.

پیشوائی /peːʃvɑːiː/ ■ *n.f.* 1 leadership, guidance. 2 reception of a visitor or guest. 3 precedence, priority. **پیشوائی کرنا** 1 welcome, receive. 2 to lead; guide.

پیشہ /peːʃɑː/ ■ *n.m.* 1 profession, vocation, calling, trade, office, business, custom. 2 prostitution. **پیشہ کرانا** to force one to become a prostitute; run a brothel. **پیشہ کرنا** to make a living as prostitute. **پیشہ ور** 1 workman, artisan, tradesman, professional. 2 prostitute. **پیشہ ورانہ** professional, concerning profession, vocational. **پیشہ ورانہ تعلیم** professional/vocational education.

پیشی /peːʃiː/ ■ *n.f.* presence; appearance before a court or a higher up; hearing. **پیشی لگنا** date to be given for court hearing. **پیشی میں** in presence of.

پیشین /peːʃiːn/ ■ *adj.* 1 former, prior, earlier, ancient. 2 preceding. ■ *n.f.* evening; afternoon. **پیشین گوئی** prediction, foretelling.

پیغار /pæːɣɑːr/ ■ *n.m.* ditch, furrow; moat, trench.

پیغارہ /pæːɣɑːrɑː/ ■ *n.m.* slander, abuse, taunt; reproof. **پیغارہ جو** one who taunts or reproves.

پیغام /pæːɣɑːm/ ■ *n.m.* 1 message, news; advice. 2 proposal of marriage. **پیغامِ اجل آنا** death to approach. **پیغام بر/چی** messenger, envoy. **پیغام بھیجنا** send a message or marriage proposal. **پیغام پہنچانا** convey or bring a message. **پیغام دینا** make an offer, especially of marriage, propose. **پیغام رساں** messenger. **پیغامِ زبانی** oral message. **پیغام لانا** bring a message.

پیغامی /pæːɣɑːmiː/ ■ *n.m.* messenger. ■ *n.f.* the act of sending messages. See پیامی.

پیغمبر /pæːɣəmbər/ ■ *n.m.* (also پیغام بر، پیمبر) 1 messenger. 2 a divinely ordained prophet, an apostle. **پیغمبرِ آخر الزّماں** the last divinely ordained prophet, an epithet of Prophet Muhammad.

پیغمبری /pæːɣəmbəriː/ ■ *n.f.* (also پیمبری) apostleship, prophethood. ■ *adj.* of or relating to a prophet. **پیغمبری وقت** extremely hard time.

پیک /pæːk/ ■ *n.m.* 1 messenger, runner; courier; emissary. 2 spy; informer. 3 guard, watchman. **پیکِ خدا** the archangel Gabriel. **پیکِ نظر/نگاہ** (*fig.*) reach or range of eyesight.

پیک[1] /piːk/ ■ *n.f.* juice of tobacco or betel-leaf chewed and spit out. **پیک دان** spitting pot, spittoon, cuspidor. [S]

پیک[2] _____ ■ *n.f.* a tool to fill bottles with a liquid. [dial.]

پیک[3] _____ ■ *n.f.* a ripe crop ready for harvest. [Prk.]

پیکا /piːkɑː/ ■ *n.m.* shoot, sprout.

پیکار /pæːkɑːr/ ■ *n.f* contest; battle, war.

پیکان /pæːkɑːn/ ■ *n.m.* (also پکان) head of an arrow; the pointed end of sword or spear, etc.

پیکر /pæːkər/ ■ *n.m.* 1 body; physique, form, figure. 2 appearance, face, countenance; used in comp. as: **پری پیکر** someone very beautiful, fairy-faced, resembling a fairy. **پیکرِ خاکی** 1 body made of dust. 2 (*fig.*) human being.

پیکّڑ /pɪjəkkəɽ/ ■ *n.m.* (*coll.*) one who drinks too much; drunkard, sot, alcoholic.

پیکڑا /pæːkɽɑː/ ■ *n.m.* (also پیکڑی) 1 fetters. 2 a type of anklet.

پیکھنا /peːkʰnɑː/ ■ *v.* 1 watch, see. 2 to wish, desire. ■ *n.m.*

puppet show.

پیل /pi:l/ ■ *n.m.* (also فیل) **1** elephant. **2** (***Chess***) the bishop. پیل بان elephant-keeper, elephant-driver. پیل بانی the job of an elephant-keeper or driver. پیل بند (***Chess***) the mutual support of a bishop and of pawns. پیل پا elephantiasis. پیل پایہ thick, usually round pillar or column. پیل پیکر huge, gigantic, resembling elephant. پیل تن huge, gigantic; powerful, strong. پیل دنداں ivory. پیل مرغ turkey.

پیل /pe:l/ ■ (*imper.* of پیلنا). ■ *n.m.* **1** push, shove. **2** a crusher for oil seeds. **3** abundance, plenty. پیل دینا crush, compress.

پیلا /pæ:lɑ:/ ■ *n.m.* large basket, vessel for measuring grain.

پِیلا /pi:lɑ:/ ■ *adj.* **1** yellow, pale. **2** jaundice. پیلاپن **1** yellowness. **2** (*fig.*) sadness; insipidity.

پیلڑ /pe:ləɽ/ ■ *n.m.* (also پیلڑا، پیلڑہ) testicle.

پیلک /pi:lək/ ■ *n.m.* large black ant.

پیلنا /pe:lnɑ:/ ■ *v.* **1** crush (oil seeds for oil). **2** thrust something, shove.

پیلو[1] /pi:lu:/ ■ *n.m.* a tree, the twigs of which are used for cleaning teeth. [S]

پیلو[2] ____ ■ *n.m.* turkey. [Pt.]

پیلو[3] ____ ■ *n.m.* (***Music***) a classical raga. [dial.]

پیلہ /pi:lɑ:/ ■ *n.m.* the silkworm's cocoon.

پِیلی /pi:li:/ ■ *adj.* (*fem.* of پیلا) yellow, pale. پیلی دھوپوں at the twilight, in the evening (when the sun becomes yellow).

پیلیا /pi:lıjɑ:/ ■ *n.m.* (also پیلیہ) jaundice.

پیما /pæ:mɑ:/ ■ *suffix* measuring, weighing; measurer; used in comp. as: بادپیما barometer, wind vane. حرارت پیما thermometer.

پیمان /pæ:mɑ:n/ ■ *n.m.* (also پیماں) **1** promise, commitment. **2** treaty, pledge, stipulation. پیمان توڑنا break a promise. پیمان شکن one who breaks promises. پیمان کرنا to promise, make a promise, pledge. پیمان لینا make (someone) pledge, obtain a pledge.

پیمانہ /pæ:mɑ:nɑ:/ ■ *n.m.* **1** goblet, cup, bowl. **2** measure, standard, yardstick, plane scale. پیمانۂ بارش rain gauge. پیمانہ بھرنا (*fig.*) to die. پیمانہ چڑھانا drink a cup of wine. پیمانہ چھلکنا **1** (of a goblet) to be full to the brim. **2** not be able to tolerate any more, start weeping. پیمانہ کش رگسار drinker, boozer. پیمانہ لبریز ہونا **1** to die. **2** be unable to tolerate any more.

پیمائش /pæ:mɑ:ɪʃ/ ■ *n.f.* **1** measurement. **2** survey (of land). پیمائش بندوبست settlement. پیمائش کنندہ surveyor. پیمائشِ مال revenue survey. پیمائش وآزمائش measurement and testing.

پیمائی /pæ:mɑ:i:/ ■ *n.f.* & *suffix* act of measuring.

پیمبر /pəjəmbər/ ■ *n.m.* messenger; prophet. See پیغمبر.

پیمک /pæ:mək/ ■ *n.f.* gold or silver lace.

پیمود /pæ:mu:d̪/ ■ *n.f.* measurement, especially marking of land before survey.

پیمودہ /pæ:mu:d̪ɑ:/ ■ *adj.* measured.

پَین /pæ:n/ ■ *n.m.* **1** watercourse, channel. **2** drain. **3** pool, water reservoir.

پِین /pi:n/ ■ *adj.* fat, corpulent; big, heavy.

پیں /pĩ:/ ■ *n.f.* high-pitched sound, beep. پیں بولنا become helpless or frustrated; accept defeat.

پَینا /pæ:nɑ:/ ■ *adj.* sharp, pointed. ■ *n.m.* goad (for driving cattles, etc.).

پِینا[1] /pi:nɑ:/ ■ *v.* **1** drink, quaff; suck. **2** imbibe, absorb. **3** (of cigarette, etc.) smoke. **4** drink wine. **5** suppress one's feelings. پیناپلانا drinking wine. [Prk.]

پینا[2] ____ ■ *n.m.* dregs or refuse (of linseed, etc.). [S]

پینالا /pæ:nɑ:lɑ:/ ■ *n.m.* drain, spout, gutter. See پرنالا.

پینانا /pæ:nɑ:nɑ:/ ■ *v.* sharpen.

پینتالیس /pæ̃:t̪ɑ:li:s/ ■ *cardinal number* forty-five.

پینتالیسواں /pæ̃:t̪ɑ:li:svɑ̃:/ ■ (also پینتالیس واں) *ordinal number* forty-fifth.

پینتانہ /pæ̃:t̪ɑ:nɑ:/ ■ *n.m.* (also پینتانا) foot of a bed or building, etc. (*opp.* سرہانہ)

پینترا /pæ̃:t̪rɑ:/ ■ *n.m.* **1** stance in a bout wrestling or fencing, etc. **2** an attitude or mode of behaviour. پینترا بدلنا change stance or attitude or tactics.

پینتیس /pæ̃:t̪i:s/ ■ *cardinal number* thirty-five.

پینتیسواں /pæ̃:t̪i:svɑ̃:/ ■ (also پینتیس واں) *ordinal number* thirty-fifth.

پینٹھ /pæ̃:ʈʰ/ ■ *n.f.* **1** weekly village market. **2** market day.

پینجن /pæ̃:dʒən/ ■ *n.f.* an anklet with small bells.

پینجنا /pæ̃:dʒnɑ:/ ■ *n.m.* (*dim.* of پینجن) **1** small anklet with bells (usu. fastened around the feet of children or pigeons). **2** a kind of hollow anklet with small

/pi:ŋgẽ:/ ■ *n.f.* (*pl.* of پینگ) پینگیں بڑھانا **1** to swing high. **2** (*fig.*) develop closer friendship, make advances. پینگیں

/pi:nnɑ:/ ■ *v.* (also پنجنا) card the cotton. پینّا

/pæ:ni:/ ■ *adj.* sharp. ■ *n.f.* goad. پَینی

/pi:nni:/ ■ *n.f.* tool for carding cotton. پینّی

/pi:ne: vɑ:lɑ:/ ■ *n.m.* **1** one who drinks. **2** one who drinks wine; drunkard. پینے والا

/pi:vət/ ■ *n.m.* (*coll.*) drunkard, boozer. پیوٹ

/pe:vṛi:/ ■ *n.f.* yellow chalk used for dyeing clothes. پیوڑی

/pæ:vəst/ ■ *adj.* joined, stuck together; pierced. پَیوست

/pæ:vəstəgi:/ ■ *n.f.* junction, adhesion; closeness, attachment, union. پَیوستگی

/pæ:vəstɑ:/ ■ *adj.* contiguous, joined, sticking close, clinging, coalescent, inseparable. پیوستہ ابرو one whose eyebrows meet. پَیوستہ

/pe:vsi:/ ■ *n.f.* beestings. (See also کھیس¹) پیوسی

/pæ:vənd/ ■ *n.m.* **1** patch; junction, join; something that joins things together. **2** (*fig.*) relationship; connection. **3** a piece cut from a living plant and fixed into a slit on another plant, graft; the process of doing so. **4** an animal born as a result of a cross between two different animals, crossbreed. پیوند خاک ہونا be dead and buried. پیوندکاری **1** patching. **2** cobbling. **3** transplanting (of organs). **4** grafting (of plants). پیوند لگانا to patch, graft. پَیوند

/pæ:vəndi:/ ■ *adj.* **1** joined together, patched. **2** grafted (plant, etc.). **3** crossbreed; a person whose parents belong to different races. ■ *n.m.* grafted tree. پَیوندی

/pi:h/ ■ *n.f.* tallow, grease. پیہ

/pi:hər/ ■ *n.m.* the parents' house (of a bride). پیہر

/pæ:həm/ ■ *adv.* constantly, continuously. پیہم

/pi:hu:/ ■ *n.m.* flea. See پسّو. پیہو

/pi:hu: pi:hu:/ ■ *n.f.* *papiha's* (پپیہا) call. پیہو پیہو

/pɪje:/ ■ (*infl.* of پینا) پیے دودھ اور کھائے مال allusion to a person living a life of luxury. پیے (ہوئے) ہونا be intoxicated. پیے

gravels inside (the gravels sound when the person wearing the anklet moves).

/pĩ:dʒnɑ:/ ■ *v.* (also پنجنا) to card the cotton; to clean the cotton. پینجنا

/pæ̃:dʒni:/ ■ *n.f.* small bells fastened round the feet of pigeons or children. پَینجنی

/pẽ:tʃnɑ:/ ■ *v.* winnow, sift. پینچنا

/pẽ:d̪/ ■ *n.f.* pit for planting sapling. پیند

/pẽ:d̪ɑ:/ ■ *n.m.* **1** bottom of a vessel, box or pot. **2** the breech of a cannon. **3** (*vulg.*) hips, buttocks. پیندا

/pẽ:d̪i:/ ■ *n.f.* (*dim.* of پیندا) **1** the base, bottom. **2** a bottom of a vessel, etc. that is not rounded, a bottom made even or flat. **3** root of carrot, etc. پیندی

/pẽ:d̪e:/ ■ *n.m.* (*pl.* & *infl.* of پیندا) پیندے کا ہلکا unable to keep a secret or his word; mean. پیندے کے بل بیٹھ جانا to flop down, to sit in such a manner that bottom goes down first; to be subdued. پیندے

/pæ̃:ḍ/ ■ *n.m.* step, way, path. پَینڈ

/pẽ:ḍ/ ■ *n.m.* **1** ball, lump. **2** rising ground. پینڈ

/pæ̃:ḍɑ:/ ■ *n.m.* See پَینڈ. پینڈا مارنا rob on the highway. پَینڈا

/pĩ:ḍi:/ ■ *n.f.* (also پنڈی) a variety of rich sweetmeat distributed at the time of marriage and childbirth. پینڈی

/pi:nəs/ ■ *n.f.* (also فینس) **1** palanquin, a vehicle containing seats enclosed by curtains and carried by men (was esp. used by ladies in past). **2** a kind of boat. [Prk.] پینس¹

_____ ■ *n.f.* a nose disease in which sense of smell is completely lost. [S] پینس²

/pæ̃:səṭʰ/ ■ *cardinal number* sixty-five. پَینسٹھ

/pæ̃:səṭʰvɑ̃:/ ■ *ordinal number* sixty-fifth. پَینسٹھواں

/pi:nək/ ■ *n.f.* (also پنک) drowsiness or mild intoxication caused by taking opium. پینک آنا become drowsy or befuddled. پینک

/pi:nəki:/ ■ *adj.* drowsy because of having taken opium. پینکی

/pi:ŋg/ ■ *n.m.* & *f.* (also پینگ) **1** swing. **2** (***Zool.***) hill hyena, a crow like bird, *Gracula religiosa*. پینگ لینا swing high. پینگ

پھ

پھ /pʰe:/ ■ the sixth letter of the Urdu alphabet.

پھاپھا /pʰɑ:pʰɑ:/ ■ *n.f.* (also پھاپا) toothless old woman. پھاپھا کٹنی **1** hag. **2** procuress; talebearer, mischievous woman.

پھاٹ /pʰɑ:ṭ/ ■ *n.m.* **1** breadth (of river). **2** division; distribution of revenue among the shareholders. See [1]پاٹ.

پھاٹا /pʰɑ:ṭɑ:/ ■ *n.m.* a plank to level the ploughed land. See [1]پھٹا.

پھاٹک /pʰɑ:ṭək/ ■ *n.m.* **1** gate, entrance, large shutter or door. **2** check; obstruction. **3** the bar of a court of justice where plaintiff and defendant stand. **4** cattle-pound. پھاٹک بندی custody; imprisonment. پھاٹک دار **1** doorkeeper. **2** pound-keeper. پھاٹک میں بیڑنا impound.

پھاٹکہ /pʰɑ:ṭəkɑ:/ ■ *n.m.* (**Law**) trade in contrabands.

پھار /pʰɑ:r/ ■ *n.f.* (also پھال[2]، پھالا) ploughshare, tool for digging ground.

پھاڑ /pʰɑ:ɽ/ ■ (*imper.* of پھاڑنا). ■ *n.m.* fissure, crack, split, rent, crevice. پھاڑ کھانا **1** (of a beast) rend, devour, tear to pieces, mangle. **2** (*fig.*) speak harshly; become angry. پھاڑ کھانے کو دوڑنا show extreme ill-temper. پھاڑ کھاؤ **1** ravenous beast. **2** beastly, cruel; irritable.

پھاڑنا /pʰɑ:ɽnɑ:/ ■ *v.* **1** tear, rip, rend, cleave; break; break open. **2** (of the eyes) to open wide. **3** to sour (milk); coagulate. **4** tease, irritate. **5** to wound.

پھاڑو /pʰɑ:ɽu:/ ■ *n.m.* (*slang*) master; someone who terrifies.

پھاڑی /pʰɑ:ɽi:/ ■ *n.f.* **1** a slice or piece of fruit. **2** crease, wrinkle.

پھاس /pʰɑ:s/ ■ *n.f.* soggy marshy land.

پھاگ /pʰɑ:g/ ■ *n.m.* **1** festivities of Holi, a Hindu festival. **2** coloured powder that Hindus throw at each other during Holi festival. **3** the act of throwing coloured powder at each other at the time of Holi. **4** the song sung at Holi. **5** (*fig.*) luxuries; revelry, merry-making. پھاگ رچنا/کھیلنا **1** throw colours at Holi, celebrate Holi. **2** (*fig.*) to rejoice, enjoy, celebrate.

پھاگن /pʰɑ:gʊn/ ■ *n.m.* (also پھالگن) the twelfth month of the Bikrami calendar corresponding to February-March.

پھال[1] /pʰɑ:l/ ■ *n.f.* **1** a piece of betel nut, *Areca*. **2** (also پھلانگ) step, stride, leap. پھال باندھنا jump across. [S]

پھال[2] ____ ■ *n.f.* ploughshare. See پھار. [Prk.]

پھال[3] ____ ■ *n.f.* piece of meat from the shin of cow. [dial.]

پھالی /pʰɑ:li:/ ■ *n.f.* sharp end of an arrow or ploughshare.

پھان /pʰɑ:n/ ■ *n.m.* snare, noose for catching wild elephants.

پھانا /pʰɑ:nɑ:/ ■ *n.m.* slip of wood used to fill up a crack, wedge of wood.

پھانٹ /pʰɑ̃:ṭ/ ■ *n.m.* (also پھانت) village officer.

پھانٹا /pʰɑ̃:ṭɑ:/ ■ *n.m.* **1** branch of a tree. **2** stick. **3** narrow branch of a river.

پھانٹنا /pʰɑ̃:ṭnɑ:/ ■ *v.* pound, beat, crush; mix well by beating. (See also پھینٹنا.)

پھانجا /pʰɑ̃:dʒɑ:/ ■ *n.m.* noose, loop.

پھاند[1] /pʰɑ̃:ḍ/ ■ *n.m.* **1** noose, snare, net. **2** (*fig.*) perplexity; difficulty. پھاند مارنا snare, entrap. [S]

پھاند[2] ____ ■ *n.m.* leap, spring, jump. پھاند پڑنا suddenly interfere into unconcerned matters, jump into a fray. [S]

پھاند[3] ____ ■ *n.f.* width of a finger (usu. used by women to measure the size of bangles). [dial.]

پھاندنا /pʰɑ̃:ḍnɑ:/ ■ *v.* **1** catch with a noose; entrap, entangle. **2** leap or jump across or over.

پھاندی /pʰɑ̃:ḍi:/ ■ *n.f.* bundle of bamboos or sugar cane.

پھانس[1] /pʰɑ̃:s/ ■ *n.f.* **1** a small and sharp piece of wood, etc. broken off from a larger piece, splinter. **2** anything resembling a splinter which gets under nails. **3** (*fig.*) worry, prick (of the conscience), anxiety; mental pain. پھانس چبھ جانا/چبھنا have a splinter driven (into a part of body). پھانس کا بانس بنانا make a mountain out of a molehill, exaggerate. پھانس کھٹکنا **1** feel pain due to a splinter. **2** continue to have an anxiety. پھانس نکالنا **1** take out a splinter. **2** remove mental pain. [Prk.]

پھانس[2] ____ ■ (*imper.* of پھانسنا). ■ *n.f.* **1** the act of trapping or snaring. **2** noose, snare. **3** impediment. پھانس لانا bring or capture (someone) by fraud and deceit.

to a wound. 2 (*fig.*) soothe, console.

پھب /pʰəb/ ■ *n.f.* (also پھبن) decoration; comeliness, elegance, grace.

پھبتا /pʰəbt̪ɑ:/ ■ *adj.* suitable, fit, becoming, befitting.

پھبتی /pʰəbt̪i:/ ■ *n.f.* (*fem.* of پھبتا). ■ *n.f.* (also پھپتی) **1** taunt, mocking or jeering remark. **2** decoration; ornament. پھبتی اُڑانا utter a jest; make fun of. پھبتی جمانا/کسنا make a taunting remark, draw a comic parallel (between two things). پھبتی سوجھنا come up with an apt taunt. پھبتی گو taunting, jeering (person).

پھبکنا /pʰəbəknɑ:/ ■ *v.* (also پھپکنا) (of plants) sprout, shoot forth, flourish.

پھبن /pʰəbən/ ■ *n.f.* charm, elegance, grace, beauty.

پھبنا /pʰəbnɑ:/ ■ *v.* (a dress) suit someone; be fitting or suitable; adorn.

پُھپّا /pʰʊppɑ:/ ■ *n.m.* paternal uncle. See پھوپھا.

پھپّٹ /pʰəppət̪/ ■ *n.m.* (also پھپٹ) **1** hue and cry. **2** fame, reputation. **3** obstinacy, stubbornness, contrariety. **4** deceit. پھپٹ باز crafty, deceitful, cunning.

پھپدنا /pʰəpəd̪nɑ:/ ■ *v.* (also پھدپھدانا) ferment; fester.

پھپڑ دلال /pʰəpəɽ d̪əlɑ:l/ ■ *n.m.* flatterer, sycophant.

پھپڑ دلالے /pʰəpəɽ d̪əlɑ:le:/ ■ *n.m.pl.* (also پھپڑ دلالے) flattery. پھپڑدلالے کرنا/مچانا flatter, show false love or respect.

پھپّس /pʰəppəs/ ■ *adj.* (also پھپھس) fat and flabby, fleshy, obese. پھپس کا پھپس very fat and flabby.

پھپسا /pʰəpsɑ:/ ■ *adj.* **1** swollen, fat, flabby, puffy, puffed and hollow. **2** insipid. (*fem.* پھپسی)

پھپک /pʰəpək/ ■ *n.f.* growth, development.

پھپکا /pʰəpkɑ:/ ■ *n.m.* blister.

پُھپکار /pʰʊpkɑ:r/ ■ *n.f.* sound of puffing or panting, hissing (of a snake); a hissing sound.

پُھپکارنا /pʰʊpkɑ:rnɑ:/ ■ *v.* blow, puff; (of a snake) hiss.

پھپکنا /pʰəpəknɑ:/ ■ *v.* sprout. See پھبکنا.

پُھپّو /pʰʊppo:/ ■ *n.f.* (also پھوپھو) paternal aunt. See پُھپّی.

پھپولا /pʰəpo:lɑ:/ ■ *n.m.* (also پھپھولا) blister, vesicle, bubble. پھپولا پڑنا a blister to appear. پھپولا پھوٹنا a blister to burst.

پھپولوں /pʰəpo:lõ:/ ■ *n.m.* (*pl.* of پھپولا) پھپولوں سے پھلنا have blisters all over the body.

پھپولے /pʰəpo:le:/ ■ *n.m.* (*pl.* & *infl.* of پھپولا) (جلے دل کے) پھپولے پھوڑنا **1** to burst the blisters. **2** give vent to one's

پھانس لینا seduce; entrap. پھانس مارنا obstruct, impede. [S]

پھانسا /pʰɑ̃:sɑ:/ ■ *n.m.* **1** noose. **2** impediment.

پھانسنا /pʰɑ̃:snɑ:/ ■ *v.* to trap, ensnare; seduce, bring round, persuade by deception or flattery.

پھانسی /pʰɑ̃:si:/ ■ *n.f.* **1** noose, loop. **2** hanging noose, noose used for hanging (a convict, etc.), halter. **3** strangulation, death by hanging. پھانسی پانا/چڑھنا be hanged. پھانسی دینا hang till death, execute, strangle. پھانسی دینے والا hangman. پھانسی کا کھمبا gallows, gibbet. پھانسی گر strangler, a robber and murderer who used to strangle his victims, thug. پھانسی لگنا **1** be hanged. **2** be choked. **3** get into knots.

پھانک[1] /pʰɑ:ŋk/ ■ *n.f.* **1** a slice or piece of fruit (cut for eating). **2** naturally separated piece of an orange. **3** piece, bit, portion. **4** crevice; cut, opening (in fruit, etc.). **5** a clove of garlic. **6** a mouthful of anything, as much of anything that can be put into mouth. **7** (*slang*) penniless, broke. [S]

پھانک[2] ____ ■ *n.m.* (in thugee) poor and destitute traveller. [dail.]

پھانکڑ /pʰɑ:ŋkəɽ/ ■ *n.m.* (also پھانکڑا) fop. ■ *adj.* **1** smart, dashing; flashy, spirited, robust, bold, impudent. **2** (*fig.*) clever, fraudster. (*fem.* پھانکڑی)

پھانکنا /pʰɑ:ŋknɑ:/ ■ *v.* **1** chuck into the mouth from the palm of the hand (of medicine, etc.); swallow without chewing. **2** spend (money) extravagantly. **3** open; to part, slice. **4** to read out reluctantly or aimlessly.

پھانکی /pʰɑ:ŋki:/ ■ *n.f.* (also پھنکی) something swallowed in one go; the amount of powder, etc. swallowed; a mouthful of something.

پھاؤ /pʰɑ:o:/ ■ *n.m.* (also پھاو) the small extra given gratis over and above the quantity purchased.

پھاوڑا /pʰɑ:o:ɽɑ:/ ■ *n.m.* (also پھاوڑہ) spade, mattock. پھاوڑا بجانا demolish a house; dig. پھاوڑا سے دانت big protruding teeth. پھاوڑا نہ کدال بڑا کھیت ہمارا boasting without having anything.

پھاوڑی /pʰɑ:o:ɽi:/ ■ *n.f.* (*dim.* of پھاوڑا) a small shovel, a tool for removing cattle dung or clay.

پھاہا /pʰɑ:hɑ:/ ■ *n.m.* (also پھایا، پھایہ) a ball, tuft or flock of cotton (used for dressing a wound). پھاہا چھڑانا remove a dressing or lint from a wound. پھاہا رکھنا/رگانا **1** apply lint chagrin or anger. پھپولے جل اٹھنا feel pain in blisters. (دل/کلیجے میں) پھپولے ڈالنا injure or pain someone. پھپولے والی (*fig.*) smallpox.

پھپوند /pʰəpũ:d/ ■ *n.f.* (also پھُپوند) mouldiness. See پھپوندی.

پھپوندنا /pʰəpũ:dnɑ:/ ■ *v.* become mouldy, be mildewed.

پھپوندی /pʰəpũ:di:/ ■ *n.f.* (also پھُپوندی) mould on bread or fruit (due to moisture), fungus. پھپوندی لگنا to be mildewed, be mouldy.

پھپّی /pʰʊppi:/ ■ *n.f.* (also پھُپّو، پھوپھی) father's sister, paternal aunt.

پھپیا /pʰʊpɪjɑ:/ ■ *adj.* of or relating to پھُپّی. پھپیا خسر/سسر husband of the paternal aunt of spouse. پھپیا ساس paternal aunt of spouse.

پھپیرا /pʰʊpe:rɑ:/ ■ *adj.* (a male) related through a paternal aunt.

پھپیری /pʰʊpe:ri:/ ■ *adj.* (*fem.* of پھُپیرا) related through paternal aunt.

پھٹ [1] /pʰəʈ/ ■ *n.f.* **1** phut, sound of a slap or thump. **2** sound of a blow or stroke. ■ *adv.* immediately, instantly, at once. پھٹ پھٹ **1** creaking sound of a shoe. **2** sound of a motorcycle. **3** sound of gunfire. **4** blow, strike. **5** (*fig.*) fame, renown. پھٹ پھٹی (*slang*) phutphuti, motorcycle. پھٹ سے immediately, instantly, at once. [Prk.]

پھٹ [2] ____ ■ (*imper.* of پھٹنا). ■ *n.f.* bursting. پھٹ پڑنا **1** be abundant, be present in large quantities. **2** be enraged, bitterly speak of grievances. **3** to burst. پھٹ پڑے وہ سونا جس سے ٹوٹیں کان curse on the gold that causes pain, it's no use having something harmful even though beneficial apparently. پھٹ پھٹ کے برسنا rain heavily. پھٹ پھٹانا **1** (of cattle) to flap or flutter the ears. **2** (of birds) to flutter the wings. [S]

پھِٹ /pʰɪʈ/ ■ *n.f.* (*contr.* of پھٹکار) curse, malediction. ■ *exclam.* fie! shame! پھٹ پھٹ کرنا castigate, curse. پھٹ وا کا جینا جو تکے پرائی آس curse on the life that depends on others.

پھُٹ /pʰʊʈ/ ■ *adj.* single, odd (digit); unpaired, separated, isolated, unmatched; dispersed.

پھٹا /pʰəʈɑ:/ ■ *adj.* torn, split, rent, cracked; broken. پھٹا اُدھڑا tattered (clothes). پھٹا بانس/ڈھول dissonant voice. پھٹا پرانا **1** worn, tattered. **2** rags, tattered or worn out clothes. پھٹا پڑنا **1** abound in. **2** be very fat. **3** have severe pain (in the head). پھٹا حال miserable condition, poverty. پھٹا دودھ curdled or sour milk. (*fem.* پھٹی)

پھُٹّا /pʰʊʈɑ:/ ■ *n.f.* the expanded hood of a snake.

پھٹّا [1] /pʰəʈʈɑ:/ ■ *n.m.* (also پھاٹا) piece of a bamboo sliced lengthwise; a thin plank, plank of a wooden shelf. [Prk.]

پھٹّا [2] ____ ■ *n.m.* ordinary cotton carpet flooring. [Prk.]

پھِٹّا /pʰɪʈʈɑ:/ ■ *adj.* **1** cursed, ominous. **2** roguish, wicked, rakish, shameless.

پھُٹّا /pʰʊʈʈɑ:/ ■ *n.m.* (*slang*) leaving, going. پھٹا کھاؤ get lost.

پھٹاکا /pʰəʈɑ:kɑ:/ ■ *n.m.* **1** decision, settlement. **2** a loud crashing noise, a bang; an explosion.

پھُٹانا [1] /pʰʊʈɑ:nɑ:/ ■ *n.m.* sugar-coated grain, corn or gram, etc. [dial.]

پھُٹانا [2] ____ ■ *v.* **1** (*slang*) send away; get rid of. **2** get freed, liberate. [S]

پھُٹانے /pʰʊʈɑ:ne:/ ■ *n.m.* (*pl.* of پھُٹانا [1]) sugar-coated peas.

پھٹاؤ /pʰəʈɑ:o:/ ■ *n.m.* **1** crack, gap; break, separation. **2** the act of cracking or splitting.

پھُٹاؤ /pʰʊʈɑ:o:/ ■ *n.m.* sprout, bud, shoot.

پھٹپھٹانا /pʰəʈpʰəʈɑ:nɑ:/ ■ *v.* (birds) shake or flap (the wings). See پھٹ پھٹانا under پھٹ [2].

پھٹک [1] /pʰəʈək/ ■ *n.f.* act of winnowing. [S]

پھٹک [2] ____ ■ *n.m.* **1** rough diamond; crystal, glass. **2** cage. **3** prison, jail, gaol. [S]

پھِٹک /pʰɪʈək/ ■ *n.f.* curse. See پھٹکار [2].

پھُٹک /pʰʊʈək/ ■ *n.f.* stain; clot. See پھُٹکی.

پھٹکا [1] /pʰəʈkɑ:/ ■ *n.m.* moment, instant. پھٹکا نہ کھانا die on the spot. [dial.]

پھٹکا [2] ____ ■ *n.m.* tool for carding cotton. [Prk.]

پھٹکا [3] ____ ■ *adj.* aloof, separate, at distance. پھٹکا رہنا remain aloof, keep one's distance. [S]

پھٹکا [4] ____ ■ *n.m.* a lash, whip; blow, strike. [Prk.]

پھٹکار [1] /pʰɪʈkɑ:r/ ■ *n.f.* (also پھٹکار) **1** sound of lashing, beating or cracking. **2** sound of winnowing or straining.

پھٹکار [2] ____ ■ *n.f.* **1** curse, malediction. **2** (*fig.*) disgrace, ignominy. (منہ/چہرے پر) پھٹکار برسنا look cursed or damned. پھٹکار لگنا be affected by a curse.

پھٹکارنا /pʰɪʈkɑ:rnɑ:/ ■ *v.* (also پھٹکارنا) **1** rebuke, reproach,

ہائیہ مصمتے: بھ bʰ, پھ pʰ, تھ t̪ʰ, ٹھ ʈʰ, جھ dʒʰ, چھ tʃʰ, دھ d̪ʰ, ڈھ ɖʰ, ڑھ ɽʰ, کھ kʰ, گھ gʰ, لھ lʰ, مھ mʰ, نھ nʰ

1 expressing condemnation or anger; a curse on you! 2 (*literal*) someone with a cursed face.

پھٹیچر /pʰəʈi:tʃər/ ■ *adj*. (*coll.*) 1 useless, petty, shabby, worn out. 2 mean, lowly.

پھٹیک /pʰəʈi:k/ ■ *n.f.* (also پھٹیگ) fatigue; trouble. [E]

پھٹیل /pʰʊʈʈæ:l/ ■ *adj*. single, lone, solitary, odd, unpaired.

پھچاپھچ /pʰətʃɑ:pʰətʃ/ ■ *n.f.* (also پچ پچ) sound of squelching; sound of walking in mud. پھچاپھچ کرنا walk in the mud or water; walk in such a manner that a squelching sound is made.

پھدپھدانا /pʰəd̪pʰəd̪ɑ:nɑ:/ ■ *v*. 1 ferment, fester (a boil or eruption). 2 grow shoots (of a plant).

پھدک /pʰəd̪ək/ ■ *n.f.* 1 effervescence, boiling, ebullience. 2 enthusiasm, ardour.

پھدکنا /pʰʊd̪əknɑ:/ ■ *v*. hop, jump, skip about in delight.

پھدکی /pʰʊdki:/ ■ *n.f.* 1 hop, leap, jump. 2 titmouse, a small songbird, *Baelophus genus*.

پھڈّا /pʰəɖɖɑ:/ ■ *n.m.* (*slang*) dispute, fight, riot, discord.

پھڈّا /pʰɪɖɖɑ:/ ■ *adj*. flattened, pressed (shoe, etc.).

پھڈّی /pʰɪɖɖi:/ ■ *adj*. (*fem.* of پھڈّا) پھڈی جوتی shoe with a flattened heel; a slipper. پھڈی چال staggering gait. پھڈی ناک wide and flat nose.

پھر /pʰɪr/ ■ *adv*. 1 again. 2 afterwards, subsequently, thereafter, then. ■ (*imper*. of پھرنا) again. پھر آنا come again, return. پھر بیٹھنا 1 revolt; disobey. 2 back out of one's word. پھر بھی still, even then, in spite of that, notwithstanding. پھر پچھتائے کیا ہوت جب چڑیاں چگ گئیں کھیت it's no use crying over spilt milk. پھر پڑنا 1 face someone in anger. 2 turn round. پھر پھر over and again, repeatedly. پھر جانا 1 go or turn back, come and go back, rotate. 2 back out, renege, betray, abandon, desert. پھر سے again; anew, afresh. پھر کون جیے کس کا راج it should be done immediately because life is short and uncertain. پھر کے again. پھر کے پس پشت نہ دیکھنا go away without looking back. پھر کیا چاہیے what else do you want? nothing more is needed. پھر کے نہ دیکھنا ignore. پھر نہ کہنا don't complain afterwards.

پھُر /pʰʊr/ ■ *n.f.* whirring sound made by a bird suddenly taking wing, whir, buzzing sound. پھر سے suddenly, at once. پھر سے اُڑ جانا 1 fly away quietly and swiftly. 2 go out of reach. پھر ہونا 1 fly away. 2 (*fig.*) go out of reach.

reprimand, castigate, scold soundly. 2 to lash, slash (a whip). 3 beat clothes on a stone while washing. 4 cry a fie, curse.

پھٹکر /pʰʊʈkər/ ■ *adj*. (also پھٹکل) 1 odd (digit); lone. 2 retailed; separated, distributed; miscellaneous. ■ *n.f.* change, small coins. پھٹکر فروش retailer.

پھٹکری /pʰɪʈkəri:/ ■ *n.f.* alum, the double sulphate of aluminium and potassium.

پھٹکل /pʰʊʈkəl/ ■ *adj*. See پھٹکر. پھٹکل حساب miscellaneous accounting or accounts, retail or small computation.

پھٹکن /pʰəʈkən/ ■ *n.f.* husk, siftings, chaff, winnowed out material.

پھٹکنا[1] /pʰəʈəknɑ:/ ■ *v*. 1 winnow. 2 (of a bird) flap. [Prk.]

پھٹکنا[2] ____ ■ *v*. visit briefly; come closer, come nearer, approach. [Prk.]

پھٹکی /pʰəʈki:/ ■ *n.f.* 1 a bird-catcher's basket with lid. 2 a small door. 3 moment. پھٹکی نہ کھانا die on the spot.

پھُٹکی /pʰʊʈki:/ ■ *n.f.* (also پھُٹک، پٹکی[2]) 1 stain, blot, spot. 2 clot, a blob of a coagulated liquid. 3 warbler, small brownish or greyish insect-eating bird.

پھٹکے /pʰəʈke:/ ■ *n.m.* (*pl. & infl.* of پھٹکا[1]) پھٹکے بھر میں in a moment, immediately.

پھٹن /pʰəʈən/ ■ *n.f.* crack as in ground.

پھٹنا /pʰəʈnɑ:/ ■ *v*. 1 be torn or rent, be split. 2 burst, blow up, rupture, explode. 3 break up. 4 separate or detach from a group. 5 (of a voice) to break. 6 be in severe pain or grief. 7 be in plenty (usu. used with beauty). 8 (of clouds) disperse. 9 (of milk) become sour.

پھِٹنا /pʰɪʈnɑ:/ ■ *v*. be beaten up and mixed, be whipped (as eggs, etc.). (See also پھینٹنا.)

پھٹی /pʰəʈi:/ ■ *adj*. (*fem.* of پھٹا) پھٹی آنکھیں wide open eyes (with fear, etc.); stunned. پھٹی آواز broken voice, out of tune, dissonant voice, cracked voice.

پھُٹّی[1] /pʰʊʈʈi:/ ■ *n.f.* seed-pod of poppy, cotton plant. [S]

پھُٹّی[2] ____ ■ *n.* (*fem.* of پھُٹّا) (*slang*) leaving, going. پھٹی کھاؤ (*slang*) leave, go away, get lost. [S]

پھٹے /pʰəʈe:/ ■ *adj*. (*pl. & infl.* of پھٹا) پھٹے حال shabby. پھٹے حالوں shabbily dressed; in a poverty-stricken condition. پھٹے میں ٹانگ اڑانا poke one's nose or meddle with/into others' concerns.

پھِٹّے /pʰɪʈʈe:/ ■ *n.m.* (*infl.* of پھِٹ) پھٹّے منھ (also فٹے منھ)

پھرتی /pʰɪrt̪i:/ ■ *adj.* (*fem.* of پھرتا) پھرتی بار/دفعہ on returning.

پُھرتی /pʰʊrt̪i:/ ■ *n.f.* (also پُھرت) quickness, agility, alacrity, briskness, alertness. پھرتی دکھانا/کرنا make haste, be quick, hurry up, act briskly. پھرتی سے quickly, briskly. پھرتی کھیل جانا **1** make haste. **2** perform a trick.

پُھرتیلا /pʰʊrt̪i:lɑ:/ ■ *adj.* quick, active, smart, nimble, brisk, agile, alert.

پُھرتیلی /pʰʊrt̪i:li:/ ■ *adj.* (*fem.* of پُھرتیلا).

پھرچھا /pʰərtʃʰɑ:/ ■ *n.m.* (also پھرچا) **1** fair weather; dispersion of crowd or clouds; clearing of the sky. **2** settlement; arrangement. **3** release, discharge, acquittal.

پھرچھانا /pʰərtʃʰɑ:nɑ:/ ■ *v.* **1** clear; polish; wipe. **2** settle, adjust.

پھرسا /pʰərsɑ:/ ■ *n.f.* hatchet, axe.

پھرک /pʰərək/ ■ *n.f.* shield, a piece of armour.

پھرکا /pʰɪrkɑ:/ ■ *n.m.* tool used in masonry for drawing circles.

پھرکنا /pʰərəknɑ:/ ■ *v.* throb. See پھڑکنا.

پھرکنی /pʰɪrəkni:/ ■ *n.f.* a sack-like skirt worn by village women.

پھرکئی /pʰɪrkəi:/ ■ *adj.* twisted. پھرکئی ڈنڈ muscular arms of a man.

پھرکی /pʰɪrki:/ ■ *n.f.* **1** reel for thread. **2** anything turning on an axis; whirligig; small top; top's taper used as a separate toy. پھرکی کی طرح پھرنا be here, there and everywhere; become very busy.

پھرنا /pʰɪrnɑ:/ ■ *v.* **1** stroll, take a stroll, go round, walk about; wander; circulate. **2** go back (on one's word), renege, retract, recant; change, deviate; revolt. **3** become wheel, whirl. **4** travel. **5** evacuate (bowels). **6** become distorted or crooked. **7** come back, return.

پھروانا /pʰɪrvɑ:nɑ:/ ■ *v.* **1** make someone go round, to send round. **2** to cause to return. **3** make a child evacuate (bowels).

پھرُوہا /pʰəru:hɑ:/ ■ *n.m.* a kind of hoe or rake. See پھاوڑا.

پھرہرا[1] /pʰəræhrɑ:/ ■ *adj.* (wound) about to be healed. ■ *n.m.* slightly dry rice; rice that remain scattered after cooking. [S]

پھرہرا[2] ——— ■ *n.m.* (also پھرارا، پھریرا[2]) flag, pennant; a piece of cloth used as flag. [S]

پھرّا /pʰərrɑ:/ ■ *n.m.* **1** piece of paper with writing on it, a note or letter. **2** (*slang*) (i) cheat sheet, acrib. (ii) love letter. **3** long plank.

پھرّاٹا /pʰərrɑ:ʈɑ:/ ■ *n.m.* (also فرّاٹا) **1** the flapping of a flag or of a bird's wing. **2** snorting or tramping (of a swiftly-running animal). **3** cane. پھرّاٹا بھرنا **1** flee, take flight. **2** run swiftly, go at a very high speed.

پھرارا /pʰərɑ:rɑ:/ ■ *n.m.* flag. See پھریرا[2].

پھرّاس /pʰərrɑ:s/ ■ *n.m.* a species of fir (called so because of whizzing of its branches in the wind).

پھرانا /pʰɪrɑ:nɑ:/ ■ *v.* **1** whirl, wheel. **2** turn round, roll. **3** return or cause to return, send back. **4** send a beggar back empty-handed, not to give charity. **5** take out for a stroll; take around for sightseeing.

پھرّانا /pʰərrɑ:nɑ:/ ■ *v.* **1** flutter, flap, wave (as a bird or flag). **2** whir, whistle, snort.

پھراؤ /pʰɪrɑ:u:/ ■ *adj.* turning, periodical, returning at stated periods; returnable (goods purchased); movable.

پھرائی /pʰɪrɑ:i:/ ■ *n.f.* **1** the act of returning or turning over. **2** the act of patrolling an area (to keep watch). **3** charges for returning or turning over (some goods by labourer).

پُھرپُھر /pʰʊrpʰʊr/ ■ *n.f.* (also پھڑپھڑ) sound of flying birds.

پُھرپُھرانا /pʰʊrpʰʊrɑ:nɑ:/ ■ *v.* quiver, flutter, flap; tremble.

پُھرپُھری /pʰʊrpʰʊri:/ ■ *n.f.* shivering or quivering, sensation, trembling, palpitation. پھرپھری لینا tremble, shiver.

پھرپھند /pʰərpʰənd̪/ ■ *n.m.* stratagem, trick, deceit, treachery.

پھرپھندی /pʰərpʰənd̪i:/ ■ *adj.* artful, tricky, treacherous.

پھرت /pʰɪrət/ ■ *n.f.* **1** the act of revolving, turning; spin; act of moving about in circles during dance. **2** rejected items. **3** repetition of tune in music (usu. used in comp. with چلت).

پُھرت /pʰʊrət/ ■ *n.f.* quickness (usu. used with تُرت). See پُھرتی.

پھرتا /pʰɪrt̪ɑ:/ ■ *adj.* returning, turning, walking. ■ *n.m.* **1** return. **2** answer to a letter. پھرتا بھاڑا return fare of a carriage. پھرتا پھراتا while wandering, after wandering. پھرتا رہنا wander, roam.

/pʰəɽəkta:/ ■ *adj*. twitching, throbbing. پھڑکتا ہوا **1** (of a reply or couplet, etc.) apt, extempore. **2** cheerful, gay. (*fem.* پھڑکتی) پھڑکتا

/pʰəɽkən/ ■ *n.f.* **1** flutter; twitching, agitation. **2** pulse. **3** wish, longing. پھڑکن کی اولاد a cherished child, a child born after great desire. [S] پھڑکن¹

____ ■ *n.m.* ox which moves smoothly for long when drawing a cart. [dial.] پھڑکن²

/pʰəɽəkna:/ ■ *v.* (also پھڑکنا) **1** twitch, throb; agitate; be restless or irritated; flutter; writhe, be moved; be dying for, pine. **2** appreciate greatly. **3** be ecstatic, be enraptured. **4** (of a bird) flutter. پھڑکنا

/pʰəɽki:/ ■ *n.f.* thick screen; partition. پھڑکی

/pʰəɽva:/ ■ *n.m.* (also پھاوڑا، پھڑوال) spade, pickaxe. پھڑوا بھانجنا use a spade; dig earth. [dial.] پھڑوا¹

____ ■ *adj*. torn. ■ *n.m.* scrap of cloth. [S] پھڑوا²

/pʰəɽva:l/ ■ *n.m.* (also پھاوڑا، پھڑوا) spade. پھڑوال

/pʰəɽva:na:/ ■ *v.* have something split or torn. پھڑوانا

/pʰʊɽva:na:/ ■ *v.* cause to be broken, get a thing broken. پھڑوانا

/pʰəɽo:lna:/ ■ *v.* throw into disorder. پھڑولنا

/pʰəɽvi:/ ■ *n.f.* (*dim.* of پھڑوا¹) a small spade. پھڑوی

/pʰəɽi:/ ■ *n.f.* pile of stones. [S] پھڑی¹

____ ■ *n.f.* threesome or foursome (card players). پھڑی باز swindler. [dial.] پھڑی²

/pʰəɽja:/ ■ *n.m.* **1** keeper of a gaming house. **2** pedlar, retailer, huckster. **3** one who indulges in tall talk. پھڑیا

/pʰʊɽja:/ ■ *n.f.* (*dim.* of پھوڑا) pimple, small boil. پھڑیا

/pʰəɽæ:t/ ■ *n.m.* gambler. پھڑیت

/pʰɪs/ ■ *exclam.* shame! پھس پھسانا **1** lose courage, become afraid. **2** become useless. پھس

/pʰʊs/ ■ *n.f.* (also پھس) hissing or fizzing sound; whisper. پھس پھس whispering. پھس پھسا **1** flabby, spongy, loose. **2** insipid, vapid. **3** weak, feeble. پھس پھسانا whisper. پھس پھساہٹ whispering, buzzing. پھس (سے) ہوجانا fizzle out. پھس

/pʰəsa:ku:/ ■ *n.m.* insipid tobacco. See بھساکو. پھساکو

/pʰəsa:na:/ ■ *v.* entrap. See پھنسانا. پھسانا

/pʰəsa:va:/ ■ *n.m.* snare, entanglement, difficulty, perplexity. پھساوا

/pʰʊsa:hɪnda:/ ■ *adj*. (also پھسینڈا) stinking, putrid. پُھساہِندا

/pʰəri:/ ■ *n.f.* shield, especially a small leather shield used in fencing. پھری

/pʰərja:/ ■ *n.f.* **1** broad stole worn by country women. **2** short bordered skirt worn by girls. پھریا

/pʰəræ:ra:/ ■ *adj*. (also پھرہرا¹) not soggy, half-dried and scattered (rice, etc.). [S] پھریرا¹

____ ■ *n.m.* (also پھرارا، پھرہرا²) flag, pennant. [S] پھریرا²

/pʰʊræ:ri:/ ■ *n.f.* **1** a shiver or trembling, shudder of horror causing the hair to stand erect. **2** cotton wad or bud; lint. **3** thrill, sensation, excitement. پھریری آنا shiver; the hair to stand on end (because of cold or horror). پھریری لینا **1** shiver. **2** (*fig.*) become active. پُھریری

/pʰəɽ/ ■ *n.f.* **1** shafts or pole of a carriage. **2** gambling den. **3** a place where goods are laid out for sale. پھڑباز player at dice, gambler. پھڑ پر رکھنا،لگانا stake, wager. پھڑ پھینکنا gamble. پھڑ جمانا set up a game of chess or cards. پھڑ جمنا a game or gambling session to be in progress. [S] پھڑ¹

____ ■ *n.m.* prater, talkative person. [dial.] پھڑ²

/pʰəɽa:na:/ ■ *v.* cause to rip or tear. پھڑانا

/pʰəɽpʰəɽa:na:/ ■ *v.* **1** (of wings or flag, etc.) flutter, flap; move with convulsive motion; struggle. **2** be agitated; roll or tumble about in agony. پھڑپھڑانا

/pʰəɽpʰəɽa:hət/ ■ *n.f.* flutter; struggle; agitation. پھڑپھڑاہٹ

/pʰəɽpʰəɽja:/ ■ *adj*. hasty, bustling, active. ■ *n.m.* name of a bird. پھڑپھڑیا

/pʰəɽək/ ■ *n.f.* twitching, palpitation; fluttering; restlessness, throbbing, agitation. پھڑک اٹھنا be moved; become ecstatic, be in raptures; become eager. پھڑک پھڑک کر after repeated fluttering; with great difficulty. پھڑک جانا **1** become restless. **2** adorn something, like something (a couplet, etc.) very much. **3** become ecstatic. پھڑک کے رہ جانا suffer in disappointment or frustration. پھڑک کھانا **1** be cheated or swindled. **2** to flutter; throb. پھڑک

/pʰəɽka:/ ■ *n.m.* fever brought about by excessive exposure to sun; sunstroke. پھڑکا

/pʰəɽka:na:/ ■ *v.* (also پھڑکا دینا) **1** move, shake, put into motion. **2** flutter (wings). **3** cause to throb. **4** make someone writhe, cause to suffer or weep. **5** (*slang*) kill, murder. **6** impress greatly. پھڑکانا

پھسلن /pʰɪslən/ ■ *n.f.* slipperiness; slippery ground.

پھسلنا¹ /pʰɪsəlnɑ:/ ■ *v.* **1** slip, skid, slither. **2** err, take a wrong step. **3** be infatuated with someone, incline to, become eager, be inclined or infatuated. [Prk.]

پھسلنا² ——— ■ *adj.* slippery, smooth. [Prk.]

پھسلنی /pʰɪsəlni:/ ■ *adj.* (*fem.* of پھسلنا²). ■ *n.f.* (also پھسنّی) slide (for children).

پھسلواں /pʰɪsəlvɑ̃:/ ■ *adj.* slippery.

پھسلونیا /pʰʊslo:njɑ:/ ■ *n.m.* seducer, flatterer, wheedler.

پھسنا /pʰəsnɑ:/ ■ *v.* be entangled. See پھنسنا.

پھسنّی /pʰɪsənni:/ ■ *n.f.* a long smooth slanting plank for children to slide on.

پُھسی /pʰʊsi:/ ■ *n.f.* seminal fluid of animals.

پھسیارا /pʰəsjɑ:rɑ:/ ■ *n.m.* (thuggee) hangman.

پھُسینڈا /pʰʊsæ̃:ɖɑ:/ ■ *adj.* stinking. See پھُسائندا.

پھُسینڈی /pʰʊsæ̃:ɖi:/ ■ *adj.* (*fem.* of پھُسینڈا).

پھش /pʰɪʃ/ ■ *exclam.* expressing contempt or disgust. ■ *adj.* contemptible, abject, mean.

پھک¹ /pʰək/ ■ *n.f.* chaff, husks. [Prk.]

پھک² ——— ■ *n.f.* (also بھق، بھک) the sudden sound of a flash or spark. پھک پھک intermittent gush (of air, etc.). پھک سے immediately, instantly, in a moment, in a flash, with a puff. پھک سے اڑ جانا to go up in smoke, explode. [Prk.]

پھکا /pʰʊkɑ:/ ■ *adj.* burnt; singed. پھکا جانا **1** have high fever. **2** be fired with some ardent desire.

پھکّا /pʰʊkkɑ:/ ■ *n.m.* powdered mica for mixing in colours to give shine.

پھکارنا /pʰɪkɑ:rnɑ:/ ■ *v.* bare or uncover the head; unplait or let down the hair.

پھکرمول /pʰəkərmu:l/ ■ *n.f.* root of a plant used in medicine.

پھکّڑ /pʰəkkəɽ/ ■ *adj.* **1** given to coarse or off-colour joking, non-serious, humorous, coarsely witty. **2** penniless, broke; pauper. ■ *n.f.* indecent or abusive language. پھکڑ باز one who indulges in indecent or obscene jokes. پھکڑ بازی / پن raillery, banter, coarse jesting. پھکڑ باندھنا berate, chide, scold, find fault with. پھکڑ لڑنا use swear-words in a quarrel. پھکڑ ہونا **1** jest indecently. **2** become a pauper, be penniless.

پھکڑی /pʰəkɽi:/ ■ *n.f.* **1** disgrace; rudeness. **2** (*fig.*) coarse,

پھساؤ /pʰəsɑ:o:/ ■ *n.m.* (also پھساوٹ) **1** capture. **2** tightness (of dress). **3** apprehension.

پھُسپھُسا /pʰʊs pʰʊsɑ:/ ■ *adj.* See پھُس پھُسا under پھُس.

پھسڈّی /pʰɪsəɖɖi:/ ■ *adj.* last in order, degree or time; laggard. ■ *n.m.* loser. پھسڈی رہ جانا to lag behind.

پھُسر پھُسر /pʰʊsər pʰʊsər/ ■ *n.f.* (also کھُسر پھُسر) whispering; sound of whispering. پھسر پھسر رونا weep silently. پھسر پھسر ہونا (*fig.*) to drizzle, rain lightly.

پُھسکا /pʰʊskɑ:/ ■ *adj.* weak; loose.

پھسکانا /pʰəskɑ:nɑ:/ ■ *v.* **1** slacken, loosen. **2** burst open.

پھسکڑا /pʰəskəɽɑ:/ ■ *n.m.* a sitting posture in which one sits on the buttocks with legs extended, squatting. پھسکڑا مار کر بیٹھنا squat.

پھسکنا /pʰəsəknɑ:/ ■ *v.* **1** be squeezed, be pressed; slip. **2** (of clothes) become loose at seams. **3** be torn or rent.

پھسکنا /pʰɪsəknɑ:/ ■ *v.* to hiss. ■ *n.m.* the hissing (of a snake).

پُھسکنا /pʰʊsəknɑ:/ ■ *v.* **1** backbite. **2** whisper.

پھسکی /pʰəski:/ ■ *n.f.* handful of grain taken as a tax out of each load of goods brought to market.

پُھسکی /pʰʊski:/ ■ *n.f.* a soft or noiseless fart.

پھسل /pʰɪsəl/ ■ (*imper.* of پھسلنا). ■ *n.f.* slipperiness. پھسل بنڈا / پنڈا a slide, the long slanting plank for children to slide on; ramp. پھسل پڑنا / جانا **1** slip, skid. **2** be infatuated with someone.

پُھسلا /pʰʊslɑ:/ ■ *n.m.* trick, cajole, seduction. پھسلا کے لے جانا entice away; kidnap; coax into elopement.

پھسلانا /pʰɪslɑ:nɑ:/ ■ *v.* **1** cause to slip or slide. **2** cause to err.

پُھسلانا /pʰʊslɑ:nɑ:/ ■ *v.* **1** coax, cajole, seduce, flatter, blandish, inveigle, wheedle, entice. **2** (*fig.*) kidnap; entice away.

پُھسلاوا /pʰʊslɑ:vɑ:/ ■ *n.m.* (also پھُسلاوہ، پھُسلاؤ) coaxing, cajolery, seduction, enticement; trickery.

پھسلاہٹ /pʰɪslɑ:hət/ ■ *n.f.* slipping, sliding; slipperiness.

پُھسلاہٹ /pʰʊslɑ:hət/ ■ *n.f.* flattery, seduction, blandishment.

پھسلاؤ /pʰɪslɑ:o:/ ■ *n.m.* slipping, sliding; slipperiness.

پُھسلاؤ /pʰʊslɑ:u:/ ■ *adj.* coaxing, seducing. ■ *n.m.* coaxer, seducer.

foul or obscene language. 3 a genre of poetry using such language. پھکڑی کرنا slander or disgrace, bring bad name to someone, speak ill of someone.

پھکسا /pʰəksɑ:/ ■ *n.m.* 1 mud, kneaded clay. 2 pulp of a fruit which has lost its taste.

پھکلائی /pʰʊklɑ:i:/ ■ *n.f.* process of pickling leather.

پھکنا /pʰəknɑ:/ ■ *v.* chuck into mouth from the palm of a hand. See پھانکنا.

پھکنا /pʰɪknɑ:/ ■ *v.* to be thrown away.

پھکنا¹ /pʰʊknɑ:/ ■ *n.m.* 1 child's balloon. 2 bladder of a cow or goat, etc. 3 a kind of firework. [Prk.]

پھکنا² ——— ■ *v.* burn, be burnt; be consumed. [S]

پھکنی /pʰʊkni:/ ■ *n.f.* (also پھنکنی) 1 blowpipe. 2 a firelock or pistol.

پھکوانا /pʰɪkvɑ:nɑ:/ ■ *v.* to cause to throw (a thing) away, to have (a thing) thrown away.

پھکیت /pʰɪkæ:ʈ/ ■ *n.m.* spearman, lancer; one who stages mock fights with clubs or cudgels.

پھکیتی /pʰɪkæ:ʈi:/ ■ *n.f.* the art of fencing; the act of fighting with cudgels; a mock-fight with cudgels.

پھگوا /pʰəgʊvɑ:/ ■ *n.m.* (*dim.* of پھاگ) 1 the day of the Holi festival. 2 the song sung on that day. ■ *adj.* 1 one who participates in Holi festivities. 2 (*fig.*) fraudster. 3 yellow colour.

پھل /pʰəl/ ■ *n.m.* 1 fruit, fleshy and sweet product of a tree. 2 gain, profit. 3 return, reward. 4 children, offspring. 5 consequence; effect. 6 tip of an arrow; the head of a spear, blade of sword or knife, etc. 7 ploughshare. 8 (***Math.***) the quotient; answer (of a problem). پھل اترنا crop of fruit to be ready. پھل اہار a light meal or repast of fruits. پھل آنا bear fruit. پھل بجھول a boys' game. پھل پات fruit and vegetables of various kinds. پھل پانا 1 reap reward or consequences. 2 have offspring. پھل پھانک fruits, vegetables and grass, etc. پھل پھلاری/پھلالی/پھلواری various kinds of fruits, flowers and greens. پھل پھلنا bear fruit. پھل چکھنا 1 taste fruit. 2 (*fig.*) face the result. پھل چلنا a crop or season of a fruit to arrive. پھل دار fruit-bearing; profitable, fruitful. پھل دینا 1 bear fruit. 2 (*fig.*) give reward. پھل کر produce of trees, revenue from fruit trees. پھل کرش the fruit of *karonda* (کروندا). پھل کیسر coconut tree. پھل کھانا 1 eat fruit. 2 enjoy the reward of good deeds. پھل کھانا آسان نہیں profits cannot be gained without toil. پھل لگنا (of a tree) bear fruit. پھل ملنا get the reward or punishment of something done, be requited. پھل نیا کرنا eat the fruit of the new season for the first time.

پھل /pʰʊl/ ■ *n.m.* (*contr.* of پھول¹) flower; used in comp. as: پھلجھڑی a kind of firework. پھلکاری flowery embroidery.

پھلا /pʰəlɑ:/ ■ *adj.* abounding with fruit. ■ *suffix* indicative of number of blades, e.g. دوپھلا double blade's. پھلا پھولا 1 green, verdant. 2 well off, prosperous. پھلاہار eating fruit.

پھلّا /pʰʊllɑ:/ ■ *n.m.* 1 anything with the shape of a flower. 2 a speck in the eye; cataract. 3 roasted or parched grain; roasted corn. 4 anything swollen. پھلا نکالنا to remove a cataract.

پھلار /pʰəlɑ:r/ ■ *n.m.* (also پھلیار، پھلیاری) a light meal of fruits and vegetables.

پھلاسرا /pʰʊlɑ:srɑ:/ ■ *n.m.* (also پھلاسڑا) wheedling, flattery, deception, make-believe, delusion.

پھلاسرے /pʰʊlɑ:sre:/ ■ *n.m.* (*pl.* & *infl.* of پھلاسرا) پھلاسرے میں آنا be deceived.

پھلالین /pʰəlɑ:le:n/ ■ *n.m.* (also فلالین) flannel. [E]

پھلانا /pʰəlɑ:nɑ:/ ■ *v.* make fruitful, fructify.

پھلانا /pʰʊlɑ:nɑ:/ ■ *v.* inflate, fatten, cause to swell.

پھلانگ /pʰəlɑ:ŋg/ ■ *n.f.* (also چھلانگ) leap, bound, jump, spring.

پھلانگنا /pʰəlɑ:ŋgnɑ:/ ■ *v.* jump, leap over, stride over.

پھلاوٹ /pʰʊlɑ:vəʈ/ ■ *n.f.* swelling, inflation, puffiness, protuberance.

پھلاہی /pʰʊlɑ:hi:/ ■ *n.f.* a peelu like tree twigs which are used for cleaning teeth.

پھلاؤ /pʰʊlɑ:o:/ ■ *n.m.* swelling, inflation; the act of swelling.

پھلپھلا /pʰʊlpʰʊlɑ:/ ■ *adj.* 1 swollen. 2 soft. 3 incoherent. 4 (*fig.*) mean, shallow, vain.

پھلت¹ /pʰələt̪/ ■ *adj.* bearing or yielding fruit, fruitful; profitable. [S]

پھلت² ——— ■ *n.f.* 1 produce, product, yield. 2 effect; consequence. 3 predication. [S]

پھلٹّی /pʰʊləʈʈi:/ ■ *n.f.* flower market, flower shop.

پھلجھڑی /pʰʊldʒʰəɽi:/ ■ *n.f.* **1** a small firework which emits a shower of sparks. **2** (*fig.*) (i) joke, witticism. (ii) a woman who creates illwill among people by spreading false news or misquoting.

پھلجھڑیاں /pʰʊldʒʰəɽɪjã:/ ■ *n.f.* (*pl.* of پھلجھڑی) پھلجھڑیاں چھوڑنا indulge in witticisms, make wisecracks; spread mischievous rumours.

پھلڈا /pʰəlɖɑ:/ ■ *n.m.* blade of a sword or knife, etc.

پھلرا /pʰʊlrɑ:/ ■ *n.m.* tassel.

پھلروا /pʰʊlərvɑ:/ ■ *n.m.* (*dim.* of پھول) small flower. ■ *adj.* (*fig.*) delicate, tender.

پھلڑا /pʰəlɽɑ:/ ■ *n.m.* (*dim.* of پھل) blade of a sword, knife or dagger.

پھلسا /pʰəlsɑ:/ ■ *n.m.* **1** gate, door; panel of a door. **2** quarter (of a village).

پھلسرا /pʰʊlsɪrɑ:/ ■ *n.m.* pigeon with white head.

پھلسنگی /pʰʊlsʊŋgi:/ ■ *n.f.* (also پھلچی، پھلسنگھی) bluish black bird which collects nectar.

پھلکا /pʰəlkɑ:/ ■ *n.m.* **1** place for exercise, wrestling ground; soft earth or ground. **2** blister.

پھلکا /pʰʊlkɑ:/ ■ *n.m.* thin and puffed chapatti.

پھلکارنا /pʰʊlkɑ:rnɑ:/ ■ *v.* inflate, swell out; (a snake) to expand its hood.

پھلکاری /pʰʊlkɑ:ri:/ ■ *n.f.* **1** phulkari, embroidered cloth. **2** tissued flower (on cloth, etc.).

پھلکی /pʰʊlki:/ ■ *n.f.* (also پھلوری) (*dim.* of پھلکا) **1** small fried spicy cake made of a mixture of gram flour and spices. **2** (*fig.*) thick flat nose.

پھلّکی /pʰəlləki:/ ■ *n.f.* a kind of fish, *Mystus capirat*.

پھلنا /pʰəlnɑ:/ ■ *v.* **1** bear children. **2** bear fruit, be in fruit; grow, sprout. **3** prosper, be successful. **4** suffer from blisters, pimples or skin eruptions. پھلنا پھولنا **1** bud and bloom. **2** thrive, flourish, prosper.

پھلنگ /pʰʊləŋg/ ■ *n.f.* peak. See پھننگ.

پھلنی /pʰəlɪni:/ ■ *n.f.* **1** a species of pot-herb, *Echites dichotoma.* **2** a species of flower, cockscomb, *Celosia cristata*.

پھلوا /pʰəlʊvɑ:/ ■ *n.m.* a knotted fringe or border; a knotted tassel.

پھلوا /pʰʊlvɑ:/ ■ *n.m.* **1** kind of betel or paan. **2** a gum used as a cosmetic or as a lotion.

پھلواری /pʰʊlvɑ:ri:/ ■ *n.f.* (also پھلوار، پھلواڑی) **1** a flower bed. **2** a flower garden. **3** (*fig.*) offspring, children. **4** flowers embroidered on clothes. **5** a horse having black spots on body. **6** a kind of physical exercise.

پھلور /pʰʊlvər/ ■ *n.m.* cotton cloth with silk embroidery.

پھلوری /pʰʊlɔ:ri:/ ■ *n.f.* a small cake of pulse fried in oil. See پھلکی.

پھلی¹ /pʰəli:/ ■ *n.f.* pod of any leguminous plant, particularly of bean and peas. پھلی بھی نہ پھوڑنا not do anything, be very idle. [S]

پھلی² ____ ■ *n.f.* **1** blade. **2** loop, snare. **3** shield. پھلی کش hook for drawing the strings through the holes by which the walls of a tent are laced to the top. [S]

پھلّی /pʰʊlli:/ ■ *n.f.* (*dim.* of پھلّا) **1** white speck in the eye. **2** small flower-shaped ornament of gold or silver worn in the nose or ear. **3** a kind of nail having smooth and flat head. پھلی لگی نہ پاپڑی پٹاک سے بھوا پڑی gain without labour.

پھلیانا /pʰəljɑ:nɑ:/ ■ *v.* bear fruit.

پھلیر /pʰəle:r/ ■ *adj.* (of an animal) having a white spot on black skin or vice versa (considered ominous by some).

پھلیرا /pʰʊle:rɑ:/ ■ *n.m.* **1** perfumer, one who prepares perfume. **2** florist.

پھلیری /pʰʊle:ri:/ ■ *n.f.* **1** bottle of perfume. **2** a florist's job or profession.

پھلیل /pʰʊle:l/ ■ *n.m.* scented oil, oil impregnated with the smell of flowers steeped in it.

پھلیندا /pʰəlæ̃:ɖɑ:/ ■ *n.m.* (also جامُن) the tree *Eugenia jambolana* and its fruit.

پھن /pʰən/ ■ *n.m.* the expanded head of a snake. پھن اٹھانا (a snake) spread its hood. پھن منی a legendary jewel supposed to be found in the hood of a snake.

پھنّا /pʰʊnnɑ:/ ■ *n.m.* tassel. See پُھندنا.

پھنپھنانا /pʰənpʰənɑ:nɑ:/ ■ *v.* **1** hiss (as a snake); expand the hood (as a snake). **2** (of a plant) grow fast. **3** spring up in anger. **4** to move about briskly. **5** to rise; become erect.

پھنٹی /pʰənʈi:/ ■ *n.f.* leveller used by masons.

پھنجی /pʰəndʒi:/ ■ *n.f.* a plant with flowers up to four inches long, *Clerodendrum siphonanthus*.

/pʰʊŋkɑːrnɑː/ ■ *n.f.* hiss (as a snake). **پھنکارنا**

/pʰɪŋknɑː/ ■ *v.* (also پھکنا) be flung or thrown. **پھِنکنا**

/pʰʊŋknɑː/ ■ *v.* (also پھکنا) **1** be burnt to ashes; be very hot, have high temperature (as in fever). **2** (of money) be wasted or foolishly spent. **پھُنکنا**

/pʰʊŋkniː/ ■ *n.f.* blowpipe. See پھُکنی. **پھُنکنی**

/pʰəŋkvɑːnɑː/ ■ *v.* have something chucked into mouth. **پھنکوانا**

/pʰɪŋkvɑːnɑː/ ■ *v.* have something thrown. **پھِنکوانا**

/pʰʊŋkvɑːnɑː/ ■ *v.* have something set ablaze or burnt. **پھُنکوانا**

/pʰəŋkiː/ ■ *n.f.* (*dim.* of پھنکا) a pinch or small amount of grain or powder chucked in the mouth in one go. **پھنکی**

/pʰʊŋg/ ■ *n.f.* (also پھُننگ) peak of a tree; extreme end (of something). **پھنگ**

/pʰʊŋgiː/ ■ *n.f.* **1** tip or extreme end of something. **2** tip of a shoot; sprout; branch. **3** point or tip of corn or ear. **4** tip of the nose. **پھُنگی**

/pʰunəŋg/ ■ *n.f.* (also پھُلنگ) **1** peak, top, summit. **2** tip of a bough or leaves on it; top of a tree. **3** tip or extreme end of something. **4** tip of the nose. **پھُننگ**

/pʰʊnnoː/ ■ *n.f.* **1** slip of wood used to fill up an opening or crevice, a wedge. **2** (*slang*) child's or small penis. **پھُنّو**

/pʰənniː/ ■ *n.f.* a piece of a wood, a wedge (shaped like snake). ■ *adj.* hooded. **پھنّی**

/pʰʊnniː/ ■ *n.m.* knot, tassel. **پھُنّی**

/pʰʊnjɑːrɑː/ ■ *n.m.* fountain. **پھُنیارا**

/pʰənneːxɑ̃ː/ ■ *n.m.* (*coll.*) braggart, swaggerer. **پھنّے خاں**

/pʰənneːxɑːniː/ ■ *n.f.* bragging, boasting. **پھنّے خانی**

/pʰəneːriː/ ■ *adj.* hooded (snake); having a large hood. **پھنیری**

/pʰuː/ ■ *n.f.* **1** blowing sound. **2** expression of distaste; pooh! fie! **پھو**

/pʰʊvɑː/ ■ *n.f.* father's sister. See پھوپھی. **پھوا**

/pʰʊvɑːpʰuː/ ■ *n.m.* girls' game in which they hold each others' hands and move in a circle. **پھواپھو**

/pʰʊvɑːr/ ■ *n.f.* (also پھوہار) **1** drizzle, light rain in tiny drops. **2** fine spray. **3** a kind of thin cloth having small dots on it. **4** fine flowery embroidery on cloth. پھوار پڑنا tiny drops of rain to fall, to drizzle. پھوار سے کھیت **پھوار**

/pʰʊntʃiː/ ■ *n.f.* tap of a plant; end of a branch. **پھُنچی**

/pʰənd̪/ ■ *n.m.* trap, trickery, tactic. **پھند**

/pʰənd̪ɑː/ ■ *n.m.* **1** snare, noose, net, trap, hitch, knot; choking clutch. **2** perplexity. پھندا پڑجانا choke in the act of swallowing; get into knots (a string), be noosed. پھندا چھڑانا set free. پھندا دینا tie a knot. پھندا ڈالنا set a snare. پھندا لگانا knot, set snare. پھندا مارنا **1** to ensnare. **2** to hang (till death), kill by tying the rope. **پھندا**

/pʰə̃d̪ɑːnɑː/ ■ *v.* cause to jump, cause to leap over. [S] **پھندانا**[1]

_____ ■ *v.* entrap, ensnare. [S] **پھندانا**[2]

/pʰənd̪lɑːnɑː/ ■ *v.* entrap, ensnare, entice, inveigle. **پھندلانا**

/pʰʊnd̪nɑː/ ■ *n.m.* (also پھُندا) tassel, tuft. پھندنا سا (*fig.*) tiny, little. **پھُندنا**

/pʰə̃d̪oːɽnɑː/ ■ *v.* roll (something) with fingers and hands; turnover. **پھندوڑنا**

/pʰənd̪eː/ ■ *n.m.* (*pl. & infl.* of پھندا) پھندے سے چھوٹنا be freed, be relieved. پھندے میں آ پھنسنا be caught or to fall into trap. پھندے میں پھنسانا entrap. **پھندے**

/pʰə̃d̪æːt̪/ ■ *n.m.* **1** trapper. **2** animal used to ensnare other animals of its kind. **پھندَیت**

/pʰə̃sɑːnɑː/ ■ *v.* (also پھسانا) **1** entrap, enmesh, entangle, ensnare. **2** allure; implicate; take in, deceive; involve. **3** cause to slick (as in mud). **4** get someone involved with oneself sexually. **پھنسانا**

/pʰə̃sɑːvəʈ/ ■ *n.f.* tightness (of a dress), shrinkage; entanglement. **پھنساوٹ**

/pʰə̃sɑːoː/ ■ *n.m.* (also پھنساو) **1** a narrow place; an entanglement; a sticky place as a bog, fen, etc. **2** the state of being entangled; arrest. **پھنساؤ**

/pʰə̃snɑː/ ■ *v.* (also پھسنا) **1** be trapped, be entangled. **2** get involved sexually. **3** get arrested (because of a crime). **4** be in hot water, be in a difficult situation. **5** (of clothes) be tightly fit. **پھنسنا**

/pʰə̃svɑːnɑː/ ■ *v.* cause to be entrapped. **پھنسوانا**

/pʰʊnsiː/ ■ *n.f.* pimple, pustule, small boil. **پھُنسی**

/pʰə̃səjjɑː/ ■ *n.m.* bird-catcher, hunter, trapper. **پھنسیّا**

/pʰəŋkɑː/ ■ *n.m.* handful of any grain or powder chucked in the mouth in one go. پھنکا لگانا/مارنا chuck something into the mouth. **پھنکا**

/pʰʊŋkɑːr/ ■ *n.f.* hissing (of a snake). **پھُنکار**

نہیں بھرتا a small amount of money is not enough for big plans.

پھوارا /pʰʊvɑːrɑː/ ■ *n.m.* fountain. See فوّارہ.

پھوپھی /pʰuːpʰiː/ ■ *n.f.* (also پُھپّی، پھُوا، پُھوپُھو، پُھوپی) father's sister, paternal aunt.

پھوپھا /pʰuːpʰɑː/ ■ *n.m.* (also پُھپا، پُھوپا) paternal aunt's husband.

پھوٹ /pʰuːʈ/ ■ *n.f.* (also پُھونٹ) **1** crack, break, breach, split, fissure, rift, opening, gap. **2** discord, dissension, quarrel; separation. **3** a kind of melon which splits up when ripe. **4** root. پھوٹ آنا **1** bud. **2** emerge, appear; پھوٹ پڑنا **1** opinion to be divided; dissension or discord to occur. **2** (of a disease) to break out. پھوٹ پھٹک separation, estrangement. پھوٹ پھٹوّل squabble, wrangle, quarrel. پھوٹ پھوٹ کر رونا weep bitterly. پھوٹ پھوٹ کر نکلنا break out (as an eruption). پھوٹ ڈالنا sow the seed of dissension, create discord. پھوٹ سا کھل جانا break into pieces. پھوٹ لو go away! get lost! پھوٹ ہونا be divided (in opinion).

پھوٹا /pʰuːʈɑː/ ■ *adj.* cracked, broken, shivered; burst. پھوٹا مقدر bad luck, misfortune. (*fem.* پھوٹی)

پھوٹک /pʰuːʈək/ ■ *adj.* brittle, fragile. ■ *n.f.* **1** fragment. **2** small change (of coins). **3** defective paper of uneven thickness. پھوٹک پن brittleness.

پھوٹلا /pʰuːʈlɑː/ ■ *adj.* cracked, fractured; bad (coin).

پھوٹن /pʰuːʈən/ ■ *n.f.* **1** wrangling, disagreement. **2** pain in the bones or joints. **3** a piece (that has broken off).

پھوٹنا /pʰuːʈnɑː/ ■ *v.* **1** to be broken into, be broken, be separated, split; burst. **2** gush (tears or water). **3** (of a secret) to leak out, trickle out. **4** be diffused (as smell). **5** rise, shoot, bud, germinate. **6** (of the eye) become blind. **7** (of blisters) erupt all over the body. **8** go away, part, separate. **9** (of colour or light) appear; spread. **10** (*deris.*) say, open the mouth. **11** (of the head) be injured, smashed.

پھوٹی /pʰuːʈiː/ ■ *adj.* (*fem.* of پھوٹا) پھوٹی آنکھ eye with some defect, sightless eye. پھوٹی آنکھ کا تارا dear son. پھوٹی آنکھ نہ بھانا to dislike, detest. پھوٹی تقدیر/قسمت bad luck, misfortune. پھوٹی کوڑی (also جھنجھی کوڑی) broken or worn cowrie; bit of money of the lowest value, dime, very small amount of money. پھوٹی کوڑی پاس نہ ہونا be penniless, be poor; have no money. پھوٹی ہانڈی آسانی رآواز سے پہچانی جاتی ہے a defect is easily detected.

پھوٹے /pʰuːʈeː/ ■ *adj.* (*pl.* & *infl.* of پھوٹا) پھوٹے منہ سے with a distorted or wry face. پھوٹے نصیب bad luck, misfortune.

پھوڑ /pʰʊvəɽ/ ■ *adj.* clumsy. See پھوہڑ.

پھوڑا /pʰoːɽɑː/ ■ *n.m.* boil, ulcer, tumour, abscess. پھوڑا بہنا leaking of pus from a boil. پھوڑا بیٹھ جانا healing or subsidence of a boil. پھوڑا پکنا a boil to suppurate. پھوڑا پھنسی eruptions. پھوڑا پھوٹنا **1** a boil to ooze with pus or be ruptured. **2** (*fig.*) a scandal to become known. پھوڑا ٹپکنا/لپکنا a boil to cause pain. پھوڑا چھیڑنا open a boil, operate on an abscess. پھوڑا رسنا a boil to ooze with pus. پھوڑا نکلنا a boil to form.

پھوڑنا /pʰoːɽnɑː/ ■ *v.* **1** split, shatter, break. **2** divulge (a secret), disclose. **3** (of the eye) to cause to go blind. **4** (*slang*) eat gluttonously.

پھوس /pʰuːs/ ■ *n.m.* (also پھونس) **1** straw or dry grass; rubbish, litter. **2** anything weak, frail or decayed. **3** tobacco which is not bitter. ■ *adj.* **1** combustible, catching fire easily. **2** very old. پھوس کا تاپنا **1** (*literal*) to fire straws to warm oneself. **2** nurse a vain hope. **3** make a vain or useless attempt. **4** have something just for a short while (since straws do not burn for too long). پھوس کی آگ transient thing. پھوس میں چنگاری ڈالنا **1** throw a spark into straw. **2** excite contention or strife. پھوس ہونا be very old.

پھوسڑا /pʰuːsɽɑː/ ■ *n.m.* (also پھوسرا، پھونسڑا) **1** rag, frayed thread or fibre; a wisp of cloth, tatter. **2** (*derog.*) offspring. **3** rubbish. **4** torn clothes.

پھوسی /pʰuːsiː/ ■ *n.f.* rubbish.

پھوک¹ /pʰoːk/ ■ *n.m.* (also پھوکڑ) **1** something drained of all its juice, a bundle of dry fibres; dregs, lees; refuse, rubbish. **2** (*fig.*) anything worthless. [S]

پھوک² ——— ■ *adj.* hollow, empty; dried. [Prk.]

پھوکا /pʰoːkɑː/ ■ *adj.* **1** empty, hollow. **2** light, soft, weightless.

پھوکٹ /pʰoːkəʈ/ ■ *n.m.* good-for-nothing person; worthless thing. پھوکٹ کا gratis, gratuitous, free. پھوکٹ میں for nothing, gratis, for free; without any gain.

پھوکل /pʰo:kəl/ ■ *adj.* hollow, empty; concave.

پھوکلا /pʰo:klɑ:/ ■ *adj.* empty, hollow.

پھُوکنا /pʰu:knɑ:/ ■ *v.* **1** blow. **2** burn. See پھُونکنا.

پھُول¹ /pʰu:l/ ■ *n.m.* **1** flower, blossom. **2** rosette, floral embroidery. **3** spark, flash. **4** (*fig.*) (i) very dear or delicate thing. (ii) a beautiful, innocent child. **5** (in Muslims) the ceremony on the third day after death. **6** (in Hindus) the charred bones of a dead body. **7** white marks of leprosy. **8** white opaque spot in the corner of an eye. **9** suit of clubs in playing cards. **10** the best kind of home-brewed liquor. **11** bell metal; electrum, any alloy of silver and gold. **12** anything light or delicate. پھول اترنا flowers to be ready for plucking. پھول اٹھانا complete the forty (or three) days of mourning. پھول آنا **1** blossom, bud. **2** (*fig.*) have the menses. پھول بجھنا sparks to fade. پھول برسانا **1** sprinkle flower-petals (to show respect or welcome someone). **2** speak eloquently, talk elegantly. پھول پان small gift or present. پھول پان دینا entertain a guest. پھول پتی rosette, cockades. پھول پلانا have someone drink liquor. پھول پھولنا blossom. پھول جھڑنا speak eloquently. پھول جھڑی a small firework. پھول جھڑے تو پھل لگے one's loss, another's gain. پھول چڑھانا place a wreath on a tomb or grave, offer flowers at a shrine. پھول چڑھنا have wreaths laid. پھول چننا **1** pluck flowers. **2** (***Hinduism***) pick the remains of a pyre for disposal. پھول دار flowery, (cloth) having a floral pattern. پھول دان vase. پھول ڈالنا **1** embroider or paint a fabric with flowers. **2** place flowers on grave. پھول سا light or delicate as a flower. پھول سونگھ کے جینا / رہنا (*iron.*) to pose to eat very little. پھول سوئی flower-like hairpin. پھول فاتحہ Muslims' ceremony on the third day after death. پھول کاڑھنا embroider floral designs. پھول کا ہنسنا blossom. پھول کترنا **1** make floral designs. **2** do something odd. پھول کرنا hold a ceremony on the third day after death. پھول کمھلانا a flower to wither. پھول کی جگہ پنکھڑی a little rather than more. پھول کی چھڑی نہیں لگائی did not punish lightly even; cared lovingly. پھول کی ڈالی نیچے کو جھکے humility is a sign of greatness. پھول کے دن menstrual period, the days of menstruation. پھول کھلنا a flower to bloom. (سہرے کے) پھول کھِلنا be married. پھول گوبھی cauliflower. پھول لگنا a plant to have flowers. پھول مرجانا flowers to wither. [S]

پھُول² ____ ■ (*imper.* of پھُولنا). ■ *n.m.* **1** state of being blossomed; high spirits, enthusiasm; happiness. **2** puffiness. پھول پھول کر بیٹھنا behave arrogantly. پھول جانا **1** bloat, become fat, swell. **2** become angry. **3** give oneself airs. **4** become very happy. پھول کر کپّا ہو جانا **1** become very fat, put on flesh; swell; bloat. **2** (*fig.*) become very happy, be in high spirits. [Prk.]

پھُولا¹ /pʰu:lɑ:/ ■ *adj.* **1** blossomed, flowered, having flowers. **2** swollen, swelled; puffed up. پھولا پھلا blooming, flourishing. پھولا نہ / نہیں سمانا not to be able to contain oneself (from delight), be overjoyed. پھولا ہونا show anger. (*fem.* پھُولی) [Prk.]

پھُولا² ____ ■ *n.m.* **1** a disease of the birds that causes swelling and death. **2** a white spot on a horse's leg which is considered ominous. [Prk.]

پھولا /pʰo:lɑ:/ ■ *n.m.* **1** blister. **2** skein of cotton; cotton wool. **3** a haw or web in the eye.

پھُولام /pʰu:lɑ:m/ ■ *n.m.* a silk fabric with floral designs.

پھُولاؤ /pʰu:lɑ:o:/ ■ *n.m.* (also پھُولاو) swelling, protuberance.

پھُولنا /pʰu:lnɑ:/ ■ *v.* **1** puff up, swell. **2** blossom, to flower, to bloom. **3** flourish. **4** be angry or irked. **5** exult, be happy. پھولنا پھلنا grow, flourish; thrive, prosper.

پھُولوں /pʰu:lõ:/ ■ *n.m.* (*pl.* of پھُول¹) پھولوں سے لدنا to be laden with flowers. پھولوں کا بستر a bed of flowers; a very comfortable place to be at. پھولوں کا گہنا ornament made of flowers. پھولوں کا ہار garland. پھولوں کی چادر a sheet of flowers, i.e. flowers threaded to form a sheet (often offered at shrines); wreath; flowers woven in the form of a sheet. پھولوں کی سیج **1** bed ornamented with flowers. **2** (*fig.*) (i) bed of roses; a very comfortable place to be at. (ii) a situation that is easy. پھولوں میں تلنا **1** live in luxury. **2** be very delicate; be very light-weight.

پھُوں /pʰũ:/ ■ *n.f.* **1** sound of breathing; snorting. **2** hissing (of a snake). پھوں پھاں **1** swagger, boast. **2** displeasure. پھوں پھوں کرنا **1** hiss; snort. **2** express anger.

پھونپھی /pʰõ:pʰi:/ ■ *n.f.* hallow reed, pipe, tube.

پھُونٹ /pʰũ:ʈ/ ■ *n.f.* **1** crack. **2** a kind of melon. See پھُوٹ.

پھُونس /pʰũ:s/ ■ *n.m.* dry grass. See پھُوس.

پھونسڑا /pʰũ:sṛɑ:/ ■ *n.m.* tatter. See پھوسڑا.

پھونک /pʰu:ŋk/ ■ *n.f.* **1** blow, breath, puff; the act of blowing. **2** charm or incantation breathed over someone. **3** a puff of hookah. ■ *adj.* (*women's slang*) (something) very light in weight, (something) very thin; light (ornament). پھونک پھونک کے پاؤں/قدم دھرنا be very cautious, take every precaution, look before one leaps. پھونک دینا **1** set on fire, burn down. **2** cause grief. **3** whisper or breathe into one's ear. **4** spread a rumour or report. **5** to waste (money). **6** blow a charm or spell (to bring someone under influence). پھونک ڈالنا burn to ashes, destroy, wreck, squander a fortune. پھونک سا آدمی frail and delicate man. پھونک سرک جانا be panic-stricken, be scared stiff. پھونک مارنا **1** blow. **2** breathe a spell or incantation. پھونک مارو تو اُڑ جائیں (*deris.*) someone very thin and feeble. پھونک نکل جانا **1** die. **2** be out of breath. **3** lose pride; be embarrassed; lose face, be defeated or beaten.

پھونکنا /pʰu:ŋknɑ:/ ■ *v.* (also پھوکنا) **1** blow (a horn, or trumpet). **2** blow or breathe an incantation, exorcise. **3** lavish; squander (money). **4** entice; entrap, kidnap. **5** tease, torment. **6** burn down, set on fire.

پھوہا /pʰo:hɑ:/ ■ *n.m.* (also پھاہا، پھویا) a wad of cotton.

پھوہار /pʰu:hɑ:r/ ■ *n.f.* drizzle; spray. See پھوار.

پھوہڑ /pʰu:həɽ/ ■ *adj.* (also پھوڑ) clumsy, messy, untidy, awkward, slovenly, ham-fisted. پھوہڑپن/ پنا slovenliness.

پھوہی /pʰu:hi:/ ■ *n.f.* (also پھوئی، پھوئیں) **1** very little rain. **2** mildew. (See also پھوار.)

پھوئیاں پھوئیاں /pʰu:ɪjɑ̃: pʰu:ɪjɑ̃:/ ■ *n.f.* drizzle, fine drops of rain. ■ *adv.* (also پھئیاں پھئیاں، پھئیوں پھئیوں) in fine drops, drop by drop. پھوئیاں پھوئیاں تالاب بھرتا ہے many drops make a shower.

پھویا /pʰo:jɑ:/ ■ *n.m.* (also پھوہا، پھاہا) a wad of cotton.

پھیپھڑا /pʰe:pʰɽɑ:/ ■ *n.m.* (also پھپڑا) the lung. پھیپھڑا اجلانا be the well-wisher (of someone), suffer hardship (for someone).

پھیپھڑی /pʰe:pʰɽi:/ ■ *n.f.* **1** dry crust formed on the lips. **2** inability to walk. **3** the last breath (just before death). پھیپھڑی بندھ جانا to suffocate; breathe one's last.

پھیٹنا /pʰe:ʈnɑ:/ ■ *v.* mix. See پھینٹنا.

پھیر /pʰe:r/ ■ *n.m.* **1** winding; turn, twist, bend, curvature. **2** distance. **3** circumference. **4** ambiguity, equivocation. **5** change, variation; difference. **6** dilemma; perplexity. **7** return. **8** circle; circulation; round. **9** misfortune. پھیر بندھ جانا something to occur at definite intervals. پھیر پڑنا **1** a journey to become long. **2** a discrepancy to arise. پھیر پھار **1** change, vicissitudes. **2** twist and turn. پھیر پھار کرنا to change, to alter. پھیر دینا **1** change from one side to other. **2** return; refund; restore. پھیر کرنا cheat, trick, defraud. پھیر کھانا make a round; experience a reversal of fortune. پھیر لانا bring back. پھیر لینا take back. پھیر میں آنا fall into difficulties; suffer some loss. پھیر میں ڈالنا place one in a dilemma, misguide, confuse.

پھیرا /pʰe:rɑ:/ ■ *n.m.* **1** visit, perambulation. **2** round, turn; the act of returning, circuit. **3** battue, driving of game towards hunters by beaters. **4** a brief stay, a flying visit. **5** the circuit of holy Ka'aba (in which pilgrims walk around it). **6** (***Hinduism***) the walking of Hindu bride and bridegroom around the sacred fire. **7** a wooden frame used for measuring lime or sand, etc. پھیرا پھیری **1** alternation; interchange, exchange. **2** visiting. **3** walking backward, returning; going and coming repeatedly. پھیرا کرنا/لگانا make rounds; visit.

پھیرنا /pʰe:rnɑ:/ ■ *v.* **1** turn, twist. **2** return, give back; turn over, refund; reject. **3** turn someone against another. **4** exchange. **5** pass a brush over, to colour. **6** to shuffle. **7** move a horse. **8** (hand) to pass over, fondle, caress. **9** move or pass over (a knife).

پھیری /pʰe:ri:/ ■ *n.f.* **1** hawking. **2** begging, mendicancy. **3** circuit. **4** trick. پھیری کرنا **1** go round hawking. **2** go round begging. پھیری لگانا make rounds, sell by making rounds. پھیری والا pedlar; street hawker.

پھیرے /pʰe:re:/ ■ *n.m.* (*pl.* & *infl.* of پھیرا) the ritual of walking of the Hindu bride and bridegroom round a sacred fire. پھیرے پڑنا/ہونا be married.

پھِیک /pʰi:k/ ■ *n.f.* flexible end of a whip, the point of a scourge.

پھیکا /pʰi:kɑ:/ ■ *adj.* **1** unsweetened or unsalted, insipid, tasteless, bland, savourless. **2** pale, faint, dull, dim, light coloured. **3** cheerless, sad, gloomy. **4** unfriendly;

پھین /pʰe:n/ ■ *n.m.* (also پھینا) foam, froth, scum.

پھینانا /pʰe:na:na:/ ■ *v.* foam, froth, make something foamy or frothy.

پھینپا /pʰẽ:pna:/ ■ *n.m.* mucus from the nose.

پھینٹ /pʰẽ:ʈ/ ■ *n.f.* belt, waistband. پھینٹ باندھنا gird up the loins, resolve, get ready.

پھینٹا /pʰẽ:ʈa:/ ■ *n.m.* small loose turban, cloth wound round the head.

پھینٹنا /pʰẽ:ʈna:/ ■ *v.* (also پھانٹنا، پھِٹنا، پھیٹنا) 1 mix well by beating up, whisk (eggs, etc.); beat up to a froth. 2 shuffle (cards).

پھینٹی[1] /pʰẽ:ʈi:/ ■ *n.f.* skein of thread. [dial.]

پھینٹی[2] —— ■ *n.f.* thrashing. پھینٹی لگانا thrash. [dial.]

پھینچا /pʰẽ:tʃa:/ ■ *n.m.* a bundle of things. پھینچا مارنا to carry loads or bundles.

پھینچنا /pʰĩ:tʃna:/ ■ *v.* 1 wash, rinse. 2 squeeze; wring, twist and squeeze clothes, etc. in order to get the water out of them.

پھینک /pʰe:ŋk/ ■ (*imper.* of پھینکنا). ■ *n.f.* 1 something that is thrown or showered (as money or flower petals, etc.). 2 a handful of something. پھینک آنا/دینا throw away, waste; squander. پھینک جانا throw or scatter; give or offer (as flowers on the grave) half-heartedly or angrily; give or throw with disregard. پھینک (کے) مارنا throw something at someone to hit.

پھینکنا /pʰe:ŋkna:/ ■ *v.* throw, fling, cast, hurl, pitch.

پھینی /pʰe:ni:/ ■ *n.f.* a kind of sweetmeat composed of sugar coated cakes of vermicelli, vermicelli taken with milk.

پھُیّوں پھُیّوں /pʰʊjjõ: pʰʊjjõ:/ ■ *n.f.* fine drops. ■ *adv.* drop by drop; slowly. See پھُوئیاں پھُوئیاں.

rude. پھیکا پڑ جانا 1 to pale; fade. 2 to feel ashamed. پھیکا پن tastelessness, insipidity. پھیکا پنڈا a state of mild fever. پھیکا سیٹھا tasteless, insipid, unsavoury. پھیکا شلجم/شلغم (*fig.*) (face) of pale colour; excessively white face; unattractive face. پھیکا نخرہ artless coquetry, unattractive coquetry. پھیکا منھ کرنا look sad.

پھِیکی /pʰi:ki:/ ■ *adj.* (*fem.* of پھیکا) پھیکی گرمیوں کے چوچلے/چونچلے playfulness or coquetry in old age. پھیکی ہنسی a mirthless laugh.

پھیل /pʰæ:l/ ■ (*imper.* of پھَیلنا) used in comp. as: پھیل پڑنا cross the limits; ask for more; increase one's demands. پھیل جانا 1 be spread; be expanded. 2 increase (in size or influence). 3 become known or popular. پھیل کر بیٹھنا sprawl, be sitting pretty. پھیل کر سونا sleep in peace.

پھیلا /pʰæ:la:/ ■ *adj.* expanded, increasing. پھیلا پڑنا be extremely fond of. پھیلا دینا 1 enlarge. 2 scatter, spread. 3 publicize, make known, propagate. (*fem.* پھَیلی)

پھیلانا /pʰæ:la:na:/ ■ *v.* 1 stretch, lengthen; extend, expand, distend, enlarge, scatter, spread, lay open. 2 publish, branch out. 3 make known, propagate. 4 diffuse (smell or fragrance); emit (smell).

پھیلاوٹ /pʰæ:la:vəʈ/ ■ *n.f.* division, distribution; extent, extension.

پھیلاؤ /pʰæ:la:o:/ ■ *n.m.* (also پھَیلاوا، پھَیلاو) 1 expansion; elongation; range, growth, spread, length, diffusion, range of propagation or distribution. 2 publication.

پھیلنا /pʰæ:lna:/ ■ *v.* 1 spread, expand, increase (in size, etc.); bloat. 2 increase one's demands; insist, persist. 3 become public. 4 be scattered, be diffused. 5 (of an epidemic) to prevail, to break out.

پھیلواں /pʰæ:lvã:/ ■ *adj.* wide, spread-out.

ت

ت /t̪e:/ ■ the seventh letter of the Urdu alphabet.

تِ /t̪ɪ/ ■ *prefix* three; used in comp. as: تِگنا thrice.

تا¹ /t̪ɑ:/ ■ *exclam.* (used in playing with small children) I am seeing you; behold! look! beware! [Prk.]

تا² ____ ■ *adv. & prep.* to; until, up to; as long as, as far as. ■ *conj.* while; since; in such a manner that; in order that; to the end that; so that. تاابد always, forever, ad infinitum, till eternity. تاامکان to the best of one's power or ability. تاآنکہ till, to the extent that. تابہ حیات for the whole life. تابہ کجا whither? how far? how long? till when? تابہ کے to what extent? how long? till when? تابہ مقدور to the utmost of one's ability. تاتریاق ازعراق آوردہ شود مارگزیدہ مردہ شود while the grass grows, the horse lies dying, said when someone suggests some difficult-to-obtain remedy for an emergency. تاچند how much? how long? how many? تاحال till now, yet; hitherto, up to the present. تاحیات/حینِ حیات for the rest of one's life; for life. تادمِ زیست for the whole life. تادمِ مرگ/روا پسیں till death doth come. تادیر for a long time. تازندگی lifelong. تازیست the whole life, ever, always. تاکہ so that, in order that. تاوقتیکہ until, unless. تاہم yet; still; nevertheless, nonetheless; all the same; albeit. تاہنوز yet; still, hitherto, till now, till. [P]

تاب /t̪ɑ:b/ ■ *n.f.* **1** lustre, refulgence, shine, brightness. **2** heat, warmth. **3** curl of hair. **4** contortion, twist, convulsion. **5** endurance; power. ■ *suffix & prefix* **1** folding. **2** burning; shining; used in comp. as: جہاں تاب world illuminating (sun). تاب تلی enlargement of the spleen, splenic fever, splenitis. تاب خانہ warm room, heating room. تاب دادہ twisted, bent. تاب دار **1** bright, lustrous, shiny, luminous, refulgent. **2** warm. تاب دینا **1** shine, polish. **2** twist. تاب فرسا discouraging. تاب لانا bear, endure, suffer patiently. تابناک bright, shining. تاب نہ رہنا be unable to bear. تاب وتب **1** extreme heat, burning. **2** anxiety; eagerness. تاب وتواں/طاقت **1** ability; power, strength. **2** endurance, patience.

تاباں /t̪ɑ:bɑ̃:/ ■ *adj.* shining, bright, glowing.

تابانی /t̪ɑ:bɑ:ni:/ ■ *n.f.* brightness, lustre, shine.

تابدان /t̪ɑ:bd̪ɑ:n/ ■ *n.m.* lattice; window, skylight.

تابڑتوڑ /t̪ɑ:bəɽt̪o:ɽ/ ■ *adv.* one after another, in rapid succession, successively. ■ *adj.* successive, repeated.

تابستان /t̪ɑ:bɪst̪ɑ:n/ ■ *n.m.* hot weather, summer.

تابِش /t̪ɑ:bɪʃ/ ■ *n.f.* **1** shine, light. **2** heat, warmth. تابشِ آفتاب heat of the sun.

تابع /t̪ɑ:beʔ/ ■ *adj.* obedient, subservient, subordinate, attendant; subject to; dependent upon; loyal, submissive, amenable. ■ *n.m.* (***Gram.***) echo word. تابع دار **1** obedient, loyal. **2** follower; servant. تابع داری obedience, submission, loyalty, allegiance. تابع فرمان obedient, compliant. تابع کرنا subject (someone to), control. تابع مہمل any word rhymed with and added to another, but having no separate meaning of its own, as: مچ in سچ مچ. (*pl.* توابع)

تابعی /t̪ɑ:beʔi:/ ■ *n.m.* **1** follower. **2** (***Hist.***) a Muslim who enjoyed the company of Prophet Muhammad's companion and died a Muslim. (*pl.* تابعین)

تابکار /t̪ɑ:bkɑ:r/ ■ *adj.* **1** radioactive. **2** (*slang*) hot.

تابکاری /t̪ɑ:bkɑ:ri:/ ■ *n.f.* radioactivity.

تابندگی /t̪ɑ:bɪnd̪əgi:/ ■ *n.f.* brightness, lustre, splendour.

تابندہ /t̪ɑ:bɪnd̪ɑ:/ ■ *adj.* bright, luminous, sparkling, shining. تابندہ باد may it shine forever!

تابُوت /t̪ɑ:bu:t̪/ ■ *n.m.* taboot, coffin; casket for the dead; bier. تابوت اٹھانا carry the coffin to the graveyard. تابوت گر coffin-maker, an undertaker.

تابہ /t̪ɑ:bɑ:/ ■ *n.m.* iron pan for baking flat bread, griddle, frying-pan, skillet. ■ *adj.* **1** twisted, plaited. **2** lustrous, shining.

تابی /t̪ɑ:bi:/ ■ *n.f.* **1** heat, warmth. **2** land not irrigated by canals, etc. ■ *suffix* used in comp. as: بےتابی agitation, anxiety, eagerness.

تابیدہ /t̪ɑ:bi:dɑ:/ ■ *adj.* **1** twisted; complicated. **2** shining, bright.

تابیہ /t̪ɑ:bɪjɑ:/ ■ *n.m.* warning, caution, admonition. تابیہ بٹھانا keep in check, overawe.

تاپ /t̪ɑ:p/ ■ *n.m. & f.* fever; heat, burning, warmth. تاپ تلی enlargement or inflammation of the spleen, splenitis. تاپ ٹھنڈ ague, malarial fever with fits of shivering. تاپ چڑھنا have fever.

vicious.

تاجور /t̪a:dʒvər/ ■ *n.m.* (also تاج ور) king; prince; sovereign.

تاجوری /t̪a:dʒvəri:/ ■ *n.f.* (also تاج وری) kingship.

تاجیل /t̪a:dʒi:l/ ■ *n.f.* span; term; postponement, adjournment.

تاخت /t̪a:xt̪/ ■ *n.f.* attack, assault, incursion, invasion; plunder, ravage. تاخت کرنا ravage, ruin; assault. تاخت وتاراج ransacking, devastation, depredation. تاخت وتاراج کرنا ruin, ransack, devastate.

تأخّر /t̪əxxʊr/ ■ *n.m.* being late; delay, postponement.

تاخیر /t̪a:xi:r/ ■ *n.f.* delay, lateness, procrastination. تاخیر سے late. تاخیر کرنا delay, dally.

تأدّب /t̪əd̪d̪ʊb/ ■ *n.m.* manners, good conduct, refinement.

تادیب /t̪a:d̪i:b/ ■ *n.f.* correctitude; discipline; admonition, chastisement. تادیب خانہ reformatory. تادیب کرنا rebuke, chastise, admonish; discipline.

تادیبی /t̪a:d̪i:bi:/ ■ *adj.* disciplinary, ameliorative. تادیبی کارروائی disciplinary action.

تادیت /t̪a:d̪ɪjət̪/ ■ *n.f.* state of absorption.

تأذّی /t̪əzzi:/ ■ *n.f.* distress, sorrow, sadness, dejection.

تاذین /t̪a:zi:n/ ■ *n.f.* permission, sanction.

تار /t̪a:r/ ■ *n.m.* **1** wire; thread; cord, line. **2** string of musical instrument. **3** continuation. **4** telegram; telegraph. **5** small portion of jewellery like ring, etc. **6** (in weaving) warp. **7** darkness, gloom. **8** shreds, tatters. **9** greasy layer on curry. ■ *adj.* dark. تارِ باراں continued rain. تار باندھنا repeat an action without interruption. تار بتار ہونا be dishevelled, be in strained circumstances. تار برقی telegram. تار تار tattered, torn to pieces. تار تار کرنا tear into shreds, to shred. تار ٹوٹنا **1** be separated. **2** be interrupted. **3** breathing to stop. تار دینا send telegram. تار سے تار جدا ہونا (clothes) be tattered. تارِ شعاع ray of light. تار شار fabric used for making brides' stoles. تارِ عنکبوت **1** cobweb, spider's web. **2** something flimsy. تار کش wire-drawer. تار کشی tarkashi, a kind of embroidery done by pulling out woof; wire-drawing. تار کی خبر telegraphic message or news. تار گھاٹ لینا make a guess, conjecture; assess. تار گھر telegraph office. تارِ نظر line of sight. تارِ نفس breath of life, breathing. تار و پود the warp and woof, texture;

تاپا /t̪a:pa:/ ■ *n.m.* fishing raft.

تاپاک /t̪a:pa:k/ ■ *n.m.* (also تپاک، تپک) restlessness, agility, nimbleness; enthusiasm.

تاپس /t̪a:pəs/ ■ *n.m.* ascetic, devotee, hermit.

تاپسی /t̪a:pəsi:/ ■ *n.f.* ascetic woman.

تاپنا /t̪a:pna:/ ■ *v.* (also تاپا کرنا) warm oneself over a fire or in the sun, bask.

تات /t̪a:t̪/ ■ *n.m.* **1** honourable; dear. **2** father. **3** a term of affection, especially for younger people.

تاتا¹ /t̪a:t̪a:/ ■ *adj.* stammering. [Prk.]

تاتا² ——— ■ *adj.* hot, heated, warm. [Prk.]

تاتا تھئی تھئی /t̪a:t̪a: t̪ʰəi: t̪ʰəi:/ ■ *n.f.* (also تاتا تھیا) beating time in dancing and singing.

تاتار /t̪a:t̪a:r/ ■ *pr.n.m.* (also تاتاری) Tartar, a member of any of the various tribes, chiefly Mongolian and Turkish living in Tartar.

تاتورہ /t̪a:t̪ura:/ ■ *n.m.* (also دھتورہ، دھتورا) **1** datura, thorn-apple, genus of the potato family, having strong narcotic properties. **2** a rope with which animal's legs are fastened.

تأثّر /t̪əssʊr/ ■ *n.m.* effect; impression; feeling. تأثر پیدا کرنا / دینا give or create an impression. تأثر لینا form or get the impression. (*pl.* تأثّرات).

تاثیر /t̪a:si:r/ ■ *n.f.* **1** effectiveness, efficacy. **2** attribute, property. تاثیر دکھانا / ہونا show effectiveness, to be effective.

تاج /t̪a:dʒ/ ■ *n.m.* **1** taj, crown, diadem. **2** (*fig.*) authority, sovereignty. **3** crest, plume. **4** eaves of a house, balcony. تاج بخش emperor who confers crown to others, bestower of crown. تاج پوشی coronation. تاج پہننا / رکھنا become king. تاجِ خروس comb of a cock. تاج دار **1** crowned head. **2** king. تاج داری royalty, sovereignty, royal dignity. تاجِ شمع flame of a candle. تاج محل Taj Mahal, the mausoleum of Queen Mumtaz Mahal at Agra in India. تاجِ ملوک cockscomb flower.

تاجر /t̪a:dʒɪr/ ■ *n.m.* trader, merchant, businessman.

تاجری /t̪a:dʒɪri:/ ■ *n.f.* trading, the profession of a merchant, tradesmanship, business.

تاجک /t̪a:dʒɪk/ ■ *n.m.* & *adj.* Tajik, relating to or a native of Tajikistan.

تاجو /t̪a:dʒo:/ ■ *n.f.* (*derog.*) bad woman. ■ *adj.* cruel, structure.

تارا /t̪ɑ:rɑ:/ ■ *n.m.* star. تارا ٹوٹنا a meteor to fall, a star to shoot. تارا چمکنا 1 (of a star) to glitter. 2 to be in glory, be in ascendant. تارا ڈوبنا 1 star to set. 2 misfortune to come. تارا مچھلی starfish. تارا منڈل the starry sphere; the sky. تارا ہو جانا 1 appear as small as a star owing to distance; be rare. 2 reach a great height.

تاراج /t̪ɑ:rɑ:dʒ/ ■ *n.m.* ruin, ravage; plunder. تاراج کرنا devastate; ransack, plunder. تاراج گر plunderer, raider. تاراج ہونا be ravaged; be ransacked.

تاراجی /t̪ɑ:rɑ:dʒi:/ ■ *n.f.* plundering; devastation.

تارپین /t̪ɑ:rpi:n/ ■ *n.m.* turpentine. تارپین کا تیل turpentine oil. [E]

تارتل /t̪ɑ:rt̪ɪl/ ■ *n.m.* (also تارتنکا، تارچھلا) any small part of ornament; ring.

تارتوڑ /t̪ɑ:rt̪o:ɽ/ ■ *n.m.* a kind of needlework.

تارک /t̪ɑ:rək/ ■ *n.m.* (also تارخ) 1 parting of hair. 2 crown of the head. 3 hill, top.

تارِک /t̪ɑ:rɪk/ ■ *n.m.* one who leaves, renounces or relinquishes. تارکُ الدنیا recluse, hermit, ascetic, anchorite.

تارکشی /t̪ɑ:rkəʃi:/ ■ *n.f.* wire-drawing. See under تار.

تارکول /t̪ɑ:rko:l/ ■ *n.m.* coal tar.

تاروں /t̪ɑ:rõ:/ ■ *n.m.* (*pl.* of تارا) تاروں بھری رات starry night. تاروں کی چھاؤں 1 night; starlight. 2 very early morning. تاروں کی محفل 1 a brilliant congregation. 2 a gathering of beauties.

تاری[1] /t̪ɑ:ri:/ ■ *n.f.* a kind of firework. [S]

تاری[2] ___ ■ *adj.* dark, black. [Prk.]

تارے /t̪ɑ:re:/ ■ *n.m.*(*pl.* & *infl.* of تارا) تارے توڑلانا توڑنا do the impossible, do some great deed. تارے چٹکنا the sky be or become clear. تارے دکھانا 1 show stars to a new mother on the sixth day after delivery (as a ritual). 2 confuse, perplex. تارے گننا count the stars; pass a sleepless night.

تاریج /t̪ɑ:ri:dʒ/ ■ *n.f.* chart used for calculation.

تاریخ /t̪ɑ:ri:x/ ■ *n.f.* 1 date; day (of a month). 2 history; chronogram; chronicle. تاریخ الہجرہ the era of the Hegira. تاریخ آغاز the starting date. تاریخ پیشی appearance date in a court of law. تاریخ تازی history of Arabs. تاریخ ٹھہرانا fix a date (of marriage). تاریخ ٹھہرنا a date to be fixed. تاریخ دان historian. تاریخِ دہقان Iranian legends. تاریخ دینا give the date of next hearing (of a lawsuit in a court). تاریخ کہنا compose a chronogram, i.e. a verse in which numbers associated with letters add together to represent the year of some event. تاریخ لکھنا write history. تاریخ ماقبل ڈالنا post-date. تاریخ مابعد ڈالنا antedate. تاریخِ مقررہ fixed date, the appointed day. تاریخ نگاری historiography. تاریخ وار date-wise.

تاریخی /t̪ɑ:ri:xi:/ ■ *adj.* historical, eventful. تاریخی واقعات historical events.

تارید /t̪ɑ:ri:d̪/ ■ *n.f.* (also تورید) *Urduization*, making (a foreign word) Urdu in character, as English words lantern and orderly became لال ٹین and اردلی.

تاریدہ /t̪ɑ:ri:d̪ɑ:/ ■ *adj.* complex, entangled, tasselled.

تاریک /t̪ɑ:ri:k/ ■ *adj.* dark, unlit, obscure. تاریک ادوار dark ages. تاریک براعظم the Dark Continent, old name of Africa. تاریک چشم having a poor eyesight.

تاریکی /t̪ɑ:ri:ki:/ ■ *n.f.* darkness. تاریکی چھا جانا darkness to spread. تاریکی دور ہونا darkness to disappear.

تاڑ[1] /t̪ɑ:ɽ/ ■ *n.m.* a kind of palm tree; toddy palm. تاڑ سا قد، تاڑ کا تاڑ very long height. [S]

تاڑ[2] ___ ■ *n.f.* 1 understanding, comprehension, speculation, discernment. 2 ogle, amorous glance. [S]

تاڑن /t̪ɑ:ɽən/ ■ *n.f.* punishment, reproof, penalty, chastisement.

تاڑنا /t̪ɑ:ɽnɑ:/ ■ *v.* 1 stare, ogle, peep and peck, especially amorously. 2 guess correctly, see through, make out, perceive, understand.

تاڑنی /t̪ɑ:ɽni:/ ■ *n.f.* whip.

تاڑنے /t̪ɑ:ɽne:/ ■ (*infl.* of تاڑنا) تاڑنے والا one who sees through, quick of understanding.

تاڑو /t̪ɑ:ɽu:/ ■ *n.m.* (also تاڑیا) 1 ogler. 2 one who sees through.

تاڑی /t̪ɑ:ɽi:/ ■ *n.f.* 1 toddy, palm-wine. 2 the hilt of a dagger. تاڑی کش the man who climbs palmyra trees to extract juice or toddy from them.

تاز /t̪ɑ:z/ ■ *n.f.* 1 running, race. 2 assault, invasion. ■ *suffix* used in comp. as: تگ و تاز labour and exertion, toil and trouble.

تازگی /t̪ɑ:zgi:/ ■ *n.f.* (also تازگی) freshness, verdure, greenness; renewal, innovation.

تازہ /t̪ɑ:zɑ:/ ■ *adj.* 1 fresh, green; new. 2 happy. تازہ بدن fat body. تازہ بہار freshness. تازہ بہ تازہ ever fresh, ever new, fresh and blooming. تازہ دم refreshed; having got the second breath; in good spirits. تازہ رو looking happy. تازہ کار a beginner or novice, amateur. تازہ کرنا 1 renew, revive, refresh. 2 wash, clean and recharge a hookah. تازہ وارد newcomer. تازہ ولایت 1 newcomer; foreigner. 2 simpleton.

تازی[1] /t̪ɑ:zi:/ ■ *adj.* Arabian; Arabic. ■ *n.m.* fast running Arabian horse or dog. تازی خانہ dog kennel. [P]

تازی[2] ____ ■ *adj.* (*fem.* of تازہ) تازی بات new matter, new issue. [P]

تازیانہ /t̪ɑ:zjɑ:nɑ:/ ■ *n.m.* whip, lash, cane, spur. تازیانہ توڑنا thrash severely. تازیانہ مارنا whip, flog.

تازیب /t̪ɑ:zi:b/ ■ *n.f.* insulting someone.

تازیک /t̪ɑ:zi:k/ ■ *n.m.* 1 Arabian horse of mixed breed. 2 a Tajik.

تاس /t̪ɑ:s/ ■ *n.m.* (also طاس) large tray; trough, basin.

تاسع /t̪ɑ:seʔ/ ■ *ordinal number* ninth.

تاسّف /t̪əssʊf/ ■ *n.m.* regret, remorse, contrition, compunction, repentance; pity, commiseration; grief, sorrow. تاسف کرنا regret; grieve.

تاسلا /t̪ɑ:slɑ:/ ■ *n.f.* rope to control a dancing bear.

تاسنا /t̪ɑ:snɑ:/ ■ *v.* extract toddy from a palmyra tree.

تاسّی /t̪əssi:/ ■ *n.f.* obedience, submission, observance.

تاسیس /t̪ɑ:si:s/ ■ *n.f.* founding, establishing, setting up, laying foundation. تاسیس کرنا found, establish, set up.

تاش[1] /t̪ɑ:ʃ/ ■ *n.m.* 1 playing cards. 2 brocade; gold foil; tissue. 3 bowl. [Prk.]

تاش[2] ____ ■ *n.m.* friend; mentor; associate. [P]

تاشہ /t̪ɑ:ʃɑ:/ ■ *n.m.* (also تاشا) semi-spherical drum.

تاصیل /t̪ɑ:si:l/ ■ *n.f.* explaining the origin, etymology, explanation of the origin or derivation of a word.

تاغ /t̪ɑ:ɣ/ ■ *n.m.* 1 a big tree. 2 pomegranate. 3 ensign staff. 4 mountain.

تافتان /t̪ɑ:ft̪ɑ:n/ ■ *n.f.* a kind of soft buttered flat bread baked in an oven.

تافتہ /t̪ɑ:ft̪ɑ:/ ■ *n.m.* (also تافتا) 1 taffeta, a kind of silk. 2 glossy cream colour. 3 horse or pigeon of the same colour.

تاقی /t̪ɑ:qi:/ ■ *n.m.* 1 eyes of two different colours in a horse, usually considered ill-omened. 2 a kind of cap.

تاک[1] /t̪ɑ:k/ ■ *n.f.* 1 vine, grapes. 2 screen or fence. [P]

تاک[2] ____ ■ *n.f.* 1 glance; fixed look, gaze. 2 wait, awaiting. 3 aim, target. 4 watch, care. تاک جھانک peeping and peeking, especially amorously. تاک لگانا take careful aim, lie in wait for. تاک میں رہنا be on the lookout for. [S]

تاک[3] ____ ■ *n.f.* sound of the beat of a drum. [Prk.]

تاکا /t̪ɑ:kɑ:/ ■ *n.f.* a disease of plants.

تاکا جھانکی /t̪ɑ:kɑ: dʒʰɑ:ŋki:/ ■ *n.f.* See تاک جھانک under تاک[2].

تاکّل /t̪əkkəl/ ■ *n.m.* corrosion or decay of a metal; deterioration or wasting of human body; eating up by an acid.

تاکُّل /t̪əkkʊl/ ■ *n.m.* process of change in taste.

تاکنا /t̪ɑ:knɑ:/ ■ *v.* 1 peep, stare, look; watch for, look for. 2 lie in ambush, take aim. 3 choose. 4 desire (for), wish. تاکنا جھانکنا peep, peer.

تاکو /t̪ɑ:ku:/ ■ *n.m.* one who stares or peeps, peeping Tom.

تاکہ /t̪ɑ:keh/ ■ *adv.* so that. See under تا[2].

تاکید /t̪ɑ:ki:d̪/ ■ *n.f.* stress, emphasis; pressure; injunction, admonition; accent. تاکید اکید strong injunction. تاکید کرنا urge, emphasize, insist, lay stress on, enjoin strictly.

تاکیداً /t̪ɑ:ki:d̪ən/ ■ *adv.* emphatically, strongly as a reminder, strictly.

تاکیدی /t̪ɑ:ki:d̪i:/ ■ *adj.* emphatic, pressing, urgent, peremptory.

تاگ /t̪ɑ:g/ ■ *n.m.* See تاگا. تاگ توڑ lace, fringe.

تاگا /t̪ɑ:gɑ:/ ■ *n.m.* thread. تاگا باندھنا fasten a thread to something to make a vow. تاگا پرونا thread a needle. تاگا ڈالنا 1 thread a needle. 2 put stitches in a quilt. تاگا لینا 1 spy out; look closely. 2 call to account. تاگا سا thin like thread, thread-like.

تاگڑی /t̪ɑ:gɽi:/ ■ *n.f.* string used to secure a dhoti. تاگڑی بندھوا دینا (*fig.*) to bankrupt someone.

تاگنا /t̪ɑ:gnɑ:/ ■ *v.* 1 thread (a needle). 2 put stitches. 3 string (pearls, etc.).

تال[1] /t̪ɑ:l/ ■ *n.m.* small lake; pond, pool; tank. تال ترازو water-clock. تال گھڑی instrument for measuring the tide. [S]

تال[2] ____ ■ *n.f.* (also تاڑ) lens of spectacles. ■ *n.m.*

1 (***Music***) (i) beat; measure; beating time by clapping. (ii) pair of cymbals. 2 a kind of palm, toddy-palm. تال بجانا start singing. تال پتر palm-leaf formerly used for writing on. تال ٹھونکنا strike hands against opposite arms preparatory to wrestling. تال جنتر a surgical tool shaped like a palm leaf. تال دینا clap to a beat. تال سے بے تال out of tune. [S]

تالا /t̪ɑ:lɑ:/ ■ *n.m.* 1 lock, padlock. 2 (*fig.*) restriction, ban. تالا بندی lockout. تالا توڑنا 1 break open or to force a lock. 2 break into a house. تالا ٹھوکنا put a lock. تالا جڑنا/لگانا 1 lock; put a padlock on. 2 (*fig.*) put restriction.

تالاب /t̪ɑ:lɑb/ ■ *n.m.* pool, pond, tank.

تالابیلی /t̪ɑ:lɑ:be:li:/ ■ *n.f.* (also تلابیلی) uneasiness, agitation, restiveness.

تالار /t̪ɑ:lɑ:r/ ■ *n.m.* raised platform for a guard looking after crops.

تالاش /t̪ɑ:lɑ:ʃ/ ■ *n.f.* search. See تلاش.

تالیسپتری /t̪ɑ:lɪspətri:/ ■ *n.f.* (also تالشپتری) Himalayan fir *Abies webbiana,* a tree the leaves of which are used for treating spasms.

تألف /t̪əllʊf/ ■ *n.m.* affection, love, endearment.

تالک /t̪ɑ:lək/ ■ *n.m.* bolt, latch; padlock.

تال گوبھی /t̪ɑ:lgo:bʰi:/ ■ *n.f.* (also تال گوبی) a kind of cabbage.

تألم /t̪əllʊm/ ■ *n.m.* grief, pain, sorrow, melancholy.

تال مال /t̪ɑ:lmɑ:l/ ■ *adj.* disturbed, distracted.

تال مکھانا /t̪ɑ:lməkʰɑ:nɑ:/ ■ *n.m.* fruit of the lotus, medicinal herb.

تالمود /t̪ɑ:lmu:d̪/ ■ *n.m.* (also تلمود) Talmud, a book based on Jewish civil and canon laws and legends comprising the Mishnah and Gemara.

تالمودی /t̪ɑ:lmu:d̪i:/ ■ *adj.* Talmudic.

تال میل /t̪ɑ:lme:l/ ■ *n.m.* harmony, concord, accord; friendship, amity.

تالو /t̪ɑ:lu:/ ■ *n.m.* 1 palate. 2 a disease of horses. 3 fontanelle, a soft area between the bones of the cranium in an infant, where the sutures are not yet fully formed. تالو اٹھانا raise the uvula of a newborn. تالو آنا inflammation of the palate. تالو سے زبان نہ لگانا talk endlessly, chatter, blab. تالو لٹکنا uvula to fall.

تالی[1] /t̪ɑ:li:/ ■ *n.f.* palm of the hand, clap, clapping. تالی ایک ہاتھ سے نہیں بجتی it takes two to make a quarrel. تالی بجانا clap. تالی بجنا 1 be applauded. 2 be disgraced. تالی پٹنا 1 become famous. 2 be ridiculed or put to shame. تالی پیٹنا/مارنا clap the hands in appreciation. تالی دونوں ہاتھوں سے بجتی ہے it takes two to tango. تالی دینا disgrace, ridicule, mock. [S]

تالی[2] ____ ■ *n.f.* (*coll.*) key. [S]

تالی[3] ____ ■ *adj.* one that follows; following. ■ *n.m.* follower. [A]

تالی[4] ____ ■ *n.m.* reciter of the Qur'an. [A]

تالی[5] ____ ■ *n.f.* a kind of palm, *Corypha taliera*, which is found in hilly regions. [S]

تالی[6] ____ ■ *n.f.* small pond, lake. [S]

تالے /t̪ɑ:le:/ ■ *n.m.* (*pl. & infl.* of تالا) تالے پڑنا be closed or locked up. تالے لگنا (*fig.*) have no knowledge or understanding.

تالیف /t̪ɑ:li:f/ ■ *n.f.* 1 compilation, composition, bringing together. 2 consolation, conciliation. تالیفِ قلب/قلوب uniting hearts in friendship, giving solace and comfort. تالیفِ قلب کرنا assuage. تالیف کرنا compile, compose (a book, etc.).

تالیفی /t̪ɑ:li:fi:/ ■ *adj.* (***Ling.***) agglutinative, combining word elements to express compound ideas. (*cf.* تصریفی)

تالیکا /t̪ɑ:li:kɑ:/ ■ *n.m.* (***Phonetics***) trill, as in the pronunciation of consonant 'r'.

تالیل /t̪ɑ:li:l/ ■ *n.m.* wart, a protuberance on the skin.

تام[1] /t̪ɑ:m/ ■ *adj.* full, complete, entire, whole. تام الخلقت perfect in structure or composition. [A]

تام[2] ____ ■ *n.m.* (*contr.* of تانبا) used in comp. as: تام بٹ coppersmith, maker of copper utensils. تام چی gold coin with an admixture of copper. تام چینی enamel ware, enamelled iron or copper vessel, metal coated with porcelain. [S]

تام[3] ____ ■ *n.m.* 1 evening, darkness. 2 alarm, agitation. [S]

تامّاً /t̪əmmən/ ■ *adv.* fully, wholly.

تامبول /t̪ɑ:mbu:l/ ■ *n.m.* (also تنبول) paan; betel nut.

تام جھام /t̪ɑ:md͡ʒʰɑ:m/ ■ *n.m.* (also تامجان) palanquin with two poles carried by two men, open palanquin. [Prk.]

تام جھام[2] ____ ■ *n.m.* wherewithal, goods, equipment,

/t̪ã:bo:l/ ■ *n.m.* betel-leaf. See تنبول. **تانبول**

/t̪ã:be:/ ■ *n.m.* (*pl.* & *infl.* of تانبا) تانبے کا تار نہ ہونا be penniless. تانبے کا چراغ money given away as alms. **تانبے**

/t̪a:n pu:ra:/ ■ *n.m.* tanpura, a musical instrument. **تان پُورا**

/t̪ã:t̪/ ■ *n.f.* **1** sinew; gut. **2** the string of a bow. **3** catgut, chord (of a musical instrument). **4** gut of a tennis, squash or badminton racquet, etc. تانت باجی راگ بوجھا said when someone understands something as soon as it is mentioned. تانت سا very lean. **تانت**

/t̪ã:t̪a:/ ■ *n.m.* line or row, long line; series, succession. تانتا بندھنا follow in quick succession, come continuously. **تانتا**

/t̪ã:t̪ri:/ ■ *adj.* (*coll.*) weak, lean (person). **تانتری**

/t̪ã:t̪va:/ ■ *n.m.* **1** ligament under the tongue. **2** hernia. **تانتوا**

/t̪a:n t̪o:bɽa:/ ■ *n.m.* (*derog.*) goods, baggage, wherewithal. **تان توبڑا**

/t̪ã:t̪i:/ ■ *n.f.* **1** a line or row. **2** children; family; clan; generation. [Prk.] **تانتی**[1]

——— ■ *n.m.* weaver. [Prk.] **تانتی**[2]

/t̪ã:t̪ja:/ ■ *adj.* lanky. **تانتیا**

/t̪ã:ɖəv/ ■ *n.m.* a male dance form which involves too much jumping. **تانڈو**

/t̪ã:s/ ■ *n.f.* threat, warning; rebuke, scolding. **تانس**

/t̪əɑnnʊs/ ■ *n.m.* familiarity; love; sincerity. **تانُّس**

/t̪ã:sna:/ ■ *v.* scold, rebuke; threaten, terrify, maltreat, menace, be unkind. **تانسنا**

/t̪a:n sæ:n/ ■ *pr.n.m.* title of a famous singer in the Mogul emperor Akbar's court. ■ *n.m.* (*fig.*) great musician. **تان سین**

/t̪a:ŋg/ ■ *n.f.* (*tabe* of مانگ) desire, longing, yearning; demand. **تانگ**

/t̪a:ŋga:/ ■ *n.m.* tonga, two-wheeled open horse-drawn cart for up to four persons. **تانگا**

/t̪a:ŋgʰna:/ ■ *v.* **1** stare, gaze. **2** jump, leap over. **تانگھنا**

/t̪a:nna:/ ■ *v.* **1** stretch, pull tight. **2** cover oneself completely from head to toe. **3** raise, erect. **4** brandish, provoke. **تاننا**

/t̪ã:vər/ ■ *n.m.* sleepiness, torpor, torpidity. تانور آنا be giddy, faint. **تانور**

/t̪əɑnni:/ ■ *n.f.* **1** slowness, delay; waiting. **2** patience, fortitude. **تانّی**

baggage. [dial.]

/t̪a:mərəs/ ■ *n.m.* **1** copper; gold. **2** red lotus. **تامرس**

/t̪a:mərəsi:/ ■ *n.f.* a pond full of lotus flowers. **تامرسی**

/t̪a:mri:/ ■ *n.f.* a kind of water-clock. **تامری**

/t̪a:mɽa:/ ■ *n.m.* (also تانبڑا) **1** garnet, a kind of gem having deep red colour. **2** copper-coloured pigeon. **3** bald head. ■ *adj.* of copper colour. تامڑا نکل آنا **1** become copper coloured. **2** become bald. **تامڑا**

/t̪a:məs/ ■ *n.m.* **1** anger, fury. **2** ignorance; foolishness. **تامس**

/t̪a:msi:/ ■ *adj.* angry, furious. **تامسی**

/t̪əɑmmʊl/ ■ *n.m.* **1** hesitation, doubt, apprehension; irresolution. **2** consideration; concern, reflection. تامّل کرنا **1** hesitate. **2** reflect. (*pl.* تامُّلات) **تامُّل**

/t̪a:mlo:t̪/ ■ *n.m.* (also تاملیٹ) tumbler; tapering cylindrical, barrel-shaped and stem-less drinking-glass, a large copper mug. [E] **تاملوٹ**

/t̪əɑmma:/ ■ *adj.* (*fem.* of تام[1]) full, complete, entire, whole. **تامّہ**

/t̪a:mi:n/ ■ *n.f.* **1** act of saying amen. **2** (***Econ.***) protection, policy of safeguarding local industry by heavily taxing the imported goods. **تامین**

/t̪a:n/ ■ *n.f.* **1** tune, note. **2** tension, stretch. **3** palanquin's steel bracing. تان اڑانا strike up a tune or beat time in singing. تان بھر نا رلینا sing an ascending note, repeat a tune. تان توڑنا **1** end a tune. **2** end a talk, come out with the basic point. تان دینا stretch (a sheet, etc.) over someone, cover a person with a mantle. تان کر سونا sleep with ease. **تان**

/t̪a:na:/ ■ *n.m.* warp, lengthwise threads on a loom. تانا بانا warp and woof. تانا بانا بننا lay a foundation, organize or arrange something. تانا بھتاری **1** act of weaving; loom. **2** (*fig.*) worry, problem, predicament. تانا بھتاری کرنا **1** suffer discomfort. **2** make much effort; ponder over. [S] **تانا**[1]

——— ■ *v.* **1** melt, heat, temper. **2** prove, test, assay. [S] **تانا**[2]

/t̪a:na:t̪o:m/ ■ *n.m.* (***Music***) beat sung in *khayal* (خیال) style of South Asian classical music. **تاناتوم**

/t̪a:na: na: dʰi:m/ ■ *n.m.* (***Music***) a beat of tabla. **تانا نا دھیم**

/t̪ã:ba:/ ■ *n.m.* (also تامبا) copper. تانبا سا آسمان ہونا sky to be clear and sunny. تانبا کار coppersmith. **تانبا**

تانے تشنے /ṯɑ:ne: ṯɪʃne:/ ■ *n.m.pl.* (*var.* of طعنے تشنے) taunting.

تانیث /ṯɑ:ni:s/ ■ *n.f.* **1** feminine gender. **2** being a female; making feminine from masculine.

تاوا /ṯɑ:vɑ:/ ■ *n.m.* **1** one circuit flown by a pigeon. **2** circuit, round.

تاوان /ṯɑ:vɑ:n/ ■ *n.m.* ransom; damages; compensation, reparations, indemnity; mulct; penalty. تاوان دلانا adjudge damages. تاوان دینا make amends, pay penalty. تاوان لگانا penalize.

تاولا /ṯɑ:vlɑ:/ ■ *adj.* (also تاوَلا) impatient. See اُتاولا.

تاولی /ṯɑ:vli:/ ■ *n.f.* hurry, quickness, celerity.

تاوِیل /ṯɑ:vi:l/ ■ *n.f.* **1** explanation, justification; interpretation with ulterior motives. **2** interpretation (of dreams). **3** improper plea. تاویل کرنا elucidate, reinterpret, interpret with ulterior motives, justify.

تاہری /ṯɑ:hri:/ ■ *n.f.* (also طاہری) salted dish of rice with potatoes or peas.

تأہّل /ṯəəhhʊl/ ■ *n.m.* marriage; marrying, founding a family.

تاہم /ṯɑ:həm/ ■ *adv.* yet. See under تب¹.

تائب /ṯɑ:ɪb/ ■ *n.m.* (also تایب) penitent, repentant, abstinent. (*fem.* تائبہ)

تاؤُ /ṯɑ:u:/ ■ *n.m.* See تایا.

تاؤ /ṯɑ:o:/ ■ *n.m.* **1** heat; amount of heat (in an oven, etc.). **2** rage, passion, surge of pride. **3** curl, twist, fold, roll. **4** sheet of paper. تاؤ آنا/چڑھنا be enraged, fly into passion. تاؤ بگڑنا be spoiled in cooking. تاؤ دینا **1** heat, warm, melt; fuse. **2** twist, curl (the moustache). تاؤ کھانا **1** be over-heated; be made red hot. **2** be enraged.

تائی /ṯɑ:i:/ ■ *n.* (*fem.* of تایا) father's elder brother's wife, paternal uncle's wife. [Prk.]

تائی² _____ ■ *n.f.* a kind of frying-pan. [Prk.]

تائے /ṯɑ:e:/ ■ *n.f.* letter ت. تائے تانیث when the letter ت comes at the end of a word to make it feminine. تائے مدوّر round ت as 'ۃ' usually used in Arabic words.

تائید /ṯɑ:i:d/ ■ *n.f.* **1** corroboration, confirmation. **2** aid, help, support, advocacy. تائیدِ ایزدی/ربانی/غیبی Divine help, afflatus. تائیدِ دعویٰ support of a claim. تائید کرنا **1** second, support, applaud. **2** confirm, corroborate.

تایا /ṯɑ:jɑ:/ ■ *n.m.* father's elder brother.

تب¹ /ṯəb/ ■ *adv.* then, at that time, afterwards, thereupon; hence. تب بھی still, yet; even then; notwithstanding, nonetheless, nevertheless. تب تک till then, until; so long, so far, up to that time. تب تو then, in that case, in that instance. تب جانیں I/we'll be convinced when. تب سے since then, thence, thereafter. تب کا/کی/کے of or pertaining to that time. تب ہی **1** at the very moment, exactly then. **2** for that very reason. تب ہی تک only till, only as long as. تب ہی تو owing to the very fact, for that very reason. تب ہی سے thence, thenceforth, from that very moment. [S]

تب² _____ ■ *n.m.* **1** fever; heat. **2** glitter. تب وتاب **1** glitter, lustre. **2** splendour. [P]

تبادُر /ṯəbɑ:dʊr/ ■ *n.m.* **1** competition, vying. **2** making haste. تبادر ہونا think at once.

تبادُل /ṯəbɑ:dʊl/ ■ *n.m.* exchange, reciprocity, alternation.

تبادِلہ /ṯəbɑ:dlɑ:/ ■ *n.m.* transfer; exchange. تبادلۂ خیالات کرنا exchange views, compare notes.

تبار /ṯəbɑ:r/ ■ *n.m.* family; dynasty; nation; tribe; people; race.

تبارک /ṯəbɑ:rək/ ■ *adj.* glorious, great, hallowed. تبارک اللہ expressing surprise or approval.

تبارُک /ṯəbɑ:rʊk/ ■ *n.m.* auspicious; favourable; pure.

تِبارہ /ṯɪbɑ:rɑ:/ ■ *adv.* (also تِبارا) thrice, third time. ■ *n.m.* hall with three doors.

تبارید /ṯəbɑ:ri:d/ ■ *n.m.* (*pl.* of تبرید) soothing drinks.

تِباسی /ṯɪbɑ:si:/ ■ *adj.* three days stale, three days old. تباسی عید the third day after Eid.

تباشیر /ṯəbɑ:ʃi:r/ ■ *n.f.* (also طباشیر) **1** sweet exudation of medicinal value found in the joints of bamboo. **2** light of the dawn. تباشیرِ کبود this exudation of blue colour.

تِباع /ṯɪbɑ:ʔ/ ■ *n.m.* following, obedience. (See also اِتّباع.)

تباعُد /ṯəbɑ:ʔʊd/ ■ *n.m.* mutual distance, remoteness, separation.

تباغُض /ṯəbɑ:ɣʊz/ ■ *n.m.* mutual animosity, hostility, ill-feeling.

تباہ /ṯəbɑ:h/ ■ *adj.* **1** ruined, wasted, spoiled. **2** bad; wicked; depraved. تباہ حال wretched, ruined, miserably poor or low, broken, dilapidated, crumbling, distressed, in straitened circumstances. تباہ کر دینا/کرنا wreck, ruin, lay waste. تباہ ہونا be wasted, be squandered, be ruined.

تباہی /t̪əbɑːhiː/ ■ *n.f.* ruin, destruction, devastation. تباہی آنا be ruined. تباہی زدہ/کا مارا afflicted, distressed, wretched. تباہی لانا invite trouble, bring ruin.

تباین /t̪əbɑːjʊn/ ■ *n.m.* difference, disparity, contradiction, opposition.

تبتّل /t̪əbəttʊl/ ■ *n.m.* celibacy, asceticism.

تبجیل /t̪əbdʒiːl/ ■ *n.f.* respect, reverence.

تبحّر /t̪əbəhhʊr/ ■ *n.m.* 1 being like an ocean. 2 (*fig.*) erudition, deep knowledge, profound and exhaustive learning; scholarship.

تبخال /t̪əbxɑːl/ ■ *n.f.* (also تبخالہ) blister or sore on the corners of mouth due to fever.

تبختر /t̪əbəxt̪ʊr/ ■ *n.m.* walking with a proud gait, swagger, strutting; conceit, boasting.

تبخیر /t̪əbxiːr/ ■ *n.f.* 1 light fever, slightly elevated body temperature. 2 vaporization, evaporation.

تبدُّل /t̪əbəddʊl/ ■ *n.m.* alteration, change. تبدل پذیر convertible.

تبدید /t̪əbd̪iːd̪/ ■ *n.f.* dispersion, scattering.

تبدیع /t̪əbd̪iːʔ/ ■ *n.f.* accusation of innovation in religion, involvement in religious innovation. (See also بِدعت.)

تبدیل /t̪əbd̪iːl/ ■ *n.f.* change, variation, modification, alteration; mutation, conversion. تبدیلِ آب وہوا change of climate. تبدیل پذیر convertible. تبدیلِ جسمانی/جسمی metasomatism. تبدیل شدہ changed. تبدیلِ شکل metamorphosis. تبدیلِ عقیدہ/مذہب conversion, converting to a religion or faith. تبدیل کرنا change, transform, alter. تبدیلِ مکان change of residence, change of place, migration. تبدیلِ ناجائز forgery. تبدیل ہونا be changed or altered; be transferred (from one place of duty to another). تبدیلِ ہیئت کرنا 1 adopt a disguise. 2 metamorphose.

تبدیلی /t̪əbd̪iːliː/ ■ *n.f.* transfer, alteration, changing. تبدیلی کرنا to change, transfer, alter. تبدیلی ہونا be transferred, be changed.

تبذّر /t̪əbəzzʊr/ ■ *n.m.* 1 prodigality, extravagance. 2 (***Biol.***) fission, cell division as a mode of reproduction.

تبذیر /t̪əbziːr/ ■ *n.f.* extravagance, overspending, profligacy.

تبر /t̪əbər/ ■ *n.m.* hatchet, axe, battleaxe. تبردار axe-bearer. تبرزن 1 soldier wielding a battleaxe, hatchet-man. 2 wood cutter. تبرزین horseman's battleaxe.

تبرّا /t̪əbərrɑː/ ■ *n.m.* (also تبرّیٰ) curse, cursing and taunting, malediction; abuse, abusive language, invective; fulmination. تبرا بھیجنا/کرنا curse, inveigh.

تبرّائی /t̪əbərrɑːiː/ ■ *n.m.* one who curses or disapproves.

تبرّج /t̪əbərrʊdʒ/ ■ *n.m.* (of a woman) making a show of her charms (to men); adoring oneself, enticing gait.

تبرّز /t̪əbərrʊz/ ■ *n.m.* discharge of faeces, evacuation of bowels.

تبرزد /t̪əbərzəd/ ■ *n.f.* (also طبرزد) white sugar, sweet.

تبرُّع /t̪əbərroʔ/ ■ *n.m.* giving gratuitously; doing anything disinterestedly or voluntarily.

تبرُّک /t̪əbərrʊk/ ■ *n.m.* 1 gift, benediction; gift from a saint. 2 sacred relics.

تبرُّکاً /t̪əbərrʊkən/ ■ *adv.* as a gift, for the sake of benediction.

تبرُّکات /t̪əbərrʊkɑːt̪/ ■ *n.m.* (*pl.* of تبرّک) 1 gifts. 2 relics of saints or ancestors.

تبرید /t̪əbriːd̪/ ■ *n.f.* cooling; cooling and soothing drink. تبرید گر cooler; refrigerator. تبرید گری refrigeration. (*pl.* تبارید)

تبریدی /t̪əbriːd̪iː/ ■ *adj.* refrigeratory. تبریدی عمل refrigeration.

تبریق /t̪əbriːq/ ■ *n.f.* electrification.

تبریک /t̪əbriːk/ ■ *n.f.* benediction, kind wishes.

تبریہ /t̪əbrɪjɑː/ ■ *n.m.* acquittal.

تبّر /t̪əbbər/ ■ *n.m.* family. See ٹبّر.

تُبڑی /t̪ʊbɽiː/ ■ *n.f.* a kind of musical instrument. تبڑی پٹنا be defamed, be scandalized. (See also تُمڑی.)

تبسُّط /t̪əbəssʊt̪/ ■ *n.m.* breadth; scope; extent, spaciousness, expansion.

تبسُّم /t̪əbəssʊm/ ■ *n.m.* 1 smile. 2 (*fig.*) blossoming of flower bud. تبسم آمیز smiling. تبسم زیرِلب snigger. تبسم کرنا smile. تبسم مینا bubbling sound of wine when poured.

تبشیر /t̪əbʃiːr/ ■ *n.f.* announcement of good news.

تبصُّر /t̪əbəssʊr/ ■ *n.m.* attentive consideration; distinct perception, deep thought.

تبصرہ /t̪əbsɪrɑː/ ■ *n.m.* review, comment, criticism.

تبصیر /t̪əbsiːr/ ■ *n.f.* elucidation, providing insight.

تبطُّن /t̪əbəttʊn/ ■ *n.m.* hiding, concealment.

تبع /t̪əbʔ/ ■ *n.m.* follower, adherent. تبعِ تابعین follower of

تبیان /t̪ɪbja:n/ ■ *n.m.* manifestation, elucidation.

تبیع /t̪əbi:ʔ/ ■ *n.m.* (also تبیعہ) one-year calf.

تپ¹ /t̪əp/ ■ *n.m.* & *f.* 1 tap, fever. 2 anger, fury. تپ اتارنا reduce the body temperature. تپ اترنا fever to abate. تپ چڑھنا 1 have fever. 2 be angry, be incensed. تپِ دق chronic fever, consumption, pulmonary tuberculosis. تپ زدہ suffering from fever. تپِ زرد yellow fever. تپِ غب intermittent fever. تپ قرمزی scarlet fever. تپ کا موت جانا have sores or blisters on the corners of mouth after fever. تپِ کاہی hay fever. تپِ کہنہ 1 chronic fever. 2 a great trouble. تپِ لرزہ malaria, ague. تپِ محرقہ typhoid. تپِ نوبت intermittent fever. [P]

تپ² —— ■ *n.m.* (*contr.* of تپسیا) devotion. تپ کرنا to do penance. [S]

تپاس /t̪əpa:s/ ■ *n.f.* 1 sunlight, sun rays. 2 labour, toil.

تپاک /t̪əpa:k/ ■ *n.m.* (also تاپاک) cordiality; esteem, regard, warmth, ardour, fervour. تپاک سے ملنا greet warmly, treat cordially. تپاکِ قلب palpitation.

تپاں /t̪əpã:/ ■ *adj.* 1 agitated, restless, uneasy. 2 hot.

تپانا /t̪əpa:na:/ ■ *v.* 1 heat, warm, cause to glow. 2 torment, to haul (someone) over coals, to anger someone.

تُپانا /t̪ʊpa:na:/ ■ *v.* cover. See توپنا.

تپاون /t̪əpa:vən/ ■ *n.m.* libation, drink-offering.

تِپائی /t̪ɪpa:i:/ ■ *n.f.* 1 trivet, tripod, teapoy. 2 small three legged table, three-legged stool.

تِپتیا /t̪ɪpət̪ja:/ ■ *adj.* having three leaves; arranged in three parts. ■ *n.m.* a game of cards.

تپچاق /t̪əpt͡ʃa:q/ ■ *n.m.* strong horse of good breed.

تپّڑ¹ /t̪əppəɽ/ ■ *n.m.* capacity, courage, spirit; resolution; desire. [dial.]

تپّڑ² —— ■ *n.m.* matting, mat, rush seat. [Prk.]

تپّسی /t̪əpəssi:/ ■ *n.m.* (also تپسوی) one who is engaged in religious penance, ascetic, devotee.

تپسیا /t̪əpəsja:/ ■ *n.f.* tapasya, devotion, prayer, worship or religious observance.

تپش /t̪əpɪʃ/ ■ *n.f.* 1 warmth, heat, burning; burning sensation. 2 distress, uneasiness, agitation, palpitation. تپش پیما thermometer.

تپک /t̪əpək/ ■ *n.f.* throb, palpitation.

تُپک /t̪ʊpək/ ■ *n.f.* (*dim.* of توپ) musket, small cannon.

تُپکچی /t̪ʊpəkt͡ʃi:/ ■ *n.f.* musketeer, gunner, rifleman.

the successors to Prophet Muhammad's companions (the third link in chain of Islamic tradition narrators).

تبعُّض /t̪əbəʔʔʊz/ ■ *n.m.* breaking into pieces, portioning.

تبعی /t̪əbʔi:/ ■ *adj.* secondary, supplementary.

تبعیّت /t̪əbʔɪjjət/ ■ *n.f.* 1 following; obedience; dependence. 2 permanent settlement.

تبعید /t̪əbʔi:d/ ■ *n.f.* separation, remoteness.

تبعیض /t̪əbʔi:z/ ■ *n.f.* division, apportionment.

تبغ /t̪əbəɣ/ ■ *n.m.* (also تبغِ صحرائی) raw tobacco, *Lobelia inflata*, Indian tobacco.

تبغیض /t̪əbɣi:z/ ■ *n.f.* enmity; animus, creating enmity.

تبغیہ /t̪əbɣɪja:/ ■ *n.m.* plant of the genus *cannabis*.

تبکیت /t̪əbki:t/ ■ *n.f.* silencing the other in discussion, bringing (someone) round to one's viewpoint.

تبلق /t̪ əbləq/ ■ *n.f.* bundle of papers. See طبلق.

تبلُّور /t̪əbəllu:r/ ■ *adj.* (also تبلُّر) like crystal glass, having the properties of crystal glass.

تِبلی /t̪ɪbəli:/ ■ *adj.* (rope or cord) made by twisting together three strands of wire.

تبلیغ /t̪əbli:ɣ/ ■ *n.f.* preaching (usu. religious), missionary work, propagation (of religion or views), communication. تبلیغ واشاعت propagation, preaching.

تِبن /t̪ɪbn/ ■ *n.m.* dry grass leaves, straw.

تِبنی /t̪ɪbni:/ ■ *adj.* of grass colour.

تبنّی /t̪əbənni:/ ■ *n.f.* (also تبنیت) adoption, legal adoption of someone as son. (See also مُتبنّی)

تبنیت /t̪əbnɪjət/ ■ *n.f.* See تبنّی. تبنیت نامہ deed of adoption.

تبوراک /t̪əbu:ra:k/ ■ *n.m.* drum beaten to scare away birds from cornfield.

تبوری /t̪əbu:ri:/ ■ *n.f.* (also تبوڑی) tumour.

تبوُّل /t̪əbəvvʊl/ ■ *n.m.* urination.

تبویب /t̪əbvi:b/ ■ *n.f.* dividing a book into chapters, indexing a book.

تبویض /t̪əbvi:z/ ■ *n.f.* (***Zool.***) forming into ova, ovulation.

تبہ /t̪əba:/ ■ *adj.* (*contr.* of تباہ) devastated, destroyed. تبہ حالی ruin, destruction. تبہ رائی riot, brawl, quarrel.

تبیض /t̪əbi:z/ ■ *n.f.* (of a manuscript) transcription or reproduction after final correction, the act of preparing a fair copy.

تبیّن /t̪əbi:n/ ■ *n.f.* (also تبیین) explanation, clarification, elucidation.

تپکنا /t̪əpəknɑ:/ ■ *v.* throb; ache, pain.

تپن /t̪əpən/ ■ *n.f.* heat, warmth.

تپنا /t̪əpnɑ:/ ■ *v.* 1 be heated, become hot, glow; burn with fever. 2 be furious or angry.

تپنچہ /t̪əpəntʃɑ:/ ■ *n.m.* (also تمنچہ، طپنچہ) pistol. تپنچہ چلانا رچھوڑنا fire a pistol.

تپیدہ /t̪əpi:d̪ɑ:/ ■ *adj.* 1 glowing, hot. 2 restless.

تت /t̪ət̪/ ■ *n.m.* result; element; essence. ■ *adj.* pure; true, sincere. تت پر eagerly engaged in, intent on, attending closely. تت تت this and that, different. تت چھن instantly. تت کال forthwith, at the same time, now.

تتّا /t̪ət̪t̪ɑ:/ ■ *adj.* 1 hot, warm, boiling. 2 (*fig.*) (i) furious, angry. (ii) enthusiastic, zealous. تتا تاؤ forthwith. تتا تاؤلا hasty, rash, impetuous. تتا توا 1 hot baking-pan. 2 (*fig.*) quarrelsome fellow. (*fem.* تتّی)

تتابع /t̪ət̪ ɑ:boʔ/ ■ *adj.* continuous, successive.

تتبّع /t̪ət̪əbboʔ/ ■ *adj.* 1 imitation. 2 following in (someone's) footsteps, pursuing. تتبع کرنا pursue, follow, toe the line.

تتّر بتّر /t̪ɪt̪t̪ər bɪt̪t̪ər/ ■ *adj.* scattered, dispersed. ■ *adv.* here and there; at sixes and sevens. تتر بتر ہونا be dispersed.

تتری /t̪ət̪ri:/ ■ *n.f.* belle, playful girl.

تِتری /t̪ɪt̪ri:/ ■ *n.f.* (also تتلی، تیتری) butterfly.

تتڑی /t̪ət̪ɽi:/ ■ *n.f.* hot-tempered woman, very stingy woman.

تتسم /t̪ət̪səm/ ■ *n.m.* original Sanskrit form of Hindi words.

تُتق /t̪ʊt̪ʊq/ ■ *n.m.* 1 tent. 2 curtain of a tent. 3 bridal chamber. تتق نیلی sky; heaven.

تُتلا /t̪ʊt̪lɑ:/ ■ *adj.* lisping. See توتلا.

تُتلانا /t̪ʊt̪lɑ:nɑ:/ ■ *v.* lisp, speak indistinctly.

تِتلی /t̪ɪt̪li:/ ■ *n.f.* 1 butterfly. 2 (*fig.*) belle, well-dressed woman.

تُتلی /t̪ʊt̪li:/ ■ *adj.* (*fem.* of تُتلا).

تِتمبا /t̪ɪt̪əmbɑ:/ ■ *n.m.* (also تتما) 1 fix, worry; dispute. 2 plot, stratagem. 3 impediment, obstacle.

تتمّہ /t̪ət̪ɪmmɑ:/ ■ *n.m.* appendix, appendage, epilogue; supplement; postscript. تتمۂ خط postscript of a letter. تتمۂ وصیت نامہ supplement to a will.

تتمیم /t̪ət̪mi:m/ ■ *n.f.* completion, accomplishment; consummation; perfection.

تتو تھمبو /t̪ət̪t̪o: t̪ʰəmbo:/ ■ *n.f.* (also تتو تھمو) 1 checking, preventing; patching up a quarrel. 2 solace, soothing.

تتہڑا /t̪ət̪æhɽɑ:/ ■ *n.m.* (also تتہرا) large metal vessel to heat water.

تتہڑی /t̪ət̪æhɽi:/ ■ *n.f.* (*dim.* of تتہڑا) small metal vessel.

تُتئی /t̪ʊt̪əi:/ ■ *n.f.* small earthen pot or pitcher with a spout.

تتیا /t̪ət̪əjjɑ:/ ■ *n.m.* wasp with red and yellow stripes. ■ *adj.* (*fig.*) clever, sharp, pungent. تتیا رقص fast dance. تتیا مرچ very hot small green chilli.

تتھا /t̪ət̪ʰɑ:/ ■ *adv.* 1 in this manner, like this. 2 also.

تٹ /t̪əʈ/ ■ *n.m.* 1 bank (of a river). 2 slope, declivity. 3 horizon.

تثاقل /t̪əsɑ:qʊl/ ■ *n.m.* heaviness, weightiness.

تثبیت /t̪əsbi:t̪/ ■ *n.f.* affixing.

تثلیث /t̪əsli:s/ ■ *n.f.* 1 making a triangle. 2 (***Christianity***) the Trinity, the three persons of the Christian Godhead (Father, Son, and Holy Spirit). 3 (***Astrol.***) trine, aspect of 120 degrees.

تثنیہ /t̪əsnɪjɑ:/ ■ *n.m.* 1 doubling, making two. 2 (***Gram.***) usually in Arabic grammar a word or form denoting two objects or a pair, e.g. زوجین، طرفین.

تثویب /t̪əsvi:b/ ■ *n.f.* (***Islam***) saying حی علی الصلوٰۃ، حی علی الفلاح twice in azan, the call to prayer.

تج /t̪ədʒ/ ■ (*imper.* of تجنا). ■ *n.f.* giving up; used in comp. as: تج دینا 1 forsake. 2 give or relinquish as sacrifice.

تجاذُب /t̪ədʒɑ:zʊb/ ■ *n.m.* attraction, gravitation.

تجاذُبی /t̪ədʒɑ:zʊbi:/ ■ *adj.* gravitational. تجاذبی میدان field of gravitation.

تجّار /t̪ʊdʒdʒɑ:r/ ■ *n.m.* (*pl.* of تاجر) merchants.

تجارِب /t̪ədʒɑ:rɪb/ ■ *n.m.* (*pl.* of تجربہ) experiences.

تجارت /t̪ɪdʒɑ:rət̪/ ■ *n.f.* trade, commerce, business, traffic. تجارتِ خارجہ foreign trade. تجارت کرنا deal (in), trade. تجارت گاہ place of trade or commerce, market, business centre. تجارت گاہِ عالی emporium.

تجارتی /t̪ɪdʒɑ:rət̪i:/ ■ *adj.* mercantile, commercial, business. تجارتی ادارہ business or commercial firm or company. تجارتی خطوط پر on business lines. تجارتی ہوا trade wind that blows towards the equator and turn westward due to earths rotation.

تجاری /t̪ɪdʒɑ:ri:/ ■ *n.f.* remittent fever occurring every third day, tertian ague.

تجاسُر /ṭədʒɑ:sʊr/ ■ *n.m.* courage, boldness, firmness, daring.

تجانُس /ṭədʒɑ:nʊs/ ■ *n.m.* homogeneity.

تجاوُز /ṭədʒɑ:vʊz/ ■ *n.m.* trespass; exceeding one's authority, transgression; deviation. تجاوزِ اختیارِ سماعت (***Law***) exceeding jurisdiction; acting ultra vires. تجاوز کرنا transgress, go beyond, exceed.

تجاوُزات /ṭədʒɑ:vʊzɑ:ṭ/ ■ *n.m.* (*pl.* of تجاوُز) unauthorized possession or occupation of lands or properties, encroachments.

تجاہُد /ṭədʒɑ:hʊḍ/ ■ *n.m.* striving, trying, labouring.

تجاہُل /ṭədʒɑ:hʊl/ ■ *n.m.* **1** connivance; pretended ignorance, overlooking; palliating. **2** apathy, indifference. تجاہُلِ عارفانہ pretending or feigning ignorance of something known. تجاہل کرنا feign or affect ignorance.

تجبُّر /ṭədʒəbbʊr/ ■ *n.m.* contumacy, bullheadedness, obstinacy, stubbornness.

تجدُّد /ṭədʒəddʊḍ/ ■ *n.m.* freshness, novelty, innovation. تجددِ امثال (***Theol.***) subsistence of ideals despite flux in the universe.

تجدید /ṭədʒḍi:ḍ/ ■ *n.f.* renewal, revival, novelty.

تجدیدی /ṭədʒḍi:ḍi:/ ■ *adj.* renewed, reformative, revived.

تجدیف /ṭədʒḍi:f/ ■ *n.f.* blasphemy, disrespectful remarks about God; heresy.

تجرباتی /ṭədʒrebɑ:ṭi:/ ■ *adj.* (also تجربی) experimental, exploratory.

تجربہ /ṭədʒrebɑ:/ ■ *n.m.* experiment, experience, trial. تجربہ کار experienced, seasoned, versed. تجربہ کرنا to experiment, try. تجربہ گاہ laboratory. تجربہ ہونا have an experience, to experience. (*pl.* تجربات)

تجربیت /ṭədʒrɪbɪjəṭ/ ■ *n.f.* (***Philos.***) experimentalism.

تجرُّد /ṭədʒərrʊḍ/ ■ *n.m.* **1** celibacy, unmarried state, solitude. **2** cutting oneself off from human society.

تجرُّع /ṭədʒərroʔ/ ■ *n.m.* act of drinking by sips, drinking slowly.

تجریح /ṭədʒri:h/ ■ *n.f.* **1** surgical operation. **2** criticism; accusation.

تجرید /ṭɑ:dʒri:ḍ/ ■ *n.f.* **1** solitude, separation. **2** abstraction. **3** restriction to single meaning (as figure of speech).

تجریدی /ṭɑ:dʒri:ḍi:/ ■ *adj.* **1** abstract (art, idea, etc.), abstruse, ideal, imaginary; obscure, mystical. **2** separate. تجریدی مصوری abstract art.

تجریع /ṭədʒri:ʔ/ ■ *n.f.* **1** a kind of oil which is used for animals' massage and for dripping in the nose. **2** sipping, dripping.

تجزّی /ṭədʒəzzi:/ ■ *n.f.* **1** state of being separated or broken into small pieces. **2** analysis.

تجزیاتی /ṭədʒzɪjɑ:ṭi:/ ■ *adj.* analytical.

تجزیہ /ṭədʒzɪjɑ:/ ■ *n.m.* analysis. تجزیۂ نفسی psychoanalysis. تجزیہ کار رنگار analyst.

تجسُّد /ṭədʒəssʊḍ/ ■ *n.m.* embodiment.

تجسُّس /ṭədʒəssʊs/ ■ *n.m.* curiosity, inquisitiveness, spying. تجسس کرنا be inquisitive, show curiosity, pry into.

تجسُّم /ṭədʒəssʊm/ ■ *n.m.* See تجسیم.

تجسیم /ṭədʒsi:m/ ■ *n.f.* embodiment, incarnation, giving concrete or corporeal form (to), personify.

تجصیص /ṭədʒsi:s/ ■ *n.f.* **1** act of making buildings strong with slaked lime. **2** (***Isj.***) preparing a concrete grave.

تجفیف /ṭədʒfi:f/ ■ *n.f.* drying out.

تجلجُل /ṭədʒəldʒʊl/ ■ *n.m.* **1** being moved. **2** agitation, commotion. **3** sinking into the ground.

تجلّی /ṭədʒəlli:/ ■ *n.f.* lustre, splendour, brightness, clearness, brilliance, refulgence. تجلیِ طور (***Islam***) beatific vision of Moses. تجلی بخش، ریز refulgent, splendid, glorious, making (oneself) manifest. (*pl.* تجلّیات)

تجلید /ṭədʒli:ḍ/ ■ *n.f.* **1** binding (of books). **2** flaying.

تجلیل /ṭədʒli:l/ ■ *n.f.* eulogy, commendation, praise.

تجلیہ /ṭədʒlɪjɑ:/ ■ *n.m.* removing rust by rubbing, polishing, brightening.

تجمُّد /ṭədʒəmmʊḍ/ ■ *n.m.* (also تجمید) solidification, consolidation.

تجمُّع /ṭədʒəmmoʔ/ ■ *n.m.* accumulation, summation.

تجمُّل /ṭədʒəmmʊl/ ■ *n.m.* pomp and show, splendour, beautification, decoration. تجمّلِ شاہانہ royal glory.

تجمُّلات /ṭədʒəmmʊlɑ:ṭ/ ■ *n.m.* (*pl.* of تجمُّل) articles of adornment.

تجمید /ṭədʒmi:ḍ/ ■ *n.f.* freezing, congealment.

تجمیر /ṭədʒmi:r/ ■ *n.f.* frankincense; incense.

تجمیع /ṭədʒmi:ʔ/ ■ *n.f.* **1** plurality. **2** aggregate.

all and sundry, anyone and everyone.
/ʈʊdʒʰi:/ ■ *pron.* thee alone, you alone. **تجھی**
/ʈʊdʒʰe:/ ■ *pron.* thee, you. **تجھے**
/ʈətʃɑ:nɑ:/ ■ *v.* heat, scorch, parch. **تچانا**
/ʈətʃnɑ:/ ■ *v.* be parched, be heated, become hot. **تچنا**
/ʈʊtʃʰ/ ■ *adj.* worthless, good-for-nothing, useless. **تُچھ**
/ʈəhɑ:sʊḓ/ ■ *n.m.* mutual enmity, jealousy, envy. **تحاسُد**
/ʈəhɑ:ʃi:/ ■ *n.f.* 1 saying of حاشا; never, on no account. 2 seeking protection, pray for deliverance (from). **تحاشی**
/ʈəhɑ:lʊf/ ■ *n.m.* 1 taking oath collectively. 2 (*fig.*) consultation. **تحالُف**
/ʈəhɑ:vʊr/ ■ *n.m.* conversation, discourse, dialogue. **تحاوُر**
/ʈəhɑ:ɪf/ ■ *n.m.* (*pl.* of تُحفہ) gifts. **تحائف**
/ʈəhəbbʊb/ ■ *n.m.* expressing love, friendship. **تحبُّب**
/ʈæhʈ/ ■ *n.m.* 1 inner part, depth. 2 possession, control, charge. ■ *adv.* beneath, below, under; in subjection to. تحتِ ادراک comprehensible, understandable. تحتُ الاحمر infrared. تحتُ الارض 1 underground, in the earth, subterranean. 2 (*fig.*) clandestine, secret. تحتُ الثریٰ the nether region, the lower world. تحتُ الشعاع last moonless days of a lunar month. تحتُ الشعور subconsciousness. تحتُ الشعوری subconscious. تحتُ اللّفظ 1 reciting a poem as if it were prose; word for word. 2 (of printing) interlinear. تحتِ تصرف/فرمان under domination or subjection. تحتِ حکومت under governments' jurisdiction. تحتِ لفظی literal, verbal. تحت میں آنا come under someone's authority. تحت میں رکھنا keep under domination. تحت میں لانا bring under control, conquer, subjugate. **تحت**
/ʈæhʈɑ:ni:/ ■ *adj.* 1 following, under-mentioned; inferior, lower; placed below. 2 (a letter of the alphabet) having dot(s) under it. 3 primary. **تحتانی**
/ʈæhʈi:/ ■ *adj.* noted below. تحتی دفعہ subsection. **تحتی**
/ʈəhədʒdʒʊr/ ■ *n.m.* fossilization, petrification, becoming hardened. **تحجُّر**
/ʈəhəḓḓʊb/ ■ *n.m.* convexity, hump. **تحدُّب**
/ʈəhəḓḓi:/ ■ *n.f.* fight; challenge; threat. **تحدّی**
/ʈæhḓi:s/ ■ *n.f.* narration, recounting. تحدیثِ نعمت narration of gifts bestowed or of kindness done. **تحدیث**
/ʈæhḓi:ḓ/ ■ *n.f.* restriction, limitation. **تحدید**
/ʈæhḓi:q/ ■ *n.f.* stare, gaze, state of looking fixedly. **تحدیق**

3 collectivization.
/ʈədʒnɑ:/ ■ *v.* give up, forgo, renounce, abandon, forsake. **تجنا**
/ʈədʒənnʊb/ ■ *n.m.* desisting from, shunning, avoiding, avoidance, withdrawal. **تجنُّب**
/ʈədʒni:s/ ■ *n.f.* homogeneity, homogenization; analogy, resemblance; alliteration. تجنیسِ تام homonymy. تجنیسِ خطی (of words) quality of being similar in writing but different in pronunciation; quality of having the same orthography except for diacritic marks, as: دعا (prayer) and دغا (treachery). تجنیسِ زائد (of words) quality of being identical in writing except that one of them has an extra letter. تجنیسِ قلب (of words) quality of being spelt in exactly the opposite ways, having different meanings, as: باد (wind) and داب (power). تجنیسِ مرکب quality of (one word) forming part of another. تجنیسِ ناقص (of words) quality of being identical in writing except for initial letters, as: پُل (bridge) and پَل (moment). **تجنیس**
/ʈɪdʒo:ri:/ ■ *n.f.* safe, vault. **تجوری**
/ʈədʒəvvʊz/ ■ *n.m.* 1 concession; palliating. 2 connivance. **تجوُّز**
/ʈədʒəvvoʔ/ ■ *n.m.* hunger; demand, want. **تجوُّع**
/ʈədʒvi:ḓ/ ■ *n.f.* 1 recitation of the Qur'an with correct pronunciation. 2 principles of recitation. **تجوید**
/ʈədʒvi:z/ ■ *n.f.* 1 proposal, plan, suggestion, opinion. 2 deliberation; judgement. 3 decision, resolution. تجویزِ ثانی revision, fresh trial, a review of judgement. تجویز طلب question at issue. تجویز کرنا (also تجویزنا) propose, suggest. (*pl.* تجاویز) **تجویز**
/ʈədʒvi:zi:/ ■ *adj.* tried, proved, determined. **تجویزی**
/ʈədʒvi:f/ ■ *n.f.* 1 hole. 2 boring a hole. (*pl.* تجاویف) **تجویف**
/ʈədʒhi:z/ ■ *n.f.* 1 arranging; adorning. 2 preparation of the dead body for burial, obsequies. تجہیز و تکفین funeral rites, undertaking and burial. **تجہیز**
/ʈədʒhi:l/ ■ *n.f.* calling someone ignoramus; ignorance, unawareness. **تجہیل**
/ʈʊdʒʰ/ ■ *pron.* thee, you. تجھ کو (accusative) thee, you. تجھ کو پرائی کیا پڑی اپنی نبیڑ تو mind thine own business; do not poke thy nose into the others' affairs; why are you concerned with others/ others' affairs? تجھ مجھ everyone, **تجھ**

run a movement. تحریک دینا/کرنا 1 move; stimulate, incite. 2 present a proposal or resolution. تحریک منظور کرنا adopt a resolution, accept or approve a motion.

تحریم /ţæhri:m/ ■ *n.f.* 1 forbidding, prohibition. 2 glorification, honour, reverence. تحریم و تحلیل things and matters that are allowed or prohibited in Islam.

تحریمات /ţæhri:mɑ:ţ/ ■ *n.f.* (*pl.* of تحریم) things that are prohibited in a society or religion.

تحریمہ /ţæhri:mɑ:/ ■ *n.f.* (***Islam***) 1 saying Allah-o-Akbar in the beginning of prayers. 2 assumption of a pilgrim's garb.

تحزّن /ţəhəzzʊn/ ■ *n.m.* sorrowfulness, grief.

تحزین /ţæhzi:n/ ■ *n.f.* recitation in a voice full of pathos (esp. of the Qur'an).

تحسّر /ţəhəssʊr/ ■ *n.m.* expression of wistfulness.

تحس نحس /ţæhəs næhəs/ ■ *adj.* (also تہس نہس) totally destroyed, ruined, spoilt, broken; scattered, dispersed.

تحسیب /ţæhsi:b/ ■ *n.f.* accountancy.

تحسین /ţæhsi:n/ ■ *n.f.* applause, cheers, appreciation, acclamation, approbation; rendering attractive. تحسینِ تلفظ euphony. تحسین کرنا approve, praise, applaud, acclaim, appreciate. تحسینِ ناشناس praise by an ignorant person. تحسین و آفرین acclamation; cheers! well done! excellent!

تحشّم /ţəhəʃʃʊm/ ■ *n.m.* glory, splendour, pomp and show.

تحشیہ /ţəhʃijɑ:/ ■ *n.m.* (also تحشّی) writing marginal notes, annotation.

تحصّص /ţəhəssʊs/ ■ *n.m.* dividing into parts; process of classification.

تحصّن /ţəhəssʊn/ ■ *n.m.* protecting oneself; defensive work or measures.

تحصیر /ţæhsi:r/ ■ *n.f.* encirclement, surrounding.

تحصیل /ţæhsi:l/ ■ *n.f.* 1 acquisition, gain; attainment; collection. 2 tehsil, the subdivision of a district which is under the jurisdiction of deputy collector or tehsildar. 3 learning, erudition. تحصیلِ حاصل trying to gain what one already has; useless attempt. تحصیل دار tehsildar, collector, tax collector. تحصیل داری the office or jurisdiction of a tehsildar. تحصیل کرنا (also تحصیلنا) gain, acquire, collect. تحصیلِ مالگذاری collection of

تحذیر /ţæhzi:r/ ■ *n.f.* threatening, cautioning, causing to fear; warning.

تحرّز /ţəhərrʊz/ ■ *n.m.* avoidance, evasion, refraining.

تحرّق /ţəhərrʊq/ ■ *n.m.* inflammation, burning.

تحرّک /ţəhərrʊk/ ■ *n.m.* agitation, movement, urging.

تحرّی /ţəhərri:/ ■ *n.f.* (***Isj.***) cautiousness, prudence.

تحریر /ţæhri:r/ ■ *n.f.* 1 writing; write-up; manuscript; composition; document. 2 undertaking. 3 tracery, ornamental work of interlaced and branching lines. 4 fee for writing. 5 manumission, setting free of slave; freedom. تحریرِ اقلیدس Euclid's Elements. تحریرِ بین السطور 1 writing between the lines. 2 (*fig.*) hidden or underlying meanings of a statement. تحریرِ ظہری endorsement; writing on the back of a paper. تحریر کرنا write, reduce to writing, give in writing; compile, compose; record. تحریر ہونا be written; be recorded. (*pl.* تحریرات)

تحریراً /ţæhri:rən/ ■ *adv.* written, in writing.

تحریری /ţæhri:ri:/ ■ *adj.* documentary, in writing, written. تحریری بیان written statement. تحریری حکم/فرمان written order.

تحریز /ţæhri:z/ ■ *n.f.* precautionary measures, forearming, defence.

تحریص /ţæhri:s/ ■ *n.f.* temptation, lure, instigation, stimulation, inciting.

تحریض /ţæhri:z/ ■ *n.f.* incitement to war.

تحریف /ţæhri:f/ ■ *n.f.* 1 distortion (of meaning), transposition of words or letters, deliberate alteration of a word so as to change its meaning; tampering (with text); anagram. 2 clerical error. تحریفِ مضحک parody.

تحریفات /ţæhri:fɑ:ţ/ ■ *n.f.* (*pl.* of تحریف) alterations, changes; deviations.

تحریق /ţæhri:q/ ■ *n.f.* burning, conflagration, combustion.

تحریک /ţæhri:k/ ■ *n.f.* 1 motion or formal proposal put up for approval. 2 agitation, instigation, urging, incitement; encouragement. 3 movement (religious or political, etc.). 4 proposal; suggestion. تحریکِ استحقاق privilege motion moved in a legislature. تحریکِ التوا adjournment motion. تحریک پیش کرنا move a motion. تحریک پیش ہونا a motion to be moved. تحریک چلانا launch or (manner or tone, etc.).

تحکیم /tæhki:m/ ■ *n.f.* arbitration.

تحلُّل /təhəllʊl/ ■ *n.m.* disintegration, decomposition; abatement (of fever).

تحلیف /tæhli:f/ ■ *n.f.* the act of making one swear.

تحلیق /tæhli:q/ ■ *n.f.* shaving the head.

تحلیل /tæhli:l/ ■ *n.f.* **1** digestion, dissolution, assimilation. **2** analysis; chemical separation into parts or elements. **3** legalization. **4** (*fig.*) dissipation, vanishing. تحلیل کرنا **1** dissolve, assimilate. **2** analyse. تحلیلِ نفسی psychoanalysis. تحلیل ہونا dissolve, be dissolved, be digested.

تحلیلی /tæhli:li:/ ■ *adj.* analytical.

تحمُّر /təhəmmʊr/ ■ *n.m.* being red, reddening.

تحمُّل /təhəmmʊl/ ■ *n.m.* toleration, forbearance, endurance, patience. تحمّل کرنا forbear, tolerate, endure, bear.

تحمید /tæhmi:d/ ■ *n.f.* **1** praising God repeatedly. **2** reciting الحمدُ للّٰہ.

تحمیق /tæhmi:q/ ■ *n.f.* making fool.

تحمیل /tæhmi:l/ ■ *n.f.* **1** burdening, loading. **2** importuning.

تحنُّث /təhənnʊs/ ■ *n.m.* **1** renouncing life of sin. **2** praying, worship (at night).

تحوُّر /təhəvvʊr/ ■ *n.m.* **1** haste, celerity. **2** anger.

تحوُّل /təhəvvʊl/ ■ *n.m.* **1** apostasy. **2** changing one's place; metastasis; change of places; translatory movement.

تحویل /tæhvi:l/ ■ *n.f.* **1** care, custody, trust, charge. **2** deposit, cash, capital; revenue-credit. **3** passing of the sun, moon or a planet from one region to another. تحویلِ تصرف embezzlement, defalcation, misappropriation. تحویل دار cashier, treasurer; trustee. تحویلِ قبلہ (***Hist.***) change of direction of prayer from Bait-ul-Quds (Jerusalem) to Ka'aba (Makkah). تحویلِ مجرمین extradition. تحویل میں دینا place someone in custody, give someone in custody. تحویل میں لینا take custody of.

تحیّت /təhɪjjət/ ■ *n.f.* (also تحیّا) salutation, greeting; congratulation, benedictions in Islamic prayer. (*pl.* تحیّات)

تحیُّر /təhəjjʊr/ ■ *n.m.* wonder, amazement, astonishment.

تخارُج /təxa:rʊdʒ/ ■ *n.m.* partition of an estate amongst revenue.

تحصیلات /tæhsi:la:t/ ■ *n.f.* (*pl.* of تحصیل) collections; acquisitions.

تحصین /tæhsi:n/ ■ *n.f.* protection, refuge, shelter, fortification.

تحفتاً /tohfətən/ ■ *adv.* (also تحفۃً) as a gift, as a present.

تحفُّظ /təhəffʊz/ ■ *n.m.* **1** security, protection, safeguarding, preservation. **2** learning by heart, committing to memory. تحفظِ اثمار fruit preservation. تحفظِ اراضی soil conservation. تحفظِ اشجار و شکار preservation of game and tree. تحفظِ ذات self-preservation.

تحفُّظات /təhəffʊza:t/ ■ *n.m.* (*pl.* of تحفُّظ) reservations, express or tacit limitations or exceptions made about something.

تحفُّظاتی /təhəffʊza:ti:/ ■ *adj.* preservative, conservative.

تحفگی /tohfəgi:/ ■ *n.f.* **1** commendation. **2** rarity; excellence, elegance.

تحفہ /tohfa:/ ■ *n.m.* **1** gift, present. **2** something rare or valuable. ■ *adj.* rare, uncommon. تحفہ معجون wag, wit.

تحقُّق /təhəqqʊq/ ■ *n.m.* proving something to be a fact; certain knowledge, certainty, ascertainment.

تحقیر /tæhqi:r/ ■ *n.f.* humiliation, scornful or contemptuous treatment, insult.

تحقیرانہ /tæhqi:ra:na:/ ■ *adj.* insulting, humiliating, scornful.

تحقیق /tæhqi:q/ ■ *n.f.* **1** research. **2** verification, ascertaining the truth. **3** truth, exactness, fact. تحقیق کرنا **1** research, enquire into. **2** ascertain, verify, make sure.

تحقیقات /tæhqi:qa:t/ ■ *n.f.* (*pl.* of تحقیق) **1** inquiries, investigations. تحقیقاتِ ابتدائی / ماقبل preliminary enquiry or investigation. تحقیقات کرنا investigate, inquire.

تحقیقاتی /tæhqi:qa:ti:/ ■ *adj.* investigatory. تحقیقاتی کمیشن investigatory commission.

تحقیقی /tæhqi:qi:/ ■ *adj.* of or relating to research; certain, sure.

تحکُّم /təhəkkʊm/ ■ *n.m.* authority, imperiousness, domination. تحکم پسندانہ imperious, overbearing. تحکم جتانا act imperiously.

تحکُّماً /təhəkkʊmən/ ■ *adv.* commandingly; arrogantly.

تحکُّمانہ /təhəkkʊma:na:/ ■ *adj.* commanding, overbearing

تخرجہ /ṯəxrɪdʒɑ:/ ■ *n.m.* form of *tarikh* (تاریخ) in which numbers associated with some letters are deducted from the total in order to get the correct date. (See also تاریخ کہنا under تاریخ.)

تخریب /ṯəxri:b/ ■ *n.f.* destruction, devastation, subversion. تخریب پسند miscreant, mischief-maker. تخریب کار destroyer, saboteur, vandal.

تخریبی /ṯəxri:bi:/ ■ *adj.* destructive, vandalistic, violent. تخریبی کاروائیاں acts of vandalism or destruction, acts of sabotage.

تخریج /ṯəxri:dʒ/ ■ *n.f.* deduction; inference, drawing a conclusion.

تخش /ṯəxəʃ/ ■ *n.m.* **1** a type of bow and arrow. **2** a type of firework. **3** one who presides over a meeting.

تخشّب /ṯəxʃʊb/ ■ *n.m.* catalepsy.

تخشّع /ṯəxəʃʃoʔ/ ■ *n.m.* humility, humbleness.

تخصّص /ṯəxəssu:s/ ■ *n.m.* specialization.

تخصیب /ṯəxsi:b/ ■ *n.f.* fertilization.

تخصیص /ṯəxsi:s/ ■ *n.f.* specialization, speciality, peculiarity, particularity. تخصیص کرنا specialize, specify, reserve for oneself, particularize.

تخطیط /ṯəxṯi:ṯ/ ■ *n.f.* drawing lines, demarcation; design. تخطیطِ دماغ encephalography. تخطیطِ قلب cardiography.

تخفیف /ṯəxfi:f/ ■ *n.f.* **1** reduction, diminution, remission, abatement. **2** relief. تخفیفِ اسلحہ arms reduction. تخفیفِ قیمت devaluation, reduction in price. تخفیف کرنا **1** reduce, lessen. **2** retrench or reduce the number of employees, to demob, demobilize.

تخلّص /ṯəxəllus/ ■ *n.m.* (***Poet.***) **1** nom de plume of a poet, poetic name. **2** changeover in ode from introduction to theme.

تخلّف /ṯəxəllʊf/ ■ *n.m.* **1** being left behind; delay. **2** going back, going against, turning away. **3** going back on one's words. (*pl.* تخلّفات)

تخلّق /ṯəxəllʊq/ ■ *n.m.* good nature, adaptability.

تخلّل /ṯəxəllʊl/ ■ *n.m.* disturbance; dissension, discord.

تخلیص /ṯəxli:s/ ■ *n.f.* **1** freedom, release, saving, salvage. **2** refining (of ore), percolation, clearance. **3** (***Sufism***) purification of the heart.

تخلیط /ṯəxli:ṯ/ ■ *n.f.* **1** mixing, adulteration, blending, putting together. **2** intermixing truth and falsehood in themselves by lawful heirs.

تخاطب /ṯəxɑ:ṯʊb/ ■ *n.m.* address; speaking directly.

تخالف /ṯəxɑ:lʊf/ ■ *n.m.* mutual opposition or contention, opposition, antagonism.

تخانی /ṯɪxɑ:ni:/ ■ *adj.* having three shelves or niches.

تخبّط /ṯəxəbbʊṯ/ ■ *n.m.* craziness.

تخبیط /ṯəxbi:ṯ/ ■ *n.f.* madness, derangement.

تخت /ṯəxṯ/ ■ *n.m.* **1** takht, a piece of furniture made or used for sitting on. **2** throne, royal seat, chair of state. **3** kingship, monarchy. تخت بخت (a form of benediction, particularly used by woman) **1** throne and fortune, wedlock and wealth. **2** children and husband. تخت پر بٹھانا enthrone. تخت پر بیٹھنا mount or sit on the throne, reign. تخت چھوڑنا abdicate. تختِ رواں **1** throne on which a king or noblemen are carried. **2** palanquin. **3** imaginary flying car in fairy tales. تخت سے اتارنا dethrone. تختِ عاج (*fig.*) day. تخت کی رات the nuptial night, the night of consummation of marriage. تخت گاہ **1** the royal residence. **2** capital. تخت نشین reigning (king). تخت نشینی accession to the throne. تخت یا تختہ either a throne or a bier (said on engaging in a risky enterprise).

تختہ /ṯəxṯɑ:/ ■ *n.m.* **1** board, plank; bench. **2** sheet of paper. **3** deck of ship. **4** bed of flowers. **5** table, chart or statement of accounts or income. تختۂ اشتہار billboard. تختہ الٹنا overthrow (government); ruin, destroy; be overthrown. تختۂ برقی switch-board. تختہ بند **1** captive, prisoner. **2** splint, a strip of rigid material for supporting a fractured bone. تختہ بندی **1** arrangement of flower-bed. **2** wainscot. تختہ بندی کرنا **1** arrange flower-bed. **2** to plank. تختہ پل drawbridge. تختۂ تابوت bier, coffin. تختۂ سیاہ blackboard. تختۂ کاغذ a large sheet of paper. تختۂ مسطح plane table, surveying table. تختۂ مشق **1** practising board, tablet. **2** butt of a joke, guinea pig. تختۂ نرد a game of board developed against chess. تختہ ہوجانا (of body or body part) become stiff.

تختی /ṯəxṯi:/ ■ *n.f.* (*dim.* of تختہ) **1** small wooden board for children to write on, tablet, small plank. **2** nameplate.

تخدیر /ṯəxḏi:r/ ■ *n.f.* **1** anaesthesia. **2** causing a woman to take up the veil.

تخدیع /ṯəxḏi:ʔ/ ■ *n.f.* cheating, fraud, deceit.

تخیُّل /t̪əxəjjʊl/ ■ *n.m.* imagination, fancy, idea, thought, imagery. (*pl.* تخیُّلات)

تد /t̪əd/ ■ *adv.* (*var.* of تب) (*arch.*) then.

تداخُل /t̪əd̪ɑ:xʊl/ ■ *n.m.* 1 intermixture, mutual entrance or insertion. 2 (***Physics***) interference. 3 indigestion due to overeating.

تدارُک /t̪əd̪ɑ:rʊk/ ■ *n.m.* 1 amends, compensation. 2 redress, remedy; precautionary measure like, fine or warning to prevent a crime or misdeed; safeguard, means to prevent loss or obtain justice (e.g. advocate, witness, documents, etc.). 3 punishment. 4 finding something lost. تدارک کرنا remedy, redress; be prepared for, guard against, provide against, take precautions. تدارک ہونا be remedied, be redressed.

تدافُع /t̪əd̪ɑ:foʔ/ ■ *n.m.* 1 being mutually repellent, opposing; resisting; removal. 2 prevarication, evasion.

تدان /t̪əd̪ɑ:n/ ■ *adv.* (*arch.*) at that time, then.

تداوُل /t̪əd̪ɑ:vʊl/ ■ *n.m.* 1 passing from one to another. 2 tradition, custom.

تداوی /t̪əd̪ɑ:vi:/ ■ *n.f.* treating medically, applying a remedy, curing.

تدبُّر /t̪əd̪əbbʊr/ ■ *n.m.* prudence, statesmanship, careful thought, deliberation, foresight.

تدبیر /t̪əd̪bi:r/ ■ *n.f.* 1 plan, device, remedy, tactic, contrivance, way; way out, course or plan of action. 2 management. 3 opinion. تدبیر اُلٹی ہونا fail in effort. تدبیرِ سلطنت governance, management of state affairs. تدبیرِ فاسد a bad plot. تدبیر کرنا form a plan, arrange for, adopt a measure; deliberate for. تدبیر کند بندہ تقدیر زند خندہ what is fated cannot be changed by any means. تدبیرِ منزل domestic management or economy.

تدخین /t̪əd̪xi:n/ ■ *n.f.* burning incense, fumigation; smoking.

تِدرا /t̪ɪd̪rɑ:/ ■ *adj.* having three doors. ■ *n.m.* a house or building with three doors.

تدرُّج /t̪əd̪ərrʊdʒ/ ■ *n.m.* gradation, gradient.

تدرو /t̪əd̪ərv/ ■ *n.m.* (also تذرو) pheasant, cock.

تدریب /t̪əd̪ri:b/ ■ *n.f.* training of manners or habits; habit.

تدریج /t̪əd̪ri:dʒ/ ■ *n.f.* gradation, regular step, scale.

تدریجی /t̪əd̪ri:dʒi:/ ■ *adj.* gradual, progressive. تدریجی ارتقا a statement.

تخلیف /t̪əxli:f/ ■ *n.f.* disagreement, opposition.

تخلیق /t̪əxli:q/ ■ *n.f.* creation; production; invention; original work. تخلیق کار creator, originator.

تخلیقی /t̪əxli:qi:/ ■ *adj.* creative, originative; inventive. تخلیقی کام creative work or art.

تخلیل /t̪əxli:l/ ■ *n.f.* (***Islam***) wiping between the fingers and combing beard with fingers during ablution.

تخلیہ /t̪əxlɪjɑ:/ ■ *n.m.* privacy, solitude, seclusion.

تُخم /t̪ʊxm/ ■ *n.m.* 1 seed, sperm; egg. 2 (*fig.*) (i) origin. (ii) offspring. تخم بازی children's game with coloured eggs. تخم بالنگا seed of sweet basil, mountain balm seed, a kind of seed used in cold drink. تخمِ بدحرام of illicit birth, low-bred. تخم پاشی/ریزی sowing or scattering seed. تخم تاثیر صحبت کا اثر heredity and environment go together to make the man. تخم خطمی marsh mallow seeds (used as medicine). تخم خیارین seeds of cucumber and musk-melon used in medicine. تخم ریحان purslane, the seed of *Ocimum pilosum*. تخم کاہو seed of lettuce. تخم کتان linseed.

تُخمہ¹ /t̪ʊxmɑ:/ ■ *n.m.* 1 dyspepsia, vomit due to indigestion; indigestion. 2 (*fig.*) greed, inordinate appetite. [A]

تُخمہ² ——— ■ *n.m.* origin, birth; offspring. [P]

تُخمی /t̪ʊxmi:/ ■ *adj.* of or relating to تُخم. ■ *n.m.* seedling, grown by seed. تخمی آم ungrafted mango. (*cf.* قلمی آم)

تخمیر /t̪əxmi:r/ ■ *n.f.* 1 fermentation, rising of dough. 2 disposition, nature, innate nature.

تخمیس /t̪əxmi:s/ ■ *n.f.* 1 division into five parts. 2 (***Poet.***) a poem of five-couplet stanzas.

تخمیناً /t̪əxmi:nən/ ■ *adv.* nearly, about, more or less, by guess, approximately.

تخمین /t̪əxmi:n/ ■ *n.f.* estimate, guess.

تخمینہ /t̪əxmi:nɑ:/ ■ *n.m.* (also تخمینا) 1 estimate, evaluation, appraisal; conjecture, surmise. 2 cost-estimate, costing.

تخنیق /t̪əxni:q/ ■ *n.f.* strangulation.

تخویف /t̪əxvi:f/ ■ *n.f.* intimidation, terrifying, threatening. تخویفِ مجرمانہ criminal intimidation.

تخییل /t̪əxi:l/ ■ *n.f.* (also تخییل) idea, conception, act of imagining, imagination.

تذمیم /ṭəzmi:m/ ■ *n.f.* condemnation, censure.
تذویب /ṭəzvi:b/ ■ *n.f.* melting, thawing.
تذہیب /ṭəzhi:b/ ■ *n.f.* the art of gilding, gold-plating; illumination (of manuscripts).
تر /ṭər/ ■ *adj.* **1** wet, moist, damp, soggy, watery, juicy. **2** greasy. **3** refreshed, fresh, rich. ■ *suffix* forming adjectives, as: بدتر worse. بہتر better. کم تر less, least. تربتر drenched, soaked; rich (food) with much oil, saturated, completely wet. تربند wet bandage. تردامن guilty, sinful, immoral. تردامنی sinfulness, immorality. تردست adroit, dexterous, nimble. تردماغ wise, sage; semi-conscious. ترزبان eloquent. ترزبانی eloquence, silver tongue. ترکرنا wet, soak. ترلقمہ/مال/نوالہ **1** morsel of rich and tasty food. **2** (*fig.*) good catch, easy work, godsend, something obtained easily. ترنوازی beautiful singing voice. تروتازہ fresh and mellow, ripe and fresh. تروخشک comfort and distress, high and low, ups and downs, good and ill.
تُر /ṭur/ ■ *n.m.* (also تُرا) **1** weaver's brush. **2** shuttle; loom.
ترا /ṭɪrɑ:/ ■ *pron.* (*contr.* of تیرا) your.
تُراب /ṭurɑ:b/ ■ *n.f.* earth, ground; soil, dust.
تُرابی /ṭurɑ:bi:/ ■ *adj.* earthen, earthy.
تراتر /ṭərɑ:ṭər/ ■ *adj.* (*comb.* of تر) drenched.
تراجع /ṭərɑ:dʒoʔ/ ■ *n.m.* retrogression, backward movement, turn towards.
تراجم /ṭərɑ:dʒɪm/ ■ *n.m.* (*pl.* of ترجمہ) translations, translated books, renderings.
تراحُم /ṭərɑ:hum/ ■ *n.m.* showing mercy to each other, sympathizing with each other.
تراخی /ṭərɑ:xi:/ ■ *n.f.* procrastination, dawdling, delay.
تراذُف /ṭərɑ:ḍuf/ ■ *n.m.* **1** synonymity. **2** consecutiveness, following one after the other.
ترّار /ṭərrɑ:r/ ■ *adj.* (also طرّار) rapid, quick.
ترارا /ṭərɑ:rɑ:/ ■ *n.m.* **1** leap; gallop; quickness, rapidity; stream, flow. **2** boasting, bragging. ترارا بھرنا gallop, run, go at full speed, rush on. ترارامارنا brag, boast.
تراز /ṭərɑ:z/ ■ *adj.* (also طراز) embroidery design, form, pattern, style.
ترازو /ṭərɑ:zu:/ ■ *n.f.* balance, pair of scales. ترازومارنا cheat in weighing. ترازوہوجانا (of an arrow) penetrate.
تراس /ṭərɑ:s/ ■ *n.m.* fear, alarm, dread, terror.

gradual development.
تدریس /ṭəḍri:s/ ■ *n.f.* teaching, instruction, education.
تدریسی /ṭəḍri:si:/ ■ *adj.* instructional. تدریسی سال (also تعلیمی سال) academic year.
تدفین /ṭəḍfi:n/ ■ *n.f.* burial.
تدقیق /ṭəḍqi:q/ ■ *n.f.* **1** deep or minute study, discernment; research. **2** minuteness.
تدلیس /ṭəḍli:s/ ■ *n.f.* **1** deception, trickery, stratagem. **2** act of hiding mistakes, faults or imperfections.
تدمُّغ /ṭəḍəmmuɣ/ ■ *n.m.* haughtiness, arrogance, conceit.
تدمیر /ṭəḍmi:r/ ■ *n.f.* act of destroying, plundering.
تدوُّر /ṭəḍəvvur/ ■ *n.m.* circularity, roundness.
تدویر /ṭəḍvi:r/ ■ *n.f.* revolving, revolution. تدویرِکواکب revolution of the stars.
تدوین /ṭəḍvi:n/ ■ *n.f.* **1** collection, compilation, putting together. **2** collation; editing. **3** (***Music***) composition.
تدہُّر /ṭəḍəhhur/ ■ *n.m.* atheism.
تدہین /ṭəḍhi:n/ ■ *n.f.* oiling, anointing.
تدیُّن /ṭəḍəjjun/ ■ *n.m.* religiousness; probity, uprightness, truthfulness.
تِدھارا /ṭɪḍʰɑ:rɑ:/ ■ *n.m.* (also تِدہارا) **1** confluence or meeting of three streams or rivers. **2** a kind of cactus plant. ■ *adj.* three-edged.
تِدھر /ṭɪḍʰər/ ■ *adv.* there, in that place, thither.
تذبذُب /ṭəzəbzub/ ■ *n.m.* ambiguity, ambivalence; wavering, hesitation, doubt, uncertainty, vacillation, suspense; perplexity.
تذکار /ṭəzkɑ:r/ ■ *n.m.* account, narrative.
تذکُّر /ṭəzəkkur/ ■ *n.m.* **1** remembrance. **2** awareness, alertness. **3** advice, counsel.
تذکرہ /ṭəzkɪrɑ:/ ■ *n.m.* **1** memoir, biography. **2** remembrance. **3** collection of biographical notes (on poets, etc.). **4** discussion. **5** rumour; fame.
تذکیر /ṭəzki:r/ ■ *n.f.* **1** masculine gender. **2** helping to recall, refreshing the memory, bringing to memory. **3** mention.
تذکیہ¹ /ṭəzkɪjɑ:/ ■ *n.m.* slaughter of any animal. [A]
تذکیہ² ____ ■ *n.m.* sharpness of mind, discernment. [A]
تذلُّل /ṭəzəllul/ ■ *n.m.* meekness; humility; abjectness.
تذلیل /ṭəzli:l/ ■ *n.f.* humiliation, abasement, indignity, disgrace, degradation. تذلیل کرنا humiliate.

تراس /t̪ɑrɑ:s/ ■ *n.f.* thirst.
تراسی /t̪ɪrɑ:si:/ ■ *cardinal number* eighty-three.
تراسیواں /t̪ɪrɑ:si:vɑ̃:/ ■ *ordinal number* eighty-third.
تراش /t̪ərɑ:ʃ/ ■ *n.f.* **1** cut, cutting; clipping. **2** process of cutting. **3** style of cutting. **4** shape, form, make, build. **5** fashion, style. ■ *suffix* shaving, trimming, cutting; used in comp. as: بت تراش sculptor. جیب تراش pickpocket. تراش ڈالنا pare, trim, clip.
تراشنا /t̪ərɑ:ʃnɑ:/ ■ *v.* cut, slice, carve; clip, trim.
تراشہ /t̪ərɑ:ʃɑ:/ ■ *n.m.* cutting or clipping from a newspaper or magazine; chip, splinter, shred.
تراشی /t̪ərɑ:ʃi:/ ■ *n.f.* **1** cutting. **2** shaping, forming. ■ *suffix* used in comp. as: الزام تراشی act of accusing blaming. بہتان تراشی slandering.
تراضی /t̪ərɑ:zi:/ ■ *n.f.* conciliation, mutual agreement, compromise. تراضیِ طرفین consent of both parties.
تراکب /t̪ərɑ:kʊb/ ■ *n.m.* composition, combining of constituents.
تراکز /t̪ərɑ:kʊz/ ■ *n.m.* centricity, being concentric, meeting at a central point.
تراکم /t̪ərɑ:kʊm/ ■ *n.m.* heaping, piling; crowding.
تراکیب /t̪ərɑ:ki:b/ ■ *n.f.* (*pl.* of ترکیب) methods, plans.
ترانا /t̪ɪrɑ:nɑ:/ ■ *v.* cause to swim, float, let float.
ترانوے /t̪ɪrɑ:nve:/ ■ *cardinal number* ninety-three.
ترانوےواں /t̪ɪrɑ:nve:vɑ̃:/ ■ *ordinal number* ninety-third.
ترانہ /t̪ərɑ:nɑ:/ ■ *n.m.* (also ترانا) anthem; melody; ballad; style of classical singing.
ترانی /t̪ərɑ:ni:/ ■ *n.m.* protector, preserver, saviour.
ترانی /t̪ɪrɑ:ni:/ ■ *n.f.* a bribe given on the condition of being returned, if the work is not done.
تراوٹ /t̪ərɑ:vəʈ/ ■ *n.f.* (also تراوت) **1** moisture, dampness, juiciness. **2** greenness, freshness.
تراوش /t̪ərɑ:vɪʃ/ ■ *n.f.* dripping, distillation, exudation, oozing, trickling.
تراویح /t̪ərɑ:vi:h/ ■ *n.f.pl.* (***Islam***) special night-prayers in the month of Ramazan. (*sing.* ترویحہ)
تراہ /t̪ɪrɑ:h/ ■ *exclam.* help! mercy! save! تراہ تراہ پڑنا رچنا a hue and cry be raised. تراہ تراہ کرنا cry for mercy.
تراہا /t̪ɪrɑ:hɑ:/ ■ *n.m.* (also ترایہ) junction of three roads, trifurcation.
ترائب /t̪ərɑ:ɪb/ ■ *n.f.pl.* bones or ribs of upper side of chest or back. (*sing.* ترینہ)
ترائی /t̪ərɑ:i:/ ■ *n.f.* **1** foot of a mountain, marsh, low moist land lying along the bank of a river. **2** valley; meadow. **3** area along the Himalayan foothills in northern India. **4** watering, irrigation, wetting with water.
تُرائی /t̪ʊrɑ:i:/ ■ *adj.* excellent; superior, chief.
ترب /t̪ərəb/ ■ *n.m.* **1** supporting string in stringed musical instrument. **2** a kind of musical tone.
تُرب /t̪ʊrʊb/ ■ *n.m.* a radish-like vegetable.
تُربت /t̪ʊrbət/ ■ *n.f.* **1** dust, land. **2** (*fig.*) grave, tomb, sepulchre.
تُربتی /t̪ʊrbət̪i:/ ■ *adj.* sepulchral.
تُربُد /t̪ʊrbʊd̪/ ■ *n.m.* (also تربد) purgative root of *Convolvulus turpethum*.
تربوز /t̪ərbu:z/ ■ *n.m.* (also تربز) watermelon.
تُربہ /t̪ʊrbɑ:/ ■ *n.m.* graveyard.
ترتیب /t̪ərbi:b/ ■ *n.f.* education, training, bringing up.
تربیّت /t̪ərbɪjjət/ ■ *n.f.* (also تربیت) training, instruction, rearing; bringing up, breeding. تربیت پذیر trainee, tractable, amenable. تربیت دینا/کرنا train, rear, instruct; break (a horse). تربیت گاہ training institution. تربیت یافتہ trained.
تربیّتی /t̪ərbɪjjət̪i:/ ■ *adj.* instructional.
تربیدی /t̪ɪrbe:d̪i:/ ■ *adj.* (also ترویدی) (***Hinduism***) (person) having knowledge of the three Vedas.
تربیع /t̪ərbi:ʔ/ ■ *n.f.* **1** making a square. **2** an angle of ninety degrees. **3** (***Astrol.***) distance between two stars.
تربینی /t̪ɪrbe:ni:/ ■ *n.f.* **1** confluence of three rivers. **2** a place in Allahabad (India) where three rivers (the Ganges, Jamuna and Sarasvati) unite.
ترِبھُج /t̪ɪrbʰʊdʒ/ ■ *adj.* three sided. ■ *n.m.* triangle, trilateral.
تربھر /t̪ɪrbʰɪr/ ■ *adj.* **1** enraged, blind with rage. **2** scattered, dispersed.
تربھنگ /t̪ɪrbʰəŋg/ ■ *adj.* having three curves or bends; broken or bent at three points.
تربھنگا /t̪ɪrbʰəŋgɑ:/ ■ *n.m.* name of a standing posture in a dance. ■ *adj.* slanting, awry.
تربھون /t̪ɪrbʰəvən/ ■ *n.m.* **1** (***Hinduism***) the three regions of the universe; heaven, earth, and the infernal region. **2** (*coll.*) the universe.

ترجمان /t̪ərdʒʊmɑ:n/ ■ *n.m.* interpreter, spokesperson, representative, mouthpiece. (*cf.* مترجم)

ترجمانی /t̪ərdʒʊmɑ:ni:/ ■ *n.f.* **1** interpreting. **2** representation. **3** explanation.

ترجمہ /t̪ərdʒəmɑ:/ ■ *n.m.* (also ترجمہ) translation, version, rendering, rendition; interpretation. ترجمہ با محاورہ idiomatic translation. ترجمہ کرنا translate, render from one language into another. ترجمہ نویس translator. ترجمہ ہونا be translated or interpreted. (*pl.* تراجم)

ترجّی /t̪ərədʒdʒi:/ ■ *n.f.* wish, expectation, candidate (for something obtainable or accessible).

ترجیح /t̪ərdʒi:h/ ■ *n.f.* preference, priority, precedence; superiority. ترجیح بلا مرجح unreasonable preference. ترجیح دینا prefer, give priority. ترجیح رکھنا have precedence over, surpass, excel. ترجیح ملنا be given preference, be given priority or precedence.

ترجیحی /t̪ərdʒi:hi:/ ■ *adj.* preferential. ترجیحی سلوک preferential treatment.

ترجیع /t̪ərdʒi:ʔ/ ■ *n.f.* **1** recitation of انا للہ وانا الیہ راجعون at the news of someone's death or loss of something or at any calamity. **2** return of heavenly body to previous position. **3** (of a singer) going back to an earlier tune. **4** return; receiving back a repudiated or divorced wife; causing to return or recur. ترجیع بند (***Poet.***) poem with a refrain after every stanza.

ترچھا /t̪ɪrtʃʰɑ:/ ■ *adj.* **1** oblique, slanting, inclined, leaning, crossways, awry, bent, skew. **2** (*fig.*) (i) angry, ill-tempered; unhappy. (ii) foppish. ترچھا دیکھنا **1** squint. **2** look askance. ترچھا ہونا be enraged, be angry, be offended.

ترچھانا /t̪ɪrtʃʰɑ:nɑ:/ ■ *v.* (also ترچھا کرنا) slant, place obliquely; incline.

ترچھی /t̪ɪrtʃʰi:/ ■ *adj.* (*fem.* of ترچھا) ترچھی آنکھ/نظر/نگاہ **1** side glance. **2** angry look. **3** alluring glance. ترچھی سنانا say something unpleasant in anger. ترچھی نگاہ سے دیکھنا (*fig.*) cast unkind looks, look angrily at.

ترح /t̪ərəh/ ■ *n.m.* sorrow, anguish.

ترحّب /t̪ərəhhʊb/ ■ *n.m.* saying مرحبا, welcoming.

ترحّم /t̪ərəhhʊm/ ■ *n.m.* pity, kindness, compassion, mercy.

ترحیب /t̪ərhi:b/ ■ *n.m.* welcoming the guest, hospitality.

ترحیم /t̪ərhi:m/ ■ *n.f.* begging (God) for mercy.

ترُپ /t̪ʊrʊp/ ■ *n.m.* (***Cards***) trump, the suit chosen to rank above the others in a card game. ترپ چال moving a card of the trump suit in a card game. [E]

ترپال /t̪ɪrpɑ:l/ ■ *n.m.* tarpaulin, a canvas made waterproof by a coating of tar. [E]

ترُپائی /t̪ʊrpɑ:i:/ ■ *n.f.* (also ترُپن) hemming, felling.

ترپٹ /t̪ɪrpəʈ/ ■ *adj.* squint-eyed.

ترُپن /t̪ʊrpən/ ■ *n.f.* See ترُپائی.

ترپن /t̪ɪrpən/ ■ (also ترپن) *cardinal number* fifty-three.

ترُپنا /t̪ʊrəpnɑ:/ ■ *v.* hem, stitch to conceal first seams, fell.

ترپن بیل /t̪ɪrpənbe:l/ ■ *n.f.* a kind of embroidery in the form of a creeper with flowers.

ترپنواں /t̪ɪrpənvɑ̃:/ ■ (also ترپنواں) *ordinal number* fifty-third.

ترپولیا /t̪ɪrpo:lɪjɑ:/ ■ *n.m.* (also ترپولیہ) building with three gates.

ترپھلا /t̪ɪrpʰəlɑ:/ ■ *n.m.* medicine composed of three myrobalans, viz. *har* (ہڑ) *Terminalia chebula*, *bahera* (بہیڑا) *Terminalia bellerica*, and *aamla* (آملا) *Phyllanthus emblica*.

ترُت /t̪ʊrət̪/ ■ *adv.* (also ترُنت) soon, immediately, quickly. ترت پھرت promptness, quickness, swiftness. ترت کا fresh, recent, new.

ترتّب /t̪ərət̪t̪ʊb/ ■ *n.m.* being correct or in sequence; being organized.

ترترا /t̪ərt̪ərɑ:/ ■ *n.m.* a kind of plate or dish.

ترُترُا /t̪ʊrt̪ʊrɑ:/ ■ *adj.* nimble, agile, active, flippant, sharp, quick.

ترتراتا /t̪ərt̪ərɑ:t̪ɑ:/ ■ *adj.* dripping with cooking oil, very oily.

ترترانا /t̪ərt̪ərɑ:nɑ:/ ■ *v.* be drenched; drip with oil.

ترُترُی /t̪ʊrt̪ʊri:/ ■ *n.f.* a long horn or trumpet.

ترتیب /t̪ərt̪i:b/ ■ *n.f.* **1** order, arrangement; formation. **2** deployment, classification, assorting. **3** compilation; composing. **4** embellishment, decoration. ترتیبِ تہجی alphabetical order. ترتیب دینا **1** set in order, arrange. **2** compose. ترتیب سے/وار in proper order, methodically, regularly, consecutively.

ترتیل /t̪ərt̪i:l/ ■ *n.f.* (***Islam***) clear and distinct recitation of the Qur'an.

ترجانا /t̪ɪr dʒɑ:nɑ:/ ■ *v.* be famous, be rich, get high position.

ترخا /t̪ərxa:/ ■ *n.m.* wound, cut, sore.

ترخان¹ /t̪ərxa:n/ ■ *n.m.* one who is exempted from penal proceedings by royal or official command, noble, wealthy man. [T]

ترخان² ——— ■ *n.m.* (*var.* of ترکھان) carpenter. [Prk.]

ترخنا /t̪ərəxna:/ ■ *v.* (also ترخنا، ترکنا) split, crack, burst.

ترخیم /t̪ərxi:m/ ■ *n.f.* **1** abbreviation. **2** (***Ling.***) apocope; curtailment.

تردّد /t̪əraddud̪/ ■ *n.m.* **1** anxiety, worry, care. **2** effort, struggle. **3** hesitation, irresolution. تردد کرنا worry.

تردّدات /t̪ərəd̪ud̪a:t/ ■ *n.m.* (*pl.* of تردّد) ترددات دنیوی attention to worldly concerns, worldly engagements.

ترڈلا /t̪ɪrdɪla:/ ■ *n.f.* the creeping plant, *Cissus pedata.*

تردّی /t̪ərəd̪d̪i:/ ■ *n.f.* falling, falling to death.

ترديب /t̪ərd̪i:b/ ■ *n.f.* **1** thinness. **2** (*fig.*) flow.

تردید /t̪ərd̪i:d̪/ ■ *n.f.* refutation, rebuttal, denial, rejection, contradiction. تردید کرنا rebut, refute.

تردیف /t̪ərd̪i:f/ ■ *n.f.* coming after, following; ride behind someone on a horse.

ترزیق /t̪ɪrzi:q/ ■ *n.f.* idle or useless talk, drivel.

ترس /t̪ərəs/ ■ *n.m.* mercy, pity, compassion. ترس جانا be deprived of (something). ترس کھانا feel pity.

ترس /t̪ərs/ ■ *n.m.* fear, terror.

ترسا¹ /t̪ərsa:/ ■ *n.m.* Christian; fire-worshipper; pagan, infidel. [P]

ترسا² ——— ■ *adj.* tantalized, longing, desirous; thirsty. ترسا ترسا کر دینا dole out little by little. ترسا مارنا put in great agitation by tantalizing, make eager. [Prk.]

ترساں /t̪ərsã:/ ■ *adj.* fearful, afraid, timid.

ترسانا /t̪ərsa:na:/ ■ *v.* tantalize, create a longing in someone.

ترساوٹ /t̪ərsa:vəʈ/ ■ *n.f.* deprivation, mixed feeling of hope and despair.

ترسٹھ /t̪ɪrsəʈʰ/ ■ (also تریسٹھ) *cardinal number* sixty-three.

ترسنا /t̪ərəsna:/ ■ *v.* crave, long for, pine for, die for.

ترسنا /t̪ərsna:/ ■ *v.* feel fear, be afraid of.

ترسناک /t̪ərsna:k/ ■ *adj.* terrifying, horrible.

ترسول /t̪ɪrsu:l/ ■ *n.m.* (also ترشول) trident, three-pointed pike or spear, used as a symbol of Shiva.

ترسوں /t̪ərsõ:/ ■ *adv.* (also اترسوں) on the third day past or to come.

ترسیب /t̪ərsi:b/ ■ *n.f.* settling to the bottom.

ترسیدہ /t̪ərsi:d̪a:/ ■ *adj.* fearful, afraid, timid.

ترسیل /t̪ərsi:l/ ■ *n.f.* consignment; dispatch; remittance; sending; transmission.

ترسیم /t̪ərsi:m/ ■ *n.f.* graph; plotting a graph.

ترسیمی /t̪ərsi:mi:/ ■ *adj.* graphic. ترسیمی کاغذ graph paper.

تُرش /t̪urʃ/ ■ *adj.* **1** sour, acid, acidic, acrid, tart. **2** ill-tempered, crabbed, surly. ترش رو cross, peevish, surly. ترش روئی peevishness, surliness. ترش طبع مزاج surly, harsh.

ترِشا /t̪ɪrʃa:/ ■ *n.f.* thirst; desire, longing.

تُرشابہ /t̪urʃa:ba:/ ■ *n.m.* acid, vinegar.

ترشا ترشایا /t̪ərʃa: t̪ərʃa:ja:/ ■ *adj.* **1** cropped, peeled. **2** well-shaped; sculpted. **3** (*fig.*) civilized, refined, decent.

تُرشانا /t̪urʃa:na:/ ■ *v.* acidify, acidulate, turn or make something sour.

تُرشاوا /t̪urʃa:va:/ ■ *n.m.* citrus.

ترشّح /t̪ərəʃʃoh/ ■ *n.m.* drizzle, act of dripping, sprinkling. ■ *adj.* (*fig.*) manifest, apparent. ترشح کرنا sprinkle water (over).

ترشنا /t̪ərəʃna:/ ■ *v.* be cut, be clipped.

ترِشنا /t̪ɪrɪʃna:/ ■ *v.* **1** thirst. **2** avarice; ambition, desire.

ترشوانا /t̪ərəʃva:na:/ ■ *v.* have cut or pruned.

تُرشہ /t̪urʃa:/ ■ *n.m.* **1** wild sorrel, species of fruit. **2** an acid.

تُرشئی /t̪urʃəi:/ ■ *adj.* acidic.

تُرشی /t̪urʃi:/ ■ *n.f.* **1** sourness, acidity. **2** harshness.

ترشیح /t̪ərʃi:h/ ■ *n.f.* percolation.

ترصّد /t̪ərəssud̪/ ■ *n.m.* **1** expectation, hope. **2** watching stars with a telescope in observatory.

ترصید /t̪ərsi:d̪/ ■ *n.f.* telescopic observation of stars.

ترصیص /t̪ərsi:s/ ■ *n.f.* strength, stability.

ترصیع /t̪ərsi:ʔ/ ■ *n.f.* **1** setting of jewels; studding (with jewels); adornment, bedecking. **2** (***Poet.***) setting one phrase against another in corresponding rhymes; using words which correspond in measure and rhyme; composing (a poem).

ترصیف /t̪ərsi:f/ ■ *n.f.* queuing, alignment.

ترطیب /t̪ərt̪i:b/ ■ *n.f.* wetting, soaking, softening of temperament.

تُرغہ /t̪urɣɑ:/ ■ *n.m.* thrush, a melodious European bird.

ترغیب /t̪ərɣi:b/ ■ *n.f.* incitement, stimulation, allurement, bait, persuasion, temptation, instigation, inducement. ترغیب دینا induce, persuade, tempt. ترغیب وتحریص temptation, inducement.

ترفّع /t̪ərəffoʔ/ ■ *n.m.* **1** height; eminence, sense of greatness. **2** (***Psych.***) sublimation. **3** (*fig.*) pride, haughtiness.

ترقّب /t̪ərəqqʊb/ ■ *n.m.* expectation, hope.

ترقنا /t̪ərəqnɑ:/ ■ *v.* crack. See ترکنا.

ترقّی /t̪ərəqqi:/ ■ *n.f.* **1** progress, advancement, development; promotion. **2** increase, enhancement. **3** improvement. **4** ascent, exaltation. ترقی پانا get promotion, be promoted. ترقی پذیر developing, under development. ترقی پرہونا **1** be on the increase. **2** be improving. ترقی پسند progressive. ترقی دینا **1** promote, develop. **2** give or allow an increase in status or salary. ترقی کرنا advance, develop. ترقیِ معکوس retrogression. ترقی یافتہ advanced, developed. (*pl.* ترقیات)

ترقّی پسندیت /t̪ərəqqi: pəsənd̪ɪjət̪/ ■ *n.f.* (***Philos.***) progressivism.

ترقیدہ /t̪ərqi:d̪ɑ:/ ■ *adj.* (also ترکیدہ) cracked, split, fissured.

ترقیص /t̪ərqi:s/ ■ *n.f.* lowering and raising the voice, a defect in recitation of the Holy Quran.

ترقیع /t̪ərqi:ʔ/ ■ *n.f.* grafting, plastic surgery.

ترقیق /t̪ərqi:q/ ■ *n.f.* dilution, thinning; softening.

ترقیم /t̪ərqi:m/ ■ *n.f.* writing, notation, marking, writing figures.

ترک /t̪ərək/ ■ *n.f.* log, unhewn piece of a felled tree; rafter, beam.

ترک¹ /t̪ərk/ ■ *n.m.* leaving, desertion, omission, renouncing, giving up, giving away; parting with, abdication, abandonment, relinquishment. ترکِ ادب disrespect, rudeness. ترکِ تعلق **1** breaking off connections, severance of relations or ties. **2** (*fig.*) renouncing worldly pleasures. ترکِ حیوانات abstinence from eating meat and other diet derived from animals. ترکِ خدمت resignation from service. ترکِ دنیا abandoning worldly pleasures, becoming hermit. ترکِ صحبت breaking a relationship. ترک کرنا abandon, resign, leave, relinquish, omit, desist. ترکِ لذّات renunciation of worldly comforts. ترکِ موالات boycott, non-cooperation. ترکِ وطن exile; emigration. ترکِ وطن کرنا emigrate; go into exile. [A]

ترک² —— ■ *n.f.* **1** supposition, conjecture. **2** discussion, argument. **3** catchword. **4** bookmark. [S]

تُرک /t̪urk/ ■ *adj.* & *n.m.* **1** Turk, relating to or the inhabitant of central Asia, especially of Turkestan. **2** (*fig.*) (i) beloved. (ii) soldier. (iii) Muslim. ■ *adj.* Turkish. ترک تاز plunderer, looter. ترک تازی plunder, inroad, incursion. ترکِ چین (*fig.*) sun. ترکِ فلک رگردوں **1** the planet Mars. **2** the sun. ترک مزاج ruthless, cruel, savage; soldierly.

ترکاری /t̪ərkɑ:ri:/ ■ *n.f.* vegetable.

ترکال /t̪ɪrkɑ:l/ ■ *n.m.* **1** three tenses, viz. present, past, and future. **2** three times of the day, viz. morning, noon, and evening.

تُرکان /t̪urkɑ:n/ ■ *adj.* (*fem.* of تُرک) (also تُرکن) Turkic or Turkish (lady).

ترکٹ¹ /t̪ɪrkət̪/ ■ *n.m.* a red leafed plant, *Ruellia longifolia*. [S]

ترکٹ² —— ■ *n.m.* dance beat on a tabla. [Prk.]

ترکٹا /t̪ɪrkʊt̪ɑ:/ ■ *n.m.* mixture of pepper, long pepper and dry ginger.

ترکٹی /t̪ərkʊt̪i:/ ■ *n.m.* spindle, distaff.

ترکُّز /t̪ərəkkʊz/ ■ *n.m.* concentration.

ترکش /t̪ərkəʃ/ ■ *n.m.* quiver, an arrow case.

ترکِل /t̪ərkɪl/ ■ *n.m.* a plant which bears yellow flowers in autumn, *Cassia tora*.

ترکُل /t̪ərku:l/ ■ *n.m.* a palm tree and its fruit.

تُرکمان /t̪urkəmɑ:n/ ■ *n.m.* & *adj.* Turcoman, a member of the group of Turkic people.

ترکم ترکا /t̪ərkəmt̪ərkɑ:/ ■ *n.f.* (*coll.*) estrangement.

تُرکن /t̪urkən/ ■ *n.f.* Turkish lady.

ترکنڈا /t̪ɪrkənd̪ɑ:/ ■ *n.f.* a common fresh water fish with three bones.

ترکون /t̪ɪrko:n/ ■ *n.m.* triangle. ■ *adj.* three cornered, triangular.

ترکہ /t̪ərkɑ:/ ■ *n.m.* legacy, bequest, estate or property of a deceased person, inheritance by bequest or succession. ترکہ بلاوصیت نامہ intestate property. ترکۂ پدری

bequest left by father. ترکہ پانے والا successor, legatee.

ترکی /t̪ərki:/ ■ n.m. a kind of earring.

تُرکی /t̪ʊrki:/ ■ pr.n.m. Turkey. ■ n.f. 1 Turkish language. 2 bravery, valour. ■ adj. Turkish; (horse) of Turkish breed. ترکی بہ ترکی جواب دینا/سننا pay in the same coin; give tit for tat. ترکی تمام ہونا (a proud man) to be deflated, lose one's standing.

ترکے /t̪ərke:/ ■ n.m. (pl. & infl. of ترکہ) ترکے میں آنا obtain as an inheritance. ترکے میں چھوڑنا bequeath, leave behind.

ترکیب /t̪ərki:b/ ■ n.f. 1 synthesis, formation, constitution, structure. 2 mechanism, tactic, method, solution, plan, mode, technique; system, process, procedure. ترکیبِ استعمال procedure of use. ترکیب بتانا construe; suggest plan or way. ترکیب بند (Poet.) poem with each stanza ending with a rhyming couplet. ترکیب دینا 1 organize, compose. 2 mix, prepare mixture. 3 form, make. ترکیب کرنا 1 analyse. 2 devise, plan, scheme. 3 (Gram.) parse. ترکیب نکالنا find ways and means, devise tactics. (pl. تراکیب)

ترکیبی /t̪ərki:bi:/ ■ adj. composed, compounded, mixed.

ترکیز /t̪ərki:z/ ■ n.f. assembling at one place, concentration, centralization.

ترکھا /t̪ɪrkʰa:/ ■ n.m. harsh words, caustic remarks.

ترکھان /t̪ərkʰa:n/ ■ n.m. (also ترخان[2]) carpenter.

ترگ /t̪ərg/ ■ n.m. steel helmet.

ترلوک /t̪rɪlo:k/ ■ n.m. the three worlds, i.e. heaven, earth, and the lower regions (taken together); the universe.

تُرم /t̪ʊrəm/ ■ n.m. trumpet, bugle.

ترماب /t̪ɪrma:b/ ■ n.m. confluence of three rivers.

تُرمتی /t̪ʊrəmt̪i:/ ■ n.f. a falcon-type bird of prey.

تُرمچی /t̪ʊrəmtʃi:/ ■ n.m. bugler.

تُرّم خاں /t̪ʊrrəm xã:/ ■ n.m. (also تُرم باز خاں، طُرم خاں) boaster, braggart.

ترمرا /t̪ɪrmɪra:/ ■ n.m. 1 spot of oil floating on water. 2 lights seen as a result of a blow on the head; sensation of being dazzled; black spot before the eyes.

ترمرانا /t̪ɪrmɪra:na:/ ■ v. 1 glisten as grease or oil on water; dazzle. 2 be dazed; quiver; shake.

ترمری /t̪ɪrmɪri:/ ■ n.f. darkness before the eyes, giddiness, vertigo.

ترمید /t̪ərmi:d̪/ ■ n.f. incineration or calcination of metal.

ترمیم /t̪ərmi:m/ ■ n.f. modification, amendment, alteration; improvement. ترمیم شدہ amended, modified, changed; improved. ترمیم کرنا modify, amend; improve.

ترن /t̪ərən/ ■ n.m. a kind of wild rose.

تَرُن /t̪ərʊn/ ■ adj. 1 juvenile, young; adult. 2 fresh; new, novel.

تُرن /t̪ʊrən/ ■ n.m. a bugle-like musical instrument.

ترنا /t̪ɪrna:/ ■ v. 1 swim, float, go over or across. 2 (fig.) be successful; become famous.

تُرنت /t̪ʊrənt̪/ ■ adv. hastily, immediately, quickly, at once.

تُرنج /t̪ʊrəndʒ/ ■ n.m. 1 grapefruit; citron. 2 embroidered pattern like betel-leaf.

تُرنجبین /t̪ʊrəndʒəbi:n/ ■ n.f. Persian manna (a drink made of honey and lime-juice); sweetened lemon juice.

تُرنجی /t̪ʊrəndʒi:/ ■ adj. citron-coloured, orange-coloured.

ترنگ[1] /t̪ərəŋg/ ■ n.f. 1 caprice, whim, fancy. 2 mild intoxication, ecstasy. 3 pride, conceit. ترنگ آنا 1 have a whim. 2 feel ecstatic or excited. [S]

ترنگ[2] ____ ■ n.f. cauldron. [dial.]

تُرنگ /t̪ʊrəŋg/ ■ adj. moving quickly. ■ n.m. a quick horse.

ترنگا /t̪ɪrəŋga:/ ■ n.m. tricolour; flag having three colours, especially the flag of India.

ترنگل /t̪ɪrəŋgəl/ ■ n.m. three-pronged hoe.

تُرنگنی /t̪ʊrəŋgni:/ ■ n.f. dragonfly.

ترنگی /t̪ərəŋgi:/ ■ adj. capricious, whimsical, unsteady.

ترنّم /t̪ərənnʊm/ ■ n.m. singing, words uttered in a musical tune, modulation. ترنم سرا singer, one who sings in a musical tone. ترنم سے in a sing-song style.

ترو /t̪əru:/ ■ n.m. tree. تروتر the ground under a tree or about its roots.

ترواہا /t̪ɪrva:ha:/ ■ n.m. land at the river edge.

ترور /t̪ərvər/ ■ n.m. a tree Cassia auriculata, bark of this tree is used in dyeing leather.

ترونا /t̪əro:na:/ ■ n.m. stand at which hawker's tray is fixed.

ترونجا /t̪ərõ:dʒa:/ ■ n.m. raw sugar.

ترویب /t̪ərvi:b/ ■ n.f. coagulation, freezing, congealment.

ترویج /t̪ərvi:dʒ/ ■ n.f. causing a thing to be in demand, currency, circulation, popularization. ترویج دینا give currency, bring into vogue.

ترویح /t̪ərvi:h/ ■ n.f. 1 act of breathing. 2 giving comfort to a dead person's soul through praying.

ترویق /t̪ərvi:q/ ■ *n.f.* cleaning, making pure; sifting.

ترہ /t̪ərɑ:/ ■ *n.m.* greens, garden herbs. ترہ تیزک garden cresses. ترہ فروش greengrocer.

ترہّب /t̪ərəhhʊb/ ■ *n.m.* renouncing worldly pleasures, becoming hermit.

ترہی /t̪ʊrhi:/ ■ *n.f.* trumpet.

ترہیب /t̪ərhi:b/ ■ *n.f.* threat, menace.

تُرئی /t̪ʊrəi:/ ■ *n.f.* (also توری) a kind of cucumber, zucchini.

تری /t̪əri:/ ■ *n.f.* **1** moisture, dampness, wetness; marsh, swamp. **2** freshness. **3** moist soil. **4** gravy in a dish of meat. **5** ocean; hydrosphere.

تری /t̪ɪri:/ ■ *pron.* (*contr.* of تیری) your.

تریا /t̪ɪrjɑ:/ ■ *n.f.* female, woman. تریا چرتر، چلتر woman's wiles. تریا راج gynarchy, woman's rule, petticoat government. تریا ہٹ woman's tantrum, persistency or obstinacy.

تریاق /t̪ɪrjɑ:q/ ■ *n.m.* **1** antidote for a poison or snakebite, bezoar, which was used as an antidote for all poisons. **2** (*fig.*) opium.

تریاقی /t̪ɪrjɑ:qi:/ ■ *adj.* antidotal. ■ *n.m.* opium-eater, addict.

تری بری /t̪ɪri:bɪri:/ ■ *adj.* dispersed, scattered.

ترپن /t̪re:pən/ ■ (also ترِپن) *cardinal number* fifty-three.

ترپن واں /t̪re:pənvɑ̃:/ ■ *ordinal number* fifty-third.

تریڑا /t̪əre:ɽɑ:/ ■ *n.m.* (also تریرہ، تریڑہ) a continuous and copious flow (usu. of hot water). تریڑا دینا foment in this way.

تریڑنا /t̪əre:ɽnɑ:/ ■ *v.* (also تریرنا) pour water in a single stream.

تریز /t̪əri:z/ ■ *n.f.* gusset, transverse piece in a shirt.

تریسٹھ /t̪re:sət̪ʰ/ ■ (also ترسٹھ) *cardinal number* sixty-three.

تریسٹھواں /t̪re:sət̪ʰvɑ̃:/ ■ *ordinal number* sixty-third.

تریسر /t̪re:sər/ ■ *adj.* triangular. ■ *n.f.* triangle.

ترین¹ /t̪əri:n/ ■ *suffix* forming the superlatives of adjectives, as: امیر ترین richest. نازک ترین most delicate. [P]

ترین² ——— ■ *n.m.* a tribe of Pathans.

تڑ /t̪əɽ/ ■ *n.m.* whack, crack, crash; sound of slapping; sound produced by a thing falling. تڑ پڑ quickly, swiftly, rapidly, immediately. تڑتڑ in quick succession, continuously, one after another. تڑسے immediately; with a whack.

تڑاتڑ /t̪əɽɑ:t̪əɽ/ ■ *n.m.* **1** continuous firing of firearms. **2** falling sound of continuous rain. ■ *adv.* with continuous whack.

تڑاق /t̪əɽɑ:q/ ■ *n.f.* (also تڑاخ، تڑاک) whack, crack, crash; sound of stroke, blow or beating. تڑاق پڑاق **1** insolently, arrogantly; boldly. **2** quickly, immediately; one after another. تڑاق سے **1** with a whack, with a crash. **2** quickly.

تڑاقا /t̪əɽɑ:qɑ:/ ■ *n.m.* (also تڑاکا) **1** sound of gunfire. **2** sound of thunder. **3** drought; starving. **4** howling wilderness. **5** severity, intensity (of heat, thirst or hunger).

تڑاقے /t̪əɽɑ:qe:/ ■ *n.m.* (*pl. & infl.* of تڑاقا) (also تڑاکے) تڑاقے کا، کی **1** severe, unbearable. **2** scorching (heat). **3** intense (cold). **4** violent (storm). **5** tasty, delicious. **6** glittering; gorgeous.

تڑانا /t̪əɽɑ:nɑ:/ ■ *v.* (also ترانا) tingle, ache, have a sharp pricking pain due to inflammation.

تُڑانا /t̪ʊɽɑ:nɑ:/ ■ *v.* cause to break or part; change big denomination coin or note into smaller ones.

تڑپ /t̪əɽəp/ ■ *n.f.* **1** agitation, anxiety. **2** eagerness, deep longing, desire. **3** jump. **4** throb, palpitation. **5** flash of lightning. تڑپ اٹھنا become restless or uneasy. تڑپ جھڑپ agility, cleverness, vehemence.

تڑپانا /t̪əɽpɑ:nɑ:/ ■ *v.* torture, torment, tantalize.

تڑپڑی /t̪əɽpəɽi:/ ■ *n.f.* **1** agitation, restlessness, uneasiness. **2** the sharp hot taste of chillies.

تڑپن /t̪əɽpən/ ■ *n.f.* agitation, anxiety, uneasiness, throbbing.

تڑپنا /t̪əɽəpnɑ:/ ■ *v.* **1** writhe, be uneasy, be restless. **2** roll or toss about, thirst after, be anxious or eager for, be dying for, eagerly desire, long for.

تڑپھڑانا /t̪əɽpʰəɽɑ:nɑ:/ ■ *v.* (also تڑپڑانا) flutter, be restless.

تڑپھڑاہٹ /t̪əɽpʰəɽɑ:hət/ ■ *n.f.* (also تڑپڑاہٹ) fluttering; floundering; disquietude.

تڑتڑانا /t̪əɽt̪əɽɑ:nɑ:/ ■ *v.* (of guns) to volley, burst with a loud report.

تڑخ /t̪əɽəx/ ■ *n.f.* See تڑک.

تڑخنا /t̪əɽəxnɑ:/ ■ *v.* (also تڑقنا، تڑکنا) crack, split, open out, crackle.

bagasse.

تسابُق /t̪əsɑ:bʊq/ ■ *n.m.* surpassing each other, taking the lead, excelling.

تُسار /t̪ʊsɑ:r/ ■ *n.m.* **1** fog, mist; dew. **2** frost, snow; ice. **3** (*fig.*) greed.

تسافل /t̪əsɑ:fʊl/ ■ *n.m.* coming down, descent.

تِسالا /t̪ɪsɑ:lɑ:/ ■ *adj.* three-year-old; triennial.

تسالُم /t̪əsɑ:lʊm/ ■ *n.m.* making peace with each other.

تسامُح /t̪əsɑ:moh/ ■ *n.m.* **1** oversight, error, omission, mistake. **2** connivance. **3** describing something in an ambiguous way; pardon. **4** mutual kindness or forgiveness, reciprocal generosity or indulgence.

تسامحاً /t̪əsɑ:mohən/ ■ *adv.* by mistake, erroneously.

تساوی /t̪əsɑ:vi:/ ■ *n.f.* **1** equality, making or considering equal or at par. **2** similarity, likeness, sameness.

تساہُل /t̪əsɑ:hʊl/ ■ *n.m.* apathy, carelessness; slowness; easy-going attitude, tardiness, laziness. تساہل کرنا delay; be tardy, be lazy; show carelessness.

تسبیب /t̪əsbi:b/ ■ *n.f.* causation, causality.

تسبیح /t̪əsbi:h/ ■ *n.f.* **1** rosary; chaplet of beads. **2** glorification of God, sanctification of God (by repeating سبحان اللہ). تسبیح پڑھنا tell the beads. تسبیح خواں reciter of praise to God.

تسبیغ /t̪əsbi:ɣ/ ■ *n.f.* **1** completing. **2** (***Pros.***) addition of an *alif* (الف) before the last letter of a metrical unit, as مفاعیلان from مفاعیلن.

تستُّر /t̪əsəţţʊr/ ■ *n.m.* covering one's body, covering private parts, observing purdah.

تستیر /t̪əst̪i:r/ ■ *n.f.* concealing, hiding, secrecy.

تسجیع /t̪əsdʒi:ʔ/ ■ *n.f.* rhyming prose.

تسجیل /t̪əsdʒi:l/ ■ *n.f.* **1** registration. **2** affixing, inscribing.

تسحیق /t̪əshi:q/ ■ *n.f.* powdering, grinding.

تسخُّر /t̪əsəxxʊr/ ■ *n.m.* **1** mockery, ridicule, derision. **2** subduing. **3** forced labour without wages.

تسخیر /t̪əsxi:r/ ■ *n.f.* **1** making obedient or tractable, subduing. **2** capturing, conquering or subjugating (a country or a fort), captivating, bringing under control; subjugation of spirits or genii. تسخیر قلوب captivating or winning over the hearts, i.e. people.

تسدید /t̪əsd̪i:d̪/ ■ *n.f.* strengthening, reforming, correcting.

تسدیس /t̪əsd̪i:s/ ■ *n.f.* dividing into six parts; making a

ترس /t̪ərəs/ ■ *n.m.* hyena.

تڑک /t̪əɽək/ ■ *n.f.* (also تڑخ) split, chink, crack, crevice, cranny, fissure.

تڑکا /t̪əɽkɑ:/ ■ *n.m.* **1** daybreak, dawn. **2** seasoning a dish with fried herbs or seeds and oil. تڑکا لگانا **1** season a dish. **2** add something to enhance quality. تڑکا ہونا **1** day to break dawn. **2** be ruined, be beaten. **3** suffer from vertigo.

تڑکنا /t̪əɽəknɑ:/ ■ *v.* (also تڑقنا) **1** be split, crack. **2** (*fig.*) be angry.

تڑنگا /t̪əɽəŋgɑ:/ ■ *adj.* tall (usu. used with لمبا).

تڑوانا /t̪ʊɽvɑ:nɑ:/ ■ *v.* cause to break; cause to break someone's fast.

تڑی /t̪əɽi:/ ■ *n.f.* **1** threat, bullying; bluff. **2** loss, damage. تڑی پار ہونا escape. تڑی دینا bully, intimidate, threaten.

تزاحُم /t̪əzɑ:hʊm/ ■ *n.m.* crowding, jostling.

تزارید /t̪əzɑ:ri:d̪/ ■ *n.f.pl.* wrinkles, creases.

تزاید /t̪əzɑ:jʊd̪/ ■ *n.m.* increase, augmentation; prolongation (of disease).

تُزک /t̪ʊzʊk/ ■ *n.m.* (also تُوزُک) **1** system, arrangement, regulation, code (of military or court). **2** pomp. **3** diary, memoirs (of king). تزک واحتشام pomp and splendour.

تزکیہ /t̪əzkɪjɑ:/ ■ *n.m.* purification, sanctifying. تزکیۂ جذبات catharsis. تزکیۂ نفس self-purification of mind.

تزلزل /t̪əzəlzʊl/ ■ *n.m.* **1** agitation; furore, commotion, confusion, disorder. **2** earthquake. **3** wavering, uncertainty. (*pl.* تزلزلات)

تزمیر /t̪əzmi:r/ ■ *n.f.* playing the flute.

تزوُّج /t̪əzəvvʊdʒ/ ■ *n.m.* marrying, wedding.

تزویج /t̪əzvi:dʒ/ ■ *n.f.* taking a spouse, marrying, coupling.

تزویر /t̪əzvi:r/ ■ *n.f.* deception, deceit, fraud, falsehood.

تزہُّد /t̪əzəhhʊd̪/ ■ *n.m.* abstinence; worship.

تزئین /t̪əzi:n/ ■ *n.f.* (also تزیین) decoration, adornment. تزئین جمال beautification, make-up, embellishment.

تِس /t̪ɪs/ ■ *pron.* this; that; which. تس اوپر in spite of this, moreover. تس پر upon that, over and above; besides, moreover; whereon, thereupon. تس پر بھی for all this; still, yet; nevertheless. تس پیچھے after this; then, thereupon.

تُس /t̪ʊs/ ■ *n.m.* **1** particle, speck, fleck, crumb. **2** husk, hexagonal form; a sextile aspect of the planets.

تِسرا /t̪ɪsrɑ:/ ■ *adj.* (*var.* of تیسرا) تسرا کرکے for the third time.

تِسرانا /t̪ɪsrɑ:nɑ:/ ■ *v.* repeat a third time.

تَسَرُّف /t̪əsərrʊf/ ■ *n.m.* erosion.

تسطیح /t̪əst̪i:h/ ■ *n.f.* levelling, making flat and level.

تسطیر /t̪əst̪i:r/ ■ *n.f.* writing; scribbling.

تِسعہ /t̪ɪsʔɑ:/ ■ *cardinal number* nine.

تِسعی /t̪ɪsʔi:/ ■ *ordinal number* ninth.

تسعیر /t̪əsʔi:r/ ■ *n.f.* **1** fanning the flame. **2** (***Psych.***) inciting emotions.

تِسعین /t̪ɪsʔi:n/ ■ *cardinal number* ninety.

تَسَفُّل /t̪əsəffʊl/ ■ *n.m.* meanness, baseness; decline, fall, retrogression, deterioration.

تسقیہ /t̪əsqɪjɑ:/ ■ *n.m.* **1** sprinkling water. **2** (***Chem.***) sprinkle acid on some solution.

تسقیف /t̪əsqi:f/ ■ *n.f.* **1** laying of roof on a building. **2** consecration of bishop.

تسکیک /t̪əski:k/ ■ *n.f.* **1** minting coins. **2** making forged coins, telling fabricated stories. **3** monetization.

تسکین /t̪əski:n/ ■ *n.f.* satisfaction, consolation, appeasement, assuagement; ease, pacification, rest, comfort. تسکینِ اوسط (***Pros.***) making a *mutaharrik* (متحرک) letter *sakin* (ساکن). تسکین بخش assuasive, allaying, soothing, pacifying, consolatory. تسکین دینا console, solace, calm, tranquillize, soothe, pacify, comfort. تسکین ہونا be appeased, be consoled.

تسلا /t̪əslɑ:/ ■ *n.m.* (also تسلہ) a general purpose shallow round metallic basin or trough.

تسلُّح /t̪əsəlluh/ ■ *n.m.* arming, taking up weapons.

تسلُّخ /t̪əsəllʊx/ ■ *n.m.* (also تسلیخ) skinning of a slaughtered animal.

تسلسُل /t̪əsəlsʊl/ ■ *n.m.* continuation, succession, series, sequence, flowing, connecting like a chain.

تسلُّط /t̪əsəllʊt̪/ ■ *n.m.* domination, absolute rule, sway.

تسلُّم /t̪əsəllʊm/ ■ *n.m.* **1** admitting. **2** saying السلام علیکم ورحمۃ اللہ at the close of namaz.

تسلّی /t̪əsəlli:/ ■ *n.f.* consolation, solace, contentment, satisfaction, comfort; reassurance. تسلی بخش comforting, satisfactory; reassuring, consolatory. تسلی دینا comfort, console.

تسلیخ /t̪əsli:x/ ■ *n.f.* See تسلُّخ.

تسلیم /t̪əsli:m/ ■ *n.f.* **1** greeting, compliment, salutation; homage. **2** admittance, accepting, conceding; surrender. تسلیم کرنا admit, concede, acknowledge; surrender.

تسلیمات /t̪əsli:mɑ:t̪/ ■ *n.f.* (*pl.* of تسلیم) greetings, salutations.

تسلیہ /t̪əslɪjɑ:/ ■ *n.m.* See تسلّی.

تسمہ /t̪əsmɑ:/ ■ *n.m.* **1** shoelace, strap of leather, latchet or thong of leather or another material; leathern belt. **2** thin strip of skin. تسمہ باز / پا swindler, deceiver. تسمہ کرنا cut into pieces. تسمہ کش strangler, one who kills by strangling. تسمہ کھینچنا **1** tighten a strap. **2** strangle. تسمہ لگا نہ رکھنا sever completely; kill outright.

تسمیع /t̪əsmi:ʔ/ ■ *n.f.* (***Islam***) saying سمع اللہ لمن حمدہ in namaz.

تسمیہ /t̪əsmɪjɑ:/ ■ *n.m.* **1** naming, giving a name to. **2** (***Isj.***) (i) pronouncing the name of God in prayer. (ii) saying بسم اللہ.

تُس نفسی /t̪ʊs nəfsi:/ ■ *n.m.* loose, rude or obscene talk.

تسنُّن /t̪əsənnʊn/ ■ *n.m.* (***Islam***) following the Sunna; professing to be a Sunni.

تسنیم /t̪əsni:m/ ■ *n.f.* (***Islam***) name of a fountain or canal in Paradise.

تسو /t̪əsu:/ ■ *n.m.* (also تسُّو) one inch and a half; one-eighth of a foot; twenty-fourth part of a yard.

تِسوانسی /t̪ɪsvɑ̃:si:/ ■ *n.f.* the twentieth part of a *biswansi* (بسوانسی).

تسوُّس /t̪əsəvvʊs/ ■ *n.m.* decay and crumbling of bone, caries.

تسوید /t̪əsvi:d̪/ ■ *n.f.* **1** blackening. **2** (*fig.*) (i) writing, sketch, rough draft, plan. (ii) tattooing.

تسویف /t̪əsvi:f/ ■ *n.f.* delay, procrastination.

تسویق /t̪əsvi:q/ ■ *n.f.* compulsion, obsession.

تسویل¹ /t̪əsvi:l/ ■ *n.f.* **1** misleading, deception. **2** seduction, urge to sin. **3** justifying with ulterior motives, making lame excuses, mixing up fiction and facts. [A]

تسویل² —— ■ *n.f.* begging, asking. [A]

تسویہ /t̪əsvɪjɑ:/ ■ *n.m.* arrangement, putting in order, setting right, adjustment, levelling.

تسہیل /t̪əshi:l/ ■ *n.f.* making easy, facilitation.

تسہیم /t̪əshi:m/ ■ *n.f.* dividing, apportionment.

تسیُّر /t̪əsəjjʊr/ ■ *n.m.* roam, tour, wandering.

تشدید /t̪əʃd̪i:d̪/ ■ *n.f.* doubling the sound of a letter; gemination; orthographical sign (ّ) used to indicate it.

تشرُّب /t̪əʃərrʊb/ ■ *n.m.* absorption.

تشرُّع /t̪əʃərroʔ/ ■ *n.m.* (***Islam***) acting on tenets of faith. (See also مُتشرِع.)

تشرُّف /t̪əʃərrʊf/ ■ *n.m.* honour.

تشریح /t̪əʃri:h/ ■ *n.f.* **1** explanation, details; exposition, elucidation; commentary; exegesis. **2** dissecting a body. (علم) تشریح الابدان the science of anatomy. تشریح داں anatomist. تشریح طلب annotatable. تشریح کرنا give details, elaborate, explain, elucidate. تشریح وار in detail, with full particulars, minutely.

تشریحی /t̪əʃri:hi:/ ■ *adj.* **1** detailed, explanatory. **2** anatomical. تشریحی یادداشت explanatory memorandum.

تشریع /t̪əʃri:ʔ/ ■ *n.f.* Sharia, Islamic law, propagation of Sharia, framing laws.

تشریف /t̪əʃri:f/ ■ *n.f.* **1** exaltation; honouring. **2** investing with a splendid robe. تشریف ارزانی فرمانا be pleased to take a seat; honour with one's presence. تشریف آوری arrival of (some respected or venerable person). تشریف بری going. تشریف رکھنا take a seat; be pleased to sit down, stay. تشریف لانا come, honour with one's presence. تشریف لے جانا go or leave, depart.

تشریک /t̪əʃri:k/ ■ *n.f.* **1** making one a partner, associating one with. **2** making someone partner of God, polytheism.

تشعُّب t̪əʃəʔʔʊb/ ■ *n.m.* branching, grouping, formation of group.

تشعُّر /t̪əʃəʔʔʊr/ ■ *n.m.* writing poetry.

تشعیث /t̪əʃʔi:s/ ■ *n.f.* **1** diffusion, dispersion; confusion. **2** (***Pros.***) elision of the first letter of a *vatad-e-majmoo* (وتدِ مجموع).

تشفُّع /t̪əʃəffoʔ/ ■ *n.m.* **1** intercession. **2** (*fig.*) recommendation.

تشفّی /t̪əʃəffi:/ ■ *n.f.* satisfaction, consolation; reassurance. تشفی دینا give solace. تشفی کرنا satisfy.

تشقیق /t̪əʃqi:q/ ■ *n.f.* **1** breaking into parts, fission. **2** analysis.

تشکُّر /t̪əʃəkkʊr/ ■ *n.m.* thanks, thankfulness.

تشکُّک /t̪əʃəkkʊk/ ■ *n.m.* doubt, suspicion, scepticism.

تشکیک /t̪əʃki:k/ ■ *n.f.* raising doubts, causing suspicion,

تسییح /t̪əsji:h/ ■ *n.f.* melting, dissolving.

تسییر /t̪əsji:r/ ■ *n.f.* **1** banishment. **2** taking someone on a tour. **3** circular motion of a planet in its orbit.

تشابُک /t̪əʃɑ:bʊk/ ■ *n.m.* intertwining.

تشابُہ /t̪əʃɑ:boh/ ■ *n.m.* likeness, resemblance, similitude.

تِشاخہ /t̪ɪʃɑ:xɑ:/ ■ *adj.* of three branches, having three corners or ends.

تشاغُب /t̪əʃɑ:ɣʊb/ ■ *n.m.* going against, turning away; propaganda; hullabaloo, uproar.

تشاغُل /t̪əʃɑ:ɣʊl/ ■ *n.m.* preoccupation, being busy.

تشاکُل /t̪əʃɑ:kʊl/ ■ *n.m.* **1** mutual resemblance. **2** (***Physics, Math.***) symmetry.

تشاؤُم /t̪əʃɑ:ʊm/ ■ *n.m.* considering (something) ominous.

تشبُّک /t̪əʃəbbʊk/ ■ *n.m.* netting; state of having holes.

تشبُّہ /t̪əʃəbboh/ ■ *n.m.* **1** resemblance. **2** emulation.

تشبیب /t̪əʃbi:b/ ■ *n.f.* (***Poet.***) introduction of an ode; amatory preface to an ode.

تشبیک /t̪əʃbi:k/ ■ *n.f.* twisting, interlacing fingers.

تشبیہہ /t̪əʃbi:h/ ■ *n.f.* (also تشبیہ) simile, comparison, likening. تشبیہہ دینا liken, use a simile.

تَشت /t̪əʃt̪/ ■ *n.m.* (also طشت) large basin; large platter. تشت ازبام ہونا **1** be publicly known, be revealed. **2** be disgraced.

تُشت /t̪ʊʃt̪/ ■ *int.* (also دُشت) hush!

تشتُّت /t̪əʃət̪t̪ʊt̪/ ■ *n.m.* disunity, disorder, confusion.

تشتری /t̪əʃt̪əri:/ ■ *n.f.* (also طشتری) saucer, small plate; salver.

تشجُّر /t̪əʃədʒdʒʊr/ ■ *n.m.* growth (of a plant).

تشجیر /t̪əʃdʒi:r/ ■ *n.f.* **1** plantation. **2** writing in the form of a tree.

تشخُّص /t̪əʃəxxʊs/ ■ *n.m.* identity, identification; personality; discrimination; appropriation.

تشخیص /t̪əʃxi:s/ ■ *n.f.* **1** diagnosis; assessment, appraisal, evaluation, ascertainment. **2** distinguishing perfectly. **3** determination. تشخیص جمع بندی annual revenue assessment. تشخیص کرنا **1** diagnose; evaluate, appraise, ascertain, assess. **2** (of amount, etc.) settle. تشخیص گاہ clinic.

تشدُّد /t̪əʃədd̪ʊd̪/ ■ *n.m.* violence, oppression, force; severity, hardship, intensity; aggravation. تشدد برتنا رکرنا resort to violence, treat harshly, torture.

convolutions.

تصاعُد /ṭəsɑ:ʔʊḏ/ ■ *n.m.* ascending, going up.

تصافُح /ṭəsɑ:foh/ ■ *n.m.* handshake.

تصانیف /ṭəsɑ:ni:f/ ■ *n.f.* (*pl.* of تصنیف) writings; books.

تصاویر /ṭəsɑ:vi:r/ ■ *n.f.* (*pl.* of تصویر) pictures.

تصحیح /ṭəshi:h/ ■ *n.f.* correction, rectification, amendment. emendation in text. تصحیح کرنا amend, correct, rectify, adjust. تصحیح ہونا **1** be corrected, be rectified, be amended. **2** (of proofs) be read.

تصحیف /ṭəshi:f/ ■ *n.f.* orthographical mistake; making an error in writing; change in the original text.

تصدُّق /ṭəsəḏḏʊq/ ■ *n.m.* sacrifice, oblation. تصدق کرنا give in charity; sacrifice; the act of sacrificing life or possessions (an expression of great love and devotion). تصدق ہونا sacrifice one's life or possessions.

تصدیع /ṭəsḏi:ʔ/ ■ *n.f.* **1** pain, headache, ache. **2** trouble, misery.

تصدیعہ /ṭəsḏi:ʔɑ:/ ■ *n.m.* **1** trouble, hardship. **2** annoyance, worry; inconvenience. **3** headache. تصدیعہ اٹھانا be vexed, suffer from troubles, face hardship.

تصدیق /ṭəsḏi:q/ ■ *n.f.* **1** attestation, certification, authentication; affirmation, corroboration, confirmation; verification; countersignature. **2** (***Logic***) premise, premiss. تصدیق بلاتصور presupposition. تصدیق شدہ verified, certified, attested, authenticated, affirmed, countersigned. تصدیقِ عینی eyewitness, testimony or proof. تصدیق کرنا attest, verify. تصدیق نامہ certificate, testimonial.

تصدیقی /ṭəsḏi:qi:/ ■ *adj.* of or relating to attestation. تصدیقی دستخط attesting signature, countersignature.

تصرُّف /ṭəsərrʊf/ ■ *n.m.* **1** use, utilization. **2** possession, occupancy; sway, dominion. **3** expenditure, expenses. **4** disposal, management. **5** change, tampering with. **6** *Urduization* (of foreign word). **7** supernatural power. تصرفِ بیجا misappropriation, embezzlement, defalcation, unlawful possession. تصرف کرنا،میں لانا **1** use. **2** embezzle. **3** expend. **4** take possession of, occupy. تصرفِ مجرمانہ (***Law***) embezzlement.

تصرُّفات /ṭəsərrʊfɑ:ṯ/ ■ *n.m.* (*pl.* of تصرُّف) **1** sum total of expenses. **2** unauthorized changes.

تصرُّفی /ṭəsərrʊfi:/ ■ *n.f.* food for servants. ■ *adj.* disposable.

making sceptical, leaving (someone) in doubt.

تشکیل /ṭəʃki:l/ ■ *n.f.* shaping, moulding, making, building, formation, forming.

تِشنا /ṭɪʃnɑ:/ ■ *n.m.* curse, imprecation; taunt.

تشنُّج /ṭəʃənnʊdʒ/ ■ *n.m.* **1** cramps, convulsion, spasm, twisting. **2** disorder, tumult.

تشنک /ṭəʃnək/ ■ *n.m.* **1** an iron instrument for piercing wall. **2** the palate.

تِشنگی /ṭɪʃnəgi:/ ■ *n.f.* (also تشنگی) **1** thirst. **2** (*fig.*) longing, desire, temptation.

تِشنہ /ṭɪʃnɑ:/ ■ *adj.* (also تشنہ) **1** thirsty. **2** (*fig.*) longing, desirous, pining for. تشنۂ خون bloodthirsty, eager to kill and maim. تشنہ کام deprived; hopeless; unsuccessful; unlucky. تشنہ کام محبت with unrequited love. تشنہ لب **1** thirsty. **2** (*fig.*) desirous, longing for, eager. تشنہ لبی **1** thirst. **2** (*fig.*) desire.

تشنیع /ṭəʃni:ʔ/ ■ *n.f.* reproach, taunt, cursing and taunting, disparaging.

تشوُّہ /ṭəʃəvvoh/ ■ *n.m.* malformation.

تشویش /ṭəʃvi:ʃ/ ■ *n.f.* anxiety, anxiousness, angst, worry; disquietude, apprehension, apprehensiveness, uneasiness; concern. تشویش میں پڑنا worry about; be alarmed.

تشویق /ṭəʃvi:q/ ■ *n.f.* persuasion; inducement, encouragement, urging.

تشہُّد /ṭəʃəhhʊḏ/ ■ *n.m.* (***Islam***) avowing faith by reciting the کلمۂ شہادت.

تشہیر /ṭəʃhi:r/ ■ *n.f.* **1** publicity, public exposure, proclaiming. **2** (*fig.*) disgrace, infamy. تشہیر کرنا publicize, expose publicly. تشہیر ہونا be publicized.

تشیُّخ /ṭəʃəjjʊx/ ■ *n.m.* making a show of dignity, boasting, self-praise, pretence to honour or dignity.

تشیُّع /ṭəʃəjjoʔ/ ■ *n.m.* claiming to be a Shiite, adopting Shi'ism.

تشیُّن /ṭəʃəjjʊn/ ■ *n.m.* magnificence, elegance, dignity.

تصاحُب /ṭəsɑ:hʊb/ ■ *n.m.* living together, being in company.

تصادُق /ṭəsɑ:ḏʊq/ ■ *n.m.* mutual verification, mutual trust.

تصادُم /ṭəsɑ:ḏʊm/ ■ *n.m.* collision, clash; conflict, encounter, quarrel.

تصاریف /ṭəsɑ:ri:f/ ■ *n.f.* (*pl.* of تصریف) rotations,

تصریح /t̪əsri:h/ ■ *n.f.* clarification, elucidation, explanation, detail, making clear; narration. تصریح کرنا expound, clarify, elucidate.

تصریف /t̪əsri:f/ ■ *n.f.* **1** conversion, change from one state to another. **2** (***Gram.***) inflection, conjugation, declension. تصریف کرنا inflect, conjugate. (*pl.* تصاریف)

تصریفی /t̪əsri:fi:/ ■ *adj.* inflective.

تصعید /t̪əsʔi:d̪/ ■ *n.f.* **1** raising, elevation, ascent. **2** (***Chem.***, ***Psych.***) sublimation.

تصغیر /t̪əsɣi:r/ ■ *n.f.* diminution.

تصفُّح /t̪əsəffoh/ ■ *n.m.* investigation, scrutiny, inspection, examination.

تصفیق /t̪əsfi:q/ ■ *n.f.* clapping.

تصفیہ /t̪əsfijɑ:/ ■ *n.m.* **1** reconciliation, rapprochement; settlement of some dispute, adjustment, decision, disposal. **2** purification, purity (of mind), purgation. تصفیہ کرانا effect a reconciliation or settlement, have a matter decided. تصفیہ کرنا settle, decide. تصفیہ ہونا be settled.

تصلُّب /t̪əsəllʊb/ ■ *n.m.* hardness. تصلبِ شرائین hardening of the blood vessels, arteriosclerosis.

تصلیب /t̪əsli:b/ ■ *n.f.* crucifixion; making the sign of the cross.

تصلیف /t̪əsli:f/ ■ *n.f.* boasting, bragging, showing off.

تصمیم /t̪əsmi:m/ ■ *n.f.* strengthening, making pure, holding firmly (an opinion), determination, resolve.

تصنُّع /t̪əsənnoʔ/ ■ *n.m.* artificiality, fabrication, affectation, falsification, hypocrisy.

تصنیف /t̪əsni:f/ ■ *n.f.* literary composition; book, writing (an original book, article, etc.). تصنیف کرنا compose, write (a book, etc.). (*pl.* تصانیف)

تصوُّر /t̪əsəvvʊr/ ■ *n.m.* **1** idea, thought, concept, reflection, conception; fancy, imagination; consideration, contemplation. **2** (***Logic***) term, a thought which is not ordered. تصور کرنا/میں لانا fancy, imagine, think, picture to oneself; consider. تصورنگاری ideography.

تصوُّری /t̪əsəvvʊri:/ ■ *adj.* imaginary.

تصوُّریّت /t̪əsəvvʊrijjət̪/ ■ *n.f.* **1** (***Philos.***) idealism. **2** conceptualism.

تصوُّف /t̪əsəvvʊf/ ■ *n.m.* Sufism, Islamic mysticism, search for the ultimate reality through self purification.

تصویب /t̪əsvi:b/ ■ *n.f.* approval, confirmation.

تصویت /t̪əsvi:t̪/ ■ *n.f.* vocalization, phonation.

تصویر /t̪əsvi:r/ ■ *n.f.* **1** picture, portrait; photo, photograph; image; painting, drawing. **2** likeness. ■ *adj.* very pretty, picture-like. تصویر اتارنا draw a picture; take a photograph. تصویر آنکھوں میں پھرنا keep thinking of someone all the time. تصویر بن جانا be struck dumb, be dumbfounded. تصویرِ حیرت confounded, aghast, nonplussed. تصویر خانہ picture gallery. تصویرِ خیالی imaginary figure. تصویرِ سایہ دار sculpture, statue. تصویرِ قالی/قالین **1** figure on a carpet. **2** (*fig.*) powerless, weak person. تصویر کا دوسرا رخ the other side of the picture. تصویر کشی **1** photography. **2** painting. **3** characterization. تصویر کھینچنا **1** take a photograph with a camera. **2** draw a picture, paint a picture, portray. **3** (*fig.*) describe vividly in words. تصویرِ گِل clay idol. تصویر لگانا to hang or put a picture (on a wall or in an album). (*pl.* تصاویر)

تصویرچہ t̪əsvi:rtʃɑ:/ ■ *n.m.* (*dim.* of تصویر) miniature portrait.

تصویری /t̪əsvi:ri:/ ■ *adj.* pictorial. تصویری ابجد hieroglyphic writing. تصویری تحریر pictograph, pictogram.

تصوین /t̪əsvi:n/ ■ *n.f.* protection, stability, strength.

تضاد /t̪əzɑ:d̪/ ■ *n.m.* contradiction, contrast, opposition, inconsistency. (See also مُتضاد.)

تضارُب /t̪əzɑ:rʊb/ ■ *n.m.* clash.

تضاعُف /t̪əzɑ:ʔʊf/ ■ *n.m.* augmentation, increase, doubling, making multiples of something.

تضبیط /t̪əzbi:t̪/ ■ *n.f.* making rules and regulations.

تضحیک /t̪əzhi:k/ ■ *n.f.* mockery, mocking, ridicule, derision, laughing at. تضحیک کا نشانہ بنانا/کرنا ridicule, expose to ridicule, deride, mock.

تضحیکی /t̪əzhi:ki:/ ■ *adj.* ridiculous. تضحیکی خاکہ caricature.

تضرُّع /t̪əzərroʔ/ ■ *n.m.* humility, self-abasement; supplication, entreaty, lamentation.

تضعیف /t̪əzʔi:f/ ■ *n.f.* **1** doubling, augmenting, folding over. **2** making weak; weakness.

تضلیل /t̪əzli:l/ ■ *n.f.* misleading, deluding, perversion.

تضمید /t̪əzmi:d̪/ ■ *n.f.* anointing, applying ointment or unguent.

تضمین /t̪əzmi:n/ ■ *n.f.* **1** incorporating, inclusion. **2** (***Poet.***) composing a poem by adding lines to the couplets of

تعاکُس /ṭəʔɑ:kʊs/ ■ *n.m.* **1** reversion; reaction. **2** echo.
تعال /ṭəʔɑ:l/ ■ *exclam.* (welcoming phrase) be exalted; ascend! come here!
تعالیٰ /ṭəʔɑ:lɑ:/ ■ *adj.* most high, exalted. تعالیٰ اللہ **1** God is exalted. **2** (*fig.*) good! well done! wonderful!
تعامُل /ṭəʔɑ:mʊl/ ■ *n.m.* interaction; mutual cooperation.
تعامُّل /ṭəʔɑ:mmʊl/ ■ *n.m.* **1** effect. **2** (***Chem.***) (chemical or nuclear) reaction. تعامل گر reactor. (*pl.* تعاملات)
تعاوُن /ṭəʔɑ:vʊn/ ■ *n.m.* cooperation, mutual aid, assistance. تعاون کرنا cooperate.
تعاہُد /ṭəʔɑ:hʊḍ/ ■ *n.m.* mutual agreement, covenant, contract.
تعب /ṭəʔəb/ ■ *n.m.* **1** trouble, hardship. **2** exertion, fatigue; labour. **3** suffering, grief, sorrow.
تعبُّد /ṭəʔəbbʊḍ/ ■ *n.m.* religious devotion, worship; being pious.
تعبُّس /ṭəʔəbbʊs/ ■ *n.m.* petulance, irritability, peevishness, being cross.
تعبیر /ṭəʔbi:r/ ■ *n.f.* **1** interpretation (of dream). **2** explanation; putting a new construction (on words). تعبیرُ الرویا art or science of interpretation of dreams, oneiromancy. تعبیر گو interpreter of dreams.
تعبیہ /ṭəʔbɪjɑ:/ ■ *n.m.* **1** arrangement, setting in order; getting ready. **2** accoutrements. **3** concealment.
تعجُّب /ṭəʔədʒdʒʊb/ ■ *n.m.* surprise, astonishment, wonder, amazement. تعجب انگیز astounding. تعجب کرنا/ہونا wonder, be surprised, be amazed.
تعجیل /ṭəʔdʒi:l/ ■ *n.f.* haste, hurry, quickness, expedition, unwarranted haste. تعجیل کار شیاطین بود unwarranted haste is devilry, haste makes waste. تعجیل کرنا expedite, hurry, act with dispatch.
تعجیلی /ṭəʔdʒi:li:/ ■ *adj.* express (letter, telegram, etc.). تعجیلی تقسیم express delivery.
تعجیم /ṭəʔdʒi:m/ ■ *n.f.* putting dots on the letters (of written text).
تعداد /ṭəʔdɑ:ḍ/ ■ *n.f.* number, strength, enumeration, computation; sum, amount. تعداد بتانا give or tell the number of something.
تعدُّد /ṭəʔəddʊḍ/ ■ *n.m.* **1** being more than one, plurality, being numerous, large number. **2** (***Physics***) frequency. تعددِ ازدواج/ازواج polygamy. تعددِ الوان

a ghazal, etc. (often of another poet). تضمین کرنا compose such a poem.
تضیع /ṭəzi:ʔ/ ■ *n.f.* waste, squander, spoiling. تضیعِ اوقات waste of time.
تطابُق /ṭəṭɑ:bʊq/ ■ *n.m.* conformity, concurrence, congruity; adaptation; correspondence.
تطاوُل /ṭəṭɑ:vʊl/ ■ *n.m.* **1** high-handedness, tyranny, usurpation. **2** insolence, haughtiness. **3** extention, length.
تطبُّق /ṭəṭəbbʊq/ ■ *n.m.* arrangement in layers, stratification.
تطبیق /ṭəṭbi:q/ ■ *n.f.* comparison, likening; putting two things together face to face, making things coincide, conformity. تطبیق دینا make exactly alike; compare.
تطعیم /ṭəṭʔi:m/ ■ *n.f.* grafting; vaccination.
تطفیف /ṭəṭfi:f/ ■ *n.f.* giving short weight, weighing short.
تطوُّع /ṭəṭəvvoʔ/ ■ *n.m.* doing some good work without being asked, voluntary service.
تطویل /ṭəṭvi:l/ ■ *n.f.* prolonging, extending, stretching out. تطویلِ لاطائل unnecessary prolongation.
تطہیر /ṭəṭhi:r/ ■ *n.f.* purification, cleansing, sanctification, purgation.
تظاہُر /ṭəẓɑ:hʊr/ ■ *n.m.* cooperation, helping each other.
تظلُّم /ṭəẓəllʊm/ ■ *n.m.* **1** injustice, oppression, denying or usurping someone's rights. **2** complaint, crying out for help.
تظلیل /ṭəẓli:l/ ■ *n.f.* **1** coming under shade. **2** shadow, reflection.
تظہیر /ṭəẓhi:r/ ■ *n.f.* backing, support.
تعارض /ṭəʔɑ:rʊẓ/ ■ *n.m.* contradiction, competition, disputing, contention, confrontation, quarrelling, opposition; inconsistency.
تعارف /ṭəʔɑ:rʊf/ ■ *n.m.* **1** introduction, mutual acquaintance; presentation (at court or in society). **2** introduction or preface of a book. **3** (*fig.*) bribe. تعارف پیدا کرنا get to know (someone). تعارف کرانا introduce.
تعاشُر /ṭəʔɑ:ʃʊr/ ■ *n.m.* mutual friendly relations, common mode of life.
تعاقب /ṭəʔɑ:qʊb/ ■ *n.m.* chase, pursuit; following, going after. تعاقب کرنا chase, pursue.

تعزیت کرنا condole. تعزیت نامہ letter of condolence.

تعزیر /t̪əʔzi:r/ ■ *n.f.* punishment, penalty, penalization; reproof, reprimand, censure. تعزیر و عقوبت penalty and persecution.

تعزیرات /t̪əʔzi:rɑ:t̪/ ■ *n.f.* (*pl.* of تعزیر) **1** punishments. **2** (***Law***) penal code, regulations relating to punishment against crimes. تعزیراتِ پاکستان Pakistan Penal Code.

تعزیری /t̪əʔzi:ri:/ ■ *adj.* punitive, penal. تعزیری پولیس punitive police. تعزیری قوانین penal laws. تعزیری کارروائی punitive action or measure.

تعزیریات /t̪əʔzi:rɪjɑ:t̪/ ■ *n.f.* penology.

تعزیل /t̪əʔzi:l/ ■ *n.f.* **1** deposition; dismissal from office; displacing. **2** (***Biol.***) segregation.

تعزیہ /t̪əʔzɪjɑ:/ ■ *n.m.* **1** tazia, model of the tomb of Imam Hussain carried in processions during Moharram. **2** condolence. تعزیہ اٹھانا رنکالنا carry tazia in procession. تعزیہ ٹھنڈا کرنا bury or immerse tazia into sea, river or lake at the end of the procession. تعزیہ دار **1** one who mourns the martyrs of Karbala. **2** one who builds and takes out tazia, maker of tazia.

تعسُّر /t̪əʔəssʊr/ ■ *n.m.* **1** difficulty, abstruseness. **2** poverty, penury.

تعسُّف /t̪əʔəssʊf/ ■ *n.m.* perversion.

تعشُّق /t̪əʔəʃʃʊq/ ■ *n.m.* **1** love, affection; falling in love. **2** wish, desire, longing.

تعشیر /t̪əʔʃi:r/ ■ *n.f.* decimalization, division in groups of ten.

تعصُّب /t̪əʔəssʊb/ ■ *n.m.* prejudice, bigotry, bias; partisanship, partiality.

تعضیہ /t̪əʔzɪjɑ:/ ■ *n.m.* dissection.

تعطُّر /t̪əʔət̪t̪ʊr/ ■ *n.m.* fragrance, aroma.

تعطُّف /t̪əʔət̪t̪ʊf/ ■ *n.m.* kindness, favour.

تعطُّل /t̪əʔət̪t̪ʊl/ ■ *n.m.* **1** deadlock, abeyance, suspension (of activity, service, etc.), delay, postponement. **2** idleness.

تعطیر /t̪əʔt̪i:r/ ■ *n.f.* perfuming, imparting a fragrance to.

تعطیل /t̪əʔt̪i:l/ ■ *n.f.* **1** vacation, holiday. **2** idleness. تعطیل پر جانا have or go on a holiday, enjoy one's vacation. تعطیلِ کلاں long leave. تعطیل ہونا **1** to be a holiday. **2** work to be suspended.

polychromy. تعددِ الٰہ polytheism. تعدد پیما sonometer.

تعدّی /t̪əʔəddi:/ ■ *n.f.* **1** force, cruelty, extortion, tyranny, violence, transgression, injustice, oppression. **2** (***Gram.***) causation.

تعدید /t̪əʔdi:d/ ■ *n.f.* **1** counting. **2** willingness.

تعدیل /t̪əʔdi:l/ ■ *n.f.* **1** neutralization, equalization, counterbalance. **2** adjustment; proper functioning, correct performance. تعدیلِ ارکان (***Islam***) performing prayer calmly and without haste. تعدیلِ لیل و نہار equinox.

تعدیہ /t̪əʔdɪjɑ:/ ■ *n.m.* **1** converting an intransitive verb into a transitive one. **2** (***Med.***) infection.

تعذُّر /t̪əʔəzzʊr/ ■ *n.m.* excuse, plea, apology, regret.

تعذیب /t̪əʔzi:b/ ■ *n.f.* act of punishing; tormenting.

تعرُّب /t̪əʔərrʊb/ ■ *n.m.* Arabization of foreign words.

تعرُّض /t̪əʔərrʊz/ ■ *n.m.* **1** opposition; hindrance, getting in the way; interference, resisting. **2** difference, dissimilarity. تعرض کرنا stand in the way of.

تعرُّف /t̪əʔərrʊf/ ■ *n.m.* recognition; introduction.

تعریب /t̪əʔri:b/ ■ *n.f.* Arabization of a word or custom.

تعریج /t̪əʔri:dʒ/ ■ *n.f.* crookedness, curvature, flexure.

تعریض /t̪əʔri:z/ ■ *n.f.* **1** enlarging; making conspicuous. **2** hint, veiled reference, insinuation, sly hint. **3** sarcasm, satire (in speech or writing).

تعریف /t̪əʔri:f/ ■ *n.f.* **1** praise, admiration, commendation. **2** definition, description, explanation. **3** polite form of address, as: آپ کی تعریف may I ask your name? **4** making a noun definite, use of definite article before noun. **5** recognition; introduction. تعریف المجہول بالمجہول explaining in terms as little understood as the things intended to be explained. تعریف کرتے منھ نہ سوکھنا (also تعریفوں کے پل باندھنا) lavish praise, praise very highly. تعریف کرنا **1** praise. **2** define. تعریف کے ڈونگرے برسانا heap praise (on).

تعریفی /t̪əʔri:fi:/ ■ *adj.* commendable. تعریفی سند a certificate of appreciation.

تعریق /t̪əʔri:q/ ■ *n.f.* **1** causing perspiration. **2** extracting juice.

تعریہ /t̪əʔrɪjɑ:/ ■ *n.m.* **1** (*literal*) nudity, bareness. **2** exposure, revealing, divulging.

تعزیت /t̪əʔzɪjət̪/ ■ *n.f.* condolence; mourning, lamentation.

تعطین /t̪əʔt̪i:n/ ■ *n.f.* maceration.

تعظّم /t̪əʔəzzʊm/ ■ *n.m.* **1** grandeur, greatness. **2** behaving proudly or haughtiness.

تعظیم /t̪əʔzi:m/ ■ *n.f.* respect, reverence, honour, obeisance, adoration. تعظیم بجالانا / دینا show respect, make obeisance. تعظیم کرنا honour, respect.

تعفّف /t̪əʔəffʊf/ ■ *n.m.* avoiding sins, virtuousness; religiousness.

تعفّن /t̪əʔəffʊn/ ■ *n.m.* bad smell or odour, fetidness, stink, reek, odour, stench.

تعفیّت /t̪əʔfɪjjət̪/ ■ *n.f.* (also تعفیّہ) **1** effacing, obliteration. **2** amending, adjusting.

تعفین /t̪əʔfi:n/ ■ *n.f.* putrefaction.

تعقّب /t̪əʔəqqʊb/ ■ *n.m.* (also تعاقُب) pursuit, tracing, tracking, be attached.

تعقّد /t̪əʔəqqʊd̪/ ■ *n.m.* (***Med.***) nodulation.

تعقّل /t̪əʔəqqʊl/ ■ *n.m.* wisdom, sagacity, comprehension; concept, conception.

تعقیب /t̪əʔqi:b/ ■ *n.f.* **1** lagging behind, retardation. **2** (***Islam***) prayer recited after the usual namaz.

تعقیبات /t̪əʔqi:bɑ:t̪/ ■ *n.f.* (*pl.* of تعقیب) set of prayers recited after prayer, especially by the Shias.

تعقید /t̪əʔqi:d̪/ ■ *n.f.* **1** tying fast or strongly; knitting together. **2** (***Poet.***) excessive disorder of words in a verse. تعقیدِ معنوی vagueness in expression. تعقیدِ نکاح marrying a couple (by reading or reciting the marriage formula).

تعقیر /t̪əʔqi:r/ ■ *n.f.* infliction of heavy wounds.

تعقیم /t̪əʔqi:m/ ■ *n.f.* sterilization, making someone unable to reproduce.

تعکیس /t̪əʔki:s/ ■ *n.f.* reversion; echo.

تعلّق /t̪əʔəllʊq/ ■ *n.m.* **1** relation, affinity, connection. **2** concern; regard. **3** amour, illicit intimacy. **4** service. تعلق توڑنا / قطع کرنا sever relations. تعلقِ خاطر attachment, love, friendship. تعلق رکھنا be related to, have concern, belong to; have connection with; appertain to. (*pl.* تعلّقات)

تعلّقہ /t̪əʔəlluqɑ:/ ■ *n.m.* **1** possession; an estate. **2** administrative district or division of a province. تعلقہ دار landlord, owner of estate; baron of the former kingdom of Oudh (Avadh) in UP, India.

تعلّل /t̪əʔəllʊl/ ■ *n.m.* procrastination, postponement; whiling time away (with).

تعلّم /t̪əʔəllʊm/ ■ *n.m.* learning, knowledge, study, being a student.

تعلّی /t̪əʔəlli:/ ■ *n.f.* **1** brag, boast, arrogance, conceit. **2** superiority; loftiness; enhancement. تعلّی پر آنا / کرنا / کی لینا brag or boast.

تعلیب /t̪əʔli:b/ ■ *n.f.* **1** intersecting, (of lines, roads) crossing or cutting each other. **2** (***Bot.***) decussation.

تعلیق /t̪əʔli:q/ ■ *n.f.* **1** hanging; suspension. **2** footnote. **3** attachment. **4** imitation, resemblance. تعلیق بِالمحال making something contingent upon something impossible.

تعلیقہ /t̪əʔli:qɑ:/ ■ *n.f.* **1** appendage, appendix to a book. **2** attachment or confiscation of goods, property or house; inventory of goods attached.

تعلیل /t̪əʔli:l/ ■ *n.f.* **1** causation, stating a reason; making an excuse. **2** (***Gram.***) deletion or replacing one of the vowel letters (ا، و or ی) with another, change of vowels.

تعلیم /t̪əʔli:m/ ■ *n.f.* **1** education, instruction, teaching. **2** teaching by a Sufi master or adept. **3** teaching of singing and dancing. تعلیم بالغان adult education. تعلیم پانا receive education or instruction, study, be educated. تعلیم دینا teach, educate. تعلیم لینا receive education, learn reading and writing. تعلیم یافتہ educated, learned.

تعمّد /t̪əʔəmmʊd̪/ ■ *n.m.* **1** prop, support. **2** intention, resolve; intentionally doing something.

تعمُّدیّت /t̪əʔəmmʊd̪ɪjjət̪/ ■ *n.f.* **1** will power. **2** (***Philos.***) doctrine that man has free will.

تعمُّر /t̪əʔəmmʊr/ ■ *n.m.* growth, expansion.

تعمُّق /t̪əʔəmmʊq/ ■ *n.m.* depth of study or thought, probe; getting to the bottom (of something).

تعمیر /t̪əʔmi:r/ ■ *n.f.* building, construction; structure. تعمیر کرنا build; construct. تعمیر و تخریب construction and destruction. تعمیر ہونا be built. (*pl.* تعمیرات)

تعمیری /t̪əʔmi:ri:/ ■ *adj.* constructive. تعمیری تنقید constructive criticism.

تعمیق /t̪əʔmi:q/ ■ *n.f.* farsightedness; depth.

تعمیل /t̪əʔmi:l/ ■ *n.f.* execution, performance, carrying out, compliance, obedience. تعمیلِ حکم کرنا carry out an order.

insouciance, inattention, inadvertence. تغافل شعار/کیش indifferent, uncaring (used in poetry for the beloved). تغافل کرنا keep away or aloof, avoid.

تغایُر /t̪əɣɑ:jʊr/ ■ *n.m.* diversity, difference, discrepancy; estrangement.

تغذیات /t̪əɣzɪjɑ:t̪/ ■ *n.m.* (also علم تغذیہ) science of nutrition, food science.

تغذیہ /t̪əɣzɪjɑ:/ ■ *n.m.* nutrition, nourishment, feeding, alimentation.

تغریب /t̪əɣri:b/ ■ *n.f.* banishment, removal to a distance, putting away.

تغریہ /t̪əɣrɪjɑ:/ ■ *n.m.* **1** temptation, inciting, alluring. **2** adhesion, sticking.

تغزّل /t̪əɣəzzʊl/ ■ *n.m.* **1** amatory poetry; amatory element in poetry. **2** composition of a ghazal.

تغشیش /t̪əɣʃi:ʃ/ ■ *n.f.* adulteration in medicines.

تغلّب /t̪əɣəllʊb/ ■ *n.m.* **1** aggression, dominance. **2** forgery, embezzlement, cheating, breach of trust, taking advantage (of). **3** bribe.

تغلیط /t̪əɣli:t̪/ ■ *n.f.* refutation, contradiction, proving something to be wrong, putting in the wrong.

تغلیظ /t̪əɣli:z/ ■ *n.f.* **1** severity, harshness. **2** making thick, thickness, condensation.

تغیّر /t̪əɣəjjʊr/ ■ *n.m.* (also تغیر) **1** change, alteration, mutation. **2** difference, diversity, discrepancy. تغیر بالمرادف substitution of a synonym. تغیر کرنا change, alter, induce mutation. تغیر وتبدل changes, alterations, upheaval, mutations, reshuffling. تغیر ہونا be changed, be altered.

تغیّرات /t̪əɣəjjʊrɑ:t̪/ ■ *n.m.* (*pl.* of تغیّر) تغیراتِ ہر سالہ annual record of rural mutation.

تغییر /t̪əɣji:r/ ■ *n.f.* change, alteration. ■ *adj.* changed, altered. تغییرِ حال/رنگ change of state or condition.

تَف /t̪əf/ ■ *n.m.* **1** vapour, steam. **2** heat; fire; flame.

تُف /t̪ʊf/ ■ *n.m.* **1** spit, spray, foam. **2** curse. ■ *exclam.* shame! fie!

تُفّاح /t̪ʊffɑ:h/ ■ *n.m.* apple. تفاحِ آدم Adam's apple.

تفاخر /t̪əfɑ:xʊr/ ■ *n.m.* boasting, vaunt, conceit, vainglory.

تفارُق /t̪əfɑ:rʊq/ ■ *n.m.* separation, division; difference.

تفاریق /t̪əfɑ:ri:q/ ■ *n.f.* (*pl.* of تفریق) **1** intervals. **2** instalments. **3** discords, differences.

تعمیل شدہ complied with; executed (contract, order, etc.). تعمیل کرانا **1** execute or serve (a warrant or summons). **2** make someone obey. تعمیل میں in compliance with, in conformity with.

تعمیم /t̪əʔmi:m/ ■ *n.f.* generalization, popularization, making or becoming common, universalization.

تعمیہ /t̪əʔmɪjɑ:/ ■ *n.m.* **1** enigmatic chronogram. **2** rendering blind; concealment. **3** (*fig.*) making the meaning of a sentence obscure.

تعنُّت /t̪əʔənnʊt̪/ ■ *n.m.* censure, condemnation, derision.

تعنینت /t̪əʔni:nət̪/ ■ *n.f.* impotence.

تعنین /t̪əʔni:n/ ■ *n.f.* castrating, emasculating.

تعوُّد /t̪əʔəvvʊd̪/ ■ *n.m.* (also تعوید) making used to.

تعوُّذ /t̪əʔəvvʊz/ ■ *n.m.* seeking refuge in God from the devil by saying اعوذ باللہ.

تعویذ /t̪əʔvi:z/ ■ *n.m.* **1** amulet, talisman, charm. **2** seeking protection, having recourse to God. **3** upper surface of a grave, tombstone; sarcophagus. تعویذ کرنا **1** have recourse to or give someone an amulet or talisman. **2** keep something protected like amulet.

تعویق /t̪əʔvi:q/ ■ *n.f.* delay, suspending, averting, hindering, postponing, procrastination.

تعویل /t̪əʔvi:l/ ■ *n.f.* laying a burden upon, dependence, asking help from.

تعہّد /t̪əʔəhhʊd̪/ ■ *n.m.* **1** promise, vow. **2** contract, covenant, lease, assurance, agreement.

تعیُّش /t̪əʔəjjʊʃ/ ■ *n.m.* luxurious living; luxury and pleasure; debauchery.

تعیُّن /t̪əʔəjjʊn/ ■ *n.m.* (also تعیین) appointment, fixation, determination; act of appointing, posting, assigning, deputing. تعین کرنا fix, determine, appoint, depute, send on duty.

تعینات /t̪əʔi:nɑ:t̪/ ■ *adj.* (also تعیُّنات) appointed, posted. تعینات کرنا appoint, attach.

تعیناتی /t̪əʔi:nɑ:t̪i:/ ■ *n.f.* (also تعیُّناتی) deputing, posting, appointment.

تغابُن /t̪əɣɑ:bʊn/ ■ *n.m.* **1** mutual deception. **2** loss.

تغار /t̪əɣɑ:r/ ■ *n.m.* **1** tub. **2** mason's mud or lime pit.

تغاری /t̪əɣɑ:ri:/ ■ *n.f.* (*dim.* of تغار) a small tub or trough; a kneading or mortar-mixing trough.

تغافُل /t̪əɣɑ:fʊl/ ■ *n.m.* indifference, negligence,

تفاسیر /t̪əfɑ:si:r/ ■ *n.f.* (*pl.* of تفسیر) interpretations.

تفاصیل /t̪əfɑ:si:l/ ■ *n.f.* (*pl.* of تفصیل) (also تفصیلات) details.

تفاضُل /t̪əfɑ:zʊl/ ■ *n.m.* **1** superiority. **2** augmentation, growth. **3** difference, discrepancy.

تفاعُل /t̪əfɑ:ʔʊl/ ■ *n.m.* function, role.

تفاعیل /t̪əfɑ:ʔi:l/ ■ *n.m.pl.* (***Pros.***) metrical units of verse.

تفاوُت /t̪əfɑ:vʊt̪/ ■ *n.m.* **1** difference, disparity, diversity. **2** discordance; lack. **3** distance; interval; geographical distance. **4** distinction.

تفاوُل /t̪əfɑ:vʊl/ ■ *n.m.* (also تفاؤُل) fortune-telling, casting the runes; augury, seeking an omen.

تفاہُم /t̪əfɑ:hʊm/ ■ *n.m.* wisdom, sagacity, discernment.

تفت /t̪əft̪/ ■ *adj.* (also تُفت) **1** hot, warm. **2** furious, enraged. ■ *n.m.* heat, warmth.

تفتگی /t̪əft̪əgi:/ ■ *n.f.* **1** warmth, heat. **2** ardour, fervour. **3** trouble.

تفتہ /t̪əft̪ɑ:/ ■ *adj.* **1** burnt, scorched, heated. **2** (*fig.*) burning with love; touched with misfortune. تفتہ جگر lovelorn.

تفتیح /t̪əft̪i:h/ ■ *n.f.* openness, exposition; explanation.

تفتیدہ /t̪əft̪i:dɑ:/ ■ *adj.* burnt, scorched; dried with heat.

تفتیش /t̪əft̪i:ʃ/ ■ *n.f.* investigation, inquiry, probe, research, scrutiny, examination. تفتیشِ جرائم crime investigation. تفتیش و تحقیق research.

تفتیشی /t̪əft̪i:ʃi:/ ■ *adj.* investigatory.

تفجُّر /t̪əfədʒdʒʊr/ ■ *n.m.* (of water) bursting forth or out; suppuration.

تفحُّص /t̪əfəhhʊs/ ■ *n.m.* search, research, investigation.

تفخُّر /t̪əfəxxʊr/ ■ *n.m.* boasting, pride, arrogance.

تفخیم /t̪əfxi:m/ ■ *n.f.* giving eminence, respectability, importance.

تفرُّج /t̪əfərrʊdʒ/ ■ *n.m.* amusement, recreation, diversion. تفرج گاہ place of recreation, amusement park.

تفرُّح /t̪əfərroh/ ■ *n.m.* refreshment; ease, leisure.

تفرُّد /t̪əfərrʊd̪/ ■ *n.m.* uniqueness, oneness.

تفرُّس /t̪əfərrʊs/ ■ *n.m.* shrewdness, discernment; intuitive perception.

تفرُّض /t̪əfərrʊz/ ■ *n.m.* thinking, judging, considering, assuming.

تفرُّع /t̪əfərroʔ/ ■ *n.m.* putting forth branches.

تفرُّق /t̪əfərrʊq/ ■ *n.m.* **1** difference, dissension. **2** division, split.

تفرقع /t̪əfərqoʔ/ ■ *n.m.* explosion.

تفرقہ /t̪əfreqɑ:/ ■ *n.m.* **1** dissension, discord; separation. **2** dispersion, division. تفرقہ انداز/ پرداز one creating dissension, disruptionist. تفرقہ اندازی/ پردازی dissension, disruption. تفرقہ ڈالنا disrupt, create dissension, sow seed of discord.

تفرُّقی /t̪əfərrʊqi:/ ■ *adj.* differential. تفرقی احصا (***Math.***) differential calculus. تفرقی مساوات differential equation.

تفرُّنج /t̪əfərnʊdʒ/ ■ *n.m.* European style; adapting European ways.

تفرہ /t̪əfrɑ:/ ■ *n.m.* pride, arrogance, conceit.

تفریح /t̪əfri:h/ ■ *n.f.* fun, diversion, amusement, enjoyment, recreation, entertainment. تفریحِ طبع amusement. تفریح کرنا amuse oneself; take a stroll in a park. تفریح گاہ amusement park, resort.

تفریحاً /t̪əfri:hən/ ■ *adv.* jestingly, for fun, for the sake of amusement.

تفریحی /t̪əfri:hi:/ ■ *adj.* recreational, entertaining. تفریحی الاؤنس ربھتہ entertainment allowance.

تفریخ /t̪əfri:x/ ■ *n.f.* incubation, hatching.

تفرید /t̪əfri:d̪/ ■ *n.f.* retirement from the world, becoming single or alone.

تفریس[1] /t̪əfri:s/ ■ *n.f.* Persianization, adoption of Persian spellings for a foreign word. [A]

تفریس[2] ____ ■ *n.f.* breaking or tearing in pieces, rending. [A]

تفریط /t̪əfri:t̪/ ■ *n.f.* deficiency, shortness, narrowness, minimization, lower extremity. تفریطِ زر deflation, reduction of the general level of prices. (*opp.* اِفراط)

تفریق /t̪əfri:q/ ■ *n.f.* **1** subtraction. **2** separation; departure. **3** distinction, classification. **4** misunderstanding. **5** jealousy. تفریق ڈالنا create dissension; disrupt. تفریق کرنا **1** separate; distinguish. **2** (***Arith.***) subtract. (*pl.* تفاریق)

تفسفُر /t̪əfəsfʊr/ ■ *n.m.* phosphorescence.

تفسیح /t̪əfsi:h/ ■ *n.f.* openness, spaciousness, expansion.

تفسیدہ /t̪əfsi:dɑ:/ ■ *adj.* very hot, burning, burnt, scorched.

تفسیر /t̪əfsi:r/ ■ *n.f.* exegesis, especially of the Qur'an; explanation, interpretation, commentary. تفسیر کرنا detail, explain in clear words. (*pl.* تفاسیر)

تفویض /t̪əfvi:z/ ■ *n.f.* **1** entrusting, assigning; devolvement, allotment, delegation (of rights, etc.); committing to something or conferring some rights or powers upon another. **2** giving (a woman) away in marriage with a right to divorce assigned to her. تفویضِ اختیارات delegation of powers. تفویض کرنا allot, assign.

تفہّم /t̪əfəhhʊm/ ■ *n.m.* apprehending, understanding, getting to know.

تفہیم /t̪əfhi:m/ ■ *n.f.* **1** teaching, instructing, informing. **2** explanation, elucidation.

تقابُل /t̪əqɑ:bʊl/ ■ *n.m.* **1** comparison. **2** standing face to face, encountering, being drawn up in mutual opposition.

تقابُلی /t̪əqɑ:bʊli:/ ■ *adj.* comparative, involving comparison. تقابُلی مطالعہ comparative study.

تقاتُل /t̪əqɑ:t̪ʊl/ ■ *n.m.* killing each other, fighting.

تقادُم /t̪əqɑ:d̪ʊm/ ■ *n.m.* **1** being ancient, antique or old, preceding. **2** (***Law***) limitation of time after which no punishment is awarded.

تقّار /t̪əqqɑ:r/ ■ *adj.* enthusiast orator.

تقارُب /t̪əqɑ:rʊb/ ■ *n.m.* **1** proximity, nearness. **2** metrical unit of a line of verse consisting of *faoolun* (فعولن) repeated four times. **3** (***Math.***) convergence.

تقّاری /t̪əqqɑ:ri:/ ■ *n.f.* oratory.

تقاصُر /t̪əqɑ:sʊr/ ■ *n.m.* decrease, reduction.

تقاضا /t̪əqɑ:zɑ:/ ■ *n.m.* **1** demand, requisition, claim. **2** importunity, insistence. تقاضا کرنا demand; press, importune, urge. تقاضائے سن/عمر natural tendencies or demands of age. تقاضائے شدید great pressure, great insistence. تقاضائے وقت call of times.

تقاضائی /t̪əqɑ:zɑ:i:/ ■ *adj.* pressing, urging, importunate.

تقاطُر /t̪əqɑ:t̪ʊr/ ■ *n.m.* distillation; falling in drops, dropping continuously, drizzle.

تقاطُع /t̪əqɑ:t̪oʔ/ ■ *n.m.* intersection, cutting one another (lines, roads, etc.).

تقاعُد /t̪əqɑ:ʔʊd̪/ ■ *n.m.* abstaining; negligence, dilatoriness; backwardness.

تقاوت /t̪əqɑ:vət̪/ ■ *n.f.* piety, abstinence, self-restraint.

تقاوی /t̪əqɑ:vi:/ ■ *n.f.* **1** assisting; strengthening. **2** (also تقاوی قرضہ) pecuniary advance to farmers for capital expenditure, e.g. buying seeds or implements or

تفصیل /t̪əfsi:l/ ■ *n.f.* details, explanation, particulars. تفصیل بیان کرنا to detail, explain in full. تفصیل وار in detail. (*pl.* تفاصیل)

تفصیلاً /t̪əfsi:lən/ ■ *adv.* in detail. تفصیلاً جانچنا anatomize.

تفصیلی /t̪əfsi:li:/ ■ *adj.* detailed.

تفصیلیہ /t̪əfsi:lɪjɑ:/ ■ *n.m.* a punctuation mark (:), colon, used to precede a list or detail.

تفضُّل /t̪əfəzzʊl/ ■ *n.m.* **1** excess; excelling. **2** kindness, beneficence. **3** superiority.

تفضیح /t̪əfzi:h/ ■ *n.f.* disgrace, shame, disrepute.

تفضیل /t̪əfzi:l/ ■ *n.f.* **1** pre-eminence, excellence; comparison. **2** (***Gram.***) adjective of comparative or superlative degree. تفضیلِ بعض comparative degree (of adjectives). تفضیلِ کُل superlative degree (of adjectives). تفضیلِ نفسی positive degree (of adjectives).

تفضیلی /t̪əfzi:li:/ ■ *n.m.* (also تفضیلیہ) member of a Muslim non-Shiite sect believing in the superiority of Hazrat Ali over other companions of Prophet Muhammad.

تفطُّر /t̪əfəttʊr/ ■ *n.m.* splitting, tearing, cracking.

تفقُّد /t̪əfəqqʊd̪/ ■ *n.m.* **1** kindness, courtesy. **2** search, inquiry. تفقد کرنا show kindness (to).

تفقُّہ /t̪əfəqqoh/ ■ *n.m.* discrimination, knowledge; being conversant with Islamic jurisprudence. تفقہ فی الدین thorough knowledge of Islamic law.

تفکُّر /t̪əfəkkʊr/ ■ *n.m.* **1** thinking, reflection, cogitation, thoughtfulness, meditation. **2** anxiety.

تفکُّہ /t̪əfəkkoh/ ■ *n.m.* **1** eating fruits and dry-fruits. **2** humour, fun, amusement.

تفکیر /t̪əfki:r/ ■ *n.f.* **1** consideration, reflection. **2** worry.

تفل /t̪əfl/ ■ *n.m.* **1** saliva, spittle. **2** dirt, scum.

تفلسُف /t̪əfəlsʊf/ ■ *n.m.* dabbling in philosophy, philosophization.

تُفنگ /t̪ʊfəŋg/ ■ *n.f.* musket; any tube through which a missile is fired.

تُفنگچی /t̪ʊfəŋgtʃi:/ ■ *n.m.* musketeer; matchlock-man.

تفنُّن /t̪əfənnʊn/ ■ *n.m.* amusement, pastime, relaxation, fun. تفنّنِ طبع diversion, amusement.

تُفو /t̪ʊfu:/ ■ *exclam.* fie! shame!

تفوُّق /t̪əfəvvʊq/ ■ *n.m.* superiority, primacy, precedence, ascendance. تفوق حاصل کرنا gain precedence or superiority over.

digging wells, etc.

تقاویم /ṭəqɑ:vi:m/ ■ *n.f.* (*pl.* of تقویم) calendars, almanacs.

تقبّض /ṭəqəbbʊz/ ■ *n.m.* contraction.

تقبیح /ṭəqbi:h/ ■ *n.f.* condemnation, dispraise, censure.

تقبیل /ṭəqbi:l/ ■ *n.f.* kissing.

تقدّس /ṭəqəḍḍʊs/ ■ *n.m.* purity, holiness, sanctity, piousness. تقدس مآب **1** holy, sacred. **2** (title) His or Her Holiness.

تقدّم /ṭəqəḍḍʊm/ ■ *n.m.* **1** priority, precedence (in time, order or rank), pre-eminence. **2** advance, moving forward. **3** development, progress.

تقدِمہ /ṭəqḍɪmɑ:/ ■ *n.m.* **1** preface, foreword. **2** presentation. **3** advance money (in accounts). **4** estimate. تقدمۃ الجیش vanguard of an army.

تقدیر /ṭəqḍi:r/ ■ *n.f.* **1** destiny, luck, fate, fortune, lot, predestination; divine decree. **2** estimate. تقدیرِ الٰہی/ایزدی God's will. تقدیر آزمانا try one's luck. تقدیر بگڑ جانا/بگڑنا fall on evil days, luck to desert. تقدیر پرست believer in fate, fatalist. تقدیر پلٹنا/پھرنا luck or circumstances to change. تقدیر پھوٹا one who is out of luck, unfortunate person, down on one's luck, ill-fated. تقدیر پھوٹنا fall on evil days. تقدیر جاگنا have luck, have a stroke of good fortune, prosper, thrive, flourish. تقدیر کا پلٹا change of fortune (good or bad). تقدیر کا چکر perversity of fate, adversity. تقدیر کا دھنی/سکندر blessed, blessed with good luck, born under a lucky star. تقدیر کا کھیل stroke of (good or bad) luck. تقدیر کا لکھا divine decree, writing on the wall, lot, fate, kismet. تقدیر کا ہیٹا unfortunate, unlucky. تقدیر کے آگے تدبیر نہیں چلتی efforts make no headway when luck does not favour, there is no cure for bad luck. تقدیر والا lucky, fortunate, blessed.

تقدیس /ṭəqḍi:s/ ■ *n.f.* **1** glorification. **2** consecration, sanctification. **3** purity, piousness.

تقدیم /ṭəqḍi:m/ ■ *n.f.* **1** priority, precedence, putting one before another. **2** performance; presentation.

تقرُّب /ṭəqərrʊb/ ■ *n.m.* **1** proximity, nearness. **2** access, approach. تقرب حاصل کرنا have or obtain access or closeness in relationship.

تقرُّح /ṭəqərroh/ ■ *n.m.* ulceration. تقرحُ القطات bedsore.

تقرُّر /ṭəqərrʊr/ ■ *n.m.* appointment, nomination, selection, confirmation. تقرر نامہ (also پروانۂ تقرری) letter of appointment.

تقرّری /ṭəqərrʊri:/ ■ *n.f.* appointment, nomination.

تقریب /ṭəqri:b/ ■ *n.f.* **1** occasion, ceremony, festival, rite. **2** proximity, bringing near, approach. **3** reason, cause; pretence. **4** recommendation; introduction. تقریبِ عروسی wedding ceremony. (*pl.* تقاریب، تقریبات)

تقریباً /ṭəqri:bən/ ■ *adv.* about, nearly, all but, approximately, almost.

تقریح /ṭəqri:h/ ■ *n.f.* causing wound or pus.

تقریر /ṭəqri:r/ ■ *n.f.* **1** speech, discourse, talk. **2** address, lecture, oration. تقریر کرنا speak, deliver or make a speech, lecture, address, give a talk or discourse.

تقریری /ṭəqri:ri:/ ■ *adj.* **1** talkative. **2** declamatory (contest, etc.). **3** verbal, oral, argumentative.

تقریس /ṭəqri:s/ ■ *n.f.* chilling, cooling, congealing.

تقریظ /ṭəqri:z/ ■ *n.f.* **1** praise, appreciation. **2** favourable review as a prologue or epilogue to a book; encomium.

تقسیم /ṭəqsi:m/ ■ *n.f.* **1** division, dividing, distributing, sharing, allotment. **2** (***Arith.***) division. تقسیم بحصۂ رسدی pro rata distribution, apportionment. تقسیم بھیاچاری division of land between co-sharers who are jointly bound for the payment of revenue. تقسیم خانگی private partition. تقسیم دار sharer. تقسیم کار distribution of work. تقسیم کار distributor. تقسیم کرنا divide, share, distribute; allot. تقسیم مرکب compound division. تقسیم مفرد simple division. تقسیم نامہ partition deed. تقسیم ہونا be divided.

تقشُّر /ṭəqəʃʃʊr/ ■ *n.m.* coming off in layers, exfoliation.

تقشُّف /ṭəqəʃʃʊf/ ■ *n.m.* **1** reclusion, renunciation; simple living, living poorly. **2** sunburn.

تقصیر /ṭəqsi:r/ ■ *n.f.* **1** mistake, error, omission, fault, defect, shortcoming. **2** guilt, sin, crime, offence. تقصیروار culpable, guilty; criminal.

تقطُّع /ṭəqəṭṭoʔ/ ■ *n.m.* break, hiatus, intermission.

تقطیب /ṭəqṭi:b/ ■ *n.f.* polarization.

تقطیر /ṭəqṭi:r/ ■ *n.f.* distilling, flowing drop by drop, dripping. تقطیرُ البول discharge of urine in drops. تقطیر پذیر filterable.

تقطیع /ṭəqṭi:ʔ/ ■ *n.f.* **1** cutting into parts, dissection. **2** scanning or metrical analysis (of a verse), scansion. **3** size (of book, paper, etc.). تقطیع کرنا **1** scan. **2** dissect.

تقلّب /ṭəqəllʊb/ ■ *n.m.* change, turn; inversion, conversion.

تقلّص /ṭəqəllʊs/ ■ *n.m.* shrivelling, shrinking, contraction.

تقلیب /ṭəqli:b/ ■ *n.f.* turning (a thing) upside down or inside out; inverting; changing, transformation; transmutation. تقلیبِ خندہ آور burlesque.

تقلید /ṭəqli:ḍ/ ■ *n.f.* **1** following, especially the old ways and traditions. **2** imitation, emulation. **3** conformity; conformation, being a conformist. تقلید کرنا **1** conform. **2** follow. **3** emulate.

تقلیدی /ṭəqli:di:/ ■ *adj.* **1** conformist. **2** imitated.

تقلیل /ṭəqli:l/ ■ *n.f.* diminishing, paucity, curtailment, reduction. تقلیلِ الفاظ brevity. تقلیلِ حاصل (***Econ.***) diminishing returns.

تقویٰ /ṭəqva:/ ■ *n.m.* fear of God, piety; abstemiousness, abstinence.

تقویت /ṭəqvɪjəṭ/ ■ *n.f.* **1** reinforcement, strengthening; strength, support, aid. **2** assurance, reliance. تقویت دینا strengthen; support.

تقویم /ṭəqvi:m/ ■ *n.f.* **1** calendar, almanac. **2** fixing, fastening. **3** arrangement; strengthening. **4** improvement, reformation. تقویمِ احسن (also احسن تقویم) best composition or structure. تقویمِ پارینہ **1** past years' almanac. **2** (*fig.*) worthless things, outdated or outmoded matter. تقویم خانہ observatory. (*pl.* تقاویم)

تقویمی /ṭəqvi:mi:/ ■ *adj.* calendrical. تقویمی سال calendar year.

تقی /ṭəqi:/ ■ *adj.* God-fearing, pious, devout; abstemious.

تقیّح /ṭəqəjjʊh/ ■ *n.m.* suppuration.

تقیّد /ṭəqəjjʊḍ/ ■ *n.m.* **1** condition, proviso. **2** restriction. **3** watchfulness, observation. **4** application. **5** care, assiduity. تقیّد کرنا **1** look closely after, caution. **2** impress upon, enjoin.

تقیّہ /ṭəqɪjja:/ ■ *n.m.* **1** fear of God, piety; caution. **2** hiding one's faith. **3** hypocrisy, show pretension to Islam.

تک[1] /ṭək/ ■ *prep.* (also تلک) to, up to; till, until. [Prk.]

تک[2] ____ ■ *n.f.* large scales, big weighing machine. [S]

تک[3] ____ ■ *n.f.* **1** look, glance. **2** aim. [S]

تک /ṭʊk/ ■ *n.f.* **1** relevance. **2** sense, manner. **3** rhyming word. تک بندی insipid versification, making verses of poor quality. تک کی بات proper or reasonable talk. تک میں تک ملانا **1** agree (with); play second fiddle (to). **2** join someone in rhyme; concert (with). **3** versify.

تکّا /ṭəkka:/ ■ *n.m.* (also تکا، تکّہ) he-goat heading the flock.

تِکّا /ṭɪkka:/ ■ *n.m.* (also تِکّہ) tikka, slice, fillet, slice of meat. تکا بوٹی roasted pieces of meat. تکا بوٹی کرنا **1** cut to pieces, chop into bits, hack to pieces. **2** (*fig.*) (i) divide. (ii) kill.

تُکّا /ṭʊkka:/ ■ *n.m.* **1** conjecture, guess. **2** an arrow with a blunt or no point. **3** tor or small hill. تکا چلانا use guesswork, speculate. تکا فضیحتی altercation, wrangle, squabble. تکا لگنا to be right by chance.

تکاثُر /ṭəka:sʊr/ ■ *n.m.* prosperity, affluence, abundance.

تکاثُف /ṭəka:sʊf/ ■ *n.m.* thickness, denseness.

تکاسُل /ṭəka:sʊl/ ■ *n.m.* carelessness, sluggishness, indolence, laziness, languor, weariness.

تکافُل /ṭəka:fʊl/ ■ *n.m.* providing (for), care, looking after.

تکافُو /ṭəka:fu:/ ■ *n.m.* being of equal status.

تکالیف /ṭəka:li:f/ ■ *n.f.* (*pl.* of تکلیف) troubles.

تکان[1] /ṭəka:n/ ■ *n.f.* (also تھکن) tiredness, weariness, fatigue, agitation. تکان اتارنا rest. تکان چڑھنا be tired, be fatigued. تکان دینا put in motion, shake, jolt. [P]

تکان[2] ____ ■ *n.f.* **1** motion, movement. **2** blow, stroke. **3** attack, assault. **4** jolt, bump, jerk.

تکاہُل /ṭəka:hʊl/ ■ *n.m.* negligence, remissness; indolence, laziness.

تکبُّر /ṭəkəbbʊr/ ■ *n.m.* arrogance, conceit, egotism, pride, haughtiness.

تکبیر /ṭəkbi:r/ ■ *n.f.* **1** takbir, praise of God; repeating the Islamic creed of saying اللہ اکبر (God is great); announcement of the start of Islamic prayers. **2** (***Gram.***) word or suffix implying bigness. تکبیرِ اُولیٰ (***Islam***) saying *Allah-o-Akbar* at the start of prayers. تکبیر پڑھنا (***Islam***) say *Allah-o-Akbar* when slaughtering an animal. تکبیر کہنا announce the beginning of congregational prayers, say the words *Allah-o-Akbar*.

تکبیری /ṭəkbi:ri:/ ■ *adj.* magnifying. تکبیری شیشہ magnifying glass.

تِک تِک /ṭɪkṭɪk/ ■ *n.f.* & *exclam.* call given when driving a horse or cattle forward; go, go.

تِکتِکا /ṭɪkṭɪka:/ ■ *n.f.* a type of bitter gourd.

تکتکی /ṭəkṭəki:/ ■ *n.f.* (also ٹکٹکی) level, theodolite, maintenance.

تکفیر /t̪əkfi:r/ ■ *n.f.* charge of infidelity, charging one with unbelief, calling one an unbeliever, charge of denial of God's existence, charge of being a non-Muslim.

تکفیل /t̪əkfi:l/ ■ *n.f.* See تکفّل.

تکفین /t̪əkfi:n/ ■ *n.f.* shrouding, putting the shroud on a dead body. تکفین کرنا shrouding and laying in coffin preparatory to burial.

تُکّل /t̪ukkəl/ ■ *n.f.* a kind of small paper kite.

تکلا /t̪əklɑ:/ ■ *n.m.* spindle, arbor.

تکلُّف /t̪əkəlluf/ ■ *n.m.* **1** formality, observance of formality, formal procedure, ceremony, punctilio, strict observance of the rules of etiquette. **2** taking trouble to do something; constraint, inconvenience, trouble, pains. **3** lavishness, lavish expenditure. **4** hesitation. تکلف برتنا/کرنا stand on ceremony, be formal, be ceremonious. تکلف برطرف frankly speaking. تکلف مزاج ceremonious.

تکلُّفات /t̪əkəllufɑ:t̪/ ■ *n.m.* (*pl.* of تکلُّف) (also used as *sing.* in comp.) ceremonies. تکلّفاتِ رسمی formalities, specious cordiality.

تکلُّم /t̪əkəllum/ ■ *n.m.* talking, speech, speaking, conversation; eloquence.

تکلی /t̪əkli:/ ■ *n.f.* (*dim.* of تکلا) small spindle.

تکلے /t̪əkle/ ■ *n.m.* (*pl.* & *infl.* of تکلا) تکلے سے بل نکالنا (*fig.*) bring (someone) to his senses; put (someone) to right.

تکلیس /t̪əkli:s/ ■ *n.f.* calcination.

تکلیف /t̪əkli:f/ ■ *n.f.* **1** pain, ache. **2** suffering, torment, affliction, trouble, inconvenience, difficulty, distress, hardship. **3** (***Islam***) duties enjoined on all by Allah. تکلیف اٹھانا suffer, be put to inconvenience, undergo hardship. تکلیف پہنچانا/دینا trouble, put to or cause inconvenience, vex, annoy. تکلیف دِہ troublesome, painful. تکلیفِ شرعی (***Islam***) religious responsibilities. تکلیف فرمانا take the trouble of (coming), come. تکلیف کرنا take the trouble. تکلیفِ مالایُطاق unbearable trouble, staggering or overwhelming responsibility. (*pl.* تکالیف)

تکلیل /t̪əkli:l/ ■ *n.f.* **1** putting crown on someone's head. **2** shining; shine. **3** losing heart in battle. **4** making an instrument giving a line parallel to the horizon.

تکثیر /t̪əksi:r/ ■ *n.f.* increase, excess, augmentation, multiplication. تکثیرِ افادہ increasing utility. تکثیرِ حاصل increasing returns.

تکثیریت /t̪əksi:rɪjət̪/ ■ *n.f.* excess; pluralism.

تکثیف /t̪əksi:f/ ■ *n.f.* making dense, condensation.

تکدُّر /t̪əkəddur/ ■ *n.m.* **1** moodiness; ill humour; dullness, sullenness, moroseness, displeasure, disquietude of mind, turbidity. **2** dregs; muddiness, murkiness.

تکدِمہ /t̪əkdɪmɑ:/ ■ *n.m.* estimate, budget.

تکدیہ /t̪əkdɪjɑ:/ ■ *n.m.* begging, mendicancy.

تکذیب /t̪əkzi:b/ ■ *n.f.* belying, giving the lie; contradiction. تکذیب کرنا falsify.

تکر /t̪əkər/ ■ *n.m.* yogurt with one-fourth water.

تکراٹ /t̪əkrɑ:ʈ/ ■ *n.f.* churn.

تکرار /t̪əkrɑ:r/ ■ *n.f.* **1** repetition; tautology. **2** argument, altercation, contention, controversy, dispute. **3** (*rhet.*) reduplication. تکرار کرنا **1** repeat. **2** argue, quarrel, dispute.

تکراری /t̪əkrɑ:ri:/ ■ *adj.* quarrelsome, querulous, fond of argument, contentious.

تکرُّر /t̪əkərrur/ ■ *n.m.* reiteration, repetition, frequency.

تکریم /t̪əkri:m/ ■ *n.f.* honour, respect, reverence, civility. تکریم کرنا venerate, show respect. تکریم ہونا be shown respect.

تکڑ /t̪əkəɽ/ ■ *n.f.* stoutness, strength.

تکڑا /t̪əkɽɑ:/ ■ *adj.* (also تگڑا) stout, robust, strong, well-built.

تکڑی[1] /t̪əkɽi:/ ■ *n.f.* (*dim.* of تک[2]) small scales. [S]

تکڑی[2] ____ ■ *adj.* (*fem.* of تکڑا) stout, robust, strong. [Prk.]

تکسُّر /t̪əkəssur/ ■ *n.m.* **1** being shattered or broken; being debilitated. **2** (***Math.***) carrying figures in arithmetical operations.

تکسُّل /t̪əkəssul/ ■ *n.m.* laziness, inactivity, sickness, languor, want of energy, indisposition.

تکسیب /t̪əksi:b/ ■ *n.f.* acquisition, acquirement, obtaining, attainment; earning.

تکسید /t̪əksi:d̪/ ■ *n.f.* oxidization.

تکسیر /t̪əksi:r/ ■ *n.f.* **1** (***Math.***) carrying figures. **2** breaking, shattering. **3** spell, enchantment.

تکفّل /t̪əkəfful/ ■ *n.m.* (also تکفیل) support; responsibility;

support. **3** reliance, trust. **4** abode or residence of a Sufi master. **5** reserve of an army. **6** graveyard, cemetery. تکیہ آباد کرنا become dervish. تکیۂ خیال obsession. تکیہ دینا **1** rely upon, depend upon. **2** support; lean against. تکیہ کرنا depend or rely (upon). تکیۂ کلام word or phrase habitually added into speech. تکیہ لگانا lean against a pillow, cushion or bolster. تکیہ نشین hermit, recluse, saint, fakir.

تِکھارنا /t̪ɪkʰɑ:rnɑ:/ ■ *v.* inquire closely or earnestly into; establish, confirm, prove, say or announce something three times for the sake of authentication or inviting objection.

تِکھرا /t̪ɪkʰrɑ:/ ■ *adj.* thrice-ploughed (field). ■ *n.m.* act of ploughing thrice.

تِکھونٹ /t̪ɪkʰũ:t̪/ ■ *n.f.* three-sided figure, triangle. تکھونٹ ناپ trigonometry.

تگ /t̪əg/ ■ *n.f.* **1** running, rushing; flying. **2** bottom (of a well or pond). تگ و پو رتاز **1** running about, gallop. **2** search, much effort, endeavour. تگ و دو **1** close pursuit or search. **2** toil. **3** running about.

تگّا /t̪əggɑ:/ ■ *n.m.* (also تگّہ) husband of one's wet nurse.

تِگّا /t̪ɪggɑ:/ ■ *adj.* hunchbacked.

تگاپُو /t̪əgɑ:pu:/ ■ *n.f.* **1** labour, effort. **2** hustle, bustle. تگاپوئے دمادم constant effort.

تگانا /t̪əgɑ:nɑ:/ ■ *v.* have something stitched like a quilt.

تگاور /t̪əgɑ:vər/ ■ *n.m.* **1** fast horse. **2** clash, encounter.

تگائی /t̪əgɑ:i:/ ■ *n.f.* (also تگوائی) **1** quilting. **2** the charge for quilting.

تِگدّم /t̪ɪgəd̪d̪əm/ ■ *n.m.* **1** trio, triad, group, clique or set of three. **2** entanglement of the strings of three kites.

تِگدم /t̪ɪgd̪əm/ ■ *n.f.* See تِگڑم.

تگر /t̪əgər/ ■ *n.m.* (also پنڈ تگر) wood of the shrub *Tabernaemontana coronaria*, and a fragrant powder prepared from it.

تگرگ /t̪əgərg/ ■ *n.m.* **1** hailstorm, hail. **2** dew.

تگڑا /t̪əgɽɑ:/ ■ *adj.* stout, robust, strong.

تِگڑم /t̪ɪgɽəm/ ■ *n.f.* (also تِگدّم) intrigue, plot, way of doing something or achieving some object deceptively.

تگڑی /t̪əgɽi:/ ■ *n.f.* ornamental gold or silver chain worn round the waist. [S]

effort.

تکمُّل /t̪əkəmmʊl/ ■ *n.m.* **1** completion. **2** (***Math.***) integration.

تکمِلہ /t̪əkmɪlɑ:/ ■ *n.m.* **1** appendix, epilogue. **2** perfection, excellence. **3** completion.

تکمُّلی /t̪əkəmmʊli:/ ■ *adj.* integral. تکملی احصا integral calculus.

تکمہ /t̪ʊkmɑ:/ ■ *n.m.* **1** button. **2** a loop for button, buttonhole.

تکمید /t̪əkmi:d̪/ ■ *n.f.* fomentation with hot water.

تکمیل /t̪əkmi:l/ ■ *n.f.* **1** completion, finishing, execution, conclusion, termination. **2** perfection. تکمیل پانا be finished or completed. تکمیلِ تمسک execution of bond. تکمیلِ رہن termination of mortgage. تکمیل کرنا complete, finish, execute. تکمیل کو پہنچانا bring to conclusion. تکمیل کو پہنچنا be completed. تکمیلِ نکاح consummation of marriage.

تکنا /t̪əknɑ:/ ■ *v.* **1** look at, gaze, stare, ogle; aim at, fix upon. **2** wait for. **3** expect. **4** adopt. **5** have recourse (to).

تکنیک /t̪əkni:k/ ■ *n.f.* **1** technique, a way of carrying out a particular task, especially the execution of an artistic work or a scientific procedure. **2** method of achieving purpose. [E]

تکنیکی /t̪əkni:ki:/ ■ *adj.* technical. [E]

تکوا /t̪əkvɑ:/ ■ *n.m.* spindle.

تِکون /t̪ɪko:n/ ■ *n.f.* triangle.

تِکونا /t̪ɪko:nɑ:/ ■ *adj.* (also تِکنّا، تکونیا) triangular, three-cornered. (*fem.* تکونی)

تکوین /t̪əkvi:n/ ■ *n.f.* (also تکوُّن) creation, genesis, origination. تکوینِ نو regeneration.

تکویہ /t̪əkvijɑ:/ ■ *n.m.* cauterization.

تِکّہ /t̪ɪkkɑ:/ ■ *n.m.* piece. See تِکّا.

تکہّن /t̪əkəhhʊn/ ■ *n.m.* act or profession of forecasting or foretelling the future as an oracle.

تکّی /t̪əkki:/ ■ *n.f.* (*corr.* of ٹکٹکی) fixed look, gazing, staring. تکی لگانا stare, ogle.

تکی دان /t̪əki:d̪ɑ:n/ ■ *n.m.* box for holding papers or envelopes.

تکیڑو /t̪əke:ɽu:/ ■ *n.m.* flatterer, toady.

تکیُّف /t̪əkəjjʊf/ ■ *n.m.* enjoying, taking pleasure.

تکیہ /t̪əkjɑ:/ ■ *n.m.* **1** pillow, headrest, bolster. **2** prop,

تنگڑی² ____ ■ *adj.* (*fem.* of تنگڑا) stout. [Prk.]

تِگنا /t̪ɪgnɑ:/ ■ *adj.* triple, treble, threefold.

تِگنی /t̪ɪgni:/ ■ *adj.* (*fem.* of تِگنا) تگنی کا ناچ نچوانا harass, harry.

تَگّی /t̪əggi:/ ■ *n.f.* **1** strand or thread of a twist. **2** a kind of fishing line.

تِگّی /t̪ɪggi:/ ■ *n.f.* three of any suit of playing cards.

تگیڑنا /t̪əge:ɽnɑ:/ ■ *v.* run after, chase, pursue closely.

تگیں /t̪əgĩ:/ ■ *adj.* powerful; brave.

تل¹ /t̪əl/ ■ *n.m.* **1** low ground, bottom, lowest part, lowness. **2** sole of the foot. **3** palm of the hand. **4** ignobility, baseness. تل اوپر up and down, upside down, topsy-turvy. تل کرنا put underneath, hide. تل گھر basement, cellar. تل نظرا sly person who avoids looking others in the face. [S]

تل² ____ ■ *n.m.* mound, hill, hillock, rising ground. [A]

تِل /t̪ɪl/ ■ *n.m.* **1** til, sesame seed. **2** mole. **3** moment. **4** the pupil of the eye. **5** the least bit; small particle. تل انجلی (***Hinduism***) double handful of water and sesame seed, etc. offered to the souls of the dead ancestors. تل برابر very little. تل بھگار شکری رگٹ crushed sesame sweetmeat. تل تل little by little, by degrees. تل تل کا حساب strict or exact account. تل چاؤلی mixture composed of rice and sesame seed. تل چاؤلی داڑھی black and grey beard. تل دھرنے کی جگہ نہ ہونا (a place) to be overcrowded or filled to capacity.

تلا¹ /t̪əlɑ:/ ■ *n.m.* **1** bottom, lowest part, base, underside. **2** sole (of shoe), clump (of) shoes. تلا چڑھانا/دینا coat the bottom (of saucepan) with fuller's earth. [S]

تلا² ____ ■ *adj.* fried. (*fem.* تلی²) [Prk.]

تِلا /t̪ɪlɑ:/ ■ *n.f.* ointment, salve. See طلا².

تِلّا /t̪ɪllɑ:/ ■ *n.m.* **1** gold lace. **2** the gold lace border of a turban. تلا ساز gilder. تلا کاری gilding.

تلاجی /t̪əlɑ:dʒi:/ ■ *n.f.* fried vegetable.

تلاحُق /t̪əlɑ:hʊq/ ■ *n.m.* mixing, mixture, mingling, jumble.

تُلادان /t̪ʊlɑ:d̪ɑ:n/ ■ *n.m.* (***Hinduism***) alms equal to distributor's weight.

تلازُم /t̪əlɑ:zʊm/ ■ *n.m.* being mutually necessary. تلازمِ افکار/خیالات association of ideas.

تلازِمہ /t̪əlɑ:zɪmɑ:/ ■ *n.m.* use of words both in meaning and form relating to the idea.

تلاش /t̪əlɑ:ʃ/ ■ *n.f.* **1** search, quest; pursuit, investigation. **2** longing, wish. تلاش کرنا seek, look for, search. تلاشِ معاش search for employment, job hunting.

تلاشی /t̪əlɑ:ʃi:/ ■ *n.f.* searching one's person, property or house. تلاشی لینا institute a search.

تلاطُم /t̪əlɑ:t̪ʊm/ ■ *n.m.* **1** storm; choppiness, ebb and flow, roughness (of the sea). **2** (*fig.*) commotion, tumult; excitement, enthusiasm. **3** distress, worry, vexation.

تلافی /t̪əlɑ:fi:/ ■ *n.f.* atonement, reparation, recompense, indemnification, compensation, redress, making amends. تلافی کرنا atone, compensate. تلافیِ مافات atonement for past deeds, compensating for or making good the loss. تلافی ہونا be atoned for or recompensed.

تلاقی /t̪əlɑ:qi:/ ■ *n.f.* **1** meeting each other, reunion. **2** confrontation.

تلالا /t̪əlɑ:lɑ:/ ■ *n.m.* **1** sound of chanting or singing. **2** voice, cry. **3** (*fig.*) fame, renown.

تلالُو /t̪əlɑ:lu:/ ■ *n.f.* brilliance, brightness.

تِلام /t̪ɪlɑ:m/ ■ *n.m.* (*pl.* of تلم) slaves, servants.

تلامِذہ /t̪əlɑ:mɪzɑ:/ ■ *n.m.* (*pl.* of تلمیذ) (also تلامید) students, disciples, pupils; scholars. تلامذۂ رحمٰن **1** (*literal*) pupil of God. **2** (*fig.*) poets.

تلاملی /t̪əlɑ:məli:/ ■ *n.f.* (also تلابیلی) impatience. See تلملی.

تلانا /t̪əlɑ:nɑ:/ ■ *v.* have something fried.

تُلانا /t̪ʊlɑ:nɑ:/ ■ *v.* (also تلوانا) get (something) weighed or valued.

تلاوا /t̪əlɑ:vɑ:/ ■ *n.m.* advance guard, patrol.

تِلاوت /t̪ɪlɑ:vət̪/ ■ *n.f.* recitation (esp. of the Qur'an).

تلاؤ /t̪əlɑ:o:/ ■ *n.m.* pond, tank, lake. (See also تالاب.)

تلائی¹ /t̪əlɑ:i:/ ■ *n.f.* **1** frying. **2** cost of having something fried. **3** small frying-pan. [Prk.]

تلائی² ____ ■ *n.m.* (*dim.* of تلاؤ) small pond. [S]

تِلائی /t̪ɪlɑ:i:/ ■ *n.f.* **1** oiling, oil massage. **2** pouring oil.

تُلائی /t̪ʊlɑ:i:/ ■ *n.f.* **1** weighing. **2** cost of having something weighed.

تِلبر /t̪ɪlbər/ ■ *adj.* **1** spotted or speckled. **2** stained.

تلبُّس /t̪ələbbʊs/ ■ *n.m.* putting on a dress, dressing.

تلبیب /t̪əlbi:b/ ■ *n.f.* **1** pulping, squeezing fruits for extracting juice. **2** pithing of animal before slaughter.

تلبیس /t̪əlbi:s/ ■ *n.f.* **1** the act of covering. **2** counterfeiting; fraud, knavery, impersonation. تلبیسِ ابلیس deceit by rancour, unpleasantness, bad blood. تلخیِ ایام رِدوراں vicissitudes of life.

تلخیص /təlxi:s/ ■ *n.f.* abridgement, summary, abstract, precis. تلخیص کرنا abridge.

تلذُّذ /tələzzuz/ ■ *n.m.* enjoyment, delight, deriving pleasure.

تلّڑ /təllər/ ■ *n.m.* (*dim.* of تل) (*fig.*) stomach, belly.

تِلڑا /tɪləɽɑ:/ ■ *adj.* (necklace) having three chains or strings. (*fem.* تِلڑی)

تُلسی /tʊlsi:/ ■ *n.f.* tulsi, holy basil, small shrub venerated by the Hindus, *Ocimum sanctum*. تلسی دل leaf of the tulsi plant.

تلطُّف /tələttʊf/ ■ *n.m.* kindness, favour. تلطف کرنا show kindness, show favour; oblige.

تلطیف /təlti:f/ ■ *n.f.* softening; refinement.

تلعُّب /tələʔʔʊb/ ■ *n.m.* fun, sport, pleasantries.

تلف /tələf/ ■ *adj.* ruined, wasted. ■ *n.m.* destruction; loss, expense. تلف المال خلف العمر the loss of wealth prolongs life. تلف کرنا destroy, waste, ruin, squander, consume; lose. تلف ہونا be destroyed.

تلفُّظ /tələffʊz/ ■ *n.m.* pronunciation; articulation.

تلفی /tələfi:/ ■ *n.f.* destruction, death, devastation.

تلفیف /təlfi:f / ■ *n.f.* wrapping up, enveloping; winding, convolution; whorl; spire.

تلفیق /təlfi:q/ ■ *n.f.* **1** interpolation; trumping up, fabrication, concoction. **2** collecting; patching up.

تلقّی /tələqqi:/ ■ *n.f.* approval; meeting.

تلقیح /təlqi:h/ ■ *n.f.* **1** impregnation, fertilization, pollination. **2** mating (in marriage). تلقیح جدری vaccination against smallpox.

تلقین /təlqi:n/ ■ *n.f.* **1** instructing, teaching; religious instruction. **2** persuasion; recite any ayat or sura over the dead at the time of interment. تلقین کرنا instruct, teach.

تلک /tələk/ ■ *prep. & conj.* till. See تک[1].

تِلک[1] /tɪlək/ ■ *n.m.* **1** (***Hinduism***) tilak, mark made with coloured earth or unguents on the forehead between the eyebrows. **2** an ornament worn on forehead. **3** installation, consecration. **4** dowry. **5** head of a sect, leader, chief. تلک چڑھانا perform the ceremony of betrothal of a youth. تلک دھاری **1** one who wears or is satan; following the Satan. تلبیس خانہ (*fig.*) the world. تلبیس سکہ counterfeiting coin or currency.

تلبیہ /təlbɪja:/ ■ *n.m.* (***Islam***) reciting *labbek* (لبیک) especially while performing Hajj or Umrah.

تلپٹ /təlpət/ ■ *adj.* (also تل پٹ) **1** ruined, destroyed, wasted, lost. **2** upside down, topsy-turvy.

تُلتُلانا /tʊltʊlɑ:nɑ:/ ■ *v.* **1** become soft due to moisture as a mud wall in the rains. **2** suppurate (sore). **3** ripen (fruit). **4** spout or gush out, drip.

تُلتُلی /tʊltʊli:/ ■ *n.f.* stream of water, blood or some fluid.

تل تیس /təlti:s/ ■ *n.f.* uproar, commotion, disorder.

تِل چٹّا /tɪltʃəttɑ:/ ■ *n.m.* cockroach.

تلچھٹ /təltʃʰət/ ■ *n.f.* (also تل چھٹ) sediments, dregs, refuse, draff.

تِلچھنا /tɪlətʃʰnɑ:/ ■ *v.* feel uneasy, be restless, toss about (due to pain).

تلچھو ملچھو کرنا /təltʃʰu: məltʃʰu: kərnɑ/ ■ *v.* (also تلچھو ماچھو کرنا) be fidgety.

تلحین /təlhi:n/ ■ *n.f.* **1** reading something melodiously or in a good voice. **2** (***Ling.***) intonation.

تلخ /təlx/ ■ *adj.* **1** bitter, acrid, pungent, unpalatable. **2** unpleasant; acrimonious, sorrowful. **3** extremely difficult, arduous. **4** foul-spoken, foul-mouthed. تلخ اندیش cynic. تلخ آب **1** bitter or salty water, brine. **2** (*fig.*) wine. **3** bitterness. تلخ تجربہ bitter experience. تلخ حرف ingrate, an ungrateful person. تلخ حقیقت unpalatable truth. تلخ دانہ darnel, any of several grasses growing as weeds among cereal crops. تلخ رُو surly, morose. تلخ زبان rude, abusive, insulting. تلخ کام **1** frustrated (person); disappointed. **2** (*fig.*) lover. تلخ کامی frustration. تلخ کرنا embitter. تلخ گو رنوا one who speaks bitter or unpalatable words; harsh, short, caustic. تلخ مزاج ill-tempered, surly. تلخ مزاجی surliness. تلخ وترش **1** sour and bitter. **2** vicissitudes of life, trials and tribulations. تلخ وش **1** having a bitter taste. **2** (*fig.*) wine.

تلخا /təlxɑ:/ ■ *n.m.* (also تلخہ) **1** boiled rice parched and pounded. **2** gall-bladder.

تلخابہ /təlxɑ:bɑ:/ ■ *n.m.* salty or bitter water.

تلخانا /təlxɑ:nɑ:/ ■ *v.* become bitter in taste.

تلخی /təlxi:/ ■ *n.f.* **1** bitterness, pungency. **2** acrimony, invested with the tilak. 2 newly-crowned king. 3 (*fig.*) Hindu. تلک کرنا consecrate, crown. تلک لگانا invest or mark with a tilak. [S]

تلک² ____ ■ *n.f.* 1 a short-sleeved or sleeveless robe; gown. 2 robe of honour. [P]

تلکا /t̪ulka:/ ■ *n.m.* a small bird resembling a wagtail.

تِلکڑی /t̪ılkəɽi:/ ■ *n.f.* a kind of ornament.

تلّی /t̪uləlli:/ ■ *n.f.* stream, flow, spurt. تلّی باندھنا direct a jet (at). تلّی بندھنا flow continuously.

تلم /t̪ələm/ ■ *n.m.* servant, slave, captive. (*pl.* تلام)

تلمّذ /t̪ələmmʊz/ ■ *n.m.* being or becoming a pupil, studentship.

تِلملا /t̪ılmılɑ:/ ■ (*imper.* of تلملانا) used in comp. as: تلملا اٹھنا/جانا suddenly become restless or agitated.

تِلملانا /t̪ılmılɑ:nɑ:/ ■ *v.* be uneasy or impatient, be restless or tantalized, fret; toss about (in pain).

تِلملاہٹ /t̪ılmılɑ:hət̪/ ■ *n.f.* uneasiness, fretting.

تلملی /t̪əlməli:/ ■ *n.f.* (also تلالی) impatience, restiveness, agitation.

تلمود /t̪əlmu:d̪/ ■ *n.m.* Talmud. See تالمود.

تلمیح /t̪əlmi:h/ ■ *n.f.* allusion, reference to some past event or story in one's writing.

تلمیذ /t̪əlmi:z/ ■ *n.m.* pupil, student; scholar. (*pl.* تلامذہ، تلامیذ)

تلمیع /t̪əlmi:ʔ/ ■ *n.f.* 1 misrepresentation, application of colours to hide reality. 2 (*fig.*) deception. 3 gilding.

تلن /t̪ələn/ ■ *n.m.* (also تلوان) fried eatables.

تلنا /t̪əlnɑ:/ ■ *v.* fry or be fried.

تلنا /t̪ulnɑ:/ ■ *v.* 1 be weighed. 2 be drawn up in battle array. 3 be examined. 4 (*fig.*) be proud.

تُلنگ /t̪uləŋg/ ■ *n.f.* (of a horse) galloping. تلنگ جانا/چلنا run fast.

تِلنگا /t̪ıləŋgɑ:/ ■ *n.m.* Indian soldier of the British army from Tilangana (India) where Indian soldiers were first trained.

تلنگنی /t̪ıləŋgni:/ ■ *n.f.* a kind of thin crust-shaped sweetmeat prepared with thick sugar syrup.

تِلنگی¹ /t̪ıləŋgi:/ ■ *n.f.* Telugu person or language (of south India).

تِلنگی² ____ ■ *n.f.* 1 a kind of triangular kite. 2 a small spark. [Prk.]

تلوا /t̪əlvɑ:/ ■ *n.m.* sole of foot or shoe. تلوا سہلانا flatter, coax. تلوا کھجلانا sole to itch, taken as an omen of impending travel; have or feel the urge to travel. تلوا نہ لگنا be restless, be impatient.

تلوا /t̪ılvɑ:/ ■ *n.m.* a kind of sweetmeat made of sesame ground with sugar.

تلوار /t̪əlvɑ:r/ ■ *n.f.* sword, tulwar, scimitar. تلوار اترنا sword to pierce through. تلوار اٹھانا ready to fight, start fight. تلوار باز swordsman. تلوار بازی fencing. تلوار چلانا fight with a sword. تلوار چلنا have a sword fight, sword-fight. تلوار سونتنا draw the sword. تلوار کا دھنی good swordsman, warrior. تلوار کا گھاؤ sword cut. تلوار کا گھاؤ بھر جاتا ہے، زبان کا گھاؤ نہیں بھرتا wound of words is worse than that of a sword. تلوار کی آنچ flash of a sword. تلوار کھینچنا draw a sword. تلوار میان میں کرنا sheathe the sword.

تلواروں /t̪əlvɑ:rõ:/ ■ *n.f.* (*pl.* of تلوار) تلواروں کی چھاؤں میں under the shadow of swords; in sword-fights in battle; well-guarded.

تلوان /t̪əlvɑ:n/ ■ *n.m.* See تلن.

تلوانا /t̪əlvɑ:nɑ:/ ■ *v.* have a thing fried.

تلوانا /t̪ulvɑ:nɑ:/ ■ *v.* have something weighed.

تلوانسا /t̪əlvɑ̃:sɑ:/ ■ *n.m.* abrasion or blister on the soles of the feet.

تِلوانسا /t̪ılvɑ̃:sɑ:/ ■ *n.m.* (also تلونڈا) slant lamp.

تُلوائی /t̪ulvɑ:i:/ ■ *n.f.* 1 act of weighing. 2 amount paid for weighing.

تلوّث /t̪ələvvʊs/ ■ *n.m.* pollution, uncleanliness.

تِلور /t̪ılo:r/ ■ *n.m.* bustard, a game bird.

تلوریا /t̪əlvərjɑ:/ ■ *n.m.* (also تلواریا) swordsman, fencer.

تلوّن /t̪ələvvʊn/ ■ *n.m.* 1 (*literal*) colourfulness; changing colours (like a chameleon). 2 (*fig.*) fickleness, fluctuation (of mood); irresolution, indecisiveness, mercurial temperament, fidgetiness, restlessness, capriciousness. تلون مزاج fickle, capricious. تلون مزاجی fickleness, caprice, irresolution, mercurial temperament. (See also مُتلوّن.)

تلووں /t̪əlvõ:/ ■ *n.m.* (*pl.* of تلوا) تلووں سے آنکھیں ملنا show humility, be meek. تلووں سے لگی تو سر میں جا کے بجھی was greatly offended or irritated. تلووں سے ملنا trample.

تلوے /t̪əlve:/ ■ *n.m.* (*pl.* & *infl.* of تلوا) تلوے چاٹنا/سہلانا flatter, cajole. تلوے چھلنی ہونا 1 have an arduous journey, have run about a lot. 2 labour, work hard. تلوے سے آگ

anger is a relief to me, I don't care if you are angry with me. تم سے پھرے خدا سے پھرے a solemn promise of fidelity. تم نے کہا اور تم کس کھیت کی مولی ہو what is your worth? میں نے مان لیا I do not believe you. (*cf.* آپ)

تماثل /t̪əma:sʊl/ ■ *n.m.* **1** similarity, likeness, resemblance. **2** (***Ling.***) assimilation.

تماچہ /t̪əma:tʃa:/ ■ *n.m.* (also تماچا، طمانچہ) slap. تماچہ مارنا give a slap.

تماخرہ /t̪əma:xɪra:/ ■ *n.m.* fun, jest, joke, buffoonery, ridicule.

تمادی /t̪əma:d̪i:/ ■ *n.f.* **1** period, duration, prolongation, length of time. **2** (***Law***) time bar, limitation of time which bars a civil action. تمادیٔ ایام lapse of time, flight of time. تمادی عارض ہونا (***Law***) be time-barred.

تمارض /t̪əma:rʊz/ ■ *n.m.* feigning a disease, malingering; valetudinarianism.

تمازت /t̪əma:zət/ ■ *n.f.* intense heat; flush, glow. تمازتِ آفتاب heat of the sun.

تماس /t̪əma:s/ ■ *n.m.* **1** touch, contact, tactility. **2** relation, bond, connection. **3** copulation.

تماسخ /t̪əma:sʊx/ ■ *n.m.* **1** transforming, metamorphosing. **2** transmigration. **3** erasing (a mark).

تماسک /t̪əma:sʊk/ ■ *n.m.* **1** binding, firmness, holding together, cohesiveness, cohesion. **2** (***Physics***) coherence.

تماش /t̪əma:ʃ/ ■ *n.m.* (*contr.* of تماشا) used in comp. as: تماش بین **1** spectator, sightseer. **2** libertine, licentious person, debauchee, rake. تماش بینی luxury, licentiousness, libertinism. تماش گاہ theatre.

تماشا /t̪əma:ʃa:/ ■ *n.m.* **1** tamasha, amusement, entertainment. **2** exhibition, show, sight, spectacle. **3** fun, sport. **4** anything strange and curious, oddity. **5** cinematographic presentation. تماشا بنا لینا/بنانا make a butt of jokes or ridicule. تماشا بننا to be a laughing-stock. تماشا دیکھنا witness a show; enjoy others' misfortune. تماشا کرنا **1** put on a show, stage a play. **2** do something ridiculous or strange. تماشا گاہ place of entertainment or show, theatre. تماشا گر showman, actor.

تماشائی /t̪əma:ʃa:i:/ ■ *n.m.* spectator, onlooker, bystander.

تماشے /t̪əma:ʃe:/ ■ *n.m.* (*pl. & infl.* of تماشا) تماشے کی بات funny thing; pretty sight; strange things.

لگنا flare up, be angry. تلوے سے لگنا follow meekly.

تلویم /t̪əlvi:m/ ■ *n.f.* stricture; condemnation.

تلوین /t̪əlvi:n/ ■ *n.f.* **1** colouring. **2** (*fig.*) variation.

تلّہ /t̪əlla:/ ■ *n.m.* pool, pond.

تلہا /t̪ɪlha:/ ■ *adj.* (also تلہار) oily, greasy.

تلہٹی /t̪əlæhʈi:/ ■ *n.f.* (also تلیٹی) **1** bottom or lower part of anything. **2** submontane region, the foot of a hill. **3** bed of a river.

تلہّف /t̪ələhhʊf/ ■ *n.m.* expression of sorrow, lament.

تلہن /t̪ɪlhən/ ■ *n.f.* seeds from which oil is extracted.

تلیین /t̪əli:n/ ■ *n.f.* **1** softening; thinning. **2** (***Med.***) drug used as purgative.

تلی¹ /t̪əli:/ ■ *n.f.* **1** bottom. **2** sole of a shoe. [S]

تلی² ____ ■ *adj.* (*fem.* of تلا²) fried.

تلی³ ____ ■ *n.f.* a high quality date palm bearing abundant crop. [A]

تُلی /t̪ʊli:/ ■ *n.f.* **1** painter's brush or pencil. **2** weaver's brush.

تِلّی /t̪ɪlli:/ ■ *n.f.* spleen; milt of fish.

تلے /t̪əle:/ ■ *prep.* **1** under, beneath, underneath, below, at the foot. **2** subordinate. تلے اوپر one after the other, successive, successively. تلے اوپر کے (of children) born in succession. تلے آنا **1** come down, descend. **2** suffer loss; be trodden upon, be crushed. تلے پڑنا **1** fall under. **2** sleep on the ground. تلے تیس اوپر بیس **1** said on the occasion of destruction and demolition. **2** (of a girl) apparently innocent but actually cunning and crafty.

تلے دانی /t̪ɪle:d̪a:ni:/ ■ *n.f.* etui, case for needles and thread.

تلیّا /t̪ələjja:/ ■ *n.f.* (*dim.* of تال¹) small pond.

تلیانا /t̪ɪlja:na:/ ■ *v.* become oily.

تلیٹی /t̪əlæ:ʈi:/ ■ *n.f.* See تلہٹی.

تلید /t̪əli:d̪/ ■ *n.m.* non-Arab brought up in Arabia.

تلیر /t̪ɪljər/ ■ *n.m.* **1** starling, a migratory bird. **2** a kind of snake having white spots on its skin.

تلینڈو /t̪əlæ̃:ɖu:/ ■ *n.m.* slave; page, attendant.

تلینڈی /t̪ɪlæ̃:ɖi:/ ■ *n.f.* third day after the Hindu festival Holi.

تُم /t̪ʊm/ ■ *pron.* you (nominative case). تم آپ you yourself. تم جانو you know; it is up to you. تم جانو اور تمھارا کام you are responsible for everything. تم ڈال ڈال تو میں پات پات I am cleverer than you. تم روٹھے ہم چھوٹے your

تمالک /t̪əmɑ:lək/ ■ *n.m.* water shamrock, a kind of pot-herb, *Marsilea quadrifolia*.

تمالک /t̪əmɑ:luk/ ■ *n.m.* taking into control, controlling (oneself).

تمام /t̪əmɑ:m/ ■ *adj.* **1** all, whole, total, entire, complete, full. **2** end. تمام تر completely, entirely, wholly, all, absolutely. تمام شد it's all over, it's done with, finished, done; the end. تمام عمر entire life. تمام کا تمام entire, total, full, complete. تمام کرنا finish, conclude, complete. تمام وقت all along. تمام وکمال (also تماماً) whole and entire, fully and completely, thoroughly. تمام ہونا be finished, completed or concluded, come to an end, die.

تمامی /t̪əmɑ:mi:/ ■ *n.f.* **1** completion, conclusion; termination. **2** brocade, cloth made of gold threads. ■ *adj.* **1** complete, whole, total. **2** last, conclusive. تمامی زاویہ (***Geom.***) supplementary angle.

تمائل /t̪əmɑ:hʊl/ ■ *n.m.* (also تمہل) indolence, laziness; delay.

تمباکو /t̪əmbɑ:ku:/ ■ *n.m.* (also تماکو) tobacco. تمباکو اڑانا / پینا smoke tobacco. تمباکو نوشی smoking.

تمبو /t̪əmbu:/ ■ *n.m.* tamboo, tent. See تنبو.

تمبورہ /t̪əmbu:rɑ:/ *n.m.* tamboura, tambourine. See تنبورا.

تمت /t̪əmmət/ ■ *n.f.* finish. تمت بالخیر a good end.

تمتّع /t̪əmət̪t̪oʔ/ ■ *n.m.* **1** gaining (a reward), making gains, reaping advantage. **2** delight, pleasure. **3** (***Islam***) performance of minor pilgrimage Umrah along with the Hajj.

تمتمانا /t̪əmt̪əmɑ:nɑ:/ ■ *v.* **1** glow, become red in the face, redden, flush. **2** be enraged.

تمتماہٹ /t̪əmt̪əmɑ:hət/ ■ *n.f.* glow, flush, reddening (of face).

تمثال /t̪ɪmsɑ:l/ ■ *n.f.* **1** portrait; picture; image. **2** likeness, resemblance. **3** royal command.

تمثیل /t̪əmsi:l/ ■ *n.f.* **1** drama, play. **2** comparison, analogy, similitude; resemblance, similarity. **3** example; instance; parable, allegory. تمثیل پیش کرنا put on a play; adduce an example. تمثیل لانا adduce examples; allegorize. تمثیل نگار allegorist. تمثیل نگاری allegory. (*pl.* تمثیلات)

تمثیلاً /t̪əmsi:lən/ ■ *adv.* **1** allegorically, as a parable. **2** for instance, for example.

تمثیلی /t̪əmsi:li:/ ■ *adj.* allegorical; analogical.

تمجید /t̪əmdʒi:d̪/ ■ *n.f.* glorification of God, assertion of the greatness of God.

تمحیص /t̪əmhi:s/ ■ *n.f.* proving, discussing (usu. used with بحث).

تمحیض /t̪əmhi:z/ ■ *n.f.* **1** sifting; making pure. **2** analysing.

تمدّد /t̪əməd̪d̪ud̪/ ■ *n.m.* extension, prolongation, elasticity.

تمدّن /t̪əməd̪d̪un/ ■ *n.m.* way of living, civilization; residing in a town, urbanization.

تمدّنی /t̪əməd̪d̪uni:/ ■ *adj.* civic.

تمر /t̪əmər/ ■ *n.f.* ripe or dry date. تمرِ ہندی tamarind.

تمرّد /t̪əmərrud̪/ ■ *n.m.* **1** stubbornness, obstinacy. **2** rebellion, disobedience, insolence, haughtiness. **3** transgression, exceeding the limits.

تمریخ /t̪əmri:x/ ■ *n.f.* oiling, applying oil or any medicine on body.

تمریض /t̪əmri:z/ ■ *n.f.* nursing, looking after patients.

تمرین /t̪əmri:n/ ■ *n.f.* exercise, practice.

تُمڑی /t̪umɽi:/ ■ *n.f.* a kind of musical instrument. See تُومڑی.

تمزّق /t̪əməzzuq/ ■ *n.m.* rupture, tearing, laceration.

تمس /t̪əməs/ ■ *n.m.* (also تامس) **1** darkness, denseness, gloom. **2** suffocation.

تِمساح /t̪ɪmsɑ:h/ ■ *n.m.* crocodile.

تمسخر /t̪əməsxʊr/ ■ *n.m.* buffoonery, joking, jest, fun. تمسخر اڑانا make fun.

تمِسرا /t̪əmɪsrɑ:/ ■ *n.m.* dark night, night during the waning phase of the moon.

تمسّک /t̪əməssuk/ ■ *n.m.* bond; note of hand, promissory note. تمسکِ حاضر ضامنی bond of recognizance as a security for personal appearance. تمسکِ مصنوعی fabricated or forged bond.

تمسّکی /t̪əməssuki:/ ■ *adj.* of or relating to bond. تمسکی قرضہ debt secured by a bond.

تمسیح /t̪əmsi:h/ ■ *n.f.* **1** Christianization. **2** passing the hand (over).

تمِش /t̪ɪmɪʃ/ ■ *n.m.* a kind of gourd, *Benincasa cerifera*.

تمطیط /t̪əmt̪i:t̪/ ■ *n.f.* stretching words or sounds (esp. in recitation of the Qur'an).

تمغہ /t̪əmɣɑ:/ ■ *n.m.* (also تمغا) **1** medal; decoration. **2** toll tax. **3** royal grant or charter. **4** official stamp on

تمہیدیں باندھنا try to introduce subtly; make lame excuses.

تمیز /t̪əmi:z/ ■ *n.f.* (also تمیز، تمیز) 1 good manners, refinement; qualification. 2 sense, judgement, discretion. 3 observance of the rules of etiquette. 4 distinction, pre-eminence. 5 category. تمیزدار 1 well-mannered, mannerly. 2 discerning, judicious. تمیزکرنا distinguish, differentiate (between); exercise discretion.

تمھارا /t̪ʊmʰɑ:rɑ:/ ■ *pron.* (also تمہارا) your, yours, of you. تمھارا کیا ٹھیک ہے you cannot be trusted.

تمھاری /t̪ʊmʰɑ:ri:/ ■ *n.* (*fem.* of تمھارا) (also تمہاری) تمھاری بلا سے it is none of your concern; never mind.

تمھی /t̪ʊmʰi:/ ■ *pron.* (also تمہی، تم ہی) you; yourself.

تمھیں /t̪ʊmʰẽ:/ ■ *pron.* (also تمہیں) you (objective case); to you.

تن /t̪ən/ ■ *n.m.* 1 the body. 2 person. تن آساں lazy, indolent. تن آسانی 1 bodily comfort, indulgence. 2 indolence, laziness. تن آور (also تناور) strong, stout, large, sturdy; tall and thick (tree). تن بدن whole body. تن بدن پھونکنا 1 consume the body. 2 (*fig.*) torment. تن بدن میں آگ لگنا burn with anger or jealousy, fly into passion, be enraged, be very jealous. تن پرور self-indulgent, luxurious. تن پروری selfishness, self-indulgence, indolence. تنِ تنہا all alone, all by oneself, solitary, single-handed. تن درست healthy, vigorous, hale and hearty. تن درست کرنا to cure. تن درست ہونا recover from illness. تن درستی bodily health, vigour, fitness. تن دہ diligent; laborious. تن دہی devotion, diligence, assiduity, attention; exertion. تن ڈھانکنا have clothes to wear. تن زیب 1 a kind of thin muslin. 2 a kind of waistcoat. تن زیب کرنا to wear. تن سازی bodybuilding. تن من body and soul. تن من دھن body, soul and wealth; all one's resources. تن من دھن تج دینا 1 sacrifice everything. 2 work with total absorption. تن من دھن سے with full devotion; with all one's resources. تن من سے with one's heart and soul. تن من مارنا restrain one's appetites and desires; suppress feelings or emotions. تن من وارنا be ready to lay down one's life. تن وتوش 1 shape, figure, body. 2 vigour, energy; strong body.

تُن /t̪ʊn/ ■ *n.m.* a tree which provides wood for furniture merchandise, stamp on gold and silver and armorial bearings. 5 diploma.

تمک /t̪əmək/ ■ *n.m.* pressure on chest, a kind of asthma. [S]

تمک² ____ ■ *n.f.* 1 vanity, arrogance, pride. 2 growing red in face. [S]

تمکّن /t̪əməkkun/ ■ *n.m.* 1 control, power, authority. 2 stay.

تمکنا /t̪əməknɑ:/ ■ *v.* grow red in the face; become enraged.

تمکنت /t̪əmkənət̪/ ■ *n.f.* 1 dignity, majesty, gravity. 2 authority, power. 3 solemnity, seriousness.

تمکین /t̪əmki:n/ ■ *n.f.* 1 endurance, patience. 2 stability, firmness. 3 dignity, grace.

تملّق /t̪əmələq/ ■ *n.m.* flattery, cajoling, blandishment, blarney.

تملیک /t̪əmli:k/ ■ *n.f.* ownership, possession; settlement of property. تملیکِ کُلّی complete ownership. تملیک نامہ deed of transfer.

تُمن /t̪ʊmən/ ■ *n.m.* (also تُومان) 1 a gold coin. 2 a squadron of ten thousand men. تمن باندھنا collect a body of troops. تمن دار the commander of a troop of ten thousand soldiers; chief (among certain Baloch tribes).

تمنّا /t̪əmənnɑ:/ ■ *n.f.* desire, wish, yearning, longing; prayer; hope, expectation. تمنا بر آنا of wish or desire to fulfil.

تمنّائی /t̪əmənnɑ:i:/ ■ *adj.* desirous.

تمنچہ /t̪əmənt͡ʃɑ:/ ■ *n.m.* (also تپنچہ، طپنچہ) pistol.

تمنزلہ /t̪ɪmənzɪlɑ:/ ■ *adj.* three-storeyed.

تموّج /t̪əməvvʊdʒ/ ■ *n.m.* 1 billowing (of waves), commotion; ebb and flow, undulation. 2 (*fig.*) disturbance, agitation.

تموز /t̪əmu:z/ ■ *n.m.* intense heat; the summer season.

تموّل /t̪əməvvʊl/ ■ *n.m.* becoming or being rich, state of being wealthy, richness, opulence, wealth.

تمویہ /t̪əmvi:h/ ■ *n.f.* artificiality; affectation; deception.

تمہید /t̪əmhi:d̪/ ■ *n.f.* 1 preface, introduction, preamble. 2 arrangement, management, adjustment. تمہید اٹھانا open or introduce a subject.

تمہیدی /t̪əmhi:d̪i:/ ■ *adj.* preliminary, introductory.

تمہیدیں /t̪əmhi:d̪ẽ:/ ■ *n.f.* (*pl.* of تمہید) introductions.

and bears flowers of yellow colour, *Cedrela toona*.

تنا /t̪ənɑ:/ ■ *n.m.* trunk of a tree; the stem of a plant or sapling.

تنابُز /t̪ənɑ:bʊz/ ■ *n.m.* abusive, foul or insulting language, swear-word.

تناپا /t̪ənɑ:pɑ:/ ■ *n.m.* youth, youthfulness, bloom; buoyancy.

تناتنی /t̪ənɑ:t̪əni:/ ■ *n.f.* tension; discord, strained relations.

تناجی /t̪ənɑ:dʒi:/ ■ *n.f.* whispering, speaking in low tone.

تنازُع /t̪ənɑ:zoʔ/ ■ *n.m.* See تنازعہ. تنازع البقا survival of the fittest.

تنازعہ /t̪ənɑ:zeʔɑ:/ ■ *n.m.* dispute, controversy, discord, wrangling, strife. (*pl.* تنازِعات)

تنازُل /t̪ənɑ:zʊl/ ■ *n.m.* decline, fall, descent; loss (of rank).

تناسُب /t̪ənɑ:sʊb/ ■ *n.m.* **1** proportion. **2** harmony, accord. تناسب اعضا due proportion of the parts of the body. تناسبِ مرکب (***Math.***) compound proportion. تناسبِ مفرد (***Math.***) simple proportion. تناسبِ معکوس/منقلب (***Math.***) inverse proportion.

تناسُخ /t̪ənɑ:sʊx/ ■ *n.m.* transmigration. تناسخِ ارواح transmigration of soul or passing of a soul into another body after death.

تناسُل /t̪ənɑ:sʊl/ ■ *n.m.* reproduction, procreation; lineage, uninterrupted descent through a series of generations.

تناصُر /t̪ənɑ:sʊr/ ■ *n.m.* helping each other, cooperation.

تناظُر /t̪ənɑ:zʊr/ ■ *n.m.* perspective, scenario, range of vision.

تنافُر /t̪ənɑ:fʊr/ ■ *n.m.* **1** repugnance, mutual aversion, repulsion. **2** putting together words that are difficult to pronounce.

تنافُس /t̪ənɑ:fʊs/ ■ *n.m.* competition, jealousy.

تنافی /t̪ənɑ:fi:/ ■ *n.f.* mutual incompatibility; seeking to ruin one another, contradicting each other; expelling, persecuting.

تناقُص /t̪ənɑ:qʊs/ ■ *n.m.* lessening, decreasing; abatement, remission.

تناقُض /t̪ənɑ:qʊz/ ■ *n.m.* antilogy, discordance, discrepancy, contradiction, incompatibility; inconsistency.

تناقُل /t̪ənɑ:qʊl/ ■ *n.m.* mutual communication.

تناکُر /t̪ənɑ:kʊr/ ■ *n.m.* mutual enmity.

تنانا /t̪ənnɑ:nɑ:/ ■ *v.* have sharp pricking pain.

تناور /t̪ənɑvər/ ■ *adj*. tall and strong. See تن آور under تن.

تناوُل /t̪ənɑ:vʊl/ ■ *n.m.* eating. تناول فرمانا/کرنا eat. تناول ماحضر (polite request to guest) eat whatever is offered by the host.

تناؤ /t̪ənɑ:o:/ ■ *n.m.* **1** tension, tenseness. **2** stretching; strained relation.

تنباکو /t̪əmbɑ:ku:/ ■ *n.m.* tobacco. See تمباکو.

تنبالُو /t̪əmbɑ:lu:/ ■ *n.m.* a copper or brass bowl or pot.

تُنبان /t̪ʊmbɑ:n/ ■ *n.m.* (also تنبا) **1** very wide set of drawers. **2** loose trousers.

تنبل /t̪əmbəl/ ■ *adj.* lazy, indolent, inactive.

تنبلی /t̪əmbəli:/ ■ *n.f.* laziness, indolence.

تنبو /t̪əmbu:/ ■ *n.m.* (also تمبو) tamboo, large tent; canopy; pavilion. تنبوتانا pitch tents.

تنبُورا /t̪əmbu:rɑ:/ ■ *n.m.* (also تمبورہ) tanpura, tamboura; musical instrument like a guitar.

تنبول /t̪əmbo:l/ ■ *n.m.* (also تمبول) **1** cash, given as wedding gift. **2** betel leaf. تنبول لینا (of cash wedding gifts) be collected.

تنبولا /t̪əmbo:lɑ:/ ■ *adj.* of betel colour, red.

تنبولن /t̪əmbo:lən/ ■ *n.f.* (also تمبولن) woman who sells betel-leaf.

تنبولی /t̪əmbo:li:/ ■ *n.m.* (also تمبولی) **1** betel leaf vendor. **2** a caste whose business is to sell betel-leaf.

تنبُّہ /t̪ənəbboh/ ■ *n.m.* advice, admonition, warning, informing.

تنبیلا /t̪əmbe:lɑ:/ ■ *adj.* of copper colour.

تنبیہ /t̪əmbi:h/ ■ *n.f.* (also تنبیہہ) **1** reproof, reprimand. **2** warning, admonition. تنبیہ کرنا warn, admonish. تنبیہ ہونا be warned, realize.

تُن پھن /t̪ʊnpʰʊn/ ■ *n.f.* (also تُن فُن) haughtiness, arrogance. تن پھن کرنا object to, behave in a haughty manner; rebuke.

تنت /t̪ənt̪/ ■ *n.m.* **1** precise, exact, opportune; nick of time; critical moment. **2** need; occasion. **3** essence, main point. تنت کا وقت right moment.

تنتر /t̪ənt̪ər/ ■ *n.m.* **1** incantation, charm; mystical and magical formulae, tantra. **2** religious treatise.

تنترِک /t̪ənt̪ərɪk/ ■ *n.m.* (also تانترک) sorcerer.

تنتری /t̪ənt̪ri:/ ■ *n.m.* **1** musician. **2** one who follows a tantra; sorcerer, (black) magician, one who practises enchantments.

تنتنا /t̪ənt̪ənɑ:/ ■ *n.m.* dignity. See طنطنہ. تنتنا پیٹنا/مارنا frown, express disgust. [A]

تنتنا ____ ■ *n.m.* noise, shout, cry, uproar, din. [Prk.]

تنتنانا /t̪ənt̪ənɑ:nɑ:/ ■ *v.* show anger, behave arrogantly.

تُن تُنی /t̪unt̪uni:/ ■ *n.f.* a stringed musical instrument.

تنتو /t̪ənt̪u:/ ■ *n.m.* **1** thread, cord; wire; string. **2** cobweb. **3** descendants, offspring.

تنتی /t̪ənt̪i:/ ■ *n.m.* weaver.

تنجیم /t̪əndʒi:m/ ■ *n.f.* astrology.

تنخواہ /t̪ənxɑ:h/ ■ *n.f.* salary, wages, pay. تنخواہ باندھنا fix a pay or salary. تنخواہ دار one who receives a regular pay, paid servant. تنخواہ دینا pay one's salary. تنخواہ ذاتی personal pay.

تُند /t̪und̪/ ■ *adj.* **1** severe, fierce, furious, violent. **2** hot, sharp, acrid, astringent. **3** fast, rapid, active, swift; rough. **4** bold, brave. تندخو furious, fierce, irascible; acrimonious. تندخوئی acrimony. تندرفتار/رو fast-moving, fleet-footed. تندمزاج hot-tempered,hot-headed, furious; fierce. تندوتیز **1** swift and rough (wind). **2** acrid, acerbic. تندہونا be angry, be displeased.

تُندر /t̪und̪ər/ ■ *n.m.* thunder; thunderbolt.

تندرست /t̪ənd̪urust̪/ ■ *adj.* healthy. See تن درست under تن.

تندور /t̪ənd̪u:r/ ■ *n.m.* (also تنور) tandoor, clay oven.

تندوری /t̪ənd̪u:ri:/ ■ *n.m.* tandoori, of or relating to تندور

تندہی /t̪ənd̪ehi:/ ■ *n.f.* diligence. See under تن.

تُندی /t̪und̪i:/ ■ *n.f.* **1** fierceness, severity, ferocity, fury, violence. **2** swiftness, sharpness; force.

تُندَیل /t̪und̪æ:l/ ■ *adj.* (also توندل) pot-bellied (person).

تنزل /t̪ənəzzʊl/ ■ *n.m.* demotion, decline, fall, decay, degradation. تنزل ہونا be degraded or demoted, fall off, decline.

تنزیل /t̪ənzi:l/ ■ *n.f.* **1** revelation (of the Qur'an). **2** causing to alight, sending down.

تنسیخ /t̪ənsi:x/ ■ *n.f.* repeal, abrogation, cancellation, revocation, quashing, annulment. تنسیخ نکاح annulment of marriage.

تنسیق /t̪ənsi:q/ ■ *n.f.* **1** organization. **2** control.

تنش /t̪ənɪʃ/ ■ *n.f.* stretching, contraction, tension.

تنشی /t̪ənɪʃi:/ ■ *adj.* tensile. تنشی قوت (***Physics***) tensile strength.

تنصیب /t̪ənsi:b/ ■ *n.f.* installation. (*pl.* تنصیبات)

تنصیف /t̪ənsi:f/ ■ *n.f.* bisection, dividing into two equal parts.

تنظیم /t̪ənzi:m/ ■ *n.f.* **1** arranging, arrangement, putting in order; ordering. **2** discipline, regimentation. **3** threading (pearls). **4** composing verses. **5** organization; party.

تنعُّم /t̪ənəʔʔum/ ■ *n.m.* easy life, life of luxury; ease, happiness, prosperity.

تنعیم /t̪ənʔi:m/ ■ *n.f.* bringing up in ease and affluence; pampering.

تنغُّص /t̪ənəɣɣʊz/ ■ *n.m.* disgust, unpleasantness.

تنفُّر /t̪ənəffʊr/ ■ *n.m.* version, disgust, loathing, antipathy.

تنفُّس /t̪ənəffʊs/ ■ *n.m.* respiration, breathing.

تنفسی /t̪ənəffʊsi:/ ■ *adj.* respiratory.

تنفیذ /t̪ənfi:z/ ■ *n.f.* issuing, promulgation (of any order or law).

تنقیح /t̪ənqi:h/ ■ *n.f.* **1** inquiry, investigation, search, ascertaining; clearance of doubt. **2** cleaning, sifting. **3** deciding disputes, settlement; determination. **4** issue (in a law suit); point of issue. **5** (accountancy) audit. تنقیح طلب (point) at issue, (point) to be determined, decided or settled, requiring decision. تنقیح کرنا **1** audit. **2** determine or settle issue in a law suit, draw up issues.

تنقیحات /t̪ənqi:hɑ:t̪/ ■ *n.f.* (*pl.* of تنقیح) تنقیحات قائم کرنا frame or lay down issues.

تنقید /t̪ənqi:d̪/ ■ *n.f.* criticism, fault-finding, animadversion; review, critical review; appraisal.

تنقیص /t̪ənqi:s/ ■ *n.f.* **1** fault-finding, adverse criticism, cavilling. **2** curtailment.

تنقیض /t̪ənqi:z/ ■ *n.f.* rejection, opposition, refutation.

تنقیہ /t̪ənqɪjɑ:/ ■ *n.m.* **1** winnowing, cleaning, purging, purge. **2** settlement, decision. **3** catharsis.

تِنک /t̪ənɪk/ ■ *adj. & adv.* a little, very little; the least; small; slight, slightly.

تُنک /t̪unʊk/ ■ *adj.* delicate, slight, slender, thin; small. تنک بخشی niggardliness, stinginess. تنک حواس sensible, sensitive. تنک حواسی sensitiveness. تنک صبر impatient. تنک ظرف shallow; mean; misanthropic. تنک مزاج

passage. **2** (*fig.*) a difficult task.

تنگی /ṭəŋgi:/ ■ *n.f.* **1** narrowness; tightness. **2** poverty, hardship. تنگی ترشی poverty and hardship. تنگی ترشی سے بسر ہونا/گزارہ کرنا live from hand to mouth, eke out (one's) existence. تنگی دینا make life hard (for). تنگی کرنا be miserly, act the miser.

تُنگی /ṭuŋgi:/ ■ *n.f.* a kind of basil. ■ *adj.* high, lofty.

تننا /ṭənnɑ:/ ■ *v.* **1** stretch; be pulled tight, be tightened. **2** move or act in a pompous or conceited manner. **3** sit upright or straight.

تنور /ṭənu:r/ ■ *n.m.* a type of oven. See تندور.

تنوّع /ṭənəvvoʔ/ ■ *n.m.* variegation, being of different kinds; colourfulness, variety, diversity.

تنومند /ṭənu:mənḍ/ ■ *adj.* robust, healthy, strong, sturdy.

تنومندی /ṭənu:mənḍi:/ ■ *n.f.* sturdiness.

تنویر /ṭənvi:r/ ■ *n.f.* **1** illumination, refulgence. **2** (*fig.*) clarification, explanation.

تنویم /ṭənvi:m/ ■ *n.f.* hypnotism, sleeping condition brought on by suggestion or direction.

تنویمی /ṭənvi:mi:/ ■ *adj.* hypnotic.

تنوین /ṭənvi:n/ ■ *n.f.* nunation, expressing the sound of 'n' (ن) at the end of some Arabic words, as: ضمناً، تخمیناً.

تنہا /ṭənhɑ:/ ■ *adj.* alone, lone, single, lonely, by oneself, solitary, only, isolated, single-handed.

تنہائی /ṭənhɑ:i:/ ■ *n.f.* **1** solitude, loneliness, isolation, privacy. **2** separation.

تنی /ṭəni:/ ■ *n.f.* **1** string with which garments are tied, clothes-line, string, tie. **2** share, portion. تنی میں گانٹھ دینا **1** betroth. **2** tie a knot as an aid to memory.

تنّی /ṭɪnni:/ ■ *n.f.* a kind of wild-growing rice.

تنیا /ṭənjɑ:/ ■ *n.m.* **1** a kind of covering for the wrist. **2** a strip of cloth for loins.

تنّین /ṭɪnni:n/ ■ *n.m.* **1** a large serpent, dragon. **2** (***Astrol.***) the constellation of the Dragon.

تُو /ṭu:/ ■ *pron.* you, thou, thee, used to imply contempt, familiarity or endearment, and in religious texts when addressing God to imply oneness reverence. تو تڑاق کرنا address rudely or disrespectfully, wrangle, abuse. تو تکار/تو تو میں میں brawl, rude talk or argument. تو تو میں میں ہونا have a loud argument, brawl. تو ڈال ڈال میں پات پات I am smarter than you; I can outwit or outsmart you

petulant, irascible, irritable, peevish.

تنکا /ṭɪnkɑ:/ ■ *n.m.* **1** a piece of straw or a broken blade of grass; a very thin piece of a tendril or stem. **2** particle, bit. ■ *adj.* (*fig.*) thin, weak. تنکا اتارنا اور چھپر رکھ دینا put (someone) under great obligation for a small favour. تنکا اتارنے کا احسان ماننا be obliged for a small favour. تنکا بھی نہ توڑ سکنا be extremely lazy or weak. تنکا دانتوں میں لینا admit defeat, confess inferiority or ask for quarter, throw in the sponge, ask for mercy. تنکا نہ رہنا be robbed of the last penny, be divested of everything. تنکا ہو جانا become very thin, be emaciated.

تنکنا /ṭɪnəknɑ:/ ■ *v.* fly into passion, flare up, react sharply, be ruffled.

تُنکی /ṭunki:/ ■ *n.f.* thin cake or fritter.

تنکے /ṭɪnke:/ ■ *n.m.* (*pl. & infl.* of تنکا) تنکے چننا **1** be intoxicated. **2** go mad. تنکے چُنوانا drive mad, make insane. تنکے کا پہاڑ بنانا make a mountain out of a molehill. تنکے کا سہارا a little help, small favour. تنکے کی اوٹ پہاڑ just a shadow of lurking calamity.

تنکیر /ṭənki:r/ ■ *n.f.* being or making a common noun; generality.

تنگ[1] /ṭəŋg/ ■ *adj.* **1** constricted, narrow, compressed, confined, contracted; tight. **2** bored, fed up; distressed, strained. **3** short, scanty. **4** poor, penniless, destitute, straitened. تنگ آنا/ہونا be distressed or fed up with; be utterly sick of; have one's patience exhausted. تنگ چشم/دل miserly, close-fisted, niggardly. تنگ حال in straitened circumstances. تنگ حالی adversity. تنگ دست poor, penniless. تنگ دستی want, penury, poverty. تنگ دہن **1** (*fig.*) beloved; beautiful. **2** small-mouthed. تنگ ظرف mean. تنگ کرنا **1** harass, tease, vex, pester, badger, oppress. **2** to narrow. تنگ نظر narrow-minded. تنگ وقت eleventh hour; short notice. تنگ ہاتھ ہونا be hard up. تنگ ہونا **1** be sick or weary, be badly off. **2** be penniless, lead a miserable life. [P]

تنگ[2] ____ ■ *n.m.* **1** sack, bag. **2** horse's belt, girth; lap. [P]

تُنگ[1] /ṭuŋg/ ■ *n.m.* a vessel with a long and narrow neck. [P]

تُنگ[2] ____ ■ *n.f.* height, top, peak, culmination. [S]

تنگبار /ṭəŋgbɑ:r/ ■ *n.f.* place where entry is restricted.

تنگنائے /ṭəŋgnɑ:e/ ■ *n.f.* **1** (***Geog.***) strait, narrow place or any time. تومیں you and I, everyone, everybody. تو ہی only you.

تو /t̪o:/ ■ *conj.* then, therefore. ■ *adv.* then, at that time, in that case. تو بھی still, yet; even then, even so, nevertheless, nonetheless. تو پھر then, in that condition.

توا /t̪əva:/ ■ *n.m.* (also تؤا) **1** tawa, griddle, a round iron pan on which bread is baked. **2** crock placed over the tobacco in chillum of a hookah. **3** hot plate; copper plate at bottom of water-heater. **4** a leaden pan let down in a well to clear water or to check excessive flow. **5** (*coll.*) gramophone disc of old type. ■ *adj.* jet black, very dark.

توّاب /t̪əvva:b/ ■ *n.m.* **1** acceptor of repentance. **2** See التوّاب.

توابع /t̪əva:beʔ/ ■ *n.m.* (*pl.* of تابع) **1** adjuncts, followers, dependants. **2** outskirts, suburbs.

توابل /t̪əva:bɪl/ ■ *n.m.* spices, condiments.

تواتُر /t̪əva:t̪ur/ ■ *n.m.* **1** following, in succession, continuation, being in unbroken series. **2** (***Islam***) having unbroken chains of narrators of the traditions of Prophet Muhammad.

تواجد /t̪əva:dʒʊd̪/ ■ *n.m.* ecstasy, rapture, transports.

تواحُد /t̪əva:hʊd̪/ ■ *n.m.* unity, oneness.

تُوار /t̪uva:r/ ■ *n.m.* a kind of pulse, *Cajanus indicus* or pigeon pea.

توارُث /t̪əva:rʊs/ ■ *n.m.* heritage, inheritance.

توارُد /t̪əva:rʊd̪/ ■ *n.m.* **1** occurring of one and the same idea to two persons at the same time, coincidence of ideas. **2** sameness of theme in verses of two or more poets. **3** coincidence.

تواریخ /t̪əva:ri:x/ ■ *n.f.* (*pl.* of تاریخ) **1** histories, annals, chronicles. **2** dates.

توازُن /t̪əva:zʊn/ ■ *n.m.* balance, equilibrium, counterbalance. توازنِ اقتدار balance of power. توازنِ تجارت balance of trade.

تواسی /t̪ɪva:si:/ ■ *n.f.* a kind of embroidered carpet or rug.

تواضُع /t̪əva:zoʔ/ ■ *n.f.* **1** courteous welcome, reception, entertainment; civility, politeness, hospitality. **2** gift. تواضعِ سمرقندی false hospitality, empty compliment. تواضع سے کام لینا show courtesy. تواضعِ شیراز homely diet; simple fare. تواضع کرنا **1** receive with politeness, entertain. **2** (*iron.*) beat, chastise. تواضع ہونا be entertained.

توافُق /t̪əva:fʊq/ ■ *n.m.* agreement, harmony, sameness, conformity, concurrence, concord.

توال /t̪əva:l/ ■ *n.m.* towel. See تولیا. [E]

توالُد /t̪əva:lʊd̪/ ■ *n.m.* begetting, procreation.

توالُف /t̪əva:lʊf/ ■ *n.m.* mutual affection.

توالی /t̪əva:li:/ ■ *n.f.* continuation, following in succession.

توام /t̪o:əm/ ■ *n.m.* twin.

تُوان /t̪uva:n/ ■ *n.m.* (also تَوان، تُواں) strength, vigour. ■ *adj.* powerful, strong; agile, active.

توانا /t̪əva:na:/ ■ *adj.* strong, robust, powerful, healthy; animated.

توانائی /t̪əva:na:i:/ ■ *n.f.* energy, strength, power, ability. توانائی بخشنا animate.

توبڑا /t̪o:bɽa:/ ■ *n.m.* (also توبرا، توبڑہ) **1** the horse's nosebag. **2** saddlebag. **3** (*joc.* or *derog.*) mouth or face.

توبہ /t̪o:ba:/ ■ *n.f.* renunciation, repentance, vowing to sin no more, penitence. توبۃُ النصوح true repentance. توبہ تلّا repentance, bewailing. توبہ تلّا کرنا repent, beg pardon. توبہ توبہ tush! fie! never more! Heaven forbid! توبہ توبہ کر کے کہنا utter something unpalatable with due penitence. توبہ توڑنا break one's vow. توبہ دھاڑ the sound of cries under punishment. توبہ شکنی breaking vow. توبہ کرنا repent a misdeed and vow not to do it ever again, renounce. توبہ کرنے کا موقع locus poenitentiae, a chance to repent. توبہ کروانا bring one on one's knees. توبہ گاہ penitentiary.

توبیخ /t̪o:bi:x/ ■ *n.f.* reproof, rebuke, reproach; opprobrium, obloquy; sarcasm, taunt.

توپ /t̪o:p/ ■ *n.f.* **1** gun; cannon; mortar. **2** (*fig.*) a very fat person. توپ خانہ battery, artillery. توپ داغنا fire a cannon. توپ دم کرنا/سے اڑانا blow up with a cannon.

توپانا /t̪o:pa:na:/ ■ *v.* have buried, covered or interred.

توپچی /t̪o:ptʃi:/ ■ *n.m.* (also توپچی) topchee, gunner, artillery man, cannoneer, bombardier.

توپنا /t̪o:pna:/ ■ *v.* (also تُپانا) bury, cover, conceal.

تُوت /t̪u:t̪/ ■ *n.m.* (also شہتوت) mulberry.

توتا /t̪o:t̪a:/ ■ *n.m.* (also طوطا) **1** parrot. **2** (*fig.*) infant just beginning to talk with sweet prattle. **3** mass or lump of bhang. توتا پالنا **1** keep a parrot as a pet. **2** aggravate

تَوَرُّع /t̪əvərroʔ/ ■ *n.m.* piety, abstinence.

تورہ /t̪o:ra:/ ■ *n.m.* **1** equity, royal order. **2** custom, convention. **3** honour, respect; pride; ostentation, prudery, blandishment. **4** the divine way of religion. **5** meals served on the occasions of marriage.

توری[1] /t̪o:ri:/ ■ *n.f.* a kind of cucumber. See تُرئی. [S]

توری[2] ——— ■ *pron.* (also تیری) yours. [Prk.]

تورے /t̪o:re:/ ■ *n.m.* (*pl. & infl.* of تورہ) تورے پٹی bragging woman. تورے دار respectable families receiving gifts from royal feasts. تورے والی prudish woman.

توریا /t̪o:rɪja:/ ■ *n.m.* a kind of rapeseed.

تَوریت /t̪ɔ:ræ:t̪/ ■ *pr.n.f.* (also تورات) the Old Testament, the part of the Bible containing the scriptures of the Hebrews, Torah, the Pentateuch.

تَورید /t̪ɔ:ri:d̪/ ■ *n.f. Urduization.* See تارید.

تَوریہ /t̪ɔ:rɪja:/ ■ *n.f.* **1** concealment of real feeling. **2** (*rhet.*) double entendre.

توڑ /t̪o:ɽ/ ■ *n.m.* **1** break, breaking, breach. **2** remedy, cure; prevention. **3** crisis, extreme condition. **4** answer. **5** the strength of a current or flow of water. **6** whey. **7** refutation. توڑ پھوڑ رتاڑ breaking and smashing, destruction, disintegration. توڑ جوڑ (also جوڑ توڑ) **1** breaking and joining (of something). **2** plot, trick, manipulation. **3** arrangement of words in composition. توڑ دینا break, disrupt, destroy. توڑ ڈالنا break, destroy, pull down. توڑ کا وقت crisis, critical point or time. توڑ کسر (*Arith.*) fractions. توڑ کرنا **1** remove the effect of sorcery. **2** counteract; retaliate. **3** make an adjustment. توڑ لینا **1** pluck; gather. **2** win over.

توڑا /t̪o:ɽa:/ ■ *n.m.* **1** scarcity, shortage. **2** a piece of rope. **3** purse or bag having coins or one thousand rupees. **4** match of a gun. **5** gold or silver chain. **6** ploughshare. **7** bank (of a river). توڑا مروڑی pinching and squeezing.

توڑنا /t̪o:ɽna:/ ■ *v.* **1** break, smash, split; destroy, demolish. **2** change (money). **3** pluck and gather (fruits). **4** discontinue, interrupt; isolate a row. **5** inflict a wound (on); kill. **6** scatter, disperse. **7** give up. **8** break or infringe a law. **9** sever or sunder a tie or friendship. **10** force or break open a lock. **11** dismay, discourage. **12** break into. توڑنا مروڑنا **1** pinch and disease by not treating it properly; have some constant trouble. توتا چشم faithless, treacherous.

تُوتڑی /t̪u:t̪ɽi:/ ■ *n.f.* small mulberry.

توتلا /t̪o:t̪la:/ ■ *adj.* (also تُتلا) lisping, speaking with a lisp. ■ *n.m.* stutterer, lisper. (*fem.* توتلی)

تُوتن /t̪u:t̪ən/ ■ *n.m.* **1** fragments, chips, scrapings. **2** a kind of fine tobacco.

تُوتی /t̪u:t̪i:/ ■ *n.f.* (also طوطی) small singing bird, *Loxia rosea.* توتی بولنا be very successful (in some skill or art).

تَوتے /t̪ɔ:t̪e:/ ■ *n.m.* (*corr.* of توتے) blames. توتے باندھنا رجوڑنا slander.

توتے /t̪o:t̪e:/ ■ *n.m.* (*pl. & infl.* of توتا) (also طوطے) توتے کی سی آنکھیں پھیرنا shun, turn away, not to keep faith.

تَوتیا /t̪ɔ:t̪ɪja:/ ■ *n.m.* imputation, blame, reproach. توتیا باندھنا (also توتے باندھنا) slander, scandalize. (*pl.* تَوتے)

تُوتیا /t̪u:t̪ɪja:/ ■ *n.m.* sulphate of copper, blue vitriol.

تَوثیق /t̪ɔ:si:q/ ■ *n.f.* confirmation, verification, ratification, corroboration. توثیق کرنا confirm, verify, ratify, corroborate.

توجُّہ /t̪əvədʒdʒoh/ ■ *n.f.* **1** attention, inclination; regard, consideration. **2** spiritual concentration on something or someone. **3** kindness, favour. توجہ خاص درکار ہے it requires special attention. توجہ طلب noteworthy, requiring attention, calling for consideration. توجہ مائل رمبذول کرنا draw, invite or call attention.

تَوجیہہ /t̪ɔ:dʒi:h/ ■ *n.f.* justification, explanation, causation; excuse, accounting for; assessment; statement. توجیہہ کرنا justify, give or state the reason of, explain. توجیہہ نویس a keeper of descriptive rolls.

تَوَحُّش /t̪əvəhhʊʃ/ ■ *n.m.* **1** flutter, trepidation, alarm, scare, severe agitation. **2** being desolate.

تَوحید /t̪ɔ:hi:d̪/ ■ *n.f.* monotheism; believing in the unity of Allah, Unitarianism, declaring God to be one; oneness.

تودہ /t̪o:d̪a:/ ■ *n.m.* (also تُودہ) mound, heap, stack; a mound behind a target. ■ *adj.* abundant, plentiful. تودہ بندی marking off boundaries. تودۂ خاک **1** heap of dust. **2** (*fig.*) dead human body, corpse.

تَودیع /t̪ɔ:d̪i:ʔ/ ■ *n.f.* taking leave, bidding adieu (to).

تُور /t̪ʊvər/ ■ *n.m.* (also تُوار، تُھور، تھوہر) a kind of pulse.

تَورا /t̪ɔ:ra:/ ■ *n.f.* haste, hurry, speed. ■ *adj.* quick, swift.

squeeze, wrench and twist. **2** tamper with original text.

تُوڑی /t̪u:ɽi:/ ■ *n.f.* chaff of wheat or barley, husk; cattle fodder.

توڑی /t̪o:ɽi:/ ■ *n.f.* **1** musical raga. **2** mustard seed; rapeseed; plant of these seeds.

توڑے /t̪o:ɽe:/ ■ *n.m.* (*pl. & infl.* of توڑا) توڑےدار بندوق matchlock, musket.

توزُّع /t̪əvəzzoʔ/ ■ *n.m.* confusion, dispersion, disturbance.

تُوزُک /tu:zʊk/ ■ *n.f.* memoirs (of a king). See تُزک.

توزیع /t̪o:zi:ʔ/ ■ *n.f.* **1** dispersion, scattering. **2** statement, account; rent-roll, descriptive roll.

توس /t̪o:s/ ■ *n.m.* toast, slice of bread. [E]

توسدان /t̪o:sd̪ɑ:n/ ■ *n.m.* (also توشدان) **1** cartridge or cartouche box. **2** tiffin carrier.

توسُّط /t̪əvəssʊt̪/ ■ *n.m.* **1** mediation, agency. **2** moderation.

توسُّع /t̪əvəssoʔ/ ■ *n.m.* **1** easy circumstances, prosperity. **2** open-mindedness.

توسُّل /t̪əvəssʊl/ ■ *n.m.* **1** conjunction, linkage. **2** introduction, recommendation. **3** means, mediation.

توَسن /t̪o:sən/ ■ *n.m.* horse, steed; war-horse; young unbroken horse. توسنِ طبع (*fig.*) **1** nature; mood. **2** imagination; power of imagination.

توسیع /t̪o:si:ʔ/ ■ *n.f.* extension, expansion, enlargement, prolongation, widening, broadening.

توش /t̪o:ʃ/ ■ *n.m.* energy, vigour; often used in comp. with تن as: تن و توش physique, build, brawn.

توشک /t̪o:ʃək/ ■ *n.f.* mattress, bedding.

تُوشمال /tu:ʃmɑ:l/ ■ *n.m.* cook, chef.

توشہ /t̪o:ʃɑ:/ ■ *n.m.* **1** provision, supplies; provisions for a journey. **2** alms or charity. توشہ خانہ wardrobe; storeroom. توشۂ عاقبت **1** provision for the next world. **2** (*fig.*) good deeds, that would be rewarded in the next world.

توشیح /t̪o:ʃi:h/ ■ *n.f.* **1** adorning, decorating. **2** (*rhet.*) acrostic.

توشیع /t̪o:ʃi:ʔ/ ■ *n.f.* **1** dissemination, growth. **2** conglomerate.

توصُّل /t̪əvəssʊl/ ■ *n.m.* contiguity, conjunction, union.

توصیت /t̪o:sɪjət̪/ ■ *n.f.* will, testament.

توصیف /t̪o:si:f/ ■ *n.f.* praise, admiration, eulogy, commendation, accolade.

توصیفی /t̪o:si:fi:/ ■ *adj.* adjectival; appreciatory.

توضُّو /t̪əvəzzu:/ ■ *n.m.* **1** performing ablutions. **2** reaching the age of puberty.

توضیح /t̪o:zi:h/ ■ *n.f.* explanation, clarification, elucidation; explaining; illustration; corollary; annotation.

توضیحی /t̪o:zi:hi:/ ■ *adj.* explanatory.

توضیع /t̪o:zi:ʔ/ ■ *n.f.* **1** making, coining, shaping. **2** putting down, lowering.

توطُّن /t̪əvət̪t̪ʊn/ ■ *n.m.* populating; making a country one's homeland.

توطیہ /t̪o:t̪ɪjɑ:/ ■ *n.m.* (also طوطیہ) **1** preliminary remarks, plot; scheme. **2** repetition of rhyme. **3** slander.

توعاوکرہا /t̪o:ʔəno:kərhən/ ■ *adv.* (also طوعاًوکرہاً) willy-nilly, whether one likes it or not, reluctantly.

توغُّل /t̪əvəɣɣʊl/ ■ *n.m.* **1** skill through long practice, experience. **2** deliberation, concentration, deep thought.

توفیر /t̪o:fi:r/ ■ *n.f.* **1** surplus, savings. **2** excess, augmentation, concentration. **3** (***Physics*, *Engr.***) enrichment (e.g. of uranium). توفیرشدہ enriched. توفیرگاہ enrichment facility.

توفیق /t̪o:fi:q/ ■ *n.f.* **1** divine help or guidance; grace; favour. **2** means, resources. **3** ability, power, strength. توفیقِ خیر impulse to do something good.

توقان /t̪o:qɑ:n/ ■ *n.m.* desire, strong wish.

توقُّر /t̪əvəqqʊr/ ■ *n.m.* mildness, modesty; gentleness; dignity.

توقُّع /t̪əvəqqoʔ/ ■ *n.f.* hope, expectation. توقع اٹھ جانا hope to end. توقع رکھنا expect, anticipate, have or nurse a hope.

توقُّف /t̪əvəqqʊf/ ■ *n.m.* **1** stop, stoppage, pause. **2** doubt, hesitation. **3** contemplation. توقف کرنا **1** stop, pause. **2** hesitate.

توقیت /t̪o:qɪjət̪/ ■ *n.f.* chronology, science of computing dates; fixing time.

توقیر /t̪o:qi:r/ ■ *n.f.* honour, respect, reverence, veneration.

توقیع /t̪o:qi:ʔ/ ■ *n.f.* royal order, official attestation, verification.

توقیف /t̪o:qi:f/ ■ *n.f.* stopping, setting; punctuation.

توکُّل /t̪əvəkkʊl/ ■ *n.m.* absolute trust in God for fulfilment hollow gourd.

تونڈ /t̪õ:ɖ/ ■ *n.f.* pot-belly, corpulence.

توندل /t̪õ:ɖəl/ ■ *adj.* (also تُندیل، توندو) pot-bellied, corpulent.

توندی[1] /t̪õ:ɖi:/ ■ *n.f.* (also تونڈی) the navel. [Prk.]

توندی[2] ____ ■ *n.f.* the fingertips. [S]

تَونس /t̪õ:s/ ■ *n.f.* **1** great thirst. **2** (*fig.*) intense desire. **3** trouble, affliction.

تَونسا /t̪õ:sɑ:/ ■ *n.m.* sunstroke.

تَونسنا /t̪õ:snɑ:/ ■ *v.* be affected or overcome with heat, fade due to heat; be very thirsty owing to heat.

تونگر /t̪əvəŋgər/ ■ *adj.* (also توانگر) well-to-do, rich, opulent, wealthy, affluent.

تونگری /t̪əvəŋgəri:/ ■ *n.f.* wealth, riches, opulence.

توہُّم /t̪əvəhhʊm/ ■ *n.m.* superstition, delusion; fancy, imagination; hallucination.

توہین /t̪ɔ:hi:n/ ■ *n.f.* insult, disgrace, contempt, defamation, libel. توہین آمیز insulting, abusive. توہین زبانی slander. توہینِ عدالت contempt of court. توہین کرنا insult, defame, disgrace, affront.

توئی /t̪oi:/ ■ *n.f.* ornamental lace; a kind of embroidery.

توے /t̪əve:/ ■ *n.m.* (*pl. & infl.* of توا) توے کا ہنسنا falling of sparks from the hot plate when the soot on it burns (regarded as a good omen). توے کی بوند not durable or lasting. توے کی تیری ہاتھ کی میری said on the situation of plundering and looting.

تہ /t̪əh/ ■ *n.f.* **1** bottom, underneath; depth, deepness. **2** origin, root. **3** layer, stratum, fold, plait; stratification. **4** intent, meaning. تہِ آب bottom of a river, pond or tank. تہِ آب ہو جانا drown, submerge. تہ بازار ground of a market. تہ بازاری toll, ground rent for the use of any street as a temporary market, cess levied on shopless vendors, fee or tax for holding a stall in a market. تہ بچھانا spread something in a layer. تہ بند dhoti. See تہمد. تہ بہ تہ layered, stratified, layer by layer, layer upon layer, in layers, fold on fold. تہ بہ تہ کرنا fold, pile one upon another. تہ پیچ strip of cloth worn under turban. تہِ تیغ کرنا put to sword, kill. تہ جمانا place one over another, put layer over layer, arrange something in layers; coat, anoint. تہِ خاک under the earth, buried. تہ خانہ tykhana, basement, cellar, an underground room, vault. تہ دار **1** folded. **2** deep, profound. تہِ دل سے

of all needs, resignation to the Divine will; faith, reliance. توکل پر بیٹھنا trust in God; rest in hope.

تول /t̪o:l/ ■ *n.f.* **1** the act of weighing. **2** weight. تول تول کر very carefully.

تولا /t̪o:lɑ:/ ■ *n.m.* (also تولہ[2]) tola, former weight of twelve mashas, roughly equivalent to twelve grams.

تولّا /t̪əvəllɑ:/ ■ *n.m.* love, affection, attachment.

تولّائی /t̪əvəllɑ:i:/ ■ *adj.* (one) devoted to Prophet Muhammad's family. ■ *n.m.* one who avoids *tabarra* (تبرّا).

تولُّد /t̪əvəllʊd/ ■ *n.m.* birth, nativity. تولد ہونا be born.

تولنا /t̪o:lnɑ:/ ■ *v.* **1** weigh. **2** ponder; deliberate; judge, estimate.

تولہ[1] /t̪o:lɑ:/ ■ *n.m.* a species of hunting dog who follows a quarry smell.

تولہ[2] ____ ■ *n.m.* See تولا.

تولیا /t̪ɔ:lɪjɑ:/ ■ *n.m. & f.* (also تووال) towel, a thick absorbent cloth for drying. [E]

تَولیت /t̪ɔ:lɪjət/ ■ *n.f.* trusteeship; the superintendence of any business; appointing one as governor. تولیت مع الوصیت a deed of endowment or trusteeship, executed as bequest to take effect only after the death of the testator.

تَولید /t̪ɔ:li:d/ ■ *n.f.* **1** birth. **2** begetting, reproduction. **3** doing the work of midwife.

تَولیدگی /t̪ɔ:li:dgi:/ ■ *n.f.* birth.

تولیدی /t̪ɔ:li:di:/ ■ *adj.* reproductive.

تولیہ /t̪ɔ:lɪjɑ:/ ■ *n.m.* selling (something) on prime cost price.

تُومڑی /t̪u:mɽi:/ ■ *n.f.* (also تُمڑی) **1** hollowed gourd used as a musical instrument or begging bowl. **2** a kind of firework consisting of a hollow earthen pot filled with powder. **3** projection on a crocodile's nose.

تُومنا /t̪u:mnɑ:/ ■ *v.* **1** card or separate wool or cotton with fingers (before combing). **2** severely castigate, reprimand or scold.

تُوں /t̪ũ:/ ■ *adv.* (also تیوں) so; in the same manner; at the same time.

تُونا /t̪u:nɑ:/ ■ *v.* (of an animal) abort or miscarry.

تونبا /t̪o:mbɑ:/ ■ *n.m.* (also تونبہ) **1** hollow gourd. **2** bowl made of gourd. **3** a stringed instrument made of

/t̪ehra:/ ■ *adj.* (also تیہرا) triple, treble, threefold, triplicate. (*fem.* تہری) تہرا

/t̪ehra:na:/ ■ *v.* do something for the third time, to triple. تہرانا

/t̪æhri:/ ■ *n.f.* (also طاہری) a spicy rice and potato dish coloured with turmeric. تہری

/t̪æhs næhs/ ■ *adj.* (also تحس نحس) ruined, destroyed, ransacked, at sixes and sevens. تہس نہس کرنا ruin, destroy, ransack. تہس نہس

/t̪æhlka:/ ■ *n.m.* **1** panic, stir, commotion. **2** mass consternation, perdition. تہلکہ مچانا cause a stir or commotion. تہلکہ

/t̪æhli:l/ ■ *n.f.* declaration of Allah's unity by pronouncing لاالٰہ الااللہ. تہلیل

/t̪ohmət̪/ ■ *n.f.* slander, libel, imputation, vilification, false allegation or accusation. تہمت باندھنا/دھرنا/رکھنا/لگانا falsely accuse, slander or calumniate. تہمت کار (also تہمتی) calumniator, false accuser, slanderer. تہمت کا گھر house or place of ill-repute. تہمت

/t̪ohmət̪ən/ ■ *adv.* allegedly. تہمتاً

/t̪əhəmt̪ən/ ■ *adj.* stout, strongly built (person). تہمتن

/t̪æhməd̪/ ■ *n.f.* dhoti, sarong, a wide piece of cloth worn round the waist. تہمد

/t̪əhɪnga:n/ ■ *n.m.* the tree *Hopea odorata*, whose bark is used in making varnish. تہن گان

/t̪æhnɪjət̪/ ■ *n.f.* congratulations, wishing one joy and prosperity, good wishes, greetings. تہنیت

/t̪æhni:d̪/ ■ *n.f.* making (any foreign word) Hindi or Urdu in character. تہنید

/t̪æhva:r/ ■ *n.m.* (also تیوہار) festival, festive occasion, fete. تہوار

/t̪əhəvvʊr/ ■ *n.m.* bravery, valour, intrepidity, temerity. تہوّر

/t̪əhəvvoʔ/ ■ *n.m.* inclination to vomit, retching. تہوّع

/t̪æhvɪja:/ ■ *n.m.* ventilation. تہویہ

/t̪ehi:/ ■ *adj.* empty, vacant void. تہی پائی barefootedness. تہی دامن/دست poor, penniless, empty-handed. تہی دماغ brainless, foolish, ignorant. تہی گاہ pelvis. تہی

/t̪ʊhi:/ ■ *pron.* (*contr.* of تُوہی) only you. تُہی

/t̪əhəjjʊd̪ʒ/ ■ *n.m.* excitement; commotion, tumult, hubbub. تہیّج

sincerely, cordially, from the bottom of one's heart. تہ دیغی/دیگی the scrapings of a pot. تہ دیگیا (*fig.*) last born child. تہ دینا **1** tinge slightly. **2** line a garment. تہ کرنا fold (cloth, etc.); roll (bed, etc.). تہ کو پہنچنا get to the bottom of something; find out; discover. تہ نشین ہونا settle down as sediment; sink to the bottom. تہ و بالا کرنا turn upside down.

/t̪ʊha:r/ ■ *pron.* (also تہار) (*rusti.*) yours. See تُمھارا. تُہار

/t̪əha:rna:/ ■ *v.* recite (a prayer, etc.); count (one's beads). تہارنا

/t̪eha:mi:/ ■ *n.m.* **1** resident of (or relating to) Tihamah or Hejaz. **2** a title of Prophet Muhammad. تِہامی

/t̪əhã:/ ■ *adj.* thither, there. تہاں

/t̪əha:na:/ ■ *v.* fold, wrap, roll. تہانا

/t̪əha:vʊn/ ■ *n.m.* omission, oversight, negligence. تہاوُن

/t̪iha:i:/ ■ *n.f.* one-third part. تہائی

/t̪ɪhət̪t̪ər/ ■ *cardinal number* seventy-three. تہتّر

/t̪ɪhət̪t̪ərvã:/ ■ *ordinal number* seventy-third. تہتّرواں

/t̪əhət̪t̪ʊk/ ■ *n.m.* (also تہتیک) **1** disgrace, dishonour, defamation. **2** rude talk, brawl, argument. تہتّک

/t̪əhəd̪ʒd̪ʒʊd̪/ ■ *n.m.* & *f.* (***Islam***) supererogatory prayers offered after midnight. تہجُّد

/t̪əhəd̪ʒd̪ʒi:/ ■ *n.f.* **1** spelling. **2** orthography. **3** (letters of) alphabet. تہجّی

/t̪æhd̪ʒi:n/ ■ *n.f.* condemnation, humiliation, finding fault. تہجین

/t̪əhəd̪d̪i:/ ■ *n.m.* offering a present. تہدّی

/t̪æhd̪i:d̪/ ■ *n.f.* frightening, threatening; threat, menace, admonition. تہدید نامہ threatening letter. تہدید

/t̪æhd̪i:m/ ■ *n.f.* demolition, destruction. تہدیم

/t̪æhd̪ɪja:/ ■ *n.m.* **1** gifting, giving present. **2** dedication in a book. تہدیہ

/t̪æhzi:b/ ■ *n.f.* **1** correcting; pruning. **2** civilization; culture. **3** manners, polish, good breeding, politeness, refinement. **4** development, progress, improvement. **5** editing (of a book, etc.). تہذیب الاخلاق instruction in manners, moral edification, good breeding, good manners, courtesy. تہذیب کے خلاف against good manners, out of etiquette. تہذیب یافتہ cultured, civilized, educated; refined, polished; polite; courteous. تہذیب

strength. تیج پات (also تیز پات) a tree and its leaves which are used in cooking, Indian bay leaf, malabathrum, *Cinnamomum tamala*. تیج مان glorious. تیج ونت brilliant, refulgent, majestic, glorious.

تیجا /t̪i:dʒɑ:/ ■ *adj.* third. ■ *n.m.* funeral rites on the third day after death.

تیخا /t̪i:xɑ:/ ■ *adj.* nimble, agile; naughty.

تیخی /t̪i:xi:/ ■ *adj.* (*fem.* of تیخا) abusive, headstrong, shameless (woman).

تیر[1] /t̪i:r/ ■ *n.m.* arrow. تیر انداز archer, bowman. تیر اندازی archery. تیر بہدف 1 hitting the mark. 2 effective, efficacious. تیر پھینکنا/چلانا/چھوڑنا shoot an arrow. تیر ترازو ہونا arrow to transfix the body. تیر زنی archery. تیر سا dart-like. تیر سا لگنا cut to the quick. تیرِ فلک the planet Mercury. تیر کا ٹپّا/رٹپہ the range of an arrow. تیر کش 1 quiver, a case for holding arrows. 2 embrasure in castle walls from where arrows are shot. تیر کوّے تیر a shout or cry to frighten away crows. تیر گر arrow-smith. تیر مارنا 1 shoot an arrow. 2 accomplish something extraordinary. تیر ہوائی useless or ineffective shot of an arrow. [P]

تیر[2] ____ ■ *n.m.* bank, shore, brink, edge, margin. [S]

تیر /t̪e:r/ ■ *adj.* (life, time or age) spent, past. تیر کرنا 1 live; spend life or time. 2 waste or squander time.

تیرا /t̪e:rɑ:/ ■ *pron.* thy, thine, yours. تیرا میرا کرنا squabble or dispute about the ownership of something. (*fem.* تیری)

تیراک /t̪æ:rɑ:k/ ■ *n.m.* (also پیراک) swimmer. تیراک ہی ڈوبتا ہے pride goeth before a fall; even skilled people may suffer through carelessness.

تیراکی /t̪æ:rɑ:ki:/ ■ *n.f.* swimming, art of swimming.

تیرانا /t̪æ:rɑ:nɑ:/ ■ *v.* cause to swim, set afloat.

تیرتھ /t̪i:rət̪ʰ/ ■ *n.f.* (***Hinduism***) place of pilgrimage. تیرتھ راج the city of Allahabad in India. تیرتھ کرنا go on a pilgrimage. تیرتھ یاترا pilgrimage to some holy place.

تیرس /t̪e:rəs/ ■ *n.f.* thirteenth day of the lunar fortnight.

تیرگی /t̪i:rəgi:/ ■ *n.f.* darkness, obscurity, gloom. تیرگیِ شب darkness of night.

تیرنا /t̪æ:rnɑ:/ ■ *v.* swim, float.

تیرہ /t̪i:rɑ:/ ■ *adj.* 1 dark, obscure, black. 2 hazy, dusty. 3 wasted, useless. تیرہ ابر black clouds. تیرہ بخت unfortunate, unlucky. تیرہ بختی misfortune, adversity.

تہیّہ /t̪əhɪjjɑ:/ ■ *n.m.* 1 resolve, determination. 2 provision; putting in order. تہیہ کرنا resolve, prepare oneself (for).

تئی /t̪əi:/ ■ *n.f.* a kind of shallow bowl, a frying-pan.

تئیں /t̪əĩ:/ ■ *prep. & conj.* 1 to; up to. 2 for. 3 at.

تیا[1] /t̪rjɑ:/ ■ *adj.* multiplied by three. تیا پانچا destruction; cutting up; scattering. تیا پانچا کرنا hack to pieces; destroy; scatter. [S]

تیا[2] ____ ■ *n.f.* woman; wife. [S]

تیّا /t̪əjjɑ:/ ■ *n.m.* fever attacking every third day.

تیاتر /t̪rjɑ:t̪ər/ ■ *n.m.* theatre. [E]

تیّار /t̪əjjɑ:r/ ■ *adj.* 1 ready, prepared, willing; alert, in full vigour. 2 complete, finished. 3 fully developed; ripened (fruit). 4 fat, plump. تیار کرنا 1 make or get ready, prepare; put in order. 2 train, coach. 3 fatten. تیار ہونا 1 be ready or be prepared for. 2 be complete. 3 be fattened; be ripe. 4 be in full vigour.

تیّاری /t̪əjjɑ:ri:/ ■ *n.f.* 1 readiness, preparation. 2 arrangement; adornment.

تیاگ /t̪rjɑ:g/ ■ *n.m.* 1 leaving, quitting, abandoning; abdication, renunciation, relinquishment. 2 divorce. تیاگ پتر 1 writ of divorce. 2 resignation letter.

تیاگنا /t̪rjɑ:gnɑ:/ ■ *v.* 1 leave, renounce, abandon, resign. 2 divorce.

تیاگی /t̪rjɑ:gi:/ ■ *n.m.* recluse, hermit, religious ascetic.

تیپچی /t̪e:ptʃi:/ ■ *n.f.* running or basting stitch, tack. تیپچی کا نکاح (*joc.*) short-lived marriage.

تیتالا /t̪e:t̪ɑ:lɑ:/ ■ *adj.* 1 consisting of three parts or divisions. 2 (***Music***) having three beats. ■ *n.m.* three-storied house.

تیتر /t̪i:t̪ər/ ■ *n.m.* partridge. تیتر کے منہ پچھی good fortune has simple causes; great issues wait on the words of small men.

تیترا /t̪i:t̪rɑ:/ ■ *n.m.* third son.

تیتری[1] /t̪i:t̪ri:/ ■ *n.f.* 1 butterfly. 2 female partridge. [S]

تیتری[2] ____ ■ *n.f.* third daughter. [S]

تی تی /t̪i:t̪i:/ ■ *exclam.* call to rally domestic fowl.

تیج /t̪i:dʒ/ ■ *n.f.* 1 third day of a lunar month; Hindu festival observed on the third day of the lunar fortnight in the month of Savan (ساون). 2 ladybird, red velvet insect. (See also بیر بہوٹی.)

تیج /t̪e:dʒ/ ■ *n.m.* 1 glory, splendour, refulgence. 2 power,

تیرہ دل black-hearted, malicious. تیرہ روزی poverty, affliction, adversity. تیرہ وتار **1** very dark. **2** (*fig.*) ineffective, useless.

تیرہ /t̪e:rɑ:/ ■ *cardinal number* thirteen. تیرہ تیزی first thirteen days of Safar (the second month of Islamic calendar), which are considered inauspicious by some.

تیرھواں /t̪e:rʰvɑ̃:/ ■ *ordinal number* thirteenth.

تیز /t̪e:z/ ■ *adj.* **1** sharp, pointed; penetrating, piercing. **2** pungent, hot (in taste); caustic. **3** fiery, highly flammable. **4** acute, intelligent, keen, clever. **5** swift, quick; adroit. **6** high-priced, costly. تیز بازاری rise in prices. تیز پر پرواز high flying, swift in flying. تیز طرار **1** agile, quick. **2** argute, sharp-witted. تیز رفتار/رو fast-moving, swift. تیز رفتاری/روی accelerative, swiftness, rapidity. تیز دست dexterous. تیز دستی dexterity, cleverness. تیز طبع sharp-witted, quick on the uptake, perceptive, shrewd. تیز فہم intelligent, astute. تیز قدم/گام swift, quick, brisk. تیز قدمی/گامی swiftness. تیز کرنا **1** sharpen, hone. **2** speed up. **3** make someone clever or skilled. تیز مزاج quick tempered, acerbic. تیز مزاجی acrimony. تیز نظر/نگاہ sharp-sighted, keen-eyed; discriminating. تیز و تلخ acrid. تیز ہوش wise, perceptive. تیز ہونا be sharpened; go into a passion.

تیزاب /t̪e:zɑ:b/ ■ *n.m.* acid. تیزابِ بَولی uric acid.

تیزابی /t̪e:zɑ:bi:/ ■ *adj.* acidic. تیزابی سونا pure gold.

تیزابیت /t̪e:zɑ:bɪjət̪/ ■ *n.f.* acidity.

تیزپات /t̪e:zpɑ:t̪/ ■ *n.m.* bay leaf. See تیج پات under تیج.

تیزم تازی /t̪e:zəmt̪ɑ:zi:/ ■ *n.f.* quarrel, altercation, acrimonious exchange.

تیزی /t̪e:zi:/ ■ *n.f.* **1** swiftness, speed. **2** sharpness, keenness. **3** intensity. **4** spirit, fervour. **5** rise (in prices); pungency. **6** acrimony; violence.

تَیس /tæ:s/ ■ *n.m.* deer; he-goat.

تیس /t̪i:s/ ■ *cardinal number* thirty. تیس مار خاں self-styled hero; vain boaster.

تَیسا /tæ:sɑ:/ ■ *adj.* such, like that. ■ *adv.* in that manner.

تیسُّر /t̪əjəssʊr/ ■ *n.m.* ease, effortlessness, facility, availability, acquisition.

تیسرا /t̪i:srɑ:/ ■ *ordinal number* third. ■ *n.m.* a third person or party. تیسرا پہر afternoon.

تیسری /t̪i:sri:/ ■ *adj.* (*fem.* of تیسرا) تیسری آنکھ **1** the faculty of intuitive insight. **2** (*fig.*) sixth sense. تیسری جنس third sex, eunuch. تیسری دنیا Third World.

تیسرے /t̪i:sre:/ ■ *adv.* (*pl.* & *infl.* of تیسرا) thirdly, in the third place.

تیسواں /t̪i:svɑ̃:/ ■ *ordinal number* thirtieth.

تیسوں /t̪i:sõ:/ ■ *adv.* (*pl.* of تیس) all thirty. تیسوں دن daily, always. تیسوں کلام the Holy Qur'an.

تیسی /t̪i:si:/ ■ *n.f.* linseed; flax.

تیشہ /t̪e:ʃɑ:/ ■ *n.m.* chisel; adze.

تیغ /t̪e:ɣ/ ■ *n.f.* **1** sword, foil, épée. **2** (*fig.*) anything which cuts. تیغِ برّاں sharp sword. تیغِ برہنہ unsheathed sword. تیغ بکف **1** sword in hand. **2** (*fig.*) bent upon killing. تیغِ دلاک razor. تیغ زن swordsman. تیغ زنی fencing, swordsmanship. تیغ زہر آب دار poisonous sword. تیغ فلک **1** sky. **2** sunrays. **3** the planet Mars.

تیغا /t̪e:ɣɑ:/ ■ *n.m.* (also تیغہ) **1** scimitar. **2** walled-up arch. تیغا کرنا close (a doorway, arch, etc.) with bricks.

تیقُّظ /t̪əjəqqʊz/ ■ *n.m.* waking, watchfulness, vigilance.

تیقُّن /t̪əjəqqʊn/ ■ *n.m.* knowing for certainty; certainty, assurance, certitude, sureness, conviction; aplomb, firm or absolute belief, self-confidence.

تیکھا /t̪i:kʰɑ:/ ■ *adj.* **1** pointed. **2** pungent, sharp, curt; haughty, irritable. **3** graceful. تیکھا پن sharpness, curtness, sauciness.

تیکھی /t̪i:kʰi:/ ■ *adj.* (*fem.* of تیکھا) تیکھی چتون frown, scowl.

تیکھُر /t̪i:kʰʊr/ ■ *n.f.* east Indian arrowroot, starchy substance obtained from the root of the *Curcuma angustifolia*.

تیل /t̪e:l/ ■ *n.m.* oil. تیل بردار جہاز oil tanker. تیل پلانا oil (wood to make it strong), soak in oil, saturate with oil. تیل پیلنا extract oil by oil-press. تیل چڑھانا anoint the head, shoulders, hands and the feet of the bride and bridegroom with oil mixed with turmeric, etc. as a Hindu marriage ritual. تیل دیکھو تیل کی دھار دیکھو see which way the wind blows. تیل ڈالنا **1** pour oil (in a machine, etc.). **2** add fuel to fire. تیل کا کنواں oil-well. تیل کی جلیبی موا دور سے دکھائے said of a person who deceives or breaches the promise. تیل لگانا anoint, rub oil on the body.

تیلڑی /t̪e:lɽi:/ ■ *n.f.* small oil pot.

تیلن /t̪e:lən/ ■ *n.f.* wife of an oilman, a woman who sells

/ṯẽ:ṯi:svɑ̃:/ ■ (also تینتیس واں) *ordinal number* thirty-third. تینتیسواں

/ṯẽ:ḏu:/ ■ *n.m.* a desert tree of small melon-like fruit for animals, the dried leaf of which is used in rolling biri with tobacco for smoking. تیندو

/ṯẽ:ḏvɑ:/ ■ *n.m.* (***Zool.***) leopard, a panther like animal, *Panthera pardus.* تیندوا

/ṯe:vər/ ■ *n.m.* **1** expression, countenance, visage, mien, bearing, look. **2** giddiness, dizziness. **3** sight, vision, glance. تیور بدلنا change mood or expression, change attitude to, glower, scowl. تیور بگڑنا glower, scowl, mood or expression to sour, look angry. تیور

/ṯe:vrɑ:nɑ:/ ■ *v.* be giddy or faint, stagger. تیورانا

/ṯe:vrəs/ ■ *n.m.* the third year past or to come; the year before last; the year after next. تیورس

/ṯe:vri:/ ■ *n.f.* frown, scowl. تیوری پر بل ڈالنا ر چڑھانا frown, scowl, knit the brows in anger, show displeasure. تیوری

/ṯe:vṛi:/ ■ *n.f.* ivy. تیوڑی

/ṯuju:l/ ■ *n.m.* tenured land. تیُول

/ṯi:vən/ ■ *n.m.* sauce, condiment, relish, curry. تیوَن

/ṯɪjũ:hi:/ ■ *adv.* at once, exactly then, at the very moment. تیونہی

/ṯeo:hɑ:r/ ■ *n.m.* festival. See تہوار. تیوہار

/ṯeo:hɑ:ri:/ ■ *n.f.* (also تہواری) present given at a festival. ■ *adj.* of or relating to تیوہار. تیوہاری

/ṯi:h/ ■ *n.m.* wilderness. تیہ

/ṯi:hɑ:/ ■ *n.m.* anger, wrath, rage, umbrage, vehemence; pride. تیہا

/ṯe:hrɑ:/ ■ *adj.* threefold, triplicate. See تہرا. تیہرا

/ṯe:i:s/ ■ *cardinal number* twenty-three. تیئیس

/ṯe:i:svɑ̃:/ ■ (also تیئیس واں) *ordinal number* twenty-third. تیئیسواں

/ṯi:jɑ:/ ■ *n.m.* **1** mound. **2** boundary mark. تیہہ بندی putting up a boundary mark. تیِیہ

or prepare oil.

/ṯi:li:/ ■ *n.f.* **1** matchstick. **2** small thin wood strip or iron wire. **3** spoke of a wheel. تیلی

/ṯe:li:/ ■ *n.m.* oilman. تیلی تنبولی belonging to low classes. تیلی کا بیل (*fig.*) hardworking person. تیلی کا تیل جلے مشعلچی کی جان be over-solicitous for something. تیلی

/ṯe:lɪjɑ:/ ■ *adj.* **1** oily, greasy. **2** dark (colour). ■ *n.m.* a species of small venomous snake of semi-tropical region of India and Bangladesh. تیلیا سرنگ light bay colour horse. تیلیا کا کریزی deep purple colour. تیلیا

/ṯæ:m/ ■ *n.m.* servant, slave, serf. تیم

/ṯe:m/ ■ *n.f.* **1** moisture, dampness. **2** greenness, freshness. تیم

/ṯi:mɑ:r/ ■ *n.m.* **1** care, regimen of the sick, attention, affliction; looking after, attendance on the sick. **2** sickness, infirmity; indisposition. تیماردار nurse, an attendant for the sick, one who looks after a sick person. تیمارداری nursing, attending a patient, looking after a sick or invalid. تیمار

/ṯi:mər/ ■ *n.m.* ebony tree. تیمر

/ṯəjəmmʊm/ ■ *n.m.* (***Islam***) dry ablutions with soil instead of water. تیمُّم

/ṯi:n/ ■ *cardinal number* three. تین پانچ **1** altercation, squabble, quarrel, contention, dispute. **2** knavish tricks, dodges. تین پانچ کرنا dispute, quarrel, evade. تین تہائی three equal parts. تین تیرہ scattered, dispersed, ruined. تین تیرہ کرنا cast to the winds, scatter, disperse. تین تیرہ ہونا disperse. تین چار **1** three or four. **2** few, small in number. تین چوتھائی three-fourth. تین حرف بھیجنا curse, damn. تین طلاق absolute divorce. تین کوڑی کا worthless. تین میں نہ تیرہ میں worthless, of no value, nondescript. تین

/ṯẽ:ṯɑ:li:s/ ■ *cardinal number* forty-three. تینتالیس

/ṯẽ:ṯɑ:li:svɑ̃:/ ■ (also تینتالیس واں) *ordinal number* forty-third. تینتالیسواں

/ṯẽ:ṯi:s/ ■ *cardinal number* thirty-three. تینتیس

تھ

تھ /t̪ʰə/ ■ the eighth letter of the Urdu alphabet.

تھا /t̪ʰɑ:/ ■ *aux.* (*past* of ہونا) was.

تھاپ /t̪ʰɑ:p/ ■ *n.f.* thump, tap, beat of tabla or drum. تھاپ دینا strike on a drum with the palm of the hand, thump. تھاپ مارنا slap, pat, beat drum.

تھاپا /t̪ʰɑ:pɑ:/ ■ *n.m.* **1** mark of a paw, mark made with the palm of the hand on the wall of a house. **2** mould for making bricks.

تھاپنا¹ /t̪ʰɑ:pnɑ:/ ■ *v.* **1** pat, beat, daub, tap. **2** pat cow-dung into cakes for fuel. [Prk.]

تھاپنا² ——— ■ *n.f.* the act of setting up an image for worship. [S]

تھاپی /t̪ʰɑ:pi:/ ■ *n.f.* **1** noise of tapping. **2** instrument with which potters turn and knead their clay or with which plaster is levelled. **3** (*coll.*) bat; table tennis racquet. **4** beater. **5** a heap of haphazardly piled things.

تھال /t̪ʰɑ:l/ ■ *n.m.* **1** tray, platter, salver, large flat plate of brass or bell metal. **2** (*fig.*) (i) the sky. (ii) the sun.

تھالا /t̪ʰɑ:lɑ:/ ■ *n.m.* (also تھانولا) dug up portion of ground around a plant or tree.

تھالی /t̪ʰɑ:li:/ ■ *n.f.* (*dim.* of تھال) thali, small flat dish or platter, salver. تھالی اُچھالو تو سر پر گرے said when there is a large crowd or a sea of people. تھالی کا بینگن time-server, unprincipled man, opportunist.

تھام /t̪ʰɑ:m/ ■ (*imper.* of تھامنا) used in comp. as: تھام لینا hold up, catch, support, clutch.

تھامنا /t̪ʰɑ:mnɑ:/ ■ *v.* **1** prop, support, help, maintain. **2** protect. **3** hold, clutch; seize; retain, stop, detain.

تھامو /t̪ʰɑ:mu:/ ■ *n.m.* break (of car, etc.) for slowing down speed.

تھان /t̪ʰɑ:n/ ■ *n.m.* **1** a bolt or roll of cloth or lace. **2** stall for cattle or horse. **3** a place to stay. **4** site, abode. **5** (*fig.*) breed, stock.

تھانا /t̪ʰɑ:nɑ:/ ■ *n.m.* police station. See تھانہ. [S]

تھانگ /t̪ʰɑ:ŋg/ ■ *n.f.* **1** clue, trace. **2** hideout (of thieves, etc.), track or den of thieves. **3** trace of stolen property. تھانگ لگانا trace thieves or stolen property; obtain a clue.

تھانگی /t̪ʰɑ:ŋgi:/ ■ *n.m.* (also تھانگیا) **1** receiver of stolen property. **2** accomplice and informer of thieves. **3** detective.

تھانہ /t̪ʰɑ:nɑ:/ ■ *n.m.* (also تھانا) thana, police station. تھانہ بٹھانا place a guard over.

تھانے /t̪ʰɑ:ne:/ ■ *n.m.* (*pl.* & *infl.* of تھانہ) تھانے دار station house officer, head of a police station. تھانے داری **1** office or status of policeman. **2** (*fig.*) overbearing conduct.

تھاور /t̪ʰɑ:vər/ ■ *adj.* stationary, immovable; dull.

تھاوس /t̪ʰɑ:vəs/ ■ *n.m.* firmness, fortitude; endurance, patience.

تھاہ /t̪ʰɑ:h/ ■ *n.f.* **1** bottom (of sea); depth. **2** end. تھاہ پانا get to the bottom (of). تھاہ لینا **1** sound the depth of sea. **2** sound someone out, discover somebody's views.

تھبڑی /t̪ʰəbɽi:/ ■ *n.f.* basket.

تھپتھپانا /t̪ʰəpt̪ʰəpɑ:nɑ:/ ■ *v.* pat.

تھپڑ /t̪ʰəppəɽ/ ■ *n.m.* (also تھپیڑ) **1** slap, smack. **2** (*fig.*) retort. تھپڑ کھانا be slapped. تھپڑ لگانا slap.

تھپڑانا /t̪ʰəpɽɑ:nɑ:/ ■ *v.* slap.

تھپڑی /t̪ʰəpɽi:/ ■ *n.f.* clapping. تھپڑی بجانا **1** clap the hands. **2** mock, hoot.

تھپک /t̪ʰəpək/ ■ *n.f.* pat, a light stroke with the hand. تھپک تھپک کر سلانا pat to sleep.

تھپکا /t̪ʰəpkɑ:/ ■ *n.m.* blacksmith's fan.

تھپکنا /t̪ʰəpəknɑ:/ ■ *v.* pat gently to sleep; pacify.

تھپکی /t̪ʰəpki:/ ■ *n.f.* **1** pat. **2** appeasement, pacification. **3** (***Sports***) bat. تھپکی دینا instigate, encourage.

تھپنا /t̪ʰʊpnɑ:/ ■ *v.* **1** be imputed. **2** be daubed.

تھپّی /t̪ʰəppi:/ ■ *n.f.* **1** hand; palm. **2** clap; sound of a clap.

تھپیڑ /t̪ʰəpe:ɽ/ ■ *n.f.* See تھپڑ.

تھپیڑا /t̪ʰəpe:ɽɑ:/ ■ *n.m.* **1** stroke, slap. **2** buffet or gust of wind or wave. **3** shock, tremor. تھپیڑا کھانا **1** be buffeted (by wind or waves). **2** (*fig.*) suffer.

تھتّا /t̪ʰət̪t̪ɑ:/ ■ *n.m.* (also تھٹّا) heap, pile.

تھتّڑ /t̪ʰət̪t̪əɽ/ ■ *n.m.* crust, scab, scale.

تھتکار /t̪ʰʊt̪kɑ:r/ ■ *n.f.* **1** sound of spitting; spitting. **2** condemnation.

تُھتکارا /t̪ʰʊt̪kɑ:rɑ:/ ■ *adj.* despicable, refuted. ■ *n.m.* a serious disease such as diarrhoea.

تُھتکارنا /t̪ʰʊt̪kɑ:rnɑ:/ ■ *v.* **1** spit continuously. **2** drive clot, lump.

تُھکّا /ṯʰʊkkɑ:/ ■ *n.m.* spit; used in comp. as: تھکافضیحتی disgrace; abuse; bickering, wrangling.

تھکان /ṯʰəkɑ:n/ ■ *n.f.* See تھکن.

تھکانا /ṯʰəkɑ:nɑ:/ ■ *v.* tire, fatigue, to cause to be weary.

تُھکانا /ṯʰʊkɑ:nɑ:/ ■ *v.* **1** cause to spit, make one spit. **2** cause to reproach or despise.

تھکاوٹ /ṯʰəkɑ:vəʈ/ ■ *n.f.* (also تھکان،تھکن) tiredness, weariness, fatigue, lassitude, exhaustion.

تُھکتُھکانا /ṯʰʊkṯʰʊkɑ:nɑ:/ ■ *v.* hate, despise; express dislike by emitting spitting sound; emit such sound for driving away evil.

تُھکم تُھکّا /ṯʰʊkkəmṯʰʊkkɑ:/ ■ *n.f.* cursing and taunting, reproof, abuse.

تھکن /ṯʰəkən/ ■ *n.f.* (also تھکان) tiredness, fatigue.

تھکنا /ṯʰəknɑ:/ ■ *v.* **1** tire, be wearied, be fatigued or exhausted; be disappointed. **2** (of business or market) decline, fall, slump.

تھکّے /ṯʰəkke:/ ■ *n.m.* (*pl.* & *infl.* of تھکّا) تھکّے کے تھکّے a large number of clots, lumps or clusters.

تھگلی /ṯʰɪgli:/ ■ *n.f.* **1** patch. **2** a piece of land. **3** (*fig.*) hut, cottage. تھگلی لگانا **1** put up a patch. **2** reach some place. **3** see far-off things.

تھگّی /ṯʰɪggi:/ ■ *n.f.* patch.

تھل /ṯʰəl/ ■ *n.m.* **1** land; place, spot, site. **2** desert. **3** ford. **4** mound, heap. **5** den of a lion. **6** group, multitude, herd. تھل باندھنا gather crowd. تھل بیڑا **1** wharf, ford. **2** place of abode, whereabouts of a person. تھل بیڑا لگنا get support; achieve aim. تھل بیڑا معلوم ہونا know one's bearings. تھل چر a land animal.

تھل تھل /ṯʰəlṯʰəl/ ■ *adj.* loose, flabby, flaccid, soft, shaky. تھل تھل کرنا be flabby.

تُھل تُھل /ṯʰʊlṯʰʊl/ ■ *adj.* falling gently, dropping, trickling.

تھلتھلانا /ṯʰəlṯʰəlɑ:nɑ:/ ■ *v.* quiver or shake (like a thick or glutinous jelly or as the flesh of a flabby man).

تھلکنا /ṯʰələknɑ:/ ■ *v.* tremble, quiver, flutter, palpitate.

تھم[1] /ṯʰəm/ ■ *n.m.* (also تھب،تھمبا) **1** pillar, post, column, prop. **2** plantain stem. **3** (*fig.*) foundation, base. [S]

تھم[2] ____ ■ (*imper.* of تھمنا) used in comp. as: تھم تو سہی no need to hurry. تھم تھم کر falteringly, slowly. تھم رہنا stop, stay. تھم کر slowly. [S]

someone away scornfully. **3** emit sound of spitting in order to avert or exorcise evil.

تُھتکاری /ṯʰʊṯkɑ:ri:/ ■ *n.f.* **1** harridan, vixen; witch. **2** slipper. **3** fetter. (*pl.* تُھتکاریاں)

تُھتھانا /ṯʰʊṯʰɑ:nɑ:/ ■ *v.* **1** swell. **2** pout, push one's lips as an expression of annoyance; scowl, frown.

تھتھلنا /ṯʰəṯʰəlnɑ:/ ■ *v.* **1** scatter. **2** melt. **3** be mixed up.

تُھتھنی /ṯʰʊṯʰni:/ ■ *n.f.* snout of an animal. See تُھوتھنی.

تھجنا /ṯʰɪdʒnɑ:/ ■ *v.* stay, stop; become motionless.

تھر /ṯʰɪr/ ■ *adj.* **1** fixed; stable. **2** calm; settled. **3** strong, durable. تھر رہنا **1** be durable, to last. **2** continue to be fixed or firm.

تھرانا /ṯʰɪrɑ:nɑ:/ ■ *v.* become calm and tranquil, subside; settle.

تھرّانا /ṯʰərrɑ:nɑ:/ ■ *v.* shudder or shake due to sudden passion or fear.

تھرتھرانا /ṯʰərṯʰərɑ:nɑ:/ ■ *v.* vibrate, shudder, shake, shiver.

تھرتھراہٹ /ṯʰərṯʰərɑ:həʈ/ ■ *n.f.* (also تھرتھری) vibration, shivering, quivering, trembling, ague, tremor.

تھرکنا /ṯʰɪrəknɑ:/ ■ *v.* wriggle, dance with expressive gestures and actions, dance with sexy gestures; walk with dalliance.

تُھڑ /ṯʰʊɽ/ ■ *adj.* (*contr.* of تھوڑا) little, scanty; used in comp. as: تُھڑجیارولا **1** miserly; mean. **2** coward, low-spirited, lily-livered.

تھڑا /ṯʰəɽɑ:/ ■ *n.m.* a roadside platform, usually used as a makeshift shop.

تُھڑنا /ṯʰʊɽnɑ:/ ■ *v.* decrease, fall short, result in shortage.

تُھڑی /ṯʰʊɽi:/ ■ *n.f.* shortage, scarcity, dearth. ■ *exclam.* fie! shame! تھڑی تھڑی مچنا رہونا be reproached, slandered or disgraced.

تھڑیا /ṯʰəɽjɑ:/ ■ *n.m.* owner of gambling house.

تھک /ṯʰək/ ■ *adj.* (*imper.* of تھکنا) تھک کے بیٹھ رہنا lose spirit or courage, be disappointed. تھک کے چور ہو جانا be deadbeat, be dog-tired.

تھکا /ṯʰəkɑ:/ ■ *adj.* tired, fatigued, jaded, weary, exhausted. تھکا اونٹ سرائے کو تکتا ہے to seek solace one turns homeward. تھکا بیل sluggard; veteran outliving his utility. تھکا دینا tire out, exhaust. تھکا ماندہ،ہارا tired, worn-out, exhausted, all in, fagged out. (*fem.* تھکی)

تھکّا /ṯʰəkkɑ:/ ■ *n.m.* (also تھکّہ) anything congealed;

تھمانا /t̪ʰəma:na:/ ■ *v.* cause to hold, give, hand over.

تھمڑا /t̪ʰəmɽa:/ ■ *adj.* **1** thick, corpulent. **2** (*fig.*) rough, irregular.

تھمنا /t̪ʰəmna:/ ■ *v.* cease, stop, come to an end.

تھن /t̪ʰən/ ■ *n.m.* udder, teat, dug, pap. تھن دار uddered; animal with (large) udder.

تھنی /t̪ʰəni:/ ■ *n.f.* a blemish in horses.

تھنیلا /t̪ʰəne:la:/ ■ *n.m.* (also تھنیلہ) inflammation of female breasts due to formation of abscess inside.

تھو /t̪ʰu:/ ■ *n.f.* (also تھوتھو) **1** sound of spitting. **2** an expression of scorn or hatred. تھوتھوکرنا **1** spit in scorn, express contempt. **2** spit repeatedly. تھوتھوکہنا curse, rebuke. تھوتھوہونا be derided, scorned, be treated with disdain; be disgraced, dishonoured or reproached.

تُھوا /t̪ʰʊva:/ ■ *n.m.* heap, mound, lump of clay.

تھوبڑا /t̪ʰo:bɽa:/ ■ *n.m.* (also توبڑا) (*derog.*) mouth or face; snout, muzzle.

تھوپنا /t̪ʰo:pna:/ ■ *v.* **1** plaster, coat, daub. **2** heap, pile. **3** impute, blame, accuse (usu. with اِلزام); impose. **4** pat cow-dung into cakes. **5** entrust, assign.

تھوتا /t̪ʰo:t̪a:/ ■ *adj.* hollow. See تھوتھا.

تھوترا /t̪ʰo:t̪ɽa:/ ■ *adj.* (also تھوتھرا) **1** toothless, blunted. **2** worm-eaten; hollow, empty.

تھوتھ /t̪ʰo:t̪ʰ/ ■ *n.f.* **1** snout. **2** cavity, hollowness.

تھوتھا /t̪ʰo:t̪ʰa:/ ■ *adj.* (also تھوتا) **1** hollow. **2** vain; blunt, nonsensical or pointless. ■ *n.m.* blue vitriol. تھوتھاچنا باجے گھنا empty vessels make much noise.

تُھوتھڑا /t̪ʰu:t̪ʰɽa:/ ■ *n.m.* mouth, snout of an animal.

تُھوتھنی /t̪ʰu:t̪ʰni:/ ■ *n.f.* (also تھوتنی، تھوتھنی) **1** the mouth or snout of an animal, muzzle. **2** (*deris.*) human face.

تھوتھی /t̪ʰo:t̪ʰi:/ ■ *adj.* (*fem.* of تھوتھا) تھوتھی اڑانا prevaricate, talk glibly. تھوتھی بات absurd talk.

تھور /t̪ʰo:r/ ■ *n.f.* salinity.

تُھورنا /t̪ʰu:rna:/ ■ *v.* **1** injure; strike, beat; hammer. **2** (*derog.*) eat, gobble up, devour.

تھوڑ¹ /t̪ʰo:ɽ/ ■ *n.m.* spathe of rice before it emerges from the stem. [Prk.]

تھوڑ² ____ ■ *n.f.* lack, scarcity. [Prk.]

تھوڑا /t̪ʰo:ɽa:/ ■ *adj.* little, scanty, few, meagre, slight. تھوڑا بہت little, a bit; more or less, somewhat. تھوڑا تھوڑا little by little, by degrees. تھوڑا تھوڑا کرکے little by little, a little at a time. تھوڑا تھوڑا ہی کر کے بہت ہوجاتا ہے drop by drop fills the bucket. تھوڑا سا a little, a very little. تھوڑا کرنا reduce or lessen.

تھوڑی /t̪ʰo:ɽi:/ ■ *adj.* (*fem.* of تھوڑا) تھوڑی سی رہ گئی ہے a little life remains.

تھوڑے /t̪ʰo:ɽe:/ ■ *n.m.* (*pl.* & *infl.* of تھوڑا) تھوڑے دنوں سے of late; for the last few days. تھوڑے سے تھوڑا very little; very least.

تُھوک /t̪ʰu:k/ ■ *n.m.* saliva, spittle. تھوک دینا **1** spit. **2** (*fig.*) renounce in disgust, insult. تھوک کر چاٹنا go back on one's words, break one's promise. تھوک لگانا **1** humiliate. **2** play a trick on. **3** apply spittle.

تھوک /t̪ʰo:k/ ■ *n.m.* **1** large quantity or mass. **2** sale or purchase of large quantity at one time. تھوک دار **1** wholesaler. **2** principal shareholder in a village responsible for revenue payment. تھوک فروش wholesale dealer.

تُھوکنا /t̪ʰu:kna:/ ■ *v.* **1** spit at. **2** despise, treat with utter contempt.

تُھولی /t̪ʰu:li:/ ■ *n.f.* sweet porridge, dish of soft-boiled rice and pulse.

تُھوم /t̪ʰu:m/ ■ *n.m.* garlic. (See also ثُوم.)

تُھونی /t̪ʰu:ni:/ ■ *n.f.* post, pillar, column, prop.

تھونیر /t̪ʰo:ne:r/ ■ *n.m.* a tree whose wood is burned for fragrance.

تُھوہر /t̪ʰu:hər/ ■ *n.m.* (also تھوہڑ) spurge, a species of thorny euphorbia.

تھئی /t̪ʰəi:/ ■ *n.f.* pile, heap. تھئی کی تھئی in large quantity.

تھئی تھئی /t̪ʰəi: t̪ʰəi:/ ■ *n.f.* timing beat in music or dance; dance and music.

تھی /t̪ʰi:/ ■ *aux.* (*fem.* of تھا) was.

تھے /t̪ʰe:/ ■ *aux.* (*pl.* of تھا) were.

تھیر /t̪ʰe:r/ ■ *adj.* **1** firm, stable. **2** calm, stagnant.

تَھیلا /t̪ʰæ:la:/ ■ *n.m.* large bag, sack. تھیلا کر دینا beat mercilessly.

تَھیلی /t̪ʰæ:li:/ ■ *n.f.* (*dim.* of تھیلا) small bag, shopping beg, purse.

تھیں /t̪ʰĩ:/ ■ *aux.* (*pl.* of تھی) were.

تھیوا /t̪ʰe:va:/ ■ *n.m.* **1** gem. **2** place where stone is set in a ring.

ٹ

ٹ /ʈe:/ ■ the ninth letter of the Urdu alphabet.

ٹابر[1] /ʈɑ:bər/ ■ *n.m.* boy. [dial.]

ٹابر[2] ____ ■ *n.f.* **1** family or household. **2** cottage or hut. **3** lake, pond, pool. [Prk.]

ٹابرا /ʈɑ:brɑ:/ ■ *n.m.* water vessel.

ٹاپ /ʈɑ:p/ ■ *n.f.* **1** hoof of a horse. **2** sound of a horse's hoofs. **3** whack, tap, patting, stroking. **4** a bamboo frame for catching fish. **5** a pear-shaped wooden piece attached with anything. **ٹاپ دار** **1** (person) with disproportionately thick head. **2** (something) tapering backwards. **ٹاپ مارنا** (of a horse) beat the ground to indicate something.

ٹاپا[1] /ʈɑ:pɑ:/ ■ *n.m.* (also ٹاپہ) **1** hen coop. **2** bamboo frame for catching fish. **3** net or muslin cover placed over a cradle to keep away insects; a cloth covering. **4** a kind of boat, coracle. ■ *adj.* (anything) covered, thatched (hut, etc.). **ٹاپا ٹوییا** search, hunt. **ٹاپا ٹوئی کرنا** **1** rummage, search untidily, grope. **2** repair a leaking roof. [Prk.]

ٹاپا[2] ____ ■ *n.m.* (*derog.*) a sugar cane field with little produce. [Prk.]

ٹاپتی /ʈɑ:pʈi:/ ■ *n.f.* (also ٹاپٹی) silken fabric, taffeta. (See also تافتہ.)

ٹاپتے /ʈɑ:pʈe:/ ■ *adj.* (*infl.* of ٹاپتا) **1** wandering. **2** surprised. **3** empty-handed. **ٹاپتے پھرنا** **1** wander (around). **2** be surprised or astonished. **3** (of a horse) beat the ground with hooves; move around. **ٹاپتے رہ جانا** be left empty-handed; be left high and dry.

ٹاپنا /ʈɑ:pnɑ:/ ■ *v.* **1** stamp one's feet in impatience or helplessness. **2** seek something vainly. **3** wait for someone or something. **4** wander jobless. **5** feel sad, desperate. **6** leap over a wall. **7** (of a horse) paw or beat the ground with hooves.

ٹاپو /ʈɑ:pu:/ ■ *n.m.* island, islet.

ٹاٹ /ʈɑ:ʈ/ ■ *n.m.* **1** tat, gunny, hessian; jute rug, coarse jute fabric. **2** seat at counter in a shop. **3** pod of raw gram. **4** caste, community; descent. **ٹاٹ اُلٹنا** (a business) close or be closed down, become bankrupt or insolvent. **ٹاٹ باف** **1** weaver of gunny or hessian. **2** shoe embroiderer. **3** embroidered with gold and silk threads (shoe, cloth). **ٹاٹ بافی** **1** weaving of gunny or hessian. **2** embroidery with silver or gold threads. **ٹاٹ بافی جوتا** embroidered shoe. **ٹاٹ باہر** of different descent or caste; outcast. **ٹاٹ باہر ہونا** be excommunicated. **ٹاٹ کا لنگوٹا ر کی لنگوٹی نواب سے یاری** be friends with the rich despite being poor; go beyond one's limits or capacity; live beyond means. **ٹاٹ کی بوری** gunny or jute bag.

ٹاٹری /ʈɑ:ʈri:/ ■ *n.f.* tartrate, tartaric acid. [E]

ٹار /ʈɑ:r/ ■ *n.f.* heap. See ٹال[1].

ٹاراٹوک /ʈɑ:rɑ:ʈu:k/ ■ *adv.* exactly. ■ *adj.* exact in weight.

ٹاری /ʈɑ:ri:/ ■ *n.f.* **1** distance, remoteness. **2** interval.

ٹال[1] /ʈɑ:l/ ■ *n.f.* **1** stack (of wood); heap of grain, grass, etc. **2** timber or firewood yard or shop. **ٹال کرنا** **1** set up a store of wood, etc. **2** make a stack, heap up. **ٹال مارنا** **1** heap or pile up. **2** give a twist to the beam in weighing. [S]

ٹال[2] ____ ■ *n.f.* **1** evasion, putting aside, deferment. **2** baldness (due to old age). **ٹال ٹول کی باتیں** lame excuses. **ٹال دینا** let go, put off, evade a question or demand; fob someone off. **ٹال کرنا** put off. **ٹال مٹول** evasion, putting off. **ٹال مٹول کرنا** put off, evade, speak or act evasively. [S]

ٹال[3] ____ ■ *n.f.* (also ٹالی) bell for animal's neck. [S]

ٹالا /ʈɑ:lɑ:/ ■ *n.m.* evasion, putting off. **ٹالا بالا بتانا** make excuses; speak or act evasively.

ٹالنا /ʈɑ:lnɑ:/ ■ *v.* **1** put off; postpone, ward off; shilly-shally, dilly-dally. **2** evade, put up (lame) excuses; send away without fulfilling a request or demand; reject (a request).

ٹالی /ʈɑ:li:/ ■ *n.f.* small bell. See ٹال[3].

ٹامک ٹوئیاں /ʈɑ:məkʈu:ɪjɑ̃:/ ■ *n.f.* guesswork, conjectures. **ٹامک ٹوئیاں مارنا** fumble, grope (in darkness); guess, conjecture.

ٹانٹ /ʈɑ̃:ʈ/ ■ *n.f.* crown of the head; skull. **ٹانٹ کھجانا** **1** scratch one's head. **2** (*fig.*) invite trouble; ask for a thrashing. **ٹانٹ پر ایک بال نہ رہنا** **1** be thrashed, be beaten badly. **2** become penniless, be ruined. **ٹانٹ گنجی ہونا** **1** become bald. **2** be ruined. **3** be thrashed.

ٹانٹھا /ʈɑ̃:ʈʰɑ:/ ■ *adj.* (also ٹانٹا) well-built, sturdy, strong, stout. (*fem.* ٹانٹھی)

ٹانچ /ʈɑ̃:tʃ/ ■ *adj.* perverse, troublesome, rude. ■ *n.f.* 1 cheat. 2 quarrel, dispute. 3 clog or fetter to hobble an animal. ٹانچ کرنا/لینا 1 practise annoying tricks. 2 cheat. 3 pick up secretly, pilfer. [S]

ٹانچڑا /ʈɑ̃:tʃɽɑ:/ ■ *adj.* troublesome; perverse; audacious.

ٹانچنا /ʈɑ̃:tʃnɑ:/ ■ *v.* 1 strut like a pigeon; move in a circle; hover. 2 trap (someone), cheat. 3 steal, pilfer.

ٹانڈ[1] /ʈɑ̃:ɖ/ ■ *n.f.* (also ٹانڈھ، ٹانڑ) 1 scaffold in a field of corn, etc. on which a person sits to keep watch. 2 plank fixed horizontally in a wall and used as a shelf. 3 scaffold for masons to work on higher places. 4 a framework of bamboo used as support for vine and other creepers. [S]

ٹانڈ[2] ____ ■ *n.f.* an ornament worn on the upper arm, armlet. [S]

ٹانڈا /ʈɑ̃:ɖɑ:/ ■ *n.m.* (also ٹانڈہ) 1 merchandise, bag and baggage. 2 caravan of merchants. 3 gypsy's encampment. 4 household furniture. 5 good deeds for the world hereafter. 6 (*fig.*) family, tribe. 7 line or row of cattles. ٹانڈا بھانڈا (*derog.*) bag and baggage; furniture and utensils. ٹانڈا لادنا 1 pack one's bags; set out on a journey. 2 (*fig.*) depart from this world, die.

ٹانڑا /ʈɑ̃:ɽɑ:/ ■ *n.m.* crop pest of green colour.

ٹانس /ʈɑ̃:s/ ■ *n.f.* pain caused by strained tendon.

ٹانسنا /ʈɑ̃:snɑ:/ ■ *v.* See ٹانکنا.

ٹانک[1] /ʈɑ:ŋk/ ■ *n.f.* 1 valuation, assessment, appraisement. 2 (*obs.*) a weight equal to four mashas or quarter of a tola (equal to nearly two and a half grams). 3 iron pin, rivet. [S]

ٹانک[2] ____ ■ (*imper.* of ٹانکنا). ■ *n.f.* 1 stitch; hemming. 2 writing; way or style of writing. ٹانک رکھنا write or note as a memo. ٹانک لینا 1 to stitch, sew onto a piece of cloth or dress (as a button). 2 enter (in a register, etc.).

ٹانکا[1] /ʈɑ:ŋkɑ:/ ■ *n.m.* 1 stitch (of cloth or wound, etc.). 2 solder, weld (iron or any other metal); joint. ٹانکا ادھڑنا stitch to get undone or run. ٹانکا ادھیڑنا 1 pick or undo stitch, unstitch. 2 expose. ٹانکا بھرنا sew, stitch. ٹانکا ٹوٹنا be unstitched, (stitch) to break. ٹانکا جھالنا 1 solder, weld, spot-weld. 2 (*fig.*) add something to statement. ٹانکا کھلنا be unstitched. ٹانکا لگانا sew, tack, stitch; solder, weld, spot-weld. [Prk.]

ٹانکا[2] ____ ■ *n.m.* tank, water tank, large container for water, the overhead water tank. [E]

ٹانکنا /ʈɑ:ŋknɑ:/ ■ *v.* (also ٹاکنا، ٹانسنا) 1 stitch, cobble. 2 sew onto a dress (as a button). 3 enter into record or register, make a note of. 4 join, rejoin. 5 (*inform.*) to eat up, gulp down, swallow.

ٹانکی /ʈɑ:ŋki:/ ■ *n.f.* 1 square piece cut out of a whole melon as sample. 2 a kind of venereal ulcer. 3 notch; stone cutter's chisel. 4 tooth (of a saw or comb). 5 hollow, dent, small hole. ٹانکی بجنا (*fig.*) construction to be in progress. ٹانکی دینا/لگانا/مارنا cut a small piece from a fruit, etc.

ٹانکے /ʈɑ:ŋke:/ ■ *n.m.* (*pl.* & *infl.* of ٹانکا[1]) ٹانکے ڈھیلے ہو جانا 1 become baffled or flabbergasted. 2 be discouraged, lose heart. ٹانکے لگانا to stitch.

ٹانکھ /ʈɑ:ŋkʰ/ ■ *n.m.* underground tank or reservoir for water.

ٹانگ /ʈɑ:ŋg/ ■ *n.f.* the leg. ٹانگ اڑانا meddle, interfere, poke one's nose in others' affairs. ٹانگ اُڑانا (***Wrestling***) a trick in which opponent's leg is jerked. ٹانگ برابر (*derog.*) small; very young. ٹانگ بھر کا/کی (*derog.*) very young; small. ٹانگ پسار کر سونا sleep without care. ٹانگ پھنسانا meddle, interfere, become involved. ٹانگ تلے سے نکالنا make helpless, dominate, persuade to yield, subdue. ٹانگ توڑنا 1 render (one) useless. 2 dabble in things of which one has little knowledge. ٹانگ ٹوٹنا leg to be broken. ٹانگ رہ جانا be paralysed in the legs; leg to become numb. ٹانگ سے ٹانگ باندھ کر بٹھانا not allow one to leave or move; make someone sit close forcibly. ٹانگ کھینچنا 1 pull one's leg. 2 make fun of. ٹانگ لینا 1 stop forcibly; seek an explanation. 2 scold. 3 (of dogs) bite or seize leg.

ٹانگا[1] /ʈɑ:ŋgɑ:/ ■ *n.m.* tonga. See تانگا. [Prk.]

ٹانگا[2] ____ ■ *n.m.* big axe. [S]

ٹانگن /ʈɑ:ŋgən/ ■ *n.m.* (also ٹانگھن) hilly pony.

ٹانگنا /ʈɑ:ŋgnɑ:/ ■ *v.* 1 hang, suspend, dangle. 2 implicate. 3 (*fig.*) hang till death.

ٹانگی /ʈɑ:ŋgi:/ ■ *n.f.* (also ٹنگاری) hatchet.

ٹانگیں /ʈɑ:ŋgẽ:/ ■ *n.f.* (*pl.* of ٹانگ) ٹانگیں اٹھانا get one's leg

ٹپانا /ʈʊpɑ:nɑ:/ ■ *v.* have a thing buried.
ٹپائی /ʈʊpɑ:i:/ ■ *n.f.* the act of looking or groping. ٹپائی دینا (*joc.*) be able to see; see but with difficulty.
ٹپٹپانا /ʈəpʈəpɑ:nɑ:/ ■ *v.* drip, drop continually.
ٹپّس /ʈʊppəs/ ■ *n.f.* **1** alliance, union, adherence. **2** firm footing. **3** foundation, ground. **4** claim. **5** plan, plot. **6** conceit, pride, arrogance. ٹپس جمانا/لڑانا/لگانا **1** obtain a firm footing. **2** lay a foundation. **3** secure the interest of. **4** make out a claim.
ٹپک /ʈəpək/ ■ *n.f.* **1** sound made by dropping; dropping, dripping; beat. **2** pulsating or throbbing pain. ٹپک پڑنا arrive unexpectedly (usu. an unwanted guest or caller), drop in.
ٹپکا /ʈəpkɑ:/ ■ *n.m.* **1** continuous leaking of roof or dripping of rain from the eaves. **2** drop; a drop of rain. **3** fall of ripe fruit from the branch. **4** the fruit that falls when ripe. ٹپکا پڑنا be too evident. ٹپکا ٹپکی **1** drizzling, trickling; continuous dropping of ripe fruit from branches. **2** successive deaths. ٹپکا لگنا **1** roof to leak, eaves to drip. **2** ripe fruits to drop continuously from tree.
ٹپکانا /ʈəpkɑ:nɑ:/ ■ *v.* **1** cause to drip, trickle or drop. **2** distil. **3** (*slang*) kill, murder.
ٹپکاؤ /ʈəpkɑ:o:/ ■ *n.m.* **1** dripping. **2** distillation.
ٹپکنا /ʈəpəknɑ:/ ■ *v.* **1** drip, trickle, leak. **2** fall from branch (fruit). **3** be evident or obvious. **4** interrupt, interfere, meddle. **5** (of blister) break, flow. **6** die; drop, fall on the ground after being wounded. **7** throb with sharp pain; pulsate. **8** be inclined (towards someone). **9** arrive unexpectedly.
ٹپکی /ʈəpki:/ ■ *n.f.* coquetry; cleverness. ٹپکی پڑنا be coquettish.
ٹپکے /ʈəpke:/ ■ *n.m.* (*pl. & infl.* of ٹپکا) ٹپکے کا آم **1** ripe mango that falls from the branch, windfall. **2** (*fig.*) unexpected gain. ٹپکے کا ڈر (*fig.*) fear of sudden trouble.
ٹپّل /ʈəppəl/ ■ *n.m.* horse with a large white spot on the forehead.
ٹپنا /ʈəpnɑ:/ ■ *v.* (also ٹپ جانا) jump, leap, hop; leap over or across.
ٹپنکھی /ʈʊpəŋkʰi:/ ■ *n.f.* permanent deviation in the direction of the gaze of one eye, the state of being squint-eyed.

over; have sexual intercourse. ٹانگیں ٹوٹنا be very tired. ٹانگیں رہ جانا **1** legs to become numb. **2** be too tired to walk any further.
ٹانگھن /ʈɑ:ŋgʰən/ ■ *n.m.* See ٹانگن.
ٹاہلی /ʈɑ:hli:/ ■ *n.m.* shisham tree, *Dalbergia sissoo*, Indian rosewood.
ٹائیں ٹائیں /ʈɑ:ẽ: ʈɑ:ẽ:/ ■ *n.f.* parrot's call. ٹائیں ٹائیں فش much talk but no result, all talk and no sense, much cry little wool. ٹائیں ٹائیں کرنا chatter, blather, prattle. ٹائیں سے quickly, instantly.
ٹائیں ٹوئیں /ʈɑ:ĩ: ʈu:ĩ:/ ■ *adv.* only a few, not many.
ٹبّا /ʈɪbbɑ:/ ■ *n.m.* (also ٹبہ) sand-drift; tor, knoll, rising ground.
ٹبّر /ʈəbbər/ ■ *n.m.* (also ٹبڑ) **1** family; family members. **2** equipment, apparatus, paraphernalia. **3** liability, responsibility. ٹبر چلنا family to be provided for.
ٹپ[1] /ʈəp/ ■ *n.m.* hood or roof of a tonga, cover, covering of a tent. [Prk.]
ٹپ[2] ____ ■ *n.f.* dropping, sound of a falling drop of water. ٹپ ٹپ dripping; sound of something dripping suddenly. ٹپ ٹپ گرنا (tears, etc.) flow or fall in drops, trickle, drip. [Prk.]
ٹپ[3] ____ ■ *adj.* instant, immediate; sudden. ٹپ سے instantly, without delay. [Prk.]
ٹپ[4] ____ ■ *adj.* bounce, jump; falling. ٹپ کھانا bounce, fall on the ground and rise (as a ball); jump. [S]
ٹپا /ʈəpɑ:/ ■ *n.m.* (also ٹاپو) island in a river.
ٹپّا[1] /ʈəppɑ:/ ■ *n.m.* (also ٹپہ) **1** bounce, spring, leap, bound, jump, shot. **2** stage. **3** distance, range. **4** small tract or administrative division comprising two villages. **5** (Deccan) post office. **6** tack, a long stitch. ٹپا بھرنا/ڈالنا **1** tack. **2** advance unmethodically. **3** read desultorily. ٹپا کھانا (of a ball) bounce. ٹپا مارنا make a long jump; skip a passage or page in reading. [S]
ٹپّا[2] ____ ■ *n.m.* a kind of folk-song of the Punjab. [Prk.]
ٹپاٹپ /ʈəpɑ:ʈəp/ ■ *n.f.* (*comb.* of ٹپ[2]) (also ٹپ ٹپ) **1** patter, repeated light tapping. **2** sound of walking or dropping liquid, drop-drop.
ٹپّال /ʈəppɑ:l/ ■ *n.m.* **1** post office, post-station. **2** relay of runners. ٹپال والا letter-carrier, postman.
ٹپانا /ʈəpɑ:nɑ:/ ■ *v.* cause to jump or leap over.

ٹٹی /ṭəṭṭi:/ ■ *n.f.* **1** wall or screen made of thatch or split bamboos. **2** frame to support creepers. **3** fence. **4** privy or latrine. **5** human excrement. **6** hiding place. **7** a bamboo frame covered with fragrant grass (kept wet to cool the air). ٹٹی کی اوٹ/آڑ میں شکار کھیلنا **1** shoot from a covert. **2** adopt underhand means, do something covertly. ٹٹی لگانا put up such a screen or fence. ٹٹی لگنا (*vulg.*) feel the urge to empty the bowels.

ٹٹیاں /ṭəṭṭɪjā:/ ■ *n.f.* (*pl.* of ٹٹی) ٹٹیاں لگنا **1** (*vulg.*) suffer from diarrhoea. **2** (*fig.*) show impatience and excitement.

ٹٹیری /ṭəṭi:ri:/ ■ *n.f.* (also ٹٹیہری) **1** sandpiper, a wading bird, *Tringa goensis*. **2** a toy emitting croaking sound while moving in a circle. **3** lean and weak person. ٹٹیری سے آسمان نہیں تھمتا said of a person who undertakes an enterprise beyond their capacity.

ٹٹیل /ṭuṭjəl/ ■ *adj.* broken; breakable.

ٹٹچا /ṭuṭʃtʃa:/ ■ *n.m.* petty thief. ■ *adj.* mean, base, worthless, low born.

ٹخ ٹخ /ṭəxṭəx/ ■ *adv.* slowly but continually.

ٹخ ٹخ /ṭɪxṭɪx/ ■ *n.f.* call to urge forward horse or bullock.

ٹخنا /ṭəxnɑ:/ ■ *n.m.* (also ٹخنہ) the ankle.

ٹڈا /ṭɪḍḍɑ:/ ■ *n.m.* grasshopper (of any species).

ٹڈی /ṭɪḍḍi:/ ■ *n.f.* locust. ٹڈی دل **1** swarm of locusts. **2** (*fig.*) (i) large crowd, vast multitude. (ii) numerous troops.

ٹر /ṭər/ ■ *n.m.* **1** croaking (of a frog). **2** pride, conceit. **3** fair held on the day next to Eid. **4** chatter. **5** obstinacy; madness. **6** crane; stork.

ٹرا /ṭərrɑ:/ ■ *adj.* **1** chattering, talkative, garrulous. **2** harsh, proud, fussy, quarrelsome, saucy; obstinate. ٹراپن **1** talkativeness, garrulity. **2** rudeness, impudence, insolence.

ٹرا /ṭurrɑ:/ ■ *n.m.* **1** bead, particle. **2** piece of betel nut. **3** cigarette butt.

ٹرانا /ṭərrɑ:nɑ:/ ■ *v.* **1** croak. **2** grumble, talk insolently. ■ *n.m.* croaking (of a frog).

ٹربنگا /ṭɪrbəŋgɑ:/ ■ *adj.* (also ٹربنگا) crooked, bent, curved, awry.

ٹرپھس /ṭɪrpʰɪs/ ■ *n.f.* (also ٹرفش) impudence, sullenness.

ٹرٹر /ṭərṭər/ ■ *n.f.* **1** insolent talk, sauciness, insolence. **2** croaking of a frog. ٹرٹر کرنا chatter, talk rudely.

ٹرٹرانا /ṭərṭərɑ:nɑ:/ ■ *v.* **1** croak (like a frog). **2** (*fig.*) talk

ٹپنی /ṭɪpənni:/ ■ *n.f.* annotation, commentary; gloss.

ٹپہ /ṭəppɑ:/ ■ *n.m.* **1** distance. **2** post office. See ٹپا[1].

ٹپے ٹوئی /ṭəppe: ṭo:i:/ ■ *n.f.* (also ٹپے ٹوہی) search, hunt. ٹپے ٹوئی مارنا to search; fumble, grope.

ٹٹا[1] /ṭəṭṭɑ:/ ■ *n.m.* **1** mat erected as a wall or partition. **2** bamboo frame. [S]

ٹٹا[2] ——— ■ *n.m.* testicle; ball. [Pj]

ٹٹار /ṭəṭɑ:r/ ■ *adj.* strong, intense, severe. ٹٹار دھوپ very hot and bright sunlight.

ٹٹ پونجیا /ṭəṭ pũ:dʒɪjɑ:/ ■ *adj.* **1** having a little money, of small means; a trader with small capital; bankrupt; broke. **2** (*fig.*) mean, lowly.

ٹخارنا /ṭəxɑ:rnɑ:/ ■ *v.* (also ٹٹکارنا) make a croaking or cackling sound to urge an animal forward.

ٹخاری /ṭɪxɑ:ri:/ ■ *n.f.* (also ٹٹکاری) croaking or cackling sound.

ٹٹر /ṭəṭṭər/ ■ *n.m.* (also ٹھٹر) **1** large screen of bamboo or straw matting. **2** a frame made with bamboo splinters, used to place small lamps. ٹٹر کھولنا کھٹو آئے said on the occasion when an idle or worthless person gets the power and authority; be ready for disorder or atrocity.

ٹٹرال /ṭəṭrɑ:l/ ■ *n.m.* tinsmith's hammer for removing dents and to give a round shape to utensils.

ٹٹروں ٹوں /ṭuṭrũ:ṭũ:/ ■ *n.m.* cooing sound of a dove. ■ *adj.* alone, high and dry, helpless.

ٹٹری[1] /ṭəṭri:/ ■ *n.f.* (also ٹٹری) crown of the head, skullcap. ٹٹری گنجی ہو جانا be ruined; be thrashed. [S]

ٹٹری[2] ——— ■ *n.f.* fence, hedge. [S]

ٹٹری /ṭəṭṭəri:/ ■ *n.f.* joke, jest; lie.

ٹٹکارنا /ṭɪṭkɑ:rnɑ:/ ■ *v.* croak. See ٹخارنا.

ٹٹو /ṭəṭṭu:/ ■ *n.m.* **1** tattoo, pony, a horse of a small breed. **2** power, strength. **3** (*fig.*) inefficient person. **4** short-statured person. **5** (*derog.*) flatterer. ٹٹو بڑھانا go away. ٹٹو پار ہونا succeed. ٹٹو سے my left toe, my foot. (*fem.* ٹٹوانی)

ٹٹول /ṭəṭo:l/ ■ *n.f.* groping, feeling (with hands), searching; fumble; touching; touch.

ٹٹولنا /ṭəṭo:lnɑ:/ ■ *v.* **1** feel with hands or fingers, grope, fumble. **2** search someone's opinion, pry into someone's mind. **3** examine, assess.

ٹک /ʈʊk/ ■ *adv.* for a while, for a moment, a little while. ■ *adj.* a little. ٹک ٹک دیدم دم نہ کشیدم looked on silently and could not do anything (used to express helplessness in a trying situation). ٹک جیا تو کیا جیا a little rest brings no relief; a short life is hardly any life.

ٹکا /ʈəkɑ:/ ■ *n.m.* **1** copper coin (now *obs.*) equal to two paisa. **2** taka, the basic monetary unit of Bangladesh. **3** (*fig.*) money; little money. ٹکا بھر very little. ٹکا پاس نہ ہونا be penniless, have no money. ٹکا سا جواب plain answer, point-blank refusal. ٹکا سا دم all alone. ٹکا سی جان lonely person. ٹکا گانٹھ میں نہ ہونا not to have a penny (in the pocket).

ٹِکانا /ʈɪkɑ:nɑ:/ ■ *v.* **1** lodge, place; put, fix. **2** lean something against. **3** apply, lay on. **4** give a slap. **5** give very little (usu. money).

ٹِکانی /ʈɪkɑ:ni:/ ■ *n.f.* a prop to support the shafts or pole of a carriage.

ٹِکاؤ /ʈɪkɑ:u:/ ■ *adj.* lasting, durable, firm, fixed, stable.

ٹِکاؤ /ʈɪkɑ:o:/ ■ *n.m.* **1** abode, residence. **2** (*fig.*) (i) relief. (ii) support; jack.

ٹکاہی /ʈəkɑ:hi:/ ■ *n.f.* (also ٹکیائی، ٹکھیائی) a cheap prostitute.

ٹکائی /ʈəkɑ:i:/ ■ *n.f.* **1** embroidery. **2** its cost.

ٹِکٹ /ʈɪkəʈ/ ■ *n.m.* **1** fare, ticket; pass. **2** postage stamp. **3** court-fee stamp. ٹکٹ بابو منشی booking clerk. ٹکٹ کٹانا **1** get a ticket issued. **2** (*fig.*) go on a trip, travel. ٹکٹ گھر booking office. [E]

ٹِکٹِکی /ʈɪkʈɪki:/ ■ *n.f.* gaze, fixed look, stare. ٹکٹکی باندھنا رلگانا gaze steadfastly at; keep staring intently. [S]

ٹِکٹِکی[2] ____ ■ *n.f.* (also ٹکٹی) a small triangular frame, tripod; tripod or frame on which criminals are tied for flogging. ٹکٹکی سے باندھنا tie to the tripod for flogging. [S]

ٹِکٹی /ʈɪkʈi:/ ■ *n.f.* **1** (***Hinduism***) bamboo structure to lay a corpse on. **2** See ٹکٹکی[2].

ٹکّر /ʈəkkər/ ■ *n.f.* **1** knock, collision, butting, bump, impact. **2** encounter, confrontation; challenge. **3** shock, concussion. **4** someone equal in stature or power; opponent. ٹکر دینا knock against. ٹکر کا evenly matched, of the same ilk. ٹکر کھانا dash against, collide. ٹکر لڑانا butt. ٹکر لگانا collide with, dash against. ٹکر لگنا be knocked. ٹکر لینا confront, oppose; challenge. ٹکر مارنا nonsense, chatter, jabber.

ٹرخانا /ʈərxɑ:nɑ:/ ■ *v.* (also ٹرکانا) **1** put off, brush off; send away unceremoniously or by some excuse. **2** talk or behave evasively. **3** do something reluctantly.

ٹرخاؤ /ʈərxɑ:u:/ ■ *n.m.* person making false excuses, one evading duty.

ٹرخل /ʈərxəl/ ■ *adj.* (*derog.*) foolish (woman), old (woman).

ٹرکانا /ʈərkɑ:nɑ:/ ■ *v.* See ٹرخانا.

ٹرّو /ʈərru:/ ■ *n.m.* **1** frog; croaker. **2** child's toy emitting croaking sound.

ٹرواس /ʈərvɑ:s/ ■ *n.f.* silly or useless talk.

ٹڑھ /ʈɪɽʰ/ ■ *adj.* (also ٹڑ) (*contr.* of ٹیڑھا) twisted or bent; used in comp. as: ٹڑھ بنگا رموہا having twisted mouth.

ٹسر /ʈəsər/ ■ *n.m.* tusser, tussore, a kind of silk; the cloth made of this fibre.

ٹُسر ٹُسر رونا /ʈʊsər ʈʊsər ro:nɑ:/ ■ *v.* weep bitterly.

ٹسر مسر /ʈəsər məsər/ ■ *n.f.* hesitation, delay, shilly-shallying, putting off.

ٹس سے مس نہ ہونا /ʈəs se: məs nɑ: ho:nɑ:/ ■ *v.* be adamant, remain unmoved.

ٹسک /ʈəsək/ ■ *n.f.* shooting or throbbing pain, stitch, throb.

ٹسکا /ʈəskɑ:/ ■ *n.m.* (also ٹھسکا) coughing fit. ٹسکا لگنا have a coughing fit.

ٹسکانا /ʈəskɑ:nɑ:/ ■ *v.* **1** move or slide something quietly or on the sly. **2** cause pain.

ٹسکنا /ʈəsəknɑ:/ ■ *v.* **1** move, slip away. **2** become soft (as after cooking).

ٹُسکنا /ʈʊsəknɑ:/ ■ *v.* sob, weep quietly, shed tears; whimper.

ٹسن /ʈəsən/ ■ *n.f.* **1** fissure, rent, tear due to stretching or tension; rip. **2** conflict, discord. **3** dishonesty. ٹسن کرنا رکی لینا ridicule, kid, tease for fun.

ٹسنا /ʈəsnɑ:/ ■ *v.* (of a cloth) tear due to tension, split, crack.

ٹسوا /ʈəsvɑ:/ ■ *n.m.* (also ٹسوا) tear; false tears.

ٹسوے /ʈəsve:/ ■ *n.m.* (*pl. & infl.* of ٹسوا) (also ٹسوے) tears; (usu.) false tears, crocodile tears. ٹسوے بہانا (*derog.*) shed false tears, pose to weep (in order to arouse sympathy).

ٹک /ʈək/ ■ *n.f.* **1** sight, look; stare, gaze. **2** temper, nature, disposition. ٹک باندھنا gaze, stare. ٹک لگانا expect, long for.

something new (esp. in dance or singing).

ٹکسال /ʈəksɑ:l/ ■ *n.f.* **1** mint. **2** (*fig.*) touchstone, criterion. ٹکسال (سے) باہر **1** spurious, counterfeit. **2** base. **3** unidiomatic (words); non-standard (language). ٹکسال چڑھنا **1** bear the mint stamp; be judged worthy and true. **2** be perfect. **3** be educated or polished. **4** be notorious. ٹکسال کا کھوٹا evil, depraved; base, illegitimate; fake; substandard.

ٹکسالی /ʈəksɑ:li:/ ■ *adj.* **1** minted, pure, chaste. **2** standard (language or idiom or usage), genuine, real. **3** authorized; approved. ■ *n.m.* officer of the mint; coiner. ٹکسالی آدمی **1** honest and candid person. **2** (*iron.*) clever person. ٹکسالی زبان pure, standard language; standard idiom or phrase.

ٹکسالیا /ʈəksɑ:lɪjɑ:/ ■ *n.m.* (also ٹکسالیہ) mint master.

ٹِکلی /ʈɪkli:/ ■ *n.f.* **1** any small round piece of paper, cloth, metal, etc. **2** pendant worn by women on the forehead. **3** wafer; small flat bread.

ٹکن /ʈəkən/ ■ *n.f.* **1** ornamental strip sewn on the hem of a dress. **2** stitching.

ٹکنا /ʈəknɑ:/ ■ *v.* (also ٹنکنا) **1** be sewn or stitched; be embroidered; be tacked. **2** be registered, be recorded. **3** (of file) be sharpened.

ٹِکنا /ʈɪknɑ:/ ■ *v.* **1** stop, stay, lodge; sit; put up. **2** stick fast; endure.

ٹِکنی /ʈɪkni:/ ■ *n.f.* latch.

ٹکوا /ʈəkvɑ:/ ■ *n.m.* chopper, small axe.

ٹکوانا /ʈəkvɑ:nɑ:/ ■ *v.* (also ٹنکوانا) get (something) stitched or embroidered.

ٹکور /ʈəko:r/ ■ *n.f.* **1** push, knock, thrust or blow. **2** sound of a drum.

ٹِکور /ʈɪko:r/ ■ *n.f.* (also ٹکور) fomentation, hot or cold water-treatment for pain. ٹکور دینا/کرنا foment (hot or cold).

ٹکورا /ʈəko:rɑ:/ ■ *n.m.* **1** sound of a gong or drum. **2** chisel, piercing awl, small hatchet. **3** gust (of wind).

ٹِکورا /ʈɪko:rɑ:/ ■ *n.m.* small unripe mango. (See also کَیری)

ٹکورنا /ʈəko:rnɑ:/ ■ *v.* foment, apply warmth to.

ٹِکّی /ʈɪkki:/ ■ *n.f.* **1** small cake or chapatti. **2** influence; relationship. **3** sustenance; meagre income. ٹکی لگانا bake bread. ٹکی لگنا acquire benefits, be successful.

1 knock against. **2** (*fig.*) (i) strive, try. (ii) compete, contest.

ٹکرانا /ʈəkrɑ:nɑ:/ ■ *v.* **1** dash against, clash, collide, butt. **2** go along stumbling, dash together; grope in the dark; stumble. **3** compare; compete. **4** being close (to), come close; brush against (something).

ٹکراؤ /ʈəkrɑ:o:/ ■ *n.m.* (also ٹکراو) clash.

ٹکر ٹکر /ʈukər ʈukər/ ■ *adv.* surprisedly. ٹکر ٹکر دیکھنا look on wistfully or helplessly, look on without showing any emotion or taking any action.

ٹکرنا /ʈəkərnɑ:/ ■ *v.* confront, come face to face.

ٹکریں /ʈəkkərẽ:/ ■ *n.f.* (*pl.* of ٹکّر) ٹکریں کھانا stumble on; wander in search. ٹکریں لگانا/مارنا **1** knock against. **2** wail, mourn. **3** (*derog.*) offer prayers in haste or for show.

ٹکر /ʈukər/ ■ *n.m.* (*contr.* of ٹکڑا) used in comp. as: ٹکرگدا **1** one who begs for scraps of food, beggar. **2** (*fig.*) poor, trivial person.

ٹکّڑ /ʈukkəɽ/ ■ *n.m.* **1** thick hard bread. **2** thick bread made for elephant.

ٹکڑا /ʈukɽɑ:/ ■ *n.m.* **1** piece, bit; portion, division, section, part. **2** clause. **3** fraction. **4** morsel, a piece of bread. ٹکڑا توڑنا **1** eat, take food. **2** depend upon; live on. ٹکڑا دینا give food or maintenance. ٹکڑا سا توڑ کر جواب دینا refuse point-blank. ٹکڑا مانگنا beg.

ٹکڑوں /ʈukɽõ:/ ■ *n.m.* (*pl.* of ٹکڑا) ٹکڑوں پر پڑنا/پلنا (*derog.*) be dependent on. ٹکڑوں کا محتاج ہونا beg for food.

ٹکڑی /ʈukɽi:/ ■ *n.f.* (*dim.* of ٹکڑا) **1** small piece. **2** piece of glass or mirror. **3** piece of cloth. **4** small group or party. **5** flock (of birds, esp. pigeons). **6** column or platoon of soldiers. **7** formation (of aeroplanes). (*pl.* ٹکڑیاں)

ٹکڑے /ʈukɽe:/ ■ *n.m.* (*pl.* & *infl.* of ٹکڑا) ٹکڑے اڑانا **1** beat or thrash severely. **2** (of cloth or paper) tear into pieces. ٹکڑے اڑنا **1** be torn to shreds, be shredded. **2** (*fig.*) (inside of mouth or the tongue) be injured or to burn due to hot pepper or some very tart and sour food. ٹکڑے توڑنا live on free food. ٹکڑے ٹکڑے in pieces. ٹکڑے ٹکڑے کرنا break, hack to pieces. ٹکڑے دے کر بچھڑا پالا، سینگ لے کر مارن آیا good turn repaid by evil. ٹکڑے کرنا **1** divide, hack or cut into pieces. **2** destroy. ٹکڑے لگانا invent new style while singing or dancing; add disappear. **2** beguile time, pass time. **3** put off, evade; get rid of.

ٹلپ /ʈələp/ ■ *n.f.* particle, speck, bit, piece, fragment.

ٹلٹلانا /ʈɪlʈɪlɑ:nɑ:/ ■ *v.* **1** have loose bowels. **2** babble, blather.

ٹلٹلی /ʈɪlʈɪli:/ ■ *n.f.* loose motions, diarrhoea. ٹلٹلی چلنا/لگنا suffer from diarrhoea.

ٹلڈا /ʈuldɑ:/ ■ *n.m.* (also ٹُلڈا) a kind of bamboo used in making mats, *Bambusa tulda.*

ٹلکنا /ʈuləknɑ:/ ■ *v.* **1** move with feeble steps. **2** (*fig.*) die.

ٹلّم /ʈɪlləm/ ■ *adj.* nonsense, silly.

ٹلنا /ʈəlnɑ:/ ■ *v.* **1** get out of the way; move. **2** pass or be removed (danger). **3** withdraw. **4** postpone. **5** go away, disappear. **6** (time) to pass or elapse. **7** be displaced. **8** stay away from, keep away from (doing something).

ٹلوا /ʈəluvɑ:/ ■ *n.m.* (also ٹلوا) owner or keeper of timber or firewood shop or yard.

ٹلوا /ʈɪlvɑ:/ ■ *adj.* **1** of short height. **2** flatterer, cajoler. **3** (*derog.*) small (boy).

ٹلے /ʈəlle:/ ■ *n.m.* (*pl. & infl.* of ٹلّا) ٹلے نویسی **1** writing useless things, indecent or useless work. **2** flattery, adulation.

ٹلیا /ʈɪljɑ:/ ■ *n.f.* **1** small fowl, young hen, pullet. **2** (*deris.*) fat young woman.

ٹلی للی جھر /ʈɪli: lɪli: dʒʰər/ ■ *exclam.* (also ٹلی للی بھوں) (*vulg.*) rude expression of derision.

ٹلّیں مارنا /ʈəllẽ: mɑ:rnɑ:/ ■ *v.* brag, boast.

ٹمّا /ʈɪmmɑ:/ ■ *adj.* (*derog.*) man of short stature or lean physique, midget.

ٹماٹر /ʈɪmɑ:ʈər/ ■ *n.m.* tomato, *Lycopersicon esculentum* plant or its edible fruit.

ٹماخ /ʈɪmɑ:x/ ■ *n.m.* (also ٹماک) female vanity, pride; tawdriness; ostentation.

ٹم ٹم[1] /ʈəmʈəm/ ■ *n.f.* small horse-drawn carriage, tandem. [E]

ٹم ٹم[2] ——— ■ *n.f.* small drum, tom-tom; sound of a drum. [Prk.]

ٹمٹم /ʈɪmʈɪm/ ■ *n.f.* **1** soft sound. **2** gentle drizzling.

ٹمٹمانا /ʈɪmʈɪmɑ:nɑ:/ ■ *v.* **1** glow faintly, twinkle. **2** open for a moment and close (eyes). [Prk.]

ٹکّی[2] ——— ■ *n.f.* **1** cup of a brassiere. **2** (*fig.*) brassiere.[S]

ٹکے /ʈəke:/ ■ *n.m.* (*pl. & infl.* of ٹکا) ٹکے ٹکے بکنا sell very cheap. ٹکے ٹکے کو محتاج very poor, penniless. ٹکے ٹکے کے آدمی mean men, people of low status, worthless persons. ٹکے سیر a dime a dozen, very cheap. ٹکے کی اوقات very low status. ٹکے کی بڑھیا نو ٹکے سر منڈائی spend on something more than it is worth; too high a cost or wage for such a minor job. ٹکے گز very cheap. ٹکے گز کی چال چلنا lead a simple life. ٹکے والی very cheap prostitute.

ٹکیا /ʈɪkjɑ:/ ■ *n.f.* (also ٹکیہ) **1** small flat bread or chapatti; wafer. **2** disc. **3** small cake or bar (of soap). **4** tablet (of medicine). **5** forehead. **6** ground medicine or medicinal powder applied to afflicted parts of body. **7** ball of tobacco smoked through hookah. ٹکیا ٹھوکنا bake bread.

ٹکیائی /ʈəkjɑ:i:/ ■ *n.f.* (also ٹکائی، ٹکھیائی) a cheap prostitute.

ٹکیت /ʈəkæ:ʈ/ ■ *adj.* wealthy, moneyed, rich.

ٹکیت /ʈɪkæ:ʈ/ ■ *n.m.* raja's regent, crown prince or heir presumptive.

ٹکیل /ʈəkjəl/ ■ *adj.* cheap; inferior.

ٹگر /ʈəgər/ ■ *n.m.* **1** naughtiness. **2** wandering of the mind. **3** perplexity, restlessness.

ٹگرا /ʈəgrɑ:/ ■ *adj.* squint-eyed.

ٹگرانا /ʈəgrɑ:nɑ:/ ■ *v.* (also ٹگھرانا) cause to move, roll; flow.

ٹگرنا /ʈəgərnɑ:/ ■ *v.* (also ٹگھرنا) pace or walk to and fro, roam, stroll.

ٹگھلانا /ʈɪgʰlɑ:nɑ:/ ■ *v.* dissolve, melt, liquefy.

ٹگھلنا /ʈɪgʰəlnɑ:/ ■ *v.* be dissolved or melted.

ٹل /ʈul/ ■ *n.f.* (also ٹِل) act of striking one thing with the other. ٹل لگانا strike.

ٹلّا /ʈəllɑ:/ ■ *n.m.* (*vulg.*) impetus during a sexual intercourse. ٹلا نویسی **1** noting down the number of above-said impetuses; writing useless things; indecent, frivolous or unprofitable employment. **2** wasting the time away, doing useless work. **3** flattery.

ٹُلّا /ʈullɑ:/ ■ *n.m.* **1** the act of bunking off. **2** (*slang*) policeman. ٹلا مارنا (*slang*) bunk off (school or work), play truant.

ٹلانا /ʈəlɑ:nɑ:/ ■ *v.* **1** remove, cause to go away or labourers, etc.

ٹنک /ʈənək/ ■ *n.f.* **1** harsh sound, jingle, tinkle or clash of metal, chinaware, etc. **2** shooting pain.

ٹنک /ʈəŋk/ ■ *n.m.* **1** (*obs.*) weight equal to four mashas, about three and one third grams. **2** sword. **3** hatchet. **4** stonecutter's chisel. [S]

ٹنکار /ʈəŋkaːr/ ■ *n.f.* **1** twang of a bowstring. **2** clang of metal.

ٹنکارنا /ʈəŋkaːrnaː/ ■ *v.* twang (a string) to test tightness; tap (crockery and earthenware) to see if it is cracked.

ٹنکی /ʈəŋkiː/ ■ *n.f.* small tank for water or gas, etc. [E]

ٹنگ /ʈəŋg/ ■ *n.f.* (*contr.* of ٹانگ) the leg.

ٹنگا /ʈəŋgaː/ ■ *adj.* having leg or legs, legged; used in comp. as: اِک ٹنگا one legged. دوٹنگا two-legged, biped.

ٹُنگار /ʈʊŋgaːr/ ■ *n.f.* **1** plucking (fruit, etc.). **2** pecking, nibbling.

ٹُنگارنا /ʈʊŋgaːrnaː/ ■ *v.* **1** pluck fruit. **2** nibble, eat in small bites.

ٹنگاری /ʈəŋgaːriː/ ■ *n.f.* small axe.

ٹنگانا /ʈəŋgaːnaː/ ■ *v.* (also ٹنگوانا) cause to be hung up.

ٹنگڑی /ʈəŋgɽiː/ ■ *n.f.* (*dim.* of ٹانگ) the leg. ٹنگڑی پر اڑانا / لگانا / مارنا trip someone.

ٹنگنا /ʈəŋgnaː/ ■ *v.* be hung, be suspended, get hanged (as a punishment). ■ *n.m.* clothes line.

ٹنگی /ʈəŋgiː/ ■ *n.f.* wrestling trick.

ٹنگیانا /ʈəŋgjaːnaː/ ■ *v.* spur a horse.

ٹنن ٹنن /ʈənən ʈənən/ ■ *n.f.* continuous ringing of bell.

ٹُنہا /ʈʊnhaː/ ■ *n.m.* (also ٹونہا) wizard, necromancer, one who casts spells. (See also ٹونا.)

ٹُنہائی /ʈʊnhaːiː/ ■ *n.f.* (also ٹُنہن، ٹوناہائی) female sorcerer.

ٹُنہایا /ʈʊnhaːjaː/ ■ *n.m.* (also ٹُنہا) sorcerer.

ٹُنیا /ʈʊ̃jjaː/ ■ *adj.* (also ٹوئیاں) tiny, short; dwarfish, midget. ٹنیا توتا parakeet, a small parrot.

ٹُوا /ʈʊvaː/ ■ *n.f.* act of feeling or groping; touch. ٹوا ٹوئی groping, searching.

ٹوبا¹ /ʈoːbaː/ ■ *n.m.* long stitch. [Prk.]

ٹوبا² ____ ■ *n.m.* a diver who descends in a well to find something fallen in it. [dial.]

ٹوپ¹ /ʈoːp/ ■ *n.m.* (also ٹوپا) **1** hat; cap with ear-flaps. **2** helmet; cap of something. **3** thimble. [Prk.]

ٹوپ² ____ ■ *n.m.* stupa or tope, the Buddhist mound. [S]

ٹمٹماہٹ /ʈɪmʈɪmaːhəʈ/ ■ *n.f.* twinkling, glimmer, flicker.

ٹمٹمیا /ʈɪmʈɪmjaː/ ■ *n.f.* small lamp.

ٹمر ٹمر /ʈɪmər ʈɪmər/ ■ *adj.* faint, dim.

ٹمکی /ʈɪmkiː/ ■ *n.f.* small drum; gong. ٹمکی پیٹنا beat this drum to make an announcement or proclamation.

ٹن¹ /ʈən/ ■ *n.f.* sound of a bell or gong, twang. ٹن ٹن ringing of a bell, toll, ding-dong, twang-twang. [Prk.]

ٹن² ____ ■ *n.f.* haughtiness, pride, conceit. [S]

ٹنا /ʈənaː/ ■ *n.m.* (also ٹنا) clitoris.

ٹِنّا /ʈɪnnaː/ ■ *n.m.* (*coll.*) a boy younger than five years, very young boy.

ٹُنّا /ʈʊnnaː/ ■ *n.m.* **1** branch laden with fruit. **2** button, knob. **3** nipple. **4** clitoris.

ٹنٹا /ʈənʈaː/ ■ *n.m.* (also ٹنٹال) brawl, wrangling, noisy quarrel, row; trouble. ٹنٹا کھڑا کرنا create trouble. ٹنٹا کھڑا ہونا trouble to arise.

ٹُنٹا /ʈʊnʈaː/ ■ *adj.* without hands. See ٹُنڈا.

ٹُنٹُنانا /ʈʊnʈʊnaːnaː/ ■ *v.* tune (a musical instrument); ring a bell.

ٹنٹے /ʈənʈeː/ ■ *n.m.* (*pl. & infl.* of ٹنٹا) ٹنٹے باز quarrelsome.

ٹنچ /ʈənʧ/ ■ *adj.* **1** prepared, ready. **2** hard-hearted, cruel. **3** miserly. **4** insolent, uncivilized. ■ *n.f.* pure silver.

ٹُنچ /ʈʊnʧ/ ■ *adj.* (also ٹُنج) **1** very little, very small. **2** lowly, mean. ٹنچ بھرانا / لڑانا gamble with a small sum, win slowly, try to earn much with a small outlay.

ٹِنڈ /ʈɪnɖ/ ■ *n.f.* shaven head.

ٹُنڈ /ʈʊnɖ/ ■ *n.m.* **1** stump of an arm. **2** stump of tree. ٹنڈ منڈ leafless (tree).

ٹِنڈا /ʈɪnɖaː/ ■ *n.m.* **1** Indian round gourd, Indian baby pumpkin, used as vegetable, *Praecitrullus fistulosus*. **2** (*derog.*) a fat short man.

ٹُنڈا /ʈʊnɖaː/ ■ *adj.* (also ٹُنٹا) with hand amputated or cut off, born without hands.

ٹنڈوار /ʈənɖvaːr/ ■ *n.f.* peg in the wall of a room on which a sheet is tied under the ceiling to keep dust away.

ٹُنڈی /ʈʊnɖiː/ ■ *n.f.* **1** navel. **2** the upper or lower arm. ■ *adj.* (*fem.* of ٹُنڈا). [S]

ٹُنڈیاں /ʈʊnɖijãː/ ■ *n.f.* (*pl.* of ٹُنڈی) ٹنڈیاں باندھنا / جکڑنا / کسنا tie the hands, handcuff.

ٹُنڈیانا /ʈʊnɖ jaːnaː/ ■ *v.* tie the hands behind the back.

ٹنڈیل /ʈənɖæːl/ ■ *n.m.* leader of a body of coolies,

because of illness. **6** (of trouble) befall, break loose. **7** destroy, ruin; disperse. **8** (of a relationship) to sever. **9** (of ripe fruit) fall from tree. **10** assemble in large numbers.

ٹوٹی /ʈu:ʈi:/ ■ *adj.* (*fem.* of ٹوٹا) **1** broken. **2** (*fig.*) death. **ٹوٹی بانہہ گلے پڑنا** bear the responsibility of an invalid. **ٹوٹی پھوٹی** broken. **ٹوٹی کی بوٹی نہیں** death has no remedy.

ٹوٹی /ʈo:ʈi:/ ■ *n.f.* water-tap. See ٹونٹی.

ٹوڈی /ʈo:ɖi:/ *n.f.* See ٹوڑی.

ٹورا /ʈo:ra:/ ■ *n.m.* a kind of anklet with several small bells (worn by women or children).

ٹوڑا /ʈo:ɽa:/ ■ *n.m.* a ledge extending out of a wall, eaves.

ٹوڑی /ʈo:ɽi:/ ■ *n.f.* (also ٹوڈی) (***Music***) a classical raga.

ٹوسا /ʈu:sa:/ ■ *n.m.* **1** the fruit of the *aak* (آک) or *madar* (مدار) tree, *Calotropis gigantea*. **2** shoot, sprout. **3** root of the grass named *kusa*.

ٹوسی /ʈu:si:/ ■ *n.f.* a flower or leaf that is not fully open; bud.

ٹوک /ʈu:k/ ■ *n.m.* **1** little piece, particle, bit. **2** morsel, a piece of bread, loaf.

ٹوک /ʈo:k/ ■ *n.f.* **1** check, hindrance, stoppage, prevention, obstruction. **2** challenge. **3** effect of evil eye. **ٹوک ٹاک** objection. **ٹوک لگنا** be affected by evil eye.

ٹوکا /ʈo:ka:/ ■ *n.m.* chopper.

ٹوکرا /ʈo:kra:/ ■ *n.m.* **1** large basket without lid. **2** small boat. **3** (*fig.*) load, burden; responsibility. **ٹوکرا سر پر ہونا** (*fig.*) have a heavy responsibility. **ٹوکرا دینا** defeat in a game.

ٹوکری /ʈo:kri:/ ■ *n.f.* (*dim.* of ٹوکرا) small basket with a lid. **ٹوکری ڈھونا** engage in very low kind of labour.

ٹوکم ٹاک /ʈu:kəmʈa:k/ ■ *adj.* (*women's slang*) exact; of exact weight.

ٹوکم ٹاکا /ʈo:kəmʈa:ka:/ ■ *n.m.* bone of contention, anything that causes discord.

ٹوکنا¹ /ʈo:kna:/ ■ *v.* **1** check, stop, object, hinder, cavil, call in question. **2** to envy, cast an evil eye. **3** interrupt; call someone from behind. [S]

ٹوکنا² ___ ■ *n.m.* large brass vessel for water. [Prk.]

ٹوکنی /ʈo:kni:/ ■ *n.f.* (*dim.* of ٹوکنا²) a small vessel for water.

ٹوکی /ʈu:ki:/ ■ *n.f.* piece of cloth covering the upper part of each cup of a brassiere.

ٹوپنا /ʈo:pna:/ ■ *v.* (also ٹوبنا) **1** cover with earth, bury. **2** plant a tree. **3** hang, suspend.

ٹوپی /ʈo:pi:/ ■ *n.f.* **1** topi, cap; hat. **2** percussion cap of a gun. **3** muzzle (put over animal's head to prevent its biting). **4** cover or cap (of a telescope, etc.). **5** head of a nail. **6** upper cap-like portion of anything. **ٹوپی اتارنا** dishonour, disgrace, defame. **ٹوپی اچھالنا** **1** jump with joy. **2** disgrace (someone) publicly, slander. **ٹوپی دار بندوق** matchlock or a gun having a percussion cap.

ٹوٹ /ʈu:ʈ/ ■ *n.f.* **1** breaking, breach, fracture. **2** deficiency, loss. **3** an omission in the text which is afterwards supplied in the margin. **4** rift, misunderstanding (between friends), discord. **ٹوٹ پڑنا** **1** attack, fall upon, rush; arrive in crowds; fall avidly upon. **2** (of a trouble or misfortune) overwhelm, overpower. **3** be very fond (to see or meet). **ٹوٹ پھوٹ** breakage, wear and tear. **ٹوٹ جانا** break, be broken, snap. **ٹوٹ کر** intensely. **ٹوٹ کر برسنا** rain in torrents, rain heavily. **ٹوٹ کر چاہنا** love deeply, love intensely. **ٹوٹ کر کھانا** eat gluttonously, overeat.

ٹوٹا /ʈu:ʈa:/ ■ *adj.* broken, cracked, shattered, damaged. **ٹوٹا پھوٹا** **1** broken into pieces, damaged. **2** defective; torn. **3** substandard, faulty; deficient; incomplete. **ٹوٹا تارہ** shooting star. (*fem.* ٹوٹی)

ٹوٹا /ʈo:ʈa:/ ■ *n.m.* **1** hollow tube of bamboo. **2** loss, damage. **3** deprivation, want. **4** injury. **5** cartridge. **6** butt of a cigarette. **7** broken rice. **ٹوٹا اٹھانا** suffer loss or damage. **ٹوٹا بھرنا** make good a loss, indemnify, refund. **ٹوٹا پڑنا** suffer or incur a loss; (something) be in short supply. **ٹوٹا گھاٹا** loss (in business).

ٹوٹرو /ʈo:ʈru:/ ■ *n.m.* (also ٹوٹڑو) a kind of turtle-dove. **ٹوٹروسا** forlorn, solitary, lone.

ٹوٹکا /ʈo:ʈka:/ ■ *n.m.* an esoteric or magical cure of a disease or solution to a problem. **ٹوٹکا کرنے آنا** pay a flying visit.

ٹوٹکے ہائی /ʈo:ʈke: ha:i:/ ■ *n.f.* woman who casts magical spells, minor witch.

ٹوٹن /ʈu:ʈən/ ■ *n.m.* **1** broken piece of something. **2** an omission in the text of a book supplied in the margin.

ٹوٹنا /ʈu:ʈna:/ ■ *v.* **1** break, crack. **2** attack, assault. **3** be separated, to part. **4** (of a witness) retreat, back-pedal, turn hostile. **5** become weak, become decrepit ward off spells. ٹونے باز enchanter, necromancer, magician, one who caste spells.

ٹوہ /ṭo:h/ ■ *n.f.* **1** urge to discover (a secret), curiosity; spying. **2** feeling, touching, touch. ٹوہ لگا نا/ لینا search, try to find or dig out (a secret), watch secretly. ٹوہ میں رہنا persevere in efforts to discover a secret.

ٹوہاٹوئی /ṭo:hɑ:ṭo:i:/ ■ *n.f.* search, pursuit; groping.

ٹوہنا /ṭo:hnɑ:/ ■ *v.* **1** grope for, feel, touch. **2** search, be on the lookout for.

ٹوہیا /ṭo:hɪjɑ:/ ■ *n.m.* (also ٹوہی) chaser, tracker.

ٹوئیاں /ṭu:ɪjjɑ̃:/ ■ *adj.* (also ٹویاں، ٹیاں) short. See ٹھگنا.

ٹہل /ṭæhæl/ ■ *n.f.* **1** service, attendance, servitude. **2** drudgery, hard work. **3** walk, ramble, walking (to and fro). ٹہل جانا **1** go away, slip away, disappear. **2** (*fig.*) die. ٹہل کرنا **1** attend upon, serve. **2** take a walk.

ٹہلانا /ṭæhlɑ:nɑ:/ ■ *v.* **1** walk someone, e.g. a dog or child. **2** dismiss, send or turn someone away.

ٹہلنا /ṭæhælnɑ:/ ■ *v.* **1** walk to and fro, ramble, stroll, saunter. **2** go away, move off, disappear. **3** (*fig.*) die.

ٹہلنی /ṭæhælni:/ ■ *n.f.* maidservant.

ٹہلوا /ṭæhælvɑ:/ ■ *n.m.* (also ٹہلیا) servant.

ٹہنا /ṭæhnɑ:/ ■ *n.m.* thick branch, large bough or branch of a tree.

ٹہنی /ṭæhni:/ ■ *n.f.* (*dim.* of ٹہنا) small bough or branch of a tree, twig. ٹہنی ہلانا **1** move a twig of a tree to disperse flies (usu. near a patient). **2** (*fig.*) suffer from syphilis.

ٹھوکا /ṭəho:kɑ:/ ■ *n.m.* nudge, shove, jog, thump. ٹھوکا دینا to nudge.

ٹھوکنا /ṭəho:knɑ:/ ■ *v.* See ٹھوکا دینا under ٹھوکا.

ٹیّاں /ṭʊjjɑ̃:/ ■ *adj.* (also ٹوئیاں) small; wee; dwarfish, midget. ٹیاں سی جان (*derog.*) a lone and feeble fellow.

ٹیاؤں ٹیاؤں /ṭɪjɑ:ũ: ṭɪjɑ:ũ:/ ■ *n.f.* **1** sound of a puppy; sound of a fatigued dog. **2** (*derog.*) cries of an infant.

ٹیپ /ṭi:p/ ■ *n.f.* **1** light tap or slap. **2** clip; bond. **3** note of hand. **4** a type of necklace. **5** (***Music***) high or shrill note. **6** (***Poet.***) line repeated at the end of each stanza of a poem, refrain. **7** streak of cement along brick borders. **8** grouting. **9** drawing a card or winning a card in a card-game. **10** promissory note; cheque. ٹیپ ٹاپ pomp, show, ostentation, adornment, outward show. ٹیپ کا tip-top, choicest or best. ٹیپ کا بند (***Poet.***)

ٹول /ṭu:l/ ■ *n.f.* twill, a fabric with parallel diagonal ribs. [E]

ٹولا /ṭo:lɑ:/ ■ *n.m.* (also ٹولہ) **1** part of a town inhabited by one group or caste. **2** large group, band; set (of anything). **3** large pebble; piece of rock, large stone.

ٹولنا /ṭo:lnɑ:/ ■ *v.* **1** drive the game in open from its hideout. **2** pry into or spy upon.

ٹولی /ṭo:li:/ ■ *n.f.* (*dim.* of ٹولا) small group, band.

ٹوم /ṭu:m/ ■ *n.m.* & *f.* **1** ornaments, jewellery, precious things. **2** beautiful or fine woman. **3** clever person. **4** entrails. **5** pigeon's perch. **6** prostitute. **7** new plant. **8** anything new and pretty. ٹوم ٹام trinkets; trifles.

ٹومنا /ṭu:mnɑ:/ ■ *v.* push gently, nudge.

ٹوں /ṭũ:/ ■ *n.f.* sound of fart. ٹوں کرنا emit wind from the anus, to fart.

ٹونا /ṭo:nɑ:/ ■ *n.m.* **1** magic, spell, charm, witchcraft. **2** fascination. **3** a wedding song. ٹونا ٹوٹکا **1** charms and spells. **2** superstitious acts (usu. done by women). ٹونا ہائی woman who casts spells.

ٹونٹ /ṭõ:ṭ/ ■ *n.f.* (*slang*) beak or bill of a bird. See چونچ.

ٹونٹا /ṭõ:ṭɑ:/ ■ *n.m.* **1** a kind of firework or cracker. **2** knot of a bamboo or sugar cane. **3** one without hand. See ٹُنڈا.

ٹونٹی /ṭõ:ṭi:/ ■ *n.f.* (also ٹوٹی) **1** tap, faucet, spout. **2** sugar cane root left in earth for regrowth. ٹونٹی دار having a spout. ٹونٹی والا لوٹا ewer with spout.

ٹونڈی /ṭũ:ḍi:/ ■ *n.f.* (also ٹُنڈی) **1** the navel. **2** thicker end of a carrot or radish, etc. **3** stump of an arm. **4** a small branch.

ٹونک /ṭo:ŋk/ ■ *n.f.* **1** beak or bill of a bird. **2** pointed end of a tool or weapon. **3** end, extremity (of a village or a strip of land).

ٹُونگ /ṭu:ŋg/ ■ *n.f.* nibbling, pecking. See ٹُنگار.

ٹُونگا ٹُونگی /ṭu:ŋgɑ: ṭu:ŋgi:/ ■ *n.f.* continuous nibbling or pecking at food.

ٹُونگنا /ṭu:ŋgnɑ:/ ■ *v.* (also ٹھونگنا) peck at food, nibble. See ٹُنگارنا.

ٹونہا /ṭo:nhɑ:/ ■ *n.m.* sorcerer, one who casts spells.

ٹونہائی /ṭo:nhɑ:i:/ ■ *n.f.* (also ٹوناہائی) a woman who casts spells.

ٹونے /ṭo:ne:/ ■ *n.m.* (*pl.* & *infl.* of ٹونا) ٹونے اُلٹنا to nullify or

ٹیکا /ʈi:kɑ:/ ■ *n.m.* **1** tika, pendant worn by women on the forehead. **2** (***Hinduism***) mark made with unguents or coloured earth on the forehead between the eyebrows as a sign of married status. **3** inoculation, vaccination, injection. **4** stain, blot, spot. **5** nuptial gift. **6** heir to throne. **7** coronation. ٹیکا لگانا vaccinate, inject, inoculate. ٹیکا لگانے والا vaccinator.

ٹیکا /ʈe:kɑ:/ ■ *n.m.* **1** support, prop. **2** (*fig.*) help, aid; favour.

ٹیکرا /ʈi:krɑ:/ ■ *n.m.* (sand) dune, hillock, knoll, rising ground.

ٹیکری[1] /ʈi:kri:/ ■ *n.f.* (*dim.* of ٹیکرا) small dune, little mound, hillock, tor. [Prk.]

ٹیکری[2] ____ ■ *n.f.* a small field of inferior land. [S]

ٹیکن /ʈe:kən/ ■ *n.f.* prop, support, pillar.

ٹیکنا /ʈe:knɑ:/ ■ *v.* **1** put, place or lean a thing against something; rest (against something). **2** support, prop.

ٹیلا /ʈi:lɑ:/ ■ *n.m.* (also ٹیلہ) mound, hillock, knoll, hill, heap.

ٹیم /ʈe:m/ ■ *n.f.* snuff or flame of a candle.

ٹیم ٹام /ʈi:m ʈɑ:m/ ■ *n.f.* ostentation, show, pomp.

ٹیمی /ʈi:mi:/ ■ *n.f.* spark, cinder.

ٹین /ʈi:n/ ■ *n.m.* tin. [E]

ٹیں /ʈẽ:/ ■ *n.f.* cry of a parrot. ٹیں ٹیں **1** continuous crying of a parrot. **2** talkativeness. **3** nonsensical talk, babbling. ٹیں ٹیں کرنا **1** (a parrot) to call or cry. **2** prate, go on saying useless or stupid things.

ٹینا /ʈe:nɑ:/ ■ *n.m.* a cock of the small breed.

ٹینٹ /ʈẽ:ʈ/ ■ *n.m.* **1** fruit of *karil* (کریل). **2** speck in eye. **3** cotton pod.

ٹینٹوا /ʈẽ:ʈvɑ:/ ■ *n.m.* (also ٹیٹوا) **1** the windpipe. **2** throat. ٹینٹوا دبانا **1** strangle, strangulate, throttle. **2** force one to do something, pressurize.

ٹینی[1] /ʈe:ni:/ ■ *n.m.* breed of small fowls; small hybrid species of domestic fowl, bantam. [Prk.]

ٹینی[2] ____ ■ *adj.* tiny, small, little. [E]

ٹیو /ʈe:v/ ■ *n.f.* (also ٹیوا) **1** habit, custom. **2** manner, way, mode. **3** trick, artifice. **4** whim, fancy.

ٹیوا /ʈe:vɑ:/ ■ *n.m.* **1** habit. See ٹیو. **2** a small horoscope.

refrain, i.e. couplet or verse repeated in a poem. ٹیپ کرنا grout.

ٹیپنا /ʈi:pnɑ:/ ■ *v.* **1** compress, press. **2** write down, enlist. **3** to pocket (money). **4** see, look. [S]

ٹیپنا[2] ____ ■ *v.* **1** pilfer, steal, make away with. **2** (*slang*) look secretly (esp. in an exam with the purpose of copying down something); cheat at exams. [Prk.]

ٹیٹک منجھا /ʈi:ʈək mə̃dʒʰɑ:/ ■ *n.m.* (also ٹیٹک منجا) **1** broken bedstead. **2** difficulty, embarrassment.

ٹیٹوا /ʈe:ʈvɑ:/ ■ *n.m.* throat. See ٹینٹوا.

ٹیچ /ʈi:tʃ/ ■ *n.f.* a kind of sewn binding.

ٹیخنا /ʈi:xnɑ:/ ■ *v.* cry or call (as a partridge); sing or warble.

ٹیر /ʈe:r/ ■ *n.f.* voice, sound, cry, call.

ٹیرنا /ʈe:rnɑ:/ ■ *v.* **1** call aloud, cry out, shout. **2** sing, chant.

ٹیروا /ʈe:rvɑ:/ ■ *n.m.* **1** water-pipe of hookah. **2** fountain.

ٹیڑھ /ʈe:ɽʰ/ ■ *n.f.* **1** crookedness. **2** eccentricity, perverseness. **3** ignorance.

ٹیڑھا /ʈe:ɽʰɑ:/ ■ *adj.* **1** bent, awry, crooked. **2** difficult; difficult to tackle. **3** contrary, opposite. **4** offended, angry. ٹیڑھا بیڑا / ٹیڑھا میڑھا very crooked, zigzag, irregular. ٹیڑھا پن crookedness; obliquity. ٹیڑھا سمجھنا misapprehend. ٹیڑھا کرنا bend. ٹیڑھا وقت hard times. ٹیڑھا ہونا be crooked.

ٹیڑھی /ʈe:ɽʰi:/ ■ *adj.* (*fem.* of ٹیڑھا) ٹیڑھی آنکھ سے دیکھنا look angrily at. ٹیڑھی چال چلنا swim against the tide. ٹیڑھی سنانا give cross and rough answers. ٹیڑھی قسمت bad luck. ٹیڑھی کھیر (*fig.*) a difficult matter, dilemma, problem.

ٹیس /ʈi:s/ ■ *n.f.* **1** shooting pain, ache; throb; palpitation. **2** (book-binding) single stitch through all sheets of paper. ٹیس اٹھنا have shooting pain. ٹیس مارنا **1** pain to shoot. **2** (book-binding) give single stitch.

ٹیسو /ʈe:su:/ ■ *n.m.* **1** teesoo, flower of dhak tree, *Butea frondosa*. **2** a kind of play. **3** (***Hinduism***) effigy of the head of Tesu, a mystical hero, carried about in the month of Asin.

ٹیسوا /ʈe:sʊvɑ:/ ■ *n.m.* (also ٹسوا) tear.

ٹیک /ʈe:k/ ■ *n.f.* (also ٹیکا) **1** prop, pillar, support. **2** (*fig.*) assistance, help. **3** vow, promise. **4** determination, resolve. **5** screen; veil; curtain. **6** mound, ridge. ٹیک دھرنا be bent on, be resolved. ٹیک لگانا lean against.

ٹھ

ٹھ /ʈʰə:/ ■ the tenth letter of the Urdu alphabet.

ٹھا¹ /ʈʰɑ:/ ■ *n.m.* place; position; station. [S]

ٹھا² ____ ■ *n.m.* a loud sound; sound made by one thing striking against another; sound of gunfire. [dial.]

ٹھاٹ /ʈʰɑ:ʈ/ ■ *n.m.* (also ٹھاٹھ²) **1** splendour, magnificence, decoration, pomp, elegance. **2** fashion, mould. **3** style, attitude. **4** any one of the seven families of ragas of Pakistani and Indian classical music. **5** framework on which the roof of a house is thatched. **6** requisites; effects; goods. **7** (*fig.*) money, riches; luxury. ٹھاٹ باٹ splendour, grandeur. ٹھاٹ دار grand, magnificent. ٹھاٹ سے comfortably; pompously, magnificently.

ٹھاٹر /ʈʰɑ:ʈər/ ■ *n.m.* (also ٹھاٹھر) **1** lattice; framework for illumination. **2** dovecote, pigeon-house. **3** bier.

ٹھاٹھ¹ /ʈʰɑ:ʈʰ/ ■ *n.m.* **1** framework of bamboo for thatching. **2** name of a fencing trick. ٹھاٹھ باندھنا **1** put up frame for thatching. **2** (fencers) to stand ready. ٹھاٹھ بدلنا **1** change posture in fencing. **2** change one's attitude. [Prk.]

ٹھاٹھ² ____ ■ *n.m.* See ٹھاٹ. [Prk.]

ٹھاٹھا /ʈʰɑ:ʈʰɑ:/ ■ *n.m.* **1** rising, swelling. **2** hump (of a bull).

ٹھاٹھیں مارنا /ʈʰɑ:ʈʰẽ: mɑ:rnɑ:/ ■ *v.* (sea) to rage or be very turbulent.

ٹھار /ʈʰɑ:r/ ■ *adj.* snow; fog; hailstone; usually used in comp. with ٹھنڈا as: ٹھنڈا ٹھار very cold.

ٹھاڑا /ʈʰɑ:ɽɑ:/ ■ *adj.* **1** stout. **2** standing, erect; fixed. **3** steep.

ٹھاکر /ʈʰɑ:kʊr/ ■ *n.m.* **1** idol. **2** Hindu deity. **3** thakur, master; head of a village; landowner (usu. Rajput). **4** honorific title of a (usu. Hindu) landholder. **5** a caste of Hindus. ٹھاکر باڑی/دوارا idol temple.

ٹھاکرائن /ʈʰɑ:kʊrɑ:ɪn/ ■ *n.f.* (also ٹھاکرانی، ٹھکرائن) **1** wife of thakur. **2** a woman of this caste.

ٹھال /ʈʰɑ:l/ ■ *n.f.* **1** idleness; unemployment, state of being out of job. **2** leisure; holiday.

ٹھالا /ʈʰɑ:lɑ:/ ■ *adj. & adv.* **1** at leisure. **2** unemployed. ٹھالا پھرنا wander, roam or loaf about. ٹھالا ہونا be unemployed or idle.

ٹھالی¹ /ʈʰɑ:li:/ ■ *n.f.* small branch, sprig. [Prk.]

ٹھالی² ____ ■ *adj.* **1** idle, useless, good-for-nothing, slothful. **2** jobless, unemployed. ■ *n.f.* **1** state of being unemployed. **2** leisure. ٹھالی بنیا کیا کرے اس کوٹھی کے دھان اس کوٹھی میں کرے the devil finds work for the idle hands to do. ٹھالی سے بیگار بھلی it is better to do some labour without pay than be idle. [Prk.]

ٹھان /ʈʰɑ:n/ ■ (*imper.* of ٹھاننا). ■ *n.f.* determination; intention. ٹھان لینا to resolve, be determined.

ٹھاں /ʈʰɑ̃:/ ■ *n.f.* the sound of a gunfire, bang.

ٹھانسنا /ʈʰɑ̃:snɑ:/ ■ *v.* stuff, cram, thrust in, push in, drive in.

ٹھاننا /ʈʰɑ:nnɑ:/ ■ *v.* make up one's mind, resolve, determine, be intent on, set one's heart upon.

ٹھاؤں /ʈʰɑ:õ:/ ■ *n.f.* (also ٹھانو) residence; place; locality.

ٹھائیں /ʈʰɑ:ẽ:/ ■ *n.f.* the sound of a gunfire. ٹھائیں ٹھائیں sound of continuous gunfire. ٹھائیں ٹھائیں کرنا/ہونا (guns) be fired; have a gunfight.

ٹھپ /ʈʰəp/ ■ *n.m.* closure or stoppage of (any work or business). ٹھپ ہونا to come to a halt, be stopped, (esp. a business) be closed.

ٹھپّا /ʈʰəppɑ:/ ■ *n.m.* (also ٹھپہ) **1** impression, pattern, stamp, die; font, printing-type. **2** mould, distinctive mark. **3** broad silver lace. ٹھپا ثبت کرنا/لگانا stamp, impress, mark.

ٹھٹ /ʈʰəʈ/ ■ *n.m.* (also ٹھٹھ) crowd, multitude, throng. ٹھٹ کے ٹھٹ huge crowd.

ٹھٹّھا /ʈʰəʈʰʈʰɑ:/ ■ *n.m.* (also ٹھٹا) **1** loud laugh, burst of laughter, guffaw. **2** fun, ridicule, jest, joke. ٹھٹھا لگانا/مارنا laugh loudly, guffaw.

ٹھٹھانا /ʈʰəʈʰɑ:nɑ:/ ■ *v.* beat, strike; beat one's head.

ٹھٹھر /ʈʰɪʈʰər/ ■ *n.f.* (also ٹھٹر) numbness; chilliness; frost; extreme cold. ٹھٹھر جانا be numbed due to cold, feel frozen because of extreme cold.

ٹھٹّھر /ʈʰəʈʰʈʰər/ ■ *n.m.* (also ٹھٹر) **1** frame for thatching. **2** bamboo structure to lay dead body on. **3** bier.

ٹھٹھرا /ʈʰɪʈʰrɑ:/ ■ *adj.* (also ٹھٹرا) chilled, benumbed, numb with cold. (*fem.* ٹھٹھری)

ٹھٹھرانا /ʈʰɪʈʰrɑ:nɑ:/ ■ *v.* (also ٹھٹرانا) benumb, chill.

ٹھٹھراہٹ /ʈʰɪʈʰrɑ:həʈ/ ■ *n.f.* (also ٹھٹراہٹ) numbness.

ٹھٹھرنا /ʈʰɪʈʰərnɑ:/ ■ *v.* (also ٹھٹرنا) **1** be chilled or numbed with cold, feel very cold. **2** (of growth) be country liquor, home-made toddy. **2** cheap kind of shoe. **3** main string of brassiere. **4** half-baked brick.

ٹھرک /ʈʰərək/ ■ *n.f.* (*coll.*) **1** desire or craving, especially for alcoholic drink. **2** craving for staring at women.

ٹھرکی /ʈʰərki:/ ■ *n.m.* person addicted or inclined to ٹھرک.

ٹھریا /ʈʰərjɑ:/ ■ *n.m.* (also ٹھریا) **1** hookah with an earthen water-vessel. **2** someone standing on roadside with a hookah to offer to passers-by.

ٹھس /ʈʰəs/ ■ *adj.* **1** solid; crammed; heavy. **2** lazy, idle, dull, lacklustre. **3** mulish, obstinate. **4** stupid, unperceptive; having no sense of humour. **5** measure of small weights.

ٹھُس /ʈʰʊs/ ■ *adj.* pressed, crammed, overfilled.

ٹھسّا /ʈʰəssɑ:/ ■ *n.m.* **1** swank, ostentation, show, pomp. **2** pride, vanity, haughtiness. **3** splash, patch (of colour). **4** (*coll.*) a dye; imprint, stamp; map.

ٹھساٹھس /ʈʰəsɑ:ʈʰəs/ ■ *adj.* (also ٹھساٹھُس) stuffed, overfilled, filled to capacity, crowded, crammed.

ٹھُسانا /ʈʰʊsɑ:nɑ:/ ■ *v.* **1** have something stuffed or crammed. **2** get someone to eat something in great quantity, make someone overeat.

ٹھُس ٹھُس /ʈʰʊs ʈʰʊs/ ■ *n.f.* sound of weeping softly or with mouth shut; sob. ٹھُس ٹھُس رونا weep silently; to sob.

ٹھسک /ʈʰəsək/ ■ *n.f.* **1** affected gait; pride; foppishness. **2** hacking cough. **3** narrow street. **4** stroke, hitting. **5** pomp and show, ostentation.

ٹھسکا /ʈʰəskɑ:/ ■ *n.m.* (also ٹھسک) **1** coughing or choking fit, hacking cough. **2** (*slang*) loss; shock. ٹھسکا اُٹھانا رکھانا (*slang*) suffer loss or shock. ٹھسکا لگنا have a coughing fit, choke.

ٹھسکانا /ʈʰəskɑ:nɑ:/ ■ *v.* push something in or away.

ٹھسکنا /ʈʰəsəknɑ:/ ■ *v.* tap an earthenware pot to see if it is cracked; chip a piece of ceramic by knocking or collision.

ٹھُسکنا /ʈʰʊsəknɑ:/ ■ *v.* weep silently, sob.

ٹھُسنا /ʈʰʊsnɑ:/ ■ *v.* be crammed or stuffed.

ٹِھکانا /ʈʰɪkɑ:nɑ:/ ■ *n.m.* (also ٹھکانہ) **1** residence, abode, dwelling place, home, a place to stay at. **2** place, spot, site; address, whereabouts. **3** direction. **4** limit, end. **5** reliance, trust. ٹھکانا ڈھونڈنا search for a residence or stopped. **3** become dry; wither. **4** become weak; shrink.

ٹھٹری /ʈʰəʈʰri:/ ■ *n.f.* (also ٹھٹڑی) **1** bier. **2** skeleton. **3** very thin person.

ٹھِٹھک /ʈʰɪʈʰək/ ■ *n.f.* (also ٹھٹک) pause, stoppage in alarm, amazement or uncertainty, the state of standing still, amazement. ٹھِٹھک کررہ جانا come to a sudden stop in alarm, surprise or uncertainty; be amazed, be staggered.

ٹھِٹھکنا /ʈʰɪʈʰəknɑ:/ ■ *v.* (also ٹھٹکنا) pause, stop suddenly; stand in alarm or amazement; hesitate.

ٹھٹھنا /ʈʰəʈʰnɑ:/ ■ *v.* **1** arrange, set in order; decorate or adorn. **2** fix or settle in the mind.

ٹھٹھول /ʈʰəʈʰo:l/ ■ *n.f.* (also ٹھٹول) ridicule, derision; jesting, fun, humour. ■ *n.m.* jester, a person who cracks jokes or makes people laugh.

ٹھٹھولی /ʈʰəʈʰo:li:/ ■ *n.f.* humour, joking, derision.

ٹھٹھے /ʈʰəʈʈʰe:/ ■ *n.m.* (*pl.* & *infl.* of ٹھٹّھا) (also ٹھٹے باز) jester, a person who makes people laugh. ٹھٹھے بازی jesting, fun, ridicule, derision. ٹھٹھے میں اڑانا laugh (something) off, treat something as a joke.

ٹھٹھیرا /ʈʰəʈʰe:rɑ:/ ■ *n.m.* **1** tinner, tinsmith, tinker, brazier, a maker, mender or seller of metal pots and pans. **2** the stalk of great millet *Sorghum bicolor*.

ٹھڈّا /ʈʰəɖɖɑ:/ ■ *n.m.* **1** spine of a paper kite. **2** backbone. **3** (*fig.*) support.

ٹھُڈّا[1] /ʈʰʊɖɖɑ:/ ■ *n.m.* (also ٹھُڈ) kick. [Prk.]

ٹھُڈّا[2] ——— ■ (*tabe* of بڑھا ٹھڈّا (بڈّھا)) decrepit old man. [dial.]

ٹھُڈّی[1] /ʈʰʊɖɖi:/ ■ *n.f.* (also ٹھوڑی) the chin. ٹھڈّی پکڑنا **1** to take hold of chin. **2** (*fig.*) flatter, curry favour (with). **3** appease (someone angry). ٹھڈّی کا گڈھا رگڑھا dimple in the chin. ٹھڈّی کے نیچے ہاتھ رکھنا (*fig.*) **1** be surprised; express surprise. **2** be sad; be worried. ٹھڈّی میں ہاتھ دینا (*fig.*) try to appease someone who is angry. [S]

ٹھُڈّی[2] ——— ■ *n.f.* **1** parched grain; corn and like after the grains have been picked out. **2** a loaf of bread. ٹھڈّی کو ترسنا میسر نہ ہونا be extremely poor, have nothing to eat. [S]

ٹِھر /ʈʰɪr/ ■ *n.f.* chill. ٹھرمرا پانی mildly cold water. ٹھرمروآ (field) affected by frost.

ٹھرّا /ʈʰərrɑ:/ ■ *n.m.* **1** inferior kind of alcoholic drink,

ٹھگی /ʈʰəgi:/ ■ *n.f.* thuggee, the act of robbing or cheating, deception; the practice or profession of a thug. ■ *n.m.* the government department which was established by the British in India to suppress thugs.

ٹھلّا /ʈʰəllɑ:/ ■ *adj.* (also ٹھلّہ) stout, strong.

ٹھلک /ʈʰələk/ ■ *n.m.* (also ٹھلک) tool for smoothing a stone.

ٹھلوا /ʈʰəlvɑ:/ ■ *adj.* unemployed, not engaged, idle.

ٹِھلیا /ʈʰɪljɑ:/ ■ *n.f.* earthen vessel for holding water, pitcher.

ٹُھمری /ʈʰʊmri:/ ■ *n.f.* thumri, a genre of Pakistani-Indian classical music, a kind of amorous composition.

ٹُھمک /ʈʰʊmək/ ■ *n.f.* coquettish strut or gait. ٹھمک ٹھمک کر with such a gait. ٹھمک چال comely gait; jerky walk.

ٹُھمکا /ʈʰʊmkɑ:/ ■ *adj.* small, short, of low stature. ■ *n.m.* jerk of hips in dancing.

ٹُھمکنا /ʈʰʊməknɑ:/ ■ *v.* strut or walk coquettishly or affectedly.

ٹُھمکی /ʈʰʊmki:/ ■ *n.f.* (*dim.* of ٹُھمکا) jerk given to a string to keep the paper kite flying. ٹھمکی دینا/ لگانا give a jerk (to paper kite string).

ٹھناک /ʈʰənɑ:k/ ■ *n.m.* (also ٹھناکا) clink, jingle, tinkle, chime.

ٹُھنٹھ /ʈʰʊnʈʰ/ ■ *n.m.* (also ٹُھونٹھ) **1** dead or leafless branch or stem of a tree. **2** arm with the amputated hand.

ٹھن ٹھن /ʈʰənʈʰən/ ■ *n.f.* tinkle, jingle, repeated sound of bells, etc. ٹھن ٹھن گوپال **1** (*joc.*) one who worships Hindu gods without understanding. **2** (*fig.*) fool, blockhead, worthless person.

ٹھنٹھنانا /ʈʰənʈʰənɑ:nɑ:/ ■ *v.* **1** tinkle, jingle. **2** live at ease, be in high spirits. **3** (of utensils or vessels) strike against each other; sound (because of striking).

ٹھنڈ /ʈʰənḍ/ ■ *n.f.* chill, cold; cold weather, winter. ٹھنڈ پڑنا **1** (weather) be cold. **2** (*fig.*) attain peace of mind, be satisfied, become calm.

ٹھنڈا /ʈʰənḍɑ:/ ■ *adj.* **1** cold, cool, calm; refreshed. **2** pacified, level-headed, appeased, patient, enduring. **3** dull, having a slump (at market). **4** extinguished; impotent; frigid, cold-hearted. **5** inactive, dull; dead; allayed; mild. ٹھنڈا برف very cold. ٹھنڈا پڑنا become calm; (passion) abate; become dull; become desolated. ٹھنڈا کرنا **1** cool, calm (someone). **2** turn off or blow out a lamp. **3** comfort, assuage. **4** (of employment, look for a place to stay at. ٹھکانا کرنا **1** make room for, arrange, find a place for. **2** (*fig.*) find a wife or husband. ٹھکانا نہ رہنا be in great quantity, be abundant (as happiness, etc.).

ٹِھکانے /ʈʰɪkɑ:ne:/ ■ *n.m.* (*pl. & infl.* of ٹھکانا) ٹھکانے چُکانا pay off the menials; pay the dues on death of a family member. ٹھکانے رہنا remain stationary, dwell in one place. ٹھکانے کا congruous, harmonious; sensible. ٹھکانے کا آدمی reliable or wise person, suitable person, a good man. ٹھکانے کی بات reasonable point or saying, something that makes sense. ٹھکانے لگانا **1** kill, assassinate. **2** waste; dispose off, despatch, consume. **3** settle a matter. **4** get someone married. ٹھکانے لگنا **1** be killed. **2** be married. **3** be disposed of. **4** be squandered. **5** (of labour or hard work) bear fruit, succeed.

ٹُھکائی /ʈʰʊkɑ:i:/ ■ *n.f.* thumping, shoving in; beating.

ٹھک ٹھک /ʈʰəkʈʰək/ ■ *n.f.* **1** sound of repeated knocking or hammering. **2** wrangle, argument.

ٹھکٹھکانا /ʈʰəkʈʰəkɑ:nɑ:/ ■ *v.* pat, tap, knock. See کھٹکھٹانا.

ٹِھکرا /ʈʰɪkrɑ:/ ■ *n.m.* broken piece of ceramic. See ٹھیکرا.

ٹُھکرانا /ʈʰʊkrɑ:nɑ:/ ■ *v.* **1** kick against, strike with foot, kick. **2** spurn, reject. **3** spur (a horse). **4** (*fig.*) degrade, demean.

ٹھکُرانی /ʈʰəkʊrɑ:ni:/ ■ *n.f.* (also ٹھکُرائن) wife of a thakur; a woman of this caste.

ٹُھکنا /ʈʰʊknɑ:/ ■ *v.* **1** be knocked; be beaten or hammered. **2** incur a loss (of money). **3** be punished; be defeated. **4** (of heart) be satisfied, be assured.

ٹُھکوانا /ʈʰʊkvɑ:nɑ:/ ■ *v.* cause to be beaten or hammered.

ٹھگ /ʈʰəg/ ■ *n.m.* **1** thug, a member of eighteenth/ nineteenth century gang of killers in India who robbed and killed stealthily by strangulation or poisoning. **2** (*fig.*) imposter, swindler, cheat, cut-throat. ٹھگ بدّیا fraudulent arts, swindling, art of tricking or cheating. ٹھگ لانا bring something by cheating. ٹھگ لینا to deceive, rob, con.

ٹھگانا /ʈʰəgɑ:nɑ:/ ■ *v.* to be cheated.

ٹھگائی /ʈʰəgɑ:i:/ ■ *n.f.* swindling, fraud, deceit, cheating.

ٹھگنا /ʈʰəgnɑ:/ ■ *v.* **1** rob. **2** deceive, beguile, cheat.

ٹِھگنا /ʈʰɪgnɑ:/ ■ *adj.* dwarfish. See ٹِھنگنا.

clue. ٹھور بےٹھور in any place, anywhere; indiscriminately; (at) an inopportune moment. ٹھورٹھکانا abode; trace. ٹھورٹھکانا نہ ہونا be homeless; be untraceable; have no fixed address. ٹھور رکھنا knock down dead on the spot, kill instantly. ٹھور رہنا **1** remain fixed or still, stay at a place. **2** be knocked down dead on the spot.

ٹھوڑی /ʈʰo:ɽi:/ ■ *n.f.* (also ٹھُڈّی، ٹھوری) the chin. ٹھوڑی پر ہاتھ دھر کے بیٹھنا be anxious, be worried. ٹھوڑی پکڑنا رکو ہاتھ لگانا رمیں ہاتھ دینا cajole or appease (by touching someone's chin), flatter. ٹھوڑی تارا mole or an artificial cosmetic or tattoo mark on the chin.

ٹھوس /ʈʰo:s/ ■ *adj.* **1** solid, compact, firm, hard, dense. **2** (*fig.*) (i) dull; thickheaded. (ii) true, reliable.

ٹھوسنا /ʈʰu:snɑ:/ ■ *v.* (also ٹھُونسنا) drive in, press in, cram.

ٹھوک /ʈʰo:k/ ■ *n.f.* (also ٹھونک) blow, strike.

ٹھوکا /ʈʰo:kɑ:/ ■ *n.m.* nudge, knock, strike, blow.

ٹھوکر /ʈʰo:kər/ ■ *n.f.* **1** stumble, striking the foot against anything, kick. **2** mistake, false step, deviation from the right path. **3** misfortune. **4** loss, detriment. **5** stumbling-block; obstacle. **6** toe (of shoe). ٹھوکر پر رکھنا not to care for; be disdainful of, disdain. ٹھوکر کھانا **1** stumble, trip. **2** suffer a loss. **3** make a mistake; go off the track. ٹھوکر لگنا **1** stumble. **2** suffer a loss, have a misfortune. **3** learn a lesson. ٹھوکر مارنا **1** strike, kick. **2** spurn; reject.

ٹھوکریں /ʈʰo:kərẽ:/ ■ *n.f.* (*pl.* of ٹھوکر) ٹھوکریں کھاتے پھرنا **1** be kicked and knocked about. **2** (*fig.*) suffer reverses, have hard time; strive unsuccessfully.

ٹھوکنا /ʈʰo:knɑ:/ ■ *n.f.* (also ٹھونکنا) **1** drive in (a nail, etc.). **2** beat, thrash.

ٹھوں ٹھاں /ʈʰũ: ʈʰɑ̃:/ ■ *n.f.* **1** sound of coughing. **2** sound of intermittent gunfire.

ٹھونس ٹھانس /ʈʰũ:s ʈʰɑ̃:s/ ■ *n.f.* (also ٹھونسم ٹھانس) thrusting; unnecessary addition.

ٹھونسنا /ʈʰũ:snɑ:/ ■ *v.* (also ٹھُوسنا) **1** stuff, thrust, shove in, cram; beat, drive or force in; press down in firm or hard. **2** fill to capacity. **3** impose, foist. **4** eat greedily, devour.

ٹھونک /ʈʰo:ŋk/ ■ (*imper.* of ٹھونکنا). ■ *n.f.* (also ٹھوک) blow, stroke. ٹھونک بجا کے after careful examination or scrutiny. ٹھونک دینا drive in (a nail, etc.), hammer.

talisman or tazia) burry, drown in water. **5** kill, massacre. ٹھنڈا ہو جانا رہونا **1** become cool. **2** (of a person) calm down, be pacified, be soothed. **3** lose virility or enthusiasm. **4** (of a tazia) be buried or drowned. **5** die. **6** to rest, be refreshed. **7** subdue, submit, yield.

ٹھنڈائی /ʈʰənɖɑ:i:/ ■ *n.f.* an almond or hemp beverage; a cooling and calming drink (usu. made of bhang).

ٹھنڈک /ʈʰənɖək/ ■ *n.f.* **1** coolness, coldness. **2** solace, comfort; pacification, satisfaction. ٹھنڈک پڑنا **1** (pain of a wound or burn) abate or disappear. **2** feel gratified, be pleased or satisfied.

ٹھنڈی /ʈʰənɖi:/ ■ *adj.* (*fem.* of ٹھنڈا). ■ *n.f.* (*coll.*) smallpox. ٹھنڈی الماری (*obs.*) refrigerator. ٹھنڈی ڈھلنا (*coll.*) recover from smallpox; the smallpox to subside. ٹھنڈی سانس sigh. ٹھنڈی سانس بھرنا sigh deeply. ٹھنڈی گرمیاں outward love.

ٹھنڈے /ʈʰənɖe:/ ■ *adj.* (*pl.* & *infl.* of ٹھنڈا) ٹھنڈے پیٹوں quietly, easily, happily. ٹھنڈے ٹھنڈے **1** in the cool of the day; in the morning or evening. **2** calmly, without fuss. ٹھنڈے دل سے cool-headedly, patiently.

ٹھُنسنا /ʈʰũsnɑ/ ■ *v.* (also ٹھُسنا) **1** squeeze oneself in a tight place. **2** overfill.

ٹھِنک /ʈʰɪnək/ ■ *n.f.* (also ٹھُنک) sob, whimper, fretful cry (of a child). ٹھنک کر fretfully, with a whimper.

ٹھنکانا /ʈʰəŋkɑ:nɑ:/ ■ *v.* cause to jingle (coins), to clink.

ٹھنکنا /ʈʰənəknɑ:/ ■ *v.* jingle, clink.

ٹھِنکنا /ʈʰɪnəknɑ:/ ■ *v.* whimper, whine, throw a tantrum, cry and throw a tantrum for something.

ٹِھنگنا /ʈʰɪŋgnɑ:/ ■ *adj.* (also ٹھگنا) dwarfish, short-statured, small, dwarf, midget.

ٹھُنگیانا /ʈʰʊŋgjɑ:nɑ:/ ■ *v.* **1** (of a bird) peck at. **2** nibble, eat bit by bit.

ٹھُنگیر /ʈʰʊŋge:r/ ■ *n.f.* process of eating bit by bit to pass the time.

ٹھُنگیرنا /ʈʰʊŋge:rnɑ:/ ■ *v.* eat (something) bit by bit.

ٹھننا /ʈʰənnɑ:/ ■ *v.* (also ٹھن جانا) **1** be resolved, be fixed (in mind). **2** (a fight) be decided upon or break out; (a clash) occur between two parties.

ٹھُوٹھ /ʈʰu:ʈʰ/ ■ *adj.* (also ٹھُوٹ، ٹھوٹھ) **1** unlettered, illiterate. **2** thick-skulled. **3** unskilled.

ٹھور /ʈʰo:r/ ■ *n.f.* **1** place; residence, room. **2** (*fig.*) trace, exactly; duly, justly, fairly, in truth; completely; on spot. ٹھیک آنا suit, fit, be right; be adequate. ٹھیک ٹھاک right, correct, all right, okay, quite correct. ٹھیک ٹھیک exactly, completely; truly. ٹھیک کرنا **1** adjust, correct, repair, fit. **2** punish. **3** bring one to one's senses. ٹھیک ہونا **1** be rectified, be retrieved. **2** be accurate, be precise. **3** mend one's way. **4** (of a sick person) recover, regain one's health.

ٹھیکا /ʈʰe:kɑ:/ ■ *n.m.* (also ٹھیکہ) **1** contract, lease; work done by contract. **2** prop, rest. **3** (***Music***) andante; drum to beat time; beating time with drum as accompanist. ٹھیکا بجانا play a drum in accompaniment. ٹھیکا بندی **1** a lease or contract. **2** getting farm on lease. **3** licence-holding for the spirituous liquors. ٹھیکا حین حیات life-long lease. ٹھیکا دینا give a contract; do some work. ٹھیکا دینے والا lessor, grantor. ٹھیکا لینا enter into a contract; do some work; monopolise.

ٹھیکرا /ʈʰi:krɑ:/ ■ *n.m.* (also ٹِھکرا) **1** broken piece of ceramic or earthen vessel, potsherd. **2** an earthen vessel for holding filth, especially placenta, vessel for after-birth. **3** mendicant's bowl or pot (used for begging). **4** house; property (often said to show humbleness). **5** (*fig.*) an ordinary thing. **6** support, resource. ٹھیکرا پھوڑنا to slander, malign.

ٹھیکری /ʈʰi:kri:/ ■ *n.f.* (*dim.* of ٹھیکرا) small piece of ceramic. (آنکھوں پر) ٹھیکری رکھ لینا be uncourteous, be rude; turn a blind eye. ٹھیکری کرنا squander money.

ٹھیکرے /ʈʰi:kre:/ ■ *n.m.* (*pl. & infl.* of ٹھیکرا) ٹھیکرے کی مانگ a marriage proposed and decided at the time of birth.

ٹھیکی /ʈʰe:ki:/ ■ *n.f.* **1** a large sack of grain, bag. **2** load. **3** prop, support. **4** the act of resting on the way. **5** resting place. ٹھیکی دینا prop, support. ٹھیکی لگانا **1** unburden oneself, take the load off oneself. **2** lean or sit against a support. ٹھیکی لینا rest on the way.

ٹھیکے /ʈʰe:ke:/ ■ *n.m.* (*pl. & infl.* of ٹھیکا) ٹھیکے پر on contract, on lease. ٹھیکے دار (also ٹھیکیدار) contractor, lease-holder; monopolist.

ٹھیل /ʈʰe:l/ ■ *n.f.* small cart driven by a bull; wagon.

ٹھیلا /ʈʰe:lɑ:/ ■ *n.m.* trolley, cart, push cart; wheelbarrow. ٹھیلا گاڑی truck.

ٹھیلا ٹھیلی /ʈʰe:lɑ: ʈʰe:li:/ ■ *n.f.* pushing and shoving, jostling.

ٹھونکنا /ʈʰo:ŋknɑ:/ ■ *v.* (also ٹھوکنا) hammer, thump, shove in, drive in; beat; pit, tap; pat.

ٹھونکنی /ʈʰo:ŋkni:/ ■ *n.f.* a kind of hammer used by carpenters.

ٹھونگ /ʈʰo:ŋg/ ■ *n.f.* beak, bill. ٹھونگ مارنا **1** strike with the beak, peck. **2** (*fig.*) offer prayers hastily.

ٹھونگنا /ʈʰo:ŋgnɑ:/ ■ *v.* strike with the beak; (of birds) peck, eat.

ٹھہرا /ʈʰæhrɑ:/ ■ *adj.* (also ٹھیرا) stopped, immobile, at rest, stagnant. (*fem.* ٹھہری)

ٹھہرانا /ʈʰæhrɑ:nɑ:/ ■ *v.* (also ٹھیرانا) **1** settle, fix. **2** stop, cause to stop. **3** determine, decide. **4** settle (the price). **5** cause to stay; make (someone) reside or stay (at a hotel or house).

ٹھہراؤ /ʈʰæhrɑ:o:/ ■ *n.m.* (also ٹھیراؤ) **1** cessation, pause. **2** settlement. **3** permanence, stability. **4** serenity, calmness, equanimity.

ٹھہرنا /ʈʰæhærnɑ:/ ■ *v.* (also ٹھیرنا) **1** stop, stay, put up. **2** delay. **3** be settled or decided. **4** stagnate; become calm. **5** be proved; be settled; be regarded, be considered. **6** (of day, date) be decided, be fixed. **7** (of candle or lamp) remain burning. **8** stay, endure.

ٹِھیا /ʈʰɪjɑ:/ ■ *n.m.* **1** mound or lump (of earth). **2** boundary mark. **3** seat, station, perch; a place to stay. **4** (*coll.*) a place to sit on or assemble. **5** a place where hawker or small vendor sits to sell his merchandise.

ٹھیپی /ʈʰe:pi:/ ■ *n.f.* tight and flat cover or lid of a bottle, cork.

ٹھیٹھ /ʈʰe:ʈʰ/ ■ *adj.* (also ٹھیٹ) pure, chaste, real, genuine.

ٹھی ٹھی /ʈʰi: ʈʰi:/ ■ *n.f.* the sound of giggling.

ٹھیرانا /ʈʰæ:rɑ:nɑ:/ ■ *v.* See ٹھہرانا.

ٹھیراؤ /ʈʰæ:rɑ:o:/ ■ *n.m.* See ٹھہراؤ.

ٹھیرنا /ʈʰæ:rnɑ:/ ■ *v.* See ٹھہرنا.

ٹھیس /ʈʰe:s/ ■ *n.f.* **1** light shove nudge or push; striking (the foot against an obstacle); stumbling. **2** pain, grief. ٹھیس لگانا **1** give a push. **2** cause pain. ٹھیس لگنا **1** receive a push. **2** be pained or grieved. **3** trip, strike foot against an obstacle, stumble.

ٹِھیک /ʈʰi:k/ ■ *adj.* **1** right, accurate, proper, fit, exact, true; in order, correct, reasonable. **2** reliable, dependable; in due form. **3** regular; straight. ■ *adv.* all right,

2 make fun. 3 be disgraced. ٹھینگا دکھانا refuse, turn down; tease; pay no regard to.

ٹھینگنا /ṭʰe:ŋgnɑ:/ ■ *adj.* midget. See ٹھنگنا.

ٹھینگے /ṭʰe:ŋge:/ ■ *n.m.* (*pl. & infl.* of ٹھینگا) ٹھینگے پر سے I don't care.

ٹھینگیل /ṭʰe:ŋgæ:l/ ■ *n.m.* one who uses a stick in a fight.

ٹھیوا /ṭʰe:vɑ:/ ■ *n.m.* place for stone in a ring.

ٹھیہا /ṭʰi:hɑ:/ ■ *n.m.* See ٹھیا.

ٹھیلنا /ṭʰe:lnɑ:/ ■ *v.* 1 push, shove, propel, jostle, nudge; push forward or move; drive (a cart, etc.). 2 dilly-dally, evade.

ٹھیں /ṭʰẽ:/ ■ *n.f.* 1 sound of a gunfire. 2 sound of a sudden laughter. ٹھیں ٹھیں 1 sound of gunfire. 2 sound of silly laughter.

ٹھینٹ /ṭʰẽ:ṭ/ ■ *n.f.* ball of earwax.

ٹھینگا /ṭʰe:ŋgɑ:/ ■ *n.m.* 1 thumb. 2 small club. 3 ho!; I don't care; my foot. ٹھینگا باجنا 1 (quarrel) to break out.

ث

ث /se:/ ■ the eleventh letter of the Urdu alphabet.

ثابِت /sɑ:bɪt̪/ ■ *adj.* **1** proven, established, confirmed, ascertained, manifest. **2** stable, firm; continuing, subsisting. **3** whole, unbroken; uninjured, unharmed, undamaged. ■ *n.m.* star. ثابت اُرد black matpe, a kind of pulse with husk. ثابتُ الاصل (***Islam***) Hadith that is by definition authoritative. ثابت خانی (*arch.*) personal bodyguards of a lord or king. ثابت رہنا adhere or stick, remain firm. ثابت قدم resolute, determined, steadfast, unswerving, steady, constant, persevering, firm. ثابت قدمی firmness, resoluteness, determination, persistence. ثابت کا ثابت complete, full, entire, whole, unbroken. ثابت کرنا prove, establish. ثابت ہونا be proved, be established.

ثابِتہ /sɑ:bɪt̪ɑ:/ ■ *adj.* (*fem.* of ثابت). ■ *n.m.* star. (*pl.* ثوابت)

ثار /sɑ:r/ ■ *n.m.* requital of murder, seeking blood for blood.

ثاقِب /sɑ:qɪb/ ■ *adj.* **1** shining brightly, glittering, glistening. **2** sublime, high, splendid.

ثاقُول /sɑ:qu:l/ ■ *n.m.* (also ساقُول،شاقُول) plumb-line, plummet.

ثالِث /sɑ:lɪs/ ■ *adj.* third. ■ *n.m.* arbitrator, arbiter, impartial person, non-partisan, mediator, umpire. ثالث بِالخیر impartial arbitrator or person. ثالثِ ثلاثہ (***Christianity***) one of the Trinity. ثالثِ حصری reliable mediator, a mediator acceptable to both parties. ثالث نامہ award by a jury or arbitration; a deed of award; reference.

ثالِثاً /sɑ:lɪsən/ ■ *adv.* thirdly, in the third place.

ثالِثانہ /sɑ:lɪsɑ:nɑ:/ ■ *adj.* arbitral.

ثالِثہ /sɑ:lɪsɑ:/ ■ *adj.* (*fem.* of ثالث) third. ■ *n.f.* a female arbitrator.

ثالِثی /sɑ:lɪsi:/ ■ *n.f.* arbitration, mediation.

ثالُوث /sɑ:lu:s/ ■ *n.f.* the Trinity. ثالوثِ اقدس the most Holy Trinity. ثالوثُ الجمال extremely beautiful fairy (with three attributes).

ثامِن /sɑ:mɪn/ ■ *ordinal number* eighth.

ثامِناً /sɑ:mɪnən/ ■ *adv.* eighthly, in the eighth place.

ثانوی /sɑ:nvi:/ ■ *adj.* (also ثانَوی) **1** of or relating to second; of second level or grade, second; secondary, of secondary status; of minor importance; auxiliary. **2** supplementary (as opposed to basic or primary). ثانوی تعلیم secondary education. ثانوی تعلیمی بورڈ board of secondary education. ثانوی مدرسہ secondary school.

ثانی /sɑ:ni:/ ■ *adj.* second. ■ *n.m.* equal, match. ثانیُ الاثنین **1** (*literal*) the second of the two. **2** (*fig.*) the first Muslim caliph Hazrat Abubakr. ثانیُ الحال second or another time, secondly. ثانی الذکر the second of the two things or people, etc. just mentioned latter (as opposed to former).

ثانِیاً /sɑ:nɪjən/ ■ *adv.* secondly, in the second place.

ثانِیہ /sɑ:nɪja:/ ■ *adj.* (*fem.* of ثانی). ■ *n.m.* the sixtieth part of a minute; moment.

ثبات /səbɑ:t̪/ ■ *n.m.* **1** stability, permanence; durability, constancy, firmness, resolution, resolve. **2** endurance, patience.

ثُبات /sʊbɑ:t̪/ ■ *n.m.* disablement, helplessness.

ثبت /səbt̪/ ■ *n.m.* **1** affixing (signature or stamp), impression. **2** permanence, firmness. ثبت کرنا **1** affix, impress, inscribe. **2** put down, enter into a record, make lasting or permanent. ثبت ہونا be affixed; inscribed.

ثُبُوت /sʊbu:t̪/ ■ *n.m.* proof, testimony; evidence, probate; demonstration. ثبوتِ بادیُ النظر بدیہی obvious proof, prima facie proof. ثبوتِ تائیدی corroborative evidence. ثبوتِ تحریری documentary evidence. ثبوتِ تردیدی rebutting evidence. ثبوتِ صریح direct proof. ثبوتِ ضمنی collateral evidence. ثبوتِ قرائنی circumstantial evidence. ثبوتِ قطعی conclusive proof. ثبوتِ لسانی verbal evidence. ثبوتِ مثبتہ direct demonstration. ثبوتِ منفیہ یا بہ خلف indirect demonstration. ثبوتِ موجودہ مسل evidence on the record. ثبوتِ وصیت نامہ probate of a will.

ثُبُوتی /sʊbu:t̪i:/ ■ *adj.* of or relating to proof.

ثُبُور /sʊbu:r/ ■ *n.f.* destruction, ruination; death.

ثِخَن /sɪxən/ ■ *n.m.* thickness, volume.

ثدئی /səd̪əi:/ ■ *adj.* mammalian.

ثدی /səd̪i:/ ■ *n.f.* human breast; (male or female) nipple. (*pl.* اثدیٰ)

ثرب /sərb/ ■ *n.f.* (also ثُرب) membrane; fatty membrane

ثلاثا /səlɑ:sɑ:/ ■ *n.m.* Tuesday.

ثلاثہ /səlɑ:sɑ:/ ■ *cardinal number* three. ■ *adj.* all the three; trilateral, of or relating to three (factors, things, etc.). ثلاثۂ غسالہ three goblets of special wine drunk in the morning to cure hangover.

ثلّاجہ /səllɑ:dʒɑ:/ ■ *n.m.* **1** glacier. **2** freezer or ice-making machine.

ثُلُث /sʊlʊs/ ■ *adj.* (also ثلث) one-third. ■ *n.m.* a medieval Arabic calligraphic style.

ثلج /səldʒ/ ■ *n.f.* ice or snow.

ثُمَّ /sʊmmɑ:/ ■ *adv.* **1** again, once more. **2** then, thereafter.

ثمار /səmɑ:r/ ■ *n.m.* (*pl.* of ثمر) fruits.

ثمانیہ /səmɑ:nɪjɑ:/ ■ *cardinal number* eight.

ثمر /səmər/ ■ *n.m.* **1** fruit; produce. **2** offspring; son. **3** reward; result, outcome. ثمرِ امید heartiest desire, longing. ثمر آنا **1** bear fruit. **2** (*fig.*) fulfil an aim. ثمر بخش fruit-giving. ثمر بہشت a variety of mango. ثمر دار fruit-bearing, fruitful. ثمر قند fruit juices, fruit extracts. ثمر مکھی fruit-fly.

ثمرہ /səmrɑ:/ ■ *n.m.* **1** fruit. **2** profit, gain, benefit. **3** outcome, result.

ثَمَن /səmən/ ■ *n.f.* price, cost, value, estimated worth.

ثُمُن /sʊmʊn/ ■ *adj.* an eighth part or portion.

ثمود /səmu:d̪/ ■ *n.m.* (***Islam***) ancient people who were endowed with Divine punishment for transgressions. ■ *pr.n.m.* the name of great grandson of Noah.

ثمین /səmi:n/ ■ *adj.* high-priced; valuable, precious, priceless.

ثمینہ /səmi:nɑ:/ ■ *adj.* (*fem.* of ثمین).

ثنا /sənɑ:/ ■ *n.f.* (also ثناء) praise, eulogy, commendation, salutation. ثناخواں/گر/گو (also ثنائی) one who praises, eulogist. ثناخوانی/گستری praise, eulogy.

ثُنائی /sʊnɑ:i:/ ■ *adj.* **1** binary; bilateral; two-lettered (word). **2** (one) believing in two gods.

ثنوی /sənəvi:/ ■ *adj.* **1** dual. **2** (one) believing in two principles or two gods, dualist. **3** of or relating to two.

ثنویّت /sənəvɪjjət̪/ ■ *n.f.* dualism.

ثنویہ /sənvɪjɑ:/ ■ *adj.* dualist. ■ *n.m.* a sect of dualists.

ثنی /səni:/ ■ *n.m.* **1** shedding the first teeth (hence implying the required age of a sacrificial animal).

covering stomach and intestines.

ثروت /sərvət̪/ ■ *n.f.* riches, wealth, affluence, opulence. ثروت مند (also ثروتمند) rich, wealthy.

ثریٰ /sərɑ:/ ■ *n.m.* (also ثرا) earth; soil; infernal region, lowest region of earth. ■ *adj.* wealth, rich.

ثریّا /sʊrəjjɑ:/ ■ *n.f.* the Pleiades.

ثرید /səri:d̪/ ■ *n.m.* an Arabian dish of bread soaked in curry.

ثعبان /soʔbɑ:n/ ■ *n.m.* large serpent, python, basilisk.

ثعلب /səʔləb/ ■ *n.f.* fox. ثعلبِ مصری pulverized orchis root.

ثغر /səɣr/ ■ *n.f.* **1** border or boundary of a country; an outpost to keep watch (esp. on a hostile country's border). **2** making a breach; breaking (someone's front teeth). **3** the front teeth.

ثُفل /sʊfl/ ■ *n.m.* husk left after extraction of juice; dregs; refuse, settlings, sediments, lees. ثفل دان a plate for keeping refuse or bones (while having a meal).

ثقافت /səqɑ:fət̪/ ■ *n.f.* customs and beliefs of a specific country or group, culture.

ثقافتی /səqɑ:fət̪i:/ ■ *adj.* of or relating to culture, cultural.

ثقالت /səqɑ:lət̪/ ■ *n.f.* **1** heaviness, weight. **2** indigestion. **3** ponderousness (of language).

ثِقالہ /sɪqɑ:lɑ:/ ■ *n.m.* counterweight.

ثِقاہت /sɪqɑ:hət̪/ ■ *n.f.* **1** solemnity. **2** authoritativeness; reliability.

ثُقبہ /sʊqbɑ:/ ■ *n.m.* hole, pore; perforation. ثقبۂ عنبیّہ pupil of the eye.

ثقبیہ /səqbɪjɑ:/ ■ *n.m.* burrowing animals.

ثقل /səqəl/ ■ *n.m.* important and precious things.

ثِقل /sɪql/ ■ *n.f.* **1** gravitation. **2** weight, burden. **3** heaviness in stomach. ثقلِ سماعت deafness, hardness of hearing.

ثقلین /səqəlæ:n/ ■ *n.m.pl.* **1** doubling of weight or gravity. **2** mankind and spirits. **3** both the worlds, this world and the hereafter.

ثِقہ /sɪqɑ:/ ■ *adj.* **1** authoritative, reliable, trustworthy, worthy of confidence. **2** serious solemn, sober. (*pl.* ثقات)

ثقیف /səqi:f/ ■ *adj.* clever (person); intelligent.

ثقیل /səqi:l/ ■ *adj.* **1** heavy, weighty; solid. **2** laborious, ponderous; dull. **3** difficult, arduous. **4** hard to digest.

2 (***Islam***) animal that is of required age for sacrifice.

ثواب /səvɑ:b/ ■ *n.m.* **1** reward of virtue or good deed in accordance with divine law, requital. **2** (*fig.*) good deeds. ثواب بخشنا/پہنچانا pray for a dead person's salvation. ثواب حاصل کرنا/کمانا/لوٹنا do something virtuous, earn requital in the hereafter. ثواب نہ عذاب کمر ٹوٹی مفت میں said on the occasion when labour and hard work brings no reward; all in vain, useless toil.

ثوابِت /səvɑ:bɪt/ ■ *n.m.* (*pl.* of ثابت) stars.

ثوب /so:b/ ■ *n.m.* cloth, garment; dress. (*pl.* اثواب، ثیاب)

ثَور /so:r/ ■ *n.m.* **1** bull. **2** (***Astrol.***) Taurus, the second sign of the zodiac. **3** the green scum on the surface of stagnant water. ■ *pr.n.m.* name of a hill/ cave in Makkah.

ثَوران /so:rɑ:n/ ■ *n.m.* **1** boiling (of blood), being in a ferment; being raised (of dust, etc.). **2** excitement; arousal, rising; riot, insurgency. **3** blowing of a dust storm.

ثُوم /su:m/ ■ *n.m.* garlic, *Allium sativum*, also ramsons or wild garlic.

ثیاب /sɪjɑ:b/ ■ *n.m.* (*pl.* of ثَوب) (also اثواب) clothes, garments.

ثیِّب /səjjɪb/ ■ *n.m.* & *f.* (also ثیبہ) non-virgin man or woman.

ج

ج /dʒiːm/ ■ the twelfth letter of the Urdu alphabet.

جا[1] /dʒɑː/ ■ (*imper.* of جانا) used in comp. جاپہنچنا reach. جاتجھے دیکھ لیا (*emph.*) now I/we know what you are! جاچکا **1** has gone. **2** (*iron.*) will never go. جاچکنا **1** to leave, depart. **2** waste. **3** (*iron.*) not to leave. جاگھسنا go and enter into; to insinuate oneself. جالگانا backbite, tell tales. جالینا overtake, overhaul; reach or catch up with someone who has gone ahead or run away, go and catch. جانکلنا suddenly find oneself somewhere, arrive somewhere unintentionally or casually. [S]

جا[2] ____ ■ *n.f.* **1** place, location; room; seat. **2** occasion, time. ■ *adv.* **1** in place of, instead of. **2** exactly, accurately. جابجا/بہ جا here and there, hither and thither, everywhere. جابیجا/بےجا **1** right or wrong; rightly or wrongly; indiscriminately. **2** at all times, in or out of place. جاگزیں receptive; impressive; firmly settled or seated. جانشین successor, heir; vicegerent. جانشینی heirship, succession. جائے استاد خالی است no one can replace a teacher; a teacher or adviser is always needed. جائے اعتراض cause for objection. جائے اندیشہ cause for apprehension, reason for anxiety or fear. جائے باش place of abode. جائے پناہ shelter, asylum, place of refuge. جائے پیدائش place of birth. جائے پیشہ place of business. جائے رفتن نہ پائے ماندن misery, distress. جائے رہائش residence. جائے ضرور privy, latrine, lavatory, toilet. جائے عذر ground of excuse, complaint or objection. جائے غم place or time of grief. جائے مکافات place of retribution; cause for retribution. جائے نماز prayer mat; place of prayer. جائے وقوعہ place, site or scene of occurrence. [P]

جاب /dʒɑːb/ ■ *n.f.* (also جابی، چاپ) **1** a kind of grass. **2** muzzle for cattle. **3** net for fruit-picking.

جابر /dʒɑːbɪr/ ■ *n.m.* despot, tyrant, oppressor.

جابرانہ /dʒɑːbɪrɑːnɑː/ ■ *adj.* despotic, tyrannical.

جاپ /dʒɑːp/ ■ *n.m.* (also جپ) muttering prayers, telling on beads, recital of a magic formula or a divine name or scriptural phrase, etc. جاپ کرنا recite a magical formula.

جاپا /dʒɑːpɑː/ ■ *n.m.* childbirth, delivery.

جاپک /dʒɑːpək/ ■ *n.m.* one who mutters prayers or tells beads, one who recites to himself or in an undertone.

جات[1] /dʒɑːt̪/ ■ *n.m.* son, male issue. ■ *adj.* born, brought into existence. جات کرم (***Hinduism***) ceremony performed just after the cutting of a newborn's umbilical cord. [S]

جات[2] ____ ■ *n.f.* (also ذات) **1** caste, tribe, lineage, family, clan; class; rank; sect. **2** sort, nature. **3** votive offering. جات برادری clan and kinsfolk. جات بھائی person of the same caste, caste fellow. جات بھرشٹ outcast. جات پات caste; the Hindu caste system. جات والا high-born, person of high caste. جات ہین low-caste person; outcast. [S]

جات[3] ____ ■ *suffix* used for denoting plural, as: پرزہ جات parts or devices. [P]

جاتا[1] /dʒɑːt̪ɑː/ ■ *n.m.* & *f.* progeny, offspring, daughter or son. [S]

جاتا[2] ____ ■ *adj.* going; gone. جاتا رہنا **1** (of something) be devastated; be lost, be missing; vanish, disappear. **2** pass away, die. (*fem.* جاتی[2]) [S]

جاترا /dʒɑːt̪rɑː/ ■ *n.f.* (***Hinduism***) pilgrimage. See یاترا.

جاتری /dʒɑːt̪riː/ ■ *n.m.* (also جاترِک) pilgrim. See یاتری.

جاتک /dʒɑːt̪ək/ ■ *n.m.* **1** ritual performed after childbirth. **2** nativity, birth. **3** astrological calculation of a nativity. **4** mendicant. جاتک کہانیاں stories narrated in moral teachings of Buddhism.

جاتکا /dʒɑːt̪kɑː/ ■ *n.f.* books of Buddhist religion describing the previous lives of Buddha.

جاتُو[1] /dʒɑːt̪uː/ ■ *n.m.* name of a Rajput tribe of north India. [Prk.]

جاتُو[2] ____ ■ *n.m.* **1** traveller, wayfarer. **2** a kind of evil spirit; goblin, demon. [S]

جاتی[1] /dʒɑːt̪iː/ ■ *n.f.* **1** community, communal group or follower of any religious or political group; community. **2** caste, race. **3** (***Biol.***) genus. [S]

جاتی[2] ____ ■ *adj.* (*fem.* of جاتا[2]) going; used in comp. as: جاتی جوانی declining youth. [S]

جاتے /dʒɑːt̪eː/ ■ *adj.* (*pl.* & *infl.* of جاتا[2]) جاتے جاتے **1** slowly, gradually. **2** while leaving, at the time of departure, while going.

جاٹ /dʒɑ:ʈ/ ■ *n.m.* (also جٹ) 1 Jat, a Rajput tribe of cultivators. 2 a member of this tribe. 3 (*fig.*) strong, stout, well-built. جاٹ کہے سن جاٹنی یا ہی گاؤں میں رہنا، اونٹ کو بلی ربلیا لے گئی ہاں جی ہاں جی کہنا do in Rome as Romans do; one has to agree with others for a peaceful coexistence. جاٹ مرا تب جانیے جب تیجا تیرھویں ہو جائے 1 (*literal*) a Jat is so mischievous and strong that one should not believe him dead until some time has passed. 2 a troublemaker can be a source of trouble even if he is out of sight.

جاٹھ /dʒɑ:ʈʰ/ ■ *n.m.* axle of an oil or sugar mill roller, an upright beam.

جاثمہ /dʒɑ:sɪmɑ:/ ■ *n.m.* (***Zool.***) species of birds with gripping talons that help them sit on a thin rope or wire, etc.

جاثُوم /dʒɑ:su:m/ ■ *n.m.* 1 bearer of burden. 2 a moving camp. 3 nightmares.

جاثِیہ /dʒɑ:sɪjɑ:/ ■ *n.f.* 1 sitting with legs bent. 2 title of the forty-fifth sura of the Qur'an.

جاجت /dʒɑ:dʒəʈ/ ■ *n.f.* the series of binary combination of words beginning with ج taught in schools.

جاجک /dʒɑ:dʒək/ ■ *n.m.* (also جاجکی) cymbals or tabor player; wandering minstrel.

جاجم /dʒɑ:dʒəm/ ■ *n.f.* (also جاجِم، جازم) 1 printed or embroidered linen floor or bedspread. 2 a large floorcloth. 3 a fine bedding or carpet.

جاچت /dʒɑ:tʃɪʈ/ ■ *adj.* asked, solicited, prayed for; begged, obtained by begging. ■ *n.m.* 1 borrowed article or thing. 2 (***Law***) a particular form of deposit whereby the holder is allowed the use of the article deposited.

جاچنا /dʒɑ:tʃnɑ:/ ■ *v.* beg, solicit, request, entreat, implore.

جاحِد /dʒɑ:hɪḍ/ ■ *n.m.* one who knows something yet denies it.

جاداد /dʒɑ:ḍɑ:ḍ/ ■ *n.f.* property. See جائداد.

جادُو /dʒɑ:ḍu:/ ■ *n.m.* jadoo, magic, charm, sorcery, wizardry, spell, necromancy, enchantment. جادو اتارنا exorcise, dispel the effect of magic. جادو الٹنا reversal of sorcery (towards the sorcerer). جادو برحق کرنے والا کافر magic is a fact but its practice is tantamount to blasphemy. جادو بیاں a great orator, one who speaks or writes eloquently. جادو بیانی eloquence. جادو ٹونا spell, enchantment; charm, wizardry, sorcery. جادو جگانا 1 cast a spell. 2 (*fig.*) impress, create an impression, exhibit a tour de force. جادو چلانا کرنا cast a spell, practise sorcery or black magic. جادو چلنا (of magic) affect, be influenced. جادو کا کھیل magic show, conjuring trick, conjuring. جادو کی موٹھ abracadabra; a magical formula that can kill a rival. جادوگر magician, sorcerer, conjuror. جادوگرنی sorceress, witch. جادوگری witchcraft, sorcery, enchantment. جادو وہ جو سر چڑھ کر بولے a trick or plan is good when it succeeds and is admired even by the rival.

جادُوئی /dʒɑ:ḍu:i:/ ■ *adj.* magical; mysterious.

جادہ /dʒɑ:ḍɑ:/ ■ *n.m.* 1 road, route, pathway; centre of road. 2 manner, custom, mode. جادہ پیما wayfarer, traveller.

جاذِب /dʒɑ:zɪb/ ■ *adj.* 1 attractive, alluring. 2 (***Chem.***) absorbent. جاذب کاغذ blotting paper. جاذب نظر captivating, charming, attractive, fascinating.

جاذِبیّت /dʒɑ:zɪbɪjjəʈ/ ■ *n.f.* 1 quality of absorbing; attraction, charm. 2 (***Chem.***) absorptivity.

جار¹ /dʒɑ:r/ ■ *n.m.* 1 neighbour. 2 partner in business. جارِ ملاصق next door neighbour. [A]

جار² ____ ■ *n.m.* 1 who or what draws or attracts. 2 (***Gram.***) preposition or postposition. ■ *adj.* determinant of genitive or dative case. جار و مجرور the attracting and the attracted. [A]

جار³ ____ ■ *n.m.* vehemence, violence, virulence. [S]

جار⁴ ____ ■ *n.m.* paramour, lover. [S]

جارا /dʒɑ:rɑ:/ ■ *n.m.* goldsmith's kiln.

جارَج /dʒɑ:rədʒ/ ■ *n.m.* illegitimate child.

جارج /dʒɑ:rdʒ/ ■ *n.m.* (also جارَج) announcement, proclamation.

جارِح /dʒɑ:reh/ ■ *n.m.* aggressor, assailant.

جارِحانہ /dʒɑ:rehɑ:nɑ:/ ■ *adj.* aggressive, offensive.

جارِحیّت /dʒɑ:rehɪjjəʈ/ ■ *n.f.* aggression. جارحیت پسند aggressive. جارحیت پسندی aggressiveness, aggressive policy.

جارَن /dʒɑ:rən/ ■ *n.m.* (also جالن) firewood, fuel.

جارنا /dʒɑ:rnɑ:/ ■ *v.* light, kindle, burn, inflame.

جارُو¹ /dʒɑ:ru:/ ■ *adj.* burning, inflaming. [P]

جارُو² ____ ■ *n.m.* (*contr.* of جارُوب) broom. [Prk.]

طویل انفی مصوتے: ɑ̃: جاں، آں /dʒɑ̃:/, /ɑ̃:/ æ̃: ہَیں /hæ̃:/ ĩ: آئیں /ɑ:ĩ:/ ẽ: آئیں /ɑ:ẽ:/ ɔ̃: لونڈی /lɔ̃:ḍi:/ ũ: یُوں /jũ:/ õ: انسانوں /ɪnsɑ:nõ:/

جاروب /dʒɑ:ru:b/ ■ *n.f.* broom, besom. جاروب کش sweeper, janitor. جاروب کشی act of sweeping.

جاروبی /dʒɑ:ru:bi:/ ■ *n.f.* the act or profession of sweeping.

جاری¹ /dʒɑ:ri:/ ■ *adj.* **1** continuing, continuous, proceeding. **2** current, in use. **3** promulgated. **4** (***Law***) in force, prevalent. **5** flowing. **6** issued (book, etc.). جاری رکھنا **1** go on with, carry on, continue. **2** maintain. جاری رہنا continue; remain in use; subsist. جاری شدہ issued, promulgated, established; in force. جاری کرنا **1** issue, institute; introduce or give currency to something. **2** circulate. جاری وساری continuous; perpetual; flowing. جاری ہونا **1** be in force; be issued. **2** be current, be in vogue. [A]

جاری² ____ ■ *n.f.* **1** adultery, intrigue. **2** gambling. [Prk.]

جاریہ /dʒɑ:rɪjɑ:/ ■ *adj.* perpetual, ever-prevailing. ■ *n.f.* **1** girl, female child, young woman. **2** slave girl; maidservant. جاریہ باز one who keeps slave-girls. (*pl.* جواری¹)

جاڑ /dʒɑ:ɽ/ ■ *n.f.* **1** root. **2** gum; root of teeth. **3** back tooth.

جاڑا /dʒɑ:ɽɑ:/ ■ *n.m.* **1** winter, cold season; coldness. **2** ague, fever involving shivering. جاڑا پڑنا weather to be cold. جاڑا چڑھنا **1** have ague or malaria. **2** tremble, shiver (with fear). جاڑا لگنا feel cold.

جاڑے /dʒɑ:ɽe:/ ■ *n.m.* (*pl.* & *infl.* of جاڑا) جاڑے کی چاندنی **1** light of the winter-moon. **2** something that can not be enjoyed; something beautiful that can not be duly appreciated.

جازِم /dʒɑ:zɪm/ ■ *adj.* **1** silencing or satisfying (answer). **2** firm, solid. **3** rendering the last letter of a word quiescent (i.e. indicating that the letter has no vowel following it).

جاسوس¹ /dʒɑ:su:s/ ■ *n.m.* spy, secret agent, detective. [A]

جاسوس² ____ ■ *n.f.* the herb, *Cuscuta epithymum*, used in treatment of the eyes. [Prk.]

جاسوسہ /dʒɑ:su:sɑ:/ ■ *n.* (*fem.* of جاسوس¹) a female spy, a female detective.

جاسوسی /dʒɑ:su:si:/ ■ *n.f.* espionage, spying, detective's work, office of a spy.

جاسون /dʒɑ:su:n/ ■ *n.f.* a plant similar to pomegranate and its flower, China rose, *Hibiscus rosa-sinensis*.

جاعِل /dʒɑ:ʔɪl/ ■ *adj.* **1** maker, creator. **2** one who fabricates.

جاغر /dʒɑ:ɣər/ ■ *n.m.* bird's craw.

جافر /dʒɑ:fər/ ■ *n.f.* vermilion, cinnabar, annatto, *Bixa orellana*.

جافری /dʒɑ:fri:/ ■ *n.f.* (*var.* of جعفری) lattice made of bamboo or wood slats.

جافِیہ /dʒɑ:fɪjɑ:/ ■ *n.m.* the covering membrane or the upper part of brain, dura mater.

جاکٹ /dʒɑ:kəʈ/ ■ *n.f.* a kind of coarse woollen cloth.

جاکِٹ /dʒɑ:kɪʈ/ ■ *n.f.* jacket, a short coat with sleeves. [E]

جاکڑ /dʒɑ:kəɽ/ ■ *n.m.* (also جانکڑ) deposit on account of inspection before actual purchase; conditional purchase, purchase subject to approval. جاکڑ بہی suspense account book. جاکڑ بیچنا sell on condition of or subject to approval. جاکڑ لے جانا buy something conditionally.

جاکھن /dʒɑ:kʰən/ ■ *n.f.* wood which is used as foundation of the brickwork of a well.

جاگ /dʒɑ:g/ ■ *n.f.* wake, wakefulness; vigil, keeping watch all night long. جاگ پڑنا/ہونا become alert or active in time of danger; awake suddenly, be roused. جاگ جانا become awake.

جاگا¹ /dʒɑ:gɑ:/ ■ *adj.* awake. ■ *n.m.* waking; used in comp. as: جاگابندی drowsiness, sleepiness. (*fem.* جاگی) [S]

جاگا² ____ ■ *n.f.* (also جگہ، جاگہ) place, station; vacant space, room. [Prk.]

جاگت /dʒɑ:gəʈ/ ■ *n.f.* waking; keeping watch, watchfulness, vigilance.

جاگتا /dʒɑ:gt̪ɑ:/ ■ *adj.* awake, vigilant; being in full possession of one's (or its) powers.

جاگتی /dʒɑ:gt̪i:/ ■ *adj.* (*fem.* of جاگتا) جاگتی جوت miraculous power.

جاگتے /dʒɑ:gt̪e:/ ■ *adj.* (*pl.* & *infl.* of جاگتا) جاگتے رہنا keep awake (usu. uttered by a watchman at night). جاگتے کو جگانا اس کو چھیڑنا ہے it is useless to advise someone who is wise.

جاگرت /dʒɑ:grəʈ/ ■ *adj.* awake, on the watch, vigilant.

جاگرن /dʒɑ:gərən/ ■ *n.f.* waking, vigil, wakefulness.

جاگری /dʒɑ:gri:/ ■ *n.f.* **1** jaggery, coarse brown sugar. **2** treacle, molasses.

جاگنا /dʒɑ:gnɑ:/ ■ *v.* (also جگنا) **1** wake up. **2** become alert, be vigilant.

جاگیر /dʒɑ:gi:r/ ■ *n.f.* **1** property, estate, jagir; land given by king or government as a reward for services. **2** fief, feud; rent-free grant. جاگیردار estate owner, feudal baron, landlord. جاگیرداری the state of being a feudal baron, the act of owning huge estate. جاگیرداری نظام feudalism, feudal system. جاگیرِ منصب grant of land attached to an office or dignitary.

جال /dʒɑ:l/ ■ *n.m.* **1** net; lattice. **2** (*fig.*) snare, trap. **3** magic. **4** illusion, deception. **5** very thin and fine embroidery like a fine net. جال بچھانا/پھیلانا **1** spread a net. **2** set a trap. جال بندی **1** deception, trap. **2** siege, blockade. جال پھینکنا cast a net. جال دار reticulated. جال داری network. جال ڈالنا **1** cast a net (for fish), spread a net. **2** lay or set a trap or snare. جال کرچ (*rare*) a sword and sash. جال کھینچنا pull a net. جال لکڑی valerian. جال میں پھانسنا trap, ensnare. جال میں پھنسنا be entrapped or caught, be duped. جال میں ڈالنا entrap, ensnare.

جالا /dʒɑ:lɑ:/ ■ *n.m.* **1** cobweb, gossamer. **2** mildew on flour. **3** cataract (of eyes); pellicle. **4** a jar-like vessel. جالا پڑنا suffer from cataract.

جالب /dʒɑ:lɪb/ ■ *adj.* attracting, pulling; gaining; accruing.

جالس /dʒɑ:lɪs/ ■ *adj.* & *n.m.* sitting; one who sits.

جالک /dʒɑ:lək/ ■ *n.f.* sheet or rug used to cover a horse in cold weather.

جالِک /dʒɑ:lɪk/ ■ *n.m.* (also جالِکی) **1** a professional trapper of birds or animals; fisherman; fowler; trapper; bird-catcher. **2** spider. **3** (*fig.*) (i) cheat, rogue. (ii) conjuror, juggler.

جالِکا /dʒɑ:lɪkɑ:/ ■ *n.f.* **1** net. **2** chain. **3** armour.

جالِنی /dʒɑ:lɪni:/ ■ *n.f.* painted room; picture gallery.

جالُوت /dʒɑ:lu:t̪/ ■ *pr.n.m.* Goliath, the Philistine giant mentioned in the Bible and the Qur'an. ■ *adj.* (*fig.*) cruel.

جالہ /dʒɑ:lɑ:/ ■ *n.m.* raft made of planks or tree trunks floated on inflated goat-skins.

جالی[1] /dʒɑ:li:/ ■ *n.f.* **1** net; network; lattice. **2** trellis work. **3** the pellicle or coating of a fruit-seed, e.g. a mango. **4** lace, bobbinet. **5** caul, the integument in which a fetus is enveloped. **6** knitted veil which is often used by women to cover face. **7** muzzle (for cattle). جالی پڑنا hardening (of mango-stone). جالی کاڑھنا embroider. جالی لوٹ bobbinet. [S]

جالی[2] _____ ■ *n.f.* medicine, etc. that cleanses the skin. [A]

جالِیا /dʒɑ:lɪjɑ:/ ■ *adj.* (*var.* of جعلیا) **1** cheat, rogue, vagabond. **2** conjurer, juggler.

جالینُوس /dʒɑ:li:nu:s/ ■ *pr.n.m.* famous Greek physician Galen.

جام[1] /dʒɑ:m/ ■ *n.m.* bowl; cup; goblet, wine cup. جام اچھالنا abstain from drinking wine. جامِ جم/جمشید/جہاں نما legendary magical goblet of the Persian king Jamshed in which he saw whatever he wished. جام چڑھانا drink wine. جام خانہ **1** room with mirrors all round. **2** drawing room. جامِ سفال/سفالیں **1** earthen or clay goblet. **2** (*fig.*) something very cheap and easily available. جامِ شہادت martyrdom. جامِ شہادت پینا achieve martyrdom. جامِ صحت toast proposed for someone's health. جامِ طہور sacred drink of Paradise. جام لبریز cup filled to the brim; bumper. جام لبریز ہونا **1** cup to fill to the brim. **2** something to come to an end; reach the end of one's life. [P]

جام[2] _____ ■ *n.m.* son; seed. [S]

جام[3] _____ ■ *n.m.* night watch, period or watch of three hours; the eighth part of a day. [S]

جام[4] _____ ■ *n.m.* **1** guava. **2** *Eugenia jambolana* and its fruit. (*cf.* جامُن) [S]

جام[5] _____ ■ *n.m.* the roseapple, *Syzygium jambos*. [S]

جامبُو /dʒɑ:mbu:/ ■ *n.m.* the fruit of jambu tree, roseapple.

جامِد /dʒɑ:mɪd̪/ ■ *adj.* **1** still, static, immobile; solid. **2** inanimate, incapable of growth or increase. ■ *n.m.* (***Gram.***) underived word from which no word is derived.

جامدار /dʒɑ:md̪ɑ:r/ ■ *n.m.* (*contr.* of جامہ دار) (a king's or baron's) keeper of wardrobe; guard.

جامدانی /dʒɑ:md̪ɑ:ni:/ ■ *n.f.* (*contr.* of جامہ دانی) **1** cloth woven with floral design. **2** portmanteau, leather or wooden box. ■ *adj.* flowered; embossed (applied to utensils of metal).

جامِع /dʒɑ:meʔ/ ■ *adj.* comprehensive, concise, thorough; collecting, comprising, compiling. جامعُ الاوصاف possessing all good qualities, paragon of virtues.

nom de plume of a celebrated classical Persian poet Abdul Rahman who hailed from Jam, Iran. [P]

جامی[2] ____ ■ *n.f.* **1** sister. **2** daughter-in-law. **3** virtuous woman. [S]

جامے /dʒɑ:me:/ ■ *n.m.* (*pl.* & *infl.* of جامہ) جامے سے باہر ہونا go berserk, become frenzied, be beside oneself with rage or glee, run amok, be unable to control oneself. جامے میں پھولا نہ سمانا (*fig.*) be overjoyed.

جان[1] /dʒɑ:n/ ■ *n.f.* (also جاں) **1** life; soul, spirit. **2** vigour, energy, animation, force, vitality, stamina. **3** (*fig.*) the best part that imparts life or beauty, the essence of something. **4** (my) life, a term of endearment; beloved. جاں آفریں creator of life (an epithet of God). جان آنا be refreshed; be happy; recover, regain strength or health; recover one's composure. جاں باز (also جانباز) one who sports with life, daring. جان بچانا save one's life, save one's skin. جان بچی لاکھوں پائے، خیر سے بدھو گھر کو آئے said when one gets out of trouble, nothing is lost if life has been saved; life is a wealth so forget the suffering. جان بحق تسلیم ہونا die (an expression used for saints and Sufi masters). جاں بحق ہونا die. جاں بخشی pardon for a capital punishment or crime, sparing one's life, forgiveness. جاں بر ہونا (also جانبر ہونا) recover, survive. جاں بلب / بہ بلب dying, on the verge of death, at last breath. جاں بلب ہونا to be at the point of death. جان بیمہ life insurance. جان بھاری ہونا be weary of life. جان پر آنا be exposed to imminent danger. جان پر بن جانا / بننا be in danger of (one's life), life to be at risk. جان پر کھیلنا risk one's life or die (for a cause), lay down one's life. جان پڑنا be revived or refreshed, take a new lease, become beautiful, graceful or better. جان تصدق کرنا (*fig.*) to sacrifice one's life. جان توڑ کر لڑنا fight tooth and nail, fight very bravely. جانِ جاں / جاناں / جہاں beloved. جان جانا **1** die. **2** intensely dislike (something); become restless; be displeased. جان جلانا annoy, irk, vex. جان جوکھوں کا کام a very hazardous or life-threatening undertaking or task. جان جوکھوں میں ڈالنا risk or jeopardize one's life. جان چُرانا shirk, shrug a duty off, avoid or escape from a responsibility. جان چلی جانا die. جان چھڑانا rid (oneself) of, get rid of; escape. جان چھڑکنا be deeply devoted to, be ready to sacrifice one's life for, love

جامعُ العلوم (person or book) having all knowledge; encyclopedia. جامعُ القرآن compiler of the Holy Qur'an; an appellation of the third Rightly Guided Caliph Hazrat Usman. جامعُ الکمالات all-round scholar; all-rounder, most skilful or learned. جامعُ اللّسانین one who knows many languages. جامعُ المتفرقین **1** one who unites those who are separated. **2** (*fig.*) God (often used in classical tales where two loved ones are separated). جامع مسجد (***Islam***) principal mosque where people assemble for prayers, especially on Fridays.

جامِعہ /dʒɑ:meʔɑ:/ ■ *n.f.* university.

جامعی /dʒɑ:meʔi:/ ■ *adj.* **1** graduated from a university. **2** all-round scholar; having encyclopedic knowledge.

جامعیّت /dʒɑ:meʔɪjjət/ ■ *n.f.* comprehensiveness.

جام غول /dʒɑ:mɣo:l/ ■ *n.m.* illegitimate child.

جامگی /dʒɑ:məgi:/ ■ *n.f.* **1** a piece of cotton cloth. **2** fuse or wick of a firework, gun, etc. **3** salary, stipend.

جامَن /dʒɑ:mən/ ■ *n.m.* sour milk used to curdle fresh milk; fermenter, coagulator, rennet.

جامُن /dʒɑ:mʊn/ ■ *n.m.* (also جامَن) a dark mauve colour fruit or its tree, *Eugenia jambolana*.

جامنا /dʒɑ:mnɑ:/ ■ *v.* (*arch.*) be born, be produced.

جامنی /dʒɑ:mni:/ ■ *adj.* of dark mauve colour, purple.

جاموس /dʒɑ:mu:s/ ■ *n.m.* (also جاموش) buffalo.

جامہ /dʒɑ:mɑ:/ ■ *n.m.* **1** clothing, garment; robe. **2** (*fig.*) goblet, drinking vessel. جامۂ احرام (***Islam***) ihram, unstitched sheets worn by pilgrims who go to Makkah for Hajj or Umrah. جامۂ اصلی **1** real garment. **2** (*fig.*) skin. جامہ پہنانا **1** (*fig.*) translate. **2** to shape, give a particular form. **3** to clothe, especially a bridegroom. جامہ تلاشی searching a person's clothes, body search, searching the person. جامہ خانہ / دان wardrobe, chest or bag for holding clothes. جامہ زیب (a person) on whom every dress looks good. جامہ زیبی the quality of looking elegant and graceful irrespective of the style or fashion of dress, grace or elegance of dress. جامۂ سالوس guise, disguise; deceit. جامہ وار **1** fit to make a dress of, sufficient for a dress. **2** flowered fabric, cloth embroidered with floral motif.

جامی[1] /dʒɑ:mi:/ ■ *adj.* of or relating to جام[1]. ■ *pr.n.m.*

utmost, strain every sinew or nerve. جانِ مَن (used as a form of address) my life, my dear, darling. جان میں جان آنا be comforted, revive, be revived, regain hope or equanimity, feel no longer worried. جاں نثار supremely devoted, very loyal. جان ہلکان کرنا 1 work very hard. 2 grieve or mourn very much. جان ہے تو جہان ہے life is more valuable than anything else; if one survives one can have the world. [P]

جان[۲] ____ ■ *n.f.* knowing, knowledge, awareness, apprehension; opinion. جان بوجھ کر knowingly, intentionally, deliberately, purposely. جان پڑنا seem, appear, look. جان پہچان acquaintance, familiarity. جان پہچان کا روالا friend; familiar, an acquaintance. جان رکھنا remember, bear in mind. جان کار knowledgeable, acquainted or familiar (with). جان کاری acquaintance, knowledge, familiarity. جان بے انجان ہونا feign or pretend ignorance. جان لینا know; perceive, apprehend. جان نہ پہچان بڑی خالہ سلام sarcastic remark when someone forces himself or herself on an unknown person. [S]

جان[۳] ____ ■ *n.m.* (also جانّ) the genii; the race of the genii. [A]

جاں /dʒɑ̃:/ ■ *n.f.* poetical form of جان[۱].

جانا[۱] /dʒɑ:nɑ:/ ■ *v.* 1 go; set out, depart. 2 pass away. 3 be wasted; be ruined. 4 be stolen, be lost. 5 be deprived of (a thing or person). جانا جانا لگانا repeatedly express intention or desire to leave. [S]

جانا[۲] ____ ■ *adj.* understood, known; used in comp. as: جانا بوجھا well-known, well-understood, well-frequented. جانا پہچانا famous, well-known. جانا مانا well-known, renowned, accomplished, recognized. (*fem.* جانی[۳]) [S]

جاناں /dʒɑ:nɑ̃:/ ■ *n.m.& f.* beloved; a way of addressing the beloved.

جانانہ /dʒɑ:nɑ:nɑ:/ ■ *adj.* like a beloved; beloved; lovely.

جانب /dʒɑ:nəb/ ■ *n.m.* acquaintance, kith and kin; persons or things one knows. جانب کار an acquaintance.

جانِب /dʒɑ:nɪb/ ■ *n.f.* 1 side; part, adjacent part, quarter, tract. 2 direction. 3 party (to a dispute or agreement, etc.), person(s) as a side in an agreement or dispute. ■ *adv.* (usu. followed by کی) towards, in the direction of. جانب دار (also جانبدار) partial, biased, partisan. جانب داری (also جانبداری) partiality, partisanship.

dearly, be ready to lay down one's life for love. جان چھوٹنا be rid of a burden or trouble. جان دار 1 living (thing). 2 strong, vigorous. 3 active, full of life. 4 (*fig.*) wealthy, rich, affluent. جان دوبھر ہونا be sick or weary of life. جان دینا 1 die for, lose or sacrifice one's life for. 2 adore deeply. 3 suicide. جان ڈالنا give life to; energize; impart grace or beauty or taste, enhance the effect. جان رکھنا be strong. جاں سپار (also جانسپار) devoted, sincere, ready to lay down life for someone. جاں ستاں killing (work); cruel (person), destroyer or taker of life. جاں ستانی cruelty, callousness. جاں سوختہ 1 tormented, troubled, anguished. 2 (*fig.*) lover. جاں سوز (also جانسوز) tormenting, very painful, soul-racking, heart-rending. جان سے بیزار ہونا lose all interest in life, be sick of life. جان سے پیارا/عزیز dearer than (own) life. جان سے جانا die; be killed. جان سے مارنا kill. جان سے ہاتھ دھونا 1 die. 2 despair or give up hope of life. جاں فرسا very grievous, very troublesome. جاں فزا (also جانفزا) animating; bracing, invigorating, refreshing. جاں فزائی (also جانفزائی) invigoration. جاں فشانی (also جانفشانی) devoted work, hard labour, extreme diligence. جان کا جنجال troublesome person or thing. جان کا صدقہ مال money for life; one should sacrifice money to save life. جان کا گاہک 1 mortal enemy. 2 (*fig.*) one who annoys much. جان کا لاگو ہونا be bent upon killing or murder, hound one to death. جاں کاہ (also جانکاہ) soul-exhausting; afflicting; extremely demanding (task). جاں کاہی (also جانکاہی) extreme labour, exhaustion. جاں کنی (also جانکنی) the agonies of death. جان کو آنا make life miserable, hound, pester. جان کو رونا (کی) to curse. جان کی اماں safety of life; pardon, quarter. جان کی اماں پانا obtain or be granted the promise or guarantee of safety of life. جان کی اماں دینا vouchsafe or guarantee life or safety of life. جان کی بازی لگانا sport with one's life, risk one's life (usu. for a great or noble objective). جان کی جان گئی ایمان کا ایمان گیا to be a loser in either way. جان کے برابر رکھنا hold one as dear as own life. جان کے لالے پڑنا to have no hope of life; to have one's life in extreme danger. جان کھانا annoy, pester, hound. جان کھپانا work very hard and diligently; devote oneself wholly to (work). جاں گداز/گسل killing, baneful, pernicious. جان لیوا deadly. جان مارنا exert to the

جانم /dʒɑːnəm/ ■ *n.f.* (*contr.* of جانِ من) my life, my dear.

جانماز /dʒɑːnəmɑːz/ ■ *n.f.* prayer mat.

جاننا /dʒɑːnnɑː/ ■ *v.* **1** know; be aware of, be conscious of. **2** comprehend, understand; perceive. **3** assume, suppose, presume. **4** believe; accept. **5** recognize, identify.

جانو /dʒɑːno:/ ■ *adv. & conj.* as if; (you would) suppose or think that...; to wit; suppose that... .

جانور /dʒɑːnvər/ ■ *n.m.* **1** any land or sea animal or bird, living creature, fauna. **2** (*fig.*) stupid person, fool, blockhead; uncultured, uncouth person. جانور خانہ place where animals are kept in captivity for exhibition, menagerie.

جانورک /dʒɑːnvərək/ ■ *n.m.* (*dim.* of جانور) micro-organism, germ, bacterium, microbe.

جانہار /dʒɑːnhɑːr/ ■ *adj.* (also جاں ہار، جانہارا) **1** ready to die, ready to lay down life. **2** (*fig.*) unfortunate.

جانی¹ /dʒɑːniː/ ■ *adj.* **1** pertaining to life. **2** hearty, cordial. ■ *n.m.* **1** beloved; lover. **2** my life, dear, darling (a way of addressing someone). جانی دشمن mortal or implacable enemy. جانی نقصان loss of life. [P]

جانی² ____ ■ *n.m.* guilty, offender. [A]

جانی³ ____ ■ *adj.* (*fem.* of جانا²) جانی بوجھی familiar, known. [S]

جانی⁴ ____ ■ *n.m.* **1** conjuror. **2** astrologer, fortune-teller. [S]

جانے¹ /dʒɑːne:/ ■ (*infl.* of جانا¹) جانے بھی دو oh! never mind, oh! leave it! ignore it! جانے دو never mind, let go of it, let it be, overlook it; forgive (him/her). جانے دینا let go; overlook; excuse (a fault). [S]

جانے² ____ ■ *adv. & conj.* (*infl.* of جانا) an expression of doubt or uncertainty, such as: don't know, who knows? جانے انجانے knowns and unknowns. جانے انجانے میں wittingly or unwittingly. جانے (میری) بلا / پاپوش / جوتی I don't know; I do not care to know. [S]

جاواں /dʒɑːvɑ̃ː/ ■ *adj.* (also جُڑواں) twin. ■ *n.m.* one of a pair, a twin.

جاوتری /dʒɑːvɪtriː/ ■ *n.f.* (also جاوَتری، جوتری) mace; the bark of the nutmeg, *Myristica fragrans* which is used as an aromatic spice.

جاوداں /dʒɑːvɪd̪ɑ̃ː/ ■ *adj.* (also جاویداں) perpetual, eternal, everlasting.

جانبی /dʒɑːnɪbiː/ ■ *adj.* lateral.

جانبین /dʒɑːnɪbæːn/ ■ *n.m.pl.* **1** the two sides, both sides. **2** both the parties (to a dispute or issue).

جانت /dʒɑ̃ːt̪/ ■ *n.f.* **1** stone hand-mill for grinding corn. **2** counterweight put on the lower arm of a lever to raise water.

جانٹ /dʒɑ̃ːʈ/ ■ *n.m.* a desert plant, *Prosopis spicigera*. (See also جنّی.)

جانثار /dʒɑːnɪsɑːr/ ■ *adj.* very loyal. See جاں نثار under جان¹.

جانچ /dʒɑ̃ːtʃ/ ■ *n.f.* trial, test, assessment, appraisal, examination. جانچ پرکھ scrutiny, appraisal, test. جانچ پڑتال scrutiny, checking.

جانچنا /dʒɑ̃ːtʃnɑː/ ■ *v.* try; examine, assess, test, appraise.

جانچیّا /dʒɑ̃ːtʃvəjjɑː/ ■ *n.m.* one who examines; auditor; examiner, tester, appraiser, evaluator.

جانشین /dʒɑːnəʃiːn/ ■ *n.m.* heir, successor. See under جا².

جانشینی /dʒɑːnəʃiːniː/ ■ *n.f.* succession. See under جا².

جانگ /dʒɑːŋg/ ■ *n.f.* crotch. See جانگھ.

جانگر /dʒɑːŋgər/ ■ *n.m.* **1** thighs and legs; limbs. **2** strength. جانگر توڑنا **1** to break the legs; to wear the legs out. **2** to toil hard.

جانگل /dʒɑːŋgəl/ ■ *n.m.* **1** francoline partridge. **2** forest.

جانگل /dʒɑːŋgʊl/ ■ *n.m.* poison, venom.

جانگلو /dʒɑːŋgluː/ ■ *adj.* wild, savage, uncouth.

جانگلوس /dʒɑːŋgluːs/ ■ *n.m.* (also جانگلوش) wild, boorish man.

جانگلی¹ /dʒɑːŋgʊliː/ ■ *n.m.* **1** snake-catcher, one who cures snake-bite or bites of other venomous reptiles by charms and magic, dealer in antidotes. **2** conjurer. [S]

جانگلی² ____ ■ *n.f.* **1** knowledge of poisons, knowledge of drugs and their use as antidotes. **2** potherb, *Luffa acutangula*. [S]

جانگلی /dʒɑːŋgliː/ ■ *adj.* **1** wild uncouth, uncivilized; untamed. **2** picturesque. ■ *n.m.* picturesque country or scenery.

جانگیا /dʒɑːŋgjɑː/ ■ *n.m.* (also جانگیہ، جانگھیا) knickers; shorts; underwear.

جانگھ /dʒɑːŋgʰ/ ■ *n.f.* (also جانگ) part of the human body between the legs where they meet the torso, crotch.

جانگھل /dʒɑːŋgʰəl/ ■ *n.m.* (also جانگھیل) a kind of heron, darter, snakebird, *Plotus melanogaster*.

جاوِدانہ /dʒɑ:vɪd̪ɑ:nɑ:/ ■ *adj*. perpetual, permanent, everlasting. ■ *adv*. perpetually, eternally.

جاوِدانی /dʒɑ:vɪd̪ɑ:ni:/ ■ *adj*. (also جاویدانی) eternal. ■ *n.f.* eternity.

جاوَرس /dʒɑ:vərs/ ■ *n.m.* (also گاورس) millet.

جاوک /dʒɑ:vək/ ■ *n.m.* (also یاوک) red colour obtained from the lac insect.

جاوید /dʒɑ:ve:d̪/ ■ *adj*. eternal, undying, everlasting.

جاہ /dʒɑ:h/ ■ *n.m. & f.* dignity, rank, high status, grandeur. جاہ پسند/طلب having greed for power. جاہ وجلال/حشم status and grandeur, pomp, magnificence, splendour. جاہ ومنزلت/منصب rank and position or dignity.

جاہِد /dʒɑ:hɪd̪/ ■ *n.m.* **1** one who struggles, one who makes great efforts. **2** (*fig.*) a Sufi.

جاہِل /dʒɑ:hɪl/ ■ *adj*. **1** ignorant, illiterate, unlettered, benighted. **2** uncivilized, uncouth, uncultured. ■ *n.m.* uncultured person. جاہِلِ مطلق absolutely illiterate. (*pl.* جُہلا)

جاہِلانہ /dʒɑ:hɪlɑ:nɑ:/ ■ *adj*. barbaric, uncivilized, resembling ignorant or uncouth (persons), uncultured (way or manner).

جاہِلیّت /dʒɑ:hɪlɪjjət̪/ ■ *n.f.* **1** ignorance. **2** heathenism, paganism; pre-Islamic times (in Arabia).

جاہی /dʒɑ:hi:/ ■ *n.f.* **1** large-flowered jasmine, Spanish jasmine, *Jasminum grandiflorum*. **2** a firework resembling jasmine.

جائپھل /dʒɑ:epʰəl/ ■ *n.m.* nutmeg. See جائفل.

جائداد /dʒɑ:ed̪ɑ:d̪/ ■ *n.f.* (also جائیداد، جایداد) **1** immovable property, assets, estate, real estate. **2** assignment on land (for the maintenance of troops or an establishment or a person). **3** standing crop (in respect of revenue). **4** (*fig.*) (*rare*) place, rank, post, vacancy. **5** resources, funds, effects. جائدادِ اجمالی joint property or estate. جائدادِ اراضی landed property. جائدادِ استمراری assignment of rent in perpetuity. جائدادِ آبائی ancestral property or estate. جائدادِ زرعی agricultural property, landed property. جائدادِ زوجیت spouse's property. جائدادِ سکنی residential property, habitable property, house. جائدادِ غیر منقولہ immovable property. جائدادِ متنازعہ property in dispute, disputed property. جائدادِ مرہونہ mortgaged property. جائدادِ مشترکہ joint property. جائدادِ مضبطہ confiscated property. جائدادِ معافی rent-free property. جائدادِ معافیِ دوام permanent land grant. جائدادِ مقروقہ attached or sequestrated property. جائدادِ مکسوبہ acquired or self-acquired property. جائدادِ مکفولہ hypothecated property. جائدادِ منقولہ movable property. جائدادِ موروثی ancestral property.

جائر /dʒɑ:ɪr/ ■ *adj*. despotic, autocratic, tyrannical.

جائز /dʒɑ:ɪz/ ■ *adj*. lawful, legal, just, valid, authorized; permissible, admissible; proper, right. جائز رکھنا deem legal, deem justified or permissible; permit, allow, tolerate, legalize; justify, warrant. جائز طور پر justifiably, correctly, legally, by lawful means. جائز قرار دینا accept or declare something as correct, legal or lawful; uphold; permit, allow.

جائزہ /dʒɑ:ezɑ:/ ■ *n.m.* **1** survey, review, inspection. **2** exploration (of possibilities). **3** charge (of an office). **4** reward, present. جائزہ لینا **1** survey, review. **2** check an account. **3** take charge of one's duties in an office.

جائفل /dʒɑ:efəl/ ■ *n.m.* (also جائپھل) nutmeg, mace, *Myristica fragrans*, a spice.

جائگاہ /dʒɑ:egɑ:h/ ■ *n.m.* (also جاگہ، جگہ) place.

جاؤ /dʒɑ:o:/ ■ (*imper.* of جانا) go away, be off, off with you. جاؤ اپنا کام کرو/اپنے گھر کی راہ لو mind your own business; off with you. جاؤ بھی sarcastic remark to say that you are of no use or you could not do what you claimed or what was expected of you. جاؤ جی expression denoting an affectionate snubbing. جاؤ نیپال ساتھ جائے کپال fortune accompanies you everywhere; it's no use going to faraway places if you are not lucky.

جاؤلی /dʒɑ:o:li:/ ■ *n.f.* (also جاولی) a kind of thumri, a genre of South Asian classical music.

جائی /dʒɑ:i:/ ■ *n.f.* daughter. ■ *adj*. born of. جائی جگہ native land, birthplace.

جایا /dʒɑ:jɑ:/ ■ *n.m.* son. ■ *adj*. begotten, born.

جایل /dʒɑ:jəl/ ■ *n.f.* twice-ploughed land.

جب /dʒəb/ ■ *adv. & conj.* **1** when; at the time when. **2** in case. **3** whenever. جب تب now and then, occasionally. جب تک/تلک/توڑی/تئیں till when, till (such time as), until; as long as, so long as. جب تک دم ہے تب تک غم ہے misery and trouble continue till the end of life. جب تک سانس تب

جِبرائیل /dʒɪbrɑːiːl/ ■ *pr.n.m.* (also جبریل، جبرئیل) the archangel Gabriel.

جبروت /dʒəbruːt̪/ ■ *n.m.* **1** omnipotence, dominion **2** a stage or degree in mystical life, one of several states of Sufism.

جبریت /dʒəbrɪjət̪/ ■ *n.f.* (***Philos.***) determinism.

جبری /dʒəbriː/ ■ *adj.* **1** compulsory, forced. **2** algebraical. ■ *n.m.* See جبریہ. جبری بھرتی enlisting into armed forces compulsorily, conscription.

جبرّیت /dʒəbrɪjjət̪/ ■ *n.f.* determinism.

جبریّہ /dʒəbrɪjjɑː/ ■ *n.m.* (also جبری) **1** sect believing in predestination. **2** determinist, a member of this sect. (*opp.* قدریہ)

جبڑا /dʒəbɽɑː/ ■ *n.m.* the jaw; the lower jaw-bone. جبڑا چلانا get the jaw moving; eat something.

جبڑی /dʒəbɽiː/ ■ *n.f.* lock-jaw (a disease).

جبس /dʒəbs/ ■ *n.m.* gypsum.

جبل /dʒəbəl/ ■ *n.m.* mountain, hill. جبل الطارق Gibraltar. جبلِ رحمت Mount of Mercy, name of a hill near Makkah. (*pl.* جبال)

جبّل /dʒəbbəl/ ■ *n.m.* (*var.* of سبّل) crowbar.

جبلّت /dʒɪbɪllət̪/ ■ *n.f.* nature, instinct, natural disposition, temperament, original quality or property, essence.

جبلّتاً /dʒɪbɪllət̪ən/ ■ *adv.* (also جبلاً) by nature, innately, naturally, instinctively.

جبلّی /dʒɪbɪlliː/ ■ *adj.* instinctive, natural, innate.

جُبن /dʒʊbn/ ■ *n.m.* (also جُبُن) **1** cowardice, pusillanimity. **2** food made from the pressed curds of milk, cheese.

جُبّہ /dʒʊbbɑː/ ■ *n.m.* gown, a long robe, cloak. جبہ پوش gowned, robed. جبہ ودستار **1** gown and turban (the sign of a religious scholar). **2** (*fig.*) religiousness.

جبہہ /dʒəbhɑː/ ■ *n.m.* **1** the forehead. **2** one of the twenty-eight asterisms in the moon's path, consisting of four stars. جبہہ سا one who rubs his forehead on the ground or on someone's feet in self-abasement, begging earnestly. جبہہ سائی the act of rubbing the forehead (on the ground), prostration in humility or for begging, the act of beseeching humbly. (*pl.* جباہ)

جبین /dʒəbiːn/ ■ *n.f.* (also جبیں) **1** the forehead. **2** (*fig.*) face, countenance. جبیں پر بل ڈالنا ر چین ہونا flare up, become angry; furrow one's forehead to indicate displeasure, تک آس where there is life, there is hope. جب جب whenever, whensoever. جب سے since then, since that time. جب کا of that (past) time. جب کبھی whenever. جب کہ (also جبکہ) whereas, whilst; while; at the time. جب کہیں جا کے then at long last, with great difficulty. جب نہ تب **1** never, not at all. **2** frequently; indiscriminately. جب ہی **1** at the very time. **2** so! so that is why! جب ہی تو so! that is the reason, because of (this), hence, therefore, for that very reason.

جُب /dʒʊb/ ■ *n.m.* (also جُبّ) well without parapet; deep pit. (*pl.* اجاب)

جِبا /dʒɪbɑː/ ■ *n.m.* tax; tribute; revenue.

جُبا /dʒʊbɑː/ ■ *adj.* young.

جبّار /dʒəbbɑːr/ ■ *adj.* almighty, omnipotent. ■ *n.m.* **1** conqueror. **2** avenger. **3** See الجبّار.

جباڑا /dʒəbɑːɽɑː/ ■ *n.m.* (*corr.* of جبڑا) (*iron.*) big jaw.

جِبال /dʒɪbɑːl/ ■ *n.m.* (*pl.* of جبل) mountains, hills.

جبان /dʒəbɑːn/ ■ *adj.* cowardly, pusillanimous, timid. ■ *n.m.* coward.

جبانت /dʒəbɑːnət̪/ ■ *n.f.* cowardice, pusillanimity, timidity.

جِباہ /dʒɪbɑːh/ ■ *n.f.* (*pl.* of جبہہ) the foreheads.

جِبایت /dʒɪbɑːjət̪/ ■ *n.f.* (also جبایہ) taxation or tax collection.

جبدّا /dʒəbəd̪d̪ɑː/ ■ *adj.* **1** stiff, rigid. **2** awkward, clumsy. **3** heavy. **4** lazy.

جبدنا /dʒəbəd̪nɑː/ ■ *v.* **1** be filled. **2** be turned down or back, be folded.

جبدی /dʒəbd̪iː/ ■ *n.f.* a species of rice originally grown in Rohilkhand, India.

جبر /dʒəbr/ ■ *n.m.* **1** force, compulsion, coercion, constraint; oppression, outrage, violence; atrocity. **2** predestined or inescapable decree of fate. **3** recompensation, improvement; bringing back to normal. **4** restoring to a sound health; setting a bone. **5** (***Psych.***) repression. جبر اٹھانا endure oppression, suffer. جبر کرنا oppress, compel, coerce, use or employ force. جبر نقصان reparation or compensation for loss or injury, making up for a deficiency (in quality, etc.). جبر و استبداد رتعدی oppression, coercion, cruelty, tyranny. جبر و قدر free will and predestination. جبر و مقابلہ algebra.

جبراً /dʒəbrən/ ■ *adv.* (also بالجبر) by force, forcibly. جبراً و قہراً willy-nilly.

جُتائی /dʒʊt̪ɑ:i:/ ■ *n.f.* **1** work of ploughing or tilling. **2** levy for ploughing or tilling.

جَترُو /dʒət̪ru:/ ■ *n.m.* the collarbone, clavicle.

جَتَن /dʒət̪ən/ ■ *n.m.* **1** effort, endeavour, exertion, striving, toiling. **2** trick, contrivance. **3** care, caution, carefulness. **4** (*fig.*) quality or feature, attribute. ■ *adv.* carefully, cautiously. جتن کرنا to try very hard.

جِتنا /dʒɪt̪nɑ:/ ■ *adv. & conj.* as much as, as many, so much, as much, the more. جتنا آٹے میں نمک very little, a tiny amount (of something). جتنا چھانو اتنا ہی کرکرا the deeper you delve, the more the dirt. جتنا چھوٹا اتنا کھوٹا so small yet so bad, a small mischievous person. جتنا گڑ ڈالو گے اتنا میٹھا ہوگا the deeper the well, the warmer the water.

جُتنا /dʒʊt̪nɑ:/ ■ *v.* **1** (an animal) be yoked or inspanned. **2** (land) be ploughed. **3** be attached (to); be immersed in (work).

جِتنی /dʒɪt̪ni:/ ■ *adv. & conj.* (*fem.* of جِتنا) جتنی چادر دیکھو اُتنے پاؤں پھیلاؤ cut your coat according to your cloth. جتنی دولت اُتنی مصیبت the more the wealth, the greater the worry. جتنی دیگ اُتنی کھرچن the larger the outlay, the more the waste.

جِتنے /dʒɪt̪ne:/ ■ (*pl. & infl.* of جِتنا) جتنے دم اتنے غم life is a series of sorrows. جتنے منھ اُتنی باتیں so many men, so many minds/opinions. جتنے میں in so much or that much time; for so much or that much money.

جِتوانا /dʒɪt̪vɑ:nɑ:/ ■ *v.* make someone win or conquer.

جُتوانا /dʒʊt̪vɑ:nɑ:/ ■ *v.* have an animal yoked; get a field ploughed or tilled; have (someone) joined (in work).

جَتی /dʒət̪i:/ ■ *adj.* (one) who has subdued his passion, religious mendicant, ascetic. جتی ستی celibate, ascetic, sage.

جُتیانا /dʒʊt̪jɑ:nɑ:/ ■ *v.* grossly insult or chastise; beat with shoes.

جَتھا /dʒət̪ʰɑ:/ ■ *n.m.* (also جتھ) **1** gang, party, posse; crowd, multitude. **2** unity, alliance. **3** capital, wealth. جتھا باندھنا form a party. جتھابند united.

جَتھے /dʒət̪ʰe:/ ■ *n.m.* (*pl. & infl.* of جتھا) جتھے دار a rank in unofficial Sikh militia.

جَٹ /dʒəʈ/ ■ *n.m.* Jat. See جاٹ.

جُٹ [1] /dʒʊʈ/ ■ *n.f.* (also جُٹھ) **1** pair, equal, peer. **2** union; concord, harmony. **3** (***Math.***) a group of similar frown upon. جبیں سائی/رفرسائی rubbing the forehead (on the ground in adoration or supplication). جبینِ نیاز the forehead (lowered) in humility.

جِبھّا /dʒɪbʰbʰɑ:/ ■ *adj.* having a tongue; tongued, talkative.

جَبھی /dʒəbʰi:/ ■ *adv.* (*contr.* of جب ہی) so, that is why.

جِبھی /dʒɪbʰi:/ ■ *n.f.* tasselled strings for plaiting hair.

جَپ /dʒəp/ ■ *n.m.* recitation of prayers; silently telling the beads of a rosary. جپ تپ meditation, worship. جپ جی a Sikh prayer book. (See also جاپ.)

جَپا /dʒəpɑ:/ ■ *n.m.* the China rose, the flower of the plant *Hibiscus rosa-sinensis*.

جَپنا /dʒəpnɑ:/ ■ *v.* (also جاپ کرنا) **1** tell one's beads, repeat an incantation in low voice or inaudibly. **2** recall; repeat; remember or recall repeatedly; call out repeatedly.

جَت [1] /dʒət̪/ ■ *n.f.* **1** sort, kind. **2** fashion, manner. [S]

جَت [2] ____ ■ *n.f.* a kind of rhythmic song, generally sung at the Hindu Holi festival. [S]

جَت [3] ____ ■ *n.m.* machine; any instrument or trick that works. [Prk.]

جِت /dʒɪt̪/ ■ *adj.* conquered, defeated, subdued.

جُت [1] /dʒʊt̪/ ■ (*imper.* of جُتنا) (of an animal) be yoked. ■ *adj.* joined, connected with; possessed (of). جُت جانا **1** be engaged; be immersed (in work). **2** be yoked. [S]

جُت [2] ____ ■ *n.f.* brilliancy. See جوت[1]. [S]

جُتا /dʒʊt̪ɑ:/ ■ *adj.* **1** busy, involved. **2** yoked. جُتا رہنا remain very busy or involved, work very hard. جُتا ہونا be very busy. (*fem.* جُتی)

جِتّا /dʒɪt̪t̪ɑ:/ ■ *adv.* (*corr.* of جِتنا) as much.

جُتار /dʒʊt̪ɑ:r/ ■ *n.m.* **1** ploughed or cultivated land. **2** ploughman.

جَتاڑا /dʒət̪ɑ:ɽɑ:/ ■ *n.m.* (also جَتار، جَتاسا) family, race, lineage, dynasty, house.

جَتانا /dʒət̪ɑ:nɑ:/ ■ *v.* (also جَتلانا) **1** make known, make understood or comprehended, make realized or perceived. **2** declare, indicate, apprise, pronounce; point out. **3** admonish, caution, warn, make aware, bring home a lesson.

جِتانا /dʒɪt̪ɑ:nɑ:/ ■ *v.* (also جِتوانا) cause to win or conquer.

جُتانا /dʒʊt̪ɑ:nɑ:/ ■ *v.* cause to become busy (in work); cause to be joined; cause to be yoked.

جُتاؤ /dʒʊt̪ɑ:u:/ ■ *adj.* fit for cultivation, arable.

جچنا /dʒətʃnɑ:/ ■ *v.* (also جِچنا) **1** suit, be appropriate; look nice, good or well-groomed, look presentable. **2** be valued or appraised, be tested or tried, be estimated.

جُحود /dʒʊhu:d̪/ ■ *n.m.* lack of faith, defiance, contumacy; wilful disobedience; stubborn denial of truth.

جحیم /dʒəhi:m/ ■ *n.m.* fire burning in a pit, violently blazing fire; the Hell-fire.

جد[1] /dʒəd̪/ ■ *n.m.* (also جدّ) paternal grandfather, forefather, ancestor; usually used in comp. as: جدامجد paternal grandfather; a distinguished ancestor. جدِصحیح ancestor of pure male line. جدِفاسد ancestor related through a woman. (*pl.* اجداد) [A]

جد[2] ____ ■ *adv.* (*var.* of جب) (*arch.*) when. [S]

جِد /dʒɪd̪/ ■ *n.f.* (also جِدّ) **1** effort; exertion; endeavour. **2** seriousness, sobriety; solemnness. جدوجہد struggle, striving, toil, labour.

جُدا /dʒʊd̪ɑ:/ ■ *adj.* **1** separate, separated, dissociated, apart, parted (from), detached. **2** different, distinct, peculiar. ■ *adv.* moreover, besides, in addition to. جداجدا **1** distinct. **2** one by one, variously, severally. جداصنفی (***Biol.***) dioecious, having male and female reproductive organs in separate individuals. جداکرنا **1** separate, detach; sever, disengage. **2** dismiss, to fire (from service). **3** (*fig.*) sell, vend. جداگانہ **1** separate; different. **2** separately. جداہونا be separated.

جدار /dʒɪd̪ɑ:r/ ■ *n.m.* & *f.* wall.

جداری /dʒɪd̪ɑ:ri:/ ■ *adj.* of or relating to جدار; having walls. جداری مصوری/نقاشی mural painting.

جدال /dʒɪd̪ɑ:l/ ■ *n.m.* & *f.* **1** fight, battle, contest, affray. **2** altercation; wrangling, dispute. جدال وقتال fighting and killing; battle.

جدائی /dʒʊd̪ɑ:i:/ ■ *n.f.* separation, parting, estrangement; absence. جدائی ڈالنا bring about a separation, cause estrangement. جدائی کی گھڑی moment or time of separation or departure.

جدباتدبا /dʒəd̪bɑ: t̪əd̪bɑ:/ ■ *n.m.* nonsense, absurd or meaningless expression; prattle.

جدّت /dʒɪd̪d̪ət̪/ ■ *n.f.* **1** novelty, newness, innovation. **2** something new and original; originality. **3** modernity. جدت پسند innovative, fond of new ways. جدت پسندی innovativeness. جدت طرازی modernness.

things, set. [S]

جُٹ[2] ____ ■ (*imper.* of جُٹنا) جٹ جانا set to task, toil. [Prk.]

جٹا /dʒəʈɑ:/ ■ *n.f.* **1** matted hair. **2** a string made of fibre; rope. **3** thread-like stems shooting from the trunk of banyan tree. جٹادھاری **1** having matted hair. **2** a mendicant with matted hair. **3** (***Hinduism***) an epithet of Shiva. **4** cockscomb (flower). جٹاماسی/رمانسی spikenard or *Nardostachys grandiflora*, a highly aromatic plant; its oil or balsam. (See also بالچھڑ.)

جٹال /dʒəʈɑ:l/ ■ *adj.* having twisted or matted hair.

جٹلا /dʒəʈlɑ:/ ■ *n.m.* collection, assembly, crowd; congregation, meeting; union; league.

جُٹنا /dʒʊʈnɑ:/ ■ *v.* **1** set (to a task) earnestly, toil, be immersed in or occupied with (some work). **2** (*fig.*) mate; copulate. **3** combine, join, unite closely together.

جٹی /dʒeʈi:/ ■ *n.f.* the wavy-leafed fig tree, *Ficus venosa*.

جٹّی /dʒəʈʈi:/ ■ *n.f.* **1** liquorice. **2** female of Jat tribe; Jat's wife.

جُٹّی /dʒʊʈʈi:/ ■ *n.f.* **1** couple. **2** bundle of tobacco leaves. **3** a pile of leaves or breads. ■ *adj.* joined, contiguous.

جِٹھانی /dʒɪʈʰɑ:ni:/ ■ *n.* (*fem.* of جیٹھ) (also جیٹھانی) the wife of husband's elder brother.

جٹھر /dʒəʈʰər/ ■ *n.m.* **1** the stomach, belly, abdomen. **2** bowels. **3** the womb.

جٹھّی /dʒəʈʈʰi:/ ■ *n.m.* professional wrestler.

جُثّہ /dʒʊssɑ:/ ■ *n.m.* **1** body. **2** stature, physique, form or figure of body.

جج[1] /dʒədʒ/ ■ *n.m.* oblation, sacrifice, offering. [S]

جج[2] ____ ■ *n.m.* judge. جج اعلیٰ chief justice. [E]

ججمان /dʒədʒmɑ:n/ ■ *n.m.* (also جَجمان) **1** master; provider. **2** person who employs certain services (as those of barbers, etc.). **3** (*fig.*) husband.

ججمانی /dʒədʒmɑ:ni:/ ■ *n.f.* (also جَجمانی) **1** the status of a *jajman*. **2** the wages or stipend paid by a *jajman*. **3** wife of a *jajman*.

جچا /dʒətʃɑ:/ ■ *adj.* (also جچّا) tested, tried, proved. جچا تُلا correctly weighed and measured; calculated; well aimed and telling (blow). (*fem.* جچی)

جچاؤ /dʒətʃɑ:o:/ ■ *n.m.* the state of being presentable; elegance.

hospital.

جُذامی /dʒʊzɑ:mi:/ ■ *n.m.* leper.

جذب /dʒəzb/ ■ *n.m.* **1** absorption, drawing. **2** attraction, allurement. **3** mental absorption. جذبِ الانابیبِ شعری the tendency of a liquid in a narrow tube or pore to rise or fall as a result of surface tension, capillarity. جذب کرنا absorb, imbibe, soak. جذبِ مقناطیسی magnetic attraction. جذب ہونا be absorbed.

جذبات /dʒəzbɑ:t̪/ ■ *n.m.* (*pl.* of جذبہ) جذبات نگاری (*lit.*) writing characterized by the expression of emotions.

جذباتی /dʒəzbɑ:t̪i:/ ■ *adj.* emotional, sentimental, passionate.

جذباتیت /dʒəzbɑ:t̪ɪjət̪/ ■ *n.f.* sentimentality.

جذبہ /dʒəzbɑ:/ ■ *n.m.* passion, sentiment, emotion; feeling. جذبۂ دل ardent desire; tender feeling. (*pl.* جذبات)

جذر /dʒəzr/ ■ *n.m.* **1** root; origin. **2** (***Arith.***) the square root. جذرُ المال the fourth root. جذرِ سالم root of an integer. جذرِ کسورِ اعشاریہ the square root of a decimal fraction. جذرِ مربع the square root. جذرِ مکسر the root of a fraction. جذر نکالنا calculate the square root.

جِذع /dʒɪzʔ/ ■ *n.m.* tree, especially trunk of date-palm; corm.

جر /dʒər/ ■ *n.m.* (also جرّ) **1** pulling, attracting, drawing, dragging. **2** (***Gram.***) genitive case; the vowel *kasra* (کسرہ) at the end of a word. **3** (***Law***) dragging forth an offender for public punishment. **4** foot or apron of a mountain. **5** earthen vessel. جرِثقیل **1** (force of) gravity. **2** an apparatus which was used to move heavy loads. **3** (*fig.*) difficulty; laborious effort.

جُر /dʒʊr/ ■ *n.m.* (also جرانس) fever.

جرا /dʒərɑ:/ ■ *n.f.* **1** a kind of date-tree. **2** weakness due to age.

جُرّا /dʒʊrrɑ:/ ■ *n.m.* (also جُرّہ) male falcon.

جراب /dʒɪrɑ:b/ ■ *n.m.* **1** pouch, bag. **2** sac.

جُرّاب /dʒʊrrɑ:b/ ■ *n.f.* (also جُراب) socks; stockings.

جُرات /dʒʊrət̪/ ■ *n.f.* (also جُرأت) courage, valour, boldness, grit, bravery. جرات دکھانا/کرنا show courage or boldness. جرات مند (also جری) brave, valiant, valorous, intrepid, courageous.

جراتی /dʒərɑ:t̪i:/ ■ *n.m.* refined sea salt.

جراثیم /dʒərɑ:si:m/ ■ *n.m.* (*pl.* of جُرثومہ) germs, bacteria,

جُدری /dʒʊḓri:/ ■ *n.f.* (also جُدَری) smallpox. جدری کاذب chickenpox.

جُدرین /dʒʊḓri:n/ ■ *n.m.* vaccine. جدرین کاری vaccination.

جدل /dʒəḓəl/ ■ *n.f.* **1** fight, contention. **2** altercation, dispute, polemic. (See also جِدال.)

جدلی /dʒəḓəli:/ ■ *adj.* dialectical. جدلی مادیت dialectical materialism.

جدلیّات /dʒəḓəlɪjjɑ:t̪/ ■ *n.f.* dialectics.

جدوار /dʒəḓvɑ:r/ ■ *n.f.* zedoary, a certain species of genus *Curcuma zedoaria* of ginger family whose rootstocks are aromatic and pungent.

جِدّوجہد /dʒɪḓḓo:dʒæhḓ/ ■ *n.f.* (also جِدوکد، جِدوکید) struggle. See under جد. جدوجہد کرنا struggle, strive, make an effort.

جدول /dʒəḓvəl/ ■ *n.f.* **1** table (set of facts or figures), columns, tabulated information. **2** schedule. **3** astronomical table. **4** rivulet, stream, rill. **5** ruled line around a page, margins drawn along the sides of a page. جدول بندی tabulation. جدولِ سیارگان astronomical almanac. (*pl.* جداول)

جدولی /dʒəḓvəli:/ ■ *adj.* marked with straight lines. جدولی پیمانہ schedule scale.

جدّہ /dʒəḓḓɑ:/ ■ *n.f.* grandmother, granny.

جدی /dʒəḓi:/ ■ *n.m.* **1** kid, young goat. **2** the constellation of Capricorn and the tenth sign of the zodiac. **3** the polar star.

جدّی /dʒəḓḓi:/ ■ *adj.* ancestral. جدی پشتی ancestral, hereditary.

جدید /dʒəḓi:ḓ/ ■ *adj.* modern; new, recent, fresh.

جدیدیت /dʒəḓi:ḓɪjət̪/ ■ *n.f.* **1** modern ideas or method. **2** (***Philos.***) modernism, a movement in arts, literature and religion that aims to depart from traditional ideas.

جِدھر /dʒɪḓʰər/ ■ *adv.* where, wherever, whither. جدھر تدھر here and there, everywhere, wherever. جدھر رب ادھر سب he who has God on his side has everyone on his side. جدھر نِواں (نشیب) ادھر پانی ڈھلتا ہے where there is a slope, there flows the water.

جذّاب /dʒəzzɑ:b/ ■ *adj.* (also جاذِب) **1** attractive, attracting. **2** that which absorbs, very absorbent.

جُذام /dʒʊzɑ:m/ ■ *n.m.* leprosy. جذام خانہ lazaretto, lepers' drink). 2 (***Econ.***) a piece of agriculture land. جرعہ جرعہ by sips, sip by sip. جرعہ جرعہ پینا hold and sip a drink occasionally. جرعہ کش drinker. (*pl.* جُرعات)

جرگا /dʒərgɑ:/ ■ *n.m.* (also جرگہ) a kind of grass (used as fodder).

جرگہ /dʒɪrgɑ:/ ■ *n.m.* 1 tribe, clan; a group. 2 tribal jury convened to decide community matters. 3 flock, herd of animals. 4 a way of hunting in which many hunters encircle the prey. جرگہ بٹھانا / بلانا convene a session of the tribal jury. جرگہ بیٹھنا tribal jury to sit to decide matters.

جرگے /dʒɪrge:/ ■ *n.m.* (*pl.* & *infl.* of جرگہ) جرگے کے سپرد کرنا refer (a case) to the tribal jury.

جرم /dʒɪrm/ ■ *n.m.* 1 body of anything animate or inanimate. 2 flaw or crack in precious stone, etc. 3 middle part of backbone. جرمِ قمر body of the moon. (*pl.* اَجرام)

جُرم /dʒʊrm/ ■ *n.m.* crime, offence, guilt; transgression, illegal act. جرمِ خفیف petty crime or minor offence. جرمِ خلافِ وضعِ فطری unnatural offence, i.e. homosexuality. جرمِ سنگین serious or capital crime. جرم سے منکر ہونا plead not guilty. جرمِ شدید great or grave crime. جرمِ عظیم / کبیر capital crime. جرمِ قابلِ دست اندازی cognizable offence. جرمِ قابلِ ضمانت bailable offence. جرم قبول کرنا / قبولنا plead guilty. جرم کا مرتکب ہونا commit a crime. جرم و سزا crime and punishment. (*pl.* جرائم)

جُرمانہ /dʒʊrmɑ:nɑ:/ ■ *n.m.* a sum of money exacted by an authority, fine; penalty. جرمانہ بھرنا / دینا pay a fine. جرمانہ ٹھونک دینا / ڈالنا / کرنا fine, impose a fine or penalty. جرمانہ معاف کرنا remit a fine or penalty.

جُرمیات /dʒʊrmɪjɑ:t̪/ ■ *n.f.* criminology.

جرن /dʒərən/ ■ *adj.* old; decayed, infirm. ■ *n.m.* 1 old age. 2 the plant *Nigella indica*, which yields black pungent seed. (See also کلونجی.)

جُرنغار /dʒʊrʊnɣɑ:r/ ■ *n.m.* (also جرانغار) left flank of an army.

جرنیل /dʒərnæ:l/ ■ *n.m.* (also جرنل) general (army officer). [E]

جرنیلی /dʒərnæ:li:/ ■ *n.f.* the post of an army general, generalship, command. ■ *adj.* of or relating to a general. جرنیلی سڑک popular name for the Grand Trunk

microbes. جراثیم کش substance which kills harmful micro-organisms, germicide.

جرّاح /dʒərrɑ:h/ ■ *n.m.* 1 surgeon. 2 bone-setter. 3 one who dresses wounds.

جراحت /dʒərɑ:hət̪/ ■ *n.f.* 1 wound. 2 surgery.

جرّاحی /dʒərrɑ:hi:/ ■ *adj.* of or relating to surgery. ■ *n.f.* surgery, surgical treatment.

جراد /dʒərɑ:d̪/ ■ *n.f.* locust.

جرّار /dʒərrɑ:r/ ■ *adj.* 1 brave, daring. 2 huge, very large or numerous (army).

جرانس /dʒərɑ̃:s/ ■ *n.m.* fever.

جرائد /dʒərɑ:ɪd̪/ ■ *n.m.* (*pl.* of جریدہ) magazines, periodicals.

جرائم /dʒərɑ:ɪm/ ■ *n.m.* (*pl.* of جُرم) crimes, offences. جرائم پیشہ criminal, one who lives on crimes. جرائمِ خفیفہ petty offences. جرائمِ سنگین felonies, serious crimes.

جرائیو /dʒərɑ:ju:/ ■ *n.m.* 1 caul. 2 womb.

جرب /dʒərəb/ ■ *n.f.* 1 inflammation of the eyelash. 2 itching.

جرِٹ /dʒərɪt̪/ ■ *n.f.* chariot. [E]

جُرثُومہ /dʒʊrsu:mɑ:/ ■ *n.m.* (also جُرثُوم) 1 germ, bacterium, microbe. 2 root, origin, base. جرثومہ داں bacteriologist. (*pl.* جراثیم)

جُرثُومیات /dʒʊrsu:mɪjɑ:t̪/ ■ *n.f.* bacteriology.

جُرثُومیاتی /dʒʊrsu:mɪjɑ:t̪i/ ■ *adj.* bacteriological.

جرجر /dʒərdʒər/ ■ *adj.* 1 very old; frail, infirm. 2 broken into pieces; fragmented; torn, crushed. ■ *n.m.* eelgrass, kind of an aquatic plant of genus, *Vallisneria*.

جرجیس /dʒɪrdʒi:s/ ■ *pr.n.m.* Saint George.

جرح /dʒərh/ ■ *n.f.* (also جِرح) cross-questioning, cross-examination; questioning (a statement); denial; objection. جرح قدح argument, debate; objection. جرح کرنا cross-question, cross-examine; to rebut.

جُرح /dʒʊrh/ ■ *n.m.* wound, sore. (*pl.* جُروح)

جردہ /dʒərdɑ:/ ■ *n.m.* (*corr.* of زردہ) 1 yellow. 2 horse of sandy colour. 3 a gold coin.

جرز /dʒərz/ ■ *n.m.* ruddy shelduck, *Tadorna ferruginea*.

جرس /dʒərəs/ ■ *n.m.* 1 gong or bell rung to signal the departure of a caravan. 2 sweet melodious voice; a humming sound.

جُرعہ /dʒʊrʔɑ:/ ■ *n.m.* 1 draught, gulp, sip, mouthful (of a

جڑبھرت motionless, fixed. جڑجیو wild, clumsy.

جڑکالا winter season. [S]

جڑا /dʒəɽɑ:/ ■ *adj.* set (as a jewel or a stone in a ring, etc.); inlaid with silver, gold or gems, etc., mounted. (*fem.* جڑی)

جُڑا /dʒʊɽɑ:/ ■ *adj.* joined, united, attached; appended. (*fem.* جُڑی)

جڑانا¹ /dʒəɽɑ:nɑ:/ ■ *v.* to be cold, feel cold. [S]

جڑانا² ____ ■ *v.* (also جڑوانا) **1** have (picture) framed. **2** have (jewels) set or studded. [S]

جڑاوٹ /dʒəɽɑ:vəʈ/ ■ *n.f.* the act or art of setting jewels (in a ring, etc.).

جڑاول /dʒəɽɑ:vəl/ ■ *n.f.* winter apparel, warm clothes, woollies.

جڑاؤ /dʒəɽɑ:o:/ ■ *adj.* (also جڑت) studded, set with or encrusted with gems, inlaid. جڑاؤ زیور gold or silver ornaments studded with jewels.

جڑائی /dʒəɽɑ:i:/ ■ *n.f.* **1** setting of jewels. **2** cost for setting jewels.

جُڑائی /dʒʊɽɑ:i:/ ■ *n.f.* **1** joining, mending. **2** remuneration for mending.

جڑتا /dʒəɽtɑ:/ ■ *n.f.* coldness; insensibility, tranquillity; stiffness.

جڑنا /dʒəɽnɑ:/ ■ *v.* **1** frame. **2** stud, set (jewels). **3** stick on, affix. **4** strike, lay on (a blow). **5** speak ill of; make a complaint; tell tales, recount (usu. with ulterior motives or mala fide intent). **6** (*fig.*) register, enrol; include in a list.

جُڑنا /dʒʊɽnɑ:/ ■ *v.* **1** join, be joined, unite. **2** be mended. **3** (money) be saved. **4** be obtained or procured; come to hand.

جُڑواں /dʒʊɽvɑ̃:/ ■ *adj.* (also جوڑواں) twin (brother or sister).

جڑوانا /dʒəɽvɑ:nɑ:/ ■ *v.* **1** get framed. **2** have studded, have set (jewel, stone, etc.).

جُڑوانا /dʒʊɽvɑ:nɑ:/ ■ *v.* get something mended or joined.

جڑوں /dʒəɽõ:/ ■ *n.f.* (*pl.* of جڑ¹) جڑوں میں گرم پانی دینا ruin or damage permanently.

جڑوندا /dʒəɽɔ̃:ɖɑ:/ ■ *n.m.* dry root.

جڑہن /dʒəɽhən/ ■ *n.m.* (also جڑوی) rice cropped in the rainy season.

جڑی¹ /dʒəɽi:/ ■ *adj.* (*fem.* of جڑا) set; inlaid. [S]

Road or GT Road, linking Peshawar with Kolkata. [E]

جُروا /dʒʊrvɑ:/ ■ *n.f.* (*dim.* of جورو) (*rust.*) wife.

جُروح /dʒʊru:h/ ■ *n.m.* (*pl.* of جُرح) wounds.

جُرّہ /dʒʊrrɑ:/ ■ *n.m.* **1** falcon; hawk. **2** (*fig.*) brave, valiant.

جَری /dʒəri:/ ■ *adj.* brave, valiant, courageous, bold, intrepid.

جریا /dʒərɪjɑ:/ ■ *n.f.* fulcrum which supports the pivot.

جِریا /dʒɪrɪjɑ:/ ■ *n.m.* a species of rice, originally grown in north India.

جِریان /dʒɪrjɑ:n/ ■ *n.m.* **1** flow, running or continuous dripping of any liquid. **2** spermatorrhoea, a male disease which causes white discharge (usu. after passing of urine).

جَریب /dʒəri:b/ ■ *n.f.* **1** land measuring chain of sixty (or fifty-five) yards; a land measure. **2** corn measure. **3** stick, staff; sceptre. **4** walking stick. جریب کرنا measure land by chain; survey land. جریب کش land measurer, surveyor. جریب کشی measurement of land.

جَریح /dʒəri:h/ ■ *adj.* **1** injured, wounded. **2** capable of correct reasoning.

جَرید /dʒəri:d/ ■ *adj.* (also جریدہ) lonely, alone, lonesome, solitary; unattended. ■ *n.m.* **1** messenger, courier, envoy. **2** spy. **3** blunt javelin used in equestrian games.

جَریدہ /dʒəri:dɑ:/ ■ *n.m.* **1** gazette; periodical, magazine. **2** register; book. **3** a small division of an army. ■ *adj.* lone, solitary; unique. جریدۂ عالم (*fig.*) the world. (*pl.* جرائد)

جڑ¹ /dʒəɽ/ ■ *n.f.* **1** root, origin, foundation, base, basis. **2** source; root cause. جڑ اکھیڑنا pull out the root, root out. جڑ پکڑنا take root, become firmly rooted. جڑ پیڑ root and branch, the whole. جڑ تک پہنچنا get to the bottom of, discover the real truth or cause of. جڑ جمانا lay a foundation, institute, establish. جڑ سے اکھاڑنا root out, uproot, extirpate. جڑ سے ناک کاٹنا denigrate, defame. جڑ کاٹنا to cut the root, undermine, destroy utterly, destroy. جڑ ہلا دینا try to pull out the root, weaken, shake, shock. [S]

جڑ² ____ ■ *n.m.* (*contr.* of جاڑا) winter. ■ *adj.* foolish, blockheaded, stupid. جڑبدھی stupidity, foolishness.

جڑی² ____ ■ *n.f.* root of any medicinal herb. جڑی بوٹی medicinal herb. [Prk.]

جڑیا /dʒəɽɪjɑ:/ ■ *n.m.* (also جڑیا) **1** jeweller, one who sets jewels. **2** enameller. **3** assistant, helper. **4** boyfriend.

جڑیٹا /dʒəɽi:ʈɑ:/ ■ *n.m.* thorny tree or plant, bramble, brushwood.

جڑیلا /dʒəɽi:lɑ:/ ■ *adj.* **1** having hardened or widespread roots. **2** deceiving, deluding.

جُز¹ /dʒʊz/ ■ *adv.* (also بجز) besides, except, save, with the exception of, excepting. [P]

جُز² ____ ■ *n.m.* (also جُزو) **1** part, portion, component; ingredient. **2** (in binding) signature, folded form (of books) or part of a book consisting of (usu.) eight or sixteen leaves. جزبندی stitching the folios of a book in binding. جزدان a cloth or satchel for the Qur'an or papers. جزرس **1** frugal, economical. **2** sage, wise, intelligent, sagacious. جزرسی **1** frugality, economy. **2** intellect, wisdom, acumen. جزگیر clip for holding loose papers together. جزلا یتجزیٰ the smallest particle presumed to be indivisible, atom. جزلاینفک inseparable/integral part. جزوقتی (esp. of a job) part-time. جزوکل totally, the whole, part and all. (*pl.* اجزا) [A]

جزا /dʒəzɑ:/ ■ *n.f.* reward, blessing, compensation, good return, requital.

جزاک اللہ /dʒəzɑ:kəllɑ:h/ ■ *exclam.* may God reward you/thee!

جزالت /dʒəzɑ:lət/ ■ *n.f.* **1** fluency, eloquence. **2** abundance. **3** maturity.

جزائر /dʒəzɑ:ɪr/ ■ *n.m.* (*pl.* of جزیرہ) islands.

جزائل /dʒɑ:zɑ:ɪl/ ■ *n.m.* (*pl.* of جزیل) obsolete muzzle-loading muskets or blunderbusses. جزائل انداز one who fires such a musket.

جزبز /dʒɪzbɪz/ ■ *adj.* displeased, offended, annoyed, vexed. جزبز کرنا annoy, irk, vex. جزبز ہونا take offence, be annoyed.

جزر /dʒəzr/ ■ *n.m.* ebbing, ebb-tide, low tide. جزرومد (also مدوجزر) **1** tide; high and low tide; rise and fall. **2** vicissitude of time.

جزع /dʒəzəʔ/ ■ *n.f.* impatience, worry. جزع وفزع crying, bewailing, mourning.

جزم /dʒəzm/ ■ *n.m.* **1** amputation. **2** resolution, determination, decision. **3** diacritical mark (usu. ^) placed over a letter to show that it is quiescent or has no vowel following it.

جُزو /dʒʊzv/ ■ *n.m.* (also جُز²) part, portion. جزوِ اعظم **1** greatest part or most effective constituent (esp. of a medicine). **2** (*fig.*) bhang. جزوِبدن **1** part of body. **2** (*fig.*) essential part. جزوِبدن ہوجانا/ہونا be digested and absorbed in the body.

جُزواً /dʒʊzvən/ ■ *adv.* partially.

جُزوی /dʒʊzvi:/ ■ *adj.* **1** relating to a part or portion. **2** trivial, in part, a little. جزوی طور پر partially.

جُزئیات /dʒʊzɪjɑ:t̪/ ■ *n.f.* (also جزویات) **1** particulars, details; minutiae, minute details. **2** parts.

جزیرہ /dʒəzi:rɑ:/ ■ *n.m.* island, isle. جزیرہ نما peninsula. (*pl.* جزائر)

جزیل /dʒəzi:l/ ■ *adj.* **1** ample, plenty. **2** big; strong. ■ *n.f.* **1** eloquence. **2** a blunderbuss. **3** a rifle, a muzzle-loading musket. (*pl.* جزائل)

جزیہ /dʒɪzjɑ:/ ■ *n.m.* (***Islam***) tax imposed on non-Muslim subjects of an Islamic state for security and exemption from military service, jeziah.

جس /dʒəs/ ■ *n.m.* **1** search, quest. **2** respect, esteem, regard, veneration. **3** reputation, fame. **4** merit, virtue. **5** attribute, quality. **6** effect, effectiveness. **7** benefit, gain, advantage.

جِس /dʒɪs/ ■ *pron.* who; that; which; whom; that which. جس برتن میں کھانا اسی میں چھید کرنا to bite the hand that feeds. جس پر at which, whereupon, whereat. جس پر بیتتی رپڑتی ہے وہی جانتا ہے only the wearer knows where the shoe pinches. جس پر بھی on whomsoever, in spite of. جس تس whoever, whatever, someone or the other. جس تن لاگے سو تن جانے wearer knows where the shoe bites, nobody can feel the pain of another. جس جس whosoever, whichever, each of which. جس جس کو whomsoever. جس جگہ where, wherever. جس دم while, when, whilst; as soon as, no sooner than. جس سے from whom; from which, whereby, as a result of which. جس طرح بھی howsoever, in whatsoever manner. جس طرح (بھی) ہو in whatever way possible, however possible. جس طرف wherever, in whatever direction. جس طرف سے from

ہائیہ مصمتے: بھ bʰ پھ pʰ تھ t̪ʰ ٹھ ʈʰ جھ dʒʰ چھ tʃʰ دھ d̪ʰ ڈھ ɖʰ رھ rʰ ڑھ ɽʰ کھ kʰ گھ gʰ لھ lʰ مھ mʰ نھ nʰ whichever side. جس قدر as much as, to whatever extent or degree, to the extent that. جس کا whose, of whom, of which. جس کا کام اسی کو ساجے اور کرے تو ٹھینگا باجے every man to his trade. جس کا کھائے اسی کا گائے one praises him who pays him, money commands obedience. جس کا منہ نہیں دیکھا اس کے تلوے دیکھے to beseech someone whom you despise. جس کسی کا of whatsoever, of whomsoever. جس کسی کو to whomsoever. جس کو پیا چاہے وہی سہاگن master's favourite rules the roost. جس کو خدا رکھے اسے کون چکھے (also جس کو راکھے سائیاں مار سکے نہ کوئی) none can harm or kill whom God protects. جس کی لاٹھی اس کی بھینس might is right. جس کی نہ پھٹی ہو بوائی وہ کیا جانے پیر پرائی one who has not suffered cannot understand the sorrows of others or sympathize with them. جس کے ہاتھ ڈوئی اس کا سب کوئی everyone sides with a generous or hospitable person. جس نے بیٹی دی اس نے کیا رکھا one who gives away a daughter (in marriage) has given all. جس نے کی شرم اس کے پھوٹے کرم **1** one who is not daring cannot get anything. **2** one who is shameless gets the benefit. جس وقت when. جس ہانڈی میں کھائیں اسی میں چھید کریں to bite the hand that feeds one, an ungrateful person harms his benefactor.

جسارت /dʒəsɑ:rət̪/ ■ *n.f.* **1** courage, boldness, daring, bravery, fearlessness. **2** presumption, audacity, cheekiness, conduct beyond propriety.

جسامت /dʒəsɑ:mət̪/ ■ *n.f.* size, bulk, dimension.

جساول /dʒəsɑ:vəl/ ■ *n.m.* an officer whose job was to announce the arrival of guests and escort them to the royal courts; gatekeeper.

جست [1] /dʒəst̪/ ■ *n.f.* leap, jump, spring, bound. جست بھرنا لگانا/مارنا leap, jump, bound. [P]

جست [2] _____ ■ *n.m.* zinc; pewter. [Prk.]

جُست [1] /dʒʊst̪/ ■ *n.f.* searching, search. جست وجو See جُستجو. [P]

جُست [2] _____ ■ *adj.* **1** strong; sharp, pungent. **2** harsh, violent. [Prk.]

جستانا /dʒəst̪ɑ:nɑ:/ ■ *v.* galvanize, make rust-proof by coating with zinc.

جُستجو /dʒʊst̪udʒu:/ ■ *n.f.* quest, seeking, search, inquiry; curiosity. جستجو کرنا to search or seek; seek information to satisfy curiosity.

جستہ /dʒəst̪ɑ:/ ■ *adj.* **1** searched for, sought. **2** shot (arrow). **3** flung. جستہ جستہ selectively; eclectically; from here and there.

جستی /dʒəst̪i:/ ■ *adj.* of or relating to zinc; made of or treated with zinc, galvanized. جستی فولاد galvanized steel or steel made rust-proof with a thin coating of zinc. جستی لوہا galvanized iron.

جسد /dʒəsəd̪/ ■ *n.m.* the body. جسدِ خاکی human body (which is made of clay). (*pl.* اجساد)

جسر /dʒəsr/ ■ *n.m.* bridge. جسرِ رواں pontoon bridge.

جِسم /dʒɪsm/ ■ *n.m.* **1** the body. **2** material substance; something that has breadth and width. جسم چُرانا hind one's physique or physical charms out of modesty, shrink, flinch, draw back. جسمِ حیوانی animal body. جسمِ نامی living or vegetal body. جسمِ نباتاتی vegetable body or substance. جسم نما stereoscope. (*pl.* اجسام)

جِسمانی /dʒɪsmɑ:ni:/ ■ *adj.* of or relating to body, bodily, material, corporal, corporeal, carnal, physical. جسمانی سزا corporal punishment. جسمانی صحت physical fitness. جسمانی نفسیات physiological psychology. جسمانی ورزش physical exercise.

جِسمی /dʒɪsmi:/ ■ *adj.* bodily, corporeal.

جِسمیت /dʒɪsmɪjət̪/ ■ *n.f.* bodiliness, corporeity, materiality.

جسور /dʒəsu:r/ ■ *adj.* courageous, bold.

جسولنی /dʒəso:lni:/ ■ *n.f.* female usher, female gatekeeper at the inner royal courts (where male servants were not allowed).

جسونت /dʒəsvənt̪/ ■ *adj.* **1** magnificent, stately; powerful. **2** famous, renowned, illustrious.

جِسے /dʒɪse:/ ■ *pron.* (*objective case of* جس) whom. جسے اللہ رکھے اسے کون چکھے no one can harm whom God protects. جسے پیا چاہے وہی سہاگن **1** a happily married woman is one who has the love of her husband. **2** (*fig.*) favourite will always get preference.

جسیم /dʒəsi:m/ ■ *adj.* having large physique, bulky, tall and broad, well-built.

جشن /dʒəʃn/ ■ *n.m.* festival, rejoicing, celebration, feast, festivities, jubilee. جشنِ الماسی diamond jubilee. جشنِ آزادی independence day; celebration of independence. جشنِ زریں طلائی golden jubilee. جشنِ سیمیں silver jubilee. جشن منانا celebrate.

جشنی /dʒəʃni:/ ■ *adj.* fond of feasting, voluptuous, luxurious.

جشیش /dʒəʃiːʃ/ ■ *n.m.* wheat coarsely ground and cooked with meat.

جعبہ /dʒəʔbɑː/ ■ *n.m.* **1** quiver. **2** small box.

جعد /dʒəʔd̪/ ■ *n.f.* curly lock of hair, ringlet.

جعفر /dʒəʔfər/ ■ *n.m.* river, ravine, stream.

جعفری¹ /dʒəʔfəriː/ ■ *n.f.* **1** a kind of yellow flower, *Linum trigynum*. **2** purest gold. **3** lattice made of bamboo or wood slats. [A]

جعفری² ____ ■ *n.m.* follower of Imam Jafar Sadiq; an adherent of the Jafari fiqh of Islam, Shiite. [A]

جعل /dʒəʔl/ ■ *n.m.* forgery, fabrication, imitation. جعل بنانا forge, counterfeit, make an imitation. جعل ساز (also جعلیا) forger. جعل سازی forgery.

جُعل /dʒʊʔəl/ ■ *n.m.* the species of beetle found on dunghills or old cow-dung.

جعلی /dʒəʔliː/ ■ *adj.* forged, fabricated, counterfeit, spurious. جعلی دستاویز forged document. جعلی سکہ counterfeit coin.

جُغادری /dʒʊɣɑːd̪riː/ ■ *adj.* (also جُگّادری) **1** shrewd, experienced, seasoned. **2** bigwig, important (person).

جُغرات /dʒʊɣrɑːt̪/ ■ *n.m.* yogurt, semi-solid junket-like food made from fermented milk.

جُغرافیائی /dʒʊɣrɑːfijɑːiː/ ■ *adj.* (also جُغرافی) geographical.

جُغرافیہ /dʒʊɣrɑːfijɑː/ ■ *n.m.* geography.

جفا /dʒəfɑː/ ■ *n.f.* (also جفاء) oppression, injustice, cruelty. جفاپیشہ/جو/شعار/کار/کیش/گستر **1** cruel, oppressive, unjust, tyrannical. **2** (*fig.*) beloved, who torments the lover. جفاپیشی/جوئی/شعاری/کاری/کیشی/گستری cruelty, oppression. جفاکش laborious, hard-working, diligent; energetic. جفاکشی diligence. جفا کفا hard times, hardship, trials and tribulations.

جُفت /dʒʊft̪/ ■ *n.m.* **1** pair; couple. **2** evenness (of numbers). **3** pair of shoes. **4** mate, match, male or female. ■ *adj.* **1** even (number). **2** mated (with), coupled (with). جفت ساز shoemaker, cobbler. جفت سازی shoe-making. جفت فروش shoe-seller. جفت کرنا marry, take as one's husband or wife in marriage. جفت ہونا copulate.

جُفتہ /dʒʊft̪ɑː/ ■ *n.m.* **1** fold, crease, wrinkle. **2** crack, fissure. **3** running together (of the threads in a cloth). ■ *adj.* bent; wrinkled.

جُفتی /dʒʊft̪iː/ ■ *n.f.* **1** mating (of animals), copulation, sexual intercourse. جفتی کرنا/کھانا to pair (as animals); copulate. جفتی کھیلنا have sexual intercourse.

جُفتے /dʒʊft̪eː/ ■ *n.m.* (*pl. & infl.* of جُفتہ) جفتے پڑنا **1** be wrinkled, have unwanted creases. **2** (*fig.*) have (honour) blemished.

جفر /dʒəfr/ ■ *n.m.* **1** lamb or kid that has begun to graze. **2** parchment (formerly used for writing). **3** occult study of numbers and letters, the art of prediction by analysing words in question. **4** art of engraving, writing or making amulets and charms. **5** art of divination by examining the entrails of a lamb.

جفن /dʒəfn/ ■ *n.m.* **1** the eyelid. **2** cilium.

جق جق /dʒɪq dʒɪq/ ■ *n.f.* **1** lamentation, complaint. **2** (*fig.*) noise, fuss.

جک¹ /dʒək/ ■ *n.m.* fifteenth night of the month of Shaaban (شعبان), Shab-e-barat (شبِ برات). [P]

جک² ____ ■ *n.m.* **1** the guard of a buried treasure. **2** (*fig.*) miser. جک کا گماشتہ (*fig.*) a miser, parsimonious, stingy. [S]

جکڑ /dʒəkəɽ/ ■ *n.f.* strong or firm hold, grip or grasp, clutch. جکڑ بند tight, strung, bound, taut; rheumatism. جکڑ جانا become stiff or rigid (arms or legs); be tightly bound, stiffen, be firmly joined together. جکڑ کر tight, tightly.

جکڑنا /dʒəkəɽnɑː/ ■ *v.* **1** bind or tie tightly or securely, pinion, bring under control, join firmly together. **2** stiffen, become rigid, become infused.

جگ¹ /dʒəg/ ■ *n.m.* **1** world, universe, the earth. **2** others; people, masses, public. جگ بیتی events concerning other people, tales or deeds of other people, story about others. (*cf.* آپ بیتی). جگ کی ماں جہان کی خالہ said of a woman who wanders everywhere. جگ ہنسائی **1** cause of universal laughter. **2** (*fig.*) disrepute, infamy, dishonour, disgrace. [S]

جگ² ____ ■ *n.m. & f.* **1** feast. **2** sacrifice or religious ceremony in which oblations are made. [Prk.]

جُگ /dʒʊg/ ■ *n.m.* (also یُگ) **1** age, period, epoch. **2** yug, yuga, the various ages of the world according to Hindus. جگ جگ for ever and ever, always, eternally. جگ جگ جیو (*opt.*) may you live long!

جگّاٹیکس /dʒəggɑː ʈæːks/ ■ *n.m.* (*slang*) extorted money, money collected illegally by force or threat.

جگار /dʒəgɑ:r/ ■ *n.f.* (also جگائی) **1** night vigil. **2** remaining awake in the night, awakening.

جگاڑ /dʒʊgɑ:ɽ/ ■ *n.f.* (*slang*) intrigue, innovative or irregular way of repairing or mending something or such a mechanism or device, a make-shift device or solution to a problem. جگاڑ کرنا/لگانا use innovative or irregular ways to get something done.

جگال /dʒʊgɑ:l/ ■ *n.m.* cud.

جگالنا /dʒʊgɑ:lnɑ:/ ■ *v.* chew the cud, ruminate.

جگالی /dʒʊgɑ:li:/ ■ *n.f.* chewing the cud. جگالی کرنا **1** to chew the cud. **2** (*fig.*) think deeply about something. **3** (*derog.*) chew paan.

جگانا /dʒəgɑ:nɑ:/ ■ *v.* **1** cause to awake, rouse from sleep. **2** (*fig.*) make conscious of. **3** illumine, light up.

جگانا /dʒʊgɑ:nɑ:/ ■ *v.* **1** arrange; keep with care. **2** assist another in his or her work in expectation of some return of the favour.

جگائی /dʒəgɑ:i:/ ■ *n.f.* awakening. See جگار.

جگت¹ /dʒəgət̪/ ■ *n.m.* world, universe. جگت استاد/گرو skilled teacher of great prominence; someone who has taught a large number of people; the teacher of the world; skilled craftsman. جگت سیٹھ a rich person. [S]

جگت² ____ ■ *n.f.* the rim of a well. [Prk.]

جُگت /dʒʊgət̪/ ■ *n.f.* (also ضِلع جگت) **1** double entendre; pun, punning, wit, witticism, joke. **2** dexterity, contrivance. جگت باز one who puns, punster. جگت بازی witticism, punning. جگت بولنا pun, indulge in witticism. جگت رنگ witty person, punster. جگت لگانا coax, entice; intrigue.

جگتا /dʒəgt̪ɑ:/ ■ *adj.* waking, awake. (*fem.* جگتی)

جگتی /dʒəgət̪i/ ■ *n.f.* **1** world, the earth; universe. **2** people, humankind.

جُگتی /dʒʊgət̪i:/ ■ *adj.* (also جگتیا) **1** clever, cunning. **2** skilful, artful, crafty. ■ *n.m.* witty fellow, punster.

جگجگا /dʒəgdʒəgɑ:/ ■ *n.m.* **1** brass tinsel, thin ornamental brass plate. **2** brightness, illumination; brilliance.

جگجگانا /dʒəgdʒəgɑ:nɑ:/ ■ *v.* shine, dazzle.

جِگجِگی /dʒɪgdʒɪgi:/ ■ *n.f.* **1** sycophancy, flattery, toadyism, coaxing, wheedling, begging and beseeching, cringing. **2** making a fuss over. جگجگی کرنا coax, importune, wheedle.

جِگر /dʒɪgər/ ■ *n.m.* **1** the liver. **2** dear, darling, near and dear ones; son. **3** innermost part, interior, essential part. **4** (*fig.*) (i) soul, heart; mind. (ii) spirit, courage, pluck. جگر افگار heart-broken or disappointed in love. جگر بند **1** vitals, the heart, lungs and liver, etc. **2** (*fig.*) beloved son or daughter. جگر پارہ (*fig.*) son; child. جگر پانی ہونا **1** be extremely aggrieved. **2** be discouraged. جگر تاب heart-warming. جگر تفتہ with a heart aflame with love. جگر چاک ہونا suffer torments. جگر خراش/دوز heart-rending, extremely painful, tormenting. جگر خون کرنا take great pains; suffer sorely. جگر سوختہ deep in love. جگر سوز **1** heart-inflaming; tormenting, agonizing. **2** compassionate. جگر سوزی sufferings, pains. جگر فگار heart-broken. جگر کا ٹکڑا (also لختِ جگر) (*fig.*) son; child; darling. جگر کاوی anxiety; suffering, very hard labour. جگر گوشہ **1** a lobe of the liver. **2** (*fig.*) son or daughter.

جگرا /dʒɪgrɑ:/ ■ *n.m.* (*fig.*) courage, power, spirit, boldness, audacity, endurance.

جگر جگر /dʒəgər dʒəgər/ ■ *n.f.* (also جگر مگر) glitter, shine. ■ *adj.* shiny. جگر جگر کرنا shine brightly, glitter.

جگرنہ /dʒɪgərnɑ:/ ■ *n.m.* a species of crane.

جگری /dʒɪgri:/ ■ *adj.* **1** hepatic; pertaining to the liver. **2** intimate (friend).

جُگل /dʒʊgəl/ ■ *adj.* couple, pair, brace. جگل بندی (***Music***) joint concert (vocal or instrumental) of two musicians. جگل جوڑی twin brothers; pair.

جگمگ /dʒəgməg/ ■ *n.f.* shine. جگمگ جگمگ dazzling light, glitter. جگمگ جگمگ کرنا glitter, shine brightly.

جگمگا /dʒəgməgɑ:/ ■ *adj.* illuminated, glittering, dazzling. (*fem.* جگمگی)

جگمگانا /dʒəgməgɑ:nɑ:/ ■ *v.* **1** glitter, shine brightly, twinkle. **2** illuminate, light up.

جگمگاہٹ /dʒəgməgɑ:hət̪/ ■ *n.f.* dazzle, glitter, lustre, brightness, radiance.

جگنا /dʒəgnɑ:/ ■ *v.* wake up. See جاگنا

جگنو /dʒʊgnu:/ ■ *n.m.* **1** glow-worm; firefly. **2** a sort of necklace.

جگنی¹ /dʒʊgni:/ ■ *n.f.* a kind of folk song of the Punjab. [dial.]

جگنی² ____ ■ *n.f.* **1** firefly. **2** a sort of necklace. [S]

جگونا /dʒʊgo:nɑ:/ ■ *v.* (also جوگونا) keep safe, save, preserve.

طویل انفی مصوتے:	ɑ̃: جاں، آں	æ̃: ہَیں	ɪ̃: آئیں	ẽ: آئیں	ɔ̃: لَونڈی	ũ: یُوں	õ: انسانوں
	/dʒɑ̃:/, /ɑ̃:/	/hæ̃:/	/ɑ:ɪ̃:/	/ɑ:ẽ:/	/lɔ̃:ḍi:/	/jũ:/	/ɪnsɑ:nõ:/

جگہ /dʒəgəh/ ■ *n.f.* **1** place, station, locality; quarter, room. **2** empty space and room; something blank. **3** situation or vacancy. **4** post, stead. **5** occasion. جگہ بنانا **1** find or make room. **2** (*fig.*) achieve a secure place. جگہ جگہ here and there, everywhere. جگہ چھوڑنا **1** leave post or place; make room for. **2** leave a blank in a written document. جگہ دینا make room for; appoint someone to some post; provide (someone) with a place.

جگّی /dʒʊggi:/ ■ *n.f.* (also جُھگّی) hut, a hovel with thatched roof, a hovel built with reeds and mud.

جگی جگی /dʒɪgi: dʒɪgi:/ ■ *exclam.* expressing surprise and pleasure.

جل[1] /dʒəl/ ■ *n.m.* **1** water. **2** cold, coldness; winter. ■ *adj.* **1** foolish, dunderheaded. **2** frigid, cold. جل بانک dagger-play in water. جل بھوی amphibian. جل بھونرا water-beetle. جل پان any slight meal, refreshment. جل پان کرنا have some food and a little water; refresh oneself. جل پپلی رپیپل an aquatic plant, *Commelina clavata*. جل پری mermaid, a fabled sea creature with the head and trunk of a woman and tail of a fish. (*opp.* جل مانس). جل پنچھی waterfowl. جل ترنگ (***Music***) musical instrument comprising brass or glass vessels filled to various levels with water and played with sticks. جل توری aquatic animal; fish. جل تھل **1** land and water; flooded land, marshy land. **2** (*fig.*) excessive weeping. جل تھل ایک ہونا **1** land be covered with water due to heavy rains. **2** (*fig.*) weep excessively. جل دھارا stream or current of water. جل مانس merman, a fabled male marine creature. [S]

جل[2] ____ ■ (*imper.* of جلنا) burn. ■ *n.f.* burning. جل اٹھنا catch fire. جل بجھنا burn to ashes. جل جانا **1** be burnt, be consumed by fire. **2** be irked or annoyed; become jealous. جل کر کوئلہ ہونا **1** burn completely, burn to ashes. **2** be jealous (of). جل ککڑ رککڑا short-tempered, irritable; jealous. جل مرنا **1** burn to death. **2** (*fig.*) be extremely jealous. [S]

جُل[1] /dʒʊl/ ■ *n.m.* double-dealing, duplicity, guile, trick, fraud, cheating, deceit, chicanery, circumvention. جل باز swindler, cheat. جل دینا cheat, deceive, trick. جل کھیلنا dupe or fraud someone, circumvent. جل میں آنا be tricked or deceived. [S]

جُل[2] ____ ■ *n.f.* (also جُلّ) horse-cloth; covering for an elephant or bullock, etc. [A]

جلّ /dʒəlla:/ ■ *adj.* glorious, great, eminent. جلّ شانہ؛ جلّ جلالہ God's glory is great, God is sublime.

جلا[1] /dʒəla:/ ■ *adj.* burnt. جلا بھنا **1** scorched, burnt up. **2** (*fig.*) angry, enraged, irascible. (*fem.* جلی[2]) [S]

جلا[2] ____ ■ *n.m.* (also جلّا) **1** mass of water, lake, tank, reservoir. **2** shell; cowrie. جلامیری boy's game played with shells or cowries. [S]

جلا[3] ____ ■ *n.f.* exile; leaving one's country. جلاوطن exiled, banished (person). جلاوطن کرنا send into exile, banish. جلاوطن ہونا to go into exile. جلاوطنی exile, banishment. [A]

جِلا /dʒɪla:/ ■ *n.f.* brightness, polishing, splendour, lustre, enamel. جلا بخشنا/دینا **1** impart lustre, rub or buff to make something shine. **2** (*fig.*) grace (an occasion). جلادار bright, glittering. جلاساز/کار polisher.

جُلّاب /dʒʊlla:b/ ■ *n.m.* **1** purgative, any laxative medicine. **2** evacuation of bowels brought about by laxatives. **3** indigestion or diarrhoea, etc. جلاب دینا administer a purgative. جلاب لگنا suffer from diarrhoea; have motions (owing to purgative, fear or indigestion). جلاب لینا take a purgative.

جلاپا /dʒəla:pa:/ ■ *n.m.* jealousy, spite, envy.

جلاتن /dʒəla:t̪ən/ ■ *adj.* (*women's slang*) jealous, grumpy. See جلےتن under جلے.

جلاجل /dʒəla:dʒɪl/ ■ *n.m.pl.* **1** bells, cymbals. **2** anklets. (*sing.* جُلجُل)

جلّاد /dʒəlla:d̪/ ■ *n.m.* executioner, hangman. ■ *adj.* (*fig.*) cruel, merciless, hard-hearted. جلادِ فلک (*fig.*) the planet Mars.

جلادت /dʒəla:d̪ət̪/ ■ *n.f.* hardiness, strength; endurance; bravery. جلادت اثر/شعار hardy, strong; brave, valorous. جلادتِ باطنی inner strength.

جلّادی /dʒəlla:d̪i:/ ■ *n.f.* **1** the office of an executioner. **2** cruelty.

جلال /dʒəla:l/ ■ *n.m.* **1** dignity, state, grandeur, glory, greatness, eminence, majesty, splendour. **2** might, power. **3** anger, rage. جلال میں آنا become angry.

جلالت /dʒəla:lət̪/ ■ *n.f.* majesty, dignity. جلالتُ الملک (also جلالۃُ الملک) his majesty (title of kings).

See جل ترنگ under جل[1].

جلتی /dʒəlt̪i:/ ■ *adj.* (*fem.* of جلتا) جلتی آگ **1** flaming fire. **2** (*fig.*) dangerous and devastating situation. جلتی آگ میں کود پڑنا jump into a dangerous situation, invite trouble. جلتی میں تیل چھڑکنا / ڈالنا add fuel to the fire.

جلد /dʒəld̪/ ■ *adv.* quickly, soon, hastily, in haste. ■ *adj.* quick, fast. جلد از جلد sooner than soon; rapidly, quickly. جلد باز hasty, rash, impetuous, precipitate; hasty or impetuous (person). جلد بازی haste.

جِلد /dʒɪld̪/ ■ *n.f.* **1** skin, dermis. **2** leather, hide. **3** volume or copy of book or magazine, etc. **4** binding of a book. جلد باندھنا bind (a book). جلد بند / ساز bookbinder. جلد بندی / سازی / گری the art or profession of bookbinding.

جِلدُو /dʒɪld̪u:/ ■ *n.m.* (also جُلدَو) **1** prize, reward. **2** recompense (as punishment).

جلدی /dʒəld̪i:/ ■ *n.f.* hurry, quickness, jeldi, haste. جلدی سے quickly, swiftly, speedily. جلدی کا کام شیطان کا haste makes waste. جلدی کرنا hurry, make haste, hasten, expedite.

جِلدی /dʒɪld̪i:/ ■ *adj.* dermal, of or about skin. جلدی امراض skin diseases.

جِلدیات /dʒɪld̪ɪja:t̪/ ■ *n.f.* dermatology.

جلسہ /dʒəlsa:/ ■ *n.m.* **1** assembly, sitting, meeting, social or public gathering. **2** a gathering for entertainment (song, dance or concert). **3** (***Islam***) sitting during prayer (between two prostrations). جلسۂ امرا house of lords. جلسۂ تقسیمِ اسناد convocation. جلسۂ حاکم عدالت the bench of a court; tribunal. جلسۂ خطبی **1** (***Islam***) the sitting down of the prayer-leader between the first and second sermons of Friday prayers. **2** (*fig.*) meeting for a very brief time. جلسۂ عام public meeting. جلسہ کرنا hold or convene a meeting. جلسہ گاہ meeting place; the ground where a public meeting is held. جلسہ ہونا (of a meeting) be held.

جِلف /dʒɪlf/ ■ *n.m.* miser, mean person. ■ *adj.* **1** hard, severe. **2** mean, base, despicable. (*pl.* اجلاف)

جلق /dʒəlq/ ■ *n.m.* masturbation, onanism, self-abuse. جلق لگانا / مارنا masturbate.

جلقی /dʒəlqi:/ ■ *n.m.* masturbator, onanist.

جلکار /dʒəlka:r/ ■ *n.m.* (also جل کر، جلکھر) rights to catch fish and use water of a canal, river, lake or pond.

جلالی /dʒəla:li:/ ■ *adj.* **1** glorious, majestic, great, illustrious. **2** divine. **3** awful, terrible. **4** having the attribute of inciting wrath or majesty. (*opp.* جمالی) ■ *n.m.* era reckoned from the time of Jalaluddin Akbar, the Mogul emperor. جلالی وظیفہ a very rigorous incantation which invokes God's majestic and wrathful attributes.

جلالیہ /dʒəla:lɪja:/ ■ *n.m.* (also جلالیا) **1** the Sufi sect named after and following Sayyid Jalaluddin Bukhari. **2** a kind of pigeon. **3** fine species of wheat.

جلانا /dʒəla:na:/ ■ *v.* **1** burn, inflame, kindle, fire, light. **2** (*fig.*) provoke or excite envy or jealousy, vex, irritate, exasperate, cause anguish.

جِلانا /dʒɪla:na:/ ■ *v.* (also جِلا دینا) revive, bring back to life, resuscitate, animate, give a new lease of life, restore to life.

جلاند /dʒəlã:d̪/ ■ *n.f.* (also جلاندھ، جلاہند، جلائند) the smell of burning.

جلاوطن /dʒəla:vət̪ən/ ■ *adj.* exiled. See under جلا[3].

جلاون /dʒəla:vən/ ■ *n.f.* fuel, fire-wood.

جُلاہا /dʒʊla:ha:/ ■ *n.m.* (also جولاہا) **1** weaver. **2** (*fig.*) fool, blockhead, dolt. جلاہا داڑھی short, pointed beard.

جلاؤ /dʒəla:u:/ ■ *adj.* **1** burning, combustible. **2** irritable. ■ *n.m.* burner.

جُلائی واڑی /dʒʊla:i: va:ɽi:/ ■ *n.f.* ward or quarter of a town inhabited by weavers.

جلب /dʒəlb/ ■ *n.m.* getting, acquisition, deriving, obtaining. جلبِ زر acquisition of money; greed of riches. جلبِ منفعت deriving benefit.

جِلباب /dʒɪlba:b/ ■ *n.f.* women's loose outer garment or covering sheet; chador.

جلبلانا /dʒəlbəla:na:/ ■ *v.* get angry or irritated, react with anger or irritation.

جلپ /dʒəlp/ ■ *n.m.* prattle, babble, gossip, chatter; debate, wrangling discussion, disputation.

جلپاک /dʒəlpa:k/ ■ *n.m.* prater, babbler; quarrelsome person.

جلپائی /dʒəlpa:i:/ ■ *n.f.* wild olive, *Elaeocarpus serratus*.

جلتا /dʒəlt̪a:/ ■ *adj.* burning, flaming. جلتا بلتا very hot, boiling; bubbling. جلتا توا hot plate or griddle.

جلترنگ /dʒəlt̪ərəŋg/ ■ *n.m.* a musical instrument.

5 the nuptial bed. 6 coming or appearance of the beloved. جلوہ آرائی coming, appearing, display, showing. جلوۂ طُور manifestation of God to Moses at Mount Sinai. جلوہ کناں appearing in full glory. جلوہ گاہ رگہ 1 place of manifestation or display. 2 nuptial bed. 3 theatre. جلوہ گر present or manifest in full glory. جلوہ گر ہونا 1 come and sit (in an assembly). 2 appear in pomp and glory. جلوہ گری manifestation, appearance in full glory and splendour.

جلہری /dʒəlæhri:/ ■ *n.f.* (also جَلیری) 1 small pit of water in a blacksmith's shop (for cooling heated iron). 2 a vessel used in Hindu religious ceremonies (for sprinkling water).

جلی¹ /dʒəli:/ ■ *adj.* 1 plain, clear, manifest, salient; conspicuous; evident, apparent. 2 large or bold (type or script), plain and large (handwriting). جلی قلم bold letters (or type). [A]

جلی² ——— ■ *adj.* (*fem.* of جلا¹) burnt. جلی کٹی سنانا vent (one's) spleen, give a tongue-lashing, say bitter and stinging words. [S]

جلے /dʒəle:/ ■ *adj.* (*pl.* & *infl.* of جلا¹) جلے پاؤں کی بلی restless person, person who runs to and fro, roamer. جلے پر نمک رنون چھڑکنا add insult to injury, hurt or torment someone who is already in distress. جلے پھپھولے پھوڑنا express rancour, express chagrin or resentment. جلے تن ill-natured; rude, ill-tempered, fretful, irritable; jealous. جلے گھر کا چھپرکی بلّی a useless thing.

جلیب /dʒəle:b/ ■ *n.m.* 1 attendant, suite. 2 neighbourhood, vicinity.

جلیبا /dʒəle:bɑ:/ ■ *n.m.* 1 mulberry. 2 a large jalebi.

جلیبی /dʒəle:bi:/ ■ *adj.* belonging to the retinue, equipage, etc. [A]

جلیبی² ——— ■ *n.f.* jalebi, a kind of sweetmeat shaped like intertwined coils and steeped in syrup. [P]

جلید /dʒəli:d̪/ ■ *n.f.* 1 frozen dew drops. 2 (*fig.*) hail; ice; frost.

جلیس /dʒəli:s/ ■ *n.m.* companion, comrade, associate.

جلیع /dʒəli:ʔ/ ■ *adj.* shameless, corrupt, immoral.

جلیل /dʒəli:l/ ■ *adj.* 1 great, glorious, illustrious. 2 powerful, mighty. 3 See الجلیل. جلیل القدر august, of great dignity, glorious, illustrious.

جل کُکڑ /dʒəlkʊkəɽ/ ■ *n.m.* (also جل کُکڑا) jealous person. See under جل². (*fem.* جل کُکڑی)

جلن /dʒələn/ ■ *n.f.* 1 burning, inflammation, sensation, heartburn. 2 passion, rage, vexation, rancour resentment. 3 jealousy, envy. 4 scrapings (of a pot). جلن کے مارے out of or because of envy or jealousy.

جلنا /dʒəlnɑ:/ ■ *v.* 1 burn, be on fire, be aflame; be kindled. 2 burn with jealousy, envy or love. 3 feel sorrow, feel anguish. 4 be offended, become angry. 5 (of plants) wither due to extreme weather. 6 (*rare*) abhor, dislike.

جُلنا¹ /dʒʊlnɑ:/ ■ *v.* (usu. used with ملنا) meet regularly. [Prk.]

جُلنا² ——— ■ *v.* go, proceed on the way. [Pj.]

جُلنار /dʒʊlnɑ:r/ ■ *n.m.* the pomegranate flower, Arabized form of گُلنار.

جلندھر /dʒələnd̪ʰər/ ■ *n.m.* (also جلندر) dropsy, ascites, the morbid accumulation of fluid in some part of the body.

جِلَو /dʒɪlɔ:/ ■ *n.f.* (also جلو) 1 horse bridle, rein of bridle. 2 company. 3 retinue, suit, court; equipage. 4 splendour, pomp. جلوخانہ area; porch, vestibule, antechamber; open space opposite a palace gate. جلودار attendant; member of the royal retinue, companion. جلومیں in the company of; ahead of, in front of.

جلوانا /dʒəlvɑ:nɑ:/ ■ *v.* have something burnt.

جلوت /dʒəlvət̪/ ■ *n.f.* company, crowd, multitude, congregation; public place. جلوت میں in public. جلوت وخلوت میں in public and private. (*opp.* خلوت)

جلوتی /dʒəlvət̪i:/ ■ *adj.* in front; visible, unveiled.

جُلُوس /dʒʊlu:s/ ■ *n.m.* 1 sitting; accession to a throne. 2 procession. 3 pomp, splendour, grandiosity. جلوس نکالنا 1 take out a procession. 2 (*fig.*) put to rout. جلوس نکلنا procession to come out or be taken out. 3 (*fig.*) (efforts) to come to naught.

جلوہ /dʒəlvɑ:/ ■ *n.m.* 1 splendour, lustre. 2 appearance, revelation. 3 bridal ornaments. 4 the meeting of the bride and the bridegroom (in the presence of their relations); a Muslim marriage ritual in which the bridegroom recites a sura of the Qur'an and sees the bride's face in the mirror (also known as آرسی مصحف).

جم[1] /dʒəm/ ■ *n.m.* (also جمّ) **1** multitude, mob. **2** all and sundry, both low and high. جمِ غفیر a huge crowd. [A]

جم[2] —— ■ *pr.n.m.* (also جمشید) **1** Jamshed, a legendary king of ancient Persia. **2** king Solomon, Hazrat Sulaiman, a Prophet of Allah (esp. when used with jinn, etc.). **3** Alexander the Great (esp. when used with mirror, etc.). **4** (*fig.*) a great king. جم جاہ glorious like Jamshed. [P]

جم[3] —— ■ *n.m.* (also جمراج) (*var.* of یم) **1** (***Hinduism***) regent of the infernal regions and the judge of departed souls. **2** angel of death. **3** (*fig.*) disagreeable or intolerable person. جم دھر dagger with a straight double-edged blade. [S]

جم[4] —— ■ *adv.* always. جم جم by all means (said when welcoming a visitor, as: جم جم آؤ welcome). جم جم جیو رہے (*opt.*) may you live long! جم جم سلامت رہو رہے (*opt.*) may you remain safe and sound! جم ہی جم **1** abundantly. **2** (*women's slang*) nothing. [S]

جم[5] —— ■ (*imper.* of جمنا[1]) جم جانا become firm; become frozen. [Prk.]

جما[1] /dʒəmɑː/ ■ *adj.* **1** frozen. **2** set, well-set, firm, well-established. جما جمایا کھیل a well-set plot, a well-plotted or well-planned venture, an ongoing venture. (*fem.* جمی) [Prk.]

جما[2] —— ■ *n.m.* Arabized form of gamma, the third letter of the Greek alphabet, used in mathematical notation. [A]

جِماح /dʒɪmɑːh/ ■ *n.f.* rebelliousness, defiance.

جُمّاح /dʒʊmmɑːh/ ■ *n.m.* arrow without a pointed end, used by trainees for archery practice.

جماد /dʒəmɑːd̪/ ■ *n.m.* **1** anything that is incapable of growth or increase, an inorganic thing, an inanimate thing, stone, mountain, etc. **2** mineral. (*pl.* جمادات)

جُمادیٰ /dʒʊmɑːd̪ɑː/ ■ *n.m.* names of two months of the Islamic calendar. جمادی الاخریٰ/الثانی/الثانیہ sixth month of the Islamic calendar. جمادی الاوّل/الاُولیٰ fifth month of the Islamic calendar.

جِمار /dʒɪmɑːr/ ■ *n.m.pl.* small stones thrown in a solemnity during Hajj.

جمّاز /dʒəmmɑːz/ ■ *n.m.* thoroughbred fast camel, dromedary. (*fem.* جمّازہ)

جِماع /dʒɪmɑːʔ/ ■ *n.m.* sexual intercourse, copulation, coitus. جماع کرنا copulate (heterosexually). جماعِ ناجائز illicit intercourse.

جماعت /dʒəmɑːʔət̪/ ■ *n.f.* **1** party, group, crowd, assembly, congregation, assemblage. **2** class (of a school, etc.). **3** body, association. **4** (***Islam***) congregation for collective prayer. **5** caste, fraternity. جماعت بندی classification, grouping. جماعتِ سند یافتہ an incorporated company. جماعت سے کرامت ہے unity is strength. جماعت کھڑی ہوجانا/ہونا (***Islam***) collective prayer (following an imam) to get started, collective prayer to begin. جماعتِ متفقہ an association. جماعت وار class-wise. جماعتِ وکلا bar association.

جماعتی /dʒəmɑːʔət̪iː/ ■ *adj.* of or relating to جماعت.

جُماگی /dʒʊmɑːgiː/ ■ *n.f.* (also جُمعگی) weekly pocket money (usu. paid on Friday).

جمال /dʒəmɑːl/ ■ *n.m.* beauty, prettiness, elegance, grace. جمالِ صوری/ظاہری/زمین outer beauty.

جمال گوٹا /dʒəmɑːl goːʈɑː/ ■ *n.m.* (also جمال گوٹہ) purging croton, purgative nut, *Croton tiglium*.

جمالی /dʒəmɑːliː/ ■ *adj.* **1** pertaining to beauty. **2** manifesting divine mercy and beneficence, merciful, amiable. (*opp.* جلالی). ■ *n.f.* a kind of musk melon. جمالی خربوزہ **1** apparently good but tasteless melon. **2** (*fig.*) something beautiful but useless. جمالی وظیفہ an incantation invoking the kindness, mercy and beneficence of God.

جمالیات /dʒəmɑːlɪjɑːt̪/ ■ *n.f.* aesthetics.

جمالیاتی /dʒəmɑːlɪjɑːt̪iː/ ■ *adj.* aesthetic. جمالیاتی حس aesthetic sense.

جمالیت /dʒəmɑːlɪjət̪/ ■ *n.f.* aestheticism.

جمانا /dʒəmɑːnɑː/ ■ *v.* **1** freeze, coagulate, set. **2** curdle. **3** fix, affix, implant, lay down. **4** make an impression. **5** cause to take root, plant (a tree, shoot, etc.). **6** arrange; adapt. **7** to heap, stack, mass. **8** hit, strike (with hand, shoe, etc.).

جِمانا /dʒɪmɑːnɑː/ ■ *v.* (***Hinduism***) entertain; feed the Brahmans.

جماوٹ /dʒəmɑːvəʈ/ ■ *n.f.* **1** freezing, fitting, congealment. **2** congealed matter. **3** gathering, crowd.

جماؤ /dʒəmɑːoː/ ■ *n.m.* (also جماو) **1** gathering, mass, crowd,

7 (***Arith.***) addition. جمع الجمع (***Gram.***) double plural, plural of plural, as: ادویات, plural of ادویہ which is itself a plural of دوا. جمع بندی 1 rent roll, jummabundi, account of the revenues. 2 assessment, settlement, settlement record. جمع بندی تشخیص annual revenue assessment. جمع پونجی 1 all assets, i.e. cash and moveable and immoveable property, everything one owns. 2 savings. جمع جتھا savings. جمع جکڑ ا/جکڑی/جکھڑی all the savings. جمع خاطر solace, consolation, satisfaction. جمع خرچ 1 debit and credit; receipts and payments. 2 record or account of receipts and payments. جمع خرچ نویس bookkeeper, accountant. جمع دار 1 jemadar, the chief of any number of workers, headman. 2 a non-commissioned army officer in South Asia. 3 sweeper, janitor. جمع کرنا collect, gather, save up, deposit, add up. جمع کل altogether, in toto. جمع واصل باقی payments and arrears. جمع ہونا be added, be deposited, be collected, be gathered. جمع ہونے کی جگہ rendezvous, meeting place; nucleus, centre.

جمعات /dʒəmʔɑ:t̪/ ■ *n.f.* (*pl.* of جمع) collections, additions; receipts.

جمعدار /dʒəmʔd̪ɑ:r/ ■ *n.m.* sweeper. See جمع دار under جمع.

جمعدارنی /dʒəmʔd̪ɑ:rni:/ ■ *n.* (*fem.* of جمعدار) sweepress.

جُمعرات /dʒʊmeʔrɑ:t̪/ ■ *n.f.* Thursday. جمعرات کی جھڑی rain beginning on Thursday, said to last for odd number of days.

جُمعراتی /dʒʊmeʔrɑ:t̪i:/ ■ *n.f.* money given on every Thursday. ■ *adj.* of or relating to جُمعرات.

جُمعگی /dʒʊməʔgi:/ ■ *n.f.* (also جُماگی) wages paid on Friday.

جُمعہ /dʒʊmʔɑ:/ ■ *n.m.* 1 Friday. 2 (*fig.*) Friday prayers. جمعہ جمعہ آٹھ دن a matter of few days; very short period. جمعہ جمعہ آٹھ دن کی پیدائش you are too young and inexperienced.

جمعیّت /dʒəmʔɪjjət̪/ ■ *n.f.* 1 organization; league, party, assemblage, gathering. 2 peace, tranquillity. 3 army; force. جمعیتِ اقوام (***Hist.***) League of Nations. جمعیت خاطر peace of mind.

جمّ غفیر /dʒəmme:ɣəfi:r/ ■ *n.m.* a huge crowd. See under جم¹.

جمک¹ /dʒəmək/ ■ *n.f.* state of succeeding, thriving or flourishing. [Prk.]

جمک² ____ ■ *n.m.* 1 twin, one of a pair. 2 (***Ling.***) multitude; density (of population, etc.). 2 stay, encampment. 3 freezing, congealment. 4 hustle and bustle. 5 beauty, loveliness.

جماہی /dʒəmɑ:hi:/ ■ *n.f.* (also جمائی²) yawn. جماہی لینا to yawn.

جماہیر /dʒəmɑ:hi:r/ ■ *n.m.* (*pl.* of جمہور) republics; nations; peoples.

جمائی¹ /dʒəmɑ:i:/ ■ *n.m.* son-in-law. See جنوائی. [S]

جمائی² ____ ■ *n.f.* See جماہی. [Prk.]

جمبال /dʒəmbɑ:l/ ■ *n.m.* 1 mud, clay. 2 an aquatic plant of genus, *Vallisneria*.

جمبک /dʒəmbuk/ ■ *n.m.* 1 jackal. 2 low man. 3 roseapple.

جمبُو /dʒəmbu:/ ■ *n.m.* 1 the roseapple tree and its fruit, *Syzygium jambos*. 2 See جامن. 3 the name of a legendary river.

جمبیا /dʒəmbɪjɑ:/ ■ *n.m.* (also جمبیہ، جھمبیہ) dagger in the shape of a lion's claw.

جمبیر /dʒəmbi:r/ ■ *n.m.* (also جمھیر) the fruit of any tree of the *Citrus acida* group including lemon, orange and grapefruit.

جمتوّل /dʒəmt̪əvvəl/ ■ *adj.* 1 steadfast, unwavering. 2 long-lasting. 3 frozen.

جمجم /dʒɪmdʒɪm/ ■ *n.f.* wild carrot, *Daucus carota*.

جمخانہ /dʒɪmxɑ:nɑ:/ ■ *n.m.* gymkhana.

جمدھر /dʒəmd̪ʰər/ ■ *n.m.* (also جمدر) See جم دھر under جم³.

جمرات /dʒəmrɑ:t̪/ ■ *n.m.* (*pl.* of جمرہ) (***Islam***) three effigies of Satan in Mina (near Makkah) that are ritually stoned during the Hajj pilgrimage.

جمرہ /dʒəmrɑ:/ ■ *n.m.* 1 small stone. 2 (***Islam***) rite of stoning Satan during Hajj. 3 each of the three effigies of Satan. 4 embers; heat of the earth. 5 syphilis. 6 anthrax. 7 blister, boil, pustule.

جمّست /dʒəmməst̪/ ■ *n.m.* slightly bluish ruby.

جِمسن /dʒɪmsən/ ■ *n.m.* downy thorn apple, thorny herb used in treating asthma.

جمشید /dʒəmʃe:d̪/ ■ *pr.n.m.* (also جمشید) a king of ancient Persia, famed for his magic goblet which depicted the whole world. (See also جم².)

جمع /dʒəmʔ/ ■ *n.f.* 1 whole, total; sum, aggregate. 2 collection, accumulation. 3 tax, government levies, jumma; receipts. 4 capital, stock, assets. 5 assemblage, congregation. 6 (***Gram.***) the plural number, plural.

جمنبوٹا /dʒəmənbo:ʈɑ:/ ■ *n.m.* shallow earthen vessel used to curdle milk or make yogurt.

جمنی /dʒəmni:/ ■ *n.f. Eugenia jambolana.* See جامُن.

جموا /dʒəmo:ɑ:/ ■ *n.m.* indigo, planted before the rains and irrigated by artificial means.

جموٹ /dʒəmuʋəʈ/ ■ *n.m.* 1 foundation of a well. 2 festive ceremony when the foundation of a well is completed.

جُموح /dʒumu:h/ ■ *n.f.* recalcitrance, obstinacy.

جُمود /dʒumu:d̪/ ■ *n.m.* 1 (***Physics***) inertia. 2 inertness, listlessness, inactivity, lack of vitality, lack of progress, lack or absence of change; state of suspended animation; state of limbo.

جمورا /dʒəmu:rɑ:/ ■ *n.m.* bezoar, stony concretion found in the stomach of some common herbivorous animals, once thought to be an antidote to poison.

جموگ /dʒəmo:g/ ■ *n.m.* transfer of liabilities by mutual consent, in case of loan contracted by a landowner, conditional mortgage. جموگ دار (also جموگدار) person who lends a sum of money to a landed proprietor and recovers the loans from the tenants. جموگ نامہ a deed of transfer of liabilities.

جموگا /dʒəmo:gɑ:/ ■ *n.m.* (also جموگہ) juvenile flatus or flatulence, a disease of children.

جموگنا /dʒəmo:gnɑ:/ ■ *v.* 1 test, verify, prove, ascertain. 2 settle, adjust.

جمہور /dʒəmhu:r/ ■ *n.m.* people, public, masses, populace. جمہور کی آواز public opinion, public demand. (*pl.* جماہیر)

جمہوری /dʒəmhu:ri:/ ■ *adj.* democratic. جمہوری نظام democratic system.

جمہوریت /dʒəmhu:rɪjət/ ■ *n.f.* (also جمہوریہ) 1 democracy. 2 republic, democratic state.

جمہوریہ /dʒəmhu:rɪjɑ:/ ■ *n.f.* republic.

جمّی /dʒəmmi:/ ■ *n.f.* a thorny desert plant which has very long roots, *Prosopis spicigera.*

جمیع /dʒəmi:ʔ/ ■ *adj.* all, whole, entire, total.

جمیعاً /dʒəmi:ʔən/ ■ *adv.* on the whole, altogether, in toto.

جمیل /dʒəmi:l/ ■ *adj.* beautiful, pretty, lovely, comely. جمیل الشّیم 1 one who has the best attributes; having nice qualities. 2 (*fig.*) Prophet Muhammad.

جمیلہ /dʒəmi:lɑ:/ ■ *adj.* (*fem.* of جمیل).

homonyms. [S]

جمکانا /dʒəmkɑ:nɑ:/ ■ *v.* 1 settle, fix, adjust. 2 cause to succeed or flourish. 3 collect, assemble, cause to crowd together.

جمکنا /dʒəməknɑ:/ ■ *v.* 1 to be adjusted, be assembled. 2 to succeed, to go on well.

جمکُوڑا /dʒəmku:ɽɑ:/ ■ *n.f.* a kind of covering for head and shoulders made of reeds or palm leaves used during the rainy season or extreme heat.

جمگھٹ /dʒəmgʰəʈ/ ■ *n.m.* (also جمگھٹا) crowd, multitude, throng.

جمل [1] /dʒəməl/ ■ *n.m.* pair, couple, brace, two of a kind. [S]

جمل [2] ____ ■ *n.m.* camel, dromedary. [A]

جُمل [1] /dʒʊməl/ ■ *n.m.* a numerological system of reckoning in which every succeeding letter has been assigned an ascending value. [A]

جُمل [2] ____ ■ *n.m.* whole, aggregate, sum; addition. [A]

جُملگی /dʒʊmləgi:/ ■ *n.f.* totality, universality, wholeness.

جُملہ /dʒʊmlɑ:/ ■ *n.m.* 1 whole; total amount. 2 (***Gram.***) sentence. ■ *adj.* entire, whole. جملۂ استعجابیہ exclamatory sentence expressing surprise. جملۂ استفہامیہ interrogative sentence. جملۂ انشائیہ sentence other than a statement (i.e. a question, exclamation or command). جملۂ شرطیہ conditional sentence. جملۂ فعلیہ sentence consisting of a verb and a subject. جملۂ معترضہ parenthesis, parenthetical clause or sentence; something said by the way. جملۂ معطوفہ compound sentence linked by conjunction. جملۂ معلولہ complex sentence in which one part states the cause of something mentioned in the other part.

جمن [1] /dʒəmən/ ■ *n.m.* (also جُمن) 1 congelation, coagulation. 2 rennet or acid or leftover yogurt used to curdle milk or make yogurt. [S]

جمن [2] ____ ■ *n.m.* (*contr.* of جمنا[2]) the river Jamuna. [S]

جمنا [1] /dʒəmnɑ:/ ■ *v.* 1 freeze, harden, solidify, set, become firm or fixed. 2 take root to be firmly established, be settled. 3 stick, cling together. 4 (of seed) sprout, shoot; grow. 5 have a firm hold; take a firm stand. 6 insist, persist. 7 become effective, have effect (upon heart). 8 become successful, prosper. [S]

جمنا [2] ____ ■ *pr.n.f.* (also یمنا) the Jamuna or Yamuna, a river in northern India. [S]

جن /dʒən/ ■ *n.m.* man, person, living being; the human race.

جِن¹ /dʒɪn/ ■ *pron.* (*pl.* of جِس) whom, which. جن ڈھنڈیاں اُن(تن) پائیاں one who seeks finds; one who makes efforts gets reward. [Prk.]

جِن² ____ ■ *n.m.* (also جِنّ) **1** genie, jinn, djinn, demon. **2** (*fig.*) (i) headstrong, ill-tempered, obstinate person. (ii) one with extraordinary capacity for work; resolute person. (iii) anger, furiousness. جن اتارنا **1** exorcise, perform an exorcism, dispossess the one possessed by a jinn or evil spirit. **2** pacify, assuage, soothe, mollify. جن چڑھنا **1** be possessed. **2** (*fig.*) fly into a passion. (*pl.* جِنّات) [A]

جنا¹ /dʒənɑː/ ■ *n.m.* individual, person. [S]

جنا² ____ ■ (*past* of جننا) gave birth to, begot. ■ *n.m.* son; offspring. ■ *adj.* begotten, born. [S]

جناب /dʒənɑːb/ ■ *n.f.* **1** threshold; the bolt of a door. **2** (*def.*) sir, majesty, highness, excellency, your honour. **3** side, brink, margin. **4** court or yard, vestibule. **5** place where one takes refuge. **6** presence. جنابِ اقدس sir! (honorific form of address) your honour, your or his excellency. جنابِ عالی (also عالی جناب) (honorific form of address) respected or honourable, sir, exalted sir. جنابِ مستطاب likeable personality. جنابِ من my dear sir, a formal way of addressing a person in speech or writing.

جنابت /dʒənɑːbət̪/ ■ *n.f.* pollution (resulting from coitus); dirtiness; loss of sperm.

جنات /dʒənnɑːt̪/ ■ *n.f.* (*pl.* of جنّت) gardens.

جِنّات /dʒɪnnɑːt̪/ ■ *n.m.* (*pl.* of جِن²) genii, jinns.

جِنّاتی /dʒɪnnɑːt̪iː/ ■ *adj.* **1** of or concerning to jinn; mysterious; supernatural. **2** (*fig.*) huge, very big or large. جناتی حروف/خط illegible handwriting, indistinct writing. جناتی زبان complicated or tortuous expression.

جناح /dʒənɑːh/ ■ *n.m.* **1** wing; pinion. **2** wing of an army. **3** arm of a human being; armpit.

جُناح /dʒʊnɑːh/ ■ *n.m.* sin.

جناحیّت /dʒənɑːhɪjjət̪/ ■ *n.f.* state of having wings.

جناحیّہ /dʒənɑːhɪjjɑː/ ■ *adj.* (also جناحیۃ) having wings or arms. جناحیۃُ الرجل (***Zool.***) pinnipeds.

جنازہ /dʒənɑːzɑː/ ■ *n.m.* **1** funeral bier with a dead body in it; funeral. **2** funeral procession. جنازہ اٹھانا take out funeral procession. جنازہ پڑھنا say funeral prayers. جنازہ کش drawer of a bier. جنازہ گاہ graveyard. جنازہ نکالنا **1** take out funeral procession. **2** (*fig.*) (a plan) to be destroyed. جنازہ نکلنا **1** (of a person) die. **2** (*fig.*) a plan to fail; be destroyed or ruined.

جنازے /dʒənɑːzeː/ ■ *n.m.* (*pl.* & *infl.* of جنازہ) جنازے کو کندھا دینا carry the bier; shoulder the bier for a brief span of time while it is on its way to the graveyard. جنازے کی نماز (also نمازِ جنازہ) funeral prayer.

جِناس /dʒɪnɑːs/ ■ *n.f.* (***Poet.***) use of homophones in poetry.

جناغ /dʒənɑːɣ/ ■ *n.m.* **1** stipulation, contract; bargain. **2** wager. **3** the breastbone of a bird. **4** the bow or pommel of a saddle.

جُناغ /dʒʊnɑːɣ/ ■ *n.m.* outside covering of a saddle, usually made of leopard skin, etc.; surcingle; stirrup leather; girth of a saddle.

جِناں /dʒɪnɑ̃ː/ ■ *n.m.pl.* (also *sing.*) gardens with trees; certain regions of Paradise.

جنانا¹ /dʒənɑːnɑː/ ■ *v.* deliver a child; (of a midwife) assist in delivery. ■ *n.m.* delivering; midwifery. [S]

جنانا² ____ ■ *v.* (*rare*) to cause to know; make learn. [S]

جناور /dʒənɑːvər/ ■ *n.m.* (*var.* of جانور) animal.

جنائی /dʒənɑːiː/ ■ *n.f.* **1** midwife. **2** wages paid to a midwife. جنائی صدقہ alms given at childbirth.

جِنایت /dʒɪnɑːjət̪/ ■ *n.m.* (***Islam***) any prohibited injurious action, as wounding, maiming, etc.; religious prohibition of acts that cause physical injury or wound; sin; crime.

جنب /dʒəmb/ ■ *n.m.* **1** side; part. **2** tract (of country).

جُنُب /dʒʊnʊb/ ■ *adj.* (also جُنُبی) under the obligation of performing a total ablution, i.e. bath (after sexual intercourse, etc.); polluted, defiled.

جُنباں /dʒʊmbɑ̃ː/ ■ *adj.* (also جُمباں) **1** moving, vibrating, trembling, shaking. **2** causing to move or shake.

جُنبانی /dʒʊmbɑːniː/ ■ *n.f.* movement, vibration, stirring. ■ *suffix* used in comp. as: سلسلہ جنبانی **1** initiating a matter; setting something in motion. **2** talks to settle a marriage.

جُنبش /dʒʊmbɪʃ/ ■ *n.f.* motion, movement; agitation; vibration, trembling, shake. جنبش دینا move, shake.

into a mess; be over-encumbered with responsibilities (e.g. of a large family, etc.).

جنجالی /dʒəndʒɑ:li:/ ■ *adj.* quarrelsome, troublesome.

جُنجر /dʒʊndʒər/ ■ *n.m.* a pot-herb of reddish black colour, *Polygonum amphibium*.

جُنجھلاہٹ /dʒʊndʒʰlɑ:hət̪/ ■ *n.f.* fretfulness, peevishness, irritation. See جُھنجلاہٹ.

جُند¹ /dʒʊnd̪/ ■ *n.m.* castor, brown greasy smelly substance obtained from the perineal sacs of the beaver once used in medicine and perfumery. جندبادستر/بیدستر medicine made from an otter's testicles. [A]

جُند² ____ ■ *n.m.* **1** genus, species. **2** army, body of troops. (*pl.* جُنُود) [A]

جندرا /dʒənd̪rɑ:/ ■ *n.m.* (also جندا) **1** pitchfork, a kind of rake used during irrigation to divide a field into small beds. **2** a lock.

جِندڑی /dʒɪnd̪ɽi:/ ■ *n.f.* (also جِندگی) existence; life. جندڑی اجڑا dead.

جنڈ /dʒənd̪/ ■ *n.m.* a tree of which the wood is used as fuel.

جنڈَیل /dʒənd̪æ:l/ ■ *n.m.* (*var.* of جرنیل) general. [E]

جِنس /dʒɪns/ ■ *n.f.* **1** sex. **2** species, kind, sort, class; category. **3** ware, merchandise. **4** articles, movable things. **5** products; crop, corn, cereals. **6** material, stuff. **7** (***Logic, Biol.***) genus. **8** (***Gram.***) gender. **9** (*fig.*) ornaments, jewellery, gems. جنسِ خام raw material. جنس خانہ storeroom, warehouse. جنسِ قوی/کرخت male sex, men. جنسِ لطیف the fair sex, women. جنسِ مشترک **1** something owned by more than one. **2** (***Gram.***) common gender. جنس وار **1** according to species; quality-wise. **2** schedule of taxable produce according to kind or species. جنس وار جمع بندی account of revenue assessed at certain rates according to the produce or crops raised. جنس واری according to kind or classification.

جِنسی /dʒɪnsi:/ ■ *adj.* sexual, relating to sex; generic. جنسی اعضا sexual organs. جنسی بھوک sexual or carnal desire, lust, sex-starvation. جنسی کج روی sexual aberration. جنسی کشش sex appeal.

جِنسیّات /dʒɪnsɪjjɑ:t̪/ ■ *n.f.* sexology, science of sex.

جِنسیّت /dʒɪnsɪjjət̪/ ■ *n.f.* **1** sex; generic quality or state; get into a state of motion or action, become active, be stirred up; be roused or be excited.

جنبش میں آنا get into a state of motion or action, become active, be stirred up; be roused or be excited.

جنبہ /dʒəmbɑ:/ ■ *n.m.* **1** side, part, flank; aspect. **2** support, favour. جنبہ داری partiality, favour, support. جنبہ داری کرنا show partiality, be partial to.

جنبی /dʒəmbi:/ ■ *adj.* sided; sideward, lateral.

جُنُبی /dʒʊnʊbi:/ ■ *adj.* of or relating to جُنُب.

جنّت /dʒənnət̪/ ■ *n.f.* a garden; Paradise, heaven. جنتِ ارضی paradise on earth, a very beautiful place. جنت البقیع a historical graveyard of Medina where many of the earliest Muslims are buried. جنت الحمقا fool's paradise; illusory happiness. جنتِ عدن the Garden of Eden, the initial abode of Adam. جنت مکان/مکانی/نصیب dead person, dead and departed, late, a dead person whose abode or lot is Paradise (usu. used to refer to a dead person in a respectful manner). جنت نگاہ something wonderful to look at, delectable sight. (*pl.* جنات)

جنتا /dʒənt̪ɑ:/ ■ *n.f.* public at large, people; community.

جنتر /dʒənt̪ər/ ■ *n.m.* **1** instrument, implement, apparatus, appliance; machine; engine. **2** musical instrument. **3** dial, code. **4** observatory. **5** astrological or magical diagram. **6** magic square, amulet, charm. **7** jugglery. جنتر منتر **1** juggling. **2** conjuring, enchanting by figures and incantations; magical or mystical ceremonies in which diagrams are drawn and prayers are recited. **3** an observatory. **4** cunningness, shrewdness.

جنتری /dʒənt̪əri:/ ■ *n.f.* **1** calendar, almanac. **2** perforated steel plate for drawing gold or silver wire. ■ *n.m.* **1** conjurer, wizard; juggler. **2** cheat, deceiver. جنتری میں کھینچنا/نکالنا **1** draw out into wire; attenuate. **2** (*fig.*) take the crookedness out (of someone), make one straight.

جنتُو /dʒənt̪u:/ ■ *n.m.* living creature (usu. of low organization, such as insect, worm, etc.). جنتو پھل wild fig, *Ficus glomerata*.

جنّتی /dʒənnət̪i:/ ■ *adj.* **1** heavenly, blessed (person). **2** (*fig.*) gentle, pious, simple (person).

جنجال /dʒəndʒɑ:l/ ■ *n.m.* **1** anxiety, embarrassment, trouble, difficulty, bother or fuss; a complex and confusing matter. **2** large net, snare. **3** whirlpool. **4** a trick in wrestling. **5** (*fig.*) long or lengthy story. جنجال میں پھنسنا get into or be beset with difficulties, get wilderness, have merriment and splendour in a desolate or wild place. جنگل میں مور ناچا کس نے دیکھا 1 (*literal*) who ever saw a peacock dancing in a forest? 2 sweetness is wasted on the desert air. (*pl.* جنگلات)

جنگلا¹ /dʒəŋglɑ:/ ■ *n.m.* (also جنگلہ) 1 fence, railing, enclosure. 2 sheet, etc. with a gold lace. 3 grid, grating. جنگلا لگانا build or erect a fence around a place, fence (an area or place). [S]

جنگلا² ____ ■ *n.m.* 1 name of a raga, usually sung at noon. 2 musical mode, tune, lyric. [S]

جنگلی /dʒəŋgli:/ ■ *adj.* jungly, of or pertaining to a jungle; wild, savage, uncivilized. جنگلی بلی wildcat. جنگلی پیاز squill, *Drimia maritima.* جنگلی چمپا a kind of jasmine, *Plumeria alba.* جنگلی چوہا field mouse or rat. جنگلی سرو wild cypress, *Ailanthus excelsa.* جنگلی سور 1 a wild hog or boar. 2 (*fig.*) a stout ungainly man. جنگلی کبوتر bustard, *Otis tarda.* جنگلی کوا raven, *Corvus corax.* جنگلی گلاب wild rose, dog rose, *Rosa canina.*

جنگم /dʒəŋgəm/ ■ *n.m.* a class of mendicants with matted hair. ■ *adj.* moving, in motion.

جنگی /dʒəŋgi:/ ■ *adj.* 1 of or relating to war; martial, military, warlike. 2 quarrelsome, fighting. 3 huge, big. 4 quarrelsome, contentious. ■ *n.m.* soldier; fighter. جنگی بیڑا naval fleet, armada, naval force. جنگی جوان an army man, soldier. جنگی جہاز 1 fighter-plane. 2 warship. جنگی فوج combatant force. جنگی نامہ نگار war correspondent.

جنم /dʒənəm/ ■ *n.m.* 1 birth, nativity; origin. 2 life, lifetime, production. 3 cycle of existence. 4 (***Hinduism***) one life after another. ■ *adv.* always. جنم استھان birthplace, native country, motherland. جنم اشٹمی/جنم اٹھمیں Hindu festival of Krishna's birthday. جنم اندھا congenital blind. جنم بگاڑنا lead a life of sin, spoil one's life. جنم بھوم/بھومی birthplace, native land. جنم پتر/پترا/پتری horoscope. جنم جلا/جلی ill-fated, unfortunate; wretched. جنم جنم always. جنم جنم میں in every life, from birth to birth, in successive lives. جنم داتا procreator. جنم دن birthday. جنم روگی permanently sick, sickly; a person in poor health. جنم کا (also جنم جنم کا) 1 inherent, inborn. 2 lifelong, eternal, permanent. جنم کے اندھے نام

correspondence or similarity of kind, race or genus, homogeneousness. 2 (***Gram.***) gender.

جنک /dʒənək/ ■ *adj.* 1 generative, generating, begetting, producing, causing. ■ *n.m.* 1 father, progenitor. 2 (***Elect.***) generator.

جنک /dʒəŋk/ ■ *n.m.* a flat-bottomed, Chinese three-masted boat, junk.

جنگ /dʒəŋg/ ■ *n.f.* 1 war, battle; fight, combat. 2 enmity, bias, hostility. جنگ آزما warring (person, etc.). جنگ آزمودہ 1 war veteran, experienced in warfare. 2 brave. 3 battle-proven (arms or equipment). جنگ آور fighter. جنگ باز warmonger. جنگ بندی ceasefire. جنگ پر جانا go to war (as a soldier). جنگ جو warrior; quarrelsome, contentious. جنگ چھڑ جانا/چھڑنا war to break out. جنگ دو سر دارد predicting victory is difficult in war, either you win or lose in a war. جنگ زرگری collusive or sham dispute between two parties to defraud a third one. جنگ سر کرنا be victorious in a war. جنگِ عظیم world war. جنگ کرنا wage a war; fight. جنگ گاہ (also جنگاہ) battlefield. جنگ وجدال/جدل fight, fighting; battle, warfare, armed conflict. جنگ ہونا war to break out; to be engaged in fighting.

جُنگ¹ /dʒʊŋg/ ■ *n.m.* bundle of papers; notebook, etc. to write down couplets or important things. ■ *n.f.* diligence, earnest effort; enthusiasm, zest. [S]

جُنگ² ____ ■ *n.m.* a pot-herb, *Convolvulus argenteus.* (See also لبلاب.) [S]

جنگاسا /dʒəŋgɑ:sɑ:/ ■ *n.m.* (also جنگاسہ، جنگھاسا) groin; crotch.

جنگاہ /dʒəŋgɑ:h/ ■ *n.f.* See جنگ گاہ under جنگ.

جنگڑا /dʒəŋgɽɑ:/ ■ *n.m.* a wild grass having sharp thorns.

جنگل /dʒəŋgəl/ ■ *n.m.* 1 forest, wood, jungle, woodland; overgrown plantation. 2 uninhabited land; wilderness. 3 (*fig.*) abundance, plentifulness. جنگل بری the act of clearing woodlands. جنگل بیابان wilderness, desolation; forest. جنگل جانا 1 walk in or go into the wood. 2 (*fig.*) (i) go to a wild or unfrequented place. (ii) (*arch.*) relieve or ease oneself. جنگل کا تیتر timid, coward. جنگل کا قانون law of the jungle; lawlessness. جنگل میں کھیتی نہیں، بستی میں نہیں گھر belly up, bankrupt. جنگل میں منگل festivities in jungle, splendour and merriment in a desolate or deserted place. جنگل میں منگل کرنا to rejoice in

جنّی۲ ____ ■ *n.m.* dangerous fit, third degree of epilepsy. [S]

جِنّی /dʒɪnni:/ ■ *n.* (*fem.* of جن۲) female genie. ■ *adj.* (also جِنّاتی) of or relating to jinn.

جنیا /dʒənjɑ:/ ■ *n.f.* (also جنو) (*dim.* of جان۱) darling. ■ *exclam.* O' my love! O' my sweetheart!

جنین /dʒəni:n/ ■ *n.m.* 1 something hidden or unseen; buried. 2 fetus; embryo, an unborn child.

جنینیات /dʒəni:nɪjɑ:t̪/ ■ *n.m.* embryology.

جنیو /dʒəne:v/ ■ *n.m.* (also جنیئو) sacred thread worn on chest by high-caste Hindus, especially the Brahmans.

جِنھوں /dʒɪnʰõ:/ ■ *pron.* (also جنہوں) who, those who, whom.

جِنھیں /dʒɪnʰẽ:/ ■ *pron.* (also جنہیں) whom, whomsoever.

جَو /dʒɔ:/ ■ *n.m.* 1 barley, a grain of barley. 2 something with a weight of a grain. 3 (*fig.*) something very little or minute; small quantity or size. 4 one-third of an inch. جو بھر a little, small quantity or size. جو جو حساب لینا take a strict account. جوزن magician, one who casts charms or magic by incanting on barley grains. جو فروش گندم نما one who shows wheat but sells you barley, a cheat. جو فروشی گندم نمائی cheating, deception. جو کوب broken or half pounded barley.

جو /dʒəv/ ■ *n.m.* (also جوّ) space; atmosphere. جوِ بسیط outer space, the region beyond atmosphere.

جُو۱ /dʒu:/ ■ *n.f.* (also جُوے) river; stream, rivulet. جوئے بار (also جوبار) canal, stream. جوئے شیر لانا do a Herculean task, accomplish the impossible. [P]

جُو۲ ____ ■ *suffix* seeking; seeker; used in comp. as: جنگ جو warrior; quarrelsome, bellicose, violent. دانش جو student. [P]

جو /dʒo:/ ■ *pron.* who; what; which; that. ■ *conj.* if, in case. جو آدھی کو چھوڑ ساری کو جاوے تو پھر ساری ملے نہ آدھی پاوے a bird in hand is worth two in the bush, it is better to accept something small than to reject it and hope to get more later on. جو آگ کھائے گا وہ انگارے اُگلے / ہگے گا blood will have blood, a bad deed will bring its own punishment. جو بولے سو گھی کو جائے whoever ventures a suggestion has to do it himself. جو پھل چکھا نہیں وہی میٹھا the thing one does not possess is desired more. جو جو whoever; whosoever; whatever, whichever. جو چڑھے گا سو

نین سکھ جنم لگن born a weakling but called Samson. جنم نہ دیکھا 1 time of birth. 2 horoscope. جنم لینا be born. بوریا سپنے آئی کھاٹ a poor man dreaming of riches.

جنمی /dʒənəmi:/ ■ *n.m.* creature, living being (such as man, animal). ■ *adj.* inborn, inherited, natural, innate.

جننا /dʒənnɑ:/ ■ *v.* give birth to, bear, beget, produce a young, bring forth.

جنواسا /dʒənvɑ:sɑ:/ ■ *n.m.* (also جنواس) the house where the bridegroom and his relatives are received.

جنوانا /dʒənvɑ:nɑ:/ ■ *v.* (also جنانا) assist in delivery, have delivered.

جنوائی /dʒənvɑ:i:/ ■ *n.f.* midwife's fee.

جنوائی /dʒə̃vɑ:i:/ ■ *n.m.* (also جمائی۱) 1 son-in-law. 2 enemy in the guise of friend.

جُنُوب /dʒʊnu:b/ ■ *n.m.* (also جنوب) 1 the south. 2 south wind.

جُنوباً /dʒʊnu:bən/ ■ *adv.* southward, to the south.

جُنوبی /dʒʊnu:bi:/ ■ *adj.* southern. جنوبی قطب the South Pole.

جُنود /dʒʊnu:d̪/ ■ *n.m.* (*pl.* of جُند۲) military. جنودِ کبریائی the armies of God; angles.

جنوری /dʒənvəri:/ ■ *n.m.* January, the first month of the Gregorian calendar. [E]

جُنون /dʒʊnu:n/ ■ *n.m.* (also جُنُوں) 1 lunacy, insanity, madness. 2 obsession, craze. 3 fury, rage. 4 extreme love bordering on lunacy. 5 the state of being possessed by a jinn; frenzy. جنون آنا be enraged. جنون چڑھنا 1 fly into rage or passion. 2 have a fit of frenzy, go mad. 3 develop a strong desire or zeal for, develop an obsession. جنونِ دَوری insanity with lucid intervals. جنون کی حالت میں / کے غلبے میں 1 in the state of madness or frenzy, in a fit. 2 under the influence of rage. جنون ہونا become mad; be obsessed with, be crazy for.

جُنونی /dʒʊnu:ni:/ ■ *adj.* mad, insane; mad with passion.

جنہار /dʒənhɑ:r/ ■ *adv.* one by one, individually.

جُنہار /dʒʊnhɑ:r/ ■ *n.m.* (also جنھری) durra, jowar, Indian millet, *Andropogon sorghum*; also applied to other grains.

جُنہائی /dʒʊnhɑ:i:/ ■ *n.f.* 1 the moon. 2 moonlight.

جنی۱ /dʒəni:/ ■ *n.f.* 1 woman. 2 daughter. 3 midwife. 4 (*fig.*) prostitute. [S]

held responsible; account for; contest a claim. جواب دے دینا 1 profess or confess inability (to cure a sick person), indicate or predict certain death. 2 dismiss from a job, sack, fire. جواب دینا 1 answer, reply. 2 refuse; dismiss. 3 talk insolently. جوابِ شافی satisfactory answer. جوابِ صاف flat refusal, categorical answer. جواب طلب reply-paid (letter, etc.); (matters) calling for an explanation. جواب طلب کرنا call to account, call for an explanation. جواب طلبی calling to account or for explanation. جوابِ قطعی definite answer. جواب ملنا 1 get an answer. 2 be dismissed or discharged. جواب ندارد no reply. جواب وسوال question and answer. جواب وسوال کرنا argue, question, dispute.

جواباً /dʒəvɑːbən/ ■ *adv.* as an answer, in reply or response.

جوابی /dʒəvɑːbiː/ ■ *adj.* 1 of or relating to answer. 2 responsive, in reply, counter. 3 prepaid (envelope, etc.). 4 retaliatory, respondent, defendant, counterpart. 5 one who repeats a line in elegiac recitation. جوابی حملہ counter-attack. جوابی کارروائی retaliation, retaliatory action.

جوّاد /dʒəvvɑːd̪/ ■ *adj.* (also جواد) generous, bounteous, liberal, munificent, beneficent. ■ *n.m.* speedy horse.

جوار /dʒɪvɑːr/ ■ *n.m.* (also جوار) neighbourhood, vicinity.

جُوار[1] /dʒʊvɑːr/ ■ *n.f.* jowar, large millet. [S]

جُوار[2] ——— ■ *n.m.* (also جوار) flood-tide, flood. جوار بھاٹا ebb and flow of the tide. [S]

جُوارا /dʒʊvɑːrɑː/ ■ *n.m.* 1 yoke of bullocks. 2 as much land as can be ploughed by a pair of bullocks. 3 large millet, barley, corn, etc. 4 a blade or shoot of barley, corn, etc.

جوارح /dʒəvɑːreh/ ■ *n.m.pl.* limbs.

جوارش /dʒəvɑːrɪʃ/ ■ *n.f.* a herbal medicine for stomach. جوارشِ جالینوس digestive medicine named after Galen. جوارشِ کمونی a tasty digestive herbal concoction.

جواری[1] /dʒəvɑːriː/ ■ *n.f.* (*pl.* of جاریہ) slave-girls, maids. [A]

جواری[2] ——— ■ *n.f.* the bridge of a stringed musical instrument. [Prk.]

جُواری /dʒʊvɑːriː/ ■ *n.m.* gambler. جواری ڈھنڈاری (*women's slang*) rascal, wicked; immoral, base.

جواز /dʒəvɑːz/ ■ *n.m.* permission; justification; lawfulness, validity, legality, propriety. جوازِ سفر travel permit,

گرے گا 1 pride goeth before a fall. 2 every rise has a fall. جو چیز any; whatever, that which. جو حکم ہو what you order (shall be done). جو سحری کھائے سو روزہ رکھے he must suffer pain who stands to gain. جو سوتا ہے وہ کھوتا ہے (also جو سووے گا وہ کھووے گا) he who sleeps all the morning may go begging all the day after. جو کچھ whatever, whichever, whatsoever. جو کرے سیوا وہی کھائے میوا no pains no gains. جو کوئی whoever, whosoever. جو گرجتے ہیں وہ برستے نہیں barking dogs seldom bite. جو ماں سے زیادہ چاہے پھاپھا کٹنی کہلائے a woman who claims to love you more than your mother must be a cheat. جو مزا چھجو کے چوبارے نہ بلخ نہ بخارے east or west, home is best; no place like home. جو منہ میں آئے سو کہنا to speak thoughtlessly. جو ہانڈی میں ہوگا وہی نکلے گا nothing comes out of a sack but what is put in it, what is in the heart the tongue speaks. جو ہوسکتا ہے what or whatever is possible or can be done. جو ہو سو ہو come what may, no matter what the consequences.

جوا /dʒəvɑː/ ■ *n.m.* 1 clove of garlic. 2 a kind of stitch in needlework. جوادار chain made with golden pieces of the size and shape of barley.

جُوا[1] /dʒʊvɑː/ ■ *n.m.* betting, wagering; gambling, gaming, gamble. جواباز (also جوئے باز) gambler. جوا چور gambler who sneaks away with his winnings. جواخانہ gambling house or den. جوا کھیلنا gamble; take a chance, try one's luck. [Prk.]

جُوا[2] ——— ■ *n.m.* yoke. جوا اتارنا be freed; throw off the yoke, unyoke. [Prk.]

جواب /dʒəvɑːb/ ■ *n.m.* 1 answer, reply, response. 2 retort, rejoinder. 3 counterpart, parallel. 4 pair. 5 return, reward, compensation. 6 sack, discharge, dismissal; refusal. 7 solution (to a mathematical problem). جوابُ الجواب reply to an answer; rejoinder. جوابِ باصواب fitting or proper answer. جواب پانا get (one's) discharge or dismissal. جوابِ تلخ bitter reply, flat refusal. جوابِ جاہلاں باشد خموشی silence is the best answer to a fool's talk. جوابِ دعویٰ (***Law***) answer to a plaint, rebutter. جواب دہ answerable, responsible, accountable; one called to account, respondent; defendant. جواب دہ رہنا be responsible or accountable (for). جواب دہی liability, responsibility. جواب دہی سے بری کرنا exonerate, no longer hold responsible. جواب دہی کرنا 1 defend (in law). 2 be courage. **2** generosity. جواں مرگ/موت (also جوانا مرگ) one who dies young. جوانِ نوخیز one who has just attained puberty, teenager, young person, especially a man between boyhood and maturity. (*pl.* جوانان)

جوانا /dʒəvɑːnɑː/ ■ *adj.* of or concerning to جوان; used in comp. as: جوانا مرگ one who dies young.

جوانا¹ /dʒɪvɑːnɑː/ ■ *v.* to cause to live, revive, bring back to life. [Prk.]

جوانا² ____ ■ *v.* to feed, to give food; to entertain. [Prk.]

جوانانہ /dʒəvɑːnɑːnɑː/ ■ *adv.* like a young man, resembling young people.

جوانب /dʒəvɑːnɪb/ ■ *n.f.* (*pl.* of جانب) **1** environs, vicinity, tracts. **2** parts, quarters; sides.

جوانی /dʒəvɑːniː/ ■ *n.f.* youth, adolescence, puberty; the state of being young. جوانی پر گدھی بھی اچھی معلوم ہوتی ہے everything appears interesting and alluring in youth. جوانی پیٹا a mild curse. جوانی چڑھنا attain puberty; attain the vigour of manhood, be full of youthful vigour or lust. جوانی دیوانی youth is craziness; in young age a person is reckless and obsessed. جوانی ڈھلنا grow old, lose youthful vigour. جوانی کا پھل the fruit or enjoyment of youth. جوانی کا عالم the young age, youth. جوانی کی نیند deep sleep. جوانی میں مانجھا ڈھیلا being inactive or lazy in youth.

جواہر /dʒəvɑːhɪr/ ■ *n.m.* (*pl.* of جَوہر¹) (also used as *sing.*) **1** jewels, gems, precious stones. **2** essences, quintessence. جواہر پارہ **1** a piece of a gem. **2** (*fig.*) a piece of a beautiful and valuable writing. جواہر خانہ jewellery vault, store for jewels. جواہر نگار studded or inlaid with jewels.

جواہرات /dʒəvɑːhɪrɑːt̪/ ■ *n.m.* (*pl.*of جواہر, *ppl.* of جَوہر¹).

جواہری /dʒəvɑːhɪriː/ ■ *n.m.* jeweller. See جَوہری.

جوبن /dʒoːbən/ ■ *n.m.* **1** youth, youthfulness. **2** a flourishing state; prominence. **3** beauty; female beauty. **4** the swell of female breasts; beautiful and well-formed female breasts. **5** fine figure (of a woman). جوبن اُبھرنا/اُمکنا/اُمنڈنا puberty to show itself; female breasts to swell or become prominent. جوبن پر آنا to reach the age of puberty; to bloom. جوبن پھٹا پڑنا female youth to bloom; breasts to become very prominent. جوبن ڈھلنا **1** female breast to sag; show sign of aging. **2** be ineffective or unattractive. **3** some

passport. جواز ہونا have a justification, be justified.

جُواز /dʒʊvɑːz/ ■ *n.m.* **1** large wooden or stone mortar (for pounding grain). **2** oil-press, mill.

جوازیّت /dʒəvɑːzɪjjət̪/ ■ *n.f.* justifiability, allowability, legality, propriety.

جواسا /dʒəvɑːsɑː/ ■ *n.m.* (also جوانسا) camel thorn, a prickly bush of which screens are made for avoiding heat in summer, *Alhagi camelorum*.

جواکھار /dʒəvɑːkʰɑːr/ ■ *n.m.* salt obtained from burnt barley, barley salt, nitrate of potash, impure saltpetre.

جوال /dʒəvɑːl/ ■ *n.m.* (also جوالا) **1** flame, blaze, fire. **2** heat. **3** passion.

جِوال /dʒɪvɑːl/ ■ *n.f.pl.* walls or enclosures of wells, parapets (of wells).

جُوال /dʒʊvɑːl/ ■ *n.m.* **1** sack, bag. **2** half of a (horse) load. **3** the human body. **4** guile, deceit, fraud. **5** anything open, expanded or wide.

جوّال /dʒəvvɑːl/ ■ *adj.* rapidly moving; circulating. ■ *n.m.* one who goes about or travels much.

جوالا /dʒəvɑːlɑː/ ■ *n.f.* **1** flame, blaze, fire. **2** heat. **3** passion. جوالا مکھی **1** volcano; any place where subterranean fire or inflammable gas breaks forth (sacred to the Hindus as indicating the presence of a form of the goddess Durga). **2** a title of the goddess Durga. **3** (*fig.*) refulgent place.

جوّالہ /dʒəvvɑːlɑː/ ■ *adj.* spinning, rapidly moving, circulating.

جوالی /dʒəvɑːliː/ ■ *n.f.* mixed barley and wheat; grain or chickpea mixed with barley (as food for cattle).

جوامِعُ الکلم /dʒəvɑːmeʔʊlkəlɪm/ ■ *n.m.* (*pl.* of جامعُ الکلم) concise talk or text, saying much in few words, being succinct.

جوان /dʒəvɑːn/ ■ *adj.* (also جواں) young, grown up, in the prime of life. ■ *n.m.* **1** adult, youth, young man or woman. **2** (*fig.*) man; soldier, jawan; able-bodied man. جواں بخت fortunate, lucky. جواں پن youthfulness, youth. جواں جہاں youthful, especially a woman. جواں سال young. جوانِ صالح pious or chaste youth. جواں مرد **1** a young man of marriageable age. **2** gallant; brave, manly, spirited and bold, courageous, heroic. **3** generous, magnanimous. جواں مردی **1** manliness,

جُوتم /dʒu:t̪əm/ ■ *n.m.* (*infl.* of جُوتا) used in comp. as: جوتم پیزار shoe-fight, rowdy scuffle, brawl.

جوتنا /dʒo:t̪nɑ:/ ■ *v.* **1** plough, till. **2** yoke, inspan. **3** force someone to work, force to do something. **4** win someone over.

جُوتی /dʒu:t̪i:/ ■ *n.f.* shoe, sandal or slipper. جوتی پر جوتی چڑھنا one shoe resting on the other regarded as an omen of an impending journey. جوتی پر رکھ کر روٹی دینا feed humiliatingly. جوتی پیزار shoe-fight, brawl. جوتی چور **1** shoe lifter. **2** mean person, of no consequence. جوتی خور / خوار خوری one who does nothing right and is always punished; clumsy, uncouth person. جوتی سے / کو کیا غرض my shoes may care, even my shoes don't care (to show scorn and contempt). جوتی (کی نوک) پر مارنا not to care in the least; spurn, disdain.

جُوتے /dʒu:t̪e:/ ■ *n.m.* (*pl.* & *infl.* of جُوتا) جوتے اٹھانا serve devotedly. جوتے کاری beating, chastisement.

جُوتیاں /dʒu:t̪ɪjɑ̃:/ ■ *n.f.* (*pl.* of جُوتی) shoes, slippers, sandals. جوتیاں اٹھانا flatter; be servile; do menial service. جوتیاں چاٹنا lick shoes, flatter. جوتیاں چٹخاتے پھرنا loaf around, roam or wander aimlessly; be jobless, knock about aimlessly or unsuccessfully. جوتیاں سیدھی کرنا **1** serve in a menial capacity, serve devotedly. **2** pay respect or homage, revere (esp. of a great man, mentor or maestro from whom one learns a lot as a result). جوتیاں کھانا be beaten with shoes; be taunted, be humiliated. جوتیاں گانٹھنا **1** mend shoes. **2** (*fig.*) do mean job; be of no consequence. جوتیاں لگانا / مارنا beat with shoes; taunt, humiliate.

جُوتیوں /dʒu:t̪ɪjõ:/ ■ *n.f.* (*pl.* of جُوتی) جوتیوں میں دال بٹنا have a severe discord.

جوٹ /dʒo:ʈ/ ■ *n.f.* **1** pair of oxen under one yoke. **2** companion. ■ *adj.* match, equal.

جُوٹھا /dʒu:ʈʰɑ:/ ■ *n.m.* (*var.* of جُھوٹا) leftover food. (See also جُھوٹن.)

جوجرا /dʒo:dʒrɑ:/ ■ *adj.* **1** (also جھوجرا، جھوجھرا) cracked or leaky (vessel). **2** (*fig.*) old, unable to work.

جُوجُو /dʒu:dʒu:/ ■ *n.m.* juju, bugaboo, anything frightful to scare children. [E]

جُوجھ /dʒu:dʒʰ/ ■ *n.m.* battle, combat; conflict. جوجھ مرنا die fighting.

flourishing enterprise to come to slackness; lose riches or fame; become less active or less prominent. جوبن کی بہاریں لوٹنا ravish, enjoy the pleasures of youth. جوبن کی ماتی woman intoxicated by youth. جوبن لٹنا be ravished. جوبن لوٹنا take sexual pleasure from (a woman). جوبن وتی young or youthful girl, a girl near or at the age of puberty, (a girl) with great physical charm.

جُوت /dʒu:t̪/ ■ *n.m.* See جُوتا. جوت برسنا / پڑنا be beaten or chastised. جوت چلنا have a fight, a fight to break out.

جوت[1] /dʒo:t̪/ ■ *n.f.* **1** light, lustre, brilliancy. **2** sunbeam. **3** vision, eyesight; glance. **4** flame of a candle or lamp. جوت جگانا **1** kindle a light. **2** begin some good work. **3** summon spirits in black magic. جوت چڑھانا **1** light a lamp. **2** place a lighted lamp as an offering before an idol to invoke its help. [S]

جوت[2] ____ ■ *n.f.* **1** fastening, tie, band, strap, trace (of a carriage, etc.); cord, rope. **2** strap or cord that fastens the yoke of a plough to the neck of the ox. **3** the rigging of a ship. **4** cultivation, ploughing, tillage. **5** rent paid by the cultivator. **6** cultivated land. جوت بوت tillage, husbandry, agriculture. جوت جمع **1** land cultivated. **2** assessment paid by a cultivator. [Prk.]

جُوتا /dʒu:t̪ɑ:/ ■ *n.m.* shoe, slipper. جوتا اٹھانا **1** make a gesture of beating, pick up a shoe to threaten someone. **2** steal shoes. جوتا اچھلنا / چلنا fight with shoes. جوتا برسنا be soundly beaten. جوتا چھپائی a marriage custom in which the groom's shoes are hidden for ransom by the bride's sisters. جوتا لگنا **1** be rebuffed. **2** be insulted. **3** suffer a loss or setback. جوتا مارنا **1** beat with shoe. **2** rebuff, put to shame.

جوتا[1] /dʒo:t̪ɑ:/ ■ *adj.* ploughed, tilled. ■ *n.m.* ploughman, cultivator, farmer. [Prk.]

جوتا[2] ____ ■ *n.m.* **1** a partition wall, boundary. **2** neck muscle(s). [Prk.]

جوتائی /dʒo:t̪ɑ:i:/ ■ *n.f.* (also جُتائی) the act of ploughing.

جوتری /dʒəvɪt̪ri:/ ■ *n.f.* mace. See جاوتری.

جوتش /dʒo:t̪ɪʃ/ ■ *n.m.* & *f.* (also جوتس، جوتک، جوتکھ، جیوتش) astrology. جوتش ودیا the knowledge of astrology.

جوتشی /dʒo:t̪ɪʃi:/ ■ *n.m.* (also جوتکی، جوتکھی) astrologer; soothsayer.

head. جوڑا باندھنا to tie the topknot.

جوڑا /dʒo:ɽɑ:/ ■ *n.m.* **1** couple, pair; counterpart, mate, consort (wife or husband), partner. **2** pair of shoes or socks. **3** suit of clothes, especially bridal dress. **4** (***Chem.***) alloy. جوڑا بڑھانا take off a suit of clothes, disrobe. جوڑا بنانا **1** form an alloy. **2** make a pair. (*fem.* جوڑی)

جوڑلا /dʒo:ɽlɑ:/ ■ *adj.* **1** twin. **2** (***Math., Bot.***) conjugate. جوڑلا بھائی twin brother.

جوڑنا /dʒo:ɽnɑ:/ ■ *v.* **1** add, sum up, total, calculate or compute, reckon. **2** join, unite, connect, bind, tie, attach, patch, cement; solder; put together; stitch together. **3** set (bones, etc.). **4** heal or comfort (a broken heart), consolidate. **5** yoke, harness. **6** mate, match or pair, bring or get together. **7** save up. **8** compose (verses, etc.), make up. **9** contrive, scheme, device or plan. **10** invent, fabricate or concoct. جوڑنا بٹورنا scrape together, accumulate; pile up. جوڑنا جاڑنا **1** repair; join pieces together. **2** save, scrape together, collect (in small amounts). **3** to plan, plot, scheme; connive.

جوڑُو /dʒo:ɽu:/ ■ *n.m.* miser, niggard.

جوڑواں /dʒo:ɽvɑ̃:/ ■ *adj.* twin. See جُڑواں.

جُوڑی[1] /dʒu:ɽi:/ ■ *n.f.* ague, a shivering fit. [Prk.]

جُوڑی[2] ____ ■ *n.f.* **1** small bundle of sugar cane. **2** small cakes of dried cow-dung strung together. [S]

جُوڑی[3] ____ ■ *n.f.* a triangular coop-like covering used by shepherds for protection from sun. [Prk.]

جوڑی /dʒo:ɽi:/ ■ *n.* (*fem.* of جوڑا) **1** pair, couple; match, mate, equal, consort; counterpart. **2** pair of shoes. **3** pair of tambourines; cymbals, dumb-bells. **4** double door. جوڑی دار comrade, close friend; companion; colleague. جوڑی ہانکنا **1** drive a cart with a pair of horses or bullocks. **2** (*joc.*) to have two wives.

جوڑیا /dʒo:ɽɪjɑ:/ ■ *adj.* twin, matching.

جَوز /dʒɔ:z/ ■ *n.m.* **1** nutmeg. **2** walnut. جوزُالماثل the thorn-apple, metel, *Datura metel.* جوزِ خراسانی walnut. جوزِ ہندی coconut.

جَوزا /dʒɔ:zɑ:/ ■ *n.m.* Gemini or the Twins, the third sign of the zodiac; constellation of Orion.

جَوزَن /dʒɔ:zən/ ■ *n.m.* magician, sorcerer (called so

جُوجھنا /dʒu:dʒʰnɑ:/ ■ *v.* to fight, combat, wage a war.

جُود /dʒu:d̪/ ■ *n.m.* generosity, munificence. جودوسخا generosity.

جَودت /dʒɔ:d̪ət̪/ ■ *n.f.* ingenuity, sharp intellect, perception, quickness of wit. جودتِ طبع quick-wittedness, perceptivity.

جُودی /dʒu:d̪i:/ ■ *pr.n.m.* the mountain where Noah's Ark came to rest, Ararat.

جودھا /dʒo:d̪ʰɑ:/ ■ *n.m.* warrior, hero, brave fellow; soldier. ■ *adj.* brave, bold. جودھا جوان heroic young man.

جَور /dʒɔ:r/ ■ *n.m.* cruelty, tyranny, oppression, high-handedness. جورِ استاد بہ زمہرِ پدر a teacher's strictness is better than a father's love. جور وستم (also ظلم وجور) oppression and tyranny.

جورُو /dʒo:ru:/ ■ *n.f.* wife. جورو جاتا wife and children. جورو کا بھائی brother-in-law, wife's brother. جورو کا غلام wife's slave, uxorious husband, henpecked husband. جورو کر لینا take a wife. جورو کرنا get a wife for oneself, get married. جورو کو اماں کہنے لگنا (*derog.*) be extremely perplexed or confused due to great troubles, be out of mind because of hardships. جورو نہ جاتا اللہ میاں سے ناتا bachelorhood; freedom from responsibilities of wife and home.

جوڑ /dʒo:ɽ/ ■ *n.m.* **1** joint; union, junction. **2** seam, patch; stitch. **3** addition; combination; sum, total. **4** rival. **5** equal, match, counterpart, pair. **6** a structure in a body by which two bones are fitted together. **7** slander, calumny. **8** deception, trickery, plot. جوڑ بٹھانا **1** fit or set a joint, connect. **2** to correct the total or sum; jot down. جوڑ توڑ intrigue, conspiracy, plot. جوڑ توڑ کرنا conspire, to intrigue; contrive, connive. جوڑ جاڑ saving; scraps. جوڑ جاڑ کر by collecting small amounts (of money, etc.); by joining together small pieces; by tinkering with. جوڑ جوڑ every joint (of the body). جوڑ دار jointed. جوڑ دینا join, connect, link, unite; repair or mend something broken. جوڑ لگانا patch; solder; fit a joint. جوڑ ملنا have an equal or match.

جُوڑا /dʒu:ɽɑ:/ ■ *n.m.* **1** bun or knot of hair worn (usu. by women) on top or back of the head. **2** crest or plume (of birds like hoopoe, nightingale, etc.). **3** round pad of twisted rope or cloth used as rest for a load on the

جوق /dʒɔ:q/ ■ *n.m.* (also جُوق) **1** crowd, group, troop or body of men. **2** swarm of birds. جوق در جوق in large groups or numbers.

جُوکا /dʒu:kɑ:/ ■ *n.f.* louse. See ۲جُوں.

جَوکوب /dʒɔ:ko:b/ ■ *n.m.* pounded herbal medicine. See under جَو.

جوکھ /dʒo:kʰ/ ■ *n.f.* weight; measurement.

جوکھائی /dʒo:kʰɑ:i:/ ■ *n.f.* (also جُکھائی) **1** weighing; measuring. **2** weighman's fee or perquisite.

جوکھم /dʒo:kʰəm/ ■ *n.f.* **1** risk, hazard; peril, danger. **2** valuables; jewellery; money. **3** venture, hazardous undertaking. **4** insurance.

جوکھمی /dʒo:kʰəmi:/ ■ *adj.* risky, involving danger. ■ *n.m.* & *f.* person taking risks.

جوکھنا /dʒo:kʰnɑ:/ ■ *v.* weigh; measure, estimate; rate.

جوکھوں /dʒo:kʰõ:/ ■ *n.m.* & *f.* (also جوکھم) jeopardy, danger, risk; hazard, peril. جوکھوں اٹھانا undertake hazardous work, risk life or limb. جوکھوں کا کام hazardous or risky task. جوکھوں میں پڑنا run a risk, be endangered, put life or limb in jeopardy, get into trouble. جوکھوں میں ڈالنا endanger, jeopardise, cause to suffer.

جوگ /dʒo:g/ ■ *n.m.* (also یوگ) **1** fortunate moment; opportunity; occasion. **2** juncture, joining, uniting; connection, union. **3** mixture, combination. **4** method, mode, manner; means. **5** propriety, suitability, fitness. **6** fixing (an arrow or other weapon). **7** application of a remedy; cure. **8** consequence, result. **9** (***Astrol.***) conjunction, lucky conjuncture. **10** (***Arith.***) addition, sum total. **11** philosophy of renouncing the world, asceticism, union of the individual soul with the divine soul by means of abstract meditation. **12** (***Astron.***) the twenty-seventh part of a circle measured on the plane of the ecliptic (and used in calculating the positions of the sun and moon); division of great circle measured on the ecliptic. ■ *adj.* able; suitable; befitting; proper. ■ *adv.* by means of, by reason of, through; on the part of; from. جوگ ایشر a yogi; a master of yoga; a great ascetic who has supernatural powers. جوگ آسن a posture or mode of sitting proper for profound and abstract meditation. جوگ سادھنا to practise meditation, to live a

because magicians usually cast their charm by incanting a spell on barley grains).

جَوسق /dʒɔ:səq/ ■ *n.m.* lofty building; palace, mansion.

جوش /dʒo:ʃ/ ■ *n.m.* **1** boiling, ebullience. **2** effervescence, ardour, emotion, fervour, passion, exuberance, enthusiasm, frenzy, zeal. **3** abundance. جوش آنا **1** boil, overflow. **2** swell with anger. **3** have zeal, be fervid, be enthusiastic, effervesce, become excited. جوشِ جوانی ardour or fire of the youth, exuberance of youth. جوشِ خون **1** (***Med.***) plethora. **2** paternal or fraternal affection. جوش دان boiler. جوش دبانا suppress one's passion or enthusiasm. جوش دلانا urge, excite, incite, egg on. جوش دینا boil. جوش زن boiling, in a fit of passion, fervid. جوش کھانا **1** boil, overflow; swell. **2** fly into rage. **3** become excited or frenzied, effervesce. جوش میں آنا **1** become excited. **2** overflow. جوش میں لانا urge, incite. جوش وخروش passion, fervour, enthusiasm, zeal. جوش وخروش سے enthusiastically, zealously.

جوشارہ /dʒo:ʃɑ:rɑ:/ ■ *n.m.* boiler.

جوشان /dʒo:ʃɑ:n/ ■ *adj.* (also جوشاں) boiling, bubbling up; foaming (as waves).

جوشاندہ /dʒo:ʃɑ̃:ḓɑ:/ ■ *n.m.* **1** a decoction of herbs, especially one used to treat common cold. **2** (*fig.*) something bitter.

جوشش /dʒo:ʃɪʃ/ ■ *n.f.* **1** heat. **2** emotion. **3** enthusiasm, exuberance, fervour; violent desire.

جَوشن /dʒɔ:ʃən/ ■ *n.m.* **1** armour, cuirass. **2** coat made of metallic plates joined together flexibly. **3** gold or silver ornament worn by women on the upper arm, armlet. **4** a charm worn on arm to ward off evil spirits, etc., amulet.

جوشی /dʒo:ʃi:/ ■ *n.m.* (also جوسی) (*contr.* of جوتشی) astrologer.

جوشیلا /dʒo:ʃi:lɑ:/ ■ *adj.* passionate, exuberant, high-spirited, enthusiastic. (*fem.* جوشیلی)

جُوع /dʒu:ʔ/ ■ *n.f.* **1** hunger, appetite. **2** (*fig.*) lust, greediness. جوعُ الارض love for territory. جوعُ البقر/الکلب (*fig.*) gluttony, insatiable hunger.

جَوف /dʒɔ:f/ ■ *n.m.* **1** hollow, cavity, interior space, concavity, vacancy. **2** belly, insides. **3** spear wound. **4** depth; cave. جوفِ دہن oral or buccal cavity inside the mouth.

جولی /dʒo:li:/ ■ *n.f.* partner, fellow, companion; used in comp. as: ہم جولی childhood friend.

جولیدہ /dʒo:li:ḍa:/ ■ *adj.* (also ژولیدہ) 1 scattered. 2 confused, disturbed.

جومٹرا /dʒo:məṭra:/ ■ *n.m.* combined crop of barley and pea.

جوَن /dʒəvən/ ■ *n.m.* 1 Greek. 2 Muslim. 3 foreigner. ■ *adj.* barbarian.

جَون /dʒɔ:n/ ■ *pron.* who; which; what. جون سا whichever, whatever, any.

جُون¹ /dʒu:n/ ■ *n.m.* June, the sixth month of the Gregorian calendar. [E]

جُون² ____ ■ *n.f.* 1 body; the form of existence. 2 state, appearance, condition, style, manner. 3 cycle of birth according to Hindu and Buddhist beliefs; transmigration. جون بدلنا 1 change attitude or state. 2 change from one state or cycle of existence to another, transform; transmigrate. [S]

جُوں¹ /dʒũ:/ ■ *prep.* like, as, such as. ■ *adv.* as before; when; in some way or the other, anyhow. جوں توں کرکے one way or the other, somehow; with difficulty. جوں جوں as, as far as, as long as; as by degrees. جوں کا توں as it was, in the state it was, as before, in status quo. جوں ہی (also جُونہی) as soon as, no sooner than. [Prk.]

جُوں² ____ ■ *n.f.* (also جُوکا) 1 louse, a wingless parasitic insect which infests human hair. 2 (*fig.*) something very small. جوں پڑنا be infested with lice, become lousy. جوں کی چال very slow or creeping movement or gait. جوں مُنھا رمونہا weak-looking but mischievous. [S]

جُونا¹ /dʒu:na:/ ■ *n.m.* 1 grass or straw for scouring utensils. 2 grass rope to tie a bundle. 3 a coil or ring of twisted grass on which water-jars or other round-bottomed utensils are supported. [S]

جُونا² ____ ■ *adj.* 1 old, worn out. 2 thin, lean. جونا پرانا 1 old, worn. 2 (*fig.*) useless. [S]

جونار /dʒo:na:r/ ■ *n.m.* (also جونال) land cultivated alternately by wheat or barley, and by autumn crops; land which is continuously cultivated. [S]

جونپور کا قاضی /dʒo:npu:r ka: qa:zi:/ ■ *n.m.* 1 the judge or magistrate of Jaunpur, India. 2 (*fig.*) a fool.

جونپوری /dʒo:npu:ri:/ ■ *n.m.* a musical raga attributed to life of asceticism. جوگ لینا retire from the world, become or live like an ascetic. جوگ ناوک catfish, silvery river fish, *Silurus asotus*.

جوگا /dʒo:ga:/ ■ *adj.* (also جوگ) fit, suitable, proper, appropriate, opportune; applicable, capable. ■ *n.m.* the person on whom a bill of exchange is drawn.

جوگتا /dʒo:gṭa:/ ■ *n.f.* suitability, propriety, fitness, appropriateness, consistency, ability, capability.

جوگن /dʒo:gən/ ■ *n.* (*fem.* of جوگی) female Hindu ascetic.

جوگنی /dʒo:gni:/ ■ *n.f.* 1 witch, sorceress. 2 a female demon.

جوگی /dʒo:gi:/ ■ *n.m.* (also یوگی) 1 yogi, one who retires from the world, hermit, ascetic, devotee; Hindu fakir, mendicant. 2 conjuror. 3 snake charmer. جوگی کس کے میت ascetics have no friends.

جوگیا /dʒo:gɪja:/ ■ *adj.* 1 like a yogi; of or pertaining to a yogi. 2 reddish-yellow, ochre coloured. ■ *n.m.* 1 an ochre coloured pigeon. 2 colour worn by yogis, reddish-yellow colour, ochre. 3 name of a raga.

جوگیشور /dʒo:ge:ʃvər/ ■ *n.m.* (also جوگیشر) master of yoga; any master sage or yogi. See جوگ ایشر under جوگ.

جوَل /dʒəvəl/ ■ *n.m.* (also جوالا) flame, blaze; light.

جُول /dʒu:l/ ■ *n.m.* 1 the parapet of a well. 2 turning round.

جَولان¹ /dʒɔ:la:n/ ■ *n.m.* & *f.* (also جَوَلان) 1 moving about, running, leaping from side to side; moving round (as a horse in a manège), coursing. 2 speed; flight. 3 (*fig.*) ecstasy, rapture. جولان گاہ 1 place of exercise for troops or horses. 2 parade ground; racecourse. 3 (*poet.*, *fig.*) the site of action or activity, i.e. this world. جولان گری galloping fast. جولان گہہ حیات place where life exists, i.e. the world; sphere of activity, field of conflict. [A]

جَولان² ____ ■ *n.f.* (also جولان) fetters, shackles, irons, chains. [P]

جَولانی /dʒɔ:la:ni:/ ■ *n.f.* 1 swiftness, speediness. 2 frolic, upswing of mood, exuberance. 3 strength of body or mind. جولانی پر آنا be in full swing, be in good mood, be exuberant. جولانِیِ تخیل flight of imagination. جولانِیِ طبع 1 intelligence, acumen. 2 exuberance.

جُولاہا /dʒu:la:ha:/ ■ *n.m.* (also جلاہا) weaver. See جُلاہا.

جُولائی /dʒu:la:i:/ ■ *n.m.* July, the seventh month of the Gregorian calendar. [E]

/dʒo:həri:/ ■ *n.m.* 1 jeweller, dealer in gems. 2 tester or appraiser of precious stones. ■ *adj.* atomic. جوہری اسلحہ atomic weapons. جوہری توانائی atomic energy. جوہری طاقت atomic power. جوہری عدد atomic number. جوہری وزن atomic weight. جوہری

/dʒo:həɽ/ ■ *n.m.* pond; inundated land. جوہڑ

/dʒo:hnɑ:/ ■ *v.* gaze, stare, look longingly or eagerly at; assess; wait. جوہنا

/dʒu:hi:/ ■ *n.f.* (also جُوئی) 1 a kind of creepers bearing tiny and delicate flowers having jasmine-like fragrance, *Jasminum auriculatum*. 2 a kind of fireworks. جُوہی

/dʒu:ebɑ:r/ ■ *n.f.* (also جُوئے بار) 1 ravine, a large canal. 2 a place where there are many canals and ravines. جُوئبار

/dʒo:ɪnḍɑ:/ ■ *n.m.* (also جویندہ) seeker, enquirer, one who searches for. جوئندہ یابندہ one who seeks gets; seek and thou shalt find. جوئندہ

/dʒu:i:/ ■ *suffix* the act of searching, seeking; used in comp. as: مہم جوئی adventure, enterprise. جُوئی

/dʒu:e:/ ■ *n.f.* rivulet, a running stream, canal. جُوئے بار ravine, stream. See جُوئبار. جُوئے شیر 1 (*literal*) a stream of milk. 2 an extremely difficult task. جُوئے

/dʒo:jɑ:/ ■ *adj.* seeking, inquiring (for or after). ■ *n.m.* one who seeks or searches (for), inquirer, seeker. جویا ہونا to seek, search (for), inquire (for). جویا

/dʒo:jɑ:i:/ ■ *n.f.* search, seeking; inquiry. جویائی

/dʒəvĩ:/ ■ *adj.* made of barley. جویں

/dʒæh/ ■ *n.m.* gamma, Arabicized form of the Greek letter (Γ, γ), transliterated as 'g'. جہ شعاعیں (***Physics***) gamma rays. جہ

/dʒəhɑ:/ ■ *n.f.* a plant, flowers of which resemble those of the *kadamb* (کدمب). جہا

/dʒɪhɑ:ṯ/ ■ *n.f.* (*pl.* of جہت) 1 sides, faces, dimensions, directions; quarters. 2 cardinal points. 3 duties on manufactured goods. جہاتِ ثلاثہ three dimensions, i.e. length, breadth, and depth or height of a body. جہاتِ ستہ six sides, i.e. over, under, left, right, front, and back. جِہات

/dʒɪhɑ:ḏ/ ■ *n.m.* 1 (***Islam***) jihad, a holy war fought by Muslims to defend Islam. 2 supreme effort, struggle to stop oneself from violating religious or moral جہاد

Sultan Hussain Sharqi, ruler of the kingdom of Jaunpur in North India.

/dʒɔ̃:ḍɑ:/ ■ *n.m.* a high platform from which watch is kept on cattle and crops. جونڈا

/dʒɔ̃:rɑ:/ ■ *n.m.* 1 See جونڈا. 2 retiring room, secret vault. 3 retirement, privacy. 4 pain. جونرا بھونرا basement or cellar (esp. of a castle, etc.) where valuables are kept. جونرا

/dʒɔ:nsɑ:/ ■ *adj.* whoever, whichever. See جون سا under جون. جونسا

/dʒɔ:ŋk/ ■ *n.f.* leech. جونک لگانا (*arch.*) apply leeches for blood-retting. جونک ہو کے چمٹنا/لپٹنا cling like a leech, pester. جونک

/dʒɔ:ŋknɑ:/ ■ *v.* use abusive words, rebuke. جونکنا

/dʒũ:hi:/ ■ *adv.* as soon as. See جوں ہی under ¹جوں. جونہی

/dʒu:ni:/ ■ *n.f.* (*dim.* of ¹جُونا) string from which scale of a balance is tied or hung. [S] ¹جُونی

____ ■ *adj.* (*fem.* of ²جُونا) old. [S] ²جُونی

/dʒu:h/ ■ *n.m.* & *f.* flock, bevy. جوہ

/dʒo:hər/ ■ *n.m.* 1 jewel, gem. 2 essence, matter, constituent, substance. 3 a preparation containing the active ingredient of a substance in concentrated form, extract. 4 the streaks or wavy marks of a sword. 5 (*fig.*) sharpness (of a sword). 6 skill, dexterity, excellence, accomplishment, merit, virtue, knowledge. 7 secret quality. 8 (*iron.*) cunning, shiftiness. 9 the smallest particle of a chemical element, atom. جوہر پارگی atomic fission. جوہردار 1 excellent, proficient. 2 (of sword) sharp. جوہر دکھانا 1 show one's mettle or qualities, show the skill or advantage. 2 (*iron.*) show shrewdness or trickery. جوہر فرد 1 indivisible atom. 2 unrivalled or unequalled (person or gem). جوہر قابل talented person. جوہر کھلنا 1 (of talent) be manifested or shown. 2 shine. 3 (*iron.*) one's defects or faults to be exposed. [A] ¹جوہر

____ ■ *n.m.* taking one's own life, committing suicide; fighting desperately to the death (an old ritual practised by Rajputs). جوہر کرنا kill oneself together with wife and children when defeat is imminent in a battle, a custom of medieval Rajputs in India. [S] ²جوہر

person; man of the world, one who knows the ways of the world. جہاں دیدہ بسیار گوید دروغ travellers tell tall tales. جہاں سوز 1 one who sets the world on fire; a tyrant. 2 one who brightens the world. جہاں گردرگشت world-traveller, globe-trotter. جہاں گیر (also جہانگیر) 1 world-conqueror. 2 title of the fourth Mogul emperor of India. جہاں گیری (also جہانگیری) 1 world conquest. 2 of or concerning the Mogul emperor Jahangir. 3 a studded ornament worn on wrist. جہاں نما all-reflecting; a place or mirror, etc. that offers the views of faraway places. [P]

جہاں[2] ——— ■ *adv.* where. جہاں بجے ڈھول وہاں کھڑے بہلول an uninvited guest, gatecrasher. جہاں بیری ہو وہاں پتھر آتے ہیں where the treacle in flies will buzz; proposals for a marriageable girl. جہاں پھول وہاں خار رکانٹا there is no rose without a thorn; where there is happiness, there are woes. جہاں تک رتلک as far as. جہاں تک اس کا تعلق ہے as far as this or that is concerned. جہاں تک بنے رہو سکے as far as possible. جہاں تہاں everywhere, here and there. جہاں جہاں wherever, wheresoever. جہاں چاہ وہاں راہ where there's a will, there's a way. جہاں دیکھے توا پرات وہاں ناچے ساری رات every man bows to the bush which shelters him. جہاں سینگ سمائیں نکل جاؤ رجائیں foot-loose and fancy-free. جہاں سے from which place, whence. جہاں کہیں wherever. جہاں مرغا نہ ہوگا اذان رصبح نہ ہوگی nobody is indispensable. [S]

جہانی /dʒəhɑ:ni:/ ■ *adj.* worldly, relating to the world. ■ *n.m.* human being.

جہانیاں /dʒəhɑ:nɪjɑ̃:/ ■ *n.m.* (*pl.* of جہانی) mortals, creatures, human beings, worldly folk. جہانیاں جہاں گشت 1 globe trotter. 2 title of a Sufi saint Syed Jalaluddin Bukhari.

جہت /dʒehəṭ/ ■ *n.f.* 1 side, direction; face. 2 motive, cause, reason. 3 mode, manner, form. 4 (***Physics***) dimension. (*pl.* جہات)

جہد /dʒæhḍ/ ■ *n.f.* labour, toil, painstaking, diligence, struggle, effort, endeavour, exertion; used in comp. as: جہدِ جہید great labour, immense effort. جہد کرنا strive, make effort, endeavour. جہدِ للبقا struggle for survival.

جہر /dʒæhr/ ■ *n.m.* speaking audibly, speaking with loud voice.

laws. جہادِ اصغر lesser jihad, fight against infidels. جہادِ اکبر bigger jihad, act of controlling one's desires and passions. جہادِ بالسیف armed fight in the way of God. جہادِ بالقلم writing effort in the way of God. جہادِ باللسان speaking in the way of God.

جہادی /dʒɪhɑ:ḍi:/ ■ *n.m.* (***Islam***) jihadi, one who fights against unbelievers. ■ *adj.* jihadi, of or relating to jihad.

جہارت /dʒəhɑ:rəṭ/ ■ *n.f.* loudness of voice.

جہاز /dʒəhɑ:z/ ■ *n.m.* 1 ship; vessel, boat. 2 aeroplane. جہاز پر on board (a ship), aboard. جہازراں navigator, pilot of a ship; sailor or mariner. جہازرانی sailing, boating; navigation, piloting a ship. جہاز شکنی ship-breaking. جہاز کا جہاز (*fig.*) gigantic. جہاز کا کوا seagull, a marine bird. جہاز کو راستہ بتانا pilot a ship. جہاز کو لنگر انداز کرنا anchor a ship. جہاز کے مال کی بلٹی bill of loading.

جہازی /dʒəhɑ:zi:/ ■ *adj.* 1 naval, nautical. 2 huge, large. ■ *n.m.* (person) who works as a member of the crew of a ship (esp. one who is below the rank of an officer), sailor. جہازی تجارت marine or sea-borne trade, riverine trade, trade by ship. جہازی ڈاکو pirate.

جُہّال /dʒʊhhɑ:l/ ■ *n.m.* (*pl.* of جاہل) (also جُہلا) ignoramuses, fools, simpletons, ignorant people; unlettered ones.

جہالت /dʒəhɑ:ləṭ/ ■ *n.f.* lack of knowledge, ignorance, lack of education, illiteracy.

جہاں[1] /dʒəhɑ̃:/ ■ *n.m.* (also جہان) 1 the world; universe. 2 (*fig.*) the people. جہاں آرا (*poet.*) adorner of the world. جہاں آفریں creator of the world, i.e. God. جہاں بان sovereign, ruler. جہاں بانی art of governance, rule, reign, kingship. جہاں بیں 1 one who understands the world, a perceptive person. 2 traveller, well-travelled person. جہاں پناہ protector of the world, formal mode of addressing the kings. جہاں پیمائی رگردی رنوردی globe-trotting; travelling round the world. جہاں تاب 1 one who brightens the world. 2 (*fig.*) (i) the sun. (ii) the moon. (iii) someone very beautiful; beloved. جہاں تہاں all over, everywhere. جہاں دار possessor or ruler of the world, formal mode of addressing the king. جہاں داری dominion, kingship, rule, reign. جہاں در جہاں everywhere; in large numbers or quantity. جہاں دیدہ 1 experienced, seasoned. 2 a well-travelled

جہری /dʒæhri:/ ■ *adj.* audible, loud. جہری نماز congregational prayer in which the Qur'an is recited loudly. (*opp.* سرّی)

جہل /dʒæhl/ ■ *n.m.* **1** ignorance, illiteracy. **2** foolishness, stupidity. **3** foolish or senseless disputation. جہلِ مرکب **1** false pretension to knowledge. **2** gross ignorance; ignorance of one's ignorance.

جُہلا /dʒohəla:/ ■ *n.m.* (*pl.* of جاہل) (also جُہّال) ignoramuses.

جہمی /dʒəhmi:/ ■ *adj.* of or pertaining to the Sufi sect *Jahmiya* who are the followers of Jahm Bin Safwan.

جہندہ /dʒəhənḍa:/ ■ *adj.* leaping, jumping, tossing.

جہنّم /dʒəhənnəm/ ■ *n.m.* hell; hellfire. جہنم میں جاؤ go to hell. جہنم میں جائے to hell with. جہنم واصل کرنا send (an enemy or an evil person or an infidel) to hell, i.e. kill.

جہنّمی /dʒəhənnəmi:/ ■ *adj.* hellish, infernal, deserving hellfire, doomed, damned; cursed, accursed as a great sinner.

جُہُودی /dʒuhu:ḍi:/ ■ *n.m.* (also جہودی) Jew. ■ *adj.* of or relating to Jews. See یہودی. (*pl.* جُہود)

جہول /dʒəhu:l/ ■ *adj.* utterly ignorant.

جہیر /dʒəhi:r/ ■ *adj.* loud-voiced. جہیرُ الصوت **1** one with a loud voice. **2** loudspeaker, loudhailer; megaphone.

جہیز /dʒəhe:z/ ■ *n.m.* **1** paraphernalia. **2** bridal dowry. جہیزِ لشکر army's paraphernalia. جہیزِ میّت items needed for funeral.

جئی /dʒəi:/ ■ *n.f.* oat(s), a cereal plant, a species of barley, *Avena sativa*, the seeds of which are used for food as well as fodder.

جی¹ /dʒi:/ ■ *n.m.* **1** soul, spirit, life. **2** self; conscience; mind. **3** any living thing. **4** courage. **5** disposition, temperament. **6** energy, strength. جی اٹھالینا/اٹھانا withdraw one's affection, friendship or desire. جی اٹھنا **1** lose love, desire or inclination; be reluctant. **2** regain the urge to live, be elated; recover from grief, come back to life, revive. جی اچاٹ ہوجانا lose interest; grow weary. جی اچھا ہونا convalesce, recover health. جی اُڑ جانا be bewildered or confused. جی اکتانا get tired of, be weary of. جی اُلٹنا have palpitations, feel sick. جی الجھنا feel disturbed or confused. جی اوبنا/اوبھنا grow weary, lose interest, be sick of, get sick or tired of, get bored with. جی اوپر تلے ہونا have a feeling of nausea. جی آجانا have the mind suddenly fixed (on a thing or person), have the heart set on; fall in love with. جی باغ باغ ہونا be elated. جی بٹنا be distracted; be amused so as to be diverted from pain or grief. جی بجھ جانا be saddened, be disheartened. جی بحال ہونا come round, recover (health). جی بُرا کرنا take offence; feel sad or sorry. جی بُرا ہونا feel repugnance, be disgusted. جی بڑھانا **1** cheer or comfort. **2** inspire (another) with courage, rouse or awaken someone's spirits. جی بگڑنا be upset, be ruffled; feel sick. جی بہلانا amuse. جی بیٹھ جانا become disappointed. جی بھر آنا be moved to tears, be touched. جی بھر جانا be satiated, have one's fill. جی بھر کے to heart's content. جی بھرنا **1** be satiated. **2** be sick of, be tired of. جی پانی کرنا make great efforts. جی پر چلنا act according to one's pleasure or wish. جی پر کھیلنا risk one's life. جی پڑنا come to life; (of embryo) show signs of life. جی پسیجنا be deeply moved, feel pity or compassion. جی پکا دینا sicken, tire or weary. جی پک جانا tire of, weary of, be sick of. جی پکڑ لینا be sorry. جی پگھلنا have compassion, be deeply moved. جی پلپلانا to wish, to desire. جی پھٹ جانا be devastated with grief or disappointment. جی پھرنا turn away from, be disgusted with, lose interest in. جی پھسلنا fall in love; long for. جی ترسنا long or yearn for. جی ٹوٹ جانا heart to break. جی ٹھکانے لگنا/رہنا be consoled or satisfied. جی ٹھنڈا ہونا be consoled. جی جانا **1** fall in love. **2** revive, come back to life. **3** be at the verge of death. جی جان سے قربان ہونا be wholly devoted, be ready to lay down one's life (for). جی جلانا cause grief, hurt. جی جلنا be irritated, be vexed, be troubled in mind. جی چاہنا desire, wish, want, covet, crave, long for. جی چاہے if you wish, if you like. جی چُرانا shirk, avoid work. جی چلنا desire, long for. جی چھوٹ جانا lose heart, lose desire or urge. جی حضوری flattery. جی دار brave, courageous. جی دکھی ہونا grieve, be distressed. جی دینا love ardently, be dying (for). جی دھڑکنا/کانپنا have palpitations, fear; feel alarmed. جی دھک دھک کرنا/دھک سے ہونا have a fast heartbeat; be shocked or alarmed, be extremely afraid. جی ڈالنا animate. جی ڈوبنا faint, heart to sink. جی سے اتر جانا lose favour, be undesired. جی سے جانا lose life, die. جی سے مارنا kill. جی کا جنجال an affair that is source of worry or trouble. جی کرنا desire. جی کُڑھانا feel

جیبِ خاص privy purse. جیب خرچ pocket money, pin money. جیب گھڑی pocket watch. جیب میں منھ ڈالنا be ashamed of (one's) shortcoming. جیب میں ہاتھ ڈالنا 1 to reach into one's pocket/ purse. 2 (*fig.*) to spend money.

جیبی /dʒe:bi:/ ■ *adj.* pocket-sized. جیبی کتاب pocket-book.

جیت /dʒi:t̪/ ■ *n.f.* win, conquest, victory, success; gain. جیت لینا win (trophy, etc.), attain success. جیت ہونا to win, succeed, gain.

جیتا[1] /dʒi:t̪a:/ ■ *adj.* alive, living. جیتا جاگتا live, alive, alive and kicking. [Prk.]

جیتا[2] ____ ■ *adj.* succeeded, won; successful; used in comp. as: جیتا جتایا already won. [Prk.]

جیتب /dʒi:t̪əb/ ■ *n.m.* life, existence.

جیتنا /dʒi:t̪na:/ ■ *v.* win, conquer, be victorious; overcome.

جیتی /dʒæ:t̪i:/ ■ *n.f.* a kind of weed of genus *Euphorbia*, which springs up with the spring crop and yields a kind of oil.

جیتی /dʒi:t̪i:/ ■ *adj.* (*fem.* of [1]جیتا) جیتی جاگتی تصویر living image. جیتی رہو رہیں may you live long! جیتی مکھی نگلنا knowingly accept some undesirable thing or situation. [Prk.]

جیتی[2] ____ ■ *adj.* (*fem.* of [2]جیتا) succeeded; successful. جیتی مانا نہ ہاری be unwilling to agree or change views. [Prk.]

جیتے /dʒi:t̪e:/ ■ *adj.* (*pl.* & *infl.* of [1]جیتا) جیتے جی in life, in whole life, in one's lifetime. جیتے جی مرنا 1 live yet be dead. 2 (*fig.*) endure extreme misery or anguish, endure living death. جیتے رہنا 1 live, enjoy long life. 2 be considered dead while alive (an expression of displeasure and snapping of all ties). جیتے رہو رہیں may you live long! (response to a younger person's salutation).

جیٹھ /dʒe:ʈʰ/ ■ *n.m.* 1 husband's elder brother. 2 the third month of the Bikrami calendar corresponding to April-May.

جیٹھا /dʒe:ʈʰa:/ ■ *adj.* 1 (child) born in the month of Jaith. 2 first; eldest. ■ *n.m.* first-born child.

جیٹھانی /dʒe:ʈʰa:ni:/ ■ *n.f.* (also جٹھانی) wife of جیٹھ (husband's elder brother).

جیٹھی /dʒe:ʈʰi:/ ■ *n.f.* stick. جیٹھی مدھ stick liquorice.

جیجا /dʒi:dʒa:/ ■ *n.m.* sister's husband, brother-in-law.

distressed; suffer. جی کو روگ لگانا 1 have a constant worry. 2 nurse a desire which cannot be attained. جی کو لگنا be acceptable, look good. جی کو مارنا repress a desire. جی کی جی میں رہنا (sentiments, desires or ideas) to remain unexpressed, (words) left unsaid. جی کھپانا work hard. جی کھٹا ہونا be fed up with. جی کھول کر freely, without restraint, wholeheartedly. جی گھبرانا be uneasy or agitated. جی لبھانا to allure or entice, to fascinate. جی لگانا fall in love; find an interest in; devote oneself to. جی لگنا like something, be busy with. جی لوٹنا steal the heart. جی لوٹنا desire avidly. جی لینا 1 captivate someone's heart. 2 excite one's desire. جی مالش کرنا/متلانا feel nausea. جی میں آنا have an idea or urge or desire, come to one's mind, (of an idea) occur to. جی میں بس رہنا live in one's heart. جی میں بیٹھنا be impressed on mind. جی میں جل جانا suffer from jealousy or envy. جی میں جی آنا be comforted, be refreshed, to come back to life. جی میں رکھنا keep to oneself. جی نکلنا die. جی ہارنا lose heart, be discouraged. جی ہٹانا stop loving or desiring. [Prk.]

جی[2] ____ ■ *n.f.* & *int.* 1 polite or honorific form of "yes". 2 ji, an honorific suffix to the name of a person, god or goddess. جی اچھا (in response) yes, sir or madam. جی جناب/حضور yes sir! (form of address to an elder or superior). جی ہاں yes sir! (or madam!) [S]

جے[1] /dʒæ:/ ■ *n.f.* victory, triumph. جے جے کار cheers, hailing; hurray! جے جے کار کرنا hail. جے کار کارا shout of hail. جے کارے بھرنا hail, laud. [S]

جے[2] ____ ■ *adj.* as many as. [Prk.]

جیا /dʒɪja:/ ■ *n.m.* (*poet.*) 1 heart; life; soul. 2 beloved.

جیالا /dʒɪja:la:/ ■ *adj.* brave, courageous, fearless, dauntless, heroic. (*fem.* جیالی)

جیانا /dʒɪja:na:/ ■ *v.* cause to live, revive.

جیب /dʒi:b/ ■ *n.f.* (also جیبھ) tongue. جیب پکڑنا 1 silence. 2 interrupt someone. جیب چلانا speak insolently. جیب نکالنا be extremely fatigued or thirsty, pant, have the tongue hanging out.

جیب /dʒe:b/ ■ *n.f.* (also جَیب) 1 the opening at the neck and bosom of a shirt, etc. 2 the breast collar. 3 a small sack sewn onto a garment and used as a purse. 4 a pocket. جیب تراش/کترا pickpocket. جیب تراشنا/کاٹنا/کترنا pick someone's pocket. جیب چاک (*fig.*) heart-rending.

جیلی /dʒe:li:/ ■ *n.f.* (also جھیلی) rake with wooden teeth pointing upwards for turning over sheaves of corn, etc.

جیمنا /dʒi:mnɑ:/ ■ *v.* (also جیونا) **1** eat. **2** take bribe; embezzle.

جَین /dʒæ:n/ ■ *n.m.* Jain. جین مت Jainism, Jain religion.

جِینا /dʒi:nɑ:/ ■ *v.* live, exist, be alive. ■ *n.m.* life, existence. جینا حرام ہونا life to become very difficult.

جَینی /dʒæ:ni:/ ■ *n.m.* follower of Jain religion.

جِیئے /dʒi:ne:/ ■ (*infl.* of جِینا) جینے کے لالے پڑنا life be in danger.

جِینیات /dʒi:nɪjɑ:t̪/ ■ *n.f.* the science of genetics.

جیو /dʒi:v/ ■ *n.m.* **1** heart; soul. **2** life, existence. **3** living creature, animate being; animal. جیو رکھشا kindness or tenderness for animals. جیو ہتیا رہنسا injury to life; taking of life, murder, killing.

جیو /dʒɪjo:/ ■ (*imper.* of جینا) live, enjoy life. ■ *opt.* may you live long!

جیوائی /dʒi:vɑ:i:/ ■ *n.f.* rent-free land; land assigned to dependants, etc. as subsistence.

جِیوت /dʒi:vət̪/ ■ *adj.* living, alive. ■ *n.m.* life.

جیوتِش /dʒejo:t̪ɪʃ/ ■ *n.f.* astrology. See جوتش.

جیوتی /dʒejo:t̪i:/ ■ *n.f.* **1** lustre, radiance, splendour. **2** sunbeam. **3** flame.

جِیوٹ /dʒi:vəʈ/ ■ *adj.* lively, spirited, courageous. ■ *n.f.* courage, valour, spirit.

جِیوڑا /dʒi:vɽɑ:/ ■ *n.m.* **1** heart; soul, spirit; life. **2** beloved. جیوڑا نکل جانا **1** become dead. **2** (*fig.*) be sick and tired of (life); have no desire.

جیوڑا /dʒe:vɽɑ:/ ■ *n.m.* (also جیوڑا) rope.

جیوڑی /dʒe:vɽi:/ ■ *n.f.* (*dim.* of جیوڑا) small rope.

جیون /dʒi:vən/ ■ *n.m.* existence, life, living. جیون رس (*Myth.*) elixir of life, nectar. جیون ساتھی life-partner, spouse. جیون مرن life and death.

جِیُوں /dʒɪjũ:/ ■ *adv.* like, as. See ¹جُوں.

جیونا /dʒe:vnɑ:/ ■ *v.* eat. See جیمنا.

جیونار /dʒe:vnɑ:r/ ■ *n.m.* feast, banquet; entertainment.

جیوہ /dʒi:vɑ:/ ■ *n.m.* mercury.

جیے /dʒɪje:/ ■ *exclam.* (also جیوے) live long. جیے میرا بھائی گلی گلی بھوجائی a Lothario has a wife in every street.

جیجی /dʒi:dʒi:/ ■ *n.f.* **1** elder sister. **2** teat, nipple.

جے جے ونتی /dʒæ: dʒæ: vənt̪i:/ ■ *n.f.* (also جیجاونتی) (***Music***) name of a classical raga.

جَیحُون /dʒæ:hu:n/ ■ *pr.n.m.* the river Oxus.

جیِّد /dʒəjjəd/ ■ *adj.* (also جید) **1** pure; good; excellent. **2** great; approved; acclaimed; established. جید عالم acclaimed scholar.

جَیسا /dʒæ:sɑ:/ ■ *adv.* like, as, such as, just as; according to. جیسا باپ ویسا بیٹا like father like son. جیسا تیسا **1** somehow; little. **2** bad; substandard. جیسا چاہیے as it should be, as desired. جیسا حکم ہو what you order (shall be done). جیسا دیس ویسا بھیس when in Rome do as the Romans do. جیسا راجہ ویسی پرجا as is the king so is the court. جیسا کرنا ویسا بھرنا suffer for one's own doing. جیسا کروگے ویسا بھروگے as you sow so shall you reap. جیسا کہ (*conj.*) as, as though. جیسا منہ ویسا تھپڑ as the question so the answer, a bad cat deserves a bad rat.

جَیسی /dʒæ:si:/ ■ *adj.* (*fem.* of جیسا) جیسی روح ویسے فرشتے like priest like parish (or people). جیسی کرنی ویسی بھرنی as you sow so shall you reap.

جَیسے /dʒæ:se:/ ■ *adv.* (*infl.* of جیسا) like; as; as much as, just as. جیسے بنے تیسے anyhow. جیسے تیسے somehow or the other, by hook or by crook. جیسے کا تیسا as it was, as before. جیسے کو تیسا tit for tat, measure for measure.

جَیش /dʒæ:ʃ/ ■ *n.m.* army, large detachment or body of troops; organized body of people. (*pl.* جُیُوش)

جیغہ /dʒi:ɣɑ:/ ■ *n.m.* (also جیغا، جیقہ) **1** tiara, an ornament made of gold and worn over turban. **2** (*fig.*) feather in cap.

جیفہ /dʒi:fɑ:/ ■ *n.m.* (also جیف) **1** corpse, dead body. **2** base, mean or contemptible person.

جَیگری /dʒæ:gri:/ ■ *n.f.* date-sugar.

جِیل /dʒi:l/ ■ *n.f.* **1** a high note or tone in music. **2** name of a musical instrument.

جیل /dʒe:l/ ■ *n.f.* (also جیل خانہ) jail, prison. جیل جانا be jailed. جیل خانہ دیوانی civil jail. جیل خانہ فوجداری criminal jail. جیل ہونا get punishment of imprisonment. [E] volley of abuses. جھاڑ پونچھ/جھٹک sweeping, dusting. جھاڑ پھونک exorcism, incantation. [Prk.]

/dʒʰɑ:ɽɑ:/ ■ *n.m.* **1** charm, incantation. **2** minute search. **3** sweeping, cleaning, clearing; purge. جھاڑا دینا submit to search. جھاڑا لینا search a person. جھاڑا

/dʒʰɑ:ɽən/ ■ *n.f.* **1** duster, cloth for dusting. **2** rubbish, sweepings. جھاڑن جھوڑن dustings. جھاڑن

/dʒʰɑ:ɽnɑ:/ ■ *v.* **1** winnow. **2** shake off dust, sweep or clean, remove dust. **3** beat (a rug, etc.). **4** prune or trim (leaves). **5** comb the hair. **6** cast feathers. **7** strike fire with a flint. **8** scold. **9** exorcise, remove effect of magic or evil eye. جھاڑنا پھونکنا exorcise, use spells or charms to drive away evil spirit or the effect of evil eye. جھاڑنا

/dʒʰɑ:ɽu:/ ■ *n.f.* **1** a bunch of straws or twigs or grass, etc. for flicking the dust away, broom; besom. **2** a comet. جھاڑو بہارو the act of sweeping, dusting. جھاڑو بہارو کرنا sweep, dust. جھاڑو پیٹا/پھرا (*offens.*) wretch, wretched; (mild curse) one who deserves a beating. جھاڑو پھر جانا **1** be swept clean (by thieves, etc.). **2** be ruined. جھاڑو پھر جائے/پھرے (women's curse) may be ruined! جھاڑو پھیرنا **1** clean up. **2** steal or take away everything. **3** to ruin. جھاڑو تارا comet. جھاڑو دینا sweep. جھاڑو کش (*arch.*) sweeper. جھاڑُو

/dʒʰɑ:ɽi:/ ■ *n.f.* **1** bush, shrub. **2** thicket. **3** bramble. جھاڑی

/dʒʰɑ:g/ ■ *n.m.* foam, froth, lather, suds, scum. جھاگ اڑانا/لانا **1** froth and fume. **2** be aggressive or violent. جھاگ آنا foam, froth, effervesce. جھاگ

/dʒʰɑ:l/ ■ *n.f.* **1** hot taste as of pepper or chillies, pungency. **2** heat; radiance. **3** desire, lust. **4** large basket. **5** joining or soldering of metal. [S] جھال¹

_____ ■ *n.f.* **1** a brief or localized shower, rain that falls on a limited area. **2** artificial cascade in canals; waterfall. [S] جھال²

/dʒʰɑ:lɑ:/ ■ *n.m.* (also جھلّا) short local shower. [S] جھالا¹

_____ ■ *n.m.* a type of long pendants worn in the ear. [dial.] جھالا²

/dʒʰɑ:lər/ ■ *n.f.* frill, fringe. جھالردار frilled, fringed, tasselled. جھالر

/dʒʰɑ:lrɑ:/ ■ *n.m.* **1** spring (of water). **2** (***Masonry***) well; square underground well of solid masonry. جھالرا

جھ

/dʒʰə:/ ■ the thirteenth letter of the Urdu alphabet. جھ

/dʒʰɑ:bɑ:/ ■ *n.m.* (also جھاب،جھابہ) **1** leathern oil container. **2** straw basket; straw plate. **3** a basket-like cage for confining poultry. **4** a narrow-mouthed milk-pail. جھابا

/dʒʰɑ:bər/ ■ *n.f.* (also جھابڑ) lowland covered with water, marshy land, fen, swamp. جھابر

/dʒʰɑ:bəɽ dʒʰəllɑ:/ ■ *adj.* (also جھبر جھلا) ungainly; loose (dress, etc.); dishevelled, ill-dressed (person). جھابڑ جھلا سا (of clothes) ugly; loose. جھابڑ جھلّا

/dʒʰɑ:pɑ:/ ■ *n.m.* narrow-mouthed basket. جھاپا

/dʒʰɑ:pəɽ/ ■ *n.m.* slap. See جھانپڑ. جھاپڑ

/dʒʰɑ:ʈ/ ■ *n.m.* arbour; bower; place overgrown with creepers, wood, thicket. جھاٹ

/dʒʰɑ:dʒən/ ■ *n.f.* (also جھانجن) itching. [dial.] جھاجن¹

_____ ■ *n.f.* (also جھانجر،جھانجھن) a tinkling anklet. [Prk.] جھاجن²

/dʒʰɑ:dʒʰɑ:/ ■ *n.m.* light intoxicating draught of hemp or bhang. جھاجھا

/dʒʰɑ:dʒʰər/ ■ *n.f.* (also جھانجھ،جھانجھر،جھانجھن) **1** ornament with little bells (worn on the ankle). **2** cymbals. جھاجھر

/dʒʰɑ:rɑ:/ ■ *n.m.* a kind of sieve for watering plants. جھارا

/dʒʰɑ:rni:/ ■ *n.f.* mason's brush; whitewashing brush. جھارنی

/dʒʰɑ:ri:/ ■ *n.f.* pitcher with a long neck and spout, ewer. جھاری

/dʒʰɑ:ɽ/ ■ *n.m.* **1** tree; plant, bush. **2** chandelier. **3** a kind of firework. جھاڑ بوٹے trees, plantation. جھاڑ جھنکاڑ **1** brambles. **2** a tangled thicket. جھاڑ سے چھوٹا پہاڑ میں اٹکا out of the frying pan into the fire. جھاڑ کا کانٹا (*fig.*) one who is difficult to get rid of; one who clings like burr. جھاڑ ہو کر لپٹنا stick pesteringly to. [S] جھاڑ¹

_____ ■ *n.f.* **1** the act of dusting; shaking (a cloth, etc.) with an intention to brush or clean, winnowing. **2** act of exorcism. **3** strong smell (of chillies, etc.) that makes one sneeze. **4** volley (of abuses, etc.). جھاڑ باندھنا **1** rain ceaselessly, shower, pour. **2** utter a جھاڑ²

deceived.

جھانسیا /dʒʰɑ̃:sɪjɑ:/ ■ *adj.* (also جھانسو) cheat, fraud, deceiver.

جھانک[1] /dʒʰɑ:ŋk/ ■ *n.f.* **1** act of peeping or spying. **2** a peep or brief look. ■ (*imper.* of جھانکنا) جھانک آنا (*fig.*) pay a short visit. جھانک تاک peeping, spying, looking or peeping covertly or furtively. [Prk.]

جھانک[2] ____ ■ *n.f.* smell of burning oil. [dial.]

جھانک[3] ____ ■ *n.m.* deer. See جھانکھ. [dial.]

جھانکا /dʒʰɑ:ŋkɑ:/ ■ *n.m.* hole (in wall), crack, fissure; peephole.

جھانکڑ /dʒʰɑ:ŋkəɽ/ ■ *n.m.* (also جھانکر) dry bush, brambles; underwood. ■ *adj.* (*fig.*) lean, thin.

جھانکنا /dʒʰɑ:ŋknɑ:/ ■ *v.* (also جھاکنا) **1** peep into, over or through. **2** to look in (for a few moments), look cursorily. **3** examine, inspect. **4** make a brief call or visit, pay a flying visit.

جھانکی /dʒʰɑ:ŋki:/ ■ *n.f.* (*dim.* of جھانکا) **1** peephole, small opening. **2** small window or door. **3** theatre, drama. جھانکی مارنا have a look; peep.

جھانکھ /dʒʰɑ:ŋkʰ/ ■ *n.m.* (also جھانک[3]) stag, deer.

جھانواں /dʒʰɑ̃:vɑ̃:/ ■ *n.m.* (also جھاما، جھانوا) pumice-stone used to scour and rub off dead skin or calluses. ■ *adj.* porous; uneven.

جھانور /dʒʰɑ̃:vər/ ■ *n.f.* a tinkling anklet.

جھانورا /dʒʰɑ̃:vrɑ:/ ■ *adj.* dusky, black, dark-coloured.

جھانوڑا /dʒʰɑ̃:vəɽɑ:/ ■ *n.m.* shaded place; hut; hovel.

جھانولی[1] /dʒʰɑ̃:vli:/ ■ *n.f.* (also جھاؤلی) **1** a look or glance with half-closed eyes, side look. **2** amorous glance, ogle, sly look, leer. **3** a brief look, wink. جھانولی باز **1** ogler. **2** coquette. جھانولی بتانا/دینا wink (at); cast amorous glances (at), leer, ogle. جھانولی دکھانا appear for a short while. جھانولی ڈالنا ogle. [S]

جھانولی[2] ____ ■ *n.f.* draught of hot air, hot wind. [Prk.]

جھاؤ /dʒʰɑ:u:/ ■ *n.m.* name of a riverine plant of tamarisk family growing in marshy or sandy ground, used for basket-making, thatching and also as fuel.

جھائی /dʒʰɑ:i:/ ■ *n.f.* a dark spot on face, freckle.

جھائیاں /dʒʰɑ:ɪjɑ̃:/ ■ *n.f.* (*pl.* of جھائی) freckles, dark spots or patches on face.

جھائیں /dʒʰɑ:ĩ:/ ■ *n.f.* **1** shadow, reflection. **2** freckles. **3** (*fig.*) blemish, stain (of defects). جھائیں پھوئیں (See also باولی[1].)

جھالری /dʒʰɑ:lri:/ ■ *n.f.* a kind of drum; cymbal.

جھالنا[1] /dʒʰɑ:lnɑ:/ ■ *v.* **1** make hot or pungent; season pickles. **2** solder, weld. **3** cool or temper heated metal. [Prk.]

جھالنا[2] ____ ■ *v.* clean, polish, burnish. [S]

جھالنی /dʒʰɑ:lni:/ ■ *n.f.* fly-flapper.

جھام /dʒʰɑ:m/ ■ *n.m.* large hoe used for excavation.

جھامر[1] /dʒʰɑ:mər/ ■ *n.m.* small household whetstone. [S]

جھامر[2] ____ ■ *n.f.* marshy land, swamp. جھامر جھوم pomp and show; pretentiousness, mirage, illusion; deception. [Prk.]

جھانپ /dʒʰɑ̃:p/ ■ *n.f.* **1** cover made of bamboo. **2** bamboo coop for fowls.

جھانپڑ /dʒʰɑ̃:pəɽ/ ■ *n.m.* (also جھاپڑ) (*coll.*) slap, thump, box.

جھانپنا /dʒʰɑ̃:pnɑ:/ ■ *v.* cover, conceal, screen, veil.

جھانپو /dʒʰɑ̃:po:/ ■ *n.m.* **1** promiscuous woman, slut. **2** black drongo or king crow, *Dicrurus macrocercus*, also known as کلچڑی. جھانپو کا/کے (*slang*) dunce, fool or stupid person.

جھانٹ /dʒʰɑ̃:ʈ/ ■ *n.f.* pubes, pubic hair. ■ *adj.* (*vulg.*) (person or thing) of no consequence, worthless. جھانٹ برابر سمجھنا (*vulg.*) regard something as worthless, look down upon.

جھانجھ[1] /dʒʰɑ̃:dʒʰ/ ■ *n.f.* (also جھانج) **1** anger, heat (of anger), rage. **2** dispute, quarrel. **3** impatience (of hunger). [S]

جھانجھ[2] ____ ■ *n.f.* **1** hollow tinkling anklet. **2** cymbal. [Prk.]

جھانجھر[1] /dʒʰɑ̃:dʒʰər/ ■ *adj.* perforated, leaky, cracked, full of holes; broken. [S]

جھانجھر[2] ____ ■ *n.m.* (also جھانجیر) **1** earthen ware for water, a long-necked pitcher. **2** (also جھاجھر) ornament with little bells worn on the ankle. [S]

جھانجھن /dʒʰɑ̃:dʒʰən/ ■ *n.f.* a tinkling anklet.

جھانجھی /dʒʰɑ̃:dʒʰi:/ ■ *n.f.* (also جھانجی) **1** a perforated pot or vessel (carried on head by girls during a festival). **2** a song (sung during the abovesaid festival).

جھانسا /dʒʰɑ̃:sɑ:/ ■ *n.m.* fraud, hoax, trick, deception. جھانسا دینا deceive, trick, cheat.

جھانسے /dʒʰɑ̃:se:/ ■ *n.m.* (*pl.* & *infl.* of جھانسا) جھانسے میں آجانا/آنا be deceived. جھانسے میں پھنس جانا/پھنسنا be trapped, be (*women's slang*) God forbid! جھائیں پھوئیں دشمن مدعی دور پار God forbid! may God protect you! may you be safe and away with enemies and ill-wishers! جھائیں جھائیں 1 altercation, ranting, quarrel, argument. 2 rattle, the sound of scratching utensils, etc. 3 (*fig.*) quickly, speedily (as rinsing the utensils, etc.). جھائیں جھپا (also جھول جھپا) trick, deceit, ruse, blandishment. جھائیں مائیں a children's game.

جھبّا /dʒʰəbba:/ ■ *n.m.* (also جھبّہ) tassel, tuft; pendant.

جھبرا /dʒʰəbra:/ ■ *adj.* (also جھبڑا) long haired (animal); shaggy, hairy, hirsute, having long unkempt hair.

جھبر جھالا /dʒʰəbər dʒʰa:la:/ ■ *adj.* (of a dress) loose, not fitting correctly. See جھابڑ جھلّا.

جھبری /dʒʰəbri:/ ■ *adj.* (*fem.* of جھبرا) (also جھبڑی).

جھبڑا /dʒʰəbɽa:/ ■ *adj.* 1 See جھبرا. 2 coop, a large basket.

جھبڑ کنّا /dʒʰəbəɽkənna:/ ■ *adj.* long-eared.

جھبکا /dʒʰəbka:/ ■ *n.m.* an earring with a hanging cluster of pearls or other jewels.

جھبکانا /dʒʰəbka:na:/ ■ *v.* dazzle, astonish.

جھبُّوا /dʒʰəbbʊva:/ ■ *adj.* bent, curved, bending (as the bough of a tree).

جھبّی /dʒʰəbbi:/ ■ *n.f.* ornament with a tuft or tassel; trappings.

جھپ /dʒʰəp/ ■ *n.f.* 1 spring, jerk, jump. 2 quickness, swiftness. ■ *adj.* quick, brisk. ■ *adv.* quickly, in a trice. جھپ تال a beat of tabla. جھپ جھالیا cunning, crafty, devious, lying. جھپ جھپ (also جھپا جھپ) quickly, fast, hurriedly. جھپ سے quickly, in the wink of an eye. جھپ کھانا be upside down (as a paper kite in flying).

جھپّا جھپّی /dʒʰəppa: dʒʰəppi:/ ■ *n.f.* brief fight or clash.

جھپاس /dʒʰəpa:s/ ■ *n.f.* (also جھٹاس) driving rain, pelting rain.

جھپاسیا /dʒʰəpa:sɪja:/ ■ *adj.* sharp, astute; deceitful, fraudulent.

جھپاک /dʒʰəpa:k/ ■ *n.f.* speed, swiftness, nimbleness, agility. جھپاک سے swiftly, very quickly.

جھپاکا /dʒʰəpa:ka:/ ■ *n.m.* speed, quickness, rapidity; agility.

جھپاکے /dʒʰəpa:ke:/ ■ *n.m.* (*pl.* & *infl.* of جھپاکا) جھپاکے سے quickly, speedily, in a trice.

جھپّان /dʒʰəppa:n/ ■ *n.m.* a kind of sedan chair used in hilly regions.

جھپانا /dʒʰəpa:na:/ ■ *v.* close the eyes, take a nap, doze.

جھِپانا /dʒʰɪpa:na:/ ■ *v.* be made to feel ashamed, embarrass.

جھپٹ /dʒʰəpəʈ/ ■ *n.f.* 1 swoop, pounce, leap, bound. 2 sudden attack. جھپٹ پڑنا attack suddenly. جھپٹ کر swiftly, quickly, hurriedly. جھپٹ میں آجانا/آنا be hit by a running vehicle or animal.

جھپٹّا /dʒʰəpəʈʈa:/ ■ *n.m.* 1 swoop, pounce, snatching move. 2 onset; onrush. 3 gust of wind. 4 sustained effort or act. جھپٹّا مارنا swoop; snatch.

جھپٹا جھپٹی /dʒʰəpʈa: dʒʰəpʈi:/ ■ *n.f.* snatching, taking by force; mutual snatching and tugging.

جھپٹانا /dʒʰəpʈa:na:/ ■ *v.* cause to run or go quickly, despatch with all speed, send someone with speed.

جھپٹنا /dʒʰəpəʈna:/ ■ *v.* 1 snatch away, pounce upon, swoop. 2 fly at; attack suddenly, assault, rush at someone or something.

جھپٹّے /dʒʰəpəʈʈe:/ ■ *n.m.* (*pl.* & *infl.* of جھپٹّا) جھپٹّے میں آنا fall into the clutches of, come under the influence of; be affected or haunted by an evil spirit; be run down by.

جھپک /dʒʰəpək/ ■ *n.f.* 1 wink, batting (of eyelashes). 2 sway; swing. 3 coquettish flutter. 4 alertness, swiftness. 5 bashfulness, modesty.

جھپکانا /dʒʰəpka:na:/ ■ *v.* wink; bat or flutter the eyelids.

جھپکنا /dʒʰəpəkna:/ ■ *v.* bat or flutter eyelids.

جھپکی /dʒʰəpki:/ ■ *n.f.* 1 catnap, brief nap. 2 a jump, spring (as of a tiger). جھپکی لینا doze off, take a catnap.

جھپلانا /dʒʰəpla:na:/ ■ *v.* wash, rinse.

جھپیٹ /dʒʰəpe:ʈ/ ■ *n.f.* onrush of a speeding object. جھپیٹ میں آنا become entangled or be caught in an onrush.

جھٹ /dʒʰəʈ/ ■ *adv.* quickly, rapidly, promptly, swiftly. جھٹ پٹ/سے quickly, immediately, swiftly, in a jiffy, hurriedly, instantaneously, within no time.

جُھٹ /dʒʰʊʈ/ ■ *n.m.* (*contr.* of جُھوٹ) a false statement, a lie. جھٹ پٹا the darkness just before dawn or sunset.

جھٹاس /dʒʰəʈa:s/ ■ *n.f.* 1 downpour, driving rain. 2 gust. 3 shock. 4 knock, strike; clap.

جُھٹالنا /dʒʰʊʈa:lna:/ ■ *v.* (also جُھٹارنا) 1 to tell a lie; deny a statement. 2 touch or taste (food); pollute victuals by eating a little out of a large dish.

جھر ² ____ ■ *n.f.* 1 the heat (from a fire). 2 (*fig.*) (i) anger, rage. (ii) tall claim, fable, lie. [S]

جُھرّا /dʒʰʊrrɑ:/ ■ *adj.* withered, shrivelled. (*fem.* جُھرّی)

جھرّاٹا /dʒʰərrɑ:ʈɑ:/ ■ *n.m.* the louder sound of tearing cloth or paper.

جھربرنا /dʒʰərbərnɑ:/ ■ *v.* burn furiously, be entirely burnt.

جِھرجِھر /dʒʰɪrdʒʰɪr/ ■ *n.f.* sound of running water.

جِھرجِھرا /dʒʰɪrdʒʰɪrɑ:/ ■ *adj.* badly woven or flimsy (cloth), frayed (cloth). (*fem.* جِھرجِھری)

جِھرجِھرانا /dʒʰɪrdʒʰɪrɑ:nɑ:/ ■ *v.* trickle; cloth to be frayed.

جُھرجُھری /dʒʰʊrdʒʰʊri:/ ■ *n.f.* shivering, incipient fever, the shivering that precedes fever. جُھرجُھری آنا/لینا shiver.

جُھرکٹ /dʒʰʊrkəʈ/ ■ *adj.* 1 cut small or thin, pared, lopped (as a branch). 2 emaciated or thinned (in body), withered, droopy. ■ *n.f.* 1 bundle of small twigs. 2 lopped off branches of a tree.

جھرکل /dʒʰərkəl/ ■ *n.m.* a wheel or machine for taking out water from a well, Persian wheel. (See also رہٹ.)

جھرلو /dʒʰərlo:/ ■ *n.m.* 1 magic spell incantations, chant, charm. 2 magic stick. 3 cunningness, deception, trickery; fraud.

جُھرمٹ /dʒʰʊrməʈ/ ■ *n.m.* (also جُھرمُٹ) 1 crowd, bunch, group (of stars or people.), gathering or muster, assembly. 2 bevy (of girls). 3 array (of troops). 4 shawl twisted round the head as a turban. 5 hiding the face behind a stole. جُھرمٹ مارنا 1 (of women) move in a circle. 2 cover the body with a stole.

جھرنا¹ /dʒʰərnɑ:/ ■ *n.m.* 1 waterfall, cascade. 2 bath-shower; watering can. 3 colander or large sieve for taking out fried food from hot oil. [S]

جھرنا² ____ ■ *v.* (also جھڑنا) leak, trickle, ooze, drip. [S]

جُھرنا /dʒʰʊrnɑ:/ ■ *v.* 1 wilt, droop, sag, waste away. 2 lose hope or vitality.

جھروکا /dʒʰəro:kɑ:/ ■ *n.m.* (also جھروکھا) window; peephole; embrasure, window with lattice or curtains; window of an oriel; casement; ventilator.

جھری /dʒʰəri:/ ■ *n.f.* waterfall, cascade.

جِھری /dʒʰɪri:/ ■ *n.f.* (also جِھیری) 1 chink, slit, crack, fissure, cleft, crevice. 2 withered or blighted grain. 3 a kind of small spring, a crater where water gathers.

جُھرّی /dʒʰʊrri:/ ■ *n.f.* wrinkle, pucker, crease or fold in

جھٹک /dʒʰəʈək/ ■ *n.f.* shake, jerk, toss. جھٹک جانا lose vigour; drop or lose flesh, become thin. جھٹک دینا brush off, shake off, remove, cast away. جھٹک لینا take forcibly or by cajolery or trick.

جھٹکا /dʒʰəʈkɑ:/ ■ *n.m.* 1 shock, jerk, violent pull. 2 killing an animal for food by cutting off its head at one stroke (as opposed to Muslims' way of slaughter). جھٹکا دینا 1 shake someone or something violently. 2 give a verbal threshing. جھٹکا لگنا get or receive a shock, be shocked.

جھٹکانا /dʒʰəʈkɑ:nɑ:/ ■ *v.* pull, shake.

جھٹکنا /dʒʰəʈəknɑ:/ ■ *v.* 1 shake; pull violently, move with a jerk. 2 become lean, lose flesh.

جھٹکے /dʒʰəʈke:/ ■ *n.m.* (*pl.* & *infl.* of جھٹکا) جھٹکے سے with a jerk. جھٹکے کا گوشت meat that is not halal. جھٹکے کا مال stolen property.

جُھٹّل /dʒʰʊʈʈəl/ ■ *adj.* feigned, pretended, mock. ■ *adv.* in pretence; in fun or sport.

جُھٹلانا /dʒʰʊʈlɑ:nɑ:/ ■ *v.* belie, controvert, deny the truth of.

جُھٹیا /dʒʰʊʈjɑ:/ ■ *n.f.* (also جُھنٹیا) braid, usually at head of Hindu mendicants.

جُھٹَیل /dʒʰʊʈæ:l/ ■ *n.f.* 1 woman of ill repute. 2 leavings. ■ *adj.* 1 rejected; used; left. 2 stale. 3 promiscuous (woman).

جھجّر /dʒʰədʒdʒər/ ■ *n.m.* (also جھجھّر) large earthen water vessel, earthen flask, long-necked earthen pitcher.

جِھجک /dʒʰɪdʒək/ ■ *n.f.* (also جِھجھک، جِھچک) shyness, hesitation, indecision, demur; timidity, qualm.

جِھجکنا /dʒʰɪdʒəknɑ:/ ■ *v.* (also جِھجھکنا) hesitate; be shy; flinch, recoil.

جُھجُّو /dʒʰʊdʒdʒu:/ ■ *n.m.* (*dim.* of جھونٹا) back and forth motion of a swing. جُھجو جھوٹا ماموں موٹا ر جھونٹے ماموں موٹے a nursery rhyme, words sung while swinging a child.

جھجھ /dʒʰədʒʰ/ ■ *n.f.* thick long beard.

جھجھری /dʒʰədʒʰri:/ ■ *n.f.* 1 lattice, grating; screen. 2 an earthen vessel with long neck. ■ *adj.* perforated, full of holes, porous.

جُھڈّو /dʒʰʊɖɖu:/ ■ *adj.* unoccupied; idle; lacking sense of honour. ■ *n.m.* one who wastes time, trifler.

جھر¹ /dʒʰər/ ■ *n.f.* the sound produced in tearing cloth. جھر جھر کر ڈالنا tear to shreds, make in tatters. [Prk.]

shower (of fruit, etc.), windfall. **2** shavings, parings. **3** sweepings, rubbish. **4** small profits or savings, pickings; perquisite, fringe benefit. **5** snuffing out a candle or lamp.

جھڑنا[1] /dʒʰəɽnɑː/ ■ *v.* **1** fall off or drop (of fruits from a tree, feathers or hair from an animal, etc.). **2** receive an advantage or benefit, gain, be saved (money, etc.). **3** come to one's senses after intoxication, be sober. **4** discharge or ejaculate semen. **5** become useless or worthless. [Prk.]

جھڑنا[2] ____ ■ *v.* be swept, be cleaned or dusted. [Prk.]

جھڑنی /dʒʰəɽniː/ ■ *adj.* **1** prone to falling off; apt to fall off. **2** (***Bot.***) deciduous.

جھڑوانا /dʒʰəɽvɑːnɑː/ ■ *v.* (also جھڑانا) **1** cause to be shaken or dusted; have (a place) swept. **2** cause to be beaten. **3** have evil influences, spirits or magical effects exorcised or removed. **4** have pockets emptied.

جھڑوتا /dʒʰəɽɔːt̪ɑː/ ■ *n.m.* (also جھڑوتا) **1** end of the season. **2** fruit still attached to the branch at the end of the season. ■ *adj.* out of season.

جھڑوس /dʒʰəɽuːs/ ■ *n.m.* **1** very old and disagreeable man. **2** pimp, shameless man.

جھڑولنا /dʒʰəɽoːlnɑː/ ■ *n.m.* (*women's slang*) newborn baby.

جھڑی /dʒʰəɽiː/ ■ *n.f.* **1** continuous rain. **2** pickings; perquisites. جھڑی لگنا rain continually.

جھڑیل /dʒʰəɽjəl/ ■ *adj.* nonsensical.

جُھسنا /dʒʰʊsnɑː/ ■ *v.* massage or rub (oil in hair).

جُھسوانا /dʒʰʊsvɑːnɑː/ ■ *v.* get oil rubbed in hair, get the head massaged with oil.

جھک[1] /dʒʰək/ ■ *n.f.* **1** babble, nonsense or silly talk. **2** eccentricity, fixation, queerness, a querulous inflexible state of mind or behaviour, raving. **3** rank or offensive odour. **4** vain endeavour, useless effort. جھک جھک dispute, quarrel, wrangle. جھک جھورا ripple, waving. جھک جھوری wrangling, altercation, pulling and pushing, snatching, horseplay, a mock fight for fun. جھک جھول troubled, disturbed; turbid (as water). جھک مار کے at long last; after much vain effort. جھک مارنا **1** talk nonsense. **2** waste time and energy in a vain effort.

جھک[2] ____ ■ *adj.* clean, neat; sparkling. جھک جھک کرنا glitter, skin. جھری دار wrinkled.

جُھرّیاں /dʒʰʊrrɪjɑ̃ː/ ■ *n.f.* (*pl.* of جُھرّی) جھریاں پڑنا be wrinkled, be wizened.

جُھریانا /dʒʰʊrjɑːnɑː/ ■ *v.* wither, pucker, dry up; get wrinkled.

جھڑ /dʒʰəɽ/ ■ *n.f.* **1** continued showers of rain. **2** fall (of leaves). **3** volley. **4** tongue or bolt of a lock. جھڑ بتاس storm of wind and rain.

جھڑا جھڑ /dʒʰəɽɑːdʒʰəɽ/ ■ *adv.* rapidly, unceasingly, incessantly, continuously.

جھڑاڑا /dʒʰəɽɑːɽɑː/ ■ *n.m.* encounter of two armies.

جھڑانا /dʒʰəɽɑːnɑː/ ■ *v.* (also جھڑوانا) **1** cause to be swept. **2** have a cloth shaken to remove dust; have a tree shaken to make dry leaves fall. **3** cause to be exorcised. **4** make one ejaculate semen.

جھڑبیری /dʒʰəɽbeːriː/ ■ *n.f.* (also جھڑبیر) a wild *ber* (بیر), jujube bush or its fruit. جھڑبیری کا کانٹا a person who is quarrelsome; an unwanted person.

جھڑپ /dʒʰəɽəp/ ■ *n.f.* **1** skirmish, quarrel, brawl, brief fight or clash, contention; acrimony. **2** heat, fieriness, flame, blaze. **3** cock fight; bird-fight. **4** being possessed of a devil.

جھڑپانا /dʒʰəɽpɑːnɑː/ ■ *v.* cause (cocks) to fight, cause to spar.

جھڑپنا /dʒʰəɽəpnɑː/ ■ *v.* fight (as cock), spar.

جھڑتی /dʒʰəɽt̪iː/ ■ *n.f.* **1** search, searching. **2** scrutiny of account books. جھڑتی دینا be subjected to body search, be thoroughly searched. جھڑتی لینا search physically.

جھڑجانا /dʒʰəɽ dʒɑːnɑː/ ■ *v.* (also جھڑنا) **1** fall off, drop off; peel off (paint from wall, etc.). **2** wither.

جھڑجھڑاٹ /dʒʰəɽdʒʰəɽɑːʈ/ ■ *n.f.* **1** shaking (of trees, etc.). **2** flapping (of wings).

جِھڑجِھڑاٹ /dʒʰɪɽdʒʰɪɽɑːʈ/ ■ *n.f.* **1** chiding, scolding; snubbing; petulance, snappishness. **2** rage, bluster.

جِھڑجِھڑانا /dʒʰɪɽdʒʰɪɽɑːnɑː/ ■ *v.* **1** jerk, shake, flap. **2** scold, chide.

جِھڑکنا /dʒʰɪɽəknɑː/ ■ *v.* chide, scold; rebuff, snap at.

جِھڑکی /dʒʰɪɽkiː/ ■ *n.f.* rebuff, snub; scolding, rebuke. جھڑکی دینا scold, chide; snap at, snub, rebuff.

جھڑن /dʒʰəɽən/ ■ *n.f.* **1** falling off (of fruit from a tree, of hair of man or animal, and of feathers of a bird), give a nod; submit.

جھکندا /dʒʰɪkənḍɑ:/ ■ *n.m.* (also جھکندن) altercation, brawl, row.

جھکنی /dʒʰʊkni:/ ■ *n.f.* affliction, suffering; grief, sorrow.

جھکور /dʒʰəko:r/ ■ *n.f.* **1** gust or waft (of wind, etc.). **2** shaking (in sickness, etc.). **3** shock, misfortune; loss. جھکور پانا **1** be shaken. **2** receive a shock; meet with loss.

جھکورا /dʒʰəko:rɑ:/ ■ *n.m.* (also جھکوڑا) **1** waving, shaking, swaying (of a tree by the wind). **2** gust or strong current (of air), blast of wind, squall. **3** heavy shower, driving rain. **4** large wave of water. **5** shove, push; impulse, drive.

جھکورنا /dʒʰəko:rnɑ:/ ■ *v.* shake, put in motion, shake (as wind or rain).

جھکولا /dʒʰəko:lɑ:/ ■ *n.m.* (also جھکول) **1** agitation; shaking, strong jerk. **2** waft (of wind). **3** splash or dip in water; large wave. **4** (*fig.*) shock, blow, misfortune. جھکولا دینا jolt, push, shove; push a swing.

جھکولنا /dʒʰəko:lnɑ:/ ■ *v.* shake; put in motion; knock about in water; splash.

جھکّی /dʒʰəkki:/ ■ *n.m.* chatterer, prater, one who talks too much; one who talks to himself. ■ *adj.* crotchety; quaint, queer, eccentric, idiosyncratic; having a bee in the bonnet, having a one-track mind; given to disputation or raving or wrangling.

جھگانا /dʒʰəgɑ:nɑ:/ ■ *v.* foam, froth.

جھگڑ[1] /dʒʰəgəɽ/ ■ *n.m.* species of hawk or falcon. [Prk.]

جھگڑ[2] ____ ■ (*imper.* of جھگڑنا). ■ *n.f.* fighting; used in comp. as: جھگڑ بیٹھنا / پڑنا start a fight. [Prk.]

جھگڑا /dʒʰəgɽɑ:/ ■ *n.m.* quarrel, dispute, wrangle, squabble, brawl; trouble. جھگڑا اٹھانا create a fuss, raise a quarrel or an issue, dispute. جھگڑا پکڑنا engage or interfere in other person's quarrel. جھگڑا چکانا to settle a dispute, end a fight. جھگڑا رگڑا mutual wrangling or squabbling, brawl. جھگڑا کرانا cause a quarrel (between). جھگڑا کرنا quarrel, brawl, dispute, wrangle. جھگڑا مول لینا pick a fight; invite trouble. جھگڑا نکالنا create a fuss; cause a fight or quarrel.

جھگڑالن /dʒʰəgɽɑ:lən/ ■ *adj.* (*fem.* of جھگڑالو).

جھگڑالو /dʒʰəgɽɑ:lu:/ ■ *adj.* quarrelsome or contentious. ■ *n.m.* brawler, disputer, arguer.

sparkle, shine; be very clean.

جھک /dʒʰʊk/ ■ (*imper.* of جھکنا) bend. ■ *n.f.* act of bending. جھک کر سلام کرنا **1** make obeisance, salute respectfully. **2** (*fig.*) taunt, tease.

جھکا /dʒʰʊkɑ:/ ■ *adj.* **1** bent, stooping, curved. **2** (***Bot.***) decumbent (plant). جھکا ہوا drooping, bent, curved. (*fem.* جھکی)

جھکاجھک /dʒʰəkɑ:dʒʰək/ ■ *adj.* bright, shining, glittering.

جھکاجھور /dʒʰəkɑ:dʒʰo:r/ ■ *adj.* **1** aglitter, glittering. **2** richly embroidered and colourful (dress).

جھکالا /dʒʰəkɑ:lɑ:/ ■ *adj.* **1** nervous, confused. **2** weary; thin, lean.

جھکانا /dʒʰɪkɑ:nɑ:/ ■ *v.* (also جھنکانا) **1** harass. **2** make one go round in circles. **3** make one eat humble pie or dirt.

جھکانا /dʒʰʊkɑ:nɑ:/ ■ *v.* bend, cause to bend or stoop; bring (someone) down or low, to cause to nod.

جھکاوٹ /dʒʰʊkɑ:vəʈ/ ■ *n.f.* inclination, the state of being bent, stooping, bending downwards.

جھکاؤ /dʒʰʊkɑ:o:/ ■ *n.m.* **1** inclination, stoop, curve, bent, leaning, flexure. **2** (***Mech.***) flexibility. **3** (*fig.*) bias. جھکاؤ لچک (***Physics***) elasticity.

جھکائی /dʒʰɪkɑ:i:/ ■ *n.f.* (also جھنکائی) **1** deception. **2** dodge; body dodge. جھکائی دینا give a body dodge, dodge or evade by twisting and turning one's body or by gesture.

جھکتا /dʒʰʊkṭɑ:/ ■ *adj.* bowed. جھکتا تول weighing more than warranted. (*fem.* جھکتی)

جھک جھک /dʒʰəkdʒʰək/ ■ *n.f.* (also جھک جھک) **1** fretting, whimpering, whining. **2** altercation, quarrel.

جھکرا /dʒʰəkrɑ:/ ■ *n.m.* large earthen vessel.

جھکری /dʒʰəkri:/ ■ *n.f.* (*dim.* of جھکرا) (also جھکڑی) an earthen vessel; milk-pail.

جھکّڑ /dʒʰəkkəɽ/ ■ *n.m.* **1** blast of air, strong wind, gale; squall, storm, hurricane, tempest. **2** (*fig.*) (i) strong desire. (ii) planning, scheme. ■ *adj.* stubborn, perverse. جھکڑ بھٹی blast furnace. جھکڑ چلنا a storm to rage.

جھکنا /dʒʰəknɑ:/ ■ *v.* **1** babble, chatter, prate, talk nonsense. **2** rave, lament.

جھکنا /dʒʰʊknɑ:/ ■ *v.* **1** bend, stoop, bow, lean. **2** dip (as a scale). **3** pay homage to, bow in submission. **4** hang down. **5** incline, tend. **6** (of the eyes) droop. **7** yield, partially or imperfectly.

جھلکا /dʒʰəlkɑ:/ ■ *n.m.* blister.

جھلکار /dʒʰəlkɑ:r/ ■ *n.f.* shine, light, lustre.

جھلکانا /dʒʰəlkɑ:nɑ:/ ■ *v.* cause to shine or sparkle, brighten, polish, burnish.

جھلکنا¹ /dʒʰələknɑ:/ ■ *v.* **1** give a flash of colour or light. **2** cause to appear; show; be seen. [Prk.]

جھلکنا² ____ ■ *v.* (also چھلکنا) spurt. [S]

جھلکی /dʒʰəlki:/ ■ *n.f.* glimpse; glance, a flash.

جھلگا /dʒʰɪlgɑ:/ ■ *adj.* saggy. See جھلنگا.

جھلل جھلل /dʒʰəldʒʰələl/ ■ *n.f.* shine, shimmer, sparkle. جھلل جھلل کرنا sparkle, shimmer.

جھلم /dʒʰɪləm/ ■ *n.f.* the enclosing or covering layer worn over the face by soldiers with armour; armour made of metal rings joined together flexibly and used to cover the face during battle; the visor of a helmet.

جھلمل /dʒʰɪlmɪl/ ■ *n.f.* **1** scintillation, flickering. **2** sparkling of waves. **3** twinkling of stars or light. **4** a kind of thin, transparent fabric, gauze. جھلمل کرنا sparkle, twinkle.

جھلملا /dʒʰɪlmɪlɑ:/ ■ *adj.* **1** murky, dim, having faint glow. **2** thin, fine.

جھلملانا /dʒʰɪlmɪlɑ:nɑ:/ ■ *v.* **1** twinkle, flicker, glimmer. **2** dance (as a candle flame in a draught).

جھلملاہٹ /dʒʰɪlmɪlɑ:hət/ ■ *n.f.* shine, sparkle, twinkle.

جھلملی /dʒʰɪlmɪli:/ ■ *adj.* (*fem.* of جھلملا). ■ *n.f.* **1** shutter; venetian blind. **2** a kind of fine and transparent fabric. **3** glimmer, faint and unsteady light, twinkle. **4** name of an earring.

جھلنا¹ /dʒʰəlnɑ:/ ■ *v.* **1** to fan; move a fan to and fro. **2** swing or wave. [S]

جھلنا² ____ ■ *v.* be repaired, soldered or cemented. (See also ¹جھالنا.) [Prk.]

جھلنا /dʒʰɪlnɑ:/ ■ *v.* suffer. See جھیلنا.

جھلنگا /dʒʰɪləŋgɑ:/ ■ *n.m.* (also جھلگا) sagging charpoy or bedstead. ■ *adj.* (*fig.*) **1** worn. **2** thin, emaciated, lean.

جھلوانا¹ /dʒʰəlvɑ:nɑ:/ ■ *v.* have one fanned. [S]

جھلوانا² ____ ■ *v.* cause to be soldered. [Prk.]

جھلوائی /dʒʰəlvɑ:i:/ ■ *n.f.* the price paid for soldering.

جھلورنا /dʒʰəlo:rnɑ:/ ■ *v.* **1** move, shake. **2** make ripples.

جھلّی¹ /dʒʰəlli:/ ■ *n.f.* basket for carrying loads. جھلّی مار one

جھگڑنا /dʒʰəgəɽnɑ:/ ■ *v.* quarrel, argue, wrangle, brawl, squabble, dispute.

جھگّی /dʒʰʊggi:/ ■ *n.f.* jhuggi, a reed hut, hovel.

جھل /dʒʰəl/ ■ *n.f.* **1** anger, wrath, rage. **2** shine, lustre, radiance, glare. **3** warmth, heat (from a fire). **4** strong emotion, ardour, passion. **5** jealousy. جھل بجھانا/مٹانا cool (one's) ardour or passion, etc.; satisfy a longing. جھل جھل radiance, glitter, brilliance. جھل جھلا shining, resplendent. جھل ہائی lustful woman; jealous woman. جھل ہایا **1** hot, burning. **2** lustful man; jealous man.

جھلّا /dʒʰəllɑ:/ ■ *adj.* **1** ill-tempered, grouchy, acerbic, snappy; fiery, passionate, hot-tempered. **2** lustful, libidinous. **3** hot, pungent. **4** foolish, silly. جھلّا کر in a fit of anger, angrily. (*fem.* ²جھلّی)

جھلابور /dʒʰəlɑ:bo:r/ ■ *adj.* lustrous, glittering (usu. dress).

جھُلانا /dʒʰʊlɑ:nɑ:/ ■ *v.* **1** swing, rock a cradle. **2** hang, keep one waiting, dangle.

جھلّانا /dʒʰəllɑ:nɑ:/ ■ *v.* **1** be cut to the quick; be irritated or angered. **2** burn; have burning sensation in a bruise, lesion, scratch or boil.

جھلّاہٹ /dʒʰəllɑ:hət/ ■ *n.f.* **1** vexation, irritation, anger, rage. **2** burning sensation or itch in some body part.

جھلجھلانا /dʒʰəldʒʰəlɑ:nɑ:/ ■ *v.* (also جھل جھلانا) **1** shine, glitter, glisten. **2** burn; have a burning sensation (due to hot chillies, etc.).

جھلجھلاہٹ /dʒʰəldʒʰəlɑ:hət/ ■ *n.f.* **1** glisten, glitter. **2** burning sensation.

جھلّر /dʒʰəllər/ ■ *n.m.* water-wheel.

جھلّڑ /dʒʰɪlləɽ/ ■ *n.m.* **1** flock of birds. **2** herd.

جھُلس /dʒʰʊləs/ ■ (*imper.* of جھُلسنا). ■ *n.f.* singe. جھلس جانا **1** be singed, be burnt. **2** (*fig.*) become jealous of. جھلس دینا scorch, singe; make hot or dry.

جھُلسا /dʒʰʊlsɑ:/ ■ *adj.* scorched, seared, singed. (*fem.* جھُلسی)

جھلسانا /dʒʰʊlsɑ:nɑ:/ ■ *v.* cause to singe.

جھُلَسنا /dʒʰʊləsnɑ:/ ■ *v.* **1** be burnt, be singed, be scorched. **2** be extremely angry. **3** be blackened (by fire or heat).

جھلک /dʒʰələk/ ■ *n.f.* **1** glimpse, brief or quick look, glance. **2** slight flash of colour. **3** flash of light, shine, glare, lustre. جھلک دکھانا make a brief appearance, show a glimpse. جھلک دیکھنا catch a glimpse; see briefly,

2 glitter. 3 coquettish beauty.

/dʒʰəməknɑ:/ ■ *v.* shine, glitter, glisten. جھمکنا

/dʒʰəmki:/ ■ *n.f.* flash, glance, glare, glitter. جھمکی

/dʒʰʊmki:/ ■ *n.f.* (*dim.* of جُھمکا) small earring with a pendant. جھمکی

/dʒʰʊmke:/ ■ *n.m.* (*pl. & infl.* of جُھمکا) جھمکے دار having a pendant. جھمکے

/dʒʰəmu:rɑ:/ ■ *adj.* hairy, shaggy. ■ *n.m.* a shaggy animal, e.g. a bear. جھموُرا

/dʒʰəme:lɑ:/ ■ *n.m.* 1 mess, fuss, ado, confusion, bother, complication, trouble, difficulty, dilemma. 2 row, wrangle. جھمیلا

/dʒʰəme:lɪjɑ:/ ■ *adj.* quarrelsome, contentious. جھمیلیا

/dʒʰən/ ■ *n.f.* jingling, clanking, clash (of arms, swords, etc.). جھن جھن jingling, clanking sound. جھن

/dʒʰʊn/ ■ *n.f.* slight resemblance. جھن

/dʒʰʊnnɑ:/ ■ *n.m.* fine kind of muslin. جھنّا

/dʒʰənɑ:dʒʰən/ ■ *adv.* (*comb.* of جھن) with a jingling or clanking sound. ■ *n.f.* jingling or clanking sound. جھناجھن

/dʒʰənɑ:sər/ ■ *n.m.* musical instrument producing a jingling sound. ■ *adj.* mad, lunatic, insane. جھناسر

/dʒʰənɑ:kɑ:/ ■ *n.m.* clash, clank, crash. جھناکا

/dʒʰənnɑ:nɑ:/ ■ *v.* 1 tingle. 2 have the sensation of pins and needles; (feet or legs) become benumbed or cramped. 3 be enraged, be very angry. جھنّانا

/dʒʰĩpɑ:nɑ:/ ■ *v.* cause to feel abashed. جھنپانا

/dʒʰɪnʈi:/ ■ *n.f.* the shrub *Barleria cristata.* جھنٹی

/dʒʰʊ̃ʈɪjɑ:/ ■ *n.f.* (also جُھٹیا) lock of hair left at the back or top of the head while the rest is shaven. جھنٹیا

/dʒʰə̃ʈɪjəl/ ■ *adj.* foolish and mean; insignificant. جھنٹیل

/dʒʰʊndʒlɑ:nɑ:/ ■ *v.* (also جُھنجھلانا) be irritated, become annoyed or peeved. جھنجلانا

/dʒʰʊndʒlɑ: kər/ ■ *adv.* peevishly. جھنجلا کر

/dʒʰʊndʒlɑ:həʈ/ ■ *n.f.* (also جُھنجھلاہٹ) peevishness, irritation. جھنجلاہٹ

/dʒʰə̃dʒo:ɽnɑ:/ ■ *v.* (also جھنجھوڑنا) 1 shake violently or rudely; shake to rouse. 2 worry. 3 rend and tear; pull at and gnaw flesh with the teeth. جھنجوڑنا

/dʒʰəndʒi:/ ■ *n.f.* 1 a broken or perforated coin, a cowrie or shell with a broken top. 2 (*fig.*) ordinary who catches birds with a basket. [dial.] جھنجی¹

____ ■ *adj.* (*fem.* of جھلّا) ill-tempered; waspish (woman). [Prk.] جھلّی²

/dʒʰɪlli:/ ■ *n.f.* 1 membrane, thin skin, pellicle; the omentum or caul; inner skin (of the stomach, etc.). 2 parchment. 3 inner bark (of a tree). 4 sclera, white outer layer coating the eyeball. 5 something very thin. [Prk.] جھلّی¹

____ ■ *n.f.* an insect that produces a chirping sound, cricket. [S] جھلّی²

/dʒʰəle:ɽɑ:/ ■ *n.m.* habitat, abode; haunt. جھلیڑا

/dʒʰəmɑ:dʒʰəm/ ■ *n.f.* (also جھم جھم) 1 imitative phrase for the sound of heavy rain. 2 heavy or continuous rain. 3 bashing, beating (esp. of rain). 4 glitter (of gold-embroidered or jewel-studded clothes or gold lace), sparkle, shine. جھماجھم

/dʒʰəmɑ:kɑ:/ ■ *n.m.* (also جھماکا) 1 sudden flash of light. 2 burst of rain, sudden heavy shower. 3 crash (of breaking glass). 4 quickness, celerity, haste; dash. جھماکا

/dʒʰəmdʒʰəmɑ:nɑ:/ ■ *v.* shine, sparkle, glitter; (of light or star) twinkle. جھمجھمانا

/dʒʰəmdʒʰəmɑ:həʈ/ ■ *n.f.* glitter, sparkle. جھمجھماہٹ

/dʒʰʊmrɑ:/ ■ *n.m.* uncultivable land overgrown with brambles, etc. جھمرا

/dʒʰəmər dʒʰəmər/ ■ *n.f.* light rain, shower. See جھماجھم. جھمر جھمر

/dʒʰəmək/ ■ *n.f.* 1 glitter, lustre, sparkle; splendour, refulgence. 2 glimpse. جھمک

/dʒʰəmkɑ:/ ■ *n.m.* 1 sparkle. 2 sight or the appearance of beautiful woman. [S] جھمکا¹

____ ■ *n.m.* clanging, clash of swords, clang of (metallic instruments), clatter. [S] جھمکا²

/dʒʰʊmkɑ:/ ■ *n.m.* (also جُھومکا) 1 the bell-shapped pendant of an earring. 2 bunch or cluster of flowers or fruits. 3 tuft; tassel. 4 a group of stars. 5 flame lily, the flower *Gloriosa superba.* جُھمکا

/dʒʰəməkkɑ:/ ■ *n.m.* 1 (*derog.*) concourse; mess. 2 crowd, mob. جھمکّا

/dʒʰəmkɑ:nɑ:/ ■ *v.* 1 cause to glitter, flash. 2 cause to dance. 3 exhibit, show, make obvious or prominent. جھمکانا

/dʒʰəməkɽɑ:/ ■ *n.m.* 1 glimpse, a brief or quick look. جھمکڑا

advance unduly or exaggeratedly, praise or urge to make someone do something adventurous. جھنڈے تلے under the banner of; under the leadership of. جھنڈے تلے کی دوستی causal or passing acquaintance.

جھنک /dʒʰənək/ ■ *n.f.* jingle, especially of tinkling anklets.

جھنکار /dʒʰŋkɑːr/ ■ *n.f.* **1** jingling, tinkling, rattling; crash (of cymbals). **2** call of peacock. **3** chirping of cricket.

جھنکارنا /dʒʰŋkɑːrnɑː/ ■ *v.* **1** to cause to give a clinking sound, to jingle, to tinkle, clank, ring, rattle. **2** (peacock) to call. **3** to murmur, burr, burn, hum, make a whirring sound. **4** to chirp (as a cricket).

جھنکاڑ /dʒʰəŋkɑːɽ/ ■ *n.m.* bush, bramble.

جھنکانا /dʒʰɪŋkɑːnɑː/ ■ *v.* harass. See جھکانا.

جھنگارنا /dʒʰɪŋgɑːrnɑː/ ■ *v.* to buzz, to burr, make a chirping sound (as a cricket).

جھنوا /dʒʰə̃vɑː/ ■ *n.m.* (also جھنواں) a kind of high-quality rice.

جھوّا /dʒʰəvvɑː/ ■ *n.m.* **1** thicket or bush. **2** large open basket.

جھوپڑا /dʒʰoːpɽɑː/ ■ *n.m.* hut. See جھونپڑا.

جھوت /dʒʰoːt̪/ ■ *n.f.* narrow lane between two walls with drains opening onto it, cornice.

جھوٹ /dʒʰuːʈ/ ■ *n.m.* (also جھوٹھ، جھونٹ) lie, falsehood, fib, untruth, fabrication; cock and bull story, tall tale. جھوٹ اڑانا tell a lie, spread false information. جھوٹ باندھنا calumniate, slander. جھوٹ برابر پاپ نہیں lying is the greatest sin. جھوٹ بنانا invent a lie. جھوٹ بولنا lie, tell a lie. جھوٹ پکڑنا detect a lie; catch (someone) lying. جھوٹ جاننا disbelieve, regard or consider something as lie or fabrication. جھوٹ سچ لگانا slander, calumniate, give a doctored version of facts. جھوٹ کا پتلا، کی پتلی embodiment of falsehood, brazen-faced liar. جھوٹ کی پوٹ big liar. جھوٹ کے پاؤں نہیں ہوتے a lie is discovered soon. جھوٹ موٹ in jest; deceptively. جھوٹ موٹ کا fabricated, unreal, mock. (*opp.* سچ)

جھوٹا /dʒʰuːʈɑː/ ■ *n.m.* **1** liar. **2** imitation (jewellery, embroidery, etc.). ■ *adj.* **1** false, untrue, fabricated. **2** (work) spurious, base. **3** unwashed (dish, etc.). **4** leftover (food), (food) from which someone has eaten a little. **5** (of henna) badly daubed or fading. **6** (of tinsel) not of pure gold or silver. جھوٹا آسرا false thing, worthless thing. جھنجی کوڑی (also پھوٹی کوڑی) broken or worn cowrie; bit of money of the lowest value. [S]

جھنجی۲ _____ ■ *n.f.* a kind of musical instrument that produces a jingling sound. [dial.]

جھنجھا /dʒʰəndʒʰɑː/ ■ *n.f.* whirlwind, storm, strong wind and rain.

جھنجھٹ /dʒʰəndʒʰəʈ/ ■ *n.m.* (also جھنجٹ) mess, trouble, perplexity, encumbrance, wrangling; dilemma.

جھنجھٹی /dʒʰəndʒʰəʈiː/ ■ *adj.* (also جھنجھٹیا) troublesome; perplexing, difficult.

جھنجھری /dʒʰəndʒʰriː/ ■ *n.f.* lattice.

جھنجھنا /dʒʰʊndʒʰʊnɑː/ ■ *n.m.* (also جھن جھنا) child's rattle.

جھنجھنانا /dʒʰəndʒʰənɑːnɑː/ ■ *v.* **1** jingle, tingle, rattle. **2** feel sensation in body. **3** get angry.

جھنجھناہٹ /dʒʰəndʒʰənɑːhəʈ/ ■ *n.f.* **1** jingling. **2** pins and needles sensation. **3** sensation of vibration or ringing.

جھنجھنی /dʒʰʊndʒʰʊniː/ ■ *n.f.* **1** small bell worn on calf or ankle. **2** iron fetter. **3** tingling; sensation of pins and needles in the limbs.

جھنجھی /dʒʰəndʒʰiː/ ■ *n.f.* (also جھنجی) **1** shell of which the upper portion is broken off. **2** woman with flat nose.

جھنڈ /dʒʰʊnɖ/ ■ *n.m.* **1** crowd, flock. **2** clump or cluster (of trees). **3** swarm or flock (of birds), covey (of birds). **4** school or swarm (of fish). **5** bevy (of girls). **6** drove (of cattle); herd. جھنڈ کے جھنڈ **1** dense crowds; flocks. **2** swarms (of birds), etc.

جھنڈا /dʒʰənɖɑː/ ■ *n.m.* flag, standard, ensign; banner. جھنڈا سرنگوں ہونا flag be lowered (in mourning or defeat). جھنڈا گاڑنا **1** to set up or plant a flag. **2** (*fig.*) conquer, establish one's authority. جھنڈا لہرانا **1** hoist the flag. **2** (*fig.*) conquer; declare a victory.

جھنڈولا /dʒʰə̃ɖoːlɑː/ ■ *adj.* **1** having thick head of hair. **2** (baby) with untonsured head. **3** (*fig.*) very young; inexperienced, naive.

جھنڈی /dʒʰənɖiː/ ■ *n.f.* (*dim.* of جھنڈا) small flag, bunting; small stick with a small flag affixed to it. جھنڈی دکھانا refuse to cooperate; desert; refuse.

جھنڈے /dʒʰənɖeː/ ■ *n.m.* (*pl.* & *infl.* of جھنڈا) جھنڈے پر چڑھانا **1** defame, vilify, drag through the wire. **2** elevate to unwarranted heights; make one feel overly important, brave or adventurous; flatter, cajole; promote or

جھوکیا /dʒʰo:kɪja:/ ■ *n.m.* (also جھوکوا) one who supplies fuel to a furnace, a fireman.

جھول /dʒʰu:l/ ■ *n.f.* **1** rug or thick cloth sheet to cover a horse, etc., body-clothes (of cattle). **2** See جھولا.

جھول /dʒʰo:l/ ■ *n.m.* **1** bagginess, looseness; sagging or wrinkling of ill-fitting clothes. **2** defect, flaw, weakness. **3** brood (of a bird), hatch. **4** litter, farrow (of dogs or pigs). **5** offspring, lineage. **6** (of flesh) flaccidity, flabbiness. **7** soup, curry, gravy, broth. **8** a wash of golden colour, gilding. جھول ڈالنا make clothes loose or baggy, loosen. جھول نکالنا **1** remove bagginess, tighten; smoothen. **2** give birth to or produce a litter, etc.

جھولا /dʒʰu:la:/ ■ *n.m.* **1** swing; cradle. **2** a kind of song sung when swinging. جھولا پل jhula. جھولا جھلانا cause to move the swing when someone else is swinging. جھولا جھولنا take a swing. جھولا ڈالنا to put up a swing.

جھولا /dʒʰo:la:/ ■ *n.m.* **1** bag, tote bag. **2** loose cloak or wrap, loose or baggy dress. **3** palsy.

جھولنا /dʒʰu:lna:/ ■ *v.* **1** rock in a cradle or rocking chair; swing, oscillate, sway to and fro. **2** dangle. ■ *n.m.* **1** a baby's cradle. **2** a kind of poem.

جھولی /dʒʰo:li:/ ■ *n.f.* (*dim.* of جھولا) sack; pouch, bag; a beggar's pouch.

جھوم /dʒʰu:m/ ■ (*imper.* of جھومنا). ■ *n.m.* swaying, undulating, waving. جھوم اٹھنا/جانا feel ecstatic, be very pleased.

جھومر /dʒʰu:mər/ ■ *n.m.* **1** ornament worn by women on the forehead. **2** company, band, assembly. **3** a dance in which girls move in a circle.

جھومنا /dʒʰu:mna:/ ■ *v.* **1** sway in ecstasy, reel, roll; be or feel very pleased or elated; wave. **2** stagger. **3** strut, move with stately steps. **4** (of rain clouds) gather; (rain clouds) to lower.

جھونا /dʒʰu:na:/ ■ *adj.* flimsy, weak. ■ *n.m.* **1** flimsy cloth; a kind of muslin. **2** a superior quality betel nut. **3** a coil of rope used to scour pots and pans. (*fem.* جھونی ۲)

جھونپا /dʒʰõ:pa:/ ■ *n.m.* **1** bunch of fruit. **2** spike. **3** a coil of hair on the top of the head, topknot.

جھونپڑا /dʒʰõ:pɽa:/ ■ *n.m.* (also جھوپڑا) hut, hovel.

جھونپڑی /dʒʰõ:pɽi:/ ■ *n.f.* (*dim.* of جھونپڑا).

hope. جھوٹا پڑنا be proved false. جھوٹا چاٹنا eat leavings; be very poor. جھوٹا کاغذ forged document. جھوٹا کام artificial tinsel or embroidery. جھوٹا کھانا eat leftover; be very poor. (*fem.* جھوٹی) (*opp.* سچّا)

جھوٹن /dʒʰu:ʈən/ ■ *n.m.* & *f.* (also جھوٹھن) **1** food of which some has been eaten, leavings of food. **2** touched, defiled.

جھوٹوں /dʒʰu:ʈõ:/ ■ *n.m.* (*pl.* of جھوٹا). ■ *adv.* (in *neg.*) just as a formality, disingenuously. جھوٹوں کا بادشاہ arch-liar. جھوٹوں نہ پوچھنا do not show even a hypocritical concern, not to care for someone, be callous to someone.

جھوٹی /dʒʰu:ʈi:/ ■ *adj.* (*fem.* of جھوٹا) جھوٹی خبر false news or report. جھوٹی قسم perjury, false oath. جھوٹی گواہی false testimony or evidence. (*opp.* سچّی)

جھوٹے /dʒʰu:ʈe:/ ■ *n.m.* (*pl.* & *infl.* of جھوٹا) جھوٹے کو گھر تک پہنچانا expose a liar; let someone lie till he/she exposes himself/herself. جھوٹے کے آگے سچا رو مرے a liar is never convinced. جھوٹے منہ **1** with unwashed face. **2** (*fig.*) outwardly, as a mere formality. (*opp.* سچّے)

جھوجرا /dʒʰo:dʒra:/ ■ *adj.* (also جھوجھرا) broken, cracked; faulty; useless.

جھوجھ /dʒʰo:dʒʰ/ ■ *n.m.* **1** nest. **2** pouch, pendulous belly; paunch.

جھورا /dʒʰu:ra:/ ■ *adj.* withered, dried up.

جھورا /dʒʰo:ra:/ ■ *n.m.* stalk or stem of a leguminous plant (used as fodder).

جھورنا /dʒʰu:rna:/ ■ *v.* wither; grow thin; pine from grief.

جھورنا /dʒʰo:rna:/ ■ *v.* (also جھوڑنا) **1** shake fruit from trees. **2** beat, thrash.

جھوڑ /dʒʰɔ:ɽ/ ■ *n.f.* thrashing, beating; clawing; row, quarrel, squabble, disturbance, altercation.

جھوسا /dʒʰu:sa:/ ■ *n.m.* drizzle, very fine rain.

جھوک /dʒʰo:k/ ■ *n.f.* (also جھونک) **1** inclination, leaning, deflexion. **2** dipping of scale. **3** gust, rush of wind. **4** a push of a swing. **5** influence of drink. **6** reeling, rolling. **7** burden of something heavy. جھوک سنبھالنا bear the shock or endure. جھوک مارنا twist or turn the beam of a scale with fraudulent intentions.

جھوکا /dʒʰo:ka:/ ■ *n.m.* gust of wind. See جھونکا.

جھوکنا /dʒʰo:kna:/ ■ *v.* to throw. See جھونکنا.

جھونٹا /dʒʰõ:ʈɑ:/ ■ *n.m.* (also جھونٹہ) **1** back and forth motion of a swing, swinging motion. **2** back or topknot of woman's hair; long tresses of a woman's head. **3** buffalo calf. **4** the head's falling forward when one is drowsy or sleepy.

جھونٹم جھانٹا /dʒʰõ:ʈəm dʒʰɑ̃:ʈɑ:/ ■ *n.m.* (also جھونٹک جھانٹا) (of women) mutual pulling of hair (in a brawl).

جَھونج /dʒʰɔ̃:dʒ/ ■ *n.f.* itching; scabies.

جُھونجا /dʒʰũ:dʒɑ:/ ■ *adj.* (also جُھونجھا) petulant, peevish, discontented.

جُھونجل /dʒʰũ:dʒəl/ ■ *n.f.* (also جُھونجھل) vexation, petulance, irritation, peevishness. جھونجل اتارنا vent one's spleen (on), take revenge. جھونجل چڑھنا be irritated, be peeved or irked.

جھونجھ[1] /dʒʰõ:dʒʰ/ ■ *n.m.* (also جھونج) nest of bird. [S]

جھونجھ[2] ____ ■ *n.f.* (also جھونجل) annoyance, irritation. [S]

جَھونسا /dʒʰɔ̃:sɑ:/ ■ *adj.* excessively burnt or scorched.

جَھونس جَھانس /dʒʰɔ̃:s dʒʰɑ̃:s/ ■ *n.f.* trick, deception.

جَھونسنا /dʒʰɔ̃:snɑ:/ ■ *v.* singe, scorch.

جھونک /dʒʰo:ŋk/ ■ *n.f.* **1** snooze, nap. **2** mindlessness; mental preoccupation. (See also جھوک.)

جھونکا /dʒʰo:ŋkɑ:/ ■ *n.m.* (also جھوکا) **1** gust of wind or breeze. **2** bunch or cluster of fruits. **3** ear of corn.

جَھونکنا /dʒʰɔ:ŋknɑ:/ ■ *v.* **1** (of a bull) be ready to strike with horns. **2** to threaten.

جھونکنا /dʒʰo:ŋknɑ:/ ■ *v.* (also جھوکنا) **1** throw, toss, fling or cast (into fire). **2** put to work. **3** to set fire to (straw, etc.). **4** squander, waste (money).

جُھونگا[1] /dʒʰu:ŋgɑ:/ ■ *n.m.* least amount or quantity of something given as gratis by a shopkeeper. [Pj.]

جُھونگا[2] ____ ■ *n.m.* a bull with horns bending downwards. [dial.]

جُھونگا[3] ____ ■ *n.m.* bramble, brushwood. [Prk.]

جُھونی[1] /dʒʰu:ni:/ ■ *n.f.* species of rice with brownish husk. [dial.]

جُھونی[2] ____ ■ *adj.* (*fem.* of جُھونا) flimsy. [S]

جھیر /dʒʰi:r/ ■ *n.f.* rag, torn piece of cloth. جھیر جھیر in rags.

جھیرا /dʒʰe:rɑ:/ ■ *n.m.* **1** pitfall. **2** a choked or collapsed well. **3** well, spring, stream; source, origin.

جھیری[1] /dʒʰe:ri:/ ■ *n.f.* slit. See جھری. [S]

جھیری[2] ____ ■ *adj.* torn, tattered (cloth or garment). [S]

جھیسی /dʒʰe:si:/ ■ *n.f.* fine mist-like rain, light drizzle.

جِھیل[1] /dʒʰi:l/ ■ *n.f.* lake. [S]

جِھیل[2] ____ ■ *n.f.* (***Music***) bass; piano; pianissimo. [S]

جھیلنا /dʒʰe:lnɑ:/ ■ *v.* (also جھلنا) **1** suffer, endure, bear. **2** experience, undergo. **3** catch, fold in arms, grasp; support.

جھیلنی /dʒʰe:lni:/ ■ *n.f.* support (pinned to the hair) for heavy ear ornaments.

جھینا /dʒʰi:nɑ:/ ■ *adj.* **1** thin, slender. **2** slow. **3** fine.

جھینپ /dʒʰẽ:p/ ■ *n.f.* shyness, blushing, bashfulness.

جھینپنا /dʒʰẽ:pnɑ:/ ■ *v.* feel shy, blush, flush; be put out of countenance.

جِھینکنا /dʒʰi:ŋknɑ:/ ■ *v.* (also جھیکنا) cry, whine, lament, regret, rue. ■ *n.m.* **1** story of one's troubles or sorrows. **2** grievance.

جِھینگا /dʒʰi:ŋgɑ:/ ■ *n.m.* shrimp; prawn.

جِھینگر /dʒʰi:ŋgər/ ■ *n.m.* cricket, a jumping orthopterous insect. جھینگر چاٹنا/لگنا (cloth) be moth-eaten; be infested by crickets.

طویل انفی مصوتے:	ɑ̃: جاں، آں	æ̃: ہَیں	ĩ: آئیں	ẽ: آئیں	ɔ̃: لَونڈی	ũ: یُوں	õ: انسانوں
	/dʒɑ̃:/, /ɑ̃:/	/hæ̃:/	/ɑ:ĩ:/	/ɑ:ẽ:/	/lɔ̃:ɖi:/	/jũ:/	/ɪnsɑ:nõ:/

چ

چ /tʃe:/ ■ the fourteenth letter of the Urdu alphabet.

چا¹ /tʃɑ:/ ■ *n.f.* tea. See چائے. چاپوچی، چادان kettle, teapot. [Chinese]

چا² ____ ■ *n.m.* Urdu form of the Greek letter upsilon (Υ,υ), used in scientific notation. [U]

چاب¹ /tʃɑ:b/ ■ *n.m.* the tree *Piper chavya* yielding a sort of pepper. [S]

چاب² ____ ■ *n.f.* act of chewing. See چابنا. [S]

چابک /tʃɑ:bʊk/ ■ *n.m.* chabuk, whip, horsewhip. ■ *adj.* alert, quick, active. چابک بازی whipping, lashing. چابک پھٹکارنا crack a whip. چابک دست 1 nimble, active, alert, expeditious. 2 skilful, adroit, dexterous. چابک دستی 1 skill, dexterity. 2 nimbleness, alertness. چابک زبان smooth-tongued, eloquent, glib. چابک سوار horse breaker, horse-tamer, cavalryman; rider, expert rider, rider who goes fast and far. چابک سواری business or profession of a horse-tamer, jockeyship. چابک عنان fast rider or horse. چابک لگانا flog, strike with a whip. چابک مارنا whip, lash, punish.

چابکی /tʃɑ:bʊki:/ ■ *n.f.* 1 alertness, agility, celerity, dispatch, nimbleness. 2 adroitness, dexterity.

چابنا /tʃɑ:bnɑ:/ ■ *v.* chew. See چبانا.

چابی /tʃɑ:bi:/ ■ *n.f.* key. چابی بھرنا 1 wind (watch, etc.). 2 (*fig.*) urge, incite or provoke (someone). چابی دینا wind (watch, etc.).

چاپ¹ /tʃɑ:p/ ■ *n.f.* sound of footsteps, sound of knocking. چاپ پانا feel or hear the sound of footsteps. [Prk.]

چاپ² ____ ■ *n.m.* (also چاب) bow; arc of a circle. چاپ جریب gross measurement of the lands of an estate. [S]

چاپ³ ____ ■ *n.f.* printing. See چھاپ. چاپ خانہ printing press. [P]

چاپ⁴ ____ ■ *n.f.* desiccated and leafless branches. [S]

چاپٹ¹ /tʃɑ:pəʈ/ ■ *n.f.* husk, bran. [Prk.]

چاپٹ² ____ ■ *n.m.* a tool for cutting or breaking marble. [dial.]

چاپڑ¹ /tʃɑ:pəɽ/ ■ *n.m.* chopper; cleaver, sharp-edged cutting tool. [E]

چاپڑ² ____ ■ *n.f.* 1 hard crusty soil, stony soil. 2 flat expanse of land, plain. [S]

چاپڑا /tʃɑ:pɽɑ:/ ■ *n.m.* cow-dung cake, cowpat.

چاپل /tʃɑ:pəl/ ■ *n.f.* 1 fickleness, unsteadiness. 2 swiftness, mobility.

چاپلوس /tʃɑ:plu:s/ ■ *n.m.* flatterer, fawner, sycophant, bootlicker.

چاپلوسی /tʃɑ:plu:si:/ ■ *n.f.* flattery, fawning, sycophancy, wheedling. چاپلوسی کرنا bow and scrape.

چاپی /tʃɑ:pi:/ ■ *n.m.* bow-man, archer.

چاپھند /tʃɑ:pʰənd/ ■ *n.m.* a kind of fishing net.

چاتر /tʃɑ:t̪ər/ ■ *n.m.* 1 large vertical fishing net whose ends are brought together when hauled. 2 conspiracy, plot.

چاتُر /tʃɑ:t̪ʊr/ ■ *adj.* 1 clever, able, sagacious, shrewd, accomplished. 2 skilful, dexterous. 3 relating to four. ■ *n.m.* the country of four castes, India. چاتر تو بیری بھلا، مورکھ بھلا نہ دوست رمیت a wise enemy is better than a foolish friend. چاتر کی دور بلا a clever person always escapes from misfortune or trouble. (See also چتُر.)

چاتُری /tʃɑ:t̪ʊri:/ ■ *n.f.* (also چاترائی، چتُرائی) 1 cleverness, ability. 2 dexterity.

چاتک /tʃɑ:t̪ək/ ■ *n.m.* the pied cuckoo which according to the folklore lives only on raindrops.

چاٹ /tʃɑ:ʈ/ ■ *n.f.* 1 chaat, a spicy dish of mixed fruits or of boiled potatoes, peas, chickpeas, and green gram, etc. 2 taste, flavour; relish. 3 habit; addiction; penchant. 4 longing, desire. ■ (*imper.* of چاٹنا) lick. چاٹ پر لگانا induce taste of; inculcate a habit. چاٹ پر لگنا، پڑنا develop a taste, desire, addiction or penchant (for something). چاٹ جانا، لینا 1 lick, lap; eat away. 2 (*fig.*) read a book from start to end with close attention. 3 annoy or tease exceedingly. چاٹ لگی تو حلوائی کی دکان کی سوجھی said on the occasion when one develops a habit of eating sweets or confections.

چاٹا¹ /tʃɑ:ʈɑ:/ ■ *adj.* licked. [S]

چاٹا² ____ ■ *n.m.* receptacle for sugar cane juice in a mill. [Prk.]

چاٹنا /tʃɑ:ʈnɑ:/ ■ *v.* 1 lick, lap up. 2 devour, eat or consume (cloth by moths, crop or plant by locust, and paper or wood by termites).

چاٹو /tʃɑ:ʈo:/ ■ *n.m.* flattery, coaxing, pleasing or grateful words or discourse, wheedling.

چاٹی /tʃɑːʈiː/ ■ *n.f.* churn, churning vessel; earthen vessel or pitcher.

چاٹیا /tʃɑːʈjɑː/ ■ *n.m.* addict.

چاچا /tʃɑːtʃɑː/ ■ *n.m.* **1** paternal uncle, father's younger brother or male cousin. **2** father's friend.

چاچر /tʃɑːtʃər/ ■ *n.f.* **1** song and dance festival; festive sport. **2** (***Hinduism***) the pole round which people dance at the Holi festival.

چاچن /tʃɑːtʃən/ ■ *n.m.* **1** intimacy. **2** passion, ardour. **3** caress, fondling.

چاچی /tʃɑːtʃiː/ ■ *n.* (*fem.* of چاچا) wife of paternal uncle.

چادر /tʃɑːd̪ər/ ■ *n.f.* **1** chador, sheet, bedspread; coverlet; bedclothes. **2** tablecloth. **3** veil. **4** sheet of iron; asbestos cement sheet. **5** wide wave/ current of water; waterfall. چادر اتارنا tear off the veil; insult or disgrace a woman. چادرِ امان white flag, as a sign of cessation of hostilities, acceptance of defeat or symbol of peace. چادر اوڑھانا (*fig.*) marry a widow. چادر اوڑھنا cover or drape oneself with a sheet. چادرِ آب waterfall; breadth or expanse of a river or water. چادر بچھانا lay or spread a sheet. چادر پڑنا hide, keep out of sight. چادر تان کر سونا **1** enjoy a carefree sleep. **2** (*fig.*) lead an easy life. چادر چڑھانا spread a sheet of fine cloth or flowers as a votive offering over a tomb (usu. of a saint). چادر دیکھ کر پاؤں پھیلانا live within one's means. چادر ڈالنا **1** cover with a sheet of cloth, hide. **2** (*fig.*) marry (a widow). چادرِ مہتاب moonlight. چادر ہلانا throw in the sponge, admit defeat. چادر ہے تھوڑی پیر پسارے بہت live beyond one's means.

چادرا /tʃɑːd̪rɑː/ ■ *n.m.* (also چادرہ) (*aug.* of چادر) long and wide chador, sheet or mantle covering head and shoulders down to the waist.

چار¹ /tʃɑːr/ ■ *adj.* (also چہار، چو) **1** four. **2** a few, a small number. چار ابرو all the hair of the head and face of a man. چار ابرو کا صفایا **1** shaving of head, beard, eyebrows and moustaches, a ritual of the Sufi *qalandari* order. **2** (*fig.*) casting orthodoxy to the wind. چار اجساد/ارکان/عناصر the four elements (earth, water, air, and fire) in ancient and medieval philosophy. چار اطراف all the four directions, everywhere. چار اُنگل **1** breadth of four fingers; measure equal to that breadth; width of a palm; length or width of about two and a half inches. **2** (*fig.*) small. چار انگلیاں اٹھانا greet, salute, reply to greetings. چار آدمی **1** arbitrators. **2** a few persons; public. چار آنسو بہانا **1** mourn, lament, weep. **2** (*fig.*) weep a little or as a ritual. چار آنکھیں **1** meeting of the eyes of two people. **2** meeting; interview. چار آئینہ kind of armour having four breast plates; armour plates. چار باتیں سنانا revile, scold, abuse. چار باغ stole with embroidered corners. چار بالش **1** large cushion to recline on. **2** sofa; couch. **3** throne. چار برساتیں زیادہ دیکھی ہیں has more experience. چار بند limb joints. چار بیسی four score, i.e. eighty. چار پارہ divided into four parts or pieces, in four parts, in pieces. چار پانچ لانا dodge, trump up excuses. چار پایہ quadruped, four-footed animal. چار پہر all day or all night. چار پیسے (*fig.*) **1** money, wealth. **2** small amount. چار تار four ornaments or dresses. چار تال a kind of tambourine note. چار تخم mixture of four kinds of seeds, the seed of *Ocimum pilosum* (تخم ریحان), mountain balm seed (تخم بالنگا), ispaghul, and purslane. چار تکبیریں funeral prayers. چار جامہ **1** kind of saddle. **2** trousers. چار جائی prostitute, woman of ill repute. چار چالے the ritual of the bride visiting her home four times in the first month after marriage. چار چاند لگانا **1** make famous. **2** beautify, decorate; adorn. چار چاند لگنا (dignity, pomp, beauty or fame) increase or enhance. چار چٹھی custom's pass. چار چشم untrustworthy, faithless, treacherous. چار چلّو خون بڑھنا be elated, be very happy. چار چند quadruple, fourfold, much, very much. چار چوٹ کی مار severe beating. چار حرف curse, abuse. چار خانہ **1** chequered cloth; chequered. **2** tripe. چار دانت کا **1** (of a goat, etc.) of required age (for Eid-ul-Azha sacrifice). **2** (of a horse) young. چار دانگ four quarters (of the globe); the four directions: north, south, east and west; everywhere. چار دانگِ عالم the four dimensions, i.e. the whole world. چار دانگِ عالم میں all over the world. چار دفتر the four scriptures: Torah, Psalms, Gospel, and Qur'an. چار دفعہ four times. چار دن کا lasting a few days, transient, short-lived, fleeting. چار دن کی بادشاہی a transitory rule. چار دن کی چاندنی short-lived pomp or

چاروا /tʃɑ:rvɑ:/ ■ *n.m.* **1** quadruped. **2** pony. چاروادار a horse groom.

چارواک /tʃɑ:rvɑ:k/ ■ *n.m.* philosopher or sophist who holds materialistic or unorthodox opinions, sceptic, atheist.

چاروں /tʃɑ:rõ:/ ■ *adj.* (*pl.* of چار¹) four; all the four. چاروں اور on the four sides, in all four directions, on every side. چاروں جُگ ریگ (***Hinduism***) the four yugas or epochs of the world. چاروں خانے رشانے چت پڑنا fall on one's back. چاروں قل the four suras of the Qur'an, beginning with the word قُل. چاروں کھونٹ on all the four conrners or quarters of the world. چاروں ورن four Hindu castes: Brahman, Kshatriya, Vaisya, and Sudra. چاروں وید (***Hinduism***) the four Vedas: Rig Veda, Sama Veda, Yajur Veda, and Atharva Veda.

چاروی /tʃɑ:rvi:/ ■ *n.f.* **1** splendour. **2** intelligence. **3** moonlight. **4** beautiful woman.

چارہ /tʃɑ:rɑ:/ ■ *n.m.* **1** remedy, cure. **2** help, expediency, resource. چارہ پذیر admitting of remedy, remediable. چارہ پرداز رساز رگر one who finds a remedy or cure, one who finds a way out (of trouble), helper, healer. چارہ پردازی رسازی رگری preparing a remedy, remedying, curing. چارہ جوئی seeking remedy. چارۂ کار remedy, cure.

چاڑ /tʃɑ:ɽ/ ■ *n.m.* cobbler's tool for mending edges of shoes.

چاڑھ /tʃɑ:ɽʰ/ ■ *n.f.* huntsmen's cry for getting a prey out of bushes, battue.

چاس /tʃɑ:s/ ■ *n.f.* ploughing, cultivation. چاس کرنا plough.

چاسا /tʃɑ:sɑ:/ ■ *n.m.* ploughman, cultivator, tiller, husbandman.

چاش /tʃɑ:ʃ/ ■ *n.m.* (also چاکھ) the Indian roller, blue jay, *Coracias benghalensis.* (See also نیل کنٹھ.)

چاشت /tʃɑ:ʃt/ ■ *n.m.* (also چاشتہ) **1** the middle hour between sunrise and noon. **2** breakfast. چاشت خور sponger, parasite. چاشت کی نماز (***Islam***) optional prayer offered in late morning.

چاشنی /tʃɑ:ʃni:/ ■ *n.f.* **1** taste, relish, sweetness. **2** viscosity (of a syrup); mixture of syrups. **3** mixture of sweet and sour. چاشنی دار **1** syrupy. **2** sweet and sour. چاشنی گیر chef; head cook; food-taster.

چاق /tʃɑ:q/ ■ *adj.* alert, active, lively. چاق وچست رچوبند blooming, alive and kicking, alert and smart, active; splendour, transient happiness, temporary or transient pleasure. چاردن کی چاندنی اور پھر اندھیری رات to every spring there is an autumn. چاردہ fourteen. چاردہم fourteenth. چاردیواری boundary wall that wholly encloses or surrounds a piece of land or house, enclosure. چارروز (*fig.*) a few days, short period. چارزانو squatting posture. چارزانو بیٹھنا to squat. چارسُو in all the four directions, everywhere. چارسوبیسی artifice, trickery, deception. چارشنبہ Wednesday. چارطرف everywhere. چارقدم very near, small distance. چارکونی a square. چارگردے کا the whole world. چارگام fast horse. چارکھونٹ brave, intrepid, fearless. چارموج رموجہ eddy, whirlpool. چارہاتھ کرنا to fight, dispute. چارہاتھ کی زبان ہونا be impudent, be insolent. چاریار (***Islam***) the first four successors of Prophet Muhammad. [P]

چار² ____ ■ *n.m.* a present on a festive occasion. [Prk.]

چار³ ____ ■ *n.m.* **1** spy, scout, secret agent or emissary. **2** the fruit of the tree *Chironjia sapida.* [S]

چار⁴ ____ ■ *n.m.* (*contr.* of چارہ) remedy, cure. چار(و)ناچار willy-nilly, compellingly, whether one likes it or not, nolens volens. [P]

چارا /tʃɑ:rɑ:/ ■ *n.m.* **1** fodder, herbage, forage. **2** bait for fish. **3** young plant. چاراڈالنا **1** give fodder, feed, bait. **2** (*fig.*) entice.

چاربیت /tʃɑ:rbæ:t/ ■ *n.m.* a type of epic poem of Urdu and Pashto.

چارپائی /tʃɑ:rpɑ:i:/ ■ *n.f.* **1** charpoy, bedstead, cot. **2** litter to carry the sick. چارپائی پر پڑنا fall ill, get sick. چارپائی سے پیٹھ لگ جانا رلگنا **1** be bedridden, be confined to bed; grow very weak due to prolonged illness. **2** have bedsore. چارپائی کے بان توڑنا be in bed all the time, be very lazy. چارپائی والا (*fig.*) bedbug.

چارُق /tʃɑ:ruq/ ■ *n.m.* (also چارُغ) shoe.

چارک /tʃɑ:rək/ ■ *n.m.* spy, informer, secret agent.

چارن /tʃɑ:rən/ ■ *n.m.* **1** wanderer. **2** pilgrim. **3** wandering actor, singer or dancer; bard; minstrel.

چارُو¹ /tʃɑ:ru:/ ■ *adj.* **1** agreeable, welcoming, approved. **2** beautiful, pretty. ■ *n.m.* **1** agreeable person. **2** beautiful person. چارودانت رونت having beautiful teeth. [S]

چارُو² ____ ■ *n.m.* a great eater, gourmand. [Prk.]

athletic.

چاقو /tʃɑ:qu:/ ■ *n.m.* knife; clasp knife, penknife. چاقو پھیرنا cut the throat with a knife; use knife. چاقو کا پھل knife-blade. چاقو کا دستہ handle of knife.

چاک[1] /tʃɑ:k/ ■ *n.m.* cut, fissure, rent, cleft, slit; slit intentionally left in clothes. ■ *adj.* cut, slitted, torn. چاک چاک in pieces; torn (with grief). چاک کرنا tear, rend, split, slit. چاک گریباں slit in collar. چاک گریباں (also گریباں چاک) **1** with collar torn or unbuttoned. **2** (*fig.*) (i) sad, grieving. (ii) afflicted, troubled. [P]

چاک[2] ____ ■ *n.m.* **1** potter's wheel; pulley used to draw water from well. **2** millstone; sugar-making vessel. چاک پوجنا (***Hinduism***) marriage ritual of worshipping the potter's wheel. [Prk.]

چاک[3] ____ ■ *n.f.* chalk. [E]

چاکر /tʃɑ:kər/ ■ *n.m.* servant, attendant.

چاکری /tʃɑ:kri:/ ■ *n.f.* service, menial employment, servitude. چاکری کرنا wait upon, attend, serve. چاکری میں آکری کیا a servant does not swagger.

چاکڑ /tʃɑ:kəɽ/ ■ *adj.* (also چاکل) broad, wide.

چاکسو /tʃɑ:ksu:/ ■ *n.m.* an ophthalmic medicine made from the seeds of the *Cassia absus* which has an astringent effect used as remedy in eye disease.

چاکشش /tʃɑ:kʃuʃ/ ■ *n.m.* (also چاکشک، چاکشکھ) eye; anything resembling the eye. ■ *adj.* visual, optical, perceptible to the eye, visible.

چاکل /tʃɑ:kəl/ ■ *adj.* wide. See چاکڑ.

چاکی[1] /tʃɑ:ki:/ ■ *n.f.* a trick in fencing, clubbing, etc. [Prk.]

چاکی[2] ____ ■ *n.f.* (*arch.*) mill. See چکّی. [S]

چاکھ /tʃɑ:kʰ/ ■ *n.m.* Indian roller. See چاش.

چاگا /tʃɑ:gɑ:/ ■ *n.m.* **1** shisham wood. **2** a plant resembling aloe vera.

چال /tʃɑ:l/ ■ *n.f.* **1** walk, gait. **2** motion, movement. **3** conduct, behaviour. **4** device, stratagem; trick, tactic, scheme. **5** course, procedure, process; method, mode. **6** move (in chess, etc.). **7** custom, fashion; means. **8** pace (of a horse). **9** a kind of very small fish. **10** a roan horse. **11** metre; rhyme. **12** chawl, building; row of houses. چال اڑانا copy the style or manners of another. چال باز bamboozler, boss-eyed, trickster, tricky person. چال بازی crookedness, machination, guile, artifice, cunning devices. چال پکڑنا **1** follow a course, practice or fashion. **2** become current. **3** become famous. چال چکر fraud, cheating, deceit. چال چلن character, conduct, behaviour. چال چلنا **1** deceive, play a trick; adopt another's manners or style. **2** (in a board game) move. چال چوکنا make a mistake; miss a move. چال ڈھال **1** gait; way or style of walking or moving. **2** manners, deportment, style, behaviour; motion; fashion. چال سوجھنا have a sudden bright idea, a trick or move to come to mind. چال ملنا smell a rat. چال میں آنا be deceived or misled, fall into a trap. چال وقتی رسمہ speedometer.

چالا[1] /tʃɑ:lɑ:/ ■ *n.m.* **1** departure. **2** bride's ceremonial departure for her husband's home. **3** auspicious moment or day for setting out on a journey. **4** motion. **5** coquettishness. [S]

چالا[2] ____ ■ *n.m.* a kind of small fish. See چلوا. [Prk.]

چالاک /tʃɑ:lɑ:k/ ■ *adj.* cunning, clever, crafty, artful, smart, ingenious, astute; sly, calculating, canny, foxy, catty. چالاک دست quick with hands, dexterous, adroit. چالاک دستی sleight of hand, dexterity, adroitness.

چالاکی /tʃɑ:lɑ:ki:/ ■ *n.f.* ingenuity, cunning, cleverness, trick, trickery, craftiness. چالاکی سے cleverly, craftily, slyly, artfully. چالاکی کرنا play a trick, act cleverly or craftily, do something clever.

چالان /tʃɑ:lɑ:n/ ■ *n.m.* **1** challan, invoice or waybill; form used when money due to a government department is paid. **2** voucher of payment; memorandum of dues; memorandum of money received and invested; pass; remittance; bill of lading; certificate of dispatch; list of goods dispatched. **3** list of letters and records sent. **4** criminal case sent up to a court by the police. **5** ticket (for violating traffic rule or rules). چالان پیش کرنا present an indictment or charge-sheet before a court of law. چالان کرنا **1** send up (a case or a accused person to a magistrate). **2** commit (an offender) for trial. **3** give a ticket (for a traffic offence).

چالش /tʃɑ:lɪʃ/ ■ *n.f.* (also چالیش) **1** elegant or graceful gait or movement; stateliness. **2** good manners or conduct. **3** exertion in battle. **4** battle.

چالک /tʃɑ:lək/ ■ *n.m.* **1** laxative. **2** naughty elephant.

چالن /tʃɑ:lən/ ■ *n.m.* **1** motion. **2** shaking; sifting. **3** sieve, strainer.

چالنا /tʃɑ:lnɑ:/ ■ *v.* **1** pass through a sieve, sift; shake. **2** play trick, deceive.

چالو /tʃɑ:lu:/ ■ *adj.* **1** running, current, in circulation, afoot, in use. **2** wanton, of loose morals. **3** sly, crafty, artful; dishonest, untrustworthy. **4** imperfect (work); rough (repair).

چالی /tʃɑ:li:/ ■ *n.f.* **1** a frame of bamboo. **2** chawl, residential building with one or two room accommodation for separate living. **3** saddle (of horse).

چالیا /tʃɑ:ljɑ:/ ■ *adj.* artful, roguish, deceitful, crafty, clever, treacherous.

چالیس /tʃɑ:li:s/ ■ *cardinal number* forty. چالیس ستون **1** having many pillars. **2** pavilion; palace. چالیس سیرا **1** of forty seers. **2** weighty, heavy. **3** pure, unadulterated. **4** stupid.

چالیسا /tʃɑ:li:sɑ:/ ■ *n.m.* **1** period of forty days. **2** fortieth year of an era or of the century. **3** forty-year-old person. **4** winner or champion who has trounced forty persons in various bouts.

چالیسواں /tʃɑ:li:svɑ̃:/ ■ *ordinal number* fortieth. ■ *n.m.* funeral rites on fortieth day after death. (See also چہلُم.)

چالیسی /tʃɑ:li:si:/ ■ *n.f.* **1** quarantine. **2** a period of forty days of abstinence (kept after the death of a kinsman or after the childbirth).

چالیک /tʃɑ:li:k/ ■ *n.f.* (also چلک) tipcat. See گلی ڈنڈا under گلّی.

چام /tʃɑ:m/ ■ *n.m.* **1** skin, hide; leather; slough. **2** visage, countenance. **3** complexion. چام پیارا نہیں کام پیارا ہوتا ہے one's work, not face, is valued. چام چڑ کھ bat. چام چور adulterer. چام چوری adulterous relationship. چام کے دام the leather coins issued by Nizam Saqqa during his two and a half day rule during Humayun's reign. چام کے دام چلانا **1** introduce a leather currency. **2** stretch a temporary authority to the utmost.

چامرپُشپ /tʃɑ:mərpuʃp/ ■ *n.m.* areca palm, betel nut tree, *Areca catechu.*

چامہ /tʃɑ:mɑ:/ ■ *n.m.* (***Music***) song; ghazal; anthem.

چامیکر /ʃɑ:mi:kər/ ■ *n.m.* gold. ■ *adj.* golden.

چانپ [1] /tʃɑ̃:p/ ■ *n.f.* **1** bow. **2** lock of a gun. **3** stocks, an instrument of torture. چانپ چڑھانا **1** cock a gun. **2** bend a bow. **3** punish or torture by squeezing the ears under the lock of a gun. **4** put (someone) on the stocks. [S]

چانپ [2] ——— ■ *n.f.* chop. [E]

چانپا /tʃɑ̃:pɑ:/ ■ *n.m.* dough; kneaded flour.

چانپنا /tʃɑ̃:pnɑ:/ ■ *v.* **1** squeeze, press. **2** thrust in, stuff, cram. **3** massage (the body) by squeezing. **4** knead (dough). **5** join.

چانتی /tʃɑ̃:t̪i:/ ■ *n.f.* stamp-maker's tool.

چانٹا /tʃɑ̃:ʈɑ:/ ■ *n.m.* stroke with open hand, smack, slap, cuff. چانٹا جمانا / رسید کرنا / لگانا to slap.

چانٹی /tʃɑ̃:ʈi:/ ■ *n.f.* cess or tax levied on village artisans.

چانچری /tʃɑ̃:tʃri:/ ■ *n.f.* **1** an inferior kind of grain. **2** the corn which remains in the ear after husking.

چانچی /tʃɑ̃:tʃi:/ ■ *n.f.* **1** clay, potter's clay. **2** utensils made of this clay.

چاند /tʃɑ̃:d̪/ ■ *n.m. & f.* **1** moon. **2** lunar month. **3** bald crown of the head. **4** moon-like white spot on an animal's forehead. **5** target or mark (to shoot at). **6** a gold ornament shaped like a half-moon (worn on the forehead). **7** crown. **8** (*fig.*) (i) son. (ii) dear one. چاند پٹنا **1** get good thrashing. **2** suffer a great loss. چاند پر کا تھوکا منھ پر آتا ہے maligning good man rebounds upon the maligner. چاند تارا **1** the robe made of flowered muslin, etc. **2** cloth embroidered or printed with moons and stars. چاند چڑھانا (*iron.*) commit a great mistake. چاند چڑھنا new moon to appear or rise. چاند چھپانا to change like moon. چاند چُھپنا moon to disappear. چاند دیکھنا look for the new moon. چاندرات the night of the new moon. چاند کا ٹکڑا lovely, beautiful. چاند گاڑی lunar module (of a moon rocket). چاند گرہن / گہن lunar eclipse. چاند گنجی ہونا **1** become bald, lose hair. **2** be ruined. چاندماری target practice. چاند نہ چاہے بندا beauty needs no ornament. چاند نے کھیت کیا new moon rose.

چاندا /tʃɑ̃:d̪ɑ:/ ■ *n.m.* **1** protractor, the D-shaped angle-measuring instrument. **2** common theodolite station of revenue survey. **3** cover, awning, cloth ceiling. **4** glass spangle worn on the forehead by women. **5** shaft of ploughshare. **6** scale of fish.

چاوڑی /tʃɑ:vṛi:/ ■ *n.f.* **1** village council. **2** police station; court. چاوڑی بازار Delhi's red-light area.

چاول /tʃɑ:vəl/ ■ *n.m.* (also چانول) **1** rice; any dish of rice. **2** (*arch.*) a small weight, i.e. one eighth of a ratti formerly used by apothecaries. چاول برابر بھر little, very little (in weight).

چاہ[1] /tʃɑ:h/ ■ *n.m.* **1** well; pit. **2** dimple. چاہِ بابل the Babylonian pit (where Harut and Marut, two perverted angels, are said to be hung as penalty for their love for Venus). چاہِ بے آب/تاریک **1** dry and dark well. **2** (*fig.*) fruitless. چاہِ ذقن/زنخ/زنخداں the dimple of the chin. چاہِ زمزم *zamzam* spring near Ka'aba. چاہِ زنداں/کنعاں/یوسف the well of Syria in which Yusuf (Joseph) was imprisoned. چاہِ زیج underground observatory. چاہِ غبغب **1** either of two small hollows near the corners of the mouth. **2** the dimple of the chin. چاہ کن well-digger. چاہ کن را چاہ در پیش one who digs a pit for others falls himself. چاہِ مقنع/نخشب **1** legendary well with an artificial moon at its bottom. **2** marvel of magic. [P]

چاہ[2] ____ ■ *n.f.* **1** love, affection, warmth, fondness. **2** wish, desire, longing, want, need, zest, gusto, relish. چاہ سے eagerly, lovingly. چاہ ہونا have a desire; be in demand. [S]

چاہا[1] /tʃɑ:hɑ:/ ■ *adj.* desired, wished. ■ *n.m.* **1** one's pleasure or desire. **2** love, affection. چاہا چاہی patriotism. [P]

چاہا[2] ____ ■ *n.m.* (also چہا) a wading bird; snipe; sandpiper. [Prk.]

چاہت /tʃɑ:həṭ/ ■ *n.f.* love, fondness, affection; desire.

چاہتا /tʃɑ:hṭɑ:/ ■ *adj.* due, owing. ■ *n.m.* that which is owing, a due.

چاہک /tʃɑ:hək/ ■ *adj.* fond, affectionate, desirous, longing. ■ *n.m.* friend; lover.

چاہنا /tʃɑ:hnɑ:/ ■ *v.* love, dote upon, be enamoured of, desire, like, crave, covet, want, need, wish.

چاہنے /tʃɑ:hne:/ ■ (*infl.* of چاہنا) چاہنے والا lover, boyfriend, fan.

چاہو /tʃɑ:ho:/ ■ *conj.* either, or; if you will, if you wish; even if.

چاہی /tʃɑ:hi:/ ■ *n.f.* (land) irrigated from a well. ■ *adj.* of or relating to چاہ[1].

چاہے /tʃɑ:he:/ ■ *conj.* either, or. چاہے جتنا however much or

چاندر /tʃɑ̃:ḍər/ ■ *n.m.* a piece of clear open land in forest.

چاندرَ /tʃɑ̃:ḍrə/ ■ *adj.* lunar, relating to moon, regulated by the moon. ■ *n.m.* **1** lunar month. **2** the second and third weeks of lunar months when there is moonlight.

چاندلی /tʃɑ̃:ḍli:/ ■ *n.f.* crown of the head.

چاندن /tʃɑ̃:ḍən/ ■ *n.m.* **1** first fortnight of a lunar month. **2** moonlight.

چاندنا /tʃɑ̃:ḍnɑ:/ ■ *n.m.* (also چانا) **1** light, brightness; first flush of daylight; moonlight; the faint or dim light at dawn. **2** brilliance, lustre, splendour. **3** pigeon with white wings. **4** species of pheasant, *Gallophasis albocristatus*. چاندنا ہوجانا day to dawn; light to appear at daybreak.

چاندنی /tʃɑ̃:ḍni:/ ■ *n.f.* **1** moonlight, moonbeam. **2** white cloth sheet spread over floor or rug. **3** a kind of white flower, *Tabernaemontana coronaria* (گل چاندنی). **4** anything white and shining. چاندنی چٹکنا/کھلنا moonlight to be bright; moonlight to spread. چاندنی چوک **1** wide and public street, square or market. **2** name of a famous market in Delhi, India. چاندنی چھٹکنا moonlight to diffuse. چاندنی رات moonlit night. چاندنی زدہ moonstruck.

چاندوا /tʃɑ̃:ḍvɑ:/ ■ *n.m.* **1** covering; awning; cloth ceiling. **2** glass spangle, etc. worn on the forehead by women.

چاندی /tʃɑ̃:ḍi:/ ■ *n.f.* **1** silver. **2** wealth, opulence. **3** gain, benefit. چاندی کا جوتا (*fig.*) monetary bribe. چاندی کا چشمہ لگانا (*fig.*) take bribes. چاندی کا ورق silver foil. چاندی کر دینا **1** make white. **2** burn (tobacco) to ashes. چاندی ہوجانا/ہونا **1** earn or make much money, become wealthy, be highly successful. **2** be burnt to ashes. چاندی ہے enjoying.

چانڈ /tʃɑ̃:ḍ/ ■ *n.m.* (also چانڑ) pole, column.

چانڈنا /tʃɑ̃:ḍnɑ:/ ■ *v.* sharpen, whet.

چانڈو /tʃɑ̃:ḍu:/ ■ *n.m.* prepared opium. See چنڈو.

چانک /tʃɑ:ŋk/ ■ *n.m.* **1** seal or stamp. **2** protective circle drawn on the ground during exorcism.

چانکنا /tʃɑ:ŋknɑ:/ ■ *v.* stamp or mark (for identification).

چانگلا /tʃɑ:ŋglɑ:/ ■ *adj.* **1** strong, healthy, sound, stout. **2** smart, active. ■ *n.m.* a roan horse.

چانہ /tʃɑ:nɑ:/ ■ *n.m.* **1** lower jaw; chin. **2** jabber; talk, conversation. **3** a lump of dough that is enough for a bread or cake.

چبلانا /tʃəbla:na:/ ■ *v.* **1** chew slowly. **2** eat without relish. **3** speak indistinctly, mouth (one's words), mumble.

چبنا /tʃəbna:/ ■ *v.* be chewed or masticated.

چبنی /tʃəbni:/ ■ *adj.* chewable. چبنی ہڈی cartilage or gristle.

چبوترا /tʃəbu:t̪ra:/ ■ *n.m.* (also چبوترہ) **1** chabutra, platform or terrace (usu. open); dais. **2** raised end of courtyard or yard. **3** custom house or police station. چبوترا باندھنا build a terrace or platform, etc. چبوترا چڑھانا take the matter to the police station.

چبوڑ /tʃəbo:ɽ/ ■ *adj.* crushed, bruised. ■ *n.f.* **1** jesting, joking. **2** vulgarity, foolish talk.

چبوکر /tʃəbo:kər/ ■ *n.m.* joker, jester.

چبینا /tʃəbi:na:/ ■ *n.m.* (also چبینہ) parched grain for munching, e.g. popcorn, etc.; anything meant to be chewed.

چُبھانا /tʃʊbʰa:na:/ ■ *v.* (also چُبھونا) prick, pierce, sting, stab, thrust into.

چُبھتا /tʃʊbʰt̪a:/ ■ *adj.* pricking, piercing, stinging.

چُبھتی /tʃʊbʰt̪i:/ ■ *adj.* (*fem.* of چُبھتا) چُبھتی کہنا utter stinging words.

چُبھتے /tʃʊbʰt̪e:/ ■ *n.m.* (*pl. & infl.* of چُبھتا) چُبھتے الفاظ stinging words.

چُبھن /tʃʊbʰən/ ■ *n.f.* pricking, pinching or gripping; pricking pain.

چُبھنا /tʃʊbʰna:/ ■ *v.* prick, pierce.

چپ /tʃəp/ ■ *adj.* left (hand or side). ■ *n.m.* a bicolour paper kite. چپ دست **1** left-handed, southpaw. **2** (horse) with white front left fetlock, considered unlucky. چپ راست left right, words uttered repeatedly during drill. چپ غلط دینا zigzag to avoid capture, dodge. چپ وراست **1** left and right, on all directions. **2** carelessness, unsteadiness.

چُپ /tʃʊp/ ■ *n.f.* silence, quietness, stillness. ■ *exclam.* silence! keep quiet! don't talk! shut up! hush! mum's the word! hold your tongue! چپ آدھی مرضی silence is half consent. چپ چاپ **1** silently, quietly; secretly, stealthily. **2** quiet; motionless. چپ چپ not talking much. چپ چپاتے (also چپکے چپکے) secretly, stealthily; sneakingly; clandestinely, quietly. چپ چھنال wanton woman outwardly chaste. چپ رہنا remain silent, keep quiet. چپ سادھنا keep mum, button up, quiet or silent, great; however much. چاہے جو whichever, whoever. چاہے جو بھی whosoever, whatsoever, no matter who or what. چاہے جو ہو whatever happens.

چاہیے /tʃɑ:hɪje:/ ■ *aux.* should, ought, must, have to; is required; is proper.

چاؤ /tʃɑ:o:/ ■ *n.m.* (also چاو) **1** gusto, heartiness, pleasure. **2** desire; eagerness, longing. چاؤ چوچلا / چونچلا fondness; toying; dalliance; fondling, caress. چاؤ میں آنا become an object of regard or affection, develop affection (for), become a favourite. چاؤ نکالنا satisfy one's desire or wish.

چاؤُش /tʃɑ:u:ʃ/ ■ *n.m.* (also چاوش، چاؤس) **1** herald. **2** doorkeeper, concierge. **3** sergeant, beadle, mace-bearer.

چائے /tʃɑ:e:/ ■ *n.f.* (also چا، چاء) **1** tea. **2** tea party. چائے پانی **1** tea party, light meal. **2** minor personal expenses. **3** (*fig.*) bribe. چائے پوش tea cosy. چائے دان / دانی teapot.

چائیں چائیں /tʃɑ:ẽ: tʃɑ:ẽ:/ ■ *n.f.* (also چاؤں چاؤں) **1** any confused noise. **2** chirping (of birds). **3** chatter, jabber.

چبا /tʃəbɑ:/ ■ (*imper.* of چبانا) used in comp. as: چبا جانا chew up with one's teeth; eat up. چبا چبا کر بات / باتیں کرنا mince one's words, hum and haw, tell something, hide something.

چباکی /tʃəbɑ:ki:/ ■ *n.m.* owl.

چبانا /tʃəbɑ:na:/ ■ *v.* (also چابنا) chew, masticate; crunch, champ; bite.

چباون /tʃəbɑ:vən/ ■ *n.m.* any ripe seed or grain that is chewed.

چبڑ چبڑ /tʃəbəɽ tʃəbəɽ/ ■ *n.f.* (also چبر چبر) **1** chewing sound. **2** foolish talk, jabber. چبڑ چبڑ بولنا chatter, talk foolishly.

چبک /tʃəbək/ ■ *n.f.* **1** painful throbbing, shooting pain. **2** anxiety agitation. **3** (*fig.*) compunction, qualm.

چبک /tʃɪbʊk/ ■ *n.f.* chin.

چبکنا /tʃəbəkna:/ ■ *v.* (of wound) throb, have throbbing or shooting pain.

چُبکنی /tʃʊbʊkni:/ ■ *n.f.* **1** prick, puncture, stab, sting. **2** taunt. **3** spur, motive, incentive.

چبلّا /tʃɪbɪlla:/ ■ *adj.* **1** boyish, childish, puerile, callow, silly, non-serious. **2** rude, coarse. چبلا پن childishness, boyishness, puerility. (*fem.* چبلی)

/tʃəpṭɑ:nɑ:/ ■ *v.* press flat, flatten. چپٹانا

/tʃɪpṭɑ:nɑ:/ ■ *v.* (also چمٹانا) 1 hug, embrace; join. 2 cause to adhere, stick on; put on (a patch); glue, fasten, patch. چِپٹانا

/tʃɪpəṭnɑ:/ ■ *v.* (also چمٹنا) 1 embrace, hug. 2 cling to, cohere, stick, adhere. چپٹنا

/tʃəpṭi:/ ■ *adj.* flat, compressed. ■ *n.f.* (*derog.*) a woman with flat nose. [S] چپٹی¹

____ ■ *n.f.* See چپت² . چپٹی باز lesbian, tribade. چپٹی کھیلنا indulge in the lesbian act. [Prk.] چپٹی²

/tʃɪpṭi:/ ■ *n.f.* (also چھپٹی) thin end of wood or bone. چپٹی

/tʃɪptʃɪpɑ:/ ■ *adj.* sticky, tacky, gluey, gooey, gummy, clammy. چِپچِپا

/tʃɪptʃɪpɑ:nɑ:/ ■ *v.* be or feel sticky or glutinous. چِپچِپانا

/tʃʊptʃʊpɑ:nɑ:/ ■ *v.* move quietly or stealthily; keep perfectly quiet or silent. چُپچُپانا

/tʃɪptʃɪpɑ:hət/ ■ *n.f.* clamminess, stickiness. چپچپاہٹ

/tʃɪptʃɪpi:/ ■ *adj.* (*fem.* of چپچپا). چپچپی

/tʃɪppəx/ ■ *adj.* (*var.* of پچک) 1 squeezed, compressed. 2 lean, thin. چپخ

/tʃɪpxɑ:/ ■ *n.m.* male falcon. چپخہ

/tʃəpər kʰəṭ/ ■ *n.m.* bedstead. See چھپرکھٹ under چھپّر. چپرکھٹ

/tʃəprɑ:s/ ■ *n.f.* (also چپڑاس) 1 breastplate of a peon or chuprassy; plate worn on a belt (as a mark of office). 2 clasp; badge. چپراس گیری post or work of a chuprassy. چپراس

/tʃəprɑ:si:/ ■ *n.m.* (also چپڑاسی) chuprassy, peon, office boy, orderly, messenger. چپراسی عدالت bailiff, process server. (*fem.* چپراسن) چپراسی

/tʃəpərnɑ:/ ■ *v.* run away. See چپڑنا. چپرنا

/tʃəpəɽ/ ■ *adj.* (also چپر) 1 ignoble, base, vile, mean, low. 2 foolish, small-minded, dull-witted. چپڑخندی tediously talking (woman); dissolute woman. چپڑغنو senseless, unconscious, oblivious; comatose. چپڑقناتی (also چپڑقناتیا) 1 small-minded man. 2 toady, flatterer, sycophant. چپڑ

/tʃəpɽɑ:/ ■ *n.f.* 1 lac, purified sealing wax. 2 any thin, flat, congealed mass. چپڑا

/tʃɪpɽɑ:/ ■ *n.m.* (also چپڑھا) one who has a constant sticky discharge from eyes. چِپڑا

/tʃʊpɽɑ:/ ■ *adj.* 1 oiled or buttered, greasy, oily, unctuous; smooth. 2 plausible, specious, چُپڑا

give no reply, say nothing. چپ (شاہ) کا روزہ abstinence from speaking. چپ کرجانا fall or be silent. چپ کرنا console or quieten (a crying child); become quiet, stop talking. چپ کروانا 1 silence, quieten, pacify or console (a crying child). 2 squash or extinguish a person. چپ کی داد خدا دیتا ہے patience has a reward. چپ گپ taciturn; reticent. چپ لگنا 1 be struck dumb. 2 lose power of speech. چپ ہوجاؤ be quiet! چپ ہونا keep mum, keep quiet, be silent, be appeased.

/tʃəppɑ:/ ■ *n.m.* (also چپّہ) 1 hand breadth; measure of four fingers. 2 a span (of land). چپّا چپّا every piece of land, every nook and cranny. چپّا چپّا چھان مارنا search every nook and cranny, look or search all over or everywhere. چپّا

/tʃɪppɑ:/ ■ *n.m.* small piece of paper. چِپّا

/tʃʊppɑ:/ ■ *adj.* silent, quiet. چُپّا

/tʃəpɑ:ṭ/ ■ *n.m.* slap. See چپت¹. [P] چپات¹

____ ■ *n.m.* (*arch.*) shoe of the western fashion (having a heel in contradistinction to the Persian shoe). [dial.] چپات²

/tʃəpɑ:ṭi:/ ■ *n.f.* chapatti, bread, thin circular bread of unleavened dough. چپاتی

/tʃəpɑ:nɑ:/ ■ *v.* cause to feel shame, make one ashamed, put to shame, abash. چپانا

/tʃʊpɑ:nɑ:/ ■ *v.* make (someone) silent, keep quiet. چُپانا

/tʃəpɑ:vəli:/ ■ *n.f.* a battle tactic of attacking stealthily or suddenly. چپاولی جنگ guerrilla war. چپاولی

/tʃəpəṭ/ ■ *n.f.* (*contr.* of چپات¹) light slap. چپت پڑنا 1 (*fig.*) lose money. 2 suffer loss. چپت رسید کرنا/لگانا/دھرنا slap. چپت گاہ (*fig.*) 1 the crown of the head; the head. 2 the cheek. [P] چپت¹

____ ■ *n.f.* (also چپٹ، چپٹی²) lesbian act. چپت بازی lesbianism. [Prk.] چپت²

/tʃəpəṭ jɑ:nɑ:/ ■ *v.* slap off and on; punish. چپتیانا

/tʃəpṭɑ:/ ■ *adj.* flat, flattened, compressed; even, level; shallow and broad. ■ *n.m.* 1 flat-nosed person. 2 large flat earthen vessel. 3 (*offens.*) a person of Mongoloid race, e.g. Chinese, Japanese, etc. چپٹا گولا oblate spheroid. (*fem.* چپٹی¹) چپٹا

/tʃɪpṭɑ:/ ■ *adj.* sticky, clammy, glutinous; stuck (on), clinging (to), adhering (to). چِپٹا

silent, become tongue-tied.

چُپکے /tʃʊpke:/ ■ *adv.* (*pl. & infl.* of چپکا) چپکے چپکے/سے **1** silently,quietly, catlike, with little noise, secretly, furtively, stealthily; in a whisper or low voice. **2** slyly, deceitfully, cunningly.

چپل¹ /tʃəpəl/ ■ *adj.* filthy, nasty, foul; brutal, beastly. [P]

چپل² ____ ■ *adj.* **1** shaking, restless, wavering, variable; fickle, giddy, inconstant, uncertain, volatile. **2** wanton, frolicsome. **3** active, alert, quick, swift, agile, expeditious; skilful, adroit. ■ *n.m.* unsteady person. [S]

چپّل /tʃəppəl/ ■ *n.f.* (also چپلی) chappal, sandal, slipper.

چپلی کباب /tʃəpli: kəbɑ:b/ ■ *n.m.* a type of flat kebab of somewhat oval shape.

چپّن /tʃəppən/ ■ *n.m.* a large flat lid or cover of a pot.

چپنا /tʃəpnɑ:/ ■ *v.* **1** be abashed or ashamed. **2** be crushed or squeezed; be destroyed.

چپنی /tʃəpni:/ ■ *n.f.* (*dim.* of چپّن) **1** cover, lid. **2** small saucepan or similar vessel. **3** knee-pan or kneecap, patella. چپنی اترنا dislocation of kneecap. چپنی بھر پانی میں ڈوب مرنا (*fig.*) die of shame. چپنی چاٹنا (*fig.*) be contented with little.

چپّو /tʃəppu:/ ■ *n.m.* oar; paddle. چپو چلانا/مارنا row, propel with oars; paddle.

چپوٹا /tʃəpo:ʈɑ:/ ■ *n.m.* slap, smack, cuff.

چپوٹی /tʃəpo:ʈi:/ ■ *n.f.* old worn out turban or cap; flattened hat.

چپّی /tʃəppi:/ ■ *n.f.* (also چپی) massaging by pressing or kneading. چپی کرنا **1** massage. **2** (*fig.*) coax, cajole, serve.

چِپّی /tʃɪppi:/ ■ *n.f.* small piece of paper.

چُپّی /tʃʊppi:/ ■ *n.f.* silence, muteness, hush, taciturnity.

چپیٹ /tʃəpe:ʈ/ ■ *n.m. & f.* the palm of the hand with the fingers extended. ■ *n.f.* **1** slap, blow. **2** shock; loss; sudden misfortune. چپیٹ کھانا suffer loss or misfortune.

چپیٹا /tʃəpe:ʈɑ:/ ■ *n.m.* **1** slap, blow. **2** influence of or attack by an evil spirit. **3** loss, injury. **4** illegitimate son, bastard.

چپھال /tʃəpʰɑ:l/ ■ *n.f.* (also چپال) a ground or a place surrounded by marshes and mire.

چِت¹ /tʃɪʈ/ ■ *adj.* lying flat on the back, prostrate, supine.

oily-tongued. (*fem.* چُپڑی)

چپڑانا /tʃəpɽɑ:nɑ:/ ■ *v.* (also چپرانا) mince one's words; give a false statement, falsify, belie.

چِپڑاہا /tʃɪpɽɑ:hɑ:/ ■ *adj.* having gummy eyes.

چپڑاؤ /tʃəpɽɑ:u:/ ■ *adj.* brazen-faced, shameless, impudent. ■ *n.m.* slipper, shoe.

چپڑ چپڑ /tʃəpəɽ tʃəpəɽ/ ■ *n.f.* (also چپر چپر) lapping, smacking or slurping sound made during eating. ■ *adv.* in an unmannerly way, crudely. چپڑ چپڑ باتیں کرنا talk in a wheedling or cajoling manner, talk volubly, talk nonsense.

چپڑنا /tʃəpəɽnɑ:/ ■ *v.* (also چپرنا) **1** run away, slip away, escape. **2** rob someone blind.

چُپڑنا /tʃʊpəɽnɑ:/ ■ *v.* **1** grease, butter; smear (bread with butter); rub or anoint with oil, butter, grease or a similar substance. **2** flatter.

چُپڑی /tʃʊpɽi:/ ■ *adj.* (*fem.* of چپڑا) چپڑی اور دو دو double advantage. چپڑی باتیں flattery, coaxing. چپڑی روٹی bread rubbed over with butter or oil.

چپقلش /tʃəpqəlɪʃ/ ■ *n.f.* **1** altercation, discord, row, strife; struggle. **2** shoving and pushing, hustle and bustle due to crowding.

چپک /tʃəpək/ ■ *n.f.* pricking, throbbing, slight pain.

چِپک /tʃɪpək/ ■ *n.f.* stickiness, adhesiveness, clamminess. چپک جانا stick close (to), stick together. چپک کے بیٹھنا/کھڑا ہونا/لیٹنا sit, lie or stand in close bodily contact.

چِپّک /tʃɪppək/ ■ *n.f.* (also چیّخ) **1** goatsucker or nightjar. **2** sparrowhawk.

چُپکا /tʃʊpkɑ:/ ■ *adj.* **1** silent, quiet; secretive, stealthy. **2** cunning, sly.

چپکانا /tʃɪpkɑ:nɑ:/ ■ *v.* stick, paste, glue, adhere.

چپکن /tʃəpkən/ ■ *n.f.* a kind of close-fitting vest or short coat.

چِپکن /tʃɪpkən/ ■ *n.f.* bond.

چِپکنا /tʃɪpəknɑ:/ ■ *v.* stick, adhere, be pasted, be affixed.

چِپکو /tʃɪpku:/ ■ *n.m.* adhesive, one who is hard to get rid of; bur.

چِپکواں /tʃɪpəkvɑ̃:/ ■ *adj.* sticky, viscous, glutinous.

چِپکوانا /tʃɪpəkvɑ:nɑ:/ ■ *v.* cause to be stuck, have (something) pasted with gum or glue.

چُپکی /tʃʊpki:/ ■ *adj.* (*fem.* of چُپکا). ■ *n.f.* silence. چپکی لگنا fall

چتر مار mushroom. (See also ¹چھتری.)

/tʃɪtr/ ■ *n.f.* **1** picture; painting, drawing; sketch, delineation. **2** stain, spot. ■ *adj.* **1** bright, refulgent. **2** odd, strange. چتر شالہ picture gallery, picture room. چتر کار painter; artist. چتر کاری painting. چتر

/tʃɪtrɑ:/ ■ *n.m.* **1** the star Spica virginis. **2** a constellation. **3** fourteenth of the lunar month. چترا

/tʃɪtrɑ:lɪjɑ:/ ■ *n.m.* studio. چترالیہ

/tʃəturɑ:i:/ ■ *n.f.* **1** wisdom, ingenuity, smartness. **2** alertness; expertness, dexterity, skilfulness. **3** deceit, slyness, craftiness, cleverness; roguery. چُترائی

/tʃɪtrəŋgi:/ ■ *adj.* **1** variegated, many-faced, versatile, artful. **2** cunning, deceitful. ■ *n.m.* versatile person. چترنگی

/tʃɪtərni:/ ■ *n.f.* **1** (***Hinduism***) one of the four kinds of women who hold the second rank in beauty. **2** intelligent and clever woman. چترنی

/tʃɪtro:l/ ■ *n.f.* a species of dove which lives in mountains and in winter comes to Punjab. چترول

/tʃɪtkɑ:r/ ■ *n.m. & f.* **1** cry, scream. **2** bray of an ass. چتکار

/tʃɪtkəbrɑ:/ ■ *adj.* spotted, speckled, piebald. (*fem.* چِتکبری) چتکبرا

/tʃɪtlɑ:/ ■ *adj.* (also چِھتلا) spotted, speckled. چتلا

/tʃɪtli:/ ■ *adj.* (*fem.* of چتلا) چتلی چڑھنا **1** become spotted. **2** ripen. **3** be fully baked. چتلی دار spotted, speckled, stained. چتلی

/tʃɪtnɑ:/ ■ *v.* (also چتونا) **1** gaze (at), look (at), see, behold. **2** appear, seem. چتنا

/tʃɪto:ɽɑ:/ ■ *n.m.* species of crane. چتوڑا

/tʃɪtvən/ ■ *n.f.* **1** sight, look; glance, facial expression. **2** eyebrows; forehead. چتون پر میل نہ لانا hide one's displeasure or sorrow, keep calm. چتون چڑھانا frown, scowl, glower. چتوَن

/tʃɪto:nɑ:/ ■ *v.* See چتنا. چتَونا

/tʃɪtti:/ ■ *n.f.* **1** spot, speck, freckle, bruise, stain. **2** speckled serpent. چتی پڑ جانا become spotted. چتی دار spotted, speckled. چتّی

/tʃɪte:rɑ:/ ■ *n.m.* metalware engraver, artist who paints flowers, etc. on metal and wood; painter; artist. چتیرا

/tʃɪtʰɑ:ɽ/ ■ *n.f.* humiliation, abasement, disgrace. چھاڑ

/tʃɪtʰɑ:ɽnɑ:/ ■ *v.* **1** tear to pieces, tatter. **2** debase, put to shame; abuse or disgrace. چھاڑنا

چت بھی میری پٹ بھی میری claiming to be right in both sides of an argument, etc. چت پٹ gambling or betting on the outcome of a toss of coin. چت پٹ کھیلنا gamble or bet by toss of coin. چت کرنا (***Wrestling***) defeat an opponent by falling or throwing him on his back, overcome, overpower. چت لیٹنا lie on one's back. چت ہونا **1** be thrown on back; be defeated (esp. in wrestling); fall flat on the back. **2** be killed; die. [Prk.]

____ ■ *n.m.* **1** intellect, the reasoning faculty, sense, understanding. **2** heart; mind, attention. **3** reflection, thought; memory. چت آتما the thinking principle, pure intelligence, spirit. چت آکاس title of all-pervading spirit. چت آنند title of the Deity as the seat of blessedness. چت بٹانا divide or divert the attention, distract. چت بھنگ ہونا lose one's mind, reason or senses. چت پر چڑھنا take possession of the mind, be impressed on the mind. چت چور one who steals the heart, beloved. چت سے اترنا be forgotten, slip the mind or memory. چت لگانا set the heart on, apply the mind. چت لگن lovely, alluring. چت میں بٹھانا impress on the mind. [S] چت²

____ ■ *n.f.* stain, spot, mark, blot; blemish. چت پت spotted, foul, dirty. [S] چت³

/tʃɪtɑ:/ ■ *n.f.* **1** (***Hinduism***) funeral pile, pyre. **2** (*fig.*) all-consuming fire. چتا

/tʃɪttɑ:/ ■ *n.m.* (***Fencing***) strike or blow under the armpit. چتّا

/tʃɪtɑ:rɑ:/ ■ *n.m.* (also چتاری) painter; artist. چتارا

/tʃɪtɑ:rnɑ:/ ■ *v.* to paint. چتارنا

/tʃɪtɑ:ri:/ ■ *n.m.* (also چتارا) drawer of figures; painter; artist. چتاری

/tʃɪtɑ:nɑ:/ ■ *v.* caution, warn, admonish, alarm, intimate; inform, apprise; remind, draw someone's attention; suggest, advise. چتانا

/tʃɪtɑ:o:ni:/ ■ *n.f.* (also چیتاونی) caution, warning, timely notice, token. چتاوَنی

/tʃəturʃ/ ■ *adj.* **1** wise, sagacious, ingenious, smart. **2** active, swift, quick; adroit, skilful. **3** clever, sharp, cunning, sly, shrewd. ■ *n.m.* shrewd person. چتُر

/tʃətr/ ■ *n.m.* (also چَتر) umbrella, parasol; canopy. چتر

چاپٹی[2] ____ ■ *n.f.* particoloured, motley, of variegated colour. [S]

چٹاچٹ /tʃəʈɑ:tʃəʈ/ ■ *n.f.* **1** reiterated sound of snapping or cracking. **2** crack (of finger joints). ■ *adv.* in quick succession, successively, repeatedly.

چٹاخ[1] /tʃəʈɑ:x/ ■ *n.f.* (also چٹاک) snap, crack; sound of cracking; sound of beating. چٹاخ پٹاخ **1** at once, in quick succession; without hesitation. **2** sound of crack, smack. **3** clever or shrewd woman. [S]

چٹاخ[2] ____ ■ *n.m.* spot, stain, mark. [S]

چٹاخا /tʃəʈɑ:xɑ:/ ■ *n.m.* (also چٹاکا) **1** crack, smack, crash; small explosion. **2** force (of); abundance (of). ■ *n.f.* **1** pleasure, joy, taste. **2** beautiful unchaste woman.

چُٹالنا /tʃʊʈɑ:lnɑ:/ ■ *v.* injure, hurt.

چٹان /tʃəʈɑ:n/ ■ *n.f.* (also چٹّان) rock, large block of stone, cliff, stony mound or hill.

چٹانا /tʃəʈɑ:nɑ:/ ■ *v.* **1** cause to lick or lap up. **2** to bribe. **3** spend extravagantly. **4** sharpen, whet (a sword, etc.).

چٹائی[1] /tʃəʈɑ:i:/ ■ *n.f.* the act of licking; used in comp. as: کھیرچٹائی. [S]

چٹائی[2] ____ ■ *n.f.* mat; reed, rush or palm leaf mat. چٹائی بچھانا spread a mat. [S]

چُٹ پُٹ /tʃʊʈpʊʈ/ ■ *n.f.* miscellaneous items, sundry or miscellaneous expenses, petty expenditure or contingencies.

چٹ پٹا /tʃəʈpəʈɑ:/ ■ *adj.* (also چٹپٹا، چٹپٹیا) **1** savoury, tasty; (food) dressed with hot and/ or sour sauce or gravy, pungent. **2** smart, active.

چٹپٹانا /tʃəʈpəʈɑ:nɑ:/ ■ *v.* **1** flounder, knock about, toss about. **2** be agitated; wince. **3** be fried.

چٹپٹاہٹ /tʃəʈpəʈɑ:hət/ ■ *n.f.* **1** floundering, knocking about, tossing about, fluttering. **2** agitation, distress.

چٹ پٹی /tʃəʈpəʈi:/ ■ *adj.* (*fem.* of چٹ پٹا) (also چٹپٹی). ■ *n.f.* haste, agility, briskness, hurry.

چِچِٹا /tʃɪʈtʃɪʈɑ:/ ■ *n.m.* a thorny shrub. See چرچٹا.

چٹخا /tʃəʈxɑ:/ ■ *adj.* cracked, split, fissured. (*fem.* چٹخی)

چٹخارا /tʃəʈxɑ:rɑ:/ ■ *n.m.* (also چٹخارہ، چٹکارا[1]) **1** piquancy, tang, sharpness of taste. **2** smacking of lips (in appreciation of taste). چٹخارا بھرنا/لینا smack lips in craving, appreciation or when asking for more.

چِتھڑا /tʃɪʈʰɽɑ:/ ■ *n.m.* rag. See چیتھڑا.

چِتھڑیا /tʃɪʈʰəɽjɑ:/ ■ *adj.* ragged, tattered. چتھڑیا پیر **1** saint to whom rags are votively presented. **2** a poor man who is always in rags.

چُتھل /tʃʊʈʰʈʰəl/ ■ *n.m.* jester, joker, clown. چُتھل بازی acting the fool, jesting, joking, clowning.

چٹ[1] /tʃəʈ/ ■ *adv.* **1** instantly, quickly, in a trice. **2** wholly, altogether. چٹ پٹ quickly, without delay, in no time, very quickly, instantly. چٹ پٹ ہونا die suddenly, die quickly. چٹ منگنی پٹ بیاہ (*fig.*) something done very quickly and thoughtlessly, instantaneous implementation. [S]

چٹ[2] ____ ■ *n.f.* sound of breaking, cracking, snapping. چٹ چٹ repeated cracks (of fingers); crack, crackle. چٹ چٹ بلائیں لینا put both hands on someone's temples and then crack the finger joints against one's own temple, a way of blessing someone. [Prk.]

چٹ[3] ____ ■ *n.f.* slight cut or wound, sore, excoriation, scab. [S]

چٹ[4] ____ ■ *n.f.* eating up, devouring. چٹ کرجانا **1** eat up, devour, guzzle, lick the platter clean. **2** (*fig.*) make away with, embezzle. چٹ ہوجانا be eaten up entirely, devoured; be dissipated. [S]

چِٹ /tʃɪʈ/ ■ *n.f.* chit, bit, piece, chip; chit or scrap of paper, label. چٹ اکھڑنا have a small piece knocked off, be chipped, splinter. چٹ لگانا patch, put a patch (on), paste a slip or label. چٹ لگنا be defamed, get a bad name.

چُٹ /tʃʊʈ/ ■ *n.f.* sound of breaking of some hard material.

چٹّا[1] /tʃəʈʈɑ:/ ■ *n.m.* **1** spot on skin, red spot; pimple. **2** calumny, slander. **3** stroke or blow of misfortune; loss. [S]

چٹّا[2] ____ ■ *n.m.* student, pupil; disciple. [S]

چٹّا[3] ____ ■ *n.m.* pile (of bricks, wood, firewood, etc.). [dial.]

چِٹّا /tʃɪʈʈɑ:/ ■ *adj.* white, clear, of white or fair complexion, fair. ■ *n.m.* a silver coin. چٹا گورا white, fair-skinned. (*fem.* چٹّی)

چُٹّا[1] /tʃʊʈʈɑ:/ ■ *n.m.* coil of hair. [S]

چُٹّا[2] ____ ■ *n.m.* cheroot, cigar. [E]

چاپٹی[2] /tʃəʈɑ:pəʈi:/ ■ *n.f.* **1** quickness. **2** mortality. چاپٹی پڑنا deaths to occur in quick succession. [S]

/tʃəʈkɑ:ri:/ ■ *n.f.* (also چٹخاری) **1** clacking noise uttered when driving cattle, etc. **2** the cracking noise made by the finger joints. چٹکاری

/tʃəʈkɑ:nɑ:/ ■ *v.* (also چٹخانا) **1** crack (a whip). **2** snap the fingers. **3** irritate. **4** alienate. **5** drive away; get rid of, dispose of. چٹکانا

/tʃʊʈkʊlɑ:/ ■ *n.m.* (also چٹکلا، چٹکلہ) **1** joke, jest, witticism, squib. **2** homely remedy or charm; useful and easy device. چٹکلا چھوڑنا **1** tell a joke or a funny tale. **2** introduce a new topic in conversation. چٹکلا سا facetious, amusing. چٹکلا

/tʃʊʈkʊle:/ ■ *n.m.* (*pl.* & *infl.* of چٹکلا) چٹکلے باز one who tells jokes or funny tales. چٹکلے

/tʃəʈəknɑ:/ ■ *v.* (also چٹخنا) **1** emit a snapping or cracking sound. **2** crack, open out, split. **3** crackle (as burning wood). **4** be irritated; speak snappishly, angrily or rudely; split or dispute to occur; alienation or estrangement to take place (between two persons). **5** crack a whip. **6** (flower) bloom; (bud) open. چٹکنا مٹکنا show coquetry. چٹکنا

/tʃəʈkənɑ:/ ■ *n.f.* (also چٹخنا) slap; box, cuff. چٹکنا

/tʃʊʈəknɑ:/ ■ *v.* **1** nip, bite. **2** pluck (a flower). چٹکنا

/tʃəʈkəni:/ ■ *n.f.* bolt of a door. See چٹخنی. چٹکنی

/tʃəʈko:rjɑ:/ ■ *n.f.* depression forming a pool of water. چٹکوریا

/tʃəʈki:/ ■ *n.f.* intense thirst. See چٹکا. چٹکی

/tʃɪʈki:/ ■ *n.f.* sunshine; heat, warmth; shining bright. چٹکی

/tʃʊʈki:/ ■ *n.f.* **1** pinch, the small quantity held or picked up between thumb and forefinger. **2** snap of fingers. **3** (*fig.*) the small amount of time it takes to snap fingers. **4** clip to hold clothes on a clothes line. **5** ring worn by woman on toes. **6** knot in a cloth made when it is tie-dyed. **7** pinching word(s), sarcasm, witty or funny remark. چٹکی بجاتے in no time, very quickly; very easily. چٹکی بجانا snap (fingers). چٹکی بھر a pinch of; in very little (quantity or amount). چٹکی بھر میں very quickly, in a jiffy. چٹکی بھرنا/توڑنا/کاٹنا/لینا pinch, nip. چٹکی چٹکی little by little, in small quantities. چٹکی لینا say something pinching or sarcastic or witty. چٹکی

/tʃəʈki:lɑ:/ ■ *adj.* **1** pungent, of sharp taste; savoury; tasty. **2** splendid; bright, gaudy, brilliant, glittering, glowing, gay, showy. چٹکیلا

/tʃəʈxɑ:re:/ ■ *n.m.* (*pl.* & *infl.* of چٹخارا) چٹخارے دار/کا spicy, tasty, of sharp taste, piquant. چٹخارے

/tʃəʈxɑ:nɑ:/ ■ *v.* cause to crack. See چٹکانا. چٹخانا

/tʃəʈəxnɑ:/ ■ *v.* (also چٹخ جانا) **1** split, crack, crackle. **2** bloom; open out. **3** (*fig.*) speak rudely. چٹخنا

/tʃəʈxənɑ:/ ■ *n.m.* (also چٹخنی) slap, cuff, smack. چٹخنا

/tʃəʈxəni:/ ■ *n.f.* (also چٹکنی) bolt (of door, etc.). چٹخنی چڑھانا lock the door. چٹخنی

/tʃəʈər pəʈər/ ■ *adv.* at once, without hesitation, in quick succession. ■ *n.f.* **1** crackling sound of roasting grain. **2** miscellaneous. چٹر پٹر

/tʃʊʈər pʊʈər/ ■ *adj.* miscellaneous, sundry. چٹر پٹر

/tʃəʈri:/ ■ *n.f.* (also چٹر مٹر) a species of herb which grows with the spring crops and is mixed with barley to use as fodder. چٹری

/tʃəʈək/ ■ *n.f.* **1** crack, snap, crash, smack. **2** shining, brilliance, lustre, brightness, glitter, gaudiness; bright colour. **3** prime of life, youth. **4** briskness, activeness. **5** intelligence. چٹک جانا **1** to crack. **2** bud to bloom. چٹک مٹک flaunting (attitude or gait), coquetry, blandishment. چٹک مٹک کے چلنا walk with coquettish gait. [S] چٹک[1]

_____ ■ *n.m.* sparrow. [S] چٹک[2]

/tʃəʈkɑ:/ ■ *n.m.* (also چٹکی) **1** parching sun. **2** great desire; excessive thirst. **3** dearth, scarcity, famine. چٹکا لگنا thirst (for), desire eagerly. چٹکا

/tʃɪʈkɑ:/ ■ *n.m.* funeral pile; place where corpses are burnt. [S] چٹکا[1]

_____ ■ *n.m.* **1** a kind of grass or grain. **2** mucus; slime; snot. [Prk.] چٹکا[2]

/tʃʊʈkɑ:/ ■ *n.f.* large pinch, more than a pinch, handful. چٹکا

/tʃəʈkɑ:r/ ■ *n.f.* cracking sound of burning coal, etc. چٹکار

/tʃəʈkɑ:rɑ:/ ■ *n.m.* (also چٹخارا) **1** sound made by tongue against palate indicating denial or negation. **2** smacking sound made by lips indicating appreciation of taste of food or craving for it. چٹکارا بھرنا make this sound. [Prk.] چٹکارا[1]

_____ ■ *n.m.* brand, spot, speck, mark, scar. چٹکارا لگانا put a mark (on), brand. [S] چٹکارا[2]

/tʃəʈkɑ:rnɑ:/ ■ *v.* (also چٹخارنا) **1** make a cracking sound to urge an animal forward. **2** snap the fingers. چٹکارنا

چٹکیلی /tʃəʈki:li:/ ■ *adj.* (*fem.* of چٹکیلا) چٹکیلی دھوپ bright sunshine.

چٹکیوں /tʃʊʈkɪjõ:/ ■ *n.f.* (*pl.* of چٹکی) چٹکیوں میں اڑانا treat as a joke, take (something or someone or some words) in a non-serious vein, put someone off with a joke; show disregard.

چٹلا /tʃɪʈla:/ ■ *adj.* small, little, diminutive.

چُٹلا /tʃʊʈla:/ ■ *n.m.* (also چُٹلہ، چُٹیلا) **1** unbraided or untwisted long threads collected in a knot at the top and divided below in three branches, used by women to tie, twist and braid hair; cue or lock of hair formed into braid and worn on the back of the head. **2** the ribbon with which the hair is tied or braided; thick large topknot (of a woman).

چٹلی /tʃɪʈli:/ ■ *adj.* (*fem.* of چٹلا) چٹلی انگلی little finger.

چٹنا /tʃəʈna:/ ■ *v.* be tasted; be licked. ■ *adj.* voracious, greedy.

چٹنی /tʃəʈni:/ ■ *n.f.* chutney, a spicy condiment made of fruits or vegetables with vinegar, spices, oil and sugar. چٹنی بنانا/رڈالنا **1** grind very fine. **2** eat hurriedly. **3** (*fig.*) beat black and blue. چٹنی بن جانا be reduced to pulp, be bruised or mashed. چٹنی کرنا/ہونا **1** bruise or mash, reduce to pulp. **2** be eaten very quickly. چٹنی ہو جانا be eaten with relish; be quickly devoured.

چٹّو /tʃəʈʈu:/ ■ *adj.* **1** extravagant, spendthrift. **2** greedy. ■ *n.m.* **1** gourmand, epicure. **2** (*fig.*) one who takes bribes.

چٹوا /tʃəʈva:/ ■ *n.m.* kind of comforting teat for babies.

چٹوانا /tʃəʈva:na:/ ■ *v.* **1** cause to lick or lap or taste. **2** put (a sword) to the grindstone; sharpen.

چُٹوانا /tʃʊʈva:na:/ ■ *v.* cause to be plucked or gathered; have (flowers or fruits) plucked.

چٹورا /tʃəʈo:ra:/ ■ *n.m.* gourmand, glutton, overeater, gorger, one who is overfond of food, one who is greedy for food, compulsive eater.

چٹورپن /tʃəʈo:rpən/ ■ *n.m.* (also چٹوراپن) habit of eating anything or everything, over fondness of food, gluttony, compulsive eating.

چٹوری /tʃəʈo:ri:/ ■ *adj.* (*fem.* of چٹورا).

چٹوکھا /tʃəʈo:k^{h}a:/ ■ *n.f.* (also چٹوخا) the speckled dove.

چٹی 1 /tʃəʈʈi:/ ■ *n.f.* **1** damage, loss; injury. **2** charge, fine. چٹی بھرنا make good a loss, suffer a loss. چٹی لگانا impose penalty. [S]

چٹی 2 ____ ■ *n.f.* wooden slipper (See also کھڑاؤں.). [S]

چٹّی 1 /tʃɪʈʈi:/ ■ *adj.* (*fem.* of چٹا) white; fair complexioned. [S]

چٹّی 2 ____ ■ *n.f.* leucoderma, vitiligo. [S]

چُٹیا /tʃʊʈja:/ ■ *n.f.* plait, braid, pigtail.

چٹیانا /tʃəʈja:na:/ ■ *v.* slap, smack, spank, cuff.

چُٹیانا /tʃʊʈja:na:/ ■ *v.* beat, bite; bruise, be wounded or hurt.

چٹّے بٹّے /tʃəʈʈe: bəʈʈe:/ ■ *n.m.pl.* balls, etc. used in juggler's tricks. چٹّے بٹّے اڑانا **1** play conjuring tricks, juggle. **2** tell tales. چٹّے بٹّے ہونا be of the same kind.

چٹیل /tʃəʈjəl/ ■ *adj.* bare; bleak; level (ground); treeless (tract); desolate (land). چٹیل میدان bare level plain with no vegetation.

چُٹیل /tʃʊʈe:l/ ■ *adj.* (also چُٹیلا) injured, wounded, hurt; stricken.

چٹیلا /tʃəʈi:la:/ ■ *adj.* savory. See چٹ پٹا.

چُٹیلا /tʃʊʈi:la:/ ■ *n.m.* a type of false hair braid. See چُٹلا.

چٹّھا 1 /tʃəʈ^{h}ʈ^{h}a:/ ■ *n.m.* dainty, delicate things; sweets. [Prk.]

چٹّھا 2 ____ ■ *n.m.* spot on skin (indicating a disease); red bump, boil or swelling on the skin due to allergy. [S]

چِٹّھا /tʃɪʈ^{h}ʈ^{h}a:/ ■ *n.m.* (also چٹھہ) **1** rent-roll; balance sheet. **2** payroll, pay-sheet, memorandum of the money paid to employees. چٹھا بانٹنا pay the wages. چٹھا باندھنا calculate, balance accounts. چٹھا بہی rough balance sheet. چٹھا کرنا raise a subscription.

چِٹّھی /tʃɪʈ^{h}ʈ^{h}i:/ ■ *n.f.* **1** letter; note of hand; chit. **2** bill; draft. **3** certificate, testimonial. **4** promissory note, order, pass. چٹھی بانٹنا deliver letters or mail. چٹھی بہی a record of correspondence. چٹھی چپاتی correspondence. چٹھی ڈالنا **1** post a letter. **2** (*fig.*) enter a lottery. چٹھی راہداری permit, passport; certificate of clearance. چٹھی رساں postman, bearer of letters.

چٹّھے /tʃəʈ^{h}ʈ^{h}e:/ ■ *n.m.* (*pl.* & *infl.* of چٹّھا 1) چٹھے مٹھوں کا مزہ پڑنا become addicted to tasty food. چٹھے مٹھے delicious food and sweets.

چچا /tʃətʃa:/ ■ *n.m.* (also چاچا، چچّا) father's brother, paternal uncle; a knowing or astute fellow. چچا بنا کر چھوڑنا (*fig.*) teach someone a lesson, punish. چچا بنانا (*fig.*) give (one) a beating, castigate. چچا چور بھتیجا قاضی an internal affair, a family matter. چچازاد بہن ربھائی paternal uncle's daughter/ son, male/ female cousin on father's side.

چچانا /tʃʊtʃɑ:nɑ:/ ■ *v.* (also چُچانا، چُچیانا) **1** leak, drip. **2** be dripped with sweat. **3** (fruit) be bursting as though about to exude, be oozy. **4** (of cheeks) be rosy, flush.

چچر /tʃətʃər/ ■ *n.f.* land which is not being cultivated or cultivation has been stopped.

چچرا /tʃɪtʃrɑ:/ ■ *n.m.* the tree *Butea monosperma*. (See also ڈھاک.)

چچری /tʃətʃri:/ ■ *n.f.* the shrub *Myrsine africana*, common in the outer Himalayas.

چچڑ /tʃʊtʃtʃəɽ/ ■ *n.m.* (*vulg.*) large breast; big udder.

چچڑی /tʃɪtʃɽi:/ ■ *n.f.* (also چچڑ، چچڑی) acarid, tick or flea infesting cats, dogs, cattle, etc. چچڑی ہوکر لپٹنا (*fig.*) stick close.

چچڑھی /tʃɪtʃʰi:/ ■ *n.f.* line. چچڑھی کھینچنا score, scrawl.

چُچکار /tʃʊtʃka:r/ ■ *n.f.* (also چمکار) sucking sound with the lips by which animals are called or coaxed.

چُچکارنا /tʃʊtʃka:rnɑ:/ ■ *v.* coax by making a sucking or kissing sound with the lips.

چُچکاری /tʃʊtʃka:ri:/ ■ *n.f.* coaxing; blandishment.

چچینڈا /tʃɪtʃɪndɑ:/ ■ *n.m.* (also چچینڈا) snake gourd, a kind of gourd (used as a vegetable), *Trichosanthes cucumerina*.

چچوانا /tʃʊtʃvɑ:nɑ:/ ■ *v.* cause to drip; cause to be drenched.

چچوڑنا /tʃətʃo:ɽnɑ:/ ■ *v.* (also چچورنا) **1** roll in the mouth. **2** chew or suck (bones). **3** suckle, suck or gnaw something from which nothing can be obtained.

چچی /tʃətʃi:/ ■ *n.f.* (also چاچی، چچّی) wife of father's brother, paternal aunt.

چچیا /tʃətʃjɑ:/ ■ *adj.* related via paternal uncle. چچیا سسر father-in-law's younger brother.

چچیانا /tʃɪtʃɪjɑ:nɑ:/ ■ *v.* whimper, whine.

چچیر /tʃətʃi:r/ ■ *n.m.* (*contr.* of چیر چر) (also چچھڑی) line, stripe.

چچیرا /tʃətʃe:rɑ:/ ■ *adj.* descended from a paternal uncle. چچیرا بھائی paternal uncle's son.

چچیری /tʃətʃe:ri:/ ■ *adj.* (*fem.* of چچیرا) چچیری بہن paternal uncle's daughter.

چخ /tʃəx/ ■ *n.f.* (also چخان) **1** quarrel, contest, strife, tumult, altercation. **2** noise. چخ چخ (also چخاچخی) chatter, babble, quarrel, dispute, discord, brawl, wrangling. چخ چلنا quarrel or altercation to take place.

چخّلس /tʃəxəllos/ ■ *n.f.* (also چخلس) laughter, joking, fun, pleasantry.

چِخوانا /tʃɪxvɑ:nɑ:/ ■ *v.* cause to scream, make (someone) cry out or shriek.

چخے /tʃəxe:/ ■ *exclam.* away! be off! begone!

چخیا /tʃəxjɑ:/ ■ *adj.* quarrelsome. ■ *n.m.* prattler, chatterer.

چُداس /tʃʊd̪ɑ:s/ ■ *n.f.* (*offens.*) female's strong desire for sexual intercourse, heat, sexual urge, lust, lasciviousness, nymphomania. چداس لگنا feel sexual urge.

چُداسا /tʃʊd̪ɑ:sɑ:/ ■ *adj.* (*offens.*) nymphomaniac, overfond of sexual intercourse. (*fem.* چداسی)

چُدانا /tʃʊd̪ɑ:nɑ:/ ■ *v.* (*offens.*) (of a woman) have sexual intercourse, get fucked.

چُدائی /tʃʊd̪ɑ:i:/ ■ *n.f.* (*offens.*) **1** sexual intercourse, fucking, copulation. **2** wages of prostitution. چدائی کھانا live by pimping.

چدّر /tʃəd̪d̪ər/ ■ *n.f.* (*corr.* of چادر) (also چدریا) sheet. چدر چھپّول a boy's game. چدر نچوڑ (*fig.*) light rain-shower.

چُدکّڑ /tʃʊd̪əkkəɽ/ ■ *adj.* (*offens.*) addicted to copulation, libidinous, nymphomaniac, salacious, lustful.

چُدنا /tʃʊd̪nɑ:/ ■ *v.* (*offens.*) (of a woman) be copulated, be fucked.

چُدّو /tʃʊd̪d̪o:/ ■ *n.f.* (also چڈّو) (*offens.*) whore, harlot, strumpet.

چڈّا¹ /tʃəɖɖɑ:/ ■ *n.m.* **1** groin. **2** Bermuda shorts. [Prk.]

چڈّا² ——— ■ *n.m.* (also چڈاگل خیرو) clown, buffoon. [S]

چڈّا /tʃɪɖɖɑ:/ ■ *n.m.* cock sparrow. See چڑا.

چڈّی /tʃəɖɖi:/ ■ *n.f.* (*dim.* of چڈا¹) underwear, shorts, panties.

چڈھی /tʃəɖʰɖʰi:/ ■ *n.f.* the act of riding or mounting (on an animal or on a man's back), piggyback. چڈھی چڑھانا carry (someone) on back. چڈھی چڑھنا رگانٹھنا **1** ride on an animal's back, to piggy back. **2** (*fig.*) overpower someone. چڈھی دینا serve someone.

چر¹ /tʃər/ ■ *n.f.* **1** sound made by tearing cloth, etc. **2** creak of bedstead or door. چر چر sound made when heavy weight is put on some wooden material, etc. چر سے with a tearing sound. [Prk.]

چر[2] —— ■ *n.m.* island, islet. [S]

چر /tʃɪr/ ■ *adj.* long lasting, old. ■ *n.m.* long time.

چُر /tʃʊr/ ■ *n.f.* sound of crackling dry leaves. چُرمُر 1 sound made by crunching. 2 bony person.

چرا[1] /tʃəra:/ ■ *n.m.* 1 act of grazing, pasturing. 2 pasture. [P]

چرا[2] —— ■ *adv.* (also چرا) for what, wherefore, why. [P]

چرّا /tʃərra:/ ■ *n.m.* cracking, crackling; crack; thunderclap.

چرّاٹا /tʃərra:ʈa:/ ■ *n.m.* sharp sound of tearing cloth or paper.

چراغ /tʃəra:ɣ/ ■ *n.m.* (also چِراغ) 1 chiragh, an oil lamp. 2 light. 3 (*fig.*) son. چراغ بتی 1 wick of a lamp. 2 light. چراغ بتی کا وقت time for lighting lamps, late evening; gloaming, dusk. چراغ بتی کرنا prepare the lamps for lighting. چراغ بجھانا/بڑھانا/ٹھنڈا کرنا extinguish a lamp. چراغ پا ہونا 1 be enraged or angry. 2 (of a horse) to rear. چراغ تلے اندھیرا nearer the church, the further from God. چراغ تیز کرنا increase the lamp light. چراغ ٹمٹمانا/جھلملانا (of a lamp) flicker. چراغ جگانا light a lamp; give hope. چراغ جلانا light a lamp, dispel darkness. چراغ جلنا (of a lamp) be lighted. چراغ جلے at nightfall. چراغِ چشم son. چراغ خاموش snuffed out lamp. چراغ دان sconce, lamp or candle holder. چراغ دکھانا show a light, guide. چراغِ راہ (*fig.*) guide. چراغِ روز the sun. چراغ روشن کرنا 1 light a lamp. 2 (*fig.*) guide. چراغِ زندگی خاموش کرنا murder, kill. چراغِ سحری صبح near death, approaching the end of life. چراغِ سہ پہر (*fig.*) the sun, moon and stars. چراغ سے پھول جھڑنا a lamp to drop burning oil (as a good omen). چراغ سے چراغ جلتا ہے one lamp serves to light others; goodness flourishes by passing it on. چراغ کا ہنسنا a lamp to drop sparks. چراغِ کشتہ an extinguished lamp. چراغ کو ہاتھ دینا / گل کرنا put out a light. چراغ لے کر دیکھنا/ڈھونڈنا search thoroughly for (something). چراغِ مردہ extinguished lamp. چراغ میں بتی پڑنا lamp to be lit, a sign of nightfall. چراغ میں بتی پڑی لاڈو میری تخت چڑھی sarcastic remark on someone who goes to bed too early.

چراغاں /tʃəra:ɣɑ̃:/ ■ *n.m.* (also چِراغاں) display of lights, illumination.

چراغی /tʃəra:ɣi:/ ■ *n.f.* (also چِراغی) 1 expenses of lighting a lamp in a mosque; money given to a shrine keeper for lighting a votive lamp. 2 alms given to beggars who walk the streets at night.

چراگاہ /tʃəra:ga:h/ ■ *n.f.* (also چراگہ) pasture, pasturage, meadow, grassland.

چران[1] /tʃəra:n/ ■ *n.m.* pasture, meadow, lea, fallow, plain.

چران[2] —— ■ *n.m.* salt marsh or grassland by the seashore.

چرانا /tʃəra:na:/ ■ *v.* 1 graze cattle, feed, pasture, put to graze. 2 have (someone) under command, lead someone by the nose. 3 make a fool of.

چِرانا /tʃɪra:na:/ ■ *v.* cause to tear, cause to split.

چُرانا /tʃʊra:na:/ ■ *v.* steal, rob, pilfer, filch, pinch, embezzle, defalcate.

چرّانا /tʃərra:na:/ ■ *v.* 1 make a cracking noise in breaking or tearing, crack, burst with a tearing sound. 2 throb; ache, (usu. used with شوق) have an overwhelming desire.

چراند /tʃɪrɑ̃:d̪/ ■ *n.f.* (also چراہند، چرایند) smell of burning leather, flesh, bones, oil or hair, etc. چراند پھیلانا create unpleasantness.

چراندا /tʃɪrɑ̃:d̪a:/ ■ *adj.* (also چراندھا، چراہندا) 1 stinky. 2 testy, peevish, ill-tempered.

چِرائتا /tʃɪra:e:t̪a:/ ■ *n.m.* (also چرائتہ، چرائیتا) chirayta, chiretta, species of gentian.

چراؤ /tʃɪra:o:/ ■ *n.m.* 1 slit; rent; fissure; cleft. 2 split wood (for fuel).

چرائی /tʃəra:i:/ ■ *n.f.* 1 fodder; sending out cattle to graze. 2 grazing fee charged for letting cattle graze. 3 rent derived from pasturage.

چِرائی /tʃɪra:i:/ ■ *n.f.* act of cutting wood or its cost.

چرب /tʃərb/ ■ *adj.* 1 fat; viscous, oily, greasy, smooth. 2 active, sharp, quick. 3 (of food) rich. چرب پہلو 1 fat person. 2 generous. چرب دست 1 good at work, active, expert, dexterous, ingenious. 2 sharper, cheat. چرب دستی expertness, manual dexterity. چرب زبان smooth tongued, glib; voluble, eloquent, persuasive or plausible (talker). چرب زبانی glibness, plausibility. چرب غذا/لقمہ rich food. چرب کرنا anoint, smear or rub over with oil, broil in butter, make sleek or supple. چرب مو having silky hair. چرب ہونا 1 be more than a match (for); get the better (of). 2 prevail (against). 3 be sharper or more skilful.

چربانا /tʃərba:na:/ ■ *v.* 1 anoint, smear with oil. 2 become fat. 3 become useless.

چربانک /tʃərbɑːŋk/ ■ *adj.* (also چرباک) saucy, impudent, bold, cheeky; eloquent.

چربراک /tʃərbərɑːk/ ■ *adj.* **1** clever. **2** glib, fluent, plausible, voluble, bold (in conversation).

چربرانا /tʃərbərɑːnɑː/ ■ *v.* speak or act pleasingly, be fluent or voluble.

چربش /tʃərbɪʃ/ ■ *n.f.* fat, oiliness.

چربہ /tʃərbɑː/ ■ *n.m.* (also چربا) **1** copy, usually traced; tracing; duplicate; plagiarized copy (of a motion picture, stage play, etc.); traced copy (of a drawing, etc.), duplicate copy for printing. **2** tracing paper; thin vellum or semi-transparent paper used for tracing. چربہ اتارنا copy by tracing, prepare a duplicate.

چربی /tʃərbiː/ ■ *n.f.* grease, fat, tallow. چربی چڑھنا become fat. چربی چھانا **1** become arrogant. **2** be or become fat. چربی دار fatty, fat, greasy. چربی کی جالی fat caul that covers the bowels, omentum. چربی کی جھلی fine membrane that covers the fat, caul.

چربیانا /tʃərbɪjɑːnɑː/ ■ *v.* become fat, grow fat or sleek.

چربیلا /tʃərbiːlɑː/ ■ *adj.* fatty, greasy, corpulent, adipose. (*fem.* چربیلی)

چرپٹا /tʃərpəʈɑː/ ■ *n.m.* scratch, superficial wound.

چرپرا /tʃərpərɑː/ ■ *adj.* (*var.* of چٹ پٹا) **1** hot, pungent, acrid. **2** smart, sharp.

چرپرانا /tʃərpərɑːnɑː/ ■ *v.* burn, smart, tingle (as a wound).

چرپوز /tʃərpuːz/ ■ *adj.* (also چرپوچ) **1** miserly, mean, morally depraved. **2** irregular; loose. **3** weak, feeble. **4** stupid. **5** useless. **6** vile, wicked, vicious.

چرپھر /tʃərpʰər/ ■ *n.f.* quickness, smartness, cleverness; expertness, skill, dexterity, ingenuity.

چرپھرا /tʃərpʰərɑː/ ■ *adj.* quick, active; smart, clever; expert, dexterous, skilful; ingenious, attentive, vigilant. (*fem.* چرپھری)

چرپھرانا /tʃərpʰərɑːnɑː/ ■ *v.* move, shake.

چرتر /tʃərɪtr̩/ ■ *n.m.* (also چرت) **1** exploits, heroic deeds, adventures. **2** history or account of such deeds; an epic story.

چرتّر /tʃərɪtt̪ər/ ■ *adj.* cunning. See چلتّر.

چُرٹ /tʃʊrəʈ/ ■ *n.m.* cheroot, cigar not pointed at either ends. [E]

چرچا /tʃərtʃɑː/ ■ *n.m.* (also چرچ) **1** publicity, fame. **2** common or public talk; discussion. **3** making or spreading rumour or news. چرچا کرنا make mention, talk about, talk or discourse (of or about); report, give out, spread (news). چرچا ہونا be openly or publicly talked about or discussed, become the talk of the town, be publicized.

چِرچِٹا /tʃɪrtʃɪʈɑː/ ■ *n.m.* (also چِچِڑا) the thorny shrub *Lycium europaeum*, bearing rice-like edible seeds.

چرچر /tʃərtʃər/ ■ *n.f.* creaking (of shoes); squeak of breaking wood; sound of pen when writing.

چرچرا /tʃərtʃərɑː/ ■ *adj.* **1** pungent, hot. **2** peevish, irritable.

چُرچُرا /tʃʊrtʃʊrɑː/ ■ *adj.* brittle, crisp, crumbly.

چرچرانا /tʃərtʃərɑːnɑː/ ■ *v.* **1** creak, squeak (of a wooden structure). **2** fret, be peevish. **3** be sharp like chillies.

چرچراہٹ /tʃərtʃərɑːhəʈ/ ■ *n.f.* **1** creak, squeak; crackling sound of burning wood. **2** pungency, smart; acridity. **3** peevishness. **4** tingling, burning.

چرچری /tʃərtʃəriː/ ■ *adj.* (*fem.* of چرچرا) hot.

چُرچُری /tʃʊrtʃʊriː/ ■ *adj.* (*fem.* of چُرچُرا). ■ *n.f.* sediment.

چرچک /tʃərtʃək/ ■ *n.m.* **1** imitator; repeater. **2** arguer.

چرچنا /tʃərtʃnɑː/ ■ *v.* consider, reflect, conceive, peruse carefully, apprehend.

چرچوں /tʃərtʃũː/ ■ *n.f.* **1** creaking sound of a wooden wheel or bedstead. **2** idle prattle.

چرچے /tʃərtʃeː/ ■ *n.m.* (*pl. & infl.* of چرچا) چرچے میں رہنا apply oneself constantly to; continue to be engaged in.

چرخ[1] /tʃərx/ ■ *n.m.* **1** the celestial globe or orb, sky, the sphere of the heavens. **2** (*fig.*) fortune. **3** wheel; wheel of an oil press or watermill. **4** potter's wheel. **5** circular motion, carousel. **6** crossbow. **7** a kind of satin. **8** lathe. چرخِ اثیر the ethereal sphere, the heaven of the stars. چرخِ اخضر the blue sky. چرخِ اطلس crystalline sphere or heaven. چرخ انداز bowman, archer. چرخِ آبنوس first heaven. چرخِ بام horizon. چرخِ بریں high heaven. چرخِ بے پیر / کج رو (*fig.*) the heaven as cause of misfortune. چرخ چڑھانا turn on a lathe machine. چرخِ دوّار / دوراں / محوری **1** the revolving heaven. **2** (*fig.*) changing fortune. چرخِ دولابی the celestial orb; the sky. چرخ زن one who turns the wheel, spinner. چرخ زنی spinning, whirling, turning, rotating, revolving. چرخِ قبا silk or satin robe. چرخِ کبود **1** blue sky; the heavens; firmament. **2** (*fig.*)

چرس دان beggar's satchel.
/tʃʊrəs/ ■ *n.f.* 1 crease or furrow (in cloth). 2 wrinkle (in the skin). 3 enmity, spite, envy, jealousy, grudge, rancour. چُرس
/tʃərsɑː/ ■ *n.m.* (also چرسہ) 1 skin, hide of cow or buffalo. 2 large leathern bucket; irrigation bucket. چرسا
چرسا بھر زمین as much land as can be irrigated by a pair of bullocks.
/tʃərsiː/ ■ *n.m.* (also چرسیا) addict of hemp. چرسی
/tʃərɣ/ ■ *n.m.* hyena. See چرخ². چرغ
/tʃərɣɑː/ ■ *n.m.* (also چرغہ) (whole) roasted chicken. چرغا
/tʃərɣəḍ/ ■ *n.m.* cricket, an orthopterous insect related to grasshoppers. چرغد
/tʃʊrɣəm/ ■ *n.f.* 1 conspiracy, intrigue, plot. 2 whisper. چرغم
چرغم چرغم murmur, whisper; rumour.
/tʃərɣiːnɑː/ ■ *n.m.* (also چرغین، چرغینا) 1 dull, weighty man. 2 low or mean fellow; villain. ■ *adj.* 1 slow and heavy. 2 sordid, vile, wicked. 3 squint. چرغینہ
/tʃərək/ ■ *n.m.* spy, secret emissary or agent. [S] چرک¹
——— ■ *n.m.* leprosy. [S] چرک²
/tʃɪrk/ ■ *n.m.* (also چرک) dirt, filth, ordure; pus. ■ *adj.* filthy, dirty. چرک آلود/آلودہ covered with dirt, filthy, dirty, squalid. چرک
/tʃʊrʊk/ ■ *n.f.* chirping (of birds), chirrup, chirp. چُرُک
/tʃərkɑː/ ■ *n.m.* (also چرک) 1 slight wound, cut, scratch. 2 damage, loss. 3 swindle, fraud. 4 grief, sorrow. چرکا
چرکا کھانا 1 sustain small injury. 2 suffer some loss.
چرکا لگانا 1 wound, scratch. 2 damage. 3 fraud, swindle.
/tʃɪrkʊṭ/ ■ *n.m.* rag, bit, piece, scrap. چرکُٹ
/tʃʊrkʊṭ/ ■ *n.m.* powder, anything crushed. چُرکُٹ
/tʃərkəṭɑː/ ■ *n.m.* 1 man who cuts forage for elephant, cattle, etc. 2 elephant-keeper's assistant. 3 (*fig.*) a man of low status. ■ *adj.* 1 foolish or stupid. 2 (*iron.*) clever, sharp. چرکٹا
/tʃɪrkən/ ■ *adj.* See چِرکین. چرکن
/tʃɪrəknɑː/ ■ *v.* void stool in small blobs. چرکنا
/tʃʊrʊknɑː/ ■ *v.* 1 fret, be irritated. 2 to chirp, chirrup. 3 prattle, babble; speak out. چُرکنا
/tʃɪrkiːn/ ■ *adj.* dirty, filthy. ■ *n.m.* 1 ordure, dung. 2 any weeping wound. چرکین
/tʃərm/ ■ *n.m.* (also چرم) 1 leather; skin, hide; fate. چرخ کمان width of bow. چرخ کھانا/مارنا 1 be turned, turn round, whirl, revolve, rotate. 2 be formed into globules (like mercury). 3 be tested (by fire as metals). چرخِ مقدس sacred sky, heaven. چرخِ کوکب starry heavens. چرخ ہنڈولا merry-go-round. [P] چرم
——— ■ *n.m.* (also چرغ) 1 hyena. 2 falcon. [P] چرخ²
/tʃərxɑː/ ■ *n.m.* (also چرخہ) 1 charkha, spinning wheel, reel. 2 skeleton, thin or emaciated person. ■ *adj.* 1 lean, decrepit, rundown. 2 cunning, clever. 3 (*deris.*) foolish, blockheaded. چرخا پونی 1 spinning wheel and its concomitants. 2 woman's responsibility, feminine accomplishments. چرخا چلانا/کاتنا spin. چرخا ناندھنا go on talking tediously, harp on. چرخا ہو جانا become worn out, be rickety, grow old, be enervated. چرخا
/tʃərxɑːb/ ■ *n.m.* turbine, water-wheel. چرخاب
/tʃərxɑːnɑː/ ■ *v.* turn round, whirl round, circulate, revolve. چرخانا
/tʃərrəx tʃũː/ ■ *n.m.* 1 creaking (of cartwheel, etc.). 2 very slow gait. 3 low sound. چرخ چوں
/tʃərxəl/ ■ *adj.* old and disagreeable (man). چرخل
/tʃərxiː/ ■ *n.f.* (also چرخری) 1 anything that spins constantly; small spinning wheel; reel. 2 the axis of a pulley. 3 gin, the instrument with which the seed is separated from the cotton. 4 Catherine wheel, kind of firework. 5 dumb waiter. چرخی فانوس (also فانوسِ خیال) a Chinese lantern with revolving pictures. چرخی
/tʃərxeː/ ■ *n.m.* (*pl. & infl.* of چرخا) چرخے کی مال wretch, poor creature, pitiable person. چرخے
/tʃɪrdɑː/ ■ *n.m.* shield. چردہ
/tʃʊrər tʃʊrər/ ■ *n.f.* (also چرر چرر) creaking sound when something is torn. چُرر چُرر
/tʃʊrər murər/ ■ *adj.* wrinkled, creased, crumpled. چُرر مُرر
/tʃərz/ ■ *n.m.* (**Zool.**) a species of bustard, *Otis bengalensis*. چرز
/tʃərs/ ■ *n.f.* 1 charas (drug), the resinous exudation of hemp flowers used in cigarettes as an intoxicating drug, cannabis resin, marijuana. 2 prison; clamp. ■ *n.m.* 1 pot, large leathern bag or bucket for drawing water from wells. 2 (wine-making) tub in which grapes are crushed. 3 things collected as alms. چرس

چرنے /tʃʊrne:/ ■ *n.m.pl.* ascarids, intestinal threadworms. چرنے لگنا 1 suffer from infestation of these worms. 2 take ill or amiss, be irritable or peevish. (See also چنچنے، چنونے.)

چروا /tʃərva:/ ■ *n.m.* large earthen pot.

چرواں /tʃɪrvã:/ ■ *adj.* torn, split, severed.

چروانا /tʃərva:na:/ ■ *v.* cause to graze, put to graze.

چروانا /tʃɪrva:na:/ ■ *v.* cause to be torn, cause to be sawn.

چروانا /tʃʊrva:na:/ ■ *v.* cause to steal, cause to be stolen, get stolen.

چرواہا /tʃərva:ha:/ ■ *n.m.* shepherd, herder, herdsman.

چرواہن /tʃərva:hən/ ■ *n.* (*fem.* of چرواہا) (also چرواہی) shepherdess.

چروائی /tʃərva:i:/ ■ *n.f.* 1 taking animals to graze. 2 payment for pasturage.

چروائی /tʃɪrva:i:/ ■ *n.f.* (also چرائی) remuneration for sawing.

چرونجی /tʃɪrõ:dʒi:/ ■ *n.f.* the nut of the tree *Chironji sapida.*

چری[1] /tʃəri:/ ■ *n.f.* 1 unripe corn plants cut for fodder. 2 small portion of land held rent-free by cultivator. 3 grazing, pasturing. 4 pride, exultation, conceit. [S]

چری[2] ____ ■ *adj.* movable, locomotive, unsteady, shaking, tremulous. [S]

چری[1] /tʃʊri:/ ■ *n.f.* (also چوڑی) bangle. چری ہارا seller or maker of bangles. [S]

چری[2] ____ ■ *n.f.* small well. [S]

چرّی /tʃʊrri:/ ■ *n.f.* (also چرچری) dregs, sediments.

چریا /tʃərja:/ ■ *adj.* fool, halfwitted, blockheaded, birdbrain.

چڑ /tʃəɽ/ ■ *n.f.* sound made of breaking branch or tearing cloth; sound of cracking or tearing.

چڑ /tʃɪɽ/ ■ *n.f.* (also چڑھ) bête noire, bugbear, an object of annoyance, dislike or aversion. چڑ نکالنا mock, jeer; invent a mocking epithet for someone; provoke.

چڑ /tʃʊɽ/ ■ *n.f.* (*offens.*) vulva. چڑمرانی (*offens.*) strumpet, whore.

چڑا /tʃɪɽa:/ ■ *n.m.* (also چڈا، چڑوٹا) 1 cock sparrow. 2 a kind of paper kite. [S]

چڑا مڑا /tʃʊɽa: mʊɽa:/ ■ *adj.* twisted. See چڑمڑ.

چڑانا /tʃɪɽa:na:/ ■ *v.* mock, vex, irritate, jeer, make fun of, poke fun at.

چڑبڑ /tʃəɽbəɽ/ ■ *n.f.* blabbing, garrulity, jabber. چڑبڑ کرنا prate, chatter, jabber, gabble.

parchment. 2 shield.

چرمر /tʃər mər/ ■ *n.f.* sound which emanates from a leather shoe in walking.

چرمر /tʃʊr mʊr/ ■ *adj.* 1 twisted. 2 bruised, pounded, pulverized. 3 lean, thin, weak.

چرمرا /tʃʊrmʊra:/ ■ *n.m.* rice which are soaked, flattened and parched. See مرمرا.

چرمرانا /tʃɪrmɪra:na:/ ■ *v.* smart, tingle, burn.

چرمرانا /tʃʊrmʊra:na:/ ■ *v.* 1 creak. 2 murmur, mutter. 3 fret, be grieved or vexed. 4 crumple; be crumpled.

چرمراہٹ /tʃɪrmɪra:həʈ/ ■ *n.f.* prickly sensation; smarting, tingling.

چرمراہٹ /tʃʊrmʊra:həʈ/ ■ *n.f.* creaking sound of leather shoe.

چرمی /tʃərmi:/ ■ *adj.* leathern. چرمی کاغذ parchment.

چرمینہ /tʃərmi:na:/ ■ *adj.* made of leather, leathern. چرمینہ دوز shoemaker. چرمینہ فروش seller of shoes and leather goods.

چرن[1] /tʃərən/ ■ *n.m.* (also چرن) 1 feet; shoe. 2 base or root. 3 dactyl; single line of a verse. 4 pillar, post, column. 5 part, piece, fragment; chapter. چرن امرت water in which an idol's feet have been washed. چرن بردار one who carries his master's shoes. چرن پکڑنا 1 beg. 2 follow. چرن چھونا/لینا touch the feet of a saint or priest or an elder person. چرن سروج service, devotion, obsequious attendance. چرن سیوک devoted attendant. [S]

چرن[2] ____ ■ *n.m.* act of grazing. (See also چرنا[1].) [S]

چرن /tʃʊrən/ ■ *n.m.* stealing, thieving, robbing.

چرنا[1] /tʃərna:/ ■ *v.* 1 graze, pasture; feed, eat, pick, browse. 2 infuse, permeate, imbue. [S]

چرنا[2] ____ ■ *n.m.* trousers reaching to the knees. [S]

چرنا /tʃɪrna:/ ■ *v.* be split or torn, be cleft; be slit; tear.

چرنجیو /tʃɪrəndʒi:v/ ■ *exclam.* (also چرنجی) may you live long!

چرند /tʃərɪnd̪/ ■ *n.m.* (also چرندہ) animal that grazes, graminivorous quadruped. چرند و پرند beasts and birds.

چرندم خرندم /tʃʊrənd̪əm xʊrənd̪əm/ ■ *n.m.* (also چورندم خورندم) eating and drinking. چرندم خرندم کرجانا 1 eat and drink. 2 embezzle.

چرنی /tʃərni:/ ■ *n.f.* 1 manger. 2 feeding trough (for animals).

in working order; in hand (as a job, etc.). چڑھابڑھا wealthy or great person. چڑھاجانا gulp down, quaff. چڑھاچاند first part of the lunar month; ascending moon. چڑھاہوا payable, due. (*fem.* چڑھی)

چڑھان /tʃəɽʰɑ:n/ ■ *n.f.* ascent, rise, ascension, upward slope.

چڑھانا /tʃəɽʰɑ:nɑ:/ ■ *v.* **1** make or cause (someone) to mount, ascend. **2** physically raise, elevate, lift; climb or embark, place on board, load (cargo on a ship, lorry, etc.). **3** make a votive offering or oblation. **4** urge, egg on, impel, incite, induce, make angry. **5** mount or fix (on a jig, lathe, etc.), fix a bayonet; pull the string of bow prior to shooting; cock (a gun). **6** magnify. **7** add a layer or coat (of paint). **8** attack, mount an attack, raid. **9** chide, scold, berate. **10** gulp down, drink up, quaff (usu. wine). **11** over-praise, praise or laud or compliment exaggeratedly. **12** kill, execute. **13** make an animal (bull, horse, etc.) mount or copulate with its female. **14** roll or push back (sleeves). **15** register, note down.

چڑھاوا /tʃəɽʰɑ:vɑ:/ ■ *n.m.* **1** libation, religious offering, oblation, anything presented as sacrifice. **2** ornaments presented to the bride on her wedding.

چڑھاوے /tʃəɽʰɑ:ve:/ ■ *n.m.* (*pl. & infl.* of چڑھاوا) چڑھاوے بڑھاوے دینا praise greatly.

چڑھاؤ /tʃəɽʰɑ:o:/ ■ *n.m.* **1** ascent, rise (of river, prices, etc.) flood; tide, inundation. **2** increase. ■ (*imper.* of چڑھانا).

چڑھائی /tʃəɽʰɑ:i:/ ■ *n.f.* **1** ascent, acclivity, ramp, (upward) slope. **2** attack, invasion, incursion. چڑھائی کرنا **1** raid, attack, mount an attack, invade. **2** chide, scold, berate.

چڑھتا /tʃəɽʰt̪ɑ:/ ■ *adj.* rising, soaring, ascending, advancing; increasing. چڑھتا اترتا بخار malaria, intermittent fever. چڑھتا بھاؤ rising price. چڑھتا جوبن blooming youth (of a girl, usually one having well-developed breasts or sex appeal); growing beauty. چڑھتا چاند waxing moon. چڑھتا دن advancing day.

چڑھتی /tʃəɽʰt̪i:/ ■ *adj.* (*fem.* of چڑھتا). ■ *n.f.* **1** gain. **2** increase; rise, advance. چڑھتی جوانی onset of puberty, full bloom of youth. چڑھتی دھوپ time from morning till noon.

چڑھنا /tʃəɽʰnɑ:/ ■ *v.* **1** ascend, mount, top; rise, climb.

چڑبڑیا /tʃəɽbəɽjɑ:/ ■ *adj.* talkative, mouthy, garrulous, loquacious.

چڑچڑ /tʃəɽtʃəɽ/ ■ *n.f.* (also چڑ چڑ) **1** silly talk, prattle. **2** sputter, sizzle, crackle.

چڑچڑا /tʃɪɽtʃɪɽɑ:/ ■ *adj.* fretful, peevish, cross, bad-tempered, testy, irritable. (*fem.* چڑچڑی)

چڑچڑانا /tʃəɽtʃəɽɑ:nɑ:/ ■ *v.* crackle, make the crackling sound.

چڑچڑانا /tʃɪɽtʃɪɽɑ:nɑ:/ ■ *v.* **1** crack, crackle. **2** be irritable, petulant, testy or touchy, fume, fret.

چڑچڑاہٹ /tʃɪɽtʃɪɽɑ:hət/ ■ *n.f.* (also چڑچڑاپن) fretfulness, peevishness, irritability.

چڑچڑی /tʃɪɽtʃɪɽi:/ ■ *adj.* (*fem.* of چڑچڑا).

چڑنا /tʃɪɽnɑ:/ ■ *v.* (also چڑھنا) be vexed, be provoked, fret and fume, be irritated.

چڑوا /tʃʊɽvɑ:/ ■ *n.m.* (also چیوڑا) rice briefly boiled in husk and then pounded and roasted.

چڑوتا /tʃɪɽo:t̪ɑ:/ ■ *n.m.* See چڑا.

چڑی /tʃəɽi:/ ■ *n.f.* a leg trick in wrestling, tripping.

چڑی /tʃɪɽi:/ ■ *n.f.* sparrow. چڑی مار bird catcher; fowler. چڑی مارٹولا enclosure or building where birds are confined and sold.

چُڑی /tʃʊɽi:/ ■ *n.f.* (also چُڑی) (*contr.* of چوڑی) bangle; ring made of lac or glass. چڑی ہارا bangle maker.

چڑیا /tʃɪɽjɑ:/ ■ *n.f.* **1** sparrow; any bird. **2** shuttlecock. **3** cleat, a piece of wood to which a rope is attached. چڑیا بٹھانا (*inform.*) sign or initial (a document). چڑیا چڑنگل any little bird. چڑیا خانہ aviary. چڑیا کا دودھ an impossibility. چڑیا گھر zoo, zoological garden.

چڑیل /tʃʊɽæ:l/ ■ *n.f.* **1** churel, banshee; female demon, malevolent ghost of a woman dying in childbirth as believed by Hindus. **2** (*derog.*) (i) witch, hag; slut, vixen, shrew. (ii) slattern, dirty or ugly old woman.

چڑھ /tʃəɽʰ/ ■ (*imper.* of چڑھنا) **1** rise, ascent, increase. **2** attack, assault. چڑھ اتر ascent and descent, rise and fall. چڑھ آنا attack, invade. چڑھ بنا get the better of. چڑھ بیٹھنا **1** copulate. **2** berate, scold. چڑھ جانا **1** climb. **2** berate. چڑھ کر بولنا speak loudly, retort furiously.

چڑھ /tʃɪɽʰ/ ■ *n.f.* bugbear. See چڑ.

چڑھا /tʃəɽʰɑ:/ ■ *adj.* **1** risen, elevated; high (prices, tone, etc.). **2** braced, swollen (as river, etc.). **3** in practice,

2 advance. 3 soar, increase. 4 attack. 5 elapse, to pass (time). 6 be strong. 7 be offered. 8 copulate.

چِڑھنا /tʃɪɽʰnɑː/ ■ *v.* be irritated. See چڑنا.

چڑھواں /tʃəɽʰvɑ̃ː/ ■ *adj.* rising, elevating. چڑھواں جوتا shoes with high heels (as opposed to one without a heel).

چڑھویا /tʃəɽʰvəjjɑː/ ■ *n.m.* 1 rider, horseman. 2 one who ascends or mounts, climber.

چڑھیت /tʃəɽʰæːt̪/ ■ *n.m.* rider, horseman; trooper; expert horseman.

چُسانا /tʃʊsɑːnɑː/ ■ *v.* cause to suck, suckle, give to suck.

چسپاں /tʃəspɑ̃ː/ ■ *adj.* 1 adhering, sticking (to), pasted, gummed; stuck, sticking together; cemented, affixed. 2 made to stick or apply (a comment or remark). 3 applicable, congruous, suitable, to the point. چسپاں کرنا 1 agglutinate, adhere, paste, join or cause to stick, apply, affix (as a paper on board or wall). 2 use aptly. چسپاں ہونا be affixed, be pasted.

چسپانی /tʃəspɑːniː/ ■ *n.f.* 1 act of sticking or pasting. 2 stickiness.

چسپیدگی /tʃəspiːd̪əgiː/ ■ *n.f.* 1 tenacity, adhesion. 2 love; attachment.

چسپیدہ /tʃəspiːd̪ɑː/ ■ *adj.* 1 stuck, adhered, glued, attached (to); cemented. 2 addicted (to); fond of, inclined (to).

چُست /tʃʊst̪/ ■ *adj.* 1 tight, narrow (dress or some part of it); strait, compact. 2 brisk, quick, active, agile, alert. 3 clever, ingenious, elegant. 4 strong. 5 well set, fit. 6 terse. چست وچالاک 1 active and alert, animate, agile, fleet. 2 ready-witted, clever.

چستان /tʃɪst̪ɑːn/ ■ *n.m.* puzzle. See چیستاں.

چُستہ /tʃʊst̪ɑː/ ■ *n.m.* 1 wrinkle, crease. 2 rennet. 3 tripe. 4 rectum.

چُستی /tʃʊst̪iː/ ■ *n.f.* 1 nimbleness, agility, alacrity, speed, alertness, fleetness, expedition, dispatch. 2 skill, adroitness, smartness, dexterity.

چُس چُسا /tʃʊstʃʊsɑː/ ■ *adj.* tight (dress, etc.).

چُسر چُسر /tʃʊsər tʃʊsər/ ■ *n.f.* sucking sound (made by a baby when feeding).

چسک /tʃəsək/ ■ *n.f.* 1 aching, pricking; shooting pain, throbbing pain; sensation (of pain); ache. 2 stitch.

چسکا /tʃəskɑː/ ■ *n.m.* (also چسکہ) addiction, habit; zest, penchant, fondness (for); ardent desire, longing; itching. چسکا پڑنا acquire a taste (for); develop a fondness (for); have a penchant for.

چسکانا /tʃəskɑːnɑː/ ■ *v.* cause to pain or throb.

چُسکّڑ /tʃʊsəkkəɽ/ ■ *adj.* given to sucking. ■ *n.m.* tippler.

چسکنا /tʃəsəknɑː/ ■ *v.* 1 throb, have mild pain. 2 (of a garment) split due to stretching.

چُسکی /tʃʊskiː/ ■ *n.f.* 1 small sip, small draught of any drink. 2 short pull at a pipe. چسکی لگانا 1 sip. 2 (*fig.*) sip or drink wine.

چُسنا /tʃʊsnɑː/ ■ *v.* be sucked.

چُسنی /tʃʊsniː/ ■ *n.f.* (also چوسنی) rubber teat given to infants to sooth them.

چُسینہ /tʃʊsiːnɑː/ ■ *n.f.* sucker, a shoot springing from the rooted part of a stem.

چش /tʃəʃ/ ■ *adj.* having a flavour or smacking of; tasting (of). ■ *n.m* taste, relish. ■ *suffix* used in comp. as: نمک چش one who tastes salt.

چشتی /tʃɪʃt̪iː/ ■ *adj.* of or relating to the Sufi order *Chishtiya.*

چشتیہ /tʃɪʃt̪ɪjɑː/ ■ *n.m.* Muslim mystical order related to Khawaja Moinuddin Chishti.

چشک /tʃəʃək/ ■ *n.f.* tasting, taste. ■ *n.m.* 1 drinking vessel, goblet; bowl, cup; wine glass. 2 spirituous liquor.

چشک /tʃɪʃk/ ■ *n.f.* increase, growth.

چشم /tʃəʃm/ ■ *n.f.* 1 the eye. 2 hope, expectation. چشم افتادن ہماں ودل دادن ہماں love at first sight. چشم آشنا acquaintance. چشم آہوِ غزالِ چین very beautiful eye. چشمِ باطن inner vision, inner eye, insight; imagination. چشمِ بد evil eye. چشم بددور 1 may God preserve you from evil eye! 2 (*fig.*) well done! wonderful! چشم براہ ہونا wait, await, be on the look out for; expect; be impatient (for). چشم بستہ (with) closed eyes. چشمِ بصیرت insight, mental perception, perceptive faculty of the mind. چشم بند 1 magic cast on eyes. 2 black coloured veil. 3 a kind of women's shoe. چشم بندک blind man's buff. چشم بوس 1 kissing the eyes (an affectionate salutation). 2 hanging on the eyes (as drops of water or tears). چشمِ بے آب shameless. چشمِ بیمار languid or half-closed eye (as an attribute of beauty). چشم بیں ophthalmoscope. چشمِ پُرآب tearful eye. چشم پوش

conniving, winking. چشم پوشی 1 connivance, overlooking, averting the eyes, affecting not to see or hear. 2 palliating, excusing; forgiving, pardoning. چشم پوشی کرنا avert the eyes away (from), connive (at), overlook, ignore, pretend not to see or hear; palliate; excuse; pardon. چشمِ تر moist or tearful eyes. چشمِ خون آلود blood shot eye, angry or fierce look, fiery eye, murderous look. چشم داشت 1 hope, expectation, desire. 2 trust, confidence. چشم دریدہ shameless. چشم دید/دیدہ things or occurrences personally seen or observed, not hearsay. چشم دید گواہ eyewitness. چشمِ رمدی aching eye. چشمِ زخم effect of an evil eye. چشمِ زدن wink of an eye. چشمِ سوزن eye of the needle. چشمِ غنودہ sleepy eye. چشمِ ماروشن دلِ ماشاد we are/ I am happy (an expression of welcome or agreement); you are most welcome! چشم نمائی reproof, rebuke, reprimand, threat. چشم و چراغ 1 scion (of a family), darling, dearly beloved. 2 (*fig.*) son.

چشمارُو /tʃəʃmɑ:ru:/ ■ *n.m.* (also چشم آرو) scarecrow.

چشمک /tʃəʃmək/ ■ *n.f.* 1 eye glasses, spectacles. 2 rivalry, opposition, conflict, acrimonious competition. 3 wink, flash or blinking of eyes as an admonishing or warning gesture. 4 rebuke, taunt. 5 hesitation. 6 the seed of *Cassia absus*. See چاکسو. چشمک زدن winking. چشمک زن winker.

چشمہ /tʃəʃmɑ:/ ■ *n.m.* 1 fountain, spring, brook, source. 2 glasses, goggles, spectacles. چشمۂ آبِ حیات fountain of elixir of life or nectar. چشمہ زار/سار (place) with many springs. چشمۂ سلسبیل name of a spring in Paradise.

چشی /tʃəʃi:/ ■ *n.f.* tasting (used in compounds).

چشیدہ /tʃəʃi:d̪ɑ:/ ■ *adj.* tasted, experienced; having tasted, having experienced.

چُغتائی /tʃʊɣt̪ɑ:i:/ ■ *n.m.* (also چغتائی) 1 (one descended from) Genghis' son Chaghtai. 2 name of a Turkic tribe and its king. چغتائی آرٹ art and work of famous Pakistani artist Abdur Rehman Chughtai.

چُغد /tʃʊɣd̪/ ■ *n.m.* 1 a kind of owl, the small screech owl. 2 (*iron.*) foolish person, blockhead.

چُغُل /tʃʊɣʊl/ ■ *n.m.* (usu. چُغل خور) 1 talebearer, backbiter. 2 informer, spy; telltale. چغل خوری backbiting, talebearing.

چُغلی /tʃʊɣli:/ ■ *n.f.* backbiting. چغلی جڑنا/کرنا/کھانا/لگانا backbite.

چُغہ /tʃʊɣɑ:/ ■ *n.m.* (also چُغا، چوغہ) cloak, gown.

چُفت /tʃʊft̪/ ■ *adj.* lazy, idle.

چفتہ /tʃəft̪ɑ:/ ■ *n.m.* 1 prop, trellis, arbour, pavilion built of wood and supported on columns, cabin; gazebo. 2 slander, false accusation.

چفتی /tʃəft̪i:/ ■ *n.f.* 1 flat ruler. 2 flatterer.

چفش /tʃəfʃ/ ■ *adj.* (*var.* of چسپ) contiguous, joined, proximate.

چق /tʃəq/ ■ *n.m.* type of necklace.

چِق /tʃɪq/ ■ *n.f.* (also چک[2]) chick, venetian blind, hanging screen or blind made of split bamboos or reeds strung horizontally at intervals, folding bamboo screen.

چقاچاق /tʃəqɑ:tʃɑ:q/ ■ *n.f.* (also چقاچق، چکاچک) sound of spears and swords striking a body repeatedly.

چقاچقی /tʃəqɑ:tʃəqi:/ ■ *n.f.* quarrel, altercation; tumult, uproar.

چق چق /tʃəq tʃəq/ ■ *n.f.* quarrel. See چخ چخ under چخ.

چُقّر /tʃʊqqər/ ■ *n.m.* (*var.* of چَکّر) spring; puddle; pool, pond.

چقماق /tʃəqmɑ:q/ ■ *n.f.* (also چقمق، چماق) 1 flint or steel for lighting fire. 2 a kind of hard stone and its mountain. چقماق جھاڑنا strike fire with a flint and steel.

چقماقی /tʃəqmɑ:qi:/ ■ *adj.* flinty. ■ *n.f.* firelock.

چُقندر /tʃʊqənd̪ər/ ■ *n.m.* beet; sugar beet, beetroot, *Beta vulgaris*. چقندر سا ruddy.

چُقنّس /tʃʊqənnəs/ ■ *n.m.* fool, blockhead; simpleton.

چک[1] /tʃək/ ■ *n.m.* 1 tenure, holding, landed estate; village. 2 conflict upon land. 3 cultivation. چک اتار slope, declivity. چک برار collecting the rent of a *chak*. چک بست having an estate, etc. marked out, having the fields, etc. of a village marked out (in a village map). چک بندی 1 delineation or delimitation the boundaries of an estate or *chak*. 2 piece of rent-free or assigned land. 3 subdivision of land (as of a pargana, etc.). 4 detached fields of a village. چک ٹکڑا plot or parcel of a landed estate. چک نامہ 1 document descriptive of the boundaries of an estate or of fields, account of village lands, common pasture grounds, grants, etc. 2 grant for holding lands in a village. [Prk.]

چک[2] _____ ■ *n.m.* 1 shepherd, goatherd. 2 eye. چک پھیر لینا no longer favour. [S]

چک[3] ____ ■ *n.m.* **1** disc; wheel. **2** a kind of necklace. **3** circumference of a well. [S]

چک[4] ____ ■ *n.m.* **1** threshing tool or machine, thresher. **2** branch cutter. [P]

چک[5] ____ ■ *n.f.* chin bone. چک وچانہ **1** chin bone and chin. **2** (*fig.*) ability, capability. [P]

چِک[1] /tʃɪk/ ■ *n.f.* stitch in the loins or back, backache, pulling of muscle in the back. [S]

چِک[2] ____ ■ *n.f.* venetian blind. See چِق. [T]

چِک[3] ____ ■ *n.m.* butcher who kills sheep, goats, etc. [dial.]

چکّا /tʃəkka:/ ■ *n.m.* **1** circle, wheel. **2** sod or turf. **3** rectangular heap (of masonry, etc.) for counting or measuring. **4** mass of curdled stuff. ■ *adj.* thick, clotted, congealed, curdled. چکّا باندھنا make such a heap for measuring or counting. چکّا دہی thick curd.

چِکّا /tʃɪkka:/ ■ *n.f.* muskrat; mouse.

چُکّا /tʃʊkka:/ ■ *n.m.* small earthen pot for drinking spirituous liquors.

چکابُو /tʃəka:bu:/ ■ *n.m.* (also چکاپُو) **1** circular array of troops. **2** moat round a castle. **3** whirlpool; a revolving body. **4** (*fig.*) wonder, surprise, bewilderment.

چکاچک[1] /tʃəka:tʃək/ ■ *n.f.* (also چکاچاک) **1** clashing of swords, daggers, battleaxes or maces. **2** sound of rapid cuts (with sword). [P]

چکاچک[2] ____ ■ *adj.* (also چکچک) drenched in oil or butter. [S]

چکاچوند /tʃəka:tʃɔ̃:d/ ■ *n.f.* (also چکاچوندی، چکاچوندھ) state of being dazzled; effect on the eyes of glare or sudden flash of light. چکاچوند کرنا coruscate. چکاچوند لگنا be dazzled or dazed; be confounded or bewildered. چکاچوند مارنا dazzle, daze.

چکارا[1] /tʃɪka:ra:/ ■ *n.m.* (also چنکارا) chinkara, ravine deer. [S]

چکارا[2] ____ ■ *n.m.* three-stringed guitar; kind of fiddle with wire and horse hair for strings; small fiddle. [S]

چکارا[3] ____ ■ *adj.* sturdy, robust, strong, tough. [Prk.]

چُکارا /tʃʊka:ra:/ ■ *n.m.* duty, due, customs duty. (See also چُکوتا.)

چکارنا /tʃɪka:rna:/ ■ *v.* scream, squeak, squeal.

چکاره /tʃɪka:ra:/ ■ *adj.* worthless, insignificant. ■ *n.m.* ravine deer.

چکاری[1] /tʃɪka:ri:/ ■ *n.m.* hunting knife. [Prk.]

چکاری[2] ____ ■ *n.f.* a cereal plant disease. [S]

چکاری[3] ____ ■ *n.f.* See چکارا[2]. چکاری کا تار resonating wires on a sitar. [S]

چُکاڑ /tʃʊka:ɽ/ ■ *n.m.* small earthen cup. See چکّڑ.

چکامہ /tʃəka:ma:/ ■ *n.m.* (also چگامہ) poem of more than seventeen couplets.

چکاں /tʃəkã:/ ■ *suffix* dripping, dropping; used in comp. as: خوں چکاں dripping blood; blood-drenched, bloody.

چکّان /tʃəkka:n/ ■ *adj.* thick, clotted, coagulated, smeared, conglomerated. ■ *n.m.* blot, scar, scratch, round mark.

چُکانا /tʃʊka:na:/ ■ *v.* **1** pay or settle in full, repay, discharge (a debt); adjust or clear an account. **2** arrive at or settle mutually agreed price, fix the price (of). **3** settle dispute or differences. **4** complete, finish.

چکاور /tʃəka:vər/ ■ *n.m.* (also چکراول) ringbone (a bone in horse's foot).

چکاوک /tʃəka:vək/ ■ *n.m.* ruddy shelduck; a species of lark. See چکوا.

چکاوی /tʃəka:vi:/ ■ *n.f.* a kind of ringworm.

چکاؤ /tʃəka:o:/ ■ *n.m.* (also چکاو) juggling, hocus-pocus; deception, trickery.

چُکاؤُ /tʃʊka:u:/ ■ *n.m.* one who settles or fixes (price, rate or bargain); one who pays or is ready to pay promptly.

چُکائی /tʃʊka:i:/ ■ *n.f.* **1** adjustment, settlement, agreement, decision. **2** wages for settlement. **3** oversight, slip, omission, an unintentional error. چُکائی دینا escape notice, give (someone) the slip.

چک پہیّا /tʃəkpəhɪjja:/ ■ *adj.* fat, portly.

چک پھیری /tʃəkpʰe:ri:/ ■ *n.f.* (also چکپھیری) **1** moving in a circle. **2** purposeless or fruitless roaming. چک پھیری دینا **1** turn round and round. **2** (*fig.*) defraud. چک پھیری لینا **1** move in a circle. **2** roam about aimlessly.

چکٹ /tʃəkəʈ/ ■ *n.f.* act of biting with teeth. چکٹ مارنا bite (at).

چکِت /tʃəkɪt̪/ ■ *adj.* confounded, bewildered, astonished; alarmed, terrified, frightened.

چُکت /tʃʊkət̪/ ■ *n.f.* settlement, decision.

چکّت /tʃəkkət̪/ ■ *n.f.* loss of land due to inundation.

چُکتا /tʃʊkt̪a:/ ■ *adj.* settled, fixed, paid in full.

deception. چکر چلانا involve in a love affair. چکردار circular, sinuous. چکر دینا **1** defraud. **2** lounge (a horse). **3** turn round and round. چکر کاٹنا/لگانا/مارنا **1** visit again and again. **2** make rounds, go around, move in a circle. چکر کھانا whirl, turn round and round, rotate, revolve; take a detour. چکر میں آپڑنا/آنا/پھنسنا/رہنا be duped, be nonplussed, be involved in trouble, become entangled in something shady. چکر میں ڈالنا confuse, perplex, lead astray, involve in trouble or a difficulty.

چکرانا **/tʃəkrɑ:nɑ:/** ■ *v.* **1** become or be puzzled or confused, be bewildered or confounded, bamboozle, befog, be disturbed or troubled. **2** lose one's bearings, feel giddy or dizzy, befuddle, bedevil. **3** revolve.

چکرانی **/tʃəkrɑ:ni:/** ■ *n.f.* maidservant.

چکراول **/tʃəkrɑ:vəl/** ■ *n.m.* ringbone in a horse. See چکاور.

چکربا **/tʃəkərbɑ:/** ■ *n.m.* noise, uproar, tumult; revelry.

چکّربان **/tʃəkkərbɑ:n/** ■ *n.f.* a kind of firework.

چکرگھنّی **/tʃəkərg^{h}ɪnni:/** ■ *adj.* (also چکرگھرنی) revolving; giddy; disturbed, confounded or confused.

چکرم **/tʃəkrəm/** ■ *adj.* confused, baffled; foolish.

چکرمکر **/tʃəkər məkər/** ■ *n.m.* fraud, trick, hoax.

چکری **/tʃəkri:/** ■ *n.f.* **1** act of rolling. **2** pulley; small mill. **3** yoyo, i.e. small wheel with a cord, which winds and unwinds itself alternately by the motion of the hand. **4** troupe of singers. **5** a kind of earring. **6** a small stone hand-mill.

چُکری **/tʃʊkri:/** ■ *n.f.* fractional division of land.

چُکّڑ **/tʃʊkkəɽ/** ■ *n.m.* (also چُکاڑ، چُقّر) small earthen cup.

چکڑی **/tʃɪkɽi:/** ■ *n.f.* (*arch.*) a kind of fir or pine tree and its wood.

چکس **/tʃəkəs/** ■ *n.m.* (also چکہ) perch for birds, roost.

چکّس **/tʃəkkəs/** ■ *n.m.* centre of a bow held by an archer when shooting arrows.

چکسا **/tʃɪksɑ:/** ■ *n.m.* (*arch.*) a kind of sweet-scented powder used by women for washing hair, unguent.

چکسونی **/tʃəksu:ni:/** ■ *n.f.* (also چکسوئی) species of grass.

چکش **/tʃəkɪʃ/** ■ *n.f.* leakage, oozing, dripping.

چکل **/tʃəkəl/** ■ *n.m.* transplanting a plant.

چکلا **/tʃəklɑ:/** ■ *adj.* (also چکلہ) **1** round, circular. **2** wide, broad. ■ *n.m.* **1** round and broad stone or slab or piece of wood; block of stone; log of wood. **2** mill (for

چکتا کرنا **1** arrive at, settle upon, agree upon. **2** pay in full, make the full payment. (*fem.* چکتی)

چکتّا **/tʃəkət̪t̪ɑ:/** ■ *n.m.* **1** grease mark on cloth, etc. **2** slice; round slice (as of a vegetable); blob. **3** round discoloured scar or spot (on the body), scratch or scrape mark (on the skin); blister. **4** sod or turf. **5** piece of meat. چکتا بھرلینا bite so as to leave a mark; mark, scar.

چکتسا **/tʃɪkɪtsɑ:/** ■ *n.f.* curing, healing, applying medicines.

چکتی **/tʃəkt̪i:/** ■ *n.f.* **1** patch of leather. **2** round plate of metal. **3** round flat cake or lump (as of cheese, soap, tobacco, etc.). **4** shield. **5** rhinoceros hide (of which shields are made). **6** tablet. **7** letter. **8** crown of the head. **9** the tail of fat-tailed sheep.

چِکٹ **/tʃɪkəʈ/** ■ *adj.* (also چیکٹ، چکٹا) **1** covered with grease and dirt, filthy, untidy. **2** clammy, glutinous.

چکٹا **/tʃɪkʈɑ:/** ■ *n.m.* inferior kind of silk.

چُکٹا **/tʃʊkʈɑ:/** ■ *n.m.* (also بُکٹا) a handful.

چکٹنا **/tʃɪkəʈnɑ:/** ■ *v.* **1** become greasy, be clammy, be sticky. **2** become untidy, be dirty or filthy. **3** (of a metal) be rusty.

چِکٹی **/tʃɪkʈi:/** ■ *n.f.* sticky or tenacious soil, clayey soil.

چکچک **/tʃəktʃək/** ■ *adj.* greasy. چکچک لونڈے well-buttered morsels; sumptuous diet. See چکاچک[2].

چکچکا **/tʃəktʃəkɑ:/** ■ *adj.* glittering, brilliantly shining, bright, dazzling.

چکچکی **/tʃəktʃəki:/** ■ *n.f.* kind of dagger worn at the waist; small dagger or knife.

چکچور **/tʃəktʃu:r/** ■ *adj.* **1** wounded, injured. **2** drunk, intoxicated, inebriated.

چکچوندھی **/tʃəktʃõ:d̪^{h}i:/** ■ *n.f.* (also چکچوندی) sudden flash of light.

چکچھوندی **/tʃəktʃ^{h}ũ:d̪i:/** ■ *n.f.* (also چکھوندی) mole, a burrowing mammal.

چکڈول **/tʃəkɖo:l/** ■ *n.m.* a kind of swing, merry-go-round.

چکّر **/tʃəkkər/** ■ *n.m.* **1** wheel; revolution, rotation, circuit; carousel, round, orbit; circular path or road; circular motion. **2** fix, scrape, difficulty, quandary; perplexity, confusion, worry, anxiety; anxious desire. **3** vertigo, giddiness. **4** visit. **5** perversity (of fate), misfortune. **6** fraud, deception. **7** whirlpool. چکر آنا become giddy, faint. چکرباز fraudster, cheater. چکربازی fraud, adjudicated. **3** (of price, issue, dispute) be settled. **4** (of debt) be repaid. **5** fall short of.

چکنا چُور /tʃəkna: tʃu:r/ ■ *adj.* **1** smashed, dashed or broken to pieces, shivered, smashed to smithereens. **2** dead tired, exhausted (with fatigue); racked with pain (the body); bruised. ■ *n.m.* small pieces. چکنا چور کرنا shatter, smash, break to pieces. چکنا چور ہونا be smashed, be exhausted (with fatigue).

چِکنانا /tʃɪkna:na:/ ■ *v.* **1** polish, smooth, oil, lubricate. **2** (*fig.*) grow fat.

چِکناہٹ /tʃɪkna:həʈ/ ■ *n.f.* smoothness, oiliness, fat content, greasiness, sleekness.

چِکنائی /tʃɪkna:i:/ ■ *n.f.* **1** grease, oil, animal or vegetable fat; oiliness. **2** wantonness; immodesty.

چِکنی /tʃɪkni:/ ■ *adj.* (*fem.* of چکنا) چکنی چپڑی بات / باتیں smooth or glib talk, wheedling or cajoling talk, smooth or consoling words or talk, flattering words. چکنی چپڑی باتیں بنانا wheedle, flatter, coax, cajole. چکنی چھالیہ / سپاری betel nut prepared by boiling. چکنی ڈلی areca betel nut saturated with milk. چکنی مٹی clay, potter's clay.

چِکنیا /tʃɪkənja:/ ■ *adj.* **1** smooth, sleek. **2** spruce, foppish. ■ *n.m.* fop, spark, beau, dandy, swell.

چُکنے /tʃukne:/ ■ (*infl.* of چکنا) چکنے والا falling short (of); failing, one who fails (to do anything).

چکّو /tʃəkku:/ ■ *n.m.* (*corr.* of چاقو) (*slang*) knife.

چکوا /tʃəkva:/ ■ *n.m.* (also چکاوک، چکواہ) ruddy shelduck, *Anas casarca*. چکوا چکوی (*fig.*) humorous or satirical remark on a couple very obviously in love.

چِکوا /tʃɪkva:/ ■ *n.m.* (also چکوہ) mutton seller, who does not sell beef.

چکوانڈ /tʃəkvã:ɖ/ ■ *n.m.* egg of چکوی.

چُکوتا /tʃuko:ʈa:/ ■ *n.m.* (also چکوتہ) **1** settlement on stipulated terms, fixed rate. **2** settlement. **3** bargain. چکوتا چکانا pay an agreed or stipulated sum.

چکوترا /tʃəko:ʈra:/ ■ *n.m.* (also چکوترہ) grapefruit, a fruit of the citrus group, *Citrus paradisi*.

چکور /tʃəko:r/ ■ *n.m.* **1** chukor, *Alectoris chukar* (fabled to subsist upon moonbeams and eat fire at the full moon), red-legged partridge. **2** (*fig.*) lover. (See also کبک.)

چِکورا /tʃɪko:ra:/ ■ *adj.* (also چکور) restless; tense.

چِکورنا /tʃɪko:rna:/ ■ *v.* peck, pick; make hole with beak.

grinding). **3** (wooden) round board for rolling dough. **4** division of a province containing several parganas or quarter of a town. **5** brothel, whorehouse, cathouse. چکلا بندی division of a province or of a zamindari into *chaklas*. چکلا بیلن **1** rolling board and rolling pin. **2** a kind of cloth made of silk and cotton. چکلا پارچہ width. چکلا دار governor or superintendent of a province or *chakla*; the proprietor or renter of *chakla*. چکلا داری government of a province or *chakla*; the status or office of governor of *chakla*. چکلا نویس the accountant of the revenues and charges of a *chakla*.

چکلان /tʃəkla:n/ ■ *n.f.* broadness.

چکلانا /tʃəkla:na:/ ■ *v.* widen, broaden.

چکلائی /tʃəkla:i:/ ■ *n.f.* (also چکلان) breadth, width.

چِکلّس /tʃɪkəlləs/ ■ *n.m.* & *f.* commotion, stir, bustle.

چکلی /tʃəkli:/ ■ *adj.* (*fem.* of چکلا). ■ *n.f.* **1** slab of stone for grinding. **2** pulley.

چکلے /tʃəkle/ ■ *n.m.* (*pl.* & *infl.* of چکلا) چکلے پر بیٹھنا become a prostitute.

چکما /tʃəkma:/ ■ *n.m.* (also چکمہ) **1** trick, cheat, dupe. **2** loss; injury, damage. **3** game at cards. چکما اٹھانا be cheated. چکما دینا cheat, defraud, dupe, play a trick, tempt fraudulently. چکما کھانا be cheated, be deceived, be duped, fall a prey to fraudulent temptation.

چکمہ /tʃəkma:/ ■ *n.m.* (also چکما) **1** boot. **2** stocking.

چِکن /tʃɪkən/ ■ *n.f.* **1** particular mode of working flowers on muslin or on other cloth, embroidery, needlework. **2** embroidered muslin. چکن دوز such embroiderer. چکن دوزی / کاری this embroidery (as a profession). [E]

چِکنا /tʃɪkna:/ ■ *adj.* **1** smooth, plane, polished so as to be free of surface blemishes or unevenness. **2** oiled, greased, lubricated, slimy, anointed, unctuous. **3** fatty. **4** (*slang*) smooth faced; beautiful, pretty, fresh. **5** shameless, immodest, impudent. چکنا چپڑا **1** oily, greasy. **2** well groomed, slick (in dress or make-up). چکنا کرنا oil, grease, lubricate. چکنا گھڑا shameless person, one turning a deaf ear. چکنا گھڑا بوند پڑی ڈھل گئی shameless person is never affected by insult or taunt.

چُکنا /tʃukna:/ ■ *v.* **1** be completed, be finished; be over; be a matter of the past. **2** be agreed upon; be

چکوری /tʃəko:ri:/ ■ *n.* (*fem.* of چکور) female partridge.

چکوی /tʃəkvi:/ ■ *n.* (*fem.* of چکوا) female ruddy shelduck.

چکئی¹ /tʃəkəi:/ ■ *n.f.* **1** species of nectarine. **2** whirligig. ■ *adj.* round, spherical. چکئی آڑو round peach. [S]

چکئی² ____ ■ *n.f.* (also چکوی) the female of the ruddy shelduck. چکئی چکوا male and female (pair of shelduck). [S]

چکّی /tʃəkki:/ ■ *n.f.* (also چاکی²) **1** mill; stone hand-mill, quern. **2** timber of a gunlock. **3** knee-pan. **4** whirligig. **5** thunderbolt. **6** the tail of fat-tailed sheep. چکی پیسنا **1** work or grind a mill; grind (corn) in a mill. **2** (*fig.*) (i) perform a grinding task. (ii) tedious or wearisome occupation. (iii) undergo hardship. (iv) undergo penal servitude. **3** continue a task for a long time. چکی تلے گھر تیرا، نکل ساس گھر میرا occupy something forcefully. چکی چولھا household chores. چکی کا پاٹ millstone. چکی کا راچھ pivot on which a hand-mill is turned. چکی کا کھونٹا millrind. چکی کی مشقت grinding of millstone as part of penal servitude. چکی نامہ song sung by women at weddings while grinding *ubtan* (اُبٹن).

چکّی /tʃʊkki/ ■ *n.f.* trickery, deceit, fraud. چکی دینا play tricks (on), deceive.

چکّی پکّی /tʃʊkki: pʊkki:/ ■ *adj.* finished (in children's language).

چکیٹا /tʃəke:ʈɑ:/ ■ *adj.* (also چکیٹھا) large-eyed, goggle-eyed.

چکیدگی /tʃəki:d̪əgi:/ ■ *n.f.* dripping, drop by drop leakage.

چکیدہ /tʃəki:d̪ɑ:/ ■ *adj.* (also چکیدا) dripped. چکیدہ خون red wine.

چکھ /tʃəkʰ/ ■ (*imper.* of چکھنا) taste. ■ *n.f.* food tasting; used in comp. as: چکھ جانا eat up the whole (of a thing). چکھ ڈالنا **1** taste or partake of with relish or gusto, enjoy thoroughly or to the full; take (one's) fill of, drain to the dregs. **2** spend all the money one has. چکھ لینا eat only a little bit, taste.

چکھّا چکھّی /tʃəkʰkʰɑ: tʃəkʰkʰi:/ ■ *n.f.* food tasting or sampling, eating only a little.

چکھانا /tʃəkʰɑ:nɑ:/ ■ *v.* **1** cause to taste. **2** give sample of.

چکھنا /tʃəkʰnɑ:/ ■ *v.* **1** taste, eat. **2** relish, enjoy. **3** have experience (of). **4** suffer.

چکھوتی /tʃəkʰo:ʈi:/ ■ *n.f.* **1** delicious food; bonne-bouche, titbit. **2** dainty; delicacy.

چکھوتیاں /tʃəkʰo:ʈijɑ̃:/ ■ *n.f.* (*pl.* of چکھوتی) چکھوتیاں اڑانا eat choice dishes.

چکھوری /tʃɪkʰu:ri:/ ■ *n.f.* squirrel.

چُگّا /tʃʊggɑ:/ ■ *n.m.* (also چُگا، چوگا) food picked up with the beak, pickings. ■ *adj.* **1** picked up with the beak. **2** thin, scanty (as a beard, etc.). (*fem.* چگّی)

چگاپو /tʃəgɑ:po:/ ■ *n.f.* surprise, state of being dazzled.

چگال /tʃəgɑ:l/ ■ *adj.* **1** thick, compact. **2** massive, heavy.

چُگانا /tʃʊgɑ:nɑ:/ ■ *v.* **1** feed birds, take fowls out to eat. **2** (*fig.*) prompt, tempt, entice.

چُگائی /tʃʊgɑ:i:/ ■ *n.f.* **1** act of picking up, feeding. **2** grazing or its wages. **3** pasture.

چُگٹی /tʃʊgʈi:/ ■ *n.f.* bird cage with two compartments.

چگر /tʃʊgər/ ■ *n.m.* tamarind shoots which are cooked for eating.

چُگن /tʃʊgən/ ■ *n.m.* picking, gathering, pecking, that which is picked out, pickings.

چگلنا /tʃəgəlnɑ:/ ■ *v.* **1** eat without appetite, zest or pleasure. **2** chew slowly and long; turn round and round in the mouth.

چُگنا /tʃʊgnɑ:/ ■ *v.* (also چگ لینا) **1** peck, pick up food with the beak; feed. **2** select, pluck.

چگونگی /tʃɪgu:nəgi:/ ■ *n.f.* **1** nature of a thing, state of a thing. **2** affair, matter. **3** circumstance.

چگونہ /tʃegu:nɑ:/ ■ *adv.* how? of what kind? in what manner? in what state?

چُگّی /tʃʊggi:/ ■ *adj.* (*fem.* of چگّا) thin or wispy. چگی داڑھی wispy beard, particularly one that is confined to the chin.

چل¹ /tʃəl/ ■ *n.f.* (*contr.* of چال) **1** gait. **2** pace. **3** difference, disparity. **4** deception, treachery. ■ *adj.* **1** moving. **2** unsteady, unstable. ■ (*imper.* of چلنا) be off, be gone; away (with you)! چل بسنا die. چل پڑنا **1** start work. **2** depart, leave. **3** start talking. چل پھر **1** cunning, craftiness. **2** movement, rotation. چل جانا **1** (of a fight) break out. **2** (of a gun) fire (accidently). **3** to pass, to live. **4** surpass; succeed. **5** be out of senses; be insane. چل چخ go away! چل چلاؤ **1** departure. **2** approach of death, last gasps. **3** attack (on enemy). چل چلاؤ لگنا death to approach, life to near its end. چل دو beat it. چل دور ہو ہٹ be off! away! begone! چل دینا **1** leave, go away, egg. [dial.]

چلاکھن /tʃɪlɑ:kʰən/ ■ *n.m.* intense heat.

چلانا /tʃəlɑ:nɑ:/ ■ *v.* **1** drive; operate; move, put in motion, start. **2** circulate, bring into vogue or use (a fashion), give currency to. **3** introduce (new coinage or currency). **4** give orders. **5** give money on loan with interest. **6** dupe, make a fool of, mislead, misguide. **7** operate (a business or shop). **8** carry on; take measures. **9** make do. **10** fight (with knife, dagger, sword). **11** fire (a gun); shoot (an arrow).

چُلانا /tʃʊlɑ:nɑ:/ ■ *v.* cause to drip, distil, etc. See چُوانا.

چلّانا /tʃɪllɑ:nɑ:/ ■ *v.* scream, screech, shriek, yell, roar, cry out, rage; howl at; make a noise, raise an outcry, complain. ■ *n.m.* noise, scream, outcry, clamour.

چلاوا /tʃəlɑ:vɑ:/ ■ *n.m.* **1** walk, gait. **2** speed. **3** custom and usage.

چلاور /tʃəlɑ:vər/ ■ *adj.* dominating, overpowering.

چلاون /tʃəlɑ:vən/ ■ *n.m.* wooden ladle.

چلّاہٹ /tʃɪllɑ:həṭ/ ■ *n.f.* cry, scream; outcry, noise, clamour.

چلاؤُ /tʃəlɑ:u:/ ■ *adj.* **1** shaky, moving, unstable, mutable, fickle, inconstant. **2** dying. **3** that which may serve as makeshift; used in comp. as: کام چلاؤ stopgap, makeshift, rough and ready, temporary, second rate. چلاؤ پہیا driving-wheel.

چلاؤ /tʃəlɑ:o:/ ■ (*imper.* of چلانا). ■ *n.m.* **1** going; motion, movement. **2** pace. **3** procedure, conduct; used in comp. as: چل چلاؤ approach of death. ■ (*imper.* of چلانا).

چُلاؤ /tʃʊlɑ:o:/ ■ *n.m.* dish of rice without meat.

چلائی /tʃəlɑ:i:/ ■ *n.f.* act of moving, walking.

چلبچل /tʃəlbɪtʃəl/ ■ *n.f.* (also چل بچل) disorder, displacement; panic. ■ *adj.* out of order, rickety, out of place, misfit.

چلبِدھرا /tʃəlbɪḍʰrɑ:/ ■ *adj.* restless, impatient, restive.

چلبِدھراہٹ /tʃəlbɪḍʰrɑ:həṭ/ ■ *n.f.* restlessness, impatience, restiveness.

چلبِل /tʃɪlbɪl/ ■ *n.f.* **1** cry of a pup. **2** confused noise of children.

چُلبُل /tʃʊlbʊl/ ■ *n.f.* **1** restlessness. **2** playfulness.

چُلبُلا /tʃʊlbʊlɑ:/ ■ *adj.* **1** restless, fidgety. **2** airy, gay, playful, wanton, lively, coquettish. چلبلاپن **1** restlessness. **2** wantonness, coquettishness. (*fem.* چُلبُلی)

decamp. **2** die. چل رُکنی گھڑی stopwatch. چل رہا ہے time is passing somehow. چل نکلنا **1** depart. **2** behave cockily. **3** become smart. **4** gain expertise, become proficient in work. چل یوں ہی سہی OK, agreed. [S]

چل[2] ____ ■ *n.m.* (*var.* of اچل) mountain. [S]

چِل[1] /tʃɪl/ ■ *n.f.* noise, cry, confused noise. چل بل cry of a pup; confused noise of children. چل پکار رپوں رچکار hue and cry, shout, clamour. [Prk.]

چِل[2] ____ ■ *adj.* (*contr.* of چہل) *cardinal number* forty. [P]

چِل[3] ____ ■ *n.m.* horse having white forelegs. [P]

چُل /tʃʊl/ ■ *n.f.* **1** longing, craving, sudden urge or desire, eagerness. **2** prurience, lust, sexual urge, wantonness. **3** impatience, restlessness, uneasiness, fidgetiness. **4** itchiness, itch. چل بجھانا رمٹانا satisfy a longing or craving (for); satisfy carnal desire or lust. چل ہارا wanton, lustful, lascivious, lewd. چل ہائی lewd or libidinous woman.

چلا /tʃəlɑ:/ ■ *adj.* gone; started; set out; used in comp. as: چلا آنا come on, continue, continue (from some past time), be handed down. چلا جانا **1** go away, depart, be off; go on or along. **2** proceed, last, continue. چلا چل while going, on the way. چلا چلی **1** moving to and fro; tremulousness, unsteadiness, variability. **2** setting out on a journey. **3** preparation for impending death. چلا جانا **1** be gone. **2** be going on, keep moving or going (on), continue to be or to remain (on a course, or according to a rule). (*fem.* چلی)

چِلّا[1] /tʃɪllɑ:/ ■ *n.m.* (also چِلّہ) string of a bow. چلا چڑھانا string or bend a bow. [P]

چِلّا[2] ____ ■ *n.m.* **1** period of forty days spent in secluded place for prayers and worship or in white or black magical rituals and rites, etc. **2** period of forty days after childbirth. **3** place where a hermit or saint has lived and prayed for forty days. **4** thread or string tied as a vow or charm on a tomb or shrine or on a tree. چلا باندھنا tie a thread or string as a vow, etc. make a vow. چلا کاٹنا رکھینچنا pass forty consecutive days in fasting and worship in seclusion. [P]

چِلّا[3] ____ ■ *n.m.* gold thread in the border of a turban. [dial.]

چِلّا[4] ____ ■ *n.m.* **1** fried leavened bread. **2** a kind of fried hinder someone's work. چلتی ہوئی بات casual or incidental remark.

چلتے /tʃəlt̪e:/ ■ *adj.* (*pl. & infl.* of چلتا) going; used in comp. as: چلتے پھرتے نظر آؤ get out of here. چلتے چلتے **1** while going, on the way. **2** gradually. چلتے ہاتھ پیر in active state (not bedridden or dependent), until one has strength to work.

چلچراغ /tʃɪltʃɪrɑ:ɣ/ ■ *n.m.* (also چل چراغ) chandelier.

چلچل /tʃɪltʃɪl/ ■ *n.f.* talc, mica.

چلچلا /tʃɪltʃɪlɑ:/ ■ *adj.* **1** screaming, shouting. **2** hoarse, husky.

چلچلاتا /tʃɪltʃɪlɑ:t̪ɑ:/ ■ *adj.* very hot, burning or scorching.

چلچلاتی /tʃɪltʃɪlɑ:t̪i:/ ■ *adj.* (*fem.* of چلچلاتا) چلچلاتی دھوپ scorching sunlight. چلچلاتی گرمی intense heat.

چلچلانا /tʃɪltʃɪlɑ:nɑ:/ ■ *v.* **1** (of kite) scream, shriek, screech. **2** bawl uselessly, make noise. **3** become restless, be agitated.

چُلچُلانا /tʃʊltʃʊlɑ:nɑ:/ ■ *v.* **1** itch. **2** feel lust, have urge for sex.

چلچلی /tʃɪltʃɪli:/ ■ *n.f.* **1** scream. **2** perturbation, restlessness.

چُلچُلی /tʃʊltʃʊli:/ ■ *n.f.* **1** itch. **2** urge.

چلّر /tʃɪllər/ ■ *n.m.* **1** change (coins), retail. **2** (*coll.*) offspring, children, kids. چلرفروش retailer.

چلّڑ /tʃɪllər̥/ ■ *n.m.* louse (bred in clothes). چلڑ مارنا delouse.

چلغوزہ /tʃɪlɣo:zɑ:/ ■ *n.m.* chilgoza, cone, seed or kernel of chilgoza pine, *Pinus gerardiana,* pine nut, pine cone; the tree itself.

چلقد /tʃɪlqəd/ ■ *n.m.* a kind of double-breasted armour.

چلک /tʃəlʊk/ ■ *n.m.* **1** the hand hollowed to hold a little water, etc., handful of water. **2** small pot, gallipot. (See also چلّو.)

چلک /tʃɪlək/ ■ *n.f.* brilliance, glitter, refulgence.

چلِک /tʃɪlɪk/ ■ *n.f.* **1** twitch, twist. **2** sprain, smarting pain, stitch.

چلکا /tʃəlkɑ:/ ■ *n.m.* a kind of small boat.

چلکا /tʃɪlkɑ:/ ■ *adj.* shining. ■ *n.m.* silver coin; rupee.

چلکارا /tʃəlkɑ:rɑ:/ ■ *n.m.* rebuke, admonition.

چُلکاہٹ /tʃʊlkɑ:hət̪/ ■ *n.f.* itching; titillation.

چلکنا¹ /tʃɪləknɑ:/ ■ *v.* sparkle, shine, gleam, glitter. [Prk.]

چلکنا² ____ ■ *v.* squirt; emit sperm (as mares). [Prk.]

چلکنا³ ____ ■ *v.* scream, cry out, yell. [S]

چُلبُلانا /tʃʊlbʊlɑ:nɑ:/ ■ *v.* **1** be restless or fidgety, be agog. **2** roll or toss about (in sleep or fever, etc.).

چُلبُلاہٹ /tʃʊlbʊlɑ:hət̪/ ■ *n.f.* **1** restlessness. **2** sportiveness, gaiety, coquetry.

چلپاسہ /tʃəlpɑ:sɑ:/ ■ *n.m.* (also چل پاسہ) small venomous lizard.

چلپک /tʃəlpək/ ■ *n.f.* thin fried cake of superfine flour. (See also پُوری¹.)

چلت /tʃələt̪/ ■ *n.f.* **1** motion; speed. **2** custom. **3** circulation of currency. چلت پھرت **1** movement, style of movement. **2** agility. چلت پھرت کا کام trivial work.

چلتا¹ /tʃəlt̪ɑ:/ ■ *adj.* **1** moving. **2** flowing (water), running (stream). **3** flourishing or thriving (business). **4** current (coin, etc.). **5** in great demand, in motion, proceeding, running. **6** movable (pulley). **7** operative (account). **8** in vogue (idiom or coinage, etc.). **9** (*fig.*) usual, commonplace. چلتا بنا slip away, go away stealthily. چلتا پرزہ clever person, intriguer, one having winning ways, sharp person. چلتا چھتّر umbrella. چلتا دور last round of drinking. چلتا رکھنا keep going, keep up, continue, maintain. چلتا رہنا keep on walking, moving. چلتا زمانہ رسماں old age. چلتا کام running business, rough and ready work, makeshift or temporary arrangement. چلتا کرنا **1** send away, dismiss, cause to disappear. **2** kill. **3** sharpen (a knife, etc.). چلتا نسخہ useful device or remedy. چلتا ہوا **1** having a quick effect; effective, useful. **2** clever, cunning. چلتا ہے it works! it meets the need. [S]

چلتا² ____ ■ *n.m.* large knobby fruit with acidic flavoured edible pulp, also called elephant apple; its tree *Dillenia indica.* [dial.]

چلتّر /tʃələt̪t̪ər/ ■ *n.m.* (also چرتّر، چلتّر) cunning, deception, chicanery. چلتر کھیلنا deceive, hoodwink, trick, swindle.

چلتو /tʃəlt̪u:/ ■ *adj.* current, in use.

چلتی /tʃəlt̪i:/ ■ *adj.* (*fem.* of چلتا¹) moving, flowing. چلتی پھرتی sprightly, naughty, playful. چلتی پھرتی چھاؤں دھوپ transitory, short-lived, momentary. چلتی چیز saleable commodity, merchandise in brisk demand. چلتی دکان shop with thriving sale. چلتی رقم artful, crafty person. چلتی زمین land under cultivation. چلتی کا نام گاڑی to keep going as long as one lives. چلتی میں روڑا اٹکانا obstruct,

چلکیا /tʃɪləkjɑ:/ ■ *n.m.* a kind of rice with shiny grain.

چلم /tʃɪləm/ ■ *n.f.* chillum, a clay bowl of a hookah which contains the tobacco and coals. چلم بردار the servant who prepares the hookah or chillum. چلم برداری **1** this work or office. **2** (*fig.*) menial or low service. چلم بھرنا **1** fill or prepare chillum. **2** (*fig.*) serve or wait (upon).

چلمچی [1] /tʃɪləmtʃi:/ ■ *n.f.* the lower part of چلم. [P]

چلمچی [2] ——— ■ *n.f.* (also سلفچی) chillumchee, washstand, metallic wash basin. [T]

چلمن /tʃɪlmən/ ■ *n.f.* venetian blind. (See also چق.)

چلن /tʃələn/ ■ *n.m.* **1** habit, custom, vogue, fashion, way of life; method, way of doing things. **2** conduct, behaviour, deportment; management. **3** economy, frugality. **4** leaving, going, departure. چلن اٹھنا usage or fashion or practice to become obsolete. چلن بگڑنا (of a person) to be spoiled. چلن چلنا adopt the lifestyle, follow the path. چلن سے **1** after a good fashion or manner, with propriety. **2** carefully. **3** methodically, with good management. **4** economically. چلن سے چلنا live within means, be frugal. چلن ہار، ہارا **1** about to go or depart; about to decamp or abscond. **2** about to die, moribund.

چلنا /tʃəlnɑ:/ ■ *v.* **1** go; walk; move, stir. **2** start. **3** leave, depart; set out. **4** blow (wind). **5** pass (time). **6** be fired, go off (gun, etc.). **7** be in operation, work (machine). **8** break out (fight, fisticuffs, sword fight, knifing, etc.). **9** flow (tears) **10** flourish, succeed (business or enterprise). **11** affect, influence, be effective, be in force. **12** continue (from the past), be handed down or transmitted. **13** proceed (affair, talks, negotiations). **14** move (pen). **15** be in vogue or fashion, be 'in', be in force. **16** last, continue. **17** endure. **18** lose senses, be out of control.

چلنت /tʃələnt̪/ ■ *n.f.* **1** motion. **2** custom, vogue. **3** deception, trickery.

چلنتر /tʃələnt̪ər/ ■ *n.f.* cunning or shrewd person.

چلنسار /tʃələnsɑ:r/ ■ *adj.* moving uniformly and steadfastly.

چلنی [1] /tʃəlni:/ ■ *adj.* **1** current, in use. **2** genuine. [S]

چلنی [2] ——— ■ *n.f.* (*var.* of چھلنی) sieve. [Prk.]

چلو /tʃəlo:/ ■ (*imper.* of چلنا) let us go. ■ *exclam.* (often in comp.) well! no matter! it's good; agreed! چلو جانے دو let it go! say nothing (of).

چُلّو /tʃʊllu:/ ■ *n.m.* hollow of the hand, cupped palm. چلو بھر a handful of (any liquid). چلو بھر پانی میں ڈوب مرنا چاہیے / مرو for shame! you should be ashamed of yourself. چلو چلو سادھنا **1** sip; habit of drinking by gradual increase. **2** become gradually rich. چلو سے پانی پینا drink water out of the hollow of the hand. چلو میں الو ہونا become tight as an owl, become drunk on a sip or a mouthful (of strong drink).

چلوا /tʃəlvɑ:/ ■ *n.f.* (also چالا [2]) a kind of small fish, *Clupea cultrata*.

چِلوا /tʃɪlvɑ:/ ■ *n.m.* (also چلڑ) a kind of louse.

چلواس /tʃɪlvɑ:s/ ■ *n.f.* (also چلوانس، چلھوانس) shouting, screaming, yelling; habit of screaming.

چلوانا /tʃɪlvɑ:nɑ:/ ■ *v.* cause to scream, make someone scream or yell.

چلوائی /tʃɪlvɑ:i:/ ■ *n.f.* mud, mire, slush.

چلوتر /tʃəlo:t̪ər/ ■ *n.m.* deception, fraud. See چلتّر.

چلَونا /tʃəlɔ:nɑ:/ ■ *n.m.* **1** ladle, big spoon. **2** winch to turn a spinning wheel. [S]

چُلّوؤں /tʃʊllu:õ:/ ■ *n.m.* (*pl.* of چُلّو) چلوؤں رونا weep effusively. چلوؤں لہو بڑھنا be very pleased. چلوؤں لہو پینا greatly harass. چلوؤں لہو خشک ہونا be extremely alarmed.

چِلّہ /tʃɪllɑ:/ ■ *n.m.* **1** a period of forty days. **2** thread or string tied as a vow. See چلّا [1]. چلہ بیٹھنا/کھینچنا pass forty consecutive days in worship sitting in a secluded place.

چلّی [1] /tʃɪlli:/ ■ *n.f.* a kind of dish made of eggs. [Prk.]

چلّی [2] ——— ■ *adj.* simple-minded, blockheaded. ■ *n.m.* prankster. چلی پکار outcry, noise, tumult, babel. [S]

چُلّی [1] /tʃʊlli:/ ■ *adj.* lewd. ■ *n.m.* libidinous man. [S]

چُلّی [2] ——— ■ *n.f.* **1** fireplace; chimney. **2** support placed under a stack of straw or store of grain. [S]

چلّے /tʃɪlle:/ ■ *n.m.* (*pl. & infl.* of چلّا [1]) چلّے کا جاڑا very cold winter.

چلیپا /tʃəli:pɑ:/ ■ *n.m.* (also چلیپہ) **1** cross, crucifix. **2** anything crooked or bent.

چلیپائی /tʃəli:pɑ:i:/ ■ *adj.* crosswise. چلیپائی معمہ crossword, a kind of puzzle.

چلھار /tʃɪlʰɑ:r/ ■ *adj.* (a place) full of kites.

چلھوانس [1] /tʃɪlʰvɑ̃:s/ ■ *n.f.* (also چلواس، چلوانس) screaming

چمبیلی /tʃəmbe:li:/ ■ *n.f.* jasmine. See چنبیلی.

چمبھا /tʃəmbʰɑ:/ ■ *adj.* (of a horse) having brown patches on red skin.

چمپ /tʃəmp/ ■ *n.f.* (also چمب) mountain ebony, *Bauhinia variegata.* (See also کچنار.)

چمپا /tʃəmpɑ:/ ■ *n.m.* (also چنپا) champac, the plant *Michelia champaca,* bearing whitish-orange, fragrant flowers. چمپا برنی the colour of its flower. چمپا کلی necklace, having a motif of champak buds. چمپا کیلا a species of small, scented and very sweet banana.

چمپت /tʃəmpət̪/ ■ *adj.* (also چنپت) 1 gone, disappeared, vanished. 2 lying concealed, hidden, invisible. چمپت ہونا 1 become invisible; disappear, vanish, abscond. 2 decamp (with), bolt, run away, do a bunk.

چمپو[1] /tʃəmpu:/ ■ *n.f.* a kind of elaborate and highly artificial composition in which the same subject is continued through alternations in prose and verse. [S]

چمپو[2] ____ ■ *adj.* (*slang*) dunce, fool. [dial.]

چمپو /tʃəmpo:/ ■ *n.f.* large boat, vessel.

چمپئی /tʃəmpəi:/ ■ *adj.* yellow, golden, of the colour of champac.

چمپی /tʃəmpi:/ ■ *n.f.* (also چپی) massage (of head or limbs). چمپی کرنا massage.

چمتکار /tʃəmət̪kɑ:r/ ■ *n.m.* 1 miracle, marvel. 2 spectacle, show. 3 surprise, astonishment. 4 pomp, grandeur, splendour.

چمتکاری /tʃəmət̪kɑ:ri:/ ■ *adj.* 1 wonderful, astonishing, extraordinary, unusual. 2 acute, sagacious. ■ *n.m.* wonderful man, sagacious person.

چمٹا /tʃɪmʈɑ:/ ■ *n.m.* (also چُمٹا) 1 tongs, coal tongs, fire tongs; large tongs carried by certain hermits. 2 forceps.

چمٹانا /tʃɪmʈɑ:nɑ:/ ■ *v.* (*var.* of چپٹانا) embrace, hold close.

چمٹنا /tʃɪməʈnɑ:/ ■ *v.* 1 cling. 2 follow closely, to dog, insist upon. See چپٹنا.

چمٹی /tʃɪmʈi:/ ■ *n.f.* 1 small pair of pincers, tweezers. 2 nip, pinch. چمٹی توڑنا رکاٹنا pinch or nip with fingers. چمٹی لینا pinch.

چمّچ /tʃəmmətʃ/ ■ *n.m.* any spoon. See چمچا. چمچ بوزہ spoonbill, *Platalea leucorodia*, bird with long flat bill broadened to spoon shape at the end. See چمچا.

like a kite, screaming, crying.

چلھوانس[2] /tʃɪlʰvɑ̃:s/ ■ *n.f.* flesh of kite (eating of which is said to produce madness).

چلّھور /tʃɪlʰlʰo:r/ ■ *n.f.* 1 kite (bird). 2 screaming of kite.

چلھی /tʃɪlʰi:/ ■ *n.f.* kite (bird). See چیل.

چم[1] /tʃəm/ ■ *adj.* (often used with خم) 1 prepared; adorned, arranged. 2 gained. 3 bent, curved, crooked. ■ *n.m.* 1 an easy air; graceful gait. 2 swaying motion in walking. 3 glamour, fascination; lovely contours. 4 shine, glitter. 5 playfulness, coquetry. چم چم کرنا glitter, shine brightly, twinkle. [P]

چم[2] ____ ■ *adj.* (*contr.* of چام) 1 hide, skin, leather. 2 bare, naked. چم چچڑ (*deris.*) extremely foolish man. چم ننگا completely naked, in the buff. [S]

چمّا /tʃʊmmɑ:/ ■ *n.m.* (also چُمبا، چوما) kiss.

چماچم /tʃəmɑ:tʃəm/ ■ *adj.* bright, shining, glowing.

چمار /tʃəmɑ:r/ ■ *n.m.* 1 chamar, cobbler, shoemaker. 2 worker in leather, tanner. 3 harness-maker. 4 low-caste person. 5 Hindu caste of labourers and menial workers. چمار چودس 1 a festive occasion of cobblers. 2 uproar, pandemonium.

چمارن /tʃəmɑ:rən/ ■ *n.* (*fem.* of چمار) (also چمارنی، چماری) woman belonging to the caste of chamar.

چماق /tʃəmɑ:q/ ■ *n.m.* flint for lighting fire. See چقماق.

چُماق /tʃʊmɑ:q/ ■ *n.m.* iron mace; wooden mace with iron head.

چمامہ /tʃəmɑ:mɑ:/ ■ *n.m.* (also چماما) leather shoe.

چُمانا /tʃʊmɑ:nɑ:/ ■ *v.* 1 cause to kiss. 2 trifle with, play with.

چُمانی /tʃʊmɑ:ni:/ ■ *n.m.* cupbearer. (See also ساقی.)

چمائی /tʃəmɑ:i:/ ■ *adj.* copper-coloured, tawny.

چمب /tʃəmb/ ■ *n.f.* ebony. See چمپ.

چمبا /tʃəmbɑ:/ ■ *n.m.* a group of beggars who squat before a house and cut or scarify their skin for extorting alms.

چُمبا /tʃʊmbɑ:/ ■ *n.m.* kiss. See چُمّا.

چُمبک /tʃʊmbək/ ■ *n.m.* 1 lodestone, magnet. 2 extract (from a book). 3 quotient. 4 general scholar, one who knows parts of a variety of books. 5 the upper part or middle of a balance. 6 rogue, cheat. چمبک پتھر lodestone magnet. (See also مقناطیس.)

چمبو /tʃəmbu:/ ■ *n.m.* a narrow-necked vessel for holding water.

brighten, gleam, thrive, succeed. **3** show profit (business). چمک آنا show sign of happiness, be pleased. چمک دار shiny; ablaze; polished; bright, lustrous, gleaming, glittering. چمک دمک **1** shine, coruscation, glitter. **2** pomp, grandeur. چمک ہونا pain, ache.

چُمک /tʃʊmmək/ ■ *n.m.* (also چُمبک، چُمک پتھر) magnet.

چُمکار /tʃʊmkɑ:r/ ■ *n.f.* kissing sound made to call, coax or quieten children or animals, caress.

چمکارا /tʃəmkɑ:rɑ:/ ■ *n.m.* (also چمکارہ) flash of light, glitter.

چُمکارنا /tʃʊmkɑ:rnɑ:/ ■ *v.* **1** make a kissing sound in order to coax. **2** chirp or cheep. **3** cheer, soothe, fondle, speak kindly to, caress.

چُمکاری /tʃʊmkɑ:ri:/ ■ *n.f.* act of producing kissing sound in order to coax.

چمکانا /tʃəmkɑ:nɑ:/ ■ *v.* **1** brighten, polish, burnish, give a shine, make (something) shine or gleam. **2** make a success (of a business, etc.). **3** make famous. **4** to gallop (a horse). **5** threat, forewarn.

چمکاہٹ /tʃəmkɑ:həʈ/ ■ *n.f.* (also چمکاوٹ) brightness, glitter, lustre.

چمکتا /tʃəməkt̪ɑ:/ ■ *adj*. bright. چمکتا دمکتا bright, shining, luminous. (*fem.* چمکتی)

چمکنا /tʃəməknɑ:/ ■ *v.* **1** shine, glitter, sparkle, gleam, glisten, coruscate. **2** flourish, gain success; become famous. **3** afraid of, startle. **4** revel, frolic.

چمکّو /tʃəməkko:/ ■ *n.f.* wanton; passionate or quarrelsome woman.

چمکوّل /tʃəmkəvvəl/ ■ *adj*. bright, glittering, shining.

چمکی /tʃəmki:/ ■ *n.f.* **1** tinsel. **2** glitter, usually of gold or silver colour.

چمکیلا /tʃəmki:lɑ:/ ■ *adj*. (also چمکتا) bright, shining, glittering, aglow. (*fem.* چمکیلی)

چمگاڈر /tʃɪmgɑ:ɖəɽ/ ■ *n.m. & f.* (also چمگدڑ، چمگیڈر، چمگادر) bat, a flying mammal.

چُمّل /tʃʊmməl/ ■ *n.m.* ring (of wound up cloth, grass or straw) placed upon the head to carry a round-bottomed vessel or used as support for such loads on ground. (See also اینڈوا.)

چملا /tʃəmlɑ:/ ■ *n.m.* (also چملہ) beggar's cup, begging bowl.

چملانا /tʃəmlɑ:nɑ:/ ■ *v.* **1** show off, strut, swagger, walk coquettishly. **2** persist (on), show obstinacy.

چمچا /tʃəmtʃɑ:/ ■ *n.m.* (also چمچ، چمچہ) **1** spoon; ladle. **2** (*fig.*) yes-man. چمچہ بھر spoonful. چمچۂ ہر دیگ one who adapts himself to any change or any company; sponger, yes-man, toady.

چمچچڑ /tʃəmtʃɪtʃtʃəɽ/ ■ *n.m.* (also چم چچڑ) **1** one sticking like a leech or tick. **2** lean and skinny person.

چمچڑک /tʃəmtʃəɽək/ ■ *adj.* (also چمچرک، چمچڑکھ) lean, weak. ■ *n.f.* bat.

چم چم[1] /tʃəmtʃəm/ ■ *n.f.* a kind of sweet. [dial.]

چم چم[2] ____ ■ *n.f.* shine, glitter. چم چم کرنا to shine, shimmer. [P]

چمچمانا /tʃəmtʃəmɑ:nɑ:/ ■ *v.* to glitter, shine.

چمچماہٹ /tʃəmtʃəmɑ:həʈ/ ■ *n.f.* brightness, glitter, sparkle.

چمچور /tʃəmtʃo:r/ ■ *adj.* lean, thin, haggard, gaunt.

چمچی /tʃəmtʃi:/ ■ *n.f.* (*dim.* of چمچا) small spoon.

چمر /tʃəmər/ ■ *n.m.* (*contr.* of چمار) چمرڈھینگ vulture. چمرواڑہ، رواڑی (also چمروئی) area inhabited by chamars.

چمرخ /tʃəmrəx/ ■ *n.f.* (also چمرک، چمرکھ) piece of leather or twisted rope within which a spindle rotates. ■ *adj.* lean, gaunt, haggard.

چمرس /tʃəmrəs/ ■ *n.m.* wound caused by pinching of shoes.

چمرَودھا /tʃəmro:d̪ʰɑ:/ ■ *n.m.* (also چمرودا، چمرودھا) a low quality handmade ordinary shoe.

چمڑا /tʃəmɽɑ:/ ■ *n.m.* (also چمڑہ) hide, skin; leather.

چِمڑا /tʃɪmɽɑ:/ ■ *adj.* tough, tenacious, inflexible; unchewable. (*fem.* چمڑی)

چمڑانا /tʃɪmɽɑ:nɑ:/ ■ *v.* stiffen, become tenacious or unchewable.

چمڑاہٹ /tʃɪmɽɑ:həʈ/ ■ *n.f.* toughness, tenacity.

چمڑودھا /tʃəmɽo:d̪ʰɑ:/ ■ *n.m.* market of selling and buying leather.

چمڑی /tʃəmɽi:/ ■ *n.f.* skin. چمڑی ادھیڑنا **1** flay, skin. **2** thrash, give a good hiding. چمڑی جائے مگر دمڑی نہ جائے remark on miserliness, flay me but do not take my money.

چمسا /tʃɪmsɑ:/ ■ *adj.* glutinous (as oil by long storage), viscous, sticky; with a stale oily odour.

چمقل /tʃəmqəl/ ■ *adj.* fool, stupid.

چمک /tʃəmək/ ■ *n.f.* **1** shine, glitter, sheen, lustre, gleam, flash, coruscation. **2** success, prosperity. **3** sudden twinge of pain. **4** sudden flash of temper, startled feeling, outburst. چمک اٹھنا **1** become angry. **2** shine, quick growing tree with shiny leaves resembling human hands.

چُنارنا /tʃʊnɑːrnɑː/ ■ *v.* arrange in proper order, put one over other in order.

چُناں /tʃʊnɑ̃ː/ ■ *adj.* like that, such, such as that, so. چناں چنیں **1** (*lit.*) this and that, long talk, high-flown language, bombast. **2** (*fig.*) evasion, subterfuge. چناں چنیں کرنا **1** cavil (at), find fault (with), pick holes (in). **2** evade, dilly-dally, procrastinate.

چُنانچہ /tʃʊnɑ̃ːtʃeh/ ■ *adv.* **1** hence, therefore. **2** so that. **3** for example, for instance. **4** accordingly, in such a manner, that is, at last.

چُناوٹ /tʃʊnɑːvəʈ/ ■ *n.f.* plaiting, crimping, gathering.

چُناؤ /tʃʊnɑːoː/ ■ *n.m.* election, selection. چناؤ لڑنا contest an election, stand (as a contestant) in an election.

چُنائی /tʃʊnɑːiː/ ■ *n.f.* **1** masonry work, bricklaying and plastering or cementing. **2** remuneration (for masonry work).

چنبر /tʃəmbər/ ■ *n.m.* **1** disc, anything circular. **2** cover for chillum of a hookah. **3** circle, hoop of a tub. چنبر چرخ the celestial vault. چنبر گردن **1** stocks, pillory. **2** dog's collar. **3** necklace. **4** handkerchief.

چنبری /tʃəmbəriː/ ■ *adj.* (also چنبرین) round, disc-like.

چُنبک /tʃʊmbək/ ■ *n.m.* lodestone, magnet.

چنبل /tʃəmbəl/ ■ *n.m.* (*var.* of چنبر) **1** begging bowl. **2** covering of hookah. **3** a kind of skin disease.

چنبلی /tʃəmbliː/ ■ *n.f.* a kind of wide bowl.

چنبیلی /tʃə̃beːliː/ ■ *n.f.* (also چمبیلی، چمیلی) jasmine.

چنبیلیا /tʃə̃beːlɪjɑː/ ■ *n.m.* a kind of brown pigeon.

چِنتا /tʃɪnt̪ɑː/ ■ *n.f.* **1** worry, anxiety; care, concern, solicitude. **2** thought, consideration, reflection, recollection, attention. **3** risk, fear. **4** doubt, suspense.

چنتھل /tʃənt̪ʰəl/ ■ *n.m.* cunning, deception, chicanery.

چنٹ /tʃənʈ/ ■ *adj.* **1** cunning, crafty, artful. **2** miserly, greedy.

چُنّٹ /tʃʊnnəʈ/ ■ *n.f.* crimp, pleat, crease, puckering, ruffle, gather.

چِنٹا /tʃɪnʈɑː/ ■ *n.m.* (*var.* of چیونٹا) large black ant.

چنٹی /tʃənʈiː/ ■ *n.f.* (*dim.* of چانٹا) slap with two or three fingers.

چُنّٹیں /tʃʊnnəʈẽː/ ■ *n.f.* (*pl.* of چُنّٹ) creases, puckerings.

چملی /tʃəmliː/ ■ *n.f.* (*dim.* of چملا) beggar's small bowl.

چمن /tʃəmən/ ■ *n.m.* garden, flower garden; parterre; verdant or flourishing place. چمن آرا رپیرا رطراز gardener. چمن آرائی رپیرائی رطرازی gardening. چمن آسا garden like. چمن بندی کرنا lay out a garden. چمنِ دہر (*fig.*) terrestrial abode; earth. چمن زار lush garden, verdant meadow.

چمنستان /tʃəmənɪst̪ɑːn/ ■ *n.m.* **1** flower garden. **2** (*fig.*) lovely place.

چمنی /tʃəməniː/ ■ *adj.* of or relating to a parterre or flower-bed.

چِمنی /tʃɪmniː/ ■ *n.f.* **1** chimney, a glass tube protecting the flame of a lamp. **2** a vertical pipe which conducts smoke up from a fire or furnace. [E]

چموٹا /tʃəmoːʈɑː/ ■ *n.m.* **1** strop, a strip of leather for sharpening razor. **2** leather pad to protect leg. **3** (*fig.*) fool, blockhead.

چموٹی /tʃəmoːʈiː/ ■ *n.f.* (*dim.* of چموٹا) small strap of leather.

چمّورانی /tʃəmmoː rɑːniː/ ■ *n.f.* children's game like hop, skip and jump.

چموڑا /tʃəmoːɽɑː/ ■ *n.m.* a leather-covered small hand hookah.

چمُوکن /tʃəmuːkən/ ■ *n.m.* louse tick.

چمُونا /tʃəmuːnɑː/ ■ *n.m.* a very small bird found in many colours.

چمی /tʃəmiː/ ■ *adj.* **1** real, true. **2** significant.

چُمّی /tʃʊmmiː/ ■ *n.f.* (also چُمّا) kiss.

چمیٹا /tʃəmeːʈɑː/ ■ *n.m.* (also چپیٹا) slap; box, blow, thump.

چمیلی /tʃəmeːliː/ ■ *n.f.* jasmine. See چنبیلی.

چُن /tʃʊn/ ■ (*imper.* of چُننا) select. چن چن کر رکے selectively. چن چن کے نام رکھنا rebuke, accuse, admonish.

چنا /tʃənɑː/ ■ *n.m.* chana, an edible pulse of the *Leguminosae* family, *Cicer arietinum*, gram, chickpea. چنا جور گرم hawker's call who sells boiled spicy chickpeas.

چُنا /tʃʊnɑː/ ■ *adj.* **1** picked, elected, selected; gathered. **2** arranged, laid out (food). **3** plaited or crimped (cloth). چنا ہوا **1** plaited. **2** laid out (food). (*fem.* چُنی)

چُنّا /tʃʊnnɑː/ ■ *n.m.* (*var.* of چُنیا) small, lovely kid; used in comp. as: چنّا منّا. (*fem.* چُنّی)

چنار /tʃənɑːr/ ■ *n.m.* (also چنار) poplar, a tall, straight and

چنٹیں ڈالنا make pleats or creases in cloth, pucker.

چنچر /tʃəntʃər/ ■ *n.f.* (also چڑ) land left unsown for several years.

چنچل /tʃəntʃəl/ ■ *adj.* **1** playful, lively, teasing. **2** restless. **3** fickle, unreliable. چنچل پن archness.

چنچلاہٹ /tʃəntʃəla:həṭ/ ■ *n.f.* **1** restlessness. **2** playfulness. **3** fickleness.

چُنچل کورا /tʃʊntʃəl ko:ra:/ ■ *n.m.* (also چنچل کورہ) a pot-herb with round leaves ending in a spike and violet flowers.

چنچنا /tʃɪntʃɪna:/ ■ *adj.* peevish, fretful, cross.

چُنچنا[1] /tʃʊntʃʊna:/ ■ *n.m.* (also چُنُونا) ascarid, threadworm. [Prk.]

چُنچنا[2] ——— ■ *adj.* ill-tempered, whiny. [Prk.]

چنچنانا /tʃɪntʃɪna:na:/ ■ *v.* **1** fret, be cross or annoyed, be irritated. **2** be restless. **3** whine.

چنچنی /tʃɪntʃɪni:/ ■ *adj.* (*fem* of چنچنا). ■ *n.f.* woman with shrill and whining voice.

چُنچنے /tʃʊntʃʊne:/ ■ *n.m.* (*pl.* of [1]چُنچنا) (also چُنُونے) parasitic worms of genus *Ascaris* infesting the intestines, ascarids. چنچنے لگنا **1** have ascarids. **2** (*coll.*) be restless or peevish, fret.

چند /tʃənd̪/ ■ *adj.* a few, some; sundry; several. چند بار a few times. چند در چند several, excessive, manifold. چند روز کا مہمان about to die, near death. چند روزہ temporary, transient, transitory, short-lived, lasting for a few days. چند سری حکومت oligarchy. چند شوہری نظام polyandry.

چندا[1] /tʃənd̪a:/ ■ *n.m.* (*dim.* of چاند) moon. چندا ماما، ماموں **1** (*coll.*) moon, often used in nursery rhymes. **2** dear, darling (remark used for beloved, offspring or children). [S]

چندا[2] ——— ■ *n.m.* offertory. See چندہ. [P]

چُندا /tʃʊnd̪a:/ ■ *adj.* bleary-eyed. See چُندھا.

چنداں /tʃənd̪ã:/ ■ *adv.* **1** so much, as much, so great. **2** not much. **3** rather. چنداں ضروری نہیں not so necessary. چنداں کہ as much as; whatever; although, notwithstanding that. چنداں مضائقہ نہیں (it is) of no great consequence, (there is) little harm in it.

چندانہ /tʃənd̪a:na:/ ■ *adj.* sundry, miscellaneous. ■ *n.m.* variety of petty taxes levied by the Mogul government on showmen, musicians, sundries, etc.

چنداوُل /tʃənd̪a:vʊl/ ■ *n.m.* (also چنڈاول) rear echelons or rearguard of an army.

چند بجار /tʃənd̪bɪdʒa:r/ ■ *n.m.* cultivable piece of land surrounded by barren land; oasis.

چندر /tʃənd̪r/ ■ *n.m.* (also چندر) **1** the moon. **2** (*fig.*) beautiful. چندر بدن with body like that of the moon goddess, gorgeous. چندر بنسی /ونسی /ونشی **1** descendant of the moon, name of a tribe of Kshatriyas who claim descent from the moon. **2** lunar race, Rajput. چندر کلا **1** sixteenth part of the lunar diameter. **2** name of an ornament. **3** a kind of drum. چندر گرہن lunar eclipse. چندر ماں moon. چندر مکھ face as bright and beautiful as the moon. چندر مکھی /روتی **1** moon flower. **2** (*fig.*) lovely.

چندرا /tʃənd̪ra:/ ■ *n.m.* (also چندلا) **1** completely bald person. **2** wise man. ■ *adj.* unfortunate, wretch, miserable, poor.

چندرانا[1] /tʃənd̪ra:na:/ ■ *v.* pretend to be baffled or ignorant. [S]

چندرانا[2] ——— ■ *v.* (a tree) to be withered. [S]

چندرائی /tʃənd̪ra:i:/ ■ *n.f.* connivance; pretending ignorance.

چندرِکا /tʃənd̪rɪka:/ ■ *n.f.* **1** moonlight, moonbeams. **2** cardamoms.

چندر ہار /tʃənd̪r ha:r/ ■ *n.m.* (also چندن ہار) necklace composed of moon-shaped pieces of gold.

چُندری /tʃʊnd̪ri:/ ■ *n.f.* (also چُنری) particoloured or multicoloured sari or dupatta.

چند گیرا /tʃənd̪gi:ra:/ ■ *n.m.* hydra.

چندلا /tʃənd̪la:/ ■ *adj.* bald. چندلا پن baldness.

چندن[1] /tʃənd̪ən/ ■ *n.m.* **1** the moon. **2** clean and tidy. **3** silver. [S]

چندن[2] ——— ■ *n.m.* (also صندل، چندل) **1** sandal tree or its wood. **2** mark made with red sandal on the forehead. [S]

چندوا /tʃənd̪va:/ ■ *n.m.* (also چندوہ) **1** small canopy, awning. **2** the crown (of cap, cowl, hat, etc.). **3** shaft of a ploughshare.

چندولا /tʃə̃d̪o:la:/ ■ *n.m.* (*dim.* of چاند) small moon. ■ *adj.* (as a term of endearment) moon-like.

چندہ /tʃənd̪a:/ ■ *n.m.* (also [2]چندا) monetary help, subscription or contribution to a cause or for a purpose, offertory. چندہ دینا contribute or subscribe money (to a cause). چندہ کرنا raise a subscription. چندہ لینا solicit contribution. چندہ مانگنا ask for a monetary contribution.

leaves, used as spice, garden cress, *Lepidium sativum*. (See also رائی.)

چٹک /tʃəʈək/ ■ *n.f.* the bursting of the husk or shell of a seed due to heat of the sun.

چنک /tʃɪnək/ ■ *n.f.* (also چننک) burning sensation while urinating; gonorrhoea. چنک بائی (also چنگ باؤ) rheumatic pain.

چٹکنا /tʃəʈəknɑ:/ ■ *v.* **1** burst and fall out (seed from the husk). **2** be irritated.

چنگ /tʃəŋg/ ■ *n.m.* **1** harp; lute. **2** claw, grip. **3** paper kite with small cymbals attached. **4** (***Cards***) a trick in the parlour game called *ganjfa* (گنجفہ). چنگ باؤ rheumatic or outer pain in the back or a limb. چنگ نواز harpist. چنگ نوازی playing a harp.

چُنگ /tʃʊŋg/ ■ *n.m.* parcel, bunch, bundle, sheaf.

چنگا /tʃəŋgɑ:/ ■ *adj.* **1** sound, good; healthy, cured. **2** true, pure. چنگا بنانا set right, correct (one's ways). چنگا بھلا in health and vigour, good, hale and hearty, safe and sound. چنگا کرنا cure, restore to health. (*fem.* چنگی)

چِنگاری /tʃɪŋgɑ:ri:/ ■ *n.f.* (also چنگی) **1** spark. **2** firebrand. چنگاری چھوڑ نا رڈالنا sow discord, create mischief, start a rumour, foment strife. چنگاری لگانا set fire to, inflame. چنگاری لگانے والا (*fig.*) miscreant, mischief-maker.

چنگال /tʃəŋgɑ:l/ ■ *n.m.* **1** clow, talon. **2** fork.

چنگڑ /tʃəŋgəɽ/ ■ *n.m.* ill mannered people, low-caste persons, scavengers.

چِنگڑی /tʃɪŋgɽi:/ ■ *n.m.* (also چنگری) shrimp, prawn. (See also جھینگا.)

چنگل /tʃəŋgʊl/ ■ *n.m.* (also چنگال) **1** claw of a hunting animal; talon of a bird. **2** grasp, grip, clutch; hook. چنگل بھر a handful. چنگل مارنا clutch, grasp. چنگل میں آجانا be trapped.

چنگلوک /tʃəŋglu:k/ ■ *n.m.* stick or reel on which thread is wound preparatory to spinning. (See also اٹیرن.)

چِنگنا /tʃɪnəgnɑ:/ ■ *v.* **1** prick, throb, smart, shoot (with pain). **2** be inflamed. **3** cry, squeak, screech.

چنگور /tʃəŋgu:r/ ■ *adj.* very good, fine, excellent.

چِنگی /tʃɪŋgi:/ ■ *n.f.* spark. See چنگاری.

چُنگی /tʃʊŋgi:/ ■ *n.f.* toll, octroi duty, cess, import duty, town duties. چنگی پینٹھ market or fair held on condition of giving a small portion of each saleable article to

چندی /tʃənḍi:/ ■ *n.f.* free ration, stipend or allowance, etc.

چِندی /tʃɪnḍi:/ ■ *n.f.* small piece of rag. چندی چندی کرنا tear to pieces, reduce to fragments.

چندے /tʃənḍe:/ ■ *adv.* **1** a while, for a short while. **2** a few, a little, some. چندے آفتاب چندے ماہتاب (*fig.*, *poet.*) extremely beautiful (person). چندے بعد in due course, a short while later, after some time.

چندیا /tʃənḍɪjɑ:/ ■ *n.m.* a deep place, pit.

چندیا /tʃənḍjɑ:/ ■ *n.f.* **1** the crown of the head; pate. **2** a small-sized bread or roti. چندیا پر ایک بال نہ چھوڑنا rob someone clean. چندیا کھجانا invite trouble. چندیا کھجلانا sarcastic remark when someone does or says something punishable.

چِندیاں /tʃɪnḍɪjɑ̃:/ ■ *n.f.* (*pl.* of چندی) چندیاں لے ڈالنا scold severely.

چندیری /tʃə̃ḍe:ri:/ ■ *n.f.* a very fine cotton cloth prepared in Chanderi (a village of India).

چُندھا /tʃʊnḍʰɑ:/ ■ *adj.* (also چُندا، چوندھا) dim sighted, bleary-eyed, purblind; small-eyed. ■ *n.m.* one whose eyes are too weak to bear daylight. (*fem.* چُندھی)

چُندھلانا /tʃʊnḍʰlɑ:nɑ:/ ■ *v.* **1** see through bleary eyes, be dazzled by excess of light. **2** light to dim.

چُندھے /tʃʊnḍʰe:/ ■ *adj.* (*pl.* & *infl.* of چُندھا) bleary-eyed. چندھے دیدے small eyes, beady eyes.

چُندھیانا /tʃʊnḍʰjɑ:nɑ:/ ■ *v.* (also چوندھیانا) **1** dazzle; be dazzled; be purblind, see dimly. **2** (*fig.*) (i) be taken aback. (ii) be at one's wit's ends.

چنڈال /tʃənḍɑ:l/ ■ *n.m.* (also چنڈار، چنڈال) **1** (***Hinduism***) lowest caste or a member of this caste; low-born, wretch, an outcast. **2** miser. **3** miscreant, diabolical creature. ■ *adj.* base. چنڈال چوکڑی group of miscreants or of naughty boys.

چنڈو /tʃənḍu:/ ■ *n.m.* (also چانڈو) chandoo, chandu, opium extract smoked in a clay pipe, smoking opium. چنڈوباز opium smoker. چنڈو پینا smoke opium. چنڈوخانہ opium (smoking) den.

چنڈول /tʃənḍu:l/ ■ *n.m.* crested lark, *Galerida cristata*.

چنڈول /tʃənḍo:l/ ■ *n.m.* **1** sedan. **2** a clay toy. **3** earthen pot.

چُنری /tʃʊnri:/ ■ *n.f.* particoloured dupatta. See چُندری.

چُنریا /tʃʊnərjɑ:/ ■ *n.f.* (*dim.* of چُنری).

چنسر /tʃənsʊr/ ■ *n.m.* a kind of plant with pungent edible

چُنیا /tʃʊnjɑ:/ ■ *adj.* small, diminutive. چنیا بطخ a kind of small duck. چنیا بیگم (*fig.*) opium. چنیا سا wee, very small.

چنیادا /tʃənɪjɑ:d̪ɑ:/ ■ *n.m.* land under the crop of gram or chickpea.

چُنیدہ /tʃʊni:d̪ɑ:/ ■ *adj.* (also چُنندہ) chosen, elected, selected, exclusive; gathered.

چُنیں /tʃʊnĩ:/ ■ *adj.* like this, such, thus.

چِنھ /tʃɪnʰ/ ■ *n.m.* **1** trace; spot, scar, mark, sign, token; symptom, symbol, badge. **2** feature, characteristic. **3** signature. **4** print (of a foot, etc.). **5** figure. چنھ چڑھانا mark, brand, stigmatize.

چو /tʃɔ:/ ■ *adj.* four. ■ *prefix* denoting four. چوآنس four times ploughed land. چوبغلا the gusset covering the joint of cloak or gown under the armpit. چوبندی **1** enclosure, boundary wall. **2** giving a horse new shoes. چوبولا verse of four lines. چوپتی pamphlet; pocketbook. چوپہل four-sided. چوپہیا four-wheeld cart. چوراہا، چورنگی crossroads. چورس **1** level, plane. **2** four-sided. چورنگا of four colours. چوکور square, rectangular. چوکھونٹ **1** four quarters. **2** whole world. چوکھونٹا quadrangular. چوگنا four times, fourfold. چوگوشی **1** four-cornered cap. **2** an animal whose ears are slit (particularly a horse). چوگھڑا raft or float supported on four or more earthen pitchers. چوماسا four months of the rainy season. چومکھا having four faces. چومکھی لڑنا fight on all fronts, fight all enemies at the same time. چوہٹا market at crossroads.

چُوا /tʃʊvɑ:/ ■ *n.m.* (also چویا) an unguent or fragrant paste of four ingredients, viz. sandal, agallochum, saffron and musk.

چوّا /tʃəvvɑ:/ ■ *n.m.* **1** aggregate of four. **2** quadruped. **3** (***Cards***) four of any suit. **4** (***Sports***) (in cricket) a boundary scoring four runs. **5** four-fingers' breadth, hand-breadth. **6** skein of silver thread. **7** pod. **8** skin of any kind of pulse. چواڈھیری a gambling game played with cowries.

چُوال /tʃʊvɑ:l/ ■ *n.m.* the jaw.

چوالیس /tʃəvɑ:li:s/ ■ *cardinal number* forty-four.

چوالیسواں /tʃəvɑ:li:svɑ̃:/ ■ *ordinal number* forty-fourth.

چُوان /tʃʊvɑ:n/ ■ *n.m.* **1** dripping; windfall (fruit). **2** a pit or tank into which water collects, reservoir; cistern. چوان کھائی deep ditch with water spring at the bottom.

the landowner. چنگی محرر octroi clerk. چنگی ناکہ toll post, toll gate.

چنگیر /tʃəŋge:r/ ■ *n.f.* (also چنگیری) tray, straw tray or basket for bread or roti.

چنگیرا /tʃəŋge:rɑ:/ ■ *n.m.* (*aug.* of چنگیر) a large basket.

چنگیز /tʃəŋge:z/ ■ *pr.n.m.* (also چنگیز خان) a Mongol king famous for his tyranny and ruthlessness, Genghis Khan. چنگیز خانی (*fig.*) **1** tyranny, brutality, ruthlessness in that tradition. **2** despotic rule.

چِنگھاڑ /tʃɪŋgʰɑ:ɽ/ ■ *n.f.* trumpeting; roar. چنگھاڑ مارنا (of an elephant) roar; trumpet.

چِنگھوٹیاں /tʃɪŋgʰɔ:ʈjɑ̃:/ ■ *n.f.pl.* crabbed writing, childish handwriting.

چُنلی مٹّی /tʃʊnli: mɪʈʈi:/ ■ *n.f.* potter's clay, clay.

چُنمناہٹ /tʃʊnmʊnɑ:həʈ/ ■ *n.f.* tingling sensation.

چُننا /tʃʊnnɑ:/ ■ *v.* **1** choose, pick, gather, select. **2** arrange, lay, lay bricks. **3** clean food grains by picking out chaff. **4** make pleats, creases (in cloth).

چُنندہ /tʃʊnɪnd̪ɑ:/ ■ *adj.* (also چُنیدہ) selected, chosen.

چِننگ /tʃɪnəŋg/ ■ *n.f.* burning sensation. See چِنک.

چَنواں /tʃənvɑ̃:/ ■ *n.m.* small species of millet.

چُنواں /tʃʊnvɑ̃:/ ■ *adj.* selected, chosen, picked.

چُنوانا /tʃʊnvɑ:nɑ:/ ■ *v.* **1** have a wall built up, have a doorway sealed with bricks. **2** cause to be gathered or picked.

چُنوائی /tʃʊnvɑ:i:/ ■ *n.f.* **1** price paid for picking, etc. **2** cost of bricklaying, mason's wage.

چُنوتی /tʃʊnɔ:t̪i:/ ■ *n.f.* **1** provocation, challenge. **2** folding, pleating, pleat.

چُنوٹی /tʃʊnɔ:ʈi:/ ■ *n.f.* (also چُنَیٹی) small box for lime paste eaten with betel-leaf or tobacco.

چنور /tʃə̃vər/ ■ *n.m.* (also چونری، چنوری، چوری) fly-whisk of peacock feathers, fan of feathers.

چُنونے /tʃʊnu:ne:/ ■ *n.m.pl.* ascarids, threadworms.

چنی /tʃəni:/ ■ *n.f.* (*dim.* of چنا) small species of chickpea.

چِنّی /tʃɪnni:/ ■ *n.f.* very small paper kite.

چُنّی /tʃʊnni:/ ■ *n.f.* **1** small ruby. **2** small dupatta. چنی منی small girl, wee girl.

چنے /tʃəne:/ ■ *n.m.* (*pl.* & *infl.* of چنا) gram. چنے بھوننا **1** roast or parch like gram. **2** (*fig.*) destroy (as with a volley).

چُنے /tʃʊne:/ ■ *adj.* (*pl.* & *infl.* of چُنا) selected, picked.

containing twenty-four villages inhabited or occupied by a particular tribe.

چوبیسواں /tʃo:bi:svɑ̃:/ ■ *ordinal number* twenty-fourth.

چوبیں /tʃo:bĩ:/ ■ *adj.* wooden. See چوبی.

چوبھا /tʃo:bʰɑ:/ ■ *n.m.* post. See چوبا.

چوپال /tʃo:pɑ:l/ ■ *n.f.* (also چوپاڑ) a kind of summer-house or pavilion, generally built jointly as a common resting place; village pavilion, rural club house, villagers' meeting place. ■ *adj.* quadrilateral.

چوپالا /tʃo:pɑ:lɑ:/ ■ *n.m.* sedan; litter.

چوپان /tʃo:pɑ:n/ ■ *n.m.* shepherd, cowherd.

چوپانی /tʃo:pɑ:ni:/ ■ *n.f.* shepherd's profession, herding.

چوپائی /tʃo:pɑ:i:/ ■ *n.f.* **1** a kind of metre or verse consisting of four short lines in Hindi poetry. **2** a singing party in the Holi season.

چوپایہ /tʃo:pɑ:jɑ:/ ■ *n.m.* quadruped, four-footed animal.

چوپٹ /tʃo:pəʈ/ ■ *adj.* **1** ruined, destroyed, levelled, razed. **2** open all round, wide open; flat. **3** blockhead, dunce. ■ *n.f.* desolate place, ruin, waste. چوپٹ کرنا damage, ruin, mar.

چوپٹّی /tʃo:pəʈʈi:/ ■ *n.f.* **1** small tract. **2** open space.

چوپڑ /tʃo:pəɽ/ ■ *n.f.* (also چوپر، چوسر) **1** a game of dice or cowries. **2** dice board or the cloth on which the game is played.

چوپڑی /tʃo:pɽi:/ ■ *n.f.* **1** book; account book. **2** class (of school).

چوپنا /tʃo:pnɑ:/ ■ *v.* throw water on a field from a bucket, to water, irrigate.

چوت /tʃu:t̪/ ■ *n.f.* (*offens.*) vulva, cunt, pussy, private part of a woman.

چوتالا /tʃo:t̪ɑ:lɑ:/ ■ *n.m.* (also چوتالہ) a beat in music.

چوتالی /tʃo:t̪ɑ:li:/ ■ *n.f.* combed and carded cotton.

چوتڑ /tʃu:t̪əɽ/ ■ *n.m.* buttocks, rump, backside, bum. چوتڑ بجانا (*fig.*) celebrate, exult. چوتڑ پیٹنا (*fig.*) lament, grieve, bewail. چوتڑ دکھانا (*fig.*) to turn tail.

چوتڑوں /tʃu:t̪ɽõ:/ ■ *n.m.* (*pl.* of چوتڑ) چوتڑوں پر پیاز کترنا (*fig.*) deal a raw hand, cheat.

چوتڑیوں چلنا /tʃu:t̪əɽjõ: tʃəlnɑ:/ ■ *v.* crawl, slither on the hams.

چوتیا /tʃu:t̪ɪjɑ:/ ■ *adj.* (*vulg.*) foolish, silly, stupid. ■ *n.m.* fool, dimwit, blockhead, dunce, idiot. چوتیا پن / پنتی / پنتھی

چتانا /tʃɪvɑ:nɑ:/ ■ *n.m.* place for cremation, the Hindu crematorium, a ghat or riverbank where the Hindu dead are cremated.

چوانا /tʃʊvɑ:nɑ:/ ■ *v.* (also چلانا) to let drip, instil drop by drop, cause to drip or distil; filter.

چواؤ /tʃəvɑ:o:/ ■ *n.m.* report, mention; story, account.

چواؤ /tʃʊvɑ:o:/ ■ *n.m.* **1** dripping of some liquid. **2** spring, fountain, cascade.

چوب /tʃo:b/ ■ *n.f.* **1** wood, timber. **2** pole (of tent), post. **3** mace, club, staff. **4** drumstick. **5** inflammation or redness of the eye. چوب بندی wooden cage. چوب چینی plant root having a sweet taste, used as a medicine; rootstock of *Smilax china*. چوبِ خط/قلم large or bold writing. چوبِ خلال toothpick. چوب خوار termite. چوب دار chobdar, herald, usher, doorman; mace-bearer.

چوبا /tʃo:bɑ:/ ■ *n.m.* Brahman versed in the four Vedas.

چوبا /tʃo:bɑ:/ ■ *n.m.* (also چوبہ، چوبھا) **1** post, stake. **2** iron peg. **3** dish of rice mixed with coconut, dates and almonds; boiled rice with cloying butter oil and sugar presented at betrothal.

چوبارا /tʃo:bɑ:rɑ:/ ■ *n.m.* (also چوبارہ) **1** top room of a house with windows on all four sides, topmost storey of a house. **2** penthouse; summer house; shed; assembly room (of a village); gazebo or pavilion serving as a common assembly-room or lounge; hall of a village court.

چوبائی /tʃo:bɑ:i:/ ■ *n.f.* wind blowing from all four sides.

چوبچّہ /tʃo:bətʃtʃɑ:/ ■ *n.m.* a small tank beside a well to catch spilled water, drainage or sewage pit.

چوبدستی /tʃo:bd̪əst̪i:/ ■ *n.f.* (also چوب دستی) walking stick; baton; swagger stick, staff.

چوبک /tʃo:bək/ ■ *n.f.* (*dim.* of چوب) drumstick; little stick.

چوبکار /tʃo:bkɑ:r/ ■ *n.m.* (also چوب کار) wood carver, carpenter, wood engraver.

چوبکاری /tʃo:bkɑ:ri:/ ■ *n.f.* (also چوب زنی، چوب کاری) carving or engraving on wood, carpentry.

چوبی /tʃo:bi:/ ■ *adj.* (also چوبیں) wooden, made of wood.

چوبیس /tʃo:bi:s/ ■ *cardinal number* twenty-four. چوبیس گھڑی رگھنٹے throughout the day and night, always, all the time, twenty-four hours.

چوبیسا /tʃo:bi:sɑ:/ ■ *n.m.* (also چوبیسہ) tract of country

چوٹا² ——— ■ *n.m.* topknot or back-knot of hair. [S]

چوٹّا /tʃo:ʈʈɑ:/ ■ *n.m.* (also چوٹا) petty thief, pilferer.

چوٹل /tʃo:ʈəl/ ■ *adj.* bruised, injured.

چُوٹی /tʃu:ʈi:/ ■ *n.f.* ant. See چِیونٹی.

چوٹی /tʃo:ʈi:/ ■ *n.f.* **1** mountain; top, peak, apex, pinnacle, summit. **2** pigtail, a plaited lock of hair worn by women at the back; lock or wisp of hair on the crown of a Hindu's head. **3** a bird's crest. چوٹی آسمان پر گھسنا **1** be proud or haughty. **2** be ambitious, have high aims. چوٹی تراشنا/کترنا subdue, overcome, overpower, make helpless. چوٹی دار/والا tapering upward; crested; having a peak, peaked, with a pyramidal top; (filled) to the top. چوٹی دینا be compelled or subdued. چوٹی کا **1** the highest, topmost. **2** the best, excellent; pre-eminent. چوٹی کا آدمی topmost man. چوٹی کاٹنا insult, disgrace, dishonour; punish. چوٹی کا ہونا excel, be pre-eminent or unrivalled. چوٹی کٹ one under control or subjection, slave, captive. چوٹی کٹانا/کٹوانا be under subjection, be obedient, be a slave (refers to an ancient custom of forcing men of conquered territories to have their locks of hair cut off). چوٹی کرنا/گوندھنا braid or interweave the hair. چوٹی کے لوگ eminent people, the elite. چوٹی ہاتھ میں آنا have power over one, subdue (a person or a female ghost or evil spirit).

چوٹّی /tʃo:ʈʈi:/ ■ *n.* (*fem.* of چوٹّا) (also چوٹی) چوٹی بلی رکتیا جلیبیوں کی رکھوالی a thief guarding a treasure.

چوٹیا /tʃo:ʈ jɑ:/ ■ *n.m.* handle of a drill.

چوٹیانا /tʃo:ʈ jɑ:nɑ:/ ■ *v.* hurt, injure, wound.

چوٹیلا /tʃo:ʈi:lɑ:/ ■ *adj.* (also چٹیل) bruised, injured.

چوج /tʃo:dʒ/ ■ *n.m.* **1** wonder, marvel. **2** subtleness, delicacy, nicety, subtlety, fineness; grace, beauty. **3** wit, wisdom. **4** excellence, merit. **5** trick, prank, artfulness, fraud. **6** ardent desire, ardour, eagerness, longing, fondness.

چوجی /tʃo:dʒi:/ ■ *adj.* **1** subtle, delicate, fine, nice. **2** strange, unique.

چوچ /tʃo:tʃ/ ■ *n.m.* **1** bark, rind; skin, hide. **2** uneatable part of a fruit. **3** plantain.

چوچر /tʃo:tʃər/ ■ *n.f.* (also چچر) **1** blockhead, simpleton, fool, dunce. **2** a cow that is nearly dry.

چوچلا /tʃo:tʃlɑ:/ ■ *n.m.* coquetry. See چونچلا.

foolishness, silliness, ineptitude. چوتیا چکر foolish preoccupation. چوتیا شہید man suffering from excessive indulgence in sex.

چوتھ /tʃɔ:t̪ʰ/ ■ *n.f.* **1** the fourth day of the lunar month. **2** the fourth part, one-fourth of the produce levied as tax. **3** court fee levied from winning party. **4** (***Hist.***) quarter of earning extorted by the Marhata freebooters from all and sundry in eighteenth century India. **5** (*fig.*) extorted money. چوتھ وصول کرنا extort money.

چوتھا /tʃɔ:t̪ʰɑ:/ ■ *ordinal number* fourth.

چوتھائی /tʃɔ:t̪ʰɑ:i:/ ■ *adj.* (also چوتھیائی) one-fourth.

چوتھی /tʃɔ:t̪ʰi:/ ■ *adj.* (*fem.* of چوتھا). ■ *n.f.* bride's first visit to her parents' house on the fourth day after marriage. چوتھی چالا feast on this occasion.

چوتھے /tʃɔ:t̪ʰe:/ ■ *adj.* (*pl. & infl.* of چوتھا). ■ *adv.* in the fourth place, fourthly. چوتھے پانچویں occasionally, every fourth or fifth day. چوتھے فلک پر دماغ ہونا be arrogant or haughty.

چوتھیا¹ /tʃɔ:t̪ʰjɑ:/ ■ *n.m.* receiver of *choth* (چوتھ) or the landlord's share of produce where rents are paid in kind. [S]

چوتھیا² ——— ■ *adj.* (fever) of every fourth day. ■ *n.m.* such fever. [S]

چوٹ /tʃo:ʈ/ ■ *n.f.* **1** hurt, bruise, injury. **2** shock, blow, stroke. **3** damage, loss. **4** rivalry. **5** taunt, sneer. چوٹ آنا be hurt, be wounded. چوٹ باندھنا **1** bind up the edge of a sword. **2** to restrain by magic. **3** defend. چوٹ پر چوٹ one misfortune after another. چوٹ پڑنا **1** get hurt, injured or damaged. **2** get shocked. چوٹ پھیٹ/پھینٹ/چپیٹ injury, hurt; blow. چوٹ دینا **1** defraud, swindle, cheat; inflict loss. **2** beguile. چوٹ سہنا endure an injury, blows or loss. چوٹ کرنا **1** taunt, hurt. **2** cast a spell. **3** wound. چوٹ کھانا **1** be hurt. **2** receive a blow, suffer loss. چوٹ کھایا injured, bad. چوٹ لگانا hurt, injure, beat, bruise. چوٹ لگنا be hurt, feel pain sorrow or disappointment, receive an injury.

چوٹا¹ /tʃo:ʈɑ:/ ■ *n.m.* discount or premium (independent of interest). [S]

چوٹا² ——— ■ *n.m.* treacle, molasses, the residue of crude sugar. [S]

چوچل ہائی /tʃo:tʃəlha:i:/ ■ *adj.* (also چونچل ہائی) coquettish.

چوچھاتا /tʃo:tʃʊha:ʈa:/ ■ *adj.* (also چچھاتا) shining, bright; red (colour).

چُوچی /tʃu:tʃi:/ ■ *n.f.* breast, nipple, teat. چوچی پیتا **1** suckling, a baby in arms. **2** (*iron.*) ignorant; unknowing. چوچی پینا suckle, take the breast.

چُوچیوں /tʃu:tʃɪjõ:/ ■ *n.f.* (*pl. & infl.* of چُوچی) چوچیوں میں ہاڑ ٹٹولنا try to squeeze a stone, try to draw blood from stone, seek impossible.

چوداپیٹی /tʃo:da: pi:ʈi:/ ■ *n.f.* (*offens.*) sexual intercourse, sexual orgy.

چودانی /tʃɔ:d̪a:ni:/ ■ *n.f.* a rustic ear ornament having four pearls.

چودس /tʃɔ:d̪əs/ ■ *n.f.* (also چودش) the fourteenth day of lunar fortnight.

چودنا /tʃo:d̪na:/ ■ *v.* (*offens.*) copulate, fuck, have sexual intercourse (with a woman), to screw.

چودہ /tʃɔ:d̪a:/ ■ *cardinal number* fourteen. چودہ خانوادے the fourteen non-hereditary Muslims mystical lineages. چودہ طبق (***Islam***) seven levels or stages of the heavens and seven of the earth. چودہ طبق روشن ہوجانا **1** be shocked; be taken aback. **2** be enlightened, become wise. چودہ معصوم، معصومین the Prophet, his daughter Fatima and the twelve Imams, according to the Shiite tradition.

چودھر /tʃɔ:d̪ʰər/ ■ *adj.* stout, corpulent, sturdy, robust, vigorous; active.

چودھرانی /tʃɔ:d̪ʰra:ni:/ ■ *n.f.* (also چودھرائن) wife of a چودھری, woman of a village head's family.

چودھراہٹ /tʃɔ:d̪ʰra:həʈ/ ■ *n.f.* (also چودھراٹ) **1** headman's office, chieftainship, being a landlord or boss. **2** (*fig.*) (i) obduracy. (ii) overlordship.

چودھری /tʃɔ:d̪ʰri:/ ■ *n.m.* (also چوہدری) head of a trade or village, boss, chief, an honorific title for landlords.

چودھواں /tʃɔ:d̪ʰvã:/ ■ *ordinal number* fourteenth.

چودھِویں /tʃɔ:d̪ʰvĩ:/ ■ *adj.* (*fem.* of چودھواں) چودھویں رات fourteenth night of the lunar month. چودھویں کا چاند **1** full moon. **2** (*fig.*) beautiful with face as bright as full moon.

چوڈول /tʃo:ɖo:l/ ■ *n.m.* a kind of sedan with two poles.

چَور /tʃəvər/ ■ *n.m.* land ploughed four times.

چَور /tʃɔ:r/ ■ *n.m.* a large open space in a forest, a large tract of low land. [dial.]

چَور[2] ____ ■ *n.m.* a high quality wood of oak species. [Pj.]

چُور /tʃu:r/ ■ *n.m.* (also چُورا) powder, dust; filings; crumbs. ■ *adj.* **1** bruised, powdered. **2** tired, exhausted, worn out. **3** intoxicated. چور چور **1** in pieces, in bits, broken in pieces. **2** bruised, injured. چور کرنا break into pieces. چورگوٹ powder. چور ہونا **1** be broken into pieces. **2** be tired.

چور /tʃo:r/ ■ *n.m.* thief, pilferer. ■ *adj.* **1** hidden, secret. **2** deceptive. چور اُچکّا thief, one without lawful means of livelihood, bad character. چور بازار black market. چوربازاری black marketing. چوربازاریا black marketeer. چوربالو quicksand. چوربدن not visibly fat, deceptive appearance. چوربیٹھنا nurse a fear or distrust. چوربھورہوجانا be surprised. چور پر مور stealing from the thief, cheating a cheater. چور پڑنا breaking into a house, thieving, stealing. چور پہرہ secret surveillance, (army's) vanguard or reconnaissance party. چور تھانگ receiver of stolen goods. چور جیب secret pocket. چور چکار thief, looter. چور چوری سے جائے ہیرا پھیری سے نہ جائے a habit leaves its traces even after it is given up. چورخانہ secret drawer, room or receptacle. چوردروازہ secret or hidden door. چور ڈھور a thief caught with stolen property in his possession. چور راستہ secret passage, path or way, passage which ordinarily nobody knows of. چور زمین quicksand, bog, marsh. چورسوداگر dealer in contraband, smuggler. چور سے کہے چوری کر شاہ سے کہے تیرا گھر لٹا to run with the hare and hunt with the hounds. چور کا بھائی گرہ کٹ chips of the same block, birds of a feather flock together. چور کی داڑھی میں تنکا a guilty pricks the mind. چورلگور paramour of a woman, secret visitor. چورمحل **1** concubine, mistress. **2** palace for concubine. چورمنڈلی **1** band of thieves. **2** children's game. چورنظر، نگاہ covert or sly look. چوروچتر crafty thief; crafty person; headstrong. چورہٹیا shopkeeper who is receiver of stolen goods.

چُورا /tʃu:ra:/ ■ *n.m.* powder, crumbs. See چور. چورا کرنا break into small bits, crumble.

چَوراسی /tʃɔ:ra:si:/ ■ *cardinal number* eighty-four. چوراسی بھوگنا (***Hinduism***) undergo all transmigrations as a punishment for sins.

چوراسیواں /tʃɔ:ra:si:vã:/ ■ (also چوراسی واں) *ordinal number*

چوڑی¹ /tʃu:ɽi:/ ■ *n.f.* (*dim.* of چوڑا¹) **1** bangles worn on forearm. **2** pleat, fold. **3** thread (of screw). چوڑی بٹھانا / بیٹھانا turn screw. چوڑی دار churidars, puckered, gathered, pleated. چوڑی ہارا bangle maker. [S]

چوڑی² ——— ■ *n.* (*fem.* of چوڑا³) (also چوہڑی) female sweeper. [S]

چوڑیا /tʃu:ɽ jɑ:/ ■ *n.m.* striped cloth.

چوڑیاں /tʃu:ɽ jɑ̃:/ ■ *n.f.* (*pl.* of چوڑی¹) چوڑیاں پہننا / چڑھانا **1** wear bangles. **2** (of widow) remarry. **3** (*fig.*) become effeminate, lack manly qualities. چوڑیاں ٹھنڈی کرنا (of a woman on the death of her husband) break one's bangles.

چوز /tʃu:z/ ■ *n.m.* young hawk less than one year old that has not yet hunted.

چوزہ /tʃu:zɑ:/ ■ *n.m.* **1** chicken. **2** fledgling, young bird. **3** (*fig.*) young boy or girl. چوزہ باز (*offens.*) woman having young lover.

چوس /tʃɔ:s/ ■ *n.f.* land four times ploughed.

چوس /tʃu:s/ ■ (*imper.* of چوسنا) suck. ■ *suffix* sucking; used in comp. as: سیاہی چوس blotting paper. مکھی چوس miser. چوس ڈالنا suck dry. چوس نلی pump.

چوسٹھ /tʃɔ:səʈʰ/ ■ (*var.* of چونسٹھ) *cardinal number* sixty-four.

چوسر /tʃɔ:sər/ ■ *n.m.* (also چوپڑ) parlour game played with dice or cowries.

چوسرہ /tʃɔ:sərɑ:/ ■ *n.m.* (also چولڑا) necklace with four strings.

چوسنا /tʃu:snɑ:/ ■ *v.* **1** suck, lick. **2** absorb, drink in, imbibe. **3** exhaust, weaken.

چوغہ /tʃo:ɣɑ:/ ■ *n.m.* (also چوغا) cloak. See چُغہ.

چوک /tʃɔ:k/ ■ *n.m.* **1** chowk, square of a city, crossroads, crossing, main street or central thoroughfare of a city. **2** courtyard. **3** brothel. **4** aggregate of four. **5** a kind of ornament worn on head. چوک پورنا make a pattern of squares on the floor as a devotional ritual. چوک چکر traffic round about.

چوک¹ /tʃu:k/ ■ *n.f.* **1** inadvertent omission, error or mistake, failing. **2** oversight, miss. چوک جانا miss a chance. [S]

چوک² ——— ■ *n.m.* **1** acid, sourness. **2** sorrel, a sour edible plant, *Rumex acetosa.* **3** a medicine made of boiled lemon juice and pomegranates. **4** acidic spice used in gravy. ■ *adj.* sour, having an acid taste. [S]

eighty-fourth.

چورانوے /tʃɔ:rɑ:nve:/ ■ *cardinal number* ninety-four.

چورانویاں /tʃɔ:rɑ:nve:vɑ̃:/ ■ (also چورانوے واں) *ordinal number* ninety-fourth.

چوراہا /tʃɔ:rɑ:hɑ:/ ■ *n.m.* crossroads.

چورس /tʃɔ:rəs/ ■ *adj.* **1** level, plane, even. **2** four-sided, square. چورس زمین level land from all sides.

چورسا /tʃɔ:rəsɑ:/ ■ *n.m.* scraper, primitive wedge-shaped flint implement.

چورسی /tʃɔ:rəsi:/ ■ *n.f.* **1** act of levelling. **2** granary above ground.

چورما /tʃu:rmɑ:/ ■ *n.m.* (also چوری) **1** a sweet made of sugar, butter and crumbled bread. **2** small bits or pieces.

چورن /tʃu:rən/ ■ *n.m.* powder, digestive or carminative powder.

چورنا /tʃu:rnɑ:/ ■ *v.* crush to powder, crumble, break into fragments.

چوری /tʃəvəri:/ ■ *n.f.* (also چنور، چنوری) horsehair fly-whisk.

چوری /tʃu:ri:/ ■ *n.f.* See چورما.

چوری /tʃo:ri:/ ■ *n.f.* theft, thievery. چوری اور سرا سینہ زوری / منھ زوری insolence despite wrongdoing, effrontery, brazen or insolent behaviour. چوری پکڑنا **1** discover the theft. **2** find out some undisclosed or secret matter. چوری جانا be stolen; be lost. چوری چوری / چھپے stealthily, furtively, secretly, clandestinely. چوری کا مال stolen goods. چوری کرنا steal, pilfer, pinch, filch. چوری لگانا accuse (someone) of theft, call someone thief.

چوڑ /tʃo:ɽ/ ■ *n.m.* bodice, jacket.

چوڑا /tʃɔ:ɽɑ:/ ■ *adj.* broad, wide, expanded. چوڑا چکلا **1** wide, spacious, broad. **2** bulky, fat. چوڑا دیدہ immodest, unashamed; daring.

چوڑا¹ /tʃu:ɽɑ:/ ■ *n.m.* large bangle made of lac. [S]

چوڑا² ——— ■ *n.m.* (also چیوڑا) snack made of parched rice. [S]

چوڑا³ ——— ■ *n.m.* (also چوہڑا) sweeper, cleaner, scavenger. [S]

چوڑا /tʃo:ɽɑ:/ ■ *adj.* soaked, wet. ■ *n.m.* mud, mire, slush. چوڑا کرنا soak, wet, moisten.

چوڑانا /tʃɔ:ɽɑ:nɑ:/ ■ *v.* broaden, widen, expand, enlarge.

چوڑائی /tʃɔ:ɽɑ:i:/ ■ *n.f.* (also چوڑان) breadth, width.

چوڑی /tʃɔ:ɽi:/ ■ *adj.* (*fem.* of چوڑا).

or toll station. **5** duty, responsibility of vigilance. **6** a band or group of singers or qawwal **7** commode. **8** a kind of necklace. **9** service, obedience. **10** charm, magic. چوکی بٹھانا **1** keep a guard. **2** cast a spell on. چوکی بدلنا relieve a guard. چوکی پہرا watch and ward. چوکی دینا **1** watch, guard. **2** (of singer's band) sing. چوکی مار smuggler. چوکی مارنا smuggle.

چوکیدار /tʃɔ:ki:d̪ɑ:r/ ■ *n.m.* chowkidar, watchman, guard, sentinel.

چوکیدارا /tʃɔ:ki:d̪ɑ:rɑ:/ ■ *n.m.* (also چوکیدارہ) **1** the work of watchman. **2** tax collected to pay for watchmen.

چوکیداری /tʃɔ:ki:d̪ɑ:ri:/ ■ *n.f.* watch and ward; watchman's job.

چوکھا[1] /tʃɔ:kʰɑ:/ ■ *adj.* **1** unadulterated, clean, neat. **2** fine, good, excellent. **3** genuine, pure. **4** honest. **5** pleasing, delightful. **6** keen, sharp, clever. **7** pungent. چوکھا رنگ pure, sharp colour. [S]

چوکھا[2] ____ ■ *n.m.* mash made of boiled or fried vegetable. [dial.]

چوکھان /tʃɔ:kʰɑ:n/ ■ *n.m.* a place where four boundaries meet.

چوکھٹ /tʃɔ:kʰət̪/ ■ *n.f.* (also چوکٹ) **1** doorframe. **2** threshold. **3** sill and lintel of a door frame. **4** (*fig.*) entrance. چوکھٹ نہ جھانکنا never to go (somebody's home).

چوکھٹا /tʃɔ:kʰʈɑ:/ ■ *n.m.* **1** frame. **2** (*fig.*) face.

چوگا /tʃɔ:gɑ:/ ■ *n.m.* food of birds. چوگا بدلنا caress like doves, etc. by joining bills. چوگا دینا feed the young.

چوگان /tʃɔ:gɑ:n/ ■ *n.m.* **1** polo. **2** polo stick. **3** playground. چوگان باز polo player. چوگان گاہ polo ground.

چوگانی /tʃɔ:gɑ:ni:/ ■ *n.f.* straight pipe of hookah.

چوگرد /tʃɔ:gɪrd̪/ ■ *adj.* all around, on all sides.

چوگڑا /tʃɔ:gəɽɑ:/ ■ *n.m.* rabbit, hare.

چوگنا /tʃɔ:gʊnɑ:/ ■ *adj.* four times. See under چو.

چوگوشہ /tʃɔ:go:ʃɑ:/ ■ *n.m.* **1** four-cornered thing. **2** a kind of oblong tray.

چوگوشیہ /tʃɔ:go:ʃɪjɑ:/ ■ *adj.* fourfold.

چُول[1] /tʃu:l/ ■ *n.f.* **1** tenon. **2** pivot upon which a door turns, as on a hinge. **3** joints of a bedstead. چول بٹھانا joints to fix, mortise. [S]

چُول[2] ____ ■ *n.m.* desert, barren land. [P]

چولا /tʃɔ:lɑ:/ ■ *n.m.* a kind of bean or pulse.

چوکا /tʃɔ:kɑ:/ ■ *n.m.* (also چوکہ) **1** place in which Hindus cook or eat. **2** aggregate of four; (in multiplication tables) four times. **3** four front teeth. **4** (***Cards***) four of any suit. **5** (***Sports***) stroke of four runs in cricket; boundary. **6** a square shaped ground marked with coloured flour, used for charm. **7** flood.

چُوکا /tʃu:kɑ:/ ■ *n.m.* a kind of earthenware.

چوکٹ /tʃɔ:kət̪/ ■ *n.f.* threshold. See چوکھٹ.

چوکر /tʃɔ:kər/ ■ *n.m.* husk of wheat or barley, bran. چوکر کا آٹا flour mixed with husk. چوکر کی روٹی bread baked with bran.

چوکڑ /tʃɔ:kəɽ/ ■ *adj.* **1** good, fine, excellent. **2** strong, sturdy, stout.

چوکڑا /tʃɔ:kɽɑ:/ ■ *n.m.* **1** aggregate of four. **2** division of a crop in which the cultivator gives only a fourth of the produce. **3** earrings having two pearls in each.

چوکڑی /tʃɔ:kɽi:/ ■ *n.f.* **1** carriage with four horses. **2** an aggregate of four. **3** an assembly of four, foursome. **4** bounce, spring, leap, bound. چوکڑی بھرنا/مارنا to bounce, leap, spring. چوکڑی بھولنا be bewildered or confounded or numbed, be struck with terror, be fascinated. چوکڑی مار کے بیٹھنا squat.

چوکس /tʃɔ:kəs/ ■ *adj.* **1** careful, watchful, cagey, on the alert, canny, cautious. **2** (of) full (weight), exact. چوکس رہنا be watchful, be on one's guard. چوکس کرنا warn, make one cautious or alert, put one on his guard.

چوکسی /tʃɔ:kəsi:/ ■ *n.m.* assayer, examiner; supervisor or inspector.

چوکسی /tʃɔ:ksi:/ ■ *n.f.* alertness, vigilance, carefulness, cautiousness, watchfulness. چوکسی رکھنا/کرنا keep watch, be on the alert, be vigilant, be cautious.

چُوکنا /tʃu:knɑ:/ ■ *v.* **1** miss, overlook. **2** err, mistake, make a mistake; fail. **3** deviate, go astray. **4** fall short, be short (of). **5** lose a chance, hesitate.

چوکنّا /tʃɔ:kənnɑ:/ ■ *adj.* **1** wary, on one's guard, circumspect. **2** alert, cautious, watchful, vigilant. چوکنا ہونا be cautious, be on the alert or on one's guard.

چوکنّی /tʃɔ:kənni:/ ■ *adj.* (*fem.* of چوکنّا).

چوکور /tʃɔ:ko:r/ ■ *adj.* square, four-cornered or four-sided.

چوکی /tʃɔ:ki:/ ■ *n.f.* **1** choky, stool; bench; chair. **2** guard-post; police station. **3** outpost. **4** customs post warble. چوں چرا (also چون و چرا) **1** objection, why and wherefore, how and why. **2** wrangling, altercation, dispute. چوں چرا کرنا **1** drag one's feet by offering excuses, hesitate. **2** grumble, complain, dispute. چوں چوں chirping, warbling, squeaking, creaking. چوں چوں کا مربہ (*deris.*) motley, a varied mixture. چوں نہ کرنا **1** not to make the slightest noise. **2** not to grumble or complain, show no reaction. [Prk.]

چوّن /tʃəvvən/ ■ *cardinal number* fifty-four.

چونواں /tʃəvvənvɑ̃:/ ■ (also چوّن واں) *ordinal number* fifty-fourth.

چُونا[1] /tʃu:nɑ:/ ■ *v.* **1** ooze, leak, drip. **2** (of ripe fruit) drop from the tree. [S]

چُونا[2] ____ ■ *n.m.* lime; whitewash. چونا بھٹی lime kiln. چونا پز lime burner. چونا پزنی / پزنی prostitute, dancing girl. چونا پھیرنا whitewash. چونا گچ lime used as mortar. چونا لگانا **1** apply lime to a pan, etc. **2** (*slang*) deceive, dupe, defraud. چونا ہو جانا **1** become powder. **2** (*fig.*) turn to dust (like bones). [S]

چونپ /tʃɔ̃:p/ ■ *n.f.* **1** keenness, inclination. **2** incentive, stimulus. **3** passion; wish, desire, fondness. **4** gold filling in tooth. چونپ دلانا stimulate, incite, exite, rouse. چونپ رکھنا look upon with envy, grudge, have malice.

چونتیس /tʃɔ̃:ʈi:s/ ■ *cardinal number* thirty-four.

چونتیسواں /tʃɔ̃:ʈi:svɑ̃:/ ■ (also چونتیس واں) *ordinal number* thirty-fourth.

چُونٹا /tʃũ:ʈɑ:/ ■ *n.m.* large black ant. See چیونٹا.

چُونٹی /tʃũ:ʈi:/ ■ *n.f.* ant. See چیونٹی.

چونچ /tʃõ:tʃ/ ■ *n.f.* **1** beak, bill. **2** point (of), spout. **3** wrangle, squabble. **4** blockhead, moron, fool. **5** (*deris.*) mouth; lip; tongue. چونچ بند رکھنا keep quiet, remain silent. چونچ بند کرو / سنبھالو hold your tongue! چونچ کھولنا say something. چونچ لڑانا have a quarrel with. چونچ ملانا (*fig.*) bill and coo.

چونچال /tʃɔ̃:tʃɑ:l/ ■ *adj.* (also چوچال) **1** up and about, full of beans, lively, active, animated, high-spirited. **2** agitating (esp. of waves), buffeting. **3** attractive, pleasing.

چونچالی /tʃɔ̃:tʃɑ:li:/ ■ *n.f.* liveliness, brio.

چونچل /tʃɔ̃:tʃəl/ ■ *adj.* (*contr.* of چونچال) active. چونچل ہائی coquettish.

چُولا /tʃu:lɑ:/ ■ *n.f.* crest.

چولا /tʃo:lɑ:/ ■ *n.m.* (also چولہ) **1** body; form. **2** bodice; brassiere. **3** short jacket; cloak; nuptial garment worn by a bride. **4** case, mould, frame. **5** animal life, being. چولا بدلنا / تبدیل کرنا **1** change dress. **2** disguise, adopt a different stance. **3** metamorphose; transmigrate (soul). چولا چھوڑنا die.

چولائی /tʃɔ:lɑ:i:/ ■ *n.m.* **1** *Amaranthus polygamus,* a species of pot-herb. **2** wild rice.

چولڑا /tʃɔ:ləɽɑ:/ ■ *n.m.* a kind of necklace. See چوسرہ.

چولنا /tʃo:lnɑ:/ ■ *n.m.* short breeches.

چولی /tʃo:li:/ ■ *n.f.* **1** choli, bodice, brassiere. **2** blouse; woman's small waist-length tunic. چولی دامن کا ساتھ ہونا go hand in hand, be on very good terms; be essentially or permanently attached, friendship. چولی مسک جانا a bodice to tear or get frayed.

چُولیں /tʃu:lẽ:/ ■ *n.f.* (*pl.* of چُول[1]) چولیں ڈھیلی کرنا beat severely, destroy, exhaust completely. چولیں ڈھیلی ہو جانا **1** (joints) become dislocated or loose. **2** be worn out or exhausted.

چُولھا /tʃu:lʰɑ:/ ■ *n.m.* **1** choola, stove at which food is cooked. **2** (*fig.*) family. چولھا جھونکنا the work or duty of cooking, to cook, feed fire, heat an oven. چولھا چکی household chores or effects.

چُولھے /tʃu:lʰe:/ ■ *n.m.* (*pl.* & *infl.* of چولھا) چولھے میں پڑے / جائے to hell with. چولھے میں جھونکنا **1** cast into fire, burn. **2** (*fig.*) (i) destroy. (ii) make life unbearable.

چُوم /tʃu:m/ ■ (*imper.* of چومنا). ■ *n.m.* kissing; used in comp. as: چوم چاٹ کر چھوڑ دینا try something and then abandon it.

چُوما /tʃu:mɑ:/ ■ *n.m.* (also چُمّا) kiss. چوما چاٹی kissing, snogging, necking, fondling and kissing.

چُومنا /tʃu:mnɑ:/ ■ *v.* kiss.

چومیخا /tʃɔ:me:xɑ:/ ■ *n.m.* (also چومیخ) **1** four-sided wedge; caltrop, hook with four nails. **2** a kind of punishment.

چُون[1] /tʃu:n/ ■ *n.m.* flour, pulse coarsely ground. ■ *adj.* frail, weak. [Prk.]

چُون[2] ____ ■ *n.m.* lime. [S]

چُوں[1] /tʃũ:/ ■ *adv.* **1** like, in the manner of, as, such as. **2** wherefore? when? how? [P]

چُوں[2] ____ ■ *n.f.* **1** complaint. **2** squeak, creak; chirp,

3 joint of bamboo closed at one end. 4 tube; cylindrical tin case. 5 receiver of telephone. چونگا پونگا 1 empty, hollow. 2 ignorant; foolish, silly.

چونگلا /tʃo:ŋglɑ:/ ■ *n.m.* hollow bamboo. (See also چونگا.)

چُونی /tʃu:ni:/ ■ *n.f.* 1 broken grain, coarsely ground gram, coarsely split or ground pulse. 2 bran, coarse food. چونی بھی کہے مجھے گھی سے کھاؤ too big for one's boots.

چونّی /tʃəvənni:/ ■ *n.m.* former four-anna coin, quarter of a rupee.

چُونے /tʃu:ne:/ ■ *n.m.* (*pl. & infl.* of ۲چونا) چونے والی a dancing girl. چونے والیاں dancing women who visit homes on the occasion of a birth.

چُونیلی /tʃu:ne:li:/ ■ *n.f.* clay mixed with lime.

چُوانا /tʃu:vɑ:nɑ:/ ■ *v.* cause to drip. See چُوانا.

چُوہا /tʃu:hɑ:/ ■ *n.m.* (also چُوا) 1 rat; mouse. 2 dried mucus from the nose. ■ *adj.* very dirty, polluted, filthy. چوہا چکٹ very dirty. چوہا دشتی forest rat, field mouse. چوہا سا 1 very dirty, filthy. 2 small.

چوہتّر /tʃo:hət̪t̪ər/ ■ *cardinal number* seventy-four.

چوہتّرواں /tʃo:hət̪t̪ərvɑ̃:/ ■ *ordinal number* seventy-fourth.

چوہرا /tʃo:hrɑ:/ ■ *adj.* having four folds, four times.

چوہڑ /tʃo:həɽ/ ■ *n.m.* (also چوہڑ) jaw.

چوہڑا /tʃu:hɽɑ:/ ■ *n.m.* sweeper. See ۳چُوڑا.

چوہلا /tʃo:hlɑ:/ ■ *n.m.* large wooden peg or pin, tent-peg, prop.

چُوہے /tʃu:he:/ ■ *n.m.* (*pl. & infl.* of چوہا) چوہے دان mouse-trap. چوہے دتی / دنتی bracelet with file-like projections. چوہے کا بل ڈھونڈنا seek any place of refuge, fly in fear. چوہے مار mouser; rat killer.

چوہیا /tʃu:hɪjɑ:/ ■ *n.* (*fem.* of چوہا) (also چُہیا، چُوہی) she-rat.

چوئیل /tʃo:i:l/ ■ *n.m.* (also چویل) low-lying land which always remains waterlogged.

چوی /tʃəvi:/ ■ *n.f.* species of the pepper plant which yields long pepper, *Piper chavya.*

چویا[1] /tʃo:jɑ:/ ■ *n.m.* (also چوا) 1 hole dug for water in the dry sandy bed of a river; spring; rivulet; channel of a stream after it issues from the hills. 2 a fragrant paste of four ingredients, viz. sandal, ambergris, musk, and saffron. [S]

چویا[2] ——— ■ *n.m.* 1 husk of grain. 2 bark, rind. 3 scale (of a fish). [Prk.]

چونچلا /tʃõ:tʃlɑ:/ ■ *n.m.* (also چوچلا) 1 coquetry; affectation; childish obduracy. 2 style, manner.

چونچو /tʃõ:tʃu:/ ■ *adj.* laughable; fat-headed, fool.

چونچیں /tʃõ:tʃẽ:/ ■ *n.f.* (*pl. & infl.* of چونچ) چونچیں جمانا fight, hurt, injure, strike with the beak. چونچیں لڑانا bill and coo. چونچیں ہونا fight to take place.

چوندیس /tʃɔ̃:de:s/ ■ *adv.* all around, encircling, surrounding.

چوندھا /tʃɔ̃:d̪ʰɑ:/ ■ *adj.* bleary eyed. See چُندھا.

چوندھیانا /tʃɔ̃:d̪ʰjɑ:nɑ:/ ■ *v.* (also چوندھلانا) dazzle. See چُندھیانا.

چونڈا /tʃõ:ɖɑ:/ ■ *n.m.* 1 head. 2 hair on the head, topknot. 3 peak (of mountain, etc.). چونڈا پکنا become old, hair to turn grey. چونڈا دھوپ میں سفید کرنا (woman) be grey-headed without experience or wisdom; pass (one's) life in vain. چونڈا مونڈنا reprove, punish, disgrace.

چونڈے /tʃõ:ɖe:/ ■ *n.m.* (*pl. & infl.* of چونڈا) چونڈے پر ڈولا اچھلنا 1 get a husband who is already married. 2 (of a woman) marry in old age. 3 have an affair with the husband of another woman.

چونری /tʃɔ̃:ri:/ ■ *n.f.* (also چنور، چنوری، چَوری) fly-whisk made of horsehair or peacock's feathers.

چونسا /tʃɔ̃:sɑ:/ ■ *n.m.* a very sweet species of mango.

چونسٹھ /tʃɔ̃:sət̪ʰ/ ■ (also چَوسٹھ) *cardinal number* sixty-four. چونسٹھ گھڑی twenty four hours, day and night; continually, all the time.

چونسٹھواں /tʃɔ̃:sət̪ʰvɑ̃:/ ■ (also چَوسٹھواں) *ordinal number* sixty-fourth.

چونک /tʃɔ:ŋk/ ■ (*imper.* of چونکنا). ■ *n.f.* 1 the act of startling. 2 a sudden start; fear, fright. چونک پڑنا / جانا See چونکنا.

چونکانا /tʃɔ:ŋkɑ:nɑ:/ ■ *v.* 1 startle. 2 rouse, awaken.

چونکنا /tʃɔ:ŋknɑ:/ ■ *v.* 1 awake, wake up. 2 be startled, roused or alarmed, be active.

چُونکہ /tʃu:ŋke:/ ■ *conj.* as, since, because.

چونکیل /tʃɔ:ŋke:l/ ■ *adj.* (one) easily startled; cowardly, timid.

چُونگا[1] /tʃu:ŋgɑ:/ ■ *n.m.* (*var.* of جھونگا) additional amount of grocery, etc. given ex gratia by a shopkeeper, etc. [Pj]

چُونگا[2] ——— ■ *n.m.* wheedling, cajolery, flattery; importunity. چونگا کرنا 1 cheat, deceive. 2 flatter, obtain something by flattery. [P]

چونگا /tʃɔ:ŋgɑ:/ ■ *n.m.* (also چونگلا) 1 funnel. 2 scroll case.

چہ /tʃəh/ ■ *n.m.* (*contr.* of چاہ) well. چہ بچہ drainage or sewage pit. [P]

چہ /tʃa:/ ■ *suffix* forming diminutives of some Persian nouns, such as: باغیچہ small garden. کوچہ lane, small street. [P]

چہ /tʃe:/ ■ *pron., adv. & conj.* what; which; as; because; whether; either; or; even. چہ پدی چہ پدی کا شوربہ said deprecatingly about the feeble efforts of a weakling. چہ خوش (*iron.*) how great! چہ غم no care or anxiety; wanting nothing. چہ کنم (also چکنم) an expression of dilemma or bafflement. چہ گونہ how? of what kind? چہ معنی دارد what does it mean? چہ می گوئیاں/میگوئیاں useless talk, unavailing discussion, frivolous or vain talk; rumours.

چہا /tʃəha:/ ■ *n.m.* snipe, game bird with long straight bill.

چہار /tʃəha:r/ ■ *cardinal number* four. چہار بالش/بالشت throne with four cushions. چہار تک/تنگ gallop. چہار چشم aspiring, aspirant. چہار چند fourfold, four times. چہار زانو cross-legged posture, squat. چہار سو in all four (or every) direction, everywhere. چہار شنبہ Wednesday.

چہاردہ /tʃəha:rd̪əh/ ■ *cardinal number* fourteen.

چہاردہم /tʃəha:rd̪əhʊm/ ■ *ordinal number* fourteenth.

چہارم /tʃəha:rʊm/ ■ *ordinal number* fourth.

چہاڑ /tʃəha:ɽ/ ■ *n.f.* 1 a lump of clay or stone. 2 river bank. 3 fertile land gained from river, alluvium.

چُہٹ /tʃʊhʊʈ/ ■ *n.m.* very small pair of tweezers used by watch-makers.

چہچہا /tʃæhtʃəha:/ ■ *n.m.* 1 chirping, warbling, birds song. 2 merriment.

چُہچُہاتا /tʃʊhtʃʊha:ta:/ ■ *adj.* bright red. چہچہاتا رنگ bright red colour. (*fem.* چُہچُہاتی)

چہچہانا /tʃæhtʃəha:na:/ ■ *v.* chirp, warble; sing; whistle.

چُہچُہانا /tʃʊhtʃʊha:na:/ ■ *v.* be bright red.

چہچہاہٹ /tʃæhtʃəha:həʈ/ ■ *n.f.* warbling or chirping of birds.

چہچہیا /tʃæhtʃæhæ:jja:/ ■ *adj.* whistling; warbling.

چِہرہ /tʃehra:/ ■ *n.m.* (also چِہرا) 1 face, countenance, visage. 2 portrait, likeness. 3 mien, demeanour. 4 mask. 5 facade. 6 descriptive roll. چہرہ اتارنا draw or paint a face. چہرہ اترنا be downcast, wear a long face, face to become gaunt (as a sign of illness, weakness or disappointment). چہرہ بنانا make faces, grimace. چہرہ پرداز artist, painter. چہرہ پوش mask, dust mask, veil. چہرہ تمتمانا (face) flush or redden (with heat, fever or anger). چہرہ خوانی physiognomy, art of judging character from facial characteristics. چہرہ زرد پڑنا/ہونا be terrified, be afraid. چہرہ شاہی (coin) rupee bearing the head of a past or present ruler or hero. چہرہ شناسی physiognomy. چہرہ لٹکنا 1 show pain or distress. 2 feel shame or disappointment, be downcast. چہرہ لکھنا induct or enrol; write facial characteristics or physiognomy for record; draw up a descriptive roll. چہرہ لگانا wear a mask. چہرہ مہرہ features, physiognomy. چہرہ نویسی writing a descriptive roll. چہرہ ہونا be registered, be enrolled, be enlisted.

چہرے /tʃehre:/ ■ *n.m.* (*pl. & infl.* of چہرہ) چہرے پر بل آنا show anger and displeasure. چہرے پر مردنی چھانا be downcast, look deathly pale. چہرے پر ہوائیاں اڑنا be confounded or flabbergasted. چہرے کی لینا make faces, mock; show displeasure.

چہکا[1] /tʃæhka:/ ■ *n.m.* layer of stone and cement on a floor or roof. [dial.]

چہکا[2] ____ ■ *n.m.* 1 smarting, burning or tingling of skin (on the application of a medicine); burn. 2 a blistering plaster. 3 a kind of firework. چہکا لگانا burn, scorch, singe. [S]

چہکار /tʃæhka:r/ ■ *n.f.* (also چہک) chirping of birds; chirrup, warble.

چہکنا[1] /tʃæhəkna:/ ■ *v.* (also چہکارنا) 1 warble. 2 whistle (of birds), chirp. 3 (*fig.*) talk happily, animatedly or exultingly. ■ *n.m.* whistling; singing, etc. [Prk.]

چہکنا[2] ____ ■ *v.* burn, cauterize, blister, brand. [S]

چہکو پہکو رونا /tʃæhku: pæhku: ro:na:/ ■ *v.* weep bitterly or copiously.

چہل[1] /tʃæhæl/ ■ *n.f.* (also چہل پہل) merry and festive atmosphere, hustle bustle. [Prk.]

چہل[2] ____ ■ *n.f.* marshy land that is tilled without ploughing. [S]

چہل /tʃæhl/ ■ *cardinal number* forty. چہل ابدال forty religious people. See ابدال. چہل تہ 1 fortyfold. 2 a coat of mail, a kind of armour. چہل چراغ forty-pronged chandelier. چہل ستون a pavilion or palace supported by forty (or great number of) columns. چہل قدمی walk,

چیت /tʃæ:t̪/ ■ *n.m.* first month of the Bikrami calendar corresponding to March-April. چیت کی فصل spring crop harvested in this month.

چیت /tʃi:t̪/ ■ *n.f.* python, a large thick serpent.

چیت /tʃe:t̪/ ■ *n.m.* **1** remembrance, memory. **2** thought. **3** sensation, consciousness, wits. چیت کرنا bear in mind.

چیتا¹ /tʃi:t̪ɑ:/ ■ *n.m.* cheetah, a large swift-running spotted animal of cat family. [S]

چیتا² ____ ■ *n.m.* **1** wish, desire, longing. **2** notion, idea. [Prk.]

چیتا¹ /tʃe:t̪ɑ:/ ■ *n.m.* counsellor, advisor, admonisher, admonitor. [S]

چیتا² ____ ■ *n.m.* **1** memory, mind. **2** understanding, comprehension. [S]

چیتاونی /tʃe:t̪ɑ:o:ni:/ ■ *n.f.* timely notice. See چتاونی.

چیترا دھان /tʃæ:t̪rɑ: d̪ʰɑ:n/ ■ *n.m.* rice sown in the month of چیت.

چیتل /tʃi:t̪əl/ ■ *adj.* spotted, speckled. ■ *n.m.* **1** chital, axis or spotted deer. **2** large spotted snake.

چیتنا /tʃi:t̪nɑ:/ ■ *v.* **1** think. **2** desire, wish.

چیتنا /tʃe:t̪ənɑ:/ ■ *n.f.* wisdom, sense, reason, intellect.

چیتنا /tʃe:t̪nɑ:/ ■ *v.* **1** rouse, awaken. **2** remember. **3** understand.

چیتی /tʃæ:t̪i:/ ■ *n.f.* spring crop, crop of the month of چیت.

چیتیا /tʃæ:t̪ɪjɑ:/ ■ *n.m.* longish aubergine.

چیتھڑا /tʃi:t̪ʰɽɑ:/ ■ *n.m.* (also چتھڑا) **1** rag, tatter, frayed piece of cloth. **2** small worthless thing. **3** a low quality newspaper or magazine.

چیتھڑے /tʃi:t̪ʰɽe:/ ■ *n.m.* (*pl.* of چیتھڑا) چیتھڑے اڑانا **1** chastise. **2** criticize mercilessly. چیتھڑے لگانا/لگائے پھرنا be in rags, go about in tatters. چیتھڑے لگنا be reduced to penury. چیتھڑے ہونا be tattered, be torn to bits.

چیتھنا /tʃi:t̪ʰnɑ:/ ■ *v.* tear, crush, lacerate, rind.

چیتک /tʃe:t̪ək/ ■ *n.f.* **1** anxiety; concern, care, thought. **2** urge, hankering.

چیٹی /tʃi:ʈi:/ ■ *n.f.* ant. See چیونٹی.

چیچا /tʃi:tʃɑ:/ ■ *n.m.* clitoris.

چیچڑی /tʃi:tʃɽi:/ ■ *n.f.* (also چیچڑ) tick, one of several kinds of large blood sucking or other parasitic insects infesting cattle and domestic pets.

چیچک /tʃe:tʃək/ ■ *n.f.* smallpox. چیچک رو having face pitted

stroll, ramble. چہل قدمی کرنا take a stroll. چہل کاف (***Islam***) name of a recitation of forty Qur'anic verses each beginning with the letter ک. چہل منار forty towers; name of the ruined city of Persepolis.

چُہل /tʃʊhəl/ ■ *n.f.* merriment, pleasantry, jollity, fun, quips and cracks. چہل باز merry, mirthful, gay, amusing, pleasant. چہل کرنا make merry, indulge in pleasantries, be gay or cheerful; carol.

چہلا¹ /tʃæhlɑ:/ ■ *n.m.* (also چہلہ) mud, mire. چہلا نکلنا sweat; be fatigued or tired. [S]

چہلا² ____ ■ *n.m.* splinter (of wood); log (of firewood). چہلا کرنا cut to pieces. [S]

چہلُم /tʃehlʊm/ ■ *ordinal number* fortieth. ■ *n.m.* **1** remembrance and prayer service on or about the fortieth day after death. **2** twentieth day of Safar (صفر) commemorating Imam Hussain's martyrdom at Karbala. **3** (*coll.*) the second month of Islamic calendar

چہلہا /tʃæhləhɑ:/ ■ *adj.* muddy, miry, splashy, slimy.

چہلی /tʃæhli:/ ■ *n.f.* pulley mounted on a well to draw water from it.

چُہلیا /tʃʊhlɪjɑ:/ ■ *adj.* (also چُہلی) **1** comic, jocose. **2** merry, amusing, pleasing. ■ *n.m.* jester, wag.

چہورا /tʃəho:rɑ:/ ■ *n.m.* a kind of fine rice.

چہورنا /tʃəho:rnɑ:/ ■ *v.* transplant (a sapling or seedling).

چہوں /tʃəhũ:/ ■ *cardinal number* four. ■ *adj.* all four. چہوں اور on all sides.

چہیتا /tʃəhi:t̪ɑ:/ ■ *adj.* dear, cherished (person). ■ *n.m.* apple of one's eye, great favourite, much loved person, blue-eyed boy.

چہیتی /tʃəhi:t̪i:/ ■ *adj.* (*fem.* of چہیتا).

چیاں /tʃɪjɑ̃:/ ■ *n.m. & f.* (also چیاں) tamarind seed. چیاں سی (of eyes) very small, tiny.

چیپ /tʃe:p/ ■ *n.m. & f.* **1** stickiness. **2** pus; sticky secretion from the eyes. **3** sticky juice or sap of a plant. چیپ دار gummy, sticky, glutinous.

چیپا /tʃe:pɑ:/ ■ *n.m.* a disease that affects standing crops.

چیپڑ /tʃi:pəɽ/ ■ *n.m.* thick secretion from the eye, rheum in the inside corner of eyes.

چیپنا /tʃe:pnɑ:/ ■ *v.* stick together, paste, glue.

چیپی /tʃe:pi:/ ■ *n.f.* **1** slip pasted on. **2** sap, fluid.

چیزے /tʃi:ze:/ ■ *adv*. little, somewhat, something.
چیس /tʃi:s/ ■ *n.f.* (*var.* of ٹیس) ache, pang in a healing wound, throb; sensation.
چیستا /tʃi:sṭɑ:/ ■ *n.m.* amusement, joking; joke, jest.
چیستاں /tʃi:sṭɑ̃:/ ■ *n.f.* enigma, riddle, puzzle.
چیشٹا /tʃe:ʃṭɑ:/ ■ *n.f.* (also چیشٹہ) **1** striving, effort, endeavour. **2** action or movement of the body, gesture. **3** manner; behaviour. **4** form, figure.
چیکا /tʃæ:kɑ:/ ■ *adj.* (also چکّا، چکّاں) thick, congealed.
چیکا /tʃe:kɑ:/ ■ *n.m.* spot, mark, scar.
چیکٹ /tʃi:kəṭ/ ■ *adj.* filthy. See چکٹ.
چیکو /tʃi:ku:/ ■ *n.m.* sapodilla, a small brownish potato-like sweet fruit, *Manilkara zapota*.
چیل /tʃæ:l/ ■ *n.f.* land ploughed twice.
چیل /tʃi:l/ ■ *n.f.* kite, a bird of prey. چیل انڈا چھوڑتی ہے it is extremely hot. چیل جھپٹا **1** a swoop of kite. **2** a kind of mousetrap. **3** blind man's buff, a boy's game. چیل جھپٹنا pounce like a kite. چیل کا پٹھا stupid. چیل کا مُوت something rare. چیل کی اولاد greedy, avaricious. چیل کی طرح منڈلانا hover restlessly. چیل کے گھونسلے میں ماس کہاں prodigals have no wherewithal. چیل نے انڈے چھوڑے (of weather) (so hot that) the kite gave up hatching.
چَیلا /tʃæ:lɑ:/ ■ *n.m.* piece of split wood for burning.
چیلا /tʃi:lɑ:/ ■ *n.m.* (also چِلّا) **1** a kind of omelette. **2** a patty of ground pulses.
چیلا /tʃe:lɑ:/ ■ *n.m.* (also چیلک) **1** chela, disciple, follower, devotee, pupil, camp follower. **2** servant or slave brought up in the house. چیلا کرنا accept as a disciple, convert to one's faith.
چیلک /tʃi:lək/ ■ *n.f.* rejection mark placed on a document.
چیلک /tʃe:lək/ ■ *n.m.* (*dim.* of چیلا).
چیلگی /tʃe:ləgi:/ ■ *n.f.* taking or accepting someone as a disciple.
چیلو /tʃi:lu:/ ■ *n.m.* an apricot like fruit, *Armeniaca vulgaris*.
چیلہ /tʃi:lɑ:/ ■ *n.m.* a kind of black owl.
چیلی /tʃæ:li:/ ■ *n.f.* (*dim.* of چَیلا) small piece of split wood.
چیلی /tʃe:li:/ ■ *n.f.* female disciple.
چیلے /tʃe:le:/ ■ *n.m.* (*pl.* & *infl.* of چیلا) چیلے چانٹے pupils, disciples, devotees, camp followers.
چین /tʃæ:n/ ■ *n.m.* comfort, ease, relief, rest, repose; with smallpox, pock-marked. چیچک زدہ afflicted with smallpox.
چیخ /tʃi:x/ ■ *n.f.* scream, screech, shriek, squeal. چیخ پکار **1** outcry, tumult, babel, bedlam, ballyhoo, noise. **2** (*fig.*) protest.
چیخنا /tʃi:xnɑ:/ ■ *v.* (also چیخ مارنا) scream, cry out, shriek, screech.
چیدہ /tʃi:dɑ:/ ■ *adj.* **1** selected, picked, elected. **2** gathered. چیدہ چیدہ select, chosen, little by little, from here and there. چیدہ چیدہ لوگ the elite.
چیر¹ /tʃi:r/ ■ *n.f.* **1** covering of bark. **2** strip of cloth. **3** garment, a sort of covering or dress for women. **4** rag, tatter. [S]
چیر² ____ ■ (*imper.* of چیرنا). ■ *n.f.* tear, slit, rent. چیر آنا have a scratch or slit. چیر پھاڑ cutting and hacking, dissection; surgical operation; amputation. چیر پھاڑ کرنا perform a surgical operation. چیر چیر کرنا tear into pieces. چیر نکلنا break through a crowd or troops. [S]
چیرا¹ /tʃi:rɑ:/ ■ *n.m.* **1** cut, slit, incision. **2** virginity, maidenhood. چیرا دینا/لگانا cut, open, make an incision. [Prk.]
چیرا² ____ ■ *n.m.* chequered turban, particoloured turban. چیرا باندھنا wear this turban. [S]
چیرا /tʃe:rɑ:/ ■ *n.m.* slave, servant. (See also چیلا.)
چیرنا /tʃi:rnɑ:/ ■ *v.* **1** tear, cut open, incise, saw, slit, cleave, split. **2** lance (a boil or sore). **3** perform a surgical operation.
چیرہ /tʃi:rɑ:/ ■ *adj.* **1** bold, brave; powerful. **2** uncouth, rude, uncivil. چیرہ چنگ dominant, prevailing, triumphant. چیرہ دست **1** oppressive, overbearing, high-handed; tyrannical; powerful. **2** disobedient. چیرہ دستی high-handedness, tyranny.
چیری /tʃe:ri:/ ■ *n.f.* slave-girl, maidservant. (See also چیلی.)
چیڑ¹ /tʃi:ɽ/ ■ *n.m.* (also چیر، چیڑھ) pine tree. [S]
چیڑ² ____ ■ *n.m.* a kind of local iron. [dial.]
چیز /tʃi:z/ ■ *n.f.* **1** cheese (thing), article, item; commodity. **2** musical composition, such as: raga, ghazal, etc. **3** ornament. **4** sweet, confectionery (usu. distributed among children). **5** pledge. چیز بست goods, chattels, bag and baggage.
چیزی /tʃi:zi:/ ■ *n.m.* (also چِجّی) sweet, toffee, etc.

چینچ /tʃẽ:tʃ/ ■ *n.f.* 1 feed corn for birds. 2 a kind of saag growing in uncultivated fields in the rainy season.

چینچلا¹ /tʃẽ:tʃlɑ:/ ■ *n.m.* fledgling, a young bird. [Prk.]

چینچلا² ——— ■ *n.m.* entangled skein of thread. چینچلا نکالنا 1 bruise, crush, beat in, beat black and blue. 2 complicate or confuse. [dial.]

چینچی /tʃẽ:tʃi:/ ■ *n.f.* needle case.

چینڈ /tʃẽ:ḍ/ ■ *n.f.* (also چینڈھ) 1 obstinacy. 2 dishonesty, unfairness.

چینڈی /tʃi:ḍi:/ ■ *n.f.* 1 small piece. 2 round piece of leather attached to a spinning wheel.

چینڈو /tʃẽ:ḍo:/ ■ *n.f.* (also چینڈوٗ) ball, any round object.

چینک /tʃe:nək/ ■ *n.f.* small teapot, usually made by enamelled copper (or تام چینی).

چینگا /tʃĩ:gɑ:/ ■ *n.m.* young of a bird.

چینگی پوٹے /tʃĩ:gi: po:ṭe:/ ■ *n.m. pl.* (*joc.*) young ones, little ones; children, brats.

چیننا /tʃi:nnɑ:/ ■ *v.* (also چینھنا) recognize, know, identify.

چینی¹ /tʃi:ni:/ ■ *n.f.* sugar. [Prk.]

چینی² ——— ■ *adj.* Chinese. ■ *pr.n.f.* the Chinese language. ■ *n.f.* porcelain ceramic. چینی کے برتن china-ware, crockery, porcelain ware, ceramic ware.

چیولی /tʃe:o:li:/ ■ *n.f.* a kind of thick glossy silk, taffeta.

چیونٹا /tʃɪjũ:ʈɑ:/ ■ *n.m.* (also چیٹا) large black or red ant.

چیونٹی /tʃɪjũ:ʈi:/ ■ *n.f.* ant. چیونٹی کا پر نکالنا be at death's door, death to be imminent.

چیونٹیوں /tʃɪjũ:ʈɪjõ:/ ■ *n.f.* (*pl.* of چیونٹی) چیونٹیوں بھرا کباب full of faults or defects; apple of discord.

quiet, calm, peace, tranquillity. چین پڑنا be at ease or comfort. چین رین peaceful night full of pleasure and enjoyment, etc. چین سے at ease, comfortably, in peace. چین کرنا be at ease, enjoy life's comforts, live comfortably.

چین¹ /tʃi:n/ ■ *n.f.* (also چیں) frown; pucker, wrinkle. چین ابرو wrinkle on forehead. چینِ بستر crease on bedspread. چین بہ جبین ہونا frown, scowl, knit the brow. چین پر چین ہونا become wrinkled from fat. چین پڑنا show anger or grief. چین پیشانی رجبیں frown. [P]

چین² ——— ■ *pr.n.m.* China, Cathay.

چیں /tʃĩ:/ ■ *n.f.* 1 cry, squeak. 2 chirp (of bird). چیں بُلوانا 1 make one cry out. 2 make one accept defeat. چیں بولنا 1 accept defeat, confess oneself beaten. 2 squeak. چیں چاں noise, uproar, brawl, furore. چیں چپڑ کرنا wrangle. چیں چیں کرنا 1 chatter. 2 chirp. 3 whine.

چینا¹ /tʃi:nɑ:/ ■ *adj.* of or related to China, Chinese. ■ *n.m.* a kind of cheap grain. چینا بادام groundnut. چینا گوند gum arabic. [S]

چینا² ——— ■ *adj.* (of a hen, pigeon or horse) having red or black spots. [S]

چینتی /tʃĩ:ṭi:/ ■ *n.f.* cheating, dishonesty.

چینٹ /tʃẽ:ʈ/ ■ *n.f.* a slight wound, bruise, scratch.

چینٹا /tʃĩ:ʈɑ:/ ■ *n.m.* (*var.* of چیونٹا) large black ant.

چینٹی /tʃĩ:ʈi:/ ■ *n.f.* (*var.* of چیونٹی) ant.

چینٹیاں /tʃĩ:ʈɪjɑ̃:/ ■ *n.f.* (*pl.* of چینٹی) (*var.* of چیونٹیاں) ants. چینٹیاں لگنا tingle; (of skin) become sensitive due to heat.

چینٹے /tʃĩ:ʈe:/ ■ *n.m.* (*pl.* & *infl.* of چینٹا) چینٹے کی گرہ پیٹ میں ہونا eat sparingly. چینٹے کے پر لگنا be at death's door.

چھ

چھ /tʃʰə/ ■ the fifteenth letter of the Urdu alphabet.

چھ /tʃʰe:/ ■ (also چھ، چھے) *cardinal number* six. چھ پہر all the time; the whole day. چھ پہل رکونیا hexagonal. چھدام (also چھدام) 1 one-fourth of a paisa, a former coin. 2 very tiny amount. چھ ماہی (also چھماہی) half-yearly; of or relating to six months. (See also شش.)

چھا /tʃʰɑ:/ ■ (*imper.* of چھانا). ■ *n.f.* furnace, kiln; used in comp. as: چھاجانا spread over, swarm. چھالینا cover completely.

چھابا /tʃʰɑ:bɑ:/ ■ *n.m.* (also چھبڑا) a large basket made of twig or of reeds.

چھابڑی /tʃʰɑ:bṛi:/ ■ *n.f.* (also چھابڑا، چھبڑی) hawker's tray or basket; flat wicker basket. چھابڑی فروش/والا hawker; pedlar.

چھابے /tʃʰɑ:be:/ ■ *n.m.* (*pl.* & *infl.* of چھابا) چھابے والا hawker, huckster; pedlar.

چھاپ /tʃʰɑ:p/ ■ *n.f.* (also چاپ[2]) 1 stamp; seal; signet; impress; stamp (on coins). 2 impression; print; copy. 3 ring. 4 reflection, manifestation, embodiment. 5 logo, monogram, trademark. چھاپ لگانا 1 to put a stamp or seal (on), to print, make an impression, make a mark (on). 2 give or impart an identity. چھاپ لگنا become identified (with a role, belief, party, etc.). چھاپ لینا clutch, grasp.

چھاپا /tʃʰɑ:pɑ:/ ■ *n.m.* (also چھاپہ) 1 stamp, seal. 2 edition; impression; printing. 3 print on clothes. 4 printing press. 5 raid; sudden or surprise attack. چھاپا خانہ printing press. چھاپا لگانا stamp; put a seal on. چھاپا مار guerrilla. چھاپا مار جنگ guerrilla warfare. چھاپا مارنا raid; attack; maraud.

چھاپر /tʃʰɑ:pər/ ■ *n.m.* abode of beasts; den; lair.

چھاپنا /tʃʰɑ:pnɑ:/ ■ *v.* 1 print (a book, etc.); publish, bring out. 2 to stamp, to seal. 3 clutch, grasp.

چھاتا /tʃʰɑ:t̪ɑ:/ ■ *n.m.* (also چھاتہ) 1 umbrella; parasol; parachute; sunshade. 2 a broad and prominent breast (as that of an athlete). 3 mushroom, fungus. چھاتا بردار فوج paratroopers.

چھاتم چھاتا /tʃʰɑ:t̪əmtʃʰɑ:t̪ɑ:/ ■ *n.m.* 1 the act of embracing. 2 interlocking of two paper-kites in the air.

چھاتی /tʃʰɑ:t̪i:/ ■ *n.f.* 1 breast, chest; bosom; teat. 2 (*fig.*) (i) heart; spirit. (ii) fortitude, courage, bravery. (iii) endurance; liberality. چھاتی امنڈنا be affected, moved or touched. چھاتی بڑھ جانا be encouraged or heartened. چھاتی بھر آنا be deeply or greatly moved; weep. چھاتی پتھر بن جانا (*fig.*) become stone-hearted. چھاتی پر بال ہونا (*fig.*) be brave. چھاتی پر پتھر رکھنا (*fig.*) 1 bear a loss or grief. 2 suffer or endure patiently. چھاتی پر سانپ لوٹنا (*fig.*) burn with jealousy. چھاتی پر کودوں رمونگ دلنا (*fig.*) cause pain to another, torment. چھاتی پر ہاتھ ڈالنا try to molest a woman; press or squeeze a woman's breasts. چھاتی پکڑ کر رہ جانا be overwhelmed with grief, grieve or mourn in silence. چھاتی پکڑنا place a hand on the chest (in emotion, pain, etc.). چھاتی پیٹنا رکوٹنا beat the breast in sorrow, lament. چھاتی پھٹنا (*fig.*) heart to burst with grief or sorrow. چھاتی تلے رکھنا keep safe, keep near, keep a watch (out of love). چھاتی ٹھنڈی ہونا (*fig.*) be comforted. چھاتی ٹھوکنا 1 encourage; assure. 2 challenge; get ready to meet a challenge. چھاتی دھڑکنا palpitate. چھاتی سے لگانا give (someone) a sense of belonging, embrace. چھاتی کا ابھار curve or swell of breasts. چھاتی کا پتھر (*fig.*) 1 nuisance. 2 intolerable burden or responsibility. 3 a young unmarried daughter. چھاتی کھول کر ملنا meet one wholeheartedly. چھاتی گدرانا (a girl's) breast to swell as a sign of puberty. چھاتی نکال کر چلنا strut, swagger; walk with the chest thrown forward; be proud; walk proudly.

چھاتیاں /tʃʰɑ:t̪ijɑ̃:/ ■ *n.f.* (*pl.* of چھاتی) woman's breasts. چھاتیاں چڑھنا breasts to be very full or distended (with milk).

چھاج /tʃʰɑ:dʒ/ ■ *n.m.* 1 flat reed pan to winnow grain. 2 winnowing fan. 3 cowcatcher. 4 splash-board (of a vehicle). چھاج بولے سو بولے چھلنی بھی بولے جس میں سو سو چھید the pot calling the kettle black. چھاج سی داڑھی long and broad luxuriant beard.

چھاجن[1] /tʃʰɑ:dʒən/ ■ *n.m.* the act of thatching; covering in. [S]

چھاجن[2] _____ ■ *n.m.* itch; ringworm. [S]

چھاجنا[1] /tʃʰɑ:dʒnɑ:/ ■ *v.* become, befit, suit. [Prk.]

چھاجنا[2] _____ ■ *v.* cover or roof over (a house) with thatch, to thatch. [Prk.]

چھان² —— ■ *n.f.* **1** husk, chaff. **2** straining, sifting, sieving. **3** investigation, scrutiny, examination, sifting. چھان بین/پھٹک close search, investigation, sifting; analysis. چھان بین/پھٹک کرنا make close search, investigate. چھان مارنا search closely or minutely; rummage, explore. [Prk.]

چھاں /tʃʰɑ̃:/ ■ *n.f.* (also چھاؤں) **1** shadow, shade. **2** the reflection of any object in a mirror.

چھانا /tʃʰɑ:nɑ:/ ■ *v.* **1** thatch, roof, cover. **2** spread, cast. **3** become encompassing; surround, overpower. **4** swarm, hover. **5** to cloud, overcast. **6** (*fig.*) establish superiority or credentials; create favourable or admiring atmosphere (in a gathering or conclave).

چھانٹ¹ /tʃʰɑ̃:ʈ/ ■ (*imper.* of چھانٹنا). ■ *n.f.* **1** act of picking or selecting, sorting. **2** cutting, clipping, chipping; lopping, trimming (plants, branches or clothes). **3** skinny part of meat, skirt of beef. چھانٹ چھونٹ کرنا **1** cut or clip off, trim. **2** save; retrench. چھانٹ لینا select, choose; sort out. [dial.]

چھانٹ² —— ■ *n.f.* vomiting, vomit. [dial.]

چھانٹنا /tʃʰɑ̃:ʈnɑ:/ ■ *v.* **1** prune, lop, crop, trim, cut, clip. **2** sift, clear. **3** choose, select, glean, sort out. **4** (*fig.*) show off (knowledge, superiority, etc.), brag. **5** wash clothes slightly. **6** cut short the expenses.

چھانٹی /tʃʰɑ̃:ʈi:/ ■ *n.f.* **1** the act of separating. **2** cutting down; trimming; retrenchment. چھانٹی کرنا **1** to cut down, trim, lay off; retrench. **2** to divide or separate into classes.

چھانٹن /tʃʰɑ̃:ʈən/ ■ *n.f.* **1** savings. **2** cuttings, scrapings.

چھاندا /tʃʰɑ̃:d̪ɑ:/ ■ *n.m.* share, part (among beggars).

چھاندنا /tʃʰɑ̃:d̪nɑ:/ ■ *v.* bind, fasten, tether, rope.

چھانڈ /tʃʰɑ̃:ɖ/ ■ *n.f.* sickness, vomiting.

چھانڈنا /tʃʰɑ̃:ɖnɑ:/ ■ *v.* **1** spew, vomit. **2** let go, release.

چھانَس /tʃʰɑ:nəs/ ■ *n.f.* **1** chaff, husk. **2** litter.

چھانگنا /tʃʰɑ:ŋgnɑ:/ ■ *v.* trim the branches of a tree, prune.

چھاننا /tʃʰɑ:nnɑ:/ ■ *v.* **1** sift, strain, sieve; filter. **2** search thoroughly, assess, examine minutely. **3** explore.

چھاوا /tʃʰɑ:vɑ:/ ■ *n.m.* the young of any animal; young elephant of ten to twenty years.

چھاؤں /tʃʰɑ:õ:/ ■ *n.f.* (also چھانْو) shade, shadow; reflected image, reflection. ■ *n.m.* kind of a love song.

چھاؤنی /tʃʰɑ:o:ni:/ ■ *n.f.* **1** cantonment, camp, military

چھاجوں /tʃʰɑ:dʒõ:/ ■ *n.m.* (*pl.* of چھاج) چھاجوں پانی /مینھ برسنا rain cats and dogs, to rain in torrents. چھاجوں پانی پڑنا **1** be utterly ashamed. **2** rain heavily.

چھاچھ /tʃʰɑ:tʃʰ/ ■ *n.f.* (also چھاچ) buttermilk, skimmed milk, milk from which the butter or cream has been skimmed.

چھاچھی /tʃʰɑ:tʃʰi:/ ■ *adj.* ruined, destroyed; rotten.

چھار /tʃʰɑ:r/ ■ *adj.* **1** caustic, corrosive. **2** pungent; bitter. ■ *n.f.* **1** acid. **2** saline; alkali. **3** ashes; dust; earth. **4** clod of earth. **5** particle.

چھارُو /tʃʰɑ:ru:/ ■ *n.m.* blister; ulcer; thrush (disease).

چھاری /tʃʰɑ:ri:/ ■ *n.f.* a lump of pure silver or gold.

چھاڑ¹ /tʃʰɑ:ɽ/ ■ *n.f.* **1** river bank. **2** land reclaimed from a river changing course. **3** alluvium. **4** leaving, abandonment. چھاڑ چھٹی permit to pass, pass, passport, permit giving entry. [Prk.]

چھاڑ² —— ■ *n.m.* bush, shrub, plant. چھاڑ چھڑیلا spikenard, a medicinal plant, a kind of fragrant moss, *Nardostachys grandiflora*. (See also بالچھڑ،سُنبل.) [S]

چھاک /tʃʰɑ:k/ ■ *n.f.* **1** milking time. **2** milking.

چھاکا /tʃʰɑ:kɑ:/ ■ *adj.* (also چھاکٹا) drunk, intoxicated, stoned. ■ *n.m.* **1** drunkard, sot, drug addict. **2** arrant knave.

چھاکٹا /tʃɑ:kʈɑ:/ ■ *n.m.* **1** scoundrel, ruffian, villain, rogue, rascal. **2** See چھاکا.

چھاکنا¹ /tʃʰɑ:knɑ:/ ■ *v.* distil, purify; to clean the water of a well. [S]

چھاکنا² —— ■ *v.* become intoxicated, be drunk. [S]

چھاگل /tʃʰɑ:gəl/ ■ *n.f.* **1** goatskin. **2** chagal, leather bag or bottle with a spout. **3** a kind of ornament for feet, anklet.

چھال /tʃʰɑ:l/ ■ *n.f.* **1** skin. **2** bark; rind, peel. چھال اتارنا peel; pare.

چھالا /tʃʰɑ:lɑ:/ ■ *n.m.* blister, pustule. چھالا پڑنا become blistered. چھالا پھوٹنا blister to burst.

چھالٹین /tʃʰɑ:lʈi:n/ ■ *n.f.* (also چھالٹی) a kind of closely woven cloth.

چھالیہ /tʃʰɑ:lɪjɑ:/ ■ *n.f.* (also چھالیا) betel nut, areca nut.

چھان¹ /tʃʰɑ:n/ ■ *n.m.* **1** shade, shadow, thatched structure, thatch. **2** reflection (of an object in a mirror, etc.). [Prk.]

چھپاؤ /tʃʰʊpɑ:o:/ ■ *n.m.* the act of hiding, concealment; secrecy.

چھپائی /tʃʰəpɑ:i:/ ■ *n.f.* **1** printing; the act of printing. **2** cost of printing. چھپائی مشین printing machine.

چھپٹی /tʃʰɪpʈi:/ ■ *n.f.* wood splinter; chippings; chips. ■ *adj.* thin, weak.

چھپّر /tʃʰəppər/ ■ *n.m.* **1** chupper, chopper, thatch; roof. **2** cottage, hut. **3** ribs. **4** (*fig.*) a heavy burden. **5** a flock of pigeons. چھپر اٹھانا **1** make noise. **2** suffer or undergo trouble. چھپر بند thatcher. چھپر بندی **1** thatching. **2** the price or wages paid for thatching. **3** cultivating with permanent residence (in a village). چھپر پر دھرنا رکھنا not to care a farthing; to throw aside, to lay aside. چھپر پھاڑ کے دینا give in a miraculous manner; surprise one with an unexpected reward. چھپر پھاڑ کے ملنا get wealth from unexpected quarters, be enriched miraculously. چھپر ٹوٹ پڑنا suffer from a sudden calamity. چھپر چھانا put a thatch roof on the hut; mount a straw awning or roof. چھپر کھٹ bedstead with canopy and curtains.

چھپرا /tʃʰəprɑ:/ ■ *n.m.* small or ordinary hut; structure with slopping roof.

چھپری /tʃʰəpri:/ ■ *n.f.* puddle, pool.

چھپریا /tʃʰəpərjɑ:/ ■ *n.f.* (*dim.* of چھپّر) thatch.

چھپّڑ /tʃʰəppəɽ/ ■ *n.m.* (*var.* of چھپّر) **1** roof. **2** pond, pool; tank.

چھپکا /tʃʰəpkɑ:/ ■ *n.m.* **1** splash of water. **2** small net for catching birds, pigeons, etc. **3** hinge. **4** an ornament worn on forehead. چھپکا مارنا wash or splash water on face, lave.

چھپکانا /tʃʰəpkɑ:nɑ:/ ■ *v.* **1** splash; dash or throw water. **2** to set at variance, cause to fight.

چھپکلی /tʃʰɪpkəli:/ ■ *n.f.* **1** common house-lizard; gecko. **2** (*fig.*) a thin, lean woman.

چھپکنا /tʃʰəpəknɑ:/ ■ *v.* **1** splash water. **2** (of girls) grow speedily, become mature early. **3** be defeated.

چھپّن /tʃʰəppən/ ■ *cardinal number* fifty-six. ■ *n.m.* (*fig.*) a large amount; a great number. چھپن چھُری (*coll.*) a very beautiful and coquettish woman. چھپن کروڑ کی چوتھائی (*fig.*) enormous wealth.

چھپنا /tʃʰəpnɑ:/ ■ *v.* **1** be printed, get published. **2** be encampment, garrison town. **2** thatching. چھاؤنی چھانا/ ڈالنا **1** build a cantonment, be encamped. **2** thatch a roof. **3** to take up one's abode, make a home for oneself.

چھائیں /tʃʰɑ:ẽ:/ ■ *n.f.* **1** evil spirit. **2** spot, speck. See چھایا. چھائیں پھوئیں (*women's slang*) may God forbid! (used before uttering an undesirable word or expression).

چھایا /tʃʰɑ:jɑ:/ ■ *n.f.* (also چھائیں) **1** shade. **2** illusion. **3** darkness. **4** reflected image. **5** evil spirit, apparition. **6** resemblance.

چھب /tʃʰəb/ ■ *n.f.* **1** elegance, grace. **2** shape, form; figure. **3** style of dress. چھب تختی handsomeness; fine bust, beauty. چھب چھیں **1** of delicate mould, small in shape; slender. **2** faded in beauty and splendour. چھب دکھانا behave coquettishly; look beautiful; show off beauty. چھب گھڑی میں جوبن صورت طاق میں good clothes give beauty and good food gives youthfulness.

چھبڑی /tʃʰəbɽi:/ ■ *n.m.* (also چھابڑا، چھبڑا) hawker's basket. See چھابڑی.

چھبّیس /tʃʰəbbi:s/ ■ *cardinal number* twenty-six.

چھبّیسواں /tʃʰəbbi:svɑ̃:/ ■ (also چھبّیس واں) *ordinal number* twenty-sixth.

چھبیلا /tʃʰəbi:lɑ:/ ■ *adj.* **1** handsome, graceful; foppish; dandy. **2** amorous.

چھبیلی /tʃʰəbi:li:/ ■ *adj.* (*fem.* of چھبیلا) **1** graceful, charming, beautiful. **2** gay. چھبیلی نار coquettish, charming woman.

چھپ /tʃʰəp/ ■ *n.f.* splashing or squelching sound. چھپ چھپ sound expressing repeated splashing. [Prk.]

چھپ² ——— ■ (*imper.* of چھاپنا) print. [S]

چھُپ /tʃʰʊp/ ■ (*imper.* of چھُپنا) hide.

چھُپا /tʃʰʊpɑ:/ ■ *adj.* (also چھپا) secret, hidden, concealed. چھپا چھپی **1** hide and seek, a children's game. **2** secretly, underhand. چھپا رستم undiscovered genius. چھپا رہنا hide, remain hidden or in hiding, be hidden or veiled. چھُپا کے (also چھُپ کے) secretly, stealthily. (*fem.* چھُپی)

چھپاکا /tʃʰəpɑ:kɑ:/ ■ *n.m.* sound of falling water or splash on face.

چھپاکی /tʃʰəpɑ:ki:/ ■ *n.f.* a skin disease, hives.

چھپانا /tʃʰəpɑ:nɑ:/ ■ *v.* get or have stamped, get marked or printed.

چھُپانا /tʃʰʊpɑ:nɑ:/ ■ *v.* (also چھپایا) conceal, hide, cover.

covered, hooded; canopied. [S]

چھتری² ____ ■ *n.m.* (also کھتری، کھشتری) Kshatriya, member of a Hindu caste, second in rank to Brahmans. [S]

چھتنار /tʃʰət̪nɑ:r/ ■ *adj.* (also چھتنارا) (of a tree) luxuriant, very shady.

چھتی /tʃʰət̪i:/ ■ *adj.* (also چھتّی) having a roof; used in comp. as: دوچھتی having two roofs, double-roofed; attic.

چھتیانا /tʃʰət̪jɑ:nɑ:/ ■ *v.* point or aim (a gun); raise (a gun) to the shoulder.

چھتّیس /tʃʰət̪t̪i:s/ ■ *cardinal number* thirty-six.

چھتیسا /tʃʰət̪t̪i:sɑ:/ ■ *adj.* cunning, artful, crafty. چھتیساپن artfulness, cunning, craftiness, wile.

چھتّیسواں /tʃʰət̪t̪i:svɑ̃:/ ■ (also چھتّیس واں) *ordinal number* thirty-sixth.

چھتّیسی /tʃʰət̪t̪i:si:/ ■ *adj.* (*fem.* of چھتیسا) wanton, lewd. ■ *n.f.* strumpet, artful wanton woman (who pretends to be modest and simple).

چھتیں /tʃʰət̪ẽ:/ ■ *n.f.* (*pl.* of چھت) roofs. چھتیں اڑنا (*fig.*) roar with laughter or applause, make a great noise.

چھُٹ¹ /tʃʰʊʈ/ ■ *adj.* (*contr.* of چھوٹا) small, petty; used in comp. denoting smallness. چھٹ بھائی younger brother. چھٹ بھیا (*derog.*) low-born person, a common person; an inexperienced person, a novice. چھٹ پن/پنا (also چھُٹپن، چھُٹپنا) childhood, boyhood or girlhood. [S]

چھُٹ² ____ ■ *prep.* omitting, excepting, save; without. [S]

چھٹا¹ /tʃʰəʈɑ:/ ■ *ordinal number* sixth. (*fem.* چھٹی) [S]

چھٹا² ____ ■ *adj.* (also چھٹاہوا) **1** picked, sorted, selected. **2** (*fig.*) out and out or consummate (rascal, etc.). [S]

چھُٹا /tʃʰʊʈɑ:/ ■ *adj.* free, liberated, released. (*fem.* چھُٹی)

چھُٹّا¹ /tʃʰʊʈʈɑ:/ ■ *adj.* **1** separate, detached; single. **2** bare, mere. [S]

چھُٹّا² ____ ■ *n.m.* (*slang*) **1** change, small coins. **2** small pieces or crumbs of sweetmeat leftover after the bulk has been sold, gratis. [S]

چھُٹاپا /tʃʰʊʈɑ:pɑ:/ ■ *n.m.* state of being younger, littleness.

چھُٹان /tʃʰʊʈɑ:n/ ■ *n.f.* **1** acquittal; discharge; liberation; salvation. **2** leisure, respite.

چھُٹانا /tʃʰʊʈɑ:nɑ:/ ■ *v.* **1** to cause to be separated, liberate; rescue. **2** peel off (something stacked). See چھُڑانا.

چھٹانک /tʃʰəʈɑ:ŋk/ ■ *n.m.* & *f.* former measure of weight equal to the sixteenth part of a seer equal to about

stamped, be marked; be copied.

چھُپنا /tʃʰʊpnɑ:/ ■ *v.* (also چھِپنا) **1** hide, lurk; disappear; put on a veil or mask; elude or escape observation. **2** (of the sun) set.

چھپّنواں /tʃʰəppənvɑ̃:/ ■ (also چھپّن واں) *ordinal number* fifty-sixth.

چھپوانا /tʃʰəpvɑ:nɑ:/ ■ *v.* get or have something printed.

چھپوائی /tʃʰəpvɑ:i:/ ■ *n.f.* **1** printing. **2** cost of printing.

چھپیرا /tʃʰəpe:rɑ:/ ■ *n.m.* stamp-dyer, one who stamp-dyes patterns on cloth; worker who prints on cloth.

چھت /tʃʰət̪/ ■ *n.f.* **1** roof. **2** ceiling. **3** ceiling-cloth. **4** (*fig.*) sky. چھت اڑنا roar with laughter or applause, make a great noise. چھت پاٹنا roof a building. چھت پر on the roof. چھت سے آنکھیں لگنا **1** wait for a long time. **2** become very weak (because of illness). چھت گیری ceiling-cloth.

چھتا /tʃʰət̪ɑ:/ ■ *n.m.* (***Hinduism***) son born of a Sudra father and Kshatriya mother.

چھتّا /tʃʰət̪t̪ɑ:/ ■ *n.m.* **1** chatta, beehive, honeycomb. **2** covered structure over and across a street that links two buildings on the opposite sides, roofed lane, arcade. **3** bunch; cluster (esp. of flowers).

چھتارا /tʃʰət̪ɑ:rɑ:/ ■ *n.m.* six-stringed musical instrument.

چھتر /tʃʰət̪r/ ■ *n.m.* (also چھتّر) **1** large umbrella ceremoniously held over kings or dignitaries. **2** sunshade, canopy. **3** (*fig.*) asylum, refuge. **4** a wooden frame made for pigeons to sit on, a perch.

چھِتّر /tʃʰɪt̪t̪ər/ ■ *n.m.* old worn out shoe.

چھترا /tʃʰət̪rɑ:/ ■ *n.f.* a kind of fennel, *Anethum sowa*.

چھِترا /tʃʰɪt̪rɑ:/ ■ *n.m.* (*var.* of چیتھڑا) rag, tatter.

چھِترانا /tʃʰɪt̪rɑ:nɑ:/ ■ *v.* spread; strew, scatter.

چھِتراؤ /tʃʰɪt̪rɑ:o:/ ■ *n.m.* scattering; dispersion.

چھِتر بِتر /tʃʰɪt̪ər bɪt̪ər/ ■ *adj.* (also چھِتر بھِتر) scattered, dispersed. (See also تتر بتّر.)

چھِترنا /tʃʰɪt̪ərnɑ:/ ■ *v.* be spread or scattered; be tattered.

چھِترول /tʃʰɪt̪ro:l/ ■ *n.f.* a type of punishment, beating with shoes.

چھتری¹ /tʃʰət̪ri:/ ■ *n.f.* **1** umbrella, parasol; sunshade, canopy. **2** hood or covering of a bed. **3** cupola; small dome or ornamental pavilion over grave or shrine. **4** bulbous/bamboo perch (for pigeons). **5** decorated pavilion. **6** poop, the highest deck (of a ship). چھتری دار

8 depart, be departed. **9** (of a mortgaged property or pledge, etc.) be redeemed, be released. **10** be forgotten; be omitted.

چھٹنکی /tʃʰəʈəŋki:/ ■ *n.f.* (also چھٹانکی) weight of a *chatank* (چھٹانک). ■ *adj.* **1** light weight. **2** trivial; of low status or rank.

چھٹواں /tʃʰəʈvã:/ ■ *adj.* **1** separated, sorted; picked. **2** rejected.

چھٹوانا /tʃʰʊʈva:na:/ ■ *v.* get freed, get liberated; get separated.

چھٹوتی /tʃʰʊʈɔ:ʈi:/ ■ *n.f.* discount; deduction; remission of revenue or rent.

چھٹی /tʃʰəʈi:/ ■ *adj.* (*fem.* of ^1^چھٹا) sixth. ■ *n.f.* ceremony performed on the sixth day after childbirth. چھٹی حس the sixth sense. چھٹی کا دودھ یاد دلانا beat or punish severely. چھٹی کا راجا rich-born. چھٹی کا کھانا meal prepared on the sixth day after the birth of a child. چھٹی کا کھایا پیا نکلوانا / یاد دلانا beat severely. چھٹی کے پوتڑے اب تک نہیں دھلے رسو کھے is still too young, is still inexperienced.

چھٹّی /tʃʰʊʈʈi:/ ■ *n.f.* **1** holiday, leave, vacation, day off. **2** leisure. **3** release, liberation; acquittal. **4** dismissal (from employment); discharge. چھٹی دینا **1** give leave. **2** release. **3** dismiss, discharge. چھٹی ملنا **1** obtain leave, obtain permission. **2** be discharged or dismissed (from employment). **3** be acquitted.

چھٹے /tʃʰəʈe:/ ■ *n.m.* (*pl. & infl.* of ^1^چھٹا) sixth. چھٹے چھماہے / چھماہے infrequently; occasionally; at long intervals.

چھٹیل /tʃʰəʈæ:l/ ■ *n.f.* a woman of loose morals, promiscuous woman.

چھٹھ /tʃʰəʈʰ/ ■ *n.f.* sixth day of the lunar fortnight.

چھجّا /tʃʰədʒdʒa:/ ■ *n.m.* (also چھجا) **1** balcony. **2** eaves, projecting edge of roof.

چھجانا /tʃʰɪdʒa:na:/ ■ *v.* cause to waste or wear away; decrease, lessen.

چھجلی /tʃʰədʒli:/ ■ *n.f.* (*dim.* of چھجّا) small eaves.

چھچاند /tʃʰɪtʃã:d̪/ ■ *n.f.* smell of fish or stagnant water.

چھچڑا /tʃʰɪtʃɽa:/ ■ *n.m.* cuticle. See چھیچھڑا.

چھچلی /tʃʰʊtʃli:/ ■ *n.f.* (also چھچھلی) (cat or dog) playing with the prey.

چھچورا /tʃʰɪtʃo:ra:/ ■ *adj.* (also چھچھورا) flippant, indecorous, frivolous; shallow and showy. چھچھوراپن flippancy.

two ounces.

چھٹاؤ /tʃʰəʈa:o:/ ■ *n.m.* picking out, sorting; separating; clearing grain or rice from the husk.

چھٹائی /tʃʰəʈa:i:/ ■ *n.f.* trimming, pruning.

چھُٹائی /tʃʰʊʈa:i:/ ■ *n.f.* **1** smallness, littleness. **2** inferiority, pettiness; the state of being small. چھٹائی بڑائی smallness and greatness; the difference of age or status.

چھٹپٹ /tʃʰəʈ pəʈ/ ■ *n.f.* tossing about, fluttering; agitation, perturbation; floundering.

چھٹپٹانا /tʃʰəʈ pəʈa:na:/ ■ *v.* move; scatter; flutter; flounder; be agitated.

چھٹپٹاہٹ /tʃʰəʈ pəʈa:hət/ ■ *n.f.* restlessness.

چھُٹپن /tʃʰʊʈ pən/ ■ *n.m.* (also چھُٹ پن، چھُٹپنا) childhood, tender age. (See also ^1^چھُٹ.)

چھُٹکا /tʃʰʊʈka:/ ■ *n.m.* (*slang*) little one, younger one, small child. (*fem.* چھٹکی)

چھُٹکارا /tʃʰʊʈka:ra:/ ■ *n.m.* **1** penitence, atonement; deliverance, salvation, exculpation, exemption, exoneration. **2** freedom, liberation, release, liberty; leisure. **3** escape, rescue. چھٹکارا پانا / ہونا get released or rescued, get rid of; be freed; be exonerated. چھٹکارا دینا liberate; acquit, release, exempt.

چھِٹکانا /tʃʰɪʈka:na:/ ■ *v.* **1** sprinkle; scatter, disperse. **2** make dishevelled; displace.

چھٹکنا /tʃʰɪʈəkna:/ ■ *v.* **1** shine. **2** be splashed. **3** be scattered, be diffused (as light).

چھِٹکی /tʃʰɪʈki:/ ■ *n.f.* **1** splash. **2** speck, spot. چھٹکی دینا mark with strokes; to spot, to flecker.

چھُٹکھیلا /tʃʰʊʈkʰe:la:/ ■ *n.m.* a dissolute man; rascal. (*fem.* چھُٹکھیلی)

چھُٹّم چھُٹّا /tʃʰʊʈʈəm tʃʰʊʈʈa:/ ■ *n.f.* the act of leaving, separation; division, discord, disunion.

چھٹن /tʃʰəʈən/ ■ *n.f.* what is left after cleaning or selection; residue, scraps, parings; strips of cloth.

چھٹنا /tʃʰəʈna:/ ■ *v.* **1** dissipate, disperse. **2** (of clouds, etc.) clear, be cleared. **3** (of branches) be pruned, be lopped. **4** be picked out.

چھُٹنا /tʃʰʊʈna:/ ■ *v.* **1** get rid of. **2** be set free, released or let off; be separated. **3** be left behind; be abandoned. **4** shoot forth, spout. **5** be washed off (colour from cloth). **6** set in motion (bus or train). **7** be fired (gun).

چھدنا **/tʃʰɪd̪nɑ:/** ■ *v.* be pierced.

چھدنی **/tʃʰɪd̪ni:/** ■ *n.f.* anything used as a piercing tool, boring instrument.

چھدوانا **/tʃʰɪd̪vɑ:nɑ:/** ■ *v.* cause to be pierced, have or get pierced or bored.

چھدیلا **/tʃʰɪd̪i:lɑ:/** ■ *adj.* perforated, having holes.

چھرا **/tʃʰʊrɑ:/** ■ *n.m.* large knife; dagger. چھرا بھونکنا/رکھو بنا/گھونپنا/مارنا stab, thrust or wound with such a knife.

چھرّا **/tʃʰərrɑ:/** ■ *n.m.* (also چھرّہ) **1** pellet, shot. **2** small pebble in a small bell. چھرا اڑانا speak with animated and overpowering eloquence. چھرا پلانا **1** load (a gun) with shot. **2** give (one) a charge of shot. چھرا چلنا **1** (of shot or small pebbles) fly about. **2** (*fig.*) to break into a volley of abuses, hurl abuses.

چھرچھراہٹ **/tʃʰərtʃʰərɑ:hət/** ■ *n.f.* (*var.* of چرچراہٹ) irritation in an open wound.

چھری **/tʃʰəri:/** ■ *adj.* (*var.* of چھڑی) thin, slender, lithe.

چھری **/tʃʰʊri:/** ■ *n.f.* (*dim.* of چھرا) knife, kitchen knife; scalpel. چھری پھرنا be slaughtered, be slain. چھری پھیرنا slay, slaughter. چھری تلے دم لینا be patient. چھری کانٹا knife and fork. چھری کٹاری **1** at daggers drawn. **2** fighting with knives. **3** enmity, hostility. چھری مارنا **1** stab. **2** agonize; taunt.

چھریرا **/tʃʰəræ:rɑ:/** ■ *adj.* thin, lean, slender, willowy, lithe, lanky. (*fem.* چھریری)

چھریرے **/tʃʰəræ:re:/** ■ *n.m.* (*pl.* & *infl.* of چھریرا) چھریرے بدن کا lean, skinny.

چھڑ **/tʃʰəɽ/** ■ *n.f.* rod, bar; fishing rod; staff, pole; shaft.

چھڑا **/tʃʰəɽɑ:/** ■ *adj.* separated, apart, solitary, alone, single. ■ *n.m.* unmarried man, bachelor. چھڑا چھانٹ **1** unmarried person. **2** grass widower. (*fem.* چھڑی[2]) [S]

چھڑا[2] ____ ■ *n.m.* **1** thick ring worn on ankle. **2** a kind of earring. [dial.]

چھڑا[3] ____ ■ *adj.* winnowed, cleaned. [S]

چھڑا دینا **/tʃʰʊɽɑ: d̪e:nɑ:/** ■ *v.* (also چھڑا لینا) set free; take or snatch away (from). See چھڑانا.

چھڑانا **/tʃʰəɽɑ:nɑ:/** ■ *v.* to get husk separated from grain, winnow.

چھڑانا **/tʃʰʊɽɑ:nɑ:/** ■ *v.* **1** cause to liberate, cause to be set free, release; rescue (from custody), deliver. **2** get rid of (a habit, etc.). **3** separate (combatants). **4** dismiss,

چھچوری **/tʃʰɪtʃo:ri:/** ■ *adj.* (*fem.* of چھچورا).

چھچھلا **/tʃʰɪtʃʰlɑ:/** ■ *adj.* (also چھچلا) shallow, not deep. (*fem.* چھچھلی)

چھچھلاند **/tʃʰɪtʃʰlɑ̃:d̪/** ■ *n.f.* smell of fish; unpleasant smell of stagnant water.

چھچھلتی **/tʃʰɪtʃʰəlt̪i:/** ■ *adj. fem.* (also چھچھلتی ہوئی) superficial, cursory (glance, etc.). چھچھلتی کھیلنا play at ducks and drakes, confuse someone.

چھچھلنا **/tʃʰɪtʃʰəlnɑ:/** ■ *v.* fly or rush past with glancing blow or graze.

چھچھلی **/tʃʰɪtʃʰli:/** ■ *adj.* (*fem.* of چھچھلا).

چھچھوندر **/tʃʰətʃʰũ:d̪ər/** ■ *n.f.* (also چھچھوندر) **1** mole. **2** squib (firework). **3** (*fig.*) a woman who creates ill will among others. چھچھوندر چھوڑنا **1** to let a squib off. **2** spread rumour; calumniate. **3** cause a quarrel, excite resentment. چھچھوندر کے سر میں چنبیلی کا تیل sarcastic remark on a gaudily dressed poor person.

چھچھّی **/tʃʰɪtʃtʃʰi:/** ■ *n.f.* (also چچّی) child's faeces. چھچھی پچھی child's faeces and urine.

چھچھیلا **/tʃʰətʃʰi:lɑ:/** ■ *adj.* mixed with or containing buttermilk. (*fem.* چھچھیلی)

چھدّا **/tʃʰʊd̪d̪ɑ:/** ■ *n.m.* accusation, slander, blame. چھدا اتارنا **1** remove any actual or imagined cause of complaint; do something perfunctorily or half-heartedly just to escape blame. **2** pay a brief return visit. چھدا رکھنا **1** do a small favour that is not needed. **2** put a blame (on). **3** remind (one) of a past favour.

چھدام **/tʃʰɪd̪ɑ:m/** ■ *n.f.* (also چھدام) **1** former coin worth one-fourth of a paisa. **2** (*fig.*) tiny amount.

چھدانا **/tʃʰɪd̪ɑ:nɑ:/** ■ *v.* have pierced or perforated (the ear lobe, nose, etc.).

چھدائی **/tʃʰɪd̪ɑ:i:/** ■ *n.f.* making hole, perforation.

چھدرا **/tʃʰɪd̪rɑ:/** ■ *adj.* **1** thin; sparse. **2** not compact or dense. **3** dispersed. چھدرا کر چلنا to walk with legs turned outwards.

چھدرانا **/tʃʰɪd̪rɑ:nɑ:/** ■ *v.* **1** scatter. **2** keep distance. **3** walk with legs wide apart.

چھدری **/tʃʰɪd̪ri:/** ■ *adj.* (*fem.* of چھدرا) thinly scattered. چھدری ڈاڑھی sparse beard, beard which is not dense or thick.

چھدمّا **/tʃʰəd̪əmmɑ:/** ■ *n.m.* mean, crafty, inferior person.

satiated. **3** full of wine; intoxicated. ■ *n.m.* (also چھک چھک، چُھک چُھک) sound of steam locomotive, chug. چھکا چھک کرنا **1** fill to repletion, satiate, satisfy. **2** to chug.

چھکانا /tʃʰəkɑ:nɑ:/ ■ *v.* **1** fill to repletion, satisfy fully; pamper. **2** punish, beat severely.

چھکر /tʃʰəkʊr/ ■ *n.f.* division (of crops, etc.) whereby the proprietor (or landlord) receives one-sixth.

چھکّڑ /tʃʰəkkəɽ/ ■ *n.m.* (*var.* of جھکّڑ) **1** thump or blow (esp. on the head); slap, cuff, buffet. **2** strong wind, storm.

چھکڑا /tʃʰəkɽɑ:/ ■ *n.m.* **1** two-wheeled cart; goods cart. **2** lorry. **3** an old vehicle that often breaks down; worn out car. **4** (*derog.*) a derelict woman.

چھکڑی /tʃʰəkɽi:/ ■ *n.f.* (*dim.* of چھکڑا).

چھکنا /tʃʰəknɑ:/ ■ *v.* **1** be full to repletion, be satiated; be thoroughly satisfied. **2** be harassed, be worn out.

چھکنا /tʃʰɪknɑ:/ ■ *v.* **1** be cut or crossed out, be cancelled. **2** be detained, be stopped. **3** be harassed; be deceived. **4** be arrested. **5** be confiscated, be sequestrated.

چھکّے /tʃʰəkke:/ ■ *n.m.* (*pl. & infl.* of چھکّا) چھکّے چھوٹ جانا lose one's wits, be confounded, be confused.

چھگ /tʃʰəg/ ■ *n.f.* goat. چھگ مانس (***Myth.***) satyr, a god that is part-man and part-goat.

چھگری /tʃʰəgri:/ ■ *n.f* (*dim.* of چھگ) small goat.

چھگلا /tʃʰəglɑ:/ ■ *n.f.* a kind of convolvulus, a plant with trumpet-shaped flowers, *Convolvulus argenteus.*

چھل[1] /tʃʰəl/ ■ *n.m.* **1** fraud, deceit, deception, trick, artifice, hoax. چھل اور مایا deception and delusion. چھل بتیاں deceptive words. چھل بِدّا deception, fraud and harm, deceit. چھل بل trickery, stratagem. چھل چھندی deceit. چھل کپٹ **1** enmity. **2** dishonesty. چھل کرنا commit fraud, practise deceit. چھل میں آنا be deceived or tricked (by). [S]

چھل[2] ____ ■ *n.f.* a line of descending fluid; stream of water. [dial.]

چھلّا[1] /tʃʰəllɑ:/ ■ *n.m.* **1** ring, a plain ring (without stone) worn on finger or toe. **2** ring which strengthens the end of a handle or stick, ferrule. **3** curl of hair, a lock of hair forming a spiral, a contraceptive. چھلّا چھپوّل a game in which one of a side hides a ring in his or her hand and one of the opposite party has to guess in

discharge; remove. **5** extricate. **6** redeem (a pledge).

چھڑاوا /tʃʰʊɽɑ:vɑ:/ ■ *n.m.* setting free, liberation, release; deliverance, rescue.

چھڑائی /tʃʰʊɽɑ:i:/ ■ *n.f.* **1** release, liberation. **2** money paid to get a prisoner released. **3** money paid to a bird-catcher to get birds freed. **4** the act of releasing a paper kite from hands for a better (flying) start.

چھڑکاؤ /tʃʰɪɽkɑ:o:/ ■ *n.m.* **1** spraying (a place) with water, the act of watering. **2** spraying insecticides.

چھڑکنا /tʃʰəɽəknɑ:/ ■ *v.* (of an animal) be startled, be alarmed.

چھڑکنا /tʃʰɪɽəknɑ:/ ■ *v.* sprinkle, spray; scatter, strew.

چھڑکواں /tʃʰɪɽəkvɑ̃:/ ■ *adj.* **1** sprinkling. **2** having colourful spots.

چھڑکوانا /tʃʰɪɽəkvɑ:nɑ:/ ■ *v.* cause to be sprinkled.

چھڑنا /tʃʰəɽnɑ:/ ■ *v.* **1** husk (paddy), beat grain to separate husk, beat or pound (rice), winnow. **2** beat, chastise.

چھڑنا /tʃʰɪɽnɑ:/ ■ *v.* **1** be sung, be played (a melody). **2** break out (war or fight). **3** be broached (topic in conversation). **4** get angry, be irritated.

چھڑوانا /tʃʰəɽvɑ:nɑ:/ ■ *v.* have or get (rice, etc.) husked.

چھڑوانا /tʃʰʊɽvɑ:nɑ:/ ■ *v.* **1** have one released, get one his liberty. **2** get separated.

چُھڑوتی /tʃʰʊɽɔ:ṭi:/ ■ *n.f.* ransom.

چھڑی[1] /tʃʰəɽi:/ ■ *n.f.* (also چھوی) **1** walking stick, cane. **2** switch. **3** thorn used as pin. **4** a saint's ensign or banner. **5** trunk of banana tree. چھڑی بردار mace-bearer, watchman. چھڑی توڑنا (*fig.*) give severe punishment. [S]

چھڑی[2] ____ ■ *adj.* (*fem.* of چھڑا[1]) separated, alone, single. ■ *n.f.* an unmarried woman. [S]

چھڑیلا[1] /tʃʰəɽi:lɑ:/ ■ *n.m.* a kind of fragrant moss, spikenard. [S]

چھڑیلا[2] ____ ■ *adj.* separate. [Prk.]

چھکّا /tʃʰəkkɑ:/ ■ *n.m.* **1** aggregate of six. **2** (***Cards***) six. **3** (***Sports***) six (runs), sixer, a stroke in cricket that sends the ball beyond the boundary without touching the ground, scoring six runs. **4** dice. **5** (*slang*) eunuch. چھکا پنجا devices, tricks, plots. چھکا پنجا کرنا **1** play tricks, practise deceit. **2** play dice, gamble.

چھکا چھک /tʃʰəkɑ: tʃʰək/ ■ *adj.* **1** full, crammed, brimful, brimming, replete; full of liquid. **2** full to repletion,

چھلکنا /tʃʰʊləknɑː/ ■ *v.* urinate (esp. involuntarily due to fear or disease).

چھلکئی /tʃʰɪlkəiː/ ■ *adj.* scaly. چھلکئی بصلہ scaly bulb.

چھلکیوں موتنا /tʃʰʊlkɪjõː muːt̪nɑː/ ■ *v.* **1** (*vulg.*) urinate in large quantity. **2** (*fig.*) be terrified.

چھلنا¹ /tʃʰəlnɑː/ ■ *v.* deceive, cheat, defraud, outwit, overreach, circumvent. [Prk.]

چھلنا² ——— ■ *n.m.* (*aug.* of چھلنی) **1** large strainer or sieve. **2** cloth used for sifting or sieving. [dial.]

چھلنا /tʃʰɪlnɑː/ ■ *v.* be peeled; be erased; be bruised; be scraped, be scratched out, be excoriated.

چھلنی /tʃʰəlniː/ ■ *n.f.* (also چھننی) sieve, strainer. ■ *adj.* perforated, having many holes. چھلنی دوسے سوپ کو جس میں بہتر چھید the pot calls the kettle black. چھلنی کرنا **1** riddle (with bullets, etc.). **2** lacerate (the heart). چھلنی ہونا be pierced, be riddled, be full of holes.

چھلوانا /tʃʰɪlvɑːnɑː/ ■ *v.* have (something) skinned, peeled or scraped.

چھلوائی /tʃʰɪlvɑːiː/ ■ *n.f.* **1** peeling, husking. **2** cost of this work.

چھلوری /tʃʰɪloːriː/ ■ *n.f.* felon, whitlow; blister.

چھلونی /tʃʰɪloːniː/ ■ *n.f.* amount given as gratis by a shopkeeper.

چھلیا /tʃʰəljɑː/ ■ *adj.* (also چھلی، چھلہائی) deceiving. ■ *n.m.* **1** deceiver, cheat. **2** lover who teases or does not keep a promise, fickle lover.

چھم /tʃʰəm/ ■ *n.f.* tinkling sound of anklets, etc. چھم چھم **1** tinkling or jingling sound of bells or of ornaments, tintinnabulation, tinkle. **2** sound of rain.

چھماچھم /tʃʰəmɑːtʃʰəm/ ■ *n.f.* (*comb.* of چھم) **1** sound of anklets worn in dancing. **2** sound of heavy rain.

چھماہا /tʃʰɪmɑːhɑː/ ■ *n.m.* **1** a period of six months. **2** six-monthly stipend. ■ *adj.* six-month-old.

چھماہی /tʃʰɪmɑːhiː/ ■ *n.f.* remembrance and prayer service or ritual after six months of death.

چھمچھمانا /tʃʰəmtʃʰəmɑːnɑː/ ■ *v.* (also چھم چھمانا) **1** tinkle, jingle. **2** shine, flash, glitter.

چھمک /tʃʰəmmək/ ■ *adj.* **1** delicate, slender. **2** coquettish. چھمک چھلّو coquette.

چھمنا /tʃʰəmnɑː/ ■ *n.f.* pomfret, a kind of fish. (See also پاپلیٹ.)

whose hand the ring is. [S]

چھلّا² ——— ■ *n.m.* unplastered or uncemented wall with brick lining on the outside. [dial.]

چھلانا /tʃʰʊlɑːnɑː/ ■ *v.* (also چھوانا) cause to touch; make something touch another.

چھلانگ /tʃʰəlɑːŋg/ ■ *n.f.* spring, leap, bound, jump. چھلانگ لگانا leap, jump.

چھلانگنا /tʃʰəlɑːŋgnɑː/ ■ *v.* leap, jump.

چھلاوا /tʃʰəlɑːvɑː/ ■ *n.m.* (also چھلاوہ) **1** will-o'-the-wisp, ignis fatuus, phosphorescent light seen on marshy ground. **2** a ghost that flits about. **3** (*fig.*) elusive or delusive thing or person. ■ *adj.* fidgety; coquettish. چھلاوا سا پھرنا roam around in quick movements, frolic, play about. چھلاوا ہو جانا disappear, vanish suddenly; elude search or pursuit; (someone or something) impossible to see, hold or pin down because of its nimbleness.

چھلائی /tʃʰɪlɑːiː/ ■ *n.f.* the work or cost of scraping, peeling, etc.

چھل بچھل /tʃʰəl bɪtʃʰəl/ ■ *adj.* disarrayed, disordered, disturbed.

چھل چھل /tʃʰʊl tʃʰʊl/ ■ *n.f.* **1** sound of urinating. **2** urine.

چھلچھلا /tʃʰʊltʃʰʊlɑː/ ■ *adj.* **1** trifling, boyish, childish, puerile. **2** weak in genital organs or in the bladder; passing semen or urine involuntarily or quickly (due to weakness or fear).

چھلچھلاتا /tʃʰɪltʃʰɪlɑːt̪ɑː/ ■ *adj.* shining, glittering. (*fem.* چھلچھلاتی)

چھلچھلانا /tʃʰʊltʃʰʊlɑːnɑː/ ■ *v.* **1** to move about making a rustling sound. **2** (*vulg.*) urinate with a sound.

چھلچھلاہٹ /tʃʰʊltʃʰʊlɑːhəʈ/ ■ *n.f.* sloshing; splashing sound; bubbling of stream of water or of a spring.

چھلّڑ /tʃʰɪlləɽ/ ■ *n.m.* husk, peel.

چھلک /tʃʰələk/ ■ (*imper.* of چھلکنا). ■ *n.f.* running over, overflow; splashing.

چھلکا /tʃʰɪlkɑː/ ■ *n.m.* **1** skin, peel, husk; shell, crust; bark, rind. **2** scale. **3** scab. چھلکا اتارنا to husk, peel; blanch; bark, shell, decorticate.

چھلکانا /tʃʰəlkɑːnɑː/ ■ *v.* cause to spill.

چھلکتا /tʃʰələkt̪ɑː/ ■ *adj.* overflowing. چھلکتا ہوا full to the brim, brimful. (*fem.* چھلکتی)

چھلکنا /tʃʰələknɑː/ ■ *v.* overflow, run over; splash.

چھمیا /tʃʰəmjɑ:/ ■ *n.f.* gay and playful woman, coquette.

چھن[1] /tʃʰən/ ■ *n.m.* (also چھن) moment, instant. چھن بھر in or for a moment. چھن بھر میں in a moment. [Prk.]

چھن[2] ____ ■ *n.f.* **1** sound of small bells, breaking of glass or clink of coins. **2** the sound produced by a drop of water falling on a hot plate. چھن سے with this sound. چھن چھن ringing sound, tinkle, jingle, clink. [Prk.]

چھن[3] ____ ■ (*imper.* of چھننا). ■ *n.m.* gravel, grit in grain or food. [S]

چھُن /tʃʰʊn/ ■ *n.f.* sizzling sound as emitted in frying; tinkle of small bells. چھن چھن tinkling of bells or anklets. چھن مُن (also چھنن مَنن) the sound produced by sizzling.

چھنّا[1] /tʃʰənnɑ:/ ■ *n.m.* large strainer. [S]

چھنّا[2] ____ ■ *v.* be strained or sifted. See چھننا. [S]

چھناک /tʃʰənɑ:k/ ■ *n.f.* **1** tinkle of bells; tinkling sound. **2** sound of water falling on hot stuff.

چھناکا /tʃʰənɑ:kɑ:/ ■ *n.m.* **1** jingle of coin. **2** sound of breaking glass or falling coins. **3** startling news; something surprising.

چِھنال /tʃʰɪnɑ:l/ ■ *n.f.* **1** immoral or evil woman, woman of easy virtue, harlot. **2** deceiver, trickster. چھنال پن/پنا lewdness, harlotry, prostitution.

چھنالا /tʃʰɪnɑ:lɑ:/ ■ *n.m.* harlotry, lewdness, illicit sexual intercourse. چھنالا لگانا accuse someone of adultery.

چھنٹا /tʃʰə̃ʈɑ:/ ■ *adj.* **1** separate, detached. **2** sifted, pruned.

چھنٹائی /tʃʰə̃nʈɑ:i:/ ■ *n.f.* (also چھنٹوائی) **1** sifting, sorting. **2** lopping, pruning. **3** price or wages paid for this work.

چھنچھنانا /tʃʰəntʃʰənɑ:nɑ:/ ■ *v.* (also چھن چھنانا) **1** tinkle. **2** sputter (as oil in a frying pan).

چھند[1] /tʃʰənd̪/ ■ *n.m.* **1** measure in music. **2** verse. **3** prosody. **4** (***Hinduism***) verse from the Vedas or sacred text of the Vedic hymns. **5** delicacy, beauty. [S]

چھند[2] ____ ■ *n.m.* **1** fraud, deceit, trick, dishonesty. **2** plagiarism. چھند بند trickery, cheating. چھند چور plagiarist. [S]

چھند[3] ____ ■ *adj.* concealed; hidden; clandestine; secret; private; solitary. [S]

چھند[4] ____ ■ *n.f.* good news, glad tidings. [S]

چھنک /tʃʰənək/ ■ *n.f.* **1** pain, aching. **2** tinkling sound of coins, anklets or ornaments.

چھنکار /tʃʰənkɑ:r/ ■ *n.f.* tinkling sound. (See also جھنکار.)

چھنکنا /tʃʰənəknɑ:/ ■ *v.* tinkle, jingle (of coins or bangles).

چِھنکنا /tʃʰɪnəknɑ:/ ■ *v.* blow the nose.

چھنگا /tʃʰəŋgɑ:/ ■ *adj.* six-fingered. ■ *n.m.* person having six fingers.

چِھنگا /tʃʰɪŋgɑ:/ ■ *n.m.* closely woven fishing net for catching small fish.

چھُنگلی /tʃʰʊŋgli:/ ■ *n.f.* (also چھنگلیا) little finger.

چھنن /tʃʰənən/ ■ *n.f.* **1** husk, broken grain, etc. which remains after sifting. **2** sound of tinkling.

چھننا /tʃʰənnɑ:/ ■ *v.* (also چھنا[2]) be sifted, be strained.

چِھننا /tʃʰɪnnɑ:/ ■ *v.* be snatched or seized; be taken by force.

چھنی /tʃʰənni:/ ■ *n.f.* sieve, strainer. See چھلنی.

چِھنوانا /tʃʰɪnvɑ:nɑ:/ ■ *v.* **1** cause to be snatched, cause to wrest. **2** cause to be deprived.

چھنیلا /tʃʰəni:lɑ:/ ■ *adj.* gritty, intermixed with small stone or pebbles.

چھَو /tʃʰɔ:/ ■ *n.f.* **1** craving, desire. **2** worry.

چھُو /tʃʰu:/ ■ *n.f.* sound of blowing or exhaling through the mouth after exorcising or uttering a prayer or incantation. ■ *exclam.* sound used to excite a dog upon its prey. چھوچھا spell, charm, incantation; the act of blowing through the mouth after uttering prayer or spell. چھومنتر charm, incantation, abracadabra. چھومنتر ہو جانا vanish, disappear, run out.

چھو /tʃʰo:/ ■ *n.m.* **1** love, affection; tenderness. **2** anger.

چھُوا چھُو /tʃʰʊvɑ:tʃʰu:/ ■ *n.f.* hard breathing sound made by a washerman while beating clothes on a stone to clean them.

چھُوارا /tʃʰʊvɑ:rɑ:/ ■ *n.m.* (also چھُہارا، چھوہارا) dried date. چھوارا بیر kind of red long jujube.

چھَوانا /tʃʰəvɑ:nɑ:/ ■ *v.* cause to thatch.

چھُوانا /tʃʰʊvɑ:nɑ:/ ■ *v.* touch; cause to touch, get one to touch.

چھوپ /tʃʰo:p/ ■ *n.m.* **1** (***Med.***) thick unguent for applying on wounds of horses. **2** a coat of paint, etc. **3** repairing; filling up, plastering.

چھوپا /tʃʰo:pɑ:/ ■ *n.m.* mud used for plastering or filling up

7 (of a train, etc.) to depart; to miss (a train). **8** (of a gun, etc.) fire, discharge, explode.

چھوٹی /tʃʰo:t̪i:/ ■ *adj.* (*fem.* of چھوٹا) چھوٹی الائچی cardamom. چھوٹی بات trifling affair, matter of no consequence. چھوٹی بی young miss. چھوٹی حاضری chota hazri, breakfast; the early morning breakfast.

چھوٹے /tʃʰo:t̪e:/ ■ *n.m.* (*pl. & infl.* of چھوٹا) چھوٹے صاحب subordinate officer. چھوٹے میاں young master.

چُھوچک /tʃʰu:tʃək/ ■ *n.m. & f.* (also چُھوچھک) **1** presents sent to a new mother and child by parents. **2** ritual visit of a new mother to her parent's house.

چُھوچھ /tʃʰu:tʃʰ/ ■ *n.f.* sugar cane husk from which juice has been extracted.

چُھوچھا[1] /tʃʰu:tʃʰɑ:/ ■ *adj.* **1** lowly, mean; contemptible, despicable. **2** empty, hollow; shallow. چھوچھا کن پوچھا the lowly are always ignored. [S]

چُھوچھا[2] ____ ■ *n.m.* (*slang*) incantation, spell, charm. See under چُھو. [Prk.]

چُھوچھکّے /tʃʰu: tʃʰəkke:/ ■ *n.m.pl.* festivity, rejoicing. (*sing.* چُھوچھکّا)

چُھوچھو /tʃʰu:tʃʰu:/ ■ *n.f.* **1** nanny, wet nurse. **2** bosom. چھوچھو کرنا **1** to nurse, to wet-nurse. **2** fondle.

چُھوچھی /tʃʰu:tʃʰi:/ ■ *n.f.* **1** a piece of a hollow reed or bamboo. **2** tube of hookah. **3** needle case. **4** ear without grain.

چھَور[1] /tʃʰɔ:r/ ■ *n.m.* a large stalk of grain collected for fodder. [dial.]

چھَور[2] ____ ■ *n.m.* shaving of the head or beard; profession of barber. [S]

چھور /tʃʰo:r/ ■ *n.m.* **1** edge, border; boundary. **2** end, limit, extremity. **3** bank; usually used with اور as: اور چھور extremes, limits.

چھورا /tʃʰo:rɑ:/ ■ *n.m.* (*coll.*) boy, lad.

چھورنا /tʃʰo:rnɑ:/ ■ *v.* transplant vegetables to field.

چھوری /tʃʰo:ri:/ ■ *n.f.* (*coll.*) girl, lass.

چھوڑ /tʃʰo:ɽ/ ■ *adv.* apart from, except, barring, other than; not to speak of. ■ (*imper.* of چھوڑنا) leave, withdraw. چھوڑ بیٹھنا give up altogether, withdraw from. چھوڑ پکڑ running about. چھوڑ جانا leave behind, abandon. چھوڑ دینا **1** let go; give up. **2** divorce. چھوڑ مرنا bequeath; leave as legacy, leave as inheritance.

holes, etc.

چھوپنا /tʃʰo:pnɑ:/ ■ *v.* **1** fill up holes with mud, plaster, apply mud to a wall to even out its surface. **2** repair.

چُھوت /tʃʰu:t/ ■ *n.f.* **1** infection, contamination. **2** touch, contact. **3** (***Hinduism***) defilement due to physical contact with a member of low caste. چھوت چھات discrimination on the basis of caste. چھوت کی بیماری contagious or infectious disease. چھوت لگنا get a contagion or infection, fall sick due to it.

چھوت[1] /tʃʰo:t̪/ ■ *n.m.* cow-dung, excrement. [S]

چھوت[2] ____ ■ *n.f.* race, caste; family. [dial.]

چُھوٹ /tʃʰu:t̪/ ■ *n.f.* **1** exemption, release; liberation. **2** discount, reduction. **3** remission of revenue. **4** radiance (of a gem). **5** severance; divorce; separation, disjunction. **6** offhand tip to dancer or entertainer. **7** reflection, shade. **8** letting pigeons fly off (on a bet that they return to the same place). **9** the place from where pigeons are let fly off. چھوٹ چھٹاؤ **1** separation; divorce. **2** settlement. چھوٹ دینا **1** give freedom. **2** allow a discount or relaxation. چھوٹ لڑنا fight several people simultaneously.

چھوٹا /tʃʰo:t̪ɑ:/ ■ *adj.* **1** chota, small, little. **2** younger; junior. **3** minor, petty. **4** mean, ignoble. **5** lowly, subordinate. ■ *n.m.* (*slang*) helper (of a mason, plumber, mechanic, etc.). چھوٹا بڑا **1** high and low. **2** large and small. چھوٹا تھانیدار sub-inspector of police. چھوٹا چاند snakeroot, name of a climbing plant, *Rauwolfia serpentina*, the root of which is said to be a remedy for snake-bite. چھوٹا راستہ short cut. چھوٹا صاحب subordinate officer. چھوٹا کام (*slang*) passing urine. چھوٹا کپڑا (*women's slang*) brassiere. چھوٹا گوشت mutton. چھوٹا منھ بڑی بات boasting by an incapable or weak person. چھوٹا موٹا ordinary, trifling. (*fem.* چھوٹی)

چھوٹائی /tʃʰo:t̪ɑ:i:/ ■ *n.f.* smallness, littleness.

چھوٹپن /tʃʰo:t̪pən/ ■ *n.m.* (also چھوٹپنا) childhood. See چُھٹپن.

چُھوٹتے ہی /tʃʰu:t̪te: hi:/ ■ *adv.* immediately, right away, instantly.

چُھوٹنا /tʃʰu:t̪nɑ:/ ■ *v.* **1** escape, get off. **2** be left, slip away. **3** eject semen, ejaculate, be discharged. **4** be separated, parted or divided. **5** (esp. of eagles) attack, assault. **6** be forgotten, be omitted unintentionally.

/tʃʰehəṭṭərvɑ̃:/ ■ *ordinal number* seventy-sixth. چھہتّرواں

/tʃʰi:/ ■ *exclam.* pooh! fie! tush! leave it! ■ *n.f.* filth; faeces, usually in baby-talk. چھی چھی کرنا express contempt for, despise, look down upon. [Prk.] چھی[1]

____ ■ *n.f.* sound of sneezing. [dial.] چھی[2]

/tʃʰæ:/ ■ *n.f.* **1** loss; waste, decay; wasting or wearing away. **2** any wasting disease as tuberculosis. چھَے

/tʃʰe:/ ■ (also چھ) *cardinal number* six. چھے

/tʃʰəjjɑ:/ ■ *n.m.* sacrificial animal; victim. [S] چھیّا[1]

____ ■ *n.m.* **1** race, generation; family. **2** child; boy. [S] چھیّا[2]

/tʃʰɪjɑ:səṭʰ/ ■ *cardinal number* sixty-six. چھیاسٹھ

/tʃʰɪjɑ:səṭʰvɑ̃:/ ■ (also چھیاسٹھواں) *ordinal number* sixty-sixth. چھیاسٹھواں

/tʃʰɪjɑ:si:/ ■ *cardinal number* eighty-six. چھیاسی

/tʃʰɪjɑ:si:vɑ̃:/ ■ (also چھیاسی واں) *ordinal number* eighty-sixth. چھیاسیواں

/tʃʰɪjɑ:li:s/ ■ *cardinal number* forty-six. چھیالیس

/tʃʰɪjɑ:li:svɑ̃:/ ■ (also چھیالیس واں) *ordinal number* forty-sixth. چھیالیسواں

/tʃʰɪjɑ:nve:/ ■ *cardinal number* ninety-six. چھیانوے

/tʃʰɪjɑ:nve:vɑ̃:/ ■ (also چھیانوے واں) *ordinal number* ninety-sixth. چھیانویواں

/tʃʰi:p/ ■ *n.f.* **1** a fungal infection of skin which causes tiny spots of discolouration. **2** discolouration and spots on the skin, tinea versicolour. **3** fishing rod. **4** rod with a rag at one end for flying pigeons. **5** (of an animal) butting with horns. چھیپ

/tʃʰi:pnɑ:/ ■ *v.* **1** to draw the fishing rod (out of water). **2** push with the horns (as a bull). **3** to print (cloth), to stamp-dye. چھیپنا

/tʃʰi:pi:/ ■ *n.m.* cloth printer, one who stamps coloured patterns on cloth, stamp-dyer. چھیپی

/tʃʰi:ṭər/ ■ *n.m.* shoe, old or worn out shoe. چھیتر

/tʃʰe:ṭər/ ■ *n.m.* **1** plane surface. **2** place where pilgrims and students are given food and lodgings. **3** soil; field; plantation. **4** battlefield. **5** a geometrical figure. چھیتر

/tʃʰe:ṭnɑ:/ ■ *v.* break; crush, pound; beat, hammer, flatten. چھیتنا

/tʃʰi:dʒ/ ■ *n.f.* **1** decrease; diminution. **2** waste, decay. چھیج

/tʃʰo:ɽɑ:o:/ ■ *n.m.* release; omission, leaving. چھوڑاو

/tʃʰo:ɽnɑ:/ ■ *v.* **1** leave, omit, desert; abandon, let go. **2** drop. **3** pardon, spare. **4** abstain from. **5** abdicate, renounce (duty, authority); resign. **6** fire (a gun). **7** release; discharge. **8** pour water. **9** neglect, ignore. **10** remit (interest, debt, land revenue), to excuse payment of. **11** handover, relinquish. **12** spread rumours. چھوڑنا

/tʃʰo:krɑ:/ ■ *n.m.* **1** chokra, boy, lad. **2** slave. چھوکرا

/tʃʰo:kri:/ ■ *n.f.* (also چھوکریا) **1** girl, lass. **2** slave girl, maidservant. **3** inexperienced or ignorant girl. **4** wench, dancing girl. چھوکری

/tʃʰo:lɑ:/ ■ *n.m.* **1** green gram in the pod. **2** boiled or cooked gram. چھولا

/tʃʰo:ldɑ:ri:/ ■ *n.f.* small tent. چھولداری

/tʃʰo:lnɑ:/ ■ *v.* (*var.* of چھیلنا) skin, peel; scrape, pare; excoriate. چھولنا

/tʃʰo:lni:/ ■ *n.f.* trowel. چھولنی

/tʃʰu:m tʃʰənɑ:nɑ:/ ■ *n.f.* jingle of small bells in dancing. چھوم چھنانا

/tʃʰɔ:nɑ:/ ■ *n.m.* **1** young of any animal. **2** boy; son. چھَونا

/tʃʰu:nɑ:/ ■ *v.* **1** touch, feel. **2** meddle with. **3** affect, impress. چھونا

/tʃʰɔ:ŋk/ ■ *n.f.* (*var.* of جھونک) **1** seasoning. **2** relish, taste, flavour. چھَونک

/tʃʰo:ŋkɑ:/ ■ *n.m.* a hollow tubular piece of bamboo for feeding medicine to animals; feeding tube. چھونکا

/tʃʰɔ:ŋkən/ ■ *n.m.* seasoning, spices with which food is seasoned. چھَونکن

/tʃʰu:hɑ:rɑ:/ ■ *n.m.* dried date. See چھوارا. چھوہارا

/tʃʰu:i:/ ■ *n.f.* chalk. چھُوئی

/tʃʰo:i:/ ■ *n.f.* sugar cane residue used as fuel in a kiln. چھوئی

/tʃʰu:i: mu:i:/ ■ *n.f.* **1** sensitive plant, a kind of mimosa plant, *Mimosa pudica*. **2** delicate or frail object. ■ *adj.* delicate, flimsy, touchy. چھُوئی مُوئی

/tʃʰəvi:/ ■ *n.f.* stick. See چھڑی[1]. چھوی

/tʃʰəvəjjɑ:/ ■ *n.m.* one who thatches the roof. چھَوَیّا

/tʃʰʊhɑ:nɑ:/ ■ *v.* to whitewash. چھُہانا

/tʃʰʊhɑ:vəṭ/ ■ *n.f.* touching, touch. چھُہاوٹ

/tʃʰehəṭṭər/ ■ *cardinal number* seventy-six. چھہتّر

(*fem.* چھیلی)

چھیلا /tʃʰe:la:/ ■ *n.m.* (also چھیرا) he-goat.

چھِیلن /tʃʰi:lən/ ■ *n.f.* scraping, peeling, paring, shaving.

چھِیلنا /tʃʰi:lna:/ ■ *v.* skin; peel; scratch, bark, scrape. چھیلنا چھالنا to peel, skin; to have moustache and beard shaven, get clean-shaven.

چھیمی /tʃʰi:mi:/ ■ *n.f.* bean, green peas; pod of legume.

چھین¹ /tʃʰi:n/ ■ *adj.* feeble, delicate, slender, thin. [S]

چھین² ____ ■ *n.f.* snatching, the act of snatching; used in comp. as: چھین جھپٹ/جھپٹا/چھان taking by force, snatching. چھین جھپٹ کر by force, by snatching. چھین جھپٹ لینا take by force, snatch, pull, wrest; to rob, loot. [S]

چھینا /tʃʰi:na:/ ■ *adj.* snatched. چھینا جھپٹی (also چھین جھپٹ) taking by force. چھینا چھانی/چھینی bid to grab, scramble.

چھینا /tʃʰe:na:/ ■ *n.m.* sweetmeat made of curd.

چھینٹ /tʃʰĩ:ʈ/ ■ *n.f.* **1** chintz, drop (of a liquid). **2** spot, speck, small stain or blot. **3** chintz, printed cotton fabric. **4** spattering, spray. **5** remainder, balance. **6** odd days of a month. چھینٹ کی کوڑی wages for odd days or for a break in work.

چھینٹا /tʃʰĩ:ʈa:/ ■ *n.m.* **1** light rain; scattering, sprinkling. **2** ridicule, banter, raillery. **3** deception, trick. **4** ball of opium. چھینٹا دینا/مارنا **1** sprinkle. **2** deceive; trick. **3** accuse. **4** incite, stimulate.

چھینٹے /tʃʰĩ:ʈe:/ ■ *n.m.* (*pl. & infl.* of چھینٹا) چھینٹے اڑانا **1** to splash; sprinkle. **2** taunt. **3** to accuse, blame.

چھینک /tʃʰi:ŋk/ ■ *n.f.* sneezing, sneeze.

چھینک /tʃʰe:ŋk/ ■ *n.f.* **1** stoppage, restraint; interruption. **2** confiscation.

چھینکا /tʃi:ŋka:/ ■ *n.m.* **1** hanging basket in which food is kept either for safety or cooling. **2** rope muzzle for cattle. **3** a rope with a basket attached by which the travellers are drawn across a hilly torrent.

چھینکنا /tʃʰi:ŋkna:/ ■ *v.* (also چھنکنا) sneeze.

چھینکنا /tʃʰẽ:ŋkna:/ ■ *v.* interrupt, interfere; prevent, stop.

چھیننا /tʃʰi:nna:/ ■ *v.* snatch, wrench, rob, take forcibly; deprive of, usurp, seize; pluck.

چھینی /tʃʰe:ni:/ ■ *n.f.* chisel, cutting or shaving tool with a bevelled cutting edge.

چھیجن /tʃʰi:dʒən/ ■ *n.f.* the act of decreasing.

چھیجنا /tʃʰi:dʒna:/ ■ *v.* **1** decrease. **2** dwindle, diminish, fade; pine away. **3** decay.

چھیچھالیدر /tʃʰi:tʃʰa:le:dər/ ■ *n.f.* (also چھیچالیدر) rough handling; brawl, squabble.

چھیچھڑا /tʃʰi:tʃʰɽa:/ ■ *n.m.* (also چھچھڑا، چھیچھڑ) uneatable thin piece of meat largely comprising membrane, skinny part of meat, cuticle.

چھید /tʃʰe:d̪/ ■ *n.m.* hole, opening, perforation, puncture, aperture; orifice.

چھیدا /tʃʰi:d̪a:/ ■ *adj.* sparse, straggling, thin, not closely woven (cloth).

چھیدک /tʃʰe:d̪ək/ ■ *n.m.* borer, awl, boring tool.

چھیدن /tʃʰe:d̪ən/ ■ *n.m.* **1** act of cutting or boring. **2** destruction, extermination.

چھیدنا /tʃʰe:d̪na:/ ■ *v.* make a hole in, perforate, pierce, bore; penetrate, transfix.

چھیدنی /tʃʰe:d̪ni:/ ■ *n.f.* piercer, a boring tool.

چھیر /tʃʰi:r/ ■ *n.m.* (*arch.*) milk. چھیر ساگر **1** (*literal*) the ocean of milk. **2** (***Geog.***) the White Sea.

چھیرا /tʃʰe:ra:/ ■ *n.m.* he-goat.

چھیری /tʃʰe:ri:/ ■ *n.f.* she-goat.

چھیڑ /tʃʰi:ɽ/ ■ *n.f.* thinning out of crowd.

چھیڑ /tʃʰe:ɽ/ ■ *n.f.* **1** touch, touching, passing the hand over; molesting. **2** fun; laughter, jocularity. **3** dalliance, flirtation. **4** teasing, derision; harassment. **5** provocation, excitement. چھیڑ چھاڑ/خانی **1** vexing, needling. **2** fun, pleasantry. **3** exciting. **4** commencement, beginning. **5** interruption.

چھیڑنا /tʃʰe:ɽna:/ ■ *v.* **1** tease, annoy or vex, usually in a light vein for fun. **2** meddle with; lay hand on. **3** touch. **4** incite, excite. **5** fret, trouble. **6** start (singing or playing a musical instrument).

چھیک /tʃʰe:k/ ■ *n.m.* (*var.* of چھید) hole, pit.

چھیکنا /tʃʰe:kna:/ ■ *v.* to stop. See چھینکنا.

چھَیل /tʃʰæ:l/ ■ *n.m.* (*contr.* of چھَیلا) used in comp. as: چھیل پن stylishness, foppishness, gaiety. چھیل چھبیلا foppish, dandy. چھیل چھبیلی belle, woman devoted to style and fashion.

چھَیلا /tʃʰæ:la:/ ■ *n.m.* beau, dandy, fop. ■ *adj.* foppish.

ح

ح /he:/ ■ the sixteenth letter of the Urdu alphabet.

حا /ha:/ ■ *n.f.* a tall, sharp-tongued woman.

حابس /ha:bɪs/ ■ *n.m.* jailer, person who puts people in prison. ■ *adj.* suffocating (weather).

حابط /ha:bɪt̪/ ■ *adj.* (any action) wasting one's virtue or good work.

حاتم /ha:t̪ɪm/ ■ *n.m.* one who decrees or ordains, one who pronounces a judicial order. ■ *pr.n.m.* legendary chief of the Arab tribe Tayy, famous for his boundless generosity. ■ *adj.* liberal, generous, bountiful. حاتمِ دوراں/زمانہ/وقت most generous person, one who is famous for his generosity. حاتم طائی **1** pre-Islamic Arab chieftain renowned for generosity. **2** (*fig.*) any generous person. **3** (*iron.*) miser. حاتم کی قبر پر لات مارنا (*iron.*) show fake generosity.

حاتمانہ /ha:t̪ma:na:/ ■ *adj.* liberal; generous, open-handed.

حاج[1] /ha:dʒ/ ■ *n.m.* camel thorn, a thorny plant with red flowers, *Alhagi camelorum*. [A]

حاج[2] ____ ■ *n.m.* one who has performed the Hajj pilgrimage to Makkah. See حاجی. (*pl.* حُجّاج) [A]

حاجات /ha:dʒa:t̪/ ■ *n.f.* (*pl.* of حاجت) wants, necessities.

حاجب /ha:dʒɪb/ ■ *n.m.* **1** doorkeeper, porter. **2** screen, curtain. **3** eyebrow. **4** privy counsellor, chamberlain. **5** minister of state. **6** descendant of a dead person, who according to the Muslim law prevents other descendants from inheritance. **7** (***Physics***) insulator. **8** (***Anat.***) pylorus.

حاجبی /ha:dʒɪbi:/ ■ *n.f.* **1** office or service of حاجب. **2** insulation.

حاجت /ha:dʒət̪/ ■ *n.f.* **1** need, want, necessity, requirement, exigency; thing wanted, object of want or need, needful or requisite thing. **2** place of detention for an under-trial prisoner. **3** call of nature. حاجت برآری fulfilment of desire or need, providing what is wanted or desired. حاجت رفع کرنا supply a want. حاجت روا one who fulfils someone's need. حاجت روا کرنا grant (someone's) wish, supply or fulfil (someone's) need. حاجت روائی supplying the wants, providing what is needful, necessary or desired. حاجتِ مشاطہ نیست روئے دل آرام را beauty needs no ornaments. حاجت مند needy, indigent. حاجت مندی need, want, indigence. حاجت میں رکھنا keep a prisoner in lock-up. حاجت (محسوس) ہونا feel the call of nature. (*pl.* حاجات)

حاجتی /ha:dʒət̪i:/ ■ *adj.* needy, mendicant, supplicant. ■ *n.f.* chamber pot.

حاجر /ha:dʒɪr/ ■ *adj.* like stone, stony, hard, rocky.

حاجز /ha:dʒɪz/ ■ *adj.* **1** insulating. **2** intervening, hindering. ■ *n.m.* **1** obstacle or obstruction, barrier. **2** (***Physics***) insulator, non-conductor.

حاجن /ha:dʒən/ ■ *n.* (*fem.* of حاجی) (also حجّن) woman who has performed Hajj pilgrimage to Makkah.

حاجی /ha:dʒi:/ ■ *n.m.* (also حاج) haji, person who has performed Hajj pilgrimage to Makkah. حاجی الحرمین pilgrim to the two sacred places in Makkah and Medina. حاجی بغلول (*fig.*) **1** old man of ridiculous appearance. **2** silly, foolish. حاجی لق لق stork.

حاخام /ha:xa:m/ ■ *n.m.* title of Jewish religious leader. حاخام الاکبر highest Jewish religious leader.

حاد /ha:d̪/ ■ *adj.* **1** pungent; sour; bitter, poignant. **2** sharp, pointed. **3** ardent; caustic, fiery. **4** (of a disease) acute. حادُالزّاویہ (***Geom.***) acute-angled.

حادث /ha:d̪ɪs/ ■ *adj.* **1** new, recent, fresh; incipient, just-begun, nascent, just appearing. **2** mortal. حادث ہونا appear, emerge.

حادثہ /ha:d̪ɪsa:/ ■ *n.m.* **1** accident, mishap, disaster, calamity; case, incident, happening. **2** new thing, novelty. (*pl.* حادثات، حوادث)

حادّہ /ha:d̪d̪a:/ ■ *adj.* acute; contracted. حادۃُ الزوایا (***Geom.***) any acute-angled plane figure.

حادی /ha:d̪i:/ ■ *adj.* singer of *hudi* (حُدی), i.e. camel rider's traditional song.

حاذق /ha:zɪq/ ■ *adj.* skilful, expert (esp. physician).

حار /ha:r/ ■ *adj.* **1** hot, scorching. **2** ardent. **3** difficult, severe, troublesome. حار یابس dry and hot.

حارث /ha:rɪs/ ■ *n.m.* farmer, peasant.

حارج /ha:rɪdʒ/ ■ *n.m.* **1** obstacle, hindrance, obstruction. **2** any person, thing or event that hinders or obstructs. ■ *adj.* obstructive, hindering.

حارس /ha:rɪs/ ■ *n.m.* guard, watchman; protector. (*pl.* حرس)

حارِص /hɑ:rɪs/ ■ *adj.* (also حریص) greedy, covetous, avaricious.

حارِصہ /hɑ:rɪsɑ:/ ■ *n.m.* scratch, abrasion.

حارِق /hɑ:rɪq/ ■ *adj.* ablaze, flaming.

حارُونی /hɑ:ru:ni:/ ■ *adj.* intractable, stubborn; rebellious.

حارّہ /hɑ:rrɑ:/ ■ *adj.* having a hot climate, torrid.

حازِم /hɑ:zɪm/ ■ *adj.* cautious, careful; sagacious.

حاسِب /hɑ:sɪb/ ■ *adj.* (something or someone) that computes. ■ *n.m.* calculator; computer.

حاسِد /hɑ:sɪd̪/ ■ *adj.* jealous, envious. ■ *n.m.* a jealous or envious person. (*pl.* حُسّاد)

حاسِر /hɑ:sɪr/ ■ *adj.* **1** naked, unclothed, undressed. **2** unarmoured.

حاسّہ /hɑ:ssɑ:/ ■ *n.m.* sense, any of the five faculties of touch, taste, smell, hearing and sight. حاسۂ ذائقہ sense of taste. حاسۂ عامہ common sense. (*pl.* حواس)

حاشا[1] /hɑ:ʃɑ:/ ■ *prep. & adv.* besides, except, excepting; far be it from. حاشا ثُمّ حاشا never! on no account! حاشاللّٰہ God forbid! by no means! حاشا وکلّا no; never; absolutely not! [A]

حاشا[2] ____ ■ *n.f.* (also حاشاء) thyme, any of several herbs with aromatic leaves, mountain mint, *Thymus vulgaris*. [A]

حاشیہ /hɑ:ʃɪjɑ:/ ■ *n.m.* **1** margin, cincture, border, side. **2** hem; facings (of a military uniform). **3** marginal note; footnote. **4** comments, remark; gloss. **5** retinue, people of inferior rank, attendants, troops. حاشیہ آرائی embellishment of or addition to a story or narrative. حاشیہ بردار/نشین **1** pageboy; footman. **2** lackey; toady. **3** fellow-traveller, companion. **4** servant of a better standing. حاشیہ چڑھانا/لگانا write a marginal note, make comments, add gloss; lengthen or improve a story. حاشیہ دار **1** having border, margin or hem. **2** having marginal comments. حاشیہ گواہ witness to the execution of a deed.

حاصِر /hɑ:sɪr/ ■ *adj.* surrounding, encircling, besieging; beleaguering.

حاصِل /hɑ:sɪl/ ■ *n.m.* **1** product, produce, gain, acquisition. **2** outcome, issue, ultimate consequence, inference, result, deduction, corollary. **3** produce or net produce (of land or of a source of revenue); revenue. **4** purport. **5** (***Math.***) figure carried in addition to a column of higher value. حاصل الامر in short, when all is said and done. حاصل بازار/بازاری duties of a market, market cess. حاصلِ تفریق balance; remainder. حاصلِ تقسیم quotient. حاصلِ جمع total, sum total. حاصل خیز gainful, profitable, lucrative. حاصلِ ضرب the product in multiplication. حاصل کرنا **1** acquire, get, attain, obtain, gain, procure. **2** learn. **3** collect. حاصل کلام **1** in short, in brief. **2** gist or result (of a discussion). حاصلِ مصدر a noun formed as an inflection of a verb, verbal noun (e.g. لکھنا سے لکھائی، اڑنا سے اُڑان). حاصل نہ حصول nothing (is) gained; useless. حاصل ہونا be acquired, be obtained; gain result. (*pl.* حاصِلات)

حاضِر /hɑ:zɪr/ ■ *adj.* **1** present, in attendance. **2** prepared, at hand, in one's own backyard, ready, at someone's beck and call, willing. ■ *n.m.* **1** person who is present. **2** (***Gram.***) the second person. حاضرُ الوقت present at the time, available. حاضر باش **1** constant or regular attendant, attender, one who is never absent from his post. **2** retainer. حاضر باشی regular attendance. حاضر جواب adept at repartee, quick to answer, quick-witted. حاضر جوابی readiness in replying. حاضر دماغ mentally alert and sharp. حاضر دماغی mental alertness. حاضر رہنا **1** wait on. **2** attend, be in attendance. حاضر ضامن **1** surety for another's personal appearance, bail. **2** bondsman. حاضر ضامنی **1** security for the appearance of another in court of law; the act of giving bail for another. **2** bail-bond. حاضر کرنا present, bring or lay before (someone); deliver up (a person). حاضر کروانا make or cause someone to appear or be present. حاضر مال stock available in market. حاضر میں حجت نہیں no objection in providing what is available. حاضر و ناظر present and seeing; Omnipresent and Omniscient (attributes of God invoked in formal oaths, etc.). حاضر ہونا **1** be present, be at hand, be in attendance. **2** pay one's respect. **3** be at the service of, attend; be ready. **4** be a witness (of a writing or event). (*pl.* حاضِرین، حُضّار)

حاضِرات /hɑ:zɪrɑ:t̪/ ■ *n.f.* conjuration, incantation used to invoke spirits of dead, commanding or imprisoning demons; raising the spirit. حاضرات کا عمل necromancy. حاضرات کرنا invoke or raise spirits, etc.

sway, dominion; legal or judicial authority. **2** office or functions of a ruler. حاکمی جتانا to boss.

حاکمیّت /ha:kmɪjjət/ ■ *n.f.* sovereignty, supremacy. حاکمیتِ اعلیٰ ultimate authority, absolute sovereignty.

حاکی /ha:ki:/ ■ *n.m.* narrator, relater, reciter.

حال /ha:l/ ■ *n.m.* **1** the present time or age. **2** condition, state, situation, circumstance; case. **3** (***Gram.***) present tense. **4** state of ecstasy and fervour. **5** uncontrolled bodily movements resembling dance in such a state of ecstasy. **6** narration, account, story. **7** history. ■ *adv.* now, at the present time. حال احوال state of affairs; details. حال آبادی land which is recently made cultivable. حال آنکہ (also حالانکہ) though, although; whereas. حال باقی (***Econ.***) present or current balance. حال پر چھوڑ دینا leave one to his devices, abandon, not to interfere with. حال پُرسی inquiring after health. حال حال چلنا go quickly, walk in haste. حال حال میں shortly, recently. حالِ زار miserable condition; plight. حالِ سابق former or past state or condition. حال سنانا narrate, recount. حال سے بے حال ہونا deteriorate or worsen, change for the worse, be in a wretched condition. حال کُھلنا (of a secret) to be revealed, be exposed. حال کھیلنا dance with real or pretended ecstasy. حال میں recently, lately, of late, not long ago. حال میں آنا be in a state of ecstasy, be enraptured. حال (و) قال **1** state, condition. **2** (***Sufism***) religious frenzy or ecstasy. (*pl.* حالات)

حالا /ha:la:/ ■ *adv.* at present, now. ■ *n.m.* an instalment of revenue. حالا حال at the moment, now.

حالات /ha:la:t̪/ ■ *n.m.* (*pl.* of حال) circumstances; facts, conditions, particulars, state of affairs. حالاتِ حاضرہ current affairs. حالاتِ خاص special circumstances.

حالانکہ /ha:lã:ke:/ ■ *adv.* although. See حال آنکہ under حال.

حالب /ha:lɪb/ ■ *n.m.* **1** urinary tract; blood vessel in the thigh. **2** one who milks a cow, etc.

حالت /ha:lət̪/ ■ *n.f.* state, condition, position of one's affairs, circumstance. حالتِ اضافی (***Gram.***) the genitive case. حالت بگڑنا رغیر ہونا condition to worsen, be close to death. حالتِ زار plight, predicament. حالتِ فاعلی (***Gram.***) nominative case. حالتِ مفعولی (***Gram.***) accusative case. حالتِ موجودہ present state or condition, present circumstances. حالتِ نزع throes or agony of death.

حاضراتی /ha:zɪra:t̪i:/ ■ *n.m.* necromancer, conjurer, exorcizer.

حاضرہ /ha:zɪra:/ ■ *adj.* present, existing.

حاضری /ha:zɪri:/ ■ *n.f.* **1** presence, attendance; appearance (in court). **2** audience. **3** offering of food to a saint or making a votive offering of food to a departed spirit; food sent to the household of the deceased after funeral. **4** breakfast. حاضری اصالتاً presence in person (in a court). حاضری بہی رکار جسٹر **1** attendance register. **2** muster roll. حاضری لگانا mark one's presence in a muster roll. حاضری لینا take the attendance. حاضری میں کھڑا رکھڑے رہنا be in constant attendance. حاضری وکالتاً representation in court by an advocate or lawyer.

حاضرین /ha:zɪri:n/ ■ *n.m.* (*pl.* of حاضر) audience, gathering, assembly; company. حاضرینِ جلسہ persons attending a meeting.

حاطہ /ha:t̪a:/ ■ *n.m.* (*contr.* of احاطہ) boundary.

حافرت /ha:fɪrət̪/ ■ *n.f.* start of something, commencement.

حافِظ /ha:fɪz/ ■ *n.m.* **1** keeper, guardian; protector, preserver. **2** See الحافِظ. **3** hafiz, one who memorizes the Qur'an by heart. ■ *adj.* having a good memory. حافظ جی **1** honorific form of address for one who has memorized the Qur'an by heart. **2** (*euph.*) blind man. حافظِ حقیقی God, the True Protector.

حافِظہ /ha:fɪza:/ ■ *n.m.* memory. ■ *n.f.* woman or girl who has memorized the Qur'an by heart. حافظہ تیز ہونا have a good memory. حافظہ خراب رکند ہونا be very forgetful, have a bad memory.

حافہ /ha:fa:/ ■ *n.m.* tip of the tongue.

حاکم /ha:kɪm/ ■ *n.m.* **1** hakim, ruler, governor, one who has authority or power; chief, master; official. **2** (***Hadith***) one having the knowledge of three lakh Hadiths. حاکمِ اعلیٰ the highest authority, paramount power. حاکم با اختیار رمجاز competent authority. حاکمِ بالا superior officer. حاکمِ دیوانی civil authority. حاکمِ زیردست subordinate officer. حاکمِ عدالت judge. حاکم علی الاطلاق God. حاکمِ فوجداری judge presiding over a criminal court. حاکمِ وقت ruler of the day, current authority or ruler. (*pl.* حُکّام)

حاکمانہ /ha:kɪma:na:/ ■ *adj.* authoritative. ■ *adv.* with authority, authoritatively.

حاکمی /ha:kɪmi:/ ■ *n.f.* **1** authority, governance, power,

حالِف /hɑ:lɪf/ ■ *n.m.* oath-taker.

حالِق /hɑ:lɪq/ ■ *n.m.* shaver, hair remover; barber.

حالی /hɑ:li:/ ■ *adj.* **1** evident, manifest. **2** of the present (day or age), modern, new, current. ■ *n.m.* **1** associate, helper, assistant. **2** current coin. ■ *adv.* presently, now; soon. ■ *pr.n.m.* nom de plume of Maulana Altaf Hussain, a famous poet and reformer.

حالی موالی /hɑ:li: məvɑ:li:/ ■ *n.m.pl.* **1** companions, cronies. **2** hangers-on, toadies. See اہالی موالی under اہالی.

حالِیہ /hɑ:lɪjɑ:/ ■ *adj.* current, recent. ■ *n.m* (***Gram.***) present participle.

حام /hɑ:m/ ■ *pr.n.m.* Ham, son of Prophet Noah.

حامِد /hɑ:mɪḍ/ ■ *n.m.* one who praises (God), panegyrist.

حامِض /hɑ:mɪz/ ■ *adj.* sour; acid; sharp, pungent.

حامِل /hɑ:mɪl/ ■ *n.m.* carrier, bearer, porter. ■ *adj.* carrying; having any quality or property. حامِلِ خط/رقعہ bearer of letter, messenger, courier. حامِلِ رقعۂ ہٰذا bearer of this letter. حامِلِ متن a commentary rehearsing or annexed to the text. حامِلِ وحی (***Islam***) the archangel Gabriel, bearer of revelations.

حامِلہ /hɑ:mɪlɑ:/ ■ *n.f.* carrier, one who carries. ■ *adj. fem.* pregnant. حاملہ کرنا make pregnant, impregnate. حاملہ ہونا be or become pregnant.

حامُود /hɑ:mu:ḍ/ ■ *n.m.* panegyrist.

حامی[1] /hɑ:mi:/ ■ *n.m.* supporter, helper, ally, defender. [A]

حامی[2] ____ ■ *n.f.* **1** a group of African languages including ancient Egyptian and Berber. **2** a long-headed race of the North, especially North-East Africa. ■ *adj.* Hamitic, of or denoting to the group of ancient African languages. حامی سامی Hamito-Semitic. [A]

حامی[3] ____ ■ *n.m.* a descendant of Ham, son of Noah. [A]

حامِیہ /hɑ:mɪjɑ:/ ■ *adj.* fiercely burning.

حانِث /hɑ:nɪs/ ■ *n.m.* perjurer, violator of one's oath.

حاوی /hɑ:vi:/ ■ *adj.* **1** overpowering, encompassing, encircling. **2** having special knowledge or skill. حاوی ہونا **1** overpower. **2** have skill or full knowledge.

حائِضہ /hɑ:ɪzɑ:/ ■ *n.f.* (also حایضہ) menstruating.

حائِط /hɑ:ɪṭ/ ■ *n.m.* (also حایط) wall, wall of an enclosure; fence. ■ *adj.* encircling, surrounding. (*pl.* حوائط)

حائِک /hɑ:ɪk/ ■ *n.m.* (also حایک) weaver.

حائِل /hɑ:ɪl/ ■ *adj.* (also حایل) intervening, interposing, restraining, preventing, hindering. ■ *n.m.* **1** one which interrupts or prevents. **2** obstacle, impediment. حائل کرنا raise or erect obstacle; interpose. حائل ہونا intervene, act as a barrier or obstacle, impede, come in the way.

حب /həb/ ■ *n.m. & f.* **1** grain (of corn, etc.); berry, seed or kernel of a fruit. **2** pill, tablet. حبُ السلاطین/الملوک (also جمال گوٹا) croton, purgative nut, *Crotan tiglium*. حبُ الغار laurel berries. حبُ المساکین bhang, hemp. حبِ بلسان fruit of the balm of Gilead, *Amyris gileadensis*. حبِ قاقلہ cardamom seeds. حبِ مروارید pearl. (*pl.* حُبُوب, *ppl.* حُبُوبات)

حُب /hʊb/ ■ *n.f.* **1** love, affection; friendship. **2** ardent desire, inclination. حُبُ الوطن/الوطنی (also حبِ وطن) patriotism, love of one's country. حبِ ذات/نفس egotism; selfishness. حب کا عمل/منتر incantation for invoking love, love-charm. حب و بغض love and hatred.

حِبا /hɪbɑ:/ ■ *n.m.* gift.

حباب /həbɑ:b/ ■ *n.m.* **1** bubble. **2** decoration bulb. **3** glass-vessel for containing wine. حباب اٹھنا bubbles to rise, to bubble, froth, effervesce. حباب آسا bubbly, like a bubble; flimsy, short-lived. حباب سا very frail or thin, slight or little.

حبابی /həbɑ:bi:/ ■ *adj.* **1** of or resembling a bubble. **2** full of bubbles; bubbling, effervescent.

حُبارا /hʊbɑ:rɑ:/ ■ *n.m.* (also حُباری) houbara bustard, a game bird.

حبّال /həbbɑ:l/ ■ *n.m.* one who makes or sells ropes.

حِبالہ /hɪbɑ:lɑ:/ ■ *n.m.* **1** knot, snare, rope. **2** (*fig.*) marriage bond. حبالۂ عقد/نکاح bond of marriage.

حبّذا /həbbəzɑ:/ ■ *exclam.* bravo! well done!

حَبر /həbr/ ■ *n.m.* (also حِبر) **1** religious leader of Jews, rabbi. **2** sage, sagacious person. حبرِ اعظم chief rabbi. (*pl.* احبار)

حبس /həbs/ ■ *n.m.* **1** imprisonment, confinement; restriction, detention, retention, restraint. **2** place of confinement; prison, jail, gaol. **3** congestion, stoppage. **4** sultriness, stillness (of air); closeness (of atmosphere). حبسُ البول retention of urine; strangury. حبسُ النفس suffocation. حبسِ بیجا/بے جا wrongful confinement. حبس خانہ jail, gaol. حبسِ دم holding the breath, a yoga exercise. حبسِ دوام life imprisonment.

حبسِ دوام بہ عبور دریائے شور transportation for life beyond the sea, specifically a punitive exile to the Andaman Islands during the British rule in India.

حُبسہ /hʊbsɑ:/ ■ *n.m.* loss of the power of speech due to mental shock, a temporary dumbness.

حبسیات /həbsɪjɑ:t̪/ ■ *n.f.* 1 confinement; restraint. 2 writing, especially verse composed during imprisonment.

حبش /həbəʃ/ ■ *n.m.* (also حبشہ) Ethiopia (old name Abyssinia).

حبشن /həbʃən/ ■ *n.f.* (also حبشنی) a female Ethiopian, a woman or girl of Black African origin.

حبشی /həbʃi:/ ■ *n.m.* 1 a member of a dark skinned group of people originally native to Africa, Ethiopian or Abyssinian, Black man. 2 black diamond. ■ *adj.* of or belonging to حبش, Ethiopian. حبشی حلوا a kind of halva, a dark brown sweet dish.

حَبَق /həbəq/ ■ *n.m.* a kind of mint, *Mentha viridis*. (See also پودینہ.)

حبل /həbl/ ■ *n.f.* 1 cord, rope. 2 vein. 3 bond, union, league, alliance, covenant. حبل الشیطان 1 rope of Satan. 2 (*fig.*) woman. حبل المتین 1 strong rope. 2 (*fig.*) the Holy Qur'an. حبل المساکین ivy. حبل الورید jugular vein, one of the carotid arteries. (*pl.* احبال)

حُبُوب /hʊbu:b/ ■ *n.m.* (*pl.* of حب) grains (of corn, etc.); berries.

حُبُوبات /hʊbu:bɑ:t̪/ ■ *n.f.* (*pl.* of حُبُوب, *ppl.* of حُب) 1 vegetables, pot-herbs. 2 articles formerly given gratis to those in authority.

حُبُور /hʊbu:r/ ■ *n.m.* pleasure, happiness.

حبّہ /həbbɑ:/ ■ *n.m.* (*dim.* of حب) 1 measure equal to two barley corns. 2 small piece or portion, jot or tittle, particle. حبہ برابر بھر very little. حبہ حبہ every farthing, entire, whole.

حبیب /həbi:b/ ■ *n.m.* loved person, beloved; friend. ■ *adj.* favourite. حبیبِ خدا title of the Prophet Muhammad. (*fem.* حبیبہ)

حتماً /hət̪mən/ ■ *adv.* definitely, certainly, surely.

حتمی /hət̪mi:/ ■ *adj.* definite, categorical, final, certain, sure. حتمی فیصلہ final judgement or decision.

حتّی /hət̪t̪ɑ:/ ■ *conj.* until, till; to the extent of, to the end that. حتی الامکان / المقدور / الوسع as much or as far as possible; to the best of one's power or ability, to one's utmost. حتی العلم as far as one knows, according to information or knowledge. حتی کہ until, till.

حِتّی /hɪt̪t̪i:/ ■ *n.m.* & *f.* Hittite, member or language of an ancient people of Asia Minor and Syria. ■ *adj.* of or relating to Hittite.

حث /həs/ ■ *n.f.* (also حثّ) incitement, instigation.

حج /hədʒ/ ■ *n.m.* 1 intention, purpose. 2 (***Islam***) Hajj; pilgrimage to Makkah to perform the Islamic religious rite of Hajj. حجِ اصغر 1 Hajj that falls on any day of week except Friday. 2 minor pilgrimage to Makkah, Umrah. حجِ اکبر the greater pilgrimage to Makkah when Hajj falls on a Friday. حجِ الفرض the enjoined pilgrimage to Makkah which should be performed by every Muslim who can afford it once in his\her lifetime. حجِ بدل Hajj which is performed in place of some other person. حجِ قران pilgrimage of Makkah in which Hajj and Umrah both are performed in the same ritual dress or ihram.

حجاب /hɪdʒɑ:b/ ■ *n.m.* 1 veil; curtain; hijab. 2 concealment. 3 modesty, bashfulness, shame. حجاب اٹھانا 1 remove the veil. 2 lose the sense of propriety. حجاب اٹھنا 1 a veil or a curtain to be raised or removed. 2 secrets or mysteries to be disclosed. 3 sense of shame to be lost. حجابِ حاجز (***Anat.***) diaphragm. حجاب کرنا 1 cover or veil oneself. 2 be modest. 3 disappear or die (used for some saints or holy men). حجابِ کُلی sky; dark clouds. حجاب کھانا feel shame, be bashful, blush. حجاب نشین observer of purdah, modest, bashful. (*pl.* حُجُب)

حُجّاب /hʊdʒdʒɑ:b/ ■ *n.m.* (*pl.* of حاجب) doorkeepers; porters.

حجابی /hɪdʒɑ:bi:/ ■ *adj.* 1 veiled. 2 modest. 3 hidden, concealed, secret. ■ *n.m.* curtain of door or windows.

حُجّاج /hʊdʒdʒɑ:dʒ/ ■ *n.m.* (*pl.* of حاج[2]) Hajj pilgrims.

حجّار /hədʒdʒɑ:r/ ■ *n.m.* sculptor, stone-cutter.

حجّاری /hədʒdʒɑ:ri:/ ■ *n.f.* sculpture.

حجاز /hɪdʒɑ:z/ ■ *n.m.* something that intervenes, barrier or obstacle. ■ *pr.n.m.* a province of Arabia where Makkah and Medina are situated.

حجازی /hɪdʒɑ:zi:/ ■ *n.m.* native or inhabitant of حجاز. ■ *adj.* of or relating to حجاز.

حجّام /hədʒdʒɑ:m/ ■ *n.m.* hair-dresser, barber, shaver.

حجامت /hədʒɑːməṭ/ ■ *n.f.* (also حجّامت، حجّامی) **1** haircut. **2** craft and work of the barber; tonsure, shaving. حجامت بنانا/کرنا **1** shave. **2** (*fig.*) (i) spoil, plunder. (ii) beat up, punish.

حجب /hədʒb/ ■ *n.m.* **1** exclusion, especially from inheritance. **2** intervention, interposition; preclusion. **3** seclusion.

حُجب /hʊdʒʊb/ ■ *n.m.* (*pl.* of حجاب) veils.

حُجّت /hʊdʒdʒəṭ/ ■ *n.f.* **1** proof, evidence; reason. **2** argument, altercation, disputation, contention, objection; plea. **3** pretext, excuse. حجتُ البالغہ final, decisive argument. حجت بازی altercation, argument, dispute. حجت تمام کرنا clinch an argument, draw conclusion of an argument. حجتِ ساطع/قاطع clinching argument. حجت کرنا **1** argue, dispute; contest, raise an objection, adduce an argument or plea (against). **2** bring forward a pretext. حجتِ گویا clear or strong argument. حجتِ لاطائل useless objection, cavillation. حجتِ موجّہ obvious argument. حجت نکالنا find or express or come up with an objection or disapproval. (*pl.* حُجج)

حُجّتی /hʊdʒdʒəṭiː/ ■ *adj.* quarrelsome, argumentative. ■ *n.m. & f.* caviller, reasoner, disputant, wrangler. حجتی لاامتی one who objects against religion becomes an infidel.

حَجَر /hədʒər/ ■ *n.m.* stone. حجرِ اسود the black stone fixed at Ka'aba in Makkah. حجرُالفلاسفہ the philosopher's stone. حجرُالیہود Jew's stone, a calcareous stone used in medicine.

حجر /hədʒr/ ■ *n.m.* annulment; prohibition.

حجران /hədʒərɑːn/ ■ *n.m.* gold and silver.

حجرِستان /hədʒərɪsṭɑːn/ ■ *n.m.* rocky area, mountainous place.

حُجرہ /hʊdʒrɑː/ ■ *n.m.* **1** cell. **2** private room, chamber, boudoir. حجرہ نشین **1** secluded; retired. **2** hermit, recluse. (*pl.* حُجرات)

حجری /hədʒəriː/ ■ *adj.* made of stone; stony, rocky, gritty. حجری دور Stone Age.

حجریّات /hədʒərɪjjɑːṭ/ ■ *n.m. & f.* lithology; palaeontology, petrology. حجریات داں palaeontologist, petrologist.

حجریّت /hədʒərɪjjəṭ/ ■ *n.f.* state of being stony, i.e. hard like stone, stoniness.

حجلہ /hədʒəlɑː/ ■ *n.m.* boudoir, private chamber; ornamented pavilion with curtains. حجلۂ عروسی bridal chamber; nuptial bed.

حجم /hədʒm/ ■ *n.m.* volume; thickness.

حجّن /hədʒdʒən/ ■ *n.f.* (also حاجن) woman who has performed Hajj pilgrimage to Makkah.

حُجُور /hʊdʒuːr/ ■ *n.f.* (*pl.* of حِجر) lap.

حجیج /hədʒiːdʒ/ ■ *adj.* argumentative.

حُجیرہ /hʊdʒæːrɑː/ ■ *n.m.* (*dim.* of حُجرہ) **1** small room. **2** (***Biol.***) oosphere.

حجیم /hədʒiːm/ ■ *adj.* voluminous; ample.

حد /həḍ/ ■ *n.f.* **1** edge, boundary. **2** limit, extreme, extremity, utmost point or degree; extent. **3** obstruction, impediment; restriction; bar. **4** (***Islam***) limits that must not be crossed or transgressed; one of the serious crimes and sins and its prescribed punishment. ■ *adv.* utmost; extremely. حدِاعظم/اکثر maximum. حدِاقل minimum. حد باندھنا fix, determine or mark the limits or boundaries, bound, define, delimit. حد بست delimitation; boundary settlement (of land). حدِبلوغ majority, age of puberty. حدِبلوغ کو پہنچنا attain puberty, maturity. حد بندی fixing the boundaries; boundary. حد بھر as much or as far as possible, to one's utmost. حد پار an outlaw. حد جاری کرنا/لگانا (***Islam***) pronounce the prescribed sentence for transgressing limits. حدِجواب rejoinder. حدِسماعت (***Law***) jurisdiction. حد سے بڑھ کے beyond limitations. حد سے بڑھنا overstep, go beyond limits, transgress; exceed one's power; encroach on. حد سے حد at best or worst; ultimately. حد سے زیادہ extremely, beyond limits. حد شکنی violation of a (neighbour's) landmark, encroachment, trespass. حدِفاصل boundary separating two areas, borderline. حد کرنا **1** go beyond bounds, exceed the limits; do one's utmost. **2** (*fig.*) do something strange, inexplicable or unexpected. حدِ محدود term in lease or farming contracts which recognizes the power of farmer over all the lands and crops within some defined limits. حدِنظر/نگاہ range of visibility, visibility limit, as far as one can see; horizon. حد ہونا be the limit. (*pl.* حُدود)

حداثت /həḍɑːsəṭ/ ■ *n.f.* origin, beginning, start. حداثتِ سن early years of life, early youth, childhood.

حدّاد /həḍḍɑːd/ ■ *n.m.* blacksmith, ironsmith; ironmonger.

حدّادی /həḍḍɑ:ḍi:/ ■ *n.f.* blacksmith's profession.

حدائق /həḍɑ:ɪq/ ■ *n.m.* (*pl.* of حدِیقہ) walled gardens; flower gardens, orchards.

حدب /həḍəb/ ■ *n.m.* mound, protruded place in the middle; plateau.

حدبہ /həḍəbɑ:/ ■ *n.m.* **1** protuberance. **2** hump.

حِدّت /hɪḍḍəṯ/ ■ *n.f.* **1** severity or degree of heat. **2** sharpness or edge (of a sword, etc.). **3** severity, fury, virulence; poignancy; keenness, acuteness, vehemence. **4** force, strength. حدتِ ذہن intelligence, acumen. حدتِ طبع severity of nature. حدتِ نظر shrewdness, keen observation.

حدَث /həḍəs/ ■ *n.m.* impurity; breach of *wazu* (وضو). حدثِ اصغر (***Islam***) minor impurity for which only ablution is enough. حدثِ اکبر (***Islam***) major impurity for which a bath is necessary.

حدث /həḍs/ ■ *n.m.* newness, novelty.

حدس /həḍs/ ■ *n.m.* **1** wisdom, acumen. **2** conjecture; illusion.

حدق /həḍəq/ ■ *n.m.* (also حدقہ) pupil of the eye. (*pl.* احداق)

حُدُوث /hʊḍu:s/ ■ *n.m.* coming into existence; sudden or spontaneous emergence or coming into being.

حُدُود /hʊḍu:ḍ/ ■ *n.f.* (*pl.* of حد) **1** boundaries, limits, confines. **2** definitions. **3** restrictive ordinances. حدودِ اربعہ four sides of boundaries; location. حدودِ ارضی local limits; limit of the land. حدودُاللہ (***Islam***) Divine commands; Divinely imposed limits of behaviour. حدودِ شرعیہ (***Islam***) **1** restrictive or penal ordinances of Islam. **2** penalties for transgressing them. حدودِ عمل limitations.

حدُور /həḍu:r/ ■ *n.m.* slope, descent, incline, declivity.

حدّہ /həḍḍɑ:/ ■ *adj.* bounded, having a boundary or side.

حُدی /hʊḍi:/ ■ *n.f.* (also حُدیٰ) camel rider's traditional song. حدی خواں/سرا singer of this song.

حدِیث /həḍi:s/ ■ *n.f.* **1** (***Islam***) Hadith, tradition or narration or action or silent approval of Prophet Muhammad. **2** any tradition, narration. حدیثِ تقریری (***Islam***) Hadith of an action done in Prophet Muhammad's presence but not prohibited by him. حدیثِ حسن a good tradition whose narrators are lower in authenticity than those of Hadith *sahih* (صحیح). حدیثِ خرافہ false tradition or Hadith. حدیثِ صحیح Hadith narrated by the most authentic narrators; genuine tradition. حدیثِ فعلی Hadith of an action done by Prophet Muhammad. حدیثِ قدسی divine tradition, a Hadith which relates a revelation from God in the language of Prophet Muhammad, Sacred Hadith, in this type of Hadith the message is entirely from Allah while the wording is that of Prophet Muhammad. حدیثِ قولی Hadith of words spoken by Prophet Muhammad. حدیثِ متصل السند continuously narrated tradition, Hadith whose chain of narrators is complete from the first utterance. حدیثِ متواتر a continuous tradition handed down by many distinct chains of narrators, a genuine Hadith. حدیثِ موضوع/وضعی spurious or concocted Hadith. (*pl.* احادیث)

حدِید /həḍi:ḍ/ ■ *n.m.* **1** iron; steel. **2** instrument or implement of iron. **3** helmet. **4** name of a sura of the Qur'an.

حدِیدی /həḍi:ḍi:/ ■ *adj.* of or relating to iron.

حدِیقہ /həḍi:qɑ:/ ■ *n.m.* walled garden, orchard. حدیقۂ حیوانات zoo. (*pl.* حدائق)

حذاقت /həzɑ:qəṯ/ ■ *n.f.* wisdom, sagacity, expertise (esp. of a physician).

حذَر /həzər/ ■ *n.m.* **1** caution, wariness, vigilance, care; prudence. **2** fear.

حذف /həzf/ ■ *n.m.* omission, elision; dropping a word or letter. حذف کرنا omit, elide; drop (a letter, etc.).

حر /hər/ ■ *n.f.* **1** heat, warmth; ardour. **2** boiling. حرحرکیات (***Physics***) thermodynamics. حرشعاعیں (***Physics***) thermal rays. حرمرکزائی/مرکزی تعامل (***Physics***) thermonuclear reaction. حر و برد heat and cold.

حُر /hʊr/ ■ *adj.* free; freeborn. (*fem.* حُرّہ) (*pl.* اَحرار)

حِراثت /hɪrɑ:səṯ/ ■ *n.f.* tillage, cultivation.

حرارت /hərɑ:rəṯ/ ■ *n.f.* **1** warmth, heat. **2** slight fever. **3** fervour, zeal, frenzy, passion, vehemence, ardour, enthusiasm. حرارت پیما thermometer. حرارتِ دینی/مذہبی religious fervour. حرارتِ غریبی (***Med.***) rise in body temperature due to a disease. حرارتِ غریزی (***Med.***) natural heat of the body due to metabolism. حرارتِ مخصوصہ/نوعی (***Physics***) specific heat. حرارتِ مخفی (***Physics***) latent heat. حرارت ہونا feel feverish; run a

حرائر /hərɑ:ɪr/ ■ *n.f.* (*pl.* of حُرّہ) free women, those who are not slave.

حرّائی /hərrɑ:i:/ ■ *adj.* of hot countries, tropical.

حرب /hərb/ ■ *n.f.* war, warfare; fight, battle, conflict. حرب گاہ battlefield. حرب وضرب fighting; violence. (*pl.* حُرُوب)

حربا /hɪrbɑ:/ ■ *n.m.* chameleon.

حربہ /hərbɑ:/ ■ *n.m.* **1** ruse, trick. **2** dart; javelin; weapon, arms; thrust; stab; implements of war, warlike apparatus. **3** invasion. حربہ کرنا thrust (at); attack.

حربی /hərbi:/ ■ *adj.* warlike, military, pertaining to war, military or arms. ■ *n.m.* warrior. حربی صلاحیت capacity or capability for fighting a war, military capability.

حربیات /hərbɪjɑ:t̪/ ■ *n.f.* military science, science of warfare.

حربےضربے /hərbe: zərbe:/ ■ *adv.* often; repeatedly, time after time, again and again.

حرث /hərs/ ■ *n.m.* & *f.* ploughing, cultivating, sowing.

حرج /hərəd͡ʒ/ ■ *n.m.* **1** damage, harm, difficulty. **2** waste of time. **3** collection of trees, thicket, wood. **4** collection or flock of camels. حرج مرج (also ہرج مرج) uproar, pandemonium; confusion; loss, damage.

حرجہ /hərd͡ʒɑ:/ ■ *n.m.* (also ہرجانہ، ہرجہ) damages; indemnity, compensation.

حرز /hɪrz/ ■ *n.m.* **1** asylum, place of refuge or custody; safe place; fortification. **2** amulet; charm. حرزِ جاں بنانا **1** keep safe. **2** hold dear, cherish deeply.

حرس /hərəs/ ■ *n.m.* (*pl.* of حارس) nightwatchmen, guards.

حرص /hɪrs/ ■ *n.f.* **1** greed, avarice, cupidity, covetousness. **2** envy; rivalry. **3** avidity; ambition. حرص دینا awaken greed in someone, tempt, entice, incite, allure, tantalize. حرص کرنا covet.

حرصاحرصی /hɪrsɑ: hɪrsi:/ ■ *adv.* (*comb.* of حرص) greedily, covetously; emulation, in imitation.

حرصاہا /hɪrsɑ:hɑ:/ ■ *adj.* greedy, covetous.

حرصی /hɪrsi:/ ■ *adj.* greedy. See حریص.

حرض /hərəz/ ■ *n.m.* **1** flame, passion; natural instinct. **2** prolongation of disease.

حرف /hərf/ ■ *n.m.* **1** letter of the alphabet. **2** (***Gram.***) an indeclinable word, particle. **3** writing; handwriting. **4** blame, censure, reproach; criticism, animadversion; temperature.

حرارہ /hərɑ:rɑ:/ ■ *n.m.* (also حرارا) **1** warmth, zeal, fervour; natural emotion; anger. **2** cozenage, cheating, fraud. **3** calorie, unit of heat, heat. حرارہ پیما calorimeter. حرارہ دینا cheat, cozen, defraud. حرارہ لینا fly into passion.

حراست /hɪrɑ:sət̪/ ■ *n.f.* **1** custody, guardianship; watch, charge, guard. **2** arrest. حراست میں لینا **1** take into custody. **2** arrest, incarcerate.

حرّاف /hərrɑ:f/ ■ *adj.* **1** cunning, clever. **2** talkative.

حرافت /hərɑ:fət̪/ ■ *n.f.* cunningness, guile, craftiness.

حرّافہ /hərrɑ:fɑ:/ ■ *adj.* (*fem.* of حرّاف) cunning (woman).

حرّاق /hərrɑ:q/ ■ *adj.* incendiary (material), burning. ■ *n.m.* burner.

حرّاقہ /hərrɑ:qɑ:/ ■ *n.m.* (also حرّاقت) torpedo.

حرّاکہ /hərrɑ:kɑ:/ ■ *n.m.* starter, a device to start or put into motion something or some vehicle.

حرام /hərɑ:m/ ■ *adj.* **1** haram, forbidden, prohibited; wrong; spurious, illegitimate, unlawful. **2** inviolable, sacred, venerable, inviolate. **3** excluded. ■ *n.m.* unlawful act; wrongdoing; fornication; adultery. حرام توشہ خور **1** unfaithful, dishonest. **2** one who lives on the earnings of others; shirker; idler. **3** venal or corrupt person. حرام خوری **1** wages of iniquity, unlawful gains. **2** dishonesty. حرام رکھنا hold or keep sacred; prohibit. حرام زادہ (*offens.*) bastard, of illegitimate birth, illegitimate. حرام زادے کی رسی دراز ہے mischief-maker lives long. حرام زدگی wickedness, rascality. حرام کاری unlawful; ill-gotten (wealth, etc.). حرام کاری forbidden acts (particularly adultery and fornication). (پر) حرام کرنا **1** totally forgo or abstain from something, impose a prohibition. **2** make (life) miserable. حرام کھانا **1** be corrupt; take bribe; get money by unlawful means. **2** eat prohibited food. حرام مغز spinal cord. حرام موت suicide, death when doing something wrong or unlawful. حرام ہڈ (also ہڈحرام) parasite, hanger-on. حرام ہونا be unlawful, proscribed or forbidden. (*opp.* حلال)

حرامی /hərɑ:mi:/ ■ *adj.* illegitimate. حرامی بچہ illegitimate child. حرامی پلّا (*offens.*) bastard. حرامی پن iniquity; wrongdoing; dishonesty; mischief. حرامی کا پلّا (*offens.*) misbegotten of a bastard. (*opp.* حلالی)

circular shape, e.g. ص،ہ and پھ ،بھ, etc. حرفِ محرف italic word. حرفِ مسروق silent letter, e.g. و in خواب . حرفِ مطلب desire; purpose; proposal. حرفِ معجمہ/منقوطہ a letter with dot or dots, e.g. ق،ض،ب, etc. حرفِ معنوی significant particle, postposition. حرفِ مکرر a letter written twice by mistake. حرفِ مہملہ a letter without a dot, e.g. م،ح, etc. حرفِ ندا interjection, vocative. حرفِ نفی word expressing negation. حرف وحکایت conversation. (*pl.* حُروف)

حُرف /**hʊrf**/ ■ *n.f.* a herb, *Lapidium sativum* used as a medicine.

حرفاً /**hərfən**/ ■ *adv.* literally. حرفاً حرفاً letter by letter, word for word, verbatim.

حِرفت /**hɪrfət̪**/ ■ *n.f.* (also حِرفہ) **1** profession, vocation, trade; craft, handicraft. **2** skill; ingenuity. **3** cleverness, cunning, artifice, trick, deceit. حرفت باز (also حِرفتی) crafty, cunning, artful.

حرفی /**hərfi:**/ ■ *adj.* literal; relating to letters.

حرق /**hərq**/ ■ *n.m.* blazing, flaming, burning. (*pl.* احراق)

حُرقت /**hʊrqət̪**/ ■ *n.f.* heat; inflammation. حُرقتِ بول pain felt during urination, urethritis.

حرقفہ /**hərqəfɑ:**/ ■ *n.f.* hipbone, hip joint, coxa.

حرک /**hərk**/ ■ *n.f.* movement, motion. حرک پیما (*Engr.*) dynamometer.

حرکات /**hərkɑ:t̪**/ ■ *n.f.* (*pl.* of حرکت) (also حرکات) **1** motions. **2** movements, actions. **3** proceedings. **4** diacritical marks. حرکاتِ ثلاثہ/ثلثہ three short vowels shown by diacritical marks, i.e. پیش،زبر،زیر. حرکاتِ شنیعہ immoral or wicked doings or ways. حرکات وسکنات **1** gestures and postures, body language. **2** habits; manners.

حرکت /**hərəkət̪**/ ■ *n.f.* (also حرکت) **1** motion, movement. **2** fault; mischief, misdemeanour. **3** travel. **4** agitation, commotion. **5** hindrance, prevention. **6** short vowel. **7** loss, damage. **8** adultery. حرکتِ دوّاری/دوری (*Physics*) circular movement. حرکت دینا **1** set in motion, move. **2** (*Gram.*) put a diacritical mark (over or under a letter). حرکتِ روزانہ (*Astron.*) diurnal motion (of the planets). حرکتِ سالانہ (*Astron.*) annual motion. حرکتِ قلب heartbeat. حرکت کرنا **1** move; act, work. **2** do a mischief; act improperly. حرکتِ مذبوحی **1** movement of a slaughtered animal. **2** (*fig.*) a useless movement.

حرکی /**hərki:**/ ■ *adj.* kinetic, dynamic. حرکی توانائی (*Physics*)

stigma. **5** statement. حرف اٹھانا **1** make out letters, read. **2** decipher. حرف اڑ جانا/اڑنا be obliterated or effaced. حرفِ استثنا word or particle indicating exception, e.g. سوا،بجز (except). حرفِ استدراک word introducing an exception to what has been stated, e.g. مگر،لیکن،کیا . حرفِ استفہام interrogative adverb, e.g. کیوں (why). حرفِ اضراب word intensifying what has been stated, e.g. بلکہ (moreover). حرف انداز cunning, dishonest, cheat. حرفِ اوّل introduction; prologue; initiating step. حرفِ آخر **1** last word; clincher; epilogue. **2** final or definite. حرف آشنا just able to read, one who has just begun to learn, beginner. حرف آنا incur reproach, obloquy or disgrace, be disgraced. حرفِ باطل/غلط the erroneous word in writing which is erased. حرف بٹھانا/جمانا compose for printing. حرف بنانا alter letter or word; tamper with; insert a letter. حرف بہ حرف letter by letter, word for word; verbatim; exact (in every detail). حرف پر انگلی رکھنا find fault, pick holes, criticize, cavil. حرف پکڑنا criticize. حرف پہچاننا learn the alphabet. حرفِ تاکید word used for emphasis, e.g. ضرور (definitely). حرفِ تخصیص word used to identify or specify some particular thing or person. حرفِ تردید disjunctive particle. حرفِ تشبیہ particle of similitude. حرفِ تعریف the definite article. حرفِ تعلیل word introducing a cause or reason. حرفِ تمیز qualifying word, adverb. حرفِ تنکیر the indefinite article. حرفِ جار/جر preposition, word connecting a noun and verb. حرفِ جزا word introducing a consequent, e.g. پس (therefore), تو (so). حرف چیں **1** caviller, critic, captious. **2** literate; one who is beginning to learn. **3** compositor. حرفِ ربط word connecting clauses, conjunction, e.g. اور (and). حرف رکھنا stigmatize, accuse one of a shortcoming or fault. حرفِ روی (*Pros.*) the last repeated letter of the last word in a rhymed poem, e.g. ر in بسر and قمر. حرف زن **1** critic. **2** speaker. حرف زنی criticism. حرفِ ساکن/غیر متحرک/موقوف letter not-followed by vowel. حرف شناس able to read, knowing the letters, beginner. حرف شناسی literacy. حرفِ شرط conditional particle. حرفِ صحیح consonant. حرفِ عطف conjunction. حرفِ علت vowel. حرف گیر critic. حرف گیری کرنا criticize, find fault. حرف لانا defame, stain. حرفِ مجوف a letter of wholly or partly

حروفِ مقطعات .ب،پ،ت initial letters of unknown meanings of some Qur'anic suras which are read individually, e.g. یٰس،طٰسٓ.

حُرُوفی /hʊru:fi:/ ■ *n.m.* narrator of a Hadith. (See also مُحدِّث.)

حَرُون /həru:n/ ■ *adj.* recalcitrant (horse).

حُرّہ /hʊrra:/ ■ *n.f.* (*fem.* of حُر) free woman.

حُرّیّت /hʊrrɪjjəṭ/ ■ *n.f.* liberty, independence, freedom, emancipation, enfranchisement. حریت پسند one who struggles against alien rule, freedom-lover, one fighting against oppression or slavery.

حریر /həri:r/ ■ *n.m.* silk; cloth made of silk.

حریرہ /həri:ra:/ ■ *n.m.* (also حریرا) sweet caudle, a dish of sugar, milk, almonds, spices and flour, generally given a woman after childbirth or to an invalid.

حریری /həri:ri:/ ■ *adj.* 1 of fine silk cloth, silken. 2 sleek, fine, soft; thin. حریری کاغذ very thin smooth paper; tissue paper.

حریز /həri:z/ ■ *adj.* safe, protected (place, dwelling).

حریص /həri:s/ ■ *adj.* (also حرصی) 1 greedy, covetous, avaricious; gluttonous. 2 ambitious. ■ *n.m.* 1 greedy or covetous person. 2 imitator of others.

حریف /həri:f/ ■ *n.m.* 1 fellow worker (in one's craft or ordinary occupation), associate, partner. 2 mate, equal, peer. 3 rival, opponent, adversary, antagonist; competitor. ■ *adj.* 1 clever, cunning. 2 pleasant. 3 audacious, impudent.

حریفی /həri:fi:/ ■ *n.f.* 1 rivalry, antagonism, enmity. 2 cleverness.

حریق /həri:q/ ■ *adj.* burnt. ■ *n.f.* 1 flame. 2 burning sensation.

حریم /həri:m/ ■ *n.m.* 1 sacred place. 2 the sacred area in Makkah and Medina. 3 house or dwelling; sanctuary. 4 outer walls of the house. 5 wife, woman. حریم ناز beloved's house.

حریمہ /həri:ma:/ ■ *n.f.* prohibition, ban.

حزاز /həza:z/ ■ *n.m.* heartburn; heartache. [A]

حزاز ____ ■ *n.m.* dandruff, scurf. [A]

حزب /hɪzb/ ■ *n.f.* 1 party, group; union; band. 2 part or portion. 3 (***Islam***) sixtieth portion of the Qur'an. حزبِ اختلاف the opposition, opposition party. حزبِ اقتدار kinetic energy. حرکی دفاع mobile defence. حرکی نظام (***Psych.***) motor system.

حرکیات /hərkɪja:ṭ/ ■ *n.f.* dynamics. (*opp.* سکُونیات)

حرم /hərəm/ ■ *adj.* sacred. ■ *n.m.* 1 the sacred enclosure of Makkah and Medina; sanctuary. 2 harem, seraglio, women's enclosures or quarters. ■ *n.f.* 1 wife. 2 concubine; female slave. حرم سرا harem, seraglio. حرم شریف the shrine of Ka'aba and the grand mosque at Makkah. حرمِ نبوی Prophet Muhammad's tomb and the mosque at Medina.

حرماں /hɪrmā:/ ■ *n.f.* (also حرمان) 1 disappointment, despondence, dejection; deprivation. 2 refusal, denial (of a thing to a person). 3 repulsion. حرماں نصیب 1 unfortunate. 2 disappointed, dejected.

حُرمت /hʊrməṭ/ ■ *n.f.* 1 honour, reverence, esteem, dignity. 2 sanctity, chastity. 3 unlawfulness. حرمت بہا compensation for libel, damages for defamation. حرمت توڑنا injure someone's reputation, disgrace. حرمت دینا 1 bestow honour or dignity, exalt, dignify. 2 sacrifice reputation. حرمت رکھنا preserve, uphold or maintain someone's dignity or honour. حرمت لینا deprive (one) of honour or reputation, defame, disgrace; violate someone's chastity. حرمت والا worthy; respectable, venerable, honourable.

حرمزدگی /hərəmzədgi:/ ■ *n.f.* (*contr.* of حرام زدگی) wickedness, roguery, rascality, villainy.

حرمل /hərməl/ ■ *n.m.* wild rue, Syrian rue, *Peganum harmala*.

حرمی /hərəmi:/ ■ *adj.* 1 (of or related to حرم). 2 intimate. ■ *n.m.* bosom friend, chum.

حرمین /hərəmæ:n/ ■ *n.m.pl.* (also حرمین شریفین) (***Islam***) the two sacred shrines at Makkah and Medina.

حرور /həru:r/ ■ *n.f.* heat; hot air.

حُرُوف /hʊru:f/ ■ *n.m.* (*pl.* of حرف) letters. حروفِ ابجد رتہجی رہجا letters of the alphabet. حروفِ تہجی کی ترتیب (also ترتیبِ تہجی) alphabetical order. حروف چیں typesetter, compositor. حروفِ شمسی letters which, if preceded by ال, make ل silent, e.g. "ر" in الرّحیم or "ش" in الشّمس, etc. حروفِ صحیح consonants. حروفِ قمری letters which, if preceded by ال, do not make ل silent, e.g. "ق" in القمر or "ف" in الفارق, etc. حروفِ متشابہ letters having similar shapes, e.g.

executive, ruling or government party; treasury benches. حزبُ الاحرار liberal party. (*pl.* احزاب)

حزم /həzm/ ■ *n.m.* **1** far-sightedness. **2** steadiness, firm resolution, strength or firmness of mind or judgement, perseverance. **3** vigilance, carefulness, care. حزم واحتیاط vigilance and carefulness, cautiousness.

حُزمہ /hʊzmɑ:/ ■ *n.m.* **1** bag, satchel. **2** pile; bunch.

حُزن /hʊzn/ ■ *n.m.* grief, sorrow, sadness, unhappiness; mourning, lamentation; affliction. (*pl.* احزان)

حُزنیہ /hʊznɪjɑ:/ ■ *adj.* elegiac. ■ *n.m.* elegy.

حُزُون /hʊzu:n/ ■ *n.f.* stony, rocky land.

حزیں /həzĩ:/ ■ *adj.* sad, sorrowful, grieved, melancholy; afflicted; lamenting.

حس /hɪs/ ■ *n.f.* **1** feeling, sense; faculty of sense; imagination; sentiment. **2** sympathy. حسِ باصرہ sense of sight. حسِ باطنی perception. حسِ ذائقہ sense of taste. حسِ سامعہ/سماعت sense of hearing. حسِ شامہ sense of smell. حسِ ظاہری external sense. حسِ لامسہ sense of touch. حسِ مشترک common sense; sensorium.

حساب /hɪsɑ:b/ ■ *n.m.* **1** arithmetic. **2** accounts. **3** counting, numbering, computation, calculation, reckoning. **4** bill (of charges). **5** rate, price. **6** judgement, opinion; estimation. **7** measurement; proportion. **8** rule; standard. **9** investigation; determining the penalty or reward. **10** manner; method. حساب برابر کرنا square accounts. حساب بہی account book. حساب بے باق کرنا pay off debts, settle or clear an account; liquidate a balance, requite. حساب پاک کرنا **1** clear accounts, square accounts. **2** finish a task, end. **3** (*fig.*) murder. حساب پاک ہونا **1** of debt, etc. be settled or clear. **2** be honest. حساب پر چڑھانا carry to account; post or book (an account); charge; debit. حساب پوچھنا seek explanation, call to account. حساب جانچنا examine or audit accounts. حساب جو جو بخشش سوسو munificence apart, account must be cleared. حساب جوڑنا add up an account, total, calculate. حساب چور defaulter (in accounts). حساب داں **1** accountant. **2** mathematician. حسابِ دوستاں دردِل friends do not keep an account of presents exchanged mutually. حساب دہ accountable, answerable, responsible. حساب دینا render an account, explain. حساب رکھنا keep or maintain an account, keep account of. حساب کادن the Day of Judgement or of Resurrection. حساب کتاب **1** accounts. **2** bookkeeping, reckoning. حساب کتاب میں رہنا live within one's income. حساب کرنا **1** calculate, compute; settle an account. **2** (*fig.*) pay off and dismiss (an employee). حساب کی رُو سے as per calculation or accounts. حساب لگانا calculate, estimate. حساب لینا take an account; ask someone to render account. حساب میں فرق آنا accounts not be balanced; show discrepancy in balance. حساب نویس accountant, bookkeeper. حساب نویسی bookkeeping.

حسابوں /hɪsɑ:bõ:/ ■ *adv.* as per estimate, guess or calculation; pro rata.

حسابی /hɪsɑ:bi:/ ■ *adj.* belonging to accounts; arithmetical. حسابی اوسط arithmetic mean. حسابی سال reckoned year, accounting year. حسابی کل calculator.

حسّاس /həssɑ:s/ ■ *adj.* sensitive; emotional; of fine or acute sensitivity.

حسّاسیت /həssɑ:sɪjət/ ■ *n.f.* sensitivity.

حُسام /hʊsɑ:m/ ■ *n.f.* sharp sword.

حُسامی /hʊsɑ:mi:/ ■ *n.m.* swordsman.

حسّان /həssɑ:n/ ■ *adj.* **1** most comely or beautiful; very good. **2** very wise.

حسانت /hɪsɑ:nət/ ■ *n.f.* beauty, prettiness, loveliness.

حَسَب /həsəb/ ■ *n.m.* **1** lineage, pedigree. **2** nobility. **3** way, mode, manner. **4** computation. **5** amount; quantity, measure. حسب ونسب lineage, pedigree, descent.

حسب /həsb/ ■ *n.m.* accordance. ■ *adv.* according to, in conformity with; reflecting upon, considering. حسبِ اتفاق **1** by chance, accidentally. **2** unanimously, by consensus. حسبِ اطمینان to the satisfaction, satisfactorily. حسب الارشاد/الحکم/فرمان as desired; as ordered, as per orders. حسبُ الامکان as far as possible. حسبِ توفیق as much as one can afford, according to one's status. حسبِ حال relevant to circumstances, as exigency may require; relevant to what is desired. حسبِ ذائقہ according to taste, as per taste. حسبِ ذیل as below or under, as follows. حسبِ ضابطہ/قاعدہ according to rule, procedure or practice, in accordance with the procedure, formally, duly, procedurally. حسبِ ضرورت as per or according to need. حسبِ قانون according to law, legally. حسبِ مراد as per wish or desire. حسبِ معمول as usual, according to custom. حسبِ مقدور as best one can, to the best of one's ability. حسبِ منشا as desired. حسبِ موقع opportune, according to circumstances, as the case may demand. حسبِ وعدہ as per promise, according to agreement.

حِسبان /hɪsbɑːn/ ■ *n.m.* guess, conjecture.

حسبی اللہ /həsbɪjəllɑːh/ ■ *phr.* Allah is enough for me.

حسد /həsəd̪/ ■ *n.m.* jealousy, envy, spite. حسد رکھنا/کرنا be jealous or envious, begrudge, envy.

حسدی /həsəd̪iː/ ■ *adj.* jealous, envious.

حسرت /həsrət̪/ ■ *n.f.* **1** grief; wistfulness, sense of deprivation; regret. **2** longing, desire, wish. حسرت انگیز arousing sorrow or regret, lamentable. حسرت آلود/زدہ sad, overwhelmed with grief, wistful, woebegone. حسرت آمیز wistful, afflicted. حسرت آیات sorrowful, piteous. حسرت بھری longing or wistful (looks, voice or tone). حسرت سنج filled with grief, grieving. حسرت کرنا **1** long for. **2** grieve or repine (for). حسرت کشتہ dead due to grief. حسرت ناک tragic; wistful. حسرت نکلنا (of a wish or desire) be fulfilled. (*pl.* حسرات)

حسن /həsən/ ■ *adj.* good; comely, beautiful; pleasing. ■ *pr.n.m.* Imam Hasan, the grandson of Prophet Muhammad. حسن زائی eugenics, a study of selective breeding applied to humans, with the aim of improving the species.

حُسن /hʊsn/ ■ *n.m.* beauty, loveliness. حسنِ اتفاق favourable or lucky chance. حسنِ اختیار free will. حسنِ اخلاق courtesy, politeness, affability. حسنُ المآب good end. حسنِ انتظام good management, managerial efficiency. حسنِ بازاری (*fig.*) prostitute. حسنِ برشتہ/ملیح olive-complexioned beauty. حسنِ بیان eloquence, rhetoric, way with words. حسن پرست admirer of beauty. حسنِ تدبیر good or sound tactics or management. حسنِ تعلیل (***Poet.***) attributing an event to something other than its real cause. حسنِ خداداد natural beauty, real beauty. حسنِ خلق good disposition, affability. حسن دان make-up box, beauty box. حسن دان connoisseur of beauty. حسنِ سلوک politeness, affability, amiability. حسنِ سیرت goodness of character. حسنِ صبیح fair complexioned beauty. حسنِ طلب nice way of asking. حسنِ ظن good or favourable opinion, good expectation; optimistic idea about something or someone. حسنِ فانی/مقید mortal beauty. حسنِ کلام beauty of speech or verse. حسنِ گلوسوز indescribable beauty. حسنِ مطلع (***Pros.***) second opening couplet of a ghazal or qasida. حسنِ مطلق **1** the Absolute Beauty. **2** (*fig.*) God. حسن وجمال beauty, attractiveness. حسن وقبح good and bad, merits and demerits.

حسنہ /həsənɑː/ ■ *adj.* good; comely. ■ *n.f.* goodness, virtue. (*pl.* حسنات)

حسنی /həsəniː/ ■ *adj.* of or relating to or descending from Imam Hasan, the grandson of Prophet Muhammad.

حُسنیٰ /hʊsnɑː/ ■ *adj.* (*fem.* of احسن) very beautiful.

حسنین /həsənæːn/ ■ *pr.n.m.* Imam Hasan and Imam Hussain, the two grandsons of Prophet Muhammad.

حسود /həsuːd̪/ ■ *adj.* jealous, envious; spiteful; grudging.

حُسود /hʊsuːd̪/ ■ *n.m.* (*pl.* of حاسد) jealous people.

حِسّی /hɪssiː/ ■ *adj.* of or relating to faculty of sense. حسی اعضا five sense organs, viz. eyes, ears, nose, tongue, and skin.

حسیب /həsiːb/ ■ *adj.* honourable, respectable. ■ *n.m.* **1** one who calls to account or takes vengeance. **2** See الحسیب.

حِسّیت /hɪssɪjət/ ■ *n.f.* (***Philos.***) empiricism, sensualism.

حسین /həsiːn/ ■ *adj.* beautiful, beauteous, handsome, pretty, comely.

حُسین /hʊsæːn/ ■ *adj.* virtuous and beautiful. ■ *pr.n.m.* Imam Hussain, the younger grandson of Prophet Muhammad who was martyred at Karbala.

حسینہ /həsiːnɑː/ ■ *n.* (*fem.* of حسین). ■ *n.f.* beautiful woman, belle. حسینۂ عالم most beautiful woman of the world.

حُسینی /hʊsæːniː/ ■ *adj.* of or relating to or descending from Imam Hussain. ■ *n.f.* **1** a species of grape. **2** a kind of raga, which is sung at the end of night or at early morning. حسینی بلبل a species of bulbul or Asian nightingale with a white body and black crest. حسینی کباب kebab seasoned with salt and lime-juice, toasted over fire.

حشا /həʃɑː/ ■ *n.f.* intestine; inside of the stomach, abdomen. (*pl.* احشا)

حشّاش /həʃʃɑːʃ/ ■ *n.m.* **1** greengrocer. **2** hashish smoker.

حشّاش بشّاش /həʃʃɑːʃ bəʃʃɑːʃ/ ■ *adj.* (*corr.* of ہشاش بشاش) very happy, very cheerful.

حُشاشہ /hʊʃɑːʃɑː/ ■ *n.m.* remains of life, last breathing (of a dying person).

حشر /həʃr/ ■ *n.m.* **1** resurrection; doomsday, the day of judgement, the hereafter; result; end. **2** meeting, gathering, congregation, concourse. **3** commotion, tumult, noise; wailing, lamentation. حشر برپا کرنا **1** raise a great commotion, cause a tumult, make a noise. **2** weep and wail aloud, protest or object loudly. حشر توڑنا/ڈھانا treat cruelly, tyrannize, oppress. حشر خرام (woman) making a stir, exciting a great commotion by the elegance of her gait. حشر مچانا cause an uproar; wail, ululate.

حشرات /həʃərɑːt̪/ ■ *n.m.pl.* (also حشرات الارض) **1** insects. **2** reptiles. (*sing.* حشرہ)

حشرات /həʃrɑːt̪/ ■ *n.f.* **1** uproar, tumult; din, commotion (of a crowd). **2** fearful or dangerous crowd. **3** buzzing noise, hum.

حشری /həʃəriː/ ■ *adj.* **1** relating to the doomsday. **2** violent.

حشری /həʃriː/ ■ *adj.* **1** ghastly, fearful. **2** violent and shy (horse). حشری باغی renegade following the rabble.

حشریّات /həʃərɪjjɑːt̪/ ■ *n.f.* entomology, scientific study of insects.

حشفہ /həʃfɑː/ ■ *n.m.* glans.

حشم /həʃəm/ ■ *n.m.* **1** grandeur. **2** retinue; train (of servants). حشم وخدم servants and attendants. (*pl.* احشام)

حشمت /həʃmət̪/ ■ *n.f.* state, dignity, pomp; parade; riches, wealth.

حِشمت /hɪʃmət̪/ ■ *n.f.* humility, modesty, politeness.

حشو /həʃv/ ■ *n.m.* **1** superfluous part in a text. **2** padding of a pillow, bed or cushion, stuffing. **3** trash, rubbish, refuse. **4** very lowly or mean person, uncivilized person. **5** small camel. **6** (***Pros.***) middle part of a line of verse. حشو منہائی **1** subtraction, deduction; the quantity subtracted or deducted. **2** (in revenue) rent-free. حشو وزوائد **1** extras. **2** padding.

حشیش /həʃiːʃ/ ■ *n.f.* hashish, bhang, hemp; resinous product of hemp smoked or chewed as a narcotic. حشیشُ الفقرا bhang.

حشیشین /həʃiːʃiːjiːn/ ■ *n.m.* the Assassins or the fanatic followers of medieval renegade Hasan Bin Sabah.

حصا /həsɑː/ ■ *n.f.* (also حصیٰ) pebble, gravel.

حصاد /həsɑːd̪/ ■ *n.f.* harvest.

حِصار /hɪsɑːr/ ■ *n.m.* **1** besieging, encompassing, surrounding. **2** enclosure, fence; fortification, bulwark, rampart. **3** fort, fortress, castle. **4** refuge. حصار باندھنا to draw a protective circle during a magic ritual. حصار بندی circumvention. حصار کرنا encircle, lay a siege.

حِصاری /hɪsɑːriː/ ■ *adj.* besieged. ■ *n.m.* **1** those who are besieged. **2** soldier (in garrison).

حصان /həsɑːn/ ■ *n.f.* virtuous woman.

حِصان /hɪsɑːn/ ■ *n.m.* beautiful, flawless horse. حصانُ البحر hippopotamus.

حِصانت /hɪsɑːnət̪/ ■ *n.f.* stability, firmness, durability, steadiness.

حصر /həsr/ ■ *n.m.* **1** blockade, siege; limit; restriction, circumscription. **2** surrounding, encompassing, besieging. **3** reckoning; taking something into account. **4** reliance, dependence. حصر کرنا **1** surround. **2** trust, rely. **3** circumscribe.

حِصرِم /hɪsrɪm/ ■ *n.m.* raw grape.

حِصرِمی /hɪsrɪmiː/ ■ *adj.* of the colour of حصرم.

حِصَص /hɪsəs/ ■ *n.m.* (*pl.* of حِصّہ) portions, shares (esp. of a company).

حِصن /hɪsn/ ■ *n.m.* **1** fortress, castle, fort, fortification. **2** destruction, ruin. حصنِ حصین **1** impregnable fortress. **2** title of a book of Islamic prayers. حصنِ فیروزہ معلق the sky.

حُصُول /hʊsuːl/ ■ *n.m.* **1** acquisition, getting, attainment. **2** product; issue; produce. **3** profit; advantage. حصول بالجبر extortion; forcible appropriation; exaction. حصولِ مرام getting a wish or desire fulfilled, satisfaction of desire.

حِصّہ /hɪssɑː/ ■ *n.m.* **1** part, portion, division; share; segment. **2** lot. **3** chapter of book. **4** place, cite; room. **5** kind, type. حصۂ اوسط average share. حصہ بھیجنا send some item of food as a gift. حصۂ حاکمی the share of produce to which a ruler is entitled. حصۂ خُرد lesser part or portion. حصہ دار shareholder, sharer. حصہ داروں کی جماعت joint-stock company; body of shareholders. حصہ داری sharing; co-partnership, entitlement to a share. حصہ دینا pay one's share. حصۂ رسدی dividend; proportional share.

طویل مصوتے: ɑː آنا، گانا /gɑːnɑː/, /ɑːnɑː/ æː بیٹھنا /bæːtʰnɑː/ iː پیلا /piːlɑː/ eː دینا /d̪eːnɑː/ ɔː پودا /pɔːd̪ɑː/ uː چُول /tʃuːl/ oː گول /goːl/

حصہ کرنا share; divide, part. حصہ کشی distribution and apportionment of shares according to strict genealogical succession. حصۂ کلاں the greater part. حصہ لینا 1 participate, take part. 2 receive (one's) share. حصۂ محصول portion or proportion of tax. حصۂ مُساوی equal share. حصۂ معین fixed or specified portion or share. حصۂ ہالی ploughman's share or wages in kind. (*pl.* حِصص)

حِصّے /hɪsse:/ ■ *n.m.* (*pl. & infl.* of حصّہ) حصے بخرے کرنا divide, apportion, distribute; share (something) among; carve up (a property).

حصیر /həsi:r/ ■ *n.m.* mat (of reeds, etc.). ■ *adj.* greedy, covetous.

حُضّار /hʊzzɑ:r/ ■ *n.m.* (*pl.* of حاضر) (also حاضرین) audience, people present, assembly, attendants, spectators.

حضارت /həzɑ:rəṭ/ ■ *n.f.* urbanity, urban life.

حِضانت /hɪzɑ:nəṭ/ ■ *n.f.* child care, bringing up.

حضر /həzər/ ■ *n.m.* fixed residence, home, resting; remaining in a place; sojourn (as opposed to travel), settled (as opposed to nomadic) state.

حضرات /həzrɑ:ṭ/ ■ *n.m.* (*pl.* of حضرت) 1 gentlemen. 2 all present.

حضرت /həzrəṭ/ ■ *n.m.* word of respect, title prefixed to the name of a prophet, saint or any respected person. ■ *n.f.* presence. ■ *adj.* (*iron.*) mischievous, clever (person). حضرت سلامت greetings to your highness.

حضری /həzəri:/ ■ *adj.* urban, civilized. حضری حیوانات non-migratory animals. (*opp.* بدوی)

حضریّت /həzərɪjjəṭ/ ■ *n.f.* urban life.

حُضُض /hʊzʊz/ ■ *n.f.* a plant which is used as a medicine for conjunctivitis.

حضنہ دانی /həznɑ: ḍɑ:ni:/ ■ *n.f.* organ where eggs gestate before laying.

حُضور /hʊzu:r/ ■ *n.m.* 1 huzoor, presence, royal or holy presence; the court; the presence of a superior authority (monarch, high, official, etc.). 2 honorific form of address (your honour, sir). حضورِ اقدس / پُرنور / والا honorific form of address. حضور تحصیل the collection of revenue by the chief fiscal officer; the tehsil, head-quarters of the collector of a district. حضور طلب being called to the presence, summoning attendance. حضور قلب concentration, full attention. حضور نویس the officer registering royal orders.

حُضوری /hʊzu:ri:/ ■ *adj.* of or pertaining to the court or government, royal. ■ *n.f.* 1 knowledge which is acquired by instinctive experience. 2 presence, attendance. 3 (***Sufism***) feeling of being in Divine presence during an act of worship, state of complete devotion; concentration. حضوری مال گذاری revenue paid direct to the government. حضوری نالش complaint preferred direct to the government.

حضیض /həzi:z/ ■ *n.m. & f.* 1 the lower extremity or surface of anything; declivity; pit. 2 the foot of a mountain.

حُطام /hʊṭɑ:m/ ■ *n.m.* 1 trash, garbage. 2 a broken piece. 3 small amount.

حطب /həṭəb/ ■ *n.m.* wood, wood for fuel.

حطِب /həṭɪb/ ■ *adj.* very lean or meagre, thin or lank like a stick.

حُطمہ /hʊṭəmɑ:/ ■ *n.m.* section of the hell; hellfire.

حُطّی /hʊṭṭi:/ ■ *n.m.* the third set of the arrangement of Arabic letters according to their numerical values.

حطیم /həṭi:m/ ■ *n.f.* the outer section of the Ka'aba on the western side.

حظ /həz/ ■ *n.m.* 1 delight, pleasure; gratification, felicity, enjoyment. 2 taste, flavour. 3 fortune. 4 benefit. حظ اٹھانا enjoy, relish, derive pleasure. حظِ دنیاوی worldly pleasure. حظِ نفسانی sensual pleasure. حظ و کرب pleasure and pain. (*pl.* حُظوظ)

حظر /həzr/ ■ *n.m.* 1 seclusion. 2 forbidding, prohibition. 3 rudeness, harshness.

حظیرہ /həzi:rɑ:/ ■ *n.m.* (also حظیرا) 1 enclosure; enclosed space. 2 four walls of graveyard; tomb. حظیرۂ قدس 1 sacred place. 2 (*fig.*) heaven.

حظیظ /həzi:z/ ■ *adj.* happy; rich; lucky.

حف /həf/ ■ *n.m.* 1 drying up of grass. 2 going waste. 3 enclosing. حف نظر (benedictory words) may you be protected from evil eye!

حفّار /həffɑ:r/ ■ *n.m.* gravedigger.

حُفّاظ /hʊffɑ:z/ ■ *n.m.* (*pl.* of حافظ) people who memorize the Qur'an by heart.

حِفاظت /hɪfɑ:zəṭ/ ■ *n.f.* safety, security, protection, preservation, care; custody, charge, guardianship. حفاظتِ خود اختیاری self-defence. حفاظتِ خود ذاتی keeping trouble. حقُ العبادر/العبد 1 the right of a slave. 2 right of an injured individual to redress or justice. حقُ النّاس (*Law*) rights of men, human rights. حقُ الواقعہ statement or record of fact of a matter. حقُ الیقین complete belief or conviction. حقِ آسائش right of convenience. حق بجانب justified. حق بحق دار رسید rightful got his due. حق پرست pious, righteous; pious or godly person, a believer in truth, a person devoted to the truth, a righteous person. حق پرلانا bring someone on the side of justice or truth. حق پسند honest, righteous. حقِ تحریر 1 fee of letter writing. 2 freedom of writing. حقِ تحصیل right of collection; rate or fee of next collector. حقِ تصنیف royalty due to an author, copyright. حق تعالیٰ God, the Highest; the Almighty. حق تلفی violation of right, depriving one of one's right, perversion of justice. حق ثابت کرنا prove or establish a right or claim. حق جاننا consider something as right or just, approve. حق جل وجلالہ Allah in all His splendour. حق جُو 1 seeking truth. 2 seeker of truth. حق چاہنا claim or demand a right or due. حق حلال legitimate or lawful (earnings, etc.). حق حلال کرنا work honestly, earn lawfully. حقِ حینِ حیات life-interest; life-long right. حقِ خود ارادیت right of self-determination. حق دبانا usurp a right. حقِ رائے دہندگی ر دہی suffrage, right of voting. حق رسی 1 justice. 2 redress, remedy; deliverance from wrong; relief. حقِ رفاقت ادا کرنا be or prove loyal. حقِ سربراہ the right of management (as of the head of a village regarding its affairs). حقِ سرکار right of state or government to a share of the crops or money commutation. حق سے justly, rightly, fairly, honestly; deservedly. حقِ شفع رشفعہ (*Law*) right of pre-emption. حق شناس pious; just; grateful, rendering to everyone his due; knowing what is right. حق فراموش (one) who forgets others' rights. حق گوئی truthfulness. حق مارنا usurp, deprive someone of his right. حقِ مالکانہ proprietary rights. حقِ مرجّح preferential rights. حقِ مروجہ customary due or right. حقِ مرور right of way. حقِ ملکیت right of property, right of possession. حقِ موجد inventor's royalty. حقِ مہر right of dower. (کے) حق میں in favour of; with respect to, as regards, on behalf (of); for. حق ناشناس 1 ungrateful. 2 undutiful. حقِ نمک ادا کرنا be oneself safe from harm, independent or private defence. حفاظت سے carefully, safely. حفاظت کرنا take care, guard, protect, preserve; defend. حفاظت میں رکھنا place in security or in safe custody, preserve, guard. حفاظتِ نفسی self-preservation.

حِفاظتی /hɪfɑːzəṱiː/ ■ *adj.* protective. حفاظتی تحویل protective custody. حفاظتی ٹیکس protective tariff. حفاظتی جیکٹ life jacket. حفاظتی صمام (*Engr.*) safety valve.

حفر /həfr/ ■ *n.f.* digging, excavation. حفرِ تربت digging of a grave.

حُفرہ /hʊfrɑː/ ■ *n.m.* well; ditch; hole. حفرہ گر grave-digger.

حفریات /həfrɪjɑːṱ/ ■ *n.f.* archaeology. (See also آثاریات.)

حِفظ /hɪfz/ ■ *adv.* by heart, from memory. ■ *n.m.* 1 memory. 2 preservation, care; guardianship, custody. حفظ پڑھنا repeat from memory. حفظ کرنا commit to memory, learn by heart. حفظِ ماتقدم precaution; forearming, prevention (in advance), a preventive measure. حفظِ مراتب etiquette; observance of etiquette; paying due regard to the status of others, protocol. حفظِ نظر may you escape the influence of evil eye! حفظِ نفس (*Phych.*) self-defence.

حِفظان /hɪfzɑːn/ ■ *n.m.* preservation, protection, care. حفظانِ صحت hygiene, measures for preservation of health.

حفل /həfl/ ■ *n.m.* assembly, council, congregation, company (of men).

حفی /həfiː/ ■ *adj.* 1 affectionate, kind; friendly. 2 wise, discerning.

حفیظ /həfiːz/ ■ *n.m.* 1 protector, guardian. 2 See الحفیظ.

حفیف /həfiːf/ ■ *n.f.* hissing, low sound.

حق[1] /həq/ ■ *adj.* right, just, proper, correct, true; due. ■ *n.m.* 1 right, due portion or share, proprietorship. 2 truth, rightness, righteousness, propriety; correctness. 3 reality, fact. 4 justice, equity; rectitude, justness. 5 claim; title. 6 benefit, interest, behalf; privilege. 7 due, appropriate. 8 duty, responsibility. 9 See الحق. حق ادا کرنا render or give (one) his due or right; do what is right, do something in fullest measure. حقِ ارجاعِ نالش right to file suit/complaint, right of appeal. حقِ اشاعت copyright. حقُ الخدمت wages; reward. حقُ السعی wages or recompense for labour or faithful to one's master. حق ورثہ the right of inheritance. حق وناحق right or wrong, by fair means or foul. حق ہے it is true, very true. (*pl.* حُقوق) [A]

حق ۲ ——— ■ *n.m.* (*corr.* of ہک) used in comp. حق حیران (*fig.*) dumbfounded, nonplussed. [dial.]

حقّا /həqqɑ:/ ■ *adv.* by God; verily, really; undoubtedly.

حِقارت /hɪqɑ:rət/ ■ *n.f.* (also حقارت) scorn, contempt, disdain. حقارت آمیز contemptuous. حقارت بھری نظر سے دیکھنا regard with contempt, look down upon. حقارت کرنا treat with contempt.

حقّانہ /həqqɑ:nɑ:/ ■ *adv.* based on reality, with truth.

حقّانی /həqqɑ:ni:/ ■ *adj.* 1 divine, of or relating to God. 2 true, just; right.

حقّانیت /həqqɑ:nɪjət/ ■ *n.f.* 1 truth, veracity. 2 godliness, righteousness, divinity.

حقائق /həqɑ:ɪq/ ■ *n.m.* (*pl.* of حقیقت) (also حقایق) truths, realities, facts.

حُقبہ /huqbɑ:/ ■ *n.m.* period of eighty years; a long period. (*pl.* احقاب)

حِقد /hɪqd/ ■ *n.m.* malice, ill will, animosity. (*pl.* حُقُود)

حقدار /həqdɑ:r/ ■ *adj.* (also حق دار) deserving, having a rightful claim.

حقن /həqn/ ■ *n.m.* stopping, preventing.

حُقنہ /huqnɑ:/ ■ *n.m.* enema.

حُقوق /huqu:q/ ■ *n.m.* (*pl.* of حق ۱) rights, dues, privileges. حقوق ادا کرنا give (someone) his or her dues. حقوقُ العباد rights of human beings. حقوقُ اللہ duties to or rights of God. حقوقِ انسانی human rights. حقوقِ زوجیت conjugal rights. حقوقِ شوہری husband's rights.

حُقّہ /huqqɑ:/ ■ *n.m.* 1 hookah, water pipe. 2 a small casket for keeping jewellery, ornaments or perfumes. حقہ باز 1 hookah-smoker. 2 juggler, trickster. 3 cunning, shrewd. حقہ بردار hookah-bearer, servant who attends to hookah. حقہ بھرنا prepare hookah for smoking. حقہ پانی 1 any thing for drinking and eating. 2 social intercourse. حقہ پانی بند کرنا excommunicate; banish; isolate. حقہ پینا smoke a hookah. حقہ تازہ کرنا change the water in a hookah. حقہ کشی/نوشی act of smoking a hookah.

حقّی /həqqi:/ ■ *adj.* 1 relating to what is right or just. 2 truthful, righteous.

حُقّے /huqqe:/ ■ *n.m.* (*pl.* & *infl.* حُقّہ) حقے کا پانی hookah-water; any foul-smelling water.

حقّیت /həqqɪjət/ ■ *n.f.* 1 right, just pretension, claim, title, interest (in property). 2 ownership, proprietorship. 3 property; tenure, holding; share. حقیتِ اظہاری manifestation or proof of a right. حقیت دار proprietor. حقیتِ شکمی under-tenure. حقیتِ کاشت title arising from cultivation. حقیتِ ناقص defective title. حقیتِ ورثہ right of inheritance.

حقیر /həqi:r/ ■ *adj.* 1 insignificant; contemptible, abject, base, mean. 2 least, little (quantity, etc.). حقیر جاننا deem contemptible, despise.

حقیری /həqi:ri:/ ■ *n.f.* insignificance, poor state.

حقیق /həqi:q/ ■ *adj.* rightful, entitled, competent.

حقیقت /həqi:qət/ ■ *n.f.* 1 fact, reality, truth. 2 gist or essence (of a thing); essential property or quality; true or real nature or facts; actual state or condition. 3 value, worth. حقیقت پسند realist, realistic. حقیقت پسندی realism. حقیقتِ حال real facts of a case; factual statement. حقیقت میں (also درحقیقت) 1 in fact, really, in truth; actually. 2 essentially. حقیقت نامہ a written statement of facts. حقیقتِ نفس الامری crux or essence of a matter. (*pl* حقائق)

حقیقتاً /həqi:qətən/ ■ *adv.* in truth, in fact, really.

حقیقی /həqi:qi:/ ■ *adj.* 1 essential; certain. 2 genuine, bonafide, true, real, actual, just, accurate. 3 own. حقیقی بھائی real brother, own brother. حقیقی رشتہ blood-relation.

حک /hək/ ■ *n.m.* scratching out; erasing, erasure. حک کرنا scratch out; erase. حک واصلاح deletion and correction. حک واضافہ deletion and addition. حک وترمیم deletion and amendment. حک ہونا be erased.

حکّاک /həkkɑ:k/ ■ *n.m.* lapidary, cutter and polisher of precious stones.

حُکّام /hukkɑ:m/ ■ *n.m.* (*pl.* of حاکم) officers, authorities, rulers. حکامِ بالادست superior officers or authorities. حکامِ تابع/ماتحت subordinate officers. حکامِ ذیل officers or authorities of lesser rank; district officers. حکامِ فوجداری magisterial authorities, judges or magistrates presiding over criminal courts. حکامِ مال revenue officers.

process; prescript. **2** deed conveying a certain authority, license. حکم نامۂ گرفتاری arrest warrant issued by court. (*pl.* احکام)

حُکما /hʊkəmɑ:/ ■ *n.m.* (*pl.* of حکیم) (also حُکماء) philosophers, sages, wise men; physicians.

حُکماً /hʊkmən/ ■ *adv.* by or under order/s.

حِکمت /hɪkməṭ/ ■ *n.f.* **1** knowledge, wisdom, science; philosophy. **2** cleverness, ingenuity. **3** management. **4** practice of Eastern medicine; art and craft of a physician. **5** origin, fact; value (of something). **6** expediency, advantageousness; betterment. **7** maxim, aphorism. حکمتُ الاشراق intuitive knowledge or awareness, knowledge obtained through divination, rather than logic and reasoning. حکمتُ الالٰہیہ Divine wisdom, God's way of doing thing. حکمتِ الٰہی the immutable ways of God. حکمت آمیز mingled with wisdom or wise sayings. حکمت خانہ clinic. حکمت سے wisely, tactfully. حکمتِ عملی **1** diplomacy, tact, device, savoir-faire, strategy, stratagem. **2** practical skill; judicial management. حکمتِ عِلمیہ moral philosophy. حکمت کرنا **1** exercise wisdom or skill. **2** contrive, plot, scheme. **3** practise as physician or surgeon. حکمتِ مدنی rules and regulations of civil administration.

حِکمتی /hɪkməṭi:/ ■ *adj.* **1** ingenious, clever, wise; skilful, artful, scheming. **2** philosophical. **3** frugal, economical.

حُکمی /hʊkmi:/ ■ *adj.* **1** (of a medicine or treatment, etc.) infallible, unfailing; of choice. **2** imperative, mandatory, compulsory. **3** obedient, dutiful. حکمی بندہ obedient servant.

حُکومت /hʊku:məṭ/ ■ *n.f.* government, governance, power, rule, authority, jurisdiction. حکومتِ اشرافیہ/شرفا aristocracy. حکومت جتانا show off one's authority. حکومتِ جمہوری republic, democracy. حکومتِ شخصی despotic or one-man rule, dictatorship, absolute monarchy. حکومت کرنا govern, reign, rule.

حُکومتی /hʊku:məṭi:/ ■ *adj.* of or relating to government, governmental.

حِکّہ /hɪkkɑ:/ ■ *n.m.* itch.

حکیم /həki:m/ ■ *n.m.* **1** hakeem, physician, doctor, practitioner of Eastern medicine. **2** sage, statesman.

حِکائی /hɪkɑ:i:/ ■ *adj.* onomatopoeic, (of a word) imitative of voice.

حِکایت /hɪkɑ:jəṭ/ ■ *n.f.* **1** hikayat, story, tale, fable. **2** narration, narrative. حکایت کرنا relate, recount; tell. (*pl.* حکایات)

حِکایتی /hɪkɑ:jəṭi:/ ■ *adj.* **1** narrative, anecdotal. **2** argumentative (person).

حکم /həkəm/ ■ *n.m.* mediator, arbitrator, umpire.

حِکم /hɪkəm/ ■ *n.f.* (*pl.* of حکمت) wisdoms; knowledges; sciences.

حُکم /hʊkm/ ■ *n.m.* **1** hookum, order, command; decree, judicial order, ordinance. **2** verdict, judgement. **3** (***Cards***) spade, one of the four suits in a pack of playing cards; trump card (in a game of cards). حکمِ التوا stay order. حکم اُلٹنا reverse or countermand a judgement or decision. حکمِ امتناعی stay order, prohibition order. حکم انداز **1** obedient to orders or directions. **2** good marksman. حکمِ آخر final order or judgement. حکم بجالانا execute or carry out an order. حکم بردار obedient. حکم برداری obedience. حکم پر چلنا act according to orders, obey or execute an order. حکم پر موقوف ہونا depend upon orders (to be issued). حکم توڑنا infringe or violate an order, disobey. حکم جاری کرنا issue an order. حکم جاری ہونا order to be issued or promulgated. حکم چلانا to boss, exercise authority, issue orders, act authoritatively. (کسی پر) حکم چلانا order (someone) about. حکمِ حاکم مرگِ مفاجات like unexpected death, there is no escape from the orders of the ruler; what cannot be cured must be endured. حکم دینا give or pass an order, to order; direct. حکمران (also حکمراں) ruler, sovereign. حکمرانی (also حکمرانی) rule, government. حکم سنانا announce or hand down a judgement or verdict; give or announce a decision. حکم صادر کرنا issue an order. حکمِ ضبطی order of resumption or forfeiture. حکمِ ظہری endorsement (on petition, etc.). حکم عدولی disobedience; insubordination. حکم عدولی کرنا disobey, transgress, infringe an order; disobey orders; defy. حکمِ قطعی final or explicit order. حکم کرنا give the verdict; decree. حکمِ گشتی circular. حکمِ متفرقہ miscellaneous order. حکمِ موقوفی order of dismissal. حکمِ ناطق decisive or peremptory order. حکم نامہ **1** written order, writ; decree; warrant; written award or judgement; injunction;

حلالی /həlɑ:li:/ ■ *adj.* of legitimate birth. (*opp.* حرامی)

حلاوت /həlɑ:vəṱ/ ■ *n.f.* 1 sweetness. 2 relish, taste, deliciousness. 3 comfort, relief.

حُلبہ /hʊlbɑ:/ ■ *n.m.* the fenugreek plant. (See also میتھی.)

حلبی /hələbi:/ ■ *adj.* belonging to or made in Halab or Aleppo, a city in Syria. حلبی آئینہ mirror made in Halab (known for its quality).

حِلّت /hɪlləṱ/ ■ *n.f.* religious sanction, lawfulness; legality.

حِلتیت /hɪlṱi:ṱ/ ■ *n.f.* (also حلتیش) gum resin obtained by incising the rhizomes and roots of *Ferula assafoetida* and some other species of *Ferula*, devil's dung.

حلجان /həldʒɑ:n/ ■ *n.f.* feast given after marriage by lady of the house with money collected from the guests.

حِلحِل /hɪlhɪl/ ■ *n.f.* wild onion.

حلزُون /həlzu:n/ ■ *n.m.* snail, any spiral univalve shell.

حلزُونہ /həlzu:nɑ:/ ■ *n.m.* cochlea, the spiral cavity of the inner ear containing the organ of Corti.

حلف /həlf/ ■ *n.m.* (also حلَف) swearing (by anything sacred), oath. حلف اٹھانا swear, take an oath. حلف برداری oath-taking. حلفِ دروغی false oath; perjury. حلف دینا administer an oath; put (one) on oath. حلف سے اظہار دینا depose on oath. حلف لینا take an oath. حلف نامہ declaration upon oath, affidavit, written solemn declaration.

حلفاً /həlfən/ ■ *adv.* on oath.

حُلَفا /hʊləfɑ:/ ■ *n.m.* (*pl.* of حلیف) companions.

حلفاحلفی /həlfɑ:həlfi:/ ■ *n.f.* swearing on both sides.

حلفی /həlfi:/ ■ *adj.* affirmative; on oath. حلفی بیان statement on oath.

حلفِیہ /həlfijɑ:/ ■ *adv.* & *adj.* on oath, sworn.

حلق /həlq/ ■ *n.m.* (also حلَق) 1 throat; gullet. 2 (***Islam***) ritual of shaving head in Hajj or Umrah. حلق بند کرنا make one hold his or her tongue, silence. حلق بیٹھنا to have a hoarse (voice). حلق تر کرنا quench the thirst. حلق تک بھرنا glut, overfeed oneself. حلق دبانا throttle, strangle. حلق سے اتارنا eat something unwillingly or by force. حلق کا دربان one who supervises a dietary regimen. حلق کی ہڈی nuisance, trouble, misfortune. حلق میں پھنسنا choke, be choked, have a catch in the throat.

حُلقوم /hʊlqu:m/ ■ *n.m.* windpipe; throat, gullet.

حکیم حاذق expert physician. حکیم علی الاطلاق one having absolute knowledge, i.e. God. حکیم فرزانہ philosopher, sage. (*pl.* حکما)

حکیمانہ /həki:mɑ:nɑ:/ ■ *adj.* wise, philosophical. ■ *adv.* statesmanly, sagely, wisely, scholarly.

حکیمی /həki:mi:/ ■ *n.f.* 1 practice of Eastern medicine. 2 practice of philosophy. ■ *adj.* 1 of or pertaining to the practitioner of Eastern medicine. 2 relating to man of wisdom.

حل /həl/ ■ *n.m.* 1 solution. 2 act of dissolution of something in a liquid. 3 answer to or solution (of a mathematical problem), solution of an equation. 4 the way out (of difficulties), unravelling (of a knotty problem), resolution (of a difficulty). 5 fulfilment (of a purpose). حل پذیر soluble. حل کاری plating, gilding. حل کرنا 1 dissolve. 2 untie, loosen, open. 3 solve (a problem or riddle). حل نکالنا find a solution. حل وعقد control, authority; management, administration. حل ہونا 1 be solved. 2 be dissolved. 3 be overcome (as difficulties), be resolved.

حلّاج /həllɑ:dʒ/ ■ *n.m.* comber or carder of cotton. ■ *pr.n.m.* appellation of Hussain Bin Mansur, a mystic executed for apparent heresy.

حلّاق /həllɑ:q/ ■ *n.m.* barber, hair-dresser.

حلال /həlɑ:l/ ■ *adj.* 1 having religious sanction; lawful, legal, right; legitimate. 2 allowed, free. 3 lawfully acquired or earned. 4 (an animal) slaughtered in the prescribed Islamic way. حلال خور (*fig.*) janitor or sweeper. حلال زادگی legitimacy (of birth). حلال زادہ legitimate son. حلال زادی legitimate daughter. حلال کا lawful, legitimate; pure. حلال کرنا 1 halal, slaughter (an animal for food) in the way prescribed by the Islamic law. 2 make lawful. 3 marry a kept woman or mistress. حلال ہونا be killed, be slaughtered, be lawful (to or for). (*opp.* حرام)

حلّال /həllɑ:l/ ■ *n.m.* solver, resolver; remover of difficulties.

حلالہ /həlɑ:lɑ:/ ■ *n.m.* (*Isj.*) a stipulation which allows remarriage of a divorced couple only after the woman has married another man and is divorced or widowed.

حلقون /həlqu:n/ ■ *n.m.* a trick in wrestling.

حلقہ /həlqɑ:/ ■ *n.m.* **1** circle, cirque hoop, ring. **2** loop of button-hole. **3** collar (of harness). **4** assembly, conclave, company; fraternity. **5** circuit (of a village); boundary-line which includes all the lands and dwellings of a village. **6** knocker of a door. **7** a kind of firework. حلقۂ اثر sphere of influence. حلقۂ احباب circle of friends. حلقۂ انتخاب constituency. حلقہ باندھنا form a circle, surround. حلقہ بگوش **1** faithful slave or servant. **2** disciple, follower. حلقہ بندی **1** arrangement of villages in circles or groups. **2** delineation of an electoral ward. حلقۂ بیرونِ در latch on the outer side of a door. حلقۂ چشم eye socket; dark circles (around eyes). حلقہ ڈالنا encircle, surround; fence in. حلقہ زن ہونا **1** knock (at a door). **2** encircle, surround. حلقۂ نظر field of view.

حلقی /həlqi:/ ■ *adj.* (of a consonant sound) guttural, uvular or pharyngeal. ■ *n.m.* guttural consonants, i.e. ح، خ، ع، غ, etc.

حلک /hələk/ ■ *n.f.* pitch-blackness, complete darkness.

حلکاری /həlkɑ:ri:/ ■ *n.f.* (also حل کاری) plating of gold and silver.

حلکم /həlkəm/ ■ *n.m.* hurry, rush, haste. حلکم ڈالنا make haste, hurry, rush.

حِلم /hɪlm/ ■ *n.m.* **1** forbearance, toleration, patience, sedateness, mildness. **2** humaneness, serenity, clemency, affability, gentleness.

حُلم /hʊlm/ ■ *n.m.* imagination, fancy; dream. (*pl.* أحلام)

حلمہ /hələmɑ:/ ■ *n.m.* nipple.

حلوا /həlvɑ:/ ■ *n.m.* (also حلوہ) **1** halva, a kind of confection, generally made of some flour, sugar, and nuts. **2** anything soft and sweet. ■ *adj.* (*fig.*) very easy, easy as pie. حلوا سمجھنا (*fig.*) regard (something) as very easy. حلوا سوہن a kind of halva. حلوا مانڈہ **1** halva and chapatti. **2** (*fig.*) delicacies, good rich food. حلوا نکالنا (*fig.*) beat severely.

حلوان /həlvɑ:n/ ■ *n.m.* kid; lamb.

حلوائی /həlvɑ:i:/ ■ *n.m.* confectioner, sweetmeat-seller, one who makes and sells sweetmeat. حلوائی کی دکان پر دادا جی کی فاتحہ liberal at the expense of others.

حُلوّت /hʊlʊvvət̪/ ■ *n.f.* sweetness; pleasantness.

حُلول /hʊlu:l/ ■ *n.m.* entering, penetrating (the soul), passing (of a soul) into a body; possession (by a spirit); transmigration.

حلوے /həlve:/ ■ *n.m.* (*pl.* & *infl.* of حلوا) حلوے مانڈے سے کام رکھنا (*fig.*) act selfishly, care only for one's own interest or gain.

حلّہ /həllɑ:/ ■ *n.m.* assault. See ہلّا.

حُلّہ /hʊllɑ:/ ■ *n.m.* cloak, robe. حلۂ بہشتی garment (in paradise). (*pl.* حُلل)

حُلی /hʊli:/ ■ *n.m.pl.* ornaments (of a woman); jewels, gems.

حلیف /həli:f/ ■ *n.m.* ally, comrade. (*pl.* حُلفا)

حِلیلہ /həli:lɑ:/ ■ *n.f.* wife.

حلیم /həli:m/ ■ *adj.* humane, benign, tolerant, forbearing; mild, gentle; affable; unassuming. ■ *n.m.* & *f.* **1** tolerant person. **2** See الحلیم. **3** dish prepared with meat, wheat, barley, and pulses mixed together and pounded while cooking.

حُلیہ /hʊljɑ:/ ■ *n.m.* **1** human figure from head to foot. **2** the appearance or way of dressing. حلیہ بدلنا change one's appearance or garb, adopt a disguise. حلیہ بگاڑنا **1** disfigure. **2** treat harshly. حلیہ نامہ descriptive roll.

حُمّا /hʊmmɑ:/ ■ *n.m.* (also حُمّی) fever. حمائے جدری fever caused by smallpox. حمائے حصبہ fever caused by measles. حمائے شمسیہ dengue fever. حمائے صفرا yellow fever.

حِمار /hɪmɑ:r/ ■ *n.m.* male ass; donkey.

حمّار /həmmɑ:r/ ■ *n.m.* donkey-driver.

حِمارہ /hɪmɑ:rɑ:/ ■ *n.m.* the talus, anklebone.

حِماری /hɪmɑ:ri:/ ■ *adj.* **1** of or relating to the ass. **2** very foolish.

حماست /həmɑ:sət̪/ ■ *n.f.* bravery, gallantry.

حماسہ /həmɑ:sɑ:/ ■ *n.m.* epic, a kind of poem narrating the adventures of warriors. حماسہ سرائی versification of epics.

حماقت /həmɑ:qət̪/ ■ *n.f.* (also حِماقت) folly, stupidity, foolishness; an act of folly.

حماک اللہ /həmɑ:kəllɑ:h/ ■ *phr.* God save you!

حمّال /həmmɑ:l/ ■ *n.m.* carrier, porter, bearer of load. (*fem.* حمّالہ)

حمّالی /həmmɑ:li:/ ■ *n.f.* profession of a porter, porterage.

حمام /həmɑ:m/ ■ *n.m.* bird wearing a ring round its neck (pigeon, dove, etc.). (*pl.* حمائم)

حمّام /həmmɑ:m/ ■ *n.m.* bathroom; bathhouse, hot bath.

حمام کرنا take a hot bath. حمام کی لنگی 1 loincloth worn by a bather in a public bath. 2 (*fig.*) something free that anyone can use, a thing of common use. حمام میں سب ننگے an evil in which everybody is involved; general vice.

حماما **/həmɑːmɑː/** ■ *n.m.* 1 Jamaica pepper; stone parsley.

حمّامی **/həmmɑːmiː/** ■ *n.m.* (also حمّامچی) bath keeper, attendant at a public bath.

حمائل **/həmɑːɪl/** ■ *n.f.* (also حمایل) 1 miniature copy of the Qur'an worn round the neck as an amulet. 2 thong, cord or shoulder-belt of a sword; cross-belt. 3 a necklace of flowers. 4 medal. حمائل کرنا sling across the shoulders (as a sword or gun, etc).

حِمایت **/hɪmɑːjət̪/** ■ *n.f.* 1 support, backing, patronage; countenance. 2 defence, protection, guardianship. حمایت کا ٹٹو one who presumes on the protection (of another). حمایت کرنا 1 back, support; espouse (a cause); take sides (in an issue). 2 protect, guard; defend.

حِمایتی **/hɪmɑːjət̪iː/** ■ *adj.* (also حمائتی) 1 defender; protector. 2 supporter, partisan.

حمد **/həmd̪/** ■ *n.f.* praise of God, a poetical genre exclusively for praising God. حمد پڑھنا read or recite poetry in praise of God. حمد کرنا to praise or bless (God).

حمدل **/həmd̪əl/** ■ *phr.* saying الحمدللہ all praise to God.

حمدیہ **/həmd̪ɪjjɑː/** ■ *adj.* (verse, etc.) praising God, benedictory.

حَمَر **/humər/** ■ *n.m.* asphalt, bitumen, Jew's pitch; naphtha.

حُمر **/humr/** ■ *adj.* red; of red colour.

حمرا **/həmrɑː/** ■ *adj.* (*fem.* of احمر) red; of red colour.

حمرائی **/həmrɑːiː/** ■ *n.f.* 1 red date. 2 red wine.

حُمرت **/humrət̪/** ■ *n.f.* (also حُمرة) redness. حمرت الدم haemoglobin. حمرت العین redness or inflammation of the eyes.

حمزہ **/həmzɑː/** ■ *n.m.* 1 lion. 2 (*fig.*) brave. ■ *pr.n.m.* name of an uncle of Prophet Muhammad who was famous for his bravery.

حمس **/həmɪs/** ■ *adj.* (also حُمس) brave, courageous, a title of the people of Quraish (قُریش).

حمض **/həmz/** ■ *n.m.* acid.

حمضین **/həmziːn/** ■ *n.f.* (***Chem.***) hydrogen.

حُمق **/humq/** ■ *n.m.* 1 folly, foolishness, stupidity. 2 (***Psych.***) paranoia. حمق سوار stupid, very foolish.

حَمَل **/həməl/** ■ *n.m.* 1 (***Astrol.***) Aries, first sign of the zodiac. 2 (***Astron.***) a constellation.

حمل **/həml/** ■ *n.m.* 1 pregnancy, gestation. 2 embryo borne in the womb; unborn child. 3 load, burden. 4 transportation, conveyance. حمل ٹھہرانا make pregnant, impregnate. حمل رہنا become pregnant, conceive. حمل ساقط ہونا/گرنا have an abortion or miscarriage; undergo abortion. حمل سے ہونا be pregnant, be in the family way. حمل کرنا 1 ascribe or impute (to). 2 accuse. حمل ونقل transportation.

حملہ **/həmlɑː/** ■ *n.m.* 1 attack, assault, invasion; charge. 2 (*fig.*) stroke, beat. حملہ آور invader, attacker, assailant. حملہ کرنا attack, assault, storm, assail.

حمّ وجم **/həmmoːdʒəm/** ■ *n.f.* fervour, ardour, enthusiasm.

حمود **/həmuːd̪/** ■ *adj.* praised; celebrated.

حُموضت **/humuːzət̪/** ■ *n.f.* (also حُموضة) sourness, acidity.

حُمول **/humuːl/** ■ *n.m.* medicated swab inserted in rectum or vagina.

حِمیٰ **/hɪmɑː/** ■ *n.f.* meadow reserved for one's own cattle, where others' cattle are not allowed to graze.

حُمّیٰ **/hummɑː/** ■ *n.f.* (also حُمّا) fever. حمی ربع quartan ague.

حمیّت **/həmɪjjət̪/** ■ *n.f.* 1 sense of honour, concern, regard. 2 anger, fury, rage. 3 contempt, hatred.

حمید **/həmiːd̪/** ■ *adj.* 1 lauded, praised, commended, approved. 2 praiseworthy, commendable. 3 an attribute of Allah. 4 an appellation of Prophet Muhammad. ■ *n.f.* (***Pros.***) a verse meter of Urdu, Persian and Arabic poetry.

حمیدہ **/həmiːd̪ɑː/** ■ *adj.* (*fem.* of حمید) حمیدہ خصال well-behaved, mannerly. حمیدہ صفات of commendable or praiseworthy qualities.

حِمیَری **/hɪmæːriː/** ■ *n.m.* (also حمیاری) 1 Himyarite, member of one of the ancient Arabian tribes. 2 ancient script of Himyarites.

حمیم **/həmiːm/** ■ *n.m.* 1 hot, boiling water. 2 bosom friend.

حِمیہ **/hɪmjɑː/** ■ *n.m.* prevention from disease, diet prescribed for a sick person.

حِنا **/hɪnɑː/** ■ *n.f.* (also حناء) henna, a tropical shrub yielding reddish dye that is used to colour the hands, feet and hair. حنابند hennaed, adorned with henna. حنابندی the ritual sending of henna for the bride before the wedding day.

حنابلہ /hənəbelɑ:/ ■ *n.m.* (*pl.* of حنبلی).

حنّان /hənnɑ:n/ ■ *n.m.* **1** granter, bestower. **2** an attributive name of Allah.

حنّانہ /hənnɑ:nɑ:/ ■ *n.f.* **1** widow who is always mourning for her first husband. **2** the name of the wood pillar against which Prophet Muhammad leaned while giving the Friday sermon.

حِنائی /hɪnɑ:i:/ ■ *adj.* **1** of or having the colour of henna; red. **2** stained with henna. حنائی کاغذ a kind of cream-coloured paper.

حنبلی /həmbəli:/ ■ *n.m.* (***Islam***) Hanbalite, follower of Imam Ahmad Bin Hambal, one of the four Sunnite jurists. (*pl.* حنابلہ)

حِنث /hɪns/ ■ *n.m.* sin; breaking of oath.

حِنج /hɪndʒ/ ■ *n.m.* centre of everything, heart, base.

حنجرہ /həndʒərɑ:/ ■ *n.m.* windpipe, throat. (*pl.* حناجر)

حنظل /hənzəl/ ■ *n.m.* wild gourd, bitter apple, colocynth, *Citrullus colosynthis.*

حنف /hənf/ ■ *n.m.* inclination; desire; keenness.

حُنفا /hʊnəfɑ:/ ■ *n.m.* (*pl.* of حنیف) (also حُنفاء) a group of followers of Prophet Abraham.

حنفی /hənəfi:/ ■ *n.m.* (***Islam***) Hanafite, follower of Imam abu Hanifa, one of the four Sunnite jurists. (*pl.* احناف)

حنک /hənək/ ■ *n.m.* **1** palate. **2** beak of a bird.

حنوط /hənu:t̪/ ■ *n.m.* embalming (of the dead), embalmment. حنوط شدہ embalmed, mummified.

حنون /hənu:n/ ■ *adj.* kind, gentle.

حنیف /həni:f/ ■ *n.m.* **1** a pious man. **2** (***Islam***) follower of Abraham; follower of Divine religion, one breaking with all others to worship one Allah. (*pl.* حُنفا)

حوّا[1] /həvvɑ:/ ■ *pr.n.f.* Eve, the mother of mankind. ■ *n.f.* a constellation of stars. حوا کی بیٹی woman. [A]

حوّا[2] ____ ■ *n.m.* (*corr.* of ہوّا) a fictitious character to scare children. [Prk.]

حوادث /həvɑ:d̪ɪs/ ■ *n.m.* (*pl.* of حادثہ) accidents; misfortunes, calamities. حوادث زدہ unfortunate, unlucky. حوادثِ زمانہ/زندگی vicissitudes of life or fortune. حوادثِ طبعی natural disasters.

حواری /həvɑ:ri:/ ■ *n.m.* **1** friend, companion; partisan. **2** one of (Christ's) Apostles. **3** launderer. ■ *adj.* white-faced. (*pl.* حوارئین)

حواس /həvɑ:s/ ■ *n.m.* (*pl.* of حاسّہ) the (five) senses. حواس باختہ confounded or confused due to shock or fear, out of one's senses, shocked. حواس پکڑنا recover or come to one's senses. حواس ٹھکانے آنا/رہنا recover one's faculties. حواس جاتے رہنا be stunned or taken aback, lose presence of mind. حواسِ خمسہ ظاہری the five senses, viz. sight, hearing, smell, taste, and touch. حواس گم confounded, confused, dumbfounded.

حواشی /həvɑ:ʃi:/ ■ *n.m.* (*pl.* of حاشیہ) **1** borders, margins. **2** annotations, glosses; references. **3** skirts, outskirts. **4** followers; attendants.

حواصل /həvɑ:sɪl/ ■ *n.m.* (*pl.* of حَوصلہ) **1** gizzards of birds. **2** pelican, a waterbird with a large gizzard.

حوالات /həvɑ:lɑ:t̪/ ■ *n.f.* **1** police lock-up, custody. **2** trust, things given in charge. حوالات میں رکھنا place in custody; detain (a suspected person).

حوالاتی /həvɑ:lɑ:t̪i:/ ■ *adj.* in prison, (person so) detained.

حوالجات /həvɑ:lədʒɑ:t̪/ ■ *n.m.* (*pl.* of حوالہ) (also حوالہ جات) references.

حوالدار /həvɑ:ld̪ɑ:r/ ■ *n.m.* havildar, head constable; a non-commissioned army officer.

حوالگی /həvɑ:ləgi:/ ■ *n.f.* act of assigning, assignment, custody.

حوالہ /həvɑ:lɑ:/ ■ *n.m.* **1** commitment. **2** citation, reference. **3** charge, consignment, custody, trust, care. **4** transfer. حوالہ دار watchman, guard, steward or supervisor managing a village. حوالہ دینا give a reference, cite or quote an authority or source. حوالۂ قلم کرنا write down.

حوالی /həvɑ:li:/ ■ *n.m.* **1** suburbs, environs, outskirts. **2** servants. **3** friend, companion. ■ *adv.* around. حوالی موالی (also اہالی موالی) **1** attendants, servants. **2** flatterers. **3** cronies. حوالی وحواشی servants, attendants.

حوالے /həvɑ:le:/ ■ *n.m.* (*pl.* & *infl.* of حوالہ) حوالے کرنا **1** make over, hand over, give in charge or possession of, transfer, consign, commit, deliver in trust. **2** deposit.

حوائج /həvɑ:ɪdʒ/ ■ *n.f.* (*pl.* of حاجت) needs. حوائجِ اصلی necessities of life. حوائجِ ضروری/ضروریہ calls of nature.

حوائط /həvɑ:ɪt̪/ ■ *n.m.* (*pl.* of حائط) walls.

حُوت /hu:t̪/ ■ *n.f.* big fish. ■ *n.m.* **1** (***Astrol.***) Pisces, twelfth sign of the zodiac. 2 (***Astron.***) constellation. (*pl.* حِیتان)

حُوتیّہ **/hu:t̪ɪjjɑ:/** ■ *n.f.* whale.

حُوج **/hu:dʒ/** ■ *n.m.* poverty, destitution.

حُور **/hu:r/** ■ *n.f.* **1** houri, beautiful nymph of Paradise. **2** (*fig.*) beautiful woman; exquisite beauty. حورشمائل exquisitely beautiful, houri-like. حورعین big-eyed beautiful woman of paradise. حورکابچہ very beautiful (youth). حوروقصور women and palaces of Paradise.

حَوزہ **/hɔ:zɑ:/** ■ *n.m.* **1** tract; side, part. **2** middle of a country.

حَوصلہ **/hɔ:slɑ:/** ■ *n.m.* **1** courage, spirit, brio, morale; resolution. **2** ambition; desire. **3** capacity. **4** guts, gizzard. حوصلہ افزا supportive, encouraging. حوصلہ افزائی encouragement. حوصلہ شکن daunting, discouraging. حوصلہ شکنی discouragement. حوصلہ دیکھنا know someone's true nature or guts. حوصلہ مند aspiring, high-minded. حوصلہ نکالنا satisfy one's ambition, gratify one's desires to the full, do something in the fullest measure. حوصلہ ہارنا lose spirit or courage.

حَوصلے **/hɔ:sle:/** ■ *n.m.* (*pl. & infl.* of حَوصلہ) حوصلے سے کام لینا take on the chin.

حَوض **/hɔ:z/** ■ *n.m.* **1** cistern; pond, tank; reservoir; trough. **2** basin of a fountain. **3** space inside margin of a book. حوضِ کوثر a fountain or river in paradise.

حوَل **/həvəl/** ■ *n.m.* squint.

حَول **/hɔ:l/** ■ *n.m.* **1** all around, on every side. **2** a year. **3** strength, power.

حَولیّات **/hɔ:lɪjjɑ:t̪/** ■ *n.f.* calendar; almanac.

حوَنّق **/həvənnəq/** ■ *adj.* (also ہبنّق، ہونّق) **1** scatterbrained; foolish, unmannered, uncouth. **2** awestruck.

حویلی **/həve:li:/** ■ *n.f.* haveli, a manor or mansion.

حَیّ **/həjj/** ■ *adj.* **1** living, having life, alive. ■ *n.m.* See الحَیُّ. حیُّ القائم ورثہ surviving heirs. حیُّ القیوم/لا یموت eternal, immortal; imperishable, i.e. Allah. حیُّ پیمائی biometry.

حَے **/hæ:/** ■ *n.m.* clan, tribe. ■ *pr.n.m.* name of the tribe of the legendary Laila (لیلیٰ) the beloved of Majnun (مجنوں).

حیا **/həjɑ:/** ■ *n.f.* modesty, shyness, bashfulness. حیا اٹھا دینا/اٹھانا become shameless. حیادار modest, bashful, one with keen sense of honour. حیادار اپنی حیا سے ڈرا، بے حیا سمجھا مجھ سے ڈرا brazen-faced person misunderstands manners and modesty. حیا کشتہ overwhelmed with modesty.

حیات **/həjɑ:t̪/** ■ *n.f.* life, existence. حیاتِ ابدی eternal life. حیات بعد الممات life after death. حیاتِ تازہ **1** fresh lease of life, i.e. recovery from severe illness. **2** (*fig.*) the pleasure of meeting a friend. حیاتِ جاوداں/جاویداں eternal life. حیاتِ مستعار contingent or mortal life. حیات وممات life and death.

حیاتی **/həjɑ:t̪i:/** ■ *adj.* of or pertaining to life. ■ *n.f.* life, existence. حیاتی پٹہ lease for life, life-rent. حیاتی کیمیا biochemistry.

حیاتیات **/həjɑ:t̪ɪjjɑ:t̪/** ■ *n.f.* biology. حیاتیات دان biologist.

حیاتیاتی **/həjɑ:t̪ɪjjɑ:t̪i:/** ■ *adj.* of or relating to biology.

حیاتین **/həjɑ:t̪i:n/** ■ *n.m.* vitamin.

حِیاکت **/hɪjɑ:kət̪/** ■ *n.f.* weaving.

حیّال **/həjjɑ:l/** ■ *n.m.* cheat, swindler. (*fem.* حیّالہ)

حَیث **/hæ:s/** ■ *adv.* where, wherever.

حَیثیّت **/hæ:sɪjjət̪/** ■ *n.f.* **1** rank, status; prestige, dignity. **2** wealth. حیثیت بگاڑنا defame, make poor. حیثیت خراب کرنا deface, disfigure, make ugly. حیثیتِ ذاتی individual capacity; status. حیثیت رکھنا have capacity or means. (کی) حیثیت سے according to, in the capacity of. حیثیت سے بڑھ کر beyond capacity or means. حیثیتِ عرفی reputation, character. حیثیت یافتہ having status or means; enabled.

حَیدر **/hæ:d̪ər/** ■ *n.m.* **1** lion. **2** (*fig.*) brave. ■ *pr.n.m.* (also حیدرِ کرّار) an appellation of Hazrat Ali, cousin and son-in-law of Prophet Muhammad, who was famous for his bravery.

حَیدری **/hæ:d̪ri:/** ■ *adj.* relating to Hazrat Ali. ■ *n.m.* **1** a sect of Shiites. **2** member of this sect.

حَیدہ **/hæ:d̪ɑ:/** ■ *n.m.* circuitous way, roundabout. (*pl.* حُیُود)

حَیران **/hæ:rɑ:n/** ■ *adj.* **1** surprised, astonished, confounded, perplexed, bewildered, flabbergasted. **2** worried, distressed, disturbed. حیران کرنا astonish, amaze; worry, confound, bewilder. حیران کن surprising. حیران وسرگرداں confused, bewildered. حیران ہونا be amazed, be bewildered.

حَیرانی **/hæ:rɑ:ni:/** ■ *n.f.* (also حیرانگی) **1** astonishment, amazement, surprise, perplexity. **2** confusion, distress.

حَیرت **/hæ:rət̪/** ■ *n.f.* astonishment, amazement, surprise, wonder. حیرت انگیز/آفریں/ناک astonishing, amazing; marvellous. حیرت زدہ amazed, astonished. حیرت کدہ house of surprise, i.e. the world.

حیّز /həjjɪz/ ■ *n.m.* **1** capacity; room. **2** region, part. **3** area, place; courtyard. حیزِ عمل sphere of work.

حیص بیص /hæ:s bæ:s/ ■ *n.f.* **1** dilemma, confusion; difficulty; suspense; hesitation; perplexity. **2** quarrel, argument, altercation.

حیض /hæ:z/ ■ *n.m.* menses, menstruation. حیض کالتہ **1** sanitary pad, napkin. **2** (*fig.*) reprobate; mean, trivial person.

حیطہ /hæ:t̪ɑ:/ ■ *n.m.* (also حیطہ) **1** enclosure; boundary. **2** (***Physics***) amplitude. حیطۂ تحریر میں لانا make a written record, put in black and white.

حیف /hæ:f/ ■ *exclam.* alas! ah! what a pity! ■ *n.m.* **1** pity, sorrow. **2** injustice, cruelty, oppression, tyranny. ■ *adj.* useless, worthless, idle.

حَیل /hæ:l/ ■ *n.m.* (also حیل) power, strength. حیل وحجت argument, altercation.

حِیَل /hɪjəl/ ■ *n.m.* (*pl.* of حیلہ) excuses.

حیلتاً /hi:lət̪ən/ ■ *adv.* (also حیلۃً) as a ruse, artfully, cunningly.

حیلہ /hi:lɑ:/ ■ *n.m.* **1** trick, ruse, artifice, subterfuge, stratagem, excuse. **2** source of earning livelihood, profession. حیلہ باز/ساز artful, cunning, wily, one who plays tricks. حیلہ حوالہ evasion, chicanery. حیلہ کرنا put up a lame excuse.

حیلے /hi:le:/ ■ *n.m.* (*pl.* & *infl.* of حیلہ) حیلے بہانے کرنا offer excuses. حیلے حوالے کرنا dodge, evade, prevaricate. حیلے رزق بہانے موت livelihood has some means and death has some cause.

حین /hi:n/ ■ *n.m.* **1** space, time, duration. **2** period of time, interval of time. حین حیات **1** during the life time (of). **2** lifelong, lifetime. (*pl.* احیان)

حیناً بعدَ حینٍ /hi:nən bəʔdə hi:n/ ■ *phr.* every now and then, from time to time.

حَیوان /hæ:vɑ:n/ ■ *n.m.* **1** a living being; animal. **2** an uncouth person. ■ *adj.* (*fig.*) beast, brute, uncivilized. حیوان صفت like animal, wild, savage, uncivilized. حیوانِ ضاحک laughing animal, i.e. man. حیوانِ فقری vertebrates. حیوانِ مطلق **1** absolute animal. **2** a savage or uncouth person. **3** arrant fool. حیوانِ ناطق talking hence rational animal, i.e. man. حیوانِ ناہق braying animal, i.e. donkey.

حیوانسہ /hæ:vɑ:nsɑ:/ ■ *n.m.* sperm.

حیوانہ /hæ:vɑ:nɑ:/ ■ *n.m.* mammary organ; teat.

حَیوانی /hæ:vɑ:ni:/ ■ *adj.* beastly, brutal. حیوانی عقل animal instinct.

حَیوانات /hæ:vɑ:nɑ:t̪/ ■ *n.m.* (*pl.* of حَیوان) animals. حیواناتِ ثدئی mammals. حیواناتِ رخوہ invertebrates. حیواناتِ فقری vertebrates.

حَیوانیات /hæ:vɑ:nɪjɑ:t̪/ ■ *n.f.* zoology, the scientific study of animals.

حَیوانیّت /hæ:vɑ:nɪjjət̪/ ■ *n.f.* beastliness, brutality; animal nature.

حَیوی /həjəvi:/ ■ *adj.* pertaining to life; vital; biotic; used in comp. as ضدحیوی antibiotic.

حَیویّت /həjəvɪjjət̪/ ■ *n.f.* vitality.

حیّہ /həjjɑ:/ ■ *n.m.* snake.

hate. 2 be angry. خاربست/ربند fence of thorns. خارپشت hedgehog; porcupine. خارخار 1 anxiety, disquiet. 2 anxious; sad. خاردار thorny, prickly; barbed; bearded; bristling, bristly. خاردارتار barbed wire. خارزار (also خارِستان) place full of thorns, thistles, etc. خارِعقرب 1 sting of scorpion. 2 the planet Mars. خارکش woodcutter. خارِمغیلاں acacia thorn. خاروخس trash, sweepings, rubbish; anything useless. خارہونا be a thorn in one's flesh (or side); be an eyesore, be hated.

خارا /xɑːrɑː/ ■ *n.m.* 1 flint, hard stone. 2 marble. خاراسنگ granite. خاراشگاف stone-splitting, very strong and sharp (that can split stones).

خارِج /xɑːrɪdʒ/ ■ *adj.* 1 rejected; excluded, expelled; struck off; irrelevant; outcast; outside; extraneous, external; extrinsic. 2 (***Math.***) produced (line in geometry). ■ *adv.* without; irrespective. خارج ازاختیار ultra vires, beyond one's powers or authority. خارج ازاستعمال out of use. خارج ازآہنگ out of tune. خارج ازبحث aside, out of question; irrelevant. خارج ازعقل/ازالعقل senseless, foolish. خارجُ الاوسط (***Logic***) the excluded middle. خارجُ البلد exile. خارج قسمت (***Math.***) quotient. خارج کرنا expel, exclude; eject, remove; cast off, strike off the rolls, dismiss (a petition). خارج ہونا 1 be excluded, be struck off the roll; be expelled, be dismissed. 2 exude, seep, be secreted or excreted.

خارِجاً /xɑːrɪdʒən/ ■ *adv.* outwardly, externally.

خارِجہ /xɑːrɪdʒɑː/ ■ *adj.* external or foreign, outsider, outer, extraneous. ■ *n.m.* what is excluded or excepted. خارجہ پالیسی/حکمت عملی foreign policy.

خارِجی /xɑːrɪdʒiː/ ■ *adj.* foreign, external, extraneous. ■ *n.m.* 1 (***Islam***) (one of) a sect of dissenters from Hazrat Ali (Prophet Muhammad's cousin and the fourth Righty Guided Caliph), Kharijite. 2 dissenter, outsider, outcast; extraneous, excluded.

خارِجیّت /xɑːrɪdʒɪjjət̪/ ■ *n.f.* externality.

خارِش /xɑːrɪʃ/ ■ *n.f.* mange; itch; scabies.

خارِشتی /xɑːrɪʃt̪iː/ ■ *adj.* (also خارِش زدہ) mangy; itchy; scabby.

خارِق /xɑːrɪq/ ■ *adj.* unusual, unnatural, contrary to normal state or behaviour or habit. خارقُ العادات 1 extraordinary; miraculous. 2 abnormal event, miracle. (*pl.* خوارق)

خ

خ /xeː/ ■ the seventeenth letter of the Urdu alphabet.

خا /xɑː/ ■ *suffix* chewing, gnawing; eating; used in comp. as: شکرخا sugar-eating.

خاب /xɑːb/ ■ *n.m.* a kind of silk and cotton mixed cloth.

خاتَم /xɑːt̪əm/ ■ *n.f.* 1 ring. 2 signet ring; seal; stamp with inscription. خاتم الانبیا/النبیین seal of prophets, an appellation of Prophet Muhammad given in/by the Qur'an. خاتم بند 1 setter of stones in rings. 2 seal-setter. خاتمِ سلیمانی 1 Solomon's signet-ring, on which according to some traditions, "*Ism-e-Azam*" (اسمِ اعظم) was engraved. 2 controlling power. (*pl.* خَواتم)

خاتِم /xɑːt̪ɪm/ ■ *adj.* final; finishing, ending, concluding. ■ *n.m.* one who brings a matter to a close. خاتمُ الانبیا/النبیین the last of prophets, a title of Prophet Muhammad.

خاتمہ /xɑːt̪emɑː/ ■ *n.m.* conclusion, end, breakup, finish, finis. خاتمہ بالخیر 1 a happy ending. 2 death in circumstances conducive to salvation. خاتمہ بندی 1 a kind of workmanship in making bows. 2 making the ceiling. خاتمہ ہونا 1 end, come to an end, finish. 2 die, pass away.

خاتُون /xɑːt̪uːn/ ■ *n.f.* lady, noble woman, (honorific address) madam. خاتونِ اوّل the first lady, wife of president or head of a country. خاتونِ جنت the queen of Paradise, a title given to Hazrat Fatima, the daughter of Prophet Muhammad. خاتونِ خانہ housewife; woman of the house. خاتونِ عرب 1 a title of Hazrat Fatima (the daughter of Prophet Muhammad). 2 (*fig.*) Ka'aba. خاتونِ فلک sun; moon. (*pl.* خواتین)

خاد /xɑːd/ ■ *n.f.* kite (bird).

خادِع /xɑːd̪ɪʔ/ ■ *adj.* cunning, cheat, deceitful.

خادِم /xɑːd̪ɪm/ ■ *n.m.* servant, attendant, keeper, valet. خادمِ درگاہ keeper or servant of a mosque or shrine. (*pl.* خادمان، خُدّام)

خادِمہ /xɑːd̪emɑː/ ■ *n.f.* (*fem.* of خادِم) maid, female servant.

خادِمی /xɑːd̪ɪmiː/ ■ *n.f.* 1 service; servitude. 2 slavery.

خار /xɑːr/ ■ *n.m.* 1 thorn, prickle. 2 (*fig.*) (i) mental prick. (ii) dissatisfaction. خارآنا/رکھانا 1 be jealous or envious;

4 animal which is used for royal ride. خاصہ چننا lay food on the table.

خاصیّت /xɑːsɪjjət̪/ ■ *n.f.* quality, property, peculiarity, natural disposition.

خاطِب /xɑːt̪ɪb/ ■ *n.m.* speaker, one who addresses, preacher.

خاطِر /xɑːt̪ɪr/ ■ *n.f.* 1 heart; mind; soul. 2 regard, respect; favour. 3 hospitality. 4 pleasure; entertainment. 5 interest. ■ *adv.* for the sake of; on account of. خاطر پریشان something or someone that disturbs the mind. خاطر پسند pleasing, favourite; liked. خاطر تواضع 1 hospitality. 2 (*fig.*) punish, disgrace. خاطر جمع assurance; contentment, satisfaction; peace of mind, composure. خاطر جمع رکھنا not to worry, be calm and collected, keep up one's spirits. خاطر خواہ as desired, to the heart's content. خاطر داری hospitality, hospitable treatment or entertainment. خاطرِ عاطر good or noble disposition. خاطر کرنا show hospitality, entertain. خاطر مدارات hospitality, entertainment of guests. خاطر میں لانا give importance, give attention. خاطر میں نہ لانا disdain; treat as a trifle, disregard. خاطر نشان رکھنا rest assured, be calm. (*pl.* خواطر)

خاطِراً /xɑːt̪ɪrən/ ■ *adv.* for one's sake, willingly.

خاطِف /xɑːt̪ɪf/ ■ *adj.* (also خاطیف) 1 falling like lightning. 2 seizing, pouncing, snatching, carrying off, taking away; removing.

خاطی /xɑːt̪iː/ ■ *n.m.* wrongdoer, offender. (*pl.* خاطئین)

خافِض /xɑːfɪz/ ■ *adj.* deducing, cutting back. ■ *n.m.* 1 one who humbles. 2 See الخافض.

خافِق /xɑːfɪq/ ■ *n.m.* 1 horizon. 2 (*fig.*) the world; universe. (*pl.* خافقین)

خافی /xɑːfiː/ ■ *adj.* concealed, hidden, latent, secret.

خاقان /xɑːqɑːn/ ■ *n.m.* 1 title of any of the medieval Chinese or Central Asian kings. 2 (*fig.*) king, emperor. (*pl.* خواقین)

خاقانی /xɑːqɑːniː/ ■ *adj.* royal, imperial. ■ *pr.n.m.* pen name of a classical Persian poet.

خاک /xɑːk/ ■ *n.f.* 1 dust; earth; ashes. 2 grave. 3 precious little, trivial or useless thing or person. ■ *adv.* none at all; nothing whatever. ■ *int.* away! out! خاک اڑاتے پھرنا 1 wander or saunter idly about. 2 go about kicking up

خارک /xɑːrək/ ■ *n.m.* (*dim.* of خار) small thorn.

خازِن /xɑːzɪn/ ■ *n.m.* treasurer, custodian, keeper or guardian (of treasure, money or property).

خازِنیّت /xɑːzɪnɪjjət̪/ ■ *n.f.* (***Psych.***) memory.

خاستائی /xɑːst̪ɑːiː/ ■ *n.m.* hybrid pigeon noted for speed; dove-pigeon. ■ *adj.* fawn; fawn-coloured.

خاسِر /xɑːsɪr/ ■ *n.m.* 1 loser. 2 (*fig.*) failed, luckless. (*pl.* خاسرین)

خاسی /xɑːsiː/ ■ *n.m. & adj.* outcast, rejected, abandoned. (*pl.* خاسئین)

خاشاک /xɑːʃɑːk/ ■ *n.m.* trash, rubbish; shavings, sweepings; chips; dry leaves.

خاشِع /xɑːʃeʔ/ ■ *adj.* subservient, servile. (*pl.* خاشعان،خاشِعین)

خاشی /xɑːʃiː/ ■ *adj.* timid, cowardly; frightened.

خاص /xɑːs/ ■ *adj.* 1 main, principal, chief. 2 special, especial, specific, peculiar; choice, select; unique, distinct. 3 appropriate, proper. ■ *adv.* particularly, peculiarly, especially. خاص الخاص most special, choicest. خاص بردار attendant carrying arms of his master, gun-bearer. خاص چیز a particular thing; speciality. خاص خاص لوگ special or important persons. خاص خواص royal servant. خاص دار master of stables, groom, who looks after the royal horses. خاص دان (also خاصدان) 1 dish with dome-shaped cover used to serve betel leaves. 2 portmanteau. خاص کر especially, in particular, particularly. خاص کرنا distinguish, particularize, specify. خاص محل 1 female residence. 2 first wife of the king. خاص نویس private clerk or secretary. خاص وعام public, high and low, everyone. (*pl.* خاصان،خواص)

خاصا /xɑːsɑː/ ■ *adj.* fair; considerable; tolerable; not so bad, moderate. ■ *n.m.* 1 trait, nature; habit, disposition. 2 fine muslin. (See also خاصہ.)

خاصان /xɑːsɑːn/ ■ *n.m.* (*pl.* of خاص) special people; the elite, nobles. خاصانِ خدا saints.

خاصِکی /xɑːssɪkiː/ ■ *n.m.* courtier.

خاصگی /xɑːsgiː/ ■ *n.f.* anything much liked, favourite thing. ■ *adj.* special; royal.

خاصہ /xɑːsɑː/ ■ *n.m.* (also خاصا) 1 habit; manner; nature, trait; distinctive quality, peculiarity. 2 meal; sumptuous food. 3 private attendant or servant.

خاکسی /xɑ:ksi:/ ■ *n.f.* (also خاکسیر، خاکشی) **1** small yellow seed used in medicine. **2** red bramble.

خاکم بدہن /xɑ:kəm bəd̤əhən/ ■ *exclam.* formula of apology when saying something obviously bad, ominous or profane.

خاکنائے /xɑ:knɑ:e:/ ■ *n.f.* isthmus.

خاکہ /xɑ:kɑ:/ ■ *n.m.* **1** plan, sketch, draft, outline; tracing. **2** caricature. **3** a kind of embroidery (worked on cloth from a pattern on paper). خاکہ اتارنا make a tracing of, trace; sketch. خاکہ اڑانا caricature, ridicule. خاکہ بنانا make a plan or sketch (of); make a model (of). خاکہ کھینچنا present something, somebody, some place or situation in words or in sketch, make a rough or draft plan. خاکہ نگار caricaturist, sketch writer.

خاکی /xɑ:ki:/ ■ *adj.* **1** khaki; dull brownish-yellow; dusty. **2** earthy, terrestrial; made of dust or earth, i.e. man. ■ *n.f.* colour of dust or earth. خاکی انڈا **1** infertile egg, addled egg, wind egg. **2** bastard. خاکی وردی **1** khaki uniform. **2** (*fig.*) army.

خاکیان /xɑ:kijɑ:n/ ■ *n.m.* (*pl.* of خاکی) mortals, terrestrials; mankind.

خاگ /xɑ:g/ ■ *n.m.* egg.

خاگینہ /xɑ:gi:nɑ:/ ■ *n.m.* (also خاگینا) a type of omelette made of eggs, onions and herbs.

خال¹ /xɑ:l/ ■ *n.m.* small black spot, considered beautifying on a fair skin, mole; spot, patch (natural). خال خال **1** few and far between. **2** rarely, here and there. خال وخدرخط (also خدّ وخال) features. خالِ ہندو black mole. [P]

خال² ____ ■ *n.m.* maternal uncle. (*pl.* اخوال) [A]

خالائی /xɑ:lɑ:i:/ ■ *adj.* descended from or related to a maternal aunt.

خالص /xɑ:lɪs/ ■ *adj.* **1** pure, genuine, real; sheer. **2** unadulterated, free from admixture, clear. **3** sincere. ■ *adv.* merely, only.

خالصاً /xɑ:lɪsən/ ■ *adv.* (also خالِصۃً) only, purely. خالصاً لِلّٰہ only for God's pleasure.

خالِصہ /xɑ:lesɑ:/ ■ *adj.* **1** pure. **2** governmental; royal, belonging to crown. ■ *n.m.* **1** appellation for Sikh(s). **2** khalsa. خالصہ اراضی khalsa, crown or state land.

خالصے /xɑ:lse:/ ■ *n.m.* (*pl.* & *infl.* of خالصہ) خالصے لگانا

a dust. خاک اڑانا **1** raise dust, throw or blow dust. **2** wander about, roam, rove. **3** search for. **4** destroy, ruin. **5** defame, slander. **6** make effort, strive. خاک اڑنا be ruined, be in ruins, (place) be desolate. خاک انداز dustbin. خاک اندازی criticism, objection. خاک باز playful. خاک بازی (also خاکبازی) playing with dust. خاک بربہ سر (*fig.*) in a distressed condition; greatly damaged, wrecked, ruined. خاکِ پا **1** dust of the feet. **2** anything worthless. خاک پھانکنا wander about, stray. خاک جانتا ہے knows nothing whatsoever. خاکِ جگر گیر a much-liked place that is hard to leave. خاک چاٹنا bite the dust; humble oneself. خاک چھاننا search diligently. خاک چھنوانا force someone to wander. خاک دان **1** receptacle or pit for trash, dustbin. **2** (*fig.*) the world. خاک ڈالنا throw dust on, imprecate, curse; resign, leave, forget, conceal. خاک روب (also خاکروب) sweeper. خاک زاد begotten or made of dust, i.e. man; human race. خاک سار (also خاکسار) **1** humble. **2** (*lit.*) this humble person, used by a speaker or writer when referring to himself or herself. خاک ساری (also خاکساری) humility. خاک سر پر اڑانا lament, mourn. خاک سیاہ کرنا burn to ashes, plunder and lay waste. خاکِ شفا **1** earth of healing. **2** earth or ashes from a sacred place or shrine mainly Medina with supposed curative properties. خاک شو **1** a worker in mint who washes the ashes to recover particles of bullion. **2** the person who prepares clay for brick-making or pottery. خاک کا پتلا man, human being; the human body. خاک کرنا reduce to ashes, waste away. خاک کے مول at very low price. خاکِ مردہ barren land. خاک میں ڈالنا ignore, disregard, make null and void. خاک میں ملانا ruin, destroy, demolish. خاک میں ملنا **1** come to naught; (plans) be ruined; (hopes) be dashed. **2** die. خاک نشین humble, polite, hospitable. خاک نہیں nothing, none.

خاکِستر /xɑ:kɪsṭər/ ■ *n.f.* **1** ashes, cinder; burnt down remains. **2** calx (of metals). خاکستر کرنا **1** reduce to ashes. **2** calcine. خاکستر ہونا **1** be reduced to ashes. **2** be calcined.

خاکِسترہ /xɑ:kɪsṭərɑ:/ ■ *adj.* reduced to ashes.

خاکستری /xɑ:kɪsṭəri:/ ■ *adj.* grey; of the colour of ashes, cinereous.

experience is the best teacher. خام مواد raw material.

خامِد /xɑ:mɪḍ/ ■ *adj.* **1** extinguished. **2** (*fig.*) dejected, sad.

خامرہ /xɑ:merɑ:/ ■ *n.m.* enzyme.

خامِس /xɑ:mɪs/ ■ *ordinal number* fifth.

خامُش /xɑ:mʊʃ/ ■ *adj.* (*contr.* of خاموش) silent.

خامُشی /xɑ:mʊʃi:/ ■ *n.f.* (*contr.* of خاموشی) silence.

خامِل /xɑ:mɪl/ ■ *adj.* unknown; reclusive.

خامنا /xɑ:mnɑ:/ ■ *v.* seal (the mouth of a vessel) with clay or dough; close, seal or fasten a letter, etc.

خاموش /xɑ:mo:ʃ/ ■ *adj.* (also خامُش) **1** quiet, mute, silent, noiseless. **2** reticent, taciturn. **3** uninhabited, deserted. **4** sad, grieved. خاموش آتش فشاں dead volcano. خاموش تماشائی silent spectator. خاموش طبع of few words, taciturn. خاموش کرنا extinguish, put out.

خاموشی /xɑ:mo:ʃi:/ ■ *n.f.* (also خامُشی) **1** silence, taciturnity, reticence. **2** (*fig.*) sanitary pad. (خاموشی نیم رضا(مندی silence is half consent.

خامہ /xɑ:mɑ:/ ■ *n.m.* pen, reed pen. خامۂ تصویر paintbrush. خامہ دان pen-case. خامہ فرسا writer. خامہ فرسائی act of writing. خامۂ مانی **1** pen of Mani, the famous painter. **2** very precious thing.

خامی /xɑ:mi:/ ■ *n.f.* **1** defect, fault, blemish, flaw, weakness, infirmity, imperfection, deficiency, failing. **2** rawness, unripeness. **3** immaturity; inexperience.

خان /xɑ:n/ ■ *n.m.* **1** khan, chief; lord. **2** title used by the Pathans. خان بہادر honorific title conferred in British India on Muslim senior civil servants. خانِ خاناں doyen of the nobility, title of a minister of Mogul emperors. خان سالار a taster of provisions (to a king). خان صاحب honorific title in British India, but of a lower grade than خان بہادر. (*pl.* خوانین) (*fem.* خانم)

خاندان /xɑ:nḏɑ:n/ ■ *n.m.* **1** household; house. **2** family; race, lineage, descent; dynasty. خاندانِ شاہی royal family or house. خاندانِ مشترکہ joint family.

خاندانی /xɑ:nḏɑ:ni:/ ■ *adj.* **1** familial, pertaining to family, ancestral, hereditary. **2** (*fig.*) of noble descent or good family. خاندانی زندگی family life. خاندانی منصوبہ بندی family planning.

خانساماں /xɑ:nsɑ:mɑ̃:/ ■ *n.m.* **1** khansama, house steward, butler. **2** cook, chef.

1 confiscate; forfeit. **2** ruin, waste. خالصے لگنا **1** be appropriated or confiscated by government. **2** be ruined or wasted.

خالِف /xɑ:lɪf/ ■ *adj.* **1** following. **2** opposing.

خالِق /xɑ:lɪq/ ■ *n.m.* **1** creator, inventor. **3** See اَلخالِق.

خالُو /xɑ:lu:/ ■ *n.m.* husband of mother's sister.

خالہ /xɑ:lɑ:/ ■ *n.f.* (also خالا) mother's sister, maternal aunt. خالہ جی کا گھر **1** place of rest and security. **2** (*iron.*) an easy affair. خالہ زاد بہن ربھائی daughter/son of mother's sister, maternal cousin.

خالی /xɑ:li:/ ■ *adj.* **1** empty, unfilled, vacant; void; blank; devoid of; hollow. **2** inoperative; idle. **3** destitute of, poor; deprived of. **4** mere, only. **5** desolate, deserted, uninhabited, unoccupied. **6** clear (sky, etc.). ■ *adv.* **1** alone, by oneself; singly. **2** idly. خالی ازعلّت without cause or reason. خالی الذہن empty-headed, unthinking, devoid of thought. خالی بیٹھے شیطان سوجھتا ہے empty mind is a devil's workshop. (خالی جانا (وار fail to hit the target. خالی خولی merely. خالی دینا parry a blow or stroke. خالی کا چاند moon of Ziqad (ذی قعد), eleventh month of the Islamic calendar in which no festival is held and which is considered unlucky. خالی سے بیگار بھلی working without payment is better than idleness. خالی کرنا **1** vacate, empty. **2** clear or rid of. **3** discharge; evacuate. **4** exhaust. خالی ہاتھ empty-handed, penniless, cashless, destitute. خالی ہونا **1** be emptied of, be devoid of. **2** be free. **3** be exhausted.

خالیہ /xɑ:lɪjɑ:/ ■ *n.m.* (***Biol.***) vacuole.

خام /xɑ:m/ ■ *adj.* **1** raw, unripe, crude; green. **2** inexpert, inexperienced; immature, puerile. **3** absurd; vain. **4** rough; unsound, imperfect. **5** not solid or substantial, not made of masonry. خام آمدنی gross receipts or collections (of revenue). خام پارا رپارہ (also خمپارہ) a girl of loose morals posing as prude; sharp or cunning woman. خام چٹھا a rough account or statement. خام خیالی crude or wrong ideas, fancy. خام دست رکار inexpert, inexperienced, callow, novice or a bungler. خام دستی lack of expertise. خام رائے stupid, ignorant. خام شور شوب half-washed. خام طبع immature; foolish. خام طمع entertaining vain desires; greedy. خام عقلی folly; immaturity, lack of sense. خام کو کام سکھالیتا ہے

خانسامانی /xɑ:nsɑ:mɑ:ni:/ ■ *n.f.* stewardship, the office or department responsible for all household expenses in a noble or royal house.

خانق /xɑ:nɪq/ ■ *n.m.* **1** strangler. **2** narrow hilly track; narrow path. **3** nightmare.

خانقاہ /xɑ:nqɑ:h/ ■ *n.f.* **1** shrine; tomb holding relics; sacred or revered place. **2** monastery, abbey, convent; abode or shrine of a saint.

خانقاہی /xɑ:nqɑ:hi:/ ■ *adj.* monastic.

خانقاہیت /xɑ:nqɑ:hɪjəṯ/ ■ *n.f.* monasticism.

خانگی /xɑ:ngi:/ ■ *adj.* **1** domestic, familial; household. **2** private, personal. **3** internal. **4** domesticated, tame. ■ *n.f.* kept woman; clandestine prostitute. خانگی تعلیم education at home, little education. خانگی معاملہ **1** domestic or family affair. **2** private business or matter.

خانگیّت /xɑ:ngɪjjəṯ/ ■ *n.f.* (***Biol.***) **1** sexual life; sexual relations. **2** reproductory system, breeding, rearing.

خانم /xɑ:nəm/ ■ *n.f.* lady; wife; woman of rank; princess; title of the wife of a Khan, (honorific form of address) madam.

خانُماں /xɑ:nʊmɑ̃:/ ■ *n.m.* family; house; household goods. خانماں آوارہ wanderer from home, homeless. خانماں برباد/تباہ/خراب ruined; miserable; unfortunate; desolated.

خانوادہ /xɑ:nvɑ:ḏɑ:/ ■ *n.m.* **1** family; dynasty; lineage, race or tribe. **2** illustrious family.

خانہ /xɑ:nɑ:/ ■ *n.m.* **1** house, dwelling, nest. **2** space created by partitioning; compartment. **3** place, receptacle, drawer; socket. **4** niche, recess. **5** pigeonhole (of a desk). **6** column (of a tabular statement, etc.); head (in an account or statement). **7** division; class. **8** cell (in honeycomb). **9** square of chessboard. ■ *suffix* place; used in comp. as: باورچی خانہ kitchen. کتب خانہ library. خانہ آباد **1** may your house flourish! **2** flourishing, prosperous. خانہ آبادی setting up one's house; marriage. خانہ باغ garden adjoining a house; kitchen garden. خانہ بخانہ/بہ خانہ house to house, in detail. خانہ بدر/بدوش **1** nomadic, nomad, gypsy. **2** one who has no fixed residence; wanderer, vagabond, wandering from place to place. **3** having no settled habitation. خانہ برانداز destroyer, prodigal, spendthrift. خانہ بربادی destruction of a house or family, breaking up of a home. خانہ بے چراغ **1** (*literal*) house without light. **2** (*fig.*) man without education. خانہ پُری **1** filling in (a form). **2** perfunctory work; mere formality. خانہ تلاشی house-search, searching a house (for stolen property, etc.). خانہ توڑ embroidery on net or muslin. خانہ جنگی **1** civil war; insurgency. **2** domestic or family quarrels. خانہ خانہ cellular. خانہ خانہ from the bottom of (one's) heart. خانۂ خدا **1** mosque. **2** Ka'aba. خانہ خراب wretch, good-for-nothing fellow. خانہ خرابی ruination, destruction. خانہ خمار pub, bar. (امورِ)خانہ داری housekeeping; home economics. خانہ داماد man living with in-laws. خانہ دوست stay-at-home person. خانہ زاد **1** person brought up in the house. **2** child of a servant or slave, captive. خانہ زنجیر **1** link of a chain. **2** (*fig.*) prison. خانہ ساز home-made, local. خانہ شماری census. خانہ نشین **1** recluse; idle, unemployed (person). **2** a retired officer, pensioner.

خاور /xɑ:vər/ ■ *n.m.* **1** the east. **2** (*fig.*) the sun.

خاوراں /xɑ:vərɑ̃:/ ■ *n.m.* the eastern, of the east. ■ *pr.n.m.* a city in Fars, province of Iran.

خاوری /xɑ:vəri:/ ■ *adj.* eastern; hailing from the East Persia.

خاوِند /xɑ:vɪnḏ/ ■ *n.m.* (also خاوند) **1** husband. **2** lord. **3** (*fig.*) God. خاوند کرنا get a husband, marry.

خاوِندی /xɑ:vɪnḏi:/ ■ *n.f.* **1** mastership, dominion. **2** patronage, kindness, favour.

خائِب /xɑ:ɪb/ ■ *adj.* **1** failed, unsuccessful. **2** disappointed; deprived.

خائِسک /xɑ:esək/ ■ *n.m.* (also خایسک) hammer. خائسک پذیر malleable (metal).

خائِف /xɑ:ɪf/ ■ *adj.* (also خایف) fearing, fearful, afraid, frightened.

خائِن /xɑ:ɪn/ ■ *adj.* (also خاین) cheat, treacherous, unfaithful, perfidious, deceitful, fraudulent. ■ *n.m.* traitor, deceiver, one who is guilty of misappropriation.

خایہ /xɑ:jɑ:/ ■ *n.m.* **1** testicle. **2** egg. خایہ بردار (*fig.*) toady, sycophant, fawner, cringing or obsequious fellow. خایہ برداری (*fig.*) cringing, fawning, obsequiousness. خایہ چُمانا **1** disregard, treat with contempt. **2** be stubborn. خایہ سہلانا curry favour with, cringe. خایہ کشیدہ castrated, eunuch.

خباثت /xəbɑ:sət̪/ ■ *n.f.* **1** dirt, filth. **2** evilness, wickedness, balefulness; atrocity, depravity. خباثتِ باطنی/جبلّی innate depravity.

خبّاز /xəbbɑ:z/ ■ *n.m.* baker.

خِبازت /xɪbɑ:zət̪/ ■ *n.f.* baker's profession.

خُبث /xʊbs/ ■ *n.m.* **1** filth. **2** evilness. **3** pebble. خبثُ الحدید rust. خبثِ باطن/نفس wickedness, malice, jealousy. (See also خباثت).

خبچا /xəbtʃɑ:/ ■ *n.m.* (also کھپّا) arm's muscle.

خبر /xəbər/ ■ *n.f.* **1** news, report; information, message, tidings. **2** acquaintance. **3** notice, notification, announcement. **4** knowledge; awareness. **5** advice. **6** story. **7** rumour. **8** care, heed. **9** intelligence. **10** fame. **11** inquiry of one's health or circumstances. خبر اُتر/عطر **1** information. **2** tip. خبر اڑانا spread a rumour. خبر اڑنا be rumoured, news to spread. خبر پڑنا come to know, become aware. خبر پہنچانا give information, send word. خبرِ خضری **1** report; sudden news. **2** guessing what is to happen. خبردار **1** having knowledge (of), acquainted (with), au fait; informed. **2** watchful, careful, cautious; on one's guard; scout. **3** take care! be careful! be on your guard! watch out! beware! خبردار رہنا be or continue to be careful of; keep on (one's) guard (against). خبردار کرنا forewarn, caution, put on (one's) guard, give an alarm. خبردار ہونا be on one's guard; take care (of). خبرداری **1** informing, information; getting information. **2** awareness. **3** vigilance, circumspection, guardianship, taking care; guard, custody, change. خبردہندہ informer; informant. خبررساں messenger, one who gives information. خبررساں ادارہ news agency. خبررسانی news-giving, informing. خبررکھنا keep oneself informed (of), look after, take care of, keep watch, be wide awake, be acquainted (with); be aware of, be on the look out or alert; bear in mind; keep in touch with. خبرکرنا **1** inform, give news (to), acquaint, apprise, report. **2** advise. خبرگیر **1** spy. **2** protector, guardian, helper. خبرگیراں guardian, helper. خبرگیری **1** support. **2** care, looking after; attention. **3** espionage. خبرلگانا **1** search; trace; fish for information. **2** print a news item in a newspaper or magazine. خبرلینا **1** help, support. **2** reprimand, reproach; criticize. **3** take notice (of); take care (of). **4** seek for a trace, be after (one). **5** serve (one) out. **6** settle accounts (with). خبرہونا be informed (of), have knowledge (of), be apprised (of). (*pl.* اخبار)

خِبرت /xɪbrət̪/ ■ *n.f.* **1** wisdom. **2** learning; experience, experiment. **3** trial, test. **4** proof.

خبریّہ /xəbrɪjjɑ:/ ■ *adj.* (***Gram.***) predicative (sentence).

خُبز /xʊbz/ ■ *n.f.* (also خُبزہ) bread.

خبط /xəbt̪/ ■ *n.m.* **1** craze, obsession, mania. **2** infatuation. **3** perplexity, confusion. خبطُ الحواس not in one's senses. خبط ہوجانا be crazy for, be obsessed with.

خبطی /xəbt̪i:/ ■ *adj.* crazy, obsessed; mad; foolish.

خبل /xəbl/ ■ *n.m.* craze; not being in ones' senses.

خبنا /xəbnɑ:/ ■ *adj.* (also خبنہ) **1** crazy; stupid, foolish. **2** inept.

خبیث /xəbi:s/ ■ *adj.* **1** filthy, foul, impure. **2** bad, wicked, depraved, corrupt; evil. ■ *n.m.* **1** an unclean spirit, evil or malignant spirit; term of abuse. **2** miser. **3** wretch.

خبیثہ /xəbi:sɑ:/ ■ *adj.* (*fem. of* خبیث) used in comp. as: امراضِ خبیثہ venereal diseases.

خبیر /xəbi:r/ ■ *adj.* having information or knowledge. ■ *n.m.* **1** one having information or knowledge. **2** See الخبیر.

خپّاٹ /xəppɑ:t̪/ ■ *n.m.* (*var.* of کھپاٹ) troublemaker, mischief monger.

خِتام /xɪt̪ɑ:m/ ■ *n.m.* end, finish.

خِتان /xɪt̪ɑ:n/ ■ *n.m.* (also ختان) circumcising.

ختّان /xət̪t̪ɑ:n/ ■ *n.m.* one who circumcises.

خُتکا /xʊt̪kɑ:/ ■ *n.m.* (also خُتّا، خُدکا، کُتکا) **1** stick, club, bludgeon, cudgel. **2** thumb. **3** pestle (for pounding hemp). **4** the penis.

خُتکے /xʊt̪ke:/ ■ *n.m.* (*pl. & infl.* of ختکا) (میرے) ختکے سے I don't care!

ختم /xət̪m/ ■ *n.m.* (also ختَم) **1** end, conclusion, termination; seal. **2** (also ختم القرآن) a recitation of the whole of the Qur'an or a feast celebrating it. ■ *adj.* done, concluded, completed, terminated. ختم الانبیاء/الرسل/المرسلین Prophet Muhammad as Allah's last messenger. ختم بالخیر happy ending. ختم بحث (***Pol. Science***) closure. ختم شد (at the end of a book, etc.) the end. ختم کرنا end, conclude, complete, close, terminate, finish. ختم ہونا **1** be concluded, be terminated (at), be finished, come to an end. **2** die, pass away.

ختمہ /xət̪mɑ:/ ■ *n.m.* full stop, punctuation mark at the end of a sentence.

ختمی /xət̪mi:/ ■ *adj.* (also ختم) that which is at the end. ■ *n.f.* a recitation of the whole Qur'an.

ختن /xət̪ən/ ■ *n.m.* **1** son-in-law. **2** any close relation on the side of the wife (such as her father, mother or brother, etc.). **3** sister's husband.

خُتن /xʊt̪ən/ ■ *pr.n.m.* Tartary, a district of China, famous for musk.

ختنہ /xət̪nɑ:/ ■ *n.m.* circumcision. ختنہ کرنا circumcise.

خُتّا /xʊt̪t̪ɑ:/ ■ *n.m.* (*var.* of خُتکا) the testicle; the penis.

خِجالت /xɪdʒɑ:lət̪/ ■ *n.f.* (also خِجلت) shame; sense of shame.

خُجستہ /xʊdʒɪst̪ɑ:/ ■ *adj.* fortunate, auspicious; happy. خجستہ اختر/طالع blessed, fortunate; with star in the ascendant. خجستہ خصال having good manners, well-mannered.

خجل /xədʒɪl/ ■ *adj.* ashamed, abashed; penitent.

خچاخچ /xətʃɑ:xətʃ/ ■ *n.f.* **1** the act of piercing or stabbing. **2** the sound of stabbing with a spear or dagger. **3** squelching sound made when treading in mud or mire.

خچّر /xətʃtʃər/ ■ *n.m.* (also خچرا) **1** mule. **2** (*fig.*) incapable; inefficient. **3** cunning, trickster. خچربان mule-driver, muleteer.

خچر خچر /xətʃər xətʃər/ ■ *n.f.* an imitative sound; splash, babble; noise; chatter.

خد /xəd̪/ ■ *n.m.* the cheek. خدوخال features; appearance.

خُدا /xʊd̪ɑ:/ ■ *n.m.* **1** Allah, God, the Supreme Being. **2** deity, divinity. **3** lord, master. خدا اُٹھالے a curse, may God remove him/her by death! خدا آپ کی مغفرت کرے may God bless your soul! خدا بھلا کرے may God be good to him/ her! خداپرست godly, devout, pious; worshipper of God. خداپرستی worship of God; devoutness. خداترس **1** god-fearing, virtuous; upright. **2** merciful, compassionate. خداترسی piety, virtue, goodness, uprightness. خداتعالیٰ Allah, the Most High. خداجانے/معلوم God knows. خداچاہے God willing, if God wills. خداحافظ God (be your) protector! God keep you! farewell! adieu! good-bye! ave! خداخدا کرکے after much prayer, with great difficulty. خداخوفی fear of God. خداداد God-given; natural. خدادانی the knowledge of God. خدادکھائی پڑنا think of God in danger or trouble. خدا دیتا ہے تو چھپر پھاڑ کر دیتا ہے when God gives, He gives in plenty. خدارا for God's sake! for Heaven's sake! خدارسیدہ Godly, pious, virtuous. خداسلامت رکھے may God protect you! may you live long! خداسمجھے may God punish him! خداسے لو لگانا turn to God, be devoted to God. خدا شکر خورے کو شکر ہی دیتا ہے he that loves good meal shall have a good meal. خداشناس **1** godly, pious. **2** mystic. خداشناسی **1** knowledge of God. **2** godliness, piety. خدا غارت کرے may he/ she/ it be destroyed! to hell with! خدا کا خوف fear of God. خدا کا دیا God's gift. خدا کا شکر thank God. خدا کا کارخانہ **1** world. **2** worldly affairs. خدا کا کرنا the will of God, scheme of things as willed by God. خدا کا گھر **1** Ka'aba. **2** place of worship; mosque. خدا کا نام لینا act justly, be just, do justice. خدا کروٹ کروٹ جنت نصیب کرے may God bless his/her soul! خدا کرے God grant! may God! God willing. خدا کو سونپنا leave or entrust to God. خدا کی پناہ Heaven preserve (me/us)! خدا کی چوری نہیں تو بندے کی کیا چوری why hide from people what one cannot hide from God? خدا کی سنوار (*euph.*) may God punish you! خدا کی لاٹھی بے آواز ہے the mills of God grind slowly, but they grind very fine. خدا کی مار God's punishment (on), divine vengeance or wrath. خدا کی مار ہونا be stricken or suffer by decrees of fate, be unfortunate, suffer misfortune. خدا کے پاس جانا die. خدا کے گھر سے پھرنا have a narrow escape from death, recover from a deadly disease. خدا کے لیے/واسطے for God's sake. خدا گنجے کو ناخن نہ دے fortune in the hands of a fool is a misfortune. خدا لگتی بولنا/کہنا speak as before God, speak the truth, say what is right. خدانا کردہ/نخواستہ/نہ کرے God forbid! خدا واسطے کا بیر/کی دشمنی unreasonable or purposeless enmity. خدائے مجازی husband. خدا یاد آنا (*fig.*) suffer much.

خِداع /xɪd̪ɑ:ʔ/ ■ *n.m.* cheating, fraud, deceit, cunning.

خُدّام /xʊd̪d̪ɑ:m/ ■ *n.m.* (*pl.* of خادِم) (also خدم) servants, domestics. خدامِ ادب respectful servants.

خُدانی /xʊd̪ɑ:ni:/ ■ *n.f.* female head, mistress; queen; wife of master.

خُداوند /xʊḍɑ:vənd/ ■ *n.m.* **1** See خُدا. **2** master, lord; Your Worship. خداوند تعالیٰ God the Most High. خداوند نعمت Lord of bounty, form of address to superiors or elders.

خُداوندی /xʊḍɑ:vənḍi:/ ■ *n.f.* **1** overlordship, suzerainty, sovereignty. **2** divinity. **3** property or quality of a beneficent lord or master.

خُدائگان /xʊḍɑ:egɑ:n/ ■ *n.m.* overlord.

خُدائی /xʊḍɑ:i:/ ■ *adj.* divine. ■ *n.f.* **1** divinity, providence, overlordship, suzerainty, sovereignty. **2** the entire creation, the world. خدائی خوار **1** wretched, ruined, despised. **2** wretch. خدائی رات a night-long vigil kept by women with prayers and hymn-singing. خدائی فوجدار one who forcibly interferes in others' affairs. خدائی کا جھوٹا arrant liar; downright cheat. خدائی کرنا play God, rule with absolute power; act like a god. خدائی مانگنا ask something impossible.

خُدایا /xʊḍɑ:jɑ:/ ■ *exclam.* O God!

خدر /xəḍər/ ■ *n.m.* anaesthesia, absence of sensation.

خدِر /xəḍɪr/ ■ *adj.* anaesthetized, numb.

خِدر /xɪḍr/ ■ *n.m.* **1** veil, screen. **2** lair.

خدش /xəḍʃ/ ■ *n.f.* friction; scratch, scratch mark.

خدشہ /xəḍʃɑ:/ ■ *n.m.* apprehension, danger, fear; doubt; anxiety; alarm. (*pl.* خدشات)

خدشے /xəḍʃe:/ ■ *n.m.* (*pl.* & *infl.* of خدشہ) خدشے میں پڑنا become worried, anxious or apprehensive. خدشے میں ڈالنا make worried or anxious.

خُدکا /xʊḍkɑ:/ ■ *n.m.* staff. See کُھتکا.

خدم /xəḍəm/ ■ *n.m.* (*pl.* of خادم) servants. See خُدّام. خدم وحشم retinue or equipage.

خِدمت /xɪḍmət/ ■ *n.f.* **1** service; attendance, duty; business, employment; office, appointment; function. **2** use, utilization. **3** (*fig.*) beating, striking, thrashing. خدمتِ خلق social work. خدمت رسیدہ unable to serve any more; worn out. خدمت کرنا **1** attend, wait (on). **2** (*fig.*) (i) beat. (ii) satirize. خدمت گار (also خدمتگار) khidmutgar, servant, attendant; table servant; butler. خدمت گزار **1** ready to serve, obliging. **2** willing or faithful servant. خدمت گزاری service; readiness to serve. خدمتِ ملک public service. خدمت منصبی duties of a post. (*pl.* خِدمات)

خِدمتی /xɪḍməṭi:/ ■ *adj.* obedient, ready to serve. ■ *n.m.* servant, attendant (esp. at a mosque).

خِدن /xɪḍn/ ■ *n.m.* & *f.* **1** friend. **2** beloved. **3** concubine.

خدنگ /xəḍəŋg/ ■ *n.m.* **1** small arrow. **2** tip of an arrow. **3** white poplar tree from which arrows are usually made. خدنگ جستہ arrow that has been shot, arrow in flight.

خدنگا /xəḍəŋgɑ:/ ■ *n.m.* firework that flies like an arrow.

خُدود /xʊḍu:d/ ■ *n.m.* furrow.

خدیعت /xəḍi:ʔəṭ/ ■ *n.f.* deception, guile.

خدیو /xəḍe:v/ ■ *n.m.* (also خدِیو) lord; master; satrap; autonomous ruler; rich and powerful viceroy. ■ *pr.n.m.* Khedive, title of the Egyptian viceroy under Turkish rule.

خذف /xəzəf/ ■ *n.f.* (also خزف) piece of stone; broken shells.

خِذلان /xɪzlɑ:n/ ■ *n.f.* disappointment; misfortune.

خر /xər/ ■ *n.m.* ass. ■ *adj.* **1** foolish, stupid. **2** stubborn, ill-tempered. خرِبےتشدید دُوم very stupid. خرخاوند possessor; master (used contemptuously). خرِ دجّال the ass that shall be ridden by Antichrist. خرِ دشتی wild ass. خر دماغ رمغز obstinate, ill-tempered; pig-headed, foolish, blockhead; bumptious, one who does not see reason; peevish person. خردماغی stupidity, obstinacy, arrogance. خرکار one who kidnaps, especially children and use them in forced labour. خرکس stupid, fool. خرمست lusty, lewd, lascivious. خرنفس lustful.

خراب /xərɑ:b/ ■ *adj.* **1** bad, evil; depraved, corrupt, wicked, profligate. **2** desolate, depopulated, deserted, abandoned (place). **3** rotten (food). **4** spoiled, defiled, polluted, contaminated, dirtied. **5** lost, bewildered. **6** miserable, wretched. **7** out of order (machinery, etc.), broken, impaired. خراب آباد **1** wilderness. **2** (*fig.*) the world. خراب حال **1** miserable, wretched. **2** lost. خراب کرنا **1** befoul, trouble; cause or give trouble; destroy. **2** fornicate. خراب گرد wanderer, homeless and destitute. خراب وخستہ in a distressed condition, in plight, wretched, ruined. خراب ہونا **1** go bad, rot. **2** be troubled.

خرابات /xərɑ:bɑ:t/ ■ *n.f.* **1** ruins, desolate places. **2** pub, tavern. **3** gambling den. **4** (*fig.*) world.

خراباتی /xərɑ:bɑ:ṭi:/ ■ *n.m.* **1** drunkard. **2** debauchee, rake.

خرابہ /xərɑ:bɑ:/ ■ *n.m.* **1** ruin, waste land; desolation.

خُرافات /xʊrɑ:fɑ:t̪/ ■ *n.f.* (*pl.* of خُرافت) 1 nonsense, bosh, rubbish. 2 myths, fables. خرافات بکنا talk nonsense, use abusive or vulgar language.

خُرافت /xʊrɑ:fət̪/ ■ *n.f.* 1 craze, silliness, credulity, nonsense, folly. 2 idle talk, ludicrous saying; improper or indecent speech.

خُرافیات /xʊrɑ:fijɑ:t̪/ ■ *n.f.* myths; legends of ancient people. (*sing.* خُرافی)

خِرام /xɪrɑ:m/ ■ *n.m.* stately or graceful gait or walk. خرام کرنا pace; walk. خرامِ مستانہ staggering gait. خرامِ ناز coquettish walk.

خِراماں /xɪrɑ:mɑ̃:/ ■ *adj.* elegant, graceful (walk) خراماں خراماں walking slowly; ambling along.

خِرامانی /xɪrɑ:mɑ:ni:/ ■ *n.f.* graceful or stately walking.

خِرامی /xɪrɑ:mi:/ ■ *n.f.* graceful gait.

خُرّانٹ /xʊrrɑ̃:ʈ/ ■ *adj.* old and crafty, old and experienced.

خربُوزہ /xərbu:zɑ:/ ■ *n.m.* (also خربز، خربزہ، خربوز) melon. خربوزہ چھری پر گرے یا چھری خربوزے پر it's always the weakling who is at the receiving end.

خربُوزے /xərbu:ze:/ ■ *n.m.* (*pl. & infl.* of خربُوزہ) خربوزے کو دیکھ کر خربوزہ رنگ پکڑتا ہے company makes the man.

خرج /xərədʒ/ ■ *adj.* black and white, two-coloured.

خرج /xərdʒ/ ■ *n.m.* 1 exit. 2 expense. See خرچ.

خُرجی /xʊrdʒi:/ ■ *n.f.* (also خُرجین، خُرجیں) saddle; sack; bag; wallet; bag for holding tents or other goods.

خرچ /xərtʃ/ ■ *n.m.* (also خرچا، خرچہ) expenditure, expense; cost; outgoings. خرچ اٹھانا bear the expenses; be responsible for the expenses, cost or charge. خرچ اٹھنا (money) be spent. خرچ اخراجات expenditure, expenses. خرچ بالائی 1 overhead expenditure, additional or extra expenses; contingent expenses. 2 (*fig.*) (i) tiredness. (ii) trouble, difficulty. خرچ پات money given to wife for personal expenses. خرچِ خانگی/خانہ داری household expenses. خرچ خیرات charge or allowance for charitable gifts or endowments. خرچ دینا advance money for expenses. خرچ روزمرہ daily expenses. خرچ متفرقات miscellaneous expenses, contingencies. خرچ ملک state or imperial expenditure. خرچ ہونا 1 be spent. 2 be exhausted.

خرچنا /xərtʃnɑ:/ ■ *v.* (*coll.*) use; expend; spend.

خرچنگ /xərtʃəŋg/ ■ *n.m.* 1 crab. 2 a kind of herb. 3 zodiac 2 desolate, dilapidated house. 3 (*fig.*) the world.

خرابی /xərɑ:bi:/ ■ *n.f.* 1 badness, evil, ill. 2 mischief, trouble, affliction, misery. 3 damage. خرابی دیکھنا experience ruin or evil, etc. خرابی میں ڈالنا put one in difficulties.

خرّاٹا /xərrɑ:ʈɑ:/ ■ *n.m.* snoring. خراٹا بھرنا/لینا/مارنا snore.

خِراج /xɪrɑ:dʒ/ ■ *n.m.* (also خراج) tribute; tax; duty; impost revenue. خراجِ تحسین پیش کرنا laud, praise. خراجِ عقیدت پیش کرنا pay homage (esp. to someone who is dead). خراج گزار 1 tax payer; one who pays tribute or rent. 2 tributary. خراج لگانا tax, assess, levy a tribute or tax (on).

خراجی /xərɑ:dʒi:/ ■ *adj.* revenue paying (land); tributary; subject to taxation.

خرّاچ /xərrɑ:tʃ/ ■ *adj.* (also خرچیلا) spendthrift, extravagant, prodigal.

خراد /xərɑ:d̪/ ■ *n.m.* (also خراط) lathe. خراد پر اترا ہوا experienced, seasoned, man of the world. خراد پر چڑھانا 1 put something on a lathe. 2 become polished (by mixing with refined society).

خرادی /xərɑ:d̪i:/ ■ *n.m.* (also خرّادی، خرّاطی) turner. ■ *n.f.* office or profession of a turner. خرادی کا کاٹھ کاٹے ہی کٹے a work is done when it is tried. خرادی مرادی selfish.

خرّاز /xərrɑ:z/ ■ *n.m.* cobbler.

خراس /xərɑ:s/ ■ *n.f.* 1 flour-mill driven by camels or oxen. 2 oil-press. 3 Persian wheel.

خُراسان /xʊrɑ:sɑ:n/ ■ *pr.n.m.* a province of Persia. ■ *n.m.* name of a Persian musical mode.

خُراسانی /xʊrɑ:sɑ:ni:/ ■ *adj.* of or belonging to Khurasan. خراسانی اجوائن seeds of *Hyoscyamus niger*; black henbane.

خراش /xərɑ:ʃ/ ■ *n.f.* scratch; narrow and shallow cut; scrape; cicatrix, excoriation. ■ *suffix* used in comp. as: دل خراش hurtful, painful. خراش آنا have a scratch, be scratched. خراش تک نہ آنا escape unhurt. خراشِ مخروطی (***Math.***) conic section.

خرّاط /xərrɑ:t̪/ ■ *n.m.* (also خرّاد) turner (of wood, etc.); turner's lathe.

خرّاطی /xərrɑ:t̪i:/ ■ *n.m.* turner. ■ *n.f.* the business of a turner.

خراطیم /xərɑ:t̪i:m/ ■ *n.f.* (*pl.* of خُرطوم) probosces, snouts. خراطیمِ مصری Egyptian pyramids.

3 reduce to small pieces. خردہ گیر fault-finder, caviller, critic. خردہ گیری cavil, criticism. خردۂ مینا dreg or lees of wine.

خُردی /xʊrd̪i:/ ■ *n.f.* 1 smallness, minority. 2 childhood, infancy.

خُردیہ /xʊrd̪ɪja:/ ■ *n.m.* (also خُردیا) retail dealer; money-changer.

خرز /xərz/ ■ *n.m.* act of boring hole.

خرزہرہ /xərzæhra:/ ■ *n.m.* a poisonous shrub and its fruit.

خِرس /xɪrs/ ■ *n.m.* 1 bear. 2 (*fig.*) vulgar and mean person; scoundrel, rogue. خرس بازی rough play, roughhouse, romping.

خُرسند /xʊrsənd̪/ ■ *adj.* (*contr.* of خُورسند) happy, pleased, glad, satisfied, contented. خرسند کرنا make contented or happy, please.

خُرسندی /xʊrsənd̪i:/ ■ *n.f.* (*contr.* of خُورسندی) joy, happiness, pleasure, mirth, contentment, satisfaction.

خرسنگ /xərsəŋg/ ■ *n.m.* 1 large rough stone. 2 (*fig.*) rival; obstacle.

خُرطوم /xʊrt̪u:m/ ■ *n.m.* (also خرطوم) trunk or proboscis of an elephant, snout. (*pl.* خراطیم)

خُرطومیہ /xʊrt̪u:mɪja:/ ■ *adj.* mammals having proboscis.

خرِف /xərɪf/ ■ *adj.* senile, mentally disoriented.

خُرفہ /xʊrfa:/ ■ *n.m.* 1 purslane. 2 gathered or plucked fruits, autumnal fruit.

خرق /xərq/ ■ *n.m.* tearing of cloth, rending, breaking through; infringing; used in comp. as: خرقِ عادت event contrary to the usual course of things in nature, abnormality, unusual or extraordinary event or miracle.

خِرقہ /xɪrqa:/ ■ *n.m.* 1 old and ragged dress, patched dress; habit of a hermit, fakir, dervish or mendicant. 2 (*fig.*) customs; way of living. خرقہ پوش one who wears it, a hermit or fakir, etc. خرقۂ سالوس disguise adopted to defraud or cheat others; subterfuge.

خرگاہ /xərga:h/ ■ *n.m.* 1 tent, pavilion. 2 palace; royal tent or court. 3 a place of revelry and merrymaking.

خرگوش /xərgo:ʃ/ ■ *n.m.* hare; rabbit, bunny.

خرگیں /xərgĩ:/ ■ *n.f.* bag; sack; bucket.

خُرّم /xʊrrəm/ ■ *adj.* happy, glad, merry, cheerful, pleased, smiling. خرم دل of cheerful mind and disposition, sign of Cancer.

خرچہ /xərtʃa:/ ■ *n.m.* (also خرچا) costs; expenses. خرچہ پانی daily expenses. خرچہ دلانا (of a law court) award costs. خرچہ سمیت (also مع خرچہ) with costs. خرچہ قابلِ وصول recoverable costs. (See also خرچ.)

خرخر /xərxər/ ■ *n.f.* wheezing, purring or snoring sound. خرخر کرنا snore.

خُرخُر /xʊrxʊr/ ■ *n.f.* sound of cat or bear.

خرخرا /xərxəra:/ ■ *n.m.* 1 a kind of fatal cough disease. 2 snore; purr.

خرخرانا /xərxəra:na:/ ■ *v.* snore.

خرخرانے /xərxəra:ne:/ ■ (*infl.* of خرخرانا) خرخرانے کی آواز snoring sound.

خرخرہ /xərxəra:/ ■ *n.m.* currycomb.

خرخرے /xərxəre:/ ■ *n.m.* (*pl.* & *infl.* of خرخرہ) خرخرے کا آزار croup.

خرخشہ /xərxəʃa:/ ■ *n.m.* (also خرخشا) 1 silly dispute or wrangle. 2 fear; danger; premonition; doubt; misgiving; anxiety.

خِرد /xɪrəd̪/ ■ *n.f.* wisdom, reason, intellect, judgement; understanding. خردپسند rationalist; approved by mind; commendable. خردمند wise, sagacious, intelligent. خردمندی wisdom, sagacity.

خُرد /xʊrd̪/ ■ *adj.* (also خُورد) little, small, minute; young. خردبیں microscope. خردحیاتیات microbiology. خردخام bruised, broken. خردسال young, of tender years, under age. خردسالی childhood; minority. خردمحل concubine's apartments of rich people. خردوکبیر، کلاں 1 small and big. 2 child and old man. (*opp.* کلاں)

خُرداد /xʊrd̪a:d̪/ ■ *n.m.* third month of the Persian calendar corresponding to May-June.

خُردک /xʊrd̪ək/ ■ *adj.* (*dim.* of خُرد) very small, minute.

خردل /xərd̪əl/ ■ *n.m.* seed of a mustard-like plant but smaller in size. (See also رائی.)

خُردہ /xʊrd̪a:/ ■ *n.m.* (also خوردہ) 1 fragment, bit, fraction, particle; crumb. 2 speck. 3 small quantity. 4 slight blemish. 5 pedlar's small wares. 6 small coins; small change. خردہ بینی 1 subtlety of genius, acuteness, discernment. 2 hypercriticism. خردہ پکڑنا seize on trifling faults; cavil, criticize. خردہ فروش retail dealer; huckster. خردہ کرنا 1 change (money). 2 sell off.

/xəri:d̪ɑ:ri:/ ■ *n.f.* purchasing, buying, shopping. خریداری

/xəri:d̪nɑ:/ ■ *v.* buy, purchase. خریدنا

/xəri:r/ ■ *n.f.* trill, murmur. خریر

/xəri:ʃ/ ■ *n.f.* noise, shouting. خریش

/xəri:ʈɑ:/ ■ *n.m.* **1** bag, pouch or silk satchel for papers or letters. **2** map. خریطہ نگار نویس map maker. (*pl.* خراطین) خریطہ

/xəri:f/ ■ *n.f.* kharif, autumnal crops; autumn. خریف

/xəri:fi:/ ■ *n.f.* koel, dark Asian cuckoo, *Eudynamys scolopacea*. ■ *adj.* grown in autumn, autumnal, relating to the autumn harvest. خریفی

/xəz/ ■ *n.m.* **1** otter. **2** a kind of coarse silk. خز

/xəzzɑ:z/ ■ *n.m.* merchant dealing in silk clothes. خزّاز

/xɪzɑ̃:/ ■ *n.f.* (also خزاں) **1** autumn; fall. **2** (*fig.*) decay. **3** old age. خزاں دیدہ having seen or experienced bad days. خزاں رسیدہ withered, decaying. خزاں نا آشنا young, ever-blooming. خزاں

/xəzɑ:ntʃi:/ ■ *n.m.* treasurer; cashier or cash-keeper, bursar. خزانچی گری office of treasurer, treasure-ship. خزانچی

/xəzɑ:nɑ:/ ■ *n.m.* (also خزان، خزینہ) **1** treasure, treasury. **2** magazine. **3** granary; storeroom; repository. **4** pond, tank, reservoir for water, etc. **5** accumulator, storage cell. خزانۂ اوراق archives. خزانہ دار **1** gun or musket with a chamber. **2** treasurer. خزانۂ عامرہ royal or state treasury. خزانۂ یادداشت memory. (*pl.* خزائن) خزانہ

/xʊzəʔbɪl/ ■ *n.f.* nonsense, rubbish. (*pl.* خُزعبلات) خُزعِبل

/xəzəf/ ■ *n.f.* **1** potsherd, pottery, earthen vessels, broken shells. **2** (*fig.*) worthless, insignificant. خزف

/xəzənd̪/ ■ *n.m.* (also خزندہ) insects, reptiles. خزند

/xəznɑ:/ ■ *n.m.* magazine or cartridge chamber of a gun. خزنہ

/xəzi:/ ■ *n.f.* disgrace, discredit. خزی

/xəzi:r/ ■ *n.f.* hot ashes. خزیر

/xəzi:nɑ:/ ■ *n.m.* treasury; storehouse. See خزانہ. خزینہ

/xəs/ ■ *n.m.* **1** straw. **2** khus-khus, sweet-scented roots of *Andropogon muricatus* of which matted screens are made. خس بدنداں helpless, seeking refuge, humble. خس پوش covered with straw, thatched. خس کم جہاں پاک remark made after getting rid of something or someone disagreeable. خس کی ٹٹی screen of this grass; screen of fragrant straw which is used in summer. خس

glad-hearted.

/xʊrmɑ:/ ■ *n.m.* **1** date, dry date. **2** a kind of sweet. خُرما

/xɪrmən/ ■ *n.m.* (also خرمن) **1** harvest. **2** heap; stack or rick of unthreshed corn. خرمن گاہ threshing floor. خرمنِ ماہ halo round the moon. خِرمن

/xərmu:ʃ/ ■ *n.m.* a species of very large South Asian rat; bandicoot. خرمُوش

/xərmohrɑ:/ ■ *n.m.* **1** conch. **2** the small shell called cowrie used as coin in the past. خرمہرہ

/xʊrrəmi:/ ■ *n.f.* pleasure, delight, cheerfulness, joy, mirth, gladness. خُرّمی

/xərnu:b/ ■ *n.m.* carob, a tree with six inch long pods, *Ceratonia siliqua*. خرنُوب

/xərvɑ:r/ ■ *n.m.* **1** ass-load. **2** pile, heap (esp. of grains). خروار

/xʊru:dʒ/ ■ *n.m.* **1** egress, outlet, exit; exodus; excretion; ejection. **2** emergence of light. **3** revolt, rebellion, insurrection. **4** attack, assault. **5** migration, immigration. **6** result, consequence, outcome. خروج کرنا **1** sally. **2** issue; go out or forth. **3** (***Islam***) revolt; rebel against Islamic government or a caliph. خُروج

/xʊru:d̪/ ■ *n.f.* virgin girl; bashful girl. خُرود

/xʊru:s/ ■ *n.m.* domestic cock. خُروس

/xʊru:sɑ:/ ■ *n.m.* foreskin. خُروسہ

/xəro:ʃ/ ■ *n.m.* (also خُروش) **1** noise, tumult, clamour; shouting, yelling, clamorous; tumultuous crash. **2** anger, passion, wrath, warmth. خروش

/xəro:ʃɑ̃:/ ■ *adj.* noisy, lamenting. خروشاں

/xəri:/ ■ *n.f.* stupidity. خری

/xəri:bɑ:/ ■ *n.f.* deserted or desolate place. خریبہ

/xərɪjjəʈ/ ■ *n.f.* **1** obstinacy. **2** stupidity; asinine nature. خریّت

/xəri:dʒ/ ■ *n.f.* **1** sundry, miscellaneous. **2** extra; scraps. **3** small change. خریج

/xəri:d̪/ ■ *n.f.* **1** purchase; act of buying. **2** thing bought. **3** cost, actual price. خریدِ فرضی ostensible purchaser. خرید کردہ purchased, purchase. خرید کے بھاؤ/ مول prime cost, cost price. خریدنامہ deed of purchase. خرید و فروخت buying and selling, business transaction. خرید

/xəri:d̪ɑ:r/ ■ *n.m.* **1** buyer, purchaser. **2** seeker, desirous. خریدار نیلام purchaser from auction. خریدار

خس وخاشاک sticks, dried leaves and straw; sweepings, litter, trash, rubbish; insignificant things.

خسارہ /xəsɑ:rɑ:/ ■ *n.m.* (also خسارا، خِسارا، خِسارہ) loss, damage; deficit. خسارہ اٹھانا incur loss. خسارہ دینا make good a loss, pay damages. خسارہ مقرر کرنا assess damages. خسارۂ نقدی loss in ready money, pecuniary loss.

خسانده /xəsɑ̃:dɑ:/ ■ *n.m.* cold infusion.

خِسّت /xɪssət̪/ ■ *n.f.* (also خساست) miserliness, stinginess, parsimony, meanness.

خستگی /xəst̪əgi:/ ■ *n.f.* **1** fatigue, weariness, exhaustion. **2** brittleness, friability; infirmity.

خستہ /xəst̪ɑ:/ ■ *adj.* **1** crispy; friable; brittle. **2** fragile, infirm, unwell, weak, debilitated. **3** dilapidated, decayed. خستہ پائی tiredness, fatigue. خستہ جان lean, thin, weak, old, emaciated. خستہ حال **1** distressed, afflicted. **2** in straitened circumstances, bankrupt. خستہ دل sick at heart, heart-broken.

خسر /xəsər/ ■ *n.m.* (also خُسران) loss, injury, damages; depreciation (in value).

خُسر /xʊsər/ ■ *n.m.* (also سُسر) father-in-law.

خُسرال /xʊsrɑ:l/ ■ *n.m.* & *f.* in-law's house. See سُسرال.

خُسرَو /xʊsrɔ:/ ■ *pr.n.m.* **1** Cyrus, ancient Persian king. **2** a famous Indian poet. ■ *n.m.* (*fig.*) emperor. خسرو خاور **1** the monarch of the east. **2** (*fig.*) the sun.

خُسروانہ /xʊsrəvɑ:nɑ:/ ■ *adv.* & *adj.* kingly, royal, in a princely manner.

خُسروی /xʊsrəvi:/ ■ *adj.* kingly, royal. ■ *n.f.* empire, kingdom.

خسرہ¹ /xəsrɑ:/ ■ *n.m.* **1** ruled form or statement; field-book (in surveying); day or waste book; rough draught. **2** list of the fields in a village. خسرہ آبادی list of the houses in a village with their occupants. خسرہ تقسیم register of shares. [dial.]

خسرہ² ____ ■ *n.f.* (*var.* of کھسرہ) measles. [S]

خسک /xəsək/ ■ *n.m.* **1** a triangular prickly herb, caltrops. **2** barbed wire.

خُسوف /xʊsu:f/ ■ *n.m.* **1** eclipse of the moon. **2** (*fig.*) trouble; distress; difficult time.

خسیس /xəsi:s/ ■ *adj.* **1** miserly, parsimonious, close-fisted; mean, stingy, niggardly. **2** trivial, lowly, ignoble.

خشّاب /xəʃʃɑ:b/ ■ *n.m.* woodcutter.

خشّابیات /xəʃʃɑ:bɪjɑ:t̪/ ■ *n.f.* woodcutting.

خِشاش /xɪʃɑ:ʃ/ ■ *n.m.* **1** a kind of insect. **2** small bird.

خشب /xəʃəb/ ■ *n.f.* thick wood, firewood.

خِشت /xɪʃt̪/ ■ *n.f.* brick. خشتِ اوّل **1** foundation stone. **2** (*fig.*) beginning, origin. خشت پز، تراش، ساز brickmaker. خشت کاری brick-making.

خِشتک /xɪʃt̪ək/ ■ *n.f.* (*dim.* of خِشت) **1** small brick. **2** square piece of cloth stitched under the armpit of a shirt; gusset; cod-piece; cloth piece between the legs of a pair of trousers or drawers.

خِشتی /xɪʃt̪i:/ ■ *adj.* (also خِشتینی) (made) of brick or tile.

خشخاش /xəʃxɑ:ʃ/ ■ *n.f.* (also خشخش، خش خش) **1** poppy seed. **2** unit of weight (being equal to one-eighth of a grain of rice). خشخاش کے دانے کے برابر very little.

خشخاشی /xəʃxɑ:ʃi:/ ■ *adj.* (also خشخشی) **1** of or relating to خشخاش. **2** (*fig.*) closely cropped (beard).

خُشک /xʊʃk/ ■ *adj.* **1** arid, dry; withered; parched. **2** pure. **3** mere, bare; plain. خشک برف dry ice. خشک بند dry bandage of a wound without any lotion, ointment, etc. خشک پہلو miserly. خشک دامن (*fig.*) pure, chaste, of good character or habits. خشک دست miser, niggard. خشک رود dry watercourse; channel or river-bed, nullah. خشک زار barren, desolate land. خشک سال dry year; drought; general dearth. خشک سالی drought. خشک شوئی dry-clean. خشک کرنا dry. خشک کھانسی dry cough. خشک گودی dry dock. خشک لب **1** thirsty, having dry or parched lips, dry-lipped. خشک مزاج dry, astringent, unimaginative, rude. خشک مغز stupid; mad, crazy. خشک مغزی craziness, madness. خشک ہونا dry, be dried; be parched.

خُشکار /xʊʃkɑ:r/ ■ *n.m.* **1** unsieved whole flour. **2** barren, desolate land.

خُشکانا /xʊʃkɑ:nɑ:/ ■ *v.* dry, desiccate.

خُشکہ /xʊʃkɑ:/ ■ *n.m.* boiled rice, rice boiled plain without seasoning. خشکہ کھاؤ پنیر کے ساتھ go away, run away, mind your own business.

خُشکی /xʊʃki:/ ■ *n.f.* **1** dryness, aridity, desiccation; drought. **2** land (as opposed to water). **3** dandruff, scurf. **4** sprinkling flour used in baking bread. خشکی کی راہ overland path.

خشم /xəʃm/ ■ *n.m.* (also خِشم) **1** anger, wrath, indignation, periodical, etc.).

خصومت /xʊsu:mət̪/ ■ *n.f.* enmity, animosity, bad blood (between); strife. خصومتِ شدید violent animosity.

خصّی /xəssi:/ ■ *n.m.* **1** castrated animal. **2** eunuch. **3** woman with no breasts. خصی کرنا castrate.

خُصیہ /xʊsjɑ:/ ■ *n.m.* the testicle. خصیہ بردار (*vulg.*) flatterer, toady, bum-sucker. خصیہ سہلانا (*vulg.*) flatter. (*pl.* خُصیتین)

خِضاب /xɪzɑ:b/ ■ *n.m.* hair-dye. خضاب آہنی پھیرنا رکرنا shave the head. خضاب کرنا رلگانا apply hair-dye.

خِضر /xɪzr/ ■ *pr.n.m.* (also خِضَر) name of a legendary prophet who is supposedly immortal. خضرِ راہ guide, leader.

خضرا /xəzrɑ:/ ■ *adj.* (*fem.* of اخضر) green. خضراءُ الدِمن **1** grass growing on dunghill. **2** (a person) mean though outwardly pretty.

خُضوع /xʊzu:ʔ/ ■ *n.f.* humility, lowliness, self-abasement. (See also خُشُوع.)

خط /xət̪/ ■ *n.m.* **1** handwriting; writing, script. **2** letter, note, epistle. **3** line; streak or stripe. **4** character; mark. **5** facial hair; beard; moustaches. **6** parting of hair. **7** sharpness; edge (of sword, etc.). خطِ اِستوا the equator. خط الاوتاد ancient cuneiform writing or the primitive writing style of Indus valley civilization. خطِ آفتابی a style of calligraphy in which the curved ends of letters are arcs of a circle. خط آنا رنکلنا hair to appear or begin growing on the face. خط بگڑ جانا (of handwriting) to deteriorate. خط بنانا shave. خطِ بیضوی a style of calligraphy in which the curved ends of the letters are segments of an oval. خطِ تصویر pictograph. خطِ تنسیخ line drawn to cancel written words. خطِ تنسیخ پھیرنا cancel what has been written or planned. خطِ جدی the tropic of Capricorn. خطِ جلی large or bold script. خطِ چلیپا mark of cross. خطِ خفی fine calligraphy. خط دار marked with lines or streaks, striped (as cloth, etc.). خط رساں postman. خطِ ریحان a style of script for Urdu and allied languages. خطِ سرطان the tropic of Cancer. خطِ شعاع **1** rays of the sun, solar rays. **2** a style of calligraphy. خطِ شکست رشکستہ running or broken handwriting (used as shorthand). خطِ شوق love letter. خطِ صرّاف bank bill; cheque. خطِ عمود perpendicular line. خطِ غبار a style of writing in which the letters are in smallest possible font or size. خطِ فاصل dividing line.

rage, ire, fury, passion. **2** a nose disease. خشم آلود رگیں رناک angry; showing anger, irate, furious, passionate.

خَشِن /xəʃɪn/ ■ *adj.* rough, coarse, rugged, harsh, severe, rude. ■ *n.f.* a kind of cotton which is used to weave thick fabric.

خُشنود /xʊʃnu:d̪/ ■ *adj.* (also خُوشنُود) satisfied, contented; pleased.

خُشنودی /xʊʃnu:d̪i:/ ■ *n.f.* (also خُوشنُودی) pleasure; satisfaction.

خُشُوع /xʊʃu:ʔ/ ■ *n.m.* humbling oneself, humility, meekness. خشوع وخضوع extreme humility and self-mortification.

خُشُونت /xʊʃu:nət̪/ ■ *n.f.* severity, harshness, stubbornness, asperity, roughness; fierceness; indignation; cruelty; disdain; anger, rigidness.

خشیّت /xəʃɪjjət̪/ ■ *n.f.* **1** fear, dread, terror. **2** anger; fierceness. خشیتِ اللہ رالٰہی fear of Allah.

خِصال /xɪsɑ:l/ ■ *n.f.* (*pl.* of خصلت) habits.

خِصام /xɪsɑ:m/ ■ *n.m.* (also خصام) enmity; dispute.

خصائص /xəsɑ:ɪs/ ■ *n.m.pl.* traits. (*sing.* خصیصہ)

خصائل /xəsɑ:ɪl/ ■ *n.f.* (*pl.* of خصلت) habits.

خصر /xəsr/ ■ *n.f.* waist, middle. (*pl.* خُصُور)

خصِرت /xəsɪrət̪/ ■ *n.f.* chaps in the skin; chilblains.

خصلت /xəslət̪/ ■ *n.f.* habit; quality, property; trait; nature, disposition. (*pl.* خِصال،خصائل)

خصَم /xəsəm/ ■ *n.m.* (also خصم) **1** master, owner. **2** husband. خصم پٹی widow, woman who has lost her husband. خصم کرلینا take a husband. خصم کرنا a woman to marry herself. خصم والی married woman with living husband.

خصم /xəsm/ ■ *n.m.* adversary, antagonist, enemy.

خصمی /xəsmi:/ ■ *n.f.* enmity. خصمی جانی mortal enmity.

خصموں /xəsmõ:/ ■ *n.m.* (*pl.* & *infl.* of خَصَم) خصموں جلی one who has been ill-treated by her husband.

خُصوص /xʊsu:s/ ■ *n.m.* particular affair or business, particularity, speciality. ■ *adv.* particularly.

خُصوصاً /xʊsu:sən/ ■ *adv.* especially, particularly.

خُصوصیّت /xʊsu:sɪjjət̪/ ■ *n.f.* (also خصیصہ) property, attribute, distinctive feature, singularity, peculiarity, particularity. (*pl.* خُصوصیات)

خُصوصی /xʊsu:si:/ ■ *adj.* special, peculiar, particular; personal, private. خصوصی اشاعت special issue (of a

خطرناک perilous, dangerous, hazardous, frightful.

خطرہ /xət̪ra:/ ■ *n.m.* risk, danger, fear, apprehension. خطرہ ٹل جانا danger to pass or be removed. خطرہ رفع کرنا ward off a danger. خطرہ مول لینا run a risk. (*pl.* خطرات)

خطرے /xət̪re:/ ■ *n.m.* (*pl.* & *infl.* of خطرہ) risk, danger, fear, apprehension. خطرے میں ڈالنا endanger, risk, expose to danger, imperil.

خطمی /xət̪mi:/ ■ *n.f.* marshmallow, a kind of flowering plant whose roots were formerly used to make marshmallow.

خُطُور /xʊt̪u:r/ ■ *n.m.* occurring to the mind.

خُطُوط /xʊt̪u:t̪/ ■ *n.m.* (*pl.* of خط) **1** writings; letters. **2** lines on the forehead. خطوطِ عرضی lines of latitude. خطوطِ قطبی lines of longitude. خطوطِ متقاطع intersecting lines. خطوطِ متوازی parallel lines. خطوطِ وحدانی parentheses.

خِطّہ /xɪt̪t̪a:/ ■ *n.m.* region, domain, area.

خطّی /xət̪t̪i:/ ■ *adj.* linear; in writing. خطی مسودہ/نسخہ manuscript.

خطیب /xət̪i:b/ ■ *n.m.* khatib, orator, speaker, one who delivers a sermon. (*pl.* خُطَبا)

خطیر /xət̪i:r/ ■ *adj.* dignified, noble, great; large. خطیر رقم (also زرِ خطیر) huge sum.

خطیّہ /xət̪ɪjja:/ ■ *n.m.* (also خطیّت) sin, guilt.

خف /xəf/ ■ *adj.* (*contr.* of خفی) used in comp. as: خف زوجے cryptogam.

خُف /xʊf/ ■ *n.m.* boots; leather stocking.

خفا /xəfa:/ ■ *adj.* angry, displeased, offended, enraged. ■ *n.m.* suffocation. خفا کرنا offend, incense, infuriate. خفا ہونا be angry or offended, be incensed, be infuriated.

خِفا /xɪfa:/ ■ *n.f.* (also خفاء) secret, concealment, secrecy.

خُفّاش /xʊffa:ʃ/ ■ *n.m.* & *f.* bat, a small winged mammal.

خِفاف /xɪfa:f/ ■ *n.m.* (*pl.* of خفیف) wicked, evil, low-down people.

خفائی /xəfa:i:/ ■ *adj.* obscure, hidden.

خفایا /xəfa:ja:/ ■ *n.m.* (*pl.* of خُفیہ) secret matters, mysteries, hidden things.

خُفت /xʊft/ ■ *n.f.* sleeping; sleep.

خِفّت /xɪffət̪/ ■ *n.f.* **1** disgrace, humiliation, want of dignity, loss of face, embarrassment, affront, slight. **2** lightness; thinness. **3** frivolity, absurdity. **4** riddance, liberation. خفت اٹھانا/ہونا be embarrassed, correspondence. خط کتابت correspondence. خط کھینچنا draw a line. خطِ گلزار a style of calligraphy in which letters are shaped to resemble flowers with flourishes. خطِ لادعویٰ unclaimed letter; writing relinquishing all claims. خطِ متوازی parallel line. خطِ مستدیر spherical or curved line; circle. خطِ مستقیم straight line. خطِ مفروش horizontal line. خطِ منحنی curved line; wavy line. خط مُنڈوانا have the beard shaved off. خطِ میخی cuneiform. خط میں خط ملانا forge handwriting. خطِ نستعلیق plain Persian script. خطِ نسخ usual style of Arabic script. خطِ نور ray of light. (*pl.* خُطُوط)

خطا /xət̪a:/ ■ *n.f.* **1** mistake, error, fault. **2** oversight, slip, wrongdoing; bad break; failure. **3** miss of an arrow, etc.; pass. **4** confusion. خطابخش forgiver of faults and errors, forgiver of mistakes. خطا جانا miss, fail to hit the mark (an arrow or bullet, etc.). خطاکار guilty, wrongdoer, culprit. خطا کرنا err, commit a mistake, be wrong or at fault. خطاوار guilty, faulty. خطا ہونا **1** (of an arrow) miss, fail to hit. **2** err. **3** (of urine, etc.) pass involuntarily. (*pl.* خطایا)

خِطاب /xɪt̪a:b/ ■ *n.m.* **1** title. **2** conversation, discourse; oration, speech or address. خطاب پانا/ملنا receive or be awarded a title. خطاب دینا confer a title. خطاب کرنا address, speak to or before. خطاب وعتاب reproachful speech; rebukes, censures. خطاب یافتہ titled.

خِطابت /xɪt̪a:bət̪/ ■ *n.f.* oration; speech; eloquence.

خِطابیات /xɪt̪a:bɪja:t̪/ ■ *n.m.* rhetoric.

خطّاط /xət̪t̪a:t̪/ ■ *n.m.* calligraphist.

خطّاطی /xət̪t̪a:t̪i:/ ■ *n.f.* calligraphy, chirography.

خطائی /xət̪a:i:/ ■ *n.f.* (also نان خطائی) sweet crisp biscuit. ■ *adj.* of belonging or manufactured in Cathay.

خطب /xət̪b/ ■ *n.m.* **1** affair, business; work. **2** cause.

خِطب /xɪt̪b/ ■ *n.m.* asking or demanding a woman in marriage; contracting a marriage; marrying; betrothing.

خُطبہ /xʊt̪ba:/ ■ *n.m.* **1** discourse, sermon, lecture; oration. **2** (***Islam***) khutbah, a preacher's address or sermon from the pulpit in the congregational Friday or Eid prayers. خطبہ پڑھنا read a sermon. خطبہ خواں reciter of sermon. خطبہ دینا give a sermon, address a gathering. خطبۂ صدارت presidential address.

خطر /xət̪ər/ ■ *n.m.* danger, risk, jeopardy, hazard, peril.

suffer or face disgrace, indignity or slight.
خفت آمیز disgraceful, slighting, embarrassing.

خفتان /xəft̪ɑ:n/ ■ *n.m.* **1** sort of vest worn under armour. **2** caftan.

خُفتگان /xʊft̪əgɑ:n/ ■ *adj.* asleep, sleeping, sleepy. خفتگانِ خاک (*fig.*) dead.

خُفتہ /xʊft̪ɑ:/ ■ *adj.* **1** asleep, sleeping; sleepy. **2** (*fig.*) (i) the dead. (ii) senseless; oblivious. خفتہ بخت/نصیب unlucky, unfortunate.

خفقان /xəfəqɑ:n/ ■ *n.m.* **1** palpitation, fluttering (esp. as a disease of the heart); tachycardia. **2** early stage of melancholy; hysteria.

خفقانی /xəfəqɑ:ni:/ ■ *adj.* suffering from palpitations; awestruck, terrified; confused.

خفگی /xəfəgi:/ ■ *n.f.* anger, displeasure; annoyance. خفگی کرنا be angry with. خفگی کی نظر سے with a look of displeasure or anger, angrily.

خفی /xəfi:/ ■ *adj.* **1** not apparent, occult, hidden, concealed, secret. **2** fine; small handwriting. **3** low; faint; soft (as a voice). خفی و جلی **1** visible and invisible. **2** imperceptible and perceptible; small and large (as handwriting, etc.). (*c.f.* جلی¹)

خُفیتاً /xʊfjət̪ən/ ■ *adv.* (also خُفیاً، خُفیۃً) secretly, privately.

خفیف /xəfi:f/ ■ *adj.* **1** small, little; slight, light. **2** minor, unimportant; trivial, petty, of little consequence or import; undignified; frivolous. خفیف الاعتقاد superstitious. خفیف الحرکات of undignified or frivolous behaviour. خفیف الوجہ ugly. خفیف ہونا **1** lose face, be abashed. **2** be slighted.

خفیفہ /xəfi:fɑ:/ ■ *adj.* little; minor (court case, etc.).

خُفیہ /xʊfjɑ:/ ■ *adj.* concealed, hidden, secret, private, clandestine, confidential; disguised. ■ *adv.* covertly, secretly, privately, stealthily, clandestinely. خفیہ پولیس intelligence or crime detection wing of the police. خفیہ کارروائی کرنا act secretly or confidentially. خفیہ نویس secret correspondent; informant or informer. خفیہ نویسی encoding, writing in code.

خل /xəl/ ■ *n.m.* vinegar. خل آگیں full of vinegar, very sour.

خِل /xɪl/ ■ *n.m.* friend, companion.

خلا /xəlɑ:/ ■ *n.m.* vacuum, space, vacant place or space; vacancy; absence, hollowness; lacuna. خلا باز/نورد astronaut. خلا پیما vacuum gauge. خلا ملا (also خلا و ملا) close friendship, intimacy, familiarity, warm attachment.

خلاب /xəlɑ:b/ ■ *n.f.* mire, mud; filth.

خلاص /xəlɑ:s/ ■ *n.m.* liberation, emancipation, redemption, deliverance, release, discharge, acquittal, freedom, manumission; exemption, immunity. ■ *adj.* **1** free, discharged, liberated, redeemed. **2** done. خلاص پانا obtain deliverance or salvation. خلاص کرنا **1** discharge, free, acquit. **2** end, bring to an end. خلاص ہونا come to an end.

خُلاصہ /xʊlɑ:sɑ:/ ■ *n.m.* summary, abridgement, abstract, gist; extract, essence, pith, quintessence; substance; sum; inference. ■ *adj.* **1** free; unencumbered; loose; spacious, roomy, wide, open; plain. **2** clear; apparent, evident. **3** selected, finest. خلاصہ خلاصہ expressly, explicitly; clearly, distinctly; plainly, openly; publicly. خلاصہ کرنا make an abstract; give the substance (of), summarize; shorten, abridge. خلاصہ کلام یہ کہ to sum up... . خلاصہ لکھنا write a precis or summary. خلاصہ نکالنا make an abstract (of), summarize, sum up.

خلاصی /xəlɑ:si:/ ■ *n.f.* release, exemption, deliverance, freedom. خلاصی پانا get or obtain release, exemption or liberty. خلاصی ہونا be released, be allowed to go away.

خلّاصی /xəllɑ:si:/ ■ *n.m.* (also خلاصی) **1** coolie; trolley-driver. **2** khalasi, minor member of ship's crew. **3** tent-pitcher.

خُلاع /xʊlɑ:ʔ/ ■ *n.m.* epilepsy.

خِلاف /xɪlɑ:f/ ■ *adj.* contrary to; against; versus; in opposition. ■ *n.m.* **1** hostility, enmity; opposition, contrariety. **2** falsehood; contrary of truth. خلافِ اختیار opposed to authority, unwarranted, not authorized. خلاف اسمی misnomer. خلاف بیانی contradiction; prevarication; misrepresentation, lying. خلافِ حکم contrary to orders. خلافِ دستور/ضابطہ irregular; contrary to the rules; unusual, illegal, unlawful. خلاف رائے against one's opinion or will. خلاف سمجھنا think otherwise; regard as one's opponent. خلافِ شرع against Islamic religious laws, contrary to religion, lacking religious sanction. خلافِ طبع/مزاج disagreeing with one's nature, against the grain. خلافِ عادت abnormal; contrary to or deviating from habit. خلافِ عقل absurd, contrary

خلش /xəlɪʃ/ ■ *n.f.* 1 unease, dissatisfaction, anxiety, worry. 2 misgiving, suspicion. خلش اٹھانا suffer anxiety. خلش پیہم constant unease.

خِلّص /xɪls/ ■ *n.m.* sincere friend.

خلّص /xəllәs/ ■ *n.m.* gist, sum and substance, essence.

خلط /xəlṭ/ ■ *n.m.* confusion, mixture, medley, jumble. خلطِ مبحث unnecessary confusion in a discussion, invoking a different topic in a debate or discussion. خلط ملط jumbled, intermingled, confused.

خِلط /xɪlṭ/ ■ *n.m.* one of the four humours of the human body according to ancient and medieval medical theories, viz. blood, phlegm, bile, and melancholy. خلطِ فاسد corrupt humour; canker sore.

خلطہ /xəlṭɑ:/ ■ *n.m.* (*corr.* of خریطہ) 1 old-fashioned long shirt. 2 small bag. 3 pocket.

خِلطہ /xɪlṭɑ:/ ■ *n.m.* social or familiar intercourse; conviviality.

خُلطہ /xʊlṭɑ:/ ■ *n.m.* (also خُلطا) sociableness, familiarity, intimacy; association, partnership, co-partnership.

خلع /xəlʔ/ ■ *n.m.* 1 giving up; renunciation. 2 escape. 3 displacement. خلعُ العزار obscenity, indecency, immorality. خلعِ روح transmigration.

خُلع /xʊlʔ/ ■ *n.f.* khula, divorce obtained on wife's initiative.

خِلعت /xɪlʔəṭ/ ■ *n.f.* khilat, khelat, rich dress; robe of honour awarded as a mark of distinction. خلعت بہا cess levied in the Middle Ages to defray the cost of robes of honour presented at court. خلعت پہنانا / دینا invest (someone) with a robe of honour.

خلَف /xələf/ ■ *n.m.* 1 heir, successor; substitute. 2 favourite son. 3 posterity; progeny, descendants. ■ *adj.* 1 filial. 2 dutiful. خلفُ الرشید / الصدق 1 rightful heir. 2 dutiful son. 3 legitimate son. (*pl.* اخلاف)

خلف /xəlf/ ■ *adv.* behind. ■ *n.m.* rearguard.

خُلف /xʊlf/ ■ *n.m.* breach of promise.

خُلفا /xʊləfɑ:/ ■ *n.m.* (*pl.* of خلیفہ) (also خُلفاء) caliphs. خلفائے راشدین (*Islam*) Rightly Guided Caliphs, i.e. the first four caliphs.

خلفشار /xəlfɪʃɑ:r/ ■ *n.m.* disturbance, confusion; uproar, tumult; anarchy.

خل فل /xəlfəl/ ■ *n.f.* confusion; commotion.

to reason. خلاف قاعدہ irregular; against rules, anomalous. خلاف قانون illegal, against the law, unlawful. خلاف قیاس absurd, improbable; anomalous, irregular; not analogous. خلاف کہنا misrepresent, make a false or contradictory statement, contradict, oppose. خلافِ مرضی involuntary; involuntarily, against wishes, disagreeing with ones nature. خلافِ معمول 1 unwonted, abnormal; unusual. 2 unusually, unwontedly. خلاف ورزی breach, infringement, contravention, violation (of law, etc.). خلاف ورزی باسرکار act against the state. خلاف ورزی کرنا act against or violate rule or law, oppose. خلافِ وضع contrary to good manners or customs. خلافِ وضعِ فطری unnatural sexual act. خلافِ وعدہ contrary to promise or agreement. خلاف ہونا oppose, be against.

خِلافت /xɪlɑ:fəṭ/ ■ *n.f.* khilafat, caliphate, the office, dignity or status of a caliph; deputyship, lieutenancy. خلافتِ راشدہ (*Islam*) period of the first four Rightly Guided Caliphs. (See also خلیفہ.)

خلّاق /xəllɑ:q/ ■ *n.m.* (*elative* of خالق) the Creator; God. خلاقِ عالم Creator of the world, i.e. Allah.

خلّاقی /xəllɑ:qi:/ ■ *n.f.* the attribute of being the Creator.

خِلال /xɪlɑ:l/ ■ *n.m.* 1 toothpick. 2 prickle; straw. 3 distance between two things, intervening space. 4 habits; traits. خلال کرنا 1 use a toothpick. 2 comb hair or beard with fingers.

خلالت /xəlɑ:ləṭ/ ■ *n.f.* true or sincere friendship.

خلائق /xəlɑ:ɪq/ ■ *n.f.* (*pl.* of خلق) (also خلایق) things created; creatures; people; the human race.

خلائی /xəlɑ:i:/ ■ *adj.* pertaining to space. خلائی جہاز spaceship, spacecraft. خلائی دور space age. خلائی سفر space travel.

خُلّت /xʊlləṭ/ ■ *n.f.* friendship, companionship.

خلتا /xəlṭɑ:/ ■ *n.m.* (also خلتہ) small bag.

خلجان /xəldʒɑ:n/ ■ *n.m.* agitation, distraction; anxiety, worry; uneasiness.

خلخال /xəlxɑ:l/ ■ *n.f.* gold or silver anklet with tiny bells.

خل خل /xəlxəl/ ■ *adj.* (also خلخلا) 1 loose; worn out (dress, etc.). 2 alarm, commotion.

خُلد /xʊlḍ/ ■ *n.f.* abode or the state of perpetual existence; eternity; Paradise. خلد آشیاں (honorific reference to the dead) late, deceased. خلدِ بریں the heaven above.

خلق /xəlq/ ■ *n.f.* **1** luck, fortune. **2** people; mankind; creation. خلق اللہ God's creatures, i.e. humanity at large. خلق کرنا create. خلق ہونا be created. (*pl.* خلائق)

خُلق /xʊlq/ ■ *n.m.* **1** nature; natural disposition. **2** quality; urbanity, civility; affability, amiability. (*pl.* اَخلاق)

خلقت /xəlqət̪/ ■ *n.f.* **1** mankind; world. **2** people; populace.

خِلقت /xɪlqət̪/ ■ *n.f.* **1** creation. **2** nature; behaviour.

خِلقی /xɪlqi:/ ■ *adj.* congenital, inherent; innate, natural; constitutional.

خُلقی /xʊlqi:/ ■ *adj.* pertaining to nature, natural.

خلل /xələl/ ■ *n.m.* **1** breach, break; chink; gap, hiatus; rupture. **2** interruption. **3** confusion, disturbance, disorder. **4** flaw, defect. **5** fear; doubt. خلل انداز interloper, intruder. خلل انداز ہونا disturb; interfere, intrude, interrupt. خلل آنا / پڑنا be disordered. خلل پذیر disordered, disturbed. خللِ دماغ madness, craziness, mental disorder. خلل ڈالنا **1** interrupt, obstruct. **2** disturb, upset. **3** meddle, interfere. **4** mar, spoil; pervert; invalidate. **5** prejudice (a right, etc.).

خلنج /xələndʒ/ ■ *n.m.* a big mountainous tree with white or yellow flowers and blue seeds, white poplar, *Populus alba*.

خُلُو /xʊlu:/ ■ *n.m.* **1** vacuity, emptiness; hollowness. **2** mentle weakness, feebleness. خلوئے معدہ emptiness of stomach.

خَلوب /xəlu:b/ ■ *adj.* seductive, enchanting, charming.

خلوَت /xəlvət̪/ ■ *n.f.* **1** privacy; solitude, seclusion; retirement. **2** retiring room or cell. خلوت خانہ / کدہ / گاہ place of retirement; private apartment, closet or cell. خلوت داری **1** privacy. **2** behaviour or conduct in private. خلوتِ صحیح / صحیحہ consummation of marriage. خلوت کرنا **1** retire; be closeted (with), confer in private (with). **2** have sexual intercourse with (a woman). خلوت گزیں / نشین retired; recluse, hermit. خلوت وجلوت میں privately and publicly, in private and in public.

خلوَتی /xəlvət̪i:/ ■ *adj.* **1** intimate friend, confidant. **2** hermit.

خُلود /xʊlu:d̪/ ■ *n.m.* eternity, immortality, everlastingness. خلود فی النّار remaining in hell forever.

خُلُوص /xʊlu:s/ ■ *n.m.* **1** purity; sincerity, candour; integrity. **2** affection; friendship. خلوصِ نیت sincerity of intention.

خُلُوع /xʊlu:ʔ/ ■ *n.m.* dislocation of a bone.

خلہ /xəlɑ:/ ■ *n.m.* **1** bargepole, oar. **2** any sharp piercing thing (as a needle or awl). **3** acute pain due to gas in bowels. **4** sudden pain in joints or sides. **5** anything that passes away by degrees or slowly; written document signed by an authorized official (confirming any mercantile transaction, etc.). **6** trifles, idle talk, silly discourse.

خلیا /xəljɑ:/ ■ *n.f.* (*dim.* of خالہ) aunt. خلیاساس sister of mother-in-law.

خلیّات /xəlɪjjɑ:t̪/ ■ *n.m.* (*pl.* of خلیہ¹) cells. خلیاتِ ابیض leucocytes. خلیاتِ آکلہ phagocytes. خلیاتِ کبیرہ macrocytes.

خلیّاتی /xəlɪjjɑ:t̪i:/ ■ *adj.* (also خلوی) cellular. خلیاتی دیوار cell wall.

خلیج /xəli:dʒ/ ■ *n.f.* **1** gulf or bay. **2** mental or physical remoteness. **3** a great difference (in opinion, etc.).

خلیدہ /xəli:dɑ:/ ■ *adj.* pricked; pierced.

خلیرا /xəle:rɑ:/ ■ *adj.* descended from or related to mother's sister. خلیر ابھائی son of mother's sister.

خلیری /xəle:ri:/ ■ *adj.* (*fem.* of خلیرا) related to mother's sister. خلیری بہن daughter of mother's sister.

خلیط /xəli:t̪/ ■ *n.m.* **1** mixture, fusion, blend, compound. **2** near relative, as: aunt, uncle, etc. **3** partner.

خلیطہ /xəli:t̪ɑ:/ ■ *n.m.* (also خلیتا، خلیتہ) (*corr.* of خریطہ) small bag.

خلیطی /xəli:t̪i:/ ■ *n.f.* **1** needle case, etui. **2** housewife.

خلیفہ /xəli:fɑ:/ ■ *n.m.* **1** khalifa, caliph, Muslim civil and religious ruler, especially one of the Prophet Muhammad's successors. **2** successor or deputy of a religious teacher. **3** son of master or teacher; monitor. **4** tailor or barber.

خلیق /xəli:q/ ■ *adj.* courteous, polite; kind; affable, urbane, civil.

خلیل /xəli:l/ ■ *n.m.* true or sincere friend. خلیلُ اللہ the friend of Allah, title of Prophet Abraham. خلیل خانی sleeper with golden embroidery work.

خلیّہ¹ /xəlɪjjɑ:/ ■ *n.m.* (also خلیہ) cell, the smallest unit of an organism. (*pl.* خلیّات) [A]

خلیّہ² ____ ■ *n.f.* divorcee, woman who is divorced. [A]

خم /xəm/ ■ *n.m.* **1** bend, curve, coil, curl; curvature, crookedness, flexure. **2** noose; part of noose

خمسہ /xəmsɑ:/ ■ *adj.* five. ■ *n.m.* (***Poet.***) **1** stanza of five lines. **2** aggregate of five poetical pieces. **3** series of five epics, odes, etc. by the same poet. خمسۂ متحیرہ the five planets: Mercury, Venus, Mars, Jupiter, Saturn which also retrograde sometimes.

خمل /xəml/ ■ *n.m.* crease, fold.

خُمُود /xʊmu:d̪/ ■ *n.m.* **1** extinguishment of fire. **2** satiation of desire.

خُمُور /xʊmu:r/ ■ *n.f.* (*pl.* of خَمر) wines.

خموش /xəmo:ʃ/ ■ *adj.* (*contr.* of خاموش) **1** silent, quiet. **2** extinguished (fire, flame, etc.).

خموشاں /xəmo:ʃɑ̃:/ ■ *n.m.* (*pl.* of خموش) **1** the silent ones. **2** the dead.

خموشی /xəmo:ʃi:/ ■ *n.f.* (*contr.* of خاموشی) silence.

خُمُول /xʊmu:l/ ■ *n.m.* oblivion, obscurity.

خمی /xəmi:/ ■ *n.f.* curvature, bending, crookedness.

خمیازہ /xəmjɑ:zɑ:/ ■ *n.m.* **1** retribution, punishment. **2** result; reward; fruit. **3** yawning; stretching of body, gaping. خمیازہ اٹھانا/بھرنا/بھگتنا receive the punishment of one's faults or crimes. خمیازہ کھینچنا **1** gape; yawn. **2** suffer punishment for (one's) wrongdoings, face the music.

خمیانا /xəmjɑ:nɑ:/ ■ *v.* make curved, bend, turn, twist.

خمیدگی /xəmi:d̪gi:/ ■ *n.f.* curvature, crookedness.

خمیدنی /xəmi:d̪ni:/ ■ *adj.* fit to be bent.

خمیدہ /xəmi:d̪ɑ:/ ■ *adj.* curved, bent, crooked, askew. خمیدہ قد bent (form or stature).

خمیر /xəmi:r/ ■ *n.m.* **1** yeast, leaven, ferment. **2** clay; leavened dough. **3** composition, constitution, disposition, temperament. خمیر اٹھانا ferment. خمیر اٹھنا **1** become leavened (dough). **2** become fermented or sour. خمیر بگڑنا change for the worse.

خمیرہ /xəmi:rɑ:/ ■ *n.m.* (also خمیرا) **1** thick syrup; leavened and solidified medicinal syrup. **2** leaven. **3** conserve (of roses or violets). **4** scented tobacco treated with syrup.

خمیری /xəmi:ri:/ ■ *adj.* leavened. خمیری روٹی leavened bread. (*opp.* فطیری)

خمیس /xəmi:s/ ■ *n.m.* Thursday.

خن /xən/ ■ *n.m.* **1** (*contr.* of خانہ) portion. **2** hold of a ship.

خنا /xənɑ:/ ■ *n.m.* bawdry, obscenity in speech.

خنّا /xənnɑ:/ ■ *n.f.* **1** vanity, conceit. **2** an ill-tempered encircling the neck. **3** ringlet. **4** the upper arm. ■ *adj.* curved, bent, crooked. خم بجانا/ٹھوکنا strike hands against opposite arms prior to wrestling; challenge. خم ٹھونک کر سامنے آنا challenge, be ready to give a fight. خم چم graceful or alluring motion, coquetry, blandishment (of a mistress). خمِ چوگاں polo stick. خم دار (also خمدار) bent, crooked, curved. خم در خم curly, curling (locks). خم دینا curl, bend.

خُم /xʊm/ ■ *n.m.* **1** large vessel or jar. **2** alembic; still. خم پر خم چڑھانا/لنڈھانا drink to excess. خم چڑھانا drink excessively. خم خانہ/کدہ liquor-shop, tavern, pub, bar.

خِمار /xɪmɑ:r/ ■ *n.f.* shawl; stole. (*pl.* خُمُر)

خُمار /xʊmɑ:r/ ■ *n.m.* **1** drowsiness, intoxication; hangover (from drink); languor; languorous look due to intoxication. **2** (*fig.*) intoxication due to love. خمار آلود/آلودہ showing signs of hangover. خمار چھانا become intoxicated, be inebriated. خمار خانہ (also خمارستان) tavern. خمار شکنی alleviating the effects of intoxication, treating hangover or drunkenness.

خمّار /xəmmɑ:r/ ■ *n.m.* **1** vintner, wine merchant. **2** sot, drunkard. ■ *adj.* alcoholic, drunkard.

خُماری /xʊmɑ:ri:/ ■ *adj.* drunk, given to drinking wine. ■ *n.m.* one who is drunk. ■ *n.f.* drunkenness.

خُماسی /xʊmɑ:si:/ ■ *adj.* having five components. ■ *n.f.* **1** (***Gram.***) word composed of five letters. **2** (***Poet.***) stanza or poem consisting of five lines.

خمانا /xəmɑ:nɑ:/ ■ *v.* bend, coil, curl.

خمر /xəmr/ ■ *n.f.* any intoxicant drink, liquor. (*pl.* اخمار، خُمور)

خُمرا[1] /xʊmrɑ:/ ■ *n.m.* (also خُمرہ) **1** a caste of Muslims, who weave mats, etc.; mat weaver. **2** small mat of palm leaves for kneeling on while praying. **3** small pot or jar; vessel for leaven. **4** small drum carried by beggars. **5** name of a mendicant fraternity; its male member. [A]

خُمرا[2] ____ ■ *n.m.* a small bird, cross-breed of pigeon and dove. [A]

خُمری /xʊmri:/ ■ *n.f.* (*fem.* of خُمرا[1]) female member of mendicant fraternity.

خمریات /xəmrɪjɑ:t̪/ ■ *n.f.* verse or talk about wines.

خَمس /xəms/ ■ *cardinal number* five.

خُمس /xʊmʊs/ ■ *adj.* one-fifth.

/xɪnzi:ri:/ ■ *adj.* hoggish, swinish. ■ *n.f.* hog-sty. خِنزیری
/xɪnsər/ ■ *n.f.* little finger of hand; little toe. خِنصر
/xʊnʊk/ ■ *adj.* **1** cool, cold, chillsome. **2** tasteless, insipid. **3** pleasant, refreshing. خُنک
/xʊnki:/ ■ *n.f.* coolness, coldness, chill. خُنکی
/xɪŋg/ ■ *adj.* **1** white. **2** greenish. ■ *n.m.* white horse. خِنگ
/xɪŋgɑ:/ ■ *adj.* stout, robust, vigorous, able-bodied. ■ *n.m.* a fat humorous man. خِنگا
/xənne:/ ■ *n.m.* (*pl.* & *infl.* of خنّا) used in idioms, as: خنّے ڈھیلے کرنا put paid to someone's powers, discourage. خنّے
/xʊnjɑ:/ ■ *n.m.* singing; modulation, melody, song; vocal music. ■ *n.f.* singing woman. خنیاگر minstrel; singer; musician; songster. خنیاگرِ فلک the planet Venus. خنیاگری minstrelsy. خُنیا
/xu:/ ■ *n.f.* **1** habit; disposition; nature; characteristics. **2** way, manner; custom. **3** behaviour, temper. خو پذیر/گر/گرفتہ/گیر habituated, accustomed, addicted. خو پڑنا (something to) become a habit, (someone to) become an addict. خو چھوڑنا break or give up a habit. خو ڈالنا habituate, accustom, adopt a habit. خُو
/xɑ:b/ ■ *n.m.* **1** dream; sleep; vision. **2** ideal; aspiration. خواب آلود/آلودہ/ناک sleepy, drowsy. خواب آفریں/آور (*Med.*) sleep-inducing; soporific, somniferous. خواب آور گولیاں sleeping pills. خوابِ پریشان wild dream, nightmare, restless sleep. خوابِ خرگوش deep sleep; oblivion, negligence, carelessness. خوابِ خرگوش میں پڑے رہنا remain oblivious of one's interests. خواب خرامی somnambulism, sleep-walking. خواب دیکھنا have a dream, to dream. (کے) خواب دیکھنا entertain vain hopes (of). خوابِ عدم death. خوابِ غفلت ignorance. خواب کار day-dreamer. خواب کی باتیں کرنا build castles in the air. خواب کی تعبیر interpretation of dream. خواب گاہ sleeping apartment, bedroom; bedchamber, boudoir, dormitory. خوابِ گراں **1** deep sleep, sound sleep. **2** (*fig.*) extreme negligence and indifference. خوابِ مقناطیس/مقناطیسی hypnosis. خوابِ نوشیں sound sleep. خواب وخیال fantasy, imagination; delusion. خواب وخیال ہونا vanish like a vision or spectre. خواب
/xɑ:bi:dɑ:/ ■ *adj.* **1** asleep, sleeping, sleepy. **2** (*fig.*) oblivious, silent. خوابیدہ
/xəvɑ:ṯi:n/ ■ *n.f.* (*pl.* of خاتون) ladies, women. خواتین

woman. ■ *n.m.* silly person. خنا بگڑنا/رچانا **1** walk or act conceitedly, be affected, strut, swagger. **2** be quarrelsome. خنا بھکنا become proud, vaunt, rave.
/xənɑ:zi:r/ ■ *n.m.* (*pl.* of خنزیر) **1** pigs, swine. **2** scrofula, glandular swellings or ulcers in the neck. خنازیر
/xənnɑ:s/ ■ *n.m.* **1** wicked person, slanderer, calumniator. **2** deserter. **3** the Devil; an evil spirit. **4** miser, skinflint. **5** whim, fancy, delusion. ■ *adj.* alluring, enticing, bewitching, seductive. خنّاس
/xənnɑ:si:/ ■ *adj.* devilish, satanic. ■ *n.f.* devilishness. خنّاسی
/xɪnɑ:q/ ■ *n.m.* noose. خِناق
/xʊnɑ:q/ ■ *n.m.* **1** suffocation; strangulation. **2** diphtheria. خُناق
/xənnɑ:q/ ■ *n.m.* hangman, executioner. خنّاق
/xʊnsɑ:/ ■ *n.m.* eunuch; hermaphrodite, the neuter gender. خُنثیٰ
/xəndʒər/ ■ *n.m.* khanjar, dagger, poniard. خنجر بکف armed with dagger, ready to kill. خنجر تیز کرنا ready for killing or slaying. خنجر کا پانی temper of dagger. خنجر مارنا to stab. خنجر
/xəndʒəri:/ ■ *n.f.* **1** small tambourine. **2** striped silk. **3** strips; mode of printing or staining silk. خنجری
/xənxənɑ:/ ■ *n.m.* snuffler, one who speaks through his nose. خنخنا
/xənxənɑ:nɑ:/ ■ *v.* snuffle; speak through the nose or with a rasping sound. خنخنانا
/xənd̃ɑ̃:/ ■ *adj.* smiling, laughing; merry. خنداں
/xənḏəq/ ■ *n.f.* ditch, moat, fosse. (*pl.* خنادق) خندق
/xənḏu:s/ ■ *n.f.* cave, dungeon. خندُوس
/xənḏɑ:/ ■ *n.m.* laugh, laughter; smile. خندہ پیشانی **1** good humour. **2** having a cheerful appearance, cheerful. خندۂ دنداں نما grin, a smile showing the teeth. خندہ رُو of smiling countenance, cheerful. خندہ ریش laughing stock. خندہ زن laughing, deriding, ridiculing. خندۂ زیرِ لب chuckle, silent laugh. خندۂ صبح dawn. خندہ
/xənḏi:/ ■ *n.f.* woman fond of laughing and joking with men, wanton or shameless woman, silly, fun-loving, wench, loose woman; coquette. خندی
/xɪnzi:r/ ■ *n.m.* (also خنزیر) pig, hog, swine. خنزیر کا بچہ (*offens.*) bastard. (*pl.* خنازیر) خِنزیر

خواجگی /xɑ:dʒəgi:/ ■ *n.f.* state of being rich or master, overlordship.

خواجہ /xɑ:dʒɑ:/ ■ *n.m.* **1** man of distinction. **2** master; rich merchant. خواجہ تاش slaves of the same master in relation to one another; slave colleagues; disciples of the same teacher, etc. in mutual relationship. خواجہ خضر a legendary immortal Prophet guiding lost travellers and wayfarers. خواجہ سرا **1** eunuch; emasculate person put in charge of a seraglio. **2** this person as chief of a household in royal era.

خوار[1] /xɑ:r/ ■ *adj.* **1** wretched, miserable; ruined, distressed. **2** disgraced. **3** perplexed, worried, confounded. [P]

خوار[2] —— ■ *suffix* eating; drinking; used in comp. as: شراب خوار drunkard. غم خوار sympathizer. [P]

خوارِج /xəvɑ:rɪdʒ/ ■ *n.m.* (*pl.* of خارجی) people of a sect dissenting from Hazrat Ali, the fourth Caliph.

خوارِق /xəvɑ:rɪq/ ■ *n.m.* (*pl.* of خارِق) miracles or supernatural happenings associated with saints.

خواری /xɑ:ri:/ ■ *n.f.* **1** disgrace. **2** distress, misery. خواری اٹھانا be disgraced or dishonoured, suffer ignominy. خواری کرنا disgrace, humiliate.

خواست /xɑ:sṭ/ ■ *n.f.* **1** request; solicitation. **2** desire, wish. خواست گار (also خواستگار) **1** petitioner, applicant; candidate. **2** suitor; desirous, bidder. خواست گاری (also خواستگاری) **1** solicitation. **2** desire for marriage. **3** candidacy.

خواستار /xɑ:sṭɑ:r/ ■ *n.m.* (also خواستگار) **1** wisher. **2** petitioner.

خواستہ /xɑ:sṭɑ:/ ■ *adj.* desired, wished for. خواستہ و نا خواستہ willy-nilly, willingly or unwillingly, nolens volens.

خواص /xəvɑ:s/ ■ *n.m.* (*pl.* of خاص) **1** gentry, elite. **2** specialists. **3** special or favourite courtiers or attendants. **4** maidservants. **5** properties, peculiarities. خواص الناس special people, chosen people. خواص پورہ apartments or town quarters allotted to domestics. خواص و عوام nobles and common people.

خواصی /xəvɑ:si:/ ■ *n.f.* **1** place where a servant sits behind his master on an elephant. **2** office or function of an attendant.

خُوال /xʊvɑ:l/ ■ *n.m.* food, victuals. خوال گیر cook.

خوالج /xəvɑ:lɪdʒ/ ■ *n.m.* (*pl.* of خلجان) apprehensions, misgivings.

خوان /xɑ:n/ ■ *n.m.* tray. خوان پوش tray cover, cloth covering a tray. خوانِ جہاں good things of life. خوانِ کرم public good, general munificence. خوانِ نعمت tray of food.

خواں /xɑ̃:/ ■ *suffix* reader; reciter; used in comp. as: خوش خواں one who reads or recites well. نعت خواں one who recites a *na'at* (نعت).

خوّان /xəvvɑ:n/ ■ *adj.* extremely corrupt in financial matters.

خوانا /xɑ:nɑ:/ ■ *adj.* legible, readable.

خوانچہ /xɑ:ntʃɑ:/ ■ *n.m.* (also خانچا) hawker's tray. خوانچہ فروش street hawker or pedlar.

خواندگی /xɑ:ndəgi:/ ■ *n.f.* **1** literacy. **2** recital, reading. **3** repetition (as of old lessons, etc.).

خواندہ /xɑ:ndɑ:/ ■ *adj.* **1** read, literate, educated, being able to read and write. **2** invited.

خوانندہ /xɑ:nɪndɑ:/ ■ *n.m.* **1** reader, reciter. **2** reader or reciter of the Holy Qur'an. (*pl.* خوانندگان)

خوانی /xɑ:ni:/ ■ *suffix* reading; repetition; recitation; used in comp. as: قرآن خوانی recitation of the Holy Qur'an.

خوانین /xəvɑ:ni:n/ ■ *n.m.* (*pl.* of خان) khans, lords; nobles.

خواہ /xɑ:h/ ■ *adv.* either, or; whether. ■ *suffix* **1** desiring, wishing, willing. **2** soliciting. **3** requiring, wanting; used in comp. as: بہی خواہ well-wisher. خاطر خواہ satisfactory, to the heart's content; as desired, satisfactorily. خواہ مخواہ **1** willing or unwilling, nolens volens. **2** without rhyme or reason.

خواہاں /xɑ:hɑ̃:/ ■ *adj.* desirous, seeking. خواہاں ہونا desire, be desirous (of).

خواہر /xɑ:hər/ ■ *n.f.* sister. خواہرِ اخیافی stepsister (from father's side). خواہرِ اعیانی real sister. خواہر زادی niece. خواہرِ علاتی stepsister.

خواہرانہ /xɑ:hərɑ:nɑ:/ ■ *adj.* sister-like, sisterly.

خواہش /xɑ:hɪʃ/ ■ *n.f.* **1** desire, aspiration, wish, will; inclination. **2** request. خواہش رکھنا / کرنا have or express a desire, wish, desire. خواہش مند desirous. خواہش ہونا feel desire. (*pl.* خواہشات)

خواہِندہ /xɑ:hɪndɑ:/ ■ *n.m.* one who asks, wishes, or wants; wisher or asker.

خُوب /xu:b/ ■ *adj.* **1** fine, good, lovely; excellent; pleasant; beautiful, pretty. **2** splendid. ■ *adv.* **1** well, very well. **2** excellently; beautifully; nicely. **3** much, very much.

■ *exclam* well! good! very good! خوب‌تر better; more beautiful. خوب‌رُو/صورت beautiful, pretty; handsome; attractive, bonny. خوب‌رُوئی/صورتی beauty, loveliness, prettiness.

خُوباں /xu:bɑ̃:/ ■ *n.m. & f.* (*pl.* of خُوب) **1** the fair; fair ones; beauties, the fair sex. **2** (as *sing.*) sweetheart, beloved.

خُوبانی /xu:bɑ:ni:/ ■ *n.f.* apricot.

خُوب کلاں /xu:bkəlɑ̃:/ ■ *n.m.* (also خُوب‌کلا، خُوبکلاں) a seed of medicinal value, *Abrus precatorius*. (See also رتّی)

خُوبی /xu:bi:/ ■ *n.f.* **1** quality; goodness, virtue, merit. **2** elegance, excellence, beauty. خوبی سے beautifully, in a good manner.

خَوت /xɔ:t̪/ ■ *n.m.* treasurer.

خوجہ /xo:dʒɑ:/ ■ *n.m.* (also خوجا) (*var.* of خواجہ) **1** a Muslim sub sect which may be Ismaili, *Ithna-ashri* (اثناعشری) or Sunni. **2** member of this sect. **3** a caste of Muslim petty traders. **4** eunuch, one who has been castrated.

خوخیانا /xo:xjɑ:nɑ:/ ■ *v.* (also خَوخیانا) (of a monkey) to threat or frighten; snarl.

خُود /xʊd̪/ ■ *pron.* myself; yourself; himself. ■ *adj.* personal, private, own. خوداحتسابی self-accountability censorship. خوداختیاری self-control; self-possession; self-government. خودارادیت self-determination. خوداعتمادی self-assurance. خودانتظامی/حاکمی self-government or management. خودانحصاری self-dependence. خودآرا proud, arrogant. خودآرائی arrogance. خودآگاہی/آگہی self-awareness. خودبخود of oneself, of one's own accord; of or by itself; spontaneously; automatically; voluntarily. خودبدولت **1** a respectful way of addressing or referring to an important person, you, your honour. **2** his honour, his majesty. خودبین egotistical, vain, self-conceited, proud, arrogant. خودبینی egotism, self-conceit, vanity, pride, arrogance; introversion. خودپرست narcissistic, self-opinionated; selfish, self-centred, self-indulgent; egoist, self-conceited. خودپرستی narcissism, self-indulgence; egotism, conceit. خودپرور arrogant, haughty. خودپسند vain, arrogant, chesty. خودپسندی vanity, self-appreciation. خودترغیبی auto-suggestion, self-suggestion. خودثنا self-praise. خودحاکمی self-government. خوددار self-respecting. خودداری self-respect. خودرا فضیحت دیگراں رانصیحت advising others what one does not do oneself. خودرائی wilfulness. خودرائے self-opinionated; self-willed, wilful. خودرخصتی **1** one who leaves a service of his own accord. **2** the act of resigning from. خودرفتگی **1** drunkenness, intoxication. **2** senselessness; madness. خودرفتہ **1** drunk, intoxicated. **2** senseless, unconscious; mad. خودرو wild, not cultivated (plant); wild-growing. خودزیاں‌کار causing hurt to oneself, self-damaging. خودساختہ home-made, self-appointed, self-styled. خودستا/سرا egoist. خودستائی/سرائی self-praise, self-appreciation, self-approbation, self-admiration. خودستائی کرنا blow one's own trumpet. خودسر obstinate, self-willed, stubborn, wilful, refractory, headstrong. خودسری wilfulness, obstinacy, stubbornness. خودسوزی self-immolation. خودشناسی self-knowledge. خودغرض/مرکوز/مطلب selfish, self-centred, self-interested. خودغرضی self-seeking, selfishness. خودغلط انشاغلط املاغلط (something) utterly wrong. خودفراموش oblivious. خودفراموشی oblivion; state of forgetting oneself. خودفروش **1** boasting, vaunting. **2** boaster, bragger, blusterer, egotist. خودفریبی self-deception, self-delusion. خودکار automatic, self-acting, self-propelled. خودکاری automation. خودکاشت cultivating one's own field; self-cultivated. خودکام **1** selfish, following one's own desire or will, self-willed. **2** living like a libertine, amorous. خودکامی self-will, wilfulness; persisting in what is pleasing to self; selfishness. خودکردہ one's own doing, one's own act or deed; self-invited. خودکردہ را علاج نیست there is no remedy for one's own wrongdoing. خودکش حملہ suicide attack. خودکشی suicide, self-murder. خودکشی کرنا commit suicide. خودکفیل/مکتفی self-sufficient, self-financing, autarkic. خودکفیل ہونا be or become self-sufficient. خودکلامی soliloquy. خودگزشت/نوشت/نوشتہ autobiography. خودمختار autonomous; independent, free; self-governed, sovereign. خودمختاری autonomy; independence, freedom of action. خودنگر **1** arrogant. **2** self-respecting. خودنگہ‌دار self-controlled person. خودنما ostentatious, vain. خودنمائشی/نمائی self-advertisement, ostentation, show, vanity.

خود /xo:d/ ■ *n.m.* helmet, casque.

خُودی /xʊd̪i:/ ■ *n.f.* **1** ego, self-esteem, vanity, pride; self-consciousness. **2** selfishness. خودی اور خدائی میں بیر ہے God does not like self-conceit.

خُور /xʊr/ ■ *n.m.* (*contr.* of خُورشید) sun. خورفشاں shining, bright.

خور /xo:r/ ■ *n.f.* eating. ■ *prefix* and *suffix* eater; devourer; used in comp. as: آدم/مردم خور maneater; cannibal, anthropophagous. حرام خور one who eats prohibited food, a mild expletive. خور(د)وپوش food and clothing. خورونوش food and drink.

خُوراب /xʊrɑ:b/ ■ *n.m.* drain; conduit; flood gate.

خُوراک /xʊrɑ:k/ ■ *n.f.* **1** diet, daily food intake; provisions, eatables, rations. **2** regulated allowance of food. **3** dose of medicine. **4** (*fig.*) (i) information; investigation. (ii) suggestion.

خُوراکی /xʊrɑ:ki:/ ■ *n.f.* daily allowance of food or of money to purchase it; subsistence money; board-wages.

خُورد¹ /xʊrd̪/ ■ *adj.* little, small. See خُرد. [P]

خُورد² ____ ■ *adj.* **1** eaten. **2** (*fig.*) ruined. خوردبرد embezzlement, misappropriation, defalcation. خوردبردکرنا misappropriate, defalcate, embezzle. خوردونوش eating and drinking. [P]

خُوردن /xʊrd̪ən/ ■ *n.m.* eating and drinking.

خُوردنی /xʊrd̪əni:/ ■ *adj.* edible, (anything) eatable. خوردنی اشیا eatables. خوردنی نمک table salt.

خُوردہ /xʊrd̪ɑ:/ ■ *adj.* eaten; devoured. ■ *n.m.* **1** particle; small piece. **2** small change (money). **3** fault, lapse. خوردہ فروش retailer. خوردہ قیمت retail price. خوردہ گیر fussy, finicky; carper, captious, hair-splitter, one who finds fault with everything. خوردہ گیری caviller.

خُورسند /xʊrsənd̪/ ■ *adj.* (also خُرسند) pleased, blithe, delighted, happy; contented.

خُورسندی /xʊrsənd̪i:/ ■ *n.f.* (also خُورسندگی، خُرسندی) contentment, satisfaction; happiness.

خُورش /xʊrɪʃ/ ■ *n.f.* eating and drinking; food, victuals.

خُورشید /xʊrʃi:d̪/ ■ *n.m.* the sun. خورشیدرُو bright-faced; beautiful; radiant.

خورندہ /xo:rɪnd̪ɑ:/ ■ *n.m.* eater; glutton, gourmand.

خورہ /xo:rɑ:/ ■ *suffix* anything that eats or corrodes, as: rust, moth, gangrene, etc. ■ *n.m.* **1** mug or tumbler of baked clay, drinking vessel. **2** leprosy.

خوری /xo:ri:/ ■ *suffix* **1** act of eating; corroding. **2** enduring, suffering, as: چغل خوری backbiting.

خُوزادہ /xu:zɑ:d̪ɑ:/ ■ *n.m.* (*contr.* of خواجہ زادہ) prince; son of a rich man; young gentleman. (*fem.* خُوزادی)

خوش /xʊʃ/ ■ *adj.* **1** happy, glad, gay, pleased, merry, cheerful, pleasant, delighted. **2** good; excellent, elegant. **3** prosperous, well-off, flourishing. **4** healthy, wholesome. **5** agreeable, acceptable, affable, amiable; content, willing. **6** sweet, delicious. خوش اختر fortunate, lucky. خوش اختری good fortune. خوش اخلاق humble; courteous; polite. خوش ادا graceful; well-mannered, polished. خوش اسلوب **1** well-managed, well-arranged, well-regulated; well-proportioned, methodical. **2** neat; elegant. خوش اسلوبی elegance of form or proportion, nicety; good management. خوش اطوار well-behaved, mannerly, well-mannered, of pleasant manners. خوش اقرار true to words or promise. خوش الحان melodious, tuneful, musical, sweet-voiced. خوش الحانی melodiousness. خوش انتظامی good management or administration. خوش انجام having a fortunate end; fortunate. خوش اندام well-formed, having a beautiful figure. خوش آب **1** moist; juicy, succulent, full of water. **2** having good water, clear, bright, brilliant (pearl, sword, etc.). **3** fresh. خوش آبی **1** moistness, succulence. **2** freshness. خوش آمدید welcome; ovation; reception. خوش آمدید کہنا welcome, greet. خوش آنا seem good, be liked; please, suit. خوش آواز/آہنگ melodious, sweet-voiced. خوش آئند propitious, promising, holding bright prospects. خوش باش happy and satisfied, at ease, comfortable, cheerful, bon vivant, bouncy, breezy, carefree, one who lives in comfort or at ease. خوش باش رہنا take one's chin up. خوش بختی good luck, good fortune. خوش بو (also خوشبو) perfume, fragrance, scent, aroma. خوش بودار (also خوشبودار) aromatic, sweet-smelling, fragrant, perfumed, scented. خوش بیان/تقریر/زبان/کلام/گفتار/گو/مقال **1** eloquent, silver-tongued, perspicuous, lucid. **2** eloquent speaker; orator. خوش بیانی/تقریری/زبانی/کلامی/گفتاری/گوئی eloquence; oratory. خوش پوش/پوشاک/لباس well-dressed, fond of good clothes, dapper. خوش تحریر having good

خوش قسمت رنصیب fortunate, lucky. خوش قسمتی رنصیبی luck, good fortune, stroke of good luck. خوش قسمتی رنصیبی سے luckily. خوش قطع well-shaped; nicely cut. خوش قلم 1 paper that is easy to write on. 2 one who writes well; calligrapher. خوش کام successful. خوش کرنا please, delight, amuse, gratify, beguile. خوش کُن pleasing. خوش گپ 1 pleasant; chatty; entertaining talker. 2 a gossip. خوش گپّیاں pleasant talk. خوش گزراں living in ease and comfort. خوش گلو melodious, sweet-voiced. خوش گوار pleasant, congenial, agreeable; cordial. خوش گوئی eloquence. خوش لباسی being well-dressed. خوش مزاج well-behaved, good-tempered, of pleasing manners, cheerful. خوش مزاجی amiability; cheerfulness. خوش مزہ tasty, delicious. خوش معاش well-off, in easy circumstances. خوش نشین comfortably-seated; sitting easily. خوش نظر رنگاہ 1 one who appreciates beauty. 2 good-looking. 3 sociable. 4 (*fig.*) (i) sweetheart. (ii) son. خوش نما (also خوشنما) pleasing to the eye; pretty. خوش نوا melodious, sweet-voiced; a good reciter (of poetry). خوش نوائی melodiousness; sweet recitation. خوش نویس calligrapher. خوش نویسی calligraphy. خوش نیت well-intentioned, honest. خوش وخرم cheerful, happy. خوش وضع dapper. خوش وقت happy, having good times; fortunate, lucky. خوش وقتی time of happiness, passing time pleasantly, cakes and ale. خوش ہونا be happy, be pleased or rejoiced, be delighted.

خُوشا /xʊʃɑ:/ ■ *exclam.* hail! bravo! خوشا قسمت رنصیب how fortunate! what a good luck!

خُوشامد /xʊʃɑ:məd̪/ ■ *n.f.* flattery, butter, sycophancy. خوشامد کرنا flatter.

خُوشامدی /xʊʃɑ:məd̪i:/ ■ *n.m.* flatterer, sycophant, toady, boot licker, bum-sucker.

خُوشبو /xʊʃbu:/ ■ *n.f.* fragrance. ■ *adj.* fragrant. See خُوش بو under خُوش.

خُوشتر /xʊʃt̪ər/ ■ *adj.* 1 more happy, very happy. 2 better.

خوشخط /xʊʃxət̪/ ■ *adj.* having good handwriting.

خُوشخطی /xʊʃxət̪i:/ ■ *n.f.* elegant handwriting.

خُوشنود /xʊʃnu:d̪/ ■ *adj.* happy, pleased.

خُوشنودی /xʊʃnu:d̪i:/ ■ *n.f.* happiness, pleasure.

خوشہ /xo:ʃɑ:/ ■ *n.m.* 1 spike (of plant). 2 bunch (of fruit). 3 ear (of corn). 4 cluster. 5 a type of earring.

handwriting, calligrapher. خوش تراش elegantly carved or cut, well-made or shaped. خوش ترکیب of elegant mould or form, pleasing to the eye. خوش جوہر of fine water or shine (steel, gem, etc.). خوش جوہری fineness of water (in jewels, sword, etc.). خوش چشم رنین having beautiful eyes. خوش چشمی loveliness of eyes. خوش حال 1 rich, well-to-do, prosperous. 2 happy, in pleasant or easy circumstances. خوش حالی prosperity. خوش خال (*fig.*) mistress, sweetheart. خوش خبری good news, happy news. خوش خرام ررو having a graceful gait. خوش خرید buying cheap; good bargain. خوش خصال رخلق civil, polite, of good disposition, affable, mannerly, of good or pleasing habits or character, having delectable qualities, amiable. خوش خط (also خوشخط) having good handwriting. خوش خطی (also خوشخطی) good handwriting; calligraphy. خوش خلقی civility, politeness, courtesy, affability, amiability. خوش خواں one who reads, recites or sings well. خوش خوراک gourmand, fond of rich food; one who eats well. خوش خوری gluttony, big eating, good eating and drinking. خوش خوش 1 happily, gladly. 2 happy, glad. خوش خیالی 1 freshness of ideas. 2 vain speculation. خوش دامن mother-in-law. خوش دل delighted, happy, cheerful; well-disposed. خوش دلی happiness, rejoicing. خوش دماغ cheerful, delighted. خوش دہن having a beautiful mouth; of pleasant speech. خوش ذائقہ tasty, palatable, savoury. خوش ذوق رمذاق of good tastes or humour. خوش رفتار graceful in walking or in motion. خوش رنگ of pleasing colours, brightly coloured. خوش رُو pretty, lovely, charming, handsome, beautiful. خوش رُوئی beauty, handsomeness. خوش رہنا be pleased, be happy. خوش زبانی eloquence, lucidity of language. خوش سلیقہ 1 well-mannered; cultured. 2 having good organizing capability, good organizer or manager. خوش سواد of pleasant environs. خوش طالع of happy destiny, fortunate; with one's star in the ascendant. خوش طبع رنہاد cheerful, merry, bonhomous. خوش طبعی رنہادی cheerfulness, bonhomie. خوش طریق well-behaved, mannerly. خوش طینت good-natured. خوش عناں (a horse) of easy pace, gentle, tractable. خوش فعلی رفعلیاں pleasantry, merriment. خوش فہم رگماں vainly hopeful, presumptuous. خوش فہمی رگمانی vain hopes, presumptuousness.

خوشۂ پروین Pleiades. خوشہ چیں **1** gleaner; one who picks fruit from trees. **2** (*fig.*) recipient of a benefaction. **3** dependent (on someone) for literary inspiration. **4** someone enjoying and reaping advantage from other. خوشہ چینی **1** gleaning. **2** drawing inspiration (from). **3** dependence. **4** plagiarism.

خُوشی /xʊʃi:/ ■ *n.f.* **1** happiness, delight, pleasure, mirth, joy, rejoicings, cheerfulness, gladness, gaiety. **2** fun, enjoyment; festivity. **3** voluntariness; choice; consent; willingness. خوشی خوشی (also بخوشی) of (one's own) free will and pleasure. خوشی سے with pleasure, happily, gladly, cheerfully, joyfully, willingly. خوشی کرنا/منانا be pleased, be delighted, make merry, rejoice, celebrate, please. خوشی کے آنسو tears of happiness. خوشی میں آنا be pleased.

خَوض /xɔ:z/ ■ *n.m.* (also غور وخوض) **1** deep thought or meditation. **2** deliberation; attention. **3** delving; diving (into). **4** research, search. **5** resolving, intending. خوض کرنا **1** dive (into); enter (into). **2** consider deeply or with attention.

خَوف /xɔ:f/ ■ *n.m.* fear, dread, terror; apprehension. خوف بٹھانا/دکھانا/دلانا frighten, terrify, intimidate; threaten, menace. خوف زدہ (also خوفزدہ) afraid, frightened, terrified, terror-stricken. خوف زدہ کرنا frighten, terrorize. خوف زدہ ہونا fear, be afraid, be terrified. خوف کرنا fear, be afraid (of). خوف لانا bring fear (in the heart). خوف میں ڈالنا appal, frighten, intimidate. خوف ودہشت extreme fear and terror. خوف ورجا fear and hope.

خَوفناک /xɔ:fnɑ:k/ ■ *adj.* (also خوف ناک) frightful, terrifying.

خَوفناکی /xɔ:fnɑ:ki:/ ■ *n.f.* (also خوف ناکی) frightfulness.

خُوک /xu:k/ ■ *n.m.* hog; boar; pig; swine. (See also خنزیر.)

خُوگر /xu:gər/ ■ *adj.* addict, habituated, accustomed.

خُوگیر /xu:gi:r/ ■ *n.m.* **1** See خُوگر. **2** stuffing of a saddle; pad; pack-saddle; saddlecloth. خوگیر دوز saddle-maker. خوگیر کی بھرتی **1** padding or stuffing of a saddle. **2** (*fig.*) worthless stuff; rubbish, odds and ends, sweepings; trash; rags.

خول /xo:l/ ■ *n.m.* case; sheath; cover; shell; skeleton. خول چڑھانا **1** encase. **2** (*fig.*) hide realities.

خُولنجان /xu:ləndʒɑ:n/ ■ *n.f.* galingale, *Alpinia galanga*, a plant, root of which is used in medicine.

خُون /xu:n/ ■ *n.m.* (also خُوں) **1** blood. **2** gore; murder, homicide, killing, manslaughter. **3** family; race, lineage. خون افشانی bloodshed. خون آشام **1** bloodthirsty, bloodsucking, bloodsucker. **2** (*fig.*) cruel, ferocious. خوں آشامی **1** bloodthirstiness. **2** (*fig.*) ferocity, cruelty. خون آلود/آلودہ blood-stained; bloody. خوں بار shedding tears of blood (generally spoken of the eyes of a lover); shedding tears in extreme grief. خوں باری **1** massacre, slaughter, carnage. **2** weeping blood. خوں بستگی clotting of blood; binding together or cementing with blood. خوں بستہ clotted with blood. خون بگڑنا **1** blood to become impure. **2** contract leprosy. **3** suffer from skin eruptions. خوں بہا blood-money. خون بہانا/سے ہولی کھیلنا shed blood, massacre. خون بیٹھنا pass blood (as from haemorrhoids). خون پانی ایک کرنا **1** shed blood-like water. **2** grieve, lament. خون پسینہ ایک کرنا work very hard. خون پینا/چوسنا **1** suck blood. **2** inflict great suffering; vex, harass, pester. خون تھکوانا make (someone) suffer badly. خون تھوکنا **1** spit blood. **2** work oneself to death. **3** have a great shock. خونِ جگر/دل پینا **1** work very hard. **2** suffer silently, suppress one's grief or anger. خوں چکاں grievous; bleeding. خون چلنا bleed. خون خرابہ bloodshed, carnage. خوں خوار carnivorous; blood thirsty (man or animal); beastly, murderous. خوں ریز bloody. خوں ریزی bloodshed, carnage, massacre, butchery. خون سر پر چڑھنا/سوار ہونا be bent upon killing, be extremely angry. خون سفید ہو جانا lack natural affection, be unkind; be apathetic to relatives. خون سوار ہونا have lust for blood, be bent upon murder. خوں فشاں blood-shedding, murderous. خون کا پیاسا bloodthirsty, thirsting for someone's blood. خون کا جوش مارنا have a sudden surge of emotion or affection. خون کا دباؤ blood pressure. خون کا عطیہ blood donation. خون کرنا murder, kill. خون کی چھینٹ **1** drop of blood. **2** (*fig.*) freshness of face. خون کی کمی anaemia, lack of blood. خون کی گردش blood cycle, blood circulation. خون کے گھونٹ پینا control one's fury with difficulty, suffer in silence. خون کھولنا be enraged, be infuriated. خوں گرفتہ doomed to be slain or die. خوں گشتہ dead (hopes); unfulfilled (desires). خون ہونا **1** be murdered. **2** be wasted. **3** (hope) remain unfulfilled or die.

خُوناب /xu:na:b/ ■ *n.m.* (also خُوناب،خُونابہ) **1** blood. **2** bloody water, tears of blood, blood turned into water (in grief). خوناب فشاں pouring out of blood; shedding tears of blood. خوناب فشانی shedding tears of blood.

خُونی /xu:ni:/ ■ *adj.* killing; murderous. ■ *n.m.* murderer, assassin. خونی رشتہ blood relation; consanguinity.

خُونیں /xu:nĩ:/ ■ *adj.* **1** bloody, blood-stained. **2** blood-coloured.

خوید /xəve:d̪/ ■ *n.f.* **1** unripe wheat or barley crop used as fodder. **2** sown field; green field; green wheat stalks.

خویش /xe:ʃ/ ■ *n.m.* **1** kinsman, relative; family. **2** son-in-law. ■ *pron.* self; own. خویش پروری **1** looking after relatives. **2** nepotism. خویش قرابات kinsmen, relatives. خویش واقارب kith and kin, kinsmen.

خویشی /xe:ʃi:/ ■ *n.f.* relationship; affinity; consanguinity.

خہے /xəhe:/ ■ *exclam.* well-done! bravo! how good!

خِیابان /xɪja:ba:n/ ■ *n.m.* (also خیاباں) **1** flower-bed; parterre; flower garden. **2** avenue, a broad road, especially one with trees.

خِیار[1] /xɪja:r/ ■ *n.m.* cucumber. خیار چمبر رشنبر (also املتاس) Indian laburnum, the plant *Cassia fistula.* [A]

خِیار[2] ____ ■ *n.m.* election, choice; option. خیارُالبلوغ **(*Isj.*)** right of a girl to annul her childhood *nikah* (نِکاح). [A]

خِیار[3] ____ ■ *n.m.pl.* virtuous people. [A]

خیاری /xɪja:ri:/ ■ *n.f.* (also خیری) a kind of violet.

خِیارَین /xɪja:ræ:n/ ■ *n.m.* two kinds of cucumbers, viz. the cucumber, and the musk melon.

خِیاط /xɪja:t̪/ ■ *n.f.* needle. ■ *n.m.* tailor's needle.

خیّاط /xəjja:t̪/ ■ *n.m.* tailor.

خِیاطت /xɪja:t̪ət/ ■ *n.f.* (also خِیاط) tailoring, sewing.

خیّاطی /xəjja:t̪i:/ ■ *n.f.* tailoring profession.

خیال /xəja:l/ ■ *n.m.* **1** thought, idea, notion, vision; surmise; whim; fancy; imagination; imaginary form; conception; conceit. **2** care, concern; respect, regard, deference. **3** apprehension; suspicion. **4** apparition, spectre, phantom; delusion. **5** khyal, a genre of classical singing. خیال آرائی expression of an idea, imagining, imaginative expression; guessing. خیال آنا someone or something come to mind, contemplate. خیالِ باطل wrong idea, misconception, false notion. خیال باندھنا **1** imagine, plan, form a concept or idea. **2** versify an idea. خیال بندی **1** dreaming; imagining. **2** use of poetical images. خیال پرست visionary. خیال پڑنا occur (to) or strike, seem, come to the mind. خیال چھوڑنا give up (an idea), divert attention. خیالِ خام crude notion, vain or ridiculous idea. خیال دوڑانا consider, think freely; let mind roam. خیال رکھنا **1** bear in mind. **2** take care, look after. خیال سے باہر inconceivable, unbelievable. خیالِ فاسد false notion. خیال کرنا **1** think, consider, conceive. **2** take care, look after. خیال کی بلند پروازی flight of fancy. خیالِ لاطائل absurd ideas. خیال میں رکھنا bear in mind. خیال میں نہ لانا pay no regard to. خیال نہ رہنا forget, escape one's memory. (*pl.* خیالات)

خیالہ /xəja:la:/ ■ *n.m.* apparition, spectre, phantom.

خیالی /xəja:li:/ ■ *adj.* (also خیالاتی) fanciful, ideal, imaginary, visionary; chimerical, unreal, fabricated, fictitious. خیالی پلاؤ vain speculations. خیالی پلاؤ پکانا indulge in vain speculations or absurd fancies; build castles in the air. خیالی گھوڑے دوڑانا indulge in speculation, imagine, let thoughts roam.

خِیام /xɪja:m/ ■ *n.m.* (*pl.* of خَیمہ) tents.

خیّام /xəjja:m/ ■ *n.m.* tent-maker. ■ *pr.n.m.* pen name of a famous Persian polymath and poet.

خِیانت /xɪja:nət̪/ ■ *n.f.* perfidy, unfaithfulness (to someone's confidence or trust); breach of trust, embezzlement; misappropriation. خیانت کرنا embezzle, misappropriate; act perfidiously, be unfaithful to a trust. خیانتِ مجرمانہ criminal breach of trust.

خَیبت /xæ:bət̪/ ■ *n.f.* disappointment; failure.

خَیر /xæ:r/ ■ *n.f.* **1** good, goodness; virtue. **2** safety. **3** prosperity, wealth; good fortune; happiness; benefit; welfare, well-being. **4** health. ■ *adj.* good; better; best; well. ■ *adv.* very well; well; it is just as well; no matter. ■ *exclam.* however it may be! indeed! خیرُالانام best of men, honorific and reverential title of Prophet Muhammad. خیرُالبشر/الناس/الورا best of men, i.e. Prophet Muhammad. خیرُالنسا the best of women, title of Prophet Muhammad's younger daughter Hazrat Fatima. خیر اندیش/خواہ/سگال/طلب well-wisher. خیر اندیشی/خواہی/سگالی well-wishing, immodest; transgressor, rebel. خیرہ کُش murderer who kills without cause.

خَیریت /xæ:rɪjət/ ■ *n.f.* (also خَیرِیّت) **1** welfare, well-being. **2** safety. **3** happiness.

خیز /xe:z/ ■ *n.f.* rising; bound, leap. ■ *suffix* **1** springing up. **2** giving rise to; causing; exciting. **3** producing; used in comp. as: آفت خیز disastrous, calamitous. حیرت خیز amazing, marvellous.

خیزاں /xe:zɑ̃:/ ■ *adj.* rising.

خَیزراں /xæ:zrɑ̃:/ ■ *n.m.* myrrh; cane.

خیزش /xe:zɪʃ/ ■ *n.f.* **1** rising; springing up. **2** erection (of the penis).

خیزی /xe:zi:/ ■ *n.f.* rising; rousing.

خیسانده /xi:sɑ̃:ḍɑ:/ ■ *n.m.* cold infusion, admixture.

خَیشوم /xæ:ʃu:m/ ■ *n.m.* nose; interior of the nose; cartilaginous part of nose.

خَیط /xæ:ṱ/ ■ *n.m.* thread, yarn. خیطِ ابیض **1** white thread. **2** (*fig.*) morning light; early morning. خیطِ اسود **1** black thread. **2** (*fig.*) darkness of night. (*pl.* خُیُوط)

خَیطہ /xæ:ṱɑ:/ ■ *n.m.* filament.

خَیطیہ /xæ:ṱjɑ:/ ■ *n.m.* threadworm.

خیک /xi:k/ ■ *n.f.* leathern water-bag or bottle.

خَیل /xæ:l/ ■ *n.m.* horsemen; cavalry. ■ *n.f.* body; troop; company (of men); tribe; group; multitude; host. خَیل خانہ house or family. (*pl.* خُیُول)

خَیلا /xæ:lɑ:/ ■ *adj. fem.* marked with many moles. ■ *n.f.* a woman having many moles (taken as a sign of great beauty).

خیلا /xe:lɑ:/ ■ *n.f.* **1** wanton, playful; careless (woman or girl). **2** foolish.

خیلے /xe:le:/ ■ *adv.* much, very; extremely.

خَیمہ /xæ:mɑ:/ ■ *n.m.* (also خَیما) tent. خیمہ دوز tent-maker. خیمہ زدن pitch a tent. خیمہ زن camper; encamping (army, etc.). خیمہ زن ہونا set up camp, pitch tent; encamp. خیمہ کرنا encamp. خیمہ گاہ camping ground. (*pl.* خِیام)

خیو /xi:v/ ■ *n.m.* saliva.

خُیُوط /xʊju:ṱ/ ■ *n.m.* (*pl.* of خَیط) threads. خیوطِ لونی/لونیہ (**Biol.**) chromosomes.

bonhomie. خیر باد may he prosper! farewell! good bye! adieu. خیر باد کہنا bid farewell, say goodbye. خیر باشد **1** may all be well! **2** is everything all right? خیر تو ہے what is the matter with you? is everything all right? خیر خبر news about health and welfare, etc. خیرِ خلق the good of people or of community, public good or welfare. خیر سلّا رصلّاح **1** welfare, well-being. **2** inquiring after someone's health or welfare. خیر سے safe and sound; safely, in safety. خیرِ کثیر **1** greatest boon. **2** (*fig.*) wisdom, knowledge. خیر کرنا be gracious or bountiful, show mercy. خیر گزرنا go well; escape, survive. خیر گزری all went off well (used when some anticipated trouble or calamity did not happen). خیرِ مجسم **1** paragon of virtue, an embodiment of goodness and virtue. **2** (*fig.*) Prophet Muhammad. خیرِ محض very pious, embodiment of virtue. خیر مقدم welcome, reception. خیر مقدم کرنا receive cordially or warmly; greet. خیر منانا pray for or desire good; wish (one) well; pray for the safety (of). خیر و شر virtue and vice, good and bad. خیر و عافیت health and prosperity, well-being; health and safety; welfare. خیر ہوئی it was good that... . خیر ہے **1** it is well. **2** is it well? (*pl.* اخیار، خُیُور) (*opp.* شر)

خیر /xi:r/ ■ *n.f.* state of being dazzled. ■ *adj.* **1** useless. **2** confounded, confused. **3** unashamed, arrogant.

خَیرات /xæ:rɑ:ṱ/ ■ *n.f.* (*pl.* of خَیرہ) **1** (used as *sing.*) alms; charity. **2** (as: *pl.*) charities, good deeds; virtues. خیرات خانہ almshouse; poorhouse.

خَیراتی /xæ:rɑ:ṱi:/ ■ *adj.* charitable, benevolent, free. خیراتی ادارے charitable institutions. خیراتی اسپتال/شفاخانہ charitable dispensary or hospital.

خِیرَگی /xi:rəgi:/ ■ *n.f.* **1** state of being dazzled, stupefaction, astonishment. **2** malevolence, wickedness, malignity.

خَیرُو /xæru:/ ■ *n.m.* mallow-flower, gillyflower (esp. the yellow species).

خیره /xi:rɑ:/ ■ *adj.* **1** confounded, dazzled, stupefied. **2** dark; obscure. **3** wicked, black-hearted, malignant, malevolent. **4** vain; headstrong. خیرہ چشم **1** dazzled. **2** impudent, insolent. خیرہ رائی insolence, impudence, boldness. خیرہ سر wicked-minded, rebellious,

د

د /d̪ɑ:l/ ■ the eighteenth letter of the Urdu alphabet.

دا /d̪ɑ:/ ■ *n.f.* (also داتر) sickle, billhook; iron cleaver.

داب¹ /d̪ɑ:b/ ■ *n.m.* **1** pressure, force; weight. **2** restraint, control, check. **3** power, authority; awe. **4** impression (in printing, etc.). **5** cutting of a tree for planting. داب بٹھانا **1** exercise authority over, rule; subdue, bring under control. **2** restrain. داب بیٹھنا **1** sit heavily upon. **2** repress, keep down. **3** take unlawful possession of, usurp, embezzle; encroach upon; do violence, violate. داب پذیر compressible; flexible, soft. داب پیما pressure gauge, manometer. داب جمانا rule, exercise authority over. داب چوک incomplete printing. داب دینا **1** bury, inter. **2** press down, especially any part of body for giving comfort. داب رکھنا **1** detain, withhold, keep back; keep down. **2** retain by force, keep by force or fraud. **3** grip (as money). **4** conceal. داب گر compressor. داب لینا **1** overpower, subdue. **2** seize by force, usurp; encroach upon. [S]

داب² ——— ■ *n.m.* **1** pomp, ostentation; grandeur; magnificence; pride. **2** manner, code, etiquette, manners; custom. داب سلطنت court etiquette. دابِ صحبت good manners; etiquette, refinement, sophistication. دابِ ناجائز unlawful manners. [A]

دابّت /d̪ɑ:bbət/ ■ *n.m.* (also دابہ، دابّہ) **1** reptile. **2** beast, four-footed animal, quadruped. **3** beast of burden. دابتُ الارض **1** four-footed land animal. **2** an animal the appearance of which shall be one of the signs of the Doomsday. دابتُ المشک musk deer.

دابنا /d̪ɑ:bnɑ:/ ■ *v.* (also دبانا) **1** press, squeeze. **2** suppress, repress, restrain. **3** subdue, tame; snub. **4** rule; overwhelm, overpower. **5** massage with pressure. **6** keep secret, conceal. **7** sit heavily upon. **8** keep unlawful possession of.

دابھ /d̪ɑ:b^{h}/ ■ *n.f.* a kind of reed, *Imperata cylindrica*.

داپ¹ /d̪ɑ:p/ ■ *n.m.* pride, arrogance, haughtiness, conceit; insolence; self-importance; boastfulness. [Prk.]

داپ² ——— ■ *n.m.* **1** stamping forcibly. **2** strength, potency. [S]

داپھڑ /d̪ɑ:p^{h}əɽ/ ■ *n.m.* rashes, spots on the skin.

دات /d̪ɑ:t̪/ ■ *n.m.* bountifulness, liberality, generosity.

داتا /d̪ɑ:t̪ɑ:/ ■ *adj.* (also داتار) generous, liberal; imparting, bestowing, giving. ■ *n.m.* **1** the Creator. **2** giver, patron, donor; benefactor. **3** dervish, mendicant.

داتر /d̪ɑ:t̪r/ ■ *n.m.* (also دا) instrument for cutting or chopping; a kind of sickle; large knife; billhook or hatchet.

داتن /d̪ɑ:t̪ən/ ■ *n.f.* (also داتون) any fibrous twig that is chewed and used to brush teeth, usually twig of neem or *acacia* tree. (See also مسواک.)

داج¹ /d̪ɑ:dʒ/ ■ *n.m.* darkness, obscurity; dark night. [A]

داج² ——— ■ *n.m.* dowry. [dial.]

داچا /d̪ɑ:tʃɑ:/ ■ *n.m.* carpet weaving loom.

داخ /d̪ɑ:x/ ■ *n.f.* (also داکھ) raisin; a kind of grapes.

داخل /d̪ɑ:xɪl/ ■ *adj.* **1** entering, penetrating. **2** intruding; arriving. **3** entered, inserted; included; registered, filed. داخلِ حوالات کرنا put in custody. داخل خارج **1** transfer of land or property under one name to another name in a deed or register. **2** erasure of an entry. **3** mutation of names. داخل خارج کرنا to have mutation of names effected. داخل دفتر **1** recorded, placed on record, filed, filed with the record. **2** laid aside or indefinitely postponed. داخل دفتر کرنا **1** file with the record; register; include. **2** file a case with the stipulation that no further action be taken on it. **3** admit. **4** deposit; hand in (as money into the treasury). داخل دفتر ہونا be filed, be shelved. داخل کرنا **1** admit (to a school, etc.). **2** submit (a petition, etc.). **3** place or fix (in). **4** lodge. **5** enter, insert; enrol, enlist, file. **6** deposit, pay (in). **7** effect penetration. داخل کنندہ **1** one who enters or inserts. **2** one who pays (in), payer, depositor. داخل نامہ warrant or deed of possession; transfer deed. داخل ہونا **1** enter; arrive, come in. **2** be inserted; be filed.

داخِلہ /d̪ɑ:xelɑ:/ ■ *adj.* interior, inside. ■ *n.m.* **1** entry, admission; admittance; entrance. **2** deed recording the receipt of money, document recording the possession. **3** insertion. داخلہ دینا give admission in (school, etc.). داخلہ فیس admission fee.

داخلی /d̪ɑ:xɪli:/ ■ *adj.* **1** interior, internal; home (as opposed to foreign). **2** inherent; inner. **3** of or pertaining to entry; (of gate, etc.) used for entrance. **4** based on or influenced by personal feelings, subjective (as opposed to objective). داخلی دروازہ gate used for entering a building, etc., entryway. داخلی گروہ in-group. داخلی موضع area or village situated in the inner parts of an area.

داخلیّت /d̪ɑːxɪlɪjjət/ ■ *n.f.* **1** subjectivity, internality. **2** (*lit.*) reflection of personal feelings or tastes in a writer's work; subjectivism.

داخُن /d̪ɑːxʊn/ ■ *n.m.* inflammation of the base of a fingernail.

داخُول /d̪ɑːxuːl/ ■ *n.m.* (also داخُل) **1** scarecrow. **2** courtyard used as a waiting room in royal courts.

داد¹ /d̪ɑːd̪/ ■ *n.m.* contagious skin disease that causes itching, ringworm. دادمارمُردن plant *Cassia alata*, used to cure ringworm. [S]

داد² ____ ■ *n.f.* **1** giving, gift. **2** equity, justice. **3** crying out for justice, complaint. **4** praise, applause, acclamation. ■ *suffix* given; used in comp. as: جائداد property. قرارداد resolution. دادآور distributor of justice, God. دادبےداد crying out for help or justice. دادکرنا demand justice or redress. دادپانا **1** obtain justice or redress; obtain a hearing for (one's) complaint. **2** be praised, be appreciated. دادچاہنا **1** seek praise or approval. **2** demand justice; seek redress. دادخواہ plaintiff, complainant, petitioner for justice. دادخواہ ہونا seek redress. دادخواہی demanding justice, application for justice. داددہی administering of justice. داددینا **1** do justice (to). **2** appreciate one's action properly, express admiration, praise, commend, applaud. دادرس just, one who dispenses justice; one who does justice or help a supplicant or sufferer; redresser of grievances. دادرسی deliverance from oppression or wrongdoing. دادِشجاعت دینا show great courage. دادطلب desiring appreciation. دادِعیش دینا luxuriate, indulge in luxury; indulge in sexual intercourse. دادفریاد application or cry for justice or redress. دادفریادکرنا cry aloud for justice. دادکوپہنچنا provide redress; respond to call for help, come to the aid or rescue (of). دادگر just, dispenser of justice. دادگستری diffusion of justice; administering of justice. دادلینا receive applause, get praise for, be appreciated. دادملنا be admired, be complimented. دادنہ فریاد injustice, high-handedness, tyranny. دادودہش generosity, liberality, beneficence, charity, bounty, munificence. دادوستد buying and selling; monetary transaction; settlement of accounts; business deal; giving and taking. [P]

دادا /d̪ɑːd̪ɑː/ ■ *n.m.* **1** paternal grandfather. **2** old man. **3** a person who intimidates or extorts money from others, bully; chief of hoodlums or gangsters. **4** dada, elder brother. داداپردادا ancestors. داداگیر bully, ruffian, hoodlum, street tough. داداگیری behaviour of hoodlum. دادامریں گےتوبیل بٹیں گے proverb used to mention inordinate delay or to say that something which depends upon something else is not likely to happen.

دادار /d̪ɑːd̪ɑːr/ ■ *n.m.* (also داتار) just ruler; God.

دادُر /d̪ɑːd̪ʊr/ ■ *n.m.* frog; toad.

دادرا /d̪ɑːd̪rɑː/ ■ *n.m.* (also دادرہ) **1** a staccato musical mode with quick tempo; kind of song to a quick air. **2** palate; a fleshy extension at the back of the soft palate which hangs above the throat, uvula.

دادس /d̪ɑːd̪əs/ ■ *n.f.* mother-in-law of mother-in-law.

دادسرا /d̪ɑːd̪əsrɑː/ ■ *n.m.* father of father-in-law.

دادنی /d̪ɑːd̪niː/ ■ *n.f.* loan; money advanced to workers that has to be paid back. دادنی دار one who has received advances of money.

دادُو /d̪ɑːd̪uː/ ■ *pr.n.m.* a famous fakir who believed in and preached monotheism. دادوپنتھی follower of Dadu.

دادہ /d̪ɑːd̪ɑː/ ■ *adj.* given; used in comp. as: دل دادہ admirer, devotee. قرارداد established, determined.

دادی¹ /d̪ɑːd̪iː/ ■ *n.* (*fem.* of دادا) **1** paternal grandmother. **2** an old woman. [S]

دادی² ____ ■ *n.m.* complainant, plaintiff, one suing for justice. [P]

دار¹ /d̪ɑːr/ ■ *prefix & suffix* having, possessing, holding, keeping; used in comp. as: جہاں دار king, world-ruler. ذمےدار responsible. داروگیر **1** taking; seizing, capturing; capture. **2** criticism; objection, difficulty. **3** tumult; conflict. دارومدار **1** dependence. **2** regard; kindness, courtesy; hospitality. **3** reconciliation, settlement (of a dispute). [P]

دار² ____ ■ *n.m.* **1** wood; piece of wood. **2** gallows, gibbet. **3** death by hanging, capital punishment.

west, up, and down). داروبستہ house and family. [A]

دارا /d̪ɑːrɑː/ ■ *n.m.* 1 holder, possessor. 2 lord; king, sovereign. ■ *pr.n.m.* king Darius of Persia. دارا در/دارا شکوہ as powerful and majestic as king Darius. داراشکن overthrower of king Darius, i.e. Alexander the Great.

داراب /d̪ɑːrɑːb/ ■ *n.m.* pomp, pride. ■ *pr.n.m.* a Persian king who was the father of Darius and eighth king of the Kayanian dynasty.

دارابی /d̪ɑːrɑːbiː/ ■ *n.f.* 1 gun carriage. 2 rope with which gun is carried. 3 sovereignty, kingship, monarchy. ■ *adj.* of or relating to Darab (داراب).

دارائی /d̪ɑːrɑːiː/ ■ *n.f.* 1 kingship, rule. 2 a type of silken fabric. ■ *adj.* of or relating to Darius.

دارِج /d̪ɑːrɪdʒ/ ■ *adj.* (also دارِجہ) current, belonging to the present time, in general circulation.

دارچینی /d̪ɑːrtʃiːniː/ ■ *n.f.* (also دال چینی) cinnamon, spice made from bark of *Laurus cassia*. See under دار۳.

دارو /d̪ɑːruː/ ■ *n.f.* 1 wine; spirituous liquor. 2 gunpowder. 3 medicine; drug; remedy, cure.

داروغائی /d̪ɑːroːɣɑːiː/ ■ *n.f.* (also داروغگی) office or duty of an overseer or inspector; supervisor's job; post of inspector or superintendent of police.

داروغہ /d̪ɑːroːɣɑː/ ■ *n.m.* (also داروغا) 1 daroga, darogha, headman of an office, official in charge (of), manager; overseer. 2 a police official. 3 prefect of a town or village. داروغۂ آبکاری excise inspector. داروغۂ پولیس sub-inspector of police; officer in charge of a police precinct, station house officer. داروغۂ توپ خانہ officer in charge of artillery. داروغۂ جنگلات ranger, forest officer. داروغۂ جیل jailer, gaoler, jail warden. داروغۂ جیل خانہ warden or superintendent of jail. داروغۂ دیوان خانہ chamberlain, steward. داروغۂ راہ داری collector. داروغۂ صفائی sanitary inspector. داروغۂ محصولات tax inspector.

داری۱ /d̪ɑːriː/ ■ *n.f.* 1 (*women's slang*) woman captured in battle. 2 slave girl. 3 harlot, strumpet. [S]

داری۲ ——— ■ *suffix* the act of having or holding; used in comp. as: ایمان داری honesty. دوست داری friendliness. [P]

دارَین /d̪ɑːræːn/ ■ *n.f.pl.* the two worlds, i.e. the present one and the hereafter. (*sing.* دار۳)

داڑھ /d̪ɑːɽʰ/ ■ *n.f.* (also داڑ، ڈاڑھ) a grinding tooth at the back of the mouth, a jaw-tooth, molar. داڑھ بھی گرم نہ ہونا

داربست 1 scaffolding. 2 frame to train creepers. دار پر چڑھنا execute by hanging. دار پر چڑھانا/کھینچنا be hanged. دارچینی an aromatic spice made from the dried bark of a tree, cinnamon. دارکش hangman. دارورسن 1 (*literal*) gallows and cord. 2 (*fig.*) hanging, capital punishment. [P]

دار۳ ——— ■ *n.f.* 1 dwelling, abode, habitation, house, mansion; seat. 2 door, gate; threshold. 3 country; district. دارُالاسلام a country where Muslims rule and the laws conform to Islamic Sharia (*cf.* دارُالحرب). دارُالافتا a place from where decisions concerning Islamic law are issued. دارُالامان/دارُالامن house or abode of safety. دارُالامرا house of lords; upper house of parliament. دارُالآثار museum. دارُالآخرت the next world, hereafter. دارُالبقا eternal abode, i.e. the next world. دارُالبوار abode of perdition, the hell. دارُالحرب 1 (*literal*) land of war. 2 a land where worship of Allah is not allowed, a territory where the Muslims cannot perform the necessary rites and which must be abandoned. دارُالحکومت/دارُالخلافہ/دارُالسلطنت capital; seat of government. دارُالسلام abode of peace or safety; heaven. دارُالشفا/دارُالصحت hospital; clinic. دارُالصفا Ka'aba. دارُالضرب mint. دارُالطبع printing press. دارُالعدالت courthouse. دارُالعلم school; college; university. دارُالعلوم seat of learning, college or university of Islamic learning. دارُالعمل 1 place of action. 2 (*fig.*) this world. دارُالعوام house of commons, lower house of parliament. دارُالعوض place of retribution, i.e. the next world, hereafter. دارُالعیار house of assessment or assessor where gold is tested for purity. دارُالفنا abode of mortality, i.e. this world. دارُالفنون college; university. دارُالقرار 1 abode of stability; mansion of rest. 2 burial ground; grave. 3 one of the seven heavens. دارُالقضا court. دارُالقمامہ 1 filth; a place where filth is thrown. 2 a house where men visit prostitutes, a brothel. دارُالکتب library. دارُالمحن abode of suffering, i.e. this world. دارُالمکافات 1 abode of recompense or retaliation, place of retribution, this world. 2 next world, hereafter. دارُالنعیم place of blessings, paradise, heaven. دارِشش در 1 house with six doors. 2 (*fig.*) the world, six-dimensional space (north, south, east, have very little to eat. داڑھ گرم کرنا/ہونا 1 eat something, have food. 2 take unlawful advantage, act dishonestly for some gain; accept bribe. داڑھ مارنا grind or gnash the teeth in wrath or anguish.

داڑھی /d̪ɑ:ʈʰi:/ ■ *n.f.* (also ڈاڑھی) 1 beard. 2 hanging roots (as of banyan tree). داڑھی بنانا shave the hair off one's face. داڑھی پیٹ میں ہونا be precocious. داڑھی پیشاب سے منڈوانا eat the humble pie. داڑھی چھوڑنا grow a beard. داڑھی کھسوٹنا pull or pluck out the beard. داڑھی منڈوانا get one's beard shaven off.

داس[1] /d̪ɑ:s/ ■ *n.m.* 1 servant; slave; follower. 2 title of the Sudra caste among Hindus. [S]

داس[2] ____ ■ *n.m.* sickle; scythe. [P]

داسا[1] /d̪ɑ:sɑ:/ ■ *n.m.* reaping hook, sickle. [P]

داسا[2] ____ ■ *n.m.* 1 broad and long stone or piece of wood. 2 block of wood projecting from a wall to support the thatch; wall plate. [S]

داستان /d̪ɑ:st̪ɑ:n/ ■ *n.f.* 1 tale, story; fable. 2 saga, legend; history. 3 fame, notoriety. 4 unnecessary details; a long, stretched account of some event. داستانِ پارینہ an old tale or saga; legend. داستان چھیڑنا 1 recite a story. 2 begin a long discourse. داستانِ حیات biography. داستان در داستان story within a story. داستان سرا/طراز/گو storyteller; one who tells made-up things. داستان سرائی/طرازی/گوئی art of storytelling.

داسی /d̪ɑ:si:/ ■ *n.f.* 1 maidservant. 2 female devotee.

داش /d̪ɑ:ʃ/ ■ *n.m.* 1 fisherman. 2 boatman.

داشت /d̪ɑ:ʃt̪/ ■ *n.f.* 1 bringing up, patronage, breeding, care. 2 watch, security. 3 brick kiln. ■ *suffix* used in comp. as: عرض داشت written petition. یادداشت record. داشت و پرداخت care, concern, look after; grooming.

داشتہ /d̪ɑ:ʃt̪ɑ:/ ■ *adj.* (thing) kept safe, stored. ■ *n.f.* keep, concubine, mistress. داشتہ آید بکار something kept safe ultimately becomes useful, of saving comes having.

داعی /d̪ɑ:ʔi:/ ■ *n.m.* 1 one who invites. 2 preacher. 3 instigator; motive. 4 one who prays for the welfare. 5 plaintiff. داعیِ اجل کو لبیک کہنا to die. داعی الی الخیر one who makes a call for a noble cause, one who calls people towards goodness and piety, well-wisher.

داعیہ /d̪ɑ:ʔɪjɑ:/ ■ *n.m.* 1 petition; plaint. 2 pretension, claim; suit. 3 desire, wish. 4 demand; motive.

داغ /d̪ɑ:ɣ/ ■ *n.m.* 1 speck, spot. 2 scar, pockmark, sore; wound, injury. 3 blemish; stigma (that brings disgrace), stain. 4 sorrow, grief; misfortune. 5 cauterization. 6 an identifying mark burned on livestock with a branding iron. 7 act of branding in such a way. داغ اٹھانا suffer a grief. داغ بالائے/بر/پر داغ one misfortune following another. داغ بیل 1 mark made to delineate a path or road. 2 (*fig.*) start, initiation. داغ بیل ڈالنا begin, start, initiate, lay the foundation. داغِ جدائی دینا 1 leave, get separated. 2 die. داغِ جگر great sorrow; shock. داغ دار/ردار 1 spotted, stained, scarred, marked. 2 blemished, sullied, spoiled. داغ دار کرنا sully, mar, spoil. داغ دار ہونا be sullied. داغِ دل sorrow, grief. داغ دے جانا die. داغ دینا 1 cauterize, brand or mark by burning with a hot iron (as a treatment). 2 brand (horse or cattle). داغِ فراق/مفارقت the pain of separation. داغ کرنے والا corrosive; caustic. داغ کھانا 1 be wounded or grieved (by), suffer (due to some calamity). 2 be jealous or envious. داغ لانا vilify. داغ لگانا stain, defame. داغ لگنا 1 be burnt; be branded. 2 be defamed, get a bad name. 3 be damaged. داغ ہونا be branded, cauterized or scarred.

داغنا /d̪ɑ:ɣnɑ:/ ■ *v.* 1 cauterize; brand cattle. 2 fire (a gun, etc.); launch (a missile, etc.).

داغی /d̪ɑ:ɣi:/ ■ *adj.* 1 spotted, stained. 2 branded (animal). 3 disgraced, sullied, dishonoured. 4 spoiled, damaged. 5 sad, mournful, aggrieved. داغی کرنا 1 stain, spot. 2 stigmatize, blemish, disgrace.

دافع /d̪ɑ:feʔ/ ■ *adj.* 1 repulsing, driving away, repelling, repellent. 2 curative; curing. دافعُ البلا/البلّیات 1 alleviator of pain or suffering, etc. 2 (*fig.*) God. دافعِ عفونت antiseptic.

داکھ /d̪ɑ:kʰ/ ■ *n.f.* (also داخ، داک) raisin, grape; species of small sour grapes. داکھ رس grape-juice; wine. داکھ لتا vine, vine tendril. (See also کشمش، مُنقّیٰ.)

دال[1] /d̪ɑ:l/ ■ *adj.* (usu. preceded by پر) indicative (of), expressive (of); pointing to. (پر) دال ہونا be indicative of, to point to. [A]

دال[2] ____ ■ *n.f.* the letter *dal* (د). دال فے عین ہونا to go away, disappear, get lost.

دال[3] ____ ■ *n.f.* dal, dhal, any pulse (lentils, etc.). دال بندھنا

crop field for the guard. **2** watchtower.

دامن /d̪a:mən/ ■ *n.m.* (also دامان) **1** the part of a garment that hangs below the chest, the lower part of a shirt, etc. **2** sheet (of a sail). **3** foot or declivity (of a mountain). **4** breadth of river. دامن اٹھا کر چلنا walk carefully, act cautiously. دامن افشاں **1** with flowing skirts. **2** proud or graceful (walk). دامن بچانا avoid (something unpleasant), steer clear of something one dislikes. دامن پاک ہونا be innocent, be chaste. دامن پکڑنا **1** seize or cling to the robe (of). **2** seek the protection (of), take refuge. **3** become an adherent or follower (of). **4** seek mercy or justice. **5** detain (one) by holding one's garment. **6** stop, prevent. **7** oppose; be the accuser or plaintiff, become a claimant. دامن پھیلانا beg, beseech, supplicate. دامن تلے چھپانا **1** cover, screen, conceal or hide. **2** shield, protect. دامن جھاڑ کر اٹھنا **1** rise quickly in displeasure. **2** go away without taking anything from the house. **3** shake off all connections with (a person or place). **4** be penniless. دامن جھٹک لینا refuse decidedly or rudely. دامن چھڑانا get rid, shake off. دامن دبا بیٹھنا intrude upon. دامن سے لگنا **1** cling or hang on to the robe (of). **2** come under the protection (of); depend upon; claim protection (from). دامن کشاں **1** dragging or trailing the skirt; walking with dignity and grace. **2** turning away (from), shunning; abandoning. دامنِ کہسار رکوہ valley at the foot of mountain. دامن گیر **1** seizing the robe (of); attached (to), adherent. **2** demanding justice or seeking redress (from). **3** depending (on), dependant. **4** claimant, accuser, plaintiff. دامن گیر ہونا **1** seize the robe (of); attach (oneself or itself to), cling (to). **2** depend (on). **3** accuse, prosecute. دامن گیری **1** attachment; friendship. **2** dependence. **3** applying for justice. دامن نچوڑ دیں تو فرشتے وضو کریں (a famous line from Urdu poetry) (he/she) is very pious and chaste.

دامِن /d̪a:mɪn/ ■ *n.f.* (also دامنی) lightning.

دامنی /d̪a:məni:/ ■ *suffix* the state of being shrouded; used in comp. as: تردامنی (*fig.*) sinfulness, guilt. ■ *n.f.* **1** part of woman's dress, veil, mantle. **2** piece of cloth placed on a woman's shroud. **3** saddlecloth. **4** an ornament worn on the forehead.

(of wound) granulate. دال بھات **1** rice and dal. **2** (*fig.*) daily bread, plain fare. دال جوتیوں میں بٹنا **1** (*literal*) dal be distributed in shoes. **2** (*fig.*) have a domestic quarrel, have an in-fighting, have a discord among the ranks. دال چپاتی رروٹی **1** simple food (indicative of straitened circumstances). **2** a fictitious name to scare the children. دال چپّو ہونا **1** grapple with each other. **2** (of kite strings) become entangled. دال دلیا رولیہ poor diet; coarse fare; Lenten feast. دال روٹی سے آسودہ رخوش well off, in easy circumstances. دال (نہ) گلنا have (no) success. دال میں کچھ کالا something (is) rotten in the state of Denmark, something fishy. [S]

دالان /d̪a:la:n/ ■ *n.m.* hall, open hall; yard, courtyard. دالان در دالان chamber within a chamber.

دام[1] /d̪a:m/ ■ *n.m.* **1** price, value; cost. **2** copper coin or a measure of money-value. **3** money. **4** the twenty-fifth of a paisa (no more in use); very little amount. دام بھرنا pay the price of. دام پٹ جانا (of price) be settled. دام چکانا settle price or rate. دام دام the whole amount, every fraction to the last farthing. دام دینا pay the price (of). دام کھرے کرنا sell (something) and receive the money. [S]

دام[2] ____ ■ *n.m.* **1** net; snare, trap. **2** herbivorous wild animal. دام بچھانا trap. دامِ تزویر hidden trap, strategic trap. دام دار **1** one who uses a net or snare; fisherman. **2** fowler. دام داری **1** the laying of net. **2** branch of revenue realized from fowlers, players, musicians, etc. دام گاہ place where traps are laid (in a forest). دام میں لانا bring (one) into snare, entrap, ensnare. [P]

دام[3] ____ ■ *exclam.* may it last for ever! may it perpetuate! may it continue, perpetuated! دام اقبالہٗ may his star continue to ascend! دام دولتہٗ may his fortune or prosperity last forever! دام ظلہٗ may his shadow last long! may his prosperity continue! دام ملکہٗ may his kingdom be everlasting! [A]

داماد /d̪a:ma:d̪/ ■ *n.m.* son-in-law.

دامادی /d̪a:ma:d̪i:/ ■ *n.f.* the relationship of son-in-law.

دامالی /d̪a:ma:li:/ ■ *n.f.* a very slow trot of a horse.

دامان /d̪a:ma:n/ ■ *n.m.* (also دامن) the part of a garment that hangs below the chest. See دامن.

دامچا /d̪a:mtʃa:/ ■ *n.m.* (also دامچہ) **1** a raised platform in a

دانت چبانا grind the teeth in sleep. دانت دکھانا 1 show helplessness. 2 laugh shamelessly. 3 to take up a threatening attitude or tone. دانت دیکھنا judge animal's age by looking at its set of teeth. (پر) دانت رکھنا/رہونا desire or covet anything; be bent upon. دانت صاف کرنا clean the teeth, brush the teeth. دانت کاٹی روٹی کھانا be the most intimate friend. دانت کرّانا grind the teeth in sleep. دانت کرکرے/کھٹے کرنا 1 (*fig.*) frustrate. 2 defeat. دانت کریدنے کو تنکا نہ رہنا to be robbed of everything. دانت کڑکڑانا (of the teeth) chatter (through cold, etc.). دانت لگانا desire, covet. دانت مارنا 1 bite. 2 (*fig.*) acquire or get possession (of a thing). دانت مانجنا/مانجھنا scour or clean the teeth with tooth powder. دانت میں انگلی دبانا 1 be amazed. 2 feel remorse. دانت نکالنا 1 cut teeth (of a child), to teethe. 2 grin. 3 express or confess inability and helplessness. دانت نکوسنا 1 show the teeth. 2 be angry; be frustrated. 3 show displeasure. دانت ہونا desire eagerly.

دانتا /ḓɑ:ṯɑ:/ ■ *n.m.* 1 tooth of a comb or saw, etc. 2 cog of a wheel. 3 dent, notch, jag. دانتا پڑنا be or become notched or jagged. دانتا کل کل constant quarrel, bickering, wrangling.

دانتِک /ḓɑ:nṯɪk/ ■ *adj.* ivoried, made of an elephant's tusk or of ivory.

دانتن /ḓɑ̃:ṯən/ ■ *n.f.* (also داتن) twig of neem tree, etc. used to clean teeth. دانتن کُلّا/کُلّی کرنا brush the teeth and rinse the mouth. (See also مسواک.)

دانتو /ḓɑ̃:ṯu:/ ■ *adj.* having projecting teeth.

دانتوا /ḓɑ̃:ṯvɑ:/ ■ *n.m.* rear part of the cart in which goods are kept.

دانتوں /ḓɑ̃:ṯõ:/ ■ *n.m.* (*pl.* of دانت) دانتوں پر میل نہ ہونا be starving, be in poverty or destitution. دانتوں زمین پکڑنا 1 be extremely poor. 2 hold on tightly (to). دانتوں زمین پکڑے نہ رہنا be utterly powerless to retain or keep anything. دانتوں میں تنکا لینا express submission to another; seek protection or mercy. (بتّیس) دانتوں میں زبان ہونا live carefully and safe among enemies.

دانتی /ḓɑ̃:ṯi:/ ■ *n.f.* 1 tooth (of a saw, etc.). 2 cog (of a wheel). 3 row of teeth. دانتی پڑنا become jagged. دانتی دینا 1 snub; insist upon. 2 make (one) hold (his/her) tongue. دانتی لگنا have lockjaw.

دامی[1] /ḓɑ:mi:/ ■ *n.f.* land-revenue. دامی لگانا assess the land-revenue. دامی واصل/رواصلات gross revenue of a village. [Prk.]

دامی[2] ____ ■ *n.m.* 1 setter of snares, hunter or fowler. 2 an animal caught alive. ■ *adj.* captured, snared, captive, confined. [P]

دامے دِرمے /ḓɑ:me: ḓɪrme:/ ■ *adv.* (also دامے درمے قدمے سخنے) (help) through money, movement and favour, i.e. in every way, in all possible ways.

دان[1] /ḓɑ:n/ ■ *n.m.* 1 giving; presenting, offering. 2 gift. 3 alms, charity, donation; grant. 4 dowry. دان پتر deed of gift; will; deed of conveyance. دان پُن charity, alms-giving. دان دینا make a gift or grant. [S]

دان[2] ____ ■ *suffix* (also داں) knowing, understanding; used in comp. as: رازدان confidant, one in the know of secrets. قدردان knowing the quality or value of persons. [P]

دان[3] ____ ■ *suffix* denoting receptacle, place or stand for a thing; used in comp. as: شکردان sugar pot. شمع دان candelabra. قلم دان pen case; portfolio. نمک دان salt cellar. [P]

دانا /ḓɑ:nɑ:/ ■ *adj.* wise, prudent; learned. ■ *n.m.* sage, wise man. داناوبینا wise and far-sighted, wise and discerning; learned. دانائے دہر wise; the most learned of the age. دانائے رازِ غیب 1 knowing the secret (of). 2 (*fig.*) God. دانائے سبل 1 a person who shows the way. 2 (*fig.*) Prophet Muhammad.

دانائی /ḓɑ:nɑ:i:/ ■ *n.f.* wisdom, sagacity.

دانت /ḓɑ̃:ṯ/ ■ *n.m.* 1 tooth. 2 tusk (of an elephant or a boar). 3 a projecting part, especially a cog on a saw or comb. دانت اُکھاڑنا/اُکھیڑنا extract a tooth. دانت انگلی کاٹنا bite the forefinger in amazement or perplexity, indicate surprise. دانت آنا milk teeth to cut, to teethe. دانت بجانا 1 chatter the teeth. 2 wrangle, squabble. دانت بجنا (teeth) chatter (due to cold or fear). دانت بنانا set artificial teeth, make a denture. دانت بنانے والا dentist. دانت بیٹھنا teeth to be clenched (as in lockjaw). دانت پیسنا/کچکچانا gnash one's teeth (in anger, etc.). دانت توڑنا 1 break the teeth (of). 2 render powerless; bring one low. دانت جھاڑنا 1 knock out the teeth (of). 2 cast a charm to cure toothache. دانت جھڑنا teeth to fall out.

دانہ پھینکنا/ڈالنا 1 bait a trap. 2 (*fig.*) try to lure or trap. دانہ جمانا 1 sow, put seed (into the ground). 2 bait (a hook). دانہ دنکا bits of grain; bird-feed. دانہ دینا feed (birds). دانہ زو one who clutches at or grudges even a single grain, miser, avaricious person. دانہ نہ گھاس پانی چھ چھ وقت allusion to a mean host who does not serve food to his/her guests but expresses fake emotions.

دانی¹ /d̪ɑ:ni:/ ■ *suffix* receptacle; place; used in comp as: تلے دانی etui, needle-case. مچھر دانی mosquito net. [P]

دانی² ——— ■ *adj.* bountiful, beneficent, liberal, charitable. [S]

دانے /d̪ɑne:/ ■ *n.m.* (*pl. & infl.* of دانہ) دانے پانی کی بات ہے/ کے ہاتھ ہے it depends on destiny (said esp. of travel). دانے دار granulated, containing grains. دانے دانے پر مہر/ نام ہے every grain has the name of its eater inscribed on it, i.e. what you eat or where you eat is decided by destiny; every bullet has its billet. دانے دانے کو محتاج ہونا have nothing to eat, be extremely poor.

دانیال /d̪ɑ:nɪjɑ:l/ ■ *pr.n.m.* Prophet Daniel.

دانیزہ /d̪ɑ:ni:zɑ:/ ■ *n.m.* lentil; seed of leguminous plant grown for food.

داو /d̪ɑ:v/ ■ *n.m.* (also داؤ) trick. See داؤ¹.

داوا /d̪ɑ:vɑ:/ ■ *n.m.* husband of one's wet nurse.

داور /d̪ɑ:vər/ ■ *n.m.* 1 sovereign; just prince. 2 judge, arbiter; administrator. داورِ حشر/ محشر God.

داوری /d̪ɑ:vəri:/ ■ *n.f.* 1 sovereignty, empire, sway, dominion. 2 justice, even-handedness.

داون /d̪ɑ:vən/ ■ *n.m.* act or process of treading out corn.

داونا /d̪ɑ:vnɑ:/ ■ *v.* (also دانوا) tread out corn, thresh.

داہ /d̪ɑ:h/ ■ *n.f.* 1 burning, combustion. 2 conflagration. 3 ardour. 4 jealousy. 5 burning of dead bodies. داہ دینا light the funeral pyre. داہ رکھنا bear malice, bear envy, be jealous or envious, grudge. داہ سر crematorium. داہ کرن/ کریا cremation.

داہنا¹ /d̪ɑ:hnɑ:/ ■ *adj.* (also داہنا) right (hand, etc.) (*fem.* داہنی) [S]

داہنا² ——— ■ *v.* set fire to, burn, kindle. [Prk.]

داہول /d̪ɑ:hu:l/ ■ *n.m.* scarecrow.

داہی /d̪ɑ:hi:/ ■ *adj.* wise, sagacious, knowing, shrewd.

داء /d̪ɑ:/ ■ *n.m.* disease; used in comp. as: داءُ الاسد leprosy. داءُ الرقص chorea. داءُ السرطان cancer. داءُ الکلب rabies.

داند /d̪ɑ̃:d̪/ ■ *n.f.* (also ڈند) 1 noise; tumult. 2 high-handedness; mischievous movements.

دانڈ /d̪ɑ̃:ɖ/ ■ *n.m.* oppression, injustice; punishment, penalty, fine.

دانست /d̪ɑ:nɪsṱ/ ■ *n.f.* 1 knowledge, understanding. 2 view, opinion.

دانستہ /d̪ɑ:nɪst̪ɑ:/ ■ *adv.* knowingly; wittingly.

دانش /d̪ɑ:nɪʃ/ ■ *n.f.* knowledge, learning; wisdom, sagacity. دانش آموز 1 student; beginner, tyro, novice. 2 teacher. دانش کدہ faculty; college. دانش گاہ university. دانش مند wise, sagacious; learned. دانش مندی wisdom, sagacity. دانش ور intellectual, thinker, scholar. دانش وری scholarship; intellectuality, sagacity.

دانگ¹ /d̪ɑ:ŋg/ ■ *n.f.* 1 small denomination of money, the sixth part of a dinar. 2 sixth part of anything. 3 side or quarter of a city. 4 side, direction. [P]

دانگ² ——— ■ *n.f.* 1 hill; precipice; summit (of a mountain). 2 high bank of a river. [S]

دانگر /d̪ɑ:ŋgər/ ■ *n.m.* (also ڈانگر) 1 horned cattle. 2 foolish, stupid (a term of abuse).

دانگی /d̪ɑ:ŋgi:/ ■ *adj.* of or belonging to hilly country.

دانندہ /d̪ɑ:nɪnd̪ɑ:/ ■ *adj.* knowing, intelligent; skilled. دانندۂ راز 1 one who knows secrets or mysteries. 2 (*fig.*) God.

دانو /d̪ɑ̃:v/ ■ *n.m.* trick. See داؤ¹.

دانواں /d̪ɑ̃:vɑ̃:/ ■ *n.m.* forest fire; burning stubble; bonfire.

دانوری /d̪ɑ̃:vri:/ ■ *n.f.* rope which fastens bullocks together when threshing out corn.

دانہ /d̪ɑ:nɑ:/ ■ *n.m.* 1 grain, corn; small round seed. 2 bead. 3 pimple; pustule. 4 dice. 5 chicken-feed, bird-feed. 6 particle, small or minute piece. دانہ اگلوانا cause a pigeon to bring up the grain in its crop. دانہ بدلی کرنا 1 bill and coo; caress by joining bills (like pigeons, etc.). 2 (*fig.*) (i) express love. (ii) have long and friendly talks. دانہ بندی 1 cursory or rough survey of a field to assess the yield. 2 partial measurement or weighing (of produce of a farm); assessment of revenue based upon a valuation of the standing crops. دانہ بھرانا (of a bird) to feed its young. دانہ پانی provisions, food, victuals, sustenance. دانہ پانی اٹھ جانا/ اٹھنا/ چھوٹنا be about to die or leave a country.

دائر /d̪ɑ:ɪr/ ■ *adj.* 1 going round, encircling. 2 pending; in process. 3 sub judice (as a lawsuit). دائر تجویز proceeding, under consideration or trial; pending. دائر کرنا file or institute (a suit); put in or file (a complaint). دائر وسائر 1 absolute. 2 invested with authority. 3 circuit of judges. 4 current, customary, in vogue. 5 known, famous.

دائرہ /d̪ɑ:erɑ:/ ■ *n.m.* (also دائرۃ) 1 circle; ring. 2 orbit. 3 a home providing care for dervishes. 4 gamut, purview (of a scheme), range. 5 family, fraternity. دائرۃ المعارف encyclopaedia. دائرہ تنگ ہونا the sphere (of activity, etc.) to reduce. دائرہ دار chief of a monastery. دائرۂ عمل sphere of activities. دائرۂ قطبی polar circle. دائرہ کش compasses, trammel. دائرہ نما resembling a circle, semi-circular. (*pl.* دوائر)

دائم /d̪ɑ:em/ ■ *adj.* perpetual, lasting; permanent. ■ *adv.* continually; always; perpetually. دائم الحبس imprisoned for life. دائم الخمر perpetually drinking wine, addicted to drinking; sottish, sot, drunkard. دائم المرض valetudinarian; constantly sick.

دائماً /d̪ɑ:emən/ ■ *adv.* (also دائما) permanently.

دائمی /d̪ɑ:emi:/ ■ *adj.* eternal, perpetual, lasting, everlasting; permanent; enduring, durable, standing; not intermittent (as fever); ceaseless.

دائمیّت /d̪ɑ:emɪjjət̪/ ■ *n.f.* continuance, permanence; perpetuity, eternity.

دائن /d̪ɑ:ɪn/ ■ *n.m.* one who gives credit, creditor.

داؤ[1] /d̪ɑ:o:/ ■ *n.m.* (also داو، دانو، داؤں) 1 ruse, artifice, trick; tactical manoeuvre. 2 turn; chance. 3 strength, power; ability. داؤ چلنا trick to work. داؤ دینا deceive. داؤ کرنا use a trick. داؤ کھانا be tricked or deceived. داؤ گھات tricks and ruses. [S]

داؤ[2] ____ ■ *n.m.* appellation of paternal uncle or of an elder brother. [S]

داؤ[3] ____ ■ *n.m.* curved hatchet. [Prk.]

داؤد /d̪ɑ:u:d̪/ ■ *pr.n.m.* Prophet David (king of Israel). داؤد خانی 1 a kind of white wheat. 2 name of a sort of garland.

داؤدی /d̪ɑ:u:d̪i:/ ■ *adj.* of or relating to David. ■ *n.f.* 1 chain armour (so called because it is believed to have been originally made by David), coat of mail. 2 chrysanthemum, name of a shrub that bears flower like camomile, *Chrysanthemum indicum.* 3 firework in imitation of this flower.

داؤنی /d̪ɑ:o:ni:/ ■ *n.f.* veil, mantle. See دامنی.

دائی /d̪ɑ:i:/ ■ *n.f.* 1 midwife, wet nurse; nurse. 2 maidservant. 3 (*fig.*) confidant, insider. دائی اصیل superior maidservant. دائی پلائی wet nurse. دائی جنائی midwife. دائی سے پیٹ چھپانا attempt to conceal from one who is in the know. دائی کو سونپنا put out to nurse. دائی کھلائی dry nurse. دائی گری / گیری midwifery.

دائیں /d̪ɑ:ẽ:/ ■ *adv.* right; to the right (hand or side). دائیں بائیں right and left. دائیں بائیں دیکھنا 1 look right and left. 2 be vigilant or careful. دائیں بائیں کرنا put out of the way; conceal; stow away. (*opp.* بائیں)

دایاں /d̪ɑ:jɑ̃:/ ■ *adj.* right (hand, side, etc.). (*opp.* بایاں)

دایہ /d̪ɑ:jɑ:/ ■ *n.f.* (also دائی) nurse; midwife.

دب /d̪əb/ ■ (*imper.* of دبنا) used in comp. as: دب جانا be suppressed, be pressed into obedience, yield, be quelled. دب چلنا be overcome, be subdued; be awed. دب مرنا be crushed to death; be hard pressed.

دُب /d̪ub/ ■ *n.m.* (also دُبّ) bear. دبِ اصغر constellation of the Little Bear, Ursa Minor. دبِ اکبر constellation of the Great Bear, Ursa Major.

دبا /d̪əbɑ:/ ■ *adj.* pressed down; suppressed, kept under restraint or control, subdued; cowed; snubbed. دبا دبایا 1 pressed, covered, concealed. 2 subdued; toned down. دبا کر by violence, force or compulsion, violently, forcibly. دبا لینا usurp, take possession by force, encroach upon, seize; overcome. (*fem.* دبی)

دبّا /d̪əbbɑ:/ ■ *n.m.* 1 twig (for replantation); small shoot or branch of a tree or plant. 2 crouching, lying in wait, ambush. 3 layer (in garden, etc.). 4 dive, plunge. دبا مارنا crouch, lie in wait.

دبادب /d̪əbɑ:d̪əb/ ■ *adv.* (with force) continuously, constantly.

دبازت /d̪əbɑ:zət̪/ ■ *n.f.* thickness, denseness.

دبّاغ /d̪əbbɑ:ɣ/ ■ *n.m.* tanner, currier.

دباغت /d̪əbɑ:ɣət̪/ ■ *n.f.* (also دبّاغی) tanning, currying (leather).

دبانا /d̪əbɑ:nɑ:/ ■ *v.* 1 press down, compress. 2 to place a dead body in a grave, bury. 3 suppress, put down,

/ḍəbkər/ ■ *n.f.* snare, trap. دبکر

/ḍəbəknɑ:/ ■ *v.* **1** shrink; cower; conceal oneself. **2** be intimidated; be cowed. **3** beat or flatten (wire). دبکنا

/ḍəbki:/ ■ *n.f.* act of hiding or skulking, ambush; crouching. دبکی لگانا/مارنا lie in ambush, lurk; crouch. دبکی

/ḍəbkəjjɑ:/ ■ *n.m.* an artisan whose work involves flattening the silver wire for the purpose of embroidery, a wire beater; silver wire embroiderer. دبکیّا

/ḍəbkæ:l/ ■ *adj.* crouching; lurking; skulking; timid, cowardly. دبکیل

/ḍəbgər/ ■ *n.m.* maker of leathern bottles, scales, etc. دبگر

/ḍublɑ:/ ■ *adj.* lean, thin; weak, feeble. دبلا پارپن leanness, thinness, weakness. دبلا پتلا lean and lanky; thin and weak. (*fem.* دُبلی) دُبلا

/ḍublɑ:nɑ:/ ■ *v.* become lean, be thin, become weak. دُبلانا

/ḍublɑ:i:/ ■ *n.f.* emaciation, leanness, thinness. دُبلائی

/ḍəbnɑ:/ ■ *v.* **1** be buried (under). **2** be pressed, compressed; squeezed or crushed. **3** be overcome, be subdued. **4** be suppressed or repressed, be quelled. **5** be awed or cowed, submit to control or authority, yield to (force, authority or pressure), give way. **6** shrink. **7** be kept back, be restrained. دبنا

/ḍəbəng/ ■ *adj.* **1** bold, courageous; outspoken. **2** uncouth, uncivilized. **3** ill-looking, ugly. ■ *n.m.* courageous or outspoken person. دبنگ

/ḍəbbu:/ ■ *adj.* timid, craven, weak-kneed. دبّو

/ḍəbo:tʃnɑ:/ ■ *v.* (also دبوچ لینا) **1** nip, seize, squeeze. **2** press tight; clutch, grasp. دبوچنا

/ḍəbbu: ḍəbbu: kərnɑ:/ ■ *v.* (also دبّوں دبّوں کرنا) attempt to hide, conceal or put off (something), to hush up the matter. دبّو دبّو کرنا

/ḍəbu:r/ ■ *n.f.* west wind, zephyr. دبور

/ḍəbu:s/ ■ *n.m.* club, mace. [P] دبوس[1]

—— ■ *n.m.* flint. [Prk.] دبوس[2]

/ḍəbu:sɑ:/ ■ *n.m.* (also دبوسہ) **1** cabin of a ship. **2** stern. دبوسا

/ḍəbo:snɑ:/ ■ *v.* drink intoxicating liquor, tipple. دبوسنا

/ḍəbɔ:ni:/ ■ *n.f.* **1** anything heavy that is used to hold down or press something; weight. **2** paperweight. **3** pressing machine. دبَونی

/ḍubbɑ:/ ■ *n.m.* **1** leathern flask for holding oil. crush, subdue, quell. **4** usurp, take possession by ruse or force; seize. **5** sow, plant. دُبّہ

/ḍəbɑ:o:/ ■ *n.m.* (also دباو) **1** pressure; pressing down. **2** restraint, constraint. **3** influence; authority, power. **4** awe. دباؤ ڈالنا **1** press down. **2** influence. **3** force, pressurize. دباؤ ماننا be influenced; pay regard to authority, be submissive (to), submit (to). دباؤ میں آنا yield to pressure, force or authority. دباؤ

/ḍəbḍəbɑ:/ ■ *n.m.* (also دبدبا) dignity, pomp, state, awe, majesty. دبدبہ

/ḍubḍʰɑ:/ ■ *n.f.* (also دُبدا، دُگدا) doubt, uncertainty, suspense; perplexity, dilemma, indecision. دبدھا کرنا doubt, waver, be uncertain, mistrust. دبدھا میں ہونا be in two minds. دُبدھا

/ḍubḍʰe:l/ ■ *adj.* in two minds, undecided, wavering, doubting, uncertain; puzzled, perplexed, in a dilemma. دُبدھیل

/ḍubur/ ■ *n.f.* **1** hinder part, posterior, backside; latter part (of). **2** anus, bum, buttocks. **3** end, conclusion (of a month, etc.). دُبُر

/ḍəbṛu: gʰusṛu:/ ■ *adj.* **1** skulking, lying concealed, hidden. **2** weak, helpless; insignificant. **3** under obligation; dependent. ■ *n.m.* skulker; a shy person. دبڑو گھسڑو

/ḍəbz/ ■ *adj.* thick, coarse; strong (cloth). دبز

/ḍəbɪstɑ:n/ ■ *n.m.* **1** school. **2** school of thought. دبستانِ خیال/فکر school of thought. دبستان

/ḍəbɪstɑ:ni:/ ■ *adj.* of or belonging to a school. ■ *n.m.* student; scholar. دبستانی

/ḍubsi:/ ■ *n.f.* percentage allowed to farmers on the revenue paid to government. دُبسی

/ḍəbək/ ■ *n.f.* **1** modesty, bashfulness. **2** skulking. دبک بیٹھنا crouch; hide oneself. دبک جانا skulk, hide; cower. دبک رہنا lie hidden or concealed. دبک

/ḍəbkɑ:/ ■ *n.m.* scolding, rebuke, reproach. دبکا

/ḍəbkɑ:nɑ:/ ■ *v.* **1** stow away; conceal, hide. **2** cow into submission; intimidate, threaten. دبکانا

/ḍəbkɑ:i:/ ■ *n.f.* (also دبکی) **1** the act of flattening or beating of silver wire for the purposes of embroidery or edging. **2** wages paid for it. **3** silver wire embroidery. دبکائی

/ḍʊtka:rnɑ:/ ■ *v.* (also دُھتکارنا) drive away; rebuke, reprimand, reprove. دُتکارنا

/ḍəṭnɑ:/ ■ *v.* (also ڈٹنا) **1** face, confront. **2** oppose; fight; confute. **3** attack; rebuke. دَتنا

/ḍədʒdʒɑ:l/ ■ *n.m.* **1** (*literal*) a great deceiver, a great liar, one who conceals the truth, an impostor. **2** Antichrist, who shall be one-eyed and appear before the Second Coming of Jesus Christ. دجّال

/ḍədʒl/ ■ *n.m.* deceiving, deception, fraud, concealment of truth. دجل

/ḍədʒlɑ:/ ■ *pr.n.m.* the river Tigris. دجلہ

/ḍʊdʒɑ:/ ■ *n.f.* dark night; darkness; used in comp. as: بدرُالدجیٰ **1** the moon that brightens a dark night. **2** (*fig.*) Prophet Muhammad. دُجیٰ

/ḍətʃʰtʃʰnɑ:/ ■ *n.f.* (also دکشنا) **1** present, gift. **2** fee for spiritual services. دچّھنا

/ḍʊx/ ■ *n.f.* (*contr.* of دُختر) daughter. ■ *n.m.* aquatic plant or reed (of which mats are made). دُخ

/ḍʊxɑ:n/ ■ *n.m.* smoke, fume (of tobacco, etc.); steam. (*pl.* ادخنہ) دُخان

ḍʊxɑ:ni:/ ■ *adj.* of or pertaining to smoke or steam; operated by steam; smoky; steamy. دخانی جہاز steamer. دخانی طاقت steam power. دخانی کشتی steamboat. دخانی کل steam engine. دُخانی

/ḍʊxṭ/ ■ *n.f.* (*contr.* of دُختر) daughter; unmarried daughter; virgin girl. دختِ تاک / رز **1** (*literal*) daughter of the vine. **2** (*fig.*) wine. دُخت

/ḍʊxṭər/ ■ *n.f.* daughter; girl; virgin. دخترِ انگور / تاک / رز / عنب **1** (*literal*) daughter of the vine. **2** (*fig.*) wine. دخترِ خانہ unmarried daughter. دخترِ ربیبہ stepdaughter. (*pl.* دختران) دُختر

/ḍʊxṭərɪk/ ■ *n.f.* (*dim.* of دُختر) **1** little daughter. **2** little girl. دُخترک

/ḍʊxṭəri:/ ■ *n.f.* virginity. ■ *adj.* of or relating to دُختر. دُختری

/ḍəxl/ ■ *n.m.* **1** interference, meddling; interpolation; involvement in an affair or matter. **2** knowledge; proficiency; grasp, comprehension. **3** possession; occupation. **4** influence. **5** access, approach. **6** probability, possibility. دخل انداز meddler, interferer. دخل اندازی interfering, meddling. دخل بالجبر forcible intrusion or possession. دخلِ بے جا / ناجائز / ناروا **1** unlawful **2** leather spoon or ladle. دخل

/ḍəbi:/ ■ *adj.* (*fem.* of دبا) دبی آگ old flame (of love or enmity, etc.). دبی آگ کریدنا try to stir up old embers (of love, etc.). دبی زبان سے (say something) timorously; in a low voice, in a subdued tone. دبی

/ḍʊbbi:/ ■ *n.f.* (in tipcat) second strike on the *gilli* (گلّی). دُبّی

/ḍəbe:/ ■ *n.m.* (*pl. & infl.* of دبا) دبے پاؤں **1** on tiptoe. **2** noiselessly; furtively, sneakingly, stealthily. دبے پاؤں آنا enter unperceived. دبے پاؤں کا (a man or animal) having soft or noiseless tread. دبے

/ḍəbijɑ:/ ■ *n.m.* measure of about ten handfuls (of corn, etc.). دبیا

/ḍəbi:r/ ■ *n.m.* **1** writer, author. **2** secretary; notary. دبیرُ الملک **1** secretary of state. **2** honorific title, usually given to men of letters. دبیرِ فلک (*fig.*) the planet Mercury. دبیر

/ḍəbi:rɪsṭɑ:n/ ■ *n.m.* **1** school, higher secondary school. **2** office. دبیرستان

/ḍəbi:z/ ■ *adj.* thick; strong (sheet or layer). دبیز

/ḍəbi:qi:/ ■ *n.m.* kind of a rich silk fabric originally from Debeeq, a village of Iran. دبیقی

/ḍəbæ:l/ ■ *adj.* **1** subordinate, underling, (person) under subjection or control, subject. **2** weakling; cowardly. دبیل

/ḍəbi:lɑ:/ ■ *n.m.* **1** name of a medicine. **2** a kind of ladle used in parching grain. دبیلا

/ḍɪbjɑ:/ ■ *adj.* pure, unpolluted; heavenly, sacred. ■ *n.m.* oath; affidavit. دبیہ

/ḍəpəṭ/ ■ *n.f.* **1** gallop, rush. **2** attack; used in comp. with دوڑ. دپٹ

/ḍəpṭɑ:nɑ:/ ■ *v.* cause to gallop, gallop, cause to move quickly. دپٹانا

/ḍəpəṭnɑ:/ ■ *v.* **1** walk quickly; gallop. **2** browbeat. **3** assault, attack. دپٹنا

/ḍʊṭ/ ■ *exclam.* (also دُھت) begone! away with you! دُت

/ḍʊṭṭɑ:/ ■ *n.m.* (also دُھتا) trick, deception, fraud. دتا بتانا / دینا deceive, cheat. دُتّا

/ḍʊṭɑ:nɑ:/ ■ *v.* **1** repress, keep down or under, subdue; snub; chide, threaten. دُتانا

/ḍʊṭkɑ:r/ ■ *n.f.* (also دُھتکار) rebuke, reproof, reprimand. دُتکار

possession, trespass. **2** interference, meddling. دخل پانا **1** have access. **2** be admitted. **3** obtain possession; be put in possession (of). دخلِ تام رکھنا be thoroughly familiar with, have at one's fingertips. دخل دار **1** one who has admission (to). **2** partner; accomplice. دخل در معقولات uncalled for interference, unnecessary interruption. دخل دہانی giving possession (to). دخل دہی interrupt; interpose. دخل رکھنا have knowledge about something. دخل کرنا **1** enter (upon). **2** take possession; occupy, encroach (upon). **3** meddle (in), interfere, interrupt, intrude. دخل کرنے والا **1** occupant, encroacher. **2** intruder. دخل میں رکھنا keep in possession, retain. دخل نامہ document giving the right of occupancy, writ or warrant of entrance or of possession (of lands, etc.). دخل وقبضہ entry and possession. دخل یابی **1** entry; obtaining entrance or admission. **2** right to obtain possession; taking possession.

دخمہ /d̪əxmɑ:/ ■ *n.m.* (also دخم) **1** (Zoroastrianism) house for the reception of the dead; vault or tomb for the dead. **2** coffin. **3** substance which a male camel secretes from the mouth when in heat.

دُخول /d̪uxu:l/ ■ *n.m.* **1** entrance, entering, admission. **2** insertion of the penis into the vagina; penetration. دخول وخروج ingress and egress, entry and exit.

دخیل /d̪əxi:l/ ■ *adj.* **1** possessing, occupying; in possession (of land, etc.). **2** admitted, allowed entrance. **3** introduced. **4** familiar, intimate. **5** meddling, interfering. **6** (***Ling.***) borrowed (word). ■ *n.m.* **1** friend; accomplice; guest. **2** one who has entered on possession (of). **3** (***Law***) occupier, possessor, one who takes possession. **4** one who meddles or interferes. **5** one who has firm footing (in any business, post or office, etc.). **6** (***Pros.***) (in a rhyme) letter occurring between *alif-e-tasees* (الفِ تاسیس) and *harfe ravi* (حرفِ روی), as: ت in قاتل and ص in حاصل. دخیل کار **1** one who has authority to interfere. **2** occupant. دخیل کاری hereditary occupancy.

دد /d̪əd̪/ ■ *n.m.* carnivorous animal. دد ودام **1** herbivores and carnivores, animals in general. **2** (*fig.*) uncivilized, uncultured. **3** unfeeling.

ددا /d̪əd̪ɑ:/ ■ *n.f.* (also دڈا) **1** maidservant. **2** nurse. **3** governess.

ددری /d̪əd̪ri:/ ■ *n.f.* raw grain, especially barley and millet.

دُدکارنا /d̪ud̪kɑ:rnɑ:/ ■ *v.* rebuff. See دُھتکارنا.

ددوڑا /d̪əd̪o:ɽɑ:/ ■ *n.m.* small bump or swelling on body (due to insect-bite or allergy, etc.).

ددیا /d̪əd̪ɪjɑ:/ ■ *adj.* (also ددیا) of or relating to grandfather. ددیا ساس spouse's paternal grandmother. ددیا سسر spouse's paternal grandfather.

دُدھاری /d̪ud̪ʰɑ:ri:/ ■ *adj.* (also دُدھار، دُدھیل) giving much milk, milch.

دُدّھڑ /d̪ud̪ʰd̪ʰəɽ/ ■ *n.m.* fusion or mixing of two mutually opposite things.

دُدّھی /d̪ud̪ʰd̪ʰi:/ ■ *n.f.* **1** herb with milky sap, a variety of *Asclepias;* medicinal herb the milk of which is used for tattooing. **2** breast; teat.

ددھیال /d̪əd̪ʰjɑ:l/ ■ *n.f.* (also ددیال) paternal grandfather's family or house.

دُدھیل /d̪ud̪ʰe:l/ ■ *adj.* See دُدھاری.

دُڈوکنا /d̪əd̪u:knɑ:/ ■ *v.* (also دڑوکنا) **1** bellow (as cattle). **2** roar; thunder.

در¹ /d̪ər/ ■ *n.m.* **1** door; gate. **2** threshold, entrance of a house. **3** route over or through mountains, pass. **4** way; method; means. **5** a portion of book, a chapter. دربان gatekeeper; porter. دربانی job of a gatekeeper. دربچّہ small door within a door. دربدر **1** from door to door. **2** without hearth or home; destroyed. **3** mendicant. دربدری **1** exile. **2** wandering. دربند **1** secured castle, fort. **2** route through or over mountains, pass. **3** bolt or bar of a door. درِبہشت a kind of sweetmeat. دردر مانگنا beg from door to door. درِدولت **1** gateway to (a superior's) house. **2** (*fig.*) residence. درزن doorknocker; hasp, bolt. دردو دیوار دیکھنا look anxiously around. [P]

در² —— ■ *prep.* in, into; within; among; on, upon; per; at; near; under; of concerning; about. ■ *prefix* inward. دراجارہ (***Law***) under tenure; sublease. دراجارہ دار (***Law***) holder of an under-tenure; a sub-farmer of revenue. دراصل in fact, actually; really. درانداز intruder. دراندازی intrusion. درایں چہ شک undoubtedly, certainly. درآمد **1** import. **2** coming in, ingress; entrance. **3** receipts. **4** arrival. **5** (***Law***) account of fee paid for serving

دُر۱ /d̪ur/ ■ *n.m.* **1** pearl. **2** earring having a single pearl set in it. دُرافشاں (*fig.*) eloquent. دُرافشانی (*fig.*) eloquence. دُرِشہوار **1** large pearl of the first water. **2** a pearl worthy of kings. دُرِمکنون **1** hidden pearl. **2** pearl of the first water. دُرِناسُفتہ **1** unbored pearl. **2** (*fig.*) virgin. دُرِنایاب **1** rare or invaluable pearl. **2** (*fig.*) son. دُرِنجف precious Najaf stone beads. دُرِیتیم matchless or priceless pearl. [A]

دُر۲ ____ ■ *exclam.* (*contr.* of دُور) stand off! away! [P]

دُر۳ ____ ■ *adj.* & *prefix* signifying bad, as: دُربچن abuse. دُرجن enemy. دُرگت bad condition. [S]

درا /d̪əra:/ ■ *n.m.* (also درہ) highway.

درا /d̪ɪra:/ ■ *n.f.* bell; caravan bell.

درّاج /d̪ərra:dʒ/ ■ *n.m.* hedgehog.

دُرّاج /d̪urra:dʒ/ ■ *n.m.* partridge.

دراڑ /d̪əra:ɽ/ ■ *n.f.* (also درار) crack, fissure, rent, rift, chasm; gap, opening, aperture, breach.

دراز۱ /d̪əra:z/ ■ *n.f.* drawer of table, chest or cupboard, etc. [E]

دراز۲ ____ ■ *adj.* extended; long, tall; lengthy. درازدست oppressive, tyrannical. درازدستی oppression, tyranny. درازقامت/رقد tall. درازکرنا **1** lengthen, extend, stretch out; let loose; sprawl. **2** make free use of (the tongue). درازگوش **1** long-eared. **2** ass. **3** hare. درازہونا be lengthened, be extended, stretch out; lie down. [P]

درازی /d̪əra:zi:/ ■ *n.f.* length; height. درازیِ عمر longevity, length of life.

درّاک /d̪ərra:k/ ■ *adj.* very intelligent, astute, of great insight and understanding.

درّاکی /d̪ərra:ki:/ ■ *n.f.* intelligence, shrewdness.

درّاں /d̪ərrã:/ ■ *adj.* (also دڑاں) rending, tearing.

دُرانا /d̪ura:na:/ ■ *v.* **1** cause to disappear, make away with, put out of the way, stow away; send away; remove. **2** hide, conceal. **3** suppress (fact or truth); practise hypocrisy.

درّانا /d̪ərra:na:/ ■ *v.* (also درّانہ) **1** go straight and quickly. **2** go or rush fearlessly and boldly. ■ *adv.* straightforwardly; without hesitation or delay, boldly.

درانتی /d̪ərã:t̪i:/ ■ *n.f.* **1** sickle. **2** small mill (used to grind corn, etc.). درانتی اور ہتھوڑا hammer and sickle (as a symbol of communism). درانتی پڑنا to start off reaping

process; return of process. درآمد برآمد **1** import and export. **2** ingress and egress. **3** receipts and disbursements. درآمد کرنا to import. درآنا **1** come in, enter. **2** penetrate. **3** intrude upon. **4** succeed, be successful. درآں حالے کہ/آنحالیکہ **1** in that case. **2** despite. **3** though. درباب in the matter (of); relating (to); respecting, in respect (of); as (to). درپردہ **1** concealed, veiled, hidden, secret. **2** secretly, privately, covertly; by implication; indirectly. درپئے آزار ہونا be bent upon injuring or harming. درپئے جان ہونا **1** be bent upon killing; seek or desire the death (of). **2** persecute. درپے **1** in pursuit or quest (of). **2** bent upon, intent (on). درپے رہنا **1** hound; dog the steps, be or keep after, pursue; seek or search. **2** be intent upon. درپیش in front (of); before; under consideration; in hand. درپیش ہونا **1** arise or occur (matter or problem). **2** be under consideration, be subject of thought. درپیشی being before (a court of law). درحال **1** now, just now; at present, presently. **2** immediately, on the instant. درحالیکہ in case that, in the event of; under the circumstances. دردامن hem; embroidery or ornament of a skirt, gown or robe. درصورت/صورتیکہ in case; in the event (of); provided; supposing (that); since; inasmuch as. درکار necessary, wanting, required. درکارِ خیر حاجتِ استخارہ نیست if you want to do a good deed, consult no one. درکنار **1** on one side, aside. **2** out of the question; out of the way. **3** apart. درگرفت catching; taking. درگرفت کرنا catch, seize; take; capture. درگور **1** (*literal*) in the grave. **2** may you (lie) in the grave! may you die! **3** (*int.*) get lost! be away! درگیر **1** taking hold of. **2** making an impression. **3** effective. **4** burning; inflaming. درلانا **1** bring in or under. **2** include; comprise. درماہا/ماہہ **1** monthly wages, salary, pay. **2** monthly. درماہے دار one who receives monthly wages. دروبست **1** all, entire, whole (of). **2** sequence or setting (of words in a sentence). **3** system; management; discipline. [P]

در۳ ____ ■ *n.m.* **1** price, rate, value. **2** estimation. **3** tariff. **4** excellence; fixed standard. **5** market or current rate. دربندی **1** rent. **2** statement of rates of a village; rent rates used for assessments; assessing the price or value of crops or produce. [Prk.]

درپیش /ḓərpe:ʃ/ ■ *adv.* in front. See under ۲در.

دُرِت /ḓurɪt/ ■ *adj.* **1** difficult. **2** sinful; bad; wicked. **3** concealed. ■ *n.m.* bad course, evil ways; evil; sin.

دُرُت /ḓuruṭ/ ■ *adj.* (***Music***) quick, speedy, swift (tone, modulation, etc.). درت لے a kind of musical modulation; melody, musical note with equal time in music.

درج /ḓərdʒ/ ■ *n.m.* **1** entry (in a register or a book), insertion. **2** writing folded or rolled up. **3** scroll or long roll of paper. **4** place for writing or anything written on. درج کرنا **1** write; record. **2** enter; register; insert; include; copy (into). درج ہونا be included; be entered; be inserted.

دُرج /ḓurdʒ/ ■ *n.m.* **1** small case, box or receptacle (for gems, etc.). **2** (*fig.*) mouth of beloved (an allusion to her pearl-like teeth). دُرجِ حکمت (*fig.*) pearls of wisdom and knowledge.

درجات /ḓərədʒɑ:t/ ■ *n.m.* (*pl.* of درجہ) stages; degrees, etc.

دُرجک /ḓurdʒək/ ■ *n.m.* (*dim.* of دُرج) small casket, cabinet or box for jewels.

درجن /ḓərdʒən/ ■ *n.m.* dozen. [E]

درجنوں /ḓərdʒənõ:/ ■ *adj.* dozens of, many, numerous.

درجہ /ḓərdʒɑ:/ ■ *n.m.* (also دَرَجہ) **1** degree, measure of an angle or of temperature. **2** class or grade of school. **3** class room. **4** compartment (of a railway train). **5** status, social status or position, rank. **6** sixtieth part (of something, e.g. minute or second). **7** kind, type, variety; division, category; class. درجہ بدرجہ step by step, gradually, by degrees. درجہ بڑھانا upgrade; honour. درجہ بندی classification; categorization. درجۂ حرارت temperature. درجہ گھٹانا degrade, demote. درجہ وار according to the rank or degrees.

درخت /ḓəraxt/ ■ *n.m.* tree. درخت اپنے پھل سے پہچانا جاتا ہے a tree is known by its fruit; a person is known by his/her deeds. درخت لگانا plant a sapling. درختِ ممنوع the Forbidden Tree.

دُرخرچی /ḓurxərtʃi:/ ■ *n.f.* extravagance, waste of money.

درخش /ḓəraxʃ/ ■ *n.f.* lightning.

درخشاں /ḓəraxʃɑ̃:/ ■ *adj.* shining, glittering, brilliant; flashing.

درخشانی /ḓəraxʃɑ:ni:/ ■ *n.f.* (also درخشندگی) brightness, of crop.

دراوڑی /ḓərɑ:vəɽi:/ ■ *n.f.* (also دراوڑ) Dravidian race, language or script. ■ *adj.* of or relating to the Dravidians or their languages.

درائی /ḓərɑ:i:/ ■ *n.f.* commencing a discourse, beginning of a discourse or oration; talking, conversation.

دِرایت /ḓɪrɑ:jəṭ/ ■ *n.f.* **1** knowledge; wisdom, sense. **2** habit; manner, mode. **3** (***Hadith***) the act of assessing or verifying an event or reported fact/narration in the light of human nature, habit, circumstances and the nature of person/s concerned.

درب /ḓərəb/ ■ *n.m.* **1** substance, matter. **2** thing, object. **3** property, possession; wealth; money; prosperity. **4** name of a coin in the reign of Mogul king Akbar. درب ڈنڈ penalty, fine.

دربار /ḓərbɑ:r/ ■ *n.m.* **1** durbar, royal court or audience hall, court of a noble. **2** (*fig.*) government. **3** shrine or tomb of saint. دربارِ خاص royal court in which only nobles are allowed; private audience. درباراری attendance at court. دربارِ عام public audience; public hall of audience. دربار کرنا hold a court. دربار لگنا **1** (of court) be held. **2** gather (at saint's shrine).

درباری /ḓərbɑ:ri:/ ■ *n.m.* one who attends royal court; one who is entitled to a seat or status in royal court, courtier. ■ *adj.* of or relating to court. درباری آداب/طور طریقے court etiquettes.

دربان /ḓərbɑ:n/ ■ *n.m.* (also دروان) darwan, guard, doorkeeper.

دربانی /ḓərbɑ:ni:/ ■ *n.f.* profession of a guard; the act of guarding, office of a watchman.

دربستہ /ḓərbəsṭɑ:/ ■ *adj.* (also دربست) **1** fastened, tied; bound. **2** mute, dumb, silent. **3** full, complete. **4** built-in. ■ *n.m.* **1** a bar, bolt. **2** a stutterer, stammerer.

دربغل /ḓərbəɣəl/ ■ *adj.* possessing, owning.

دربہرا /ḓərbəhrɑ:/ ■ *n.m.* intoxicating spirit made of rice.

درپ /ḓərp/ ■ *n.m.* **1** pride, arrogance, haughtiness, vanity, conceit, boastfulness. **2** pressure; fear; awe.

درپردہ /ḓərpərḓɑ:/ ■ *adj.* concealed. See under ۲در.

درپن /ḓərpən/ ■ *n.m.* mirror, looking glass.

درپی /ḓərpi:/ ■ *adj.* proud, arrogant, boastful; insolent.

/ḍərz/ ■ *n.f.* **1** crack, fissure, opening, breach, rent, cleft. **2** slip of cloth; seam, sewing; rent (in garment) that has been sewn up; narrow shred. درز پڑنا be cracked. درز

/ḍərzən/ ■ *n.f.* **1** needle. **2** seamstress, sempstress, a woman who sews, especially as a job. **3** a tailor's wife. درزن

/ḍərzi:/ ■ *n.m.* durzi, tailor, dressmaker. درزی

/ḍərəs/ ■ *n.m.* (also درش) sight, seeing, view; look. درس دکھانا give (one) a glimpse (of), show one's face to. دَرَس

/ḍərs/ ■ *n.m.* **1** lesson; reading; lecture. **2** course of studies. **3** advice, counsel. درس دینا give a lecture; teach, instruct. درس کہنا lecture, preach. درس گاہ an educational institution, school; college. درس لینا learn, take a lesson (from). درس وتدریس teaching and learning; all activities related to teaching and learning. (*pl.* دُرُوس) درس

/ḍurust/ ■ *adj.* **1** accurate, proper, becoming, just, right, correct, true; fit; suitable; straight; well. **2** safe, sound. **3** precise. **4** entire. درست آنا **1** be right. **2** suit, fit. **3** agree; harmonize. **4** be applicable; apply. **5** hold good. **6** succeed. درست حواس of sound mind, having full use of the senses, sensible. درست خُو of right and proper disposition or behaviour, well-conducted; honest. درست رکھنا keep correct (records, etc.). درست سمجھنا regard or consider as right or proper, admit; allow; apprehend rightly. درست عقل of right mind, of sound understanding. درست کردار upright. درست کرداری uprightness. درست کرنا **1** correct, set right; rectify. **2** restore, heal, cure. **3** repair, mend; amend. (دماغ) درست کرنا **1** bring (one) to his/her senses. **2** punish, chastise. درست نیت right intention, proper design. درست ہونا **1** be set right or corrected. **2** get mended or repaired. **3** get rectified or adjusted. دُرُست

/ḍurusṭi:/ ■ *n.f.* **1** correctness, accuracy; exactness. **2** reform, reformation. **3** adjustment. دُرُستی

/ḍərəsna:/ ■ *v.* **1** look at, see. **2** be visible, appear. دَرَسنا

/ḍərsi:/ ■ *adj.* educational; relating to reading or study; relating to a prescribed course of study; curricular; instructional. درسی کتاب textbook. درسی نظام system of education or instruction. درسی

brilliance; splendour.

/ḍərɪxʃənḍa:/ ■ *adj.* shining, glittering, bright, refulgent. درخشنده

/ḍərxa:sṭ/ ■ *n.f.* **1** petition, appeal; application. **2** tender; offer. **3** proposal. **4** desire; will. درخواست دینا apply; put up a petition. درخواستِ سرسری summary application. درخواست کرنا/گزارنا **1** request, make an application, apply; submit or put in a petition. **2** beg, entreat, beseech; seek. **3** propose. درخواست کنندہ petitioner; applicant. درخواست

/ḍərxʊr/ ■ *adj.* worthy, worth, deserving. درخورِ اعتنا worthy of attention, worth noticing. درخُور

/ḍərḍ/ ■ *n.m.* **1** ache, pain. **2** sorrow, grief. **3** pity; kindness. **4** ailment, sickness. درد اٹھنا (of pain) to arise, have pain (in). درد انگیز pitiable, eliciting pity or compassion; sickly; painful; affecting. درد آلود pained, grieved; sorrowful. درد آمیز painful, distressing, piteous. دردِ بے درماں incurable malady. درد دل **1** heartache. **2** (*fig.*) compassion, humanity, pity. **3** love sorrow. درد رس grieved, afflicted. دردِ زہ pain felt during childbirth, pangs of labour, labour pain. دردِ سر **1** headache. **2** trouble, worry. دردِ سری vexation, trouble; pains. درد شریک sympathetic, compassionate. دردِ شُش pneumonia; peripneumonia. دردِ شقیقہ migraine. دردِ شکم stomach-ache, colic. دردِ فرزندی paternal affection. درد کا مارا afflicted, sufferer. درد کرنا ache, to pain. درد کھانا feel pity or compassion. دردِ گردہ pain in the kidneys. درد لگنا go into labour, have labour pains. دردمندی compassion, sympathy. دردناک painful, hurtful; sad, piteous. درد وکرب pain and affliction. درد ہونا pain, ache. درد

/ḍurḍ/ ■ *n.f.* dregs, sediments. دُرد آشام one who drinks dregs, one who empties the cups, a heavy drinker. دُردِتہ جام the sediment of wine (in the glass). دُردکش alcoholic. دُرد

/ḍərḍa:/ ■ *exclam.* (*poet.*) O' the pain! alas! woe's me! دردا

/ḍurḍa:na:/ ■ *n.m.* pearl. دُردانہ

/ḍərḍəra:/ ■ *adj.* coarse, half-crushed, coarsely ground. دردراپن coarseness, granulation, graininess. (*fem.* دردری) دردرا

/ḍurḍura:na:/ ■ *v.* drive away, order off, turn out. دُردُرانا

/ḍərərna:/ ■ *v.* grind with light stroke. دررنا

درش /ḍərʃ/ ■ *n.m.* **1** sight, view, look. **2** the new moon. **3** the day of new moon. **4** conjunction of the sun and moon.

دُرُشت /ḍurʊʃt/ ■ *adj.* harsh, stern, rigid, rough, morose, rude.

دُرُشتی /ḍurʊʃti:/ ■ *n.f.* harshness, sternness, rudeness.

دِرِشٹ /ḍrɪʃʈ/ ■ *n.f.* **1** looking out; seeing, viewing. **2** the pupil of the eye. **3** faculty of seeing, vision, eyesight.

درشن /ḍərʃən/ ■ *n.m.* **1** darshan, act of seeing or being seen. **2** public appearance. **3** sight, vision. **4** view or theory prescribed in a system or book. **5** one of the six religious or philosophical systems of the Hindus. درشن پانا obtain a sight of; be admitted to an interview (with). درشن دینا **1** show oneself, appear; put in an appearance; visit. **2** have an interview. درشن کرنا see (a holy or exalted person or a deity); visit a shrine.

درشنی /ḍərʃəni:/ ■ *adj.* **1** worthy of being seen; beautiful, good-looking, handsome, comely, sightly. **2** payable at sight (a bill of exchange, etc.). ■ *n.f.* **1** present; offering. **2** (***Hinduism***) an epithet of the goddess Durga. درشنی جوان a youth worthy of being seen, a beautiful youth. درشنی ہنڈی bill of exchange or a money order payable at sight.

درع /ḍɪrʔ/ ■ *n.m.* & *f.* armour.

درعہ /ḍɪrʔa:/ ■ *n.m.* a measuring unit used for measuring length (equivalent to about a yard).

دِرَفش /ḍɪrəfʃ/ ■ *n.m.* (also دُرَفش) **1** (*literal*) a cobbler's awl, scalpel. **2** banner; pennant; ensign; standard. **3** triangular pennant sash worn on the head or over the helmet in battle. **4** light; splendour; lightning. **5** anything glittering, shining or flashing. دِرَفشِ کاوہ/کاویاں/کاویانی legendary ensign of Iran for centuries, originally used by Faridun and his ally Kawa as an ensign in the battle against Zahak, the king of Pishdadian dynasty.

دَرَک /ḍərək/ ■ *n.m.* **1** bottom or lowest depth. **2** any one of the seven stages of hell. درکِ اسفل the lowest stage of hell.

درک /ḍərk/ ■ *n.m.* deep perception or understanding, full knowledge, deep insight.

درکات /ḍərəka:t/ ■ *n.m.* (*pl.* of درک) **1** depths. **2** seven stages of hell.

درکار /ḍərka:r/ ■ *adj.* required; desired, wanted; necessary, in requisition.

درکاری /ḍərka:ri:/ ■ *adj.* needful, requisite.

درکانا /ḍərka:na:/ ■ *v.* cause to crack or split; split, rend, tear.

درکنا /ḍərəkna:/ ■ *v.* (also ڈرکنا، تڑخنا، دھڑکنا) **1** split, rend, crack, be torn. **2** palpitate, throb, beat.

درکنار /ḍərkɪna:r/ ■ *adv.* aside. See under در۲.

درکوب /ḍərko:b/ ■ *n.m.* a heavy ram or beam used in breaching fortification, battering ram.

درکھال /ḍərkʰa:l/ ■ *n.m.* cattle-pen.

دُرکھی /ḍurkʰi:/ ■ *n.f.* an insect which is very destructive to the young indigo plants.

دُرگا /ḍurga:/ ■ *pr.n.f.* name of a Hindu goddess.

درگاہ /ḍərga:h/ ■ *n.f.* (also درگہ) **1** (*literal*) door, threshold; portal. **2** royal court. **3** dargah, shrine of a saint; holy precinct; holy covert. درگاہِ معلیٰ (honorific) sublime court.

دُرگت /ḍurgət/ ■ *n.f.* abject state; chastisement, maltreatment; rough handling; ruin. درگت بنانا/کرنا maltreat, thrash, chastise. درگت ہونا be maltreated.

درگزر /ḍərgʊzər/ ■ *n.f.* forgiveness; reprieve. درگزر کرنا forgive, overlook, excuse.

دِرم /ḍɪrəm/ ■ *n.m.* money; silver coin. See دِرہم.

درماں /ḍərmã:/ ■ *n.m.* (also درمن) remedy, cure, medication. درماں کرنا to cure; to set right, to redress a grievance; to solve a problem (of someone).

درماندگی /ḍərmã:ḍəgi:/ ■ *n.f.* **1** helplessness; distress, misery; misfortune, want. **2** tiredness, fatigue.

درماندہ /ḍərmã:ḍa:/ ■ *adj.* **1** helpless, destitute; distressed, miserable, wretched. **2** fatigued, tired.

درماہہ /ḍərma:ha:/ ■ *n.m.* (also درماہا) monthly wages or earnings. درماہہ دار one who gets monthly wages.

دُرمتی /ḍurməṭi:/ ■ *n.f.* foolishness, stupidity.

دُرمٹ /ḍurməʈ/ ■ *n.m.* (also دُرمُٹ) pounder; hand-held heavy pounding implement used for levelling ground, etc.

درمن /ḍərmən/ ■ *n.m.* cure. See درماں.

درمیاں /ḍərmɪja:n/ ■ *prep.* (also درمیاں) **1** between, among. **2** during. ■ *adv.* in between; in the course of, in the

/ḍɪrəvɪṛi:/ ■ *n.f.* a kind of ragini. دِروڑی

/ḍuru:s/ ■ *n.m.* (*pl.* of درس) lessons. دُروس

/ḍəro:ʃ/ ■ *n.m.* awl; lancet. دروش

/ḍəro:ɣ/ ■ *n.m.* falsehood, lie. دروغ باف/گو liar. دروغ

دروغ بر گردنِ راوی 1 (*literal*) the narrator is responsible for the lie. 2 (*fig.*) used while quoting something about which the speaker or writer thinks that it might be incorrect. دروغِ حلفی perjury, false statement under oath. دروغ کو فروغ نہیں a lie never flourishes. دروغ گو را حافظہ نہ باشد a liar has a bad memory. دروغ گوئی telling lies. دروغِ مصلحت آمیز a lie told for some good cause. دروغِ مصلحت آمیز بہ از راستی فتنہ انگیز the lie that does some good is better than the truth that stirs a trouble.

/ḍəru:n/ ■ *adv.* (also دُرُون، دُرون) in; within; inwards, inside. ■ *n.m.* interior; heart; conscience; bowels. درون بین 1 one who sees beyond surface. 2 (***Psych.***) introvert. درونِ خانہ 1 familial. 2 covert, covertly. دِرُون

/ḍəru:nɑ:/ ■ *n.m.* the inside, interior; the heart; core. دِرُونہ

/ḍəru:ni:/ ■ *adj.* internal, inner, interior. دِرُونی

/ḍərve:zɑ:/ ■ *n.m.* beggary. See دریُوزہ. دروِیزہ

/ḍərve:ʃ/ ■ *adj.* (also دُرویش) 1 poor. 2 unworldly. ■ *n.m.* dervish, religious mendicant, fakir vowed to poverty and austerity; beggar. درویش

/ḍərve:ʃɑ:nɑ:/ ■ *adv.* dervish-like; unworldly; austere and pious. درویشانہ

/ḍərve:ʃi:/ ■ *n.f.* 1 poverty. 2 doctrine or way of life of dervish. درویشی

/ḍərrɑ:/ ■ *n.m.* 1 mountain pass. 2 valley, especially between two hills through which a stream flows. 3 a steep-sided narrow gorge or passage. 4 fissure. درّہ

/ḍurrɑ:/ ■ *n.m.* (also دُرّا) 1 whip, scourge made of twisted thongs. 2 stroke of a scourge or whip. دُرّہ مارنا whip, scourge, flog. دُرّہ

/ḍərhəm/ ■ *adj.* 1 intermixed, intertwined; entangled, jumbled, confused, higgledy-piggledy. 2 confounded, vexed. درہم برہم disarranged, confused. درہم برہم کرنا jumble, throw into confusion, disarray, disarrange, turn topsy-turvy. درہم برہم ہونا be disorganized or disarranged. درہم

/ḍɪrhəm/ ■ *n.m.* (also دِرَم) 1 a small silver coin. 2 currency of Morocco and United Arab Emirates. دِرہم

midst of. ■ *n.m.* centre, middle. درمیان آنا come between; intervene, interrupt, obtrude. درمیان دینا employ someone as a mediator or guarantor. درمیان کا of or pertaining to the middle; midmost. درمیان لانا 1 cite as evidence. 2 bring in, introduce (in discourse). درمیان میں لانا 1 introduce. 2 include.

/ḍərmɪjɑ:nɑ:/ ■ *adj.* 1 middle. 2 average, of a medium quality or standard. 3 substandard, low, mean. درمیانہ

/ḍərmɪjɑ:ni:/ ■ *adj.* 1 central, middle. 2 average, not up to a high standard. 3 low, mean, substandard. ■ *n.m.* intermediary, go-between, middleman. درمیانی

/ḍurnɑ:/ ■ *v.* 1 get out of the way, disappear; abscond. 2 be absent. 3 lurk, lie hidden, be in concealment. دُرنا

/ḍərɪnḍəgi:/ ■ *n.f.* 1 rapacity. 2 beastliness, ferocity. درِندگی

/ḍərɪnḍɑ:/ ■ *n.m.* (also درند) 1 carnivore, flesh-eating animal; beast of prey, predator. 2 (*fig.*) brutal person. درِندہ

/ḍɪrəŋg/ ■ *n.m.* 1 delay, tardiness. 2 hesitation. 3 pause, break; interruption. درنگ کرنا delay; dilly-dally. دِرنگ

/ḍɪrəŋgi:/ ■ *n.m.* tardiness. ■ *adj.* tardy, dilatory, slow. دِرنگی

/ḍɪro:/ ■ *n.f.* reaping, cutting at harvest. درو کرنا reap. دِرَو

/ḍərvɑ:zɑ:/ ■ *n.m.* door; gate; entrance, doorway. دروازہ بند کرنا close or shut the door, block the access, end a process. دروازہ بھیڑنا close the door without bolting. دروازہ پیٹنا/کھٹکھٹانا knock at the door. دروازہ تیغا کرنا/چُننا close a door with bricks. دروازہ

/ḍərvɑ:ze:/ ■ *n.m.* (*pl.*& *infl.* of دروازہ) دروازے پر ہاتھی جھولنا/جھومنا be very rich. دروازے دروازے جانا go door to door, go house to house (for some task), ask everybody. دروازے کی مٹی لے ڈالنا to wear away the ground about a door (by visiting frequently), to visit a place too often. دروازے

/ḍərvɑ:n/ ■ *n.m.* doorkeeper. See دربان. دروان

/ḍəro:bəst/ ■ *adj.* entire, whole. دروبستِ حقوق all rights and titles whatsoever. See under در². دروبست

/ḍəro:d/ ■ *n.f.* wood; timber, plank. درودگر carpenter. درود

/ḍuru:d/ ■ *n.m.* & *f.* blessing or benediction, especially for Prophet Muhammad. درود بھیجنا praise; bless; salute; offer blessings or benedictions. درود پڑھنا pronounce a (mostly prescribed) benediction or blessing upon Prophet Muhammad. دُرُود

that opens like a door, small door for the admission of light.

دریدگی /ḍəri:ḍəgi:/ ■ *n.f.* rent, tear.

دریدہ /ḍəri:ḍɑ:/ ■ *adj.* torn, rent, ragged. دریدہ دہن pert, impudent, saucy, rough-spoken, abusive, coarse.

دریڑا /ḍəre:ɽɑ:/ ■ *n.m.* (also دڑیڑا) 1 heavy rain. 2 a flood of river water.

دریز /ḍəre:z/ ■ *n.f.* (also دریس، دریش) muslin, printed muslin; any fine printed cloth.

دریسی /ḍəre:si:/ ■ *n.f.* 1 dressing for a wound. 2 the state of being in an exact line; evenness, regularity. 3 straight line; road. ■ *n.m.* a dresser of wounds. ■ *adj.* 1 ready; alert. 2 armed (with); wearing uniform, etc. (as an army). دریسی کرنا 1 make level a land or road, etc., to adjust, to put right. 2 dress a wound. [E]

دریغ /ḍəre:ɣ/ ■ *n.m.* 1 regret, sorrow, grief; vexation. 2 disinclination; fear; repugnance; refusal. دریغ رکھنا کرنا grudge; withhold (from); be grudging (in respect of); stay away or avoid, decline (to do). دریغ ہونا have a disinclination or objection (to).

دریغا /ḍəre:ɣɑ:/ ■ *exclam.* alas!

دریں /ḍərĩ:/ ■ *adv.* (*contr.* of در ایں) in; in this, in it. دریں اثنا in the meantime, meanwhile, during this. دریں چہ شک undoubtedly, of course.

دریُوزہ /ḍərju:zɑ:/ ■ *n.m.* (also درویزہ) practice of begging, beggary. دریوزہ گر beggar, mendicant. دریوزہ گری begging.

ڈڑبا /ḍəɽbɑ:/ ■ *n.m.* (also ڈربہ، ڈربا) 1 hen-house, cage for confining birds, coop. 2 (*iron.*) small house; narrow room. 3 (*derog.*) a place or centre of conspiracy.

ڈڑبڑ /ḍəɽbəɽ/ ■ *n.f.* fight, conflict, contest; disturbance.

ڈڑبڑانا /ḍəɽbəɽɑ:nɑ:/ ■ *v.* (also دھڑبھڑانا) frighten; confound, confuse.

ڈڑبے ڈڑبے /ḍəɽbe: ḍəɽbe:/ ■ *exclam.* sound made while shooing fowl into the cage or into the house! in, in!

ڈڑڑ /ḍəɽəɽ/ ■ *n.m.* (also دڑڑ) 1 complete fool. 2 flash flood, torrent. 3 waterfall.

ڈڑکنا /ḍəɽəknɑ:/ ■ *v.* 1 split, crack. 2 open the mouth wide; eat greedily.

ڈڑنگا /ḍəɽəŋgɑ:/ ■ *n.m.* 1 long step. 2 long stitch used to fasten fabrics together temporarily, especially before permanent sewing, tack.

3 a measure of weight (about three mashas and four grains). 4 (*fig.*) money, coins, wealth. درہم ودینار wealth; money.

درہمی /ḍərhəmi:/ ■ *n.f.* confusion, disorder.

درہی /ḍərhi:/ ■ *n.f.* kind of carp (fish).

دری¹ /ḍəri:/ ■ *n.f.* dhurrie, a type of carpet woven of cotton. [S]

دری² _____ ■ *n.f.* 1 valley; cave, natural or artificial excavation in a mountain. 2 a surviving dialect of ancient Persian which is one of the two official languages of Afghanistan. ■ *adj.* pertaining to valley or hill (esp. of people or language of valley). [P]

دریا /ḍərjɑ:/ ■ *n.m.* river. دریا اترنا river water to recede. دریا برآمد alluvial (land). دریا بُرد شکست (of land) eroded or carried by a river, diluvial. دریا بڑھنا a river to be in flood. دریا پار the other side of the river, across the river. دریا چڑھنا (river) be in flood. دریاچہ small river; lake. دریا دل very generous, bountiful. دریا دلی liberality, munificence, big-heartedness, generosity. دریا کا کف 1 froth. 2 bone of the cuttlefish. دریا کو کوزے میں بند کرنا 1 say much in a few words, be concise. 2 perform an impossible task. دریا میں رہنا اور مگرمچھ سے بیر making enemies of the powerful people of one's community. دریائے شور 1 sea; ocean. 2 saline soil unfit for agriculture.

دُریا /ḍurjɑ:/ ■ *n.f.* a kind of earring, usually with a single pearl.

دریافت /ḍərjɑ:ft/ ■ *n.f.* 1 finding out; inquiry; unearthing, discovery, disclosure. 2 invention. دریافت کرنا 1 find out; ask, enquire into; discover. 2 invent. دریافت کنندہ 1 discoverer; finder; enquirer. 2 inventor. دریافت ہونا be inquired into; be discovered or invented or found.

دریائی¹ /ḍərjɑ:i:/ ■ *adj.* of or relating to دریا, riverine, aquatic. دریائی آدمی 1 merman. 2 sailor. دریائی بچھڑا seal. دریائی گھوڑا hippopotamus. [P]

دریائی² _____ ■ *n.f.* 1 a kind of red silk cloth. 2 (kite-flying) the act of holding and releasing paper-kite so as to give it a lift and make the flying easily. 3 (*fig.*) recommendation. [dial.]

دریبہ /ḍəri:bɑ:/ ■ *n.m.* 1 small gate or portal. 2 a stall in market where paan are sold.

دریچہ /ḍəri:tʃɑ:/ ■ *n.m.* (*dim.* of در¹) window; a window

ڈڑنگے /ḍəɽəŋge:/ ■ *n.m.* (*pl.* & *infl.* of ڈڑنگا) ڈڑنگے لگانا 1 leap; rove. 2 baste, tack.

ڈڑوکنا /ḍəɽu:knɑ:/ ■ *v.* (also دھڑوکنا) emit a loud roar, bellow (as cattle, etc.).

ڈڑھ /ḍəɽʰ/ ■ *n.f.* (*contr.* of داڑھی) beard; used in comp. as: ڈڑھ منڈا beardless.

ڈڑھیل /ḍəɽʰjəl/ ■ *adj.* (*derog.*) bearded, having a long beard.

دز /ḍəz/ ■ *n.m.* (also دِژ، دِز) 1 palace, fort. 2 upper room.

دُزد /ḍuzd/ ■ *n.m.* thief, robber. دزدحنا spot missed by henna in dyeing hands.

دُزدی /ḍuzḍi:/ ■ *n.f.* robbery, theft, stealing.

دُزدیده /ḍuzḍi:ḍɑ:/ ■ *adj.* 1 covert, sly. 2 stolen. دزدیده چشم رنظر رنگاه covert or sly look, side glance.

دِژ /ḍɪʒ/ ■ *n.m.* castle, citadel, fortress. دژبان guardsman of a citadel.

دِژم /ḍɪʒəm/ ■ *adj.* 1 angry, enraged. 2 dejected; melancholy, grieved, sorrowful. 3 sick. 4 dark, black; ominous.

دس /ḍəs/ ■ *cardinal number* ten. ■ *adj.* many; a few. دس باتیں سنانا scold, rebuke, reprimand, berate. دس بیس رپانچ 1 some. 2 many. دس سالہ 1 ten years old. 2 for ten years, decennial. دس گنا tenfold, ten times. دس گھرا indoor game played on squares scratched on the ground. دس نمبری رنمبریا (*inform.*) habitual offender; rascal, rogue, bad character.

دساتیر /ḍəsɑ:ṭi:r/ ■ *n.m.* (*pl.* of دستُور) 1 constitutions (of states or other bodies). 2 modes, methods.

دِساور /ḍɪsɑ:vər/ ■ *n.m.* & *f.* 1 place where goods are stored for export; wholesale market; foreign market. 2 foreign goods brought in, imports. دساور آنا come from a foreign country, be imported. دساور بھیجنا to export. دساور کو بھرنا load for exportation; export. دساور کی مانگ ہونا be required for exportation, be in demand abroad; be high-priced.

دِساوری /ḍɪsɑ:vəri:/ ■ *adj.* goods imported or exported. ■ *n.m.* variety of betel-leaf. دساوری مال imported or foreign goods.

دسپنا /ḍəspənɑ:/ ■ *n.m.* (*contr.* of دست پناہ) tongs.

دست[1] /ḍəsṭ/ ■ *n.m.* 1 hand; claw; forefeet. 2 an ancient measure equal to the length of a forearm, cubit. 3 fillet of mutton or beef. 4 (*fig.*) power, authority. دست افشاں dancing; one moving the hands during a dance. دست افگن 1 servant. 2 mark or sign. 3 busy. 4 weak. دست انداز 1 meddling, interfering; one who interferes. 2 one who commences a business. 3 encroacher; oppressor; plunderer. دست اندازی 1 putting the hand (to), meddling (with), interference. 2 encroachment, trespass; oppression. 3 (***Law***) cognizance. دست آموز 1 familiarized. 2 tame, trained (bird). 3 gentle; tractable, handy. 4 skilful, dexterous. دست بخیر (*opt.*) expression used when locating the place of disease in the body. دست بدست 1 hand to hand (fight). 2 from hand to hand; quickly, expeditiously. دست بدست معاملہ ready-money purchase or transaction. دست بدعا ربہ دعا ہونا put up the hands in prayer. دست برد (also دستبرد) plunder, ravage; misappropriation, embezzlement. دست بردار ہونا give up or hand over, resign, abdicate, abjure, abandon, relinquish. دست برداری abdication, giving up. دست بستہ humbly, respectfully; with folded hands (in token of respect). دست بسر ربہ سر ہونا salute by raising the hand to the head. دست بند wrist band of gold or silver net with pearls or precious stones (worn by women); gold or silver ornament worn on the back of the hand. دست بندھک pledge; deposit. دست بوسی kissing the hand as a token of fealty and faith. دست بوسی کرنا kiss the hand. دست بہ قبضہ sword in hand, ready for battle. دست بیضا luminous hand; miraculous hand of Moses. دست پاچہ ہونا become confused or puzzled. دست پاک handkerchief; towel; napkin. دست پناہ tongs. دستِ پیرہن sleeve. دستِ تطاول دراز کرنا show high-handedness (towards someone), behave atrociously, act wrongfully or tyrannically. دست تہہ سنگ helpless, powerless. دست چالاک light-fingered; thief. دست خط (also دستخط) signature, endorsement; acceptance. دست خطی (also دستخطی) written in one's own hand; signed, endorsed. دست خطی مہم signature campaign. دستِ خود دہانِ خود help yourself. دست دراز one who violates, cruel, wicked; oppressor. دست درازی 1 violation of law or morals; caress (without consent). 2 oppression. دست درازی کرنا ill-treat; oppress, to caress (without consent); violate (the chastity of). دست راست right hand; right hand man, the most important position after someone; the most reliable helper or assistant. دستِ شفا (God's) gift of curing the sick. دستِ شفقت benevolence, kindness. دستِ طلب begging, want. دستِ غیب 1 the hidden hand (usu. of Providence). 2 a charm or incantation which ensures a fulfilment of needs in esoteric or miraculous ways. دست فروش retailer; hawker, pedlar. دست فروشی business of a hawker or pedlar. دستِ قدرت power, strength; providence; ability. دست قلم 1 able to read and write, literate. 2 calligrapher. دست کار (also دستکار) artisan, worker skilled in handicraft. دست کاری (also دستکاری) handicraft. دست کش one who withdraws or stays away, one who abstains or stops doing something. دست کش ہونا withdraw, resign, abstain, stay away from, to stop (doing something). دست کوتاہ کرنا to stint, desist, cease action. دست کھینچنا abstain, keep (oneself) away from. دست گاہ 1 power, strength, command; reach. 2 means. 3 intellect, skill, merit, ability, understanding, knowledge. دست گرداں 1 short-term loan on a verbal promise to repay. 2 going from hand to hand. دست گرداں دینا lend money for a short period. دست گرفتہ 1 taken by the hand, helped; one who is taken by the hand. 2 protègè. دست گیر helper. دست گیری assistance, aid, help, succour, support. دست لاف first money received in the morning by shopkeepers. دست مال handkerchief; towel; napkin. دست نگر dependent (on); needy, in want. دست و بغل caressing, embracing. دست و گریباں ہونا (also دست بگریباں ہونا) fight, engage in combat. دست یاب available; procurable, attained. دست یاب ہونا be available; be procured, be attained. دست یارا bracelet (of gold or silver). [P]

دست[2] ____ ■ *n.m.* loose motion, diarrhoeal discharge. دست آنا have diarrhoea. دست آور purgative, laxative, cathartic. دست لگنا suffer from diarrhoea. [P]

دستا[1] /d̪əst̪ɑ:/ ■ *n.m.* zinc, tutenag. (See also جست[2].) [S]

دستا[2] ____ ■ *n.m.* 1 a kind of fabric tied around turban. 2 handle. 3 a bundle consisting of twenty-four pieces; a quire of papers. See دستہ. [P]

دستار /d̪əst̪ɑ:r/ ■ *n.f.* turban; sash of fine cloth wrapped round a turban. دستار بند one who makes up turbans. دستار بندی ceremony of tying the turban as indication of the completion of a level of education at an Islamic religious school or madrasa or seminary. دستارِ فضیلت turban of honour tied or awarded at the convocation of a madrasa or seminary; ceremony of tying turban as an indication of a Sufi's installation as *khalifa*.

دستارچہ /d̪əst̪ɑ:rtʃɑ:/ ■ *n.m.* (*dim.* of دستار) 1 handkerchief, towel. 2 small turban or sash.

دستانہ /d̪əst̪ɑ:nɑ:/ ■ *n.m.* 1 glove; gauntlet; falconer's glove. 2 handle of a shield.

دستاویز /d̪əst̪ɑ:ve:z/ ■ *n.f.* 1 any important writing, deed, instrument; document. 2 title-deed; charter. 3 voucher. 4 certificate. 5 bond. دستاویزِ جعلی forged document. (*pl.* دستاویزات)

دستاویزی /d̪əst̪ɑ:ve:zi:/ ■ *adj.* documentary. دستاویزی فلم documentary film, documentary.

دستبرد /d̪əst̪bura/ ■ *n.f.* plunder. See دست برد under دست[1].

دستبردار /d̪əst̪bərdɑ:r/ ■ *n.m.* (also دست بردار) one who withdraws.

دستبرداری /d̪əst̪bərdɑ:ri:/ ■ *n.f.* withdrawing. See دست برداری under دست[1].

دستخط /d̪əst̪xət̪/ ■ *n.m.* signature. See دست خط under دست[1].

دسترخوان /d̪əst̪ərxɑ:n/ ■ *n.m.* 1 cloth on which food is served, tablecloth. 2 a cover or cloth for wrapping bread. دسترخوان بچھانا lay the table. دسترخوان بڑھانا clear the table, bring a meal to an end; remove the tablecloth. دسترخوان کی بلّی uninvited guest; sponge. دسترخوان کھلا روسیع ہونا be liberal in entertaining; allow everyone to join in the meals.

دسترس /d̪əst̪rəs/ ■ *n.f.* 1 approach, access; command, control. 2 range of authority or control. 3 ability, skill, merit. دسترس سے باہر beyond reach; beyond ability.

دستک /d̪əst̪ək/ ■ *n.f.* 1 knock or rap (at a door). 2 clapping of the hands in order to draw (a person's attention). 3 citation, summons, warrant; judicial writ. 4 tax, commission. 5 passport; permission to pass through a territory. 6 fee for serving a summon. دستک باندھنا 1 impose tax; fix the rate of taxation. 2 incur needless expenses. دستک چھٹّی 1 summon. 2 passport. دستک دینا 1 knock (at a door). 2 clap the hands. دستک لگانا 1 fix or attach a summon to a door or wall. 2 impose or levy a

دستیاب /d̪əst̪ja:b/ ■ *adj.* available. See دست یاب under under ¹دست.

دُسرا /d̪ʊsra:/ ■ *adj.* (*contr.* of دُوسرا) second. ■ (*imper.* of دُسرانا) repeat. دسرا تسرا کر for a second and third time, repeatedly, again and again. دسرا کے once more, over again, again.

دُسرانا /d̪ʊsra:na:/ ■ *v.* repeat, say or do again.

دُسراہٹ /d̪ʊsra:hət̪/ ■ *n.f.* (also دُسرات، دُسراتھ، دُسراہٹ) fellowship, companionship.

دسم /d̪əsəm/ ■ *adj.* tenth.

دسم /d̪əsɪm/ ■ *n.f.* fat; grease.

دِسمبر /d̪ɪsəmbər/ ■ *n.m.* December, the twelfth month of the Gregorian calendar.

دِسنا /d̪ɪsna:/ ■ *v.* be seen, be in sight; appear.

دسواں /d̪əsvɑ̃:/ ■ *ordinal number* tenth.

دسوترا /d̪əso:t̪ra:/ ■ *adj.* ten per cent; a tenth.

دسوکھا /d̪əso:kʰa:/ ■ *n.m.* (also دسونکھا) **1** feather; the wing with which a bird flies. **2** (*fig.*) power; courage. **3** moulting (of birds). دسوکھا جھاڑنا to moult, shed old feathers.

دسوں /d̪əsõ:/ ■ *n.m.* (*pl.* of دس) all ten. دسوں انگلیاں چراغ ہیں (he/she) is very skilled. دسوں انگلیاں دسوں چراغ very beautiful and skilful (girl or woman).

دسہرا /d̪əsæhra:/ ■ *n.m.* (also دسہرہ) (***Hinduism***) **1** the taker of ten sins. **2** the tenth day of the month of Jaith (جیٹھ). **3** the birthday of Ganges river. **4** tenth day of the fortnight of Kunwar (کنوار), when the victory of Rama over Ravan is commemorated.

دسہری /d̪əsæhri:/ ■ *n.f.* species of mango.

دسیسہ /d̪əsi:sa:/ ■ *n.m.* conspiracy; fraud, deceit. دسیسہ کاری fraud; intrigue.

دش /d̪əʃ/ ■ *adj.* figure ten, tenth part; tens, decimal place of figures (as opposed to units).

دُش /d̪ʊʃ/ ■ *adj.* bad; difficult. دُش کال bad period, evil era. دُش کرم evil act.

دِشا /d̪ɪʃa:/ ■ *n.f.* **1** condition, state. **2** direction. **3** quarter; point of the compass. **4** call of nature. **5** (***Astrol.***) any inauspicious planetary conjunction in the heavens. دشا پھرنا (*vulg.*) to answer the call of nature. دشاسول رشول an imaginary existence or symbol in astrology deemed inauspicious; a bad-omen. دشافراغت obeying a tax (on). دستک مارنا **1** clap. **2** knock the door.

دستکار /d̪əst̪ka:r/ ■ *n.m.* artisan. See دست کار under ¹دست.

دستکی /d̪əst̪əki:/ ■ *n.f.* a small notebook.

دستکش /d̪əst̪kəʃ/ ■ *adj.* resigning, abandoning; one who withdraws or abandons. See دست کش under ¹دست.

دستگاہ /d̪əst̪ga:h/ ■ *n.f.* power, command. See دست گاہ under ¹دست.

دستگی /d̪əst̪əgi:/ ■ *n.f.* **1** falconer's glove. **2** handle.

دستگیر /d̪əst̪gi:r/ ■ *n.m.* helper, guide.

دستنبو /d̪əst̪əmbu:/ ■ *n.m.* **1** a bunch of aromatic flowers, nosegay. **2** aromatic unguent. ■ *pr.n.f.* a famous book written by Mirza Ghalib.

دستور /d̪əst̪u:r/ ■ *n.m.* **1** constitution. **2** custom, fashion, common practice. **3** manner, mode. **4** model; exemplar. **5** rule, regulation. **6** basis, foundation. **7** dastur, a high priest of Zoroastrians. دستورِ اساسی **1** basic constitution. **2** body of rules and regulations. دستورُ العمل code of laws; procedure; rules of procedure; manual of regulations; modus operandi. دستور ساز constituent (assembly). (*pl.* دساتیر)

دستوری /d̪əst̪u:ri:/ ■ *adj.* **1** constitutional. **2** customary. ■ *n.f.* tip or perquisite given to servants by one who sells goods to their master; broker's commission. **4** leave; licence; permission.

دستہ /d̪əst̪a:/ ■ *n.m.* (also ²دستا) **1** handle (of a tool or weapon, etc.), helve, hilt, haft. **2** heavy tool with rounded end, used for grinding or crushing (in a mortar), pestle. **3** bundle; quire (of twenty-four sheets of paper). **4** hank or skein (of silk thread, etc.). **5** nosegay; bouquet. **6** an army formation (troop, company, etc). **7** kind of button (sewn on the coat). دستہ دار commander of an army formation. دستۂ گل (also گل دستہ) bunch of flowers, bouquet.

دستی /d̪əst̪i:/ ■ *n.f.* **1** a small handle. **2** anything carried in hand. **3** a handhold or trick of hands in wrestling. **4** hand-propelled stand. **5** handkerchief. **6** letter parcel, etc. delivered by hand. ■ *adj.* manual; of or from the hand; portable. ■ *suffix* used in comp. as: پیش دستی initiative, pre-emptive action. چابک دستی skill, dexterity. دستی بم hand grenade. دستی سامان hand-luggage. دستی گھڑی wrist watch. دستی مہر private seal, signet.

call of nature.

دشت /d̪əʃt̪/ ■ *n.m.* desert; forest; steppe; arid plain, uninhabited area. دشتِ اِدبار (*fig.*) disasters, misfortunes; miseries, worries. دشت پیما **1** wanderer; traveller; vagabond. **2** (*poet.*) lovelorn wanderer. دشتِ جنوں wilderness; desert. دشت گرد،نورد **1** wandering or travelling in wilderness. **2** traveller; wanderer. دشت گردی،نوردی wandering in wilderness. دشتِ وغا battlefield. دشتِ ہُو fearsome wilderness; desert void of all but God.

دِشت /d̪ɪʃt̪/ ■ *n.f.* eyesight. دشت بازی wink; seeing with the evil eye.

دشتی¹ /d̪əʃt̪i:/ ■ *cardinal number* hundred. [S]

دشتی² ____ ■ *adj.* of or relating to desert or forest, wild, savage. [P]

دُشٹ /d̪ʊʃʈ/ ■ *adj.* **1** wicked, corrupt, vicious, evil. **2** faulty; false. **3** perverse; stubborn, obstinate. **4** low, vile, worthless, depraved. ■ *n.m.* hardhearted person, wicked person, miscreant; enemy. دشٹ آتما of a bad nature; evil-minded, wicked. دشٹ آچاری **1** following evil practices. **2** bad or wicked person. دشٹ بچن bad words, speech or language, abuse.

دُشٹا /d̪ʊʃʈɑ:/ ■ *n.f.* woman of ill repute, prostitute.

دُشمن /d̪ʊʃmən/ ■ *n.m.* **1** foe, enemy; antagonist, adversary. **2** used euphemistically in a peculiar sense to say "you" or "that loved one", e.g. آپ کے دشمن کب سے بیمار ہیں؟ how long have your enemies been ill? (i.e. how long have you been ill?). ان کے دشمن چوری کریں may his enemies steal! (i.e. he is never to steal). دشمن اگر قوی است نگہبان قوی تر است if enemy is powerful, God is more powerful. دشمنِ جاں **1** deadly enemy. **2** (*fig.*) beloved. دشمنِ جانی deadly foe, mortal enemy. دشمن زیرِ بغل hidden enemy. دشمن زیرِ پا پاؤں (on wearing new pair of shoes) may your foes be trampled by your feet! دشمن سوئے نہ سونے دے an enemy is a constant troublemaker. دشمنِ عقل fool, stupid. دشمن کی نظر نگاہ سے دیکھنا scan critically, evaluate or check without any leniency. دشمن کے کان بہرے God forbid!

دُشمنان /d̪ʊʃmənɑ:n/ ■ *n.m.* (*pl.* of دشمن) (also دشمناں) enemies. دشمنانِ دین enemies of the religion.

دُشمنی /d̪ʊʃməni:/ ■ *n.f.* enmity, hostility; malice, hatred. دشمنی پڑنا (of enmity) be bred (between). دشمنی ڈالنا sow enmity or discord (between).

دشمی /d̪əʃəmi:/ ■ *n.f.* **1** tenth day of the lunar fortnight. **2** tenth decade or last stage of human life. **3** last ten years of a century. **4** aged person. ■ *adj.* between ninety and hundred; very old or aged.

دُشنام /d̪ʊʃnɑ:m/ ■ *n.m.* & *f.* abuse, invective, swear word; bad name; curse. دشنام دہی،طرازی act of abusing or hurling insults. دشنام طراز foul-mouthed.

دشنہ /d̪əʃnɑ:/ ■ *n.m.* a large knife used as weapon, dagger. دشنۂ پنہاں concealed dagger.

دُشوار /d̪ʊʃvɑ:r/ ■ *adj.* difficult, hard, arduous, laborious, troublesome, tough, trying. دشوار پسند one who likes to tackle difficult problems or issues; adventurer. دشوار پسندی the habit of liking difficult tasks. دشوار خو peevish. دشوار گزار difficult to traverse, rugged.

دُشواری /d̪ʊʃvɑ:ri:/ ■ *n.f.* difficulty, trouble, hardship.

دُعا /d̪ʊʔɑ:/ ■ *n.f.* **1** prayer, benediction, supplication (to God); invocation of good. **2** verse, especially the verse of the Qur'an that seeks Divine grace; incantation. دعا جو seeker of benediction. دعا دینا bless or pray for. دعا سلام کہنا send one's compliments. دعا گو well-wisher. دعا لگنا invocation to be fulfilled. دعا لینا stand to receive someone's wishes or prayers. دعا مانگنا pray, bless. (*pl.* ادعیہ)

دُعائیّہ /d̪ʊʔɑ:ɪjjɑ:/ ■ *adj.* expressing wish. دعائیہ جملہ benedictory sentence. دعائیہ کلمات benedictory words.

دعاوی /d̪əʔɑ:vi:/ ■ *n.m.* (*pl.* of دعوٰی) **1** lawsuits. **2** demands; claims.

دعوات /d̪əʔvɑ:t̪/ ■ *n.f.* prayers, benediction, invocations.

دعوت /d̪əʔvət̪/ ■ *n.f.* **1** invitation; invitation to a repast or feast. **2** feast, banquet. **3** preaching; act of persuading or inviting someone to a religion or to join in a cause, etc. **4** invocation of spirits, exorcism. **5** incantation used to invoke planets and stars. دعوتِ اجل call of death. دعوت پڑھنا recite incantations; invoke spirits. دعوتِ جنگ challenge or call to fight; proclamation of war. دعوت دینا،کرنا invite; give a feast; throw a party. دعوتِ سمرقند **1** feast one day and a fast the next. **2** grand feast. دعوتِ شیراز simple fare, plain repast. دعوتِ صلح call for peace. دعوتِ عشائیہ dinner invitation. دعوت قبول کرنا

accept an invitation. دعوت نامہ invitation card, invitation letter. دعوتِ ولیمہ post-marital feast given by the bridegroom.

دعوتی /d̪əʔvət̪i:/ ■ *adj.* of or relating to دعوت. ■ *n.m.* **1** one invited to a feast, guest. **2** one who invokes spirits. دعوتی چٹھی/رقعہ/کارڈ invitation letter, invitation card.

دعویٰ /d̪əʔvɑ:/ ■ *n.m.* (also دعوا) **1** a right or claim to the ownership of something or to a rank or throne. **2** suit, claim, assertion; pretension; lawsuit; plaint; demand. **3** proposition. **4** enunciation. **5** contention. **6** charge, accusation. دعوائے باطل false claim; pretension. دعوائے بےجا baseless assertion, unfounded claim. دعوائے بےدخلی action for dispossession; ejectment suit. دعوائے خدائی claim to be god. دعوائے شفعہ claim for pre-emption. دعوائے مبہم vague claim. دعوائے مہر claim to dower. دعوائے نبوت claim of prophethood. دعوائے وراثت claim to inheritance. دعویٰ بلا دلیل unsupported claim. دعویٰ جمانا assert one's claim. دعویٰ خارج کرنا dismiss a suit or claim. دعویٰ زائد المیعاد time-barred claim. دعویٰ (دائر) کرنا sue; lay a claim, make a claim, assert a claim; make pretensions (to); demand. (*pl.* دعاوی)

دعوے /d̪əʔve/ ■ *n.m.* (*pl.* & *infl.* of دعویٰ) دعوے دار (also دعویدار) plaintiff; claimant; pretender (to some office); suitor.

دغا /d̪əɣɑ:/ ■ *n.f.* deception, betrayal, faithlessness; treason, desertion, treachery. دغا اٹھانا/پانا/کھانا be deceived or imposed on (by). دغاباز/خور/دینہارا one who betrays, deceitful, fraudster; swindler, cheat, impostor. دغابازی/خوری betrayal of trust, treachery. دغا دینا deceive, betray; desert, cheat. دغا کرنا act deceitfully or treacherously, play false.

دغانا /d̪əɣɑ:nɑ:/ ■ *v.* **1** cause to be cauterized to have branded or marked. **2** cause (a gun) to be fired.

دغدغا /d̪əɣd̪əɣɑ:/ ■ *n.m.* **1** a kind of small lamp. **2** suspicion.

دغدغانا /d̪əɣd̪əɣɑ:nɑ:/ ■ *v.* shine, glitter, sparkle.

دغدغہ /d̪əɣd̪əɣɑ:/ ■ *n.m.* **1** distrust; apprehension, alarm. **2** fear, dread; trepidation; awe. **3** dilemma, indecisiveness; confusion.

دغل /d̪əɣəl/ ■ *n.m.* deceit, fraud, treachery; imposture, hypocrisy, corruption. ■ *adj.* **1** imposter; insincere, deceitful, cunning. **2** base (coin), not made of precious metal; fake. دغل باز fraudster, imposter. دغل فصل treachery, deceit, duplicity, depravity.

دغلی /d̪əɣəli:/ ■ *adj.* deceitful, treacherous, forger.

دغنا /d̪əɣnɑ:/ ■ *v.* **1** be marked or branded. **2** be fired (a gun).

دغول /d̪əɣu:l/ ■ *adj.* born out of wedlock; bastard, illegitimate.

دغولیا /d̪əɣo:lijɑ:/ ■ *n.m.* impostor, fraud, cheat.

دغیلا /d̪əɣi:lɑ:/ ■ *adj.* (also دغیلہ) **1** spotted, stained, marked. **2** deceitful. (*fem.* دغیلی)

دف¹ /d̪əf/ ■ *n.m.* kind of bass tambourine (without cymbals). دف بجانا play on this. دف زن/نواز one who plays this. [A]

دف² ____ ■ *n.m.* enthusiasm, zeal, ardour; hotness. دف مرنا **1** cool down, calm down. **2** lose heat or pungency (of food). [S]

دفاتر /d̪əfɑ:t̪ər/ ■ *n.m.* (*pl.* of دفتر) **1** offices. **2** books; registers; volumes.

دِفاع /d̪ɪfɑ:ʔ/ ■ *n.m.* **1** defence; repulsion. **2** defence department.

دِفاعی /d̪ɪfɑ:ʔi:/ ■ *adj.* serving for defence; defensive.

دفالی /d̪əfɑ:li:/ ■ *n.m.* (also دفالچی، ڈفالی) a tambourine player.

دفان /d̪əfɑ:n/ ■ *n.m.* removing, repelling, repulsion. دفان دور be off, get lost! دفان ہونا go away; make (oneself) scarce.

دفائن /d̪əfɑ:ɪn/ ■ *n.m.* (*pl.* of دفینہ) buried or hidden things or treasures; treasure troves.

دفتر /d̪əft̪ər/ ■ *n.m.* **1** dufter, office, workplace. **2** record, register, journal. **3** roll, scroll; list. **4** archive; record-office. **5** a large volume; book. **6** bundle of papers or written documents tied together. **7** (*fig.*) (i) orders, injunctions. (ii) babble, prattle, indiscreet or excessive talk. دفترِ بےمعنی collection of absurdities. دفترِ پارینہ **1** old tales. **2** (*fig.*) obsolete stuff. دفتر خانہ record-office; archives. دفتر خرچ office-charges. دفتر (کے دفتر) سیاہ کرنا **1** (*literal*) fill in the registers or journals. **2** (*fig.*) write in unnecessary detail, give dull and long details (in writing). دفترِ شاہی bureaucracy. دفتر کھولنا **1** state with detail. **2** begin, start. دفتر نویس clerk, registrar.

دفتری /d̪əft̪əri:/ ■ *adj.* official; bureaucratic. ■ *n.m.* **1** a minor official who has charge of office stationery, etc. **2** binder. دفتری اوقات office timings. دفتری حکم نامہ official order. دفتری زبان official language. دفتری کارروائی action as per official procedure; red tape.

دفتی /d̪əft̪i:/ ■ *n.f.* cardboard, material used to hard-bind books, pasteboard.

دفر /d̪əfər/ ■ *adj.* stinking. ■ *n.f.* **1** offensive smell. **2** breeding of worms in food. **3** decay, rot, putrefaction. دفر قلیہ/قلیا a tasteless broth; watery stew.

دفع /d̪əfʔ/ ■ *n.m.* pushing, thrusting; repulsion, repelling; warding off. دفع الوقتی postponement; beguiling the time. دفعِ شر preventing evil. دفع کرنا repel, remove, dispel, push or thrust away or off; ward off. دفع ہونا be turned back; be repelled; go away.

دفعتاً /d̪əfʔət̪ən/ ■ *adv.* **1** suddenly, all of a sudden. **2** instantly, immediately, all at once.

دفعدار /d̪əfʔd̪ɑ:r/ ■ *n.m.* (also دفعہ دار) duffadar, officer commanding a small troop of cavalry or infantry.

دفعہ /d̪əfʔɑ:/ ■ *n.f.* **1** (***Law***) article (of constitution); section; item. **2** grade (at school), class. **3** turn; time; occasion; time(s). دفعہ بہ دفعہ from time to time, time after time, repeatedly; one by one.

دفعیہ /d̪əfʔɪjjɑ:/ ■ *n.m.* **1** remedy, prevention, cure. **2** repulsion, warding off, averting. ■ *adj.* curative, preventive.

دفلہ /d̪əflɑ:/ ■ *n.m.* (also دفلا) small tambourine.

دفن /d̪əfn/ ■ *n.m.* **1** the burial of a corpse in a grave or tomb, interment. **2** the act of burying anything, hiding deep, concealing, covering. دفن کرنا **1** entomb, bury. **2** hide. دفن ہونا be buried.

دفنانا /d̪əfnɑ:nɑ:/ ■ *v.* **1** entomb, bury, inter. **2** conceal, hide.

دفینہ /d̪əfi:nɑ:/ ■ *n.m.* anything buried; buried or hidden treasure, treasure-trove. (*pl.* دفائن)

دق /d̪əq/ ■ *n.m.* **1** woollen cloth with hanging fibres; a coarse woollen cloth (such as that of which a fakir's blanket is made). **2** a fine silken cloth.

دِق /d̪ɪq/ ■ *adj.* **1** thin; ailing. **2** dikh, angry, annoyed; troubled, disturbed. ■ *n.m.* tuberculosis, commonly known as TB. دق داری trouble; vexation; penury, poverty. دق داری اٹھانا undergo trouble, be at the pains (to). دقِ ریوی lungs tuberculosis. دق کرنا tease, trouble, annoy.

دِقاق /d̪ɪqɑ:q/ ■ *adj.* **1** small; thin; fine; minute. **2** subtle; intelligent, sagacious. ■ *n.m.* fragment; broken piece or particle, chip; shred.

دقّاق /d̪əqqɑ:q/ ■ *n.m.* **1** one who bruises, brays or pounds. **2** corn grinder; flour seller. ■ *adj.* sagacious, intelligent.

دقائق /d̪əqɑ:ɪq/ ■ *n.m.* (*pl.* of دقیقہ) **1** difficulties; subtleties. **2** minutes, minutiae, fine points. **3** flour, meal. **4** particles, minute portions or matters. **5** (***Physics***) subatomic constituents of matter. **6** moments, seconds, 1/60th parts of a minute. **7** minutes, 1/60th parts of an hour.

دِقّت /d̪ɪqqət̪/ ■ *n.f.* **1** minute or subtle thing; knotty or fine point (in a debate or discourse). **2** delicate matter; difficulty, abstruseness; intricacy. دقت پسند one who likes profound or abstruse topics, one who likes to undertake difficult tasks. دقت شناس discerning, penetrating, quick of apprehension, perspicacious. دقت طلب troublesome, vexatious. دقت میں پڑنا get into trouble or difficulty. دقتِ نظر discernment, minuteness, perspicacity.

دقیانوس /d̪əq jɑ:nu:s/ ■ *pr.n.m.* Decius, a cruel Roman emperor whose persecution of the Christians caused the Seven Sleepers of Ephesus to take refuge in a cave. ■ *n.m.* (*fig.*) antiquated or old-fashioned fellow. دقیانوس کے وقت کا (*derog.*) antiquated, outdated; archaic; very old, ancient.

دقیانوسی /d̪əq jɑ:nu:si:/ ■ *adj.* (*derog.*) outdated, obsolete, old-fashioned, ridiculously old-fashioned.

دقیق /d̪əqi:q/ ■ *adj.* **1** delicate, subtle, thin, slender; minute; fine. **2** obscure, recondite. **3** difficult, abstruse. ■ *n.m.* flour.

دقیقہ /d̪əqi:qɑ:/ ■ *n.m.* **1** anything small or minute; particle. **2** subtle or intricate question; inconsiderable business. **3** minute; the 1/60th part of an hour. **4** (*fig.*) a second, a moment, very brief span of time. دقیقہ اٹھا/باقی نہ رکھنا do one's very best, leave no stone unturned. دقیقہ رس/سنج quick-witted, intelligent, comprehending fine or abstruse points, penetrating,

oppressive, one who gives/causes pain, tormentor, persecutor. دکھ درد کا شریک one who shares someone's troubles or pain, etc. دکھ دینا give or cause pain.
دکھ سکھ **1** pains and pleasures. **2** ups and downs of life, vicissitudes of fortune. دکھ کا مارا afflicted.
دکھ ہرا / ہرتا / ہرن one who removes pains or sorrow; painkilling, soothing.

دِکھانا /ḍɪkʰɑ:nɑ:/ ■ *v.* **1** show, display, exhibit, expose, cause to see. **2** denote, indicate; manifest, reveal. **3** prove, verify (through action). **4** consult (a doctor).

دُکھانا /ḍʊkʰɑ:nɑ:/ ■ *v.* hurt, pain, inflict pain; torment, grieve; touch or probe so as to hurt (a sore, etc.).

دِکھاوا /ḍɪkʰɑ:vɑ:/ ■ *n.m.* (also دِکھلاوا) ostentation, show.

دِکھاوٹ /ḍɪkʰɑ:vəʈ/ ■ *n.f.* **1** sight. **2** exhibition; display, pomp, ostentation.

دِکھاوٹی /ḍɪkʰɑ:vəʈi:/ ■ *adj.* ostentatious; pretended; false.

دِکھاؤُ /ḍɪkʰɑ:u:/ ■ *adj.* **1** illusive; showy, ostentatious. **2** visible, apparent. **3** presentable, comely.

دِکھاوٗ /ḍɪkʰɑ:o:/ ■ *n.m.* (also دِکھاوا) **1** sight, view. **2** show, display; exhibition. **3** pretence; ostentation, pomp.

دِکھائی /ḍɪkʰɑ:i:/ ■ *n.f.* **1** inspection. **2** appearance; showing, show. دکھائی پڑنا / دینا be seen, be visible, seem, appear, be sighted.

دُکھتا /ḍʊkʰt̪ɑ:/ ■ *adj.* sore, painful (a body part, etc.).

دُکھتی /ḍʊkʰt̪i:/ ■ *adj.* (*fem.* of دُکھتا) دکھتی رگ پر ہاتھ رکھنا / چھیڑنا touch (one) on the raw.

دُکھڑا /ḍʊkʰɽɑ:/ ■ *n.m.* **1** story or narration of trials and travails. **2** suffering, troubles, worries, etc. **3** labour, toil. دکھڑا پڑنا be afflicted or distressed, be overtaken by misfortune. دکھڑا پیٹنا live a life of toil and trouble. دکھڑا روتے پھرنا go about telling (one's) grievances or troubles. دکھڑا رونا bewail or recount (one's) woes and troubles.

دِکھلانا /ḍɪkʰlɑ:nɑ:/ ■ *v.* **1** show, exhibit. **2** direct.

دِکھلاوا /ḍɪkʰlɑ:vɑ:/ ■ *n.m.* ostentation. See دِکھاوا.

دُکھن /ḍʊkʰən/ ■ *n.f.* ache, pain (in any part of body).

دکّھن /ḍəkʰkʰən/ ■ *adj.* south. See دکّن.

دِکھنا /ḍɪkʰnɑ:/ ■ *v.* be seen, be sighted; appear, seem.

دُکھنا /ḍʊkʰnɑ:/ ■ *v.* ache, pain, smart.

دِکھوانا /ḍɪkʰvɑ:nɑ:/ ■ *v.* cause to show, exhibit; present before someone for scrutiny (esp. a doctor).

perspicacious, of quick comprehension. دقیقہ شناس intelligent, sharp-minded. دقیقہ فروگزاشت نہ کرنا leave no stone unturned. (*pl.* دقائق)

ڈکال /ḍʊkɑ:l/ ■ *n.m.* (also ڈوکال، کال) **1** famine. **2** scarcity.

ڈکان /ḍʊkɑ:n/ ■ *n.f.* (also ڈوکان) shop. دکان اٹھانا close the shop or business for good and take the wares away. دکان بڑھانا / بند کرنا **1** close down the shop or business for good. **2** (*fig.*) finish or withdraw from some activity. دکان چلانا run a shop. دکان چلنا / گرم ہونا flourish (of business or shop). دکان کرنا keep or open a shop. دکان لگانا set up or open a shop or business; arrange goods for sale, display (one's) wares.

ڈکاندار /ḍʊkɑ:nḍɑ:r/ ■ *n.m.* (also ڈکان دار، ڈکندار) shopkeeper.

ڈکانداری /ḍʊkɑ:nḍɑ:ri:/ ■ *n.f.* (also ڈکان داری، ڈکنداری) shopkeeping; trade.

ڈکٹور /ḍəkʈu:r/ ■ *n.m.* doctor, person having a doctorate. [E]

ڈکڑا /ḍʊkɽɑ:/ ■ *n.m.* the fourth part of a paisa (now *obs.*).

ڈکڑی /ḍʊkɽi:/ ■ *n.f.* (also ڈوکڑی) **1** two of anything; a pair. **2** two-horse carriage. **3** (***Cards***) two-dotted card.

دکشنا /ḍəkʃɪnɑ:/ ■ *n.m.* (also دچھنا، دکھشنا) (***Hinduism***) charity, alms, money given to Brahmans after a feast or ceremony, fee for spiritual services.

دکّن /ḍəkkən/ ■ *n.m.* (also دکن، دکّھن) **1** south. **2** Deccan, southern region, especially of South India.

دکّنی /ḍəkkəni:/ ■ *adj.* of or belonging to the South India or Deccan.

ڈکنیا /ḍʊkənjɑ:/ ■ *n.f.* (*dim.* of ڈکان) a small shop.

ڈکّی /ḍʊkki:/ ■ *n.f.* (also ڈگّی) two (in playing cards).

ڈکیلا /ḍʊke:lɑ:/ ■ (*tabe* of اکیلا). ■ *adj.* having another one as companion, (the person) with whom there is another one; twosome.

دُکھ /ḍʊkʰ/ ■ *n.m.* **1** affliction, suffering, misery, distress; grief, sorrow; bother, vexation, uneasiness. **2** ache, pain; ailment. دکھ اٹھانا suffer, take pains, be afflicted. دکھ بٹانا share the trouble or sorrow (of another). دکھ بھریں رہو گیں رہیں بی فاختہ اور کوے انڈے کھائیں used when someone gets the benefit for another's hard work. دکھ بھگتنا suffer distress or trouble. دکھ بھوگ suffering, affliction. دکھ پانا suffer pain or trouble, be afflicted. دکھ جھیلنا suffer pain or affliction. دکھ دائی grievous; painful, troublesome, afflictive, vexatious,

دکھی /ḍukʰi:/ ■ *adj.* (also دکھیا) 1 afflicted, in distress or pain; grieved, sorrowful, sad; unfortunate, miserable, wretched, sufferer. 2 ill, sick.

دکھیارا /ḍukʰja:ra:/ ■ *adj.* See دکھی. (*fem.* دکھیاری)

دگاڑا /ḍuga:ɽa:/ ■ *n.m.* double-barrelled gun.

دگانہ /ḍuga:na:/ ■ *n.m.* double. See دوگانہ.

دگدا /ḍugda:/ ■ *n.m.* (also دگدھا) doubt, suspense, state of being indecisive.

دگدگا /ḍəgḍəga:/ ■ *adj.* (also دغدغا) bright, shining; burning. ■ *n.f.* a kind of lantern.

دگدگانا /ḍəgḍəga:na:/ ■ *v.* burn brightly, shine, glow, twinkle.

دِگدگانا /ḍɪgḍɪga:na:/ ■ *v.* (of teeth) chatter; tremble with fear.

دگدگاہٹ /ḍəgḍəga:həṭ/ ■ *n.f.* shine, glitter, glow; reddening.

دگدگی /ḍugḍugi:/ ■ *n.f.* (also دھگدگی) 1 the cavity in the throat beneath the Adam's apple. 2 a kind of ornament worn round the neck.

دگدھ /ḍəgdʰ/ ■ *adj.* 1 burnt, consumed by fire, scorched, singed; cauterized. 2 hurt, wounded; sore. 3 grieved; unpropitious. 4 unlucky. 5 cunning.

دگدھ /ḍugdʰ/ ■ *adj.* milked. ■ *n.m.* milk. دگدھ پھین the froth or skim of milk; syllabub. دگدھ وتی any milch animal.

دِگر /ḍɪgər/ ■ *adj.* other; another. ■ *adv.* once more, again. دگرگوں 1 of another complexion or colour. 2 altered or changed for the worse; miserable, deteriorated.

دگڑ /ḍəgəɽ/ ■ *n.m.* kettledrum.

دگڑا /ḍəgɽa:/ ■ *n.m.* road; way, highway.

دگڑانا /ḍəgɽa:na:/ ■ *v.* cause to rock; cause to roll or move; propel.

دگرنا /ḍəgəɽna:/ ■ *v.* 1 rock; roll. 2 doubt, discredit, disbelieve (a true testimony).

دگلا /ḍəgla:/ ■ *n.m.* quilted and padded jacket, long woollen shirt.

دِگمبر /ḍɪgəmbər/ ■ *adj.* (also ڈگمبر، دگنبر) naked. ■ *n.m.* 1 a Jain mendicant (who remains naked). 2 (***Hinduism***) an epithet of Shiva. دگمبر جین a sect of Jains who always go naked.

دگن /ḍugən/ ■ *n.m.* second tone in music. ■ *adj.* double, twofold, twice as much, twice as many.

دگنا /ḍugna:/ ■ *adj.* double, twofold; twice as much, twice as many.

دِگّی /ḍɪggi:/ ■ *n.f.* (also ڈِگّی) oblong tank or pond.

دُگّی /ḍuggi:/ ■ *n.f.* (also ڈُگّی) (***Cards***) two; a card bearing the mark of 2.

دل¹ /ḍəl/ ■ *n.m.* 1 horde; large army; crowd. 2 thickness. 3 leaf (of a tree). دل بادل 1 thick and vast bank of clouds. 2 crowd, mob. دل دار thick; fleshy. [S]

دل² —— ■ (*imper.* of دلنا) دل دینا to grind (grains). دل مارنا to grind, crush. دل مسل کرنا squeeze and crumple; rumple; thrash. دل مسلنا crush to death; trample or crush underfoot. [S]

دِل /ḍɪl/ ■ *n.m.* 1 heart (the organ). 2 mind; soul. 3 conscience. 4 generosity, munificence. 5 will, willingness. 6 courage, bravery. 7 feeling; emotion. 8 spirit, valour. دل اٹکنا/پھنسنا be captivated, fall in love. دل اچاٹ ہونا/اچٹنا lose heart, lose urge; be weary (of), be disgusted or fed up (with). دل افروز invigorating, refreshing; recreating. دل افگار heartbroken, dejected, melancholy, pensive. دل الٹا چلا آنا be much perturbed or uneasy. دل امنڈ آنا heart to fill, emotions to surge. دل آرا beloved, sweetheart. دل آرام one who gives solace and comfort; sweetheart. دل آزار heart-tormenting, vexing, cruel. دل آزاری torment of the heart, vexation of spirit. دل آزردہ troubled in mind, dejected, vexed, displeased. دل آزردہ ہونا be displeased. دل آگاہ prudent, wise, provident, vigilant. دل آنا lose heart (to), fall in love (with). دل آور brave, bold, intrepid. دل آوری bravery, boldness, courage. دل آویز attractive, beautiful, heart-ravishing, delightful, charming. دل آویزی beauty, charm, attraction, quality of ravishing one's heart, delightfulness, allurement, attractiveness. دل باختہ 1 worried, perturbed. 2 one who has lost his heart, someone in love. دل باغ باغ ہونا be highly pleased. دل باندھنا 1 to intend; be inclined to (do something). 2 fall in love (with). دل بٹورنا dishearten, discourage, deject. دل بدست آور کہ حج اکبر است win the hearts as it is the greatest virtue. دل بر a lovely fellow, beloved. دل بُرا کرنا 1 displease, offend. 2 be displeased or offended. دل برداشتگی aversion; dissatisfaction. دل برداشتہ 1 having torment. دل خستہ heartbroken; afflicted, lovesick. دل خواہ 1 desirable, desiring, what one likes or long for. 2 beloved; desiring object. دل خوش contented; cheerful, glad, pleased. دل خوش کرنا amuse, gladden or cheer. دل دادگان admirers; adorers. دل دادہ 1 lover, who has given his heart. 2 enamoured (of), loving; fond (of). دل دار 1 lover; charmer. 2 mistress, darling, beloved. 3 captivating, attractive, charming. 4 consoling. دل داری 1 demonstration of love; kindness. 2 blandishment. 3 consolation; encouragement. دل دریا ہونا be bountiful, be magnanimous. دل دُکھانا hurt one's feelings. دل دوز heart-piercing. دل دہ hearty; earnest, zealous. دل دہی 1 solace, consolation; heartiness, encouragement. 2 attention, heed. دل دیکھنا study the temper (of), ascertain the inclinations or wishes (of); assess the courage (of). دل دینا lose heart to; be in love. دل ڈوبنا feel faint. دل رُبا sweetheart; heart-stealing. دل رکھنا 1 console, comfort; please. 2 oblige. دل ریش wounded to the heart, afflicted, in love, sad, grieved. دل ریشی wound of the heart, grief, affliction. دل زدہ wounded or stricken to the heart. دل ساز one which pleases the heart, delightful. دل سازی pleasing the heart, delighting, ardour. دل ستاں heart-stealing, beautiful. دل سرد ہو جانا become apathetic; lose interest; spirit be dampened; be dejected or depressed or despondent. دل سنبھالنا take heart or courage; nerve (oneself to an effort). دل سوختہ afflicted; grieved. دل سوز 1 benevolent, kind; sympathetic. 2 heart-burnt, aggrieved, afflicted. 3 passionate; ardent. 4 moving, heart-inflaming, heart-burning, touching. دل سوزی 1 heart-burning; warmth of feeling, ardour, fervour. 2 affection. 3 sympathy, compassion. دل شاد cheerful, glad. دل شکستہ heart-broken; sore, afflicted; comfortless. دل فریب alluring, enticing, fascinating. دل فگار heartbroken, dejected, sad, pensive, wounded at heart; melancholy; mournful. دل کا دورہ heart attack. دل کدہ assembly of friends or lovers. دل کڑا کرنا harden the heart, steel oneself, summon up courage or resolution (for). دل کش something that draws or attracts heart; alluring, engaging; pleasant, lovely. دل کُشا blissful, pleasing, delightful, exhilarating.

the heart turned (from) or set (against). 2 dissatisfied; averse (to); indifferent (to); disgusted; dispirited. دل بڑھانا give (one) heart, encourage. دل بستگی 1 affliction or anguish of mind. 2 attachment; friendship, love. دل بستہ 1 afflicted, attached. 2 enamoured, in love. دل بہلانا amuse; divert; beguile. دل بہلنا be amused; be diverted. دل بیٹھنا be dispirited, be disappointed. دل بھر آنا heart to well up, feel like crying; become sad. دل پانا find out the mind or disposition (of); discover what is agreeable or pleasing (to anyone). دل پذیر acceptable to the mind and soul; pleasant, delightful, amiable. دل پر پتھر رکھنا accept a great burden of sorrow, to suffer patiently. دل پسند liked, loved; delightful to the heart; satisfactory or pleasing to the mind; desirable. دل پگھلنا heart to rend; become soft or accommodating. دل پھٹ جانا heart to be rent with grief. دل پھٹنا be in great distress. دل پھر نا رہٹ جانا become averse, to be sick or weary (of), be disgusted (with). دل پھیرنا turn (one) away (from). دل تفتگی 1 distress. 2 love. دل تفتہ 1 distressed. 2 in love. دل تنگ distressed, sad, mournful; dejected. دل توڑنا break the heart; disappoint. دل ٹھکانے لگنا be comforted or consoled. دل ٹُھکنا be assured, have a feeling of trust; be satisfied. دل جلا 1 disappointed. 2 lovesick; cynic. 3 one given to sarcasm. دل جلانا 1 cause heartburning. 2 hurt; cause anguish. دل جلنا be unhappy, be unpleased, have heartburning. دل جمع collected in mind, assured, contented; cheerful. دل جمعی ease of mind, assurance. دل جو 1 one who tries to win the heart (of), one who comforts or pleases someone. 2 (*fig.*) loved one. دل جوئی seeking to gain the heart, trying to please. دل جوئی کرنا try to please or console. دل چُرانا 1 steal the heart. 2 be deterred or desist (from an enterprise); be inattentive (to), neglect. دل چسپ interesting; alluring, engaging, pleasing, charming. دل چسپی interest. دل چلا 1 enterprising, brave; resolute. 2 generous; extravagant, lacking restraint. دل چلانا stimulate the heart (in), be brave (in). دل چلنا heart to be set (on), desire. دل چور 1 negligent; inattentive. 2 timid. دل حاضر ہونا have presence of mind. دل خراش heart-rending, excruciating, vexatious, grievous. دل خراشی vexation,

دل کشی attractiveness, loveliness, charm. دل کو دل سے راہ ہوتی ہے love begets love. دل کو لگانا give or apply heart to; fall in love. دل کے پھپھولے پھوڑنا relieve a half-forgotten grief by venting pent-up feelings, rip up old sores; pay off old scores, give vent to anger by making harsh remarks (against someone). دل کھٹا کرنا turn the heart (of anyone) against (one); displease, offend. دل گداز heart-melting. دل گردہ (*fig.*) courage. دل گیر 1 seizing or captivating the heart, heart-stricken. 2 terrifying, filling with horror or anguish. 3 grieved (at or with), low-spirited, melancholy, sad. دل لگی 1 attention, diligence, inclination. 2 attachment, friendship. 3 diversion, merriment; jest, joking; fun, amusement; flirtation. دل لینا 1 discover or ascertain the wishes or feelings. 2 make someone fall in love with oneself; captivate the heart of, allure, entice. دل مانے as the heart might wish, if you so desire. دل مسوس کر رہنا bear quietly or patiently. دل مضبوط رکھنا keep or bear a stout heart. دل ملنا have mutual love, find (someone) congenial. دل موہ لینا charm, captivate. دل میلا کرنا cloud the heart (with grief or vexation), be grieved or displeased. دل میں اترنا find a favourable response or acceptance. دل میں آنا have or get an idea, think; desire. دل میں ٹھاننا set one's heart on, make a resolve. دل میں جگہ کرنا find a place in the heart of, win the heart or mind of. دل میں چٹکیاں لینا rouse interest in the heart. دل میں چور بیٹھا رہنا have a secret inadequacy, have a hidden deficiency; have a guilty feeling; have a fear (of a secret being discovered). دل میں دل ڈالنا put one's own heart or mind into (another); cause one to think or feel as oneself does; exercise influence (over), inspire, infuse. دل میں ڈالنا 1 suggest; create a feeling in someone. 2 to inspire (as a divination). دل میں رکھنا 1 bear in mind, remember. 2 bear malice about; keep a secret, keep to oneself, keep hidden in the mind. دل میں فرق ہونا 1 feel distrustful; suspect. 2 disgust. دل میں کانٹا سا کھٹکنا have a continuing resentment or bad feeling. دل میں گرہ پڑنا have bad blood against. دل میں گڑ جانا deeply impress. دل میں گھر کرنا win the heart or affections (of); become intimate friend. دل میں لڈو پھوٹنا be secretly happy; be very happy. دل نشین impressive, attractive. دل نواز 1 kind, soothing; gracious; conciliating. 2 sweetheart; mistress. دل نوازی 1 blandishment. 2 kindness. دل نہاد 1 anything on which the heart is fixed, object of desire or affection. 2 sweetheart. دل والا 1 spirited, bold, courageous. 2 large-hearted, generous, liberal. دل و جان سے willingly, heartily, wholeheartedly. دل ہاتھ میں لینا win the heart (of). دل ہٹ جانا be averse (to), dislike. دل ہلانا move; affect; create fear or terror. دل ہلنا be moved; be afraid; be in suffering. دل ہی دل میں in one's heart of hearts, secretly, silently.

دِلا /d̪ila:/ ■ *voc.* O, heart!

دَلّا /d̪alla:/ ■ *adj.* (*offens.*) pimp, procurer, pander.

دِلّا /d̪illa:/ ■ *n.m.* horse shoe.

دِلا پانا /d̪ila: pa:na:/ ■ *v.* obtain or get back; recover.

دُلار /d̪ula:r/ ■ *n.m.* affection, love, endearment.

دُلارا /d̪ula:ra:/ ■ *adj.* darling, apple of (one's) eye.

دُلاری /d̪ula:ri:/ ■ *adj.* (*fem.* of دُلارا) dear.

دِلاسا /d̪ila:sa:/ ■ *n.m.* assuagement, comfort, consolation; encouragement. دلاسا دینا make unpleasant feelings less intense, soothe, comfort.

دَلّاک /d̪alla:k/ ■ *n.m.* masseur, attendant who rubs or massages the body in a hot bath; barber.

دَلال /d̪ala:l/ ■ *n.m.* (also دِلال) amorous gesture or behaviour of a woman, coquettish boldness with pretended inattention.

دَلّال /d̪alla:l/ ■ *n.m.* 1 middleman (in a business deal). 2 broker, go-between. 3 pimp.

دَلالت /d̪ala:lət̪/ ■ *n.f.* 1 direction, guidance. 2 mark, sign, indication. 3 expression; demonstration. 4 argument; proof, evidence. 5 brokerage. دلالت کرنا 1 prove. 2 indicate, denote, allude to. 3 show, express, demonstrate.

دَلّالہ /d̪alla:la:/ ■ *n.f.* 1 female pimp, madam. 2 go-between.

دَلّالی /d̪alla:li:/ ■ *n.f.* 1 brokerage; commission of a broker. 2 profession of a broker. 3 pimping. 4 cunning, trickery.

دِلانا /d̪ila:na:/ ■ *v.* 1 put in possession, consign, cause to give; cause to yield; cause to pay. 2 assign.

دُلانا /d̪ula:na:/ ■ *v.* shake; agitate; toss.

دِلدادہ /d̪ɪld̪ɑ:d̪ɑ:/ ■ *n.m.* lover. ■ *adj.* loving; fond (of). See دل دادہ under دِل.

دِلدار /d̪ɪld̪ɑ:r/ ■ *n.m.* lover. ■ *n.f.* beloved. ■ *adj.* 1 captivating. 2 consoling. See دل دار under دِل.

دِلداری /d̪ɪld̪ɑ:ri:/ ■ *n.f.* 1 demonstration of love. 2 blandishment. 3 consolation. See دل داری under دِل.

دِلدّر /d̪əlɪd̪d̪ər/ ■ *n.m.* 1 poverty, pauperism, penury. 2 refuse, mess, rubbish. ■ *adj.* 1 inauspicious; unfortunate, ominous. 2 bad; old; torn and worn. 3 poor, low, mean; rubbish, refuse. دلدردور ہونا things to improve, fortunes to change favourably, have all the woes gone, see better days.

دلدل /d̪əld̪əl/ ■ *n.f.* 1 an area of very soft and wet muddy ground that sucks in anything resting on it, quicksand, bog, fen, quagmire. 2 (*fig.*) a complex or difficult situation. دلدل میں پھنسنا get stuck into the mire or difficulties.

دُلدُل /d̪uld̪ul/ ■ *adj.* fat, flabby. ■ *pr.n.m.* name of the horse which Prophet Muhammad gave to Hazrat Ali. دلدل سوار appellation of Hazrat Ali.

دلدلانا /d̪əld̪əlɑ:nɑ:/ ■ *v.* quiver, shake.

دلدلی /d̪əld̪əli:/ ■ *adj.* boggy, swampy, marshy. دلدلی گیس marsh gas.

دِلدوز /d̪ɪld̪o:z/ ■ *adj.* heart-piercing. See دل دوز under دِل.

دِلدہی /d̪ɪld̪ehi:/ ■ *n.f.* consolation; encouragement. See دل دہی under دِل.

دِلربا /d̪ɪlrubɑ:/ ■ *adj.* heart-stealing.

دِلسوز /d̪ɪlso:z/ ■ *adj.* heart-burnt. See دل سوز under دِل.

دِلسوزی /d̪ɪlso:zi:/ ■ *n.f.* heart-burning. See دل سوزی under دِل.

دِلشاد /d̪ɪlʃɑ:d̪/ ■ *adj.* cheerful. See دل شاد under دِل.

دلق /d̪əlq/ ■ *n.m.* 1 patched garment worn by religious mendicants or hermits and saints. 2 mendicant's hut made of patched cloth, etc. دلق پوش 1 one clothed in this raiment; rag wearer; rag wearing. 2 (*fig.*) hermit, mendicant, fakir, dervish. (See also خرقہ، گدڑی.)

دلک /d̪ələk/ ■ *n.f.* 1 glitter. 2 tottering, shaking, quaking, trembling; shock, blow; vibration. دلک دلک کرنا move, shake; vibrate.

دلک /d̪əlk/ ■ *n.m.* 1 massage, rub-down; burnishing, the act of polishing or rubbing. 2 any oil or ointment, etc. used for massage.

دِلاور /d̪ɪlɑ:vər/ ■ *adj.* brave. See دل آور under دِل.

دِلاوری /d̪ɪlɑ:vəri:/ ■ *n.f.* bravery. See دل آوری under دِل.

دِلاویز /d̪ɪlɑ:ve:z/ ■ *adj.* attractive, beautiful. See دل آویز under دِل.

دِلاویزی /d̪ɪlɑ:ve:zi:/ ■ *n.f.* beauty, attraction. See دل آویزی under دِل.

دلائل /d̪əlɑ:ɪl/ ■ *n.m.* (*pl.* of دلیل) arguments, reasons; evidences.

دُلائی /d̪ulɑ:i:/ ■ *n.f.* light quilt. See دولائی under دو.

دُلب /d̪ulb/ ■ *n.m.* plane tree, the poplar, of genus *Populus*. (See also چنار.)

دلبا /d̪əlbɑ:/ ■ *adj.* 1 broken; crushed. 2 beaten, defeated. 3 dispirited; feeble, weak; crushed or feeble (bird, etc.) (esp. a *lal* (لال) which is used to train another of the same species to fight).

دِلبر /d̪ɪlbər/ ■ *adj.* lovely. See دل بر under دِل.

دِلبرداشتگی /d̪ɪlbərd̪ɑ:ʃtəgi:/ ■ *n.f.* 1 aversion. 2 dissatisfaction. See دل برداشتگی under دِل.

دِلبرداشتہ /d̪ɪlbərd̪ɑ:ʃtɑ:/ ■ *adj.* 1 having the heart set (against). 2 dissatisfied. See دل برداشتہ under دِل.

دِلبری /d̪ɪlbəri:/ ■ *n.f.* loveliness; state of being a beloved.

دِلبند /d̪ɪlbənd̪/ ■ *adj.* attractive, lovely. ■ *n.m.* beloved child.

دُلبند /d̪ulbənd̪/ ■ *n.m.* 1 turban; sash. 2 fine cloth of which a turban is made.

دِلپذیر /d̪ɪlpəzi:r/ ■ *adj.* acceptable to the mind or soul. See دل پذیر under دِل.

دِلپسند /d̪ɪlpəsənd̪/ ■ *adj.* pleasant, agreeable. See دل پسند under دِل.

دلَت /d̪ələt̪/ ■ *n.f.* breaking; splitting; bursting.

دلِت /d̪əlɪt̪/ ■ *adj.* 1 burst; split; broken; torn, rent. 2 contemptible; mean. ■ *n.m. & f.* a person of a caste considered low in Hinduism; untouchable man or woman, Sudra.

دِلچسپ /d̪ɪltʃəsp/ ■ *adj.* interesting. See دل چسپ under دِل.

دِلخراش /d̪ɪlxərɑ:ʃ/ ■ *adj.* vexatious. See دل خراش under دِل.

دِلخراشی /d̪ɪlxərɑ:ʃi:/ ■ *n.f.* vexation. See دل خراشی under دِل.

دِلخواہ /d̪ɪlxɑ:h/ ■ *adj.* desirable, desiring. ■ *n.m.* desiring object. See دل خواہ under دِل.

دِلدادگان /d̪ɪld̪ɑ:d̪gɑ:n/ ■ *n.m.pl.* admirers. See دل دادگان under دِل.

دِلکدہ /d̪ɪlkəd̪a:/ ■ *n.m.* (*fig.*) assembly of friends or lovers.

دِلکش /d̪ɪlkəʃ/ ■ *adj.* attractive. See دل کش under دِل.

دِلکشا /d̪ɪlkuʃa:/ ■ *adj.* pleasing. See دل کشا under دِل.

دِلکشی /d̪ɪlkəʃi:/ ■ *n.f.* attractiveness. See دل کشی under دِل.

دلکنا /d̪ələkna:/ ■ *v.* tremble, totter, shake; crack.

دُلکنا /d̪uləkna:/ ■ *v.* (also دُلکھنا) 1 cross (someone) in speech; take exception (to). 2 object; refuse, decline, gainsay. 3 expose someone before another. 4 swerve from; kick against; disobey.

دُلکی /d̪ulki:/ ■ *n.f.* 1 trot (of a horse or a dog). 2 dogtrot. دُلکی چلنا go at a trot; trot.

دِلگداز /d̪ɪlguda:z/ ■ *adj.* heart-melting. See دل گداز under دِل.

دِلگیر /d̪ɪlgi:r/ ■ *adj.* seizing or captivating the heart, heart-stricken. See دل گیر under دِل.

دِلمہ /d̪ɪlma:/ ■ *n.m.* (also دلمہ) thickened milk, condensed milk; milk coagulated by rennet and formed into a lump; freshly made cheese.

دُلمہ[1] /d̪ulma:/ ■ *n.m.* (also دُلما،دولمہ) a dish of brinjal or gourd cooked with mince or cheese. [P]

دُلمہ[2] ——— ■ *n.m.* venomous animal resembling a spider, tarantula. [P]

دُلمیان /d̪ulmɪja:n/ ■ *n.m.* 1 purse or bag (worn or carried on the waist). 2 letter-bag.

دلن /d̪əlen/ ■ *adj.* breaking to pieces; tearing, rending, crushing; dividing. ■ *n.m.* tearer.

دلنا /d̪əlna:/ ■ *v.* 1 grind coarsely, bruise, split (grains or pulses, etc.). 2 to trample, crush under feet. 3 squeeze and crush to death; ruin, destroy.

دِلنشین /d̪ɪlnəʃi:n/ ■ *adj.* impressive. See دل نشین under دِل.

دِلنواز /d̪ɪlnəva:z/ ■ *adj.* kind, soothing. ■ *n.f.* sweetheart. See دل نواز under دِل.

دِلنوازی /d̪ɪlnəva:zi:/ ■ *n.f.* kindness. See دل نوازی under دِل.

دلو /d̪əlv/ ■ *n.m.* 1 bucket. 2 (***Astrol.***) Aquarius, the eleventh sign of the zodiac.

دلوانا /d̪əlva:na:/ ■ *v.* cause to be coarsely ground, bruised or split.

دِلوانا /d̪ɪlva:na:/ ■ *v.* cause to give, be given; cause to be paid.

دلوائی /d̪əlva:i:/ ■ *v.* price paid for grinding, etc.

دِلّو کادسیرا /d̪ɪllu: ka: d̪ese:ra:/ ■ *phr.* (*coll.*) interference; intervention.

دِلوں /d̪ɪlõ:/ ■ *n.m.* (*pl* of دِل) hearts. دلوں پر حکومت کرنا rule the hearts. دلوں کی دھڑکن heart-throb. دلوں میں فرق آنا be no longer mutually friend, be no longer on good terms.

دلوّیا /d̪əlvəjja:/ ■ *n.m.* 1 one who grinds or bruises, corn-grinder. 2 seller of pulses or food grains, etc.

دِلّہ /d̪ɪlla:/ ■ *n.m.* (also دِلہا) 1 tile (for roofing); panel. 2 plank; wooden piece, wooden tray-like plank.

دُلہا /d̪ulha:/ ■ *n.m.* bridegroom. See دُولھا.

دلہارا /d̪əlha:ra:/ ■ *n.m.* dealer in grain, pulses, etc. (*fem.* دلہاری)

دُلہن /d̪ulhən/ ■ *n.f.* (also دُلھن،دُولھن) 1 bride, newly-wed girl. 2 daughter-in-law.

دُلہنڈی /d̪ulæhnd̪i:/ ■ *n.f.* next day after the Hindu festival Holi.

دلی /d̪əli:/ ■ *n.f.* (also ڈلی،ڈھیلی) a lump of clay or earth.

دِلی /d̪ɪli:/ ■ *adj.* hearty; heartfelt, cordial, sincere; true; intimate. ■ *suffix* used in comp. as: خوش دلی happiness. دریا دلی generosity. نرم دلی soft-heartedness. دلی آرزو yearning, longing. دلی دشمن enemy at heart. دلی محبت true love, deep love.

دِلّی /d̪ɪlli:/ ■ *pr.n.m.* the city of Dilli or Delhi. دلی دور ہے success is still faraway. دلی کا روڑا 1 old inhabitant of Delhi. 2 (*fig.*) an epitome of Delhi's language and culture. دلی کی بیٹی متھرا کی گائے کرم پھوٹیں تو باہر جائے a Delhi girl married off outside Delhi and a cow from Mathura sold out to another city are unfortunate; living with strange people or leaving one's own place is unfortunate. دلی میں رہ کر بھاڑ جھونکا (*iron.*) could not learn anything from able people. دلی وال/دوالا/روالی (also دِلوالی) a native or an inhabitant of Delhi.

دلیا /d̪əlja:/ ■ *n.m.* (also دلیہ) half or coarsely ground grain, bruised grain; split pulse; coarse meal; porridge. دلیا بنانا (*fig.*) crush, ruin, destroy.

دِلیپ /d̪ɪli:p/ ■ *pr.n.m.* name of a king of Delhi and ancestor of Rama.

دُلیچا /d̪uli:tʃa:/ ■ *n.m.* carpet.

دِلیر /d̪ɪle:r/ ■ *adj.* bold, brave, intrepid, daring, valiant; animated, venturesome, courageous.

دِلیرانہ /d̪ɪle:ra:na:/ ■ *adv.* bravely, intrepidly, boldly. ■ *adj.* brave. دلیرانہ اقدام کرنا take a bold step.

دِلیری /d̪ɪle:ri:/ ■ *n.f.* bravery, boldness. دلیری کرنا act boldly.

دلیل /ḍəli:l/ ■ *n.f.* **1** argument; reason; evidence. **2** indication. **3** guide. دلیلِ بیّن clear evidence. دلیل پیش کرنا adduce proof, argument or evidence. دلیل دینا give reason or excuse. دلیلِ راہ guide. دلیل کرنا argue (on or about), dispute, be argumentative, raise objection; reason. دلیل لانا / نکالنا find a reason (for). (کی) دلیل ہونا be proof (of).

دلیل /ḍəle:l/ ■ *n.f.* **1** physical exercise, drill. **2** punishment. [E]

دلیتی /ḍəlæ:ṭi:/ ■ *n.f.* hand-mill for grinding, bruising or splitting food grains, etc.

دُلھن /ḍulʰən/ ■ *n.f* (also دُولہن، دُولھن) bride. See دُلہن.

دم /ḍəm/ ■ *n.m.* **1** breath; vital air. **2** moment, instant; occasion. **3** life; vitality, energy, spirit, vigour, strength, stamina, mettle. **4** draught of water. **5** ambition. **6** recreation. **7** breath or blast (of a furnace or oven). **8** puff, whiff, pull, draw of a hookah, cigar or cigarette. **9** dum, stewing or simmering over a slow fire. **10** spring; elasticity. **11** deception, trickery. **12** goodness, virtue (as of medicine, cloth, etc.). **13** courage. **14** cheerfulness, pleasure. **15** society (as a breathing together). **16** edge (of a sword). **17** point (of a spear). **18** coaxing, wheedling. **19** (*fig.*) person; people. **20** the act of blowing after uttering incantations or prayer. دم اٹکنا be in the agony of death, taking last breaths. دم الٹنا **1** feel suffocated, choke; breathe one's last; gasp or draw in the breath (as one who has had a severe fall or is dying). **2** be confused; be confounded. دمِ آخر agony of death; last breath. دم باز fraudster, a cheat. دمِ بازپسیں the last breath. دم بازی deception, fraud, deceiving. دم باندھنا **1** stop breathing. **2** attend or listen to someone with bated breath. دم بخود struck dumb, aghast, confounded; silent. دم بخود رہ جانا be dumb founded; be petrified. دم بدم (also دم بہ دم) in every moment; continuously, constantly, incessantly, successively; repeatedly. دم بڑھانا practise holding the breath, make (oneself) long-winded. دم بند still. دم بند کرنا **1** silence (someone), make (someone) speechless. **2** hold one's breath. دم بھر جانا be exhausted; be or get out of breath. دم بھر میں in no time, in an instant. دم بھرنا **1** express love; express faith (in someone); laud, praise. **2** claim; boast. دم پخت stew, simmering; cooking in steam. دم پھولنا **1** become breathless; pant, gasp. **2** feel tired. دم پھونکنا **1** breath (into), give life to. **2** inspire. دمِ تحریر while writing, at the time of writing. دم توڑنا breathe one's last, take last breath, die. دم ٹوٹنا be out of breath, be unable to hold (one's) breath. دم چُرانا **1** hold the breath; feign fainting or death; pretend to be dead. **2** avoid (work or responsibility), evade, escape. دم چُھٹا kind of firework that burns at intervals. دم چڑھنا pant, respire. دم چھوڑنا breathe one's last, die, expire. دم خشک ہونا be afraid. دم خفا ہو جانا / رہنا be choked, breathe with difficulty, be worried; be afraid. دم خم **1** edge or temper of a sword or dagger. **2** stamina, vigour; guts. دم دار **1** strong, vigorous. **2** long-winded; elastic. **3** sharp-edged. **4** long-lived. دم داعیہ guts. دم درود **1** blowing of incantation or prayers. **2** (*fig.*) power, courage; guts; power to stand up to. دم درود نہ ہونا have no courage or power; be about to die. دم دلاسا soothing; false hopes. دم دینا **1** simmer, stew. **2** deceive. **3** die for. دم روکنا stop breathing, hold the breath. دم سادھنا keep quiet; hold one's breath. دم ساز intimate friend, confidant. دمِ سحر in the morning; early morning. دمِ سرد cold sigh of despair. دم سوکھنا be frightened, one's blood to freeze. دمِ شمشیر edge of a sword. دمِ عیسیٰ **1** Jesus's breath that revived the dead. **2** (*fig.*) quickening or animating influence. **3** giving life to dead, reviving something dead; revival; renewal. دم غنیمت ہے (his or her) existence is blessing enough (said of someone who is better than others and is a hope in an otherwise bad situation). دم فنا ہونا **1** be afraid of; feel unnerved. **2** die. دم قدم presence; existence; the animating spirit; mainstay; health and strength. دم قدم سے because of, due to, owing to. دم کرنا **1** utter an incantation and blow the breath (on someone who is sick or bewitched). **2** cook something by simmering, cook in steam. **3** to breathe heavily. دم کھانا **1** be silent; have patience. **2** be deceived. دم کھینچنا **1** remain silent. **2** puff at cigarette or hookah, etc. **3** suspend breath; take deep breath. دم لگانا smoke (tobacco). دم لینا rest. دم مارنا **1** speak.

2 excuse. 3 grumble. دم میں دم آنا return to one's senses; energy to restore, revive. دم میں دم رہنا live, exist. دمِ نقد 1 alone, isolated, lonely. 2 ready (as money). دم نکلنا 1 feel afraid, be threatened. 2 die, expire. دم نہ مارنا not to say a word; be very submissive. [P]

دم² ——— ■ *n.m.* 1 blood; life spirit. 2 (*Isj.*) sacrifice. 3 (*fig.*) son; progeny. دم الاخوین the red, resinous thickened juice called dragon's blood used for varnishes. [A]

دُم /ḍum/ ■ *n.f.* 1 tail. 2 end; extremity. 3 (*fig.*) one who follows someone all the time. دم بُریدہ having a docked tail. دم چنور کرنا lift the tail; move about with the tail (as a horse). دم چھلّا 1 tail of a paper-kite; a small tail. 2 one who always dogs the step. 3 constant companion, crony; sidekick; hanger-on. دم دار having a tail, tailed. دم دار تارا/ستارا comet. دم دبا کر (flee) with the tail between the legs. دم دبا کر بھاگنا turn tail, be overwhelmed and flee, run away (from powerful enemy). دم دبانا 1 put the tail between the legs. 2 turn tail; run away. دم سُم in good condition; plump, fat. دم کٹا 1 having a docked tail. 2 incomplete; vague. دم گزا 1 the root or place of growth of the tail. 2 (of a bird or other animal) the coccyx. 3 (*fig.*) someone always following the steps. دم لابہ the wagging of the tail (as a dog when pleased). دم میں گھسنا 1 creep under the tail (like pups under bitch). 2 take refuge; seek the protection (of); cling to (as a child to its mother's skirt). دم ہلانا wag the tail.

دمادم /ḍəma:ḍəm/ ■ *adv.* (*comb.* of دم¹) 1 continuously. 2 frantically (leaping and making noise in a fit of ecstasy).

دِماغ /ḍɪma:ɣ/ ■ *n.m.* (also دماغ) 1 brain; mind. 2 intellect, wisdom. 3 desire, wish. 4 sense; thought; feeling; imagination, fancy. 5 pride, haughtiness, airs, conceit, arrogance. 6 intoxication; high spirits. 7 the organ of smell, the nose, the sense of smell. دماغ آسمان پر ہونا be overweening, be proud. دماغ پریشان کرنا vex, pester, confuse or disturb the mind, bother. دماغ جھڑنا be shorn of pride. دماغ چاٹنا talk boringly, bore with prattle. دماغ چٹ talkative (person); prattler, bore. دماغ چڑھنا have the head turned, become proud. دماغ چل جانا 1 give oneself airs, be excessively proud. 2 become crazy or mad, become insane, go mad. دماغ خالی کرنا beat one's brain to no purpose; reason with someone unsuccessfully. دماغ خالی ہونا 1 become light-headed. 2 be or become confused; be unable to think. دماغ دار 1 haughty, proud, conceited; supercilious, disdainful. 2 fanciful. دماغ رکھنا 1 have a good brain. 2 be proud. دماغ روشن snuff. دماغ ریزی mental exertion. دماغ ساتویں آسمان پر ہونا be too arrogant. دماغ سوزی کرنا 1 cudgel one's brain. 2 work hard; try hard to drive something home. دماغ کرنا be proud. دماغ کھسک جانا go mad. دماغ میں خلل ہونا have a brain disorder or disease, be deranged. دماغ میں خناس ہونا have a satanic mind, have a bee in the bonnet. دماغ میں گیدڑ نے کاٹ کھایا ہے he/she has gone mad. دماغ میں ہوا بھر جانا 1 become arrogant. 2 have an intense desire (of). دماغ نہیں ملتا said of a person who is extremely proud or arrogant. دماغ ہونا be vain, proud or haughty. (*pl.* ادمِغہ)

دِماغی /ḍɪma:ɣi:/ ■ *adj.* (also دماغی) mental. دماغی امراض mental diseases. دماغی تعطّل lack of intelect, insanity. دماغی توازن بگڑنا/خراب ہونا go mad. دماغی خلل madness, frenzy, lunacy.

دمامہ /ḍəma:ma:/ ■ *n.m.* 1 large kettledrum. 2 noise. 3 (*fig.*) pomp and glory.

دماں /ḍəmã:/ ■ *adj.* 1 fierce (elephant, etc.); powerful; impetuous. 2 speedy; rattling (of lightning or wind). 3 terrible.

دمانا /ḍəma:na:/ ■ *v.* 1 be tempered; acquire elasticity. 2 test the elasticity (of steel or a sword) by bending.

دِماء /ḍɪma:/ ■ *n.m.* (*pl.* of دم²) (also دِما) (streams of) blood.

دمبھ /ḍəmbʰ/ ■ *n.m.* 1 deceit, deception, fraud, trickery; feigning. 2 hypocrisy. 3 wickedness. 4 pride, haughtiness, arrogance; ostentation. دمبھ بکّی one who uses boastful language, boaster.

دمبھی /ḍəmbʰi:/ ■ *adj.* acting deceitfully; feigning. ■ *n.m.* 1 proud. 2 deceiver, impostor, hypocrite.

دمپت /ḍəmpəṭ/ ■ *n.m.* man and woman; husband and wife, couple.

دمپتی /ḍəmpəṭi:/ ■ *n.m.* master or lord of the house.

دم پخت /ḍəmpʊxṭ/ ■ *n.m.* cooking in steam. See under دم¹.

دُمچی /ḍumtʃi:/ ■ *n.f.* 1 crupper; tail piece of harness. 2 the lower part of the back. 3 small tail or a protruding little piece of something. دمچی کی ہڈی crupper bone;

coccyx.

دم خم /d̪əmxəm/ ■ *n.m.* vigour, strength. See under دم¹.

دمدمانا /d̪əmd̪əma:na:/ ■ *v.* cause to move or vibrate, shake, wave, stir.

دمدمہ /d̪əmd̪əma:/ ■ *n.m.* **1** a fortified emplacement for heavy guns, parapet; mound; sandbag shelter. **2** report or sound of a drum; booming of cannon, etc. **3** noise, tumult, din, clamour, stir; ado. **4** pomp, show. **5** kettledrum. دمدمہ باندھنا dig trenches, prepare shelter, raise wall or mound to fortify gunners' position.

دمرک /d̪əmrək/ ■ *n.m.* (also دمرکھ) washer; whirl of a spindle (spherical piece of leather or wood) on which the thread is wound; leather piece holding spindle.

دمڑا /d̪əmɽa:/ ■ *n.m.* gold; silver; wealth, money, riches.

دمڑچل /d̪əmaɽtʃəl/ ■ *adj.* (also دمڑچا، دمڑچیل) **1** a paper-kite that costs a very small amount of money. **2** (*fig.*) cheap, valueless.

دمڑی /d̪əmɽi:/ ■ *n.f.* **1** nominal coin. **2** (*arch.*) third part of a paisa. دمڑی کی بڑھیا ٹکا سر منڈائی said when the cost of renovation or repair, etc. is more than the original price. دمڑی کی ہانڈی گئی کتے کی ذات پہچانی گئی a minor misdemeanour reveals the true nature of the doer. دمڑی کی ہنڈیا لیتے ہیں تو ٹھوک بجا کر لیتے ہیں even a minor transaction requires circumspection. دمڑی کے تین تین ہونا sell dirt cheap. دمڑی نہ جائے چاہے چمڑی جائے said of a miser who bears physical pain to save a very small amount of money.

دمساز /d̪əmsa:z/ ■ *n.m.* intimate friend. See دم ساز under دم¹.

دمع /d̪əmʔ/ ■ *n.m.* tears.

دمک /d̪əmək/ ■ *n.f.* **1** glitter, flush, brilliance, sheen, glow. **2** ardour, zeal. **3** heat; a gush of hot wind.

دمکانا /d̪əmka:na:/ ■ *v.* make bright, shine, brighten.

دمکلا /d̪əmkəla:/ ■ *n.m.* (also دمکل) **1** fire-engine; squirt; pump. **2** jack or crane (for raising weights).

دمکنا /d̪əməkna:/ ■ *v.* **1** glitter, glisten, glow. **2** bloom.

دمکوڑا /d̪əmko:ɽa:/ ■ *n.m.* (also دمکا) hillock, knoll.

دمل /d̪umməl/ ■ *n.m.* boil. See دنبل.

دمن /d̪əmən/ ■ *n.m.* **1** mound of earth; knoll; small hill. **2** a lover.

دِمن /d̪ımən/ ■ *n.f.pl.* **1** the orbicular dung of cattle; dung heap. **2** litter, rubbish. (*sing.* دِمنت)

دمنا¹ /d̪əmna:/ ■ *v.* glow, sparkle, glitter, flash. [dial.]

دمنا² ____ ■ *v.* be tempered (as steel), bend with elasticity. [Prk.]

دمنا³ ____ ■ *v.* grow, rise; sprout. [P]

دمنی /d̪əməni:/ ■ *n.f.* brave woman, woman of supernatural qualities, heroine.

دموی /d̪əməvi:/ ■ *adj.* **1** tinged with blood. **2** plethoric. **3** sanguinary.

دمہ /d̪əma:/ ■ *n.m.* **1** pair of bellows. **2** asthma.

دمی /d̪əmi:/ ■ *n.f.* tobacco pipe or a small hookah.

دمیدگی /d̪əmi:d̪əgi:/ ■ *n.f.* **1** blowing (as of wind). **2** blooming (of a flower); blossoming; sprouting; growth. **3** something that has grown or is growing. **4** pus-filled swelling on the skin.

دمیدہ /d̪əmi:d̪a:/ ■ *adj.* bloomed, opened out, blossomed; broken forth (as the dawn of the day); shot forth.

دن /d̪ən/ ■ *n.f.* thud, bang; the sound of a gunfire. دن سے **1** with a thud. **2** quickly.

دِن /d̪ın/ ■ *n.m.* **1** day; daytime. **2** festive or commemorative day. **3** time. **4** (*fig.*) age, period of life. **5** circumstances. **6** a person's destiny, fate. دن اچھے/بھلے آنا circumstances to take a favourable turn, begin to prosper (after adversity). دن آنا **1** be the season (for); one's days to be numbered. **2** menstruate. دن بدن/بہ دن day by day; gradually. دن بھاری ہونا fall on evil days, be in straitened circumstances. دن بھر the whole day, all the day long. دن بھرنا **1** occupy the whole day (about a thing). **2** pass a life of pain and sorrow. **3** eke out one's day. دن پات daily bread, subsistence, livelihood. دن پتی **1** the king of the day. **2** (*fig.*) the sun. دن پڑنا **1** (of evil days) befall, be unfortunate. **2** become a widow. دن پڑے ہیں there is still a long time to go. دن پورے کرنا **1** drag out one's days. **2** live from hand to mouth; live one's full time. دن پورے ہونا (also پورے دنوں سے ہونا) be near the end of gestation period. دن چڑھانا be late or to begin late, delay. دن چڑھنا **1** (of the day) be advanced. **2** be pregnant. دن چڑھے late in the morning; when the day has advanced. دن دن every day, daily. دن دونی رات چوگنی in leaps and bounds. دن دہاڑے in broad daylight.

/ḍʊmbəl/ ■ *n.m.* (also دُمّل) boil, pus-filled swelling, abscess. دُنبل

/ḍʊmba:/ ■ *n.m.* fat-tailed sheep. دُنبہ

/ḍənṭa:o:li:/ ■ *n.f.* rake, harrow. دنتاؤلی

/ḍənṭu:/ ■ *adj.* (person) having projecting front teeth. دنتو

/ḍə̃ṭe:la:/ ■ *adj.* (also دنتیل) 1 having large or prominent tusks (an elephant, boar, etc.). 2 toothed or cogged (wheel, etc.). دنتیلا

/ḍənḍ/ ■ *n.m.* 1 tooth. 2 toothed instrument (used by weavers). 3 beam of a weaver's bloom. دند

/ḍʊnḍ/ ■ *n.m.* 1 large kettledrum. 2 noise, riot, outrage. 3 injustice. دند مچانا make a noise, riot, create an uproar. دُند

/ḍənḍa:sa:/ ■ *n.m.* (also دنداسہ) bark of a tree for cleaning teeth. دنداسا

/ḍənḍa:n/ ■ *n.m.* (also دنداں) tooth. دندان ساز dentist. دندان سازی dentistry. دندان شکن جواب دینا make a crushing reply or rejoinder, to silence. دندانِ فیل ivory, tusks of an elephant. دندان گیر biting horse. دندانِ مصری kind of sweetmeat; barley sugar. دندان

/ḍənḍa:na:/ ■ *n.m.* tooth of a saw, etc., notch, jag. دندانہ

/ḍə̃ḍək/ ■ *n.f.* the heat which remains for some time after the fire is extinguished. دندک

/ḍʊnḍka:/ ■ *n.m.* 1 sugar mill. 2 outlet for the smoke at a sugar mill. دُندکا

/ḍənḍəna:ṭa:/ ■ *adj.* arrogant; bold, fearless. (*fem.* دندناتی) دندناتا

/ḍənḍəna:ṭe:/ ■ *adv.* (*infl.* of دندناتا) arrogantly, boldly, fearlessly, carelessly. دندناتے ہوئے arrogantly, boldly, fearlessly, carelessly. دندناتے

/ḍənḍəna:na:/ ■ *v.* 1 sing with joy. 2 live in grand style or state; be in high spirits. 3 work with full powers; move about authoritatively. 4 enter boldly, drop in, step in unhindered. دندنانا

/ḍənḍ/ ■ *n.m.* 1 sceptre, a staff carried in hand, stick. 2 fine, penalty. ونڈ

/ḍənḍɔ:t/ ■ *n.f.* (also ڈنڈوت، دنڈوت) Hindu salutation; show of respect (before a superior); bow, prostration; obeisance. دنڈوت

/ḍəŋg/ ■ *adj.* astonished, amazed, confounded, flabbergasted, stupefied. دنگ رہ جانا be astonished, be taken aback. دنگ

دن ڈھلنا day to close; the sun to decline; the sun to set. دن ڈھلے before sunset, in the afternoon, at evening. دن رات/رین day and night; constantly, incessantly. دن عید رات شبِ برات allusion to a life of continuous gaiety and festivity. دن رہے سے while it was yet day; from sometime before sunset. دن کا بھولا شام کو گھر آجائے تو اسے بھولا نہیں کہتے it's never too late to mend, better late than never. دن کاٹنا pass time in hardship, drag out one's days. دن کا راجہ day jasmine, *Cestrum diurnum*. دن کو تارے دکھانا be shocked. دن کو تارے دِسنا/دکھائی دینا/نظر آنا make someone see stars. دن کو دن اور رات کو رات نہ سمجھنا work round the clock, be totally absorbed in work or business; be oblivious of time. دن گنوانا waste time. دن لگنا 1 become arrogant. 2 (of an action) be delayed. 3 time or days to take (to complete some task or get work done). دن لگیں گے it will take days; it will take time. دن لگے ہیں death is near. دن منانا arrange a ceremony to show respect for a person or event, commemorate a day. دن مُندنا/مُنڈنا set the sun. دن میں تارے دکھائی دینا/نظر آنا 1 see stars, light to flash before the eyes, especially as a result of a blow on the head. 2 be unpleasantly surprised, be caught unawares, be shocked. دن نکلنا day to dawn, sun to rise. دن ہونا day to break. دن ہی دن میں during the daytime, while it shines. (*opp.* رات)

/ḍənna:/ ■ *adj.* massive, portly. ■ *n.m.* thick branch of a tree. دنا سیٹھ (also دھنّا سیٹھ) fat rich man. دنّا

/ḍʊnna:b/ ■ *adj.* fat, plump, portly, swollen. دُنّاب

/ḍɪna:ṭi:/ ■ *n.f.* 1 duration of ploughing in the course of a single day. 2 daily work of labourers. دِناتی

/ḍəna:ḍən/ ■ *n.f.* (*comb.* of دن) sound of rapid firing or volley of guns. ■ *adv.* 1 quickly. 2 in quick successions, incessantly. 3 noisily. دنادن

/ḍəna:ni:r/ ■ *n.m.* (*pl.* of دِینار) gold coins. دنانیر

/ḍəna:jəṭ/ ■ *n.f.* (also دنائت) meanness, baseness. دنایت

/ḍʊmba:la:/ ■ *n.m.* (also دُنبال، دُنبالا) 1 tail. 2 end or extremity (of anything). 3 elongated line of a kohl on the outer corner of the eye. 4 shank (of a sword or dagger). 5 rudder (of a ship). 6 hinder part or rear (of a saddle). ■ *adv.* after, behind; in pursuit. دنبالہ دار having a tail, tailed. دنبالہ دار ستارہ comet. دُنبالہ

mortal. دنیا دیکھنا see the world; be experienced and wise. دنیا دیکھی ہے am/ is wise and experienced. دنیا سازی 1 worldliness, adapting oneself to the ways of the world. دنیا سے سدھارنا die. دنیا سے نرالا/ نرالی strange, odd, incongruous. دنیا طلبی love for worldly things. دنیا فانی ہے world is mortal. دنیا کا کتا (*derog.*) allusion to someone very greedy and materailistic. دنیا کے پردے سے اٹھ جانا (*euph.*) die, pass away. دنیا و مافیہا world and whatever is in it. دنیائے دنی wretched world, vile world. دنیائے دُوں material or base world.

دُنیوی /d̪unjəvi:/ ■ *adj.* (also دُنیاوی) worldly, mundane, belonging to this world. (*opp.* اُخروی)

دَو /d̪ɔ:/ ■ *adj.* running; struggling. ■ *n.f.* struggle. usually used in comp. as: تگ و دو struggle, effort. دوا دَو running; effort, struggle.

دو¹ /d̪o:/ ■ *cardinal number* two. ■ *adj.* 1 paired. 2 few, some. 3 separate. دو اسپہ 1 a person possessing two personal horses. 2 postman, mailman; messenger. 3 relay of two horses; tandem. 4 quick, expeditious. 5 quickly, expeditiously. دوانی (also دوئنی) former small coin of two annas equivalent to one-eighth of a rupee. دو اور دو چار two and two make four; allusion to something logical, true and straight. دو ایک one or two, a few. دو ایوانی bicameral (parliament, etc.). دو ایوانیت bicameralism. دو آبہ tract of land lying between two rivers. دو آتشہ double distilled. دو آتشہ شراب double distilled liquor; very strong wine. دو آشیانہ kind of tent having two rooms. دو آنسو بہانا weep a little, express some sorrow over. دو باتیں a few words; little chat. دوبارہ twice, a second time, again; double. دوباز a kind of pigeon; a species of eagle. دو باز و برابر (***Geom.***) having two (opposite) sides equal. دو بالا heightened; increased. دو برابر equal to two; double. دو برسی biennial. دو بول brief talk; the two ayes, i.e. wedding. دو بول پڑھوانا get married (in a simple ceremony); marry a girl off in a quiet and inexpensive ceremony. دو بیتی a little poem consisting of two couplets, a quartet. دو بھاشیا knowing or conversing in two-tongues; interpreter. دو پارہ halved, in two pieces. دو پایہ two-legged, biped, i.e. man. دوپٹہ piece of cloth draped loosely over head and

دنگا /d̪əŋgɑ:/ ■ *n.m.* disturbance, riot, row; wrangling, quarrel, hubbub, naughtiness. دنگا فساد fighting, brawl, quarrelling; mischief; disturbance. دنگا کرنا incite rebellion, riot, create disturbance, make a row.

دنگری /d̪əŋgri:/ ■ *n.f.* (also دنگاری) coarse kind of cloth.

دنگل /d̪əŋgəl/ ■ *n.m.* 1 amphitheatre; wrestling arena. 2 wrestling contest; the fight between two wrestlers. 3 tumultuous assembly. 4 crowd, mob. 5 a seat for many to sit on; a large chair. 6 grappling with a difficult situation, a hard struggle; cold war. دنگل باندھنا (of an amphitheatre) be filled. دنگل لڑنا fight a wrestling contest. دنگل مارنا win a wrestling match; overcome an opponent. دنگل میں اترنا enter the arena (to fight or wrestle).

دنگئی /d̪əŋgəi:/ ■ *adj.* quarrelsome, provocative, riotous.

دنگی /d̪əŋgi:/ ■ *n.f.* astonishment, amazement.

دنگے /d̪əŋge:/ ■ *n.m.* (*pl.* & *infl.* of دنگا) دنگے باز riotous, quarrelsome, one who incites a riot or fight.

دِنوں /d̪ɪnõ:/ ■ *n.m.* (*pl.* of دِن) days. دنوں کا پھیر vicissitudes of life. دنوں کو دھکے دینا live with difficulty; push through life somehow. دنوں کی شامت misfortune.

دِنَوندھ /d̪ɪnɔ̃:d̪ʰ/ ■ *n.m.* (also دِنوند، دِنوندی، دِنوندھی) day-blindness.

دنی /d̪əni:/ ■ *adj.* base, mean; ignoble, vile; wretched; petty, paltry.

دِنی /d̪ɪni:/ ■ *adj.* aged, old (generally applied to animals).

دُنیا /d̪unjɑ:/ ■ *n.f.* 1 world. 2 the present life or state of existence. 3 worldly enjoyments and blessings; worldly goods (as opposed to the hereafter). 4 wealth, riches. 5 multitude; people. دنیا اُمید پر قائم ہے people live by hope alone; while there's life there's hope. دنیا آنکھوں میں اندھیر ہونا lose all hope due to some loss or disappointment. دنیا بھر کا (to express abundance or variety) of every kind; plentiful; entire, whole. دنیا تجنا become a recluse, abandon worldly pleasures. دنیا جہان/ جہاں the entire world. دنیا دار worldly, one who is absorbed in worldly affairs; one possessed of the good things of this world. دنیا داری 1 worldliness, worldly affairs; engagement or preoccupation with worldly affairs. 2 making a show of politeness or hospitality or good behaviour. دنیا چار روز کی ہے world is the company). دوسیرا weight of two seers. دوشاخہ two-pronged. دوشالہ wide shawl; pair of shawls. دوشنبہ Monday. دوضربی **1** double-bolted (as a lock). **2** double-barrelled (gun). **3** inflicting two blows or a double wound. **4** deceitful. دوطرفہ **1** on both sides, bilateral, two-sided. **2** mutual. دوطرفہ ٹکٹ return ticket. دوعملی double-game, double-cross, dualism. دوغزلہ two odes in same metre and rhyme. دوفصلہ/فصلی (land) yielding two crops a year. دوقدم a little distance. دوقدم پر ہے it is very near. دوکرنا cut into two, bisect. دوکوڑی کا **1** worth two cowries. **2** worthless. دوکوڑی کی بات کردینا disgrace, cause disgrace. دوکوہانیہ **1** double-humped. **2** two-humped camel, the Bactrian camel. دوگاڑا double-barrelled gun. دوگانا a song sung by two singers, duet. دوگانہ **1** double; two together; of two sorts. **2** two genuflections in prayer; prayer in which two genuflections are made. **3** two intimate friends; inseparable pair. دوگززمین (*fig.*) grave. دوگنا double, twofold. دولائی (also دُلائی) light quilt, a double sheet of cloth with cotton in between. دولتّی kick with both hind legs (of a horse, mule or other quadruped). دولڑا necklace of two strings or rows. دولوہ/لوہی scimitar made of two plates of steel joined together. دومٹ mixture of two soils. دومحلا/منزلہ of two floors or storeys. دوملّاؤں میں مرغی حرام too many cooks spoil the broth. دومُنھا/مُنھی/مونہا/مُونہی **1** having two mouths. **2** two-faced, deceitful; two-faced or deceitful person. **3** Indian boa, a serpent which has a mouth-like indentation at its tail, hence the name. دومنھ ہنس لینا laugh and amuse oneself in moderation. دومیں تیسرا آنکھوں میں ٹھیکرا intruders are always unwelcome. دونالی double-barrelled (gun). دونمبر of questionable or inferior quality; imitation, fake. دونیم **1** divided in two, halved. **2** two-halves. دوورقی consisting of two leaves or pages; small book. دوہاتھ (*fig.*) very near. دوہاتھ اچھلنا (*fig.*) become very anxious, be restless. دوہاتھ آگے ہونا be superior (in some quality or vice). دوہتّڑ two-handed blow. دوہی دن میں in a very brief period of time; soon. [Prk]

دو² ——— ■ (*imper.* of دینا) give; pay. [Prk]

دوا /ɖəvɑː/ ■ *n.f.* medicine; remedy, cure. دواپذیر curable, remediable, medicable, admitting of a remedy.

shoulders by women, dupatta. دوپرتا having two folds, double. دوپشتہ printed on both sides (a page). دوپلڑی kind of cap consisting two folds. دوپلکا **1** kind of pigeon. **2** kind of paper-kite. **3** kind of stone for a ring. دوپہر midday, noon. دوپیازہ dopiaza, dish of meat and onions. دوپیسے ڈولی سے چار پیسے ڈولی ہے it's not too far, it's very near. دوپیسے ڈولی ہے expression used to mention the distance; it's near, the place is not too far. دوپیسے سیر (*fig.*) very cheap, dirt. دوپیسے کمانا earn a little. دوپیسے کی چیز something very cheap and of low standard; trivial, valueless and unimportant thing. دوپیکار/پیکر (***Astrol.***) the sign of Gemini. دوتارا **1** two-stringed, double-threaded. **2** two-stringed instrument. دوتہائی/ثلث two-third. دوٹکے کا/کی mean, cheap. دوٹنگا biped; man. دوٹوک جواب دینا give a curt and decisive answer, give a flat denial. دوٹوک کرنا cut out in two, separate; decide, finalize. دوٹوک ہونا be adjusted; be separated, be decided. دوجہاں the two worlds, this world and the hereafter. دوجیا/جیوا pregnant. دوجی سے ہونا be pregnant. دوچار **1** a few. **2** at front, facing. دوچاردن کا مہمان about to die; not durable. دوچار ہونا come across (someone), meet, face (difficulty). دوچِتّا wavering; in two minds. دوچشمی **1** having two eyes. **2** the letter ھ. دوچند double, twice as much, twofold; as much again. دوچوبہ double-poled (tent). دوچھتا/چھتہ **1** house with double roof. **2** thatched roof sloping in two directions. دوچھتی narrow platform under the ceiling used for storage, attic. دوحرف بھیجنا curse, imprecate. دودوچونچیں petty quarrel. دودستہ double-handed, having two handles; consisting of or divided into two branches or divisions. دودن کا مہمان transient; about to die. دودانے کو پھرنا beg from door to door. دودوہاتھ کرنا fight. دودھارا/دھاری double-edged (sword). دوراہا/راہہ road dividing into two, leading different ways. دوراہۂ امیدوبیم where hope and fear meet. دورُخا double-faced; having two sides. دورَسا mixture of two kinds of tobacco. دورنگا **1** of two colours, piebald. **2** double-dealing, capricious, hypocritical. دورنگی double dealing, hypocrisy, duplicity. دوسالہ of two years, biennial. دوسُوتی kind of cloth woven with doubled threads. دوسے بھلے تین (also دوسے تین بھلے) the more persons the better (said to stress

دُوارے /d̪uva:re:/ ■ n.m. (pl. & infl. of دُوارا[1]).

دُوازدہ /d̪uəzd̪a:/ ■ cardinal number twelve. دوازدہ امام twelve Imams of *Asna Ashri* (اثناعشری) Shiites.

دُوازدہم /d̪uəzd̪əhum/ ■ ordinal number twelfth.

دُوازدہی /d̪uva:zd̪əhi:/ ■ n.f. aggregate of twelve; a dozen.

دِوال /d̪ɪva:l/ ■ n.m. 1 giver, provider. 2 piece of cloth sewn in the middle of each of the cups of a brassiere.

دُوال /d̪uva:l/ ■ n.f. (also دوال) 1 skin, hide. 2 leather strap, stirrup leather, belt. 3 pomp, grandeur. دوال پا 1 thug, a humanoid race having thin legs, said to kill the travellers by strangulation. 2 web-footed; leather-legged.

دِوالا /d̪ɪva:la:/ ■ n.m. (also دِوالہ، دِیوالہ) bankruptcy, insolvency. دوالا پٹنا، نکلنا become bankrupt, become insolvent.

دِوالی /d̪ɪva:li:/ ■ n.f. (also دِیوالی) Diwali, Hindu festival celebrated on the day of the new moon of Kartik (کاتک) to honour Kartikeya, the god of war.

دِوالیا /d̪ɪva:lɪja:/ ■ n.m. (also دِوالیہ، دِیوالیہ) bankrupt, insolvent.

دوالیب /d̪əva:li:b/ ■ n.m. (pl. of دولاب) wheels; waterwheels.

دوام /d̪əva:m/ ■ n.m. 1 perpetuity, eternity, continuation. 2 durability, solidity. ■ adv. always; eternally. ■ adj. everlasting, perpetual.

دوامی /d̪əva:mi:/ ■ adj. permanent, perpetual. دوامی نہر canal that has water running all through the year.

دواں /d̪əvã:/ ■ adj. running; walking fast.

دواوِین /d̪əva:vi:n/ ■ n.m. (pl. of دِیوان) the collections of poetry, divans.

دوائر /d̪əva:ɪr/ ■ n.m. (pl. of دائرہ) circles. دوائر متوازی خطِ استوا parallels of latitude. دوائر ہم مرکز concentric circles.

دوائی /d̪əva:i:/ ■ n.f. (corr. of دوا) medicine.

دوآبہ /d̪o:a:ba:/ ■ n.m. doab, land between two rivers.

دُوب /d̪u:b/ ■ n.f. a kind of grass used for laying or planting lawns and used as a fodder for horses, bent-grass, panic grass.

دوبارہ /d̪o:ba:ra:/ ■ adv. again. See under دو.

دُوبدُو /d̪u:bəd̪u:/ ■ n.f. 1 face to face; tête-à-tête. 2 fight; battle. ■ adv. 1 clearly. 2 in opposition to.

دُوبے /d̪u:be:/ ■ n.m. a class of Brahmans.

دواخانہ dispensary; clinic; pharmacy, medicine shop. دوادارو medicine; treatment; use of medicine. دوادارو کرنا treat medically; apply or use medicine. دواساز pharmacist, medicine-maker. دوافروش seller of medicine, druggist. دوا کرنا cure, heal. دوا کے طور پر take as medicine. دوا کے لیے ڈھونڈو تو (بھی) نہیں ملتا، ملتی is not available even in a minute quantity, is extremely rare or hard to come by. دوا کے لیے میسر نہیں is not available even in small quantity (said of something extremely rare). دوا کھانا take medicine. دوا لگانا apply an ointment, etc. دوا لگنا 1 (of a medicine) be effective. 2 ointment, etc. be applied.

دُوا /d̪uva:/ ■ n.m. two or deuce at cards, dice, etc.

دواب /d̪əva:b/ ■ n.m.pl. animal, beast; cattle, quadruped. (sing. دابّہ)

دوات /d̪əva:t̪/ ■ n.f. inkpot, portable case with receptacles for ink and writing-reeds.

دوادَو /d̪əva:d̪o:/ ■ n.f. (also دوادوش) running, struggle; effort.

دوار /d̪əva:r/ ■ n.f. (also دواڑ) forest fire.

دُوار[1] /d̪uva:r/ ■ n.m. 1 entrance, door, gate; doorway, gateway. 2 passage, way. 3 means, expedient, medium (by which anything is effected). 4 opportunity. 5 beginning, commencement. دوارپال، رپالک، رپالی doorkeeper. [S]

دُوار[2] ____ ■ n.m. whirl, giddiness in the head, vertigo. [A]

دوّار /d̪əvva:r/ ■ adj. 1 moving in circle, circling, rotating, turning round, revolving. 2 fickle (as fortune). ■ n.m. 1 hawker, one who sells things by roaming. 2 name of an idol which was worshipped in ancient Arabia. ■ suffix used in comp. as: چرخِ رگنبدِ دوار 1 revolving heavens. 2 (fig.) misfortunes.

دُوارا[1] /d̪uva:ra:/ ■ n.m. 1 door, gate. 2 means; medium. ■ adv. by means (of), through the medium (of); through, by; with. [S]

دُوارا[2] ____ ■ suffix to denote a place of worship or temple, as: رام دوارا monastery. گردوارا Sikh temple. [S]

دُوارِک /d̪uva:rɪk/ ■ n.m. doorkeeper; warder; chamberlain (at the door of a prince).

دوارِکا /d̪uva:rɪka:/ ■ pr.n.m. (in Hindu traditions) city with many gates; a city on the west coast of India.

ڈوبیا /ḍu:bjɑ:/ ■ *adj.* consisting of grass. ■ *n.m.* a kind of green colour, grass-green colour.

دُوبھر /ḍu:bʰər/ ■ *adj.* intolerable, very difficult, trying; burdensome.

دوپٹہ /ḍo:pəʈʈɑ:/ ■ *n.m.* (also دوپٹا) piece of cloth draped loosely over head and shoulders, dupatta. See under دو. دوپٹہ پھرانا/ہلانا hold out or wave a flag of truce; offer to surrender. دوپٹہ تان کے سونا sleep peacefully or with a mind at ease, sleep deeply without interruption. دوپٹہ چننا pleat a dupatta. دوپٹہ ڈالنا fling or wear a stole or shawl.

دوپہر /ḍo:pæhær/ ■ *n.f.* midday, noon. دوپہر پہلے before noon, antemeridian. دوپہر ڈھلے postmeridian, afternoon.

دوپہری /ḍo:pæhri:/ ■ *adj.* of noon or midday. ■ *n.m.* & *f.* a flower that blooms at noon. دوپہری بلا 1 an evil spirit said to move about at noon, banshee. 2 (*iron.*) a woman who calls or visits at noon.

دوپہریا /ḍo:pæhrɪjɑ:/ ■ *adj.* of noon or noontide, meridian. ■ *n.m.* 1 kind of flower. 2 child born at noon.

دُوت¹ /ḍu:t/ ■ *n.m.* 1 ambassador, envoy; secret messenger. 2 angel who passes between God and mortals. [S]

دُوت² ——— ■ *int.* away! be off! word for driving out dog, etc. دوت دبک chiding, scolding, reproof. [S]

دُوتائی /ḍu:t̪ɑ:i:/ ■ *n.f.* 1 embassy; employment or office of an envoy, etc. 2 message.

دُوتی /ḍu:t̪i:/ ■ *n.f.* 1 female spy; female backbiter; gossiper; talebearer; mischief-making woman. 2 confidante; go-between. 3 procuress, bawd.

دُوج /ḍu:dʒ/ ■ *n.f.* second day of lunar fortnight, the second and seventeenth day of Hindu lunar calendar. دوج بر bigamist, man who marries a second woman. دوج کا چاند moon of the second day.

دُوجا /ḍu:dʒɑ:/ ■ *ordinal number* second. ■ *adj.* secondary; other; another. ■ *n.m.* the second one; second spirit or soul. (*fem.* دُوجی)

دُوجھا /ḍu:dʒʰɑ:/ ■ *adj.* married to a second woman.

دوخت /ḍo:xt̪/ ■ *n.f.* sewing, stitch, seam. دوخت کرنا sew.

دوختہ /ḍo:xt̪ɑ:/ ■ *adj.* 1 stitched, sewed. 2 fixed, transfixed.

دُود¹ /ḍu:d/ ■ *n.m.* 1 smoke, vapour; exhalation; haze, mist. 2 (*fig.*) sorrow, anguish. دودآلود/آلودہ smoky, smoked. دودِ پیچاں the smoke turned into spirals, smoke spiral. دودِ چراغ 1 lamp smoke. 2 lampblack for making ink. 3 (*fig.*) laborious study. دودِ دل exhalation of the heart, deep sigh. دودکش chimney. [P]

دُود² ——— ■ *n.m.* (also دُودہ³) worm; insect. [A]

دودلا /ḍo:dɪlɑ:/ ■ *adj.* 1 (*literal*) having two hearts. 2 wavering, indecisive.

دُودمان /ḍu:dma:n/ ■ *n.m.* house, family; dynasty. دودمانِ عالی/عالیہ noble family, royal or noble dynasty or house.

دُودہ¹ /ḍu:dɑ:/ ■ *n.m.* family; race. [P]

دُودہ² ——— ■ *n.m.* 1 smoke. 2 lampblack, soot. [P]

دُودہ³ ——— ■ *n.m.* insect. دودۃ الحریر silkworm. [A]

دُودھ /ḍu:dʰ/ ■ *n.m.* 1 milk. 2 juice or milky sap (of plants). 3 (*fig.*) (i) caste. (ii) sect. دودھ اترنا have milk (in the udder or in the breasts of a woman); be full of milk (the udder, etc.). دودھ آدھاری 1 living on milk. 2 one who lives on milk. دودھ بلونا to skim the milk. دودھ بھر آنا 1 (of milk) flow into and fill (the udder, etc.). 2 feel affection (for). دودھ بھائی foster-brother. دودھ بھری کٹوریاں breasts full of milk. دودھ پلانا suckle, nurse. دودھ پلائی 1 wet nurse. 2 wages paid to a wet-nurse. 3 offering of milk to the bridegroom by the sisters of bride as wedding ritual. دودھ پلائی دائی a wet-nurse, a foster-mother. دودھ پوت milk and children; wealth, cattle and children. دودھ پیتا/پیتی 1 suckling (an infant or the young of an animal). 2 naive; inexperienced; senseless. دودھ پیتا بچہ/پیتی بچی 1 suckling; infant, very young. 2 (often *iron.*) inexperienced; naive; foolish. دودھ چُھٹا بچہ/چُھٹی بچی weanling. دودھ چُھڑانا wean (a child). دودھ دوہنا/نکالنا to milk. دودھ سے مکھی کی طرح نکال پھینکنا throw out someone and forget (esp. after the work is done). دودھ شریک (بہن/بھائی) foster (brother/sister). دودھ کا ابال (*fig.*) temporary zeal or anger, emotion that subsides soon. دودھ کا جلا چھاچھ پھونک پھونک کر پیتا ہے once bitten/ burnt twice shy. دودھ کا جوش maternal love. دودھ کا حق maternal rights. دودھ کا دانت milk tooth. دودھ کا دودھ اور پانی کا پانی کرنا sift the true from the false; dispense justice, exercise absolute and faultless justice. دودھ کی نہر (*fig.*) prosperity, luxury, wealth. دودھ کی نہریں بہنا be very wealthy, be prosperous.

دوراز قیاس ambiguous, beyond understanding, unintelligible. دوراز کار **1** irrelevant. **2** baseless, unfounded; nonsensical. دورافتادہ distant, remote, far-flung. دوراندیش far-sighted, circumspect, prudent, sagacious, careful, prescient. دوراندیشی foresight; prudence, sagacity, wisdom; far-sightedness, anticipation, circumspection. دورباد God forbid! far be it! دورباش go away! be off! دوربلا may God protect you! دوربین **1** far-sighted. **2** telescope; binoculars. دوربینی foresight, far-sightedness, prudence. دوربھاگنا **1** run or keep far away (from), abstain (from), shun, avoid. **2** abhor, abominate. دورپار God forbid! far be it! دوردراز very far off or distant, long, very far, far away, not with in sight. دوردرشن **1** television. **2** far-sightedness, foresight, discernment, prudence. دوردست faraway, remote. دوردستی remoteness. دوردور very distant or far. دورسے سلام کرنا remain aloof; be unconcerned. دورکا distant (as of a relation). دورکرنا **1** put far away, keep at a distance. **2** remove (from), dispel; avert; dismiss, turn someone out. دورکی بات **1** deep thought. **2** unconvincing or far-fetched thought. دورکی سوجھنا **1** see long way off. **2** (*iron.*) think of implausible and strange things. دورکی کوڑی لانا (*iron.*) hit upon a novel idea. دورکی کہنا express a novel idea. دورکی ہانکنا boast, talk big. دورکے ڈھول سہانے grass is always greener on the other side of the fence, distance lends enchantment to the view. دوررہنا remain far off, remain far away or apart (from). دورہو begone! be off! دورہونا **1** be removed, be dispelled. **2** move away, relationship to be strained.

دَورا /d̪ɔ:rɑ:/ ■ *n.m.* a kind of large basket (without a lid).

دَوران /d̪ɔ:rɑ:n/ ■ *n.m.* **1** age; period; time, duration. **2** revolution, circulation, rotation, circle. **3** orbit. دورانِ خون circulation of the blood. دورانِ سر dizziness, vertigo. دورانِ مقدمہ (***Law***) during pendency of a trail, pendente lite. (اس) دوران میں during, in the course of. (کے) دوران میں during.

دَورانیہ /d̪ɔ:rɑ:nɪjɑ:/ ■ *n.m.* duration, the length of time for which something continues.

دورُخی /d̪o:ruxi:/ ■ *n.f.* **1** a kind of bow. **2** duality, duplicity, hypocrisy.

دودھ کے دانت ابھی نہیں ٹوٹے is still callow, is still inexperienced. دودھ ماں foster-mother. دودھ مکھ the young of an animal. دودھ موگری double white rosebay or oleander, *Nerium oleander*. دودھ والا milkman. دودھ والی **1** milkmaid. **2** mother who suckles her child.

دُودھار /d̪u:d̪ʰɑ:r/ ■ *adj.* (also دُدھار، دُودھاری) milch, giving much milk. دودھار گائے کی دولاتیں بھی سہنی پڑتی ہیں every rose has its thorn.

دُودھوں /d̪u:d̪ʰõ:/ ■ *n.m.* (*pl.* of دُودھ) دودھوں نہانا **1** (*literal*) bathe in milk. **2** (*fig.*) be wealthy and happy. دودھوں نہاؤ پوتوں پھلو may you be rich in cattle and children! (to a woman) may God bless you with progeny and health to rear it!

دُودھی /d̪u:d̪ʰi:/ ■ *adj.* milky. ■ *n.f.* **1** nipple; breast; udder. **2** starch. **3** plants with milky sap.

دُودھیا /d̪u:d̪ʰɪjɑ:/ ■ *adj.* **1** full of milk, having milk, giving milk. **2** containing milky juice or sap. **3** milk-white, milky. **4** unripe; raw; green. دودھیا پتھر **1** kind of soft milk-white stone; white stone used in building and in making various utensils. **2** opal. دودھیا روشنی **1** bright white light. **2** (*fig.*) moonlight.

دَور[1] /d̪ɔ:r/ ■ *n.m.* **1** time, times, age, period, era; period of a year; duration, course. **2** revolving motion, cycle, circular turn. **3** progress, development. **4** movement. **5** revolution. **6** a round of drinks. **7** repetition (of a lesson). **8** reasoning, a kind of argument. **9** perimeter, margin. **10** reign, period of rule, power, authority, dominion, sway. **11** turn or twist (of a rope). دورِ پُرفتن evil days. دوردور in fashion, in demand; ascendancy. دوردورہ **1** reign, rule, jurisdiction, dominion, sway. **2** vogue. **3** fad, craze. دوردورہ ہونا be in vogue; have authority. دورفاسد vicious circle. دورکرنا **1** go round, complete a circuit (of time, etc). **2** (***Islam***) mutual recitation of the Qur'an by two persons. **3** go through. [A]

دَور[2] ——— ■ *n.m.* strings used to sling a basket for irrigation. [Prk.]

دُور /d̪u:r/ ■ *adj.* **1** distant, remote, far (from). **2** high, sublime. **3** unaware, unknowing. ■ *adv.* at a distance; a long way off, far, afar, far away, beyond. ■ *n.f.* distance, remoteness.

دوزخی /ḍo:zəxi:/ ■ *adj.* infernal, hellish, damned. ■ *n.m.* one who deserves hell, a great sinner.

دوزہ /ḍo:zɑ:/ ■ *n.m.* 1 a plant the fruit of which is a prickly nut (of the size of the filbert), which adheres to a garment coming in contact. 2 gum lac (used in fastening the handles of knives and swords).

دوزی /ḍo:zi:/ ■ *suffix* denotes act of piercing; pricking; sewing, etc. used in comp. as: زردوزی embroidery with golden or silver thread.

دوساکھا /ḍo:sɑ:kʰɑ:/ ■ *adj.* (tree) yielding fruit twice in a year.

دوساکھی /ḍo:sɑ:kʰi:/ ■ *adj.* (land) yielding two crops a year.

دوست /ḍo:sṯ/ ■ *n.m.* 1 friend, pal, well-wisher. 2 lover, beloved, sweetheart. دوست آں باشد کہ گیرد دستِ دوست، در پریشاں حالی و درماندگی a friend in need is a friend indeed. دوست بنانا befriend. دوست داری friendship. دوست رکھنا like; hold dear. دوست قدیم شراب کہنہ old friend and old wine are great. دوست نما in the guise of a friend, appearing friendly, seeming friend. دوست نما دشمن enemy in disguise, hidden enemy. دوست نواز cherisher of friends.

دوستانہ /ḍo:sṯɑ:nɑ:/ ■ *adv.* friendly, amicably, in a friendly manner. دوستانہ تعلقات/مراسم friendly relations.

دوستی /ḍo:sṯi:/ ■ *n.f.* friendship, intimacy, amity, close relationship, attachment. دوستی کا دم بھرنا claim to be a friend, claim friendship. دوستی کرنا be friends with, befriend, form a friendship or an intimacy (with). دوستی گانٹھنا befriend with ulterior motive.

ڈوسرا /ḍu:srɑ:/ ■ *adj.* second; next; another; following. ■ *n.m.* match, equal; peer; duplicate. دوسرا کوئی some other, any other, someone else, anyone else.

ڈوسری /ḍu:sri:/ ■ *adj.* (*fem.* of ڈوسرا) دوسری بار second time, twice. دوسری ماں stepmother.

ڈوسرے /ḍu:sre:/ ■ *n.m.* (*pl.* & *infl.* of ڈوسرا) others. ■ *adv.* secondly; in the second place; again; on the other hand. دوسرے دن next day, tomorrow. دوسرے کو نہ دیکھ سکنا feel jealous, envy, grudge. دوسرے کے پھٹے (پھڈّے) میں ٹانگ اڑانا interfere unnecessarily in the matters of others, to put one's finger in another's pie.

دوش¹ /ḍo:ʃ/ ■ *n.m.* shoulder. دوش بدوش side by side, shoulder to shoulder, accompanying. دوش مال towel or duster used by butchers, grooms, etc. [P]

دَورہ /ḍɔ:rɑ:/ ■ *n.m.* 1 tour. 2 circuit, revolution. 3 session. 4 a fit of sickness or fainting. 5 reign, sovereignty. 6 a bout of drinking. دورہ پڑنا have a fit. دورہ کرنا 1 go on tour or circuit. 2 hold sessions at different places.

دَوری¹ /ḍɔ:ri:/ ■ *adj.* 1 circular. 2 pertaining to a period. [A]

دَوری² ____ ■ *n.f.* 1 a rope with which strings of cattle are bound together. 2 basket used for watering. [Prk.]

ڈوری /ḍu:ri:/ ■ *n.f.* 1 remoteness, distance. 2 separation, parting. 3 strangeness; estrangement. 4 difference (of opinion, etc.).

دَوڑ /ḍɔ:ɽ/ ■ *n.f.* 1 race, running, racing; scramble. 2 raid, sally. 3 access, approach. 4 endeavour, effort. دوڑ پڑنا rush forth or forward. دوڑ دوڑ آنا visit repeatedly. دوڑ دھوپ hard labour or toil, great effort. دوڑ کر running; in haste, quickly, readily; eagerly. دوڑ کر چلنا walk fast. دوڑ مارنا 1 make a forced march; make a sudden attack on. 2 cover a remote distance.

دَوڑا /ḍɔ:ɽɑ:/ ■ *adv.* quickly. ■ *n.m.* 1 a runner. 2 mounted highwayman. دوڑا آنا come quickly, come fast. دوڑا دوڑا پھرنا to run errands; to run here and there; toil. دوڑا دوڑی running; hurry; race. دوڑا دینا 1 send in hurry. 2 to make run away, force out. 3 send running for a chore, make run for an errand.

دَوڑاک /ḍɔ:ɽɑ:k/ ■ *n.m.* 1 fast runner; racer. 2 fleet horse. 3 courier.

دَوڑانا /ḍɔ:ɽɑ:nɑ:/ ■ *v.* 1 cause to run. 2 send in hot pursuit. 3 send someone to search for something or call or catch someone; to make run for an errand. 4 drive fast; gallop (a horse).

دَوڑاہا /ḍɔ:ɽɑ:hɑ:/ ■ *n.m.* 1 village messenger, courier. 2 runner. 3 guide. 4 harbinger.

دَوڑنا /ḍɔ:ɽnɑ:/ ■ *v.* 1 run. 2 circulate (blood). 3 travel fast. 4 pervade (as poison in the body).

دوز /ḍo:z/ ■ *suffix* piercing, transfixing, sewing; one who pierces or sews or transfixes; used in comp. as: زردوز embroiderer. زمین دوز underground.

دوزانو /ḍo:zɑ:nu:/ ■ *n.m.* sitting on the knees. دوزانو بیٹھنا sit on the knees, squat.

دوزخ /ḍo:zəx/ ■ *n.m.* & *f.* 1 hell. 2 misery. 3 (*fig.*) the belly. دوزخ بھرنا (*iron.*) eat, fill the stomach. دوزخ کا کندہ (*fig.*) arrant sinner, damned person.

دوش² ___ ■ *n.m.* 1 fault, defect, blemish, bad or noxious quality. 2 blame, accusation; reproach. 3 offence, sin, guilt, crime, wrong. دوش پتر charge-sheet, indictment. دوش دینا/لگانا blame, accuse, impute a fault or crime. دوش ہونا be blamed, be accused (of). [S]

دوش³ ___ ■ *n.m.* yesterday; yesterday evening; last night. دوش و امروز yesterday and today. دوش و فردا yesterday and tomorrow. [P]

دوشالہ /ḍo:ʃɑ:lɑ:/ ■ *n.m.* a wide shawl.

دوشنبہ /ḍo:ʃəmbɑ:/ ■ *n.m.* Monday.

دوشی /ḍo:ʃi:/ ■ *adj.* bad; faulty, defective; corrupt, vitiated, contaminated, defiled; criminal, guilty; blameable; wicked. ■ *n.m.* wicked or guilty person, sinner.

دوشیزگی /ḍo:ʃi:zəgi:/ ■ *n.f.* virginity, maidenhood.

دوشیزہ /ḍo:ʃi:zɑ:/ ■ *n.f.* virgin, maiden, unmarried young girl, damsel.

دوشینہ /ḍo:ʃi:nɑ:/ ■ *adj.* (also دوشیں) of or relating to last night.

دوغ /ḍo:ɣ/ ■ *n.m.* buttermilk, churned sour milk.

دوغلا /ḍo:ɣlɑ:/ ■ *adj.* 1 mongrel, hybrid; not of pure breed, cross-bred. 2 double-faced, deceitful. ■ *n.m.* 1 person of mixed blood. 2 a two-faced or deceitful person, hypocrite. دوغلاکاری hybridization.

دوغلی /ḍo:ɣli:/ ■ *adj.* (*fem.* of دوغلا) دوغلی نسل hybrid animal (as a horse, etc.); impure breed, cross-breed. دوغلی نسل کشی cross-breeding.

دوفصلی /ḍo:fəsli:/ ■ *adj.* (also دوفصلہ) (land) yielding two crops a year.

ڈوک /ḍu:k/ ■ *n.m.* 1 spindle. 2 (*fig.*) thin, skinny.

دوک /ḍo:k/ ■ *n.m.* a two-year old colt.

دُوکان /ḍu:kɑ:n/ ■ *n.f.* shop. See دُکان.

دوکڑو /ḍo:kʈu:/ ■ *n.m.* a kind of partridge.

دُوکیلا /ḍuke:lɑ:/ ■ *adj.* (also دُکیلا) 1 (person) with someone, not alone. 2 (*fig.*) married.

دوکھنا /ḍo:kʰnɑ:/ ■ *v.* (also دوشنا) 1 reproach, find fault, blame, accuse. 2 cause pain or grief.

دوکھی /ḍo:kʰi:/ ■ *n.f.* raised mound indicating the junction of two boundaries.

دوگانا /ḍo:gɑ:nɑ:/ ■ *n.m.* duet, song sung by two persons. See under دو.

دوگانہ /ḍo:gɑ:nɑ:/ ■ *n.m.* 1 (***Islam***) prayer with two genuflections and two prostrations. 2 two intimate friends. ■ *adj.* 1 double; two together. 2 of two sorts. دوگانۂ شکر prayers with two genuflections offered in thanksgiving. See under دو.

دُوگلا /ḍu:glɑ:/ ■ *n.m.* large, round and deep sling basket used for irrigation.

دُوَل /ḍuvəl/ ■ *n.f.* (*pl.* of دَولت) دوَلِ خارجہ foreign countries.

دولاب /ḍo:lɑ:b/ ■ *n.m.* wheel; waterwheel. (*pl.* دوالیب)

دولابی /ḍo:lɑ:bi:/ ■ *adj.* 1 rotatory, rotating, revolving. 2 harmonic. 3 deceitful, tricky.

دَولت /ḍo:lət̪/ ■ *n.f.* 1 wealth, riches, means. 2 fortune, happiness, prosperity, felicity. 3 government, monarchy, empire, state, sovereignty, dominion, rule. دولت خانہ mansion, palace; a house or residence (in polite speech). دولت خانۂ خاص royal residence, palace. دولت خواہ 1 wishing happiness and prosperity, well-wisher. 2 loyal; loyal subject. دولت لٹے کوئلوں پر مہر penny wise pound foolish. دولت مدار 1 seat of good fortune, abode of felicity. 2 seat of sovereignty. 3 (*fig.*, *rev.*) king or nobleman, etc. دولتِ مشترکہ commonwealth; the Commonwealth. دولت مند wealthy, opulent, rich; wealthy person. دولت مندی wealth, opulence.

دولچہ /ḍo:ltʃɑ:/ ■ *n.m.* leathern bucket.

دُولھا /ḍu:lʰɑ:/ ■ *n.m.* (also دُلہا، دُلھا) 1 bridegroom, groom. 2 (*fig.*) prominent person. دولھا بھائی brother-in-law, sister's husband.

دُولھن /ḍu:lʰən/ ■ *n.f.* (also دُلھن) bride. See دُلہن.

دُوَم /ḍuvəm/ ■ *ordinal number* second.

دَون /ḍo:n/ ■ *n.f.* 1 forest fire; flame; burning heat. 2 excess of heat or thirst. دون لگنا 1 feel burning heat. 2 be consumed with the flame of love; long or pine (for).

دُون¹ /ḍu:n/ ■ *n.f.* tract of land at the foot of hills; valley, specifically valley in northern India. [S]

دُون² ___ ■ *n.f.* 1 brag, boast. 2 high tone or pitch in a song. 3 dearness. 4 double. دون کی لینا to boast, brag. [S]

دُوں /ḍũ:/ ■ *adj.* (also دُون) low, mean, base, ignoble, vile; paltry; poor; inferior; contemptible. دوں ہمت mean-spirited, base, low-minded.

دَونا¹ /ḍo:nɑ:/ ■ *n.m.* leaves folded up in the shape of a cup a king or an authority).

دوہتا /ḍo:hṭɑ:/ ■ *n.m.* son of one's daughter, grandson.

دوہتی /ḍo:hṭi:/ ■ *n.f.* daughter of one's daughter, granddaughter.

دوہتّڑ /ḍo:həṭṭəɽ/ ■ *n.m.* (also دوہتّھڑ) two-handed blow.

دوہر /ḍo:hər/ ■ *n.f.* **1** cloth of two folds, double sheet. **2** old bed of a river. **3** land which bears two crops in the year.

دوہرا /ḍo:hrɑ:/ ■ *adj.* double. See دُہرا. ■ *n.m.* couplet.

دوہرانا /ḍo:hrɑ:nɑ:/ ■ *v.* repeat. See دُہرانا.

دوہراؤ /ḍo:hrɑ:o:/ ■ *n.m* repetition. See دُہراؤ.

دوہری /ḍo:hri:/ ■ *adj.* double. See دُہری.

دوہنا /ḍo:hnɑ:/ ■ *v.* milk (a cow or goat). ■ *n.m.* milk-pail.

دوہنی /ḍo:hni:/ ■ *n.f.* (also دُوہنی) milk-pail, milk-vessel.

دوہیا /ḍo:hɪjɑ:/ ■ *n.m.* (also دوہی) one who milks cattle, milker, milkman.

دُوئی /ḍui:/ ■ *n.f.* **1** existence in two states or forms, duality. **2** matching, pairing. **3** polytheism. **4** discord; separation, disunion, estrangement. دوئی ڈالنا cause separation or discord. دوئی کا پردہ اٹھنا become one.

دِویّا /ḍɪvəjjɑ:/ ■ *n.m.* giver, bestower.

دُویش /ḍuve:ʃ/ ■ *n.m.* hatred, hate, dislike, abhorrence, aversion, repugnance; malice, enmity, spite.

دہ¹ /ḍəh/ ■ *cardinal number* ten. دہ باشی **1** commander of ten men. **2** person having a place of trust. **3** valet. دہ چند ten times; tenfold. دہ در دنیا صد در آخرت charity here will be rewarded manifold in the hereafter. دہ در دہ (*Isj.*) a pool ten yards long, ten yards wide and ten yards deep whose water is considered fit for ablution. دہ درویش در گلیمے بخسپند و دو بادشاہ در اقلیمے نگنجند ten dervishes can sleep in one blanket but two kings can not live in one country. دہ سالہ ten-year-old, decennial. دہ سیرا former weight of ten seers. دہ یکی **1** tenth part; tithe; one in ten. **2** an allowance of ten per cent. [P]

دہ² ——— ■ *n.m.* **1** lake; river. **2** abyss. **3** very deep water; deep pool. [S]

دِہ¹ /ḍeh/ ■ *suffix* denoting; providing; used in comp. as: آرام دہ comforting; comforter. تکلیف دہ inconvenient, troublesome. [P]

دِہ² ——— ■ *n.m.* (also دیہہ) village. دہ بندی detailed statement of villages and their assessment. دہ جمع the

for holding flowers, sweetmeat, etc.

دَونا² ——— ■ *n.m.* plant with fragrant flowers, *Artemisia indica.* دونا مروا sweet basil.

دُونا /ḍu:nɑ:/ ■ *adj.* double, twofold, twice. دونا دون **1** fourfold. **2** more and more, all the more, in great quantity.

دُون چوکی /ḍu:n tʃɔ:ki:/ ■ *n.f.* tuna fish.

دونکنا /ḍo:ŋknɑ:/ ■ *v.* (of an animal) grunt, roar. (See also دھونکنا.)

دونکی /ḍo:ŋki:/ ■ *n.f.* bellows. See دھونکنی.

دونگڑا /ḍo:ŋgɽɑ:/ ■ *n.m.* **1** heavy shower of rain. **2** uproar, tumult.

دونوں /ḍo:nõ:/ ■ *adj.* both, both of, the two, both of them, the two of; the twain. دونوں طرف on both sides. دونوں کے دونوں both, both of them. دونوں وقت morning and evening. دونوں وقت ملنا at dusk. دونوں وقت ملتے day to close and night to begin. دونوں ہاتھ سے تالی بجتی ہے friendship or enmity cannot begin or last till both sides do their part of work. دونوں ہاتھ سے سلام کرنا **1** express great respect, hold in high esteem. **2** express disdain, show indifference. **3** express tacit abandonment. دونوں ہاتھوں سے کلیجا تھامنا exhibit great fortitude in a great tragedy. دونوں ہاتھوں میں لڈو نہیں ہوتے you cannot eat your cake and have it.

دُونی /ḍu:ni:/ ■ *adj.* (*fem.* of دُونا) double (used in mathematical tables to denote "multiplied by two", as in دو دونی چار two multiplied by two, four.

دُوَنّی /ḍuvənni:/ ■ *n.f.* a former coin equivalent of two annas.

دوہا /ḍo:hɑ:/ ■ *n.m.* (also دوہرا) (***Poet.***) an old and popular Urdu and Hindi poetic genre; couplet; distich.

دوہاجو /ḍo:hɑ:dʒu:/ ■ *n.m.* & *f.* a man or woman who marries again.

دوہان /ḍo:hɑ:n/ ■ *n.m.* a two-year old bullock, a young bullock, steer.

دُہائی /ḍʊhɑ:i:/ ■ *n.f.* (also دُہائی) **1** cry for justice, help or mercy, exclamation. **2** appeal. **3** tumult, uproar. **4** proclamation, promulgation. ■ *exclam.* help! mercy! justice! دوہائی تہائی مچانا complain again and again, cry repeatedly for justice. دوہائی دینا cry for help, mercy or justice. دوہائی ہے help me! have mercy! (usu. before revenue assessment of a village. [P]

دہا /ḍəha:/ ■ *n.m.* **1** decade, a period of ten days. **2** tenth day of a month. **3** the first ten days of Moharram.

دہات /ḍɪha:t̪/ ■ *n.m.* (*pl.* of دِہ[2]) (also دیہات) دہاتِ استمراری village held at a fixed rent.

دہاتی /ḍɪha:t̪i:/ ■ *adj.* (also دیہاتی) rural, rustic. ■ *n.m.* villager.

دہاڑ /ḍəha:ɽ/ ■ *n.f.* roar (of a lion). دہاڑ مارکر رونا، مارنا (also دھاڑیں مارنا) wail.

دہاڑنا /ḍəha:ɽna:/ ■ *v.* roar, make a laud noise, (of a lion) to utter a roar, to make a deep prolonged sound. See دہاڑ[1].

دِہاڑی /ḍɪha:ɽi:/ ■ *n.f.* daily wages.

دہاقین /ḍəha:qi:n/ ■ *n.m.* (*pl.* of دہقان) villagers.

دہاکا[1] /ḍəha:ka:/ ■ *n.m.* **1** place of tens (in numeration). **2** ten-rupee note. [P]

دہاکا[2] ____ ■ *n.m.* (also دہاکہ) shock; awe, fear. دہاکا بٹھانا frighten, inspire fear or awe. دہاکا بیٹھنا be afraid, be awe-struck. [Prk.]

دہان /ḍəha:n/ ■ *n.m.* (also دہاں، دہانہ، دہن) **1** mouth; oral cavity. **2** orifice; opening.

دہانا /ḍəha:na:/ ■ *v.* set fire to, ignite, burn.

دُہانا /ḍuha:na:/ ■ *v.* cause to be milked, have or get milked.

دہانہ /ḍəha:na:/ ■ *n.m.* **1** mouth. **2** the mouth of a river, water-bag, watercourse or mine. **3** bore, gauge or calibre of a gun or cannon, etc. **4** (*fig.*) verge, brink, edge.

دہائی /ḍəha:i:/ ■ *n.f.* **1** the figure ten. **2** decade.

دُہائی /ḍuha:i:/ ■ *n.f.* supplication for help. See دُوہائی.

دہر /ḍæhr/ ■ *n.m.* **1** the world; the universe. **2** age; time. **3** long period of time. **4** adversity, calamity; danger. **5** custom, manner. **6** fortune.

دِہرا /ḍɪhra:/ ■ *n.m.* a Hindu or Jain temple.

دُہرا /ḍohra:/ ■ *adj.* (also دوہرا) double, twofold; twice as much; reduplicated. ■ *n.m.* couplet, distich. دہرا بدن fat body.

دُہرانا /ḍohra:na:/ ■ *v.* (also دوہرانا) **1** repeat (a word, a thing or an act), say or do again. **2** revise (a lesson). **3** reduplicate; fold once, double.

دُہراؤ /ḍohra:o:/ ■ *n.m.* (also دوہراؤ) **1** repetition, revision. **2** reduplication.

دُہری /ḍohri:/ ■ *adj.* (*fem.* of دُہرا) twofold. دہری بات double entendre. دہری شخصیت (***Psych.***) dual or split personality. دہری شخصیت کا مرض schizophrenia.

دہریت /ḍæhrɪjət/ ■ *n.f.* atheism.

دہریہ /ḍæhrɪja:/ ■ *n.m.* (also دہری) atheist.

دہش /ḍəhəʃ/ ■ *n.m.* **1** astonishment, amazement. **2** consternation. ■ *adj.* **1** astonished, amazed, stupefied, confounded, bewildered. **2** struck with consternation.

دِہش /ḍehɪʃ/ ■ *n.f.* the act of giving, bounty, charity, alms.

دہشت /ḍæhʃət̪/ ■ *n.f.* extreme fear, terror, awe, fright, dread. دہشت انگیز terrifying, horrible, alarming, hideous. دہشت دینا terrify, frighten, terrorize. دہشت زدہ scared, terror-stricken, frightened. دہشت کھانا be extremely frightened, be terrified, be terrorized. دہشت گرد terrorist. دہشت گردی an organized system or movement of creating terror in order to achieve some goal(s); terrorism. دہشت ناک fearful, alarming.

دِہقان /ḍɪhqa:n/ ■ *n.m.* (also دہقان) villager; farmer, peasant. (*pl.* دہاقین)

دِہقانی /ḍɪhqa:ni:/ ■ *adj.* rustic, uncouth, boorish. ■ *n.m.* villager; peasant.

دِہقانیت /ḍɪhqa:nɪjət̪/ ■ *n.f.* rusticity, country or rustic manners; boorishness, uncouthness.

دہک /ḍæhæk/ ■ *n.f.* **1** blazing, glow; burning, conflagration. **2** ardour, fervour, fervency. دہک اٹھنا be lit up suddenly, burn up; glow up, become red with heat or fire.

دہکانا /ḍæhka:na:/ ■ *v.* **1** blow fire, inflame, kindle. **2** heat some metal to redness. **3** lighten up, cause to glow, brighten. **4** cause to regret or grieve. **5** ruin, destroy; lose.

دہکنا /ḍæhækna:/ ■ *v.* **1** blaze, burn. **2** regret, be consumed with regret. **3** be ruined.

دہل /ḍæhæl/ ■ (*imper.* of دہلنا). ■ *n.f.* **1** shaking tremulously, trembling, quaking. **2** tremor, fear, apprehension, dread. دہل اٹھنا / جانا **1** to swing, to shake, tremble. **2** fear, dread, be frightened.

دِہل /ḍɪhɪl/ ■ *n.m.* shifting sand; quicksand.

دُہل /ḍuhʊl/ ■ *n.m.* drum, tabor.

دہلا /ḍæhla:/ ■ *n.m.* (***Cards***) ten of any suit.

دہلانا /ḍæhla:na:/ ■ *v.* **1** shake-up; cause to tremble or giving life. دھوکا دہی the act of deceiving.

دہیڑ /d̪ɦe:ɽ/ ■ *n.m.* a raven or a crow; a species of *Coracias* which is a songbird.

دہیز /d̪ɦe:z/ ■ *n.m.* (also دہیج) dowry. See جہیز.

دہَینڑی /d̪ɦæ̃:ɽi:/ ■ *n.f.* (also دہَینڈی) a vessel in which milk is coagulated and kept.

دئی /d̪ɪi:/ ■ *n.f.* gift, present. ■ *n.m.* the Deity; god. دئی مارا unfortunate, ill-fated.

دی /d̪i:/ ■ *n.m.* the day before today, yesterday. دی روز yesterday. دی سال last year. دی سالہ of last year. دی شب last night.

دَے /d̪æ:/ ■ *n.m.* **1** the tenth month of the Persian calendar corresponding to December-January (when the sun is in the sign of Capricorn). **2** (*fig.*) the beginning of winter; autumn.

دے /d̪e:/ ■ (*imper.* of دینا) give. دے پٹکنا throw on the ground or floor, throw something with force from a height. دے دینا give away; make over (to). دے ڈالنا give away, deliver, consign; bestow. دے مارنا dash to the ground, throw. دے مرنا bequeath.

دیا /d̪əja:/ ■ *n.f.* pity, kindness, sympathy, compassion, mercy, benevolence, favour, fellow-feeling. دیا کر showing pity or compassion, sympathetic, merciful, kind, benevolent, beneficent, generous. دیا کرنا have compassion (on), feel pity (for). دیامان/دوان kind, merciful, compassionate.

دِیا[1] /d̪ɪja:/ ■ (*past* of دینا) given. ■ *n.m.* gift. دیا لیا charity, something given as alms. دیا لیا کام آجانا be saved from trouble owing to past good deeds and charity, etc. [S]

دِیا[2] —— ■ *n.m.* (also دیوا) earthen lamp lit with wick and oil. دیا باتی/بتی کرنا put on the lights, light the lamp in the evening. دیا بارنا/بالنا/جلانا light a lamp, strike a light. دیا بجھانا/بڑھانا/گل کرنا extinguish or put out a lamp. دیا سلائی a thin piece of wooden stick used to light a fire, match, matches. دیا سلائی دکھانا set on fire. [S]

دیّا /d̪əjja:/ ■ *n.f.* **1** mother. **2** wet nurse; nanny. **3** the stand that children run to in playing hide-and-seek. دیا دھاڑ cry for the mother; cry for help; loud noise. دیارے دیا oh mother! help! (usu. said when in pain or distress).

دیار /d̪əja:r/ ■ *n.m.* mast tree. See دیودار.

دِیار /d̪ɪja:r/ ■ *n.m.* (also دیار) **1** region; country; province; quake; agitate. **2** frighten, cause to dread.

دہلنا /d̪æhælna:/ ■ *v.* be shaken up; tremble with fear.

دہلی /d̪æhli:/ ■ *n.f.* See دہلیز.

دہلی /d̪ehli:/ ■ *pr.n.m.* (also دِلّی) the city of Delhi (Dehli).

دہلیز /d̪æhli:z/ ■ *n.f.* (also دہلی) **1** threshold. **2** entrance hall, vestibule. **3** (*fig.*) place, cite. **4** commencement, beginning. دہلیز جھانکنا pay one a flying visit. دہلیز کا کتا **1** pet dog, house dog. **2** (*fig.*) hanger-on or parasite, sponger. دہلیز کی خاک/مٹی لے ڈالنا **1** (*iron.*) visit very often, pay a visit so often that the dirt in front of the threshold is trampled. **2** (*fig.*) insist, make a request persistently (often used to express that one is/ was too eager to get some work done). دہلیز کھوند ڈالنا **1** tread the threshold. **2** (of a would-be bridegroom) pay a ceremonial visit to (parents of the expected bride).

دہم /d̪əhəm/ ■ *adj.* **1** burnt to ashes, burnt-out; extinguished. **2** quiet, silenced. **3** astonished,

دہُم /d̪əhʊm/ ■ *ordinal number* tenth.

دُہم /d̪ʊhm/ ■ *adj.* last three nights of the lunar month when moon is not visible. (See also اماوس.)

دہن /d̪æhæn/ ■ *n.m.* (also دہان) mouth. دہن دریدہ **1** (*literal*) with torn mouth. **2** (*fig.*) irreverent, impolite, rude, impudent.

دُہن /d̪ohən/ ■ *n.m.* milking; the act of milking.

دُہن /d̪ohn/ ■ *n.m.* oil; ointment, unguent.

دہنا /d̪əhna:/ ■ *adj.* right (hand or side). (*fem.* دہنی)

دُہنا /d̪ʊhna:/ ■ *v.* to milk (a cow, etc.). See دوہنا.

دِہندہ /d̪ehɪnd̪a:/ ■ *suffix* (also دہند) giver; payer; used in comp. as: نجات دہندہ one who gives salvation or helps to get deliverance.

دہنی /d̪əhni:/ ■ *adj.* (*fem.* of دہنا) دہنی آنکھ پھڑکنا the right eye to quiver (regarded as a good omen).

دُہنی /d̪ʊhni:/ ■ *n.f.* (also دوہنی) milk-pail.

دہنے /d̪əhne:/ ■ *adv.* (*pl.* & *infl.* of دہنا) to the right, on the right, at the right. دہنے ہاتھ پر on right hand (or side).

دہی /d̪əhi:/ ■ *n.m.* & *f.* dahi, yogurt; curd. دہی بڑا/ بڑے a kind of food cooked with ground pulses and taken with curd and spices. دہی جمانا make yogurt or curd. دہی مچھلی an exclamation supposed to invoke good fortune (at the time of beginning a journey).

دِہی /d̪ɪhi:/ ■ *suffix* giving; used in comp. as: جاں دہی

دِید /di̪:d̪/ ■ *n.f.* sight, seeing; show, spectacle. دیدباز 1 sightseer. 2 ogler. دیدبان 1 watch, guard, sentinel, one who keeps a lookout; scout. 2 lookout; watchtower. 3 a device that one looks through to aim a gun, sight of a gun. 4 anything used to look through. 5 viewfinder (of a camera). دیدبینی watching, observation. دیدنہ شنید neither seen nor heard of; strange, wondrous, extraordinary.

دِیدار /di̪:d̪a:r/ ■ *n.m.* 1 sight, view. 2 sight of a dead person (a ritual in which the relatives and friends are allowed to see the face of the deceased for the last time). 3 (*fig.*) face. دیدارباز ogler. دیدارکرنا see, look at the face (of).

دِیدارُو /di̪:d̪a:ru:/ ■ *adj.* 1 good-looking, worthy of being seen, comely, presentable. 2 handsome, dashing, graceful.

دِیدان /di̪:d̪a:n/ ■ *n.m.* (*pl.* of دود[2]) small worms, insects.

دِیدنی /di̪:d̪əni:/ ■ *adj.* fit to be seen, worth seeing.

دِیدوں /di̪:d̪õ:/ ■ *n.m.* (*pl.* of دیدہ) دیدوں کا پانی ڈھلنا/مرجانا become shameless.

دِیدہ /di̪:d̪a:/ ■ *adj.* seen. ■ *n.m.* 1 eye. 2 pupil. 3 sight. 4 (*fig.*) bravery, boldness. دیدۂ بینا insight, discernment, perception, vision. دیدہ پھاڑنا look steadily, gaze. دیدہ درائی boldness, impudence. دیدہ دلیری courage to do something (esp. wrong) openly; boldness, impudence. دیدہ ریزی working minutely or laboriously, meticulousness. دیدۂ گریاں 1 weeping eyes. 2 (*fig.*) sad, sorrowful. دیدہ لگنا be sleepy doze off. دیدہ ودانستہ knowingly, wilfully, deliberately, intentionally. دیدہ ودل بچھانا/فرشِ راہ کرنا welcome with heart and soul, be very receptive. دیدہ ور sharp-sighted; one who has an insight and understanding of things, perspicacious.

دِیدے /di̪:d̪e:/ ■ *n.m.* (*pl.* & *infl.* of دیدہ) دیدے مٹکانا 1 make eyes (at); wanton with eyes. 2 be proud; behave coquettishly. دیدے نیلے پیلے کرنا fly into passion or rage.

دَیر /d̪æ:r/ ■ *n.m.* a convent or monastery, a place of worship (for non-Muslims), temple, church, etc.

دیر /d̪e:r/ ■ *n.f.* 1 time, a period of time, a long time. 2 delay, tardiness, slowness. ■ *adv.* late; tardily, slowly. دیرآیددرست آید better late than never. دیرپا durable, lasting, long-lasting. دیرتک for a long

soil; land. 2 (*fig.*) native land; native town, place. دیارِبکر ancient Mesopotamia. دیارِغیر alien soil, foreign land.

دیاڑا /d̪eja:ɽa:/ ■ *n.m.* underground white anthill.

دِیاڑا /d̪ɪja:ɽa:/ ■ *n.m.* (also دِیارا) 1 island formed in the middle of the river. 2 tract of alluvial land; alluvion.

دِیاسلائی /d̪ɪja:səla:i:/ ■ *n.f.* matchstick. See under دیا[2]. دیاسلائی دکھانا/سلگانا/لگانا 1 set on fire. 2 incite, cause discord or quarrel. دیاسلائی کی ڈبیا matchbox.

دیالُو /d̪əja:lu:/ ■ *adj.* (also دیال) generous, compassionate, beneficent, merciful, kind.

دِیانت /d̪ɪja:nət̪/ ■ *n.f.* honesty, integrity, probity; conscience; piety, virtue. دیانت دار conscientious; upright, honest, just. دیانت داری honesty, integrity, probity; conscientiousness; fidelity, faithfulness. دیانت سے honestly; conscientiously. دیانت مند honest, dependable, true.

دِیبا /d̪i:ba:/ ■ *n.m.* fine silk fabric, silk brocade.

دِیباچہ /d̪i:ba:tʃa:/ ■ *n.m.* 1 preface; foreword; preamble. 2 (*arch.*) rich edging of gold on the title page of a book; colourful decoration on the title of a book.

دیبدار /d̪e:bd̪a:r/ ■ *n.m.* the mast tree. See دیودار.

دیبی /d̪e:bi:/ ■ *n.f.* goddess. See دیوی.

دِیپ[1] /d̪i:p/ ■ *n.m.* lamp; light. دیپ پشپ lamp flower, the plant *Michelia champaca.* (See also چمپا.) [S]

دِیپ[2] ____ ■ *n.m.* 1 island. 2 continent; region or clime (of the earth); land, piece of land. دیپ انترکرنا transport beyond seas. [S]

دِیپالی /d̪i:pa:li:/ ■ *n.f.* (also دِوالی، دیپاولی) 1 (*literal*) a line of lamps. 2 Diwali festival.

دِیپک /d̪i:pək/ ■ *adj.* 1 kindling, inflaming, illuminating, making bright or luminous. 2 exciting, stimulating. ■ *n.m.* 1 lamp; light. 2 kind of firework. 3 aromatic seed or plant *Anethum graveolens*, dill or carom seed. (See also اجوائن). دیپک راگ name of a classical music traditionally believed to cause lamps to be lit up.

دِیت /d̪ɪjət̪/ ■ *n.f.* (***Islam***) blood money; compensation for manslaughter or maiming. (See also خوں بہا، قصاص.)

دَیجُور /d̪æ:dʒu:r/ ■ *adj.* dark, pitch dark, black. ■ *n.f.* 1 (***Astrol.***) night of conjunction of sun and moon; moonless and dark night. 2 darkness, obscurity.

time. دیرسویر sooner or later. دیرسے since long, for a long time. دیرکرنا delay, be behind time. دیرلگانا delay; loiter. دیرمیں late, after a long interval. دیرہونا be late.

دیرا /ḍe:rɑ:/ ■ *n.m.* house. See ڈیرا.

دیرانہ /ḍe:rɑ:nɑ:/ ■ *n.m.* amount payable as fine for being late.

دیرپا /ḍe:rpɑ:/ ■ *adj.* durable. See under دیر.

دِیروز /ḍi:ro:z/ ■ *adv.* yesterday, (on) the day immediately preceding today.

دِیروزہ /ḍi:ro:zɑ:/ ■ *adj.* of yesterday.

دَیری /ḍæ:ri:/ ■ *adj.* of or pertaining to an idol temple.

دیری /ḍe:ri:/ ■ *n.f.* (*coll.*) slowness, dalliance; delay. دیری کرنا be a long while, be late, dally. دیری لگنا be late, be long, be slow.

دیریں /ḍe:rĩ:/ ■ *adj.* (also دیرین) old, ancient, of ancient time, aged.

دیرینہ /ḍe:ri:nɑ:/ ■ *adj.* **1** long-held (desire). **2** old, ancient. **3** wise, shrewd. **4** seasoned, experienced. **5** stale. ■ *n.m.* an old or experienced person, veteran. دیرینہ آرزو a long-cherished desire.

دیس /ḍe:s/ ■ *n.m.* (also دیش) **1** country, territory, region; place, spot. **2** (***Music***) a kind of classical raga sung at midnight. دیس بدیس / پردیس at home and abroad, everywhere, all over the world. دیس بیوہار چلن local custom or observance. دیس بھاشا national language. دیس تیاگ abandoning one's country, emigration. دیس نکالا exile, ostracism, banishment, extradition. دیس نکالا دینا exile, banish. دیس نکالا لینا go into exile (voluntarily). دیس نکالا ملنا be exiled, be banished, be extradited. دیس بھگت patriot.

دیسا /ḍe:sɑ:/ ■ *n.m.* annual offering for the dead among some Muslims.

دیسی /ḍe:si:/ ■ *adj.* **1** desi, dacey, indigenous, native, belonging to the country. **2** local, provincial. **3** (of language or word) vernacular. **4** home-made. ■ *n.m.* native. دیسی رواج native customs. دیسی شراب home-made alcoholic drink, home-brewed toddy, moonshine. دیسی گھی pure ghee.

دِیشب /ḍi:ʃəb/ ■ *adv.* the past night. See دی شب under دی.

دیکھ /ḍe:kʰ/ ■ (*imper.* of دیکھنا) look. ■ *n.f.* care. دیکھ بھال look after, watch, vigilance; circumspection. دیکھ پانا see by chance, get an opportunity to see, catch a glimpse. دیکھ ریکھ looking after, taking care; patronage, nursing.

دیکھا /ḍe:kʰɑ:/ ■ (*past* of دیکھنا) saw. ■ *adj.* seen; tested, tried. دیکھابھالا seen, tried and tested. دیکھابھالی looking after, taking care. دیکھاجائےگا **1** will be seen; will be handled as it comes. **2** will be dealt with later; usually used to say that when the moment comes we will see it, right now we don't care; don't worry. دیکھاچاہیے **1** should be watched; let's wait and see. **2** is still undecided, may be it gets done or happens; perhaps; maybe. **3** is wonderful, is commendable. دیکھادیکھی **1** imitation; emulation; competition; rivalry. **2** imitatively following. دیکھاکرنا be in the habit of looking, keep looking (at). دیکھاہوا seen, examined, endured, experienced.

دیکھتا /ḍe:kʰtɑ:/ ■ *adj.* seeing. ■ *adv.* whilst seeing or looking at, at sight (of). دیکھتارہ جانا **1** be amazed. **2** be deprived or disappointed. (*fem.* دیکھتی)

دیکھتے /ḍe:kʰte:/ ■ *n.m.* (*pl. & infl.* of دیکھتا) دیکھتے دیکھتے **1** before the eyes, in the presence of. **2** (*fig.*) quickly. دیکھتےرہ جانا gaze in wonder or disappointment. دیکھتے رہنا **1** keep watching; wait and see. **2** look after.

دیکھنا /ḍe:kʰnɑ:/ ■ *v.* **1** look at, see, behold. **2** scan. **3** search, look for. **4** inspect; examine. **5** observe, notice. **6** take care, look after. **7** weigh well. **8** feel the pulse. **9** endure, tolerate. **10** bear the sight of. **11** take precautionary measures. دیکھنابھالنا look at; inspect; examine.

دیکھنے /ḍe:kʰne:/ ■ (*infl.* of دیکھنا) دیکھنےکونہیں ملتا is scarce, is rare, is not to be found. دیکھنےمیں apparently; to all appearance. دیکھنےمیں آنا be seen, be visible, appear. دیکھنےہارا onlooker, spectator, beholder.

دیکھو /ḍe:kʰo:/ ■ *exclam. & imper.* (also دیکھیے) **1** dekho! see! behold! lo! observe! look here! **2** look out! be on your guard! **3** you will see! **4** perhaps! دیکھوشیرکی نگاہ سے کھلاؤسونےکانوالہ feed your children well but keep an eagle's eye on them so that they are not spoilt.

دیگ /ḍe:g/ ■ *n.f.* boiler; cauldron, large metal pot (for culinary or other purposes). دیگ اتارنا food to be ready. دیگ چڑھانا make an offering at a shrine or at some

دینی /ḍi:ni:/ ■ *adj.* religious, pious, spiritual. دینی بہن spiritual or religious sister. دینی بھائی religious brother. دینی تعلیم religious education. دینی مدارس schools and colleges for Islamic studies; seminaries.

دینیات /ḍi:nɪjɑ:t̪/ ■ *n.f.* theology, the study or science of religion, religious studies.

دینیہ /ḍi:nɪjɑ:/ ■ *adj.* religious.

دیو /ḍeo:/ ■ *n.m.* **1** monster, giant, hobgoblin, jinn, djinn. **2** huge fellow or thing. **3** demon, evil spirit. دیو استبداد **1** tyranny, oppression. **2** (*fig.*) one-man rule. دیو باد devil's wind, whirlwind, dust devil. دیو پیکر gigantic, huge. دیو زاد large-framed, very high, sublime. دیو کا دیو (*fig.*) a veritable monster. دیو کش giant-killer. دیو ہیکل giant-size, huge.

دیو /ḍe:v/ ■ *n.m.* deity; god. دیو استھان abode of gods; Hindu temple. دیو بانی language of gods, i.e. Sanskrit. دیوداسی **1** devadasi, slave girl who serves a temple. **2** (*fig.*) beloved. دیولوک **1** (***Hinduism***) abode of ascetics. **2** (*fig.*) heaven, paradise; eternal world. دیومالا mythology. دیومالائی mythological. دیوناگری script used for writing Hindi or Sanskrit, Devanagari.

دِیوا /ḍi:vɑ:/ ■ *n.m.* lamp. See دِیا².

دیوا /ḍe:vɑ:/ ■ *n.m.* giver. دیوا لیوا barter.

دِیوار /ḍi:vɑ:r/ ■ *n.f.* **1** wall. **2** bridge (of the nose). **3** (*fig.*) obstruction, hurdle. ■ *adj.* (*fig.*) blind. دیوار اٹھانا raise or build a wall. دیوار پردہ tapestry. دیوار چننا **1** build a brick wall. **2** (*fig.*) create a hurdle. دیوار چین the Great Wall of China, one of the wonders of the world. دیوار قہقہہ **1** a very high wall. **2** hearty laugh. دیوار کے بھی کان ہیں even walls have ears. دیوار کھڑی کرنا create a hurdle. دیوار گریہ the Wailing Wall in Jerusalem sacred to the Jews. دیوار گوش دارد even walls have ears; be careful about what you say, there may be someone on the other side of the wall. دیوار گیر **1** niche. **2** something fixed on the wall; tapestry fixed on the wall. دیوار گیری tapestry or cloth to adorn a wall. دیوار ہم گوش دارد even walls have ears.

دِیواروں /ḍi:vɑ:rõ:/ ■ *n.f.* (*pl.* of دیوار) دیواروں کے بھی کان ہوتے ہیں walls have ear.

دِیوالہ /ḍi:vɑ:lɑ:/ ■ *n.m.* bankruptcy. See دِوالا.

دِیوالی /ḍi:vɑ:li:/ ■ *n.f.* Diwali, Divali. See دِوالی.

دِیوالیہ /ḍi:vɑ:lɪjɑ:/ ■ *adj.* bankrupt. See دِوالیا.

religious ceremony. دیگ دان tripod; fireplace.

دیگچہ /ḍe:gtʃɑ:/ ■ *n.m.* (*dim.* of دیگ) small cauldron.

دیگچی /ḍe:gtʃi:/ ■ *n.f.* small cooking pot.

دِیگر /ḍi:gər/ ■ *adj.* other, another; next, following. ■ *adv.* over again, again, moreover, further; besides. ■ *n.m.* afternoon (prayers).

دیگی /ḍe:gi:/ ■ *adj.* of or relating to دیگ; (anything) cooked in cauldron. دیگی لوہا wrought iron.

دیگیں /ḍe:gẽ:/ ■ *n.f.* (*pl.* of دیگ) دیگیں کھڑکنا کھنکنا preparations for a feast.

دِیمک /ḍi:mək/ ■ *n.f.* termite, white ant. دیمک چاٹ جانا be eaten by termite. دیمک خانہ termitary, termitarium. دیمک کھایا **1** eaten by termites. **2** full of holes. **3** pitted (as with the smallpox). دیمک لگنا be attacked by termites.

دَین /ḍæ:n/ ■ *n.m.* debt, loan. دینِ تمسکی certificate given to a bankrupt who has given up his/her effects. دین دار debtor. دینِ مُعَجّل debt payable on demand. دینِ موجل a debt of which payment is deferred.

دِین /ḍi:n/ ■ *n.m.* faith, religion. دینِ الٰہی a hybrid religion composed of elements of Islam, Hinduism and other faiths promulgated by the Mogul emperor Akbar. دین پناہ defender of faith. دینِ حق Islam (as the true faith). دین دار religious, pious. دین داری religiousness, religiosity. دین کا نہ دنیا کا good-for-nothing, neither religious nor worldly-wise. دین میں ملانا convert to one's faith. دین و دنیا religion and the material world, this world and the hereafter. دین و دنیا سے جانا fail to secure happiness in this world and the next.

دین /ḍe:n/ ■ *n.m.* **1** giving; gift. **2** debt; liability. دین لین dealings; commercial transactions, barter, traffic; debit and credit. دین ہار giver, payer, debtor.

دینا /ḍe:nɑ:/ ■ *v.* **1** give; confer. **2** produce, yield. **3** emit, give forth. **4** allot; allow. **5** afford; offer. **6** pay (a debt, etc.). **7** raise (a cry for help). **8** lay (eggs). **9** give (birth). ■ *n.m.* debt; liability. دینا پانا **1** profit and loss. **2** settling of one's account or affairs. دینا لینا **1** concern, matter; business. **2** debt; credit. دینا نہ لینا **1** to have no concern, have no business. **2** useless.

دِینار /ḍi:nɑ:r/ ■ *n.m.* dinar, an ancient Arab coin, still a monetary unit of some Arab and other countries.

دِیوان /d̪i:vɑ:n/ ■ *n.m.* **1** royal court. **2** chief officer of the state; minister. **3** diwan, tribunal (of justice or revenue). **4** council of state; senate. **5** secretary; steward; financial minister. **6** divan, court or hall of audience. **7** divan, literary works by a poet. دیوانِ اعلیٰ chief officer; chief minister. دیوانِ خاص privy council chamber, the meeting of the privy council. دیوانِ خالصہ accountant general of the royal revenue; chancellor of the exchequer. دیوان خانہ **1** drawing room; hall of audience, chamber. **2** tribunal. **3** office. **4** court. دیوانِ عام public hall of audience. (*pl.* دواوین)

دِیوانگی /d̪i:vɑ:ngi:/ ■ *n.f.* madness, lunacy, insanity.

دِیوانہ /d̪i:vɑ:nɑ:/ ■ *adj.* mad, insane, lunatic, frenzied. دیوانہ بکارِ خویش ہشیار even a mad man is sane enough to look after his interests. دیوانہ بنانا make mad, madden. دیوانہ پن madness, insanity, lunacy.

دِیوانی[1] /d̪i:vɑ:ni:/ ■ *adj.* (*fem.* of دیوانہ). [P]

دِیوانی[2] ____ ■ *adj.* of or relating to a civil court. ■ *n.m.* office or jurisdiction of a diwan. دیوانی عدالت civil court (*cf.* فوجداری عدالت). [A]

دیوتا /d̪e:vt̪ɑ:/ ■ *n.m.* **1** deity; god; divinity; an object of worship, divine being. **2** an idol or image of god. **3** (*fig.*) a good man, respectable person. **4** expert, connoisseur. دیوتا سمان godly; godlike.

دِیوٹ /d̪i:vəʈ/ ■ *n.f.* (also ڈیوٹ) **1** lamp-stand. **2** black or dark-skinned person.

دیوٹّی /d̪e:vəʈʈi:/ ■ *n.f.* a species of gull, *Larus ridibundus*, black-headed gull.

دَیُّوث /d̪əjju:s/ ■ *n.m.* **1** (*derog.*) a man who arranges customers for prostitutes and earns money from it, pimp. **2** (*fig.*) a man who is aware and tolerant of his wife's infidelity (or adultery of his female relatives), cuckold.

دیودار /d̪e:vd̪ɑ:r/ ■ *n.m.* (also دیبدار) deodar, Himalayan cedar, *Cedrus deodara*, mast tree.

دیور /d̪e:vər/ ■ *n.m.* husband's younger brother.

دیورا /d̪e:vrɑ:/ ■ *n.m.* temple, idol-temple.

دیورانی /d̪e:vrɑ:ni:/ ■ *n.f.* wife of husband's younger brother.

دیوڑھی /d̪eo:ɽʰi:/ ■ *n.f.* (also ڈیوڑھی) small courtyard built between the main building of a house and the main gate.

دَیوک /d̪æ:vək/ ■ *n.m.* astrologer, soothsayer, almanac-maker.

دِیوک /d̪i:vək/ ■ *n.f.* termite, white ant; weevil; moth.

دیوک /d̪e:vək/ ■ *adj.* god-like, divine, celestial.

دیول /d̪e:vəl/ ■ *n.m.* temple; church.

دِیولا /d̪i:vlɑ:/ ■ *n.m.* small earthen lamp.

دِیولی /d̪i:vli:/ ■ *n.f.* (*dim.* of دیولا) very small lamp.

دیولی /d̪e:vli:/ ■ *n.f.* **1** fish scale. **2** scab of smallpox.

دیون /d̪e:vən/ ■ *n.m.* act of giving. دیون ہار giver, bestower; the giver of all things, God.

دیوناگری /d̪e:vnɑ:gri:/ ■ *n.f.* script in which Hindi is written, Devanagari.

دیونی /d̪e:vni:/ ■ *n.f.* female monster, giantess, ogress.

دیوی /d̪e:vi:/ ■ *n.f.* (also دیبی) **1** devi, goddess, a female deity. **2** (*fig.*) a pious woman.

دیہہ[1] /d̪e:h/ ■ *n.m.* village. [P]

دیہہ[2] ____ ■ *n.f.* **1** body. **2** (*fig.*) heart. [Prk.]

دیہات /d̪e:hɑ:t̪/ ■ *n.m.* (*pl.* of دیہہ) (often used as *sing.*) village. دیہاتِ استمراری village held at a fixed rent.

دیہاتی /d̪e:hɑ:t̪i:/ ■ *adj.* relating to a village, rural, rustic. ■ *n.m.* villager. (*fem.* دیہاتن)

دیہانت /d̪e:hɑ̃:t̪/ ■ *n.m.* relinquishing the body, dying; death.

دیہر /d̪e:hɪr/ ■ *n.m.* land flooded in autumn, marshy land.

دیہی /d̪e:hi:/ ■ *adj.* rural, rustic. دیہی امداد aid to the villages.

دَیہیم /d̪æ:hi:m/ ■ *n.m.* crown.

stream; torrent, a line of descending fluid. **2** hard shower (of rain). **3** margin or border. **4** circumference (of a wheel) or periphery. **5** a line or chain (of mountain).

دھارِشٹ /ɖʰɑ:rɪʃʈ/ ■ *n.m.* name of a subordinate Hindu caste.

دھارمِک /ɖʰɑ:r mɪk/ ■ *adj.* religious, pious, virtuous, devout, righteous, faithful.

دھارن /ɖʰɑ:rən/ ■ *n.f.* **1** keeping; having; possessing; carrying. **2** wearing. **3** bearing. **4** maintaining, preserving. **5** assuming; acquiring, undertaking, knowing. دھارن کرنا **1** assume, take upon oneself, adopt; absorb. **2** bear. **3** wear. **4** possess, retain; seize.

دھارنا[1] /ɖʰɑ:rnɑ:/ ■ *v.* **1** hold, bear, carry; keep. **2** adopt. **3** support; sustain. **4** owe. **5** pour (warm water), foment. [S]

دھارنا[2] ____ ■ *n.f.* **1** retaining in mind; upholding. **2** memory. **3** firmness, steadiness, resolution. **4** aptitude to acquire (wisdom, etc.). [S]

دھاروں دھار /ɖʰɑ:rõ:ɖʰɑ:r/ ■ *adv.* **1** (rain) in torrents. **2** (weep) effusively. دھاروں دھار برسنا rain cats and dogs.

دھاری[1] /ɖʰɑ:ri:/ ■ *n.f.* **1** line; lineament; stripe, streak. **2** groove. **3** small buttress. **4** army; host. **5** margin, border; extremity. دھاری دار striped, lined, streaked. [Prk.]

دھاری[2] ____ ■ *adj.* wearing, assuming, having, carrying, holding, bearing. [S]

دھاڑ[1] /ɖʰɑ:ɽ/ ■ *n.f.* (also دہاڑ) **1** roar, thunder, a loud noise. **2** a deep, prolonged noise made by a lion. دھاڑ مار کر رونا weep aloud. دھاڑ مارنا to cry aloud. [Prk.]

دھاڑ[2] ____ ■ *n.m. & f.* **1** multitude, crowd; band, gang (of robbers). **2** robbery. **3** torrent; waterfall. دھاڑ پڑنا **1** (a band of robbers) to fall (upon). **2** make haste; be very edgy. دھاڑ کی دھاڑ big crowd. دھاڑ مارنا plunder in bands, rob in band. [Prk.]

دھاڑنا /ɖʰɑ:ɽnɑ:/ ■ *v.* to roar, make a loud noise, utter a roar.

دھاڑی /ɖʰɑ:ɽi:/ ■ *n.m.* robber, thief, a member of a robbers' gang. دھاڑی چور notorious thief or robber.

دھاڑیں /ɖʰɑ:ɽẽ:/ ■ *n.f.* (*pl.* of دھاڑ[1]) دھاڑیں مار (مار) کر رونا to cry aloud, weep bitterly. دھاڑیں مارنا cry aloud; shout.

دھ

دھ /ɖʰə/ ■ the nineteenth letter of the Urdu alphabet.

دھا[1] /ɖʰɑ:/ ■ *n.m.* sixth note of the Indian classical music, scale. [Prk.]

دھا[2] ____ ■ *n.f.* wet nurse. دھا بھائی foster-brother. [S]

دھابا /ɖʰɑ:bɑ:/ ■ *n.m.* stall. See ڈھابا.

دھابری /ɖʰɑ:bri:/ ■ *n.f.* (also دھابلی) fowl house; pigeon house; dovecot.

دھاپ /ɖʰɑ:p/ ■ *n.f.* **1** measure of length which was supposed to be as far as a man could run without taking a breath; distance of about half a mile; distance, space; range. **2** wide low ground. **3** the act of running.

دھاپک دھیا /ɖʰɑ:pək ɖʰəjjɑ:/ ■ *n.f.* commotion, tumult, uproar.

دھاپنا /ɖʰɑ:pnɑ:/ ■ *v.* **1** satisfy, fill, satiate; be filled. **2** be weary, get tired.

دھات /ɖʰɑ:t̪/ ■ *n.f.* **1** metal; ore. **2** seminal fluid ejected involuntarily, usually after passing urine. **3** the disease involving involuntary seminal discharge. دھات آنا suffer from this ailment. دھات پتلی ہونا the semen to become dilute (as a sign of disease). دھات کاری metallurgy.

دھاتا /ɖʰɑ:t̪ɑ:/ ■ *n.m.* founder, maker, creator.

دھاتری /ɖʰɑ:t̪ri:/ ■ *n.f.* **1** wet nurse, foster-mother; mother. **2** earth.

دھاتُو /ɖʰɑ:t̪u:/ ■ *n.m.* **1** element; primary substance; constituent element of the body. **2** primary element of words, root.

دھار /ɖʰɑ:r/ ■ *n.f.* **1** edge (of a knife or sword). **2** stream, spout, jet (of a liquid); stream of urine. **3** line, lineament, chain. **4** flow, current (of a liquid). دھار بیٹھ جانا become blunt. دھار پر مارنا disregard, not give a damn, not give two hoots in hell. دھار چھوڑنا pour water in a single stream. دھاردار **1** sharp. **2** (*fig.*) coquettish. دھار ڈھرا/دھورا a stream forming a boundary between two pieces of land. دھار مارنا urinate. دھار نکالنا sharpen, whet.

دھارا /ɖʰɑ:rɑ:/ ■ *n.m.* **1** water course, channel; current,

دھاک¹ /ḍʰɑ:k/ ■ *n.f.* 1 pomp, glory, fame. 2 fear, awe. دھاک بندھنا/بیٹھنا/جمنا establish one's superiority. دھاک بٹھانا gain fame, achieve glory. [S]

دھاک² ____ ■ *n.f.* post, pillar. [S]

دھاکا¹ /ḍʰɑ:kɑ:/ ■ *n.m.* collection or aggregate of ten; the tens' place; the tens (in numeration). [S]

دھاکا² ____ ■ *n.m.* 1 loss, damage. 2 blow; grief, sorrow, affliction. [Prk.]

دھاکڑ /ḍʰɑ:kəɽ/ ■ *adj.* 1 famous, well-known, established. 2 awesome, great.

دھاگا /ḍʰɑ:gɑ:/ ■ *n.m.* (also تاگا، دھاگہ) 1 thread. 2 filament. دھاگا پرونا/ڈالنا thread a needle. دھاگا دینا deceive, con.

دھام /ḍʰɑ:m/ ■ *n.m.* 1 abode, residence, dwelling place, house, home. 2 sacred place; paradise, heaven. 3 splendour, usually used with دُھوم.

دھاما /ḍʰɑ:mɑ:/ ■ *n.m.* basket (made of cane).

دھامن /ḍʰɑ:mən/ ■ *n.m.* 1 a kind of wood or bamboo of which arrows are made. 2 a kind of tree *Grewia tiliaefolia*. 3 species of harmless snakes said to suck cow's milk.

دھان /ḍʰɑ:n/ ■ *n.m.* 1 dhan, rice (plant). 2 paddy. دھان پان weak, delicate, tender, slight. دھان کی کھیل/کھیلیں swollen parched rice.

دھاں /ḍʰɑ̃:/ ■ *n.f.* sound of cannon or gun.

دھانا /ḍʰɑ:nɑ:/ ■ *v.* 1 run; make haste. 2 toil, labour.

دھاندل /ḍʰɑ̃:ḍəl/ ■ *n.f.* 1 cheating; chicanery; trick; juggle. 2 wrangling, row, disturbance. دھاندل باز swindler, cheater, trickster, deceiver, fraud.

دھاندلی /ḍʰɑ̃:ḍli:/ ■ *n.f.* cheating or sharp practice with the use of force; dishonest act or practice, dishonesty.

دھانس /ḍʰɑ̃:s/ ■ *n.f.* 1 irritation caused in the throat by inhaling or swallowing any pungent substance. 2 coughing caused by irritating or pungent substance (like chillies). 3 acridity.

دھانسنا /ḍʰɑ̃:snɑ:/ ■ *v.* 1 cough due to acridity. 2 to cause to pierce or sink into (soil, etc.), to cause to thrust or drive into (something).

دھانک /ḍʰɑ:nʊk/ ■ *n.m.* 1 bowman; watchman armed with a bow. 2 an Indian hill-tribe using bows and arrows.

دھانگڑ /ḍʰɑ:ŋgəɽ/ ■ *n.m.* a Hindu labourer caste who digs wells, tanks, etc.

دھانی /ḍʰɑ:ni:/ ■ *n.f.* 1 a kind of rice in the husk. 2 rice-land; good soil (fit for rice or other grain). 3 light green colour. ■ *adj.* having a green tinge.

دھاو /ḍʰɑ:v/ ■ *n.m.* the plant *Grislea tomentosa*, used in dyeing.

دھاوا /ḍʰɑ:vɑ:/ ■ *n.m.* attack, assault, invasion, raid. دھاوا بولنا/کرنا rush (at). دھاوا مارنا 1 make a sudden attack, invade. 2 make a long quick march; make an expedition.

دھاونا¹ /ḍʰɑ:vnɑ:/ ■ *v.* 1 run, rush or run at. 2 make haste. 3 roam, rove; trudge. 4 attack, invade. 5 run after, pursue. [Prk.]

دھاونا² ____ ■ *v.* worship. [S]

دھاوہ /ḍʰɑ:vɑ:/ ■ *n.m.* post, mail (which was formerly brought by postal employees who walked long distances).

دھاہ /ḍʰɑ:h/ ■ *n.f.* sound, echo, noise; report; ring; cry, groan, yell; roar. دھاہ مارنا cry, yell; raise an outcry.

دھائے /ḍʰɑ:e:/ ■ *n.f.* (also دائی، دایہ) wet nurse, midwife.

دھائے پوچھنا /ḍʰɑ:e: pu:dʒnɑ:/ ■ *v.* have nothing to do with.

دھائیں /ḍʰɑ:ẽ:/ ■ *n.f.* sound of a gun or cannon. دھائیں دھائیں continuous sound of a gun or cannon being fired. دھائیں دھائیں رونا weep profusely. دھائیں سے with a thud.

دھبّا /ḍʰəbbɑ:/ ■ *n.m.* (also دھبّہ) 1 stain, blot, spot, coloured mark or patch. 2 stigma, mark of disgrace, slur. دھبا دھونا 1 wash stain. 2 remove blemish. دھبا ڈالنا smear, stain. دھبا لگنا 1 be stained or smeared. 2 be stigmatized.

دھبادھب /ḍʰəbɑ: ḍʰəb/ ■ *adv.* (also دبادب) in rapid succession; quickly, one after other.

دھب دھب /ḍʰəb ḍʰəb/ ■ *n.f.* (also دھبڑ دھبڑ) sound of footsteps; heavy tramp or tread. ■ *adv.* by falling with a noise or thud.

دھبّل¹ /ḍʰəbbəl/ ■ *adj.* 1 heavy, large. 2 thickset; stout, fat, corpulent, sturdy. ■ *n.m.* thickset or sturdy fellow, fat man. [Prk.]

دھبّل² ____ ■ *n.m.* the skin disease leucoderma or vitiligo in which skin gets white patches. [Prk.]

دھبلا /ḍʰəblɑ:/ ■ *n.m.* coarse or strong garment or cloth for women; any loose garment for covering the legs;

shape, dress or appearance. **2** change the attitude in fencing.

دھجا /ḍʰədʒɑ:/ ■ *n.f.* banner; flag; piece of cloth for flag or banner.

دھجّی /ḍʰədʒdʒi:/ ■ *n.f.* **1** rag, tatter, a shred or strip of cloth. **2** a long, narrow piece of wood. دھجّی دھجّی کرنا tear into pieces. دھجّی ہوجانا **1** to become shred. **2** be very thin or feeble, become very weak.

دھجّیاں /ḍʰədʒdʒɪjɑ̃:/ ■ *n.f.* (*pl.* of دھجّی) دھجّیاں اُڑانا/بکھیرنا **1** tear to shreds, tear into pieces. **2** disgrace, expose to infamy. **3** raise objections, criticize severely. دھجّیاں لگنا **1** be in tatters. **2** be reduced to poverty.

دھجیلا /ḍʰədʒi:lɑ:/ ■ *adj.* well-dressed; elegant, stylish.

دھچکا /ḍʰətʃkɑ:/ ■ *n.m.* (also دھچکہ) **1** shock, jerk, jolt. **2** damage, loss. دھچکا لگنا **1** suffer loss. **2** get a shock.

دھچکنا /ḍʰətʃəknɑ:/ ■ *v.* **1** shake, be jerked. **2** sink (as a bog, slough, etc.).

دھدکار /ḍʰəḍkɑ:r/ ■ *n.m.* igniting, setting fire to; burning.

دھدھک /ḍʰəḍʰək/ ■ *n.f.* flame of fire; flash of flame.

دھدھکنا /ḍʰəḍʰəknɑ:/ ■ *v.* burn fiercely, blaze, flare.

دھر /ḍʰər/ ■ (*imper.* of دھرنا). ■ *n.f.* keeping; putting. دھر پٹخ/ر پٹک **1** the act of picking and dropping, the act of throwing with force. **2** brawl, fight. دھر پکڑ arrest, the act of taking into custody on legal authority, detaining. دھر دینا to put, to keep, to put down. دھر دھمکنا arrive suddenly, rush forward, come or move on rapidly. دھر رکھنا **1** put aside, lay by; retain; take, keep. **2** keep detained, keep in custody. دھر رگڑنا **1** exhaust, wear down. **2** put to shame, reprove. دھر گھسیٹنا **1** pull forcibly. **2** (*fig.*) involve (someone) in an argument or affair. دھر لینا detain; arrest, catch; hold, not allow to move. دھر مارنا **1** to throw with force (usu. with contempt). **2** reject, despise, turn down.

دُھر[1] /ḍʰʊr/ ■ *n.f.* **1** limit, end. **2** true, straight (path). **3** start, beginning. دھر بیچ right in the centre, in the midst. دھر سے from the start. [S]

دُھر[2] ____ ■ *n.m.* **1** yoke. **2** load. **3** fore-part of a pole where the yoke is fixed. [S]

دھرا /ḍʰərɑ:/ ■ *adj.* arrested. دھرا جانا get arrested. دھرا (کا دھرا) رہ جانا go waste, remain unused. دھرا رہنا **1** be placed, be kept, be put down. **2** lie unused.

skirt; petticoat.

دھبّہ /ḍʰəbbɑ:/ ■ *n.m.* stain, stigma. See دھبّا.

دھپ /ḍʰəp/ ■ *n.f.* **1** thump, blow; slap. **2** sound, noise; crack, clack (of a shoe in walking). **3** thud, noise of a heavy body falling. **4** lose. دھپ مارنا thump; give a blow with the flat of the hand.

دھپّا[1] /ḍʰəppɑ:/ ■ *n.m.* **1** slap, thump, blow. **2** deception, cheating. **3** loss, damage. **4** stain. دھپّا کھانا be cheated; suffer a loss. دھپّا لگنا get a blow; suffer a loss. [Prk.]

دھپّا[2] ____ ■ *n.m.* distance, range. [S]

دُھپّل /ḍʰʊppəl/ ■ *n.f.* **1** fraud, deception, cheating. **2** (*slang*) confusion; randomness. دُھپّل میں (*slang*) without thought or plan, accidentally, randomly.

دھپیا /ḍʰəpɪjɑ:/ ■ *n.f.* short run; short space, distance or range, a brief race.

دھپیانا /ḍʰəpjɑ:nɑ:/ ■ *v.* slap, thump.

دھت[1] /ḍʰət̪/ ■ *n.f.* bad habit; addiction, vice. دھت پڑنا/لگنا become addicted to. [S]

دھت[2] ____ ■ *n.f.* (also دھت دھت) stop! stand! halt! lie down! word used to encourage or stop elephants. [S]

دُھت[1] /ḍʰʊt̪/ ■ *exclam.* away! be off! دھت تیری/تیرے کی away with you! be off! [S]

دُھت[2] ____ ■ *adj.* intoxicated, dead drunk. [S]

دھتا /ḍʰət̪ɑ:/ ■ *n.m.* act of driving away or putting off.

دُھتکار /ḍʰʊt̪kɑ:r/ ■ *n.f.* revilement, the act of driving out with contempt, reproving.

دُھتکارنا /ḍʰʊt̪kɑ:rnɑ:/ ■ *v.* snub, reprove, revile, drive away.

دھتُورا /ḍʰət̪u:rɑ:/ ■ *n.m.* datura, a poisonous plant, thorn apple that is a powerful narcotic, *Datura metel.* دھتورا دینا to administer datura, to drug or poison with datura.

دھتُوریا /ḍʰət̪u:rɪjɑ:/ ■ *n.m.* **1** one who drugs or poisons someone with datura. **2** cheat, knave, imposter.

دھتّی /ḍʰət̪t̪i:/ ■ *n.m.* person addicted to any vice. ■ *adj.* habitual, having an inveterate habit, addicted to, hooked on, obsessed with.

دھتینگر /ḍʰət̪i:ŋgər/ ■ *adj.* **1** sturdy, bulky. **2** overbearing. **3** spurious; base.

دھج /ḍʰədʒ/ ■ *n.f.* **1** shape, form, stature, figure. **2** posture, style, fashion; dress; attitude; appearance; air; mien. دھج بھنگ impotence; weakness. دھج پلٹنا **1** change one's

دھرم پتنی lawfully married wife. دھرم پتی 1 lawfully married man; man who has a first and only wife. 2 pious, religious. دھرم پَرَدھان one who is eminent in piety. دھرم راج 1 kingdom where justice is administered. 2 (*fig.*) justice, equity. دھرم راج کرنا rule justly. دھرم سالہ/ شالا/ شالہ 1 charitable institution like a hospital or monastery. 2 dharmsala, rest house for travellers and pilgrims. 3 almshouse. دھرم سے کہنا declare on oath or solemnly. دھرم شاستر Hindu laws or scriptures. دھرم کرنا 1 do good. 2 give alms. دھرم وواہ marriage according to religious law and rite. دھرم ہین devoid of religion or virtue. دھرم یدھ religious war, crusade.

دُھرمُٹ /d̪ʰʊrmʊʈ:/ ■ *n.m.* beetle (an instrument). See ڈُرمُٹ.

دھرمی /d̪ʰərmi:/ ■ *adj.* virtuous, religious, just, pious.

دھرن /d̪ʰərən/ ■ *n.f.* 1 navel; womb. 2 beam. 3 accent, tone. دھرن ٹلنا/ ڈگنا the muscles of the navel to be pulled or ruptured.

دھرنا /d̪ʰərna:/ ■ *v.* 1 place, put down, lay, keep. 2 pledge; stake. 3 have, possess. 4 lay hold of, arrest, detain. 5 apply (mind or ear towards something), be attentive (towards). ■ *n.m.* dharna, act of sitting in protest or for the sake of demand(s), stay-in strike, sit-down. دھرنا دینا/ مارنا stage a sit-in.

دھرِنگا /d̪ʰərɪŋga:/ ■ *n.m.* kind of rice.

دھرنی /d̪ʰərni:/ ■ *n.f.* 1 earth, world, globe. 2 soil, land, ground.

دُھرُو /d̪ʰʊru:/ ■ *adj.* 1 fixed, firm, immovable, stable; enduring; constant, lasting, permanent. 2 certain, sure. 3 true, right. ■ *n.m.* the pole (of the earth). دھروتارا the polar star. دھرولوک one of the divisions of paradise.

دھرونا /d̪ʰəro:na:/ ■ *n.f.* second marriage of a Hindu woman.

دھری /d̪ʰəri:/ ■ *n.f.* (also دھریل) a kept woman, mistress.

دُھری /d̪ʰʊri:/ ■ *n.f.* (*dim.* of دُھرا) 1 pole; iron part of an axle; axle-tree. 2 axis.

دھرے /d̪ʰəre:/ ■ (*infl.* of دھرا) دھرے کا دھرا رہ جانا to go waste, lay unused, remain unutilized or become useless.

دُھرّے /d̪ʰʊrre:/ ■ *n.m.* (*pl. & infl.* of دُھرّا) دھرّے اڑانا 1 tear to shreds. 2 punish severely; disgrace, defame.

دُھریانا /d̪ʰʊrɪja:na:/ ■ *v.* 1 throw dust upon. 2 winnow, دھرا (ہی) کیا ہے there is nothing in it.

دُھرا /d̪ʰʊra:/ ■ *n.m.* 1 axle of a wheel. 2 axis.

دھرّا /d̪ʰərra:/ ■ *n.m.* (also دُھرّا) 1 path, way, line. 2 mode, manner.

دُھرّا /d̪ʰʊrra:/ ■ *n.m.* strip of cloth.

دھرانا /d̪ʰəra:na:/ ■ *v.* 1 give in deposit, keep something with someone. 2 cause to be arrested, get someone arrested (by informing or by mistake).

دِھرانا /d̪ʰɪra:na:/ ■ *v.* threaten, bully.

دھرائی /d̪ʰəra:i:/ ■ *n.f.* 1 placing, putting down. 2 holding, laying hold of, seizing.

دُھرپد /d̪ʰʊrpəd/ ■ *n.m.* (also دُھرپت) 1 a mode of classical music. 2 introductory stanza of a song which is repeated as a kind of chorus.

دُھرپدی /d̪ʰʊrpəd̪i:/ ■ *n.m.* (also دُھرپتی) one who sings دُھرپد; an expert singer of دُھرپد.

دھرتا /d̪ʰərt̪a:/ ■ *n.m.* 1 initiator; founder. 2 protector. 3 debtor; usually used in comp. as: کرتا دھرتا one who manages.

دھرتی /d̪ʰərt̪i:/ ■ *n.f.* (also دھرت) 1 earth. 2 land; soil; ground. دھرتی پتار پتی landlord. دھرتی جوتنا plough. دھرتی کا پھول mushroom; toadstool. دھرتی کے پردے پر on the face of the earth; on earth. دھرتی ماتا/ ماں mother earth, the earth.

دِھرِشٹ /d̪ʰɪrɪʃʈ/ ■ *adj.* 1 bold, daring, confident; forward. 2 insolent, impudent, rude; shameless, presumptuous.

دھرم /d̪ʰərm/ ■ *n.m.* (also دھرَم) 1 religion, faith, creed. 2 religious obligation. 3 justice, legality, law, judicial system. 4 morality, morals, merit, virtue, righteousness, piety; innocence. 5 dharma, prescribed code of conduct. دھرم اُپدیش religious instruction. دھرم ادھیکار 1 administration of justice. 2 right to administer law. 3 office of a judge. دھرم ادھیکاری minister of justice; chief officer of justice; administrator of the law; judge, magistrate. دھرم اوتار 1 incarnation of justice (an epithet of respect for a just or upright person). 2 your holiness, your highness. دھرم آتما 1 just, pious, virtuous, holy. 2 generous, bountiful. دھرم آچار observance of religion or of prescribed duty; religious behaviour. دھرم بگاڑنا/ بھرشٹ کرنا/ نشٹ کرنا spoil one's religion or caste. دھرم پتر deed of gift or endowment for a religious purpose.

2 fear, trepidation, alarm. 3 tether of an ox.

دھڑکا /ḍʰəɽka:/ ■ *n.m.* **1** palpitation (of heart). **2** fear, doubt, alarm. دھڑکا بیٹھنا become afraid of, feel apprehension. دھڑکا لگا رہنا be perpetually alarmed or afraid. دھڑکا لگنا be in doubt, be alarmed, be afraid.

دھڑکّا[1] /ḍʰəɽkka:/ ■ *n.m.* **1** loud sound; explosion. **2** (*fig.*) noise, disturbance. **3** crowd (usu. used with دُھوم). [Prk.]

دھڑکّا[2] ____ ■ *n.m.* scarecrow. [S]

دھڑکن /ḍʰəɽkən/ ■ *n.f.* **1** heartbeat, palpitation. **2** (*fig.*) doubt, fear.

دھڑکنا /ḍʰəɽəkna:/ ■ *v.* heart to beat; palpitate; feel uneasy.

دھڑلّا /ḍʰəɽəlla:/ ■ *n.m.* **1** crowd, swarm, band, host. **2** boldness, bravery. **3** pomp and show. **4** scarecrow.

دھڑلّے /ḍʰəɽəlle:/ ■ *n.m.* (*pl. & infl.* of دھڑلّا) دھڑلّے سے openly, fearlessly. دھڑلّے کا great, grand.

دھڑن /ḍʰəɽən/ ■ *n.f.* sound of gun or cannon. دھڑن تختہ destruction, ruination; defeat, trouncing; collapse.

دھڑنگ /ḍʰəɽəŋg/ ■ *n.m.* body and limbs. ■ *adj.* stalwart, sturdy; strapping. ■ (*tabe* of ننگ) used in comp. as: ننگ دھڑنگ stark naked.

دھڑی[1] /ḍʰəɽi:/ ■ *n.f.* **1** a weight of five seers. **2** fraud, deception, cheating. دھڑی دھڑی کر کے in large quantity. [Prk.]

دھڑی[2] ____ ■ *n.f.* a dark powder which women used to apply on lips. دھڑی جمانا apply this powder to lips or teeth as a cosmetic. (See also مِسّی.) [S]

دھڑے /ḍʰəɽe:/ ■ *n.m.* (*pl. & infl.* of دھڑا) groups, parties, factions. دھڑے بازی/بندی grouping, splitting into factions.

دُھس /ḍʰʊs/ ■ *n.m.* (also دھس) **1** a steep slope of mountain or river. **2** glacis of a fort; battery; rampart, fortification. **3** red soil.

دُھسّا /ḍʰʊssa:/ ■ *n.m.* (also دُھسہ، دُھوسا) **1** kind of coarse cloth made of wool; flannel. **2** blanket; heavy woollen shawl.

دھسان /ḍʰəsa:n/ ■ *n.f.* swamp, quicksand, bog, quagmire, slough. ■ *adj.* swampy, boggy.

دھسانا /ḍʰəsa:na:/ ■ *v.* (also دھنسانا) **1** cause to be thrust into, cause to enter or pierce. **2** cause to sink something into the ground.

sift, separate good grain from bad.

دھریچا /ḍʰəri:tʃa:/ ■ *n.m.* the second husband of a low caste Hindu widow.

دھریل /ḍʰəre:l/ ■ *n.f.* mistress, concubine, kept woman.

دھڑ[1] /ḍʰəɽ/ ■ *n.m.* **1** trunk (of the body), torso. **2** party, group. **3** side; face; direction. **4** kind of drum sounded in the arena when a wrestler wins. دھڑ بھائی partisan. دھڑ توڑ a trick in wrestling. دھڑ ٹوٹا **1** hunchbacked. **2** (*fig.*) weak, meagre. دھڑ رہ جانا be paralysed. [S]

دھڑ[2] ____ ■ *adj.* **1** firm; hard, strong, stout, compact, solid. **2** intense, excessive; severe, violent, fierce, furious. ■ *adv.* **1** firmly, tightly. **2** fearlessly; decidedly. **3** violently; noisily. [Prk.]

دھڑ[3] ____ ■ *n.f.* noisy fall or blow, thump, bump, thud. دھڑ دیسی at once, suddenly. دھڑ دھڑ **1** intensely, violently, fiercely. **2** with a crack or crash. دھڑ دھڑ جلنا burn quickly. دھڑ دھڑ کانپنا shake or shiver violently. دھڑ دھڑ کرنا **1** knock (at the door). **2** beat (a drum). **3** make a rattling noise. [Prk.]

دھڑا /ḍʰəɽa:/ ■ *n.m.* (also دھڑہ) **1** counter-balancing weight. **2** faction; party. **3** side. دھڑا اٹھانا weigh. دھڑا باندھنا/کرنا **1** balance, equipoise; balance by a weight on opposite side. **2** to become a party, make a faction. **3** blame, reproach. دھڑا بندی grouping, forming factions.

دھڑا دھڑ /ḍʰəɽa:ḍʰəɽ/ ■ *n.f.* (*comb.* of دھڑ[3]) sharp succession of sounds as of falling bodies, blows, firing, etc; rattling; banging. ■ *adv.* **1** intensely; noisily. **2** repeatedly, constantly. دھڑا دھڑ جلنا burn fiercely.

دھڑا دھڑی /ḍʰəɽa:ḍʰəɽi:/ ■ *n.f.* **1** mourning, lamentation (esp. with breast-beating). **2** sound of breast-beating. ■ *adv.* intensely; noisily. دھڑا دھڑی بکنا something to sell quickly.

دھڑاکا /ḍʰəɽa:ka:/ ■ *n.m.* crash; sound of a gun; sound of explosion.

دھڑاکے /ḍʰəɽa:ke:/ ■ *n.m.* (*pl. & infl.* of دھڑاکا) دھڑاکے سے **1** with a crash. **2** quickly, rapidly. **3** boldly.

دھڑام /ḍʰəɽa:m/ ■ *n.f.* (also دھڑم) thud, crash, sound of the falling of a heavy body. دھڑام سے with a thud, thuddingly.

دھڑ دھڑانا /ḍʰəɽḍʰəɽa:na:/ ■ *v.* rap, knock or beat loudly.

دھڑک /ḍʰəɽək/ ■ *n.f.* **1** heartbeat, throb, palpitation.

out, push out.
دھکیلنا /d̪ʰake:lnɑ:/ ■ v. shove, push, jostle.
دھگّڑ /d̪ʰəggəɽ/ ■ n.m. (also دھگڑا) (derog.) paramour, lover of a loose woman; adulterer.
دھگڑی /d̪ʰəgɽi:/ ■ n.f. (derog.) adulteress.
دُھلا /d̪ʰʊlɑ:/ ■ adj. washed, clean, neat. (fem. دُھلی)
دُھلانا /d̪ʰʊlɑ:nɑ:/ ■ v. cause to be washed; get laundered. See دُھلوانا[1].
دُھلائی /d̪ʰʊlɑ:i:/ ■ n.f. 1 washing. 2 cost of washing.
دھلدھل /d̪ʰəld̪ʰəl/ ■ adv. (also دھل دھل) (flow) in a gush.
دھلدھلانا /d̪ʰəld̪ʰəlɑ:nɑ:/ ■ v. 1 gush out; rush out with a noise. 2 gurgle.
دُھلنا[1] /d̪ʰʊlnɑ:/ ■ v. be washed, be laundered. [Prk.]
دُھلنا[2] ____ ■ v. swing; roll; hang. [S]
دُھلوانا[1] /d̪ʰʊlvɑ:nɑ:/ ■ v. cause (something) to be washed, etc.; get something washed or laundered. [Prk.]
دُھلوانا[2] ____ ■ v. (also دُھلانا[1]) swing; roll. [S]
دُھلی /d̪ʰʊli:/ ■ adj. (fem. of دُھلا) دُھلی دھلائی washed, cleaned by washing.
دُھلیا مٹیا کرنا /d̪ʰʊljɑ: mɪʈjɑ: kərnɑ:/ ■ v. hush up (a dispute).
دُھلینڈی /d̪ʰʊlæ̃:ɖi:/ ■ n.f. (**Hinduism**) second day of Holi on which Hindus scatter dust and throw red powder on each other.
دھم /d̪ʰəm/ ■ n.f. 1 loud noise (as of a drum, etc.). 2 thud. دھم دیسی with the sound of thud; with force. دھم دھم sound of drum. دھم سے 1 suddenly. 2 with a loud sound. 3 openly, bravely.
دھماچوکڑی /d̪ʰəmɑ: tʃɔ:kɽi:/ ■ n.f. 1 noise, tumult, riot, row, bustle. 2 fun, festivity, gaiety.
دھمادھم /d̪ʰəmɑ:d̪ʰəm/ ■ n.f. (comb. of دھم) 1 sound of thumping or stamping. 2 beat of a drum. ■ adv. with thumping.
دھماسا /d̪ʰəmɑ:sɑ:/ ■ n.f. a thorny herb, *Fogonia arabica*.
دھماکا /d̪ʰəmɑ:kɑ:/ ■ n.m. (also دھماکہ) 1 explosion, blast, crash; thump. 2 (*arch.*) a kind of cannon carried on an elephant. دھماکا خیز explosive. دھماکا کرنا to detonate a bomb, etc. دھماکا ہونا bomb to go off.
دھمّال /d̪ʰəmmɑ:l/ ■ n.m. (also دھمال) 1 jumping into or running through fire; skipping and capering of a *qalandar* (قلندر). 2 a kind of music; a musical measure. 3 a song composed in this measure. 4 wild

دھسکنا /d̪ʰəsəknɑ:/ ■ v. 1 sink (in a slough). 2 slip (out of place); yield; slip or fall down; give way (as a mud wall). 3 enter; pierce. 4 stick (into). 5 cough.
دھسن /d̪ʰəsən/ ■ n.f. (also دھسم) 1 swamp, quagmire. 2 state of being thrust into.
دھسنا /d̪ʰəsnɑ:/ ■ v. (also دھنسنا) 1 sink in a swamp; sink in the ground; give way. 2 penetrate, pierce; enter.
دھک[1] /d̪ʰək/ ■ n.f. sudden impression of terror, shock. ■ adj. astonished, amazed. ■ adv. suddenly, without delay. دھک دھک 1 beating, palpitation. 2 tremor, perturbation, anxiety, apprehension. دھک دھک کرنا heart to beat fast, palpitate. دھک سے رہ جانا become motionless or paralysed due to shock or fear, be confounded, be struck with amazement or consternation. [Prk.]
دھک[2] ____ ■ n.f. early stage of louse. [dial.]
دِھک /d̪ʰɪk/ ■ exclam. denoting dislike or contempt, shame! fie!
دھکّا /d̪ʰəkkɑ:/ ■ n.m. push, jolt, shove. دھکا پیل shoving and pushing, jostling. دھکا دینا push, shove. دھکا لگنا get a shock or suffer a loss.
دِھکّار /d̪ʰɪkkɑ:r/ ■ n.f. curse, reproach, censure, damnation.
دھکدھکانا /d̪ʰəkd̪ʰəkɑ:nɑ:/ ■ v. (also دھک دھکانا) 1 blaze up; burn brightly; shine, glitter, flash. 2 beat, flutter; palpitate, tremble, shake (through fear); be perturbed, be anxious.
دُھکدُھکی[1] /d̪ʰʊkd̪ʰʊki:/ ■ n.f. 1 perturbation, apprehension; anxiety. 2 palpitation. [dial.]
دُھکدُھکی[2] ____ ■ n.f. 1 the hollow in the throat below the Adam's apple. 2 an ornament worn around the neck. دھکد کی میں دم آنا/رہنا be on the last gasp, to be at the point of death. [dial]
دُھکڑ پکڑ /d̪ʰʊkəɽ pʊkəɽ/ ■ n.f. 1 suspense. 2 agitation, anxiety; wavering; palpitation.
دھکّم دھکّا /d̪ʰəkkəm d̪ʰəkkɑ:/ ■ n.m. shoving and pushing, jostling.
دھکوڑی /d̪ʰəko:ɽi:/ ■ n.f. a large red ant.
دھکّے /d̪ʰəkke:/ ■ n.m. (pl. & infl. of دھکّا) دھکے دے کر نکال دینا drive out with contempt, throw out, push out, scornfully; disgrace. دھکے کھاتے پھرنا/رکھانا 1 be pushed around; be disgraced. 2 wander about.
دھکیل /d̪ʰəke:l/ ■ n.f. shove, push, thrust. دھکیل باہر کرنا throw

person. دھن ونتی کے کانٹا لگا دوڑے لوگ ہزار، نردھن گرا پہاڑ سے کوئی نہ پوچھے بات a rich man's minor trouble is attended by all but a poor man is ignored even if in great difficulty.

/ḍʰʊn/ ■ *n.f.* **1** tune, air, leading note. **2** any absorbing thought, assiduity, perseverance, obsession, passion, desire. دھن سوار ہونا have an obsession, be obsessed with. دھن کا پکا، پورا one who persists in efforts, one who shows perseverance, assiduous. دُھن

/ḍʰənɑ:sɪri:/ ■ *n.f.* **1** a classical raga. **2** stinging or felling blow, a trick in wrestling. دھنا سری

/ḍʰənnɑ: se:ʈʰ/ ■ *n.m.* rich banker; fortunate or successful man, rich man. دھنّا سیٹھ

/ḍʰʊnɑ:i:/ ■ *n.f.* **1** combing or carding of cotton; disentangling fibres before spinning. **2** (*fig.*) thrashing, beating. دُھنائی

/ḍʰənəʈʈər/ ■ *n.m.* wealthy person, powerful or influential man. دھنتّر

/ḍʰʊnḍ/ ■ *n.f.* fog, haze, smog, mist; mistiness, haziness. دُھند

/ḍʰənḍɑ:/ ■ *n.m.* **1** work, employment, occupation, avocation. **2** craft; trade, business. **3** prostitution. **4** an illegal trade, immoral or dubious occupation; questionable practice. دھندا کرانا to force to work as a prostitute. دھندا کرنا earn living as a prostitute. دھندا

/ḍʰənḍlɑ:/ ■ *n.m.* (also دھندھلا) cheat, swindler, mean. دھندلا پن، پنا cheating, deception, trick, subterfuge. دھندلا

/ḍʰʊnḍlɑ:/ ■ *adj.* (also دُھندھلا) dim; foggy, blurred, misty. دھندلا پن dimness; mistiness. دُھندلا

/ḍʰʊnḍlɑ:həʈ/ ■ *n.f.* dimness; mistiness, fogginess. دُھندلاہٹ

/ḍʰʊnḍəlkɑ:/ ■ *n.m.* **1** faint light after sunset and before sunrise, dim light. **2** haze, haziness, mistiness. دُھندلکا

/ḍʰʊnḍli:/ ■ *adj.* (*fem.* of دُھندلا) dim; foggy, blurred, misty. دُھندلی

/ḍʰənḍʰɑ:r/ ■ *adj.* retired, lonely, solitary. ■ *n.m.* recluse, devotee. دھندھار

/ḍʰə̃snɑ:/ ■ *v.* (also دھسنا) **1** to give way, to sink in, to cave in. **2** to pierce, enter into (ground, etc.). دھنسنا

/ḍʰənʊʃ/ ■ *n.f.* (also دھنُس) **1** bow. **2** rainbow. **3** measure of length. **4** arc of a circle. **5** (***Astrol.***) Sagittarius, the ninth sign of the zodiac. **6** thin narrow dھنُش

and tumultuous merriment, noise, tumult, uproar. دھمال ڈالنا (of a *qalandar* or his devotees) dance or caper to the tune of drums, etc. (esp. at the mausoleum of a *qalandar*). دھمال کرنا **1** dance, caper. **2** be noisy, be agitated; bustle.

/ḍʰʊmpɑ:l/ ■ *adj.* bulky, fat, corpulent. ڈھمپال

/ḍʰɪmtʃɑ:/ ■ *n.m.* a kind of tamarind. ڈِھمچا

/ḍʰəm ḍʰu:səɽ/ ■ *adj.* (*derog.*) fat, corpulent, flabby. دھم ڈھوسڑ

/ḍʰəmməs/ ■ *n.m.* (also دُرمٹ، دُھرمٹ) beetle, heavy rammer or beater to beat down soil or ground (with a vertical handle). دھمس کرنا ram or beat down (a terrace, floor or new-laid turf). دھمّس

/ḍʰəmək/ ■ *n.f.* **1** the sound of heavy footsteps. **2** a thumping sound. **3** sound of a gun, cannon or drumbeat. **4** shock caused by a loud sound. **5** heartbeat, pulse. **6** throbbing headache, shooting pain. **7** pestle (used for crushing substances in a mortar). دھمک

/ḍʰəmkɑ:nɑ:/ ■ *v.* threaten, intimidate, terrorize, bully, menace, daunt, make threats. دھمکانا

/ḍʰəməknɑ:/ ■ *v.* **1** throb, shoot with pain or headache. **2** run against, make a rush, run thuddingly. **3** beat, palpitate. **4** thump; make a hasty inroad or incursion. **5** be intimidated. دھمکنا

/ḍʰəmki:/ ■ *n.f.* (also دھمکاوا) threat, intimidation. دھمکی آمیز threatening. دھمکی دینا threaten, intimidate. دھمکی میں آنا be coerced by threat, be frightened, be scared. دھمکی

/ḍʰʊmlɑ:/ ■ *adj.* **1** dull, dim; foggy, hazy, misty, smoky. **2** gloomy, dark. **3** dim-sighted, having impaired vision. (See also دُھندلا.) دُھملا

/ḍʰʊmlɑ:i:/ ■ *n.f.* **1** dullness, dimness, haziness, mistiness. **2** gloominess, darkness. دُھملائی

/ḍʰəmu:kɑ:/ ■ *n.m.* thump, blow, buffet. دھموکا

/ḍʰəmo:kɑ:/ ■ *n.m.* a kind of tambourine. دھموکا

/ḍʰən/ ■ *n.m.* money, wealth, riches, treasure; property. دھن برسنا (*fig.*) earn a lot of money, roll in money. دھن دولت wealth, money, riches. دھن دولت چلتی پھرتی چھاؤں ہے riches have wings, money is round and rolls away. دھن والا، روان، رونتی a rich fellow, a wealthy دھن

2 expert. ■ *n.m.* 1 owner; proprietor, possessor. 2 lord, master. 3 husband. 4 moneylender, creditor. 5 epithet of the Deity.

دُھنی¹ /d̪ʰʊni:/ ■ *adj.* 1 preserving. 2 persisting, continuing, assiduous. 3 sound; musical sound; air, tune, keynote. [Prk.]

دُھنی² ___ ■ *n.f.* river, stream. [S]

دھنّی /d̪ʰənni:/ ■ *n.f.* beam, rafter.

دھنیا /d̪ʰənja:/ ■ *n.m.* dhania, coriander seed or leaves.

دُھنیا /d̪ʰʊnjɑ:/ ■ *n.m.* comber of cotton, carder.

دھنیس /d̪ʰəne:s/ ■ *n.m.* name of a bird with a very large bill.

دُھنیلا /d̪ʰʊnæ:lɑ:/ ■ *adj.* of smoke colour, smoky. (*fem.* دُھنیلی)

دھنّیہ /d̪ʰənnɪja:/ ■ *adj.* auspicious, fortunate, bringing wealth. دھنیہ ہو hail, congratulations.

دَھو /d̪ʰɔ:/ ■ *n.f.* 1 iron band of a wheel. 2 the forest tree, *Grislea tomentosa* used in dyeing.

دھو /d̪ʰo:/ ■ (*imper.* of دھونا) wash. ■ *n.m.* act of washing; used in comp. as: دھودھاکر having thoroughly washed and cleansed. دھوڈالنا blot out, erase, remove all track of, wash out, clean, rinse out.

دھوا /d̪ʰəvɑ:/ ■ *n.m.* 1 a caste of Muslim palki bearers. 2 palki bearer.

دُھواں /d̪ʰʊvɑ̃:/ ■ *n.m.* (also دُھنواں) 1 smoke. 2 vapour. ■ *adj.* 1 smoky; misty, hazy, foggy; cloudy. 2 dense (as clouds), excessive. 3 dark, black. 4 angry. دھواں اٹھنا 1 smoke to rise. 2 be destroyed. دھواں اڑانا 1 to destroy; to reduce to poverty. 2 smoke a cigarette, etc. 3 to cause smoke to rise by burning oil, etc. دھواں اڑنا 1 be impoverish, be destroyed. 2 smoke tobacco, puff. دھواں بکھیرنا exhaust, scatter as smoke. دھواں جانا (of food) impart a smoky smell. دھواں دھار 1 cloud of smoke; dense smoke. دھواں دھار برسنا rain in torrents. دھواں دھار گھٹا dense mass of clouds. دھواں دھواں smoky, hazy, misty. دھواں کش 1 outlet for smoke, chimney. 2 funnel (of a steamship). 3 steamship. دھواں لیک 1 one who smokes at another's expense. 2 hanger-on or sponge.

دُھوانسا /d̪ʰʊvɑ̃:sɑ:/ ■ *n.m.* (also دُھنواسہ) 1 soot; anything smoky or around which soot collects. 2 smoked cobweb. ■ *adj.* smoked, smoky.

lace. دھنش دھاری archer.

دھنک /d̪ʰənək/ ■ *n.f.* 1 bow. 2 rainbow. 3 fine narrow lace; embroidery. 4 a kind of covering or mantle, chador. دھنک نکلنا rainbow to appear in the sky.

دھنِک /d̪ʰənɪk/ ■ *adj.* 1 rich, wealthy. 2 pious, virtuous. 3 excellent. ■ *n.m.* 1 rich man. 2 creditor, moneylender.

دُھنک /d̪ʰʊnək/ ■ (*imper.* of ¹دُھنکنا). ■ *n.f.* sound (of a musical instrument), vibration. دھنک دینا 1 to card cotton or wool. 2 (*fig.*) to beat severely, punish. دھنک دھنک sound of a drum, tabla or a *baja* (باجا). دھنک ڈالنا،رکر کھ دینا (*fig.*) to beat severely.

دھنکٹّی /d̪ʰənkʊʈʈi:/ ■ *n.f.* (also دھن کُٹّی) instrument for pounding rice and separating it from husk.

دِھنّک دِھنّا /d̪ʰɪnnək d̪ʰɪnnɑ:/ ■ *n.f.* (also دُھنک دُھنک) playing musical accompaniment for (on drum or any other musical instrument).

دھنکنا /d̪ʰənəknɑ:/ ■ *v.* to be set on fire, be blazed.

دُھنکنا¹ /d̪ʰʊnəknɑ:/ ■ *v.* sound; resound; reverberate; boom (as cannon). [Prk.]

دُھنکنا² ___ ■ *v.* 1 card or comb (cotton). 2 (*fig.*) thrash, beat severely. 3 smoke cigarettes constantly. 4 (*fig.*) reproach, rebuke. [Prk.]

دُھنکی /d̪ʰʊnki:/ ■ *n.f.* the bow with which cotton is separated or cleaned.

دِھنگا /d̪ʰɪŋgɑ:/ ■ *n.m.* kind of pitchfork or rake (used on the thrashing floor).

دُھنگار /d̪ʰʊŋgɑ:r/ ■ *n.m.* seasoning with which anything is stirred and fried. (See also بگھار.)

دُھنگارنا /d̪ʰʊŋgɑ:rnɑ:/ ■ *v.* season with fried spices. (See also بگھارنا.)

دِھنگانا /d̪ʰɪŋgɑ:nɑ:/ ■ *v.* oppress; harass, worry, tease. ■ *n.m.* 1 oppression; teasing. 2 clamour.

دُھنّا /d̪ʰʊnnɑ:/ ■ *v.* 1 card or comb (cotton). 2 beat, thrash; pummel; rake (the brains). 3 make strenuous effort. 4 (often used with سر) be greatly amused, be ecstatic, be moved by music and rock the head to the tune.

دھنوان /d̪ʰənvɑ:n/ ■ *adj.* (also دھنمان، دھن وند) rich, wealthy.

دھنّوٹا /d̪ʰənno:ʈɑ:/ ■ *n.m.* cross beam that sustain a thatched roof.

دھنی /d̪ʰəni:/ ■ *adj.* 1 rich, fortunate, wealthy, opulent.

دھوانکش /d̪ʰəvɑ̃:kəʃ/ ■ *n.m.* crow; crane; gull; any aquatic bird feeding on fish.

ڈھوانلا /d̪ʰʊvɑ̃:lɑ:/ ■ *adj.* smoky (taste). ■ *n.m.* chimney or outlet for smoke.

دھوب /d̪ʰo:b/ ■ *n.m.* the act of washing, wash, the process of washing. دھوب پڑنا be washed.

دھوبن /d̪ʰo:bən/ ■ *n.f.* washerwoman, laundress, launderer's wife. دھوبن چڑیا wagtail.

دھوبی /d̪ʰo:bi:/ ■ *n.m.* **1** dhobi, launderer, washerman. **2** (*derog.*) (i) someone from humble background. (ii) novice, unskilled and ignorant person. دھوبی پاٹ **1** washerman's stone or board on which he beats the clothes for washing. **2** a trick in wrestling. دھوبی سوڈا sodium carbonate. دھوبی کا کتا گھر کا نہ گھاٹ کا a good-for-nothing person, someone driven out from everywhere. دھوبی گھاٹ place where clothes are washed by washermen.

ڈھوپ¹ /d̪ʰu:p/ ■ *n.f.* **1** sunshine, sunlight; heat of the sun. **2** fragrant gum burnt before idols, incense, aromatic vapour or smoke; frankincense. دھوپ آنا sun to rise; sunlight to come, the day to be advanced. دھوپ پڑنا be sunny; be hot. دھوپ چڑھانا burn incense (before idols). دھوپ چڑھنا (the sun) to rise or be high. دھوپ چھاں / چھاؤں **1** sunshine and shade. **2** a kind of cloth. **3** (*fig.*) high and low, good and bad times; diversity. دھوپ دان / دانی **1** censer. **2** box for keeping incense. دھوپ دکھانا to put out in the sun to dry. دھوپ دینا air the clothes in the sun. دھوپ کال hot weather, the hot season. دھوپ کھانا to bask in the sun. دھوپ کھلانا to expose to the sun, to put in the sun to dry. دھوپ گھڑی sundial. دھوپ میں بال سفید ہونا become gray-headed without gaining experience or wisdom, pass one's life in ignorance. [S]

ڈھوپ² ——— ■ *n.f.* **1** act of running, race. **2** exertion; used in comp. as: دوڑ دھوپ struggle. [Prk.]

دھوپ /d̪ʰo:p/ ■ *n.f.* **1** a kind of sword with flat blade. **2** a broad leaf.

ڈھوپنا /d̪ʰu:pnɑ:/ ■ *n.f.* **1** burn incense (before idols). **2** perfume or clean the air, fumigate.

ڈھوت /d̪ʰu:t̪/ ■ *n.f.* (also ڈھت) sound to drive away an animal.

دھوتر /d̪ʰo:t̪ər/ ■ *n.f.* flimsy linen, a kind of cloth.

دھوتو /d̪ʰo:t̪u:/ ■ *n.m.* horn, wind instrument.

ڈھوتی /d̪ʰu:t̪i:/ ■ *n.m.* a species of falcon.

دھوتی /d̪ʰo:t̪i:/ ■ *n.f.* dhoti, loincloth, cloth worn round the waist, passing between the legs and fastened behind.

دھوج /d̪ʰəvədʒ/ ■ *n.m.* flag, banner.

ڈھوج /d̪ʰɔ:dʒ/ ■ *n.m.* & *f.* (also ڈھوجن) worry, bother, annoyance.

دھوجنا /d̪ʰo:dʒnɑ:/ ■ *v.* shiver (with fear).

دھوجی /d̪ʰəvədʒi:/ ■ *adj.* furnished with or bearing a flag. ■ *n.m.* a standard-bearer.

ڈھوڈھو /d̪ʰu:d̪ʰu:/ ■ *n.m.* driving away. ■ *exclam.* off! away!

دھور /d̪ʰɔ:r/ ■ *n.m.* **1** large species of dove. **2** a kind of sugar cane.

ڈھور /d̪ʰu:r/ ■ *n.f.* **1** dust. **2** coarse kind of grass. **3** one-twentieth of a *biswa* (بسوا). See ڈھول. ڈھوردھاری covered with dust; dirty or shabby (person).

دھورا /d̪ʰɔ:rɑ:/ ■ *adj.* (*var.* of دھولا) white.

ڈھورا¹ /d̪ʰu:rɑ:/ ■ *n.m.* (also ڈھور) dirt, dust. [Prk.]

ڈھورا² ——— ■ *n.m.* trick, deception. ڈھورا دینا deceive, trick, wheedle, take in. [Prk.]

ڈھورت /d̪ʰu:rət̪/ ■ *adj.* cunning, crafty, sly; dishonest; fraudulent, knavish, mischievous, injurious. ■ *n.m.* cheat, knave, rogue, gamester.

ڈھوری /d̪ʰu:ri:/ ■ *n.f.* strand of a rope.

دھوری /d̪ʰo:ri:/ ■ *n.m.* ox, bullock; cattle.

ڈھوریا بیلا /d̪ʰu:rɪjɑ: be:lɑ:/ ■ *n.m.* a species of large jasmine.

ڈھوریا ملار /d̪ʰu:rɪjɑ: məllɑ:r/ ■ *n.m.* name of a musical raga sung, especially at the beginning of the rains.

ڈھوریانا /d̪ʰu:rjɑ:nɑ:/ ■ *v.* blow away dust from; winnow grain a second time.

دھوڑ /d̪ʰo:ɽ/ ■ *n.m.* a species of water-snake.

ڈھوسا /d̪ʰu:sɑ:/ ■ *n.m.* a kind of coarse shawl. See ڈھسا.

ڈھوسا دھاسی /d̪ʰu:sɑ: d̪ʰɑ:si:/ ■ *n.f.* ramming and stuffing.

ڈھوسر /d̪ʰu:sər/ ■ *adj.* dust-coloured, grey, of a dusty-white colour.

ڈھوسنا /d̪ʰu:snɑ:/ ■ *v.* press down, stuff, cram, thrust in.

دھوک /d̪ʰo:k/ ■ *n.f.* bowing or bending (before an idol); salutation, obeisance, leaning. دھوک لگانا / مارنا bow down (before an idol).

ڈھوکا /d̪ʰʊvəkɑ:/ ■ *n.f.* introductory stanza of a song.

دھوکا /d̪ʰo:kɑ:/ ■ *n.m.* (also دھوکہ) **1** deceit, deception, display. دھوم دھام pomp and show. دھوم دھام سے with much pomp and show. دھوم دھڑکا/دھڑکا/دھکا noise; warm celebration. دھوم مچانا **1** create an uproar. **2** make famous. دھوم مچنا/ہونا to resound, be or become famous.

ڈھوں /ḍʰɔ̃:/ ■ *n.f.* coughing sound.

ڈھوَن /ḍʰʊvən/ ■ *n.m.* water in which something has been washed. See دھوون.

ڈھوں /ḍʰũ:/ ■ *n.f.* **1** sound of an explosion or gunfire. **2** sound (of a drum). ڈھوں ڈھاں/ڈھوں sound of constant blows or gunshots.

ڈھونا /ḍʰu:nɑ:/ ■ *n.m.* gum, resin.

دھونا /ḍʰo:nɑ:/ ■ *v.* wash, rinse out; cleanse; efface. دھونا دھانا wash and cleanse.

ڈھونتال /ḍʰɔ̃:ṭɑ:l/ ■ *adj.* **1** skilful. **2** quick, brisk, active; sharp, profuse. **3** brave, stout. **4** rich, wealthy; lavish. **5** open-handed, unsparing. **6** disorderly. **7** licentious, vicious, mischievous. **8** heavy (rainfall).

ڈھونٹی /ḍʰɔ̃:ṭi:/ ■ *n.f.* shepherd's stick for plucking leaves; an instrument for digging up or cutting down (trees, etc.).

ڈھونڈا /ḍʰɔ̃:ḍɑ:/ ■ *n.m.* (also ڈھونڈھا) **1** mound, hillock. **2** (*fig.*) a large belly, a pot belly.

ڈھونس /ḍʰɔ̃:s/ ■ *n.f.* **1** extortion, overbearing conduct; imposition; bullying. **2** cheating, deception, trick. **3** threatening, menace. ■ *n.m.* a large kettledrum. ڈھونس پٹی bullying and deception. ڈھونس جمانا to try to influence, threat, bully. ڈھونس دینا **1** threaten. **2** deceive, trick, cheat. ڈھونس دھڑلا blustering, bullying; tumult; impetuous assault (of a crowd or body of men). ڈھونس میں آنا **1** be influenced by a threat. **2** be tricked or cheated, be taken in.

ڈھونسا /ḍʰɔ̃:sɑ:/ ■ *n.m.* (also ڈھونسہ، ڈھونکل) large kettledrum.

ڈھونسنا /ḍʰɔ̃:snɑ:/ ■ *v.* to threaten, to bully, intimidate.

ڈھونسنا /ḍʰũ:snɑ:/ ■ *v.* (also ڈھوسنا) **1** to ram, to stuff, to cram down; to gore (of horned cattle). **2** (*fig.*) to bury.

ڈھونسیانا /ḍʰɔ̃:sɪjɑ:nɑ:/ ■ *v.* to threaten, to try to influence.

ڈھونکنا /ḍʰo:ŋknɑ:/ ■ *v.* blow the bellow, puff, pant; breathe upon.

ڈھونکنی /ḍʰo:ŋkni:/ ■ *n.f.* (also ڈونکی، ڈھوکنی) **1** bellows. **2** blowhole (of a whale). **3** (*fig.*) brag, boast. ڈھونکنی لگنا suffer from shortness of breath; be blown; puff, pant, delusion, anything that may deceive or mislead. **2** anything imaginary or unreal, mirage. **3** an object or form indistinctly seen to a distance. **4** doubt, suspicion. **5** disappointment. **6** false appearance. **7** scarecrow. دھوکا پڑنا be deceived or deluded. دھوکا دہی/دھڑی fraud, deceit, duplicity, wile. دھوکا دینا deceive, cheat, take in, mislead; desert. دھوکا کھانا be deceived.

دھوکر /ḍʰo:kər/ ■ *adj.* strong, robust, bulky, burly; lusty, sturdy, stout; large.

ڈھوکنی /ḍʰɔ:kəni:/ ■ *n.f.* bellows. See ڈھونکنی.

دھوکہ /ḍʰo:kɑ:/ ■ *n.m.* See دھوکا.

دھوکے /ḍʰo:ke:/ ■ *n.m.* (*pl.* & *infl.* of دھوکا) دھوکے بازی fraud, deceit; imposture. دھوکے کی ٹٹی false screen, cloak; something transient or unreal. دھوکے میں آنا be taken in, be misled, be deluded, be mistaken (in respect of), be deceived by appearance. دھوکے میں رکھنا keep one in a delusion, feed with false hope or promises.

ڈھول /ḍʰɔ:l/ ■ *n.f.* slap, thump; rap, buffet. دھول جڑنا/جمانا to slap, to thump. دھول دھپا fight, thumping and slapping; horseplay. دھول لگانا thump, slap. دھول لگنا **1** get a thump or buffet; receive a blow or shock. **2** suffer loss. دھول مارنا to slap, to thump.

ڈھول /ḍʰu:l/ ■ *n.f.* (also ڈھور) dust, cloud of finely powdered earth. دھول اڑانا **1** raise or throw dust. **2** disgrace, defame. **3** make a commotion. دھول اڑنا **1** dust to rise or be blown. **2** be reduced to poverty. **3** be disgraced. دھول جھاڑنا **1** to dust. **2** beat severely. دھول دھانی **1** trampled under feet, ruined. **2** dispersed. **3** troubled, perplexed. دھول دھانی ہونا be ruined. دھول دھویا washer of refuse or dust. دھول کی رسی بٹنا **1** labour in vain, attempt an impossibility. **2** to tell lies, say imaginary things. دھول کھانا **1** suffer a loss. **2** be disgraced. دھول گولا **1** whirlwind. **2** devil.

ڈھولا /ḍʰɔ:lɑ:/ ■ *adj.* white; clean; bright. ■ *n.m.* **1** white colour. **2** white ox or bull. **3** any white thing (as milk, etc.). **4** a kind of sugar cane. دھولا پڑنا turn white or pale (with fear). دھولا پن whiteness. دھولا گیر/گیری name of one of the highest peaks of the Himalaya range.

ڈھولک /ḍʰu:lək/ ■ *n.m.* poison.

ڈھوم /ḍʰu:m/ ■ *n.f.* **1** fame. **2** popular talk, rumour. **3** noise, bustle, commotion, uproar, tumult. **4** pomp, splendid thought or idea. 2 to accept the idea suggested by someone else. دھیان میں نہ لانا disregard.

دھیانگی /d̪ʰɪja:ngi:/ ■ *n.f.* daily wages, remunerations for day's work.

دِھیانی[1] /d̪ʰɪja:ni:/ ■ *adj.* considerate; thoughtful, attentive; engaged or absorbed in religious meditation; contemplative. [S]

دِھیانی[2] ____ ■ *n.f.* daughters and sisters (of a family). [Prk.]

دھیج /d̪ʰæ:dʒ/ ■ *n.m.* (also دہیج) dowry. See جہیز.

دِھیر /d̪ʰi:r/ ■ *n.m.* **1** steadiness, consistency, resoluteness. **2** strength; bravery, courage. **3** fortitude, endurance, composure; coolness, calmness; self-possession. **4** gravity. ■ *adj.* **1** steady, holding firm (to), lasting, stable, cool, calm, collected. **2** courageous, brave, bold. دھیر باندھنا inspirit, encourage, set one's heart at ease.

دِھیرَج /d̪ʰi:rədʒ/ ■ *n.m.* patience, composure, fortitude, coolness; self-possession. دھیرج باندھنا **1** be firm. **2** have patience or perseverance. دھیرج دینا console, comfort, cheer up; support. دھیرج دھرو رکھو be patient.

دِھیری /d̪ʰi:ri:/ ■ *n.f.* the pupil of the eye.

دِھیرے /d̪ʰi:re:/ ■ *adv.* slowly, unhurriedly, without hurrying. دھیرے دھیرے **1** slowly, gradually. **2** gently, softly; patiently. **3** noiselessly.

دھیڑی کوّا /d̪ʰe:ɽi: kəvva:/ ■ *n.m.* a species of nutcracker bird *Nucifraga hemispila,* a species of *Coracias* found in the pine forests of the Himalayas.

دھیلا /d̪ʰe:la:/ ■ *n.m.* (also ادھیلا) **1** former coin of half-a-paisa (no longer in use). **2** (*fig.*) a pittance, a very small amount of money.

دِھیما /d̪ʰi:ma:/ ■ *adj.* **1** mild, low, gentle, faint, dim, dull. **2** slight (fever). **3** moderate. **4** abated, allayed; lulled. **5** subdued (tone). **6** slow, lazy, tardy, inactive. دھیما پڑنا **1** go down. **2** (anger) to abate, be calm. **3** (light) to become faint or low. دھیماپن mildness, gentleness. دھیما سُر contralto. دھیما کرنا **1** to moderate. **2** soften; mitigate.

دِھیمی /d̪ʰi:mi:/ ■ *adj.* (*fem.* of دھیما) دھیمی آواز low voice. دھیمی چال slow walk.

دِھیمے دِھیمے /d̪ʰi:me: d̪ʰi:me:/ ■ *adv.* **1** softly, gently. **2** slowly.

breath hard.

ڈھونی /d̪ʰu:ni:/ ■ *n.f.* **1** smoke. **2** fire lighted by a fakir who sits over it and inhales the smoke by way of penance. دھونی دینا **1** smoke, expose to odorous fumes. **2** insist on a demand, stage a sit-in; depend totally on someone. دھونی رمانا **1** light a fire and sit over it like a yogi; become a yogi. **2** stage sit-in to insist on a demand. دھونی لگانا fumigate. دھونی لینا inhale smoke, undergo fumigation.

دھووَن /d̪ʰo:vən/ ■ *n.m.* (also دُھوَن) water in which something (as clothes, dishes, etc.) has been washed; dirty water.

دھوئی /d̪ʰo:i:/ ■ *adj. fem.* **1** washed, rinsed; cleaned. **2** (of pulse) soaked before boiling. ■ *n.f.* dripping of juice from the poppy. دھوئی تلی husked sesame seed. دھوئی دال husked pulse, especially black gram. دھوئی ہوئی cleaned, scrubbed, cleansed, unsoiled.

دُھویں /d̪ʰʊvẽ:/ ■ *n.m.* (*pl.* & *infl.* of دُھواں) (also دُھوئیں) smokes. دھویں اڑانا **1** to cause to be disgraced, cause to be destroyed. **2** be sad, mourn, bemoan, lament. دھویں اڑنا be destroyed. دھویں پانی کا شریک (*fig.*) next door neighbour. دھویں کی ناؤ/نوکا (*arch.*) steamboat.

دھی[1] /d̪ʰi:/ ■ *n.f.* daughter; girl; maiden. [Prk.]

دھی[2] ____ ■ *n.f.* **1** understanding, wisdom, intellect, mind, intelligence, sense. **2** knowledge; science; art. دھی شکتی power of the mind, intellectual faculty (attention, comprehension, etc.). دھی مان/رمنت/روان intellectual, intelligent, sagacious, wise, learned, shrewd, sensible. [S]

دِھیان /d̪ʰɪja:n/ ■ *n.m.* **1** thought, contemplation, dhyana, meditation. **2** heed, attention, consideration, regard. دھیان بٹانا distract; divert attention. دھیان پر چڑھنا take one's fancy. دھیان پھیر حملہ (military) attack carried out to divert the attention of enemy. دھیان جمانا concentrate, keep attention. دھیان دینا **1** listen with full attention, give ear to. **2** think deeply, contemplate; take notice (of). دھیان دھرنا pay attention or regard to. دھیان رکھنا **1** keep watch, take care. **2** keep in mind; keep the attention fixed on. دھیان کرنا contemplate, meditate (on). دھیان گیان religious, mystical or spiritual contemplation; meditation. دھیان میں آنا **1** have a

دھین /ḍʰe:n/ ■ *n.f.* **1** cow which has recently given birth to a calf. **2** (*fig.*) gift; something useful.

ڈِھینگ /ḍʰi:ŋg/ ■ *adj*. **1** fat; ugly. **2** strong, robust, stalwart, stout. ڈھینگ دھونکڑی کرنا use force or violence, show high handedness.

ڈِھینگا /ḍʰi:ŋgɑ:/ ■ *adj*. stout; healthy. ڈھینگا دھانگی **1** might, power; force, violence, oppression. **2** harassing. **3** commotion, tumult, uproar, hurly burly. ڈھینگا دھانگی سے by force, through unfair means or coercion. ڈھینگا مُشتی fight, row; struggle or scramble; fisticuffs, scuffle.

ڈِھینور /ḍʰi:vər/ ■ *n.m.* (also ڈِھیور) fisherman; a caste of fishermen.

ڈ

ڈ /ɖɑ:l/ ■ the twentieth letter of the Urdu alphabet.

ڈاب[1] /ɖɑ:b/ ■ *n.m.* (also ڈابھ) **1** a kind of grass with long stalks and numerous pointed leaves, used in making ropes. **2** sacrificial grass, *Poa cynosuroides.* **3** green coconut and its juice. [S]

ڈاب[2] ____ ■ *n.m.* leather strap or belt; sword belt. [Prk.]

ڈابر /ɖɑ:bər/ ■ *n.m.* (also ڈابرا) **1** pond, pool, puddle, pit in which water collects. **2** water-pot or vessel for washing hands in. ڈابر نینی having eyes that quickly fill with tears, moist-eyed.

ڈابک /ɖɑ:bək/ ■ *n.m.* water just drawn from the well, fresh water.

ڈابی /ɖɑ:bi:/ ■ *n.f.* one tenth of the harvest given to the reaper as cost.

ڈابھ[1] /ɖɑ:bʰ/ ■ *n.m.* See ڈاب[1]. [S]

ڈابھ[2] ____ ■ *n.m.* forest. [S]

ڈاٹ[1] /ɖɑ:ʈ/ ■ *n.f.* **1** cork, stopper (of a bottle or cask); plug. **2** keystone of an arch. **3** vault, arched doorway. **4** tampion (for muzzle of a gun). ڈاٹ کسنا/لگانا put a stopper or plug; cork. ڈاٹ لگنا be corked or stoppered. [Prk.]

ڈاٹ[2] ____ ■ *n.f.* scolding. See ڈانٹ. [Prk.]

ڈاٹنا[1] /ɖɑ:ʈnɑ:/ ■ *v.* **1** stop; plug; fill; stuff; cram. **2** wear; put on (used in a sarcastic sense). [Prk.]

ڈاٹنا[2] ____ ■ *v.* scold. See ڈانٹنا. [Prk.]

ڈاچی /ɖɑ:tʃi:/ ■ *n.f.* young female camel.

ڈار[1] /ɖɑ:r/ ■ *n.f.* **1** herd, flock. **2** row; swarm; line (of birds or deer, etc.). ڈار کی ڈار **1** whole line, row or string. **2** whole herd, flock. [S]

ڈار[2] ____ ■ *n.f.* (*var.* of ڈال[1]) bough, branch. [Prk.]

ڈارم /ɖɑ:rɪm/ ■ *n.m.* the pomegranate (fruit or tree).

ڈاڑھ /ɖɑ:ɽʰ/ ■ *n.f.* molar. See داڑھ.

ڈاڑھا /ɖɑ:ɽʰɑ:/ ■ *n.m.* (*aug.* of داڑھی) (also داڑھا) (*derog.*) long and thick beard.

ڈاڑھی /ɖɑ:ɽʰi:/ ■ *n.f.* beard. See داڑھی.

ڈاک[1] /ɖɑ:k/ ■ *n.f.* **1** post, mail. **2** post office; mailbox. ■ *adj.* postal. ڈاک بابو post office clerk. ڈاک بٹھانا send and receive messengers in quick succession, communicate rapidly. ڈاک بنگلہ officials' rest house. ڈاک بھنگی parcel post. ڈاک ٹکٹ postal stamp. ڈاک چوکی (*arch.*) stage or station where a relay is posted. ڈاک خانہ/گھر post office. ڈاک (کا) خرچ postal charges, postage. ڈاک کا صندوق letter box. ڈاک کا ہرکارہ postman; formerly a postal relay posted at a station to carry post on foot or horse. ڈاک گاڑی mail train. ڈاک میں چٹھی چھوڑنا/ڈالنا post a letter. ڈاک والا postman, courier. ڈاک وڈاک post-haste, without stopping on the way. [Prk.]

ڈاک[2] ____ ■ *n.m.* (also ڈانک) **1** piece of gold or silver leaf placed under a gem in a ring to heighten its brilliance. **2** foil, a coloured substance placed under glass to form a mock gem. [S]

ڈاک[3] ____ ■ *n.f.* **1** continual vomiting. **2** calling out, shouting, etc. **3** bidding (at an auction). ڈاک بولنا bid (at an auction). ڈاک نیلام auction-sale. [Prk.]

ڈاکا /ɖɑ:kɑ:/ ■ *n.m.* robbery, theft by armed person(s). ڈاکا پڑنا **1** be robbed. **2** be terrified. ڈاکا ڈالنا **1** commit robbery. **2** (*fig.*) hit. ڈاکا زنی robbery, banditry.

ڈاکٹر /ɖɑ:kʈər/ ■ *n.m.* doctor, physician. [E]

ڈاکٹرنی /ɖɑ:kʈərni:/ ■ *n.f.* (also ڈاکٹرن) female doctor. [E]

ڈاکٹری /ɖɑ:kʈəri:/ ■ *n.f.* **1** profession of a doctor, medical profession. **2** medical check-up. **3** doctorate. ڈاکٹری پاس کرنا get the medical degree, become a doctor. ڈاکٹری معائنہ medical examination. [E]

ڈاکر /ɖɑ:kər/ ■ *n.f.* (also ڈاکرا) soil that needs much water for sowing.

ڈاکن /ɖɑ:kən/ ■ *n.f.* (also ڈاکِن) a female robber; wife of a robber.

ڈاکنا /ɖɑ:knɑ:/ ■ *v.* vomit, retch.

ڈاکنی /ɖɑ:kni:/ ■ *n.f.* **1** an imaginary female demon, whose evil eyes cause children to pine and die (and who is believed to consume their livers). **2** (*fig.*) ugly woman. (See also ڈائن.)

ڈاکو /ɖɑ:ku:/ ■ *n.m.* dacoit, robber, bandit.

ڈاکی /ɖɑ:ki:/ ■ *adj.* gluttonous, voracious. ■ *n.m.* glutton.

ڈاکیا /ɖɑ:kjɑ:/ ■ *n.m.* (also ڈاکیہ) postman.

ڈال[1] /ɖɑ:l/ ■ *n.f.* (also ڈار[2]) **1** branch, bough. **2** basket used for raising water from a canal. **3** blade (of a sword or knife). ڈال کا پکا ripened on the tree. ڈال کا ٹوٹا **1** droped revenge.

ڈانڈی¹ /d̪ɑ̃:d̪i:/ ■ *n.m.* dandy, oarsman, boatman. [Prk.]

ڈانڈی² ____ ■ *n.f.* a sort of sedan chair swung on poles and borne on the shoulders of porters, used in the hills. [Prk.]

ڈانڈی³ ____ ■ *n.f.* beam of a pair of scales. ڈانڈی مارنا to cheat, to deceive, act dishonestly (esp. when weighing). [S]

ڈانڈے /d̪ɑ̃:d̪e:/ ■ *n.m.* (*pl. & infl.* of ڈانڈا) ڈانڈے ملانا bring together; (of two or twin) meet, become adjacent to each other, merge into one another. ڈانڈے ملنا befriend with, have secret alliance with, be very close to.

ڈانس /d̪ɑ̃:s/ ■ *n.m.* **1** a kind of large mosquito; gnat; gadfly. **2** sting of a reptile.

ڈانک /d̪ɑ:ŋk/ ■ *n.m.* foil. See ڈاک².

ڈانگ /d̪ɑ:ŋg/ ■ *n.f.* **1** stick, club. **2** summit of a mountain. **3** hilly and wild tract of a country. **4** stride; length of stride.

ڈانگر /d̪ɑ:ŋgər/ ■ *n.m.* (also ڈانگرا) **1** cattle, horned animals. **2** starving person or animal; abnormally thin or weak animal or person. ■ *adj.* lean, thin, emaciated.

ڈانگری /d̪ɑ:ŋgəri:/ ■ *n.f.* dungaree.

ڈانواں ڈول /d̪ɑ̃:vɑ̃: d̪o:l/ ■ *adj.* (also ڈانوا ڈول، ڈاواں ڈول) **1** unsettled, unsteady, wavering; homeless, wandering. **2** uneasy, restless, worried. ڈانواں ڈول پھرنا tramp, wander about. ڈانواں ڈول ہونا be undecided, be unsettled in mind, be irresolute, to waver.

ڈانواں ڈولی /d̪ɑ̃:vɑ̃: d̪o:li:/ ■ *n.f.* (also ڈانوا ڈولی، ڈاواں ڈولی) **1** wandering or loafing about. **2** uneasiness. **3** state of being irresolute.

ڈاہ /d̪ɑ:h/ ■ *n.f.* malice, jealousy, envy, spite. ڈاہ کھانا be jealous or envious.

ڈاہا /d̪ɑ:hɑ:/ ■ *n.m.* noose, snare.

ڈاہنا /d̪ɑ:hnɑ:/ ■ *v.* **1** to be hot, to burn. **2** burn with envy, be malicious. **3** be heated or fused (as metals).

ڈاہی /d̪ɑ:hi:/ ■ *adj.* malicious, envious, spiteful, rancorous.

ڈائن /d̪ɑ:ɪn/ ■ *n.f.* (also ڈاین) **1** witch, hag. **2** evil or malicious old woman, female goblin. **3** ugly old woman. ڈائن بھی سات گھر چھوڑ کر کھاتی ہے even a rogue spares neighbours.

ڈب /d̪əb/ ■ *n.m.* **1** strength, power, authority. **2** leather

from the branch. **2** fresh; fine; excellent (fruit). ڈال کا چوکا بندر، بانس کا چوکا نٹ، بات کا چوکا آدمی نہیں سنبھلتا if things were to be done twice, all would be wise. [Prk.]

ڈال² ____ ■ (*imper.* of ڈالنا). ■ *n.f.* throwing, casting; used in comp. as: ڈال دینا lay down. ڈال رکھنا put away or aside; detain. [Prk.]

ڈال³ ____ ■ *n.m.* the name of the letter "ڈ" in Urdu alphabet, also known as: دال ہندی. [S]

ڈالا /d̪ɑ:lɑ:/ ■ *n.m.* (also ڈالہ) large thick branch.

ڈالنا /d̪ɑ:lnɑ:/ ■ *v.* **1** throw, cast, fling. **2** pour, drop, decant. **3** put away. **4** add, collect; admix. **5** lay, spread. **6** keep (a mistress).

ڈالی /d̪ɑ:li:/ ■ *n.f.* (*dim.* of ڈال¹) **1** small bough, branch. **2** (*fig.*) gift of fruit, etc. in a basket or tray and partially covered with flowers given as a present (and sometimes also as bribe). ڈالی دینا **1** to offer a present, to give a gift. **2** to bribe.

ڈامچا /d̪ɑ:mtʃɑ:/ ■ *n.m.* field watchman's elevated platform.

ڈامر /d̪ɑ:mər/ ■ *n.m.* coal tar or macadam spread on roads.

ڈامنی /d̪ɑ:mni:/ ■ *n.f.* a small round ornament like bindi worn in the middle of the forehead.

ڈانٹ /d̪ɑ̃:ʈ/ ■ *n.f.* (also ڈاٹ²) chiding, scolding, rebuke, dressing down, reproof. ڈانٹ بتانا to scold. ڈانٹ پڑنا be scolded. ڈانٹ پلانا to scold. ڈانٹ ڈپٹ rebuke, threat, scolding.

ڈانٹنا /d̪ɑ̃:ʈnɑ:/ ■ *v.* (also ڈاٹنا²) chide, scold, rebuke, reprove. ڈانٹنا ڈپٹنا to scold, to rebuke.

ڈانٹھ /d̪ɑ̃:ʈʰ/ ■ *n.f.* (also ڈانٹھل، ڈانٹھی) stalks left after harvest, refuse of a harvest-floor.

ڈانڈ¹ /d̪ɑ̃:d̪/ ■ *n.m.* fine, punishment. See ڈنڈ. ڈانڈ بھرنا to pay the fine. ڈانڈ دلانا cause to get the compensation (as by government). ڈانڈ لینا to receive the fine, to get fine money. [S]

ڈانڈ² ____ ■ *n.m. & f.* **1** stick, staff, pole. **2** bamboo with flat blade to row the boat, oar. [S]

ڈانڈا /d̪ɑ̃:d̪ɑ:/ ■ *n.m.* **1** line drawn during demarcation, a dividing line. **2** path. **3** friendship, alliance. ڈانڈا مینڈ or ڈانڈا مینڈا frontier or boundary, especially between the land of two owners.

ڈانڈنا /d̪ɑ̃:d̪nɑ:/ ■ *v.* **1** to fine; punish. **2** retaliate, take

ڈبیا میں بند رکھنے کے قابل (*iron.*) useless, worthless.

/ḍəpəṭ/ ■ *n.f.* 1 threat; scold. 2 gallop. ڈپٹ کر angrily, in a loud and angry voice. ڈپٹ کے قدم بڑھانا walk quickly, walk in long steps, to stride. ڈپٹ

/ḍəpṭa:na:/ ■ *v.* ride at a great pace, gallop. ڈپٹانا

/ḍəpəṭna:/ ■ *v.* 1 run; gallop. 2 rebuke, scold, chide, threaten; talk angrily or harshly. ڈپٹنا

/ḍəppu:/ ■ *n.m.* (also ڈپوّہ) 1 something or someone large or huge. 2 big and fat person. ڈپّو

/ḍəṭ/ ■ (*imper.* of ڈٹنا) ڈٹ جانا take a firm stand, boldly face (an enemy). ڈٹ کر courageously, firmly. ڈٹ کر کھانا eat a lot. ڈٹ

/ḍəṭṭa:/ ■ *n.m.* stopper, cork. ڈٹّا

/ḍəṭna:/ ■ *v.* 1 keep one's place; resolutely face (an enemy), be determined or resolved. 2 eat a lot. ڈٹنا

/ḍɪ:ṭʰ bənd/ ■ *n.m.* (also ڈِٹھ بندی) 1 magician, sorcerer. 2 conjurer, juggler. ڈِٹھ بند

/ḍɪṭʰja:ra:/ ■ *adj.* not blind, having sight. (*fem.* ڈِٹھیاری) ڈِٹھیارا

/ḍər/ ■ *n.m.* fear, terror, awe, dread. ڈر کر رکے in fear, in alarm. ڈر گیا سو مر گیا one who is afraid has already lost the fight, one who fears is dead. ڈر

/ḍəra:na:/ ■ *v.* frighten, scare, terrify. ڈرانا

/ḍəra:va:/ ■ *n.m.* intimidation; threat. ڈراوا

/ḍəra:o:na:/ ■ *adj.* fearsome, frightful, horrific, ghastly. ڈراؤنا خواب nightmare. ڈراؤنا

/ḍərba:/ ■ *n.m.* (also ڈڑبا، ڈربہ) hen house. See دڑبا ڈربا

/ḍərpo:k/ ■ *adj.* timid, cowardly. ڈرپوک

/ḍərna:/ ■ *v.* fear, be afraid of, be frightened or terrified, be scared. ڈرنا

/ḍʊrija:na:/ ■ *v.* lead about with a rope or string (of a horse, etc.); lead in hand. ڈُریانا

/ḍəṛʰmunḍa:/ ■ *adj.* clean-shaver, beardless, having the beard cropped. ڈڑھ منڈا

/ḍəṛʰɪjəl/ ■ *adj.* (*derog.*) bearded. See دڑھیل ڈڑھیل

/ḍəs/ ■ *n.f.* (also ڈَس) 1 strings by which the scales are suspended. 2 threads of the warp of cloth which are left unwoven. [S] ڈس[1]

_____ ■ *n.f.* the act of stinging (of a snake, etc.), the act of biting. ڈس لینا to sting (as snake). [S] ڈس[2]

/ḍəsa:/ ■ *adj.* bitten, stung. ڈسا جانا be bitten or stung (by for making wallets and oil pots. 3 a kind of pocket. 4 nape of the neck. ڈسا

/ḍəbba:/ ■ *n.m.* (also ڈبا، ڈبہ) 1 box; small casket. 2 railway carriage or bogie. ڈبا گول کرنا (*coll.*) put an end to; go away. ڈبا گول کرو get lost. ڈبا گول ہونا come to an end. ڈبّا

/ḍʊba:na:/ ■ *v.* 1 cause to sink, dip, immerse, drown, submerge. 2 exhaust. 3 ruin; lose. ڈُبانا

/ḍʊba:u:/ ■ *adj.* enough to drown, deep, deep enough to drown a man; used to mention water's depth, as: ہاتھی ڈباؤ deep enough to drown an elephant. ڈباؤ پانی water that is deep enough to drown. ڈُباؤ

/ḍʊba:o:/ ■ *n.m.* depth, drowning, immersion. ڈُباؤ

/ḍəbḍəba:na:/ ■ *v.* brim, fill, (of the eyes) overflow (with tears). ڈبڈبانا

/ḍəbra:/ ■ *n.m.* puddle; pool, pond, pit where water collects. See ڈابر. ڈبرا

/ḍʊbək/ ■ *n.f.* 1 dip, dive, plunge (into water). 2 sound made by a plunge into water. ڈبک ڈبک کرنا 1 to dip, to dive. 2 to rise and fall with water (of a boat, etc.); to sink and swim. ڈُبک

/ḍəbka:/ ■ *n.m.* fear, awe, apprehension, dread. [Prk.] ڈبکا[1]

_____ ■ *adj.* fat, large. ■ *n.m.* leathern box or bag. [Prk.] ڈبکا[2]

/ḍʊbki:/ ■ *n.f.* (also ڈُبکی، ڈُبّی) dive or plunge into water. ڈبکی لگانا dip, immerse. ڈبکی دینا dive under water, take a dip. ڈُبکی

/ḍəbəl/ ■ *adj.* 1 double, twofold. 2 fat. 3 quick (steps). 4 smart, cunning. ڈبل روٹی loaf of bread. [E] ڈبل

/ḍəblu:/ ■ *adj.* fat, corpulent. ڈبلو ڈھکیل (*joc.*) very huge thing. ڈبلو

/ḍəbbu:/ ■ *n.m.* large spoon, ladle. [S] ڈبّو

_____ ■ *n.m.* a tabletop game resembling carrom played with chips instead of balls. [dial.] ڈبّو

/ḍʊbva:na:/ ■ *v.* cause to be sunk or drowned. ڈُبوانا

/ḍʊbo:na:/ ■ *v.* 1 drown, immerse, inundate. 2 dip (spoon or piece of bread in gravy, etc.). 3 spoil or ruin (a plan or work, etc.). 4 disgrace. ڈُبونا

/ḍəbbi:/ ■ *n.f.* See ڈبیا. ڈبّی

/ḍʊbbi:/ ■ *n.f.* dive. See ڈُبکی. ڈُبّی

/ḍɪbja:/ ■ *n.f.* (also ڈبّی، ڈبیہ) (*dim.* of ڈبا) very small box. ڈِبیا

snake, scorpion or bee, etc.). ڈسا ہوا پانی نہیں مانگتا **1** is very poisonous, is deadly. **2** (*fig.*) someone callous and dangerous. (*fem.* ڈسی)

ڈسنا /ɖəsnɑ:/ ■ *v.* **1** bite or sting. **2** cause agony.

ڈف /ɖəf/ ■ *n.m.* a kind of tambourine. See دف.

ڈفالی /ɖəfɑ:li:/ ■ *n.m.* (also ڈفالچی، ڈھپالی) a kind of fakir who plays upon a small drum or tambourine; tambourine player.

ڈفلچی /ɖəfəltʃi:/ ■ *n.m.* (also ڈفالچی) drumbeater, drummer, tambourine player.

ڈفلی /ɖəfli:/ ■ *n.f.* (*dim.* of ڈف) small tambourine.

ڈفیل /ɖəfjəl/ ■ *adj.* fat, flabby, bloated, corpulent.

ڈک /ɖuk/ ■ *n.m.* a blow with the fist, thump.

ڈکار /ɖəkɑ:r/ ■ *n.f.* **1** belch, eructation. **2** roar of a tiger or leopard. **3** bellowing (of an ox). ڈکار جانا **1** eat voraciously. **2** embezzle. ڈکار لینا to belch. ڈکار نہ لینا **1** (*literal*) not to belch. **2** (*fig.*) give or make no sign, make away without telling, keep one's own counsel.

ڈکارنا /ɖəkɑ:rnɑ:/ ■ *v.* **1** belch. **2** roar, bellow. **3** swallow, gulp down. **4** embezzle.

ڈکرانا /ɖəkrɑ:nɑ:/ ■ *v.* **1** cry aloud or bitterly with pain. **2** (of cows) low, moo. **3** bellow; roar.

ڈکریا /ɖukərijɑ:/ ■ *n.f.* decrepit old woman.

ڈکوسنا /ɖəko:snɑ:/ ■ *v.* (*deris.*) devour. See ڈھکوسنا.

ڈکیت /ɖəkæ:t̪/ ■ *n.m.* (also ڈکیتا) robber, bandit, brigand, highway man.

ڈکیتی /ɖəkæ:t̪i:/ ■ *n.f.* dacoity, robbery.

ڈگ /ɖəg/ ■ *n.m.* length of step or stride, pace, step. ڈگ بھرنا stride; step, walk.

ڈگّا /ɖəggɑ:/ ■ *adj.* (often *deris.*) **1** taking long strides. **2** a lean long-legged (horse). **3** (*fig.*) clumsy, ill-mannered. See ڈھگّا.

ڈگانا /ɖigɑ:nɑ:/ ■ *v.* (also ڈِگارنا) **1** cause to move, shake or slip; cause to stagger or stumble; make something unstable, destabilize. **2** to replace. **3** to shake faith or loyalty.

ڈگڈگا کر پینا /ɖəgɖəgɑ: kər pi:nɑ:/ ■ *v.* drink in large draughts; make a noise in swallowing; take large gulps.

ڈگڈگانا /ɖəgɖəgɑ:nɑ:/ ■ *v.* **1** to shake. **2** to burn brightly.

ڈگڈگی /ɖʊgɖʊgi:/ ■ *n.f.* (also ڈُگّی، ڈِمڈِمی) small waisted hand-held drum used by jugglers, a small drum in a shape of an hourglass. ڈگڈگی بجانا **1** to play *dugdugi*. **2** (*fig.*) (i) proclaim. (ii) try to charm people. ڈگڈگی پیٹنا proclaim by the beat of *dugdugi*.

ڈگر /ɖəgər/ ■ *n.f.* way, path, track, road. ڈگر بتانا guide, direct. ڈگر پر چلنا **1** follow the path. **2** emulate. ڈگر ڈگر on every path, everywhere. ڈگر سے ہٹ کر away from the beaten path; in a new and innovative way.

ڈگرا /ɖəgrɑ:/ ■ *n.m.* a tray made of split bamboo or reeds for winnowing grain. (See also چھاج.)

ڈِگری[1] /ɖɪgri:/ ■ *n.f.* (***Law***) decree, verdict. ڈگریِ استقراریہ declaratory decree. ڈگری انفکاکِ رہن decree of redemption. ڈگری پانا obtain a decree. ڈگری جاری کرنا execute a decree. ڈگری دار decree-holder. ڈگری دینا/کرنا award a decree. [E]

ڈِگری[2] ——— ■ *n.f.* **1** degree, academic rank. **2** a unit of measurement of angles, equivalent to one ninetieth of a right angle. **3** a unit in various scales of temperature. ڈگری یافتہ degree-holder. [E]

ڈگمگ /ɖəgməg/ ■ *adj.* **1** trembling, shaking; shaky. **2** (of a boat) swaying from one side to another, unsteady. ڈگمگ ڈولنا to sway, be unstable. ڈگمگ ہونا to sway, to waver.

ڈگمگانا /ɖəgməgɑ:nɑ:/ ■ *v.* **1** shake. **2** stagger; reel. **3** roll or sway (in walking); go astray. **4** (of a boat or ship) sway or be unsteady. **5** (*fig.*) suffer a fall, deteriorate.

ڈگمگاہٹ /ɖəgməgɑ:hət̪/ ■ *n.f.* **1** the act of shaking or swaying. **2** swaying or rolling (in walking). **3** the act of going astray.

ڈگن /ɖəgən/ ■ *n.f.* fishing rod.

ڈِگن /ɖigən/ ■ *n.m.* act or effect of staggering. [Pj]

ڈِگنا /ɖɪgnɑ:/ ■ *v.* **1** stagger, fall down; be dislocated. **2** (one's faith) be shaken. **3** yield to temptation.

ڈُگّی /ɖʊggi:/ ■ *n.f.* small drum. See ڈگڈگی. ڈگی پٹنا proclamation by beat of drum.

ڈلا[1] /ɖəlɑ:/ ■ *n.m.* (also ڈلّا) large lump, clod. [S]

ڈلا[2] ——— ■ *n.m.* large basket; the basket of fruits or sweetmeat, etc. presented by the bridegroom to the bride. [S]

ڈلانا /ɖʊlɑ:nɑ:/ ■ *v.* move, shake; swing.

ڈلاؤ /ɖəlɑ:o:/ ■ *n.m.* **1** dunghill. **2** heap of rubbish.

stem. ڈنڈی مارنا cheat in weighing, give short weight (by pressing down the weight-arm of a balance); cheat.

ڈنڈے /ḍənḍe:/ ■ *n.m.* (*pl. & infl.* of ڈنڈا) ڈنڈے بجاتے پھرنا loaf about without earning one's livelihood. ڈنڈے بجانا 1 loaf. 2 be idle; to have no livelihood.

ڈنڈیا /ḍənḍ ja:/ ■ *n.m.* 1 a collector of market duties. 2 a kind of garment for woman.

ڈنڑ /ḍə̃ɽ/ ■ *n.m.* an athletic exercise. See ڈنڈ.

ڈنک /ḍəŋk/ ■ *n.m.* sting (of a poisonous insect). ڈنک چبھونا/مارنا 1 sting. 2 (*fig.*) hurt by sharp words or taunts.

ڈنکا /ḍəŋka:/ ■ *n.m.* 1 drum-stick. 2 kettledrum. 3 (*fig.*) fame; notoriety. ڈنکا بجانا 1 beat a drum. 2 make famous. 3 rule, exercise influence or authority. 4 announce, proclaim. ڈنکا بجنا 1 become famous or renowned, be known far and wide. 2 be proclaimed.

ڈنکنی /ḍəŋkmi:/ ■ *n.f.* 1 witch. 2 a belligerent woman, an ill-tempered or overbearing woman.

ڈنکے /ḍəŋke:/ ■ *n.m.* (*pl.* of ڈنکا) ڈنکے بجنا become famous. ڈنکے کی چوٹ پر openly. ڈنکے کی چوٹ کہنا proclaim or assert boldly; declare.

ڈنگر /ḍəŋgər/ ■ *n.m.* cattle. ڈنگر ڈاکٹر veterinary surgeon, veterinarian.

ڈنگیا /ḍuŋgja:/ ■ *n.f.* (*dim.* of ڈونگا) 1 small vessel (for food). 2 a kind of small boat or coracle.

ڈوّا /ḍəvva:/ ■ *n.m.* flat ladle.

ڈوب /ḍu:b/ ■ (*imper.* of ڈوبنا). ■ *n.m.* dive, dip. ڈوب جانا 1 to sink, drown, submerge. 2 (*fig.*) be ruined. 3 be engrossed. 3 (of money) be lost. ڈوب مرنا 1 die by drowning. 2 drown oneself (for shame), be much disgraced. ڈوب مرنے کا مقام ہے (it) is shameful. ڈوب مرو چلّو بھر پانی میں drown yourself in a handful of water! be ashamed!

ڈوب /ḍo:b/ ■ *n.m.* dip, soaking; immersion. ڈوب دینا/لینا dip pen in the inkpot; dip in dye or colouring solution.

ڈوبا /ḍu:ba:/ ■ *adj.* 1 sunk, submerged, under water. 2 lost. ■ *n.f.* low land covered with water, flooded land. ■ *n.m.* one who is drowned, drowned man. ڈوبا ہونا be submerged; be engrossed. (*fem.* ڈوبی)

ڈوبتا /ḍu:bta:/ ■ *adj.* sinking, drowning (man, etc.).

ڈلک /ḍələk/ ■ *n.f.* glitter, sparkle.

ڈلکنا /ḍələkna:/ ■ *v.* glitter, shine.

ڈلنا /ḍəlna:/ ■ *v.* be put, be poured.

ڈلوانا /ḍəlva:na:/ ■ *n.* 1 have or get something cast or laid or thrown. 2 have a letter mailed. 3 cause to be poured or put in.

ڈلی /ḍəli:/ ■ *n.f.* (*dim.* of ڈلا¹) 1 small lump. 2 areca nut or betel nut. 3 a small piece of sweetmeat or ice, etc. ڈلی کا ٹنا/کترنا cut the betel nut into small pieces.

ڈلیا /ḍəlja:/ ■ *n.f.* (also ڈھلیا) (*dim.* of ڈلا²) a small basket; wickerwork tray.

ڈمبکا /ḍɪmbɪka:/ ■ *n.f.* 1 a libidinous woman. 2 adult girl.

ڈم ڈم /ḍəmḍəm/ ■ *n.m.* kala-azar, a chronic, usually fatal disease characterized by irregular fever, a tropical or subtropical disease.

ڈمڈمی /ḍɪmḍɪmi:/ ■ *n.f.* small drum. See ڈگڈگی.

ڈمرو /ḍəmru:/ ■ *n.m.* a kind of small drum; hourglass-like drum similar to *dugdugi* (ڈگڈگی).

ڈمروا /ḍəmruva:/ ■ *n.m.* pain in the knee-joint.

ڈنٹھل /ḍənṭʰəl/ ■ *n.m.* stalk, stem, petiole.

ڈنڈ /ḍənḍ/ ■ *n.m.* (also ڈانڈ¹، ڈنڑ) 1 arm above the elbow. 2 an athletic or gymnastic exercise (placing the hands on the ground and then bending down). 3 punishment; fine; tax. ڈنڈ بیٹھک a physical exercise which involves placing hands on the ground and putting body weight on them. ڈنڈ بھرنا pay a fine. ڈنڈ پیلنا do the dips (exercise). ڈنڈ کی مچھلی muscle in tendon of the arm. ڈنڈ لینا levy a fine. ڈنڈ منڈ کے بل سے with the power of hands and head, with all the power one has.

ڈنڈا /ḍənḍa:/ ■ *n.m.* 1 club, stick, staff; ensign's staff. 2 pole, bar, beam. 3 step of a wooden ladder. ڈنڈا ڈولی کرنا lift someone up by his/ her arms and legs.

ڈنڈوت /ḍənḍo:t/ ■ *n.f.* Hindu salutation, prostration before a superior, bow, obeisance. ڈنڈوت کرنا 1 bow or prostrate oneself (before an idol, elder or superior). 2 (***Hinduism***) worship.

ڈنڈی /ḍənḍi:/ ■ *n.f.* (*dim.* of ڈنڈا) 1 lever or beam of weighing scales. 2 path. 3 twig, switch or small branch of a tree. 4 handle, the operational end of a tool, etc. 5 mendicant who carries a staff. 6 stalk,

ڈوبتا سورج setting sun. (*fem.* ڈوبتی)

ڈوبتے /ḍu:bte:/ ■ *adj.* (*pl. & infl.* of ڈوبتا) ڈوبتے کو تنکے کا سہارا 1 a drowning man catches at a straw. 2 a little help is worth much more for the wretched.

ڈوبنا /ḍu:bnɑ:/ ■ *v.* 1 drown; sink. 2 (of sun) to set. 3 (*fig.*) be absorbed (in study, thoughts, etc.). 4 (of reputation, etc.) be ruined; suffer loss.

ڈوڈا /ḍo:ḍɑ:/ ■ *n.m.* (also ڈوڑا) capsule; pod; seed pod, especially of cotton and poppy plants.

ڈور /ḍo:r/ ■ *n.f.* 1 string, cord. 2 thread. 3 line. 4 rein. ڈور پر لگانا tame (a bird). ڈور چھڑ fishing rod. ڈور ڈھیلی چھوڑنا let the kite drift; give a long rope. ڈور سوتنا/کو مانجھا لگانا starch kite-string for flying. ڈور کو سلجھانا unravel (a thread or string, etc.).

ڈورا /ḍo:rɑ:/ ■ *n.m.* (*aug.* of ڈور) 1 thread. 2 cord. 3 edge of a sword. 4 line or string, etc. of kohl in the eye. 5 red veinlets in eye. 6 (*fig.*) movement of beloved's delicate neck. ڈورا ڈالنا 1 stitch a quilt. 2 entice or allure someone, try to seduce someone.

ڈورک /ḍo:rək/ ■ *n.m.* string tied round arm or wrist.

ڈوری /ḍo:ri:/ ■ *n.f.* (*dim.* of ڈور) 1 small string, rope, cord. 2 line. 3 thread. 4 chain used in measuring land. ڈوری والا rope maker; rope-seller. ڈوری ہلانا (*fig.*) use one's influence.

ڈورے /ḍo:re:/ ■ *n.m.* (*pl. & infl.* of ڈورا) ڈورے ڈالنا 1 stitch a quilt. 2 to entice, to seduce.

ڈوریا /ḍo:rɪjɑ:/ ■ *n.m.* (also ڈوریہ) striped muslin; ordinary cloth.

ڈوسا /ḍo:sɑ:/ ■ *n.m.* a south Indian dish of spicy vegetables stuffed in a roll of thin rice bread.

ڈوک /ḍo:k/ ■ *n.f.* 1 disease of the lungs in cattle. 2 a large or loud gulp. 3 vomiting.

ڈوکرا /ḍo:krɑ:/ ■ *n.m.* very old man.

ڈوکری /ḍo:kri:/ ■ *n.f.* very old woman.

ڈوکنا /ḍo:knɑ:/ ■ *v.* (also ڈونکنا²) 1 (*rust.*) vomit. 2 imbibe; drink in large draughts.

ڈول /ḍɔ:l/ ■ *n.m.* 1 manner, method, mode; form, shape. 2 plot, plan, scheme, device. 3 model. 4 nature, constitution. 5 estimate of assets for the purpose of assessment. 6 fence or boundary of fields. ڈول پرلانا 1 bring into shape. 2 put in order, systematize. ڈول ڈالنا lay the foundation, initiate, start. ڈول سے لگانا put together in order.

ڈول¹ /ḍo:l/ ■ (*imper.* of ڈولنا). ■ *n.m.* moving, swinging, rocking. ڈول جانا to sway, waver, swing, shake. ڈول ڈول moving to and fro, roving. ڈول ڈول جانا go or walk along the path in the fields. [Prk.]

ڈول² ____ ■ *n.m.* metal or leathern bucket used for drawing water from well; large leather bag. [Prk.]

ڈولا /ḍɔ:lɑ:/ ■ *n.m.* 1 assessment. 2 raised boundary line of field.

ڈولا /ḍo:lɑ:/ ■ *n.m.* (also ڈولہ) 1 chair or palanquin; bride's palanquin; litter. 2 a kind of cradle swung from a tree; cradle. ڈولا اٹھنا get married and go away from parent's house to husband's house. ڈولا دینا (*obs.*) give away in marriage (a daughter) to a rich suitor by way of tribute; to give away a woman in marriage to a rich man without any formal ceremony or legal binding.

ڈولچی /ḍo:ltʃi:/ ■ *n.f.* (*dim.* of ڈول²) small bucket for drawing water.

ڈولنا /ḍo:lnɑ:/ ■ *v.* 1 move, oscillate, waver; swing, sway from side to side. 2 wander, rove, roam, loiter. 3 roll or sway in walking.

ڈولی /ḍo:li:/ ■ *n.f.* (*dim.* of ڈولا) dooli, small palanquin. ڈولی اٹھنا (*fig.*) (of a girl) to get married. ڈولی بان palanquin bearer. ڈولی نہ کہار بی بی بیٹھی ہیں تیار (*iron.*) all dressed up and no place to go.

ڈوم /ḍo:m/ ■ *n.m.* singer who performs professionally in marriage and other ceremonies.

ڈومنی /ḍo:mni:/ ■ *n.f.* female *dom* who sings in female company only. ڈومنی پن/پنا 1 singing as a profession. 2 coquetry, coquettish behaviour.

ڈونڈا¹ /ḍũ:ḍɑ:/ ■ *n.m.* bullock with one horn. [Prk.]

ڈونڈا² ____ ■ *n.m.* whirlwind. [dial.]

ڈونڈانا /ḍɔ̃:ḍɑ:nɑ:/ ■ *v.* loiter, hang around; walk around.

ڈونڈی /ḍõ:ḍi:/ ■ *n.f.* (also ڈُونڈی) proclamation by beat of drum. ڈونڈی پٹنا be proclaimed by beat of drum.

ڈونکنا /ḍɔ:ŋknɑ:/ ■ *v.* (of dog, cat, bull, etc.) make a sound.

ڈونکنا /ḍo:ŋknɑ:/ ■ *n.m.* dove. [dial.]

ڈونکنا² ____ ■ *v.* vomit. See ڈوکنا. [S]

ڈونگا /ḍu:ŋgɑ:/ ■ *adj.* deep.

ڈونگا /ḍo:ŋgɑ:/ ■ *n.m.* 1 canoe. 2 mug; deep oblong platter.

a well-to-do prostitute who has her own brothel and her own musicians and servants. ڈیرے دارنی female owner of a brothel.

ڈیڑھ /ḍe:ṛʰ/ ■ *adj.* one and a half. ڈیڑھ اینٹ کی مسجد الگ بنانا separate or isolate oneself; have ideas different from others. ڈیڑھ پاؤ three eighth of a seer.

ڈیل /ḍi:l/ ■ *n.m.* 1 body, bulk. 2 stature, physique; size. ڈیل ڈول shape, physique, figure.

ڈینا /ḍæ:nɑ:/ ■ *n.m.* 1 branch, bough of a tree. 2 wing of a bird.

ڈینا /ḍe:nɑ:/ ■ *n.m.* a log tied to the neck of a vicious ox or cow.

ڈینگ /ḍi:ŋg/ ■ *n.f.* boasting, bragging. ڈینگ مارنا / ہانکنا boast, brag.

ڈینگیا /ḍi:ŋgɪjɑ:/ ■ *n.m.* boaster, braggart.

ڈینگی /ḍi:ŋgi:/ ■ *n.f.* (also ڈونگی) boat, canoe, skiff, ferry. ڈینگی والا boatman.

ڈیوٹ /ḍi:vəṭ/ ■ *n.m.* lamp holder. ■ *adj.* (*coll.*) fool.

ڈیوڑھا /ḍe:vṛʰɑ:/ ■ *adj.* (something that is as much as) one and a half. (See also ڈیڑھ). ■ *n.m.* 1 mode of reckoning. 2 (*obs.*) a class of railway carriage between third (lowest) and second classes. ڈیوڑھا کرنا 1 increase one and a half. 2 close an account.

ڈیوڑھی /ḍe:vṛʰi:/ ■ *adj.* (*fem.* of ڈیوڑھا). ■ *n.f.* (also ڈیوڑی) porch, entrance, threshold. ڈیوڑھی پر ہاتھی جھومنا be very rich; display wealth. ڈیوڑھی دار a doorkeeper; porter.

3 (*fig.*) foolish, silly.

ڈونگر /ḍo:ŋgər/ ■ *n.m.* mountain; hilly country, high ground.

ڈونگرا /ḍo:ŋgrɑ:/ ■ *n.m.* (also ڈونگڑا) drizzle, a light shower.

ڈونگرے /ḍo:ŋgre:/ ■ *n.m.* (*pl. & infl.* of ڈونگرا) (تعریف کے) ڈونگرے برسانا heap praise (on).

ڈونگی /ḍu:ŋgi:/ ■ *adj.* (*fem.* of ڈونگا) ڈونگی ندی deep stream.

ڈونگی /ḍo:ŋgi:/ ■ *n.f.* (*dim* of ڈونگا) small canoe.

ڈوہ /ḍo:h/ ■ *n.m.* 1 deep water; very deep water in the midst of a river. 2 hollow, pit.

ڈوہرا /ḍo:hrɑ:/ ■ *n.m.* wooden spoon to stir and ladle out sugar cane juice.

ڈوئی /ḍo:i:/ ■ *n.f.* a (wooden) ladle.

ڈہڈہا /ḍæhḍəhɑ:/ ■ *adj.* 1 lush, blooming; fresh, green. 2 bright, glowing.

ڈہڈہانا /ḍæhḍəhɑ:nɑ:/ ■ *v.* 1 flourish, blossom. 2 to glow, shine.

ڈہرا /ḍæhrɑ:/ ■ *n.m.* a hole dug for water, pool, tank.

ڈہکانا /ḍæhkɑ:nɑ:/ ■ *v.* thwart or hinder, baulk; tantalize.

ڈیٹھ /ḍi:ṭʰ/ ■ *n.f.* 1 vision, sight, look. 2 evil eye. ڈیٹھ بند conjuror, juggler. ڈیٹھ بندی closing the eyes by conjuration; enchanting the sight.

ڈیٹھنا /ḍi:ṭʰnɑ:/ ■ *v.* to see, look.

ڈیرا /ḍe:rɑ:/ ■ *n.m.* (also ڈیرہ) 1 tent; temporary dwelling. 2 stay, the act of staying or living (esp. for a brief period as in a journey). ڈیرا پڑنا encamp; linger; be encamped. ڈیرا ڈالنا pitch a tent.

ڈیرے /ḍe:re:/ ■ *n.m.* (*pl. & infl.* of ڈیرا) ڈیرے دار (طوائف)

ڈھ

ڈھ /ɖʰɔ/ ■ the twenty-first letter of the Urdu alphabet.

ڈھے /ɖʰæ/ ■ (*imper.* of ڈھینا) ڈھ جانا to fall, to tumble, be razed.

ڈھا /ɖʰɑ:/ ■ (*imper.* of ڈھانا) ڈھا دینا to raze, to cause to befall, to pull down, to knock down.

ڈھابا /ɖʰɑ:bɑ:/ ■ *n.m.* **1** extended eaves of a house. **2** roost, a house for hens, fowl-house. **3** stall, tea shop in a temporary hut, a roadside eatery.

ڈھابر /ɖʰɑ:bər/ ■ *n.m.* rubbish, dirt, filth.

ڈھاپنا /ɖʰɑ:pnɑ:/ ■ *v.* to cover. See ڈھانپنا.

ڈھاٹا /ɖʰɑ:ʈɑ:/ ■ *n.m.* (also ڈھاٹنا) **1** a piece of cloth tied to cover the face (to hide the identity of the person wearing it), covering. **2** strip of cloth tied under the beard to shape it.

ڈھاٹی /ɖʰɑ:ʈi:/ ■ *n.f.* (also ڈھاٹھی، ڈھانٹی) noose or piece of cloth or leather fastened on a horse's nose / mouth.

ڈھار¹ /ɖʰɑ:r/ ■ *n.f.* a kind of earring. [S]

ڈھار² ——— ■ *n.f.* a heap of corn. [Prk.]

ڈھارس /ɖʰɑ:rəs/ ■ *n.f.* (also ڈھاڑس) **1** mental firmness, comfort, solace. **2** encouragement. ڈھارس بندھانا **1** keep up the spirit. **2** soothe, cheer up. ڈھارس بندھنا/ہونا be relieved, take heart, feel calm. ڈھارس دینا raise the spirits, relieve, comfort, give solace.

ڈھاڑی /ɖʰɑ:ɽi:/ ■ *n.f.* (also ڈھاری) a caste of Muslim musicians or singers. (*fem.* ڈھاڑن)

ڈھاک /ɖʰɑ:k/ ■ *n.m.* (also ڈھانک) flame of the forest, medium-sized deciduous tree, *Butea monosperma*, each of whose leaves has three leaflets. (وہی) ڈھاک کے تین پات **1** same old story. **2** no use; no result. **3** being obstinate or unyielding. **4** poverty, meagreness of resources, lack of money.

ڈھال¹ /ɖʰɑ:l/ ■ *n.f.* **1** slope, declivity. **2** mode, manner. **3** cast, form. [Prk.]

ڈھال² ——— ■ *n.f.* **1** shield, buckler. **2** (*fig.*) shelter, refuge. [Prk.]

ڈھالنا /ɖʰɑ:lnɑ:/ ■ *v.* **1** cast (metal), mould, make something by pouring molten metal in a mould, form, shape. **2** pour (a liquid). **3** spill, shed. **4** mint (money). **5** frame or compose (sentence, etc.). **6** sell cheap. **7** to place or fit up; apply to.

ڈھالو /ɖʰɑ:lu:/ ■ *adj.* sloping, slanting.

ڈھانا /ɖʰɑ:nɑ:/ ■ *v.* (also ڈھاہنا) **1** demolish, ruin, destroy, raze. **2** knock down, pull down; to ground, cause to befall. **3** inflict suffering (upon), bring (trouble, etc.), subject to tyranny.

ڈھانپنا /ɖʰɑ̃:pnɑ:/ ■ *v.* (also ڈھاپنا) (*var.* of ڈھانکنا) cover, hide, put a cover on, conceal.

ڈھانچا /ɖʰɑ̃:tʃɑ:/ ■ *n.m.* (also ڈھانچ، ڈھانچہ) frame, skeleton; plan; form. ڈھانچا بن/ہو کر رہ جانا become very thin, become so thin as to look like a skeleton (because of illness or grief, etc.).

ڈھانڈا /ɖʰɑ̃:ɖɑ:/ ■ *n.m.* (also ڈھانڈھا) old bull.

ڈھانکنا /ɖʰɑ:ŋknɑ:/ ■ *v.* (also ڈھاکنا) cover, hide, conceal.

ڈھانگ /ɖʰɑ:ŋg/ ■ *n.m.* bank of a river or stream.

ڈھاہ /ɖʰɑ:h/ ■ *n.f.* flood, overflowing.

ڈھائی /ɖʰɑ:i:/ ■ *adj.* **1** two and a half. **2** (*fig.*) short-lived, brief. **3** sudden, swift. **4** a few, very little, in small number or quantity. ڈھائی اکشر انچھر a few but very effective words. ڈھائی اکشر انچھر پریم کے پڑھے سو پنڈت ہووے one who learns a few good words of love becomes a scholar. ڈھائی پہر کا رکی something that lasts very little, of a brief duration. ڈھائی چاول الگ پکانا be aloof and selfish, differ with others utterly. ڈھائی چلو لہو پینا murder (someone) to appease one's anger. ڈھائی دن کی بادشاہت short-lived luxury. ڈھائی گھڑی کی آنا die suddenly or very soon.

ڈھب¹ /ɖʰəb/ ■ *n.m.* **1** form, shape. **2** way, method, conduct; art, style. **3** position. **4** ability, capability, dexterity. **5** habit. **6** a small hammer. ڈھب پر چڑھانا mould (someone) after one's heart. ڈھب پر چڑھنا **1** take after someone. **2** adopt someone's ways. **3** come under someone's control. ڈھب ڈالنا **1** make a habit of. **2** set a fashion; adopt a practice or fashion. ڈھب کا reasonable; useful; timely. ڈھب کڈھب randomly. ڈھب لگنا get an opportunity. [S]

ڈھب² ——— ■ *n.f.* **1** sound of knocking or tapping. **2** sound of liquid swishing about in a vessel. ڈھب ڈھب watery. ڈھب ڈھب کرتا watery (stew). [Prk.]

ڈھبری /ɖʰɪbri:/ ■ *n.f.* nut (of a screw).

expressed, implied, implicit. ڈھکا ہونا be covered, be concealed.

ڈھکّن /ḍʰəkkən/ ■ *n.m.* (also ڈھکنا، ڈھکنی) 1 cover; lid; top. 2 (*slang*) fool, silly.

ڈھکنا /ḍʰəknɑ:/ ■ *v.* 1 cover, conceal. 2 be covered (by something), be concealed. ■ *n.m.* lid, cover.

ڈھکنا /ḍʰuknɑ:/ ■ *v.* 1 bend down or forward. 2 take aim.

ڈھکوسلا /ḍʰəko:slɑ:/ ■ *n.m.* 1 delusion; deception, something done for show or to beguile or mislead. 2 fiction, fable.

ڈھکوسنا /ḍʰəko:snɑ:/ ■ *v.* (also ڈکوسنا) (*deris.*) drink or eat greedily, devour, stuff down.

ڈھکی /ḍʰəki:/ ■ *adj.* (*fem.* of ڈھکا) ڈھکی چھپی بات a secret.

ڈھکیل /ḍʰəke:l/ ■ *n.f.* hand-cart, push-cart, trolley. ڈھکیل دینا to push; to shove. See دھکیل.

ڈھکیلنا /ḍʰəke:lnɑ:/ ■ *v.* push, shove, thrust. See دھکیلنا.

ڈھگ /ḍʰɪg/ ■ *adj.* beside, near, close.

ڈھگّا /ḍʰəggɑ:/ ■ *adj.* (also ڈگّا) lean and long-legged (horse). ■ *n.m.* old fool; rustic fool.

ڈھل /ḍʰəl/ ■ *n.m.* local agricultural tax in Sindh.

ڈھلان /ḍʰəlɑ:n/ ■ *n.m.* & *f.* (also ڈھلوان) declivity, slope.

ڈھلانا /ḍʰəlɑ:nɑ:/ ■ *v.* have something cast in a mould.

ڈھلانا /ḍʰulɑ:nɑ:/ ■ *v.* to get something carried from one place to another, to get something transported.

ڈھلاؤ /ḍʰəlɑ:o:/ ■ *n.m.* 1 slope, slant, inclination; angle of inclination. 2 decline, decay, fall.

ڈھلائی /ḍʰəlɑ:i:/ ■ *n.f.* 1 act of casting or moulding (as metal). 2 wage paid for casting.

ڈھلائی /ḍʰulɑ:i:/ ■ *n.f.* 1 act of carrying. 2 wage paid for carrying.

ڈھلت /ḍʰələt/ ■ *n.f.* shape of something moulded, structure of something cast (as iron, etc.).

ڈھلتا /ḍʰəltɑ:/ ■ *adj.* falling; moving; rolling; slipping; shifting; setting. ڈھلتا دن afternoon.

ڈھلتی /ḍʰəlti:/ ■ *adj.* (*fem.* of ڈھلتا) ڈھلتی پھرتی چھاؤں/چھاؤں/چھایا 1 shifting and moving shadow. 2 (*fig.*) the changeable state of worldly matters, vicissitudes of life. ڈھلتی جوانی middle age; just past the prime of life.

ڈھلکا /ḍʰəlkɑ:/ ■ *adj.* (of tear or drop) poured out; run down, rolled down. ■ *n.m.* an eye disease. (*fem.* ڈھلکی)

ڈھلکانا /ḍʰəlkɑ:nɑ:/ ■ *v.* 1 overturn; pour; roll. 2 remove.

ڈھبّس /ḍʰəbbəs/ ■ *adj.* (also ڈھبوس) misshapen, ugly (animal), dumpy, clumsy, heavy.

ڈھبوا /ḍʰəbvɑ:/ ■ *n.m.* former copper coin equal to a paisa.

ڈھبوس /ḍʰəbu:s/ ■ *adj.* fat, flabby, corpulent, heavy, dumpy, clumsy.

ڈھبیلا /ḍʰəbi:lɑ:/ ■ *adj.* handsome, graceful, elegant; well proportioned (body), well-shaped.

ڈھپ /ḍʰəp/ ■ *n.f.* (*corr.* of دف) a kind of tambourine, a large drum. ڈھپ ڈھپ drum-beat. ڈھپ ڈھپ کرنا 1 beat a drum. 2 make a similar sound.

ڈھپالی /ḍʰəpɑ:li:/ ■ *n.m.* tambourine player. See ڈفالی.

ڈھپنا /ḍʰəpnɑ:/ ■ *v.* be covered or concealed. ■ *n.m.* lid.

ڈھپّو /ḍʰəppu:/ ■ *adj.* tall and fat (person), bulky.

ڈھٹّا /ḍʰəṭṭɑ:/ ■ *n.m.* a thickened and hardened part of the skin or soft tissue, especially one caused by constant touch or friction, callus. ڈھٹا پڑنا to have an area of hardened skin, be callused (of a part of the body). (See also گٹا.)

ڈھٹائی /ḍʰɪṭɑ:i:/ ■ *n.f.* brazenness, impudence, audacity.

ڈھٹ بندی /ḍʰɪṭ bənḍi:/ ■ *n.f.* 1 magic, sorcery. 2 jugglery.

ڈھٹینگر /ḍʰəṭi:ŋgəɽ/ ■ *adj.* (also ڈھٹینگڑا) burly, sturdy, fat (man).

ڈھچر /ḍʰətʃər/ ■ *n.m.* 1 frame; plan; framework. 2 way, mode; style. ■ *adj.* weak, fragile, rickety, infirm. ڈھچر باندھنا form a plan; frame. ڈھچر پھیلانا make arrangements (for).

ڈھڈّو /ḍʰəḍḍo:/ ■ *n.f.* 1 a chattering bird commonly seen in flocks. 2 a decrepit old woman; harridan, hag.

ڈھڈّی /ḍʰuḍḍi:/ ■ *n.f.* 1 root of the tail, rump-bone. 2 an inferior kind of hookah.

ڈھرّا /ḍʰərrɑ:/ ■ *n.m.* 1 path, way; line. 2 (*fig.*) manner, mode, practice.

ڈھرکھا /ḍʰərkʰɑ:/ ■ *n.m.* scarecrow.

ڈھڑ /ḍʰuɽ/ ■ *n.m.* hip, rump.

ڈھسلنا /ḍʰɪsəlnɑ:/ ■ *v.* 1 slip, slide, skid. 2 give way, yield. (See also پھسلنا.)

ڈھک /ḍʰək/ ■ (*imper.* of ڈھکنا) ڈھک جانا be covered, be concealed, get covered (with). ڈھک دینا/لینا to cover, to conceal.

ڈھکا /ḍʰəkɑ:/ ■ *adj.* covered, concealed. ڈھکا چھپا 1 covered, concealed, secret, clandestine. 2 not directly correctly, properly.

ڈھوّا /ɖʰəvvɑ:/ ■ *n.m.* pimp, musician or attendant of a dancing-girl or courtesan.

ڈھوانا /ɖʰəva:nɑ:/ ■ *v.* have (a building) pulled down, razed or demolished; cause to be razed.

ڈھوبرا /ɖʰo:brɑ:/ ■ *n.m.* 1 old earthen pot. 2 (*fig.*) (i) old dilapidated house. (ii) a crack in the wall or utensil.

ڈھور /ɖʰo:r/ ■ *n.m.* cattle; also used in comp. as: ڈھورڈنگر cattle.

ڈھورا /ɖʰo:rɑ:/ ■ *n.m.* a kind of weevil, very destructive to chickpea or gram.

ڈھوک /ɖʰo:k/ ■ *n.m.* 1 gulp; draught; large mouthful. 2 small inferior quality stones.

ڈھوکنا /ɖʰu:knɑ:/ ■ *v.* approach, draw near; crouch.

ڈھوکنا /ɖʰo:knɑ:/ ■ *v.* to gulp down, devour, eat greedily, guzzle.

ڈھول /ɖʰo:l/ ■ *n.m.* 1 dhol, large drum. 2 (*slang*) (i) talebearer; backbiter. (ii) fat person. ڈھول بجانا 1 to beat a drum. 2 (*fig.*) (i) celebrate or express happiness. (ii) to spread news, announce, proclaim. ڈھول بجا be infamous. ڈھول کا پول 1 hollowness (of a claim, etc.). 2 facts (that were concealed). ڈھول کا پول کھلنا be exposed.

ڈھولا /ɖʰo:lɑ:/ ■ *n.m.* 1 a kind of Punjabi folk song. 2 a flirt; lover.

ڈھولک /ɖʰo:lək/ ■ *n.f.* (also ڈھولکی) (*dim.* of ڈھول) dholak, small drum. ڈھولک رکھنا/رکھی جانا pre-marriage festivities, especially singing.

ڈھولکیا /ɖʰo:ləkjɑ:/ ■ *n.m.* drummer.

ڈھولنا /ɖʰo:lnɑ:/ ■ *n.m.* 1 small amulet in the shape of a drum. 2 (*fig.*) beloved.

ڈھولو /ɖʰo:lo:/ ■ *n.m.* (also ڈھولا) Punjabi folk song sung at weddings.

ڈھولی[1] /ɖʰo:li:/ ■ *n.f.* a bundle of about two hundred betel leaves. [S]

ڈھولی[2] ____ ■ *n.m.* (also ڈھولیا) drummer. [Prk.]

ڈھونا /ɖʰo:nɑ:/ ■ *v.* carry weight; remove, transport, bear load.

ڈھونچا /ɖʰɔ̃:tʃɑ:/ ■ *n.m.* multiplication table of four and a half.

ڈھونڈ /ɖʰũ:ɖ/ ■ (*imper.* of ڈھونڈنا). ■ *n.f.* search; used in comp. as: ڈھونڈ ڈھانڈ کر after some search. ڈھونڈ نکالنا

ڈھلکنا /ɖʰələknɑ:/ ■ *v.* roll down gently; drop gently, run down.

ڈھلمل /ɖʰɪlmɪl/ ■ *adj.* wavering, shaking, unsteady. ڈھلمل یقین wavering faith, inconsistent belief.

ڈھلملانا /ɖʰɪlmɪlɑ:nɑ:/ ■ *v.* stagger, waver, totter.

ڈھلنا /ɖʰəlnɑ:/ ■ *v.* 1 (of metal) be cast. 2 be poured out. 3 flow, spill. 4 decline. 5 suffer a fall. 6 to pass (of day).

ڈھلنا /ɖʰʊlnɑ:/ ■ *v.* be carried or conveyed.

ڈھلوان /ɖʰəlva:n/ ■ *adj.* sloping, slanting, declivitous; inclined. ■ *n.f.* inclined plane.

ڈھلوانا /ɖʰəlva:nɑ:/ ■ *v.* get moulded, have casted (iron, etc.); get poured.

ڈھلوانا /ɖʰʊlva:nɑ:/ ■ *v.* get carried (luggage, etc.).

ڈھلیا /ɖʰəljɑ:/ ■ *n.f.* small basket. See ڈلیا.

ڈھلیّا /ɖʰələjjɑ:/ ■ *n.m.* one who casts or moulds, caster.

ڈھلیت /ɖʰəlæ:t̪/ ■ *n.m.* attendant armed with sword and buckler.

ڈھم /ɖʰəm/ ■ *n.f.* the sound of a drum. ڈھم ڈھم repeated sound of a drum, drumbeat.

ڈھم /ɖʰɪm/ ■ *n.f.* mound of a sand. See ڈھیم.

ڈھنڈار /ɖʰənɖa:r/ ■ *n.m.* (also ڈھنڈھار) large and empty echoing house. ■ *adj.* large and empty (house, etc.), uninhabited and scary.

ڈھنڈوانا /ɖʰʊnɖva:nɑ:/ ■ *v.* have or get searched for or sought.

ڈھنڈورا /ɖʰə̃ɖo:rɑ:/ ■ *n.m.* (also ڈھنڈھورا) 1 a drum. 2 proclamation by beat of drum. 3 search. ڈھنڈورا پٹنا 1 be proclaimed by beat of drum. 2 something be announced and known. ڈھنڈورا پیٹنا 1 proclaim by beating of drum. 2 announce or make known (usu. a weakness or bad habit, etc.), publicize (negative aspects of something). ڈھنڈورا شہر میں بچہ/لڑکا بغل میں said when something one has been looking for is found right under one's nose.

ڈھنڈورچی /ɖʰə̃ɖo:rtʃi:/ ■ *n.m.* town crier; one who is a compulsive telltale.

ڈھنڈیا /ɖʰʊnɖ jɑ:/ ■ *n.f.* search, hunt, quest. ڈھنڈیا پڑنا/مچنا a search to be instituted.

ڈھنگ /ɖʰəŋg/ ■ *n.m.* 1 manner, method; art. 2 behaviour. 3 plan. ڈھنگ برتنا behave. ڈھنگ ڈالنا begin. ڈھنگ سے

/ɖʰe:ɽ/ ■ *n.f.* gummy excretion from the eye. **ڈھیڑ**

/ɖʰe:ɽɑ:/ ■ *n.m.* distance between two legs. **ڈھیڑا**

/ɖʰe:k/ ■ *n.m.* crane. See ڈِھینگ. **ڈھیک**

/ɖʰi:l/ ■ *n.f.* **1** laxity; looseness, slackness. **2** delay. **3** carelessness, negligence. ڈھیل دینا loosen; let go, be lenient. ڈھیل کرنا dawdle. **ڈِھیل**

/ɖʰi:lɑ:/ ■ *adj.* **1** loose, not tight, slack. **2** slow, lazy. **3** (of style) slipshod. **4** (of muscles or flesh) flabby; flaccid, soft. **5** impotent or sexually weak. ڈھیلا پڑنا **1** become loose or slack. **2** (temper) subside, relax. ڈھیلا پن looseness, slackness. ڈھیلا کرنا **1** to cause to become lazy or weak. **2** to loosen. **3** to pay money. (*fem.* ڈِھیلی) **ڈِھیلا**

/ɖʰe:lɑ:/ ■ *n.m.* **1** clod of earth; a pellet of dried clay; lump of clay or chalk. **2** eyeball. **ڈھیلا**

/ɖʰe:li:/ ■ *n.f.* (*dim.* of ڈھیلا) small clod or lump of clay. **ڈھیلی**

/ɖʰe:m/ ■ *n.m.* (also ڈِھم، ڈھیما) **1** mound of sand. **2** a lump, a clod, dried clay. **ڈھیم**

/ɖʰæ:nɑ:/ ■ *v.* **1** to collapse, to fall down (of a building, etc.). **2** (*fig.*) become too weak or suffer a fall. **ڈھینا**

/ɖʰẽ:ɖəs/ ■ *n.m.* a kind of gourd. **ڈھینڈس**

/ɖʰe:ŋkɑ:/ ■ *n.m.* **1** long-legged bird, crane. **2** (*fig.*) (i) a person with long legs. (ii) fool, stupid. **ڈھینکا**

/ɖʰe:ŋkli:/ ■ *n.f.* (also ڈھیکلی) **1** machine for drawing water. **2** somersault, jerky movement. **ڈھینکلی**

/ɖʰi:ŋg/ ■ *n.m.* (also ڈھیک) **1** a long-legged bird, crane. **2** (*fig.*) (i) a tall person. (ii) stupid, fool. ڈھینگ کا ڈھینگ (*deris.*) very tall. **ڈِھینگ**

search and find.

/ɖʰũ:ɖnɑ:/ ■ *v.* search, seek; trace. **ڈھونڈنا**

/ɖʰõ:ɖi:/ ■ *n.f.* seed-vessel, pod. **ڈھونڈی**

/ɖʰo:ŋg/ ■ *n.m.* delusion, deceit, hypocrisy; feigning, pretence; imposture. ڈھونگ رچانا masquerade, do something to deceive others, hoodwink, put up a false show. **ڈھونگ**

/ɖʰo:ŋgi:/ ■ *n.m.* (also ڈھونگیا) hypocrite, swindler, cheat. ■ *adj.* delusive, deceptive, deceitful, hypocritical. **ڈھونگی**

/ɖʰəi:/ ■ *n.f.* **1** uninvited or forced stay (at somebody's house). **2** extreme effort; strong pull or tug. ■ *adj.* demolished, ruined, razed. **ڈھئی**

/ɖʰəjjɑ:/ ■ *n.m.* **1** measure of two and a half seers. **2** (*fig.*) one who eats excessively and greedily, glutton. **ڈھیّا**

/ɖʰi:ʈ/ ■ *adj.* obstinate; impudent, shameless, insolent. **ڈِھیٹ**

/ɖʰe:tʃũ: ɖʰe:tʃũ:/ ■ *n.f.* (also ڈھینچوں ڈھینچوں) **1** the loud cry of a donkey, bray. **2** (*fig.*) a loud sound, especially a meaningless one. ڈھیچوں ڈھیچوں کرنا **1** to bray. **2** (*fig.*) (i) to bellow. (ii) to say meaningless things. **ڈھیچوں ڈھیچوں**

/ɖʰe:r/ ■ *n.m.* **1** heap, mound, pile. **2** (*fig.*) grave. ■ *adj.* **1** much, abundant; enough. **2** tired, lying down. ڈھیر کر، ڈھیر سارا/سارا/ساری in a large quantity, very much. ڈھیر کرنا/دینا **1** accumulate, pile up. **2** kill. **3** bury. ڈھیر ہو جانا/ہونا **1** become a heap. **2** die, be killed. **3** be in ruins. **4** be tired; lie down. **ڈھیر**

/ɖʰe:rɑ:/ ■ *n.m.* two cross sticks joined in the middle for twisting cord, string, etc. ■ *adj.* squint-eyed. **ڈھیرا**

/ɖʰe:ri:/ ■ *n.f.* (*dim.* of ڈھیر) small pile or stack. **ڈھیری**

ذ

ذ /zɑ:l/ ■ the twenty-second letter of the Urdu alphabet.

ذابح /zɑ:beh/ ■ *n.m.* 1 slaughterer, butcher; sacrificer. 2 (also سعدِ ذابح) two bright stars in the left horn of Capricorn.

ذابِر /zɑ:bɪr/ ■ *adj.* scholar, learned.

ذات¹ /zɑ:t̪/ ■ *n.f.* 1 caste, tribe, lineage, breed. 2 body. 3 substance; nature. 4 sort, kind. 5 respect, honour. 6 any one of the four Hindu castes. ذات باہر outcast. ذات باہر کرنا excommunicate. ذات بھائی kinsman. ذات پات 1 tribe; caste; lineage. 2 (*fig.*) discrimination on the basis of caste or lineage. ذات جانا become an outcast. ذات سے خارج outcast. ذات سے خارج کرنا/نکالنا put out of caste; excommunicate. ذاتِ شریف 1 noble personage. 2 (*iron.*) consummate knave. ذات مندرجہ فہرست scheduled caste. ذات میں بٹّہ لگانا give a bad name. [A]

ذات² ____ ■ *n.f.* 1 origin, essence. 2 ultimate reality. 3 being, person, self. ذاتِ احد God, the One and Alone. ذاتِ احدی Allah. ذات الجنب pleurisy. ذات الذّنب comet. ذات الرّیہ pneumonia. ذات الصدر chest pain. ذاتِ مطلق God, the Absolute Being. [A]

ذاتی /zɑ:t̪i:/ ■ *adj.* 1 personal, private. 2 intrinsic, innate, inborn, natural, real. 3 material. ذاتی تعلقات personal relations or contacts. ذاتی حیثیت personal status. ذاتی رائے personal opinion. ذاتی لیاقت real merit; intrinsic value. ذاتی معاملات personal affairs.

ذاتِیات /zɑ:t̪ɪjɑ:t̪/ ■ *n.m. & f.* private and personal affairs.

ذاف /zɑ:f/ ■ *n.m.* quickness of death; sudden death.

ذاکر /zɑ:kɪr/ ■ *adj.* grateful; remembering. ■ *n.m.* one who praises God, grateful person. (*fem.* ذاکرہ) (*pl.* ذاکرین)

ذال /zɑ:l/ ■ *n.f.* name of the letter ذ.

ذاہِل /zɑ:hɪl/ ■ *adj.* careless, negligent, unconcerned, inattentive; forgetful.

ذائق /zɑ:ɪq/ ■ *adj.* tasting (person).

ذائقہ /zɑ:eqɑ:/ ■ *n.m.* 1 taste. 2 the sense of tasting. ذائقہ چکھنا 1 taste, relish. 2 face the music. ذائقہ لینا taste, relish; smack the lips.

ذائقے /zɑ:eqe:/ ■ *n.m.* (*pl. & infl.* of ذائقہ) ذائقے دار tasteful, delicious, savoury.

ذُباب /zʊbɑ:b/ ■ *n.m.* 1 bee. 2 fly.

ذبح /zəbh/ ■ *n.m.* slaughter, sacrifice. ذبح خانہ abattoir, slaughterhouse. ذبح کرنا 1 sacrifice, slaughter (according to Islamic tenets). 2 (*fig.*) cause great pain; cheat, con, swindle. ذبح ہونا 1 be sacrificed; be slaughtered. 2 (*fig.*) be killed; be cheated or swindled.

ذِبح /zɪbh/ ■ *n.m.* slaughtered animal; animal to be slaughtered.

ذبیح /zəbi:h/ ■ *adj.* sacrificed, slaughtered. ■ *n.m.* 1 sacrificial animal. 2 intended victim. ذبیح اللہ (***Islam***) appellation of Prophet Ishmael whom Prophet Abraham offered for sacrifice.

ذبیحہ /zəbi:hɑ:/ ■ *n.m.* animal lawfully slaughtered and fit for food according to Islamic tenets. ■ *adj.* slaughtered, sacrificed.

ذخیرہ /zəxi:rɑ:/ ■ *n.m.* (also ذخیرا) 1 store, hoard; munitions. 2 provision; treasure. ذخیرہ اندوز hoarder; stockist. ذخیرہ اندوزی hoarding. ذخیرہ کرنا to hoard, store, stock. (*pl.* ذخائر)

ذرا /zərɑ:/ ■ *adj.* a little, small in quantity; trivial. ■ *adv.* 1 just. 2 used as a request: please, kindly, would you? etc. as: ذرا یہ اٹھا دینا would you please pass this on. ذرا چھری تلے دم لو be patient, don't make haste. ذرا ذرا سی بات trivial matter(s). ذرا ذرا کرکے little by little, by degrees; every bit. ذرا سا/سی 1 a little. 2 a little while, short time. ذرا سا منھ نکل آنا 1 grow very weak. 2 be scared off. ذرا سی بات ہے it's nothing; it's very easy. ذرا کی ذرا just for a while, a short time. ذرا میں in a short time.

ذِراع /zɪrɑ:ʔ/ ■ *n.m.* 1 the arm from the tip of the middle finger to the elbow, forearm. 2 yard, an ancient measure of length, approximately equal to the length of a forearm. 3 (***Astrol.***) the two bright stars in the head of Gemini.

ذِراعیہ /zɪrɑ:ʔɪjɑ:/ ■ *n.m.* the bone between the shoulder and elbow, humerus.

ذرافہ /zərɑ:fɑ:/ ■ *n.m.* (also زرافہ) giraffe.

ذرائع /zərɑ:eʔ/ ■ *n.m.* (*pl.* of ذریعہ) means, sources. ذرائعِ ابلاغ means of communication; media. ذرائعِ آمد و رفت means of transportation. ذرائعِ نقل و حمل means of transportation; conveyance.

ذرّہ /zərrɑ:/ ■ *n.m.* 1 atom. 2 particle. 3 (*fig.*) insignificant

ذکوروإناث men and women, males and females, the two sexes.

/zəki:/ ■ *adj.* 1 sharp, acute, shrewd, clever, ingenious. 2 flaring, fiery. ذکی الحس sensitive. (*fem.* ذکیہ) (*pl.* اذکیا) ذکی

/zɪl/ ■ *n.m.* & *f.* (also ذِلّ) gentleness; submissiveness; ease. ذِل

/zʊl/ ■ *n.m.* (also ذُلّ) meanness, baseness. ذُل

/zəlɑ:lət̪/ ■ *n.f.* 1 abjectness, meanness, baseness. 2 wickedness. ذلالت

/zɪllət̪/ ■ *n.f.* 1 disgrace, insult, indignity, humiliation. 2 meanness; baseness. ذلت اٹھانا suffer disgrace or shame (at the hands of). ذلت آمیز insulting, disgraceful. ذِلّت

/zəlq/ ■ *n.m.* 1 a sharp, ready or eloquent tongue. 2 readiness of speech, volubility. ذلق

/zəlu:l/ ■ *adj.* gentle; docile, obedient, submissive. ذلُول

/zəli:q/ ■ *adj.* eloquent, sharp-tongued. ذلیق

/zəli:l/ ■ *adj.* base, abject, contemptible, despicable; mean, shameless. ذلیل النفس 1 mean-spirited. 2 humble; submissive. ذلیل کرنا insult, abase. ذلیل وخوار disgraced and wretched. ذلیل ہونا be brought low, be disgraced. (*pl.* اذلّہ) ذلیل

/zəm/ ■ *n.f.* 1 accusation, reproach, disparagement. 2 expression of scorn or criticism. ذم کا پہلو نکلنا (of language) to have an indirect or implicit reference expressing scorn or criticism or having indecent interpretation. ذم

/zəmɑ:ɪm/ ■ *n.m.* (*pl.* of ذمیمہ) opprobrious acts or traits of character; misconduct; undesirable traits, misdeeds. ذمائم

/zɪmmɑ:/ ■ *n.m.* 1 duty, responsibility; trust. 2 burden (of proof). 3 security. ذمہ کرنا agree to be responsible, take responsibility. ذمہ لینا take in charge, to be surety for, to take it on oneself. (*pl.* ذِمَم) ذِمّہ

/zɪmmi:/ ■ *n.m.* non-Muslim living in a Muslim country and paying taxes, and whose security is the responsibility of the state. ذِمّی

/zɪmme:/ ■ *n.m.* (*pl.* & *infl.* of ذِمّہ) ذمے دار responsible (person), trustee, assignee, one who guarantees. ذمے داری responsibility, charge, trust, obligation, liability, engagement. ذمے کرنا to handover person. ■ *n.m.* absolutely. ذرہ صفت 1 little. 2 lowly, humble. ذرہ ظہور slight manifestation; a little appearance. ذرہ نوازی due regard, kindness to the lowly, benevolence to the meek or the poor and the weak. (*pl.* ذرّات) ذِمّے

/zʊrrɪjjət̪/ ■ *n.f.* 1 family, household; generation; descendants; offspring, progeny. 2 dependants. 3 pupil, student; follower. (*pl.* ذُرّیات) ذُرّیّت

/zəri:ʔɑ:/ ■ *n.m.* 1 means, medium. 2 influence. 3 agency, intercession, intervention. ذریعہ آمدنی source of income. ذریعہ پیدا کرنا 1 find means. 2 create interest. ذریعہ تعلیم medium of instruction. ذریعہ رکھنا have means. (*pl.* ذرائع) ذریعہ

/zəri:ʔe:/ ■ *n.m.* (*pl.* & *infl.* of ذریعہ) ذریعے سے through, by the way of, by virtue of, by means of. ذریعے

/zʊʔɑ:f/ ■ *n.m.* deadly venom or poison. ذُعاف

/zəfi:l/ ■ *n.f.* (*corr.* of زفیر) whistling sound made in pigeon-flying. ذفیل

/zəfi:lnɑ:/ ■ *v.* whistle. ذفیلنا

/zəqən/ ■ *n.f.* chin. ذقن

/zəqənd̪/ ■ *n.f.* jump. See زقند. ذقند

/zəkɑ:/ ■ *n.f.* (also ذکاء) acumen, sagacity, discernment, quickness of perception or understanding, acuteness of mind. ذکا

/zəkɑ:vət̪/ ■ *n.f.* ingenuity, shrewdness, penetration, wit, brightness, acuteness, perspicacity. ذکاوتِ حس super-sensitiveness, especially of sexual organs (as disease). ذکاوتِ طبع penetration of mind. ذکاوت

/zəkər/ ■ *n.m.* 1 male, masculine. 2 the penis. (*pl.* ذکور) ذکر

/zɪkr/ ■ *n.m.* 1 remembrance. 2 account, talk, narration. 3 reference, mention. 4 recital of the praise and names of God. 5 zikr, reading or recitation from the Qur'an. ذکر بالجہر invoking God's name loudly. ذکرجلی recital of the praise and names of God loudly. ذکرِ حکیم the Qur'an. ذکرخفی remembering Allah silently. ذکر کرنا 1 to mention, relate, state; tell. 2 recite; repeatedly invoke God's name. ذکرومذکور 1 mention; talk, conversation. 2 reference. ذکر ہونا 1 be mentioned; (of a topic) be discussed. 2 be invoked or recited (God's name). (*pl.* اذکار) ذِکر

/zʊku:r/ ■ *n.m.* (*pl.* of ذکر) 1 men, males. 2 male sex. ذُکور

(responsibility, etc.), make someone responsible.

ذمیم /zəmi:m/ ■ *adj.* deserving blame, evil, bad.

ذمیمہ /zəmi:mɑ:/ ■ *n.m.* undesirable act or quality, misdeed, vice; misconduct. (*pl.* ذمائم)

ذَنَب /zənəb/ ■ *n.m.* **1** tail. **2** end, extremity. **3** (***Astron.***) tail of the Dragon. **4** descending node.

ذنب /zəmb/ ■ *n.m.* **1** sin. **2** crime, fault, misdeed. (*pl.* ذُنُوب)

ذُو /zu:/ ■ *n.m.* master, possessor, owner, lord. ■ *adj.* having, possessing; possessed of, endowed with. ذواربعۃ الاضلاع **1** four-sided, quadrilateral. **2** quadrilateral figure. ذواِضعاف common multiple. ذواضعافِ اقل (***Math.***) least common multiple, lowest common multiple (LCM). ذوالارحام relations (esp. from mother's side). ذوالجلال **1** (*literal*) possessed of dignity, majesty or glory, glorious. **2** Lord of Glory, Almighty God; one of the names of Allah. ذوالجناح **1** having wings, winged. **2** the winged horse, the name of Imam Hussain's horse at Karbala. **3** the horse taken out in procession during Moharram to commemorate Imam Hussain's martyrdom at Karbala. ذوالحجہ twelfth month of the Islamic calendar. ذوالفقار the double-aged sword possessed by Prophet Muhammad which he gave to Hazrat Ali. ذوالقربیٰ a kinsman. ذوالقرنین **1** lord of the two horns, i.e. East and West, Bicornuous. **2** an epithet of Alexander the Great. **3** the sovereign with a double-horned crown (as epithet of Cyrus the Great). ذوالقعدہ eleventh month of the Islamic calendar. ذوالمنن **1** the bountiful; possessor of obligations. **2** epithet of God. ذوالنورین possessor of two lights, title of Hazrat Usman, the third Rightly Guided caliph, who married two of Prophet Muhammad's daughters, viz. Hazrat Ruqaiyya and Hazrat Umm-e-Kulsoom. ذوالنون appellation of Prophet Jonah. ذوجسدین Mercury. ذوذنب comet. ذوفنون **1** man of many talents, a learned or accomplished person. **2** trickster, fraudulent person. ذولسانین well-versed in two languages, expert in two languages. ذومعنی **1** pun, word or expression with two different meanings. **2** a word or expression open to two interpretations (one of which is usu. indecent). ذومعنی بات double entendre.

ذوّاق /zəvvɑ:q/ ■ *n.m.* great taster.

ذوق /zɔ:q/ ■ *n.m.* **1** the sensation or flavour perceived in the mouth. **2** the sense or faculty of perceiving this, the sense of tasting, taste. **3** a person's liking for something, aesthetic discernment in art, clothes, etc. **4** happiness, pleasure, ecstasy. **5** the ability to understand and appreciate fine arts. ذوقِ سلیم refined taste. ذوق سے with pleasure, willingly. ذوق وشوق pleasure and delight, great pleasure. ذوق ہونا have a taste for, take pleasure (in).

ذوقین /zɔ:qi:n/ ■ *n.m.* someone with a refined taste; one who has taste for poetry.

ذوِی /zəvi:/ ■ *n.m.* (*pl.* of ذُو). ■ *prefix* having, possessing; endowed with. ذوی الارحام relatives by the mother's side; uterine relations. ذوی الاقتدار those in authority, powerful people. ذوی القربیٰ kinsfolk, relatives, relations.

ذہاب /zəhɑ:b/ ■ *n.m.* **1** the act of going, passing by, walking. **2** proceeding. ذہابُ البصر loss of sight. ذہاب وایاب the act of going and coming. (*opp.* ایاب)

ذہانت /zəhɑ:nət̪/ ■ *n.f.* (also ذِہانت) intelligence, intellect, brains, sagacity.

ذہب /zəhəb/ ■ *n.m.* **1** gold. **2** yolk.

ذہبی /zəhəbi:/ ■ *adj.* of gold.

ذہل /zəhl/ ■ *n.m.* **1** oblivion, forgetting. **2** abandoning, leaving.

ذِہن /zehn/ ■ *n.m.* mind; mental faculty; genius, sagacity; understanding; memory. ذہنِ دقیق subtle genius. ذہن سے اُتر نکل جانا slip out of the mind; be forgotten. ذہن قاصر ہونا (of mind) fail to understand, something to be beyond one's comprehension. ذہن کھلنا (of mental faculties) come into play, become more intelligent. ذہن لڑانا think, consider, exercise one's mental faculties. ذہن لڑنا (of mind) be tried hard. ذہن میں آنا be understood, strike in mind. ذہن میں بیٹھنا be instilled into the mind. ذہن نشین impressed on the mind, memorized. ذہن نشین کرنا instil, impress on the mind, learn by heart. ذہن نشین ہونا be instilled or memorized. (*pl.* اذہان)

ذِہنی /zehni:/ ■ *adj.* of or relating to mind; mental, intellectual. ذہنی افتاد mentality, way of thinking.

ذہنی پراگندگی mental confusion. ذہنی توازن sanity.

ذِہنیت /zehnɪjəṭ/ ■ *n.f.* mindset; mentality.

ذہین /zəhi:n/ ■ *adj.* intelligent, ingenious, acute, sagacious.

ذُہول /zʊhu:l/ ■ *n.m.* forgetfulness, oblivion; bad memory.

ذی /zi:/ ■ *prefix* possessed of, endowed with; used in comp. as: ذی اثر، اختیار one in authority; possessing power; authorized. ذی استعداد man of ability, capable, qualified. ذی اقتدار one having competent jurisdiction, empowered, in authority, having competent authority. ذی الحج، الحجہ the twelfth month of the Islamic calendar. ذی القربا relative. ذی القعدہ، قعد eleventh month of the Islamic calendar. ذی تبار، خاندان of honourable family. ذی جاہ، حشم honourable, having a high position, high-ranking (person); having grandeur. ذی حس sensitive; cognizant; intelligent. ذی حق rightful. ذی حیات endowed with life; alive; animate. ذی خرد، عقل wise. ذی رتبہ، شرف man of rank or distinction. ذی روح having a soul; alive, animate. ذی شان possessed of or conspicuous for dignity. ذی شعور، فہم intelligent, sagacious. ذی عزت honourable, respectable. ذی ناب (animal) having projecting teeth. ذی ولد having progeny. ذی ہوش sensible, wise, wide awake.

ذیابیطس /zɪjɑ:bi:ṭɪs/ ■ *n.m.* (also ذیابیطس) diabetes. ذیابیطس کا مریض diabetic.

ذَیل /zæ:l/ ■ *n.m.* 1 lower part (of something); train, train of robe; bottom. 2 appendix. 3 supplementary part, minor subdivision. 4 sequel, something that follows or is annexed. ذیل دار officer in charge of a village. ذیل میں as below or under.

ذَیلی /zæ:li:/ ■ *adj.* subsidiary, minor, being next after, succeeding, as follows, as below, following. ذیلی اندراج subentry. ذیلی تقسیم subdivision. ذیلی حاشیہ 1 footnote. 2 postscript. ذیلی سرخی subheading. ذیلی صنعت subsidiary industry. ذیلی عنوان subheading.

نگ	نک	ی	ہ	و	ن	م	ل	گ	ک	ق	ف
ŋg	ŋk	j	h	v	n	m	l	g	k	q	f

ر

ر /re:/ ■ the twenty-third letter of the Urdu alphabet.

راب /rɑ:b/ ■ *n.f.* **1** treacle or molasses, the thick viscous dark liquid obtained in refining sugar. **2** ground prepared for sowing by burning of grass.

رابطہ /rɑ:beṭɑ:/ ■ *n.m.* (also رابطہ) **1** contact, linkage; ligature; connection, ties. **2** (***Logic***) the copula (of a proposition). **3** catchword placed at the corner of a page under the last line and repeated at the top of the following page. **4** (***Med.***) joint. رابطہ افسر coordinator. رابطہ بڑھانا promote ties. رابطہ پیدا کرنا develop contact. رابطہ توڑنا sever relations, snap ties, break contact. رابطہ زبان lingua franca. رابطہ قائم کرنا establish contact. (*pl.* روابط)

رابع /rɑ:beʔ/ ■ *ordinal number* fourth.

رابعاً /rɑ:beʔən/ ■ *adv.* fourthly.

رابیل /rɑ:be:l/ ■ *n.f.* a type of jasmine. See رائے بیل under رائے².

راپڑ /rɑ:pəɽ/ ■ *n.f.* (also راپر) barren soil.

راپی /rɑ:pi:/ ■ *n.f.* (also رانپی) shoe-maker's knife.

رات /rɑ:t̪/ ■ *n.f.* **1** night. **2** (*fig.*) darkness. رات آنکھوں میں کاٹنا have a sleepless night. رات بڑھے late at night. رات بھر the whole night, all night long. رات بھیگنا be late in the night; night to grow cooler. رات تھوڑی اور سانگ بہت much work and little time. رات دن day and night. رات دن ایک کرنا work incessantly. رات کا اندھا night blind. رات کا پیٹ بھاری ہے night is pregnant with possibilities. رات کانٹوں میں بسر کرنا spend night in extreme pain. رات کو تارے گننا keep awake the whole night. رات کی رات just for a night, in just one night, for the night. رات کی رانی **1** *Cestrum nocturnum,* small shrub with light green fragrant flowers which bloom at night, lady of the night, queen of the night. **2** (*fig.*) prostitute. رات گئے late at night.

راتِب /rɑ:t̪ɪb/ ■ *n.m.* (also راتب) **1** daily allowance of food rations; allowance or food for pet animals; allowance. **2** fixed pension or stipend. راتب خور stipendiary, pensioner, one who receives a fixed allowance.

راتِبہ /rɑ:t̪ɪbɑ:/ ■ *n.m.* **1** pay, salary, stipend, pension, allowance. **2** (***Islam***) practice of Prophet Muhammad which is advised but not compulsory.

راتنا /rɑ:t̪nɑ:/ ■ *v.* **1** colour, dye, tinge, stain; dye red. **2** be overcome by passion or lust, be passionately fond (of), be strongly attached (to), be deeply in love (with).

راتوں /rɑ:t̪õ:/ ■ *n.f.* (*pl.* of رات) راتوں رات overnight, within one night.

راٹھور /rɑ:ʈʰo:r/ ■ *adj.* (also راٹھوڑ) strong, firm. ■ *n.m.* name of a Rajput tribe.

راج¹ /rɑ:dʒ/ ■ *n.m.* **1** reign, government, dominion, kingdom, sovereignty; royalty. **2** (***Hist.***) the Raj, British government in India. راج ادھیکار royal prerogative. راج ادھیکاری regent. راج استھان/دھانی capital. راج بنس royal family. راج بھوگ (***Hinduism***) midday meal presented to idols. راج بھون royal residence, king's palace. راج پاٹ government, kingdom, dominion, throne. راج پرکھ president of a country, king, governor. راج پوت prince; Rajput. راج پھوڑا carbuncle; cancer. راج تلک coronation. راج دربار royal court. راج دروہی rebel. راج دلارا beloved son; darling son, prince. راج دلاری beloved daughter. راج ڈنڈ/کر tax, fine. راج راجنا/رجنا govern; live like a prince. راج رانی queen. راج روگ mortal disease, consumption. راج سبھا king's court or assembly; upper house of parliament. راج سنگھاسن/سنھاسن royal throne. راج کاج state affairs, function of government. راج کرنا rule, reign, govern; live a princely life. راج کمار prince. راج کماری princess. راج کوی poet laureate. راج گدّی royal throne. راج گرو mentor of prince. راج ماتا queen mother. راج مکٹ/مکھٹ crown. راج منتری prime minister, minister. راج نیت/نیتی **1** state policy, governance. **2** political science. **3** diplomacy. راج واڑا (also رجواڑہ) royal domains, kingdom, country of rajas. راج ونش/ونشیہ one who belongs to royal family; a Rajput tribe. راج ویر an epithet of any man of superior bravery. راج ہٹ/ہٹھ sovereign's stubbornness, royal tantrum or obstinacy. راج ہنس swan. [S]

راج² ____ ■ *n.m.* mason, bricklayer. راج گیر/مزدور/مستری mason, bricklayer, head of bricklayers; masons and

راوِف /rɑ:dɪf/ ■ *n.m.* follower, one who comes after (someone).

رادھا /rɑ:d̪ʰɑ:/ ■ *n.f.* **1** success; good luck. **2** love. ■ *pr.n.f.* (also رادھکا) (***Hinduism***) name of Krishna's wife. رادھانگری a kind of silk cloth prepared in Radha Nagar (India).

راڑ /rɑ:ɽ/ ■ *n.f.* war; fuss, quarrel, dispute. راڑ کرنا dispute, fight, quarrel. راڑ مچانا create a fuss.

راڑی /rɑ:ɽi:/ ■ *n.m.* fussy or quarrelsome person.

راڑھی /rɑ:ɽʰi:/ ■ *n.f.* a coarse kind of grass found in barren land.

راز /rɑ:z/ ■ *n.m.* secret, mystery. راز افشا/آشکار/فاش کرنا disclose a secret, let the cat out of the bag, spill the beans, betray a secret. راز بتانا/اگلنا/کھولنا betray someone's confidence; divulge a secret. راز پوشی keeping or concealing secrets. رازدار trusty, trusted, faithful, confidant. رازداری secrecy, keeping a secret. رازداری سے secretly, covertly, in confidence. رازداں confidant, one in the know, friend, insider. رازِ درونِ پردہ the inside story. راز رکھنا not breath a word of. رازِ سربستہ close secret, closely-guarded secret. راز فاش کرنا spill the beans, betray a secret. رازِ طشت از بام ہونا a secret to be disclosed or leaked out. راز کی بات secret, something said in confidence. رازِ نہاں/نہفتہ undisclosed secret. راز و نیاز **1** secret talks, lover's talk. **2** prayer to God.

رازِق /rɑ:zɪq/ ■ *n.m.* **1** the supplier of the means of subsistence, cherisher, sustainer, provider. **2** See الرّزّاق.

رازِقہ /rɑ:zɪqɑ:/ ■ *n.m.* daily bread, sustenance, livelihood.

رازی /rɑ:zi:/ ■ *adj.* of or relating to a secret or secrecy. ■ *pr.n.m.* Rhazes, Muhammad ibn Zakariya al-Razi, a classical Muslim scholar and scientist of the 9th century.

راس[1] /rɑ:s/ ■ *adj.* suitable, adaptable, propitious. راس آنا suit, be agreeable, be profitable, prove beneficial, auspicious or lucky. [P]

راس[2] ____ ■ *n.f.* (also رہس[1]) sound, noise, festivity; dance, music. راس دھاری/دھاری (***Hinduism***) actor in a Hindu religious ballet, dancing party that acts the parts of Krishna and gopis in a religious play; choreographer. راس لیلا circular dance as performed by Krishna and labourers. راج گیری masonry. [A]

راجا /rɑ:dʒɑ:/ ■ *n.m.* (also راجہ) **1** raja, king, monarch; prince. **2** (*fig.*) (i) carefree; fanciful. (ii) generous; rich. (iii) expert. راجا اِندر **1** king of fairies and deities. **2** (*fig.*) one who is surrounded by beautiful women. راجا اِندر کا اکھاڑا assembly of beautiful women. راجا پرجا everyone, all in all.

راجائی /rɑ:dʒɑ:i:/ ■ *n.f.* royalty, kingship, sovereignty, princedom.

راجح /rɑ:dʒeh/ ■ *adj.* superior; better; stronger. ■ *n.m.* the lower pan, while weighing in a balance.

راجع /rɑ:dʒeʔ/ ■ *adj.* inclined, bent, returning.

راجی[1] /rɑ:dʒi:/ ■ *adj.* optimist, optimistic, hopeful. ■ *n.m.* candidate, aspirant. [A]

راجی[2] ____ ■ *n.f.* **1** streak, stripe, line, row. **2** line parting the hair. [S]

راجیو /rɑ:dʒi:v/ ■ *n.m.* blue lotus.

راجیہ /rɑ:dʒjɑ:/ ■ *n.m.* kingdom, reign, office or rule of a raja. راجیہ سبھا upper house of Indian parliament. (*cf.* لوک سبھا)

راچنا /rɑ:tʃnɑ:/ ■ *v.* fall in love, be strongly attached to.

راچھ /rɑ:tʃʰ/ ■ *n.m.* **1** weaver's toothed instrument, carpenter's tools, apparatus, implement. **2** innermost portion of a tree.

راچھس /rɑ:tʃʰəs/ ■ *n.m.* demon, fiend, evil spirit. راچھس بیاہ marriage in which the appointed rites have not been observed. (See also راکشس.)

راح /rɑ:h/ ■ *n.m. & f.* **1** wine. **2** enjoying.

راحت /rɑ:hət̪/ ■ *n.f.* rest, respite, repose, ease, relief, comfort, tranquillity, pleasure. راحت افزا/بخش/رساں comforting, soothing, delightful. راحتِ جاں/دل beloved, sweetheart (used for one's children or family). راحت خانہ/کدہ/گاہ place of rest, home. راحت فرمانا take rest, sleep.

راحتی /rɑ:hət̪i:/ ■ *n.f.* wash stand, wash basin.

راحِل /rɑ:hɪl/ ■ *n.m.* traveller.

راحِلہ /rɑ:helɑ:/ ■ *n.m.* **1** caravan, party of travellers. **2** riding animal; camel fit to bear burdens. **3** carriage.

راحِم /rɑ:hɪm/ ■ *adj.* merciful, compassionate.

راد[1] /rɑ:d̪/ ■ *n.f.* pus; matter. [S]

راد[2] ____ ■ *adj.* **1** brave. **2** benevolent. [P]

the gopis. [S]

راس[3] ——— ■ *n.m.* **1** the head; head of cattle. **2** top apex, summit, vertex. **3** end, extremity. **4** (***Geol.***) headland; cape. راس الجدی the winter solstice. راس السرطان the summer solstice. راس المال principal sum; capital. راس فقط horse of middling breed. راس کلاں horse of high caste or breed. [A]

راس[4] ——— ■ *n.f.* **1** (***Astrol.***) one of the twelve star signs of the zodiac. **2** luck. **3** adoption. راس بٹھانا/لینا adopt a son. راس چکر/منڈل the zodiac. [S]

راس[5] ——— ■ *n.f.* rein. [S]

راسا /rɑ:sɑ:/ ■ *n.m.* noise, din; quarrel, fray. ■ *n.f.* epic poem.

راست /rɑ:st̪/ ■ *adj.* right, true, honest, sincere; straight. ■ *adv.* actually, certainly. راست اقدام direct action. راست آنا agree with; favourable. راست باز honest, truthful, sincere. راست بازی honesty, truthfulness. راست رو honest, straight. راست گفتار/گو truthful. راست گفتاری/گوئی truthfulness. راست لانا produce the desired effect. راست معاملہ fair transaction, good action.

راستہ /rɑ:st̪ɑ:/ ■ *n.m.* **1** path, way, road, lane, street. **2** (*fig.*) manner, mode, way out. راستہ بتانا **1** guide, show the way. **2** (*fig.*) send away; dismiss. راستہ بھٹکنا miss the right path, go astray, lose one's way. راستہ پکڑو/لو/ناپو go your way! be off! راستہ چلنا travel. راستہ چھوڑنا leave the way, give up. راستہ دیکھنا await, wait for. راستہ کاٹنا cross a person's path, interfere. راستہ کترانا avoid someone (on the way).

راستی /rɑ:st̪i:/ ■ *n.f.* truth, honesty, uprightness, veracity, rectitude, truthfulness.

راسخ /rɑ:sɪx/ ■ *adj.* **1** steady, fixed, firm, rigid, inflexible, solid; established; thorough. **2** sincere. راسخ الارادہ/العزم determined. راسخ العقیدہ firm in faith, orthodox. راسخ فی العلم well-versed in knowledge, learned, erudite.

راسنا /rɑ:snɑ:/ ■ *n.f.* **1** the touch-me-not plant of genus *Mimosa*. **2** a kind of perfume.

راسو /rɑ:su:/ ■ *n.m.* mongoose, a small reddish-brown carnivorous tropical mammal resembling to weasel. (See also نیولا.)

راسی /rɑ:si:/ ■ *adj.* **1** of the heap or mass. **2** of the middle quality or grade, of middling breed (as a horse), middling, so-so, ordinary.

راش[1] /rɑ:ʃ/ ■ *n.m.* heap of winnowed corn. [S]

راش[2] ——— ■ *n.m.* feather, plumage. [A]

راشٹر /rɑ:ʃʈər/ ■ *n.m.* **1** country, state. **2** calamity; famine, drought. راشٹر پتی president, head of state. راشٹر پتی بھون presidency.

راشٹرکا /rɑ:ʃʈrɪkɑ:/ ■ *n.f.* the wild bush *Solanum jacquini*.

راشٹریہ /rɑ:ʃʈrɪjɑ:/ ■ *adj.* belonging to the state or country, national.

راشد /rɑ:ʃɪd̪/ ■ *adj.* following the right path, pious.

راشن /rɑ:ʃən/ ■ *n.m.* ration(s), food, provision. [E]

راشی /rɑ:ʃi:/ ■ *n.m.* **1** (*literal*) one who gives bribe. **2** (*generally*) one who takes bribe.

راضی /rɑ:zi:/ ■ *adj.* agreeable, willing, pleased, contented, satisfied. راضی برضا content; uncomplaining; resigned. راضی خوشی **1** well and happy. **2** happily. راضی راضی willingly. راضی کرنا appease, conciliate, bring round, please, satisfy; reconcile; make (one) agree. راضی نامہ (***Law***) deed of agreement or compromise. راضی نامہ کرلینا **1** make a compromise; to compromise. **2** (***Law***) compound (a case). راضی ہونا be content, assent, agree, accede.

راعن /rɑ:ʔɪn/ ■ *adj.* **1** stupid; careless. **2** lazy.

راعی /rɑ:ʔi:/ ■ *n.m.* **1** shepherd, pastor, keeper or guard (of cattle). **2** (*fig.*) guide, leader. **3** king, governor.

راغ /rɑ:ɣ/ ■ *n.m.* meadow, valley, lower slope or skirt of mountain, plain adjacent to a mountain.

راغب /rɑ:ɣɪb/ ■ *adj.* inclined to, turning towards, having a leaning (towards), attending to; taking a liking to; willing (to); desirous. راغب کرنا make (someone) agree to, make one attend or incline to. (کی طرف) راغب کرنا call someone's attention to something, make someone inclined to. راغب ہونا attend to, turn to, be inclined to.

رافت /rɑ:fət̪/ ■ *n.f.* pity, compassion, clemency; favour, kindness.

رافضی /rɑ:fezi:/ ■ *adj.* (also رافض، رفضی) heretic, schismatic, dissenter. ■ *n.m.* one of a Shiite dissenting sect. (*pl.* روافض)

رافع /rɑ:feʔ/ ■ *adj.* elevating, exalting, raising. ■ *n.m.* **1** raiser, exalter. **2** See الرّافع. (*fem.* رافعہ)

راق /rɑ:q/ ■ *n.m.* sorcerer, practitioner of white or black magic; witch doctor, one who treats the sick with incantations.

راقب /rɑ:qɪb/ ■ *n.m.* **1** rival. **2** watcher, observer, one who watches (over); one who awaits.

راقم /rɑ:qɪm/ ■ *n.m.* writer; correspondent. راقم الحروف I, the writer of this letter, the undersigned.

راکب /rɑ:kɪb/ ■ *n.m.* rider. ■ *adj.* mounted on a horse, camel or any conveyance; on board (a ship or boat).

راکڑ /rɑ:kəɽ/ ■ *n.f.* stony or sandy soil.

راکشس /rɑ:kʃəs/ ■ *n.m.* (also راچھس، راکشش) **1** (***Hinduism***) gods' enemy, demon, ogre. **2** (*fig.*) cruel person; evil spirit. راکشس ویلا night time of misfortune.

راکشسی /rɑ:kʃəsi:/ ■ *n.f.* a female demon.

راکع /rɑ:keʔ/ ■ *n.m.* (***Islam***) one who performs a *rukoo* (رکوع), i.e. bends in prayers.

راکیش /rɑ:ke:ʃ/ ■ *n.m.* **1** full moon. **2** title of the Hindu god Shiva.

راکھ /rɑ:kʰ/ ■ *n.f.* ashes. راکھ دان/ردانی ashtray. راکھ کر دینا burn to ashes, reduce to ashes; ruin. راکھ ہونا be reduced to ashes.

راکھی /rɑ:kʰi:/ ■ *n.f.* **1** (***Hinduism***) (i) rakhi, bracelet of red or yellow strings tied by a woman round the wrist of a man on a Hindu festival to set up brotherly relations with him. (ii) festival of tying rakhi. **2** fee paid for protection. راکھی بندھن festival of rakhi.

راگ /rɑ:g/ ■ *n.m.* (also راگا) **1** raga, mode in the classical music of the Indian subcontinent, song, tune, music. **2** story; statement. **3** anger, passion; emotion, feeling. **4** love. **5** deceit, cheating. **6** (*iron.*) quarrel, row. راگ الاپنا/رجانا sing, harp on the (same) tune, beat (one's own) drum. راگ بدّیا/ودّیا musicology, science of music. راگ پورنا tell a long tedious story. راگ چھیڑنا begin to sing or play a raga. راگ دھاری great singer or musician. راگ رنگ song and dance, revelry, fun and frolic, saturnalia. راگ گانا sing; cry; tell one's own story. راگ لانا make a quarrel, kick up a row. راگ مالا **1** treatise on music, principles of music. **2** series of musical presentations. **3** (*fig.*) wives' tale.

راگنی /rɑ:gni:/ ■ *n.f.* **1** ragini, female counterpart of ragas (which are designated male in the classical music of the Indian subcontinent); modification of the musical mode called raga. **2** (*fig.*) wanton and intriguing woman.

راگی /rɑ:gi:/ ■ *n.m.* **1** singer, expert in classical music. **2** (*fig.*) libertine; lover. ■ *adj.* sensual, passionate.

رال¹ /rɑ:l/ ■ *n.f.* resinous exudation of the *Shorea robusta*, resin, pitch. [dial.]

رال² ____ ■ *n.f.* saliva, spittle, dribbling (of an infant). رال بند bib. رال ٹپکنا/گرنا **1** slaver, slobber, drool. **2** thirst or long for; be tempted. [S]

رام¹ /rɑ:m/ ■ *adj.* obedient, subdued, submissive; tamed, tractable; appeased, tranquillized. ■ *n.m.* **1** domestic. **2** one who is submissive, one who receives orders. رام کرنا tame, win over. [P]

رام² ____ ■ *pr.n.m.* (also راما) (***Hinduism***) Rama, the hero of the Hindu epic Ramayana (راماین) later elevated to a deity. ■ *adj.* **1** pleasing. **2** beautiful, charming, lovely. رام اوتار Rama as the incarnation of Vishnu. رام بھجن hymns addressed to Rama. رام بھگت worshipper of Rama. رام پھل a kind of custard apple. رام ترائی/رترئی a vegetable gourd. رام جنی **1** pleasing or charming woman. **2** Hindu dancing girl; harlot, prostitute. رام دوہائی/ردہائی by Ram (a Hindu oath). رام راج Hindu rule. رام رام **1** form of Hindu salutation. **2** an exclamation of surprise, shock or outrage. رام رام کرنا **1** salute, greet. **2** recite a holy name. رام رس **1** honey. **2** salt. رام ساگر (***Music***) name of a ragini. رام کتھا/کہانی **1** the epic Ramayana. **2** a long story. رام کتھا/کہانی سنانا tell a tale, recount facts. رام لیلا a Hindu festival. رام نام جپنا پرایا مال اپنا a saint abroad and a devil at home. رام نومی/نو میں birthday of Rama. [S]

راما /rɑ:mɑ:/ ■ *n.m.* See رام². ■ *n.f.* beautiful woman.

راماین /rɑ:mɑ:jən/ ■ *n.f.* (also رامائن) Ramayana, epic Hindu poem elevated later to a divine status.

رامش /rɑ:mɪʃ/ ■ *n.m.* **1** joy, hilarity, mirth; ease, repose. **2** harmony, modulation. رامش گر singer, musician. رامش ورنگ revelry, music and festivity.

رامی /rɑ:mi:/ ■ *n.m.* **1** hurler, thrower (of javelins or stones), shooter, archer. **2** one who taunts or upbraids, scoffer. **3** the constellation Sagittarius.

ران /rɑ:n/ ■ *n.f.* thigh. ران پڑی جمانا ride like a horseman. ران تلے دبانا **1** press under the thigh, have someone completely in one's power, subdue. 2 mount, ride (a horse). 3 humiliate.

راں /rã:/ ■ *suffix* driver, wielder, driving away, managing, conducting; used in comp. as: جہازراں navigator. حکم راں ruler. کام راں successful, prosperous.

رانا /rɑ:nɑ:/ ■ *n.m.* 1 title of a Rajput prince ruling over a smaller dominion than that of a raja. 2 name of a tribe of Rajputs. ■ *adj.* wild, growing spontaneously.

رانبھنا /rã:bʰnɑ:/ ■ *v.* 1 scream, cry out. 2 (of a cow) low, bellow.

رانپی /rã:pi:/ ■ *n.f.* shoemaker's knife. See راپی.

رانجھا /rã:dʒʰɑ:/ ■ *n.m.* 1 hero of a famous love epic of the Punjab. 2 (*fig.*) lover; beloved.

رانجھرا /rã:dʒʰərɑ:/ ■ *n.m.* potter who makes earthen toys.

رانجھن /rã:dʒʰən/ ■ *n.m.* 1 earthen vessel for water. 2 (also رانجھا) lover, sweetheart.

راندنا /rã:d̪nɑ:/ ■ *v.* expel, drive out or away, spurn.

رانده /rã:d̪ɑ:/ ■ *adj.* driven out, rejected, expelled, condemned. رانده درگاه accursed by Heaven, spurned, driven out.

راندھنا /rã:d̪ʰnɑ:/ ■ *v.* cook, boil, dress food.

رانڈ /rɑ:ḍ/ ■ *n.f.* 1 widow. 2 prostitute, keep. رانڈ کا سانڈ 1 son of a widow. 2 spoilt child, contemptible, good-for-nothing fellow. رانڈ مانڈ 1 meal of a widow. 2 (*fig.*) low quality meal.

رانڈا /rã:ḍɑ:/ ■ *n.m.* (also رنڈوا) 1 widower. 2 unproductive tree. 3 barren land.

رانڈاپا /rã:ḍɑ:pɑ:/ ■ *n.m.* (also رنڈاپا) widowhood.

رانگ /rɑ:ŋg/ ■ *n.m.* (also رانگا) pewter, grey alloy of tin and lead. رانگ بھریا one who makes toys of pewter. رانگ ہوجانا/رہونا 1 be melted or liquefied. 2 (*fig.*) fall in value.

رانگڑ /rɑ:ŋgəɽ/ ■ *n.m.* (also رانگھڑ) a Muslim Rajput caste.

رانوا /rã:vɑ:/ ■ *n.m.* 1 wooded or waste land. 2 a tax on cattle grazing on waste land.

رانی¹ /rɑ:ni:/ ■ *n.f.* 1 rani, queen, princess. 2 reproductive female in a colony of ants, bees or termites. 3 most valuable piece in game of carrom. 4 (***Cards***) card bearing a representation of a queen. رانی (خاں) کا سالا braggart, arrogant, haughty. رانی کھیت fatal disease of poultry and bird. رانی گہن outcry, hue and cry, lamentation. [Prk.]

رانی² ____ ■ *suffix* driving, wielding; used in comp. as: جہازرانی navigation. حکم رانی reigning. [P]

راوت /rɑ:vət̪/ ■ *n.m.* 1 warrior, hero; trooper, cavalier. 2 prince; chieftain. 3 a better caste of sweepers. 4 royal messenger. 5 land bailiff, rent-collector.

راوٹی /rɑ:vʈi:/ ■ *n.f.* (also راوتی) small quadrangular tent, small gable tent; attic, small room on top of a house.

راول /rɑ:vəl/ ■ *n.m.* 1 chieftain, chief; prince. 2 warrior, soldier. 3 court of a king, royal palace. 4 hereditary astrologer.

راولا /rɑ:vəlɑ:/ ■ *n.m.* quarrel. See رَولا.

راون /rɑ:vən/ ■ *pr.n.m.* (***Hinduism***) Ravan, the legendary king of Sri Lanka in Ramayana who carried away Sita, the wife of Rama. راون کی سینا Ravan's army, band of marauders and robbers.

راوند /rɑ:vənd̪/ ■ *n.f.* (also ریوند) rhubarb, a plant of dock family with long fleshy dark-red leaf-stalks, *Rheum rhaponticum*.

راوی /rɑ:vi:/ ■ *n.m.* narrator, reciter, story-teller, relater, author of a fable, romance or fiction; historian. راوی چین لکھتا ہے peace reigns, all is well. (*pl.* راویان)

راؤ /rɑ:o:/ ■ *n.m.* 1 prince, son of raja. 2 an honorific title of Hindus given by British government, as: راؤ بہادر or رائے بہادر.

راؤ چاؤ /rɑ:o: tʃɑ:o:/ ■ *n.m.* natural love or affection, caress, endearment; show of love and pleasure; dalliance.

راه /rɑ:h/ ■ *n.f.* 1 way, road, passage, path; means of access. 2 manner. 3 custom; fashion. 4 progress. راه باندھنا refuse admittance. راه بتانا 1 guide, show the path. 2 dismiss. راه پر آنا 1 come back on the right path, mend one's ways or manners. 2 be brought round; agree. راه پر ڈالنا put on the right path; make one acquire a habit. راه پیدا کرنا 1 find a means or way of doing something. 2 establish relations with; form an acquaintance with. راه پیما traveller. راه تکنا/دیکھنا expect; wait for; look out (for). راه چلتا passer-by, wayfarer. راه چلتے کا پلا پکڑنا pick unnecessary quarrel. راه چھوڑنا give way. راهِ خدا in the name of God. راه خرچ travelling expenses. راه دار collector of tolls or transit duties. راه داری 1 rahdari, tolls, transit duties. 2 porch, portico.

onion, etc. mixed in yoghurt.

رائج /rɑːɪdʒ/ ■ *adj*. customary, current, in vogue, in force; fashionable; common, usual. رائجُ العام customary. رائجُ الوقت current for the time being, custom or fashion of the time, à la mode. رائج کرنا make current; give currency; promulgate, issue. رائج ہونا be in force or in vogue, prevail.

رائحہ /rɑːehɑː/ ■ *n.m. & f.* (also رایحہ) odour, sweet smell, scent, perfume, fragrance.

رائض /rɑːɪz/ ■ *n.m.* (also رایض) **1** trained horse. **2** horse trainer.

رائگاں /rɑːegɑ̃ː/ ■ *adj*. (also رائیگاں،رایگاں) **1** useless, unprofitable, vain. **2** something got without efforts, in vain, waste. رائگاں جانا/ہونا be wasted, be lost, be in vain. رائگاں کرنا render useless or vain, throw away, waste; lose.

رائی /rɑːiː/ ■ *n.f.* **1** black mustard seed, seed of a mustard plant but smaller in size used in various foods and drink. **2** (*fig.*) very little or trivial. رائی اتارنا throw black mustard seeds in the fire to exorcize the effect of an evil eye. رائی برابر very little, small quantity. رائی بھرناتا گاڑی بھر آشنائی blood is thicker than water. رائی کا پربت/ر پہاڑ بنانا make a mountain out of a molehill. رائی کائی ہونا shatter, break into small pieces; be scattered.

رائے¹ /rɑːeː/ ■ *n.f.* **1** opinion, counsel, advice; judgement, thought. **2** vote, ballot. رائے بلند exalted understanding. رائے پوچھنا seek opinion. رائے دہندہ voter. رائے دہی voting. رائے دینا **1** advise, give opinion. **2** vote. رائے زنی comment, review, expression of opinion. رائے شماری referendum. رائے عامہ public opinion, consensus. رائے لینا consult, seek opinion or advice. (*pl.* آرا³) [A]

رائے² ——— ■ *n.m.* **1** prince, chief; honorific title of Hindus in British India. رائے بہادر/صاحب former title for Hindus in British India. رائے بیل a type of jasmine, *Jasminum sambac*. رائے منی/رنیا a kind of husked rice. [S]

رایت /rɑːjət̪/ ■ *n.m.* banner, standard, flag.

رب /rəb/ ■ *n.m.* (also ربّ) **1** God, Lord; Protector, Preserver of the world. **2** owner, master. ربُّ العالمین God, the Preserver of the world; Lord of the universe. ربُّ العباد God, the Protector of His servants. ربُّ العزت Allah, the most respectful.

راہ دکھانا **1** show the way. **2** make one wait for. راہ دینا give away; admit. راہ ڈالنا establish a custom. راہِ راست straight path, good conduct. راہ راہ چلنا continue in one's usual practice or mode of conduct. راہ (و) رسم رکھنا keep in with. راہ رکھنا keep up an intercourse; be on good terms (with). راہزن highwayman, brigand, footpad, robber, bandit. راہزنی highway robbery. راہ سجھانا suggest an idea, show the way. راہ سے by means of, by way of. راہ سے بے راہ ہونا go astray, exceed bounds. راہ سے چلنا behave properly. راہِ عدم death, last journey. راہِ فرار escape route, bolt-hole. راہِ فرار اختیار کرنا flee, escape. راہ کاٹنا travel, cross the path. راہ کھوٹی کرنا linger or delay on the road, make someone linger. راہ گزر path, road, way. راہ گیر pedestrian, wayfarer, passer by. راہ لینا set out, depart. راہ مار highwayman, highway robber. راہ مارنا **1** rob on the highway. **2** ruin one's prospects in life. راہ میں in the path of, in the name of, for the sake of. راہ میں آنکھیں بچھانا give warm welcome. راہ میں بچھ جانا give full respect, show humbleness. راہ میں حائل ہونا stop or obstruct, come in the way. راہ میں کانٹے بچھانا create problems, cause inconvenience, make life miserable. راہ ناپنا walk about idly. راہ نامہ road map, traveller's guide. راہ نکالنا make a road, find a way of doing something, start or devise anything new. راہ نما guide, leader. راہ نمائی guidance. راہ نورد traveller, wayfarer. راہ وار ambling horse. راہ واری ambling (of a horse). راہ و ربط/رسم relations, contacts, social intercourse. راہ ہونا be in love (with); be on friendly terms (with).

راہب /rɑːhɪb/ ■ *n.m.* monk; anchorite, hermit. (*pl.* راہبان)

راہبر /rɑːhbər/ ■ *n.m.* guide, leader, mentor.

راہبری /rɑːhbəriː/ ■ *n.f.* guidance.

راہبہ /rɑːhɪbɑː/ ■ *n.* (*fem.* of راہب) nun.

راہرو /rɑːhrɔː/ ■ *n.m.* traveller.

راہن /rɑːhɪn/ ■ *n.m.* mortgager, pledger, pawnbroker.

راہنا /rɑːhnɑː/ ■ *v.* to chip and roughen a millstone with small pick or chisel.

راہوار /rɑːhvɑːr/ ■ *n.m.* horse. See راہ وار under راہ.

راہی /rɑːhiː/ ■ *n.m.* traveller, wayfarer. راہیِ اجل/عدم/ملکِ بقا ہونا die. (*pl.* راہیان)

رائتا /rɑːet̪ɑː/ ■ *n.m.* (also رایتہ) raita, lettuce, pumpkin,

رب المال God, the Owner of goods. رب راکھا Goodbye.

رُب /rʊb/ ■ *n.m.* thick juice, extract, syrup; jelly. رب السُّوس liquorice. (*pl.* رُبُوب)

رِبا /rɪbɑ:/ ■ *n.m.* (also رِبو) **1** riba, interest, usury. **2** something over-extended or enlarged; manifold.

رُبا /rʊbɑ:/ ■ *suffix* **1** taking; attracting. **2** stealing; used in comp. as: دل ربا bewitching, alluring, heart stealing.

ربّا /rəbbɑ:/ ■ *exclam.* O God! God preserve us!

رباب /rəbɑ:b/ ■ *n.m.* (also رُباب) a kind of lyre, rebec. رباب وچنگ (*fig.*) music and song.

رُباب /rʊbɑ:b/ ■ *n.m.* a white cloud.

ربابی /rəbɑ:bi:/ ■ *n.m.* rebec player.

رِباط /rɪbɑ:ṭ/ ■ *n.m.* **1** inn, stopping place, hospice. **2** rope, fastening. **3** ligament. **4** bandage. (*pl.* رُبُط)

رِباطی /rɪbɑ:ṭi:/ ■ *n.m.* **1** innkeeper. **2** one who stays in an inn.

رُباعی /rʊbɑ:ʔi:/ ■ *n.f.* (***Poet.***) rubai, quatrain, a genre of poetry having four lines. ■ *adj* having four parts.

ربانا /rəbɑ:nɑ:/ ■ *n.m.* (also ربانہ) small tambourine.

ربّانی /rəbbɑ:ni:/ ■ *adj.* Divine, Godly, of God.

ربڑ¹ /rəbəɽ/ ■ *n.m.* rubber. [E]

ربڑ² ____ ■ *n.f.* fatigue, trudging, fruitless labour. [dial.]

ربّڑ /rəbbəɽ/ ■ *n.m.* meat seller, butcher.

ربڑی /rəbɽi:/ ■ *n.f.* (also رابڑی) a kind of sweetmeat, prepared with thickened milk or buttermilk, sugar and flour.

ربط /rəbṭ/ ■ *n.m.* **1** bond, binding, uniting; connection; relation, consistency; social intercourse, friendship. **2** (***Gram.***) construction, copula. ربط باہم mutual relationship. ربط بڑھانا develop friendship or intimacy, strengthen the bonds of friendship or union (with), become more familiar (with), become intimate, improve (one's) relations (with). ربط دینا bind together, unite, connect, give consistency (to). ربط (و) ضبط intimacy, close relationship; friendship.

رُبع /rʊbʔ/ ■ *adj.* quarter, fourth part. ربع صدی quarter of a century. ربعِ مسکون inhabited quarter of the earth, i.e. land (the remaining three quarters covered with water).

ربقہ /rəbqɑ:/ ■ *n.m.* (also رِبقہ) **1** noose. **2** (*fig.*) obedience.

ربّنا /rəbbənɑ:/ ■ *exclam.* our Lord!

رُبُوب /rʊbu:b/ ■ *n.m.* (*pl.* of رُب) thick extracts, syrups. (*ppl.* رُبُوبات)

رُبُوبیّت /rəbu:bɪjjət/ ■ *n.f.* **1** providence, quality of being a preserver. **2** an attribute of Allah.

رُبُودگی /rʊbu:ḍəgi:/ ■ *n.f.* sullenness, melancholy; drowsiness.

ربوہ /rəbvɑ:/ ■ *n.m.* **1** mound of earth, high ground. **2** (*fig.*) the piece of land where the Dome of Rock is sited in Jerusalem, called so because it is higher than its surroundings.

ربّہ /rəbbɑ:/ ■ *n.f.* (*fig.*) beloved.

ربّی¹ /rəbbi:/ ■ *exclam.* my Lord! my Master! [A]

ربّی² ____ ■ *n.m.* rabbi, religious scholar of Jews. [A]

ربیب /rəbi:b/ ■ *adj.* reared, brought up. ■ *n.m.* stepson, wife's son by another husband.

ربیبہ /rəbi:bɑ:/ ■ *adj.* (*fem.* of ربیب). ■ *n.f.* stepdaughter.

ربیع /rəbi:ʔ/ ■ *n.f.* **1** spring. **2** crops harvested in spring. ربیعُ الاول the third month of the Islamic calendar. ربیعُ الآخر/الثانی the fourth month of the Islamic calendar.

ربیعی /rəbi:ʔi:/ ■ *adj.* of or belonging to spring, produced in spring.

رپاٹا /rəpɑ:ṭɑ:/ ■ *n.m.* slap, smack.

رپٹ¹ /rəpəṭ/ ■ *n.f.* **1** slipperiness. **2** fatigue, hard labour. **3** slope. [Prk.]

رپٹ² ____ ■ *n.f.* (also رپوٹ، رپورٹ) report. رپٹ کرنا/لکھوانا make a report of. [E]

رپٹن /rəpṭən/ ■ *n.f.* (also رپٹ) slipperiness.

رپٹنا /rəpəṭnɑ:/ ■ *v.* slide, slip.

رُپلّی /rʊpəlli:/ ■ *n.f.* (*dim.* of رُوپیہ) (*deris.*) rupee or money.

رپورتاژ /rəpo:ṛtɑ:ʒ/ ■ *n.m.* reportage, eyewitness account or narration of events. [E]

رُپہلا /rʊpæhlɑ:/ ■ *adj.* (also رُوپہلا) of colour of rupee, silver-coloured.

رت¹ /rət̪/ ■ *n.f.* (*contr.* of رات) night. رت جگا night's vigil, keeping awake all night on religious or festive occasions. [S]

رت² ____ ■ *n.f.* pleasure, enjoyment; enjoyment of love; sexual union. [S]

رُت /rʊt̪/ ■ *n.f.* season, weather. رت بسنت spring season. رُت پلٹنا/پھرنا weather or season to change, luck or circumstances to change.

رِتاج /rɪtɑ:dʒ/ ■ *n.m.* gate, entrance.

ذ	ر	ڑ	ز	ژ	س	ش	ص	ض	ط	ظ	ع	غ
z	r	ɽ	z	ʒ	s	ʃ	s	z	ṭ	z	ʔ	ɣ

رتالو /rət̪ɑ:lu:/ ■ *n.m.* red yam, *Dioscorea purpurea*.

رتانجلی /rət̪ɑ:ndʒəli:/ ■ *n.f.* sandalwood; red powder.

رتاوا /rət̪ɑ:vɑ:/ ■ *n.m.* night attack.

رِتائی /rɪt̪ɑ:i:/ ■ *n.f.* **1** filing. **2** cost of filing.

رُتبہ /rʊt̪bɑ:/ ■ *n.m.* **1** rank, status, designation, station, standing, eminence; honour, dignity. **2** quality; weight, distinction. **3** capacity (of oil). رتبہ بڑھانا confer honour or dignity, exalt. رتبہ دار noble, eminent, distinguished.

رتق /rət̪əq/ ■ *n.m.* patching, joining. رتق وفتق control, management; tying and untying.

رتمہ /rət̪mɑ:/ ■ *n.m.* (also رتم) thread which is wrapped around finger as an aid to memory.

رتن /rət̪ən/ ■ *n.m.* **1** jewel, precious stone, gem. **2** pupil of the eye; used in comp. as. رتن جڑاؤ studded with jewel. رتن جوت **1** alkanet root, a deep red dye, also used as food colours, *Alkanna tinctoria*. **2** a medicine for the eyes. رتن سنگھاسن/سنہاسن throne adorned with precious stones. رتن مالا **1** necklace of jewels, pearl necklace. **2** a kind of flower. **3** name of an ancient Hindu book on astronomy.

رتنا /rət̪nɑ:/ ■ *v.* (also رتیانا) **1** be dyed red. **2** be overcome by lust or passion.

رتناجلی /rət̪nɑ:dʒəli:/ ■ *n.f.* (also رتناولی) a type of pearl necklace.

رتنار /rət̪nɑ:r/ ■ *adj.* **1** red. **2** bright; pleasant. ■ *n.m.* red colour.

رتوا /rət̪vɑ:/ ■ *n.m.* **1** boring insect, borer. **2** a kind of red stone hung round the neck of a child as a charm against diseases. **3** a kind of grass.

رتوندا /rət̪õ:d̪ɑ:/ ■ *n.m.* (also رتوندی، رتوندھا) night blindness, nyctalopia.

رِتی /rɪt̪i:/ ■ *n.f.* **1** custom, norms, manners. **2** order. **3** fate. **4** desire, longing; lust. **5** love, kindness. رِتی جاگنا/چمکنا prosper, flourish.

رتّی /rət̪t̪i:/ ■ *n.f.* **1** ratti, former weight equal to eight rice-corns. **2** the seed of *Abrus precatorius* used as weight. رتی برابر/بھر **1** weight equal to a ratti. **2** (*fig.*) very little. رتی بھرنا تا گاڑی بھر آشنائی blood is thicker than water. رتی ریزہ entire, total, in detail. رتی کا a little, a bit small.

رتھ /rət̪ʰ/ ■ *n.m.* & *f.* chariot, an ancient four-wheeled carriage. رتھ بان/روان charioteer. رتھ بانی coachmanship. رتھ چکر circle. رتھ یاترا Hindu festival at which the chariot of the god Jagan Nath goes in procession.

رٹ /rəʈ/ ■ *n.f.* irksome repetition, iteration, harping, persistent demand or solicitation, importunity. رٹ لگا رکھنا/لگنا utter again and again, make repeated requests (for), repeat ad nauseam.

رٹارٹایا /rəʈɑ:rəʈɑ:jɑ:/ ■ *adj.* memorized, crammed.

رٹنا /rəʈnɑ:/ ■ *v.* **1** repeat, iterate, solicit or demand repeatedly, recite over and over again. **2** learn by rote, memorize by repetition, cramming for examination.

رٹّو /rəʈʈu:/ ■ *adj.* (*derog.*) person memorizing by heart. رٹو توتا/طوطا repeating words like a parrot.

رِثا /rɪsɑ:/ ■ *n.m.* elegy.

رِثائی /rɪsɑ:i:/ ■ *adj.* elegiac.

رثیت /rəsi:t̪/ ■ *n.f.* rheumatism.

رج¹ /rədʒ/ ■ *n.m.* **1** dust, powder, sand. **2** dirt, impurity. **3** pollen. **4** menses. **5** passion. **6** sexual power. رج بہا (also رجبہا) canal drains. [S]

رج² ——— ■ *n.f.* (also رجت) silver.

رج³ ——— ■ (*imper.* of رجنا) be satiated or full. ■ *n.f.* satiating. رج کر کھانا eat to the full, eat to the heart's content. [S]

رجا¹ /rədʒɑ:/ ■ *adj.* (also رجھا) filled, had a bellyful, not hungry; not greedy. رجابجا rich, free from want. [S]

رجا² ——— ■ *n.f.* (also رجا) hope; optimism. [A]

رِجال /rɪdʒɑ:l/ ■ *n.m.* (*pl.* of رجل) men. رجالُ الغیب (***Myth., Sufism***) invisible beings that circulate round the world and supposedly guide the world affairs.

رِجالا /rɪdʒɑ:lɑ:/ ■ *adj.* mean. See رذالا.

رجائی /rədʒɑ:i:/ ■ *adj.* (also رِجائی) optimist.

رجائیّت /rədʒɑ:ɪjjət̪/ ■ *n.f.* (also رِجائیت) **1** (***Philos.***) optimism. **2** hopefulness, expectation; sanguine disposition. رجائیت پسند optimist, optimistic, one who looks on the bright side. رجائیت پسندانہ optimistically.

رجب /rədʒəb/ ■ *n.m.* Rajab, the seventh month of the Islamic calendar. رجبُ المرجب the honourable month of Rajab. رجب کی نوچندی first Thursday of Rajab.

رُجحان /rʊdʒhɑ:n/ ■ *n.m.* inclination, proclivity, disposition, bent, tendency, leanings. (*pl.* رُجحانات)

رجز /rədʒəz/ ■ *n.f.* (***Poet.***) martial song; a metre in relish; liking, inclination.

رچانا /rətʃɑ:nɑ:/ ■ *v.* **1** set to work. **2** make red (hands or feet with henna). **3** celebrate (a marriage, etc.); do something joyful.

رچاؤ /rətʃɑ:o:/ ■ *n.m.* **1** beauty. **2** impression. **3** fullness, completeness.

رُچتا /rʊtʃtɑ:/ ■ *adj.* tasty, of good taste. رچتا پچتا tasty; savoury. (*fem.* رُچتی)

رچنا /rətʃnɑ:/ ■ *v.* **1** plan, create, form, make; make preparation for. **2** celebrate. **3** decorate, adorn. **4** become familiar, be used to or accustomed to. **5** (colours) to be bright. ■ *n.f.* **1** creation, making, preparation, forming, invention; literary production. **2** place, abode. رچنا بسنا settle down or get accustomed (to a new environment).

رُچنا /rʊtʃnɑ:/ ■ *v.* **1** be tasty or delicious to the palate. **2** be agreeable to the mind. **3** long for, desire.

رچنی /rətʃni:/ ■ *adj.* (of henna) bright-coloured.

رح /ræh/ ■ *n.m.* (*contr.* of رحمۃ اللہ علیہ) usually written as superscript after the name of a Muslim saint. See under رحمت.

رِحل /rehl/ ■ *n.f.* **1** a folding stand on which the Qu'ran is placed, small lectern. **2** travelling, departing. **3** dwelling place or resort.

رحلت /rehlət/ ■ *n.f.* departure; death. رحلت کرنا depart this life, die.

رحم /rəhm/ ■ *n.m.* the womb; uterus. رحم ٹلنا **1** abortion, miscarriage. **2** dislocation of the womb. رحم مادر womb, womb of mother.

رحم /ræhm/ ■ *n.m.* pity, mercy, compassion, kindness. رحم آنا feel pity. رحم دل kind, merciful. رحم دلی kindness, mercifulness. رحم کرنا/رکھنا feel or have pity; show mercy (to); take pity (on). رحم وکرم benignity, kindness, compassion.

رحمان /ræhmɑ:n/ ■ *adj.* most merciful, forgiving. ■ *n.m.* See الرحمٰن.

رحمانی /ræhmɑ:ni:/ ■ *adj.* divine.

رحمت /ræhmət/ ■ *n.f.* (also رحمۃ) **1** pity, compassion, mercy, divine mercy or favour, blessing from on High. **2** (*fig.*) rain. رحمت اللعالمین mercy for all the worlds, a title of Prophet Muhammad. رحمۃ اللہ علیہ/علیہا/علیہم mercy of which martial poetry is written. رجز پڑھنا **1** recite a martial song. **2** (*fig.*) declare one's enmity. رجز خواں singer of martial songs. رجز خوانی **1** such a recitation. **2** (*fig.*) incitement to war.

رِجس /rɪdʒs/ ■ *n.m.* profanity, blasphemy, dirt, evil, unholiness.

رجعت /rədʒʔət/ ■ *n.f.* **1** return, retracing, retraction; retrogression. **2** returning to earth after death; resurrection. **3** (*Isj.*) live again with one's conditionally divorced wife within the stipulated period. رجعت پرور/پسند revisionist, i.e. one opposed to progressive trends; retrogressive, (in US.) Bourbon. رجعت پسندی revisionism; conservatism. رجعتِ قہقرہ/قہقری moving backward; retracing one's steps, retrogression.

رجفہ /rədʒfɑ:/ ■ *n.m.* (also رجف) earthquake.

رُجل /rədʒʊl/ ■ *n.m.* man. (*pl.* رجال)

رجم /rədʒm/ ■ *n.m.* **1** (*Isj.*) stoning to death. **2** expelling; driving away; repulse. **3** reproach. رجم بالغیب hazarding or making a wild guess about the unknown or the unknowable. رجمِ شیاطین **1** stoning Satan in Hajj. **2** falling star.

رجنا /rədʒnɑ:/ ■ *v.* be satisfied or satiated.

رجنی /rədʒni:/ ■ *n.f.* night.

رجواڑا /rədʒvɑ:ɽɑ:/ ■ *n.m.* (also راجواڑہ) **1** princely state, principality. **2** a raja's family member.

رُجوع /rʊdʒu:ʔ/ ■ *n.m.* **1** return; reference; consult; recourse; appeal. **2** (*Isj.*) live again with one's conditionally divorced wife within the stipulated period. رجوع کرنا **1** turn towards, refer (to), have recourse, seek advice, appeal. **2** (*Isj.*) undo a conditional divorce within the stipulated period. رجوع ہونا attend to, seek advice, incline, turn towards.

رُجولیّت /rʊdʒu:lɪjjət/ ■ *n.f.* manliness, virility.

رُجوم /rʊdʒu:m/ ■ *n.m.* stone, stoning.

رجیم /rədʒi:m/ ■ *adj.* **1** rejected, spurned. **2** (*Isj.*) person who is punished by stoning.

رِجھانا /rɪdʒʰɑ:nɑ:/ ■ *v.* please; captivate, enchant, attract; seduce.

رچ /rətʃ/ ■ *n.f.* make, form; workmanship; composition.

رُچ /rʊtʃ/ ■ *n.f.* (also رُچھ) wish, desire; appetite; zest;

God be upon him/ her/ them! رحمتِ الٰہی رباری the Divine mercy. رحمت صد رحمت 1 a hundred blessings from Heaven be showered on you! 2 bravo! well done!

رحیق /rəhi:q/ ■ *n.f.* best or purest wine. رحیقِ مختوم sealed wine.

رحیل /rəhi:l/ ■ *n.m.* 1 departure; journey; travel. 2 (*fig.*) death.

رحیم /rəhi:m/ ■ *adj.* merciful, compassionate. ■ *n.m.* See الرحیم. (*pl.* رُحما)

رحیمی /rəhi:mi:/ ■ *n.f.* mercifulness, grace.

رُخ¹ /rʊx/ ■ *n.m.* 1 cheek, face, countenance; side; front. 2 attention; favour. رخ بدلنا رپھیرنا 1 become angry. 2 turn away from; turn in another direction, change the course. 3 ignore, pay no heed (to); be inattentive. 4 take umbrage, become offended or displeased, take offence. رخ پلٹنا change direction, change situation. رخ پوش mask, veil. رخ دے کر بات نہ کرنا talk inattentively. رخ دیکھنا watch a situation. رخ زیبا beautiful face. رخ کرنا incline (to), turn the face (towards), turn (towards), go towards. رخ موڑنا 1 change direction (of vehicle, ship, aeroplane, horse, etc.). 2 change style or manner. [P]

رُخ² ____ ■ *n.m.* roc, a gigantic legendary bird mentioned in *Arabian Nights*. [A]

رُخ³ ____ ■ *n.m.* (**Chess**) rook, castle. [P]

رُخام /rʊxɑ:m/ ■ *n.m.* marble, any white soft stone.

رُخامی /rʊxɑ:mi:/ ■ *n.f.* a kind of silk fabric.

رخت /rəxt̪/ ■ *n.m.* 1 property, furniture, goods and chattels. 2 leather. 3 clothes, garments. رختِ خواب 1 nightclothes. 2 (*fig.*) coffin. رختِ سفر bag and baggage. رختِ سفر باندھنا get ready to go, pack up, make preparations for travel. رختِ عروس bridal dowry. رختِ عمر (*fig.*) preparation for next world.

رُخسار /rʊxsɑ:r/ ■ *n.m.* the cheek.

رخش /rəxʃ/ ■ *n.m.* 1 white and red mixed colour. 2 brilliance, splendour. 3 name of the horse of legendary Persian hero Rustam. 4 (*fig.*) horse. رخشِ عمر 1 horse of age. 2 (*fig.*) fast passing life.

رخشاں /rəxʃɑ̃:/ ■ *adj.* dazzling, resplendent, refulgent.

رخشانی /rəxʃɑ:ni:/ ■ *n.f.* (also رخشندگی) lustre, refulgence, brightness, brilliance.

رخشندہ /rəxʃɪnd̪ɑ:/ ■ *adj.* (also رخشندہ) dazzling. رخشندہ و تابندہ refulgent, radiant, lustrous.

رُخص /rʊxs/ ■ *n.m.* low price, cheapness.

رُخصت /rʊxsət̪/ ■ *n.f.* 1 leave. 2 permission. 3 dismissal. 4 departure. رخصتِ اتفاقی casual leave. رخصتِ استحقاقی earned leave. رخصت بلاتنخواہ leave without pay. رخصت چاہنا seek permission. رخصت دینا 1 give or grant leave. 2 sack, dismiss. 3 permit. رخصتِ رعایتی privilege leave. رخصت کرنا 1 bid farewell (to); send a bride with her bridegroom. 2 permit. 3 give leave to go. 4 discharge, dismiss, sack. رخصت مانگنا apply for leave; seek permission. رخصت ہونا 1 take leave. 2 bow out, depart. 3 (bride) to go away with the bridegroom after marriage. 4 bid adieu (to). 5 die.

رُخصتانہ /rʊxsət̪ɑ:nɑ:/ ■ *n.m.* parting gift (from a patron, etc.); gratuity.

رُخصتی /rʊxsət̪i:/ ■ *n.f.* 1 ritual of formal departure of the bride from her parents' to the bridegroom's home. 2 anything given at parting. ■ *adj.* on leave. رخصتی اسامی leave vacancy.

رخم /rəxəm/ ■ *n.m.* a kind of vulture.

رخنہ /rəxnɑ:/ ■ *n.m.* 1 gap or break (in the smooth flow or even course of events, plans, conversation, etc.), sudden or contrived break, discontinuity or pause. 2 obstacle. 3 (*fig.*) obstruction. 4 gap, breach (in a wall), crevice, chink, hole. رخنہ انداز 1 one who causes a break. 2 (*fig.*) obstructive, obstructionist. رخنہ اندازی کرنا رڈالنا cause a break or pause; obstruct or hinder. رخنہ پڑنا 1 break or pause, etc. to occur. 2 be breached. رخنہ کھڑا کرنا put obstacles in the way, create hindrance. رخنہ نکالنا carp, cavil, pick holes (in).

رد /rəd̪/ ■ *n.m.* (also ردّ) 1 refutation, rebuttal, rejection, repulsion; turning down. 2 nausea, vomit. 3 nosebag (of horse, etc.). ■ *adj.* rejected. ردِ بلا repulsion of evil influences for the sake of secure and peaceful life. رد جواب replication or rejoinder. رد دعویٰ refutation; counter-argument. ردِ عمل reaction, counteraction. ردِ عین returning as it is, returning the original thing. ردِ قدح refusal to drink. رد کردہ rejected, condemned. رد کرنا reject, refute, cancel, repulse. ردنامہ deed of abrogation. ردوبدل 1 change, alteration. 2 (*arch.*)

رزّاقِ مطلق Allah, the Absolute Sustainer or Provider.
رزّاقی /rəzza:qi:/ ■ *n.f.* providing daily bread, giving the means of subsistence, providence, an attribute of God.
رزانت /rəza:nət/ ■ *n.f.* **1** solemnity, seriousness, soberness; patience. **2** steadiness.
رِزق /rɪzq/ ■ *n.m.* **1** daily bread, sustenance, livelihood, subsistence. **2** allowance. رزق پہنچانا/دینا provide food, support, maintain. رزقِ حلال honest livelihood. رزق رسانی supply food. رزق کا کیڑا (*fig.*) human being. رزق ہے نہ موت unfortunate, without any hope.
رزم /rəzm/ ■ *n.f.* war, battle. رزم آرائی war, fighting. رزم گاہ **1** battlefield. **2** (*fig.*) (i) world. (ii) worldly life. رزم و بزم battlefield and life of luxury; ups and downs of life.
رزمی /rəzmi:/ ■ *adj.* **1** relating to war. **2** truculent. ■ *n.m.* warlike person.
رزمیہ /rəzmɪja:/ ■ *adj.* related to war. ■ *n.m* (***Poet.***) epic. رزمیہ شاعری epic poetry, rhapsody.
رژہ /rəʒa:/ ■ *adj.* greedy, gourmand.
رس[1] /rəs/ ■ *n.m.* **1** rasa, juice, syrup; essence. **2** body fluid, humour; serum; sap. **3** liquor. **4** exudation. **5** melodiousness, sweetness or richness of voice. **6** lusciousness (of body). **7** the best or prime part of anything. رس بھرا luscious; juicy. رس بھری raspberry. رس پر آنا become mature. رس ٹپکنا/رچونا **1** be luscious. **2** juice to exude or trickle. رس دار juicy. رس گلّا rasgulla, a kind of sweetmeat. رس لینا enjoy, take pleasure from. رس متی young luscious woman. رس ملائی ras malai, a kind of sweet made of milk and sugar. [S]
رس[2] ____ ■ *suffix* reaching, arriving; dispensing; administering; used in comp. as: دادرس one who dispenses justice, redresser of grievances. فریادرس one who answers prayers. [P]
رِس /rɪs/ ■ *n.f.* passion; anger, huff; vexation, displeasure; offence. رس میں بھرنا be filled with anger.
رسا /rəsa:/ ■ *adj.* **1** arriving. **2** penetrating. **3** effective. **4** quick of apprehension, of keen understanding, sharp. **5** capable, skilful, amiable.
رسّا /rəssa:/ ■ *n.m.* (also رسّہ) (*aug.* of رسّی) thick rope. رسّا کشی tug of war. رسا گیر cattle thief.

argument. ردوقدح/رکد expostulation; debate; altercation; argument; wrangling. رد ہونا be refuted or rejected, (a law) be abrogated, (a motion or resolution) be rejected.
رِدا /rɪḏa:/ ■ *n.f.* (also رداء) **1** sheet, wrapping, stole, robe, cloak. **2** a dervish's mantle. **3** any kind of cloak put on outdoors.
ردّا /rəḏḏa:/ ■ *n.m.* (also ردّہ) (***Masonry***) line of bricks in a wall, course, stratum, line, row. ردا جمانا/رکھنا **1** lay down a layer of bricks or blocks. **2** (*fig.*) put or lay a burden on someone. **3** impute, accuse.
رداً /rəḏḏən/ ■ *adv.* for rejection.
ردائت /rəḏa:ət/ ■ *n.f.* badness, worthlessness.
رِدّت /rɪḏḏət/ ■ *n.f.* apostasy, rejection of one's faith.
ردّی /rəḏḏi:/ ■ *adj.* **1** throwaway, used and done with. **2** worthless. **3** rejected; unserviceable. ■ *n.f.* refuse, waste-paper, scraps. ردی دان/ردی کی ٹوکری waste-paper basket. ردی کاغذ waste-paper. ردی کرنا **1** spoil. **2** reject. **3** waste, throw away. ردی کے مول at very low price.
ردیف /rəḏi:f/ ■ *n.f.* (***Poet.***) word(s) repeated after rhyme. ■ *n.m.* one who rides behind another (on the same horse, camel, etc.). ردیف وار alphabetically; according to the last letter of the post-rhyme word of each couplet.
رِذالا /rɪza:la:/ ■ *n.m.* (also رِذالہ، رجالا) vile or mean person.
رذالت /rəza:lə:t/ ■ *n.f.* meanness, baseness.
رذیل /rəzi:l/ ■ *adj.* mean, base, lowly. ■ *n.m.* person of low caste or status, mean fellow, vile or base person. (*pl.* اراذل)
رِریانا /rɪrja:na:/ ■ *v.* (also رڑیانا) **1** cry as a child, cry (for); whine, whimper. **2** importune, beg.
رڑک /rəɽək/ ■ *n.f.* pricking, pain.
رِڑک /rɪɽək/ ■ (*imper*. of رڑکنا) churn.
رڑکا /rəɽka:/ ■ *n.m.* **1** broom. **2** particle. رڑکا پھیرنا devastate, demolish.
رڑکنا /rəɽəkna:/ ■ *v.* prick, rankle.
رِڑکنا /rɪɽəkna:/ ■ *v.* **1** churn, make butter by churning cream. **2** cry, implore, beseech.
رز /rəz/ ■ *n.f.* vineyard; vine; grape.
رزّاق /rəzza:q/ ■ *n.m.* **1** sustainer, providence, sustainer of the means of subsistence or daily bread. **2** See الرّزاق.

رسالا /rəsɑ:lɑ:/ ■ *adj.* (*arch.*) juicy; sweet. ■ *n.m.* yoghurt mixed with sugar and spices.

رسالت /rɪsɑ:lət̪/ ■ *n.f.* divinely ordained prophethood associated with the revelation of a divine book.
رسالت پناہ/مآب a title of Prophet Muhammad.

رسالدار /rɪsɑ:ld̪ɑ:r/ ■ *n.m.* rissaldar, a non-commissioned officer in the British Indian army, commander of a horse-troop.

رسالداری /rɪsɑ:ld̪ɑ:ri:/ ■ *n.f.* command post or office of a rissaldar.

رسالہ /rɪsɑ:lɑ:/ ■ *n.m.* **1** magazine; monograph. **2** short treatise or discourse, essay. **3** brochure, pamphlet, tract; letter. **4** troop of horses, cavalry squadron.
رسالہ نکالنا bring out a magazine. (*pl.* رسائل)

رسام /rəssɑ:m/ ■ *n.m.* **1** photographer; delineator, draftsman. **2** engraver.

رسان /rəsɑ:n/ ■ *n.f.* slowness, gentleness. رسان سے slowly, gently.

رساں /rəsɑ̃:/ ■ *suffix* conveying, causing to arrive, bearing; used in comp. as: خبررساں news bearer or newsman. ضرررساں harmful.

رسانا /rəsɑ:nɑ:/ ■ *v.* solder.

رُسانا /rʊsɑ:nɑ:/ ■ *v.* **1** be displeased, be angry or vexed, be offended. **2** make angry, to offend, cause to feel annoyed.

رساؤ /rɪsɑ:o:/ ■ *n.m.* dripping, seeping, seepage, leakage, oozing.

رساول /rəsɑ:vəl/ ■ *n.f.* a dish of rice boiled in sugar cane juice.

رسائن /rəsɑ:ɪn/ ■ *n.m.* (also رساین) **1** alchemy, **2** mineral or metallic preparation. رسائن بنانا **1** practice alchemy. **2** turn base metals into gold or silver.

رسائی /rəsɑ:i:/ ■ *n.f.* **1** reach, access; entrance, arriving. **2** quickness of apprehension, acuteness, sharpness or penetration (of mind), perspicacity. رسائی پانا get admitted or accepted. رسائی پیدا کرنا acquire access, interest or influence.

رسبٹّا /rəsbəʈʈɑ:/ ■ *n.m.* rope maker.

رُست /rʊst/ ■ *adj.* valiant, bold, courageous, spirited, hearty; strong, firm. ■ *n.f.* growing, growth.
رُست وخیز springing up.

رستاخیز /rəst̪ɑ:xe:z/ ■ *n.m.* (also رُستاخیز، رَستخیز) **1** the day of judgement, resurrection. **2** revolution; tumult, disturbance, unease.

رستار /rəst̪ɑ:r/ ■ *n.m.* **1** grief, distress. **2** worry, anxiety.

رستگار /rəst̪gɑ:r/ ■ *adj.* **1** liberated, escaped, free; safe. **2** (*fig.*) (i) virtuous. (ii) bountiful, generous.

رستگاری /rəst̪gɑ:ri:/ ■ *n.f.* salvation, deliverance, liberation.

رستگی /rəst̪əgi:/ ■ *n.f.* freedom, liberation, salvation.

رُستم /rʊst̪əm/ ■ *pr.n.m.* Rustam, legendary Persian hero of the epic *Shahnama* by Firdosi. ■ *n.m.* (*fig.*) brave man. رُستمِ زماں informal honorific title bestowed upon wrestlers. رُستم کا سالا (*iron.*) braggart.

رُستمی /rʊst̪əmi:/ ■ *n.f.* **1** valour, heroism. **2** authority, might. رُستمی دکھانا show bravery.

رُستنی /rʊst̪əni:/ ■ *n.f.* vegetation, flora, plants, grass, etc.

رستہ /rəst̪ɑ:/ ■ *n.m.* (*var.* of راستہ) way, path.

رُستہ /rʊst̪ɑ:/ ■ *adj.* grown, sprung up (vegetation).

رسد /rəsəd̪/ ■ *n.f.* **1** supplies or store of food and provisions for an army; provision, ration. **2** shares; portion; quota. **3** income. **4** import; revenue.
رسد بیشی increase of income or revenue. رسد پہنچانا arrange or send supplies for an army. رسد خانہ/گاہ store, warehouse. رسد رساں provider of supplies, one who supplies food, etc. to a military camp.
رسد ورسائل transport. رسد وطلب supply and demand.

رسدی /rəsəd̪i:/ ■ *adj.* proportionate, rateable.
رسدی جمع progressively increasing or diminishing total of assessment.

رسِک /rəsɪk/ ■ *adj.* **1** tasty, savoury. **2** full of feeling or passion, spirited. **3** graceful, elegant.

رسکپور /rəskəpu:r/ ■ *n.m.* (also رس کپور) corrosive sublimate of mercury, a poisonous mercury compound.

رُسُل /rʊsʊl/ ■ *n.m.* (*pl.* of رسول) messengers.

رسل ورسائل /rəslo:rəsɑ:ɪl/ ■ *n.m.* **1** epistolary correspondence. **2** transportation, communication.

رسم /rəsm/ ■ *n.f.* **1** manner, usage, custom, rite, practice, ritual, settled mode. **2** marking out, delineating, designing, sketch, outline; model. **3** plan, way to be followed (in respect of doctrine and practices of religion, etc.). **4** injunction, precept, canon, law.
رسم اٹھنا discontinuation of a practice. رسم ادا کرنا perform a

dishonour, disrepute, ignominy, opprobrium.
رسوائی اٹھانا suffer disgrace.

رُسوب /rʊsu:b/ ■ *n.m.* sediment, precipitate, dregs, deposit; material that settles at the bottom of a liquid. (*pl.* رُسوبات)

رَسوت /rəso:t̪/ ■ *n.f.* **1** juice of the box thorn; a kind of collyrium, extracted from the root of *Amomum anthorhizum*. **2** (*fig.*) anything bitter, acrid or disagreeable.

رُسوخ /rʊsu:x/ ■ *n.m.* **1** influence, access; importance, weight. **2** firmness, constancy, steadiness.
رسوخ حاصل کرنا acquire access, interest or influence.
رسوخ والا resourceful, notable, respectable.

رسول /rəsu:l/ ■ *n.m.* Divinely ordained messenger or prophet to whom a book is also revealed.
رسولِ اکرم رپاک رکریم title of Prophet Muhammad.
رسول شاہی name of a sect of fakirs.

رَسولی /rəso:li:/ ■ *n.f.* tumour, cyst, wen.

رُسوم /rʊsu:m/ ■ *n.f.* (*pl.* of رسم) **1** customs, traditions. **2** fees, duties, taxes, postage. **3** commission, perquisites. رسوم سرکار stamp duties. رسومِ عدالت court-fees. (*ppl.* رُسومات)

رَسوئی /rəso:i:/ ■ *n.f.* **1** kitchen. **2** food, victuals.
رسوئی بنانا رکرنا cook, prepare food.

رسوئیا /rəso:ɪja:/ ■ *n.m.* (also رسویا) Hindu cook.

رسّہ /rəssa:/ ■ *n.m.* thick rope. See رسّا.

رسی /rəsi:/ ■ *suffix* approaching, arriving; used in comp. as: دادرسی deliverance from oppression.

رسّی /rəssi:/ ■ *n.f.* (*dim.* of رسّا) **1** rope, cord, reins. **2** (*fig.*) snake. رسی بٹنا twist or make a rope. رسی پکڑنا be firm (on something or some affair, etc.). رسی تڑانا break free, try to escape an unbearable situation; break the restraining rope. رسی جل گئی پر بل نہیں گیا said of a person who is ruined yet retains or tries to retain his/her former arrogance. رسی دراز ہونا (of an evil-doer) get a long rope. رسی ڈھیلی چھوڑنا give enough rope (to), allow time, let go. رسی کا سانپ بنانا exaggerate, draw the longbow, make a mountain out of a molehill.
رسی کودنا rope-skipping.

رسے /rəse:/ ■ *adv.* slowly, softly, gently.

رسیا /rəsja:/ ■ *adj.* fond, addict. ■ *n.m.* **1** lover. **2** rake, rite. رسمُ الخط script, style or system of writing.
رسم پر چلنا act according to or follow the custom, observe a custom. رسم پڑنا رہو جانا become a practice; be sketched out, be delineated. رسم توڑنا violation of custom or norm. رسم رکھنا **1** have social intercourse, have connection with. **2** introduce some practice.
رسمِ شبیری (*fig.*) sacrifice for a great cause. رسم نبھانا carry formal compliments. رسم وراہ contacts, friendly relations, familiarity. رسم ورواج custom and usage; established practice. (*pl.* رواسم، رُسوم)

رسماً /rəsmən/ ■ *adj.* formally, for form's sake.

رسمی /rəsmi:/ ■ *adj.* ordinary, common, customary, formal, superficial. رسمی طور پر formally, for the sake of formality.

رسمیات /rəsmɪja:t̪/ ■ *n.f.pl.* formalities, rituals.

رسمسا /rəsməsa:/ ■ *adj.* **1** moist with perfumes, essences or perspiration. **2** intoxicated.

رسمسانا /rəsməsa:na:/ ■ *v.* **1** be or become moist with perfume, etc. **2** sway, shake.

رسمساہٹ /rəsməsa:həʈ/ ■ *n.f.* wetness, dampness; intoxication.

رسمہ /rəsma:/ ■ *n.m.* chart, graph.

رسن /rəsən/ ■ *n.m.* cord, rope; noose, hanging. رسنِ آفتاب sunrays. رسن باز rope-dancer, tightrope walker, juggler.
رسن بازی **1** rope trick. **2** (*fig.*) deceitfulness. رسن بستہ tied with rope. رسن تاب رساز rope-maker. رسن ودار (also دارورسن) death by hanging, gallows. (See also رسّی.)

رسنا /rəsna:/ ■ *n.f.* **1** the tongue. **2** taste. ■ *v.* **1** live happily. **2** be pleasant; be tasteful.

رِسنا /rɪsna:/ ■ *v.* drip, leak, ooze, trickle, exude, drop slowly.

رسنا بسنا /rəsna: bəsna:/ ■ *v.* settle down comfortably, have a happy home life, reside, inhabit.

رسناولی /rəsna:vəli:/ ■ *n.f.* language; speech.

رُسوا /rʊsva:/ ■ *adj.* dishonoured, notorious, disgraced, infamous, opprobrious, ignominious. رسوا کرنا disgrace, brand, make infamous, scandalize. رسوا ہونا be disgraced, become notorious, be scandalized.
رسوائے جہاں رزمانہ رعالم infamous throughout the world, discreditable worldwide.

رُسوائی /rʊsva:i:/ ■ *n.f.* disgrace, notoriety, infamy,

رشکین /rəʃki:n/ ■ *adj.* (also رشکیں) jealous, envious. ■ *n.m.* envious person.

رشوت /rɪʃvəṭ/ ■ *n.f.* bribe, illegal gratification, graft. رشوت خوار/خور/ستاں one who takes bribes, a corrupt person. رشوت خوری/ستانی bribery. رشوت دینا bribe, buy over, grease or oil the palm. رشوت کا بازار گرم ہونا bribery to thrive. رشوت کھانا/لینا take bribe, accept illegal gratification.

رشی /rɪʃi:/ ■ *n.m.* rishi, inspired poet or sage, especially a Hindu; anchorite, saint.

رشید /rəʃi:d̪/ ■ *adj.* dutiful, pious, righteous; orthodox, guided in the right way. ■ *n.m.* follower of the right path. (*fem.* رشیدہ)

رصاص /rəsa:s/ ■ *n.m.* 1 lead, the metallic element. 2 pewter.

رصاصہ /rəsa:sa:/ ■ *n.f.* bullet.

رصد /rəsəd̪/ ■ *n.f.* observation (of stars). رصدگاہ astronomical observatory. رصدنشین astrologer. (*pl.* ارصاد)

رض /rəz/ ■ *n.m.* (*contr.* of رضی اللہ عنہ/عنہا) may Allah be pleased with him/her! (usu. written as superscript after the name).

رضا /rəza:/ ■ *n.f.* (also رِضا) 1 consent, assent. 2 will, wish; desire. 3 permission; leave, furlough. رضا بالسکوت silent acquiescence. رضا جوئی seeking someone's goodwill. رضا کار volunteer. رضا کارانہ voluntarily. رضامند willing, consenting. رضامندی consent, willingness. رضا و رغبت free will and pleasure, willingness and inclination.

رضاع /rəza:ʔ/ ■ *n.m.* (also رِضاع) 1 suckling, fosterage. 2 (***Islam***) bond of affinity among persons nursed by the same female, analogous to consanguinity.

رضاعت /rəza:ʔəṭ/ ■ *n.f.* (also رِضاعت) breast-feeding, suckling, fosterage, affinity.

رضاعی /rəza:ʔi:/ ■ *adj.* (also رِضاعی) foster. رضاعی باپ/بہن/بھائی/ماں foster father/ sister/ brother/ mother.

رضائی /rəza:i:/ ■ *n.f.* razai, quilt.

رِضوان /rɪzva:n/ ■ *n.m.* 1 complacency, satisfaction; state of being pleased. 2 God's pleasure, good offices. ■ *pr.n.m.* (***Islam***) name of the doorkeeper of Paradise.

رِضوی /rɪzvi:/ ■ *n.m.* surname of the lineal descendants of the Shiite Imam Ali Raza.

رضی /rəzi:/ ■ *adj.* 1 chosen (person). 2 happy, pleased. voluptuary, epicure, one who takes pleasure in his pursuits, one who enjoys life.

رسیانا /rəsɪja:na:/ ■ *v.* be juicy; ripen, ooze, run with juice.

رُسیانا /rʊsɪja:na:/ ■ *v.* (also رسیانا) make angry, mock.

رسید /rəsi:d̪/ ■ *n.f.* receipt, cash memo, acknowledgement. رسید بک/بہی receipt book. رسید جاری کرنا issue receipt. رسید دینا give or issue a receipt or acknowledgement. رسید کرنا strike a blow, hit. رسید نقد cash receipt or memo.

رسیدگی /rəsi:d̪gi:/ ■ *n.f.* 1 attainment; arrival. 2 maturity, ripeness, mellowness.

رسیدہ /rəsi:d̪a:/ ■ *adj.* 1 ripe, mature (fruits, flowers, etc.). 2 saintly, godly, perfect. 3 arrived. ■ *suffix* received; arrived; used in comp. as: اجل رسیدہ overtaken by death or severe trouble. خدا رسیدہ one who has attained closeness to God, holy, pious.

رسیلا /rəsi:la:/ ■ *adj.* (also رسال) juicy, succulent; luscious, sweet (voice or tune).

رسیلی /rəsi:li:/ ■ *adj.* (*fem.* of رسیلا) رسیلی آنکھ/آنکھیں drooping eyes. رسیلی بولی soft voice.

رشاش /rəʃa:ʃ/ ■ *n.m.* spray.

رشاؤ /rəʃa:o:/ ■ *n.m.* reclaiming or dressing waste land.

رشتہ /rɪʃṭa:/ ■ *n.m.* 1 relationship, kinship, connexion. 2 string, line, thread. 3 marriage proposal. رشتۂ ازدواج marriage, conjugal relationship. رشتہ آنا receive a marriage proposal. رشتہ توڑنا sever relationship, break up engagement or marriage. رشتۂ جاں jugular vein. رشتہ کرنا marry, get engaged; send a marriage proposal. رشتہ لگانا to establish a conjugal relation between; arrange a marriage.

رشتے /rɪʃṭe:/ ■ *n.m.* (*pl.* & *infl.* of رشتہ) رشتے دار relation, relative, kinsman, kith and kin. رشتے داری relationship; kinship.

رشحات /rəʃha:ṭ/ ■ *n.m.* (*pl.* of رشحہ) رشحاتِ قلم writings.

رشحہ /rəʃha:/ ■ *n.m.* 1 a drop, dripping. 2 sweat. 3 juice.

رُشد /rʊʃd̪/ ■ *n.m.* 1 being in the right way, rectitude, moral uprightness; discernment. 2 maturity; wisdom. رشد و ہدایت guidance in the right way.

رشف /rəʃf/ ■ *n.m.* a sip or drop (of water, etc.); sipping, sucking.

رشک /rəʃk/ ■ *n.m.* envy, jealousy, rivalry. رشکِ حور (*fig.*) very beautiful. رشک کرنا be envious; envy.

رعشہ دار shivering, palsied, trembling.

رعنا /rəʔnɑ:/ ■ *adj*. graceful, elegant, exquisitely beautiful, lovely, moving gracefully.

رعنائی /rəʔnɑ:i:/ ■ *n.f.* graceful gait or motion, grace, elegance, refinement, loveliness, exquisite beauty, cuteness. رعنائیِ خیال beauty, elegance or sublimity of ideas.

رعونت /rəʔu:nət̪/ ■ *n.f.* (also رُعونت) arrogance, haughtiness, pride, conceit, vanity. رعونت آمیز arrogant, conceited.

رعیّت /rəʔɪjjət̪/ ■ *n.f.pl.* **1** subjects, populace, public. **2** raiyat, peasantry, cultivators; tenants. **3** dependants. رعیت آزار oppressive, tyrannical, oppressor, tyrant. رعیت پرور benevolent master or king. رعیت پروری benevolence to the subjects. رعیت نواز cherisher of subjects. رعیت واری/رواڑی by or with individual cultivators. رعیت واری فیصلہ settlement of land rents made with the cultivators themselves without the intervention of landlord.

رعیّتی /rəʔɪjjət̪i:/ ■ *adj.* of or belonging to tenant. ■ *n.f.* tenancy, land of which the revenue is paid in money.

رغبت /rəɣbət̪/ ■ *n.f.* **1** liking, affection, inclination, predilection. **2** desire, keenness. رغبت دلانا persuade, urge, stimulate desire. رغبت رکھنا desire, incline or tend towards. رغبت ظاہر کرنا show inclination or liking for.

رغم /rəɣm/ ■ *n.m.* **1** dislike, abhorrence, looking down (on), repugnance, aversion. **2** (*fig.*) (i) prohibition. (ii) difference. رغم سے with abhorrence.

رغماً /rəɣmən/ ■ *adv.* in spite of opposition, because of difference.

رفاقت /rəfɑ:qət̪/ ■ *n.f.* companionship, comradeship, friendship, association. رفاقت کرنا befriend, associate with, accompany.

رِفاہ /rɪfɑ:h/ ■ *n.f.* (also رفاہ) **1** work which gives comfort to people; happiness, prosperity, welfare. **2** comfortable state of life. رفاہِ خلائق/عام/عامہ public good or welfare.

رِفاہی /rɪfɑ:hi:/ ■ *adj.* (also رفاہی) concerned with welfare and prosperity, benevolent. رفاہی ادارہ an institution concerned with public welfare.

رفت /rəft̪/ ■ *n.f.* going; used in comp. as: آمد و رفت coming

رضی اللہ عنہ/عنہا/عنہما may Allah be pleased with him/ her/ them!

رضیع /rəzi:ʔ/ ■ *adj.* **1** suckling (child). **2** foster brother.

رطب /rət̪b/ ■ *adj.* **1** green, fresh, verdant. **2** tender, supple. **3** damp, moist. رطبُ اللسان fluent of expression, fluent in praise, sweet-spoken. رطب و یابس **1** moist and dry. **2** the good and the bad; worthless stuff.

رُطب /rʊt̪əb/ ■ *n.m.* fresh ripe dates.

رطبہ /rət̪bɑ:/ ■ *n.m.* herbage, green pasture, green trees.

رطل /rət̪l/ ■ *n.m.* (also رِطل) **1** measure of weight. **2** wine glass. رطلِ گراں large goblet of wine.

رُطوبت /rʊt̪u:bət̪/ ■ *n.f.* (also رُطب) **1** moisture, dampness, humidity. **2** any exudation from the body; sap, juice. (*pl.* رُطوبات)

رِعایا /rɪʔɑ:jɑ:/ ■ *n.f.* (*pl.* of رعیّت) **1** subjects, populace, common people, public. **2** peasantry, cultivators; tenants. رعایا پروری kindness to populate.

رِعایت /rɪʔɑ:jət̪/ ■ *n.f.* **1** favour, partiality; indulgence. **2** remission, rebate, discount; grace, privilege. **3** attention. رعایت دینا allow rebate, remission, make an allowance. رعایت رکھنا make allowance (for). رعایت کرنا **1** show leniency, indulgence or favour. **2** be partial, be lenient, be indulgent; allow rebate or remission. رعایتِ لفظی kind of paronomasia.

رِعایتی /rɪʔɑ:jət̪i:/ ■ *adj.* favoured or privileged. ■ *n.m.* favoured or privileged person, protégé, one whom remission or abatement has been granted. رعایتی چھٹی/رخصت privilege leave. رعایتی سیل discount sale. رعایتی قیمت/نرخ discount price.

رُعب /roʔb/ ■ *n.m.* awe, fearsomeness, dread; commanding or awe-inspiring presence; pomp. رعب بٹھانا/جمانا/جھاڑنا/دکھانا/گانٹھنا **1** overawe, cow, intimidate, scare, bully, daunt with awe. **2** establish superiority. رعب داب awe, display of rank and dignity, commanding or intimidating personality, majesty, pomp. رعب دار awe-inspiring, intimidating; imposing, domineering. رعب میں آنا be overawed, be cowed or subdued.

رعد /rəʔd̪/ ■ *n.m.* **1** thunder. **2** (*fig.*) (i) threatening words. (ii) fulmination.

رعشہ /rəʔʃɑ:/ ■ *n.m.* tremor, shivering; shaking; palsy.

and going; traffic. رفت و بود، گزشت past and gone; dead and buried; forgiven and forgotten, matter of the past.

رفتار /rəft̪ɑ:r/ ■ *n.f.* **1** speed, velocity, pace, motion. **2** walk, gait. **3** conduct. رفتارِ جرائم crime incidence or rate. رفتارِ زمانہ course or pattern of life. رفتار و گفتار manners, conduct, behaviour, demeanour.

رفتگان /rəft̪əgɑ:n/ ■ *adj.pl.* (also رفتگاں) gone (people), departed ones; deceased.

رفتگی /rəft̪əgi:/ ■ *n.f.* (also از خود رفتگی) condition of not being in full senses, state of getting carried away, trance, stupor. رفتگیِ بصارت loss of eyesight.

رُفتگی /ruft̪əgi:/ ■ *n.f.* brushing, sweeping, dusting.

رفتن /rəft̪ən/ ■ *v.* **1** go, proceed. **2** die.

رفتنی /rəft̪əni:/ ■ *adj.* **1** going, bound or obliged to go, transient. **2** (*fig.*) mortal, short-lived.

رفتہ /rəft̪ɑ:/ ■ *adj.* **1** gone, lost, departed, deceased. **2** lover. رفتہ رفتہ by degrees, gradually, in the course of time, step by step, in due course.

رُفتہ /ruft̪ɑ:/ ■ *adj.* cleaned, brushed, swept.

رفرف /rəfrəf/ ■ *n.f.* **1** the carriage of Prophet Muhammad during ascension to heaven from Jerusalem. **2** (*fig.*) speedy horse.

رفض /rəfz/ ■ *n.m.* abandon, leave, creed of a heretic, heresy; schism, dissension.

رفضی /rəfzi:/ ■ *n.m.* heretic. See رافضی.

رفع /rəfəʔ/ ■ *n.m.* **1** exaltation, raising, elevating. **2** removing, curing, alleviating. **3** settlement. رفعِ احتیاج satisfaction of need. رفعِ اعتراض کرنا dispose of or remove an objection. رفعِ حاجت، ضرورت (*fig.*) evacuation, act of emptying bowels, answering the call of nature. رفع دفع کرنا remove, decide, settle or dispose of a dispute. رفعِ شر pre-empting or avoiding an evil, troublesome or disputatious matter. رفع کرنا set at rest, do away with, remove (cause of complaint or trouble), cure (pain). رفع نامہ deed of settlement or compromise. رفع ہونا be settled or disposed of; be removed. رفعِ یدین (also رفعُ الیدین) (***Islam***) lifting of hands with post-preliminary Takbir during prayers.

رِفعت /rɪfʔət̪/ ■ *n.f.* **1** elevation, altitude, height; exaltation, promotion. **2** dignity, eminence, illustriousness, nobility. رفعتِ خیال sublimity of thoughts.

رفعہ /rəfʔɑ:/ ■ *n.m.* (also رفع) vowel sound ('u' as in *put*), denoted by the diacritical symbol *pesh* (ُ) on a letter in Urdu and related languages.

رِفق /rɪfq/ ■ *n.m.* graciousness, gentleness, kindness, benignity, courtesy, civility, benevolence.

رُفقا /rʊfəqɑ:/ ■ *n.m.* (*pl.* of رفیق) companions, friends.

رفل /rəfəl/ ■ *n.f.* **1** rifle. **2** fine muslin. **3** fine silk stole. [E]

رفو /rəfu:/ ■ *n.m.* darning, stitching (of wounds). رفو کرنا darn. رفوگر (professional) darner. رفوگری darning (as a profession).

رفو چکّر /rəfu:t ʃəkkər/ ■ *n.m.* stealing off, running away, fleeing, disappearance. رفو چکر میں آنا become nonplussed, be entangled, be lost in surprise. رفو چکر ہو جانا flee, run away, disappear.

رفیدہ /rəfi:d̪ɑ:/ ■ *n.m.* **1** pad (for horse saddle). **2** pad on which bread is laid when being placed in an oven. **3** bandage or pad for a wound. **4** duster.

رفیع /rəfi:ʔ/ ■ *adj.* **1** high, elevated, exalted, lofty, eminent, sublime; glorious, noble. **2** loud (in voice). رفیعُ الدرجات، القدر eminent, of high status or dignity. رفیعُ الشان **1** of exalted dignity, very grand. **2** person of dignity, nobleman of high rank. رفیعُ المکان of exalted station or rank.

رفیف /rəfi:f/ ■ *n.f.* daurian lily, *Lilium dauricum*.

رفیق /rəfi:q/ ■ *n.m.* rafiq, friend, comrade, companion; ally, confederate. رفیقِ جرم accomplice, accessory to crime. رفیقِ حیات spouse. رفیقِ درس classmate. رفیقِ راہ fellow traveller. رفیقِ قریب تر closer friend. رفیقِ کار colleague, helper. (*pl.* رُفقا)

رفیقہ /rəfi:qɑ:/ ■ *n.* (*fem.* of رفیق) female friend or associate. رفیقۂ حیات wife.

رق /rəq/ ■ *n.f.* thin skin, vellum, parchment.

رقابت /rəqɑ:bət̪/ ■ *n.f.* rivalry (esp. in love), acrimonious competition, antagonism.

رقّاص /rəqqɑ:s/ ■ *n.m.* **1** dancer. **2** balance wheel of a watch, pendulum. رقاصِ فلک the planet Venus.

رقّاصہ /rəqqɑ:sɑ:/ ■ *n.f.* female dancer.

رِقاع /rɪqɑ:ʔ/ ■ *n.m.* a variant of *Naskh* (نسخ) script.

رَقَبہ /rəqəbɑ:/ ■ *n.m.* **1** neck. **2** servant; slave. (*pl.* رقاب)

رقبہ /rəqbɑ:/ ■ *n.m.* area; enclosure; environs. رقبۂ اراضی area of the land. رقبہ نکالنا calculate the area.

رِقّت /rɪqqət̪/ ■ *n.f.* 1 thinness; liquidity. 2 fit of weeping due to surge of deep emotions, (love, tenderness, affection, pity, sympathy, sorrow). رقت انگیز/آمیز highly emotional and tearful, highly emotive and tear-jerking. رقت طاری ہونا become emotional. رقتِ قلب extreme tenderness of heart.

رَقص /rəqs/ ■ *n.m.* dance, dancing. رقصِ بسمل writhing of the dying. رقص وسرود dance and music, ball, merrymaking, revelry.

رقصاں /rəqsɑ̃:/ ■ *adj.* (also رقصندہ) dancing.

رقطا /rəqt̪ɑ:/ ■ *n.m.* writing in which dotted and undotted letters are used in certain order.

رُقعہ /rʊqʔɑ:/ ■ *n.m.* 1 letter, epistle, note; billet-doux. 2 invitation, written statement of prospective bridegroom's particulars sent over with marriage proposal to girl's family. رُقعہ بھیجنا invite, send invitation. (*pl.* رُقعات)

رقم /rəqəm/ ■ *n.f.* 1 writing, handwriting. 2 calligraphy. 3 mark, character. 4 mode of arithmetical notation taken chiefly from the initials of the Arabic terms for numbers, used for denoting price. 5 numerical figure, amount, sum, figure. 6 total sum. 7 article (of goods). 8 wealth, money, precious item, jewellery. رقم اتارنا return the due amount, pay back the debt. رقم اینٹھنا take money by force or fraud. رقم جمع item of credit. رقم ڈوبنا lose money or investment. رقم طراز (also رقمطراز) writer (of). رقم طراز ہونا write. رقم کرنا write, indite, put down, note; mark. رقم وار item by item, in detail. رقم ہونا be written. (*pl.* ارقام، رُقُوم)

رقمی /rəqəmi:/ ■ *adj.* 1 written, marked, committed or reduced to writing; recorded. 2 with money, monetary.

رُقی /rʊqi:/ ■ *n.f.* (also رُقیٰ) 1 advancement, promotion. 2 magic.

رقیب /rəqi:b/ ■ *n.m.* 1 rival or competitor, especially in love; enemy. 2 one who watches over; guardian; one who keeps guard. 3 See الرّقیب.

رقیبان /rəqi:bɑ:n/ ■ *n.m.* (*pl.* of رقیب) رقیبانِ شب night watchmen.

رقیق /rəqi:q/ ■ *adj.* 1 liquid, fluid. 2 thin; fine; subtle, delicate. 3 (*fig.*) unsubstantial. ■ *n.m.* slave.

رقیق القلب kind-hearted.

رقیمہ /rəqi:mɑ:/ ■ *n.m.* letter, epistle, note. رقیمۂ نیاز/وِداد (at the end of a letter) yours faithfully, truly yours.

رُک /rʊk/ ■ (*imper.* of رُکنا) stay; used in comp. as رک جانا to stop. رک رک کر falteringly.

رکاب /rəkɑ:b/ ■ *n.f.* (also رِکاب) 1 stirrup. 2 retinue, cavalcade; train. 3 catchword at the bottom of a page. 4 bowl, goblet; dish. رکاب دار 1 stirrup-holder, groom. 2 chef. 3 vendor of preserves, pickles, jam, etc. رکاب ودوال stirrup-feather.

رکابی /rəkɑ:bi:/ ■ *n.f.* (also رِکابی) dish, plate, platter. رکابی مذہب 1 time-server; opportunist, turncoat. 2 parasitical.

رکاکت /rəkɑ:kət̪/ ■ *n.f.* indecency (of words, manners, etc.); vulgarity; meanness.

رکان /rəkɑ:n/ ■ *n.f.* 1 mode, manner. 2 reins, bridle.

رُکانا /rʊkɑ:nɑ:/ ■ *v.* 1 cause to hinder, to stop. 2 to surround.

رُکاوٹ /rʊkɑ:vət̪/ ■ *n.f.* (also رُکاو) stoppage, blockage, hindrance, prevention, obstacle, obstruction; delay. رکاوٹ ڈالنا hinder, obstruct, interfere.

رکت /rəkət̪/ ■ *n.m.* 1 blood. 2 red colour.

رکشا /rəkʃɑ:/ ■ *n.f.* (also رکھشا) protection, preservation, safety, care, support, patronage; custody. رکشابندھن a Hindu festival to celebrate and cement brotherly relationship. رکشا کرنا care, protect, preserve. (See also راکھی.)

رِکشا /rɪkʃɑ:/ ■ *n.m.* rickshaw.

رکعت /rəkʔət̪/ ■ *n.f.* (***Islam***) a section of namaz with *qayam* (قیام), genuflexion and prostration. رکعت ادا کرنا offer prayers. (*pl.* رکعات)

رُکن /rʊkn/ ■ *n.m.* 1 member; essential. 2 pillar, prop, support. 3 (***Islam***) one of the fundamentals of the Islamic faith. 4 (***Pros.***) foot of a verse. رکنُ السلطنت pillar of the state, an important nobleman. رکنِ یمانی one of the pillars of Ka'aba. (*pl.* ارکان; *ppl.* اراکین)

رُکنا /rʊknɑ:/ ■ *v.* 1 stop, come to a stop; stay (at or with). 2 refrain (from), desist (from). 3 be enclosed, be prohibited. 4 falter or stammer in speech; hesitate. 5 cease to flow. 6 cease to have inspiration.

رُکنیت /rʊknɪjət̪/ ■ *n.f.* membership.

رُکوانا /rʊkvɑ:nɑ:/ ■ *v.* cause to be stopped.

رَکوب /rəku:b/ ■ *n.m.* riding, anyone mounted or riding; animal for riding.

رُکوب /rʊku:b/ ■ *n.m.* act of riding or mounting.

رُکوع /rʊku:ʔ/ ■ *n.m.* **1** bowing the body in prayer, genuflexion. **2** a section of a sura from the Qur'an.

رکیب /rəki:b/ ■ *n.f.* **1** riding. **2** a fellow rider; anything ridden. **3** (*fig.*) horse.

رکیبی /rəke:bi:/ ■ *n.f.* (*corr.* of رکابی) (*slang*) plate.

رکیک /rəki:k/ ■ *adj.* **1** shameless, indecent, vulgar, disgraceful. **2** shallow (water); thin.

رکین /rəki:n/ ■ *adj.* stable, resolute, strong; used in comp. as: رکنِ رکین **1** strong pillar, strong or prominent member of a group. **2** prime minister.

رکھ /rəkʰ/ ■ (*imper.* of رکھنا) keep; used in comp. as: رکھ چھوڑنا withhold, keep back, lay by. رکھ رکھاؤ **1** manners; etiquette. **2** formalities, ceremonial behaviour. **3** care for others, consideration. رکھ لینا engage; keep; take into service.

رکھا /rəkʰɑ:/ ■ *adj.* **1** kept; placed. **2** employed. **3** mortgaged; used in comp. as: رکھا رکھایا **1** kept back, laid by. **2** saved. **3** stale. (*fem.* رکھی)

رکھانا /rəkʰɑ:nɑ:/ ■ *v.* (also رکھوانا) **1** make someone keep something. **2** give in charge. **3** deposit.

رُکھانا /rʊkʰɑ:nɑ:/ ■ *adj.* **1** dry, rough. **2** insipid, uninteresting. **3** cool, indifferent, curt. **4** harsh, acrimonious. **5** unfriendly; uncivil.

رُکھانی /rʊkʰɑ:ni:/ ■ *n.f.* chisel, carpenter's chisel; auger.

رکھائی /rəkʰɑ:i:/ ■ *n.f.* **1** guarding, keeping. **2** price paid for keeping and guarding.

رُکھائی /rʊkʰɑ:i:/ ■ *n.f.* dryness, coolness; unfriendliness, incivility, indifference, curtness.

رکھنا /rəkʰnɑ:/ ■ *v.* **1** put, place, keep, lay by, set. **2** pledge (in mortgage); pawn. **3** possess, own, hold, have. **4** save, preserve, put aside, keep back, reserve. **5** engage, employ, take in service. **6** impute.

رکھوالا /rəkʰvɑ:lɑ:/ ■ *n.m.* (also رکھوار، رکھوال) **1** guard, guardian, keeper, watchman. **2** shepherd, cowherd.

رکھوالن /rəkʰvɑ:lən/ ■ *n.* (*fem.* of رکھوالا) a female guard.

رکھوالی /rəkʰvɑ:li:/ ■ *n.f.* watch, guarding; taking care, custody.

رکھوائی /rəkʰvɑ:i:/ ■ *n.f.* wages of a guard or watchman.

رِکھی /rɪkʰi:/ ■ *n.m.* (*var.* of رِشی) saint; sage.

رکھیل /rəkʰe:l/ ■ *n.f.* (also رکھیلی) mistress, concubine, kept woman.

رگ /rəg/ ■ *n.f.* **1** vein or artery, sinew; nerve; blood vessel. **2** vein (of a leaf, wood or stone); fibre. **3** nature, habit. **4** control, authority. **5** feeling, emotion. **6** obstinacy, waywardness. رگ اترنا **1** tendon to be sprained. **2** be appeased. **3** recover from a fit of obstinacy. رگ بند bandage. رگ پٹھا veins and muscles, veins and sinews. رگ جالی network of veins, veined. رگ جاں/حیات jugular vein, aorta (See also شہ رگ under شہ). رگ چڑھنا have a muscular spasm; have a fit of obstinacy. رگ دار veined; fibrous. رگ رگ every vein, in every vein. رگ زن phlebotomist, bloodletter, surgeon. رگ شرارت پھڑکنا be up to some mischief. رگِ گردن **1** vein of the neck. **2** (*fig.*) pride. رگ وپے (*fig.*) whole body. رگ وپے میں سرایت کرنا affect or infest the whole being. رگ وریشہ **1** veins and sinews. **2** nature, constitution.

رگڑ /rəgəɽ/ ■ *n.f.* **1** rubbing, friction, abrasion, graze. **2** state of being worn. **3** quick beating of the drum. رگڑ رگڑ کر by scrubbing. رگڑ کھانا/لگنا be rubbed (by), be abraded, be grazed.

رگڑا /rəgɽɑ:/ ■ *n.m.* **1** rubbing; grinding; scouring; polishing. **2** a type of ointment for the eyes. **3** wrangling, quarrelling. **4** damage. رگڑا جھگڑا quarrel, wrangling, disputation, altercation, strife; argument, debate.

رگڑنا /rəgəɽnɑ:/ ■ *v.* **1** rub, abrade, grind, grate, chafe. **2** wear out. **3** excoriate.

رگ وید /rɪgve:d̪/ ■ *n.f.* Rig Veda, first of the four sacred scriptures (Vedas) of the Hindus.

رگید /rəge:d̪/ ■ *n.f.* **1** chase, hunt, pursuit. **2** scour. **3** (*fig.*) beat.

رگیدنا /rəge:d̪nɑ:/ ■ *v.* drive off or away, pursue, chase.

رگیں /rəgẽ:/ ■ *n.f.* (*pl.* of رگ) veins. رگیں مرنا lose virility, become impotent.

رَل /rəl/ ■ *n.m.* relationship, intimacy. رل مل کر together. رل مل کر رہنا live together in love and friendship, live in harmony.

رمبھا² ____ ■ *n.f.* sounding; roaring; lowing (of cattle). [dial.]

رمبھانا /rəmbʰɑ:nɑ:/ ■ *v.* (also رانبھنا) bellow; low; roar.

رمپا /rəmpɑ:/ ■ *n.m.* (also رانپی) cobbler's knife.

رمتا /rəmṱɑ:/ ■ *adj.* roaming, wandering; playful. رمتا جوگی wandering hermit.

رِم جھم /rɪmdʒʰɪm/ ■ *n.f.* the musical sound of rain. رم جھم برسنا rain heavily.

رمد /rəməd̪/ ■ *n.m.* conjunctivitis.

رمڑنا /rəməɽnɑ:/ ■ *v.* show stubbornness.

رمز /rəmz/ ■ *n.f.* **1** winking; coquetry. **2** enigma, riddle, puzzle. **3** symbol, code, sign, hint; hidden meaning, double entendre. رمز آشنا/شناس one who takes a hint, conversant with the ins and outs (of). رمز پھینکنا/چلانا/مارنا hint, give a hint or sign, make allusions. رمز نویس cryptographer. (*pl.* رُموز)

رمزیت /rəmzijəṱ/ ■ *n.f.* symbolism.

رمضان /rəməzɑ:n/ ■ *n.m.* Ramazan, the ninth month of the Islamic calendar during which Muslims fast, when eating and drinking is prohibited between dawn and sunset. رمضانُ المبارک the blessed Ramazan. رمضان شریف (*fig.*) empty, penniless, poverty.

رمق /rəməq/ ■ *n.f.* **1** small departing spirit, last breath, last gasp. **2** a small amount, jot, little.

رَمَل /rəməl/ ■ *n.f.* **1** foretelling by figures, divination, geomancy. **2** (***Pros.***) name of a verse metre.

رمنا /rəmnɑ:/ ■ *v.* **1** rove, roam, wander, tramp. **2** enjoy, luxuriate, revel. **3** dwell, stay. ■ *n.m.* park; pasture land, meadow.

رمنی /rəmni:/ ■ *n.f.* beautiful, attractive and charming woman.

رُموز /rʊmu:z/ ■ *n.m.* (*pl.* of رمز) hints, signs, codes. رموزِ اوقاف punctuation marks.

رمہ /rəmɑ:/ ■ *n.m.* **1** herd, flock; multitude. **2** battalion of army.

رمی /rəmi:/ ■ *n.f.* the ritual of stoning of Satan in Mina during Hajj.

رمیدگی /rəmi:d̪gi:/ ■ *n.f.* escaping from a disturbance, flight, scare.

رمیدہ /rəmi:d̪ɑ:/ ■ *adj.* **1** escaped, running away. **2** disturbed, terrified; afflicted. رمیدہ خاطر **1** disgusted.

رلا /rəlɑ:/ ■ *n.m.* **1** mixture, combination, mingling. **2** confusion, complication, misunderstanding. رلا ملا intermixed, varied, adulterated. (*fem.* رلی)

رُلّا /rʊllɑ:/ ■ *n.m.* land that has to be left fallow for a year or two in order to recover its vigour.

رُلانا /rʊlɑ:nɑ:/ ■ *v.* (also رُلوانا) cause to weep, displease, afflict, vex.

رلنا /rəlnɑ:/ ■ *v.* **1** be mixed, be adulterated, be alloyed; be or become mixed or mingled. **2** get lost (in crowd, etc). **3** get mixed up (with), be in league or collusion (with).

رُلنا /rʊlnɑ:/ ■ *v.* (also رُل جانا) **1** to be rolled, be smoothed. **2** be ruined; be scattered.

رلّی /rəlli:/ ■ *n.f.* patchwork coverlet.

رم¹ /rəm/ ■ *n.m.* **1** flight, elopement. **2** scare; scramble, stampede. رمِ آہو flight of deer in fright. رم خوار fleeing, scared person. رم خوردہ scared, fleeing for fear. رم دیدہ terrified, awe-struck. رم رہنا **1** remain hidden. **2** elope. رم کرنا take to flight, flee, run away. [P]

رم² ____ ■ *n.f.* rum. [E]

رم³ ____ ■ *n.m.* stay, dwell in. رم جانا reside, be settled or seated. [S]

رِم /rɪm/ ■ *n.m.* ream. [E]

رماد /rəmɑ:d̪/ ■ *n.f.* ash.

رمادی /rəmɑ:d̪i:/ ■ *adj.* ashen (colour).

رمّاز /rəmmɑ:z/ ■ *n.m.* one who speaks in riddles, one who speaks mysteriously, enigmatist.

رُمال /rʊmɑ:l/ ■ *n.m.* handkerchief. See رُومال.

رمّال /rəmmɑ:l/ ■ *n.m.* geomancer, soothsayer, fortune-teller.

رُمّان /rʊmmɑ:n/ ■ *n.m.* pomegranate.

رمانا /rəmɑ:nɑ:/ ■ *v.* **1** rub (dust, ash, etc. on body). **2** beguile, divert.

رمائم /rəmɑ:ɪm/ ■ *n.f.* (*pl.* of رمیم) decayed bones.

رمبا¹ /rəmbɑ:/ ■ *n.m.* spade, hoe, instrument for uprooting grass. [S]

رمبا² ____ ■ *n.m.* rumba, a kind of fast dance of Cuba and its loud tune. [E]

رمبھا¹ /rəmbʰɑ:/ ■ *n.f.* **1** plantain, *Musa sapientum*. **2** (***Myth.***) the name of a nymph of Indra's paradise; courtesan, harlot. [S]

مختصر مصوتے: ə بَن /bən/ ɪ بِن /bɪn/ ʊ بُن /bʊn/ مجہول مصوتے: æ شہر /ʃæhr/ e سہرا /sehrɑ:/ o عُہدہ /ohd̪ɑ:/

2 vexed.

رمیز /rəmi:z/ ■ *adj.* 1 witty, intelligent. 2 agile.

رمیض /rəmi:z/ ■ *adj.* sharp (knife).

رمیم /rəmi:m/ ■ *adj.* old and decayed (usu. bones).

رن¹ /rən/ ■ *n.m.* 1 war, battle, combat, fight; conflict; mark. 2 sound. رن بھوم battlefield. رن پڑنا furious battle to be fought. رن جیت victor, conqueror. [S]

رن² ____ ■ *n.f.* woman; wife. [Prk.]

رن³ ____ ■ *n.f.* wood, forest; desert. رن بن 1 wilderness. 2 hunting ground. [Prk.]

رنج /rəndʒ/ ■ *n.m.* sorrow, grief, sadness, distress; pain, suffering, anguish. رنج اٹھانا suffer, bear sorrow. رنج دینا cause or give pain, cause suffering (to), distress, wound one's feelings. رنج کرنا grieve, sorrow, lament. رنج مول لینا court trouble. رنج والم رغم distress, sorrow.

رنجش /rəndʒɪʃ/ ■ *n.f.* estrangement, displeasure, coolness; strained relations; unpleasantness (between persons). رنجش ہونا have strained relations.

رنجک /rəndʒək/ ■ *n.f.* 1 touch hole of a gun. 2 match (of a gun, rocket or squib); priming-powder. رنجک اڑانا flash in the pan. رنجک پلانا prime (gun etc.). رنجک چاٹ جانا 1 fail to go off. 2 (*fig.*) fail in a venture. رنجک دان priming-pan.

رنجور /rəndʒu:r/ ■ *adj.* 1 sick, ill. 2 afflicted, anguished, distressed, suffering.

رنجوری /rəndʒu:ri:/ ■ *n.f.* affliction, anguish.

رنجہ /rəndʒɑ:/ ■ *adj.* sad, afflicted, grieved. ■ *n.m.* 1 trouble, bother, inconvenience; grief. 2 delicate gait (usu. used as: قدم رنجہ فرمانا).

رنجیدگی /rəndʒi:ḍəgi:/ ■ *n.f.* grief, sorrow; displeasure, chagrin.

رنجیدہ /rəndʒi:ḍɑ:/ ■ *adj.* grieved, sad; afflicted. رنجیدہ خاطر displeased, sorrowing, sorrowful. رنجیدہ کرنا displease, offend. رنجیدہ ہونا chagrin, be grieved; be displeased.

رند /rənḍ/ ■ *n.m.* holes in a rampart through which arrows are shot or guns fired.

رِند /rɪnḍ/ ■ *n.m.* 1 sceptic, heretic; freethinker. 2 boozer, drunkard. 3 libertine, rake, licentious person, profligate, debauchee; reprobate. رِند خراب 1 profligate. 2 drunkard. رِند مشرب 1 licentious. 2 bold.

رندانہ /rɪnḍɑ:nɑ:/ ■ *adj.* 1 licentious, rakish; dissolute. 2 bold. 3 disorderly.

رندنا /rənḍnɑ:/ ■ *v.* smooth with a plane.

رُندنا /rʊnḍnɑ:/ ■ *v.* be trampled on or trodden.

رندہ /rənḍɑ:/ ■ *n.m.* (also رندا) plane, carpenter's plane. رندہ پھیرنا plane.

رِندی /rɪnḍi:/ ■ *n.f.* 1 freethinking. 2 debauchery, licentiousness. 3 boozing.

رندھنا /rənḍʰnɑ:/ ■ *v.* be boiled or cooked (food).

رُندھنا /rʊnḍʰnɑ:/ ■ *v.* 1 (throat) to choke. 2 be afflicted. 3 be trampled or trodden.

رُنڈ /rʊnɖ/ ■ *n.m.* 1 tree not producing fruit. 2 headless body. رنڈ منڈ branchless; desolate; deserted.

رنڈاپا /rə̃ɖɑ:pɑ:/ ■ *n.m.* (*contr.* of رانڈاپا) widowhood.

رنڈسالا /rə̃ɖsɑ:lɑ:/ ■ *n.m.* widow's white dress.

رنڈوا /rə̃ɖvɑ:/ ■ *n.m.* widower.

رنڈی /rənɖi:/ ■ *n.f.* 1 prostitute, whore, promiscuous woman. 2 (*obs.*) woman. رنڈی باز whoremonger, fornicator. رنڈی بازی whoredom, fornication, harlotry.

رُنکّھا /rʊnəkʰkʰɑ:/ ■ *adj.* weepy; snivelling.

رنگ /rəŋg/ ■ *n.m.* 1 colour, paint, pigment hue, dye; complexion. 2 suit (at cards). 3 manner; mode, sort; nature, mood. 4 look. 5 enjoyment. 6 liveliness, colourfulness, beauty, attractiveness. 7 pomp and show. رنگ اترنا/اڑ جانا/اُڑنا become pale, lose colour, fade, blanch. رنگ افشانی کرنا scatter colours. رنگ اندھا/کور/ناشناس colour-blind. رنگ آمیز 1 coloured, painted. 2 artist, painter. رنگ آمیزی کرنا exaggerate, add to a story, embellish. رنگ باختہ in a state of fear and astonishment; with colour gone. رنگ باز 1 hypocrite. 2 gambler. 3 playful, sportive; frolicsome. رنگ برنگ/برنگا multicoloured, multi-hued, motley; variegated. رنگ بگڑنا 1 be discoloured or stained. 2 change in state or condition. 3 spoil, be spoilt. رنگ بھرنا 1 paint, colour. 2 embellish (a narrative). رنگ بھریا 1 painter. 2 person who makes pewter jewellery. رنگ بھوم 1 place of amusement; theatre. 2 (*fig.*) the world. رنگ پاشی colouring; sprinkling colour on the Holi festival. رنگ پر آنا be in full swing, reach the heights (e.g. of revelry). رنگ پریدہ 1 faded, paled. 2 afflicted. رنگ پکڑنا adopt (someone's) ways. رنگ پھیکا/مندا پڑنا become pale or dull, lose colour. رنگ جمانا 1 establish (oneself); gain acceptance, hold the attention of, create a favourable coloured. رنگت سفید ہونا blanch, become pale.

/rəŋgtəra:/ ■ *n.m.* species of citrus, akin to orange. رنگترہ

/rəŋgru:ʈ/ ■ *n.m.* recruit, newly enlisted soldier. [E] رنگروٹ

/rəŋgre:z/ ■ *n.m.* (also رنگ رز) professional dyer. رنگریز

/rəŋgna:/ ■ *v.* dye, paint, colour. رنگنا

/rəŋgəndʰa:/ ■ *n.m.* (also رنگ اندھا) colour-blind. رنگندھا

/rəŋgva:na:/ ■ *v.* get coloured, dyed or painted. رنگوانا

/rəŋgo:li:/ ■ *n.f.* flower painting on threshold to celebrate festival, rangoli. رنگولی

/rəŋgi:/ ■ *n.f.* **1** colourful. **2** dyer; painter. رنگی

/rəŋge:/ ■ *n.m.* (*pl.* & *infl.* of رنگا) used in comp. as: رنگے ہاتھوں red-handed, while committing a crime, (caught) in the act. رنگے

/rəŋgi:la:/ ■ *adj.* **1** showy, jovial, fun-loving, man of pleasure, bon vivant; lively, given to a life of pleasure. **2** colourful, florid, ornate. رنگیلا جوان amorous, lovesick, fun-loving. رنگیلا چٹکیلا (*euph.*) parched gram. (*fem.* رنگیلی) رنگیلا

/rəŋgi:n/ ■ *adj.* (also رنگیں) **1** coloured, colourful, florid, ornate, multi-coloured. **2** lively, fond of gaiety, addicted to pleasure. رنگین ادا of elegant manners. رنگین بیانی flowery style of speech or writing. رنگین عبارت flowery writing. رنگین مزاج **1** fun-loving, lively. **2** flirty, fond of consorting with the opposite sex. رنگین ادائی elegance of manners. رنگین

/rəŋgi:ni:/ ■ *n.f.* colourfulness, ornateness. رنگینیِ طبع رمزاج **1** love of fun. **2** love of consorting with the opposite sex, amorousness. رنگینیِ عبارت flowery style of writing. رنگینی

/rənva:s/ ■ *n.m.* palace reserved for women, harem, seraglio of a raja. رنواس

/rɔ:/ ■ *n.f.* **1** current, stream, torrent. **2** (*fig.*) train of thought. **3** passion, ardour, desire. ■ *suffix* **1** growing; germinating. **2** going; used in comp. as: پیش رو preceding, going before. خودرو growing by itself, wild growing. رَو

/ru:/ ■ *n.m.* **1** face, countenance; surface. **2** mode, manner. **3** cause, basis, reason. روبراہ **1** ready for a journey, setting out, ready to set out. **2** reformed, returned from an erroneous course. روبرو face to face. روبروکرنا bring face to face. روبزوال ربہ زوال declining. روبصحت ربہ صحت convalescing, on way to recovery. رُو

impression or an appreciative atmosphere. **2** enchant (the audience or assembly). رنگ جمنا something to be effective; become established or accepted. رنگ جھلکنا **1** colour to flash. **2** (*fig.*) someone's style to be reflected in a work of prose or poetry. رنگ چڑھانا رکرنا **1** coat with paint, paint. **2** exaggerate in praising. رنگ چڑھنا be painted; adopt new or someone's ways or fashion. رنگ دار coloured, showy. رنگ دیکھنا see the way things go, consider the consequence. رنگ ڈھنگ habits, style, manners, fashion, appearance. رنگ رز رریز (also رنگریز) professional dyer. رنگ رسیا ررسیلا lascivious man. رنگ رلیاں revelries, merrymaking, carnival. رنگ روپ appearance, complexion and looks. رنگ ریزی (also رنگریزی) dyeing. رنگ زرد رسبز ہونا pale, grow pale. رنگ ساز painter. رنگ سازی painting. رنگِ سخن style of poetry, attributes or salient features of poetry. رنگِ طبع رطبیعت bent of mind, nature. رنگ فق ہونا grow pale, blanch. رنگ کاٹ ررکٹ bleaching powder. رنگ کاٹنا bleach. رنگ کٹنا be bleached, lose colour, fade. رنگ کرنا paint. رنگ کھلنا رکُھلنا (colour) grow brighter, look beautiful. رنگ کھیلنا sprinkle colour (of Hindus during Holi festival). رنگ لانا **1** glow, flush. **2** blossom, flourish. **3** produce a result. **4** cause trouble. رنگ لینا **1** dye, colour. **2** make someone of similar disposition. رنگ مارنا **1** win (in gambling). **2** enjoy. رنگ محل place of festivity. رنگ میں بھنگ ڈالنا spoil the fun. رنگ میں ڈوبنا come under the influence of, become impressed; become a hopeless reprobate. (اپنے) رنگ میں رنگنا make (someone) like oneself. رنگ نکالنا look good, be radiant (with health or beauty); to show off. رنگ نکلنا look bright; be radiant with health.

/rəŋga:/ ■ *adj.* **1** dyed, coloured. **2** flushed (with wine). رنگا رنگ colourful. رنگا(ہوا) سیار fraud; imposter. (*fem.* رنگی) رنگا

/rəŋga:ra:/ ■ *n.m.* (*arch.*) dyer, person who dyes clothes. رنگارا

/rəŋga:na:/ ■ *v.* get (a thing) coloured. رنگانا

/rəŋga:vəʈ/ ■ *n.f.* colouring, dyeing. رنگاوٹ

/rəŋga:i:/ ■ *n.f.* (also رنگوائی) **1** dyeing or painting. **2** price paid for colouring. رنگائی

/rəŋgət/ ■ *n.f.* **1** colour, hue, dye. **2** complexion; appearance. **3** plan, design. رنگت آنا get a colour; be رنگت

روبہ ترقی developing, progressing or improving. روپوش 1 gone into hiding. 2 hidden, absconder. روپوش ہونا go into hiding, burrow, abscond. روپوشی concealment; absconding. رودار man of rank and dignity. رودینا attend to. رو رعایت consideration, partiality, favour. (اس کی) روسے according to. روسیاہ 1 having the face blackened. 2 (*fig.*) (i) disgraced. (ii) sinner. روسیاہی disrepute, disgrace. روشناس one who is known by sight, casual acquaintance, knowing; acquainted with. روشناسی casual acquaintance, slight knowledge of or acquaintance with. روکش 1 opponent, adversary, rival, competitor. 2 cover of a mirror. 3 hypocrite. روکشی competition, rivalry. روگردانی going against (orders, etc.), turning away, disobedience. رونما ہونا happen, transpire, occur. رونمائی 1 showing of the face, ritual of first unveiling of bride before her husband, in-laws and others. 2 gift given to bride on this occasion. 3 launching ceremony (of a book, etc.) روئے سخن direct or oblique reference, reference to something or someone in conversation, pointed comment.

/roː/ ■ (*imper.* of رونا) weep, cry. روپیٹ کر کے with much difficulty. رو دینا 1 burst into tears. 2 find very difficult. **رو**

/rəvɑː/ ■ *adj.* 1 right, proper, lawful, permissible, allowable, approved. 2 worthy, suitable. 3 upheld. روا جاننا/سمجھنا think something to be proper, permissible or lawful. روادار tolerant, indulgent; liberal-minded; condescending. رواداری liberal-mindedness, broad-mindedness, tolerance. روا رکھنا consider something lawful or permissible. [P] **روا¹**

_____ ■ *n.m.* 1 coarse ground wheat; grains or particles of sand, dust, wheat, etc. 2 gold and silver filing. 3 bit, small piece. [Prk.] **روا²**

_____ ■ *suffix* issuing; driving, as: فرماں روا ruler. [P] **روا³**

/rəvɑːbɪt̪/ ■ *n.m.* (*pl.* of رابطہ) relations, connections, ties, bonds. **روابط**

/rɪvɑːdʒ/ ■ *n.m.* (also رُواج) 1 custom, fashion, currency, prevalence, customary law, usage, practice. رواج پانا/پکڑنا become prevalent, come in vogue, be in fashion. رواج پڑنا come into practice, gain currency, become a custom, be in vogue. رواج دینا/ڈالنا introduce, make current. **رِواج**

/rɪvɑːdʒən/ ■ *adv.* according to custom or practice, customarily. **رِواجاً**

/rɪvɑːdʒiː/ ■ *adj.* customary, usual. رواجی زبان lingua franca. **رِواجی**

/rəvɑːd̪ɑːr/ ■ *adj.* tolerant, indulgent. See under روا¹. روادار ہونا be tolerant; consider (something) right or proper, be liberal-minded. **روادار**

/rəvɑːd̪ɑːriː/ ■ *n.f.* tolerance. See under روا¹. **رواداری**

/rəvvɑːr/ ■ *n.m.* cloth spread upon a bed, bed-sheet. **روّار**

/rəvɑːrəviː/ ■ *n.f.* hurry, haste. رواروی میں hurriedly, in passing, en passant. **رواروی**

/rʊvɑːs/ ■ *n.f.* inclination to cry. **رُواس**

/rəvɑːsɪm/ ■ *n.m.* (*pl.* of رسم) customs, rituals. **رواسم**

/rəvɑːfɪz/ ■ *n.m.* (*pl.* of رافضی) heretic, schismatic. **روافض**

/rɪvɑːq/ ■ *n.m.* (also رُواق) 1 canopy; curtain stretched before the door of a house or tent. 2 gallery in front of a house; portico. 3 palace; lofty building resting on columns. **رِواق**

/rɪvɑːqiː/ ■ *adj.* Stoic. ■ *n.m.* a member of the ancient Greek school of philosophy founded by Zeno. **رِواقی**

/rɪvɑːqɪjət̪/ ■ *n.f.* Stoicism, the philosophy of the Stoic. **رِواقیت**

/rəvɑːl/ ■ *adj.* granular. ■ *n.m.* grain of silver or gold. **روال**

/rəvɑ̃ː/ ■ *adj.* (also روانہ) 1 moving, going, flowing, running, current, fluid. 2 fluent. 3 free (part of a machine). 4 quick, brisk, active, dexterous; expert, sharp. ■ *adv.* 1 fluently, smoothly. 2 quickly, briskly. رواں آمدنی current income. رواں پڑھنا read fluently, read easily. رواں تبصرہ running commentary. رواں حساب current account. رواں دواں brisk. رواں دواں پھرنا go about briskly, wander to and fro, be up and about. رواں کرنا 1 make (a machine) run smoothly, get going, set right, activate. 2 cause to flow. 3 whet. 4 inspire. رواں ہونا 1 give effect to. 2 be in vogue. 3 be frequently uttered, become free of (speech). [P] **رواں¹**

_____ ■ *n.f.* rational soul, soul, spirit, life. [P] **رواں²**

_____ ■ *n.m.* cowpea, a plant with pods. [dial.] **رواں³**

/rʊvɑ̃ː/ ■ *n.m.* (also رُوواں) 1 the hair of the body, down. 2 pile (of a carpet). رواں رواں 1 every hair of body. 2 (*fig.*) whole body. رواں رواں کانپنا feel afraid, be **رُواں**

روپ سروپ appearance. روپ سنگھار adornment, make-up. روپ متی روتی رونتی beautiful woman. روپ نکالنا become beautiful.

رُوپا /ru:pɑ:/ ■ *n.f.* silver. ■ *adj.* white, silvery.

رُوپٹّا /rʊpəʈʈɑ:/ ■ *n.m.* (*var.* of دُوپٹّا) dupatta, shawl, stole.

رُوپک /rʊpək/ ■ *n.m.* statue; picture, image; figure, form.

رُوپلّی /rʊpəlli:/ ■ *n.m.* (also رُپلّی) (*dim.* of رُوپیہ) derogatory term for rupee.

رُوپنا /ru:pnɑ:/ ■ *n.m.* face, form, appearance.

روپنا¹ /ro:pnɑ:/ ■ *v.* **1** plant; sow. **2** transplant. **3** hinder. [Prk.]

روپنا² _____ ■ *n.f.* betrothal. [Prk.]

رُوپہلی /rʊpæhli:/ ■ *adj.* (also رُوپہری، رُوپیلی) silvery, silvered, made of silver.

رُوپے /rʊpe:/ ■ *n.m.* (*pl.* & *infl.* of رُوپیہ) (also رُوپئے) روپے پیسے والا rich person.

رُوپیہ /rʊpjɑ:/ ■ *n.m.* (also رُپیا) **1** rupee, the currency of Pakistan, India and some other countries. **2** coin; money. روپیہ اٹھانا spend money, expend wealth. روپیہ اٹھنا (money) be spent. روپیہ بھنانا/تڑوانا/خردہ کرنا get small change, change money for smaller coins or denominations. روپیہ بھیجنا send money, remit money. روپیہ پھونک ڈالنا spend money blindly, waste money. روپیہ ٹھیکری/کنکری کرنا spend lavishly, waste money. روپیہ جوڑنا hoard up wealth. روپیہ ڈوبنا incur or suffer loss, loss of money.

روتا /ro:t̪ɑ:/ ■ *adj.* weeping; sad, grieved. روتا پھرنا bewail, be moan, complain.

روتی /ro:t̪i:/ ■ *adj.* (*fem.* of روتا) روتی شکل/صورت killjoy.

روٹ /ro:ʈ/ ■ *n.m.* large and thick bread.

روٹی /ro:ʈi:/ ■ *n.f.* **1** roti; bread, loaf. **2** food, sustenance, livelihood. روٹی پکانا bake bread, prepare food. روٹی توڑ hanger on, sponger. روٹی چپڑنا butter or oil the bread. روٹی دینا feed; support. روٹی ڈالنا prepare bread, put roti on girdle for baking. روٹی کپڑا maintenance; maintenance allowance. روٹی کو رونا starve. روٹی کھانا take food, eat. روٹی والا baker; bread-seller.

روٹیاں /ro:ʈjɑ̃:/ ■ *n.f.* (*pl.* of روٹی) روٹیاں توڑنا sponge (on someone), take something without working for it. روٹیاں چلنا live, subsist, get enough to eat. روٹیاں لگنا **1** become fat, put on weight. **2** behave in a boastful frightened, become terrified. رواں میلا نہ ہونا not receive the slightest injury. (*pl.* رُوئیں)

روانس /rəvɑ̃:s/ ■ *n.m.* a kind of bean, *Dolichos sinensis*.

رُوانسا /rʊvɑ̃:sɑ:/ ■ *adj.* tearful. See رُوہانسا

روانگی /rəvɑ:ngi:/ ■ *n.f.* (also روانگی) **1** departure, going, leaving, setting out. **2** dispatch, forwarding (of letter, etc.). **3** purport of a pass. **4** (*fig.*) death. روانگی چٹھی passport, pass.

روانہ /rəvɑ:nɑ:/ ■ *n.m.* See رواں¹. روانہ کرنا dispatch, send. روانہ ہونا proceed, go, depart, start (on a journey).

روانی /rəvɑ:ni:/ ■ *n.f.* **1** flux; flow. **2** fluency, effusion. **3** speed, swiftness. **4** briskness (of market). روانیِ خون blood circulation. روانیِ طبع/طبیعت continuous flow of ideas.

رِوایت /rɪvɑ:jət̪/ ■ *n.f.* **1** tradition. **2** legend; narrative; story. **3** history. روایت پرستی/پسندی traditionalism, being old fashioned. روایت پسندیت (*Philos.*) traditionalism, conservatism. روایت ڈالنا introduce some practice. (*pl.* رِوایات)

رِوایتاً /rɪvɑ:jət̪ən/ ■ *adv.* as per traditions, traditionally.

رِوایتی /rɪvɑ:jət̪i:/ ■ *adj.* traditional, customary.

روب /ro:b/ ■ *suffix* denoting sweeping; used in comp. as: خاک روب sweeper.

رُوباہ /ru:bɑ:h/ ■ *n.f.* (also رُوبہ) **1** fox. **2** (*fig.*) sly or cunning person. روباہ بازی foxiness; cunning, artfulness, deceit, trickiness, trickery; wile; stratagem, evasion; subterfuge. روباہ بازی کرنا deceive, practise deceit (with).

رُوباہی /ru:bɑ:hi:/ ■ *n.f.* trickery, deceit, subterfuge.

رُوبکار /ru:bəkɑ:r/ ■ *n.m.* **1** face to face, in front (of). **2** order, court proceedings; warrant. **3** ready, afoot.

رُوبکاری /ru:bəkɑ:ri:/ ■ *n.f.* proceeding of a cause, hearing in a law court, record; warrant.

رُوپ /ru:p/ ■ *n.m.* **1** face, countenance; appearance, form, figure; mien. **2** beauty, handsomeness. **3** mode, manner, style. **4** masquerade, mimicry. **5** silver. روپ بدلنا change the appearance, disguise oneself. روپ بگاڑنا disfigure, deface. روپ بنانا/بھرنا/دھارنا/دھرنا impersonate, assume a character, adopt a guise or role; act or play a part. روپ جست pewter, bronze. روپ دکھانا/دکھلانا **1** show one's face. **2** show an aspect of one's character or nature. روپ رس calcined silver.

in the way. روڑا ہونا belong to, be a typical native of a place.

روڑی /ro:ṛi:/ ■ *n.f.* (*dim.* of روڑا) broken stones and bricks.

رُوڑھا /ru:ṛʰɑ:/ ■ *adj.* (of face or skin) rough, chapped. روڑھاپن roughness. (*fem.* رُوڑھی)

روز /ro:z/ ■ *n.m.* **1** day. **2** period; time. **3** daily wages. ■ *adv.* **1** per diem, every day, per day. **2** day in and day out; always. روزِازل the day of creation, the day of one's birth on which one's destiny is registered. روزافزوں increasing day by day, ever-increasing. روزِاول **1** the day of creation. **2** first day, beginning, start. روزِآخر/جزا/حساب/حشر/قیامت Doomsday, the Day of Judgement/ Reckoning/ Resurrection. روزِآفرینش the day of Creation. روزِسیاہ calamity. روزروز every day; always. روزِروشن dawn, daylight. روزِعاشور tenth of Moharram. روزوشب day and night.

روزانہ /ro:zɑ:nɑ:/ ■ *adv.* daily.

روزبروز /ro:z bəro:z/ ■ *adv.* **1** every day, daily, day by day. **2** constantly.

روزگار /ro:zgɑ:r/ ■ *n.m.* **1** employment; livelihood; service. **2** age; time. روزگارپیشہ wage-earner, one whose occupation is paid employment of any sort, paid employee. روزگارچھوٹنا be dismissed from service, be out of work. روزگارکرنا start a business. روزگارلگنا obtain or get employment, enter a service.

روزمرّہ /ro:zmərrɑ:/ ■ *adv.* **1** daily, everyday, every time. **2** colloquial.

روزنامچہ /ro:znɑ:mtʃɑ:/ ■ *n.m.* diary. روزنامچہ‌نویس literary diarist; police clerk.

روزنامہ /ro:znɑ:mɑ:/ ■ *n.m.* daily newspaper.

رَوزن /rɔ:zən/ ■ *n.m.* hole, hole in the wall or roof; skylight. روزنِ زنداں window in the jail cell.

روزہ /ro:zɑ:/ ■ *n.m.* fast, Lent. روزہ افطارکرنا/کھولنا break the fast. روزہ توڑنا break one's fast before time. روزہ خوار/خور one who does not fast during Ramazan. روزہ دار one who fasts or observes Lent, fasting person. روزہ رکھائی/رکشائی arrange iftar party for a child who keeps fast for the first time. روزہ رکھنا fast. روزہ کھانا not to fast.

روزی /ro:zi:/ ■ *n.f.* **1** livelihood; maintenance, daily food; daily bread. **2** daily work, employment, sustenance; means of subsistence; wages; pay; salary. way.

روٹیوں /ro:ṭɪjõ:/ ■ *n.f.* (*pl.* of روٹی) روٹیوں سے لگنا be employed. روٹیوں کا مارا starved, famine-stricken.

رُوٹھنا /ru:ṭʰnɑ:/ ■ *v.* sulk, go into a huff, take offence, be sullen, be in a dudgeon.

رُوٹھارُوٹھی /ru:ṭʰɑ: ru:ṭʰi:/ ■ *n.f.* (also رُوٹھم راٹھی) mutual coolness or sulk, resentment, dudgeon.

رُوجی /ru:dʒi:/ ■ *n.f.* a kind of louse infesting birds.

رُوح /ru:h/ ■ *n.f.* **1** spirit, soul. **2** the vital principle; reality behind. **3** essence, quintessence. روح افزا/فزا exhilarating. روح الامین/المعظم/مکرم the Archangel Gabriel. روح القدس/قدس the Holy Spirit or Archangel Gabriel. روحُ اللہ title of Jesus Christ. روح بھٹکنا a soul to be uneasy, not to rest in peace after death. روح پروازکرنا/نکلنا **1** die, pass away. **2** be frightened to death. روح پرور beatific. روح توتیا mercury. روح حیوانی life-giving soul. روح رواں **1** the life and soul (of party, etc.). **2** moving spirit. روح فرسا very painful, teasing. روح فنا ہونا be extremely terrified. روح قبض کرنا seize the soul (of), cause death (to). روح کانپنا/لرزنا tremble with fear of God. روح کے تارچھیڑنا enliven the soul. (*pl.* ارواح)

رُوحانی /ru:hɑ:ni:/ ■ *adj.* spiritual.

رُوحانیت /ru:hɑ:nɪjət/ ■ *n.f.* **1** spirituality. **2** (***Philos.***) spiritualism.

رود /ro:d̪/ ■ *n.m.* (also رُود) **1** stream, river, torrent, flowing water. **2** place abounding in rivers or stream. **3** guitar-like musical instrument. رودبار **1** channel. **2** (*fig.*) weeping or tearing (eye). رودبارِانگلستان the English Channel.

رُوداد /ru:d̪ɑ:d̪/ ■ *n.f.* (also رُوئیداد) account, narration, report, statement; minutes, proceedings. رودادِ جلسہ minutes or proceedings of a meeting. رودادِ مقدمہ proceedings of a law suit or case. روداد نویس reporter.

رودہ /ro:d̪ɑ:/ ■ *n.m.* (also رودا، رودہ) **1** gut, intestine. **2** sinew used as a bowstring; bowstring. **3** string of musical instrument. **4** branch of a tree.

رَورات /rɔ:rɑ:t̪/ ■ *n.f.* burning, shooting pain, throb.

روڑا /ro:ṛɑ:/ ■ *n.m.* (also رُوڑا) **1** stone, piece of rock, brickbat. **2** (*fig.*) typical native of a place, e.g. cockney of London or *Karkhandar* (کرخندار) of Delhi (India). **3** hindrance, obstruction. روڑا اٹکانا put obstacles lighted, be illuminated. 2 dawn to break, day to dawn.

رَوضہ /ro:zɑ:/ ■ *n.m.* **1** living place. **2** tomb of a pious man, mausoleum, shrine. **3** garden, meadow. روضۂ اطہر/اقدس the Holy shrine in Medina which is the mausoleum of Prophet Muhammad. روضۃ الشہدا name of a Shiite book recited at mourning assemblies. روضہ خواں one who recites; eulogist at the tomb of a saint or a person; reciter of elegies.

رَوغن /ro:ɣən/ ■ *n.m.* **1** oil, butter; oily or fatty gravy of a stew; grease. **2** paint, colour, varnish, polish. **3** sleekness, glossiness. روغنِ بلسان oil of balsam. روغنِ تلخ mustard oil. روغنِ جوش rogan josh. روغنِ زرد clarified butter or ghee, a kind of ghee made from buffalo milk. روغنِ سیاہ mustard oil. روغن فروش oil merchant. روغنِ قاز (*fig.*) flattery. روغنِ قاز مَلنا **1** flatter; exaggerate. **2** pull (someone's) leg. روغنِ نفت kerosene oil, petroleum.

رَوغنی /ro:ɣəni:/ ■ *adj.* oily, greasy, buttery, fried. روغنی روٹی/نان buttered bread, loaf or nan prepared with oil or ghee.

روک /ro:k/ ■ *n.f.* **1** barrier, bar, **2** fence, screen. **3** hindrance, restriction, bondage, anything that stops or prevents. روک تھام prevention, pre-emption, stopping or hindering action, preventive measure(s). روک ٹوک frequent admonition or stricture. روک لگانا **1** put up or install a barrier. **2** give effect to a restriction, restrict, stop.

روکڑ /ro:kəɽ/ ■ *n.m.* & *f.* (also روکڑا) **1** cash, ready money; stock. **2** gold, silver; wealth. روکڑ بکری cash sale. روکڑ بہی cashbook.

روکڑیا /ro:kəɽjɑ:/ ■ *n.m.* (also روکڑی) cashier, treasurer.

رُوکن /ru:kən/ ■ *n.f.* (*var.* of رُوکھن) **1** additional attraction. **2** extra quantity. **3** additional article given free to please a customer. (See also جُھونگا.)

روکنا /ro:knɑ:/ ■ *v.* **1** stop, hinder, obstruct; impede, interrupt, block, check, prevent, prohibit, restrain. **2** enclose; hold in detention, detain, withhold; bind by contract. **3** challenge (as a sentry).

رُوکھ /ru:k^h/ ■ *n.m.* tree. روکھ چڑھا monkey.

رُوکھا /ru:k^{h}ɑ:/ ■ *adj.* **1** dry, rough. **2** unseasoned, unbuttered, (dish) without gravy. **3** plain. **4** curt,

روزی رساں Providence, God (as the Giver of daily bread). روزی روٹی livelihood. روزی کا ٹھیکرا employment. روزی کی مار unemployment.

روزینہ /ro:zi:nɑ:/ ■ *n.m.* daily pay, allowance or wages, stipend. روزینہ دار stipendiary, one granted a daily allowance.

رُوس /ru:s/ ■ *pr.n.m.* Russia.

رُوسا /ru:sɑ:/ ■ *n.m.* (also رُوس) the shrub *Justicia adhatoda.*

رُوستا /ru:st̪ɑ:/ ■ *n.m.* (also رُوستائی) village, rural district. روستازادہ villager, rustic, peasant.

روسلی /ro:sli:/ ■ *n.f.* (also روستی) not quite fertile (land).

رُوسی /ru:si: ■ *adj.* & *n.m.* Russian.

رُوسیاہ /ru:sɪjɑ:h/ ■ *adj.* **1** of black face. **2** (*fig.*) (i) disgraced, dishonoured, ignominious. (ii) evil-doer, sinner. (iii) culprit.

رُوسیاہی /ru:sɪjɑ:hi:/ ■ *n.f.* disgrace, ignominy.

رَوِش /rəvɪʃ/ ■ *n.f.* **1** manner, behaviour, habit. **2** way, walk. **3** gait, motion. **4** custom, fashion. **5** path around or inside a garden, avenue. **6** writing style. روش اپنانا/اختیار کرنا adopt a habit, follow a custom.

رَوشن /ro:ʃən/ ■ *adj.* **1** bright, lighted, shining, candescent; clear, conspicuous, manifest; evident; prominent. **2** clear-sighted, having sight. روشن پہلو bright side, optimistic view. روشن چوکی lighted station for band of musicians who perform on festive occasions. روشن خیال enlightened, broad-minded. روشن خیالی enlightenment, broad-mindedness. روشن دان (also روشندان) skylight, ventilator. روشن دل/ضمیر godly, pure of heart. روشن دماغ **1** high-minded, noble, having an open mind, enlightened. **2** intelligent. روشن گر illuminator, polisher, furbisher. روشن مینار lighthouse.

رَوشنائی /ro:ʃnɑ:i:/ ■ *n.f.* ink.

رَوشنک /ro:ʃənək/ ■ *n.m.* (also روشن گر) torch-bearer.

رَوشنی /ro:ʃni:/ ■ *n.f.* **1** light, illumination. **2** clearness (of vision). **3** sight (of the eye). روشنی جانا **1** light to go out, become dark. **2** become sightless. روشنی ڈالنا **1** enlighten, shed light on. **2** explain, elucidate, give details. روشنیِ طبع intelligence, sagacity. روشنی کرنا turn on lights, light a lamp, illuminate. روشنی کی موج light wave. روشنی لینا **1** acquire light. **2** learn, get guidance. روشنی میں in view, in this connection, in the course of. روشنی ہونا **1** be about love. رومانی شاعری poetry of love and emotions. [E]

رومانی /ro:mɑ:ni:/ ■ *adj*. of or related to Rome, Roman. رومانی زبانیں Romance languages.

رُومانویت /ru:mɑ:nvɪjət̪/ ■ *n.f.* (***Philos.***) romanticism.

رُومانیت /ru:mɑ:nɪjət̪/ ■ *n.f.* romanticism. رومانیت پسند romanticist. رومانیت پسندی romanticism.

روماولی /ro:mɑ:vəli:/ ■ *n.f.* line of hair extending from the breast to the navel.

رُومی¹ /ru:mi:/ ■ *adj*. Roman, Byzantinian.

رُومی² ____ ■ *pr.n.m.* nom de plume of Jalaluddin, a Persian poet who wrote a famous *masnavi* (مثنوی) in Persian.

رُومن /ro:mən/ ■ *adj*. 1 Roman. 2 relating to Rome or its people. 3 denoting the alphabet used for writing English and most European languages. رومن اردو Urdu written in Roman script. رومن رسمُ الخط the English alphabet now used for most of the European languages. رومن کیتھلک رکیتھولک relating to the Roman Catholic Church; a member of this church.

رونا /ro:nɑ:/ ■ *v*. weep, cry, mourn. ■ *n.m.* 1 weeping, grief, lamentation. 2 repentance, remorse, regret. ■ *adj*. melancholy, addicted to crying. رونا پیٹنا ردھونا cry, weep bitterly, wailing, weeping, lament, mourning. رونا رونا relate (one's) tale of woe. رونا گانا beseech, implore, entreat. روناگانا beseech, entreat.

رَونّا /rəvənnɑ:/ ■ *n.m.* (also رَونہ) 1 passport, permit. 2 page, errand boy.

رَونتھنا /rɔ̃:t̪ʰnɑ:/ ■ *v*. ruminate.

رَوند¹ /rɔ:nd̪/ ■ *n.m.* patrolling, round of watchmen at night. [E]

رَوند² ____ ■ (*imper.* of رَوندنا) trample; used in comp. as: روندڈالنا 1 trample or crush under foot. 2 (*fig.*) destroy. [Prk.]

رَوندن /rɔ̃:d̪ən/ ■ *n.f.* trampling. روندن میں آنا be trampled.

رَوندنا /rɔ̃:d̪nɑ:/ ■ *v*. trample, crush under foot.

رِوِندہ /rəvɪnd̪ɑ:/ ■ *n.m.* goer, traveller, wayfarer.

رُوں رُوں /rũ: rũ:/ ■ *n.f.* constant crying or whining of a child. See ریں ریں.

رَونق /rɔ:nəq/ ■ *n.f.* 1 liveliness, glow, look of happiness or satisfaction. 2 crowd and jollity, bustle. 3 freshness; beauty, elegance, adornment. رونق افروز ہونا grace an indifferent, unsympathetic; uncivil. روکھاپن coldness, unkindness, indifference, curtness. روکھا پھیکا رسوکھا 1 dry; harsh. 2 plain, plain or poor (meal), tasteless, insipid. روکھاسا 1 curt, dry, indifferent, uncivil. 2 insipid. روکھاسا جواب curt reply.

رُوکھن /ru:kʰən/ ■ *n.f.* (also رُوکن) 1 additional attraction. 2 extra quantity. 3 additional article given free to please a customer. (See also جھونگا¹.)

رُوکھی /ru:kʰi:/ ■ *adj*. (*fem.* of روکھا) روکھی پھیکی رسوکھی 1 dry, plain, tasteless. 2 harsh. روکھی پھیکی سنانا scold, berate, behave rudely. روکھی روٹی 1 bread or loaf without curry, etc. 2 very poor meal.

روگ /ro:g/ ■ *n.m.* 1 sickness, disease. 2 defect, fault. 3 worry; plague. روگ پالنا رلگانا suffer; court trouble.

روگی /ro:gi:/ ■ *n.m.* 1 sick person, sick. 2 constantly sick person. 3 (*fig.*) lover.

رَولا /rɔ:lɑ:/ ■ *n.m.* (also راولا، رَول) 1 noise, furore, uproar, hue and cry. 2 riot, disturbance; brawl, fight. رولاڈالنا رمچانا 1 raise hue and cry, wail, make a noise, cause an uproar. 2 create disturbance.

رُولدار /ru:ld̪ɑ:r/ ■ *adj*. lined or ruled (paper).

رولنا /ro:lnɑ:/ ■ *v*. 1 pick out, gather up; winnow. 2 plane; roll. 3 make money in abundance.

رولی /ro:li:/ ■ *n.f.* powdered mixture of rice, turmeric and alum, etc. used by Hindus to stain the forehead.

رُوم /ru:m/ ■ *pr.n.m.* Eastern Roman Empire, Byzantine Empire, Byzantium.

روم /ro:m/ ■ *n.m.* 1 down, bodily hair of head and face; bristle. 2 wool, fur, pile, nap. 3 moss. روم روم خوش ہونا be very pleased.

رُومال /rʊmɑ:l/ ■ *n.m.* (also رُمال) handkerchief, napkin, sudarium, rumal.

رُومالی /rʊmɑ:li:/ ■ *n.f.* (also رُمالی) 1 triangular piece of cloth sewn between the legs of trousers. 2 handkerchief worn about the head. 3 mode of exercising the arms with dumb-bells. 4 a kind of pigeon. رومالی روٹی thin bread, chapatti.

رُومان /ru:mɑ:n/ ■ *n.m.* romance. [E]

رومانچ /ro:mɑ:ntʃ/ ■ *n.m.* 1 hair to stand on end (due to fear or cold). 2 joy, happiness, merriment.

رُومانی /ru:mɑ:ni:/ ■ *adj*. (also رُومانوی) romantic, of and

روی¹ /rəvi:/ ■ n.m. the sun. روی وار Sunday. [S]

روی² ——— ■ n.f. (corr. of رَئی) churning rod. [S]

رُویا /ru:jɑ:/ ■ n.m. dream, vision. رویائے صادق/صادقہ dreams that come true or correctly predict the future.

رویا /ro:jɑ:/ ■ (past of رونا) wept. (fem. روئی)

رُویت /ru:jət/ ■ n.f. 1 appearance, aspect, countenance. 2 sighting, observation. 3 consideration, careful thought. رویتِ بصری seeing through eyes, actual seeing. رویتِ ہلال sighting of the new moon.

رویّہ /rəvɪjjɑ:/ ■ n.m. attitude, manner, behaviour, conduct.

رہ¹ /rəh/ ■ n.f. (contr. of راہ) path, way, road. رہ آورد gift or memento from another place; souvenir. رہ گرا 1 guide; traveller. 2 starting on a journey; travelling. [P]

رہ² ——— ■ n.f. staying, remaining. ■ (imper. of رہنا) stay; remain. رہ جانا 1 stay; remain behind; delay. 2 be left undone or omitted; be missed. 3 be numbed paralysed. 4 be tired, be exhausted. 5 become useless; grow old and weak; become helpless (due to age or illness). 6 lose heart. رہ رہ کے again and again, time and again, repeatedly. [S]

رہا /rəhɑ:/ ■ (past of رہنا). ■ adj. 1 left; missed. 2 stayed. رہا سہا leftover, remained, the little that was or is left. (fem. رہی)

رِہا /rɪhɑ:/ ■ adj. released, liberated, freed, discharged, disengaged, free, set at liberty, liberated. رہا ہونا be released or set at liberty.

رہانا /rəhɑ:nɑ:/ ■ v. (also رِہانا) have millstone, etc. chipped and roughened.

رہائش /rəhɑ:ɪʃ/ ■ n.f. residence, abode. رہائش اختیار کرنا take up one's abode, stay. رہائش پذیر staying, living. رہائش رکھنا live, maintain residence or a house. رہائش گاہ dwelling, house.

رِہائی /rɪhɑ:i:/ ■ n.f. release, liberation, discharge, acquittal, freedom. رہائی پانا be released or set free, be acquitted, be discharged. رہائی دینا/عطا کرنا release, set free. رہائی یافتہ released (person).

رُہبان /rʊhbɑ:n/ ■ n.m. (pl. of راہب) (also sing.) hermits, monks, recluses, anchorites.

رہبانیت /ræhbɑ:nɪjət/ ■ n.f. (also رُہبانیت) living in seclusion or isolation like monks or anchorites, occasion, arrive, grace or honour by one's presence. رونقِ انجمن life and soul of the party. رونق بخشنا/چڑھانا grace an occasion. رونق پر آنا/رہنا be in full bloom or splendour. رونق دار brilliant, bright. رونق والا (also پُررونق) 1 busy, bustling; well-attended, full of activity. 2 flourishing, blooming, fresh, splendid.

رُونگٹا /ru:ŋgʈɑ:/ ■ n.m. (also رُونگٹا) small fine hair of the body, down.

رُونگٹے /ru:ŋgʈe:/ ■ n.m. (pl. & infl. رُونگٹا) رونگٹے کھڑے ہونا hair to stand on end (due to alarm, fear or cold), feel afraid.

رونی /ro:ni:/ ■ adj. weepy, tearful. رونی شکل/صورت sad or long countenance; killjoy.

رُوہانسا /ru:hɑ̃:sɑ:/ ■ adj. (also رُوانسا) ready to cry, tearful. (fem. رُوہانسی)

رُوہٹ /ru:həʈ/ ■ n.f. (also رُوہٹ) freshness, newness, novelty.

رُوہڑ /ru:həɽ/ ■ adj. uneven, rutted; fallow (land).

روہنی /ro:hɪni:/ ■ n.f. 1 red cow. 2 nine-year-old unmarried girl.

رُوہُو /ro:hu:/ ■ n.f. 1 rohu, a kind of fish, *Cyprinus rohita.* 2 corners of the eyelid.

روہے /ro:he:/ ■ n.m. an eye disease, trachoma.

رُوئداد /ru:edɑ:d/ ■ n.f. (also رُوئیداد، رویداد) narration. See رُوداد.

رُوئی /ru:i:/ ■ n.f. cotton, cotton wool. روئی تُومنا comb cotton manually. روئی دار quilted or stuffed with cotton. روئی دُھنکنا/دُھننا card or comb cotton. روئی کا پہل/پھوا 1 cotton flock. 2 (fig.) light as cotton; very thin. روئی کا پھاہا a flock of cotton used for scenting or as a lint to dress a wound; plaster. روئی کا گالا 1 cotton flock. 2 something white and soft. روئی کانوں میں ٹھونسنا turn a deaf ear (to).

رُوئیدگی /ru:i:dəgi:/ ■ n.f. growth of a plant, vegetation.

رُوئیدہ /ru:i:dɑ:/ ■ adj. sprung up (as a plant), grown; produced.

رُوئیں /ru:ĩ:/ ■ n.m. brass. روئیں تن very strong, having a body resisting all kinds of attacks.

رُوئیں /ru:ẽ:/ ■ n.m. (pl. of رُواں) the hair of the body, down. روئیں بدلنا become sleek and fat; change one's coat. روئیں دار furry, downy, covered with fine hair.

رگیر /ræhgi:r/ ■ *n.m.* (also رہ گیر) (*contr.* of راہ گیر) traveller, pedestrian.

رہن /ræhn/ ■ *n.f.* **1** lifestyle. **2** staying, dwelling.
رہن سہن way of living, mode of life, lifestyle. رہن ہار dweller; occupant.

رِہَن /rehn/ ■ *n.m.* mortgage, pledge. رہنِ اراضی land mortgage. رہنِ انتفاعی profitable mortgage. رہن بالقبض mortgage with possession. رہن بلا قبضہ mortgage without possession. رہن دار mortgagee. رہن در رہن second mortgage, mortgagee's repledging of property.
رہن رکھنا mortgage, pledge. رہن سے چھڑانا redeem.
رہن نامہ mortgage deed.

رہنا /ræhnɑ:/ ■ *v.* **1** dwell, live, inhabit, stay. **2** remain; be left, last; exist. رہنا سہنا **1** reside, live, take up abode. **2** mode of life.

رہنما /ræhnʊmɑ:/ ■ *n.m.* (also راہنما، رہ نما) guide, leader.
رہنما اصول guideline, guiding principles.

رہنمائی /ræhnʊmɑ:i:/ ■ *n.f.* (also راہ نمائی، رہ نمائی) guidance, leadership.

رہنے /ræhne:/ ■ (*infl.* of رہنا) رہنے دینا leave aside, let be; leave alone. رہنے والا occupant, inmate, inhabitant, resident.

رہوّیا /rəhvəjjɑ:/ ■ *n.m.* inhabitant, dweller.

رہی /rəhi:/ *adj.* (*fem.* of رہا) left; used in comp. as: رہی سہی remaining, leftover. رہی سہی کسر what else remains (or remained).

رہین /rəhi:n/ ■ *n.m.* **1** mortgaged. **2** one who is blessed or obliged. ■ *prefix* under. رہینِ منّت under obligation (to), obliged or indebted (to).

رُؤسا /ruə:sɑ:/ ■ *n.m.* (*pl.* of رئیس) landlords, rich people.

رؤف /rəu:f/ ■ *adj.* merciful, compassionate. ■ *n.m.* See الرّؤف.

رئی /rəi:/ ■ *n.f.* (also روی) churning rod. رئی چلانا churn.

رئیس /rəi:s/ ■ *n.m.* **1** nobleman, prince, chief, head. **2** respectable and rich person; landlord; magnate.
رئیسُ البیت **1** master of the house. **2** (*fig.*) husband.

رئیسہ /rəi:sɑ:/ ■ *n.* (*fem.* of رئیس) rich woman, wife of a rich person.

ری[1] /ri:/ ■ *suffix* making diminutives, as: طشتری plate. [Prk.]

ری[2] ____ ■ *exclam.* (*contr.* of اری) (used to call a female) O! hey! [S]

monasticism, monastic life as an institution, withdrawal from the world, its all comforts and pleasures.

رہبر /ræhbər/ ■ *n.m.* (*contr.* of راہبر) guide, leader.
رہبر کامل one who leads to true path, true guide.

رہبری /ræhbəri:/ ■ *n.f.* leadership; guidance.

رہتا /ræhṱɑ:/ ■ *adj.* **1** living; staying. **2** remaining, leftover. رہتا سہتا remaining, leftover.

رہتی /ræhṱi:/ ■ *adj.* (*fem.* of رہتا) رہتی دنیا تک forever, ever and anon.

رہتے /ræhṱe:/ ■ *adv.* (*pl.* & *infl.* of رہتا) **1** in the presence of, while he/she was present. **2** under the nose; during the lifetime or existence of. رہتے رہتے while living; through continued stay.

رہٹ /ræhæʈ/ ■ *n.m.* **1** Persian wheel, wheel with small buckets on its rim used for drawing water. **2** succession, continuation. رہٹ لگانا pay frequent visits.

رہٹا /ræhʈɑ:/ ■ *n.m.* **1** Persian wheel; spinning wheel.

رہٹی /ræhæʈi:/ ■ *n.f.* (*dim.* of رہٹ) **1** small wheel for drawing water. **2** habit, routine. **3** monthly instalment.
رہٹی باندھنا set up a routine; settle instalment. رہٹی چلانا **1** to work the water-wheel. **2** lend money on instalments.

رہرَو /ræhro:/ ■ *n.m.* (also راہ رو) traveller, wayfarer, pedestrian.

رہڑُو /rehɽu:/ ■ *n.m.* cart, big open cart for heavy load.

رہڑہ /rehɽɑ:/ ■ *n.m.* (also رہڑا، ریڑھا) flat open cart drawn by men or animal.

رہڑی /rehɽi:/ ■ *n.f.* (*dim.* of رہڑہ) (also ریڑھی) small open cart.

رہزن /ræhzən/ ■ *n.m.* (*contr.* of راہزن) highwayman, robber.

رہزنی /ræhzəni:/ ■ *n.f.* highway robbery.

رہس[1] /ræhæs/ ■ *n.m.* (*var.* of راس[2]) dance drama; enjoyment, merriment. [S]

رہس[2] ____ ■ *n.m.* treading underfoot, trampling. [S]

رہسنا /ræhæsnɑ:/ ■ *v.* be pleased, enjoy oneself.

رہکلا /ræhkəlɑ:/ ■ *n.m.* (also رہکل) **1** small cannon, field piece. **2** gun-carriage.

رُہلا /rʊhlɑ:/ ■ *n.m.* uproar, commotion, rumpus.

رہگزر /ræhgʊzər/ ■ *n.f.* (also راہ گزر، رہ گزر) path, way, passage.

رے /re:/ ■ *exclam.* (used to call a male) O! hey!
ریا /rɪjɑ:/ ■ *n.f.* hypocrisy, show, pretence, dissimulation. ریا کار 1 hypocrite, dissembler. 2 deceitful person. ریا کارانہ 1 hypocritical. 2 hypocritically. ریا کاری hypocrisy, pretence, dissimulation; show. ریا کرنا dissemble, act hypocritically.
ریاح /rɪjɑ:h/ ■ *n.f.* (*pl.* of ریح) (also *sing.*) 1 winds. 2 flatus.
ریاحین /rɪjɑ:hi:n/ ■ *n.m.* (*pl.* of ریحان) fragrant flowers.
ریاست /rɪjɑ:sət̪/ ■ *n.f.* 1 state; country; princely state. 2 dominion, rule, sway. 3 state of richness or wealthiness. ریاست بدر کرنا expel from the state, banish, exile. ریاست بے سیاست نہیں چلتی policy is the mainstay of the state. ریاست جمہوری republic, democracy. ریاست ہائے متحدہ united states.
ریاض¹ /rɪjɑ:z/ ■ *n.m.* (*pl.* of روضہ) (also *sing.* in Urdu) gardens. [A]
ریاض² ____ ■ *n.m.* 1 hard work, toil, labour, exertion. 2 regular and constant practice to learn something. 3 practice or exercise in music. 3 physical exercise. [A]
ریاضت /rɪjɑ:zət̪/ ■ *n.f.* 1 labour. 2 training; discipline. 3 religious or spiritual exercise. ریاضت کرنا 1 work or labour hard. 2 carry out spiritual exercises.
ریاضتی /rɪjɑ:zət̪i:/ ■ *adj.* 1 ascetic, devotee. 2 trained, practised.
ریاضی /rɪjɑ:zi:/ ■ *n.f.* mathematics. ریاضی داں mathematician.
ریاضیات /rɪjɑ:zɪjɑ:t̪/ ■ *n.f.* mathematical sciences.
ریائی /rɪjɑ:i:/ ■ *n.m.* hypocrite; impostor.
ریب /ræ:b/ ■ *n.m.* doubt.
ریپٹا /ræ:pʈɑ:/ ■ *n.m.* (also رَیپٹ) slap.
ریت /ri:t̪/ ■ *n.f.* (also رِت) rite, custom, fashion, manners; habit. ریت پڑنا gain currency, become a custom. ریت ڈالنا 1 introduce a new custom. 2 make an innovation. ریت رسم rites and custom.
ریت /re:t̪/ ■ *n.f.* 1 sand. 2 filings. ریت کا گھروندا/محل 1 house of sand. 2 (*fig.*) (i) house of cards. (ii) something temporary. ریت گھڑی sandglass, hourglass.
ریتا /re:t̪ɑ:/ ■ *adj.* 1 hollow, empty, not full. 2 unoccupied. ■ *n.m.* sand.
ریتنا /re:t̪nɑ:/ ■ *v.* 1 file, rasp. 2 polish. 3 thrum.
ریتی¹ /re:t̪i:/ ■ *n.f.* file for smoothing or shaping metal or wood. [Prk.]
ریتی² ____ ■ *n.f.* sand, sandy soil, sand stretch, usually along river or sea. [Prk.]
ریتیلا /re:t̪i:lɑ:/ ■ *adj.* sandy, covered with sand.
ریتیلی /re:t̪i:li:/ ■ *adj.* (*fem.* of ریتیلا) ریتیلی چٹانیں sandy rocks.
ریٹھا /ri:ʈʰɑ:/ ■ *n.m.* soapwort, soap-nut, *Sapindus mukorossi*.
ریجھ /ri:dʒʰ/ ■ *n.f.* 1 pleasure, satisfaction. 2 choice; desire, wish. 3 inclination, liking. ریجھ بچانا conceal one's gratification. ریجھ بچاؤ one who conceals one's inclination. ریجھ جانا be infatuated (with), fall in love (with).
ریجھنا /ri:dʒʰnɑ:/ ■ *v.* 1 fall (for), incline (to), fall in love (with). 2 be gratified, be pleased, be rejoiced, be delighted (with). 3 have a desire to possess.
ریچھ /ri:tʃʰ/ ■ *n.m.* bear, any of the many species of the furry mammal.
ریچھنی /ri:tʃʰni:/ ■ *n.f.* 1 she-bear. 2 (*fig.*) dull, hairy, fat woman.
ریح /ri:h/ ■ *n.f.* 1 wind, air. 2 flatulence. ریح کا درد gastric pain. (*pl.* رِیاح)
ریحان /ræ:hɑ:n/ ■ *n.m.* 1 sweet basil, *Ocimum basilicum*. 2 any fragrant plant. (*pl.* رِیاحین)
ریحی /ri:hi:/ ■ *adj.* 1 windy, of wind. 2 flatulent.
ریخ /ri:x/ ■ *adj.* 1 loose, lax. 2 lazy, tired. ■ *n.f.* watery excrement in diarrhoea.
ریخ /re:x/ ■ *n.f.* narrow gap, chink, slit, interstice, gap between teeth.
ریخت /re:xt̪/ ■ *n.f.* breakage, wear and tear, rupture; usually used with شِکست.
ریختہ /re:xt̪ɑ:/ ■ *adj.* 1 scattered, fallen apart. 2 mixed, blended. ■ *n.m.* 1 an old term for Urdu. 2 mortar, plaster. 3 Urdu ghazal. ریختہ گو (*arch.*) Urdu poet.
ریختی /re:xt̪i:/ ■ *n.f.* (***Hist.***) Urdu verse composed in the language of women expressing the sentiment peculiar to them.
ریڑھ /ri:ɽʰ/ ■ *n.f.* the backbone, vertebral column. ریڑھ کی ہڈی vertebra; vertebral column or backbone.
ریڑھ /re:ɽʰ/ ■ *n.f.* destruction, spoilage; defilement. ریڑھ لگنا be spoiled, defiled or worn out. ریڑھ مارنا spoil, destroy or impair, defile.

ریغل /re:ɣəl/ ■ *n.m.* thin, weak or skinny animal.

ریق /ri:q/ ■ *n.m.* spittle.

ریکھا /re:kʰɑ:/ ■ *n.f.* 1 line, mark. 2 fate; lines on the palm of the hand.

ریگ /re:g/ ■ *n.f.* sand. ریگِ رواں shifting sands; quicksand; wind-blown sand; mirage. ریگ زار (also ریگزار) sandy region, desert. ریگ مال sandpaper. ریگ مالی sanding, scratching or polishing with sandpaper. ریگ ماہی a lizard-like reptile living in sand, skink.

ریگستان /re:gɪsṭɑ:n/ ■ *n.m.* sandy region, desert.

ریل¹ /re:l/ ■ *n.f.* 1 rail. 2 railway train. ریل چھٹنا/چھوٹنا departure of a train. ریل گاڑی railway train. ریل گاڑی کا ڈبہ bogie of a train, railcar. [E]

ریل² ____ ■ *n.f.* rush, bustle. ریل پیل/چھیل abundance, plenty, profusion; bustle. ریل پیل کرنا supply something in abundance, overstock. [Prk.]

ریلا /re:lɑ:/ ■ *n.m.* 1 torrent, flood, rushing stream. 2 crowd, rush of people. ریلا پڑنا hustle.

ریلنا /re:lnɑ:/ ■ *v.* push or press forward.

رِیم /ri:m/ ■ *n.f.* purulent discharge from a wound, pus; rheum.

رِیمی /ri:mi:/ ■ *adj.* rheumy, pustulous. ریمی بواسیر piles or haemorrhoids with a white or pale discharge.

رِیمیا /ri:mɪjɑ:/ ■ *n.m.* magical art of flying or levitation.

رَین /ræ:n/ ■ *n.f.* night. رین بسیرا night's lodging.

رینٹ /rẽ:ṭ/ ■ *n.f.* (also رینٹھ) nasal discharge, snivel, snot.

ریندھنا /rĩ:ḍʰnɑ:/ ■ *v.* cook.

رَینڈی /ræ̃:ḍi:/ ■ *n.f.* castor-oil plant. See ارنڈی.

ریں ریں /rẽ: rẽ:/ ■ *n.f.* (also رُوں رُوں، ریں رِیں) 1 crying or moaning of a child. 2 the discordant note of stringed instrument, light sound of violin or of similar stringed musical instrument. 3 sound of spinning or Persian wheel. ریں ریں کرنا 1 whine. 2 play upon a stringed instrument.

رَینک /ræ:ŋk/ ■ *n.f.* hee-haw, braying (of an ass).

رَینکنا /ræ:ŋknɑ:/ ■ *v.* (also رینگنا) to hee-haw, bray.

رینگٹا /re:ŋgṭɑ:/ ■ *n.m.* foal of an ass.

رینگنا /ri:ŋgnɑ:/ ■ *v.* crawl, creep, move on all fours.

رینگنی /re:ŋgni:/ ■ *n.f.* sciatica.

رَینی¹ /ræ:ni:/ ■ *n.f.* 1 colour of safflower. 2 process of extracting colour. [S]

ریڑھا /re:ɽʰɑ:/ ■ *n.m.* (also ریہڑہ) pushcart, flat open cart drawn by men or animal.

ریڑھی /re:ɽʰi:/ ■ *n.f.* (*dim.* of ریڑھا) small pushcart for carrying load, barrow.

ریز /re:z/ ■ *n.f.* chirp, chirping of birds. ■ *suffix* pouring, dropping, shedding, scattering; used in comp. as: اشک ریز shedding tears. رنگ ریز dyer. ریز کرنا 1 pour out. 2 scatter, shed. 3 begin to speak (as young birds).

ریزاں /re:zɑ̃:/ ■ *adj.* 1 pouring, dropping. 2 scattering.

ریزش /re:zɪʃ/ ■ *n.f.* 1 nasal discharge associated with cold and flu. 2 scattering. 3 flowing in small quantities. ریزش ہونا nose to run.

ریزگاری /re:zgɑ:ri:/ ■ *n.f.* (also ریزگی) 1 small coin or change. 2 a bit, scrap.

ریزہ /re:zɑ:/ ■ *n.m.* 1 crumb, piece, bit, scrap. 2 a kind of cock. ■ *adj.* minute. ریزہ چینی/خوری 1 picking up crumbs. 2 plagiarism, drawing inspiration (from). ریزہ ریزہ کرنا break into pieces, shatter. ریزہ ریزہ ہوجانا/ہونا shatter.

رِیس /ri:s/ ■ *n.f.* 1 equality, emulation; comparison. 2 rivalry, envy. ریس آنا be envious (of). ریس کرنا emulate, vie (with).

ریسمان /re:smɑ:n/ ■ *n.f.* (also رِیسمان) rope, cord, string.

رِیش /ri:ʃ/ ■ *n.f.* beard. ریش خندی making someone a laughing stock, making fun. ریش دار bearded. ریشِ سفید greybeard, old man.

ریش /re:ʃ/ ■ *n.m.* sore, wound. ■ *adj.* wounded; used in comp. as: جگر/دل ریش wounded to or in the heart.

رِیشائیل /ri:ʃɑ:i:l / ■ *adj.* (*joc.*) long-bearded (person).

ریشم /re:ʃəm/ ■ *n.m.* silk. ریشم کا کویا cocoon of silkworm. ریشم کا کیڑا silkworm.

ریشمی /re:ʃmi:/ ■ *adj.* (also ریشمین) silken, woven or made of silk silky.

ریشمینہ /re:ʃmi:nɑ:/ ■ *n.m.* cloth woven of pure silk.

ریشہ /re:ʃɑ:/ ■ *n.m.* 1 fibre, filament, stringiness of a fruit. 2 nerve; (of a leaf) vein. ریشہ خطمی 1 marshmallow, *Althaea officinalis*. 2 (*fig.*) happy, pleased. ریشہ خطمی ہونا 1 fall for, fall in love (with). 2 be pleased. ریشہ/ریشے دار fibrous, stringy. ریشہ دوانی intrigue, plot, mischief-making, covert incitement to rebellion.

ریعان /ræ:ʔɑ:n/ ■ *n.m.* best part, best period. ریعانُ الشباب prime of youth.

ریٖنی² ——— ■ *adj.* nocturnal, nightly. ■ *n.m.* bird that chirps at night. ریٖنی بلبل nightingale. [Prk.]

ریو /re:v/ ■ *n.f.* fraud, trick, deceit, guile. [P]

ریو² ——— ■ *n.f.* 1 sand; fine gravel; grit; grain (of sand or sugar, etc.). 2 shoal, ford. [S]

ریوتی /re:vəṭi:/ ■ *n.f.* twenty-seventh lunar mansion.

ریوڑ /re:vəɽ/ ■ *n.m.* flock, herd (of cattle, etc.).

ریوڑی /re:vɽi:/ ■ *n.f.* a kind of sweetmeat (a small cake of solidified sugar covered with sesame). ریوڑی کے پھیر میں پڑنا be involved in difficulties, find oneself in a difficulty.

ریوند /re:vənḍ/ ■ *n.m.* rhubarb. See راوند.

ریہ /rɪja:/ ■ *n.m.* lungs.

ریہڑ /re:həɽ/ ■ *adj.* barren (land); brackish.

ریہہ /re:h/ ■ *n.f.* fuller's earth, a type of clay used for cleaning and fulling cloth in a mill.

رھ

رھ /rʰə:/ ■ the twenty-fourth letter of the Urdu alphabet. It is not the first letter of any word, and generally occurs in the middle, such as: بارھواں (*ordinal number* twelfth). سرھانہ (head of a bed or grave).

ڑ

ڑ /ɽe:/ ■ the twenty-fifth letter of the Urdu alphabet.

ڑا /ɽa:/ ■ *suffix* making diminutive of masculine, such as: گدھڑا from گدھا ass.

ڑی /ɽi:/ ■ *suffix* making diminutive of feminine, such as: انتڑی (small intestine) from آنت (intestine).

ڑوڑا /ɽo:ɽa:/ ■ *n.m.* (*var.* of روڑا) fragment of stone or brick.

ڑھ

ڑھ /ɽʰə:/ ■ the twenty-sixth letter of the Urdu alphabet. It is not the first letter of any word, but may occur in middle or end, such as: باڑھ (inundation). بڑھنا (grow). پڑھنا (read). گڑھا (pit).

ز

ز /ze:/ ■ the twenty-seventh letter of the Urdu alphabet.

زِ /ze:/ ■ *prep.* (*contr.* of از) from. زِ ہر پہلو from all aspects.

زا /zɑ:/ ■ *suffix* **1** born of; offspring of, scion of. **2** giving birth to, producing, giving rise to; used in comp. as: برق زا electricity generating. مرزا born of a noble.

زاج /zɑ:dʒ/ ■ *n.m.* vitriol; copper sulphate. زاجِ ابیض، سفید alum.

زاجر /zɑ:dʒɪr/ ■ *n.m.* person who rebukes, scolds, berates.

زاد¹ /zɑ:d̪/ ■ *n.m.* provision, food, victuals. زادِ آخرت، عقبیٰ، معاد pious deeds for next world. زادِ راہ، سفر، طریق provisions for journey, way charges, travelling expenses. [A]

زاد² —— ■ *adj.* & *suffix* (*contr.* of زادہ) born; used in comp. as: آدم زاد man. پری زاد **1** born of a peri. **2** (*fig.*) beautiful woman. زاد بوم birthplace, native land. [P]

زار¹ /zɑ:r/ ■ *adv.* in tears. ■ *adj.* **1** afflicted, aggrieved; wounded. **2** weak, feeble, emaciated. ■ *n.m.* **1** groan, lamentation. **2** desire, wish. ■ *suffix* **1** place. **2** multitude; used in comp. as: سبزہ زار meadow. گل زار garden of roses. زار زار، رو قطار (weeping) bitterly. زار و زبوں miserable condition, pitiable plight. زار و نزار weak, emaciated. [P]

زار² —— ■ *n.m.* tsar, king, ruler (appellation of former rulers of Russia). [Russ.]

زاری /zɑ:ri:/ ■ *n.f.* crying, groaning, lamentation; supplication, entreaty; plight, predicament.

زارینہ /zɑ:ri:nɑ:/ ■ *n.f.* tsarina, an empress of Russia before 1917.

زاغ /zɑ:ɣ/ ■ *n.m.* (also زاج، زاک) **1** crow. **2** corner of an arch. زاغِ آبی coot. (*cf.* کاگ)

زال /zɑ:l/ ■ *adj.* very old, grey or silver-haired. ■ *pr.n.m.* Zal, father of legendary Persian warrior Rustam.

زانُو /zɑ:nu:/ ■ *n.m.* the knee; the thigh. زانو بدلنا change posture while kneeling or sitting cross-legged. زانو پوش napkin. زانو پیٹنا **1** beat one's knees. **2** (*fig.*) show great distress, grief or suffering. زانو ٹیکنا express humility, be modest. زانوئے ادب تہہ کرنا **1** sit respectfully, show respect (to). **2** be student or disciple (of). زانوئے تلمذ تہہ کرنا be or become the pupil (of), to study (under).

زانی /zɑ:ni:/ ■ *n.m.* adulterer, fornicator, whoremonger. ■ *adj.* lewd; lax in morals.

زانیہ /zɑ:nɪjɑ:/ ■ *n.f.* adulteress, fornicator, whore, strumpet, loose woman.

زاوِیائی /zɑ:vɪjɑ:i:/ ■ *adj.* **1** angular. **2** hermitage. زاویائی ارتعاش angular frequency. زاویائی رفتار angular velocity. زاویائی معیارِ حرکت angular momentum.

زاویہ /zɑ:vɪjɑ:/ ■ *n.m.* zawiya, angle, corner. زاویۂ اندرونی interior angle. زاویۂ بیرونی exterior angle. زاویۂ تحتانی angle of depression, angle on the other side of the base. زاویۂ حادہ acute angle. زاویۂ خارجہ outer corner, exterior angle, external angle. زاویۂ داخلہ interior angle. زاویۂ راس vertical angle. زاویۂ قائمہ right angle, an angle of 90 degrees. زاویۂ متبادلہ alternate angle. زاویۂ متقابلہ، متناظرہ corresponding angle. زاویۂ مقابلہ opposite angle. زاویۂ منفرجہ obtuse angle. زاویہ نشین person leading a secluded life, hermit. زاویۂ نظر، نگاہ point of view, viewpoint, angle of vision. (*pl.* زوایا)

زاہِد /zɑ:hɪd̪/ ■ *n.m.* recluse, ascetic; devotee, monk. ■ *adj.* religious, devout; abstinent, ascetic. زاہدِ خشک one who is devoid of colourful life, one who is not interested in anything but empty religious rites. (*fem.* زاہدہ) (*pl.* زُہّاد)

زاہِدی /zɑ:hɪdi:/ ■ *n.f.* devotion, piety, abstinence.

زاہِر /zɑ:hɪr/ ■ *adj.* bright, glistening.

زائچہ /zɑ:etʃɑ:/ ■ *n.m.* (also زایچہ) horoscope, astronomical table; one's natal star. زائچہ بنانا، کرنا، کھینچنا cast a horoscope. زائچہ ملنا similarity of fate between two persons.

زائِد /zɑ:ɪd̪/ ■ *adj.* (also زاید) **1** more than required, surplus, superfluous, redundant. **2** vain, useless. ■ *adv.* over and above, above, more than, in addition. زائد از ضرورت more than required, surplus, in excess. زائد المیعاد time-barred. زائد الوصف beyond description, most superior. (*pl.* زوائد)

زائِر /zɑ:ɪr/ ■ *n.m.* pilgrim; visitor. زائرِ حرم pilgrim to Makkah (for Hajj or Umra). (*pl.* زائرین)

زائِل /zɑ:ɪl/ ■ *adj.* **1** vanishing; perishing; declining; waning. **2** vanished; come to nought; declined. زائل کرنا end; waste. زائل ہونا be wasted; fail, end.

زائیدہ /zɑ:i:d̪ɑ:/ ■ *adj.* born, procreated, generated. ■ *n.m.* one born of, offspring, child. زائیدہ و پروردہ procreated and nurtured.

زایندہ /zɑ:jənd̪ɑ:/ ■ *adj.* bringing forth, bearing children. ■ *n.f.* one who brings forth, mother.

زباد /zəbɑ:d̪/ ■ *n.m.* perfume obtained from a civet cat.

زُبان /zʊbɑ:n/ ■ *n.f.* (also زبان، زُباں) **1** the tongue. **2** language; dialect, speech. **3** flame (of candle, etc.). **4** point, tip (of pen). زبان اللنا be proficient in speaking, talk according to purpose; go back on one's words. زبان آبِ کوثر سے دُھلی ر دھوئی ہونا speak very chaste language. زبان آور eloquent, fluent; glib, facile, voluble. زبان آوری eloquence, fluency; volubility, facility, glibness. زبان بدلنا ر پلٹنا ر سے پھرنا go back on one's words, shuffle, equivocate. زباں بستگی ر بندی holding of the tongue, enforced silence, curbs on freedom of speech. زبان بگاڑنا spoil one's tongue, use foul language, use wrong words or idioms. زبان بگڑنا to become unidiomatic, (of someone) be using foul language. زبان بند رکھنا keep quiet, remain silent, say nothing. زبان بند کرنا silence, keep quiet, hush up. زبان بند ہونا be unable to speak, be tongue-tied. زبان بندی کرنا ر پر چاپ چڑھانا curb freedom of speech, restrain from making statements. زبان بہکنا **1** speak foul. **2** slip of the tongue. زبانِ بے زبانی meaningful silence. زبان پر انگارا رکھ دینا put live coal, etc. on the tongue, punish severely, give very painful punishment. زبان پر چڑھنا be frequently uttered (by), a word or phrase to be on the tip of the tongue or memorized and uttered easily or frequently. زبان پر دھرنا ر رکھنا taste; eat only a little bit. زبان پر لانا utter, say, speak, mention. زبان پکڑنا hold someone to his/ her words, seize on the utterances, interrupt, prevent one from speaking, criticize, stop from talking slanderously. زبان تالو سے نہ لگنا keep on chattering. زبان تتلانا lisp. زبان تڑاق پڑاق چلنا talk fast, be facile, speak too much or impertinently. زبان تلے زبان ہونا be fickle, not to stick to one's words. زبان تیز ر چار ہاتھ کی ہونا speak irresponsibly or impudently. زبان چلانا talk too much, be loquacious; use bad language, abuse, talk rudely. زبان چلائے کی روٹی کھانا live by a glib use of the tongue or by flattery. زبان چلنا be able to speak fluently, speak with a glib tongue. زبانِ حال سے کہنا the present tells everything of the past, be self-evident. زبانِ خامہ رقلم nib, tip of a pen. زبان خشک ہونا ر سوکھنا **1** tongue to dry; thirst. **2** (*fig.*) talk too much. زبانِ خلق کو نقارۂ خدا سمجھو vox populi, vox Dei, the voice of the people is the voice of God. زبان داب کے کہنا speak haltingly or with bated breath, speak softly; mince one's words. زبان دان one well-versed in languages, having a command of the language. زبان دراز ر دریدہ abusive, impudent, rude, pert, saucy. زبان درازی abusing, impudence, use of abusive language, rudeness, sauciness. زبان دینا give one's word, promise. زبان زد well-known. زبان زدِ خاص و عام ر خلائق talk of the town, open secret; scandal. زبان سنبھالو hold your tongue! زبان سوکھنا tongue to be dry (due to long and continuous talking). زبان سے پھول ر موتی جھڑنا **1** speak softly or gently. **2** (*iron*) talk abusive. زبان سے خندق پار brag, lip service. زبان سینا be tongue-tied, keep silent. زبان سے نکالنا utter, speak, pronounce. زبان سے نکلنا escape one's lips, be blurted out. زبانِ شمع flame. زبانِ شیریں ملک گیری soft words bring victory. زبان قینچی ر کترنی سی چلنا talk fast, be talkative. زبان کا پھوہڑ foul-mouthed (person). زبان کا تانتوا ر تانکا ٹوٹنا talk or prate thoughtlessly, blab. زبان کاٹنا **1** grieve, lament. **2** interrupt (someone's) speech; to be sorry for what one has said. **3** punish severely. زبان کا چٹکار ر چسکا fondness for tasty things. زبان کا چٹورا one who is very fond of tasty things. زبان کا میٹھا **1** honey-tongued; soft-spoken. **2** (*fig.*) flatterer. زبان کرنا **1** talk abusively. **2** promise, give one's word of honour. زبان کشائی کرنا ر کھولنا **1** talk. **2** speak out, give tit for tat. زبان کو لگام دینا hold one's tongue, restrain from talking irresponsibly. زبان کے چٹخارے لینا smack the lips over; relish. زبان کے نیچے زبان ہونا back out of one's word. زبان کھجلانا urge to speak something. زبان کھلوانا force one to speak. زبان گدّی سے کھینچنا give very severe punishment. زبان گھس جانا (*iron.*) be fatigued with speaking. زبان لال ہونا be tongue-tied. زبان لڑانا use abusive language, argue without reason. زبان لڑکھڑانا stammer. زبانِ معلّٰی (also اردوئے معلّٰی) pure Urdu, which was spoken in Delhi and its surroundings. زبان منھ میں رکھنا be able to speak. زبان میں چھالے ر کانٹے پڑنا **1** be very thirsty. **2** tongue to become furry due to

زبُور /zəbu:r/ ■ *pr.n.f.* Psalms of David; Psalms.
زبُوں /zəbũ:/ ■ *adj.* **1** faulty, useless, improper. **2** infirm, ill, weak, helpless. **3** disgraced, bad, wicked, evil. زبوں بخت luckless, unfortunate, ill-fated. زبوں حال afflicted, distressed; destroyed.
زبُونی /zəbu:ni:/ ■ *n.f.* **1** infirmity, helplessness, bad condition; ruin. **2** disgrace, wickedness, evil, vice. **3** trouble, difficulty.
زپاٹا /zəpɑ:ʈɑ:/ ■ *n.m.* swift flight or run. زپاٹا بھرنا run fast with long steps.
زٹل /zəʈəl/ ■ *n.f.* **1** nonsense, absurd; chattering, foolish talk, gossip. **2** a genre of poetry in which obscene or dirty words are used. ■ *adj.* nonsense, idiotic; stupid; silly. زٹل اڑانا/مارنا chatter, talk nonsense. زٹل باز (one) who talks nonsense; quibbler. زٹل قافیے لڑانا/ملانا talk rubbish. زٹل ہانکنا spread unfounded rumour, talk nonsense.
زٹلّی /zəʈəlli:/ ■ *n.m.* (also زٹل زڑا، زٹلّیا) one who tells false and idle stories; tattler.
زٹیل /zəʈ jəl/ ■ *adj.* inferior, cheap, low, insignificant, unusable.
زُجاج /zʊdʒɑ:dʒ/ ■ *n.m.* glass, glass flask, glassware.
زُجاجی /zʊdʒɑ:dʒi:/ ■ *adj.* of or relating to زُجاج, made of glass.
زجر /zədʒr/ ■ *n.m.* threatening, chiding, scolding, reproof, dressing down. زجروتوبیخ/عتاب scolding, reproof, rebuke and reproach.
زجل /zədʒəl/ ■ *n.m.* **1** music, dance; revelry. **2** a kind of poetry with similar rhyming in three lines.
زِچ /zɪtʃ/ ■ *adj.* wearied, vexed, annoyed, at the end of one's tether, unable to tolerate, driven to the wall, harassed. زچ کرنا **1** tease, vex, annoy, harass, render one powerless. **2** give checkmate, defeat, overcome. زچ ہونا **1** be defeated; (at chess) be stalemated. **2** be sick or weary, be vexed, be harassed.
زچگی /zətʃgi:/ ■ *n.f.* maternity; childbirth.
زچّہ /zətʃtʃɑ:/ ■ *n.f.* (also زچا) woman who has recently given birth. زچہ خانہ maternity home or centre. زچہ گریاں pains of childbirth. زچہ گیری midwifery. زچہ گیریاں songs sung to celebrate a birth. زچہ وبچہ mother and baby.
زِحاف /zehɑ:f/ ■ *n.m.* (***Pros.***) metrical variation.

thirst; be furred. زبانِ ناطقہ **1** speaking tongue. **2** (*fig.*) power of speech, vocality. زبان نکالنا **1** give severe punishment. **2** be impudent. زبان نکل پڑنا be very thirsty. زبان ہارنا promise. زبان ہلانا speak, ask, request, order. زبان ہی ہاتھی پر چڑھائے، زبان ہی سر کٹائے it is the tongue which makes or breaks; one's speech determines one's weed.
زُبانہ /zʊbɑ:nɑ:/ ■ *n.m.* tongue of flame.
زُبانی /zʊbɑ:ni:/ ■ *adj.* (also زبانی) verbal, oral. ■ *adv.* by word of mouth, verbally. زبانی امتحان oral examination, oral test; viva voce. زبانی پڑھنا read or recite from memory. زبانی جمع خرچ all talk and no substance, mere words. زبانی حساب mental calculation or arithmetic. زبانی کلامی expressed in conversation. زبانی یاد کرنا memorize, commit to memory, learn by heart.
زُبدہ /zʊbd̪ɑ:/ ■ *n.m.* (also زُبد) **1** butter, cream, milk froth. **2** the best of anything. ■ *adj.* selected, chosen, best. زبدۃ الحکما honorific title bestowed on a practitioner of indigenous medical system, name of a diploma in eastern medicine.
زبر /zəbər/ ■ *adj.* **1** above, higher, great, superior, big. **2** firm, powerful, strong. ■ *n.m.* **1** vowel sound 'ə' as in "herd" denoted by the symbol (َ). **2** top; victorious. زبر ہونا **1** have the upper hand. **2** be sensitive.
زبرجد /zəbərdʒəd̪/ ■ *n.m.* topaz, peridot or green olivine, a gemstone.
زبردست /zəbərd̪əst̪/ ■ *adj.* **1** strong, powerful, vigorous. **2** oppressive, tyrannical. ■ *n.m.* **1** superior; strong man. **2** tyrant. زبردست کا ٹھینگا سر پر everyone feels the strong man's power. زبردست مارے اور رونے نہ دے the tyrant won't even let one cry.
زبردستی /zəbərd̪əst̪i:/ ■ *n.f.* oppression, force, exercise of force or power, high-handedness, violence. ■ *adv.* forcibly. زبردستی پکڑ لانا bring one by force. زبردستی چھین لینا take by force, extort. زبردستی سے forcibly, by violence, high-handedly; unjustly. زبردستی کرنا use force, show high-handedness; oppress.
زبری /zəbəri:/ ■ *n.f.* violence, oppression.
زِبس /zɪbəs/ ■ *adv.* (*contr.* of ازبس) plentifully, sufficiently, in abundance.
زِبسکہ /zɪbəske:/ ■ *adv.* (*contr.* of ازبسکہ) much as.

(*pl.* زِحافات)

زحف /zəhəf/ ■ *n.m.* advance or march of an army.

زُحل /zohəl/ ■ *n.m.* the planet Saturn.

زحمت /zæhmət̪/ ■ *n.f.* inconvenience, trouble, hardship, pain, sickness. زحمت اٹھانا undergo hardship, take trouble. زحمت ہونا be put to inconvenience, have difficulty or hardship.

زحمتی /zæhmət̪i:/ ■ *adj.* afflicted, troubled, disquieted, in pain.

زحیر /zəhi:r/ ■ *n.f.* dysentery.

زخّار /zəxxɑ:r/ ■ *adj.* raging, tumultuous; full to the brim, overflowing.

زخارف /zəxɑ:rɪf/ ■ *n.m.* (*pl.* of زُخرف) superficial things. زخارفُ الدنیا worldly adornments.

زُخرُف /zʊxrʊf/ ■ *n.m.* adornment, embellishment.

زخم /zəxm/ ■ *n.m.* **1** wound, injury, sore, cut, gash. **2** loss. زخم اٹھانا/کھانا be wounded or injured. زخم آنا be wounded. زخم بگڑنا condition of wound to deteriorate. زخم بھر آنا/بھر جانا/مندمل ہونا wound to heal. زخم پرلون/نمک چھڑکنا add insult to injury, afflict or torture the afflicted. زخم پڑنا sore to develop. زخم پکنا suppurate, become septic, wound to discharge pus. زخم تازہ fresh wound. زخم چاٹنا try to forget failure. زخم چھیڑنا/کریدنا reopen a wound. زخم خوردہ/دار wounded. زخم دینا hurt, injure; cause grievous loss. زخم سے چُور severely wounded. زخم سینا **1** stitch up a wound, surgery. **2** (*fig.*) try to forget loss or grief. زخم کاانگور granulation of wound. زخم کاری fatal blow, mortal wound. زخمِ کہن old pain. زخم ہرا ہونا wound to become raw.

زخمی /zəxmi:/ ■ *n.m.* wounded person, casualty. ■ *adj.* wounded. زخمی جگر/دل grieved, distressed. زخمی کرنا wound, hurt, injure.

زخمہ /zəxmɑ:/ ■ *n.m.* plectrum (of a guitar), instrument for plucking strings of a guitar. زخمہ زن/ور guitarist or violinist; musician.

زِخود /zɪxʊd̪/ ■ *adv.* (*contr.* of از خود) of one's own accord. زِخود رفتہ in a fury, out of one's senses.

زد /zəd̪/ ■ *n.f.* **1** blow, stroke. **2** damage, loss. **3** object of an aim, range. زد پر ہونا be within the range or striking distance. زد پڑنا/پہنچنا/کھانا suffer a loss; be adversely affected. (کی) زد میں within range of; under the evil effect (of). زدوضرب/کوب beating, assault and battery. زدوکوب کرنا manhandle, beat.

زدگی /zəd̪əgi:/ ■ *n.f. & suffix* stroke, blow; used in comp. as: ہوازدگی cold, catarrh.

زدن /zəd̪ən/ ■ *suffix* striking, beating; used in comp. as: چشم زدن wink of an eye, hardly a moment.

زدنی /zəd̪əni:/ ■ *adj.* fit or deserving to be beaten, stricken or killed; used in comp. as: گردن زدنی deserving to be beheaded.

زدہ /zəd̪ɑ:/ ■ *adj. & suffix* beaten, oppressed, afflicted; used in comp. as: آفت زدہ distressed. مصیبت زدہ afflicted.

زر /zər/ ■ *n.m.* **1** gold; wealth, riches, money. **2** pollen. زرِاصل principal sum, basic amount on which interest is leviable. زرافشاں/فشاں golden. زرافشاں کاغذ paper sprinkled with gold dust. زرافشانی generosity, munificence; extravagance. زرامانت deposit money. زراندود gold-plated. زرباف **1** gold-lace worker. **2** brocade. زرِباقی balance, outstanding balance. زربفت brocade. زربل نہ زوربل neither pelf nor power. زربیعانہ earnest money. زر پرست/طلب Mammonist, miser, avaricious, greedy. زرِپیشگی money paid in advance. زرتاب/تار golden; wire of gold. زرتاوان/تلافی/جرمانہ penalty, fine. زرِجعفری/زرِثمن/نقد cash, ready money. زرِخالص/عیار/ناب pure gold. زرخرید purchased with one's money. زرِخطیر huge sum. زرخیز rich, fertile. زرخیزی productiveness, fertility. زردار rich, wealthy, opulent. زرداری opulence. زردوز gold embroiderer. زردوزی zardozi, gold/golden embroidery, consist of small stars. زردوست fond of money. زرِڈگری (***Law***) amount decreed. زرِسرخ pure gold. زرِسفید silver. زرِضامن money deposited as security. زرِضمانت security/surety money. زرِقرض debts. زرکاجوتا **1** embroidered shoe. **2** (*fig.*) monetary bribe. زرکش **1** a gold or silver thread worker, cloth with gold or silver work, brocade. **2** excessively fond of money-making. زرکشی **1** brocade-work. **2** excessive fondness for money. زرکوب gold-beater. زرگر goldsmith. زرگری **1** profession or business of a goldsmith. **2** a kind of artificial dialect when sound of letter ز is inserted after every two letters. **3** secret or enigmatic mode of speech. زرِگل pollen, yellow anthers of a flower. زرِلگان/مالگزاری land revenue.

زرعی /zərʔi:/ ■ *adj.* (also زراعتی) agricultural, agrarian. زرعی اصلاحات agrarian reforms. زرعی انقلاب agricultural revolution. زرعی آلات agricultural tools or implements. زرعی معیشت agricultural economy.

زِرغل /zɪrɣəl/ ■ *adj.* worthless.

زرَق /zərəq/ ■ *n.m.* (also زرق الما، زرک) glaucoma, a disease of the eye.

زرق¹ /zərq/ ■ *n.m.* **1** turning the eyes. **2** hypocrisy, fraud, deception. [A]

زرق² ____ ■ *n.m.* gold dust. زرق برق gaudy, glittering; splendid. [P]

زرقا /zərqɑ:/ ■ *n.f.* woman having green or blue eyes.

زرنب /zərnəb/ ■ *n.m.* a kind of grass with broad and thick leaves.

زرنباد /zərənbɑ:d̪/ ■ *n.m.* zedoary.

زرنگ /zərəŋg/ ■ *adj.* active, quick, prompt, clever.

زرنیخ /zərni:x/ ■ *n.m.* arsenic, red orpiment.

زِرہ /zɪrəh:/ ■ *n.f.* chain armour, mail. زرہ بکتر armour. زرہ پوش armoured; one clad in armour.

زری /zəri:/ ■ *n.f.* zari, golden embroidery, gold lace, brocade. ■ *adj.* monetary. زری باف gold lace weaver.

زرّیں /zərrĩ:/ ■ *adj.* of or relating to زر; golden. زریں اصول golden rules or principles. زریں موقع golden opportunity or chance.

زِٹ /zɪʈ/ ■ *n.f.* (also زیٹ) foolish talk, blabbing; persistent repetition, obsession. زِٹ لگنا insist, repeat persistently, have an obsession, be obsessed.

زِشت /zɪʃt̪/ ■ *adj.* bad, ugly, deformed; hideous. زشت خو/سیرت ill-disposed; harsh; malicious. زشت خوئی/سیرتی having repulsive habits; harshness. زشت رو ugly, ungainly; repulsive to sight, hideous. زشت روئی ugliness, hideousness.

زِشتی /zɪʃt̪i:/ ■ *n.f.* ugliness, repulsiveness; evil, malice.

زُعاف /zoʔɑ:f/ ■ *n.m.* **1** sudden death by poison. **2** deadly poison.

زعفران /zəʔfrɑ:n/ ■ *n.f.* saffron. زعفران زار/کا کھیت **1** saffron field. **2** (*fig.*) place of merriment and laughter.

زعفرانی /zəʔfrɑ:ni:/ ■ *adj.* yellow; saffron-coloured.

زُعم /zoʔm/ ■ *n.m.* (also زَعم) **1** thinking, presumption, conjecture. **2** vanity, arrogance, conceit; overconfidence, overweening presumption or pride.

زرمبادلہ foreign exchange. زرمطالبہ claims, demands, debts, dues. زرمعاوضہ money paid as compensation. زرمنافع profit. زرمہر dowry paid by a husband to his wife. زرنگار gilt, gilded. زرنگاری gilding; gold plating. زروجواہر gold and gem; jewellery; wealth. زریافتنی money to be got, balance to be received; debts; demands, outstandings.

زرا /zərɑ:/ ■ *adj.* (*var.* of ذرا) a little.

زِراعت /zɪrɑ:ʔət̪/ ■ *n.f.* agriculture; tillage, husbandry, cultivation. زراعت پیشہ agriculturist, peasant; cultivator. زراعت کرنا cultivate, till.

زراعتی /zɪrɑ:ʔət̪i:/ ■ *adj.* agricultural, agrarian.

زرافہ /zərɑ:fɑ:/ ■ *n.m.* (also زراف) giraffe.

زرّاق /zərrɑ:q/ ■ *adj.* cunning, crafty, devious, sly, duplicitous. ■ *n.m.* chemist.

زرّاقی /zərrɑ:qi:/ ■ *n.f.* hypocrisy, cunning, deceit.

زراوند /zərɑ:vənd̪/ ■ *n.f.* name of a plant, root of which has medicinal use.

زرتُشت /zərt̪ʊʃt̪/ ■ *pr.n.m.* (also زردُشت) Zoroaster, founder of Zoroastrian religion.

زرتُشتی /zərt̪ʊʃt̪i:/ ■ *adj.* following Zoroaster, Zoroastrian.

زرچا /zərtʃɑ:/ ■ *n.m.* a bird of partridge family.

زرد /zərd̪/ ■ *adj.* yellow; pale; wan, dull. زردآب **1** pus or yellow matter running from a wound; bile. **2** yellow water. زردآلو apricot. زردبخار yellow fever. زرد پڑنا **1** turn pale, become pallid. **2** (*fig.*) become weak or feeble. زردپیلک golden oriole. زردچوب/چوبہ turmeric. زردرُو **1** pale, wan, weak. **2** terror-stricken. **3** ashamed. زردصحافت yellow journalism.

زردک /zərd̪ək/ ■ *adj.* pale. ■ *n.f.* carrot.

زردا /zərd̪ɑ:/ ■ *n.m.* (also زردہ) **1** zarda, a sweet dish of rice, usually dressed with saffron. **2** chewing tobacco.

زردی /zərd̪i:/ ■ *n.f.* **1** yellowness, paleness. **2** yolk of an egg. **3** pollen. **4** jaundice. (چہرے پر) زردی چھانا face to become pale, look pale. زردی مائل light yellow, yellowish, with yellow tinge.

زُرزُور /zʊrzu:r/ ■ *n.f.* myna, a bird of South Asia which mimics human voice.

زِرِشک /zɪrɪʃk/ ■ *n.m.* raisin-like fruit, smaller in size with sour-sweet taste.

زرع /zərʔ/ ■ *n.m.* sown field; sowing, tilling. (*pl.* زُروع)

زعیم /zəʔi:m/ ■ *n.m.* prominent personality, leader, chief. ■ *adj.* accountable; guarantor. (*pl.* زُعما)

زُغال /zuɣɑ:l/ ■ *n.m.* (also زُگال) charcoal. زغالِ حجری coal mined from a pit.

زغن /zəɣən/ ■ *n.f.* kite (bird).

زِفاف /zɪfɑ:f/ ■ *n.m.* leading a bride to her husband's house; consummation of marriage.

زفیر /zəfi:r/ ■ *n.f.* (also زفیری) 1 warning signal, whistle. 2 bray of an ass, hee-haw. (*cf.* شہیق)

زفیل /zəfi:l/ ■ *n.f.* (also ذفیل) (*corr.* of صفیر) loud whistle. زفیل دینا whistle.

زفیلنا /zəfi:lnɑ:/ ■ *v.* (also ذفیلنا) warn or raise alarm by whistling.

زقن /zəqən/ ■ *n.f.* (*var.* of ذقن) chin.

زقند /zəqənd̪/ ■ *n.f.* (also ذقند، زغند) jump, leap. زقند بھرنا/لگانا/مارنا bound, leap, jump.

زقوم /zəqu:m/ ■ *n.m.* cactus, a prickly plant, infernal tree mentioned in the Qur'an.

زک /zək/ ■ *n.f.* 1 reverse, defeat; repulse; loss. 2 insult. 3 discomfiture. زک اٹھانا/پانا/کھانا 1 suffer disgrace or reverse; suffer loss. 2 be discomfited. زک پہنچانا/دینا 1 defeat; put to shame, disgrace. 2 discomfit. 3 put to rout; upset the apple cart.

زکا /zəkɑ:/ ■ *n.f.* (also زکاء) 1 growth, increase. 2 honesty, piety. ■ *adj.* rich, affluent. (*cf.* ذکا)

زکاب /zəkɑ:b/ ■ *n.f.* ink.

زُکام /zukɑ:m/ ■ *n.m.* 1 cold. 2 sore. زکام ہونا catch cold.

زکریّا /zəkəri:jjɑ:/ ■ *pr.n.m.* Prophet Zechariah.

زکوٰۃ /zəkɑ:t̪/ ■ *n.f.* (also زکات) 1 (***Islam***) zakat, religious tax paid to poor persons, one of the five basic tenets of Islam. 2 alms.

زکی /zəki:/ ■ *adj.* 1 virtuous; pious, chaste, blameless, sinless. 2 (one) paying the prescribed zakat. (*cf.* ذکی)

زلازِل /zəlɑ:zɪl/ ■ *n.m.* (*pl.* of زلزلہ) earthquakes.

زُلال /zulɑ:l/ ■ *adj.* (*fig.*) pure, cold, sweet or limpid (water).

زِلّت /zɪllət̪/ ■ *n.f.* 1 slipping, sliding. 2 (*fig.*) sin, wrong.

زِلزال /zɪlzɑ:l/ ■ *n.m.* shaking, quivering, trembling.

زلزلہ /zəlzəlɑ:/ ■ *n.m.* earthquake, earth tremor. زلزلہ پیما seismograph; Richter scale.

زُلف /zulf/ ■ *n.f.* lock of hair, ringlet, tress. زلفِ پُرپیچ/خم/شکن curly locks. زلفِ پریشان dishevelled locks. زلفِ پیچاں/چلیپا/مرغول curly hair. زلفِ تابدار glossy locks; shining locks. زلفِ دراز/رسا long tresses. زلفِ عنبر بار/عنبرین/مشک بار/مشکیں perfumed locks, tresses perfumed with ambergris or musk.

زُلفی /zulfi:/ ■ *n.f.* 1 chain by which a door is fastened; bolt. 2 sword knot.

زلق¹ /zələq/ ■ *n.m.* masturbation. See جلق. [A]

زلق² ____ ■ *n.m.* edge or border of anything. [A]

زلل /zələl/ ■ *n.m.* 1 slipping; stumbling; falling; erring, blundering. 2 deficiency; loss.

زلو /zəlu:/ ■ *n.f.* leech. (See also جونک.)

زلّہ /zəllɑ:/ ■ *n.m.* leavings of food, crumbs. زلہ بردار/ربا 1 one who eats crumbs from (someone's) table, crumb eater. 2 (*fig.*) (i) plagiarist; gleaner. (ii) one indebted (to). زلہ برداری/ربائی 1 eating crumbs from the table (of). 2 (*fig.*) being indebted (to).

زُلیخا /zulæ:xɑ:/ ■ *pr.n.f.* Potiphar's wife, who fell in love with Prophet Joseph.

زم /zəm/ ■ *n.m.* coldness, winter season.

زِمام /zɪmɑ:m/ ■ *n.f.* bridle, rein. زمامِ اقتدار/حکومت control, authority, rule. زمامِ کار reins of power.

زمان /zəmɑ:n/ ■ *n.m.* (also زمن) time; period; age; season. زمان ومکاں time and space. (*pl.* ازمنہ)

زمانہ /zəmɑ:nɑ:/ ■ *n.m.* 1 age, period, epoch, era, time, times. 2 (*fig.*) world. زمانہ ثلاثہ three ages, i.e., ancient times, middle ages, and present time. زمانہ جاہلیت pre-Islamic era, period before Islam. زمانہ دیکھا ہوا experienced, veteran. زمانہ دیکھنا get experience. زمانہ زادہ/ساز time-server, turncoat, opportunist. زمانہ سابق/ماضی past. زمانہ سازگار/موافق ہونا be fortunate, be favoured by the turns of fortunes, circumstances to be favourable. زمانہ سازی time-serving, turning with the tide, changing views to suit the prevailing circumstances.

زمانی /zəmɑ:ni:/ ■ *adj.* 1 relating to time. 2 temporary, transitory, ephemeral. زمانی اختلاف variation of time. زمانی ترتیب chronological order.

زمبور /zəmbu:r/ ■ *n.m.* pincers. See زنبور².

زمخت /zəməxt̪/ ■ *adj.* bitter, sharp, astringent (taste or flavour).

زُمُرّد /zumurrud̪/ ■ *n.m.* (also زُمُرّد، زمرّد) emerald, a green

زمینِ شعر (*Poet.*) set meter of a ghazel or verse.
زمینِ غیر مزروعہ uncultivated land; unploughed land.
زمین کا پیوند ہونا 1 mingle with the dust; die. 2 (building) lie in ruins. زمین کا گز (*fig.*) a great traveller. زمین کاوی 1 process of setting metre of verse. 2 (*fig.*) poetry.
زمین کو سونپنا bury. زمین کی پوچھنا آسمان/عرش کی کہنا talk irrelevantly; fail to understand the question. زمین کھا گئی یا آسمان an expression of wonder when something is lost. زمینِ مرہُونہ mortgaged land. (شرم سے) زمین میں گڑ جانا feel ashamed, be greatly humiliated. (*pl.* زمینات)

زمیندار /zəmīːḍɑːr/ ■ *n.m.* zamindar, landlord, landholder.

زمیندارنی /zəmīːḍɑːrniː/ ■ *n.f.* the wife of a landlord.

زمینداری /zəmīːḍɑːriː/ ■ *n.f.* zamindari, landed property.

زمینی /zəmiːniː/ ■ *adj.* earthly, terrestrial. زمینی حقائق ground realities.

زن¹ /zən/ ■ *n.f.* female, woman; wife. زنِ باردار pregnant woman. زنِ بازاری prostitute, tart, harlot. زن کرنا marry. زنِ مدخولہ married woman, lawful wife. زنِ محصنہ/منکوحہ married woman; concubine. زن مرید henpecked (husband), subservient husband. زن و بچّہ/فرزند wife and children, family, entire family. زن و شو man and woman; husband and wife. (*pl.* زنان) [P]

زن² ____ ■ *suffix* beater, doer; used in comp. as: خندہ زن one who laughs. نغمہ زن singer. [P]

زن³ ____ ■ *n.f.* the sound of something passing by quickly, whoosh. زن سے quickly. [dial.]

زنا /zɪnɑː/ ■ *n.m.* adultery, fornication; extra-marital sexual relation. زنا بالجبر rape, ravishment. زنا کار adulterer, fornicator. زنا کاری adultery, fornication.

زنّاٹا /zənnɑːʈɑː/ ■ *n.m.* whizz, zoom, sound produced by moving or throwing something with force.

زنّاٹے /zənnɑːʈe/ ■ *n.m.* (*pl. & infl.* of زنّاٹا) زنّاٹے سے with a zoom, very swiftly.

زناخ /zənɑːx/ ■ *n.m.* breastbone of a bird.

زنّاخ /zənnɑːx/ ■ *n.m.* person having double chin or a dimple in the chin.

زناخی /zənɑːxiː/ ■ *n.f.* fast female friend of a woman.

زنادِقہ /zənɑːdeqɑː/ ■ *n.m.* (*pl.* of زندقہ) religious hypocrites, heretics.

زُنّار /zʊnnɑːr/ ■ *n.m.* cross thread, sacred thread worn crosswise round the body by Hindus. زنار دار coloured precious stone.

زُمُرُّدیں /zʊmʊrruḍīː/ ■ *adj.* 1 of the colour of an emerald. 2 studded with emeralds.

زُمرہ /zʊmrɑː/ ■ *n.m.* group, class, category; concourse, troop, crowd, multitude.

زم زم /zəm zəm/ ■ *n.m.* 1 the sacred well near Ka'aba at Makkah. 2 water from this well.

زمزمہ /zəmzəmɑː/ ■ *n.m.* (also زمزما) low murmuring sound, song, chant, chanting, modulation of the voice; concert, singing. زمزمہ پرداز/پیرا/سرا/گر singer, songster; songstress. زمزمہ پردازی/پیرائی/سرائی singing. زمزمہ پرداز/پیرا/سرا/گر ہونا sing.

زمزمی /zəmzəmiː/ ■ *n.f.* small sealed container for *zamzam* water.

زمستان /zəmɪsṯɑːn/ ■ *n.m.* winter.

زمستانی /zəmɪsṯɑːniː/ ■ *adj.* of or relating to winter, wintry.

زمن /zəmən/ ■ *n.m.* time, period. See زمان.

زمہریر /zəmhəriːr/ ■ *n.m.* winter season; intense cold.

زمہریری /zəmhəriːriː/ ■ *adj.* cold, gelid, frigid. زمہریری طبقہ/کرہ sphere of intense cold.

زمین /zəmiːn/ ■ *n.f.* 1 earth, land; ground, soil; country, region. 2 the ground of a picture, cloth, etc. 3 (*Poet.*) meter or rhyme. زمین اٹھانا give land on contract for cultivation. زمین آسمان ایک کر دینا/کرنا 1 raise hell, create a commotion. 2 make utmost effort, search every nook and corner. زمین آسمان کا فرق great difference. زمین آسمان کے قلابے ملانا tell tall tales; exaggerate greatly. زمین بوس ہونا 1 kiss the ground, prostrate oneself; make profound bow. 2 be razed to the ground. زمین بیٹھنا ground to cave in. زمین پر پاؤں/قدم نہ رکھنا be greatly elated, strut proudly or joyfully. زمین پکڑنا not to get up after a fall. زمین پیروں تلے سے نکل جانا be in a blue funk, be deeply shocked. زمین پیمائی land survey. زمین پھٹے اور سما جاؤں an expression of great shame, embarrassment or humiliation. زمین تنگ ہونا life to become difficult, face calamities. زمین چڑھنا (a horse, etc.) to increasingly gain skill. زمینِ خالصہ khalsa, crown-land. زمین دابنا usurp land. زمین دکھلانا humiliate, throw (adversary) down. زمین دوز underground, subterraneous, subterranean. زمین دیکھنا 1 eat the humble pie. 2 vomit. زمین سخت ہے آسمان دور an expression of helplessness in face of great adversity.

See ژند. [P]

زند۲ ____ ■ *n.m.* wrist, wrist-bone. [A]

زندان /zɪndɑ:n/ ■ *n.m.* (also زنداں) prison, jail, gaol.

زندانِ خاموشاں graveyard.

زندانی /zɪndɑ:ni:/ ■ *n.m.* prisoner, captive person.

زندقہ /zəndəqɑ:/ ■ *n.m.* (also زندق) belief that there is no God and no Judgement Day, atheism, heresy.

زندگاں /zɪndəgɑ:n/ ■ *adj.* (*pl.* of زندہ) alive, living.

زندگانی /zɪndəgɑ:ni:/ ■ *n.f.* life, existence.

زِندگی /zɪndəgi:/ ■ *n.f.* **1** life, living. **2** (*fig.*) festivity, pleasantry, merriment. زندگی بھر for the whole life. زندگی تلخ ہونا be embittered. زندگی سے تنگ آنا be tired or be fed up with life. زندگی سے چھوٹنا die.

زندہ /zɪndɑ:/ ■ *adj.* **1** alive, living, existing. **2** actual, real. **3** fresh. **4** exact. زندہ باد zindabad, long live! زندہ تمنا strong wish that encourages a person for action. زندہ ثبوت solid proof or logic. زندۂ جاوید immortal. زندہ درگور **1** leading an unhappy life; living in agony. **2** half-dead; having foot in the grave. زندہ دل cheerful, lively. زندہ دلی cheerfulness, mirth, gaiety, liveliness. زندہ رود big river. زندہ رہنا live, survive. زندہ زبان contemporary language. زندہ قوم developed nation, nation that works hard for its prosperity. زندہ کرنا bring to life, restore to life, revive, resuscitate. زندہ گڑ جانا (*fig.*) be ashamed, feel shamed. زندہ مثال living example. زندہ ہونا be alive, exist, be refreshed, be revived. (*opp.* مُردہ)

زِندیق /zɪndi:q/ ■ *n.m.* **1** infidel, heretic, atheist, religious hypocrite. **2** follower of Zoroaster.

زندیقی /zɪndi:qi:/ ■ *n.f.* heresy, infidelity, religious hypocrisy.

زنگ /zəŋg/ ■ *n.m.* **1** rust. **2** blackness. **3** small bell. زنگ آلود/آلودہ/خوردہ/زدہ rusty. زنگ لگنا become rusty.

زنگار /zəŋgɑ:r/ ■ *n.m.* verdigris, greenish-blue deposit forming on copper, brass or bronze, blue vitriol.

زنگاری /zəŋgɑ:ri:/ ■ *adj.* of verdigris; blue, green. زنگاری مرہم ointment containing copper.

زنگولہ /zəŋgu:lɑ:/ ■ *n.m.* (also زنگلہ) small bells on a tambourine, cymbal, little bell.

زنگی /zəŋgi:/ ■ *n.m.* a member of dark skinned people. ■ *adj.* **1** of Zanzibar. **2** of dark or black complexion.

(also زُناری) one who wears the sacred thread.

زناشَوئی /zənɑ:ʃɔ:i:/ ■ *n.f.* relationship of husband and wife. ■ *adj.* marital.

زنان /zənɑ:n/ ■ *n.f.* (*pl.* of زن۱) women; wives. زنان پھڈی رمنتری man who affect the speech or ways of women. زنان خانہ women's apartment in a house.

زنانہ /zənɑ:nɑ:/ ■ *adj.* **1** female, feminine, womanish, effeminate. **2** zenana, female apartment, seraglio, harem. **3** (*coll.*) wife. ■ *n.m.* effeminate man who wears female dress and behaves like women. زنانہ کرنا **1** make a man eunuch by castrating. **2** cause to observe purdah. (*opp.* مردانہ)

زنانی /zənɑ:ni:/ ■ *adj.* of or belonging to women. ■ *n.f.* (*coll.*) feminine; woman.

زنبور۱ /zəmbu:r/ ■ *n.m.* & *f.* wasp; hornet; bee. [A]

زنبور۲ ____ ■ *n.m.* (also زمبور) pincers, pliers. [P]

زنبور۳ ____ ■ *n.f.* fusil, a flint lock musket. [P]

زنبورچی /zəmbu:rtʃi:/ ■ *n.m.* fusilier.

زنبورہ /zəmbu:rɑ:/ ■ *n.m.* & *f.* large bee; hornet.

زنبوری /zəmbu:ri:/ ■ *n.f.* (also زنبور۳، زنبورک) **1** a kind of netted cloth. **2** a flint-lock musket, a kind of small cannon.

زنبیل /zəmbi:l/ ■ *n.f.* bag, wallet, purse; haversack. (*pl.* زنابیل)

زنجبیل /zəndʒbi:l/ ■ *n.f.* ginger, dry-ginger.

زنجیر /zəndʒi:r/ ■ *n.f.* chain, door chain, shackles; necklace. زنجیر بند **1** fettered. **2** (*fig.*) prisoner. زنجیر پا **1** fetters. **2** (*fig.*) an obstacle. زنجیر کرنا chain, shackle, fetter. زنجیر کھٹکانا/کھٹکھٹانا/کھڑکانا/کھڑکھڑانا knock at the door, jerk the door chain. زنجیر کھینچنا pull the chain (for stopping a train).

زنجیرا /zəndʒi:rɑ:/ ■ *n.m.* (also زنجیرہ) **1** necklace. **2** chain-like embroidery. **3** anything resembling a chain. **4** series, serial.

زنجیری /zəndʒi:ri:/ ■ *adj.* chain-like, tied in chains. ■ *n.m.* **1** prisoner. **2** mad man. زنجیری ٹانکا a kind of embroidery which looks like a chain.

زنخا /zənxɑ:/ ■ *n.m.* (also زنخہ) effeminate person, impotent, eunuch.

زنخدان /zənəxdɑ:n/ ■ *n.f.* (also زنخ) the chin; dimple in the chin.

زند۱ /zənḍ/ ■ *n.f.* Zend, Parsee's religious scripture.

زِنہار /zɪnhɑ:r/ ■ *n.m.* (also زِینہار) **1** care, caution. **2** patronage, defence. ■ *adv.* never, by no means, on no account. ■ *exclam.* take care! beware! mind!

زنی /zəni:/ ■ *suffix* **1** doing. **2** beating, striking; used in comp. as: آتش زنی act of striking fire, arson. شمشیر زنی swordsmanship, fencing.

زوّار /zəvvɑ:r/ ■ *n.m.* a frequent visitor.

زوال /zəvɑ:l/ ■ *n.m.* **1** decline, fall, wane. **2** declination of the sun. **3** misery, wretchedness; failure; decay; cessation. زوال آمادہ heading towards decay or destruction. زوال پذیر transitory; fading, declining; decaying. زوال کا وقت/کی گھڑی time of declining sun or moon.

زواہر /zəvɑ:hɪr/ ■ *adj.* (*pl.* of زاہرہ) beautiful, shining, bright.

زوائد /zəvɑ:ɪḍ/ ■ *n.m.* (*pl.* of زائد) (also زواید) additions, augmentations, superfluities, accretions, surpluses.

زوایا /zəvɑ:jɑ:/ ■ *n.m.* (*pl.* of زاویہ) angles.

زَوج /zo:dʒ/ ■ *n.m.* couple, pair, spouse, consort; husband. ■ *adj.* attached. زوج زوج in pairs; pairs and pairs. (*pl.* ازواج)

زَوجہ /zo:dʒɑ:/ ■ *n.f.* wife.

زَوجیت /zo:dʒɪjəṭ/ ■ *n.f.* wifehood, married state. زوجیت میں لانا/لینا wed, marry.

زَوجین /zo:dʒæ:n/ ■ *n.m.pl.* husband and wife.

زُود /zu:ḍ/ ■ *adv.* soon, quickly, swiftly. زود اثر having immediate effect. زود اشتعال/رنج touchy, testy, soon irritated, irascible. زود آشنا quick in developing friendship. زود پشیماں (*iron.*) repenting soon. زود حس sensitive. زود فراموش forgetful. زود فہم quick-witted, quick of understanding, sharp-witted, intelligent, easy to understand; acute. زود نگار/نویس fast writer; stenographer. زود نگاری/نویسی fast writing, stenography. زود ہضم easily digestible, quick to be digested.

زُودی /zu:ḍi:/ ■ *n.f.* quickness, swiftness. زودی سے quickly, swiftly.

زُور /zu:r/ ■ *n.m.* deceit, fraud, hypocrisy; dissimulation; false gloss or colouring.

زور /zo:r/ ■ *n.m.* **1** force, vigour, power, strength, stress; effort. **2** influence; coercion, violence; authority. زور آزمانا try one's strength. زور آزمائی wrestling; trial of strength. زور آزمائی کرنا have a trial of strength (with). زور آور powerful, strong, vigorous. زور آوری power, force, application of force. زورِ بازو سے by one's own effort; by dint of hard work. زور پر چڑھنا be exercised; be in good physical or muscular form, be in one's prime. زور پکڑنا grow powerful, gain intensity or force. زور جتانا show one's strength. زور چلانا use force. زور چلنا have authority or influence. زوردار strong, powerful. زوردار دلیل cogent reason. زور دینا emphasize, lay stress on, press. زور ڈالنا **1** press or bear (upon); put pressure on. **2** compel. زور سے **1** loudly. **2** forcefully, with force. زورِ قلم power of writing. زور کرنا use force; wrestle; compete. زور لگانا apply force, try hard; use influence. زور مارنا endeavour, toil, try hard, strive, try one's best. زور و شور force, vehemence. زور و ظلم کرنا use violence, tyrannize.

زورق /zɔ:rəq/ ■ *n.f.* small boat.

زُوف /zu:f/ ■ *exclam.* fie! زوف زاف کرنا chastise.

زُوفا /zu:fɑ:/ ■ *n.m.* (also زُوفی) hyssop, a small bushy mint-like aromatic herb, *Hyssopus officinalis*.

زُوں /zũ:/ ■ *n.f.* whoosh, the sound of something going or passing fast.

زِہ[1] /zeh/ ■ *n.f.* childbirth, offspring, seed. [P]

زِہ[2] ____ ■ *n.f.* **1** bowstring. **2** ledge. [P]

زِہ[3] ____ ■ *exclam.* good! excellent! bravo! well done! [P]

زُہّاد /zʊhhɑ:ḍ/ ■ *n.m.* (*pl.* of زاہد) pious persons, ascetics, mystics.

زِہار /zehɑ:r/ ■ *n.m.* male or female private parts, pubis or the lower part of the body.

زُہد /zohḍ/ ■ *n.m.* piety, continence; mysticism, asceticism, devotion, abstinence. زہد کیش devout, chaste, pious.

زہر /zæhr/ ■ *n.m.* **1** poison, venom. **2** (*fig.*) baneful thing or influence. زہر اگلنا **1** spit venom. **2** say spiteful or bitter things. زہر آب **1** dilute poison; poisonous water. **2** anything bitter and disagreeable. زہر آلود/آلودہ poisonous, poisoned, baneful. زہر باد **1** infection. **2** a dangerous disease of horses and elephants. زہر خند sarcastic or sardonic laugh; forced laugh. زہر دار poisonous. زہرِ قاتل deadly poison. زہر کا/کے گھونٹ پینا bear patiently, put up with. زہر کی پڑیا (*fig.*) a vile or dangerous person. زہر کھانا take poison. زہر لگنا (*fig.*) be hateful to. زہر مار کرنا eat unwillingly or without desire. زہر مہرہ antidote; bezoar. زہر ہلاہل deadly poison.

زہرا /zəhrɑ:/ ■ *adj.* bright, luminous; white. ■ *pr.n.f.* appellation of Hazrat Fatima, the daughter of Prophet Muhammad. [A]

زہرہ /zæhrɑ:/ ■ *n.m.* **1** gall-bladder; bile. **2** spirit, pluck, courage, boldness. زہرہ آب ہونا feel jittery, be terrified. زہرہ گداز **1** touching, moving. **2** painful. (See also پِتّا.)

زُہرہ /zohrɑ:/ ■ *n.m.* & *f.* (also زُہرا) **1** the planet Venus. **2** Aphrodite. زُہرا جبیں/وش exquisitely beautiful, lovely.

زہری /zæhri:/ ■ *adj.* poisonous; venomous.

زہریلا /zæhri:lɑ:/ ■ *adj.* **1** poisonous, venomous. **2** spiteful, malicious. (*fem.* زہریلی)

زہے /zəhe:/ ■ *exclam.* how good! excellent! wonderful! زہے قسمت/نصیب how lucky!

زِی /zi:/ ■ *n.m.* **1** social status. **2** dress; mode, style; countenance.

زِیادتی /zɪjɑ:d̪ət̪i:/ ■ *n.f.* **1** excess, increase; addition, surplus. **2** violence, oppression; high-handedness. **3** transgression. **4** adultery. زیادتی کرنا **1** use force, show high-handedness. **2** exceed limits. **3** to rape.

زِیادہ /zɪjɑ:d̪ɑ:/ ■ *adj.* many, more; surplus; in excess, excessive, additional. ■ *adv.* more; much; excessively; in addition. زیادہ تر mostly. زیادہ سے زیادہ at the most. زیادہ کرنا increase, augment. زیادہ ہونا be in excess, exceed, surpass.

زِیارت /zɪjɑ:rət̪/ ■ *n.f.* ziarat, pilgrimage; seeing or visiting a holy place, shrine or a holy person; a place of pilgrimage. زیارت کرنا go on a pilgrimage; see. زیارت گاہ place of pilgrimage; shrine. زیارت ہونا have the privilege of seeing someone or visiting a holy place. (*pl.* زِیارات)

زِیارتی /zɪjɑ:rət̪i:/ ■ *n.m.* pilgrim.

زِیاں /zɪjɑ̃:/ ■ *n.m.* (also زِیان) **1** damage, loss, detriment. **2** injury; hurt. زیاں اٹھانا suffer a loss. زیاں کار one incurring a loss. زیاں کاری a damaging or harmful act; sustaining a loss.

زیب /ze:b/ ■ *n.f.* beauty, elegance, grace, adornment; adorning; imparting grace to; becoming, suiting; looking. ■ *suffix* used in comp. as: پازیب anklet. جامہ زیب sartorially elegant. زیبِ تن کرنا wear, put on. زیبِ داستان exaggeration in story (to make it more interesting). زیب دینا suit, befit. زیبِ سر worn on head (cap, hat, turban, and crown). زیب و زینت adornment; elegance.

زیبا /ze:bɑ:/ ■ *adj.* **1** befitting, proper, becoming. **2** graceful.

زیبائش /ze:bɑ:ɪʃ/ ■ *n.f.* adornment, ornament, elegance, decoration.

زیبائشی /ze:bɑ:ɪʃi:/ ■ *adj.* ornamental, decorative.

زیبائی /ze:bɑ:i:/ ■ *n.f.* elegance, adornment.

زِیبق /zi:bəq/ ■ *n.m.* quicksilver, mercury.

زیبندگی /ze:bɪnd̪əgi:/ ■ *n.f.* beauty, grace; propriety.

زیبندہ /ze:bɪnd̪ɑ:/ ■ *adj.* becoming lovely, beautiful.

زَیت /zæ:t̪/ ■ *n.m.* oil; olive oil.

زَیتُون /zæ:t̪u:n/ ■ *n.m.* olive.

زِیٹ /zi:ʈ/ ■ *n.f.* (*var.* of ژَژ) baseless story, gossip, idle talk. زیٹ اڑانا talk nonsense.

زِیچ /zi:tʃ/ ■ *n.f.* **1** builder's string or line, mason's rule. **2** horoscopes, astronomical tables, astronomical almanac.

زِیر /zi:r/ ■ *n.f.* treble, sharpest note of a musical instrument, lowest tone. زیر و بم **1** small kettle drums, treble and bass. **2** low and high notes. **3** (*fig.*) ups and downs.

زیر /ze:r/ ■ *prep.* under, below. ■ *adj.* inferior, lower. ■ *n.m.* the vowel mark (ِ) also called *kasra* (کسرہ) placed under a letter to impart a sound of /ɪ/ (as in bit). زیرِ اثر impressed, under the influence of. زیرِ احتجاج protestingly, under protest. زیر انداز the cloth or carpet spread under a hookah. زیرِ آب underwater. زیر بار کرنا **1** put one to expenses or into debt. **2** oblige someone. زیر بار ہونا **1** be indebted. **2** incur much expenses. زیر باری indebtedness; burden, expenses. زیرِ بحث under discussion. زیر بند/تنگ martingale. زیر بند لگانا/مارنا whip, flog. زیر پائی a kind of slippers. زیرِ تجویز/غور under consideration, being proposed. زیرِ تحقیقات under investigation or enquiry. زیرِ تربیت **1** trainee; intern. **2** under training. زیر جامہ underwear, undergarment. زیرِ حراست under arrest or custody. زیر دست subordinate, under control, subject. زیر دستخطی the undersigned. زیر زمین underground, in grave.

زیریں /ze:rĩ:/ ■ *adj.* lower, placed below, of lower rank.
زیست /zi:st/ ■ *n.f.* life, existence.
زَیغ /zæ:ɣ/ ■ *n.m.* backing out; going astray; distortion.
زِیل /zi:l/ ■ *n.f.* a shrill note; acute tone; treble (in music).
زَین /zæ:n/ ■ *n.m.* grace, elegance, beauty; adornment.
زِین /zi:n/ ■ *n.f.* saddle. زین پوش saddlecloth. زین ساز saddler. زین کسنا saddle a horse.
زینت /zi:nəṭ/ ■ *n.f.* grace; adornment, elegance, beauty. زینت پانا be adorned, be graced by. زینت دینا adorn, grace.
زینہ /zi:nɑ:/ ■ *n.m.* **1** ladder; staircase; stairs; steps of a ladder. **2** (*fig.*) stepping stone.
زینہار /zi:nhɑ:r/ ■ *adv.* never. See زنہار.
زیور /ze:vər/ ■ *n.m.* **1** ornament, jewellery. **2** decoration. زیور بڑھانا take off one's jewellery. (*pl.* زیورات)

زیرِسایہ **1** under the protection of, under the auspices of. **2** near, contiguous. زیر کرنا overpower, subdue, defeat. زیرکفالت under guardianship. زیرلب sotto voce, in a low voice, inarticulate. زیرِلب کہنا speak in a low voice. زیرِلب مسکرانا smile furtively. زیرِمشق pad to support paper in writing. زیرِمطالعہ under study. زیرِنظر under surveillance, under observation, under reference. زیرِنگیں under the authority (of). زیروزبر topsy-turvy, overturned.
زِیرک /zi:rək/ ■ *adj.* wise, intelligent, ingenious, acute, shrewd, perspicacious.
زِیرکی /zi:rəki:/ ■ *n.f.* wisdom, intelligence, shrewdness, perspicacity.
زِیرگی /zi:rəgi:/ ■ *n.f.* (***Bot.***) pollination.
زِیرہ /zi:rɑ:/ ■ *n.m.* zeera, jeera, cumin seed; pollen. زیرۂ سیاہ black cumin.

ژند¹ /ʒənḍ/ ■ *n.f.* (also ژنداوستا) **1** Zoroastrian scriptures with their official exegesis. **2** old Persian. ■ *n.m.* old worn rag. [P]
ژند² ____ ■ *n.m.* flint used to light fires. [P]
ژندگی /ʒənḍəgi:/ ■ *n.f.* oldness, being worn out.
ژندہ /ʒənḍɑ:/ ■ *n.m.* patched garment, rags. ■ *adj.* **1** old, worn out. **2** huge. ژندہ پوش (*fig.*) appellation of a mystic. ژندہ پیل huge elephant.
ژوپین /ʒo:pi:n/ ■ *n.m.* pronged spear.
ژولیدَگی /ʒo:li:ḍəgi:/ ■ *n.f.* distress, perplexity, entanglement.
ژولیدہ /ʒo:li:ḍɑ:/ ■ *adj.* **1** entangled, intricate, confused. **2** miserable. **3** dishevelled, unkempt. ژولیدہ بیان inarticulate; one who speaks in a confused way. ژولیدہ بیانی confused talk or writing. ژولیدہ حال wretched, miserable. ژولیدہ مو with dishevelled, unkempt or tangled hair.
ژُون /ʒu:n/ ■ *n.m.* idol; image; statue.
ژِیاں /ʒɪjɑ̃:/ ■ *adj.* formidable, fierce, ferocious; truculent; rapacious.

ژ

ژ /ʒe:/ ■ the twenty-eighth letter of the Urdu alphabet.
ژاژ /ʒɑ:ʒ/ ■ *n.m.* **1** indecent speech. **2** obscenity; nonsense. **3** a white coloured thorny grass which is too tough to chew even for a camel. ژاژخا chatterbox, babbler, trifler. ژاژخائی obscene or idle talk.
ژال /ʒɑ:l/ ■ *n.f.* wife; woman.
ژالہ¹ /ʒɑ:lɑ:/ ■ *n.m.* frost; hail; dew; hoar-frost. ژالہ باری **1** hail-storm. **2** (*fig.*) shower of questions. ژالۂ نرگس (*fig.*) tears. [P]
ژالہ² ____ ■ *n.m.* a raft made of inflated goat skin. [P]
ژدوار /ʒəḍvɑ:r/ ■ *n.m.* (also جدوار) a conical root which is very bitter and is used in medicines.
ژرف /ʒərf/ ■ *adj.* profound, deep; penetrating; acute (of mind). ■ *n.m.* depth, profoundness. ژرف بیانی description based upon minute observation. ژرف بیں/نگاہ keen-sighted, perspicacious. ژرف بینی/نگاہی deep insight or perception.

س

س /si:n/ ■ the twenty-ninth letter of the Urdu alphabet.

سا[1] /sɑ:/ ■ *adj.* like, resembling; so; used in comp. as: تجھ سا like you. کالا سا blackish. [Prk.]

سا[2] ____ ■ *n.m.* (***Music***) first of the seven notes of classical music. [Prk.]

سا[3] ____ ■ *suffix & adv.* very; intensely; used in comp. as: بہت سا very much. تھوڑا سا very little. [S]

سا[4] ____ ■ *suffix* something that brushes, polishes or shines; used in comp. as: جبیں سا rubbing the forehead (on ground in adoration). [P]

ساباط /sɑ:bɑ:t̤/ ■ *n.m.* a covered passage, connecting houses on opposite sides of street.

سابر[1] /sɑ:bər/ ■ *n.m.* (also سانبر، سانبھر) **1** sambar, chamois, a species of large stag. **2** imitation chamois leather. [Prk.]

سابر[2] ____ ■ *n.m.* crowbar. See سابل. [Prk.]

سابع /sɑ:beʔ/ ■ *ordinal number* seventh.

سابعاً /sɑ:beʔən/ ■ *adv.* seventhly, in the seventh place.

سابِق /sɑ:bɪq/ ■ *adj*. preceding, former; foregoing, past, prior. سابِقُ الذکر above-mentioned, aforesaid. سابق دستور **1** previous rules or customs. **2** as per former practice, according to previous rules, as usual. سابق میں formerly, of yore, heretofore, previously, in times past.

سابِقاً /sɑ:bɪqən/ ■ *adv*. before this, formerly, heretofore.

سابِقُون /sɑ:bɪqu:n/ ■ *n.m.* (also سابقون الاوّلون) the earliest companions of Prophet Muhammad, those who embraced Islam in the very beginning.

سابِقہ /sɑ:bɪqɑ:/ ■ *adj*. ancient, past, previous, former. ■ *n.m.* **1** old acquaintance or friendship; transaction, correspondence. **2** prefix. سابقہ پڑنا come into contact with, have to deal with. سابقہ ڈالنا put in touch with. (*pl.* سوابِق)

سابِقین /sɑ:bɪqi:n/ ■ *n.m.* (*pl.* of سابِق) earlier people, previous generations. See سابِقُون.

سابل /sɑ:bəl/ ■ *n.m.* (also سابر، سبل) **1** crowbar, pointed iron rod used for construction and making holes in the ground; this instrument is also used by burglars to break into houses. **2** a small anvil. **3** a kind of cloth.

سابُودانہ /sɑ:bu:d̪ɑ:nɑ:/ ■ *n.m.* See ساگودانہ under ساگو.

سابُونی /sɑ:bu:ni:/ ■ *n.f.* (also صابُونی) a kind of sweet (a mixture of honey, almond and sesame oil).

ساپن /sɑ:pən/ ■ *n.f.* name of a hair disease causing gradual baldness.

سات /sɑ:t̪/ ■ *cardinal number* seven. سات پانچ **1** (*literal*) seven and five. **2** (*fig.*) (i) a few. (ii) excuses, pretext. (iii) tricks, trickery. سات پانچ کرنا **1** wrangle. **2** be indecisive, hesitate, be in doubt. **3** defraud. سات پانچ نہ جاننا be simple, be straight forward; be naive. سات پردوں میں چھپا کر رکھنا keep closely guarded. سات پردوں میں رہنا observe strict purdah (veil). سات پشت / پیڑھی seven generations. سات پشت / پیڑھی سے **1** from seven generations. **2** (*fig.*) from ages. سات دریا / سمندر **1** the seven seas. **2** (*fig.*) the whole world. سات دھار ہو کر نکلنا (of food) pass through stools without being fully digested (sometimes as a result of a curse, evil eye, etc.). سات سمندر پار **1** beyond the seven seas, overseas, abroad. **2** (*fig.*) too faraway. سات سنگار / سنگھار **1** the seven traditional items applied by ladies for make-up. **2** (*fig.*) entire make-up. سات سنگھار کرنا get all dressed up and apply make-up profusely. سات سہاگنوں کے ہاتھ لگانا get the blessings of seven happy wives (as a rite of marriage). سات سہیلیوں کا جھمکا Pleiades, a cluster of stars in Taurus. سات عجائبات the seven wonders of the world. سات گنا sevenfold. سات ماموؤں کا بھانجا darling of the whole family. سات ہاتھ ہاتھی سے رہیے پانچ ہاتھ سنگھاڑے سے، بیس ہاتھ ناری سے تیس ہاتھ متوارے سے to remain safe, stay seven yards away from an elephant, five yards from a horned bull, twenty yards from a woman and thirty from wine (a proverb emphasising the evils of wine).

ساتا /sɑ:t̪ɑ:/ ■ *n.m.* funeral rites on the seventh day after death.

ساتاروہن /sɑ:t̪ɑ:ro:hən/ ■ *n.m.* **1** a group of seven. **2** big family. **3** group of seven wolves. **4** inimical clique.

ساتر /sɑ:tɪr/ ■ *n.m.* hider, coverer (cloth, etc.). ■ *adj.* hiding, concealing.

ساتگیں /sɑ:t̪gĩ:/ ■ *n.m.* (also ساتگین) a large wine cup drunk to someone's health.

ساتلا /sɑ:t̪lɑ:/ ■ *n.m.* a creeping plant bearing pod,

ساٹھا /sɑ:ʈʰɑ:/ ■ *n.m.* a sexagenarian man. ساٹھا پاٹھا stout sexagenarian man, youthful though old. ساٹھا تو سو پاٹھا a man is hale and hearty even at sixty. ساٹھا سو پاٹھا بیسی سو کھیسی a man is strong and healthy even at sixty but a woman's health and beauty begin to decline at twenty (a proverb spoken to emphasize an old man's good health).

ساٹھواں /sɑ:ʈʰvɑ̃:/ ■ *ordinal number* sixtieth.

ساٹھی /sɑ:ʈʰi:/ ■ *n.m.* **1** a kind of rice harvested in the rainy season and ripens in sixty days. **2** a sexagenarian woman, a healthy woman of sixty.

ساج[1] /sɑ:dʒ/ ■ *n.m.* **1** teak tree and its wood. **2** a kind of grindstone. [P]

ساج[2] ____ ■ *n.m.* **1** preparation. **2** harness; decoration. **3** equipment needed for some work. ساج ساجنا decorate; arrange. [Prk.]

ساجد /sɑ:dʒɪd/ ■ *adj.* prostrating in adoration. ■ *n.m.* adorer.

ساجن /sɑ:dʒən/ ■ *n.m.* **1** sweetheart, lover. **2** husband.

ساجنا /sɑ:dʒnɑ:/ ■ *v.* to dress; decorate; fit. ■ *n.m.* lover.

ساجھا /sɑ:dʒʰɑ:/ ■ *n.m.* share; partnership; joint family. ساجھا بھلا نہ باپ کا اور تاؤ بھلا نہ تاپ کا do not have partnership even with your father and do not have heat even that of fever. ساجھا کرنا to enter into partnership, to form a company.

ساجھی /sɑ:dʒʰi:/ ■ *n.m.* partner; shareholder. ساجھی بننا become a partner; enter into partnership (with).

ساجھے /sɑ:dʒʰe:/ ■ *n.m.* (*pl. & infl.* of ساجھا) ساجھے دار partner. ساجھے کا کام something done in partnership. ساجھے کی ہانڈی رہنڈیا a joint venture (which does not flourish). ساجھے کی ہنڈیا چوراہے پر پھوٹتی ہے too many cooks spoil the broth. ساجھے میں jointly, in partnership (with); in joint family.

ساچق /sɑ:tʃəq/ ■ *n.f.* (also سانچق) **1** the tradition of sending gifts from the bridegroom's side to the bride's on the day before wedding day. **2** the gifts (clothes and sweets, etc.) sent on this occasion.

ساحت /sɑ:hət/ ■ *n.f.* **1** court; open area of a house. **2** shore, coast. **3** quadrangle. **4** tract of land.

ساحر /sɑ:hɪr/ ■ *n.m.* magician, sorcerer, wizard, conjuror.

ساحرانہ /sɑ:hɪrɑ:nɑ:/ ■ *adj.* magical, sorcerous.

Origanum vulgare.

ساتواں /sɑ:t̪vɑ̃:/ ■ *ordinal number* seventh.

ساتور /sɑ:t̪u:r/ ■ *n.m.* a large knife; a butcher's chopping knife or cleaver.

ساتوں /sɑ:t̪õ:/ ■ *adv.* the seven, the whole seven; all the seven.

ساتویں /sɑ:t̪vĩ:/ ■ *adj.* (*fem.* of ساتواں) seventh; used in comp. as: ساتویں تاریخ seventh of the month.

ساتھ /sɑ:t̪ʰ/ ■ *adv.* together; with, along with; inclusive. ■ *n.m.* society, company. ساتھ اس کے along with this. ساتھ چلنا accompany. ساتھ چھٹنا / چھوٹنا be separated (from). ساتھ چھوڑ دینا desert. ساتھ دینا help, cooperate, stand by, side (with). ساتھ رہنا live together. ساتھ ساتھ together; along with. ساتھ ساتھ چلنا walk side by side, walk beside; follow close at heels. ساتھ سونا **1** to sleep with. **2** have sexual intercourse. ساتھ کھیلا childhood's playmate or friend. ساتھ گھسیٹنا drag a person along with. ساتھ لگے پھرنا follow (a person) about, tag along. ساتھ نبھانا to carry on or through, to maintain the support for, to keep alongside (someone) till the end. ساتھ والا **1** comrade, companion; partner. **2** neighbour; adjoining, adjacent; neighbouring, next door. ساتھ ہولینا to go in the company of, to accompany someone, to become one of the company, to join. ساتھ ہی **1** along with, together with. **2** simultaneously, at the same time; there and then. (کے) ساتھ ہی immediately upon.

ساتھن /sɑ:t̪ʰən/ ■ *n.f.* female companion.

ساتھی /sɑ:t̪ʰi:/ ■ *n.m.* **1** supporter; ally, companion, comrade. **2** follower, accomplice. ساتھی کرنا make a companion of.

ساٹا /sɑ:ʈɑ:/ ■ *n.m.* **1** barter, exchange; return. **2** transaction in bill of exchange. **3** a kind of paste or cement.

ساٹن[1] /sɑ:ʈən/ ■ *n.m.* a kind of cement or paste. [dial.]

ساٹن[2] ____ ■ *n.f.* (also ساٹھن) satin, a kind of thick silken cloth. [E]

ساٹے /sɑ:ʈe:/ ■ *n.m.* (*pl. & infl.* of ساٹا) ساٹے میں دینا barter; exchange, give in return.

ساٹھ /sɑ:ʈʰ/ ■ *cardinal number* sixty. ساٹھ کے پیٹے میں in one's sixties (age). ساٹھ گاؤں بکری چر گئی (*fig.*) a huge loss was suffered.

ساحرہ /sɑ:hɪrɑ:/ ■ *n.* (*fem.* of ساحر) (also ساحرنی) **1** sorceress, witch. **2** (*fig.*) an enchanting or beautiful woman.

ساحری /sɑ:hɪri:/ ■ *n.f.* **1** magic, enchantment, necromancy, sorcery. **2** (*fig.*) cunning, deception.

ساحل /sɑ:hɪl/ ■ *n.m.* beach, shore, coast. (*pl.* سواحل)

ساحلی /sɑ:hɪli:/ ■ *adj.* coastal.

ساخت /sɑ:xt̪/ ■ *n.f.* **1** formation, form, figure, make; construction; structure, mould. **2** (*lit.*) arrangement of words, syntactical construction.

ساختگی /sɑ:xt̪gi:/ ■ *n.f.* make, design; art; effort (usu. used in comp. as: بے ساختگی spontaneousness).

ساختہ /sɑ:xt̪ɑ:/ ■ *adj.* **1** made, formed. **2** counterfeit, not natural, artificial. **3** decorated. ■ *n.f.* something that has been made-up or cooked-up, lie, false statement. ساختہ و پرداختہ **1** done and effected. **2** trained; brought up. **3** act, deed. **4** (*fig.*) protègè.

ساختیات /sɑ:xt̪ɪjɑ:t̪/ ■ *n.f.* (***Philos.***) structuralism.

سادات /sɑ:d̪ɑ:t̪/ ■ *n.m.* (*pl.* of سیّد) **1** (*literal*) princes, lords. **2** descendants of Hazrat Fatima, the daughter of Prophet Muhammad.

سادِس /sɑ:d̪ɪs/ ■ *ordinal number* sixth.

سادِساً /sɑ:d̪ɪsən/ ■ *adv.* sixthly.

سادگی /sɑ:d̪gi:/ ■ *n.f.* **1** simplicity; plainness. **2** naivety, naiveness. **3** unaffectedness; candidness. **4** sincerity, purity. **5** easy language and plain style (used in literature).

سادنی /sɑ:d̪ni:/ ■ *n.f.* carpenter's tool for measuring angles.

سادہ /sɑ:d̪ɑ:/ ■ *adj.* **1** simple, plain; artless; candid, sincere. **2** blank (paper, etc.); without writing or impression, unstamped or unwritten (paper). **3** foolish, stupid. سادہ خاطر/لوح simpleton, fool. سادہ خاطری/لوحی stupidity. سادہ دل artless, simple. سادہ کار a worker who works on gold or silver, which later is decorated; a goldsmith who turns out delicate work. سادہ کاغذ/ورق plain paper. سادہ و پُرکار (of person or speech) simple yet artful. سادہ وضع plain style.

سادِیت /sɑ:d̪ɪjət/ ■ *n.f.* (***Psych.***) sadism. (*cf.* مساکیت)

سادھ /sɑ:d̪ʰ/ ■ *n.m.* (*contr.* of سادُھو) religious person, ascetic, sadhu. ■ *adj.* good; pious, virtuous.

سادھارن /sɑ:d̪ʰɑ:rən/ ■ *adj.* ordinary, common, usual. ■ *adv.* **1** commonly, usually. **2** slowly. **3** by chance.

سادھن /sɑ:d̪ʰən/ ■ *n.f.* **1** the act of accomplishing, completion, attainment. **2** means, cause, source; instrument, agent. **3** worship. **4** good work. **5** mode, method.

سادھنا[1] /sɑ:d̪ʰnɑ:/ ■ *v.* (also سادنا) to perform, practice, exercise; habituate or accustom oneself to. [S]

سادھنا[2] ____ ■ *v.* to train, teach; hold back, to control. [Prk.]

سادھنا[3] ____ ■ *n.f.* worship. [S]

سادُھو /sɑ:d̪ʰu:/ ■ *adj.* (also سادھ) pious, holy, virtuous; simple, innocent. ■ *n.m.* one who leads a religious life, a Hindu ascetic or mendicant, sadhu. سادھو بچہ (*fig.*) **1** fraudster. **2** a hypocrite.

سار[1] /sɑ:r/ ■ *suffix* denoting magnitude, similitude or possession; used in comp. as: خاک سار (also خاکسار) humble. کوہ سار mountain range. [P]

سار[2] ____ ■ *suffix* top, summit, head; used in comp. as: نگوں سار head-downward. [P]

سار[3] ____ ■ *n.m.* **1** best or choicest part of a thing; substance, essence, pith, heart. **2** juice, extract. **3** iron. **4** manure. **5** worth, value. [S]

سار[4] ____ ■ *n.f.* starling; mynah. [P]

سار[5] ____ ■ *n.m.* camel. ساربان cameleer, camel-driver. [P]

سارا[1] /sɑ:rɑ:/ ■ *adj.* all, entire, whole, complete. ■ *adv.* entirely, completely. سارا حال the whole matter, all the facts of the case, full particulars. سارا دھن جاتا دیکھیے تو آدھا دیجیے بانٹ better lose half than all. سارا زمانہ the entire world, everyone. (*fem.* ساری[1]) [Prk.]

سارا[2] ____ ■ *n.m.* pile (of wood) on which Hindus cremate their dead. [Prk.]

سارا[3] ____ ■ *suffix* **1** pure; good. **2** perfumed. [P]

سارتھی /sɑ:rtʰi:/ ■ *n.m.* **1** charioteer. **2** head or leader of a caravan. **3** name of a Hindu caste.

سارس /sɑ:rəs/ ■ *adj.* of or relating to a pond or lake. ■ *n.m.* crane (bird). سارس کی سی جوڑی (*fig.*) constant companions.

سارِق /sɑ:rɪq/ ■ *n.m.* thief.

سارن /sɑ:rən/ ■ *n.f.* a kind of opium.

سارنا /sɑ:rnɑ:/ ■ *v.* **1** to move away. **2** to end, to finish; consume. **3** to make, perform. **4** to correct, repair. **5** to complete; achieve, accomplish. **6** to apply (kohl).

سارنگ[1] /sɑ:rəŋg/ ■ *n.m.* **1** rainbow. **2** (***Music***) family of ragas, also a raga. **3** snake. **4** peacock. **5** cloud. **6** bee. **7** a musical instrument. [S]

سارنگ[2] ____ ■ *n.m.* boatswain. [P]

سارنگی /sɑ:rəŋgi:/ ■ *n.f.* sarangi, an Indian stringed musical instrument played with a bow.

سارنگیا /sɑ:rəŋgjɑ:/ ■ *n.m.* sarangi player.

ساری[1] /sɑ:ri:/ ■ *adj.* (*fem.* of سارا[1]) whole, entire. ساری خدائی ایک طرف جورو کا بھائی ایک طرف said of a slavish man who would rather listen to the wife's brother than anyone else, henpecked husband. ساری رات پیسا چپنی بھر اٹھایا more hard work, less gain. ساری عمر whole life. ساری کے واسطے آدھی نہ چھوڑیے better lose half than whole. [Prk.]

ساری[2] ____ ■ *n.f.* sari, a kind of dress worn by women of Indian subcontinent. See ساڑھی[2]. [Prk.]

ساری[3] ____ ■ *adj.* **1** passing; percolating; penetrating; flowing; all pervasive. **2** effective. [A]

سارے /sɑ:re:/ ■ *n.m.* (*pl. & infl.* of سارا[1]) سارے جہاں رشہر میں اونٹ بدنام a bad reputation does not make you as bad as people believe; give a dog a bad name and hang him. سارے کا سارا wholly, entirely, totally. سارے میں everywhere, at all the places.

ساڑھ ستی /sɑ:ʈʰsəṯi:/ ■ *n.f.* (***Astrol.***) period of misfortune reckoned as seven and a half years.

ساڑھو /sɑ:ʈʰu:/ ■ *n.m.* husband of wife's sister.

ساڑھی[1] /sɑ:ʈʰi:/ ■ *n.f.* (*contr.* of اساڑھی) spring harvest. [Prk.]

ساڑھی[2] ____ ■ *n.f.* (also ساری[2]) sari, saree, a dress comprising one piece of cloth worn by women around the body and passing over the shoulders or the head. [Prk.]

ساڑھے /sɑ:ʈʰe:/ ■ *adv.* used attributively with a whole number and a half, as: ساڑھے تین three and a half.

ساز[1] /sɑ:z/ ■ *suffix* preparing; making; feigning; creator, moulder, maker, one who makes; used in comp. as: گھڑی ساز watchmaker. [P]

ساز[2] ____ ■ *n.m.* **1** luggage, baggage; articles, goods. **2** musical instrument. **3** (horses') bridle; harness. **4** weapons, arms. ■ *n.f.* **1** understanding; communication; harmony. **2** intrigue plot, (usu. used with باز). ■ *adj.* suitable, favourable, propitious. سازباز intrigue, plot, conspiracy, collusion. سازباز کرنا **1** plot, intrigue, conspire. **2** arrange, manage; make preparation. سازچھیڑنا to begin playing a musical instrument. سازگار agreeable, favourable, helpful, supportive. سازگاری concord, harmony, agreement. سازوبرگ belongings. سازوسامان equipment, furniture and fittings; goods; materials. سازویراق **1** furniture. **2** warlike instruments. **3** baggage. [P]

سازش /sɑ:zɪʃ/ ■ *n.f.* **1** plot, conspiracy, collusion. **2** combination, confederacy. سازش کرنا intrigue, plot, conspire.

سازشی /sɑ:zɪʃi:/ ■ *adj.* collusive, intriguing.

سازندہ /sɑ:zɪnd̪ɑ:/ ■ *n.m.* **1** one who plays a musical instrument. **2** a wooden musical instrument fitted with strings.

سازینہ /sɑ:zi:nɑ:/ ■ *n.m.* a piece of instrumental music.

ساس /sɑ:s/ ■ *n.f.* (also ساسو) mother-in-law, mother of either spouse. ساس گئی گاؤں بہو کہے میں کیا کیا کھاؤں رساس میری گھر نہیں مجھے کسی کا ڈر نہیں while the cat is away the mice will play.

ساسان /sɑ:sɑ:n/ ■ *pr.n.m.* Sasan, the name of the founder of Sassanid dynasty.

ساسرا /sɑ:srɑ:/ ■ *n.f.* family of one's spouse. See سسرال.

ساسنا /sɑ:snɑ:/ ■ *v.* (also شاسنا) **1** chastise, punish, smite. **2** check; threaten.

ساطع /sɑ:ṯeʔ/ ■ *adj.* **1** bright, shining. **2** evident, clear. (*pl.* سواطع)

ساطور /sɑ:ṯu:r/ ■ *n.m.* (also ساتور) butcher's knife, cleaver, chopper, dagger. (See also بغدا، چاپڑ[1].)

ساعت /sɑ:ʔəṯ/ ■ *n.f.* **1** time. **2** favourable time. **3** watch; clock. **4** any unit of time; hour, minute, second. **5** a short time, a little while. ساعت برج clock tower. ساعت بہ ساعت every moment, every hour; repeatedly. ساعت ٹلنا **1** be passed off (as a fixed time or danger). **2** be passed over (time or moment of death).

ساعد /sɑ:ʔɪḏ/ ■ *n.f.* forearm; the arm from wrist to elbow. ساعدِ سیمیں fair and beautiful arm.

ساعی /sɑ:ʔi:/ ■ *n.m.* laborious or energetic man; one who tries hard, one who endeavours. ■ *adj.* diligent, assiduous.

ساغر /sɑ:ɣər/ ■ *n.m.* cup, bowl, wine-cup. ساغر چلنا have a goblet, have a round of drinks (usu. in company). ساغرکش one who drinks (wine).

ساغری[1] /sɑ:ɣəri:/ ■ *n.f.* leather made from the hide of a horse or an ass. [P]

ساغری[2] ——— ■ *adj.* of or related to ساغر. [P]

سافِل /sɑ:fɪl/ ■ *n.m.* mean man. ■ *adj.* lower in order.

ساق /sɑ:q/ ■ *n.f.* **1** shank, the part of the leg between the ankle and the knee; shin and calf. **2** trunk or stem of tree. ساقِ بلوریں رسیمیں (*fig.*) fair (coloured) legs.

ساقِط /sɑ:qɪt/ ■ *adj.* **1** dropped, fallen. **2** (***Law***) out of use. **3** dead; lost. **4** useless, futile. ساقِطُ الوزن (***Pros.***) line of verse that does not fall in any metre. ساقط کرنا **1** eliminate; render null and void. **2** cause to lapse; drop. ساقط ہونا **1** fall, drop. **2** abort, miscarry, undergo abortion. **3** be eliminated or annulled; lapse; drop. **4** be lost.

ساقن /sɑ:qən/ ■ *n.f.* female who prepares drink, tobacco, bhang, etc. for customers; barmaid.

ساقی /sɑ:qi:/ ■ *n.m.* **1** (*literal*) water-carrier, one who gives water to drink. **2** cup-bearer; one who gives (something) to drink; bartender. ساقیِ کوثر Prophet Muhammad, as the steward of the heavenly spring *Kausar* (کوثر). ساقی گری the job of a cup-bearer; the act of giving cups (to drink).

ساقیا /sɑ:qɪja:/ ■ *voc.* O cup-bearer.

ساکت /sɑ:kɪt/ ■ *adj.* **1** quiet, mute, silent, reticent. **2** at rest, immobile. ساکت وجامد quiet and stationary. ساکت وصامت quiet, mum. ساکت ہونا **1** keep quiet. **2** be immobile.

ساکِن /sɑ:kɪn/ ■ *n.m.* **1** inhabitant, dweller. **2** (***Phonetics***) consonant not followed by a vowel, quiescent letter. ■ *adj.* **1** not moving, stationary. **2** calm, tranquil, peaceful, undisturbed, at rest.

ساکھ /sɑ:kʰ/ ■ *n.f.* **1** reputation, repute, goodwill, credit. **2** trust. ساکھ بنانا create goodwill. ساکھ بننا trust or goodwill to be built up. ساکھ جاتی رہنا lose credit or goodwill. ساکھ گنوانا destroy (one's) good name, lose credit. ساکھ گئی پھر نہیں آتی a lost reputation is seldom redeemed. ساکھ ہونا have good credit or repute.

ساکھا[1] /sɑ:kʰɑ:/ ■ *n.m.* **1** heroism, bravery. **2** quarrel, fight. [Prk.]

ساکھا[2] ——— ■ *n.m.* season, time; harvest, crop. ■ *n.f.* branch. [Prk.]

ساکھی /sɑ:kʰi:/ ■ *n.m.* witness, evidence. ■ *n.f.* a genre of poetry in Biraj (برج); epic poem.

ساگ /sɑ:g/ ■ *n.m.* saag, leafy vegetables. ساگ پات رسبزی greens.

ساگا /sɑ:gɑ:/ ■ *n.m.* green stalk of onion.

ساگر /sɑ:gər/ ■ *n.m.* sea; ocean.

ساگُو /sɑ:gu:/ ■ *n.m.* a tree of palm species, sago tree. ساگودانہ (also سابودانہ) sago seed; starch prepared from sago seed or pith used for puddings, etc.

ساگوان /sɑ:gvɑ:n/ ■ *n.f.* (also ساگون) teak.

سال[1] /sɑ:l/ ■ *n.m.* year; calendar year; school year. سالِ آئندہ next year. سال بہ سال year by year; yearly. سال بھر all the year round. سالِ پیوستہ the year before last. سال تمام رتمامی report submitted at the end of the year, an annual report. سال تمام پر at the end of the year. سالِ جلوس year of accession. سال چڑھتی جمع خرچ debit and credit account. سالِ حسابی official or financial year. سال خوردہ (also سالخوردہ) old (in years); experienced, veteran; worn out. سالِ رواں current year. سالِ شمسی solar year. سالِ عیسوی Anno Domini, A.D.; Christian year. سالِ قمری رہجری lunar/Hegira year. سالِ کبیسہ intercalary year, leap year. سال گرہ **1** (*literal*) year-knot. **2** birthday. سال گرہ منانا celebrate a birthday. سالِ گزشتہ last year. سالِ مہاجنی mercantile year. سال نامہ yearbook; calendar; annual issue of a periodical. سالِ نو new year. سالِ نوری light year. سال وار yearly, annual. سال ہا سال several years, many years, a long time, series of years. [P]

سال[2] ——— ■ *n.m.* sal, the saul tree, *Shorea robusta*, a valuable timber tree. [S]

سال[3] ——— ■ *n.m.* mortise, hole cut to receive a tenon. سال ڈالنا cut a mortise. [Prk.]

سالا /sɑ:lɑ:/ ■ *n.m.* **1** wife's brother, brother-in-law. **2** (*slang*) a term of mild abuse.

سالار /sɑ:lɑ:r/ ■ *n.m.* general or commander of an army; captain. سالار جنگ **1** leader in war; field martial, general or commander. **2** (*joc.*) wife's brother.

سالانہ /sɑ:lɑ:nɑ:/ ■ *adj. & adv.* yearly, annual; annually, per year. ■ *n.m.* annual pension. سالانہ نقشہ جات annual returns.

سالِبہ /sɑ:lɪbɑ:/ ■ *n.m.* (***Logic***) negative proposition.

سالسا /sɑ:lsɑ:/ ■ *n.m.* sarsaparilla, kinds of smilax or their dried roots; drug made from these.

سالِک /sɑ:lɪk/ ■ *n.m.* 1 one who goes along; traveller. 2 mystic, Sufi, a devotee (of the mystic path). سالکِ راہ (***Sufism***) one who travels the mystic path, mystic.

سالگرام /sɑ:ləgrɑ:m/ ■ *n.m.* (also سالگ رام) flinty stone, a black-coloured stone worshipped by the Hindus (conceived to represent Vishnu).

سالگرہ /sɑ:lgɪrəh/ ■ *n.f.* birthday. See under سال[1].

سالِم /sɑ:lɪm/ ■ *adj.* 1 whole, perfect, complete. 2 safe, secure, sound.

سالمات /sɑ:lɪmɑ:t̪/ ■ *n.m.* (*pl.* of سالمہ).

سالماتی /sɑ:lɪmɑ:t̪i:/ ■ *adj.* molecular. سالماتی ترکیب molecular constitution. سالماتی توانائی molecular energy. سالماتی ضابطہ، کلیہ molecular formula. سالماتی وزن molecular weight.

سالمہ /sɑ:lɪmɑ:/ ■ *n.m.* molecule.

سالمیّت /sɑ:lɪmɪjjət̪/ ■ *n.f.* integrity; wholeness.

سالن /sɑ:lən/ ■ *n.m.* curry of meat, fish or vegetable, etc.

سالنا[1] /sɑ:lnɑ:/ ■ *v.* perforate, drill, bore; cut a mortise. [S]

سالنا[2] ____ ■ *n.m.* (*coll.*) curry. See سالن. [S]

سالو /sɑ:lu:/ ■ *n.m.* a kind of red cloth.

سالوتر /sɑ:lo:t̪ər/ ■ *n.m.* (also سالوتری، سلوتری) veterinary surgeon.

سالوتری /sɑ:lo:t̪ri:/ ■ *n.f.* veterinary.

سالوس /sɑ:lu:s/ ■ *n.f.* hypocrisy, trick, fraud, deceit, subterfuge. ■ *n.m.* hypocrite, treacherous.

سالوسی /sɑ:lu:si:/ ■ *adj.* deceiving. ■ *n.f.* deception, fraud.

سالہ /sɑ:lɑ:/ ■ *suffix* denoting age in years; used in comp. as: دوسالہ two-year-old.

سالہا /sɑ:lhɑ:/ ■ *n.m.pl.* (also سال ہا) years. سالہاسال many years.

سالی /sɑ:li:/ ■ *n.f.* 1 wife's sister, sister-in-law. 2 (*slang*) a term of mild abuse.

سالیانہ /sɑ:lɪjɑ:nɑ:/ ■ *n.m.* (also سالانہ، سالینہ) (rarely used these days) amount paid yearly. ■ *adj.* & *adv.* annual, yearly.

سام[1] /sɑ:m/ ■ *pr.n.m.* 1 Shem, a son of Prophet Noah. 2 name of the grandfather of Rustam, a legendary Persian warrior-hero.

سام[2] ____ ■ *n.m.* a Hindu religious song. سام وید (***Hinduism***) Sama Veda, one of the four Vedas. [S]

سام[3] ____ ■ *adj.* poisonous. سام ابرص a kind of chameleon whose poison was thought to cause leprosy. [A]

سامان /sɑ:mɑ:n/ ■ *n.m.* 1 necessaries, goods and chattels, wares; tools; furniture; apparatus. 2 arrangements; preparations. 3 opulence. 4 (*coll.*) senses, awareness, consciousness. سامانِ آخرت good deeds, perquisites for salvation in the hereafter. سامانِ جنگ/حرب war material (collectively).

سامُدرک /sɑ:muḍrɪk/ ■ *n.m.* (also سامدرک ودیا) the art of fortune-telling by reading face or other parts of the body.

سامُدرکی /sɑ:muḍrɪki:/ ■ *n.m.* fortune-teller.

سامراج /sɑ:mrɑ:dʒ/ ■ *n.m.* imperialism.

سامراجی /sɑ:mrɑ:dʒi:/ ■ *n.m.* imperialist. ■ *adj.* imperialistic.

سامراجیت /sɑ:mrɑ:dʒɪjət̪/ ■ *n.f.* imperialism.

سامرتھ /sɑ:mərt̪^{h}/ ■ *n.f.* 1 ability; capacity. 2 authority, power, strength.

سامری /sɑ:mɪri:/ ■ *pr.n.m.* Samaritan, a magician who made a golden calf for worship by Israelites. سامری فن great magician.

سامِع /sɑ:meʔ/ ■ *n.m.* listener, hearer, audience. (*pl.* سامعین)

سامعہ /sɑ:meʔɑ:/ ■ *n.m.* sense of hearing. سامعہ نواز something that feels good to hearing; melodious. سامعہ نوازی the state of being melodious.

سامگری /sɑ:məgri:/ ■ *n.f.* articles, materials; apparatus, tools.

سامنا /sɑ:mnɑ:/ ■ *n.m.* 1 the front portion or part. 2 opposition. 3 confrontation, facing. سامنا کرنا 1 confront, encounter. 2 appear, let oneself to be seen. 3 oppose. سامنا ہونا come upon, come across, meet accidentally.

سامنت /sɑ:mənt̪/ ■ *n.m.* landowner, feudal lord.

سامنتی /sɑ:mənt̪i:/ ■ *adj.* feudal. سامنتی نظام feudalism.

سامنے /sɑ:mne:/ ■ *adv.* 1 facing, face to face. 2 in front (of), before; in one's presence. 3 compared to. 4 (of location) opposite, (situated) on the other side. سامنے کا،کی 1 confronting, opposite. 2 by the side of. 3 pertaining to one's presence or lifetime. 4 apparent, evident. سامنے کی بات self evident, obvious, apparent. سامنے ہونا 1 face, challenge. 2 be located in front of or opposite side, be situated on the other side. 3 come in

نگ	نک	ی	ہ	و	ن	م	ل	گ	ک	ق	ف
ŋg	ŋk	j	h	v	n	m	l	g	k	q	f

سانٹھل /sã:ʈʰəl/ ■ *n.f.* the thigh.

سانٹ /sã:ʈ/ ■ *n.f.* (also سانٹھ) **1** joining, junction, union. **2** help; intrigue, conspiracy. **3** knot. **4** a threshing tool, flail. سانٹ بانٹ **1** combination; league. **2** intrigue. سانٹ گانٹھ intrigue, conspiracy.

سانٹا /sã:ʈa:/ ■ *n.m.* **1** stick or whip (for driving oxen or for urging an elephant to fight); goad, spur. **2** sugar cane.

سانٹنا /sã:ʈna:/ ■ *v.* (also سانٹھنا) **1** paste, stick; cause to adhere or cohere; join thread; tack. **2** to splice, twist ropes. **3** bring over to one's side, win over, win someone away from.

سانٹھ /sã:ʈʰ/ ■ *n.f.* joining. See سانٹ.

سانجھ /sã:dʒʰ/ ■ *n.f.* (also سانج) evening; nightfall. سانجھ سویر/سویرے morning and evening.

سانجھی /sã:dʒʰi:/ ■ *n.m.* companion.

سانچ /sã:tʃ/ ■ *n.m.* truth. سانچ کو آنچ نہیں fire does not harm the truth; the truth ultimately prevails; the truth has nothing to fear.

سانچا[1] /sã:tʃa:/ ■ *n.m.* (also سانچہ) **1** mould; matrix. **2** the womb. [Prk.]

سانچا[2] ____ ■ *adj.* truthful, factual, candid. [Prk.]

سانچر /sã:tʃər/ ■ *adj.* amassing, collecting. سانچر نون Epsom salts.

سانچق /sã:tʃəq/ ■ *n.f.* (also سانچق، سانچک) dress and jewellery, etc. sent by bridegroom's parents to bride's house, usually on the day before marriage.

سانچی /sã:tʃi:/ ■ *n.m.* (also سانچی پان) a kind of paan.

سانچے /sã:tʃe:/ ■ *n.m.* (*pl. & infl.* of سانچا) سانچے میں ڈھالنا to cast in a mould. سانچے میں ڈھلا (*fig.*) (of human figure) perfect as if moulded.

سانحہ /sɑ:nehɑ:/ ■ *n.m.* incident; a tragic event, a tragic occurrence. (*pl.* سوانح)

سانڈا /sã:ɖɑ:/ ■ *n.m.* (also ساندھا) rope (esp. the one used to tie a cow's legs when milking).

سانڈ /sã:ɖ/ ■ *n.m.* (also سانڈھ) **1** a bull or stallion used for mating and producing offspring. **2** a bull set free in the name of a god or goddess. **3** a camel, especially a young one used for riding. **4** lewd youth, a wayward and extravagant fellow. **5** (*fig.*) fat, corpulent person.

سانڈا /sã:ɖɑ:/ ■ *n.m.* a species of sand lizard (the oil extracted from it is said to cure gout and impotence).

front of.

سامی[1] /sɑ:mi:/ ■ *adj.* high, exalted. [A]

سامی[2] ____ ■ *adj.* Semitic. [A]

سامی[3] ____ ■ *n.f.* rich, arable land, fertile land. [S]

سامی[4] ____ ■ *n.m.* (also سوامی) **1** husband. **2** lover. **3** lord, master. [dial.]

سان[1] /sɑ:n/ ■ *n.f.* hone, grindstone, whetstone. سان چڑھانا whet, sharpen, hone. سان چڑھنا be whetted, be sharpened. سان دھرنا sharpen, whet. سان گر (also سانگر) the person who sharpens, whetter. [S]

سان[2] ____ ■ *n.m.* sign, trace; idea; indication. سان گمان sign, trace, hint; notion. سان گمان نہ ہونا see no signs of; have no premonition. [S]

سا /sã:/ ■ *suffix.* like, similar to; used in comp. as: دیوانہ سا like a mad man. یک سا (*literal*) like one; same.

سانبھر /sã:bʰər/ ■ *n.m.* **1** salt from lake Sambhar in India. **2** sambar, chamois, stag; red deer.

سانپ /sã:p/ ■ *n.m.* snake, serpent. سانپ بچھو poisonous reptiles. سانپ بھی مرے لاٹھی بھی نہ ٹوٹے success without any loss. سانپ سونگھ جانا be struck dumb when it is imperative to speak. سانپ کا بچہ سپنولیا enemy's progeny is no less dangerous. سانپ کا کاٹا رسی سے ڈرتا ہے one who has been bitten by a snake dreads a piece of rope; once bitten twice shy. سانپ کا کاٹا سوئے بچھو کا کاٹا روئے someone bitten by a snake either faints or dies and someone bitten by a scorpion cries with pain. سانپ کا مہرہ bezoar which was formerly used as an antidote to poison. سانپ کی بانبی/رکے بل میں ہاتھ ڈالنا invite trouble or danger. سانپ کی چھتری mushroom. سانپ کی سی چال sinuous movement. سانپ نکل گیا اب لکیر پیٹا کرو/پیٹو (دل/سینے پر) سانپ لوٹنا burn with envy. when the opportunity is lost, the only thing you can do is to lament.

سانپا /sã:pa:/ ■ *n.m.* mourning over the dead, condolence. سانپا کرنا condole with.

سانپن /sã:pən/ ■ *n.f.* **1** female snake. **2** a disorder that causes hairs to fall off. **3** a tuft of hair in horse (considered ominous).

سانپے /sã:pe:/ ■ *n.m.* (*pl. & infl.* of سانپا) سانپے جانا to go to attend a condolence congregation, to mourn the death of someone.

سانڈنی /sã:ḍni:/ ■ *n.f.* female camel (with one hump) trained for riding. سانڈنی سوار someone mounted on camel, messenger who used to come on a camel (usu. a faster one).

سانڈے /sã:ḍe:/ ■ *n.m.* (*pl.* & *infl.* of سانڈا) سانڈے کا تیل oil extracted from *sanda* (سانڈا), said to have powers to increase male sexual potency. سانڈے کا تیل بیچتے ہیں (*derog.*) talks about sexual matters, tries to provoke sexually by saying lewd things.

سانڈیا /sã:ḍɪjɑ:/ ■ *n.m.* **1** young male camel. **2** wheel used in lace-making.

سانس /sã:s/ ■ *n.f.* **1** breath, sigh. **2** fissure, crack which lets the air in. **3** (*fig.*) a brief span of time, a moment, a few seconds. سانس اکھڑنا / بگڑنا take shallow breaths (as a sign of impending death). سانس بھرنا sigh. سانس پورے ہونا life to come to an end. سانس پھولنا / چڑھنا pant, gasp, be out of breath. سانس توڑنا take a (slight) breath while reciting or singing. سانس ٹوٹنا / ڈوبنا be out of breath. سانس رکنا / گھٹنا suffocate or choke, be suffocated, have difficulty in breathing. سانس روکنا hold one's breath. سانس کا روگ asthma. سانس کی نالی windpipe, trachea. سانس لینا breathe, inhale; have a rest.

سانسا /sã:sɑ:/ ■ *n.m.* worry, anxiety, fear.

سانسنا /sã:snɑ:/ ■ *v.* threaten, intimidate; punish; rebuke.

سانسی /sã:si:/ ■ *n.m.* (also سانسیا) nomadic tribe declared criminal by the British during their rule in India.

سانکر /sɑ:ŋkər/ ■ *n.f.* **1** chain, door chain. **2** fetter, manacle. **3** a kind of ornament.

سانکری /sɑ:ŋkəri:/ ■ *adj.* **1** narrow, close, confined. **2** (*fig.*) difficult, arduous.

سانکل /sɑ:ŋkəl/ ■ *n.f.* door chain.

سانگ /sɑ:ŋg/ ■ *n.m.* (also سوانگ) **1** mimicry, disguise. **2** acting; part in a play, personification. **3** play, drama. **4** farce, mockery, jocularity, buffoonery. سانگ بنانا / بھرنا / دکھانا / رچانا / کرنا to disguise, play a role, to make a buffoon of oneself.

سانگر /sɑ:ngər/ ■ *n.m.* whetter. See سان گر under سان¹.

سانگی¹ /sɑ:ŋgi:/ ■ *n.m.* (also سانگیا) actor; player. [Prk.]

سانگی² _____ ■ *n.m.* (also سانگھی) support on which the pole of a cart is propped. [Prk.]

ساننا¹ /sɑ:nnɑ:/ ■ *v.* **1** knead; mix up with some liquid. **2** stain, smear. **3** implicate, involve (in a crime or guilt). [Prk.]

ساننا² _____ ■ *v.* to whet, to sharpen. [dial.]

سانوٹا /sã:vt̪ɑ:/ ■ *adj.* (also سانٹھا، سانوٹھا) **1** well, sound in health. **2** ready to fight, alert.

سانوریا /sã:vərjɑ:/ ■ *adj.* **1** of a dark complexion. **2** of a handsome countenance. **3** beloved. ■ *n.m.* lover; husband.

سانولا /sã:vlɑ:/ ■ *adj.* (also سانول) olive-skinned; of a slightly dark complexion. ■ *n.m.* **1** brown colour. **2** (***Hinduism***) an epithet of Krishna. سانولا سلونا brown and salty, pleasing, having an olive or slightly dark complexion.

سانولی /sã:vli:/ ■ *adj.* (*fem.* of سانولا) **1** (girl or woman) with a brown or dark complexion. **2** (girl or woman) with a handsome countenance. سانولی سلونی **1** brown and salty. **2** (*fig.*) pleasing, beautiful, handsome.

سانولیا /sã:vəljɑ:/ ■ *n.m.* (also سانوریا، سنوریا) **1** one who has a slightly dark skin. **2** (***Hinduism***) an epithet of Krishna.

سانی /sɑ:ni:/ ■ *n.f.* chaff or straw mixed with grain and water and used as fodder.

ساو /sɑ:v/ ■ *adj.* (also ساؤ) innocent, docile; polite; virtuous. ■ *n.m.* one who comes along with the bridegroom in a marriage procession.

ساوتری /sɑ:vɪt̪ri:/ ■ *n.f.* **1** a beam or ray of light; a cluster of solar rays. **2** (***Hinduism***) Savitri (wife of Brahma). **3** (*fig.*) virtuous woman.

ساوج /sɑ:vədʒ/ ■ *n.m.* wild animal; game. ■ *adj.* savage.

ساودھان /sɑ:vd̪ʰɑ:n/ ■ *adj.* attentive, careful, cautious.

ساوڑ /sɑ:vəɽ/ ■ *n.m.* **1** maternity hospital, delivery room. **2** impurity from childbirth.

ساون /sɑ:vən/ ■ *n.m.* (also ساون ماس) the fifth month of the Bikrami calendar corresponding to July-August, which is a month of rains. ساون بھادوں **1** months of rain. **2** a kind of latticework. **3** a kind of firework. ساون رُت rainy season. ساون کا اندھا one blinded with self-interest. ساون کی جھڑی continuous rain in the month of Savan. ساون کے اندھے کو ہرا ہی ہرا دکھائی دیتا / سوجھتا / نظر آتا ہے to a jaundiced eye everything is yellow. ساون ہرے نہ بھادوں سوکھے always in the same state.

طویل مصوتے:	ɑ: آنا، گانا	æ: بیٹھنا	i: پیلا	e: دینا	ɔ: پودا	u: چول	o: گول
	/gɑ:nɑ:/, /ɑ:nɑ:/	/bæ:tʰnɑ:/	/pi:lɑ:/	/d̪e:nɑ:/	/pɔ:dɑ:/	/tʃu:l/	/go:l/

ساونت /sɑ:vənt̪/ ■ *adj.* (also ساونت) brave. ■ *n.m.* hero, warrior.

ساونتی /sɑ:vənt̪i:/ ■ *n.f.* bravery.

ساونی /sɑ:vəni:/ ■ *n.f.* autumn harvest.

ساہ /sɑ:h/ ■ *n.m.* 1 merchant. 2 banker. 3 title of respect. 4 innocent person, an honest man.

ساہا /sɑ:hɑ:/ ■ *n.m.* 1 wedding day. 2 propitious time for marriage. ساہا چمکنا / کھلنا great many number of marriages to take place.

ساہتیہ /sɑ:hɪt̪jɑ:/ ■ *n.m.* 1 literature. 2 association, union; fellowship.

ساہر /sɑ:hər/ ■ *adj.* waking, awake; sleeping little.

ساہس /sɑ:həs/ ■ *n.f.* violence, tyranny, oppression.

ساہو /sɑ:hu:/ ■ *n.m.* 1 well-wisher, patron, benefactor. 2 merchant. 3 of good repute, respectable; honest. ساہوکار 1 wealthy, rich. 2 banker, moneylender. 3 honest, of repute. ساہوکارا 1 exchange, trading; money-market. 2 moneylending business. ساہوکاری trade, commerce; banking, business, exchange of money.

ساہوکار /sɑ:hu:kɑ:r/ ■ *n.m.* wealthy, rich. See under ساہو.

ساہول /sɑ:hu:l/ ■ *n.m.* plumb line. See شاقول.

ساہی /sɑ:hi:/ ■ *n.f.* (also سیہہ، سیہی) porcupine.

سائبان /sɑ:ebɑ:n/ ■ *n.m.* 1 thatched roof, shade, shelter; awning; canopy. 2 (*fig.*) refuge; shield; support.

سائر /sɑ:ɪr/ ■ *adj.* 1 running; circulating, wandering. 2 all, whole, entire. سائر خرچ contingent charges. سائر فی المنام sleepwalker, somnambulist.

سائل /sɑ:ɪl/ ■ *n.m.* (also سایل) 1 beggar. 2 petitioner; applicant. 3 questioner, interrogator.

سائی[1] /sɑ:i:/ ■ *n.f.* earnest money. سائی دینا pay earnest money. [S]

سائی[2] ____ ■ *suffix* rubbing; used in comp. as: جبیں سائی rubbing the forehead; beseeching, begging earnestly. [P]

سائے /sɑ:e:/ ■ *n.m.* (*pl. & infl.* of سایہ) سائے تلے آنا take shelter. سائے سے بچنا to abhor; stay away, avoid. سائے سے ڈرنا be very afraid of. سائے کی طرح ساتھ رہنا / ہونا to follow all the time and everywhere. (کے) سائے میں under the shade (of).

سائیس /sɑ:i:s/ ■ *n.m.* (also سائس) syce, horse-keeper.

سائیسی /sɑ:i:si:/ ■ *n.f.* work of a horse-keeper, stable-keeping. سائیسی علم دریا ردریاؤ ہے each knows the intricacies of his own trade; every profession even a mean job like horse-keeping too requires hard work to excel in it.

سائیں /sɑ:ĩ:/ ■ *n.m.* 1 Allah, God. 2 lord, master. 3 husband. 4 religious mendicant.

سائیں سائیں /sɑ:ẽ: sɑ:ẽ:/ ■ *n.f.* 1 whistling or rustle of wind. 2 sound of a gunfire. 3 (*fig.*) howling wilderness. سائیں سائیں کرنا (of a place) be deserted.

سایا /sɑ:jɑ:/ ■ *n.m.* a skirt-like garment (worn by women) fastened around waist and hanging down around the legs.

سایہ /sɑ:jɑ:/ ■ *n.m.* 1 shade, shadow. 2 shelter. 3 (*fig.*) influence of an evil spirit. 4 protection; patronage. سایہ افگن / انداز / فگن sheltering, casting a shadow. سایہ بان canopy, sunshade; umbrella. سایہ پرور / پروردہ delicately nursed, protègè. سایہ پڑ جانا / پڑنا come under someone's influence; adopt the manner of someone else. سایہ دار shady. سایہ ڈالنا cast a shadow. سایہ ڈھلنا 1 shadow to lengthen; evening to approach. 2 decline. سایۂ رحمت divine mercy, mercy of God. سایہ سر سے اٹھنا patronage to end; parent(s) to die. سایۂ عاطفت benevolence, kindness. سایۂ عاطفت میں لینا take (someone) under one's wing or tutelage or protection; become a guardian (of). سایہ گستر shady; providing shade or protection; protector. سایہ ہونا be possessed by an evil spirit; be obsessed.

سب[1] /səb/ ■ *adj.* 1 all, whole, total. 2 all people, everybody. سب ایک ہی تھیلی کے چٹے بٹے ہیں they are chips off the same block. سب ٹھاٹ پڑا رہ جائے گا everything is left behind with death. سب چلتا ہے let it go, everything is OK here (usu. uttered when something substandard or wrong is approved of). سب حال all the facts, whole case, all particulars. سب خیریت ہے everything is just fine, everything is OK. سب دن always; daily. سب رس extract. سب سمیت in all, all together, in the total. سب سے بھلی چپ silence is gold. سب طرح سے 1 in every respect. 2 wholeheartedly. سب طرح سے حاضر ہونا be ready to serve in every way. سب کا بھلا سب کی خیر (*opt.*) may God do good to everyone! (usu. uttered by beggars when asking for alms). سب کا سب altogether; the whole, completely, entirely; all of (it). سب کچھ everything; entire, complete. سب کو ایک ہی لاٹھی سے ہانکنا disregard the difference or status, treat everybody indiscriminately. سب کہنے کی باتیں ہیں there is no substance in these tales. سب کھوّا omnivorous, one who eats all kinds of food without exception. سب لوگ everyone, all the people. [Prk.]

سب² ____ ■ *n.f.* (also سَبّ) abuse, slander, swear-word. سب وشتم (use of) abusive language, reproach, swearing. [P]

سبا /səbɑ:/ ■ *pr.n.m.* Sheba, a historical place in Yemen.

سبّابہ /səbbɑ:bɑ:/ ■ *n.m.* forefinger, index finger.

سُباس /sʊbɑ:s/ ■ *n.f.* sweet smell, fragrance.

سِباع /sɪbɑ:ʔ/ ■ *n.m.pl.* rapacious beasts, beasts of prey, carnivores.

سِباق /sɪbɑ:q/ ■ *n.m.* parts of a discourse or composition that come before a particular word or passage; used with سیاق as: سیاق وسباق reference and context.

سبب /səbəb/ ■ *n.m.* **1** reason, ground, cause. **2** means. **3** string, cord, rope. **4** (***Pros.***) two-letter metrical unit in which the first letter is followed by a vowel and the other may be quiescent. سببِ ثقیل (***Pros.***) two-letter metrical unit with a vowel following both. سببِ خفیف (***Pros.***) two-letter metrical unit with a vowel sound following the first letter but not the second. (*pl.* اسباب)

سببیت /səbəbɪjjət/ ■ *n.f.* causality, motive, reasoning; argumentation.

سبت /səbt̪/ ■ *n.m.* Sabbath, Saturday.

سُبحان /sʊbhɑ:n/ ■ *adj.* **1** holy, glorifying, magnifying, praising. **2** (*fig.*) God. سبحان اللہ **1** God be praised! glory be to Allah! **2** bravo! well done! سبحان تیری قدرت glory to Thine (God's) power, wonderful are the ways of God.

سُبحانی /sʊbhɑ:ni:/ ■ *adj.* of God, Divine.

سُبحہ /sʊbhɑ:/ ■ *n.m.* rosary, a string of beads. سبحہ گردانی telling one's beads.

سبد /səbəd/ ■ *n.m.* basket. سبدِگل basket of flowers.

سبز /səbz/ ■ *adj.* **1** green, verdant; flourishing. **2** unripe. ■ *n.m.* beloved, sweetheart. سبز باغ (*fig.*) deceitful promises, vain hopes. سبز باغ دکھانا/دکھلانا raise false hopes; deceive by false promises. سبز بخت lucky, flourishing, prosperous. سبز بختی prosperity. سبز پا/سبز قدم ill-starred, inauspicious. سبز پری **1** green fairy; an imaginary character. **2** (*fig.*) (i) beautiful woman. (ii) hemp, cannabis, bhang. سبز پوش clad in green; in full foliage, blooming (trees, etc.). سبز چائے green tea, tea made from unfermented leaves. سبز چشم green-eyed person said to be selfish. سبز رنگ **1** green colour. **2** of dark complexion. سبز قدم unlucky, unfortunate; ill-omened; inauspicious. سبز ہونا to flourish.

سبزک /səbzək/ ■ *n.m.* weaver-bird.

سبزہ /səbzɑ:/ ■ *n.m.* **1** green, verdure; herbage. **2** emerald, a green precious stone. **3** a kind of earring. **4** incipient beard. **5** iron-grey horse. **6** (*fig.*) cannabis, hemp plant. سبزۂ بیگانہ grass growing of itself; wild (grass). سبزہ زار meadow, lawn, greensward.

سبزی /səbzi:/ ■ *n.f.* **1** vegetable. **2** greenness, verdure. **3** an intoxicating liquor made of hemp. سبزی فروش a greengrocer. سبزی منڈی vegetable market.

سِبط /sɪbt̪/ ■ *n.m.* grandchild, son of daughter; progeny. (*pl.* اسباط)

سِبطَین /sɪbt̪æ:n/ ■ *n.m.pl.* two grandsons of Prophet Muhammad, viz. Imam Hasan and Imam Hussain.

سبع /səbʔ/ ■ (also سبعہ) *cardinal number* seven. سبع سیارہ/سیارے seven planets. سبع شداد the seven heavens; sky.

سُبع /sʊbʔ/ ■ *adj.* seventh (part).

سبق /səbəq/ ■ *n.m.* **1** lesson; reading; lecture. **2** moral of a story. **3** warning; advice. سبق دینا instruct, lecture, teach, give a lesson. سبق سکھانا (*fig.*) teach a lesson, i.e. punish for a fault or mistake. سبق لینا **1** take a lesson from. **2** learn a (good) lesson. (*pl.* اسباق)

سبقت /səbəqət̪/ ■ *n.f.* lead, precedence, superiority, excellence. سبقت کرنا precede, advance, surpass. سبقت لے جانا excel, to outstrip, surpass, take the lead.

سبک /səbk/ ■ *n.m.* **1** act of minting coins. **2** style, manner. **3** literary style, literary school of thought.

سُبک /sʊbʊk/ ■ *adj.* **1** light, not heavy. **2** minute; thin; weak, infirm. **3** trifling, trivial, worthless; low; degraded. **4** nimble, swift. **5** careless, heedless, free (for requital in the hereafter). سبیل لگانا install a free wayside water stall. (*pl.* سُبُل)

سُبھ /sʊbʰ/ ■ *adj.* auspicious. See شُبھ.

سبھا /səbʰɑ:/ ■ *n.f.* **1** meeting, assembly; company. **2** court, convention; council, sabha. سبھاپتی president (of the meeting), chairman. سبھا جمانا/کرنا convene or hold a meeting.

سُبھاگی /sʊbʰɑ:gi:/ ■ *adj.* **1** lucky, fortunate. **2** well-to-do.

سُبھاؤ /sʊbʰɑ:o:/ ■ *n.m.* good temper. ■ *adj.* well-disposed.

سبھی /səbʰi:/ ■ *adj.* (also سب ہی) all and sundry.

سِپّا /sɪppɑ:/ ■ *n.m.* **1** reach, range. **2** distance, space. **3** aim. سپا بیٹھنا be successful. سپا لگانا hit the nail on the head; be on the mark. سپا لگنا get a chance or opportunity.

سپاٹ /səpɑ:ʈ/ ■ *adj.* **1** flat, smooth. **2** insipid (style); blank (look or face). **3** naive, innocent, unaffected. سپاٹ ہونا be level.

سپاٹا /səpɑ:ʈɑ:/ ■ *n.m.* **1** long run, quick march; leap, jump, bound, spring. **2** hit, stroke. **3** speed, briskness. سپاٹا بھرنا/لگانا/مارنا take a long jump.

سِپارہ /sɪpɑ:rɑ:/ ■ *n.m.* (also سیپارہ) one of the thirty portions/sections of the Qur'an. See سی پارہ under سی¹.

سُپاری /sʊpɑ:ri:/ ■ *n.f.* **1** supari, areca nut. **2** glans of the penis. **3** (*slang*) advance money paid to kill someone.

سِپاس /sɪpɑ:s/ ■ *n.f.* thanksgiving. سپاس گزاری state of being thankful. سپاس نامہ laudatory address; address of welcome.

سِپاہ /sɪpɑ:h/ ■ *n.f.* (also سپہ) soldiers; army. سپاہ سالار commander of an army, commander-in-chief. سپاہ گری military profession; military science.

سِپاہی /sɪpɑ:hi:/ ■ *n.m.* sepoy, sipahi, soldier.

سِپاہیانہ /sɪpɑ:hɪjɑ:nɑ:/ ■ *adv.* soldierly.

سِپر /sɪpər/ ■ *n.f.* **1** a piece of armour held by handle and used for protection against blows, shield. **2** (***Fencing***) hit on elbow. **3** (*fig.*) protection, refuge; security. سپر اندازی surrender, surrendering. سپر ڈالنا surrender, throw up the sponge.

سُپُرد /sʊpʊrd/ ■ *n.f.* (also سپُرد) custody, charge, keeping; trust. سپرد داری delivery; surrender. سپرد کرنا give in charge, consign, entrust. سپرد کنندہ committing authority. سپرد نامہ letter of delivery, deed of hypothecation.

carefree. **6** easily digestible (food). سبک بار/رجان unencumbered; lightly burdened; ready to rise and travel. سبک پائی swift-footed, nimble. سبک پا/پے nimbleness of foot. سبک پرواز swift in flight. سبک خرام/رفتار/رو fleet-footed, fast, swift. سبک خیز swiftly rising, vigilant, alert. سبک دست clever, dexterous. سبک دوش **1** retired, discharged, absolved of responsibility. **2** unburdened. سبک دوش ہونا retire (from service or professional activity), be relieved of responsibility. سبک سار free from responsibility or burden, unconcerned; degraded, low. سبک سر **1** light-headed, foolish. **2** mean, debased. سبک عقل/مغز stupid. سبک گام fleet-footed, fast, swift. سبک ہونا **1** be put to shame, be debased. **2** be relieved of burden or responsibility.

سُبکی¹ /sʊbki:/ ■ *n.f.* (also سُبکی) **1** dishonour, disgrace; shame. **2** thinness, tenderness. **3** quickness, swiftness; dexterity.

سُبکی² ——— ■ *n.f.* sob. سبکی بھرنا/لینا to sob.

سبل /səbəl/ ■ *n.m.* **1** disorder of eyes. **2** bloodshot or bleary eyes.

سُبُل /sʊbʊl/ ■ *n.f.* (*pl.* of سبیل) paths, ways; modes.

سبّل /səbbəl/ ■ *n.m.* (*var.* of سابل) crowbar, iron rod for digging holes, etc.

سبُو /səbu:/ ■ *n.m.* (also سُبو) cup; glass; ewer; pitcher; jar. سبو بدوش bearing a pitcher.

سبُوتاژ /səbu:ʈɑ:ʒ/ ■ *n.f.* (also سبوتاژ) sabotage, deliberate destruction or damage. سبوتاژ کرنا to sabotage, damage or destroy wilfully. [E]

سبُوچہ /səbu:tʃɑ:/ ■ *n.m.* (*dim.* of سبو) small pitcher.

سبُورا /səbu:rɑ:/ ■ *n.m.* (also سبورہ) **1** passive male partner in a homosexual act. **2** an object shaped like an erect penis, dildo.

سبُوس /səbu:s/ ■ *n.f.* (also سبوسہ) **1** bran, chaff, husk separated from flour. **2** dandruff.

سُبیتا /sʊbi:ʈɑ:/ ■ *n.m.* **1** relief, comfort, convenience, ease. **2** leisure. **3** opportunity; auspicious time.

سبیر /səbe:r/ ■ *adv.* (*var.* of سویر) early, timely.

سبیرا /səbe:rɑ:/ ■ *n.m.* (*var.* of سویرا) dawn, morning.

سبیل /səbi:l/ ■ *n.f.* **1** road, path, way, course. **2** mode, method. **3** means; instrument. **4** water-stand for thirsty travellers; water or any drink distributed for

سپردا /səpərd̪ɑ:/ ■ *n.m.* a musician attendant on singing woman. (*fem.* سپردائی)

سُپُرداری /supurd̪ɑ:ri:/ ■ *n.f.* (*contr.* of سُپُردداری) 1 delivery, surrender. 2 entrustment; commitment by a magistrate.

سُپُردگی /supurd̪gi:/ ■ *n.f.* 1 surrender; delivery; yielding. 2 charge. سپردگی میں لانا bring under the trust or care of, take charge of.

سپستاں /səpɪst̪ɑ̃:/ ■ *n.m.* (*contr.* of سگ پستاں) a kind of glutinous berry used as drug, sebesten plum.

سپنا /səpnɑ:/ ■ *n.m.* (also سپن) dream. سپنا دیکھنا 1 to dream. 2 (*fig.*) to daydream.

سِپند /sɪpənd̪/ ■ *n.m.* wild rue, a strong-scented evergreen shrub, *Ruta graveolens* or its seed which is black and is burnt as a cure for evil eye, a kind of mustard with small seeds.

سُپُوت /supu:t̪/ ■ *n.m.* (also سپُوت) a worthy or dutiful son.

سپولا /səpo:lɑ:/ ■ *n.m.* (also سپولیا، سنپولیا) 1 young snake just hatched. 2 (*fig.*) enemy.

سپہر /sepæhər/ ■ *n.f.* afternoon.

سِپہر /sɪpæhr/ ■ *n.m.* 1 sky, firmament; heavens. 2 fortune; time; world.

سپید /səpe:d̪/ ■ *adj.* (also سفید، سُپید) 1 white. 2 of fair complexion. 3 (*fig.*) pale; weak.

سپیدہ /səpe:d̪ɑ:/ ■ *n.m.* 1 whiteness. 2 dawn, daybreak. 3 a kind of mango. سپیدۂ سحر the whiteness of dawn; daybreak.

سپیدی /səpe:d̪i:/ ■ *n.f.* 1 whiteness. 2 light. 3 whitewash.

سپیرا /səpe:rɑ:/ ■ *n.m.* (also سنپیرا) snake charmer, snake-catcher.

سپیرن /səpe:rən/ ■ *n.* (*fem.* of سپیرا) female snake-charmer; the wife of snake-charmer.

سپھری /səpʰri:/ ■ *n.f.* (also شپھری) a small glistening fish, a kind of carp.

سپھل /səpʰəl/ ■ *adj.* fruitful, useful, bearing good fruit.

ست¹ /sət̪/ ■ *adj. & prefix* (*contr.* of سات) seven, hepta-. ست پُوتی mother of seven sons. ست خصمی 1 woman who has had seven paramours or husbands. 2 (*fig.*) morally lax woman. ست کونا heptagonal, seven-cornered. ست کھن رکھنا رکھنڈا seven-storeyed. ست لڑا necklace of seven strings. ست نجا رنجہ 1 mixture of seven different grains. 2 hodgepodge, medley. 3 mixed, composite, unsorted, heterogeneous. [Prk.]

ست² ____ ■ *adj.* right, true. ■ *n.m.* 1 uprightness, truth. 2 faith. 3 chastity, virtue; fidelity. 4 might, vigour. 5 the eternal truth. 6 (*fig.*) God. ست بچن true statement. ست پُتر legitimate child. ست جگ / یگ (in Hindu mythology) the first or golden age. ست سِری اکال (Sikh greeting) God is the eternal truth. ست کار hospitality, geniality. ست نارائن (***Hinduism***) the True God; (God as) the Eternal. ست نام (***Hinduism***) God. ست ونتا رونتی pious man/woman. [S]

ست³ ____ ■ *n.m.* 1 essence, extract. 2 power, might. 3 soul. [S]

سُتا /sut̪ɑ:/ ■ *adj.* weak; thin. ستاہوا thin, shrunk; sad; sunken. (*fem.* سُتی)

ستّا¹ /sət̪t̪ɑ:/ ■ *n.m.* 1 seven of any suit of playing cards. 2 aggregate or collection of seven. [Prk.]

ستّا² ____ ■ *n.f.* strength, energy, vigour, power. [S]

سِتار /sɪt̪ɑ:r/ ■ *n.m.* sitar, large and long-necked lute with movable frets, played with a wire pick. ستارباز (also سِتاریا) sitarist, sitar-player.

سُتار¹ /sut̪ɑ:r/ ■ *n.m.* time; convenience; opportunity. [S]

سُتار² ____ ■ *n.m.* carpenter; head workman; a butler's helper. [S]

ستّار /sət̪t̪ɑ:r/ ■ *n.m.* one who covers. ستارُالعیوب an attribute of Allah, Who hides man's sins by His Veil of Mercy.

سِتاروں /sɪt̪ɑ:rõ:/ ■ *n.m.* (*pl.* of سِتارہ) ستاروں بھرا starry, star-spangled. ستاروں بھری رات star-spangled night. ستاروں کا جھرمٹ group of stars, constellation, galaxy.

سِتارہ /sɪt̪ɑ:rɑ:/ ■ *n.m.* (also سِتارا) 1 star. 2 fate. 3 spangle. 4 a type of lute having three strings. 5 asterisk, star-like symbol used in texts as a pointer to footnotes or references, etc. ستارہ اچھا ہونا have a lucky star. ستارہ اوج پر ہونا one's star to be in the ascendant, to have an auspicious time. ستارہ بلند ہونا be very fortunate. ستارہ پیشانی 1 having a star on the forehead (reckoned as a blemish in a horse). 2 (*fig.*) inauspicious. (قسمت کا) ستارہ چمکنا have a stroke of luck. ستارۂ دم دار comet. ستارہ شناس astrologer. ستارہ شناسی astrology. ستارہ گردش میں ہونا be unlucky, suffer from the vicissitudes of fortune.

the parts of the body that must be covered. (*pl.* استار)

ستّر /səṭṭər/ ■ *cardinal number* seventy. ■ *adj.* (*fig.*) (i) many. (ii) in a large number, in a large quantity. ستر ہزار 1 seventy thousand. 2 (*fig.*) in a great many number, innumerable.

سترا بہترا /səṭra: bəhəṭra:/ ■ *adj.* old, aged, septuagenarian.

سترّواں /səṭṭərvã:/ ■ *ordinal number* seventieth.

سترہ /səṭra:/ ■ *cardinal number* seventeen.

سُترہ /suṭra:/ ■ *n.m.* stick, etc. put up before a person as cover while saying prayers; prayer-hedge.

سترھواں /səṭrʰvã:/ ■ *ordinal number* seventeenth.

سُتلی /suṭli:/ ■ *n.f.* twine, string.

سِتم /sɪṭəm/ ■ *n.m.* cruelty, tyranny, ill-treatment, injustice, oppression; outrage; violence. ستم اطوار رشعار رکوش رکیش رگر 1 cruel person, tyrant, oppressor. 2 (*fig.*) (esp. in poetry) beloved, sweetheart. ستم آرائی رشعاری رگری tyranny, oppression. ستم رسیدہ رزدہ oppressed; wretched. ستم ظریفی irony; mischievousness; tyranny in the garb of joke. ستم کرنا oppress, tyrannize over. ستم کش رکشیدہ oppressed, one who suffers from tyranny. ستم یہ ہوا (usu. when describing the plight) the injustice done was that, the misfortune to top it all.

ستمبر /sɪṭəmbər/ ■ *n.m.* September, the ninth month of the Gregorian calendar.

سُتنا /suṭna:/ ■ *v.* become thin or emaciated; become worn or drawn, be sunken.

ستّو /səṭṭu:/ ■ *n.m.* suttoo, suttu, grain parched and coarsely ground and drunk with water and sugar. ستو باندھ کے پیچھے پڑنا pursue or persecute relentlessly. ستو کھا کے شکر کرنا lead a simple life, be thankful even for small favour.

سُتواں /suṭvã:/ ■ *adj.* 1 delicate, thin. 2 finely chiselled. 3 neat and clean. ستواں ناک such a nose.

سُتوانا /suṭva:na:/ ■ *v.* 1 cause to clean. 2 cause to wring or squeezed.

ستوانسا /səṭvã:sa:/ ■ *n.m.* 1 child born in the seventh month of pregnancy, prematurely born baby. 2 articles sent to expectant mother by her parents during seventh month of pregnancy. (*fem.* ستوانسی)

سِتُودہ /sɪṭu:da:/ ■ *adj.* laudable, praiseworthy. ستودہ خصائل رصفات 1 praiseworthy character, habits or manners; laudable qualities. 2 of laudable qualities, starfish. (See also تارا.) ستارہ مچھلی

سُتاری /suṭa:ri:/ ■ *n.f.* awl, small pricking-tool.

ستّاری /səṭṭa:ri:/ ■ *n.f.* the act of covering or hiding sins, an attribute of Allah.

ستارے /sɪṭa:re:/ ■ *n.m.* (*pl.* of ستارہ) ستارے توڑلانا 1 (*literal*) to pluck the stars. 2 (*fig.*) do an impossible task; achieve great success. ستارے گننا 1 to count stars. 2 (*fig.*) be extremely uncomfortable or in great distress during night (because of love sickness).

ستّاسی /səṭṭa:si:/ ■ *cardinal number* eighty-seven.

ستّاسیواں /səṭṭa:si:vã:/ ■ (also ستّاسی واں) *ordinal number* eighty-seventh.

ستان /sɪṭa:n/ ■ *suffix* (also ستاں) a place where anything dwells; station; stall; used in comp. as: قبرستان graveyard. گل ستان (also گلستان) garden.

ستاں /sɪṭã:/ ■ *suffix* seizing, taking, occupying. جاں ستاں life taking.

ستانا /səṭa:na:/ ■ *v.* to trouble, annoy; oppress, torment; exact; prosecute.

ستّانوے /səṭṭa:nve:/ ■ *cardinal number* ninety-seven.

ستّانویواں /səṭṭa:nve:vã:/ ■ (also ستّانوے واں) *ordinal number* ninety-seventh.

ستّاون /səṭṭa:vən/ ■ *cardinal number* fifty-seven.

ستّاونواں /səṭṭa:vənvã:/ ■ (also ستّاون واں) *ordinal number* fifty-seventh.

ستائش /səṭa:ɪʃ/ ■ *n.f.* praise; eulogy.

ستائشی /səṭa:ɪʃi:/ ■ *adj.* praising, laudatory.

ستّائیس /səṭṭa:i:s/ ■ *cardinal number* twenty-seven.

ستّائیسواں /səṭṭa:i:svã:/ ■ (also ستّائیس واں) *ordinal number* twenty-seventh.

ستبر /sɪṭəbr/ ■ *adj.* thick, coarse, hard, stiff.

ستبری /sɪṭəbri:/ ■ *n.f.* thickness.

ستتّر /səṭəṭṭər/ ■ *cardinal number* seventy-seven.

ستتّرواں /səṭəṭṭərvã:/ ■ *ordinal number* seventy-seventh.

ستد /sɪṭəd/ ■ *n.f.* taking; used in comp. as: داد وستد 1 giving and taking. 2 (*fig.*) association, connection, relation.

ستر /səṭr/ ■ *n.m.* 1 concealing, covering, veiling. 2 veil, cover; something with which the private parts are covered. 3 (***Islam***) the private parts of the body, the body parts that must be concealed. ستر پوشی the act or state of covering the private parts of the body. سترِعورت

attachment; illicit relations. **2** plot.

سٹّا /səʈʈɑ:/ ■ *n.m.* (also سٹّہ) **1** betting, speculation, wager. **2** forward trading; a mercantile transaction; an engagement to supply grain, etc. for which advance payment has been made. سٹا بٹا **1** clandestine relations. **2** intrigue, collusion. **3** trade. سٹا کھیلنا bet, speculate, wager.

سِٹّا /sɪʈʈɑ:/ ■ *n.m.* ear of corn, corn-cob.

سُٹّا /suʈʈɑ:/ ■ *n.m.* (also سُوٹا) a puff on a cigarette. سٹا لگانا to puff on a cigarette (esp. one filled with a narcotic).

سٹاسٹ /səʈɑ:səʈ/ ■ *n.f.* the sound of whipping or beating in quick succession. ■ *adv.* **1** quickly, swiftly. **2** in quick succession; incessantly.

سٹاک /səʈɑ:k/ ■ *n.m.* (also سڑاک) crack (of whip, etc.); whack. سٹاک سے **1** thwack, with a whack. **2** (*fig.*) quickly.

سٹانا /səʈɑ:nɑ:/ ■ *v.* **1** stick, paste, gum. **2** unite, bring close.

سٹپٹانا /səʈ pəʈɑ:nɑ:/ ■ *v.* be confounded or confused, be taken aback.

سٹرپٹر /səʈər pəʈər/ ■ *n.f.* **1** trifles, petty affairs. **2** odds and ends. **3** routine duties; minor engagements. ■ *adv.* desultorily, without enthusiasm or purpose.

سٹرم پٹرم /səʈrəm pəʈrəm/ ■ *adv.* in an unorganized manner; inappropriately.

سٹک /səʈək/ ■ *n.f.* (also سٹکا) **1** elastic pipe, thick at one end and thin at the other. **2** long flexible pipe of a hookah with mouthpiece. **3** (*fig.*) lean and thin woman.

سٹکانا¹ /səʈkɑ:nɑ:/ ■ *v.* cause to vanish or disappear, make tapering, put out of the way. [Prk.]

سٹکانا² _____ ■ *v.* to hit with an elastic rod, etc., to beat with a stick. [Prk.]

سٹکنا /səʈəknɑ:/ ■ *v.* disappear, slink away, make oneself scarce.

سُٹکنا /suʈəknɑ:/ ■ *v.* gulp down, to swallow with a noise.

سٹکنی /səʈəkni:/ ■ *n.f.* (also چٹخنی، سٹکنی) latch, fastening for a gate or door.

سٹلّا /səʈəllɑ:/ ■ *n.m.* a gossip; untidy person; careless person.

سٹلّو /səʈəllo:/ ■ *adj. fem.* untidy; gossipy.

سٹنا /səʈnɑ:/ ■ *v.* **1** stick, adhere, combine, come close. **2** leave, abandon, forsake. **3** throw, drop, cause to

a person with laudable qualities or character.

سُتُور /sut̪u:r/ ■ *n.m.* beast of burden, such as: camel, mule or donkey.

سُتُون /sut̪u:n/ ■ *n.m.* **1** pillar, column, prop, beam. **2** (*fig.*) (i) pillar of religion, basic tenet of a creed. (ii) an important member of government or field; an expert. (iii) support. ستونِ سفینہ mast of a ship.

ستونتی /sət̪vənt̪i:/ ■ *adj.* pious, chaste; honest, faithful.

سُتوہ /sut̪o:h/ ■ *n.f.* distress, indigence, uneasiness. ■ *adj.* sad, afflicted.

ستّا /sət̪t̪ɑ:/ ■ *n.m.* seventh of playing cards. See ستّا.

سِتّا /sɪt̪t̪ɑ:/ ■ *cardinal number* six.

ستی /sət̪i:/ ■ *n.f.* (also سَتّی) **1** a former Hindu practice of a widow immolating herself on her husband's funeral pyre, sati. **2** woman who burns herself on her husband's funeral pyre. **3** (*fig.*) a faithful wife. ■ *adj.* chaste, virtuous. ستی ساوتری chaste and pious woman.

ستیا /sət̪t̪jɑ:/ ■ *n.m.* power, strength; resistance. ستیاناس total destruction, ruin. ستیاناس جائے (curse) be ruined, be damned. ستیاناس کرنا spoil, destroy. ستیاناس ہونا be destroyed or ruined. ستیاناسی **1** destroyer; inauspicious; immoral. **2** ruined; demoralized.

ستّیارتھی /sət̪t̪jɑ:rtʰi:/ ■ *n.m.* seeker of the truth.

ستّیاناس /sət̪t̪jɑ:nɑ:s/ ■ *n.m.* ruin. See under ستّیا. [S]

ستّیاناسی /sət̪t̪jɑ:nɑ:si:/ ■ *n.m.* ruiner. See under ستّیا.

ستیزہ /sɪt̪e:zɑ:/ ■ *n.m.* (also ستیز) conflict, strife, contention; combat, fight, battle. ستیزہ کار warrior, fighter.

ستّیہ /sət̪t̪jɑ:/ ■ *n.m.* truth, sincerity, faith; justice. ■ *adj.* true, real, sincere, honest, truthful; good. ستیہ گرہ satyagraha, peaceful protest. ستیہ لوک (***Hinduism***) place where one is rid of cycle of transmigration of the soul; the highest sky.

ستھان /st̪ʰɑ:n/ ■ *n.m.* dwelling. See استھان.

سُتھرا /sut̪ʰrɑ:/ ■ *adj.* neat, tidy, clean, clear; excellent; elegant. (*fem.* سُتھری)

ستھراؤ /sət̪ʰrɑ:o:/ ■ *n.m.* diffusion, dispersion. ستھراؤ ہونا be wiped out, be eliminated.

سُتھرائی /sut̪ʰrɑ:i:/ ■ *n.f.* neatness; elegance.

ستھیا /sət̪ʰɪjɑ:/ ■ *n.m.* a mystical symbol resembling swastika made by Hindus to denote good luck.

ست /sət̪/ ■ *n.f.* **1** union, league; confederacy; close

نگ	نک	ی	ہ	و	ن	م	ل	گ	ک	ق	ف
ŋg	ŋk	j	h	v	n	m	l	g	k	q	f

flowers.

سجع /sədʒʔ/ ■ *n.m.* **1** cooing (of a dove), chirping sound, singing of birds. **2** (***Poet.***) rhymed prose; double entendre about someone's name in verse. سجع گو rhymer; eloquent speaker. (*pl.* اسجاع)

سجل /sɪdʒəl/ ■ *adj.* **1** good, pleasing; elegant; fine, nice. **2** shining, bright. **3** pure.

سجل /sɪdʒɪl/ ■ *n.m.* **1** written statement or contract; written attestation of a notary. **2** judicial record; scroll. **3** seal of a judge.

سجلا /sədʒlɑ:/ ■ *adj.* of the third rank. See سنجھلا.

سجن /sədʒən/ ■ *n.m.* (also ساجن) **1** sweetheart, lover; friend; boyfriend; paramour. **2** husband.

سجن /sɪdʒn/ ■ *n.f.* prison, jail.

سجنا /sədʒnɑ:/ ■ *v.* **1** be prepared; befit; fit out, adorn oneself. **2** look pretty, look good. [dial.]

سجنا² ____ ■ *n.m.* lover. [S]

سجنی /sədʒni:/ ■ *n.f.* beloved, sweetheart, girlfriend.

سُجود /sʊdʒu:d/ ■ *n.m.* (*pl.* of سجدہ) prostrations.

سجّی /sədʒdʒi:/ ■ *n.f.* a kind of mineral, alkali, impure carbonate of soda. [S]

سجّی² ____ ■ *n.f.* roasted whole lamb, especially leg of mutton, a dish of Pakistani tribal cuisine. [dial.]

سجّی³ ____ ■ *adj.* (*fem.* of سجّا) right. (*opp.* کھبّی) [S]

سجیلا /sədʒi:lɑ:/ ■ *adj.* **1** decorated. **2** well-dressed; handsome; stylish. (*fem.* سجیلی)

سجیّہ /sədʒɪjjɑ:/ ■ *n.m.* nature, disposition, temper.

سجھانا /sɪdʒʰɑ:nɑ:/ ■ *v.* **1** boil, seethe. **2** melt.

سُجھانا /sʊdʒʰɑ:nɑ:/ ■ *v.* point out, show; make one understand.

سچ /sətʃ/ ■ *adj.* factual, real, genuine, true. ■ *n.m.* truth. ■ *adv.* indeed; surely, verily. سچ پوچھو تو the fact is. سچ تو یہ ہے the fact is this. سچ سچ truly. سچ ماننا believe to be true. سچ مچ truly, really, in fact. indeed. سچ ہے **1** that's right, that's true. **2** the saying is true, the adage is indeed true. (*opp.* جھوٹ)

سچّا /sətʃtʃɑ:/ ■ *adj.* **1** truthful, telling the truth, expressing the truth. **2** sincere, true, genuine, honest, faithful, fair. **3** real; pure, unalloyed (metal). **4** full (weight). **5** bona fide (transaction). سچاپن truth, honesty, genuineness; purity. سچا قول true statement. سچا موتی real fall.

سٹّا /səʈʈɑ:/ ■ *n.m.* speculation. See سٹا.

سٹّی /sɪʈʈi:/ ■ *n.f.* senses, good sense. سٹی بھولنا/گم ہونا lose one's senses, be confounded or unnerved.

سٹّے /səʈʈe:/ ■ *n.m.* (*pl.* & *infl.* of سٹّا) tradings; speculations. سٹے باز speculator; forward trader.

سٹھنی /sɪʈʰni:/ ■ *n.f.* light-hearted, lewd or abusive expressions exchanged between in-laws at wedding; lewd songs sung at weddings.

سٹھورا /səʈʰo:rɑ:/ ■ *n.m.* (also سٹورا) sweetmeat consisting of sugar, ginger, spices, dry fruits, etc., given medicinally to a woman after childbirth.

سٹھیانا /səʈʰjɑ:nɑ:/ ■ *v.* (also سٹھیاجانا) **1** to turn sixty years of age. **2** become a bit crazy due to old age, be deprived of common sense in old age.

سج /sədʒ/ ■ *n.f.* decoration, ornamentation, appearance, shape. سج دھج **1** adornment, ornamentation, richness of dress and jewellery. **2** elegance and grace. **3** pomp, show.

سجّا /sədʒdʒɑ:/ ■ *adj.* right (hand or side as opposed to left). (*fem.* سجّی³) (*opp.* کھبّا)

سجّاد /sədʒdʒɑ:d̪/ ■ *n.m.* adorer, prostrator, one who prostrates oneself in worship.

سجّادہ /sədʒdʒɑ:d̪ɑ:/ ■ *n.m.* **1** a carpet or mat as a place of prostration in Muslim prayer, prayer-rug. **2** mark of prostration (on forehead, formed due to continuous prostration in Muslim prayers). **3** sitting place of religious or spiritual people. سجادہ نشین spiritual superior of a shrine or tomb of a saint (usu. a successor of a saint or spiritual leader).

سُجان /sʊdʒɑ:n/ ■ *adj.* wise, intelligent; well-informed.

سجانا /sədʒɑ:nɑ:/ ■ *v.* adorn, decorate; arrange.

سُجانا /sʊdʒɑ:nɑ:/ ■ *v.* cause to swell.

سجاوٹ /sədʒɑ:vəʈ/ ■ *n.f.* (also سجاؤ) decoration, ornamentation, adornment; arrangement.

سجدہ /sədʒd̪ɑ:/ ■ *n.m.* (also سجدہ) (***Islam***) prostration (in prayer), bowing so as to touch the ground with the forehead in adoration (to Allah). سجدہ ادا کرنا/کرنا to prostrate. سجدہ ریز one who prostrates. سجدہ گاہ place where prayers are performed, a mosque. (*pl.* سجود)

سجریا /sɪdʒərjɑ:/ ■ *n.f.* (*dim.* of سیج) bed flourished with pearl. سچا ہاتھ honesty. (*opp.* جھوٹا)

سچائی /sətʃtʃɑːiː/ ■ *n.f.* truth, honesty, genuineness; purity.

سچت /sʊtʃɪt̪/ ■ *adj.* free, released from duties, unoccupied.

سچّل /sətʃtʃəl/ ■ *adj.* **1** original. **2** correct. **3** truthful.

سچّی /sətʃtʃiː/ ■ *adj.* (*fem.* of سچّا) **1** telling the truth. **2** genuine, real. **3** true. **4** sincere.

سچیت /sʊtʃeːt̪/ ■ *adj.* attentive, careful.

سحاب /səhɑːb/ ■ *n.m.* cloud.

سحابہ /səhɑːbɑː/ ■ *n.m.* **1** a (thin) cloud. **2** a disease of the eye in which the cornea is covered with a whitish membrane.

سحابی /səhɑːbiː/ ■ *adj.* cloud-like; nebulous.

سحابیہ /səhɑːbɪjɑː/ ■ *n.m.* visible and cloud-like formation of gas or dust in outer space, nebula.

سحاف /səhɑːf/ ■ *n.m.* consumption; ulceration of the lungs.

سحر /səhər/ ■ *n.m.* **1** dawn, time a little before daybreak. **2** (also سحری) food eaten before daybreak during Ramazan. سحر خیز early riser. سحر دم/گاہ time just before daybreak; in the early hours of the morning. سحر گاہی **1** early morning. **2** food taken early morning for the purpose of fasting. (*pl.* اسحار)

سِحر /sehr/ ■ *n.m.* **1** magic, sorcery, bewitchment. **2** enchantment, fascination. سحر البیان/بیان captivating speaker. سحر انگیز/آمیز/ناک attractive, fascinating. سحر پرداز magician, one who fascinates. سحر چل جانا come under the spell of, be charmed or enchanted by. سحر حلال (*fig.*) excellent poetry. سحر زدہ bewitched, fascinated. سحر سامری **1** the magic of Samaritan. **2** (*fig.*) influence that leads astray.

سحری /sæhriː/ ■ *n.f.* (also سَحری) (***Islam***) pre-dawn meal during the fasting month of Ramazan. سحری کھائے سو روزہ رکھے one who claims right must also perform duty.

سخا /səxɑː/ ■ *n.f.* generosity.

سخافت /səxɑːfət̪/ ■ *n.f.* **1** foolishness, stupidity. **2** want of spirit or ability; meanness, baselessness.

سخاوت /səxɑːvət̪/ ■ *n.f.* generosity, munificence.

سخت /səxt̪/ ■ *adj.* **1** hard, firm, solid. **2** difficult. **3** harsh, severe. **4** stern, not lenient, strict. **5** strong; tight. **6** very, much. **7** staunch, very loyal and committed. ■ *adv.* severely, extremely, violently, intensely. سخت انداز **1** strict or harsh style. **2** archer. سخت ایام/دن/وقت hard times. سخت بات cruel words. سخت پانی water that has too much minerals. سخت جان **1** tough. **2** resilient. **3** hard-working. سخت دل/گیر adamant; cruel, hard-hearted. سخت رُو of stern countenance, stern-faced. سخت زمین **1** pebbly soil. **2** (***Pros.***) verse in difficult metre or rhyme. سخت زمین میں (شعر) کہنا versify in difficult metre or rhyme. سخت سست کہنا chide, scold, berate, reproach. سخت گوئی harshness of language. سخت گیر stern, strict. سخت گیری sternness. سخت گھڑی difficult or hard time. (*opp.* نرم)

سختی /səxt̪iː/ ■ *n.f.* **1** hardness, firmness. **2** cruelty. **3** harshness, rigidity, obduracy; strictness; hard-heartedness. **4** severity, sternness. **5** distress, poverty. سختی سے harshly; severely. سختی کرنا use force; treat cruelly. سختی ہونا be shown severity; be subjected to violence. (*opp.* نرمی)

سُخرہ /sʊxrɑː/ ■ *n.m.* **1** derision. **2** forced labour. **3** ridiculous person. **4** someone forced to labour without wages.

سُخن /sʊxən/ ■ *n.m.* (also سَخُن، سُخُن) **1** speech, discourse, utterance, words. **2** poetry; poetical words. **3** objection; doubt. سخن آرا/گستر eloquent, having command of words or language. سخن آرائی/گستری eloquence. سخن پرداز narrator of a tale. سخن پرور **1** good talker, eloquent. **2** (*fig.*) poet. **3** toady, sycophant, flatterer. سخن پیا a critic of poetry. سخن تکیہ prop word, expletive, a needless word or phrase spoken habitually to fill out a sentence without adding to meaning (See also تکیۂ کلام under تکیہ). سخن چیں **1** critic. **2** talebearer; backbiter. سخن دان **1** scholar of language. **2** poet. **3** eloquent speaker. **4** one who understands poetry; poet. سخن دینا promise, pledge one's words. سخن ڈالنا ask, question, beg. سخن رانی eloquence; garrulity. سخن رس intelligent; eloquent. سخن ساز eloquent (person), one who seeks excuses, deceiver; fluent but insincere. سخن سازی **1** oratory, eloquence. **2** glibness, fabrication. سخن سنج/فہم one who chooses his words with care; one who understands poetry; poet; a prudent person. سخن سنجی/فہمی intelligence, critical acumen. سخن طرازی eloquence. سخن گسترانہ **1** eloquent (utterance or sentence, etc.); poetic. **2** explanatory. **3** expressing

■ *n.m.* a kind of roseapple, *Syzygium jambos*.

سِدرہ /sɪd̪ra:/ ■ *n.m.* berry or lote-tree, name of a tree in Paradise. سدرۃُ المنتہیٰ (***Islam***) tree in the seventh heaven beyond which, no one was ever allowed to go except Prophet Muhammad. سدرہ نشین person seated at *Sidra*, i.e. Archangel Gabriel.

سُدُس /sʊd̪ʊs/ ■ *adj.* one-sixth part.

سُدّہ /sʊd̪d̪a:/ ■ *n.m.* (also سُدّا) **1** hard turd, a hard and dried lump of excrement, a sign of constipation. **2** a lump in any part of the body.

سُدی /sʊd̪i:/ ■ *n.f.* the bright half of the lunar month (from the new moon to the full one).

سدید /səd̪i:d̪/ ■ *adj.* **1** upright, righteous. **2** strong.

سُدیشی /sʊd̪e:ʃi:/ ■ *adj.* of or relating to the same or one's own country. See سودیشی.

سِدھ /sɪd̪ʰ/ ■ *adj.* **1** accomplished, perfect; valid; right. **2** holy. **3** successful. ■ *n.m.* holy man, saint, an ascetic who has achieved enlightenment, siddha. سدھ کرنا accomplish, perfect. سدھ ہونا be accomplished.

سُدھ¹ /sʊd̪ʰ/ ■ *n.f.* (also سُد) **1** memory, remembrance. **2** attention, care, consciousness; intelligence. سدھ بدھ **1** sense, senses, consciousness, perception; know-how. سدھ بھولنا lose one's senses; forget. سدھ رکھنا regard; bear in mind. سدھ کرنا remember. سدھ لینا take care of, look after. [S]

سُدھ² ——— ■ *adj.* **1** right, straight. **2** pure. **3** accurate. [S]

سدھا /səd̪ʰa:/ ■ *adj.* trained, tamed. سدھا ہوا tamed (animal), trained. (*fem.* سدھی)

سُدھار /sʊd̪ʰa:r/ ■ *n.m.* correction, mending; reformation; improvement.

سِدھارتھ /sɪd̪ʰa:rt̪ʰ/ ■ *adj.* successful, triumphant. ■ *pr.n.m* name of the founder of Buddhism, Buddha.

سِدھارنا /sɪd̪ʰa:rna:/ ■ *v.* **1** leave; go, set out, depart. **2** (*fig.*) die, pass away.

سُدھارنا /sʊd̪ʰa:rna:/ ■ *v.* correct, change for the better, improve; mend; reform.

سدھانا /səd̪ʰa:na:/ ■ *v.* **1** to correct, to discipline, to improve. **2** tame and train animals; domesticate, familiarise.

سُدھانا /sʊd̪ʰa:na:/ ■ *v.* cause to remember, to put in mind, to remind.

objection or disapproval. سخن گوئی art of poetry; rhetoric. سخن ناشنوی inattention to advise, heedlessness. سخن ور poet; eloquent. سخن وری **1** eloquence. **2** poetry, the art of composing poetry.

سخی /səxi:/ ■ *adj.* generous, bountiful. ■ *n.m.* a generous person. سخی سے سوم رشوم بھلا جو ترت دے جواب a quick refusal is better than being kept waiting. (*pl.* اسخیا)

سخیف /səxi:f/ ■ *adj.* **1** thin, flimsy. **2** flighty, fickle. **3** weak in understanding, imbecile. **4** indecent, improper, absurd, inappropriate.

سد /səd̪/ ■ *n.f.* **1** wall; fence, barrier. **2** obstacle, impediment. سدِ باب end; control; remedy. سدِ باب کرنا **1** (*literal*) to lock or bolt a door. **2** (*fig.*) to end, to stop; to control. سدِ راہ/رہ obstruction of the road, stumbling block. سدراہ بننا impede, obstruct, stand in the way (of). سدِ رمق a bare subsistence, last remains of life; little food just enough to subsist a bare minimum quantity. سدِ سکندر/سکندری/یاجوج **1** rampart supposed to be built by Alexander the Great or Cyrus the Great for protection from Gog and Magog. **2** (*fig.*) very tough and strong obstruction.

سُد /sʊd̪/ ■ *n.f.* (*var.* of سُدھ) sense, consciousness; memory. سدبد sense; consciousness, know-how.

سدا /səd̪a:/ ■ *adv.* **1** always, perpetually, ever. **2** constantly, continually. سدا ایک رخ ناؤ نہیں چلتی time changes. سدا برت alms or free food distributed daily to the poor or travellers, etc. سدا بہار **1** evergreen. **2** a perennial flower bearing plant, especially *Vinca rosea* and *Vinca alba*. سدا روگی one who is always sick. سدا رہے نام اللہ کا all will perish save God; everything is mortal but God is eternal. سدا سکھی ever happy. سدا سہاگن **1** bearing red flowers, a kind of plant. **2** (***Zool.***) a kind of sparrow, *Trogon dilectus.* **3** a faithful and beloved wife; lucky wife whose husband is always with her. **4** (*fig.*) an unchaste woman, a prostitute. **5** a benediction for a married woman, "may your husband live forever!" **6** a cult of fakirs who dress and talk like women. سدا گلاب the China rose.

سُداب /sʊd̪a:b/ ■ *n.f.* power, strength.

سُدرشن /sʊd̪ərʃən/ ■ *adj.* (also سُدرسن) handsome, comely.

سُدھرنا /sʊd̪ʰərnɑː/ ■ *v.* be corrected; be mended; improve, change for the better.

سدھنا /səd̪ʰnɑː/ ■ *v.* be disciplined, be tamed and trained.

سدھوا /səd̪ʰvɑː/ ■ *n.f.* a woman whose husband is alive; a happy wife.

سِدھوڑ /sɪd̪ʰɔːɽ/ ■ *n.f.* (also سِدھور) **1** (in a pregnant woman) craving, desire for something. **2** the food and other items sent to a pregnant woman from her mother's home in the fifth or seventh month of gestation.

سِدّھی /sɪd̪d̪ʰiː/ ■ *n.f.* accomplishment; accuracy; perfection; sanctification.

سِڈَول /sɪɖɔːl/ ■ *adj.* (also سُڈول) well-shaped, shapely; symmetrical; well-proportioned; (body) with graceful curves.

سر /sər/ ■ *n.m.* **1** the head, skull, crown. **2** chief. **3** the top; highest part, summit. **4** beginning, commencement. **5** tip, point, end. **6** main, major, principal. **7** desire, inclination, intention. ■ *adv.* **1** expressing place or time. **2** at the beginning. ■ *suffix* expressing supremacy, intensity or emphasis. سرِاجلاس in court, before the judge. سرافراز exalted. سرافگندہ repentant; depressed. سرانجام end; result. سرانجام دینا accomplish, complete; do. سرآمد chief, salient, most prominent, chosen. سرآمدِ روزگار the most prominent person of the time. سرآوردہ (also سربرآوردہ) **1** honourable, ruling. **2** known, leading; prominent, distinguished. سرِبازار in public, publicly, openly. سربراہ head, commander; leader, guide; ruler. سربراہِ کار manager. سربراہی command, chieftainship, headship. سربستہ **1** hidden, secret. **2** shut, closed, sealed. سربسر wholly, entirely, from top to bottom. سربفلک very high. سربگریباں/بہ گریبان in thought; worried; repentant. سربلند exalted, eminent. سربلندی exaltation, eminence. سربلندی حاصل کرنا achieve eminence. سربمہر/ربند sealed. سربہ زانو anxious, worried, grieving; pensive, in deep thought. سرپرست guardian, patron. سرپرستی guardianship, patronage. سرپستان nipple, teat, dug. سرپنچ sarpanch, head of a village council having judicial, administrative and arbitration powers; president or chairman of a jury. سرپوش lid for a container; cover for a dish or platter. سرپیچ ornament worn (by kings or very rich) in the turban. سرتاب rebellious. سرتابی rebellion, disobedience. سرتابی کرنا disobey. سرتاپا/رقدم from head to foot or toe, totally, entirely. سرتاج **1** (*euph.*) husband. **2** lord, master; head, chief. سرتاسر from end to end; entirely. سرِتسلیم جھکانا/خم کرنا obey; submit. سرچشمہ **1** fount; fountain head. **2** (*fig.*) origin, source. سرحد border, limit, boundary. سرحدی of or relating to سرحد, border. سرِحساب رہنا live up to one's income. سرخط **1** lease (of house). **2** receipt (to tenant); deed of agreement. سرخود independent; headstrong. سرخوش **1** intoxicated. **2** cheerful. سرخوشی **1** cheerfulness. **2** intoxication. سرخیل chief, leader, head of a tribe or family. سردار head, chief, chieftain, chief of a clan or tribe. سردرد headache; pain; trouble. سردست at hand; at present, right now, presently, for now, at the moment, for the time being. سردفتر head clerk, head of an office, superintendent. سرِراہ on the way, on the road. سرراہ the high road. سرِراہے by the way; in passing, en passant, by chance, incidentally. سررشتہ **1** end of rope or thread. **2** series, connection, continuity. **3** office, department. سررشتہ دار chief clerk, sheristadar; superintendent of an office; office whose business is to lay petitions before judicial officers and to record the orders passed on them. سرزد ہونا (of crime, mistake, etc.) be committed; happen; occur. سرزمین **1** earth. **2** limits; territory; country. سرزور headstrong; rebellious; disobedient. سرزوری rebellion. سرسبز **1** verdant, green; flourishing. **2** successful, prosperous, happy. سرسبز کرنا cause to flourish, revive. سرسبز ہونا prosper. سرشار **1** overflowing, full. **2** intoxicated. **3** delighted. **4** brimming (with love or joy). سرشاری intoxication. سرِشام early in the evening, at sunset. سرِشام ہی سے (since) early evening. سرغنہ chief; ringleader; gang leader. سرفراز having the head raised, eminent, exalted, distinguished. سرفراز کرنا **1** honour. **2** elevate, exalt. سرفراز ہونا be elevated. سرفرازی exaltation, elevation. سرفروش ready to sacrifice one's life. سرکردگی **1** prominence, eminence. **2** command; chieftainship. سرکردہ prominent. سرکرنا **1** conquer or reduce (a fort), win. **2** accomplish a difficult task.

most cordially (spoken while greeting or assenting). سربھاری ہونا suffer from headache, to have a headache; to feel dull or sluggish. سر پر پاؤں رکھ کر بھاگنا to run away quickly, run off out of fear, escape, flee. سر پر پڑنا befall, fall to one's lot. سر پر چڑھانا treat overindulgently, give undue importance to (someone), spoil (a child); raise an inferior above oneself. سر پر خاک ڈالنا mourn, lament. سر پڑ ڈالنا hold (someone) responsible for. سر پر سینگ ہونا (*iron.*) have a distinctive feature; be easy to recognize. سر پر ہاتھ پھیرنا **1** deceive by coaxing. **2** caress the head as a sign of love. سر پر ہاتھ رکھنا foster, patronize. سر پیٹنا/کوٹنا lament. سر پیر clue; sense. سر پھٹول fighting that causes head injuries. سر پھرنا go mad. سر پھیرنا revolt. سر توڑ کے لینا take something by force or violence. سر جوڑ کر بیٹھنا (of people) put heads together, sit in conclave. سر جھاڑ منھ پہاڑ unkempt, dishevelled, untidy. سر جھکانا bow, submit. سر چڑھا rude; audacious and spoilt by overindulgence. سر چڑھانا overindulge; make much of; spoil (a child, etc.); raise an inferior above oneself. سر چڑھ کر بولنا become self-evident. سر (پر) چڑھنا be spoilt, rude or arrogant by overindulgence; impose on someone's kindness. سر چکٹنا (of hair) become matted and oily. سر چکرانا/گھومنا the head to be in whirl, suffer from vertigo. سر دکھانا have hair deloused. سر دُکھنا have a mild headache. سر دے مارنا **1** strike head (against). **2** be very anxious or restless. سر دینا pledge one's head, sacrifice one's life. سر دھرنا **1** express obedience. **2** take responsibility (of). **3** hold responsible (for). سر دھڑ کی بازی لگانا put one's life at risk, strive very hard. سر دُھننا **1** lament, repine, grieve; beat one's head with vexation. **2** enjoy; grow ecstatic over; sway to and fro in delight. سر دھونا wash one's hair. سر ڈُوب **1** (of water) just deeper than a person's stature. **2** drowned, drenched. سر ڈھانکنا **1** cover the head, wear dupatta on head. **2** (*fig.*) deflower. سر سہرا ہونا credit to go to one. سر سہلانا **1** pat on the head; feel the pain. **2** (*fig.*) invite punishment. سر سے پہاڑ اتارنا ward off a calamity. سر سے تنکا اتارنے کا احسان ماننا be thankful for even a minor favour. سر سے کھیلنا **1** shake one's head under the influence of an evil spirit. **2** die (for). **3** (*fig.*) do an act of courage, do a brave deed. سر سے گزرنا **1** despair of **3** (gun) to fire, to discharge. سرکش headstrong, rebellious. سرکشی rebellion, insurrection. سرکشی کرنا rebel, revolt, disobey. سرکوبی punishment. سرکوبی کرنا put down or quell (a rebellion or insurgency), punish the rebels. سرگراں **1** tipsy. **2** proud. **3** displeased, angry. سرگرانی **1** pride. **2** anger; displeasure. سرگرداں **1** wandering (in search of). **2** perplexed, worried, confounded. سرگردانی perplexity, confusion, distress, wandering (in search of). سرگرم ardent, earnest, diligent, zealous; active. سرگرمی zeal, earnestness, eagerness, ardour, diligence; activity. سرگروہ ring leader, chief. سرگزشت account of life and deeds, narrative, biography. سرگشتگی perplexity, bewilderment. سرگشتہ bewildered, at (one's) wit's end. سرگوشی whisper, speaking in low tone. سرگوشی کرنا whisper, speak in a whisper. سرلشکر army chief. سرِمحفل openly, in presence of everyone. سرمست intoxicated, drunk. سرمشق **1** copy or sample for practising calligraphy. **2** (*fig.*) a perfect example to emulate. سرمغزن trouble, vexation, perplexity. سرمغزی (usu. *derog.*) debate, prolonged discussion. سرِمو **1** (*literal*) hair's point or breadth. **2** (*fig.*) very little, very tiny; least. سرنامہ title in the beginning of a letter; address (on a letter); superscript. سرنگوں **1** vanquished, downcast, with head hanging down in shame. **2** (of a flag) flying at half mast. سرِنو anew, afresh. سرنوشت destiny; fate. سراپا head and foot; all; from head to foot. سرورق title page (of a book, etc.). سروسامان apparatus, furniture, luggage; wherewithal; provisions (for). سروکار concern; connection, relation. سروکار رکھنا be connected or concerned with. سرہنگ **1** soldier, foot soldier; commander, chief, wrestler. **2** rebellious; disobedient; brave; strong. سرہونا **1** be conquered, vanquished, subdued or subjugated; fall (to). **2** (gun) be fired. **3** pester, be insistent, insist upon, quarrel. [P]

سر۲ ——— ■ *n.m.* (also سِر) **1** head; skull. **2** beginning, commencement. **3** top, summit; crown. **4** chief, lord, master. سر اٹھا کے چلنا walk tall, walk with honour, live honourably; be proud. سر اٹھانا **1** raise the head. **2** rebel, revolt. سر آنا be possessed of an evil spirit. سر آنکھوں پر

one's life. 2 be beyond control. سر قلم کرنا behead, decapitate. سر قلم ہونا be beheaded. سرکٹا headless; beheaded demon. سر کے بل 1 headlong, head over heels, with head foremost. 2 very willingly and obediently. سر کھانا bother. سر کھپانا rack one's brain. سر کھجانا try to think; be surprised and confused, invite trouble. سر کھجانے کی فرصت نہ ہونا be very busy; have one's hands full. سر گنجا کرنا (*fig.*) beat severely. سر گوندھی Hindu marriage rite of braiding the bride's hair for the first time. سر گُھٹانا/گھٹوانا/منڈانا/منڈوانا 1 get one's head shaven. 2 be duped. 3 become a mendicant. سر لگنا be accused of or charged with. سر مارنا 1 do one's best. 2 take great pains. سر منڈا shaven crown. سر منڈواتے ہی اولے پڑنا misfortune befalling the very first venture; suffer a setback at the outset. سر مونڈنا 1 shave (someone's) head. 2 cheat, defraud, dupe. سر میلا ہونا be menstruating. سر میں بال ہونا be able to endure. سر میں سودا ہونا have some obsession, be crazy. سر نوانا/نہوڑانا/نیہوڑانا to bow one's head; act humbly or obediently. سر نہ پیر groundless, baseless, unfounded. سر نیچا کرنا 1 hang down one's head in shame. 2 defeat someone, conquer. سر ہتھیلی پر لیے پھرنا be ready to lay down one's life. [S]

سِر /sɪr/ ■ *n.m.* (also سِرّ) 1 secret, mystery. 2 (***Islam***) the act of reciting the holy Qur'an quietly during prayers. سرِ خفی/مکنون/نہاں hidden secret. سر کی بات کہنا disclose a secret. سر و علن/عیاں hidden and open. (*pl.* اسرار)

سُر¹ /sur/ ■ *n.m.* 1 note, tune, tone, melody. 2 vowel. 3 air breathed through the nostrils. 4 each of the nostrils. 5 song. سُر تال tune and beat. سر چلنا (in yoga) breath to pass through a nostril. سر ساگر 1 (*literal*) an ocean of music. 2 (*fig.*) music expert. سر ملانا 1 tune an instrument. 2 sing or play in tune. 3 (*fig.*) agree with someone. [S]

سُر² ____ ■ *n.m.* 1 god; deity. 2 an angel. 3 sun. [S]

سرا¹ /sərɑ:/ ■ *n.f.* inn. See سرائے. [P]

سرا² ____ ■ *suffix* denoting house, palace, mansion; used in comp. as: حرم سرا harem. محل سرا seraglio. مہمان سرا guest house. [P]

سرا³ ____ ■ *suffix* singing, modulating; used in comp. as: نغمہ سرا one who sings a song, singing a song. [P]

سِرا /sɪrɑ:/ ■ *n.m.* 1 beginning. 2 end, extremity. 3 tip; point. 4 top.

سِرّاً /sɪrrən/ ■ *adv.* secretly, clandestinely. سراً وعلانیۃً/جہراً (both) secretly and openly, privately and publicly.

سراب /sərɑ:b/ ■ *n.m.* 1 mirage. 2 (*fig.*) illusion.

سراپ /sərɑ:p/ ■ *n.m.* (also شراپ) curse, imprecation. سراپ دینا curse.

سراپا /sərɑ:pɑ:/ ■ *n.m.* 1 human figure from head to foot. 2 verse describing or expressing praise for human figure. ■ *adj.* 1 entire, complete. 2 incarnate. ■ *adv.* wholly, fully, entirely, from head to foot. سراپا ناز delicate figure; delicate woman. سراپا نگاری praise of the beloved's physical charms in verse.

سرّاٹا /sərrɑ:ʈɑ:/ ■ *n.m.* 1 noise. 2 rustling; a rustling sound. 3 sound resembling that of water flowing, sound of a waterfall. 4 the act of flowing, the process of coming out of sap of a tree, etc. 5 the large feather of a bird's wing, pinion.

سِراج /sɪrɑ:dʒ/ ■ *n.m.* 1 lamp; candle. 2 (*fig.*) sun. سراجِ منیر 1 shining, illuminating lamp. 2 (*fig.*) Prophet Muhammad.

سراچہ /sərɑ:tʃɑ:/ ■ *n.m.* small tent.

سرادھ /sərɑ:ɖʰ/ ■ *n.m.* (also شرادھ) (***Hinduism***) the ritual of offering food, etc. to the spirits of dead relatives.

سراسر /sərɑ:sər/ ■ *adj.* whole, entire. ■ *adv.* wholly, entirely, completely, from beginning to end.

سراسیمگی /sərɑ:si:məgi:/ ■ *n.f.* 1 alarm, fear. 2 confusion of the mind, perplexity.

سراسیمہ /sərɑ:si:mɑ:/ ■ *adj.* 1 alarmed, afraid, very apprehensive. 2 confused, confounded, disturbed. ■ *adv.* in a state of confusion or bewilderment.

سُراغ /surɑ:ɣ/ ■ *n.m.* 1 clue, sign, trace, mark. 2 spying; enquiry, search. سراغ جو/رساں detective, spy. سراغ جوئی/رسانی/رسی detective's work, tracing, searching, tracking, detection. سراغ لگانا search out, discover, seek, track, trace; get a clue (to), get an inkling. سراغ ملنا obtain a clue or trace.

سُراغی /surɑ:ɣi:/ ■ *n.m.* (*rare*) secret agent, detective.

سُراگائے /surɑ:gɑ:e:/ ■ *n.f.* (also سُراگا/سُراگاؤ) bushy-tailed cow of Tibet; yak.

سِرانا /sɪrɑ:nɑ:/ ■ *v.* 1 cool, make cool. 2 drop (a consecrated object) in water; set afloat in river, etc.

سراوگی /sərɑ:vəgi:/ ■ *n.m.* (also سراوک، سراوگ) follower of a sect of Jainism.

سراون /sərɑ:vən/ ■ *n.m.* harrow, any instrument used for levelling ground.

سراہنا /sərɑ:hnɑ:/ ■ *v.* praise, commend, approve.

سرائی /sərɑ:i:/ ■ *n.f. & suffix* singing, modulation; used in comp. as: مدح سرائی praise and appreciation. نغمہ سرائی singing a song.

سرائے /sərɑ:e:/ ■ *n.f.* (also سرا۲) 1 inn, caravanserai, temporary lodging for travellers; temporary abode. 2 (*fig.*) the world.

سرایت /sərɑ:jət̪/ ■ *n.f.* penetration; absorption; passing from one thing to another; running through. سرایت کرنا 1 to pass from one thing to another; penetrate; to creep in or through. 2 (***Med.***) (of a disease) spread by close contact.

سرایندہ /sərɑ:jənd̪ɑ:/ ■ *adj.* singing, chanting. ■ *n.m.* singer; reciter, chanter.

سُرب /sʊrb/ ■ *n.m.* lead, the metallic element.

سربسر /sər bəsər/ ■ *adv.* wholly, entirely, from top to bottom See under سر۱.

سربھنگ /sərbʰəŋg/ ■ *n.m.* (also سربھنگی) 1 a sect of Hindu fakirs who do not believe in caste and concept of impurity. 2 an individual of that sect. ■ *adj.* 1 of or relating to this sect. 2 lowly, relating to lower classes or common people.

سرپت /sərpət̪/ ■ *n.m.* (also سرپتا) reed leaves used for thatching, *Saccharum procerum*.

سرپٹ /sərpəʈ/ ■ *n.f.* gallop. ■ *adv.* quickly, at a high speed. سرپٹ پھینکنا/ڈالنا set off at a gallop; urge a horse go at full gallop. سرپٹ دوڑانا make (a horse) gallop. سرپٹ دوڑنا gallop, run fast.

سرپیر /sər pæ:r/ ■ *n.m.* (in *neg.*) clue; sense. See under سر۱.

سُرت /sʊrt̪/ ■ *n.f.* (also سُرَت) 1 recollection, memory. 2 prudence; attention, consideration; consciousness; mind. 3 design, intention, aim. سرت آنا come into one's mind. سرت بسرنا/بھولنا forget. سرت دھرنا/کرنا/لگانا recollect. سرت سے carefully. سرت نہ رہنا slip from one's memory; be senseless, be unconscious, be utterly unmindful of.

سُرتا /sʊrt̪ɑ:/ ■ *adj.* vigilant, alert; intelligent.

سُرتال /sʊrt̪ɑ:l/ ■ *n.m.* tune and beat. See under سُر۱. سُرتال سے درست perfect; harmonious.

سُرتی۱ /sʊrt̪i:/ ■ *n.f.* tobacco of Surat (a city of India); dry tobacco leaf (for chewing). [Prk.]

سُرتی۲ ____ ■ *n.f.* (*dim.* of سُر۱) musical note of very short duration. [Prk.]

سُرتی۳ ____ ■ *n.f.* holy writ, Vedic law. [S]

سِرجن /sərɪdʒən/ ■ *n.m.* (also سرجن) creator, maker. سرجن ہار/ہارا the Creator, God.

سِرجنا /sərɪdʒnɑ:/ ■ *v.* (also سرچنا) produce, create; make, form.

سرجیون /sərdʒi:vən/ ■ *adj.* 1 imperishable, immortal; durable, strong; lasting. 2 evergreen, refreshing. 3 life saving. 4 wet, moist.

سرچشمہ /sərtʃəʃmɑ:/ ■ *n.m.* 1 fountain, spring. 2 (*fig.*) source, origin, fountainhead.

سرچنگ /sərtʃəŋg/ ■ *n.f.* 1 labour. 2 fatigue. 3 a kick on the buttocks, slap, thump, blow. 4 rout. 5 trouble.

سِرحان /sɪrhɑ:n/ ■ *n.m.* wolf.

سرحد /sərhəd̪/ ■ *n.f.* frontier, boundary, border, limits. See under سر۱. [P]

سُرخ /sʊrx/ ■ *adj.* 1 red. 2 high (of price or rate). 3 (*fig.*) Marxist; leftist. سرخ باد/بادہ a skin disease marked by excessive redness, erysipelas. سرخ بتی red light of traffic signals that shows traffic stoppage. سرخ بید a kind of cane, willow. سرخ جسیمہ/خلیہ a red blood cell that contains pigment haemoglobin, erythrocyte. سرخ رو successful; unashamed; triumphant; honoured; fulfilling mission; exonerated. سرخ رو ہونا succeed. سرخ روئی 1 honour, esteem. 2 success. سرخ (و) سفید 1 having a healthy glow, in perfect health, blooming with health and vigour. 2 (*fig.*) gold and silver. سرخ فیتہ red tape, excessive adherence to rules, especially in government offices. سرخ ہندی Red Indian. سرخ ہو جانا/ہونا 1 become red with anger or shyness. 2 become red after being fried in oil.

سُرخا /sʊrxɑ:/ ■ *n.m.* (also سُرخہ) 1 a sort of pigeon of a red colour. 2 roan horse. 3 (*fig.*) communist, socialist, red. 4 a kind of mango.

سُرخاب /sʊrxɑ:b/ ■ *n.m.* 1 ruddy shelduck, *Anas casarca*. 2 (*fig.*) pomp, splendour. ■ *adj.* completely red,

/sərd̪ɑ:nɑ:/ ■ *v.* **1** become cool. **2** make cool. **3** become lazy or dull. **4** become sexually weak. سردانا

/sərd̪ɑ:i:/ ■ *n.f.* a liquid prepared from certain herbal ingredients to ward off heat. سردائی

/səre:d̪əst̪/ ■ *adv.* presently. See under سر¹. سردست

/sərd̪i:/ ■ *n.f.* **1** cold, chilliness, coldness. **2** winter. **3** shivering caused by cold. **4** catarrh. سردی بائی rheumatic stiffness and pains. سردی پڑنا/رہنا (weather) to be chilly or cold. سردی لگنا to feel cold. سردی ہوجانا/رہنا catch cold. سردی

/səre:rɑ:he:/ ■ *adv*. by the way. See under سر¹. سرراہے

/sər rɪʃt̪ɑ:/ ■ *n.m.* (also سرشتہ) **1** tradition, custom. **2** office, department; court. **3** end of a string. سررشتہ دار sheristadar, record-keeper. See under سر¹. سررشتہ

/sərzənɪʃ/ ■ *n.f.* reprimand, chiding, dressing down, reproof, rebuke, reprehension. سرزنش

/sɪrəs/ ■ *n.m.* a kind of tree, acacia. سِرس

/sʊrsɑ:/ ■ *n.m.* a nail with both ends pointed. سُرسا

/sərsɑ:m/ ■ *n.m.* delirium, frenzy. سرسام

/sərsɑ:mi:/ ■ *adj.* delirious; (one) suffering from سرسام. سرسامی

/sərsəbz/ ■ *adj.* flourishing; green. See under سر¹. سرسبز

/sərsər/ ■ *n.f.* **1** sound of a snake crawling. **2** rustling; creeping sound. **3** tingling, creeping sensation. سرسر

/sərsərɑ:nɑ:/ ■ *v.* **1** creep (of lice, etc.). **2** rustle (of leaves, etc.). **3** produce low sound. **4** to hiss. **5** to thrive, flourish (of crops or plants). **6** shiver with cold. **7** feel creeping sensation. **8** flow slowly down (of water). سرسرانا

/sʊrsʊrɑ:nɑ:/ ■ *v.* to sniff, sniffle. سُرسُرانا

/sərsərɑ:hət̪/ ■ *n.f.* **1** rustle, hiss. **2** noise of strong wind or storm. **3** movement, motion; agitation. **4** creeping sensation. سرسراہٹ

/sərsəri:/ ■ *adj.* **1** summary. **2** cursory, lacking in attention. ■ *adv.* briefly; cursorily. سرسری دیکھنا glance or look over cursorily. سرسری عدالت summary court. سرسری کارروائی summary procedure. سرسری

/sʊrsʊri:/ ■ *n.f.* **1** insect bred in grain; weevil, meal beetle. **2** hissing; tingling. سُرسُری

/sərəsvət̪i:/ ■ *pr.n.f.* (also سرسوتی) (***Hinduism***) Brahma's wife, the goddess of learning and drenched in red colour. سرخاب کا پر لگنا (often *iron.*) win a distinction, do something wonderful or unequalled, have a feather in one's cap. سرسوَتی

/sɪrxɑ:nɑ:/ ■ *n.m.* **1** the degree of perfection. **2** (***Music***) high note, loud voice. **3** limit, boundary. سِرخانہ

/sʊrxru:/ ■ *adj.* successful. See سرخ رو under سُرخ. سُرخرو

/sərxət̪/ ■ *n.m.* agreement to hire, serve or rent; lease of a house; receipt given to a customer. سرخط

/sʊrxɑ:/ ■ *n.m.* (*var.* of سُرخا) **1** roan or bay horse. **2** red pigeon. سُرخہ

/sʊrxi:/ ■ *n.f.* **1** redness. **2** brick-dust. **3** lipstick; rouge. **4** newspaper headline, heading. سرخی جمانا compose or print a headline in a newspaper. سرخی مائل reddish, slightly red. سُرخی

/sərd̪/ ■ *adj.* **1** cold, cool. **2** (of a person) unfeeling, unemotional, frigid; impotent. **3** sad. **4** lacking energy or zest. **5** dead. سردالماری/آلہ refrigerator. سردآہ sigh. سردبازاری slump; depression. سردپاشویہ cold foot bath. سردجنگ cold war. سردخانہ cold storage. سردل cold-hearted, averse, indifferent. سردکرنا **1** to cool. **2** to put out (a fire), extinguish. سردکن آلہ air conditioner. سردمزاج apathetic; cold. سردمہر (a person) of cold disposition, apathetic. سردمہری indifference, cold attitude. سردوگرم جہاں/زمانہ vicissitudes of life and fortune. سردوگرم چشیدہ **1** (*literal*) one who has tasted the cold and hot of the world. **2** (*fig.*) (i) experienced. (ii) wise. سردہوجانا/رہنا **1** become cold, lose heat. **2** (*fig.*) become lukewarm or indifferent. **3** die. **4** be shocked or afraid or amazed. سرد

/sərd̪ɑ:/ ■ *n.m.* (also سردہ) a kind of melon. سردا

/sərd̪ɑ:bɑ:/ ■ *n.m.* (also سرداب) **1** cold bath. **2** cold cellar, cold room where water is kept cool; cool room for summer. **3** subterranean dwelling. **4** grave one has prepared for oneself before death. سردابہ

/sərd̪ɑ:r/ ■ *n.m.* **1** sardar, chief, commander; nobleman; ringleader; head bearer. **2** Sikh. سردار

/sərd̪ɑ:rni:/ ■ *n.f.* **1** wife of a chieftain. **2** Sikh woman. سردارنی

/sərd̪ɑ:ri:/ ■ *n.f.* chieftaincy, chieftainship, headship; sway, rule; period of rule or leadership. سرداری کرنا rule, lead. سرداری

eloquence.

سرسوں /sərsõ:/ ■ *n.f.* species of mustard; mustard seed. سرسوں پھولنا **1** mustard to blossom. **2** be very happy, be delighted. **3** to see yellow only. **4** to set eyes on a specific scene or have fixed ideas. (ہتھیلی پر) سرسوں جمانا be overly hasty, be in tearing hurry, try to accomplish immediately, make haste (in doing something). سرسوں کا تیل mustard seed oil. سرسوں کی کھلی mustard seed oilcake.

سرشار /sərʃɑ:r/ ■ *adj.* **1** brimming (with love or joy). **2** intoxicated. See under سر¹.

سرشاری /sərʃɑ:ri:/ ■ *n.f.* intoxication.

سرِشت /sərɪʃt̪/ ■ *n.f.* (also سِرِشت) disposition, nature, temperament, innate quality.

سرِشتہ /sərɪʃt̪ɑ:/ ■ *n.m.* (*contr.* of سررشتہ) **1** tradition. **2** office, court. **3** end of a rope.

سِرِشت /sɪrɪʃt̪/ ■ *n.f.* **1** creation. **2** nature, disposition.

سرشف /sərʃəf/ ■ *n.m.* mustard seed. (See also سرسوں.)

سرِشک /sərɪʃk/ ■ *n.m.* (also سِرِشک) tear, drop of tear.

سرطان /sərt̪ɑ:n/ ■ *n.m.* **1** crab. **2** cancer (disease). **3** (***Astrol.***) Cancer, the fourth sign of the zodiac. **4** (*fig.*) (i) a great trouble, misery. (ii) something that undermines the well-being (of). (iii) cause of harm.

سُرعت /sʊrʔət̪/ ■ *n.f.* speed, haste, rapidity. سرعتِ انزال premature ejaculation of semen during sexual intercourse.

سرغنہ /sərɣənɑ:/ ■ *n.m.* ringleader; chief. See under سر¹.

سرف /sərəf/ ■ *n.m.* extravagance, excess.

سُرفہ¹ /sʊrfɑ:/ ■ *n.m.* cough. [P]

سُرفہ² ——— ■ *n.m.* **1** caterpillar. **2** woodworm; white ant. **3** teredo, shipworm. [A]

سرقہ /sərqɑ:/ ■ *n.m.* **1** robbery, theft. **2** plagiarism.

سرک /sərək/ ■ *n.m.* moving, shifting, displacing, sliding. سرک آنا to move ahead, to slip, to shift stealthily. سرک جانا (of a joint of the body) to dislocate.

سِرکا /sɪrkɑ:/ ■ *n.m.* (also سِرکہ) vinegar.

سرکار /sərkɑ:r/ ■ *n.f.* **1** government, authority. **2** the court or presence of a king or other dignitary, sirkar. **3** lord. **4** (title of respect) chief, master; sir; madam. **5** (*fig.*) Prophet Muhammad. **6** estate, property. **7** a subdivision, a district. سرکار دربار چڑھنا **1** sue. **2** need to go to a court of law.

سرکاری /sərkɑ:ri:/ ■ *adj.* relating or belonging to or issued by the state or government or its functionary. سرکاری ترجمان official spokesman. سرکاری گواہ approver. سرکاری ملازم state or government employee. سرکاری مہمان (*iron.*) prisoner. سرکاری وکیل government solicitor.

سرکانا /sərkɑ:nɑ:/ ■ *v.* **1** move something from its place, slide or push to one side, shift. **2** postpone. **3** pilfer, steal. **4** to pass or hand over to.

سرکش /sərkəʃ/ ■ *adj.* headstrong. See under سر¹.

سرکشی /sərkəʃi:/ ■ *n.f.* insurrection. See under سر¹.

سرکنا /sərəknɑ:/ ■ *v.* **1** be pushed or moved, slide. **2** to slip away, flee, escape. **3** to move away stealthily.

سرکنڈا /sərkənɖɑ:/ ■ *n.m.* reed, any of the various types of tall and stiff grass with hard culm growing in the water or marsh.

سِرکہ /sɪrkɑ:/ ■ *n.m.* (also سِرکا) vinegar. سرکہ پیشانی رجبیں frowning, displeased.

سِرکی /sɪrki:/ ■ *n.m.* reed screen.

سُرکھا /sʊrk^{h}ɑ:/ ■ *n.m.* a tall tree without due proportion of leaves.

سُرگ /sʊrg/ ■ *n.m.* (***Hinduism***) heaven; paradise. See سُورگ. سرگ باش رباشی (also سرگباش) **1** living in heaven. **2** (*fig.*) one who has gone to heaven; dead. سرگ باش ہونا to die.

سرگشتہ /sərgəʃt̪ɑ:/ ■ *n.m.* bewildered. See under سر¹.

سرگم /sərgəm/ ■ *n.f.* (***Music***) gamut, the musical scale of raga; solmization; tonic sol-fa.

سرگیں /sərgĩ:/ ■ *n.m.* (also سرقین) excrement, dung, cow-dung, especially dried and kept for fire.

سرل /sərəl/ ■ *adj.* **1** straight. **2** plain; simple; easy. **3** sincere, truthful.

سرلتا /sərəlt̪ɑ:/ ■ *n.f.* simplicity; uprightness, honesty.

سرما /sərmɑ:/ ■ *n.m.* winter. سرما خوابی hibernation.

سرمائی /sərmɑ:i:/ ■ *adj.* (also سرماوی) pertaining to winter, wintery; winter (clothing, headquarters, etc.). سرمائی خواب رسکتہ hibernation.

سرمایہ /sərmɑ:jɑ:/ ■ *n.m.* principal amount, capital; funds; financial means; wealth. سرمایۂ افتخار something one is proud of. سرمایۂ حیات **1** essence of life. **2** life savings; sum total of what one has achieved during one's life. سرمایہ دار capitalist; rich, wealthy, having some kind of red-coloured, light-bay or chestnut (horse). سرنگ اڑانا explode a mine. سرنگ بچھانا lay a mine. سرنگ لگانا 1 lay a mine. 2 undermine. 3 break into (house, etc.).

سُرنگیا /surəŋgɪjɑ:/ ■ *n.m.* (also سُرنگی) 1 miner. 2 housebreaker, burglar.

سرو /sərv/ ■ *n.m.* cypress سرواندام graceful as the cypress tree. سروِخراماں/رواں 1 (*literal*) a walking cypress tree. 2 (*fig.*) sweetheart with a graceful stature/gait. سروِسہی 1 branched cypress. 2 (*poet.*, *fig.*) tall and graceful (beloved). سروقامت/قد 1 tall and graceful. 2 beloved.

سُروا /survɑ:/ ■ *n.m.* a ladle shaped like a cupped hand, with which clarified butter is thrown into the fire for a burnt offering.

سروال /sərvɑ:l/ ■ *n.f.* (*corr.* of شلوار) salwar, trousers, breeches, long drawers.

سرُوپ /səru:p/ ■ *n.m.* 1 natural form, shape. 2 like, similar.

سُرُوپ /suru:p/ ■ *adj.* handsome, beautiful, well-formed.

سروتا /səro:ṭɑ:/ ■ *n.m.* (also سروتہ) cutter, nutcracker.

سروج /səro:dʒ/ ■ *n.m.* 1 lotus. 2 red lead, vermillion.

سُرُود /suru:ḍ/ ■ *n.m.* (also سرود) 1 song, melody, modulation; singing. 2 a kind of guitar, lyre. سرودخانہ/گاہ place where songs are sung and music is played. سرودِرفتہ 1 the song of the past. 2 (*fig.*) the pleasing memories of the past.

سُرُودی /suru:ḍi:/ ■ *n.m.* lyrist; singer.

سروَر /sərvər/ ■ *n.m.* leader, chief. سرورِعالم/کائنات/کونین chief of the universe, i.e. the chief of the created beings, a title of Prophet Muhammad.

سُرُور /suru:r/ ■ *n.m.* 1 pleasure, joy, enjoyment, exhilaration, cheerfulness. 2 slight intoxication. سرورآنا/آنے لگنا begin to grow rapturous, begin to feel effect of drink.

سرورق /sərvərəq/ ■ *n.m.* title page. See under سر[1].

سروری /sərvəri:/ ■ *n.f.* chieftainship, chiefdom, rulership, sovereignty.

سروش /səro:ʃ/ ■ *n.m.* 1 angel; a voice from heaven; the archangel Gabriel. 2 seventeenth of every solar month. 3 (*fig.*) good news. 4 supreme intellect; intuition. سروشِ غیب/غیبی voice from heaven; intuition.

سروکار /səro:kɑ:r/ ■ *n.m.* concern; business; relationship. سروکاررکھنا have to do with, be concerned (with).

asset or capital or quality. سرمایہ دارانہ capitalistic. سرمایہ داری capitalism. سرمایہ کار investor; entrepreneur. سرمایہ کاری investment.

سرمد /sərməḍ/ ■ *adj.* eternal, everlasting, perpetual. ■ *n.m.* 1 God. 2 a dervish in a state of ecstasy.

سرمدی /sərməḍi:/ ■ *adj.* 1 eternal, perpetual. 2 divine.

سرمغزن /sərməɣzən/ ■ *n.m.* trouble, vexation, perplexity. See under سر[1].

سُرمگیں /surməgĩ:/ ■ *adj.* (also سُرمیلی) (eye) filled with kohl.

سرِمو /səremu:/ ■ *adj.* (in *neg.*) slight; little. ■ *adv.* by a hair's breadth. See under سر[1].

سُرمہ /surmɑ:/ ■ *n.m.* (also سُرما) surma, kohl, antimony ground to a fine powder to stain the eyelids; collyrium. سرمہ آلودہ/دار (eyes) stained with kohl. سرمہ بنانا 1 to reduce to powder. 2 to destroy; finish. 3 revere, to show great respect (for); show great love (for). سرمہ بننا/رہونا 1 be reduced to powder. 2 be destroyed. سرمہ چرانا deceive expertly. سرمۂ چشم بنانا show great respect and love. سرمہ دانی small vial or box for keeping kohl. سرمہ درگلو dumb, dumbstruck, unable to speak. سرمہ دینا/ ڈالنا/لگانا apply kohl to the eyelids. سرمہ ڈھلکنا (antimony stains) to spread (owing to tears, etc.).

سُرمئی /surməi:/ ■ *adj.* (also سُرمگیں) greyish, of the colour of kohl. ■ *n.f.* 1 sole, an edible marine flatfish. 2 a kind of pigeon.

سُرمے /surme:/ ■ *n.m.* (*pl.* & *infl.* of سُرمہ) سرمے دان/دانی small container for kohl. سرمے کی تحریر mark or line of surma.

سُرنا /surnɑ:/ ■ *n.m.* a kind of pipe, clarion; oboe. سرناچی/نواز one who plays clarion; piper.

سرنام /sərnɑ:m/ ■ *n.m.* surname, family name; pen/pet name. ■ *adj.* famous, well-known. سرنام کرنا make famous or notorious, proclaim, publish. سرنام ہونا become famous.

سرنامہ /sərnɑ:mɑ:/ ■ *n.m.* 1 title at the beginning of a letter. 2 name and address of the addressee on a letter.

سُرنائی /surnɑ:i:/ ■ *n.m.* (also سُرناچی) piper, a clarion player.

سُرنگ /surəŋg/ ■ *n.f.* 1 subterraneous gallery or passage, tunnel. 2 a kind of bomb placed on or in the ground or water, which detonates on contact, mine. ■ *adj.*

سروہی /səro:hi:/ ■ *n.f.* two-edged sword noted for its flexibility.

سرہانا /sɪrhɑ:nɑ:/ ■ *n.m.* (also سرہانا) head of a bedstead or tomb. See سرھانا.

سرہانے /sɪrhɑ:ne:/ ■ *adv.* (also سرہانے) at the head of the bed. See سرھانے.

سرہنگ /sərhəŋg/ ■ *n.m.* captain or general; commander; chief. See under سر¹.

سری /səri:/ ■ *n.m.* chieftainship, chiefdom.

سری¹ /sɪri:/ ■ *n.f.* **1** head (of slaughtered animal) as food. **2** (***Hinduism***) another name of Lakshmi, a female deity of wealth. **3** name of a raga. **4** an honorific title used before the names of deities and eminent personalities. سری پائے **1** the head and hooves (of a slaughtered animal). **2** a dish of these. سری پھل رفل coconut. سری ٹیک prostration. سری راگ name of a classical raga; one of the six ragas which is sung in early winter. [Prk.]

سری² ____ ■ *adj.* (*var.* of سِڑی) mad, insane. [Prk.]

سِرّی /sɪrri:/ ■ *adj.* secret, occult, mysterious. سری علوم occult sciences. سری نماز (***Islam***) prayers in which imam recites the Holy Qur'an quietly. (*opp.* جہری)

سِرے /sɪre:/ ■ *n.m.* (*pl. & infl.* of سِرا) ends, tips, tails; heads, tops. سرے سے **1** from end. **2** from beginning. **3** totally, entirely.

سریا /sərjɑ:/ ■ *n.m.* iron rod.

سریان /sərəjɑ:n/ ■ *n.m.* the act of penetrating, spreading, infecting.

سریانا /sərjɑ:nɑ:/ ■ *v.* arrange; pack.

سریانی /sərjɑ:ni:/ ■ *adj.* penetrating, spreading over, transmigrating, passing from one body to another.

سُریانی /sʊrjɑ:ni:/ ■ *n.f.* Syriac language. ■ *adj.* Syriac.

سِرّیت /sɪrri:jət/ ■ *n.m.* **1** esotericism. **2** mysticism or quietism.

سریر¹ /səri:r/ ■ *n.m.* **1** throne. **2** ornamental sofa or coach. سریرآرا (*fig.*) reigning, ruling. سریرآرائے سلطنت ہونا ascend to throne. [A]

سریر² ____ ■ *n.m.* body. See شریر². [S]

سُریری /sʊræ:ri:/ ■ *n.f.* whitewashing.

سریش /sre:ʃ/ ■ *n.m.* (also سِریش) glue.

سریع /səri:ʔ/ ■ *adj.* quick, fast, making haste, swift. سریع الاثر/التاثیر active; quick in taking effect (as a medicine). سریع الاجابت quick in answering. سریع الزوال quick to descend or fall; temporary; falling, fading. سریع السیر fast moving. سریع الفہم of quick understanding, perspicacious. سریع الہضم easy to digest.

سریکھا /səri:kʰɑ:/ ■ *n.m.* (also سرِیکا) similitude; pattern. ■ *adj.* resembling, like; so.

سریکھا¹ /sre:kʰɑ:/ ■ *adj.* deceitful, cunning, sly. [S]

سریکھا² ____ ■ *n.f.* the ninth Nakshatra or lunar mansion (consisting of five stars). [Prk.]

سُریلا /sʊri:lɑ:/ ■ *adj.* melodious, harmonious. سریلاپن melodiousness.

سُریلی /sʊri:li:/ ■ *adj.* (*fem.* of سُریلا) سریلی آواز melodious voice.

سُرین /sʊri:n/ ■ *n.f.* buttocks, hips.

سریّہ /sərəjjɑ:/ ■ *n.m.* **1** a group of soldiers deployed to spy on enemy troops movement. **2** (***Islam***) a battle which Prophet Muhammad himself did not fight but sent a companion as chief instead (as opposed to غزوہ).

سُرّیہ /sʊrrɪjɑ:/ ■ *n.f.* (also سُریہ) slave-girl with whom one can cohabit.

سِرھانا /sɪrʰɑ:nɑ:/ ■ *n.m.* (also سِرہانا، سرہانہ) **1** head of a bed. **2** pillow.

سِرھانے /sɪrʰɑ:ne:/ ■ *n.m.* (also سِرہانے) (*pl. & infl.* of سِرھانا). ■ *adv.* at bedside, by the bed.

سِڑ /sɪɽ/ ■ *n.f.* **1** foolish talk. **2** madness, craze. سڑ بھنگ intoxicated or drowsy because of cannabis.

سڑا /səɽɑ:/ ■ *adj.* **1** rotten, decayed, decaying, decomposed. **2** stinking, putrid. **3** low, base, worthless. سڑا گلا rotten and smelly; worthless.

سِڑا /sɪɽɑ:/ ■ *adj.* mad, lunatic, insane.

سڑاپ /səɽɑ:p/ ■ *n.f.* the sound made in whipping or beating.

سڑانا /səɽɑ:nɑ:/ ■ *v.* cause to rot, cause to ferment.

سڑاند /səɽɑ̃:d̪/ ■ *n.f.* (also سڑاندھ، سڑاہند) **1** obnoxious odour, bad smell; stench, stink, smell of putrefaction. **2** rottenness.

سُڑپّا /sʊɽəppɑ:/ ■ *n.m.* sound of gulping or sucking. سڑپا مارنا gulp down; suckle greedily.

سُڑپنا /sʊɽəpnɑ:/ ■ *v.* gulp a drink loudly, suck up noisily.

سڑسٹھ /səɽsəʈʰ/ ■ *cardinal number* sixty-seven.

سڑسٹھواں /səɽsaṭʰvɑ̃:/ ■ *ordinal number* sixty-seventh.
سڑک /səɽək/ ■ *n.f.* road; street. سڑک بنانا build a road. سڑک کاٹنا/نکالنا make a road (through).
سُڑکنا /suɽəknɑ:/ ■ *v.* sip a drink with a sound; suckle.
سُڑکی /suɽki:/ ■ *n.f.* **1** sudden slackening of the string of a paper kite. **2** large sip or gulp.
سڑن /səɽən/ ■ *n.f.* rottenness, putrefaction.
سِڑن /sɪɽən/ ■ *n.f.* mad woman
سڑی /səɽi:/ ■ *adj.* (*fem.* of سڑا) rotten. سڑی گرمی bad or unpleasant heat (during summer), severe and sultry heat.
سِڑی /sɪɽi:/ ■ *adj.* (also ۲سِری) mad, crazy. سڑی سودائی mad (man), crazy (person).
سڑیل /səɽ jəl/ ■ *adj.* **1** rotten, decayed; stinking. **2** worthless; third rate. **3** very old: decrepit. **4** (*fig.*) immoral, profligate. سڑیل پن ر پنا rotten habits.
سزا /səzɑ:/ ■ *n.f.* **1** punishment, chastisement, penalty. **2** (*fig.*) (i) imprisonment. (ii) sentence. ■ *adj.* worthy, deserving of; suitable, proper. سزا پانا be punished. سزا کا حکم سنانا sentence or convict. سزاوار liable, suitable, deserving. سزائے تازیانہ flogging, punishment by beating with a whip. سزائے جرمانہ fine. سزائے قید imprisonment. سزائے معنوی chastisement. سزائے موت death penalty, capital punishment. سزایاب penalized or sentenced person. سزایاب ہونا be punished. سزایافتہ punished, sentenced; one who has been punished.
سزاوُل /səzɑ:vʊl/ ■ *n.m.* **1** tax-gatherer; rent collector. **2** supervisor, superintendent; bailiff.
سزاوُلی /səzɑ:vʊli:/ ■ *n.f.* office or work of tax-collection.
سُست /sust̪/ ■ *adj.* **1** lazy, idle, slow, inactive, slothful, dull, sluggish, indolent, tardy. **2** weak, feeble. **3** slack, loose. **4** dejected. سست اعتقاد slow to believe, lacking in faith, sceptical, incredulous. سست بنیاد infirm, unstable, shaky. سست پیمان slow in fulfilling one's promises or engagements; capricious. سست رائے foolish, unwise. سست رفتار رو ر قدم ر گام slow, laggard. سست کرنا **1** reduce speed, slow down, cause to make slow or lazy. **2** to discourage. سست ہونا be lazy; be slightly unwell.
سستا /səst̪ɑ:/ ■ *adj.* **1** cheap, low-priced, inexpensive. **2** worthless; substandard; of little value; uncomely. سستا چھٹنا ر چھوٹنا get off cheaply. سستا روئے بار بار مہنگا روئے ایک بار expensive things may be difficult to buy but cheap stuff is a permanent nuisance. سستا سما ر سماں ر سمے days when things are inexpensive, time of plenty and cheapness. سستا لگانا sell cheaply, sell at a cheap rate. (*opp.* مہنگا)
سستانا /səst̪ɑ:nɑ:/ ■ *v.* relax, rest briefly, lie down a while, repose, have a respite.
سستی /səst̪i:/ ■ *adj.* (*fem.* of سستا) سستی شہرت cheap publicity.
سُستی /sust̪i:/ ■ *n.f.* laziness, slowness, dullness, tardiness; idleness. سستی توڑنا become active. سستی سے کام لینا ر کرنا be lazy, be tardy, work at slow speed; delay, procrastinate.
سستے /səst̪e:/ ■ *adj.* (*pl.* & *infl.* of سستا) سستے چھوٹے expression used when someone gets away easily or cheaply.
سُسر /susər/ ■ *n.m.* (also خُسر) spouse's father, father-in-law.
سُسرا /susrɑ:/ ■ *n.m.* (*derog.*) **1** father-in-law. **2** a term of mild abuse.
سُسرال /susrɑ:l/ ■ *n.f.* **1** father-in-law's house or family. **2** (*iron.*) prison. سسرال کا کتا son-in-law who sponges on his in-laws. سسرال کو گیا **1** nobody knows where he has gone. **2** just disappeared. **3** went to prison.
سُسرالی /susrɑ:li:/ ■ *adj.* (also سُسرالیہ) of or relating to the family of in-laws. ■ *n.m.* & *f.* a person belonging to in-laws.
سُسری /susri:/ ■ *n.* (*fem.* of سُسرا) (*derog.*) **1** mother-in-law. **2** a term of mild abuse.
سِسک /sɪsək/ ■ *n.f.* **1** sob, sigh. **2** hiccup. سسک سسک کر ر کے **1** with great trouble, very miserably. **2** sobbingly. سسک سسک کر ر کے مرنا die in great agony or wretchedness.
سِسکارنا /sɪskɑ:rnɑ:/ ■ *v.* **1** hiss, sibilate, draw a sharp breath through the teeth. **2** sob. **3** be in great pain.
سُسکارنا /suskɑ:rnɑ:/ ■ *v.* **1** to urge a dog to chase or attack. **2** hiss. **3** make a hissing sound to urge a child to urinate.
سِسکاری /sɪskɑ:ri:/ ■ *n.f.* sob, sigh of pain, hiss.
سِسکانا /sɪskɑ:nɑ:/ ■ *v.* to cause to suffer, to cause to deprive.
سِسکنا /sɪsəknɑ:/ ■ *v.* **1** sob, sigh, gasp. **2** suffer badly (in pain, illness or poverty); be deprived of. **3** live miserably.

سِسکی /sɪski:/ ■ *n.f.* sob. سسکی بھرنا sob, sigh; breath convulsively.

سطح /səṭh/ ■ *n.f.* (also سَطَح) surface, surface layer; expanse. سطحِ مرتفع plateau. سطحِ مستوی flat or level surface.

سطحی /səṭhi:/ ■ *adj.* superficial, shallow; trivial. سطحی بات triviality; superficial comment.

سطحیّت /səṭhɪjjəṭ/ ■ *n.f.* superficiality.

سطر /səṭr/ ■ *n.f.* **1** line, row; series; ruling lines. **2** rank. سطرِ اشتیاق (*fig.*) love letter. سطر بندی ruling, lines for writing on. سطروار line by line.

سطوت /səṭvəṭ/ ■ *n.f.* **1** power, force; awe; authority. **2** dignity, majesty.

سُطُور /suṭu:r/ ■ *n.f.* (*pl.* of سطر) lines, rulings.

سعادت /səʔɑ:ḍəṭ/ ■ *n.f.* **1** felicity, happiness. **2** state of being good-natured and blessed. **3** prosperity. **4** auspiciousness. سعادت مند **1** dutiful, obedient. **2** fortunate. **3** good-natured. سعادت مندی dutifulness, obedience; good fortune.

سُعال /sʊʔɑ:l/ ■ *n.f.* cough.

سِعایت /sɪʔɑ:jəṭ/ ■ *n.f.* (also سِعایہ) backbiting, talebearing.

سعتر[1] /səʔṭər/ ■ *n.m.* a kind of herb, origanum, marjoram.

سعتر[2] ____ ■ *n.m.* **1** dildo, artificial penis. **2** lesbianism. **3** the practice of using dildo. سعتر باز woman using dildo.

سعد /səʔḍ/ ■ *adj.* august, blessed; happy, fortunate; auspicious. ■ *n.m.* auspiciousness; felicity, prosperity. سعدِ اصغر (***Astrol.***) Venus. سعدِ اکبر (***Astrol.***) an auspicious star; Jupiter. سعد ساعت auspicious time. سعد و نحس the auspicious and the ominous. (*pl.* سُعُود)

سعدین /səʔḍæ:n/ ■ *n.m.pl.* two auspicious stars, Jupiter and Venus.

سعفص /səʔfəs/ ■ *n.m.* the fifth set of the arrangement of Arabic letters according to their numerical values.

سعفہ /səʔfɑ:/ ■ *n.m.* **1** baldness. **2** boil, pimple.

سعی /səʔi:/ ■ *n.f.* **1** endeavour, attempt, effort, enterprise. **2** (***Islam***) ritual walk between the mounts Safa (صفا) and Marva (مروہ) during Hajj or Umrah (in Makkah). سعیِ بلیغ successful effort. سعی الزعیم مشکور untiring struggle. سعیِ پیہم مسلسل continuous struggle. سعیِ رائگاں wild goose chase. سعی کرنا **1** attempt, strive, endeavour, try; exert oneself. **2** perform the ritual of *Sa'i* at Makkah. سعیِ لاحاصل vain attempt, futile effort. سعی و خطا trial and error. سعی و سفارش effort and recommendation.

سعید /səʔi:ḍ/ ■ *adj.* fortunate, august, auspicious; blessed; happy. (*fem.* سعیدہ)

سعیر /səʔi:r/ ■ *n.f.* (***Islam***) hellfire; third of the seven quarters of the hell destined for idolaters.

سفّاح /səffɑ:h/ ■ *adj.* **1** (one) who sheds blood, cruel, brutal. **2** a giver of liberty. **3** generous. **4** eloquent.

سِفارت /sɪfɑ:rəṭ/ ■ *n.f.* **1** embassy, the job or work of an envoy. **2** mediation. **3** deputation or mission sent to another state. **4** the office or residence of an ambassador. سفارت خانہ embassy. سفارت کار an official of the embassy; mediator. سفارت کاری the work of an envoy; mediation.

سِفارتی /sɪfɑ:rəṭi:/ ■ *adj.* of or relating to سفارت, mediatory. سفارتی آداب diplomatic norms.

سِفارش /sɪfɑ:rɪʃ/ ■ *n.f.* **1** recommendation, a proposal as to the best course of action, formal or official request, suggestion. **2** undue favour or influence. **3** introduction. سفارش کرنا recommend.

سِفارشی /sɪfɑ:rɪʃi:/ ■ *n.m.* **1** recommendatory. **2** introductory. **3** person given undue favour. سفارشی ٹٹو (*derog.*) one who is appointed to a post because of undue favour or influence. سفارشی چٹھی/خط letter of recommendation or introduction.

سفّاک /səffɑ:k/ ■ *adj.* cruel, brutal, (one) who sheds blood.

سفّاکانہ /səffɑ:kɑnɑ:/ ■ *adj.* cruel, cold-blooded, brutal.

سفّاکی /səffɑ:ki:/ ■ *n.f.* cruelty, brutality.

سِفال /sɪfɑ:l/ ■ *n.m.* **1** earth; soil; clay. **2** earthenware. **3** tile; shard. **4** cover; shell (esp. one decorated with flowery designs). سفال پوش covered with tiles or clay.

سِفالی /sɪfɑ:li:/ ■ *adj.* (also سِفالیں) earthen.

سِفانت /sɪfɑ:nəṭ/ ■ *n.f.* art, craft or occupation of shipbuilding and navigation.

سفاہت /səfɑ:həṭ/ ■ *n.f.* **1** stupidity, foolishness, folly. **2** meanness (of nature).

سفت /səfṭ/ ■ *n.f.* act of drinking a great deal without quenching thirst.

سُفت /sʊfṭ/ ■ *adj.* (also سِفت) thick; firm; coarse (fabric).

sufed blood cell, leucocyte. سفید جھوٹ obvious lie.
سفید ریش 1 white beard. 2 (*fig.*) old man. سفید سر (*fig.*) old. سفید کاری whitewash. سفید کرنا 1 whiten. 2 to put to shame. سفید کنول white lily. سفید و سیاہ کا مالک ہونا all in all. سفید ہاتھی white elephant. سفید ہونا turn pale due to embarrassment or fright.

سفیدہ /səfe:ḍɑ:/ ■ *n.m.* (also سفیدا) 1 white lead. 2 white poplar; eucalyptus tree. 3 a kind of mango. 4 quicklime. 5 chalk. 6 white fluid used for correction. 7 whiteness that appears at daybreak. سفیدۂ سحر the light that appears at daybreak, dawn.

سفیدی /səfe:ḍi:/ ■ *n.f.* (also سپیدی) 1 whiteness. 2 whitewash. 3 morning light, dawn. 4 the white of an egg. 5 leucorrhoea, a whitish discharge from vagina. سفیدی مائل whitish.

سفیر /səfi:r/ ■ *n.m.* ambassador, envoy, touring agent or representative; arbitrator. سفیر سلطانی royal messenger.

سفینہ /səfi:nɑ:/ ■ *n.m.* 1 ship, vessel, boat. 2 a notebook (with blank pages). 3 (*fig.*) life of a person. [A]

سفینہ[2] ——— ■ *n.f.* summon of a court, a writ of the court ordering a person to appear before it, subpoena. [E]

سفیہ /səfi:h/ ■ *adj.* 1 foolish, stupid. 2 licentious. 3 extravagant. 4 ignorant.

سقّا /səqqɑ:/ ■ *n.m.* (also سقّہ) water-carrier; water-vendor; cup-bearer.

سقاوہ /səqɑ:vɑ:/ ■ *n.m.* (also سقابہ، سقاوا) 1 cold-bath or a place for bathing; a small public bath. 2 a water storage tank or small reservoir.

سقّائی /səqqɑ:i:/ ■ *n.f.* profession or work of a water-carrier or cup-bearer.

سِقایہ /sɪqɑ:jɑ:/ ■ *n.m.* (also سقابہ، سقاوا) 1 profession or work of a water-carrier. 2 place for serving water.

سقر /səqər/ ■ *n.m.* 1 scorching heat. 2 (***Islam***) seventh and severest quarter of hell; hell-fire. 3 (*fig.*) great trouble.

سُقراط /sʊqrɑ:ṭ/ ■ *pr.n.m.* 1 Socrates. 2 (*fig.*) wise man.

سُقراطیت /sʊqrɑ:ṭɪjəṭ/ ■ *n.f.* wit, intelligence, wisdom; shrewdness.

سقری /səqəri:/ ■ *adj.* hellish, cursed, doomed.

سقط /səqəṭ/ ■ *n.m.* 1 error, blunder, mistake. 2 what is dropped or thrown away, abortion. سقط ہونا 1 miscarry.

سفت کپڑا thick fabric (seeing through which is not possible).

سفتہ /səfṭɑ:/ ■ *n.m.* bill of exchange.

سُفتہ /sʊfṭɑ:/ ■ *adj.* pierced, perforated, bored (a pearl, etc.).

سفر /səfər/ ■ *n.m.* journey, travel. سفرِ آخرت the last journey, the journey to the hereafter; death. سفر بخیر bon voyage; may you travel safely! سفر خرچ travel expenses. سفر کردہ بسیار گوید دروغ a traveller tells a lot of untrue tales, a traveller may lie with authority. سفر کرنا 1 travel. 2 depart, finish. 3 (*fig.*) die. سفرنامہ travelogue, account of journey. سفر وسیلۂ ظفر travel is a means of success. (*pl.* اسفار)

سفرجل /səfərdʒəl/ ■ *n.m.* quince, fruit of the plant *Cydonia oblonga* whose seeds are used as medicine. (See also بہی[2].)

سفر مَینا /səfər mæ:nɑ:/ ■ *n.m.* sappers and miners. [E]

سُفرہ /sʊfrɑ:/ ■ *n.m.* (also سُفرا) 1 tablecloth, table spread. 2 beggar's sack.

سفری /səfəri:/ ■ *n.m.* traveller. ■ *adj.* 1 of or relating to travel. 2 (something) used by travellers, portable. سفری چیک traveller's cheque. سفری ہونا be in transit, be a traveller.

سفری /səfri:/ ■ *n.m.* guava.

سُفل /sʊfl/ ■ *n.m.* (also سَفل) 1 lowness, meanness. 2 refuse. ■ *adj.* mean, inferior. سفل دان bone plate.

سِفلہ /sɪflɑ:/ ■ *adj.* low, mean, ignoble, base, contemptible. سفلہ پن meanness, baseness. سفلہ خو/طینت/مزاج/نفس mean-spirited, of a base or ignoble disposition.

سِفلی /sɪfli:/ ■ *adj.* infernal, lower, inferior. ■ *n.f.* a term of abuse, mean and cheap woman. ■ *n.m.* black magic, witchcraft. سفلی علم witchcraft, black magic. سفلی عمل sorcery, black magic.

سُفوف /sʊfu:f/ ■ *n.m.* powder (esp. medicine).

سفید /səfe:d/ ■ *adj.* (also سُفید) (*var.* of سپید) 1 white; milky. 2 blind (eye). 3 afraid, white with fear. 4 plain, clean (paper). سفید بال (*fig.*) old age. سفید بخت lucky person. سفید بھک acute white. سفید پوش 1 man dressed in white. 2 a white-collar person. 3 (*fig.*) (i) contented. (ii) a person belonging to middle class. سفید جسیمہ/خلیہ white defect in verse). 3 (***Gram.***) comma (,). 4 state of shock and awe. سکتہ پڑنا have unmetrical caesura. سکتہ طاری ہونا be rendered speechless due to fright or amazement, be struck with awe or shock. سکتہ ہونا go into coma, fall into a swoon.

سکتے /səkte:/ ■ *n.m.* (*pl.* & *infl.* of سکتہ) trances; pauses. سکتے کا عالم state of shock.

سکٹ /səkəʈ/ ■ *n.m.* a small tree, *Trophis aspera*.

سُکٹا /sʊkʈɑ:/ ■ *adj.* (also سُکھا) lean, thin.

سَکُچ /səkʊtʃ/ ■ *n.f.* (also سکُچھ) 1 shyness, modesty, shame. 2 contraction, shrinkage.

سُکر /sʊkr/ ■ *n.m.* 1 intoxication, inebriation, drunkenness. 2 any intoxicant or alcoholic drink. 3 (***Sufism***) an ecstatic or trance-like state in which the Sufi feels completely absorbed and lost in Allah's love, rapture of love for God.

سکرات /səkərɑ:t/ ■ *n.f.pl.* fainting, insensibility; agony (of death). سکراتِ موت agony that occurs upon death.

سکرانا /səkrɑ:nɑ:/ ■ *v.* to cause to accept or endorse a bill of exchange or cheque (for payment).

سکرائی /səkrɑ:i:/ ■ *n.f.* (also سکارا، سکارائی) the fee or commission charged for accepting or endorsing a bill of exchange or cheque, etc.

سِکرّر /sɪkərrər/ ■ *adv.* third time, on third occasion; also used in comp. as: مکرر سکرر again and again.

سُکرنا /sʊkərnɑ:/ ■ *v.* be accepted or endorsed for payment (of a bill of exchanged).

سُکرا /sʊkrɑ:/ ■ *n.m.* (also سکورا) earthen cup.

سکڑ /səkəɽ/ ■ *prefix* (also سگڑ) great-great- (grandfather, grandmother, grandson, etc.) سکڑ دادا (paternal) great-great-grandfather, grandfather of grandfather.

سُکڑا /sʊkɽɑ:/ ■ *adj.* shrunk, contracted. سکڑا ہوا shrunk, contracted, tight; narrow.

سُکڑانا /sʊkɽɑ:nɑ:/ ■ *v.* cause to shrink; make smaller.

سُکڑاؤ /sʊkɽɑ:o:/ ■ *n.m.* contraction, shrinkage.

سُکڑن /sʊkɽən/ ■ *n.f.* 1 shrinkage, contraction. 2 wrinkle; pucker.

سُکڑنا /sʊkəɽnɑ:/ ■ *v.* 1 be shrunk or contracted, shrink, draw in, shrivel. 2 tighten, curl up (due to cold); shiver.

سُکڑی /sʊkɽi:/ ■ *adj.* (*fem.* of سُکڑا) shrunk.

2 die (apply to animals).

سقف /səqf/ ■ *n.f.* 1 roof; canopy; ceiling. 2 sky.

سقفی /sə:qfi:/ ■ *n.f.* rafter, beam. ■ *adj.* pertaining to or hanging from the roof. سقفی پنکھا ceiling fan.

سُقم /sʊqm/ ■ *n.m.* 1 flaw, defect. 2 sickness; disease. سقم نکالنا find faults with. (*pl.* اسقام)

سقمونیہ /səqmo:nɪjɑ:/ ■ *n.m.* (also سقمونیا) scammony; dried juice of *Convolvulus scammonia*; plant of the genus Convolvulus used in purgative medicine.

سقنقور /səqənqu:r/ ■ *n.m.* (also سقنقس) a kind of lizard, skink.

سُقوط /sʊqu:t/ ■ *n.m.* 1 fall; defeat; capitulation. 2 elimination. 3 miscarriage; abortion.

سقّہ /səqqɑ:/ ■ *n.m.* See سقّا

سقّے /səqqe:/ ■ *n.m.* (*pl.* & *infl.* of سقّا) سقے کا راج رکی بادشاہی a short-lived government or authority, a brief rule.

سقیم /səqi:m/ ■ *adj.* 1 sick, infirm. 2 faulty. 3 disordered. 4 worthless. سقیم الحال ailing; weak.

سِکّا /sɪkkɑ:/ ■ *n.f.* hull of a boat; rudder.

سُکات /sʊkɑ:t/ ■ *n.f.* silence. ■ *adj.* silenced, silent.

سکار /səkɑ:r/ ■ *n.f.* acceptance or endorsement of a bill of exchange (for payment).

سکارنا /səkɑ:rnɑ:/ ■ *v.* accept or endorse a bill of exchange, make payment of a cheque, etc.

سکّاف /səkkɑ:f/ ■ *n.m.* cobbler.

سکّاک /səkkɑ:k/ ■ *n.m.* 1 maker of knives, cutler. 2 stamper or minter of coins, one who mints or stamps coins or money.

سکّاکی /səkkɑ:ki:/ ■ *n.f.* the craft or business of a cutler or minter.

سُکال /sʊkɑ:l/ ■ *n.m.* good season; time of plenty, auspicious time; abundance.

سُکّان /sʊkkɑ:n/ ■ *n.m.* (*pl.* of ساکن) inhabitants, residents. ■ *n.m.* rudder, helm. سکان گیر helmsman.

سُکّانی /sʊkkɑ:ni:/ ■ *n.m.* helmsman.

سکت /səkət/ ■ *n.f.* strength, stamina, power of resistance.

سِکتّر /sɪkəttər/ ■ *n.m.* (also سکتری) (*corr.* of سیکریٹری) secretary. [E]

سکتہ /səktɑ:/ ■ *n.m.* 1 (***Med.***) coma, a state of prolonged deep unconsciousness, caused by severe injury or illness. 2 (***Pros.***) pause, halt; caesura (considered a

سِکشا /sɪkʃɑː/ ■ *n.f.* (also سِکھشا، شِکشا) teaching, tuition, instruction; learning.
سُکُل /sʊkʊl/ ■ *adj.* of good stock, belonging to noble ancestry; belonging to the same family.
سِکِن /sɪkɪn/ ■ *n.m.* (*pl.* of ساکن) inhabitants of a house, inmates; family.
سکنا /səknɑː/ ■ *v. aux.* can, may, be able (to), be allowed (to) (usu. annexed to the base of a verb).
سِکنا /sɪknɑː/ ■ *v.* be roasted or parched; be toasted.
سکنات /səkənɑːt̪/ ■ *n.f.* (*pl.* of سکنہ) rests, pauses; usually used in comp. as: حرکات وسکنات alternate movements and pauses; gestures.
سِکنجبین /sɪkənd͡ʒbiːn/ ■ *n.f.* lime or other juice sweetened with sugar or honey, a refreshing drink.
سِکندر /sɪkənd̪ər/ ■ *pr.n.m.* (also اِسکندر، سِکندرِ اعظم) 1 Alexander the Great. 2 (*fig.*) very lucky. سکندر بخت رطالع رنصیب very lucky.
سِکندری /sɪkənd̪əriː/ ■ *adj.* pertaining to Alexander. ■ *n.f.* 1 tripping up, stumbling (of a horse). 2 glory and splendour like Alexander's. 3 (*fig.*) government, dynasty, dominion. سکندری کھانا stumble, trip up.
سکنہ /səkənɑː/ ■ *n.m.* (*pl.* of ساکن) dwellers, inhabitants, residents.
سکنہ /səknɑː/ ■ *n.m.* abode, dwelling-place, residence.
سکنی /səkniː/ ■ *adj.* habitable (house, etc.).
سُکوار /sʊkvɑːr/ ■ *adj.* delicate, feeble; tender, soft.
سُکوت /sʊkuːt̪/ ■ *n.f.* silence, quietness; the state of being silent or saying nothing. سکوت توڑنا break the silence.
سکورا /səkoːrɑː/ ■ *n.m.* (also سکُورا) small earthen cup; a deep small earthen plate.
سِکوڑنا /sɪkoːɽnɑː/ ■ *v.* (also سُکوڑنا) 1 draw up limbs; gather up; tighten. 2 shrivel, contract. (See also سُکیڑنا.)
سُکُون /sʊkuːn/ ■ *n.m.* 1 peace, rest, ease, easy condition, convenience, calm, tranquillity. 2 state of being still, cessation, stoppage. 3 (also جزم) the orthographic sign (^), placed as a superscript denoting quiescence. سکون بخش رپذیر رپرور 1 causing relaxation. 2 thing having a relaxing effect. 3 drug used to reduce tension or promote relaxation, tranquillizer. سکونِ دل رقلب peace of heart. سکون نا آشنا anxious, restless.
سُکُونت /sʊkuːnət̪/ ■ *n.f.* 1 dwelling, residence, habitation. 2 rest, contentment. سکونت پذیر ہونا take up residence.
سُکُونیات /sʊkuːnɪjɑːt̪/ ■ *n.f.* statics, branch of mechanics concerned with bodies at rest or of forces in equilibrium. (*opp.* حرکیات)
سِکّہ /sɪkkɑː/ ■ *n.m.* 1 coin. 2 seal, stamp. 3 impression on money. 4 a die for coining. 5 rule, law; authority. 6 graphite used as the part of a pencil that makes a mark. 7 lead; tin. (اپنا) سکہ بٹھانا establish one's rule or authority. سکہ بنانا coin or mint money. سکہ بند 1 standard. 2 sealed. 3 traditional. 4 original. سکہ ٹھونکنا رڈھالنا mould coin. سکہ جاری ہونا a coin (with a king's or ruler's seal) be issued. سکہ جمانا establish (one's) authority or prestige. سکہ چلانا 1 issue a coin. 2 hold sway, rule. سکہ چلنا coin be circulated or issued (as currency), be famous or influential. سکۂ چہرہ شاہی 1 coin having impress of a king's face. 2 the English rupee (used during British rule in India). سکۂ حالی the coin sealed or stamped recently; the currency in use, banknote or coin acceptable. سکۂ رائج الوقت 1 the money used as legal tender in specific times. 2 (*fig.*) anything that is considered current or acceptable. سکہ زن coiner or one who stamps coins. سکۂ قلب counterfeit coin.
سکیت /səkeːt̪/ ■ *adj.* small; narrow. ■ *n.f.* 1 want. 2 strait, difficulty; distress.
سُکیڑنا /sʊkeːɽnɑː/ ■ *v.* 1 tighten; squeeze. 2 draw in, curl up. 3 shorten; limit. 4 to cause to shrivel.
سِکھ /sɪkʰ/ ■ *n.m.* 1 Sikh, disciple or follower of Guru Nanak. 2 disciple, pupil, learner. ■ *adj.* of or relating to Sikhism. سکھ مت Sikhism.
سُکھ /sʊkʰ/ ■ *n.m.* rest, ease; comfort, solace, relief; easy circumstances; happiness, pleasure. سکھ بھوگنا رپانا get ease, comfort, etc. سکھ پال a kind of open palanquin. سکھ دائی affording ease, comforting. سکھ درشن the shrub, *Crinum asiaticum,* the juice of which is given for ear-ache. سکھ سے رہنا live comfortably. سکھ کا سانس لینا be relaxed, be relieved, be contented. سکھ کی نیند 1 sound sleep, carefree sleep. 2 (*fig.*) contentment. سکھ کی نیند سونا 1 have a sound sleep. 2 (*fig.*) be relaxed and contented. سکھ میں in peace, in comfort, comfortably.
سِکھّا شاہی /sɪkʰkʰɑː ʃɑːhiː/ ■ *n.f.* 1 Sikh rule over Punjab (1799-1849 AD), which is notorious for its

entire.

سگری /səgri:/ ■ *adj.* all, whole.

سگڑ /səgəɽ/ ■ *adj.* (also سکڑ) great-great. سگڑدادا great-great-grandfather, (paternal) grandfather of grandfather.

سُگم /sʊgəm/ ■ *adj.* passable, attainable.

سگُن¹ /səgʊn/ ■ *adj.* auspicious; propitious. [S]

سگُن² ____ ■ *n.m.* (also شگن) omen. [Prk.]

سُگندھ /sʊgənd̪/ ■ *n.f.* (also سگندھ) odour, fragrance, perfume, aroma. ■ *adj.* 1 pure, real; fine. 2 fragrant, odorous, good-smelling.

سِگوتا /sɪgo:t̪a:/ ■ *n.m.* (also سگوٹا) animal hide with horns.

سگی /səgi:/ ■ *adj.* (*fem.* of سگا) 1 born of the same parents, real. 2 related, akin.

سُگھرائی /sʊgʰra:i:/ ■ *n.f.* (also سُگھرئی، سُگھرائی، سُگھڑئی) (***Music***) name of a ragini.

سُگھڑ /sʊgʰəɽ/ ■ *adj.* (also سُگھر، سوگھڑ) 1 skilful, dexterous, expert (at housekeeping). 2 elegant, pretty (woman). 3 well-formed, symmetrical. سگھڑپن accomplishment and expertness in housekeeping.

سُگھڑاپا /sʊgʰɽa:pa:/ ■ *n.m.* (also سُگھڑائی) expertness in housekeeping, neatness, skilfulness.

سُگھڑئی /sʊgʰɽəi:/ ■ *n.f.* See سُگھرائی.

سُگھڑی /sʊgʰəɽi:/ ■ *n.f.* good time, auspicious moment.

سِل¹ /sɪl/ ■ *n.m.* (also سِل) pulmonary tuberculosis, ulceration of the lungs, consumption, commonly known as TB. سل ودق galloping consumption. [A]

سِل² ____ ■ *n.f.* 1 flat slab of rock or metal; stone; flat grinding stone. 2 threshold, door frame. سل بٹا slab and pestle with which spices, etc. are ground. [S]

سِلا /sɪla:/ ■ *n.m.* gleanings of a field. سلا بینا glean, pick the leftover grain after harvest.

سلاجیت /sɪla:dʒi:t̪/ ■ *n.f.* (also سلاجیت، شلاجیت) silajit, rock exudation, a blackish brown substance with medicinal properties, used as tonic and aphrodisiac.

سِلاح /sɪla:h/ ■ *n.m.* (also سِلح) arms, armour, weapons. سلاح بند armed; accoutred. سلاح خانہ armoury, arsenal. سلاح داردست armed (person). سلاح ساز armourer. سلاح شور (also سلحشور) soldier. (*pl.* اسلحہ)

سلاخ /səla:x/ ■ *n.f.* 1 iron bar; stake; spit. 2 an ingot of silver or gold. 3 a streak, a continuous line.

سلّاخ /səlla:x/ ■ *n.m.* skinner, flayer.

injustice, cruelty and oppression. 2 (*fig.*) injustice; violence; anarchy; mismanagement.

سِکھانا /sɪkʰa:na:/ ■ *v.* (also سِکھلانا) teach, instruct, tutor; suggest (to), prompt; lead astray.

سُکھانا /sʊkʰa:na:/ ■ *v.* 1 dry; dehydrate; evaporate to dryness. 2 to cause to pine away or become emaciated. 3 (*fig.*) make someone wait for a long time.

سِکھانے /sɪkʰa:ne:/ ■ (*infl.* of سِکھانا) سکھانے والا teacher, tutor, instructor, trainer.

سِکھائی /sɪkʰa:i:/ ■ *n.f.* (also سِکھلائی) training, teaching, instruction.

سِکھر /sɪkʰər/ ■ *n.m.* cords in which baskets are slung.

سِکھنی /sɪkʰni:/ ■ *n.* (*fem.* of سِکھ) a Sikh woman; wife of a Sikh.

سکھی /səkʰi:/ ■ *n.f.* 1 woman's female friend, companion or confidante. 2 member of a sect of fakirs who dress up like women.

سُکھی /sʊkʰi:/ ■ *adj.* at ease, happy, contented. ■ *n.m.* one living in easy circumstances.

سگ /səg/ ■ *n.m.* 1 dog. 2 (*fig.*) a mean person. سگِ آبی otter. سگِ بازاری street dog, cur, mongrel. سگ باش برادرِ خُرد مباش better be a dog than a younger brother (i.e. younger brothers have to put up with the domineering attitudes of elder brothers). سگ بان dog keeper. سگ بچّہ puppy. سگِ دنیا materialistic, selfish person, a worldly person. سگِ زرد برادرِ شغال the two are equally bad. سگ گزیدہ bitten by a dog. سگِ لیلیٰ 1 (*literal*) Laila's dog. 2 (*fig.*) anything which is related to one's sweetheart and hence is dear.

سگا /səga:/ ■ *adj.* 1 born of the same parents, real, related. 2 akin. سگا بھائی real brother. (*fem.* سگی)

سِگال /sɪga:l/ ■ *n.m.* 1 suspicion; thought. 2 word; speech. 3 enmity. ■ *suffix* a speaker, a singer; desirous; used in comp. as: بدسگال malevolent. خیرسگال well-wisher.

سِگالی /sɪga:li:/ ■ *suffix* desiring; used in comp. as: خیرسگالی well-wishing.

سگاوت /səga:vət̪/ ■ *n.f.* kinship, relationship.

سگائی /səga:i:/ ■ *n.f.* 1 relationship, kinship. 2 betrothal, engagement. سگائی کرنا betroth, get engaged.

سگرا /səgra:/ ■ *adj.* (also سگر، سگل) whole, all; one and all, given to a bride or bridegroom. **4** presentation of arms. **5** slope, incline. سلامی دار sloping, slanting. سلامی دینا present guard of honour. سلامی لینا inspect the guard of honour.

سِلانا[1] /sɪlɑ:nɑ:/ ■ *v.* **1** to cool; to moisten, to wet. **2** to become moist or damp. **3** to sweat. **4** to become liquid; melt. [Prk.]

سِلانا[2] ____ ■ *v.* (also سِلوانا) have something sewn or stitched. [dial]

سُلانا /sʊlɑ:nɑ:/ ■ *v.* (also سُلادینا) **1** put or lull to sleep, put to bed. **2** (*fig.*) kill.

سلائی /səlɑ:i:/ ■ *n.f.* **1** a piece of long metallic needle; a rounded metallic, thin and small bar. **2** knitting needles. **3** thin smooth stick of metal or ivory used for applying kohl or collyrium in the eyes. **4** a matchstick, usually called دیا سلائی. **5** (surgery) stylet, probe. سلائی پھیرنا **1** drawing the needle in the eye to apply kohl. **2** draw the hot needle in the eye to deprive someone of eyesight, to make blind.

سِلائی /sɪlɑ:i:/ ■ *n.f.* **1** sewing; seam; needlework. **2** charges paid for stitching or sewing. **3** the craft of tailoring clothes. سلائی کرنا to sew, to stitch.

سلب /səlb/ ■ *n.m.* **1** seizure, seizing by force, taking away; divesting. **2** negative argument in logic; negation, denial. **3** the state of being deprived; absence; end. سلب کرلینا divest (someone) of power, etc.

سلبی /səlbi:/ ■ *adj.* negative, expressing or implying denial, characterized by absence.

سِلپٹ /sɪlpəʈ/ ■ *adj.* **1** smooth, even on the surface. **2** rubbed or worn smooth (as a coin). **3** blank (as a face), emotionless. سلپٹ کرنا to rub or wear smooth.

سِلپچی /sɪləptʃi:/ ■ *n.f.* (also سِلفچی) portable washbasin used for helping a patient or guest to wash. (See also چلپچی[2].)

سُلٹنا /sʊləʈnɑ:/ ■ *v.* (also سُلٹ لینا) **1** to turn round again, to set right again; correct. **2** to restore. **3** tackle (a person or situation, etc.).

سُلجھا /sʊldʒʰɑ:/ ■ *adj.* (also سُلجھاہوا) (person) open to reason; sensible, sober; reasonable (talk or suggestion). (*fem.* سُلجھی)

سُلجھانا /sʊldʒʰɑ:nɑ:/ ■ *v.* **1** disentangle, unravel; straighten. **2** solve a problem. **3** settle a case.

سلاست /səlɑ:sət̪/ ■ *n.f.* easiness, simplicity, plainness, evenness, smoothness.

سلاسل /səlɑ:sɪl/ ■ *n.f.* (*pl.* of سِلسلہ) chains (often used as *sing.*) سلاسل کرنا **1** to fasten with a chain. **2** (*fig.*) confine, arrest, imprison.

سلاطین /səlɑ:t̪i:n/ ■ *n.m.* (*pl.* of سُلطان) kings, monarchs; satraps.

سلاکنا /səlɑ:knɑ:/ ■ *v.* mark with lines, to rule lines, to streak.

سلام /səlɑ:m/ ■ *n.m.* **1** peace, safety. **2** salaam, greeting; salute; good wishes; regards, compliment. **3** adieu, parting salutation. **4** concluding act of Islamic prayers. سلام پھیرنا finish (one's) prayers. سلام دینا send one's compliments; send for (a person). سلام روستائی بے غرض نیست greetings are not without some purpose. سلامِ شوق رعشق رمحبت salute of love. سلام عرض کرتا ہوں (*iron.*) I was right! you lost! I won (usu. after a dispute or argument). سلام علیک رعلیکم (*contr.* of السلام علیکم) Muslims' salutation, peace be with you! سلام کرنا **1** to salute; greet; pay compliments and respects. **2** say farewell. **3** to acknowledge superiority of. **4** to withdraw, to forsake, to abandon. سلام لینا accept and return a salutation. سلام ہونا to meet, see, visit. سلام ہے **1** I take my hat off to. **2** (*iron.*) what a wonderful person! I would rather stay away, I withdraw, I am better off without... .

سلامت /səlɑ:mət̪/ ■ *adj.* safe; well; sound. ■ *n.f.* safety, peace, state of being secure from danger or harm; health. ■ *adv.* securely, safely, in safety. سلامت رَو **1** one who treads cautiously and in safety. **2** economical, frugal. **3** moderate, pious. **4** a good manager. سلامت روی **1** treading safely; living with moderation. **2** good management of affairs; good conduct; economy. سلامت رہنا be safe and sound, survive; live long; prosper.

سلامتی /səlɑ:mt̪i:/ ■ *n.f.* **1** safety; well-being; security; peace. **2** health, fitness. **3** life, existence. **4** blessing. سلامتی سے in safety, safely, securely. سلامتی کا جام پینا toast to somebody's health.

سلامی /səlɑ:mi:/ ■ *n.f.* **1** salute of guns; guard of honour; salutation. **2** present made to a superior. **3** present sultan. **2** period of rule of sultan. **3** a kind of thick, coarse cloth. **4** small dagger. **5** a stratagem (in fencing). سلطانیِ جمہور government by people, democracy. سلطانی گواہ (***Law***) crown witness, approver.

سلطنت /səlṭənəṭ/ ■ *n.f.* **1** sultanate, kingdom, empire, dominion, realm, reign. **2** principality, state. سلطنتِ جمہوری a republic. سلطنتِ شخصی an absolute monarchy.

سلف /sələf/ ■ *adj.* of former times, ancestral, bygone. ■ *n.m.pl.* those who have gone before; predecessors; ancestors. ■ *n.m.* money paid in advance against goods, such a transaction. سلف سے خلف تک from beginning till the present time. (*pl.* اسلاف)

سِلف /sɪlf/ ■ *n.m.* husband of wife's sister. (See also ساڑھو.)

سُلف /suləf/ ■ *n.m.* goods, wares (used with سودا[۲]).

سُلفا /sulfɑ:/ ■ *n.m.* (also سُلفہ) **1** small balls of tobacco smoked in hookah without a tile; tobacco enough for one smoke in a hookah. **2** a mode of smoking hookah without tile. **3** hemp smoked as drug. سلفا اُڑانا **1** to smoke tobacco in hookah. **2** smoke cannabis. **3** to ruin, to destroy; to waste (money). سلفا پینا smoke dry tobacco in hookah. سلفا کر دینا/کر ڈالنا/کرنا **1** to burn to ashes. **2** to consume; to ruin or destroy; to waste. سلفا ہونا **1** be wholly consumed, be utterly destroyed or ruined, come to nought. **2** be burnt to ashes (esp. with anger).

سِلفچی /sɪləftʃi:/ ■ *n.f.* (also سِلپچی) portable washbasin.

سِلک /sɪlk/ ■ *n.m.* **1** thread, string, wire. **2** series. **3** line, queue. **4** (***Accounting***) balance; accounts. **5** a series of connected things (as pearls in a string); material trailing in a row or attached in a series. **6** string of flowers, garland; necklace. سلک بندی monthly account of the daily receipts of revenue. سلکِ گوہر/گہر **1** string of pearls. **2** (*fig.*) beloved's teeth. **3** a series of couplets.

سِلکی /sɪlki:/ ■ *adj.* of or related to wire; used in comp. as: لاسلکی wireless.

سُلگانا /sulgɑ:nɑ:/ ■ *v.* **1** light, kindle; ignite a fire. **2** (*fig.*) incense, make angry; rouse.

سُلگنا /suləgnɑ:/ ■ *v.* **1** light; burn with flame. **2** be roused; be incensed, become angry. **3** be agitated or anxious.

سلم /sələm/ ■ *n.m.* advance payment.

سلما /səlmɑ:/ ■ *n.m.* (also سلمہ) **1** fine gold or silver

سُلجھاؤ /suldʒʰɑ:o:/ ■ *n.m.* (also سُلجھاوا) **1** disentanglement, unravelling. **2** solution (of a problem); settlement (of dispute). **3** manners, cultured behaviour or attitude.

سُلجھن /suldʒʰən/ ■ *n.f.* **1** settlement or solution (of a problem). **2** the state of being unravelled.

سُلجھنا /sulədʒʰnɑ:/ ■ *v.* **1** be unravelled, be disentangled. **2** (problem) be solved. **3** (dispute) be settled.

سِلح /sɪləh/ ■ *n.m.* (also سِلاح) weapon. سلح شور armed (soldier).

سلخ /səlx/ ■ *n.f.* **1** last day of lunar month. **2** peeling skin off, skinning.

سلس /sələs/ ■ *n.m.* gentleness, smoothness. سلسُ البول morbid dribbling of urine.

سلسبیل /səlsəbi:l/ ■ *n.f.* **1** running clear water. **2** name of a fountain in Paradise. **3** anything tender and digestible.

سلسلانا /səlsəlɑ:nɑ:/ ■ *v.* **1** crawl, creep. **2** feel a creeping or tickling sensation. **3** make something simmer or boil. **4** itch. **5** sweat; become slightly wet. **6** be troubled with doubt.

سلسلاہٹ /səlsəlɑ:həṭ/ ■ *n.f.* **1** creeping or itching sensation, titillation, tickling. **2** slight sweating.

سِلسلۃُ الذّہب /sɪlsɪləṭuzzəhəb/ ■ *n.m.* golden chain, i.e. a series or succession of distinguished scholars, a chain-like continuation of disciples or successors.

سِلسلہ /sɪlsɪlɑ:/ ■ *n.m.* **1** chain, succession, series; continuation, concatenation. **2** genealogy, pedigree. **3** Sufic order. **4** arrangement; categorization. **5** connection, relation. **6** succession (esp. of a Sufic order). سلسلۂ جانشینی succession. سلسلہ جنبانی **1** (*literal*) shaking or moving the chain. **2** (*fig.*) setting the ball rolling, initialling. سلسلۂ زلف (one) having curly hair. سلسلۂ نسب pedigree, lineage. سلسلہ نکالنا begin; find the means of. سلسلہ وار one by one, one after the other, successive; consecutive; serially. (*pl.* سلاسل)

سُلطان /sulṭɑ:n/ ■ *n.m.* **1** sultan, king, sovereign; monarch. **2** authority, sway. **3** convincing proof; miracle. (*pl.* سلاطین)

سُلطانہ /sulṭɑ:nɑ:/ ■ *n.* (*fem.* of سُلطان) sultana; queen.

سُلطانی /sulṭɑ:ni:/ ■ *adj.* royal, regal; princely. ■ *n.f.* **1** reign, empire, sovereignty; dignity or office of and succour upon the wearer.

سلونی /səlo:ni:/ ■ *adj.* (*fem.* of سلونا) **1** salted; seasoned. **2** beautiful, charming. **3** having dark complexion. سلونی شام pleasant evening. سلونی عید the Muslim festival of sacrifices, Eid-ul-Azha (as opposed to میٹھی عید).

سلویٰ /səlva:/ ■ *n.m.* quail; used with من as: من وسلویٰ **1** manna (a kind of honey-dew) and quail, the heavenly food sent to the Israelites by God; heavenly gift. **2** (*fig.*) (i) food obtained without labour. (ii) fine food. (iii) unexpected benefit.

سلہج /səlhədʒ/ ■ *n.f.* (also سرہج، سلج) wife of wife's brother.

سِلّی /sɪlli:/ ■ *n.f.* (*dim.* of سِل) whetstone, small slab (of stone, etc.) hone. سلی پر چڑھانا رچڑھانا ردینا sharpen; whet, hone.

سلیس /səli:s/ ■ *adj.* **1** simple, plain; clear; straightforward, easy to understand. **2** civilized; agreeable. سلیس نویس writer of plain texts.

سِلیش /sɪle:ʃ/ ■ *n.m.* pun, double meaning, an equivoque in writing or speaking.

سلیقگی /səli:qəgi:/ ■ *n.f.* (pleasing) way of doing things, manners; used in comp. as: بدسلیقگی bad manners; coarse way of doing things. خوش سلیقگی good way of doing things, manners.

سلیقہ /səli:qa:/ ■ *n.m.* taste; good disposition; knack, house-keeping skill, dexterity, decorum,decency; observance of the rules of etiquette. سلیقہ شعار رمند well-mannered,tasteful,cultured;skilful.

سلیم /səli:m/ ■ *adj.* **1** sound, healthy, perfect; right. **2** mild, pacific; affable. **3** safe, free from flaw or stain, healthy, wholesome. سلیم الطبع رالفطرت gentle, mild; affable, right-minded. سلیم شاہی light embroidered shoe with pointed toe, attributed to or named after the Mogul emperor Jehangir.

سُلیمان /sʊle:ma:n/ ■ *pr.n.m.* the Prophet or king Solomon.

سُلیمانی /sʊle:ma:ni:/ ■ *adj.* Solomonic; of or relating to Solomon. ■ *n.f.* **1** dignity, honour; sovereignty, government. **2** rosary having beads of onyx or Solomon's stone. **3** a kind of onyx having two colours (black and white). سلیمانی پتھر onyx. سلیمانی ٹوپی (in classic tales) magical cap whose wearer becomes invisible. سلیمانی نمک a kind of salt good for digestion.

embroidery. **2** a kind of embroidery consisting of small bands and stars or sequins, etc. سلما ستارہ this embroidery with tiny sequins.

سَلّمہٗ /səlləməhu:/ ■ *opt.* may Allah protect him! used to express good wishes for a man who is alive. سلمہ اللہ تعالیٰ may Almighty protect him!

سَلّمہا /səlləməha:/ ■ *opt.* may Allah protect her! used to express good wishes for a woman, especially daughter, who is alive.

سلمیٰ /səlma:/ ■ *n.f.* **1** delicate woman. **2** (*fig.*) beloved.

سلنا /səlna:/ ■ *v.* be pierced, be pricked, be perforated.

سِلنا /sɪlna:/ ■ *v.* be stitched or sewn.

سِلندا /sɪlənḍa:/ ■ *n.f.* (also سِلند) a kind of a very small fish.

سِلوانا /sɪlva:na:/ ■ *v.* have something stitched or sewn.

سلوائی /səlva:i:/ ■ *n.f.* **1** act of perforating. **2** charges paid for having something perforated or pierced.

سِلوائی /sɪlva:i:/ ■ *v.* (also سِلائی) tailor's wages, stitching charges.

سلوت /səlvəṭ/ ■ *n.f.* satisfaction, contentment; solace.

سلوتری /səlo:ṭri:/ ■ *n.m.* (also سالوتر، سالوتری) veterinarian, veterinary surgeon.

سِلوٹ /sɪlvəṭ/ ■ *n.f.* (also سلوٹ) crease, wrinkle. سِلوٹ پڑنا be creased or wrinkled, crease. سِلوٹ ڈالنا cause to crease.

سُلوچن /sʊlo:tʃən/ ■ *n.f.* beautiful eyes.

سُلوچنا /sʊlo:tʃna:/ ■ *n.f.* a woman or girl with beautiful eyes; a beautiful woman.

سُلوک /sʊlu:k/ ■ *n.m.* **1** conduct; behaviour, treatment; mode, manner. **2** kindness; civility; welfare. **3** unity, friendship. **4** monetary help, financial aid. **5** going by the way, act of proceeding. **6** (***Sufism***) seeking nearness to God. ■ *n.m.* (*pl.* of سِلک) threads. سلوک سے رہنا live on good terms, have cordial relations. سلوک کرنا **1** treat with grace and kindness, behave well (towards someone). **2** give gifts or material help.

سلونا /səlo:na:/ ■ *adj.* **1** salted, seasoned. **2** dark complexioned; attractive, beautiful. ■ *n.m.* savoury.

سلونو /səlo:no:/ ■ *n.f.* Hindu festival observed in the month of Savan (ساون) on which rakhi, a band of threads symbolizing sisterly love, is tied round the wrist of a brother by a sister, and which enjoins help

سم[1] /səm/ ■ *n.m.* (also سمّ) poison, venom, toxin. سم الفار arsenic; ratsbane. سمِ قاتل deadly poison. (*pl.* سُموم) [A]

سم[2] ____ ■ *n.m.* tune of music; technical term used in classical music. ■ *adj.* 1 like, resembling. 2 opposite. 3 even, level, smooth. 4 (*fig.*) truthful; innocent. سم تال rhythm, regular or patterned sound of music, patterns of music, musical time or measure. سم تال سے درست not out of tune, harmonious; in step, correct. [S]

سم[3] ____ ■ *n.m.* an abbreviation for سینٹی میٹر (centimetre), cm. [E]

سُم /sʊm/ ■ *n.m.* hoof. سم دار hoofed. سم لینا trip, stumble (of a horse).

سما[1] /səmɑ:/ ■ *n.m.* (also سماء) sky, firmament; heavens. (*pl.* سماوات) [A]

سما[2] ____ ■ *n.m.* time. See سماں. [S]

سماپت /səmɑ:pt̪/ ■ *n.m.* conclusion, end, completion. ■ *adj.* finished, accomplished.

سماج /səmɑ:dʒ/ ■ *n.m.* 1 samaj, society, social milieu. 2 social organization, association, assembly, meeting, congregation. 3 equipment, apparatus. سماج دشمن anti-social. سماج واد communism, socialism. سماج وادی socialist, communist.

سماجت /səmɑ:dʒət̪/ ■ *n.f.* solicitation, entreaty; pleading.

سماجِک /səmɑ:dʒɪk/ ■ *adj.* of or pertaining to society.

سماجی /səmɑ:dʒi:/ ■ *adj.* of or relating to society, societal, social. سماجی کارکن social worker.

سماجیات /səmɑ:dʒɪjɑ:t̪/ ■ *n.f.* sociology. (See also عمرانیات.)

سماچار /səmɑ:tʃɑ:r/ ■ *n.f.* 1 news, tidings. 2 events.

سماحت /səmɑ:hət̪/ ■ *n.f.* beneficence, generosity.

سمادھ /səmɑ:d̪ʰ/ ■ *n.f.* 1 a tomb or burial place where the remains of a yogi are buried. 2 a practice among Hindu mendicants in which they suspend the connection between body and soul.

سمادھی /səmɑ:d̪ʰi:/ ■ *n.f.* (also سمادھ) 1 (***Hinduism***) samadhi, shrine where ashes of deads are kept or buried; the seat or burial spot of a yogi, particularly of one who by religious motives submits to be buried alive. 2 an exercise of austerity among yogis, whereby they are supposed to acquire the power of suspending the relation between the soul and body, mystic contemplation. سمادھی لگانا be absorbed in contemplation.

سمارُوغ /səmɑ:ru:ɣ/ ■ *n.m.* 1 (*literal*) like an egg. 2 whitish mushroom resembling an egg.

سماع /səmɑ:ʔ/ ■ *n.m.* 1 hearing, listening (to). 2 sense of hearing. 3 qawwali, a style of Muslim devotional music associated with Sufis. 4 listening to such music. 5 ecstasy caused by listening to devotional or Sufi music. سماعِ موتیٰ the belief that the dead people can listen to the living. سماع ووجد ecstasy caused by listening to Sufic music.

سماعت /səmɑ:ʔət̪/ ■ *n.f.* 1 the act of listening, hearing. 2 sense of hearing. 3 listening, hearing (of a lawsuit). سماعت پیما audiometer, an instrument for testing hearing power. سماعت کرنا hear or try a suit; entertain or take cognizance of a complaint. (مقدمہ) سماعت کے قابل suit worthy or deserving of hearing, cognizable. سماعت یک طرفہ (***Law***) ex parte hearing, hearing in presence of one side.

سماعی /səmɑ:ʔi:/ ■ *adj.* 1 of or relating to سماع; of or relating to ecstasy; traditional. 2 what has been heard; based on hearsay. 3 (***Gram.***) irregular (formation).

سماق /səmɑ:q/ ■ *n.m.* (also سُماق) hardest type of marble, porphyry.

سُمّاق /sʊmmɑ:q/ ■ *n.m.* a kind of fruit, *Rhus coriaria*, sumac.

سمان /səmɑ:n/ ■ *adj.* 1 similar, like, equal. 2 even, level, flat. ■ *n.m.* quality.

سماں /səmɑ̃:/ ■ *n.m.* (also سما[2]) 1 time, occasion. 2 weather; season; atmosphere. 3 scene, view. 4 state, condition. 5 ecstatic state (of mind). 6 goodtime, time of plenty. 7 festivity, activity, merriment, bustle. سماں باندھنا 1 create an atmosphere of ecstasy or rapture. 2 draw, an accurate picture of. سماں بدل جانا / بدلنا scene or state to change.

سمانا /səmɑ:nɑ:/ ■ *v.* be contained in, go or fit into, take up room, fill or occupy space. (دل میں) سمانا have firm or strong intention. (نظر میں) سمانا look good to eyes.

سماوات /səmɑ:vɑ:t̪/ ■ *n.m.* (*pl.* of سما[1]) (also سمٰوات) heavens, skies.

ساوار /səmɑ:vɑ:r/ ■ *n.m.* (also سماور) samovar, a small and handy urn used for making tea and keeping it hot.

comprehension, common sense; discernment; discretion. 2 opinion, view, judgement; thought. سمجھ آنا 1 get sense or understanding, attain wisdom. 2 grow up, come of age (mentally), become sensible. سمجھ بوجھ common sense, understanding. سمجھ پر پتھر پڑنا be unable to understand, lose sense. سمجھ جانا understand; mend one's ways. سمجھ دار sensible, wise, intelligent. سمجھ کا پھیر misconception, misunderstanding. سمجھ کے sensibly, intelligently. سمجھ لینا understand well. (کسی سے) سمجھ لینا 1 avenge upon. 2 tackle. 3 teach (someone) a lesson. سمجھ میں آنا to understand (something), something to be understood (by someone).

سمجھانا /səmdʒʰɑ:nɑ:/ ■ *v.* 1 make (someone) understand, drive home (to); make known or understood; explain. 2 account for. 3 advise; warn; instruct. 4 remonstrate with. 5 console, pacify. سمجھانا بجھانا appease; advise and instruct.

سمجھنا /səmədʒʰnɑ:/ ■ *v.* 1 understand, comprehend, come to an understanding with. 2 know. 3 suppose. 4 accept, agree; be pacified. 5 be careful. 6 avenge, take revenge, to get even with. 7 give importance (to). 8 decide. 9 perceive.

سمجھَوتا /səmdʒʰɔ:t̪ɑ:/ ■ *n.m.* compromise, understanding (between); pact.

سمجھے /səmdʒʰe:/ ■ *exclam.* is that clear? understood? سمجھے سو گدھا اناڑی کی جانے بلا a wise man suffers while fools are carefree.

سمدھن /səmd̪ʰən/ ■ *n.* (*fem.* of سمدھی) mother-in-law of one's son or daughter.

سمدھی /səmd̪ʰi:/ ■ *n.m.* father-in-law of one's son or daughter.

سمدِھیانا /səmd̪ʰɪjɑ:nɑ:/ ■ *n.m.* home or family of the in-laws of one's son or daughter.

سمر /səmər/ ■ *n.m.* 1 story, tale, narrative. 2 evening conversation. 3 darkness; night. (*pl.* اسمار)

سمراٹ /səmrɑ:ʈ/ ■ *n.m.* king of kings, great king.

سمرِتی /sɪmrɪt̪i:/ ■ *n.f.* 1 smriti, remembrance, recollection, memory. 2 code of laws. 3 didactic poems. 4 (also منوسمرتی) ancient Hindu code of laws attributed to sage Manu.

سماوی /səmɑ:vi:/ ■ *adj.* 1 of or relating to skies; heavenly, celestial. 2 spiritual, divine, sacred. 3 extremely delicate, ethereal. سماوی آفات calamities.

سمائی /səmɑ:i:/ ■ *n.f.* 1 accommodation (for), room, space; capacity. 2 capability; patience, forbearance, endurance; the quality of containing emotions or feelings.

سُمبا /sʊmbɑ:/ ■ *n.m.* (also سُمبھا) staff; ramrod; a metallic instrument for cleaning stones.

سمبت /səmbət̪/ ■ *n.m.* era; year.

سمبندھ /səmbənd̪ʰ/ ■ *n.m.* (also سمبند) connection; alliance; relationship. سمبندھ رکھنا have to do with, be connected with. سمبندھ کرنا 1 join, link. 2 become formally engaged to get married, affiance.

سمبندھی /səmbənd̪ʰi:/ ■ *n.m.* relative, kinsman; adjunct. ■ *adj.* connected with; belonging to, inherent.

سمبھو /səmbʰɔ:/ ■ *n.m.* 1 birth; origin. 2 capability, ability. 3 possibility.

سمبھُو /səmbʰu:/ ■ *n.m.* 1 parent, progenitor, creator. 2 able, capable; possible.

سمپت /səmpət̪/ ■ *n.f.* riches, wealth; prosperity, affluence.

سمپورن /səmpu:rən/ ■ *adj.* (also سنپورن) whole, all; perfect, full (as the moon); completed, finished. ■ *n.m.* (***Music***) any mode or tune in which all the notes of the gamut are used. سمپورن راگ ragas with all seven notes.

سمت /səmt̪/ ■ *n.f.* (also سمت) 1 direction, side, course, road, way, dimension. 2 path. سمتُ الراس 1 vertical point in the heaven, zenith. 2 (*fig.*) (i) leader. (ii) the highest point, top. سمتُ القدم رالنظیر nadir, the point of the heavens directly opposite the zenith, the lowest point. (کی) سمت میں towards. (*pl.* اسمات)

سِمٹ /sɪməʈ/ ■ *n.f.* contracting, shrivelling; the act of shrinking or condensing. سمٹ جانا shrink, contract.

سِمٹن /sɪmʈən/ ■ *n.f.* crease, crumple, wrinkle.

سِمٹنا /sɪməʈnɑ:/ ■ *v.* 1 to be drawn together. 2 fold the hands and the limbs; shrink. 3 finish, be completed (a job or work). 4 be gathered, be collected. 5 to move away slightly so as to make room for someone; to shift.

سمجھ /səmədʒʰ/ ■ *n.f.* 1 knowledge; understanding,

as medicine for migraine. سمندر پھین رجھاگ dorsal scale or bone of the cuttlefish. سمندر سوش رسوکھ a black-coloured medicinal plant, *Convolvulus argenteus*. سمندر کھار arsenic. [P]

سمندر² ____ ■ *n.m.* (also سمندل) desert animal resembling a chameleon; a mythical animal supposed to be born in fire, salamander. [P]

سمندری /səmənḓəri:/ ■ *adj.* (also سُمندری) relating to ocean oceanic; marine. سمندری ڈاکو pirate. سمندری گھوڑا sea horse, hippocampus.

سمنک /səmnək/ ■ *n.f.* **1** wheat pith, starch. **2** germinated seeds of wheat.

سموچا /səmu:tʃɑ:/ ■ *adj.* entire, whole; full, complete. ■ *adv.* in a whole state, as it is or was, in entirety.

سمُور /səmu:r/ ■ *n.m.* **1** sable. **2** sable-skin. **3** animal skin. **4** a fur garment, a leather coat.

سموسہ /səmo:sɑ:/ ■ *n.m.* (also سنبوسہ، سموسا) **1** samosa, three cornered salt patty of potato, minced meat or vegetables. **2** anything of triangular shape, a piece of cloth or shawl, etc. diagonally folded. سموسہ ورقی kind of patty or pie with fine layers of crust.

سموم /səmu:m/ ■ *n.f.* hot wind.

سمونا /səmo:nɑ:/ ■ *v.* **1** to contain or hold, to go or get into, fit into, put inside. **2** to occupy; be absorbed. **3** to absorb. **4** mix, blend; mix cool water with warm water.

سمّی /səmmi:/ ■ *adj.* of or related to سم¹, poisonous.

سمے /səme:/ ■ *n.m.* (also سماں) **1** season. **2** time; period. **3** opportunity.

سمیت /səme:t̪/ ■ *adv.* together with, along with, including.

سمّیت /səmmɪjjət̪/ ■ *n.f.* toxicity, poisonousness, venomousness; poisonous properties, poisonous nature.

سمیٹ /səme:ʈ/ ■ *n.f.* **1** a stringent lotion. **2** contraction. **3** rolling up. **4** accomplishment. سمیٹ سماٹ کر having gathered, having amassed or bundled.

سمیٹنا /səme:ʈnɑ:/ ■ *v.* **1** make something shrink or contract. **2** wind up, end up, finish. **3** roll; wrap or fold up. **4** collect, to accomplish. **5** to amass, hoard. **6** to condense (in writing).

سُمیر /sʊme:r/ ■ *n.m.* (also سُمیرو) **1** (***Myth.***) sacred

سُمرن /sʊmrən/ ■ *n.f.* **1** remembering. **2** counting one's beads. **3** rosary, a string of beads. **4** bracelet. سمرن پھیرنا to call God's name by counting one's beads.

سُمرنا /sʊmərnɑ:/ ■ *v.* **1** to recall, to recollect. **2** call God's name (by counting beads).

سُمرنی /sʊmərni:/ ■ *n.f.* (*dim.* of سُمرن) small rosary, a string of beads.

سِم سِم /sɪm sɪm/ ■ *n.m.* sesame, sesamum, a legendary charm word used as: کھل جا سِم سِم open sesame!

سمشان /səmʃɑ:n/ ■ *n.m.* (***Hinduism***) cremation ground. See شمشان.

سِمط /sɪmt̪/ ■ *n.f.* string of beads.

سمع /səmʔ/ ■ *n.f.* **1** hearing; the act of listening (to). **2** ear. **3** sense of hearing. سمع خراش **1** jarring (voice or talk). **2** (*fig.*) person whose talk or voice is tedious or boring. **3** raucous, unpleasantly loud. سمع خراشی **1** jarring on the ear. **2** (*fig.*) (i) unpleasant voice or talk. (ii) boring or tedious talk. سمع نوازی **1** pleasing (to the ear). **2** a pleasant song or music. **3** the act of pleasing the sense of hearing. (*pl.* اسماع)

سمعی /səmʔi:/ ■ *adj.* pertaining to hearing, audio. سمعی وبصری audio-visual. سمعی وبصری معاونات audio-visual aids.

سمعیّات /səmʔɪjjɑ:t̪/ ■ *n.f.pl.* **1** hearing devices. **2** (as *sing.*) aduiology.

سمک /səmək/ ■ *n.m.* **1** fish. **2** (***Myth.***) the fish on which the earth is supposed to rest. **3** (***Astrol.***) Pisces. سمک سے سماتک (also ازسمک تا سما) from the earth to the sky.

سمُکھ /səmmʊkʰ/ ■ *adj.* in front, facing, face to face (with).

سمّن¹ /səmən/ ■ *n.m.* (also سمّن) summons, order to appear in court. [E]

سمن² ____ ■ *n.f.* jasmine. سمن بر with body like jasmine; beautiful, pretty, expressing beauty. سمن زار jasmine garden; flower garden. [P]

سمن /səmn/ ■ *n.m.* butter; fat.

سمند /səmənd/ ■ *n.m.* yellow horse with dark tail, steed, chestnut horse. سمندِ ناز کو تازیانہ ہونا **1** (*literal*) to whip the horse of coquetry. **2** (*fig.*) have a reason for behaving in a more playful or coquettish way.

سمندر¹ /səmənḓər/ ■ *n.m.* (also سُمندر) sea; ocean. سمندر پار **1** across the sea; overseas. **2** (*fig.*) very faraway.

سمندر پھل sea-fruit; a red-coloured fruit which is used

سناتن /sənɑːt̪ən/ ■ *adj.* **1** ancient. **2** traditional. سناتن دھرم eternal religion (the name of orthodox Hindu faith.). سناتن سے from time immemorial.

سنّاٹا /sənnɑːʈɑː/ ■ *n.m.* **1** total absence of sound, silence, stillness. **2** the paralysing effect of a shock or blow. **3** dreadful or terrifying sound (of wind or heavy rain, etc.); howling. **4** rage, extreme anger. سناٹا بیتنا be terror-stricken, fall into swoon, receive a shock.

سنّاٹے /sənnɑːʈeː/ ■ *n.m.* (*pl.* & *infl.* of سناٹا) سناٹے میں رہ جانا be struck motionless or dumb, be stunned due to shock.

سُنار /sʊnɑːr/ ■ *n.m.* (also سُنیارا) goldsmith, worker in gold. سنار کی کٹھالی اور درزی کے بند excuses put up for delay.

سُنارن /sʊnɑːrən/ ■ *n.f.* (also سُنارنی) goldsmith's wife; a female goldsmith.

سُناری /sʊnɑːriː/ ■ *n.f.* (also سُنارا) profession of a goldsmith.

سِنان /sɪnɑːn/ ■ *n.f.* (also سِناں) spear-head, point (of a spear or arrow).

سُنانا /sʊnɑːnɑː/ ■ *v.* **1** make heard, tell. **2** proclaim; announce. **3** repeat an oral lesson; recite. **4** (*fig.*) rebuke, scold, chide.

سُناؤنی /sʊnɑːoːniː/ ■ *n.f.* (also سُنانی) news of (someone's) death. سناؤنی آنا news of death to arrive.

سُنائی /sʊnɑːiː/ ■ *n.f.* hearing. سنائی دینا to come within hearing, be heard; overhear.

سُنبل /sʊmbʊl/ ■ *n.m.* **1** a plant of sweet odour, hyacinth, nard. **2** (*fig.*, *poet.*) locks of a lover, beloved's hair. سنبلِ خطائی angelica. (See also چھاڑ چھڑیلا under چھاڑ[2]; بالچھڑ.)

سُنبلستان /sʊmbʊlɪst̪ɑːn/ ■ *n.m.* hyacinth garden.

سُنبلہ /sʊmbʊlɑː/ ■ *n.m.* **1** an ear of corn or wheat. **2** (***Astrol.***) Virgo, the sixth sign of zodiac.

سنبوسہ /səmboːsɑː/ ■ *n.m.* samosa. See سموسہ.

سُنبہ /sʊmbɑː/ ■ *n.m.* spike; iron bar.

سنبھالا /sə̃bʰɑːlɑː/ ■ *n.m.* temporary recovery from sickness before death. سنبھالا لینا recover briefly.

سنبھالنا /sə̃bʰɑːlnɑː/ ■ *v.* **1** look after, take care. **2** manage; hold up. **3** catch (a falling person); hold. **4** support, sustain; restrain, hold back, keep under control. **5** restore; reform, to set right. **6** to take in hand (as a sword, etc. to attack).

سنبھلنا /sə̃bʰəlnɑː/ ■ *v.* **1** steady (one's posture, attitude or mountain Meru, allegorically represented as composed of gold and gems, where gods reside. **2** the North Pole. **3** larger bead in rosary.

سمیع /səmiːʔ/ ■ *n.m.* **1** one who hears; one who hears and answers prayers. **2** See السّمیع.

سمّیلن /səmmeːlən/ ■ *n.m.* assembly, meeting, congregation.

سمین /səmiːn/ ■ *adj.* **1** plump, fat. **2** well-fed, sleek.

سن[1] /sən/ ■ *n.m.* (also سنہ) year. سنِ تاجپوشی/جلوس year of accession. سنِ عیسوی Christian year or calendar, AD, Anno Domini. سن وار year-wise, chronologically. سنِ ہجری Hegira year, the Muslim year reckoned from Prophet Muhammad's departure from Makkah to Medina in 622 AD.

سن[2] ____ ■ *n.f.* **1** swish, rustle. **2** crack (of whip). سن سے with a whiz; quickly. سن سے جی رہ جانا/ہو جانا be stunned or alarmed. سن سے نکل جانا whizz by, swish by. [Prk.]

سن[3] ____ ■ *n.m.* **1** jute, hemp. **2** thread or string of jute. (See also پٹ سن.) [S]

سِن /sɪn/ ■ *n.m.* year; period of life; age. سنِ بلوغ/بلوغت age of puberty, beginning of sexual maturity. سنِ تمیز age of maturity. سن رسیدہ old, aged, of advanced age. سنِ شعور maturity. سنِ رشد کو پہنچنا attain maturity. سنِ رشد age of maturity. سنِ طفولیت childhood. سنِ کہولت old age. سنِ ناامیدی/یاس menopause, climacteric. (*pl.* اسنان)

سُن[1] /sʊn/ ■ *adj.* **1** without sensation or feeling; numb. **2** still, quiet, silent. **3** shocked; astonished. **4** dull, without brightness. **5** devoid of, lacking; empty; blank. سن کرنے والا/والی desensitizer (drug, blow, etc.); (local) anaesthetic. سن ہونا be benumbed. [S]

سُن[2] ____ ■ (*imper.* of سُننا) listen. سن پانا come to know. سن رکھو be aware of; note down, mark my words. سن گن inkling (of); information; spying; secret; rumour. سن گن پانا get an inkling (of), get a wink (on), hear a rumour. سن گن لینا overhear, spy on, try to get information. سن لینا listen. [Prk.]

سنا /sənɑː/ ■ *n.f.* senna, the common medicine, *Cassia senna* or *Senna italica*. سنا(ئے) مکّی senna of Makkah, best species of senna.

سُنا /sʊnɑː/ ■ *adj.* (something) heard. سنا جاتا ہے it is heard; it is said, people say. (*fem.* سُنی)

habit). **2** recover. **3** regain one's equanimity or balance; manage to save oneself from a fall or tumble. **4** be supported or sustained.

سنبھوگ /səmbʰo:g/ ■ *n.m.* (also سنبھوگہ) sexual intercourse.

سنپورن /sə̃pu:rən/ ■ *adj.* full, complete. See سمپورن. ■ *n.m.* a mode or tune which has all notes.

سنپولیا /sə̃po:lɪjɑ:/ ■ *n.m.* young snake just hatched. See سپولا.

سنپیرا /sə̃pe:rɑ:/ ■ *n.m.* snake charmer. See سپیرا.

سنت /sənt̪/ ■ *n.m.* Hindu saint, an ascetic, a good or simple man. ■ *adj.* virtuous, pious, venerable.

سُنّت /sʊnnət̪/ ■ *n.f.* (also سُنّۃ) **1** mode or manner of acting, rule or conduct of life; right way. **2** (***Islam***) (i) practices of Prophet Muhammad as recounted in Islamic traditions. (ii) a prayer apart from the ordained ones; just as Prophet Muhammad did. (iii) circumcision. سنتِ ابراہیمی Prophet Abraham's practice, i.e. sacrifice of animals on Eid-ul-Azha. سنت پر عمل کرنا act according to Prophet Muhammad's practices. سنتِ رسول/محمدی/نبوی Prophet Muhammad's practice. سنتِ موکدہ prayers emphatically enjoined on Prophet Muhammad's followers. سنت کرنا circumcise (a boy). (*pl.* سُنن)

سنتاپ /sənt̪ɑ:p/ ■ *n.f.* (also سنتاپ) **1** intense heat. **2** pain, suffering, affliction, misery; sorrow.

سنتان /sənt̪ɑ:n/ ■ *n.f.* offspring; family; lineage; race.

سنترا /sənt̪ərɑ:/ ■ *n.m.* (also سنترہ) a kind of orange.

سنتری /sənt̪əri:/ ■ *n.m.* a soldier stationed to keep watch, sentinel, sentry. [E]

سنتوش /sənt̪o:ʃ/ ■ *n.m.* (also سنتوس) satisfaction, peace, contentment; joy, pleasure.

سنٹی /sənʈi:/ ■ *n.f.* a slender and flexible shoot cut from a tree, twig, stick, cane. (See also سونٹی.)

سنج /səndʒ/ ■ *suffix* **1** weigher; measurer. **2** examiner; used in comp. as: بذلہ سنج witty. سخن سنج **1** of penetrating intellect. **2** orator. **3** poet.

سنجاب /səndʒɑ:b/ ■ *n.f.* **1** stoat, ermine, an animal of weasel family. **2** white winter fur of this animal. سنجاب وسمور **1** fur; warm clothes. **2** (*fig.*) very precious thing.

سنجاف /səndʒɑ:f/ ■ *n.f.* hem, fringe, frill, broad; border of a garment; edge; lace. سنجاف لگانا tack on lace or frill on a dress.

سنجافی /səndʒɑ:fi:/ ■ *adj.* having a border, fringed, frilled.

سنجد /səndʒəd̪/ ■ *n.m.* (also سنجد) jujube, berry-like fruit of jujube bush.

سنجوگ /səndʒo:g/ ■ *n.m.* **1** union; matrimonial union. **2** contact, junction, association, combination. **3** fate, destiny. **4** incident, chance, coincidence; occurrence. سنجوگ کرنا join or unite (with). سنجوگ ملانا unite (friends, etc.).

سنجوگی /səndʒo:gi:/ ■ *n.m.* ascetic who does not observe a vow of continence and gets married.

سنجیدگی /səndʒi:d̪gi:/ ■ *n.f.* (also سنجیدگی) seriousness, solemnity, gravity; weight.

سنجیدہ /səndʒi:d̪ɑ:/ ■ *adj.* **1** solemn, serious, grave. **2** weighted, measured, tried. **3** considerate; sober. سنجیدہ صورتِ حال grave situation.

سنجیون /səndʒi:vən/ ■ *adj.* bringing to life, restoring, creating.

سنجھا /səndʒʰɑ:/ ■ *n.f.* evening. سنجھا بتی کرنا light a lamp (in evening). سنجھا پھولنا evening twilight to come on.

سنجھلا /sə̃dʒʰlɑ:/ ■ *adj.* (also سجلا) of the third rank or degree; the third of four (brothers, etc.).

سنجھلی /sə̃dʒʰli:/ ■ *adj.* (*fem.* of سنجھلا) the third of four (esp. sisters).

سینچائی /sĩtʃɑ:i:/ ■ *n.f.* **1** irrigation, watering of plants, etc. **2** cost or fees for irrigation.

سنچتا /səntʃɪt̪ɑ:/ ■ *n.f.* the plant *Salvinia cucullata*.

سنچکار /səntʃkɑ:r/ ■ *n.m.* sound; sound of footsteps.

سنچل /səntʃəl/ ■ *n.f.* **1** sound; sound of footsteps. **2** dream.

سینچنا /sĩtʃnɑ:/ ■ *v.* be watered, be irrigated.

سند /sənəd̪/ ■ *n.f.* **1** proof, evidence. **2** seal or signature (of a judge). **3** order, decree, written authority. **4** sanad, sunnud, document testifying to academic accomplishment, degree, diploma, certificate, testimonial; credential; charter. **5** trust, reliance. **6** written permission; warrant. **7** (***Hadith***) the detailed account of narrators before the actual words of Prophet Muhammad. **8** support, prop, anything against which one leans. ■ *adj.* authorized, trustworthy, accurate. سندِ فضیلت degree or certificate of excellence. سندِ کارگزاری a certificate of one's meritorious services. سند لانا invoke a precedent or an authority. سندِ مستامنی guaranty. سندِ معافی (revenue) rent-free grant. سند یافتہ qualified, accredited; chartered, certified; competent. (*pl.* اسناد، سندات; *ppl.* اسانید)

سِندان /sɪnd̪ɑ:n/ ■ *n.f.* (also سَندان) anvil.

سُندر /sʊnd̪ər/ ■ *adj.* beautiful, pretty, handsome.

سُندرتا /sʊnd̪ərt̪ɑ:/ ■ *n.f.* beauty, elegance.

سُندری /sʊnd̪ri:/ ■ *n.f.* **1** pretty woman. **2** string of a sitar. **3** looking-glass tree *Heritiera minor*.

سُندُس /sʊnd̪ʊs/ ■ *n.m.* brocade, a fine silk cloth.

سندلا /sənd̪lɑ:/ ■ *n.m.* a kind of masonic plaster. سندلا پھیرنا plaster (a wall, etc.).

سندلی /sənd̪li:/ ■ *n.f.* a movable scaffold used in construction.

سِندُور /sɪ̃d̪u:r/ ■ *n.m.* sindoor, red lead; vermillion. See سیندور.

سندیس /sə̃d̪e:s/ ■ *n.m.* (also سندیس، سندیسا، سندیسہ، سندیش) message.

سندیسی /sə̃d̪e:si:/ ■ *n.m.* (also سندیسی) messenger, ambassador.

سندیہہ /sənd̪e:h/ ■ *n.m.* doubt, suspicion; anxiety; hesitation.

سِندھ /sɪnd̪^h/ ■ *pr.n.m.* **1** the river Indus. **2** (***Hist.***) (also وادیٔ سندھ) the land along the river Indus. **3** Sindh, a province of Pakistan.

سندھان /sənd̪^hɑ:n/ ■ *n.m.* **1** the act of placing or holding together, joining; junction, union. **2** the rope with which legs of cattle are tied. **3** spying. سندھان بندھان ڈھیلے کرنا to cause to weaken or loosen the joints of body; scare, frighten.

سِندھری /sɪnd̪^hri:/ ■ *n.m.* (also سندھڑی) a type of mango grown in Sindh.

سِندھی /sɪnd̪^hi:/ ■ *adj.* of or belonging to Sindh; Sindhi. ■ *pr.n.f.* Sindhi language spoken in Sindh.

سندھیا /sənd̪^hjɑ:/ ■ *n.f.* **1** twilight, evening. **2** (***Hinduism***) evening prayer, meditation.

سنڈا /sənḍɑ:/ ■ *adj.* **1** fat, plump. **2** (*pej.*) stout or strong. **3** (*fig.*) a bad man. سنڈا مسنڈا/مشنڈا (*pej.*) stout, plump, fat and big. (*fem.* سنڈی)

سنڈاس /sənḍɑ:s/ ■ *n.m.* latrine, lavatory.

سنڈاسا /sənḍɑ:sɑ:/ ■ *n.m.* long tongs, blacksmith's tongs, large pincers.

سنڈاسی /sənḍɑ:si:/ ■ *n.f.* (also سنسی) pincers used to hold hot cooking vessels, small tongs.

سُنڈی /sʊnḍi:/ ■ *n.f.* weevil, an insect pest damaging the crops; larva, caterpillar.

سنسار /sənsɑ:r/ ■ *n.m.* **1** world, universe; mundane existence. **2** worldly interests. **3** transmigration.

سُنسان /sʊnsɑ:n/ ■ *adj.* **1** (of a place) desolate; uninhabited. **2** still, not moving. **3** quiet.

سنسکار /sənskɑ:r/ ■ *n.m.* **1** custom, practice; habit. **2** marriage ceremony; purificatory rite; essential ceremony. **3** conception; idea, notion. **4** completion; perfection. **5** discipline. **6** education, training. **7** refining, polishing.

سنسکرِت /sənskrɪt̪/ ■ *pr.n.f.* Sanskrit, the sacred and classical language of the Hindus. ■ *adj.* **1** formed, constructed, artificial. **2** perfected, polished, decorated, ornamented, elaborated. **3** cultured, learned; refined.

سنسکرِتی /sənskrɪt̪i:/ ■ *n.f.* culture, civilization. ■ *adj.* of or relating to Sanskrit.

سنسنانا /sənsənɑ:nɑ:/ ■ *v.* **1** hiss (of simmering or boiling water). **2** tingle or shiver (in the body). **3** rustle (in the ears or head), resound, ring, whistle. **4** be scared.

سنسناہٹ /sənsənɑ:həʈ/ ■ *n.f.* **1** whistling, whizzing, simmering, rustling. **2** shivering. **3** scare, fright.

سنسنی /sənsəni:/ ■ *n.f.* **1** sensation, thrill, stir, tingling sensation. **2** fear, harassment. **3** shivering. سنسنی پھیلانا create stir, cause a sensation. سنسنی خیز alarming; sensational.

سنسی /sənsi:/ ■ *n.f.* (also سنڈاسی) pincers; tongs.

سنک /sənək/ ■ *n.f.* eccentricity, craze, mania; whim.

سنکا /sənkɑ:/ ■ *n.m.* **1** doubt, suspicion. **2** fear.

سنکار /səŋkɑ:r/ ■ *n.f.* **1** sign; wink; beckoning. **2** halloo. **3** nod.

سنکارنا /səŋkɑ:rnɑ:/ ■ *v.* make signal, beckon; wink, nod.

سنکٹ /səŋkəʈ/ ■ *n.f.* (also سنکٹھ) misfortune, trouble, pain, agony.

سنکرانت /səŋkrɑ:nt̪/ ■ *n.f.* (also سنکرات) **1** union. **2** (***Astrol.***) passage of a planetary body from one zodiac sign into another. **3** name of a Hindu festival.

سنکلپ /səŋkləp/ ■ *n.m.* **1** will, wish, desire. **2** resolve, determination, resolution, vow. **3** mind, thought, idea. **4** voluntary act. **5** bequest, donation, charity. سنکلپ کرنا **1** give alms in fulfilment of a religious vow; make a grant. **2** make a vow; intend.

سنکنا /sənəknɑ:/ ■ *v.* **1** be deranged; become feeble-minded or eccentric, be tipsy. **2** to feel tingling; to simmer.

سِنکنا /sɪnəknɑ:/ ■ *v.* blow the nose.

سنکی /sənki:/ ■ *n.m.* eccentric, crazy person, maniac.

سنکھ /səŋkʰ/ ■ *cardinal number* hundred thousand trillion. ■ *n.m.* **1** shell. **2** shell or conch blown by Hindus in worship. ■ *adj.* artless, simple. سنکھ پھونکنا make insolvent. سنکھ بجانا to blow a shell.

سنکھیا /səŋkʰɪjɑ:/ ■ *n.m.* arsenic.

سنگ¹ /səŋg/ ■ *n.m.* **1** stone; a rock. **2** (*fig.*) weight; gravity. سنگِ اسود/حرم/سیاہ the Black Stone in Ka'aba. سنگ اندازی/باری/زنی **1** stoning, pelting with stones. **2** fault finding, negative criticism. سنگِ آستاں/آستانہ/در stone of threshold. سنگِ آسیا millstone. سنگِ آہک sodium carbonate. سنگ باری stone-pelting. سنگِ بالیں/تربت/تعویذ/لحد/مزار tombstone. سنگ بست/بستہ/بند **1** stable. **2** rocky. **3** (*fig.*) cruel. سنگِ بنیاد foundation stone. سنگِ پا stone used to rub the feet. سنگِ پارس philosopher's stone. سنگ پارہ pebble, small piece of stone. سنگ پشت tortoise, turtle. سنگ تراش sculptor, stone-cutter. سنگ تراشی sculpture. سنگِ جراحت a kind of stalactite whose powder is used for wounds. سنگ چٹانا sharpen (a tool) on a whetstone. سنگِ خارا hard stone, flint. سنگ خوار/خوارہ a kind of eagle. سنگ دانہ gizzard. سنگ دل cruel, hard-hearted. سنگ دلی cruelty, hard-heartedness. سنگِ راہ **1** stumbling-block. **2** (*fig.*) obstacle, impediment. سنگ ریزہ gravel, pebble. سنگ سار **1** stoning (to death). **2** (***Isl.***) a punishment in Sharia for adultery. سنگ سار کرنا to stone to death. سنگ ساری stoning to death. سنگ ساز one who makes correction on the lithographic stone. سنگِ سرخ red stone. سنگِ سرمہ antimony. سنگ سلیمانی agate, onyx. سنگِ ساق porphyry. سنگِ فساں whetstone. سنگ گراں **1** heavy stone. **2** (*fig.*) obstacle. سنگ لاخ **1** rocky, stony. **2** (*fig.*) difficult, hard. سنگ مثانہ stone in the bladder, gravel. سنگِ مرمر marble. سنگِ مقناطیس magnetic stone, lodestone. سنگِ موسیٰ black marble. سنگِ میل milestone. سنگ نشان a mark to throw stones at. سنگِ یشب a kind of jasper or agate. [P]

سنگ² ____ ■ *adv.* with, along with, in company with, in association with, jointly. ■ *n.m.* (also *pl.*) association, company, union. سنگ جانا accompany, go along with. سنگ چھوڑنا leave one's company, withdraw from, desert. سنگ کرنا send someone or something along with someone; give something for the road. سنگ لگ لینا attach oneself to. سنگ لینا take (somebody or something) along with. [S]

سنگاتن /səŋgɑ:tən/ ■ *n.f.* (also سنگھاتن) **1** female companion. **2** (*fig.*) wife.

سنگاتی /səŋgɑ:ti:/ ■ *n.m.* (also سنگھاتی) companion, associate, comrade; consort.

سِنگار /sɪŋgɑ:r/ ■ *n.m.* make-up; decoration. See سِنگھار.

سنگت /səŋgət/ ■ *n.f.* **1** comrade, friend, companion. **2** company, companionship, party. **3** (***Music***) accompanists, accompaniment. سنگت کرنا **1** accompany in song or by playing an instrument. **2** go along with.

سنگترہ /səŋgtərɑ:/ ■ *n.m.* (also سنگترا) a kind of orange.

سنگر /səŋgʊr/ ■ *n.f.* **1** thorny hedge used for fortification. **2** obstacle.

سنگرام /səŋgrɑ:m/ ■ *n.m.* war, battle; scuffle, fighting.

سِنگرنا /sɪŋgərnɑ:/ ■ *v.* be adorned.

سنگرہنی /səŋgrehni:/ ■ *n.f.* diarrhoea, irregular state of the bowels, chronic dysentery.

سنگسار /səŋgsɑ:r/ ■ *n.m.* stoning (to death). See سنگ سار under ¹سنگ.

سنگلاخ /səŋglɑ:x/ ■ *adj.* stony, rocky (land). See سنگ لاخ under ¹سنگ.

سنگم /səŋgəm/ ■ *n.m.* (also سنگھم) **1** union, meeting. **2** sangam, confluence (of rivers). **3** junction, conjunction (of planets). **4** mixture.

سنگوانا /səŋgvɑ:nɑ:/ ■ *v.* **1** get (things) properly arranged, keep in order. **2** gather up, assemble, accumulate, amass. **3** occupy, seize, capture. **4** (of work, etc.) finish, end up. **5** (*fig.*) kill, murder.

سِنگوانا /sɪŋgvɑ:nɑ:/ ■ *v.* count or identify cattle.

سِنگوٹی /sɪŋgo:ʈi:/ ■ *n.f.* horns (collectively); metal ornament tied on the horns of a bullock.

سنگی¹ /səŋgi:/ ■ *adj.* of or related to stone; stony, made

سنمکھ ہونا come face to face.

سُنن /sʊnən/ ■ *n.f.* (*pl.* of سُنّت) practices of Prophet Muhammad.

سُننا /sʊnnɑ:/ ■ *v.* 1 hear, listen; attend to. 2 (***Law***) hear (a petition). 3 (of God) hear and grant (a prayer). 4 face the music. 5 be confronted with unpleasant words or consequences of one's actions. 6 hear a pupil repeat a lesson verbatim. 7 hear an abuse, be reproached. 8 heed, pay attention to, take notice of.

سنوار /sə̃vɑ:r/ ■ *n.f.* 1 arrangement; preparation. 2 correction, rectification; amendment. 3 (*iron.*) (*women's slang*) scolding, rebuke.

سنوارنا /sə̃vɑ:rnɑ:/ ■ *v.* 1 arrange. 2 correct, amend. 3 adorn, decorate. 4 improve, to make better.

سُنوائی /sʊnvɑ:i:/ ■ *n.f.* hearing; attention, consideration.

سنورنا /sə̃vərnɑ:/ ■ *v.* 1 be dressed, be adorned, be made up. 2 be mended. 3 be improved.

سنوریا /sə̃vərjɑ:/ ■ *n.m.* (*contr.* of سانوریا) dark-skinned beloved; a lover.

سنولانا /sə̃vlɑ:nɑ:/ ■ *v.* 1 (of complexion) become dark. 2 be dimmed; be slightly darkened.

سنُون /sənu:n/ ■ *n.m.* (also سِنون) tooth powder.

سنوی /sənvi:/ ■ *adj.* annual.

سنہ /sən/ ■ *n.m.* (also سن) year. سنہِ تاجپوشی/جلوس year of accession. سنہِ حال/رواں current year. سنہِ عیسوی/میلادی the Christian/Gregorian year or calendar, AD, Anno Domini. سنہ وار year-wise; chronologically. سنہِ ہجری Hegira, the Muslim year reckoned from Prophet Muhammad's departure from Makkah to Medina in 622 AD.

سُنہرا /sʊnæhrɑ:/ ■ *adj.* 1 golden, gold-coloured; gilded. 2 (*fig.*) (i) precious. (ii) beautiful. سنہرا موقع golden opportunity, golden chance.

سُنہری /sʊnæhri:/ ■ *adj.* (*fem.* of سُنہرا).

سنی /səni:/ ■ *n.f.* jute of finer quality than *san* (سن^٣).

سُنی /sʊni:/ ■ *adj.* (*fem.* of سُنا) (something) heard. سنی ان سنی کرنا pretend not to have heard, turn a deaf ear; disregard. سنی سنائی what one has heard; hearsay, rumour.

سُنّی /sʊnni:/ ■ *n.m.* Sunnite, a sect of Muslims who revere equally the four successors of Prophet Muhammad. سنی نہ شیعہ جو جی میں آیا کیا an eclectic to his own advantage.

of stone. [P]

سنگی^٢ ____ ■ *n.m.* (also سنگھی) companion, comrade. ■ *n.f.* a kind of silk cloth. سنگی ساتھی companions, comrades, friends. [S]

سنگیت /səŋgi:t̪/ ■ *n.m.* 1 sangeet, music; music-making; art of singing with music. 2 chorus, a song in chorus. سنگیت کار musician.

سنگین^١ /səŋgi:n/ ■ *adj.* 1 of stone, stony. 2 strong, hard; firm, solid. 3 weighty, heavy. 4 very painful, severe. 5 serious, grave. 6 unpleasant, offensive. سنگین دل hard-hearted. [P]

سنگین^٢ ____ ■ *n.f.* a long knife or blade attached to the muzzle of a rifle, bayonet. [T]

سنگینی /səŋgi:ni:/ ■ *n.f.* 1 solidity, hardness. 2 seriousness. 3 heinousness; unpleasantness. 4 severity.

سنگھ /səŋgʰ/ ■ *n.m.* 1 collection, assemblage, group. 2 association; party.

سِنگھ /sɪŋgʰ/ ■ *n.m.* 1 lion. 2 (***Astrol.***) Leo. 3 put at the end of compounds, especially names of Hindus and Sikhs. (*fem.* سنگھنی)

سِنگھار /sɪŋgʰɑ:r/ ■ *n.m.* (also سِنگار) 1 make-up, adornment, embellishment, decoration. 2 (*fig.*) beauty. 3 dress, cosmetics and jewellery items (traditionally sixteen in number) used along for beautification by woman (See also سولہ سنگھار). سنگھار آئینہ mirror used for make-up. سنگھار پٹی make-up. سنگھاردان cosmetics box. سنگھار کمرہ make-up room. سنگھار میز dressing table.

سِنگھارنا /sɪŋgʰɑ:rnɑ:/ ■ *v.* adorn, decorate; dress up.

سِنگھاڑا /sɪŋgʰɑ:ɽɑ:/ ■ *n.m.* (also سِنگاڑا) 1 water chestnut; water caltrops. 2 root of the esculent water-lily. 3 anything triangular. 4 handkerchief, etc. folded diagonally. 5 a species of fish.

سِنگھاسن /sɪŋgʰɑ:sən/ ■ *n.m.* (also سِنگاسن) 1 throne. 2 a traditional throne said to be supported by lions. سنگھاسن پر بیٹھنا ascend the throne.

سُنگھانا /sʊŋgʰɑ:nɑ:/ ■ *v.* make one smell.

سنگھٹن /səŋgʰʈən/ ■ *n.m.* (also سنگٹن) 1 alliance, association. 2 name of a sectarian Hindu group.

سِنگھنی /sɪŋgʰni:/ ■ *n.f.* lioness.

سنمکھ /sənmʊkʰ/ ■ *adj.* (also سنمک) before one's face, facing, face to face, opposite. سنمکھ کرنا bring to face.

سنّیاس /sənnɪjɑ:s/ ■ *n.m.* (also سنیاس) **1** abandonment of the world, relinquishment, resignation from worldly affairs and affections; Hindu asceticism. **2** the fourth religious order of Brahmans. سنیاس لینا to abandon all worldly affections and matters, become an ascetic.

سنّیاسن /sənnɪjɑ:sən/ ■ *n.* (*fem.* of سنّیاسی) a woman who abandons all worldly affairs, an ascetic woman.

سنّیاسی /sənnɪjɑ:si:/ ■ *n.m.* one who abandons all worldly affairs and affections, sannayasi, Hindu religious mendicant or ascetic, Hindu hermit.

سنیچر /səni:tʃər/ ■ *n.m.* **1** Saturday. **2** the planet Saturn. **3** (*fig.*) ill-luck, misfortune. **4** poverty, penury. **5** miser. سنیچر سوار ہونا **1** come under the influence of an evil star. **2** to suffer misfortune. **3** to wander (because of ill-luck).

سِنین /sɪni:n/ ■ *n.m.* (*pl.* of سِن) years.

سَو /sɔ:/ ■ *cardinal number* hundred. ■ *adj.* (*fig.*) in a great number, too many. سو باتوں کی ایک بات conclusive argument; summary; last word. سو باتیں سنانا revile, criticize badly. سو بسوے **1** (*coll.*) perfectly. **2** surely. سو پرسو hundred percent. سو جان سے with all one's heart. سو جتن کرنا leave no stone unturned. سو دن چور کے ایک دن شاہ کا the thief is ultimately caught. سو سنار کی ایک لوہار کی one firm action is more effective than many weak attempts. سو سو بل کھانا writhe in anger; fret and fume. سو سو طرح سے in every possible way. سو سو کوس (*fig.*) far and wide. سو سیانے اور ایک مت wise men always agree. سو علاج ایک پرہیز prevention is better than cure. سو فی صد hundred per cent; perfectly; exactly. سو کے سوائے a hundred and twenty-five per cent (profit). سو گھر جھانکنا search a lot. سو مارے ایک نہ گنے said of someone who deserves a severe punishment. سو نکٹوں میں ایک ناک والا نکو a sage among fools is like a madcap.

سُو¹ /su:/ ■ *n.f.* side; direction. سو بہ سو (also سو بسو) in all directions, all round, on every side; side by side. سوئے حرم towards Makkah, in the direction of Makkah. [P]

سُو² ____ ■ *n.f.* (also سُوء) evilness, badness; used in comp. as: سوئے ادب disrespect. سوئے ظن mistrust or suspicion, doubt about someone's ability or attitude or character, etc. سوئے ہضم indigestion. [A]

سو /so:/ ■ *adv.* **1** accordingly. **2** well. **3** thereupon; now. ■ *conj.* hence, because of, therefore.

سوا /səvɑ:/ ■ *adj.* one and a quarter. سوا گز زمین (*fig.*) grave. سوا گز کی زبان ہونا be rude, be foul-mouthed. سوا نیزے پر very near, very close. سوا نیزے پر آفتاب/سورج آجانا **1** be very hot. **2** (of doomsday) arrive.

سِوا /sɪvɑ:/ ■ *adj.* more, additional. ■ *prep.* **1** besides, except, save. **2** but. **3** over and above. **4** other than. ■ *conj.* in addition to.

سُوا /sʊvɑ:/ ■ *n.m.* large needle. [S]

سُوا² ____ ■ *n.m.* parrot. [S]

سُوا³ ____ ■ *n.f.* a kind of fish. [dial.]

سوابق /səvɑ:bɪq/ ■ *n.m.* (*pl.* of سابق) precedents, the preceding ones; past events. ■ *adj.* earlier, ancient. سوابق میں previously.

سواحل /səvɑ:hɪl/ ■ *n.m.* (*pl.* of ساحل) shores, coasts, beaches.

سواد /səvɑ:d̪/ ■ *n.m.* **1** blackness, black colour or ink; darkness. **2** suburb of a town, outskirts; small districts. **3** ability (to read and write), capacity. **4** anything written; manuscript, draft. **5** a large number, multitude. سوادِ اعظم **1** a big city. **2** any group supported by majority of righteous religious scholars; the largest Islamic party or group. سوادالعین/چشم pupil of the eye. سوادِ خط style of writing, handwriting. سوادِ شہر surroundings of a city, countryside. سوادِ گور darkness of the grave.

سُواد /sʊvɑ:d̪/ ■ *n.m.* (also سواد) **1** taste, flavour; pleasure, relish. **2** beauty. **3** (*fig.*) devotion; affection. سواد آنا feel taste or pleasure. سواد پڑنا to acquire a taste for.

سوار /səvɑ:r/ ■ *n.m.* sowar, rider; cavalryman, trooper; horseman. ■ *adj.* **1** riding (a horse, etc.); mounted. **2** tipsy. سوار ہونا **1** ride. **2** mount. **3** go aboard; board; get (into). **4** preoccupy, possess; be possessed.

سِوار /sɪvɑ:r/ ■ *n.m.* aquatic plant, *Vallisneria octandra* green vegetation at the bottom of pools, furry growth of minute fungi.

سُوارت /sʊvɑ:rət̪/ ■ *adj.* (also سُوارتھ) useful, beneficial. سوارت کرنا utilize, bring into use. سوارت ہونا be spent usefully. (کام) سوارت ہونا (work) to succeed; be used properly. (*opp.* اکارت)

مختصر انفی مصوتے: بھنور ə̃ /bʰə̃vər/ اِنچا ĩ /ĩtʃɑ:/ کنوارا ʊ̃ /kʊ̃vɑ:rɑ:/ دیگر اعراب: اعلیٰ ɑ: /əʔlɑ:/ بذاتہٖ i: /bezɑ:t̪ehi:/ اجمالاً n /ɪdʒmɑ:lən/ لتّو /lət̪t̪u:/

biography, life history. سوانح عمری biography. سوانح نگار ر 1 biographer. 2 an officer of Mogul government posted in districts to report the weekly financial transactions and the state of affairs. سوانح نگاری 1 the job of a biographer. 2 the act of writing biographies.

سوانحی /səva:nehi:/ ■ *adj.* of or relating to سوانح, biographical. سوانحی خاکہ life-sketch.

سُوانسا /suvã:sa:/ ■ *n.m.* mixture of gold and copper.

سوانگ /səva:ŋg/ ■ *n.m.* (*var.* of سانگ) masquerade, disguise; role-playing; drama, play, theatrical work. سوانگ بھرنا/رچانا masquerade, adopt a disguise.

سوانگی /səva:ŋgi:/ ■ *n.m.* (*var.* of سانگی) actor, mimic.

سُواہا /suva:ha:/ ■ *exclam.* word used by Hindus on making an offering to a deity. سواہا کرنا 1 put an end to. 2 to make a burnt offering.

سِوائے /sɪva:e:/ ■ *prep.* besides, except; without. ■ *adj.* more; extra.

سُوبڑ /su:bəɽ/ ■ *adj.* (also سُوبڑا) impure (gold or silver). ■ *n.m.* alloyed silver or gold.

سوبھا /so:bʰa:/ ■ *n.f.* lustre; beauty. See شوبھا.

سَوبھاگی /sɔ:bʰa:gi:/ ■ *adj.* lucky, auspicious; favourable.

سوبھاو /so:bʰa:v:/ ■ *n.m.* (also سُبھاؤ) natural state, nature, innate disposition; quality.

سُوپ /su:p/ ■ *n.m.* winnowing tray made of reeds or pleated leaves. سوپ تو سوپ چھلنی بھی بولی جس میں بہتّر چھید the kettle calling the pot black.

سَوت /sɔ:t̪/ ■ *n.f.* (also سَوتن) the other wife of one's husband.

سُوت /su:t̪/ ■ *n.m.* 1 yarn, thread; filament. 2 line. 3 tendril. 4 one-sixteenth part of an inch. سوت باندھنا 1 stretch a cord for straight line. 2 take aim. سوت نہ کپاس جولاہے رکولی سے لٹھم لٹھا fight over something which does not exist.

سوتا¹ /so:t̪a:/ ■ *adj.* 1 asleep. 2 (*fig.*) dead. سوتا ہوا پانا to catch napping, find asleep. سوتا ہے سو کھوتا ہے one who sleeps loses. [Prk.]

سوتا² ____ ■ *n.m.* fountain, fount, spring. سوتا پھوٹنا well up; (of fountain heads) appear. [Prk.]

سُوتر /su:t̪r/ ■ *n.f.* 1 adage; quotation. 2 advice. 3 a book containing quotations. 4 thread, twine.

سَوتن /sɔ:t̪ən/ ■ *n.f.* (also سَوت) the other wife of one's husband.

سواری /səva:ri:/ ■ *n.f.* 1 sowari, riding; horsemanship. 2 anything used for riding or transportation; vehicle. 3 one who rides, passenger. 4 royal procession, king's cavalcade. 5 arrival. 6 (*coll.*) ladies; wife and daughters, etc. (usu. used as *pl.* (سواریاں). سواری دینا give one a ride or mount. سواری کرنا ride.

سواطع /səva:t̪eʔ/ ■ *n.m.* (*pl.* of ساطع) enlightening verses (of the Qur'an).

سُواگت /suva:gət/ ■ *n.m.* welcome; act of receiving warmly on arrival.

سوال /səva:l/ ■ *n.m.* (also سُوال) 1 question, query. 2 begging. 3 petition; request; application. 4 proposition. 5 problem. 6 arithmetical sum. سوال از آسماں جواب از ریسماں evasive or irrelevant reply. سوال پیدا ہونا a question to arise. سوالِ جرح cross-examination. سوال جواب کرنا argue; plead; discuss; remonstrate. سوال حل کرنا solve a question. سوال خوانی (***Law***) hearing an application, entertaining a case or suit. سوال دیگر جواب دیگر cross purposes and crooked answers, inapt reply, evasive reply. سوال دینا set a question. سوال کرنا 1 question, ask. 2 request, beg. سوال گندم جواب چنا evasive or inapt reply. سوال نامہ questionnaire, set of questions for obtaining information on special points. سوال و جواب question and answer. (*pl.* اسئلہ، سوالات)

سِوالا /sɪva:la:/ ■ *n.m.* temple; Siva's temple. See شِوالا.

سوالات /səva:la:t̪/ ■ *n.m.* (*pl.* of سوال) questions.

سوالاً /səva:lən/ ■ *adv.* by way of questioning, questioningly. سوالاً جواباً in question-answer form.

سوالی /səva:li:/ ■ *adj.* of or relating to سوال; questioning. ■ *n.m.* beggar, supplicant.

سوالیہ /səva:lɪja:/ ■ *adj.* interrogative. سوالیہ علامت/نشان interrogation point, question mark.

سُوامی /suva:mi:/ ■ *n.m.* 1 swami, lord, master; owner. 2 head of a Hindu religious order. 3 husband.

سواں /səvã:/ ■ (also سوواں) *ordinal number* hundredth.

سِوانا /sɪva:na:/ ■ *n.m.* (also سِوانہ) boundary of a field or village, limit. سوانا بندی fixing the boundaries, demarcation.

سوانح /səva:neh/ ■ *n.m.* (*pl.* of سانحہ) 1 events, incidents, occurrences. 2 accidents. ■ *n.f.* biography. سوانح حیات

سوتنا /su:t̪nɑ:/ ■ *v.* **1** (also سونتنا) strip the leaves of a branch; sweep away. **2** draw or pull out, unsheathe (sword). **3** thrash, beat. **4** (*fig.*) rob away, pilfer.

سوتنتر /svət̪ənt̪ər/ ■ *adj.* independent, free, unrestrained.

سوتنترتا /svət̪ənt̪rət̪ɑ:/ ■ *n.f.* independence, freedom.

سوتی /su:t̪i:/ ■ *adj.* (of cloth, etc.) made of cotton.

سوتی /so:t̪i:/ ■ *adj.* (*fem.* of سوتا¹) سوتی بھڑوں کو جگانا awaken a dormant trouble, revive an old quarrel.

سوتے /so:t̪e:/ ■ *n.m.* (*pl. & infl.* of سوتا¹) سوتے فتنے جگانا to fan dying embers; stir up trouble. سوتے جاگتے منھ دیکھنا look (at someone) with hope. سوتے میں چلنا sleepwalk. سوتے نصیب جاگنا become prosperous suddenly; become lucky again.

سوتیا /sɔːt̪ijɑ:/ ■ *adj.* of or relating to another wife of one's husband. سوتیا جھل/ڈاہ jealousy between two wives of a man, rivalry of the other wife of one's husband.

سوتیلا /sɔːt̪e:lɑ:/ ■ *adj.* step-, half-. سوتیلا بھائی step-brother.

سوتیلی /sɔːt̪e:li:/ ■ *adj.* (*fem.* of سوتیلا) سوتیلی بہن step-sister. سوتیلی ماں step-mother.

سوٹا /su:ʈɑ:/ ■ *n.m.* (also سُٹا) (*coll.*) a quick pull on a cigarette; a puff on a charas cigarette. سوٹا لگانا (*coll.*) to puff on a cigarette or a charas cigarette.

سوجا¹ /su:dʒɑ:/ ■ *adj.* swelled. سوجا ہوا منھ sullen face; sulky, bad-tempered or sullen. (*fem.* سوجی²) [Prk.]

سوجا² ____ ■ *n.m.* borer, gimlet, auger; awl. [Prk.]

سوجن /su:dʒən/ ■ *n.f.* swelling, inflammation.

سوجنا /su:dʒnɑ:/ ■ *v.* **1** swell; rise, be puffed out. **2** look sulky.

سوجنا /so:dʒnɑ:/ ■ *n.f.* (also سونجھنا، سُہجنا) a tree of edible beans.

سوجی¹ /su:dʒi:/ ■ *n.f.* granular component of flour, semolina. [Prk.]

سوجی² ____ ■ *adj.* (*fem.* of سوجا¹). [Prk.]

سوجی³ ____ ■ *n.f.* needle. ■ *n.m.* tailor. [Prk.]

سوجھ /su:dʒʰ/ ■ *n.f.* **1** eye sight. **2** common sense; far-sightedness. سوجھ بوجھ understanding; intelligence.

سوجھانا /su:dʒʰɑ:nɑ:/ ■ *v.* to cause to become visible; to cause to have an idea; point out, show, make one understand.

سوجھنا /su:dʒʰnɑ:/ ■ *v.* **1** see; be able to see. **2** be seen, be visible. **3** have a sudden idea or flash.

سوچ /so:tʃ/ ■ *n.f.* (also سونچ) **1** thought, idea; deliberation. **2** meditation. **3** way of thinking, mindset. سوچ بچار/وچار serious thought; concern; consideration; deliberation. سوچ میں رہنا to remain absorbed in thought, muse.

سوچنا /so:tʃnɑ:/ ■ *v.* consider; think; ponder; meditate.

سوخت /so:xt̪/ ■ *n.f.* **1** burning. **2** a revoke at playing cards. ■ *adj.* burnt.

سوختگی /so:xt̪əgi:/ ■ *n.f.* **1** combustion; burning. **2** heart-burning.

سوختنی /so:xt̪əni:/ ■ *adj.* **1** deserving to be burnt, fit for burning. **2** firewood.

سوختہ /so:xt̪ɑ:/ ■ *adj.* **1** burnt, scorched. **2** sad, dejected, grieved; lovesick. ■ *n.m.* **1** slow match. **2** a piece of burning wood; fire wood. **3** blotting paper. سوختہ پا restless, agitated. سوختہ جاں/جگر/دل heart-sore, heartsick; lovesick; grieved. سوختہ ساماں ruined; consumed.

سود /su:d̪/ ■ *n.m.* **1** interest, premium paid for the use of money. **2** gain, profit; advantage. سود بٹا/بٹہ **1** profit and loss. **2** the practice of lending money on interest. (رقم) سود پر چلانا advance loan on interest. سود پر دینا lend money on interest. سود پر لینا borrow money on interest. سودخوار/خور usurer. سودخواری/خوری usury. سود در سود compound interest. سود فراموش one who ignores one's own profit. سود کھانا charge interest on money lent. سود لگانا calculate or charge interest. سودِ مرکّب compound interest. سود مساویُ الاصل interest equal to principal. سودِ مفرد simple interest. سودمند useful, advantageous, profitable, beneficial. سود و زیاں profit and loss; advantage and disadvantage.

سودا¹ /sɔːd̪ɑ:/ ■ *n.m.* **1** obsession; overwhelming desire, all-consuming love, overwhelming ambition. **2** craze, madness. **3** (***Med.***) melancholy; black bile, one of the four fluids thought to determine a person's qualities. ■ *adj.* black, dark (woman). سودائے خام unrealistic desire. سودا ہونا have a fit of madness. [A]

سودا² ____ ■ *n.m.* **1** purchase; trade. **2** goods; groceries. سودا پٹنا bargain to be struck. سودا خریدنا/لینا buy, make purchases. سودا سُلف goods or things bought, foodstuff, groceries. سودا کرنا make a deal. سودا مول لینا **1** to buy; purchase groceries. **2** to get in trouble unnecessarily, invite trouble. **3** take responsibility (of). [P]

سوداگر /sɔːd̪ɑ:gər/ ■ *n.m.* merchant. سوداگر بچہ son of a

3 albino.
/su:rdɑ:s/ ■ *pr.n.m.* 1 a Hindu poet and singer who was blind. 2 (*fig.*) blind man. سُورداس
/suərg/ ■ *n.m.* (also سُورگ) 1 (***Hinduism***) heaven, paradise. 2 the residence of virtuous mortals and of small gods; sky. 3 the hereafter, the other world. 4 (in Hindi poetry) a symbol for the number twenty-one (an allusion to twenty-one heavens). سورگ باشی late, deceased. سُورگ
/su:rmɑ:/ ■ *adj.* brave, valiant, bold. ■ *n.m.* brave man; hero. سُورما
/suvərən/ ■ *adj.* (also سُوَرن) 1 of a good colour; bright; golden. 2 of a good caste. ■ *n.m.* gold; gold coin. سُوَرن
/su:rən/ ■ *n.m.* an edible tuberous root. سُورن
/su:rəndʒɑ:n/ ■ *n.f.* wild saffron; dogbane. سُورنجان
/su:vərni:/ ■ *n.* (*fem.* of سُوَر) sow, female pig. سُوَرنی
/su:rɑ:/ ■ *n.f.* See سُورت. سُورہ
/so:z/ ■ *n.m.* 1 burning. 2 passion, depth of feeling; pathos. 3 sorrow; heart-burning. 4 an elegy especially a dirge for the martyrdom of Imam Hussain and his companions at Karbala. ■ *adj.* 1 inflaming, burning. 2 exciting. ■ *suffix* something that burns, agonizes, etc.; used in comp. as: جگر/دل سوز agonizing, heart-rending. سوزِ حیات/زندگی warmth of life. سوزخواں one who chants a dirge. سوزناک ardent; burning. سوزوگداز 1 (*literal*) burning and melting. 2 (*fig.*) depth of feeling, passion. 3 ardour or impassioned style in poetry. سوز
/so:zɑ:k/ ■ *n.m.* gonorrhoea, a venereal disease. سوزاک
/so:zɑ̃:/ ■ *adj.* burning. سوزاں
/so:zɪʃ/ ■ *n.f.* burning sensation. سوزِش
/so:zən/ ■ *n.f.* (also سُوزن) needle. سوزن کاری tambour work; needlework, embroidery. سوزن
/so:zmd̪ɑ:/ ■ *adj.* burning, kindling. ■ *n.m.* burner. سوزندہ
/so:zni:/ ■ *n.f.* embroidered spread for floor or bed; a kind of ornamented cloth. سوزنی
/so:zi:/ ■ *suffix* burning; used in comp. as: خودسوزی self-immolation. دل سوزی heart-burning; empathy. سوزی
/su:s/ ■ *n.m.* liquorice. سُوس
/su:smɑ:r/ ■ *n.m.* a species of green lizard with the سُوسمار

merchant, young merchant.
/sɔ:d̪ɑ:gəri:/ ■ *n.f.* business, trade. سوداگری کرنا trade. سوداگری مال merchandise, trade goods. سوداگری
/sɔ:d̪ɑ:vi:/ ■ *adj.* melancholic; dejected, sulky. سوداوی المزاج of a melancholic temperament. سوداوی
/sɔ:d̪ɑ:i:/ ■ *n.m.* 1 crazy, mad, lunatic, insane. 2 lovesick; grieved, dejected, melancholic. سودائی
/su:d̪r/ ■ *n.m.* the lowest of the four Hindu castes. See شُودر. سُودر
/su:d̪ɑ:/ ■ *n.m.* powder. ■ *adj.* pounded, ground; dissolved; rubbed; worn. سُودہ
/su:d̪i:/ ■ *adj.* involving or bearing interest, usurious, interest-bearing. سودی کاروبار interest-based business. سُودی
/sud̪e:ʃi:/ ■ *adj.* (also سُدیشی) of one's own country, home-made, indigenous. سُودیشی
/su:d̪ʰɑ:i:/ ■ *n.f.* act of refining; correctness. سُودھائی
/so:d̪ʰnɑ:/ ■ *v.* 1 clean, purify; refine a metal. 2 to correct. 3 explore, research. 4 pay off (debt). سودھنا
/suvər/ ■ *n.m.* (also سُوَر) 1 hog; pig; swine. 2 a term of abuse. سور کا بچّہ/جنا 1 young pig or hog. 2 (*offens.*) (as swearing word) swine. سور کا گوشت 1 pork; bacon; ham. 2 (*fig.*) something forbidden. سور کے برابر ہے is forbidden, is disgusting. سُؤر
/su:r/ ■ *n.m.* hero, brave and chivalrous man. سور بیر/مار/ویر brave, courageous person. سُور
/so:rɑ:dʒ/ ■ *n.m.* (also سُوَراج) self-governance, independence, autonomy. سوراج
/su:rɑ:x/ ■ *n.m.* 1 hole; outlet, perforation. 2 burrow 3 an opening in the body such as nostril. سوراخ دار having hole(s), holed, perforated. سُوراخ
/su:rət̪/ ■ *n.f.* (also سُورۃ، سُورہ) surah, one of the 114 chapters of the Holy Qur'an, each consisting of verses or *ayaat* (آیات). سُورت
/su:rt̪ɑ:/ ■ *n.f.* heroism, valour. سُورتا
/su:rədʒ/ ■ *n.m.* the sun. سورج بنسی name of a Rajput tribe, believed to be descended from the sun. سورج ڈوبنا/ڈھلنا/غروب ہونا the sun to set, the sun to go down. سورج طلوع ہونا/نکلنا the sun to rise. سورج کو چراغ دکھانا explain the obvious; to advise a wise; to do something useless. سورج گرہن/گہن/گیراں solar eclipse. سورج مکھ/مکھی 1 sunflower. 2 kind of fan or parasol. سُورج

with brick without laying mortar. **2** (*fig.*) very plain food. سوکھی روٹی **1** dry bread. **2** (*fig.*) very ordinary food; a poor man's meal.

سُوکھے /su:kʰe:/ ■ *n.m.* (*pl. & infl.* of سُوکھا) dry, withered. سوکھے دھانوں پانی پڑنا **1** (*literal*) parched rice-fields to receive rain. **2** (*fig.*) hopes to revive. سوکھے کا مرض rickets. سوکھے گھاٹ اتارنا **1** disappoint. **2** dismiss (someone) without acceding to his request, send away empty-handed.

سوگ /so:g/ ■ *n.m.* sorrow, grief; lamentation, mourning. سوگ بڑھانا to end the rites commemorating a mourning. سوگ کرنا/منانا mourn.

سَوگند /sɔ:gənd̪/ ■ *n.f.* oath; swearing, a sworn declaration. سوگند دینا ask someone to swear or take an oath. سوگند کھانا utter an oath, swear, take an oath. سوگند کھلانا cause to swear or take an oath.

سَوگندی پالا /sɔ:gənd̪i: pɑ:lɑ:/ ■ *n.m.* a climbing slender plant with twining woody stems and rust-coloured bark.

سوگوار /so:gvɑ:r/ ■ *adj.* sorrowful, mourning, afflicted.

سوگواری /so:gvɑ:ri:/ ■ *n.f.* mourning.

سوگی /so:gi:/ ■ *adj.* sorrowful, sad; mournful.

سُول /su:l/ ■ *n.m.* **1** thorn, spike. **2** point of a spear; colic pain, stomach-ache. سول سی لگنا prick; cut to the quick; feel extreme pain; cause great pain.

سولہ /so:lɑ:/ ■ (also سولھا) *cardinal number* sixteen. ■ *adj.* sixteen. سولہ آنے **1** totally; perfectly. **2** undoubtedly, surely. سولہ سنگھار the sixteen traditional items of jewellery, cosmetics and clothes used for beautification by women. سولہ سنگھار کرنا get all dressed up and wear a lot of make-up.

سولہی /so:ləhi:/ ■ *n.m.* game played with sixteen cowries.

سُولی /su:li:/ ■ *n.f.* **1** gallows, gibbet. **2** an impaling stake. **3** (*fig.*) continued torture. سولی پر بھی نیند آجاتی ہے one falls asleep even on the gibbet. سولی پر جان ہونا suffer continuous torture. سولی چڑھانا/دینا execute by hanging, crucify, hang; impale. سولی چڑھانے والا hangman, executioner, crucifier.

سولھواں /so:lʰvɑ̃:/ ■ *ordinal number* sixteenth.

سِوُم /sevʊm/ ■ (also سوم) *ordinal number* third.

سُوم /su:m/ ■ *n.m.* (also شوم) miser. سوم پن miserliness.

سوم /so:m/ ■ *n.m.* soma, a plant juice of which was

head of a serpent.

سوسن /so:sən/ ■ *n.f.* (also سُوسن) lily, iris, the fleur-de-lis. ■ *n.m.* **1** bluish colour. **2** (*fig., poet.*) tongue.

سوسنی /so:səni:/ ■ *adj.* of purplish colour, purple, of light blue colour.

سُوسی /su:si:/ ■ *n.f.* **1** a coarse cotton cloth. **2** a cloth of silk and cotton. **3** a kind of handmade striped silk cloth indigenous to the Sindh province of Pakistan.

سَوغات /sɔ:ɣɑ:t̪/ ■ *n.f.* **1** gift or present, especially one brought from a far-off land. **2** curiosity. **3** a rare thing.

سَوغاتی /sɔ:ɣɑ:t̪i:/ ■ *adj.* **1** rare; chosen. **2** fit to be given as a present.

سُوفار /su:fɑ:r/ ■ *n.m.* **1** notch of an arrow which receives the string. **2** eye of a needle. **3** small perforation.

سوفتہ /so:ft̪ɑ:/ ■ *n.m.* **1** leisure, relaxation, rest. **2** loneliness, isolation. ■ *adj.* idle, unemployed.

سوفِسطائی /so:fist̪ɑ:i:/ ■ *n.m.* (also سوفسطائیہ) sophist. ■ *adj.* sophistic.

سُوق /su:q/ ■ *n.m.* market, bazaar. (*pl.* اسواق)

سُوقیانہ /su:qɪjɑ:nɑ:/ ■ *adj.* vulgar (language, etc.). سوقیانہ پن vulgarity.

سَوکن /sɔ:kən/ ■ *n.f.* the other wife of one's husband, contemporary wife. (See also سوت.)

سَوکناپا /sɔ:knɑ:pɑ:/ ■ *n.m.* jealousy or rivalry between two wives of a man.

سُوکھ /su:kʰ/ ■ (*imper.* of سُوکھنا) سوکھ کر کانٹا ہونا become thin or gaunt.

سُوکھا /su:kʰɑ:/ ■ *adj.* **1** dry, shrivelled, parched, dried; juiceless; withered. **2** thin, pale and weak looking. **3** with no extra perks. **4** flat, dull, uninteresting. ■ *n.m.* **1** terra firma, dry land. **2** rickets, a bone disease of children. **3** draught, dry spell; famine. **4** dry tobacco (eaten with paan.) سوکھا پڑنا (of drought) occur. سوکھا ٹرخانا dismiss (someone) without acceding to his/her request, send away empty-handed. سوکھا جواب flat refusal. سوکھا لگنا suffer from rickets.

سُوکھنا /su:kʰnɑ:/ ■ *v.* **1** dry, wither, evaporate to dryness; shrivel. **2** become thin or emaciated.

سُوکھی /su:kʰi:/ ■ *adj.* (*fem.* of سُوکھا) **1** dry, withered. **2** thin. سوکھی الفن (*derog.*) very lean woman. سوکھی چُنائی **1** paving

سونٹی /sõ:ṭi:/ ■ *n.f.* (*dim.* of سونٹا) twig, stick, cane, cudgel.

سونٹھ /sõ:ṭʰ/ ■ *n.f.* **1** dry ginger. **2** cherished trifle. **3** (*iron.*) a miser. سونٹھ کی سی ناس لے رہنا endure or suffer patiently, wait patiently; be quiet.

سوندھا /sõ:ḓʰɑ:/ ■ *adj.* (also سوندھا) fragrant, odoriferous (like hot earth when first wetted). ■ *n.m.* **1** a sweet smell. **2** a fragrant substance used for washing hair, pomade.

سوندھنا /sõ:ḓʰnɑ:/ ■ *v.* **1** rinse, smear with mud. **2** knead, mix into a dough.

سوندھی¹ /sõ:ḓʰi:/ ■ *n.f.* **1** Fuller's earth, the wash or alkali in which washermen steep clothes. **2** a sweet smell. [Prk.]

سوندھی² ____ ■ *adj.* (*fem.* of سوندھا). ■ *n.f.* a fragrant substance used for washing hair. [Prk.]

سُونڈ /sũ:ḍ/ ■ *n.f.* **1** elephant's trunk, proboscis. **2** prehensile nose.

سُونڈا /sũ:ḍɑ:/ ■ *n.m.* (also سُونڈی) **1** weevil. **2** packsaddle.

سُوں سُوں /sũ: sũ:/ ■ *n.f.* **1** sound of sniffing or snuffling. **2** a hissing sound. سوں سوں کرنا make such a sound; to sniff, to snuffle.

سونف /sõ:f/ ■ *n.f.* aniseed. سونف کا عرق (***Med.***) anise water, extract of aniseed.

سُونگھا /su:ŋgʰɑ:/ ■ *n.m.* **1** a person who is believed to be able to discover hidden treasures and underground water, etc. **2** the stick used for this, dowser.

سُونگھنا /su:ŋgʰnɑ:/ ■ *v.* smell, sniff, to nose.

سُونگھنی /su:ŋgʰni:/ ■ *n.f.* snuff.

سونہلا /so:næhlɑ:/ ■ *adj.* golden. See سُنہرا. سونہلا پانی gilding, gilt.

سُونی /su:ni:/ ■ *adj.* (*fem.* of سُونا) deserted, desolate.

سونے /so:ne:/ ■ *n.m.* (*pl. & infl.* of ¹سونا) gold. سونے پر میں سہاگا adding to beauty or elegance. سونے سے گھڑاون رگھڑائی مہنگی the incidental charges are much more than the basic ones. سونے کا انڈا دینا lay a golden egg. سونے کا پانی gilding. سونے کا پترا gold foil. سونے کا نوالہ **1** an expensive banquet; nice food. **2** overindulgence. سونے کا نوالہ کھلانا اور شیر کی نظر سے دیکھنا to feed lavishly and keep an eagle's eye (to allude to luxurious but strictly disciplined upbringing). سونے کا ورق gold leaf. سونے کی چڑیا **1** a golden bird. **2** a rich person. **3** highly valued prize. سونے کی زنجیر used to be considered sacred, the moon-plant and its juice. سوم رس (***Hinduism***) potion of gods.

سوموار /so:mvɑ:r/ ■ *n.m.* Monday.

سون /su:n/ ■ *n.f.* silence, stillness, quiet, reticence, numbness. سون کھینچنا keep mum, be silent.

سوں /sõ:/ ■ *n.f.* a sworn declaration, oath, vow. سوں رب کی by God!

سُونا /su:nɑ:/ ■ *adj.* **1** desolate, unoccupied, deserted. **2** hollow, empty, void. **3** plain, unadorned. سونا پڑا ہونا lie deserted. سونا کر جانا desert (a place); depart; make a place empty or unadorned (by leaving it). سونا ہو جانا lay wasted or deserted. (*fem.* سُونی)

سونا¹ /so:nɑ:/ ■ *n.m.* **1** gold; bullion. **2** (*fig.*) riches, wealth. **3** thing of real and unalterable value, something very beneficial (esp. for health). **4** very noble person. **5** (*fig.*) golden ray of sun, sunlight. سونا اچھالتے جانا (of conditions in a country) be very peaceful and safe. سونا اگلتی زمین very fertile piece of land. سونا تیزابی pure gold. سونا جانے کسے آدمی جانے بسے man is known by association and gold is known by touchstone; fact is known only after first-hand experience. سونا چھوئے مٹی ہوتا ہے is always unlucky. سونا سگند رسوگند **1** good quality gold. **2** (man) of good descent. سونا ماکھی رمکھی goldstone, marcasite. [Prk.]

سونا² ____ ■ *v.* **1** sleep, repose, go to bed; to lie. **2** to have sexual intercourse with. **3** lie dead. **4** be ignorant, be unmindful or unaware, be silent. **5** become numbed or without sensation (of limbs). سونا حرام ہو جانا رہونا be sleepless, be very disturbed, be very anxious or restless. سونا سوگند ہو جانا رہونا sleep to disappear, become sleepless and restless. [Prk.]

سونپنا /sõ:pnɑ:/ ■ *v.* commit or deliver for safe-keeping, entrust, charge, consign, hand over.

سُونتنا /sũ:ṭnɑ:/ ■ *v.* (also سُوتنا) **1** draw (a sword). **2** strip leaves off a branch. **3** starch (kite-string). **4** massage by rubbing down. **5** beat severely.

سُونٹ /sũ:ṭ/ ■ *n.f.* silence. سونٹ بھرنا رمارنا be silent.

سونٹا /sõ:ṭɑ:/ ■ *n.m.* **1** staff, club, mace, cudgel. **2** magic wand. **3** pestle used to grind something. سونٹا بردار mace-bearer, staff-bearer. سونٹا سے ہاتھ (of a woman) bare arms, arms without bangles.

سویا /so:jɑ:/ ■ *n.m.* an aromatic plant, fennel, a pot-herb. [Prk.]

سویا[2] ____ ■ *adj.* asleep, sleeping. ■ *v.* (*past* of سونا) slept. سویا سو چوکا رکھویا one who sleeps loses. سویا مُوا ر مویا برابر ہے one asleep is just like a dead one. [Prk.]

سوَیّا /səvəjjɑ:/ ■ *n.m.* **1** multiplication table of one and one-fourth times. **2** (*arch.*) a weight of one and a quarter seer. ■ *adj.* with a quarter more.

سُوَیّا /sʊvəjjɑ:/ ■ *adj.* asleep, sleepy, sleeping.

سِوَیّاں /sɪvəjjɑ̃:/ ■ *n.f.pl.* vermicelli.

سُوَیدا /sʊvæ:dɑ:/ ■ *n.m.* **1** black dot. **2** supposed black dot on the heart.

سویر /səve:r/ ■ *adj.* soon; early. (*cf.* دیر).

سویرا /səve:rɑ:/ ■ *n.m.* **1** dawn; morning. **2** time; chance, opportunity. سویرا ہونا the day to dawn or break. سویرا ہے it is not too late, there is still time.

سویرے /səve:re:/ ■ *adv.* (*infl.* of سویرا) early in the morning. سویرے سویرے very early in the morning.

سویم /so:jəm/ ■ *n.m.* (also سوئم) third day after death.

سویمبر /sojəmbər/ ■ *n.m.* (also سوئمبر) ancient Hindu custom of public selection of a husband by a princess or a lady of high rank from among a number of assembled suitors. سویمبر رچانا call such an assembly.

سِہ /seh/ ■ *cardinal number* three. سہ بندی **1** militia soldier employed in collecting revenue. **2** quarterly payment. سہ پایہ tripod. سہ پہر afternoon. سہ پہل / پہلو trilateral. سہ جہاتی / جہتی / رخی / طرفی three dimensional. سہ چند thrice as much, three times, threefold. سہ حدّہ having three boundaries; place or point where three boundaries meet. سہ حرفی **1** (*literal*) three-lettered word. **2** a genre of Punjabi poetry. سہ درہ hall or courtyard having three doors. سہ رکنی consisting of three members. سہ روح three spirits, i.e. animals, vegetation and minerals. سہ روزہ three-day, of three days. سہ سالہ **1** three-years-old. **2** triennial. سہ شنبہ Tuesday. سہ فصلہ yielding three crops. سہ کرّہ / سکرّر third time. سہ گوشہ **1** triangle. **2** triangular. سہ گوشیہ **1** three-cornered. **2** (***Zool.***) animals with gills, nostrils and mouth. سہ ماہا / ماہی **1** quarterly. **2** quarterly magazine. **3** quarterage, quarterly payment or salary. سہ منزلہ three-storeyed (house).

سُہا /sʊhɑ:/ ■ *n.m.* name of a star in the constellation of comfortable confinement; captivation by means of wealth. سونے میں پیلی / زرد ہونا (of a woman) be adorned with golden ornaments.

سونیا /so:njɑ:/ ■ *n.m.* worker (in a mint or goldsmith's shop) who separates gold particles from sand/ ashes.

سوواں /sɔ:vɑ̃:/ ■ (also سواں) *ordinal number* hundredth.

سوہا[1] /so:hɑ:/ ■ *adj.* (also سُوہا) red, crimson; saffron-coloured. ■ *n.m.* name of a musical raga. سوہا جوڑا red-coloured dress; wedding dress. [S]

سوہا[2] ____ ■ *adj.* brilliant; handsome, beautiful. [Prk.]

سوہان /so:hɑ:n/ ■ *n.m.* **1** a tool with rough surface used for smothering, file, rasp; whetstone. **2** (*fig.*) trouble, affliction, agony. سوہانِ روح something troublesome or vexatious; agonizing (thing or matter).

سوہلا /so:hlɑ:/ ■ *n.m.* wedding song; a nuptial song; a song of praise.

سوہن /so:hən/ ■ *adj.* charming, pleasing, beautiful. ■ *n.m.* friend; sweetheart. سوہن حلوہ a kind of crisp sweetmeat.

سوہنا /so:hnɑ:/ ■ *adj.* (also سُہنا) beautiful, charming, alluring; likeable. ■ *v.* look beautiful, allure; suit; be liked.

سوہنی /so:hni:/ ■ *adj.* (*fem.* of سوہنا). ■ *n.f.* (***Music***) name of a raga.

سُوء /su:/ ■ *n.f.* **1** badness, faultiness. **2** indigestion. سوءِ اتفاق mishap, misfortune. سوءِ ادب rudeness, bad manners, disrespect. سوءِ ظن suspicion, doubt. سوءِ فہم misunderstanding; unreason. سوءِ ہضم indigestion.

سوئم /so:ɪm/ ■ *adj.* third. ■ *n.m.* (also سویم) (*corr.* of سوم) the third day after the death (when prayers are offered and some rites are performed).

سُوئی /su:i:/ ■ *n.f.* **1** needle. **2** hand of a watch or a clock. **3** pointer of a compass. **4** tongue of a balance. **5** shoot (a young branch of a plant). **6** (*fig.*) thorn, prick. **7** (*coll.*) injection or its needle. سوئی پرونا thread a needle. سوئی کا بھالا ہو جانا be grossly exaggerated. سوئی کا کام needlework. سوئی کا ناکہ eye of a needle. سوئی کے ناکے سے اونٹ / خدائی کو نکالنا perform wonders, achieve impossibilities.

سوئی /so:i:/ ■ *adj.* (*fem.* of سویا[2]).

سُوئے /su:e:/ ■ *adv.* towards, in the direction of. سوئے حرم towards Makkah. See under سُو.

look charming, adorn.

سُہانی /sʊhɑːniː/ ■ *adj.* (*fem.* of سہانا) pleasant, beautiful.

سہاؤ /səhɑːoː/ ■ *n.m.* bearing, endurance.

سہائے /səhɑːeː/ ■ *n.m.* assistance; support; relief. سہائے کرنا 1 help; support. 2 protect.

سہایتا /səhɑːjət̪ɑː/ ■ *n.f.* (also سہائتا) assistance; support; relief.

سہتا /sæhṭɑː/ ■ *adj.* 1 bearable. 2 (also سہتا سہتا) lukewarm, (water) bearably hot. 3 bearing. (*fem.* سہتی)

سہج¹ /sæhædʒ/ ■ *adj.* 1 easy, simple, not difficult. 2 slow, dull, dim. 3 soft. ■ *adv.* slowly, softly, by degrees, in a low tone. سہج پکے سو میٹھا haste makes waste. سہج سبھاؤ with natural ease. سہج سہج slowly; cautiously, carefully. سہج سے slowly, gradually; carefully; in low voice, softly. [S]

سہج² ____ ■ *adj.* 1 (offspring) of the same mother. 2 connate. 3 inherent, natural. [S]

سہجا /sæhdʒɑː/ ■ *n.f.* a sister of whole blood, sister born of same mother.

سہچر /sæhtʃər/ ■ *n.m.* partner, sharer.

سہر /səhər/ ■ *n.m.* sleeplessness, insomnia.

سہرا /sehrɑː/ ■ *n.m.* 1 bridal garland hung from the head, garland or wreath worn on the head by the bride or the bridegroom, bridal chaplet. 2 epithalamium, a nuptial poem written and sung on the occasion of marriage. سہرا اپنے سر باندھنا to take credit of, to attribute an achievement to oneself. سہرا باندھنا tie the bridal chaplet. سہرا بندی formal rite of tying the bridal chaplet on the bridegroom's head. سہرا سر باندھنا to give credit to, acknowledge or praise for some achievement. سہرا کہنا to write a nuptial poem. سہرا گانا to sing nuptial poem or song. سہرا گوندھنا string flowers into a chaplet. سہرا لکھنا to write a nuptial poem or song. (سر) سہرا ہونا credit to go to.

سہری /sæhriː/ ■ *n.f.* cyprinid, a kind of carp, *Cyprinus chrysopareius*.

سہل /sæhl/ ■ *adj.* 1 easy, simple. 2 unimportant, trifle, ordinary; soft. 3 smooth ground, soft and plain country. سہل انکاری/انگاری laziness, indolence, easy-going attitude, carelessness. سہل کرنا make easy, simplify, facilitate. سہلِ ممتنع (*Poet.*) inimitably easy the Great Bear.

سُہاتا /sʊhɑːṭɑː/ ■ *adj.* pleasant, agreeable; beautiful.

سہار /səhɑːr/ ■ *n.f.* 1 endurance, tolerance, patience. 2 power, power to bear or endure.

سہارا /səhɑːrɑː/ ■ *n.m.* 1 support, prop; help, assistance. 2 reliance. سہارا پکڑنا/کرنا/لینا depend (on), seek the help (of); be helped by. سہارا تکنا/ڈھونڈنا seek support. سہارا ٹوٹنا lose support. سہارا دینا/لگانا help, assist; support.

سہارنا /səhɑːrnɑː/ ■ *v.* endure, tolerate, bear, brook; support (the weight of).

سُہاگ /sʊhɑːg/ ■ *n.m.* 1 husband. 2 marital state or wifehood. 3 marriage song. 4 a certain ornament worn by a wife as a sign that her husband is living. 5 happiness, joy. 6 auspiciousness. 7 affection of a husband, marital love. سہاگ اترنا/اجڑنا become a widow. سہاگ بھری lucky (wife); beloved wife. سہاگ پٹارا/پٹارہ/پڑا/پوڑا old-styled basket containing cosmetics, comb, bangles, etc. presented to bride by bridegroom's family on the eve of wedding. سہاگ رات nuptial night. سہاگ سونا/سونٹھ dry ginger mixed with sugar, etc. (for the use of puerperal women). سہاگ سہرے nuptial songs, marital melodies. سہاگ سیج nuptial bed. سہاگ گیت/گھوڑیاں songs sung on the eve of wedding, marriage songs.

سُہاگا /sʊhɑːgɑː/ ■ *n.m.* (also سُہاگہ) 1 borax. 2 harrow.

سُہاگن /sʊhɑːgən/ ■ *n.f.* (also سُہاگنی) 1 married woman whose husband is alive; woman loved by her husband, lucky wife. 2 a woman who dies in her husband's lifetime. 3 (*fig.*) a woman adorned with jewellery and make-up; decorated. سہاگن کا لڑکا پچھواڑے کھیلتا ہے a married woman can always have another son (words said to console a woman whose son has just died).

سُہاگہ /sʊhɑːgɑː/ ■ *n.m.* See سُہاگا.

سُہال /sʊhɑːl/ ■ *n.m.* a kind of sweet fried bread.

سہالگ /səhɑːləg/ ■ *n.m.* wedding day, wedding season.

سِہام /sɪhɑːm/ ■ *n.m.* (*pl.* of سہم²) 1 arrows. 2 portions or shares (of inheritance).

سہانا /səhɑːnɑː/ ■ *n.m.* musical mode.

سُہانا /sʊhɑːnɑː/ ■ *adj.* pleasant, agreeable, beautiful, graceful, charming. ■ *v.* be agreeable, be beautiful,

سُہیل /sʊhe:l/ ■ *n.m.* the star Canopus. ■ *adj.* (*fig.*) bright; prominent.

سہیلی /səhe:li:/ ■ *n.f.* **1** woman's female friend. **2** (*arch.*) handmaid. (See also سکھی.)

سُہیلی /sʊhe:li:/ ■ *adj.* concerning the star Canopus.

سہیم /səhi:m/ ■ *adj.* even, equal. ■ *n.m.* an equal, a partner.

سی¹ /si:/ ■ *cardinal number* thirty. سی پارہ (also سیپارہ) one of the thirty portions of the Holy Qur'an. سی حرفی a genre of Punjabi poetry in which couplets begin with letters in alphabetical order. سی وصد سال one hundred and thirty years; i.e. for a long time. سی وصد سال جیو عمر ہو (*opt.*) may you live very long! (usu. said when admiring someone or thanking a younger one). [P]

سی² ____ ■ *adj.* (*fem.* of سا¹) like, resembling, similar. [Prk.]

سی³ ____ ■ *n.f.* sound produced to show pain or cold. سی سی کرنا make a hissing sound due to cold. سی کرنا utter a sound to express pain.

سے /se:/ ■ *prep.* with; by; from; at; to; of; since.

سیاپا /sɪjɑ:pɑ:/ ■ *n.m.* mourning, grief.

سیّاح /səjjɑ:h/ ■ *n.m.* tourist, a great or frequent traveller, traveller.

سیاحت /sɪjɑ:hət̪/ ■ *n.f.* (also سیّاحی) tourism; journey, travelling, voyage. سیاحت نامہ travelogue.

سیاحتی /sɪjɑ:hət̪i:/ ■ *adj.* of or relating to سیاحت.

سیّاحی /səjjɑ:hi:/ ■ *adj.* travelling. See سیاحت.

سیادت /sɪjɑ:d̪ət̪/ ■ *n.f.* **1** rule, government, sovereignty. **2** chieftainship, leadership, hegemony, supremacy, dominion. **3** (***Islam***) the state of being a Sayyid, i.e. a descendant of Prophet Muhammad.

سیار /sɪjɑ:r/ ■ *n.m.* jackal. سیار سنگی رسینگی jackal's bone, traditionally believed to ward off evil effects. سیار کی لاٹھی (also املتاس) Indian laburnum, golden shower tree, *Cassia fistula*.

سیّار /səjjɑ:r/ ■ *n.m.* **1** one who travels much, traveller; wanderer. **2** something that revolves or rotates. **3** (*fig.*) planet.

سیّارات /səjjɑ:rɑ:t̪/ ■ *n.m.* (*pl.* of سیّارہ) planets.

سیّاراتی /səjjɑ:rɑ:t̪i:/ ■ *adj.* of or relating to planets, planetary.

سیّارچہ /səjjɑ:rtʃɑ:/ ■ *n.m.* (*dim.* of سیّارہ) satellite; artificial style.

سہلاً /sæhlən/ ■ *adv.* easily, without difficulty, without effort.

سہلانا /sæhlɑ:nɑ:/ ■ *v.* **1** rub gently, tickle, titillate. **2** (*deris.*) to flatter.

سہلاہٹ /sæhlɑ:hət̪/ ■ *n.f.* titillation, tickling.

سہم¹ /sæhm/ ■ *n.m.* dread, fear, terror. سہم جانا be afraid, be scared, become frightened. سہم ناک frightening. [P]

سہم² ____ ■ *n.m.* **1** share, portion. **2** arrow. **3** segment of a circle. **4** a transverse beam of a house. [A]

سہما /sæhmɑ:/ ■ *adj.* afraid, frightened. سہما سہما afraid, in fear.

سہمانا /sæhmɑ:nɑ:/ ■ *v.* frighten.

سہمگیں /sæhməgĩ:/ ■ *adj.* **1** frightened, terrorized. **2** fearful, frightening, awful.

سہمنا /sæhæmnɑ:/ ■ *v.* be afraid, be alarmed, fear.

سہمی /sæhmi:/ ■ *adj.* (*fem.* of سہما) afraid, scared.

سہن /sæhən/ ■ *n.m.* suffering, bearing, patience, tolerance. سہن کرنا to bear, tolerate, endure.

سہنا /sæhnɑ:/ ■ *v.* bear, suffer, endure.

سُہنا /sʊhnɑ:/ ■ *v.* fine; beautiful. See سوہنا.

سہو /sæhv/ ■ *n.f.* **1** oversight, omission, inadvertent mistake. **2** negligence, inattention, neglect. سہوالقلم رقلم slip of the pen. سہوِ کاتب scribe's error; clerical error. سہو کتابت **1** error of the calligrapher or compositor. **2** clerical error. **3** slip of the pen.

سہواً /sæhvən/ ■ *adv.* by oversight, erroneously, by mistake, mistakenly.

سُہولت /sʊhu:lət̪/ ■ *n.f.* (also سُہولیت) **1** facility, ease. **2** mildness, gentleness; softness, smoothness. سہولت سے easily, smoothly, softly. (*pl.* سہولیات)

سہی¹ /sæhi:/ ■ *adv.* **1** indeed, of course, true enough. **2** supposedly. ■ *phr.* let it be; very well, often added to participle, as: آؤ تو سہی do come, just come along; come if you dare. یوں ہی سہی so be it. [Prk.]

سہی² ____ ■ *adj.* (*var.* of صحیح) right, just; true; proper; valid. (کی) سہی نہیں is not acceptable, is not agreeable. [dial.]

سہی³ ____ ■ *n.m.* a (straight) cypress tree. ■ *adj.* straight, erect (as cypress tree), like a cypress in stature, tall and graceful as the cypress. سہی قد like a cypress tree in stature, straight, erect and graceful. [P]

2 wise (woman). 3 mature, marriageable (girl).

سیاہ /sɪjɑːh/ ■ *adj.* (also سِیہ) 1 black. 2 dark, sombre. 3 unfortunate. 4 bad. 5 sinful. 6 inauspicious. سیاہ باطن 1 malicious. 2 hypocrite. سیاہ بخت unlucky, unfortunate. سیاہ پوش 1 dressed in black. 2 one in mourning. سیاہ تالو 1 black-mouthed (a horse which is considered inauspicious). 2 one whose curse prevails. سیاہ چشم 1 black-eyed. 2 unkind, cruel, impolite. سیاہ دستی miserliness. سیاہ دل cruel; black-hearted. سیاہ رُو 1 disgraced. 2 black-faced. سیاہ روزی / طالعی misfortune. سیاہ فام of black or dark complexion. سیاہ کار sinful, wicked. سیاہ کرنا 1 blacken. 2 blacken a paper by writing on it, to write. 3 spoil, ruin. سیاہ کرو چاہے / یا سفید do whatever you like. سیاہ گوش lynx, a species of wild cat. سیاہ مست dead-drunk. سیاہ مستی excessive drunkenness. سیاہ نویسی act of registering. سیاہ وسپید / سفید 1 full powers. 2 good or bad. 3 night and day. 4 woe and happiness. 5 tyranny and justice. سیاہ وسپید / سفید کا مالک ہونا be in complete control.

سیاہہ /sɪjɑːhɑː/ ■ *n.m.* (also سیاہا) 1 account-book. 2 written account. 3 a list, inventory. سیاہہ بہی the ledger or day-book in which daily receipts and disbursements are entered. سیاہہ کرنا enter, pass or register an entry. سیاہہ نویس accountant or account clerk.

سیاہی /sɪjɑːhi/ ■ *n.f.* 1 blackness, darkness. 2 ink; blacking. 3 stain, spot. 4 vague figures or shadows seen from a distance. 5 (*fig.*) (i) trouble, affliction, misfortune. (ii) defect; blemish; disgrace; sinfulness. سیاہی چٹ / چوس blotting-paper. سیاہی دان inkpot. سیاہی مائل blackish.

سیب /seːb/ ■ *n.m.* apple. سیبِ آدم Adam's apple. سیبِ ذقن / زنخ / زنخداں (*fig.*) small lovely chin. سیبِ غبغب the chin.

سیپ /siːp/ ■ *n.f.* 1 oyster shell. 2 the first mango that falls from tree. سیپ سامنھ نکل آنا grow very weak; have wrinkles on the face.

سیپل /siːpəl/ ■ *n.f.* petal.

سیپارہ /siːpɑːrɑː/ ■ *n.m.* one of the thirty sections of the Qur'an. See سی پارہ under سی¹.

سیپی /siːpi/ ■ *n.f.* (also سِیپ) shell, oyster shell. سیپی کا کیڑا shellfish.

سیت /siːt̪/ ■ *n.f.* 1 chilliness, cold. 2 wetness, moisture. 3 sweat, perspiration. سیت کال the winter season.

satellite; telstar; asteroid.

سیّارگان /səjjɑːrgɑːn/ ■ *n.m.* (*pl.* of سیّارہ) planets.

سیّارہ /səjjɑːrɑː/ ■ *n.m.* planet.

سیاست /sɪjɑːsət̪/ ■ *n.f.* 1 politics. 2 administrative or political policy, strategy or management. 3 agony, pain. 4 penalty, punishment. 5 diplomacy, wirepulling. سیاست دان politician, statesman. سیاست دانی statesmanship. سیاست کار politician. سیاست کرنا 1 administer. 2 chastise, punish. سیاستِ مُدُن civics. سیاست میں ہونا be in politics.

سیاستدان /sɪjɑːsət̪d̪ɑːn/ ■ *n.m.* politician, statesman. See سیاست دان under سیاست.

سیاسی /sɪjɑːsi/ ■ *adj.* 1 political, pertaining to public affairs or politics. 2 diplomatic. سیاسی جماعت political party. سیاسی گفتگو political discussion, diplomatic (way of) talk.

سیاسیات /sɪjɑːsɪjɑːt̪/ ■ *n.f.* political science.

سیاق /sɪjɑːq/ ■ *n.m.* 1 context; tenor of speech. 2 order according to alphabet. 3 account-keeping, bookkeeping. 4 arithmetic; enumeration. سیاق نویس accountant. سیاق وسباق context; perspective.

سیاقت /sɪjɑːqət̪/ ■ *n.f.* 1 driving, urging onward, impelling, stimulating. 2 mode, style.

سیّال /səjjɑːl/ ■ *adj.* 1 liquid, fluid, having the property of flowing. 2 (people) of low status or caste. 3 (*fig.*) (i) incomplete. (ii) deranged. (iii) unstable, changeable. (iv) current; rapidly changing.

سیالا /sɪjɑːlɑː/ ■ *n.m.* winter.

سیّالہ /səjjɑːlɑː/ ■ *n.m.* 1 torrent. 2 volume of anything poured out.

سیاما /sɪjɑːmɑː/ ■ *n.m.* (also شِیاما) Indian nightingale.

سیان /sɪjɑːn/ ■ *n.m.* (also سیان پت) 1 cleverness, cunningness. 2 sagacity, wisdom. 3 selfishness.

سیّاں /səjjɑ̃ː/ ■ *n.m.* 1 woman's sweetheart, lover; friend. 2 husband. سیّاں بھئے کوتوال اب ڈر کاہے کا a friend in court makes the process short.

سیانا /sɪjɑːnɑː/ ■ *adj.* 1 clever, cunning, artful. 2 knowing, sagacious, wise. 3 grown-up, mature. ■ *n.m.* conjuror, exorcizer, sorcerer. سیانا پن sagacity, shrewdness, cleverness; maturity; thrift. سیانا کوّا گو کھاتا ہے person who is too clever has to eat the humble pie.

سیانی /sɪjɑːni/ ■ *adj.* (*fem.* of سیانا) 1 shrewd (woman).

سیتاپھل /si:t̪ɑ: p^{h}əl/ ■ *n.m.* custard apple. (See also شریفہ[1].)

سیتل /si:t̪əl/ ■ *n.f.* See سیتلا. ■ *adj.* (also شیتل) cold, cool. سیتل پٹی/پاٹی a thin reed mat. سیتل چینی/مرچ a kind of spice.

سیتلا /si:t̪lɑ:/ ■ *n.f.* (also سیتل) smallpox. سیتلا کی پھوٹی آنکھ 1 eye lost from smallpox. 2 (*fig.*) an irreparable loss. سیتلا پھٹا/کھایا/منھ داغ 1 pitted with smallpox. 2 (*fig.*) ugly.

سیتنا /se:t̪nɑ:/ ■ *v.* save; take care of. See سینتنا.

سیٹی /si:ʈi:/ ■ *n.f.* whistle. سیٹی باز whistler. سیٹی بجانا whistle.

سیٹھ /se:ʈ^{h}/ ■ *n.m.* seth, honorific title and form of address for a rich person, businessman, financer, tycoon or trader.

سیٹھا /si:ʈ^{h}ɑ:/ ■ *adj.* 1 tasteless, insipid. 2 (*fig.*) (i) vapid. (ii) uninteresting. 3 pale, faded, sickly. سیٹھاپن tastelessness, vapidity; insipidity.

سیٹھانی /se:ʈ^{h}ɑ:ni:/ ■ *n.f.* (also سٹھانی) rich woman or the wife of سیٹھ.

سیٹھی /si:ʈ^{h}i:/ ■ *adj.* (*fem.* of سیٹھا) tasteless.

سیج[1] /se:dʒ/ ■ *n.f.* 1 bed. 2 coach. 3 a layer of straws (for horse, etc.). 4 a layer of flowers on bed. 5 (*fig.*) a bed for bride and bridegroom set on wedding day. سیج بچھانا make the bed. سیج بند cords for fastening bedding to a bedstead. [S]

سیج[2] ____ ■ *n.f.* open cart of different shapes, palanquin. [dial.]

سیخ /si:x/ ■ *n.f.* skewer, any long thin piece of metal, spit. سیخ پا ہونا 1 be extremely upset, fly into a passion, be incensed. 2 (of a horse) rear. سیخ پر لگانا 1 to put on the spit to cook over an open fire. 2 (*fig.*) to burn. سیخ کباب (also شیش کباب) barbecued minced meat, shish kebab.

سیخنا /si:xnɑ:/ ■ *v.* (of grilled meat) to prepare on spit, grill.

سیِّد /səjjɪd̪/ ■ *n.m.* (also سیّد) 1 lord, chief. 2 Sayyid, descendant of Prophet Muhammad. سیدِ اُمم 1 master of nations. 2 (*fig.*) Prophet Muhammad. سیدزادہ one born of a Sayyid.

سیِّدانی /səjjɪd̪ɑ:ni:/ ■ *n.f.* (also سیّدانی) a woman of a Sayyid family.

سیّدنا /səjjəd̪nɑ:/ ■ *voc.* (*literal*) our leader, our chief. ■ *n.m.* used as an honorific title before the names of prophets and other religious figures.

سیِّدہ /səjjɪd̪ɑ:/ ■ *n.f.* (also سیّدہ) 1 princess; lady. 2 a woman of Sayyid family. 3 honorific title of Hazrat Fatimah, the daughter of Prophet Muhammad.

سیدھ /si:d̪^{h}/ ■ *n.f.* 1 straightness, directness. 2 direct line, aim, direction. 3 simplicity, innocence. سیدھ باندھنا 1 take aim. 2 go on a straight line, gain a direct line. سیدھ میں in a straight line. (کی) سیدھ میں in the direction of.

سیدھا /si:d̪^{h}ɑ:/ ■ *adj.* 1 straight, direct. 2 in front, facing, positioned so as to face. 3 erect. 4 simple; easy. 5 quiet, gentle. 6 right, correct; proper. 7 naive, innocent, manageable, docile; straightforward. ■ *adv.* directly. ■ *n.m.* provision, undressed victuals. سیدھاسادا/سادھا artless, simple. سیدھاسچا honest. سیدھاکرنا 1 make straight. 2 poise (gun, etc.); take aim. 3 correct; chastise. سیدھاہاتھ right hand. سیدھاہونا 1 be straightened. 2 be tamed. (*opp.* اُلٹا)

سیدھائی /si:d̪^{h}ɑ:i:/ ■ *n.f.* 1 directness, straightness; uprightness. 2 simplicity.

سیدھی /si:d̪^{h}i:/ ■ *adj.* (*fem.* of سیدھا) 1 straight. 2 simple. سیدھی انگلیوں گھی نہیں نکلتا gentleness will not always solve problems. سیدھی راہ سے پھرنا deviate from the right way. سیدھی سنانا to curse, call names. سیدھی سی بات simple thing. سیدھی طرح 1 fairly, quietly, properly. 2 unhesitatingly. (*opp.* اُلٹی)

سیدھے /si:d̪^{h}e:/ ■ *adv.* directly, straight on. سیدھے سُبھاؤ gently, in all honesty, in a straightforward manner. سیدھے منھ بات نہ کرنا be too proud to speak politely, be curt. سیدھے ہاتھ to the right, on right hand (side). (*opp.* اُلٹے)

سَیر /sæ:r/ ■ *n.f.* 1 excursion, tour, sightseeing; stroll, walk; perambulation. 2 recreation, amusement. 3 scene, view, spectacle. 4 jest, witticism. سیربین 1 one who views, one who studies. 2 cosmorama, bioscope. سیرسپاٹا 1 excursion; sightseeing; recreational tour. 2 walk, stroll. سیرکرنا stroll, to move about, walk. سیرگاہ place for recreation. سیروشکار sightseeing and hunting.

سِیَر /sɪjər/ ■ *n.f.* (*pl.* of سیرت) 1 qualities, moral disposition, virtues. 2 biographies.

سیر[1] /si:r/ ■ *n.f.* land under the direct cultivation of landowner, first rate land. ■ *adv.* jointly, in partnership. [S]

سیر[2] ____ ■ *n.m.* garlic. [P]

سیر[1] /se:r/ ■ *adj.* 1 full, replete. 2 satisfied; satiated.

■ *n.f.* hissing sound made due to cold or pain or by sharpness of chillies. (See also ۳سی.)

سَیف /sæ:f/ ■ *n.f.* sword. سیفِ ابرو sword shaped eyebrow. سیفُ الملوک 1 (*literal*) the sword of kings. 2 name of a mountain lake in Pakistan. 3 name of a legendary prince. سیف خانی a kind of shoe. سیف زبان 1 having a tongue like a sword. 2 one having a smooth tongue to persuade. 3 a pious person whose pronouncements prove to be true; one whose curses prevail. (*pl.* سُیُوف)

سَیفہ /sæ:fɑ:/ ■ *n.m.* 1 bookbinder's knife. 2 small sword, dagger. سیفہ کرنا cut the edges of the pages of a book smooth and even.

سَیفی /sæ:fi:/ ■ *n.f.* 1 rosary, string of beads. 2 cursing, imprecation. 3 incantation meant to harm someone. 4 (*fig.*) magic. ■ *adj.* 1 of or relating to sword. 2 (*fig.*) of soldier. 3 sword-shaped. 4 (***Bot.***) equitant. سیفی پھیرنا count the beads; say the imprecatory prayers.

سَیکڑا /sæ:kɽɑ:/ ■ *n.m.* (also سَینکڑا، سَینکڑہ) hundreds, place in counting after units and tens. ■ *adv.* per cent, per hundred.

سَیکڑوں /sæ:kɽõ:/ ■ *adj.* (also سَینکڑوں) 1 hundreds (of). 2 (*fig.*) a lot of; in great quantity. سیکڑوں سنانا abuse, to speak harshly. سیکڑوں گھڑے پانی پڑ جانا be filled with shame, be very ashamed.

سِیکھ /si:kʰ/ ■ *n.f.* 1 learning, tuition, instruction, lesson. 2 advice, counsel. سیکھ لینا 1 take advice, learn from, consult. 2 acquire proficiency in.

سِیکھتڑ /si:kʰt̪əɽ/ ■ *n.m.* novice, learner.

سِیکھنا /si:kʰnɑ:/ ■ *v.* learn, acquire.

سَیل /sæ:l/ ■ *n.m.* 1 stream; running water. 2 flood. سیلِ اشک flood of tears. سیلِ رواں 1 flowing flood, a flux of water. 2 (*fig.*) people coming in a great number, a massive moving crowd.

سِیل¹ /si:l/ ■ *n.m.* 1 nature; conduct, disposition. 2 virtue, humanity, morality, civility. 3 steady and uniform observance of law and morals. 4 contentment. سیل واں 1 virtuous; amiable. 2 contented. (آنکھوں میں) سیل ہونا be quiet, modest or polite. [Prk.]

سِیل² ____ ■ *n.f.* moisture, dampness, humidity. سیل جانا become damp. [Prk.]

سِیلا /si:lɑ:/ ■ *adj.* damp, moist. (*fem.* سِیلی)

3 tired. سیر چشم 1 satisfied, content. 2 not greedy, generous. سیر چشمی 1 satiety, contentment. 2 generosity. سیر حاصل 1 very productive (land). 2 complete, detailed (review or discussion). سیر شدہ (***Chem.***) saturated. سیر ہونا be satiated or full. [P]

سیر² ____ ■ *n.m.* seer, former unit of weight approximately of two pounds. سیر بھر one seer. سیر کو سوا سیر stronger than a strong one.[S]

سَیراب /sæ:rɑ:b/ ■ *adj.* 1 to well-irrigated, well-watered. 2 replete. 3 full of water, moist. 4 blooming, flourishing; fertile. سیراب کرنا 1 water. 2 satisfy. 3 quench thirst.

سَیرابی /sæ:rɑ:bi:/ ■ *n.f.* 1 state of being well-irrigated. 2 satiety.

سِیرت /si:rət̪/ ■ *n.f.* 1 character, conduct, disposition. 2 way of living. 3 biography, life history. 4 the life of Prophet Muhammad, Prophet Muhammad's biography and his way of living. (*pl.* سِیَر)

سیروا /se:rvɑ:/ ■ *n.m.* horizontal support of a bed at the head or foot.

سیری /se:ri:/ ■ *n.f.* 1 satiety. 2 fullness, repletion.

سِیڑھی /si:ɽʰi:/ ■ *n.f.* (also سِیڑی) 1 ladder; stair. 2 step, degree, rung. 3 level, stage, rank. 4 an action through which result is achieved, source, means, medium. سیڑھی سیڑھی چڑھنا make gradual progress, climb step by step. سیڑھی کا ڈنڈا a horizontal piece of wood on a ladder, rung. سیڑھی لگا کر چڑھنا climb by means of a ladder. سیڑھی لگانا 1 to put a ladder by a wall, etc. to climb up. 2 use some means to go up or make progress.

سِیزدہ /si:zd̪əh/ ■ *cardinal number* thirteen.

سِیزدہم /si:zd̪əhʊm/ ■ *ordinal number* thirteenth.

سیس¹ /si:s/ ■ *n.m.* head; forehead. سیس پھول 1 ornament for the head. 2 (*fig.*) husband. سیس جٹا long hair. سیس کاٹنا behead. سیس گوندھانا 1 have the hair braided. 2 to prepare for marriage; to wed. [S]

سیس² ____ ■ *n.m.* king cobra. See شیش ناگ under ۳شیش. [Prk.]

سیسا /si:sɑ:/ ■ *n.m.* (also سیسہ) lead. سیسا پلانا strengthen, solidify. سیسا پلائی دیوار solidified (wall), very strong, unbreakable; united.

سیسر /se:sər/ ■ *n.m.* grip of a bow.

سی سی /si: si:/ ■ *exclam.* denoting a hissing sound.

سیلا¹ /se:lɑ:/ ■ *n.m.* kind of sheet constituting a part of dress, worn and awarded as present or honour by rulers of states; a silk turban (worn by bridegrooms); sash. [S]

سیلا² ____ ■ *n.m.* a variety of rice. [S]

سَیلاب /sæ:lɑ:b/ ■ *n.m.* sailab, flood, deluge, inundation. سیلاب زدہ flooded, affected by flood.

سَیلابہ /sæ:lɑ:bɑ:/ ■ *n.f.* land dependent on flood or torrents for irrigation.

سَیلابی /sæ:lɑ:bi:/ ■ *adj.* of or relating to flood. ■ *n.f.* land liable to inundation; land dependent on flood for irrigation. سیلابی نہر canal dug for diverting flood water.

سَیلان¹ /sæ:lɑ:n/ ■ *n.m.* flow, current. سیلانِ ابیض،الرحم leucorrhoea. سیلانِ خون،ردم blood-flow, haemorrhage. [A]

سَیلان² ____ ■ *n.m.* (also سَیران) walking, stroll; recreation, outing, travelling, excursion. [Prk.]

سَیلانی /sæ:lɑ:ni:/ ■ *adj.* wandering, fond of visiting places or travelling. ■ *n.m.* **1** traveller; one who has no fixed abode, itinerant, tramp, vagabond. **2** (*fig.*) one looking for truth, devotee, Sufi.

سیل کھڑی /se:l kʰəɽi:/ ■ *n.f.* (also سیل کھری، سیل گھڑی) a species of steatites, a kind of talc, soapstone.

سیلن /si:lən/ ■ *n.f.* dampness, wetness, moisture.

سیلی /si:li:/ ■ *adj.* (*fem.* of سیلا) سیلی لکڑی wet wood.

سیلی¹ /se:li:/ ■ *n.f.* slap, cuff, blow with the edge of open hand edgewise on the nape of the neck. [P]

سیلی² ____ ■ *n.f.* **1** necklace. **2** sash; belt. **3** a necklace of hair or threads worn by fakirs. **4** a line of hair extending from the breast to the navel. [dial.]

سیم /si:m/ ■ *n.m.* silver. سیم اندام، بر، تن **1** with silvery limbs; with body fair as silver; beautiful. **2** (*fig.*) lover; beloved. سیم بدن **1** with body fair as silver. **2** name of a fragrant flower. سیم وزر **1** silver and gold. **2** riches, wealth.

سیم¹ /se:m/ ■ *n.f.* bean, name of several species of leguminous plants and their seeds, e.g. common or broad bean. [Prk.]

سیم² ____ ■ *n.f.* water-logging. سیم وتھور water-logging and salinity. [Prk.]

سیما¹ /si:mɑ:/ ■ *n.f.* **1** the forehead. **2** the face, visage, countenance. [P]

سیما² ____ ■ *n.f.* limit, extremity; boundary. [S]

سیما³ ____ ■ *n.m.* (also سیماء) mark, sign. [A]

سیماب /si:mɑ:b/ ■ *n.m.* mercury, quicksilver. ■ *adj.* (*fig.*) restless. سیماب پا، صفت، طبع، فطرت، وش restless; wandering, straying.

سیمابی /si:mɑ:bi:/ ■ *adj.* **1** mercurial. **2** having colour of quicksilver. **3** (*fig.*) restless.

سیمابیت /si:mɑ:bɪjət/ ■ *n.f.* restlessness; mercurial nature.

سیمُرغ /si:murɣ/ ■ *n.m.* simurgh, the legendary king of all birds in eastern tales, a mythical bird said to be equal of thirty birds in size.

سیمل /se:məl/ ■ *n.m.* (also سیمول) silk-cotton tree; silk cotton.

سیمی /si:mi:/ ■ *adj.* (*contr.* of سیمیں) **1** silvery, of silver colour, white. **2** (*fig.*) beautiful.

سیمیا /si:mɪjɑ:/ ■ *n.f.* **1** the so-called charm practice of transmigrating and showing imperceptible things such as spirits or ghosts, witchcraft, enchantment; necromancy. **2** (*fig.*) deception, cunning, stratagem.

سیمیں /si:mĩ:/ ■ *adj.* **1** of silver, silvery; white. **2** (*fig.*) beautiful, pretty. سیمیں بدن with body as fair as silver. سیمیں کاری the process of covering with a hard crust of silver.

سَین /sæ:n/ ■ *n.m.* **1** wink of an eye. **2** sign, signal; nod.

سینا /si:nɑ:/ ■ *pr.n.m.* Sinai Mountain. [A]

سینا² ____ ■ *v.* sew, stitch, darn. سینا پرونا needlework. [S]

سینا¹ /se:nɑ:/ ■ *v.* **1** hatch (eggs), sit on (eggs). **2** foster, bring up carefully. **3** worship, adore. **4** serve on, attend to. **5** (*fig.*) take a long time in deciding a matter. [S]

سینا² ____ ■ *n.f.* army, body of troops. سیناپتی commander of an army, commander-in-chief. [S]

سَینا سَینی /sæ:nɑ: sæ:ni:/ ■ *n.f.* (also سینا بینی) mutual winks, mutual signalling.

سینت /sẽ:t̪/ ■ *n.f.* saving; care. سینت سینت کر رکھنا save, preserve.

سینتالیس /sæ̃:t̪ɑ:li:s/ ■ *cardinal number* forty-seven.

سینتالیسواں /sæ̃:t̪ɑ:li:svɑ̃:/ ■ *ordinal number* forty-seventh.

سینتنا /sæ̃:t̪nɑ:/ ■ *v.* (also سیتنا) **1** set in order, arrange; collect. **2** keep carefully; put aside, save, preserve.

/sæ:t̪i:s/ ■ *cardinal number* thirty-seven. سینتیس

/sæ:t̪i:svɑ̃:/ ■ *ordinal number* thirty-seventh. سینتیسواں

/sẽ:ʈɑ:/ ■ *n.m.* (also سینٹھا) thick bamboo stem, reed. سینٹا

/sĩ:tʃɑ:i:/ ■ *n.f.* **1** irrigation. **2** cost of irrigation. سینچائی

/sĩ:tʃnɑ:/ ■ *v.* **1** irrigate; water (a plant). **2** (*fig.*) nurture, nourish. سینچنا

/sẽ:d̪u:r/ ■ *n.m.* (also سِندُور) red lead, vermillion, cinnabar, used by Hindu women in parting as a sign of wifehood. سیندور دینا/کھلانا **1** to make someone eat red lead which leads to loss of voice. **2** (*fig.*) to silence. سیندُور

/sẽ:d̪u:ri:/ ■ *adj.* (also سِندوری) **1** coloured with vermillion. **2** of red colour, red. سیندُوری

/sẽ:d̪u:rɪjɑ:/ ■ *n.m.* a kind of mango, the upper part of which is red. سیندُوریا

/sẽ:d̪ʰ/ ■ *n.f.* (also سیند) hole made in a wall by thieves; housebreaking. سیندھ دینا/لگانا/مارنا **1** break into a house through this hole. **2** (*fig.*) make a sudden silent inroad. سیندھ

/sẽ:d̪ʰɑ:/ ■ *n.m.* (also سیندا) rock salt, white rock salt. سیندھا

/sẽ:d̪ʰnɑ:/ ■ *v.* to mine, dig, hole. سیندھنا

/sẽ:d̪ʰi:/ ■ *n.f.* (also سیندی) **1** wild date-palm tree. **2** date-liquor, palm-wine; date-palm juice, juice of the wild date tree. سیندھی

/sæ:nək/ ■ *n.f.* earthen plate. See صحنک. سَینک

/sæ:nɪk/ ■ *n.m.* soldier; guard. ■ *adj.* military, of or relating to army. سَینِک

/si:ŋk/ ■ *n.f.* (also سِیک) **1** culm of the grass of which brooms are made. **2** toothpick. **3** (*fig.*) stripe, streak. سینک سلائی thin or emaciated (person), very weak. سِینک

/se:ŋk/ ■ *n.f.* warmth (induced by fire), heat, toasting. سینک

/sæ:ŋkɽɑ:/ ■ *adj.* (also سَینکڑہ) (*var.* of سیکڑا) hundreds, the place of hundreds in counting after tens and units. ■ *adv.* per cent, per hundred. سَینکڑا

/se:ŋknɑ:/ ■ *v.* **1** warm (oneself before fire), heat. **2** to toast, to bake. **3** to dry by heat or fire. سینکنا

/si:ŋkjɑ:/ ■ *n.m.* striped cloth; kind of narrow lace. ■ *adj.* **1** stripped, streaked. **2** (*fig.*) weak, emaciated, skinny. سِینکیا

/si:ŋg/ ■ *n.m.* horn. سینگ سمانا to find a refuge or resting place. سینگ کٹا کر بچھڑوں میں ملنا (of an old man) behave as a young boy. سینگ مارنا butt, gore. سینگ نکلنا **1** grow horns. **2** become mature. **3** have a distinct or unique feature. سِینگ

/si:ŋgɽɑ:/ ■ *n.m.* (musical) horn; powder-horn. سِینگڑا

/si:ŋgɽĩ:/ ■ *n.f.* (also سِینگرھی) **1** pod of a legume. **2** siliqua, particularly the siliqua of radish. سِینگڑی

/si:ŋgi:/ ■ *n.f.* cupping horn used to draw blood in some ailments. سینگی لگانا to cup, bleed someone by using a horn. سینگی والی woman who cups. [dial.] سِینگی[1]

____ ■ *n.f.* a kind of fish, *Silurus pungentissimus*. [dial.] سِینگی[2]

/si:nɑ:/ ■ *n.m.* **1** the chest, the front part of a person's body between neck and stomach, upper trunk of a person. **2** bosom, breast. **3** dare, courage. **4** memory, mind. **5** heart, the breast as the seat of emotions. **6** inner self. سینہ ابھار کر چلنا strut, walk with conceited gait. سینہ افگار/بریاں/فگار sorrowful, wounded in the bosom. سینہ بند/پوش bodice, brassiere. سینہ بہ/در سینہ **1** as an oral tradition. **2** unwritten. **3** secretly, in whispers. سینہ بیں stethoscope. سینہ تاننا become proud. سینہ جکڑنا chest to become filled with phlegm as in cold, influenza or pneumonia. سینہ چاک **1** grieved. **2** (*fig.*) lovesick. سینہ دریدہ/ریش wounded at heart, grieved. سینہ زنی/کوبی beating the breast (in mourning). سینہ زور vehement, obstinate; shameless, flagrant. سینہ زوری obstinacy, vehemence, bluster; flagrance, shamelessness. سینہ سپر defending, shielding. سینہ سپر ہو جانا defend boldly, take a bold stance, face bravely, put up a bold front, take a firm stand. سینہ سوزی anguish, torment. سینہ سیاہ black-hearted, cruel. سینہ کاوی great effort, hard work. سینہ گیتی earth. سِینہ

/si:ni:/ ■ *n.f.* tray, a round tray, salver. سِینی

/si:ne:/ ■ *n.m.* (*pl. & infl.* of سینہ) سینے پر سل دھرنا/رکھنا endure patiently. سینے پر مونگ دلنا **1** (*literal*) to grind or split pulse on one's chest. **2** (*fig.*) to cause great sorrow and agony, to openly disregard someone's convenience. سینے سے لگانا embrace. سینے کا ابھار swell of female breasts, swelling of breasts (as a sign of puberty). سینے کی جلن **1** heartburn. **2** anguish. سینے میں دل ہونا be sensitive, be merciful. سینے میں ہُوک اٹھنا **1** have a shooting pain in the heart that causes sobs; be very سِینے

2 conjuror.

سُیُوف /suju:f/ ■ *n.f.* (*pl.* of سَیف) swords.

سیوک /se:vək/ ■ *n.m.* **1** servant, one who serves, attendant. **2** a disciple, a follower. **3** worshipper.

سِیون /si:vən/ ■ *n.f.* **1** seam, sewing; the process of stitching together. **2** (***Anat.***) (i) perineum. (ii) raphe.

سیہ /sɪjəh/ ■ *adj.* (*contr.* of سیاہ) **1** black. **2** (*fig.*) (i) unlucky. (ii) wicked, evil. سیہ بخت unlucky, wretched. سیہ بختی misfortune, wretchedness. سیہ چشم **1** black-eyed. **2** (*fig.*) unloyal; unkind.

سیّہ /səjjəh/ ■ *n.m.* evil deed, sin. ■ *adj.* evil. (*pl.* سیّئات)

سیہہ /si:h/ ■ *n.f.* (also سیہی) porcupine, hedgehog. سیہہ کا کانٹا (*fig.*) person who is a source of trouble.

restless. **2** miss a loved one badly.

سیو /se:v/ ■ *n.m.* sort of fried salted vermicelli.

سیوا /se:vɑ:/ ■ *n.f.* worship; service, attendance on. سیوا کرنا attend on, serve. سیوا کرے سو میوہ پاوے / پائے (also سیوا سے میوہ ملتا ہے) one who serves shall reap.

سیواری /se:vɑ:ri:/ ■ *n.f.* sugar that has been purified with a kind of grass.

سیوتی /se:vṯi:/ ■ *n.f.* dog rose, a white rose.

سیورا /se:vrɑ:/ ■ *n.m.* **1** half-baked earthenware. **2** (*fig.*) hypocrite.

سُیُورغال /suju:rɣɑ:l/ ■ *n.m.* **1** feudal tenure, fief. **2** assignment of land for charitable purposes. **3** land given as reward.

سیوڑا /se:vɽɑ:/ ■ *n.m.* (also سیوڑہ) **1** a Jain hermit.

ش

ش /ʃi:n/ ■ the thirtieth letter of the Urdu alphabet.

شا[1] /ʃɑ:/ ■ *n.m.* (*contr.* of شاہ) king. [P]

شا[2] ____ ■ *adj.* (*contr.* of شاد) joyful, glad. [P]

شاب[1] /ʃɑ:b/ ■ *n.m.* young man, youth. (*fem.* شابہ) (*pl.* شُبّان) [A]

شاب[2] ____ ■ *n.f.* alum. شابِ رومی white pepper. [P]

شاباش /ʃɑ:bɑ:ʃ/ ■ *exclam.* shabash! bravo! well done! excellent! ■ *n.f.* applause. شاباش دینا/کہنا to applaud, appreciate.

شاباشی /ʃɑ:bɑ:ʃi:/ ■ *n.f.* commendation, applause, praise. شاباشی دینا praise, commend.

شابش /ʃɑ:bəʃ/ ■ *n.f.* (*contr.* of شاباش).

شاپ /ʃɑ:p/ ■ *n.m.* curse. See شراپ.

شاپُو /ʃɑ:pu:/ ■ *n.f.* small-sized wild ewe.

شاتِم /ʃɑ:t̪ɪm/ ■ *n.m.* one who curses or utters obscenities against someone, one who calls bad names.

شاخ /ʃɑ:x/ ■ *n.f.* **1** bough, branch of a tree. **2** horn. **3** branch of an organization, office, business or canal, etc. **4** a small cut, bit, piece, cutting (of almond or pistachio, etc.). شاخِ آہو **1** horn of deer. **2** (*fig.*) (i) (archer's) bow. (ii) crescent. (iii) a false promise; something non-existing. شاخ پر شاخ نکالنا criticize continuously. شاخِ تاک tendril of grapevine. شاخ دار **1** horned. **2** consecutive, continuous, one after the other. **3** branched. شاخ در شاخ branched out or diffused; entangled, intricate; with one point leading to another. شاخِ دریا tributary. شاخِ زعفران **1** twig of saffron. **2** proud and self-conceited person. **3** anything strange and rare. **4** anything that causes laughter, funny or humorous thing. شاخِ زیتون **1** olive branch. **2** (*fig.*) an offer of peace or reconciliation. شاخ سار garden; bower; plantation; place abounding in trees and branches. شاخِ شجرہ genealogical table, pedigree. شاخِ طوبیٰ branch of the heavenly Tooba (طوبیٰ) tree; blessed sign. شاخ لگانا plant saplings (of). شاخِ مدرسہ branch of school. شاخِ نازک **1** thin branch. **2** (*fig.*) infirm support. شاخِ نبات (*fig.*) **1** sweets, very sweet thing. **2** beautiful girl.

شاخچہ /ʃɑ:xtʃɑ:/ ■ *n.m.* (*dim.* of شاخ) small branch, offshoot.

شاخسانہ /ʃɑ:xsɑ:nɑ:/ ■ *n.m.* **1** the cause of discord. **2** row, dispute, contention, controversy. **3** deception, delusion. **4** threat, intimidation. **5** offshoot. شاخسانہ کھڑا کرنا raise a difficulty or obstacle (in the way of), carp or cavil (at), raise an objection (to), create discord.

شاخل /ʃɑ:xɪl/ ■ *n.f.* pigeon pea, species of pulse, *Cajanus indicus*.

شاخہ /ʃɑ:xɑ:/ ■ *n.m.* **1** yoke; the pillory. **2** branch. **3** horn. **4** (***Bot.***) plant without any real stem, leaves and roots, e.g. algae, etc.

شاخیں /ʃɑ:xẽ:/ ■ *n.f.* (*pl.* of شاخ) **1** branches, boughs. **2** a kind of dish made with flour and sugar. شاخیں نکالنا **1** branch out, shoot. **2** find faults, criticize.

شاد /ʃɑ:d̪/ ■ *adj.* glad, happy, cheerful, delighted, pleased. شاد باد و شاد باش may you always be happy! شاد باید زیستن ناشاد باید زیستن one has to put up with all sorts of conditions, one has to live a life no matter how good or how bad. شاد خوار/ خور **1** well-to-do, financially well off. **2** one who lives a life without caring for anything. **3** prostitute. شاد دل happy, cheerful. شاد کام **1** content, joyous. **2** triumphing, successful. شاد کرنا gladden, make one happy, rejoice, please. شاد ہونا be pleased.

شاداب /ʃɑ:d̪ɑ:b/ ■ *adj.* **1** full of water. **2** fresh, pleasant. **3** green, verdant.

شادابی /ʃɑ:d̪ɑ:bi:/ ■ *n.f.* **1** freshness. **2** greenness, verdure.

شاداں /ʃɑ:d̪ã:/ ■ *adj.* glad, happy, joyful, cheerful. شاداں و خنداں happy and smiling. شاداں و فرحاں very happy, very delighted.

شادمان /ʃɑ:d̪mɑ:n/ ■ *adj.* (also شادماں) happy, cheerful, delighted.

شادمانی /ʃɑ:d̪mɑ:ni:/ ■ *n.f.* pleasure, joy, rejoicing, happiness, delight, gladness.

شادہ /ʃɑ:d̪ɑ:/ ■ *adj.* joyful, glad. ■ *n.m.* wine.

شادی /ʃɑ:d̪i:/ ■ *n.f.* **1** shadi, marriage, wedding. **2** delight, pleasure, joy. شادی بیاہ **1** marriage ceremonies. **2** social relations. شادی بیزاری misogamy. شادی توڑنا break up before or after marriage. شادی خانہ آبادی marriage as a source of family happiness. شادی خانہ بربادی marriage that results in loss. شادی رچانا get married. شادی و غم/غمی **1** ceremonies or rites on joyous and sorrowful

شاستری /ʃa:st̪ri:/ ■ *adj.* versed in Hindu law or religious texts.

شاسن /ʃa:sən/ ■ *n.m.* governance, administration, government; rule, authority.

شاش¹ /ʃa:ʃ/ ■ *n.m.* (also شاشا) urine, piss. شاش دان **1** bladder. **2** urinal. [P]

شاش² _____ ■ *n.f.* name of a cloth used in turban; sash. [A]

شاشا /ʃa:ʃa:/ ■ *n.m.* (also شاشہ) urine. شاشا کرنا to make water, urinate.

شاطر /ʃa:t̪ɪr/ ■ *adj.* clever, smart, cunning, shrewd, sly; vicious. ■ *n.m.* **1** chess player. **2** messenger, courier.

شاطری /ʃa:t̪ri:/ ■ *n.f.* cleverness, cunning, craftiness.

شاطی /ʃa:t̪i:/ ■ *n.f.* seashore, beach; river bank.

شاعر /ʃa:ʔɪr/ ■ *n.m.* **1** poet. **2** (*literal*) one who knows, one who finds out. شاعرِ ازل (*fig.*) God. شاعرِ انقلاب poet who instigates revolution through his poetry.

شاعرات /ʃa:ʔɪra:t̪/ ■ *n.f.* (*pl.* of شاعرہ).

شاعرانہ /ʃa:ʔɪra:na:/ ■ *adj.* **1** poetical. **2** (*fig.*) (i) imaginary. (ii) exaggerated. شاعرانہ تعلّی claim of eminence in verse by a poet. شاعرانہ چشمک tussle or professional jealousy among poets.

شاعرہ /ʃa:ʔɪra:/ ■ *n.* (*fem.* of شاعر) poetess, female poet.

شاعری /ʃa:ʔɪri:/ ■ *n.f.* **1** poetry, verse. **2** (*fig.*) high flown language. **3** exaggeration, hyperbole. **4** fantasy, fancy.

شاغل /ʃa:ɣɪl/ ■ *adj.* occupied, busy; attentive. ■ *n.m.* (***Sufism***) one who is busy or occupied in uttering Allah's names, one absorbed in prayers or religious recitations.

شافع /ʃa:feʔ/ ■ *n.m.* **1** one who deprecates; intercessor. **2** one who asks Allah for penitence or atonement on behalf of others, one who asks for forgiving of sins on others's behalf. **3** an epithet of Prophet Muhammad. شافعِ حشر روزِ جزا محشر intercessor on the Day of Judgement, title of Prophet Muhammad.

شافعی /ʃa:feʔi:/ ■ *pr.n.m.* the name of a Sunni jurist and one of the four Imams of Sunnis. ■ *n.m.* Shafiite, follower of Imam Shafi'i. (*pl.* شوافع)

شافہ /ʃa:fa:/ ■ *n.m.* (also شافا) cotton wool soaked in liquid medicine and applied to wound, dressing lint; enema. (*pl.* شافات)

occasions. **2** (*fig.*) joys and sorrows, pleasure and pain. شادی کا بندھن wedlock. شادی کرنا get married. شادی مرگ death from sudden joy. شادی ہونا be married. شادی ہے (گڈّے) گڑیوں کا کھیل نہیں ہے **1** wedding is a serious matter hence one should be careful when choosing a partner. **2** wedding costs much, it's not inexpensive.

شادیانہ /ʃa:d̪ɪja:na:/ ■ *n.m.* musical instrument played on any joyous or festive occasion, band.

شادیانے /ʃa:d̪ɪja:ne:/ ■ *n.m.* (*pl. & infl.* of شادیانہ) شادیانے بجانا play festive music; rejoice.

شاذ /ʃa:z/ ■ *adj.* **1** rare, irregular; uncommon. **2** (***Gram.***) irregular. ■ *adv.* rarely, seldom. شاذ و نادر **1** seldom, rare. **2** rarely.

شار¹ /ʃa:r/ ■ *n.f.* (also شارک، شارُو) myna, starling. (See also مینا.) [P]

شار² _____ ■ *suffix* denoting fall of water, as: آبشار waterfall. [P]

شار³ _____ ■ *n.m.* **1** city, town. **2** high edifice. **3** tall building. [P]

شارِب /ʃa:rɪb/ ■ *n.m.* **1** one who drinks, drinker. **2** whiskers, moustache.

شارِح /ʃa:reh/ ■ *n.m.* commentator, exegete, interpreter, explainer, a person who explains and interprets texts, especially religious ones.

شارِستان /ʃa:rɪst̪a:n/ ■ *n.m.* (also شارسان) **1** city. **2** a villa surrounded by gardens. **3** tall building. **4** a country abounding in towns.

شارِع /ʃa:reʔ/ ■ *n.m.* **1** highway, road. **2** announcer of the law, law-giver, legislator. شارعِ اسلام Prophet Muhammad. شارعِ عام public road, thoroughfare. (*pl.* شوارع)

شارِق /ʃa:rɪq/ ■ *adj.* **1** sparkling, bright, shining, illuminous. **2** (*fig.*) sun. ■ *n.m.* the eastern side of anything.

شارک /ʃa:rək/ ■ *n.m.* (also شارو، شار) myna, starling, a singing bird.

شارمار /ʃa:rma:r/ ■ *n.m.* large thick snake.

شارُو /ʃa:ru:/ ■ *n.f.* See شارک.

شاستر /ʃa:st̪ər/ ■ *n.m.* **1** shastra, order, command; rule, precept. **2** any of the several books codifying Hindu religious rites, rules of worship, social life, etc.

شافی /ʃɑ:fi:/ ■ *adj.* **1** health giving, healing, curative; efficacious. **2** (*fig.*) convincing (reply); salutary (answer); categorical. **3** decisive, final. ■ *n.m.* restorer to health, healer; an epithet of Allah. شافیِ حقیقی actual healer, God (as the real Healer). شافیِ مطلق God (as the Healer). شافی وکافی complete and satisfactory.

شاق /ʃɑ:q/ ■ *adj.* **1** hard, trying, troublesome, difficult, severe, grievous. **2** unpleasant. شاق گزرنا be very trying (for); be unpleasant (to), be difficult (for).

شاقُول /ʃɑ:qu:l/ ■ *n.m.* (also شاقل) plummet, piece of lead attached to line for sounding, plumb line.

شاقّہ /ʃɑ:qqɑ:/ ■ *adj.* very hard (work), tiring.

شاک /ʃɑ:k/ ■ *n.m.* (also ساک،ساگ) any edible leaf or root or herb; vegetable, greens.

شاکر /ʃɑ:kɪr/ ■ *adj.* grateful, thankful; content with one's lot. (*fem.* شاکرہ)

شاکی /ʃɑ:ki:/ ■ *adj.* querulous, complaining. ■ *n.m.* one who has a grievance; complainant. شاکی ہونا to complain (of).

شاگرد /ʃɑ:gɪrd̪/ ■ *n.m.* pupil, disciple, apprentice. شاگرد پیشہ **1** menials, domestics. **2** servants' residential area. شاگردِ رشید **1** (*literal*) a student or pupil who has been guided to the proper path. **2** a brilliant or able disciple. شاگرد ہونا become a pupil.

شاگردی /ʃɑ:gɪrd̪i:/ ■ *n.f.* **1** apprenticeship, studentship, learning, study. **2** place where a servant is deputed. **3** money paid to a teacher by student(s). شاگردی کرنا become student or apprentice.

شال /ʃɑ:l/ ■ *n.f.* shawl. شال باف shawl-weaver. شال بافی shawl-weaver's trade; shawl-making. شال دوز one who embroiders on shawls. شال دوزی shawl-embroidery.

شالا /ʃɑ:lɑ:/ ■ *n.m.* (also شالہ) house, abode, place. ■ *suffix* used in comp. as: پاٹھ شالا school. دھرم شالا almshouse.

شالامار /ʃɑ:lɑ:mɑ:r/ ■ *pr.n.m.* (also شالیمار) name of gardens laid during the reign of the Mogul emperor Shahjahan in Kashmir and at Lahore.

شالہ /ʃɑ:lɑ:/ ■ *n.m.* See شالا.

شالی /ʃɑ:li:/ ■ *n.m.* a kind of rice.

شام [1] /ʃɑ:m/ ■ *n.f.* evening. شامِ اودھ **1** (*literal*) evening in Oudh (Avadh). **2** (*fig.*) very gay and festive evening. شام پڑے at sunset. شامِ تار، تاریک **1** dark evening. **2** (*fig.*) sorrowful evening. شامِ زندگی end of life. شامِ غریباں night of mourners, mourning night observed by the Shiites on tenth of Moharram. شام کا دھندلکا twilight. شام کلیان a classical raga sung in the evening. شام کی پوچھنا سحر کی کہنا give an inapt or evasive answer. شام کے مردے کو کب تک روئیے how long can you weep over a dead person? (used to express a situation which is likely to be a lifelong regret). شام گاہی of or relating to evening. شام منانا celebrate an evening for paying tribute to or in honour of a personality. شام وسحر evening and morning, all the time. [P]

شام [2] —— ■ *adj.* (*contr.* of شیام) black, dark. ■ *n.m.* an appellation of Hindu god Krishna. [S]

شام [3] —— ■ *n.f.* **1** iron head or ring of wooden pestle. **2** metallic tip of a walking stick or umbrella, etc. [S]

شام [4] —— ■ *pr.n.m.* Syria. [A]

شاما /ʃɑ:mɑ:/ ■ *n.f.* (also شاماں،شیاما) a black songbird of the Indian Subcontinent, Eurasian blackbird.

شاماک /ʃɑ:mɑ:k/ ■ *n.f.* brassiere, bodice.

شامبری /ʃɑ:mbəri:/ ■ *n.f.* wizardry, witchcraft.

شامت /ʃɑ:mət̪/ ■ *n.f.* misfortune, trouble, disaster. شامتِ اعمال consequence or retribution for evil deeds. شامت آنا get into trouble, meet with disaster. شامت بلانا/بلوانا invite misfortune or trouble. شامت زدہ/کا مارا unfortunate, troubled, miserable, wretched, cursed. شامت کی مار bad luck, misfortune.

شامخ /ʃɑ:mɪx/ ■ *adj.* **1** high, elevated, lofty. **2** proud.

شامِل /ʃɑ:mɪl/ ■ *adj.* **1** extending, encompassing, including. **2** united, connected, joined, inclusive. ■ *adv.* jointly, together; with. شاملِ حال **1** comprising the circumstances of the case, similarly circumstanced. **2** involved. **3** jointly, together. شامل کرنا annex, append; include. شامل ہونا fall under, be included, participate, join.

شامِلات /ʃɑ:mɪlɑ:t̪/ ■ *n.m.* **1** common land, property held jointly. **2** things included. **3** partnership. **4** suburbs; areas or districts included in a city or state.

شامِلاتی /ʃɑ:mɪlɑ:t̪i:/ ■ *adj.* joint, common.

شامّہ /ʃɑ:mmɑ:/ ■ *n.f.* sense of smell; the act or capacity of smelling.

شامی /ʃɑ:mi:/ ■ *adj.* of Syria, Syrian. شامی کباب

round-shaped kebab made of minced meat.

شامیانہ /ʃɑːmɪjɑːnɑː/ ■ *n.m.* shamiana, canvas pavilion or awning supported on bamboos; canopy, tent. شامیانہ لگانا to erect a shamiana.

شان[1] /ʃɑːn/ ■ *n.f.* **1** power, authority. **2** pomp, glory, grandeur. **3** rank, eminence. **4** dignity, respect, regard. **5** disposition, nature; condition. **6** manner, mode. شانِ استغنا/بے نیازی carefree manner. شانِ ایزدی God's dignity and power. شان جتانا show pomp and pride. شان چوٹا/چوٹا one trying to emulate another's grandeur or power. شان دار (also شاندار) **1** grand, pompous, stately, dignified, splendid. **2** a person of rank and dignity. شان دکھانا to display one's grandeur or wealth ostentatiously. شان گھٹانا derogate, relegate. شان گھٹنا be derogated, be relegated. شان میں (comment or utterance) in praise of; about; regarding. شانِ نزول (***Islam***) circumstances of revelation of the Qur'anic verses, the background against which a Qur'anic order was revealed. شان وشکوہ/شوکت pomp and show, glory, splendour. [A]

شان[2] ____ ■ *n.m.* (also شانہ[3]) honeycomb, beehive. شانِ عسل beehive. [P]

شاں /ʃɑ̃ː/ ■ *pron.* (also شان) (*contr.* of ایشاں) they; their.

شانت /ʃɑːnt̪/ ■ *adj*. calm, peaceful, satisfied; silent. ■ *n.m.* one whose passions are subdued; ascetic. شانت ساگر Pacific Ocean. شانت کرنا to appease, to allay.

شانتی /ʃɑːnt̪iː/ ■ *n.f.* **1** shanti, peace, tranquillity; serenity, calm. **2** indifference to the objects of pleasure or pain; stoicism.

شاندار /ʃɑːnd̪ɑːr/ ■ *adj.* grand, pompous. See شان دار under شان[1].

شانزدہ /ʃɑːnzd̪əh/ ■ *cardinal number* sixteen.

شانزدہم /ʃɑːnzd̪əhʊm/ ■ *ordinal number* sixteenth.

شانہ[1] /ʃɑːnɑː/ ■ *n.m.* **1** shoulder. **2** anything raised out or projected, jag, cog, tooth. **3** shoulder-blade. شانہ اترنا (shoulder) to be dislocated. شانہ بشانہ/بہ شانہ together, along with. شانہ بیں soothsayer, one who predicts from the shoulder-blades of goats. شانہ تھپتھپانا to pat on the shoulder, to encourage. [P]

شانہ[2] ____ ■ *n.m.* comb. شانہ دان comb case. شانہ کاری **1** (*literal*) the act of combing. **2** (*fig.*) (i) quarrel. (ii) flattery; deceit. شانہ کرنا to comb. شانہ کش one who combs. [P]

شانہ[3] ____ ■ *n.m.* See شان[2]. [P]

شانے /ʃɑːneː/ ■ *n.m.* (*pl. & infl.* of شانہ[1]) شانے اچکانا raise one's shoulders to show ignorance or carelessness, shrug. شانے سے شانہ چھلنا be crowded or thronged (of a place).

شاونیت /ʃɑːvenɪjət̪/ ■ *n.f.* chauvinism. [E]

شاہ /ʃɑːh/ ■ *n.m.* (also شہ) **1** shah, king, monarch. **2** the king (at chess). **3** (***Islam***) title, often given to a Sayyid. **4** honorific title sometimes given to Sufis. **5** queen bee. ■ *adj.* principal, main; largest; best, excellent. شاہِ امم **1** king of nations. **2** (*fig.*) Prophet Muhammad. شاہ باز any of the long-winged predatory birds of genus *Falco*. شاہ بالا best man; groom's friend or attendant. شاہ بلوط the oak, the chestnut. شاہ پسند **1** liked by a king. **2** a kind of sweet mango. **3** a kind of creeper. شاہ ترہ a bitter plant, fumitory, a climbing plant of genus *Fumaria officinalis*. شاہ توت mulberry. شاہ ٹیک a big beam. شاہ جہاں آباد old name of Delhi. شاہ خانم (*iron.*) proud woman. شاہ خاور (*fig.*) the sun. شاہ خرچ spendthrift, extravagant. شاہ دانہ **1** cannabis seed. **2** cherry. **3** the largest bead in rosary; a large pearl. شاہ درہ a village on a river (in front of a king's palace). شاہ دولہ کا چوہا one of the congenital microcephalic children known after Shah Daulah, a saint of Gujrat, Pakistan, in whose sanctuary they find asylum. شاہ راہ **1** highway, thoroughfare. **2** (*fig.*) way, method, manner. شاہ رگ the jugular vein (See also حبل الورید under حبل). شاہ زادگی period of the minority of a prince. شاہ زادہ prince. شاہ زادی princess. شاہ کار masterpiece. شاہ کلید master key. شاہ گام (of a horse) pleasant paced; a particular pace of a horse; the royal gait. شاہِ گردوں/مشرق (*fig.*) the sun. شاہ مرداں master chevalier, an appellation of Hazrat Ali, the fourth Rightly Guided Caliph. شاہ ناگ king cobra. شاہ نشین **1** the royal seat, presidential seat; principal seat in assembly. **2** balcony. **3** dais, stage, podium.

شاہا /ʃɑːhɑː/ ■ *exclam.* O' King!

شاہان /ʃɑːhɑːn/ ■ *n.m.* (*pl.* of شاہ) (also شاہاں).

شاہانہ /ʃɑ:hɑ:nɑ:/ ■ *adj.* **1** of or belonging to a king, royal, regal, princely, imperial. **2** splendid, magnificent. ■ *adv.* proudly, arrogantly. ■ *n.m.* wedding dress.

شاہباز /ʃɑ:hbɑ:z/ ■ *n.m.* (also شہباز) falcon. See شاہ باز under شاہ.

شاہترہ /ʃɑ:hṭəra:/ ■ *n.m.* fumitory. See شاہ ترہ under شاہ.

شاہِد /ʃɑ:hɪḍ/ ■ *n.m.* **1** eyewitness, bystander. **2** (*fig.*) sweetheart, beloved. **3** appellation of Prophet Muhammad. شاہد باز one who visits whores, a customer of prostitutes. شاہدِ بازاری courtesan, whore, prostitute. شاہدِ حال eyewitness. شاہد عادل reliable witness. (*pl.* اشہاد)

شاہِدہ /ʃɑ:hɪḍɑ:/ ■ *n.* (*fem.* of شاہد) female witness.

شاہدی /ʃɑ:hɪḍi:/ ■ *n.f.* testimony.

شاہِق /ʃɑ:hɪq/ ■ *adj.* high, lofty.

شاہنشاہ /ʃɑ:hənʃɑ:h/ ■ *n.m.* (also شاہنشاہ،شہنشاہ) king of kings.

شاہوار /ʃɑ:hvɑ:r/ ■ *adj.* (also شہوار) princely, royal; worthy of king.

شاہی /ʃɑ:hi:/ ■ *n.f.* **1** rule, reign. **2** name of a small coin. ■ *adj.* royal, imperial, regal, kingly. شاہی ٹکڑے a kind of sweet made of bread-slices, milk and sugar. شاہی فرمان royal decree.

شاہین /ʃɑ:hi:n/ ■ *n.m.* shaheen, falcon. شاہین زادہ a young falcon, eyas.

شائبہ /ʃɑ:ebɑ:/ ■ *n.m.* **1** mixture; impurity, adulteration. **2** doubt, suspicion. **3** trace (of).

شائستگی /ʃɑ:ɪsṭəgi:/ ■ *n.f.* **1** propriety, suitability, fitness. **2** decency, good manners, courtesy, politeness, refinement.

شائستہ /ʃɑ:ɪsṭɑ:/ ■ *adj.* **1** suitable; worthy. **2** polite, refined, decent, well-bred, courteous; gentle. شائستہ مزاج affable, decent, courteous, well-behaved.

شائع /ʃɑ:eʔ/ ■ *adj.* (also شایع) **1** published, brought-out. **2** manifest, revealed, apparent; spreading, divulged. شائع کرنا **1** publish (book, etc.), bring out. **2** propagate. شائع کنندہ publisher. شائع ہونا **1** be published, be brought out. **2** be spread, be propagated.

شائق /ʃɑ:ɪq/ ■ *adj.* (also شایق) desirous, fond, ardent, longing for. ■ *n.m.* admirer; lover; a devoted follower (of sports, etc.).

شائقین /ʃɑ:ɪqi:n/ ■ *n.m.* (*pl.* of شائق) ardent admirers or supporters (esp. of sports or movies, etc).

شایگان /ʃɑ:egɑ:n/ ■ *adj.* (also شائگاں) **1** worthy of kings. **2** full, replete, rich; large, immense.

شائیں /ʃɑ:ẽ:/ ■ *n.f.* sound of anything moving fast, whoosh.

شایاں /ʃɑ:jɑ:n/ ■ *adj.* suitable, worthy; fit (for); desirable. شایانِ شان worthy of rank, status or position.

شاید /ʃɑ:jəḍ/ ■ *adj.* perhaps. شاید کہ باشد it may be so, perhaps it is. شاید و باید as is suitable and should be.

شب¹ /ʃəb/ ■ *n.f.* night. شبِ اسرا/اسریٰ/معراج the night on which Prophet Muhammad was taken to Heavens, the twenty-seventh night of the month of Rajab (رجب). شب افروز/تاب **1** illuminating the night. **2** the moon. **3** a candle. **4** a gem that sparkles in dark. **5** glow-worm. شب افروزی/تابی incandescence. شبِ آدینہ Friday night. شب آسا dark as night. شب آہنگ nightingale. شب باز puppet-showman, especially one who plays at night. شب بازی puppet show by night. شب باش **1** one who stays (somewhere) for a night, night lodger; relaxing overnight. **2** a man who spends a night with a woman. شب باشی **1** staying somewhere (for a night), night-lodging. **2** spending night with a woman. شب بخیر goodnight. شبِ برات the fifteenth night of the month of Shaaban (شعبان), on which Muslims say prayers and make offerings in the name of deceased relatives. شب بیدار one who keeps awake in the night; waking or praying all night. شب بیداری vigil, state of keeping awake; waking all night in prayers and worship. شب بھر the whole night. شب پرہ/پرک/پرپرہ nocturnal flying mammal, bat. شب پوش quilts; blankets; bedding of any kind. شبِ تار/تاری/تاریک/تیرہ dark night. شب جامہ night dress. شب چراغ brilliant gem, carbuncle. شب خوابی **1** sleeping at night. **2** night dress. شب خوابی کا جامہ/لباس nightclothes, sleeping suit, nightwear. nightie. شب خون night attack. شب خون مارنا attack by night. شب خونی night attack; robbery at night with bloodshed. شب خیزی rising at night for praying. شبِ دیجور/سیاہ/ظلمات/ظلمت/قیر very dark night. شب دیز dark-coloured or black horse. شب دیگ dish of meat and turnips cooked all night. شب رنگ dark coloured; black. شبِ زفاف night of the consummation of

شبستان /ʃəbɪstɑ:n/ ■ *n.m.* bed chamber; a king's bed chamber; harem, seraglio.

شبکہ /ʃəbəkɑ:/ ■ *n.f.* **1** net. **2** lattice. **3** a net of the hunter.

شبکی /ʃəbki:/ ■ *adj.* of or relating to retina, retinal.

شبکیّہ /ʃəbəkɪjjɑ:/ ■ *n.m.* retina.

شبنم /ʃəbnəm/ ■ *n.f.* **1** dew. **2** a kind of fine muslin.

شبنمی /ʃəbnəmi:/ ■ *adj.* (also شبنمیں) dewy. ■ *n.f.* canopy over a bedstead to avoid dew. شبنمی ہونٹ moist, glossy lips.

شبّو /ʃəbbo:/ ■ *n.f.* (also شب بُو، شُبّو) plant with milky flowers, *Polianthes tuberosa*.

شِبہ /ʃɪbɑ:/ ■ *n.f.* resemblance, similitude; image.

شُبہ /ʃubɑ:/ ■ *n.m.* (also شُبہہ) **1** suspicion, doubt, uncertainty. **2** scruple; presumption of guilt. شبہ دور کرنا dispel doubt. شبہ کرنا suspect, distrust, doubt. شبہ مٹانا remove doubt. شبہ ہونا doubt, have suspicion.

شبی /ʃəbi:/ ■ *adj.* of or relating to شب¹, of night.

شبّیر /ʃəbbi:r/ ■ *pr.n.m.* **1** name of Aaron's son. **2** appellation of Imam Hussain, the grandson of Prophet Muhammad.

شبینہ /ʃəbi:nɑ:/ ■ *adj.* **1** nocturnal, nightly. **2** last night's. **3** stale, leftover from the previous night. ■ *n.m.* (***Islam***) the act of reciting the Qur'an during nightly prayers in the month of Ramazan.

شبیہہ /ʃəbi:h/ ■ *n.f.* image, picture, portrait; figure. ■ *adj.* resembling, like; equal.

شُبھ /ʃubʰ/ ■ *adj.* **1** auspicious, fortunate, lucky: **2** bright, shining. **3** splendid. **4** handsome, beautiful. **5** right; good; virtuous. ■ *n.m.* **1** anything bright and beautiful. **2** auspiciousness, good fortune. **3** welfare; prosperity. شبھ گھڑی lucky moment, auspicious time.

شپ /ʃəp/ ■ *n.f.* sound of a whip or spear, etc.; a whizzing sound. شپ سے quickly; with a whizzing sound.

شپّا /ʃəppɑ:/ ■ *n.m.* butt or mark for archers.

شِپّا /ʃɪppɑ:/ ■ *n.m.* shell, cowrie. شپا لڑانا keep on good terms (with); secure the good offices (of). شپا لڑنا get chance or opportunity.

شپاشپ /ʃəpɑ:ʃəp/ ■ *n.f.* (*comb.* of شپ) splash. ■ *adv.* **1** rapidly. **2** with splashing sound.

شپّر /ʃəppər/ ■ *n.f.* (also شپّرک، شپّرہ) (*contr.* of شب پر) bat. See under شب¹.

marriage, nuptial night. شب زندہ داری praying all night long. شبِ عاشور/عاشورہ tenth night of Moharram (محرم) following which Imam Hussain was martyred. (See also عاشور). شبِ قدر (also لیلۃُ القدر) any of the last five odd-numbered nights of Ramazan (رمضان) (generally the twenty-seventh night) on which Muslims pray, usually all night long. شب کور night blind, one suffering from nyctalopia. شب کوری night blindness, nyctalopia. شب گرد/گشت one who keeps vigil at night, night watchman. شب گوں dark as night, jet black. شب گیر **1** of or relating to last hours of the night. **2** one who rises and prays at night. **3** any animal that chirps or sings late at night or daybreak, as a nightingale or cricket. **4** one who travels at night. شب ماہ/ماہتاب moonlit night. شب و روز night and day; always, all the time, daily. شبِ یلدا longest and darkest night of the year. [P]

شب² ——— ■ *n.m.* (also شبّ) alum. [A]

شباب /ʃəbɑ:b/ ■ *n.m.* **1** prime of life, youth. **2** acme, zenith. شباب پر ہونا be in (one's) prime, be successful or at one's best. شباب ڈھلنا youth to decline.

شباشب /ʃəbɑ:ʃəb/ ■ *adv.* (*comb.* of شب¹) all night; during the night.

شبان /ʃəbɑ:n/ ■ *n.m.* (also شُبان) shepherd; pastor.

شبانگاہ /ʃəbɑ:ngɑ:h/ ■ *n.f.* (also شبانگہ) **1** evening. **2** lodging place for the night. **3** fold (for cattle or sheep).

شبانہ /ʃəbɑ:nɑ:/ ■ *adj.* nightly, nocturnal. شبانہ روز unceasing; round the clock, night and day, all the time.

شبانی /ʃəbɑ:ni:/ ■ *n.f.* profession of a pastor or shepherd.

شباہت /ʃəbɑ:hət̪/ ■ *n.f.* resemblance, likeness, similitude, similarity.

شبد /ʃəbd̪/ ■ *n.m.* **1** word; term. **2** hymn. **3** sound. شبدارتھ the literal meaning. شبدشاستر the science of words, philology; syntax and morphology. شبدکوش dictionary, lexicon.

شِبر /ʃɪbr/ ■ *n.m.* span, the space between the extremity of the thumb and that of the little finger when extended.

شبّر /ʃəbbər/ ■ *pr.n.m.* appellation of Imam Hasan, the grandson of Prophet Muhammad.

شبرات /ʃəbrɑ:t̪/ ■ *n.f.* (*contr.* of شبِ برات) the fifteenth night of the month of Shaaban (شعبان).

شت /ʃət̪/ ■ *cardinal number* hundred. شت پتر hundred-petalled rose, *Rosa centifolia*.

شِتا /ʃɪt̪ɑ:/ ■ *n.f.* (also شِتاء) winter.

شتّا /ʃət̪t̪ɑ:/ ■ *adj.* different, distinct.

شِتاب /ʃɪt̪ɑ:b/ ■ *adv.* **1** quickly. **2** soon, early.

شِتابا /ʃɪt̪ɑ:bɑ:/ ■ *n.m.* (also شتابہ) wick.

شِتابی /ʃɪt̪ɑ:bi:/ ■ *n.f.* **1** haste, speed, quickness, swiftness. **2** uneasiness, perturbation, anxiety. شتابی سے hastily, swiftly, quickly.

شِتالنگ /ʃɪt̪ɑ:ləŋg/ ■ *n.m.* ankle; ankle bone.

شُتر /ʃʊt̪ər/ ■ *n.m.* (also شُتُر) camel. شتر اسوار/سوار camel rider; an orderly or messenger on camel. شتربان (also ساربان) cameleer, camel driver. شترِ بے مہار **1** reinless camel. **2** uncontrolled; refractory; self-willed; out of control person. شترخانہ camel-shed. شتردل timid. شترغمزہ **1** inapt coquetry. **2** fraud, deceit, trick. شترکینہ **1** malicious; malignant. **2** malice; enmity. شترگاؤ giraffe. شترگربہ **1** unmatched pair. **2** use of an anomalous pronoun in poetry. شترمرغ ostrich. شترنال a light small cannon used by camel rider.

شَترُو /ʃət̪ru:/ ■ *n.m.* enemy.

شُتری /ʃʊt̪ri:/ ■ *adj.* camel coloured; light brown. ■ *n.f.* **1** anything carried on camel's back. **2** large kettledrum carried on camel's back.

شتم /ʃət̪m/ ■ *n.f.* abuse, vilifying, swearing.

شتوی /ʃət̪əvi:/ ■ *adj.* of or belonging to winter. شتویُ النوم hibernating (animals).

شُجاع /ʃʊdʒɑ:ʔ/ ■ *adj.* brave, valiant.

شُجاعت /ʃʊdʒɑ:ʔət̪/ ■ *n.f.* bravery, valour, chivalry.

شجر /ʃədʒər/ ■ *n.m.* tree. شجرِ ثمردار fruit-bearing tree. شجرِ سایہ دار **1** shade-providing tree. **2** (*fig.*) kind, generous person. شجرکاری tree planting. شجرِ ممنوع/ممنوعہ **1** the Forbidden Tree in heaven. **2** (*fig.*) anything forbidden. شجروحجر **1** trees and stones. **2** (*fig.*) living and non-living things. (*pl.* اشجار)

شجرہ /ʃədʒərɑ:/ ■ *n.m.* **1** genealogical tree, pedigree. **2** table of spiritual lineage (showing disciples). شجرہ سنانا **1** read out the genealogical or spiritual lineage. **2** (*iron.*) express a desire to establish one's superiority by boasting about one's pedigree. شجرۂ مریم a kind of fragrant grass. شجرۂ نسب table of genealogical lineage.

شجیع /ʃədʒi:ʔ/ ■ *adj.* brave.

شحامت /ʃəhɑ:mət̪/ ■ *n.f.* plumpness, bulkiness.

شحنا /ʃæhnɑ:/ ■ *n.m.* enmity, animosity; extreme hatred.

شحنہ /ʃæhnɑ:/ ■ *n.m.* (also شِحنہ) **1** police chief (of a city or town); prefect. **2** watchman; peon or servant of tax-collector.

شحیم /ʃəhi:m/ ■ *adj.* bulky, fleshy (used with لحیم as: لحیم شحیم).

شخص /ʃəxs/ ■ *n.m.* **1** person, individual; being. **2** body; a bulky or corpulent body. (*pl.* اشخاص)

شخصی /ʃəxsi:/ ■ *adj.* personal, private; individual. شخصی حکومت one man's rule, absolute monarchy or dictatorship.

شخصے /ʃəxse:/ ■ *n.m.* a certain one, somebody (often used with بقول as: بقول شخصے according to someone).

شخصیت /ʃəxsɪjət̪/ ■ *n.f.* **1** personality; personal character. **2** celebrity. **3** rank, honour, grace. شخصیت بگھارنا/جتانا boast of one's nobility of rank; show off, talk tall, be vain. (*pl.* شخصیات)

شد /ʃəd̪/ ■ *n.m.* (also شدّ) **1** doubling of a letter's sound, spelling a letter with *tashdeed* (تشدید). **2** intensifying, emphasising. شدومد **1** intensity; emphasis; stress; force; severity. **2** enthusiasm, gusto. شدومد سے forcefully. شدومد کرنا strive, try hard.

شُد /ʃʊd̪/ ■ *adj.* **1** happened. **2** passed, gone. ■ (*past* of شُدن) it was; it became; used in comp. as: تمام/ختم شد ended. ■ *n.f.* start, beginning (of some work). شُدآمد **1** going and coming. **2** beginning, start. شدبد a little nodding acquaintance, know-how, superficial knowledge.

شدّا /ʃəd̪d̪ɑ:/ ■ *n.m.* (also شَدّا) banners carried with the *ta'ziya* (تعزیہ) in the month of Moharram (محرم).

شدّاد /ʃəd̪d̪ɑ:d̪/ ■ *adj.* severe, violent, vehement; cruel. ■ *pr.n.m.* Shaddad, an impious king who is said to have built a paradise. ■ *n.m.* (*fig.*) oppressor.

شدائد /ʃəd̪ɑ:ɪd̪/ ■ *n.m.* (*pl.* of شدیدہ) hardships, tribulations.

شِدّت /ʃɪd̪d̪ət̪/ ■ *n.f.* **1** intensity, severity (of weather, etc.). **2** abundance (of thirst, tears or lamentation, etc.). **3** strictness; firmness; hardness.

شُدنی /ʃʊd̪ni:/ ■ *n.f.* **1** event that had to happen; something fated. **2** trouble; disaster. ■ *adj.* fit to become, possible. ■ *n.m.* (*fig.*) a person fit to become great or destined to be great.

شُدہ /ʃʊdɑ:/ ■ (*past* of شُدن) to be done, to become. ■ *suffix* having become, done; used in comp. as: طے شدہ decided. منظورشدہ approved. شدہ شدہ going on (from one thing to another); slowly, gradually.

شدید /ʃəd̪i:d̪/ ■ *adj.* **1** intense, severe, violent; strong. **2** heinous, atrocious. **3** difficult. **4** grievous; grave. **5** heavy. شدیدُ العقاب one who punishes severely; an appellation of Allah.

شدیدہ /ʃəd̪i:d̪ɑ:/ ■ *adj.* (*fem.* of شدید). ■ *n.m.* the letters which are pronounced heavily, i.e. ا،ب،ت،ج،د،ط،ق، ک , etc.

شدھ /ʃʊd̪ʰ/ ■ *adj.* pure, clean, purified. شدھ بولی polite and refined language. شدھ کرنا purify.

شُدّھی /ʃʊd̪ʰd̪ʰi:/ ■ *n.f.* **1** purity, purification. **2** Hindu proselytism. شدھی سنگھٹن a sectarian political movement of early twentieth century for spreading Hinduism, usually by force.

شذرہ /ʃəzrɑ:/ ■ *n.m.* (also شذ رہ) **1** a single pearl or bead; a single particle of gold. **2** editorial note. ■ *adj.* **1** detached (pearl or bead). **2** scattered (bead). (*pl.* شذرات)

شر /ʃər/ ■ *n.m.* **1** evil, vice, mischief, wickedness; wrongdoing. **2** quarrel, brawl, dispute; strife. شراٹھانا create trouble or unrest, cause breach of peace; raise a malicious objection. شرانگیز provocative; mischievous. شرپسند wicked; quarrelsome; evil; miscreant. شرکرنا cause breach of peace, raise quarrel. شروفساد breach of peace, riot; wickedness and mischief. (*opp.* خیر)

شرا /ʃərɑ:/ ■ *n.f.* an eruption of pimples on the skin.

شِرا /ʃɪrɑ:/ ■ *n.m.* (also شِرٰی) purchase; buying.

شراب /ʃərɑ:b/ ■ *n.f.* **1** wine, spirit, liquor, any alcoholic drink. **2** any beverage. شرابِ احمر/ارغوانی red wine. شرابِ انگور/انگوری alcoholic drink made from fermented grape juice, wine. شراب پینا to drink wine. شراب خانہ pub, bar. شراب خانہ ساز home-made wine. شراب خور winebibber, wine-drinker; addicted to wine. شراب خوری wine-drinking, winebibbing. شرابِ دوآتشہ double-distilled wine, spirit or liquor; strong drink. شرابِ طہور/طہورا wine of the Paradise, Heavenly nectar. شرابِ قدیم/کہن old wine. شراب کش distiller of wine. شرابِ مقطر distilled wine. شرابِ ناب pure wine. شراب نوش one who drinks wine. شراب نوشی wine-drinking. شرابِ یہود **1** (*literal*) the Jewish wine. **2** wine drunk secretly. (*pl.* اشربہ)

شرابور /ʃərɑ:bo:r/ ■ *adj.* dripping wet, drenched; wet through.

شرابی /ʃərɑ:bi:/ ■ *n.m.* drunkard, boozer, one who is addicted to drinking wine, winebibber. شرابی کبابی **1** drunkard. **2** profligate person, licentious.

شراپ /ʃərɑ:p/ ■ *n.m.* curse. See سراپ.

شرّاٹا /ʃərrɑ:ʈɑ:/ ■ *n.m.* **1** cracking or crushing noise, beating sound (of rain, etc.). **2** spurt (of tears, etc.).

شرادھ /ʃərɑ:d̪ʰ/ ■ *adj.* faithful; believing. ■ *n.m.* (***Hinduism***) **1** funeral rite or ceremony to honour the deceased relatives. **2** gifts presented on this ceremony.

شرار /ʃərɑ:r/ ■ *n.m.* (*pl.* of شرارہ¹) sparks.

شرارت /ʃərɑ:rət̪/ ■ *n.f.* **1** naughtiness, playfulness, mischief, prank. **2** villainy, wickedness.

شرارتاً /ʃərɑ:rət̪ən/ ■ *adv.* **1** wickedly. **2** mischievously, naughtily.

شرارتی /ʃərɑ:rət̪i:/ ■ *adj.* naughty, mischievous.

شرارہ¹ /ʃərɑ:rɑ:/ ■ *n.m.* spark of fire, flash; gleam. [A]

شرارہ² —— ■ *n.m.* a kind of long skirt made of rich fabric and/or heavily embroidered. [dial.]

شرافت /ʃərɑ:fət̪/ ■ *n.f.* **1** virtue; civility, good manners; courtesy, politeness. **2** state of being noble, nobility. **3** dignity, honour. شرافت پناہ **1** (*arch.*) a way of addressing a subordinate officer politely. **2** subordinate officer. شرافت ڈبونا dishonour. شرافتِ نفسی natural virtue. شرافت ونجابت nobility, state of being noble.

شِراکت /ʃɪrɑ:kət̪/ ■ *n.f.* **1** partnership, coparcenary. **2** fellowship; alliance, confederacy; combination. شراکت کرنا enter into a partnership; participate in; form league with. شراکت نامہ deed of partnership.

شِراکتی /ʃɪrɑ:kət̪i:/ ■ *adj.* joint, shared.

شرائط /ʃərɑ:ɪʈ/ ■ *n.f.* (*pl.* of شرط) terms, conditions. شرائط اقرارنامہ terms of contract.

شرائع /ʃərɑ:eʔ/ ■ *n.f.* (*pl.* of شریعت) **1** laws, ordinances. **2** highways.

شرائین /ʃərɑːiːn/ ■ *n.f.* (*pl.* of شریان) arteries.

شرب /ʃʊrb/ ■ *n.m.* the act of drinking. شرب الیہود **1** the Jewish way of drinking, probably after the Jewish practice of secret drinking in Muslim land. **2** (*fig.*) act of drinking wine secretly.

شربت /ʃərbət̪/ ■ *n.m.* sherbet, sweet drink. شربت پلائی monetary reward given to a servant of the bride's family for offering drinks to groom at marriage. شربتِ دیدار (*poet.*) sight of beloved which is refreshing like a sweet drink. شربت کے پیالے پر نکاح پڑھانا give away a girl in a very simple marriage, to marry in a simple or humble way. شربت کے سے گھونٹ پینا **1** gulp down as sherbet. **2** (*fig.*) suffer meekly.

شربتی /ʃərbət̪iː/ ■ *adj.* **1** of or relating to شربت. **2** juicy. **3** light reddish-orange-coloured. ■ *n.m.* **1** a species of lemon. **2** a kind of fine muslin. **3** light orange colour. شربتی آنکھیں brownish yellow eyes.

شرپا /ʃərpɑː/ ■ *n.m.* Sherpa, a member of the Himalayan people living on the borders of Nepal and Tibet.

شرح /ʃərəh/ ■ *n.f.* **1** explanation, commentary; annotation; exegesis. **2** (*fig.*) any book that explains a text. **3** rate; ratio; charge. شرحِ اموات death rate. شرح بندی table of rates. شرحِ پیدائش birth rate. شرحِ تبادلہ/مبادلہ rate of exchange. شرح چڑھانا explain; annotate. شرحِ خواندگی literacy rate. شرحِ ذہانت intelligence quotient, IQ. شرحِ صدر **1** (*literal*) opening of heart, expanding of heart or chest. **2** (*fig.*) manifestation of facts or reality, the clarification or realization of truth with Divine help (which leads one to accept the truth). شرحِ صدر کے ساتھ with an open mind; without reservations. شرح کرنا explain; annotate. شرح کشاف lucid explanation. شرح لگان rate of rent. شرح مقرر کرنا fix a rate. شرح وار clearly, in detail. شرح وبسط explanation and detail. شرح ہونا become evident, be clear. (*pl.* شُروح)

شردھا /ʃərdʰɑː/ ■ *n.f.* belief; faith.

شرر /ʃərər/ ■ *n.m.* sparks of fire. شرر بار/فشاں inflammatory, fiery; sparkling, scintillating.

شرزہ /ʃərzɑː/ ■ *adj.* (also شرزا) **1** powerful, strong; fierce; vehement; enraged. **2** roaring, growling, raging (of lion, etc.).

شرشر /ʃərʃər/ ■ *n.f.* sound of flowing water or blood, etc.

شرط /ʃərt̪/ ■ *n.f.* **1** precondition, term; stipulation; provision. **2** bet, wager. ■ *adj.* necessary, obligatory; prerequisite. شرطِ اول/اولین basic prerequisite. شرط باندھنا/بدنا/کرنا/لگانا **1** stipulate; bind by contract. **2** bet. شرط ہے it is necessary, it is obligatory. شرط یہ ہے on condition that, provided that. (*pl.* شرائط)

شرطی /ʃərt̪iː/ ■ *adj.* of or relating to شرط, conditional, provisional.

شرطیہ /ʃərt̪ijɑː/ ■ *adj.* **1** conditional, provisional. **2** (***Gram.***) a conditional sentence or tense. ■ *adv.* certainly, undoubtedly.

شرع /ʃərʔ/ ■ *n.f.* (also شریعت) **1** (*literal*) road; making a road straight. **2** making or prescribing law. **3** Sharia, Islamic law. شرع میں کیا شرم one should not hesitate to do or ask for what the Islamic law allows. (*pl.* شرائع)

شرعاً /ʃərʔən/ ■ *adv.* according to the Islamic law; legally. شرعاً و عُرفاً according to both the religious law of Islam and custom of the society.

شرعی /ʃərʔiː/ ■ *adj.* conformable to Sharia; lawful, legal. شرعی پاجامہ man's pyjamas above the ankle. شرعی طور پر legally, as per Sharia.

شرغا /ʃərɣɑː/ ■ *n.m.* (also شرغا، شرغہ) almond colour horse.

شرف /ʃərəf/ ■ *n.m.* **1** dignity, honour. **2** rank, glory, exaltation, eminence, excellence. **3** nobility. شرفِ باریابی (*form.*) the honour of audience (before a royal or exalted personality). شرفِ باریابی پانا (*form.*) have the honour of meeting a royal or exalted personality. شرف بخشنا confer a dignity, grant a favour. شرفِ تلمذ honour of being a student. شرفِ تلمذ ہونا have the honour of studying (under). شرفِ قبولیت (*form.*) honour of being accepted, acceptance. شرف لے جانا bear away the palm from, excel. شرف یاب honoured, ennobled; exalted.

شُرفا /ʃʊrəfɑː/ ■ *n.m.* (*pl.* of شریف) (also شُرفاء) elite, persons of high rank and good family; nobles, grandees.

شرق /ʃərq/ ■ *n.m.* **1** rising (of the sun). **2** the east. **3** light; shining. شرقِ اقصیٰ/الاقصیٰ the Far East. شرقِ اوسط the Middle East. شرقِ بعید the Far East. شرق سے غرب تک from the east to the west, throughout the world. شرق وغرب میں in the east and the west, everywhere.

شرقاً /ʃərqən/ ■ *adv.* towards or in the east; from the east; up to the east. شرقاً غرباً east to the west; lying east-west.

شرقی /ʃərqi:/ ■ *adj.* eastern; oriental. شرقی زبانیں oriental languages. شرقی علوم oriental studies.

شرقیہ /ʃərqija:/ ■ *adj.* of or relating to east, eastern, oriental.

شرک /ʃɪrk/ ■ *n.m.* 1 (*literal*) partnership, company. 2 (***Islam***) shirk, attributing partners to Allah; belief in the plurality of Allah, polytheism. شرک جلی conspicuous polytheism or idolatry. شرک خفی exaltation verging on deification of someone other than Allah. شرک فی الذات belief in many gods, polytheism.

شُرکا /ʃʊrəka:/ ■ *n.m.* (*pl.* of شریک) (also شُرکاء) 1 participants. 2 partners, associates.

شرکت /ʃɪrkət̪/ ■ *n.f.* 1 participation. 2 partnership; company.

شرکتی /ʃɪrkət̪i:/ ■ *adj.* held in partnership, common.

شرکیہ /ʃɪrkɪjja:/ ■ *adj.* polytheistic.

شرم /ʃərm/ ■ *n.f.* 1 shame, bashfulness, modesty. 2 shyness, hesitation. 3 honour, esteem, reputation. شرم آنا feel shame, be ashamed. شرم دار modest. شرم دلانا put to shame, appeal to or challenge (someone's) sense of honour. شرم رکھنا spare the blushes; preserve from shame or disgrace; preserve (someone's) honour; spare (someone) from being put to shame. شرم رہ جانا have one's prestige or honour saved. شرم سار ashamed, abashed; repentant, sorry (for). شرم سار ہونا repent, rue, regret, be sorry (for); be ashamed at. شرم ساری shame, disgrace; regret, repentance. شرم سے پانی پانی ہونا زمین میں گڑ جانا مر جانا feel awfully ashamed. شرم کا آدم پتلا modest, bashful. شرم کرنا feel ashamed. شرم کی بات ہے this is shameful, it is disgusting. شرم کھانا be ashamed. شرم گاہ private parts. شرم ناک shameful, disgraceful; discreditable. (بھی) شرم نہیں آتی how shameless you are! شرم وحیا modesty.

شرماشرمی /ʃərma:ʃərmi:/ ■ *adv.* (also شرماحضوری) hesitantly; out of courtesy for someone; for show.

شرمانا /ʃərma:na:/ ■ *v.* be ashamed or abashed; blush.

شرمسار /ʃərmsa:r/ ■ *adj.* ashamed, abashed. See شرم سار under شرم.

شرمساری /ʃərmsa:ri:/ ■ *n.f.* shame; repentance. See شرم ساری under شرم.

شرمگیں /ʃərmgĩ:/ ■ *adj.* bashful, coy, modest, blushing.

شرمندگی /ʃərmɪnd̪əgi:/ ■ *n.f.* shame, disgrace. شرمندگی اٹھانا suffer shame or disgrace.

شرمندہ /ʃərmɪnd̪a:/ ■ *adj.* ashamed; regretful, sorry (for), repentant. شرمندۂ احسان beholden (to); under obligation (to). شرمندۂ تعبیر نہ ہونا (some dream or desire) not to be fulfilled. شرمندہ ہونا feel ashamed, be ashamed; blush; be sorry (for).

شرمیلا /ʃərmi:la:/ ■ *adj.* bashful, modest, shy. شرمیلا پن bashfulness, shyness.

شرمیلی /ʃərmi:li:/ ■ *adj.* (*fem.* of شرمیلا).

شرن /ʃərən/ ■ *n.m.* 1 shelter. 2 helper; custodian. ■ *n.f.* custody, protection. شرن لینا take shelter, take refuge.

شرنارتھی /ʃərna:rt̪ʰi:/ ■ *n.m.* refugee. ■ *adj.* seeking refuge.

شرِنگار /ʃərɪŋga:r/ ■ *n.m.* 1 love. 2 sex, sexual intercourse. 3 a mark or marks on elephant's head and trunk by way of ornament. 4 fragrant powder. شرنگار رس (Hindi literature) romanticism.

شُروا /ʃʊrva:/ ■ *n.m.* (*corr.* of شوربہ) stew, broth.

شروع /ʃʊru:ʔ/ ■ *n.m.* & *f.* start, commencement, beginning, onset; initiation. شروع سے from the beginning, ab initio. شروع سے آخر تک from beginning to end. شروع شروع میں in the very beginning. شروع کرنا begin, start, commence; pioneer, set up, institute; establish. شروع ہونا start, begin; get going.

شُروعات /ʃʊru:ʔa:t̪/ ■ *n.f.* start, beginning.

شرہ /ʃəra:/ ■ *n.m.* 1 appetite; greed. 2 desire; sexual desire.

شری /ʃɪra:/ ■ *n.f.* (also شرا) buying, purchase; selling.

شری /ʃrɪ:/ ■ *n.m.* 1 Shri, Sri, Mr, an honorific title used before the name of a man. 2 title used before the name of a deity or sacred book. 3 glory, beauty, splendour, light. شری مان title applied to an eminent man; a man's title Sir, Mr. شری متی title applied to an exalted lady; a woman's title, madam, miss.

شرّی /ʃərri:/ ■ *adj.* malevolent, wicked; causing unrest.

شریان /ʃərja:n/ ■ *n.f.* (also شِریان) artery. (*pl.* شرائین)

شریر¹ /ʃəri:r/ ■ *adj.* 1 naughty, mischievous. 2 wicked; evil, bad, corrupt. ■ *n.m.* mischief-monger, a naughty person, mischief- maker, a playful person. (*pl.* اشرار) [A]

شریر² ___ ■ *n.m.* (also سریر²) 1 body, body of animate

being. 2 life. [S]

شریعت /ʃəri:ʔət̪/ ■ *n.f.* Sharia, Islamic law. (See also شرع.) (*pl.* شرائع)

شریف /ʃəri:f/ ■ *adj.* **1** virtuous, good; noble, polite, civil, courteous. **2** high-born, of high rank or dignity, gentle; honourable, eminent. **3** sacred, holy. ■ *n.m.* gentleman, respectable person. شریف النفس noble of soul, noble by nature. شریف خاندان رخون کا of high birth, of good family. شریف زادہ scion of a noble family, of good family. (*pl.* اشارف، اشراف، شُرفا)

شریفانہ /ʃəri:fɑ:nɑ:/ ■ *adj.* gentlemanly (conduct, etc.); noble.

شریفہ[1] /ʃəri:fɑ:/ ■ *n.m.* custard apple. [dial.]

شریفہ[2] ___ ■ *adj.* (*fem.* of شریف). [A]

شریک /ʃəri:k/ ■ *n.m.* **1** partner; colleague; confederate; comrade, associate. **2** participant. ■ *adj.* united. ■ *adv.* included. شریکِ جرم accomplice. شریکِ حیات رزندگی life partner (husband or wife). شریک رہنا live together. شریکِ شکمی joint owner; joint sub-lessee. شریک کرنا share, make partner, take into partnership; include. شریک ہونا partake, join, participate, be partner. (*pl.* شُرکا)

شریمان /ʃri:mɑ:n/ ■ *n.m.* title applied to a prominent man. See شری مان under شری.

شریمتی /ʃri:mət̪i:/ ■ *n.f.* a woman's title implying respect like Ms, madam. See شری متی under شری.

شڑاپ /ʃəɽɑ:p/ ■ *n.m.* (also شڑاپ شڑاپ) sound of whipping.

شڑپّا /ʃəɽəppɑ:/ ■ *n.m.* **1** the act of making a sipping or sucking sound while eating. **2** the sound of gulping down, the sucking or sipping sound. شڑپا لگانا رمارنا to gulp down, eat hastily and noisily.

شِست /ʃɪst̪/ ■ *n.f.* (also شست) **1** aim; the sight (of a gun). **2** large fishing hook left attached to strong line which is fastened to the handle of bow. **3** fishing rod. **4** thumb-stall worn by archers. **5** bow. **6** plectrum. شست باندھنا رلگانا take an aim; take sight (with the ruler of plane table).

شستر /ʃəst̪ər/ ■ *n.m.* weapon, armament. شستر باندھنا arm oneself.

شستک /ʃəst̪ək/ ■ *n.m.* dildo, artificial penis for self-gratification.

شُستگی /ʃʊst̪əgi:/ ■ *n.f.* **1** civility, good manners. **2** ease and flow of language. **3** neatness, cleanliness.

شُستہ /ʃʊst̪ɑ:/ ■ *adj.* **1** clean, cleansed, washed. **2** dressed, prepared. **3** cultured, cultivated. **4** chaste, pure (language). شستہ زبان easy and flowing language; pure and chaste language. شستہ ورفتہ clean, neat; fine, cultured; prepared.

شش /ʃəʃ/ ■ (also شَش) *cardinal number* six. شش پایہ having six legs. شش پہلو رگوشہ hexagonal. شش جہات رجہت all the six sides, (right, left, front, behind, up and down); all sides of the universe. شش جہات رجہت میں all over; everywhere. شش خاتون **1** (*literal*) the six ladies. **2** (*fig.*) the six heavenly bodies: Saturn, Mars, Jupiter, Mercury, Venus and moon. شش خانہ having six compartments or rooms. شش دانگ all over the world. شش در **1** (*literal.*) six doors; a stage of a game of *nard* (نرد) from which one cannot free oneself. **2** amazed, astonished. شش درہ جانا be astonished or astounded. شش درہ having six doors. شش دری **1** amazement. **2** building with six doors. **3** (*fig.*) world. شش روز the six days of the Creation (according to religious scriptures). شش روزہ the universe (which was created in six days). شش سری purest form of gold. شش عید six days of fasting during the month of Shawwal (شوال). شش ماہی **1** half-yearly, biannual. **2** six-month period. شش وپنج confusion, perplexity.

شُش /ʃʊʃ/ ■ *n.m.* lung.

ششدر /ʃəʃd̪ər/ ■ *adj.* astonished, perplexed. See شش در under شش.

ششدری /ʃəʃd̪əri:/ ■ *n.f.* amazement. See شش دری under شش.

ششُم /ʃəʃʊm/ ■ *ordinal number* sixth.

ششماہی /ʃəʃmɑ:hi:/ ■ *adj.* half-yearly. ■ *n.f.* six-month period. See شش ماہی under شش.

شصت /ʃəst̪/ ■ *cardinal number* sixty. ■ *n.f.* **1** aim. **2** bow. **3** hook.

شط /ʃət̪/ ■ *n.m.* (also شطّ) river; river-bank. شط العرب channel formed by the confluence of the Tigris and the Euphrates rivers.

شطّاح /ʃət̪t̪ɑ:h/ ■ *adj.* **1** cunning, artful. **2** obscene, lewd; lascivious, lustful.

شطحیّات /ʃət̪hɪjjɑ:t̪/ ■ *n.m.pl.* blasphemies, blasphemous

writings; irrelevant criticism of Islamic dogma; profane words (of mystics, usu. uttered in the state of ecstasy). (*sing.* شطح)

شطرنج /ʃəṯrəndʒ/ ■ *n.f.* chess. شطرنج باز **1** chess-player. **2** (*fig.*) clever, cunning. شطرنج بازی **1** chess-playing. **2** (*fig.*) cunningness.

شطرنجی /ʃəṯrəndʒi:/ ■ *n.m.* chess player. ■ *n.f.* **1** a kind of chequered carpet. **2** chessboard. شطرنجی باف carpet weaver.

شطونگڑا /ʃəṯu:ŋgɽɑ:/ ■ *n.m.* (also شتونگڑا) **1** little devil. **2** a very naughty boy.

شِعار /ʃɪʔɑ:r/ ■ *n.m.* **1** mark, identity. **2** method, manner; habit; custom; used in comp. as: اطاعت شعار obedient. جفاشعار cruel, oppressive, unjust. (*pl.* شِعائر)

شِعاری /ʃɪʔɑ:ri:/ ■ *suffix* forming nouns of state or quality; used in comp. as: اطاعت شعاری obedience.

شُعاع /ʃʊʔɑ:ʔ/ ■ *n.f.* **1** ray, ray of the sun, beam. **2** radiance, lustre. **3** (*fig.*) light. (*pl.* اَشِعہ)

شعب /ʃəʔəb/ ■ *n.m.* people, group; race; nation. (*pl.* شُعُوب)

شِعب /ʃeʔb/ ■ *n.m.* **1** ravine. **2** path through mountains, pass. (*pl.* شِعاب)

شُعب /ʃʊʔəb/ ■ *n.f.* (*pl.* of شُعبہ) divisions, branches; tribes of a nation.

شعبان /ʃəʔbɑ:n/ ■ *n.m.* Shaaban, the eighth month of the Islamic calendar.

شُعبدہ /ʃoʔbəd̪ɑ:/ ■ *n.m.* **1** juggling act; conjuring trick. **2** sleight of hand, skilful deception. شعبدہ باز / پرداز / گر **1** juggler, conjurer. **2** fraudulent, deceitful. شعبدہ بازی / پردازی / گری **1** sleight of hand; juggling or conjuring trick. **2** fraud, deceit, duping.

شُعبہ /ʃoʔbɑ:/ ■ *n.m.* **1** branch, department, division. **2** special field (of knowledge, etc.). **3** a branch of a tribe. **4** a branch of a genealogical tree. شعبۂ ترسیل delivery/ despatch section or department of an office. شعبہ جات departments. شعبہ جاتی departmental.

شعر /ʃəʔr/ ■ *n.m.* **1** hair. **2** capillary.

شِعر /ʃeʔr/ ■ *n.m.* **1** a pair of verse lines, couplet, distich. **2** verse; poetry. شعر جوڑنا (*iron.*) compose verse. شعر خوانی recitation of poetry, reading poetry. شعر فہمی ability to understand poetry. شعر کہنا versify, compose verse. شعر گو poet. شعر گوئی writing poetry; versification. (*pl.* اشعار)

شُعرا /ʃoʔərɑ:/ ■ *n.m.* (*pl.* of شاعر) (also شُعراء) poets.

شِعریٰ /ʃɪʔrɑ:/ ■ *n.m.* Sirius, a star in the constellation Canis Major, the brightest star in the sky.

شعری /ʃəʔri:/ ■ *adj.* **1** of or relating to شعر; relating to capillaries. **2** thin (as hair). شعری نلی capillary tube.

شِعری /ʃeʔri:/ ■ *adj.* poetical; of poets or poetry. شعری نشست poetry recital session.

شِعریات /ʃeʔrɪjɑ:ṯ/ ■ *n.f.* poetics.

شِعریت /ʃeʔrɪjəṯ/ ■ *n.f.* poetical beauty; poetic element.

شعشعہ /ʃəʔʃəʔɑ:/ ■ *n.m.* (also شعشہ) **1** long thin stroke; tail of letter; cedilla. **2** brilliance. **3** hoax, false report, rumour. شعشعہ چھوڑنا spread a false report.

شُعلگی /ʃoʔləgi:/ ■ *n.f.* **1** heat, warmth. **2** (*fig.*) excitement.

شُعلہ /ʃoʔlɑ:/ ■ *n.m.* flame, blaze. شعلہ افشاں / بار / فشاں **1** flaming, blazing; raining fire. **2** (*fig.*) hot-tempered, fiery, vehement. شعلہ بیان / نفس / نوا fiery orator. شعلہ بھبوکا burning red with rage. شعلۂ جوالہ **1** dancing or whirling flame. **2** (*fig.*) (i) beloved, sweetheart. (ii) radiant beauty; blazing beauty. شعلہ خو fiery-tempered, hot-tempered. شعلہ رخ / رخسار / رو / عارض **1** blazing beauty; beloved. **2** having red or bright countenance. شعلہ زا / زن blazing, flaming; resplendent, radiant. شعلہ زنی the act of flaming or blazing. شعلۂ سوزاں burning flame. شعلہ فشانی the act of blazing or raining fire. شعلۂ مستعجل **1** the flame that burns down quickly. **2** (*fig.*) someone who dies young.

شُعُور /ʃʊʔu:r/ ■ *n.m.* wisdom, sense, understanding, intelligence, consciousness. شعورِ تمدن civic sense. شعور دار having sense; well-bred, mannerly. شعورِ زندگی / زیست sense of life. شعورِ عام / عامہ public opinion.

شُعُوری /ʃʊʔu:ri:/ ■ *adj.* conscious. شعوری طور پر consciously.

شعیر /ʃəʔi:r/ ■ *n.m.* barley, a kind of grain.

شغال /ʃəɣɑ:l/ ■ *n.m.* (also شِغال، شگال) jackal.

شغب /ʃəɣəb/ ■ *n.m.* noise, tumult, disturbance.

شغف /ʃəɣəf/ ■ *n.m.* **1** inclination; interest; liking, fondness, ardour. **2** enthusiasm.

شغل /ʃəɣl/ ■ *n.m.* (also شُغل) **1** employment; business, occupation; work; vocation. **2** hobby; amusement. **3** the state of being busy or occupied. **4** (*fig.*) drinking (wine). **5** prayers or Qur'anic verses recited regularly; the practice of reciting prayers (as a routine).

شغل فرمانا/کرنا 1 do something, keep (oneself) busy, be occupied. 2 (*fig.*) enjoy (e.g. a drink). شغل میلہ enjoyment, amusement. (*pl.* اشغال،شواغل)

شِفا /ʃɪfɑː/ ■ *n.f.* (also شِفاء) healing, cure, recovery from illness. شفابخش healing, curative, health-restoring. شفاخانہ hospital; clinic. شفادینا heal, cure. شفائے کامل/کاملہ complete recovery from illness. شفایاب recovered, recuperated. شفایابی convalescence, recovery.

شفاعت /ʃəfɑːʔət̪/ ■ *n.f.* 1 recommendation, advocacy, entreaty on behalf of someone else. 2 (***Islam***) recommendation for atonement made before Allah. 3 expiation, atonement. شفاعت کرنا to recommend for atonement.

شفّاف /ʃəffɑːf/ ■ *adj.* 1 transparent, clear, limpid, clean. 2 open to public scrutiny; morally correct (of procedures, etc.).

شفّافی /ʃəffɑːfiː/ ■ *n.f.* (also شفّافیت) transparency, clearness.

شفت /ʃəfət̪/ ■ *n.m.* the lip.

شفتالو /ʃəft̪ɑːluː/ ■ *n.m.* peach. ■ *adj.* of peach colour.

شفترنگ /ʃəft̪ərəŋg/ ■ *n.m.* red peach; nectarine.

شفتل /ʃəft̪əl/ ■ *n.f.* 1 a small plant with yellow flowers, trefoil. 2 dissolute woman.

شفتین /ʃəfət̪æːn/ ■ *n.m.pl.* both lips.

شفعہ /ʃʊf ʔɑː/ ■ *n.m.* 1 (*literal*) adjunction. 2 (***Law***) the right of pre-emption or possessing a property (the right appertaining first to the partner, then to sharer in amenities such as water, and then to the neighbour).

شفق /ʃəfəq/ ■ *n.f.* 1 twilight, colours of the sky between sunset and nightfall, redness in the horizon at sunset. 2 affection; kindness. شفق پھولنا colours of sunset to appear, redness to appear in the horizon, twilight. شفق شمالی the northern lights, aurora borealis. (*pl.* اشفاق)

شفقت /ʃəfqət̪/ ■ *n.f.* (also شفقت) affectionate kindness; clemency. شفقت نامہ affectionate letter.

شفوی /ʃəfəviː/ ■ *adj.* (also شِفوی) 1 of or relating to the lips. 2 labial; bilabial, (letters) pronounced from the lips. شفوی حروف labial letters like, b, m, p.

شفیع /ʃəfiːʔ/ ■ *n.m.* one who recommends; advocate; intercessor, mediator; possessor of the right of pre-emption. شفیع المذنبین intercessor for sinners, a title of Prophet Muhammad. شفیعِ جار occupant of ground which is simply in the neighbourhood of another estate. شفیعِ خلطِ/خلیط occupant of ground in actual contact with another estate (the right of pre-emption being stronger than that of شفیعِ جار); person who is partner in rights and appurtenance belonging to the property which is subject of sale. شفیعِ شارک/شریک person who is co-sharer in the corpus of the property. (*fem.* شفیعہ)

شفیق /ʃəfiːq/ ■ *adj.* kind, affectionate, merciful. (*fem.* شفیقہ)

شق /ʃəq/ ■ *n.m.* 1 crack, fissure, cleft. 2 dawn, daybreak. شق القمر splitting of the moon, a miracle of Prophet Muhammad. شق ہونا be torn, be rent, be split.

شِق /ʃɪq/ ■ *n.f.* 1 part, piece, division; clause. 2 a half (of anything). 3 as much as a beast of burden carries on one side. 4 a division or large part of a country. 5 difficulty; dispute.

شِقاق /ʃɪqɑːq/ ■ *n.m.* enmity; rift; schism.

شقاقُل /ʃəqɑːqʊl/ ■ *n.f.* wild carrot or turnip.

شقاوت /ʃəqɑːvət̪/ ■ *n.f.* 1 misfortune; inauspiciousness. 2 wretchedness; villainy, callousness.

شقائق /ʃəqɑːɪq/ ■ *n.m.* (*pl.* of شقیقہ) 1 cracks, fissures. 2 real sisters. 3 (as *sing.*) tulip. 4 temples, side of the head.

شُقّہ /ʃʊqqɑː/ ■ *n.m.* 1 edict, royal order; communication from superior. 2 pennant, pennon. 3 letter, note, a brief letter. 4 the top of a dome; edge.

شقی /ʃəqiː/ ■ *adj.* cruel, tyrannical, callous, vicious. شقی القلب innately cruel, of cruel nature, hard-hearted. (*pl.* اشقیا)

شقیق /ʃəqiːq/ ■ *n.m.* 1 real brother. 2 tulip. 3 one half. ■ *adj.* split or halved.

شقیقہ /ʃəqiːqɑː/ ■ *n.* (*fem.* of شقیق) real sister. ■ *n.m.* 1 a crack, fissure. 2 migraine. 3 one side of the head; temple. (*pl.* شقائق)

شک[1] /ʃək/ ■ *n.m.* doubt, misgiving, suspicion, uncertainty. شک پڑنا have doubt. شک ڈالنا cast doubt upon, sow the seed of doubt. شک رفع کرنا remove or dispel doubt. شک کرنا suspect, doubt. (*pl.* شُکُوک) [A]

شک[2] ____ ■ *n.m.* an Indian calendar started after seventy-six or seventy-eight years of Christian calendar. [S]

شِکار /ʃikɑ:r/ ■ *n.m.* **1** shikar, hunting, sporting; hawking. **2** angling, fishing. **3** prey; booty; catch; victim. شکارافگن/انداز hunter. شکارباز hunter, sportsman. شکاربند ropes, etc. for tying game or fastening it to the saddle. شکارپیشہ professional hunter, one whose trade is hunting. شکاردوست fond of hunting. شکارکرنا hunt; trap, ensnare, catch. شکار کے وقت کتیا ہگاسی false excuses put up at critical juncture. شکارکھیلنا go hunting. شکارگاہ hunting ground. شکارمارنا to hunt, to kill the game. شکارِماہی fishing, angling. شکارہونا fall or become a victim, fall prey.

شِکارا /ʃikɑ:rɑ:/ ■ *n.m.* shikara, light pleasure boat.

شِکاری /ʃikɑ:ri:/ ■ *adj.* of or relating to hunting. ■ *n.m.* **1** shikari, hunter, sportsman. **2** angler. شکاری کتا any hunting dog, hound.

شِکایت /ʃikɑ:jəṭ/ ■ *n.f.* complaint; grievance, lamentation. شکایت رفع کرنا remove the cause of complaint, redress grievance. شکایت کرنا complain. (*pl.* شِکایات)

شِکایتاً /ʃikɑ:jəṭən/ ■ *adv.* complainingly.

شکتی /ʃəkṭi:/ ■ *n.f.* **1** shakti, power, strength. **2** ability, capability, capacity. **3** (***Hinduism***) energy or active power of a deity. **4** goddess; the female representation in Hindu deity. شکتی مان/روان superman.

شُکتی /ʃukṭi:/ ■ *n.f.* shell, snail, conch.

شکر /ʃəkər/ ■ *n.f.* (also شکّر) **1** sugar. **2** sweetness, sugariness. **3** (*fig.*) (i) sweet words. (ii) beautiful and attractive woman. شکرافشانی/رفشانی utterance of sweet words, sweet speech. شکرآبی temporary falling out or cold behaviour between friends. شکرپارہ a kind of fried cookie made of flour and sugar. شکرخارخورا **1** one who is fond of sweets; one with a sweet tooth. **2** hummingbird. شکرخند/رخندہ sweet smile. شکرخواب sweet sleep or dream. شکرخورے کو شکر ہی ملتی ہے one gets what one desires. شکردان sugar pot. شکردہاں/ردہن/رشکن sweet-tongued. شکررنجی slight or temporary rift between friends, cold behaviour between friends. شکرریز **1** (*literal*) one who scatters sugar. **2** mellifluous. **3** sweet or elegant (language). **4** maker of sweetmeats. **5** money or things thrown about at wedding. شکرفروش **1** seller of sugar. **2** (*fig.*) mistress; sweetheart. شکرقند/رقندی sweet potato, *Convolvulus batatas* or *Batatas edulis*. شکرگفتار sweet-spoken. شکرلب **1** sugar-lipped. **2** mistress. شکرمقال sweet-spoken, sweet-tongued.

شُکر /ʃukər/ ■ *adj.* (also شُکر) bright; resplendent; white; pure. ■ *n.m.* the planet Venus. شکروار Friday.

شُکر /ʃukr/ ■ *n.m.* **1** gratitude, thankfulness, thanksgiving. **2** praise (to God). شکرِخدا thank God! God be praised! شکرِخدمت acknowledgement of service. شکرکرنا thank, express gratitude; acknowledge favour. شکرگزار thankful, grateful. شکرگزاری thankfulness, gratefulness. شکرِنعمت acknowledgement of boon.

شِکرا /ʃikrɑ:/ ■ *n.m.* (also شِکرہ) **1** shikra, falcon, a bird trained to hunt, a kind of hunting hawk, sparrow hawk. **2** (*fig.*) rapacious person.

شُکراً /ʃukrən/ ■ *phr.* thank you. ■ *adv.* thankfully.

شکرانہ /ʃəkrɑ:nɑ:/ ■ *n.m.* a sweet dish of boiled rice and ghee (usu. distributed as offering to a saint).

شُکرانہ /ʃukrɑ:nɑ:/ ■ *n.m.* **1** gratitude, grateful return, thanksgiving; act of offering thanks for favours or mercies. **2** reward given to a lawyer over and above the legal fees by successful litigant. **3** (*iron.*) bribe.

شِکرم /ʃikrəm/ ■ *n.m.* light two-wheeled or four-wheeled open carriage.

شکری /ʃəkəri:/ ■ *adj.* of or relating to شکر; sugary. ■ *n.f.* a kind of small sweet berry.

شِکرین /ʃikəri:n/ ■ *n.f.* (also سَکرین) saccharin.

شکریں /ʃəkərĩ:/ ■ *adj.* sugary; of sugar.

شُکریہ /ʃukrijɑ:/ ■ *n.m.* thanks. ■ *exclam.* thanks! thank you! شکریہ ادا کرنا thank (someone).

شِکست /ʃikəsṭ/ ■ *n.f.* **1** defeat, failure. **2** running hand (as a form of Urdu script). **3** fracture, breakage. **4** (*fig.*) fall, drop. **5** loss; deficiency. شکست خوردگی defeatism. شکست خوردہ defeated, routed. شکست خوردہ ذہنیت defeatist mentality. شکست دینا defeat, rout. شکستِ فاش defeat that is clear and manifest. شکستِ قیمت fall of prices. شکست کھانا be beaten, be defeated, suffer defeat. شکست وریخت wear and tear, dilapidation, damage. شکست ہونا **1** be broken. **2** suffer defeat. شکست یاب defeated, failed.

شِکستگی /ʃikəsṭəgi:/ ■ *n.f.* **1** the act of breaking, rupture. **2** affliction, dejection. **3** defeat.

شِکستہ /ʃikəsṭɑ:/ ■ *adj.* **1** broken, routed. **2** sick; weak, of his/her promise; oath-breaker. شکن آلود rumpled, wrinkled. شکن پڑنا be creased. شکن ڈالنا 1 to crease, fold; form into plaits. 2 frown, show signs of displeasure.

شکنجہ /ʃɪkəndʒɑː/ ■ *n.m.* 1 press, clamp. 2 boards in which book-binders press books. 3 torture; straitened circumstances. 4 stocks for the legs (to punish a criminal, etc.).

شکنی /ʃɪkniː/ ■ *n.f.* (also شکنی) act of breaking. ■ *suffix* breaking; used in comp. as: اعضاشکنی pain in limbs. عہدشکنی breach of agreement or promise.

شکور /ʃəkuːr/ ■ *n.m.* 1 one who gives due appreciation, one who acknowledges thanks. 2 See الشکور. ■ *adj.* thankful (person); satisfied with little.

شکوک /ʃʊkuːk/ ■ *n.m.* (*pl.* of شک) doubts. شکوک وشبہات misgivings, doubts, suspicions.

شکوہ /ʃɪkvɑː/ ■ *n.m.* complaint, plaint, lamentation. شکوہ سنج رگزار complainant. شکوہ کرنا complain. شکوہ مند full of complaint.

شکوہ /ʃɪkoːh/ ■ *n.m.* (also شکوہ) grandeur, pomp, majesty, magnificence; awe. شکوہ کرنا act pompously.

شکی /ʃəkkiː/ ■ *adj.* suspicious, sceptical. شکی مزاج habitually suspicious, sceptical.

شکیب /ʃɪkeːb/ ■ *n.f.* patience, endurance.

شکیبا /ʃɪkeːbɑː/ ■ *adj.* patient.

شکیبائی /ʃɪkeːbɑːiː/ ■ *n.f.* patience, endurance.

شکیل /ʃəkiːl/ ■ *adj.* handsome, comely.

شکیلہ /ʃəkiːlɑː/ ■ *adj.* (*fem.* of شکیل).

شگاف /ʃɪgɑːf/ ■ *n.m.* 1 crack, fissure, split, cleft, crevice. 2 surgical cut made in skin or flesh, incision. ■ *suffix* splitter, one that splits; used in comp. as: فلک شگاف bellowing (sound). موشگاف hair-splitter. شگاف پڑجانا be split or cracked, etc. شگاف دینا 1 split (a reed pen); cleave; incise. 2 cut open (in surgery). شگاف لگانا 1 split. 2 open or operate.

شگافی /ʃɪgɑːfiː/ ■ *n.f.* the act of splitting. ■ *suffix* used in comp. as: موشگافی hair-splitting.

شگال /ʃɪgɑːl/ ■ *n.m.* (also شگال) jackal. See شغال.

شگرف /ʃɪgərf/ ■ *adj.* (also شگرفی) 1 rare; strange. 2 great, glorious, excellent. 3 vigorous, powerful. 4 beautiful. 5 respectable, venerable.

شگفت /ʃɪgʊft/ ■ *n.f.* 1 wonder, surprise, astonishment.

infirm. 3 bankrupt. ■ *n.m.* running hand as a form of Urdu script. شکستہ بال رپر (*fig.*) broken-hearted; distressed; melancholy. شکستہ پا 1 broken-footed. 2 weak; unable to move. شکستہ پائی inability to move; helplessness. شکستہ حال distressed, down-trodden, miserable, wretched; dilapidated, broken-down, ruined; in straitened circumstances. شکستہ حالی distress. شکستہ خاطر distressed, depressed, grieved, broken-hearted. شکستہ دل broken-hearted, distressed. شکستہ دلی distress, affliction, broken-heartedness.

شکل /ʃəkl/ ■ *n.f.* 1 face, appearance. 2 shape, form, figure; formation. 3 image; likeness; resemblance. 4 type, kind. 5 manner, way, mode; style, fashion. 6 state, condition. 7 (***Geom.***) diagram. ■ *adj.* like. شکل بگاڑنا 1 disfigure, mar. 2 disgrace. شکل بنانا 1 give shape to. 2 make faces. 3 draw a diagram. شکل پکڑنا assume a shape. شکل تو دیکھو look at him/yourself. شکل چڑیلوں کی دماغ رمزاج رناز پریوں کا ugly witch strutting about as beauty. شکل مثالی model; pattern. شکلِ نظری (***Geom.***) theorem. شکل نکالنا 1 give (something) a form. 2 find (some) way out. شکل وشباہت features. شکل وشمائل appearance and character. (*pl.* اشکال)

شکلاً /ʃəklən/ ■ *adv.* apparently.

شکلیات /ʃəklɪjɑːt̪/ ■ *n.f.* morphology, branch of biology concerned with the forms and structure of living organisms.

شکلیاتی /ʃəklɪjɑːt̪iː/ ■ *adj.* morphological.

شکم /ʃɪkəm/ ■ *n.m.* 1 belly, stomach. 2 womb. شکم بندہ رپرور slave to his belly; glutton. شکم پرست pamperer of his belly, glutton, sensualist. شکم سیر 1 satiated. 2 (*fig.*) well-to-do. شکم سیر ہوکر کھانا eat to one's fill. شکم سیری satiation. شکم مادر womb.

شکمی /ʃɪkəmiː/ ■ *adj.* 1 relating to the belly. 2 big-bellied. 3 subordinate; dependent. 4 congenital. شکمی اجارہ دار subordinate cultivator holding lands in farm. شکمی دیوانہ born or congenital idiot. شکمی کرایہ دار subtenant.

شکن /ʃɪkən/ ■ *n.f.* 1 crease, fold. 2 shrivelling; constringing. 3 curl (of a lock of hair). 4 breaking; crushing. 5 wrinkle (esp. on the forehead). ■ *suffix* breaker, destroyer; used in comp. as: صف شکن one who disrupts the enemy's lines. عہدشکن one who backs out

2 happiness.

شِگفتگی /ʃɪgʊftəgi:/ ■ *n.f.* (also شُگفتگی) 1 state of blooming, flourishing. 2 delight, pleasure, cheerfulness; happy countenance. 3 streak of humour; good humour.

شِگُفتہ /ʃɪgʊftɑ:/ ■ *adj.* (also شُگفتہ) 1 bloomed, flourishing, blooming. 2 happy. 3 interesting. شگفتہ جبیں smiling face. شگفتہ خاطر، مزاج 1 humorous. 2 blooming; delighted, cheerful. شگفتہ ہونا bloom; be delighted.

شِگُوفہ /ʃɪgu:fɑ:/ ■ *n.m.* 1 bud, blossom. 2 (*fig.*) something humorous or wondrous. 3 a trivial lie; rumour. شگوفہ پھوٹنا bud, to blossom. شگوفہ چھوڑنا fib, say something surprising or humorous; introduce a new topic; say something strange to amuse. شگوفہ کھلانا say or do something strange (that causes disturbance). شگوفہ لانا 1 to bud, blossom, sprout. 2 produce something new and wonderful. شگوفہ نکالنا find faults.

شُگُون /ʃʊgu:n/ ■ *n.m.* (also سگن، شگن) 1 omen, augury. 2 engagement, betrothal. 3 holding of a ceremony as a good omen. شگون لینا interpret an event as an omen; seek an omen. شگون ہونا be an omen of.

شُگُونیا /ʃʊgu:nɪjɑ:/ ■ *n.m.* fortune-teller, augur.

شل /ʃəl/ ■ *adj.* 1 tired, fatigued. 2 (usu. of hands and feet) benumbed, crippled, paralysed. 3 withered (hand, etc.).

شلاق /ʃəlɑ:q/ ■ *n.f.* (also شلّاق) 1 whip, lash. 2 slap.

شِلتاق /ʃɪlṭɑ:q/ ■ *n.f.* fight without rhyme or reason; quarrel; rumpus; tumult, dispute upon false ground.

شلجم /ʃəldʒəm/ ■ *n.m.* (also شلغم) turnip.

شلخ /ʃəlx/ ■ *n.f.* (also شلک) volley of fires (to celebrate), salute of guns.

شلنگ /ʃələŋg/ ■ *n.f.* (also شِلنگ) leap, spring, bound, jump. شلنگ بھرنا leap, take a leap, to jump.

شِلنگا /ʃɪləŋgɑ:/ ■ *n.m.* long stitch, tack. شلنگا بھرنا baste, tack.

شلوار /ʃəlvɑ:r/ ■ *n.f.* shalwar, pair of loose, pleated trousers.

شُلوک /ʃʊlo:k/ ■ *n.m.* (also اشلوک) 1 Hindu hymn. 2 verse stanza (esp. of an epic) consisting of four lines, each of which has sixteen syllables.

شلُوکا /ʃəlu:kɑ:/ ■ *n.m.* (also شلُوکہ) 1 half-sleeved waistcoat with pockets. 2 a kind of small blouse. 3 bib.

شلّہ /ʃəllɑ:/ ■ *n.m.* strip of cloth, rag, tatter.

شلیتا /ʃəli:ṭɑ:/ ■ *n.m.* (also شلیتہ، شلیط) (*corr.* of خریطہ) 1 canvas sack or bag. 2 a piece of canvas cloth.

شما /ʃəmɑ:/ ■ *n.f.* (also شَم) forgiveness, pardon, remission. شما چاہنا excuse.

شُما /ʃʊmɑ:/ ■ *pron.* you.

شماتت /ʃəmɑ:ṭət/ ■ *n.f.* rejoicing at another's distress.

شُمار /ʃʊmɑ:r/ ■ *n.m.* counting, numbering, calculation; account; estimation. شمار کرنا 1 count, enumerate, number. 2 regard, reckon. شمار کنندہ (*Arith.*) numerator; counter. شمار میں آنا be worth consideration. (کسی) شمار میں نہیں of no account. شمار نویس accountant, one who notes down figures.

شُمارہ /ʃʊmɑ:rɑ:/ ■ *n.m.* issue (of a periodical); number (of a magazine).

شُماری /ʃʊmɑ:ri:/ ■ *n.f.* act of counting. ■ *suffix* numbering, counting; used in comp. as: مردم شماری census.

شُماریات /ʃʊmɑ:rɪjɑ:ṭ/ ■ *n.f.* statistics. شماریات دان statistician.

شُمارِیاتی /ʃʊmɑ:rɪjɑ:ṭi:/ ■ *adj.* statistical.

شمّاس /ʃəmmɑ:s/ ■ *n.m.* sun-worshipper.

شُمال /ʃʊmɑ:l/ ■ *n.m.* (also شِمال) 1 the north. 2 the left hand. شمال رو facing the north, northward. شمال مشرق the north-east. شمال مشرقی north-eastern; north-easterly. شمال مغرب the north-west. شمال مغربی north-western; north-westerly. شمال نما mariner's compass.

شُمالی /ʃʊmɑ:li:/ ■ *adj.* (also شِمالی) northern. شمالی ہوا (also بادِشمال) north wind.

شمامہ /ʃəmɑ:mɑ:/ ■ *n.m.* 1 fragrance, sweet scent. 2 an aromatic paste; small sweet-smelling lozenge, pastille.

شمائل /ʃəmɑ:ɪl/ ■ *n.m.pl.* 1 virtues, qualities; habits. 2 facial features. شمائل الاتقیا qualities of saintly people. (*sing.* شمیلہ)

شِمر /ʃɪmr/ ■ *pr.n.m.* (also شمّر) one of Yezid's generals who slew Imam Hussain at Karbala. ■ *n.m.* (*fig.*) cruel, callous person.

شُمُردہ /ʃʊmʊrḍɑ:/ ■ *adj.* counted, numbered.

شمس /ʃəms/ ■ *n.m.* 1 the sun. 2 (*fig.*) someone most prominent or bright. شمس الضحیٰ 1 bright sun. 2 (*fig.*) Prophet Muhammad. شمس العلما the sun among the scholars; title formerly conferred on renowned scholars in British India.

شمسہ /ʃəmsɑ:/ ■ *n.m.* **1** small thread circlet or tassel attached to rosary. **2** pictures wrought in silk. **3** a golden rounded pinnacle or ball on the top of a dome.

شمسی /ʃəmsi:/ ■ *adj.* solar. شمسی توانائی solar energy. شمسی سال solar year. شمسی نظام solar system.

شمشاد /ʃəmʃɑ:d̪/ ■ *n.m.* **1** the box tree, *Buxus sempervirens.* **2** (*fig.*) the tall or graceful figure of beloved. شمشاد قامت/ رقد **1** tall and graceful stature like that of the box tree. **2** (*fig.*) (*poet.*) the graceful figure of beloved or mistress.

شمشان /ʃəmʃɑ:n/ ■ *n.m.* (also سمشان) Hindus' cremation ground, place where dead bodies are burned.

شمشُو /ʃəmʃu:/ ■ *n.m.* (also شمسو) (*corr.* of سنگ شو) act of cleaning rice or pulse, etc. by repeatedly rinsing it in water.

شمشیر /ʃəmʃi:r/ ■ *n.f.* sword, scimitar. شمشیر باز/ زن a gallant soldier, swordsman. شمشیر بازی/ زنی swordsmanship, fencing. شمشیر بدست/ بردار/ بکف at sword drawn. شمشیرِ بُرّاں sharp-edged sword. شمشیر برہنہ **1** unsheathed sword. **2** (*fig.*) (i) daring. (ii) warrior. شمشیرِ دوپیکر/ دم two edged sword.

شمع /ʃəmʔ/ ■ *n.f.* (also شمَع) candle; lamp. شمع جلانا to light a candle. شمع دان candle-stand; candelabrum, candlestick. شمع رو have countenance as resplendent as the light from the candle. شمع ساز candle-maker; chandler. شمع سامنے آنا (in a poetical symposium) be one's turn to recite. شمع ساں bright like a candle. شمعِ فروزاں burning candle. شمعِ کشتہ/ سرِدہ extinguished lamp. شمع گل کرنا **1** extinguish a candle. **2** kill, ruin. شمعِ مجلس/ محفل (*fig.*) **1** prominent figure of gathering. **2** beloved.

شملہ /ʃəmlɑ:/ ■ *n.m.* **1** the loose end of turban, usually erect on the side and sometimes left flying loose. **2** a kind of shawl; sash. شملہ بمقدارِ علم style of dress bespeaks the man.

شِملہ مرچ /ʃɪmlɑ: mɪrtʃ/ ■ *n.f.* capsicum.

شمن /ʃəmən/ ■ *n.m.* **1** idol temple. **2** idolater. **3** idol.

شُمول /ʃʊmu:l/ ■ *n.m.* (also شُمُولیت) inclusion.

شمّہ /ʃəmmɑ:/ ■ *n.m.* **1** atom; particle. **2** iota; small quantity. **3** odour, smell. **4** smallest quantity of perfume. شمہ برابر/ بھر **1** very little. **2** in the least (in negative sentence).

شمیم /ʃəmi:m/ ■ *n.f.* **1** smell. **2** aroma; fragrance, perfume, scent.

شِنا /ʃɪnɑ:/ ■ *n.f.* (also شِناہ) swimming.

شناخت /ʃənɑ:xt̪/ ■ *n.f.* (also شِناخت) **1** identification, identity. **2** discernment; knowledge. **3** acquaintance. شناخت پریڈ identification parade. شناخت کرنا recognise, identify.

شناختی /ʃənɑ:xt̪i:/ ■ *adj.* of or relating to identity; expressing an identity. شناختی علامت sign of identification. شناختی کارڈ identity card.

شناس /ʃənɑ:s/ ■ *n.f.* (also شِناس) explanation, notification; identity; knowledge. ■ *suffix* knowing, acquainted; used in comp. as: رمز شناس one who recognizes signs or understands hints. مردم شناس one who recognizes a person's real nature. شناس نامہ paper explaining identity; genealogical tree.

شناسا /ʃənɑ:sɑ:/ ■ *n.m.* (also شِناسا) acquaintance, person who knows.

شناسائی /ʃənɑ:sɑ:i:/ ■ *n.f.* (also شِناسائی) **1** acquaintance, the state of being acquainted. **2** knowledge. شناسائی پیدا کرنا make acquaintance with. شناسائی ہونا **1** be acquainted with. **2** have knowledge of.

شناسی /ʃənɑ:si:/ ■ *n.f.* (also شِناسی) knowledge, acquaintance, the act of identifying. ■ *suffix* the act of knowing, knowledge; used in comp. as: حرف شناسی knowing the letters (words), being literate. حق شناسی knowing the truth. موقع شناسی knowing or recognizing the chance or opportunity.

شناعت /ʃənɑ:ʔət̪/ ■ *n.f.* **1** evil, badness; wickedness. **2** reproach; imprecation, damnation.

شِناور /ʃɪnɑ:vər/ ■ *n.m.* (also شناور) **1** swimmer. **2** (*fig.*) one who knows thoroughly; expert. شناور ہونا be an expert; know thoroughly.

شِناوری /ʃɪnɑ:vəri:/ ■ *n.f.* **1** swimming. **2** (*fig.*) thorough knowledge; expertise. شناوری کرنا **1** to swim. **2** (*fig.*) know thoroughly, be an expert.

شنبہ /ʃəmbɑ:/ ■ *n.m.* Saturday.

شنکا /ʃəŋkɑ:/ ■ *n.f.* **1** doubt, uncertainty. **2** fear.

شنکر /ʃəŋkər/ ■ *n.m.* one who gladdens or gives happiness. ■ *pr.n.m.* title of Shiva, the Hindu god.

شنکرا /ʃəŋkrɑ:/ ■ *n.m.* name of a musical raga.

شنکھ /ʃəŋkʰ/ ■ *n.m.* **1** large shell, conch. **2** horn. ■ *cardinal number* hundred billion.

شنگ /ʃəŋg/ ■ *adj.* smart and humorous, jolly; used in comp. as: شوخ وشنگ pert and playful.

شنگرف /ʃəŋgrəf/ ■ *n.m.* (also شنجرف) cinnabar, vermilion; red mercuric sulphide.

شنگرفی /ʃəŋgrəfi:/ ■ *adj.* (also شنجرفی) of light pink or pale-red colour.

شِنوا /ʃɪnəvɑ:/ ■ *adj.* (also شنوا) hearing. ■ *n.m.* hearer.

شِنوائی /ʃɪnəvɑ:i:/ ■ *n.f.* (also شنوائی) **1** the act of hearing; the sense of hearing. **2** act of listening to any complaint, etc. (esp. by a ruler or officer); hearing. **3** act of paying attention to; attention. شنوائی ہونا obtain hearing, be attended (to); have response (to).

شنی /ʃəni:/ ■ *n.m.* Saturn. شنی وار Saturday.

شنید /ʃəni:d̪/ ■ *n.f.* **1** act of hearing. **2** something heard.

شنیدنی /ʃəni:d̪əni:/ ■ *adj.* (also شُنیدنی) worth hearing.

شنیدہ /ʃəni:d̪ɑ:/ ■ *adj.* heard. ■ *adj.* something that is heard. شنیدہ کے بود مانند دیدہ seeing is believing; hearsay is not at par with observation.

شنیع /ʃəni:ʔ/ ■ *adj.* bad, evil; abominable.

شنیعہ /ʃəni:ʔɑ:/ ■ *adj.* (*fem.* of شنیع).

شَو /ʃɔ:/ ■ *n.m.* (*contr.* of شَوہر) husband.

شِو /ʃɪv/ ■ *n.m.* Shiva, one of the three Hindu deities, having the power of producing and destroying.

شُو /ʃu:/ ■ *n.f.* washing; used in comp. as: شست وشو washing and cleaning. ■ *n.m.* washer; used in comp. as: مُردہ شو one who washes the dead.

شِوا /ʃɪvɑ:/ ■ *n.f.* (also شِوانی) wife of Shiva, the goddess Durga or Parvati.

شوارع /ʃəvɑ:reʔ/ ■ *n.f.* (*pl.* of شارع) highways.

شوافع /ʃəvɑ:feʔ/ ■ *n.m.* (*pl.* of شافعی) the followers of Imam Shafi'i.

شوّال /ʃəvvɑ:l/ ■ *n.m.* Shawwal, the tenth month of the Islamic calendar, on the first day of which the Eid-ul-Fitr festival is celebrated.

شِوالا /ʃɪvɑ:lɑ:/ ■ *n.m.* (also شِوالہ) **1** temple dedicated to the Hindu god Shiva. **2** any Hindu temple.

شواہد /ʃəvɑ:hɪd̪/ ■ *n.m.* (*pl.* of شاہد) proofs, evidence; verifications.

شوب /ʃo:b/ ■ *n.m.* **1** washing; wash. **2** mixture of water and soap. شوب پڑنا (of clothes) be washed.

شوبھا /ʃo:bʰɑ:/ ■ *n.f.* **1** beauty, loveliness. **2** decoration; splendour.

شوخ /ʃo:x/ ■ *adj.* **1** playful, naughty. **2** bold, daring; irreverent. **3** (of colour) bright. **4** pert. **5** (*fig.*) lover. شوخ چشم impudent. شوخ چشمی impudence; impudicity. شوخ شلیتا/طبع/مزاج playful; naughty. شوخ وشنگ pert and playful.

شوخی /ʃo:xi:/ ■ *n.f.* **1** playfulness. **2** humour. **3** coquetry, pertness.

شُودر /ʃu:d̪ər/ ■ *n.m.* Sudra, the lowest of the four Hindu castes, an untouchable.

شور¹ /ʃo:r/ ■ *n.m.* **1** noise, clamour, outcry, tumult; cry; uproar. **2** agitation. **3** fame, renown. شور انگیز causing uproar, exciting disturbances. شورآور **1** noisy, tumultuous. **2** unfortunate. شور بخت **1** unlucky, ill-fated, unfortunate; wretched. **2** infamous. شور شرابا/شغب uproar, clamour, tumult, noise. شورِ قیامت/محشر **1** tumult or noise on the Judgement Day. **2** (*fig.*) a great tumult. شور کرنا/مچانا make a noise, create an uproar. شور وخروش/شر/غل/غوغا noise, disturbance, tumult.

شور² ____ ■ *n.m.* salt; salinity. شورزدہ saline. شور زمین **1** land affected by salinity; barren land. **2** (***Poet.***) metre in which composing poetry is difficult (because of rhyming scheme).

شُوریٰ /ʃu:rɑ:/ ■ *n.f.* (also شُورا/شورے) **1** shura, council, consultative body. **2** consultation; deliberation.

شوربا /ʃo:rbɑ:/ ■ *n.m.* (also شوربہ) broth, soup, gravy.

شورِش /ʃo:rɪʃ/ ■ *n.f.* **1** tumult, commotion. **2** disturbance. **3** revolt; insurgency. **4** agitation; breach of peace. شورش انگیز/پسند agitator.

شورہ /ʃo:rɑ:/ ■ *n.m.* (also شورا) saltpetre, nitre. ■ *adj.* **1** barren (land); saline. **2** bitter. شورہ پشت **1** disobedient, unruly, refractory. **2** mutinous, rebellious. شورہ پشتی **1** unruliness, disobedience mischievousness. **2** mutinousness, rebelliousness. شورہ زار barren or saline (land). شورہ گر manufacturer of nitric acid.

شورے /ʃo:re:/ ■ *n.m.* (*pl.* & *infl.* of شورہ) شورے کا پانی water cooled in saltpetre. شورے کی پُتلی/قلفی a woman of very fair complexion. شورے کی قلم crystal of nitre.

شُوم /ʃu:m/ ■ *adj*. **1** unlucky, unfortunate. **2** stingy, miser. شوم بخت unfortunate. شوم طبع **1** miser. **2** ill-tempered. شوم مزاج stingy.

شُومڑا /ʃu:mɽɑ:/ ■ *adj*. (*derog.*) miser; miserly.

شُومی /ʃu:mi:/ ■ *n.f.* **1** miserliness, niggardliness, stinginess. **2** misfortune. شومئ تقدیر ill-luck, misfortune.

شُومیت /ʃu:mɪjət̪/ ■ *n.f.* **1** misfortune. **2** stinginess, miserliness.

شُوں /ʃũ:/ ■ *n.m.* the sound of something passing by quickly; a cracking sound.

شُوں شاں /ʃũ: ʃɑ̃:/ ■ *n.f.* vanity; vain and arrogant behaviour.

شَوہر /ʃɔ:hər/ ■ *n.m.* husband.

شُوئی[1] /ʃu:i:/ ■ *n.f.* washing. [P]

شُوئی[2] ____ ■ *n.m.* husband; used in comp. as: زناشوئی wedlock. زن وشوئی husband and wife.

شہ /ʃæh/ ■ *n.m.* (*contr.* of شاہ) **1** king. **2** (***Chess***) check. **3** help, assistance; support. **4** instigation, incitement. ■ *prefix* making augmentative noun great, large, main, principal. شہ باز/شہباز the noblest species of falcon. شہ بالا companion of bridegroom, best man. شہ پارہ masterpiece. شہ پر the longest feather in a wing. شہ توت mulberry, a tree of the genus *Morus* (family *Maraceae*). شہ دینا **1** incite, urge, spur. **2** (***Chess***) check. شہ رگ jugular vein. شہزادہ prince; a son of a monarch. شہزادی princess, a daughter of a monarch. شہ زور very strong or powerful. شہ زوری great strength. شہ سرخی banner headline. شہ مات (***Chess***) checkmate. شہ نشین **1** special raised platform or dais to seat royalty or important guests. **2** balcony. **3** dais, stage.

شہاب /ʃəhɑ:b/ ■ *n.m.* red colour extracted from safflower.

شِہاب /ʃɪhɑ:b/ ■ *n.m.* (also شہاب) **1** flame, flashing fire. **2** a bright star; a shooting star, a meteor. شہابِ ثاقب meteor, shooting star.

شہابی /ʃəhɑ:bi:/ ■ *adj*. red, of red colour. شہابی رنگ red colour; pinkish white complexion.

شِہابیّہ /ʃɪhɑ:bɪjjɑ:/ ■ *n.m.* (*dim.* of شہاب) meteor.

شہادت /ʃəhɑ:dət̪/ ■ *n.f.* **1** shahada, evidence, testimony, witness. **2** (***Islam***) martyrdom. شہادتِ اصلی primary evidence. شہادتِ تائیدی corroborative evidence. شہادتِ تحریری documentary evidence. شہادتِ حضوری

شورے کا تیزاب nitric acid.

شوریت /ʃo:rɪjət̪/ ■ *n.f.* (also شوری) saltiness, salinity.

شوریدگی /ʃo:ri:dəgi:/ ■ *n.f.* **1** confusion; disturbance; tumult. **2** madness, craziness; passion, love. **3** salinity. **4** disobedience, rebellion.

شوریدہ /ʃo:ri:dɑ:/ ■ *adj*. **1** disturbed; dejected. **2** mad, crazy; furious, outrageous. **3** saline; bitter; saltish. **4** desperately in love. شوریدہ حال mad. شوریدہ خاطر sad, grieved. شوریدہ سر **1** mad; obsessed; desperate; desperately in love. **2** rebellious, refractory. شوریدہ سری **1** obsession; madness. **2** rebellion.

شوشہ /ʃo:ʃɑ:/ ■ *n.m.* (also شوشا) **1** chip, part; particle. **2** stroke of a letter in writing, an upward serif in Urdu, Arabic and Persian scripts. **3** mischief. **4** an ingot or bar (of gold or silver, etc.). شوشہ چھوڑنا start mischief; create trouble; say something that kicks up a controversy.

شوفر /ʃo:fər/ ■ *n.m.* chauffeur, person who drives a car as employment. [E]

شَوق /ʃɔ:q/ ■ *n.m.* **1** fondness; eagerness, avidity; longing, desire. **2** passion, zeal, curiosity. **3** affection, love; inclination. **4** pleasure, gaiety. **5** hobby, passion, interest. شوق چرّانا get a desire for. شوق رکھنا have a taste for. شوق سے with pleasure. شوق کرنا enjoy (something), take delight (in). شوق وذوق pleasure, delight. (*pl.* اشواق)

شَوقین /ʃɔ:qi:n/ ■ *adj*. **1** fond of, eager for, desirous. **2** devoted to; enthusiast, having a passion for.

شَوقیہ /ʃɔ:qɪjɑ:/ ■ *adj*. **1** amorous, loving. **2** amateur, engaging in a pursuit as a hobby; inexperienced. ■ *adv*. as a hobby, by way of passion or fun. شوقیہ فن کار an amateur artiste; inexperienced performer.

شَوک /ʃɔ:k/ ■ *n.m.* (also شَوکہ) **1** thorn. **2** sting (of a scorpion). **3** bristle.

شوک /ʃo:k/ ■ *n.m.* grief, mourning.

شَوکت /ʃɔ:kət̪/ ■ *n.f.* **1** pomp, grandeur, dignity, magnificence. **2** sting; thorn. شوکتُ العقرب sting of a scorpion.

شُول /ʃu:l/ ■ *n.m.* **1** pain. **2** pointed weapon or tool.

شولا[1] /ʃo:lɑ:/ ■ *n.m.* (also شُلہ، شولہ) a dish of boiled rice and pulse. [P]

شولا[2] ____ ■ *n.m.* aquatic plant, *Aeschynomene aspera*. [S]

eyewitness testimony. شہادتِ دستاویزی documentary evidence. شہادت دینا give evidence. شہادتِ ظنی presumptive evidence. شہادتِ عینی eyewitness account in a court, etc. شہادت کا مرتبہ پانا be martyred. شہادت کی انگلی forefinger. شہادت گاہ place of martyrdom. شہادت لینا take evidence. شہادت نامہ testimony in writing.

شہامت /ʃəhɑ:mət̪/ ■ *n.f.* 1 bravery, boldness; heroism. 2 generosity, bigness of heart; ingenuity; greatness.

شہانہ /ʃəhɑ:nɑ:/ ■ *adj.* (also شہانا) (*contr.* of شاہانہ) 1 princely, royal, kingly, regal; noble. 2 majestic, splendid, magnificent. ■ *n.m.* 1 name of a musical raga. 2 marital song. 3 dress worn by groom. 4 bridal dress. شہانہ جوڑا wedding dress; red dress. شہانہ وقت evening time.

شہباز /ʃæhbɑ:z/ ■ *n.m.* (also شاہباز) 1 falcon. 2 (*fig.*) handsome young man; brave person. See شہ باز under شہ.

شہپارہ /ʃæhpɑ:rɑ:/ ■ *n.m.* masterpiece. See شہ پارہ under شہ.

شہپر /ʃæhpər/ ■ *n.m.* (also شاہپر) principal feather in bird's wing. See شہ پر under شہ.

شہتوت /ʃæht̪u:t̪/ ■ *n.m.* (also شاہتوت) mulberry. See شہتوت under شہ.

شہتیر /ʃæht̪i:r/ ■ *n.m.* roof beam.

شہد /ʃæhd̪/ ■ *n.m.* 1 honey. 2 (*fig.*) very sweet. شہد کا چھتا beehive. شہد کی مکھی honeybee. شہد لگا کر الگ ہو جانا sow dissension (between), instigate ill-will. شہد لگا کر چاٹنا 1 (*literal*) to apply honey and lick. 2 (*iron.*) keep a useless thing very carefully.

شُہدا /ʃohəd̪ɑ:/ ■ *n.m.* (*pl.* of شہید) (also شُہداء) 1 martyrs. 2 witnesses.

شُہدا /ʃohd̪ɑ:/ ■ *n.m.* hooligan, hoodlum; ruffian; street-ruffian; vagabond; rake, rascal. شہدا پن hooliganism; rascality. شہدا پن کرنا act as a hoodlum, behave rascally.

شہر¹ /ʃæhr/ ■ *n.m.* month. (*pl.* شُہور) [A]

شہر² ——— ■ *n.m.* city; town. شہر آشوب 1 (*literal*) the disturber of the tranquillity of the city. 2 a poem that bemoans the disturbances or social and economic decline of a city or country. 3 (*fig.*) mistress, beloved; beautiful person. شہر بدر exiled, banished. شہر بدر کرنا banish, to exile. شہر بسانا build a city. شہر بند city walls, fortification of a town. شہر پناہ city walls, ramparts, fortification; a city fortified hence giving refuge. شہرِ خاموشاں/خموشاں cemetery, graveyard. شہر داری citizenship. شہر غریب stranger; traveller. شہر گرد city patrol. شہر میں اونٹ بدنام a person of ill repute is blamed for every wrong. شہرِ ناپُرساں land of injustices. شہریار 1 (*literal*) friend of the city. 2 monarch, king, emperor. 3 mayor or a great man of the city. شہریاری 1 royal, imperial. 2 empire, royalty, sovereignty. [P]

شُہرت /ʃohrət̪/ ■ *n.f.* fame, reputation, renown. شہرتِ دوام/سرمدی immortal fame. شہرت آب famous.

شُہرہ /ʃohrɑ:/ ■ *n.m.* (also شُہرا) fame; acknowledgment. شہرۂ ایام/آفاق famous, renowned.

شہری /ʃæhri:/ ■ *n.m.* citizen; townsman. ■ *adj.* of or belonging to town or city; urban.

شہریار /ʃæhrjɑ:r/ ■ *n.m.* king, sovereign. See under شہر².

شہریاری /ʃæhrjɑ:ri:/ ■ *adj.* royal. ■ *n.f.* royalty. See under شہر².

شہریت /ʃæhrɪjət̪/ ■ *n.f.* 1 citizenship, nationality. 2 polished manners (of city), civility. 3 extent of city; township. 4 civics.

شہزادہ /ʃæhzɑ:d̪ɑ:/ ■ *n.m.* (also شاہزادہ) prince. See under شہ.

شہزادی /ʃæhzɑ:d̪i:/ ■ *n.f.* (also شاہزادی) princess. See under شہ.

شہسوار /ʃæhsəvɑ:r/ ■ *n.m.* (also شاہسوار) an expert horseman.

شہسواری /ʃæhsəvɑ:ri:/ ■ *n.f.* the skill or sport of horse-riding.

شہکار /ʃæhkɑ:r/ ■ *n.m.* (also شاہکار) masterpiece. See شاہکار under شاہ.

شہلا /ʃæhlɑ:/ ■ *adj.* having a tinge of blue or grey or red. ■ *n.f.* 1 a black eye inclined to red. 2 a woman with such eyes. ■ *n.m.* a kind of flower (which poets, often compare with the eyes of beautiful women).

شہنائی /ʃæhnɑ:i:/ ■ *n.f.* (also شہنا) shahnai, a flute like musical instrument resembling clarion.

شہنشاہ /ʃæhənʃɑ:h/ ■ *n.m.* (also شاہنشاہ) king of kings, emperor. شہنشاہِ فلک (*fig.*) the sun.

شہنشاہی /ʃæhənʃɑ:hi:/ ■ *n.f.* (also شاہنشاہی) empire. ■ *adj.* imperial.

شہوانی /ʃæhvɑ:ni:/ ■ *adj.* sensual, sexual, carnal.

شہوت /ʃæhvət̪/ ■ *n.f.* sexual urge, lust, sensuality. شہوت انگیز lascivious. شہوت پرست addicted to lasciviousness; sensualist, libertine, lewd, debauchee. شہوت پرستی sensuality; debauchery. (*pl.* شہوات)

شہوتی /ʃæhvət̪i:/ ■ *adj.* libidinous, lustful, lewd, lecherous.

شہود /ʃəhu:d̪/ ■ *n.m.* (*pl.* of شاہد) **1** witnesses. **2** Friday. **3** the day of Resurrection.

شُہُود /ʃʊhu:d̪/ ■ *n.m.* **1** the state of being present, presence; existence. **2** anything that is apparent and can be seen. (*opp.* غیب)

شُہُور /ʃʊhu:r/ ■ *n.m.* (*pl.* of شہر) months.

شہید /ʃəhi:d̪/ ■ *n.m.* **1** witness. **2** (***Islam***) shahid, shaheed, martyr. شہید ہونا become a martyr.

شہیدی /ʃəhi:d̪i:/ ■ *adj.* **1** of or relating to شہید. **2** red (as pulp of a fruit like guava). شہیدی امرود guava with red flesh. شہیدی تربوز watermelon with extra red pulp that reaches the peel.

شہیر /ʃəhi:r/ ■ *adj.* famous, well known, renowned.

شہیق /ʃəhi:q/ ■ *n.f.* the ending bray or drawing in of the voice of an ass (considered more unpleasant). ■ *n.m.* sound of taking deep breath. (*cf.* زفیر)

شُؤُن /ʃʊu:n/ ■ *n.m.* (*pl.* of شان) (also شُیُون) modes, methods, ways, fashions.

شَے /ʃæ:/ ■ *n.f.* **1** object, thing, article. **2** matter. شے لطیف **1** delicate object, fine thing. **2** (*fig.*) sense of humour. **3** brain, intelligence. شے مرہونہ pledge, a thing put in pawn. (*pl.* اشیا)

شیّاد /ʃəjjɑ:d̪/ ■ *adj.* cunning, cheat, fraud, deceitful.

شیاطین /ʃəjɑ:t̪i:n/ ■ *n.m.* (*pl.* of شیطان) devils, demons.

شِیاف /ʃɪjɑ:f/ ■ *n.m.* (also شافہ، شِیافہ) **1** suppository. **2** a large needle for tinging the eyes with collyrium.

شِیام /ʃɪjɑ:m/ ■ *adj.* (also شام^۲) **1** black or dark blue. **2** (*fig.*) dark and beautiful. **3** (***Hinduism***) an epithet of Krishna.

شَیب /ʃæ:b/ ■ *n.m.* old age; whiteness (of the hair).

شیب /ʃe:b/ ■ *n.m.* (*contr.* of نشیب) descent, declivity. ■ *adv.* at the bottom of, under, below.

شِیپُور /ʃi:pu:r/ ■ *n.m.* a musical instrument resembling clarinet.

شیت /ʃi:t̪/ ■ *n.f.* frigidity, coldness; winter, cold weather. ■ *adj.* **1** cold, frigid. **2** dull; stupid.

شِیتل /ʃi:t̪əl/ ■ *adj.* chilly, frigid, cold. See سیتل.

شِیتلا /ʃi:t̪lɑ:/ ■ *n.f.* (*var.* of سیتلا) smallpox.

شَیخ /ʃæ:x/ ■ *n.m.* **1** sheikh, venerable old man; saint; preacher. **2** a caste of Muslims. **3** chief of a tribe or village. شیخ الجامعہ vice chancellor of a university. شیخ چلّی **1** name of a humorous character who built castles in the air. **2** jester, fool. شیخ چلّی کا منصوبہ daydream, castles in the air. شیخ سدّو a legendary evil spirit supposed to possess women. شیخ طریقت Sufi saint. شیخ مکتب school teacher. شیخ و برہمن (*fig.*) the Muslims and the Hindus. شیخ و شاب the old and the young. (*pl.* شُیوخ)

شیخانی /ʃæ:xɑ:ni:/ ■ *n.f.* a woman of sheikh family; wife of a sheikh.

شیخڑا /ʃæ:xɽɑ:/ ■ *n.m.* (*derog.*) son of a sheikh.

شیخوخت /ʃæ:xu:xət̪/ ■ *n.f.* (also شیخوخیت) sheikhdom; old age.

شیخی /ʃexi:/ ■ *n.f.* boasting, bragging; arrogance. شیخی باز رخورا boaster, braggart. شیخی بگھارنا رمارنا boast, brag. شیخی کرکری ہونا be humbled. شیخی نکالنا to humble someone, to have someone's pride humbled. شیخی نکل جانا رنکلنا to have one's pride humbled, be humbled.

شیخَین /ʃæ:xæ:n/ ■ *n.m.pl.* **1** (*literal*) the two sheikhs. **2** (***Islam***) Hazrat Abu Bakr Siddique and Hazrat Umar Farooq, the first two Rightly Guided Caliphs.

شید /ʃe:d̪/ ■ *n.m.* deception, fraud, trick.

شیدا /ʃæ:d̪ɑ:/ ■ *adj.* deeply in love, infatuated, dotty about, mad after (someone). ■ *n.m.* lover.

شیدائی /ʃæ:d̪ɑ:i:/ ■ *n.m.* lover. ■ *adj.* deeply in love (with).

شِیدی /ʃi:d̪i:/ ■ *n.m.* **1** the Black, a black person of African origin. **2** (*fig.*) (*derog.*) someone with a very dark complexion.

شِیر /ʃi:r/ ■ *n.m.* milk. شیر آوری lactation. شیر پیما lactometer, a device that measure density of milk. شیر خرما milk with dates and vermicelli (usu. prepared on Eid). شیر خشت رخشک a substance which rests like dew on certain trees and is used in medicine. شیر خوار رخوارہ **1** suckling, infant, baby. **2** (*fig.*) inexperienced, novice. شیر دار (cow) milch; giving milk. شیر کاری dairy. شیر گرم lukewarm. شیرِ مادر **1** mother's milk. **2** (*fig.*) lawful, permissible. شیر مال bread of superfine flour kneaded with milk. شیر ماہی narrow-barred Spanish mackerel, a existence, essence of life. 2 (*fig.*) lover; beloved.

شیریں /ʃi:rī:/ ■ *adj.* 1 sweet. 2 pleasant; gentle. 3 (*fig.*) lover; beloved. ■ *pr.n.f.* Shirin, the wife of Iran's king and beloved of Farhad. شیریں ادا having pleasing manners. شیریں بیان/زبان/کلام/گفتار sweet-spoken; soft-voiced; eloquent. شیریں بیانی/زبانی/کلامی/گفتاری sweet speech. شیریں دہن/لب sweet-lipped. شیریں طبع of sweet disposition.

شیرینی /ʃi:ri:ni:/ ■ *n.f.* 1 sweets; sweetmeat. 2 sweetness. شیرینیٔ حیات sweet taste of life; joy, enjoyment. شیرینیٔ کلام/گفتار sweetness of speech.

شیش¹ /ʃi:ʃ/ ■ *n.m.* (*contr.* of شیشہ) glass. شیش محل crystal palace, palace or house adorned with glass or mirrors. شیش محل کا کتا stunned or astonished person; crazy. [P]

شیش² ____ ■ *n.m.* head. شیش آسن a posture in which one stands on head. شیش پھول a head ornament of women. [S]

شیش³ ____ ■ *n.m.* 1 remaining; other, all the other, remainder; last, final. 2 destruction, death; killing. شیش ناگ (***Hinduism***) the king of all the serpent race and of *pataal* (پاتال), lowest region of the earth. [S]

شیشم /ʃi:ʃəm/ ■ *n.m.* shisham, *Dalbergia sissoo,* Indian rosewood tree.

شیشہ /ʃi:ʃɑ:/ ■ *n.m.* 1 shisha, glass. 2 looking-glass, mirror. 3 bottle. 4 glass-pane. 5 shisha, a kind of hookah. شیشہ باز 1 acrobat dancing with flasks balanced on head, juggler. 2 fraudulent person. شیشہ باسہ/باشا brittle, fragile; delicate, tender. شیشہ دکھانا put to shame, bring shame on. شیشۂ دل heart (delicate as glass). شیشۂ ساعت hourglass. شیشہ گر glazier; a glass blower. شیشہ گری glazier's trade.

شیشی /ʃi:ʃi:/ ■ *n.f.* small glass bottle; phial; vial. شیشی سنگھانا make one smell hartshorn or smelling salts (as a remedy).

شیشے /ʃi:ʃe:/ ■ *n.m.* (*pl. & infl.* of شیشہ) شیشے میں اتارنا captivate, charm; tame.

شیطان /ʃæ:ṭɑ:n/ ■ *n.m.* 1 Shaitan, Satan, the Devil, the Demon. 2 (*fig.*) evil genius; mischievous person; mischievous child. شیطان سر پر چڑھنا/سوار ہونا be possessed by the devil, become devilish. شیطان سے زیادہ مشہور very

kind of fish having tasty flesh. شیرِنے juice of sugar cane. شیر و شکر 1 (*literal*) milk and sugar. 2 (*fig.*) hand in glove, very close and intimate. شیر و شکر ہونا be intimate friends.

شیر /ʃe:r/ ■ *n.m.* tiger; lion. ■ *adj.* (*fig.*) brave, bold, fearless. شیر افگن overthrower of lion; brave, daring, intrepid, dauntless. شیر آبی alligator. شیر آسمان/چرخ/فلک (*fig.*) the zodiac sign Leo. شیر ببر 1 lion. 2 (*fig.*) brave man. شیر بچہ cub. شیر بکری ایک گھاٹ پانی پیتے ہیں perfect peace prevails, there is perfect justice and peace. شیرِ خدا/یزداں title of Hazrat Ali, cousin and son-in-law of Prophet Muhammad. شیر دہاں a cap shaped like a lion's mouth. شیرِ ژیاں/غژاں 1 a furious lion; roaring lion. 2 (*fig.*) brave. شیر شاہ کی ڈاڑھی بڑی تھی یا سلیم شاہ کی futile argument, quarrelling over trifles. شیر قالین carpet lion; a nominal leader without real power, figurehead; braggart. شیر کی بولی بولنا 1 (*literal*) to utter the cry of a lion; to roar. 2 (*fig.*) to vomit with a loud noise. شیر کی خالہ (*euph.*) cat. شیر کی نظر سے دیکھنا be very stern; watch closely or angrily. شیر گردوں 1 the sun. 2 the zodiac sign Leo. شیر ماہی sea lion, large eared seal. شیر مرد brave man. شیر مردی bravery. شیر ہونا be brave; tyrannize (over), oppress.

شیراز¹ /ʃi:rɑ:z/ ■ *n.m.* curd strained from whey and firm; cheese. [A]

شیراز² ____ ■ *pr.n.m.* Shiraz, a city in Iran. [P]

شیرازہ /ʃi:rɑ:zɑ:/ ■ *n.m.* 1 ends of the stitching of a book. 2 integration, alliance. 3 management. شیرازہ بند 1 sewer (of a book). 2 organizer, manager. شیرازہ بندی 1 binding of a book. 2 (*fig.*) management, administration; organization. شیرازہ بکھرنا be disorganized, disrupted.

شیرازی /ʃi:rɑ:zi:/ ■ *n.m.* 1 inhabitant of Shiraz, Iran. 2 a kind of pigeon.

شیرانہ /ʃe:rɑ:nɑ:/ ■ *adj.* tiger-like; fierce as a tiger or lion. ■ *adv.* bravely.

شیرنی /ʃe:rni:/ ■ *n.f.* tigress; lioness.

شیروانی /ʃe:rvɑ:ni:/ ■ *n.f.* a long coat-like garment (for men).

شیرہ /ʃi:rɑ:/ ■ *n.m.* (also شیرا) 1 syrup of sugar. 2 new wine. شیرۂ انگور wine. شیرۂ جاں 1 sap of notorious. شیطان کا لشکر group of naughty boys. شیطان کی انتڑی / آنت anything very long and complicated; a very long tale. شیطان کی خالہ / نانی mischief-making woman. شیطان کی ڈور spider's web. شیطان کے کان بہرے (*women's slang*) God forbid (usu. uttered before saying something unpleasant). شیطان مجسّم devil incarnate, an embodiment of Satan; evil or very mischievous person.

شیطانی /ʃæ:t̪ɑ:ni:/ ■ *n.f.* mischief; wickedness. ■ *adj.* devilish, diabolical. شیطانی چرخا 1 any incomprehensible matter. 2 anything very technical; a mechanical device considered unreliable. شیطانی چکر vicious circle; evil designs. شیطانی حرکت diabolical act; wickedness. شیطانی وسوسہ evil thought; atheistic doubt.

شیطنت /ʃæ:t̪ənət̪/ ■ *n.f.* mischief, devilry; wickedness.

شیعہ /ʃi:ʔɑ:/ ■ *n.m.* 1 Shiite, a sect of Muslims that regards the fourth Rightly Guided Caliph Hazrat Ali as Prophet Muhammad's first true successor. 2 a follower of this sect.

شیفتگی /ʃe:ft̪əgi:/ ■ *n.f.* 1 loss of one's senses. 2 love, infatuation; fondness.

شیفتہ /ʃe:ft̪ɑ:/ ■ *adj.* 1 enamoured; infatuated; mad in love. 2 astonished; strongly inclined. شیفتہ رنگ the smooth red peach; apricot. شیفتہ ہونا be mad (after); be enamoured (of), love deeply.

شیل /ʃi:l/ ■ *n.m.* character; habit, nature.

شیلان /ʃi:lɑ:n/ ■ *n.m.* 1 cloth spread for eating food. 2 food. (See also دسترخوان.)

شِیَم /ʃɪjəm/ ■ *n.m. pl.* habits; qualities. (*sing.* شیمہ)

شین /ʃi:n/ ■ *n.m.* the thirtieth letter (ش) of the Urdu alphabet. شین قاف سے درست ہونا have correct pronunciation.

شیُوخ /ʃuju:x/ ■ *n.m.* (*pl.* of شیخ) aged men; chiefs.

شیوَن /ʃe:vən/ ■ *n.m.* plaint; lamentation.

شیوہ /ʃe:vɑ:/ ■ *n.m.* habit; manner, way.

شیہہ /ʃi:hɑ:/ ■ *n.m.* neigh of a horse.

شیئیّت /ʃæ:ɪjjət/ ■ *n.f.* (***Philos.***) realism, the state of being a thing (*opp* اسمیّت)

ص

ص /sʊɑ:d̪/ ■ the thirty-first letter of the Urdu alphabet.

ص /sʊɑ:d̪/ ■ *abbr.* used for صحیح, correct. (See also صاد.)

صابر /sɑ:bər/ ■ *n.m.* white or yellow coloured leather prepared from the hide of stag.

صابر /sɑ:bɪr/ ■ *adj.* patient, enduring, forbearing. ■ *n.m.* a title of Prophet Job.

صابری /sɑ:bɪri:/ ■ *n.f.* patience.

صابُن /sɑ:bʊn/ ■ *n.m.* (also صابن،صابون) soap. صابن دان/دانی soap box. صابن سازی saponification.

صابُورہ /sɑ:bu:rɑ:/ ■ *n.m.* ballast.

صابُونی /sɑ:bu:ni:/ ■ *adj.* soapy; mixed with soap. ■ *n.f.* 1 a kind of sweetmeat (mixture of almonds, honey, oil of sesame and sugar). 2 a kind of light green emerald.

صابی /sɑ:bi:/ ■ *n.m.* 1 Sabaean, an ancient nation of star worshippers. 2 apostate.

صاحِب /sɑ:hɪb/ ■ *n.m.* (also صاحب) 1 master, lord, possessor, owner, chief; ruler. 2 associate, companion, comrade. 3 sahib, title of courtesy, Mr, Sir. ■ *adj.* possessing, endowed with, possessed of; used in comp. as: صاحبِ اثر/اختیار one vested with an authority or power. صاحبِ اخلاق polite, possessed of good manners, courteous, affable. صاحبِ ادراک/بصیرت/حکمت/وقوف wise, sagacious. صاحبِ استطاعت capable (of); affluent, well-off, man of means. صاحبِ استعداد able, adept, proficient. صاحبِ اعتبار 1 reliable, trustworthy. 2 respected. صاحبِ اقبال lucky, fortunate; rich, prosperous. صاحبِ اقتدار sovereign, authority. صاحبُ الامر/الزماں/العصر title of Imam Mehdi, the twelfth Shiite imam, believed to be living but in occultation, and to appear in due course. صاحبُ السمو His Highness. صاحبُ الفخامہ Highness; Excellency. صاحبِ اولاد man with children. صاحبِ بندوبست settlement officer. صاحبِ تخت وتاج/سریر possessor of crown, king, sovereign. صاحبِ تدبیر 1 prudent; diplomatist, tactician, tactful, resourceful. 2 prudent or discreet man, man of tact or of resources. صاحبِ تصدیق attesting officer; notary public. صاحبِ تمکنت/تمکین possessed of dignity; dignified person. صاحبِ تمیز 1 discriminating, intelligent. 2 well-mannered. صاحبِ ثروت/حیثیت/وسعت man of property or substance. صاحبِ جائداد owner of property, land or house. صاحبِ جمال/حُسن handsome, beautiful, pretty, lovely. صاحبِ حال وقال well-informed; intelligent (this expression is mostly used for Sufis and learned people who guide. صاحبِ خانہ 1 master of house, owner of a house. 2 host. صاحبِ دل 1 God-fearing person, mystic. 2 brave, bold, chivalrous. 3 kind-hearted, sympathetic; generous. 4 witty; sage, wise. صاحبِ زکوٰۃ/نصاب person who has enough wealth to pay zakat. صاحبِ سلامت 1 intimacy, acquaintance. 2 exchange of salutation, greetings or compliments; being on speaking terms (with). صاحبِ سلیقہ civilized; man of good manners; man of taste. صاحبِ صدر (*voc.*) Mr. president! used to attract attention of chairperson or president of a ceremony. صاحبِ ضلع officer in charge of a district, district officer or collector. صاحبِ طبع possessed of discernment or genius. صاحبِ طرز writer or poet having unique style of writing. صاحبِ عالم title and mode of address of a Mogul prince. صاحبِ عالیشان officer or gentleman of high dignity, a title of the British rulers of India. صاحبِ عدالت administrator of justice. صاحبِ عدل just; just man. صاحبِ عقل wise, intelligent, shrewd. صاحبِ علم scholar. صاحبِ غرض 1 needy, indigent. 2 selfish person. صاحبِ فراش bedridden, very sick, confined to bed due to sickness. صاحبِ قران 1 one born under an auspicious conjunction (of two or more planets); fortunate and invincible hero. 2 great emperor, a title of Tamerlane. صاحبِ قسمت/نصیب fortunate, lucky. صاحبِ کتاب 1 one to whom God reveals a book, Divinely ordained prophet. 2 published author. صاحبِ کرامات/کرامت (saint) able to perform miracles; possessor of miraculous powers. صاحبِ کمال 1 endowed with some expertise or supernatural powers. 2 perfect, accomplished. صاحبِ کیاست sagacious; ingenious. صاحبِ نظر intelligent, perspicacious; a man of discernment. صاحبِ مقدور man of means. صاحبِ منزلت man of rank or dignity. صاحبِ ولایت one who has attained mystical status of a saint. (*pl.* اصحاب،صاحبان)

صاحبزادگی /sɑ:hɪbzɑ:dgi:/ ■ *n.f.* state of being a son (of).

صاحبزادہ /sɑ:hɪbzɑ:d̪ɑ:/ ■ *n.m.* **1** son, especially of a nobleman, lord, etc. **2** an aristocratic title.

صاحبزادی /sɑ:hɪbzɑ:d̪i:/ ■ *n.* (*fem.* of صاحبزادہ) daughter, especially of a nobleman or lord, etc.

صاحبہ /sɑ:hɪbɑ:/ ■ *n.* (*fem.* of صاحِب) lady; madam; woman of rank. ■ *adj.* possessed of, endowed (with).

صاحبی /sɑ:hɪbi:/ ■ *n.f.* influence, sway, rule. صاحبی کرنا govern, rule.

صاد /sɑ:d̪/ ■ *n.m.* mark of approval, sanction or grant. صاد کرنا **1** mark a document with a ص implying that it has been examined, checked or approved; approve, sanction, grant. **2** a short form of this letter in superscript (ﷺ) used as *contr.* of صلی اللہ علیہ وسلم.

صادر /sɑ:d̪ɪr/ ■ *adj.* **1** going forth, proceeding; emanating, issued, derived; passed. **2** arrived. صادر کرنا issue or pass an order. صادر کنندہ one who issues (an order, etc.). صادر ہونا be issued or enacted, emanate, issue forth, come out; happen; be committed.

صادِق /sɑ:d̪ɪq/ ■ *adj.* **1** true, faithful, veracious, sincere, true to one's word. **2** candid, obvious. صادق الاعتقاد orthodox, of correct belief, firm in (one's) belief. صادقُ القول truthful, true to one's words, man of his word. صادقُ الوعد/الوعدہ one who is true to his/her words. صادق آنا (of a proverb, etc.) apply; be applicable (to), come true, be verified; suit; hold good; fit. (*fem.* صادِقہ)

صادِقی /sɑ:d̪ɪqi:/ ■ *n.f.* sincerity. See صداقت.

صارِف /sɑ:rɪf/ ■ *n.m.* consumer. (*pl.* صارِفین)

صارِم /sɑ:rɪm/ ■ *n.f.* **1** sword having a sharp edge. **2** short-tempered person. ■ *adj.* brave, intrepid, bold.

صاع /sɑ:ʔ/ ■ *n.m.* a weight or measure equal to three or three and a half kilogram.

صاعقہ /sɑ:ʔeqɑ:/ ■ *n.f.* lightning, thunderbolt.

صاف /sɑ:f/ ■ *adj.* **1** open; apparent. **2** clear, clean, pure, unadulterated. **3** bright (sky). **4** legible (handwriting, etc.). **5** innocent. **6** frank; candid. **7** proper, right. **8** indisputable. **9** downright, utter, complete. ■ *adv.* **1** quickly, hurriedly. **2** indifferently. **3** surely, certainly. **4** clearly, candidly. صاف بیان کرنا state or describe clearly or in detail, speak out. صاف چُھٹ جانا/نکل آنا get away with, get off scot-free, escape unpunished. صاف دل/ضمیر/طبع/طینت open-hearted, frank; pure-hearted, guileless. صاف رہنا **1** be neat and clean. **2** be honest and pure. صاف ستھرا neat and clean. صاف شفّاف transparent, pellucid. صاف صاف plainly, openly; flatly; without reserve. صاف صاف سنانا give (someone) a bit of one's mind, speak plainly or bluntly. صاف صاف کہنا say openly or plainly, speak without reserve, blurt out. صاف کرجانا make a clean sweep (of), eat everything up, finish off. صاف کرنا **1** clean, wash, cleanse, clear, purify. **2** effect catharsis, purge. **3** clarify, free from obscurity or ambiguity. **4** make fair copy (of). **5** eat up, devour. **6** comb out. **7** destroy, demolish. **8** clean out, pilfer, steal. صاف گو frank, candid, outspoken. صاف گوئی frankness. صاف ہونا **1** be cleaned, be tidy. **2** (sky) be clear or cloudless. **3** (of account) be settled.

صافا /sɑ:fɑ:/ ■ *n.m.* **1** abstinence from food, fasting. **2** keeping hunting animal hungry for hunt.

صافہ /sɑ:fɑ:/ ■ *n.m.* turban, cloth wrapped round the head.

صافی /sɑ:fi:/ ■ *n.f.* **1** purity, cleanness. **2** sincerity. **3** filter; strainer. **4** cloth to hold a hot pot or kettle. **5** wiper. **6** duster. ■ *adj.* clean, spotless, pure. صافی نامہ payment receipt; discharge from an obligation.

صالِح /sɑ:leh/ ■ *adj.* virtuous, pious, righteous, good, of good moral character. (*pl.* صالحین، صلحا)

صالحہ /sɑ:le:hɑ:/ ■ *adj.* (*fem.* of صالح) chaste and pious (woman). (*pl.* صالحات)

صالحیّت /sɑ:lehɪjjət/ ■ *n.f.* righteousness, piety, virtue.

صامِت /sɑ:mɪt/ ■ *adj.* **1** silent, quiet, reticent. **2** surprised, flabbergasted.

صامِتہ /sɑ:mɪt̪ɑ:/ ■ *n.m.* (also مُصمَتہ) consonant.

صانِع /sɑ:neʔ/ ■ *n.m.* **1** the Maker, the Creator, an attribute of God. **2** inventor, artificer. صانعِ حقیقی God, the real Creator. صانعِ قدرت God, as the Creator of nature. صانعِ مطلق the Absolute, i.e. the only Creator of the universe.

صائِب /sɑ:ɪb/ ■ *adj.* well-aimed, to the point, right; sound in judgement. صائبُ الرائے right-thinking, having sound judgement, judicious.

صائم /sɑ:ɪm/ ■ *n.m.* one who fasts. صائمُ الدہر one who fasts regularly. (*fem.* صائمہ)

صبا /səbɑ:/ ■ *n.f.* the east wind; morning breeze, zephyr; spring breeze. صبادم رفتار شتاب swift-paced (horse).

صِبا /sɪbɑ:/ ■ *n.f.* childhood.

صباح /səbɑ:h/ ■ *n.f.* daybreak, dawn; morning. صباحُ الخیر بخیر (salutation) good morning!

صبّاح /səbbɑ:h/ ■ *adj.* fair-complexioned and beautiful.

صباحت /səbɑ:hət̪/ ■ *n.f.* **1** fair complexion. **2** (*fig.*) beauty, loveliness.

صبّاغ /səbbɑ:ɣ/ ■ *n.m.* dyer.

صبائی /səbɑ:i:/ ■ *adj.* of or relating to gentle breeze, etc.

صُبح /sʊbh/ ■ *n.f.* morning; dawn. صبح بخیر (salutation) good morning! صبح تڑکے/سویرے early in the morning. صبح خیز/خیزاں **1** rising early in the morning, early riser. **2** (*fig.*) worshipper, adorer; votary. صبح خیز/خیزیا thief who rises early in the morning and steals before people are awake. صبح دم early in the morning, at dawn. صبح سے شام تک from morning till evening, the whole day. صبح شام کرنا put off from time to time, evade, vacillate, shilly-shally. صبح صادق dawn of the day. صبح صبح early in the morning. صبح کا بھولا شام کو گھر آجائے تو اسے بھولا نہیں کہنا چاہیے better late than never. صبح کا تارا the morning star, Venus. صبح کاذب time just before daybreak. صبح کرنا pass the whole night till dawn. صبح کس کا منھ دیکھا تھا what an inauspicious day! صبح گاہ/گاہاں morning; dawn. صبح گاہی of or relating to morning or dawn; occurring in the morning. صبح محشر/نشور Day of Judgement. صبح و شام/مسا morning and evening, all the time. صبح ہونا day to dawn. (*pl.* اصباح)

صبر /səbr/ ■ *n.m.* **1** patience, endurance, forbearance, sufferance. **2** resignation to one's fate, submission; self-restraint; submission to the will of God. صبر آزما trying, difficult. صبر آزمائی trial of patience. صبر آنا endure patiently; get over one's grief. صبر بٹورنا get the just deserts for one's misdeeds; be under the curse (of wronged persons). صبر پڑنا be under curse, suffer for wronging others. صبر کا پھل میٹھا patience has its reward. صبر کرنا have patience, endure, bear. صبر و شکیب patience and endurance. صبر ہونا have patience; be satisfied or contented.

صِبغت /sɪbɣət̪/ ■ *n.m.* colour, hue. صبغت اللہ **1** true faith; Islam. **2** (*fig.*) God's will.

صِبغہ /sɪbɣɑ:/ ■ *n.m.* colour.

صبوح /səbu:h/ ■ *n.f.* See صَبوحی.

صُبوح /sʊbu:h/ ■ *n.m.* morning time, morning.

صبوحی /səbu:hi:/ ■ *n.f.* (also صبوح) wine taken in the morning, morning draught, a drink to remove past night's hangover. صبوحی کش drunkard, boozer, one in the habit of drinking in the morning.

صبور /səbu:r/ ■ *adj.* **1** very patient, enduring; perseverant, steadfast. **2** See الصبور.

صبورا /səbu:rɑ:/ ■ *n.m.* dildo, artificial penis.

صبوری /səbu:ri:/ ■ *n.f.* patience, forbearance, endurance.

صبی /səbi:/ ■ *n.m.* lad, infant boy. (*fem.* صبیہ) (*pl.* صُبیان)

صبیح /səbi:h/ ■ *adj.* **1** fair-complexioned, of good complexion. **2** (*fig.*) beautiful, handsome. (*fem.* صبیحہ)

صِحاب /sɪhɑ:b/ ■ *n.m.* (*pl.* of صاحب) companions. See اصحاب.

صحابت /səhɑ:bət̪/ ■ *n.f.* **1** companionship, friendship, society. **2** loyalty, adherence.

صحابہ /səhɑ:bɑ:/ ■ *n.m.* (*pl.* of صحابی) (also صحابہ کرام) (venerable) companions of Prophet Muhammad.

صحابی /səhɑ:bi:/ ■ *n.m.* companion, especially of Prophet Muhammad.

صحاح /səhɑ:h/ ■ *adj.* healthy, free from flaw.

صِحاح /sɪhɑ:h/ ■ *adj.* (*pl.* of صحیح) complete; authentic. صحاحِ ستّہ the six authentic collections of Prophet Muhammad's traditions.

صحارا /səhɑ:rɑ:/ ■ *n.m.* (*pl.* of صحرا) (also صحارٰی) deserts.

صحّاف /səhhɑ:f/ ■ *n.m.* bookbinder.

صحافت /səhɑ:fət̪/ ■ *n.f.* (also صحافت) journalism.

صحافتی /səhɑ:fət̪i:/ ■ *adj.* (also صحافتی، صحافیانہ) journalistic.

صحافی /səhɑ:fi:/ ■ *n.m.* (also صحافی) journalist.

صُحبت /sohbət̪/ ■ *n.f.* **1** society; company. **2** relations, contacts; friendship. **3** sexual intercourse, coitus. صحبت اٹھانا/برتنا enjoy the company (of a cultured or saintly person). صحبت برار one who carries on or promotes social intercourse or companionship; acquaintance. صحبت براری acquaintance, acquaintanceship. صحبت پانا/دیکھنا be used to society; having experience of cultured society. صحبت ٹوٹنا/نہ رہنا social relations come to an end. صحبت داری keeping company with. صحبت رہنا social relations to be maintained. صحبت کرنا (*fig.*) have sexual intercourse (with a woman). صحبت گرم ہونا meeting to warm up. صحبت یافتہ trained in or used to good society, well-bred, having enjoyed the company of pious, learned or cultured person(s).

صُحبتی /sohbət̪i:/ ■ *n.m.* companion, comrade, friend.

صِحّت /sehhət̪/ ■ *n.f.* **1** health. **2** accuracy, soundness, correctness. **3** confirmation, validity. صحت افزا/بخش healthful, healthy, invigorating, bracing; curative, invigorative, salubrious. صحت افزا/بخش مقام health resort. صحت بگڑنا/خراب ہونا become sick. صحت پانا recover from sickness. صحت خانہ (*euph.*) privy, latrine, lavatory. صحتِ زبان accuracy of grammar, pronunciation and diction. صحت سے soundly, well, correctly, accurately. صحتِ کُلّی complete health. صحت مند **1** healthy. **2** correct, accurate, sound. صحت نامہ **1** certificate of health, fitness certificate. **2** corrigendum. صحت یابی regaining health, recovery.

صحرا /sæhrɑ:/ ■ *n.m.* desert, wilderness; plain. صحرا گرد/نورد one wandering in desert or wilderness, traveller, tramp. صحرا گردی/نوردی wandering in the desert. صحرا نشین **1** settling or living in desert; Bedouin. **2** hermit. صحرائے لق ودق wilderness, vast desert.

صحرائی /sæhrɑ:i:/ ■ *adj.* of or relating to the desert; wild; uninhabited.

صحن /sæhn/ ■ *n.m.* **1** courtyard. **2** large cup or goblet, small dish or plate. صحن چمن/گلشن lawn, garden.

صحنچی /sæhnt̪ʃi:/ ■ *n.f.* (*dim.* of صحن) small courtyard.

صحنک /sæhnək/ ■ *n.f.* (also سِہنک) **1** small earthen dish or plate. **2** an offering or oblation to Hazrat Fatima, Prophet Muhammad's daughter.

صحیح /səhi:h/ ■ *adj.* **1** correct, right, sound, perfect, accurate, exact, true; pure. **2** whole. صحیح البدن/الجثہ healthy; of sound body. صحیح الحواس/الدماغ/الذہن/العقل of sound mind. صحیح النسب/النسل pure-blooded, legitimate. صحیح سالم **1** safe and sound. **2** (things) unbroken, undamaged. صحیح سلامت safe and sound. صحیح عدد (***Math.***) whole number; integer. صحیح کرنا **1** correct, rectify. **2** mend; set right. صحیح معنوں میں in fact, in truth, actually. صحیح ہونا be corrected; prove to be correct; be done correctly.

صحیفہ /səhi:fɑ:/ ■ *n.m.* **1** book revealed to a Divinely ordained prophet. **2** book, volume. **3** magazine, periodical. **4** leaf, page. صحیفہ الہامی/آسمانی/کاملہ **1** revealed book. **2** (*iron.*) supposedly authoritative statement, etc. صحیفہ نگار journalist. صحیفہ نگاری journalism. (*pl.* صحائف، صُحُف).

صخرہ /səxrɑ:/ ■ *n.f.* **1** Dome of the Rock. **2** (also صخر) rock; hill. (*pl.* صُخُور)

صد /səd/ ■ *cardinal number* hundred; cent. صد افسوس pity! alas! صد آفریں well done! bravo! صد برگ hundred-petalled flower, marigold. صد پا centipede. صد پارہ/چاک torn into hundred pieces. صد چند hundred-fold, hundred times as much. صد حیف alas! woe is me! صد سالہ centenarian, hundred-years-old, of hundred years. صد منی of hundred maunds in weight. صدہا hundreds (of), great many.

صدا /səd̪ɑ:/ ■ *n.f.* **1** sound; voice. **2** shout; cry. صدا بصحرا cry in the wilderness. صدا دینا call, shout out; beg. صدا کار **1** an artist who lends his/her voice in a radio play or in an animated film. **2** playback singer. صدا کرنا call; beg for alms. صدائے احتجاج protest. صدائے احتجاج بلند کرنا protest, raise a cry. صدائے بازگشت/گنبد **1** echo. **2** result, effect. صدائے برنخاست there was no response.

صدارت /səd̪ɑ:rət̪/ ■ *n.f.* office of the president; presidency. صدارت کی کرسی chair; chairmanship.

صدارتی /səd̪ɑ:rət̪i:/ ■ *adj.* presidential. صدارتی خطبہ presidential address. صدارتی نظامِ حکومت presidential form of government.

صُداع /sud̪ɑ:ʔ/ ■ *n.m.* headache; vertigo.

صِداق /sɪd̪ɑ:q/ ■ *n.m.* dower, money that husband has to pay to his wife.

صداقت /səd̪ɑ:qət̪/ ■ *n.f.* (also صادِق) truth, veracity, verity, sincerity, fidelity, truthfulness. صداقت شعار/کیش true, veracious, truthful.

صدر /səd̪r/ ■ *n.m.* (also صَدَر) **1** president; principal. **2** the chest, upper front part of body. **3** courtyard of a house. **4** the seat of the government. **5** the first metrical part of the first line of a couplet. **6** military cantonment. **7** capital; headquarters. ■ *adj.* **1** foregoing, above. **2** basic, primary; essential. صدرِ اعلیٰ subordinate judge. صدرُ الصدور chief justice. صدرِ امین deputy of chief justice. صدر بازار main market,

صِدّیقہ /sɪḍḍi:qɑ:/ ■ *adj.* (*fem.* of صِدّیق) ever truthful. ■ *pr.n.f.* (***Islam***) an appellation of Hazrat Aisha, Prophet Muhammad's wife and daughter of Hazrat Abu Bakr.

صُراح /surɑ:h/ ■ *adj.* (also صراح) unadulterated, pure.

صراحت /sərɑ:həṭ/ ■ *n.f.* **1** explanation, elucidation, clarity (of speech), perspicuity. **2** purity, pureness. صراحت کرنا clarify, elucidate.

صراحتاً /sərɑ:həṭən/ ■ *adv.* (also صراحةً) by way of explanation; clearly, evidently, expressly, explicitly.

صراحتی /sərɑ:həṭi:/ ■ *adj.* explanatory.

صُراحی /surɑ:hi:/ ■ *n.f.* **1** surahi, long-necked metallic or clay flask. **2** small triangular piece of cloth. صراحی دار گردن (*poet.*) long, slender neck.

صِراط /sɪrɑ:ṭ/ ■ *n.f.* **1** path, way, direct road or passage. **2** (***Islam***) bridge over the Hell which only the pious would successfully cross. صراطِ مستقیم the right way, the straight path, i.e. Islam.

صرّاف /sərrɑ:f/ ■ *n.m.* **1** sarraf, money-changer. **2** bullion dealer; jeweller. ■ *adj.* **1** (*fig.*) perspicacious, shrewd. **2** wealthy. صراف خانہ bank.

صرّافہ /sərrɑ:fɑ:/ ■ *n.m.* **1** bullion market. **2** jewellery market.

صرّافی /sərrɑ:fi:/ ■ *n.f.* **1** money-changing. **2** jeweller's trade. صرافی پارچہ چٹھی رہنڈی cheque.

صرصر /sərsər/ ■ *n.f.* **1** sar sar, strong wind, storm. **2** (*fig.*) destruction, ruination; death.

صرع /sərʔ/ ■ *n.f.* epilepsy.

صرف /sərf/ ■ *n.m.* **1** expense, expenditure; use. **2** morphology; grammar, the study of language and its structure and rules. ■ *adj.* (*fig.*) busy. صرف کرنا disburse, expend, spend. صرف میں لانا use, put to use. صرفِ نظر کرنا ignore. صرف ونحو syntax and morphology. صرف ہونا be spent or used. (*pl.* اصراف)

صِرف /sɪrf/ ■ *adj.* **1** only, mere; alone. **2** pure, unmixed, unadulterated; neat. ■ *adv.* **1** solely, merely. **2** purely. **3** exclusively.

صرفہ /sərfɑ:/ ■ *n.m.* expense, expenditure; use.

صرفی /sərfi:/ ■ *adj.* pertaining to grammar; morphological; grammarian.

صریح /səri:h/ ■ *adj.* apparent, clear, manifest, obvious, cantonment business area. صدر دفتر head office. صدر دیوان finance minister. صدر دیوانِ اعلیٰ chancellor. صدر راج presidential rule. صدر عدالتِ عالیہ supreme court of justice. صدرِ مجلس/محفل one who presides over a meeting, conclave, etc. صدر مدرس headmaster, principal. صدر مستقر/مقام headquarters, capital of a country. (*pl.* صُدُور[1])

صدری /səḍri:/ ■ *n.f.* waistcoat; jacket. ■ *adj.* of or relating to chest. (See also واسکٹ.)

صدف /səḍəf/ ■ *n.f.* oyster shell.

صِدق /sɪdq/ ■ *n.m.* truth, sincerity. صدقِ دل سے truthfully, sincerely. صدقِ نیت سے honestly.

صدقہ /səḍqɑ:/ ■ *n.m.* alms dedicated to pious uses; propitiatory offerings, charity; sacrifice. صدقہ اتارنا/دینا make a propitiatory offering to remove a curse or misfortune. صدقۂ جاریہ charity that is a permanent source of help for the needy and a source of Divine reward for the giver. صدقہ سلا/سیلا/صلا propitiatory offering. صدقۂ فطر/فطرانہ/فطرہ (***Islam***) charity prescribed for Eid-ul-Fitr (عیدالفطر); act of offering thanks for favour or mercies; thanksgiving. صدقہ کرنا sacrifice for the welfare of another. (*pl.* صدقات)

صدقے /səḍqe:/ ■ *n.m.* (*pl.* & *infl.* of صدقہ) صدقے (واری) جانا/ہونا an expression of love implying speaker's readiness to sacrifice his or her life for someone's sake.

صدمہ /səḍmɑ:/ ■ *n.m.* **1** shock, blow, hurt, sorrow, grief. **2** collision, accident; calamity. صدمہ اٹھانا/جھیلنا/سہنا be grieved, suffer a shock, be shocked, meet with misfortune. صدمہ پہنچانا/دینا hurt or injure feelings, shock, cause grief. صدمۂ جانکاہ heart-rending grief; great suffering or distress. صدمہ گزرنا calamity to befall, suffer a shock. صدمہ ہونا be shocked; be grieved. (*pl.* صدمات)

صُدُور[1] /suḍu:r/ ■ *n.m.* (*pl.* of صدر) presidents. [A]

صُدُور[2] —— ■ *n.m.* issuance, emanation. [A]

صدی /səḍi:/ ■ *n.f.* century, centenary.

صدیق /səḍi:q/ ■ *n.m.* true friend.

صِدّیق /sɪḍḍi:q/ ■ *adj.* ever truthful, true, sincere. ■ *n.m.* **1** sincere friend. **2** truthful witness. **3** (***Islam***) (also صدیقِ اکبر) an appellation of Hazrat Abu Bakr, the first of the four Rightly Guided Caliphs.

evident; gross; palpable. ■ *adv.* 1 plainly, evidently. 2 out and out, absolutely, altogether, in toto. صریح انکار کرنا clearly refuse or deny, refuse point-blank. صریح مکرنا deny absolutely or in toto.

صریحاً /səri:hən/ ■ *adv.* evidently, vividly, clearly, plainly, palpably, expressively.

صریر /səri:r/ ■ *n.f.* 1 dragging or scratching sound. 2 creaking (as of door). صریرِ خامہ/قلم scratching sound made by the pen.

صعب /səʔb/ ■ *adj.* difficult, arduous, hard, troublesome; perverse. ■ *n.f.* difficulty, trouble.

صُعُوبت /sʊʔu:bət̪/ ■ *n.f.* difficulty, hardship, trouble, distress. صعوبت اٹھانا/جھیلنا suffer or undergo trouble or misery. (*pl.* صُعُوبات)

صعود /səʔu:d̪/ ■ *n.m.* erect rock or hill.

صُعُود /sʊʔu:d̪/ ■ *n.m.* 1 ascent, ascension; climbing. 2 (*fig.*) progress. (*opp.* نُزُول)

صُعُودی /sʊʔu:d̪i:/ ■ *adj.* ascending, raising. صعودی ترتیب (***Math.***) ascending order. (*opp.* نُزُولی)

صعوہ /səʔvɑ:/ ■ *n.m.* pied wagtail, a species of sparrow with red head. (See also ممولا.)

صِغار /sɪɣɑ:r/ ■ *n.m.* (*pl.* of صغیر) 1 small or young ones. 2 unimportant people. صغار و کبار 1 the small and the great. 2 the poor and the rich; populace at large. (*opp.* کِبار)

صِغر /sɪɣər/ ■ *n.m.* smallness; tenderness of age. صغر سِنی childhood, minority; state of being under age. (*opp.* کِبر)

صُغریٰ /sʊɣrɑ:/ ■ *adj.* (also صُغرا) smallest, least; less. ■ *n.f.* (***Logic***) the minor of a syllogism. صغریٰ کبریٰ مرتب کرنا form a syllogism. (*opp.* کُبریٰ)

صغیر /səɣi:r/ ■ *adj.* 1 junior; minor, small. 2 inferior. صغیر سن youth; minor. صغیر سنی minority; being under age. (*opp.* کبیر)

صغیرہ /səɣi:rɑ:/ ■ *adj.* (*fem.* of صغیر) small. صغیرہ گناہ small or venial sin. (*pl.* صغائر) (*opp.* کبیرہ)

صف /səf/ ■ *n.f.* 1 line of things or persons, row, file; rank. 2 prayer mat for one row of congregation. 3 order, class, group. صفِ اول 1 first row. 2 (*fig.*) prominent place. صف اینچنا/باندھنا/جمانا draw up in row. صف آرا (of army) arrayed in battle order. صف آرائی battle array; parade. صف بستہ drawn up in line or row. صف بہ صف/درصف in every row, row upon row. صفِ جنگ/جنگاہ 1 face-to-face war. 2 ranks of war. صف در/زن/شکن warrior who breaks the enemy ranks, one who disrupts the enemy's line. صف کشی drawing forth an army, putting an army in battle array. صفِ ماتم 1 mourners' mat, carpet spread for mourners and condolers to sit on. 2 (*fig.*) mourning. صفِ ماتم بچھنا mourn, bewail. صفِ نعال 1 place near the door where shoes are left. 2 lowly place in a company. (*pl.* صُفُوف)

صفا /səfɑ:/ ■ *pr.n.f.* a hill in Makkah. ■ *adj.* pure, clean. ■ *n.f.* 1 purity; cleanness, transparency. 2 serenity (of heart and mind). 3 sincerity, unselfishness. 4 lucidity, elucidation, explicitness, unambiguousness. صفاچٹ 1 clean-shaven. 2 completely empty. صفاچٹ کرنا 1 shave clean. 2 lick plate clean, devour everything.

صِفات /sɪfɑ:t̪/ ■ *n.f.* (*pl.* of صِفت) صفاتِ الٰہیہ divine characteristics. صفاتِ ملکوتی traits of angels. صفاتِ ممیزہ distinct features.

صفائی /səfɑ:i:/ ■ *n.f.* 1 cleanness, cleanliness, clearness, purity. 2 explanation, clarification. 3 smoothness, plainness. 4 openness. 5 destruction. 6 truthfulness, validity. 7 dexterity, neatness of hand, knack, deftness. صفائی پیش کرنا/دینا explain, offer or give explanation. صفائی سے expertly, with great expertise. صفائی کرنا 1 clean, cleanse, purify. 2 settle matters; effect compromise. 3 make short work (of). صفائی ہونا 1 be made clean. 2 be settled.

صفایا /səfɑ:jɑ:/ ■ *n.m.* 1 annihilation, ruin, devastation. 2 plunder, pillage.

صِفت /sɪfət̪/ ■ *n.f.* 1 trait, characteristics, feature, quality, epithet; attribute. 2 (***Gram.***) adjective. صفتِ ذاتی attributive adjective. صفتِ عددی numerals; numerical adjective. صفتِ مقداری quantitative adjective. صفتِ موصوف adjective with its substantive. صفتِ نسبتی relative adjective. (*pl.* صِفات)

صفحہ /səfhɑ:/ ■ *n.m.* 1 page of a book or register, etc. 2 (*fig.*) face, surface. صفحۂ دہر/روزگار/زمین/گیتی (*fig.*) the world. صفحۂ قرطاس page of paper. صفحۂ گل petal, flower-leaf. صفحۂ ہستی face of the world. صفحۂ ہستی سے نام و نشان مٹانا wipe out all traces from the face of the

صفحات earth, annihilate, obliterate. (*pl.* صفحات)

صفر /səfər/ ■ *n.m.* (also صفرالمظفر) Safar, the second month of the Islamic calendar.

صِفر /sɪfr/ ■ *n.m.* (also صِفر) zero, cipher; nought, nil, nothing.

صفرا /səfrɑ:/ ■ *n.m.* (also صفراء) bile, gall, choler.

صفراوی /səfrɑ:vi:/ ■ *adj.* bilious, biliary, choleric. صفراوی مزاج **1** choleric temperament. **2** ill-temper, bitterness.

صفن /səfn/ ■ *n.m.* scrotum.

صفوات /səfvɑ:t̪/ ■ *n.f.* **1** quality. **2** gist, essence.

صفوان /səfvɑ:n/ ■ *n.m.* rocks, stones.

صفوت /səfvət̪/ ■ *n.f.* **1** purity. **2** respect. ■ *adj.* select, choicest.

صُفوف /sʊfu:f/ ■ *n.f.* (*pl.* of صف) ranks, rows, lines.

صُفّہ /sʊffɑ:/ ■ *n.m.* **1** platform; shade. **2** (***Islam***) a platform in Masjid-e-Nabavi (in Medina) where some companions of Prophet Muhammad congregated for instruction.

صفی /səfi:/ ■ *adj.* **1** pure; just, righteous; elect. **2** saint. صفی اللہ God's elect, an appellation of Adam.

صفیر /səfi:r/ ■ *n.f.* **1** singing of birds, chirping. **2** whistling.

صفیری /səfi:ri:/ ■ *adj.* **1** singing. **2** (***Phonetics***) fricative. صفیری آوازیں fricative sounds, sounds made by the friction of breath in a narrow opening, like ث،س،ش.

صقّال /səqqɑ:l/ ■ *n.m.* polisher.

صلا /səlɑ:/ ■ *n.f.* **1** proclamation; invitation; call; cry (of an auctioneer or salesman, etc.). **2** challenge of foe. صلا دینا **1** suggest. **2** invite. صلائے سمرقندی insincere invitation. صلائے عام open invitation to all. صلائے نبرد call or challenge to fight.

صلابت /səlɑ:bət̪/ ■ *n.f.* **1** hardness, firmness, severity. **2** awe. **3** rigour.

صلاح /səlɑ:h/ ■ *n.f.* **1** counsel, advice, suggestion. **2** virtue, goodness, well-being, piety. صلاح اندیش well wisher. صلاح بتانا/دینا advise, counsel. صلاح پوچھنا/لینا take the advice of, consult. صلاح ٹھہرنا take a decision after consultation. صلاح کار counsellor, adviser. صلاح کرلینا/کرنا consult, take advice. صلاح مشورہ mutual consultation.

صلاحیّت /səlɑ:hɪjjət̪/ ■ *n.f.* ability, capability, capacity. صلاحیت آب flexible.

صلادت /səlɑ:dət̪/ ■ *n.f.* firmness, hardness.

صلب /səlb/ ■ *n.f.* **1** crucifixion. **2** burning (in fever). **3** teasing, fretting, vexing.

صُلب /sʊlb/ ■ *n.m.* **1** loins; backbone. **2** (*fig.*) offspring. (*pl.* اصلاب)

صُلبی /sʊlbi:/ ■ *adj.* **1** of or relating to the loins or lumbar portion of the back, proceeding from the loins. **2** (*fig.*) descended from; legitimate offspring or descendant.

صُلح /sʊlh/ ■ *n.f.* peace, truce, treaty; reconciliation. صلح اختیاری voluntary reconciliation or compromise. صلح جُورور peaceful, peace seeker. صلحِ چندروزہ armistice. صلح شکنی act of breaking the peace, breach of the peace. صلح کارکنندہ peaceful, peace-making, amicable, conciliatory; peace-maker. صلح کاری state of being amicable or peaceable. صلح کامل permanent or durable peace, perfect reconciliation. صلح کرانا/کرنا make peace or truce. صلحِ کل **1** perfect reconciliation. **2** amicable, peace-loving. صلح نامہ treaty of peace; deed of compromise. صلح ہونا reconciliation to take place; peace to be declared.

صُلحا /sʊləhɑ:/ ■ *n.m.* (*pl.* of صالح) (also صُلحاء) just, virtuous and pious people.

صُلحہ /sʊlhɑ:/ ■ *n.f.* friendship.

صلصال /səlsɑ:l/ ■ *n.f.* mixture of sand and clay used for making pots.

صلعم /səlʔəm/ ■ *phr.* (*contr.* of صلی اللہ علیہ وسلم) may God bless him! benediction for Prophet Muhammad.

صلف /sələf/ ■ *n.f.* brag, self-praise, boast.

صلوٰۃ /səlɑ:t̪/ ■ *n.f.* prayer, supplication; benediction; one of the five daily prayers enjoined on Muslims, also similar non-compulsory or voluntary prayers. صلوٰۃِ اشراق (***Islam***) prayer just after sunrise.

صلوات /sələvɑ:t̪/ ■ *n.f.pl.* **1** prayers, blessings, benedictions. **2** (*iron.*) threats; abuse.

صلواتیں /sələvɑ:t̪ẽ:/ ■ *n.f.* (*pl.* of صلوات) (*iron*) threats; abuses. صلواتیں سنانا (*iron., coll.*) abuse roundly.

صِلہ /sɪlɑ:/ ■ *n.m.* **1** reward, recompense. **2** connection, conjunction. **3** (***Gram.***) relative pronoun. صلۂ رحمی benevolent or kind relationship, kindness to kith and kin, treating the relatives well, maintenance of ties

صنعت /sənʔət̪/ ■ *n.f.* 1 industry; fabrication. 2 trade, profession. 3 art; craft, handicraft. 4 skill, workmanship (of a worker). 5 figure of speech. صنعتِ ایہام (***Poet.***) use of double entendre. صنعت پیشہ craftsman, skilled worker, artisan. صنعتِ ترصیع (***Poet.***) making the words of two verses rhyming and corresponding to each other. صنعتِ تصحیف (***Poet.***) changing the diacritical points of a word so as to alter the meaning from praise to satire. صنعتِ تکرار (***Poet.***) repetition of a word. صنعت کار factory owner; artisan; industrialist. صنعت گر artisan, craftsman. صنعت گری craftsmanship, technique. صنعتِ مبالغہ (***Poet.***) amplification, hyperbole. صنعت وحرفت industry and handicraft. (*pl.* صنائع)

صنعتی /sənʔət̪i:/ ■ *adj.* industrial; artistic. صنعتی انقلاب industrial revolution. صنعتی دور industrial age.

صِنف /sɪnf/ ■ *n.f.* 1 genre, sex, gender. 2 species, kind, sort. 3 category. صنفِ اناث feminine gender, women. صنفِ ذکور masculine gender, men. صنفِ سخن genre of poetry. صنفِ لطیف/نازک the fair sex. (*pl.* اصناف،صُنُوف)

صِنفی /sɪnfi:/ ■ *adj.* pertaining to gender or sex, sexual. صنفی امتیاز discrimination on the basis of gender or sex.

صنم /sənəm/ ■ *n.m.* 1 idol. 2 (*fig.*) beloved, sweetheart. صنم آشنا idol worshipper. صنم تراشی/گری idol-making. صنم خانہ/کدہ temple. (*pl.* اصنام)

صنمیات /sənəmja:t̪/ ■ *n.f.* mythology.

صنوبر /səno:bər/ ■ *n.m.* juniper, a cone-bearing tree.

صنیع /səni:ʔ/ ■ *adj.* 1 expert, skilled. 2 sharpened (sword, etc.). 3 fine, good. ■ *n.m.* any work of art. (*fem.* صنیعہ)

صواب /səva:b/ ■ *n.m.* right course; virtuous action, rectitude; right saying or doing.

صوابدید /səva:bdi:d/ ■ *n.f.* discretion; approval; good opinion, advisability; expediency. (اپنی) صوابدید کے مطابق according to one's discretion.

صَوب /sɔ:b/ ■ *n.m.* 1 tendency. 2 side; part. 3 tract, way.

صُوبائی /su:ba:i:/ ■ *adj.* provincial, of province, local.

صُوبہ /su:ba:/ ■ *n.m.* subah, sooba, province. صوبہ دار (also صوبیدار) subedar, governor of province; a non-commissioned officer equivalent to sergeant. صوبہ داری (also صوبیداری) subedari, governorship of province; the rank of or office of a sergeant.

with the relations.

صلیب /səli:b/ ■ *n.f.* 1 gallows. 2 the cross (as a symbol of Christianity), crucifix. ■ *adj.* 1 three cornered. 2 hard. صلیب احمر Red Cross. صلیب پر چڑھانا execute by hanging, crucify. صلیب وہلال 1 the Cross and the Crescent. 2 (*fig.*) Islam and Christianity. (*pl.* صُلُب،صُلبان)

صلیبی /səli:bi:/ ■ *adj.* cruciform, cross-shaped; of Christians. ■ *n.m.* Christian. صلیبی جنگ crusade.

صُم /sum/ ■ *adj.* deaf. صم بکم deaf and dumb.

صِمام /sɪma:m/ ■ *n.m.* (also صِمامہ) 1 valve. 2 cover of bottle. 3 safety valve.

صمت /səmt̪/ ■ *n.f.* silence, speechlessness. (See also سکوت.)

صمد /səməd̪/ ■ *n.m.* See الصمد. ■ *adj.* 1 eternal, everlasting. 2 free from want.

صمدانی /səməd̪a:ni:/ ■ *adj.* divine, godly.

صمدیّت /səməd̪ɪjjət̪/ ■ *n.f.* sublimity; self-sufficiency.

صمصام /səmsa:m/ ■ *n.f.* sharp sword.

صمغ /səmɣ/ ■ *n.m.* (also صَمَغ) gum. صمغ عربی gum arabic.

صمیم /səmi:m/ ■ *adj.* 1 pure, unmixed. 2 choice. 3 sincere. 4 deaf. ■ *n.m.* 1 best part (of). 2 (*fig.*) core, bottom. صمیم قلب سے from the core of (one's) heart.

صنادِید /səna:d̪i:d̪/ ■ *n.m.pl.* noblemen; chiefs; princes; celebrities. صنادیدِ عجم Persian or non-Arab celebrities. (*sing.* صندید)

صنّاع /sənna:ʔ/ ■ *n.m.* craftsman, artisan, skilful artist.

صِناعت /sɪna:ʔət̪/ ■ *n.f.* (also صناعت) 1 art; handiwork, craft, handicraft. 2 profession; trade. (*pl.* صناعات)

صنّاعی /sənna:ʔi:/ ■ *n.f.* craftsmanship.

صنائع /səna:eʔ/ ■ *n.m.* (*pl.* of صنعت) (also صنایع) 1 arts; crafts. 2 wonderful works. صنائع بدائع rare and wonderful works of arts; rhetoric; figures of speech; skilful and ingenious constructions (of language).

صندل /sənd̪əl/ ■ *n.m.* sandal, sanders, sandalwood.

صندلی /sənd̪əli:/ ■ *adj.* of the colour of sandalwood; made of sandalwood. ■ *n.f.* bench, seat, moveable scaffold.

صندوق /sənd̪u:q/ ■ *n.m.* 1 box; chest; trunk; case. 2 coffin.

صندوقچہ /sənd̪u:qtʃa:/ ■ *n.m.* (also صندوقچی) (*dim.* of صندوق) small box, casket.

صندوقی /sənd̪u:qi:/ ■ *adj.* like a box, box-shaped; oblong. صندوقی لحد box-shaped grave.

3 simple (dress).
صَولت /sɔ:lət̪/ ■ *n.f.* **1** commanding personality. **2** awe, fear, dread; fury. صولت وحشمت status and grandeur, pomp and show.
صَوم /sɔ:m/ ■ *n.m.* fasting. صوم وصلوٰة fasting and prayer. (*pl.* اصوام،صِیام)
صَومعہ /sɔ:məʔɑ:/ ■ *n.m.* church; monastery; hermitage. (*pl.* صوامع)
صہبا /sæhbɑ:/ ■ *n.f.* wine, red wine. صہبائے طہور wine of paradise.
صہیل /səhi:l/ ■ *n.f.* neigh, neighing. صہیلِ فرس neighing of the horse.
صہیُونی /sæhju:ni:/ ■ *n.m.* & *adj.* (also صَیہُونی) Zionist. (See also یہودی.)
صہیُونیت /sæhju:nɪjət̪/ ■ *n.f.* (also صَیہُونیت) Zionism. (See also یہودیت.)
صیّاد /səjjɑ:d̪/ ■ *n.m.* **1** hunter, huntsman. **2** (*poet.*) one who captivates, ravisher of hearts. صیادِ اجل the angel of death; death. صیادِ معنی seeker of truth.
صیّادی /səjjɑ:d̪i:/ ■ *n.f.* hunting, shooting, trapping or snaring of game.
صِیاغت /sɪjɑ:ɣət̪/ ■ *n.m.* work or profession of a goldsmith.
صِیام /sɪjɑ:m/ ■ *n.m.* **1** (*pl.* of صَوم) fasts, Muslims' fasting, particularly during the month of Ramazan. **2** (*pl.* of صائم) fast-observing people. **3** the month of Ramazan.
صِیان /sɪjɑ:n/ ■ *n.m.* keeping, preserving.
صِیانت /sɪjɑ:nət̪/ ■ *n.f.* defence, support; preservation, guarding. صیانت کرنا defend, protect. صیانتِ نفس self-preservation.
صَید /sæ:d̪/ ■ *n.m.* **1** hunting, shikar. **2** prey, game. **3** (*fig.*) prey to the charms of a beautiful girl; lover. صید افگن رفگن hunter, killer of game. صیدِ زبوں رنا تواں weak, injured or helpless quarry. صید گاہ رگہ hunting ground.
صَیدا /sæ:d̪ɑ:/ ■ *n.m.* rocky or hard land; forest.
صَیرف /sæ:rəf/ ■ *n.m.* (also صرّاف،صَیرفی) **1** money-changer; examiner or skilful judge of coins, jewels and precious stones. **2** deceiver, cheat.
صِیغہ /si:ɣɑ:/ ■ *n.m.* **1** mould (for casting metal); case. **2** (***Gram.***) (i) tense. (ii) gender and person. **3** profession; trade. **4** (***Law***) side; section, (*pl.* صَوبہ جات)
صَوت /sɔ:t̪/ ■ *n.f.* **1** sound, voice. **2** noise, clamour, shout. صوت نگار phonograph. (*pl.* اصوات)
صَوتی /sɔ:t̪i:/ ■ *adj.* vocal, phonic; of or relating to sound, sonic. صوتی ارتعاش vibration sound. صوتی امواج sound waves. صوتی تمثال radio drama.
صَوتیات /sɔ:t̪ɪjɑ:t̪/ ■ *n.f.* phonetics, phonology, acoustics; phonemics.
صَوتیہ /sɔ:t̪ɪjɑ:/ ■ *n.m.* phon; phoneme.
صُوَر /sʊvər/ ■ *n.f.* (*pl.* of صُورت).
صُور /su:r/ ■ *n.m.* **1** trumpet; musical horn; clarion. **2** the trumpet that will mark the end of the world on the Judgement Day. صور پھونکنا blow the trumpet. صورِ قیامت ر محشر trumpet that will blow on the Judgement Day.
صُورت /su:rət̪/ ■ *n.f.* **1** face, countenance; form, figure; appearance. **2** case, condition. **3** means. **4** manner, mode. **5** (***Gram.***) mood. **6** device, design. **7** likeness, resemblance. **8** sign, indication. **9** idol; image. **10** vision; conception, idea. صورتِ احوال رحال situation; state of affairs. صورت آشنا familiar, one who knows someone by face. صورت بہیں حالت مپُرس face is the index of the man. صورت بدلنا change, transform. صورت بگاڑنا disfigure, deform. صورت بنانا give shape to, form; personate; feign. صورت بیں رپرست lover or worshiper of beauty. صورت حرام good only to look at; fair without and foul within or vice versa, delusive. صورت دکھانا show face, appear. صورت شکل والا beautiful, handsome, pretty. صورت کرنا plan, devise a way. صورت گری artist's work, painting; sculpture. صورت ملنا be lookalike. صورت یہ ہے the fact or case is... .
صُوری /su:ri:/ ■ *adj.* **1** outward, external; extrinsic. **2** bodily, physical. صوری ومعنوی extrinsic and intrinsic (qualities).
صُوریات /su:rjɑ:t̪/ ■ *n.m.* morphology, study of forms and structure of words.
صُوف /su:f/ ■ *n.m.* **1** wool. **2** a piece of wool, cloth or thread put into inkpot. **3** a kind of silk cloth.
صُوفی /su:fi:/ ■ *n.m.* Sufi, Muslim mystic; abstemious person. ■ *adj.* wise. (*pl.* صوفیہ)
صُوفِیان /su:fɪjɑ:n/ ■ *n.m.pl.* religious brethren of a sect of Sufis.
صُوفِیانہ /su:fɪjɑ:nɑ:/ ■ *adj.* **1** mystical. **2** subdued (colour).

department. **5** words uttered at marriage service or at divorce among Muslims, especially Shiite. صیغہ پڑھنا utter or intone the formal words solemnizing a marriage or finalizing a divorce. صیغۂ دیوانی civil side or department. صیغۂ فوجداری criminal side or department. صیغہ گردانا (***Gram.***) conjugate. صیغۂ مال revenue department. صیغۂ مفلسی belonging to section of paupers or the poor.

صَیف /sæ:f/ ■ *n.f.* summer.

صَیقل /sæ:qəl/ ■ *n.f.* burnishing, polishing, polish; nickel plating; cleaning. صیقل کرنا polish, burnish. صیقل گر polisher of arms, armour, utensils or tools.

صِین /si:n/ ■ *pr.n.m.* China.

صِینی /si:ni:/ ■ *adj.* of or relating to China, Chinese. ■ *n.f.* fine kind of porcelain.

ض

ض /zɑːḓ/ ■ the thirty-second letter of the Urdu alphabet.

ضابِط /zɑːbɪṱ/ ■ *n.m.* master; governor; possessor. ■ *adj.* **1** strict; exercising self-restraint. **2** punctual. **3** patient, tolerant. ضابطُ الصوت sound or volume control, a device in electronic acoustic equipment. ضابطُ العمل device that controls the action of a machine. ضابطِ کُل all in all; master of everything.

ضابِطہ /zɑːbeṱɑː/ ■ *n.m.* **1** rule, regulation; law; code (of law), canon; ordinance; legal procedure. **2** control; discipline. ضابطۂ اخلاق code of ethics. ضابطہ برتنا act according to law, employ legal means, take legal measures. ضابطۂ تعزیری penal code. ضابطۂ تعلیم educational code. ضابطۂ حیات **1** code of life. **2** (*fig.*) the Qur'an. ضابطۂ دیوانی civil procedure code. ضابطۂ عدالت court procedure. ضابطۂ فوجداری criminal procedure code. (*pl.* ضوابِط)

ضابِطے /zɑːbeṱeː/ ■ *n.m.* (*pl. & infl.* of ضابِطہ) rules and regulations. ضابطے کی کارروائی procedural measures. ضابطے کی کارروائی کرنا take procedural measures, act according to rules.

ضاحِک /zɑːhɪk/ ■ *n.m.* smiling, laughing; humorist, satirist, mocker.

ضار /zɑːr/ ■ *adj.* damaging, injurious; noxious, harmful.

ضارِب /zɑːrɪb/ ■ *adj.* beating, bruising, striking; coining. ■ *n.m.* (***Math.***) multiplier.

ضال /zɑːl/ ■ *adj.* (also ضالّ) erring, going astray, deviant; becoming lost.

ضامِن /zɑːmɪn/ ■ *n.f.* security, surety; bail. ■ *n.m.* bondsman. ■ *adj.* responsible, accountable (for). ضامن در ضامن collateral security. ضامن ہونا be surety for another.

ضامِنی /zɑːmɪniː/ ■ *n.f.* surety, security, guarantee; pledge; bail. ضامنی منظور کرنا admit bail.

ضائع /zɑːeʔ/ ■ *adj.* (also ضایع) wasted; dissipated, abortive; lost; destroyed, perished. ضائع کرنا lose; destroy. ضائع ہونا be wasted; be lost; prove fruitless; die.

ضبط /zəbṱ/ ■ *n.m.* **1** restraint, control, check; order, discipline. **2** seizure, sequestration, proscription, confiscation. **3** guarding, looking after, watch. ضبطِ تحریر میں لانا write down. ضبطِ تولید birth control, contraception; family planning. ضبط کرنا **1** check, restrain. **2** confiscate. ضبطِ نفس self-control. ضبط ہونا be seized or confiscated; be forfeited.

ضبطی /zəbṱiː/ ■ *n.f.* confiscation. ضبطی کا حکم confiscation order.

ضُحا /zʊhɑː/ ■ *n.m.* (also ضُحیٰ) early part of the forenoon; breakfast time.

ضحّاک /zəhhɑːk/ ■ *adj.* laughing a great deal. ■ *pr.n.m.* name of a very cruel Persian king.

ضخامت /zəxɑːməṱ/ ■ *n.f.* thickness, volume, bulk.

ضخیم /zəxiːm/ ■ *adj.* thick, bulky, voluminous.

ضِد /zɪḓ/ ■ *n.f.* **1** stubbornness, persistence, obduracy. **2** opposite, contrary. **3** opposition. ضد باندھنا be persistent or stubborn, insist (upon). ضد پکڑنا/کرنا insist upon, persist. ضدِ ساعتی anticlockwise. ضد ہونا be opposed (to); be antagonistic. (*pl.* اضداد)

ضِدّم ضِدّا /zɪḓḓəmzɪḓḓɑː/ ■ *n.f.* (also ضدّا ضدّی) quarrel, dispute.

ضِدّن /zɪḓḓən/ ■ *adj.* (*fem.* of ضِدّی) obdurate (female).

ضِدّی /zɪḓḓiː/ ■ *adj.* stubborn, obdurate, wayward and unmanageable, intractable.

ضِدّین /zɪḓḓæːn/ ■ *n.f.pl.* two things that are totally opposed to each other, opposites.

ضرّاب /zərrɑːb/ ■ *n.m.* mint master, a stamper of coin; great beater, striker.

ضِرار /zɪrɑːr/ ■ *n.m.* **1** hurting each other. **2** name of a mosque in Medina built by hypocrites which was later demolished.

ضراعت /zərɑːʔəṱ/ ■ *n.f.* humility, entreaty, submission.

ضرب /zərb/ ■ *n.f.* **1** blow, beating, stroke. **2** stamping of coins. **3** impression. **4** (***Pros.***) last metrical part of a couplet. **5** (***Arith.***) multiplication. **6** loss, damage. ضربُ المثل (***Gram.***) saying, proverb, saw, maxim. ضرب آنا/لگنا suffer injury, be injured. ضرب پہنچانا/لگانا give a blow, strike. ضربِ چلیپا (***Math.***) cross multiplication. ضربِ خفیف minor injury. ضرب دینا multiply. ضربِ شدید grievous bodily harm. ضربِ شدید پہنچانا cause to inflict grievous injury. ضربِ مرکب (***Math.***) compound multiplication. ضربِ مفرد (***Math.***) simple multiplication. (*pl.* اضراب، ضُروب)

ضربت /zərbəṭ/ ■ *n.f.* **1** blow, stroke. **2** stamp. (*pl.* ضربات)

ضرر /zərər/ ■ *n.m.* (also ضرّ) injury, damage, detriment; loss; disadvantage. ضرر اٹھانا incur loss, suffer. ضرر پہنچانا hurt, harm, damage, injure. ضرررساں harmful, injurious, baneful, damaging. ضرررسانی causing injury, damaging, doing harm (to). (*pl.* اضرار)

ضِرغام /zɪrɣɑ:m/ ■ *n.m.* **1** lion. **2** (*fig.*) brave.

ضرور /zəru:r/ ■ *adv.* surely, certainly, definitely, of course; absolutely. ضرور بِالضرور certainly, of course; necessarily; without fail.

ضرورت /zəru:rəṭ/ ■ *n.f.* want, necessity, exigency, need; occasion (for); desire (of). ضرورت ایجاد کی ماں ہے necessity is the mother of invention. ضرورت بھر as per need, according to need. ضرورت پڑنا have need of; have occasion for. ضرورت کے وقت گدھے کو بھی باپ بنا لیتے ہیں pretend to honour fools at their need. ضرورت مند needy, poor, indigent. ضرورت میں کام آنا serve someone in time of need.

ضرورتاً /zəru:rəṭən/ ■ *adv.* (also ضرورةً) by necessity, in the case of need, when or if needed.

ضروری /zəru:ri:/ ■ *adj.* necessary, indispensable, essential, unavoidable, obligatory, requisite, needful, urgent. ضروری الاظہار that which must be expressed or described.

ضروریات /zəru:rɪjɑ:ṭ/ ■ *n.f.* (*pl.* of ضرورت) necessities. ضروریاتِ زندگی necessities of life.

ضریبہ /zəri:bɑ:/ ■ *n.m.* tax. ضریبہ دخل income tax.

ضریح /zəri:h/ ■ *n.f.* **1** grave; tomb. **2** model of the tomb of Imam Hussain.

ضظّغ /zəzzəɣ/ ■ *n.m.* the eighth set of the arrangement of Arabic letters according to their numerical values.

ضِعاف /zɪʔɑ:f/ ■ *n.m.* (*pl.* of ضعیف) weak or incredulous traditions, untrustworthy sayings.

ضِعف /zeʔf/ ■ *n.m.* multiplication, increasing in multiples.

ضُعف /zoʔf/ ■ *n.m.* weakness, feebleness, debility, infirmity; imbecility of mind or body. ضعف العقل / العقلی weakness of mind. ضعفِ باہ loss of sexual virility in men; sexual weakness. ضعفِ بصارت / بصر weakness of eyesight.

ضعیف /zəʔi:f/ ■ *adj.* **1** old. **2** weak, infirm, feeble, faint. **3** poor. ضعیف الاعتقاد of weak faith or belief, credulous. ضعیف البُنیان of frail foundation, of weak constitution. ضعیف الجُثہ emaciated in body, physically weak. ضعیف الحال in wretched circumstances, in distress; poor. ضعیف العقل weak-minded. (*pl.* ضِعاف)

ضعیفہ /zəʔi:fɑ:/ ■ *adj.* (*fem.* of ضعیف).

ضعیفی /zəʔi:fi:/ ■ *n.f.* **1** old age. **2** infirmity, weakness.

ضغطہ /zəɣṭɑ:/ ■ *n.m.* **1** difficulty; worry, perplexity, trouble. **2** pull, jerk; pressure.

ضِلا /zɪlɑ:/ ■ *n.m.* double entendre. See ضِلع.

ضلالت /zəlɑ:ləṭ/ ■ *n.f.* (also ضلال) **1** deviation from the right path, going astray; digression from the right path. **2** perdition.

ضِلع /zɪləʔ/ ■ *n.m.* **1** zilla, district. **2** column (in the page of a book). **3** (***Geom.***) side; part. **4** art of speaking with double meaning, a kind of pun, double entendre. ضلع بندی the division of province into districts. ضلع دار officer in charge of a district. ضلعِ متقابلہ corresponding sides. (*pl.* اضلاع)

ضم /zəm/ ■ *n.m.* **1** conjunction, amalgamation, absorption; assimilation, merger. **2** assigning (a letter) the vowel sound *pesh* (پیش) denoted by (ُ) equivalent to 'u' as in *put*. ضم کرنا assimilate; amalgamate; unite; absorb.

ضِماد /zɪmɑ:ḍ/ ■ *n.m.* **1** fillet, bandage, poultice, plaster. **2** ointment, liniment; embrocation. ضماد کرنا apply ointment or poultice (to a part of body). (*pl.* اضمدہ)

ضِمار /zɪmɑ:r/ ■ *n.m.* bad debt.

ضمان /zəmɑ:n/ ■ *n.m.* **1** surety, guaranty, security. **2** fine, penalty.

ضمانت /zəmɑ:nəṭ/ ■ *n.f.* bail, surety, security, guarantee. ضمانت پر رہا کرنا release on bail. ضمانت داخل کرنا / دینا furnish security; stand bail. ضمانت کے قابل bailable. ضمانت منظور کرنا grant bail. ضمانت نامہ security bond, surety deed.

ضماناً /zəmɑ:nəṭən/ ■ *adv.* by way of security.

ضمانتی /zəmɑ:nəṭi:/ ■ *n.m.* security, surety; sponsor.

ضمائر /zəmɑ:ɪr/ ■ *n.m.* (*pl.* of ضمیر) (***Gram.***) personal pronouns.

ضِمن /zɪmn/ ■ *n.m.* **1** content, subject. **2** conception, idea. **3** clause; section. ضمن کرنا include. ضمن میں **1** enclosed in, in the fold of. **2** by the way of; in the course of; in (this) connection.

ضِمناً /zɪmnən/ ■ *adv.* by implication; incidentally; by the by; tacitly; by the way.

ضمنی /zɪmni:/ ■ *adj.* **1** supplementary, additional, secondary. **2** relative. **3** provisional. **4** incidental, collateral or corroborative (as evidence); implicative.

ضمّہ /zəmmɑ:/ ■ *n.m.* the diacritical mark (ُ) equivalent to 'u' as in *put*. ضمۂ مجہول *zamma* pronounced as vowel /o/ as: عُہدہ. (See also پیش.)

ضمیر /zəmi:r/ ■ *n.m.* conscience. ■ *n.f.* (***Gram.***) pronoun. ضمیرِ استفہام interrogative pronoun, as: کیوں، کب، کیسے why, when, how. ضمیرِ اشارہ demonstrative pronoun, as: یہ، وہ this, that. ضمیرِ اضافی possessive pronoun, as: میرا، تمھارا mine, your. ضمیرِ تابع reflexive pronoun, as: آپ، خود yourself, myself. ضمیرِ تنکیری indefinite pronoun, as: کوئی، کچھ any, some. ضمیرِ توزیعی distributive pronoun, as: ہر، یا each, either. ضمیرِ ذاتی/شخصی personal pronoun, as: میں، تم I, you. ضمیرِ فاعلی personal pronoun in nominative case, as: میں، تم، ہم. ضمیرِ مفعولی personal pronoun in accusative case, as: مجھ، تجھ me, you. ضمیرِ موصولہ relative pronoun, as: جسے، جن کو whom, whose.

ضمیری /zəmi:ri:/ ■ *adj.* **1** concealed. **2** of or relating to mind or thought. **3** pronominal.

ضمیمہ /zəmi:mɑ:/ ■ *n.m.* **1** addition; addendum, appendix; prelims. **2** supplement; special edition of a newspaper or magazine. (*pl.* ضمیمہ جات)

ضَو /zɔ:/ ■ *n.f.* (also ضَوء) light, lustre, luminosity, brightness, shining. ضوفشاں lustrous, bright, illuminating. ضوفشانی shedding of light, illumination.

ضوابِط /zəvɑ:bɪt̤/ ■ *n.m.* (*pl.* of ضابِط) codes, rules.

ضِیا /zɪjɑ:/ ■ *n.f.* (also ضِیاء) light, splendour, brilliance. ضیابار/پاش shining, lustrous, luminescent.

ضِیاع /zɪjɑ:ʔ/ ■ *n.m.* waste, loss.

ضِیافت /zɪjɑ:fət̤/ ■ *n.f.* feast, banquet. ضیافتِ طبع entertainment. ضیافت کرنا give a feast, entertain, banquet, treat.

ضَیغم /zæ:ɣəm/ ■ *n.m.* **1** lion. **2** (*fig.*) brave.

ضَیف /zæ:f/ ■ *n.m.* guest. (*pl.* ضُیُوف)

ضِیق /zi:q/ ■ *n.f.* **1** distress; anguish; difficulty; oppression of spirit; melancholy. **2** dilemma. ■ *adj.* narrow. ضیق النفس difficulty of breathing, asthma. ضیق میں جان/دم ہونا be fed up (with); be oppressed.

ط

ط /t̪o:e:/ ■ the thirty-third letter of the Urdu alphabet.

طاب /ṭɑ:b/ ■ *adj.* **1** agreeable; excellent; good. **2** pure; clean. طاب ثراہٗ may his grave become fragrant! (See also طیّب.)

طابع /ṭɑ:beʔ/ ■ *n.m.* printer.

طابق /ṭɑ:bɪq/ ■ *adj.* agreeing with, corresponding to. طابق النعل بالنعل one exactly like the other.

طابہ /ṭɑ:bɑ:/ ■ *n.f.* **1** a kind of date grown in Medina. **2** a type of exercise for hands and wrists. **3** town of Medina.

طارِق /ṭɑ:rɪq/ ■ *n.m.* **1** one who comes at night time. **2** the morning star.

طارم /ṭɑ:rəm/ ■ *n.m.* **1** dome; vault, wooden domed pavilion, circular building with an arched or cupola. **2** wooden structure in garden, gazebo. **3** kiosk. **4** (*fig.*) the sky. طارمِ اعلیٰ (*fig.*) firmament; the vault of heaven.

طاری /ṭɑ:ri:/ ■ *adj.* prevalent, overshadowing, occurring, overwhelming. طاری ہونا (mind) to be in a state of (worry, fear, etc.); (a feeling) to be; overcome, prevail over, overshadow; come unexpectedly (on or over).

طاس /ṭɑ:s/ ■ *n.m.* **1** basin; bowl. **2** goblet, drinking-cup. **3** brocade, a kind of rich silken fabric. **4** (***Geog.***) river basin.

طاسہ /ṭɑ:sɑ:/ ■ *n.m.* (also تاشہ،طاشہ) (*var.* of تاسہ) sort of tambourine, tabor, kettledrum. طاسہ نواز one who plays on a *tasa*.

طاعت /ṭɑ:ʔət̪/ ■ *n.f.* submission, obedience; act of devotion, submissiveness, obsequiousness. (See also اطاعت.) (*pl.* طاعات)

طاعِن /ṭɑ:ʔɪn/ ■ *n.m.* reproacher, slanderer, reviler, asperser, one who taunts.

طاعُون /ṭɑ:ʔu:n/ ■ *n.m.* plague, pestilence.

طاغوت /ṭɑ:ɣu:t̪/ ■ *n.m.* the Devil, Satan. (*pl.* طواغی).

طاغوتی /ṭɑ:ɣu:t̪i:/ ■ *adj.* satanic, devilish, diabolical. طاغوتی طاقت رقوت devilish power, evil force.

طافح /ṭɑ:feh/ ■ *adj.* **1** full to overflowing (a vessel, river, etc.); running over. **2** full of wine, intoxicated.

طاق /ṭɑ:q/ ■ *n.m.* recess in the wall, usually arched, niche; shelf. ■ *adj.* **1** unique, singular; unrivalled; expert. **2** (***Arith.***) odd (number). طاق ابرو arch of the brow. طاق بھرنا place a lighted votive lamp in a niche of a shrine or mosque. طاق پر بٹھانا ردھرنا ررکھنا abandon; put aside. طاق نسیاں forgetfulness. طاق ہونا be an expert.

طاقت /ṭɑ:qət̪/ ■ *n.f.* **1** power, force, strength, vitality, virility, potency, might. **2** ability, capacity. **3** authority, rule, sway. **4** effectiveness, efficacy. طاقت آزمائی trial of strength. طاقت پرواز **1** ability to fly. **2** (*fig.*) effect. **3** expansion. طاقت طاق ہونا have no strength left, be weak or powerless.

طاقتور /ṭɑ:qət̪vər/ ■ *adj.* strong, stout, powerful.

طاقچہ /ṭɑ:qtʃɑ:/ ■ *n.m.* (*dim.* of طاق) small recess in wall.

طاقہ /ṭɑ:qɑ:/ ■ *n.m.* **1** a piece of silk or woollen cloth. **2** a unit, entity.

طاقی /ṭɑ:qi:/ ■ *adj.* **1** wall-eyed (horse). **2** squint-eyed (man). **3** arched. ■ *n.f.* **1** a type of cap which is worn under turban. **2** froth of urine.

طاقِیہ /ṭɑ:qɪjɑ:/ ■ *n.m.* **1** band worn under the head-dress. **2** balcony; cornice.

طال /ṭɑ:l/ ■ *adj.* long, lengthy. طال عمرہٗ (also طول عمرہٗ) may he live long!

طالِب /ṭɑ:lɪb/ ■ *n.m.* **1** seeker, enquirer. **2** lover, suitor. **3** candidate. ■ *adj.* craving, desirous; asking, demanding. طالب العلم رعلم seeker of knowledge, student. طالب العلمی رعلمی search of the knowledge, studentship. طالب المال رزر lover of wealth. طالبِ خدا one who seeks God. طالبِ دنیا materialist, worldly-minded. طالب دیدار **1** one who longs for the sight (of). **2** (*fig.*) suitor, lover. طالبِ کفن رمرگ ہونا have a death wish. طالب ومطلوب the seeker and the sought, i.e. the lover and the beloved. (*pl.* طُلّاب،طلبہ)

طالبعلم /ṭɑ:lɪbeʔɪlm/ ■ *n.m.* student. See طالب العلم under طالب.

طالبعلمی /ṭɑ:lɪbeʔɪlmi:/ ■ *n.f.* studentship. See طالب العلمی under طالِب.

طالِبہ /ṭɑ:lɪbɑ:/ ■ *n.* (*fem.* of طالِب) girl student. (*pl.* طالبات)

طالح /ṭɑ:leh/ ■ *adj.* bad, evil, corrupt, vicious, wicked, villainous.

طالِع /ṭɑ:leʔ/ ■ *n.m.* destiny, fortune, lot. ■ *adj.* rising, appearing (as the sun). طالع آزما adventurer; soldier of fortune. طالع آزمائی adventurism; trying one's fortune. طالعِ بیدار misfortune, bad luck. طالع بد ربرگشتہ رواژگوں رواژوں good luck. طالعِ خفتہ رخوابیدہ misfortune. طالعِ خوب رفرخ رفرخندہ ر فیروز رمسعود good luck or good fortune. طالع شناس fortune-teller, astrologer, soothsayer. طالع کا ستارہ the star governing (one's) fortune. طالع مند رور lucky, fortunate; rich, wealthy.

طالوت /t̪ɑ:lu:t̪/ ■ *pr.n.m.* Saul (the king).

طالیقون /t̪ɑ:li:qu:n/ ■ *n.f.* a kind of poisonous mixture made up of seven metals, i.e. gold, silver, iron, copper, tin, collyrium, and black lead.

طامات /t̪ɑ:mmɑ:t̪/ ■ *n.f.pl.* unintelligible or foolish talk; inconsistent words or speech; raving, boasting.

طامع /t̪ɑ:meʔ/ ■ *adj.* greedy, covetous.

طاہر /t̪ɑ:hɪr/ ■ *adj.* pure, chaste, clean, unsullied. (*pl.* اطہار)

طاہری /t̪ɑ:hri:/ ■ *n.f.* (also طہاری، طہری) dish of rice cooked with turmeric, potato and condiments.

طائر /t̪ɑ:ɪr/ ■ *n.m.* bird, winged creature. طائرِ خوش الحان رنوا 1 melodious singing bird. 2 (*fig.*) a good singer. طائرِ بسمل 1 injured or slaughtered bird. 2 (*fig.*) lover. طائرِ روح the soul; life. طائرِ سدرہ رعرش رفردوس رقدس title of archangel Gabriel. طائرِ قبلہ نما the magnetic needle of the compass. طائرِ قیاس thought, imagination, fancy. (*pl.* طُیُور)

طائرانہ /t̪ɑ:erɑ:nɑ:/ ■ *adv.* like a bird, concerning a bird. طائرانہ نظر bird's-eye view, cursory glance.

طائرک /t̪ɑ:erək/ ■ *n.m.* (*dim.* of طائر) small bird.

طائف /t̪ɑ:ɪf/ ■ *adj.* going round, making the circuit (of); circumambulating. ■ *pr.n.m.* name of a city in Saudi Arabia.

طائفہ /t̪ɑ:efɑ:/ ■ *n.m.* 1 troupe, band of roving minstrels and musicians. 2 group; sect. طائفہ نچانا arrange an entertainment by troupe. (*pl.* طوائف)

طائل /t̪ɑ:ɪl/ ■ *adj.* benefit, use, gain.

طاؤس /t̪ɑ:u:s/ ■ *n.m.* 1 peacock. 2 a kind of large guitar. طاؤسِ عرش رملائکہ the archangel Gabriel. طاؤس ورباب 1 dance and music. 2 (*fig.*) gay life, pleasantness of life, song and music. (*pl.* طواویس)

طاؤسی /t̪ɑ:u:si:/ ■ *adj.* 1 of or relating to the peacock. 2 adorned with peacock's feathers or with different varicoloured jewels. 3 name of an ornamental Urdu/Persian script.

طائی /t̪ɑ:i:/ ■ *adj.* of or relating to a tribe Tay (طَے) in Arabia.

طِب /t̪ɪb/ ■ *n.f.* the science of medicine. طبِ قانونی forensic medicine. طبِ یونانی oriental indigenous system of medicine using herbs and certain minerals.

طِبابت /t̪ɪbɑ:bət̪/ ■ *n.f.* practice of medicine.

طبّاخ /t̪əbbɑ:x/ ■ *n.m.* cook, chef.

طبّاخی /t̪əbbɑ:xi:/ ■ *n.f.* the art or science of cooking.

طباشیر /t̪əbɑ:ʃi:r/ ■ *n.f.* 1 deposit in the joints of the bamboo; manna. 2 chalk; whiteness.

طبّاع /t̪əbbɑ:ʔ/ ■ *adj.* quick-witted, very intelligent.

طباعت /t̪əbɑ:ʔət̪/ ■ *n.f.* printing.

طباق /t̪əbɑ:q/ ■ *n.m.* (also طباخ) 1 large dish or tray, plate. 2 basin; bowl.

طباقی /t̪əbɑ:qi:/ ■ *adj.* of or relating to the plate or platter. طباقی کتا sponger, hanger-on.

طبّال /t̪əbbɑ:l/ ■ *n.m.* one who plays tabla, drummer.

طبالت /t̪əbɑ:lət̪/ ■ *n.f.* the art of playing tabla.

طبائع /t̪əbɑ:eʔ/ ■ *n.f.* (*pl.* of طبیعت) natures, habits.

طبر /t̪əbər/ ■ *n.m.* (*var.* of تبر) axe. طبرخوں a kind of sandal-tree; red sandal. طبرزد 1 cut by axe, cut into pieces. 2 any crystallized substance; crystallized sugar.

طبع /t̪əbʔ/ ■ *n.f.* 1 nature, innate or natural disposition, temperament; idiosyncrasy. 2 genius. 3 printing; print, edition or impression (of a book, etc.). طبعِ اول first edition or impression. طبع آزمائی trial of genius or skill, usually writing poetry or prose. طبع زاد original (work); invented, created. طبعِ سلیم good taste. طبع شدہ printed. طبع کرنا print. طبعِ نازک delicateness or ill-temperedness. طبع ہونا be printed.

طبعاً /t̪əbʔən/ ■ *adv.* by nature.

طبعی /t̪əbʔi:/ ■ *adj.* (also طَبَعی) 1 natural, inborn, innate. 2 physical. طبعی جغرافیہ physical geography. طبعی جھکاؤ ررجحان رمیلان innate motive, natural inclination, bent of mind. طبعی شرافت nobility, gentle nature. طبعی علوم natural sciences; physics; natural philosophy, etc.

طبق /t̪əbəq/ ■ *n.m.* 1 dish, plate; tray. 2 lid, cover. 3 layer; stratum. 4 surface of the earth. 5 female genitalia. 6 leaf of gold, silver, etc. طبق زنی lesbian act.

طبقات /t̪əbəqɑ:t̪/ ■ *n.m.* (*pl.* of طبقہ) classes, social groups. طبقات الارض geological strata.

طبقاتی /t̪əbəqɑ:t̪i:/ ■ *adj.* relating to social class or rank, sectional. طبقاتی اجارہ داری monopoly of any social class. طبقاتی استحصال class exploitation. طبقاتی جدوجہد/جنگ/کشمکش class war or struggle.

طبقچہ /t̪əbəqtʃɑ:/ ■ *n.m.* (*dim.* of طبق) small tray or saucer.

طبقچی /t̪əbəqtʃi:/ ■ *n.m.* waiter.

طبقہ /t̪əbəqɑ:/ ■ *n.m.* **1** class of (people or society). **2** order; stratum; layer. **3** floor, storey. **4** stage; rank. طبقۂ اشراف aristocracy. طبقہ الٹ جانا (of an empire) be destroyed or subverted; be upset, be topsy-turvy. طبقۂ اوسط middle class. طبقہ بندی classification, categorization. طبقۂ چہارم (***Politics***) press, media. طبقۂ نسواں women (as a whole).

طبل /t̪əbl/ ■ *n.m.* (also طبّل) tabl, large drum, kettledrum. طبلِ بازگشت drum beaten to announce the retreat. طبلِ جنگ battle drum, war-drum. طبلِ جنگ بجانا declare war. طبلِ جنگ بجنا war to start.

طبلچی /t̪əbəltʃi:/ ■ *n.m.* (also طبل زن، طبلہ نواز) one who plays on tabla, drummer.

طبلق /t̪abləq/ ■ *n.m.* (also تبلق) **1** bundle of papers. **2** open-end cover. **3** file cover; folder.

طبلک /t̪ablək/ ■ *n.m.* (*dim.* of طبل) little drum.

طبلہ /t̪əblɑ:/ ■ *n.m.* **1** tabla, pair of small drums played together. **2** small box. طبلۂ عطّار box of perfumers. طبلہ نواز tabla player.

طبّی /t̪ɪbbi:/ ■ *adj.* medical; therapeutic. طبی تصدیق نامہ/سرٹیفکیٹ medical certificate. طبی درس گاہ medical college. طبی رخصت medical leave, sick leave. طبی مدرسہ medical school or college. طبی معائنہ medical check-up.

طبیب /t̪əbi:b/ ■ *n.m.* physician. طبیبِ حاذق an experienced physician. (*fem.* طبیبہ) (*pl.* اطبّا)

طبیبی /t̪əbi:bi:/ ■ *n.f.* profession of physician. (See also طِبابت.)

طبیعت /t̪əbi:ʔət̪/ ■ *n.f.* **1** disposition, nature, habit. **2** intrinsic quality, property. **3** temperament, constitution. طبیعت ابھرنا/بحال ہونا recover from indisposition or sickness. طبیعت اُتھل پُتھل ہونا be restless. طبیعت اٹکنا/آنا/پھسلنا fall in love (with), like (someone), have or develop natural liking for, be fond of. طبیعت اچاٹ/بیزار ہونا be disgusted (with). طبیعت الجھنا be confused or puzzled. طبیعت باغ باغ ہونا become happy. طبیعت بگڑنا **1** feel sick. **2** get out of temper, be angry. طبیعت بہلنا be amused; be diverted. طبیعت بھاری/سست/گری گری ہونا be indisposed; feel sick. طبیعت بھر جانا **1** be fed up (with), be sick of, sicken (with). **2** be satiated. طبیعت پر زور ڈالنا exert one's mind. طبیعت ٹھہرنا/ٹھیرنا be comforted, find solace; recover; get over a shock. طبیعت جوش/جولانی پر آنا become excited. طبیعت سے سنانا/صاف کرنا give someone what for. طبیعت علیل/ناساز ہونا become or be sick, be indisposed. طبیعت کی روانی continuous flow of ideas. طبیعت لڑانا grapple mentally (with); tackle (a problem). طبیعت لڑنا/مائل ہونا hit upon, incline. طبیعت لگنا take or develop interest (in); become attached (to), become interested in. طبیعت متلانا feel nauseous. طبیعت مکدّر/منغض ہونا be disinclined; feel uncomfortable; not feel at home (in). طبیعت ملنا find (someone) agreeable. (*pl.* طبائع)

طبیعی /t̪əbi:ʔi:/ ■ *adj.* **1** natural, innate. **2** pertaining to physics, physical. ■ *n.m.* physicist. طبیعی خواص natural properties/qualities. طبیعی علوم natural or physical sciences.

طبیعیات /t̪əbi:ʔɪjɑ:t̪/ ■ *n.f.* physics. طبیعیات داں physicist.

طبیلہ /t̪əbe:lɑ:/ ■ *n.m.* stable. See طویلہ.

طپاں /t̪əpɑ̃:/ ■ *adj.* (*var.* of تپاں) agitated, restless, uneasy, distressed.

طپش /t̪əpɪʃ/ ■ *n.f.* (*var.* of تپش) **1** heat, hotness. **2** anguish, restlessness.

طپیدہ /t̪əpi:dɑ:/ ■ *adj.* distressed, agitated.

طِحال /t̪ɪhɑ:l/ ■ *n.f.* spleen.

طُحال /t̪uhɑ:l/ ■ *n.m.* inflammation of spleen.

طرّاح /t̪ərrɑ:h/ ■ *n.m.* architect; painter.

طرّاحی /t̪ərrɑ:hi:/ ■ *n.f.* architecture; painting.

طرّار /t̪ərrɑ:r/ ■ *adj.* **1** facile, eloquent, sharp-tongued. **2** clever, astute. **3** brave, daring. ■ *n.m.* **1** pickpocket; cutpurse; imposter. **2** cheat, trickster, cunning. طرار فرار **1** vainglorious fellow, braggart. **2** swindler, sharper.

طرارہ /t̪ərɑ:rɑ:/ ■ *n.m.* (also طرارا) quickness, speed; leap, bound. طرارہ بھرنا gallop, bound, leap, take long leaps; go at full speed.

طرّاری /t̪ərrɑ:ri:/ ■ *n.f.* **1** quickness. **2** eloquence, fluency. **3** cunning, craftiness.

طراز /t̪ɪrɑ:z/ ■ *n.m.* (also طراز) **1** lace, fringe; embroidery. **2** design. **3** manner of adoring. ■ *suffix* one who designs, decorates, as: رقم طراز writer. سخن طراز eloquent.

طراوت /t̪ərɑ:vət̪/ ■ *n.f.* (also طراوٹ) **1** verdure, greenness; freshness. **2** juiciness, succulence, dampness, moisture, humidity.

طراوِش /t̪ərəvɪʃ/ ■ *n.f.* dripping. See تراوش.

طرب /t̪ərəb/ ■ *n.m.* happiness, cheerfulness, mirth, joy, merriment, hilarity. طرب انگیز/ناک cheering, mirthful, joyful. طرب انگیزی mirthfulness. طرب گاہ usually a place of song and dance, place of merriment.

طربیہ /t̪ərbɪjɑ:/ ■ *adj.* comic. ■ *n.m.* comedy (play, etc.).

طرح /t̪ərh/ ■ *n.f.* (also طرَح) **1** mode, manner, way. **2** kind, type, like. **3** plan, design. **4** air, grace, beauty. **5** versification pattern (with given rhyme and metre). **6** foundation, base. ■ *adv.* in the manner of. طرح اُڑانا copy, imitate; emulate. طرح بطرح/بہ طرح in various manners. طرح بطرح/بہ طرح کا of various sorts. طرح دار pretty, graceful, stylish, handsome; well-shaped. طرح داری grace, elegance. طرح دینا **1** overlook, disregard, pass over; dodge; turn a deaf ear (to). **2** set a verse pattern. طرح ڈالنا lay the foundation (of), pioneer; initiate; innovate; plan out, devise. طرح طرح کا of various types. طرح مصرع (***Poet.***) basic or set verse used for composing a poem, especially in a poetry-recital session.

طرز /t̪ərz/ ■ *n.m.* **1** style, manner, mode, way; form, fashion. **2** style of composing prose or poetry. طرزِ ادا/ادائی way of saying something. طرز اڑانا copy one's style. طرزِ تحریر/نگارش style of writing, literary style. طرزِ عمل conduct, behaviour; manners. طرزِ کلام style of poetry or speech; mode of address.

طرف /t̪ərf/ ■ *n.f.* (also طرَف) side, direction; quarter. ■ *prep.* towards, in the direction of. طرف اول (***Law***) plaintiff, claimant, complainant. طرفِ ثانی **1** the other side. **2** (*fig.*) wife. **3** enemy. **4** (***Law***) defendant. طرف دار **1** supporter, defender, partisan, champion. **2** partial; prejudiced. طرف دار ہونا take side. طرف داری **1** support, partisanship. **2** partiality. طرف داری کرنا **1** side with, support, take someone's part. (*pl.* اطراف)

طرفت /t̪ərfət̪/ ■ *n.f.* (also طرفہ، طرفۃ) wink. طرفۃ العین میں in the wink of an eye, in no time.

طُرفگی /t̪ʊrfəgi:/ ■ *n.f.* rareness; wonderfulness.

طُرفہ /t̪ʊrfɑ:/ ■ *adj.* novel; rare; extraordinary; strange, wonderful. ■ *n.m.* rarity; novelty. طُرفہ تماشہ something extraordinary or strange. طُرفہ ماجرا wonderful event, something rare. طُرفہ معجون fool, moron, a person having strong or unusual nature.

طرفَین /t̪ərfæ:n/ ■ *n.f.pl.* **1** both sides. **2** both parties, plaintiff and defendant.

طُرّم خاں /t̪ʊrrəm xɑ̃:/ ■ *n.m.* (also طُرّم باز) braggart; an arrogant person.

طُرّم خانی /t̪ʊrrəm xɑ:ni:/ ■ *n.f.* arrogance; bragging.

طُرّہ /t̪ʊrrɑ:/ ■ *n.m.* **1** crest of a turban; ornamental tassel worn in the turban. **2** forelock, curl, ringlet. **3** nosegay. **4** (*fig.*) something extra, something added or supplemented. **5** supplement (to behaviour, speech or event). طرہ چڑھانا **1** exaggerate. **2** drink hemp. طرہ دار crested, fringed (hair). طرہ لگانا increase, add; improve. طرہ ہونا **1** excel, surpass, increase. **2** be strange. **3** be unfair. (اس پر) طرہ یہ کہ (and) on top of it/that.

طریق /t̪əri:q/ ■ *n.m.* **1** road, way, course. **2** manner. **3** rite; custom; observance. **4** procedure. طریق الشمس the sun's course; ecliptic. طریقِ کار procedure, method of doing something. (*pl.* طُرق)

طریقت /t̪əri:qət̪/ ■ *n.f.* **1** way, path. **2** religion, cult. **3** (***Islam***) tariqa, tariqat, mystic or Sufi way of life.

طریقہ /t̪əri:qɑ:/ ■ *n.m.* manner, method, way; custom. طریقہ کار methodology. (*pl.* طرائق)

طریقے /t̪əri:qe:/ ■ *n.m.* (*pl. & infl.* of طریقہ) طریقے سے بات کرنا speak in a proper or apt manner. طریقے سے رکھنا arrange, put (things) in proper order or place. طریقے کا of good disposition or habits.

طشت /t̪əʃt̪/ ■ *n.m.* (*var.* of تشت) **1** large basin. **2** tray; salver. **3** ewer or cup. طشت از بام ہونا (of a secret) be divulged or disclosed, be exposed or made public. طشت چوکی commode.

طشتری /t̪əʃt̪əri:/ ■ *n.f.* (*var.* of تشتری) small plate, saucer.

طعام /t̪əʔɑ:m/ ■ *n.m.* food, victuals. طعام بخش serving, spoon, ladle. طعام پز cook. طعام خانہ restaurant; mess; kitchen; dining room.

طعم /t̪əʔm/ ■ *n.m.* taste, flavour, relish.

طُعمہ /t̪oʔmɑ:/ ■ *n.m.* (also طُعما) **1** morsel. **2** bait.
طعن /t̪əʔn/ ■ *n.m.* taunt, gibe, reproach, scoff, sneer. طعن وتشنیع reproach, sneer, taunt.
طعنہ /t̪əʔnɑ:/ ■ *n.m.* taunt, blame. طعنہ تشنہ رہنا sneer, taunt. طعنہ دینا/کسنا/مارنا taunt, jeer, reproach, sneer. طعنہ زن one who taunts, reproacher. طعنہ زنی taunting, reproof.
طعنے تشنے /t̪əʔne: t̪ɪʃne:/ ■ *n.m.* (*pl.* & *infl.* of طعنہ تشنہ) taunting, sneering.
طُغرا /t̪uɣrɑ:/ ■ *n.m.* (also طُغرہ، طُغریٰ) plaque written in ornate or intricate style for display; logo, monogram. طغراکش/نگار/نویس one who writes this. طغرائے امتیاز distinction, a mark of honour. طغرائے شاہی royal stamp.
طُغیان /t̪uɣjɑ:n/ ■ *n.m.* **1** oppression, cruelty. **2** rebellion; disobedience. **3** excess (of anything). **4** storm; flood.
طُغیانی /t̪uɣjɑ:ni:/ ■ *n.f.* flood, deluge, overflowing, inundation; storm.
طِفل /t̪ɪfl/ ■ *n.m.* child; infant. طفلِ اُفتادہ foundling, deserted infant of unknown parents. طفل تسلی false comfort. طفلِ دبستان/مکتب **1** schoolboy. **2** (*fig.*) tyro, raw and inexperienced person. طفلِ شب (*fig.*) moon. طفلِ شیرخوار suckling child or baby. طفلِ ہندو (*fig.*) pupil of the eye. (*pl.* اطفال، طفلان)
طِفلانہ /t̪ɪflɑ:nɑ:/ ■ *adj.* childish, childlike.
طِفلی /t̪ɪfli:/ ■ *n.f.* childhood; infancy.
طُفُولیت /t̪ufu:lɪjət̪/ ■ *n.f.* childhood.
طُفَیل /t̪ufæ:l/ ■ *n.m.* companion; humble follower; a parasite. ■ *adj.* by means of, through the good offices of, by reason of, thanks to. (کے) طفیل because of; due to...; by the good offices of. طفیل سے by means of, through.
طُفَیلی /t̪ufæ:li:/ ■ *adj.* (*derog.*) uninvited guest, parasitic. ■ *n.m.* parasite. طفیلی پودا any parasitic plant.
طُفَیلیا /t̪ufæ:lɪjɑ:/ ■ *n.m.* (*derog.*) hanger-on, parasite, sponger.
طِلا[1] /t̪ɪlɑ:/ ■ *n.m.* **1** gold. **2** (*fig.*) wealth and money. طلا بافی weaving with gold wires. طلا پوش gold-plated. طلا ساز/کار gilder. طلا سازی/کاری gilding, trade of gilder. [P]
طِلا[2] ——— ■ *n.m.* (also تِلا) liniment, embrocation, ointment; unguent. طلا کرنا daub, besmear, anoint. (*pl.* اطلیہ) [A]
طلاق /t̪əlɑ:q/ ■ *n.f.* divorce; leaving. طلاق بائن irrevocable divorce. طلاق پانا/لینا get divorce. طلاقِ خلع divorce from woman through some settlements of paying money or remission of dowry. طلاق دینا divorce. طلاق نامہ divorce paper, deed of divorce. طلاق یافتہ divorced (man or woman), divorcee.
طلاقت /t̪əlɑ:qət̪/ ■ *n.f.* fluency; eloquence. طلاقتِ لسان/لسانی/لسانیہ facile tongue, glibness, eloquence.
طلاقن /t̪əlɑ:qən/ ■ *n.f.* (also طلاقنی) **1** divorced woman. **2** (*fig., iron.*) inauspicious, ill-starred woman.
طلاوت /t̪əlɑ:vət̪/ ■ *n.f.* grace, attractiveness, loveliness.
طِلائی /t̪ɪlɑ:i:/ ■ *adj.* golden, of gold (colour). طلائی تحریر lettering with gold. طلائی تمغا/تمغہ gold medal. طلائی دور/زمانہ golden age/ period.
طلایہ /t̪əlɑ:jɑ:/ ■ *n.f.* (also طلیعہ) patrol, night-watch.
طلب /t̪ələb/ ■ *n.f.* **1** demand; request, solicitation. **2** sending for; summon. **3** wish, desire, craving. **4** search, quest. **5** salary, pay, wages. طلب بجھانا satisfy one's craving or desire. طلب چٹھی (***Law***) summon, process. طلب دار **1** asking, inquiring; desirous. **2** one who receives fixed salary or wages. طلب دینا pay one his wages or salary. طلب کرنا **1** demand. **2** ask for, call, send for; summon. طلب گار **1** seeker, desirous; seeking. **2** suitor. **3** claimant. طلب نامہ summon.
طلبانہ /t̪əlbɑ:nɑ:/ ■ *n.m.* payment to a witness for giving evidence in court.
طلبہ /t̪ələbɑ:/ ■ *n.m.* (*pl.* of طالب) (also طُلبا) students.
طلبی /t̪əlbi:/ ■ *n.f.* (also طلبی) **1** summons. **2** demand.
طِلِسم /t̪ɪlɪsm/ ■ *n.m.* talisman, something magical, magic, spell. طلسم کار magician, conjuror. (*pl.* طِلِسمات)
طِلِسمی /t̪ɪlɪsmi:/ ■ *adj.* (also طِلِسماتی) magical, talismanic.
طلعت /t̪əlʔət̪/ ■ *n.f.* **1** face, visage, countenance, appearance. **2** rising or appearance (of the sun or the moon). طلعتِ زیبا/ماہ having beautiful face.
طلف /t̪əlf/ ■ *n.m.* gift, present.
طلفاً /t̪əlfən/ ■ *adv.* for nothing; gratis, free of charge.
طلَق /t̪ələq/ ■ *adj.* unrestrained, free.
طلق /t̪əlq/ ■ *n.m.* talc.
طُلُوع /t̪ulu:ʔ/ ■ *n.m.* rising (of the sun, the moon or other heavenly bodies). طلوع ہونا rise. (*opp.* غُروب)
طلیق /t̪əli:q/ ■ *adj.* **1** free, unrestrained. **2** cheerful. طلیقُ اللسان eloquent; fluent.
طمّاع /t̪əmmɑ:ʔ/ ■ *adj.* extremely greedy, very covetous,

avaricious.

طمانچہ /t̪əmɑ̃:tʃɑ:/ ■ *n.m.* (also تماچا،تمانچا،طماچا،طماچہ) light slap. طمانچہ جڑنا/دینا/رسید کرنا/لگانا/مارنا to slap.

طمانیت /t̪əmɑ:nɪjət̪/ ■ *n.f.* satisfaction, composure, calmness, tranquillity. طمانیت بخش satisfactory. طمانیت قلب peace of mind.

طمطراق /t̪umt̪ʊrɑ:q/ ■ *n.m.* (also طُمطراق) **1** magnificence, pomp and show, grandeur.

طمع /t̪əməʔ/ ■ *n.f.* greed, avarice, covetousness. طمعِ خام vain hope, desire for the impossible. طمعِ دنیا love of the world. طمع دینا allure, entice. طمع کرنا covet, desire avidly.

طمنچہ /t̪əmənt̪ʃɑ:/ ■ *n.m.* (also طپنچہ) pistol.

طناب /t̪ənɑ:b/ ■ *n.f.* (also طِناب) tent-rope; fastening rope; cable.

طنّاز /t̪ənnɑ:z/ ■ *adj.* **1** playful, coquettish; facetious. **2** satirical, sarcastic. ■ *n.m.* satirist.

طنّازی /t̪ənnɑ:zi:/ ■ *n.f.* walking coquettishly, facetiousness; playfulness.

طنبور /t̪əmbu:r/ ■ *n.m.* (also طنبورا،طنبورہ) tambour, a kind of drum.

طنز /t̪ənz/ ■ *n.m.* taunt, sneer, jeer; sarcasm, satire, irony; derision. طنز کرنا taunt. طنز و مزاح humour and satire. (*pl.* طُنُوز)

طنزاً /t̪ənzən/ ■ *adv.* tauntingly, ironically, jeeringly, sarcastically.

طنزیہ /t̪ənzɪjɑ:/ ■ *adj.* sarcastic, satirical.

طنطنانا /t̪ənt̪ənɑ:nɑ:/ ■ *v.* (also تنتنانا) behave arrogantly, show off, be haughty or arrogant.

طنطنہ /t̪ənt̪ənɑ:/ ■ *n.m.* (also تنتنا) **1** show of authority; pomp, vanity. **2** egotistical show of temper; wrath, anger.

طنین /t̪əni:n/ ■ *n.f.* **1** humming, buzzing. **2** ringing, tinkling.

طِواسی /t̪ɪvɑ:si:/ ■ *n.f.* a kind of carpet with pictures.

طواسین /t̪əvɑ:si:n/ ■ *n.f.pl.* the Qur'anic suras beginning with word طٰسٓ.

طواف /t̪əvɑ:f/ ■ *n.m.* **1** going round, moving in circle, circulate, circumambulation. **2** (***Islam***) tawaf, making the prescribed seven circuits of Ka'aba. طواف کرنا go round.

طوالت /t̪əvɑ:lət̪/ ■ *n.f.* prolonging, length; protractedness. طوالت پکڑنا become long-drawn-out.

طوائف /t̪əvɑ:ɪf/ ■ *n.m.* (*pl.* of طائفہ) troupes; tribes; peoples; nations. ■ *n.f.* (as *sing.*) prostitute, whore, courtesan; dancing girl. طوائف الملوکی anarchy.

طوائفیت /t̪əvɑ:ɪfɪjət̪/ ■ *n.f.* prostitution whoredom, harlotry.

طُوبیٰ /t̪u:bɑ:/ ■ *adj.* delightful, good, excellent. ■ *n.m.* name of a tree in Paradise. ■ *n.f.* joy, happiness, good news.

طَور /t̪ɔ:r/ ■ *n.m.* **1** conduct, manner, way; fashion, style. **2** condition, state. طور طریق/طریقہ **1** practice, custom. **2** conduct; mannerism. (*pl.* اطوار)

طُور /t̪u:r/ ■ *n.m.* hill, mount. طورِ سینا Mount Sinai.

طُوس /t̪u:s/ ■ *n.m.* **1** a Persian city. **2** a kind of soft woollen cloth. **3** brown or purple colour.

طُوسی /t̪u:si:/ ■ *adj.* of or relating to the Persian city طُوس. ■ *n.m.* **1** native of this city. **2** purple colour.

طوطا /t̪o:t̪ɑ:/ ■ *n.m.* (*var.* of توتا) parrot. طوطا پری a kind of mango. طوطا چشم treacherous, disloyal, faithless.

طُوطک /t̪u:t̪ək/ ■ *n.m.* (*dim.* of طوطا) **1** small parrot. **2** a small flute-like musical instrument.

طُوطی /t̪u:t̪i:/ ■ *n.m. & f.* **1** song thrush, the small singing bird, *Turdus philomelos.* **2** small parrot, parakeet. **3** (*fig.*) eloquent speaker. طوطی بولنا acquire fame, be in good repute; acquire influence or authority.

طَوطیا /t̪o:t̪ɪjɑ:/ ■ *n.m.* **1** preliminary or introductory part of a subject, preface. **2** slander, calumniation. طوطیا باندھنا **1** lay down premises. **2** slander, calumniate.

طُوطیا /t̪u:t̪ɪjɑ:/ ■ *n.m.* (also توتیا) blue vitriol, copper sulphate.

طَوع /t̪ɔ:ʔ/ ■ *n.f.* obedience, obeying. ■ *adv.* willingly.

طَوعاً وکرہاً /t̪ɔ:ʔəno: kərhən/ ■ *adv.* willy-nilly, willingly or unwillingly.

طُوغ /t̪u:ɣ/ ■ *n.m.* army flag.

طَوف /t̪ɔ:f/ ■ *n.m.* circumambulation.

طُوفان /t̪u:fɑ:n/ ■ *n.m.* **1** storm, hurricane, tempest, typhoon. **2** (*fig.*) great upheaval or disturbance, furore. طوفان اٹھانا/مچانا make noise, agitate, protest or oppose violently or loudly, cause commotion, raise Cain. طوفانِ باد و باراں strong winds and rain. طوفان باندھنا slander, scandalize. طوفانِ بدتمیزی riot, tumult. طوفان برپا ہونا agitation and upheaval to occur. طوفان کھڑا کرنا cause an

طہور /t̪əhu:r/ ■ *n.m.* thing (as water) with which one cleanses or purifies. ■ *adj.* purifying, clean, pure.

طے /t̪æ:/ ■ *adj.* settled, decided or agreed upon. ■ *pr.n.m.* an Arab tribe which was famous for its very generous member Hatim. طے شدہ/کردہ decided. طے کرنا **1** traverse, travel; pass through or cross over. **2** dispose of; decide, settle a matter. طے ہونا **1** be traversed or travelled. **2** be settled; be disposed of.

طیّار /t̪əjja:r/ ■ *adj.* **1** flying; running swiftly; fleet. **2** spirited (horse). ■ *n.m.* winged animal; bird.

طیّارچی /t̪əjja:rtʃi:/ ■ *n.m.* pilot.

طیّارہ /t̪əjja:ra:/ ■ *n.m.* aeroplane. طیارہ بردار aircraft carrier. طیارہ شکن anti-aircraft (gun, etc.). طیارہ گاہ airport.

طِیب /t̪i:b/ ■ *n.f.* **1** goodness, happiness, willingness. **2** fragrance, odour. **3** best part of something.

طیّب /t̪əjjəb/ ■ *adj.* **1** good, nice. **2** pure, right. **3** pleasant.

طَیبہ /t̪æ:ba:/ ■ *pr.n.m.* another name for the city of Medina.

طیّبہ /t̪əjjəba:/ ■ *adj.* (*fem.* of طیّب) virtuous (woman). (*pl.* طیّبات)

طَیر /t̪æ:r/ ■ *n.m.* **1** flight. **2** flying thing; winged creature; bird.

طَیران /t̪æ:ra:n/ ■ *n.m.* flight. طیران گاہ airport.

طَیش /t̪æ:ʃ/ ■ *n.m.* rage, passion, anger. طیش میں آنا be enraged.

طَیف /t̪æ:f/ ■ *n.m.* spectrum of light. طیف پیما spectrometer. طیف پیمائی spectrometry. طیف نگار spectrograph. طیف نگاری spectrography. طیف نما spectroscope. طیف نمائی spectroscopy.

طَیفی /t̪æ:fi:/ ■ *adj.* of or relating to spectrum, spectral. طیفی تجزیہ spectrum analysis. طیفی تجزیہ کار spectrum analyser. طیفی ضیاپیما spectrophotometer. طیفی ضیاپیمائی spectrophotometry.

طَیفُور /t̪æ:fu:r/ ■ *n.m.* bird, name of a bird; winged insect.

طَیلسان /t̪æ:ləsa:n/ ■ *n.m.* (also طَیلِسان) **1** academic robe; gown. **2** mantle worn over shoulders, hood. **3** (*fig.*) academic rank, degree.

طَیلسانی /t̪æ:ləsa:ni:/ ■ *n.m.* (also طَیلِسانی) graduate.

طِین /t̪i:n/ ■ *n.f.* earth; clay.

طِینت /t̪i:nət̪/ ■ *n.f.* disposition; innate nature.

طُیُور /t̪uju:r/ ■ *n.m.* (*pl.* of طائر) birds.

uproar. طوفان لگانا calumniate, defame. طوفان میل **1** (*fig.*) very fast, rapid. **2** name of a train which moved very fast. طوفانِ نوح the Deluge. طوفان ہونا be very quarrelsome or rowdy; be intractable.

طُوفانی /t̪u:fa:ni:/ ■ *adj.* **1** stormy, tempestuous. **2** (*fig.*) quarrelsome; boisterous. طوفانی دور youth, emotional period of life, i.e. teenage. طوفانی دورہ whirlwind tour.

طَوق /t̪ɔ:q/ ■ *n.m.* **1** collar. **2** gold collar worn as ornament; yoke; iron collar (a symbol of slavery). طوقِ غلامی iron collar or yoke as a symbol of slavery, state of slavery. طوقِ غلامی پہننا become a slave. طوق و زنجیر/سلاسل irons and fetters, manacles. طوق و زنجیر/سلاسل کرنا put in irons, imprison.

طُول /t̪u:l/ ■ *n.m.* length, prolixity. طولُ البلد longitude. طول پکڑنا/کھنچنا **1** be elongated or drawn out, extend; become long-drawn-out. **2** (of a situation) worsen, go on and on. **3** (of a penalty) be aggravated. طول دینا lengthen, extend. طولِ سخن/کلام length of discourse, circumlocution, verbosity, prolixity. طول طویل very long. طول و عرض the length and the breadth.

طُولاً /t̪u:lən/ ■ *adv.* in length, lengthwise.

طُولانی /t̪u:la:ni:/ ■ *adj.* lengthy, prolix. ■ *n.f.* length.

طُولیٰ /t̪u:la:/ ■ *adj.* **1** very long; tall. **2** complete.

طُولی /t̪u:li:/ ■ *adj.* of or relating to length, longitudinal.

طُومار /t̪u:ma:r/ ■ *n.m.* **1** folded or rolled paper; scroll. **2** tome; volume; account book. **3** long story. **4** calumny, slander. طومار باندھنا make much (of little); go to great lengths. طومار نویس accountant. (*pl.* طوامیر)

طُوئی /t̪u:i:/ ■ *n.f.* feast; entertainment.

طویل /t̪əvi:l/ ■ *adj.* long; protracted; tall; prolix. طویلُ العمر aged. طویلُ القامت tall (person). طویلُ المدت/المیعاد of long duration. طویل مختصر افسانہ novella, long short story; novelette. (*pl.* طِوال)

طویلہ /t̪əve:la:/ ■ *n.m.* (also طبیلہ) stable, building for keeping cattle, especially horses.

طہارت /t̪əha:rət̪/ ■ *n.f.* **1** ceremonial purification, ablutions. **2** purity, cleanliness. طہارت کرنا to wash the private parts.

طُہر /t̪ohr/ ■ *n.m.* **1** purity, purification, cleanliness. **2** (***Islam***) (i) bathing after menstruation. (ii) period between two menstruations.

ظ

ظ /zo:e:/ ■ the thirty-fourth letter of the Urdu alphabet.

ظافر /zɑ:fɪr/ ■ *adj.* victorious.

ظالم /zɑ:lɪm/ ■ *adj.* oppressor, tyrant. ■ *n.m.* cruel person. ظالمِ اظلم very cruel. ظالم سماج **1** cruel society or individuals. **2** (*fig.*) hindrance, obstruction. ظالم کی رسّی دراز ہے a tyrant has a long life. (*pl.* ظَلَمہ)

ظالمانہ /zɑ:lɪmɑ:nɑ:/ ■ *adj.* cruel, oppressive, tyrannical, unjust. ■ *adv.* cruelly, unjustly.

ظاہر /zɑ:hɪr/ ■ *adj.* evident, obvious, apparent, clear, open; conspicuous, manifest, visible, plain. ■ *n.m.* **1** external, outside, outward condition. **2** apparent meaning. **3** See الظّاہر. ظاہر بظاہر apparently. ظاہر بیں رپرست worldly; one who is influenced by appearance; one having superficial values. ظاہردار ostentatious, showy; hypocritical; hypocrite; pretentious. ظاہرداری show, ceremony, ostentation, formality, hypocrisy, pretence. ظاہرداری برتنا pretend or make a show. ظاہر کچھ باطن کچھ hypocrisy. ظاہر کرنا **1** disclose, reveal, expose. **2** make a show (of), pretend. ظاہر و باطن the inside and outside. ظاہر و باہر clear cut. ظاہر ہونا become public, appear, be seen, be revealed, become manifest. (*pl.* ظواہر)

ظاہراً /zɑ:hɪrən/ ■ *adv.* (also ظاہرا) apparently, evidently, seemingly, prima facie.

ظاہرہ /zɑ:hɪrɑ:/ ■ *adj.* obvious, evident. ■ *n.m.* **1** manifest; scene. **2** outward or material shape; form.

ظاہری /zɑ:hɪri:/ ■ *adj.* **1** apparent. **2** outward, external. ظاہری ٹیپ ٹاپ رٹیم ٹام ostentation.

ظرافت /zərɑ:fət̪/ ■ *n.f.* humour, jest, wit.

ظرافتاً /zərɑ:fət̪ən/ ■ *adv.* (also ظرافتہً) jokingly, by way of joke, light-heartedly.

ظرف /zərf/ ■ *n.m.* **1** zarf, vessel, vase, receptacle. **2** capability for patience or forbearance, tolerance. **3** (***Gram.***) adverb. ظرفِ زمان adverb of time. ظرفِ عالی large-heartedness, magnanimity. ظرفِ مکان adverb of place. (*pl.* ظُرُوف)

ظرفیت /zərfɪjət̪/ ■ *n.f.* capacity; patience, courage.

ظریف /zəri:f/ ■ *adj.* witty, humorous, jocose, comical. (*pl.* ظُرَفا)

ظریفانہ /zəri:fɑ:nɑ:/ ■ *adj.* humorous; witty. ■ *adv.* humorously; wittily.

ظفر /zəfər/ ■ *n.f.* triumph, victory, conquest, gain. ظفر رکاب رنصیب always victorious. ظفر مند ریاب victorious.

ظِل /zɪl/ ■ *n.m.* (also ظِلّ) **1** shadow. **2** protection. **3** (***Geom.***) projection. ظل اللہ رالٰہی رخدا رسبحانی **1** shadow of God. **2** title of kings. ظلِ خیال shadow-play. ظلِ ظلیل dark shadow, permanent shadow. ظلِ ہما shadow of an imaginary bird *huma* (ہُما) which is said to confer kingship to the person if it lands on the head or casts its shadow. (*pl.* اظلال)

ظِلال /zɪlɑ:l/ ■ *n.m.* (*pl.* of ظِل) **1** shadows. **2** (as *sing.*) shadow of clouds; anything which provides shadow.

ظلام /zəlɑ:m/ ■ *n.f.* darkness. (*pl.* ظُلَم)

ظِلام /zɪlɑ:m/ ■ *n.f.* (*pl.* of ظُلمت).

ظلّام /zəllɑ:m/ ■ *adj.* extremely cruel.

ظلم /zələm/ ■ *n.f.* darkness, gloom, obscurity.

ظُلم /zʊlm/ ■ *n.m.* cruelty, tyranny, oppression, outrage; injustice. ظلم پیشہ رشعار رکیش cruel, tyrannical, oppressor. ظلم توڑنا رڈھانا treat cruelly, tyrannize, oppress. ظلم رسیدہ oppressed; one who is oppressed, victim of tyranny. ظلم کرنا treat cruelly, oppress; tyrannize; do something atrocious. ظلم گدازی putting an end to oppression or injustice.

ظُلُمات /zʊlʊmɑ:t̪/ ■ *n.f.* (also ظلمات) darkness; regions of darkness.

ظُلمت /zʊlmət̪/ ■ *n.f.* **1** darkness. **2** (*fig.*) ignorance. ظلمت خانہ رکدہ **1** dark house. **2** place of mourning. **3** (*fig.*) the world. ظلمتِ شب **1** darkness of night. **2** (*fig.*) unfavourable situation. (*pl.* ظِلام)

ظُلمی /zʊlmi:/ ■ *adj.* oppressive, tyrant, cruel. (*fem.* ظُلمن)

ظُلمیت /zʊlmɪjət̪/ ■ *n.f.* cruelty, iniquity, injustice, oppression, tyranny.

ظَلُوم /zəlu:m/ ■ *adj.* cruel, most oppressive, tyrannical.

ظِلّی /zɪlli:/ ■ *adj.* of or relating to ظِل, shadowy. ظلی کابینہ shadow cabinet.

ظلیل /zəli:l/ ■ *adj.* thick, shady, affording shelter.

ظن /zən/ ■ *n.m.* (also ظنّ) conjecture, thought, impression, suspicion. ظنِ باطل رفاسد false or wrong idea or presumption. ظنِ غالب رقوی strong idea or on the back of a document.

ظُہرین /zohræ:n/ ■ *n.m.pl.* (***Shiites***) noon and afternoon prayers offered together.

ظُہُور /zʊhu:r/ ■ *n.m.* the act of appearance, manifestation, emergence, advent. ظہور پانا، پکڑنا، میں آنا arise, appear, emerge. **ظہورِ قدسی** **1** birth of any pious person. **2** (*fig.*) birth of Prophet Muhammad. ظہور میں لانا bring forward; bring in public.

ظُہُورا /zʊhu:rɑ:/ ■ *n.m.* (also ظُہُورا) **1** grace, glory; auspicious appearance; happiness, manifestation of favour. **2** (*fig.*) offspring, son. (*pl.* ظُہُورات)

ظہیر /zəhi:r/ ■ *n.m.* supporter, ally, associate. (*fem.* ظہیرہ)

presumption. ظن کرنا suppose, surmise, suspect. **ظن وتخمین** mere guess, mere conjecture, guesswork. (*pl.* ظُنُون)

ظنّی /zənni:/ ■ *adj.* conjectural; supposed.

ظِہار /zɪhɑ:r/ ■ *n.m.* **1** (*literal*) back. **2** resemblance. **3** (***Isj.***) calling wife a mother or sister, a way of divorcing in ancient Arabia.

ظہر /zəhr/ ■ *n.f.* the back.

ظہر /zohr/ ■ *n.m.* **1** midday, noon. **2** (***Islam***) prayer of noon.

ظُہرانہ /zohrɑ:nɑ:/ ■ *n.m.* lunch, mid-day or afternoon meal.

ظہری /zəhri:/ ■ *adj.* of or at the back. ظہری تحریر/عبارت writing

ع

ع /æ:n/ ■ the thirty-fifth letter of the Urdu alphabet.

ع /æ:n/ ■ *n.m.* **1** (*contr.* of علیہ السلام) written as superscript after the name of a prophet, as (ؑ). **2** written to refer: (i) a line of verse. (ii) a *rukoo* (رُکوع) of the Qur'an.

عابِد /ɑ:bɪd̪/ ■ *n.m.* worshipper, devotee. ■ *adj.* godly, pious, devout. عابِد شب زندہ دار one who worships whole night. (*fem.* عابِدہ) (*pl.* عُبّاد)

عاتِق /ɑ:t̪ɪq/ ■ *n.m.* shoulder. ■ *n.f.* young woman; virgin.

عاج /ɑ:dʒ/ ■ *n.m.* ivory, elephant tusk.

عاجِز /ɑ:dʒɪz/ ■ *adj.* **1** unable, incapable; weak; helpless. **2** disappointed; frustrated. عاجز آنا/ہونا **1** be at the end of one's tether, be sick or tired of. **2** feel utterly helpless. عاجز رہنا fall short of, fail. عاجز کرنا render one powerless or helpless; worry; harass, put pressure upon. (*fem.* عاجِزہ)

عاجِزانہ /ɑ:dʒɪzɑ:nɑ:/ ■ *adv.* humbly, meekly, helplessly.

عاجِزی /ɑ:dʒɪzi:/ ■ *n.f.* humility, meekness, entreaty, helplessness; inability. عاجزی کرنا implore, entreat, beseech; supplicate.

عاجِل /ɑ:dʒɪl/ ■ *adj.* quick, speedy, hasty, agile. (*fem.* عاجِلہ)

عاجِلانہ /ɑ:dʒɪlɑ:nɑ:/ ■ *adj.* (also عاجِلاً) hasty, speedy. ■ *adv.* hastily, speedily.

عاد[1] /ɑ:d̪/ ■ *n.m.* (***Arith.***) factor. عادِ اعظم مشترک highest common factor (HCF). [A]

عاد[2] —— ■ *n.m.* ancient Semitic race, mentioned in the Qur'an. [A]

عادت /ɑ:d̪ət̪/ ■ *n.f.* **1** adat, habit; addiction. **2** practice, custom, manner. عادت پڑنا acquire a habit, be or get addicted. عادتِ ثانیہ second habit, strong habit. عادت ڈالنا form a habit, make or get used to, habituate. (*pl.* عادات)

عادتاً /ɑ:d̪ət̪ən/ ■ *adv.* habitually.

عادِل /ɑ:d̪ɪl/ ■ *adj.* (of a person) just, fair. (*fem.* عادِلہ)

عادِلانہ /ɑ:d̪ɪlɑ:nɑ:/ ■ *adj.* just, fair, equitable. ■ *adv.* justly, equitably.

عادی /ɑ:d̪i:/ ■ *adj.* having a habit or addiction, addicted to, habituated or habitual, used to, accustomed (to). عادی مجرم habitual offender.

عاذِر /ɑ:zɪr/ ■ *adj.* excusing, making excuses. ■ *n.m.* excuser, apologist.

عاذِل /ɑ:zɪl/ ■ *n.m.* one who blames others, censurer, reprover.

عار /ɑ:r/ ■ *n.f.* **1** shame, ignominy. **2** compunction; qualm; unease of conscience. عار آنا/رکھنا/سمجھنا/محسوس کرنا consider bad, feel compunction, etc.; feel ashamed. عار کرنا shun due to qualm of conscience. عار ہونا feel shame; regard (something) as disgraceful or below dignity.

عارِض /ɑ:rɪz/ ■ *n.m.* **1** cheek. **2** occurrence. **3** obstacle. **4** petitioner, applicant. ■ *adj.* happening, occurring, befalling. عارضِ سیمیں (*poet.*) bright cheek. عارضِ گلگوں (*poet.*) rosy cheek. عارض ہونا suffer from; befall; prove an obstacle (to), debar.

عارضہ /ɑ:rezɑ:/ ■ *n.m.* sickness, disease, disorder. عارضہ لاحق ہونا fall ill, be sick, contact (a disease). (*pl.* عوارض)

عارِضی /ɑ:rɪzi:/ ■ *adj.* temporary, transitory, transient, short-lived, interim, provisional. عارضی انتظام/بندوبست arrangement on temporary basis. عارضی حکومت provisional government.

عارِف /ɑ:rɪf/ ■ *n.m.* **1** godly, pious, mystic. **2** (***Sufism***) one having deep spiritual insight or mystical knowledge of the Divine. ■ *adj.* wise, knowing. (*pl.* عُرَفا)

عارِفانہ /ɑ:rɪfɑ:nɑ:/ ■ *adj.* spiritual, mystical. ■ *adv.* spiritually, mystically.

عارِفہ /ɑ:rɪfɑ:/ ■ *adj.* (*fem.* of عارف). (*pl.* عارِفات)

عاری /ɑ:ri:/ ■ *adj.* **1** lacking (in some quality); free (from). **2** naked, denuded (of). **3** tired or weary (of).

عارِیت /ɑ:rɪjət̪/ ■ *n.f.* **1** borrowing for temporary use. **2** loan. عاریت سرا temporary abode, i.e. the world.

عارِیتاً /ɑ:rɪjət̪ən/ ■ *adv.* on loan; borrowed. عاریتاً لینا borrow for temporary use.

عارِیتی /ɑ:rɪjət̪i:/ ■ *adj.* borrowed, lent.

عازِم /ɑ:zɪm/ ■ *adj.* intending, determined, resolved (on); bound (for). عازمِ حج departing to Hajj pilgrimage. عازمِ سفر departing, starting on a journey.

عاشِر /ɑ:ʃɪr/ ■ *ordinal number* tenth.

عاشِق /ɑ:ʃɪq/ ■ *n.m.* lover; suitor. عاشقِ اشجر the English ivy, *Hedera helix*. عاشق باز flirty. عاشقِ صادق true lover. عاشق مزاج amorous, ladies' man, Don Juan, squire of dames. عاشق ومعشوق lover and beloved. عاشق ہونا fall in love (with). (*fem.* عاشِقہ) (*pl.* عاشِقان، عُشّاق)

عاشِقانہ /ɑ:ʃɪqɑ:nɑ:/ ■ *adj.* loving, amorous. ■ *adv.* lovingly, amorously.

عاشِقی /ɑ:ʃɪqi:/ ■ *n.f.* love, being in love.

عاشُور /ɑ:ʃu:r/ ■ *n.m.* (also عاشُورہ) tenth day of the month of Moharram on which Imam Hussain was martyred at Karbala.

عاصِم /ɑ:sɪm/ ■ *adj.* 1 protector, saver from sins. 2 (*fig.*) chaste, virtuous. (*fem.* عاصِمہ)

عاصی /ɑ:si:/ ■ *adj.* 1 sinful, sinning. 2 disobedient, rebellious. ■ *n.m.* sinner. (*fem.* عاصِیہ)

عاطِر /ɑ:ʈɪr/ ■ *adj.* 1 fragrant. 2 noble; gracious.

عاطِف /ɑ:ʈɪf/ ■ *adj.* 1 kind, benevolent. 2 inclined, refractive. (*fem.* عاطِفہ)

عاطِفت /ɑ:ʈɪfət/ ■ *n.f.* kindness, favour, benevolence.

عاطِل /ɑ:ʈɪl/ ■ *adj.* 1 lazy, idle. 2 useless; empty. 3 stupid.

عاطِلہ /ɑ:ʈɪlɑ:/ ■ *n.m.* word without diacritical points.

عافِیت /ɑ:fɪjəʈ/ ■ *n.f.* safety; peace; well-being. عافیت اندیش well-wisher.

عاق /ɑ:q/ ■ *adj.* refractory; rebellious; disobedient. عاق کرنا disinherit (a son or daughter). عاق نامہ deed of disinheritance.

عاقِبت /ɑ:qɪbəʈ/ ■ *n.f.* 1 conclusion; termination; end. 2 the hereafter. عاقبتُ الامر 1 at last; at long last. 2 termination of the business; the long and short of a matter. عاقبت اندیش prudent, far-seeing, far-sighted, discreet. عاقبت اندیشی far-sightedness. عاقبت بگاڑنا become a sinner, jeopardize chances of salvation; mar or jeopardize (one's) future state of bliss. عاقبت بگڑنا be damned by (one's) sinful conduct. عاقبت کا توشہ (*fig.*) good deeds that are provision for salvation in the next world. عاقبت کے بورے سمیٹنا die in old age, have a long life. (*pl.* عواقب)

عاقِر /ɑ:qɪr/ ■ *adj.* infertile (man or woman).

عاقِر قرحا /ɑ:qɪr qərhɑ:/ ■ *n.m.* pellitory, *Anacyclus pyrethrum*, a Mediterranean plant containing a volatile oil of medical value.

عاقِل /ɑ:qɪl/ ■ *adj.* wise, intelligent. (*fem.* عاقِلہ) (*pl.* عاقِلان)

عاقِلانہ /ɑ:qɪlɑ:nɑ:/ ■ *adj.* wise, intelligent, skilful. ■ *adv.* wisely, prudently.

عاکِف /ɑ:kɪf/ ■ *n.m.* one who stays secluded in mosque for prayers.

عالَم /ɑ:ləm/ ■ *n.m.* 1 the world; the universe. 2 state of affairs. 3 scene; condition. 4 age. عالَم اجساد/اجسام/موجودات/ہیولانی the sphere or world of material bodies. عالَم ارواح the world of spirits. عالَم اسباب the world; the world of cause and effect. عالَم اسفل/زیریں/سفلی the lower world, the earth. عالَم اسلام the Muslim world. عالَم اصغر universe and mankind. عالَم افروز 1 world-illuminating. 2 (*fig.*) the sun. عالَم آب state of intoxication. عالَم آرا world-adorning; world regulating. عالَم بالا/قدس the world above, the Heaven. عالَم برزخ period or state between death and resurrection. عالَم پناہ saviour of the world, a mode of address for royalty. عالَم تاب world-warming; world illumining. عالَم تصویر 1 like a picture, a sight of stillness and astonishment. 2 (*fig.*) attractiveness, elegance, beauty. عالَم جاودانی eternity; the next world. عالَم جبروت heaven as a sphere of God's omnipotence; the sphere of Divine qualities. عالَم جن/جنات the world of the genii. عالَم خیال fancy, imagination. عالَم رُویا/رواقعہ the world of dreams. عالَم سرگشتگی state of bewilderment. عالَم سکر/سکرات state of bearing agonies of death. عالَم صغریٰ/صغیر microcosm. عالَم صورت the visible or external world. عالَم عالَم 1 very much. 2 everywhere, in the whole world. عالَم عُلوی the upper world. عالَم غیب 1 the other world. 2 the unknowable or invisible world. عالَم فانی/فنا the perishable world, the present world. عالَم کبریٰ/کبیر macrocosm. عالَم کیف/مستی state of intoxication or of lustfulness. عالَم گرد/نورد world-traversing; great traveller. عالَم گیر 1 world-wide, universal. 2 world conqueror. 3 title of the sixth Mogul Emperor Aurangzeb. عالَم گیر جنگ world war. عالَم لاہوت the divine sphere; divinity. عالَم مثال (Platonic) world of ideas. عالَم معانی/معنی the invisible or spiritual world. عالَم ملائکہ/ملک/ملکوت the world of angels. عالَم ناسوت world, the mortal world. عالَم نزع agonies of death. عالَم ہُو place of awesome stillness. (*pl.* عوالِم)

عالِم /ɑ:lɪm/ ■ *n.m.* learned person, scholar, one versed in knowledge or a branch of it. ■ *adj.* wise, intelligent. عالِم الغیب/الغیوب Knower of the unknown, i.e. God. عالِم باعمل scholar who acts according to his sayings.

عالم فاضل very learned. (*pl.* عُلما)

عالمانہ /ɑːlɪmɑːnɑː/ ■ *adj.* scholarly.

عالمی /ɑːləmiː/ ■ *adj.* international, worldwide, global.

عالمیان /ɑːləmɪjɑːn/ ■ *n.m.pl.* the inhabitants of the world, human beings.

عالمین /ɑːləmiːn/ ■ *n.m.* (*pl.* of عالَم) worlds.

عالی /ɑːliː/ ■ *adj.* 1 sublime, lofty, high, elevated, exalted. 2 noble, grand, eminent. عالی تبار of high or noble descent. عالی جاہ of high rank. عالی جناب 1 esteemed; high-ranking. 2 (form of address) sir! respected sir! عالی حوصلہ of high morale, magnanimous; courageous, high-minded. عالی خاندان of noble family, of noble birth. عالی دماغ 1 intelligent, having great or sublime ideas. 2 proud, vain. عالی رتبہ/مرتبہ high-placed, high in rank or dignity. عالی شان grand, majestic, splendid, magnificent. عالی ظرف magnanimous. عالی ظرفی magnanimity, large-heartedness. عالی فطرت of good nature. عالی قدر/مرتبت/مقام noble; respected, highly esteemed. عالی ہمت courageous, bold, daring; high-minded, ambitious. عالی ہمتی high-mindedness, courage. (*fem.* عالیہ) (*pl.* اعالی)

عام[1] /ɑːm/ ■ *adj.* 1 common, ordinary, general, customary, usual. 2 mass, public. 3 widely known. عام انتخابات general elections. عام ڈگر 1 common road, beaten track. 2 (*fig.*) common style. عام طور پر mostly; commonly. عام فہم generally intelligible; easy. عام وخاص high and low; rich and poor, all people. [A]

عام[2] ——— ■ *n.m.* year. عام الحزن the Year of Sorrow, the year in which Prophet Muhammad's beloved uncle Hazrat Abu Talib and wife Hazrat Khadija passed away. عام الفیل Year of the Elephant, in the pre-Islamic calendar when Yemenite elephant-cavalry attacked Makkah. [A]

عامّۃ /ɑːmmət̪/ ■ *adj.* (also عامّہ)(*fem.* of عام) عامۃ النّاس common people, general public; commonality.

عامر /ɑːmɪr/ ■ *adj.* replete, full.

عامرہ /ɑːmɪrɑː/ ■ *adj.* 1 flourishing, plentiful. 2 royal.

عامل /ɑːmɪl/ ■ *adj.* 1 acting. 2 governing; motivating. ■ *n.m.* 1 agent, doer. 2 administrator. 3 collector of the revenue. 4 conjuror; white or black magician. 5 follower of a code or set of rules. عامل صحافی working journalist. (*pl.* عمّال)

عامِلہ /ɑːmɪlɑː/ ■ *adj.* (*fem.* of عامل) executive. ■ *n.m.* (***Gram.***) governing word. (*pl.* عوامل)

عامّہ /ɑːmmɑː/ ■ *adj.* public, of the masses. عامۂ خلائق/خلقت common people, general public, commonality.

عامی /ɑːmiː/ ■ *adj.* 1 ignorant; blind. 2 common, ordinary. ■ *n.m.* common man, plebeian, commoner.

عامیانہ /ɑːmɪjɑːnɑː/ ■ *adj.* vulgar; common.

عانہ /ɑːnɑː/ ■ *n.m.* pubes; groin.

عاہر /ɑːhɪr/ ■ *n.m.* fornicator, adulterer. (*fem.* عاہرہ)

عائد /ɑːɪd̪/ ■ *adj.* (also عاید) incurred, imposed on. عائد کرنا impose, levy.

عائدہ /ɑːɪd̪ɑː/ ■ *adj.* (*fem.* of عائِد) (also عایدہ). ■ *n.m.* (*fig.*) tax, revenue.

عائش /ɑːɪʃ/ ■ *adj.* prosperous, enjoying life.

عائشہ /ɑːɪʃɑː/ ■ *adj.* (*fem.* of عائش). ■ *pr.n.f.* name of one of Prophet Muhammad's wives.

عائل /ɑːɪl/ ■ *n.m.* 1 head of family; breadwinner. 2 (*fig.*) poor, fakir, hermit.

عائلہ /ɑːɪlɑː/ ■ *n.m.* family.

عائلی /ɑːɪliː/ ■ *adj.* familial. عائلی قوانین family laws.

عبا /əbɑː/ ■ *n.f.* (also عبایا) cloak, gown, toga.

عِباد /ɪbɑːd̪/ ■ *n.m.* (*pl.* of عبد) servants, slaves.

عِبادت /ɪbɑːd̪ət̪/ ■ *n.f.* worship, prayer, adoration. عبادت خانہ/کدہ/گاہ place of worship. عبادت کرنا to worship. عبادت گزار worshipping, devout; pious; worshipper, votary. عبادت گزاری worship. (*pl.* عِبادات)

عِبادتی /ɪbɑːd̪ət̪iː/ ■ *n.m.* devotee, worshipper.

عِبارت /ɪbɑːrət̪/ ■ *n.f.* interpretation, expression, composition; meaning; word, text; style of writing; mode of expression; sentence (of a text). عبارت آرائی ornate or poetical expression. عبارتِ رنگین florid style of writing. عبارتِ ظہری endorsement on back of any writing. (سے) عبارت ہونا be characterized by, have (a quality). (*pl.* عِبارات)

عبّاس /əbbɑːs/ ■ *pr.n.m.* one of Prophet Muhammad's uncles who was the forefather of the Abbasids. ■ *n.m.* (also گل عباس) the plant *Mirabilis jalapa*.

عبّاسی /əbbɑːsiː/ ■ *n.m.* 1 Abbasids, the name of a dynasty of Muslim rulers descended from Hazrat Abbas, Prophet Muhammad's uncle. 2 red colour

saffron, sandalwood, and rose.
عتاب /ɪt̪ɑ:b/ ■ *n.m.* wrath, anger, displeasure; rebuke. عتاب خطاب words expressing censure or displeasure; angry words. عتاب زدہ one who has incurred another's displeasure. عتاب کرنا be angry with; reprimand, chastise, castigate, rebuke. عتاب نازل ہونا incur wrath, be reprimanded; suffer torment.
عتاقت /ət̪ɑ:qət̪/ ■ *n.f.* setting slaves free, liberation, freedom.
عتبہ /ət̪əbɑ:/ ■ *n.m.* shrine, mausoleum, sacred place.
عترت /ɪt̪rət̪/ ■ *n.f.* progeny, offspring, descendants.
عتیق /ət̪i:q/ ■ *adj.* ancient, antiquated. (*fem.* عتیقہ)
عتیقیات /ət̪ɪqɪjɑ:t̪/ ■ *n.f.* archaeology.
عجائب /ədʒɑ:ɪb/ ■ *n.m.* (*pl.* of عجیب) curiosities, wonders. عجائب خانہ/گھر museum. عجائب وغرائب curious, wonderful and strange things.
عجائبات /ədʒɑ:ɪbɑ:t̪/ ■ *n.m.* (*pl.* of عجائب; *ppl.* of عجیب).
عجب /ədʒəb/ ■ *adj.* astonishing, strange, marvellous. ■ *n.m.* surprise, amazement.
عُجب /ʊdʒb/ ■ *n.m.* self-admiration; arrogance, conceit, vanity.
عجز /ɪdʒz/ ■ *n.m.* **1** submission, humility. **2** helplessness, powerlessness. عجز بیاں inability to express (fully). عجز گستر submissive. عجز وانکسار humility, submission, humbleness, submissiveness.
عُجلت /ʊdʒlət̪/ ■ *n.f.* (also عجالت) speed, haste, hurry. عجلت میں in haste, hurriedly.
عجم /ədʒəm/ ■ *n.m* **1** non-Arab person. **2** non-Arabian land, especially Persia. **3** dumb. (*pl.* اعاجم، اعجام)
عجمی /ədʒəmi:/ ■ *adj.* non-Arab, especially Persian; foreign, alien.
عُجوبہ /ʊdʒu:bɑ:/ ■ *n.m.* (also اُعجوبہ) curio, something strange. عجوبۂ روزگار very rare or strange thing.
عجُوز /ədʒu:z/ ■ *n.f.* (also عجُوزہ) old woman.
عجُول /ədʒu:l/ ■ *adj.* quick, hasty, expeditious.
عجیب /ədʒi:b/ ■ *adj.* strange, odd, bizarre, outlandish, weird, queer, curious. عجیب الخلقت **1** of strange, usually abnormal shape or physique; misshapen. **2** strange creature; monster. عجیب النوع of rare or strange kind. عجیب الوضع/الہیت of odd shape or style. عجیب وغریب strange.

prepared with indigo and safflower. **3** a kind of red flower. **4** a kind of marble found in South America. **5** black colour. ■ *adj.* of or relating to Abbasids.
عبایہ /əbɑ:jɑ:/ ■ *n.m.* abaya.
عبث /əbəs/ ■ *adv.* in vain; to no purpose.
عبد /əbd̪/ ■ *n.m.* **1** slave, bondsman; servant. **2** follower. **3** (***Islam***) one who recognizes no master except God, God's bondsman. (*pl.* عباد)
عبدیّت /əbd̪ɪjjət̪/ ■ *n.f.* **1** slavery. **2** devotion, adoration.
عبر /ɪbr/ ■ *n.m.* wharf; quay.
عبرانی /ɪbrɑ:ni:/ ■ *n.m.* (also عبری) Hebrew people and their language. ■ *adj.* of or belonging to Hebrews.
عبرت /ɪbrət̪/ ■ *n.f.* example; lesson; warning, admonition. عبرت انگیز/آمیز/خیز/ناک admonitory, serving as a warning; exemplary. عبرت پذیر taking warning, warned, admonished. عبرت پکڑنا/ہونا be warned, learn a lesson. عبرت دلانا teach a lesson (to); warn (of consequences), admonish. عبرت سرا/سرائے دہر/کدہ (*fig.*) world. (*pl.* عِبَر)
عبقری /əbqəri:/ ■ *n.m.* genius, exceptionally intelligent person.
عبقریّت /əbqərɪjjət̪/ ■ *n.f.* genius, exceptional intellectual and creative power.
عُبُودیت /ʊbu:d̪ɪjət̪/ ■ *n.f.* **1** servitude, worship, devotion. **2** (*fig.*) state of being bondsman of God.
عُبور /ʊbu:r/ ■ *n.m.* **1** crossing a stretch of land or water; climbing and crossing a hill or mountain, etc. **2** mastery of a subject or language, etc. عبور تام expertise. عبور حاصل کرنا become fully conversant (with); master. عبور دریائے شور banishment beyond the seas (as a former form of life imprisonment), banishment to the Andaman islands. عبور کرنا **1** cross (a river, road, etc.), pass across and over. **2** overcome barriers or difficulties. **3** gain complete mastery (over), gain proficiency.
عُبُوری /ʊbu:ri:/ ■ *adj.* provisional, interim; transitional. عبوری حکومت interim government. عبوری ضمانت interim bail.
عبُوس /əbu:s/ ■ *adj.* testy, irascible; touchy.
عبُوست /əbu:sət̪/ ■ *n.f.* ill-temper; testiness.
عبہر /əbhər/ ■ *n.m.* yellow narcissus.
عُبَید /ʊbæ:d̪/ ■ *n.m.* (*dim.* of عبد) worshipper; inferior slave.
عبِیر /əbi:r/ ■ *n.m.* a perfume compounded of musk,

عدالت /ədɑːlət̪/ ■ *n.f.* 1 court of law; tribunal; the bench. 2 justice, being just. عدالتِ اپیل / مرافعہ court of appeal(s). عدالتِ خفیفہ small causes court. عدالتِ دیوانی civil court. عدالتِ عالیہ high court. عدالتِ عظمٰی / علیا supreme court. عدالتِ فوجداری criminal court. عدالت کرنا 1 sit in a court, set up a court. 2 do justice. عدالت لگانا hold court. عدالتِ مال revenue court. عدالتِ مجاز court of competent jurisdiction.

عدالتی /ədɑːlət̪iː/ ■ *adj.* judicial, legal. عدالتی کارروائی judicial proceedings.

عداوت /ədɑːvət̪/ ■ *n.f.* hostility, malice; enmity, animosity. عداوت بالقصد deliberate malice, malice aforethought. عداوت باندھنا / رکھنا bear malice. عداوت سے maliciously. عداوت نکالنا act so as to satisfy one's hostile feelings.

عداوتی /ədɑːvət̪iː/ ■ *adj.* hostile, malicious.

عِدّت /ɪd̪d̪ət̪/ ■ *n.f.* (***Islam***) iddat, period during which a widow or divorced woman is forbidden to remarry. عدت میں بیٹھنا / رہنا pass this period in seclusion.

عدد /əd̪əd̪/ ■ *n.m.* number, digit, figure. عددِ ترتیبی / وصفی ordinal number. عددِ ذاتی / مطلق cardinal number. عددِ سالم / صحیح whole number, integer. عددِ مکسور fraction. (*pl.* اعداد)

عددی /əd̪əd̪iː/ ■ *adj.* numeral; numerical. عددی فوقیت numerical superiority.

عدس /əd̪əs/ ■ *n.f.* lentil.

عدسہ /əd̪saː/ ■ *n.m.* 1 lens. 2 magnifying glass. عدسۂ چشم lens of the eye.

عدل /əd̪l/ ■ *n.m.* justice; fairness. عدل پرور 1 just. 2 judge. عدل پروری justice. عدلِ جہانگیری 1 justice of Jahangir, the Mogul Emperor. 2 (*fig.*) poetic justice. عدل کرنا do justice. عدل گستری dispensing justice. عدل ہونا justice be administered.

عدلیہ /əd̪lɪjɑː/ ■ *n.f.* judiciary.

عدم /əd̪əm/ ■ *n.m.* non-existence, nothingness, void. ■ *prefix* non-; lack (of). عدم ادائیگی non-payment. عدم استحقاق ineligibility. عدم استطاعت insufficiency or want of funds, insolvency; inability; incapacity. عدم اعتماد no confidence, distrust. عدم اعتماد کا ووٹ vote of no confidence. عدم اندراج non-entry. عدم آباد / زار 1 next world, hereafter. 2 (*fig.*) graveyard. عدم پیروی (***Law***) default of prosecution; non-appearance in court. عدم تحفظ / سلامتی lack of security or secure feeling. عدم تسلسل discontinuity, disconnection; inconsistency. عدم تشدد non-violence. عدم تعاون non-cooperation. عدم تعمیل non-performance, non-service; non-execution. عدم تقلید nonconformity. عدم تکمیل incompletion, incompleteness. عدم توازن irregularity, imbalance. عدم توجہ / توجہی / دلچسپی lack of attention, disregard, carelessness. عدم ثبوت absence of proof. عدم حاضری non-appearance. عدم فرصت / فرصتی lack of time, want of leisure. عدم مداخلت non-intervention. عدم مطابقت / یکسانیت variance. عدم موجودگی absence. عدم واقفیت ignorance, want of information or knowledge. عدم وجود non-existence. عدم و وجود existence and non-existence. عدم و وجود برابر ہونا (of someone) be a non-entity; be of no significance. (*pl.* اعدام)

عدن /əd̪ən/ ■ *n.f.* the Garden of Eden, Paradise. ■ *pr.n.m.* Aden, name of a seaport in Yemen.

عدو /əd̪uː/ ■ *n.m.* 1 enemy, foe. 2 rival. (*pl.* اعدا; *ppl.* اعادی)

عُدول /əd̪uːl/ ■ *n.m.* just, fair, man of justice.

عُدُول /ʊd̪uːl/ ■ *n.m.* refusal, denial; aberration.

عُدُولی /ʊd̪uːliː/ ■ *n.f.* (also عُدُول) declining; aberration; disobedience (of orders); non-compliance; insubordination.

عدیل /əd̪iːl/ ■ *n.m.* one who dispenses justice. ■ *adj.* just, equitable, equal; alike, equivalent. (*fem.* عدیلہ)

عدیم /əd̪iːm/ ■ *adj.* 1 lacking; deprived of, destitute. 2 rare; non-existent; absent. عدیم التمثیل / المثال / المثل 1 without an equal or parallel, peerless. 2 incomparable. عدیم الجواب / النظیر unprecedented. عدیم الفرصت very busy, having no leisure, preoccupied. (*fem.* عدیمہ)

عذاب /əzɑːb/ ■ *n.m.* 1 torment, anguish. 2 (*fig.*) Divine punishment for sins; grave trouble. 3 something very vexatious and pesterous. 4 curse. عذابُ الحریق / النار punishment of fire. عذابِ الٰہی Divine punishment. عذابِ جاں 1 calamity. 2 pest. عذاب دینا punish, torment, torture. عذابِ قبر / گور / لحد punishment for sins that one suffers in grave. عذاب مول لینا bring difficulties on oneself, invite trouble, land oneself in trouble. عذاب میں پھنسنا / گرفتار ہونا be caught in problems or difficulties. عذاب نازل ہونا have a visitation of or heaven; an angel. (*pl.* عرشیان)

عرصہ /ərsɑ:/ ■ *n.m.* **1** time, period, duration. **2** interval. **3** plain; expansion; space. عرصۂ پیکار رجنگ رجنگاہ battlefield. عرصۂ حیات span of life. عرصۂ حیات تنگ کرنا persecute, make life difficult. عرصۂ دراز long period. عرصۂ قیامت رمحشر the Resurrection plain. عرصہ لگانا delay, take long time. (*pl.* عرصات)

عرصے /ərse:/ ■ *n.m.* (*pl.* & *infl.* of عرصہ) (ایک) عرصے تک long; for long time. (ایک) عرصے سے since long. (اس) عرصے میں during this time or period, in the meantime, meanwhile.

عرض /əraz/ ■ *n.m.* contingent property of a matter; contingency. (*pl.* اعراض)

عرض /ərz/ ■ *n.f.* **1** request; entreaty; representation; petition, solicitation. **2** width, breadth; extent. عرض ارسال report; invoice; return. عرض البلد ربلد latitude. عرض بیگی usher, officer who puts up letters and appeals of people before a sovereign. عرض پرداز رپیرا رکنندہ رگزار petitioner, applicant. عرض دار **1** having breadth, broad, wide. **2** petitioner. عرض داشت memorandum; written petition. عرض کرنا request; apply. عرض (و) معروض petition, entreaty. عرض وطول breadth and length.

عِرض /ɪrz/ ■ *n.f.* honour, prestige; good name.

عرضاً /ərzən/ ■ *adv.* breadthwise.

عرضی /ərzi:/ ■ *n.f.* petition; application; representation. ■ *adj.* wide, broad. عرضی تاننا file a suit, sue. عرضی دعویٰ first pleading to suit. عرضی دینا present a petition, apply, submit an application. عرضی لکھنا write an application or petition. عرضی لینا receive a petition; entertain a case. عرضی نویس petition writer; scrivener.

عرعر /ərʔər/ ■ *n.m.* cypress like tree.

عُرف /ʊrf/ ■ *adv.* commonly known as, alias. ■ *n.m.* alias, pet name. عرفِ عام popularly known meaning.

عُرفاً /ʊrfən/ ■ *adv.* according to common knowledge.

عرَفات /ərəfɑ:t̪/ ■ *pr.n.m.* a plain about twelve miles from Makkah where a major Hajj rite is performed.

عِرفان /ɪrfɑ:n/ ■ *n.m.* discernment, wisdom, intuitive knowledge; deepest mystical awareness, gnosis, highest form of mystical experience. عرفانِ حقیقت awareness of truth.

عرفہ /ərfɑ:/ ■ *n.m.* (also عرَفہ) **1** ninth day of the month undergo divine punishment.

عِذار /ɪzɑ:r/ ■ *n.m.* the cheek; face.

عذب /əzb/ ■ *adj.* sweet, sugary. عذبُ البیان رالّلسان sweet-tongued.

عُذر /ʊzr/ ■ *n.m.* **1** excuse, pretext; apology. **2** objection. عذرِ بے جا improper plea. عذر پذیر admissible; excusable. عذر پیش کرنا offer an excuse. عذر تراشنا make an excuse; put up a lame excuse. عذر خواہ apologist. عذر خواہی apology, excuse. عذر خواہی کرنا apologize, put up an excuse. عذر دار objector. عذر داری legal statement of objections. عذرِ قانونی legal objection. عذر کرنا make an excuse. عذر کے قابل excusable, forgivable. عذرِ لنگ lame excuse. عذرِ نا شنور ناقابلِ سماعت untenable plea. (*pl.* عُذرات)

عذرا /əzrɑ:/ ■ *n.f.* **1** virgin. **2** title of Mary (mother of Jesus). **3** beloved. **4** zodiac sign Virgo.

عُذوبت /ʊzu:bət̪/ ■ *n.f.* sweetness.

عرابت /ərɑ:bət̪/ ■ *n.f.* swearing, use of obscene language.

عرابچی /ərɑ:btʃi:/ ■ *n.m.* carter, coachman; driver.

عرابہ /ərɑ:bɑ:/ ■ *n.m.* (also ارابہ) cart, wheeled carriage.

عِراقی /ɪrɑ:qi:/ ■ *n.m.* **1** native of Iraq. **2** a kind of horse.

عرائض /ərɑ:ɪz/ ■ *n.f.* (*pl.* of عریضہ) petitions; letters.

عرب /ərəb/ ■ *n.m.* **1** Arabia. **2** an Arab. (*pl.* اعراب)

عربانا /ərbɑ:nɑ:/ ■ *v.* (also عربیانا) Arabize foreign words.

عربدہ /ərbəd̪ɑ:/ ■ *n.m.* dispute, conflict; quarrelsomeness, irascibility. عربدہ جو رساز رفن quarrelsome.

عربی /ərəbi:/ ■ *adj.* Arabian, Arabic. ■ *n.f.* Arabic language. ■ *n.m.* **1** native of Arab. **2** Arabian horse.

عِرس /ɪrs/ ■ *n.m.* & *f.* either spouse, a wife or a husband.

عُرس /ʊrs/ ■ *n.m.* **1** marriage ceremony; marriage anniversary. **2** urs, ceremony marking the death anniversary of a saint. (*pl.* اعراس)

عرش /ərʃ/ ■ *n.m.* **1** heaven (as throne of God); the highest sphere. **2** (*fig.*) high status. عرشِ اعظم ربریں رکبریا رمجید رمعظم رمعلّیٰ empyrean, the highest heaven; the throne of God. عرش پر بیٹھنا رجھولنا رہونا enjoy a very high status, be exalted or elevated to the highest position. عرش پر چڑھانا give one a high rank; exalt. عرش پر دماغ ہونا be highly conceited, be proud or haughty. عرش سے فرش تک all over the universe. عرش کے تارے توڑ لانا رتوڑنا work wonders.

عرشہ /ərʃɑ:/ ■ *n.m.* deck of ship.

عرشی /ərʃi:/ ■ *n.m.* one who comes from the highest

of Zilhaj when Hajj pilgrims stay in the plain of Arafat. 2 the day before Eid-ul-fitr, Eid-ul-azha, Ashura (عاشورہ), and Shab-e-barat (شبِ برات) on which some Muslims make offerings in the name of their deceased.

عُرفی /ʊrfi:/ ■ *adj.* well known, customary.

عُرفیت /ʊrfɪjət̪/ ■ *n.f.* alias, pet name.

عَرَق /ərəq/ ■ *n.m.* (also عرق) 1 juice, liquor, essence; distilled concoction. 2 spirit. 3 perspiration, sweat. عرقِ انفعال/حیا/خجالت/ندامت sweat of repentance. عرق آلود/آلودہ sweaty, perspiring; covered with sweat. عرق ریزی/فشانی hard labour, laboriousness. عرق ریزی/فشانی کرنا do something by the sweat of one's brow; take pains, work hard. عرق عرق ہونا 1 be covered with sweat. 2 be ashamed. عرق کشید کرنا/کھینچنا distil. عرقِ گل/گلاب rose water. عرق گیر 1 distilling appliance. 2 saddlecloth. عرقِ نعناع vinegar distilled from mint.

عِرق /ɪrq/ ■ *n.f.* vein; blood vessel; nerve. عرق النسا sciatica. (*pl.* عُرُوق)

عروبہ /əru:bɑ:/ ■ *n.m.* old name for Friday.

عُروج /ʊru:dʒ/ ■ *n.m.* success; ascension, elevation, exaltation; height, climax, pinnacle. عروجِ ماہ ascension of the moon, i.e. first fourteen days of any lunar month. عروجِ مہر ascension of the sun from rise to meridian. عروج و زوال rise and fall.

عروس /əru:s/ ■ *n.f.* bride. عروس الخط/الخطوط 1 most beautiful script. 2 (*fig.*) Nastaliq script. 3 writing in which the letters have the diacritical points. (*pl.* عرائس، عروسان)

عروسانہ /əru:sɑ:nɑ:/ ■ *adv.* like a bride.

عروسک /əru:sək/ ■ *n.f.* 1 scarlet fly, red velvety insect. 2 name of a herbal medicine. 3 red colour.

عروسی /əru:si:/ ■ *adj.* bridal, nuptial. ■ *n.f.* marriage, wedding. عروسی سیج nuptial bed. عروسی کپڑے/لباس bridal dress.

عروض /əru:z/ ■ *n.m.* prosody.

عُروض /ʊru:z/ ■ *n.m.* appearance, emergence.

عروضی /əru:zi:/ ■ *adj.* prosodic. ■ *n.m.* one who knows prosody.

عُریاں /ʊrjɑ̃:/ ■ *adj.* 1 bare, naked, nude. 2 devoid (of), divested. 3 obscene. 4 evident, manifest. عریاں نگار/نویس writer of obscene stuff, pornographer. عریاں نگاری/نویسی obscene writing, pornography.

عُریانی /ʊrjɑ:ni:/ ■ *n.f.* (also عُریانیت) 1 nakedness, nudity. 2 lack of modesty or shame.

عریس /əri:s/ ■ *n.m.* bridegroom.

عریش /əri:ʃ/ ■ *n.m.* canopy; shelter.

عریض /əri:z/ ■ *adj.* wide, broad.

عریضہ /əri:zɑ:/ ■ *n.m.* letter; petition. (*pl.* عرائض)

عرین /əri:n/ ■ *n.m.* 1 den of a tiger. 2 thick forest.

عِز /ɪz/ ■ *n.m.* (also عِزّ) glory, grandeur, greatness, dignity, majesty; might; excellence. عز و جاہ/شان/وقار dignity, majesty, glory.

عزا /əzɑ:/ ■ *n.f.* 1 endurance, patience. 2 condolence; mourning (for Imam Hussain's martyrdom at Karbala). عزادار mourner (esp. of Imam Hussain). عزاداری mourning rituals.

عزازیل /əzɑ:zi:l/ ■ *pr.n.m.* Satan.

عزّاسمہٗ /əzzəɪsmʊhu:/ ■ *exclam.* His name be glorified!

عزائم /əzɑ:ɪm/ ■ *n.m.* (*pl.* of عزم) determinations; aims.

عِزّت /ɪzzət̪/ ■ *n.f.* 1 izzat, honour, respect, esteem, dignity, reputation. 2 chastity, virginity. عزت اتارنا 1 insult, disgrace, dishonour. 2 rape. عزتِ اجداد dignity of forefathers. عزت بچانا 1 save reputation. 2 rescue from rape. عزت بخشنا/دینا grace; exalt; confer honour or dignity; show respect (to someone). عزت بگاڑنا insult, disgrace. عزت دار respectable, honourable. عزت دارانہ respectable. عزت داری respectability. عزت رکھنا preserve one's honour or good name, save one from embarrassment or disgrace. عزت رہنا honour to be preserved, face to be saved. عزت کا لاگو ہونا be bent upon sullying or ruining someone's respect. عزت کرنا respect, honour. عزت لوٹنا rape. عزت لینا 1 dishonour, insult, disgrace, put to shame, destroy reputation, abuse. 2 violate, rape. عزت مآب honourable. عزت میں بٹہ لگنا/فرق آنا have one's reputation, character or name sullied. عزتِ نفس self-respect. عزت والا respectable person.

عِزرائیل /ɪzrɑ:i:l/ ■ *pr.n.* the angel of death.

عزل /əzl/ ■ *n.m.* 1 dismissal, removal (from office). 2 coitus interruptus. عزل و نصب removal and appointment.

عُزلت /ʊzlət̪/ ■ *n.f.* retirement; solitude, seclusion. عزلت خانہ/کدہ/گاہ solitude; hermitage. عزلت گزیں/نشیں

recluse, hermit, one leading life of retirement or seclusion.

عزم /əzm/ ■ *n.m.* determination, resolve, undertaking, purpose, aim, intention. عزم بالجزم firm determination. عزمِ راسخ/صمیم/مصمم firm resolve, settled purpose, determination. عزم کرنا resolve, determine. (*pl.* عزائم)

عزّوجل /əzzəvədʒəl/ ■ *adj.* (also عزّوجلّ) to Him belong might and majesty or glory and majesty; glorified and exalted be His name.

عُزّیٰ /ʊzzɑː/ ■ *pr.n.m.* (also عُزّا) name of a pre-Islamic deity in Arabia.

عزیز /əziːz/ ■ *adj.* 1 magnificent, powerful, glorious. 2 beloved; darling; dear. 3 precious. ■ *n.m.* 1 friend, relative; relation, kinsman. 2 (***Hist.***) title of the king of Egypt. 3 See العزیز. عزیز جاننا/رکھنا hold dear, love, esteem or value highly. عزیزداری relationship. عزیزواقارب kith and kin, friends and family, dear and near ones, relatives. (*pl.* اعزّہ)

عزیمت /əziːmət̪/ ■ *n.f.* 1 resolution, determination, undertaking. 2 intention, design. 3 (***Isj.***) obligatory ordinance of God. 4 incantation, usually as a prelude to white magic; charm, spell, amulet.

عُسر /ʊsr/ ■ *n.m.* hard times.

عُسرت /ʊsrət̪/ ■ *n.f.* 1 poverty, penury; scarcity. 2 difficult times, hardship, distress, hard times, straitness.

عسس /əsəs/ ■ *n.m.* 1 nightwatch of guards. 2 police inspector.

عسکر /əskər/ ■ *n.m.* army, armed force, troop. (*pl.* عساکر)

عسکری /əskəriː/ ■ *adj.* armed, military. ■ *n.m.* soldier.

عسل /əsəl/ ■ *n.m.* honey. (*pl.* عُسول)

عسیر /əsiːr/ ■ *adj.* 1 difficult; narrow. 2 poor. عسیرالفہم obscure, abstruse, recondite; esoteric.

عشا /əʃɑː/ ■ *n.m.* (also عشاء) evening meal, supper. عشاءِ ربانی Eucharist, Mass, the sacrament of the Lord's supper.

عِشا /ɪʃɑː/ ■ *n.f.* (also عِشاء) nightfall, dusk, darkness of night. عشا کی نماز (***Islam***) fifth and last prayer of the day.

عُشّاق /ʊʃʃɑːq/ ■ *n.m.* (*pl.* of عاشق) lovers.

عِشائیہ /ɪʃɑːɪjɑː/ ■ *n.m.* (also عشائیہ) dinner; dinner party.

عُشبہ /ʊʃbɑː/ ■ *n.m.* sarsaparilla, dried rhizomes or tropical plants from which these rhizomes are obtained.

عشَر /əʃər/ ■ *cardinal number* (also عشرہ) ten.

عُشر /ʊʃr/ ■ *ordinal number* tenth. ■ *n.m.* tenth part, tithe. عشرِ عشیر 1 tenth part of the tenth part; hundredth part. 2 (*fig.*) very little. عشرِ عشیر بھی نہ ہونا to be no match for; not to be minute part (of).

عشرات /əʃərɑːt̪/ ■ *n.m.* (*pl.* of عشرہ) tens, decades.

عِشرت /ɪʃrət̪/ ■ *n.f.* enjoyment; mirth, pleasure; comfort. عشرت خانہ/سرا/کدہ/گاہ house of pleasure or entertainment.

عشرہ /əʃərɑː/ ■ *adj.* ten. ■ *n.m.* 1 ten days; decade. 2 tenth day of the month of Moharram. عشرۂ اول 1 first ten days of a month. 2 first ten years of life. عشرۂ ثامنہ the eighties. عشرۂ ثانی second ten days of a month. عشرۂ کاملہ ten days of fasting three before and seven after the Hajj if sacrifice is not offered at Hajj. عشرۂ مبشرہ the blessed ten companions of Prophet Muhammad. عشرۂ محرم first ten days of Moharram (as period of mourning over Imam Hussain's martyrdom).

عش عش /əʃ əʃ/ ■ *n.m.* (*var.* of اش اش) (expression of praise) bravo! عش عش کرنا laud, applaud; spontaneously admire.

عِشق /ɪʃq/ ■ *n.m.* strong emotional attachment; excessive or passionate love, all-consuming love. عشقِ الٰہی love of God. عشق باز/پرداز rake, gallant, ladies' man; lover; beau. عشق بازی/پردازی/سازی amorousness, gallantry. عشقِ بتاں love for beautiful women. عشق پیچاں a species of ivy that bears red flowers, an evergreen creeper bearing red flowers, bindweed. عشقِ حقیقی/صادق spiritual love of God. عشقِ مجازی mundane love, carnal love. عشق وعاشقی love and being in love; love affairs.

عِشقیہ /ɪʃqɪjɑː/ ■ *adj.* of love; amatory.

عِشوہ /ɪʃvɑː/ ■ *n.m.* 1 flame which can be seen from a distance. 2 coquetry, amorous playfulness, blandishment; ogling. 3 confused or dubious affair. عشوہ پرداز/تاز/ساز/طراز/گر amorously playful, coquettish, coquette. عشوہ پردازی/تازی/سازی/طرازی/گری coquetry, blandishment.

عشیر /əʃiːr/ ■ *n.m.* tenth part, used with عُشر.

عشیرہ /əʃiːrɑː/ ■ *n.f.* (also عشیرت) relatives; family; tribe. (*pl.* عشائر)

عصا /əsɑː/ ■ *n.m.* 1 club, staff, sceptre, mace. 2 (*fig.*) support. عصابردار mace-bearer. عصائے پیری 1 old man's staff. 2 (*fig.*) one who takes care of an old man,

نگ	نک	ی	ہ	و	ن	م	ل	گ	ک	ق	ف
ŋg	ŋk	j	h	v	n	m	l	g	k	q	f

usually a son or daughter. عصائے سلطنت رشاہی royal sceptre. عصائے کلیم رموسوی miraculous staff of Moses.

عِصابہ /ɪsɑ:bɑ:/ ■ *n.m.* **1** piece of cloth wound round the head. **2** pain in the eyebrows. (*pl.* عصائب)

عصّار /əssɑ:r/ ■ *n.m.* oilman; a presser of grapes.

عُصارہ /ʊsɑ:rɑ:/ ■ *n.m.* juice, extract; gist. (*pl.* عُصارات)

عصب /əsəb/ ■ *n.m.* nerve; muscle, tendon, sinew, ligament. (*pl.* اعصاب)

عصبہ /əsəbɑ:/ ■ *n.m.* (also عُصبہ) **1** muscle, sinew, tendon, ligament; nerve. **2** distant relations on paternal side who are entitled to inheritance in certain cases.

عصبی /əsəbi:/ ■ *adj.* of or relating to عصب.

عصبیّت /əsəbɪjjət̪/ ■ *n.f.* **1** prejudice, bigotry, bias. **2** sectarianism; partisanship, tribalism, racialism, racial bias.

عصر[1] /əsr/ ■ *n.m.* **1** time, age, era; epoch. **2** name of the late afternoon prayer. **3** last part of the day before sunset, when Asr prayer is offered. عصر الحجر Stone-Age, ancient times. عصر حاضر ررواں رنو modern or present age. عصر وسطیٰ Middle Ages. (*pl.* عُصُور) [A]

عصر[2] ____ ■ *n.m.* extract, essence, juice; pith, gist. [A]

عصرانہ /əsrɑ:nɑ:/ ■ *n.m.* afternoon tea; tea party.

عصری /əsri:/ ■ *adj.* contemporary; of these or those times; of the day.

عُصفُر /ʊsfʊr/ ■ *n.m.* saffron in the flower; safflower, *Carthamus tinctorius* from which a red or yellow dye is produced.

عُصفُور /ʊsfu:r/ ■ *n.f.* sparrow, any small bird. (*pl.* عصافیر)

عِصمت /ɪsmət̪/ ■ *n.f.* chastity, honour, innocence; integrity. عصمت دری rape. عصمت فروشی prostitution. عصمت مآب pious; virtuous. (*pl.* عِصَم)

عِصیان /ɪsjɑ:n/ ■ *n.m.* (also عِصیاں) sin, wrongdoing. (*pl.* عِصیانات)

عصیر /əsi:r/ ■ *n.m.* **1** juice extracted from a fruit, etc.; grape-juice. **2** (*fig.*) grape-wine.

عضُد /əzʊḏ/ ■ *n.m.* **1** arm. **2** companion.

عضلہ /əzlɑ:/ ■ *n.m.* muscle, tissue. (*pl.* عضلات)

عُضو /ʊzv/ ■ *n.m.* **1** organ, body part. **2** member of any group or class. **3** department of any organization. عُضوِ تناسُل رخاص رمخصوص the penis. عضوِ ضعیف **1** weaker part. **2** (*fig.*) weak member of a group, etc. عُضوِ معطّل **1** useless limb. **2** ineffectual person or institution; good-for-nothing fellow. (*pl.* اعضا)

عُضوِیّات /ʊzvɪjjɑ:t̪/ ■ *n.f.* physiology.

عطا /ət̪ɑ:/ ■ *n.f.* (also عطاء) gift, present, bounty; favour; bestowal, grant, endowment. عطا کرنا confer, accord, give; bestow, award, grant. عطا نامہ grant, deed of gift. عطا ہونا be conferred, be bestowed, be granted, be accorded, be given. عطائے تو بہ لقائے تو I have the honour to return the gift to you.

عطّار /ət̪t̪ɑ:r/ ■ *n.m.* **1** perfumer. **2** chemist, druggist.

عُطارِد /ʊt̪ɑ:rɪḏ/ ■ *n.m.* **1** the planet Mercury. **2** zinc. عطارد رقم expert calligraphist. عطارد منش intelligent; keen.

عطّاری /ət̪t̪ɑ:ri:/ ■ *n.f.* **1** business of a chemist or perfumer. **2** perfumery.

عطائی /ət̪ɑ:i:/ ■ *n.m.* (*var.* of اتائی) quack, charlatan, unqualified practitioner particularly of medicine.

عطائیت /ət̪ɑ:ɪjət̪/ ■ *n.f.* (*var.* of اتائیت) quackery.

عِطر /ɪt̪r/ ■ *n.m.* perfume; essence. عطر بیز scent-bearing, odorous, odoriferous. عطر بیزی spreading fragrance, odorousness, odoriferousness. عطر دان perfume-box. عطر کا پھویا perfumed cotton flock. عطر کشید کرنا رکھینچنا extract essence or perfume (from). عطر لگانا رملنا apply scent or perfume to body or dress. عطر میں بسانا apply perfume. (*pl.* عِطریات)

عطسہ /ət̪sɑ:/ ■ *n.m.* sneezing.

عطش /ət̪əʃ/ ■ *n.f.* thirst.

عطشان /ət̪ʃɑ:n/ ■ *adj.* **1** very thirsty. **2** longing.

عطف /ət̪f/ ■ *n.m.* **1** kindness, favour, bounty; inclination. **2** (***Gram.***) conjunction.

عُطُوفت /ʊt̪u:fət̪/ ■ *n.f.* (also عطوفت) kindness, benevolence.

عطیّہ /ət̪ɪjjɑ:/ ■ *n.m.* gift, present; endowment, grant; assignment. عطیہ دار assignee; grant-holder. (*pl.* عطایا)

عِظام[1] /ɪzɑ:m/ ■ *n.m.* (*pl.* of عظم) bones. [A]

عِظام[2] —— ■ *n.m.* (*pl.* of عظیم) great people. [A]

عُظّام /ʊzzɑ:m/ ■ *adj.* elder; big; great (person).

عظم /əzm/ ■ *n.m. & f.* bone. (*pl.* عظام[1])

عِظم /ɪzm/ ■ *n.m.* (also عُظم) greatness, magnificence; bigness.

عُظَما /ʊzəmɑ:/ ■ *n.m.* (*pl.* of عظیم) (also عُظماء) venerable nobles, great people.

عظمت /əzmət̪/ ■ *n.f.* **1** greatness, magnificence; pomp.

2 magnitude. 3 haughtiness. عظمتِ رفتہ glory of the past.

عظمہ /əzmɑ:/ ■ *n.m.* piece of a bone.

عُظمیٰ /ʊzmɑ:/ ■ *adj.* (*fem.* of اعظم) great, supreme.

عظیم /əzi:m/ ■ *adj.* high in dignity; large; great, grand. عظیم الجثہ/الہیکل large, huge; large of physique, robust, corpulent. عظیم الشان grand, noble, of high rank and dignity; illustrious. (*pl.* عظام۲، عُظَما)

عفاف /əfɑ:f/ ■ *n.m.* piety, chastity; modesty.

عِفّت /ɪffət/ ■ *n.f.* 1 chastity, purity, virtue, virtuousness; abstinence. 2 decency, modesty.

عِفریت /ɪfri:t/ ■ *n.m.* afreet, an evil demon of Arab mythology, ogre.

عف عف /ə f əf/ ■ *n.f.* (also عفعف) bow-wow, dog's bark.

عفن /əfn/ ■ *n.m.* stink, stench.

عفو /əfv/ ■ *n.m.* forgiveness, remission of sin, pardon. عفوکرنا pardon. عفوودرگزر pardoning and tolerance. عفوہونا be pardoned.

عفوصت /əfu:sət/ ■ *n.f.* (also عُفُوصت) 1 astringency. 2 bitterness.

عُفُونت /ʊfu:nət/ ■ *n.f.* (also عفونت) foul smell, stink, stench; rancidity, fetidness. عفونتِ جگر hepatitis.

عفَی اللہُ عنہُ /ʔəfəllɑ:hʊ ʔənhu:/ ■ *phr.* may he be Divinely pardoned!

عفیف /əfi:f/ ■ *adj.* chaste, virtuous, abstemious. (*fem.* عفیفہ)

عِقاب /ɪqɑ:b/ ■ *n.m.* chastisement, punishment, torture.

عُقاب /ʊqɑ:b/ ■ *n.m.* eagle. (*pl.* عُقبان)

عقائد /əqɑ:ɪd/ ■ *n.m.* (*pl.* of عقیدہ) (also عقاید) faiths, beliefs. عقائدِ باطلہ false beliefs.

عقب /əqəb/ ■ *prep.* behind, after, back. ■ *n.m.* 1 rear; heel. 2 (*fig.*) offspring, next generation. (کے) عقب میں at the back (of). (*pl.* اعقاب)

عقبہ /əqəbɑ:/ ■ *n.f.* ascent; difficult hill-track, steep mountain or road. (*pl.* عقبات)

عُقبیٰ /ʊqbɑ:/ ■ *n.f.* the next world, the hereafter.

عقبی /əqəbi:/ ■ *adj.* back, behind. عقبی دروازہ back door.

عقد /əqd/ ■ *n.m.* 1 tie, knot. 2 marriage contract or bond. 3 agreement, covenant, compact. عقدِ انامل using fingers for counting. عقد بندی tying of the marriage knot. عقدِ بیع sale agreement, deed of sale. عقدِ زفاف/زوجیت marriage; wedding. عقد کرنا wed, marry. عقدِ مواخات brotherhood. عقدنامہ marriage contract. عقدہونا be married. (*pl.* عُقُود)

عِقد /ɪqd/ ■ *n.m.* necklace, garland. عقدِ پروین/ثریا the Pleiades, also known as seven sisters.

عُقدہ /ʊqdɑ:/ ■ *n.m.* 1 knot, tie, bond. 2 difficult or knotty problem, confused state; complicated affair. 3 (*fig.*) enigma, mystery, secret. عقدہ حل کرنا/سلجھانا/کھولنا solve a difficult problem. عقدہ کشا one who removes (another's) difficulties. عقدہ کشائی solving or removing a problem or difficulty. عقدہ کھلنا/واہونا (mystery) be resolved; hidden fact come to light. عقدۂ لاحل/پیچل insoluble problem; intricate knot.

عُقر /ʊqr/ ■ *n.f.* compensation payable to a slave girl or other woman in the event of accidental sexual intercourse with her.

عقرب /əqrəb/ ■ *n.m.* 1 scorpion. 2 (***Astrol.***) Scorpio, the eighth sign of the zodiac. (*pl.* عقارب)

عقل /əql/ ■ *n.f.* (also عقل) reason; wisdom, intellect, sense. عقلِ انسانی reason; human intellect. عقل بڑی یا بھینس said when someone is being very foolish, how silly of you! عقل پر پتھر پڑنا lose one's sense. عقل پر پردہ پڑ جانا act foolishly. عقل چکرانا/چکر میں آنا be confused, be at one's wits' end. عقلِ حیوانی animal instinct. عقل داڑھ wisdom tooth. عقل دنگ ہونا be astounded, baffle. عقل دوڑانا think, reason, consider. عقل دینا advise; instruct. عقلِ سلیم common sense, good sense. عقل سے باہر inconceivable, unreasonable, beyond comprehension; nonsensical. عقلِ صحیح sound mind. عقل کا اندھا/پورا/دشمن/کورا blockhead, fool, stupid person. عقل کا پتلا clever, skilful. عقل کام نہیں کرتی I fail to understand. عقلِ کُل/مجسم 1 sole counsellor. 2 (*iron.*) wiseacre, know-all. عقل کے گھوڑے دوڑانا exercise one's mind, think. عقل گھاس چرنے جانا act or talk foolishly. عقل ماری جانا lose one's senses. عقل مند wise, sensible. عقل مند کی بلا دور wisdom banishes troubles. عقل مندی wisdom, sagacity, ingenuity. عقل میں آنا understand. عقل میں فتور آنا lose one's head, go mad.

عُقلا /ʊqəlɑ:/ ■ *n.m.* (*pl.* of عاقل) wise men.

عقلاً /əqlən/ ■ *adv.* by reason, rationally.

عقلی /əqli:/ ■ *adj.* rational; reasonable. عقلی توجیہ rational explanation. عقلی گدّے لڑانا/لگانا say at random; make a guess.

عقلیّت /əqlɪjjət/ ■ *n.f.* (***Philos.***) rationalism.

عُقم /əqʊm/ ■ *n.m.* (also عُقُم) sterility, infertility.

عُقُوبت /ʊqu:bət̪/ ■ *n.f.* punishment, persecution, chastisement. عقوبت خانہ torture cell; prison cell.

عُقُول /ʊqu:l/ ■ *n.f.* (*pl.* of عقل) 1 wisdoms. 2 (*fig.*) angels. عقولِ عشرہ (***Sufism***) ten angels who carried out Divine Commands of creation.

عقیدت /əqi:d̪ət̪/ ■ *n.f.* 1 faith, veneration, esteem (esp. for a religious or spiritual person). 2 attachment; spiritual or emotional allegiance. عقیدت مند devoted, faithful; devotee; votary. عقیدت مندی devotion (to); belief (in).

عقیدہ /əqi:d̪ɑ:/ ■ *n.m.* doctrine; tenet; fundamental article of faith.

عقیر /əqi:r/ ■ *adj.* barren, childless, infertile.

عقیق /əqi:q/ ■ *n.m.* cornelian. عقیقِ لب red lips; lips of beloved. عقیق لب having red lips.

عقیقہ /əqi:qɑ:/ ■ *n.m.* (***Islam***) ritual shaving of the head of a newborn, usually on seventh day after birth with animal sacrifices.

عقیل /əqi:l/ ■ *n.m.* wise, sagacious, learned. (*fem.* عقیلہ)

عقیم /əqi:m/ ■ *adj.* infertile (man or woman), incapable of child-bearing, sterile. عقیم العقل fool.

عکّاس /əkkɑ:s/ ■ *n.m.* photographer; reflector; depicter.

عکّاسی /əkkɑ:si:/ ■ *n.f.* photography; portrayal. عکاسی کرنا portray.

عکس /əks/ ■ *n.m.* 1 reflected image (as in a mirror), reflection. 2 reverse (side); inverse. 3 facsimile; Xerox (of writing, printing or picture, etc.). عکس کھینچنا take a photograph.

عکسالہ /əksɑ:lɑ:/ ■ *n.m.* camera.

عکسی /əksi:/ ■ *adj.* reflective, reflected; photographic. عکسی تصویر photograph. عکسی نقل photocopy.

عُلا /ʊlɑ:/ ■ *n.m.* (also علیٰ) height of status, glory, zenith.

علّاتی /əllɑ:t̪i:/ ■ *adj.* half (brother or sister), stepbrother or sister from the mother's side. (*cf.* اخیافی)

عِلاج /ɪlɑ:dʒ/ ■ *n.m.* medical treatment, cure, remedy; antidote; relief. علاج بالضد allopathy. علاج بالمثل homoeopathy. علاج کرنا treat medically, cure.

علاحدہ /əlɑ:heḍɑ:/ ■ *adj* separate. See علیحدہ.

عِلاقائیت /ɪlɑ:qɑ:ɪjət̪/ ■ *n.f.* regionalism.

عِلاقہ /ɪlɑ:qɑ:/ ■ *n.m.* (also علاقہ) 1 estate, land; property. 2 affinity, connection. 3 tassel, hanging. علاقہ بند gold lace worker. علاقہ بندی 1 gold lace work; business of gold lace making. 2 demarcation of a region or landed property. علاقہ جات different areas. علاقہ رکھنا concern, belong, have to do with, be related to, be attached to. علاقہ وار area-wise. علاقہ واریت regionalism. (*pl.* علائق)

عِلاقے /ɪlɑ:qe:/ ■ *n.m.* (*pl. & infl.* of عِلاقہ) علاقے سے باہر beyond limits or jurisdiction of.

علالت /əlɑ:lət̪/ ■ *n.f.* illness, infirmity, sickness.

علّام /əllɑ:m/ ■ *adj.* Omniscient (as an attribute of God); all-knowing. علام الغیب/الغیوب knower of the unknown, knower of all the mysteries, an attribute of God.

علامت /əlɑ:mət̪/ ■ *n.f.* 1 symbol, sign, mark, symptom, index; badge. 2 (computer) icon; code. علامتِ استفہام question mark, sign of interrogation. علامتِ بلوغ/بلوغت sign of puberty. علامت پسندی symbolism. علامت نگاری symbolization. (*pl.* علامات)

علامتی /əlɑ:mət̪i:/ ■ *adj.* symbolic. علامتی افسانہ/کہانی symbolic fiction/story. علامتی شاعری symbolic poetry.

علامتیّت /əlɑ:mət̪ɪjjət̪/ ■ *n.f.* (also علامیّت) symbolism.

علّامہ /əllɑ:mɑ:/ ■ *adj.* very wise or learned (honorific title bestowed on some learned person or erudite scholar). ■ *n.m.* 1 very learned person. 2 (*iron.*) clever.

علانیہ /əlɑ:nɪjɑ:/ ■ *adv.* publicly, openly. ■ *adj.* manifest, open. علانیہ کہنا speak openly.

عِلاوہ /ɪlɑ:vɑ:/ ■ *adv.* moreover; besides, in addition (to), apart from. علاوہ ازیں besides. علاوہ اس کے in addition to this, moreover.

علائق /əlɑ:ɪq/ ■ *n.m.* (*pl.* of عِلاقہ) 1 worries. 2 connections, relations. علائقِ دنیوی worldly affairs.

عِلّت /ɪllət̪/ ■ *n.f.* 1 cause, ground (of charge or accusation). 2 bad habit; addiction; vice. 3 malady, sickness. 4 pretence, pretext. 5 fault, defect. علت اُبنہ sodomy as a passive partner. علت پال/راگالینا 1 develop a habit. 2 invite trouble. علتِ صوری apparent or formal cause. علتِ غائی real cause. علتِ فاعلی efficient cause. علتِ مادّی material cause. علت میں on account of; on the charge of. علت ومعلول cause and effect. (*pl.* عِلَل)

عِلّتی /ɪllət̪i:/ ■ *n.m.* addict. ■ *adj.* 1 having a bad habit. 2 having fault or flaw.

علف /ələf/ ■ *n.m.* grass; fodder, hay, provender (for cattle or beasts); alfalfa, lucerne. علف زار meadow, pasture.

علق /ələq/ ■ *n.m.* **1** frozen blood, clotted blood. **2** leech.

عَلَم /ələm/ ■ *n.m.* **1** flag, banner, standard. **2** (***Gram.***) proper noun. علم بردار standard bearer; supporter or protagonist (of a cause, etc.). علم ٹوٹنا be cursed. علم دار standard- bearer. علم کرنا raise; draw sword, etc. علم گاڑنا make name, become famous. علم ہونا **1** be raised. **2** be notorious or famous.

عِلم /ɪlm/ ■ *n.m.* knowledge, learning; science. علم اخلاق/الاخلاق ethics, moral philosophy. علم ادویہ/الادویہ pharmacology. علم ادیان/الادیان theology. علم ارقام/حساب arithmetic. علم الابدان/الاجساد/الاعضا/البدن physiology; anatomy. علم الاحجار/حجریات lithology. علم الاحصا/شماریات statistics. علم الارض geology. علم الاساطیر/الاصنام/الاوثان mythology. علم الاصوات/آواز acoustics. علم الاعداد numerology. علم الافلاک/ہیئت astronomy. علم الاقتصاد/معاشیات economics. علم العروض/عروض prosody. علم الفرائض a branch of knowledge of religion which discusses all Islamic duties and obligations; inheritance law. علم الکائنات cosmology. علم الکلام/کلام use of logical arguments for proving Islamic beliefs. علم اللغت lexicology. علم النفس/نفسیات psychology. علم الوجوہ physiognomy. علم الٰہی/باری theology. علم الیقین belief based on personal knowledge. علم بیان science of the use of figures of speech; the branch of rhetoric dealing with the metaphorical use of language. علم پرور/دوست lover of learning, philomath. علم پروری/دوستی love for or devotion to learning. علم حیاتیات biological science, biology. علم حیوانات zoology. علم دان learned. علم دین divinity, knowledge of religious precepts. علم ریاضی mathematics. علم طبقات الارض geology. علم طبعی/طبیعیات physics. علم غیب knowledge of the unknown or unseen. عِلم قیافہ physiognomy, supposed art of judging character from facial characteristics. علم کیمیا chemistry. علم لدنّی inspired knowledge. علم مجلس/مجلسی science of etiquette. علم مساحت surveying. علم معانی rhetoric. علم مناظرہ polemics. علم منطق logic. علم موجودات natural science. علم نباتات botany. علم نجوم astrology. علم و حکمت science and philosophy. علم و فضل learning and erudition. علم ہندسہ geometry. (*pl.* عُلوم)

عُلما /ʊləmɑ:/ ■ *n.m.* (*pl.* of عالِم) ulema, scholars, especially of religion. علمائے سوء scholars (esp. religious) who mislead people.

عِلمی /ɪlmi:/ ■ *adj.* academic, scholarly, scientific. علمی مباحثہ academic discussion.

عِلمیات /ɪlmɪjjɑ:t̪/ ■ *n.f.* (***Philos.***) epistemology.

عِلمیت /ɪlmɪjjət̪/ ■ *n.f.* learning; scholarship.

عُلُو /ʊlu:/ ■ *n.m.* height, eminence, sublimity; rise.

عُلوفہ /ʊlu:fɑ:/ ■ *n.m.* **1** food or victuals; rations; provisions. **2** salary; stipend; pension; daily pay.

عُلوم /ʊlu:m/ ■ *n.m.* (*pl.* of عِلم) branches of knowledge, sciences. علوم جدیدہ modern knowledge, modern sciences. علوم ریاضی mathematical sciences. علوم شرقیہ oriental studies. علوم قدیمہ ancient sciences. علوم متعارفہ axioms. علوم مروجہ current branches of learning. علوم و فنون arts and sciences.

علوی /ələvi:/ ■ *n.m.* Alawi, Alawites, descendants or supporters of Hazrat Ali, the fourth Rightly Guided Caliph of Islam.

عُلوی /ʊlvi:/ ■ *adj.* **1** heavenly, sublime. **2** (white magic or incantations) having religious sanction. (*opp.* سِفلی)

علیٰ /əlɑ:/ ■ *prep.* (also علے) on, upon, above; to. علی الاتصال/التسلسل in succession, continuously, consecutively. علی الاجمال **1** in brief. **2** conjointly, jointly. علی الاختصار briefly, in brief. علی الاطلاق solely; absolutely; without restriction or restraint; in all circumstances. علی التخصیص/الخصوص especially, particularly. علی الترتیب respectively. علی التفصیل minutely, in detail. علی التواتر/التوالی continually, repeatedly. علی التوکل **1** on trust, in faith, in blind confidence. **2** at random; haphazardly. علی الحساب on account, payment without proper account. علی الحساب دینا pay on account. علی الدوام permanently, forever, perpetually, always. علی الرغم in spite of, despite; contrary to the facts, wishes, etc. علی الصباح/الصبح in the early morning; about dawn. علی العصر instantly, on the instant. علی العموم generally. علیٰ قدر حال/مراتب each according to his or her status. علیٰ ہذا القیاس so on; in the same manner.

علی /əli:/ ■ *adj.* eminent; noble; high in rank. ■ *pr.n.m.* Hazrat Ali, the fourth Rightly Guided Caliph and son-in-law of Prophet Muhammad. علی بند/زد amulet or

عمائد /əmɑ:ɪd̪/ ■ *n.m.* (*pl.* of عمید) respectable and honourable people, people of high rank. عمائدِ سلطنت dignitaries of state. (*ppl.* عمائدین)

عمد /əmd̪/ ■ *n.m.* (also عمد) aim, intention. ■ *adj.* deliberate, intentional.

عمداً /əmd̪ən/ ■ *adv.* (also عمداً) intentionally, deliberately, wilfully.

عُمدت /ʊmd̪ət̪/ ■ *n.f.* prop, pillar; support; stay.

عُمدگی /ʊmd̪əgi:/ ■ *n.f.* **1** fineness, goodness, good quality, worth, excellence. **2** dignity.

عُمدہ /ʊmd̪ɑ:/ ■ *adj.* (also عُمدۃ) fine, nice; excellent; sumptuous, grand, noble. عمدۃالخاص prime minister. عمدۃُالملک title formerly bestowed on officers of high rank. عمدے سے عمدہ best of the best.

عُمر /ʊmr/ ■ *n.f.* age, lifetime, lifespan. عمرِ ابد/جاوداں/جاوید/دوام immortal life. عمر بِتانا/کاٹنا pass one's life. عمر بھر during the whole life, all the lifelong; the whole of one's life. عمر بھر کا lifelong, sufficient for lifetime. عمرِ دراز long-life. عمر دراز ہو may your life be long! عمر رسیدہ of advanced age, old, aged. عمرِ رواں fleeting life. عمرِ طبیعی natural life. عمر قید life imprisonment. عمرِ گزشتہ past life. عمرِ نوح (*fig.*) long life.

عُمرانی /ʊmrɑ:ni:/ ■ *adj.* (also عِمرانی) social, societal. عمرانی علوم social sciences.

عُمرانیات /ʊmrɑ:nɪjɑ:t̪/ ■ *n.f.* (also عِمرانیات) sociology.

عمرو /əmr/ ■ *n.m.* **1** one of the most famous characters of classic *Dastan-e-Ameer Hamza.* **2** (*fig.*) very clever person. **3** (also عمر) third hypothetical person (as Harry in 'Tom, Dick and Harry'. عمرو عیار کی زنبیل **1** magical bag of that character containing almost everything. **2** (*fig.*) magic bag.

عُمرہ /ʊmrɑ:/ ■ *n.m.* Umra, lesser pilgrimage to Makkah at any time of the year.

عُمریا /ʊmərjɑ:/ ■ *n.f.* (*dim.* of عُمر) (esp. *poet.*) age.

عُمق /ʊmʊq/ ■ *n.m.* depth, profundity. (*pl.* اعماق)

عمل /əməl/ ■ *n.m.* **1** action, work, act, deed; practice; process; execution. **2** effect. **3** sway, rule. **4** enema. **5** stroke of an hour; time (of day). **6** administration; jurisdiction. **7** spell, incantation, charm. عملِ انجذاب/نفوذ osmosis. عملِ بد/شنیع bad action; sin. عملِ بے جا improper action; misapplication. عمل پٹہ charm worn as protection against black magic or evil eye; a type of armband or bracelet. علی وھت gigantic, monstrous. علی مدد/مدد name of a trick in cudgelling.

عُلیا /ʊljɑ:/ ■ *adj.* (*fem.* of اعلیٰ) علیا حضرت Her Highness.

علیحدگی /əlæ:hd̪əgi:/ ■ *n.f.* separation; dismissal.

علیحدہ /əlæ:hd̪ɑ:/ ■ *adj.* (also علاحدہ) separate, apart (from), asunder; disconnected; distinct. ■ *adv.* separately, one by one; apiece. علیحدہ رکھنا set or keep apart. علیحدہ علیحدہ separately, piece by piece. علیحدہ کرنا **1** separate, part with. **2** divorce; sunder relations with. **3** dismiss (from service). علیحدہ ہونا be separated from.

علیک سلیک /əlæ:k səlæ:k/ ■ *n.f.* greetings and return of greetings; nodding acquaintance.

علیگ /əli:g/ ■ *adj.* (also علیگی) of or relating to the Ali Garh Muslim University, India.

علیل /əli:l/ ■ *adj.* sick, indisposed, ill.

علیم /əli:m/ ■ *adj.* wise, learned, knowing everything. ■ *n.m.* See العلیم.

علیہ /əlæ:h/ ■ *adv.* (also used as *prefix* or *suffix*) on him. علیہ الرحمۃ (used with the names of saints, etc.) mercy on him! علیہ السلام (used with the name of prophets and angels) peace be on him! blessing on him! علیہ ما علیہ to him whatever he is entitled to (mercy or condemnation).

علیہا /əlæ:hɑ:/ ■ *adv.* on her.

عم /əm/ ■ *n.m.* paternal uncle; father's brother. عم زاد/زادہ cousin, paternal uncle's son. عم زادی paternal uncle's daughter, cousin. (*pl.* اعمام)

عِماد /ɪmɑ:d̪/ ■ *n.m.* **1** pillar, column; support. **2** reliance; confidence, trust. **3** (*fig.*) a trustworthy person; dignitary. عمادُالدولہ/الملک the honorific title awarded to nobles in the Mogul Empire.

عِمارت /ɪmɑ:rət̪/ ■ *n.f.* building, edifice; structure. عمارت اٹھانا/کھڑی کرنا construct or raise a building. عمارت بیٹھ جانا building to cave in. عمارت ڈھادینا/ڈھانا/گرانا pull down a building. (*pl.* عمارات)

عمّاری /əmmɑ:ri:/ ■ *n.f.* (also عماری) litter or rider's seat with canopy on an elephant or camel. (See also ہودج.)

عُمّال /ʊmmɑ:l/ ■ *n.m.* (*pl.* of عامل) agents; governors; rulers. عمالِ حکومت government officials.

عمامہ /əmɑ:mɑ:/ ■ *n.m.* (also عِمامہ، عمّامہ) turban. (*pl.* عمائم)

deed appointing an agent or manager; warrant authorizing the collection of rents of an estate. عمل پڑھنا recite a magical formula or incantation. عمل پیرا ہونا act upon. عملِ پیہم continuous struggle. عملِ تبخیر evaporation. عملِ تقطیر filtration. عملِ تنویم hypnosis. عملِ جراحی surgery, surgical operation; operation. عمل داری territory under control; authority, sway. عمل دخل 1 involvement; interference. 2 authority; influence, sway. عمل درآمد implementation, acting upon. عمل درآمد کرنا act upon, implement; enforce. عمل درآمد ہونا 1 be enforced. 2 be acted (upon), be implemented. عمل دستک (*Law*) warrant, deed of conveyance. عملِ صالح good deeds. عمل کرنا 1 act. 2 operate. 3 bring into effect. 4 cast a spell. عمل ہونا (order) be obeyed or acted upon. (*pl.* اعمال، عملیات)

عملاً /əmələn/ ■ *adv.* practically, for all practical purposes.

عملہ /əməlɑ:/ ■ *n.m.* (also عملہ) amlah, staff of servants or workers. عملہ فعلہ small staff, workers or clerks, etc.

عملی /əməli:/ ■ *adj.* practical; ordinary; of daily use. عملی جامہ practical form or shape. عملی جامہ پہنانا to practically implement a plan, etc.

عملیّت /əməlɪjjət̪/ ■ *n.f.* pragmatism.

عمّو /əmmu:/ ■ *n.m.* paternal uncle. عموزادہ cousin.

عمود /əmu:d̪/ ■ *n.m.* (also عُمود) 1 pole (of tent); pillar. 2 cudgel; mace. 3 (*Geom.*) perpendicular. عمودِ صبح morning rays.

عمودی /əmu:d̪i:/ ■ *adj.* (also عُمودی) perpendicular.

عُموم /ʊmu:m/ ■ *n.m.* prevalence; practice.

عُموماً /ʊmu:mən/ ■ *adv.* (also بالعموم) commonly, generally, usually.

عُمومی /ʊmu:mi:/ ■ *adj.* general, common.

عُمومیت /ʊmu:mɪjjət̪/ ■ *n.f.* generality.

عمید /əmi:d̪/ ■ *n.m.* important personality, dignitary. (*pl.* عمائد; *ppl.* عمائدین)

عمیق /əmi:q/ ■ *adj.* deep, profound. عمیق نظری رنگاہی minute observation.

عمیم /əmi:m/ ■ *adj.* 1 common, general; universal. 2 full, complete. 3 comprehensive. 4 abundant.

عن /ən/ ■ *prep.* with; on; for; from, out of. عن قریب soon.

عنا /əna:/ ■ *n.f.* affliction, grief; fatigue, distress, trouble.

عُنّاب /ʊnnɑ:b/ ■ *n.m.* jujube, berry-like fruit, used as an expectorant in eastern medicine, *Ziziphus sativa*.

عُنّابی /ʊnnɑ:bi:/ ■ *adj.* dark red.

عناد /ɪnɑ:d̪/ ■ *n.m.* enmity, hostility, ill will.

عنادل /ənɑ:d̪ɪl/ ■ *n.m.* (*pl.* of عندلیب) nightingales.

عناصر /ənɑ:sɪr/ ■ *n.m.* (*pl.* of عُنصر) elements. عناصرِ اربعہ the four elements (earth, water, air, and fire) in ancient and medieval philosophy.

عِنان /ɪnɑ:n/ ■ *n.m.* (also عَنان) 1 rein, strap of bridle. 2 (*fig.*) control, governance. عنانِ اقتدار رحکومت reins of government. عنان تاب nimble (horse). عنان گیر hinderer; prohibiter.

عنانت /ənɑ:nət̪/ ■ *n.f.* impotence.

عِنایت /ɪnɑ:jət̪/ ■ *n.f.* kindness, courtesy, favour; gift. عنایتِ ایزدی God's favour. عنایت رکھنا show favour. عنایت کرنا give, bestow, award. (*pl.* عِنایات)

عِنَب /ɪnəb/ ■ *n.m.* grape.

عنبر /əmbər/ ■ *n.m.* ambergris. عنبرِ اشہب black ambergris. عنبر بار fragrant, scented, perfumed.

عنبری /əmbəri:/ ■ *adj.* (also عنبرین) smelling of ambergris; sweet-smelling; having the colour or odour of ambergris.

عِند /ɪnd̪/ ■ *prep.* near; at; about; on; in; with. ■ *adv.* in time of; according to. عندالاحتیاج رالحاجت رالضرورت as per need, in time of need, when required. عندالاستفسار when asked; upon enquiry or investigation, on or during investigation. عندالتجویز as proposed; as suggested; under consideration; pending trial or enquiry before the court. عندالتحقیق certainly; in course of or according to enquiry or investigation, in reality or truth. عندالتدارک at the time of applying a remedy. عندالتقاضا رالطلب on demand. عندالثّبوت on proof; on conviction. عندالملاقات at the meeting; during the interview; when (we, etc.) meet. عندالوصول on receipt; on arrival. عندالوقت 1 in time, at the proper time. 2 at the critical juncture. عندالوقوع in the event of, when something occurs, on the occurrence of (some event); in such an event.

عندلیب /ənd̪əli:b/ ■ *n.f.* nightingale, bulbul, small migratory bird noted for its melodious songs, often at night. (*pl.* عنادل)

عِندیہ /ɪndɪja:/ ■ *n.m.* 1 view, opinion. 2 intention, design; plan. عندیہ پانا / لینا ascertain the view (of).

عُنصر /ʊnsər/ ■ *n.m.* (also عُنصُر) 1 element; factor. 2 component, part. (*pl.* عناصر)

عُنصری /ʊnsəri:/ ■ *adj.* 1 elemental. 2 basic, fundamental.

عُنفُوان /ʊnfʊvɑ:n/ ■ *n.m.* bloom, prime, beginning of anything. عنفوانِ جوانی / شباب prime of youth.

عُنُق /ʊnʊq/ ■ *n.m.* & *f.* neck. (*pl.* اعناق)

عنقا /ənqɑ:/ ■ *n.m.* mythical bird, sometimes identified with phoenix or *simurgh* (سیمرغ). ■ *adj.* very rare, unavailable, extinct. عنقا ہونا be rare or non-existent.

عنقریب /ənqəri:b/ ■ *adv.* shortly; very soon.

عنکبوت /ənkəbu:t̪/ ■ *n.f.* spider. (*pl.* عناکب، عناکیب)

عُنوان /ʊnvɑ:n/ ■ *n.m.* 1 title or heading; anything that serves as an indication. 2 mode, manner, plan, way.

عِنّین /ɪnni:n/ ■ *n.m.* (also عِنّی) impotent man.

عوارض /əvɑ:rɪz/ ■ *n.m.* (*pl.* of عارضہ) 1 diseases. 2 reasons, causes. 3 incidents, accidents; changes.

عواصف /əvɑ:sɪf/ ■ *n.m.* strong winds; dust storm. (*sing.* عاصف)

عواطف /əvɑ:t̪ɪf/ ■ *n.m.* (*pl.* of عاطفت) affections; kind feelings.

عواقب /əvɑ:qɪb/ ■ *n.m.* (*pl.* of عاقبت) results; ends; consequences.

عوالم /əvɑ:lɪm/ ■ *n.m.* (*pl.* of عالَم) worlds.

عوام /əvɑ:m/ ■ *n.m.pl.* (nowadays also used as *n.f.* and *sing.*) common people, public, masses, populace. عوام النّاس public, common people, populace at large. عوام کالانعام (*derog.*) ordinary people are like cattle, i.e. illiterate or without brains.

عوامل /əvɑ:mɪl/ ■ *n.m.* (*pl.* of عامِلہ) factors; agents; causes.

عوامی /əvɑ:mi:/ ■ *adj.* of or related to common people; public; popular. عوامی بولی colloquial language; dialect. عوامی تحریک public movement. عوامی حکومت democracy; republic. عوامی گیت folk-song.

عوائب /əvɑ:ɪb/ ■ *n.m.* (*pl.* of عَیب) defects, faults; blemishes.

عُوج بن عُنُق /u:dʒ bɪn ʊnʊq/ ■ *pr.n.m.* name of a legendary figure who was extraordinary tall. ■ *n.m.* (*fig.*) tall foolish person.

عود /ɔ:d̪/ ■ *n.m.* relapsing, returning; a return, a relapse. عود کر آنا return, relapse.

عُود /u:d̪/ ■ *n.m.* aloe wood, eagle wood. عوددان / سوز censer. عودِ ہندی a kind of aloes wood, *Aloexylon agallochum*.

عُور /u:r/ ■ *adj.* naked, nude, bare.

عَورت /ɔ:rət̪/ ■ *n.f.* 1 woman, female; wife. 2 parts of the body that should go covered. عورت جنس / ذات the female sex. عورت کا راج / کی حکومت petticoat government. عورت مار lady-killer. (*pl.* عَورات)

عِوض /ɪvəz/ ■ *n.m.* 1 reward; return. 2 exchange, substitution. 3 retaliation; revenge. 4 recompense, compensation. ■ *adv.* in exchange (for); instead (of). عوض دینا pay in return, reimburse. عوض لینا exact retribution; take revenge. عوضِ معاوضہ exchange. عوضِ معاوضہ گلہ ندارد let us call quits. عوض میں as substitute for, in lieu of, in supersession of, mutatis mutandis.

عِوضانہ /ɪvəzɑ:nɑ:/ ■ *n.m.* exchange, compensation; salary, wages.

عِوضی /ɪvəzi:/ ■ *n.f.* substitute, person acting for another; locum tenens ■ *adj.* officiating. عوضی دینا supply substitute. عوضی کرنا officiate.

عَول /ɔ:l/ ■ *n.m.* (***Isj.***) a way of dividing property by reducing shares when it is not possible to cover fully.

عَون /ɔ:n/ ■ *n.m.* help; support. عونِ الٰہی God's help. (*pl.* اعوان)

عہد /æhd̪/ ■ *n.m.* 1 vow, oath; promise. 2 contract; agreement; bond; mandate. 3 time; season; lifetime; era; epoch; age. عہدِ الست admission of submission to God. عہد باندھنا make a vow or pact. عہدِ بعید / پارینہ / پاستاں / عتیق / قدیم / کہن old or ancient time. عہد توڑنا break one's promise or pact. عہدِ حکومت reign, period of rule. عہدِ رفتہ / گزشتہ past. عہد شکن one who goes back on his or her words; one who breaks promises or does not keep faith. عہد شکنی breach of faith; breaking of trust or promise; breach of agreement or promise. عہد کرنا promise or pledge; give one's words. عہدنامہ contract; treaty. عہدنامۂ جدید New Testament. عہدنامۂ عتیق / قدیم Old Testament. عہدِ نو modern or present age. عہدِ واثق pledge, solemn promise. عہد و پیماں vows and promises. (*pl.* عُہود)

عُہدہ /ohd̪ɑ:/ ■ *n.m.* 1 rank, designation; post; office. 2 responsibility. عہدہ برائی discharge of duty;

completion of an engagement. عہدہ پانا obtain the office or appointment. عہدہ دار an official or officer; office-bearer.

عِیادت /ɪjɑ:dət̪/ ■ *n.f.* (also عیادت) visiting the sick. عیادت کرنا inquire after the health of a sick person.

عِیاذ /ɪjɑ:z/ ■ *n.m.* refuge; seeking protection. عیاذاًباللہ God forbid! may God protect me/us! God avert!

عِیار /ɪjɑ:r/ ■ *n.m.* **1** touchstone. **2** (*fig.*) measure; standard.

عیّار /əjjɑ:r/ ■ *adj.* cunning, sly; artful, crafty, mischievous. (*fem.* عیّارہ)

عیّاری /əjjɑ:ri:/ ■ *n.f.* cunning; craftiness.

عیّاش /əjjɑ:ʃ/ ■ *adj.* luxurious, addicted to pleasure, pleasure-loving. ■ *n.m.* rake, debauchee; debaucher, libertine.

عیّاشی /əjjɑ:ʃi:/ ■ *n.f.* luxury, voluptuousness; debauchery.

عِیال /ɪjɑ:l/ ■ *n.m.* (also عیال) children; family; household. عیال دار having family, family man. عیال داری family or worldly affairs. عیالِ کثیر big family; many children. عیال واطفال family and children.

عیاں /əjɑ̃:/ ■ *adj.* (also عِیاں) obvious, evident, clear, manifest. عیاں راچہ بیاں the self-evident needs no exposition. عیاں کرنا lay bare, make clear, open. عیاں ہونا be clear, become evident, be manifest, appear.

عَیب /æ:b/ ■ *n.m.* fault, flaw, defect; blemish; vice; imperfection. عیب اچھالنا scandalize. عیب بیں critical, caviller, fault-finder. عیب بینی cavilling; fault-finding. عیب پوش conniver, a concealer of faults or defects. عیب پوشی concealment of fault, connivance. عیب جو/چیں/کار/کوش/گیر censorious, captious, overcritical, fault-finding; one who looks for faults, carper, quibbler. عیب جوئی/چینی/کاری/کوشی/گیری picking out faults, criticism. عیب دار defective, faulty. عیب دھرنا blame. عیب گو slanderer. عیب گوئی evil speaking; scandalizing. عیب لگانا defame, speak ill of, accuse, stigmatize. عیب نکالنا pick holes, find faults with. (*pl.* عوائب، عُیُوب)

عَیبی /æ:bi:/ ■ *adj.* defective, faulty; ill-natured; evil-minded.

عِید /i:d̪/ ■ *n.f.* Eid, either of the two Muslim annual festivals. عیدالاضحیٰ/قرباں Eid-ul-Adha, festival observed on the tenth of Zilhaj (ذوالحج), the day after Hajj; Muslim festival commemorating Prophet Abraham's sacrifice of his son. عیدُالفطر Eid-ul-Fitr, festival marking the end of Ramazan, observed on first of Shawwal (شوّال). عید پیچھے ٹر belated arrangements. عید پیچھے ٹر، برات پیچھے دھونسا **1** rejoicing after the festival is over and music after the wedding. **2** (*fig.*) something delayed is something denied; to act when it is too late. عید کا چاند ہونا (*fig.*) (someone) be rarely seen. عیدگاہ/گہ ground where congregational Eid prayers are offered. عیدملن social gathering on Eid. عیدِ میلاد annual festival of Prophet Muhammad's birth. (*pl.* اعیاد)

عِیدی /i:d̪i:/ ■ *n.f.* money given to the youngster on Eid.

عِیدَین /i:d̪æ:n/ ■ *n.m.* (*pl.* of عید) the two Eid festivals, i.e. عیدُالفطر and عیدُالاضحیٰ.

عیسائی /i:sɑ:i:/ ■ *n.m.* & *adj.* Christian.

عیسیٰ /i:sɑ:/ ■ *pr.n.m.* Jesus. عیسیٰ مسیح Jesus Christ.

عیسوی /i:svi:/ ■ *adj.* (also عِیسَوی) Christian, ascribed or referred to Jesus. عیسوی سال the Christian era, Anno Domini (AD), beginning with the birth of Jesus Christ.

عَیش /æ:ʃ/ ■ *n.m.* luxury, life of luxury and comfort. عیش اڑانا/کرنا enjoy oneself, live in the lap of luxury, have a very good time. عیش منغض کرنا mar the pleasure. عیش وعشرت/نشاط luxury and pleasure.

عَین /æ:n/ ■ *n.m.* **1** the eye; sight. **2** spring, fountain; source. **3** base, foundation. **4** reflection, reflex. **5** the letter ع. ■ *adj.* exact, precise. عینُ الکمال evil eye. عینُ المال net profit; principal. عینُ الیقین positive knowledge, fact. عین بعین exact copy, ditto. عین غین **1** resembling, much alike. **2** squint-eyed. **3** foolish, witless, silly. عین کمال highest order of perfection; most perfect. عین وقت پر in the nick of time, just on time, just then, on cue.

عَینک /æ:nək/ ■ *n.f.* spectacles, eye-glasses.

عَینی /æ:ni:/ ■ *adj.* **1** relating to the eye. **2** real (brother or sister). عینی شاہد/گواہ eyewitness.

عَینیّت /æ:nɪjjət̪/ ■ *n.f.* philosophy of idealism. عینیت پسند idealist.

عَینَین /æ:næ:n/ ■ *n.f.pl.* both eyes, the two eyes.

عُیُوب /ʊju:b/ ■ *n.m.* (*pl.* of عَیب) defects, faults.

غ

غ /ɣæ:n/ ■ the thirty-sixth letter of the Urdu alphabet.

غاب /ɣɑ:b/ ■ *n.m.pl.* **1** forest, jungle. **2** bush where lions live. (*sing.* غابہ; *ppl.* غابات)

غابِر /ɣɑ:bɪr/ ■ *adj.* **1** remaining, lasting. **2** continuing. **3** the later. **4** passing away; past.

غاٹیا /ɣɑ:ʈɪja:/ ■ *adj.* (also غاٹیر) stocky, thickset (person).

غاذِیہ /ɣɑ:zɪja:/ ■ *n.f.* nutrition; assimilation, digestion.

غار /ɣɑ:r/ ■ *n.m.* **1** cave, cavern; grotto; hollow den or lair of a wild beast; pit. **2** deep gash or wound. **3** the interior part of mouth. غار پڑنا become hollow; hollow to form. غارِ ثور the cave in which Prophet Muhammad stayed on his way to Medina. غارِ حرا the cave where the Qur'an was revealed for the first time. غارِ ژرف (*fig.*) this world.

غارت /ɣɑ:rət̪/ ■ *n.f.* **1** pillage, plunder, rapine. **2** ravage, devastation, waste, ruin. غارت جانا **1** be plundered. **2** be totally spoiled, be destroyed or ruined. غارت غول ہونا go waste, vanish in a crowd, go astray, be lost in the woods, go with the wind. غارت کرنا **1** pillage, plunder. **2** lay waste, spoil, waste, ruin. غارت گر plunderer, raider. غارت گری **1** destruction. **2** pillage, plundering. غارت ہونا **1** be ruined or destroyed. **2** be cursed, be damned. **3** (*fig.*) go away, disappear.

غازہ /ɣɑ:zɑ:/ ■ *n.m.* rouge, blusher, reddish cosmetic powder for brightening the skin, face powder. غازہ و گلگونہ powder and rouge.

غازی /ɣɑ:zi:/ ■ *n.m.* (***Islam***) Ghazi, title of a Muslim fighting against non-Muslims; conqueror, victor. غازی مرد brave man; warrior; victor.

غاشیہ /ɣɑ:ʃɪja:/ ■ *n.m.* **1** covering; coverlet. **2** saddlecloth. **3** (*fig.*) the Day of Judgement. غاشیہ بردار/بردوش servant, lackey, flunkey.

غاصب /ɣɑ:sɪb/ ■ *n.m.* usurper, supplanter.

غافر /ɣɑ:fɪr/ ■ *adj.* covering or forgiving (sins). ■ *n.m.* **1** one who forgives or pardons. **2** See الغافر.

غافل /ɣɑ:fɪl/ ■ *adj.* oblivious (to), unmindful, neglectful, inattentive, unconscious; sound asleep. غافل رہنا remain oblivious (to). غافل ہو کر سونا sleep soundly. غافل ہونا fall into oblivion, become oblivious (to).

غالب /ɣɑ:lɪb/ ■ *adj.* **1** dominant, predominant. **2** victorious. **3** higher, superior. ■ *pr.n.m.* pen name of Mirza Asadullah Khan, great poet and prose writer of Urdu and Persian. غالب آنا/ہونا **1** overcome, surmount, prevail (over or against), subdue, conquer, vanquish, defeat, beat. **2** master. (*fem.* غالِبہ)

غالِباً /ɣɑ:lɪbən/ ■ *adv.* most probably, perhaps.

غالی[1] /ɣɑ:li:/ ■ *adj.* **1** high; excessive. **2** extremist, fanatic. **3** precious; dear; high-priced. [A]

غالی[2] ____ ■ *n.f.* (*corr.* of قالی) carpet. [P]

غالیچہ /ɣɑ:li:tʃɑ:/ ■ *n.m.* small carpet, rug.

غالیہ /ɣɑ:lɪja:/ ■ *n.m.* perfume made from camphor, musk, ambergris. غالیہ گیسو/مُو **1** having perfumed tresses. **2** (*fig.*) beloved.

غامض /ɣɑ:mɪz/ ■ *adj.* enigmatical, abstruse, difficult to understand, ambiguous. (*pl.* غوامض)

غائب /ɣɑ:ɪb/ ■ *adj.* **1** absent; lost; vanished. **2** concealed, hidden. ■ *n.m.* (***Gram.***) the third person. غائب دماغ forgetful; inattentive. غائب کرنا **1** remove stealthily. **2** make or do away with. غائب ہونا vanish, disappear.

غائبانہ /ɣɑ:ɪbɑ:nɑ:/ ■ *adv.* in absentia, in (one's) absence. غائبانہ نمازِ جنازہ (***Islam***) funeral prayer in absentia.

غائر /ɣɑ:ɪr/ ■ *adj.* (also غایر) deep; penetrating. غائر نظر/نظری minute observation.

غائط /ɣɑ:ɪt̪/ ■ *n.m.* **1** excrement, ordure. **2** toilet, lavatory.

غائی /ɣɑ:i:/ ■ *adj.* **1** last, final. **2** genuine, real. **3** specific, for some purpose or aim.

غایت /ɣɑ:jət̪/ ■ *n.f.* **1** purpose, motive. **2** limit, extent; extremity. ■ *adj.* extreme, excessive. غایتُ الامر at last. غایتِ اولیٰ basic purpose. غایت درجہ extremely, to great extent.

غِب /ɣɪb/ ■ *n.f.* tertian fever or ague, malaria.

غُبار /ɣʊbɑ:r/ ■ *n.m.* **1** dust, cloud of dust; smog. **2** (also خطِ غبار) a type of script. **3** (*fig.*) affliction; envy, jealousy; ill feeling, rancour, harboured bitterness. غبار اُٹھنا (cloud or dust) rise. غبار آلود/آلودہ dusty. غبار آنا **1** become suspicious or resentful. **2** develop rancour or bitterness. غبارِ خاطر mental agony; heartburn. غبارِ دل harboured bitterness, resentment. غبار نکالنا give vent to pent-up resentment, express anger or bitterness.

■ *n.m* traitor, mutineer.

غدّاری /ɣəd̪d̪ɑːriː/ ■ *n.f.* treachery, perfidy; sedition.

غُدد /ɣʊd̪əd̪/ ■ *n.m.* (*pl.* of غُدّہ) glands.

غدر /ɣəd̪r/ ■ *n.m.* mutiny, sedition, insurgency; riot, large-scale disturbance. غدر ڈالنا/ کرنا/ مچانا create disturbance. غدر مچنا riot or disturbance to occur.

غُدود /ɣʊd̪uːd̪/ ■ *n.m.pl.* (also *sing.*) glands. غدودِ درقیہ thyroid gland.

غُدّہ /ɣʊd̪d̪ɑː/ ■ *n.m.* gland, hard lump in the tendinous parts of the flesh, ganglion, glandular swelling, bubo; wen.

غدیر /ɣəd̪iːr/ ■ *n.m.* pool, pond, puddle.

غِذا /ɣɪzɑː/ ■ *n.f.* food, diet, victuals, provisions. غذائے ثقیل heavy or hard to digest food. غذائے لطیف light digestible food. (*pl.* اغذیہ)

غِذائی /ɣɪzɑːiː/ ■ *adj.* dietetic, dietary. غذائی نالی alimentary canal.

غِذائیت /ɣɪzɑːɪjjət̪/ ■ *n.f.* nutrition, nutritive value or power.

غرّا¹ /ɣərrɑː/ ■ *adj.* 1 white; bright, shining; splendid. 2 conspicuous, illustrious. 3 fair; open; generous; noble.

غُراب /ɣʊrɑːb/ ■ *n.m.* raven, crow, jackdaw. ■ *n.f.* a type of boat. غرابِ سیاہ (*fig.*) night.

غرابت /ɣərɑːbət̪/ ■ *n.f.* strangeness, uncommonness, unfamiliarity; rarity.

غرّاٹا /ɣərrɑːʈɑː/ ■ *n.m.* cracking or splashing noise; sputter.

غرارہ /ɣərɑːrɑː/ ■ *n.m.* (also غرارا) 1 gargle. 2 very flared trousers worn by women.

غُراز /ɣʊrɑːz/ ■ *adj.* 1 haughty, proud with a haughty frown; pompous. 2 brave.

غُرازی /ɣʊrɑːziː/ ■ *n.f.* 1 haughtiness; pomposity. 2 bravery.

غرامت /ɣərɑːmət̪/ ■ *n.f.* fine; loss; debt.

غُرّاں /ɣʊrrɑ̃ː/ ■ *adj.* growling.

غُرّانا /ɣʊrrɑːnɑː/ ■ *v.* growl, snarl.

غُرّاہٹ /ɣʊrrɑːhət̪/ ■ *n.f.* growl.

غرائب /ɣərɑːɪb/ ■ *n.m.* (*pl.* of غریب) miraculous, strange or abnormal things or events; rarities.

غرب /ɣərb/ ■ *n.m.* 1 west. 2 countries located in west, especially Europe.

غُربا /ɣʊrəbɑː/ ■ *n.m.* 1 (*pl.* of غریب) poor. 2 strangers.

غرباً /ɣərbən/ ■ *adv.* westward. غرباً شرقاً from west side to east.

غُبارہ /ɣʊbɑːrɑː/ ■ *n.m.* (also غبّارہ) balloon.

غباوت /ɣəbɑːvət̪/ ■ *n.f.* stupidity, dullness; half-wittedness, weakness of mind.

غِبطہ /ɣɪbt̪ɑː/ ■ *n.m.* (also غِبطت) envy without ill feeling.

غبغب /ɣəbɣəb/ ■ *n.m.* double chin, dewlap.

غبن /ɣəbn/ ■ *n.m.* misappropriation, embezzlement, peculation, defalcation, fraud. غبنِ فاحش/ فاش gross or clear fraud. غبن کرنا embezzle, misappropriate.

غَبن /ɣəbən/ ■ *n.m.* forgetfulness; weakness of judgement or of mind; mistake. ■ *adj.* 1 weak in judgement or in mind. 2 liable to deception. [A]

غبی /ɣəbiː/ ■ *adj.* dull, stupid. ■ *n.m.* dunce, dullard, simpleton.

غپ¹ /ɣəp/ ■ *n.m.* & *f.* sound made by blow or in swallowing. ■ *adv.* immediately, quickly. [dial.]

غپ² ____ ■ *n.f.* (*var.* of گپ) gossip, idle talk. غپ شپ talk, general conversation, idle talk, gossip. غپ شپ کرنا indulge in idle talk. [dial.]

غتر بُود /ɣət̪rəbuːd̪/ ■ *adj.* (also غت ربُود) (*corr.* of بلاغت ربود) jumbled, muddled; dispersed; destroyed.

غت /ɣət̪/ ■ *n.m.* group, gang, crowd. غت پٹ ہونا embrace each other, become entangled.

غٹاغٹ /ɣəʈɑːɣəʈ/ ■ *adv.* (also غٹرغٹر، غٹ غٹ) with gulping sound, in large draughts.

غُٹرغُوں /ɣʊʈər ɣũː/ ■ *n.f.* (also غُٹغُوں) 1 cooing of a pigeon. 2 (*fig.*) (i) meaningless sound. (ii) meaningless voice of infants.

غُٹک جانا /ɣəʈək dʒɑːnɑː/ ■ *v.* drink up; swallow.

غثیان /ɣəsjɑːn/ ■ *n.m.* (also غَثَیان) nausea.

غچ /ɣətʃ/ ■ *n.m.* 1 sound of walking in mud. 2 sound produced when sword or dagger pierces a body. غچ پچ mixed, confused; crowded.

غچاغچ /ɣətʃɑːɣətʃ/ ■ *n.f.* (*comb.* of غچ) continuous sound produced when striking with a sword, dagger or spear.

غچّہ /ɣətʃtʃɑː/ ■ *n.m.* (also غچّا) deceit, fraud, trick, cheat. غچہ دینا deceive, defraud, trick, gull, dupe. غچہ کھانا be gulled or duped.

غچلی /ɣɪtʃliː/ ■ *adj.* (also غچلا) dirty, filthy; miry, muddy.

غچُو /ɣətʃuː/ ■ *n.m.* hole made in the ground by boys for playing tipcat. غچو پارہ game of tipcat.

غدّار /ɣəd̪d̪ɑːr/ ■ *adj.* treacherous; mutinous; perfidious.

غِربال /ɣɪrbɑ:l/ ■ *n.f.* sieve, strainer.

غُربت /ɣʊrbət̪/ ■ *n.f.* 1 poverty, indigence, destitution. 2 state of being a traveller or being away from one's homeland or in an alien land. 3 misery, woe, worry. 4 strangeness, uncommonness. غربت زدہ impoverished, wretched, indigent.

غربی /ɣərbi:/ ■ *adj.* western, occidental. ■ *n.f.* date-wine.

غرچہ /ɣərtʃɑ:/ ■ *adj.* 1 foolish. 2 infamous.

غُرِّش /ɣʊrrɪʃ/ ■ *n.f.* 1 anger, rage, fury. 2 roaring or growling in anger.

غرض /ɣərəz/ ■ *n.f.* 1 purpose, aim, intention, end. 2 selfish desire or wish, interest; need, selfishness. ■ *adv.* in short, to sum up. غرض آشنا selfish. غرض باؤلی ہوتی ہے necessity makes one mad. غرض رکھنا be interested in; concern oneself with. غرض کا باؤلا slave of one's passions. غرض کا یار one who has an axe to grind. غرض مند supplicant; needy; desirous. غرض مندی need. غرض نکالنا have one's desire or need fulfilled, get what is desired. غرض نکلی آنکھ بدلی selfish person is never true to anyone. (*pl.* اغراض)

غرضیکہ /ɣərəze:ke:/ ■ *adv.* (also غرض کہ) in short, to sum up.

غرغرہ /ɣərɣərɑ:/ ■ *n.m.* 1 gargling. 2 rattling sound in the throat; the death rattle.

غُرفش /ɣʊrfɪʃ/ ■ *n.f.* growl; chiding, reproof, threatening, bullying, intimidation.

غُرفہ /ɣʊrfɑ:/ ■ *n.m.* 1 casement, window. 2 penthouse, attic; upper room.

غرق /ɣərq/ ■ *n.m.* act of sinking, drowning, submergence. ■ *adj.* 1 drowned, sunk. 2 absorbed, engrossed. 3 intoxicated. غرق کرنا drown, submerge. (بیڑا) غرق کرنا to ruin. غرق کرو leave it! stop this talk! غرق ہونا 1 be drowned; be sunk. 2 be ruined. 3 be engrossed (in).

غرقاب /ɣərqɑ:b/ ■ *adj.* 1 drowned. 2 busy, engrossed. 3 deep. 4 intoxicated. ■ *n.m.* 1 whirlpool. 2 deep water. غرقاب ہونا drown.

غرقی /ɣərqi:/ ■ *n.m.* & *f.* 1 flood, inundation. 2 short loincloth. 3 shorts. 4 bathroom. غرقی میں آنا be flooded, be inundated.

غُرِندہ /ɣʊrɪnd̪ɑ:/ ■ *adj.* growling, roaring, crying out, making loud or threatening noise.

غُروب /ɣʊru:b/ ■ *n.m.* setting (of the sun, moon, etc.). غروب ہونا to set. (*opp.* طُلُوع)

غُرُور /ɣʊru:r/ ■ *n.m.* pride; haughtiness, vanity. غرورِ حسن pride in one's beauty. غرور کا سر نیچا pride goeth before a fall. غرور کرنا boast, pride (oneself).

غرّہ /ɣərrɑ:/ ■ *n.m.* (also غرّا) pride, vanity. ■ *adj.* haughty, proud.

غُرّہ /ɣʊrrɑ:/ ■ *n.m.* 1 the first day of the month; appearance of new moon. 2 white spot on the forehead of a horse.

غریب /ɣəri:b/ ■ *n.m.* 1 poor person. 2 stranger; outsider, foreigner; traveller. ■ *adj.* 1 poor, destitute, penurious, indigent. 2 strange, alien, unfamiliar. 3 archaic, rare, uncommon (esp. word). 4 simple, modest, artless. 5 (*fig.*) helpless. غریب الدیار/الوطن/شہر one away from home, traveller. غریب پرور/نواز gracious, munificent, kind and helpful to the poor. غریب پروری/نوازی graciousness, munificence, kindness to poor. غریب خانہ 1 one's own lodging. 2 (*euph.*) 'my house'. غریب زادہ/زادی illegitimate son or daughter of a harlot. غریب غربا poor people, paupers. غریب کرنا reduce to poverty, impoverish. غریب کی جورو سب کی بھابی 1 (*literal*) poor man's wife is everybody's maid. 2 the weakest and the poor are taken lightly. غریب مار (also غریب کی مار) oppression of the poor; misfortune. غریب نے روزے رکھے دن بڑے آئے the weak always suffer. (*fem.* غریبہ) (*pl.* غرائب، غُربا)

غریبا مئو /ɣəri:bɑ:məu:/ ■ *adv.* & *adj.* (*coll.*) like poor people.

غریبانہ /ɣəri:bɑ:nɑ:/ ■ *adj.* humble; poor. ■ *adv.* in a humble way.

غریبی /ɣəri:bi:/ ■ *n.f.* poverty, penury, indigence. غریبی آنا be reduced to poverty; have a hard time, fall on evil days.

غریز /ɣəri:z/ ■ *n.f.* meekness, forbearance; clemency.

غریزی /ɣəri:zi:/ ■ *adj.* natural, innate.

غرِیق /ɣəri:q/ ■ *n.m.* drowning person. ■ *adj.* 1 immersed, drowned, sunk, submerged, overwhelmed. 2 absorbed, engrossed. غریقِ رحمت overwhelmed with Divine mercy and grace (said of a dead person). غریقِ رحمت ہو may God be merciful to him!

غریو /ɣəri:v/ ■ *n.m.* (also غِریو) noise, tumult.

غڑاپ /ɣəɽɑ:p/ ■ *n.f.* sound of fall or plunge into the water,

غصب /ɣəsb/ ■ *n.m.* usurpation, possession by force without right; plunder, pillage. غصب کرنا usurp, loot. غصب ونہب usurpation and pillage.

غُصّہ /ɣʊssɑː/ ■ *n.m.* anger, rage, fury, temper, ire, wrath. غصہ بجھانا رپینا رتھوک دینا رٹھنڈا غصہ اتارنا رنکالنا vent one's spleen. کرنا رمارنا suppress one's anger. غصہ دلانا enrage; incense. غصہ کرنا رکھانا lose one's temper, be angry, fly into rage. غصہ ناک پر ہونا be easily or suddenly offended or enraged. غصہ ور bad-tempered, ill-tempered, irritable, rageful; irascible, acerbic.

غُصّے /ɣʊsse:/ ■ *n.m.* (*pl.* & *infl.* of غُصّہ) غصے سے بھوت بن جانا become extremely angry. غصے میں بھر جانا be enraged.

غُصَیلا /ɣʊsæ:lɑ:/ ■ *adj.* (also غُصَیل) irascible, touchy, testy, irritable. (*fem.* غُصَیلی)

غض /ɣəz/ ■ *n.m.* lowering or closing of the eyes. غض بصر lowering of the eyes owing to modesty or shame.

غضب /ɣəzəb/ ■ *n.m.* outrage, passion, wrath, anger, fury. ■ *adj.* awful, fearful, intense, tremendous, shocking. غضب آلود رآلودہ furious, wrathful. غضب پڑنا رٹوٹنا be overtaken by calamity, be visited by wrath of God. غضب توڑنا be cruel; do or say something outrageous. غضب خدا کا how scandalous! outrageous! غضب ڈھانا 1 be cruel. 2 create a stir, raise a tumult. 3 show consummate skill, power or beauty. غضب کا wonderful, astonishing. غضب کرنا do something outrageous or strange. غضب میں آنا become very angry. غضب ناک enraged, irate, furious, indignant.

غضَبی /ɣəzəbi:/ ■ *adj.* (also غضبی) irascible, touchy, testy, irritable. ■ *n.m.* anger, wrath.

غُضرُوف /ɣʊzru:f/ ■ *n.m.* cartilage, gristle. (*pl.* غضاریف)

غضنفر /ɣəzənfər/ ■ *n.m.* 1 lion. 2 (*fig.*) brave man.

غف /ɣəf/ ■ *adj.* (also گف) thick, dense; closely-woven (cloth).

غفّار /ɣəffɑ:r/ ■ *adj.* merciful, forgiving. ■ *n.m.* 1 forgiver of sin. 2 See الغفار.

غُفران /ɣʊfrɑ:n/ ■ *n.m.* remission of sin, pardon, absolution, deliverance, salvation. غفران پناہ honorific title used for a dead person.

غفلت /ɣəflət/ ■ *n.f.* heedlessness, carelessness, thoughtlessness, inattention, oblivion, negligence; forgetfulness. غفلت پیشہ inattentive, negligent, splash. غڑاپ سے 1 with a gurgling sound. 2 immediately, instantly.

غڑپ /ɣəɽəp/ ■ *n.f.* sound of something drowning or suddenly coming in water or mud, etc. غڑپ ہونا sink, be drowned.

غزا /ɣəzɑ:/ ■ *n.m.* religious war, going forth to battle (esp. against infidels). (See also جہاد.)

غزال /ɣəzɑ:l/ ■ *n.m.* 1 gazelle, fawn, deer. 2 (*fig.*) beloved. غزال چشم 1 doe-eyed. 2 having big and beautiful eyes. (*fem.* غزالہ) (*pl.* غزالاں)

غزالی /ɣəzɑ:li:/ ■ *adj.* (also غزالیں) of or relating to gazelle. غزالی آنکھیں as beautiful as deer's eyes.

غزل /ɣəzəl/ ■ *n.f.* 1 (*literal*) amatory conversation with a woman. 2 ghazal, a genre of poetry dealing largely with topics of both worldly and spiritual love, comprising of couplets, the second part of which are in rhyme. غزل پرداز رسنج رگو one composing ghazal. غزل پڑھنا recite a ghazal. غزل خواں رسرا (person) reciting a ghazal. غزل خوانی رسرائی act of reciting ghazal. غزل کہنا compose a ghazal. (*pl.* غزلیات)

غزلیت /ɣəzəlɪjət/ ■ *n.f.* ghazal's style and mood. (See also تغزل.)

غزوہ /ɣəzvɑ:/ ■ *n.m.* (***Islam***) battle against infidels in which Prophet Muhammad himself took part. (*pl.* غزوات)

غسّال /ɣəssɑ:l/ ■ *n.m.* 1 one who professionally washes the bodies of the dead before burial. 2 washer. (*fem.* غسّالہ)

غُسل /ɣʊsl/ ■ *n.m.* ghusl, bathing; ablutions. غسلِ آفتابی sunbath. غسلِ بارد cold bath. غسلِ جنابت (***Isj.***) post-coitus bath. غسل خانہ bathroom, washroom. غسل دینا wash, bathe. غسلِ صبوحی morning bath. غسلِ صحت bath after recovery from an illness. غسل کرنا bathe, have a bath. غسلِ میت ritual washing of a dead body.

غش /ɣəʃ/ ■ *n.m.* 1 faintness, swoon. 2 in love. غش آنا faint, lose consciousness.

غِشا /ɣɪʃɑ:/ ■ *n.f.* (also غِشاء) 1 thin covering. 2 membrane. غشائے طبلی tympanic membrane; eardrum. (*pl.* اغشیہ)

غشی /ɣəʃi:/ ■ *n.f.* fainting, losing consciousness, swoon. غشی کا دورہ fainting fit.

غِشائی /ɣɪʃɑ:i:/ ■ *adj.* 1 membranous. 2 (***Phonetics***) (of a speech sound) velar.

careless, thoughtless. غفلت زدہ struck or overcome with carelessness. غفلت شعار neglectful, unmindful, inattentive. غفلت کرنا neglect, ignore. غفلت کی نیند 1 (*literal*) sound or deep sleep. 2 (*fig.*) sheer apathy or indifference.

غفور /ɣəfuːr/ ■ *adj.* clement, merciful. ■ *n.m.* 1 the forgiver of sin. 2 See الغفور.

غفیر /ɣəfiːr/ ■ *n.f.* helmet that completely covers the head. ■ *adj.* 1 covering, enclosing or embracing the whole. 2 numerically large, usually used with جم as: جمِ غفیر large multitude or crowd.

غِل /ɣɪl/ ■ *n.m.* (also غِلّ) 1 hatred, malice, rancour. 2 insincerity. غل وغش 1 deceit, fraud. 2 hesitation.

غُل /ɣʊl/ ■ *n.m.* noise, tumult, clamour, din, outcry. غل ڈالنا/کرنا/مچانا make or raise noise, shout. غل غپاڑا/غدر brawl, din, furore.

غِلاظت /ɣɪlɑːzət̪/ ■ *n.f.* 1 filth, offal. 2 thickness (of a liquid).

غِلاف /ɣɪlɑːf/ ■ *n.m.* sheath, cover, case, envelope; sheet. غلافُ القلب pericardium. غلافِ کعبہ velvety sheet spread over Ka'aba.

غِلافی /ɣɪlɑːfiː/ ■ *adj.* of or relating to غِلاف. غلافی آنکھ large and beautiful eye with plump eyelids.

غُلام /ɣʊlɑːm/ ■ *n.m.* 1 gholam, slave, serf, bondsman; servant. 2 (***Cards***) knave, jack. غلامِ بے درم very obedient, wholly under the thumb. غلام کرنا enslave, captivate. غلام گردش corridor round the house for household servants; a covered path. غلام مال any cheap thing of great use. (*pl.* غِلمان)

غُلامی /ɣʊlɑːmiː/ ■ *n.f.* servitude, slavery. غلامی اختیار کرنا accept servitude. غلامی کا پٹہ/جوا/طوق yoke of slavery. غلامی میں دینا (*fig.*) marry (someone) to someone's daughter.

غلبہ /ɣəlbɑː/ ■ *n.m.* 1 sway, hegemony, supremacy, prevalence, superiority, mastery, upper hand; victory; influence. 2 abundance, plentifulness. غلبہ پانا/کرنا get the upper hand; win; conquer; overcome; obtain mastery over.

غلچگی /ɣəltʃəgiː/ ■ *n.f.* 1 rusticity. 2 life of vagrancy, vagabond life.

غلچہ /ɣəltʃɑː/ ■ *n.m.* 1 rustic; villager. 2 vagabond.

غلط /ɣələt̪/ ■ *adj.* 1 wrong, erroneous, incorrect, inaccurate, false, mistaken, fallacious. 2 untrue. غلطُ العام common error of language, an error that has gained currency. غلطُ العوام vulgar error which is to be avoided in good writing. غلط انداز deceptive or cursory (glance). غلط بخشی unwarranted generosity. غلط بردار eraser. غلط بیانی lying, saying something which is not fact. غلط ٹھہرانا prove something wrong or erroneous. غلط روی رکاری wrongdoing; fornication, adultery. غلط سلط marred by errors, wholly wrong; absurd. غلط سمجھنا misunderstand, misapprehend. غلط فہمی misunderstanding, misconception, misapprehension. غلط کار رکوش wrongdoer. غلط کرنا make a wrong calculation, make a mistake, err; annul. غلط گو liar. غلط گوئی lying. غلط نامہ erratum, corrigendum.

غلطاں /ɣəlt̪ɑ̃ː/ ■ *adj.* 1 wallowing, rolling. 2 involved (in), captivated. غلطاں وپیچاں absorbed in thought.

غلطک /ɣəlt̪ək/ ■ *n.f.* 1 pulley. 2 somersault.

غلطہ /ɣəlt̪ɑː/ ■ *n.m.* a kind of thick cloth.

غلطی /ɣələt̪iː/ ■ *n.f.* error, mistake, inaccuracy, oversight; fallacy. غلطی سے by mistake, erroneously. غلطی کرنا رکھانا make a mistake, err.

غِلظت /ɣɪlzət̪/ ■ *n.f.* 1 density, thickness. 2 filthiness.

غُلغُلہ /ɣʊlɣʊlɑː/ ■ *n.m.* 1 noise, tumult, clamour. 2 fame, renown, talk of the town. غلغلہ اٹھانا ربرپا کرنا رڈالنا رمچانا raise hue and cry. غلغلہ ہونا someone or something to become famous.

غُلفہ /ɣʊlfɑː/ ■ *n.m.* foreskin.

غُلک /ɣʊllək/ ■ *n.f.* (also غُلّق ,گلک) cashbox.

غِلمان /ɣɪlmɑːn/ ■ *n.m.* (*pl.* of غُلام) (also used as *sing.*) beautiful boys attending the virtuous in Paradise.

غُلمٹا /ɣʊləmt̪ɑː/ ■ *n.m.* (*derog.*) slave.

غُلو /ɣʊluː/ ■ *n.m.* exaggeration, hyperbole; excess.

غُلُولہ /ɣʊluːlɑː/ ■ *n.m.* pellet. See غُلّہ.

غلّہ[1] /ɣəllɑː/ ■ *n.m.* grain, corn. غلہ بھرنا store grain. غلہ خانہ ردان granary. غلہ فروش grain merchant. غلہ منڈی wholesale grain market. (*pl.* غلّات) [A]

غلّہ[2] _____ ■ *n.m.* (also گلّہ) cashbox. [dial.]

غُلّہ /ɣʊllɑː/ ■ *n.m.* (also غُلولہ) pellet shot from a catapult.

غلیان /ɣəljɑːn/ ■ *n.m.* ebullience, fermentation, boiling.

غلیظ /ɣəliːz/ ■ *adj.* 1 filthy, dirty; obscene. 2 thick.

غُلیل /ɣʊleːl/ ■ *n.f.* catapult, sling. غلیل چلانا shoot with a hooliganism. (*fem.* غنڈی)

غُنغُنا /ɣʊnɣʊnɑ:/ ■ *n.m.* one who speaks through his nose.

غُنغُنانا /ɣʊnɣʊnɑ:nɑ:/ ■ *v.* speak through the nose, speak with nasal overtone.

غنم /ɣənəm/ ■ *n.m.* **1** goats; cattle. **2** flock of goats and sheep. (*pl.* اغنام)

غُنودگی /ɣʊnu:ḍgi:/ ■ *n.f.* drowsiness, light sleep. غنودگی آنا feel drowsy, doze off.

غُنودہ /ɣʊnu:ḍɑ:/ ■ *adj.* quiescent, drowsy, sleepy.

غُنّہ /ɣʊnnɑ:/ ■ *n.m.* nasal sound or twang; nasalized sound shown with ں. ■ *adj.* nasal.

غنی /ɣəni:/ ■ *adj.* **1** rich, wealthy. **2** free from want. ■ *n.m.* **1** rich person. **2** See الغنی. (*pl.* اغنیا)

غنیم /ɣəni:m/ ■ *n.m.* foe, enemy.

غنیمت /ɣəni:məṭ/ ■ *n.f.* **1** plunder, booty. **2** boon, blessing; prize. ■ *adj.* little in quantity or number but sufficient. غنیمت جاننا/سمجھنا/گننا consider sufficient. (*pl.* غنائم)

غوّاص /ɣəvvɑ:s/ ■ *n.m.* **1** diver; pearl diver. **2** (*fig.*) one who delves deep into something.

غوّاصی /ɣəvvɑ:si:/ ■ *n.f.* diving.

غوامض /ɣəvɑ:mɪz/ ■ *n.m.* (*pl.* of غامض) obscure or recondite matters.

غوایت /ɣəvɑ:jəṭ/ ■ *n.f.* apostasy; heresy; going astray.

غوث /ɣɔ:s/ ■ *n.m.* **1** redresser of grievances; helper. **2** person called upon for help. **3** a Muslim mystic of the highest order. غوث اعظم/الثقلین/پاک title of the Muslim saint Abdul Qadir Jeelani.

غور /ɣɔ:r/ ■ *n.m.* & *f.* consideration, deliberation, meditation, thought, deep thought. غور سے (also بغور) attentively, carefully. غور سے دیکھنا observe minutely. غور طلب needing consideration. غور کرنا consider, reflect, ponder, mull over. غور و پرداخت attention (to); maintenance (of). غور و خوض careful thought. غور و تدبر deep thought, deliberation, careful consideration, meditation.

غُورہ /ɣu:rɑ:/ ■ *n.m.* (also غورہ) **1** unripe grapes or dates. **2** a colour in pigeons.

غَوری /ɣɔ:ri:/ ■ *adj.* of or relating to Ghaur (a city in Afghanistan). ■ *n.f.* a kind of porcelain deep plate.

غَوز /ɣɔ:z/ ■ *n.f.* gossip, tattle, idle talk; brag, boast.

catapult.

غُلیلچی /ɣʊle:lʧi:/ ■ *n.m.* shooter of catapult, slinger.

غلیواز /ɣəle:vɑ:z/ ■ *n.f.* (also غلیواج، غلواچ) kite (the bird).

غم /ɣəm/ ■ *n.m.* sorrow, grief, sadness, woe; mourning, lamentation. غم آگہی depression or grief as a result of awareness. غم آگیں sorrowful, melancholy. غم آگینی/رگینی sorrowfulness. غم آلود/آلودہ sorrowful. غم تراش removing or dispelling grief. غم جاناں grief caused by separation from beloved. غم حیات/گیتی/ہستی worries of life. غم خانہ/کدہ **1** house of grief or sorrow. **2** (*fig.*) world. غم خوار sympathetic, sympathizer, comforter, consoler. غم خواری condolence, commiseration, consolation. غم خواری کرنا commiserate, condole or sympathize, console. غم خور patient sufferer. غم رسیدہ/زدہ grieved, aggrieved; afflicted; sad. غم زدگی affliction, sorrow. غم غلط کرنا divert one's mind to get over grief. غم کرنا grieve, lament. غم کھانا suffer, grieve, feel sympathy (for). غم گسار comforter, sympathizer, consoler. غم ناک sorrowful, woeful, pathetic. غم ناکی sorrowfulness. غم والم grief, sorrow, affliction. (*pl.* غُموم)

غمّاز /ɣəmmɑ:z/ ■ *n.m.* **1** one who winks. **2** informer; backbiter. **3** calumniator.

غمّازی /ɣəmmɑ:zi:/ ■ *n.f.* informing against; traducing, backbiting.

غمزہ /ɣəmzɑ:/ ■ *n.m.* **1** wink. **2** amorous glance, coquetry.

غمگین /ɣəmgi:n/ ■ *adj.* (also غم گین) sorrowful, sad.

غمی /ɣəmi:/ ■ *n.f.* **1** mourning. **2** (*fig.*) demise.

غمیں /ɣəmĩ:/ ■ *adj.* dejected, unhappy.

غنا[1] /ɣɪnɑ:/ ■ *n.m.* **1** riches; sufficiency. **2** contentment. [A]

غنا[2] ____ ■ *n.m.* singing; song; music. [A]

غنائی /ɣɪnɑ:i:/ ■ *adj.* singing; musical, melodious.

غنائیت /ɣɪnɑ:ɪjəṭ/ ■ *n.f.* musicality.

غُنّائیت /ɣʊnnɑ:ɪjəṭ/ ■ *n.f.* (***Phonetics***) nasalization.

غنائیہ /ɣɪnɑ:ɪjɑ:/ ■ *n.m.* musical drama, opera.

غنج /ɣʊnʤ/ ■ *n.m.* coquetry, amorous gesture or behaviour.

غنچگی /ɣʊnʧəgi:/ ■ *n.f.* blooming, budding.

غنچہ /ɣʊnʧɑ:/ ■ *n.f.* **1** bud; rosebud. **2** crowd, mob. غنچۂ آب bubble of water. غنچہ دہاں/دہن/لب **1** having mouth like rosebud. **2** (*poet.*) beloved.

غُنڈا /ɣʊnḍɑ:/ ■ *n.m.* (also غُنڈہ، گُنڈا) goonda, ruffian, hoodlum, hooligan, troublemaker. غنڈا گردی

(*pl.* غوزین)

غوط /ɣo:ṭ/ ■ *n.m.* **1** dive. **2** deep meditation; fainting fit; intoxication.

غوطہ /ɣo:ṭɑ:/ ■ *n.m.* dive, plunge (into water). غوطہ باز/خور/مار diver. غوطہ خوری diving. غوطہ دینا/کھلانا dip, plunge, duck (under water). غوطہ کھانا **1** dive. **2** miss. **3** be cheated. غوطہ لگانا/مارنا plunge, dive.

غوغا /ɣɔ:ɣɑ:/ ■ *n.m.* **1** noise, uproar, clamour, hubbub. **2** talk of the town, fame.

غوغائی /ɣɔ:ɣɑ:i:/ ■ *adj.* **1** noisy, clamorous. **2** awkward, nonsensical. **3** false. ■ *n.m.* **1** noisy or turbulent person, disturber of peace. **2** name of a bird.

غُوک /ɣu:k/ ■ *n.m.* **1** frog; toad. **2** bulls-eye, the centre of the target.

غُول /ɣu:l/ ■ *n.m.* (also غول) ghoul, goblin or demon. غُولِ بیاباں/بیابانی/صحرا/صحرائی ghoul, evil or malevolent spirit infesting wastelands and desolate areas.

غول /ɣo:l/ ■ *n.m.* mob, throng; horde, crowd; herd. غول دررکے غول multitudes, large crowds.

غُوں غاں /ɣũ: ɣɑ̃:/ ■ *n.f.* (also غُوں غُوں) inarticulate sounds made by an infant. غوں غاں کرنا (of an infant) make this sound.

غِیاب /ɣɪjɑ:b/ ■ *n.m.* absence, disappearance. غیاب وحضور absence and presence.

غِیاث /ɣeja:s/ ■ *n.f.* **1** succour, aid. **2** redress, deliverance from difficulty; listening to complaints.

غیب /ɣæ:b/ ■ *n.m.* that which is hidden. غیب داں seer, diviner; knower of mysteries or hidden things. غیب دانی knowledge of the hidden.

غَیبانی /ɣæ:bɑ:ni:/ ■ *n.f.* surreptitiously promiscuous woman.

غَیبت /ɣæ:bəṭ/ ■ *n.f.* invisibility; absence.

غِیبت /ɣi:bəṭ/ ■ *n.f.* backbiting, speaking ill of someone behind his/her back. غیبت کرنا backbite.

غَیبی /ɣæ:bi:/ ■ *adj.* heavenly; from an unknowable or unknown source.

غَیر /ɣæ:r/ ■ *adj.* **1** strange, foreign, alien. **2** other. **3** unrelated. ■ *adv.* besides, different from. ■ *n.m.* **1** stranger, outsider. **2** enemy. **3** (*poet.*) rival in love; another person. ■ *prefix* making antonyms of words with which it is combined; non-, without, un-, in-, ir-, etc. غیر اختیاری/ارادی involuntary, unintentional. غیر اداشدہ outstanding, unpaid. غیر ادبی non-literary. غیر اللہ anyone except Allah. غیر آباد uninhabited. غیر تسلیم شدہ unrecognized. غیر جانبدار/وابستہ unbiased, non-partisan, neutral. غیر جانبداری/وابستگی neutrality. غیر جمہوری undemocratic. غیر جنس opposite sex. غیر جنسی asexual. غیر حاضر absent. غیر حاضری absence. غیر حالت ہونا (condition) change for the worse, be near death. غیر درسی non-curricular, extra-curricular. غیر ذمے دار irresponsible. غیر ذی روح inanimate being(s); insentient. غیر رائج/مروج not in vogue. غیر ساکن non-resident. غیر سرکاری unofficial. غیر سمجھنا treat or regard (one) as stranger or outsider. غیر شادی شدہ unmarried. غیر شافی unsatisfactory. غیر شخص stranger. غیر شرعی contrary to Islamic jurisprudence. غیر شریفانہ/مہذب uncivilized, unethical. غیر ضروری unnecessary. غیر فانی immortal. غیر فطری unnatural. غیر مبہم clear. غیر متحرک stationary. غیر متعین/معین/ معینہ unsettled; undefined, uncertain; fluctuating. غیر محدود unlimited. غیر مستعمل not in use, unused; obsolete. غیر مشروط unconditional. غیر مطلوب unwanted, undesirable. غیر معتبر untrustworthy, unreliable. غیر معمولی unusual, extraordinary. غیر معمولی رخصت extraordinary leave. غیر معمولی طور پر unusually, extraordinarily. غیر مکتفی inadequate, insufficient. غیر مکمل incomplete, imperfect. غیر ملکی foreign; foreigner. غیر ممکن impossible. غیر ممکن التردید irrefutable. غیر ممکن الوصول irrecoverable. غیر مناسب improper, unbecoming. غیر منقوط letter without diacritical points. غیر منقولہ immovable. غیر منقولہ جائیداد immovable property, real estate. غیر منکوحہ **1** unmarried. **2** live-in sexual partner, concubine. غیر ناطق dumb. غیر واجب not enjoined, not compulsory, not due.

غیرت /ɣæ:rəṭ/ ■ *n.f.* **1** shame; modesty. **2** sense of honour. غیرتِ حور/خورشید/ماہ (*poet.*) one exciting envy of a houri/sun/moon; very beautiful. غیرت سے مرجانا (*fig.*) die of shame. غیرت مند one with keen sense of honour.

غَیریّت /ɣæ:rɪjjəṭ/ ■ *n.f.* indifference, estrangement; coldness.

غَیظ /ɣæ:z/ ■ *n.m.* anger, fury, rage. غیظ وغضب rage and fury.

غَیں پَیں /ɣæ̃: pæ̃:/ ■ *n.f.* **1** brawl. **2** child's wailing.

غَین ہونا /ɣæ:n ho:nɑ:/ ■ *v.* (*fig.*) be dead drunk.

غیور /ɣəju:r/ ■ *adj.* having self-respect, high-minded, with keen sense of honour.

ف

ف /fe:/ ■ the thirty-seventh letter of the Urdu alphabet.

فاتح /fɑ:t̪eh/ ■ *adj.* 1 conquering. 2 opening. ■ *n.m.* 1 conqueror. 2 opener. (*pl.* فاتحین)

فاتحہ /fɑ:t̪ehɑ:/ ■ *n.f.* 1 commencement, first part or introduction; exordium. 2 Fatiha, the first sura of the Qur'an. 3 ceremony in which sura Fatiha is recited. فاتحہ پڑھنا 1 recite the first sura of the Qur'an to pray for the dead. 2 (*fig.*) lose all hope.

فاتر /fɑ:t̪ɪr/ ■ *adj.* 1 weak, infirm. 2 sluggish, idle, useless. فاترُالعقل having unsound mind, foolish.

فاجر /fɑ:dʒɪr/ ■ *n.m.* sinner; fornicator, adulterer. ■ *adj.* sinful, immoral; unchaste, libertine. (*fem.* فاجرہ) (*pl.* فُجّار)

فاجعہ /fɑ:dʒeʔɑ:/ ■ *adj.* (of an event) tragic, distressing.

فاحش /fɑ:hɪʃ/ ■ *adj.* extremely obscene, lewd or indecent.

فاحشہ /fɑ:hɪʃɑ:/ ■ *n.f.* prostitute, harlot. ■ *adj.* unchaste, immodest.

فاختہ /fɑ:xt̪ɑ:/ ■ *n.f.* dove. فاختہ اڑانا 1 play a prank. 2 enjoy period of prosperity or of unrestrained authority, be free from care and anxiety. 3 spread rumours. فاختہ اڑ جانا be confounded, faint, lose one's senses.

فاختئی /fɑ:xt̪əi:/ ■ *adj.* dove-coloured, greyish pink (colour).

فاخر /fɑ:xɪr/ ■ *n.m.* boaster, one who takes delight in boasting. ■ *adj.* 1 proud. 2 excellent; precious, remarkable. (*fem.* فاخرہ)

فادزہر /fɑ:d̪zehr/ ■ *n.m.* (*var.* of پادزہر) bezoar.

فار /fɑ:r/ ■ *n.m.* (also فارہ) rat, mouse.

فاراں /fɑ:rɑ̃:/ ■ *n.m.* name of a hill in Makkah valley.

فارخطی /fɑ:rxət̪i:/ ■ *n.f.* (*contr.* of فارغ خطی) deed of release; divorce.

فارس¹ /fɑ:rɪs/ ■ *pr.n.m.* (*arch.*) Iran, Persia; ancient name of a province of Iran. [P]

فارس² ——— ■ *n.m.* horseman, cavalier. [A]

فارسی /fɑ:rsi:/ ■ *pr.n.f.* the Persian language. ■ *adj.* Persian, Iranian. فارسی بگھارنا 1 try to impress people with one's knowledge of a language. 2 (*fig.*) speak unknown language. فارسی داں scholar of Persian language. فارسی کی ٹانگ توڑنا speak incorrect Persian.

فارسیت /fɑ:rsɪjət̪/ ■ *n.f.* (also فارسیّت) Persianization (of language).

فارغ /fɑ:rɪɣ/ ■ *adj.* 1 free, not busy, unoccupied; leisurely. 2 contented. فارغُ البال/الحال 1 independent, free from care, having no (or no more) responsibilities. 2 well-to-do; at ease, in easy circumstance. 3 (*joc.*) bald. فارغُ البالی freedom from care and worries, easy circumstances. فارغُ التحصیل graduate; one who has completed a course of study. فارغ خطی deed of release or discharge; deed of divorce; written acquittance; deed of dissolution of partnership. فارغ خطی دینا/لکھنا 1 divorce. 2 write a deed of acquittance. فارغ کرنا 1 spare. 2 discharge or dismiss. فارغ ہونا 1 be free of work or responsibility, be at leisure, have no work left undone. 2 answer the call of nature.

فارق /fɑ:rɪq/ ■ *n.m.* distinctive feature; a discerner.

فارقلیط /fɑ:rqəli:t̪/ ■ *pr.n.m.* (also فارقلیط) 1 the comforter. 2 Paraclete, a Hebrew name supposedly that of Prophet Muhammad.

فارُوق /fɑ:ru:q/ ■ *adj.* (one) distinguishing between right and wrong. ■ *n.m.* appellation of the second Rightly Guided Caliph, Hazrat Umar.

فاژہ /fɑ:ʒɑ:/ ■ *n.m.* (also فازہ) yawn.

فاسخ /fɑ:sɪx/ ■ *n.m.* violator; breaker. ■ *adj.* violating, breaking.

فاسد /fɑ:sɪd̪/ ■ *adj.* bad, evil, corrupt, vicious, wicked, sinister; wrong. (*fem.* فاسدہ)

فاسق /fɑ:sɪq/ ■ *n.m.* sinner, transgressor; adulterer, fornicator; rake. ■ *adj.* impious. فاسق وفاجر sinful and impious. (*pl.* فاسقین،فواسق)

فاسقہ /fɑ:sɪqɑ:/ ■ *n.f.* sinful woman, adulteress.

فاش /fɑ:ʃ/ ■ *adj.* 1 apparent, revealed, divulged, known, manifest, obvious. 2 serious, gross. فاش غلطی blunder. فاش غلطی کرنا make an obvious or serious mistake. فاش کرنا lay bare or open, let out, disclose, reveal or divulge. فاش ہونا be divulged, be revealed or exposed.

فاشرا /fɑ:ʃrɑ:/ ■ *n.m.* species of ivy; bryony, a wild climbing plant, *Bryonia dioica*.

فاصل /fɑ:sɪl/ ■ *adj.* separating, dividing.

فاصلاتی /fɑ:selɑ:t̪i:/ ■ *adj.* distant. فاصلاتی تعلیم distant learning.

فاصلہ /fɑ:slɑ:/ ■ *n.m.* (also فاصلہ) distance, remoteness,

ف	ق	ک	گ	ل	م	ن	و	ہ	ی	نک	نگ
f	q	k	g	l	m	n	v	h	j	ŋk	ŋg

space (between two things) gap; separation. فاصلہ طے کرنا traverse a distance.

فاصلے /fɑ:sle:/ ■ *n.m.* (*pl.* & *infl.* of فاصلہ) فاصلے پر at a distance (of), away from, distant.

فاضِل¹ /fɑ:zɪl/ ■ *n.m.* scholar, one accomplished in some academic discipline. ■ *adj.* learned, scholarly, accomplished. فاضِلِ اجل erudite scholar. (*fem.* فاضِلہ) (*pl.* فُضلا) [A]

فاضِل² ____ ■ *adj.* extra, surplus, excess. فاضل باقی balance in favour, surplus. فاضل باقی نکالنا strike the balance (of). فاضل نکلنا exceed (amount at credit, etc.), prove in excess. [A]

فاضِلات /fɑ:zɪlɑ:t̪/ ■ *n.m.* (*pl.* of فاضل²) redundancies, superfluities, remainders, balances.

فاطِر /fɑ:t̪ɪr/ ■ *n.m.* creator.

فاطِمی /fɑ:t̪mi:/ ■ *n.m.* Fatimid, descendant(s) of Hazrat Fatima, Prophet Muhammad's daughter. ■ *adj.* of or relating to the dynasty which ruled in parts of Northern Africa and Egypt from 909 to 1171.

فاعِل /fɑ:ʔɪl/ ■ *n.m.* 1 doer, performer. 2 (**Gram.**) subject. 3 active partner in sodomy. فاعِلِ حقیقی God (as the real Doer of all things). فاعِل مختار master of one's own actions, free agent. فاعِل ومَفعول 1 (**Gram.**) subject and object. 2 sodomite and catamite.

فاعِلی /fɑ:ʔɪli:/ ■ *adj.* 1 operative, active; effective, efficient. 2 (**Gram.**) nominative. فاعلی حالت nominative case.

فاعِلیّت /fɑ:ʔɪlɪjjət̪/ ■ *n.f.* being in the nominative case; subjectivity; agency.

فاق /fɑ:q/ ■ *n.m.* notch of arrow.

فاقِد /fɑ:qɪd̪/ ■ *n.m.* loser. ■ *adj.* (one) having lost (something).

فاقوں /fɑ:qõ:/ ■ *n.m.* (*pl.* of فاقہ) فاقوں کا ٹوٹا رمارا continuously starving or famished (person). فاقوں مرنا go on starving, die of hunger.

فاقہ /fɑ:qɑ:/ ■ *n.m.* starvation. فاقہ زدگی starvation. فاقہ زدہ starved. فاقہ کرنا starve, abstain from food due to ill-health. فاقہ کش famished, starving person. فاقہ کشی starvation. فاقہ گزرنا starve, have to go without food. فاقہ مست poor but happy.

فاکِہہ /fɑ:kehɑ:/ ■ *n.m.* fruit. (*pl.* فواکہ، فواکہات)

فال /fɑ:l/ ■ *n.f.* prediction, omen, augury, presage by some occult means. فالِ بد ill omen. فال دیکھنا رکھولنا practise augury, foretell events, take omen from. فال کھلوانا have the future read in this way. فال گو soothsayer. فالِ گوش omen taken from words overheard. فال نامہ book of omens. فالِ نیک good omen.

فالتُو /fɑ:lt̪u:/ ■ *adj.* surplus, spare, extra, additional; useless; unemployed. فالتو وقت spare time.

فالِج /fɑ:lɪdʒ/ ■ *n.m.* paralysis, palsy. فالج زدگی paralyzation. فالج زدہ paralysed, palsied. فالج گرنا be paralysed or palsied.

فالسہ /fɑ:lsɑ:/ ■ *n.m.* small purple edible berry, *Grewia asiatica*.

فالسئی /fɑ:lsəi:/ ■ *n.m.* purple colour. ■ *adj.* purple, mauve.

فالُودہ /fɑ:lu:d̪ɑ:/ ■ *n.m.* sweet dish consisting of long thin strands of pasta, cream and ice, etc.

فالیز /fɑ:le:z/ ■ *n.f.* field of melons and watermelons.

فام /fɑ:m/ ■ *suffix* colour or coloured; used in comp. as: سفید فام white. سیاہ فام black.

فانُوس /fɑ:nu:s/ ■ *n.m.* chandelier. فانوسِ جادو رخیال رخیالی رگردان magic lantern, a projector of revolving silhouettes, lantern which revolves by the smoke of the candle within and which throws silhouettes on its walls.

فانہ /fɑ:nɑ:/ ■ *n.m.* (also پھانا، پھانہ) wedge.

فانی /fɑ:ni:/ ■ *adj.* mortal, perishable; transitory.

فائدہ /fɑ:ed̪ɑ:/ ■ *n.m.* advantage, benefit, interest, profit, use; gain; reward. فائدہ اٹھانا 1 make use of, gain. 2 exploit. فائدہ کرنا 1 benefit or profit. 2 ameliorate (a disease); do good, prove useful, curative or ameliorative. فائدہ مند profitable, advantageous, useful, efficacious, conducive. فائدہ ہونا derive benefit, make gains.

فائز /fɑ:ɪz/ ■ *adj.* acquiring, attaining, obtaining, reaching. فائز المرام ربمرام successful.

فائض /fɑ:ɪz/ ■ *adj.* 1 abundant, plentiful. 2 beneficent; generous.

فائق /fɑ:ɪq/ ■ *adj.* excellent, paramount, superior, surpassing. فائقُ الذہن precocious.

فبہا /fəbehɑ:/ ■ *exclam.* then be it so! all right! well and good! very well.

فتا /fət̪ɑ:/ ■ *n.m.* (also فتی) 1 youth, young man. 2 chivalrous person. (*pl.* فِتیان)

فتّاح /fət̪t̪a:h/ ■ *n.m.* **1** opener. **2** victorious. **3** See الفتّاح.

فتّان¹ /fət̪t̪a:n/ ■ *adj.* (also فتاں) **1** mischievous. **2** seductive (eye), tempting. **3** malicious. [A]

فتّان² ——— ■ *n.m.* goldsmith; assayer of gold. [A]

فتاویٰ /fət̪a:va:/ ■ *n.m.* (*pl.* of فتویٰ).

فتح /fəth/ ■ *n.f.* **1** opening. **2** victory, success, conquest. فتح الباب **1** opening the door. **2** (*fig.*) the beginning. فتح پانا win a victory, triumph over. فتح پیچ **1** a way of braiding hair. **2** a mode of tying the turban. فتح کا ڈنکا/نقارہ flourish of drums to celebrate victory. فتح کرنا conquer, subjugate, annex. فتحِ مبین clear victory. فتح مند victorious, triumphant, victor. فتح مندی victory, triumph, success. فتح ہونا be conquered. فتح یاب victorious. (*pl.* فُتوح; *ppl.* فُتوحات)

فتحہ /fət̪ha:/ ■ *n.m.* a diacritic mark. See زبر. فتحہ مجہول *fatha* pronounced as vowel /æ/ as: in شہر،لہر.

فِتراک /fɪt̪ra:k/ ■ *n.m.* saddle straps for tying game in.

فترہ /fət̪ra:/ ■ *n.m.* gap, hiatus.

فتق /fət̪q/ ■ *n.m.* breach; rupture; hernia.

فِتنہ /fɪt̪na:/ ■ *n.m.* **1** evil, mischief; sin; crime. **2** fitna, revolt, sedition; perfidy. **3** temptation, seduction. **4** discord, conflict. **5** (*fig.*) one who creates mischief. **6** (*poet.*) sweetheart. فتنہ اٹھانا cause mischief, disturbance or revolt. فتنہ ارتداد (in early Islam) the revolt of apostates; apostasy. فتنہ انگیز seditious, mischievous, turbulent, mischief-maker, miscreant; seditious person. فتنہ پردازی/سازی/گری mischief-making. فتنہ جُو/کار quarrelsome person, one who looks for opportunities to make trouble. فتنہ خفتہ/خوابیدہ dormant trouble. فتنہ ساز troublemaker. (*pl.* فِتن)

فِتنی /fɪt̪ni:/ ■ *n.f.* naughty or mischievous woman.

فُتوّت /fʊt̪ʊvvət̪/ ■ *n.f.* **1** selflessness; generosity. **2** bravery.

فُتوح /fʊt̪u:h/ ■ *n.f.* (*pl.* of فتح) **1** victories. **2** perquisites, gratuitous income, gifts usually received as homage.

فُتوحات /fʊt̪u:ha:t̪/ ■ *n.f.* (*pl.* of فُتوح; *ppl.* of فتح).

فتوحی /fət̪u:hi:/ ■ *n.f.* jacket without sleeves.

فُتور /fʊt̪u:r/ ■ *n.m.* **1** defect, disorder. **2** infirmity, weakness. **3** idleness, sluggishness. فتور برپا کرنا/ڈالنا cause disturbance, create discord. فتورِ عقل unsoundness of mind. فتورِ ہضم indigestion.

فتویٰ /fət̪va:/ ■ *n.m.* fatwa, verdict, legal ruling by an Islamic religious scholar. فتویٰ جاری کرنا/دینا/صادر کرنا issue a fatwa or verdict. (*pl.* فتاویٰ)

فتیری /fət̪i:ri:/ ■ *n.f.* (*var.* of فطیری) unleavened bread.

فتیلہ /fət̪i:la:/ ■ *n.m.* (also فتیلا، فلیتہ) wick, fuse. فتیلہ سوز earthen, brass or tin lamp. فتیلہ لگانا (*fig.*) stir up trouble.

فٹافٹ /fəʈa:fəʈ/ ■ *adv.* (*coll.*) quickly, swiftly, speedily.

فِجا /fɪdʒa:/ ■ *n.f.* (also فُجا) sudden arrival, abrupt happening.

فُجّار /fʊdʒdʒa:r/ ■ *n.m.* (*pl.* of فاجر).

فِجائی /fɪdʒa:i:/ ■ *adj.* (also فُجائی) sudden (event).

فِجائیہ /fɪdʒa:ɪja:/ ■ *n.m.* (also فُجائیہ) interjection, word(s) uttered abruptly. ■ *adj.* exclamatory, interjectional.

فجر /fədʒr/ ■ *n.f.* **1** daybreak, early morning, dawn of the day. **2** the morning prayer. فجر کے تڑکے/وقت at daybreak.

فجری /fədʒri:/ ■ *n.m.* a kind of mango.

فُجور /fʊdʒu:r/ ■ *n.m.* immorality; lust, debauchery.

فحّاشی /fəhha:ʃi:/ ■ *n.f.* (also فحاشی) porn, obscenity, pornography, obscene writing.

فُحش /fʊhʃ/ ■ *adj.* obscene, lewd, indecent, foul. فحش بکنا use dirty language, abuse, curse. فحش کلامی/گوئی foul language, obscenity. فحش نویس writer of obscene material, pornographer. (*pl.* فواحش)

فحل /fəhl/ ■ *n.m.* highly learned man. (*pl.* فحول)

فحوا /fəhva:/ ■ *n.m.* significance, meaning, sense or import, drift or tenor of a speech. فحوائے کلام scope or tenor of speech, spirit (of speech), significance or meaning of spoken or written word.

فخامت /fəxa:mət̪/ ■ *n.f.* (also فخامہ) magnificence, dignity; height.

فخر /fəxr/ ■ *n.m.* glory, excellence, pride. فخرِ خاندان pride of one's family. فخر سمجھنا take pride in. فخر کرنا be proud of.

فخریہ /fəxrɪja:/ ■ *adj.* proud. ■ *adv.* proudly. فخریہ پیشکش a proud presentation.

فخیم /fəxi:m/ ■ *adj.* great; high; dignified; splendid, magnificent. (*pl.* فخام)

فِدا /fɪd̪a:/ ■ *adj.* **1** devoted to. **2** dying for, devoted, in love. فدا کرنا sacrifice life or something dear for a cause. فدا ہونا **1** be devoted, fall in love. **2** die (for the sake of), lay down one's life (for).

فِدائی /fɪd̪a:i:/ ■ *n.m.* one who willingly hazards his life for a cause; pledged devotee. (*pl.* فِدائین)

فِدک /fɪd̪ək/ ■ *pr.n.m.* (***Hist.***) name of an orchard at

tamarisk, *Tamarix pharos.*
فِراست /fɪrɑ:sət̪/ ■ *n.f.* 1 wisdom, sagacity, insight, acuteness of mind, shrewdness, discernment. 2 physiognomy. فراست الید palmistry.
فِراش /fɪrɑ:ʃ/ ■ *n.m.* ferash, bedding.
فرّاش /fərrɑ:ʃ/ ■ *n.m.* carpet-layer, chambermaid; janitor; sweeper. فراش خانہ room or store where carpets, bedlinen, etc. are kept.
فِراشبین /fɪrɑ:ʃbi:n/ ■ *n.f.* (also فراش بین) (*corr.*) French beans. [E]
فراعنہ /fərɑ:ʔenɑ:/ ■ *n.m.* (*pl.* of فِرعون) Pharaohs.
فراغ /fərɑ:ɣ/ ■ *n.m.* leisure, disengagement; freedom; (from worries or business). فراغ بال 1 independent; at ease, free from care, having no (or no more) responsibilities; in easy circumstance. 2 well-to-do. 3 (*joc.*) bald. فراغ بالی رخاطر ease, comfort, contentment; prosperity. فراغ کرنا have finished or done with; cease from. فراغ نامہ See فارغ خطی under فارغ.
فراغت /fərɑ:ɣət̪/ ■ *n.f.* 1 leisure, respite (from labour or any other duty), freedom (from work or business). 2 comfort, ease, easy circumstances. فراغت پانا be at leisure or rest, finish or complete (a piece of work). فراغت جانا go to the latrine. فراغت سے بیٹھنا sit at ease, be free from worries. فراغت میں at one's ease, leisure, etc. فراغت ہونا be free, have leisure.
فِراق /fɪrɑ:q/ ■ *n.m.* 1 separation. 2 anxiety. فراق زدہ separated from one's beloved, afflicted by pangs of separation, (one) doomed to separation.
فراموش /fərɑ:mo:ʃ/ ■ *adj.* forgotten, unremembered; neglected. ■ *n.f.* 1 forgetfulness. 2 name of a domestic game. فراموش کارگار forgetful. فراموش کرنا forget.
فراموشی /fərɑ:mo:ʃi:/ ■ *n.f.* forgetfulness.
فراموشین /fərɑ:mo:ʃĩ:n/ ■ *n.f.* a disease of horses.
فرامین /fərɑ:mi:n/ ■ *n.m.* (*pl.* of فرمان) 1 orders, commands. 2 sayings; addresses.
فرّانا /fərrɑ:nɑ:/ ■ *v.* move briskly; come quickly.
فرانسیسی /fərɑ̃:si:si:/ ■ *adj.* (also فرانسیس) French. ■ *n.m.* 1 Frenchman. 2 French language.
فراواں /fərɑ:vɑ̃:/ ■ *adj.* (also فراوان) abundant, ample, much, plenty, copious.
فراوانی /fərɑ:vɑ:ni:/ ■ *n.f.* (also فراوانی) plenty, plentifulness, Khyber in Arabia.
فِدوی /fɪd̪vi:/ ■ *adj.* devoted. ■ *n.m.* 1 devoted servant; vassal. 2 lover. 3 (*euph.*) I.
فِدویت /fɪd̪vɪjət̪/ ■ *n.f.* devotion, allegiance.
فِدیہ /fɪd̪jɑ:/ ■ *n.m.* ransom, blood-money, expiation.
فر[1] /fər/ ■ *n.m.* pomp, splendour, magnificence, glory. [P]
فر[2] ____ ■ *n.f.* sound of fluttering or rushing. فر سے rapidly, fast, without stop. [dial.]
فُرات /fʊrɑ:t̪/ ■ *pr.n.m.* the river Euphrates.
فرّاٹا /fərrɑ:ʈɑ:/ ■ *n.m.* fast movement, rush. فراٹا بھرنا run fast, move fast, gallop.
فرّاٹے /fərrɑ:ʈe:/ ■ *n.m.* (*pl.* & *infl.* of فرّاٹا) فراٹے دار رکا quick, swift.
فراخ /fərɑ:x/ ■ *adj.* large, wide, broad, spacious, expansive, extensive, capacious. فراخ آستین generous, liberal. فراخ چشم satisfied, contented. فراخ حوصلہ large-hearted, magnanimous. فراخ دستی 1 generosity. 2 wealth; easy circumstances. فراخ کرنا expand, widen, broaden.
فراخدل /fərɑ:xd̪ɪl/ ■ *adj.* (also فراخ دل) 1 generous, open-handed. 2 large-hearted.
فراخدلی /fərɑ:xd̪ɪli:/ ■ *n.f.* (also فراخ دلی) 1 generosity. 2 large-heartedness.
فراخور /fərɑ:xʊr/ ■ *adj.* worthy, fit, proper, suitable, corresponding.
فراخی /fərɑ:xi:/ ■ *n.f.* 1 abundance, plenty. 2 prosperity. 3 roominess, width.
فُرادیٰ /fʊrɑ:d̪ɑ:/ ■ *adj.* (also فُرادا، فُرادہ) sole, single, separate, solitary; unique. ■ *adv.* singly, separately, one by one, one at a time, one after another.
فرادیس /fərɑ:d̪i:s/ ■ *n.f.* (*pl.* of فِردَوس) gardens; heavens.
فرار /fərɑ:r/ ■ *n.m.* (also فِرار) running away, escape, flight, fleeing; absconding. (راہِ) فرار اختیار کرنا flee, escape. فرار ہونا flee, run away, abscond.
فرّار /fərrɑ:r/ ■ *n.m.* 1 fast runner. 2 habitual absconder.
فراری /fərɑ:ri:/ ■ *n.m.* absconder, fugitive. فراری مجرم escaped convict.
فراریت /fərɑ:rɪjət̪/ ■ *n.f.* escapism.
فراز /fərɑ:z/ ■ *adj.* lofty, high, elevated, exalted. ■ *n.m.* 1 height, elevation. 2 summit, top.
فراس /fərɑ:s/ ■ *n.m.* 1 a kind of black date. 2 a species of

فرد میں نام چڑھانا enlist, enrol. فردِ واحد single, sole. (*pl.* افراد)

فردا /fərḍa:/ ■ *n.m.* 1 tomorrow, next day. 2 (*fig.*) Day of Resurrection.

فرداً /fərḍən/ ■ *adv.* separately. فرداً فرداً individually, one by one; singly, severally.

فردوس /firḍo:s/ ■ *n.f.* 1 garden. 2 Paradise, Garden of Eden. فردوس آشیانی/مکانی one whose dwelling is in paradise; late, deceased; a respectful phrase for the dead. فردوسِ گوش (*fig.*) enrapturing sound. (*pl.* فرادیس)

فرزانگی /fərza:nəgi:/ ■ *n.f.* intelligence, shrewdness, wisdom, sagacity.

فرزانہ /fərza:na:/ ■ *adj.* wise, intelligent; sagacious.

فرزجہ /fərzədʒa:/ ■ *n.m.* suppository, wad of cloth used as this.

فرزند /fərzənḍ/ ■ *n.m.* son, male child. فرزندِ ارجمند able son. فرزند بنانا adopt (as a son). فرزندِ خلف dutiful son. فرزندِ رشید rightly guided or well-mannered son. فرزندِ معنوی student, pupil, disciple. فرزندِ ناخلف undutiful son. فرزندِ نسبتی son-in-law.

فرزندی /fərzənḍi:/ ■ *n.f.* filial relationship, state or condition of being a son. فرزندی میں لینا accept (one) as son-in-law.

فرزین /fərzī:/ ■ *n.m.* (also فرزی) (***Chess***) queen.

فرس /fərəs/ ■ *n.m.* 1 horse. 2 (***Chess***) knight. فرس نامہ book about horses. (*pl.* افراس، فُروس)

فرسا /fərsa:/ ■ *suffix* wearing away, rubbing, scouring, chafing, searing, as: روح فرسا soul-searing, extremely painful.

فِرستادہ /fırısṭa:ḍa:/ ■ *adj.* sent. ■ *n.m.* messenger, envoy, ambassador; agent. (*pl.* فِرستادگان)

فرسنگ /fərsəŋg/ ■ *n.m.* (also فرسخ) farsang, distance of about eighteen thousand feet; league.

فرسودگی /fərsu:ḍəgi:/ ■ *n.f.* 1 wear and tear, depreciation (of machinery). 2 being outmoded; triteness. 3 (***Geol.***) erosion.

فرسودہ /fərsu:ḍa:/ ■ *adj.* 1 hackneyed, trite, outmoded, worn-out. 2 eroded, weathered, spoiled by time or age, effaced. فرسودہ نظام outmoded set-up, system or order.

فرش /fərʃ/ ■ *n.m.* 1 carpet, rug, mat or sheet spread on the floor, floor cloth or spread, any cloth spread out on abundance.

فراہم /fəra:həm/ ■ *adj.* 1 gathered, collected, accumulated. 2 supplied. 3 procured, obtained. فراہم کرنا 1 gather, accumulate. 2 procure. 3 supply, provide.

فراہمی /fəra:həmi:/ ■ *n.f.* supply.

فرائض /fəra:ɪz/ ■ *n.m.* (*pl.* of فرض، فریضہ) 1 duties, obligations. 2 (***Islam***) compulsory worship and other duties. فرائضِ منصبی official duties.

فربہ /fərbeh/ ■ *adj.* fat, obese, corpulent. فربہ اندام having a fat body, plump. فربہ ہونا be or become fat.

فربہی /fərbehi:/ ■ *n.f.* fatness, obesity.

فرتوت /fərṭu:ṭ/ ■ *adj.* old and decrepit. ■ *n.m.* dotard. (*fem.* فرتوتہ)

فرَج /fərədʒ/ ■ *n.m.* pleasure, joy; ease, comfort.

فرج[1] /fərdʒ/ ■ *n.f.* 1 fissure. 2 vagina, vulva. (*pl.* فروج) [A]

فرج[2] —— ■ *n.f.* dignity, value, rank. [A]

فرجاد /fərdʒa:ḍ/ ■ *adj.* wise, learned.

فرجام /fərdʒa:m/ ■ *n.m.* conclusion, consequence, end.

فرح /fərəh/ ■ *n.f.* joy, rejoicing, cheerfulness.

فرحان /fərha:n/ ■ *adj.* (also فرحاں) joyful, glad.

فرحت /fərhəṭ/ ■ *n.f.* delight, pleasure, cheerfulness. فرحت افزا refreshing, delightful. فرحت اللقا pleasant to look at. فرحت انجام with happy ending; successful. فرحت بخش refreshing, pleasant, entertaining.

فرّخ /fərrʊx/ ■ *adj.* 1 auspicious, fortunate, lucky. 2 pretty, beautiful, handsome.

فرخار /fərxa:r/ ■ *n.m.* jewellery; embellishment.

فرخُندہ /fərxʊnḍa:/ ■ *adj.* happy, auspicious, fortunate. فرخندہ اختر/بخت/طالع fortunate, lucky. فرخندہ حال prosperous; contented. فرخندہ فال of happy omen, fortunate, auspicious. فرخندہ فرجام something or someone with happy ending.

فرد /fərḍ/ ■ *n.m.* individual; unit. ■ *n.f.* 1 a single couplet. 2 roll; list, catalogue; statement. 3 outer fold of quilt. 4 sheet (of paper). ■ *adj.* one, single, unique, unmatched. فردِ باقیات balance sheet. فردِ بشر a single human being. فردِ جرم/عصیاں charge sheet, indictment. فردِ جمع بندی rent roll. فردِ حقیّت proprietary statement. فرد فرد 1 scattered, disarranged. 2 singly, in single pieces, separately, severally. فردِ فرید unique individual; person of unparalleled talents, accomplishments or abilities.

فِرعَون /fɪrʔɔ:n/ ■ *pr.n.m.* 1 Pharaoh. 2 (*fig.*) despot; arrogant man. فرعونِ بے سامان extremely arrogant or proud man without having anything. (*fem.* فِرعَونہ) (*pl.* فراعنہ)

فِرعَونیت /fɪrʔɔ:nɪjət̪/ ■ *n.f.* (*fig.*) 1 pride, arrogance. 2 despotism.

فرغل /fərɣʊl/ ■ *n.m.* (also فرغول) long quilted coat or mantle.

فرفر /fərfər/ ■ *adv.* rapidly, fast, quickly, fluently, without stop. فرفر پڑھنا read fluently.

فرفری /fərfəri:/ ■ *n.f.* a kind of humorous code for conversation in which a ف sound is inserted in every syllable.

فرق /fərq/ ■ *n.m.* 1 difference, distinction. 2 separation; intervening space; partition. 3 head; upper part of anything. 4 parting of hair. فرق آجانا/آنا 1 (conditions) to become different. 2 (accounts) not to balance. 3 (relations) to become strained or worsen; (a discrepancy) to occur. فرق پڑنا difference to occur. فرق کرنا distinguish, discriminate, differentiate; show partiality. فرق نکالنا discover an error or discrepancy (in accounts). (*pl.* فُرُوق)

فُرقان /fʊrqɑ:n/ ■ *n.m.* 1 something distinguishing truth from falsehood. 2 the Holy Qur'an. فرقانِ حمید 1 laudable criterion. 2 (*fig.*) the Holy Qur'an.

فُرقت /fʊrqət̪/ ■ *n.f.* separation (of lovers), absence (of beloved or friend). فرقت زدہ/کا مارا grieving due to separation or absence (of beloved).

فرقد /fərqəd̪/ ■ *n.m.* 1 the bright star seen near the North Pole. 2 calf or young of a wild cow.

فرقدان /fərqəd̪ɑ:n/ ■ *n.m.pl.* two bright stars in the constellation Ursa Minor.

فِرقہ /fɪrqɑ:/ ■ *n.m.* sect, religious sect or cult; group of persons with similar beliefs; community. فرقہ بندی organization of people into various sects. فرقہ پرست sectarian, communalist. فرقہ پرستی sectarianism, communalism. فرقہ وارانہ sectarian; communal. فرقہ وارانہ فساد communal riot.

فرما /fərmɑ:/ ■ *n.m.* (also فرمہ) 1 form, mould, frame. 2 (***Printing***) a proof sheet. [E]

فرمان /fərmɑ:n/ ■ *n.m.* firman, order, edict; command; charter. (*pl.* فرامین)

the ground. 2 floor, ground, pavement. فرش باندھنا/لگانا pave. فرش بچھانا/کرنا 1 lay a spread, etc. on the ground. 2 pave. فرش بنا دینا demolish, pull down. فرش بننا/لگنا pave. فرش(و) فروش rugs, carpets and spreads. فرش ہونا become humble; completely efface oneself. (*pl.* فُرُوش)

فِرِشتہ /fɪrɪʃt̪ɑ:/ ■ *n.m.* (also فِرِشتہ) 1 angel. 2 (*fig.*) virtuous person of sublime qualities and morals. فرشتہ خصلت/سیرت/صفت angelic; virtuous. (*pl.* فِرِشتگان)

فِرِشتوں /fɪrɪʃt̪õ:/ ■ *n.m.* (*pl.* of فِرِشتہ) فرشتوں کو خبر نہ ہونا be totally unaware of. فرشتوں کے پر جلنا (of a place, etc.) be absolutely inaccessible.

فِرِشتے /fɪrɪʃt̪e:/ ■ *n.m.* (*pl.* & *infl.* of فِرِشتہ) فرشتے دکھائی دینا/نظر آنا find one's death approaching.

فرشی /fərʃi:/ ■ *adj.* relating to floor. فرشی پنکھا pedestal fan. فرشی جوتا slipper. فرشی حقہ flat-bottomed hookah. فرشی سلام obeisance with a low bow and a movement of the right hand from floor to forehead. فرشی نشست sitting arrangement on the floor.

فُرصت /fʊrsət̪/ ■ *n.f.* 1 time, spare time, leave. 2 rest, relief, respite. 3 leisure, freedom. فرصت پانا/ملنا/رہنا get time, be at leisure or rest, have time or relief, have time (for), have leisure. فرصت نکالنا spare time.

فرض /fərz/ ■ *n.m.* 1 duty, obligation, incumbency. 2 assumption, supposition. فرض ادا کرنا fulfil the obligation, discharge one's duty. فرضِ عین (***Islam***) compulsory, unavoidable, or inescapable duty or obligation. فرض کرنا 1 impose duty or obligation. 2 suppose, assume. فرضِ کفایہ (***Islam***) duty which if performed by some is considered to have been performed by all, e.g. funeral prayer. فرض ہونا be incumbent, be enjoined as compulsory duty.

فرضی /fərzi:/ ■ *adj.* 1 fictitious, not real, assumed, hypothetical; nominal. 2 obligatory, binding. فرضی قصہ/کہانی fable, fiction.

فرضیت /fərzɪjət̪/ ■ *n.f.* the state of being obligatory.

فرط /fərt̪/ ■ *n.m.* abundance, profusion, excess; predominance. فرطِ شوق great longing, depth of passion. فرطِ غم excess of sorrow. فرطِ محبت great or deep love.

فرع /fərʔ/ ■ *n.f.* 1 bough, branch; ramification, subsidiary development, corollary. 2 derivative. (*pl.* فُروع; *ppl.* فُروعات)

فرمانا /fərmɑ:nɑ:/ ■ *v.* **1** (used in polite or formal way) say, declare, assert, command, order. **2** vouchsafe, grant, give; do.

فرمانبردار /fərmã: bərd̪ɑ:r/ ■ *n.m.* (also فرماں بردار) obeyer, obedient; subject, vassal. (*opp.* نافرمان)

فرمانبرداری /fərmã: bərd̪ɑ:ri:/ ■ *n.f.* (also فرماں برداری) obedience, allegiance, vassalage, subordination. فرمان برداری کرنا obey, carry out orders.

فرمانروا /fərmã: rəvɑ:/ ■ *n.m.* (also فرماں روا) ruler, sovereign.

فرمانروائی /fərmã: rəvɑ:i:/ ■ *n.f.* (also فرماں روائی) rule, sovereignty.

فرمائش /fərmɑ:ɪʃ/ ■ *n.f.* expression of desire, polite request or demand. فرمائش پوری کرنا fulfil someone's request. فرمائش کرنا request politely; ask for.

فرمائشی /fərmɑ:ɪʃi:/ ■ *adj.* **1** particularly ordered, as ordered; requested. **2** excellent. فرمائشی پڑنا get a good beating. فرمائشی قہقہہ loud laugh on a cue.

فرمودہ /fərmu:d̪ɑ:/ ■ *adj.* ordered, commanded; said, uttered, words spoken. ■ *n.m.* discourse, saying; directive, command. (*pl.* فرمودات)

فرنٹ /fərənʈ/ ■ *adj.* **1** opposed; affronted. **2** angry, displeased. فرنٹ ہوجانا become averse, opposed or hostile (to). [E]

فرنگ /fərəŋg/ ■ *n.m.* (also فِرنگ) Western countries, generally Europe.

فرنگستان /fərəŋgɪst̪ɑ:n/ ■ *n.m.* (also فِرنگستان) Europe (usu. England or France).

فرنگن /fərəŋgən/ ■ *n.f.* (also فِرنگن) European or English woman.

فرنگی /fərəŋgi:/ ■ *n.m.* (also فِرنگی) European or English man. ■ *adj.* European.

فِرنی /fɪrni:/ ■ *n.f.* (also فیرینی) sweet dish of rice, milk and sugar. فرنی فالودہ ایک بھاؤ نہیں ہوتا everything has a value of its own.

فِرو /fɪro:/ ■ *adj.* (also فرو) **1** lowered, suppressed. **2** put out, extinguished. ■ *adv.* below, down, under, low. فروتر inferior. فروکرنا quell, suppress; extinguish. فروہونا subside, decrease, recede; disappear.

فِروتن /fɪro:t̪ən/ ■ *adj.* lowly, humble, modest; submissive.

فِروتنی /fɪro:t̪əni:/ ■ *n.f.* humility, lowliness, submissiveness.

فروٹ /fərvəʈ/ ■ *adj.* at a gallop (Urduized version of English word *forward*). [E]

فروخت /fəro:xt̪/ ■ *n.f.* (also فِروخت، فُروخت) sale; disposal. فروخت شدہ sold. فروخت کرنا sell, dispose of.

فُروختہ /fʊro:xt̪ɑ:/ ■ *adj.* kindled, ignited; inflamed, burnt, lighted, shining, radiant.

فُرود /fʊru:d̪/ ■ *n.m.* (also فِرُود) alighting, descending; halt, sojourn. ■ *adv.* down, beneath. فرودگاہ halting and landing place, camping ground; rest house.

فروَردیں /fərvərd̪i:/ ■ *n.m.* first month of the Persian calendar corresponding to March-April.

فروری /fərvəri:/ ■ *n.m.* February, the second month of the Gregorian calendar. [E]

فروز /fəro:z/ ■ *adj.* (*contr.* of افروز) **1** illumining, radiant, enlightening, kindling, inflaming. **2** cheering. ■ *suffix* used in comp. as: دل فروز heart-cheering, delightful.

فُروزاں /fʊro:zɑ̃:/ ■ *adj.* (also فروزاں) shining, luminous, radiant, lighted.

فُروزِندہ /fʊro:zɪnd̪ɑ:/ ■ *adj.* (also فروزِندہ) illuminating. ■ *n.m.* one who illuminates.

فروش /fəro:ʃ/ ■ *suffix* selling, seller; used in comp. as: میوہ فروش (dry) fruit-seller, etc.

فُروش /fʊru:ʃ/ ■ *n.m.* (*pl.* of فرش) floor-spreads, etc.

فروشندہ /fəro:ʃɪnd̪ɑ:/ ■ *n.m.* seller, vendor. فروشندۂ مجازی authorized vendor.

فُروع /fʊru:ʔ/ ■ *n.m.* (*pl.* of فرع) **1** branches, off-shoots; ramifications. **2** corollaries; derived principles or doctrines of law or religion, subsidiary tenets; sections or clauses (of law), minor points. (*ppl.* فُروعات)

فُروعی /fʊru:ʔi:/ ■ *adj.* subsidiary, not primary, unimportant, ordinary.

فروغ /fəro:ɣ/ ■ *n.m.* rise, increase, enhancement; advancement, progress, development. فروغ پانا/حاصل ہونا/ملنا progress, advance, be enhanced, gain (in wealth, popularity, etc.).

فِروکش /fɪro:kəʃ/ ■ *adj.* (also فروکش) staying, lodging. فروکش ہونا lodge, stay; live.

فِروگُذاشت /fɪro:guzɑ:ʃt̪/ ■ *n.f.* (also فروگُزاشت) omission, oversight, slip, error. فروگذاشت کرنا omit, overlook, pass over.

فِرومانده /fɪro:mɑ̃:d̪ɑ:/ ■ *adj.* (also فرومانده) tired; weak, lowly, brought low, dejected.

فرومایہ /fɪro:mɑ:jɑ:/ ■ *adj.* (also فرومایہ) of little value, mean, ignoble; humble, lowly.

فرہنگ /fərhəŋg/ ■ *n.f.* **1** dictionary, lexicon, glossary. **2** vocabulary. **3** elegance, refinement. **4** wisdom, sagacity. فرہنگ نگاری/نویسی lexicography.

فریاد /fərjɑ:d̪/ ■ *n.f.* complaint, plaint, supplication; cry for help or succour. فریادرس redresser of grievances, one who answers prayers, i.e. God; helper. فریادرسی response to a supplication, redress. فریاد کرنا complain, sue. فریادکناں complainant, petitioner.

فریادی /fərjɑ:d̪i:/ ■ *n.m.* complainant, plaintiff, supplicant, petitioner.

فریب /fəre:b/ ■ *n.m.* (also فریب) cheating, fraud, deceit, deception. فریب آمیز cunning, deceitful. فریب خوردہ duped, gulled, defrauded, swindled, beguiled, conned. فریب دہی swindling, cheating, defrauding, beguiling. فریب دینا cheat, defraud, deceive, dupe. فریب ساز/کار cheat, swindler. فریب سازی/کاری fraud. فریب کھانا/میں آنا be cheated, deceived, etc. فریبِ نظر/نگاہ illusion.

فریبندہ /fəre:bɪnd̪ɑ:/ ■ *n.m.* deceiver, cheater.

فریبی /fəre:bi:/ ■ *adj.* (also فریبیا) dishonest. ■ *n.m.* cheat, impostor.

فرید /fəri:d̪/ ■ *adj.* singular, peerless, matchless, having no equal, incomparable. فرید بوٹی *Cocculus villosus*, a medicinal herb.

فریس /fəri:s/ ■ *adj.* learned; wise, sagacious.

فریسندہ /fəri:sɪnd̪ɑ:/ ■ *n.m.* sender.

فریسہ /fəri:sɑ:/ ■ *adj.* (*fem.* of فریس) فریسۂ امت a title of Hazrat Khadija, the wife of Prophet Muhammad.

فریش /fəri:ʃ/ ■ *adj.* bedridden.

فریضہ /fəri:zɑ:/ ■ *n.m.* **1** divine precept or command. **2** duty. فریضہ ادا کرنا perform one's duty.

فریفتہ /fəre:ft̪ɑ:/ ■ *adj.* charmed, fascinated, enamoured of, infatuated (with), in love (with), attracted to. فریفتہ کرنا make (someone) fall in love, attract. فریفتہ ہونا be infatuated (with), fall in love (with).

فریق /fəri:q/ ■ *n.m.* one who takes a side in a dispute, partisan; party in a lawsuit. فریقِ اوّل plaintiff. فریقِ ثانی defendant.

فریقین /fəri:qæ:n/ ■ *n.m.pl.* both parties, two parties involved in a law suit, two opponents on a battlefield, two parties in a contention, i.e. plaintiff and defendant.

فزا /fɪzɑ:/ ■ *suffix* (*contr.* of افزا) animating; increasing; reinforcing; used in comp. as: جاں فزا revitalizing.

فزع /fəzəʔ/ ■ *n.f.* fear (usu. used with جزع).

فزوں /fʊzũ:/ ■ *adj.* (*contr.* of افزوں) increasing; many; much. فزوں تر superior; better. فزوں کار promoter.

فساد /fəsɑ:d̪/ ■ *n.m.* **1** riot, brawl, tumult, mischief, quarrel, discord, trouble, disturbance. **2** infection, vitiation, morbidity, disorder. فساد اٹھانا/برپا کرنا/مچانا incite trouble or disturbance, etc. فسادِ خون skin eruptions caused by infection of blood. فساد کی جڑ bone of contention, root of all troubles. (*pl.* فسادات)

فسادی /fəsɑ:d̪i:/ ■ *adj.* seditious, mischievous, quarrelsome, vicious, rebellious. ■ *n.m.* mischief-monger, rioter, troublemaker.

فسان /fəsɑ:n/ ■ *n.f.* (also فساں) whetstone.

فسانہ /fəsɑ:nɑ:/ ■ *n.m.* (*contr.* of افسانہ) fable, story.

فسخ /fəsx/ ■ *n.m.* **1** giving up an idea or opinion. **2** breaking or revoking (of pact or contract). **3** annulment (of marriage, etc.). فسخ کرنا break, cancel, revoke, annul, undo. فسخ ہونا be rendered invalid; be annulled or revoked.

فسطائی /fəst̪ɑ:i:/ ■ *n.m.* fascist. [E]

فسطائیت /fəst̪ɑ:ɪjət̪/ ■ *n.f.* fascism. [E]

فسق /fɪsq/ ■ *n.m.* disobedience of God, breaking Divine law, transgression, impiety; adultery. فسق و فجور impiousness, sinfulness, impiety.

فسوں /fʊsũ:/ ■ *n.m.* (*contr.* of افسوں) spell, incantation, enchantment, sorcery, magic. فسوں ساز/کار/گر enchanter, sorcerer, magician. فسوں سازی/کاری/گری enchantment, using a spell, bewitching.

فش /fəʃ/ ■ *n.m.* the end of a turban-sash. ■ *suffix* (also وَش) like, as: ماہ فش moon-like.

فِش /fɪʃ/ ■ *exclam.* bosh! trash!

فشار /fɪʃɑ:r/ ■ *n.m.* pressing or squeezing; pressure. فشارالدم/خون blood pressure.

فشاں /fɪʃɑ̃:/ ■ *suffix* (*contr.* of افشاں) diffusing, strewing, spreading, throwing, scattering; used in comp. as:

gracious or bountiful; show mercy. فضل ہے all is well.
فُضَلا /fʊzəlɑ:/ ■ n.m. (pl. of فاضل) learned people, scholars.
فُضلہ /fʊzlɑ:/ ■ n.m. refuse, leavings, remainder, residue; offal, filth, excrement. فضلہ خور scavenger. (pl. فُضلات)
فُضول /fʊzu:l/ ■ adj. needless, useless; superfluous, excessive. فضول خرچ extravagant, spendthrift, prodigal, extravagant person. فضول خرچی extravagance, dissipation, prodigality. فضول گو babbler, chatterbox, talkative person.
فُضولی /fʊzu:li:/ ■ n.m. & f. **1** extravagance; something redundant. **2** one who acts without authority, meddler. **3** babbler.
فِضّہ /fɪzzɑ:/ ■ n.f. (also فِضّت) silver.
فضیحت /fəzi:hət̪/ ■ n.f. **1** disgrace, infamy, ignominy. **2** quarrel, brawl. فضیحت کرنا defame, disgrace, expose faults or vices; quarrel. فضیحت ہونا be disgraced, be infamous.
فضیحتا /fəzi:ht̪ɑ:/ ■ n.m. (also فضیحتہ) **1** quarrel, riot, tumult, mischief, disturbance, brawl. **2** disgrace.
فضیلت /fəzi:lət̪/ ■ n.f. **1** excellence, superiority, mastery. **2** high academic attainment, learning, proficiency. **3** virtue, honour. فضیلت رکھنا be superior (to); excel, surpass; be preferable (to). فضیلت کی پگڑی/دستار turban, headgear indicating some academic achievement or honour. (pl. فضائل)
فطانت /fət̪ɑ:nət̪/ ■ n.f. (also فِطانت) intelligence, perception, wisdom, shrewdness; skill.
فِطر /fɪt̪r/ ■ n.m. (***Islam***) breaking of the fast.
فُطر /fʊt̪r/ ■ n.m. fungus.
فِطرت /fɪt̪rət̪/ ■ n.f. **1** nature, disposition. **2** cunning, craftiness. فطرت بھرا crafty, cunning, clever.
فِطرتی /fɪt̪rət̪i:/ ■ n.m. (iron.) crafty, cunning.
فِطرہ /fɪt̪rɑ:/ ■ n.m. (also فِطرانہ) (***Islam***) charity prescribed for Eid-ul-fitr, act of offering thanks for favours or mercies, thanksgiving.
فِطری /fɪt̪ri:/ ■ adj. natural, innate; habitual. (opp. اِکتسابی)
فطیر /fət̪i:r/ ■ n.m. unleavened dough.
فطیری /fət̪i:ri:/ ■ n.f. (also فتیری) unleavened. فطیری روٹی unleavened bread. (cf. خمیری)
فطین /fət̪i:n/ ■ adj. (also فطّین) wise, sagacious.
فعّال /fəʔʔɑ:l/ ■ adj. active, energetic, dynamic. فعال مائیرید

آتش فشاں scattering fire, volcano.
فِشانی /fɪʃɑ:ni:/ ■ suffix (contr. of افشانی) spreading, scattering; used in comp. as: جاں فشانی working hard.
فشُردہ /fəʃʊrd̪ɑ:/ ■ adj. (also فِشردہ، فُشردہ) squeezed, pressed; twisted. ■ n.m. juice (of a fruit, etc). فشردۂ انگور juice of grape.
فصاحت /fəsɑ:hət̪/ ■ n.f. eloquence, fluency of speech, perspicuity.
فصّاد /fəssɑ:d̪/ ■ n.m. blood-letter; phlebotomist.
فصّادی /fəssɑ:d̪i:/ ■ n.f. blood-letting; phlebotomy.
فصد /fəsd̪/ ■ n.f. phlebotomy, bleeding; opening vein. فصد کھلوانا have one's vein opened, be bled. فصد کھولنا bleed.
فصل /fəsl/ ■ n.f. **1** partition, separation; distance; section. **2** crop, harvest. **3** season. **4** part or section of a book. **5** (***Law***) section. فصلِ استادہ standing crop. فصلِ باراں rainy season. فصلِ بہار/ بہاراں / بہاری spring season, springtime. فصل پکنا crop to be ready for harvest. فصلِ تخم ریزی sowing season, seed-time. فصلِ جلی the period before the commencement of rains in South Asia when rice is harvested. فصلِ خریف autumn crops comprising rice, millet, etc. فصلِ ربیع spring crops comprising wheat, barley, gram, peas, etc. فصل کاٹنا reap, harvest a crop. فصلِ گل spring. (pl. فُصول)
فصلی /fəsli:/ ■ adj. seasonal, belonging to a season or harvest. فصلی بٹیر / بٹیرا / کوا (fig.) opportunist; fair-weather friend. فصلی بخار fever caused by the change of season. فصلی سال harvest or revenue year. فصلی میوہ fruit of the season.
فصیح /fəsi:h/ ■ adj. elegant, polished (language); eloquent. (pl. فُصحا)
فصیل /fəsi:l/ ■ n.f. city wall, wall of castle or fortress, rampart; parapet.
فِضا /fɪzɑ:/ ■ n.f. (also فضا) atmosphere. فضابندی / سازی creating a mood and setting in a literary piece. فضائے بسیط sky; outer space.
فِضائی /fɪzɑ:i:/ ■ adj. (also فضائی) atmospheric. فضائی دباؤ air-pressure. فضائی میزبان air hostess.
فِضائیہ /fɪzɑ:ɪjɑ:/ ■ n.f. (also فضائیہ) air force.
فضل /fəzl/ ■ n.m. bounty, grace, favour. فضلِ الٰہی grace of God. فضلِ ربی **1** by the grace of God. **2** (iron.) illegally earned wealth. فضل سے (کے) by the grace of. فضل کرنا be

1 one's own master. 2 an attribute of God.

فعّالیت /fəʔʔɑːlɪjət̪/ ■ *n.f.* activism, activity.

فِعل /feʔl/ ■ *n.m.* 1 action, deed, work, operation. 2 (*euph.*) sexual intercourse. 3 (***Gram.***) verb. فعلِ شنیعہ an evil or shameful deed. فعلِ ضامنی security for good conduct. فعلِ عبث futile labour, unfruitful act. فعلِ لازم intransitive verb. فعلِ متعدی transitive verb. فعلِ مجہول verb in passive voice. فعل مچانا make a row. فعلِ معروف verb in active voice. فعلِ ناشائستہ improper act, impropriety. فعلِ ناقص an incomplete or non-attributive verb. (*pl.* افعال)

فِعلاً /feʔlən/ ■ *adv.* in fact, practically, indeed.

فِعلی /feʔliː/ ■ *adj.* 1 practical, actual, present. 2 of or relating to verb, derived from verb, verbal. 3 (***Islam***) (Prophet Muhammad's traditions) expounded practically through action.

فعلیات /feʔlɪjɑːt̪/ ■ *n.f.* physiology.

فعلیاتی /feʔlɪjɑːt̪iː/ ■ *adj.* physiological. فعلیاتی معالج physiotherapist.

فعُولُن /fəʔuːlʊn/ ■ *n.m.* (***Pros.***) name of a metrical unit.

فُغاں /fʊɣɑ̃ː/ ■ *n.m.* 1 clamour, complaint. 2 lament; lamentation; cry of pain or distress. ■ *exclam.* oh! alas!

فغفُور /fəɣfuːr/ ■ *n.m.* title of the emperor of ancient China.

فغفُوری /fəɣfuːriː/ ■ *n.f.* kingship, empire.

فِفِرّو /fəfɪrruː/ ■ *adj.* vanished, escaped. ففروہونا disappear; flee, slink away, run away.

فق /fəq/ ■ *adj.* 1 flown, lost, gone. 2 pale, pallid. 3 dismayed; astonished. فق پڑ جانا turn pale with fear or embarrassment; look blank. (رنگ) فق ہوجانا turn pale.

فقار /fəqɑːr/ ■ *n.m.* vertebrae, the backbone.

فقاریہ /fəqɑːrɪjɑː/ ■ *adj.* (also فقاری) vertebrate, vertebral, of or relating to vertebrae. فقاریہ جانور رحیوان vertebrate animal.

فقاہت /fəqɑːhət̪/ ■ *n.f.* judicial acumen in Islamic jurisprudence.

فقِطّا /fəqɪʈʈɑː/ ■ *n.m.* (*derog.*) poor; hungry; greedy.

فُقدان /fʊqd̪ɑːn/ ■ *n.m.* (also فِقدان) lack, want, loss, deficiency, scarcity, shortage, scantiness, meagreness.

فقر /fəqr/ ■ *n.m.* 1 poverty, penury, indigence, mendicancy, mendicity. 2 state of or existence as fakir or dervish; asceticism. فقروفاقہ poverty and hunger, straitened circumstances.

فُقرا /fʊqərɑː/ ■ *n.m.* (*pl.* of فقیر) (also فُقراء) fakirs; the poor.

فِقرہ /fɪqrɑː/ ■ *n.m.* 1 sentence; phrase; clause; line. 2 repartee, witticism, witty remark; glib talk. فقرہ باز 1 witty, glib-tongued. 2 witty person. فقرہ بازی witticism. فقرہ بندی 1 composition. 2 eloquence. فقرہ چست کرنا رگھڑنا pass witty remarks.

فِقروں /fɪqrõː/ ■ *n.m.* (*pl.* of فقرہ) فقروں کا بنا ہوا clever; sly; one who talks his/her way out of any situation. فقروں میں آجانا be taken in by speech or words; be duped.

فقط /fəqət̪/ ■ *adv.* simply, merely, only, alone, solely. ■ *n.m.* end, finis (used at the end of some document).

فِقہ /fɪqh/ ■ *n.f.* 1 knowledge, understanding (esp. of the law). 2 Islamic jurisprudence.

فقہی /fɪqhiː/ ■ *adj.* of or relating to Islamic jurisprudence; relating to doctrine, doctrinal, juridical.

فقید /fəqiːd̪/ ■ *adj.* 1 lost, missing, absent. 2 (*fig.*) rare. فقیدُالمثال رالمثل رالنظیر unique, incomparable, unparalleled, unprecedented.

فقیر /fəqiːr/ ■ *n.m.* beggar, mendicant; fakir, dervish. ■ *adj.* poor, indigent. فقیر دوست benevolent, friendly to the poor. فقیر ہونا be reduced to beggary; become a dervish. (*pl.* فُقرا)

فقیرانہ /fəqiːrɑːnɑː/ ■ *adv.* beggarly. ■ *adj.* like a beggar or dervish.

فقیرنی /fəqiːrniː/ ■ *n.* (*fem.* of فقیر) female beggar.

فقیری /fəqiːriː/ ■ *n.f.* life of dervish; beggary, poverty. ■ *adj.* of or relating to فقیر. فقیری چٹکی easy remedy.

فقیہ /fəqiːh/ ■ *n.m.* Islamic jurist. فقیہِ شہر (*poet.*) opponent of love or free thought, etc. (*pl.* فُقہا)

فک /fək/ ■ *n.m.* 1 separating two things joined together. 2 releasing, redeeming. 3 (***Med.***) the lower and upper jaws. فکِ اضافت omission of sign of genitive. فک الرہن redemption of mortgage, liquidation of debt for which property has been mortgaged or pledged.

فُکاہات /fʊkɑːhɑːt̪/ ■ *n.f.* humorous talk or writings; titbits; jokes.

فُکاہیہ /fʊkɑːhɪjɑː/ ■ *adj.* (also فُکاہی) humorous. فکاہیہ کالم column specified for humorous writing in newspapers or magazines. (*pl.* فُکاہیات)

فِکر /fɪkr/ ■ *n.f.* **1** worry, anxiety, concern, care; solicitude. **2** idea, thought, philosophy, reflection. فکرانگیز thought-provoking. فکرکرنا think, ponder; be anxious for, care for. فکرِمعاش concern about livelihood. فکرمند anxious, worried; thoughtful. فکرمندی anxiety, worry; thoughtfulness. فکرمیں رہنا be constantly thinking of something. (*pl.* افکار)

فِکری /fɪkri:/ ■ *adj.* thoughtful, reflective.

فِگار /fɪgɑ:r/ ■ *adj.* **1** wounded, sore; galled. **2** tired, fatigued; afflicted.

فِگن /fɪgən/ ■ *suffix* caster, thrower; used in comp. as: سایہ فگن casting a shadow.

فلاح /fəlɑ:h/ ■ *n.f.* **1** deliverance, salvation; well-being, happiness, prosperity; success. **2** profit, gain. فلاح وبہبود welfare and prosperity.

فلّاح /fəllɑ:h/ ■ *n.m.* cultivator, tiller, peasant.

فلاحت /fəlɑ:hət̪/ ■ *n.f.* cultivation, tillage.

فلاحی /fəlɑ:hi:/ ■ *adj.* welfare, well-being. فلاحی کام welfare work. فلاحی مملکت welfare state.

فلاخن /fəlɑ:xən/ ■ *n.m.* (also فلاسنگ) sling; catapult.

فلاسفہ /fəlɑ:sɪfɑ:/ ■ *n.m.* (*pl.* of فیلسوف) philosophers.

فلاطون /fəlɑ:t̪u:n/ ■ *pr.n.m.* (*contr.* of افلاطون) Plato.

فلاکت /fəlɑ:kət̪/ ■ *n.f.* distress, misfortune, adversity. فلاکت زدہ unlucky, unfortunate; miserable, wretched, in adverse circumstances.

فلالین /fəlɑ:le:n/ ■ *n.f.* flannel. [E]

فلان /fəlɑ:n/ ■ *n.m.* male or female sexual organ.

فُلاں /fulɑ̃:/ ■ *n.m.* (also فُلانا) a designation of any unknown or undefined person or thing, so-and-so, certain thing or person; such person or thing; such one.

فِلز /fɪlɪz/ ■ *n.f.* ore; metal. (*pl.* فِلزات)

فِلزّاتی /fɪlɪzzɑ:t̪i:/ ■ *adj.* metallic.

فِلزّیات /fɪlɪzzɪjɑ:t̪/ ■ *n.f.* metallurgy, the science and technique of refining or alloying metals and study of their properties and constitution.

فلس /fəls/ ■ *n.m.* **1** copper coin. **2** scales of fish and reptiles. (*pl.* فُلُوس)

فلسفہ /fəlsəfɑ:/ ■ *n.m.* philosophy. فلسفہ بگھارنا (*iron.*) try to philosophize.

فلسفی /fəlsəfi:/ ■ *n.m.* philosopher.

فلسفیانہ /fəlsəfɪjɑ:nɑ:/ ■ *adj.* philosophical.

فِلفِل /fɪlfɪl/ ■ *n.f.* pepper. فلفلِ سیاہ black pepper.

فلک /fələk/ ■ *n.m.* **1** sky, heaven; firmament. **2** (*fig.*) fortune, fate. **3** (*fig.*) enemy. فلکِ اطلس/اعظم/الافلاک the empyrean, the highest heaven. فلک بوس sky-high, high-rise. فلک بین/نما telescope. فلک پیما very high. فلکِ دوں (*fig.*) ill-fate. فلک زدہ unfortunate, distressed, oppressed by fate. فلک سیر **1** bhang, hemp. **2** speedy horse. فلک شگاف **1** reaching the sky; very high. **2** (*fig.*) very loud. فلکِ کج رفتار/مدار sky as a harbinger of bad luck. فلک کو خبر نہ ہونا remain totally unknown, remain secret. (*pl.* افلاک)

فلکی /fələki:/ ■ *adj.* heavenly, celestial. فلکی اجسام stars and planets, etc.

فلکیات /fələkɪjɑ:t̪/ ■ *n.f.* astronomy.

فلہٰذا /fəlehɑ:zɑ:/ ■ *conj.* thus, hence, for this reason.

فلیتہ /fəli:t̪ɑ:/ ■ *n.m.* wick. See فتیلہ. فلیتہ دینا set light to; apply or fire match to. فلیتہ لگانا stir up trouble.

فلیتے /fəli:t̪e:/ ■ *n.m.* (*pl.* & *infl.* of فلیتہ) فلیتے دار بندوق matchlock.

فم /fəm/ ■ *n.m.* mouth; opening, orifice. فمِ رحم cervix, mouth of the womb. فمِ معدہ orifice of the stomach.

فن /fən/ ■ *n.m.* **1** art; craft, skill. **2** trick, deception, artifice. فنِ باغبانی/شجاری gardening. فنِ خطاطی/خوشنویسی calligraphy. فنِ فریب trick; artifice. فن فریبی artful, cunning. فن کار artist, artiste. فن کارانہ artistic. فن کارہ female artist or artiste. فن کاری craftsmanship. (*pl.* فُنُون)

فنا /fənɑ:/ ■ *n.f.* fana, death, mortality, destruction, obliteration, extermination. فناپذیر perishable, transitory. فناپذیری mortality, perishability. فنادرفنا/فنافی اللہ lost in contemplation of God. فناکرنا annihilate, exterminate. فناہوجانا **1** perish, die. **2** (*fig.*) become totally absorbed (in).

فنٹی /fənt̪i:/ ■ *n.f.* (*slang*) gossip, boasting.

فِنجان /fɪndʒɑ:n/ ■ *n.m.* small glass or porcelain cup.

فند /fənd̪/ ■ *n.m.* deceit, artifice, trick, fraud.

فُندق /fund̪uq/ ■ *n.f.* **1** hazelnut. **2** hotel.

فُنُون /funu:n/ ■ *n.m.* (*pl.* of فن) arts. فنونِ لطیفہ fine arts.

فواحش /fəvɑ:hɪʃ/ ■ *n.m.* (*pl.* of فُحش) immodesties, obscenities.

فُواد /fuvɑ:d̪/ ■ *n.m.* (also فواد) heart.

فوّارہ /fəvvɑ:rɑ:/ ■ *n.m.* fountain, jet; spout; showerhead. فوارہ چھوٹنا spout, burst forth.

فواکہ /fəvɑ:keh/ ■ *n.m.* (*pl.* of فاکہہ) fruits. (*ppl.* فواکہات)

فوائد /fəvɑ:ḏ/ ■ *n.m.* (*pl.* of فائدہ) benefits, gains, profits.

فَوت /fɔ:ṯ/ ■ *n.f.* **1** death, passing away. **2** escaping; being lost. فوت ہوجانا die, pass away. فوت ہوجانا (مقصد) purpose to be defeated.

فَوتی /fɔ:ṯi:/ ■ *adj.* deceased, dead. ■ *n.f.* death, mortality. فوتی فراری dead or absconded; killed or missing. فوتی نامہ **1** death register. **2** death certificate.

فَوتیدگی /fɔ:ṯi:ḏəgi:/ ■ *n.f.* (also فوتگی) death, passing away.

فَوج /fɔ:dʒ/ ■ *n.f.* **1** army, force. **2** crowd, multitude. فوج اتارنا bring army in the battlefield. فوج بھرتی کرنا recruit; enlist. فوجِ ظفر موج conquering army, victorious army. فوج کشی invasion. فوج کی فوج a large crowd. (*pl.* افواج)

فَوجدار /fɔ:dʒḏɑ:r/ ■ *n.m.* **1** foujdar, a senior officer in the army under Moguls. **2** administrator of a city.

فَوجداری /fɔ:dʒḏɑ:ri:/ ■ *n.f.* **1** office or profession of a *faujdar*. **2** criminal case. فوجداری سپرد کرنا refer case to the criminal court. فوجداری عدالت criminal court. فوجداری قانون criminal law. فوجداری کرنا commit criminal offence.

فَوجی /fɔ:dʒi:/ ■ *adj.* martial; military, army. ■ *n.m.* soldier or someone serving in the army. فوجی افسر military or army officer.

فَور /fɔ:r/ ■ *n.m.* **1** time, hour, watch. **2** speed, haste (mostly used in Urdu as: فی الفور instantly).

فَوراً /fɔ:rən/ ■ *adv.* at once, instantly, immediately, without delay; directly, straightaway.

فَوری /fɔ:ri:/ ■ *adv.* promptly, speedily. See فوراً.

فَوز /fɔ:z/ ■ *n.f.* success, victory; gain; salvation.

فَوض /fɔ:z/ ■ *n.m.* assignment; entrusting, delivery.

فَوضوی /fɔ:zəvi:/ ■ *n.m.* anarchist.

فَوضویّت /fɔ:zəvɪjjəṯ/ ■ *n.f.* (***Pol. Science***) anarchism, lawlessness.

فَوضی /fɔ:zi:/ ■ *n.f.* disorder, chaos, turmoil, anarchy.

فوطہ /fo:ṯɑ:/ ■ *n.m.* **1** testicle; scrotum. **2** bag. **3** tax, revenue. فوطہ خانہ treasure. فوطہ دار treasurer, cashier; banker. فوطہ داری the office of revenue collector.

فَوفل /fɔ:fəl/ ■ *n.m.* (also فُوفَل) betelnut.

فوق /fɔ:q/ ■ *n.m.* **1** excellence. **2** superiority; preference. **3** zenith, extreme or highest point. فوق البشر superman. فوق البھڑک showy, glittering, tawdry. فوق العادت/العادہ supernatural; beyond limits; surprising; abnormal.

فَوقانی /fɔ:qɑ:ni:/ ■ *adj.* upper; superior. ■ *n.m.* a letter of Urdu, Persian or Arabic alphabet with dots above it (as ت، ث، خ).

فَوقیت /fɔ:qɪjjəṯ/ ■ *n.f.* superiority, supremacy, pre-eminence, preference, priority; excellence. فوقیت چاہنا strive for supremacy. فوقیت لے جانا excel, outdo, supersede.

فَولاد /fɔ:lɑ:ḏ/ ■ *n.m.* steel. فولاد کا عرق tincture of steel. فولاد کا کشتہ calcined steel.

فَولادی /fɔ:lɑ:ḏi:/ ■ *adj.* **1** made of steel. **2** (*fig.*) strong.

فُوں /fũ:/ ■ *n.f.* hiss (of snake); used in comp. as: اکڑفوں (also فوں فاں) vanity, conceit; affectation.

فِہرست /fehrɪsṯ/ ■ *n.f.* (also فہرس) inventory, list, catalogue; index; table (of contents). (*pl.* فہارست)

فہم /fæhm/ ■ *n.f.* understanding, comprehension; intelligence. ■ *suffix* one who understands; used in comp. as: زود فہم sharp-witted, acute. سخن فہم one who understands (prose or poetry). فہم و دانش intelligence and wisdom. (*pl.* افہام)

فہمائش /fæhmɑ:ɪʃ/ ■ *n.f.* caution, warning, admonition. فہمائش کرنا admonish, caution; chastise.

فہمیدگی /fæhmi:ḏəgi:/ ■ *n.f.* perception; comprehension, understanding.

فہمیدہ /fæhmi:ḏɑ:/ ■ *adj.* wise, intelligent; prudent.

فہوالمراد /fəhovəlmʊrɑ:ḏ/ ■ *phr.* this is what was wanted.

فہوالمطلوب /fəhovəlməṯlu:b/ ■ *phr.* QED, quod erat demonstrandum; that which was to be proved.

فہیم /fəhi:m/ ■ *adj.* wise, intelligent.

فی /fi:/ ■ *prep.* **1** in; into; during; among; of; with; by. **2** each, per. **3** in respect of; concerning; on account of; together with. ■ *n.f.* defect, fault. فی البدیہہ extempore, without premeditation or deliberation. فی الجملہ upon the whole; in brief; on the whole; in substance. فی الحال presently, now, at the moment, for the time being. فی الحقیقت truly; really, indeed, in fact. فی المثل as an example; allegorically. فی النار to hell (with it). فی الواقع/الواقعہ/الواقعی in fact, really, indeed. فی الوقت for the time being. فی امانِ اللہ goodbye. فی زمانہ nowadays, for the present, these days. فی سال per annum. فی سبیل اللہ in the way of God, for God's pleasure, free, as charity. فی صدرصدی per cent. فی کس رنفر per head, each person, per capita. فی مابعد as to the future; henceforth. فی مابین reciprocal; between. فی مابینِ فریقین between the two parties. فی نفسُ الامر considering the facts. فی نفسہٖ per se, in itself; essentially. فی نکالنا **1** find something wrong or amiss (in). **2** find fault with, pick holes (in). فی یوم per day, daily, per diem.

فیّاض /fəjjɑ:z/ ■ *adj.* generous, liberal, munificent, beneficent.

فیّاضی /fəjjɑ:zi:/ ■ *n.f.* generosity, liberality. فیاضی کرنا be generous, be liberal.

فِیتہ /fi:ṭɑ:/ ■ *n.m.* (also فیتا) **1** tape; ribbon. **2** shoelace.

فیتی /fi:ṭi:/ ■ *n.f.* chevron, stripe.

فیر /fæ:r/ ■ *n.f.* (also فائر) fire; discharge of a firearm; volley. فیر کرنا fire, shoot. [E]

فِیروز /fi:ro:z/ ■ *adj.* **1** victorious, successful. **2** (*fig.*) auspicious. فیروز بخت رمند victorious, successful; lucky, fortunate.

فِیروزہ /fi:ro:zɑ:/ ■ *n.m.* turquoise.

فِیروزی[1] /fi:ro:zi:/ ■ *n.f.* victory, success; good fortune; prosperity. [A]

فِیروزی[2] ____ ■ *adj.* turquoise-blue. ■ *n.m.* turquoise-blue colour. [P]

فَیصل /fæ:səl/ ■ *adj.* decided; settled. فیصل کرنا decide; settle. فیصل ہونا be decided or settled.

فَیصلہ /fæ:slɑ:/ ■ *n.m.* decision; settlement; verdict. فیصلۂ ثالثی arbitration award. فیصلہ کرنا decide; settle. فیصلہ کن definite, conclusive. فیصلہ نامہ ثالثی arbitration award. فیصلہ ہونا be decided; be settled.

فَیض /fæ:z/ ■ *n.m.* grace; liberality, bounty, favour; good influence; plenty. فیض پہنچانا do good, do favour, confer favours, give alms. فیض رساں bountiful, beneficent, generous. فیض رسانی beneficence. فیضِ عام public good; general munificence. فیض یاب benefited; blessed. (*pl.* فُیُوض)

فَیضان /fæ:zɑ:n/ ■ *n.m.* grace; favour; good influence.

فَیل /fæ:l/ ■ *n.m.* **1** mischief. **2** fuss. فیل مچانا make a fuss.

فِیل /fi:l/ ■ *n.m.* (also پیل) elephant. فیل بان elephant-driver, mahout. فیل پا elephantiasis. فیل پایہ pillar. فیل خانہ elephant house. فیل دنداں ivory. فیل مرغ turkey. (See also ہاتھی.) (*pl.* افیال)

فِیلا /fi:lɑ:/ ■ *n.m.* (also فیلہ) (***Chess***) bishop.

فیلیا /fæ:lɪjɑ:/ ■ *n.m.* trickster.

فَیلسوف /fæ:lsu:f/ ■ *n.m.* philosopher.

فَیلسوفی /fæ:lsu:fi:/ ■ *n.f.* hypocrisy, cunningness.

فِینس /fi:nəs/ ■ *n.f.* palanquin.

فِیہ /fi:h/ ■ *adv.* in him; in it; in that. ■ *n.f.* fault. See فی.

ق

ق /qɑ:f/ ■ the thirty-eighth letter of the Urdu alphabet.

قاب¹ /qɑ:b/ ■ *n.f.* large dish or platter, serving dish. [T]

قاب² ——— ■ *n.m.* **1** space; length. **2** interval. **3** linear measure of length. **4** distance between the middle and extremity of a bow. قاب قوسین a distance of two bow-lengths, i.e. very little distance. [A]

قابض /qɑ:bɪz/ ■ *adj.* **1** seizing, possessing, holding; occupying; usurping. **2** astringent, styptic; constipating. ■ *n.m.* **1** possessor, usurper, occupier. **2** (***Med.***) something that causes constipation. **3** someone who seizes. قابض الارواح seizer of souls, i.e. the angel of death. قابض شکمی under-tenant, sub-lessee. قابض ہو بیٹھنا usurp; take possession or seize, usually illegally or by force.

قابضہ /qɑ:bɪzɑ:/ ■ *n.* (*fem.* of قابض).

قابل /qɑ:bɪl/ ■ *adj.* **1** deserving; eligible; worthy of or fit for. **2** capable, able, skilful, competent. **3** qualified, trained; educated. قابلِ اعتبار credible, trustworthy, reliable. قابلِ اعتراض objectionable. قابلِ اعتنا worthy of attention, concern, consideration or heed. قابلِ انتقال transferable. قابلِ باز پُرس answerable, responsible, accountable. قابلِ برداشت bearable. قابلِ پذیرائی admissible. قابلِ تعریف praiseworthy. قابلِ جواب answerable. قابلِ دید worth seeing, good-looking. قابلِ ذکر noteworthy, mentionable. قابلِ سزا punishable. قابلِ سماعت (***Law***) maintainable (petition, etc.). قابلِ غور worthy of consideration. قابلِ فروخت saleable. قابلِ قبول acceptable. قابلِ معافی pardonable. قابلِ مواخذہ (***Law***) liable to fall under judicial notice. قابلِ وصول recoverable, receivable. قابل ہونا be competent; deserve, merit; be skilled; be or become fit; be liable (to).

قابلہ /qɑ:bɪlɑ:/ ■ *adj.* (*fem.* of قابل). ■ *n.f.* **1** midwife. **2** clever or skilful woman.

قابلہ /qɑ:blɑ:/ ■ *n.m.* a male screw, bolt. ■ *n.f.* tube, pipe, windpipe.

قابلیّت /qɑ:bɪlɪjjət̪/ ■ *n.f.* **1** ability; competence. **2** qualification; eligibility.

قابُو /qɑ:bu:/ ■ *n.m.* **1** control, power; command. **2** possession. قابو پانا **1** get or take someone or something under control; get the upper hand. **2** quell (a rebellion). قابو چلنا be or become able to exercise authority or control. قابو میں رکھنا keep under control. قابو میں کرنا/لانا bring into one's grasp, bring under control; subdue.

قابُوچی /qɑ:bu:tʃi:/ ■ *n.m.* (also قبُوچی) **1** doorkeeper. **2** a good-for-nothing person. **3** a selfish person.

قابُوس /qɑ:bu:s/ ■ *n.m.* **1** nightmare. **2** a man with a handsome face and fine complexion. See کابُوس .

قابیل /qɑ:bi:l/ ■ *pr.n.m.* Cain, son of Prophet Adam.

قاتل /qɑ:t̪ɪl/ ■ *n.m.* **1** murderer, killer, assassin. **2** (*poet.*) beloved. ■ *adj.* deadly, fatal (as in زہرِ قاتل deadly poison).

قاتلہ /qɑ:t̪ɪlɑ:/ ■ *n.* (*fem.* of قاتل) murderess.

قادِر /qɑ:d̪ɪr/ ■ *adj.* **1** powerful, potent, mighty; having legal power. **2** competent; capable, able. **3** omnipotent. ■ *n.m.* See القادر. قادرُ البیان/الکلام having expertise over language and its expression. قادر انداز an expert archer whose arrow never misses the target; expert marksman. قادرِ سخن having power over poetry or language. قادرِ علی الاطلاق/مطلق the Omnipotent, i.e. God. قادر ہونا be able (to do), be capable (of); be an expert (of).

قادری¹ /qɑ:d̪ri:/ ■ *n.m.* a disciple or member of the Qadiriyyah order of Sufis. [A]

قادری² ——— ■ *n.f.* **1** power, capability, control. **2** kind of bodice. [A]

قادیانی /qɑ:d̪jɑ:ni:/ ■ *n.m.* a follower of Ghulam Ahmed Qadyani who claimed prophethood and was declared a heretic by mainstream Islam.

قارُورہ /qɑ:ru:rɑ:/ ■ *n.m.* **1** round-bottomed flask or bottle. **2** (*fig.*) urine (which is sent for examination or test in a bottle). قارورہ ملنا to be in harmony with, be great friends; be of the same nature as another person. (*pl.* قواریر)

قارُون /qɑ:ru:n/ ■ *pr.n.m.* **1** Korah, the legendary man who was very rich and greedy. **2** (*fig.*) very rich and avaricious person; rich and miser. قارون کا خزانہ fabulous or immeasurable wealth.

قارُونیت /qɑ:ru:nɪjət̪/ ■ *n.f.* miserliness, niggardliness.

man with many children. قاضی کا پیادہ (*fig.*) high-handed functionary. (*pl.* قُضاۃ)

قاطِبتہً /qɑ:ṱɪbəṱən/ ■ *adv.* (also قاطِبتاً) altogether, collectively; generally; universally.

قاطِبہ /qɑ:ṱɪbɑ:/ ■ *adj.* all, everyone, everybody.

قاطِر /qɑ:ṱɪr/ ■ *n.m.* mule.

قاطع /qɑ:ṱeʔ/ ■ *adj.* **1** cutting, cancelling, rescinding. **2** incisive, keen, sharp. **3** explicit, categorical; decisive, conclusive; incontestable. ■ *n.m.* a person or thing that cuts or breaks; cutting instrument; (a pair of) scissors, sheers. قاطعُ الطریق highwayman. (*pl.* قُطّاع)

قاعدہ /qɑ:eḓɑ:/ ■ *n.m.* **1** custom, habit, manner; system. **2** base, foundation; pedestal. **3** rule, law. **4** primer, i.e. the first book that teaches alphabet to children. **5** surface, lower part of anything. **6** (***Gram.***) rule; formula. **7** (***Geom.***) base of a triangle. **8** (***Islam***) (also قعدہ) the practice of sitting at the end of prayers while putting hands near knees. قاعدہ باندھنا/مقرر کرنا **1** make rule, regulate. **2** make something one's custom or practice. **3** fix, prescribe. **4** ordain. **5** provide, stipulate. قاعدہ جاری کرنا promulgate a rule. قاعدہ قانون rules and regulations.

قاعدے /qɑ:eḓe:/ ■ *n.m.* (*pl.* & *infl.* of قاعدہ) قاعدے سے according to rule or practice. قاعدے سے لگانا arrange or put in order. قاعدے کا پابند رہنا observe the rules.

قاف /qɑ:f/ ■ *n.m.* **1** the pronunciation of the letter ق. **2** a mountain imagined to surround the world and to bind the horizons from all sides. **3** Caucasus, legendary mountain supposed to be the abode of fairies. قاف تا قاف from one end of the world to the other, everywhere. قاف کی پری (*fig.*) beautiful woman.

قافلہ /qɑ:felɑ:/ ■ *n.m.* **1** cafila, caravan, body of travellers or traders, a travelling party. **2** (*fig.*) tribe; group. قافلہ باشی/سالار chief or leader of a caravan. (*pl.* قوافل)

قافیہ /qɑ:fɪjɑ:/ ■ *n.m.* (***Pros.***) rhyme, the rhyming word, the rhyming syllable at the end of a two-line verse. قافیہ باندھنا/بٹھانا/ملانا make rhyme. قافیہ پیمائی poetry that largely rests on rhyming words; the act of versifying any writing (whether in prose or poetry). قافیہ تنگ ہونا **1** find it difficult to get rhyming words. **2** be hard pressed, be worried. (*pl.* قوافی)

قارئین /qɑ:rei:n/ ■ *n.m.* (*pl.* of قاری) readers (of book or newspapers, etc.).

قاری /qɑ:ri:/ ■ *n.m.* **1** reader. **2** one who recites the Qur'an in any of the several approved styles of recitation.

قاز /qɑ:z/ ■ *n.f.* goose; duck.

قازہ /qɑ:zɑ:/ ■ *n.m.* long rein for leading horses. قازہ دار groom, horsekeeper.

قاسم /qɑ:sɪm/ ■ *adj.* dividing, distributing, apportioning; allotting. ■ *n.m.* distributor, divider, one who distributes or allots. قاسم الارزاق distributor of daily bread, i.e. God. قاسم محروم a giver who is deprived (said to mean that one who distributes something, usually does not get anything).

قاش /qɑ:ʃ/ ■ *n.f.* **1** a slice of mango, watermelon, etc., long piece. **2** (*fig.*) the eyebrow. قاشِ زین bow or pommel (of saddle, etc.). قاش قاش کرنا **1** slice, cut into slices or pieces. **2** (*fig.*) crumble to pieces.

قاشِر /qɑ:ʃɪr/ ■ *n.m.* **1** something that peels off (the skin); skin-grazing blow; medicine or chemical used for removing the peel. **2** the last horse in a race.

قاشُق /qɑ:ʃʊq/ ■ *n.m.* spoon; ladle.

قاصد /qɑ:sɪḓ/ ■ *n.m.* **1** (*literal*) one who intends or wills. **2** traveller. **3** cassid, courier; letter-carrier, messenger. **4** envoy.

قاصدی /qɑ:sɪḓi:/ ■ *n.f.* travelling or going as courier; office or profession of a courier.

قاصر /qɑ:sɪr/ ■ *adj.* **1** unable. **2** falling short (of), wanting. **3** unequal (to). قاصرُالبیان failing or deficient in narration or description, unable to describe; defective in respect of meaning, inexplicable. قاصر ہونا **1** fall short (of), be wanting. **2** be unable.

قاصی /qɑ:si:/ ■ *adj.* far, distant, further, furthest. (*pl.* اقصا)

قاضی /qɑ:zi:/ ■ *n.m.* **1** kazi, cadi, judge in the Muslim kingdoms. **2** solemnizer of marriages, one who recites the necessary wordings at the time of marriage ceremony. قاضیُ الحاجات **1** supplier of need, God. **2** (*fig.*) money. قاضیُ القضاۃ chief justice, supreme judge. قاضی جی دبلے کیوں شہر کے اندیشے میں allusion to someone who worries about someone else's troubles. قاضی جی کے گھر کے چوہے بھی سیانے even the servant of a wise man is not a fool. قاضیِ چرخ/فلک the planet Jupiter. قاضی قدوہ

قاق /qɑ:q/ ■ *n.m.* **1** dried meat. **2** (*fig.*) lean person.

قاقا /qɑ:qɑ:/ ■ *n.f.* cawing (of a crow). قاقا کرنا to caw.

قاقُلہ /qɑ:qʊlɑ:/ ■ *n.f.* large cardamom.

قاقُم /qɑ:qʊm/ ■ *n.m.* **1** ermine, white winter fur of stoat. **2** an animal of weasel kind, stoat.

قال /qɑ:l/ ■ *n.m.* talk; saying a word; conversation. قال مارنا rebuke, reproach; speak at length; prate; be very loquacious. قال مقال altercation, argument. قال واقول رقیل quibbling, altercation.

قالب /qɑ:lɪb/ ■ *n.m.* **1** mould, frame, model; prototype. **2** shape, figure. **3** body. **4** a person who is supposedly used by ghosts or spirits to communicate, medium. **5** (***Math.***) matrix. قالب بدلنا be transformed; (soul or spirit) to change body, transmigrate. قالبِ عنصری physical body, body of a living thing. قالب میں ڈھالنا be transformed in another mould. (*pl.* قوالب)

قالبی /qɑ:lɪbi:/ ■ *adj.* **1** moulded, cast in mould. **2** physical.

قالی /qɑ:li:/ ■ *n.m.* (*var.* of قالین) carpet.

قالیچہ /qɑ:li:tʃɑ:/ ■ *n.m.* (also قالینچہ) (*dim.* of قالی) small carpet, rug or spread.

قالین /qɑ:li:n/ ■ *n.m.* carpet, rug. قالین باف carpet weaver.

قامت /qɑ:mət̪/ ■ *n.m.* & *f.* **1** stature, form, shape, figure. **2** height. قامت کشیدہ tall.

قاموس /qɑ:mu:s/ ■ *n.m.* **1** main ocean; deepest or middle part of the sea. **2** encyclopedia. **3** dictionary.

قاموسی /qɑ:mu:si:/ ■ *adj.* **1** encyclopedic. **2** scholarly. **3** extensive, all-embracing.

قاں /qɑ̃:/ ■ *n.f.* call of crow, caw. قاں قاں call of duck, quack.

قانِت /qɑ:nɪt̪/ ■ *adj.* **1** obedient to God, devout; godly, prayerful. **2** silent. (*fem.* قانِتہ)

قانِع /qɑ:neʔ/ ■ *adj.* content, satisfied.

قانون /qɑ:nu:n/ ■ *n.m.* **1** rule, law, canon; ordinance; act; statute. **2** a kind of dulcimer, musical instrument with strings manually struck by hammers; harp. قانون بنانا frame law(s), legislate قانونِ تجاذب (***Physics***) law of gravitation. قانون چھانٹنا cite laws in discussion; argue unnecessarily. قانون دان well-versed with laws; lawyer; judge. قانون دانی knowledge of the law. قانونِ دیوانی civil law. قانونِ ذیلی by-law. قانون صادر/لاگو/نافذ کرنا promulgate a law. قانونِ فوجداری criminal law. قانون گو former functionary who collected revenues. قانون گوئی work or office of revenue collector (a former functionary). (*pl.* قوانین)

قانوناً /qɑ:nu:nən/ ■ *adv.* by law, legally.

قانونی /qɑ:nu:ni:/ ■ *adj.* legal, lawful, legislative. قانونی بیوی legal wife. قانونی چارہ جوئی کرنا seek legal remedy; file a suit.

قانی /qɑ:ni:/ ■ *adj.* of the colour of blood, red.

قاہر /qɑ:hɪr/ ■ *adj.* dominant; triumphant; oppressive, tyrannical. (*fem.* قاہرہ)

قائِد /qɑ:ɪḓ/ ■ *n.m.* **1** leader, commander. **2** guide. **3** last star in the tail of the Lesser Bear. قائدِ اعظم great leader, popular title of Muhammad Ali Jinnah, the founder of Pakistan. قائدُ الجیش commander of army. قائدِ حزبِ اختلاف opposition leader. (*pl.* قائدین، قُوّاد)

قائِدانہ /qɑ:ɪḓɑ:nɑ:/ ■ *adv.* leader-like.

قائزہ /qɑ:ezɑ:/ ■ *n.m.* **1** bit or curb, bridle used while cleaning a horse. **2** a mode of tying a horse while cleaning it (so as to prevent it from biting). قائزہ کرنا tie up horse's mouth by passing the bridle to its tail to prevent biting while cleaning it.

قائزی /qɑ:ɪzi:/ ■ *n.f.* bridle.

قائِل /qɑ:ɪl/ ■ *adj.* (also قایل) acknowledging, agreeing; convinced. ■ *n.m.* sayer; confessor. قائل کرنا convince. قائل ومعقول کرنا bring (someone) round to one's viewpoint. قائل ہونا become convinced, accept, agree (to). (*fem.* قائلہ)

قائِم /qɑ:em/ ■ *adj.* (also قایم) **1** erect, standing; upright, perpendicular. **2** strong, firm, fixed; established, stationary; installed. **3** constant, lasting, perpetual, durable. **4** steadfast, continuing; existing. ■ *n.m.* **1** (***Islam***) one who offers prayers standing (as opposed to sitting). **2** drawn game at chess. قائم الزاویہ right-angled. قائم بالذات independent, not depending on others for its existence; God. قائم بالغیر dependent, depending on others for its existence. قائم رکھنا keep up; keep in place; preserve; make good; uphold. قائم رہنا **1** continue; remain. **2** hold or stand good, stand firm, keep (one's) footing; keep constant or steadfast (to); stick (to). قائم کرنا set up, establish, institute; create; erect. قائم مزاج firm;

قبرستان /qəbrɪst̪ɑːn/ ■ *n.m.* (also قبرُستان) graveyard; burial ground; cemetery.

قبض /qəbz/ ■ *n.m.* & *f.* **1** seizure, possession. **2** constipation. **3** tax. **4** acknowledgement; receipt. **5** control. قبض الوصول receipt.

قبضہ /qəbzɑː/ ■ *n.m.* **1** possession, occupancy; holding; grip (of hand), grasp. **2** tenure. **3** handle of sword, hilt, hinge of a door. قبضہ اٹھانا dispossess, oust from. قبضہ بحال کرنا repossess. قبضہ پانا/حاصل کرنا obtain legal possession (of). قبضہ جمانا/کرنا take possession (of), lay hold of, seize, usurp. قبضہ دلانا cause (one) to take possession (of), put in possession. قبضہ دینا give over possession (to); deliver (to); make over charge (to). قبضہ رکھنا maintain possession; hold, keep; retain. قبضہ کرلینا seize, capture, usurp; take possession; acquire by force. قبضہ لینا take possession (of a property, etc.). قبضہ مخالفانہ adverse possession.

قبضے /qəbzeː/ ■ *n.m.* (*pl.* & *infl.* of قبضہ) قبضے پر ہاتھ ڈالنا/رکھنا be ready to draw the sword, be willing to fight. قبضے میں لینا bring into one's grasp or possession, seize.

قبضیت /qəbzɪjət̪/ ■ *n.f.* seizure, confiscation.

قِبط /qɪbt̪/ ■ *n.m.* Copt, descendant of ancient Egyptians.

قِبطی /qɪbt̪iː/ ■ *adj.* Coptic. ■ *n.m.* Coptic person or language.

قبقاب /qəbqɑːb/ ■ *n.f.* **1** roar of a lion. **2** wooden chappal.

قبل /qəbl/ ■ *adv.* previous (to); before. قبل ازاں before that, prior to that; previously. قبل از جنگ pre-war, before the battle. قبل از دوپہر before noon. قبل ازمرگ واویلا crying before death. قبل از وقت before time, early. قبل ازیں before this. قبل مسیح before Christ, BC.

قُبل /qʊbl/ ■ *n.m.* (also قُبُل) vagina.

قِبلہ /qɪblɑː/ ■ *n.m.* **1** qibla, kiblah, Ka'aba; the direction to which Muslims turn or bow during prayer, the direction of the Ka'aba. **2** polite form of address to a man, especially an elderly person or father to show veneration. قبلہ بدلنا/تبدیل کرنا **1** change direction. **2** (*fig.*) change (one's) loyalty. قبلۂ حاجات one who supplies another's needs; centre of (one's) hope. قبلہ درست کرنا mend one's ways. قبلہ رخ/رُو (face) towards Ka'aba. قبلۂ عالم **1** honorific title of a king or elderly man. **2** venerable person. قبلۂ کونین the centre of the two

constant, consistent, of settled temper or mind, resolute, determined, persevering. قائم مقام acting, deputizing or officiating; substitute; proxy; stand-in. قائم مقامی the act of officiating or deputizing, acting as deputy or stand-in. قائم ہونا **1** be set up, be erected or established; be fixed or settled (in). **2** persist in.

قائمہ /qɑːemɑː/ ■ *adj.* (*fem.* of قائم). ■ *n.m.* **1** pillar, column. **2** (***Geom.***) right angle. قائمۃُ الزاویہ right-angled. قائمہ کمیٹی standing committee. (*pl.* قوائم)

قائمی /qɑːemiː/ ■ *n.f.* firmness, durability; permanence. ■ *adj.* permanent; durable.

قب /qəb/ ■ *n.m.* sound of sword falling upon any object.

قبا /qəbɑː/ ■ *n.f.* a loose quilted garment that is open in front and reaches to knees (it is worn over other garments); quilted garment.

قباحت /qəbɑːhət̪/ ■ *n.f.* **1** difficulty; inconvenience. **2** defect; wrong. (*pl.* قباحات)

قبالت /qəbɑːlət̪/ ■ *n.f.* midwifery.

قبالہ /qəbɑːlɑː/ ■ *n.m.* **1** title deed; bill of sale; sale-deed of real estate. **2** written agreement, contract. قبالہ لکھنا to write or sign a deed; prepare an agreement and sign it. قبالہ لکھوانا make someone transfer the title of property (to oneself or someone else); get the title deed of property; come into possession of property. قبالہ نویس deed writer. قبالۂ نیلام certificate of auction sale.

قبائح /qəbɑːeh/ ■ *n.m.* (*pl.* of قبیحہ) evils; bad habits, ignoble traits of character, shameful deeds.

قبائل /qəbɑːɪl/ ■ *n.m.* (*pl.* of قبیلہ) tribes, clans.

قبائلی /qəbɑːɪliː/ ■ *adj.* tribal. ■ *n.m.* person belonging to a tribe or clan. قبائلی علاقہ tribal area. قبائلی نظام tribal system.

قُبح /qʊbh/ ■ *n.m.* evil; ugliness; defect, deformity.

قبر /qəbr/ ■ *n.f.* grave; tomb. قبر بنانا/کھودنا **1** dig a grave. **2** (*fig.*) do someone very grave harm, destroy. قبر کا پتھر tombstone. قبر کا تعویذ head of a grave with or without a tombstone. قبر کا مردہ (*fig.*) very lean and weak. قبر کے مردے اکھاڑنا **1** (*literal*) to dig up the dead from the grave. **2** (*fig.*) dig up old grievances; renew old quarrels. قبر میں پاؤں لٹکانا **1** (*literal*) to have one foot in the grave. **2** (*fig.*) be very old or on the verge of death. (*pl.* قُبُور)

massacre. قتلِ انسان homicide. قتلِ انسان مستلزمِ السزا culpable homicide. قتل بلاارادہ/قصد murder without intention, unintentional murder. قتلِ خطا murder by mistake, accidental homicide. قتلِ عام mass killing, massacre, genocide. قتلِ عمد premeditated murder, wilful murder. قتل کرنا murder, slay, kill. قتل وغارت گری massacre. قتل ہونا be killed.

قتلا /qət̪lɑ:/ ■ *n.m.* (also قتلہ) piece, slice, cutlet.

قتلمہ /qət̪əlmɑ:/ ■ *n.m.* (also قتلما) a kind of samosa.

قتلی /qət̪li:/ ■ *n.f.* (*dim.* of قتلا) small and thin piece.

قُتّی /qʊt̪t̪i:/ ■ *n.f.* small basket or box.

قتیل /qət̪i:l/ ■ *adj.* **1** killed, murdered. **2** (*fig.*) in love, victim of love.

قحبہ /qæhbɑ:/ ■ *n.f.* (also قحبا) whore, prostitute. قحبہ خانہ brothel.

قحط /qæht̪/ ■ *n.m.* **1** famine, drought. **2** dearth; scarcity; lack. قحط الرجال dearth of right or able people. قحط پڑنا famine to occur. قحط زدہ/کامارا famine-stricken, famished, starving. قحط سالی famine, drought; crop-failure.

قد /qəd̪/ ■ *n.m.* stature; size; height. قدِ آدم of the height of man. قد آور tall; of commanding stature. قددار of fine stature. قد نکالنا (of a child, etc.) grow tall. قد وقامت figure; stature; build, appearance.

قدامت /qəd̪ɑ:mət̪/ ■ *n.f.* **1** oldness; precedence in point of time; seniority. **2** conservatism. قدامت پرست conservative. قدامت پرستی conservatism. قدامت پسند conservative; old fashioned.

قدح /qəd̪əh/ ■ *n.m.* **1** cup; glass; bowl; goblet. **2** (*fig.*) a cup of wine. قدح خوار/پرست drunkard. قدح کش/نوش drunkard.

قدح /qəd̪h/ ■ *n.f.* reproach; satire; refutation. قدح سرائی slander, calumny; disparagement. قدح کرنا refute; cross-question. (*pl.* اقداح)

قدر /qəd̪r/ ■ *n.f.* **1** value, worth; price. **2** honour, dignity; greatness. **3** appreciation, favour, patronage. **4** ordained by God, divine providence, fate, destiny. **5** quantity; measurement; portion, part. **6** importance. **7** power; will. **8** principles or standards of behaviour, values, (usu. used as *pl.* قدریں، اقدار). قدر پہچاننا/جاننا to know the true value or merit (of), to appreciate. قدردان/شناس admirer; connoisseur; one who knows the

worlds, i.e. the physical and the spiritual; honorific title to address a man. قبلہ گاہ/گاہی respectful form of address for superiors or elders. قبلہ نما compass, instrument for finding the direction of Makkah. قبلہ وکعبہ respectful form of address.

قبور /qʊbu:r/ ■ *n.f.* (*pl.* of قبر) graves.

قبول /qʊbu:l/ ■ *n.m.* (also قُبول) **1** fulfilment (of prayer); acceptance, granting. **2** favourable reception. قبول اور منظور کرنا to accept and approve. قبول خط **1** written assent or agreement. **2** good handwriting. قبول دینا to confess. قبول صورت presentable, personable, comely. قبول کرنا accept; nod, assent; receive favourably; grant, allow. قبول ہونا be accepted.

قبولنا /qʊbu:lnɑ:/ ■ *v.* (also قُبولنا) **1** confess. **2** accept.

قبولوانا /qʊbu:lvɑ:nɑ:/ ■ *v.* (also قُبلوانا) cause to confess.

قبولی /qəbu:li:/ ■ *n.f.* (also قُبُولی) a dish of rice and pulses boiled together.

قبولیت /qʊbu:lɪjjət̪/ ■ *n.f.* (also قُبُولیت) **1** acceptance; fulfilment, approbation. **2** written agreement; counterpart of lease. **3** granting, the act of allowing.

قبہ /qʊbbɑ:/ ■ *n.m.* dome, rounded vault; cupola. قبۃ الصخرا Dome of the Rock (mosque at the Temple Mount, Jerusalem). قبۂ آب a bubble of water. قبہ دار domed; convex.

قبیح /qəbi:h/ ■ *adj.* vile, base, bad; ugly, deformed; hateful; shameful; evil (deeds or qualities), of great sins. (*fem.* قبیحہ)

قبیل /qəbi:l/ ■ *n.m.* **1** kind, sort, category. **2** group.

قبیلہ /qəbi:lɑ:/ ■ *n.m.* **1** tribe, clan; family. **2** class, kind, category. **3** wife; family. قبیلہ دار married; having a family. قبیلہ داری marriage, wedding. قبیلہ وار according to tribe; according to kind or sort.

قتال /qɪt̪ɑ:l/ ■ *n.m.* & *f.* **1** fight, battle; war, warfare. **2** slaughter; killing, carnage.

قتّال /qət̪t̪ɑ:l/ ■ *n.m.* murderer, killer, slayer.

قُتّال /qʊt̪t̪ɑ:l/ ■ *n.m.* (*pl.* of قاتل) murderers, killers.

قتّالہ /qət̪t̪ɑ:lɑ:/ ■ *n.* (*fem.* of قتّال) **1** a female killer. **2** (*fig.*) lover, sweetheart. قتّالۂ عالم **1** the (female) killer of the world. **2** (*fig., poet.*) a very beautiful woman; beloved.

قتل /qət̪l/ ■ *n.m.* murder, homicide, killing; assassination;

(of a horse) fleet; ambling. قدم بڑھانا step forward; walk fast. قدم بقدم by degrees, step by step. قدم بقدم چلنا walk alongside; follow in (someone's) footsteps. قدم بوس making obeisance, showing respect. قدم بوس ہونا show respect; kiss the feet as a token of respect. قدم بوسی kissing the feet; obeisance, respectful salutation. قدم بھر very near. قدم پھسلنا رڈگمگا جانا **1** roll or sway in walking. **2** to make a mistake. قدم رکھنا **1** step in, enter. **2** meddle (with), interfere. قدم رنجہ فرمانا (*form.*) take trouble to arrive (for a visit, etc.) or attend (a function or occasion). قدم لگنا **1** come under one's protection. **2** (of a child) to learn to walk. قدم لینا touch the feet as a sign of respect. قدم مارنا **1** move or walk fast. **2** endeavour. **3** get engaged in some activity; decide to do something. قدم نکالنا **1** train (horse). **2** go outside (from home, city, etc.). (*pl.* اقدام، قُدُوم)

قِدم **/qɪd̪əm/** ■ *n.m.* **1** antiquity; oldness; ancientness. **2** perpetuity, permanence.

قُدما **/qud̪əmɑ:/** ■ *n.m.* (*pl.* of قدیم) ancient ones; writers or thinkers of past.

قدمچہ **/qəd̪əmtʃɑ:/** ■ *n.m.* **1** small or short step. **2** rest for the foot. **3** raised dual platforms for squatting in old-fashioned latrines.

قدموں **/qəd̪mõ:/** ■ *n.m.* (*pl.* of قدم) قدموں سے لگنا live under the tutelage (of). قدموں کی چاپ footfall, sound of footsteps.

قدُّوس **/qud̪d̪u:s/** ■ *adj.* pure, holy. ■ *n.m.* **1** the holy one. **2** See القدوس.

قُدُوم **/qud̪u:m/** ■ *n.m.* (*pl.* of قدم) **1** footsteps. **2** arrival; advent; approach. **3** accession. قدومِ میمنت لزوم auspicious arrival or coming.

قُدوہ **/qud̪vɑ:/** ■ *n.m.* **1** model, example. **2** guide, leader.

قدیر **/qəd̪i:r/** ■ *adj.* powerful.

قدیم **/qəd̪i:m/** ■ *adj.* **1** old, ancient. **2** antiquated. **3** former, bygone. **4** eternal, that which has existed forever; hence Allah. قدیم الایام old times, days of yore. قدیم الخدمت very old servant. قدیم القدیم سے of old, from time immemorial, from ancient times. (*pl.* قُدما)

قدیمانہ **/qəd̪i:mɑ:nɑ:/** ■ *adv.* of old, from olden times, of old or ancient style. ■ *adj.* old-fashioned.

قدیمی **/qəd̪i:mi:/** ■ *adj.* very old, ancient; former, bygone.

worth of something or someone's talents or qualities. قدردانی رشناسی appreciation of someone's quality or merits; due regard to the worth or merit (of); honour; regard; kindness. قدرِ عافیت معلوم ہونا to understand the true value of safety and security; get in some trouble and realize what great thing it is to be safe and sound. قدرِ قلیل little; a few. قدر کرنا to value, appreciate; esteem. قدر کھو دیتا ہے ہر روز کا آنا جانا familiarity breeds contempt. قدرِ مشترک common value or quality. قدر و منزلت respect, honour, appreciation. (*pl.* اقدار)

قُدرت **/qud̪rət̪/** ■ *n.f.* **1** nature. **2** divine power; omnipotence. **3** prowess, potency, power. **4** command, authority, control. **5** ability, state of being able (to do something). **6** destiny; providence. قدرت رکھنا have power to; be able (to); wield power (over); have command (of).

قُدرتاً **/qud̪rət̪ən/** ■ *adv.* naturally.

قُدرتی **/qud̪rət̪i:/** ■ *adj.* **1** natural; innate; inherited. **2** not produced by man, divine. **3** of or relating to nature. قدرتی اسباب natural causes. قدرتی طور پر naturally. قدرتی وسائل natural resources.

قدرے **/qəd̪re:/** ■ *adv.* somewhat, a little; to some extent; in some measure; partially.

قدریہ **/qəd̪rɪjɑ:/** ■ *n.m.* (also قدری) *qadarite*, the school maintainning the doctrine of free will; one who favours this doctrine. (*opp.* جبریہ)

قُدس **/qud̪s/** ■ *adj.* (also قُدُس) sacred, holy; pure. ■ *n.m.* **1** holiness, sanctity. **2** the archangel Gabriel. **3** the Holy City, Jerusalem.

قُدسی **/qud̪si:/** ■ *adj.* holy, heavenly, celestial. ■ *n.m.* **1** angel. **2** holy person. قدسی الاصل of angelic nature.

قدغن **/qəd̪ɣən/** ■ *n.f.* prohibition, ban. قدغن لگانا prohibit, forbid.

قدم **/qəd̪əm/** ■ *n.m.* **1** foot, foot's length (from toe to heel). **2** pace, step, footstep; of length roughly equal to a foot. **3** sole of the foot. **4** the act of coming, setting of foot (on a place or floor, etc.). **5** (*fig.*) being; a person's existence or appearance at a place. قدم اٹھانا step forward, go ahead (with); take a measure. قدم اٹھنا walk; move. قدم اکھڑنا **1** (of panic) to set in. **2** (of an army) retreat. **3** be no longer able to stand firm. قدم باز

قذاف /qəza:f/ ■ *n.m.* **1** artilleryman; gunner. **2** one who throws stones (at). **3** catapult.

قذافه /qəza:fa:/ ■ *n.m.* **1** cannon, heavy gun. **2** a sling (used to hurl stones).

قذف /qəzf/ ■ *n.m.* **1** act of abusing; blaming. **2** stoning, the act of pelting with stones.

قرابادين /qəra:ba:di:n/ ■ *n.m.* pharmacopoeia.

قرابت /qəra:bət/ ■ *n.f.* relation, relationship, kindred; affinity, nearness. قرابت دار kinsman, relative (by blood or marriage). قرابت داری relationship.

قرّابه /qərra:ba:/ ■ *n.m.* large glass bottle; flagon, decanter.

قرابين /qəra:bi:n/ ■ *n.f.* carbine. [E]

قرار /qəra:r/ ■ *n.m.* **1** rest, repose. **2** peace, tranquility, calmness, quietness. **3** stay; fixity; permanence. **4** promise; agreement. **5** conclusion, confirmation. قرار آنا become calm, (mind) set at rest, regain composure or equanimity. قرار پانا **1** get peace or repose, become calm and composed. **2** be settled or resolved, be decided or be agreed upon. **3** be established. **4** (often used with حمل) (of sperm) be fertilized or settled in the ovary, (of pregnancy) to set, be conceived. قرارداد contract, agreement; resolution, treaty. قرار دينا fix, determine; adjudge. قرار کرنا agree upon terms; conclude (a treaty, agreement or business deal); make a vow or promise. قرار لينا **1** to stay; get some rest; settle; repose. **2** get a promise or guarantee. قرار نامه written engagement. قرار واقعی definitively, positively, truly, accurately, properly.

قرارداد /qəra:rda:d/ ■ *n.f.* resolution. See under قرار. قرارداد پيش کرنا move a resolution. قراردادِ جرم accusation, indictment, charge or indictment sheet. قراردادِ صلح peace treaty. قرارداد مسترد ہونا resolution to be rejected. قراردادِ مقاصد Objectives Resolution. قرارداد منظور ہونا a resolution be passed.

قراری /qəra:ri:/ ■ *adj.* of or relating to قرار; fixed, firm; agreed.

قُراضه /qura:za:/ ■ *n.m.* paring, strip, small and narrow piece, something that falls off in cutting or rinsing; small particles (of gold and silver).

قراقُر /qəra:qur/ ■ *n.m.* (also قراقر) grumbling of the stomach.

قراقلی /qəra:qəli:/ ■ *n.f.* a kind of cap made of animals' skin.

قِران /qıra:n/ ■ *n.m.* **1** conjunction of the planets. **2** state of being close, proximity, contiguity. **3** (***Islam***) combining Umra and Hajj (the two pilgrimages). **4** a period of time (10, 20, 30, 40, 80, or 120 years). قرانُ السعدين **1** conjunction of two auspicious stars. **2** (*fig.*) auspicious meeting or coming together of two persons or two families (a formal expression). قرانُ النحسين conjunction of two inauspicious stars. قران کرنا **1** to combine (of stars or planet). **2** (*fig.*) work wonders.

قراوُل /qəra:vul/ ■ *n.m.* **1** advanced guard (of an army), vanguard, sentinel, guard, picket. **2** scout. **3** gamekeeper. **4**.gunman. **5** (*fig.*) avant-garde.

قراوُلی /qəra:vuli:/ ■ *n.f.* skirmish, running fight. ■ *n.m.* skirmisher; guard.

قُرّاء /qurra:/ ■ *n.m.* (*pl.*of قاری) reciters.

قِراءت /qıra:ət/ ■ *n.f.* (also قرأت) **1** reading. **2** recitation of the Qur'an with correct pronunciation and cadence.

قرائن /qəra:ın/ ■ *n.m.* (*pl.* of قرينه) (also قراين) signs, circumstances, circumstantial evidences; conditions; presumptions.

قُرآن /qura:n/ ■ *pr.n.* the Qur'an. قرآن اٹھانا ہر ہاتھ رکھنا take an oath on the Qur'an. قرآن ٹھنڈا کرنا bury or sink tattered leaves of the Qur'an. قرآن ختم کرنا to recite the entire Qur'an. قرآن درميان ہونا phrase said while swearing by the Qur'an. قرآن شريف/کريم the Holy Qur'an. قرآن کا جامه پہننا **1** swear excessively, take an oath on the most trivial occasions. **2** pretend to be the most pious. قرآن کا ہديه (*euph.*) price of a copy of the Qur'an (said so reverentially). قرآن کی مار پڑے may (he/ she/ they) be cursed by the Holy Qur'an! قرآن گردانا place or put the Qur'an in its satchel-like case after reciting. قرآن ہديه کرنا (*euph.*) sell a copy of the Qur'an (said reverentially).

قُرآنی /qura:ni:/ ■ *adj.* Qur'anic, of or relating to the Qur'an.

قُرب /qurb/ ■ *n.m.* **1** approach; vicinity; nearness; propinquity, proximity. **2** relationship. **3** (*fig.*) trust, confidence; favour; respect. قرب حاصل کرنا gain someone's confidence, get close to. قربِ قیامت nearness of doomsday. قرب وجوار/نواح environs, suburbs, vicinity, surroundings.

قُربان /qʊrbɑ:n/ ■ *n.m.* **1** sacrifice, offering. **2** victim. ■ *adj.* **1** sacrificed; slaughtered. **2** devoted. ■ *exclam.* may I lay down my life for you! may I be sacrificed for you! قربان جانا/ہونا **1** be sacrificed. **2** express love (for); lay down one's life (for). قربان جاؤں/جائیے **1** may I become your sacrifice! i.e. devote my life to you! (to show love or loyalty or to appreciate). **2** (*iron.*) it's nothing, it's nonsensical. قربان کرنا **1** sacrifice. **2** devote; lay down one's life. **3** slaughter (an animal). قربان گاہ altar, place where rituals of sacrifice are performed.

قُربانی /qʊrbɑ:ni:/ ■ *n.f.* **1** sacrifice. **2** ritual of sacrifice on Eid-ul-Azha. قربانی دینا/کرنا **1** offer a sacrifice. **2** sacrifice (an animal). **3** suffer loss, endure trouble (as sacrifice). قربانی کا بکرا scapegoat.

قُربت /qʊrbət̪/ ■ *n.f.* **1** nearness; relationship. **2** sexual intercourse.

قُربیٰ /qʊrbɑ:/ ■ *n.f.* affinity, kinship, relationship.

قُرّۃ /qʊrrət̪/ ■ *n.f.* (also قُرّت) the state of being cool or cheerful; coolness, brightness, cheerfulness, joy. قرۃ العین **1** coolness of the eye; something pleasant to look at; cheerfulness, joy, a beloved object. **2** (*fig.*) daughter or son.

قرح /qərh/ ■ *n.m.* sore, wound, ulcer. قرح ہونا fester, a wound to become septic. (*pl.* قُروح)

قرشت /qərəʃət̪/ ■ *n.m.* the sixth set of the arrangement of Arabic letters according to their numerical values.

قُرص /qʊrs/ ■ *n.m. & f.* **1** disc, tablet, a rounded piece of bread or soap or candy. **2** a small silver or gold coin. قرصِ بصری/چشم pupil of the eye. قرص نما discoid, disc-shaped. (*pl.* اقراص)

قرض /qərz/ ■ *n.m.* (also قرضہ) **1** loan, debt, credit. **2** (*fig.*) revenge. قرض اٹھانا borrow, take a loan. قرض ادا کرنا/پھیرنا/چکانا pay debt. قرضِ حسنہ money lent without interest and repaid at the convenience of the borrower. قرض خواہ lender; creditor. قرض دار/گیر borrower, debtor. قرض دار/پودا/درخت parasite plant. قرض دار ہر جگہ سے پتھر کھاتا ہے a person in debt is rebuked by everybody. قرض داری/گیری indebtedness, borrowing. قرض دہندہ moneylender. قرض دینا lend money at interest, grant loan; supply on credit. قرض سے چھڑانا **1** get back the possession of something given as security (against loan) by paying the loan amount. **2** set someone free by paying the debt. قرض کاڑھنا/لینا contract debt; borrow. قرض لوٹانا pay back the loan. قرض مقراضِ محبت ہے lend your money and lose your friends.

قرضہ /qərzɑ:/ ■ *n.m.* See قرض. قرضہ جات debts, loans.

قرضی /qərzi:/ ■ *adj.* borrowed. ■ *n.m.* debtor; borrower.

قرطاجنہ /qərt̪ɑ:dʒɪnɑ:/ ■ *pr.n.m.* Carthage.

قِرطاس /qɪrt̪ɑ:s/ ■ *n.m.* paper. قرطاسِ ابیض White Paper. قرطاسِ ترسیم graph paper.

قرع /qərəʔ/ ■ *n.m.* **1** a skin disease that causes boils and falling hair. **2** a metallic pot used by chemists for extraction, a chemist's container. قرع انبیق (also قرعنبیق) alembic, old distilling apparatus.

قُرعہ /qʊrʔɑ:/ ■ *n.m.* **1** die; lot; dice; raffle, lottery. **2** the act of knowing fortunes by opening a book. قرعہ اندازی drawing lots; division by lots; lottery; raffle. قرعہ اندازی کرنا (of lot) come to or fall upon (someone); cast or draw lots. قرعہ پھینکنا/ڈالنا **1** draw lots to decide a matter or settle an issue. **2** throw dice to tell fortunes. قرعۂ فال die; lot.

قُرق /qʊrq/ ■ *adj.* (***Law***) forfeited, confiscated, attached, distrained, sequestered. ■ *n.m.* act of seizing a property (with legal authority) as a penalty, confiscation, attachment; enclosure. قرق امین officer (of the law-court) employed to attach property in execution of decree and realize the proceeds, sheriff's officer, bailiff. قرق پذیر liable to seizure, contraband. قرق شدہ seized. قرق نامہ writ of execution. قرق ہونا be seized, be attached.

قرقرا /qərqərɑ:/ ■ *n.m.* (also قرقرہ) demoiselle crane, *Anthropoides virgo*.

قُرقی /qʊrqi:/ ■ *n.f.* attachment, legal seizure of property, confiscation. قرقی بٹھانا place guard on attached property. قرقی بھیجنا send an officer to execute attachment. قرقی کا پروانہ warrant issued to confiscate property; warrant of attachment. قرقی کرنا seize or take in attach (property), confiscate, execute.

قِرمز /qɪrmɪz/ ■ *n.m.* **1** an insect produced upon the kermes oak and used in dyeing red. **2** crimson, the dark red colour.

قِرمِزی /qɪrmɪzi:/ ■ *n.m.* crimson, dark red colour. ■ *adj.* of dark red colour.

قُرّمساق /qʊrrəmsɑ:q/ ■ *n.m.* pimp, cuckold; a term of abuse.

قرن /qərn/ ■ *n.m.* **1** a long period, aeon. **2** a period of ten years or any multiple of it up to one hundred and twenty years. **3** (usu.) twelve years. **4** generation. **5** the side of the head where horns grow. **6** bugle. **7** horn of an animal. **8** name of a tribe in Arabia. قرن ہا قرن a long period, centuries. (*pl.* قُرون)

قرنا /qərnɑ:/ ■ *n.m.* trumpet; horn, bugle. قرنا پھونکنا to blow a bugle or trumpet.

قرنبیق /qərəmbi:q/ ■ *n.m.* (*contr.* of قرع انبیق) alembic.

قرنطینہ /qərənṭi:nɑ:/ ■ *n.m.* (also قرنطین) quarantine.

قرنفل /qərənfʊl/ ■ *n.f.* clove, dried bud of the tropical plant, *Syzygium aromaticum.*

قرنی /qərəni:/ ■ *adj.* of or relating to قرن (a tribe in Arabia). ■ *n.m.* (*fig.*) Hazrat Uwais (a companion of Prophet Muhammad) who belonged to the tribe of Qaran.

قرنیا /qərnɪjɑ:/ ■ *n.m.* (also قرنیہ) cornea.

قرولی /qərɔ:li:/ ■ *n.f.* hunting knife. ■ *n.m.* security guard.

قُرون /qʊru:n/ ■ *n.m.* (*pl.* of قرن) ages. قرونِ اولیٰ early period of Islam. قرونِ خالیہ past ages. قرونِ مظلمہ Dark Age(s). قرونِ وسطیٰ Middle Ages.

قُریٰ /qʊrɑ:/ ■ *n.m.* (*pl.* of قریہ) villages.

قریات /qərjɑ:ṯ/ ■ *n.m.* (*pl.* of قریہ) villages.

قریب /qəri:b/ ■ *adj.* near, close to. ■ *n.m.* kin, relative, akin. ■ *adv.* nearly, almost, about. قریب الاختتام near the end, on the point of completion. قریب الفہم رالقیاس conceivable, comprehensible; presumable, reasonable. قریب الموت رمرگ on the point of death. قریب الوقوع on the point of happening, impending, imminent. قریب قریب nearly, about, approximately. (*pl.* اقربا)

قریباً /qəri:bən/ ■ *adv.* nearly, approximately.

قریبی /qəri:bi:/ ■ *adj.* near, close.

قُریش /qʊræ:ʃ/ ■ *n.m.* a tribe in Arabia of which Prophet Muhammad's grandfather was the chief.

قُریشی /qʊræ:ʃi:/ ■ *adj.* of or relating to قُریش. ■ *n.m.* someone of the tribe of قُریش.

قُریشیا /qʊre:ʃɪjɑ:/ ■ *n.m.* (*var.* of کروشیا) crochet hook, a long thin needle with a tiny hook at the end used for crocheting. [E]

قرین /qəri:n/ ■ *adj.* **1** conjoined, connected. **2** close, near. ■ *n.m.* **1** friend, companion. **2** an equal companion, contemporary (person). **3** a demon or Satan indissolubly connected with each person. قرینِ انصاف equitable, just. قرینِ عقل رفہم رقیاس conceivable; credible, plausible. قرینِ مصلحت advisable; expedient. (*pl.* اقران)

قرینہ /qəri:nɑ:/ ■ *n.m.* **1** mode, way, method; order, system; style. **2** estimate, assumption, presumption. **3** proper method; manner; mannerism.

قرینے /qəri:ne:/ ■ *n.m.* (*pl.* & *infl.* of قرینہ) قرینے سے کرنا do (something) methodically. قرینے سے لگانا put (things) in order, arrange; tidy up.

قریہ /qərjɑ:/ ■ *n.m.* village. (*pl.* قُریٰ، قریات)

قز /qəz/ ■ *n.m.* raw silk; silk.

قزّاق /qəzzɑ:q/ ■ *n.m.* pirate, robber, freebooter, bandit. قزاقِ اجل (*fig.*) the angel of death.

قزّاقی /qəzzɑ:qi:/ ■ *n.f.* piracy; robbery.

قُزح /qʊzəh/ ■ *n.m.* **1** an angel who is supposedly in charge of the clouds. **2** red, green or yellow colour. **3** a mixture of colours, usually used with قوس as: قوسِ قزح rainbow.

قزحیہ /qəzhɪjɑ:/ ■ *n.m.* iris.

قِزل /qɪzɪl/ ■ *adj.* red. قزل باش (also قِزلباش) **1** (*literal*) red head. **2** one of the red capped soldiers who helped establishing the Safavid dynasty in Iran. قزل باشی red, of red colour.

قِس /qɪs/ ■ *imper.* guess! measure! estimate! قس علیٰ ہٰذا (*literal*) draw your conclusions from this; so on and so forth.

قسّام /qəssɑ:m/ ■ *n.m.* distributor; apportioner, divider. قسّامِ ازل God.

قسامت /qəsɑ:məṯ/ ■ *n.f.* the administration of oath.

قساوت /qəsɑ:vəṯ/ ■ *n.f.* hardness of heart, cruelty.

قسائی /qəsɑ:i:/ ■ *n.m.* (also قصائی) **1** butcher; meat vendor. **2** (*fig.*) cruel person. (See also قصّاب.)

قِسط /qɪsṯ/ ■ *n.f.* **1** justice. **2** division, portion, share.

قسمت کا دھنی / سکندر lucky or fortunate. قسمت کا ہیٹا unlucky or unfortunate, ill-starred. قسمت کرنا divide, distribute. قسمت کو جھیکنا / رونا / کوسنا curse one's fate. قسمت لڑنا (luck) to favour, be lucky or fortunate (in a venture). قسمت والا / روالی fortunate; prosperous.

قسمیہ /qəsmɪjɑ:/ ■ *adv.* on oath, under oath, bound by oath.

قسی /qəsi:/ ■ *adj.* hard. قسی القلب callous, cruel.

قِسّیس /qɪssi:s/ ■ *n.m.* a Christian priest, bishop (clergyman). (*pl.* قِسّیسین)

قسیم /qəsi:m/ ■ *n.m.* **1** portion. **2** a person who shares equally, coparcener. **3** one who distributes. ■ *adj.* handsome, beautiful.

قشر /qəʃr/ ■ *n.m.* (also قِشر، قشرہ) **1** husk, rind. **2** shell. **3** bark. **4** crust; skin. (*pl.* قُشُور)

قشعریرہ /qəʃʔəri:rɑ:/ ■ *n.m.* (also قُشعَریرہ) horror; horripilation, erection of hair from fear.

قشقہ /qəʃqɑ:/ ■ *n.m.* (also قشقا) mark made by Hindus on their forehead with sandal or saffron. قشقہ کھینچنا **1** paint this mark. **2** become Hindu.

قِشلاق /qɪʃlɑ:q/ ■ *n.m.* warm place for spending winter, winter-house.

قُشُون /quʃu:n/ ■ *n.m.* **1** army; army contingent. **2** cantonment. قشونِ قاہرہ conquering army.

قصّاب /qəssɑ:b/ ■ *n.m.* butcher. قصاب خانہ butcher house.

قصابہ /qəsɑ:bɑ:/ ■ *n.m.* (also قصاوا) handkerchief tied round the head (by women).

قصّابی /qəssɑ:bi:/ ■ *n.f.* **1** butchery, trade of butcher. **2** fee charged by a butcher (for slaughtering the animals).

قصّار /qəssɑ:r/ ■ *n.m.* washerman.

قِصاص /qɪsɑ:s/ ■ *n.m.* (**Isj.**) law of retaliation of murder, revenge for homicide, capital punishment. قصاص لینا take blood for blood, award capital punishment (to).

قصّاص /qəssɑ:s/ ■ *n.m.* storyteller.

قصائد /qəsɑ:ɪḓ/ ■ *n.m.* (*pl.* of قصیدہ) eulogies.

قصائی /qəsɑ:i:/ ■ *n.m.* **1** butcher. See قصائی کے کھونٹے بندھنا. قسائی **1** have one's life jeopardized. **2** be married to a cruel husband.

قصب /qəsəb/ ■ *n.m.* **1** reed; reed pen. **2** anything hollow like a reed; tube, duct or bone, etc. **3** a kind of fine linen cloth.

قصبات /qəsbɑ:ṭ/ ■ *n.m.* (*pl.* of قصبہ) large villages, small

3 kist, instalment; episode. قسط باندھنا decide or agree to the payment by instalments. قسط بندی the act of fixing instalments for payment. قسط دینا pay the instalment. قسط کرنا agree to pay by instalments. قسط وار in instalments or episodes. (*pl.* اقساط)

قُسط /qusṭ/ ■ *n.m.* the root of the plant *Costus arabicus* which is used in medicine.

قِسطاس /qɪsṭɑ:s/ ■ *n.f.* (also قُسطاس) balance; a pair of scales. قسطاسِ مستقیم reliable balance, a just balance.

قسم /qəsəm/ ■ *n.f.* oath, vow; act of swearing. قسم اٹھانا / کھانا to swear, take an oath. قسم توڑنا violate an oath; abjure; renounce an oath. قسم دلانا / دینا / کھلانا administer an oath; make someone swear. قسم سے I swear. قسم لے لو I swear. قسم لینا ask someone to swear. قسم ہے **1** it is very difficult. **2** it is impossible. **3** I swear. قسم (کھائی) ہے **1** is prohibited. **2** I swear, I must do it. (تم کو) قسم ہے say under oath, swear and say, i.e. tell the truth. (مجھے) قسم ہے I swear. (*pl.* [2] اقسام)

قِسم /qɪsm/ ■ *n.f.* **1** kind, type, sort, species; nature. **2** part, portion; division; category. قسم قسم کا / کی of various sorts, of different kinds. قسم وار categorized, classified; according to the description, grade or quality. (*pl.* [1] اقسام)

قسما قسمی /qəsmɑ: qəsmi:/ ■ *n.f.* (also قسمادھری) swearing on both sides; mutual asseveration.

قِسمت /qɪsməṭ/ ■ *n.f.* **1** kismet, luck, fate, fortune, decree of God, destiny. **2** share, portion; lot. **3** an administrative division of a province comprising two or more districts and presided over by a commissioner. قسمت الٹ / پلٹ جانا fall on evil days; come under an unlucky star. قسمت آزمائی trying one's luck. قسمت بدلنا / پھرنا (fortune) to change for the better. قسمت بگڑنا become unlucky. قسمت پلٹنا have a reversal of fortune. قسمت پھوٹ جانا / پھوٹنا **1** become unlucky. **2** get married with someone unsuitable or disagreeable. قسمت پھوڑنا cause pain and trouble; marry off to an unsuitable or disagreeable person. قسمت جاگنا / چمک اٹھنا be fortunate or prosperous, be in good luck. قسمت سے luckily, fortunately; by chance, fortuitously. قسمت کا بدا / لکھا / نوشتہ destiny. قسمت کا بدا / لکھا پورا ہونا destiny to be fulfilled. قسمت کا پھیر / چکر hard-luck, misfortune.

towns.

قصباتی /qəsbɑːt̪iː/ ■ *adj.* of or relating to town, townish. ■ *n.m.* villager; a simpleton.

قصبہ /qəsbɑː/ ■ *n.m.* 1 large village, small town, township. 2 windpipe, tube; reed. (*pl.* قصبات)

قصد /qəsd̪/ ■ *n.m.* 1 intention, aim; object. 2 effort, attempt. قصد کرنا resolve, intend; aim at. قصدِ مصمم determination, firm resolve.

قصداً /qəsd̪ən/ ■ *adv.* intentionally, deliberately.

قصر /qəsr/ ■ *n.m.* 1 shortening, restraining, curtailment. 2 defect. 3 drawing in (of evening). 4 (***Islam***) a short prayer offering two instead of four *rakaat* (رکعات). قصر کرنا 1 to shorten. 2 (***Islam***) shorten the compulsory prayers during journey as ordained by sharia. [A]

قصر² ——— ■ *n.m.* palace, castle. قصرِ شاہی royal palace. (*pl.* قُصُور²) [A]

قِصص /qɪsəs/ ■ *n.m.* (*pl.* of قصہ) stories, fables.

قصِف /qəsɪf/ ■ *adj.* 1 broken; rent, split. 2 weak, infirm.

قصف /qəsf/ ■ *n.m.* (of wind) breaking or dashing to pieces a ship, etc.; blowing with loud noise (of wind).

قُصُور /qʊsuːr/ ■ *n.m.* 1 defect, deficiency. 2 error, inaccuracy. 3 sin; fault. 4 falling short, failure, shortcoming. قصور بتلانا blame; find fault with. قصور کرنا make a mistake. قصوروار blameable, culpable, responsible for a mistake, etc. [A]

قُصُور² ——— ■ *n.m.* (*pl.* of قصر²). [A]

قِصّہ /qɪssɑː/ ■ *n.m.* 1 story, tale, fable; narration. 2 affair, matter. 3 dispute, controversy. قصہ اٹھانا raise dispute or issue. قصہ پاک کرنا 1 settle a dispute. 2 kill. قصہ خواں storyteller. قصہ خوانی storytelling. قصہ در قصہ a story within a story. قصہ کرنا argue, quarrel. قصہ کوتاہ مختصر in short, briefly. قصہ کوتاہ کرنا to make a long story short. قصہ مختصر کرنا cut the matter short. (*pl.* قصائص، قِصص)

قصیدہ /qəsiːd̪ɑː/ ■ *n.m.* qasida, a genre of Urdu and Persian poetry eulogizing a person; eulogy, encomium, panegyric. قصیدہ خواں eulogist. قصیدہ خوانی 1 eulogy. 2 (*iron.*) sycophancy, flattery. (*pl.* قصائد)

قصیر /qəsiːr/ ■ *adj.* of short height. (*pl.* قِصار)

قضا /qəzɑː/ ■ *n.f.* 1 death. 2 destiny, fate. 3 administration of justice; judgement; decree; divine order. 4 (***Islam***) (i) an omitted prayer or fast. (ii) a prayer or fast performed after its actual time. قضا بھی کبھی ٹلتی ہے death is inevitable. قضا پڑھنا say one's prayer after the appointed time. قضا را/رکار by chance, fortunately or unfortunately. قضا سر پر کھیلنا death to be impending; death to loom large. قضا کا مارا one driven by fate. قضا کرنا 1 (***Islam***) omit any one of the five daily prayers or miss a fast in Ramazan. 2 to die. قضا و قدر divine decree; fate; (philosophical issue of) determinism and free will. قضا ہونا (of prayer) be late; (of its time) lapse. قضائے الٰہی سے مرنا die natural death. قضائے حاجت 1 answering the call of nature; fulfilment of desire. 2 (*fig.*) going to the privy. قضائے عمری compensatory prayers to make up for prayers missed at any time in the past. قضائے مبرم inevitable fate; inexorable fate; unavoidable death. قضائے ناگہانی sudden death.

قُضاۃ /qʊzɑːt̪/ ■ *n.m.* (*pl.* of قاضی) judges; justices.

قضایا /qəzɑːjɑː/ ■ *n.m.* (*pl.* of قضیّہ) disputes, quarrels.

قضیب /qəziːb/ ■ *n.m.* 1 a long branch of a tree; twig. 2 a rod. 3 (*fig.*) the penis.

قضیّہ /qəzɪjjɑː/ ■ *n.m.* (also قضیہ) 1 dispute, quarrel. 2 debate. 3 lawsuit. 4 (***Logic***) declaration, proposition. قضیہ اٹھانا raise contention or quarrel. قضیہ پاک ہونا/چکنا dispute to be settled. قضیہ دلال one who incites discord or quarrel, mischief-maker, mischief-monger. قضیہ کرنا quarrel, fall out. قضیہ مول لینا invite trouble, get involved in a dispute unnecessarily. (*pl.* قضایا)

قط /qət̪/ ■ *adj.* sufficient, enough. ■ *n.m.* 1 cutting a (writing-reed or pen) transversely. 2 slant cut made in the nib of pen. 3 nib of pen. قط زن/رگیر flat piece of stick, bone, etc. on which the nib of a pen is cut. قط لگانا to cut nib or writing edge of a reed pen transversely.

قطار /qət̪ɑːr/ ■ *n.f.* (also قِطار) queue, line, row, rank, file; series; string. قطار باندھنا/جمانا queue up, arrange in series. قطار میں in a line or queue.

قِطاع /qɪt̪ɑːʔ/ ■ *n.m.* cutting; section. قطاعِ دائرہ (***Geom.***) section of a circle.

قُطّاع /qʊt̪t̪ɑːʔ/ ■ *n.m.* (*pl.* of قاطع) robbers; assassins. قطاع الطریق highwaymen; footpads, highway robbers.

قُطّامہ /qʊt̪t̪ɑːmɑː/ ■ *n.f.* (also قُطّاما) 1 adulteress, strumpet, whore. 2 a term used for abusing a woman.

in a ghazal or qasida. (*pl.* اقطاع)

قطعی /qəʈʔi:/ ■ *adv.* altogether, entirely; absolutely. ■ *adj.* decisive, conclusive, final, categorical, absolute, imperative, ultimate; binding.

قطعی طور پر absolutely, finally, categorically.

قطعی گز tailor's measuring stick, tailor's yardstick.

قطعیّت /qəʈʔijjəʈ/ ■ *n.f.* conclusiveness, decisiveness.

قِطمیر /qɪʈmi:r/ ■ *n.m.* **1** name of the dog of the Sleepers of Catacomb mentioned in the eighteenth sura of the Qur'an. **2** thin pellicle on date-stone. **3** (*fig.*) something very small or in very little quantity, usually used with نقیر as: نقیر و قطمیر minute things; each and everything.

قُطن /quʈn/ ■ *n.f.* cotton.

قُطنی /quʈni:/ ■ *adj.* made of cotton.

قعب /qəʔb/ ■ *n.m.* **1** large dish; big bowl; a large wooden bowl holding as much as a person can drink possibly at a single drought. **2** the hidden meaning (of a speech).

قعدہ /qəʔɖɑ:/ ■ *n.m.* **1** sitting; act of sitting. **2** sitting on knees in prayer.

قعر /qəʔr/ ■ *n.m.* **1** bottom or depth of a well or river. **2** hollow, ditch. **3** abyss, depth. قعرِ دریا depth of river. قعرِ مذلت disgrace, ignominy. قعرِ مذلت میں گرنا land into abysmal ignominy.

قُعُود /quʔu:d/ ■ *n.m.* See قعدہ. قعود و قیام **1** sitting and standing. **2** (*fig.*) namaz.

قفا /qəfɑ:/ ■ *n.f.* back of the head, nape. ■ *adv.* behind, after, in pursuit (of).

قفتان /qəfʈɑ:n/ ■ *n.m.* robe of honour (which eastern rulers used to present to dignitaries).

قفس /qəfəs/ ■ *n.m.* **1** cage for birds. **2** prison, jail. قفسِ عنصری cage of elements, i.e. the human body.

قُفل /qufl/ ■ *n.m.* lock. قفلِ ابجد combination lock, a lock that can be opened only by arranging letters on it. قفل بستہ / بند locked. قفل توڑنا pick a lock. قفل جھوٹا ہونا a lock to be defective. قفل لگانا / مارنا lock up or lock in. (*pl.* اقفال)

قُفلی /qufli:/ ■ *n.f.* (*var.* of قُلفی) **1** a sort of ice cream, kulfi. **2** mould for preparing ice cream. **3** a vessel for curry, etc.

قُطُب /quʈub/ ■ *n.m.* (also قُطب) **1** the axle round which a wheel turns, pivot, axis. **2** the highest rank of a Sufi; a very pious fellow. **3** pole, either North Pole or South Pole. **4** name of a star, the polar star. **5** lord, chief, commander. قطبُ الدین (*literal*) the axis of religion. قطبُ الاقطاب the highest rank of a Sufi. قطب جنوبی South Pole. قطبِ سماوی celestial pole. قطب شمالی North Pole. قطب نما **1** magnetic compass, mariner's compass. **2** (*fig.*) guide, leader. (*pl.* اقطاب)

قُطُبی /quʈubi:/ ■ *adj.* (also قُطبی) polar. قطبی باشندہ Eskimo. قطبی تارا / ستارہ the Pole Star. قطبی ریچھ polar bear.

قُطُبَین /quʈubæ:n/ ■ *n.m.pl.* (also قُطبَین) the two poles, North Pole and South Pole.

قطر /qəʈr/ ■ *n.m.* dropping (of a liquid), falling in drops, drip.

قُطر /quʈr/ ■ *n.m.* **1** diameter. **2** side; direction. (*pl.* اقطار)

قطرات /qəʈrɑ:t/ ■ *n.m.* (*pl.* of قطرہ) drops (of liquid).

قطرہ /qəʈrɑ:/ ■ *n.m.* **1** drop (of liquid). **2** (*fig.*) very little quantity (of a fluid). قطرہ آنا suffer from Bright's disease. قطرۂ باراں raindrop. قطرہ قطرہ drop by drop, by drops. قطرہ قطرہ مل کر دریا بن جاتا ہے (also قطرہ قطرہ بہم شود دریا) light gains make heavy purse, drop by drop fills the tub.

قطع /qəʈʔ/ ■ *n.f.* **1** severance, snapping, cutting off; cut. **2** section, segment. **3** piece (of land). **4** shape, form. قطع تعلق / رحمی separation, abandonment, breaking off connections, severance of relations or ties. قطع دار good-looking, fashionable, stylish. قطع کرنا **1** break, cut off; cut short. **2** form. **3** travel, cover (a distance), perform (a journey). **4** cut a cloth to make a dress. قطعِ کرّہ segment of a sphere. قطع کلام interruption (during conversation). قطع کلام کرنا interrupt while another person is speaking, cut in, interpose, intervene. قطعِ مسافت / منازل covering a distance, travelling. قطعِ نظر disregarding, irrespective of. قطعِ نظر کرنا ignore. قطع و برید cutting and clipping.

قطعاً /qəʈʔən/ ■ *adv.* positively, definitely, entirely, conclusively; not at all, never.

قطعہ /qəʈʔɑ:/ ■ *n.m.* (also قِطعہ) **1** segment, part, fragment. **2** piece; section; plot of land. **3** a genre of poetry comprising at least four lines and dealing with one subject. قطعہ بند such a segment of couplets occurring

قُقنُس /quqnus/ ■ *n.m.* (also قُقنَس، قُقنُوس) phoenix, a legendary bird.

قُل /qul/ ■ *imper.* say. ■ *n.m.* 1 (*fig.*) any of the four suras of the Qur'an, beginning with the word قُل. 2 ceremony held after the death at which prayers and Qur'anic verses are recited by way of benediction. قل اعوذیا اعوذیہ one living on alms, deprecatory term for small-time mullah. (آنتوں کا) قل ہواللہ پڑھنا be very hungry. قل ہوجانا come to close; be all over with. قل ہوچکا it is all over. قل ہونا be finished, die.

قلا /qəlɑ:/ ■ *n.f.* 1 deception, cheating. 2 jugglery. 3 somersault. قلاباز one who turns over head and heals, tumbler. قلابازی turning over head and heels, somersault; tumbling. قلاجنگ a wrestling trick in which the opponent's leg is struck to knock him down.

قلّاب /qəllɑ:b/ ■ *n.m.* one who is expert in making fake coins; counterfeiter, a forger of coins.

قُلّاب /qullɑ:b/ ■ *n.m.* (also قُلّابہ) hook, fish-hook.

قلاباز /qəlɑ:bɑ:z/ ■ *n.m.* tumbler. See under قلا.

قلابازی /qəlɑ:bɑ:zi:/ ■ *n.f.* somersault. See under قلا. قلابازی کھانا 1 to somersault. 2 (*fig.*) go back on one's promise.

قُلّابہ /qullɑ:bɑ:/ ■ *n.m.* (also قُلّاب) 1 hook; fish-hook. 2 hooked instrument for drawing bread from oven. 3 staple; link. 4 hasp. 5 an iron goad used by mahouts.

قُلّابے /qullɑ:be:/ ■ *n.m.* (*pl. & infl.* of قُلّابہ) hooks; staples; links. (زمین آسمان کے) قلابے ملانا (*fig.*) to exaggerate deliberately.

قلّابین /qəllɑ:bæ:n/ ■ *n.m. pl.* two hooks; brackets, the mark ( ) or [ ].

قِلادہ /qılɑ:dɑ:/ ■ *n.m.* dog-collar; necklace. (*pl.* قلائد)

قلّاش /qəllɑ:ʃ/ ■ *adj.* (also قلّاچ، قلّانچ) 1 very poor; destitute. 2 a wretched person, rogue, scoundrel.

قلاقند /qəlɑ:qənd/ ■ *n.m. & f.* kind of sweet made with thickened evaporated milk and sugar.

قُلاع /qulɑ:ʔ/ ■ *n.m.* thrush, infection of mouth.

قُلانچ /qulɑ̃:tʃ/ ■ *n.f.* (also قلانچ) prancing or jump of a deer or rabbit, etc. قلانچ بھرنا/لگانا to prance, to jump.

قلاوز /qəlɑ:vuz/ ■ *n.m.* one who leads; guide; scout; spy.

قلاوُزی /qəlɑ:vuzi:/ ■ *n.f.* guidance; leadership.

قلب /qəlb/ ■ *n.m.* 1 the heart. 2 central part of anything; kernel. 3 centre of an army. 4 counterfeit coin. 5 inversion, state of being inverted. 6 anagram. ■ *adj.* 1 counterfeit; fake (coin, etc.). 2 winding, turning, twisting of a road, path or house, etc. قلبُ الاسد Regulus, a bright star in the constellation of Leo. قلب ساز counterfeit coiner. قلب کرنا turn over, invert. قلبِ ماہیت metamorphosis, basic change in form or nature. قلب نگار cardiograph. (*pl.* قلُوب)

قلبانہ /qəlbɑ:nɑ:/ ■ *n.m.* a mode of classical music, attributed to Amir Khusro.

قُلبہ /qulbɑ:/ ■ *n.m.* plough. قلبہ راں farmer; cultivator. قلبہ رانی ploughing; cultivation.

قلبی /qəlbi:/ ■ *adj.* 1 cardiac, relating to the heart. 2 sincere; hearty, heartfelt. 3 fake, counterfeit, spurious (coin).

قِلّت /qıllət̪/ ■ *n.f.* dearth, scarcity; paucity, shortage.

قلتبان /qəlt̪əbɑ:n/ ■ *n.m.* pimp, cuckold.

قُلّتَین /qullət̪æ:n/ ■ *n.m.* 1 two large earthen jars containing together 1200 pints. 2 drinking cup which is in common use by many. 3 (*fig.*) prostitute. ■ *adj.* dirty; impure; loathsome. قلتین کرنا defile (water); (of water) make dirty or impure by touching it.

قُلچہ /qultʃɑ:/ ■ *n.m.* (*corr.* of کُلچہ) a kind of small and soft bread.

قُلزُم /qulzum/ ■ *pr.n.m.* the Red Sea. ■ *n.m.* sea; ocean; any deep sea or river.

قلع /qəlʔ/ ■ *n.m.* eradication, the act of drawing out, tearing off, removing something from its place, extraction, removal. قلع قمع eradication, extraction, removal, rooting out (an evil thing, etc.).

قِلعہ /qılʔɑ:/ ■ *n.m.* (also قلعہ) fort, castle. قلعہ بندی fortification, defensive work or measures. قلعہ دار commandant of fort. قلعۂ معلّیٰ Red Fort of Delhi as the seat of the Mogul emperors.

قلعی /qəlʔi:/ ■ *n.f.* 1 a coating of tin given to cooking utensils, plating, gilding. 2 whitewash; varnish; gross. قلعی اترنا/کھلنا 1 plating or varnish to come off. 2 (*fig.*) disguise to be removed, one's real qualities to become uncovered. قلعی کا چونا stone-lime. قلعی کا کشتہ calx

2 box of pens. 3 portfolio (of a minister). قلم زد کرنا 1 draw the pen across. 2 obliterate. قلم کار 1 writer. 2 engraver. 3 painter. قلم کاری 1 writing, the act of writing literary piece(s). 2 engraving. 3 painting. قلم کرنا cut off; prune, (of hand or head) cut with one blow. قلم کشی writing; calligraphy. قلم گھسانا (*derog.*) write as a pack. قلم لگانا plant or set down slips or cuttings; graft. (*pl.* اقلام)

قِلماق /qɪlmɑːq/ ■ *n.m.* (also قلماق) Kalmuck, Calmuc.

قِلماقنی /qɪlmɑːqniː/ ■ *n.f.* (also قلماقن،قلماقنی) harem guard, armed female attendant.

قلمانا /qəlmɑːnɑː/ ■ *v.* (***Chem.***) crystallize.

قلمرو /qələmrɔː/ ■ *n.m.* & *f.* empire, domain, territories.

قلمُون /qələmuːn/ ■ *n.m.* 1 chameleon. 2 a coloured cloth that changes colour.

قلمُونی /qələmuːniː/ ■ *n.m.* the state of being changeable, changeability; use in comp. as: بوقلمونی motley.

قُلمہ /qʊlmɑː/ ■ *n.m.* any food stuffed into the intestines of animals, sausage.

قلمی /qələmiː/ ■ *adj.* 1 written. 2 grafted. 3 crystalline. قلمی آم grafted mango. قلمی چہرہ،خاکہ sketch; pen-portrait. قلمی دوستی pen-friendship. قلمی شورہ potassium nitrate, saltpetre. قلمی عدسہ crystalline lens. قلمی نام pen-name. قلمی نسخہ manuscript, handwritten literary work.

قلمیں /qələmẽː/ ■ *n.f.* (*pl.* of قلم) sideburns.

قلندر /qələnḍər/ ■ *n.m.* 1 an order of fakirs, monks or dervishes who abandon worldly possessions; ascetic. 2 (*fig.*) someone who doesn't care much, a carefree fellow.

قلندرانہ /qələnḍərɑːnɑː/ ■ *adv.* like *qalander;* monkish.

قلندری /qələnḍəriː/ ■ *adj.* of or relating to قلندر. ■ *n.f.* 1 life of a *qalandar*. 2 (*fig.*) a carefree, unworldly way of life, often going against the established religious or social norms.

قُلُوب /qʊluːb/ ■ *n.m.* (*pl.* of قلب) hearts.

قلوپطرہ /qəloːpəṭrɑː/ ■ *pr.n.f.* (also کلیوپیٹرا) Cleopatra.

قُلّہ /qʊllɑː/ ■ *n.m.* 1 the top of a mountain; top or head of anything. 2 large pitcher. 3 (*fig.*) anything round in shape. قلۂ کوہ summit or peak of mountain, hilltop.

قُلی /qʊliː/ ■ *n.m.* 1 coolie, porter. 2 servant. 3 slave.

قلیان /qəljɑːn/ ■ *n.m.* (also قلیان) a type of hookah.

of tin; putty. قلعی کرنا 1 to tin (pots and kettles). 2 whitewash; to varnish. قلعی کھولنا (*fig.*) expose someone's defects or vice, etc. قلعی گر 1 tinner of pots, tinman. 2 whitesmith; varnisher. قلعی گری business of tinning vessels.

قِلعے /qɪlʔeː/ ■ *n.m.* (*pl.* & *infl.* of قِلعہ) قلعے کی زبان (*fig.*) chaste Urdu, the king's Urdu. قلعے کی فوج the garrison of a fort.

قُلفی /qʊlfiː/ ■ *n.f.* (also قُفلی) kulfi, a sort of ice cream made mainly with very thick milk. قلفی جمنا 1 to freeze (with cold). 2 (*fig.*) feel severe cold, feel frozen.

قلق /qələq/ ■ *n.m.* deep regret or sorrow. قلق رہنا have a permanent regret. قلق ہونا regret.

قِلقاری /qɪlqɑːriː/ ■ *n.f.* (*var.* of کلکاری) 1 loud laugh of a baby. 2 roaring; shrieking.

قُلقُل /qʊlqʊl/ ■ *n.f.* gurgling. قلقل مینا gurgling sound produced when a liquid (usu. wine) is poured from decanter or bottle.

قلقلہ /qəlqəlɑː/ ■ *n.m.* 1 (*literal*) movement; making a noise, production of a sound. 2 (***Recitation***) the act of pronouncing ب،ج،د،ط،ق with an echoing sound.

قُلقُلہ /qʊlqʊlɑː/ ■ *n.m.* hookah.

قلم /qələm/ ■ *n.m.* 1 pen; reed-pen; a writing tool. 2 painter's brush. 3 engraving tool. 4 pen-knife, knife used for cutting glass. 5 sword. ■ *n.f.* 1 graft; scion, young shoot cut for grafting or planting; cutting of a plant. 2 (***Chem.***) crystal (as of salt). 3 sideburn, hair grown on temple. 4 a kind of firework. 5 long narrow piece of glass. 6 long narrow bottle. قلم انداز کرنا omit or leave out (in writing). قلم برداشتہ لکھنا write impromptu or off the cuff, write off-hand. قلم بنانا 1 mend a reed-pen. 2 cut and shape sideburn. قلم بند penned, written, noted. قلم بند کرنا write, commit to writing, record, file. قلم بند ہونا be written, be taken down in writing. قلم بندی 1 insertion, entry, enrolling, enlisting, signing an agreement. 2 the act of writing, noting down. قلم پاک pen-wiper. قلم پھیرنا draw the pen through; strike out; cancel; erase. قلم تراش pen-knife; sharpener. قلم توڑ دینا رتوڑنا (*fig.*) create a masterpiece of writing. قلم جاری کرنا to issue an order; establish a rule or authority. قلم چلانا write. قلم دان 1 ink and pen-stand.

قلیل /qəli:l/ ■ *adj.* little (in quantity); few (in number); scanty. قلیل البضاعت/ر مایہ with a little capital (of a merchant, etc.). قلیل المدت/المیعاد of short duration, short-term. قلیل وکثیر 1 little and many; big and small. 2 (*fig.*) all, whole, entire. قلیل ہونا be small in number.

قلیہ /qəljɑ:/ ■ *n.m.* (also قلیا) stewed meat, broiled meat, stew, curry.

قم /qʊm/ ■ *imper.* rise. قم باذن اللہ rise by the command of God (Jesus' formula for raising the dead). ■ *n.m.* a kind of carpet.

قِمار /qımɑ:r/ ■ *n.m.* a game played with dice, bet, betting, gambling, any game of chance with stake. قمارباز gambler. قماربازی gambling. قماربازی کرنا gamble. قمارخانہ gambling house or den, casino.

قُماش /qʊmɑ:ʃ/ ■ *n.m.* (also قماش) 1 kind, sort. 2 manner. 3 household goods. 4 silk cloth. قماش وضع style and manners. (*pl.* اقمشہ)

قمچی /qəmtʃi:/ ■ *n.f.* 1 twig, switch, cane, rod. 2 whip.

قمر /qəmər/ ■ *n.m.* the moon (esp. from the third night to the end of month). قمرپیکر/چہرہ/طلعت beautiful like a moon; moon-faced. (*cf.* ہلال)

قمری /qəməri:/ ■ *adj.* lunar. قمری حروف letters with which ل of the prefix ال is pronounced (such as ق in القلم). قمری تقویم lunar calendar. قمری سال lunar year. قمری ماہ/مہینہ lunar month. (*cf.* شمسی)

قُمری /qʊmri:/ ■ *n.f.* ring dove, turtle dove.

قمقام /qəmqɑ:m/ ■ *n.f.* (also قُمقام) 1 large knife; sword. 2 deep sea. 3 chieftain, lord, prince.

قمع /qəmə:ʔ/ ■ *n.m.* the act of striking, battering or suppressing; used in comp. as: قلع قمع eradication, removal, rooting out (some evil or undesirable thing).

قُم قُم /qʊmqʊm/ ■ *n.m.* 1 small round bulb made of glass (used for decoration). 2 vessel, decanter; water-pot. 3 throat.

قمقمہ /qʊmqʊmɑ:/ ■ *n.m.* 1 bulb; globe made of lac containing the red powder. 2 small round shade or lantern. 3 small electric bulb for decoration.

قمہ /qəmɑ:/ ■ *n.m.* small and slim dagger.

قمیص /qəmi:s/ ■ *n.f.* (also قمیض) kameez, shirt.

قنات /qənɑ:ṯ/ ■ *n.f.* cloth screen; the walls of a tent with which an enclosure is formed. قنات کھینچنا/لگانا to screen off, conceal or shut off by screen; erect a tent or enclosure. (*pl.* قنوات)

قنّاد /qənnɑ:ḏ/ ■ *n.m.* confectioner, person making and selling sweets.

قِنادیل /qınɑ:ḏi:l/ ■ *n.f.* (*pl.* of قندیل) قنادیلِ فلک (*fig.*) stars.

قناعت /qənɑ:ʔəṯ/ ■ *n.f.* contentment. قناعت پسند/شعار contented. قناعت کرنا be contented, make do with little or whatever is available.

قناویز /qənɑ:ve:z/ ■ *n.f.* a type of silk fabric.

قند /qənḏ/ ■ *n.f.* white crystalline sugar. قندِ پارسی 1 Persian poetry which is reputed to be sweet. 2 refined sugar. قندِمکرر 1 twice refined sugar. 2 a sweet offered twice. 3 fine poetry recited twice, anything good heard or read twice because of its quality.

قِندیل /qınḏi:l/ ■ *n.f.* 1 candle. 2 lamp. 3 lantern. 4 branched candlestick. 5 chandelier. قندیلِ چرخ/عرش/ فلک (*fig.*) sun or moon or stars. (*pl.* قنادیل)

قِندیلچی /qınḏi:ltʃi:/ ■ *n.m.* lamp-lighter, a person who lights lamps in a street or mosque as duty.

قِنطار /qınṯɑ:r/ ■ *n.m.* 1 quantity of gold and silver filled in a hide of an ox. 2 (*fig.*) a pile of wealth. (*pl.* قناطیر)

قُنوت /qʊnu:ṯ/ ■ *n.f.* 1 piety, devotion. 2 supplication; obedience to God. 3 (***Islam***) a prayer recited while standing in Isha (عشا) prayers for vitr (وتر). قنوتِ نازلہ a prayer recited in Fajr (فجر) prayers in times of peril or adversity.

قنوط /qʊnu:ṯ/ ■ *n.f.* despair, despondency, pessimism.

قُنوطی /qʊnu:ṯi:/ ■ *adj.* pessimistic.

قُنوطیت /qʊnu:ṯjəṯ/ ■ *n.f.* pessimism.

قوا /qʊvɑ:/ ■ *n.m.* (*pl.* of قوّت) (also قواء، قُویٰ) capacities, powers, forces, potentialities. قوائے جسمانی bodily or physical powers. قوائے ذہنی/عقلیہ mental powers or faculties. قوائے طبعی natural faculties. قوائے نفسانی internal and external mental faculties.

قوارہ /qəvɑ:rɑ:/ ■ *n.m.* 1 shoulders. 2 stature. 3 piece; a piece of cloth.

قواریر /qəvɑ:ri:r/ ■ *n.m.* (*pl.* of قارُورہ) flasks, decanters; bottles.

قواعد /qəvɑ:ʔıḏ/ ■ *n.m.* (*pl.* of قاعدہ) 1 rules, regulations; rules of procedures. 2 drill, parade. ■ *n.f.* (as *sing.*) rules of grammar, morphology and syntax.

grammarian. قواعد سکھانا 1 teach rules of grammar. 2 drill. قواعد وضوابط rules and regulations.

قوافی /qəvɑ:fi:/ ■ *n.m.* (*pl.* of قافیہ) rhyming words in poetry.

قوّال /qəvvɑ:l/ ■ *n.m.* qawwal, singer of qawwali.

قوّالی /qəvvɑ:li:/ ■ *n.f.* qawwali, a genre of devotional or Sufi poetry/song sung to handclaps and drumbeat.

قِوام /qɪvɑ:m/ ■ *n.m.* 1 essence. 2 consistency. 3 tobacco's essence eaten with paan. 4 syrup. 5 pillar, prop, support.

قوام /qəvɑ:m/ ■ *adj.* straightness; justice, truth.

قوانین /qəvɑ:ni:n/ ■ *n.m.* (*pl.* of قانون) laws.

قُوت /qu:ṯ/ ■ *n.f.* victuals, food. قوتِ لایموت food sufficient to keep body and soul together, bare sustenance.

قُوّت /qʊvvəṯ/ ■ *n.f.* power, force, energy, vigour, strength; faculty. قوتِ باصرہ power of vision, sight. قوتِ باہ sexual potency. قوت پانا be strengthened, be reinforced. قوت پیما potentiometer. قوتِ تولید/مولدہ generative faculty. قوتِ جاذبہ 1 power of absorption; gravitation or force of gravity; the power of attraction. 2 (***Chem.***) absorptive power of capacity. قوت جسمانی physical or bodily power. قوت حافظہ memory, power of retention. قوتِ خرید buying power. قوتِ دافعہ/مدافعت power of repulsion or resistance, immunity. قوتِ دل strength of heart or mind. قوت دینا strengthen. قوتِ ذاتیہ natural virtue or power. قوت ذائقہ faculty or sense of taste. قوتِ سامعہ faculty of hearing. قوتِ شامہ olfaction, sense of smelling. قوتِ غضبیہ passion; faculty or power of anger. قوتِ گویائی/ناطقہ sense of speech, power of speech. قوتِ لامسہ sense of touch. قوتِ ماسکہ power of retention. قوتِ متخیلہ force of imagination. قوتِ متفکرہ faculty of thought. قوتِ مدرکہ power or faculty of apprehension or perception; intellect. قوتِ ممیزہ faculty of discrimination. قوتِ نامیہ faculty of growth. قوتِ ہاضمہ digestive power. (*pl.* قُوا، قُویٰ)

قُور /qu:r/ ■ *n.m.* (also قور) 1 weapon. 2 archers of Mogul king Akbar's army. 3 soldier. قورخانہ arsenal.

قورچی /qo:rtʃi:/ ■ *n.m.* soldier; armed man; keeper of armoury.

قورمہ /qo:rmɑ:/ ■ *n.m.* (also قورما) korma, highly spiced meat curry with thick gravy, seasoned spicy stew.

قوز /qu:z/ ■ *adj.* bent, crooked, arched, curved. قوزپشت crook-backed.

قَوس /qɔ:s/ ■ *n.f.* 1 bow. 2 arc of circle. ■ *n.m.* (***Astrol.***) Sagittarius, the ninth sign of the zodiac. قوسِ اندرونی concave side. قوسِ بیرونی convex side. قوسِ قزح rainbow.

قَوسی /qɔ:si:/ ■ *adj.* arched, bow-shaped.

قَوسَین /qɔ:sæ:n/ ■ *n.f. pl.* brackets, the mark ( ).

قُوطی /qu:ṭi:/ ■ *adj.* Gothic.

قَول /qɔ:l/ ■ *n.m.* 1 word, utterance, speech. 2 cowle, vow; promise, agreement; affirmation, assertion. 3 poetical words of Sufis and mystics sung by qawwali singers. 4 wording, words uttered by someone and quoted; quotation. 5 saying, maxim, adage. 6 a style of singing introduced by Amir Khusro. قول توڑنا break one's word or promise, go back on one's words. قول دینا give one's word, promise. قولِ فیصل ultimate judgement; statement that settles an issue. قول کا پکا man of his words. قول کا پورا true to one's word. قول کا سچا true to one's word, veracious, truthful. قول لینا obtain a promise. قولِ محال paradox. قول مرداں جان دارد a man must keep his words. قول نامہ written agreement, treaty. قول وفعل word and deed, precept and practice. قول وقرار promise; mutual agreement, treaty. قول وقرار کرنا agree upon terms; conclude (a treaty agreement or business deal); make a vow, promise, give one's word; bind by contract. (*pl.* اقوال)

قَولاً /qɔ:lən/ ■ *adv.* verbally. قولاً وعملاً/فعلاً by or in deed and words.

قُولَنج /qu:ləndʒ/ ■ *n.m.* (also قُولِنج) colic, gripes.

قَولی /qɔ:li:/ ■ *adj.* 1 verbal. 2 (***Islam***) the Hadith of Prophet Muhammad based on his words (as compared to Hadith based on his deeds which is known as فعلی).

قَوم /qɔ:m/ ■ *n.f.* 1 nation. 2 tribe, clan, race; family; caste. 3 group of people. قوم پرست nationalist. قوم پرستی nationalism. قوم فروش traitor. قوم کشی destruction or ruination of nation, betrayal. قوم وخویش friends and nations. (*pl.* اقوام)

قَومہ /qɔ:mɑ:/ ■ *n.m.* 1 the act of standing up. 2 (***Islam***) the act of standing up in prayers after *rukoo* (رکوع).

قومی /qɔ:mi:/ ■ *adj.* of or relating to people or nation; national. قومی اسمبلی National Assembly. قومی ترانہ national anthem. قومی تشخص national identity. قومی قرضہ national debt. قومی مجلس national assembly, national committee. قومی یکجہتی national unity.

قومیانا /qɔ:mɪja:nɑ:/ ■ *v.* nationalize.

قومیّت /qɔ:mɪjjət̪/ ■ *n.f.* 1 nationality, citizenship. 2 the state of belonging to the same nation or ethnic group, ethnicity, clanship.

قونصل /qɔ:nsəl/ ■ *n.m.* state official living in another country to protect the state's interests, consul. قونصل خانہ consulate.

قُویٰ /quvɑ:/ ■ *n.m.* (*pl.* of قوّت) strengths, powers. See قُوا.

قوی /qəvi:/ ■ *adj.* strong, vigorous, powerful. قوی الجثہ of strong or robust physique, able-bodied. قوی دل strong-hearted. قوی ہیکل large-sized, large-bodied, robust.

قہّار /qəhhɑ:r/ ■ *adj.* 1 extremely powerful. 2 avenging; wrathful. 3 domineering. ■ *n.m.* See القہّار.

قہر /qæhr/ ■ *n.m.* 1 the act of overpowering, conquering, subduing. 2 power, force; violence, oppression. 3 fury, anger, rage, wrath. 4 curse; calamity. ■ *adj.* 1 very beautiful. 2 mischievous (person). 3 fiery; passionate. قہرِ الٰہی Divine wrath. قہر توڑنا treat very harshly. قہر ٹوٹنا be cursed, calamity to descend. قہر درویش برجانِ درویش poor man's rage hurts none but himself. قہر کا exquisite; ravishing. قہر ہونا be very undesirable; be calamitous. قہر ہے oh! what a calamity!

قہراً /qæhrən/ ■ *adv.* forcibly, by force. قہراً وجبراً unwillingly, by force.

قہرمان /qæhrmɑ:n/ ■ *adj.* tyrant, cruel. ■ *n.m.* ruler, governor.

قہقری /qæhqəri:/ ■ *adj.* (*corr.* of قہقریٰ) retrogressive.

قہقہہ /qæhqəhɑ:/ ■ *n.m.* loud laughter, burst of laughter, guffaw. قہقہہ اڑانا / مارنا laugh mockingly, laugh aloud, roar with laughter. قہقہہ زن laughing.

قہوہ /qæhvɑ:/ ■ *n.m.* 1 coffee. 2 green tea. 3 black tea without sugar. قہوہ خانہ coffee-house, tea-house. قہوہ دان coffee pot, teapot. قہوہ فروش coffee-man; coffee and tea vendor.

قے /qæ:/ ■ *n.f.* vomiting, vomit. قے آنا vomit, feel like vomiting. قے آور emetic. قے کرنا vomit. قے و دست vomiting and diarrhoea, cholera.

قِیادت /qɪja:d̪ət̪/ ■ *n.f.* leadership, guidance.

قِیاس /qɪja:s/ ■ *n.m.* 1 presumption, guess, conjecture, surmise. 2 (***Logic***) syllogism. 3 (***Islam***) the verdict given by a religious scholar who considers the case similar in comparison to a case judged by the Qur'an or Prophet Muhammad's traditions, analogy. قیاسِ استثنائی (***Logic***) an exclusive syllogism. قیاس آرائی speculation. قیاسِ تمثیلی (***Logic***) analogy, process of reasoning from parallel cases. قیاس سے باہر 1 incredible; inconceivable. 2 enormous; beyond measure, vast, immense. قیاس کرنا guess; think. قیاس کن زگلستانِ من بہارمرا guess my end by looking at my beginning, end can be judged by evaluating the beginning. قیاس کے گھوڑے دوڑانا to imagine, guess, speculate. قیاس مع الفارق incorrect analogy. قیاس میں آنا be conceivable.

قیاساً /qɪja:sən/ ■ *adv.* by conjecture, by guess.

قیاسی /qɪja:si:/ ■ *adj.* 1 imaginary; theoretical; conjectural; hypothetical, presumptive. 2 (***Gram.***) regular (verb or gender, etc.) (as opposed to سماعی or irregular). 3 (***Isj.***) analogous.

قِیافہ /qɪja:fɑ:/ ■ *n.m.* 1 estimate based on appearance; appearance, countenance; features. 2 physiognomy. 3 sense, cognizance, perception; wisdom. قیافہ شناس physiognomist. قیافہ شناسی physiognomy.

قِیام /qɪja:m/ ■ *n.m.* 1 stay; residence. 2 standing erect. 3 existence. 4 (*fig.*) resurrection; the Day of Judgement. 5 stability, durability; permanence. 6 (***Islam***) standing in prayer. قیام پذیر stationary; stable; permanent; staying. قیام کرنا 1 reside, stay (at or with), lodge. 2 settle; halt. 3 to stand in prayer. قیام گاہ residence. قیام وطعام lodging and food.

قِیامت /qɪja:mət̪/ ■ *n.f.* 1 standing. 2 the day the dead will be resurrected; resurrection, doomsday; the Day of Judgement. 3 calamity and destruction of doomsday. 4 commotion, confusion, uproar. 5 any thing extraordinary. 6 injustice, inequality; cruelty. 7 (*fig.*) femme fatale, one who creates commotion by her manners or beauty. ■ *adv.* 1 extremely. 2 exquisitely. ■ *adj.* 1 excessive. 2 oppressive; tyrant. 3 coquettish,

قیصرہ /qæ:sərɑ:/ ■ *n.* (*fem.* of قیصر) empress.

قیصری /qæ:səri:/ ■ *adj.* of or relating to قیصر; imperial; caesarean. ■ *n.f.* empire; kingship.

قیصریّت /qæ:sərɪjjət/ ■ *n.f.* monarchy.

قیطول /qæ:t̪u:l/ ■ *n.m.* castle; cantonment; artillery.

قیطون /qæ:t̪u:n/ ■ *n.f.* (also قیطوں) border, edging (of silk, etc.); a kind of lace.

قیف /qi:f/ ■ *n.f.* funnel.

قیق /qi:q/ ■ *n.f.* a loud noise, scream; elephant's cry.

قیل /qi:l/ ■ *n.m.* word; speech. قیل وقال chit-chat; dialogue, altercation; controversy.

قیلولہ /qæ:lu:lɑ:/ ■ *n.m.* siesta. قیلولہ کرنا take a siesta.

قیّم /qəjjɪm/ ■ *adj.* 1 true. 2 standing erect. ■ *n.m.* 1 stature. 2 one who has charge of something, one who looks after, guardian.

قیمت /qi:mət̪/ ■ *n.f.* value, price, cost. قیمت پانا be sold for or fetch good price. قیمت ٹھہرانا settle price. قیمت چکانا 1 pay the price. 2 to settle the price, negotiate the price; try to buy something at a lower price. قیمتِ خرید 1 cost. 2 purchase price. قیمتِ رسدی proportionate value. قیمتِ فروخت sale price. قیمت لگانا fix the value, evaluate; appraise, put price upon; assess.

قیمتاً /qi:mət̪ən/ ■ *adv.* on payment, at a price.

قیمتی /qi:mt̪i:/ ■ *adj.* valuable, costly, precious, pricey.

قیمہ /qi:mɑ:/ ■ *n.m.* keema, minced meat. قیمہ کرنا mince, make mincemeat (of).

قینچ /qæ̃:tʃ/ ■ *adj.* cut, pruned, trimmed. قینچ کرنا to cut, prune, trim (usu. used with پر).

قینچی /qæ̃:tʃi:/ ■ *n.f.* 1 (pair of) scissors. 2 cross; oblique sticks or rods crossing each other. 3 truss, joist. 4 (***Wrestling***) a trick applied to lock opponent's legs. قینچی سی زبان چلنا talk fast, prate. قینچی کرنا prune. قینچی لگانا 1 cut. 2 make truss. 3 (***Wrestling***) to lock the opponent between one's legs. قینچی لگنا be cut; be pared; be trimmed.

قیود /quju:d̪/ ■ *n.f.* (*pl.* of قید) restrictions, obligations, limitations; conditions. قیودِ شرعی religious restrictions.

قیوّم /qəjju:m/ ■ *adj.* 1 permanent, lasting. 2 fixed. ■ *n.m.* See القیوّم.

playful. 4 causing tumult; bone of contention. 5 furious, infuriated. 6 very beautiful. 7 great. ■ *exclam.* wonderful; exquisite. قیامت اٹھانا/برپا کرنا/توڑنا raise trouble; be very cruel or harsh; bring down calamity; achieve wonders. قیامت آنا doomsday to break; a calamity to befall. قیامت تک till doomsday. قیامت خیز calamitous. قیامت خیزی calamitousness. قیامت ڈھانا/مچانا 1 rage, fulminate. 2 create a rumpus or uproar; oppose violently; oppress. 3 have ravishing beauty; achieve wonders. قیامتِ صغریٰ any great calamity before doomsday; little doomsday. قیامت کا/کی 1 extreme; extraordinary. 2 (*fig.*) very beautiful, exquisite. قیامت گھڑی doomsday. قیامت کرنا do something outrageous. قیامت گزرنا a calamity to befall. قیامت ہونا 1 doomsday to befall. 2 great trouble to break loose. 3 be great or wonderful. 4 be very beautiful. 5 to cause a great trouble or calamity. (کیا) قیامت ہے 1 what a pity! how horrible! 2 how beautiful!

قید /qæ:d̪/ ■ *n.f.* 1 imprisonment, captivity, confinement. 2 (*fig.*) jail, prison. 3 restriction; obstacle. 4 a practical bond or article of agreement; regulation, condition, prior requirement. 5 someone in jail; prisoner, captive. 6 fetter. قیدِ بامشقت rigorous imprisonment. قید بھگتنا/کاٹنا undergo term of imprisonment. قید تنہائی solitary confinement. قید خانہ prison, jail, gaol. قید رکھنا keep in custody. قید رہنا remain in prison. قیدِ سخت/گراں rigorous imprisonment. قید کرنا imprison. قید لگانا impose condition(s); limit; bind; regulate. قیدِ محض simple imprisonment. قید ہونا be imprisoned. (*pl.* قیود)

قیدی /qæ:d̪i:/ ■ *n.m.* prisoner, captive; jailbird.

قیر /qi:r/ ■ *n.m.* 1 pitch, tar used in smearing ships. 2 (*fig.*) anything black.

قیراط /qi:rɑ:t̪/ ■ *n.m.* carat.

قیس /qæ:s/ ■ *pr.n.m.* lover of Laila (لیلیٰ). ■ *n.m.* (*fig.*) lover. (See also مجنوں.)

قیصر /qæ:sər/ ■ *n.m.* 1 Caesar, Kaiser; emperor. 2 someone borne by Caesarean section named after Julius caesar who was delivered by this surgical operation. (*pl.* قیاصرہ)

ک

ک /kɑ:f/ ■ the thirty-ninth letter of the Urdu alphabet.

کَ¹ /kə/ ■ *prefix* an inseparable prefix used with Arabic words; meaning: as, like, as though; used in comp. as: کالانعام like animals. کالعدم (*literal*) as though non-existent. کالنقش فی الحجر like engraving in stone. [A]

کَ² ____ ■ *suffix* added to Persian words to express diminutives (as: پسرک little boy) and contempt (as: مردک low man or man of no value). [P]

کا /kɑ:/ ■ *prep.* of; belonging to; concerning; made of; consisting of. کا جیسا سا like, resembling. (*fem.* کی) (*pl.* کے)

کابر /kɑ:bər/ ■ *n.m.* black bird with white spots on the belly. ■ *adj.* **1** grey; dirty white. **2** spotted, speckled, mottled.

کابِر /kɑ:bɪr/ ■ *adj.* grand, great; illustrious.

کابِس /kɑ:bɪs/ ■ *n.f.* clay with which earthenware is varnished.

کابک /kɑ:bək/ ■ *n.f.* (also کابُک) pigeon house, dovecote.

کابُل /kɑ:bʊl/ ■ *pr.n.m.* Kabul, capital of Afghanistan. (کیا) کابل میں گدھے نہیں ہوتے **1** fools are found everywhere. **2** good and bad people are found everywhere.

کابلا /kɑ:blɑ:/ ■ *n.m.* bolt, screw.

کابُلی /kɑ:bʊli:/ ■ *adj.* of or relating to کابل; native of Kabul. کابلی چنے white chickpea, gram.

کابُوس /kɑ:bu:s/ ■ *n.m.* nightmare.

کابِین /kɑ:bi:n/ ■ *n.m.* marriage portion or settlement for wife. کابین نامہ deed of marriage stipulations.

کابِینہ /kɑ:bi:nɑ:/ ■ *n.f.* Cabinet (of ministers). [E]

کاپی /kɑ:pi:/ ■ *n.f.* **1** notebook, copybook. **2** copy, reproduction or duplicate of a picture or document. کاپی رائٹر/نگار/نویس copywriter. [E]

کاتا¹ /kɑ:t̪ɑ:/ ■ *n.m.* that which is spun; thread. کاتا اور لے دوڑی allusion to someone who makes haste and does not think. [Prk.]

کاتا² ____ ■ *n.m.* knife for cutting bamboos (with). [S]

کاتب /kɑ:t̪ɪb/ ■ *n.m.* **1** calligraphist; writer; scribe. **2** clerk; notary; copier. کاتبِ الحروف the writer of letters/ words/ lines. کاتبِ تحریر writer of a document. کاتبِ تقدیر God. کاتبِ وحی **1** the scribe who wrote down the Qur'anic verses as they were revealed. **2** an appellation of Hazrat Usman, the third of the four Rightly Guided Caliphs. (*pl.* کاتبین، کُتّاب)

کاتبی /kɑ:t̪ɪbi:/ ■ *n.f.* a kind of short-sleeved vest. کاتبی سمور robe or vest of honour trimmed with sable skin.

کاتبین /kɑ:t̪ɪbi:n/ ■ *n.m.* (*pl.* of کاتب).

کاتر /kɑ:t̪ər/ ■ *adj.* cowardly, timorous, timid. ■ *n.m.* cowardly or faint-hearted person.

کاتک /kɑ:t̪ɪk/ ■ *n.m.* (also کارتک) the eighth month of the Bikrami calendar corresponding to October-November. کاتک کی کتیا lascivious woman; prostitute (after the belief that a bitch craves for mating in the month of Katik).

کاتنا /kɑ:t̪nɑ:/ ■ *v.* to spin (cotton, wool or silk); to twist.

کاٹ /kɑ:ʈ/ ■ *n.f.* **1** cut (of a dress). **2** sharpness or tartness (of words). **3** sharpness (of sword, knife, etc.). **4** opposition, animosity. **5** cut, wound made by cutting. **6** harm, damage, loss. کاٹ پیٹ/تراش/چھانٹ/کوٹ **1** corrections in a text, etc. **2** deductions (in accounts, statement or bill). **3** pruning, cutting. کاٹ پھانس backbiting. کاٹ ڈالنا to cut off; strike off. کاٹ کرنا **1** cut. **2** to wound. **3** oppose; counteract. **4** remove the effects of sorcery. کاٹ کھانا bite. کاٹ کھانے کو دوڑنا respond or react with violent anger.

کاٹنا /kɑ:ʈnɑ:/ ■ *v.* **1** bite, cut, clip, sever; dissect. **2** saw (wood); hew (trees). **3** mow (grass). **4** traverse or cross (path). **5** spend (time or life). **6** interrupt (in conversation). **7** reap (a harvest). **8** strike out; delete. **9** sting. **10** carve or lay out a road or canal. **11** to suffer, endure (trouble, etc.). **12** clear (jungle or trees, etc.). **13** deduct (money).

کاٹنی /kɑ:ʈni:/ ■ *n.f.* reaping; cutting. کاٹنی بندی reaping the harvest and sheaving.

کاٹھ /kɑ:ʈʰ/ ■ *n.m.* **1** timber; wood. **2** log, stock. **3** the stocks, timber frame with holes for the feet in which offenders were held as a public punishment. ■ *adj.* hard; cruel. کاٹھ کا اُلّو arrant fool. کاٹھ کا گھوڑا **1** wooden horse. **2** (*fig.*) crutches. کاٹھ کباڑ junk. کاٹھ کی گھوڑی (*fig.*) bier, coffin. کاٹھ کی رہنڈیا **1** wooden pot. **2** (*fig.*) anything frail. کاٹھ کی ہانڈی/رہنڈیا بار بار نہیں چڑھتی **1** a weak

2 to skim. [S]

کاچھی /kɑːtʃʰiː/ ■ *n.m.* gardener who cultivates and sells vegetables and pot-herbs, farmer who grows vegetables.

کاخ /kɑːx/ ■ *n.m.* **1** upper storey, gallery, balcony. **2** palace; castle.

کاذِب /kɑːzɪb/ ■ *adj.* false; fake; pseudo. ■ *n.m.* liar.

کار /kɑːr/ ■ *n.m.* **1** operation; action. **2** business; work; function; profession; duty. **3** matter, affair. کارآگاہ (one) having know-how; experienced. کارآمد useful, conducive, serviceable. کارآموز learner, apprentice, novice, beginner. کاربرآری getting one's desire fulfilled. کاربرداری undertaking a business. کاربند ہونا act in accordance with some rule, law, advice or principle; comply with. کارپرداز worker; one who carries out some work; manager. کارِثواب good or meritorious deed. کارچوب **1** a frame for embroidery work. **2** embroiderer. کارچوبی **1** embroidery. **2** embroidered. کارخانہ **1** workshop. **2** mill; factory. **3** business; routine work. کارِخیر good deed, virtuous deed. کاردار a person in charge of an office, etc., manager. کارداناںِ فلک (*fig.*) planets. کاردانی efficiency; know-how. کاردستی manipulation. کارروائی **1** the act of carrying on a work; management. **2** procedure, conduct; action; process, proceeding. **3** measure. کارزار battle; war. کارساز doer; one who manages affairs. کارسازِ حقیقی the Real Doer, God. کارسرکاری government or public service. کارفرما ruler; controller; authority; one wielding power; superintendent; someone or something that affects the working. کارکردگی performance; output; work; efficiency. کارکشا doer; one who manages affairs. کارکن worker. کارکنان workers. کارکنانِ قضاوقدر agents implementing the Divine decree, angels. کارگاہ **1** workshop. **2** loom, weaver's pit. کارگاہِ ہستی this world. کارگر **1** effective, efficacious; moving; stirring (as speech or talk). **2** (*fig.*) successful (in producing the desired effect). کارگزار effective worker, proficient in work, businesslike. کارگزاری good service; efficiency. کارِمنصبی work assigned as part of job, duty. کارنامہ stupendous or glorious work done, monumental work, great

argument or excuse cannot be used twice. **2** fraudster does not prosper. کاٹھ کے گھوڑے دوڑانا cheat, fool; spin a yarn. کاٹھ میں پاؤں ٹھوکنا/دینا put someone in fetters; keep in lock-up; restrict someone's movement, confine. کاٹھ ہوجانا/رہنا stunned, be astonished; become stock-still (due to fear).

کاٹھی /kɑːʈʰiː/ ■ *n.f.* **1** wood, timber. **2** saddle. **3** body; physique; appearance; shape. **4** scabbard; sheath.

کاج¹ /kɑːdʒ/ ■ *n.m.* **1** work. **2** affair; business; means of livelihood. **3** feast, a formal social event or ceremony, function; usually used with کام as: کام کاج general work. [S]

کاج² ____ ■ *n.m.* buttonhole. کاج بنانا make a buttonhole. [S]

کاجل /kɑːdʒəl/ ■ *n.m.* kohl, lampblack applied to the eyes for cosmetic or medicinal purposes. کاجل اتارنا/پارنا/پاڑنا prepare or collect lampblack by collecting soot of a lamp in a vessel. کاجل اُڑا/چرالینا **1** be very sharp; be stealthy. **2** steal bravely and openly. کاجل دان box or receptacle for lampblack. کاجل کا ٹیکا لگانا put a dot of lampblack on the cheek to ward off evil eye. کاجل کی کوٹھری **1** coal cellar. **2** (*fig.*) a place or abode of vice and disgrace; bad company. کاجل لگانا apply lampblack to the eyes.

کاجو¹ /kɑːdʒuː/ ■ *n.m.* cashew nut, fruit of the tree *Anacardium occidentale.* [Port.]

کاجو² ____ ■ *adj.* fragile. کاجو بھوجو showy but frail, pretty but flimsy (work). [Prk.]

کاجی /kɑːdʒiː/ ■ *adj.* **1** active; assiduous; industrious, laborious. **2** busy, occupied. ■ *n.m.* worker; artisan.

کاچ /kɑːtʃ/ ■ *n.m.* glass. See کانچ . کاچ لون black-salt.

کاچھ /kɑːtʃʰ/ ■ *n.m.* (also کاچھا) **1** the upper part of the thigh, loin. **2** buttocks. **3** cloth worn round the hips passing between the legs and tucked in at the back; knickers, underpants.

کاچھا /kɑːtʃʰɑː/ ■ *n.m.* knickers. See کاچھ. کاچھا کسنا to tie up or wear a cloth round hips; to cover the genitals. کاچھا کھولنا **1** to untie the cloth worn round hips. **2** to outrage the modesty. **3** prepare to have sex.

کاچھنا¹ /kɑːtʃʰnɑː/ ■ *v.* wear loincloth. [dial.]

کاچھنا² ____ ■ *v.* **1** (of a liquid) to gather (with hands).

کاریگر /kɑ:ri:gər/ ■ *n.m.* skilled worker. ■ *adj.* skilful. See کاری گر under کاری².

کاریگری /kɑ:ri:gəri:/ ■ *n.f.* skill. See کاری گری under کاری².

کاڑھا /kɑ:ɽʰɑ:/ ■ *n.m.* extract; concentrated liquid resulting from boiling a substance, especially a herb or medicinal plant.

کاڑھنا /kɑ:ɽʰnɑ:/ ■ *v.* (also کاڑنا) **1** pull; extract; draw off. **2** embroider; to crochet. **3** draw, produce picture or diagram on paper.

کاس /kɑ:s/ ■ *n.m.* **1** goblet. **2** wineglass. کاس الکرام gentlemen's goblet or drinking cup, i.e. something valuable or beneficial.

کاسِب /kɑ:sɪb/ ■ *n.m.* earner, gainer, one who toils for his bread.

کاست /kɑ:sṱ/ ■ *n.f.* damage, loss; diminution, reduction.

کاسِد /kɑ:sɪḓ/ ■ *adj.* **1** false, spurious, counterfeit. **2** worthless; base.

کاسِر /kɑ:sɪr/ ■ *adj.* breaker. کاسِر ریاح (***Med.***) carminative, anti-flatulence.

کاسنی /kɑ:sni:/ ■ *n.f.* a kind of chicory, endive. ■ *adj.* lilac, of light purple colour.

کاسہ /kɑ:sɑ:/ ■ *n.m.* **1** goblet, drinking cup, bowl. **2** begging bowl. **3** (*fig.*) the skull. کاسۂ دریوزہ/سائل/گداگر beggar's bowl. کاسۂ زانو the knee-cap. کاسۂ سر the skull. کاسۂ گردوں (*fig.*) sky. کاسۂ گل ovary of a flower. کاسہ لیس sycophant, flatterer. کاسہ لیسی sycophancy, flattery.

کاش /kɑ:ʃ/ ■ *exclam.* God grant! would that! کاش ایسا ہو may it happen so! کاش کہ would that! how I wish!

کاشانہ /kɑ:ʃɑ:nɑ:/ ■ *n.m.* **1** a bird's nest. **2** (*fig.*) a small house; dwelling, abode.

کاشت /kɑ:ʃṱ/ ■ *n.f.* **1** cultivation. **2** cultivated land, field, farm. کاشت کار (also کاشتکار) cultivator, farmer, peasant. کاشت کاری (also کاشتکاری) cultivation, tillage.

کاشتہ /kɑ:ʃṱɑ:/ ■ *adj.* tilled, cultivated, sown.

کاشِف /kɑ:ʃɪf/ ■ *adj.* (person) disclosing or revealing. ■ *n.m.* **1** expounder, explainer; revealer, detector, discoverer. **2** (*fig.*) a book that explains or expounds terms or technical text(s). کاشف الاسرار revealer of secrets. کاشف الحقائق revealer of facts.

کاشی¹ /kɑ:ʃi:/ ■ *n.f.* painted and glazed tile. ■ *adj.* of the Persian city Kashan. کاشی پھل pumpkin. کاشی کاری achievement; great or heroic deed. کارنمایاں remarkable accomplishment. کار(و)بار **1** business, trade. **2** affair, matter. کاروباری **1** of or relating to business. **2** businessman.

کارتُوس /kɑ:rṱu:s/ ■ *n.m.* **1** casing containing a charge and a bullet for small arms, cartridge. **2** (*slang*) cheat sheet, acrib. [E]

کارج /kɑ:rədʒ/ ■ *n.m.* business, profession; vocation.

کارخانہ /kɑ:rxɑ:nɑ:/ ■ *n.m.* workshop. See under کار. کارخانۂ الٰہی **1** nature. **2** universe.

کارروائی /kɑ:rrəvɑ:i:/ ■ *n.f.* action. See under کار. کارروائی کرنا discharge a duty; take action; hold proceedings.

کارزار /kɑ:rzɑ:r/ ■ *n.m.* & *f.* battle. See under کار.

کارساز /kɑ:rsɑ:z/ ■ *n.m.* doer. See under کار.

کارستانی /kɑ:rəsṱɑ:ni:/ ■ *n.f.* mischief. کارستانی کرنا make mischief.

کارکردگی /kɑ:rkərḓəgi:/ ■ *n.f.* performance. See under کار.

کارکن /kɑ:rkʊn/ ■ *n.m.* worker. See under کار. کارکن صحافی working journalist.

کارگر /kɑ:rgər/ ■ *adj.* effective. See under کار. کارگر ہونا be effective.

کارن /kɑ:rən/ ■ *n.m.* cause, motive, account, reason; behalf. ■ *adv.* for the reason, because of, on account of.

کارنامہ /kɑ:rnɑ:mɑ:/ ■ *n.m.* achievement. See under کار.

کارِندہ /kɑ:rɪnḓɑ:/ ■ *n.m.* agent; worker; official deputed for some work.

کارواں /kɑ:rəvɑ̃:/ ■ *n.m.* (also کاروان) caravan, company of travellers. کارواں سرا caravanserai, inn.

کاروبار /kɑ:ro:bɑ:r/ ■ *n.m.* business. See under کار.

کاروباری /kɑ:ro:bɑ:ri:/ ■ *n.m.* businessman. See under کار.

کاری¹ /kɑ:ri:/ ■ *adj.* **1** penetrating. **2** mortal, lethal. **3** effectual. کاری زخم deep or mortal wound. [P]

کاری² ____ ■ *suffix* act of making, doing; used in comp. as: پیوندکاری patching. کشیدہ کاری embroidery. ■ *prefix* denoting work or skill; used in comp. as: کاری گر **1** skilled worker, artisan; technician, one who is versed in some technique. **2** skilful, ingenious. کاری گری skill, workmanship, ingenuity. [P]

کارے دارد /kɑ:re: ḓɑ:rəḓ/ ■ *phr.* it is not an easy task, it is a problem, it is a difficult task.

کاریز /kɑ:re:z/ ■ *n.f.* subterranean canal or watercourse.

glazed-tile work; chips' work. [P]

کاشی² ____ ■ *n.m.* the name for Indian city Benaras (now Varanasi). [S]

کاظم /kɑ:zɪm/ ■ *adj.* restraining anger, controlling rage. کاظم الغیظ one who restrains his anger.

کاظمہ /kɑ:zɪmɑ:/ ■ *adj.* (*fem.* of کاظم). ■ *n.f.* another name for the city of Medina.

کاغذ /kɑ:ɣəz/ ■ *n.m.* 1 paper. 2 note. 3 document; charter; written statement; letter, permission letter. 4 bond. 5 stamp paper. 6 (*fig.*) divorce paper. کاغذِ اطفال/بادِ/ بادی paper kite. کاغذ تراش paperknife. کاغذ جکڑنی/ گیر paper clip. کاغذ داب paperweight. کاغذ سا very thin. کاغذ سیاہ کرنا scribble; write. کاغذ فروش paper seller, paper merchant. کاغذ کرنا give note of hand or bond. کاغذ کی ناؤ 1 paper boat. 2 something frail or impermanent; a faulty plan. کاغذ کی ناؤ آج ڈوبی کل ڈوبی baseless things are doomed to collapse. کاغذ کی ناؤ بنانا engage in useless activities. کاغذ کے گھوڑے دوڑانا keep up active or brisk correspondence; send letters or petitions, etc.

کاغذات /kɑ:ɣzɑ:t̪/ ■ *n.m.* (*pl.* of کاغذ)

کاغذی /kɑ:ɣzi:/ ■ *adj.* 1 of or relating to paper. 2 documentary. 3 delicate; thin. 4 thin-shelled. ■ *n.m.* 1 papermaker. 2 one who sells paper. 3 a kind of pigeon. 4 a kind of lemon. کاغذی بادام thin-shelled high quality almond. کاغذی پیرہن 1 fragile covering. 2 (***Hist.***) petitioner's or supplicant's dress. 3 (*fig.*) (i) humbleness; helplessness, weakness. (ii) lamentation; cries of the oppressed. کاغذی پیرہن ہونا be mortal, be transient. کاغذی لیمو/لیموں thin-skinned lemon.

کاف /kɑ:f/ ■ *n.m.* pronunciation of letter ک . کافِ بیانیہ the word کہ used in Persian and Urdu as explanatory particle. کافِ تازی/عربی letter ک . کافِ عجمی/فارسی letter گ . کاف لام boast; lie. کاف (و) نون God's command *kun* (کُن), be! for the creation of universe.

کافر /kɑ:fɪr/ ■ *adj.* 1 religionless. 2 cruel, tyrant. 3 thankless, ungrateful. ■ *n.m.* 1 kafir, infidel. 2 (*poet.*) beloved. 3 Kafir, one from Kafiristan (a valley in north-western Pakistan). کافر ادا coquettish. کافر ماجرا one who denies facts, a quarrelsome fellow. کافرِ نعمت thankless or ungrateful person. (*fem.* کافرہ) (*pl.* کُفّار)

کافرانہ /kɑ:fɪrɑ:nɑ:/ ■ *adj.* 1 like an infidel. 2 impious. 3 (*poet.*) coquettish.

کافری /kɑ:fɪri:/ ■ *n.f.* 1 infidelity; unbelief. 2 cruelty, tyranny. 3 (*poet.*) beauty.

کافُور /kɑ:fu:r/ ■ *n.m.* camphor. ■ *adj.* disappeared, vanished. کافور ہو جانا/ ہونا disappear; evaporate.

کافُوری /kɑ:fu:ri:/ ■ *adj.* 1 camphorated. 2 milky-white. کافوری شمع candle made with camphorated wax which gives off white light.

کافّہ /kɑ:ffɑ:/ ■ *adj.* whole, all; universal. ■ *n.m.* tribe; multitude. کافۂ انام/خلائق all mankind, general public.

کافی¹ /kɑ:fi:/ ■ *adj.* adequate, sufficient. کافی وافی enough and to spare. [A]

کافی² ____ ■ *n.f.* 1 genre of Punjabi, Seraiki, and Sindhi Sufi poetry. 2 a family of ragas of classical music; a kind of raga. [dial.]

کاک /kɑ:k/ ■ *n.m.* cake; bread.

کاکا¹ /kɑ:kɑ:/ ■ *n.m.* 1 young boy. 2 paternal uncle. [S]

کاکا² ____ ■ *n.m.* 1 elder brother. 2 a form of address for elder people. [S]

کاکاتوا /kɑ:kɑ:t̪uvɑ:/ ■ *n.m.* (also کاکاتوئی) cockatoo, any of the several species of parrots' family Cacatuidae.

کاکریز /kɑ:kre:z/ ■ *n.m.* name of a colour, purplish colour.

کاکریزی /kɑ:kre:zi:/ ■ *adj.* dark purple-coloured.

کاکڑا /kɑ:kɽɑ:/ ■ *n.m.* 1 stiff leather. 2 leather strap or thong. 3 large or stiff wick.

کاکُل /kɑ:kʊl/ ■ *n.f.* lock (of hair), curl, ringlet, forelock. کاکل برہم ہونا locks to be dishevelled. کاکل پیچاں curled lock. کاکلِ شمع (*fig.*) the smoke of a candle. کاکلِ صبح (*fig.*) the early dawn. کاکلِ مشکیں 1 black and perfumed hair/ locks. 2 (*poet.*) beloved's locks.

کاکُن /kɑ:kʊn/ ■ *n.f.* (also کاکن) foxtail millet, a species of small grain, millet, *Panicum italicum*.

کاکو /kɑ:ku:/ ■ *n.m.* maternal uncle.

کاکی¹ /kɑ:ki:/ ■ *n.* (*fem.* of کاکا¹) 1 a young girl; daughter (esp. in Punjab). 2 wife of paternal uncle, aunt.

کاگ¹ /kɑ:g/ ■ *n.m.* (also کاگا) 1 crow; raven. 2 uvula. کاگ رول cawing of the crows. [S]

کاگ² ____ ■ *n.m.* (also کارک) cork, stopper of a bottle. کاگ اڑانا 1 uncork. 2 (*fig.*) drink wine. [E]

3 lampblack, soot. 4 (*fig.*) blemish, stigma; disgrace, mortification. (منھ پر) کالک کا ٹیکا رٹیکہ stain, stigma. کالک لگانا رملنا insult, disgrace, put to shame, mortify.

کالنّقشِ فی الحجر /kənnəqʃe fɪlhədʒər/ ■ *adv* & *adj.* like engraving in stone.

کالی /kɑ:li:/ ■ *adj.* (*fem.* of ¹کالا) black (woman). ■ *n.f.* 1 Hindu goddess Kali. 2 (also سیاہی) ink. کالی آندھی violent dust storm. کالی بلا 1 great evil. 2 (*fig.*) (i) ugly dark woman. (ii) plague. کالی بھیڑ black sheep, hypocrite. کالی پیلی آنکھیں کرنا turn red with rage, look threatening. کالی پیلی شکل (*fig.*) ugly. کالی تلسی basil, sweet basil, *Ocimum basilicum*. کالی جمعرات 1 hypothetical day for fulfilment of promise. 2 doomsday. کالی جمعرات کا وعدہ false promise. کالی جمعرات کو never. کالی دہ رکنڈ (***Hinduism***) legendary whirlpool in the Yamuna river where the snake Kali lived. کالی دیوی 1 Hindu goddess Kali. 2 (*fig.*) opium. کالی زبان supposed faculty of causing bad luck by saying negative things. کالی زیری black cumin seed. کالی سیتلا رماتا malignant smallpox. کالی کلوٹی رکلونٹی very black woman. کالی کھانسی whooping cough. کالی گھٹا dark, rain-bearing cloud. کالی ماتا رمائی Hindu goddess Kali. کالی مٹّی 1 black soil; slime (esp. from a dirty pond). 2 black lead. کالی مرچ black pepper. کالی ہانڈی سر پر رکھنا be put to shame. کالی ہڑ black myrobalan.

کالے /kɑ:le:/ ■ *n.m.* (*pl.* & *infl.* of ¹کالا) blacks. کالے صابن مل کر گورے نہیں ہوتے a crow cannot become white by washing itself with soap; nature does not change. کالے کا کاٹا پانی نہیں مانگتا said of a cobra and a dangerous or mortal enemy. کالے کوس (*fig.*) long distance. کالے کوسوں faraway. کالے کے آگے چراغ نہیں جلتا said when someone tries to appease or argue with a stubborn person. کالے کے کاٹے کا جنتر نہ منتر cobra's bite cannot be cured by charm or skill.

کام¹ /kɑ:m/ ■ *n.m.* 1 work, task; occupation; service, duty; business. 2 affair; concern. 3 workmanship; embroidery; artistic carving or paintwork. 4 use. 5 busyness. 6 feat, achievement. کام اٹکا رہنا (of some work) be hindered. کام اخیر رآخر ہونا end, (of work) finish. کام آنا 1 be slain (in war). 2 be of use. کام بانٹ ربٹا لینا 1 divide or share some work. 2 help, assist one.

کاگا /kɑ:gɑ:/ ■ *n.m.* 1 crow. 2 uvula.

کال¹ /kɑ:l/ ■ *n.m.* 1 starvation, famine. 2 dearth, shortage. 3 age, era; time. 4 death. 5 (*fig.*) great trouble. کال بس ہونا be seized by fate; be in the clutches of death. کال پڑنا famine to occur. کال کا ٹوٹا رمارا starveling; famine-stricken. کال گنوانا waste one's time. [S]

کال² ____ ■ *adj.* (*contr.* of ¹کالا). ■ *n.m.* darkness. کال کوٹھڑی black hole, dungeon. [S]

کالا¹ /kɑ:lɑ:/ ■ *adj.* black; dark. ■ *n.m.* 1 black man. 2 any black snake, usually a cobra. کالا آدمی (*derog.*) an African or Asian person. کالا آزار kala-azar. کالا بال 1 pubic hair, pubes; groin. 2 (*fig.*) worthless thing. کالا بھجنگ رکوئلہ jet black or very black; (of a person) dark-skinned. کالا پانی 1 (*literal*) black water. 2 deep sea. 3 the Andaman Islands in Indian Ocean where criminals or political opponents were sent during the British reign. 4 (*fig.*) place very faraway or painful; a place beyond the deep sea. 4 (***Med.***) glaucoma. کالا پتی act of caulking ship or boat. کالا پتی کرنا caulk. کالا جادو رعلم black magic. کالا چور 1 unknown thief. 2 unspecified or unknown person; anybody; nobody. کالا دانہ kaladana, burnt to remove the effects of evil eye. کالا دھن black money, money earned through unfair means. کالا دھندا illegal business; black market. کالا دیو 1 black giant. 2 (*fig.*) huge dark person. کالا زیرہ caraway seed, black cumin. کالا کرنا blacken. کالا کلوٹا رکلونٹا jet black. کالا کوا 1 black as raven. 2 (*derog.*) dark person. کالا منھ کرنا 1 blacken one's face. 2 disgrace. 3 flee, go away. 4 have illegal sexual relations. کالا منھ نیلے ہاتھ پاؤں may he be cursed! may his face be blackened! کالا منھ ہونا be disgraced; do something shameful. کالا نمک black rock salt (considered digestive). (*fem.* کالی) [S]

کالا² ____ ■ *n.m.* property; goods; assets. [P]

کالانعام /kələnʔɑ:m/ ■ *adj.* (brainless) like cattle.

کالبُد /kɑ:lbud̪/ ■ *n.m.* (also کالبوت) 1 the body of a man or animal; figure; skeleton. 2 form; mould. 3 boot-tree, shoemaker's last, shoe-tree. کالبد خاکی human body.

کالعدم /kəlʔəd̪əm/ ■ *adj.* 1 null and void, invalid. 2 defunct, non-existent. کالعدم ہونا 1 be set aside (a decision or order). 2 become void.

کالک /kɑ:lək/ ■ *n.f.* 1 blackness. 2 black stain or spot.

کام بگاڑنا spoil or mar the work; foil; upset (someone's) apple cart; make a mess of. کام بگڑنا come to nought; be bankrupt, venture or business to fail; be spoilt. کام بننا succeed, gain one's end. کام پڑنا have business with; need someone's help. کام تمام کرنا **1** finish or accomplish work or business. **2** kill. کام ٹرخانا work carelessly, half-heartedly or perfunctorily; prevaricate. کام چلانا make do, manage. کام چلاؤ makeshift, of temporary use. کام چور shirker, slacker, malinger; lazy, idler. کام دار **1** embroidered. **2** carved. **3** manager; agent; one who is assigned some work. کام دینا/سپرد کرنا allocate or assign work to someone. کام سے جان بچانا shirk. کام سے کام رکھنا mind one's own business. کام کا/کی useful. کام کاج means of livelihood; general work. کام کاجی active; laborious. کام کا دن working-day. کام کرنا **1** to work. **2** accomplish; succeed. **3** be effective. کام میں جوتنا put to work. کام میں لانا to use, utilize. کام نکالنا make do; get something done; use someone (for some purpose); get someone to work for oneself; accomplish one's desire or purpose. کام یاب successful, prosperous. کام یابی success; prosperity. [S]

کام[2] ——— ■ *n.m.* **1** desire, wish, intention; pursuit. **2** the palate, mouth, chewing well; uvula. کام بخش giving the enjoyment of one's desire. کام ران successful in any undertaking, fortunate, happy; successful. کام رانی happiness; success. کام گار one who accomplishes whatever he wishes; fortunate. کام گاری success, good fortune. کام ناکام willy-nilly. کام و دہن the palate and the mouth. [P]

کام[3] ——— ■ *n.m.* love; sex; passion. کام دیو Hindu god of sex. کام روپی prurient or lascivious woman. [S]

کامدار /kɑːmd̪ɑːr/ ■ *adj.* embroidered. See کام دار under کام[1].

کامدانی /kɑːmd̪ɑːniː/ ■ *n.f.* a kind of embroidery.

کامران /kɑːmrɑːn/ ■ *adj.* successful. See کام ران under کام[2].

کامرانی /kɑːmrɑːniː/ ■ *n.f.* success. See کام رانی under کام[2].

کامگار /kɑːmgɑːr/ ■ *adj.* successful. See کام گار under کام[2].

کامگاری /kɑːmgɑːriː/ ■ *n.f.* success. See کام گاری under کام[2].

کامل /kɑːmɪl/ ■ *adj.* perfect; full; entire, complete. ■ *n.m.* perfect person, an expert; maestro, saint; spiritually adept. کامل العیار of full value or perfect standard (gold, etc.). کامل القیمت of full value. کامل الوزن of full weight. کامل انسان the perfect man, a title of Prophet Muhammad. کامل فن proficient, maestro. (*pl.* کاملین، کُملا)

کاملاً /kɑːmɪlən/ ■ *adv.* perfectly, completely, totally, entirely.

کاملیت /kɑːmɪlɪjjət̪/ ■ *n.f.* perfection; accomplishment. کاملیت پسند perfectionist.

کاملین /kɑːmɪliːn/ ■ *n.m.* (*pl.* of کامل) experts.

کامنا /kɑːmnɑː/ ■ *n.f.* desire, wish.

کامنی /kɑːmniː/ ■ *n.f.* beautiful and slim woman.

کامود /kɑːmoːd̪/ ■ *n.f.* a classical musical raga.

کامُون /kɑːmuːn/ ■ *n.m.* (also کمون) cumin. (See also زیرہ.)

کامُونی /kɑːmuːniː/ ■ *n.f.* (also کمونی) a digestive sweet mixture/medicine in which cumin seed is mixed.

کامی[1] /kɑːmiː/ ■ *n.m.* industrious, active; worker, working man; menial servant. [S]

کامی[2] ——— ■ *adj.* lustful, very amorous, over-sexed. [S]

کامیاب /kɑːmjɑːb/ ■ *adj.* successful. See کام یاب under کام[1].

کامیابی /kɑːmjɑːbiː/ ■ *n.f.* success. See کام یابی under کام[1].

کان[1] /kɑːn/ ■ *n.m.* **1** ear. **2** sense of hearing. **3** (*fig.*) (i) attention, heed. (ii) consciousness. **4** the handle of vessel. **5** helm of rudder (of ship). **6** twist, crookedness; defect. **7** a kind of an ear ornament. کان اُڑے/پھٹے جانا be deafened (by noise). کان اُمیٹھنا/اینٹھنا/مروڑنا **1** pull, twist or wring the ears. **2** reprove, rebuke. کان آشنا ہونا be familiar with a voice. کان بجنا feel singing or ringing sensation in the ears. کان بندھوانا/چھدوانا get ears pierced (to wear some ornament). کان بہرے کرنا turn deaf ear to. کان بہنا the ears to suppurate. کان بھرنا tell tales, backbite, poison the ears. کان پر جوں تک نہ رینگنا be heedless or unaffected. کان پر ہاتھ دھرنا refuse, deny, disclaim. کان پڑنا come to ears, be heard. کان پڑی آواز سنائی نہ دینا be unable to hear due to din. کان پکڑنا **1** hold one's own ears by way of repentance. **2** express remorse. **3** accept the supremacy (of), accept defeat. **4** avoid, steer clear of. کان پکڑی لونڈی very faithful and obedient (maid). کان پھوٹنا be deaf. کان دبا کر چلے جانا slink quietly away. کان دے سننا hear attentively. کان دھرنا/لگانا attend, be attentive, listen; heed. کان کا پتلا/کچا credulous, easily deceived or misled. کان کا پردہ eardrum, drum or membrane of the ear, tympanum. کان کاٹنا (*fig.*) to get

طویل انفی مصوتے: ɑ̃ː جاں، آں /dʒɑ̃ː/, /ɑ̃ː/ — æ̃ː ہَیں /hæ̃ː/ — ɪ̃ː آئیں /ɑːɪ̃ː/ — ẽː آئیں /ɑːẽː/ — ɔ̃ː لَونڈی /lɔ̃ːd̪iː/ — ũː یُوں /jũː/ — õː انسانوں /ɪnsɑːnõː/

malignity. (iii) hindrance, obstacle. (iv) thin or very emaciated person. کانٹا سا کھٹکنا rankle in the breast; feel uneasy. کانٹا مارنا 1 (of a fish) strike with the fins. 2 cheat (while weighing). 3 torment, tease; obstruct. (سُوکھ کر) کانٹا ہونا become very thin or lean, become emaciated.

کانٹوں /kã:ʈõ:/ ■ *n.m.* (*pl.* of کانٹا) کانٹوں پر لوٹنا toss about in pain or distress. کانٹوں کی سیج bed of thorns. کانٹوں میں گھسیٹنا embarrass someone by praise; praise or exalt someone unduly.

کانٹی /kã:ʈi:/ ■ *n.f.* 1 small pair of scales. 2 hook. 3 refuse of cotton. 4 the mark of cross. کانٹی لگانا / مارنا put cross mark.

کانٹے /kã:ʈe:/ ■ *n.m.* (*pl.* & *infl.* of کانٹا) کانٹے بونا 1 sow thorns. 2 prepare distress for oneself. کانٹے بوئے ببول کے تو آم کہاں سے کھائے as you sow so shall you reap. (حلق میں) کانٹے پڑنا (throat) to dry (due to thirst.) (زبان میں) کانٹے پڑنا (tongue) to dry. کانٹے کا رکی 1 marvellous, excellent. 2 equal or fierce (contest, etc.). کانٹے کا مقابلہ an equal contest.

کانجی /kã:dʒi:/ ■ *n.f.* 1 rice-gruel, a kind of sour gruel. 2 starch (obtained from rice and used to stiffen fabric).

کانجی ہاؤس /kã:dʒi: hɑ:u:s/ ■ *n.m.* pound for astray cattle.

کانچ /kã:tʃ/ ■ *n.m.* (also کاچ) glass. کانچ کا گھر 1 a house made of glass. 2 (*fig.*) very delicate or fragile thing.

کاندا /kã:dɑ:/ ■ *n.m.* onion, wild onion.

کاندھا /kã:dʰɑ:/ ■ *n.m.* (also کندھا) shoulder. کاندھا دینا 1 carry the bier on the shoulder. 2 (*fig.*) support, help. کاندھا ہلانا shrug; shake someone by the shoulder.

کانڈ /kã:ɖ/ ■ *n.m.* 1 part, division, section; chapter of a book. 2 sight; scene; exhibition.

کانڑا /kɑ:nɽɑ:/ ■ *n.m.* (also کانگڑا، کانہڑا) name of a musical raga.

کانڑا /kã:ɽɑ:/ ■ *adj.* one-eyed. See [1]کانا. (*fem.* کانڑی)

کانس /kã:s/ ■ *n.f.* species of grass that grows luxuriantly on waste and sandy soils, *Imperata spontanea*. کانس میں تیرنا (*fig.*) be deluded by mirage; soar on the wings of fancy.

کانسی /kã:si:/ ■ *n.f.* bronze.

کانکن /kɑ:n kən/ ■ *n.m.* miner. See کان کن under [2]کان.

better of, surpass, out perform, outwit. کان کا درد earache. کان کا میل earwax. کان کترنا surpass, outwit. کان کی لو ear lobe. کان کھانا prattle, talk incessantly. کان کھڑے ہونا be alarmed or attentive. کان کھول دینا / کھولنا inform; warn. کان کھینچنا / ملنا punish, admonish. کان میلیا person who professionally cleans the ears. کان میں انگلی دے رہنا be intentionally deaf to what is said. کان میں پھونکنا / کہنا to whisper. کان میں تیل ڈال کے سو رہنا withdraw oneself, become sequestered; be inattentive. کان میں تیل ڈالنا pretend not to hear. کان ہونا be careful, usually after bad experience, get a lesson. [Prk.]

کان[2] —— ■ *n.f.* 1 mine; quarry. 2 (*fig.*) source. کان بیٹھنا mine to cave in. کانِ جواہر 1 mine of jewels. 2 (*fig.*) someone with great qualities. کانِ جُود (*fig.*) extremely generous person. کان کن miner, mineworker, quarryman. کان کنی working in a mine, quarrying. کانِ ملاحت 1 a mine of saltness or beauty. 2 (*fig.*) (i) beloved. (ii) a beautiful person of dark complexion. کانِ نمک salt mine. [P]

کانا[1] /kɑ:nɑ:/ ■ *adj.* (also کانڑا) 1 one-eyed. 2 defected (fruit, etc.); crooked. 3 oblique. ■ *n.m.* 1 single point on a dice. 2 one-eyed person. [Prk.]

کانا[2] —— ■ *n.m.* (*infl.* of [1]کان) کانا باتی / پھوسی کرنا whisper. [S]

کانپ[1] /kã:p/ ■ *n.f.* 1 curved rib of a paper kite. 2 spoke of an umbrella or wheel. 3 tusk of a boar or elephant. 4 a slender waist. 5 a deposit of mud. 6 misfortune. [Prk.]

کانپ[2] —— ■ *n.f.* a state of shivering or trembling. [Prk.]

کانپنا /kã:pnɑ:/ ■ *v.* tremble, shiver, shake.

کانتی /kɑ:nt̪i:/ ■ *n.f.* grace, splendour; beauty; lustre.

کانٹ /kã:ʈ/ ■ *n.f.* cutting, cut, slash. کانٹ چھانٹ 1 cutting. 2 amendment, correction, alteration.

کانٹا /kã:ʈɑ:/ ■ *n.m.* 1 thorn. 2 fork. 3 fishing hook. 4 weighing scale. 5 weighbridge. 6 fish-bone. 7 quill (of porcupine). 8 hand (of watch or clock). 9 hook (for pulling buckets, etc. from the well. 10 pointer (of balance). 11 spur, a device worn on a rider's heel to make a horse go faster. 12 a hooked instrument. 13 dryness of the tongue caused by heat or thirst. 14 (*Arith.*) proof of sum. 15 (*fig.*) (i) thorn in one's side, troublesome person. (ii) enmity, animosity,

کانکنی /kɑ:n kəni:/ ■ *n.f.* mining. See کان کنی under ۲کان.

کانکھ /kɑ:ŋkʰ/ ■ *n.f.* **1** armpit. **2** side; flank.

کانکھا /kɑ:ŋkʰɑ:/ ■ *n.m.* **1** violent effort; straining (as in lifting heavy load or when passing stool). **2** groan, grunt.

کانکھنا /kɑ:ŋkʰnɑ:/ ■ *v.* **1** strain; to make a great effort as in lifting heavy load, breathe heavily with grunt. **2** to make a deep sound expressing pain, to groan, to grunt.

کانگڑی /kɑ:ŋgɽi:/ ■ *n.f.* portable coal brazier; chafing dish; portable heater carried in winter by Kashmiri people.

کانوَر /kɑ̃:vər/ ■ *n.m.* **1** a bamboo or pole with two baskets slung at each end (usu. carried across the shoulders and used for conveying pitchers). **2** jaundice.

کانورا /kɑ̃:vrɑ:/ ■ *adj.* confounded, confused; excited, frenzied, wild, restless.

کانُون /kɑ:nu:n/ ■ *n.m.* stove, oven, fireplace; kiln, a fire-grate, chafing dish.

کانوں /kɑ:nõ:/ ■ *n.m.* (*pl.* of ۱کان) ears. کانوں پر ہاتھ دھرنا/رکھنا deny, refuse. کانوں کا کچا/کچی credulous hence easily misled. کانوں کان from one person's ear to another person's ear; totally. کانوں کان خبر نہ ہونا remain totally in the dark, remain unaware. کانوں کی عینک (*coll.*) hearing device, stethoscope. کانوں میں انگلیاں دینا to close one's ears (with fingers), to refuse to listen. کانوں میں بھنک پڑنا overhear, to hear accidentally; to know (of).

کانی۱ /kɑ:ni:/ ■ *adj.* (*fem.* of ۱کانا) **1** one-eyed. **2** defected. کانی کوڑی shell with a hole in it; bad penny. [Prk.]

کانی۲ ——— ■ *adj.* of or relating to ۲کان, mineral. کانی شے something dug from a mine, mineral. کانی نمک rock salt. [P]

کاو /kɑ:v/ ■ *n.f.* **1** digging, excavating. **2** examining, investigating. کاوکاو **1** effort, hard work. **2** digging. **3** perturbation.

کاوا /kɑ:vɑ:/ ■ *n.m.* (also کاوہ) **1** a gait of horse in which horse goes round in such a way that a circle is formed. **2** trick; sham. کاوا بھرنا/کاٹنا/کھانا revolve, circulate; (of horse) go round and round.

کاواک /kɑ:vɑ:k/ ■ *adj.* **1** useless. **2** hollow. **3** awkward.

کاوِش /kɑ:vɪʃ/ ■ *n.f.* **1** effort, endeavour. **2** search. **3** animosity; rancour. **4** digging.

کاوی /kɑ:vi:/ ■ *n.m.* digging. ■ *suffix* excavating; used in comp. as: جگر کاوی **1** excavation or affliction of liver. **2** great effort. گنج کاوی **1** excavation of treasure. **2** great research.

کاہ /kɑ:h/ ■ *n.f.* straw; grass, hay. ■ *suffix* consuming; diminishing; used in comp. as: جاں کاہ heart-breaking; afflicting. کاہ ربا (also کہربا) yellow amber. کاہ کشاں (also کہکشاں) Milky Way. کاہ و گِل straw and mud mixed together for plastering walls.

کاہش /kɑ:hɪʃ/ ■ *n.f.* **1** waning, decay, decline, diminution, consumption. **2** emaciation, thinness. **3** pain.

کاہکشاں /kɑ:hkəʃɑ̃:/ ■ *n.f.* (also کہکشاں) galaxy, Milky Way.

کاہِل /kɑ:hɪl/ ■ *adj.* lazy, indolent, slothful; slow. کاہل الوجود lazy. کاہل مزاج indolent.

کاہِلا /kɑ:helɑ:/ ■ *adj.* **1** ailing, indisposed, sick. **2** lazy, slow, indolent.

کاہِلی /kɑ:heli:/ ■ *n.f.* laziness, sloth, indolence. کاہلی کرنا be slow or lazy.

کاہِن /kɑ:hɪn/ ■ *n.m.* any practitioner of the occult; astrologer; soothsayer; sorcerer, wizard. (*fem.* کاہِنہ)

کاہُو /kɑ:hu:/ ■ *n.m.* **1** lettuce. **2** a bier of the Parsees. کاہو کا بیج lettuce seed which is used as medicine.

کاہی /kɑ:hi:/ ■ *adj.* grass-green; of or relating to grass or straw; grassy; of dark green colour. ■ *n.f.* **1** dark green colour. **2** greenness. **3** name of a cloth.

کاہے /kɑ:he:/ ■ *pron.* why? کاہے کو why? what for?

کاہیدہ /kɑ:hi:d̪ɑ:/ ■ *adj.* **1** lean, weak, debilitated. **2** wasted. **3** diminished. **4** sick. **5** (*fig.*) love-struck.

کائستھ /kɑ:est̪ʰ/ ■ *n.m.* (also کائِست) name of a caste of Hindus. See کایستھ.

کائِن /kɑ:ɪn/ ■ *n.f.* that which is to be; the creation.

کائنات /kɑ:enɑ:t̪/ ■ *n.f.* the universe.

کائی /kɑ:i:/ ■ *n.f.* moss; lichen; algae. کائی سا پھٹ جانا/پھٹنا (of crowd, etc.) disperse, scatter easily.

کائیّاں /kɑ:ɪjjɑ̃:/ ■ *adj.* crafty, cunning, astute.

کائیں کائیں /kɑ:ẽ: kɑ:ẽ:/ ■ *n.f.* (also کانو کانو، کاؤں کاؤں) **1** caw (of a crow). **2** confused noise. **3** (*fig.*) useless or senseless talk. کائیں کائیں کرنا **1** to caw. **2** make unintelligible noise. **3** (*fig.*) talk uselessly or nonsensically.

کایا /kɑ:jɑ:/ ■ *n.f.* 1 state, condition. 2 appearance; body. کایا پلٹ جانا 1 change radically, transform. 2 transmigrate (change the soul from one body to another). کایا کلپ rejuvenation.

کایر /kɑ:jər/ ■ *adj.* (also کائر) timid, cowardly.

کایستھ /kɑ:jəsṯʰ/ ■ *n.m.* a Hindu caste known for their knowledge of Persian during the Mogul rule and hence employed as clerks or property managers.

کب¹ /kəb/ ■ *adv.* when? at what time? کب تک/تلک how long? till when? for how long? کب سے 1 since when? since how long? 2 long enough; since long. کب کا/کی/کے 1 how long since? since when? how old? 2 long since. کب کب 1 when? how often? 2 in what situations? [S]

کب² ____ ■ *n.m.* 1 poet. 2 (*contr.* of کبِت) poetry. [S]

کُب /kʊb/ ■ *n.m.* 1 hump (of camel). 2 hunch. 3 (*fig.*) anything that rises in the middle; a concave surface. کب نکلنا 1 hunch to appear. 2 (of plaster) swell up (from the wall).

کُبّا /kʊbbɑ:/ ■ *adj.* humpbacked.

کباب¹ /kəbɑ:b/ ■ *n.m.* kebab, roasted or grilled or fried mincemeat. ■ *adj.* grilled; burnt out. کباب کرنا 1 grill, roast. 2 burn, inflame. 3 (*fig.*) enrage, irritate, excite envy or jealousy. کباب لگانا prepare or grill kebabs. کباب میں ہڈی بننا play gooseberry. کبابِ شامی fried round disk-like kebab. کباب ہونا 1 be roasted. 2 be enraged; burn with rage, jealousy or love. [P]

کباب² ____ ■ *n.m.* (*contr.* of کبابہ) cubebs, *piper cubeba.* کباب چینی cubeb, a shrub of pepper family. [A]

کبابہ /kəbɑ:bɑ:/ ■ *n.m.* See کباب².

کبابی /kəbɑ:bi:/ ■ *n.m.* (also کبابیا) kebab seller.

کبادہ /kəbɑ:ḏɑ:/ ■ *n.f.* soft bow for practice of archery.

کِبار /kɪbɑ:r/ ■ *n.m.* (*pl.* of کبیر) high-ups, grandees, nobles, elite. (*opp.* صِغار)

کباڑ /kəbɑ:ɽ/ ■ *n.m.* miscellaneous articles of broken furniture, used and old household items, rubbish, junk, scrap. کباڑ خانہ waste-yard, junkyard; room where scrap or junk is stored.

کباڑا /kəbɑ:ɽɑ:/ ■ *n.m.* 1 ruin, destruction. 2 (*fig.*) rubbish; useless thing. کباڑا ہونا suffer loss; (plan) fail; be destroyed, be ruined.

کباڑی /kəbɑ:ɽi:/ ■ *n.m.* (also کباڑیا) scrap dealer.

کَبِت /kəbɪṯ/ ■ *n.m.* 1 (*literal*) something that has been said; verse, poetry. 2 a kind of poem in Hindi poetry.

کُبجا /kʊbdʒɑ:/ ■ *adj.* (*var.* of کُبڑا) humpbacked.

کبِد /kəbɪḏ/ ■ *n.m.* liver.

کُبدّھی /kʊbʊḏʰḏʰi:/ ■ *adj.* stupid; wicked, mischievous.

کبڈّی /kəbəḍḍi:/ ■ *n.f.* kabaddi, game played between two teams involving holding one's breath while raiding the opponent's territory.

کِبَر /kɪbər/ ■ *n.m.* reaching to an advanced age, being full of years. کبرسنی old age. (*opp.* صِغر)

کِبر /kɪbr/ ■ *n.m.* 1 pride, haughtiness. 2 power; magnificence, eminence, nobility.

کبرا /kəbrɑ:/ ■ *adj.* 1 grey. 2 variegated; spotted, speckled; piebald. (See also چتکبرا.)

کُبریٰ /kʊbrɑ:/ ■ *adj.* (*fem.* of اکبر) great, grand; greater. ■ *n.m.* (***Logic***) major premise of a syllogism. (*opp.* صُغریٰ)

کِبریا /kɪbrɪjɑ:/ ■ *n.f.* 1 grandeur, magnificence; greatness. 2 an attributive name of God.

کِبریائی /kɪbrɪjɑ:i:/ ■ *n.f.* magnificence of God, Almightiness.

کِبریت /kɪbri:ṯ/ ■ *n.f.* 1 sulphur. 2 (*fig.*) matchstick. کبریتِ احمر/سرخ 1 red sulphur. 2 (*fig.*) very rare commodity; the philosopher's stone. کبریتِ احمر کا حکم رکھنا 1 to be very rare. 2 be able to turn into gold, be philosopher's stone; be very beneficial.

کُبڑا /kʊbɽɑ:/ ■ *n.m.* humpback, hunchback. ■ *adj.* hunchbacked. (*fem.* کُبڑی)

کبک /kəbk/ ■ *n.m.* chukor, a kind of partridge. (See also چکور). کبکِ دری beautiful species of partridge found in hills. کبک رفتار 1 graceful as chukor in motion. 2 moving gracefully. کبک رفتاری graceful motion.

کبوتر /kəbu:ṯər/ ■ *n.m.* pigeon. کبوتر باز pigeon-breeder; one fond of pigeon-flying. کبوتر بازی rearing of pigeons; game of pigeon-flying. کبوتر بچہ 1 young pigeon. 2 an unripe poppy head. کبوتر چرخی a species of pigeon that flies in circles. کبوترِ حرم 1 the pigeons of the Grand Mosque of Makkah which are not allowed to be killed. 2 someone living in safety. کبوتر خانہ 1 pigeon house, pigeonhole, dovecote. 2 (*derog.*) a very small destiny. کپال پھوٹنا 1 skull or forehead to break. 2 be unfortunate. کپال کریا 1 the Hindu rite of breaking the skull of burnt corpse and then pouring ghee or melted oil, etc. in it. 2 beating or cudgelling one's brains; intense thinking. کپال کُھلنا have favourable turn of fortune.

/kəpɑ:li:/ ■ *adj.* wearing skulls as a necklace. ■ *n.m.* 1 hermit who wears it. 2 long-headed; clever and cunning person. ■ *n.f.* a practice among hermits for holding breath. کپالی

/kəpṭɑ:n/ ■ *n.m.* captain. [E] کپتان

/kəpṭɑ:ni:/ ■ *n.f.* captaincy. [E] کپتانی

/kəpəṭ/ ■ *n.m.* 1 grudge, malice, spite. 2 fraud, cunningness, deceit. 3 insincerity. ■ *adj.* insincere. کپٹ پکڑنا/رکھنا bear malice, cherish ill will. کپٹ روپ دھاری/روپئی hypocrite. کپٹ

/kəpṭi:/ ■ *adj.* 1 insincere, hypocritical, fraudulent; adulterated. 2 evil-minded, malicious. کپٹی

/kəpəɽ/ ■ *n.m.* (also کپّڑ) (*contr.* of کپڑا) (*coll.*) cloth; clothing. کپڑ پھول/دھول tissue; crape. کپڑ چھن 1 very fine (powder or flour, etc.), thoroughly sifted. 2 impalpable. 3 (*fig.*) penniless. کپڑ کوٹھ/کوٹھا tent. کپڑ گند smell emitting from a burning cloth. کپڑ

/kəpɽɑ:/ ■ *n.m.* 1 cloth; piece of cloth; fabric. 2 dress; garment. کپڑا لینا (*fig.*) use sanitary towel during menstruation. کپڑا ہند See کپڑ گند under کپڑ. کپڑا

/kəpɽo:ṭi:/ ■ *n.f.* (also کپڑوتی) 1 covering the mouth of a vessel with a cloth. 2 sifting through cloth. کپڑوٹی کرنا 1 sift; strain. 2 to lute. کپڑوٹی

/kəpɽõ:/ ■ *n.m.* (*pl.* of کپڑا) کپڑوں سے ہونا (*fig.*) menstruate, to have menses. کپڑوں میں نہ سمانا be very happy, not to contain oneself for joy. کپڑوں

/kəpɽe:/ ■ *n.m.* (*pl.* & *infl.* of کپڑا) کپڑے اتارنا 1 take off clothes. 2 to loot, to rob. 3 (*fig.*) insult. کپڑے پہننا put on clothes, to dress. کپڑے پھاڑنا to tear off clothes (due to madness or to express extreme sorrow). کپڑے رنگنا 1 dye clothes. 2 become a fakir. کپڑے لتّے dresses and other clothes. کپڑے

/kəpkəpɑ:nɑ:/ ■ *v.* tremble, shiver, shudder, shake, quake. کپکپانا

/kəpkəpɑ:həṭ/ ■ *n.f.* shivering, tremble, trembling. کپکپاہٹ

or narrow room or house. کبوتر کا پھول the snow-white blossom of *Rhinacanthus nasuta*. کبوتر کا جھاڑ the plant *Rhinacanthus nasuta*. کبوتر کی جڑ root of *Rhinacanthus nasuta*. کبوترِ نامہ بر a carrier pigeon. کبوترِ یاہو a pigeon said to produce the sound *yahoo* (یاہو).

/kəbu:ṭri:/ ■ *n.f.* 1 female pigeon. 2 (*fig.*) (i) village dancing girl. (ii) a beautiful woman. کبوتری

/kəbu:ḍ/ ■ *n.m.* (also کبودی) sky-blue; azure. کبود

/kəbi:ḍəgi:/ ■ *n.f.* grief, woe, affliction. کبیدگی

/kəbi:ḍɑ:/ ■ *adj.* aggrieved, afflicted. کبیدہ خاطر doleful, heavyhearted, aggrieved, grief-stricken. کبیدہ

/kəbi:r/ ■ *adj.* 1 great, large; senior. 2 lewd songs sung during the festival of Holi. ■ *pr.n.m.* name of a mystic poet and saint in India. کبیر پنتھ a sect founded by Kabir. (*opp.* صغیر) کبیر

/kəbi:rɑ:/ ■ *adj.* (*fem.* of کبیر). ■ *n.f.* (also کبیرہ گناہ) (*fig.*) an enormous sin. (*opp.* صغیرہ) کبیرہ

/kəbi:sɑ:/ ■ *adj.* intercalary. ■ *n.m.* 1 the days inserted in the calendar to harmonize it with the solar year. 2 leap year. کبیسہ

/kəbʰu:/ ■ *adv.* (*arch.*) See کبھی. کبھو

/kəbʰi:/ ■ *adv.* 1 sometime; ever; at any moment. 2 rarely, seldom. 3 once upon a time, in past. کبھی تولہ کبھی ماشہ vacillating, wavering; indecisive; whimsical. کبھی زمین پر کبھی آسمان پر furious, infuriated, extremely angry. کبھی کا long time before, long ago. کبھی کبھی once in a blue moon. کبھی کبھار sometimes, at times, occasionally. کبھی نہ کبھی at some time or other. کبھی نہیں never. کبھی

/kəp/ ■ *n.m.* shivering, trembling, shaking. کپ

/kʊp/ ■ *n.m.* a heap of grain, granary. کُپ

/kʊppɑ:/ ■ *n.m.* 1 large leathern vessel with narrow neck for holding oil, etc. 2 heap, pile. ■ *adj.* swollen, flabby. (پھول کر) کپا ہو جانا become very fat, put on flesh; swell, bloat. کُپّا

/kəpɑ:s/ ■ *n.f.* cotton plant; cotton not separated from seed. کپاس

/kəpɑ:si:/ ■ *adj.* 1 made of or from cotton. 2 of the colour of cotton plant or its flower, light yellow. 3 soft, cottony (stuff). کپاسی

/kəpɑ:l/ ■ *n.m.* 1 skull; head, forehead. 2 (*fig.*) کپال

کپکپی /kəpkəpi:/ ■ *n.f.* tremble, shiver. کپکپی چڑھنا **1** shiver with cold, fear or rage. **2** have fit of ague.

کپلا /kəpelɑ:/ ■ *n.f.* brown-coloured cow.

کپوت /kəpu:t̪/ ■ *n.m.* bad or wicked son. کپوت بیٹا مرا بھلا an unworthy son is better dead. (*fem.* کپوتی)

کپور /kəpu:r/ ■ *n.m.* **1** camphor. **2** a kind of rose. کپور کچری root of a fragrant grass.

کپورا /kəpu:rɑ:/ ■ *n.m.* testicle, usually of an edible animal, e.g. goat or sheep.

کپوری /kəpu:ri:/ ■ *n.m.* a kind of betel leaf. ■ *adj.* as white or fragrant as camphor.

کپول /kəpo:l/ ■ *n.m.* cheek.

کُپّی /kʊppi:/ ■ *n.f.* (*dim.* of کُپّا) small leathern or metal bottle for holding oil; such a vessel with a pointed open end to drip oil into lamp, etc.

کِتّا /kɪt̪t̪ɑ:/ ■ *adv.* (*var.* of کتنا) (*inform.*) how much?

کُتّا /kʊt̪t̪ɑ:/ ■ *n.m.* **1** dog. **2** (*derog.*) slave; mean person. **3** the part of a gunlock which is acted on by the trigger. کتا بھی اپنی گلی میں شیر ہوتا ہے in the company of supporters everyone behaves bravely. کتا بھی دم ہلا کر بیٹھتا ہے even animals like to keep their abode clean. کتا خانہ kennel. کتا خسی **1** ill treatment. **2** menial service, useless, tedious work. کتا گھاس a kind of grass which sticks to clothes. کتا موتا fungus, toadstool.

کِتاب /kɪt̪ɑ:b/ ■ *n.f.* **1** book. **2** (*fig.*) a revealed book, i.e. the Qur'an, Torah or Gospel, etc.; scripture. **3** register; book for keeping record. کتاب الرحلۃ travelogue. کتاب المعارف encyclopedia. کتاب الٰہی/آسمانی revealed book, the holy book, holy writ, scripture. کتاب بینی book reading. کتاب پر چڑھانا note down, register. کتاب پوش book cover. کتاب چاٹنا **1** to devour a book (of worms, etc.). **2** read a book; (often *derog.*) read a book quickly but without understanding it. کتاب حیات biography, autobiography. کتاب خانہ/گھر library. کتاب خواں book reader. کتاب خوانی book reading. کتاب دار librarian. کتاب رُو oval or long-faced. کتاب کا کیڑا silverfish, bookworm. کتاب وسنت the Qur'an and Prophet Muhammad's traditions.

کُتّاب /kʊt̪t̪ɑ:b/ ■ *n.m.* (*pl.* of کاتب) writers; copiers.

کِتابت /kɪt̪ɑ:bət/ ■ *n.f.* inscription; writing; calligraphy; copying.

کتابچہ /kɪt̪ɑ:btʃɑ:/ ■ *n.m.* (*dim.* of کتاب) booklet.

کتابہ /kɪt̪ɑ:bɑ:/ ■ *n.m.* inscription; epitaph.

کتابی /kɪt̪ɑ:bi:/ ■ *adj.* **1** of or relating to book(s). **2** oblong, like a book. **3** theoretical (learning); bookish. **4** (of the face) oval; longish. **5** written (as opposed to spoken). ■ *n.m.* a male who believes in a revealed book, a term for a Jew or Christian (man). (See also اہل کتاب under اہل). کتابی تسویہ book adjustment. کتابی چہرہ oval face. کتابی دنیا book world. کتابی علم purely theoretical knowledge, bookish knowledge.

کتابیات /kɪt̪ɑ:bɪjɑ:t̪/ ■ *n.f.* bibliography, list of sources annexed at the end of a research publication. ■ *n.f.* (*pl.* of کتابیہ) Christian or Jew women.

کتابیہ /kɪt̪ɑ:bɪjɑ:/ ■ *n.f.* a woman who believes in a revealed book; a term for a Christian or a Jewish woman.

کتارا /kət̪ɑ:rɑ:/ ■ *n.m.* (also کتارہ) a kind of sugar cane. [Prk.]

کتارا² ____ ■ *n.m.* **1** unripe tamarind. **2** a kind of dagger, stiletto, poniard. [S]

کتان /kət̪ɑ:n/ ■ *n.m.* **1** a kind of cloth made from flax; fine linen. **2** linseed. ■ *adj.* (*fig.*) rent, in tatter (it was believed that this cloth is rent by exposure to moonlight).

کتائی /kət̪ɑ:i:/ ■ *n.f.* **1** spinning. **2** remuneration for spinning. کتائی کرنا to spin.

کُتُب /kʊt̪ʊb/ ■ *n.f.* (*pl.* of کتاب) books. کتب بینی/خوانی book reading. کتب خانہ library. کتبِ سماوی revealed books. کتب فروش bookseller.

کتبہ /kət̪bɑ:/ ■ *n.m.* **1** epitaph. **2** plaque. **3** inscription. **4** placard. **5** writing. (*pl.* کتبات)

کتخدا /kət̪xʊd̪ɑ:/ ■ *n.m.* **1** married person. **2** lord, chief, master.

کتخدائی /kət̪xʊd̪ɑ:i:/ ■ *n.f.* marriage.

کترّ /kət̪t̪ər/ ■ *n.f.* (*dim.* of کترن) small piece of cloth; cutting.

کترا¹ /kət̪rɑ:/ ■ *n.m.* parings, clippings; a chip. [Prk.]

کترا² ____ ■ *suffix* cutting; used in comp. as: جیب کترا pickpocket. ■ *n.m.* large scissors. ■ (*imper.* of کترانا) avoid. کترا کر چلنا avoid someone's society; make a detour. [S]

/kəṯrɑ:nɑ:/ ■ *v.* avoid, dodge, evade. کترانا

/kəṯrɑ:i:/ ■ *n.f.* **1** dodging, evading. **2** price paid for cutting out. کترائی

/kəṯər beõ:ṯ/ ■ *n.f.* **1** cutting, clipping, pruning. **2** adjustment (of cloth or accounts, etc.) by cutting, snipping or deduction. **3** reduction. **4** editing; amendment. کتر بیونت

/kəṯrən/ ■ *n.f.* cuttings, clippings, parings. کَترن

/kuṯrən/ ■ *n.f.* anything gnawed and spit out, something bitten off with teeth; nibbling. کُترن

/kəṯərnɑ:/ ■ *v.* cut, pare; prune, trim, clip. کَترنا

/kuṯərnɑ:/ ■ *v.* **1** (of rat or birds, etc.) gnaw, bite off with the teeth, nibble (at). **2** (*fig.*) to take away a portion stealthily, to keep a part of money, etc. for oneself unauthorizedly; filch, pinch from. کُترنا

/kəṯərni:/ ■ *n.f.* small pair of scissors; cutter. کترنی

/kəṯərvɑ̃:/ ■ *adj.* **1** sideways (walk, move, etc.). **2** crooked, awry; zigzag. **3** trimmed (beard). کترواں

/kəṯərvɑ:nɑ:/ ■ *v.* to cause to be clipped or trimmed; get or have trimmed or cut (hair, etc.). کتروانا

/kuṯərvɑ:nɑ:/ ■ *v.* to cause to be clipped or nibbled; to have nibbled or bitten. کُتروانا

/kəṯərvɑ:i:/ ■ *n.f.* price or charge paid for cutting or clipping. کتروائی

/kuṯkɑ:/ ■ *n.m.* baton, staff. کُتکا

/kəṯṯəl/ ■ *n.f.* (*var.* of کتّر) piece, chip; splinter; brickbat, a piece of stone or brick. کتّل

/kəṯlɑ:/ ■ *n.m.* (*var.* of قتلہ) slice. کتلا بنانا/کرنا cut into thin pieces, to slice. کتلا

/kəṯm/ ■ *n.m.* the act of covering; veil; concealment. کتم

/kɪṯmɑ:n/ ■ *n.m.* concealment; keeping hidden. کِتمان

/kəṯnɑ:/ ■ *v.* be spun. کتنا

/kɪṯnɑ:/ ■ *adv.* **1** how much? how many? **2** some; a little. **3** several; a few. **4** to what extent? **5** much, a lot, very much, a great deal. کتنا ہی **1** great deal; lot. **2** no matter how much. کِتنا

/kuṯnɑ:/ ■ *v.* be estimated or valued. کُتنا

/kɪṯni:/ ■ *adv.* (*fem.* of کِتنا). کِتنی

/kɪṯne:/ ■ *adv.* (*pl. & infl.* of کِتنا) کتنے ایک several, a few; some. کتنے پانی میں ہے how much command does he have? how expert is he? کِتنے

/kəṯvɑ:nɑ:/ ■ *v.* get spun, cause to be spun. کتوانا

/kɪṯṯe:/ ■ *adv.* (*var.* of کِتنے) (*inform.*) how many? کِتّے

/kuṯṯe:/ ■ *n.m.* (*pl. & infl.* of کُتّا) dogs. کتے کا کاٹا **1** bite of dog. **2** one bitten by dog. کتے کا کتا بیری dog bites dog. کتے کا کفن (*derog.*) any cheap cloth, coarse cloth. کتے کو گھی ہضم نہیں ہوتا good behaviour does not suit a mean person. کتے کی دُم stubborn (person). کتے کی دم بارہ برس نلکی میں رکھی پھر بھی ٹیڑھی what is bred in the bone will never come out of the flesh. کتے کی سی ہڑک اٹھنا have sudden passion for some act. کتے کی موت آتی ہے تو مسجد کی طرف دوڑتا ہے destiny drives one to death. کتے کی موت مرنا die the death of a dog; die a disgraceful death. کتے کی ہڑک hydrophobia, rabies. کتے کی ہڑک اٹھنا be affected with rabies; to go berserk. کتے نے کاٹا ہے has gone mad, is out of mind. کُتّے

/kuṯjɑ:/ ■ *n.f.* (also کُتّی) **1** bitch. **2** a term of abuse for woman. کتیا کا پلّا son of a bitch. کُتیا

/kəṯi:rɑ:/ ■ *n.m.* (also کتیرہ) kuteera, tragacanth, a gum obtained from the plant *Astragalus gummifer*. کتیرا گوند tragacanth gum. کتیرا

/kəṯʰɑ:/ ■ *n.f.* **1** narrative, story, tale. **2** (***Hinduism***) religious story narrated as sermon. **3** someone's tale of woes. کتھا بارتا/وارتا religious discourse or discussion. کتھا بانچنا/بکھانا read or narrate religious tales. کتھا بٹھانا appoint a person to recite sacred book regularly. کتھا روپی orally, verbally. کتھا سنانا narrate the story, tell what has happened. کتھا

/kəṯʰṯʰɑ:/ ■ *n.m.* catechu, dark extract of certain plants eaten with betel leaves. کتّھا

/kəṯʰɑ: kəli:/ ■ *n.m.* kathakali, name of a classical dance. کتھا کلی

/kəṯʰri:/ ■ *n.f.* **1** bedding. **2** patched cloth or garment, usually used by the poor. کتھری

/kəṯʰək/ ■ *n.m.* **1** story-teller. **2** singer or bard. **3** a type of dance which narrates a story, Kathak. کتھک

/kəṯʰən/ ■ *n.m.* **1** the act of saying. **2** byword. **3** composition. کتھن

/kəṯʰnɑ:/ ■ *v.* **1** tell; relate, make verse, narrate, explain. **2** reproach. کتھنا

/kəṯʰṯʰəi:/ ■ *adj.* brown; of the colour of catechu. کتّھئی

/kəʈ/ ■ *adj.* (*contr.* of کٹا) **1** that which is cut; cutting, cut. **2** hidebound. کٹ جانا **1** be cut to pieces. کٹ ۱

2 compound; quadrangle; a street or area enclosed by houses and with passages sideways. [dial.]

کٹرا² ____ ■ *n.m.* See کٹرا . [S]

کُٹر کُٹر /kuṭər kuṭər/ ■ *n.f.* sound of munching some hard stuff.

کٹڑا /kəṭṛɑ:/ ■ *n.m.* young male buffalo. (*fem.* کٹڑی)

کٹکا /kəṭkɑ:/ ■ *n.m.* the act of striking the beak (into), pecking, seizing; biting. کٹکا بھرنا strike the beak (into), to peck, to seize with beak, to bite.

کُٹ کُٹ /kuṭ kuṭ/ ■ *n.f.* clicking, cracking, pecking sound. کٹ کٹ کرنا peck; utter a pecking sound, to make a rat-tat.

کِٹکٹانا /kɪṭkɪṭɑ:nɑ:/ ■ *v.* **1** grind one's teeth; to clash the teeth together (due to cold); shiver. **2** (*fig.*) fret and fume.

کُٹکٹانا /kuṭkuṭɑ:nɑ:/ ■ *v.* (of a hen) to make a short sound, cluck.

کُٹکی /kuṭki:/ ■ *n.f.* half-ground grain to be used as fodder.

کُٹُمب /kuṭumb/ ■ *n.m.* (also کُٹم) kith and kin, relatives, members of a family, kinsfolk.

کُٹمبی /kuṭumbi:/ ■ *adj.* having a big household; having a large family.

کٹنا /kəṭnɑ:/ ■ *v.* **1** be cut; be cut off; be snapped; be clipped. **2** be deducted. **3** (of time, etc.) pass. **4** have one's kite cut (in a kite-flying contest). **5** (of bank of a river, etc.) be eroded, be washed away. **6** (of a canal) be dug. **7** (of colour) fade. **8** (of a name) be struck off. **9** be abashed, be put to shame. **10** be killed, be murdered.

کُٹنا¹ /kuṭnɑ:/ ■ *v.* be pounded, be beaten. [Prk.]

کُٹنا² ____ ■ *n.m.* (*derog.*) pimp, pander, procurer; mischief-maker. [S]

کُٹناپا /kuṭnɑ:pɑ:/ ■ *n.m.* pandering, pimping. کٹناپا کرنا to pimp; seduce; create mischief.

کُٹنائی /kuṭnɑ:i:/ ■ *n.f.* procurer's wages, money paid to pimp.

کٹنی /kəṭni:/ ■ *n.f.* **1** cutting; harvest; reaping season. **2** knife.

کُٹنی /kuṭni:/ ■ *n.f.* **1** (*derog.*) procuress, a female go-between. **2** (*fig.*) a deceitful woman.

کٹواں /kəṭvɑ̃:/ ■ *adj.* truncate, ripped; deducted. کٹواں سود

2 be wounded. **3** be killed. **4** be separated. **5** be ashamed. کٹ حجتی illogical argument, quibbling, unreasonable argument. کٹ کھنا given to biting. کٹ مرنا fight till death. کٹ مستا **1** fat, robust, sturdy. **2** hoodlum. کٹ مُلّا **1** hedge-priest; unqualified religious teacher. **2** (*iron.*) bigot. [Prk.]

کٹ² ____ ■ *n.m.* (also کٹھ) wood. کٹ بندھن large wooden piece or log to fasten the feet of elephants. کٹ پتلی **1** puppet. **2** (*fig.*) stooge; yes-man. کٹ پھوڑا woodpecker. [Prk.]

کٹ³ ____ ■ *n.m.* **1** name of a vegetable yielding a black dye. **2** black colour to make chintz with. [S]

کٹا /kəṭɑ:/ ■ *adj.* **1** slaughtered; killed. **2** deducted. **3** snapped. **4** crossed. ■ *n.m.* **1** killing. **2** deduction; cutting. ■ (*imper.* of کٹانا) get (something) cut. کٹا پھٹا rent, torn; rough. کٹا چھنی رکٹی clash, quarrel, discord, conflict. کٹا چھنی رہنا (conflict) to persist. (*fem.* کٹی)

کٹّا /kəṭṭɑ:/ ■ *n.m.* calf of a buffalo. ■ *adj.* **1** staunch; bigoted; hidebound. **2** healthy; robust, used with ہٹا, as: ہٹا کٹا stout, robust. (*fem.* کٹّی)

کُٹّا /kuṭṭɑ:/ ■ *n.m.* a bird, especially a pigeon with trimmed wings.

کٹار /kəṭɑ:r/ ■ *n.f.* dagger, stiletto, poniard. کٹار مارنا to stab.

کٹارا /kəṭɑ:rɑ:/ ■ *n.m.* **1** globe-thistle, name of a medicinal plant. **2** a kind of sugar cane. **3** unripe tamarind.

کٹاری /kəṭɑ:ri:/ ■ *n.f.* (also کٹریا) (*dim.* of کٹار) small dagger or stiletto.

کٹانا /kəṭɑ:nɑ:/ ■ *v.* (also کٹوانا) cause to cut or bite; have or get something cut.

کٹاؤ /kəṭɑ:o:/ ■ *n.m.* **1** cutting; cut, slash. **2** pattern; a kind of flowering by cut-work on clothes. **3** erosion of banks by a river or stream when changing course. **4** killing.

کٹائی /kəṭɑ:i:/ ■ *n.f.* (also کٹوائی) **1** harvest, reaping the crops. **2** price paid for cutting the crop.

کُٹائی /kuṭɑ:i:/ ■ *n.f.* (also کُٹوائی) **1** pounding. **2** price paid for it.

کُٹِر /kuṭɪr/ ■ *n.m.* hut; cottage.

کٹّر /kəṭṭər/ ■ *adj.* **1** staunch; rigid; die-hard. **2** callous, unkind, cruel. **3** stubborn, obstinate.

کٹرا /kəṭrɑ:/ ■ *n.m.* (also کٹرہ) **1** market; mart.

کٹھ پتلی 1 puppet. 2 person having no freedom of will. کٹھ پتلی کا تماشا / ناچ puppet show. کٹھ پھوڑا 1 woodpecker. 2 woodcutter. کٹھ حجت disputatious, finicky. کٹھ حجتی pettifoggery, quibbling. کٹھ گلاب China rose, *Rosa chinensis*. [dial.]

کٹھ² ____ ■ *n.m.* labour, hard work; pain; suffering; inconvenience. [Prk.]

کٹّھا /kəʈʰʈʰɑ:/ ■ *n.m.* (*obs.*) **1** land measure being the twentieth part of bigha (which is about 1600 square yards). **2** corn measure of five seers.

کُٹھالی /kʊʈʰɑ:li:/ ■ *n.f.* crucible, melting pot, small earthen dish (usu. used for melting gold, silver, etc.). کٹھالی کرنا melt; burn; heat.

کٹھرا /kəʈʰrɑ:/ ■ *n.m.* (also کٹھڑا) **1** wooden trough, platter; tub. **2** small market. **3** a young male buffalo.

کٹھل /kəʈʰəl/ ■ *n.m.* jackfruit or its tree.

کُٹھلا /kʊʈʰlɑ:/ ■ *n.m.* **1** granary, small storehouse for grain. **2** limekiln. کٹھلا چڑھانا burn limestone; feed the limekiln.

کٹھن /kəʈʰən/ ■ *adj.* (also کٹھِن) difficult, hard, troublesome.

کٹھنائی /kəʈʰnɑ:i:/ ■ *n.f.* hardship, difficulty.

کٹھوتی /kəʈʰo:t̪i:/ ■ *n.f.* wooden bowl, a wooden utensil.

کٹھور /kəʈʰo:r/ ■ *adj.* **1** cruel, hard, hardhearted. **2** strong.

کٹھورتا /kəʈʰo:rt̪ɑ:/ ■ *n.f.* cruelty, hardness, callousness.

کٹھیا /kəʈʰjɑ:/ ■ *n.m.* **1** wooden platter; trencher. **2** snare, trap. **3** a species of wheat. ■ *adj.* solid; having hard shell.

کُٹھیار /kʊʈʰjɑ:r/ ■ *n.m.* storehouse for grain.

کُٹھیاری /kʊʈʰjɑ:ri:/ ■ *n.m.* storekeeper.

کثافت /kəsɑ:fət/ ■ *n.f.* **1** densness; thickness; grossness. **2** impurity, untidiness. **3** (***Physics***) density. کثافتِ اضافی relative density. کثافت پیما densitometer.

کثرت /kəsrət̪/ ■ *n.f.* **1** excess, abundance. **2** multitude; plurality. کثرتِ رائے majority of votes or opinions. کثرت سے amply, abundantly, plentifully. کثرت سے ہونا abound (in), be in plenty or abundance.

کثیر /kəsi:r/ ■ *adj.* much; many; plentiful, copious, abundant. ■ *prefix* multi-; poly-. کثیرُ الابعادی multi-dimensional. کثیرُ الاستعمال widely-used. کثیر الاشاعت much circulated (newspaper, etc.), having simple interest (paid on loans), interest which is not compound. کٹواں گنتی random counting.

کٹوانا /kəʈvɑ:nɑ:/ ■ *v.* **1** cause to be cut. **2** cause to be bitten. **3** have or get cut or bitten.

کٹواہا /kəʈvɑ:hɑ:/ ■ *n.m.* one who guides and raises the leathern bucket from the well.

کٹَوتی /kəʈo:t̪i:/ ■ *n.f.* deduction; cut-back; curtailment.

کٹورا /kəʈo:rɑ:/ ■ *n.m.* a small bowl, a shallow cup with a broad mouth and without a handle, metallic shallow bowl. ■ *adj.* **1** sprawling, blooming, flourishing (usu. of a city). **2** (*fig.*) blooming (flower). کٹورا بجنا / کھنکنا **1** (water) be offered. **2** (of a town) thrive.

کٹوردان /kəʈo:rd̪ɑ:n/ ■ *n.m.* brass or copper vessel with lid, usually round in shape.

کٹوری /kəʈo:ri:/ ■ *n.f.* (*dim.* of کٹورا) **1** small metallic bowl; small brass cup without a handle. **2** cup of a brassiere. **3** scale pan. **4** (*fig.*) eye.

کٹہر /kəʈəhər/ ■ *n.m.* wooden cage.

کٹہرا /kəʈæhrɑ:/ ■ *n.m.* (also کٹہرہ) **1** railing. **2** wooden cage. **3** enclosure in a court for a defendant, dock. **4** block on which fodder is cut. **5** wooden bars, wooden fence. **6** framework around a bed.

کُٹی /kʊʈi:/ ■ *n.f.* (also کٹیا) hut, cottage; hermitage.

کُٹّی /kʊʈʈi:/ ■ *n.f.* **1** chaff, chopped vegetables or fodder. **2** pulverized paper. **3** (in children) tiff, brief severance of relations or friendship, huff. کٹی کرنا **1** break off relations or friendship. **2** cut into small pieces.

کٹیا /kəʈijɑ:/ ■ *n.f.* **1** earthen milk-vessel. **2** female calf of a buffalo. [dial.]

کٹیا² ____ ■ *n.f.* a hook; a fishing-hook. [S]

کٹیّا /kəʈəjjɑ:/ ■ *n.m.* **1** a kind of grass. **2** a prickly shrub. [S]

کٹیّا² ____ ■ *n.m.* one who cuts up; a butcher. [S]

کُٹیا /kʊʈjɑ:/ ■ *n.f.* (*dim.* of کُٹی) small hut, cottage.

کٹیلا /kəʈi:lɑ:/ ■ *adj.* **1** prickly, thorny. **2** active. **3** charming. **4** cutting (remarks, etc.). **5** sharp, clever. ■ *n.m.* a species of thistle with dark green leaves. کٹیلا لہجہ hurtful tone, cutting or sarcastic tone. (*fem.* کٹیلی)

کٹھ¹ /kəʈʰ/ ■ *n.m.* (also کٹ²) wood. کٹھ باپ stepfather.

a high readership. کثیرُ الاضلاع polygon. کثیرُ الاطفال/الاولاد having many children. کثیرُ الانواع of various kinds, multifarious. کثیرُ المعنی (a word) having many meanings. کثیرُ المقاصد multi-purpose. کثیرُ الوقوع of frequent occurrence. کثیر برگی multifoliate, having many leaves.

کثیف /kəsi:f/ ■ *adj.* **1** dense; opaque. **2** impure, unclean. کثیفُ الطّبع/المزاج having coarse mind or habits; (one) with unclean habits. (*opp.* لطیف)

کثیفہ /kəsi:fɑ:/ ■ *adj.* (*fem.* of کثیف). ■ *n.m.* a dirty joke, a lewd joke.

کج /kədʒ/ ■ *adj.* curved, bent, crooked, wry, twisted; oblique. کج ادا **1** ill-mannered; perverse; cross; proud. **2** (*fig.*) beloved. کج ادائی perversity; discourtesy, crossness in manners. کج باز dishonest; fraudulent. کج بحث quibbler. کج بحثی quibbling; absurd reasoning. کج بین چشم squint-eyed. کج پیندیا turncoat. کج خلق rude, ill-tempered, uncivil, discourteous, impolite. کج دار و مریز **1** (*literal*) tilt the cup but don't let it spill. **2** (*fig.*) difficult task; strange orders; subterfuge. کج دل/نہاد ill-natured. کج دلی/نہادی being ill-natured. کج رائے having wrong opinions; perverse. کج رائی perversity. کج رفتار/رو/روش unprincipled; perverse; moving in an irregular or unpredictable way. کج رفتاری/روشی/روی perversity; irregular motion. کج سرشت/طبع/طینت cross-tempered. کج عقل/فہم foolish; stupid; wrong-headed. کج فہمی wrong-headedness. کج کلاہ dandy, fop. کج کلاہی foppery, dandyism. کج مج much crooked, distorted. کج مج بیان **1** one whose speech or writing is distorted. **2** a child's babbling. کج نظر/نگاہ envious, malignant. کج نظری/نگاہی envy; malice. کج نکالنا **1** remove curvature; set right. **2** set (someone) right.

کُجا /kʊdʒɑ:/ ■ *adv.* where; whither.

کجاوا /kədʒɑ:vɑ:/ ■ *n.m.* (also کجاوہ) kajawah, camel's saddle or litter for the camel's back.

کجرا /kədʒrɑ:/ ■ *n.m.* lampblack. See کاجل.

کجراری /kədʒrɑ:ri:/ ■ *adj. fem.* (also کجرالی) (eye) stained with lampblack; blackish.

کجری /kədʒri:/ ■ *n.f.* a kind of song sung in rainy season in some parts of northern India.

کجک /kədʒək/ ■ *n.f.* ankus, iron hook used in driving elephants.

کجلانا /kədʒlɑ:nɑ:/ ■ *v.* **1** become tawny. **2** (of coals) smoulder. **3** (of fire) grow dim.

کجلَوٹی /kədʒlo:ʈi:/ ■ *n.f.* snuffer to prepare lampblack; a small container for lampblack.

کجلی /kədʒli:/ ■ *n.f.* **1** a kind of song sung in rainy season. **2** a fine powder-like compound resembling lampblack. **3** elephant. کجلی بن **1** forest frequented by elephants. **2** a thick forest. **3** name of a forest in Bengal.

کجی /kədʒi:/ ■ *n.f.* **1** crookedness, curvature. **2** perversity.

کچ¹ /kətʃ/ ■ *adj.* (*contr.* of کچّا) raw, unripe; immature. کچ پیندیا unstable person, weak or fickle person. کچ دھات ore. کچ لوہا iron ore, raw iron, untempered iron. کچ لہو mixture of blood and pus. [S]

کچ² ____ ■ *n.m.* (*contr.* of کانچ) glass. [Prk.]

کِچ /kɪtʃ/ ■ *n.f.* sound of walking in mud, mire or slush, splashing sound. کچ کچ **1** noise of walking in mud. **2** (*fig.*) argument, altercation. کچ کچ کرنا chatter. کچ کچیا (also کچکچیا) chatterbox.

کچّا /kətʃtʃɑ:/ ■ *adj.* **1** kacha, raw, uncooked, unbaked, half-done. **2** (dress) basted or loosely stitched. **3** (of colour) not fast, liable to run or fade. **4** weak; coward. **5** crude or rough (work). **6** unripe (fruit or vegetable). **7** inexperienced (person). **8** undeveloped; not finalized; immature, callow. **9** uncertain, vague, undecided. **10** not genuine; unstamped, uncertified. **11** incomplete, unfinished. **12** wet, not dried. **13** built of mud (house or road, etc.). **14** imperfect (of measure). کچا بانس **1** green bamboo. **2** (*fig.*) docile. کچا بچہ fetus; premature baby. کچا بندھن weak ties, fragile relationship. کچا پکا **1** half-baked. **2** incomplete; unfinished; undecided, uncertain. کچا پن **1** rawness, unripeness. **2** inexperience. کچا پیسہ former rough circular piece of copper used as a coin. کچا تاگا/دھاگا/سوت **1** weak thread. **2** (*fig.*) weak ties. کچا تخمینہ rough estimate. کچا جن a stupid person. کچا جی/دل girlish; sensitive, easily yielding to the passions. کچا چبا/کھا جانا **1** eat raw. **2** (*fig.*) treat very harshly, punish severely. کچا چٹھا **1** (*fig.*) the whole story (of). **2** evil designs.

vegetable.

کُچل /kʊtʃəl/ ■ (*imper.* of کُچلنا). ■ *n.f.* trampling. کچل جانا be trampled, be crushed. کچل دینا/ڈالنا to crush. کچل کر مرنا be crushed to death.

کُچلا /kʊtʃlɑ:/ ■ *n.m.* (also کُچلہ) poisonous fruit and seed of nux vomica.

کُچلائی /kʊtʃlɑ:i:/ ■ *n.f.* the act of crushing.

کُچلنا /kʊtʃəlnɑ:/ ■ *v.* **1** trample, crush. **2** put down (a revolt, etc.). **3** to beat severely; to bruise. **4** to beat to pulp.

کچلون /kətʃlo:n/ ■ *n.m.* (also کچ لُون) black salt; Himalayan salt; black lava salt. (See also کالانمک under کالا¹.)

کُچلی /kʊtʃli:/ ■ *n.f.* canine tooth, eye-tooth, fang.

کچنار /kətʃnɑ:r/ ■ *n.f.* (also کچنال) the mountain ebony, *Bauhinia variegata*, a tree the buds of which are eaten as vegetable.

کچّو /kətʃtʃu:/ ■ *n.m.* a kind of yam, *Arum colocasia*.

کچُور /kətʃu:r/ ■ *n.m.* (also کچُورا) the plant or root zedoary, *Curcuma zerumbet*.

کچَوری /kətʃɔ:ri:/ ■ *n.f.* kachori, a small fried puri filled with pulses. کچوری سے گال chubby or plump cheeks.

کچوکا /kətʃo:kɑ:/ ■ *n.m.* **1** pricking; goading. **2** wound; stab. **3** (*fig.*) taunt, censure.

کچوکنا /kətʃo:knɑ:/ ■ *v.* (also کچوبنا) **1** prick, pierce; stab; wound. **2** to taunt.

کچُومر /kətʃu:mər/ ■ *n.m.* finely sliced unripe mango, onion, tomato, etc. for salad or raw sauce; pickle of the same. کچومر بنانا **1** crush, chop fine (for pickling). **2** (*fig.*) give a sound beating. کچومر ڈالنا to slice up for pickling. کچومر کر ڈالنا/نکالنا (*fig.*) beat badly, to beat to pulp; beat black and blue.

کچہری /kətʃæhri:/ ■ *n.f.* court of justice. کچہری برخاست کرنا adjourn court. کچہری چڑھانا to bring to court. کچہری چڑھنا be brought to court; appear before the court. کچہری کرنا **1** try or hear cases in court; hold court. **2** (*inform.*) (esp. in Sindh) to hold meeting, to talk, to discuss.

کچّی /kətʃtʃi:/ ■ *adj.* (*fem.* of کچّا) **1** uncooked, raw; unripe. **2** gross; temporary. کچی اپج/آمدنی gross income; gross proceeds. کچی اسامی **1** temporary post. **2** non-hereditary tenant. کچی اینٹ **1** unbaked brick. **2** (*fig.*) weak foundation. کچی پاس (*coll.*) student who has got through only preliminary classes; almost illiterate.

کچا چٹھا سنانا/رکھولنا tell the whole tale; disclose all the secrets. کچا ذہن immature mind; docile (child). کچا ریشم raw silk. کچا ساتھ company of ladies and children, family comprising small children; weak relationship; fragile support. کچا سونا gold in raw or ore form. کچا سیر former unit of weight. کچا کاغذ **1** memorandum. **2** blotting paper. کچا کام raw or incomplete work; foolish work. کچا کرنا put to shame. کچا کوئلہ raw coal. کچا گھڑا **1** unbaked clay pitcher. **2** (*fig.*) unreliable assistance. کچا لوہا iron ore. کچا ناپ rough measurement; measurement below the standard. کچا ہونا be put to shame, be abashed, be embarrassed.

کچالو /kətʃɑ:lu:/ ■ *n.m.* **1** a kind of vegetable. **2** a dish of boiled potatoes mixed with fruits, lemon juice and condiments.

کچاند /kətʃɑ̃:d̪/ ■ *n.f.* (also کچاہند) smell of half or partially cooked food.

کچائی /kətʃɑ:i:/ ■ *n.f.* **1** rawness. **2** lack of experience.

کچرا¹ /kətʃrɑ:/ ■ *n.m.* **1** waste, refuse, rubbish, garbage; dirt. **2** sediment. [dial.]

کچرا² ____ ■ *n.m.* **1** a small unripe melon. **2** pod of cotton. [dial.]

کچر کچر /kətʃər kətʃər/ ■ *n.f.* sound produced while chewing raw food.

کچری /kətʃri:/ ■ *n.f.* a small green melon-like fruit, often used as meat tenderizer.

کچڑانا /kɪtʃɽɑ:nɑ:/ ■ *v.* have gummy substance running in the eyes; be bleary-eyed.

کچک /kətʃək/ ■ *n.f.* **1** light injury; pain (of sprain or wound). **2** limping.

کچکچانا /kətʃkətʃɑ:nɑ:/ ■ *v.* **1** to swarm; to be very abundant; be closely or densely packed. **2** sprout or grow densely (of plants or hair).

کِچکِچانا /kɪtʃkɪtʃɑ:nɑ:/ ■ *v.* **1** gnash, grind the teeth. **2** fret and fume.

کِچکِچی /kɪtʃkɪtʃi:/ ■ *n.f.* the act of grinding or gnashing the teeth. کچکچی باندھنا to express anger by grinding teeth.

کچکول /kətʃko:l/ ■ *n.m.* (*var.* of کشکول) beggar's bowl.

کِچکِچیا /kɪtʃkɪtʃjɑ:/ ■ *n.m.* a chatterbox, very talkative person; a fussy person.

کچکیلا /kətʃke:lɑ:/ ■ *n.m.* a kind of plantain eaten as

کچھ[3] ——— ■ *n.f.* land bordering water, marshy land. [S]

کُچھ /kʊtʃʰ/ ■ *adj.* **1** some; any; whatever; something; anything, little (quantity); few. **2** (*fig.*) poisonous (thing). کچھ اور some more; somewhat more; something different. کچھ اور گانا (*fig.*) give a false explanation; tell a different story. کچھ بھی whatsoever, whatever. کچھ بھی کرو **1** you must do something. **2** I do not care what you do, but... . کچھ تو little; ever so little; something at least. کچھ تو ہے there is something! کچھ ٹھکانا ہے there is no end. کچھ دال میں کالا ہونا something to be fishy. کچھ دال میں کالا ہے there is something rotten in the state of Denmark, something is cooking. کچھ دم کا of short duration. کچھ دو اور کچھ لو give and take. کچھ دور نہیں not impossible; it is not very far. کچھ دیر کا مہمان ہونا be about to die or end. کچھ سونا کھوٹا کچھ سنار کھوٹا both parties are at fault. کچھ کا کچھ ہونا (circumstances, affairs or things) to entirely change, to take a different shape. کچھ کچھ **1** nearly, almost. **2** somewhat. **3** something. کچھ کر دینا (*fig.*) charm, enchant. کچھ کھا کے سو رہنا take poison, commit suicide. کچھ کھا لینا take poison. کچھ کھو کے سیکھنا learn a lesson through some loss. کچھ نہ بن پڑنا be unable to do anything. کچھ نہ پوچھو it defies all descriptions; it is impossible to describe in words. کچھ نہ چلنا be unable to do anything, be powerless. کچھ نہ کچھ something or other. کچھ نہ نکلنا prove to be useless or worthless. کچھ نہیں nothing; none. کچھ نہیں آتا knows nothing. کچھ (بھی) ہو come what may; no matter what happens. کچھ ہو رہنا **1** (of something) to come to pass; (of something) to happen. **2** be a man of consequences, become skilful or rich. کچھ ہی کرو do what you may.

کچّھا /kətʃʰtʃʰɑ:/ ■ *n.m.* (also کچھنا) kuccha, a kind of shorts, especially those worn by the Sikhs as a religious dress.

کچھار /kətʃʰɑ:r/ ■ *n.m.* **1** den; lair. **2** moist lowland by a river; alluvial land.

کچھارنا /kətʃʰɑ:rnɑ:/ ■ *v.* rinse, wash.

کچھوا /kətʃʰvɑ:/ ■ *n.m.* tortoise; turtle.

کچھوی /kətʃʰvi:/ ■ *n.f.* a female tortoise.

کچّھی /kətʃʰtʃʰi:/ ■ *adj.* of or relating to Kuchch, i.e. an area on Pak-India border.

کحّال /kəhhɑ:l/ ■ *n.m.* **1** eye-specialist. **2** a maker or seller

کچی پکی **1** half-cooked, half-baked. **2** (of language) broken. کچی پہلی (*coll.*) pre-primary (class or school). کچی پیشی preliminary hearing. کچی تحصیل collections direct from the cultivators; revenue attachment. کچی چاندی raw silver. کچی چنائی building with mud instead of concrete. کچی سڑک unmetalled road, cart-track. کچی سلائی basting; loose stitches that can be easily removed. کچی شراب cheap liquor, home-made wine. کچی عمر tender age, immature age; minority. کچی کرنا to put to shame. کچی کلی **1** new bud. **2** young girl, virgin. کچی کلی توڑنا (*fig.*) to have sex with a minor girl. کچی کلی ٹوٹنا **1** die at a tender age. **2** (of virginity) be lost at early age. کچی گولیاں کھیلنا (*fig.*) be inexperienced. کچی گولیاں نہیں کھیلیں is/are/am not inexperienced. کچی گھڑی میں in short while. کچی لکڑی **1** soft or green wood. **2** (*fig.*) a young mind; someone easily influenced or impressionable. کچی لکڑی جدھر موڑو گے مڑ جائے گی as the young twig is bent, so is the tree inclined. کچی ہونا be ashamed, be embarrassed.

کچّے /kətʃtʃe:/ ■ *n.m.* (*pl. & infl.* of کچّا) raw, uncooked; unripe. کچے بانس جدھر جھکاؤ جھک جاتے ہیں bend twig while it is young. کچے ٹانکے tacking, basting. کچے (پکے) دن first half of pregnancy. کچے دھاگے میں بندھے آنا come submissively. کچے گھڑے پانی بھرنا **1** (*literal*) to bring water with a pitcher of uncooked clay. **2** (*fig.*) try to do something almost impossible; undertake difficult task. کچے گھڑے کی cheap or home-made liquor. کچے گھڑے کی چڑھنا **1** be tipsy. **2** do something nonsensical.

کچیا[1] /kətʃjɑ:/ ■ *n.m.* reaping hook, a sickle. [Prk.]

کچیا[2] ——— ■ *adj.* **1** not wholly ripe (fruits or vegetables). **2** timid; shy. [Prk.]

کُچیا /kʊtʃjɑ:/ ■ *n.f.* the lobe of the ear.

کچیانا /kətʃjɑ:nɑ:/ ■ *v.* **1** shrink; be frightened. **2** be averse, be disgusted. **3** be shy. **4** (of plants) to show the signs of sprouting.

کچیاہٹ /kətʃjɑ:həʈ/ ■ *n.f.* timidity; shrinking.

کُچیلا /kʊtʃæ:lɑ:/ ■ *adj.* (*tabe* of مَیلا) dirty. (*fem.* کُچیلی)

کچھ[1] /kətʃʰ/ ■ *n.f.* **1** side, flank. **2** buttocks, posteriors, private parts. [Prk.]

کچھ[2] ——— ■ *n.m.* tortoise, turtle; dwellers of water. کچھ مچھ turtle and fish. [dial.]

کدوکش implement for cutting pumpkin, coconut, etc. into thin shreds; grater.

کُدوانا /kuḍva:na:/ ■ v. cause to jump.

کُدُورت /kuḍu:rəṭ/ ■ n.f. resentment; malice. کدورت رکھنا bear malice; harbour resentment.

کدوکش /kəḍu:kash/ ■ n.m. grater. See under کدو.

کدہ /kəḍa:/ ■ suffix habitation, house, abode; centre; used in comp. as: آتش کدہ Zoroastrian fire-temple; temple of the Magi. ظلمت کدہ house of darkness, i.e. a place full of sorrow and misery. غم کدہ mansion of sorrow, i.e. the place full of sorrows. ماتم کدہ house of mourning. مے کدہ place where wine is served, wine shop, wine cellar.

کدیور /kəḍe:vər/ ■ n.m. 1 gardener; cultivator. 2 the headman of a village.

کِدھر /kɪḍʰər/ ■ adv. 1 where? whither? in what direction? 2 somewhere. ■ exclam. it is not possible! no! کدھر بھول پڑے (also کدھر کا چاند نکلا) it is pleasant surprise to have you here. کدھر سے where from? whence? کدھر کو whither? in what direction?

کُڈھب /kuḍʰəb/ ■ adj. 1 ill-shaped, awkward (shape or disposition). 2 unmanageable, intractable. 3 rude, ill-mannered, ill-bred.

کُڈھنگ /kuḍʰəng/ ■ adj. (also کُڈھنگا) rude, ill-mannered, coarse. (fem. کُڈھنگی)

کذا /kəza:/ ■ adv. (literal) like this, such; sic (after a quoted/copied word or narration). کذا و کذا so and so.

کذائی /kəza:i/ ■ adj. as, as that, like that; known; existing, perceived. ■ suffix used in comp. as: ہیئت کذائی such or that appearance, the perceived form, the known or seen state (usu. uncomely or laughable).

کذّاب /kəzza:b/ ■ n.m. great liar.

کِذب /kɪzb/ ■ n.m. lie, falsehood.

کر۱ /kər/ ■ (imper. of کرنا) used with other verbs, as: کر بیٹھنا have something (wrong) done. کر بھلا ہو بھلا do well and have well. کر چکنا to have performed or completed. کر دھرنا manage. کر دکھانا / دکھلانا accomplish and demonstrate one's success. کر دیکھنا try, test. کر گزرنا do without caring about the consequences. کرلانا to accomplish, execute, to effect. کر لینا 1 to have completed; accomplished. 2 get married. [S]

of kohl.

کُحل /kuhl/ ■ n.m. kohl, antimony, collyrium. کُحلُ الجواہر collyrium prepared with pearls.

کد۱ /kəḍ/ ■ n.f. 1 stubbornness, pertinacity. 2 effort, endeavour; labour. 3 hostility, enmity, animosity, opposition. کد پڑنا / رہنا get enmity, be enemy. کد کرنا 1 persist, urge. 2 try hard, make effort. کد نکالنا something to satisfy the hostile urge. کد و کاوش / کوشش persistent effort and search. [A]

کد۲ ——— ■ n.m. house; den. کد بانو lady of the house, housewife. کدخدا (also کتخدا) 1 master or head of family. 2 bridegroom; married person. 3 master, lord; chieftain. کدخدائی 1 marriage; state of being married or head of family. 2 government, authority, rule. [P]

کِدارا /kɪḍa:ra:/ ■ n.m. (also کدار) name of a musical raga.

کُدال /kuḍa:l/ ■ n.f. mattock, pickaxe. کدال بجانا / چلانا 1 to dig. 2 (fig.) to tear down, dismantle; destroy.

کُدالہ /kuḍa:la:/ ■ n.m. a type of pointed pickaxe.

کُدالی /kuḍa:li:/ ■ n.f. (dim. of کُدال) 1 small pickaxe. 2 dibble.

کُدام /kuḍa:m/ ■ pron. which? who? what?

کُدانا /kuḍa:na:/ ■ v. 1 cause to leap or jump (esp. a horse). 2 to cause to dandle, caper.

کُدائی /kuḍa:i:/ ■ n.f. the act of jumping, leaping.

کدر /kəḍər/ ■ n.m. 1 muddiness, turbidity; impurity. 2 trouble.

کدِر /kəḍɪr/ ■ adj. turbid, muddy; murky, mostly used in Arabic sayings, such as: خُذ ما صفا صفیٰ دِع ما کدر take what is clean and leave what is turbid.

کُدکڑا /kuḍəkṛa:/ ■ n.m. leap, gambol. کدکڑا بھرنا / لگانا / مارنا leap about, frisk about, caper.

کُدکنا /kuḍəkna:/ ■ v. leap, jump, gambol, frisk.

کدلی /kəḍli:/ ■ n.m. 1 a kind of banana, plantain; banana tree. 2 a kind of deer.

کدم /kəḍəm/ ■ n.m. (also کدمب) the tree *Nauclea cadamba*.

کدُو /kəḍu:/ ■ n.m. (also کدُّو) 1 gourd, a kind of pumpkin. 2 (deris.) abusing term for denying, no, nil. 3 (fig.) (i) skull. (ii) cup, goblet, vessel for drinking. کدو دانہ 1 tapeworm. 2 a disease in which the body is covered with pustules resembling the seeds of gourd.

a holy person (as opposed to *mojza* (معجزہ) which is wrought by God through a prophet). **2** miraculous power. **3** excellence. **4** greatness, nobility. (*pl.* کرامات)

کراں /kərɑ̃:/ ■ *n.m.* **1** shore, coast. **2** side; margin, boundary.

کرانا /kəra:na:/ ■ *v.* (also کروانا) to get done; cause to be done; effect.

کرانا¹ /kɪra:na:/ ■ *n.m.* (also کرانہ، کریانہ) grocery; spices. [S]

کرانا² ____ ■ *v.* separate by turning round in winnowing pan, sift. [dial.]

کرّانا /kərra:na:/ ■ *v.* **1** become hard, be stiff. **2** to grind (teeth, usu. in sleep). **3** to moan.

کرانت /kərɑ̃:t̪/ ■ *n.m.* saw.

کرانتی /kərɑ̃:t̪i:/ ■ *n.m.* sawyer.

کرانچی /kɪrɑ̃:tʃi:/ ■ *n.f.* cart for carrying waste.

کرانی /kɪra:ni:/ ■ *n.m.* **1** (*derog.*) a convert to Christianity; a native Christian. **2** clerk in a public office. کرانی اردو Urdu language as spoken by Eurasians or Europeans, unidiomatic Urdu. کرانی خانہ an office, a public office (esp. during the British rule).

کراہ /kəra:h/ ■ *n.f.* moan, groan.

کراہت /kəra:hət/ ■ *n.f.* (also کراہیت) disgust, aversion, repugnance. کراہت سے دیکھنا look down upon, abominate; scorn.

کراہتاً /kəra:hət̪ən/ ■ *adv.* (also کراہتاً) unwillingly; scornfully, with disgust.

کراہنا /kəra:hna:/ ■ *v.* groan (due to pain or aversion), moan, to sigh (expressing pain or agony).

کراہیت /kəra:hɪjət/ ■ *n.f.* abhorring, disgust, aversion.

کرائے /kɪra:e:/ ■ *n.m.* (*pl.* & *infl.* of کرایہ) کرائے پر اٹھانا/چلانا to hire out, to let. کرائے پر دینا to rent out. کرائے پر رہنا to live in a rented house. کرائے پر لینا to hire. کرائے دار one who lives on rent, tenant. کرائے کا/کی rented; hired. کرائے کا ٹٹو **1** (*derog.*) a pony let out for hire. **2** (*fig.*) hack slave of necessity, hired man working for money only.

کرایہ /kɪra:ja:/ ■ *n.m.* rent, fare, hire. کرایہ اگاہنا collect rents. کرایہ دار tenant. کرایہ نامہ lease document; deed of rent.

کرب /kərb/ ■ *n.m.* anguish, agony; affliction, distress; grief. کرب ناک agonizing, full of agony. کرب وبلا tribulations and trials.

کر² ____ ■ *adj.* deaf. ■ *n.m.* **1** purpose. **2** power, strength. **3** felicity. کروفر pomp and show, pride and strength. [P]

کر³ ____ ■ *n.m.* **1** tax, revenue; fee. **2** tribute. کر اُگاہنا/اگھانا collect taxes. کر لگانا impose tax. [S]

کر⁴ ____ ■ *n.m.* **1** hand. **2** elephant's trunk. کر جوڑنا join one's hands to beg.

کرّا /kərra:/ ■ *adj.* hard, strong. See کرارا¹.

کرّات /kərra:t̪/ ■ *n.f.* numbers, turns, times, etc. کرات ومرات many times and often, repeatedly.

کرّار /kərra:r/ ■ *adj.* **1** persistent in attack. **2** (*fig.*) very brave. ■ *pr.n.m.* title of Hazrat Ali, the fourth Rightly Guided Caliph.

کرارا¹ /kəra:ra:/ ■ *adj.* (also کرّا) **1** hot, spicy. **2** hard, stiff; strong. **3** well-baked; crisp but brittle. **4** unflinching, resolute. **5** beautiful, comely, attractive. **6** (*fig.*) curt (reply, etc.). کراراپن **1** crispiness. **2** curtness. [S]

کرارا² ____ ■ *n.m.* (also کراڑا) riverbank, especially one that is high, a mound by the river, shore, coast. [dial.]

کراری /kəra:ri:/ ■ *adj.* (*fem.* of کرارا¹) **1** hot. **2** hard. **3** crispy. **4** attractive, charming. کراری لونڈیا (*slang*) a girl with good figure; a young girl with stout body.

کرارے /kəra:re:/ ■ *n.m.* (*pl.* & *infl.* of کرارا¹) کرارے دم **1** fresh; not tired. **2** resolutely.

کراڑ /kɪra:ɽ/ ■ *n.m.* (often *deris.*) (petty) shopkeeper; trader.

کراڑا /kəra:ɽa:/ ■ *n.m.* (also کڑاڑ) high and steep bank of a river, brae. See کرارا².

کُرّاسہ /kurra:sa:/ ■ *n.m.* **1** sheaf of papers. **2** forme of a book.

کراکُل /kəra:kʊl/ ■ *n.m.* **1** a species of heron, *Ardea sibirica*. **2** the black curlew, glossy ibis, *Plegadis falcinellus*.

کرام /kɪra:m/ ■ *n.m.* (*pl.* of کریم) nobles.

کراماتی /kəra:ma:t̪i:/ ■ *adj.* (also کرامتی) miraculous. ■ *n.m.* one showing miracles.

کراماً کاتبین /kɪra:mən ka:t̪ɪbi:n/ ■ *n.m.pl.* (also کرام الکاتبین) the two recording angels appointed at the right and left side of man.

کرامت /kəra:mət/ ■ *n.f.* **1** miracle, a marvel performed by

کرچ /kɪrtʃ/ ■ *n.f.* splinter, slice, a sharp pointed piece (esp. of glass). (*pl.* کرچیں،کرچیاں)

کرچی /kɪrtʃi:/ ■ *n.f.* (*dim.* of کرچ) shard, broken piece of pottery or glass. کرچی کرچی کرنا to cause to break into pieces, to smash.

کرچھا /kərtʃʰɑ:/ ■ *n.m.* (also کڑچھا) large, (sometimes perforated) spoon or ladle.

کرچھال /kərtʃʰɑ:l/ ■ *n.f.* spring, jump, leap.

کرچھلی /kərtʃʰuli:/ ■ *n.f.* **1** deep big ladle. **2** iron spoon.

کرچھنی /kərtʃʰəni:/ ■ *n.f.* **1** iron skimmer. **2** scoop. **3** scraper.

کرچھی /kərtʃʰi:/ ■ *n.f.* (*dim.* of کرچھا) small ladle; spoon.

کرخت /kərəxt̪/ ■ *adj.* **1** hard. **2** dry. **3** harsh; curt (reply, etc.).

کرختگی /kərəxt̪əgi:/ ■ *n.f.* **1** hardness. **2** harshness; curtness.

کرخندار /kərxənd̪ɑ:r/ ■ *n.m.* (*contr.* of کارخانے دار) **1** trader, businessman. **2** skilled worker who makes things with hands.

کرخنداری /kərxənd̪ɑ:ri:/ ■ *n.f.* a variety of Urdu (spoken by Delhi's artisans and businessmen with varied pronunciation and idioms).

کِردار /kɪrd̪ɑ:r/ ■ *n.m.* **1** character, role. **2** action. **3** behaviour, conduct. **4** manner. کردار ادا کرنا play a role. کردارسازی character-building. کردار کشی/کُشی character assassination. کردارنگاری characterization.

کرداریت /kɪrd̪ɑ:rɪjət̪/ ■ *n.f.* (***Philos.***) behaviourism.

کِردگار /kɪrd̪gɑ:r/ ■ *n.m.* one who does or works; God, the Creator.

کردنی /kərd̪əni:/ ■ *adj.* practicable, workable, fit to be done. کردنی خویش آمدنی پیش as you sow so shall you reap.

کردہ /kərd̪ɑ:/ ■ *adj.* & *suffix* **1** done; made; accomplished. **2** (of a crime) committed, perpetrated. ■ *n.m.* act, deed. کردہ کار experienced.

کِرستان /kɪrɪst̪ɑ:n/ ■ *n.m.* (also کرستان، کرسچن، کرشٹان) Christian; westernized person. کرستان ہوجانا/ہونا embrace Christianity.

کُرسُف /kʊrsʊf/ ■ *n.m.* (also کُرسُوف) **1** wad of cotton put into inkpot to prevent dryness or spillage. **2** sanitary towel.

کرسی /kərsi:/ ■ *n.f.* dried cow dung. (See also اُپلا .)

کُرسی /kʊrsi:/ ■ *n.f.* **1** chair. **2** throne. **3** office of authority.

کربڑا /kərbəɽɑ:/ ■ *adj.* (also کربرا، کڑبڑا) with patches of black and white; grizzled (hair).

کربڑی /kərbəɽi:/ ■ *adj.* (*fem.* of کربڑا).

کربل /kərbəl/ ■ *pr.n.f.* (*contr.* of کربلا) کربل کتھا a narration of Karbala and Imam Hussain's martyrdom.

کربلا /kərbəlɑ:/ ■ *pr.n.f.* Karbala, place in Iraq where Imam Hussain, Prophet Muhammad's grandson, was martyred. ■ *n.f.* **1** (*fig.*) any place where water is scarce. **2** great sacrifice. **3** calamity, trouble.

کربی /kərbi:/ ■ *n.m.* stalk or culm of plants (used as fodder for cattle).

کرپا /kɪrpɑ:/ ■ *n.f.* favour, kindness, grace, bounty; affection; pity. کرپا کرنا favour; pity; be affectionate; show compassion, be kind.

کرپان /kɪrpɑ:n/ ■ *n.f.* kirpan, a short curved sword, scimitar; a sacrificial knife.

کرت /kərət̪/ ■ *n.m.* act, doing, work.

کُرُت /kʊrʊt̪/ ■ *adj.* out of season.

کرتا /kərt̪ɑ:/ ■ *n.m.* **1** maker, creator. **2** doer, one who does. ■ *adj.* doing. کرتا دھرتا a person who manages the affairs. (*fem.* کرتی)

کُرتا /kʊrt̪ɑ:/ ■ *n.m.* (also کُرتہ) kurta; long loose shirt, usually collarless and without cuffs.

کرتار /kərt̪ɑ:r/ ■ *n.m.* the Creator, God.

کرتب /kərt̪əb/ ■ *n.m.* **1** jugglery, sleight of hand; acrobatics. **2** performance of skill and dexterity. **3** performance of trained animals in circus. **4** something artful. کرتب دکھانا perform tricks; perform acrobatics, etc.

کرتبی /kərt̪əbi:/ ■ *adj.* skilful. ■ *n.m.* **1** one who performs tricks, juggler. **2** something amazing.

کرتُوت /kərt̪u:t̪/ ■ *n.m.* (usu. *pl.*) (*derog.*) **1** doings. **2** misdeed, offences. **3** mischiefs, shenanigans. **4** cunningness, craftiness. **5** sorcery, spell.

کُرتی /kʊrt̪i:/ ■ *n.f.* (*dim.* of کُرتا) **1** short tunic; short sleeveless kurta. **2** bodice; brassiere. **3** a soldier's jacket.

کرتے /kərt̪e:/ ■ (*infl.* of کرتا) کرتے کی بِدیا ہے expertise is the result of practice, practice makes perfect.

کرجگ /kərdʒʊg/ ■ *n.m.* times of action; present time.

کِرِچ /kɪrɪtʃ/ ■ *n.f.* sword, a long and pointed knife.

enjoyment. کرکری ہو جانا be disgraced; be embarrassed or shamed.

کُرکُری /kʊrkʊri:/ ■ *adj.* (*fem.* of کُرکُرا) brittle; crisp. ■ *n.f.* **1** borborygmus, gurgling sound caused by movement of gas and fluid in the intestine; gripe, dysentery. **2** a dangerous complaint to which horses suffer from urine stoppage. کرکری ہڈی cartilage.

کِرکِل /kɪrkəl/ ■ *n.f.* grit, small loose particles of sand or stones. کِرکِل رہ جانا gritty particles to be left in rice or flour, etc. (causing gritty sound while chewing), food to be gritty.

کرکنا /kərəknɑ:/ ■ *v.* pain; rankle; sprain.

کرگا /kərgɑ:/ ■ *n.m.* (also کرگہ، کرگھا) loom, weaver's shop or pit, the hollow in which weaver works his feet. کرگا چھوڑ تماشے جائے ناحق چوٹ جلاہا کھائے **1** (*literal*) if a weaver goes to see row he comes back with a bloody nose. **2** one should mind one's own business, poking nose in other people's row can cost dearly.

کرگدن /kərgəd̪ən/ ■ *n.m.* (also کرگ) rhinoceros. (See also گینڈا.)

کرگس /kərgəs/ ■ *n.m.* vulture.

کرلانا /kərlɑ:nɑ:/ ■ *v.* execute, accomplish. See under کرا¹.

کُرلانا /kʊrlɑ:nɑ:/ ■ *v.* (of birds) make a loud sound of pain; cry, shriek.

کرم¹ /kərəm/ ■ *n.m.* favour, bounty, grace, graciousness, generosity. کرم ارزانی کرنا be very kind or gracious. کرم پرور فرما kind; considerate; generous. کرم کرنا do favour, be generous to. [A]

کرم² ——— ■ *n.m.* cauliflower. کرم کلّا cabbage. [S]

کرم /kərm/ ■ *n.m.* **1** fate. **2** karma, deed, work. **3** religious acts or duties. **4** (***Gram.***) accusative case. **5** product, result, effect. کرم بھوگ رپھل outcome of (one's) deeds, fulfilling of destiny; pleasure or pain according to one's past deeds. کرم پھوٹنا have bad luck; suffer loss. کرم پھوڑ unfortunate, unlucky. کرم ٹھوکنا رکورنا mourn over one's misfortune, repent. کرم ریکھا نہیں مٹتی the destiny line (in one's hand) cannot be erased; destiny cannot be changed.

کِرم /kɪrm/ ■ *n.m.* worm, moth, insect. کرم پیلہ silkworm. کرم خوردہ moth-eaten. کرمِ شب افروز رچراغ glow-worm; firefly. کرمِ کتابی **1** silverfish, bookworm. **2** (*fig.*) one

4 plinth (of building). **5** base of pillar. **6** genealogy, lineage, pedigree. **7** (*fig.*) (i) authority. (ii) ministry. (iii) honour, respect. **8** (***Islam***) heaven; the throne of God. **9** a town near Lucknow, inhabitants of which were considered stupid. کرسی دینا **1** elevate, raise to a higher level. **2** offer a chair to sit in, show respect. کرسی صدارت chairmanship; presidential chair. کرسی کا احمق an arrant fool. کرسی کا ہے he is stupid. کرسی نامہ genealogical tree. کرسی نشین **1** seated in a chair. **2** enthroned, one entitled to the honour of chair in a royal court; someone with a higher post at an office.

کرِشماتی /kərɪʃmɑ:t̪i:/ ■ *adj.* charismatic; miraculous.

کرِشمہ /kərɪʃmɑ:/ ■ *n.m.* **1** divinely conferred power, deed or phenomenon; miracle; wondrous or miraculous act. **2** glance, look; nod; gesture; coquetry. **3** talisman. **4** deception. کرشمہ دکھانا work wonders, perform miracle.

کرِشن /krɪʃn/ ■ *pr.n.m.* (***Hinduism***) Krishna, Hindu deity who was avatar of the god Vishnu. ■ *adj.* **1** black; dark blue; blue black. **2** playful.

کرفس /kərəfs/ ■ *n.f.* (also اجمود، اجوائن خراسانی) celery, parsley.

کرک /kərək/ ■ *n.m.* (also کرک) **1** pain, ache, rankling. **2** (***Astrol.***) cancer.

کِرک /kɪrk/ ■ *n.f.* grit, small stone; sand.

کِرکِر /kɪrkɪr/ ■ *n.f.* the sound of something gritty under the teeth.

کرکٹ /kərkəʈ/ ■ *n.m.* sweepings, rubbish; used with کوڑا as: کوڑا کرکٹ litter, rubbish, garbage.

کرکرا /kərkərɑ:/ ■ *adj.* **1** hard, stiff; crisp; dry. **2** cruel, unkind, harsh. **3** counterfeit, base (coin).

کِرکِرا /kɪrkɪrɑ:/ ■ *adj.* **1** sandy; gritty. **2** (*fig.*) marred, spoiled. کرکرا کر دینا **1** make gritty. **2** spoil (enjoyment, etc.).

کُرکُرا /kʊrkʊrɑ:/ ■ *adj.* brittle, crisp. ■ *n.m.* something fried in oil.

کِرکِرانا /kɪrkɪrɑ:nɑ:/ ■ *v.* sound gritty; grate; crackle.

کِرکِراہٹ /kɪrkɪrɑ:həʈ/ ■ *n.f.* grittiness, the state of being sandy.

کِرکِری /kɪrkɪri:/ ■ *adj.* (*fem.* of کِرکِرا) **1** sandy, gritty. **2** (*fig.*) marred, spoiled. ■ *n.f.* disgrace; shame. کرکری کر دینا **1** put to shame, disgrace. **2** mar fun or silk.

کرنل /kərnəl/ ■ *n.m.* (also کرنیل) colonel. [E]

کرنی¹ /kərni:/ ■ *n.f.* **1** deeds, actions, doing. **2** God's will. کرنی کرے سو پاوے as you sow so shall you reap. کرنی کی بھرنی the result or punishment of one's bad deeds. [S]

کرنی² ____ ■ *n.f.* trowel, flat-bladed tool for spreading mortar, etc., gardener's short-handled tool. [S]

کروا /kərva:/ ■ *n.m.* earthen pitcher with spout, pipkin. کرواچوتھ a Hindu festival in the month of Katik (کاتک), in which fast is observed by married women only.

کروانا /kərva:na:/ ■ *v.* cause to do; cause to make; get something done.

کرُوبی /kərru:bi:/ ■ *n.m.* cherub, a winged angelic being; archangel. (*pl.* کرّوبیاں، کرّوبیم، کرّوبین)

کُروپ /kuru:p/ ■ *adj.* ugly, ill-formed, unsightly.

کرَوت /kəro:t̪/ ■ *n.m.* large saw.

کروٹ /kərvəʈ/ ■ *n.f.* **1** side on which one lies. **2** (*fig.*) change in conditions, mood, etc. **3** manner. **4** state, condition. **5** revolution; alteration. کروٹ بدلنا/رلینا **1** turn over (in bed), turn from side to side (in bed); feel uneasy. **2** adopt new course. کروٹ تک نہ لینا **1** not to change side or turn over during sleep; have a deep sleep. **2** be unaware (of), not know at all; take no action. کروٹ کروٹ جنت نصیب ہو may God bless his/her soul! (*pl.* کروٹیں)

کرودھ /kɪro:d̪ʰ/ ■ *n.m.* anger, wrath, rage.

کرودھی /kɪro:d̪ʰi:/ ■ *n.m.* passionate, angry.

کروڑ /kəro:ɽ/ ■ (also کرور، کڑوڑ) *cardinal number* ten million, crore. ■ *adj.* (*fig.*) unlimited, countless, innumerable. کروڑپتی person who has over a ten million rupees; millionaire. کروڑ کھکھ a great liar.

کروڑا /kəro:ɽa:/ ■ *n.m.* (also کرورا، کڑوڑا) tax-gatherer; overseer, inspector.

کروڑگیری /kəro:ɽ gi:ri:/ ■ *n.f.* (also کرورگیری) tax on goods exported or imported.

کروشیا /koro:ʃɪja:/ ■ *n.f.* crochet, needlecraft; needle. [E]

کرّوفر /kərro:fər/ ■ *n.m.* & *f.* splendour, pomp and pride, magnificence. See under کر².

کرولنا /kɪro:lna:/ ■ *v.* **1** scratch. **2** dig up, rake, poke, stir.

who remains busy in book reading. کرم کش دوا insecticide, a substance used for killing insects.

کرّم اللہ وجہہٗ /kərrəməlla:ho vədʒhəhu/ ■ *phr.* may God grace his face! (a benediction for Hazrat Ali, the fourth Rightly Guided Caliph).

کرمچ /kɪrmɪtʃ/ ■ *n.m.* canvas.

کرمک /kɪrmək/ ■ *n.m.* (*dim.* of کرم) small insect; firefly. کرمک شب افروز رتاب glow-worm; firefly.

کرموں /kərmõ:/ ■ *n.m.* (*pl.* of کرم) past deeds. کرموں پھوٹی رجلی ill-fated (woman). کرموں کا بوجھ the burden of one's bad deeds. کرموں کا لکھا destiny, fate. کرموں کو پیٹنا ررونا bewail one's bad luck, lament one's destiny.

کرن¹ /kərən/ ■ *n.f.* **1** doing, making, committing. **2** means of doing; instrument. کرن پار پارار ہار رہارا **1** one who does. **2** (*fig.*) God. [S]

کرن² ____ ■ *n.m.* **1** ear. **2** handle (of a vessel). **3** rudder, helm (of a ship or boat). کرن بھوشن ornament of the ear. کرن پھول an ornament of the ear, a kind of earring. [S]

کِرن /kɪrən/ ■ *n.f.* **1** ray, beam. **2** tasselled lace of gold or silver. [S]

کرنا¹ /kərna:/ ■ *v.* **1** do; act. **2** effect. **3** make; perform, execute; set; implement; finish. **4** use. **5** marry. **6** cast spell. **7** wed. **8** slaughter (a goat, cow, etc.). **9** spoil. **10** have sexual intercourse. **11** work at something as a job or profession. [S]

کرنا² ____ ■ *n.m.* a lemon-like fruit, citron, citron bud; a kind of citron used for pickling. [S]

کِرنا /kɪrna:/ ■ *v.* **1** become notched or jagged (of edge). **2** decay, crumble, wear out. **3** be shy, feel ashamed.

کرُنا /kəruna:/ ■ *n.f.* (also کرونا) compassion, kindliness, mercy; tenderness.

کرنٹا /kɪrənʈa:/ ■ *n.m.* **1** Anglo-Indian male born of British father and Indian mother. **2** (*derog.*) a Christian.

کرنجا /kərəndʒa:/ ■ *adj.* (also کنجا) blue or green-eyed.

کرنجوا /kərəndʒəva:/ ■ *adj.* brown. ■ *n.m.* a kind of brown medicinal plant.

کرنجُوا /kərəndʒʊa:/ ■ *n.m.* smut in cereals, a fungal disease.

کرنجی /kərəndʒi:/ ■ *adj.* (*fem.* of کرنجا) having blue eyes.

کُرنڈ /kurənd/ ■ *n.m.* hone, whetstone.

کرنڈی /kərəndi:/ ■ *n.m.* a chador or lungi made of raw

up; search; probe. کرید کرنا to scratch, to probe, dig up, try to find out. کرید کرید کر پوچھنا probe thoroughly, enquire; question at length. کرید میں رہنا (*derog.*) to take up the trace (of), to search for (faults, etc.), to try to find secrets.

کُریدنا /kʊre:ḍnɑ:/ ■ *v.* **1** scrape, scratch. **2** search, dig up; probe; research.

کُریدنی /kʊre:ḍni:/ ■ *n.f.* instrument for stirring a fire, poker; scraper.

کریر /kəri:r/ ■ *n.m.* (also کرِیل) a kind of thorny leafless shrub.

کُریز /kʊri:z/ ■ *n.f.* (also کُریج) moulting (of birds). کریز کرنا shed feathers while changing plumage.

کریلا /kəre:lɑ:/ ■ *n.m.* **1** karela, bitter gourd. **2** a kind of fireworks. کریلا اور نیم چڑھا (*fig.*) ill-tempered and proud; painting the devil black.

کریم /kəri:m/ ■ *adj.* merciful, gracious, generous, liberal. ■ *n.m.* See الکریم. کریم النفس noble-minded, of a generous soul.

کریما /kəri:mɑ:/ ■ *exclam.* O merciful! O God! ■ *n.f.* the famous Persian book by Sheikh Saadi, which begins with the word کریما.

کریمی /kəri:mi:/ ■ *n.f.* mercifulness, graciousness.

کریہہ /kəri:h/ ■ *adj.* hateful, nauseating, revolting, disgusting, abominable. کریہہ الشکل رالصورت ugly, odious. کریہہ الصوت having harsh or hoarse voice, ill-sounding. کریہہ المنظر unsightly, ugly, offensive, disgusting, revolting.

کڑا¹ /kəɽɑ:/ ■ *adj.* **1** hard, stiff. **2** difficult, trying (times). **3** cruel. **4** powerful, strong. **5** harsh, violent. **6** strict, stern, unyielding. کڑا کرنا stiffen, make tough. کڑا وقت hard times, trying time. (*fem.* کڑی¹) [S]

کڑا² ——— ■ *n.m.* **1** kara, bracelet. **2** anklet. **3** handle (of door). **4** link (of a chain). [S]

کڑاڑ /kəɽɑ:ɽ/ ■ *n.m.* brink; precipice; declivity; the perpendicular bank of river. (See also کراڑا.)

کڑاکا /kəɽɑ:kɑ:/ ■ *n.m.* **1** crash; burst of thunder. **2** loud cracking sound. **3** starvation. **4** intensity, severity. کڑاکا گزرنا pass days in extreme poverty, go without food, starve.

کڑاکڑ /kəɽɑ:kəɽ/ ■ *n.m.* successive sounds of crashes;

کرَوندا /kərɔ̃:ḍɑ:/ ■ *n.m.* (also کروندہ، کگروندا) **1** *Carissa carandas*; small sour fruit with milky sap when unripe. **2** small indurated gland growing on the ear (so called from its resemblance to this fruit).

کُروی /kʊrvi:/ ■ *adj.* globular, spherical.

کُرہ /kʊrɑ:/ ■ *n.m.* globe, sphere, orb, ball, spheroid. کرۂ ارض the planet earth. کرۂ آب hydrosphere. کرۂ آتش رنار the empyrean, the region of fire. کرۂ باد رہوا atmosphere, the region of air or wind. کرۂ چشم the ball of the eye. کرۂ خاک terrestrial globe. کرۂ زمہریر the coldest region or sphere of heaven. کرۂ فلکی the celestial globe. کرۂ لاجورد sky. کرہ نما spherical.

کُرّہ /kʊrrɑ:/ ■ *n.m.* **1** foal of a horse or donkey or camel. **2** whip. کرّۂ خاردار thorny whip. کرّۂ ناکند horse yet to be ridden.

کرہاً /kərhən/ ■ *adv.* with aversion, reluctantly, unwillingly (usu. used with طوعاً as: طوعاً و کرہاً).

کری /kəri:/ ■ *n.f.* deafness.

کُرّی /kʊrri:/ ■ *n.f.* gristle. کُری ہڈی cartilage.

کرے /kəre:/ ■ (*infl.* of کرنا) do. کرے ایک پکڑے جائیں سب misdeeds of few and trouble for all. کرے داڑھی والا پکڑا جائے مونچھوں والا one does the harm another gets the blame. کرے کوئی بھرے کوئی the sins of parents visit their children.

کِریا /kɪrjɑ:/ ■ *n.f.* **1** doing, act, action; work, labour. **2** religious act or ceremony, pious act, religious duty. **3** (***Gram.***) verb. **4** oath. کریا کرم (***Hinduism***) funeral ceremonies, especially cremation, obsequies. کریا کھانا swear, take an oath.

کُریال /kʊrjɑ:l/ ■ *n.f.* **1** state of a bird sitting at ease and secure, and preening itself. **2** ease, tranquillity, comfort. **3** security. کریال میں آنا feel very happy; preen. کریال میں غلّہ رغلیلا لگنا have one's pleasure spoilt, fall into misfortune when sure of success.

کِریانہ /kɪrjɑ:nɑ:/ ■ *n.m.* (also کرانا¹) grocery; spices. کریانہ فروش grocer.

کریت /kəræ:ṯ/ ■ *n.m.* krait, a highly poisonous Asian cobra.

کُریت /kʊri:ṯ/ ■ *n.f.* **1** bad custom; improper course. **2** misbehaviour.

کُرید /kʊre:ḍ/ ■ *n.f.* the act of poking or stirring, digging be beaten loudly. **3** burst into a rage, speak angrily and very loudly.

کُڑکنا /kuɽəknɑ:/ ■ *v.* crack; crackle; clatter; crunch.

کڑک ناتھ /kəɽək nɑ:t̪ʰ/ ■ *n.m.* (also کڑک ناک) name of a species of domestic fowl which is very black.

کڑکی /kəɽki:/ ■ *n.f.* (*inform.*) lack of money, poverty. کڑکی لگنا be impoverished, be penniless.

کڑکیت /kəɽkæ:t̪/ ■ *n.m.* (also کڑکھیت) herald; a person whose job was to encourage the soldiers in battlefield by exhortations.

کڑوا /kəɽʋɑ:/ ■ *adj.* **1** bitter (taste). **2** (of a person) rude, acrid, harsh; cruel. **3** (*fig.*) angry, unhappy. کڑوا بول harsh words; abuse. کڑوا پانی **1** feast given by the relatives after burial. **2** saline water (unfit for irrigation). کڑواپن bitterness. کڑوا تیل bitter oil; mustard-seed oil. کڑوا زہر bitter as gall. کڑوا کڑوا تھوتھو میٹھا میٹھا ہپ ہپ to gulp the sweet and spit the bitter; to accept only the pleasant or easy and refuse the unpleasant or hard. کڑوا کسیلا bitter and foul-tasting. کڑوا گھونٹ something unpalatable or unacceptable. کڑوا لگنا **1** taste bitter or acrid. **2** be displeasing.

کڑواہٹ /kəɽʋɑ:hət/ ■ *n.f.* bitterness.

کڑوی /kəɽʋi:/ ■ *adj.* (*fem.* of کڑوا) کڑوی بات tart or harsh words. کڑوی روٹی first funeral feast.

کڑوے /kəɽʋe:/ ■ *n.m.* (*pl. & infl.* of کڑوا) کڑوے بول unpalatable words. کڑوے کسیلے دن hard and cruel times. کڑوے کسیلے گھونٹ unpalatable words.

کڑی¹ /kəɽi:/ ■ *adj.* (*fem.* of کڑا¹) harsh, hard, strict, severe. کڑی سزا severe punishment. کڑی سنانا address in harsh words. کڑی منزل a difficult stage. کڑی نظر رکھنا close watch, strict discipline. [S]

کڑی² ____ ■ *n.f.* **1** rafter, beam. **2** link of a chain. کڑی سے کڑی ملانا join the dots, establish the linkage, discover the clues. [S]

کُڑی¹ /kuɽi:/ ■ *n.f.* **1** stove; hearth-tax. **2** dunghill. [dial.]

کُڑی² ____ ■ *n.f.* lass, young girl. [Pj.]

کڑیل /kəɽ jəl/ ■ *adj.* strong, tough, stiff, bony. ■ *n.m.* fireplace. کڑیل جوان strong and tall young man.

کُڑھ /kuɽʰ/ ■ *n.m.* mental distress. See کُڑھن.

کڑھا /kəɽʰɑ:/ ■ *adj.* **1** embroidered (cloth). **2** polished (man). کڑھا ہوا **1** embroidered. **2** simmered, extracted crackling.

کڑاکے /kəɽɑ:ke:/ ■ *n.m.* (*pl. & infl.* of کڑاکا) کڑاکے کا severe, extreme. کڑاکے کا جاڑا severe cold; very cold winter. کڑاکے کی دھوپ extreme sunshine, severe heat of the sun.

کڑاہ /kəɽɑ:h/ ■ *n.m.* (also کڑھاؤ) cauldron, large iron boiler.

کڑاہا /kəɽɑ:hɑ:/ ■ *n.m.* very large shallow cauldron.

کڑاہی /kəɽɑ:hi:/ ■ *n.f.* (also کڑھائی²) (*dim.* of کڑاہا) karahi, small cauldron; frying-pan. کڑاہی چاٹنا lick the pot. کڑاہی چاٹے گا تو تیرے بیاہ میں مینھ برسے گا if you licked the pot, it would rain on your wedding day (a reproach to prevent a child from licking the pot). کڑاہی چڑھنا **1** (of pan) be placed on fire to cook food. **2** to arrange for a feast. کڑاہی کرنا cook anything as offering. کڑاہی گوشت a type of meat dish.

کڑبڑا /kəɽbəɽɑ:/ ■ *adj.* grizzled, dappled, with patches of black and white. See کربڑا.

کڑک /kəɽək/ ■ *n.f.* **1** a loud cracking sound. **2** thunder, peal of thunder. **3** swiftness; gallop (of a horse). **4** stiffness, harshness. ■ *adj.* **1** strong; hard, stiff. **2** crispy. **3** severe, harsh. کڑک بجلی **1** matchlock. **2** thunder and lightning. **3** (*fig.*) a woman with harsh manners or voice. کڑک چائے strong tea.

کُڑک /kuɽək/ ■ *adj.* **1** broody. **2** (*fig.*) barren. ■ *n.f.* **1** a blank, nothing. کڑک بولنا draw a blank, get nothing. کڑک مرغی hen which does not lay eggs.

کڑکا /kəɽkɑ:/ ■ *n.m.* **1** roll of thunder. **2** very loud noise (of joy or triumph). ■ *adj.* penniless, poor.

کڑکڑ /kəɽkəɽ/ ■ *n.f.* crackle; a cracking sound.

کِڑکِڑ /kɪɽkɪɽ/ ■ *n.f.* gnashing; a grinding sound.

کُڑکُڑ /kuɽkuɽ/ ■ *n.f.* cluck; crackle; a grumbling sound.

کڑکڑانا /kəɽkəɽɑ:nɑ:/ ■ *v.* **1** be intense, be rigorous. **2** (of oil) produce a crackling sound when boiled; become boiling or very hot.

کِڑکِڑانا /kɪɽkɪɽɑ:nɑ:/ ■ *v.* **1** grumble, grudge. **2** tear. **3** cluck. **4** gnash the teeth. **5** speak angrily.

کُڑکُڑانا /kuɽkuɽɑ:nɑ:/ ■ *v.* **1** (of a hen) cluck; crackle. **2** (*fig.*) (of a person) murmur, mutter, growl, grumble.

کڑکنا /kəɽəknɑ:/ ■ *v.* **1** thunder; roar. **2** (drums, etc.)

(milk), overboiled. **3** cultured. **4** well-thought.

گڑھانا /kʊʈʰɑ:nɑ:/ ■ *v.* distress mentally, dishearten, irritate, vex.

گڑھاؤ /kəʈʰɑ:o:/ ■ *n.m.* (also کڑہاؤ) cauldron.

گڑھائی[1] /kəʈʰɑ:i:/ ■ *n.f.* **1** embroidery. **2** wages paid for embroidery.

گڑھائی[2] ____ ■ *n.f.* **1** karahi. **2** something cooked in karahi. کڑھائی سے نکل کر چولھے میں گرنا out of the frying-pan into the fire. See کڑاہی. [S]

گڑھن /kʊʈʰən/ ■ *n.f.* grief, mental distress; mourning.

گڑھنا[1] /kəʈʰnɑ:/ ■ *v.* be embroidered. [S]

گڑھنا[2] ____ ■ *v.* simmer and thicken (milk). [S]

گڑھنا /kʊʈʰnɑ:/ ■ *v.* grieve, mourn, be distressed.

کڑھی /kəʈʰi:/ ■ *n.f.* dish made by boiling the gram flour with spices in sour milk or yogurt. کڑھی کا (سا) اُبال a temporary passion or anger, emotion or zeal that subsides quickly.

کژ /kəʒ/ ■ *adj.* crooked; bend; curved. کژدُم scorpion.

کس[1] /kəs/ ■ *n.m.* **1** extract, essence. **2** decoction of colouring substance. **3** strength, tenacity, power. کس بل strength and tenacity, stamina. کس بل نکالنا deprive of nerve and strength. کس بل نکلنا lose all strength. [S]

کس[2] ____ ■ *n.m. & pron.* individual; man; anyone; person. کس مپرسی (also کسمپرسی) a state in which nobody asks after one, helplessness; poverty. کس نمی پُرسد کہ بھیا کون ہو ڈھائی ہو یا تین یا پون ہو used to highlight one's plight; nobody asks who you are. کس وکو family; dependants. کس وناکس noble and commoner, all and sundry, everybody. [A]

کس[3] ____ ■ (*imper.* of کسنا) کس دینا to tie up, tighten. کس کر کے tightly. [Prk.]

کِس /kɪs/ ■ *pron.* which? who? whom? what? کس برتے پر تتا پانی why this empty boast? said derisively when someone undeserving makes demands. کس پتھر سے سر پھوڑیں whom should we complain to? nobody is there to listen (to our grievances). کس پر on whom? on which? whereon? کس پر پھولے ہو what misleads you to this confidence? کس چڑیا کا نام ہے know/knows nothing of this. کس حساب میں ہے it has no value. کس دن کے لیے اٹھا رکھا ہے what for have you laid it by? کس سے from whom? کس شمار وقطار میں ہے it has no standing, it is worthless. کس طرح رطور how? in what manner? کس قدر how much? to what extent? کس کا whose? کس کام کا it is worthless. کس کتاب میں لکھا ہے on what authority? کس کس which (of several)? کس کس دکھ کو روئیں which of my numerous grievances can I air? کس کھیت کی مولی ہے he has no standing. کس لیے why? wherefore? کس مرض کی دوا ہے is useless; is good-for-nothing. کس منھ سے I (or you, etc.) don't have the courage/ heart to. کس نے who? کس واسطے why? کس وقت when? at what time? کس ہوا میں ہے why is he/ she so vain (when he/ she has no standing)?

کُس /kʊs/ ■ *n.f.* (*vulg.*, *offens.*) vulva; vagina.

کسا /kəsɑ:/ ■ *adj.* **1** compressed; tight, tightened; tightly bound or strapped. **2** tense. کسا کسایا ready; tied or packed; strapped; compact. (*fem.* کسی)

کسّا /kəssɑ:/ ■ *n.m.* **1** the bark of acacia tree. **2** spirit extracted from it.

کساد /kəsɑ:d̪/ ■ *n.f.* slump, fall in prices; not being in demand; penury. کساد بازاری market slump, slackness in business.

کِساری /kɪsɑ:ri:/ ■ *n.f.* a kind of pulse, *Lathyrus sativus*.

کثافت /kəsɑ:fəʈ̪/ ■ *n.f.* **1** obscuration; darkness. **2** eclipse (of the sun, etc.). **3** sediment. **4** mass; grossness. **5** impurity, foulness.

کسالا /kəsɑ:lɑ:/ ■ *adj.* lazy, slow; heavy; sick. ■ *n.m.* **1** labour. **2** heaviness; grief, affliction, suffering, trouble; difficulty. **3** disease.

کسالت /kəsɑ:ləʈ̪/ ■ *n.f.* **1** laziness, slowness, indolence; indisposition. **2** tiredness.

کِسان /kɪsɑ:n/ ■ *n.m.* kisan, farmer, peasant; ploughman.

کسانا[1] /kəsɑ:nɑ:/ ■ *v.* have something assayed or tested; prove. [S]

کسانا[2] ____ ■ *v.* to cause to tighten, to tie tight, to bind tightly. [dial.]

کسانا[3] ____ ■ *v.* to acquire metallic taste, to be spoiled (curd, etc.) by keeping in a metallic pot. [dial.]

کساوٹ /kəsɑ:vəʈ̪/ ■ *n.f.* tightening; astringency.

کسب /kəsb/ ■ *n.m.* **1** acquisition by labour, earning; gain. **2** struggle, endeavour, hard work. **3** prostitution, whoring. کسب حلال earning livelihood through fair pronounced as vowel /e/ as: سہرا.

کِسریٰ /kɪsrɑ:/ ■ *n.m.* surname of several kings of Persia. ■ *pr.n.m.* Cyrus, ancient king of Persia.

کسک /kəsək/ ■ *n.f.* **1** pain, pang. **2** regret. کسک اُٹھنا feel sudden pain. کسک مٹانا alleviate or relieve pain, soothe.

کسکٹ /kəskuʈ/ ■ *n.m.* bell-metal; alloy.

کسکسا /kəskəsɑ:/ ■ *adj.* sandy; gritty.

کسکسانا /kəskəsɑ:nɑ:/ ■ *v.* **1** grate. **2** be gritty.

کسکنا /kəsəknɑ:/ ■ *v.* suffer pain; ache.

کسگر /kəsgər/ ■ *n.m.* (*contr.* of کاسہ گر) potter; plasterer.

کسل /kəsl/ ■ *n.m.* (also کسَل) **1** indolence, sloth, laziness, languor. **2** fatigue, tiredness. کسل مند lazy, languid, indolent.

کُسُم /kusum/ ■ *n.m.* (also کُسمب، کُسمبھ، کُسمبی) **1** safflower. **2** red dye obtained from it. **3** (*fig.*) menses. کسم کا آزار unceasing menstruation.

کسمپرسی /kəsməpursi:/ ■ *n.f.* helplessness. See کس مپرسی under کس².

کسمسانا /kəsməsɑ:nɑ:/ ■ *v.* **1** fidget, become restless. **2** be uncertain or unsure. **3** twist, turn; wriggle. **4** try to wriggle out, try to slip out.

کسمساہٹ /kəsməsɑ:hət̪/ ■ *n.f.* restlessness; shaking.

کسن¹ /kəsən/ ■ *n.m.* torture, pain, injury. [S]

کسن² ____ ■ *n.m.* **1** tightening, fastening, tying. **2** knot, tie. **3** leather thong (of a bucket). **4** (*fig.*) bra. [Prk.]

کسنا¹ /kəsnɑ:/ ■ *v.* **1** tighten; brace; bind or tie firmly. **2** to press upon, bear hard upon. **3** to fry (in oil or ghee). **4** to dry up water by burning or cooking (as milk, etc.). **5** to increase the price. **6** hurl (an abuse, etc.), pass (a funny remark), utter. **7** shred or slice (vegetables) on a shredder or slicer. **8** fill; load. ■ *n.m.* **1** bed-string. **2** cover with strings attached. **3** pack cloth; wallet. [Prk.]

کسنا² ____ ■ *v.* to assay (gold or silver, etc.), examine, test, prove. [S]

کُسنگ /kusəŋg/ ■ *n.m.* bad company.

کِسنئی /kɪsnəi:/ ■ *n.f.* the work or profession of farmer, cultivation, tillage, husbandry, agriculture.

کسوانا /kəsvɑ:nɑ:/ ■ *v.* have or get something tightened up.

کِسوت /kɪsvət̪/ ■ *n.f.* (also کِسبت) **1** barber's tool bag; barber's case. **2** dress; attire. **3** manner; form, means. کسب کرنا **1** acquire, gain; earn; follow trade. **2** to whore, get the wages of sin. کسبِ کمال acquiring expertise. کسبِ معاش earning of livelihood.

کِسبت /kɪsbət̪/ ■ *n.f.* **1** barber's tool bag or doctor's tool and medicine bag. **2** piece of leather worn by waterman on the hip on which he rests his water-bag.

کسبی /kəsbi:/ ■ *adj.* of or relating to کسب; learnt, acquired, earned. ■ *n.f.* prostitute, whore, harlot, tart. ■ *n.m.* artisan; artificer.

کستورا /kəst̪u:rɑ:/ ■ *n.m.* **1** blackbird; thrush. **2** oyster.

کستوری /kəst̪u:ri:/ ■ *n.f.* **1** musk. **2** musk-bag. کستوری ہرن kastura, musk deer.

کسر /kəsər/ ■ *n.f.* (also کسر) **1** deficiency, want (for); loss. **2** breaking, breach, rupture. **3** (***Arith.***) fraction. **4** (***Gram.***) marking of the short vowel /ɪ/ (ِ) under a letter. کسر اٹھا رکھنا leave deficiency, to fall short of, be wanting; to fail. کسر اٹھا نہ رکھنا leave no stone unturned. کسر بھرنا to make good a loss, make up for the deficiency. کسر پڑنا suffer loss, fail. کسر پوری کرنا to make up for any shortcoming or deficiency. کسر دینا cause loss. کسر رکھنا **1** leave something unfinished. **2** cherish ill will. کسر رہنا be imperfect or unfinished, be incomplete. کسرِ شان loss of dignity, derogation, loss of honour. کسرِ شان سمجھنا regard something as derogatory, deem below dignity. کسر کرنا deduct; decrease; fall short; subtract; omit. کسر کھانا suffer loss or damage. کسرِ نفسی humility; underrating oneself. کسرِ نفسی سے کام لینا behave humbly or modestly. کسر نکالنا **1** make good a loss, make up deficiency. **2** take revenge. (*pl.* کُسُور)

کسرات /kəsrɑ:t̪/ ■ *n.f.pl.* **1** fractions. **2** breaches; losses.

کسرت /kəsrət̪/ ■ *n.f.* bodily or athletic exercise. کسرت کرنا do physical exercise; train oneself in athletic or gymnastic exercises.

کسرتی /kəsrət̪i:/ ■ *adj.* of or relating to کسرت; (body or physique) developed by exercises, athletic. کسرتی آدمی an athlete.

کسرہ /kəsrɑ:/ ■ *n.m.* short vowel sound /ɪ/ as in 'bit', denoted by the symbol (ِ). کسرۂ اضافت vowel denoting genitive case, a *kasra* that denotes possession or association, as: مزارِ قائد Quaid's tomb. کسرۂ مجہول *kasra*

infamy. کلنک کا ٹیکہ لگنا get a bad name; be stigmatized. کلنک لگانا calumniate; defame; stigmatize.

کلنکی /kələŋki:/ ■ *adj.* **1** stained. **2** disreputable. **3** blemished. (*fem.* کلنکن، کلنکنی)

کُلنگ /kuləŋg/ ■ *n.m.* **1** kulang, coolen, crane. **2** (*fig.*) a very tall person.

کِلنی /kılni:/ ■ *n.f.* a parasitic louse, fly, tick; dog-louse.

کلّو /kəllu:/ ■ *n.m.* (*derog.*) dark person, dark man.

کلّو /kəllo:/ ■ *n.f.* (*derog.*) dark woman. کلّو پری (*slang*) an attractive dark girl.

کلوار /kəlvɑ:r/ ■ *n.m.* (also کلار، کلواری) distiller or vendor of spirituous liquor, tavern-keeper. (*fem.* کلوارن، کلوارنی)

کلوٹ /kelɔ:ʈ/ ■ *n.m.* diaper, a baby's nappy, clout. [E]

کلُوٹا /kəlu:ʈɑ:/ ■ *adj.* (*derog.*) jet black. ■ *n.m.* man of dark black complexion (usu. used in comp. as: کالا کلوٹا). (*fem.* کلُوٹی)

کُلُوخ /kulu:x/ ■ *n.m.* clod of earth.

کلور /kəlo:r/ ■ *n.m.* heifer; a young cow that has not borne calf.

کلول /kəlo:l/ ■ *n.m.* (also کِلول) frolic; gambol; sport; play; diversion. کلول کرنا gambol; frolic; revel.

کُلونت /kulvənt̪/ ■ *adj.* well-born, of noble descent.

کلَونجی /kəlɔ̃:dʒi:/ ■ *n.f.* nigella seeds, black aromatic seeds of *Nigella indica*, used medicinally or as condiment, onion seed.

کلَونس /kəlɔ̃:s/ ■ *n.f.* **1** blackness. **2** (*fig.*) stigma; infamy.

کلّہ /kəllɑ:/ ■ *n.m.* (also کلّا) **1** head; skull. **2** cheek. **3** jaw. **4** (*fig.*) clamour, noise. کلہ بہ کلہ لڑنا fight face to face (with), put up an equal force in battle. کلہ توڑنا to break the jaw; to conquer. کلہ چیرنا tear out one's cheek. کلہ دراز boisterous, rude, abusive; clamorous. کلہ زن bully; boaster.

کُلّہُم /kulluhum/ ■ *adj.* **1** the whole. **2** all of them, altogether. ■ *adv.* wholly, totally.

کُلہیا /kulhıjɑ:/ ■ *n.m.* (also کُلیا) small earthen jar or cup. See کُلھیا.

کلی /kəli:/ ■ *n.f.* **1** bud, blossom. **2** a transversely folded piece of cloth sewn in some garments, gore. **3** a small hookah for smoking tobacco. **4** wet-lime. **5** (*fig.*) virgin; young girl. کلی پھیرنا to whitewash, coat with lime. کلی کا چونا quicklime, lime-stone. کلی کھلنا bud to shout, cry; (of baby) shriek or scream with joy.

کِلکِل /kılkıl/ ■ *n.f.* (also کِل کِل) altercation, wordy duel, wrangling. کلکل کرنا wrangle, be peevish.

کِلکِلانا¹ /kılkılɑ:nɑ:/ ■ *v.* laugh loudly, roar with laughter. [Prk.]

کِلکِلانا² ____ ■ *v.* be fretful, be peevish, to squabble. [S]

کُلما /kulmɑ:/ ■ *n.m.* (also قُلمہ) haggis, sausage, food stuffed into goat's intestines.

کلمات /kəlımɑ:t̪/ ■ *n.m.* (*pl.* of کلمہ) **1** sayings, words. **2** sentences.

کلملانا /kəlmələ:nɑ:/ ■ *v.* be restless or uneasy, toss about, to fidget; to flounder.

کلِمن /kəlımən/ ■ *n.m.* the fourth set of the arrangement of Arabic letters according to their numerical values.

کلموا /kəlmuvɑ:/ ■ *adj.* (also کلمونہا، کلموہا) **1** black-faced. **2** (*fig.*) (i) cruel. (ii) mischievous. (iii) ill-omened.

کلِمہ /kəlımɑ:/ ■ *n.m.* (also کلمہ) **1** speech; word; saying. **2** part of speech. **3** (***Islam***) Muslims' confession of faith, i.e. لا الہ الا اللہ محمد رسول اللہ (there is no god but Allah and Muhammad is His Prophet). کلمہ پڑھانا make someone recite the *Kalima*; convert one to Islam. کلمہ پڑھنا **1** recite the *Kalima*. **2** declare belief in Muslim creed, be converted to Islam. **3** accept someone's superiority. **4** follow; act according to the wish (of). **5** praise, applaud. **6** to repeat (some words), say again and again. کلمۂ تکبیر Muslim's slogan اللہ اکبر (Allah is great). کلمۂ حق word of God; truth. کلمۂ شہادت Muslim's testimony to the oneness of God and the prophethood of Prophet Muhammad. کلمۂ شہادت پڑھنا say 'I declare that there is no god but Allah and I declare that Muhammad is His worshipper and His Prophet'. کلمۂ کفر profane words, blasphemy. کلمہ گو one who recites *Kalima*; a Muslim. (*pl.* کلمات)

کلمے /kəlme:/ ■ *n.m.* (*pl. & infl.* of کلمہ) کلمے کی انگلی forefinger, index finger.

کُلن /kulən/ ■ *n.f.* dull pain.

کُلنج /kuləndʒ/ ■ *adj.* (a horse) having a defective leg.

کلندا /kəlındɑ:/ ■ *n.m.* watermelon.

کلنک /kələŋk/ ■ *n.m.* **1** blot, spot. **2** (*fig.*) infamy, blemish, stigma. کلنک کا ٹیکہ / داغ stigma; brand of wounded, pained or hurt. کلیجا چھیدنا رسالنا taunt; wound, cause great pain or sorrow. کلیجا کانپنا the heart to tremble or palpitate; be afraid of. کلیجا دھک سے رہ رہو جانا be taken by surprise; be suddenly alarmed or frightened. کلیجا ملنا to regret, rue. کلیجا منھ کو آنا 1 feel nauseated. 2 be overwhelmed with sorrow. کلیجا نکال کر رکھ دینا 1 risk life to prove something. 2 express oneself very well (in writing, etc.). کلیجا ہاتھ بھر کا ہو جانا be encouraged; be very happy.

کلیجی /kəle:dʒi:/ ■ *n.f.* the liver of an animal.

کلیجے /kəle:dʒe:/ ■ *n.m.* (*pl.* & *infl.* of کلیجا) کلیجے پر چھری چلنا be greatly pained, be extremely aggrieved. کلیجے پر سانپ پھرنا رلوٹنا suffer jealousy or envy; writhe in helpless rage or jealousy. کلیجے پر ہاتھ دھرنا 1 try to control one's emotions. 2 be just and fair. 3 empathize. کلیجے سے لگا رہنا رمیں ڈال رکھنا cherish; love or esteem very much. کلیجے سے لگانا 1 embrace. 2 keep near to heart, hold very dear. کلیجے کا ٹکڑا term of endearment for one's child. کلیجے کی پھانس source of constant pain. کلیجے میں آگ لگنا 1 rage; feel jealous. 2 suffer from heartburn; be extremely thirsty.

کِلید /kɪli:d/ ■ *n.f.* (also کلید) 1 key. 2 something that explains or provides access to something. 3 answer to a problem. 4 a button on typewriter or computer terminal. کلید بردار one who keeps keys.

کِلیدی /kɪli:di:/ ■ *adj.* essential; basic; central; pivotal. کلیدی تختہ keyboard. کلیدی خطبہ keynote address.

کلیس /kəle:s/ ■ *n.m.* (also کلیش) trouble, affliction; pain, anguish. کلیس کرنا 1 afflict; torment, grieve, mourn. 2 to quarrel.

کلیسا /kəli:sɑ:/ ■ *n.m.* 1 church, Christian church. 2 (*fig.*) the Christendom as a whole.

کلیسائی /kəli:sɑ:i:/ ■ *adj.* of or relating to Christian church or its clergy, ecclesiastical.

کُلیل /kʊle:l/ ■ *n.f.* 1 friskiness, gambol, frolic, recreation. 2 restiveness (of a horse). کلیل بھرنا رکرنا gambol, frisk about. (*pl.* کلیلیں)

کلیم /kəli:m/ ■ *n.m.* one who speaks to another, speaker. کلیم اللہ title of Prophet Moses.

کلیمی /kəli:mi:/ ■ *adj.* of or relating to Prophet Moses. ■ *n.f.* the quality of conversing with God (which blossom.

کِلّی[1] /kɪlli:/ ■ *n.f.* (*dim.* of رکیل) nail; bolt; peg. [S]

کِلّی[2] ____ ■ *n.f.* cry, shriek. کلی مارنا shriek, cry. [dial.]

کِلّی[3] ____ ■ *n.f.* tick, the parasitic blood-sucking insect that attaches itself to dogs and cats. [dial.]

کُلّی[1] /kʊlli:/ ■ *adj.* 1 entire, total. 2 universal; common, general, generic. کلی طور پر wholly, entirely. کلی و جزوی in whole and in part; entirely. [A]

کُلّی[2] ____ ■ *n.f.* rinsing the mouth with water. کلی کرنا rinse the mouth, gargle. [S]

کلّے /kəlle:/ ■ *n.m.* (*pl.* & *infl.* of کلّہ) cheeks. کلے تلے دبانا raise one's voice; put someone under pressure by shouting.

کُلّیات /kʊllɪjɑ:t/ ■ *n.m.* (*pl.* of کُلیّہ) 1 formulas. 2 faculties of university. 3 (as *sing.*) complete literary, usually poetical works; whole work of an author or poet.

کلیان /kəljɑ:n/ ■ *n.m.* 1 happiness, prosperity. 2 salvation. 3 benefit, welfare. 4 name of a classical raga sung at night. ■ *adj.* happy, lucky, blessed, well. کلیان ہونا prosper, be happy.

کلیاں /kəljɑ̃:/ ■ *n.f.* (*pl.* of کلی) 1 buds. 2 gores. کلیاں آنا blossom, to bud. کلیاں چٹکنا buds to become flowers, blossom. کلیاں ڈالنا sew piece of cloth in some garments, shape with the gores.

کُلّیت /kʊllɪjət/ ■ *n.f.* the state of being total or whole, totality; the whole, the total. (*opp.* بعضیت)

کلیاؤ /kəljɑ:o:/ ■ *n.m.* budding.

کلیجا /kəle:dʒɑ:/ ■ *n.m.* (also کلیجہ) 1 the liver. 2 the heart; chest. 3 mind, spirit. 4 (*fig.*) courage, pluck, guts. کلیجا اُڑ جانا be distracted. کلیجا بانسوں ربلیوں اچھلنا the heart to throb wildly; leap with joy. کلیجا بیٹھ جانا be depressed. کلیجا پاش پاش ہو جانا be heartbroken, be utterly grieved. کلیجا پک جانا رپکنا 1 be deeply grieved; be generally alarmed or worried. 2 be deeply wounded. کلیجا پھٹنا رشق ہونا 1 to be afflicted with grief or jealousy. 2 feel pity. کلیجا پُھنکنا رجلنا 1 suffer sorrow, mourn. 2 burn with envy. کلیجا تر ہونا be at ease; be well off. کلیجا تھام کر رونا weep bitterly. کلیجا تھام کر رہ جانا رمسوسنا suppress feelings or emotions; suffer silently. کلیجا ٹھنڈا ہونا be satisfied, obtain one's desire or wishes; desire for revenge to be satisfied; be pleased or gratified. کلیجا چھلنی کرنا to cause great pain; taunt; wound. کلیجا چھلنی ہونا be deeply rank. کم رُو 1 having little or no beauty, not beautiful. 2 apparently insignificant. کم زور (also کمزور) weak, feeble, frail. کم زوری (also کمزوری) weakness, debility, frailty, powerlessness. کم سخن 1 of few words, taciturn. 2 reserved person, one who does not talk much. کم سخنی taciturnity. کم سن (also کمسن) young, minor, of tender age. کم سننا be hard of hearing, be deaf to. کم سنی (also کمسنی) young age, tender age, youth, age of minority, immaturity. کم سواد not well-educated, having limited knowledge. کم سوادی lack of deep knowledge. کم سے کم at least; the very least. کم شرح cheap; at low rate. کم شوق someone with little zeal or yearning, indifferent. کم طالع unlucky, ill-starred. کم ظرف shallow, base, small-minded, narrow-minded, low-bred; poor-spirited. کم ظرفی baseness; petty-mindedness. کم عقل stupid, foolish, silly. کم عقلی stupidity, silliness, foolishness. کم عمر young, of tender years; minor. کم عمری tender age, nonage, minority. کم عیار of low standard, base (metal or coin, etc.), not pure (of gold). کم فراغی want of ease or leisure. کم فرصتی want of time; want of leisure or opportunity. کم فہم silly, stupid. کم فہمی dullness; stupidity. کم قدر 1 of low value or grade; unhonoured (person), depreciated (money). کم قدر ہونا fall in esteem; be degraded. کم قدری depreciation (of money), devaluation (of currency). کم قوت weak, powerless. کم قیمت low-priced, cheap. کم کرنا 1 lessen, reduce. 2 deduct. کم کم a little; a little at a time. کم کو رمیں بیچنا sell at a loss. کم کوش one who does a little or deficient effort; not or little laborious; lazy, slow. کم گو taciturn, habitually silent. کم گوش 1 someone with an impaired hearing. 2 (*fig.*) indifferent. کم گوئی taciturnity. کم مائیگی baseness; low value. کم مایہ poor. کم محنت indolence. کم نصیب unlucky. کم نصیبی misfortune, ill-luck, bad luck. کم نظر/نگاہ short-sighted, weak-sighted. کم وبیش more or less. کم وکاست loss; deficiency. کم ہمت poor-spirited. کم ہمتی lack of courage, cowardliness. کم ہونا lessen, fall short, decrease. کم یاب (also کمیاب) rare, scarce. کم یابی (also کمیابی) lack, scarcity. [P]

کم² _____ ■ *pron.* how much? how many? which?

Prophet Moses had).

کُلّیہ /kʊllɪjɑ:/ ■ *n.m.* 1 formula. 2 universally accepted dogma, maxim or tenet; rule. 3 faculty of a university.

گلھاڑا /kʊlʰɑ:ɽɑ:/ ■ *n.m.* (also کُلہاڑا) axe, hatchet.

گلھاڑی /kʊlʰɑ:ɽi:/ ■ *n.f.* (*dim.* of گلھاڑا) small axe, small hatchet.

کُلّھڑ /kʊlʰlʰəɽ/ ■ *n.m.* (also کُلّڑھ، کُھلڑ) 1 earthen vessel; cup; water-pot. 2 (*fig.*) unwieldy bumpkin.

کُلھیا /kʊlʰjɑ:/ ■ *n.f.* (also کُلہیا) 1 small earthen, metallic or ceramic bowl. 2 a kind of firework. کلھیا بھرنا (***Hinduism***) offer cups full of milk, etc. to god or goddess; to fill earthen vessel with rice on Diwali. کلھیا سا narrow; small. کلھیا لگانا to cup. کلھیا میں گڑ پھوڑنا do something stealthily.

کم /kəm/ ■ *adj.* little, few; less, deficient; seldom, rare; scanty. کم اختلاطی little intimacy or familiarity. کم از کم at least, minimum. کم اصل/ذات/نسب low-born, of low caste. کم آزاری causing a little trouble. کم بخت unfortunate, unlucky; cursed. کم بختی misfortune; mishap. کم بختی آنا trouble or bad luck to arrive, find oneself in trouble. کم بختی جب آوے اونٹ چڑھے کو کتا کاٹے there is no remedy against misfortune. کم بختی کا مارا unfortunate. کم بختی کے دن hard times, evil days. کم تر (also کمتر) less, lesser; inferior; of lower rank. کم تری (also کمتری) lowliness, inferiority. کم ترین 1 least; lowest (degree or status). 2 a modest way of referring to oneself. کم توجہی/نظری/نگاہی inattention, neglect. کم حرکت sluggish, lazy. کم حوصلگی state of being uninspiring or low-spirited. کم حوصلہ unambitious, poor-spirited; of low morale. کم حیثیت/مقدور poor, of small means; of low status or position. کم خرچ frugal, economical (regarding money). کم خرچ بالانشین 1 frugal, hence carefree. 2 good quality at low cost. کم خرچی parsimony, frugality. کم خرد stupid, unwise. کم خوابی want of sleep, sleeplessness, insomnia. کم خور/خوراک abstemious, sparing in diet. کم دماغ impolite, rude, bad-tempered. کم دماغی discourtesy, bad-temper, impudence. کم ذات of low caste or low origin; mean. کم ذاتی low birth; meanness. کم ذہن of little mental powers; forgetful. کم راہ slow (horse). کم رتبہ of low stone let go cannot be called back. کمان کرنا 1 double. 2 bend. کمان گر 1 bow-maker. 2 bone-setter. کمان ہو جانا be bent, become too old and thus be bent over. [P]

کمان² ——— ■ *n.f.* command. کمان افسر commanding officer. کمان دار commander. کمان دان commando. کمان کرنا to command (troops). کمان میں under the command (of). [E]

کمانا¹ /kəmɑːnɑː/ ■ *v.* 1 earn, work for wages. 2 to tan the hides. 3 prepare land for cultivation by digging or ploughing. 4 carry out physical exercise; to work out. 5 beat (iron) into softness. 6 to clean toilets, carry out human excretion. 7 to serve. 8 to commit (a sin).

کمانا² ——— ■ *v.* to lessen, to diminish, to weaken.

کمانچہ /kəmɑːntʃɑː/ ■ *n.m.* 1 small bow. 2 arched roof. 3 sarangi, a musical instrument. 4 the bow of a violin.

کمانچی /kəmɑːntʃiː/ ■ *n.m.* one who plays sarangi.

کمانی /kəmɑːniː/ ■ *n.f.* 1 spring (of a car, chariot, watch, etc.). 2 frame (of glasses).

کماؤ /kəmɑːuː/ ■ *n.m.* earner, bread-winner. کماؤ آئے ڈرتا نکھٹو آئے لڑتا worthless person is foolishly proud. کماؤ پوت bread-earning son.

کمائی /kəmɑːiː/ ■ *n.f.* 1 earnings; gain, profit. 2 (*fig.*) performance of virtuous deeds. کمائی کرنا 1 earn; have a profit. 2 do a virtuous deed.

کمایا ہوا /kəmɑːjɑː huɑː/ ■ *adj.* 1 earned. 2 tanned, refined. کمایا ہوا چمڑا tanned leather. کمایا ہوا لوہا refined iron.

کمبل /kəmbəl/ ■ *n.m.* (also کمّل) blanket. کمبل پوش 1 blanket-wearing. 2 a dervish who wears blanket. 3 (*fig.*) content; ascetic. کمبل ہونا (*slang*) stick or cling to, stick close; dog the footsteps.

کمبخت /kəmbəxt̪/ ■ *adj.* unfortunate. See کم بخت under کم¹.

کمبختی /kəmbəxt̪iː/ ■ *n.f.* ill-fortune. See کم بختی under کم¹.

کمبوہ /kəmboːh/ ■ *n.m.* name of a tribe.

کُمبھ /kumbʰ/ ■ *n.m.* (also کُنبھ) 1 water jar. 2 (*Astrol.*) Aquarius. 3 a measure of grain. کمبھ کا میلا Kumbh Mela, Hindu religious festival held once every twelve years.

کمپا /kəmpɑː/ ■ *n.m.* a long stick with birdlime at one end used by fowlers to catch birds. کمپا لگانا lay a trap for catching birds.

کمپو /kəmpuː/ ■ *n.m.* 1 camp. 2 encampment.

what? کم وکیف 1 which and how. 2 (*fig.*) status; nature; character. [A]

کما /kəmɑː/ ■ *adv.* just as, as, like. کما حقہ duly; properly; as it should be by rights; as it actually is. کما ہِیَ as it is; as is. کما ینبغی duly, as ought to be.

کُماچ /kumɑːtʃ/ ■ *n.f.* (also کُماج) 1 a kind of fat bread. 2 a round piece of wood for receiving the top of a tent pole. کماچ سا منھ chubby cheeks.

کماچی /kəmɑːtʃiː/ ■ *n.f.* (also کماچ، کماج) a kind of small violin-like stringed instrument.

کماد /kəmɑːd̪/ ■ *n.m.* sugar cane.

کُمار /kumɑːr/ ■ *n.m.* 1 son. 2 lad, unmarried boy. 3 prince. ■ *suffix* as in راج کمار prince. (*fem.* کُماری)

کمال /kəmɑːl/ ■ *n.m.* 1 excellence, perfection. 2 art. 3 wonder, marvel, miracle. ■ *adv.* greatly, extremely. ■ *adj.* extreme, perfect. کمال حاصل کرنا، کو پہنچنا attain perfection, reach the utmost limits. کمال درجے کا 1 extreme, utmost. 2 of the highest order; to the utmost. کمال دکھانا perform a feat, show great skill, do something wonderful, perform a miracle, work wonders. کمال رکھنا attain the highest excellence, have expertise in. کمالِ شے زوالِ شے anything that attains perfection is destined to decline. کمال کا کری perfect, wonderful, wondrous. کمال کرنا 1 work wonders, do wonderfully well. 2 do something unexpected or undesirable. کمال کو پہنچانا bring or develop (something) to perfection, make perfect. (*pl.* کمالات)

کمالا /kəmɑːlɑː/ ■ *n.m.* sham wrestling match to exhibit feats of skill; a wrestling match whose outcome is deviously influenced.

کمالیّت /kəmɑːlɪjjət̪/ ■ *n.f.* perfection, completion.

کمان¹ /kəmɑːn/ ■ *n.f.* 1 bow, arch. 2 rainbow. 3 (*Astrol.*) Sagittarius. 4 anything bent like an arch. 5 (*poet.*) beloved's eyebrow. ■ *adj.* bent, arched. کمانِ ابرو 1 arched eyebrows. 2 one who has arched eyebrows; a beloved. کمان اتارنا loosen or unstring a bow, unbend a bow. کمان اُتر جانا (*fig.*) influence to wane, become powerless. کمان تاننا، چڑھانا 1 bend a bow. 2 (*fig.*) get ready to shoot or fight. کمان دار archer, bowman. کمان سے نکلا تیر اور منھ سے نکلی بات پھر نہیں آتے an arrow shot from the bow and a word said never return, a word and a mountain. کمر کھول بیٹھنا **1** sit at ease. **2** lose courage. کمر کھولنا **1** take off or loosen the belt; ungird one's loins. **2** be at ease; adopt an easy posture. **3** resign from job. کمر لچکانا sway the hips. کمر لچکنا waist be twisted (because of being delicate or tender). کمر مارنا attack (army) in the flank; strike sideways.

کمرکھ **/kəmrəkʰ/** ■ *n.m.* (also کمرخ، کمرک) star fruit, carambola, *Averrhoa carambola.*

کمرہ **/kəmrɑː/** ■ *n.m.* (also کمرا) room; hut; cabin.

کمری **/kəmriː/** ■ *n.f.* short tunic or waistcoat. ■ *adj.* having weak and bent back.

کمریا **/kəmərjɑː/** ■ *n.f.* (*dim.* of کمر) **1** short waistcoat. **2** (often *poet.*) thin waist.

کمزور **/kəmzoːr/** ■ *adj.* weak. See کم زور under کم¹.

کمزوری **/kəmzoːriː/** ■ *n.f.* weakness. See کم زوری under کم¹.

کمسن **/kəmsɪn/** ■ *adj.* young. See کم سن under کم¹.

کمسنی **/kəmsɪniː/** ■ *n.f.* tender age. See کم سنی under کم¹.

کمک **/kəmək/** ■ *n.f.* (*var.* of گمگ) sound of tabla and drum.

کمک **/kumək/** ■ *n.f.* reinforcement; assistance. کمک بھیجنا send reinforcement. کمک پر ہونا side with, support, help. کمک دینا assist; reinforce.

کُم کُم **/kumkum/** ■ *n.f.* kum kum, saffron, *Crocus sativus.*

کمل **/kəməl/** ■ *n.m.* (*var.* of کنول) lotus.

کملا¹ **/kəməlɑː/** ■ *n.m.* caterpillar of a brown moth covered with fine bristles which, if touched, adhere to the skin and cause itching, palmer-worm. [S]

کملا² ____ ■ *n.f.* **1** beautiful lady. **2** an epithet of the goddess Lakshmi. [S]

کُملانا **/kumlɑːnɑː/** ■ *v.* (*var.* of کُمھلانا) **1** wither, fade, droop, be blighted (of flower or plant, etc.). **2** become dispirited or sad (of face).

کمل بائی **/kəməlbɑːiː/** ■ *n.m.* (also کمل باؤ) a kind of jaundice.

کملی **/kəmliː/** ■ *n.f.* (also کملیا) cumly, cumbly, small blanket. کملی والا/والے (*fig.*) Prophet Muhammad.

کمند **/kəmənd̪/** ■ *n.f.* **1** scaling-ladder made of rope used to climb walls. **2** halter, lasso; noose; slip knot. **3** (*fig.*) ringlets. کمند ڈالنا **1** throw up a rope-ladder. **2** (*fig.*) reach for (a high aim, etc.); try to find means for capturing something or achieving some goal.

3 cantonment. کمپو پڑنا encamp (in or at).

کمتر **/kəmt̪ər/** ■ *adj.* less; of lower rank. See کم تر under کم¹.

کمتری **/kəmt̪əriː/** ■ *n.f.* lowliness. See کم تری under کم¹.

کمتی **/kəmt̪iː/** ■ *n.f.* **1** deficiency, diminution, abatement, shortfall, decrease. **2** below par. ■ *adj.* little, less; scanty. کمتی بڑھتی more or less; fall and rise (of prices), decrease and increase, shortfall and surplus. کمتی تولنا cheat in weighing. کمتی کرنا reduce (price, etc.) (*opp.* بڑھتی)

کمٹھا **/kəmʈʰɑː/** ■ *n.m.* bow made of bamboo.

کمخواب **/kəmxɑːb/** ■ *n.f.* (also کمخاب) kincob, brocade, silk or satin worked with gold and silver thread.

کُمُد **/kumuɖ/** ■ *n.m.* white lotus or water-lily.

کمر **/kəmər/** ■ *n.f.* **1** waist. **2** girdle; belt. **3** middle, central part of anything. **4** (*coll.*) back; backside. **5** (*fig.*) courage, spirit. کمر باندھنا get ready (esp. for travel or some difficult task). کمر بستر سے نہ لگنا have a sleepless night. کمر بستہ ready, in readiness. کمر بند cummerbund, waist-band. کمر بندی arming, preparation for battle. کمر پکڑ کے اٹھنا **1** become very weak. **2** raise holding the waist or hips (because of weakness or illness). کمر پکڑنا **1** grip one by the waist. **2** stand by, to support. **3** to seize by the waist. کمر پٹکا/پیٹی/پیچ golden or silver belt (often studded with diamonds) worn as ornament. کمر توڑ back-breaking; very painful; unbearable. کمر توڑنا **1** break the back. **2** dash one's hopes. **3** win over one's adherents. کمر ٹوٹنا **1** (spine) to be broken; become hump-backed; (of back) be bent (with old age). **2** be deserted by friends. **3** suffer a great loss; suffer the loss of a son. **4** lose spirit or hope. کمر ٹھونکنا encourage. کمر دوال/ردیوال a leather belt. کمر رہ جانا be paralysed; be unnerved; (back) to become stiff or to be sprained. کمر سیدھی کرنا lie down; rest; take a nap. کمر کا ڈھیلا (*derog.*) eunuch; impotent; sexually weak. کمر کا مضبوط sexually strong, virile. کمر کس کے باندھنا resolve on an undertaking; resolutely prepare. کمر کسنا **1** get ready. **2** resolve. کمر کشائی the act of undoing belt or taking off uniform, the act of relaxing (of army, etc.). کمر کمر waist-deep; up to the waist. کمر کوٹ waist-high boundary wall. کمر کوٹھا end of a beam projecting from wall. کمر کوہ middle part of a

کمینہ پن meanness, pettiness.

کمینی /kəmi:ni:/ ■ *adj.* (*fem.* of کمینہ).

کُمھار /kʊmʰɑ:r/ ■ *n.m.* (also کُمہار) potter. کمھار کا آوا potter's kiln. کمھار کا چاک potter's wheel. (*fem.* کُمھارن، کُمھاری)

کُمھلانا /kʊmʰlɑ:nɑ:/ ■ *v.* (also کُملانا) to wither, to wilt.

کن¹ /kən/ ■ *n.m.* digger, excavator. ■ *suffix* used in comp. as: کان کن miner. گورکن grave-digger. [P]

کن² ——— ■ *n.m.* **1** grain, a single grain. **2** minute particle. **3** sparkle of a gem. **4** strength, power. **5** blossom, bud. **6** side, corner, half. کن انکھیاں side-glance; furtive looks. کن انکھیوں سے دیکھنا look sideways; cast a sidelong look or glance. کن انگلی the little finger. کن کوت appraisement of a crop on the field. کن ماترا/متر very little, a minute quantity. [S]

کن³ ——— ■ *n.m.* (*contr.* of کان¹) ear. کن پھٹا **1** split-eared. **2** Hindu sadhu wearing large metal earrings. کن پھسکی whispering. کن پھیڑ/پھیڑے mumps. کن ٹوپ (also کنٹوپ) cap reaching to the ears. کن چھدا one whose ear lobes are pierced. کن چھیدن (also کنچھیدن) **1** piercing of ear lobe. **2** ceremony associated with it. کن رس a connoisseur of music, having ear for music. کن سنیاں/سوئیاں لینا overhear, eavesdrop. کن کھجورا centipede. [dial.]

کِن /kɪn/ ■ *pron.* what? who? which? کن کا/کی whose? کن کو whom?

کُن¹ /kʊn/ ■ *suffix* maker or doer; used in comp. as: حیران کن amazing. کارکن worker, agent. [P]

کُن² ——— ■ *imper.* be! let it be! let there be! کن فکاں **1** (God said) let there be and it (the universe) came into being. **2** (*fig.*) God's power of creation. کن فیکون/فیکوں **1** (God said) be and it was; an allusion to the creation of the universe. **2** (*fig.*) God's power of creation. [A]

کنّا /kənnɑ:/ ■ *n.m.* **1** one of the notches on the two sides of the upper leather in certain types of shoes. **2** base string (of paper-kite) to which main string is tied. **3** edge, end, margin.

کِنار /kɪnɑ:r/ ■ *n.m.* & *f.* (also کنار) **1** bosom, lap, embrace. **2** side; margin; edge. **3** brink, shore, coast; bank. کنارِ جُو river bank. کنار و بوس (also بوس و کنار) kissing or hugging; necking.

کمنڈل /kəmənḍəl/ ■ *n.m.* wooden or earthen water pot used by ascetics.

کمنگر /kəmənɡər/ ■ *n.m.* (also کمان گر) **1** bow-maker. **2** bone-setter.

کموانا /kəmvɑ:nɑ:/ ■ *v.* **1** cause to earn. **2** cause to beat iron. **3** cause to tan leather.

کمُود /kəmu:d̪/ ■ *n.m.* **1** a species of drug which is also used for dyeing. **2** (also کمودنی) a species of water-lily. **3** a composition of *hindol* (ہنڈول) raga.

کموری /kəmo:ri:/ ■ *n.m.* small earthen pot.

کمُون /kəmu:n/ ■ *n.m.* cumin seed.

کمُونی /kəmu:ni:/ ■ *n.f.* (also جوارش کمونی) medicine in which cumin seed is mixed.

کمی /kəmi:/ ■ *n.f.* **1** scarcity, dearth. **2** deficiency, deficit, shortfall, paucity. **3** reduction, decrease. کمی بیشی increase and decrease. کمی کرنا to cause to reduce; to leave something wanting. کمی نہ کرنا do as much as one can, leave no stone unturned.

کمّی /kəmmi:/ ■ *adj.* (*derog.*) of low caste.

کمیاب /kəmjɑ:b/ ■ *adj.* scarce. See کم یاب under کم¹.

کمیابی /kəmjɑ:bi:/ ■ *n.f.* scarcity. See کم یابی under کم¹.

کمّیت /kəmmɪjjət̪/ ■ *n.f.* (***Physics***) mass; quantity.

کُمَیت /kʊmæ:t̪/ ■ *n.m.* a bay horse, reddish-brown horse (considered best).

کمیٹی /kəme:ʈi:/ ■ *n.f.* **1** committee. **2** a system of saving money in which every member contributes to a pool and gets the full amount on his or her turn. (See also بیسی²) [E]

کمیدان /kəmi:d̪ɑ:n/ ■ *n.m.* commandant.

کمیرا /kəme:rɑ:/ ■ *n.m.* labourer; hired agricultural labourer.

کمیلا /kəmi:lɑ:/ ■ *n.m.* drug obtained from the red colour dust of the tree *Rottlera tinctoria*.

کمیلا /kəme:lɑ:/ ■ *n.m.* slaughterhouse, abattoir.

کمین¹ /kəmi:n/ ■ *n.m.* menial servant; person of low caste; mean, ignoble. [P]

کمین² ——— ■ *n.f.* (also کمیں) ambush. کمین گاہ hide-out, lurking-place, place to hide and wait for the prey. کمین گاہ میں بیٹھنا lie in ambush. [A]

کمینگی /kəmi:ngi:/ ■ *n.f.* meanness, lowness, baseness.

کمینہ /kəmi:nɑ:/ ■ *adj.* mean, ignoble; narrow-minded.

کنبہ /kumbɑ:/ ■ *n.m.* (also کُنبا) family, kinsfolk; members of a family, clan. کنبہ پرور supporter of one's family. کنبہ پروری 1 support of one's kin. 2 (*fig.*) nepotism. کنبہ جوڑنا bring or get all kinsfolk together.

کنپٹی /kənpəṭi:/ ■ *n.f.* the temple.

کنتاپ /kənṭɑ:p/ ■ *n.m.* (also کنتاب) 1 slipper. 2 (*fig.*) slap, smack.

کنتر /kənṭər/ ■ *n.m.* large glass or container for liquid (usu. wine). [E]

کنتک /kənṭək/ ■ *n.m.* 1 thorn. 2 bad man; mean enemy. 3 miser. ■ *adj.* 1 miserly. 2 wicked.

کنتوپ /kənṭo:p/ ■ *n.m.* cap reaching to the ears.

کنٹھ /kənṭʰ/ ■ *n.m.* 1 the throat, windpipe, larynx. 2 Adam's apple. 3 voice. 4 necklace. 5 scrofula. 6 the natural mark round a bird's neck. ■ *adv.* by heart, by rote. ■ *adj.* committed to memory. کنٹھ بیٹھنا become hoarse. کنٹھ سوکھنا be very thirsty. کنٹھ کرنا memorize, get by heart. کنٹھ مالا 1 scrofula, king's evil. 2 necklace. کنٹھ منی jewel worn on the throat. کنٹھ نکالنا reach puberty.

کنٹھا /kənṭʰɑ:/ ■ *n.m.* 1 gold or silver necklace with large beads; string of large beads of wood worn by someone to ward off the evil effects of magic. 2 string of flowers, necklace made of flowers, garland. 3 rosary, string of beads, prayer beads.

کنٹھی /kənṭʰi:/ ■ *n.f.* (*dim.* of کنٹھا) small bead necklace, usually worn by mendicants.

کنج¹ /kundʒ/ ■ *n.m.* 1 corner. 2 a solitary or secluded place. کنج تنہائی/خلوت secluded corner. کنجِ دہن mouth. کنجِ قفس 1 a corner of a prison. 2 (*fig.*) prison; cage. کنج کاو/کاوش/کاوی effort; search. کنجِ گور grave. [P]

کنج² —— ■ *n.m.* 1 bower, arbour, a place surrounded by trees; a clump (of trees). 2 lower jaw. 3 tusk, ivory. [S]

کنجا /kəndʒɑ:/ ■ *adj.* (*contr.* of کرنجا) blue or green-eyed. (*fem.* کنجی)

کنجد /kundʒəḍ/ ■ *n.m.* (also کُنجُد) sesame. (See also تل.)

کنجر /kəndʒər/ ■ *n.m.* 1 Kanjar, member of a Hindu low caste. 2 maker and seller of ropes or strings of hemp and cotton. 3 (*derog.*) ill-mannered person, lout. 4 a term of abuse.

کنارہ /kɪnɑ:rɑ:/ ■ *n.m.* (also کنارا) 1 shore, bank (of a river), coast. 2 margin, rim; boundary. 3 hem (of a cloth). 4 end, edge, brink (of a cliff, etc.). 5 side (of a road). کنارہ چڑھانا fold and sew the edge (of a cloth), make a border, hem. کنارہ کرنا withdraw, retire, keep oneself aloof. کنارہ کش one who withdraws or draws aside, one who keeps oneself aloof. کنارہ کش ہونا withdraw, retire, keep oneself aloof, turn aside; abstain. کنارہ کشی withdrawal, holding aloof.

کناری /kɪnɑ:ri:/ ■ *n.f.* 1 lace; border (of a garment); a broad hem (of garments). 2 the outer edge; rim (of something circular). کناری باف lace-maker, weaver of lace.

کنارے /kɪnɑ:re:/ ■ *n.m.* (*pl. & infl.* of کنارہ) کنارے پر ashore. کنارے پرلگنا reach the coast. کنارے رکھنا shelve, put away. کنارے کرنا do away with; put aside; shove or push aside. کنارے کنارے 1 along the shore or edge. 2 on one side of a road. 3 apart; aside. کنارے کنارے چلنا walk along the shore or on the side of the road; walk apart. کنارے لگانا 1 bring a boat to an anchorage; beach (a boat). 2 accomplish (someone's) task; finish a task. کنارے لگنا 1 come to an end. 2 (of a boat) touch the shore. کنارے ہونا keep aloof, to move on, step aside; to get out of the way, withdraw from.

کنّاس /kənnɑ:s/ ■ *n.m.* 1 sweeper. 2 a miser; a mean person, avaricious, ill-tempered person. 3 hangman, executioner.

کناگت /kənɑ:gət/ ■ *n.m.* (also کنیاگت) 1 the dark half of the lunar month. 2 a Hindu religious festival in which charities are given out in honour of deceased ancestors.

کنال /kənɑ:l/ ■ *n.m.* a unit of land measure equivalent to twenty *marlas* (مرلہ).

کُناں /kunɑ̃:/ ■ *suffix* doing; used in comp. as: جلوہ کناں 1 shining. 2 (*fig.*) visible or seen. رقص کناں dancing. نوحہ کناں mourning, lamenting.

کنایتاً /kɪnɑ:jəṭən/ ■ *adv.* indirectly; allusively; metaphorically.

کنایہ /kɪnɑ:jɑ:/ ■ *n.m.* (also کنایت) hint, sign; metaphor; allusion, metonymy; calling someone or something by a different name. (*pl.* کنایات)

کنجری /kəndʒri:/ ■ *n.* (*fem.* of کنجر) (also کنجریا) **1** female of Kanjar's caste. **2** prostitute. **3** a kind of lewd song.

کُنجڑا /kundʒɽɑ:/ ■ *n.m.* member of a Hindu caste whose occupation is selling vegetables; greengrocer. (*fem.* کُنجڑی)

کُنجشک /kundʒəʃk/ ■ *n.f.* (also کُنجِشک) sparrow. (See also چڑیا، عُصفور.)

کنجوس /kəndʒu:s/ ■ *n.m.* miser, niggard. ■ *adj.* miserly, stingy, penny-pinching. کنجوس مکھی چوس (*derog.*) big skinflint, great miser.

کنجوسی /kəndʒu:si:/ ■ *n.f.* stinginess, miserliness.

کُنجی /kundʒi:/ ■ *n.f.* **1** key. **2** (*fig.*) solution (to). **3** source; reason, cause.

کنچا /kəntʃɑ:/ ■ *n.m.* **1** a small marble, a small ball of coloured glass that children play with. **2** (*slang*) beautiful girl.

کنچن /kəntʃən/ ■ *n.m.* **1** gold. **2** (*fig.*) wealth; money. کنچن برسنا be showered with money, be affluent. کنچن چور a superior kind of rice which improves and turns yellow when kept for a few years. کنچن نیر clear water, transparent water.

کنچنی /kəntʃni:/ ■ *n.f.* **1** prostitute, whore. **2** (*fig.*) an illegitimate child.

کنچھیدن /kəntʃʰe:d̪ən/ ■ *n.m.* the act of piercing the ears. See کن چھیدن under کن[3].

کند /kənd/ ■ *n.m.* an esculent, bulbous or tuberous root.

کُنَد /kunəd̪/ ■ *v.* does. کند ہم جنس با ہم جنس پرواز birds of the same feather flock together.

کُند /kund̪/ ■ *adj.* **1** blunt, without a sharp edge. **2** dull, slow. کند چھری سے حلال/ذبح کرنا **1** to slaughter with a blunt knife. **2** (*fig.*) (i) kill ruthlessly. (ii) cause great agony. کند ذہن dull-headed, of dull intellect, unintelligent.

کندا /kənd̪ɑ:/ ■ *n.m.* a bulbous root, squill.

کُندا /kund̪ɑ:/ ■ *n.m.* **1** block or log of wood. **2** stock of a gun. **3** dehydrated milk. **4** stock, pillory. کندا بھوننا/ کسنا dehydrate milk. کندا چڑھانا attach stock to a gun.

کُندرُو /kund̪ru:/ ■ *n.m.* a kind of wild gourd of the genus *Trichosanthes*.

کُندری /kund̪ri:/ ■ *n.f.* **1** a kind of vegetable. **2** a coil-like pad made of rope or cloth used as a cushion by those who carry load on head.

کُندُش /kund̪uʃ/ ■ *n.m.* (also کُندُس) sneezewort, *Achillea ptarmica*.

کندلا /kənd̪lɑ:/ ■ *n.m.* **1** pure gold. **2** gold thread.

کندن /kənd̪ən/ ■ *n.m.* **1** the act of digging, excavating, rooting out. **2** engraving. کندنِ جاں death-agony.

کُندن /kund̪ən/ ■ *n.m.* pure gold, the finest gold. ■ *adj.* **1** bright. **2** pure.

کُندنی /kund̪əni:/ ■ *adj.* golden.

کندُوری /kənd̪u:ri:/ ■ *n.f.* **1** tablecloth. **2** a feast held to pay homage to Hazrat Fatima (daughter of Prophet Muhammad), which only women can join. **3** feast, especially from bride's side on the wedding day.

کندہ /kənd̪ɑ:/ ■ *adj.* **1** dug, excavated. **2** engraved. کندہ کار carver, engraver. کندہ کاری engraving, carving. کندہ کرنا engrave, carve.

کُندہ /kund̪ɑ:/ ■ *n.m.* **1** piece of wood; beam. **2** stem, trunk of a tree. **3** stocks, a wooden frame with holes for securing criminal's feet as a punishment. کندۂ ناتراش dolt, stupid person.

کُندی /kund̪i:/ ■ *n.f.* a long-handled wooden stick to beat clothes with, mallet to beat clothes while washing. کندی کرانا get beaten up, have (someone) thrashed. کندی کرنا beat. کندی گر one who launders clothes, laundry-man; one who irons clothes.

کندھا /kənd̪ʰɑ:/ ■ *n.m.* (*contr.* of کاندھا) shoulder. کندھا بدلنا (of a man carrying a litter) change shoulders. کندھا پکڑ کے چلنا walk with one's hand on another's shoulders; move with another's help. کندھا دینا to lend a shoulder, bear the funeral/ bier. کندھا ڈالنا throw off the yoke, lose spirit, be discouraged.

کندھے /kənd̪ʰe:/ ■ *n.m.* (*pl.* & *infl.* of کندھا) کندھے اُچکانا shrug, raise one's shoulders to express indifference. کندھے سے کندھا چھلنا to push on one because of overcrowding, be thronged, be crowded. کندھے سے کندھا ملا کر ملائے shoulder to shoulder; collectively; unitedly. کندھے لگانا carry a baby with its head resting on one's shoulder.

کُنڈ /kunɖ/ ■ *n.m.* **1** spring; pool, reservoir; deep pool in a riverbed where whirlpool forms. **2** fire-altar for hurling votive offerings.

کنڈا /kənḍɑ:/ ■ *n.m.* (also کنڈی) dried cow dung used for fuel. کنڈا ہونا **1** be dried. **2** become weak or thin.

کُنڈا /kunḍɑ:/ ■ *n.m.* iron-ring to which a chain is fastened, staple, hook. کنڈا ڈالنا (*slang*) steal electricity.

کُنڈل /kunḍəl/ ■ *n.m.* **1** curl, coil. **2** circle, halo. **3** Hindu ascetic's large earring. کنڈل کرنا/مارنا/میں ہونا form a coil (as a snake).

کُنڈلی /kunḍli:/ ■ *n.f.* **1** ringlet, coil. **2** halo. **3** horoscope. **4** coil (of a snake). کنڈلی بنانا **1** curl. **2** make a horoscope. کنڈلی مار کر بیٹھنا coil.

کنڈم /kənḍəm/ ■ *adj.* useless, idle; rejected; condemned. [E]

کنڈی /kunḍi:/ ■ *n.f.* bolt, iron catch to fasten a door; a door-chain. کنڈی دینا/لگانا/مارنا put on a door-chain. کنڈی کھٹکھٹانا knock the door by rattling its chain. کنڈی ہلانا to knock at the door.

کُنڈیا /kunḍja:/ ■ *n.f.* basket.

کنرس /kənrəs/ ■ *adj.* connoisseur of music. See کن رس under کن³ .

کنرسیا /kənrəsjɑ:/ ■ *n.m.* one having an ear for music.

کنز /kənz/ ■ *n.m.* treasure; treasury. کنزِ مخفی hidden treasure. (*pl.* کُنُوز)

کنستر /kənəsṭər/ ■ *n.m.* canister. [E]

کنسلائی /kənsəlɑ:i:/ ■ *n.f.* millipede, rainworm, a kind of insect once believed to enter the brain through the ears causing pain and even death.

کُنشت /kunɪʃt/ ■ *n.m.* **1** fire temple of the Parsees. **2** synagogue.

کنعان /kənʔɑ:n/ ■ *pr.n.m.* (also کنعاں) Canaan; used in comp. especially in poetry, as: پیرِ کنعاں **1** the old man of the Canaan. **2** (*fig.*) Prophet Jacob/ Hazrat Yaqoob. ماہِ کنعاں **1** the moon of Canaan. **2** (*fig.*) Prophet Joseph/ Hazrat Yousuf.

کنعانی /kənʔɑ:ni:/ ■ *adj.* of or belonging to Canaan. ■ *n.m.* **1** a Canaanite. **2** (*fig.*) Prophet Joseph/ Hazrat Yousuf.

کنف /kənəf/ ■ *n.m.* **1** edge. **2** coast, shore. **3** direction, side. **4** wing of a bird. (*pl.* اکناف)

کنک¹ /kənək/ ■ *n.m.* **1** grain; seed. **2** wheat. **3** broken rice. [S]

کنک² ____ ■ *n.m.* thorn apple or datura plant. [S]

کنکالا /kəŋkɑ:lɑ:/ ■ *n.f.* witch, hag; sorcerer.

کنکٹا /kənkəṭɑ:/ ■ *adj.* (also کن کٹا) crop-eared, earless. ■ *n.m.* **1** one whose ears have been cut off. **2** an evil spirit which cuts off ears; bugbear; a bugaboo.

کنکر /kəŋkər/ ■ *n.m.* coarse lime stone pebble used to pave roads, gravel, pebble. کنکر پتھر pebbles and stones. کنکر کا made of pebbles. کنکر کا جھجر jug made of lime-stone (in which water keeps cool).

کنکری /kəŋkri:/ ■ *n.f.* (*dim.* of کنکر) grit, gravel, very small round pebble or piece of stone.

کنکریلا /kəŋkri:lɑ:/ ■ *adj.* stony, gravelly, gritty. (*fem.* کنکریلی)

کُنکُنا /kunkunɑ:/ ■ *adj.* lukewarm, tepid (water). (*fem.* کُنکُنی)

کنکوّا /kənkəvvɑ:/ ■ *n.m.* paper-kite. کنکوا اُڑانا fly a paper-kite. کنکوا لڑانا engage in a contest of flying paper-kites.

کنکُوت /kənku:ṭ/ ■ *n.m.* (also کنکُوٹ) appraiser of standing crop. ■ *n.f.* appraisement of a crop.

کنکی /kənki:/ ■ *n.f.* broken rice, ground rice; particles of broken rice.

کنکھجورا /kənkʰədʒu:rɑ:/ ■ *n.m.* (also کن کھجور، کن کھجورا) centipede.

کنکھی /kənkʰi:/ ■ *n.f.* (also کن انکھی) side glance; sidelong look, sly look. (*pl.* کنکھیاں، کنکھیوں)

کنگال /kəŋgɑ:l/ ■ *adj.* (also کنگلا) poor; broke, bankrupt. کنگال بانکا poor but proud or vain; penniless swell. کنگال ٹرّ poor and vain or insolent. کنگال کردینا impoverish, make penniless, to reduce to poverty. کنگال ہوجانا become poor, be reduced to poverty.

کنگالی /kəŋgɑ:li:/ ■ *n.f.* poverty. کنگالی چھانا be reduced to abject poverty.

کُنگرا /kuŋgrɑ:/ ■ *adj.* (also کُنگرو) stout, robust. ■ *n.m.* strong man.

کنگن /kəŋgən/ ■ *n.m.* **1** bracelet, metallic ornament for the wrist. **2** (*fig.*) handcuff.

کنگنا /kəŋgnɑ:/ ■ *n.m.* **1** (***Hinduism***) string tied round the right wrist of the bridegroom or the left of the bride. **2** bracelet.

کنگنی¹ /kəŋgni:/ ■ *n.f.* millet. [S]

کنگنی² ____ ■ *n.f.* cornice. [dial.]

کنگنی³ ____ ■ *n.f.* (*dim.* of کنگن) small bracelet. [S]

کنگُورہ /kəŋgu:rɑ:/ ■ *n.m.* (also کنگورا) 1 niched battlement of a castle, etc. 2 porthole. 3 serrated top of wall parapet. کنگورہ دار having a niched battlement; crested.

کنگُوڑی /kəŋgu:ɽi:/ ■ *n.f.* 1 ear lobe. 2 the outer and curved part of the ear.

کنگھا /kəŋgʰɑ:/ ■ *n.m.* 1 kangha, comb. 2 weaver's comb.

کنگھی /kəŋgʰi:/ ■ *n.f.* (*dim.* of کنگھا) small comb. کنگھی چوٹی braiding or plaiting of the hair, hairdo. کنگھی چوٹی کرنا braid or plait the hair. کنگھی کرنا comb, dress the hair.

کُنمنانا /kunmunɑ:nɑ:/ ■ *v.* 1 to turn over, wriggle, be restless. 2 moan; murmur uneasily. 3 hesitate.

کُنِندہ /kunındɑ:/ ■ *suffix* doer; maker; used in comp. as: پیدا کنندہ creator. دستخط کنندہ signatory. (*pl.* کُنِندگان)

کِنُّو /kınnu:/ ■ *n.m.* (also کینو) a species of orange.

کُنوار¹ /kũvɑ:r/ ■ *n.m.* the seventh month of the Bikrami calendar corresponding to September-October. [S]

کُنوار² ____ ■ *n.m.* (*contr.* of کُنوارا) کنوار پنا period when a person is virgin or unmarried. [S]

کُنوارا /kũvɑ:rɑ:/ ■ *n.m.* bachelor, unmarried youth. کنوارا پن / پنا state of being unmarried or virgin; maidenhood.

کنواسا /kə̃vɑ:sɑ:/ ■ *n.m.* (also کَواسا) son of maternal grandson or granddaughter.

کُنواری /kũvɑ:ri:/ ■ *n.* (*fem.* of کُنوارا) maiden, virgin. کنواری کو ارمان بیاہی پشیمان wistful before rueful after.

کُنواں /kũvɑ̃:/ ■ *n.m.* well. کنواں بیچا ہے کنویں کا پانی نہیں بیچا I have sold well not its water; undue condition, unnecessary or illogical precondition. کنواں پیاسے کے پاس نہیں جاتا پیاسا کنویں کے پاس جاتا ہے one who needs another's help must take the initiative, not the other way round. کنواں جھانکنا be confused, be worried, suffer great hardship. کنواں چلانا irrigate. کنواں کھودنا 1 dig a well. 2 work hard to make an earning, make efforts. 3 dig a pit (for others).

کَنَوتی /kənɔ:t̪i:/ ■ *n.f.* (also کنوتی) 1 the ear of a four-legged animal, especially that of a horse or deer, etc. 2 earring. کنوتی چڑھانا / کھڑی کرنا 1 (of horse) become alert. 2 pick its ears.

کنوٹھا /kənɔ:ʈʰɑ:/ ■ *n.m.* nook, corner (of a house or room).

کُنور /kũvər/ ■ *n.m.* prince, a hereditary title of landowner in northern India.

کنول /kə̃vəl/ ■ *n.m.* 1 lotus. 2 a lotus-shaped lampshade. 3 (*fig.*) heart. کنول دَہ lotus pool; very deep water abounding with lotus. کنول رُوپی 1 lotus-like. 2 beautiful. کنول کھلنا 1 lotus to bloom. 2 (*fig.*) swell with pleasure. کنول گٹا edible lotus nut. کنول نین lotus-eyed; having lovely eyes like lotus flowers.

کنول باؤ /kə̃vəlbɑ:u:/ ■ *n.m.* (also کنول باد، کنول بائی) jaundice.

کنونڈا /kənɔ̃:ɖɑ:/ ■ *adj.* ashamed, upset by feeling of shame; diffident; disgraced.

کُنووں /kũvõ:/ ■ *n.m.* (*pl.* & *infl.* of کُنواں) کنووں میں بانس ڈالنا 1 (*literal*) to put bamboos into the wells. 2 (*fig.*) to search through, to look everywhere.

کُنویں /kũvẽ:/ ■ *n.m.* (*pl.* & *infl.* of کُنواں) کنویں پر گئے اور پیاسے آئے unlucky person gets nothing but deprivation. کنویں جھکانا / جھکوانا / جھنکوانا 1 to make one look into wells. 2 to make someone do what one wants. کنویں کا مینڈک (*derog.*) person having a tunnel vision; someone with a very narrow exposure or experience; someone with a very limited view or knowledge of the world around. کنویں کی مٹی کنویں میں لگنا ill-got, ill-spent. کنویں میں بانس پڑنا search diligently and thoroughly. کنویں میں بولنا mutter unintelligibly.

کُنہ /kunh/ ■ *n.f.* 1 reality. 2 reason. 3 end; extremity. 4 essence (of). 5 secret.

کنی /kəni:/ ■ *n.f.* 1 small particle. 2 broken bits of rice. 3 half-boiled rice. 4 a small piece of diamond or other gem. کنی رہ جانا (of rice) be almost but not fully boiled. کنی کھانا commit suicide (by swallowing a piece of diamond).

کنّی /kənni:/ ■ *n.f.* 1 edge, border. 2 makeweight, such as a piece of string or cloth attached to the lower end of paper-kite. 3 powdered tobacco leaves. کنی باندھنا fillet the lighter end of kite-rib. (سے) کنی دبنا be under someone's pressure. کنی دینا hold ribs of paper-kite to help someone fly it. کنی کاٹنا / کترانا avoid; dodge, evade. کنی کھانا (also کنیانا) (of paper-kite) incline to one side.

کنے /kəne:/ ■ *adv.* 1 (*arch.*) near, adjacent to; beside; at hand. 2 at; with. 3 end. 4 side.

کنّے /kənne:/ ■ *n.m.* (*pl.* & *infl.* of کنّا) base strings of a paper-kite. کنّے سے کٹنا 1 (kite flying) base string to be cut. 2 (*fig.*) become totally helpless; be totally separated.

کنیا /kənjɑ:/ ■ *n.f.* (also کنّیا، کنیا) 1 unmarried girl, virgin, maiden. 2 daughter. 3 daughter-in-law. 4 the zodiac sign Virgo. کنیا پانی گرہن taking of the bride's hand by the bridegroom at the marriage ceremony. کنیادان giving a girl in marriage. کنیاراس Virgo. کنیاراسی born under the sign Virgo, Virgoan.

کنیانا /kənjɑ:nɑ:/ ■ *v.* 1 to move away; shrink; skulk. 2 be shy or feel ashamed. 3 (of paper-kite) incline to one side.

کُنیّت /kʊnnɪjət/ ■ *n.f.* patronymic, filial appellation, dubbing, especially by the designation of father (ابُو) or son (ابن) or mother (اُم), etc.

کنیٹھی /kəne:ʈ^{h}i:/ ■ *n.f.* (also کنیٹی) pulling the ears; wringing the ears.

کنیر /kəne:r/ ■ *n.f.* oleander, an evergreen flowering shrub, *Nerium oleander,* with red or white flowers, the rosebay or rose-laurel.

کنیز /kəni:z/ ■ *n.f.* 1 maidservant, handmaid, slavey. 2 slave-girl. 3 (*fig.*) (female) devotee.

کنیسہ /kəni:sɑ:/ ■ *n.m.* church; synagogue.

کُو /ku:/ ■ *n.f.* street; lane. کوبکو، بہ کو street by street; all over the place; everywhere. کوئے بتاں، دوست، صنم، یار house or street of beloved.

کو /ko:/ ■ *prep.* to; towards; up to; in; on; for; at; about.

کوّا¹ /kəvvɑ:/ ■ *n.m.* 1 crow. 2 (*fig.*) clever person. کوا اُڑانی رکنی رہنکنی (*derog.*) a term for a good-for-nothing woman. کوا چلا ہنس کی چال، اپنی چال بھی بھول گیا one who blindly imitates others loses face. [S]

کوّا² ____ ■ *n.m.* uvula. [Prk.]

کوارگندل /kəvɑ:r gənd̪əl/ ■ *n.m.* aloe vera. (See also گھیکوار.)

کِواڑ /kɪvɑ:ɽ/ ■ *n.m.* (also *pl.*) door; either fold of a two-part door or window. کواڑ بھیڑنا، لگانا close or shut the door. کواڑ کھٹکھٹانا knock or rap on a door.

کواکب /kəvɑ:kɪb/ ■ *n.m.* (*pl.* of کوکب) stars.

کِوانچ /kɪvɑ̃:tʃ/ ■ *n.m.* cowage, a plant *Mucuna pruritens*.

کوائف /kəvɑ:ɪf/ ■ *n.m.* (*pl.* of کیفیّت) particulars.

کوب /ko:b/ ■ *adj.* pounded. ■ *suffix* 1 pounding, beating. 2 one who beats, beater; pounder; used in comp. as: پائے کوب dancing. زدوکوب beating, thrashing.

کوبانس /ko:bɑ̃:s/ ■ *exclam.* used for scaring away crows. کوبانس کو بانس کرتے پھرنا 1 scare the crows. 2 rebuke, chide, chastise; threaten. 3 (*fig.*) loiter idly, loaf about.

کُوبڑ /ku:bəɽ/ ■ *n.m.* hump, hunch.

کُوبکو /ku:bəku:/ ■ *adv.* everywhere. See under کُو.

کوبہ /ko:bɑ:/ ■ *n.m.* wooden mallet; rammer; mallet ball. کوبہ کاری thumping; beating, pounding. کوبہ کاری کرنا beat severely.

کوبی /ko:bi:/ ■ *n.f.* act of beating, pounding. ■ *suffix* used in comp. as: سینہ کوبی beating of chest (while mourning).

کوپ /ko:p/ ■ *n.m.* anger, wrath, rage.

کُوت /ku:t̪/ ■ *n.m.* 1 estimate, guess; valuation. 2 survey. 3 task. 4 base of a right-angled triangle.

کوِتا /kəvɪt̪ɑ:/ ■ *n.f.* poetry. See کوِیتا.

کوتاہ /ko:t̪ɑ:h/ ■ *adj.* 1 small, little. 2 short, brief. 3 narrow. 4 settled. کوتاہ اندیشی improvidence; indiscretion. کوتاہ بیں، نظر 1 short-sighted. 2 imprudent, indiscreet. کوتاہ بینی، نظری short-sightedness. کوتاہ دست 1 having short hands. 2 (*fig.*) miser. 3 lacking courage, spiritless. 4 slow, lazy. کوتاہ عمر short-lived. کوتاہ قامت، قد dwarfish; short, small. کوتاہ کرنا 1 shorten. 2 cut to short, abridge. کوتاہ گردن 1 having a short neck. 2 wily; wicked.

کوتاہی /ko:t̪ɑ:hi:/ ■ *n.f.* 1 shortcoming, defect. 2 negligence, indifference. 3 narrowness. 4 smallness, littleness. 5 want, deficiency. 6 brevity. کوتاہی کرنا 1 fall short; be lacking. 2 fail.

کوتک /ko:t̪ək/ ■ *n.m.* 1 (usu. *neg.*) doing; deeds, actions. 2 play; show. 3 trick; prank. 4 misdeed.

کُوتک¹ /ku:t̪ək/ ■ *n.m.* one of the rules of arithmetic or algebra, the rule of position. [S]

کُوتک² ____ ■ *n.m.* club; pestle, short stick with which bhang is ground. کوتک کھانا receive a cudgelling or beating. کوتک مارنا cudgel; thrash with stick. [T]

کوتکی /ko:t̪əki:/ ■ *adj.* playful, sportive; festive; fond of or given to tricks or pranks.

کوتل /ko:t̪əl/ ■ *n.m.* 1 well-caparisoned horse reserved for some special occasion; horse kept for show. 2 a led horse. ■ *adj.* extra, reserved; preserved.

کُوتنا /ku:t̪nɑ:/ ■ *v.* value, appraise, estimate.

کوتوال /ko:t̪vɑ:l/ ■ *n.f.* kotwal, former title of the chief officer of police in a town or city.

ہائیہ مصمتے:

بھ	پھ	تھ	ٹھ	جھ	چھ	دھ	ڈھ	رھ	ڑھ	کھ	گھ	لھ	مھ	نھ
b^h	p^h	t̪^{h}	ʈ^h	dʒ^h	tʃ^h	d̪^{h}	ɖ^h	r^h	ɽ^h	k^h	g^h	l^h	m^h	n^h

کوتوالی /ko:t̪vɑ:li:/ ■ *n.f.* 1 principal or central police station. 2 office or post of a police officer. 3 (*fig.*) (i) rule, government. (ii) influence.

کوتھلا /ko:t̪ʰlɑ:/ ■ *n.m.* (also کوتلا) 1 (*coll.*) a large bag. 2 pocket. 3 (*fig.*) stomach. کوتھلا بھرنا fill one's belly.

کوتھمیر /ko:t̪ʰmi:r/ ■ *n.m.* (also کوتمیر) coriander.

کُوتھنا /ku:t̪ʰnɑ:/ ■ *v.* (also کُونتھنا) 1 groan, moan. 2 utter a forced sound (while straining at lifting a weight or at stool). 3 make strenuous efforts.

کُوٹ /ku:ʈ/ ■ (*imper.* of کُوٹنا) beat. کوٹ کوٹ کر بھرا ہونا be imbued or full with.

کوٹ /ko:ʈ/ ■ *n.m.* 1 castle, fort; walled town; stronghold. 2 magic circle drawn with sand and ashes.

کوٹر /ko:ʈər/ ■ *n.m.* 1 hollow of a tree; hole made by a bird in a tree; cavity. 2 a kind of green or vegetable.

کوٹری /ko:ʈri:/ ■ *n.f.* 1 naked woman. 2 form of the goddess Durga (represented naked).

کوٹلا /ko:ʈlɑ:/ ■ *n.m.* (also کوٹلہ) 1 small fortress. 2 place where a temple's properties are kept and affairs are managed.

کُٹُمب /kuʈʊmb/ ■ *n.m.* (*var.* of کُٹمب) family, household; clan; relationship; affinity.

کُوٹنا /ku:ʈnɑ:/ ■ *v.* 1 pound, thrash, beat. 2 crush; powder, pulverize. 3 hammer; cudgel.

کوٹھا /ko:ʈʰɑ:/ ■ *n.m.* 1 warehouse. 2 barn. 3 house; chamber. 4 upper storey. 5 stomach. 6 brothel. کوٹھا بگڑنا digestion to upset.

کوٹھری /ko:ʈʰri:/ ■ *n.f.* (also کوٹھڑی، کوٹڑی) small room, cabin, closet; store-room; a small room with one door. کوٹھری کُٹھلا (*fig.*) wealth, riches.

کوٹھوں /ko:ʈʰõ:/ ■ *n.m.* (*pl.* of کوٹھا) کوٹھوں چڑھنا be known, become famous, be publicized.

کوٹھی /ko:ʈʰi:/ ■ *n.f.* 1 a large house, bungalow. 2 warehouse; granary; store-room. 3 factory. 4 (***Hist.***) banking firm. 5 magazine, a store for arms and ammunition. 6 wooden rim under wall of a well. 7 inside shaft of a large bungalow. کوٹھی بگڑنا ربیٹھنا become bankrupt. کوٹھی چلنا do a good business; flourish. کوٹھی کرنا رکھولنا open a bank or factory or business firm. کوٹھی وال 1 banker. 2 merchant. 3 warehouse-keeper.

کوٹھے /ko:ʈʰe:/ ■ *n.m.* (*pl & infl.* of کوٹھا) کوٹھے پر بیٹھنا be or become a prostitute. کوٹھے کا سخت having constipation. کوٹھے والیاں prostitutes, whores.

کَوثر /kɔ:sər/ ■ *n.m.* 1 name of a fountain or river in Paradise. 2 the name of a sura in the Qur'an. کوثر سے دھلی ہوئی زبان pure and chaste language.

کُوچ /ku:tʃ/ ■ *n.m.* departure or march (usu. of troops, caravans); decamping. کوچ کرنا 1 depart. 2 (*fig.*) die, pass away. کوچ ومقام marches and halts. [P]

کُوچ² ——— ■ *n.m.* (*var.* of کُونچ) weaver's brush. ■ *n.f.* the tendon connecting calf muscle to the heel, the Achilles tendon, hamstring, hock; hough (of a quadruped). [S]

کوچ /ko:tʃ/ ■ *n.f.* coach, large four-wheeled horse-driven carriage. کوچ بان رواں (also کوچوان) coachman. [E]

کُوچا /ku:tʃɑ:/ ■ *n.m.* green tamarind pod.

کوچا /ko:tʃɑ:/ ■ *n.m.* (*var.* of کچوکا) 1 wound. 2 (*fig.*) taunt. کوچا دینا to taunt, torment.

کُوچک /ku:tʃək/ ■ *adj.* (also کوچک) 1 diminutive, small, little, minor. 2 younger.

کُوچکی /ku:tʃəki:/ ■ *n.f.* 1 smallness. 2 name of a colour (purple).

کوچنا /ko:tʃnɑ:/ ■ *v.* (*var.* of کچوکنا) pierce; prick; stab.

کُوچہ /ku:tʃɑ:/ ■ *n.m.* narrow street, lane. کوچہ بندی کرنا mark off the limits of a lane. کوچہ بہ کوچہ from lane to lane; everywhere. کوچۂ خموشاں graveyard. کوچۂ سربستہ blind lane. کوچہ گدا street beggar. کوچہ گرد wanderer, stroller. کوچہ گردی strolling, wandering. کوچۂ یار beloved's lane.

کُوچی /ku:tʃi:/ ■ *n.f.* (*var.* of کُونچی) 1 a brush for painting or whitewashing, weaver's brush. 2 (*derog.*; *coll.*) a long, thin beard. کوچی پھیرنا to whitewash.

کُوچیں /ku:tʃẽ:/ ■ *n.f.* (*pl.* of کُوچ) (also کُونچیں) tendons, Achilles tendons, hamstrings. کوچیں کاٹنا 1 to cut the tendons. 2 to cut the legs. 3 (*fig.*) ruin; destroy.

کُود /ku:d̪/ ■ (*imper.* of کُودنا). ■ *n.f.* leap, spring, bound. کود پڑنا jump in. کود پھاند leap and jump; skipping and dancing, gambols, capers. کود کود کر چلنا move in jumps and hops, hobble. کود مارنا jump.

کُودتے /ku:d̪t̪e:/ ■ (*infl.* of کُودنا) کودتے پھرنا frisk about with joy. کودتے کودتے نچنیا ہو جاتا ہے practice makes perfect.

کَودک /kɔ:d̪ək/ ■ *n.m.* (also کُودک) boy, lad, youngster,

طویل مصوتے:	ɑ: آنا، گانا	æ: بیٹھنا	i: پیلا	e: دینا	ɔ: پَودا	u: چُول	o: گول
	/gɑ:nɑ:/, /ɑ:nɑ:/	/bæ:ʈʰnɑ:/	/pi:lɑ:/	/d̪e:nɑ:/	/pɔ:dɑ:/	/tʃu:l/	/go:l/

stripling. (*pl.* گَودکان)

کَودن /kɔːd̪ən/ ■ *n.m.* stupid person, simpleton, dimwit. ■ *adj.* dull, slow; thick-headed.

کُودنا /kuːd̪nɑː/ ■ *v.* **1** jump, leap, bound, hop. **2** (*fig.*) rejoice. **3** be proud, be haughty. **4** interrupt; interfere. **5** to jump in the fray. کودنا پھاندنا leap and jump, leap about (out of joy); perform athletic exercise.

کودوں /koːd̪õː/ ■ *n.m.* a millet-like grain, *Paspalum scrobiculatum*. کودوں دَلانا make one perform a very difficult task. کودوں دلنا torment someone. کودوں دے کے پڑھنا get an education at little or no cost. کودوں کا بھات کن بھاتوں میں ممیا ساس کن ساسوں میں something very cheap and a distant relative do not have any value.

کَور /kɔːr/ ■ *n.m.* morsel, mouthful.

کور¹ /koːr/ ■ *n.f.* edge, border; side; margin. کور دبنا be subservient to; be in awe of; find oneself helpless against. کور کسر a slight deficiency or defect. [S]

کور² ____ ■ *adj.* blind, sightless. کور باطن/کور دل silly; benighted, inwardly blind or dark. کور باطنی/کور دلی being benighted. کور بخت unlucky, unfortunate, wretched. کور بین/کور چشم/کور نظر/کور نگاہ blind. کوردہ small, thinly populated village; backward village with few facilities. کور ذوق having bad taste of art and literature, etc. کور نمک disloyal, unthankful, ungrateful. کور وکر blind and deaf. [P]

کورا /koːrɑː/ ■ *adj.* **1** new; fresh. **2** unbleached or unwashed (cloth). **3** undyed. **4** blank (paper). **5** undressed. **6** unpractised; untutored, unlettered, uneducated; ignorant. **7** virginal; untouched. **8** curt (reply); plain (denial). **9** poor. **10** stupid, dim-witted. کورا بچ جانا/بچنا escape safely, escape untouched or unscathed. کورا برتن **1** unused vessel. **2** bachelor; virgin. کوراپن **1** newness. **2** ignorance; inexperience. کوراپنڈا undefiled body, virgin girl, maiden. کوراجواب plain denial. کورا رکھنا **1** send away empty, leave blank. **2** leave untutored. کورا رہنا **1** be disappointed. **2** remain unlettered. کوراگھڑا new earthen pitcher.

کورنش /koːrnɪʃ/ ■ *n.f.* salutation; bow; homage. کورنش بجالانا to salute, to pay respect.

کُورنی /kuːrniː/ ■ *n.f.* scoop, carving or engraving tool.

کوری¹ /koːriː/ ■ *adj.* (*fem.* of کورا) **1** new. **2** plain. **3** virgin. کوری سنانا speak plainly; berate; scold. [S]

کوری² ____ ■ *n.f.* blindness. [P]

کُوڑا /kuːɽɑː/ ■ *n.m.* dirt; rubbish, sweepings, junk. کوڑا کرکٹ refuse, rubbish, junk, waste.

کوڑا /koːɽɑː/ ■ *n.m.* whip, lash. کوڑا لگانا/مارنا to whip, lash, flog.

کَوڑی /kɔːɽiː/ ■ *n.f.* **1** cowrie, small shell (formerly used as a coin). **2** money, wealth. **3** very small sum or amount. **4** solar plexus, the part of stomach just below the breast-bone. **5** a white speck at the root of a finger-nail. **6** Adam's apple, windpipe. کوڑی بھر very little. کوڑی پاس نہ ہونا be hard up, have no money. کوڑی پھیرا کرنا come and go aimlessly or repeatedly. کوڑی کا worthless, good-for-nothing; cheap. کوڑی کا آدمی mean or worthless person. کوڑی کا مال worthless stuff. کوڑی کام کا نہ ہونا be good-for-nothing, be of no use or worthless. کوڑی کا ہو جانا **1** become worthless. **2** be disgraced. کوڑی کفن کو نہ ہونا be penniless, have no money. کوڑی کوڑی every penny. کوڑی کوڑی ادا کرنا/چکانا pay every penny, pay in full. کوڑی کوڑی بھر پانا receive in full, be paid every single penny. کوڑی کوڑی جوڑنا save up every penny, save every bit. کوڑی کوڑی کو ترسنا/تنگ ہونا be reduced to abject poverty. کوڑی کوس دوڑنا be very greedy; run a mile for a penny. کوڑی کو نہ پوچھنا regard as of no value or unworthy of notice. کوڑی کے تین تین بکنا sell a dime a dozen, sell very cheap. کوڑی کے مول بکنا be sold very cheap.

کوڑی /koːɽiː/ ■ *n.f.* score, an aggregate of twenty.

کَوڑیا /kɔːɽɪjɑː/ ■ *adj.* **1** covered with cowries; wearing cowries. **2** worthless; cheap. کوڑیا غلام **1** a slave who used to wear cowries as a mark of slavery. **2** (*fig.*) devoted person. کوڑیالوبان pure white frankincense.

کَوڑیالا /kɔːɽjɑːlɑː/ ■ *adj.* **1** spotted, black and white (snake). **2** rich, wealthy (person). ■ *n.m.* venomous spotted snake.

کُوڑھ /kuːɽʰ/ ■ *adj.* (also کوڑھ مغز) stupid, thick-headed.

کوڑھ /koːɽʰ/ ■ *n.m.* leprosy, Hansen's disease. کوڑھ ٹپکنا/چونا **1** leprosy to break out. **2** leprous matter to ooze out. کوڑھ میں کھاج نکلنا **1** catch the itch while suffering from leprosy. **2** (*fig.*) suffer one calamity upon another.

کوڑھی /koːɽʰiː/ ■ *n.m.* leper. ■ *adj.* leprous. (*fem.* کوڑھن)

کُوزہ۱ /ku:zɑ:/ ■ *n.m.* hump; crooked-back, humpbacked, hunchback. کوزہ پشت 1 humpbacked. 2 (*fig.*) sky, heaven, firmament. [P]

کُوزہ۲ ____ ■ *n.m.* 1 cooja, earthen vessel for water, earthen bottle with a long narrow neck. 2 a kind of rose. 3 crystallized sugar. کوزہ گر potter. کوزہ گری the profession of making pottery. [P]

کُوزے /ku:ze:/ ■ *n.m.* (*pl. & infl.* of کُوزہ۲) کوزے کی مصری sugar crystallized in an earthen vessel. کوزے میں دریا بند کرنا 1 (*literal*) to pack a river in a vessel. 2 (*fig.*) (i) say much in little. (ii) put something in a nutshell.

کُوس /ku:s/ ■ *n.m.* (also کوس) large kettledrum, timbal. کوس بجانا 1 to beat the drum; announce. 2 depart. کوسِ رحلت / رحیل / سفر drum-beating to announce departure (of a caravan or army).

کوس /ko:s/ ■ *n.m.* 1 a distance of two miles. 2 milestone. کوس کڑا ہونا journey to be full of hardships; distance to be long.

کوسا۱ /ko:sɑ:/ ■ *n.m.* curse, imprecation. کوسا کاٹی curse and taunt. [S]

کوسا۲ ____ ■ *n.m.* a pea-pod, pod of any leguminous plant. [S]

کوسنا /ko:snɑ:/ ■ *v.* to curse, imprecate. ■ *n.m.* curse, imprecation. کوسنا دینا to curse, imprecate.

کوسوں /ko:sõ:/ ■ *n.m.* (*pl.* of کوس) miles and miles (of distance), a very long distance. کوسوں دور at a great distance, far away. کوسوں دور بھاگنا / رہنا shun, avoid.

کَوش /kɔ:ʃ/ ■ *n.f.* a kind of slipper without heels.

کوش۱ /ko:ʃ/ ■ *n.m.* 1 dictionary, lexicon. 2 store; treasury; depository. [S]

کوش۲ ____ ■ *suffix* endeavouring, attempting; labouring; used in comp. as: سخت کوش hard-working. [P]

کوشاں /ko:ʃɑ̃:/ ■ *adj.* struggling, attempting. کوشاں ہونا try.

کوشش /ko:ʃɪʃ/ ■ *n.f.* try, endeavour, striving, attempt, effort, exertion. کوششِ بیہودہ a vain attempt. کوشش کرنا to attempt, try, strive.

کُوشک /ku:ʃək/ ■ *n.m.* palace, castle; citadel; villa.

کوفت /ko:ft̪/ ■ *n.f.* 1 vexation, anguish. 2 disappointment; dejection. 3 tiredness. 4 gilding; steel work inlaid with gold. کوفت اٹھانا be vexed or disappointed; be bored. کوفت کاری carving; engraving; gilding. کوفت گر maker of gold foil. کوفت گری beating gold into foil; engraving. کوفت وکرب beating.

کوفتگی /ko:ft̪əgi:/ ■ *n.f.* beating, hammering, pounding; trampling.

کوفتہ /ko:ft̪ɑ:/ ■ *adj.* 1 beaten, pounded, thrashed. 2 grieved, distressed. ■ *n.m.* kofta, mince ball cooked in spicy curry. کوفتہ (و) بیختہ pounded and sifted (a term used in Eastern medicine).

کُوفی /ku:fi:/ ■ *adj.* of or relating to the city of Kufa (Iraq). ■ *n.m.* 1 a native of Kufa. 2 a style of Arabic calligraphy.

کُوک۱ /ku:k/ ■ *n.f.* screech, shrill, piercing sound. کوک مارنا cry, screech, shriek. [S]

کُوک۲ ____ ■ *n.f.* winding key. کوک بھرنا wind (watch or mechanical toy). [S]

کوک۱ /ko:k/ ■ *n.m.* 1 ruddy goose. 2 cuckoo. [S]

کوک۲ ____ ■ *n.f.* sewing with long stitches, basting. [S]

کوک۳ ____ ■ *n.m.* the art of love-making; erotica. کوک شاستر / کاویہ a famous treatise on sexual intercourse (ascribed to Pandit Kok). [S]

کوکا۱ /ko:kɑ:/ ■ *n.m.* (also کوکہ) foster brother. [T]

کوکا۲ ____ ■ *n.m.* 1 small nail. 2 nose-pin. 3 bud. کوکا بیلی red lotus or water-lily. [S]

کَوکب /kɔ:kəb/ ■ *n.m.* star. (*pl.* کواکب)

کَوکبہ /kɔ:kəbɑ:/ ■ *n.m.* 1 star made of gold, silver, etc., worn as insignia of rank. 2 cavalcade, procession. 3 group (of people), crowd, party, company. 4 glory and splendour. کوکبۂ شاہی royal procession.

کُوکر /ku:kər/ ■ *n.m.* dog. کوکر بسیرا a dog's sojourn; short stay, flying visit. کوکر بھنگرا the plant *Verbesina prostrata*. کوکر چال dog's trot. کوکر چندی small wild tree with thick leaves, a paste made of which is used for the bite of a mad dog. کوکر مُتّا / مُوتا mushroom, fungus growing on wood.

کُوکری۱ /ku:kri:/ ■ *n.f.* (also کُکڑی) skein of thread, a thread-ball. [S]

کُوکری۲ ____ ■ *n.f.* bitch. [Prk.]

کوکِل /ko:kɪl/ ■ *n.f.* (also کوکلا، کوئل) cuckoo. کوکل بینی 1 melodious as the cuckoo, having a sweet voice. 2 (*fig.*) eloquent.

کُوکنا۱ /ku:knɑ:/ ■ *v.* cry, pule; pipe; coo; utter a whistling

کولھو /ko:lʰu:/ ■ *n.m.* (also کولہو) oil-press, oil-mill. کولھو چلانا set up an oil-press. کولھو کا بیل **1** ox of an oil-press. **2** (*fig.*) very hard-working person, person following a fixed routine. کولھو کے بیل کی طرح پلنا work very hard. کولھو میں پلوا دینا **1** crush in a mill. **2** torture to death; destroy utterly, annihilate.

کُومَل /ku:məl/ ■ *n.f.* (also کُومبھل، کُوھل) **1** hole made through a wall intended for housebreaking. **2** housebreaking, burglary. کومل دینا commit burglary, break into a house by penetrating through the wall.

کومل /ko:məl/ ■ *adj.* **1** delicate, soft, tender; fluffy. **2** unripe, immature; fragile. **3** (***Music***) a low note (of musical scale).

کوملتا /ko:məlt̪a:/ ■ *n.f.* softness, tenderness, delicacy.

کَون¹ /kɔ:n/ ■ *pron.* **1** who? **2** what? which? **3** no one (as negative interrogative). **4** what kind of. کون بشر ہے I do not know who he/ she is. کون جانے who knows? God knows. کون سا ری رسے which? which one? کون سے لعل لگے ہیں what is the peculiarity? has nothing special. کون کسی کا nobody is with anybody, everybody is selfish. کون کہتا ہے who says? it is incorrect. [Prk.]

کَون² ____ ■ *n.m.* **1** being, existence. **2** world; the universe. **3** essence. **4** nature. کون وفساد existence and destruction. کون ومکاں the world; the creation; the universe. [A]

کُون /ku:n/ ■ *n.f.* anus, the backside.

کونا /ko:na:/ ■ *n.m.* corner. کونا کھدرا nook, cranny, corner. کونا کھدرا چھان مارنا search every nook and corner, search thoroughly.

کونپل /kõ:pəl/ ■ *n.f.* new leaves just sprouting; young shoot, bud. کونپل پھوٹنا/نکلنا (of a leaf) sprout, shoot, germinate.

کُونتھنا /kũ:t̪ʰna:/ ■ *v.* (*var.* of کُوتھنا) retch; force the bowels to move; utter a sound at stool or lifting a weight.

کُونج /kũ:dʒ/ ■ *n.f.* a wading bird having S-shaped long neck and long legs, heron.

کُونچ /kũ:tʃ/ ■ *n.f.* **1** hamstring, one of the five tendons at the back of knee; tendon at the back of hock. **2** weaver's brush.

کَونچا /kɔ̃:tʃa:/ ■ *n.m.* **1** grain-parcher's hooked iron rod. **2** iron pan with a handle. **3** broom ladle.

cry; scream (as the peacock); utter a shrill penetrating sound; call. [S]

گُوکنا² ____ ■ *v.* **1** wind up (a watch, clock or musical box). **2** tune (a musical instrument). [S]

کوکنا /ko:kna:/ ■ *v.* sew with long stitches, baste.

کُوکنار /ku:kna:r/ ■ *n.m.* **1** poppy; poppy head, poppy-seed. **2** oil made from it.

کوکنی¹ /ko:kni:/ ■ *adj.* (also کوکنی) short, small. کوکنی کیلا small type of banana. [S]

کوکنی² ____ ■ *n.m.* name of a colour. [T]

کوکنی³ ____ ■ *n.f.* (also کونکنی) the language spoken in and around Kokan, sub-division of Maharashtra, in southern India. ■ *adj.* of or relating to Kokan. ■ *n.m.* a native of Kokan. [dial.]

کوکھ /ko:kʰ/ ■ *n.f.* **1** womb. **2** wellspring. **3** (*fig.*) children, offspring. کوکھ اجڑ جانا lose one's children. کوکھ بند رجلی barren woman. کوکھ کی آگ رآنچ maternal love. کوکھ ماری جانا become barren.

کوَل /kəvəl/ ■ *n.m.* **1** grain not fully cleaned. **2** the amount of grain put in a mill at one time. **3** morsel.

کول /ko:l/ ■ *n.m.* canal, pond.

کَولا /kɔ:la:/ ■ *n.m.* **1** niche; corner. **2** side wall; doorway side. **3** breast, bosom; lap; embrace. **4** a kind of orange.

کُولا /ku:la:/ ■ *n.m.* (*var.* of کُولھا) buttock.

کولاٹی /ko:la:ʈi:/ ■ *n.f.* (also کولانٹی) somersault.

کولاہل /ko:la:həl/ ■ *n.m.* merriment; tumult, uproar, noise and revelry. کولاہل مچانا create uproar; make noise; resound with songs of mirth and revelry.

کَولی /kɔ:li:/ ■ *n.f.* embrace, grasp of the arms, armful. کولی بھرنا **1** embrace; take or fold one in the arms; encircle something with both the arms. **2** (*fig.*) be grasping or greedy.

کولی¹ /ko:li:/ ■ *n.m.* **1** weaver. **2** a lower caste of Hindus. [S]

کولی² ____ ■ *n.f.* **1** blackness. **2** dark tint caused by henna. [S]

کولیا /ko:lɪja:/ ■ *n.f.* lane, alley, a narrow street.

کُولھا /ku:lʰa:/ ■ *n.m.* (also کُولا، کولہا) hip, buttock. کولھا اترنا hip-bone to be dislocated. کولھا مٹکانا rotate or swing the hip (esp. in dance).

legendary lover Farhad dug a canal to please his beloved Shireen. کوہ پیکر huge, colossal, gigantic. کوہِ رواں / روندہ (*fig.*) elephant. کوہ سار (also کوہسار) mountainous country; range of mountains. کوہِ طور Mount Sinai. کوہِ قاف **1** the Caucasus. **2** (*fig.*) a lonely or inaccessible place; the abode of giants and fairies. کوہ قاف کی پری (*fig.*) a very beautiful woman. کوہ کن (also کوہکن) **1** mountain digger. **2** an epithet of legendary lover Farhad. کوہ کندن وکاہ برآوردن an exercise in futility, undergo much trouble for insignificant gain. کوہ کی کر ہلا ڈالنا do something impossible.

کوہان /ko:hɑ:n/ ■ *n.m.* hump (of a camel or bullock, etc.).

کوہ پیما /ko:h pæ:mɑ:/ ■ *n.m.* mountaineer, mountain-climber.

کوہ پیمائی /ko:h pæ:mɑ:i:/ ■ *n.f.* mountaineering, mountain-climbing.

کوہستان /ko:hɪsṭɑ:n/ ■ *n.m.* **1** mountainous country, hilly tract; highland. **2** name of a mountainous territory in northwest Pakistan.

کوہستانی /ko:hɪsṭɑ:ni:/ ■ *adj.* hilly, mountainous. ■ *n.m.* hillman.

کوہی /ko:hi:/ ■ *n.f.* a species of hawk; falcon. ■ *adj.* hilly, mountainous.

کوئل /ko:el/ ■ *n.f.* (also کویل) koel, cuckoo, small black bird.

کوئلا /ko:elɑ:/ ■ *n.m.* (also کوئلہ، کوئیلا) coal, charcoal.

کوئلے /ko:ele:/ ■ *n.m.* (*pl.* & *infl.* of کوئلہ) کوئلے پر مُہر اور اشرفیاں لُٹیں penny wise pound foolish. کوئلے کا جہاز collier, a ship carrying coal. کوئلے کی دلالی میں ہاتھ کالے he who handles peat is bound to dirty his hands. کوئلے کی کان coal-mine, colliery.

کوئی /ko:i:/ ■ *pron.* any; some; few; anybody, someone, anyone, somebody. کوئی اور anyone else; another. کوئی آن / پل / دم کا مہمان ہونا be about to die. کوئی بات نہیں it matters little; never mind. کوئی بھی whoever, whosoever. کوئی دقیقہ اُٹھا نہ رکھنا leave no stone unturned. کوئی دم میں in an instant, soon, shortly, immediately. کوئی دن جاتا ہے کہ soon enough. کوئی ساری **1** certain. **2** some; any. **3** whatever. **4** resembling. کوئی کل سیدھی نہیں nothing is right (of a system or machinery). کوئی کوئی hardly any; very few. کوئی مال مست کوئی حال مست some

کُونچلی /kũ:tʃli:/ ■ *n.f.* (*var.* of کُچلی) a pointed tooth between the incisors and premolars, a canine tooth.

کُونچی /kũ:tʃi:/ ■ *n.f.* (also کُوچی) mason's brush; a brush for whitewashing. کونچی پھیرنا / مارنا to whitewash; to paint.

کُونچیں /kũ:tʃẽ:/ ■ *n.m.* (*pl.* of کُونچ) کونچیں کاٹنا cripple by cutting hamstring(s).

کَوند /kɔ̃:d/ ■ *n.f.* flash of lightning, etc.; brightness; dazzling light.

کَوندا /kɔ̃:dɑ:/ ■ *n.m.* bolt, flash of lightning. کوندا لپکنا lightning to flash.

کَوندنا /kɔ̃:dnɑ:/ ■ *v.* flash.

کَوندے /kɔ̃:de:/ ■ *n.m.* (*pl.* & *infl.* of کَوندا) کوندے کی لپک flash of lightning.

کُونڈا /kũ:ḍɑ:/ ■ *n.m.* **1** trough. **2** large shallow earthen basin for kneading flour in. **3** flower-pot. **4** vessel for grinding bhang, etc. **5** an offering made by Muslims to some saint, especially to Imam Jafar Sadiq during the month of Rajab (رجب); the ceremony in which this offering is made. کُونڈا کر دینا / کرنا ruin. کونڈا ہونا be destroyed or ruined.

کُونڈی /kũ:ḍi:/ ■ *n.f.* (*dim.* of کُونڈا) **1** small trough. **2** stone mortar. **3** bucket. **4** large tub or tub-like construction for throwing rubbish in.

کُونڈے /kũ:ḍe:/ ■ *n.m.* (*pl.* of کُونڈا) ritual votive feast in the honour of Shiite Imam Jafar Sadiq. کونڈے کرنا make an offering to a saint, especially to Imam Jafar Sadiq.

کَونرا /kɔ̃:rɑ:/ ■ *adj.* (someone) sick and tired of (something), (someone) fed-up with; restless, impatient.

کُوں کُوں /kũ: kũ:/ ■ *n.f.* cry or whining of puppies.

کُونی /ku:ni:/ ■ *n.m.* sodomite, a passive male homosexual.

کونے /ko:ne:/ ■ *n.m.* (*pl.* & *infl.* of کونا) corners. کونے دار angular. کونے کونے میں in every nook and cranny, everywhere.

کَونین /kɔ:næ:n/ ■ *n.m.* (*pl.* of کَون²) the two worlds, this world and the hereafter.

کوہ /ko:h/ ■ *n.m.* **1** mountain, hill. **2** (*fig.*) huge, grand. کوہِ الم / غم ٹوٹنا be overwhelmed with grief; face a great calamity. کوہ آتش خیز / فشاں volcano. کوہِ برف / برفانی snowy mountain. کوہِ بے ستوں Iranian mountain where the

کہاں راجا بھوج کہاں گنگو رگنگوا رتنوا تیلی there is no comparison between a great man and a nonentity. کہاں رام رام کہاں ٹیں ٹیں what a world of difference. کہاں سے whence? from what place? from where? کہاں سے ٹپک پڑا رپڑی how does (he, she, etc.) happen to be here? کہاں کا of what place? what type? کہاں کا کہاں **1** to a great degree. **2** far away but untraceable. کہاں ہو کہاں نہ ہو who knows where (he, etc.) may be. کہاں یہ کہاں وہ what a difference between this and that.

کہانت /kəhɑːnəʈ/ ■ *n.f.* prophecy; divination, priesthood.

کہانی /kəhɑːniː/ ■ *n.f.* **1** tale, story, fable. **2** made-up affair. کہانی جوڑنا رگھڑنا make up or concoct a story; prepare a plot. کہانی کار رگو storyteller. کہانی کہنا tell a tale.

کہاوت /kəhɑːvəʈ/ ■ *n.f.* saying, maxim, proverb, adage.

کہتر /kehʈər/ ■ *adj.* smaller. See کہتر under کِہ.

کہتری /kehʈəriː/ ■ *n.f.* **1** littleness, smallness. **2** inferiority, lesser status.

کہتے /kæhʈeː/ ■ *adv.* (*infl.* of کہنا) کہتے سنتے gradually. کہتے ہیں they say; it is said.

کُہر /kohr/ ■ *n.m.* & *f.* (also کُہرا) fog, mist. کہر آلود foggy.

کُہرام /kohrɑːm/ ■ *n.m.* weeping and wailing, lamentation, hue and cry; mourning at a large scale. کہرام مچانا bewail, raise a hue and cry. کہرام مچ جانا lamentation to occur.

کہرُبا /kæhrʊbɑː/ ■ *n.m.* (*literal*) drawing or attracting straws; yellow amber, gum-resin.

کہرُبائی /kæhrʊbɑːiː/ ■ *adj.* **1** of or like amber. **2** electrical. **3** magnetic; attractive, alluring. ■ *n.f.* **1** electricity. **2** attraction.

کہروا /kæhærvɑː/ ■ *n.m.* **1** name of a musical raga sung in morning. **2** a kind of dance and music performed by palanquin-bearers.

کُہسار /kohsɑːr/ ■ *n.m.* (also کوہسار) mountain range; mountainous country.

کہف /kæhf/ ■ *n.f.* cave, cavern; grotto.

کہفہ /kæhfɑː/ ■ *n.m.* (*dim.* of کہف) **1** cavity. **2** small cave.

کُہُک /kʊhʊk/ ■ *n.f.* cry or scream of a koel or peacock.

کہکشاں /kæhkəʃɑ̃ː/ ■ *n.f.* (*contr.* of کاہکشاں) Milky Way, galaxy.

کہگِل /kæhgɪl/ ■ *n.f.* mixture of grass and mud to plaster walls with.

enjoy their wealth and some their condition/ thoughts. کوئی نہ کوئی someone or something or the other. کوئی نہیں none, nobody, not any. کوئی نہیں پوچھتا کہ تمھارے منھ میں کتنے دانت ہیں nobody asks about anything. کوئی ہے koi-hai, is anyone there? کوئی یہاں کوئی وہاں here and there, scattered.

کوی /kəviː/ ■ *n.m.* kawi, kavi, poet.

کویا /koːjɑː/ ■ *n.m.* **1** ball (of the eye). **2** corner (of the eye). **3** pulp of the jack-fruit. **4** cocoon of silk.

کوِیتا /kəviːʈɑː/ ■ *n.f.* (also کوتا) poem; poetry.

کِہ /ke/ ■ *conj.* **1** that, for introducing statement, hypothesis or result or for introducing an alternative, e.g. یہ کہ وہ this or that?

کہہ /kæh/ ■ (*imper.* of کہنا) say; tell. کہہ بیٹھنا have said, blurt out. کہہ دو رد ے ر دیجیے tell; say. کہہ دینا **1** tell; point out; warn. **2** ask (one) to do something; give someone a job to do. کہہ سن رکھنا advise; warn; dictate a will. کہہ گزرنا blurt out. کہہ مکرنی verse based on double-entendre, attributed to Amir Khusro.

کِہہ /keh/ ■ *adj.* **1** small, little; slender. **2** mean. ■ *n.m.* (*contr.* of کاہ) straw. کہتر رکہتر **1** smaller; less. **2** junior, inferior; low. کہہ و مہ **1** small and big. **2** high and low, everyone.

کہا /kəhɑː/ ■ *n.m.* **1** saying, word; advice. **2** speech, discourse. ■ *adj.* spoken, said; told. کہا سنا **1** advice. **2** harsh reply; dispute. **3** instigation. **4** pleadings. **5** well-known, famous. کہا سنا بخشوانا رمعاف کروانا get harsh words or altercation forgiven by someone, have something excused. (کسی کا) کہا کرنا carry out the instructions (of); obey orders (of); act upon the advice (of). کہا ماننا obey; act upon an advice (of). (*fem.* کہی)

کہار /kəhɑːr/ ■ *n.m.* palanquin-bearer. (*fem.* کہارن، کہارنی)

کہاری /kəhɑːriː/ ■ *n.f.* **1** the job or profession of carrying palanquin. **2** the wages paid to a palanquin carrier.

کہالت /kəhɑːləʈ/ ■ *n.f.* laziness, indolence, sloth.

کہاں /kəhɑ̃ː/ ■ *adv.* **1** where? whither? **2** (used while comparing two things) is not equal to, is too different or inferior, there is no comparison. کہاں پر where? at what place? to what degree? how far? کہاں تک رتلک how long; how far; to what degree, to what extent.

dry bones live? کہیں نہ کہیں somewhere or other. کہیں نہیں nowhere. کہیں ہتھیلی پر بھی سرسوں جمتی ہے Rome was not built in a day.

کئی /kəi:/ ■ *adj.* many, several. کئی ایک several; quite a few. کئی بار/دفعہ/مرتبہ several times, many times; repeatedly; often, again and again. کئی ہاتھ at a distance of many arms; away, far.

کی /ki:/ ■ *prep.* (*fem.* of کا) of. کی جناب میں in the presence of; before (an august person). کی خاطر for the sake of. کی سی like, resembling.

کے[1] /kæ:/ ■ *pron.* how many? کے بار/دفعہ how often, how many times?

کے[2] ____ ■ *n.m.* title of ancient Persian kings, e.g. کیخسرو، کیقباد . (*pl.* کیان)

کے /ke:/ ■ *prep.* (*infl.* of کا) of, belonging to; concerning. کے توسط/توسل سے through. کے عقب میں behind, at the back of; after.

کیا /kja:/ ■ *pron.* what? whether? کیا آئے کیا چلے going so soon. کیا بات ہے 1 what is the matter? 2 well done! bravo! کیا پدی کیا پدی کا شوربہ an expression of contempt for a little thing or an insignificant person. کیا پروا/غم/مضائقہ ہے it hardly matters, never mind. کیا ٹھکانا ہے expressing uncertainty or doubt about something or someone; there is no certainty! there is no limitation. کیا جاتی دنیا دیکھی ہے is the good change in your attitude brought about by a thought of death? کیا جانوں/جانے/جانیے who knows? I don't know; it may be; how does anyone know? کیا چوڑیاں ٹوٹ جائیں گی it would not harm you, nothing wrong will happen (a taunt to a woman shirking work). کیا خبر/معلوم who knows! کیا خوب how excellent! how strange! what a joke! کیا دھرا ہے there is nothing in it now. کیا قیامت ہے what a pity! how horrible! how terrible! how awful! how beautiful! how great! کیا کابل میں گدھے نہیں ہوتے fools are to be found everywhere. کیا کہنا 1 how wonderful (it is)! beautiful! wonderful! well done! 2 (*iron.*) that's great! کیا کہنا ہے excellent! bravo! کیا گل کھلا what strange thing has come to light! کیا گل کھلایا ہے (*iron.*) what strange thing you have done? you have spoiled everything. کیا گونگے کا گڑ کھایا ہے why don't you speak? why are you keeping mum? کیا مجال what power does

کہل /kəhəl/ ■ *n.f.* indolence, languor, sloth.

کہلانا[1] /kæhlɑ:nɑ:/ ■ *v.* (also کہلا بھیجنا) 1 cause to say. 2 send a message. [Prk.]

کہلانا[2] ____ ■ *v.* 1 be lazy, feel indolence. 2 be afraid or frightened. [A]

کہلوانا /kæhælvɑ:nɑ:/ ■ *v.* give a message; make someone say something or rattle off (a lesson, etc.).

کہن /kæhæn/ ■ *n.m.* saying, proverb; word.

کُہن /kohən/ ■ *adj.* ancient. See کُہنہ . کہن سال aged, old, advanced in years. کہن سالی old age.

کہنا /kæhnɑ:/ ■ *v.* 1 say; tell; speak; utter. 2 advise. 3 declare, assert, affirm, avow. 4 versify. 5 relate. ■ *n.m.* bidding; advice. کہنا آسان ہے کرنا مشکل easier said than done. کہنا کرنا carry out the instructions (of); act upon the advice (of). کہنا نہ ماننا disobey.

کُہنگی /kohnəgi:/ ■ *n.f.* oldness.

کُہنہ /kohnɑ:/ ■ *adj.* old, ancient, obsolete. کہنہ فروش one selling old things; an old clothes-dealer, fripper. کہنہ مشق experienced; veteran.

کُہنی /kohni:/ ■ *n.f.* the elbow. کہنی دار elbowed. کہنی مارنا 1 to elbow, nudge; jostle. 2 signal.

کہنے /kæhne:/ ■ (*infl.* of کہنا) کہنے پر جانا/رچلنا act as told; believe in someone's words. کہنے سے باہر ہونا be disobedient. کہنے کو outwardly, apparently (though not really).

کہولت /kohu:lət/ ■ *n.f.* (also کُہولت) 1 middle age, beginning of old age. 2 laziness.

کہوّیا /kæhvəjjɑ:/ ■ *n.m.* speaker.

کہین /kihi:n/ ■ *adj.* least; junior, youngest. کہین و مہین the small and the big, the young and the old.

کہیں /kəhĩ:/ ■ *adv.* 1 anywhere; wherever; somewhere. 2 perchance; lest; perhaps; would that. 3 ever. 4 a little. کہیں بوڑھے توتے بھی پڑھتے ہیں/پڑھنا سیکھ سکتے ہیں old dogs can not learn new tricks. کہیں ٹیٹری سے آسمان تھم جاوے گا said of a person who undertakes an enterprise beyond his capacity. کہیں سے from anywhere; from somewhere. کہیں کا 1 of anywhere; of or belonging to somewhere. 2 outlandish. 3 queer; strange. کہیں کا کہیں faraway and untraceable. کہیں کا نہ رہنا 1 become worthless, become good-for-nothing. 2 be destroyed. کہیں کہیں here and there; in a few places. کہیں مردے بھی زندہ ہوتے ہیں can the

کیرتی /ki:rti:/ ■ *n.f.* fame, renown.

کیری /kæri:/ ■ *n.f.* **1** unripe mango. **2** mango-shaped locket for keeping perfumes. **3** mango-shaped design printed on cloth or paper, etc.

کیڑا /ki:ɽa:/ ■ *n.m.* **1** insect, worm. **2** (*fig.*) a great desire, a craze. کیڑا کھایا **1** wormy, worm-eaten, moth-eaten. **2** pitted (with smallpox). **3** rough; rugged. کیڑا لگنا be worm-eaten.

کیڑا /ke:ɽa:/ ■ *n.m.* sapling, tender twig.

کیڑی /ki:ɽi:/ ■ *n.f.* **1** ant. **2** leech, blood-sucking worm. کیڑی لگانا apply leech (to). کیڑی والی woman who applies leeches.

کیڑے /ki:ɽe:/ ■ *n.m.* (*pl. & infl.* of کیڑا) کیڑے پڑنا **1** rot; verminate, become infested with vermins. **2** (*fig.*) (i) be useless, become defective. (ii) become faulty. کیڑے پڑیں (a curse) may you be infested with worms! may your body rot! کیڑے ڈالنا pick holes (in), depreciate. کیڑے مار(دوا) insecticide; anthelmintic. کیڑے مکوڑے insects, creeping things, vermin. (See also حشرات.)

کیس /ke:s/ ■ *n.m.* (also کیش) **1** long hair, tresses. **2** cock's comb.

کیسا /kæsa:/ ■ *adv.* **1** how? in what manner? like what? what sort of? **2** on what account? why? کیسا زمانہ آگیا ہے how awful are the times! کیسا ہی howsoever; of whatsoever sort; in whatsoever manner. کیسا ہی ہو of whatever sort it may be. (*fem.* کیسی)

کیسر /ke:sər/ ■ *n.m.* **1** saffron. **2** saffron colour, yellow colour.

کیسری /ke:sri:/ ■ *adj.* dyed with saffron; saffron coloured, yellow. کیسری بانا yellow or saffron-coloured dress.

کیسہ /ki:sa:/ ■ *n.m.* (also کھیسہ) **1** purse; pocket; bag. **2** a kind of small sack used as glove for massage. کیسہ بُر pick-pocket. کیسہ کرنا rub; massage.

کیسے /kæse:/ ■ *adv.* (*pl. & infl.* of کیسا) کیسے ہو how do you do? how are you? کیسے ہی ہو anyhow.

کیش /ke:ʃ/ ■ *n.m.* **1** religion; faith. **2** quality. **3** way of life.

کیف /kæ:f/ ■ *n.m.* **1** exhilaration. **2** intoxication, ecstasy. **3** condition. کیف وکم quality and quantity; particulars.

کیفر /kæ:fər/ ■ *n.m.* the return for evil, punishment; requital; retribution. کیفرِ کردار just deserts; punishment he/she have? کیا معنی why? how? what does it mean? کیا یاد کروگے you will remember a lot; you will remember for long.

کیا /kɪja:/ ■ (*past* of کرنا). ■ *adj.* **1** done, performed. **2** made, created. ■ *n.m.* action, doing, deed. کیا دھرا **1** misdeed. **2** result of hard work. کیا سامنے آنا suffer because of one's own wrongdoing. کیا کرایا (work) already done. کیا کرایا خاک میں مل جانا hard work or something done to go waste. کیا کرنا to do something regularly.

کیاد /kəjja:d/ ■ *adj.* (*elative* of کید) very cunning and crafty.

کیاری /kɪja:ri:/ ■ *n.f.* flower-bed.

کیاست /kɪja:sət/ ■ *n.f.* sagacity, ingenuity.

کیتکی /ke:tki:/ ■ *n.f.* (also کیتگی) name of a fragrant plant and its yellow flower, *Pandanus odoratissimus*.

کیتلی /ke:tli:/ ■ *n.f.* kettle. [E]

کیتو /ke:tu:/ ■ *n.m.* **1** sign, mark. **2** ensign, flag; banner. **3** any unusual or striking phenomena. **4** comet, falling star.

کیتھا /kæ:tʰa:/ ■ *n.m.* (also کیتھ) **1** wood-apple, *Feronia elephantum*. **2** intoxicating drink made from it.

کیٹ /ki:ʈ/ ■ *n.f.* dregs of oil in a lamp or of tobacco collected in a pipe or hookah, sediment.

کیجیے /ki:dʒje:/ ■ (*imper.* of کرنا) (often said in respect) do.

کیچڑ /ki:tʃəɽ/ ■ *n.f.* (also کیچ) **1** mud; slime, mire. **2** a sticky secretion collecting in eye corners. کیچڑ اُچھالنا fling or throw mud (on); indulge in mud-slinging. کیچڑ کی کوڑی دانت سے اٹھانا be very miser.

کیچلی /ke:tʃli:/ ■ *n.f.* (also کیچل) (*var.* of کینچلی) slough, skin (of a snake).

کیچوا /ke:tʃva:/ ■ *n.m.* (also کینچوا) **1** earthworm, rainworm; helminth, tapeworm. **2** a worm bred in the body.

کید /kæ:d/ ■ *n.m.* treachery, fraud; stratagem.

کیدی /kæ:di:/ ■ *adj.* cunning, crafty, devious, sly.

کیر /ki:r/ ■ *n.m.* penis.

کیرا /kæ:ra:/ ■ *adj.* **1** having a squint, squint-eyed. **2** blue-eyed (person).

کیرتن /ki:rtən/ ■ *n.m.* (also کرتن) **1** a Hindu devotional song, bhajan. **2** a devotional song sung by Sikhs in praise of Guru Nanak. **3** speech; words; shouting or singing for joy. **4** act of singing aloud.

horse or an ass.

کیمیا /ki:mɪja:/ ■ *n.f.* 1 chemistry; alchemy. 2 a chemically prepared potion supposedly able to turn base metals into gold and silver, elixir. کیمیا بنانا practise alchemy; transmute base metal into gold. کیمیا داں chemist. کیمیا کرنا work wonders. کیمیا گر alchemist. کیمیا گری alchemy.

کیمیائی /ki:mɪja:i:/ ■ *adj.* chemical.

کین /ki:n/ ■ *n.f.* hatred, grudge, enmity, rancour, malice, desire to avenge.

کینچلی /kẽ:tʃli:/ ■ *n.f.* (also کچلی) slough or cast off skin of a snake. کینچلی بدلنا 1 slough. 2 (*fig.*) change one's attitude or stance. کینچلی چھوڑنا cast off the old slough.

کینچوا /kẽ:tʃva:/ ■ *n.m.* earthworm. See کچوا.

کینڈا /kæ̃:ḍa:/ ■ *n.m.* 1 style; appearance. 2 rough plan. 3 sample; mould. 4 decorum, good manner, etiquette.

کینو /ki:nu:/ ■ *n.m.* (also کنو) a species of orange.

کینہ /ki:na:/ ■ *n.m.* malice, rancour, grudge, enmity. کینہ پرست / پرور / توز / خور / ور malicious, rancorous.

کیواں /kæ:vã:/ ■ *n.m.* 1 the planet Saturn. 2 the seventh heaven.

کیوٹی /kɪjo:ṭi:/ ■ *n.f.* mixture of different kinds of pulse.

کیوڑا /ke:vɽa:/ ■ *n.m.* (also کیوڑہ) 1 keora, name of a plant which bears a strong-scented flower. 2 extraction from this flower.

کیول /ke:vəl/ ■ *adv.* 1 solely, only. 2 completely. 3 especially. ■ *adj.* simple.

کیوں /kɪjũ:/ ■ *adv.* why? کیوں کر how? why? what for? کیوں کہ (also کیونکہ) 1 because. 2 how? in what manner? کیوں نہ ہو why not? it cannot be gainsaid. کیوں نہیں why not? surely, certainly; of course. کیوں ہم نہ کہتے تھے didn't I/we tell or warn you?

due for evil done. کیفرِ کردار کو پہنچنا get one's just deserts.

کیفی /kæ:fi:/ ■ *adj.* 1 exhilarated, merry. 2 intoxicated, tipsy. ■ *n.m.* drunkard.

کیفیت /kæ:fɪjjət/ ■ *n.f.* 1 condition, state; situation. 2 quality. 3 facts of a case. 4 rapture, ecstasy; enjoyment. 5 narrative; explanation. 6 schedule. 7 particulars, remarks. کیفیت بنانا draw up a schedule. کیفیت طلب کرنا call for an explanation or report. کیفیت کا خانہ remarks column. کیفیتِ مقدمہ facts of a suit.

کیفیہ /kæ:fɪja:/ ■ *n.f.* a type of pros or poetry that relects human emotions.

کیک /kæ:k/ ■ *n.m.* flea.

کیکٹ /ke:kəṭ/ ■ *n.m.* lobster.

کیکر /ki:kər/ ■ *n.m.* kikar, acacia tree. کیکر کا گوند gum arabic.

کیکڑا /ke:kɽa:/ ■ *n.m.* crab. کیکڑا منڈل the tropic of Cancer.

کیکی /ke:ki:/ ■ *n.m.* peacock.

کیل /ki:l/ ■ *n.f.* 1 nail; tack; peg, pin. 2 gold pin with or without a jewel worn in the nose, nose-pin. 3 blackhead. 4 core of a boil. 5 first ray of sun. 6 spike. 7 dowel. کیل کانٹا / کانٹے 1 apparatus, tools. 2 arms, weapons. 3 scribbling, an illegible handwriting. کیل کانٹے سے درست / لیس well-equipped.

کیلا /ki:la:/ ■ *n.m.* (*aug.* of کیل) 1 pin, peg; large nail, picket, brad. 2 tooth; fang. 3 pivot, axis, pintle.

کیلا /ke:la:/ ■ *n.m.* banana; plantain.

کیلنا /ki:lna:/ ■ *v.* 1 to nail, drive nail into. 2 charm a snake (by spells or incantation). 3 protect a house, etc. against evil spirits by driving in special nails that have been breathed spells or incantations on.

کیلی /ki:li:/ ■ *n.f.* 1 screw. 2 key. 3 pivot, axis (of rotation). 4 nail.

کیمخت /ki:muxt/ ■ *n.m.* leather made from the hide of a

کھ

/kʰə/ ■ the fortieth letter of the Urdu alphabet. **کھ**

کھا /kʰɑː/ ■ (*imper.* of کھانا) eat. کھا جانا **1** devour, swallow, consume. **2** embezzle. **3** harass; tease, taunt. **4** forget, omit (something in the text).

کھابڑ /kʰɑːbəɽ/ ■ *adj.* uneven, rough; full of holes or hollows (a road).

کھاتا¹ /kʰɑːt̪ɑː/ ■ *n.m.* (also کھاتہ) **1** account. **2** ledger, a book or journal of financial accounts. کھاتا بہی account book. کھاتا ڈالنا/کھولنا open an account. کھاتا کرنا post a ledger. کھاتا واڑی entries in a ledger. [S]

کھاتا² ____ ■ *adj.* eating, consuming; used in comp. as: کھاتا پیتا well-off. [Prk.]

کھاتی¹ /kʰɑːt̪iː/ ■ *n.m.* carpenter. [dial.]

کھاتی² ____ ■ *adj.* (*fem.* of کھاتا²). [dial.]

کھاتے¹ /kʰɑːt̪eː/ ■ *n.m.* (*pl. & infl.* of کھاتا¹) کھاتے (میں) پڑنا be entered into an account. [S]

کھاتے² ____ ■ *n.m.* (*pl. & infl.* of کھاتا²) کھاتے پیتے well-off (people, persons). کھاتے پیتے لاتیں چلانا/مارنا to be ungrateful in the midst of abundance; to quarrel with one's bread and butter. [Prk.]

کھاٹ /kʰɑːʈ/ ■ *n.f.* **1** rope cot, charpoy. **2** cot on which a corpse is carried to burning-ground (in Hindus) or burial ground (in Muslims), a bier. کھاٹ بُننا plait a cot with rope or string. کھاٹ پر پڑنا fall seriously ill, be bedridden. کھاٹ سے اتارنا lay (a dying person) on ground from his/ her bed in Hindus. کھاٹ سے لگ جانا be confined to bed (due to illness), be bedridden. کھاٹ کھٹولا goods and chattels. کھاٹ نکلے (curse) may you die!

کھاج /kʰɑːdʒ/ ■ *n.f.* itch; skin eruption.

کھاجا /kʰɑːdʒɑː/ ■ *n.m.* **1** a kind of sweetmeat like pie crust. **2** food; cherished food, staple food; edible thing.

کھاد /kʰɑːd̪/ ■ *n.f.* manure, dung; organic fertilizer. کھاد ڈالنا to manure.

کھادر /kʰɑːd̪ər/ ■ *n.m.* wet alluvial land, lowland.

کھادی /kʰɑːd̪iː/ ■ *n.f.* (*var.* of کھدر) khadi, homespun cotton fabric; very thick and coarse kind of cotton cloth.

کھار /kʰɑːr/ ■ *n.m.* **1** alkali, impure carbonate of potash or soda. **2** alkaline earth. ■ *n.f.* saltness, brackishness. کھار لگنا be impregnated with alkaline salts.

کھارا¹ /kʰɑːrɑː/ ■ *adj.* saltish, brackish, saline. کھارا پانی salt water. [S]

کھارا² ____ ■ *n.m.* net (for holding grass or watermelon, etc.). [S]

کھاروا /kʰɑːrvɑː/ ■ *n.m.* coarse kind of red cotton cloth used for wrapping books, parcels, etc.

کھاری /kʰɑːriː/ ■ *adj.* (*fem.* of کھارا¹) کھاری پن saltishness, brackishness. کھاری مٹی saline soil. کھاری نمک alkaline salt, sulphate of soda.

کھاڑی /kʰɑːɽiː/ ■ *n.f.* creek; gulf, bay.

کھاس /kʰɑːs/ ■ *n.f.* large net for carrying cowpats, etc.

کھاکسی /kʰɑːksiː/ ■ *n.f.* (also کھاک سی) streaks on belly or thighs resulting from pregnancy.

کھاگ /kʰɑːg/ ■ *n.m.* **1** horn of a rhinoceros used as stick handle. **2** tusk of a boar. **3** comb of a cock.

کھال /kʰɑːl/ ■ *n.f.* **1** skin, hide. **2** bellows. کھال اپاڑ/اچیڑ/ادپاڑ **1** peeler, skin-flint. **2** (*fig.*) usurer. کھال اتارنا/ادھیڑنا/کھینچنا **1** to skin, flay, take the skin off. **2** charge an exorbitant rate. کھال کھنچوا کے بھس بھروانا flay a person and have the skin stuffed with straw (as a punishment). (اپنی) کھال میں مست ہونا be content with one's lot.

کھالا /kʰɑːlɑː/ ■ *n.m.* (also کھالہ) **1** stream, ravine, canal. **2** low land, especially of river.

کھان¹ /kʰɑːn/ ■ *n.m.* (*contr.* of کھانا) کھان پان eating and drinking. [Prk.]

کھان² ____ ■ *n.f.* **1** mine, quarry. **2** heap; abundance. (See also کان².) [S]

کھانا /kʰɑːnɑː/ ■ *n.m.* **1** khana, food, meal. **2** feast, banquet, formal meal for many people. ■ *v.* **1** eat, feed on, consume food. **2** devour, eat up (of fire or worms, etc.). **3** take medicine, swallow pills. **4** take bribe; embezzle. **5** endure, suffer, bear (sorrow or trouble, etc.). **6** to destroy, ruin. **7** to harass, cause unease, pester (usu. with جان). **8** take an oath (used with قسم). کھانا اور غرّانا be ungrateful. کھانا پینا **1** to eat and drink. **2** food; victuals, feast. کھانا پینا انگ لگنا **1** digest food. **2** acquire strength. کھانا دینا/کرنا give a feast, arrange a formal meal for many. کھانا کھانا take food, have a meal; lunch; dine. کھانا کھلانا feed; give food in charity (to); give feast. کھانا وہاں کھاؤ تو پانی یہاں پیو، ہاتھ یہاں دھوؤ come immediately, return quickly, waste no time there.

کھانپ /kʰã:p/ ■ *n.f.* slice; piece.

کھانچا /kʰã:tʃɑ:/ ■ *n.m.* **1** slot, niche. **2** basket, pannier. **3** coop, hen cage. **4** (*fig.*) a way of obtaining or giving illegal favours. **5** pit, hole; space, cavity. **6** break, hitch, delay. **7** warp in a wall; bend, twist, turn. **8** discrepancy. **9** a jag, incision on edge. کھانچا بنانا **1** find a niche for oneself. **2** make a jag.

کھانڈ /kʰã:ɖ/ ■ *n.f.* coarse or unrefined sugar. کھانڈ گلانا heat up or boil down sugar, to crystallize sugar.

کھانڈا /kʰã:ɖɑ:/ ■ *n.m.* **1** double-edged sword, cutlass. **2** butcher's cleaver. کھانڈا بجنا have a fight with swords.

کھانسنا /kʰã:snɑ:/ ■ *v.* to cough.

کھانسی /kʰã:si:/ ■ *n.f.* cough, coughing. کھانسی آنا cough; suffer from cough.

کھانکھر /kʰɑ:ŋkʰər/ ■ *adj.* (also کھانکر) shrivelled, dried, shrunken, dry. ■ *n.m.* shrivelled or dried tree.

کھانے /kʰɑ:ne:/ ■ *n.m.* (*pl. & infl.* of کھانا) کھانے پر پل پڑنا devour food hastily and greedily. کھانے جوگ رجوگا eatable, edible. کھانے کا کمرہ dining room. کھانے کمانے کا ٹھیکرا **1** means of livelihood. **2** girl adopted to grow up into a prostitute. کھانے کو دوڑنا be very angry, be surly; pounce upon.

کھاؤ /kʰɑ:u:/ ■ *n.m.* **1** glutton. **2** one who receives bribe. ■ *adj.* voracious. کھاؤ اُڑاؤ extravagant, prodigal, spendthrift.

کھاؤ /kʰɑ:o:/ ■ (*imper.* of کھانا) eat. کھاؤ من بھاتا پہنو جگ بھاتا eat as you may please but wear what others like.

کھائی[1] /kʰɑ:i:/ ■ *n.f.* trench, ditch, moat. [S]

کھائی[2] ____ ■ *adj.* (*fem.* of کھایا). [Prk.]

کھائے /kʰɑ:e:/ ■ (*infl.* of کھانا) (*form.*) eat. کھائے پر کھایا وہ بھی گنوایا greed causes double loss. کھائے تو پچھتائے نہ کھائے تو پچھتائے one who marries regrets and one who does not regrets too.

کھایئے /kʰɑ:ɪje:/ ■ (*imper.* of کھانا) eat, dine. کھایئے من بھاتا پہنیے جگ بھاتا See under کھاؤ.

کھایا /kʰɑ:jɑ:/ ■ *adj.* eaten. کھایا پیا نکالنا **1** beat black and blue. **2** make someone work too hard.

کھبا /kʰəbbɑ:/ ■ *adj.* **1** left. **2** left-handed. (*fem.* کھبی) (*opp.* سجا)

کھبنا /kʰʊbnɑ:/ ■ *v.* **1** penetrate. **2** sink. **3** stick in. **4** fascinate, charm.

کھپاچ /kʰəpɑ:tʃ/ ■ *n.f.* splinter. See کھپچی.

کھپانا /kʰəpɑ:nɑ:/ ■ *v.* **1** use. **2** spend carefully. **3** to be contained or held, to fit in. **4** destroy; end, finish. **5** sell, vend. **6** waste away; lose. **7** cause great pain; make work too hard.

کھپت /kʰəpət̪/ ■ *n.f.* **1** consumption. **2** use. **3** sale. **4** expenditure; outlay.

کھپٹا /kʰəpʈɑ:/ ■ *n.m.* **1** a broken piece. **2** splinter. **3** chip. **4** a piece of dried unripe mango. **5** a baked tile.

کھپچی /kʰəpətʃtʃi:/ ■ *n.f.* (also کھپاچ) **1** splinter, a long thin piece of bamboo or wood. **2** (*fig.*) very lean person.

کھپر /kʰəppər/ ■ *n.m.* **1** skull. **2** cup used by yogis. **3** vessel in which the blood of a victim is kept for offering to deities. **4** beggar's bowl. **5** vessel for burning aloes or incense. کھپر بھرنا **1** give alms to a yogi. **2** make a blood-offering.

کھپرا /kʰəprɑ:/ ■ *n.m.* **1** tile. **2** slice. **3** bark. **4** skin; scale.

کھپریل /kʰəpræ:l/ ■ *n.f.* tile; tiling. کھپریل ڈالنا tile (a roof).

کھپنا /kʰəpnɑ:/ ■ *v.* **1** be used up. **2** be expended. **3** to be mixed up with; to mix, to join. **4** sell. **5** be dried up. **6** be killed.

کھتا /kʰət̪t̪ɑ:/ ■ *n.m.* **1** heap, stock. **2** wealth, treasure. **3** underground granary; store. **4** ice pit. کھتا بھرنا store grain in a granary.

کھتونی /kʰət̪o:ni:/ ■ *n.f.* **1** ledger, account book. **2** (*fig.*) a long account (of something), a detailed account.

کھتیانا[1] /kʰət̪jɑ:nɑ:/ ■ *v.* post a ledger; enter in an account book. [S]

کھتیانا[2] ____ ■ *v.* make soil more fertile, spread manure, to fertilize (the land). [S]

کھٹ[1] /kʰəʈ/ ■ *n.m.* (*contr.* of کھاٹ) charpoy. کھٹ بُنا bed weaver. کھٹ مل (also کھٹل) bug, bedbug. [Prk.]

کھٹ[2] ____ ■ *n.f.* sound of knocking, striking or butting. ■ *adv.* quickly, rapidly. کھٹ پٹ quarrel. کھٹ پٹیا noisy, quarrelsome. کھٹ کھٹ hammering or knocking sound. [S]

کھٹکھٹانا /kʰəʈkʰəʈɑːnɑː/ ■ *v.* (also کھڑکانا) **1** knock, knock at (the door). **2** tap; rap. **3** warn; inform, tell beforehand.

کھٹکھٹاہٹ /kʰəʈkʰəʈɑːhəʈ/ ■ *n.f.* sound of knocking.

کھٹمل /kʰəʈməl/ ■ *n.m.* bug, bedbug.

کھٹنا /kʰəʈnɑː/ ■ *v.* **1** to stand one's ground, stop, hold back; stick. **2** to gain, earn; get; win.

کھٹوات /kʰəʈvɑːʈ/ ■ *n.f.* (also کھٹوائی) taking to bed in anger or feigning sickness.

کھٹولا /kʰəʈoːlɑː/ ■ *n.m.* (also کھٹولہ) small rope cot, small bedstead; any bed-like structure used for sitting or lying; often used in comp. as: اُڑن کھٹولا flying bed of fairy tales.

کھٹّے /kʰəʈʈeː/ ■ *n.m.* (*pl. & infl.* of کھٹّا) sour. کھٹے میٹھے دن **1** days of pregnancy. **2** evil days, bad times.

کھٹیا /kʰəʈ jɑː/ ■ *n.f.* (*dim.* of کھاٹ) **1** rope cot. **2** bier; funeral. کھٹیا سے لگنا become sick. کھٹیا کھڑی کر دینا/کرنا **1** to make the bed of a deceased stand by a wall (which is a sign of death in some parts of India). **2** (*slang*) chastise, punish. کھٹیا نکلنا bier to be carried out, die. کھٹیا نکلے (curse) may you/ he/ she die!

کُھٹیا /kʰʊʈ jɑː/ ■ *n.f.* a kind of sweet made of hard sugar with sesame seeds and shaped like small bells. (See also ریوڑی.)

کھٹیک /kʰəʈiːk/ ■ *n.m.* **1** tanner. **2** a fruit or vegetable grower. (*fem.* کھٹیکنی)

کِھج /kʰɪdʒ/ ■ *n.f.* **1** vexation, teasing, irritation, fretfulness. **2** nickname (for teasing someone). کِھج نکالنا **1** call by a nickname. **2** mock, jeer; scoff; call names.

کِھجانا /kʰɪdʒɑːnɑː/ ■ *v.* tease, irritate; make faces at, mock; call by a nickname.

کُھجانا /kʰʊdʒɑːnɑː/ ■ *v.* (also کُھجلانا) feel itchy, itch, scratch.

کھجلا /kʰədʒlɑː/ ■ *n.m.* a kind of sweetmeat, usually eaten in the month of Ramazan.

کِھجلانا /kʰɪdʒlɑːnɑː/ ■ *v.* get angry, be fretful.

کُھجلانا /kʰʊdʒlɑːnɑː/ ■ *v.* scratch. See کُھجانا.

کُھجلاہٹ /kʰʊdʒlɑːhəʈ/ ■ *n.f.* itching.

کُھجلی /kʰʊdʒliː/ ■ *n.f.* **1** the itch; the mange (in dogs or other animals). **2** (*fig.*) prurience. کھجلی اٹھنا/چلنا/مچنا/رہنا **1** itch, feel itchy; to have the itch. **2** (*fig.*) (i) have sexual desire. (ii) have desire to do something naughty or evil.

کھٹ[3] ____ ■ *adj.* (*contr.* of کھٹّا) sour, having a citric taste. کھٹ مٹھا sweet and sour. [S]

کھٹّا /kʰəʈʈɑː/ ■ *adj.* sour, acid, tart, with a citric taste. کھٹا چوک/چونا very sour. کھٹا سا acidic, sourish. کھٹا مٹھا/میٹھا sweet and sour, with a mixed taste. کھٹا ہونا **1** turn sour, taste to go sour. **2** (used with دل or جی) be disappointed. **3** (used with دانت) be defeated. (*fem.* کھٹّی)

کھٹارا /kʰəʈɑːrɑː/ ■ *n.m.* **1** loading cart. **2** old vehicle which makes much noise, creaky car or bicycle.

کھٹاس /kʰəʈɑːs/ ■ *n.f.* (also کھٹائی) acidity, sourness.

کھٹائی /kʰəʈɑːiː/ ■ *n.f.* **1** sourness, tartness. **2** any sour food-additive. **3** piece of dried raw mango used for sourness in food. کھٹائی میں پڑنا be indefinitely deferred, put or laid aside, put in cold storage, be shelved. کھٹائی میں ڈال رکھنا **1** keep gold and silver ornaments in acid for cleansing. **2** postpone, delay, procrastinate, put in cold storage; shelve.

کُھٹائی /kʰʊʈɑːiː/ ■ *n.f.* **1** wickedness, treachery; malice. **2** naughtiness. **3** adulteration. **4** defect, flaw, blemish.

کھٹراگ /kʰəʈrɑːg/ ■ *n.m.* (also کھٹ راگ) **1** six ragas; a combination of several musical modes. **2** (*fig.*) confusion, imbroglio.

کُھٹ بڑھئی /kʰʊʈ bəɽʰəiː/ ■ *n.m.* woodpecker.

کھٹک /kʰəʈək/ ■ *n.f.* **1** mental or physical prick. **2** anxiety, fear.

کُھٹک /kʰʊʈək/ ■ *n.f.* pecking, tapping.

کھٹکا /kʰəʈkɑː/ ■ *n.m.* **1** bolt (of a door). **2** tapping sound. **3** sound of footsteps. **4** switch, a device of electric connection. **5** apprehension, fear, dread. **6** anxiety; concern. **7** misgiving; doubt, suspension.

کُھٹکا /kʰʊʈkɑː/ ■ *n.m.* **1** foreboding, presentiment. **2** harm, damage. **3** doubt. کھٹکا لگنا doubt; fear, be apprehensive.

کھٹکنا /kʰəʈəknɑː/ ■ *v.* **1** rankle, cause persistent annoyance or resentment. **2** be alarmed; hesitate; be uneasy. **3** to sound, to rattle. **4** to prick. **5** to quarrel.

کُھٹکنا /kʰʊʈəknɑː/ ■ *v.* **1** nibble. **2** break by pecking; break the shell of an egg as chicks do when hatched.

کھٹکھٹا /kʰəʈkʰəʈɑː/ ■ *n.m.* **1** anything that makes a rattling sound. **2** (*fig.*) quarrel, wrangle, dispute. **3** worldly affairs; business; occupation.

cloth.

کھدرا /kʰʊd̪rɑ:/ ■ *adj.* rough, uneven; unpolished. ■ *n.m.* corner, cranny, nook. (*fem.* کُھدری)

کھدنا /kʰʊd̪nɑ:/ ■ *v.* **1** be dug, be excavated. **2** be carved, be engraved; be tatooed.

کھدنی /kʰʊd̪ni:/ ■ *n.f.* chisel, edged tool for cutting or engraving.

کھدوانا /kʰʊd̪vɑ:nɑ:/ ■ *v.* **1** cause to dig, get dug (of well, etc.). **2** cause to carve or engrave.

کھدیڑ /kʰəd̪e:ɽ/ ■ *n.f.* pursuit, chase.

کھدیڑنا /kʰəd̪e:ɽnɑ:/ ■ *v.* (also کھدیرنا) **1** pursue, hunt, drive out. **2** to disturb, to unsettle (while looking for something), disarrange during search.

کھڈ /kʰəɖ/ ■ *n.m.* pit, abyss, chasm; ravine; hollow down a hillside.

کھڈّا /kʰəɖɖɑ:/ ■ *n.m.* **1** cavity, pit. **2** notch, nick. **3** dimple.

کھڈّی /kʰəɖɖi:/ ■ *n.f.* manually operated weaving loom.

کُھڈّی /kʰʊɖɖi:/ ■ *n.f.* **1** raised squatting latrine or lavatory. **2** (*derog.*) space from which a tooth has fallen out. **3** small pit, hollow; gap.

کھر /kʰər/ ■ *n.f.* dry grass; weeds; straw; coarse long grass used in thatching.

کُھر[1] /kʰʊr/ ■ *n.m.* hoof, cloven hoof. کھر بندی horseshoeing. کھردار hoofed.

کُھر[2] ___ ■ *n.f.* rattling sound of coughing.

کھرا /kʰərɑ:/ ■ *adj.* **1** genuine, pure (gold, etc.). **2** valid (as a bargain). **3** good; honest, true, sincere, fair, right; straightforward. **4** standard (as weight). کھراپن purity; genuineness, honesty, sincerity. کھرا کھوٹا **1** genuine or spurious. **2** good or bad. کھرا کھوٹا پرکھنا judge or examine good and bad. کھرا کھیل fair-dealing, fair play. (*fem.* کھری) (*opp.* کھوٹا)

کُھرا /kʰʊrɑ:/ ■ *n.m.* **1** paved area for bathing or washing, etc. **2** clue, sign. **3** heel (of sandal or shoe). ■ *adj.* hoofed.

کھرّا /kʰərrɑ:/ ■ *n.m.* draft; written account; a long letter; memorandum of transaction.

کُھرّا /kʰʊrrɑ:/ ■ *adj.* **1** rough, uneven, coarse. **2** (cot) without a mattress or cloth. **3** curt (reply). **4** harsh, ill-tempered, surly. (*fem.* کُھرّی)

کھراند /kʰərɑ̃:d̪/ ■ *n.f.* (also کھراہند) stench, especially

کِھجنا /kʰɪdʒnɑ:/ ■ *v.* be vexed, be incensed, take offence.

کھجور /kʰədʒu:r/ ■ *n.f.* date; date-palm, *Phoenix dactylifera.* کھجور چھڑی a kind of silk cloth.

کھجوری /kʰədʒu:ri:/ ■ *adj.* **1** date-like. **2** plaited, twisted, twined. ■ *n.f.* a sweetmeat resembling a date.

کھچا /kʰətʃɑ:/ ■ *adj.* joined, stuck; mixed. کھچا کھچ crowded; thick; close. کھچا کھچ بھرنا stuff tight; pack closely.

کِھچا /kʰɪtʃɑ:/ ■ *adj.* **1** drawn, pulled; attracted; extracted. **2** tight; tense. **3** slender. کِھچا جانا be attracted. کِھچا رہنا be estranged. (*fem.* کِھچی)

کھچاڑا /kʰətʃɑ:ɽɑ:/ ■ *n.m.* old and time-worn vehicle, decrepit car, jalopy.

کِھچائی /kʰɪtʃɑ:i:/ ■ *n.f.* (also کِھنچائی) **1** dragging, pulling. **2** (*fig.*) (i) punishment, beating. (ii) scolding.

کِھچاوٹ /kʰɪtʃɑ:vəʈ/ ■ *n.f.* (also کِھچاؤ، کِھنچاوٹ) **1** pull, drag; attraction. **2** tension; tightness; strain.

کِھچڑا /kʰɪtʃɽɑ:/ ■ *n.m.* dish of boiled wheat, rice, barley, meat, pulses, etc. often made for distribution in memory of Moharram martyrs. (See also حلیم .)

کِھچڑی /kʰɪtʃɽi:/ ■ *n.f.* **1** kitcharee, dish made of pulse and rice boiled together. **2** mixture; hotchpotch; assortment. ■ *adj.* black and white or grizzled (hair). کھچڑی بال/داڑھی grizzled hair/beard. کھچڑی پکانا **1** jumble, mix together. **2** conspire. کھچڑی پکنا (a story) be concocted; have a secret discussion.

کھچ کھچ /kʰətʃ kʰətʃ/ ■ *n.f.* squelch, sound made by walking in mire, splash.

کِھچنا /kʰɪtʃnɑ:/ ■ *v.* (also کِھنچنا) **1** be drawn, be attracted. **2** stretch. **3** hold or keep aloof, be delineated. **4** be sketched, be drawn (picture, etc.). **5** be tightened. **6** be absorbed. **7** be endured.

کِھچوانا /kʰɪtʃvɑ:nɑ:/ ■ *v.* (also کِھنچوانا) **1** cause to draw (picture). **2** cause to pull, cause to drag.

کُھدانا /kʰʊd̪ɑ:nɑ:/ ■ *v.* **1** cause to dig. **2** get engraved.

کُھدائی /kʰʊd̪ɑ:i:/ ■ *n.f.* **1** excavation, digging or sinking (of well, etc.). **2** carving, engraving, wages for digging.

کھدبد /kʰəd̪bəd̪/ ■ *n.f.* (also کھدر بدر) **1** sound of boiling, bubbling, simmering. **2** uneasiness, restlessness.

کھدبدانا /kʰəd̪bəd̪ɑ:nɑ:/ ■ *v.* simmer; bubble, boil, make a bubbling sound.

کھدّر /kʰəd̪d̪ər/ ■ *n.m.* khadi, coarse homespun cotton

کھرونچ /kʰərõ:tʃ/ ■ *n.f.* (also کھرونٹ) scratch, graze. کھرونچ آنا be scratched.

کھرونچا /kʰərõ:tʃɑ:/ ■ *n.m.* (also کھروچا) scratch.

کھرونچنا /kʰərõ:tʃnɑ:/ ■ *v.* (also کھروچنا) scratch, scrape.

کھرہا /kʰərhɑ:/ ■ *n.m.* hare; rabbit.

کھری /kʰəri:/ ■ *adj.* (*fem.* of کھرا) **1** genuine, pure. **2** valid. کھری اسامی good paymaster, one who is fair and trustworthy in dealings. کھری کھری سنانا speak impudently; tell the truth, state the facts. کھری مزدوری چوکھا کام one who works well should be paid well. (*opp.* کھوٹی)

کھریا /kʰərjɑ:/ ■ *n.f.* chalk, a piece of chalk.

کُھریا /kʰʊrjɑ:/ ■ *n.f.* a cup-like instrument used to make crimps in cloth.

کھریرا /kʰəre:rɑ:/ ■ *n.m.* curry-comb, a tool to rub down horses. کھریرا کرنا to groom a horse with a curry-comb.

کُھرینچ /kʰʊrẽ:tʃ/ ■ *n.f.* scratch; graze.

کھڑ /kʰəɽ/ ■ *n.f.* broken or crushed piece of gemstones.

کھڑا /kʰəɽɑ:/ ■ *adj.* **1** standing; erect, upright. **2** stationary, not moving. **3** vertical, perpendicular. **4** half-cooked (of rice, etc.). **5** moored, at anchor. **6** stopped, called at. **7** perpetual, constant. **8** abeyant, waiting. **9** ripe (of a field), not harvested (of crop). کھڑا رہنا **1** stand; remain standing. **2** wait. کھڑا قد upright figure. کھڑا کرنا **1** make someone or something stand up, erect; raise. **2** build; place, station; institute; set up, establish. **3** bring to a standstill. **4** pitch (a tent). **5** stir up. **6** park (a vehicle); stop. **7** baste a dress. **8** to field (a candidate in election), nominate someone to contest an election. کھڑا کھانا buffet. کھڑا کھیت standing crop. کھڑا مسالا/مصالحہ uncut spices or ingredients (added to meal while being cooked) as opposed to cut or ground ingredients. کھڑا نقشہ long face with chiselled nose. کھڑا ہونا **1** stand; rise; stand up. **2** be built; be instituted. **3** be pitched. **4** be ready. (*fem.* کھڑی)

کھڑاؤں /kʰəɽɑ:õ:/ ■ *n.f.* (also کھڑانْو، کھڑاواں، کھڑاویں) patten; wooden sandal.

کھڑبڑ /kʰəɽbəɽ/ ■ *n.f.* (also کھڑبڑاہٹ، کھڑبڑی) **1** rattle, clatter, sound of knocking. **2** tumult; uproar.

کھڑبڑانا /kʰəɽbəɽɑ:nɑ:/ ■ *v.* clatter.

کُھڑپینچ /kʰʊɽpẽ:tʃ/ ■ *n.m.* picking out faults, criticism;

of urine.

کھرب /kʰərəb/ ■ *cardinal number* hundred billion or a hundred thousand million.

کھربوں /kʰərbõ:/ ■ *adj.* **1** hundreds of billions. **2** (*fig.*) countless, innumerable.

کُھرپا /kʰʊrpɑ:/ ■ *n.m.* **1** hoe, spud, spade. **2** (*fig.*) uncouth or uncivilized person, lout; a blockhead. کُھرپا بہادر (*fig.*) stupid, a blockhead who considers himself to be very brave.

کُھرپی /kʰʊrpi:/ ■ *n.f.* (*dim.* of کُھرپا) trowel, small hoe.

کھرتل /kʰərt̪əl/ ■ *adj.* **1** pure; exact. **2** outspoken, candid. **3** fair; true; good.

کھرج /kʰərədʒ/ ■ *n.f.* bass (in music). ■ *adj.* deep sounding.

کُھرچائی /kʰʊrtʃɑ:i:/ ■ *n.f.* scraping, abrading.

کُھرچن /kʰʊrtʃən/ ■ *n.f.* **1** pot scrapings. **2** pain, ache. **3** (*fig.*) (i) the last child. (ii) residue assets.

کُھرچنا /kʰʊrətʃnɑ:/ ■ *v.* scrape, scour, erase by scraping, abrade.

کُھرچنی /kʰʊrətʃni:/ ■ *n.f.* scraper.

کُھردرا /kʰʊrd̪ərɑ:/ ■ *adj.* **1** rough; furrowed, wrinkled, uneven, rugged. **2** harsh. **3** uncouth, unpolished. کھردراپن ruggedness, unevenness. (*fem.* کُھردری)

کھرسا /kʰərsɑ:/ ■ *n.m.* **1** summer; dry season. **2** famine, drought.

کِھرسا /kʰɪrsɑ:/ ■ *n.m.* a dish made with the beestings.

کھرسیلا /kʰərse:lɑ:/ ■ *adj.* (of an animal) suffering from skin disease, having mange, mangy, scabby.

کُھرکُھر /kʰʊr kʰʊr/ ■ *n.f.* rattle, clatter, a clattering sound. کھرکھر کرنا to make a noise, to rattle, clatter.

کُھرکُھرا /kʰʊrkʰʊrɑ:/ ■ *adj.* (also کھرکھرا) rough; crisp; wrinkled. (*fem.* کُھرکُھری)

کھرل /kʰərəl/ ■ *n.m.* mortar for grinding, usually made of stone. کھرل کرنا powder, pulverize, grind finely.

کُھرلی /kʰʊrli:/ ■ *n.f.* manger, feeding-trough in a stable.

کھرنجا /kʰərəndʒɑ:/ ■ *n.m.* (also کھڑنجا) **1** pavement; a row or layer of bricks. **2** hard, baked brick.

کُھرنڈ /kʰʊrənḍ/ ■ *n.m.* crust which forms on a healing wound or sore, scab, scale. کھرنڈ جمنا scab to form.

کِھرنی /kʰɪrni:/ ■ *n.f.* *Mimusops hexandra,* a bright yellow-coloured sweet berry and its tree.

کھسکنا /k^{h}ɪsəknɑ:/ ■ *v.* **1** to move, be moved, be displaced. **2** to slip away.

کھسلنا /k^{h}ɪsəlnɑ:/ ■ *v.* (also کھسل پڑنا) **1** slip; slide on slippery ground, skid. **2** move away. ■ *adj.* slippery. (See also پھسلنا¹.)

کھسوٹ /k^{h}əso:ʈ/ ■ *n.f.* the act of plucking out or tearing, snatching; depredation; used in comp. as: لوٹ کھسوٹ plundering.

کھسوٹنا /k^{h}əso:ʈnɑ:/ ■ *v.* **1** pluck out, pull off (the hair). **2** scratch and tear, tear out. **3** plunder, pilfer.

کُھسّہ /k^{h}ʊssɑ:/ ■ *n.m.* (also کُھسا) a kind of shoe resembling slippers.

کھسیانا /k^{h}ɪsjɑ:nɑ:/ ■ *adj.* mortified, abashed, embarrassed, humiliated. ■ *v.* **1** to be ashamed, to be embarrassed or put to shame, be abashed. **2** to grin (with mortification). کھسیانا پن embarrassment, mortification. کھسیانا ہوجانا be embarrassed.

کھسیانی /k^{h}ɪsjɑ:ni:/ ■ *adj.* (*fem.* of کھسیانا) کھسیانی بلی کھمبا نوچے an embarrassed or ashamed person tends to vent his/her feeling by quarrelling. کھسیانی ہنسی ہنسنا force a laugh, laugh in embarrassment.

کھسیاہٹ /k^{h}ɪsjɑ:həʈ/ ■ *n.f.* the state of being put to shame, embarrassment, mortification.

کُھکھ /k^{h}ʊk^h/ ■ *adj.* (also کُھک، کُھکھل) **1** poor, penniless. **2** hollow, empty.

کھکھوڑنا /k^{h}ək^{h}o:ɽnɑ:/ ■ *v.* scrape roughly; search; rake up.

کھکھیڑ /k^{h}ək^{h}e:ɽ/ ■ *n.f.* (also کھکیڑ) **1** worry, vexation, annoyance. **2** vain or bootless labour. **3** quarrel, discord; disorder, confusion. کھکھیڑ اٹھانا labour vainly.

کُھل /k^{h}ʊl/ ■ (*imper.* of کُھلنا) open; used in comp. as: کُھل بیٹھنا **1** sit at ease. **2** manifest one's malice. کُھل جا سِم سِم **1** open sesame (a magic formula in *Arabian Nights'* tale *Ali Baba and the Forty Thieves*). **2** (*fig.*) any magic words or magical solution to a problem. **3** unrestricted access or admission. کھل جانا **1** open up, be disclosed; become clear. **2** feel at ease and speak out; talk freely. **3** be laid bare. کھل کر **1** openly, manifestly. **2** unhesitatingly. **3** fully. **4** unrestrictedly, unreservedly. کھل کھیلنا **1** to indulge openly; perform an act (esp. immoral) openly which was previously done secretly. **2** become shameless.

argument.

کھڑتل /k^{h}əɽʈəl/ ■ *adj.* **1** harsh; wicked, vile; severe. **2** tiresome.

کھڑک /k^{h}ɪɽək/ ■ *n.m.* cow-shed; sheep-pen.

کھڑکانا /k^{h}əɽkɑ:nɑ:/ ■ *v.* **1** to knock, thump, rattle; to knock at the door. **2** shake the chain. **3** to frighten away, to scare by making a noise; to warn.

کھڑکنا /k^{h}əɽəknɑ:/ ■ *v.* **1** rattle, clang. **2** quarrel.

کھڑکی /k^{h}ɪɽki:/ ■ *n.f.* **1** window. **2** a small door within a big gate. **3** a secret or back door. **4** an opening in front of a kurta or turban. کھڑکی دار having an opening in front.

کھڑکھڑ /k^{h}əɽk^{h}əɽ/ ■ *n.f.* (also کھڑکھڑاہٹ) rattle, clatter; jarring noise.

کھڑکھڑاتا /k^{h}əɽk^{h}əɽɑ:t̪ɑ:/ ■ *adj.* **1** rattling, clattering. **2** (*fig.*) starchy (of a garment), stiff. (*fem.* کھڑکھڑاتی)

کھڑکھڑانا /k^{h}əɽk^{h}əɽɑ:nɑ:/ ■ *v.* **1** rattle. **2** knock. **3** threaten, warn; scold.

کُھڑگنجا /k^{h}ʊɽgənd͡ʒɑ:/ ■ *adj.* notched; rugged, rough.

کھڑنک /k^{h}əɽəŋk/ ■ *adj.* dry; brittle; stiff, parched.

کھڑنگا /k^{h}ərəŋgɑ:/ ■ *n.m.* difficulty, trouble, problem.

کھڑی /k^{h}əɽi:/ ■ *adj.* (*fem.* of کھڑا) **1** erect. **2** ready. کھڑی بولی language of Delhi and Meerut; the Urdu dialect and idiom spoken in western UP, India. کھڑی فصل/کھیتی crop ready for harvest.

کھڑے /k^{h}əɽe:/ ■ *n.m.* (*pl. & infl.* of کھڑا) کھڑے کھڑے **1** standing all the while. **2** briefly. **3** immediately. کھڑے گھاٹ دھلوانا get the clothes washed at river or pond, etc.

کھساری /k^{h}ɪsɑ:ri:/ ■ *n.f.* a kind of pulse.

کھسرا /k^{h}əsrɑ:/ ■ *n.f.* measles. (See also خسرہ².)

کُھسرا /k^{h}ʊsrɑ:/ ■ *n.m.* eunuch, a man who has been castrated.

کُھسر پُھسر /k^{h}ʊsər p^{h}ʊsər/ ■ *n.f.* whispering. کھسر پھسر کرنا whisper, talk in whispers.

کھسک /k^{h}ɪsək/ ■ (*imper.* of کھسکنا) کھسک جانا/لینا to sneak, slip away, slink, go away stealthily, decamp.

کھسکانا /k^{h}ɪskɑ:nɑ:/ ■ *v.* **1** cause to move, move something along, displace. **2** move something secretly or stealthily; slide; make off with, steal, pilfer. **3** postpone (a date). **4** (*fig.*) offer (money, etc.) as bribe; pay (as bribe).

broad daylight. **2** fearlessly.

کُھلمُندن /kʰʊlmʊnḍən/ ■ *n.m.* (also کُھل مُندن) valve.

کھلنا /kʰəlnɑ:/ ■ *v.* rankle; be disliked.

کِھلنا /kʰɪlnɑ:/ ■ *v.* **1** bloom, flower. **2** be happy, be delighted. **3** crack (grains in roasting or parching). **4** look well, look beautiful (of colour or dress). **5** crack, burst (as a wall). **6** to show itself or its effects (of moonlight or stars). **7** to show the effects (of intoxication).

کُھلنا /kʰʊlnɑ:/ ■ *v.* **1** open. **2** become unstitched; (stitches) to break; be unravelled or untangled; come untied. **3** (tongue) to become loose. **4** (secret) to be revealed or exposed, be solved (of a problem or mystery). **5** become familiar, be known. **6** be laid bare; be manifest. **7** (skull) to be cracked. **8** sky to become clear. **9** be unlocked.

کِھلنڈرا /kʰɪlənḍrɑ:/ ■ *adj.* (also کِھلندڑا) playful, frolicsome, sportive; careless. (*fem.* کِھلنڈری)

کِھلّو /kʰɪllu:/ ■ *adj.* (man or boy) given to laughing, playful.

کِھلّو /kʰɪllo:/ ■ *adj.* (woman or girl) given to laughing.

کِھلواڑ /kʰɪlvɑ:ɽ/ ■ *n.m.* joke, raillery. ■ *adj.* sportive; droll, humorous.

کُھلوانا /kʰʊlvɑ:nɑ:/ ■ *v.* get (something) opened.

کِھلونا /kʰɪlo:nɑ:/ ■ *n.m.* toy, plaything.

کھلی /kʰəli:/ ■ *n.f.* oilcake.

کُھلی /kʰʊli:/ ■ *adj.* (*fem.* of کُھلا) open; loose. کھلی بغاوت open revolt. کھلی چٹھی open letter. کھلی چُھٹی open permission; complete freedom of action. کھلی دعوت open invitation. کھلی ساعت رعدالت رکچہری open court.

کِھلّی /kʰɪlli:/ ■ *n.f.* **1** jest, chaff, humour. **2** betel leaf (paan) prepared and folded for eating. کھلی اُڑانا to ridicule. کھلی اُڑنا be ridiculed. کھلی باز witty; humorous; playful. کھلی بازی playfulness; fun.

کُھلے /kʰʊle:/ ■ *adj.* (*pl.* & *infl.* of کُھلا) open. کھلے بندوں ر خزانے رمیدان openly, publicly; in broad daylight; fearlessly. کھلے دل سے open-heartedly, warmly.

کھلیان /kʰəljɑ:n/ ■ *n.m.* **1** barn; threshing floor; granary. **2** stack; rick. کھلیان کر دینا رکرنا destroy, ruin.

کھلیانا /kʰəljɑ:nɑ:/ ■ *v.* peel, flay, to skin.

کھم /kʰəm/ ■ *n.m.* post. See کھمبا.

کِھلا /kʰɪlɑ:/ ■ *adj.* blossomed, blown (as flower). (*fem.* کِھلی)

کُھلا /kʰʊlɑ:/ ■ *adj.* **1** open, manifest, exposed. **2** expanded, vast; wide (as field). **3** airy; spacious (house, etc.). **4** direct. **5** loose, unstrained. **6** unfastened. **7** unlocked. **8** unfolded. **9** naked, nude, not clothed or covered, bare. **10** fair (complexion), white, whitish. کھلا بھاؤ رنرخ **1** retail price. **2** opening rate (of a commodity). کھلا جھوٹ open lie, white lie. کھلا خط open letter. کھلا ڈلا رکھلا **1** open; fair. **2** loose (dress, etc). (*fem.* کُھلی)

کھلار /kʰəlɑ:r/ ■ *n.f.* low-lying area; hollow, pit.

کِھلاڑ /kʰɪlɑ:ɽ/ ■ *adj.* **1** playful, sportive. **2** wanton; sexually immodest.

کِھلاڑی /kʰɪlɑ:ɽi:/ ■ *n.m.* player. ■ *adj.* (*fig.*) (i) expert, skilful. (ii) full of tricks, mischievous.

کِھلاڑیاں /kʰɪlɑ:ɽɪjɑ̃:/ ■ *n.f.pl.* (also کھلاریاں) pranks, frolics.

کِھلانا[1] /kʰɪlɑ:nɑ:/ ■ *v.* **1** feed. **2** make one take an oath. **3** administer by mouth (medicine, poison, etc.). (*cf.* کھانا)

کِھلانا[2] ——— ■ *v.* **1** cause to play; field a player or team. **2** dandle, amuse or divert (a child). (*cf.* کھیلنا)

کِھلانا[3] ——— ■ *v.* cause to bloom, cause to produce flowers. (*cf.* کِھلنا)

کِھلاؤ /kʰɪlɑ:u:/ ■ *n.m.* feeder, one who feeds; supporter.

کِھلائی /kʰɪlɑ:i:/ ■ *n.f.* **1** feeding, nourishment, the act of nourishing. **2** charges paid for cost of feeding. **3** a girl brought up (by) or dandled (by). **4** nurse; dry-nurse. کھلائی پلائی food expenses. کھلائی دائی dry-nurse.

کھلبلانا /kʰəlbəlɑ:nɑ:/ ■ *v.* **1** bubble, boil. **2** be agitated; be in commotion, be confused.

کھلبلی /kʰəlbəli:/ ■ *n.f.* (also کھلبل) alarm; commotion, furore, panic; agitation. کھلبلی پڑنا رمچنا commotion to arise; be confused or agitated. کھلبلی ڈالنا create confusion or a panic, throw into confusion, cause a commotion.

کِھل کِھل /kʰɪl kʰɪl/ ■ *n.f.* titter, giggle, burst of laughter.

کِھلکِھلا /kʰɪlkʰɪlɑ:/ ■ *n.m.* giggle, burst of laughter. کھلکھلا کے ہنسنا laugh heartily, burst into laughter.

کِھلکِھلانا /kʰɪlkʰɪlɑ:nɑ:/ ■ *v.* giggle, laugh.

کُھلّم کُھلّا /kʰʊlləm kʰʊllɑ:/ ■ *adv.* **1** openly, publicly; in

کُھنڈا /kʰʊnḍa:/ ■ *adj.* blunt, lacking sharp edge (as a knife). (*fem.* کُھنڈی)

کُھنڈال /kʰũḍa:l/ ■ *n.m.* **1** leafless tree. **2** log of wood.

کھنڈت /kʰənḍəṭ/ ■ *n.f.* (also کھنڈِت) frustration; interruption; disturbance; spanner in the works. کھنڈت پڑنا be upset, be topsy-turvy; be interrupted. کھنڈت ڈالنا spoil; interrupt, put a spanner in the works.

کھنڈر /kʰə̃ḍər/ ■ *n.m.* **1** ruins of a town or house, mass ruins. **2** tumbledown buildings. کھنڈر بنانا to ruin, to destroy completely. کھنڈر ہو جانا/رہنا be ruined, be destroyed, to turn into ruins.

کھنڈری /kʰənḍri:/ ■ *adj.* patched clothes of a beggar; beggar's quilt. (See also گدڑی.)

کُھنڈل /kʰ ũḍəl/ ■ *n.m.* a small trough.

کھنڈلا /kʰənḍla:/ ■ *n.m.* a piece, slice, especially of a fruit.

کُھنڈلا /kʰũḍla:/ ■ *n.m.* **1** (*derog.*) dilapidated house, cottage or hut. **2** (also کھونڈا) boy with broken front milk teeth.

کھنڈن /kʰənḍən/ ■ *n.m.* **1** the act of breaking something into pieces, dividing, cutting. **2** refutation, denial. کھنڈن کرنا **1** break; cut. **2** destroy. **3** refuse.

کِھنڈنا /kʰɪnḍna:/ ■ *v.* be dispersed, be scattered; be spread.

کھنڈوی /kʰənḍvi:/ ■ *n.f.* a curry dish prepared with gram-flour.

کُھنڈی /kʰʊnḍi:/ ■ *adj.* (*fem.* of کُھنڈا) blunt (sword or knife, etc.). ■ *n.f.* cow or buffalo with crooked horns.

کُھنّس /kʰʊnnəs/ ■ *n.f.* anger; enmity, spite, rancour, hatred, envy. کھنس نکالنا vent one's spite, show anger; avenge.

کُھنسا /kʰʊnsa:/ ■ *adj.* spiteful, irritable.

کُھنسانا /kʰʊnsa:na:/ ■ *v.* be angry; be irritated, wrathful or cross; be jealous of.

کُھنسی /kʰʊnsi:/ ■ *adj.* (*fem.* of کُھنسا) spiteful; irritable; rancorous.

کھنک /kʰənək/ ■ *n.f.* **1** clink, tinkle, jingle. **2** (*fig.*) rhythm, harmony; a pleasing sound.

کھنکار /kʰəŋka:r/ ■ *n.f.* (also کھنکھار) **1** hem; the sound made when clearing the throat or attracting someone's attention; the sound of cough. **2** See کھنک.

کھنکارنا /kʰəŋka:r na:/ ■ *v.* **1** to cough. **2** make a hemming sound to draw attention. **3** to clear the throat.

کھمّاچ /kʰəmma:tʃ/ ■ *n.f.* (also کھماج) name of a classical raga.

کھمبا /kʰəmba:/ ■ *n.m.* pillar, post, pole, column. کھمبا گاڑنا **1** fix a pole, install a pole. **2** (*fig.*) establish one's name or fame.

کُھمبی /kʰʊmbi:/ ■ *n.f.* (also کُھنبی) mushroom.

کھن¹ /kʰən/ ■ *n.m.* **1** storey (of a house). **2** interior of a house or shop. **3** sky. **4** mine; pit in earth. **5** a certain day of the lunar fortnight. **6** moment. [S]

کھن² ——— ■ *n.f.* a clink, tinkle, jingle, ringing sound. کھن کھن tinkle-tinkle, clink-clink. [Prk.]

کھنجری /kʰəndʒəri:/ ■ *n.f.* (*var.* of خنجری) small tambourine, small kettledrum.

کھنجن /kʰəndʒən/ ■ *n.m.* a kind of small bird, wagtail, *Motacilla alba* with a long tail that is frequently wagged up and down. (See also ممولا.)

کِھنچا /kʰĩtʃa:/ ■ *adj.* pulled, drawn; stressed; angry. کھنچا کھنچا رہنا be angry or unhappy (with); stay away (from). (*fem.* کھنچی)

کِھنچاوٹ /kʰĩtʃa:vəṭ/ ■ *n.f.* pull, tension; tightening. See کِھچاوٹ.

کِھنچاؤ /kʰĩtʃa:o:/ ■ *n.m.* (also کِھچاؤ) tension.

کِھنچائی /kʰĩtʃa:i:/ ■ *n.f.* **1** (*fig.*) (i) snubbing. (ii) act of taunting, teasing or jeering. **2** lack, deficiency.

کِھنچنا /kʰĩtʃna:/ ■ *v.* be drawn; be dragged. See کِھچنا.

کِھنچوانا /kʰĩtʃva:na:/ ■ *v.* be drawn; be dragged. See کِھچوانا.

کھندانا /kʰə̃ḍa:na:/ ■ *v.* **1** to cause to run off, send. **2** despatch. **3** chase away. ■ *n.m.* ditch, hole.

کُھندلنا /kʰũḍəlna:/ ■ *v.* tread upon, trample, crush; beat with the feet.

کھنڈ¹ /kʰənḍ/ ■ *n.m.* **1** part, piece, portion, division, section. **2** storey (of a house, etc.). **3** chapter (of a book). **4** quarter; district; province; region; a piece of land. **5** washerman's songs. [S]

کھنڈ² ——— ■ *n.f.* (*contr.* of کھانڈ) coarse sugar. کھنڈ سار/رسال sugar mill or factory. [S]

کِھنڈ /kʰɪnḍ/ ■ *n.f.* hole, opening, fissure.

کھنڈا¹ /kʰənḍa:/ ■ *n.m.* **1** bruised rice. **2** (*fig.*) ordinary food. [S]

کھنڈا² ——— ■ *n.m.* (*dim.* of کھانڈا) khanda, small double-edged sword. [S]

کھنکانا /kʰənka:na:/ ■ *v.* to cause to jingle, ring, clink.

کھنکڑ /kʰəŋkəɽ/ ■ *adj.* (also کھنکھڑ) **1** dry and crackling; stiff; emaciated. **2** (*fig.*) very weak or thin. ■ *n.m.* **1** skeleton. **2** anything dry and crackling.

کھنکنا /kʰənəkna:/ ■ *v.* jingle, ring, clink, chink.

کھنکھجورا /kʰənkʰədʒu:ra:/ ■ *n.m.* (*var.* of کنکھجورا) centipede.

کھنکھنانا /kʰənkʰəna:na:/ ■ *v.* to cause to chink, to clank, tinkle, jingle, clink.

کھنگالنا /kʰəŋga:lna:/ ■ *v.* **1** wash, rinse. **2** (*fig.*) search minutely.

کھنگر /kʰəŋgər/ ■ *n.m.* (also کھنگڑ) **1** over-burnt brick. **2** any dry or hard thing. **3** dross (of iron or metal); refuse.

کھنگولنا /kʰəŋgo:lna:/ ■ *v.* (*var.* of گھنگھولنا) stir water, etc. with hand; pollute by such stirring.

کھو /kʰo:/ ■ *n.f.* act of losing or wasting something. ■ (*imper.* of کھونا) lose, waste (it). کھو بیٹھنا lose; fail to retain; be deprived of. کھو جانا **1** be lost. **2** be lost or absorbed in deep thought. کھو دینا lose; waste. کھو کر کے by losing; after losing. کھو کر سیکھنا learn through loss; learn from experience.[S]

کھو² ____ ■ *n.f.* cavern. See کھوہ. [S]

کھوا /kʰəva:/ ■ *n.m.* shoulder. کھوا چھلنا (کھوے سے) be overcrowded, teem with people.

کھوپ /kʰo:p/ ■ *n.f.* **1** cave. **2** fissure. **3** long stitch.

کھوپرا /kʰo:pra:/ ■ *n.m.* **1** copra, coconut; kernel of a coconut. **2** the skull.

کھوپڑی /kʰo:pɽi:/ ■ *n.f.* (also کھوپری) **1** the skull; cranium; head. **2** (*fig.*) brains, understanding, intellectual capacity. کھوپڑی پلپلی رگنجی کرنا beat severely, thrash. کھوپڑی چاٹ رکھا جانا trouble with persistent or meaningless talk, cause continual distress, pester, plague. کھوپڑی چٹخنا (*fig.*) be very angry.

کھوٹ /kʰo:ʈ/ ■ *n.m.* & *f.* **1** impurity. **2** defect, fault. **3** insincerity, fraud. **4** loss (in business). کھوٹ کرنا commit a fault; inflict loss on; injure. کھوٹ ملانا add a base metal to gold to make it harder. کھوٹ نکالنا **1** find fault with. **2** remove the impurity of.

کھوٹا /kʰo:ʈa:/ ■ *adj.* **1** perfidious, false, counterfeit, spurious. **2** faulty, defective. **3** impure. **4** untrustworthy. **5** untrue. کھوٹا ارادہ sinister design. کھوٹا پیسا رپیسہ بھی برے وقت میں کام آتا ہے even rejected things sometimes prove useful. کھوٹا کرنا to waste, to cause to lose; create hurdle. کھوٹا کھرا پرکھنا ردیکھنا distinguish or separate good from bad. (*opp.* کھرا)

کھوٹائی /kʰo:ʈa:i:/ ■ *n.f.* **1** perfidy; falseness. **2** defect.

کھُوٹنا /kʰu:ʈna:/ ■ *v.* pluck; pick, pull out (leaves or fruits, etc.).

کھوٹی /kʰo:ʈi:/ ■ *adj.* (*fem.* of کھوٹا) کھوٹی بات false statement, lie; deception. کھوٹی بولنا **1** use foul language. **2** to tell lies. کھوٹی ساعت رگھڑی inauspicious moment. کھوٹی کرنا to cause to waste (time); create problems. کھوٹی کہنا speak against; revile. کھوٹی کھری سنانا revile, abuse. (*opp.* کھری)

کھوج /kʰo:dʒ/ ■ *n.m.* & *f.* **1** search, detection, inquiry. **2** trace, clue. کھوج پانا find a clue (to). کھوج کھاج inquiry; thorough search. کھوج لگانا trace, follow. کھوج لگنا be traced. کھوج مٹانا **1** satisfy someone's curiosity. **2** obliterate all traces (of). کھوج ملنا clue or information be found. کھوج میں رہنا keep searching; persistently try to find faults; endeavour to pick a hole in another's coat. کھوج نکالنا track, find a clue (to).

کھوجڑ /kʰo:dʒəɽ/ ■ *n.f.* bagasse; dross, residue, refuse.

کھوجنا /kʰo:dʒna:/ ■ *v.* seek, search for, explore; enquire.

کھوجی /kʰo:dʒi:/ ■ *n.m.* (also کھوجنے والا، کھوجیا) searcher, tracker, investigator, detective, inquisitive person.

کھُوجھا /kʰu:dʒʰa:/ ■ *n.m.* refuse; precipitate, sediment; dregs.

کھوچ /kʰo:tʃ/ ■ *n.f.* scratch. See کھونچ.

کھُوچڑ /kʰu:tʃəɽ/ ■ *n.m.* one who puts a spoke in another's wheel; a wicked person.

کھوچل /kʰo:tʃəl/ ■ *adj.* hollow, empty.

کھود /kʰo:d̪/ ■ *n.f.* digging. ■ (*imper.* of کھودنا) کھود کھود کر کے پوچھنا question closely, searchingly or minutely.

کھودنا /kʰo:d̪na:/ ■ *v.* **1** dig, delve; hollow. **2** carve; scoop; engrave. **3** investigate, search for.

کھور /kʰo:r/ ■ *n.f.* **1** trough. **2** cave. **3** cover; lid. **4** quilt. **5** lane, street.

کھَورا /kʰɔ:ra:/ ■ *n.m.* **1** liver rot in sheep. **2** falling off of the hair.

کھَورُو /kʰɔ:ru:/ ■ *n.m.* **1** digging the earth with the hoofs (as an ox); pawing the ground and bellowing. **2** (*fig.*) evil, wickedness, mischief. کھورو کرنا scrape the ground with the hoof; paw the ground.

/kʰɔ:lṭɑ:/ ■ *adj*. boiling; boiling hot. (*fem.* کھولتی) **کھولتا**

/kʰɔ:lən/ ■ *n.f.* **1** burning sensation in the chest or a wound. **2** the act of boiling. کھولن پڑنا become angry, get annoyed. **کھولن**

/kʰɔ:lnɑ:/ ■ *v*. **1** boil, be very hot. **2** be angry, rage, boil or burn with rage. **کھولنا**

/kʰo:lnɑ:/ ■ *v*. **1** open. **2** untie, unravel; let loose, disengage; set free, liberate. **3** unfold, disclose, reveal, expose. **4** clarify, explain. **5** solve (a problem). **6** cut or rip open. **7** expand, spread out. **8** start, begin. **9** unmoor (a boat, etc.). **10** turn on; switch on (a fan, etc.). **11** unlock; unbolt. **کھولنا**

/kʰɔ:li:/ ■ *n.f.* sole, an edible flatfish. **کھولی**

/kʰo:li:/ ■ *n.f.* cabin, small room or hut. **کھولی**

/kʰo:nɑ:/ ■ *v*. **1** lose. **2** waste. **3** squander. **4** be absorbed in thought, be preoccupied. **کھونا**

/kʰõ:p/ ■ *n.f.* **1** long stitch. **2** rent in cloth. **کھونپ**

/kʰõ:pɑ:/ ■ *n.m.* the hair of the head braided or tied up on the top; hair-knot. **کھونپا**

/kʰo:ṭɑ:/ ■ *n.m.* the edge of a piece of clothing which has been turned over and sewn, hem, border of dupatta. **کھونتا**

/kʰũ:ṭ/ ■ *n.m.* **1** corner. **2** angle; direction. **3** pivot. **4** earwax. **5** portion; **کُھونٹ**

/kʰũ:ṭɑ:/ ■ *n.m.* **1** picket, nail, tent peg. **2** upright post or pivot in an oil press or sugar mill. **3** (*fig.*) marriage knot; relation; backing. کھونٹا مضبوط ہونا (*fig.*) to have strong backing. **کُھونٹا**

/kʰũ:ṭi:/ ■ *n.f.* (*dim.* of کُھونٹا) **1** pin, clothes peg. **2** central pin (of a hand-mill). **3** knob (of guitar). **4** root of the hair; stubble (of beard). کھونٹی لینا/نکالنا shave very closely. **کُھونٹی**

/kʰũ:ṭe:/ ■ *n.m.* (*pl. & infl.* of کُھونٹا) کھونٹے سے باندھنا **1** tie (an animal) to a peg. **2** (*fig.*) keep (someone) under control. کھونٹے سے بندھنا **1** (of an animal) be tied. **2** come under control. **3** (*iron.*) get married. کھونٹے کے بل زور کرنا/کودنا **1** become insolent. **2** rely on someone's protection or power. **کُھونٹے**

/kʰõ:tʃ/ ■ *n.f.* (also کھوچ) rip; scratch; stab; cut or rent in clothes. کھونچ آنا/لگنا (of clothes) be rent, be torn by nail; receive a scratch or rip. **کھونچ**

/kʰo:ri:/ ■ *n.f.* **1** narrow valley; narrow path, alley. **2** covering, lid; cover, casing. **کھوری**

/kʰo:sɑ:/ ■ *adj.* (also کھوسہ، کھوسی) having little or no beard. [Prk.] **کھوسا[1]**

——— ■ *n.m.* **1** skin; rind; crust. **2** a kind of ordinary shoe. [S] **کھوسا[2]**

/kʰu:səṭ/ ■ *adj.* **1** very old; weak, decrepit. **2** worthless. ■ *n.m.* **1** decrepit old man. **2** worthless fellow. **3** owl. **کُھوسٹ**

/kʰo:sɽɑ:/ ■ *n.m.* (also کھوسرا) old and broken shoe. **کھوسڑا**

/kʰo:snɑ:/ ■ *v*. **1** tuck something in a hole, to force into belt or waist; insert or thrust into (a hole, etc.). **2** snatch. **کھوسنا**

/kʰo:kʰɑ:/ ■ *n.m.* **1** wooden crate. **2** paid bill of exchange kept as a voucher. **3** makeshift shop or cabin made of empty crates. ■ *adj.* **1** blank (cartridge or shell). **2** hollow, empty. [S] **کھوکھا[1]**

——— ■ *n.m.* boy; little child. [S] **کھوکھا[2]**

/kʰo:kʰəl/ ■ *adj.* (also کُھکّھل) **1** hollow, empty. **2** skeleton. **3** a mere shell (with nothing inside). **کھوکھل**

/kʰo:kʰlɑ:/ ■ *adj.* (also کھوکلا) **1** hollow; empty; excavated; blank (shell). **2** rotten. **3** lacking substance or meaning. کھوکھلا پن hollowness, emptiness. کھوکھلا کرنا **1** hollow out. **2** (*fig.*) (i) weaken; reduce to a skeleton (referring to severe suffering or sorrows). (ii) embezzle; weaken through embezzlement or vices. کھوکھلا ہونا **1** become a shadow of (one's) former self. **2** be emptied. (*fem.* کھوکھلی) **کھوکھلا**

/kʰu:kʰi:/ ■ *n.f.* a small insect that infests wheat and barley after heavy rain. **کُھوکھی**

/kʰo:kʰi:/ ■ *n.* (*fem.* of کھوکھا[2]) little girl, lass. **کھوکھی**

/kʰɔ:kʰɪjɑ:nɑ:/ ■ *v*. (also خوخیانا) (of monkey) to make a bullying sound. **کھوکھیانا**

/kʰo:l/ ■ (*imper.* of کھولنا). ■ *n.f.* act of opening. ■ *adv.* openly, candidly, clearly. کھول پٹّی hide and seek. کھول کر/کے کہنا speak out, elucidate. [S] **کھول[1]**

——— ■ *n.m.* **1** hollow; cavity; case; scales. **2** the body or hull of a boat or ship. **3** a kind of long drum. [Prk.] **کھول[2]**

/kʰɔ:lɑ:nɑ:/ ■ *v*. **1** cause to boil. **2** (*fig.*) cause to rage, make very angry. **کھولانا**

(by use).

کھیپ /kʰe:p/ ■ *n.f.* **1** consignment; shipment; load; cargo. **2** trip, journey (to and fro). **3** goods supplied periodically. **4** anything added to a sum. کھیپ بھرنا to load.

کھیپیا /kʰe:pɪjɑ:/ ■ *n.m.* **1** one who makes a trip. **2** (*inform.*) someone whose business is to bring goods across the border (often illegally).

کھیت /kʰe:t̪/ ■ *n.m.* **1** khet, field, cultivated land. **2** battlefield. کھیت پڑنا be massacred. کھیت جوتنا till a field. کھیت چھوڑنا flee from battle. کھیت رہنا be killed in the battlefield. کھیت کاٹنا harvest a crop. کھیت کرنا (of moon) appear. کھیت کمانا prepare a field, make soil fertile, manure a field. کھیت لہلہانا field to bloom, field to wave (before wind). کھیت مارنا win, be victorious. کھیت نرانا/نرلانا weed a field. کھیت وار by fields; per field. کھیت وار جمع بندی amount of the revenue assessed upon each field. کھیت ہاتھ ہونا win; succeed; be victorious. کھیت ہارنا be defeated.

کھیتی /kʰe:t̪i:/ ■ *n.f.* **1** agriculture; farming, husbandry. **2** crop. **3** field, sown land. کھیتی باڑی agriculture; husbandry, farming, tillage. کھیتی باڑی کرنا cultivate, till. کھیتی جوگ arable, fit for cultivation. کھیتی خصم سیتی he who ploughs himself reaps a good harvest; self done is best done; you stand to lose when you leave work to others. کھیتی ہار،ہر cultivator. کھیتی ہری ہونا **1** field to flourish. **2** (*fig.*) be prosperous and happy.

کھید /kʰe:d̪/ ■ *n.f.* **1** sickness; affliction. **2** regret; sorrow, grief.

کھیدا /kʰe:d̪ɑ:/ ■ *n.m.* a trap or enclosure for catching elephants. کھیدا کرنا beat the forest to bring out the animal being hunted; to drive out. (See also ہانکا.)

کھیدنا /kʰe:d̪nɑ:/ ■ *v.* **1** to run after, chase. **2** drive away. **3** persecute; inflict pain, torture.

کھیر /kʰæ:r/ ■ *n.m.* plant from which catechu is extracted.

کِھیر /kʰi:r/ ■ *n.f.* kheer, a dish of rice cooked in milk with sugar and dry fruits, rice pudding. کھیر چٹائی **1** first feeding of a child with kheer, weaning ceremony. **2** feeding sweets to a bride for the first time. کھیر کا دلیا ہوجانا **1** be changed for the worse; suffer a reversal of fortune. **2** be ruined or marred (a hope or aim).

کھونچا /kʰõ:tʃɑ:/ ■ *n.m.* & *adj.* **1** six and a half. **2** multiplication table of six and a half times.

کھونچا /kʰõ:tʃɑ:/ ■ *n.m.* (also کھونچی) **1** stuffing, thrust; anything inserted in another. **2** trifling purchase. **3** a handful of grain paid as wages to the grain parcher.

کھونچنا /kʰõ:tʃnɑ:/ ■ *v.* **1** tear with some sharp material; make an incision. **2** to force into, to thrust, to stuff (into).

کھُوندنا /kʰũ:d̪nɑ:/ ■ *v.* trample, tread (upon).

کھُونڈ /kʰũ:ɖ/ ■ *n.m.* stick, baton, sceptre.

کھونڈا /kʰõ:ɖɑ:/ ■ *n.m.* **1** blunt knife or tool, etc. **2** boy whose front milk teeth have fallen. **3** (*fig.*) useless or worthless.

کھونڈی /kʰõ:ɖi:/ ■ *n.* (*fem.* of کھونڈا) **1** small blunt knife, etc. **2** girl whose front milk teeth have fallen.

کھونسنا /kʰõ:snɑ:/ ■ *v.* (also کھوسنا) insert or thrust into a hole, force or thrust into belt or pyjamas, etc.

کھُوہ /kʰu:h/ ■ *n.m.* well. (See also کنواں.)

کھوہ /kʰo:h/ ■ *n.f.* (also کھو[2]) **1** cavern, cave, pit or hollow in a hillside. **2** a hole or empty space inside a tree trunk.

کھُوئی /kʰu:i:/ ■ *n.f.* (*dim.* of کھُوہ) small well.

کھوئی[1] /kʰo:i:/ ■ *n.f.* **1** husk; dry sugar cane husk left after the juice has been pressed out. **2** swollen fried grain. [S]

کھوئی[2] ____ ■ *n.f.* hood worn as a protection against rain. [S]

کھوئی[3] ____ ■ *adj.* (*fem.* of کھویا[2]). [S]

کھوے /kʰəve:/ ■ *n.m.* (*pl.* & *infl.* of کھوا) shoulders. کھوے سے کھوا چھلنا shoulders be rubbed due to overcrowding, be overcrowded.

کھویا[1] /kʰo:jɑ:/ ■ *n.m.* dried whole milk, thickened milk, dehydrated milk. [S]

کھویا[2] ____ ■ *adj.* lost; destroyed; thrown away. ■ *n.m.* any thing or person that is lost. کھویا کھویا سا رہنا be always lost in thought, not to be attentive. (*fem.* کھوئی) [S]

کھوّیا /kʰəvəjjɑ:/ ■ *n.m.* **1** one who provides daily bread. **2** one who eats much.

کِھوّیا /kʰɪvəjjɑ:/ ■ *n.m.* boatman, oarsman, one who rows a boat.

کِھیانا /kʰɪjɑ:nɑ:/ ■ *v.* be worn off; be abraded, wear away as a joke, ridicule. **2** consider easy. **3** work to make a plan easy. کھیل جانا play out one's part. (جان پر) کھیل جانا die, risk one's life. کھیل سمجھنا regard as child's play, not to take seriously. کھیل کرنا **1** play. **2** put on a show. کھیل کود sport and frolic. کھیل کھلاڑی **1** playsome. **2** (*fig.*) wanton, an immodest woman. کھیل کھلانا **1** cause to play or put up a show. **2** cause to worry, harass. کھیل کھیلنا **1** play. **2** treat as joke. کھیل گھر place where a show is organized, hall. [Prk.]

کھیل² ____ ■ *n.m.* water trough for cattle. [dial.]

کھیلنا /kʰe:lnɑ:/ ■ *v.* to play, sport.

کھیلی /kʰi:li:/ ■ *n.f.* chaff. See کھلّی.

کھینا /kʰe:nɑ:/ ■ *v.* (also کھیونا) **1** row, paddle (boat). **2** suffer, endure.

کھینچ /kʰẽ:tʃ/ ■ *n.f.* **1** pull, tug; attraction, drawing. **2** holding aloof from, aversion. **3** scarcity, dearth. **4** delay. کھینچ تان رکھانچ کرکے with struggle, with great difficulty; forcefully. کھینچ (کر) نکالنا pull or drag out.

کھینچا /kʰẽ:tʃɑ:/ ■ *adj.* stretched. کھینچا تانی **1** stretching and straining. **2** struggle. **3** scuffle. کھینچا کھینچ **1** pulling and hauling. **2** tug of war. **3** struggle. **4** contention.

کھینچنا /kʰẽ:tʃnɑ:/ ■ *v.* **1** pull, drag, draw. **2** hang (on a cross or gallows). **3** tighten. **4** distil, extract. **5** sketch a map or figure, draw a picture; take a photograph. **6** unsheathe (a sword, etc.). **7** draw water from well. **8** avert, avoid, shun; behave arrogantly. **9** lengthen, prolong (speech, etc.). **10** bring out, bring away, draw out. **11** strip off (skin, etc.).

کھیوا /kʰe:vɑ:/ ■ *n.m.* **1** price of passage in a boat, ferry money. **2** crossing a river. **3** boatman. **4** boat.

کھیوٹ¹ /kʰe:vəʈ/ ■ *n.m.* **1** assigned share of revenue. **2** record of shares; administration paper; record of mutation. کھیوٹ کھتونی record showing the distribution of lands and the rights of the occupants. [Prk.]

کھیوٹ² ____ ■ *n.m.* (also کھیوٹیا) boatman, oarsman. [Prk.]

کھیون ہار /kʰe:vənhɑ:r/ ■ *n.m.* **1** boatman. **2** (*fig.*) one who removes or solve difficulties.

کھیئی /kʰe:i:/ ■ *n.f.* dry bush used in hedge, brambles (used as hedging or fuel).

کھیرا /kʰæ:rɑ:/ ■ *adj.* brown, of the colour of catechu, brownish, reddish brown, liver-brown. ■ *n.m.* **1** the brown colour. **2** a kind of pigeon.

کھیرا /kʰi:rɑ:/ ■ *n.m.* cucumber. کھیرا ککڑی سمجھنا/کرنا consider worthless, scorn, look down upon.

کھیری /kʰi:ri:/ ■ *n.f.* udder, bag-like organ (of female cattle) with two or more teats.

کھیرے /kʰi:re:/ ■ *n.m.* (*pl. & infl.* of کھیرا) کھیرے ککڑی کی طرح کاٹنا **1** cut carelessly or scornfully. **2** kill ruthlessly by a sharp sword.

کھیڑ /kʰe:ɽ/ ■ *n.m.* crowd, swarm.

کھیڑا /kʰe:ɽɑ:/ ■ *n.m.* **1** village. **2** site of ancient town, mound of ruins. **3** mixture of different grains. کھیڑا پتی village priest; village headman.

کھیڑی /kʰe:ɽi:/ ■ *n.f.* (also کھیری) the membranes in which the fetus is enveloped.

کھیس¹ /kʰi:s/ ■ *n.f.* first milk drawn from a cow after calving, beestings. [S]

کھیس² ____ ■ *n.f.* grinning, simpering, showing the teeth; grimace. کھیس نکالنا simper, grin. [Prk.]

کھیس³ ____ ■ *n.m.* (*corr.* of خسارہ) loss, waste. [dial.]

کھیس /kʰe:s/ ■ *n.m.* **1** figured woven cloth; damask. **2** a large piece of cloth wrapped around body, towel.

کھیسا /kʰi:sɑ:/ ■ *n.m.* (*corr.* of کیسہ) **1** a small bag; purse, wallet. **2** pocket. **3** a rough glove of cloth or rubber (used in baths).

کھیکھڑا /kʰe:kʰɽɑ:/ ■ *n.m.* (also کھکیڑا) hardship, difficulty, trouble. See کھکھیڑ.

کھی کھی /kʰi: kʰi:/ ■ *n.f.* soft sound of laughter. کھی کھی کرنا laugh (usu. derisively).

کھیل /kʰi:l/ ■ *n.f.* **1** puffed rice; parched grain. **2** (*fig.*) a small piece or particle, a bit, something minute. کھیل تک اُڑ کر منھ میں نہ جانا get nothing to eat. کھیل کھیل ہو جانا be split up in particles.

کھیل¹ /kʰe:l/ ■ *n.m.* **1** play; sport; fun; frolic. **2** drama; theater; show; circus; entertainment. **3** pastime, hobby. **4** an easy affair or task. **5** trick, artifice. کھیل بگاڑنا spoil someone's game or plan. کھیل بگڑنا (someone's game) be spoilt. کھیل بنانا **1** regard

گ

گ /gɑ:f/ ■ the forty-first letter of the Urdu alphabet.

گا¹ /gɑ:/ ■ *aux.* sign of future tense; will; shall. [Prk.]

گا² ____ ■ *n.m.* third note of musical gamut. [Prk.]

گا³ ____ ■ (*imper.* of گانا) sing. گا بجا کر کے (*fig.*) somehow; through sustained flattery or complaints, by cajoling. گا گا کر by singing. [Prk.]

گاب /gɑ:b/ ■ *n.m.* **1** pulp. **2** a tree and its fruit, *Diospyros malabarica*.

گابھ /gɑ:bʰ/ ■ *n.f.* (also گیابھ) **1** pregnancy (esp. of cattle). **2** half-ripe ear (of corn). **3** udder, dug (of an animal). گابھ ڈالنا (of cattle) miscarry.

گابھا /gɑ:bʰɑ:/ ■ *n.m.* (also گابا) **1** new leaf springing from the centre of plantain tree; sprout. **2** inner portion of a tree. **3** old cotton (taken out of quilt).

گابھن /gɑ:bʰən/ ■ *adj.* (also گابھنی) pregnant (cattle).

گات¹ /gɑ:t̪/ ■ *n.f.* **1** torso (of a woman). **2** woman's breasts. **3** smartness of figure. **4** dress. **5** (*women's slang*) pregnancy. [Prk.]

گات² ____ ■ *n.f.* **1** grace. **2** coquetry, coquettish behaviour. [S]

گاتی /gɑ:t̪i:/ ■ *n.f.* cloth or dress worn like plaid; a stole passed over the shoulder and under the arms and knotted on the chest. گاتی باندھنا wear stole like a cross belt to cover the shoulders and chest with a sheet of cloth.

گاج¹ /gɑ:dʒ/ ■ *n.f.* scum; froth, foam. [S]

گاج² ____ ■ *n.f.* **1** thunderbolt. **2** indignation, wrath. گاج مارا **1** afflicted, unfortunate. **2** (*fig.*) an unfortunate person. [Prk.]

گاج³ ____ ■ *n.f.* bangle or bracelet made of glass. [S]

گاج⁴ ____ ■ *n.f.* gauze, a kind of thin fabric. [E]

گاجا باجا /gɑ:dʒɑ: bɑ:dʒɑ:/ ■ *n.m.* (also باجا گاجا) **1** sound or clang of several musical instruments. **2** band of music. **3** music (vocal and instrumental).

گاجر /gɑ:dʒər/ ■ *n.f.* (also گزر) carrot. گاجر مولی (*fig.*) trivial things, cheap stuff; rubbish. گاجر مولی کی طرح کاٹنا kill ruthlessly; to massacre.

گاجل /gɑ:dʒəl/ ■ *n.m.* seller of glass bangles.

گاجنا /gɑ:dʒnɑ:/ ■ *v.* **1** roar, rumble, thunder. **2** be pleased or delighted, revel.

گاچنی /gɑ:tʃni:/ ■ *n.f.* (also گچنی) Multani clay which is used to coat wooden slate for writing on or practising calligraphy.

گاچھ /gɑ:tʃʰ/ ■ *n.m.* tree. گاچھ مرچ cayenne or red pepper, capsicum.

گاچھی /gɑ:tʃʰi:/ ■ *n.f.* (also گادی) cushion, stuffed pad, especially one used as cushion while carrying load.

گاد /gɑ:d̪/ ■ *n.f.* **1** sediment, dregs. **2** sediment of wine, lees. **3** cholesterol. گاد اٹھانا **1** stir up the sediments or dirt. **2** to mix clay and sand with water, prepare puddle. گاد بیٹھنا sediments to settle at the bottom.

گادھی /gɑ:d̪ʰi:/ ■ *n.f.* cushion. See گدی

گار¹ /gɑ:r/ ■ *suffix* **1** maker; doer, agent. **2** possessor; used in comp. as: پرہیزگار abstemious; abstinent, temperate. طلب گار one who demands. گناہگار sinner. [P]

گار² ____ ■ *n.m.* a kind of white shining stone. [Prk.]

گارا /gɑ:rɑ:/ ■ *n.m.* (also گارہ) **1** mud, kneaded clay; mortar. **2** (***Hunting***) animal used to entice tiger or other animals as prey. گارا بنانا/کرنا knead clay or mud; prepare mortar.

گاری /gɑ:ri:/ ■ *suffix* **1** doing. **2** possessing; used in comp. as: پرہیزگاری piety. گناہگاری sinfulness.

گاڑا¹ /gɑ:ɽɑ:/ ■ *n.m.* **1** pit, ditch, low-lying land. **2** concealed place to attack from. [Prk.]

گاڑا² ____ ■ *adj.* buried, interred. [Prk.]

گاڑا³ ____ ■ *n.m.* cart, wagon; gun-carriage. [Prk.]

گاڑنا /gɑ:ɽnɑ:/ ■ *v.* **1** bury; inter. **2** drive in (a nail, etc.). **3** plant; set. **4** sink in, embed.

گاڑی /gɑ:ɽi:/ ■ *n.f.* **1** gari, vehicle, cart, coach; carriage; car. **2** train. گاڑی بان carter, coachman; driver. گاڑی بھر **1** a cartload of. **2** (*fig.*) abundant, plentiful. **3** wide enough for a cart to pass through. گاڑی جوتنا yoke bullocks or harness horses to cart or carriage. گاڑی چلانا **1** drive a vehicle. **2** (*fig.*) manage one's affairs. گاڑی چلنا **1** a carriage to move. **2** a train to start. **3** (*fig.*) things to be somehow moving or be under control. گاڑی چھوٹ جانا train to leave; train be missed (be in haste). گاڑی خانہ garage; carriage house. گاڑی کو دیکھ کر پاؤں پھولنا become idle on getting help. گاڑی کے دو پہیے ہونا be inevitable for one another. گاڑی ہانکنا drive a cart or carriage. [S]

گاڑی[2] ____ ■ *adj.* (*fem.* of گاڑا[2]). [Prk.]

گاڑھ /gɑ:ʈʰ/ ■ *n.f.* **1** (*coll.*) difficulty, fix. **2** weaver's pit; handloom.

گاڑھا /gɑ:ʈʰɑ:/ ■ *adj.* **1** thick, dense (liquid). **2** intimate (friendship). **3** strong; brave, bold. ■ *n.m.* a kind of coarse cloth. گاڑھا وقت difficult times.

گاڑھی /gɑ:ʈʰi:/ ■ *adj.* (*fem.* of گاڑھا) گاڑھی چھننا **1** (of bhang or cannabis) to be sifted densely. **2** (of two or more persons) be close friends, be very friendly.

گاڑھے /gɑ:ʈʰe:/ ■ *n.m.* (*pl.* & *infl.* of گاڑھا) گاڑھے پسینے کی کمائی money earned by hard work or labour. گاڑھے کا کُرتا shirt made of a coarse cloth (usu. considered low-priced).

گاذر /gɑ:zʊr/ ■ *n.m.* (also گاذُر) washerman.

گاذری /gɑ:zʊri:/ ■ *n.f.* washerman's profession or work.

گاف /gɑ:f/ ■ *n.m.* **1** the name of the letter گ . **2** (*fig.*) (i) boasting. (ii) idle talk; nonsensical or useless talk. گاف زنی indulging in idle or nonsensical talk.

گاگر /gɑ:gər/ ■ *n.f.* water vessel, pitcher, earthen or metal vessel for water.

گال /gɑ:l/ ■ *n.m.* cheek. گال بجانا **1** boast, brag. **2** talk nonsense. گال پچکنا cheeks to be hollow or sunken; become emaciated. گال پٹی scolding. گال پر گال چڑھنا have chubby cheeks; grow fat. گال پُھلانا **1** puff out the cheeks. **2** sulk, resent. گال کاٹنا **1** lightly bite cheek in kissing. **2** cause loss (to). گال میں چاول بھرنا **1** brag; taunt. **2** mince words.

گالا /gɑ:lɑ:/ ■ *n.m.* **1** ball or flock of cotton, ball of carded cotton. **2** flake of snow. **3** (*fig.*) anything soft or white or fluffy.

گالی /gɑ:li:/ ■ *n.f.* abuse, swear word, abusive word or expression. گالی بکنا (*deris.*) abuse, call names, revile. گالی دینا swear at someone, use foul language, call (someone) bad names. گالی کھانا be abused. گالی گفتار abusive language. گالی گلوچ abuse, swearing; exchange of abuses.

گالیوں /gɑ:lɪjõ:/ ■ *n.f.* (*pl.* of گالی) گالیوں پر اتر آنا resort to abusive language. گالیوں کی بوچھاڑ کرنا hurl abuses (at).

گام[1] /gɑ:m/ ■ *n.m.* foot; step; pace; the distance between the feet in walking. گام زن (also گامزن) **1** moving; treading; stepping out. **2** fast, speedy. گام زن ہونا **1** start or commence (a journey). **2** (*fig.*) go on some path; adopt some way. [P]

گام[2] ____ ■ *n.m.* village. [S]

گانا /gɑ:nɑ:/ ■ *v.* **1** sing. **2** describe. **3** go on talking about one's own interests. **4** (*fig.*) sing (of), laud, praise (of). **5** (*fig.*) use abusive or absurd language. ■ *n.m.* song; vocal music. گانا بجانا **1** singing and playing music. **2** music and song.

گانٹھ /gɑ̃:ʈʰ/ ■ *n.f.* **1** knot, tie. **2** gnarl. **3** bale; bundle; parcel. **4** joint, the state of being joined. **5** hardened gland, lump. **6** whole piece of ginger or turmeric. **7** purse; pocket. **8** disagreement; discord, contention; misunderstanding. **9** obstacle. **10** (*fig.*) root cause, real cause. **11** entanglement. گانٹھ باندھنا / دینا / لگانا **1** tie a knot, join together. **2** bear in mind. **3** capture, seize. گانٹھ بندھنا marriage to take place. گانٹھ پڑنا **1** become knotted. **2** (*fig.*) develop an ill feeling. **3** be entangled. گانٹھ جوڑنا tie the nuptial knot, get married. گانٹھ دار knotted; knotty. گانٹھ سے جانا incur loss; lose money (on a transaction, etc.). گانٹھ کا **1** one's own. **2** of one's own purse. گانٹھ کا پکا miser, frugal. گانٹھ کا پورا wealthy, affluent. گانٹھ کا پورا، آنکھ / عقل کا اندھا a foolish wealthy person. گانٹھ کا پیسا / پیسہ one's own money, principal amount, capital. گانٹھ کاٹنا pick a pocket, rob. گانٹھ کترا pickpoket. گانٹھ کا کھونا lose one's own money. گانٹھ کھولنا **1** untie a knot. **2** open the purse. **3** be prodigal. **4** remove ill-feelings. گانٹھ گٹھیلا **1** having many knots, knotted, gnarled; knotty (stick). **2** compact (man). گانٹھ گرہ **1** pocket. **2** (*fig.*) money, capital. گانٹھ گرہ میں کوڑی نہیں بانکے پور کی سیر if you don't have money don't talk about going places; a moneyless man should not go to the market. گانٹھ گوبھی cabbage. گانٹھ لینا bring over to one's side; win over, gain the support of; conspire. گانٹھ میں رکھنا to pocket; to have cash. گانٹھ نہ مٹھی پھڑ پھڑاتی اٹھی she has no money but has many desires.

گانٹھنا /gɑ̃:ʈʰnɑ:/ ■ *v.* **1** tie, join. **2** stitch together; cobble. **3** interlock. **4** bring over to one's side. **5** plot; conspire; involve (someone) in conspiracy. **6** hold or catch firmly.

نگ	نک	ی	ہ	و	ن	م	ل	گ	ک	ق	ف
ŋg	ŋk	j	h	v	n	m	l	g	k	q	f

گانجا /gã:dʒɑ:/ ■ *n.m.* (also گانجہ) ganja, a kind of hemp plant and its fruit which is bruised and smoked for intoxication when ripe; its dried leaves which are ground in water and drunk for intoxication.

گانجنا /gã:dʒnɑ:/ ■ *v.* store up; hoard, heap.

گانجے /gã:dʒe:/ ■ *n.m.* (*pl. & infl.* of گانجا) گانجے کا دم لگانا to puff at cannabis, smoke hemp. گانجے والا vendor of intoxicating preparation of hemp.

گاندھی /gã:d̪ʰi:/ ■ *n.m.* perfumer. See گندھی. ■ *pr.n.m.* surname of India's leader Mohandas Karamchand Gandhi.

گانڈ /gã:ɖ/ ■ *n.f.* (also گاڑ) (*vulg., offens.*) the anus; bum, arse, ass; bottom. گانڈ پھاڑنا frighten, terrorize, punish severely. گانڈ پھٹنا be frightened. گانڈ چلنا have loose bowels; suffer from diarrhoea. گانڈ رگڑنا labour or try hard. گانڈ غلامی کرنا be very servile or submissive, execute all commands. گانڈ گردن ایک ہو جانا be dog tired, be very much exhausted. گانڈ میں گھسے جانا flatter, wheedle; not to leave someone alone.

گانڈا /gã:ɖɑ:/ ■ *n.m.* sugar cane.

گانڈل /gã:ɖəl/ ■ *n.m.* (also گانڈر) stalk of mustard used in cooking.

گانڈو /gã:ɖu:/ ■ *n.m.* 1 (*vulg., offens.*) boy kept for homosexual practices; a person sodomized. 2 (*fig.*) coward. 3 impotent man.

گانسا /gã:sɑ:/ ■ *n.m.* space between the fingers and toes.

گانسنا /gã:snɑ:/ ■ *v.* 1 surround, encompass, enclose. 2 seize, capture, hold fast. 3 perforate, bore.

گانسی /gã:si:/ ■ *n.f.* iron head of an arrow or spear.

گانگن /gã:gən/ ■ *n.f.* pustule, abscess, blister or pimple containing pus. (See also لکرالی.)

گانو /gã:v/ ■ *n.m.* (also گانوں) village. See گاؤں.

گانہ /gɑ:nɑ:/ ■ *suffix* used in comp. (usu. after numbers) and gives the meaning of fold/ times/ quantity, as: پنج گانہ five times. دوگانہ twofold.

گانی /gɑ:ni:/ ■ *n.f.* a special type of circlet, a necklace or string peculiar to Sindh (a province of Pakistan).

گاو /gɑ:v/ ■ *n.m. & f.* (also گاؤ) bull; ox; cow. گاو آہن ploughshare. گاو پچھاڑ name of a wrestling trick. گاو پلنگ giraffe. گاو تکیہ long cylindrical pillow which supports the back, bolster. گاو چشم رو دیدہ 1 large-eyed. 2 a kind of wild grape. 3 a fragrant plant, ox-eye. گاو خانہ cowshed. گاو خوردہ destroyed. گاو خوردہ ہونا be ruined or destroyed. گاو دُم 1 cow-tail. 2 with a tail like that of a cow. 3 tapering, conical. 4 anything thick at one end and thin at the other. گاو دوش 1 milking pail. 2 a churn. گاو دیدہ 1 ox-eye, a fragrant plant. 2 a kind of bread of the shape of a cowslip. 3 ox-eyed, lobster-eyed. گاو زبان 1 oxlip, cowslip, bugloss, a species of primula, *Primula elatior* used in herbal medicine. 2 a type of oblong bread; fried bun. گاو زمین (***Hinduism***) the bull on whose horns the earth is fabled to rest. گاو زوری 1 violence, brutality. 2 wrestling. گاو زوریاں کرنا wrestle to assert one's strength. گاو شماری 1 cattle census. 2 cattle cess. گاو شیر 1 parsnip, a biennial umbelliferous plant with yellow flowers and a large pale-yellow tapering root. 2 (***Med.***) gum of the opopanax tree; gum resin. گاو فلک Taurus. گاو کشی cow-slaughter. گاو میش buffalo.

گاہ /gɑ:h/ ■ *n.f.* time, occasion; place. ■ *adv.* sometimes. ■ *suffix* place; centre; used in comp. as: شکار گاہ hunting ground. عبادت گاہ place of worship. گاہ (بہ) گاہ occasionally, now and then, from time to time, sometimes.

گاہک /gɑ:hək/ ■ *n.m.* (also گراہک) customer, purchaser, buyer. گاہک اور موت کا پتا نہیں کب آ جائے customer and death can show up any moment, one should be ready to deal with a customer at odd hours.

گاہکی /gɑ:həki:/ ■ *n.f.* sale; demand; transaction. گاہکی پٹنا sale to be concluded.

گاہنا /gɑ:hnɑ:/ ■ *v.* 1 thresh, tread out corn. 2 search, seek.

گاہی /gɑ:hi:/ ■ *n.f.* total of five.

گاہے /gɑ:he:/ ■ *adv.* often, sometimes. گاہے (بہ) گاہے at times, sometimes, from time to time, not often, occasionally. گاہے ماہے sometimes.

گاؤدی /gɑ:o:ɖi:/ ■ *n.m.* (also گاودی) 1 fool, simpleton. 2 untrained. گاؤدی پن foolishness.

گاؤگھپ /gʰɑ:o:gʰəp/ ■ *n.f.* 1 embezzlement, deceit. 2 flattery. گاؤگھپ کرنا embezzle, misappropriate.

گاؤں /gɑ:õ:/ ■ *n.m.* (also گانو) village, hamlet. گاؤں کی بولی rustic speech, uncouth speech. گاؤں میں گھر نہ جنگل میں کھیتی to have nothing in the world; be poor. گاؤں والا villager.

given secretly. گپت مار a beating that leaves no marks on the body. گپت مال hidden wealth. گپت ہونا be concealed, be invisible.

گُپتی /gʊpṭi:/ ■ *n.f.* a hidden sword; a swordstick.

گپڑچوتھ /gəpəɽtʃɔ:ṭʰ/ ■ *n.f.* (also گبڑ چوتھ) confusion, confused state.

گپ سے /gəp se:/ ■ *adv.* quickly, hurriedly.

گپکنا /gəpəknɑ:/ ■ *v.* **1** gulp, swallow. **2** catch (a ball, etc.).

گپّی /gəppi:/ ■ *n.m.* chatterbox, gossiper, tattler. ■ *adj.* garrulous, gossipy.

گُپھا /gʊpʰɑ:/ ■ *n.f.* (also گُفا) **1** cave, den. **2** retreat, hiding place. گپھامیں بیٹھنا lead a hermit's life.

گُپھّا /gʊpʰpʰɑ:/ ■ *n.m.* **1** tassel. **2** wreath or bunch (of flowers, etc). (See also گُچھّا.)

گت /gəṭ/ ■ *n.f.* **1** state, condition; plight, predicament. **2** phase, a period of life. **3** motion, pace. **4** fortune; destiny. **5** method, manner, mode. **6** recognition, identification. **7** pleasure, happiness, gaiety. **8** end, salvation; funeral rites. **9** gait. **10** (***Music***) quaver; tune; a musical mode. گت بجانا play a tune. گت بنانا **1** compose a musical tune. **2** beat severely, thrash, beat black and blue. گت بھرنا dance to music; dance in a particular mode. گت کا رکی good, serviceable. گت کرنا **1** reduce to a miserable plight. **2** (***Hinduism***) perform the funeral rites. گت ہونا **1** be beaten soundly. **2** (of funeral rites) be performed. **3** get salvation.

گتّا /gəṭṭɑ:/ ■ *n.m.* (also گتّہ) cardboard.

گتکا /gəṭkɑ:/ ■ *n.m.* (also گدکا) **1** club, cudgel. **2** foil or blunt wooden sword (used in fencing).

گُتّھم گُتّھا /gʊṭʰṭʰəm gʊṭʰṭʰɑ:/ ■ *adj.* **1** entangled, twisted, entwined or wreathed round. **2** interlocked in fighting, wrestling. گتھم گتھا ہونا contend physically; wrestle.

گُتھنا /gʊṭʰnɑ:/ ■ *v.* **1** be plaited; be threaded. **2** wrestle, fight.

گُتھواں /gʊṭʰvɑ̃:/ ■ *adj.* plaited; strung together, close-knit.

گُتّھی /gʊṭʰṭʰi:/ ■ *n.f.* **1** knot; tangle. **2** riddle, puzzle; complication. گتھی پڑنا be tangled. گتھی سلجھانا **1** solve a problem. **2** disentangle (something). گتھی سلجھنا a problem to be solved.

گت[1] /gəṭ/ ■ *n.m.* **1** gang; band; troop. **2** throng, crowd,

گاۓ /gɑ:e:/ ■ *n.f.* (also گاو، گاؤ) cow. ■ *adj.* meek, docile. گاۓ کا گوشت beef. گاۓ کرنا slaughter a cow. گاۓ کو اپنے سینگ بھاری نہیں ہوتے **1** one's own burden feels light. **2** relatives are not a burden.

گائیدہ /gɑ:i:ḍɑ:/ ■ *n.f.* non-virgin woman.

گایتری /gɑ:jəṭri:/ ■ *n.f.* (also گائتری) sacred verse from Rig veda recited by Brahmans.

گایک /gɑ:jək/ ■ *n.m.* (also گائک) singer, songster, virtuoso.

گایکا /gɑ:jɪkɑ:/ ■ *n.f.* (also گائکا، گائن) female singer.

گایکی /gɑ:jəki:/ ■ *n.f.* (also گائکی، گائیگی) the art or style of singing.

گبّا /gəbbɑ:/ ■ *n.m.* (also گبھا) mattress; mattress stuffed with cotton.

گبدا /gəbḍɑ:/ ■ *adj.* (also گبدّ) thick; plump, fleshy; well-developed.

گبر /gəbr/ ■ *n.m.* **1** fire worshipper, follower of Zoroaster. **2** Zoroastrian; magus. **3** (*fig.*) pagan, infidel.

گبّر /gəbbər/ ■ *adj.* **1** rich. **2** proud.

گبرو /gəbru:/ ■ *n.m.* young man; a beardless youth. ■ *adj.* well-built (young man).

گبرون /gəbru:n/ ■ *n.m.* a kind of coarse cloth of dark colour.

گُبریلا /gʊbri:lɑ:/ ■ *n.m.* (also گبروٹا، گبرولا) dung beetle, a species of beetle whose larvae feed on dung.

گُبھانا /gʊbʰɑ:nɑ:/ ■ *v.* (also گُھبونا) pierce, prick; thrust.

گپ /gəp/ ■ *n.f.* **1** trifling or idle talk, tattle, chat, gossip. **2** false report, canard. گپ اڑانا/ چھانٹنا/ لگانا/ مارنا **1** tattle, gossip, tell a tall tale. **2** spread a false report. گپ باز gossiper, gossip, tattler. گپ شپ chit-chat, light conversation, tittle-tattle.

گُپ /gʊp/ ■ *n.f.* **1** hidden, obscure. **2** dark, gloomy. **3** quiet, silent. گپ چُپ **1** quiet, silent. **2** silence. **3** silently, quietly.

گپّا /gəppɑ:/ ■ *n.m.* plain lie; deceit, cunning, fraud. گپّا دینا deceive, defraud.

گپاگپ /gəpɑ:gəp/ ■ *n.m.* the sound made in swallowing or gulping down anything.

گُپت /gʊpṭ/ ■ *adj.* **1** concealed, hidden, invisible. **2** implied. ■ *adv.* secretly, privately. گپت دان alms

گٹّے /gəʈʈe:/ ■ *n.m.* (*pl. & infl.* of گٹّا) **1** the knee or ankle joints. **2** callosities. گٹّے پڑنا callosities, corns or lumps to form.

گٹھ /gəʈʰ/ ■ *n.m.* (*contr.* of گانٹھ) knot, tie; used in comp. as: گٹھ بندھن/جوڑ/جوڑا **1** marriage, the nuptial tie. **2** association, alliance. گٹھ کترا/کٹا pick-pocket, cutpurse.

گٹھا /gəʈʰɑ:/ ■ *adj.* muscled or muscular (body). (*fem.* گٹھی)

گٹھا /gɪʈʰɑ:/ ■ *n.f.* knot. See گانٹھ.

گٹّھا[1] /gəʈʰʈʰɑ:/ ■ *n.m.* **1** bundle, sheaf (of sticks, etc.). **2** bale (of cotton or paper). **3** root (of onion, etc.). [Prk.]

گٹّھا[2] ____ ■ *n.m.* a measure equal to three yards. [Prk.]

گٹھانا /gəʈʰɑ:nɑ:/ ■ *v.* (also گٹھوانا) **1** to get mended or cobbled (shoes). **2** cause to join or adhere.

گٹّھڑ /gəʈʰʈʰəɽ/ ■ *n.m.* (also گٹھڑ) large bundle; bale.

گٹھڑی /gəʈʰɽi:/ ■ *n.f.* (also گٹھری، گٹھڑیا) (*dim.* of گٹّھڑ) small bundle or pack. گٹھڑی باندھنا bundle, pack up; get ready to travel. گٹھڑی کر دینا bundle up, tie up. گٹھڑی مارنا rob.

گٹّھل /gəʈʰʈʰəl/ ■ *n.m.* large bundle.

گٹّھل /gʊʈʰʈʰəl/ ■ *adj.* **1** knotted, gnarled. **2** unreceptive and unresponsive, dull. **3** (a fruit) having unusually large stone. ■ *n.m.* knot, a large lump, a hard bump.

گٹھلا[1] /gʊʈʰlɑ:/ ■ *adj.* blunt. [dial.]

گٹھلا[2] ____ ■ *n.m.* a large stone of fruit (as of mango), kernel; hard shell of a fruit. [dial.]

گٹھلانا /gʊʈʰlɑ:nɑ:/ ■ *v.* to be dulled or blunted.

گٹھلی /gʊʈʰli:/ ■ *n.f.* (*dim.* of گٹھلا[2]) **1** seed; kernel; stone of fruit. **2** knot; ball. **3** unkneaded knot in dough. **4** (also گلٹی) lump, gland, hard boil or tumour; hard lump in a woman's breast. گٹھلی پڑنا ball or knots to appear; be uneven.

گٹھنا /gəʈʰnɑ:/ ■ *v.* **1** be mended. **2** join together. **3** be sewn, be cobbled.

گٹھوانا /gəʈʰvɑ:nɑ:/ ■ *v.* get mended or cobbled. See گٹھانا.

گٹھوانسی /gəʈʰvɑ̃:si:/ ■ *n.f.* See گٹّھا[2].

گٹھوائی /gəʈʰvɑ:i:/ ■ *n.f.* cost or charge for mending (shoes).

گٹّھی /gəʈʰʈʰi:/ ■ *n.f.* (*dim.* of گٹّھا[1]) **1** a pad for the back of horse. **2** clove of onion or garlic, etc. **3** knot. **4** (*fig.*) multitude; herd. گٹ پٹ **1** heap, conglomeration, mass. **2** jumble, higgledy-piggledy. **3** in heap. **4** in confusion, jumbled, interlocked. گٹ پٹ ہو جانا **1** be mixed up with. **2** fight, wrestle. گٹ کے گٹ **1** whole troops or herds; troop upon troop. **2** heaps after heaps. [S]

گٹ[2] ____ ■ *n.f.* (*dim.* of گھاٹ) bank of river or pond. [S]

گٹ[1] /gʊʈ/ ■ *adj.* drunk; senseless. [Pj]

گٹ[2] ____ ■ *n.m.* a group united against (someone). [S]

گٹ[3] ____ ■ *n.m.* a trick in wrestling. [Prk.]

گٹّا /gəʈʈɑ:/ ■ *n.m.* (also گھٹّا) **1** part of the pipe going into the metal bottom of hookah. **2** stopper; plug. **3** a kind of crisp sweetmeat. **4** hard lump, callosity, corn (on foot or toe). **5** joint of wrist, knee or ankle. **6** postern (of horse).

گٹّا /gɪʈʈɑ:/ ■ *n.m.* (also گٹّا) a small piece of brick or stone. ■ *adj.* dwarfish, little (person). (*fem.* گٹّی)

گٹ پٹ /gɪʈ pɪʈ/ ■ *n.f.* **1** (*deris.*) speaking English language. **2** imitation of English. **3** (*fig.*) unintelligible conversation.

گٹّخ /gɪʈʈəx/ ■ *adj.* of short height. ■ *n.m.* **1** short statured person. **2** wedge, plug, stopper. **3** (*fig.*) unimportant thing or person.

گٹک /gɪʈʈək/ ■ *n.f.* stopper, plug.

گٹکا /gʊʈkɑ:/ ■ *n.m.* **1** handbook, manual; pocket edition. **2** mixture of betel nut and catechu added with grated almond, coconut, pistachio, saffron, etc., chewed in place of betel leave. **3** chessman. **4** draughtsman. **5** piece of wood used as a stopper for a door or wheel, wedge, plug. **6** a magic pill supposed to enable a person to fly or disappear.

گٹکری /gɪʈkəri:/ ■ *n.f.* (***Music***) shake; quaver or trill in vocal music. گٹکری لینا give trill to the voice; trill, shake; quaver.

گٹکری /gɪʈkɪri:/ ■ *n.f.* flat round pebble; shard (such as used in playing ducks and drakes).

گٹکنا /gʊʈəknɑ:/ ■ *v.* **1** to coo (as dove or pigeon). **2** gulp down, swallow. **3** speak in a soft voice.

گٹّی /gɪʈʈi:/ ■ *n.f.* **1** reel of thread. **2** pebble. **3** discs played in carom and other games. ■ *adj.* (*fem.* of گٹّا) dwarfish, small, of short height.

گجّی چوٹ covert sarcasm. گجّی مار beating which apparently leaves no mark on the body.

گُجیا /gʊdʒjɑ:/ ■ *n.f.* **1** a kind of earring. **2** a kind of sweetmeat shaped like a samosa.

گجّھا /gədʒʰdʒʰɑ:/ ■ *n.m.* store, heap; plenty; abundance; wealth. گجّھا دبا بیٹھنا/مارنا obtain large amount of wealth or property by dishonest means.

گُجّھا /gʊdʒʰdʒʰɑ:/ ■ *adj.* hidden, invisible.

گجھِن /gədʒʰɪn/ ■ *adj.* thick, dense.

گچ¹ /gətʃ/ ■ *n.m.* (***Masonry***) **1** mixture of lime and cement, mortar. **2** floor plastered with this mixture. ■ *adj.* strong, firm. گچ کاری building or working with mortar or cement. [P]

گچّ² ____ ■ *n.m.* **1** splashing sound. **2** sound produced when stabbing someone with a sword or dagger. [Prk.]

گِچ پِچ /gɪtʃ pɪtʃ/ ■ *adj.* (also گھچ پچ) mixed; confused; crowded or stuffed together. ■ *n.f.* confusion; mess, crowding.

گُچّی /gʊtʃtʃi:/ ■ *n.f.* small hole; hole in the ground for playing with marbles. گچّی پالا game of tipcat.

گُچّھا /gʊtʃʰtʃʰɑ:/ ■ *n.m.* **1** bunch (of flowers, etc.). **2** cluster (of stars). **3** tassel. **4** mop (of hair). **5** ear (of corn). **6** skein (of thread); clump (of trees or shrubs). **7** tuft (of thin arteries).

گُچّھی /gʊtʃʰtʃʰi:/ ■ *n.f.* (*dim.* of گچّھا) **1** small bunch. **2** small skein of thread.

گُچّھے /gʊtʃʰtʃʰe:/ ■ *n.m.* (*pl. & infl.* of گچّھا) گچّھے دار tasselled.

گد /gəḍ/ ■ *n.f.* thud, falling or hitting sound. گدبد sound of constant falling something on ground.

گِد /gɪḍ/ ■ *n.m.* vulture. See گدھ.

گدا /gəḍɑ:/ ■ *n.m.* (also گداگر) beggar, mendicant. گداگری begging, living on charity.

گدّا¹ /gəḍḍɑ:/ ■ *n.m.* **1** soft quilted bedding; quilted mattress. **2** supposition, conjecture, guess. **3** deception. **4** sheaf or bundle of fodder. [Prk.]

گدّا² ____ ■ *n.m.* bounce. گدّا کھانا **1** fall down; be defeated, suffer a loss. **2** bounce off (of ball, etc.). [Prk.]

گِدّا /gɪḍḍɑ:/ ■ *n.m.* (also گِدّھا) a kind of popular tune and dance; popular folk songs sung in homes on festive occasions.

pocket; purse, wallet.

گتھیا /gəʈʰjɑ:/ ■ *n.f.* **1** gout; arthritis. **2** bag; sack. **3** bundle, bale; package.

گٹھیلا /gəʈʰi:lɑ:/ ■ *adj.* **1** knotted. **2** robust or muscular (body). (*fem.* گٹھیلی)

گج /gədʒ/ ■ *n.m.* elephant. ■ *adj.* large; great. گج پال elephant keeper. گج پتی **1** lord or keeper of elephants. **2** a title given to a king. گج دانت/دنت elephant's tusk, ivory. گج راج large elephant; the leader in a herd of elephants. گج گامنی چال an elephant's gait; stately gait. گج موتی fine large pearl supposed to be found in the skull of an elephant. گج نال large gun or cannon mounted on elephant. (*fem.* گجا)

گجر¹ /gədʒər/ ■ *n.m.* four-hourly stroke of a time gong; alarm. گجردم early in the morning, at daybreak. [Prk.]

گجر² ____ ■ *n.m.* (*contr.* of گاجر) carrot. گجربھت/بھتا/بھتہ dish made of grated carrots and rice boiled in milk and mixed with sugar and cream.

گجرا /gədʒrɑ:/ ■ *n.m.* flower garland or bracelet. گجرا گوندھنا prepare or weave a garland or bracelet. گجرا ہار **1** a wreath of flowers. **2** necklace of gold and silver, etc.

گُجری /gʊdʒri:/ ■ *n.f.* (*contr.* of گوجری) **1** milkmaid. **2** (*fig.*) beautiful young girl. **3** Urdu language as spoken in Gujarat.

گجگجا /gɪdʒgɪdʒɑ:/ ■ *adj.* (also گجبجا) **1** wet, moist. **2** flaccid; jelly-like. **3** half-cooked or half-ripe. (*fem.* گجگجی)

گجگجانا /gədʒgədʒɑ:nɑ:/ ■ *v.* **1** rattle, to sound (as seed in capsule); to buzz, to hum. **2** be crowded; be full of activity.

گجگجانا /gɪdʒgɪdʒɑ:nɑ:/ ■ *v.* **1** become flabby; be moist and flaccid. **2** (of worms) move; swarm.

گجنی /gədʒni:/ ■ *n.f.* clay. See گاچنی.

گُجّو /gʊdʒdʒu:/ ■ *n.m.* a large wide-mouthed fishing net dragged by a boat, trawl.

گُجوا /gʊdʒvɑ:/ ■ *n.m.* a piece of dried nasal mucus, bogey.

گجئی /gɪdʒəi:/ ■ *n.f.* rainworm, an insect that abounds in rain. (See also کنسلائی.)

گُجئی /gʊdʒəi:/ ■ *n.f.* mixture of wheat and barley. See گوجی.

گجی /gədʒi:/ ■ *n.f.* (*corr.* of گزی) a kind of thick cotton cloth.

گُجّی /gʊdʒdʒi:/ ■ *adj.* internal; concealed, hidden.

1 a jewel in rags. 2 worthy son of poor parents. [Prk.]

گُدڑی² ____ ■ *n.f.* (*corr.* of گُذری) evening market. [dial.]

گدکا /gəd̪ka:/ ■ *n.m.* (*var.* of گتکا) 1 club, stick. 2 blunt wooden sword (used in fencing).

گُدگدا /gʊd̪gʊd̪a:/ ■ *adj.* plump and soft (used for bedding, etc.); flabby. گدگدا بستر soft bed.

گدگدانا /gʊd̪gʊd̪a:na:/ ■ *v.* 1 to touch lightly; to cause laughter, tickle. 2 (*fig.*) excite, provoke; titillate. 3 to have an urge (to); to have a funny idea.

گُدگُدی /gʊd̪gʊd̪i:/ ■ *adj.* (*fem.* of گُدگُدا). ■ *n.f.* (also گُدگُداہٹ) 1 tickling. 2 excitement, incitement. گدگدی کرنا tickle, to make laugh. گدگدی ہونا 1 be tickled. 2 have an urge (to).

گدلا /gəd̪la:/ ■ *adj.* (also گندلا) muddy, dirty; turbid; foul. گدلا پن muddiness; turbidity. گدلا کرنا make muddy or dirty. (*fem.* گدلی)

گدلاہٹ /gəd̪la:hət̪/ ■ *n.f.* muddiness, turbidity, foulness.

گُدما /gʊd̪ma:/ ■ *n.m.* a kind of soft woollen blanket.

گُدنا /gʊd̪na:/ ■ *v.* be tattooed.

گدّی /gəd̪d̪i:/ ■ *n.f.* 1 cushion, pad. 2 a padded seat, a cushioned seat. 3 gaddi, seat; seat of honour; throne. 4 position or tenure of saints. 5 sanitary towel or napkin. 6 pack-saddle. 7 pack (of papers), bundle. 8 bandage (for dressing). گدی پر بٹھانا install (a king, religious leader, etc.). گدی پر بیٹھنا ascend the throne, succeed (someone). گدی سے اتارنا dethrone. گدی نشین ____ 1 prince; king; successor to the throne. 2 keeper of a saint's tomb.

گُدّی /gʊd̪d̪i:/ ■ *n.f.* the nape of the neck. گدی سے زبان کھینچنا/نکالنا pull the tongue from nape; punish severely. گدی ناپنا to hang, to kill; to strangulate.

گدّے /gəd̪d̪e:/ ■ *n.m.* (*pl.* & *infl.* of گدّا¹) used in comp. as: گدّے باز 1 one who conjectures and talks on suppositions. 2 (*fig.*) cheat, fraud. گدّے لگانا guess, conjecture.

گدیانا /gəd̪ja:na:/ ■ *v.* beat; strike (with hands); push.

گدیلا /gəd̪e:la:/ ■ *n.m.* (also گدیلہ) thick padded bedding; cushion; quilted mattress.

گِدھ /gɪd̪ʰ/ ■ *n.m.* (also گد) 1 vulture. 2 (*fig.*) a contemptible person who preys on or exploits others.

گدھا /gəd̪ʰa:/ ■ *n.m.* 1 donkey, ass, jackass, moke. 2 (*fig.*)

گُڈّا /gʊḍḍa:/ ■ *n.m.* 1 thick branch of a tree. 2 blow of the fist. گڈا کھانا 1 fall down in a fighting. 2 receive a blow of the fist.

گداخت /gʊd̪a:xt̪/ ■ *n.f.* 1 fusion. 2 melting.

گُداختگی /gʊd̪a:xt̪əgi:/ ■ *n.f.* process of melting.

گُداختہ /gʊd̪a:xt̪a:/ ■ *adj.* 1 melted. 2 soft. 3 dissolved.

گُداز /gʊd̪a:z/ ■ *adj.* 1 molten, melted. 2 dissolved. 3 soft and plump, gentle, tender. ■ *n.m.* 1 act of melting or dissolving. 2 softness, tenderness. ■ *suffix* used in comp. as: دل گداز heart-melting.

گداکا /gəd̪a:ka:/ ■ *n.m.* 1 thud, falling sound of some heavy object. 2 (*fig.*) plumpness, fatness and softness of body (of a youth). ■ *adj.* soft, plump.

گداگد /gəd̪a:gəd̪/ ■ *adv.* one after another, in succession; repeatedly. ■ *n.f.* soft thud (of a falling body); sound of something falling repeatedly or one upon another.

گداگر /gəd̪a:gər/ ■ *n.m.* beggar, mendicant, fakir.

گداگری /gəd̪a:gəri:/ ■ *n.f.* begging, living on alms.

گدالا¹ /gəd̪a:la:/ ■ *n.m.* iron bar with a flat end used as lever, crowbar. [S]

گدالا² ____ ■ *n.m.* (*corr.* of گدیلا) thick quilted mattress. [Prk.]

گُدام /gʊd̪a:m/ ■ *n.m.* (*contr.* of گودام) godown, store, warehouse.

گُدانا /gʊd̪a:na:/ ■ *v.* (also گُدوانا) get tattooed.

گدائی /gəd̪a:i:/ ■ *n.f.* begging; state of extreme poverty. گدائی کا ٹھیکرا begging bowl.

گدبدا /gəd̪bəd̪a:/ ■ *adj.* fluffy, soft, plump. (*fem.* گدبدی)

گدرا /gəd̪ra:/ ■ *adj.* (also گدّر) 1 almost ripe. 2 thick. 3 plum. 4 well-developed. (*fem.* گدری)

گدرانا /gəd̪ra:na:/ ■ *v.* 1 be half-ripe (as fruit). 2 (of body) fill up in puberty; attain puberty, bloom. 3 to swell out (as the breasts); become inflamed (as the eye).

گدراہٹ /gəd̪ra:hət̪/ ■ *n.f.* 1 the state of being nearly ripe. 2 (of female body) the state of being nearly developed. 3 plumpness. 4 the state of being semi-solid (of body).

گدرایا /gəd̪ra:ja:/ ■ *adj.* (also گدرایا ہوا) nearly developed (body); nearly ripe. (*fem.* گدرائی)

گُدڑی¹ /gʊd̪ɽi:/ ■ *n.f.* 1 tattered cloak or quilt; patched quilt of rags. 2 beggar's rags or bedding. گدڑی میں لعل

fool, simpleton. گدھا برسات میں بھوکا مرے fool suffers from his own shortcomings; an unlucky person gets nothing even when everybody is having a good time. گدھا بنانا make (someone) fool. گدھاپن stupidity, foolishness. گدھا پیٹنے سے گھوڑا نہیں ہوتا beating an ass will not turn it into a horse; nothing can make a born-fool wise. گدھا کیا جانے زعفران کا بھاؤ a fool cannot relish good things. گدھا گاڑی donkey cart. گدھا گدھی کا بیاہ رکی شادی ass' wedding, symbolized by sunshine and rain, also fox's wedding, jackal's wedding. گدھا گھوڑا ایک بھاؤ have no appreciation for talent. (*fem.* گدھی)

گِدّھا /gɪdʰḍʰɑ:/ ■ *n.m.* a type of folk song. See گِدّا

گدھوں /gədʰõ:/ ■ *n.m.* (*pl.* of گدھا) گدھوں بخار چڑھنا run a high temperature. گدھوں سے ہل چلیں تو بیل کاہے کو رکیوں بسائیں when donkeys can draw a plough why buy oxen.

گدھی /gədʰi:/ ■ *n.f.* (also گدھیا) she-ass. ■ *adj.* silly, fool (woman).

گدھے /gədʰe:/ ■ *n.m.* (*pl. & infl.* of گدھا) گدھے پر سوار کرنا disgrace publicly. گدھے پر کتابیں لادنا try to make a wise man of a fool; book-load cannot make a fool wise. گدھے کو باپ بنانا pretend to honour fool at one's need. گدھے کی آنکھ میں نون دیا اس نے کہا میری آنکھیں پھوڑ دیں doing good to a fool backfires. گدھے کے سر سے سینگ کی طرح غائب ہونا to vanish, to disappear. گدھے کے ہل پھرنا رچلنا (of a city or place) be ruined, be demolished, be totally destroyed. گدھے کے ہل چلوانا ruin, destroy.

گڈ[1] /gəḍ/ ■ *n.m.* grouping of two or more people. گڈمڈ jumbled. [dial.]

گڈ[2] ____ ■ *n.f.* wild sheep. [dial.]

گڈّا /gəḍḍɑ:/ ■ *n.m.* **1** bullock-cart. **2** lump of clay. **3** bunch.

گُڈّا[1] /guḍḍɑ:/ ■ *n.m.* **1** doll, especially in the likeness of a male baby or man; puppet, effigy. **2** (*fig.*) object of scorn. گڈّا بنانا **1** make an effigy. **2** to defame; vilify, calumniate. (*fem.* گُڑیا) [S]

گُڈّا[2] ____ ■ *n.m.* a big paper-kite. (*fem.* گُڈّی) [Prk.]

گڈّامی /gəḍḍɑ:mi:/ ■ *adj.* **1** (*literal*) God damn you! **2** (*fig.*) cursed (person). **3** mixed or impure (language). گڈّامی بولی **1** (*derog.*) the English language. **2** bad or mixed English. **3** mixed language. [E]

گڈّامیر /gəḍḍɑ:mi:r/ ■ *adj.* (also گڈّامیہ) mixed (language). گڈّامیر اردو bad Urdu, Urdu with words from other languages. [E]

گُڈائی /guḍɑ:i:/ ■ *n.f.* digging; lightly digging up soil round a tree or plant to aerate the roots. See گوڈی .

گڈریا /gəḍərjɑ:/ ■ *n.m.* shepherd, cowherd. (*fem.* گڈرین)

گڈمڈ /gəḍməḍ/ ■ *adj.* mixed up, muddled, jumbled, confused. گڈمڈ کرنا mix up, jumble up, confuse, shuffle. گڈمڈ ہونا be jumbled up.

گڈَوتہ /gəḍɔ:t̪ɑ:/ ■ *n.m.* new leaf of paan creeper.

گڈُولنا /gəḍu:lnɑ:/ ■ *n.m.* child's go-cart, baby-walker, pushchair.

گڈوی /gəḍvi:/ ■ *n.f.* a kind of small water pot. See گڑوی .

گڈّی[1] /gəḍḍi:/ ■ *n.f.* **1** sheaf (of grains). **2** bunch (of greens). **3** bundle of banknotes. **4** pack of cards.

گڈّی[2] ____ ■ *n.f.* (*coll.*) car, vehicle. See گاڑی . [Pj.]

گُڈّی /guḍḍi:/ ■ *n.f.* **1** paper-kite. **2** pinion; joints of bones.

گُڈّے /guḍḍe:/ ■ *n.m.* (*pl. & infl.* of گُڈّا) male baby doll. گڈّے گڑیا کا بیاہ رکی شادی (*fig.*) child-play, anything done hurriedly without due consideration.

گڈھ /gəḍʰ/ ■ *n.m.* fort. See گڑھ .

گڈّھا /gəḍʰḍʰɑ:/ ■ *n.m.* pit. See گڑھا .

گڈھی /gəḍʰi:/ ■ *n.f.* fortress. See گڑھی .

گُذاشت /guzɑ:ʃt̪/ ■ *n.f.* (*contr.* of واگذاشت) quitting or leaving. See گزاشت .

گُذاشتنی /guzɑ:ʃt̪əni:/ ■ *adj.* omissible. See گُزاشتنی .

گُذاف /guzɑ:f/ ■ *n.f.* boasting. See گزاف .

گذر /gəzər/ ■ *n.f.* carrot. See گاجر .

گُذر /guzər/ ■ *n.m.* access, approach; livelihood. See گزر .

گُذرانا /guzrɑ:nnɑ:/ ■ *v.* offer. See گُزرانا .

گُذرنا /guzərnɑ:/ ■ *v.* pass. See گُزرنا .

گُذری /guzri:/ ■ *n.f.* (also گدڑی[2]) daily evening market.

گُذشتگان /guzəʃt̪əgɑ:n/ ■ *n.m.pl.* the past. See گُزشتگان .

گُذشتنی /guzəʃt̪əni:/ ■ *adj.* passing. See گُزشتنی .

گُذشتہ /guzəʃt̪ɑ:/ ■ *adj.* past, elapsed. See گُزشتہ .

گر[1] /gər/ ■ *conj.* (*contr.* of اگر[1]) if, in case; in the event of. گرچہ although. [P]

گر[2] ____ ■ *suffix* (*contr.* of گار[1]) maker; workman, worker, as: چارہ گر one who remedies or cures. زرگر goldsmith. [P]

گر /gɪr/ ■ (*imper.* of گرنا) fall. گر پڑ کر with great difficulty; somehow. گر پڑنا **1** fall down; drop; take a toss, price. 2 be burdensome or grievous.

گرانا /gɪrɑːnɑː/ ■ *v.* **1** cause to fall, throw down, fell, let fall, drop. **2** shed; pour out. **3** raze to the ground, demolish, destroy. **4** lower the rank, status or price, etc. **5** abort (a fetus).

گرانڈیل /gərɑ̃ːḍiːl/ ■ *adj.* (also گراں ڈیل) hefty, huge and strong.

گرانی /gɪrɑːniː/ ■ *n.f.* (also گرانی) **1** dearness, rise in price. **2** famine; scarcity, dearth, **3** heaviness; indigestion. **4** depression; irritation.

گراوٹ /gɪrɑːvəʈ/ ■ *n.f.* decline (of morality, etc.), debasement, degradation.

گراہک /gɪrɑːhək/ ■ *n.m.* customer. See گاہک.

گراؤ /gɪrɑːuː/ ■ *adj.* **1** about to fall; at the point of falling; ready to fall; precariously balanced. **2** fallen; low, base, cheap; mean.

گراو /gɪrɑːoː/ ■ *n.m.* **1** fall (of price, etc.); drop. **2** decrease, reduction. **3** deletion. **4** decline (of morality).

گرائیں /gɪrɑːĩː/ ■ *n.m.* person of one's village or country.

گُربُز /gʊrbʊz/ ■ *adj.* cunning, fraudulent.

گُربُزی /gʊrbʊziː/ ■ *n.f.* fraudulence.

گُربہ /gʊrbɑː/ ■ *n.f.* cat. گربہ آبی otter. گربہ کشتن روزِ اول nip in the bud. گربۂ مسکین meek but wicked person, a wicked rogue.

گربھ¹ /gərbʰ/ ■ *n.m.* **1** womb. **2** pregnancy, conception. گربھ پات abortion, miscarriage. گربھ رہنا conceive, be pregnant. گربھ گرنا miscarry. گربھوتی pregnant. [S]

گربھ² ____ ■ *n.m.* (also گرب) pride, vanity. گربھ کرنا be proud. گربھ کا سر نیچا pride goes before a fall. [S]

گرتا /gɪrt̪ɑː/ ■ *adj.* falling. گرتا پڑتا with great difficulty, with much ado, helter-skelter, stumblingly. (*fem.* گرتی)

گرتے /gɪrt̪eː/ ■ *n.m.* (*pl. & infl.* of گرتا) گرتے پڑتے helter-skelter, with great difficulty. گرتے کو تنکے کا سہارا a drowning person catches at a straw.

گرج /gərədʒ/ ■ *n.f.* thundering; thunder; bellowing, roaring; roar. گرج دار thunderous. گرج کر with a roar. گرج کر بولنا thunder, speak in a loud and powerful voice.

گرجا /gərdʒɑː/ ■ *adj.* cracked (pearl), defective.

گرجا /gɪrdʒɑː/ ■ *n.m.* church, chapel. گرجا کرنا to worship

tumble down. 2 attack, assault.

گُر /gʊr/ ■ *n.m.* **1** rule, principle. **2** trick, skill. **3** fine point, point of wit; unusual manner or method, sure-fire way; artful manner.

گِرا /gɪrɑː/ ■ *adj.* **1** fallen, miserable. **2** (*fig.*) pauper, indigent; disgraced. گرا پڑا (*fig.*) low, abject, base, mean; common. گرا دینا throw; cast or break down. (*fem.* گری)

گرّا¹ /gərrɑː/ ■ *adj.* reddish (pigeon). [Prk.]

گرّا² ____ ■ *n.m.* a wheel-like part in machines. [Prk.]

گراپ /gɪrɑːp/ ■ *n.m.* (also گراب) cannon ball, grapeshot.

گرارا /gərɑːrɑː/ ■ *n.m.* **1** sack for holding the walls of a tent. **2** enclosing or encircling wall or fence. (See also قنات.)

گراری /gərɑːriː/ ■ *n.f.* **1** instrument for twisting thread or string, reel. **2** pulley.

گُراز /gʊrɑːz/ ■ *n.m.* wild boar, hog.

گراس /gɪrɑːs/ ■ *n.m.* mouthful, morsel.

گراسنا /gɪrɑːsnɑː/ ■ *v.* swallow, devour; eat, consume.

گرام /gerɑːm/ ■ *n.m.* **1** village, hamlet, inhabited place in the midst of fields and cultivated land. **2** villager; peasant. **3** (***Music***) the range or scale of voice in music, gamut. گرام ادھیکاری headman or chief of village. گرام سبھا village court, composed of the principal inhabitants with the headman presiding. گرام سدھار village development. گرام لینا go through the gamut.

گرامی /gɪrɑːmiː/ ■ *adj.* **1** dear; precious. **2** revered, respected, venerable; great, highly placed; greatly valued. گرامی قدر venerable. گرامی نامہ letter (from a dignitary).

گراں /gɪrɑ̃ː/ ■ *adj.* (also گراں) **1** heavy. **2** difficult. **3** dear, expensive, costly; precious. **4** unpalatable, unpleasant. گراں بار heavy, burdened, laden with weight. گراں بہا costly, precious. گراں خاطر piqued; dejected. گراں خواب in deep sleep. گراں خوابی deep sleep. گراں فروش one who sells at higher rates. گراں قدر invaluable, of high value, rank or dignity. گراں کرنا raise the price. گراں گزرنا be unpleasant, unbearable or unpalatable. گراں گوش hard of hearing. گراں مایہ of great value, valuable. گراں ہونا **1** rise in in a church.

گرجتے /gərədʒte:/ ■ (*infl.* of گرجنا) گرجتے ہیں سو برستے نہیں barking dogs seldom bite.

گرجن /gərdʒən/ ■ *n.m.* a very tall tree that grows about 150 to 200 feet, *Dipterocarpus turbinatus*.

گرجنا /gərədʒnɑ:/ ■ *v.* thunder, roar, bellow.

گرجی /gʊrdʒi:/ ■ *adj.* of or relating to Georgia (in central Asia), Georgian.

گرچ /gʊrtʃ/ ■ *n.f.* (***Bot.***) a creeping plant, *Menispermum glabrum*.

گرد¹ /gərd/ ■ *n.f.* **1** dust. **2** (*fig.*) insignificant thing, trifle. گرد اڑانا **1** blow or raise dust. **2** (*fig.*) ruin. گرد اُڑنا **1** be desolate (of a place). **2** fly about (of dust). گرد آلود/آلودہ dusty. گردباد whirlwind. گرد بیٹھنا (of dust) settle down. گردپوش dust cover (of a book, etc.). گرد جھاڑنا **1** to remove dust from. **2** (*fig.*) beat, chastise. گرد کو نہ پانا/پہنچنا **1** be unable to equal. **2** be unable to find a trace, fail to catch up with. گرد ہونا **1** be or become dust. **2** be worthless, come to nought. **3** disappear. [P]

گرد² ____ ■ *adj.* **1** going round, revolving. **2** traversing, travelling or wandering. **3** sending back, returning. ■ *suffix* moving, as: جہاں گرد wanderer; one who travels all over the world. دہشت گرد terrorist. [P]

گرد /gɪrd/ ■ *adv.* about, around, near; in the environs. ■ *adj.* all round; about; in the vicinity. ■ *n.m.* **1** round. **2** circumference, environs. گردآوری collection, accumulation, the act of bringing together. گرد پھرنا go round, circumambulate, hang round; go after. گرد و پیش **1** on all sides, all round. **2** neighbourhood, vicinity, suburbs, environs. گرد و نواح vicinity, suburbs; environment. گرد ہونا **1** surround. **2** to persuade, ask to do something.

گُرد /gʊrd/ ■ *adj.* valiant, brave. ■ *n.m.* hero.

گردا /gərdɑ:/ ■ *n.m.* (*coll.*) dust. See گرد¹.

گردا /gɪrdɑ:/ ■ *n.m.* **1** circle, hoop, ring, anything round. **2** round flat cake, small thick loaf.

گرداب /gɪrdɑ:b/ ■ *n.m.* whirlpool, vortex; eddy.

گرداگرد /gɪrdɑ:gɪrd/ ■ *adv.* (also اردگرد) all around; around; about on every side, surrounding.

گردان /gərdɑ:n/ ■ *adj.* turning, revolving. ■ *n.f.* **1** revolution. **2** (***Gram.***) paradigm; conjugation. گردان کرنا **1** conjugate. **2** repeat over and over.

گرداں /gərdɑ̃:/ ■ *adj.* wanderer, rover. ■ *suffix* used in comp. as: سرگرداں wandering.

گردانا /gərdɑ:nnɑ:/ ■ *v.* **1** conjugate. **2** regard, deem, consider. **3** enfold, wrap up; surround.

گرداور /gɪrdɑ:vər/ ■ *n.m.* superintendent; inspector of customs; officer who patrols or watches over, officer who supervises the work of village accountant.

گردش /gərdɪʃ/ ■ *n.f.* **1** circulation, revolution, rotation; course. **2** turning round; vagrancy, wandering about. **3** vicissitude, change of fortune; bad luck. گردشِ ایام/آسمان/دوراں/زمانہ (*fig.*) vicissitudes, change of fortune; bad luck. گردشِ بخت misfortune, bad luck. گردشِ چشم an eye wink (to tell something). گردشِ خون blood circulation. گردشِ سپہر vicissitudes, misfortune. گردش کرنا rotate, revolve, circulate (as the blood). گردش میں آنا **1** get moving, move. **2** be unlucky, fall into adversity, fall on evil days.

گردگان /gɪrdəgɑ:n/ ■ *n.m.* (also گردگاں) **1** walnut. **2** small rounded mass, pellet. گردگان برگنبد **1** (*literal*) walnut on a dome. **2** (*fig.*) anything unstable, unsteady; fickle.

گردن /gərdən/ ■ *n.f.* neck. گردن اتارنا/اڑانا/کاٹنا behead; slay. گردن بلند کرنا raise head (with pride). گردن پر بوجھ ہونا be pressed down (by an obligation or sin). گردن پر جوا رکھنا **1** come or put under the yoke of; entrust someone with or accept heavy responsibility. **2** marry; make or become a family man. گردن پر خون ہونا be guilty of murder. گردن پھنسانا extort, compel, pester. گردن پر سوار ہونا entrust someone with or accept responsibility; become involved in some affair; give or become surety. گردن پھیرنا disobey. گردن توڑ بخار meningitis. گردن ٹیڑھی کرنا act haughtily; show disapproval. گردن جھکانا **1** bow the head; obey, yield, submit. **2** feel ashamed. گردن ڈالنا **1** bow the head (in shame), be ashamed. **2** be tired. **3** be sick. **4** accept defeat, surrender. گردن زدنی deserving to be beheaded. گردن زنی beheading. گردن سے جوا اُتارنا throw off the yoke (of), be free, be liberated. گردن فراز **1** exalted. **2** haughty. گردن کا منکا ڈھلکنا be about to die. گردن کٹنا **1** be beheaded. **2** be ruined. گردن کشی **1** pride, arrogance. **2** rebelliousness, disobedience. گردن مارنا put to death,

/gɪrɪftɑ:ri:/ ■ *n.f.* 1 captivity. 2 imprisonment, bondage, capture, seizure; arrest; entanglement. 3 apprehension. گرفتاری

/gɪrɪftəgi:/ ■ *n.f.* 1 state of being a prisoner; detention. 2 captivation; fascination. 3 hoarseness of voice. 4 stammering. گرفتگی

/gɪrɪftɑ:/ ■ *adj.* afflicted, sad, dejected. گرفتہ
گرفتہ خاطر دل afflicted in mind, sad, dejected.
گرفتہ دلی dejection, sadness.

/gərfən/ ■ *n.m.* griffin, a mythical bird with the head of a lion and the body of an eagle. [E] گرفن

/gʊrg/ ■ *n.m.* wolf. گرگ آشتی insincere peace intended to mislead the enemy. گرگِ باراں دیدہ/کہن veteran, experienced person; clever person. گرگ

/gʊrgɑ:/ ■ *n.m.* 1 someone who serves a master or teacher; scullion; servant. 2 informer; spy. 3 rogue, vagabond. 4 an employee of the lower grade. [S] گرگا

——— ■ *n.m.* knee-joint. [S] گرگا

/gʊrgɑ:bi:/ ■ *n.f.* a kind of soft shoe or moccasin, a kind of slipper. گرگابی

/gɪrgɪt/ ■ *n.m.* chameleon. گرگٹ کی طرح رنگ بدلنا be capricious, constantly change behaviour or attitude. گرگٹ

/gərgədʒ/ ■ *n.m.* 1 fort. 2 scaffold. گرگج

/gərgərəjjɑ:/ ■ *n.f.* (also گوریا) sparrow. گرگریا

/gərm/ ■ *adj.* 1 hot. 2 burning; warm. 3 irascible, bad-tempered. 4 ardent, eager, lively; brisk (as market). 5 fiery, passionate. ■ *adv.* 1 quickly, rapidly. 2 angrily. گرم اختلاطی warmth of friendship; strong attachment. گرم بازاری rising demand (in the market). گرم بولنا talk angrily; call harshly; reply discourteously. گرم جوشی warmth, cordiality. گرم چشیدہ seasoned, experienced. گرم خبر latest or current news. گرم خو wrathful, irascible; passionate. گرم سرد 1 lukewarm. 2 ups and downs (of life). گرم کرنا 1 to warm; heat. 2 incite, stimulate; incite lust or sexual urge in someone. 3 enrage, annoy, irk. گرم گرم very hot; fresh. گرم مزاج hot-tempered, passionate. گرم مزاجی hot-temperedness. گرم مسالا/مسالہ/مصالحہ garam masala, a mixture of whole or powdered condiments like cummin seeds, large and small cardamoms, cinnamon, clove, nutmeg, etc. گرم

kill. گردن مروڑنا twist the neck (of); strangle, throttle, strangulate. گردن ناپنا deal sternly with; take (someone) by the scruff. گردن نہ اُٹھانا 1 not hold one's head high. 2 be ashamed. 3 be obliged or grateful. گردن ہلانا 1 shake the head. 2 nod. گردن ہلنے لگنا become too old.

/gərd̪ənɑ:/ ■ *n.m.* (*aug.* of گردن) 1 thick neck. 2 ridge. 3 (***Wrestling***) blow on the neck. گردنا

/gərd̪əni:/ ■ *n.f.* 1 horse-cloth. 2 blow on the neck in wrestling. 3 covering on the neck. گردنی دینا push someone by the neck. گردنی

/gʊrd̪uvɑ:rɑ:/ ■ *n.m.* gurdwara, Sikh temple. گردوارہ

/gərd̪ũ:/ ■ *n.m.* 1 sky, firmament, heavens. 2 cart, ox-cart. گردوں

/gərd̪ɑ:/ ■ *n.m.* 1 powder used by the painters, which is rubbed over a porous paper to transfer the outline. 2 sketch. 3 dust, dirt. گردہ

/gɪrd̪ɑ:/ ■ *n.m.* 1 circumference; orb, circle. 2 round pillow. 3 shield. 4 round tray. 5 disc (of the sun). 6 anything round. گردۂ چرخ 1 the disc of the heavens. 2 the sun or the moon. گردہ

/gʊrd̪ɑ:/ ■ *n.m.* 1 the kidney. 2 (*fig.*) courage, valour, pluck. گردہ نما kidney-shaped, kidney-like. گردہ

/gərd̪i:/ ■ *n.f.* 1 change, revolution. 2 wandering. 3 misfortune. ■ *suffix* used in comp. as: بادشاہ گردی dethroning of king; revolution; anarchy. غنڈہ گردی hooliganism, roguery. گردی

/gərd̪i:d̪ɑ:/ ■ *adj.* turned, tumbled down; revolved. گردیدہ

/gʊrz/ ■ *n.m.* an iron club, mace. گرزبردار mace-bearer. گرز

/gʊrʊs/ ■ *n.m.* twelve dozen; gross. [E] گرس

/gʊrsəl/ ■ *n.f.* a kind of starling with a yellow beak. گرسل

/gʊrsɪngi:/ ■ *n.f.* hunger. گرسنگی

/gʊrsɪnɑ:/ ■ *adj.* hungry. گرسنہ

/gɪrɪft̪/ ■ *n.f.* 1 seizure, capture, clutch, grasp. 2 objection, criticism. گرفت کرنا find fault with, take an exception to, object to. گرفت میں آنا be caught or nabbed. گرفت

/gɪrɪftɑ:r/ ■ *adj.* 1 arrested; seized. 2 involved. 3 (*fig.*) smitten, captivated (in love), love-struck. گرفتار شدہ captured. گرفتار کرنا 1 capture, seize, arrest. 2 (*fig.*) captivate. گرفتار ہونا 1 be involved in. 2 be arrested, become a prisoner. 3 (*fig.*) fall in love with. گرفتار

گرم وسرد زمانہ دیکھنا to experience ups and downs. vicissitudes of life. گرم ہونا 1 become hot. 2 be angry. 3 be lively or busy (as market). 4 have sexual desire.

گرما /gərmɑ:/ ■ *n.m.* 1 summer season. 2 sweet melon.

گرمابہ /gərmɑ:bɑ:/ ■ *n.m.* hot bath.

گرماگرم /gərmɑ:gərm/ ■ *adv.* (*comb.* of گرم) hot; hot and fresh.

گرماگرمی /gərmɑ:gərmi:/ ■ *n.f.* 1 zeal, ardour. 2 hot discussion.

گرمانا /gərmɑ:nɑ:/ ■ *v.* 1 heat, warm up. 2 be hot or angry. 3 to cause to annoy. 4 incite, provoke.

گرماہٹ /gərmɑ:həṭ/ ■ *n.f.* heat, warmth.

گرمائش /gərmɑ:ɪʃ/ ■ *n.f.* 1 warmth, liking, consideration. 2 (*slang*) heat.

گرمائی /gərmɑ:i:/ ■ *n.f.* 1 heat. 2 zeal, fervour. ■ *adj.* 1 of or relating to summer. 2 (*fig.*) angry. گرمائی دارالحکومت summer capital. گرمائی محل summer palace.

گُرمکھی /gʊrmʊkʰi:/ ■ *n.f.* (also گورمکھی) 1 script used by the Sikhs for Punjabi language, Gurmukhi. 2 the language of Sikh scriptures.

گرمی /gərmi:/ ■ *n.f.* 1 summer. 2 heat, warmth; glow. 3 ardour, fervour, passion; excitement. 4 love; cordiality. 5 anger, rage. 6 venereal disease. گرمیٔ بزم رمحفل enthusiasm in a meeting or conclave, the warmth or fervour in a gathering. گرمی پڑنا weather to be hot. گرمی چڑھنا 1 heat to affect mind. 2 (*fig.*) become arrogant or conceited. گرمی دانہ prickly heat. گرمی دکھانا رکھانا show anger, become enraged. گرمیٔ سخن رکلام رمضمون glowing piece of verse, speech or writing. گرمی کرنا 1 produce a feeling of heat or warmth. 2 excite; provoke. 3 enrage, infuriate. گرمی نکالنا give vent to one's heat or anger. گرمی ہوجانا رہونا 1 contract or suffer a venereal disease. 2 suffer from skin eruptions.

گرنا /gɪrnɑ:/ ■ *v.* 1 fall, drop; tumble down. 2 swoon down (upon). 3 be reduced or degraded. 4 demolish, knock down. 5 be brought low; to fall from an esteemed position. 6 attack (of disease or army). 7 to drop dead. 8 bring oneself down; be very greedy or mean. 9 abort (of a fetus).

گرنتھ /grənṭʰ/ ■ *n.f.* (***Theol.***) 1 book; treatise. 2 (also گرنتھ صاحب) the sacred book of Sikhs.

گرنتھی /grənṭʰi:/ ■ *n.m.* scholar of the Sikh's sacred book.

گرنی /gɪrni:/ ■ *n.f.* 1 electric grinder. 2 electric saw.

گرو /gərv/ ■ *n.m.* (also گرب) pride, arrogance.

گِرو /gɪrɔ:/ ■ *n.f.* something put as security for money borrowed, pledge; mortgage. گرو رکھنا pledge; pawn (something). گرونامہ mortgage deed. (See also گروی[1].)

گُرو /gʊru:/ ■ *n.m.* 1 guru, spiritual guide; teacher, mentor. 2 (***Astrol.***) Jupiter. ■ *adj.* 1 respectable, honourable. 2 wise, sage. گروبھائی fellow disciple; followers or disciples of the same spiritual guide. گرودکشنا fee paid to a spiritual guide or teacher. گروکل place where teacher or spiritual guide lives along with his students and disciples. گروگرنتھ the sacred book of the Sikhs. گروگھنٹال 1 great teacher. 2 (*iron.*) a very cunning person.

گروا /gərvɑ:/ ■ *adj.* 1 heavy, weighty. 2 important; venerable.

گروانا /gɪrvɑ:nɑ:/ ■ *v.* 1 have something demolished. 2 have a fetus aborted artificially.

گروہ /gɪro:h/ ■ *n.m.* band; gang, group; party; company; class; troupe. گروہ بندی factionalism; sectarianism; grouping.

گروی[1] /gɪrvi:/ ■ *adj.* pledged, pawned; mortgaged. ■ *n.f.* anything kept as security (against money lent), mortgage; pawn, pledge. گروی رکھنا pledge, pawn. [P]

گروی[2] ——— ■ *n.f.* (***Biol.***) an insect destructive to standing crops. [dial.]

گرویدگی /gɪrvi:dəgi:/ ■ *n.f.* attachment; admiration, adoration.

گرویدہ /gɪrvi:ḍɑ:/ ■ *adj.* attracted, captivated; enamoured, attached (to).

گرہ /gərəh/ ■ *n.m.* 1 (***Astrol.***) a planet which according to Hindu astrology affects fortunes. 2 the name of an evil spirit. 3 the symbol for number nine (9). 4 the power that obscures sun and moon. گرہ آنا have reversal of fortune. گرہ دیکھنا consult a horoscope. گرہ کنڈلی horoscope.

گِرہ /gɪrəh/ ■ *n.f.* 1 knot, joint; knuckle; knob. 2 a measure, one sixteenth of a yard. 3 (***Biol.***) gland. 4 ill-feeling, dissension; misunderstanding; prejudice. 5 entanglement, difficulty. 6 impediment

2 low, abject. [Prk.]

گری² ____ ■ *n.f.* kernel of coconut, almond or any seed. [S]

گری /gʊri:/ ■ *n.f.* haystack, rick (of wheat, barley, etc.).

گرّی /gərri:/ ■ *n.f.* haystack.

گرّی /gɪrri:/ ■ *n.f.* reel on which string is twisted.

گرّی /gʊrri:/ ■ *n.f.* vertebra (of neck).

گریا /gʊrɪjɑ:/ ■ *n.f.* **1** bead (of a rosary or necklace). **2** vertebra, a joint of the spine.

گریاں /gɪrjɑ̃:/ ■ *adj.* weeping, crying, shedding tears.

گریبان /gɪre:bɑ:n/ ■ *n.m.* (also گریبان) **1** collar; opening or breast of a shirt or similar garment through which the head passes. **2** (*fig.*) neck. گریبان پکڑنا seize by the neck; seek redress or explanation; threaten bodily harm. گریبان پھاڑنا/تار تار کرنا/چاک کرنا tear the breast of one's shirt (due to grief or madness). گریبان گیر **1** one who seizes by the collar. **2** accuser; prosecutor; plaintiff. گریبان میں منھ ڈالنا look within oneself, realize and be ashamed of one's faults, do a little heart-searching.

گریخت /gʊre:xt/ ■ *n.f.* the act of running away, fleeing, escape.

گریز /gʊre:z/ ■ *n.m.* **1** escape, flight. **2** deviation, aversion, shunning. **3** dislike, abhorrence; digression. **4** (***Poet.***) turning to the real subject after the prelude, etc. گریزپا **1** a fugitive, a runaway. **2** unstable, unsteady. **3** ready to run away. گریز کرنا avoid, evade.

گریزاں /gʊre:zɑ̃:/ ■ *adj.* escaping, avoiding; deviating.

گریہ /gɪrjɑ:/ ■ *n.m.* **1** weeping; lamentation. **2** tear. گریۂ شادی tears of happiness. گریۂ شبنم falling of dewdrops. گریۂ شمع drops flowing from a candle. گریہ کناں weeping, crying. گریہ وزاری کرنا bewail, bemoan, lament.

گڑ /gʊɽ/ ■ *n.m.* **1** gur, raw or coarse sugar, jaggery. **2** treacle, dried molasses. **3** (*fig.*) (i) sweetness. (ii) kiss. (iii) something nice. گڑانبہ unripe mangoes boiled with raw sugar and flour to make sweet and sour dish. گڑ دیے مرے تو زہر کیوں دیجیے why resort to harsh words where sweet ones succeed. گڑ کہنے سے منھ میٹھا نہیں ہوتا fine words butter no parsnips. گڑ کی بھیلی/ پاری lump of jaggery. گڑ کی جوتی luxury denied to the poor. گڑ کھائیں گلگلوں سے پرہیز lumps of sugar he devours but (in speech). **7** pocket, purse, wallet. **8** a joint in bamboo or sugar cane. **9** root (of turmeric, ginger, etc.). گرہ ابرو frowning. گرہ بازی somersault. گرہ باندھنا **1** tie a knot (as a reminder). **2** frown. **3** (*fig.*) always keep something in mind; take note; make a note; heed. گرہ بُر/کاٹ/کٹ pickpocket. گرہ بستہ **1** knotted. **2** (*fig.*) difficult or mountainous (region). گرہ پڑنا (of dissension) arise; develop a dislike or coldness, have rancour (in heart). گرہ ٹٹولنا to lay hands on; to obtain by fraud. گرہ دار knotted, jointed. گرہ در گرہ complexed. گرہ دینا tie a knot. گرہ ڈھیلی کرنا spend money. گرہ سلجھانا **1** untie knot. **2** (*fig.*) resolve difficulty. گرہ سے دینا give something from one's own pocket. گرہ سے کچھ جانا spend; incur an expenditure; suffer a loss. گرہ کشا **1** one who unties knots. **2** something or someone that removes or resolves a difficulty. گرہ کشائی **1** untying knot. **2** removing or resolving difficulties. گرہ کھلنا **1** become untied. **2** (of misunderstanding) end. گرہ گیر inclining to be knotty or curled, curly. گرہ لگانا **1** tie a knot. **2** (***Poet.***) complete a couplet by adding a line. گرہ میں باندھنا **1** take in possession. **2** keep under close watch. **3** bear in mind; tie a knot in handkerchief, etc. for this purpose. گرہ میں پیسا/پیسہ ہونا be rich. گرہ میں رکھنا keep in one's pocket; keep; guard.

گرہست /gɪrhəst/ ■ *n.m.* **1** the second part of life involving family and household. **2** a family man; one who is well-versed in household affairs, man with family. گرہست جیون family life. (*fem.* گرہستن)

گرہستی /gɪrhəsti:/ ■ *n.f.* **1** housekeeping. **2** domestic matters. **3** worldly affairs. **4** cultivation, agriculture, farming. **5** household effects; property.

گرہن /gɪrhən/ ■ *n.m.* (also گہن) **1** (***Astron.***) seizure of the sun or moon, eclipse. **2** seizing, taking; accepting; receiving. گرہن پڑنا/لگنا/رہونا eclipse to occur; be eclipsed.

گرہی /gərəhi:/ ■ *n.f.* a kind of small fish.

گری /gəri:/ ■ *suffix* work, profession; making; doing; marking; working; used in comp. as: آہن گری black-smith's trade. بازی گری jugglery, rope-dancing.

گری¹ /gɪri:/ ■ *adj.* (*fem.* of گرا) fallen. گری ہوئی **1** fallen.

refrains from eating sweet cakes. گڑ نہ دے گڑ کی سی بات تو کرے a kind word costs nothing.

گڑاکو /guɽɑ:ku:/ ■ *n.m.* tobacco blended with molasses for smoking.

گڑانسا /gəɽɑ̃:sɑ:/ ■ *n.m.* poleaxe. See گنڈاسا .

گڑبڑ /gəɽbəɽ/ ■ *n.f.* **1** derangement, mismanagement, disorder. **2** anarchy; disturbance; riot. **3** confusion, mental disturbance, distraction, bewilderment. ■ *adj.* **1** mismanaged; mixed; complexed. **2** ruined. گڑبڑ جھالا/گوٹالا/گھٹالا **1** (*fig.*) wrangling, quarrelling. **2** entanglement; mismanagement; disorder. گڑبڑ سڑبڑ mixed up, muddled, confused; entangled. گڑبڑ ہونا lie confused, be made mess of.

گڑبڑانا /gəɽbəɽɑ:nɑ:/ ■ *v.* **1** be confused; be confounded. **2** make someone confused.

گڑبڑاہٹ /gəɽbəɽɑ:hət/ ■ *n.f.* nervousness, bewilderment, confusion.

گڑبڑی /gəɽbəɽi:/ ■ *n.f.* commotion, confusion, agitation, disturbance.

گڑپ /gəɽəp/ ■ *n.f.* (also غڑپ) **1** sound of gulp. **2** sound of something entering into a soft body. گڑپ سے quickly; suddenly. گڑپ کر جانا gulp down.

گڑپنکھ /gəɽ pə̃kʰ/ ■ *n.m.* **1** a large-winged bird. **2** (*deris.*) someone who wears loose garments.

گڑت /gəɽət/ ■ *n.f.* carving, engraving.

گڑگج /gəɽgədʒ/ ■ *n.m.* bastion; large turret.

گڑگڑ /guɽguɽ/ ■ *n.f.* gurgle; rumble, the gurgling sound made by water in a hookah. گڑگڑ کرنا gurgle, bubble, rumble; smoke a hookah.

گڑگڑانا /gəɽgəɽɑ:nɑ:/ ■ *v.* thunder; rumble.

گڑگڑانا /gɪɽgɪɽɑ:nɑ:/ ■ *v.* beseech, implore, beg for.

گڑگڑانا /guɽguɽɑ:nɑ:/ ■ *v.* gurgle, bubble; rumble; smoke hookah.

گڑگڑاہٹ /gəɽgəɽɑ:hət/ ■ *n.f.* rumble; thundering sound.

گڑگڑی /guɽguɽi:/ ■ *n.f.* small hookah.

گڑم /gəɽəm/ ■ *n.f.* sound of something falling into water, sound of a train/vehicle passing by.

گڑم /guɽum/ ■ *n.m.* lump. See گومڑا .

گڑمبا /guɽəmbɑ:/ ■ *n.m.* (also گڑانبہ، گڑنبا) raw mangoes boiled with gur. See گڑانبہ under گڑ .

گڑمڑا /guɽmuɽɑ:/ ■ *adj.* bent, arched, curved, curly.

گڑمڑی /guɽmuɽi:/ ■ *n.f.* a lying position in which knees are so bent that they touch abdomen.

گڑنا /gəɽnɑ:/ ■ *v.* (also گڑجانا) **1** be driven into, fixed or buried. **2** penetrate. **3** be ashamed, feel disgraced.

گڑنگی /gəɽəŋgi:/ ■ *n.f.* braggart, boaster.

گڑوا /gəɽvɑ:/ ■ *n.m.* water-pot.

گڑوانا /gəɽvɑ:nɑ:/ ■ *v.* **1** cause to be buried or driven into the earth. **2** have tents pitched.

گڑوتے کا پان /gəɽo:ṭe: kɑ: pɑ:n/ ■ *n.m.* a betel leaf mellowed due to being buried in sand.

گڑوڑنا /gəɽo:ɽnɑ:/ ■ *n.m.* (also گڈولنا) child's go-cart, walker.

گڑونا /gəɽo:nɑ:/ ■ *v.* **1** pierce. **2** drive in, bore. **3** transfix; stick into; fix (eyes) at. **4** bury.

گڑوی /gəɽvi:/ ■ *n.f.* (also گڈوی) (*dim.* of گڑوا) smaller version of the water-pot.

گڑے /gəɽe:/ ■ *adj.* (*infl.* of گڑنا) buried. گڑے مردے اکھاڑنا/اکھیڑنا dig up old grievances; dig up old feuds.

گڑیا /guɽjɑ:/ ■ *n.f.* **1** doll. **2** (as a form of address) small girl. گڑیا جیسی/سی (*fig.*) small, slim; beautiful, pretty (girl). گڑیا سنوار دینا marry off daughter decently. گڑیا کا کھیل (*fig.*) child's play, easy matter. گڑیا گڈے کا بیاہ **1** something done hurriedly; child's play. **2** a simple wedding ceremony.

گڑیاں /guɽjɑ̃:/ ■ *n.f.* (*pl.* of گڑیا) گڑیاں کھیلنا **1** play with dolls. **2** be (like) small girl. **3** be inexperienced.

گڑھ /gəɽʰ/ ■ *n.m.* (also گڈھ) castle, fort, citadel. گڑھ جیتنا **1** take or conquer a fort. **2** (*fig.*) surmount a difficulty, do something difficult. گڑھ کھائی trench of fort; entrenchment.

گڑھا /gəɽʰɑ:/ ■ *n.m.* **1** hole, cavity, pit, ditch; abyss. **2** grave. **3** (*fig.*) dimple in the cheek. **4** stomach, belly. گڑھا گومڑا uneven surface.

گڑھل /guɽʰəl/ ■ *n.m.* (also گڑہل) the tree *Hibiscus syriacus*, its flowers and fruit.

گڑھنا /gəɽʰnɑ:/ ■ *v.* fabricate (story, etc.). See گھڑنا .

گڑھی /gəɽʰi:/ ■ *n.f.* (*dim.* of گڑھ) small fort, fortress.

گڑھیا /gəɽʰəjjɑ:/ ■ *n.f.* small pond or tank.

گڑھیانا /gəɽʰjɑ:nɑ:/ ■ *v.* (of liquid) to become thick.

گز /gəz/ ■ *n.m.* **1** yard (measure). **2** ramrod, iron bar. **3** bow of a stringed musical instrument. گز بھر a full yard. گز بھر کی زبان very talkative girl; cheeky or impudent girl.

گزا /gəza:/ ■ *adj.* of the measure of a yard; used in comp. as: دوگزا two yards long.

گزار /gʊza:r/ ■ *n.m.* **1** performer. **2** payer. **3** exit, a way or passage out. ■ *suffix* **1** passing. **2** performing, executing. **3** paying, remitting; used in comp. as: شکرگزار thankful, grateful. عبادت گزار worshipper. مال گزار tenant, landholder, one who pays revenue.

گزارا /gʊza:ra:/ ■ *n.m.* (also گذارہ، گزارہ) **1** living, subsisting. **2** wages, remuneration. **3** crossing, passage. **4** stay, abode. گزارا کرنا live on, live by; drag out one's days, subsist with difficulty. گزارا ہونا necessities of life be present, a bare subsistence level be available; life to pass.

گزارش /gʊza:rɪʃ/ ■ *n.f.* petition, request; application. گزارش کرنا state, request.

گزارنا /gʊza:rna:/ ■ *v.* (also گذارنا) **1** cause to pass; bring to pass. **2** pass (life or time, etc.). **3** lay before (a petition, request or statement).

گزارے /gʊza:re:/ ■ *n.m.* (*pl. & infl.* of گزارا) گزارے کی شکل / صورت نکالنا try to make do; find some means of living. گزارے کی ناؤ ferry.

گزاشت /gʊza:ʃt̪/ ■ *n.f.* (also گذاشت) **1** quitting or leaving. **2** deduction (from). **3** grant of land.

گزاشتنی /gʊza:ʃt̪əni:/ ■ *adj.* (also گذاشتنی) omissible, proper to be relinquished.

گزاف /gʊza:f/ ■ *n.f.* (also گزاف، گذاف) vain or rash speech; lie, falsehood; boasting, usually used with لاف.

گزر /gəzər/ ■ *n.f.* (*contr.* of گاجر) (also گذر) carrot.

گزر /gʊzər/ ■ *n.m.* **1** access, approach. **2** passing, passage. **3** livelihood; subsistence. **4** existence in harmony (with), coexistence. گزراوقات / بسر subsistence; living, subsisting. گزراوقات / بسر کرنا subsist, live on bare necessities. گزراوقات / بسر ہونا live, subsist. گزرآب aqueduct, canal. گزرجانا to pass by; to die; to elapse (of time). گزرکرنا to live, to subsist; to pass (through). گزرگاہ passage, public road. گزرگاہ عام highway, thoroughfare, public road. گزرگئی گزران کیا جھونپڑی کیا مکان / میدان both good and bad days are past/over, time passes somehow. گزرنامہ passport; safe conduct. گزرہونا to pass (by chance); to subsist.

گزران /gʊzra:n/ ■ *n.f.* passing (time or life).

گزرانا /gʊzra:nna:/ ■ *v.* (also گذرانا) offer, give.

گزرانہ /gʊzra:na:/ ■ *n.m.* subsistence, allowance and stipends, etc. fixed by government.

گزرنا /gʊzərna:/ ■ *v.* (also گذرنا) **1** pass; pass through, pass by, go by. **2** happen, befall, occur (to). **3** pass away, die. **4** elapse (of time). **5** feel; experience.

گزشتگان /gʊzəʃt̪əga:n/ ■ *n.m.pl.* (also گذشتگان) people of the past, the dead.

گزشتنی /gʊzəʃt̪əni:/ ■ *adj.* (also گذشتنی) passing; transient; mortal.

گزشتہ /gʊzəʃt̪a:/ ■ *adj.* (also گذشتہ) past; elapsed; ended; bygone; last; late. گزشتہ راصلوٰۃ آئندہ رااحتیاط let bygones be bygones; think of tomorrow for yesterday is no more.

گزک /gəzək/ ■ *n.f.* sweetmeat made of sesame and sugar or gur.

گزند /gəzənd̪/ ■ *n.f.* **1** harm, injury. **2** loss, damage. **3** misfortune. گزند پہنچنا come to grief; suffer a loss; face a misfortune. گزندرساں injurious, hurtful, harmful.

گزندہ /gəzənd̪a:/ ■ *adj.* biting, stinging, venomous, harmful (of animal, as snake or other reptiles).

گزی /gəzi:/ ■ *n.f.* (also گجی) coarse cloth of cotton.

گزیدہ /gəzi:d̪a:/ ■ *adj.* stung, bitten.

گزیدہ /gʊzi:d̪a:/ ■ *adj.* (also برگزیدہ) selected, chosen.

گزیر /gʊzi:r/ ■ *n.m.* **1** remedy. **2** escape. **3** help. **4** (*fig.*) refuge.

گزیں /gʊzĩ:/ ■ *suffix* preferring; adopting; choosing; used in comp. as: پناہ گزیں refugee, seeking refuge. خلوت گزیں choosing or seeking seclusion, retiring.

گسار /gʊsa:r/ ■ *suffix* consuming; drinking; taking down; swallowing; dissipating; used in comp. as: بادہ / مے گسار drinker, one who consumes wine. غم گسار one who shares grief.

گسائیں /gʊsa:ĩ:/ ■ *n.m.* (also گسائی، گسیاں، گوسائیں) **1** gosain, master or owner of cow or herd. **2** (*fig.*) deity. **3** saint, holy man. **4** a caste of Brahmans. **5** a title of respect.

گستاخ /gʊst̪a:x/ ■ *adj.* arrogant, audacious, rude, presumptuous.

گستاخانه /gʊst̪a:xɑ:nɑ:/ ■ *adj.* rude, presumptuous.
■ *adv.* rudely, presumptuously.

گستاخی /gʊst̪a:xi:/ ■ *n.f.* presumptuousness, rudeness, arrogance, insolence. گستاخی کرنا act presumptuously, to fail to act according to manner or observe limits, be arrogant or rude, behave impudently. گستاخی معاف pardon (my) rudeness, excuse me.

گستانگر /gəst̪a:ŋgər/ ■ *adj.* clownish, foolish, stupid.

گستر /gʊst̪ər/ ■ *suffix* spreading, scattering, dispensing, diffusing, as: سخن گستر poet. کرم گستر benevolent.

گسترده /gʊst̪ərd̪ɑ:/ ■ *adj.* spread out (as bed).

گستری /gʊst̪əri:/ ■ *suffix* the act of spreading; dispensing; scattering; used in comp. as: سخن گستری poetry. کرم گستری benevolence.

گسستگی /gʊsɪst̪əgi:/ ■ *n.f.* **1** interruption. **2** breaking, fracture.

گسسته /gʊsɪst̪ɑ:/ ■ *adj.* (also گسیخته) broken.

گسل /gʊsɪl/ ■ *suffix* breaking; ruining, spoiling; used in comp. as: جاں گسل (of pain, etc.) agonizing, heart-breaking.

گسیاں /gʊsəjjɑ̃:/ ■ *n.m.* deity. See گسائیں.

گشت /gəʃt̪/ ■ *n.m.* **1** patrol, round or beat (of police, etc.). **2** going round, revolve. **3** walking, strolling. **4** recreation, amusement. گشت کرنا/لگانا patrol.

گشته /gəʃt̪ɑ:/ ■ *adj.* turned, converted, reversed, changed; inverted. ■ *suffix* used in comp. as: گم گشته lost.

گشتی /gəʃt̪i:/ ■ *adj.* **1** circular. **2** moving; mobile. **3** watching, patrolling. ■ *n.f.* **1** a letter to be circulated, circular. **2** whore, prostitute. گشتی اقامت گاه mobile home. گشتی پولیس patrol police. گشتی چٹھی/مراسله circular (letter). گشتی دکان mobile shop.

گف /gəf/ ■ *adj.* (also غف) closely woven, of close texture; stout (cloth).

گفت /gʊft̪/ ■ *n.f.* speech, conversation. گفت وشنید discourse, discussion, parley; negotiations.

گفتار /gʊft̪ɑ:r/ ■ *n.f.* speech, discourse; speaking; talk; saying. ■ *suffix* used in comp. as: شیریں گفتار eloquent and sweet-spoken. گالی گفتار abusive language. گفتار کا غازی person who only talks and does nothing. گفتار میں آنا (of a word or name, etc.) to be used in conversation. گفتار نکالنا initiate conversation.

گفتگو /gʊft̪gu:/ ■ *n.f.* conversation, dialogue, talk, chitchat. گفتگو چھیڑنا start conversation. گفتگو کرنا converse, talk.

گفتنی /gʊft̪əni:/ ■ *adj.* conversational, of or in conversation; expressible, worth-mentioning, mentionable.

گگر /gəgər/ ■ *n.f.* (also گاگر) earthen or metallic (usu. brass) water-pot or pitcher.

گگرا /gəgərɑ:/ ■ *n.m.* (*aug.* of گگر) a big earthen or metallic water-pot or pitcher.

گگری /gəgəri:/ ■ *n.f.* (also گگریا) (*dim.* of گگر) small water-pot.

گگن /gəgən/ ■ *n.m.* sky; heaven. گگن کے بچے والی مرغی the Pleiades. گگن کھیلنا (waves) to spurt high. گگن ہونا to rise high.

گل[1] /gəl/ ■ *n.m.* (*contr.* of گلا[1]) **1** throat; neck; gullet. **2** noose, snare, gallows. گل بہیاں/ربیاں ڈالنا throw the arms round the neck of a person, embrace fondly. گل پھڑا (also گلپھڑا) gill (of fish), air bladder. گل تنی harness fitting underneath yoke. گل جندرا/جنڈرا sling (for injured arm, etc.). گل جوٹ **1** rope for yoking two bullocks together. **2** (*fig.*) one who pesters others. گل خپ (also گلخپ) **1** chitchat. **2** argument, exchange of heated words. گل خور halter. گل دینا hang, strangle. گل مالا/ہار garland. [S]

گل[2] ____ ■ *n.m.* **1** dragnet; fishing-hook. **2** (*contr.* of گال) cheek. گل پھٹا کی boasting, vaunting; scolding; lying; arrogance. گل پھلا/پھولا chubby. گل تکیه small pillow for cheek. گل سوئے mumps. گل مچھے long curled whiskers. گل مونچھیں long and thick moustaches. [S]

گل /gɪl/ ■ *n.f.* earth; mud, clay. گل ارمنی Armenian bole, a kind of blackish red clay. گل چینی china clay, kaolin. گل حکمت **1** lute, mud or cement (used to seal the mouth of a vessel). **2** act of heating in air-tight container so that steam may not escape. گل درگل کرنا bury the dead, throw earth on the grave of the dead. گل مالہ mason's trowel.

گل /gʊl/ ■ *n.m.* **1** flower. **2** rose. **3** the snuff or soot of lamp or candle. **4** the identifying mark burned on livestock with iron, brand. **5** dottle, pellet of tobacco left unsmoked in a hookah or pipe. **6** snuff, charred part of a candle wick. **7** (*fig.*) (i) beloved.

tuberosa. گل شکر قند a conserve made of rose petals. گلِ صد برگ 1 hundred-leaved rose, marigold. 2 (*fig.*) the sun. گلِ عباس رعباسی an evergreen plant, the marvel of Peru, *Mirabilis jalapa*. گلِ عجائب a flower which changes colours from white to pink. گلِ فتنہ species of mimosa or acacia bearing flowers having strong scent. گلِ فرنگ an all season white and pink flower, *Vinca rosea.* گل کاٹنا snuff a candle. گل کاری 1 embroidery. 2 flower painting. 3 decoration, adornment. 4 planting of flowers. 5 flower plantation. گل کترنا 1 make false statements (about someone), calumniate. 2 trim a lamp, snuff. 3 work wonders, do something amazing. 4 cause unrest or mischief, stir problem, do something devilish. گل کرنا put out (a lamp or bulb, etc.). گلِ کوکب dahlia. گل کھلانا do or come up with something unexpected; cause mischief. گل کھِلنا 1 bud to open. 2 (*fig.*) something unexpected to happen. گل گونہ 1 rose-coloured. 2 rose-cheeked. 3 rouge, a kind of cosmetics. گلِ لالہ tulip. گلِ لحنہ cauliflower. گل لینا snuff (a candle). گلِ مخمل globe amaranth, *Gomphrena globosa.* گلِ مہندی balsam. گل ناشگفتہ 1 flower yet to be bloomed. 2 (*fig.*) virgin girl. گلِ نسترن رنسرین a species of narcissus with clusters of fragrant flowers. گلِ نودمیدہ ر نُو رستہ newly bloomed flower. گلِ ہزارہ double poppy. گل ہونا be extinguished, go out, be put out (as candle or lamp, etc.).

گلا[1] /gəlɑ:/ ■ *n.m.* 1 throat; neck. 2 voice. 3 funnel. گلا اٹھانا رکرنا to raise the uvula of a child with finger, etc. (to cure certain diseases), apply some medicinal substance to the uvula of a child for cold or cough. گلا آنا suffer from sore throat or inflamed tonsils. گلا بند ہونا 1 lose one's voice. 2 be choked. گلا بندھنا be heavily in debt. گلا بیٹھنا رپڑنا رخشک ہونا become hoarse; have sore throat. گلا پکڑا جانا have a sore throat. گلا پکڑنا seize (someone) by throat or collar; irritate the throat. گلا پھاڑ کر at the top of one's voice. گلا پھاڑنا scream, shriek. گلا پھیرنا modulate one's voice in singing. گلا دبانا 1 strangle. 2 (*fig.*) press. 3 compel. گلا کاٹنا 1 cut the throat. 2 oppress, suppress. 3 defraud. گلا گھوٹنا choke, strangle, throttle. [Prk.]

گلا[2] ■ *adj.* 1 melted, dissolved; softened. [Prk.]

(ii) someone very beautiful. گل اشرفی calendula. گل افشاں رپاش رفشاں 1 scattering roses; strewn with flowers. 2 eloquent. گل افشانی رپاشی رفشانی 1 showering of flower petals. 2 eloquence. گل افشانی کرنا (often *iron.*) speak. گل انار (also گل نار، گلنار) 1 pomegranate flower. 2 scarlet colour; scarlet. گل اندام of delicate and beautiful physique. گلِ آفتاب رخورشید the sunflower. گل بار shedding flowers. گل بانگ (also گلبانگ) 1 note of the nightingale. 2 warbling sound, pleasant sound. گل بدن (also گُلبدن) 1 with a body like flower, delicate, graceful. 2 (*fig.*) sweetheart. 3 a kind of silk cloth. گل بوٹا 1 flower and its plant. 2 floral pattern in an embroidery, painting or sculpture. گلِ بیگانہ wild flower. گل پوش covered with flowers. گلِ پیادہ any flower that grows on a stem; any flower that grows on a very low branch touching the soil; a species of rose without smell, wild rose. گل پیرہن 1 graceful, exquisitely beautiful; delicate. 2 someone wearing red clothes. 3 beloved. گل پھولنا blossom; appear (as something new). گل تراش رگیر snuffer. گل تراشنا snuff a candle. گلِ جعفری a marigold like flower, *Tagetes patula.* گل جھاڑنا flick the ash (of a cigarette, etc.). گلِ چاندنی رمہتاب the moon flower, *Ipomoea alba.* گل چہرہ having a beautiful face, pretty. گل چینی plucking of roses and flowers. گلِ خطمی marsh mallow flowers. گل خیرا رخیرو Chinese and Persian hollyhock, gillyflower. گل دار (also گلدار) 1 having flowers. 2 spotted. 3 a species of leopard or panther. گلِ داؤدی chrysanthemum, a plant having bright coloured flowers. گلِ دوپہری رنیم روز the flower marvel of Peru, *Mirabilis jalapa*, which opens around noon. گل دینا scar; brand. گل رخ ررخسار rosy-faced or rosy-cheeked. گلِ رعنا 1 a rose which is red inside and yellow outside. 2 (*fig.*) a graceful beauty. گل رو 1 having face as beautiful as rose. 2 (*fig.*) beloved. گل ریز 1 shedding or showering flower. 2 a kind of fireworks. گل زار رستان 1 garden, garden of roses. 2 flower-bed. گلِ زرد marigold. گلِ سرسبد 1 top flower in the basket. 2 (*fig.*) choicest thing. گلِ سورنجان flower of the hermodactyl plant. گلِ سوسن lily. گلِ شب افروز رشبو tuberose, species of flower emitting fragrance at night, *Polanthes*

/gʊlbəd̪ən/ ■ *adj.* having rose-like soft body. گلبدن
See گل بدن under گل.
/gʊl bəkɑ:o:li:/ ■ *n.m.* mythical flower endowing the blind with sight. گل بکاؤلی
/gʊlbən/ ■ *n.m.* flower garden. گلبن
/gʊlbʊn/ ■ *n.m.* rose tree, rose. گلبُن
/gʊlbu:ʈe:/ ■ *n.m.pl.* **1** flowers and plants, vegetation. **2** floral patterns in embroidery or painting. گل بوٹے بنانا embroider. گل بُوٹے
/gəlpʰəɽe:/ ■ *n.m.pl.* gills of fish, air bladders. (*sing.* گلپھڑا) گلپھڑے
/gəlpʰe:ɽe:/ ■ *n.m.pl.* (also کن پیڑے) mumps. گلپھیڑے
/gʊlət̪ʰt̪ʰi:/ ■ *n.f.* (also گتھی) **1** a dish of overboiled soft and clotted rice with or without lentil, usually fed to the sick. **2** any soft clotted mass. **3** knot. **4** mystery; problem, difficulty. گلتھی
/gɪləʈ/ ■ *n.f.* pewter, an alloy used to make cheap jewellery. گلٹ
/gɪlʈi:/ ■ *n.f.* hard glandular swelling or tumour, scirrhus. گلٹی نکلے a curse; may you suffer from plague! گلٹی
/gʊldʒʰəʈʈi:/ ■ *n.f.* (also گلجھڑی) **1** knot. **2** entanglement. **3** perplexity. **4** (*fig.*) ill-feeling, ill will. گلجھٹّی
/gʊltʃi:/ ■ *n.m.* (also گل چیں) **1** flower-gatherer; gardener. **2** (*fig.*) spectator. **3** (*euph.*) one who benefits (from), one who enters a casual sexual relationship with a woman, philanderer. گل چینِ اوّل one who deflowers a girl. گلچیں
/gʊltʃʰərre:/ ■ *n.m.pl.* life of pleasure. گل چھرّے اُڑانا lead a life of luxury and pleasure. گل چھرّے
/gəlxəp/ ■ *n.f.* (also گلخف) quarrel. گلخپ ہونا have quarrel. گلخپ
/gʊlxən/ ■ *n.m.* **1** furnace, fireplace. **2** (*fig.*) junkyard; dustbin. گلخن
/gʊlxo:r/ ■ *n.m.* horse's halter. گلخور
/gʊld̪ɑ:n/ ■ *n.m.* (also گل دان) flowerpot or vase. گلدان
/gʊld̪əst̪ɑ:/ ■ *n.m.* bouquet, bunch of flowers. گلدستہ
/gʊld̪ʊm/ ■ *n.f.* Indian or Persian bulbul. گلدُم
/gʊlrəŋg/ ■ *adj.* (also گل رنگ) rosy, red. گلرنگ
/gʊlzɑ:r/ ■ *n.m.* **1** garden, flower-bed, flower garden. **2** a kind of calligraphy with flowery patterns. ■ *adj.* **2** cooked. **3** rotted. گلادینا waste. گلاسڑا rotted, rotten, putrid. [Prk.] گلزار
/gɪlɑ:/ ■ *n.m.* complaint, lamentation, reproach. See گلہ. گِلا
/gəllɑ:/ ■ *n.m.* (*var.* of غلّہ[2]) **1** pocket. **2** cash box. گلّا
/gʊllɑ:/ ■ *n.m.* clay pellet (such as is shot from a slingshot). (See also غُلّہ.) گُلّا
/gʊlɑ:b/ ■ *n.m.* rose. گلاب پاش sprinkler for rose water. گلاب پاشی sprinkling of rose water. گلاب پانی rose water. گلاب جامن **1** gulab jamun, a kind of sweetmeat. **2** the roseapple, *Syzygium jambos*. گلاب چٹکنا rose to blossom. گلاب سا رنگ rosy, rose-like. گلاب کھینچنا extract rose water. گلاب
/gɪlɑ:bɑ:/ ■ *n.m.* mixture of sand and water; kneaded clay. گِلابہ
/gʊlɑ:bi:/ ■ *adj.* **1** rosy, roseate; pink. **2** rose-scented. **3** light, slight, mild, not heavy; plain, simple, easy. ■ *n.f.* **1** flagon, wine-cup. **2** rose-coloured or pink wine. **3** rose-colour. **4** bottle for holding rose water. **5** a kind of sweetmeat scented with rose water. گلابی اردو easy Urdu. گلابی انکھڑیاں/آنکھیں reddened eyes, a sign of being slightly drunk (usu. admired by poets). گلابی جاڑا mild winter; spring season. گلابی
/gɪlɑ:s/ ■ *n.m.* glass, tumbler, mug. [E] گِلاس
____ ■ *n.m.* a sweet and delicious fruit of Kashmir (which resembles pear). [Prk.] گِلاس[2]
/gʊlɑ:l/ ■ *n.m.* red powder which the Hindus throw on each other on Holi festival. گلال اڑانا throw this powder. گلال باڑا/باڑی a royal pavilion for recreation, a garden adjoining a palace. گلال
/gəlɑ:nɑ:/ ■ *v.* **1** tenderize by boiling or cooking; reduce. **2** subdue the body by mortification or austerities. **3** melt, dissolve, liquify; soften. **4** to cause to rot, ruin. گلانا
/gɪlɑ:vɑ:/ ■ *n.m.* (also گلابہ، گلاوہ) kneaded clay, mud. گِلاوا
/gəlɑ:vəʈ/ ■ *n.f.* (also گلاؤ) **1** dissolving, dissolution. **2** softness, tenderness. **3** something used to tenderize the meat during cooking, tenderizer. گلاوٹ
/gʊlɑ:vəʈ/ ■ *n.f.* (also گلاہٹ، گولاوٹ) roundness; circularity. گُلاوٹ
/gʊlɑ:i:/ ■ *n.f.* roundness. See گولائی. گلائی

become tender; rot. **3** (body) be covered with suppurating sores or leprosy lesions. **4** (body) be gangrenous. **5** be wasted. **6** be frostbitten. **7** drop off; mortify. **8** become very thin and weak due to illness or ascetic practices.

گلنار /gʊlnɑ:r/ ■ *n.m.* **1** pomegranate flower. **2** scarlet colour; scarlet.

گلو /gɪlo:/ ■ *n.f.* medicinal creeping herb of *Menispermum glabrum*.

گلو /gʊlu:/ ■ *n.m.* neck; gullet, throat; windpipe. **گلوبند** **1** cravat; neckerchief, muffler, scarf. **2** a kind of necklace. **گلوخلاصی** escape; relief from difficulty; release, freedom. **گلوکار** singer; songster; vocalist. **گلوکاری** the act of singing; work or profession of singing. **گلوگرفتگی** hoarseness, raucousness. **گلوگیر** irritating to the throat; choking; causing hoarseness; seizing by the neck; collaring.

گلو /gɪllo:/ ■ *n.f.* pet name for squirrel.

گلوانا /gəlvɑ:nɑ:/ ■ *v.* **1** get wasted or squandered. **2** get softened.

گِلوری /gɪlo:ri:/ ■ *n.f.* betel leaf seasoned with additives and folded conically, paan.

گِلوندا /gɪlõ:ḍɑ:/ ■ *n.m.* fallen flower or pod of the mahua or *Madhuca latifolia* tree.

گِلہ /gɪlɑ:/ ■ *n.m.* (also **گلا**) complaint; resentment; reproach, blame. **گلہ شکوہ** complaining; blaming. **گلہ کرنا** complain. **گلہ گزاری** complaint.

گلّہ /gəllɑ:/ ■ *n.m.* flock, herd, drove. **گلہ بان** shepherd; herdsman. **گلہ بانی** this work or profession.

گِلہرا /gɪlæhrɑ:/ ■ *n.m.* case for betel leaves.

گِلہری /gɪlæhri:/ ■ *n.f.* squirrel.

گلہڑ /gəlhəɽ/ ■ *n.m.* goitre. See **گلّھڑ**.

گلہی /gələhi:/ ■ *n.f.* prow (of boat); forecastle (of ship).

گلہیّا /gəlhəjjɑ:/ ■ *n.m.* forecastleman; boatswain, ship's officer in charge of sails, etc.

گلی[1] /gəli:/ ■ *n.f.* narrow street, lane, alley. **گلی جھکانا** make someone go from place to place, to cause to wander. **گلی کوچہ** street, lane; every street. **گلی گلی** from street to street; in every lane or street. **گلی گلی کی خاک چھاننا** wander from lane to lane. [S]

گلی[2] ____ ■ *adj.* (*fem.* of **گلا**[2]) rotten, putrid. [S]

1 flourishing. **2** inhabited. **گلزارِ ابراہیم خلیل** fire in which Nimrod threw Prophet Abraham and which turned into a garden. **گلزارِ ارم، رضواں** paradise.

گلزری /gʊlzəri:/ ■ *n.f.* firing at target, target-practice, bull'seye.

گُلستان /gʊlɪstɑ:n/ ■ *n.m.* garden, flower-bed.

گلشن /gʊlʃən/ ■ *n.m.* garden, garden of roses or flowers. **گلشنِ ایجادِ ہستی** (*fig.*) world. **گلشن آرا** gardener. **گلشنِ ناآفریدہ** **1** the garden that has not yet been created. **2** (*fig.*) an imaginary thing.

گُلعِذار /gʊlʔɪzɑ:r/ ■ *adj.* (also **گُل عذار**) rosy-cheeked; pretty; sweetheart, an attribute of beloved.

گلفا /gəlfɑ:/ ■ *n.m.* (also **غلفا**) lump of spit or phlegm.

گُلفام /gʊlfɑ:m/ ■ *adj.* (also **گُل فام**) **1** rose-coloured, red, rosy. **2** (*fig.*) delicate, beautiful.

گُلکاری /gʊlkɑ:ri:/ ■ *n.f.* a painting of flowers; painting or embroidering flowers. See **گُل کاری** under **گُل**.

گُلگشت /gʊlgəʃt/ ■ *n.m.* a walk or stroll in a garden or park.

گلگل[1] /gəlgəl/ ■ *n.m.* (also **گل گل**) citron, a kind of larger lemon. [dial.]

گلگل[2] ____ ■ *n.m.* (also **گل گل**) a rumbling or gurgling sound; the sound made in eating and drinking. [Prk.]

گِلگِلا /gɪlgɪlɑ:/ ■ *adj.* soft and yielding like a jelly, pulpy; clammy; squashy. (*fem.* **گِلگِلی**)

گُلگُلا /gʊlgʊlɑ:/ ■ *n.m.* sweet fried cake.

گِلگِلانا /gɪlgɪlɑ:nɑ:/ ■ *v.* become jelly-like, to soften, to mollify.

گِلگِلاہٹ /gɪlgɪlɑ:həʈ/ ■ *n.f.* softness; sliminess; the state of being jelly-like.

گُلگوتھنا /gʊlgo:ʈʰnɑ:/ ■ *adj.* (also **گُل گوتھنا**) plump or chubby (baby). (*fem.* **گُلگوتھنی**)

گُلگوں /gʊlgũ:/ ■ *adj.* roseate, rosy, rose-like.

گُل گونہ /gʊlgu:nɑ:/ ■ *n.m.* rouge, cosmetic powder for the cheeks. ■ *adj.* roseate, rose- coloured.

گُلگیر /gʊlgi:r/ ■ *n.m.* snuffer.

گل گھوٹو /gəlgʰo:ʈo:/ ■ *n.f.* a throat disease in animals.

گُلم /gʊləm/ ■ *n.m.* hard swelling due to an injury.

گُل مُل /gʊlmʊl/ ■ *adj.* (also **گُلمُل**) entangled.

گُل میخ /gʊlme:x/ ■ *n.f.* stud, a flower-shapped nail fixed in gates.

گلنا /gəlnɑ:/ ■ *v.* **1** melt, dissolve. **2** to be tenderized,

گم نامی obscurity, anonymity. گم ہونا be lost.

گمّا /gʊmmɑ:/ ■ *n.m.* a piece of brick, brickbat; thick brick.

گماشتہ /gʊmɑ:ʃt̪ɑ:/ ■ *n.m.* agent; representative; deputy. گماشتہ گری agency; deputation.

گمان /gʊmɑ:n/ ■ *n.m.* 1 idea, thought, conjecture; surmise; presumption, fancy. 2 pride, vanity. 3 fear, apprehension. گمانِ غالب likelihood, probability. گمان کرنا 1 think; believe; suppose, presume. 2 show pride or conceit, be arrogant. گمان لے جانا think, presume; have suspicion (against). گمان ہے it is probable or likely.

گُمانا /gʊmɑ:nɑ:/ ■ *v.* lose.

گُمانی /gʊmɑ:ni:/ ■ *adj.* 1 doubting, distrustful. 2 proud, arrogant.

گُمبد /gʊmbəd/ ■ *n.m.* (*var.* of گُنبد) dome.

گمبھیر /gəmbʰi:r/ ■ *adj.* (also گنبھیر) 1 serious, grave. 2 profound, deep, unfathomed. 3 heavy. 4 thoughtful. ■ *n.m.* a kind of ulcer, carbuncle.

گمبھیرتا /gəmbʰi:rt̪ɑ:/ ■ *n.f.* (also گنبھیرتا) 1 depth. 2 sedateness. 3 gravity.

گمّت /gəmmət̪/ ■ *n.f.* 1 amusement, diversion; passing of time pleasantly. 2 assembly; party.

گُمّٹ /gʊmməʈ/ ■ *n.m.* (*var.* of گُنبد) dome, tower; bastion; turret.

گِمٹی¹ /gɪmʈi:/ ■ *n.f.* dimity, a kind of coarse cloth. [E]

گمٹی² ____ ■ *n.f.* guardhouse on the road which crosses a railway track. [Prk.]

گُمٹی /gʊmʈi:/ ■ *n.f.* (*dim.* of گُمٹ) 1 small dome; turret. 2 domed building.

گمچھا /gəmtʃʰɑ:/ ■ *n.m.* towel; napkin.

گُمراہ /gʊmrɑ:h/ ■ *adj.* misled, misguided; astray. See گم راہ under گم. گمراہ کرنا mislead, deceive, lead astray. گمراہ ہونا go astray, deviate from a religious or moral code.

گمراہی /gʊmrɑ:hi:/ ■ *n.f.* (also گمرہی) depravity, apostasy. See گم راہی under گم.

گُمڑا /gʊmɽɑ:/ ■ *n.m.* (*contr.* of گومڑا) swelling, lump; bump.

گمک /gəmək/ ■ *n.f.* 1 drumbeat, bass tone; resonating tone or beat. 2 thunder, roar. 3 aroma, scent, odour,

گلی /gɪli:/ ■ *adj.* made of clay, clayey; earthen.

گِلّی /gɪlli:/ ■ *n.f.* (also گُلّی) 1 small wooden stick pointed at both ends which is struck with stick and made to leap up, the 'cat' in the game of tipcat. 2 bail(s) in cricket. 3 span (measure of circumference). 4 a cob (of corn). 5 honeycomb. 6 a species of starling. 7 whetstone. 8 anything small and round. گلی ڈنڈا game of tipcat.

گلے /gəle:/ ■ *n.m.* (*pl. & infl.* of گلا¹) throat, neck. گلے باندھنا 1 foist on. 2 marry (someone) against his/her wishes. گلے بندھنا be foisted on. گلے پڑ جانا to become a nuisance; pester, hound, vex. گلے پڑنا become a responsibility, be a nuisance. گلے سے اترنا be swallowed. گلے کا ہار unwanted companion. گلے کی رگیں پھولنا be enraged. گلے لگانا embrace. گلے لگنا embrace; get reconciled to each other. گلے منڈھنا foist (someone/ thing on), palm (someone) off. گلے میں اٹکنا choke; not to be swallowed. گلے میں کانٹے پڑنا have parched throat; feel very thirsty.

گلیارا /gəljɑ:rɑ:/ ■ *n.m.* (also گلیارہ) lane, street, narrow passage between two buildings.

گلیاری /gəljɑ:ri:/ ■ *n.f.* (*dim.* of گلیارا) small street or lane.

گلیاں /gəlɪjɑ̃:/ ■ *n.f.* (*pl.* of گلی¹) (also گلیات) گلیاں چھاننا search; wander aimlessly.

گلیانا /gəleja:nɑ:/ ■ *v.* abuse, call names.

گلیر /gəljər/ ■ *adj.* lazy, idle, slovenly (person). ■ *n.m.* (*fig.*) (i) one given to curse and abuse. (ii) one who habitually uses bad language.

گِلیم /gɪli:m/ ■ *n.m.* beggar's cloak or mantle, once made of goats' hair or wool.

گلیوں /gəljõ:/ ■ *n.f.* (*pl. & infl.* of گلی¹) streets, lanes. گلیوں کی خاک چھاننا roam, wander about.

گلّھڑ /gəlʰlʰəɽ/ ■ *n.m.* (also گلہڑ) goitre; a swelling of the neck resulting from enlargement of the thyroid gland.

گُم /gʊm/ ■ *adj.* lost, missing, distracted. گم راہ 1 misled, misguided, heretical, having lost one's way, astray; perverse. 2 lost. گم راہی (also گمرہی) depravity, apostasy, perverseness. گم صُم silent, quiet. گم شدگی state of being lost or missing. گم شدہ lost, missing. گم کردہ راہ one who has lost his/her way or has gone astray. گم کرنا lose. گم گشتہ lost. گم نام obscure, nameless, unknown, anonymous; hidden.

fragrance. گمک چند a kind of poetical metre (each line consisting of five short syllables).

گمکا /gʊmkɑ:/ ■ *n.m.* large open-mouthed earthenware, trough.

گمکنا /gʊməknɑ:/ ■ *v.* thunder, roar; produce echo.

گمکیلا /gəmki:lɑ:/ ■ *adj.* 1 fragrant, aromatic, odoriferous. 2 spicy.

گملا /gəmlɑ:/ ■ *n.m.* gumlah, vase, flowerpot (generally earthen for growing plants).

گُمنا /gʊmnɑ:/ ■ *v.* to be lost; get astray.

گمنام /gʊmnɑ:m/ ■ *adj.* unknown; obscure. See گم نام under گُم.

گمنامی /gʊmnɑ:mi:/ ■ *n.f.* obscurity. See گم نامی under گُم.

گن /gɪn/ ■ (*imper.* of گننا) count. ■ *n.f.* act of counting; used in comp. as: گن گن کر 1 counting one by one. 2 in the exact amount. 3 with great difficulty. 4 one after one; continually, constantly. گن گن کر دن کاٹنا pass one's days with great difficulty. گن گن کر سنانا openly abuse, abuse continually. گن گن کر کے قدم رکھنا move cautiously, walk delicately; be very delicate or coquettish.

گُن /gʊn/ ■ *n.m.* 1 attribute, good trait; property, merit, virtue. 2 talent; skill, excellence; accomplishment. 3 good deeds. 4 (*iron.*) bad traits. 5 rope, string, chord. گن گانا praise, extol. گن گیان wisdom and knowledge.

گنا /gɪnɑ:/ ■ *adj.* counted, reckoned. گنا گنایا reckoned, already known. (*fem.* گنی)

گُنا /gʊnɑ:/ ■ *adj.* times; fold. ■ *suffix* used with numbers to form multiplicatives, as: تین گنا threefold, triple.

گنّا /gənnɑ:/ ■ *n.m.* sugar cane. گنا پیلنا extract juice from sugar cane by pressing it in a press; to crush the sugar cane for juice.

گنانا /gɪnɑ:nɑ:/ ■ *v.* (also گنوانا) cause to count.

گناہ /gʊnɑ:h/ ■ *n.m.* sin. گناہ آلود full of sins. گناہ بخش forgiver of sins (esp. God). گناہ بخشنا absolve or pardon a sin. گناہِ بے لذت a senseless wrongdoing that brings no gain, sinning with no gain or enjoyment. گناہِ صغیرہ venial sin. گناہِ عظیم / کبیرہ / کلاں mortal sin. گناہ کرنا to sin, to commit a sin, do wrong. گناہ کی پوٹ inveterate sinner, a sinful person. گناہ گار sinner; criminal.

گنبد /gʊmbəd̪/ ■ *n.m.* (also گُمبد) dome, cupola, vault. گنبدِ خضرا the green dome over Prophet Muhammad's mausoleum in Medina. گنبددار vaulted, domed. گنبد کی آواز / صدا 1 echo from dome. 2 (*fig.*) the rebound or recoil of one's evil words or deeds. گنبدِ گرداں the heavenly dome; sky. گنبدِ لاجوردی 1 bluish dome. 2 (*fig.*) sky. گنبدِ مینائی 1 glass-dome. 2 (*fig.*) sky.

گنت /gɪnət̪/ ■ *n.f.* (also گِنَت) counting, count.

گنتارا /gɪnt̪ɑ:rɑ:/ ■ *n.m.* (also گن تارا) abacus, an oblong frame with beads used for calculation.

گنتی /gɪnt̪i:/ ■ *n.f.* 1 number; counting; reckoning; muster; computing; roll call. 2 (*fig.*) limit, utmost or final point. گنتی کے few; very few. گنتی میں آنا 1 be taken into account. 2 be valued. گنتی میں لانا 1 take into account. 2 care for. گنتی میں ہونا be valued; be reckoned.

گُنتھوانا /gũt̪ʰvɑ:nɑ:/ ■ *v.* cause to baste, cause to string, cause to be plaited.

گُنٹا¹ /gʊnʈɑ:/ ■ *n.m.* spring, fountain, pool; pit where rain water accumulates. [S]

گُنٹا² ____ ■ *n.m.* (also گنٹھہ، گنٹھا) a land measure equivalent to three square yards. [Prk.]

گنٹھی /gənʈʰi:/ ■ *n.f.* (also گٹھی) a clove of onion.

گنٹھیلا /gə̃ʈʰi:lɑ:/ ■ *adj.* (also گٹھیلا) 1 compact; well set, strong. 2 knotty, knotted.

گنج¹ /gəndʒ/ ■ *n.m.* 1 treasure. 2 heap. 3 market, especially grain market; emporium. 4 small town; place where people of a community live, settlement. گنجِ الٰہی (*fig.*) the Holy Qur'an. گنجِ بادآورد windfall. گنج بخش 1 generous, munificent. 2 appellation of the Sufi saint Ali Hajveri. گنجِ حکیم the first sura or chapter of the Holy Qur'an, i.e. Sura-e-Fateha. گنجِ شائگاں 1 royal treasury, treasure befitting a king; name of an ancient royal Persian treasure. 2 wealth. 3 regal, royal. گنج شکر 1 heap of sugar. 2 an appellation of Baba Fariduddin, a Sufi saint. گنجِ شہدا / شہیداں 1 burial place of martyrs. 2 common grave in which many dead are buried. گنجِ قارون 1 vast wealth of Korah. 2 (*fig.*) a huge treasure. گنجِ گاو / گاومیش one of the treasures of the legendary Persian king Jamshid. گنج نامہ 1 treasure book. 2 (*fig.*) book containing very learned articles, etc. [P]

گنج² ____ ■ *n.m.* baldness. [S]

to the bald. 2 someone without generosity and forgiveness may not become powerful or rich (or else the poor and weak will suffer).

گنجیا /gəndʒjɑ:/ ■ *n.m.* 1 grasscutter's bag. 2 tool box.

گنجیڑی /gəndʒe:ɽi:/ ■ *adj.* (also گنجھیل) an addict of ganja or hemp.

گنجینہ /gəndʒi:nɑ:/ ■ *n.m.* 1 treasury. 2 magazine. 3 repository.

گند /gənd̪/ ■ *n.m.* & *f.* 1 filth, litter; uncleanliness. 2 stench, noxious smell. 3 (*fig.*) trouble; nuisance. گند اُچھالنا wash dirty linen in public. گند پھیلانا / کرنا / مچانا create trouble. گند کٹنا trouble to cease.

گندا /gənd̪ɑ:/ ■ *adj.* (*var.* of گندہ) 1 filthy, dirty. 2 stinking, odorous. (*fem.* گندی)

گنداب /gənd̪ɑ:b/ ■ *n.m.* dirty water.

گندگی /gənd̪əgi:/ ■ *n.f.* filth, litter. گندگی اچھالنا malign or defame (someone), speak ill of.

گندلا /gənd̪lɑ:/ ■ *adj.* muddy. See گدلا .

گندُم /gənd̪ʊm/ ■ *n.m.* wheat. گندم از گندم بروید جو از جو as you sow so shall you reap. گندم اگر بہم نہ رسد بھس غنیمت است deny not the little if much is not forthcoming. گندم کرمانی vermicelli. گندم گوں of the colour of wheat. گندم نما جو فروش 1 (*literal*) one who shows wheat and sells barley. 2 hypocrite, deceitful person, treacherous person.

گندمی /gənd̪ʊmi:/ ■ *adj.* of or like wheat, wheaten. گندمی رنگ colour of wheat, wheaten.

گندنا /gənd̪nɑ:/ ■ *n.m.* leek, an onion-like culinary herb, *Allium porrum*.

گندوڑا /gə̃d̪ɔ:ɽɑ:/ ■ *n.m.* (also کھنڈوڑا) a cake of solid sugar distributed among the relatives at a wedding.

گندہ /gənd̪ɑ:/ ■ *adj.* (also گندا) 1 dirty, filthy. 2 rotten; stinking. 3 indecent, obscene. 4 impure, unclean. گندہ انڈا 1 rotten egg. 2 (*fig.*) (i) useless thing. (ii) depraved progeny. گندہ بروزہ a kind of resin, resin of pine tree. گندہ بروزہ اگرچہ گندہ و لے ایجادِ بندہ though it is bad, it is created by me (said when somebody is proud of his / her bad or useless creation). گندہ بہار winter rain. گندہ پانی 1 dirty water. 2 (*fig.*) (i) wine. (ii) urine. (iii) semen. گندہ دہاں / دہن foul-mouthed (person), (one) using filthy language. گندہ کام 1 dirty work. 2 (*fig.*) sexual intercourse, especially

گُنج /gʊndʒ/ ■ *n.f.* (*contr.* of گونج) echo.

گنجا /gəndʒɑ:/ ■ *adj.* bald, bald-headed. (*fem.* گنجی[1])

گُنجا /gʊndʒɑ:/ ■ *n.f.* the shrub *Abrus precatorius* and its seed (which formed the smallest of jeweller's weights). (See also رتّی.). ■ *n.m.* necklace of these seeds.

گُنجار /gʊndʒɑ:r/ ■ *n.f.* 1 humming, buzzing. 2 echo.

گُنجان /gʊndʒɑ:n/ ■ *adj.* thickly or densely populated; dense, close-packed, compact. گنجان آباد thickly populated. گنجان آبادی dense population.

گُنجانی /gʊndʒɑ:ni:/ ■ *n.f.* thickness or denseness of a settled or residential area; compactness.

گُنجائش /gʊndʒɑ:ɪʃ/ ■ *n.f.* 1 room, space; capacity. 2 capability. 3 occasion, particular time. 4 relaxation, leniency. گنجائش نکالنا 1 make room for. 2 make allowance for.

گُنجائشی /gʊndʒɑ:ɪʃi:/ ■ *adj.* 1 spacious, expansive. 2 profitable.

گِنجائی /gĩdʒɑ:i:/ ■ *n.f.* (also گنجی) rainworm. (See also کنسلائی.)

گُنجت /gʊndʒət̪/ ■ *adj.* buzzing, humming, making a low murmuring sound.

گُنجشک /gʊndʒɪʃk/ ■ *n.f.* sparrow. See کُنجشک.

گنجفہ /gəndʒfɑ:/ ■ *n.m.* (also گنجیفہ) a game of cards. گنجفہ باز 1 card-player. 2 (*fig.*) trickster, a dishonest person, cheat.

گُنجل /gʊndʒəl/ ■ *n.m.* 1 crease; wrinkle. 2 complication.

گُنجلک /gʊndʒlək/ ■ *adj.* complex, complicated. ■ *n.f.* 1 crease. 2 knot. 3 complication, confusion. گنجلک (کی) باتیں confused or complex conversation.

گنجنی /gəndʒəni:/ ■ *v.* a kind of fragrant grass, *Andropogon schoenanthus*.

گنجُور /gəndʒu:r/ ■ *n.m.* (also گنجور، گنج ور) treasurer; owner of treasure.

گنجی[1] /gəndʒi:/ ■ *adj.* (*fem.* of گنجا) 1 bald (woman). 2 hairless (crown of head). گنجی کبوتری محلوں میں ڈیرا the worst hog often gets the best pear, undeserving is often rewarded fabulously. [Prk.]

گنجی[2] ____ ■ *n.f.* a well-arranged pile of dry grass secured for cattle. [Prk.]

گنجے /gəndʒje:/ ■ *n.m.* (*pl.* & *infl.* of گنجا) bald men. گنجے کو خدا ناخن نہ دے 1 (*literal*) may God not grant nails

گنڈے /gənḍe:/ ■ *n.m.* (*pl. & infl.* of گنڈا) گنڈے دار 1 marked; spotted; striped; irregular or intermittent. 2 at intervals; irregularly. گنڈے دار نماز prayers not offered regularly.

گنڈیری /gə̃ḍe:ri:/ ■ *n.f.* 1 small piece of sugar cane. 2 knot.

گنگ /gəŋg/ ■ *n.m. & f.* (*contr.* of گنگا) Ganges. گنگ وجمن two famous rivers of India, the Ganges and the Jamuna.

گُنگ /gʊŋg/ ■ *adj.* dumb, mute, silent. گنگ ہو جانا be unable to speak; be astonished; be dumbfounded.

گنگا /gəŋgɑ:/ ■ *n.f.* 1 the river Ganges. 2 stream; river. 3 name of a Hindu goddess. گنگا اشنان/نہان ritual bathing in the Ganges to wash away sins. گنگا پتر Brahman priest who officiates on the Ganges. گنگا جل Ganges water considered holy by the Hindus. گنگا جلی goblet to hold the Ganges water in. گنگا جلی اٹھانا swear on the Ganges water. گنگا جمنی 1 mixed; a mixture (of any two things). 2 of gold and silver. 3 having gold inlays on silver. 4 of two colours. گنگا دُہائی by the Ganges! by god! گنگا ساگر 1 the mouth of the Ganges. 2 a kind of vessel for water. گنگا ماتا/مائی Mother Ganges, a title of river Ganges. گنگا نہانا to take bath in the Ganges; be pure; have sins forgiven.

گنگال /gəŋgɑ:l/ ■ *n.f.* big copper vessel for water. (See also گاگر.)

گُنگنا /gʊngʊnɑ:/ ■ *adj.* (also کُنکنا) lukewarm, tepid. (*fem.* گُنگُنی)

گُنگنانا /gʊngʊnɑ:nɑ:/ ■ *v.* sing softly, hum, murmur.

گُنگناہٹ /gʊngʊnɑ:hət/ ■ *n.f.* hum, murmur.

گِننا /gɪnnɑ:/ ■ *v.* 1 count, reckon, number; compute. 2 regard, consider. 3 give importance (to). 4 include.

گنوار /gə̃vɑ:r/ ■ *n.m.* 1 villager. 2 boor, uncouth or uncultured person. 3 simpleton. گنوار پن rudeness, boorishness, unmannerliness. گنوار کالٹھ blockhead, arrant fool. گنوار گنا نہ دے بھیلی دے penny wise pound foolish.

گنوارن /gə̃vɑ:rən/ ■ *n.f.* (also گنواری) rustic woman.

گنواری /gə̃vɑ:ri:/ ■ *n.f.* rustic woman. ■ *adj.* 1 rustic. 2 lacking manner and refinement, uncouth. گنواری بولی rustic language, non-standard language.

extramarital or immoral. گندہ کرنا 1 make dirty, pollute. 2 defile, disgrace.

گُندہ /gʊnḍɑ:/ ■ *adj.* (also گُندا) thick, dense; coarse; large, stout.

گندی /gənḍi:/ ■ *adj.* (*fem.* of گندہ) گندی باتیں indecent or obscene language; smutty jokes. گندی بوٹی کا گندہ شوربا/شوروا bad meat, bad soup; bad parents, bad offspring. گندی مچھلی (*fig.*) someone disliked because of his/her bad deeds, scab. (ایک) گندی مچھلی سارے تالاب کو گندہ کرتی ہے one scabbed sheep will mar a whole flock.

گندھ /gəndʰ/ ■ *n.f.* 1 smell, scent, fragrance. 2 stench, stink.

گندھار /gəndʰɑ:r/ ■ *n.m.* third note of the South Asian classical musical scale.

گندھارا /gəndʰɑ:rɑ:/ ■ *pr.n.m.* the region between River Kabul and River Indus; Gandhara, an ancient kingdom located in present-day Pakistan. گندھارا آرٹ the art of Gandhara.

گُندھاوٹ /gũdʰɑ:vəṭ/ ■ *n.f.* braiding or plaiting of hair, a person's hairstyle.

گندھک /gəndʰək/ ■ *n.f.* sulphur, brimstone. گندھک کا تیزاب sulphuric acid.

گُندھنا /gũdʰnɑ:/ ■ *v.* 1 be kneaded. 2 be plaited.

گُندھوانا /gũdʰvɑ:nɑ:/ ■ *v.* cause to knead.

گندھی /gəndʰi:/ ■ *n.m.* 1 perfumer, seller of perfumes. 2 a green bug.

گنڈا /gənḍɑ:/ ■ *n.m.* 1 an amulet or charm, talisman; knotted string used as amulet. 2 (***Math.***) set of four; four cowries or coins. 3 a kind of horse-collar. 4 sugar cane. 5 ring round the neck of turtle dove or ringdove. 6 disjunction; separation. 7 blot, spot, a round mark. گنڈا تعویذ کرنا make use of charms or amulets.

گُنڈا /gʊnḍɑ:/ ■ *n.m.* (also غنڈا) hooligan, hoodlum, ruffian, street tough.

گنڈاسا /gə̃ḍɑ:sɑ:/ ■ *n.m.* (also گنڈاس، گڑاسا) small axe, pole-axe; halberd chopper.

گنڈاسی /gə̃ḍɑ:si:/ ■ *n.f.* (*dim.* of گنڈاسا) a small chopper for cutting sugar cane.

گنڈمالا /gənḍmɑ:lɑ:/ ■ *n.m.* the bronchocele, goitre; the scrofula; Derbyshire neck.

گنوارو /gə̃vɑ:ru:/ ■ *adj.* rustic (taste or fashion).

گنوان /gʊnvɑ:n/ ■ *adj.* **1** virtuous. **2** skilled, talented.

گنوانا /gə̃vɑ:nɑ:/ ■ *v.* waste, squander; lose.

گنوانا /gɪnvɑ:nɑ:/ ■ *v.* cause to count.

گنہ /gʊnəh/ ■ *n.m.* (*contr.* of گناہ) sin.

گنہگار /gʊnəhgɑ:r/ ■ *n.m.* (also گناہگار) sinner, wrongdoer; guilty. گنہگار ٹھہرانا condemn, hold guilty.

گنہگاری /gʊnəhgɑ:ri:/ ■ *n.f.* sinfulness.

گنی /gɪni:/ ■ *adj.* (*fem.* of گنا) reckoned. گنی بوٹیاں ناپا شوربہ frugality, parsimony. گنی چنی few, not many; selected.

گنی¹ /gʊni:/ ■ *adj.* talented, skilful, accomplished, meritorious. ■ *n.m.* one accomplished in magic or black art. [S]

گنی² ____ ■ *adj.* (*fem.* of گنا) times, fold. ■ *suffix* forming multiplicatives, as: تین گنی three times, threefold. [S]

گنی /gɪnni:/ ■ *n.f.* (*arch.*) an English gold coin, guinea.

گنے /gənne:/ ■ *n.m.* (*pl. & infl.* of گنّا) sugar cane. گنے کا رس sugar cane juice. گنے کی پھاندی a bundle of sugar cane.

گنیا¹ /gʊnɪjɑ:/ ■ *n.m.* mason's or carpenter's square.

گنیا² ____ ■ *n.m.* a quantity which is to be multiplied by another, multiplicand. [S]

گنیا³ ____ ■ *adj.* (*var.* of گنی¹). [S]

گو /gu:/ ■ *n.f.* human excrement, ordure, dung. گو اچھالنا to throw up dung or filth; bring disgrace upon oneself. گو در گو worst. گو کا کیڑا گو ہی میں خوش رہتا ہے people like the environment in which they are born. گو کرنا **1** answer the call of the nature, excrete. **2** to dirty; spoil. گو کھانا **1** do something shameful or vile. **2** fail abjectly in spite of high hopes and bragging. **3** (*fig.*) talk silly; behave foolishly. گو موت کرنا to nurse (a baby, bedridden or invalid person). گو نہیں چھی چھی no difference, both are shameful or vile.

گو¹ /go:/ ■ *n.m.* sayer, speaker, teller. ■ *suffix* telling, saying; relating; used in comp. as: قصہ گو story-teller. کم گو taciturn, saying little. گومگو a state of indecision or confusion, at sixes and sevens. [P]

گو² ____ ■ *adj.* though, although. گو کہ though, although. [P]

گوار¹ /gəvɑ:r/ ■ *n.m.* guar, the plant of guar. گوار کی پھلی the bean of this plant. [S]

گوار² ____ ■ *suffix* agreeable, pleasing; used in comp. as: خوش گوار pleasant, agreeable. ناگوار unpleasant, disagreeable, unpalatable. [P]

گوارا /gəvɑ:rɑ:/ ■ *adj.* acceptable, agreeable, bearable, palatable. گوارا کرنا bear, endure, tolerate.

گوالا /gəvɑ:lɑ:/ ■ *n.m.* (also گوال) milkman.

گوالن /gəvɑ:lən/ ■ *n.f.* milkmaid.

گوانا¹ /gəvɑ:nɑ:/ ■ *v.* cause to sing.

گوانا² ____ ■ *v.* (*var.* of گنوانا) to lose, be deprived of.

گواہ /gəvɑ:h/ ■ *n.m.* witness. گواہِ تعلیمی tutored witness. گواہِ چشم دید eyewitness. گواہِ حاشیہ attesting witness. گواہِ سماعی hearsay witness. گواہِ صفائی defence witness. گواہ کرنا make (someone) witness; call to witness.

گواہی /gəvɑ:hi:/ ■ *n.f.* testimony, evidence. گواہی دینا bear witness; give evidence; testify under oath, depose. گواہی کرنا attest, witness a document.

گوبر /go:bər/ ■ *n.m.* gobar, cow-dung. گوبر پاتھنا **1** prepare cowpat (used for fuel). **2** plaster with cow-dung. گوبر گنیش (*fig., derog.*) (i) dullard, stupid person, fool. (ii) lazy and idle person; fat person.

گوبری /go:bəri:/ ■ *n.f.* plastering of cow-dung, especially in villages. گوبری کرنا plaster with cow-dung.

گوبھی /gobʰi:/ ■ *n.f.* gobi, a round vegetable with large green leaves, cabbage, cauliflower. گوبھی کا پھول **1** cauliflower. **2** (*fig.*) large; flabby; inflated.

گوپال /go:pɑ:l/ ■ *n.m.* **1** cowherd; milkman. **2** (***Hinduism***) appellation of the Hindu deity Krishna.

گوپی /go:pi:/ ■ *n.f.* **1** female cowherd; dairymaid, milkmaid. **2** (***Hinduism***) a milkmaid who followed or loved the Hindu deity Krishna.

گوپھن /go:pʰən/ ■ *n.f.* (also گوپن، گوپیا) sling; catapult. (See also غلیل، فلاخن.)

گوت /go:t̪/ ■ *n.f.* parentage, lineage, stock of family, race; subdivision of tribe or caste.

گوتھنا /gu:t̪ʰnɑ:/ ■ *v.* (also گونتھنا) **1** plait. **2** thread. **3** string.

گوٹ¹ /go:ʈ/ ■ *n.f.* hem or border of a garment. [S]

گوٹ² ____ ■ *n.f.* (also گوٹی) counter, disk or piece in game of carrom or draught. گوٹ پھنسی ہونا **1** a piece to be stranded (in game). **2** to be in need. گوٹ مارنا to capture a piece. [S]

گوٹ³ ____ ■ *n.m.* **1** assembly, company, gathering; feast. **2** camp, settlement; village. [Prk.]

used for tattooing or piercing.

گودی[1] /go:ḍi:/ ■ *n.f.* wharf, pier, jetty. [Prk.]

گودی[2] ——— ■ *n.f.* lap. See گود . [S]

گودے /gu:ḍe:/ ■ *n.m.* (*pl.* & *infl.* of گودا) گودے کی ہڈی marrowbone.

گوڈا /go:ḍɑ:/ ■ *n.m.* the knee.

گوڈنا /go:ḍnɑ:/ ■ *v.* to dig. See گوڑنا .

گوڈی /go:ḍi:/ ■ *n.f.* (also گڈائی) the process of digging up soil for sowing. گوڈی کرنا to dig, to excavate (as soil for softening).

گور /go:r/ ■ *n.f.* **1** grave; tomb. **2** desert; plain without water. گورغریباں burying-place for strangers. گورکا منہ جھانک کر پھرنا escape from the jaws of death; recover from serious illness. گورکنارے on the brink of death; decrepit. گوروکفن funeral ceremonies, funeral rites, obsequies, burial.

گورا /go:rɑ:/ ■ *adj.* white, fair or blonde (complexion). ■ *n.m.* white man. گوراچٹا fair, fair-complexioned, white, fair-skinned. گوراشاہی **1** British rule. **2** of or about the British rule. **3** army boots. **4** broken Urdu mixed with English words (once spoken by British officials in India). گورافوج British army.

گورخر /go:rxər/ ■ *n.m.* wild ass, onager.

گورستان /go:rɪsṯɑ:n/ ■ *n.m.* cemetery, graveyard.

گورکن /go:rkən/ ■ *n.m.* grave-digger.

گورکھا /go:rkʰɑ:/ ■ *n.m.* **1** Gurkha, a member of a Mongolized people from Nepal. **2** a short man (Gurkhas being generally short).

گورکھ دھندا /go:rəkʰ ḍʰənḍɑ:/ ■ *n.m.* **1** puzzle. **2** intricate or complex affair, a labyrinthine matter. **3** a kind of lock, puzzle-lock.

گورگان /go:rgɑ:n/ ■ *n.m.* title of Tamerlane and his descendants.

گورمکھی /go:rmʊkʰi:/ ■ *n.f.* Gurmukhi. See گرمکھی .

گورو /go:ru:/ ■ *n.m.* horned cattle, ox, cow, etc.

گوری /gɔ:ri:/ ■ *n.f.* **1** (***Music***) a musical raga. **2** (***Hinduism***) one of the names of the Hindu goddess Parvati. **3** young virgin girl, maiden.

گوری /go:ri:/ ■ *n.f.* **1** female with fair complexion (as opposed to کالی). **2** English or Western woman.

گوریّا /gɔ:rəjjɑ:/ ■ *n.f.* **1** sparrow. **2** small hookah made

گوٹا /go:ṭɑ:/ ■ *n.m.* tinsel, gold or silver braid or lace; fillet of brocade.

گوٹھ /go:ʈʰ/ ■ *n.m.* (also گوٹ[3]) a village; a settlement.

گوجر /gu:dʒər/ ■ *n.m.* (also گُجّر) **1** cowherd; dairyman. **2** name of a caste chiefly engaged in agriculture and cattle-rearing.

گوجرا /go:dʒərɑ:/ ■ *n.m.* mixture of wheat and barley.

گوجئی /go:dʒəi:/ ■ *n.f.* (also گُجئی) wheat and barley sown together in the same field.

گوجی /go:dʒi:/ ■ *n.f.* staff, stick, club.

گوچنا /go:tʃnɑ:/ ■ *v.* (also گونچنا) to catch in mid-air.

گوچنی /go:tʃəni:/ ■ *n.f.* crop of wheat and gram grown together; mixture of wheat and gram.

گَود /gɔ:ḍ/ ■ *n.f.* (also گھود) a bunch (of grapes, dates, banana).

گود /go:ḍ/ ■ *n.f.* (also گودی) **1** the flat area between the waist and the knees (of a person seated), lap. **2** adoption of a child. گودبھرائی the ritual of placing seven fruits in pregnant woman's lap as omen for child and good luck. گودبھرنا **1** to place seven fruits in a pregnant women's lap as a good omen. **2** be blessed with child. گودپسارنا beg, ask. گوددینا give one's child to another for adoption. گودکھلانا nurse or bring up child; dandle. گودلینا adopt (a child). گودمیں بیٹھ کرداڑھی نوچنا subtly abuse one's benefactor. گودمیں بیٹھنا **1** sit into (someone's) lap. **2** (*fig.*) be very intimate with someone. گودمیں لینا take into the lap; dandle (child).

گُودا /gu:ḍɑ:/ ■ *n.m.* **1** marrow, kernel, pith. **2** crumb (of loaf). **3** gist, essence, substance. **4** pap. **5** pulp of fruit.

گودام /go:ḍɑ:m/ ■ *n.m.* godown, store, warehouse.

گُودڑ /gu:ḍəɽ/ ■ *n.m.* **1** old tattered rags or clothes. **2** cotton taken out from old quilt; worn out quilt. **3** rubbish. گودڑسے لعل بنانا bring good out of evil; make some rubbish worthwhile. گودڑکالال رلعل **1** jewel in rags. **2** good out of evil; able person living in abject poverty. گودڑگانٹھنا stitch tattered rags together. گودڑمیں لال رلعل نہیں چھپتا an able person shall shine even in poverty.

گودنا /go:ḍnɑ:/ ■ *v.* **1** tattoo, to mark (the skin). **2** pierce; prick. **3** soften the earth by digging. **4** (*fig.*) taunt, reproach. ■ *n.m.* **1** mark of tattooing. **2** instrument

گوشالی /go:ʃmɑ:li:/ ■ *n.f.* **1** rubbing the ears. **2** reprimand, reproof. See گوش مالی under گوش .

گوشوار /go:ʃvɑ:r/ ■ *n.m.* pendant worn in the ear; earring.

گوشوارہ /go:ʃvɑ:rɑ:/ ■ *n.m.* **1** earring. **2** boring the ears. **3** embroidered cloth worn in the turban. **4** (***Accounting***) table or statement (of accounts, etc.). **5** schedule.

گوشہ /go:ʃɑ:/ ■ *n.m.* **1** corner. **2** angle. **3** end (of). **4** closet; privacy, retirement; hermit's cell. **5** horn (of bow). **6** (in journalism) a special section (in a newspaper or magazine) devoted to a special purpose or personality. گوشۂ امن/عافیت **1** refuge. **2** retreat. گوشۂ تنہائی secluded corner. گوشۂ چشم corner of the eye. گوشہ دار angular. گوشۂ عزلت seclusion, solitude; place where one is alone; hermitage. گوشۂ کماں horn of the bow. گوشہ گزیں fond of seclusion. گوشۂ گمنامی **1** a place where one is unknown. **2** obscurity. گوشہ گیر **1** leading secluded life. **2** recluse. گوشہ نشین secluded, solitary, recluse. گوشہ نشینی seclusion. (*pl.* گوشجات، گوشہ جات)

گوکھا /gɔ:kʰɑ:/ ■ *n.m.* **1** cow hide or leather. **2** (*fig.*) fool, simpleton.

گوکھرو /go:kʰru:/ ■ *n.m.* **1** thistle, a plant with prickly stem and leaves. **2** caltrop, a creeping plant of genus Tribulus. **3** caltrop, a spiked metal ball thrown on the ground to impede cavalry horses. **4** narrow and twisted silver or gold ball of embroidery, fretted lace. **5** pendant. **6** wart, corn.

گوگا /go:gɑ:/ ■ *n.m.* name of a famous *pir* of sweepers. گوگا پیر کا میلہ رکی چھڑیاں festival held in the name of this *pir.*

گُوگرد /gu:gɪrd̪/ ■ *n.m.* sulphur, brimstone. گوگردِ احمر **1** red sulphur. **2** (*fig.*) something rare.

گُوگل /gu:gəl/ ■ *n.m.* a big tree *Amyris agallochum* and its fragrant gum which is used as perfume.

گول /go:l/ ■ *adj.* **1** round, circular, spherical, globular, ring-shaped. **2** vague, uncertain; indefinite; complicated. **3** useless, worthless. **4** foolish, silly. **5** obese, bulky. **6** vanished, (something that has) disappeared. ■ *n.m.* **1** large earthen pot. **2** a kind of paper kite. گول بات a vague expression. گول سا roundish. گول کرجانا/کرنا postpone; avoid; dismiss of clay.

گوڑ /go:ɽ/ ■ *n.m.* (also گوڑا) leg; foot; knee. گوڑ پڑنا/لگنا fall at someone's feet; touch someone's feet reverentially; prostrate oneself before a man of high position or caste; beg with great earnestness and humility. گوڑ پسارنا **1** stretch one's legs. **2** die. گوڑ ٹوٹنا **1** leg to be broken. **2** legs to pain; be very tired. **3** be disappointed, to have all spirit taken out of one, be utterly discouraged.

گوڑائی /go:ɽɑ:i:/ ■ *n.f.* **1** digging of earth around a plant to make soil soft. **2** price paid for this.

گوڑنا /go:ɽnɑ:/ ■ *v.* (also گوڈنا، گوڑ دینا) **1** dig (earth); lightly dig up soil round a plant or tree to aerate the roots. **2** soften the soil (of wrestling area). **3** scrape (weeds). **4** spoil, ruin.

گَوز /gɔ:z/ ■ *n.m.* (also جوز، گوز) walnut; nut; kernel.

گوز /gu:z/ ■ *n.m.* (also گوز) fart. گوزِ شتر (*fig.*) silly idea, absurd talk; a worthless thing. گوزِ شتر سمجھنا totally disregard, scorn. گوز مارنا fart, break wind.

گَوزن /gɔ:zən/ ■ *n.m.* stag or red deer.

گوسالہ /gɔ:sɑ:lɑ:/ ■ *n.m.* calf; heifer; young bull. گوسالہ پرست cow-worshipper. گوسالہ پرستی cow-worship (esp. of ancient Egypt).

گوسائیں /go:sɑ:ĩ:/ ■ *n.m.* deity. See گُسائیں .

گوسپند /go:spənd̪/ ■ *n.f.* (also گوسفند) sheep; goat.

گوش /go:ʃ/ ■ *n.m.* ear. گوش برآواز/در دیوار ہونا be ready to listen, be all ears. گوش زد heard. گوش زد ہونا be heard. گوشِ شنوا ear ready to listen. گوشِ گراں hard of hearing (ear). گوش گزار کرنا inform, report; bring to someone's notice, intimate; submit. گوش مالی pulling, twisting or rubbing of ears (as punishment), rebuke, chastisement. گوشِ نصیحت نیوش ear ready to listen to advice. گوش نما shaped like ear, auricular.

گوشالا /go:ʃɑ:lɑ:/ ■ *n.m.* (also گوسالہ) cowshed. See under گئو.

گوشت /go:ʃt̪/ ■ *n.m.* gosht, flesh; meat. گوشت پوست flesh and skin. گوشت چڑھنا become fat. گوشت خور flesh-eating, carnivorous. گوشت سے ناخن جدا کرنا **1** to remove the nails. **2** do something very painful. **3** create bad blood among loved ones. گوشت سے ناخن جدا ہونا (of near relations) be permanently estranged. گوشت کا لوتھڑا a lump of flesh.

uncertainty; dilemma. ■ *adj.* secret, mysterious. گومگو رکھنا keep hiding; not clarify. گومگو میں ہونا be uncertain, be in a state of confusion.

گَوَن /gəvən/ ■ *n.m.* act of going, departure; used in comp. as: آوا گون transmigration, reincarnation.

گَون /gɔ:n/ ■ *n.f.* **1** want, need. **2** occasion, opportunity; advantage. ■ *adj.* able; capable; efficient. گون کا یار self-interested or selfish person; timeserver, a fair weather friend. گون گیر self-interested. گون نکلنا attain one's end, serve one's purpose.

گُوں /gũ:/ ■ *n.m.* **1** colour, tint. **2** kind, species. **3** mode. ■ *suffix* used in comp. as: گل گوں rose-coloured; red. نیل گوں azure, dark blue.

گون /go:n/ ■ *n.f.* bag, sack.

گونا /gɔ:nɑ:/ ■ *n.m.* (also گَونا) **1** the act of bringing home a bride (to her husband's house). **2** wedding night.

گُونا گُوں /gu:nɑ:gũ:/ ■ *adj.* of different kinds or colours, variegated.

گُونتھنا /gũ:t̪ʰnɑ:/ ■ *v.* (also گُوتھنا) to thread, to string; baste; stitch clumsily.

گُونج /gũ:dʒ/ ■ *n.f.* **1** echo, resonance, hollow sound. **2** roar. **3** (*fig.*) wish, desire. **4** humming, buzzing. گونج اُٹھنا echo, resound. [S]

گُونج² ——— ■ *n.f.* (also گونجھ) **1** pointed and bent end of earring or nose-string. **2** nail. [Prk.]

گونجنا /gũ:dʒnɑ:/ ■ *v.* **1** echo, resound. **2** roar.

گونچنا /gõ:tʃnɑ:/ ■ *v.* (*var.* of گوچنا) catch, hold.

گوند /gõ:d̪/ ■ *n.f.* gum; gum arabic. گوند پنجیری رکھانے a strengthening preparation for a lying-in or puerperal woman. گوندانی gum-pot.

گوندا /gõ:d̪ɑ:/ ■ *n.m.* (also گوندھا) soft dough for feeding birds; a lump of kneaded clay.

گوندنی /gõ:d̪ni:/ ■ *n.f.* (also گوندی، گونی) the gum-fruit tree, the edible plum-like fruit of this tree, *Cordia rothii*.

گُوندھن /gũ:d̪ʰən/ ■ *n.m.* kneaded material, anything kneaded.

گوندھنا /gũ:d̪ʰnɑ:/ ■ *v.* (also گُوندنا) **1** knead (flour). **2** braid, weave or plait (hair). **3** string (a garland).

گونڈ /gõ:nd̪/ ■ *n.m.* **1** a low-caste Hindu tribe inhabiting the Vindhyachal range in central India. **2** (***Music***) name of a raga sung in rain.

(some issue or subject); become silent to evade some issue. گول کمرہ drawing room. گول گپا a small, round, inflated puri. گول گھر prison. گول مال **1** embezzlement; mess, defalcation. **2** plot, conspiracy; deception. **3** complicated, obscure. **4** lazy, sluggish. گول مال کرنا **1** mix up, muddle, jumble. **2** embezzle, defalcate. گول مٹول fat, plump, podgy. گول مرچ black or white pepper. گول مول **1** vague, dubious, ambiguous. **2** round-about. گول میز کانفرنس (***Politics***) round table conference.

گولا /go:lɑ:/ ■ *n.m.* (also گولہ) **1** large ball. **2** cannon-ball. **3** shell, shot. **4** (***Masonry***) the curb of a pillar. **5** coconut. **6** a species of pigeon. **7** large earthen jar for grain. **8** colic. **9** globe. **10** grain store. گولا انداز cannoneer, bombardier, gunner, artillery man. گولا بارود ammunition, shots, artillery shells and gunpowder. گولا باری bombardment, shelling, firing. گولا چلانا/داغنا fire a cannon-ball; bombard, shell. گولا دھار برسنا rain cats and dogs. گولا مارنا to cannonade, to shell.

گولائی /go:lɑ:i:/ ■ *n.f.* (also گولاوٹ) roundness, circularity, sphericity; curvature.

گولر /gu:lər/ ■ *n.m.* **1** wild-fig, *Ficus glomerata*. **2** a round pod (of cotton). گولر کا بھنگا/کیڑا **1** maggot find in wild-fig. **2** (*fig.*) one confined to home. گولر کا پھول (*fig.*) a rare commodity, wonder.

گولک /go:lək/ ■ *n.f.* (also گُلّک) money-box; till.

گولی /gɔ:li:/ ■ *n.m.* shepherd, herdsman.

گولی /go:li:/ ■ *n.f.* **1** globule. **2** pill, tablet. **3** small ball. **4** bullet, shot; gunshot (as measure of distance). **5** playing marble. گولی پلانا load a gun. گولی چلانا fire a gun. گولی دینا **1** administer pill. **2** (*slang*) take in, cheat, deceive. گولی لگنا be shot, be injured by bullet. گولی مارنا fire or shoot at, shoot (someone) down. گولی مارو to hell with it.

گولیاں /go:lɪjɑ̃:/ ■ *n.f.* (*pl.* of گولی) گولیاں کھیلنا **1** play with marbles. **2** (*fig.*) be a child.

گومڑا /go:mɽɑ:/ ■ *n.m.* (also گومڑ) swelling, lump, bruise; protuberance; bump. گومڑا پڑنا (of a body part) to swell.

گومڑی /go:mɽi:/ ■ *n.f.* (*dim.* of گومڑا) small swelling.

گومگو /go:məgo:/ ■ *n.m.* hesitancy, suspicion, doubt,

گوئندہ /go:ɪndɑ:/ ■ *n.m.* (also گوینده) **1** narrator, speaker, orator. **2** informer; spy.
گوئی /go:i:/ ■ *suffix* the act of speaking, uttering; telling; used in comp. as: حق/راست/صاف گوئی telling the truth, truthfulness. عیب گوئی fault-telling.
گوئے /gu:e:/ ■ *n.f.* ball (one that is used in a game). گوئے باز one who plays with ball. گوئے چوگاں **1** ball of polo. **2** the ball and stick. گوئے سبقت لے جانا excel, surpass. گوئے طفلاں **1** ball of children's play. **2** (*fig.*) something entertaining or amusing.
گوئیاں /gu:ɪjjɑ̃:/ ■ *n.f.* (also گُئیاں) a woman's female friend, partner or playmate, a girl's childhood (female) friend.
گوئیں /go:ĩ:/ ■ *n.m.* a pair of bullocks.
گویا /go:jɑ:/ ■ *adj.* **1** talking, speaking. **2** eloquent. ■ *adv.* as if; as though; as it were. گویا ہونا to speak, to utter; to begin to speak.
گویّا /gəvəjjɑ:/ ■ *n.m.* singer, songster.
گویائی /go:jɑ:i:/ ■ *n.f.* talk; eloquence; power of speech.
گہ¹ /gæh/ ■ *n.m.* (*contr.* of گاہ) place. ■ *adv.* sometimes, at times. [P]
گہ² ——— ■ *n.m.* **1** height of house or room. **2** storey of a building. **3** handle. [S]
گہائی /gəhɑ:i:/ ■ *n.f.* the act of treading out corn.
گہر /gʊhər/ ■ *n.m.* pearl, gem. See گوہر .
گہرا /gæhrɑ:/ ■ *adj.* **1** deep; profound. **2** weighty. **3** serious, solemn, grave; important. **4** difficult. **5** thick. **6** dark (colour). گہرا پردہ strict observation of veil, strict concealment of face and body (by women). گہرا زخم deep injury.
گہرائی /gæhrɑ:i:/ ■ *n.f.* (also گہراؤ، گہراپا) **1** depth, deepness. **2** intensity (of feelings), profundity.
گہری /gæhri:/ ■ *adj.* (*fem.* of گہرا) **1** deep. **2** sound (sleep). **3** close, intimate (friendship). **4** strong (liquor). **5** important, serious; profound. گہری بات deep matter, pithy utterance. گہری چھاپ deep impression. گہری چھاننا **1** prepare a thick drink of hemp. **2** be intoxicated by it. گہری چھننا (*fig.*) be close friends. گہری دوستی close or intimate friendship. گہری نظر/نگاہ رکھنا keep a close eye, watch closely. گہری نیند fast or sound sleep, deep sleep.
گہرے /gæhre:/ ■ *n.m.* (*pl.* & *infl.* of گہرا) گہرے ہونا **1** earn

گونڈا /gõ:ɖɑ:/ ■ *n.m.* **1** village, suburb. **2** a field near a village. **3** a country road. **4** alms distributed on the arrival of marriage procession.
گُونگا /gu:ŋgɑ:/ ■ *adj.* unable to speak, dumb, mute. گونگا پن dumbness.
گُونگی /gu:ŋgi:/ ■ *adj.* (*fem* of گونگا) dumb (woman, etc). گونگی ہڑپ game in which the one who speaks first loses.
گُونہ /gu:nɑ:/ ■ *n.m.* **1** kind; form. **2** colour. **3** mode, manner. **4** quantity. **5** times; fold. **6** red paint for the face.
گَونہار /gɔ:nhɑ:r/ ■ *n.m.* people who attend the bridegroom when he goes to his wife's home to bring her. (See also گَونا .)
گَونی /go:ni:/ ■ *n.f.* (*dim.* of گَون) small bag or sack.
گُوہ /gu:h/ ■ *n.m.* faeces, dung. See گو .
گوہ /go:h/ ■ *n.f.* a kind of lizard, a species of iguana.
گُوہا /gu:hɑ:/ ■ *n.m.* dung. گوہا چھی چھی **1** impurity; filth, dirt. **2** quarrel.
گُوہار /gʊhɑ:r/ ■ *n.f.* (also گُہار) **1** cry for help. **2** abuse. **3** single-handed fight with many. گوہار پڑنا/مچنا cry for help. گوہار لڑنا fight single-handedly against many.
گوہاری /go:hɑ:ri:/ ■ *n.m.* helper, associate.
گوہان /gɔ:hɑ:n/ ■ *n.m.* **1** village. **2** fertile land near village.
گوہانجنی /go:hɑ̃:dʒni:/ ■ *n.f.* (also گوہائی، گوہانی) sty, stye, small cyst containing morbid matter formed on eyelids.
گوہتّیا /gɔ:həttɪjɑ:/ ■ *n.f.* cow-slaughter. See گئوہتیا under گئو.
گوہر /gɔ:hər/ ■ *n.m.* (also گہر) **1** pearl, gem, jewel. **2** lustre of gem. **3** sharpness of sword. **4** essence, quintessence. **5** nature. **6** talent. **7** descent, origin. گوہر افشاں (*fig.*) eloquent. گوہر افشانی **1** eloquence. **2** (*iron.*) speaking, utterance. گوہر بار **1** scattering pearls, raining pearls. **2** (*fig.*) very generous. گوہر بے آب **1** lustreless pearl. **2** (*fig.*) valueless thing. گوہر تر (*fig.*) tears. گوہر سنج/شناس **1** weighing or examining pearls; connoisseur of pearls. **2** (*fig.*) critic who can recognize good. گوہر مراد/مطلب/مقصود purport, purpose. گوہر نایاب/یکتا **1** priceless and rare pearl. **2** (*fig.*) something very special and rare.
گوہری /gɔ:həri:/ ■ *n.m.* (also جوہری) jeweller, person who deals in gems.

طویل مصوتے:	ɑ: آنا، گانا	æ: بیٹھنا	i: پیلا	e: دینا	ɔ: پودا	u: چُول	o: گول
	/gɑ:nɑ:/, /ɑ:nɑ:/	/bæ:ʈʰnɑ:/	/pi:lɑ:/	/ḍe:nɑ:/	/pɔ:dɑ:/	/tʃu:l/	/go:l/

fail to do. گئی گزری bad; useless, of no value; decrepit. گئی گزری باتیں جانے دو let bygones be bygones.

گئے /gəe:/ ■ *n.m.pl.* (*infl.* of گیا) گئے تھے نماز بخشوانے روزے گلے پڑے while trying to avoid a difficult task one is burdened with yet another one. گئے درجے at the very least; at most.

گی[1] /gi:/ ■ *v. aux.* (*fem.* of گا[1]) will, shall; sign of future tense. [Prk.]

گی[2] ____ ■ *suffix* used for making noun, as: آہستہ (slow), آہستگی (slowness), زندہ (live), become زندگی (life).

گے /ge:/ ■ *v. aux.* (*pl.* of گا[1]) will, shall; sign of future tense. [Prk.]

گیا /gəja:/ ■ (*past.* of جانا) went; gone. گیا گزرا **1** dead and gone. **2** worthless (person). گیا وقت پھر ہاتھ آتا نہیں time past is time lost. گیا ہے سانپ نکل اب لکیر پیٹا کر cry over spilt milk, what has been done cannot be undone.

گیّا /gəjja:/ ■ *n.f.* (*coll.*) cow; small cow.

گیابھ /geja:bʰ/ ■ *n.m.* pregnancy. See گابھ .

گیارہ /geja:rəh/ ■ *cardinal number* eleven.

گیارھواں /geja:rʰvã:/ ■ *ordinal number* eleventh.

گیارھویں /geja:rʰvĩ:/ ■ *adj.* (*fem.* of گیارھواں) eleventh.
■ *n.f.* (also گیارھویں شریف) the offering dedicated to Abdul Qadir Jeelani on his death anniversary that falls on the 11th day of Rabi-us-Sani (ربیع الثانی).

گیان /geja:n/ ■ *n.m.* **1** wisdom, intelligence, intellect, understanding. **2** knowledge. **3** spiritual knowledge or power. گیان چرچا religious discourse. گیان چوسر snakes and ladders, a board game played with dice or cowrie. گیان دھیان meditation. گیان گدڑی fakir's rags. گیان میں آنا be understood or comprehended. گیان ہونا acquire spiritual knowledge.

گئیاں /gʊjjã:/ ■ *n.f.* female friend of a girl. See گوئیاں .

گیانی /geja:ni:/ ■ *n.m.* sage, philosopher, wise man.

گیاہ /gɪja:h/ ■ *n.f.* **1** green grass. **2** straw, dry hay.

گیاہی /gɪja:hi:/ ■ *adj.* of or pertaining to grass; grassy.

گیت /gi:t̪/ ■ *n.m.* song, lyric. گیت الاپنا sing in a loud voice. گیت گانا **1** sing a song. **2** (*fig.*) praise someone. گیت مالا **1** (*literal*) a string of songs. **2** a collection of songs.

گیتا /gi:t̪a:/ ■ *n.f.* **1** a mode of music. **2** religious book of the Hindus. (See also بھگوت گیتا under بھگوت .)

گیتی[1] /ge:t̪i:/ ■ *n.f.* the world, the universe. گیتی افروز **1** world much, have a good income from business. **2** advance in interest, health or happiness.

گہک[1] /gəhək/ ■ *n.m.* (*contr.* of گاہک) customer, purchaser. [S]

گہک[2] ____ ■ *n.f.* wave of enthusiasm or excitement, stir. گہک کر excitedly. [S]

گہکنا /gəhəkna:/ ■ *v.* deal with; transact a business.

گہگیر /gəhgi:r/ ■ *adj.* (also گہ گیر) unsubdued; untrained, wild, unbroken (a horse).

گہل /gæhəl/ ■ *n.f.* bunch of grapes, dates or bananas.

گہلا /gæhla:/ ■ *adj.* (also اہلا گہلا) **1** proud. **2** free, unrestrained, unrestricted. **3** coquettish.

گہما گہمی /gæhma: gæhmi:/ ■ *n.f.* hustle and bustle, crowd.

گہن /gæhæn/ ■ *n.m.* eclipse. See گرہن گہن اترنا / چھٹنا come out of eclipse. گہن لگنا / میں آنا be eclipsed (the sun or moon).

گہنا[1] /gæhna:/ ■ *n.m.* **1** ornament, jewellery. **2** mortgage. **3** a kind of harrow without teeth. گہنا پاتا ornaments, jewellery. [S]

گہنا[2] ____ ■ *v.* (also گہنانا) **1** seize, take. **2** be eclipsed (the sun or moon). [S]

گہنانا /gæhna:na:/ ■ *v.* **1** be eclipsed. **2** be deformed (limbs, etc.).

گہنے /gæhne:/ ■ *n.m.* (*pl.* & *infl.* of گہنا[1]) ornaments, jewelleries. گہنے رکھنا pawn, pledge.

گہوا /gæhva:/ ■ *n.m.* tweezers.

گہوارہ /gæhva:ra:/ ■ *n.m.* **1** cradle. **2** wooden frame for carrying the dead person, especially woman for burial. **3** (*fig.*) place of birth, place of origin, place where someone or something is brought or is supported.

گہے /gəhe:/ ■ *adv.* & *conj.* sometimes. See گاہے .

گئو /gəu:/ ■ *n.f.* **1** cow. **2** (*fig.*) silent, guileless woman. گئو رکھشا looking after a cow. گئو سالہ / شالہ place where cow's are kept, cowshed. گئو کشی / ہتیا cow-slaughter (considered a mortal sin by Hindus). گئو ماتا (*literal*) mother cow, sacred cow (Hindus deferentially consider cow as mother).

گئی /gəi:/ ■ *adj.* (*fem.* of گیا) (of a female) went. گئی اور آئی will return immediately. گئی کرنا **1** ignore, overlook. **2** to decrease, to reduce; to do little or no efforts; to illuminating. 2 (*fig.*) the sun. گیتی آرا world adorning. گیتی نورد traveller; globe-trotter. [P]

گیتی² ____ ■ *n.f.* pickaxe. See گینتی. [P]

گید /gi:d̪/ ■ *n.f.* gum, a thick discharge collecting in the corner of an eye.

گیدڑ /gi:d̪əɽ/ ■ *n.m.* 1 jackal. 2 (*fig.*) coward. گیدڑ بولنا 1 a jackal to howl. 2 (*fig.*) a place to be deserted, dangerous or scary; be ruined. 3 a bad omen to appear, a sign of danger to show. گیدڑ بھبکی/بھبکی bullying, bravado, bluff, an empty threat. گیدڑ بھبکیاں/بھبکیاں دینا to bully, intimidate. گیدڑ کی جب شامت آتی ہے تو شہر کا رخ کرتا ہے someone doomed invites trouble.

گیدی /gi:d̪i:/ ■ *adj.* 1 cowardly. 2 idiotic; stupid. 3 shameless. ■ *n.m.* 1 dolt. 2 shameless person; cuckold. گیدی خر an arrant fool.

گیر /gi:r/ ■ *suffix* 1 taking, holding. 2 conquering. 3 covering. 4 taker; catcher. 5 conqueror; used in comp. as: خبر گیر protector. گوشہ گیر recluse.

گیرائی /gi:rɑ:i:/ ■ *n.f.* grasp, hold, seizure.

گیرو /ge:ru:/ ■ *n.m.* (also گیری) red earth; red chalk; brick dust; ochre; Armenian bole.

گیروا /ge:rvɑ:/ ■ *adj.* coloured like ochre; reddish. (*fem.* گیروی)

گیڑی /ge:ɽi:/ ■ *n.f.* a boys' game played with sticks. گیڑی کھیلنا (*fig.*) be a child, be simple or inexperienced.

گیسو /ge:su:/ ■ *n.m.* long or curly tresses. گیسو بریدہ 1 someone with his or her hair cut. 2 (*fig.*) shameless woman. گیسو تراشی hair-cutting. گیسوئے دراز/رسا 1 (person) with long hair. 2 (*fig.*) mendicant, hermit; sage.

گیگلا /ge:glɑ:/ ■ *adj.* 1 silly, half-witted. 2 soft. (*fem.* گیگلی)

گیل¹ /ge:l/ ■ *n.f.* road; pathway; lane, street. گیل بھیجنا send one with another. گیل جانا go along with, accompany (with). گیل لگے پھرنا follow someone about, dog someone's steps, tail someone. گیل والا comrade.

[Prk.]

گیل² ____ ■ *n.f.* a bunch of flowers or fruit. [Prk.]

گیلا /gi:lɑ:/ ■ *adj.* wet, moist, damp. گیلا پن wetness, humidity, dampness. گیلا کرنا wet, moisten, damp. گیلا ہونا be moist.

گیلڑ /gæ:ləɽ/ ■ *n.m.* & *f.* child by the former husband of one's wife; stepson or stepdaughter.

گیلی /gi:li:/ ■ *adj.* (*fem.* of گیلا) گیلی لکڑی 1 green wood. 2 (*fig.*) person of impressionable age. گیلی لکڑی سیدھی ہوسکتی ہے a tree could be bent when young; ways of a child can be moulded.

گیں /gĩ:/ ■ *suffix* (also گین) full of; used in comp. as: اندوہ/غم گیں full of grief, sorrowful.

گینا /gæ:nɑ:/ ■ *adj.* short and thick ox. (*fem.* گینی)

گینتی /gæ̃:t̪i:/ ■ *n.f.* (also گیتی²) pickaxe.

گینجنا /gĩ:d͡ʒnɑ:/ ■ *v.* to rub with hands, mash with hands.

گیند /gẽ:d̪/ ■ *n.f.* ball (for playing with). گیند بلا bat and ball; cricket. گیند تڑی/رچڑی کھیلنا play at striking ball. گیند کرنا (cricket) to bowl.

گیندا /gẽ:d̪ɑ:/ ■ *n.m.* marigold, a yellow composite (calendula) and its flower.

گیندئی /gẽ:d̪əi:/ ■ *adj.* of the colour of marigold, yellow.

گیندی /gẽ:d̪i:/ ■ *n.f.* small ball.

گینڈا /gẽ:ɖɑ:/ ■ *n.m.* rhinoceros, a large and strong animal found in Africa and Asia, having very thick skin and with one or two horns on the nose.

گیہان /gæ:hɑ:n/ ■ *n.m.* the world, universe. گیہان خدیو Lord of the world, God.

گیہواں /ge:hʊvɑ̃:/ ■ *adj.* fair (complexion); of the colour of wheat. ■ *n.m.* a kind of grass.

گیہوں /ge:hũ:/ ■ *n.m.* wheat, the food grain that is staple diet in temperate countries. گیہوں کے ساتھ گھن بھی پس جاتا ہے the innocent suffer along with the wicked.

گھ

گھ /gʰə/ ■ the forty-second letter of the Urdu alphabet.

گھابرا /gʰɑːbrɑː/ ■ *adj.* (also گھابر) confused, confounded. (*fem.* گھابری)

گھات¹ /gʰɑːt̪/ ■ *n.f.* **1** ambush, opportune moment (for attack, etc.). **2** snare, trick. **3** cover, concealment. **4** mode, manner, mechanism. **5** control, hold. **6** purpose, motive, objective; design, aim, intention. **7** enmity. گھات تاکنا watch for an opportunity (to). گھات کرنا **1** cheat, deceive, trick. **2** to watch for an opportunity (against). گھات میں بیٹھنا lie in ambush; lie in wait (for). [Prk.]

گھات² ____ ■ *n.m.* **1** murder. **2** destruction. **3** strike, blow. گھات کرنا **1** to destroy. **2** to kill. **3** to strike, hit. [S]

گھاتا /gʰɑːt̪ɑː/ ■ *n.m.* gratis amount, excess received on purchase. (See also ¹جھونگا.)

گھاتک /gʰɑːt̪ək/ ■ *adj.* **1** cruel, evil. **2** murderous. ■ *n.m.* **1** slayer, murderer; executioner. **2** enemy. **3** an instrument for killing.

گھاتنی /gʰɑːt̪niː/ ■ *n.f.* **1** a kind of club. **2** weapon for killing. **3** murderess.

گھاتی /gʰɑːt̪iː/ ■ *adj.* deceitful, treacherous, lurking.

گھاتے /gʰɑːt̪eː/ ■ *n.m.* (*pl. & infl.* of گھاتا) gratis amount. گھاتے میں gratuitously, in addition to.

گھاٹ /gʰɑːʈ/ ■ *n.m.* **1** ghat, landing stage; wharf, pier, jetty. **2** bathing-place on river side; place for washing clothes on a river bank. **3** curve in the blade of sword. **4** cleavage of brassiere. **5** loss; want. **6** way, manner. **7** mountainous or impassable way; difficult passage over a hill. **8** place where toll is collected. **9** fare paid for crossing the river; custom duty or octroi paid. ■ *adj.* low, base, mean. گھاٹ اتارنا take across; ferry over. گھاٹ گھاٹ کا پانی پیے ہوئے ہونا have wide experience, to be worldly-wise. گھاٹ مارنا evade custom duty; smuggle dutiable goods. گھاٹ مانجھی ferryman.

گھاٹا /gʰɑːʈɑː/ ■ *n.m.* loss, deficiency, damages; reduction. گھاٹا اٹھانا suffer loss. گھاٹا بھرنا make good a loss. گھاٹا پڑنا/رہنا incur or suffer loss.

گھاٹن /gʰɑːʈən/ ■ *n.f.* a woman of hilly region.

گھاٹی /gʰɑːʈiː/ ■ *n.f.* **1** pass (in a mountain); narrow valley. **2** custom house pass; permit.

گھاٹے /gʰɑːʈeː/ ■ *n.m.* (*pl. & infl.* of گھاٹا) گھاٹے کا سودا **1** business deal which results in loss. **2** (*fig.*) anything which causes loss. گھاٹے میں آنا suffer loss.

گھاٹیا /gʰɑːʈjɑː/ ■ *n.m.* (***Hinduism***) Brahman who attends pilgrims to a bathing-place and looks after the clothes of the bathers.

گھارا /gʰɑːrɑː/ ■ *adj.* broken; bruised.

گھاڑنا /gʰɑːɽnɑː/ ■ *v.* (also گھاڑلینا) snatch, usurp, seize.

گھاس /gʰɑːs/ ■ *n.f.* (also گھانس) **1** grass; straw; fodder. **2** (*fig.*) unworthy or useless thing. گھاس پات green; sweepings. گھاس پھوس/پھونس **1** straw; weeds. **2** (*fig.*) something worthless. گھاس چرنا/کھانا **1** graze. **2** (*fig.*) lose one's wits or senses, go mad, be crazy. گھاس کا ٹڈا (also گھاس نطّاط) grasshopper. گھاس کے ڈھیر میں سُوئی ہونا be completely lost, be without a trace. گھاس کھا گئے ہو have you gone mad? گھاس کھودنا **1** grub up grass. **2** (*fig.*) do something irrational. **3** do a menial job.

گھاسلیٹ /gʰɑːsleːʈ/ ■ *n.m.* (also گھاس لیٹ) **1** gaslight. **2** kerosine oil. **3** (*fig.*) worthless thing. [E]

گھاگ /gʰɑːg/ ■ *adj.* (also گھاگھ) **1** old; veteran, seasoned, experienced. **2** sly, wily.

گھاگر /gʰɑːgər/ ■ *n.f.* (also گھاگھر) a large size hilly quail.

گھاگرا /gʰɑːgrɑː/ ■ *n.m.* (also گھاگھرا،گھگرا) **1** ghaghra, woman's skirt-like dress. **2** a kind of pigeon. **3** name of an Indian river, River Ghaghra or Gogra. گھاگھرا پلٹن **1** kilt-wearing Scottish regiment. **2** (*fig., deris.*) petticoat regiment; a bevy of girls. گھاگھرا گول رگھول disturbed, out of one's senses.

گھاگس /gʰɑːgəs/ ■ *n.m.* (also گھاگھس) **1** a species of domestic fowl. **2** (*fig.*) fool, stupid.

گھال /gʰɑːl/ ■ *n.f.* affliction, destruction; tumult; act of spreading or mixing, scattering; state of being jumbled or mingled. ■ *adj.* mixed, jumbled. گھال میل familiarity, friendly relations. گھال میل رکھنا establish friendly relations, be on close or intimate terms.

گھالنا /gʰɑːlnɑː/ ■ *v.* **1** ruin, destroy. **2** mingle, mix.

گھام /gʰɑːm/ ■ *n.m.* sunshine; heat; sultriness. گھام کھا نا رلینا bask in the sun.

گھامڑ /gʰɑːməɽ/ ■ *adj.* (also گھامڑا) **1** foolish, stupid, or agitate someone.

گھبراہٹ /gʰəbrɑ:hət/ ■ *n.f.* bewilderment, confusion, nervousness, alarm.

گھپ /gʰʊp/ ■ *adj.* very dark. گھپ اندھیرا pitch dark; total darkness.

گھپا /gʰʊpɑ:/ ■ *n.f.* (also گپھا) cave. See گپھا.

گھپلا /gʰəplɑ:/ ■ *n.m.* **1** discrepancy (in accounts), fraud, embezzlement, swindling. **2** disorder, mess; entanglement, confusion, jumble. **3** error; wrongdoing. گھپلا پڑنا **1** mistake to occur (in accounts). **2** be in mess, disorder or confusion. گھپلا ڈالنا **1** jumble, confuse, make a mess of things, throw into disorder. **2** cause discrepancy (in accounts); embezzle.

گھپلے /gʰəple:/ ■ *n.m.* (*pl. & infl.* of گھپلا) گھپلے بازی fraud, swindling, cheating. گھپلے میں پڑ جانا to be postponed.

گھِپنا /gʰɪpnɑ:/ ■ *v.* be mixed; be pounded.

گھُپنا /gʰʊpnɑ:/ ■ *v.* (a knife, etc.) be pierced, be stabbed.

گھُپونا /gʰʊpo:nɑ:/ ■ *v.* stab, pierce.

گھٹ¹ /gʰəʈ/ ■ *n.m.* **1** large earthen water-jar; water-pot. **2** the body; heart; mind. [S]

گھٹ² ____ ■ (*imper* of گھٹنا). ■ *n.f.* decrease. گھٹ بڑھ less or more; about, nearly. گھٹ کا مال cheap or low quality material. [Prk.]

گھُٹ /gʰʊʈ/ ■ (*imper.* of گھُٹنا²). ■ *n.f.* **1** stop. **2** suffocation. گھٹ جانا **1** stop. **2** suffocate. گھٹ گھٹ کر رونا cry silently. گھٹ کر رہنا suffer affliction or misery without protest. گھٹ کر مر جانا **1** die of suffocation. **2** die because of misery or grief.

گھٹا¹ /gʰəʈɑ:/ ■ *n.f.* thick and dark rain cloud. گھٹا اٹھنا/ اُمڈنا/امنڈنا rain clouds to overcast. گھٹا ٹوپ dark due to clouds. گھٹا ٹوپ اندھیرا pitch dark. گھٹا جھوم کر آنا (*poet.*) rain clouds to gather. گھٹا چھانا rain clouds to gather. [S]

گھٹا² ____ ■ *adj.* less, reduced. ■ (*imper.* of گھٹانا). ■ *n.m.* subtraction, reduction. گھٹا دینا subtract; reduce (class or status). گھٹا کر after reducing. (*fem.* گھٹی) [Prk.]

گھُٹا /gʰʊʈɑ:/ ■ *adj.* **1** shaven (head). **2** throttled, choked.

گھٹّا /gʰəʈʈɑ:/ ■ *n.m.* **1** opening, fissure, cleft, breach. **2** callosity. **3** cork, plug, gag.

گھٹانا /gʰəʈɑ:nɑ:/ ■ *v.* **1** subtract; decrease, lessen, reduce; diminish, allay. **2** degrade, lower, demote, devalue; cause to decline.

unwise, nitwit, lacking in understanding. **2** bumpkin, lout. **3** lazy, idle, indolent.

گھامنا /gʰɑ:mnɑ:/ ■ (*tabe* of گھومنا) used as: گھومنا گھامنا wander.

گھان /gʰɑ:n/ ■ *n.m.* **1** quantity of grain ground once in a mill. **2** food as much as fried once in a karahi. **3** batch. **4** collection, assemblage. گھان اُتارنا take out a prepared amount. گھان ڈالنا cast a given quantity for frying or grinding.

گھانٹی /gʰɑ̃:ʈi:/ ■ *n.f.* the uvula or soft palate; the throat; the windpipe; larynx.

گھانس /gʰɑ̃:s/ ■ *n.f.* grass. See گھاس.

گھانی /gʰɑ:ni:/ ■ *n.f.* **1** oil press. **2** sugar-mill. **3** sugar cane press. **4** quantity to be ground or pressed. **5** quantity to be fried.

گھائل /gʰɑ:ɪl/ ■ *adj.* (also گھایل) **1** wounded, injured. **2** stricken with love. گھائل کرنا **1** wound, injure. **2** smite (with love). گھائل کی گت گھائل جانے اور نہ جانے کوئی only the wearer knows where the shoe pinches.

گھاؤ /gʰɑ:o:/ ■ *n.m.* wound, cut, sore. گھاؤ بھرنا wound to heal. گھاؤ کرنا **1** wound, cut. **2** (*fig.*) injure one's feelings. گھاؤ کھانا be wounded.

گھاؤ گھپ /gʰɑ:o:gʰəp/ ■ *n.m.* **1** squanderer, extravagant. **2** embezzler. **3** embezzlement, defalcation.

گھائی¹ /gʰɑ:i:/ ■ *n.f.* **1** the angle or space at the junction of two fingers or toes. **2** the angle formed by a branch with the trunk of a tree; the spare at the root of the branch. **3** the hob of the oven (on which the bread is baked). **4** the number five, an aggregate of five. [S]

گھائی² ____ ■ *n.f.* **1** cudgeling, a specific stroke in cudgeling. **2** fraud, cheating; misguiding; stratagem. گھائی بتانا **1** outwit in cudgeling. **2** defraud, outwit, cheat, misguide. [S]

گھائیں /gʰɑ:ĩ:/ ■ *n.f.* **1** side, direction. **2** fellow, supporter, companion; helper. ■ *adv.* **1** number of times, turn. **2** from the side (of), from the direction (of).

گھبرا /gʰəbrɑ:/ ■ (*imper.* of گھبرانا) (also گھبراؤ). ■ *n.m.* alarm; confusion. گھبرا اٹھنا become alarmed, be confused or nervous. گھبرا کر کے confounded, alarmed, in a fright.

گھبرانا /gʰəbrɑ:nɑ:/ ■ *v.* **1** feel nervous, become agitated or alarmed, be taken by (unpleasant) surprise. **2** alarm diminished.

گھٹوانا /gʰʊʈvɑ:nɑ:/ ■ *v.* **1** cause to be pounded or mixed. **2** get or have shaved (head).

گھٹی /gʰəʈi:/ ■ *adj.* (*fem.* of گھٹا²). ■ *n.f.* diminution, abatement, decline; loss.

گُھٹّی /gʰʊʈʈi:/ ■ *n.f.* (also گھونٹی) first-ever dose to a newborn. گھٹی میں (پڑا) ہونا be used to anything from infancy, to become one's second nature, (something) to be instilled since very early age.

گھٹیا /gʰəʈ jɑ:/ ■ *adj.* inferior; low-priced; cheap; mediocre; low; mean; base. گھٹیا پن/پنا meanness; baseness.

گِھچ پِچ /gʰɪtʃ pɪtʃ/ ■ *adj.* crowded; thick; confused; muddy; closely written. ■ *n.f.* thickness; closeness. گھچ پچ لکھنا write closely; write illegibly.

گھر /gʰər/ ■ *n.m.* **1** home, dwelling, abode, habitation. **2** native place, origin; source. **3** socket. **4** den. **5** nest (of birds). **6** members of one's family, entire family. **7** a square or cell (of a chessboard or ludo, etc.). **8** (***Astrol.***) a twelfth division of a celestial sphere, house. **9** hole; frame (in which a stone is set). **10** (*fig.*) one's own people. گھر اُجڑنا home to be ruined; lose husband or wife through death or divorce; lose someone in the family. گھر اُف ہوجانا one's home be ruined. گھر آباد کرنا marry, take a wife or husband. گھر آباد ہونا get married. گھر آنگن **1** house and courtyard. **2** a close relationship. گھر بار/در family; house and household goods. گھر بار بسنا house to be inhabited; marry and start family life. گھر باری householder, family man; family life; worldly affairs. گھر برباد کرنا/ڈبونا ruin the house or family. گھر بِسارنا/تجنا/تیاگنا/چھوڑنا leave one's house. گھر بسانا get married. گھر بسی wife. گھر بگاڑنا ruin the family; cause discord in the family. گھر بگڑنا be ruined; lose husband or wife through death or divorce. گھر بنانا **1** build a house. **2** make oneself comfortable. **3** to marry. گھر بیٹھنا **1** be ruined. **2** house to collapse. **3** become unemployed. **4** (of a woman) be separated from husband. **5** become a keep. گھر بیٹھے while at home; without exertion. گھر بھائیں بھائیں کرنا home to look desolate or deserted. گھر بھر the whole family. گھر پھونک (کر) تماشا دیکھنا waste one's substance in idle pleasure. گھر تک پہنچانا **1** escort someone to his

گھٹانا /gʰʊʈɑ:nɑ:/ ■ *v.* **1** get (head or beared) clean shaved. **2** get something pounded or mixed.

گھٹاؤ /gʰəʈɑ:o:/ ■ (*imper.* of گھٹانا). ■ *n.m.* **1** fall; deduction, subtraction, reduction; abatement; decline (of the moon). **2** lowering; depreciation. گھٹاؤ بڑھاؤ rise and fall, increase and decrease, excess and deficiency; (in algebra) involution and evolution.

گُھٹاؤ /gʰʊʈɑ:o:/ ■ *n.m.* suffocation. See گُھٹن.

گھٹائی /gʰʊʈɑ:i:/ ■ *n.f.* **1** act of pounding or mixing. **2** cost of this. **3** close shaving of head.

گھٹتا /gʰəʈ ʈɑ:/ ■ *adj.* **1** falling, declining. **2** reducing.

گھٹتی /gʰəʈ ʈi:/ ■ *adj.* (*fem.* of گھٹتا). ■ *n.f.* fall, decline. گھٹتی کا پہرا time when something is on the wane; old age.

گُھٹن /gʰʊʈən/ ■ *n.f.* (also گُھٹاؤ) **1** suffocation, feeling of shortness of breath; stuffiness. **2** state or condition in which there is no freedom of action or speech. **3** (of the weather) sultriness.

گھٹنا /gʰəʈnɑ:/ ■ *v.* **1** decrease, lessen; dwindle; reduce in size. **2** abate, subside; become allayed or appeased. **3** (of moon) wane. **4** (of prices) fall, come down. **5** be devalued; be degraded. گھٹنا بڑھنا increase and decrease, rise and fall.

گُھٹنا¹ /gʰʊʈnɑ:/ ■ *n.m.* the knee. [Prk.]

گُھٹنا² ____ ■ *v.* **1** be pounded; be well-mixed during cooking. **2** be shaven (head). **3** be suffocated. **4** be on close terms (with), have very close relations. [Prk.]

گُھٹنا /gʰʊʈənnɑ:/ ■ *n.m.* **1** trousers reaching down to knees, Bermuda shorts. **2** tight pyjamas. **3** stuffed pad tied to a horse's knee.

گُھٹنوں /gʰʊʈnõ:/ ■ *n.m.* (*pl.* of گُھٹنا¹) گھٹنوں چلنا (of a child) crawl. گھٹنوں سے لگا کر بٹھانا (of a mother) to keep child tied to apron strings. گھٹنوں سے لگے بیٹھے رہنا be tied to another's apron strings. گھٹنوں گھٹنوں پانی knee-deep water. گھٹنوں میں سر لینا hang down one's head with shame or worry; try to hide oneself; be overwhelmed with grief.

گُھٹنے /gʰʊʈne:/ ■ *n.m.* (*pl.* & *infl.* of گُھٹنا¹) گھٹنے ٹیکنا **1** use full force. **2** accept defeat, submit to a superior force or stronger person.

گھٹوار /gʰəʈvɑ:r/ ■ *n.m.* boatman, rower, oarsman.

گھٹوانا /gʰəʈvɑ:nɑ:/ ■ *v.* cause to be decreased, reduced or to more abroad; dry bread at home is better than roast meat abroad. گھر کی طرح رہنا live as a member of family, feel at home. گھر کی کھیتی 1 one's own property or farming. 2 (*fig.*) hair of head or beard. گھر کی لونڈی 1 a female servant. 2 something under one's command. گھر کی مٹی لے ڈالنا to visit too often (esp. after making an offer of marriage). گھر کی مرغی دال برابر a man of talent is not appreciated in his own home, no one is hero to his own valet. گھر کے آدمی رلوگ one's family; family members. گھر کے جالے لیتے پھرنا (*fig.*) search every nook and corner of the house, roam all over the house. گھر کھونا ruin one's family. گھر گرستی رگرہستی household. گھر گھالنا ruin the house; defraud. گھر گھر from house to house, from door to door; at every house; to every house. گھر گھر مانگتے پھرنا beg from door to door. گھر گھسنا a stay-at-home, one who keeps much at home. گھر، گھوڑا، گاڑی، ان تینوں کے دام کھرا کھڑی house, horse and a vehicle should not be sold on credit. گھر گھوڑا نخاس مول none buys a pig in a poke, none makes an unseen bargain. گھر لٹانا squander one's wealth. گھر لوٹنا رموسنا impoverish household by continuous demands or filching. گھر لینا buy or rent a house. گھر میں بھونی بھانگ تک نہ ہونا be extremely poor, have nothing to eat. گھر میں پڑنا (prostitute) to marry (someone); become someone's keep. گھر میں خاک اُڑنا be extremely poor. گھر میں چوہے دوڑنا have nothing in the house to eat. گھر میں نہیں دانے اماں چلیں بُھنانے proud without possession. گھر نہ بار میاں محلے دار proud without possession. گھر والا husband; master of the house. گھر والی housewife; wife. گھر والے members of a family.

گھر /gʰɪr/ ■ (*imper*. of گھرنا). ■ *n.f.* gathering; used in comp. as: گھر آنا to gather or amass. گھر جانا be surrounded (by).

گھرّا /gʰərra:/ ■ *n.m.* death-rattle; agony, pang. گھرا چلنا throat to rattle before death. گھرا لگنا be at the last gasp.

گھرات /gʰəra:t̪/ ■ *n.m.* family, house.

گھرّاٹا /gʰərra:ʈa:/ ■ *n.m.* rattling noise, snorting, snoring. (See also خرّاٹا.)

گھرانا /gʰəra:na:/ ■ *n.m.* (also گھرانہ) 1 family, house; dynasty. 2 gharana, a school of music.

home. 2 convince someone. 3 expose someone's lies. گھر تک پہنچنا 1 pursue someone to the end. 2 insult or abuse someone's family. گھر جگت economy in household expenses, good management. گھر جمائی رجنوائی رجوائی رداماد man living with his in-laws. گھر چڑھ کر لڑنے آنا go to someone's house to quarrel or fight. گھر چلانا manage the household, provide for the household expenses. گھر چلنا family be maintained. گھر چھوڑنا 1 to vacate a house. 2 to drop (someone) home. گھر خالی کرنا 1 to leave a house, vacate a house. 2 kill the persons living in a house; ruin a house. گھردار family man. گھرداری housekeeping. گھر دیکھ لینا someone to come or something to occur again and again. گھر ڈالنا keep (a woman) as mistress. گھر سر پر اٹھانا raise hue and cry, rant and rave, to storm. گھر سے from one's own pocket. گھر سے بے گھر کرنا drive one out of home, evict. گھر سے پاؤں باہر نکالنا 1 come out of the house. 2 go beyond limits. گھر سے کھونا waste one's own money. گھر سے لڑ کر تو نہیں آئے why are you so cross? گھر سینا 1 keep at home. 2 (*fig.*) be idle at home. گھر کا اُجالا رچراغ son; scion, successor; something very dear. گھر کا آدمی 1 member of one's family. 2 family friend. گھر کا آنگن ہو جانا house or household to be ruined. گھر کا بوجھ اُٹھانا bear household expenses, be responsible for the upkeep of the house, maintain one's family. گھر کا بھیدی person in the know of inner secrets, insider, person privy to a secret. گھر کا بھیدی لنکا ڈھائے an estranged friend is the worst foe, a confidant of a house may ruin the house. گھر کاٹ کھانے رکاٹنے کو دوڑتا ہے I miss my people very much. گھر کا گھر the whole family. گھر کا گھر واہو جانا family be ruined. گھر کا مال one's own property. گھر کا نام ڈبونا bring shame on one's family. گھر کا نہ گھاٹ کا 1 one rejected by both sides. 2 one having no abode to reside. گھر کر گھر ستر بلا سر (پر) دھر being family man means lot of trouble. گھر کرنا 1 have a separate home for oneself. 2 marry. 3 dwell, reside, stay (somewhere) permanently. 4 win (someone's) heart. 5 perform household tasks. (دل میں) گھر کرنا win someone's affection or confidence. گھر کمانا clean night-soil, scavenge. گھر کی 1 home-made. 2 personal. گھر کی آدھی نہ باہر کی ساری less income at home is preferable

ف	ق	ک	گ	ل	م	ن	و	ہ	ی	نک	نگ
f	q	k	g	l	m	n	v	h	j	ŋk	ŋg

گھرّانا /gʰʊrrɑːnɑː/ ■ *v.* (*var.* of غرّانا) growl (as dog), snarl.

گھراؤ /gʰɪrɑːoː/ ■ *n.m.* gherao, surrounding, besieging, blockade. (See also گھیراؤ.)

گھرڑ /gʰərəɽ/ ■ *n.m.* dry grain given to animals as fodder.

گھرکا /gʰɪrkɑː/ ■ *n.m.* a kind of see-saw.

گھرکنا /gʰʊrəknɑː/ ■ *v.* berate, chide, snarl (at); rebuff.

گھرکی /gʰʊrkiː/ ■ *n.f.* chiding, scolding, snarl; rebuff.

گھرگھر /gʰɪrgʰɪr/ ■ *n.f.* moving sound of a hand-mill or of any machine.

گھرنا /gʰɪrnɑː/ ■ *v.* **1** be surrounded, besieged or enclosed. **2** (clouds) to gather or amass.

گھرنی /gʰərniː/ ■ *n.f.* wife, housewife.

گھرنی /gʰɪrniː/ ■ *n.f.* **1** (***Mech.***) pulley. **2** wheel on which rope passes. **3** vertigo. گھرنی کھانا go round and round, whirl.

گھروا /gʰərvɑː/ ■ *n.m.* a toy-house; small house.

گھروندا /gʰərɔ̃ːd̪ɑː/ ■ *n.m.* (*dim.* of گھر) **1** wooden, plastic or clay model of house for children to play with, doll's house. **2** a small house. **3** sandcastle. **4** (*fig.*) a very small or makeshift house.

گھرّی /gʰɪrriː/ ■ *n.f.* pulley.

گھریا /gʰərjɑː/ ■ *n.m.* **1** crucible. **2** honeycomb.

گھریلو /gʰəreːluː/ ■ *adj.* domestic; home-made; homely, private. ■ *n.f.* **1** a woman living a family life, a housewife, a woman unaware of business-like matters. **2** (*fig.*) simple (person). گھریلوپن domesticity. گھریلوصنعت small factory; home industry, cottage industry. گھریلومصنوعات home-made products, handicrafts.

گھڑ /gʰʊɽ/ ■ *n.m.* (*contr*. of گھوڑا) horse; used in comp. as: گھڑچڑھی **1** the bridegroom's riding on horseback as marriage custom. **2** woman on horseback. **3** cavalry. گھڑدوڑ horse race. گھڑدوڑ کا میدان racecourse. گھڑسال/رسال stable. گھڑسوار horseman, rider, cavalier, cavalryman. گھڑسواری horsemanship. گھڑنال (*arch.*) a kind of small cannon mounted on a horse. گھڑنعل horseshoe. گھڑنعلی محراب horseshoe arch.

گھڑا /gʰəɽɑː/ ■ *n.m.* pitcher, earthen ewer or water-pot.

گھڑائی /gʰəɽɑːiː/ ■ *n.f.* (also گھڑاون) **1** workmanship (of jewellery, etc.). **2** making, shaping; make, shape. **3** price paid for making something.

گھڑت /gʰəɽət̪/ ■ *n.f.* (also گھڑنت) **1** make, shape. **2** workmanship. **3** invened or fabricated story.

گھڑنا /gʰəɽnɑː/ ■ *v.* (also گڑھنا) **1** beat metal or gold, forge; mould, to shape. **2** invent or fabricate (a lie or story, etc.).

گھڑناؤ /gʰəɽnɑːoː/ ■ *n.f.* (also گھڑنائے) raft made with earthen water-pots or leather-bag.

گھڑوانا /gʰəɽvɑːnɑː/ ■ *v.* (also گھڑانا) cause to mould or fabricate, get shaped or moulded.

گھڑوں /gʰəɽõː/ ■ *n.m.* (*pl.* of گھڑا) گھڑوں پانی پڑنا be much abashed.

گھڑونچی /gʰəɽɔ̃ːtʃiː/ ■ *n.f.* stand for water-pots.

گھڑی /gʰəɽiː/ ■ *n.f.* **1** ghurry, watch; clock; chronometer. **2** an interval of twenty-four minutes; time; hour; moment. **3** (*fig.*) a brief span of time, a second, a moment. گھڑی بھاری ہونا pass through difficult time, have a hard time; (of time) hang heavy. گھڑی بھر کے لیے for a moment, for a little while. گھڑی بھر میں in a moment, in trice, in a jiffy, in a while. گھڑی پل کی آس نہیں none be sure of what shall happen in the next moment. گھڑی دو گھڑی a moment or two, a short while. گھڑی ساز watchmaker. گھڑی ساعت کا مہمان at death's door, about to die. گھڑی کوکنا wind a watch. گھڑی گھڑی time and again, repeatedly. گھڑی میں اولیا گھڑی میں بھوت a saint at a moment and devil at next, someone whose attitude is unreliable or changeable. گھڑی میں تولہ گھڑی میں ماشہ (also گھڑی میں کچھ گھڑی میں کچھ) changeable, fickle, capricious. گھڑی وار clockwise.

گھڑیا /gʰəɽjɑː/ ■ *n.f.* (*dim.* of گھڑا) **1** small water-pot. **2** crucible. **3** honeycomb. **4** womb, uterus.

گھڑیا /gʰʊɽjɑː/ ■ *n.f.* (*dim.* of گھوڑی) **1** a small or undersized mare. **2** prop (of a gallery).

گھڑیال[1] /gʰəɽjɑːl/ ■ *n.m.* **1** bell; gong. **2** a metallic plate to strike the hours on; clock; wall-clock that strikes hours. [Prk.]

گھڑیال[2] ____ ■ *n.m.* gharial, alligator, crocodile or any similar reptile. [S]

گھڑیالی /gʰəɽjɑːliː/ ■ *n.m.* (also گھڑیالچی) timekeeper, one who beats a gong on the hour.

گھڑیاں /gʰəɽjɑ̃ː/ ■ *n.f.* (*pl.* of گھڑی) گھڑیاں گننا wait impatiently.

گھسٹنا /gʰɪsəʈnɑ:/ ■ *v.* **1** be dragged along. **2** drag oneself along.

گھسڑ گھسڑ /gʰɪsəɽ gʰɪsəɽ/ ■ *adv.* by dragging along in a disorderly fashion. ■ *n.f.* sound of shoes dragging along the ground.

گھسڑنا /gʰʊsəɽnɑ:/ ■ *v.* be penetrated or stuffed.

گِھسنا /gʰɪsnɑ:/ ■ *v.* **1** rub. **2** wear out, be worn; be rubbed. **3** whet, sharpen by rubbing.

گھسنا /gʰʊsnɑ:/ ■ *v.* **1** enter, penetrate. **2** interfere, meddle.

گھسی /gʰɪsi:/ ■ *adj.* (*fem.* of گِھسا) rubbed; used in comp. as: گھسی پٹی worn out; hackneyed, old; useless.

گھسیارا /gʰəsjɑ:rɑ:/ ■ *n.m.* **1** grass-cutter, one whose profession is to cut and sell grass as fodder. **2** ignoramus, stupid person. (*fem.* گھسیارن، گھسیاری)

گھسیٹ /gʰəsi:ʈ/ ■ (*imper.* of گھسیٹنا). ■ *n.f.* **1** act of dragging, pulling. **2** the trace of something dragged. **3** scribble, scrawl. گھسیٹ دینا/ڈالنا/مارنا scribble or write hastily without any concern for legibility. گھسیٹ کر by dragging; forcibly. گھسیٹ لانا bring (someone or something) dragging.

گھسیٹا /gʰəsi:ʈɑ:/ ■ *adj.* dragged, pulled. ■ *n.m.* a proper name given to a child born after others who have died (and who is dragged in a basket to save him from the fate of others). گھسیٹا گھسائی pulling and dragging, scuffle, tugging.

گھسیٹن /gʰəsi:ʈən/ ■ *n.f.* act of pulling. گھسیٹن میں آنا be dragged (in a dispute).

گھسیٹنا /gʰəsi:ʈnɑ:/ ■ *v.* **1** pull, drag along. **2** scribble. **3** use roughly, utilize callously. **4** bear with, suffer (from a hardship, etc.), endure.

گھسیڑنا /gʰʊse:ɽnɑ:/ ■ *v.* **1** push, thrust or shove (in); stuff. **2** cram.

گھسیلا /gʰəsi:lɑ:/ ■ *adj.* grassy; full of grass.

گھگرا /gʰəgrɑ:/ ■ *n.m.* ghaghra, skirt. See گھاگرا.

گھگری /gʰəgri:/ ■ *n.f.* (also گھگریا) (*dim.* of گھگرا) small skirt, small girl skirt.

گھگھو /gʰʊggu:/ ■ *n.m.* **1** owl. **2** (*coll.*) siren, hooter. **3** a toy that whistles. **4** (*fig.*) fool, simpleton.

گھگی /gʰɪggi:/ ■ *n.f.* (also گھگھی) trembling speech induced by fear. گھگی بندھ جانا be struck dumb, lose power of speech due to fear.

گھس /gʰəs/ ■ *n.f.* (*contr.* of گھاس) grass; used in comp. as: گھس کٹا one who cuts grass. گھس کھدا **1** grass-cutter. **2** (*iron.*) ignoramus; fool. **3** base.

گِھس /gʰɪs/ ■ (*imper.* of گِھسنا). ■ *n.f.* scratching; rubbing; used in comp. as: گھس پٹی **1** friction, rubbing. **2** brawl, fight, wrangling, quarrel. گھس پس کر (of clothes) after long and constant use. گھس جانا to wear out; to be worn out. گھس کر لگانے کو نہیں (something) to be scarce or rare. گھس گھس **1** delay, lethargy. **2** the act of rubbing down; the act of writing hastily; scribble. **3** the state of being worn-out.

گھس /gʰʊs/ ■ (*imper.* of گھسنا). ■ *n.f.* penetration. گھس آنا enter by force, rush in, penetrate. گھس بیٹھنا **1** hide inside; intrude somewhere. **2** sit closely. گھس پیٹھ access; entrance; the act of sitting-in. گھس پیٹھ کے with effort, after elbowing one's way, somehow or other; by hook or by crook. گھس پیٹھیا intruder; infiltrator; one who sits in. گھس پڑنا rush in; penetrate. گھس گھسا کر کے by elbowing one's way into a crowd. گھس گھس میرے کان میں گھس said when there is no room to sit but more people are invited to join in.

گِھسا /gʰɪsɑ:/ ■ *adj.* **1** rubbed, abraded. **2** worn smooth (as a coin). گھسا پٹا worn out; trite, hackneyed.

گِھسّا /gʰɪssɑ:/ ■ *n.m.* **1** act of rubbing. **2** trick, deception. **3** shock, blow; push; scratch. گھسا دینا rub one's nose in dirt. گھسا کھانا be rubbed; suffer from.

گِھسانا /gʰɪsɑ:nɑ:/ ■ *v.* rub; cause to wear out.

گھسانا /gʰʊsɑ:nɑ:/ ■ *v.* to thrust, force into, to cause to penetrate.

گِھساؤ /gʰɪsɑ:o:/ ■ *n.m.* (also گِھساوٹ) **1** rubbing. **2** (***Geol.***) erosion, abrasion.

گِھسائی /gʰɪsɑ:i:/ ■ *n.f.* **1** friction; the act of rubbing. **2** charges paid for rubbing.

گِھسوانا /gʰɪsvɑ:nɑ:/ ■ *v.* have something rubbed or filed.

گھسوانا /gʰʊsvɑ:nɑ:/ ■ *v.* have something entered or penetrated.

گِھسٹ /gʰɪsəʈ/ ■ (*imper.* of گِھسٹنا). ■ *n.m.* dragging; used in comp. as: گھسٹ آنا be dragged along, be trailed. گھسٹ کر by dragging, with great difficulty. گھسٹ گھسٹ کر چلنا walk by dragging oneself along, walk with great difficulty.

گھمسان /gʰəmsɑːn/ ■ *adj.* intense, fierce (battle). ■ *n.m.* 1 crowd, congregation. 2 engagement, battle; carnage, killing, bloodshed. گھمسان کارن رکی جنگ fierce battle, furious fight. گھمسان کارن پڑنا fierce battle to take place.

گھمکّڑ /gʰʊməkkəɽ/ ■ *adj.* very fond of walking or going about; wanderer.

گھمّن /gʰʊmmən/ ■ *n.m.* (also گھمنی، گھمیری) giddiness, vertigo. گھمن گھیری 1 whirlwind. 2 problem.

گھمنڈ /gʰəmənd/ ■ *n.m.* pride, arrogance, haughtiness. گھمنڈ کرنا be puffed up, be proud, haughty or arrogant.

گھمنڈ /gʰʊmənɖ/ ■ *n.m.* gathering (of clouds).

گھمنڈنا /gʰʊmənɖnɑː/ ■ *v.* (of clouds) overcast; gather (as clouds or smoke).

گھمنڈی /gʰəmənɖiː/ ■ *adj.* proud, arrogant.

گھمیری /gʰʊmeːriː/ ■ *n.f.* (also گھمن، گھمنی) vertigo, giddiness. گھمیری کھانا take circle; feel giddy, have a fit of giddiness or vertigo. گھمیری لینا feel giddy.

گھن /gʰən/ ■ *n.m.* 1 sky. 2 clouds. 3 sledge, hammar. 4 anvil. 5 bell, gong. 6 coin. 7 place where money is coined, mint. 8 cymbal. ■ *adj.* 1 heavy; compact, dense. 2 full. گھن بجانا 1 (*literal*) hammer (something). 2 (*fig.*) assail with taunts. گھن چکّر 1 top, a spherical pear-shaped toy; a rotating body. 2 a kind of revolving firework. 3 (*fig.*) (i) fool. (ii) wanderer. گھن دار thick (forest). گھن کی چوٹ very heavy blow. گھن گرج loud thunder, noise of thunder. گھن گھور (also گھنگور) very dark (of clouds).

گِھن /gʰɪn/ ■ *n.f.* 1 disgust, abhorrence, repugnance. 2 nausea. گھن آنا 1 detest, have an abhorrence of. 2 feel nausea. گھن کرنا have an aversion to; abhor, detest. گھن کھانا feel disgust, detest.

گُھن /gʰʊn/ ■ *n.m.* 1 weevil; woodlouse. 2 wormhole, a hole made by an insect in a wood or grain. 3 the dust or powder of worm-eaten wood or grain. گھن کی طرح کھانا attack like a weevil, eat up, consume (of some disease or grief, etc.). گھن لگنا 1 be eaten by weevil. 2 be destroyed or consumed. 3 suffer from a wasting disease.

گھنا /gʰənɑː/ ■ *adj.* 1 close, thick, dense. 2 much, many. گھنا اندھیرا utter darkness. گھنا جنگل thick forest, dense

گِھگیانا /gʰɪgjɑːnɑː/ ■ *v.* 1 implore, beseech. 2 falter in speaking. 3 appeal humbly.

گُھل /gʰʊl/ ■ (*imper.* of گھلنا) used in comp. as: گھل جانا 1 get dissolved; turn into liquid. 2 become thin and lean; become soft and supple. گھل کر کانٹا ہو جانا be very thin due to sickness or grief. گھل مل 1 dissolved; mixed. 2 intimate. گھل مل جانا mix, be friends with. گھل مل کر رہنا be on very intimate terms, live in harmony. گھل مل کے together.

گُھلا /gʰʊlɑː/ ■ *adj.* melted, dissolved. گھلا ہوا 1 dissolved. 2 softened, mellowed. (*fem.* گھلی)

گُھلانا /gʰʊlɑːnɑː/ ■ *v.* cause to dissolve or melt; cause to waste away.

گھلاوٹ /gʰʊlɑːvəʈ/ ■ *n.f.* dissolution; softness, mellowness.

گُھلاؤ /gʰʊlɑːoː/ ■ *n.m.* 1 melting; solution. 2 softness.

گُھلنا /gʰʊlnɑː/ ■ *v.* 1 melt, dissolve. 2 become mellow; become lean. 3 shed flesh; pine away, waste away (due to grief or sickness). گھلنا ملنا be friends with, get familiar.

گھلوا /gʰəlvɑː/ ■ *n.m.* (also گُھلوا) booty; gain; something given gratis over and above the quantity purchased. (See also جُھونگا، روگھن.)

گُھلوانا /gʰʊlvɑːnɑː/ ■ *v.* cause to be mixed; cause to dissolve.

گُھلّو مِٹّھو ہو جانا /gʰʊlluː mɪʈʰʈʰuː hoː dʒɑːnɑː/ ■ *v.* become intimate soon.

گُھما /gʰʊmɑː/ ■ (*imper.* of گھمانا) used in comp. as: گھما پھرا کر 1 by turning sideways. 2 by making vague and ambiguous. 3 by misleading.

گُھمانا /gʰʊmɑːnɑː/ ■ *v.* 1 cause to whirl round, wheel, cause to turn round; brandish. 2 circulate. 3 roll. 4 take someone on a tour; show someone round. 5 delude, mislead. گھمانا پھرانا take someone on sight-seeing.

گُھماؤ /gʰʊmɑːoː/ ■ *n.m.* 1 circle. 2 turning. 3 (*fig.*) fraud, deception.

گُھمر گُھمر /gʰʊmər gʰʊmər/ ■ *n.f.* the sound made by whirl (of a hand-mill).

گھمس /gʰəməs/ ■ *n.f.* sultriness (of the weather); stuffiness; suffocation.

گھنگنیاں /gʰʊŋgnɪjɑ̃:/ ■ *n.f.* (*pl.* of گھنگنی) (منھ میں) گھنگنیاں ڈال کر بیٹھنا keep mum despite the need to speak.

گھنگھور /gʰəŋgʰo:r/ ■ *adj.* **1** (of cloud) very dark. **2** frightful. گھنگھور گھٹا very dark and frightful rain clouds.

گھنگھولنا /gʰəŋgʰo:lnɑ:/ ■ *v.* (also گھنگولنا) **1** rinse. **2** stir up, mix. **3** make muddy or turbid; dissolve.

گھننا /gʰʊnnɑ:/ ■ *v.* to be worm-eaten, become infested with weevil.

گھنی /gʰəni:/ ■ *adj.* (*fem.* of گھنا) thick, dense. گھنی جھاڑی thick hedge, dense shrub. گھنی چھاؤں/ چھایا **1** dark shade (esp. as cast by trees). **2** (*fig.*) (i) beneficent (person). (ii) elder(s).

گھُنی /gʰʊni:/ ■ *adj.* (*fem.* of گھُنا) weevily.

گھِنّی /gʰɪnni:/ ■ *n.f.* giddiness, vertigo. گھنی چڑھنا become giddy. گھنی کھانا whirl, turn round and round.

گھُنّی /gʰʊnni:/ ■ *adj.* (*fem.* of گھُنّا) silent and cunning. ■ *n.f.* silence. گھنی سادھنا be designedly silent, keep mum.

گھِنیانا /gʰɪnjɑ:nɑ:/ ■ *v.* be disgusted with, be nauseated.

گھنیرا /gʰəne:rɑ:/ ■ *adj.* very dark or thick (cloud, hair or shade). (*fem.* گھنیری)

گھوا /gʰʊvɑ:/ ■ *n.m.* (also گھوآ) **1** a cotton-like flower of reed. **2** a kind of insect found in marshy land and used as bait.

گھوپنا /gʰo:pnɑ:/ ■ *v.* stab. See گھونپنا.

گھوٹا /gʰo:ʈɑ:/ ■ *n.m.* **1** wooden pestle. **2** polishing stone. **3** an intoxicating infusion prepared with hemp. گھوٹا لگانا **1** pound; mix. **2** learn by rote, memorize (a lesson).

گھوٹالا /gʰo:ʈɑ:lɑ:/ ■ *n.m.* mess, confusion, disorder.

گھوٹائی /gʰo:ʈɑ:i:/ ■ *n.f.* the process of or charges for pounding.

گھوٹنا /gʰo:ʈnɑ:/ ■ *v.* (also گھونٹنا) **1** press, pound, grind; mix. **2** throttle, choke. **3** shave. **4** polish, glaze (paper). **5** repeat over and again.

گھُور /gʰu:r/ ■ *n.m.* **1** staring, stare, fixed gaze. **2** frowning, frown. گھور کر دیکھنا **1** stare at. **2** stare or frown in an angry way, scowl.

گھور /gʰo:r/ ■ *adj.* **1** much, utter, extreme. **2** horrible, terrible. **3** deep, dark, thick (forest, etc.). ■ *n.m.* **1** dread. **2** abyss. **3** sound of drum.

forest. گھنا سایہ dark shade (as cast by trees). (*fem.* گھنی)

گھُنا /gʰʊnɑ:/ ■ *adj.* weevil-eaten. (*fem.* گھُنی)

گھُنّا /gʰʊnnɑ:/ ■ *adj.* designedly silent; cunning. (*fem.* گھُنّی)

گھِنّانا /gʰɪnnɑ:nɑ:/ ■ *v.* abhor, regard with aversion; feel nauseated.

گھِناؤنا /gʰɪnɑ:o:nɑ:/ ■ *adj.* (also گھنونا) disgusting, nauseating, loathsome. گھناؤناپن repulsiveness, loathsomeness. (*fem.* گھناؤنی)

گھنٹال /gʰənʈɑ:l/ ■ *n.m.* **1** gong. **2** clock. **3** large bell. **4** clock that strikes hourly. **5** one who strikes a gong or bell.

گھنٹالی /gʰənʈɑ:li:/ ■ *n.f.* **1** one who strikes a gong or bell. **2** small bell.

گھنٹہ /gʰənʈɑ:/ ■ *n.m.* (also گھنٹا) **1** clock. **2** an hour. **3** ghanta, gong; bell. **4** a division of the day at a school, period. **5** (*slang*; *vulg.*) the penis. گھنٹہ بجنا clock to chime; strike the hour; a gong to sound. گھنٹہ گھر clock-tower, bell-tower.

گھنٹی /gʰənʈi:/ ■ *n.f.* (*dim.* of گھنٹہ) small bell. گھنٹی بجانا ring the bell. گھنٹی بجنا bell to ring.

گھُنڈی /gʰʊnɖi:/ ■ *n.f.* **1** cloth button. **2** a small piece or part attached to something, a metal or wooden piece, tag; button, knob. **3** a herb that grows in rice field. **4** (*fig.*) ill-feeling; doubt. **5** top shoot, a new sprout; node. **6** the hard lump at the top of a mango. گھنڈی تکما cord knotted like a button and its loop. گھنڈی کھولنا **1** unbutton. **2** (*fig.*) unravel. (دل کی) گھنڈی کھولنا open up the heart. گھنڈی لگانا **1** stitch a cloth button. **2** to button.

گھُنگچی /gʰʊŋgtʃi:/ ■ *n.f.* (also گھُونگچی) the small red and black seed of *Abrus precatorius*. (See also رتّی.)

گھُنگر /gʰʊŋgər/ ■ *n.m.* (also گُنگھر، گھُونگر) curl (of hair). گھنگر والا curly (hair, etc.).

گھُنگرُو /gʰʊŋgru:/ ■ *n.m.* **1** string of small bells worn on calf or ankle (in dance). **2** death rattle. گھنگرو باندھنا start preparation for dance. گھنگرو بولنا have the death rattle.

گھُنگریالا /gʰʊŋgərjɑ:lɑ:/ ■ *adj.* (also گھنگرالا، گھُنگھریالا) curly (hair).

گھُنگریلے /gʰʊŋgri:le:/ ■ *adj.* (also گھُنگرالے) curly (hair). گھنگریلے بال curly hair.

گھُنگنی /gʰʊŋgni:/ ■ *n.f.* boiled gram, wheat, etc.

front of a fortress.

گھول /gʰo:l/ ■ (*imper.* of گھولنا). ■ *n.m.* solution, slop, liquid in which something has been dissolved. گھول کر پلا دینا/ پلانا 1 make someone drink a charm (to control him/ her). 2 make someone learn easily and well; make someone memorize easily. گھول کر پی جانا/ پینا 1 drink something after dissolving it in a liquid (as a medicine, etc.). 2 learn well, know by heart, memorize. گھول میل intimacy.

گھولا /gʰo:lɑ:/ ■ *n.m.* 1 liquid mixture, solution; watery food. 2 intoxicating drink made of opium.

گھولنا /gʰo:lnɑ:/ ■ *v.* dissolve, melt, mix with a liquid.

گھولوا /gʰo:lvɑ:/ ■ *n.m.* 1 solution, mixture, slop; an unpleasant combination. 2 confusion. 3 opium solution, opiate. گھولوا پڑنا facing difficulty in some work.

گھوم /gʰu:m/ ■ (*imper.* of گھومنا). ■ *n.m.* turn, roll. گھوم پھر کے 1 by going round and turning, by wandering. 2 after all; when all is said and done.

گھومتا /gʰu:mtɑ:/ ■ *adj.* going round, moving, revolving. گھومتا پھرتا رگھامتا while strolling or travelling, just by the way. (*fem.* گھومتی)

گھومنا /gʰu:mnɑ:/ ■ *v.* 1 revolve, rotate, roll, turn; whirl. 2 stroll, make rounds, go round. 3 be or become giddy or dizzy.

گھومنی /gʰu:mni:/ ■ *n.f.* vertigo, giddiness.

گھونپنا /gʰõ:pnɑ:/ ■ *v.* (also گھوپنا) stab, pierce.

گھونٹ /gʰũ:ʈ/ ■ *n.m.* ghoont, mouthful of a drink, gulp; draught. گھونٹ پینا/ لینا drink or take a mouthful; have a pull. گھونٹ گھونٹ پینا drink by gulps.

گھونٹنا /gʰũ:ʈnɑ:/ ■ *v.* gulp, drink a mouthful.

گھونٹنا /gʰõ:ʈnɑ:/ ■ *v.* (*var.* of گھوٹنا) 1 mix well or thoroughly, grind, pulverize medicine, etc.; to dissolve. 2 strangulate, throttle.

گھونٹی /gʰũ:ʈi:/ ■ *n.f.* first-ever dose to a newborn. See گھٹی .

گھونچا /gʰõ:tʃɑ:/ ■ *n.m.* 1 cage. 2 bastion.

گھونچو /gʰõ:tʃu:/ ■ *n.m.* fool, dunce, idiot, blockhead.

گھونس /gʰũ:s/ ■ *n.m.* a rat-like animal. See گھوس .

گھونسا /gʰũ:sɑ:/ ■ *n.m.* (also گھونسہ) 1 a blow with the fist, box. 2 shock. گھونسا ٹکانا cuff, box. گھونسا جڑنا/ لگانا/ مارنا give blow, punch, strike with the fist, box. گھونسا جانا box, utter darkness. گھور اندھیرا

گھورا /gʰu:rɑ:/ ■ *n.m.* 1 sweepings, rubbish. 2 place for throwing rubbish.

گھورا گھاری /gʰu:rɑ: gʰɑ:ri:/ ■ *n.f.* (also گھورم گھاری) ogling.

گھورنا /gʰu:rnɑ:/ ■ *v.* 1 stare at. 2 frown in an angry manner, scowl, stare angrily. 3 ogle, look lecherously. ■ *n.m.* act of staring, gaze.

گھوڑا /gʰo:ɽɑ:/ ■ *n.m.* 1 horse. 2 (***Chess***) the knight. 3 hammer of a gun, cock. گھوڑا بڑھانا urge horse. گھوڑا پلانا saddle horse. گھوڑا جوتنا to horse a vehicle. گھوڑا چڑھانا cock a gun. گھوڑا چھوڑنا 1 unharness a horse; gallop a horse. 2 make a horse copulate with a mare. گھوڑا دبانا press the trigger (of a gun). گھوڑا دوڑانا to make a horse gallop. گھوڑا اڑانا run horse at high speed. گھوڑا روکنا draw rein, stop one's horse. گھوڑا کسنا to bridle a horse. گھوڑا گاڑی horse cart, buggy. گھوڑا گھاس سے دوستی/ یاری کرے تو کھائے گا کیا a worker who does not demand his wages may starve. گھوڑا نکالنا 1 tame a horse. 2 take out a horse as a symbol of Imam Hussain's horse during mourning rituals of Moharram.

گھوڑی /gʰo:ɽi:/ ■ *n.f.* 1 mare. 2 ricer, crude machine for making vermicellis. 3 lace-maker's stand. 4 wooden pincers used in circumcision. 5 weaver's stand. 6 stepladder. 7 shoe rack. 8 traditional marriage song (usu. used as plural گھوڑیاں or سہاگ گھوڑیاں). گھوڑی ٹپا boys' game like leapfrog.

گھوڑے /gʰo:ɽe:/ ■ *n.m.* (*pl. & infl.* of گھوڑا) گھوڑے بیچ کر سونا go into deep slumber, sleep too soundly. گھوڑے پر آسن جمانا sit firmly on horse back. گھوڑے پر سوار آنا be in a hurry, pay a short visit. گھوڑے جوڑے کی خیر may you continue to enjoy the happy marital life and high status! گھوڑے کو سرپٹ پھینکنا make a horse gallop. گھوڑے کی نعل horseshoe.

گھوس /gʰu:s/ ■ *n.m.* (also گھونس) 1 bandicoot rat. 2 bribe.

گھوست /gʰu:səʈ/ ■ *n.m.* a young owl.

گھوسلا /gʰo:slɑ:/ ■ *n.m.* (*var.* of گھونسلا) nest.

گھوسی /gʰo:si:/ ■ *n.m.* milkman; cowherd. (*fem.* گھوسن)

گھوش /gʰo:ʃ/ ■ *n.m.* 1 noise, tumult; roar of an animal. 2 a caste of cowherds.

گھوکنا /gʰo:knɑ:/ ■ *v.* read over and again, learn by heart.

گھوگس /gʰu:gəs/ ■ *n.m.* bastion; a low wall of enclosure in

گھیپنا /gʰe:pnɑ:/ ■ *v.* mix well; make into paste, mix by rubbing, knead.

گھیتلا /gʰe:t̪lɑ:/ ■ *adj.* a type of heelless upturned slipper. (*fem.* گھیتلی)

گھیچڑ /gʰi:tʃəɽ/ ■ *n.m.* fool, idiot.

گھیر /gʰe:r/ ■ *n.m.* **1** boundary, compound; area. **2** circle. **3** measure of waist of any type of trouser. **4** width of shirt or skirt. گھیردار loose, baggy. گھیرگھار کے لانا rope (someone) in. گھیرلینا surround, encircle, besiege.

گھیرا /gʰe:rɑ:/ ■ *n.m.* **1** circumference. **2** circle. **3** fence, rim (of vessel). **4** siege. گھیراڈالنا lay siege, besiege, surround, encircle.

گھیراؤ /gʰe:rɑ:o:/ ■ *n.m.* (also گھراؤ، گھیراو) **1** siege; blockade. **2** gherao, act of gathering around (as a way of registering protest). **3** (*fig.*) pressurize. گھیراؤجلاؤ siege and arson, the act of surrounding and setting on fire (usu. during riots). گھیراؤجلاؤپتھراؤ seige, arson and stone-pelting (usu. during riots). گھیراؤکرنا set up a blockade (of); lay siege to a building, etc. (as protest); surround.

گھیرنا /gʰe:rnɑ:/ ■ *v.* **1** surround, enclose, encircle. **2** take in, occupy, fill. **3** to fence, hedge, build a wall or fence around to occupy or enclose; take (a piece of land). **4** befall (as trouble or sickness). **5** blockade.

گھیکوار /gʰi:kuvɑ:r/ ■ *n.m.* (also گھیگوار) aloe vera, a medicinal plant with pulpy leaves.

گھینٹا /gʰẽ:ʈɑ:/ ■ *n.m.* young male pig.

گھینٹی¹ /gʰẽ:ʈi:/ ■ *n.f.* young female pig. [S]

گھینٹی² ——— ■ *n.f.* (also گھیگرا، گھیگھرا) unripe pod of grain; unripe bole of cotton. [Prk.]

گھینگا /gʰe:ŋgɑ:/ ■ *n.m.* (also گھگا، گھینگھا) **1** a dish made of rice and flour. **2** goitre.

give a blow with the fist.

گھونسلا /gʰõ:slɑ:/ ■ *n.m.* (also گھوسلا) **1** bird's nest. **2** small house or cottage. گھونسلا بنانا make nest.

گھونسم گھونسا /gʰũ:səm gʰũ:sɑ:/ ■ *n.m.* fisticuffs, scuffling, the act of fighting with fists.

گھونسے /gʰũ:se:/ ■ *n.m.* (*pl. & infl.* of گھونسا) گھونسے بازی fisticuffs, boxing. گھونسے مارنا blow with fists, box.

گھونگا /gʰo:ŋgɑ:/ ■ *n.m.* **1** snail, mollusc. **2** shell, seashell, conch. **3** (*fig.*) fool, dunce.

گھونگر /gʰu:ŋgər/ ■ *n.m.* (also گھنگر) curl.

گھونگھٹ /gʰu:ŋgʰəʈ/ ■ *n.m.* (also گھونگٹ) a cover for concealing the face. گھونگھٹ اٹھانا unveil, draw away the mantle from the face. گھونگھٹ کاڑھنا draw veil over the face. گھونگھٹ کرنا **1** veil. **2** (of a horse) draw back the neck. گھونگھٹ کھانا (of army) retreat. گھونگھٹ نکالنا to draw the veil over face. گھونگھٹ والی veiled woman.

گھوئیاں /gʰu:ɪjɑ̃:/ ■ *n.f.* (also گھویاں) a species of *Arum*, an edible tuberous root as vegetable. گھوئیاں چھیلنا do something useless, waste time. (See also اروی.)

گھی /gʰi:/ ■ *n.m.* ghee, clarified butter, a cooking and frying medium in South Asia. گھی داغ کرنا to heat ghee and put it in curry. گھی چپڑنا coat with ghee. گھی سا oily, smooth, soft. گھی سنوارے سالن رسالنا بڑی بہو کا نام get credit for nothing or for another's work. گھی کہاں گیا کھچڑی میں money spent on self or family is well spent. گھی کے چراغ جلانا be very successful, prosper, rejoice; celebrate. گھی کے چراغ جلنا have a great rejoicing, be overjoyed, live a lavish life. گھی کے کپے سے جالگنا find mine of wealth, become wealthy. گھی کھچڑی close friendship.

گھیا /gʰɪjɑ:/ ■ *n.m.* pumpkin; gourd. گھیاترئی/ترتوری ridged gourd. گھیاکش grater, a kitchen tool for peeling pumpkin.

ل

ل /lɑ:m/ ■ the forty-third letter of the Urdu alphabet.

لا¹ /lɑ:/ ■ (*imper.* of لانا) bring, give; let come. [Prk.]

لا² ____ ■ *adv.* negative particle, no, not, by no means; less. ■ *prefix* added to adjectives and nouns, meaning not, reverse of, a lack of, without, un-, ir-, im-, in-. لااُبالی 1 careless, reckless, devil-may-care, indifferent. 2 careless person. لااُبالی پن carelessness, recklessness. لاادری 1 I don't know; unknown. 2 agnostic, sceptic. لاادریت agnosticism. لاالٰہ الااللہ محمد رسول اللہ declaration of faith in Islam: there is no God except Allah and Muhammad is His Messenger. لابد inevitably, indispensably; necessarily. لابدی inevitable, indispensable, unavoidable; necessary, essential, compulsory. لاپتا untraced, disappeared, lost. لاپتا ہو جانا disappear, be without a trace. لاپروا careless, uncaring. لاپروائی carelessness. لاتُحصیٰ/حد uncountable, inestimable, immense. لاتذر don't leave me alone, prayer of Moses to have a companion. لاتعداد innumerable, countless. لاتعلق unconcerned, irrelevant, detached, desolate. لاتعلقی irrelevance, detachment. لاثانی incomparable, unmatched, unparalleled. لاجَرَم 1 by all means, of course, as matter of course, consequently, inescapably, necessarily. 2 doubtlessly. لاجُزو indivisible. لاجنسی asexual. لاجنسیت asexuality. لاجواب 1 peerless, matchless, unparalleled, 2 silenced (by apt reply), rendered speechless. لاجواب کر دینا silence, render speechless. لاحاصل 1 useless, fruitless, barren; unavailing; unprofitable; unproductive. 2 (*Arith.*) without a remainder or carry-over. لاحل 1 insoluble, unsolvable. 2 inexplicable. لاخراج rent-free. لاخراج دار owner of rent-free land. لاخراج زمین rent-free land, land for which no revenue is paid. لادعویٰ 1 without claim or demand. 2 deed or act of relinquishment; withdrawal of claim. لادعویٰ لکھنا relinquish one's claim. لادوا incurable, having no remedy. لادینی irreligious, atheistic, secular. لادینیت irreligiousness, secularism. لاریب no doubt, undoubtedly, certainly, doubtless, unquestionably. لازبان speechless, quiet, silent. لازوال eternal, imperishable, everlasting. لاسخن 1 silent, speechless. 2 harsh words, foul language. لاشریک (***Islam***) having no associate, an attribute of God. لاشعاع X-ray. لاشعاعی relating to X-ray. لاشعور the unconscious. لاشعوری of or relating to the unconscious. لاشعوری طور پر unconsciously. لاشے 1 nonentity; non-being, having no material existence, non-existent. 2 cheap. 3 (***Physics***) space. 4 (***Math.***) zero. لاطائل useless, absurd, ineffectual. لاعلاج incurable; without remedy. لاعلم ignorant, unaware. لاعلمی ignorance, unawareness. لافانی/فنا immortal, eternal, everlasting. لاقانونیت lawlessness. لاکلام 1 silent, quiet. 2 undoubtedly, absolutely; positively. 3 unquestionable. لامتناہی limitless, infinite, immense, uncountable. لامحالہ surely, certainly, definitely; inevitably, compulsorily. لامحدود unlimited, limitless, immense. لامذہب/مشرب irreligious. لامکاں 1 without place or abode. 2 deity. 3 (*Mysticism*) divine world which is independent of dimensions. لاوارث 1 heirless. 2 waif, stray. 3 unclaimed (goods or property). لاوارث مال unclaimed property. لاولد childless, without issue, without offspring. لانعم no and yes; prevarication. لایبقا/یبقیٰ mortal, fleeting. لایزال everlasting, eternal, an attribute of God. لایعلم knowing nothing, ignorant. لایعنی meaningless, absurd. لایموت immortal, deathless, an attribute of God. لاینحل insoluble, unsolvable, without a solution, inextricable. لاینحل عقدہ insoluble difficulty, unsolvable problem. لاینفک inseparable. [A]

لا³ ____ ■ *n.m.* stratum, layer. لابرلا layer upon layer. [P]

لااُبالی /lɑ:ʊbɑ:li:/ ■ *adj.* (also لااوبالی) careless. See under لا².

لابہ /lɑ:bɑ:/ ■ *n.m.* 1 request, supplication, prayer. 2 coaxing, flattery. 3 anything facetious. لابہ گر 1 flatterer. 2 humble person. لابہ گری flattery.

لابھ /lɑ:bʰ/ ■ *n.m.* gain, profit; acquisition; picking. لابھ اٹھانا make profit, make gains, take advantage, utilize.

لاپتا /lɑ:pət̪ɑ:/ ■ *adj.* (also لاپتہ) lost. See under لا².

لاپروا /lɑ:pərvɑ:/ ■ *adj.* careless. See under لا².

لاپروائی /lɑ:pərvɑ:i:/ ■ *n.f.* carelessness. See under لا².

لات¹ /lɑ:t̪/ ■ *n.f.* 1 leg. 2 kick. لات جڑنا/جمانا/دینا kick, boot. لات کھانا be kicked. لات مارنا 1 kick. 2 spurn. لات کی کرنا

kick and cuff. [Prk.]

لات 2 ——— ■ *pr.n.m.* one of the three main idols worshipped by the pre-Islamic Arabs, the other two being *Manat* (منات) and *Uzza* (عزیٰ). [A]

لاتعداد /lɑ:ṭəʔḍɑ:ḍ/ ■ *adj.* (also لاتعد) countless. See under لا 2.

لاتعلّق /lɑ:ṭəʔəllʊq/ ■ *adj.* unconcerned, irrelevant. See under لا 2.

لاتعلّقی /lɑ:ṭəʔəllʊqi:/ ■ *n.f.* irrelevance. See under لا 2.

لاٹ 1 /lɑ:ʈ/ ■ *n.f.* (also لاٹھ 1) **1** pillar, minaret, steeple. **2** worn out clothes, shabby garments, rags. **3** flame of a lamp. [S]

لاٹ 2 ——— ■ *n.f.* lot, bundle, collection, consignment. [E]

لاٹ 3 ——— ■ *n.m.* (*corr.* of لارڈ) English governor in British India, lord; chief. لاٹ پادری Lord Bishop, archbishop. لاٹ صاحب **1** governor general or viceroy. **2** (*iron.*) swaggerer. لاٹ مصاحب governor general's aide-de-camp. [E]

لاٹھ /lɑ:ʈʰ/ ■ *n.f.* **1** staff; minaret, pillar. **2** vertical column of oil mill, pestle, grinding rod in manual oil press. **3** long bamboo pivoting on a support with heavy weight on one end and a bucket attached to rope on the other, used for drawing water from a well for irrigation. (See also لاٹ 1.)

لاٹھا /lɑ:ʈʰɑ:/ ■ *n.m.* a large club or staff.

لاٹھی /lɑ:ʈʰi:/ ■ *n.f.* (*dim.* of لاٹھ) lathi, stick, staff, bamboo used for fighting or as support in walking, club, cudgel. لاٹھی پاٹھی beating with a club or stick. لاٹھی پونگا کرنا fight with sticks. لاٹھی ٹیک کے چلنا walk with the help of a stick. لاٹھی چارج baton-charge. لاٹھی چلانا fight with a stick. لاٹھی والا **1** one who is armed with lathi. **2** one who sells clubs or sticks.

لاثانی /lɑ:sɑ:ni:/ ■ *adj.* unparalleled. See under لا 2.

لاج /lɑ:dʒ/ ■ *n.f.* modesty, bashfulness; sense of honour; good name. لاج آنا/کھانا blush, be shy; be provoked by a sense of honour. لاج رکھنا preserve one's or family's honour; honour one's word; honour a promise. لاج سے مرنا have a sense of honour; feel much ashamed. لاج کھونا/گنوانا lose all sense of shame.

لاجواب /lɑ:dʒəvɑ:b/ ■ *adj.* **1** unparalleled. **2** rendered speechless. See under لا 2.

لاجورد /lɑ:dʒvərḍ/ ■ *n.m.* lapis lazuli, a beautiful semi-precious stone of ultramarine colour.

لاجوردی /lɑ:dʒvərḍi:/ ■ *adj.* **1** azure, ultramarine, sky blue. **2** made of or consisting of lapis lazuli.

لاجونت /lɑ:dʒvənṭ/ ■ *adj.* bashful, modest, chaste.

لاجونتی /lɑ:dʒvənṭi:/ ■ *adj.* (*fem.* of لاجونت). ■ *n.f.* a kind of mimosa plant, *Mimosa pudica*.

لاچا /lɑ:tʃɑ:/ ■ *n.m.* (also لاچہ) a silken lungi like-dress, especially worn by women in Punjab.

لاچار /lɑ:tʃɑ:r/ ■ *adj.* **1** helpless, powerless, impotent. **2** (*fig.*) disabled. ■ *adv.* of necessity; inevitably; perforce. لاچار کرنا render helpless; compel, put pressure upon, reduce to straits; disarm. لاچار ہونا become helpless.

لاچاری /lɑ:tʃɑ:ri:/ ■ *n.f.* **1** helplessness, inability. **2** (*fig.*) poverty.

لاچین /lɑ:tʃi:n/ ■ *n.m.* **1** slave, servant. **2** eagle trained for hunting.

لاحاصل /lɑ:hɑ:sɪl/ ■ *adj.* **1** useless, fruitless. **2** (***Arith.***) without a remainder or carry-over. See under لا 2.

لاحق /lɑ:hɪq/ ■ *adj.* **1** adjoining, contiguous, adjoined, affixed. **2** touching; (usu. of illness) afflicting, affecting. ■ *n.m.* **1** supplement; appendage; dependant. **2** (***Gram.***) suffix. لاحق ہونا **1** adhere or stick to. **2** suffer from or catch (an illness), become afflicted with a disease.

لاحقہ /lɑ:hɪqɑ:/ ■ *n.m.* (***Gram.***) suffix. ■ *adj.* adjoining, affixed.

لاحول /lɑ:ho:l/ ■ *n.f.* (*contr.* of لاحول ولاقوۃ الاباللہ) (*fig.*) curse, imprecation, malediction. لاحول بھیجنا curse, imprecate; spurn. لاحول پڑھنا (*fig.*) give up; relinquish (an idea). لاحول ولاقوۃ الاباللہ **1** there is no sway or strength except that of Allah. **2** words uttered to express confusion, reproach or disapproval.

لاد /lɑ:ḍ/ ■ *n.f.* load, burden. لاد پھاند loading and packing. لاد پھاند کے with bag and baggage. لاد چلنا **1** pack up. **2** (*fig.*) die.

لادنا /lɑ:ḍnɑ:/ ■ *v.* load, burden with.

لادو /lɑ:ḍu:/ ■ *adj.* fit to carry load. ■ *n.m.* beast of burden. لادو کرنا mount or load a colt for the first time.

لادی /lɑ:ḍi:/ ■ *n.f.* a load; washerman's load of clothes.

لادیا /lɑ:ḍijɑ:/ ■ *n.m.* one who loads, loader.

See under لا۲.

لاشعاع /lɑːʃʊʔɑːʔ/ ■ *n.f.* X-ray. See under لا۲.

لاشعاعی /lɑːʃʊʔɑːʔiː/ ■ *adj.* relating to X-ray. See under لا۲.

لاشعور /lɑːʃʊʔuːr/ ■ *n.m.* the unconscious. See under لا۲.

لاشعوری /lɑːʃʊʔuːriː/ ■ *adj.* of or relating to the unconscious. See under لا۲.

لاشے /lɑːʃæː/ ■ *n.f.* nonentity. See under لا۲.

لاطائل /lɑːt̪ɑːɪl/ ■ *adj.* (also لاطایل) useless. See under لا۲.

لاطینی /lɑːt̪iːniː/ ■ *adj.* Latin.

لاعلاج /lɑːʔɪlɑːdʒ/ ■ *adj.* incurable. See under لا۲.

لاعلم /lɑːʔɪlm/ ■ *adj.* ignorant. See under لا۲.

لاعلمی /lɑːʔɪlmiː/ ■ *n.f.* ignorance. See under لا۲.

لاغر /lɑːɣər/ ■ *adj.* (also لاغِر) weak, lean, thin.

لاغری /lɑːɣəriː/ ■ *n.f.* (also لاغِری) weakness, leanness; deficiency of virility.

لاف /lɑːf/ ■ *n.f.* boasting; bragging. لاف زن boaster, boastful, vaunter; blusterer. لاف زنی boasting, bragging. لاف وگزاف boasting, bragging.

لافانی /lɑːfɑːniː/ ■ *adj.* immortal. See under لا۲.

لاکھ۱ /lɑːkʰ/ ■ *cardinal number* one hundred thousand, lakh, lac. ■ *n.m.* a large number, heaps, a great many. ■ *adv.* any extent, although. لاکھ بسوے surely, definitely. لاکھ پتی (also لکھ پتی) millionaire. لاکھ پر بھاری **1** very brave. **2** unequalled, matchless. لاکھ جی سے with all one's heart. لاکھ کا گھر خاک ہونا be reduced to extreme poverty. [Prk.]

لاکھ۲ ——— ■ *n.f.* (also لاک) lac, a dark red resin produced by red insects on trees, used for sealing documents; sealing wax. لاکھ پشت tortoise, land turtle. لاکھ کی بتی stick of sealing wax. لاکھ لگانا seal, shut up; conceal. [S]

لاکھا /lɑːkʰɑː/ ■ *n.m.* red colour of lac, red dye.

لاکھواں /lɑːkʰvɑ̃ː/ ■ *ordinal number* one hundred thousandth.

لاکھوں /lɑːkʰõː/ ■ *n.m.* (*pl.* of لاکھ۱) lakhs; innumerable. لاکھوں میں in public, openly. لاکھوں میں ایک unique, matchless.

لاکھی /lɑːkʰiː/ ■ *adj.* made of lac, dyed with lac.

لاگ /lɑːg/ ■ *n.m.* & *f.* **1** connection, affinity, relevance. **2** love, affection. **3** attention; meditation. **4** enmity, grudge. **5** spell, sorcery. **6** envy, jealousy, malice. **7** conspiracy, plot, intrigue. **8** competition, argument.

لادین /lɑːd̪iːn/ ■ *n.m.* atheist, heretic, unbeliever.

لادینی /lɑːd̪iːniː/ ■ *adj.* secular, irreligious. See under لا۲.

لادینیت /lɑːd̪iːnɪjət̪/ ■ *n.f.* secularism, irreligiousness. See under لا۲.

لاڈ /lɑːɖ/ ■ *n.m.* (also لاڑ) love, pampering, overindulgence. لاڈ کرنا pamper, overindulge.

لاڈلا /lɑːɖlɑː/ ■ *adj.* dear, pet, pampered, darling (child, etc.).

لاڈلی /lɑːɖliː/ ■ *adj.* (*fem.* of لاڈلا).

لاڈو /lɑːɖoː/ ■ *n.f.* **1** darling, favourite (daughter or wife). **2** bride. **3** (*iron.*) spoilt child.

لار /lɑːr/ ■ *n.f.* continuous line, row; string, series.

لارا /lɑːrɑː/ ■ *n.m.* false hope, deception; coaxing. لارا لپّا false promise, putting off, dodging, procrastination. لارالیری prevarication, quibbling, shifting. لارالیری لگانا prevaricate.

لاریب /lɑːræːb/ ■ *adv.* no doubt, undoubtedly. See under لا۲.

لازب /lɑːzɪb/ ■ *adj.* adhesive, sticky; attached.

لازم /lɑːzɪm/ ■ *adj.* **1** compulsory; necessary, indispensable, incumbent; important. **2** (***Gram.***) intransitive (verb). لازم آنا become necessary, be incumbent (on). لازم جاننا consider necessary or right, deem indispensable. لازم کرنا make (something) incumbent or obligatory (on). لازم وملزوم inseparable, closely related to each other; reciprocal.

لازمہ /lɑːzɪmɑː/ ■ *n.m.* something necessary or compulsory; an intrinsic component of something.

لازمی /lɑːzɪmiː/ ■ *adj.* (also لازِمی) necessary, unavoidable, inevitable, compulsory, incumbent.

لازوال /lɑːzəvɑːl/ ■ *adj.* eternal, everlasting. See under لا۲.

لاسا /lɑːsɑː/ ■ *n.m.* (also لاسہ) **1** anything glutinous, gum; birdlime; viscous milk of plant. **2** addiction, bad habit. **3** row, quarrel, altercation. لاسا لگانا **1** catch with birdlime. **2** kick up a row, foment a quarrel.

لاسلکی /lɑːsɪlkiː/ ■ *adj.* wireless.

لاسے /lɑːseː/ ■ *n.m.* (*pl.* & *infl.* of لاسا) لاسے پر لگانا tame, make someone docile, bring round to.

لاش /lɑːʃ/ ■ *n.f.* (also لاشہ) corpse, dead body, stiff. لاش اٹھانا/نکالنا carry a dead body for burial.

لاشریک /lɑːʃəriːk/ ■ *adj.* (***Islam***) having no associate, God.

لالٹین /lɑ:lʈe:n/ ■ *n.f.* lantern. [E]

لالچ /lɑ:lətʃ/ ■ *n.m.* greed, avarice, covetousness, avidity, temptation. لالچ بری بلا ہے greed is a curse. لالچ دینا tempt. لالچ کرنا/رہونا covet. لالچ میں آنا be tempted.

لالچی /lɑ:ltʃi:/ ■ *adj.* greedy, avaricious, covetous. (*fem.* لالچن)

لالڑی[1] /lɑ:lɽi:/ ■ *n.f.* a kind of low-quality ruby; a cheap stone resembling ruby. [Prk.]

لالڑی[2] ____ ■ *n.f.* (*var.* of لاڈلی) favourite female child. [Prk.]

لالسا /lɑ:lsɑ:/ ■ *n.f.* **1** ardent desire, eagerness, longing. **2** greed, avarice.

لالوں /lɑ:lõ:/ ■ *n.m.* (*pl.* of لال[2]) لالوں کا لال a very dear child.

لالہ[1] /lɑ:lɑ:/ ■ *n.m.* poppy flower; tulip. لالہ رخ/رو/عذار **1** with a rosy face. **2** (*fig.*) beautiful and blooming. لالہ زار bed or garden of tulip. [P]

لالہ[2] ____ ■ *n.m.* (also لالا[2]) **1** Hindu moneylender, banker or merchant. **2** school master. **3** title of respect as: Mr, father; father-in-law, brother, young boy, son, dear one, beloved. لالہ بھیا کرنا show affection, address with respect; flatter. لالہ جی a title of respect. (*fem.* للائن) [S]

لالی /lɑ:li:/ ■ *n.f.* **1** redness, ruddiness. **2** rouge. **3** (*fig.*) daughter, sister. **4** form of address for Hindu woman. **5** honour, reputation. **6** bleariness. **7** menstrual discharge. لالی رہ جانا save honour or good name.

لالے /lɑ:le:/ ■ *n.m.* (*pl.* & *infl.* of لالہ[1]) **1** desire, hope. **2** hopelessness. لالے پڑنا **1** become unattainable. **2** become despondent. **3** be trapped in some trouble. (جان کے) لالے پڑنا life to be endangered.

لام[1] /lɑ:m/ ■ *n.m.* **1** the letter ل. **2** (*fig.*) ringlet. ■ *adj.* crooked, curved, bent. لام کاف **1** boast, brag. **2** abusive language. لام کاف بکنا/پر اُترنا use abusive language, abuse, revile. [A]

لام[2] ____ ■ *n.f.* **1** battlefield. **2** row or company of troops, line. لام باندھنا arrange troops in a proper formation, form into line, array, marshal; mobilize. لام بندی mobilization, recruitment. [Prk.]

لاما[1] /lɑ:mɑ:/ ■ *n.m.* lama, Tibetan or Mongolian Buddhist spiritual leader. لامائسری lamasery or lamaserai, a Buddhist monastery. [Tibetan]

لاما[2] ____ ■ *n.m.* llama, an animal of the camel family

9 cost, expense. **10** (***Math.***) ratio. لاگ ڈانٹ quarrel, enmity, rancour, rivalry. لاگ رکھنا **1** be concerned. **2** harbour ill-will; have grudge against. لاگ لپیٹ **1** partiality, favour. **2** treachery; cunning, deceit. لاگ لگنا fall in love, be attached to.

لاگت /lɑ:gət̪/ ■ *n.f.* cost, expense, expenditure, outlay. لاگت بیٹھنا to cost. لاگت لگانا invest or lay out money, expense to meet; calculate the cost.

لاگُو /lɑ:gu:/ ■ *adj.* adhering to; attached. ■ *n.m.* **1** animal bent upon injuring or harming; pursuer; enemy. **2** friend, sympathizer. لاگو کرنا enforce, apply, give effect to. لاگو ہونا **1** follow or pursue persistently. **2** adhere to, be attached to. **3** be intent on. **4** desire; like. (جان کا) لاگو ہونا resolved on killing or pestering (someone).

لال[1] /lɑ:l/ ■ *adj.* **1** red (colour). **2** enraged, inflamed, angry. ■ *n.m.* **1** a small bird of red colour, red avadavat *Fringilla amandava*. **2** (also لعل[1]) ruby. لال انگارہ red-hot, fiery; flushed with rage. لال بیگ cockroach. لال بھبوکا flushed (with rage); red (of face). لال بھبوکا ہونا turn red with rage. لال پری **1** fairy dressed in red. **2** (*fig.*) wine. لال پکا red pigeon with white wing, breast and tail. لال پیلا ہونا be enraged. لال جھنڈی دکھانا cease, ward off, put off, prevaricate. لال خاں کا لکڑا a kind of pillory. لال دوا/دوائی potassium permanganate. لال ڈورا **1** red tape. **2** red streak (in bloodshot eyes). لال سوداگر petty merchant who quickly sells wares at low profits. لال کرتی British infantry (owing to its red jackets), colloquial name for British Indian cantonments. لال کنیر rosebay. لال مرچ red chilli, red pepper. لال ہونا **1** become red. **2** be enraged; fly into passion. **3** reach the goal. [Prk.]

لال[2] ____ ■ *n.m.* (also لعل[2]) boy; child, son. ■ *adj.* **1** darling, dear. **2** (*fig.*) beloved. **3** dumb. لال بجھکڑ wiseacre. لال بیگ religious leader of sweepers. لال بیگی his follower; sweeper. لال کتاب (*joc.*) supposed memoirs of wiseacre, repository of answer to every question. [S]

لالا[1] /lɑ:lɑ:/ ■ *adj.* lustrous, bright, shining (pearl). ■ *n.m.* slave; servant. [P]

لالا[2] ____ ■ *n.m.* title of Hindu moneylender. See لالہ[2]. [S]

لاہُوت /lɑ:hu:t̪/ ■ *n.m.* **1** the divine nature; divinity, divine world. **2** (***Sufism***) mystic stage in which Sufi's existence becomes one with God's.

لاہُوتی /lɑ:hu:t̪i:/ ■ *adj.* of or relating to لاہُوت.

لائحہ /lɑ:ehɑ:/ ■ *n.m.* **1** shining thing, splendour. **2** clause, index; self-evident matter; programme. لائحۂ عمل strategy, rules of practice, procedure, programme, course or line of action; modus operandi. (*pl.* لوائح)

لائق /lɑ:ɪq/ ■ *adj.* **1** able, capable, competent, proper, fit, adapted; suitable, qualified. **2** worthy; deserving; due. **3** well-bred; noble; good; becoming; decent. **4** convenient; pertinent, congruous. **5** learned. لائقِ اعتبار trustworthy; credible. لائقِ انعام deserving of reward. لائقِ پذیرائی acceptable; worthy of being received or entertained, entertainable, worthy of reception. لائقِ پسند fit to be chosen, eligible, likeable. لائقِ تحسین worthy or deserving of praise, praiseworthy. لائقِ تعزیر/سزا punishable, deserving of punishment; penal. لائقِ شادی marriageable, fit for marriage. لائق فائق very able. لائق مند worthy, fit, deserving. لائق مندی propriety, worthiness. لائق ہونا deserve, suit, be eligible, worthy of.

لائم /lɑ:ɪm/ ■ *n.m.* censurer; accuser. (*pl.* لُوّام)

لاؤ[1] /lɑ:o:/ ■ (*imper.* of لانا) bring. [Prk.]

لاؤ[2] ____ ■ *n.f.* **1** rope. **2** fire; gunpowder. لاؤدار (of a mounted gun) ready to discharge. [Prk.]

لاؤ لشکر /lɑ:o:ləʃkər/ ■ *n.m.* **1** large army with its constituent arms. **2** crowd.

لاؤنی /lɑ:o:ni:/ ■ *n.f.* **1** harvest. **2** remuneration for harvesting. **3** land revenue. **4** a kind of song telling a story; a ballad; minstrel song.

لائی /lɑ:i:/ ■ *n.f.* parched grain especially rice; parched rice with sugar.

لایعنی /lɑ:jəʔni:/ ■ *adj.* meaningless. See under لا[2].

لاینحل /lɑ:jənhəl/ ■ *adj.* insoluble. See under لا[2].

لب /ləb/ ■ *n.m.* **1** lip. **2** moustache wholly or partially covering the upper lip. **3** edge, margin, brim; shore. **4** (*fig.*) saliva. لب بستگی state of having the lips closed. لب بستہ silent, with lips sealed. لب بلب face to face, in front, opposite. لب بند ہونا be silent. لب تشنہ thirsty. لب خا **1** biting the lips. **2** (*fig.*) (i) fretful, irritable.

found in the Andes. [E]

لامُتناہی /lɑ:mʊt̪ənɑ:hi:/ ■ *adj.* limitless, infinite. See under لا[2].

لامحدود /lɑ:mæhd̪u:d̪/ ■ *adj.* infinite, unlimited, immense. See under لا[2].

لامسہ /lɑ:mɪsɑ:/ ■ *n.f.* sense of touch, tactile sense.

لامع /lɑ:meʔ/ ■ *adj.* shining, splendid, bright. (*pl.* لوامع)

لامکاں /lɑ:məkɑ̃:/ ■ *adj.* without place or abode. ■ *n.m.* **1** deity. **2** (*Mysticism*) divine world. See under لا[2].

لامہ /lɑ:mɑ:/ ■ *n.f.* chain mail, coat of mail.

لامی /lɑ:mi:/ ■ *adj.* (also لامیّہ) **1** of or relating to letter ل. **2** curved.

لانا /lɑ:nɑ:/ ■ *v.* **1** bring; fetch; usher. **2** purchase, buy. **3** apply, use; present. **4** yield, produce. **5** introduce. **6** persuade, win over. **7** include. **8** procure.

لانبا /lɑ̃:bɑ:/ ■ *adj.* (*var.* of لمبا) long, tall. (*fem.* لانبی)

لانک /lɑ:ŋk/ ■ *n.f.* **1** stack or rick of unthreshed corn, chaff. **2** birdlime. **3** quantity, measure; heap, large quantity, much. **4** leaves of indigo plant.

لانگ /lɑ:ŋg/ ■ *n.f.* the fold of a dhoti passed between the thighs.

لانگاٹیر /lɑ:ŋgɑ:ʈe:r/ ■ *n.f.* **1** succession, series, train. **2** line, row, queue, beeline.

لانگن /lɑ:ŋgən/ ■ *n.f.* (also لانگھن) leaping, bestriding. لانگن میں آنا be stepped across, be leapt over.

لانگنا /lɑ:ŋgnɑ:/ ■ *v.* (also لانگھنا) step or leap across; take (something) in stride, bestride, overleap; straddle.

لاوا[1] /lɑ:vɑ:/ ■ *n.m.* lava, molten discharge from a volcano. [E]

لاوا[2] ____ ■ *n.m.* parched grain. [S]

لاوارث /lɑ:vɑ:rɪs/ ■ *adj.* **1** heirless. **2** waif. **3** unclaimed (goods or property). See under لا[2].

لاوڑ /lɑ:vəɽ/ ■ *n.m.* **1** seedling of rice or tobacco. **2** fine molasses.

لاولد /lɑ:vələd̪/ ■ *adj.* childless. See under لا[2].

لاون /lɑ:vən/ ■ *n.m.* (*contr.* of لگاون) stewed vegetable, etc.

لاونی /lɑ:vni:/ ■ *n.f.* **1** cutting (of crops), reaping. **2** wages in kind to reapers (at harvest time). **3** proceeds from land rent; revenue.

لاہا /lɑ:hɑ:/ ■ *n.m.* gain, profit, advantage.

لاہن /lɑ:hən/ ■ *n.m.* brewed stuff.

لبن /ləbən/ ■ *n.m.* milk.

لبنی /ləbni:/ ■ *n.f.* (also لبنا) the earthen pot in which the intoxicating palm sap is collected; a small earthen pot.

لُبوب /lʊbu:b/ ■ *n.m.* (*pl.* of لُب) **1** essences, piths. **2** a kind of electuary or confection.

لبوں /ləbõ:/ ■ *n.m.* (*pl.* & *infl.* of لب) both lips; lips. لبوں پر جاں ہونا be at the point of death. لبوں پر مہر لگنا remain silent, keep mum, say nothing.

لبی[1] /ləbi:/ ■ *adj.* of or relating to لب, labial. لبی آوازیں labial sounds. [P]

لبی[2] ____ ■ *n.f.* boiling juice of sugar cane to make sugar. [dial.]

لبیب /ləbi:b/ ■ *adj.* wise, intelligent, judicious.

لبیدا /ləbe:ḍɑ:/ ■ *n.m.* cane, stick, club, cudgel.

لبیرا[1] /ləbe:rɑ:/ ■ *n.m.* (also لبھیڑا) glutinous berry. (See also لسوڑا.) [Prk.]

لبیرا[2] ____ ■ *n.m.* tatter, rag, torn cloth or strip. [dial.]

لبیرے /ləbe:re:/ ■ *n.m.* (*pl.* & *infl.* of لبیرا[2]) لبیرے لگانا go about in rags.

لبّیک /ləbbæ:k/ ■ *exclam.* 'Here I am!' declaration made by pilgrims during the Hajj. لبیک کہنا say an emphatic yes to (a rallying cry, call, etc.).

لبیں /ləbẽ:/ ■ *n.f.pl.* **1** both lips. **2** moustache. لبیں کترنا trim the moustache. لبیں لینا shave or clip the moustache.

لُبھانا /lʊbʰɑ:nɑ:/ ■ *v.* entice, tempt, allure, seduce, charm, draw or win over, attract; fascinate; excite desire.

لُبھاؤ /lʊbʰɑ:o:/ ■ *n.m.* (also لُبھاوٹ) **1** allurement, attraction, temptation. **2** excess received on paid price.

لُبھاوا /lʊbʰɑ:vɑ:/ ■ *n.m.* enticement, coaxing, allurement.

لپ[1] /ləp/ ■ *n.f.* a quantity that fills both palms joined together. لپ بھر handful. [S]

لپ[2] ____ ■ *n.f.* haste, quickness. لپ جھپ **1** agility. **2** sleight of hand. **3** sharp, nimble; rapid and bouncing (as gait), active, dapper, quick. **4** briskly, nimbly, smartly. لپ چھنی flatterer; babbler. لپ لپ quickly, briskly. لپ لپ کرنا lap up. لپ لپ کھانا eat quickly. [Prk.]

لِپا /lɪpɑ:/ ■ *adj.* plastered. لپا پُتا plastered and painted.

لپّا /ləppɑ:/ ■ *n.m.* **1** slap. **2** embroidery with silver or gold thread; gold or silver cloth, brocade.

(ii) fastidious. لب ریز brimful, overflowing. لب ریزی overflow, abundance. لبِ دریا the river bank. لب سوز piping hot. لبِ شیریں **1** honeyed lips. **2** (*fig.*) (i) beloved's lips. (ii) sweet speech. **3** a kind of sweet dish. لب کھولنا/ہلانا open the mouth; speak. لبِ گور near death, dying, with one foot in the grave; on the verge of death. لب لگانا apply saliva. لب ولہجہ tone, voice; pronunciation, accent.

لُب /lʊb/ ■ *n.m.* essence, gist; pith, kernel, the best part. لبِّ لباب crux of the question, pith or quintessence of anything. (*pl.* لُبوب)

لبادہ /ləbɑ:ḍɑ:/ ■ *n.m.* cloak, pelisse, gown, raincoat or waterproof cloak.

لباڑ /ləbɑ:ɽ/ ■ *n.m.* **1** liar, false person; gossiper. **2** rogue. ■ *adj.* unreal, untrue, false.

لباڑیا /ləbɑ:ɽ jɑ:/ ■ *n.m.* (also لپاٹیا، لپاڑیا) liar; gossiper, fibber, fabulist.

لِباس /lɪbɑ:s/ ■ *n.m.* **1** dress, clothes, garment, apparel, attire. **2** appearance; disguise. لباسِ آخرت shroud.

لبالب /ləbɑ:ləb/ ■ *adj.* (*comb.* of لب) brimful, overflowing.

لبدار /ləbḍɑ:r/ ■ *n.m.* mud, alluvial deposit.

لُبدی /lʊbḍi:/ ■ *n.f.* paste, lump of wet pulp; a kind of cement applied for smoothing a surface. See لگدی.

لبدھڑ /ləbḍʰəɽ/ ■ *adj.* (also لبڑ) thick and sticky, glutinous, gluey.

لبدھڑا /ləbḍʰəɽɑ/ ■ *n.m.* (also لبڑا) sediments, dregs, thick gravy, etc.

لبریز /ləbre:z/ ■ *adj.* brimful. See لب ریز under لب.

لبریزی /ləbre:zi:/ ■ *n.f.* overflowing. See لب ریزی under لب.

لبڑ /ləbəɽ/ ■ *adj.* false, vulgar. ■ *n.m.* liar, fibber. لبڑ خندہ liar; foul-mouthed. لبڑ سبڑ slovenliness; untidiness, messiness.

لبڑا /ləbɽɑ:/ ■ *adj.* **1** left-handed. **2** greedy for food. **3** liar. (*fem.* لبڑی)

لبڑو /ləbɽu:/ ■ *adj.* talkative; false. (*fem.* لبڑو)

لبلاب /ləblɑ:b/ ■ *n.f.* **1** bindweed, a kind of ivy, *Hedera helix*. **2** lablab.

لبلبہ /ləbləbɑ:/ ■ *n.m.* pancreas. ■ *adj.* sticky; slimy.

لبلبی[1] /ləbləbi:/ ■ *adj.* pancreatic. [Prk.]

لبلبی[2] ____ ■ *n.f.* (also لبلبی) trigger of a gun. [dial.]

لپکی /ləpki:/ ■ *n.f.* basting stitch, tack. لپکی بھرنا، مارنا baste, make long temporary stitches.

لُپلُپانا /lʊplʊpa:nɑ:/ ■ *v.* (of lips or labia) quiver in excitement.

لِپنا /lɪpna:/ ■ *v.* be plastered or whitewashed.

لِپوانا /lɪpva:na:/ ■ *v.* get something plastered or smeared.

لپّے /ləppe:/ ■ *n.m.* (*pl. & infl.* of لپا) **1** brocade. **2** gold or silver embroidery. لپّے دار having border of gold and silver thread; embroidered.

لپیٹ /ləpe:ʈ/ ■ *n.f.* **1** fold, twist, coil; fillet; cover; plait. **2** bandage. **3** blast, gust (of cold wind). **4** range, compass, ambit. **5** evil influence. **6** attack of an epidemic. **7** entanglement, difficulty, confusion. **8** deception, fraud. لپیٹ جھپیٹ، سپیٹ **1** disorder, confusion, entanglement. **2** deception. لپیٹ کر بات کرنا speak in an ambiguous way, equivocate. لپیٹ لینا **1** roll, fold, wrap, envelop. **2** wind up a job or work. لپیٹ میں آنا be or become involved or entangled.

لپیٹا /ləpe:ʈa:/ ■ *n.m.* **1** cover, covering; fold. **2** embrace.

لپیٹن /ləpe:ʈən/ ■ *n.m.* the roller on which cloth is wound.

لپیٹنا /ləpe:ʈna:/ ■ *v.* **1** roll, fold, furl; wrap; envelop; pack. **2** bind; enclose. **3** involve; entangle.

لپیٹواں /ləpe:ʈvɑ̃:/ ■ *adj.* **1** twisted, wrapped up. **2** roundabout, ambiguous. لپیٹواں بات vague or dubious expression.

لت[1] /lət̪/ ■ *n.f.* **1** bad habit, addiction. **2** vice. ■ *adj.* smeared. لت پت drenched, bespattered, soaked through; besmeared. لت پڑنا acquire a habit or vice, become addicted. [Prk.]

لت[2] ——— ■ *n.f.* (*contr.* of لات) leg. لت خور، خورا **1** mean, contemptible. **2** contemptible person. لت کوبی cudgelling, beating. [Prk.]

لتا /ləʈa:/ ■ *n.f.* **1** creeper, vine. **2** tendril, thread. لتا کنج bower surrounded with or formed by creepers.

لتّا /ləʈʈa:/ ■ *n.m.* (also لتہ) **1** dirty and tattered cloth, rag. **2** sanitary pad or napkin. لتا پتا **1** goods or chattels. **2** effects, possessions. **3** feeble, frail, infirm.

لتاڑ /ləʈa:ɽ/ ■ *n.f.* (also لتھاڑ) **1** rebuke, reproach, insult. **2** labour, fatigue.

لتاڑنا /ləʈa:ɽna:/ ■ *v.* (also لتھاڑنا) **1** rebuke, rail at, reproach, scold, chide, berate, upbraid, take to task.

لپاڈگی scuffle, fight.

لپاٹیا /ləpa:ʈɪja:/ ■ *n.m.* (also لپاٹی، لپاڑی) liar; babbler, fibber. (*fem.* لپاٹن)

لپاک جھپاک /ləpa:k dʒʰəpa:k/ ■ *adv.* (also لپک جھپک) quickly, in the wink of an eye, in no time.

لپالپ /ləpa:ləp/ ■ *adv.* (*comb.* of لپ[2]) quickly, briskly.

لپائی /lɪpa:i:/ ■ *n.f.* **1** plastering. **2** remuneration for it.

لپٹ /ləpəʈ/ ■ *n.f.* **1** gust, blast; flame; height of flame. **2** scent, odour. لپٹ لگنا be singed; have an attack of sunstroke.

لپٹ /lɪpəʈ/ ■ (*imper.* of لپٹنا) embrace; fold; wrap. ■ *n.f.* **1** act of embracing. **2** folding.

لپٹا /ləpʈa:/ ■ *n.m.* glutinous liquid food.

لپٹا /lɪpʈa:/ ■ *adj.* wrapped; folded; embraced.

لپٹانا /lɪpʈa:na:/ ■ *v.* embrace, hug, hold in arms, hold someone close, cuddle, cling, enfold; fold.

لپٹاؤ /lɪpʈa:o:/ ■ *n.m.* adhesion, gumminess, stickiness.

لپٹنا /lɪpəʈna:/ ■ *v.* (also لپٹ پڑنا) **1** embrace, entwine. **2** cling (to), stick (to); coil (round). **3** fight, wrestle; pester. **4** be smeared, be daubed.

لپٹواں /lɪpəʈvɑ̃:/ ■ *adj.* folding.

لپڑ /ləpəɽ/ ■ *n.f.* haste, agility. لپڑ شپڑ **1** involved or confused speech. **2** prevarication. **3** clumsiness. **4** awkwardly, in a confused manner. لپڑ لپڑ babble.

لپّڑ /ləppəɽ/ ■ *n.m.* slap.

لُپڑی /lʊpɽi:/ ■ *n.f.* **1** poultice, plaster. **2** lump of dough used in massage of newborn children.

لپسی /ləpsi:/ ■ *n.f.* (also لپٹی) pottage, thin gruel, pap, over-soft watery boiled rice.

لپک /ləpək/ ■ *n.f.* **1** beat, throb; ache; burning sensation. **2** spring, bounce, dart; nimbleness. **3** flash, flame, shine. لپک جھپک (سے) nimbly, briskly, swiftly. لپک کر quickly, hurriedly. لپک لینا spring forward and catch; snatch.

لپکا /ləpka:/ ■ *n.m.* **1** bad habit, addiction, overfondness of something. **2** jump, leap. **3** snatch. لپکا پڑ جانا، پڑنا become addicted to.

لپکانا /ləpka:na:/ ■ *v.* **1** stretch forth one's hand. **2** dispatch one quickly.

لپکنا /ləpəkna:/ ■ *v.* **1** rush, spring; run, walk fast; hurry. **2** catch, swoop.

affected gait, air. **2** sudden fit. **3** influence of evil spirit. **4** hanging, dangling. **5** heedlessness, carelessness. لٹک جانا become very weak and lean by illness. لٹک چال **1** oscillatory motion, reeling steps. **2** affected or enticing gait, coquetry. لٹک رہنا linger (over), tarry, delay.

لٹکا /ləʈka:/ ■ *n.m.* **1** incantation. **2** magic wand, conjuring rod. **3** trick and ruses, cleverness; skill. **4** a quack medicine or nostrum, simple remedy. ■ *adj.* hanging. (*fem.* لٹکی)

لٹکانا /ləʈka:na:/ ■ *v.* **1** hang, dangle or suspend. **2** keep someone waiting or in suspense, postpone, put off, defer.

لٹکاؤ /ləʈka:o:/ ■ *n.m.* hanging, suspension.

لٹکن /ləʈkən/ ■ *n.m. & f.* **1** stand for the water-pots; anything hanging. **2** pendant, eardrop or nose-ring. **3** drop (of lustre or chandelier); hanging lamp. **4** clapper (of bell); pendulum, plummet. **5** a kind of fruit, *Bixa orellana,* the pulp surrounding the seed of which yields a yellow dye. **6** green bird, *Psittacus minor*, so called because it often remains hanging by the claws.

لٹکنا /ləʈəkna:/ ■ *v.* **1** hang, swing. **2** be kept waiting. لٹکنا مٹکنا walk coquettishly or in an affected manner.

لٹنا /ləʈna:/ ■ *v.* **1** be emaciated, be reduced by sickness, become weak. **2** degenerate; become poor.

لُٹنا /luʈna:/ ■ *v.* be plundered, robbed or ruined, be squandered; be defrauded.

لٹّو /ləʈʈu:/ ■ *n.m.* top, toy spinning on a tip. لٹّو ہونا fall in love with, be charmed, be enamoured, be infatuated.

لُٹوانا /luʈva:na:/ ■ *v.* cause to be plundered.

لٹورا /ləʈu:ra:/ ■ *n.m.* (also لٹوریا) tangled lock. ■ *adj.* (*deris.*) man with long locks.

لٹورا /ləʈo:ra:/ ■ *n.m.* a bird of prey, smaller than dove, known as butcher bird, *lanius excubitor*. (*fem.* لٹوری)

لٹوری /ləʈu:ri:/ ■ *n.f.* (*dim.* of لٹورا) hair, tangled short hair.

لٹورے /ləʈu:re:/ ■ *n.m.* (*pl. & infl.* of لٹورا) لٹورے اُپاڑنا رلینا pester, torment. لٹورے اُتروانا shave child's head for the first time.

لُٹیا /luʈ ja:/ ■ *n.f.* (*dim.* of لوٹا) small brass or copper pot. لُٹیا ڈبونا **1** ruin or wreck a plan or venture. **2** bring **2** trample, tread.

لُٹپُٹا /luʈpuʈa:/ ■ *adj.* savoury, delicious (food).

لُترا /lut̪ra:/ ■ *n.m.* **1** telltale. **2** backbiter; mischief-maker. **3** sycophant. لتراپن backbiting; mischief-making. (*fem.* لُتری)

لترلترکرنا /lət̪ər lət̪ər kərna:/ ■ *v.* babble.

لتیا /lət̪ja:/ ■ *n.m.* an addict.

لتیانا /lət̪ja:na:/ ■ *v.* kick, go on kicking someone.

لتّے /lət̪t̪e:/ ■ *n.m.* (*pl. & infl.* of لتّا) لتّے لینا revile; rebuke, reprimand, reproach.

لِتھاڑنا /lɪt̪ʰa:ɽna:/ ■ *v.* (also لتھاڑنا) spatter with, smear; coat.

لِتھڑا /lɪt̪ʰɽa:/ ■ *adj.* besmeared, spattered.

لتھڑپتھڑ /lət̪ʰəɽ pət̪ʰəɽ/ ■ *adj.* besmeared, soiled.

لِتھڑنا /lɪt̪ʰəɽna:/ ■ *v.* (also لتھڑنا) be thoroughly smeared or thickly coated.

لِتھیڑنا /lɪt̪ʰe:ɽna:/ ■ *v.* (also لتھیڑنا) besmear; coat thickly.

لٹ /ləʈ/ ■ *n.f.* lock of hair, ringlet. لٹ پٹ رپٹا **1** staggering, reeling. **2** tangled, topsy-turvy. **3** dandy. **4** drunkard. لٹ جانا become lean or emaciated. لٹ دبانا capture, seize; have in one's power.

لٹا /ləʈa:/ ■ *adj.* **1** entangled. **2** weak; thin. لٹاپٹا irregularly or loosely folded. لٹادھاری fakir or sadhu with matted hair.

لُٹا /luʈa:/ ■ *adj.* (someone) robbed, (something) plundered. لٹاپٹا wretched, ruined, miserably poor or low. (*fem.* لٹی)

لِٹانا /lɪʈa:na:/ ■ *v.* **1** lay (someone or something) down; place someone in a horizontal position. **2** (*fig.*) knockout, fell. **3** put in the grave.

لُٹانا[1] /luʈa:na:/ ■ *v.* squander, spend lavishly. [S]

لُٹانا[2] ——— ■ *v.* **1** bring down. **2** cause to wallow or roll on the ground. [Prk.]

لُٹاؤ /luʈa:u:/ ■ *adj.* spendthrift. (See also اُڑاؤ.)

لٹائی /ləʈa:i:/ ■ *n.f.* small roller on which the string of paper kite is wound, reel.

لٹپٹانا /ləʈ pəʈa:na:/ ■ *v.* **1** stagger, tremble, trip. **2** tarry, loiter. **3** stammer or hesitate (in speaking).

لُٹّس /luʈʈəs/ ■ *n.f.* plunder, pillage, sack. لٹّس پڑنا رمچنا general plunder to occur. لٹّس مچانا plunder or sack.

لٹک /ləʈək/ ■ (*imper.* of لٹکنا). ■ *n.f.* **1** fashion, style, manner of walking, talking, speaking or singing;

لُچّا /lʊtʃtʃɑː/ ■ *n.m.* yob, rascal, rogue, blackguard, man of low morals, scoundrel. لچاپن rakishness, rascality. لچالفنگا rogue, rascal; immoral, shameless. (*fem.* لُچّی)

لچانا /lətʃɑːnɑː/ ■ *v.* bend, bow, crook.

لچاؤ /lətʃɑːoː/ ■ *n.m.* elasticity; deflexion, inclination; crookedness.

لچر /lətʃər/ ■ *adj.* **1** absurd, mean, vulgar (language, remark, etc.); weak; loose. **2** crude, in bad taste. ■ *n.m.* crude person, vulgar or mean person.

لچک /lətʃək/ ■ *n.f.* elasticity, flexibility, resilience, suppleness, buoyancy; adaptability. لچک دار flexible, elastic, supple, resilient; adaptable.

لچکا /lətʃkɑː/ ■ *n.m.* **1** jolt, shove, push; strain, sprain. **2** swinging movement in walking; twist. **3** gold or silver braid, light brocade lace. **4** large pleasure boat.

لچکانا /lətʃkɑːnɑː/ ■ *v.* bend, move.

لچکنا /lətʃəknɑː/ ■ *v.* bend, twist and turn, swing and sway.

لچکیلا /lətʃkiːlɑː/ ■ *adj.* flexible, elastic, supple, resilient. (*fem.* لچکیلی)

لچلچانا /lətʃlətʃɑːnɑː/ ■ *v.* (something) to feel soft, clammy and elastic; be sticky or clammy.

لچنا /lətʃnɑː/ ■ *v.* **1** bend, bow. **2** yield, give away.

لُچی /lʊtʃəiː/ ■ *n.f.* **1** a kind of soft thin fried cookie. **2** small round ball of dough.

لُچّی /lʊtʃtʃiː/ ■ *n.* (*fem.* of لُچّا) wicked and immoral woman. لچی بات obscene or indecent talk.

لچیلا /lətʃiːlɑː/ ■ *adj.* elastic, flexible. (*fem.* لچیلی)

لچھّا /lətʃʰtʃʰɑː/ ■ *n.m.* **1** ball or bundle (of wool or thread), skein. **2** interlinked ring of anything (e.g. onion). **3** spiral anklet. **4** set of bangles.

لچھمی /lətʃʰmiː/ ■ *n.f.* (also لکشمی) (***Hinduism***) name of the wife of Vishnu, goddess of wealth and prosperity. لچھمی گھر میں لانا **1** become rich. **2** have a rich and fortunate daughter-in-law.

لچھّن /lətʃʰtʃʰən/ ■ *n.m.* (also *pl.*) **1** manners, doings, character (usu. as *neg.* attribute). **2** distinctive mark, sign. لچھن پکڑنا learn bad manners, degenerate. لچھن جھڑنا be corrupted, degenerate; lose one's beauty. لچھن سیکھنا learn (good or bad) manners.

لچھّی /lətʃʰtʃʰiː/ ■ *n.f.* (*dim.* of لچھّا).

لچھّے /lətʃʰtʃʰeː/ ■ *n.m.* (*pl.* & *infl.* of لچھّا) لچھے دار **1** long and disgrace. لٹیا ڈوبنا be ruined; plan be wrecked.

لُٹیرا /lʊʈeːrɑː/ ■ *n.m.* robber, plunderer, highwayman. (*fem.* لُٹیری)

لٹھ /ləʈʰ/ ■ *n.m.* **1** lat, lathi, long staff, stick, long bamboo cudgel, shaft; measuring rod or pole. **2** (*fig.*) ill-mannered, uncivilized, wild. لٹھ باز cudgel-player, fencer, one who uses or fights with a club. لٹھ بازی cudgelling. لٹھ بند armed with a stick. لٹھ چلانا **1** strike with a cudgel. **2** (*fig.*) speak harshly. لٹھ مار (*fig.*) tactless in speech. لٹھ مارنا **1** hit with a cudgel. **2** speak tactlessly.

لٹھّا[1] /ləʈʰʈʰɑː/ ■ *n.m.* **1** beam, rafter. **2** (*rare*) railway sleeper. [Prk.]

لٹھّا[2] ——— ■ *n.m.* long-cloth, a kind of cotton cloth. [E]

لٹھم لٹھّا /ləʈʰʈʰəm ləʈʰʈʰɑː/ ■ *n.m.* mutual cudgelling, cudgel-fight.

لٹھیا /ləʈʰjɑː/ ■ *n.f.* (*dim.* of لٹھ) short stick or cudgel.

لٹھیانا /ləʈʰjɑːnɑː/ ■ *v.* hit with cudgel.

لٹھیت /ləʈʰæːt̪/ ■ *n.m.* cudgel-player. ■ *adj.* obstinate.

لِثوی /lɪsəviː/ ■ *adj.* (of a sound) alveolar, as: ث، ل, etc.

لِثّہ /lɪssɑː/ ■ *n.m.* gum, firm flesh round the roots of the teeth. (*pl.* لثات)

لجّا /lədʒdʒɑː/ ■ *n.f.* modesty, shame, bashfulness.

لجاجت /lədʒɑːdʒət̪/ ■ *n.f.* adulation, humility, entreaty. لجاجت کرنا entreat humbly.

لجالو /lədʒɑːluː/ ■ *adj.* bashful, modest. ■ *n.m.* **1** bashful person. **2** mimosa, touch-me-not plant.

لجانا /lədʒɑːnɑː/ ■ *v.* (also لجیانا، لجھیانا) be shy, blush.

لجاؤ /lədʒɑːuː/ ■ *adj.* bashful, modest, shy; one with keen sense of honour.

لجّت /lədʒdʒɪt/ ■ *adj.* ashamed.

لجلجا /lɪdʒlɪdʒɑː/ ■ *adj.* (also لجلجا، لجلِجا) sticky, viscous, clammy; soft, flabby. (*fem.* لجلجی)

لُجّہ /lʊdʒdʒɑː/ ■ *n.m.* plenty of water, whirlpool, eddy.

لجیلا /lədʒiːlɑː/ ■ *adj.* bashful, modest. (*fem.* لجیلی)

لجھڑی /lɪdʒʰɽiː/ ■ *n.f.* afterbirth, placenta, spongy structure joining the foetus with the mother and organ nourishing it. (See also آنول[1].)

لُچ /lʊtʃ/ ■ *adj.* **1** bare, stark, naked. **2** evil, wicked, villainous. لچ پن **1** shamelessness. **2** wickedness. **3** mischief.

لداو /lədɑ:o:/ ■ *n.m.* load; cargo. لداؤ کی چھت vaulted roof.
لدنا /lədnɑ:/ ■ *v.* **1** be laden or loaded, be burdened, mount (upon). **2** (of days) pass.
لدنّی /lədunni:/ ■ *adj.* inspired, infused. لدنی علم inspired or God-given knowledge.
لدّو /ləddu:/ ■ *n.m.* beast of burden, pack animal. ■ *adj.* fit to carry load. لدو کرنا use or engage as beast of burden.
لدوانا /lədvɑ:nɑ:/ ■ *v.* (also لدانا) cause to be loaded.
لدوائی /lədvɑ:i:/ ■ *n.f.* **1** task of loading. **2** remuneration for loading.
لڈونت /ludu:nət/ ■ *n.f.* softness, elasticity.
لدھڑ /lədʰdʰəɽ/ ■ *adj.* **1** heavy, thick. **2** dull, slow. **3** obtuse; stupid. **4** ugly.
لڈّو /ləddu:/ ■ *n.m.* **1** laddu, a kind of sweetmeat in the shape of ball. **2** (*fig.*) gain. لڈو کھانا eat laddu (on some festive occasion). لڈو کھلانا distribute sweets; feast someone on some happy or festive occasion. لڈو ملنا gain, profit.
لڈّی /luddi:/ ■ *n.f.* a folk dance of the Punjab. لڈی ڈالنا perform this dance.
لذّت /ləzzət/ ■ *n.f.* **1** taste, relish, flavour. **2** pleasure, delight, joy. لذت اٹھانا ارپانا رچکھنا رلینا enjoy, relish. لذت پرست hedonist. لذت پرستانہ hedonistic. لذت پرستی hedonism. لذت پسند epicure. لذت پسندی epicurism. لذتِ کام ودہن good taste (of food and drink). لذتِ نفسانی sensualism, carnal pleasure. لذت یاب enjoying, delighted. لذت یاب ہونا obtain or derive pleasure, enjoy. (*pl.* لذات،لذائذ)
لذّتیت /ləzzətɪjət/ ■ *n.f.* sensual pleasure; epicurism.
لذیذ /ləzi:z/ ■ *adj.* **1** delicious, tasty, savoury. **2** pleasant, delightful, joyful; interesting.
لر /lər/ ■ *n.m.* a type of measuring rod for measuring land.
لُر /lur/ ■ *adj.* stupid, silly, idiotic.
لرزاں /lərzɑ̃:/ ■ *adj.* trembling, quivering, shivering, tremulous, lightly moving.
لرزانا /lərzɑ:nɑ:/ ■ *v.* cause to tremble, cause to quiver.
لرزِش /lərzɪʃ/ ■ *n.f.* trembling, tremor, shivering.
لرزنا /lərəznɑ:/ ■ *v.* shake, tremble, quake, shiver; throb, palpitate, beat.
لرزہ /lərzɑ:/ ■ *n.m.* (also لرزا) **1** shaking, shivering, quivering, quake; earthquake, tremor. **2** (*fig.*) terror, involved (talk, etc.), entangled, round about. **2** curly, shred-like.
لِحاظ /lehɑ:z/ ■ *n.m.* **1** regard, reverence. **2** deference, respect, consideration. **3** shame, bashfulness. لحاظ اٹھا دینا **1** become shameless. **2** abandon regard for someone. لحاظ داری regard, favour; politeness. لحاظ رکھنا give attention, take care. لحاظ کرنا regard; defer to, show politeness.
لِحاف /lehɑ:f/ ■ *n.m.* thick cotton-filled quilt.
لحد /ləhd/ ■ *n.f.* (also لحد) grave; tomb.
لحظہ /læhzɑ:/ ■ *n.m.* **1** moment. **2** (*fig.*) wink of an eye. لحظہ بہ لحظہ moment to moment, every moment. لحظہ بھر for a moment.
لحم /læhm/ ■ *n.m.* flesh; meat. (*pl.* لُحُوم)
لحمیات /læhmɪjjɑ:t/ ■ *n.m.* & *f.* (*pl.* of لحمیّہ) (also *sing.*) protein(s).
لحمیّہ /læhmɪjjɑ:/ ■ *n.m.* protein.
لحن /læhn/ ■ *n.m.* voice, musical note, modulation; melody. لحنِ داؤدی very sweet voice, so called with reference to Prophet David who had a very melodious voice.
لحی /ləhi:/ ■ *n.m.* jaw.
لحیم /ləhi:m/ ■ *adj.* fat, corpulent, bulky. لحیم شحیم fat and well-built; obese, portly, large (person).
لِحیہ /lehjɑ:/ ■ *n.f.* beard.
لخت /ləxt/ ■ *n.m.* piece, bit, portion, part, little. لختِ جگر (*fig.*) a dear child. لخت لخت in pieces. لخت لخت کرنا tear into pieces.
لختے /ləxte:/ ■ *adv.* little, somewhat.
لخ لخ /ləxləx/ ■ *adj.* lean, weak, thin, feeble. لخ لخ کرنا become emaciated due to starvation or sickness.
لخلخانا /ləxləxɑ:nɑ:/ ■ *v.* pant from thirst or hunger; be emaciated.
لخلخہ /ləxləxɑ:/ ■ *n.m.* a mixture of perfumes used as cure for fainting fit.
لدا /lədɑ:/ ■ *adj.* loaded. لدا پھندا packed and loaded. لدا دینا help in loading. (*fem.* لدی)
لدالد /lədɑ:ləd/ ■ *n.f.* thud of fruits falling from branches; sound of something falling from height.
لدانا /lədɑ:nɑ:/ ■ *v.* cause to be loaded; help in loading.
لداوا /lədɑ:vɑ:/ ■ *n.m.* burden; heavy load.

لڑکورا /ləɽko:rɑ:/ ■ *n.m.* one blessed with child or children.

لڑکوں /ləɽkõ:/ ■ *n.m.* (*pl.* of لڑکا) لڑکوں کا کھیل child's play, an easy matter; a trifle.

لڑکی /ləɽki:/ ■ *n.* (*fem.* of لڑکا) **1** girl, lass, maiden; daughter. **2** (*fig.*) bride. لڑکی والے bride's family.

لڑکے /ləɽke:/ ■ *n.m.* (*pl.* & *infl.* of لڑکا) لڑکے بالے children, boys; one's family. لڑکے والے bridegroom's family.

لڑکھڑانا /ləɽkʰəɽɑ:nɑ:/ ■ *v.* **1** stagger, stumble, trip. **2** falter in speech, stammer.

لڑکھڑاہٹ /ləɽkʰəɽɑ:həʈ/ ■ *n.f.* stagger, faltering.

لڑنا /ləɽnɑ:/ ■ *v.* **1** fight, quarrel; wrestle, wrangle, squabble, contend. **2** collide with. **3** agree, be in agreement, coincide (thought, etc.). **4** have a stroke of (good luck). **5** meet (eyes). لڑنا بھڑنا، جھگڑنا fight; wrangle; quarrel.

لڑنت /ləɽənt̪/ ■ *n.f.* wrestling, contending, fighting.

لڑنے /ləɽne:/ ■ (*infl.* of لڑنا) لڑنے مرنے کو تیار always ready to fight to the death, desperate fighter.

لڑنتیا /ləɽənt̪jɑ:/ ■ *n.m.* quarrelsome man; great fighter, wrestler.

لڑویا /ləɽvəjjɑ:/ ■ *n.m.* (also لڑیت) fighter, warrior.

لڑی /ləɽi:/ ■ *n.f.* (*dim.* of لڑ²) **1** string of (pearls, beads, etc.). **2** continuous falling of raindrops or tears. **3** lineage. لڑی میں پرونا **1** to string (flower, etc.). **2** (*fig.*) unite.

لڑیانا /ləɽ jɑ:nɑ:/ ■ *v.* thread or string (pearls, etc.)

لُڑھکانا /lʊɽʰkɑ:nɑ:/ ■ *v.* (also لُڑکانا) cause to roll, cause to slip or slide.

لُڑھکنا /lʊɽʰəknɑ:/ ■ *v.* (also لُڑکنا) **1** roll away or down, slip or slide down. **2** lie down to sleep. **3** (*fig.*) (i) be dead. (ii) be failed (esp. in exam).

لُڑھکنی /lʊɽʰkəni:/ ■ *n.f.* (also لُڑکنی) act of rolling.

لڑھیا /ləɽʰjɑ:/ ■ *n.f.* (also لڑھی) a kind of bullock cart.

لُڑھیانا /lʊɽʰjɑ:nɑ:/ ■ *v.* seam, hem (a garment).

لزج /ləzɪdʒ/ ■ *adj.* sticky, clammy, viscous, glutinous.

لُزوجت /lʊzu:dʒət̪/ ■ *n.f.* viscosity, stickiness, clamminess.

لُزوم /lʊzu:m/ ■ *n.m.* necessity, requisiteness, compulsion, adherence. لزوم مالا یلزم declaring an inessential thing to be indispensable.

لس /ləs/ ■ *n.m.* viscosity, glutinousness, stickiness. لس دار viscous, sticky, clammy.

fright. لرزہ وتپ cold fit, ague.

لڑ¹ /ləɽ/ ■ *n.f.* fight, quarrel. ■ (*imper.* of لڑنا) لڑ پڑنا fall out (with), fight. لڑ مرنا die fighting, engage in mortal fight or combat. [Prk.]

لڑ² _____ ■ *n.f.* **1** string (of pearls, etc.); thread, strand of rope, chain. **2** lineage, relation. **3** group, party. لڑ جڑ relations, kinsmen, family, children. لڑ ملانا establish relations, unite (with), be friends, form friendship (with). لڑ میں رہنا **1** remain in a party or group. **2** help, stand by. [S]

لڑاکا /ləɽɑ:kɑ:/ ■ *adj.* (also لڑاکو) **1** quarrelsome, riotous, contentious, belligerent. **2** fighter. لڑاکا طیارہ fighter plane. لڑاکا عورت termagant.

لڑانا /ləɽɑ:nɑ:/ ■ *v.* **1** cause to fight, lead into battle; make (people or animal) fight. **2** make an eye contact with.

لڑائی /ləɽɑ:i:/ ■ *n.f.* **1** fight, war, battle. **2** enmity; quarrel; breach of friendship, strained relations. لڑائی باندھنا make quarrel. لڑائی بڑھانا increase the intensity of a quarrel, foment or aggravate a quarrel. لڑائی بھڑائی quarrel, scuffle. لڑائی بھڑائی پر خاک ڈالنا bury the hatchet. لڑائی بھڑائی پلّے باندھنا inherit a quarrel, keep a quarrel alive. لڑائی ٹھاننا be determined to fight, make quarrel. لڑائی کا باجا bugle or trumpet blown as call to war, war cry. لڑائی کا جہاز battleship, man-of-war. لڑائی کا سامان **1** arms and ammunition. **2** (*fig.*) casus belli, cause of war or quarrel. لڑائی کا گیت war-song. لڑائی کا گھر hotbed of quarrels; quarrel-provoking (person, etc.), firebrand, bone of contention. لڑائی کا نعرہ war cry. لڑائی کرنا fight, quarrel. لڑائی لڑنا fight a battle or war. لڑائی مول لینا get involved in a quarrel, pick up a quarrel. لڑائی ہونا battle or war to be fought.

لِڑبڑا /lɪɽbɪɽɑ:/ ■ *adj.* (also لِڑبڑا) viscous, clammy, soft; loose, slack.

لڑبڑانا /lərbəɽɑ:nɑ:/ ■ *v.* **1** stagger. **2** stammer, falter, stutter, speak falteringly.

لڑکا /ləɽkɑ:/ ■ *n.m.* **1** boy; male child, son. **2** (*fig.*) bridegroom. ■ *adj.* (*fig.*) (i) simple. (ii) inexperienced. (iii) thoughtless. لڑکا بالا a mere child. لڑکا بننا act foolishly, say something silly. لڑکا جننا give birth to a son. لڑکا گود لینا adopt a male child.

لڑکپن /ləɽəkpən/ ■ *n.m.* boyhood, childhood.

لِسان /lɪsɑ:n/ ■ *n.f.* **1** the tongue. **2** language, dialect, idiom; diction, speech. **3** spokesperson. لسانُ الصدق genuine praise, praise for some real deed or attribute. لسانُ العصر **1** voice of the time, great eloquent of the time. **2** honorific title of the Urdu poet Akbar Allahabadi. لسانُ الغیب **1** revelation, voice from the heaven, oracle. **2** honorific title of the Persian poet Hafiz Shirazi. لسانِ رمزی cipher, code language, code words.

لسّان /ləssɑ:n/ ■ *adj.* **1** eloquent. **2** talkative, garrulous. ■ *n.m.* **1** eloquent person. **2** chatterbox. **3** linguist.

لِسانی /lɪsɑ:ni:/ ■ *adj.* **1** lingual; linguistic. **2** verbal, oral.

لسّانی /ləssɑ:ni:/ ■ *n.f.* **1** eloquence. **2** glibness.

لِسانیات /lɪsɑ:nɪjɑ:t̪/ ■ *n.f.* linguistics.

لِسڑنا /lɪsəɽnɑ:/ ■ *v.* be smeared or thickly coated, be soiled.

لسلسا /ləsləsɑ:/ ■ *adj.* (also لِسلِسا) viscous, clammy, sticky. (*fem.* لسلسی)

لسلسانا /ləsləsɑ:nɑ:/ ■ *v.* (also لِسلِسانا) be sticky, be viscous or clammy; agglutinate.

لِسنا /lɪsnɑ:/ ■ *v.* See لِسڑنا.

لَسّن /ləssən/ ■ *n.m.* garlic. See لہسن.

لسوڑا /lɑ:so:ɽɑ:/ ■ *n.m.* (also لسوڑا، لسوڑہ) glutinous berry, fruit of the plant *Cordia myxa,* used medicinally or for making pickles.

لسّی /ləssi:/ ■ *n.f.* lassi, a drink made of yogurt, milk and sugar or salt, drink of sweet or sour whey.

لش پش /ləʃpəʃ/ ■ *adj.* **1** tired; fatigued. **2** (*slang*) beautiful, well decorated. لش پش ہونا be very tired and worn out.

لشتم پشتم /ləʃt̪əm pəʃt̪əm/ ■ *adv.* with difficulty, somehow or the other.

لشکار[1] /ləʃkɑ:r/ ■ *n.f.* shine, brightness. [dial.]

لشکار[2] ____ ■ *n.f.* tally-ho, huntsman's cry, halloo. [dial.]

لشکارا /ləʃkɑ:rɑ:/ ■ *n.m.* spark, shine, glitter, flash.

لشکارنا /ləʃkɑ:rnɑ:/ ■ *v.* tally-ho, utter a hunter's cry.

لِشکانا /lɪʃkɑ:nɑ:/ ■ *v.* polish, brighten.

لشکر /ləʃkər/ ■ *n.m.* **1** army, armed force. **2** crowd, throng. **3** camp, encampment. لشکرِ جرار huge army. لشکر کشی invasion. لشکر کشی کرنا invade. لشکر گاہ camping ground, camp, cantonment.

لشکری /ləʃkəri:/ ■ *n.m.* soldier. ■ *adj.* of or belonging to army, military. لشکری بولی، زبان term formerly used for the Urdu language.

لطافت /lət̪ɑ:fət̪/ ■ *n.f.* **1** delicacy, exquisiteness, fineness, elegance; subtlety, softness; neatness. **2** pleasantness, light-heartedness. **3** purity; clearness.

لطائف /lət̪ɑ:ɪf/ ■ *n.m.* (*pl.* of لطیفہ) (also لطایف) jokes, jests, pleasantries, bons mots, anecdotes. لطائف الحِیل subtle excuses. لطائف وظرائف jokes and witticism.

لُطف /lʊt̪f/ ■ *n.m.* **1** pleasure, enjoyment, gratification. **2** favour, kindness, politeness, courtesy, benignity. **3** taste, relish. لطف اٹھانا/لینا enjoy. لطف آنا enjoy, find (something) pleasant. لطف وکرم favour and grace. لطف یہ ہے کہ what is interesting is that... . (*pl.* الطاف)

لُطفی /lʊt̪fi:/ ■ *adj.* **1** of or relating to لُطف. **2** adopted, brought up in the family. ■ *n.m.* adopted child.

لطمہ /lət̪mɑ:/ ■ *n.m.* slap, blow, buffet; box on the ear. لطمۂ موج buffet of a wave.

لطیف /lət̪i:f/ ■ *adj.* **1** delicate, slender, thin, light, subtle, fine; transparent. **2** exquisite, elegant, graceful. **3** kind, benevolent, benign, gentle, courteous, affable. **4** agreeable; delicious, savoury. لطیف طبع **1** of gentle nature and disposition, of cheerful spirit; merry. **2** gentle and kind disposition; good or fine taste. لطیف غذا light food, easily digestible food. (*opp.* کثیف)

لطیفہ /lət̪i:fɑ:/ ■ *n.m.* joke, pleasantry, witticism, bon mot. لطیفہ بازرگو jester, humorous person, jocose, facetious. لطیفۂ غیبی favourable coincidence. (*pl.* لطائف)

لُعاب /lʊʔɑ:b/ ■ *n.m.* **1** saliva, mucus; viscous sap or juice of a plant; any thick viscous fluid. **2** thick gravy. لعاب دار **1** slimy, viscous. **2** (*slang*) gooey. لعابِ دہن saliva.

لِعان /lɪʔɑ:n/ ■ *n.m.* **1** mutual cursing. **2** (*Isj.*) a kind of divorce.

لعب /ləʔb/ ■ *n.m.* play, game, sport.

لُعبت /loʔbət̪/ ■ *n.f.* (also لعبت) **1** doll, puppet; portrait; statue. **2** (*fig.*) girl. لعبت باز puppeteer, buffoon. لعبت بازی puppetry, puppet theatre. لعبتِ چین **1** Chinese doll. **2** (*fig.*) beautiful girl. (*pl.* لُعبتان)

لعل[1] /ləʔl/ ■ *n.m.* **1** ruby. **2** (*fig.*) the lips of beloved. لعل اگلنا (*iron.*) utter abusive or scurrilous words. لعل بدخشاں ruby of Badakhshan, a province of Iran. لعل ٹکے رجڑے ہونا have good qualities. لعل لب ruby-red involved; mixed, joined. ■ *n.m.* 1 folding, wrapping, twisting. 2 involving, joining, mixing, assembling, mingling, adding. 3 complicating, involution. لف ونشر (*Pros.*) figure of speech in which a series of epithets or predicates follow a series of subjects. لف ونشر غیر مرتب (*Pros.*) such series with predicates in different order from subjects. لف ونشر مرتب (*Pros.*) such series with predicates in the same order as subjects.

لفّاظ /ləffɑ:z/ ■ *adj.* loquacious, verbose, garrulous, talkative; eloquent.

لفّاظی /ləffɑ:zi:/ ■ *n.f.* verbosity, prolixity, volubility, loquacity; eloquence.

لِفافہ /lɪfɑ:fɑ:/ ■ *n.m.* 1 envelope, cover of a letter; wrapper. 2 (*fig.*) anything frail. 3 (*slang*) bribe, dropsy. لفافہ بنا رکھنا put up a false show. لفافہ بنانا 1 make an envelope. 2 make a show. لفافہ کرنا enclose, wrap up. لفافہ کھلنا be exposed, be unmasked, a secret to be let out.

لِفافیا /lɪfɑ:fijɑ:/ ■ *adj.* (also لفافیہ) slender, fragile; insubstantial.

لِفٹننٹ /leftenənt/ ■ *n.m.* (also لفٹنٹ، لفٹین) lieutenant. [E]

لفڑا /ləfṛɑ:/ ■ *n.m.* (*coll.*) quarrel, squabble, disputation.

لفظ /ləfz/ ■ *n.m.* 1 word. 2 promise. لفظ بہ لفظ verbatim; word for word. (*pl.* الفاظ)

لفظاً /ləfzən/ ■ *adv.* literally, verbally.

لفظی /ləfzi:/ ■ *adj.* 1 relating to the word. 2 literal, verbal. لفظی ترجمہ literal translation. لفظی معنی literal meaning.

لفظیات /ləfzɪjɑ:t̪/ ■ *n.f.* vocabulary.

لفنگا /ləfəŋgɑ:/ ■ *n.m.* yob, blackguard, scoundrel, rogue, hooligan, hoodlum, loose character. لفنگا پن roguishness, hooliganism. (*fem.* لفنگی)

لفیف /ləfi:f/ ■ *adj.* wrapped, folded. ■ *n.m.* 1 mixed multitude, crowd. 2 friend; acquaintance.

لقا[1] /ləqɑ:/ ■ *n.m.* (also لقّا) fan-tailed pigeon, pouter. [P]

لقا[2] ____ ■ *n.m.* name of a legendary character with his beard stringed with pearls. لقا کی ڈاڑھی pearl-strung beard of that character. [P]

لِقا /lɪqɑ:/ ■ *n.f.* 1 meeting, encountering. 2 face, form, countenance. ■ *suffix* used in comp. as: ماہ لقا with a face like moon, very beautiful.

لُقّا /lʊqqɑ:/ ■ *n.m.* rogue. ■ *adj.* 1 vain. 2 roguish; lips; lips. (See also لال[1].) [A]

لعل[2] ____ ■ *n.m.* 1 dear. 2 (*fig.*) son. See لال[2]. [S]

لعلیں /ləʔlĩ:/ ■ *adj.* ruby-red, red.

لعن /ləʔn/ ■ *n.f.* cursing, imprecating. لعن طعن curses and taunts, reproach. لعن طعن کرنا rebuke and taunt.

لعنت /ləʔnət̪/ ■ *n.f.* curse, anathema, imprecation; reproach, reproof, rebuke; disgrace. لعنت بھیجنا / کرنا 1 curse, imprecate. 2 forswear, shun, renounce. لعنت کا طوق sign or curse of ignominy. لعنت کا مارا accursed. لعنت کی روٹی disgraceful life of a hanger-on. لعنت ملامت reproach, rebuke.

لعنتی /ləʔnət̪i:/ ■ *adj.* cursed, accursed.

لعوق /ləʔu:q/ ■ *n.m.* electuary or any medicine to be licked or sucked.

لعین /ləʔi:n/ ■ *adj.* accursed, execrable, abominable.

لُغات /lʊɣɑ:t̪/ ■ *n.m.* & *f.* (*pl.* of لغت) 1 words. 2 dictionaries, lexicons.

لُغاتچہ /lʊɣɑ:t̪tʃɑ:/ ■ *n.m.* (*dim.* of لُغات) small or pocket dictionary, glossary.

لِغایت /lɪɣɑ:jət̪/ ■ *adv.* (also لغایہ) to the end of, up to.

لُغت /lʊɣət̪/ ■ *n.m.* & *f.* 1 word; expression. 2 dictionary, lexicon, glossary; vocabulary. لغت تراشنا / گھڑنا coin or use new words. لغت جھاڑنا / چھانٹنا use pedantic or high-flown language. لغت ساز / نگار / نویس lexicographer. لغت سازی / نگاری / نویسی lexicography. (*pl.* لُغات)

لُغز /lʊɣz/ ■ *n.m.* enigma, riddle, puzzle.

لغزاں /ləɣzɑ̃:/ ■ *adj.* 1 shivering. 2 slipping; slippery.

لغزِش /ləɣzɪʃ/ ■ *n.f.* 1 slipping, sliding. 2 stumble, faux pas, false step, going astray; error, slip. لغزش آنا tremble, shake, totter. لغزش کرنا 1 slip, stumble, slide. 2 make a slip, err. لغزش کھانا 1 slip. 2 take a false step; err.

لغزیدہ /ləɣzi:d̪ɑ:/ ■ *adj.* staggering.

لغو /ləɣv/ ■ *adj.* absurd, nonsensical, frivolous, preposterous; unsubstantiated. ■ *n.m.* nonsense, gibberish. لغو بکنا talk nonsense.

لُغوی /lʊɣvi:/ ■ *adj.* belonging to language; literal, verbal. لغوی معنی literal meaning, verbal sense.

لغویات /ləɣvɪjɑ:t̪/ ■ *n.f.* absurd or nonsensical things or talks.

لغویت /ləɣvijət̪/ ■ *n.f.* absurdity, frivolousness.

لف /ləf/ ■ *adj.* 1 enclosed, folded, wrapped. 2 included;

لُکٹی /lʊkʈi:/ ■ *n.f.* **1** burning wood; piece of wood burnt at one end. **2** (*fig.*) firebrand woman.

لکد /ləkəɖ/ ■ *n.f.* kick. لکدزن kicker. لکدکوب kicking.

لکڑ¹ /ləkəɽ/ ■ *adj.* (in names of family relationships) denoting the next degree of ascent after *sakar* (سکڑ). ■ *prefix* used in comp. as: لکڑدادا grandfather of great-grandfather. [dial.]

لکڑ² ——— ■ *n.m.* (also لکّڑ) wood, beam, log; raft. لکڑ پھوڑ woodpecker. لکڑسان pile of wood. [S]

لکڑہارا /ləkəɽʰɑ:rɑ:/ ■ *n.m.* woodcutter, woodman.

لکڑی /ləkɽi:/ ■ *n.f.* **1** wood, timber. **2** stick or piece of wood; club. **3** wood used as fuel, log. **4** (*fig.*) support, help. ■ *adj.* stiff; lean. لکڑی چھینکنا fencing, cudgelling. لکڑی دینا (***Hinduism***) place wood on the funeral pyre (of). لکڑی کا کوئلہ charcoal. (سوکھ کے) لکڑی ہونا be reduced to mere skin and bone.

لکشمی /ləkʃmi:/ ■ *n.f.* (also لچھمی) (***Hinduism***) **1** the goddess of success, prosperity and good luck. **2** wealth; prosperity. **3** beauty. **4** (*fig.*) daughter-in-law, daughter. لکشمی گھر میں اترنا/آنا have a run of good luck.

لکنا /lʊknɑ:/ ■ *v.* hide, conceal.

لکنت /lʊknət/ ■ *n.f.* stammer.

لکّہ /ləkkɑ:/ ■ *n.m.* (also لکّا) **1** part, piece, lump. **2** spot, stain, speck, blot. لکّہ ابر speck of a cloud.

لکیر /ləki:r/ ■ *n.f.* **1** line; stripe; streak. **2** (*fig.*) old custom or rite. لکیر پیٹنا walk the beaten track; slavishly follow old customs and rites. لکیر کا فقیر one who walks the beaten track, conservative. لکیر کھینچنا **1** rule; draw a line. **2** fix a boundary. **3** strike out; underline.

لکھ /ləkʰ/ ■ *adj.* (*contr.* of لاکھ) one hundred thousand, lakh. لکھ پتی millionaire, a very wealthy person. لکھ لٹ spendthrift.

لِکھا /lɪkʰɑ:/ ■ *adj.* written, penned. ■ *n.m.* fate, destiny. لکھا پڑھا educated, literate, lettered. لکھا پڑھی written agreement; record or entry in a register. لکھا پورا ہونا destiny to be fulfilled; suffer what fate has ordained. (*fem.* لِکھی)

لِکھانا /lɪkʰɑ:nɑ:/ ■ *v.* get something written, recorded or filled. لکھانا پڑھانا educate, to school.

لِکھاوٹ /lɪkʰɑ:vət/ ■ *n.f.* **1** writing, inscription; method or manner of writing. **2** script, written characters (using intriguing. (See also لُچّا.)

لقّات /ləqqɑ:t/ ■ *adj.* (also لقاط) weak, gaunt, lean, infirm; haggard.

لقب /ləqəb/ ■ *n.m.* title, appellation of honour, epithet. (*pl.* القاب)

لُقطہ /lʊqʈɑ:/ ■ *n.m.* unclaimed stuff.

لقلق /ləqləq/ ■ *n.m.* (also لق لق) stork.

لقلقہ /ləqləqɑ:/ ■ *n.f.* (also لقلقا) **1** voice of a stork. **2** movement of the jaw or tongue in serpents. **3** eloquence; pronunciation. **4** weight; influence. **5** pomp, show.

لُقمان /lʊqmɑ:n/ ■ *pr.n.m.* Luqman, a Biblical and Qur'anic character (supposed to be Aesop) to whom many fables are ascribed.

لُقمہ /lʊqmɑ:/ ■ *n.m.* a bite, morsel; mouthful. لقمۂ اجل ہونا go into the jaws of death, die. لقمۂ تر morsel of rich food, choice morsel. **2** something valuable obtained easily or for free; bribe. لقمہ دینا **1** feed. **2** prompt, interrupt during recitation or speech (usu. for correction). لقمہ کرنا swallow, make a mouthful of. لقمۂ لذیذ morsel of good food, tasty morsel.

لُقندرا /lʊqənɖrɑ:/ ■ *n.m.* blackguard, rogue, scoundrel, hooligan, scamp. (*fem.* لُقندری)

لق ودق /ləqo:ɖəq/ ■ *adj.* (also لق و دق) (of a desert, etc.) bleak and barren.

لقوہ /ləqvɑ:/ ■ *n.m.* paralytic distortion of the face, facial paralysis, Bell's palsy. لقوہ گرنا/مار جانا suffer from facial paralysis.

لک /lək/ ■ *adj.* clean; bright, shining, sparkling.

لُک¹ /lʊk/ ■ *n.m.* **1** meteor or falling star. **2** firebrand; flame; hot blast (of a furnace, etc.), hot wind. [S]

لُک² ——— ■ *n.m.* varnish, a kind of glazing composition. لک دار varnished, glazed, polished. لک دار چمڑا patent leather. [P]

لُکا /lʊkɑ:/ ■ *adj.* concealed; hidden. ■ (*imper.* of لُکانا) hide, conceal. لکا چھپی secrecy, hiddenness, concealment, stealthiness, furtiveness.

لکّا /ləkkɑ:/ ■ *n.m.* (*var.* of لکّہ) piece, lump (of cloud or smoke).

لکّاتہ /ləkkɑ:ʈɑ:/ ■ *n.f.* shameless woman, wanton woman.

لُکانا /lʊkɑ:nɑ:/ ■ *v.* hide, conceal.

a particular alphabet.

لکھائی /lɪkʰɑ:i:/ ■ *n.f.* **1** the act of writing. **2** handwriting. **3** wages or labour of writing. لکھائی پڑھائی education.

لکھت /lɪkʰət/ ■ *n.f.* **1** writing, penmanship; inditing, putting into words; calligraphy; inscription. **2** deed. لکھت پڑھت ہونا be indited; be reduced to writing (an agreement or legal document).

لکھنا /ləkʰnɑ:/ ■ *v.* **1** see, behold. **2** perceive; understand.

لکھنا /lɪkʰnɑ:/ ■ *v.* **1** write, take down; draft; compose. **2** register, record, enter, make an entry. **3** copy. لکھنا پڑھنا read and write; academic pursuit or work.

لکھنی /lɪkʰni:/ ■ *n.f.* pen.

لکھنے /lɪkʰne:/ ■ (*infl.* of لکھنا) لکھنے والا/ہارا writer, author; scriber.

لکھوانا /lɪkʰvɑ:nɑ:/ ■ *v.* have or get something written.

لکھوکھا /ləkʰo:kʰɑ:/ ■ *adj.* hundreds of thousands, lakhs and lakhs; very many.

لکھے /lɪkʰe:/ ■ *n.m.* (*pl.* & *infl.* of لکھا) لکھے موسیٰ پڑھے خدا (also لکھے عیسیٰ پڑھے موسیٰ) illegible handwriting. لکھے کو رونا curse one's fate. لکھے نہ پڑھے نام محمد فاضل fool posing as a learned man.

لکھیرا /ləkʰerɑ:/ ■ *n.m.* one who makes or sells goods, (bangles, etc.) made of lac; one who coats with lac, varnisher.

لگ[1] /ləg/ ■ (*imper.* of لگنا) used in comp. as: لگ چلنا **1** follow closely, accompany; brush against. **2** form friendship. [Prk.]

لگ[2] ____ ■ *prep.* to, up to, till; as far as; during. [Prk.]

لگا /ləgɑ:/ ■ *adj.* **1** connected, attached to; related. **2** busy with. **3** burnt (curry, etc.). **4** appended. لگا بندھا hard and fast, fixed, set, customary. لگا تو تیر نہیں تو تکا it is worth an attempt, whatever the outcome. لگا چلنا **1** go along, keep in step, follow someone. **2** start beating with shoes. لگا دینا **1** fix up, put, set, install; apply. **2** put someone to work. **3** lure (away), entice. **4** backbite, tell tales. لگا رکھنا keep someone busy (in work). لگا رہنا continue (doing); remain engaged (in), persevere, stick (to). لگا لگایا settled, fixed, installed. لگا لینا attach oneself. لگا ہوا **1** associated with, keeping company with. **2** fixed. **3** appointed. **4** attached, adjacent. **5** busy or engaged (in work). لگائے رکھنا keep (someone) employed, busy or occupied; keep (someone) close. (*fem.* لگی)

لگّا /ləggɑ:/ ■ *n.m.* **1** pole used to propel a boat; long bamboo. **2** friendship, affection; attachment. **3** similarity, equality. لگا سگا attachment, acquaintance, intimacy. لگا کھانا **1** be comparable (with). **2** fit into (scheme of things). لگا لگانا **1** begin, start. **2** be intimate, form friendship. لگا لگنا **1** be started. **2** unite. **3** be compared with.

لگاتار /ləgɑ:t̪ɑ:r/ ■ *adv.* constantly, continuously, continually, incessantly, uninterruptedly.

لگام /ləgɑ:m/ ■ *n.f.* bridle, rein. لگام چڑھانا/دینا/لگانا bridle, rein in, check, control; curb, stop. لگام لیے پھرنا **1** follow with a bridle. **2** (*fig.*) search in vain.

لگان /ləgɑ:n/ ■ *n.m.* rent; land revenue; assessment. لگان بشرح معین rent at fixed rate. لگان لگانا fix land rent. لگان مقرری fixed rent.

لگانا /ləgɑ:nɑ:/ ■ *v.* **1** apply; spread; fix. **2** hit. **3** attach, join, connect, unite, plant. **4** impose. **5** use; employ. **6** plaster. **7** impute; backbite, tell tales. لگانا بجھانا tell tales to incite enmity or excite quarrels, backbite.

لگاوٹ /ləgɑ:vət̪/ ■ *n.f.* affection, closeness, attachment. لگاوٹ دکھانا show closeness.

لگاون /ləgɑ:vən/ ■ *n.m.* something added to the principal dish to suit one's taste, e.g. pulse or curry to rice.

لگاؤ /ləgɑ:o:/ ■ *n.m.* **1** affection, attachment. **2** connection; relation; adherence. **3** inclination, bent of mind. لگاؤ کرنا develop familiarity.

لگائی /ləgɑ:i:/ ■ *n.f.* false accusation. لگائی بجھائی telling tales to incite enmity or quarrel, backbiting.

لُگائی /lʊgɑ:i:/ ■ *n.f.* (*coll.*) woman; wife.

لگ بھگ /ləg bʰəg/ ■ *adv.* about, nearly, approximately.

لگدی /lʊgd̪i:/ ■ *n.f.* lump of wet pulp or waste paper.

لگڑ /ləgəɽ/ ■ *n.m.* species of hawk or falcon.

لگڑ بگا /ləgəɽ bəggɑ:/ ■ *n.m.* (also لکڑ بھگا، لگڑ بگڑ) hyena.

لگن[1] /ləgən/ ■ *n.m.* **1** attachment, love; desire. **2** date and time; day fixed for marriage. **3** (*fig.*) marriage. **4** (***Astrol.***) rising of a sign of the Zodiac. لگن کنڈلی nativity, horoscope. لگن لگنا be devoted to. [S]

لگن[2] ____ ■ *n.m.* round large copper or brass tray. [P]

لگنا /ləgnɑ:/ ■ *v.* **1** be attached, be close (to), be related

مختصر انفی مصوتے: بھنور ɔ̃ /bʰɔ̃vər/ · انچا ĩ /ĩtʃɑ:/ · کنوارا ũ /kũvɑ:rɑ:/ · دیگر اعراب: اعلیٰ ɑ: /əʔlɑ:/ · بذاتہ i: /bezɑ:t̪ehi:/ · اجمالاً n /ɪdʒmɑ:lən/ · لٹّو /lət̪t̪u:/

unable to keep mum.

لِلّٰہ /lɪllɑ:h/ ■ *exclam.* for God's sake! لِلّٰہِ الحمد God be praised, thank God!

لِلّٰہی /lɪllɑ:hi:/ ■ *adj.* **1** in the name of God. **2** (*fig.*) free. **3** unjust; unfair; unreasonable; unprovoked. لِلّٰہی بغض unreasonable or unprovoked malice.

لَلّی /ləlli:/ ■ *n.* (*fem.* of لَلّا) girl, daughter.

لِلیانا /ləlɪjɑ:nɑ:/ ■ *v.* become red.

لِلیانا /lɪlɪjɑ:nɑ:/ ■ *v.* flatter; beg earnestly, entreat.

لَم¹ /ləm/ ■ *adj.* (*contr.* of لمبا) used in comp. as: لم تڑنگا tall and stout. لم ٹنگا/ٹنگو **1** long-legged, leggy. **2** coolen, any wading bird (crane, stork, etc.). لم چھڑ **1** long thin stick. **2** (*fig.*) tall. لم ڈاڑھیا having long beard. لم ڈھینگ crane. لم کنا having long ears; hare, rabbit. [S]

لَم² ——— ■ *adv.* no, non. لم یزل everlasting, eternal, immortal. [A]

لِم /lɪm/ ■ *n.f.* **1** cause, reason. **2** charge, blemish, false accusation. **3** knack, trick. لم لگانا accuse or censure falsely.

لمبا /ləmbɑ:/ ■ *adj.* **1** long; tall. **2** great. **3** expanded, distant (journey). لمبا تڑنگا tall and stout. لمبا چوڑا spacious, extensive, of commanding stature. لمبا کرنا **1** lengthen. **2** permit to go, drive away. لمبا ہاتھ مارنا **1** embezzle a large amount, commit a big robbery. **2** marry a rich person. **3** abduct a beautiful woman. لمبا ہونا **1** be long or tall. **2** go away, depart. **3** be increased. **4** lie down; sleep. (*fem.* لمبی)

لمبان /ləmbɑ:n/ ■ *n.f.* length, tallness. لمبان چوڑان length and breadth.

لمبانا /ləmbɑ:nɑ:/ ■ *v.* lengthen, elongate.

لمبائی /ləmbɑ:i:/ ■ *n.f.* length, tallness. لمبائی چوڑائی length and breadth; size, dimensions.

لمبر /ləmbər/ ■ *n.m.* **1** number, examination marks. **2** rank, position. **3** turn. **4** trademark. **5** specified piece of land. لمبر آنا come to one's turn. لمبر چڑھانا **1** enter the marks. **2** promote. لمبردار registered representative of a village community (who is responsible for the payment of government revenue). لمبرداری office or duty of a *lambardar*. لمبر سابق میں قائم رکھنا restore to the original number. لمبروار one by one, by turns, one after another; in serial order, in sequence, seriatim.

to; join (with). **2** stick; hit; touch. **3** be planted or take root (trees, plants). **4** be levied; cost. **5** be moored. **6** close, shut (door, eyes). **7** suit, be pleasing or agreeable. **8** be applied. **9** begin, be engaged (in). **10** be wounded, smart. **11** be caught or overtaken by (disease); break out (fire). **12** appear; reach. **13** pay attention. **14** be burnt (curry, etc.). **15** have sexual intercourse. **16** be arranged (meal, etc.). **17** feel. **18** marriage be arranged. **19** abut on (building, etc.).

لگنت /ləgənt̪/ ■ *n.f.* sexual intercourse.

لگنی /ləgni:/ ■ *n.f.* (*dim.* of لگن²) small copper or brass tray.

لگوا /ləgvɑ:/ ■ *n.m.* **1** lover; paramour. **2** selfish person.

لگوانا /ləgvɑ:nɑ:/ ■ *v.* **1** cause to apply. **2** cause to touch, planted or rooted.

لگّو بندھو /ləggu: bənd̪ʰu:/ ■ *n.m.* friend, buddy.

لگی /ləgi:/ ■ *adj.* (*fem.* of لگا) affixed, attached. ■ *n.f.* **1** wish, desire, love. **2** jealousy. **3** wistfulness. لگی بندھی/لگائی **1** fixed, determined. **2** plain, simple; direct. لگی روزی employment. لگی لپٹی نہ رکھنا/کہنا speak frankly; not to mince one's words.

لگّی /ləggi:/ ■ *n.f.* **1** gardener's crook used to pluck fruits from tall trees. **2** fishing rod.

لگے /ləge:/ ■ *adv.* (*infl.* of لگنا) closely. لگے لگے side by side, adjacent, in close connection with. لگے ہاتھ/ہاتھوں together with it, while doing something, in passing, by the way.

لُل /lʊl/ ■ *adj.* stupid, fool.

لَلّا /ləllɑ:/ ■ *n.m.* **1** boy, son. **2** simpleton, fool. (*fem.* لَلّی)

لِلِت /ləlɪt̪/ ■ *adj.* **1** pleasant, agreeable. **2** beautiful, pretty. ■ *n.f.* a musical raga.

لِلِتا /ləlɪt̪ɑ:/ ■ *n.f.* **1** beautiful woman. **2** a musical raga.

للچانا /ləltʃɑ:nɑ:/ ■ *v.* (also للچا دینا) **1** be tantalized or tempted. **2** excite desire, covet, tempt, tantalize.

للچاہٹ /ləltʃɑ:hət̪/ ■ *n.f.* greed, avarice, covetousness.

للک /lələk/ ■ *n.f.* enthusiasm, eager desire, ardent zeal.

للکار /ləlkɑ:r/ ■ *n.f.* **1** call or shout of. **2** challenge; threat.

للکارنا /ləlkɑ:rnɑ:/ ■ *v.* **1** call out. **2** challenge, threaten, warn.

لَلّو /ləllu:/ ■ *n.m.* fool, stupid, simpleton.

لَلّو /ləllo:/ ■ *n.f.* (*slang*) the tongue. للو پتو/چپو flattery, coaxing. للو پتو/چپو کرنا fawn on, flatter, coax. للو نہ رہنا be

لُنڈی[2] ——— ■ *n.f.* helpless woman. [Prk.]

لُنڈیانا /lʊnɖɪja:nɑ:/ ■ *v.* roll, slip.

لُنڈھانا /lʊ̃ɖʰɑ:nɑ:/ ■ *v.* **1** drink excessively. **2** gulp down. **3** spill. **4** overturn.

لنک /ləŋk/ ■ *n.m.* heap.

لنکا /ləŋkɑ:/ ■ *pr.n.m.* Sri Lanka. لنکا ڈھانا ruin, destroy. لنکا میں جسے دیکھا سو باون گز کا all are equally bad.

لنگ[1] /ləŋg/ ■ *adj.* lame. ■ *n.m.* lameness, limping. لنگ کرنا limp. [P]

لنگ[2] ——— ■ *n.m.* **1** side, direction. **2** row, line. [Prk.]

لِنگ /lɪŋg/ ■ *n.m.* phallus, penis.

لُنگ /lʊŋg/ ■ *n.m.* lungi, cloth sheet worn round the waste.

لُنگاڑا /lʊŋgɑ:ɽɑ:/ ■ *n.m.* (also لُنگارا) rake, profligate. لنگاڑاپن profligacy.

لنگر /ləŋgər/ ■ *n.m.* **1** anchor. **2** cable; thick rope. **3** weight. **4** pendulum (of a clock). **5** langar, alms; public kitchen. لنگر اٹھانا weigh anchor. لنگر انداز کرنا/ڈالنا cast anchor. لنگر بانٹنا give alms. لنگر جاری کرنا set up a public kitchen. لنگرخانہ almshouse. لنگرگاہ seaport, anchorage. لنگرلنگوٹ underwear; wrestlers' loincloth.

لنگری /ləŋgri:/ ■ *n.f.* **1** provisions distributed to the poor. **2** person who distributes provisions to the poor. **3** a kind of tray.

لنگڑا /ləŋgɽɑ:/ ■ *adj.* lame, crippled; limping. ■ *n.m.* a kind of mango. لنگڑا کر limping. لنگڑا کر چلنا limp. (*fem.* لنگڑی)

لنگڑانا /ləŋgɽɑ:nɑ:/ ■ *v.* limp, go lame.

لنگوٹ /ləŋgo:ʈ/ ■ *n.m.* (also لنگوٹا) loincloth, piece of cloth worn between the legs to cover the privates, diaper, underwear. لنگوٹ باندھنا **1** gird one's loins. **2** be ready to fight. لنگوٹ بند confirmed bachelor; one devoted to celibacy. لنگوٹ کا سچا **1** sexually chaste man, ascetic. **2** confirmed bachelor.

لنگوٹی /ləŋgo:ʈi:/ ■ *n.f.* (*dim.* of لنگوٹ) langoti, small loincloth. لنگوٹی پر پھاگ کھیلنا **1** celebration in penury. **2** (*iron.*) do something ostentatious even when unable to afford it.

لنگوٹیا /ləŋgo:ʈɪja:/ ■ *n.m.* **1** one who puts on loincloth. **2** a kind of paper-kite. **3** best friend. لنگوٹیا یار childhood friend, fast friend.

لنگوچا /ləŋgo:tʃɑ:/ ■ *n.m.* sausage, entrails in which sausage meat is filled.

لنگور /ləŋgu:r/ ■ *n.m.* langur or entellus monkey, a

(See also نمبر.) [E]

لمبری /ləmbəri:/ ■ *adj.* **1** having the number (of). **2** (*fig.*) sly, clever, roguish.

لُمبڑ /lʊmbəɽ/ ■ *adj.* **1** tall. **2** (*fig.*) foolish.

لمبو /ləmbu:/ ■ *adj.* (*joc.*) tall.

لمبوترا /ləmbu:t̪rɑ:/ ■ *adj.* oblong, oval, cylindrical. (*fem.* لمبوتری)

لمبی /ləmbi:/ ■ *adj.* (*fem.* of لمبا). ■ *n.f.* long stride (in a horse). لمبی تان کر سونا/تاننا lie down and sleep soundly. لمبی چوڑی ہانکنا boast, brag. لمبی سانس بھرنا breathe deep, pant, sigh deeply.

لمحاتی /ləmhɑ:t̪i:/ ■ *adj.* momentary; short-lived; temporary.

لمحہ /ləmhɑ:/ ■ *n.m.* moment, wink of an eye. لمحہ بھر for a moment, for a while; hardly a moment. لمحہ لمحہ every moment; perpetually. (*pl.* لمحات)

لمڈا /ləmɖɑ:/ ■ *n.m.* (*corr.* of لونڈا) (*slang*) **1** boy, lad. **2** minion. **3** catamite. (*fem.* لمڈیا)

لمس /ləms/ ■ *n.m.* touch; sense of touch.

لمعہ /ləmʔɑ:/ ■ *n.m.* shining, brightness; flash, glare (of sun), brilliance.

لمکانا /ləmkɑ:nɑ:/ ■ *v.* stretch hands or legs.

لمکنا /ləməknɑ:/ ■ *v.* take long strides, go fast.

لن ترانی /lənt̪ərɑ:ni:/ ■ *phr.* (*literal*) thou shalt not see me. ■ *n.f.* (*fig.*) boasting, bragging, tall talk. لن ترانی کرنا/مارنا/ہانکنا brag, boast.

لُنجا /lʊndʒɑ:/ ■ *adj.* disabled in the hand or feet. لنجاپن disability of hand and feet. (*fem.* لُنجی)

لند پھند /lənd̪ pʰənd̪/ ■ *n.m.* deceit, fraud, artifice.

لنڈ /lənɖ/ ■ *n.m.* (*offens.*, *vulg.*) the penis.

لُنڈا[1] /lʊnɖɑ:/ ■ *n.m.* **1** market of old, second hand, and cheap clothes. **2** round ball of string. **3** ring or pad of twisted grass or cotton yarn, etc. placed under a round-bottomed vessel to keep it upright and stable. [S]

لُنڈا[2] ——— ■ *adj.* **1** helpless; alone. **2** barren (tree, plant, etc.). **3** headless; tailless. (*fem.* لُنڈی[2]) [Prk.]

لُنڈمُنڈ /lʊnɖ mʊnɖ/ ■ *adj.* **1** leafless (tree). **2** tailless. **3** hairless, clean shaved.

لنڈورا /lə̃ɖu:rɑ:/ ■ *adj.* **1** bobtailed, tailless. **2** friendless. **3** unmarried. **4** hairless, bald. (*fem.* لنڈوری)

لُنڈی[1] /lʊnɖi:/ ■ *n.f.* round ball of string. [S]

blood or phlegm.

لَوٹ /lɔ:t̪/ ■ *n.m.* turning over, returning. لوٹ آنا return. لوٹ جانا go back. لوٹ پلٹ upside down; changes, upheaval. لوٹ پوٹ چھاپنا print on both sides.

لُوٹ /lu:t̪/ ■ *n.f.* loot, plunder, booty, spoils, robbery, rapine; unfair dealing. لوٹ پڑنا **1** to be looted, scramble for. **2** have an extremely brisk sale, have a run on the market for something. لوٹ کا مال loot, booty. لوٹ کھسوٹ looting, plundering and ravaging. لوٹ مار کرنا رمچانا to loot, plunder, sack, rob.

لوٹ /lo:t̪/ ■ *n.m.* wallowing, rolling. لوٹ پوٹ tumble and toss. لوٹ پوٹ ہونا **1** roll and toss restlessly; be charmed. **2** die suddenly. لوٹ لگانا lie down, lie in bed.

لوٹا /lo:t̪ɑ:/ ■ *n.m.* lota, small round metal or earthen pot with a spout. لوٹا سجّی kind of soil containing fossil alkali.

لَوٹانا /lɔ:t̪ɑ:nɑ:/ ■ *v.* return, give back; send back.

لوٹن /lo:t̪ən/ ■ *adj.* tumbling. ■ *n.m.* tumbler, a kind of pigeon. ■ *n.f.* wallow.

لَوٹنا /lɔ:t̪nɑ:/ ■ *v.* return, turn back; invert.

لُوٹنا /lu:t̪nɑ:/ ■ *v.* loot, plunder, rob. لوٹنا کھسوٹنا to loot, ransack, plunder.

لوٹنا /lo:t̪nɑ:/ ■ *v.* **1** wallow, roll; toss about in ecstasy or pleasure or for joy. **2** writhe in agony. **3** be charmed. **4** (*fig.*) die suddenly.

لوٹنی /lo:t̪ni:/ ■ *n.f.* somersault.

لُوٹیا /lu:t̪ɪjɑ:/ ■ *n.m.* robber, plunderer.

لَوٹھا /lɔ:t̪ʰɑ:/ ■ *adj.* young, stout, sturdy, robust. (*fem.* لَوٹھی)

لَوث /lɔ:s/ ■ *n.m.* **1** adulteration, mixing. **2** (*fig.*) (i) stain, blot. (ii) pollution, contamination; defilement, impurity. (*pl.* الواث)

لوچ /lo:tʃ/ ■ *n.m.* **1** suppleness, softness; flexibility. **2** viscosity. لوچ دار supple, flexible. لوچ دینا **1** bent. **2** beat.

لوچن /lo:tʃən/ ■ *n.m.* eye, pupil, sight.

لَوح /lɔ:h/ ■ *n.f.* **1** plank; tablet. **2** title page. لوحِ تربت رمرقد رمزار tombstone. لوحِ قدر رمبین رمحفوظ (*Islam*) tablet on which the destinies of the world since its creation are recorded. لوح وقلم pen and paper or writing tablet; the Divine Writ. (*pl.* الواح)

long-tailed black-faced primate.

لُنگی /luŋgi:/ ■ *n.f.* **1** lungi, cloth sheet worn at the waist to cover lower part of the body. **2** thick coloured turban; turban having a gold border.

لنگھانا /ləŋgʰɑ:nɑ:/ ■ *v.* make someone step across or jump over (a line or barrier, etc.).

لنگھن /ləŋgʰən/ ■ *n.m.* **1** fast, fasting. **2** leaping or jumping over. **3** transgressing. لنگھن پڑنا catch some disease by stepping over (infectious matter). لنگھن کرنا keep a fast.

لَو[1] /lɔ:/ ■ *n.f.* flame. لو دینا shine. لو نکالنا to flame. [S]

لَو[2] ____ ■ *n.f.* **1** attachment, love; longing, craving, ardent desire. **2** attention; deep meditation. لو لگانا **1** have a constant desire. **2** meditate; concentrate on. لو لگنا **1** be bent on. **2** be devoted to. [Prk.]

لَو[3] ____ ■ *n.f.* ear lobe. [Prk.]

لَو[4] ____ ■ *conj.* if. لو فرضنا if we suppose, if it is assumed. [A]

لُو /lu:/ ■ *n.f.* loo, hot wind that blows during the day in summer; sunstroke, heatstroke. لو لگنا suffer from heatstroke (due to exposure to hot wind).

لو /lo:/ ■ (*imper.* of لینا) take. ■ *exclam.* lo! look! listen! there! now! لو اور سنو how strange!

لوا /ləvɑ:/ ■ *n.m.* painted quail, *Perdix chinensis*.

لِوا /lɪvɑ:/ ■ *n.m.* banner, standard, ensign. (*pl.* الوِیہ)

لواحقین /ləvɑ:heqi:n/ ■ *n.m.* (*ppl.* of لاحق; *pl.* of لواحق) **1** relations, relatives. **2** dependants, domestic servants.

لوارا /ləvɑ:rɑ:/ ■ *n.m.* calf (of cow).

لوازم /ləvɑ:zɪm/ ■ *n.m.* (*pl.* of لازم) baggage; necessaries, requisites. لوازمِ منصبی public duties. (*ppl.* لوازمات)

لِواطت /lɪvɑ:t̪ət̪/ ■ *n.f.* sodomy, pederasty.

لِوانا /lɪvɑ:nɑ:/ ■ *v.* cause to take.

لوبان /lo:bɑ:n/ ■ *n.m.* (also لُبان) frankincense; olibanum, a resin burnt for its smell, benzoin or gum benjamin. لوبان جلانا burn incense. لوبان دانی censer.

لوبیا /lo:bɪjɑ:/ ■ *n.m.* a kind of edible bean, kidney bean.

لوبھ /lo:bʰ/ ■ *n.m.* **1** avarice, greed. **2** temptation.

لوبھی /lo:bʰi:/ ■ *adj.* greedy, covetous.

لوتھ /lo:t̪ʰ/ ■ *n.f.* corpse, dead body. لوتھ پڑنا fall down dead. لوتھ پوت رپوتھ dead tired.

لوتھڑا /lo:t̪ʰrɑ:/ ■ *n.m.* **1** lump of flesh. **2** clot, coagulum of

لَوحش اللہ /lɔ:həʃəlla:h/ ■ *exclam.* wonderful! expression of praise, respect, astonishment or earnest desire.

لوری /lo:ri:/ ■ *n.f.* lullaby. لوری دینا sing a lullaby, lull a child to sleep.

لَوڑا /lɔ:ɽɑ:/ ■ *n.m.* (*offens.*, *vulg.*) the penis.

لوڑھا /lo:ɽʰɑ:/ ■ *n.m.* pestle with which materials are ground on a stone. (See also سِل بٹّا.)

لوڑھنا /lo:ɽʰnɑ:/ ■ *v.* glean; separate the seed from cotton.

لوڑھی /lo:ɽʰi:/ ■ *n.f.* mid-winter Hindu festival in which bonfires are made; bonfire festival.

لَوز /lɔ:z/ ■ *n.m.* **1** almond. **2** lozenge. **3** a sweetmeat, cut into squares or rectangles. لوز کاٹنا cut square or rectangular pieces of sweetmeat.

لَوزِیات /lɔ:zijɑ:t̪/ ■ *n.f.* almond confections.

لَوزِینہ /lɔ:zi:nɑ:/ ■ *n.m.* sweet dish having almond as the main ingredient.

لُوطی /lu:t̪i:/ ■ *n.m.* sodomite, pederast. (*pl.* الواط)

لوک /lo:k/ ■ *n.m.* **1** world; region. **2** people; folk. لوک اچار customs and norms of a country. لوک ادب folk literature. لوک دُھن folk tune. لوک رقص/ناچ folk dance. لوک سبھا India's lower house of the parliament. لوک کتھا/کہانی folk tale, folklore. لوک گیت folk song. لوک ورثہ regional or folk heritage.

لُوکا /lu:kɑ:/ ■ *n.m.* flame; fire; spark. لوکا لگانا inflame or excite quarrels; incite passions, etc. لوکا لگے to hell with it!

لوکاٹ /lo:kɑ:t̪/ ■ *n.m.* loquat, a small and yellow sweet and sour juicy fruit from the tree *Eriobotrya japonica.*

لُوکٹ /lu:kət̪/ ■ *adj.* half-burnt (wood); partly charred wood.

لَوکنا /lɔ:knɑ:/ ■ *v.* shine; flash, glitter.

لَوکی /lɔ:ki:/ ■ *n.f.* bottle-gourd, a kind of vegetable.

لوگ /lo:g/ ■ *n.m.* people; folk. لوگ باگ common people.

لُولا /lu:lɑ:/ ■ *adj.* disabled in the hand; crippled. ■ *n.m.* one with hands cropped. لولا لنگڑا crippled in arms and legs. (*fem.* لُولی)

لولا /lo:lɑ:/ ■ *n.m.* **1** earring; pendant. **2** tongue of a bell. **3** uvula. **4** child's penis.

لَولاس /lɔ:lɑ:s/ ■ *n.m.* **1** token. **2** favour, kindness.

لَولاسی /lɔ:lɑ:si:/ ■ *n.f.* flower-covered sticks with which bridegroom is first greeted at bride's place.

لَولاک /lɔ:lɑ:k/ ■ *phr.* 'had it not been thee', allusion to the sacred Hadith. لولاک لما خلقت الافلاک "Had it not been thee (Muhammad), I would not have created the world."

لُولُو¹ /lu:lu:/ ■ *n.m.* pearl. [A]

لُولُو² ——— ■ *n.m.* bugbear, imaginary being used to frighten naughty children. ■ *adj.* fool. [Prk.]

لولی /lo:li:/ ■ *n.f.* female dancer. لولیِ چرخ/فلک planet Venus.

لَولِین /lɔ:li:n/ ■ *adj.* absorbed; rapt in; engrossed.

لَوم /lɔ:m/ ■ *n.m.* blaming, reproof, accusing.

لُوم /lu:m/ ■ *n.f.* **1** meanness, baseness. **2** avarice. **3** vice.

لومڑ /lo:məɽ/ ■ *n.m.* fox.

لومڑی /lo:mɽi:/ ■ *n.f.* **1** vixen, female fox. **2** (*fig.*) cunning person.

لَون /lɔ:n/ ■ *n.m.* colour, hue; complexion.

لون /lo:n/ ■ *n.m.* (also لُون) salt.

لَونا /lɔ:nɑ:/ ■ *v.* cut, reap.

لونا /lo:nɑ:/ ■ *adj.* (also لُونا) salty, saline; acidic. ■ *n.m.* salt.

لونار /lo:nɑ:r/ ■ *n.m.* salt lands, saltern, salt mine.

لَونبڑ /lũ:bəɽ/ ■ *adj.* (also لُمبڑ) **1** tall. **2** stupid.

لَونجی /lɔ̃:dʒi:/ ■ *n.f.* (also لونچی) mango pickle.

لَوند /lɔ̃:d̪/ ■ *n.m.* intercalary month. لوند کا سال leap year.

لَوندا /lɔ̃:d̪ɑ:/ ■ *n.m.* (also لوندا) lump of clay or dough.

لَونڈا /lɔ̃:ɖɑ:/ ■ *n.m.* **1** boy, lad; son. **2** slave; minion. **3** catamite. لونڈاپن boyishness, flippancy.

لَونڈہار /lɔ̃:ɖʱɑ:r/ ■ *n.m.* (also لَونڈھار) boyishness; one who has non-serious attitude. لونڈہار پارٹی/صحبت group of boys, especially those creating disturbance.

لَونڈہائی /lɔ̃:ɖʱɑ:i:/ ■ *n.f.* woman who likes to associate with boys.

لَونڈی /lɔ̃:ɖi:/ ■ *n.* (*fem.* of لَونڈا) (also لَونڈیا) **1** girl; lass; daughter. **2** slave girl. لونڈی بچّہ (*derog.*) freeman's son by a slave-girl; born slave.

لَونڈے /lɔ̃:ɖe:/ ■ *n.m.* (*pl.* & *infl.* of لَونڈا) boys. لونڈے باز sodomite. لونڈے بازی sodomy, pederasty. لونڈے لپاڑے young inexperienced boys.

لَونگ /lɔ:ŋg/ ■ *n.f.* **1** clove. **2** nose-pin. لونگ چڑا/چڑے kind of dish prepared from minced meat and flour of gram.

لَونی¹ /lɔ:ni:/ ■ *adj.* colourful. [A]

لَونی² ——— ■ *n.f.* wages in kind to reapers in harvest

time. [Prk.]

لونی³ ____ ■ *n.f.* butter. [Pj]

لونی /lu:ni:/ ■ *n.f.* salt that effloresces from walls of buildings. ■ *adj.* saltish, brackish.

لونیا /lu:nɪjɑ:/ ■ *n.m.* **1** salter. **2** a caste of Hindus dealing in salt. ■ *adj.* saltish, brackish.

لوہ /lo:h/ ■ *n.m.* (*contr.* of لوہا) لوہ چون iron filings. لوہ سار iron mine. لوہ لنگر large iron chain for tying elephants.

لوہا /lo:hɑ:/ ■ *n.m.* iron. لوہا بجانا fight with swords. لوہا برسنا have a general massacre. لوہا پلانا strengthen. لوہا تیز ہونا **1** a sword to be whet or sharpened. **2** be harsh (on). لوہا کرنا iron or press (a cloth). لوہالاٹ، لاٹھ **1** iron-bound club. **2** strong; rigid; hard. **3** a verse with difficult rhymes. لوہالوٹ جانا، لوٹنا **1** (of sword) break or bend. **2** (of an affair) get spoiled. لوہامان جانا acknowledge someone's superiority.

لوہار /lo:hɑ:r/ ■ *n.m.* (also لُہار) blacksmith, ironmonger, forger. لوہار خانہ forge, smithy. لوہار خانے میں سوئیاں بیچنا carry coals to Newcastle. لوہار کی بھٹی forge, furnace.

لوہارن /lo:hɑ:rən/ ■ *n.* (*fem.* of لوہار) (also لوہارنی، لہارن) female blacksmith, blacksmith's wife.

لوہے /lo:he:/ ■ *n.m.* (*pl. & infl.* of لوہا) لوہے ٹھنڈے ہو جانا lose all enthusiasm. لوہے کی چادر iron sheet or plate. لوہے کی چھاتی کر لینا **1** be accustomed to pass one's days in trouble or misery. **2** steel oneself. لوہے کے چنے (*fig.*) difficult task. لوہے کے چنے چبانا (*fig.*) perform a very difficult task. لوہے کے چنے چبوانا (*fig.*) set someone a very difficult task, cause great trouble.

لوئی¹ /lo:i:/ ■ *n.f.* (also لوہی) lump, dough. [Prk]

لوئی² ____ ■ *n.f.* woollen blanket or shawl; flannel. [S]

لُہاب /lʊhɑ:b/ ■ *n.m.* burning, blazing, flame without smoke, heat of a fire.

لہات /ləhɑ:ʈ/ ■ *n.m.* uvula.

لہاڑا /lɪhɑ:ɽɑ:/ ■ *adj.* vile, mean. ■ *n.m.* bad paymaster.

لہاس /ləhɑ:s/ ■ *n.f.* **1** hawser; cable. **2** large basket.

لہجہ /læhdʒɑ:/ ■ *n.m.* accent, tone, pronunciation, cadence, accentuation.

لہٰذا /lehɑ:zɑ:/ ■ *adv.* therefore, consequently, so; for this reason, with the result that.

لہر /læhr/ ■ *n.f.* **1** wave, undulation. **2** whim, fancy. **3** wave of pain, shooting pain, ache, burn, smart; fit; frenzy. **4** emotion, ecstasy, excitement. **5** a wavy pattern in embroidery. لہر اٹھنا **1** wave to rise. **2** (*fig.*) feel a sudden emotion, feel a wave of pain. لہر آنا **1** a wave to come, undulate; fluctuate. **2** feel enthusiastic. **3** feel the effect of venom. لہر بہر prosperity. لہر چڑھنا have a paroxysm, have a sudden seizure or fit.

لہرا /læhrɑ:/ ■ *n.m.* lively air or tune. لہرا لگانا **1** excite. **2** evade.

لہرانا /læhrɑ:nɑ:/ ■ *v.* **1** wave, undulate; fluctuate; flutter. **2** tantalize. **3** exult. **4** blaze up.

لہری /læhri:/ ■ *adj.* **1** emotional; whimsical, capricious. **2** merry; jovial. **3** striped.

لہریا /læhrɪjɑ:/ ■ *adj.* serpentine, wavy, undulating; dyed or painted in this pattern. ■ *n.m.* wavy embroidery on cloth, striped cloth.

لہریلا /læhri:lɑ:/ ■ *adj.* wavy, stripped. (*fem.* لہریلی)

لہریں /læhrẽ:/ ■ *n.f.* (*pl.* of لہر) لہریں لینا **1** undulate, wave. **2** river to be in spate. **3** (pain) to shoot. لہریں مارنا (a body of water) to be turbulent.

لہسن /læhsən/ ■ *n.m.* (also لسّن، لہسُن) garlic.

لہسنی /læhsəni:/ ■ *adj.* garlicky. لہسنی ہینگ asafoetida gum with smell of garlic.

لہسنیا /læhsənjɑ:/ ■ *n.m.* cat's eye, a kind of precious stone.

لہف /ləhf/ ■ *n.m.* grief.

لہک /læhæk/ ■ *n.f.* **1** flash, blaze, glitter. **2** fragrance which spreads with air. لہک لہک کر excitedly, enthusiastically, in a singing tone.

لہکا /læhkɑ:/ ■ *n.m.* (also لچکا) thin brocade lace.

لہکارنا /læhkɑ:rnɑ:/ ■ *v.* pat and encourage (a horse), fondle.

لہکانا /læhkɑ:nɑ:/ ■ *v.* **1** incite, excite. **2** make a fire, stir or kindle (fire). **3** cause to chirp, trill or warble; make someone speak up.

لہکنا /læhækna:/ ■ *v.* **1** be kindled; shine, glitter; flash. **2** wave; rise (as wind). **3** chirp, warble. **4** talk excitedly.

لہلوٹ /læhlo:ʈ/ ■ *adj.* infatuated, enchanted.

لہلہانا /læhləhɑ:nɑ:/ ■ *v.* **1** bloom, flourish. **2** wave or bend before the wind.

لہلہاہٹ /læhləhɑ:həʈ/ ■ *n.f.* **1** blooming. **2** waving.

لہنا /læhnɑ:/ ■ *n.m.* **1** fate, luck. **2** gain, advantage. **3** debt. لہنا پاؤنا lucky, auspicious.

لہنگا /læhŋgɑ:/ ■ *n.m.* lehnga, an ankle-length skirt.

لہو /ləhu:/ ■ *n.m.* (also لُہو، لوہُو) blood. لہو آنا / رکنا pass blood (in stool). لہو آنکھوں میں اترنا (eyes) to be bloodshot. لہو برسنا **1** bleed. **2** eyes to become red due to wrath. لہو بگڑنا **1** blood to become infected; suffer from skin trouble. **2** lack fraternal sympathy. لہو بند کرنے والی (***Med.***) styptic. لہو پانی / پسینہ ایک کرنا work very hard; sweat and toil. لہو پینا **1** irk, pester, irritate. **2** kill. لہو تھوکنا spit blood, suffer from phthisis or tuberculosis (TB). لہو ٹپکانا / چونا toil, work hard, exert oneself. لہو ٹپکنا / رسنا blood to ooze or drip. لہو خشک کرنا terrorize. لہو خشک ہونا be terrorized. لہو رونا weep bitterly. لہو سوکھنا blood to congeal; be anaemic. لہو سے سینچنا / کے چراغ جلانا work very hard. لہو کا پیاسا / کی پیاسی bloodthirsty. لہو کے سے گھونٹ پینا suffer patiently, control one's fury with difficulty. لہو لگا کر شہیدوں میں شامل ہونا take credit without doing anything. لہولہان covered with blood, blood-stained, blood-spattered, bloody.

لہو /læhv/ ■ *n.m.* pastime, fun, amusement; anything ludicrous or jocular. لہو ولعب play, sport, pastime, amusement, fun and sport.

لہیب /ləhi:b/ ■ *n.m.* flame, spark of fire. ■ *adj.* flaming, blazing.

لہینڈی /lɪhæ̃:ḍi:/ ■ *n.f.* irrigation by throwing up water from a lower level by means of a kind of basket.

لئی /lɪi:/ ■ *n.f.* (also لَئی، لیہی، لیئی) adhesive paste made from starch or some starchy substance like flour.

لئیق /ləi:q/ ■ *adj.* able, capable, competent, worthy.

لئیم /ləi:m/ ■ *adj.* vile, base, sordid; miserly, mean.

لے /læ:/ ■ *n.f.* **1** modulation, air, tune, musical note, musical composition, melody. **2** ardent affection or desire. **3** immersion, absorption; taste.

لے /le:/ ■ (*imper.* of لینا) take it! come! ■ *exclam.* well! لے اُڑنا **1** run away with. **2** carry tales, make use of some information. لے آنا **1** fetch, bring, produce. **2** import. لے بیٹھنا bring one down with oneself. لے بھاگنا decamp, run away with, abduct. لے پالک adopted child, foster child; ward. لے پڑنا lie down with, lie down with a woman forcibly. لے جانا **1** convey; take away. **2** run away with. لے چلنا carry; convey, take along. لے دے کرنا **1** rebuke, reprove. **2** work very hard; exert a great deal. لے دے کے **1** with great difficulty, after making all efforts. **2** altogether. **3** only, merely. لے ڈوبنا ruin another person as well as oneself. لے رکھنا keep ready. لے لینا **1** take back. **2** receive, accept. لے مرنا **1** try hard and succeed in getting something. **2** involve someone in some trouble.

لیا دیا /lɪjɑ: dɪjɑ:/ ■ *n.m.* **1** reward of good deeds, good deeds done. **2** (*fig.*) act of charity, alms. لیا دیا آڑے آنا escape bad luck due to good deeds done earlier.

لیاقت /lɪjɑ:qət̪/ ■ *n.f.* ability, capability, suitability, merit, proficiency; aptitude; worth.

لیپ /le:p/ ■ *n.m.* ointment; paste. لیپ کرنا / لگانا apply a paste or ointment, anoint; smear.

لیپا پوتا /li:pɑ: po:t̪ɑ:/ ■ *adj.* **1** plastered and painted. **2** finished, complete.

لیپا پوتی /li:pɑ: po:t̪i:/ ■ *n.f.* **1** whitewash. **2** (*fig.*) window dressing. **3** make-up.

لیپن /li:pən/ ■ *n.f.* **1** smearing. **2** refuse of mud-plaster.

لیپنا /li:pnɑ:/ ■ *v.* (also لپینا) coat, plaster, besmear.

لَیت /læ:t̪/ ■ *exclam.* God grant! would that! how I wish! لیت و لعل evasion, procrastination, prevarication. لیت و لعل کرنا evade, prevaricate. لیت و لعل میں ڈالنا shuffle, evade.

لیتڑا /li:t̪ɽɑ:/ ■ *n.m.* (also لیترا) worn-out shoe, tattered shoe.

لیتڑے /li:t̪ɽe:/ ■ *n.m.* (*pl. & infl.* of لیتڑا) لیتڑے پڑنا get beaten with shoes.

لیٹنا /le:ʈnɑ:/ ■ *v.* **1** lie down; rest; repose. **2** submit. **3** fall at one's feet. **4** (of crop) be beaten down by rain.

لیجھی /li:dʒʰi:/ ■ *n.f.* dregs of anything that has been chewed, sediments; refuse.

لیچڑ /li:tʃəɽ/ ■ *adj.* **1** stingy, niggardly; mean. **2** sticky, fussy; pertinacious. **3** slow, lazy. ■ *n.m.* miser, niggard, bad paymaster. لیچڑپن / پنا **1** laziness, slowness. **2** meanness, stinginess.

لیچی /li:tʃi:/ ■ *n.f.* lychee, a small rounded fruit with sweet white scented flesh.

لید /li:d̪/ ■ *n.f.* dung of horses, asses, mules and elephants.

لیر /li:r/ ■ *n.f.* strip or slip of cloth, tatter, shred, rag. لیر لیر کرنا tear to shreds.

لیزم /le:zəm/ ■ *n.f.* bow with an iron chain with which athletes exercise.

Ramazan (generally 27th) on which the Qur'anic revelation commenced.

لَیلیٰ /læ:lɑ:/ ■ *adj.* black as night. ■ *pr.n.f.* name of the beloved of legendary Arab lover Qais.

لِیم /li:m/ ■ *n.m.* **1** consent. **2** harmony; peace.

لِیمُو /li:mu:/ ■ *n.m.* (also لیموں، نیبو) lemon, lime.
لیمونچوڑ **1** uninvited guest; sponger. **2** flatterer.

لَین /læ:n/ ■ *n.f.* **1** lane, row, file, line. **2** railway line. **3** cantonment. لین ڈوری long line (of troops); advance guard, tents for laying down an encampment. [E]

لِین /li:n/ ■ *adj.* soft. ■ *n.f.* softness. ■ *n.m* soft sounds of vowels و and ی, as in سودا and پَیدل. [A]

لین /le:n/ ■ *n.m.* receiving, taking. لین دین **1** trade, monetary dealings, business. **2** dealing; communication. لین دین بند کرنا close business, stop trading. لین دین کرنا trade, carry on a business.

لینا /le:nɑ:/ ■ *v.* **1** take, obtain, get, receive, accept. **2** buy; borrow; adopt. **3** conquer, win. **4** usurp, assume, seize, capture. **5** draw, absorb, suck in. **6** catch, lay hold of. **7** drink. لینا ایک نہ دینا دو having nothing to do (with).

لِینت /li:nət̪/ ■ *n.f.* (also لینیت) softness; smoothness.

لینڈ /lẽ:ɖ/ ■ *n.m.* turd, longish lump of faeces.

لینڈی /lẽ:ɖi:/ ■ *n.f.* (*dim.* of لینڈ) stool. ■ *adj.* cowardly.
لینڈی تر ہونا **1** behave arrogantly. **2** be very happy.
لینڈی کتّا cur, pariah dog, pye-dog.

لینے /le:ne:/ ■ (*infl.* of لینا) لینے کے دینے پڑنا suffer a reversal of fortune, lose instead of gaining something.
لینے میں نہ دینے میں unconcerned, having nothing to do (with).

لیوا /le:vɑ:/ ■ *n.m.* one who takes, taker. [dial.]

لیوا² ____ ■ *n.m.* udder. [S]

لیہنا /le:hnɑ:/ ■ *n.m.* food that is licked.

لیئی /le:i:/ ■ *n.f.* gum, adhesive paste. See لئی.

لیے /lɪje:/ ■ *prep. & adv.* for; for the sake of, on account of, for the purpose of.

لَیس /læ:s/ ■ *adj.* **1** armed, well-equipped. **2** dressed; accoutred. **3** finished, ready; prepared. ■ *n.m.* sprig; arrow with a long pointed end. لیس ہونا **1** be ready. **2** be accoutred.

لیس /le:s/ ■ *n.f.* sticky exudation, sticky fluid; stickiness; glutinosity. لیس دار sticky, glutinous, gluey.

لیسنا /le:snɑ:/ ■ *v.* daub with sticky substance, spread.

لِیک /li:k/ ■ *n.f.* **1** line; rut, furrow; path, track, beaten path. **2** custom. **3** customary wages of menial servants. **4** (*var.* of لیکھ). لیک پڑنا become a custom, gain currency. لیک پیٹنا adhere to or follow old established practices. لیک لیک چلنا follow the beaten path; adhere to old established customs.

لیک /le:k/ ■ *conj.* (*contr.* of لیکن).

لیکن /le:kɪn/ ■ *conj.* but; yet; however; nevertheless.

لِیکھ /li:kʰ/ ■ *n.f.* (also لیک) nit, the egg of a louse; small louse.

لیکھ /le:kʰ/ ■ *n.f.* **1** writing; endorsement. **2** fate, luck. لیکھ جاگنا be in good luck.

لیکھا /le:kʰɑ:/ ■ *n.m. & f.* **1** account, ledger. **2** state, condition. **3** luck, fate. **4** price, rates. لیکھا بہی ledger, account book. لیکھا پورا کرنا close an account, discharge a balance. لیکھا ڈالنا open an account. لیکھا لینا take account.

لیکھک /le:kʰək/ ■ *n.m.* writer, author; penman; accountant.

لیکھے /le:kʰe:/ ■ *n.m.* (*pl. & infl.* of لیکھا). ■ *adv.* as to, according to, regarding, in the estimation (of).

لَیل /læ:l/ ■ *n.f.* night. لیل ونہار night and day, times, circumstances. (*pl.* لیالی)

لِیلا /li:lɑ:/ ■ *n.f.* **1** lila, play, sport; theatrical performance. **2** amorous games; wonder; phenomenon.

لیلا /le:lɑ:/ ■ *n.m.* lamb, kid.

لِیلنا /li:lnɑ:/ ■ *v.* gulp, swallow, devour.

لَیلۃ /læ:lət̪/ ■ *n.f.* (also لیلہ) night. لیلۃ الاسریٰ the night of Ascension when Prophet Muhammad ascended to Heaven. لیلۃ البدر the night of the full moon. لیلۃ القدر prestigious night, one of the last five odd nights of

لھ /lʰə/ ■ the forty-fourth letter of the Urdu alphabet. It is not used in the beginning of any word, but is used medially, as: سولھواں، چولھا, etc.

لھ

م

م /mi:m/ ■ the forty-fifth letter of the Urdu alphabet.

ما¹ /mɑ:/ ■ *pron.* which; what; that which; whatever, somewhat, something. ■ *adv.* no, not. مابعد that which follows; following. مابقی what is left, remainder, leftover (food). مابہ الاحتیاج whatever is necessary, necessary articles, required things. مابہ الافتخار prized; something to be proud of. مابہ الامتیاز distinctive characteristic or feature. مابہ النزاع bone of contention, reason of the quarrel, casus belli. ماتقدّم what has gone before or stated above; what is past. ماحصل 1 result, inference. 2 harvest, produce. 3 abstract; the sum and substance. ماسبق what precedes or has preceded; anything past said or done; preceding. ماسلف what is past, the preceding; before-mentioned or done. ماسوا besides, moreover, over and above, in addition to; apart from, save, other than. ماشاللہ mashallah! as God willed or wished! an expression of praise uttered against the effects of an evil eye or for approval. ماصدق that which is true. مافات that which is past, a past event. مافوق better, superior, distinguished. مافی الضمیر whatever is or was in the heart or mind, secret intention. مافیہا what it contains, the contents. ماقبل 1 prior, last, before, preceding. 2 (***Gram.***) the antecedent. ماقلّ ودلّ concise, to the point. مالاکلام what cannot be expressed in words, ineffable, inexpressible, indescribable. مالایطاق something that cannot be done or for which one has no strength or ability. مالایعنی foolish; meaningless. مالاینحل what cannot be solved, insoluble; inexplicable. مالہٗ وماعلیہ the pros and cons (of a matter). مامضیٰ days gone by, the past. ماوجب necessary, whatever is necessary. مایحتاج what is needed or necessary. مایُقریٰ illegible (writing). [A]

ما² ____ ■ *n.m.* fourth note of the musical gamut. [S]

ما³ ____ ■ *pron.* I; we; us; our. مابدولت I, we (used by a royal person or ironically or jocularly by any speaker). ماوشما 1 we and you. 2 every body; every one of us; ordinary people. ماومن self-praise, pride, egotism. [P]

ما⁴ ____ ■ *n.f.* 1 mother. 2 (***Hinduism***) an epithet of the Hindu goddess Lakshmi. ماباپ parents. ماجائی one's own sister. ماجایا one's own brother. (See also ماں.) [S]

مابعدُالطبیعیات /mɑ:bəʔd̪ʊt̪t̪əbi:ʔɪjɑ:t̪ / ■ *n.f.* metaphysics.

مابین /mɑ:bæ:n/ ■ *adv.* between, among; intervening.

ماپ /mɑ:p/ ■ *n.m.* measure; survey.

ماپک /mɑ:pək/ ■ *n.m.* surveyor.

ماپنا /mɑ:pnɑ:/ ■ *v.* measure, survey.

مات /mɑ:t̪/ ■ *n.f.* 1 death. 2 (*fig.*) defeat. 3 (***Chess***) checkmate. مات دینا/کرنا checkmate, beat, outdo. مات کھانا/لینا be beaten or checkmated.

ماتا¹ /mɑ:t̪ɑ:/ ■ *n.f.* 1 mother. 2 (***Hinduism***) any female deity. 3 smallpox. ماتاپتا 1 parents. 2 (*fig.*) patrons. ماتا ڈھلنا pox pustules to dry up. ماتا نکلنا pox pustules to erupt. [S]

ماتا² ____ ■ *adj.* intoxicated, full of. (*fem.* ماتی) [S]

ماتحت /mɑ:t̪æht̪/ ■ *n.m.* subordinate, lower in rank or position; dependant, subject; inferior.

ماترا /mɑ:t̪rɑ:/ ■ *n.m.* 1 measure, quantity. 2 minute portion, little, trifle. 3 particle, atom, 4 element, ingredient. 5 instant. 6 dose (of medicine). 7 (***Gram.***) vowel symbol, diacritical mark. 8 (***Pros.***) unit (in metre). 9 (***Phonetics***) length of time required to pronounce a short syllable. 10 (***Music***) matra, beat, basic rhythmic unit of a tala. 11 (***Callig.***) upper or horizontal marks of Nagari script.

ماتم /mɑ:t̪əm/ ■ *n.m.* mourning, lamentation; beating the chest in grief. ماتم پرسی condolence, funeral obsequies. ماتم پرسی کرنا condole. ماتم خانہ/سرا/کدہ house of mourning. ماتم دار mourner. ماتم داری mourning. ماتم زدہ bereaved, mournful. ماتم کرنا lament, mourn, beat the chest in grief. ماتم کناں mourning, lamenting.

ماتمی /mɑ:t̪əmi:/ ■ *adj.* mourning, mournful; funereal. ■ *n.m.* mourner. ماتمی پوشاک/پیرہن/جامہ/لباس (usu. black) mourning dress or attire, widow's weeds.

ماتھا /mɑ:t̪ʰɑ:/ ■ *n.m.* 1 the forehead. 2 top or upper part of anything. ماتھا بھڑکنا/پرانا feel headache. ماتھا پیٹنا grieve over one's misfortune, beat the head in despair. ماتھا ٹیکنا prostrate oneself; accept someone's superiority or hegemony. ماتھا ٹھنکنا be alarmed, have an intuitive feeling of the coming evil. ماتھا چڑھانا show anger,

ماخوذ /mɑ:xu:z/ ■ *adj.* 1 accused, called to account, arrested, apprehended, taken. 2 adapted or extracted (from a book, etc.), derived. ماخوذ کرنا accuse, arrest, incriminate. ماخوذ ہونا be accused or indicted.

ماد /mɑ:ḍ/ ■ *n.m.* 1 intoxication, drunkenness. 2 passion, lust. 3 love, ecstasy.

مادام /mɑ:ḍɑ:m/ ■ *n.f.* madam. [E]

مادح /mɑ:ḍeh/ ■ *n.m.* one who praises.

مادر /mɑ:ḍər/ ■ *n.f.* mother. مادر بہ خطا (*offens.*) bastard, illegitimate. مادر پدر آزاد 1 completely naked. 2 libertine, excessively open or free (person). 3 one who is under nobody's control. مادر خواہی کرنا abuse someone by making indecent remarks about his mother. مادر درس گاہ علمی alma mater, institution where one has studied. مادرزاد 1 innate, inborn, by birth, congenital; natural. 2 born of the same mother. مادرزاد اندھا نابینا born blind. مادرزاد برہنہ stark naked.

مادرانہ /mɑ:ḍərɑ:nɑ:/ ■ *adj.* motherly, maternal.

مادری /mɑ:ḍəri:/ ■ *adj.* motherly, maternal; matriarchal. مادری زبان mother-tongue, native tongue.

مادہ /mɑ:ḍɑ:/ ■ *n.f.* female of a species (used for animals only). مادہ سگ (often as a term of abuse) bitch.

مادّہ /mɑ:ḍḍɑ:/ ■ *n.m.* 1 matter, substance. 2 (***Ling.***) (i) root (of words). (ii) word root. 3 puss. 4 matter (of book). 5 faculty or capacity (to understand). 6 essence. مادۂ تاریخ set of words in which numbers associated with each letter are added together to yield a certain year. مادۂ تاریخ نکالنا compose such a set of words (See also تاریخ کہنا). مادہ پرست materialist, materialistic. مادہ پرستانہ materialistic. مادہ پرستی materialism. مادۂ تولید semen. مادۂ فاسد bad humours; harmful matter or secretion.

مادّی /mɑ:ḍḍi:/ ■ *adj.* material. مادی دنیا material world.

مادیان /mɑ:ḍɪjɑ:n/ ■ *n.f.* mare.

مادّیت /mɑ:ḍḍɪjət/ ■ *n.f.* (***Philos.***) materialism.

مادین /mɑ:ḍi:n/ ■ *n.f.* female.

ماذنہ /mɑ:zənɑ:/ ■ *n.m.* (also ماذن) place for azan, minaret.

مار[1] /mɑ:r/ ■ (*imper.* of مارنا) beat. ■ *n.f.* 1 beating, striking, bashing, thrashing, stroke, blow. 2 affliction, ache, pain. 3 rage, divine wrath or punishment. 4 killing, murder. 5 temptation, snare, enticement, compulsion.

frown. ماتھا رگڑنا 1 prostrate oneself (before). 2 implore humbly, beseech, supplicate.

ماتھے /mɑ:ṭʰe:/ ■ *n.m.* (*pl. & infl.* of ماتھا) ماتھے پر بل/شکن پڑنا frown show signs of displeasure. ماتھے پر چڑھنا take advantage of or take liberties with.

مات /mɑ:ṭ/ ■ *n.m.* (also ماٹھ) 1 big earthen jar for food grains. 2 indigo vat. 3 a kind of pot-herb. ماٹ کا ماٹ ہی بگڑا ہے the whole group is spoiled. ماٹ کی بھاجی *Amaranthus oleraceus*, a kind of evergreen pot-herb.

ماٹی /mɑ:ṭi:/ ■ *n.f.* (*var.* of مٹی) clay, earth, soil. ماٹی ملا dead (a mild curse).

ماٹھا /mɑ:ṭʰɑ:/ ■ *adj.* (*slang*) 1 cowardly; weak; slow, dull. 2 unlucky. (*fem.* ماٹھی)

ماٹھو /mɑ:ṭʰu:/ ■ *n.m.* 1 monkey. 2 buffoon. 3 fool.

ماثور /mɑ:su:r/ ■ *adj.* transmitted, traditionally handed down, handed down from one generation to the next.

ماجد /mɑ:dʒɪḍ/ ■ *adj.* glorious; honourable. ■ *n.m.* See الماجد. (*fem.* ماجدہ)

ماجرا /mɑ:dʒrɑ:/ ■ *n.m.* 1 happening, occurrence, incident, event; narration. 2 state, condition, circumstance.

ماجو /mɑ:dʒu:/ ■ *n.m.* oak apple. See مازو.

ماجوج /mɑ:dʒu:dʒ/ ■ *n.m.* Magog, according to some traditions grandson of Prophet Noah, son of Prophet Japheth. (*cf.* یاجوج)

ماجور /mɑ:dʒu:r/ ■ *adj.* rewarded, compensated; blessed.

ماچا /mɑ:tʃɑ:/ ■ *n.m.* 1 large bedstead, bed. 2 platform, raised frame or platform (for a watchman). ماچا توڑ one who sticks to his bed, lazy person who rarely stirs from his bed. ماچا خر 1 stupid, foolish. 2 stupid or foolish man.

ماچس /mɑ:tʃɪs/ ■ *n.f.* matchstick or matchbox. [E]

ماچی /mɑ:tʃi:/ ■ *n.f.* (*dim.* of ماچا) small bed.

ماچین /mɑ:tʃi:n/ ■ *n.m.* (also مہاچین) (*arch.*) China, Chinese Tartary.

ماحصل /mɑ:həsəl/ ■ *n.m.* conclusion. See under ما[1].

ماحضر /mɑ:həzər/ ■ *n.m.* whatever (of the victuals) is ready, prepared or present; pot luck, a polite and modest way of referring to food offered to guests.

ماحول /mɑ:ho:l/ ■ *n.m.* surroundings, environment.

ماحولیات /mɑ:ho:lɪjɑ:ṭ/ ■ *n.f.* ecology, environment.

ماخذ /mɑ:xəz/ ■ *n.m.* (also ماخذ) origin, source, root.

مارنا /mɑ:rnɑ:/ ■ *v.* **1** strike, hit, beat, crack, bang, drub, manhandle. **2** kill, slay, shoot, slaughter, take life. **3** make away with, steal, pinch, misappropriate, usurp. **4** brag, boast. **5** conquer, subjugate, defeat. **6** destroy, break, mar. **7** punish, scold. **8** hide, conceal. **9** tolerate. **10** master, subdue, tame (affection, appetite, lust, etc.). **11** dart or hurl (missile, etc.). **12** cut, reduce. **13** (***Chess***) capture a piece. **14** oxidize or calcine a metal. **15** bat or flutter (eyelids), wink. **16** throw down on the back. **17** perform a sexual act. مارنا پیٹنا/دھاڑنا beat, hit. مارنا کاٹنا kill, slain.

مارنہارا /mɑ:rənhɑ:rɑ:/ ■ *n.m.* (also مارن ہارا) smiter, slayer.

مارُو /mɑ:ru:/ ■ *n.m.* **1** a kind of round brinjal, *Solanum melongena.* **2** musical instrument played to rally troops.

مارْوا /mɑ:rvɑ:/ ■ *n.m.* (also مارو) name of a musical raga.

مارُوت /mɑ:ru:t̪/ ■ *n.m.* one of the two angels, said to be the teachers of magic to man, who were suspended by the feet in a well in Babylon. (See also ہارُوت.)

ماروں /mɑ:rũ:/ ■ (*infl.* of مارنا) ماروں گھٹنا پھوٹے آنکھ irrelevant reply, etc.

ماری /mɑ:ri:/ ■ *adj.* (*fem.* of مارا) beaten; killed. ■ *n.f.* killing, slaying, beating.

مارے /mɑ:re:/ ■ (*infl.* of مارنا) beat; kill, murder. ■ *adv.* for, due to, out of, by reason of, on account of, owing to. مارے باندھے by force, forcibly. مارے بھاگے runaways, absconders, defeated, routed. مارے بھوک کے owing to hunger. مارے خوف کے out of fear. مارے ڈالنا torment, harass, cause agony to. مارے غصے کے due to anger.

ماڑا /mɑ:ɽɑ:/ ■ *adj.* (also ماڑیا) weak, lean, languid; poor, destitute; bad, rotten.

ماڑنا /mɑ:ɽnɑ:/ ■ *v.* **1** rub. **2** thresh corn; flatten.

ماڑی¹ /mɑ:ɽi:/ ■ *n.f.* starch; gruel. [S]

ماڑی² ____ ■ *n.f.* (*contr.* of مہاڑی) upper room, balcony. [dial.]

ماڑی³ ____ ■ *adj.* (*fem.* of ماڑا) weak, lean (woman). [dial.]

مازُو /mɑ:zu:/ ■ *n.m.* (also ماجو) oak apple, gallnut.

ماس /mɑ:s/ ■ *n.m.* flesh, meat. ماس آدھاری carnivorous, flesh-eater. ماس نوچنا **1** claw; mangle. **2** (*fig.*) tease. [S]

6 loss, damage. **7** antidote, remedy. **8** threat, intimidation. **9** curse. مار بیٹھنا **1** beat (suddenly or on impulse). **2** embezzle. مار بھگانا rout, drive away; put to flight. مار پٹائی/ پیٹ/ دھاڑ **1** fighting. **2** beating and bruising, drubbing. **3** riot. مار پڑنا be beaten. مار پیچھے سنوار patch up after a quarrel. مار دینا/ ڈالنا murder, kill. مار رکھنا usurp, withhold wrongfully. مار سے بھوت بھی بھاگتا ہے beatings frighten everyone. مار کاٹ/ کٹائی fighting; beating. مار کھانا **1** get a loss. **2** be deceived. **3** get a beating, drubbing. مار گرانا shoot down; kill. مار لانا **1** kill and bring. **2** obtain by plunder, rob. مار لگانا beat, thrash. مار لینا steal, pinch, purloin; usurp, embezzle. مار مار کر اتو بنانا/ بھرکس نکالنا beat black and blue. [S]

مار² ____ ■ *n.m.* serpent, snake. مارِ آستین foe in friendly guise, enemy in the guise of a friend, wolf in sheep's clothing. مار گزیدہ snake-bitten (person). مار مہرہ jewel supposedly found in serpent's head and used as antidote for snake poison. [P]

مار³ ____ ■ *n.f.* black loamy soil. [dial.]

مارا /mɑ:rɑ:/ ■ *adj.* **1** beaten, struck down, smitten. **2** slain, killed. **3** undone, ruined, spoilt. **4** lost. مارا جانا **1** be slain or killed. **2** be lost. **3** be ruined. مارا مارا پھرنا wander aimlessly or in vain. (*fem.* ماری)

مارامار /mɑ:rɑ:mɑ:r/ ■ *n.f.* (*comb.* of مار¹) **1** bustle, rush, at one go. **2** struggle, varied and toilsome efforts. **3** tumult, fray; mutual beating. **4** one after another, constantly. **5** abundance, excess. ■ *adv.* hurriedly, quickly. مارامار کرنا **1** work hard. **2** hurry up, bustle. **3** fight, wrangle; massacre.

ماراماری /mɑ:rɑ:mɑ:ri:/ ■ *n.f.* riot, fray.

مارب /mɑ:rəb/ ■ *n.m.* time or place for any necessary business.

مارتَول /mɑ:rt̪ɔ:l/ ■ *n.m.* **1** hammer, mallet. **2** screwdriver.

مارتے خاں /mɑ:rt̪e: xɑ̃:/ ■ *n.m.* oppressor, scourger. ■ *adj.* **1** strong, powerful. **2** brave.

مارچوبہ /mɑ:rtʃo:bɑ:/ ■ *n.m.* asparagus.

مارخور /mɑ:rxo:r/ ■ *n.m.* markhor, ibex, mountain goat.

مارکہ /mɑ:rkɑ:/ ■ *n.m.* **1** symbol, mark, identification. **2** trademark. [E]

مارگ /mɑ:rg/ ■ *n.m.* **1** road, path, way. **2** remedy, antidote.

مارگی /mɑ:rgi:/ ■ *n.m.* wayfarer, passenger.

ماس² ——— ■ *n.m.* (*contr.* of آماس) swelling. [P]

ماست /mɑ:st̪/ ■ *n.m.* curds.

ماسکہ /mɑ:sɪkɑ:/ ■ *n.f.* 1 (***Geom.***) focus of a conic section. 2 (***Physics***) focus or focal point of a lens where light rays converge. 3 digestive power or ability to retain food in the stomach.

ماسوا /mɑ:sɪvɑ:/ ■ *adv.* besides, except. See under ما¹.

ماسی /mɑ:si:/ *n.f.* 1 aunt, mother's sister. 2 (*coll.*) charwoman, maidservant.

ماش /mɑ:ʃ/ ■ *n.m.* a kind of bean. ماش کا آٹا بننا/ہوجانا 1 be arrogant. 2 become angry. ماش کی دال dal made from it. ماش مارنا throw this (on someone) with a malignant charm.

ماشاءاللہ /mɑ:ʃɑ: əllɑ:h/ ■ *exclam.* (also ماشاللہ) mashallah, as God willed or wished! See under ما¹.

ماشطہ /mɑ:ʃɪt̪ɑ:/ ■ *n.f.* female beautician. (See also مشاطہ.)

ماشکی /mɑ:ʃki:/ ■ *n.m.* water-carrier.

ماشو /mɑ:ʃu:/ ■ *n.m.* sieve, strainer.

ماشہ /mɑ:ʃɑ:/ ■ *n.m.* (also ماشا) masha, a former weight consisting of eight rattis. ماشہ بھر 1 as much as eight rattis. 2 (*fig.*) very small. ماشہ تولہ ہونا be fickle, be inconstant.

ماضی /mɑ:zi:/ ■ *adj.* past. ■ *n.m.* 1 past event. 2 (***Gram.***) the past tense. ماضیِ احتمالی/شکّی/شکیّہ past subjunctive (expressed in English by 'may have', such as: she may have gone). ماضیِ استمراری past continuous. ماضیِ بعید past perfect. ماضیِ تمنائی past subjunctive. ماضیِ قریب present perfect. ماضیِ مُطلق past indefinite.

ماضیہ /mɑ:zɪjɑ:/ ■ *adj.* past. ■ *adv.* formerly, heretofore.

مافات /mɑ:fɑ:t̪/ ■ *n.m.* a past event. See under ما¹.

مافوق /mɑ:fɔ:q/ ■ *adj.* superior, higher. See under ما¹. مافوق الفطرت supernatural, abnormal.

مافی الضّمیر /mɑ:fɪzzəmi:r/ ■ *n.m.* secret intention. See under ما¹.

ماقبل /mɑ:qəbl/ ■ *adj.* prior, last. See under ما¹. ماقبل الذکر above-mentioned. ماقبل آخر second last, last but one, penultimate.

ماقوائی /mɑ:quvɑ:i:/ ■ *adj.* hydraulic.

ماکڑا /mɑ:kṛɑ:/ ■ *adj.* spiderish, spider-like, lean, thin.

ماکول /mɑ:ku:l/ ■ *adj.* eaten, devoured; eatable. ■ *n.m.* eatables, dish (for meal), victuals.

ماکولات /mɑ:ku:lɑ:t̪/ ■ *n.m.* (*pl.* of ماکول) ماکولات ومشروبات food and drinks.

ماکیاں /mɑ:kɪjã:/ ■ *n.f.* hen, fowl. (See also مرغی.)

ماگری /mɑ:gri:/ ■ *n.f.* a kind of studded earring.

ماگھ /mɑ:gʰ/ ■ *n.m.* eleventh month of the Bikrami calendar, corresponding to January-February. ماگھ ننگی بیساکھ بھوکی always poor.

مال¹ /mɑ:l/ ■ *n.m.* 1 wealth, riches, property, money, goods, effects, merchandise, possessions. 2 revenue, finance. 3 prize (in lottery, etc.). 4 cattle. 5 (***Math.***) square. 6 granulated sediment in indigo vat. مال اڑانا 1 squander wealth, spend lavishly. 2 feed on dainties. مال المال (***Math.***) square of square. مال باہر بھیجنا export. مال بردار جہاز cargo vessel. مال پانی wealth, riches, money. مالِ حرام unlawful earnings, ill-gotten wealth. مالِ حرام بود بجائے حرام رفت ill-gotten, ill-spent. مالِ حلال رطیب legitimate earnings. مال خانہ storehouse, warehouse, godown, treasury. مال دہ wealthy. مال دھنی owner of goods, a rich man. مال زادہ son of whore, pimp. مال زادی whore, bawd; procuress. مالِ سائر/سایر duties or revenue from customs and other sources. مال ضامن a person who stands surety (for property or money). مالِ عرب پیشِ عرب the best custodian of one's property is one's own self. مالِ غنیمت plunder, spoil, booty. مالِ غیر منقولہ immovable property. مال کا بندوبست settlement of revenue. مال کاٹنا steal or rob from moving train. مالِ لاوارث unclaimed property. مال مارنا rob, snatch, swindle, embezzle. مالِ متروکہ/موروثہ property, legacy, bequest. مال مردم خور cheat, swindler; a borrower who never pays. مال مسالہ/مصالحہ 1 necessaries. 2 spices used in cooking. 3 decorative material of dress. مال مست purse-proud, arrogant because of wealth. مال مستی purse-pride. مالِ مسروقہ stolen property. مالِ مفت something got without efforts. مالِ مفت دلِ بے رحم money obtained without effort is soon squandered. مالِ مقروقہ distrained or attached property. مالِ منقولہ movable property. مال مویشی horse and cattle. مال واسباب/متاع property, assets, wealth. مال ور rich. مال وزر wealth, money. مالِ وقف endowment, property endowed for religious purposes. مال ومنال wealth and property, riches. [A]

مال۲ ____ ■ *n.f.* (*contr.* of مالا۱) **1** distaff string. **2** wreath; garland. [S]

مالا۱ /mɑ:lɑ:/ ■ *n.f.* **1** rosary, beads. **2** mala, garland; necklace. مالا پھیرنا/جپنا recite prayer on beads, pray, tell one's beads. [S]

مالا۲ ____ ■ *n.m.* floor or storey of building. [dial.]

مالامال /mɑ:lɑ:mɑ:l/ ■ *adj.* (*comb.* of مال۱) rich, replete (with); abounding (in), full. مالامال کرنا enrich.

مالپوا /mɑ:lpʊvɑ:/ ■ *n.m.* (also مالپوڑا) **1** a kind of fried sweetmeat. **2** bread or loaf prepared with oil.

مالتی /mɑ:lt̪i:/ ■ *n.f.* **1** a kind of jasmine. **2** a name given to different species of shrubs. **3** young woman. مالتی بسنت an Ayurvedic herbal medicine given in consumption.

مالٹا /mɑ:lʈɑ:/ ■ *n.m.* a species of juicy fruit of the citrus family.

مالدار /mɑ:ld̪ɑ:r/ ■ *adj.* rich, wealthy, affluent.

مالداری /mɑ:ld̪ɑ:ri:/ ■ *n.f.* wealthiness, opulence.

مالسری /mɑ:lsɪri:/ ■ *n.f.* name of a musical raga.

مالش /mɑ:lɪʃ/ ■ *n.f.* **1** rubbing, massaging. **2** polish, burnishing. **3** nausea. **4** (*fig.*) punishment. مالش کرنا **1** rub, massage. **2** polish, furbish. **3** (*fig.*) beat severely. (جی/طبیعت) مالش کرنا feel nausea.

مالشیا /mɑ:lɪʃjɑ:/ ■ *n.m.* (also مالشی) masseur, massager.

مالِک /mɑ:lɪk/ ■ *n.m.* **1** master, possessor, owner, landlord, lord. **2** God. **3** See المالک. مالکِ ادنیٰ sub-proprietor. مالکِ اراضی landholder. مالکِ اعلیٰ superior proprietor. مالکُ الملک **1** lord of the country, a title of address for sovereigns, princes, etc. **2** one of the ninety-nine names of Allah. مالک بنانا/کرنا make (someone) the owner (of); empower. مالک حقیقی **1** real owner, proprietor de facto. **2** God, Almighty. مالکِ مکان landlord, one who gives his house on rent. (کا) مالک ہونا be or become the owner or proprietor (of), to own. (*fem.* مالکن، مالکہ) (*pl.* مالکان)

مالِکانہ /mɑ:lɪkɑ:nɑ:/ ■ *adj.* proprietary, concerning ownership. ■ *n.m.* allowance paid to zamindar by the person who occupies his lands, estates. مالکانہ رسوم proprietary dues.

مالکوس /mɑ:lko:s/ ■ *n.m.* (also مالکونس) name of a raga of classical music.

مالکی۱ /mɑ:lɪki:/ ■ *n.m.* follower of Imam Malik, one of the four Sunni Muslim jurists. [A]

مالکی۲ ____ ■ *adj.* royal, lordly. ■ *n.f.* ownership. [A]

مالکیّت /mɑ:lɪkɪjjət̪/ ■ *n.f.* possession, proprietorship.

مال گاڑی /mɑ:lgɑ:ɽi:/ ■ *n.f.* goods train.

مالگزار /mɑ:lgʊzɑ:r/ ■ *n.m.* person who pays the revenue; tenant, subject, landholder.

مالگزاری /mɑ:lgʊzɑ:ri:/ ■ *n.f.* payment of land revenue; revenue assessment.

مالن /mɑ:lən/ ■ *n.f.* female gardener, woman who plaits flowers, braids garlands and sells flowers.

مالنیا /mɑ:lənjɑ:/ ■ *n.f.* (*dim.* of مالن) (*poet.*) female gardener.

مالُوف /mɑ:lu:f/ ■ *adj.* (also مالوفہ) **1** familiar, dear. **2** usual, customary.

مالی۱ /mɑ:li:/ ■ *n.m.* mali, gardener, horticulturist. [S]

مالی۲ ____ ■ *adj.* fiscal, financial, pecuniary, monetary. مالی سال financial year or fiscal year. [A]

مالیات /mɑ:lɪjɑ:t̪/ ■ *n.f.* **1** economy, finance, economics. **2** tax, revenue.

مالیاتی /mɑ:lɪjɑ:t̪i:/ ■ *adj.* financial. مالیاتی نظام financial system.

مالیانہ /mɑ:lɪjɑ:nɑ:/ ■ *n.m.* tax, duty, excise duty, payment of land revenue, cess.

مالیت /mɑ:lɪjət̪/ ■ *n.f.* **1** value, worth, price. **2** wealth. **3** possession.

مالیخولیا /mɑ:li:xo:lɪjɑ:/ ■ *n.m.* melancholia, a mental illness marked by depression and ill-founded fears.

مالیدہ۱ /mɑ:li:d̪ɑ:/ ■ *adj.* broken in pieces; rubbed; anointed. ■ *n.m.* (also ملیدہ) bread mashed in butter and sugar, mashed bread. [P]

مالیدہ۲ ____ ■ *n.m.* (also مالینہ) a kind of fine woollen cloth. [P]

مالیہ /mɑ:lɪjɑ:/ ■ *n.m.* (also مالیانہ) land revenue.

مام /mɑ:m/ ■ *n.m.* power, resources, means.

ماما /mɑ:mɑ:/ ■ *n.f.* **1** mother. **2** maidservant. **3** maternal uncle, brother or cousin of mother. ماماگری/گیری maidservant's job.

ماتا /mɑ:mt̪ɑ:/ ■ *n.f.* (also ممتا) motherliness, maternal love. ماتا ٹھنڈی رہنا (mother) to be happy with her children. ماتا ٹھنڈی کرنا (mother) to look affectionately on her child. ماتا کی آگ great affection of mother. ماتا کی ماری (mother) driven by love for her child.

ماں مرجانا be shocked. ماں مرے موسی جیے aunt is not less affectionate than the mother.

مانا /mɑ:nɑ:/ ■ (*past* of ماننا) 1 accepted, agreed. 2 supposed. مانا کہ granted that.... (*fem.* مانی[1]) [S]

مانا[2] ____ ■ *adj.* like, similar, resembling; assimilating (to); equal. [P]

مانتا /mɑ:nṭɑ:/ ■ *n.f.* 1 obedience. 2 acknowledgement, assent. 3 promise, vow. 4 worship. 5 belief.

مانج[1] /mɑ̃:dʒ/ ■ *n.m.* pus, serum, matter. [Prk.]

مانج[2] ____ ■ *n.f.* marshy or alluvial land. [Prk.]

مانجا /mɑ̃:dʒɑ:/ ■ *adj.* & *past* of مانجنا, rubbed, cleansed, furbished, polished. ■ *n.m.* See مانجھا[1].

مانجنا /mɑ̃:dʒnɑ:/ ■ *v.* (also مانجھنا) clean, scour, rub, furbish, polish.

مانجھا[1] /mɑ̃:dʒʰɑ:/ ■ *n.m.* (also مانجا) 1 string used in kite flying. 2 paste mixed with pounded glass and applied to the string of a kite. [S]

مانجھا[2] ____ ■ *n.m.* yellow dress worn by bride and bridegroom before wedding as a wedding custom; celebration or feast of this occasion. (See also مایوں.) [S]

مانجھا[3] ____ ■ *n.m.* 1 trunk of a tree. 2 charpoy. [S]

مانجھی /mɑ̃:dʒʰi:/ ■ *n.m.* manjee, boatman.

مانجھے /mɑ̃:dʒʰe:/ ■ *n.m.* (*pl.* & *infl.* of مانجھا[2]) مانجھے کا جوڑا yellow dress worn by bride and bridegroom before wedding.

ماند[1] /mɑ̃:d̪/ ■ *adj.* dim, faded, dull, faint. ماند پڑ جانا become dull or dimmed, fade, lose colour or light. [S]

ماند[2] ____ ■ *n.f.* 1 dunghill. 2 den, lair. [S]

ماند[3] ____ ■ *adj.* tired, fatigued, unwell. ماندو بود living style. [S]

ماندگی /mɑ̃:d̪gi:/ ■ *n.f.* weariness, fatigue; indisposition, illness.

ماندہ /mɑ̃:d̪ɑ:/ ■ *adj.* (also ماندا) 1 weary, fatigued, tired; indisposed, ailing. 2 left, left behind, remaining.

مانڈ /mɑ̃:ḍ/ ■ *n.m.* 1 water of boiled rice, rice-gruel; starch; paste. 2 a class of songs peculiar to Marwar region of India.

مانڈا /mɑ̃:ḍɑ:/ ■ *n.m.* 1 thin wheaten bread or cake. 2 film, speck, web (on the pupil of the eye), cataract.

مانڈل /mɑ̃:ḍəl/ ■ *n.f.* iron-ring round the mouth of the large leather bucket used for drawing water from a well.

مامن /mɑ:mən/ ■ *n.m.* place of safety and security, place where one is free from fear; protection, cure; immunity.

ماماف /mɑ:mnɑ:f/ ■ *n.f.* midwife.

مامور /mɑ:mu:r/ ■ *adj.* appointed, commissioned; commanded. مامور کرنا appoint, commission. مامور من اللہ Divinely commissioned. مامور ہونا be appointed or commissioned, be entrusted with some duty.

ماموریت /mɑ:mu:rɪjjət/ ■ *n.f.* commission.

مامول /mɑ:mu:l/ ■ *n.m.* a thing hoped for; expectation, hope.

مامون /mɑ:mu:n/ ■ *adj.* secure, safe; immune.

ماموں /mɑ:mũ:/ ■ *n.m.* (also مامو) maternal uncle, mother's brother.

مامی /mɑ:mi:/ ■ *n.f.* (*contr.* of ممانی) wife of mother's brother.

مامیراں /mɑ:mi:rɑ̃:/ ■ *n.m.* (also ممیرا) a kind of root-like turmeric used as medicine for eyesight.

مان[1] /mɑ:n/ ■ *n.m.* 1 honour, respect, regard. 2 pride, arrogance, conceit, haughtiness, vanity. 3 faith. 4 hospitality. 5 blandishment, coquetry. مان دینا/کرنا respect, give courteous welcome. مان رکھنا 1 have confidence (in). 2 treat with respect, honour. 3 protect one's honour; preserve one's good name. مان کرنا 1 give respect, make welcome. 2 give oneself the airs, be vain. مان گمان 1 dignity, honour. 2 arrogance, pride, haughtiness. مان مارنا humiliate; humble. [S]

مان[2] ____ ■ (*imper.* of ماننا) accept, admit. مان جانا accept, agree. مان نہ مان میں تیرا مہمان uninvited guest, gatecrasher. [S]

ماں /mɑ̃:/ ■ *n.f.* 1 mother, ma, mummy. 2 (*fig.*) root, origin, base, source. ماں باپ father and mother, parents. ماں بہن (ایک) کرنا abuse (someone) by casting aspersions on their mother and sister. ماں (کے) پیٹ سے by birth. ماں ٹینی باپ کلنگ بچے نکلے رنگ برنگ (*deris.*) an unmatched couple and its offspring. ماں جائی uterine sister. ماں جایا uterine brother. ماں چیل باپ کوا cross-breed. ماں سے زیادہ چاہے پھاپھا کٹنی کہلائے show of too much affection is suspicious; a woman who professes to love someone more than mother is up to some mischief. ماں کا دودھ 1 mother's milk. 2 (*fig.*) lawful, permissible.

مانگے تانگے پر گزارا ہونا have no regular income and be forced to borrow. مانگے تانگے کا borrowed (usu. finery). مانگے دینا give on loan, lend.

مانمت /mɑːnməʈ/ ■ *n.f.* stir, ado, tumult, rumpus, row. مانمت مچانا make a stir or rumpus.

ماننا /mɑːnnɑː/ ■ *v.* **1** agree, accept, admit, acknowledge; approve, assent (to), accede to, consent; allow. **2** confess, own. **3** respect, regard with esteem. **4** believe. **5** heed, mind. **6** obey, observe. **7** assume, suppose, consider as important. **8** vow, promise.

مانند /mɑːnɪnḍ/ ■ *adj.* (also مانند) like, resembling.

مانُو /mɑːnuː/ ■ *n.m.* man, human being.

مانو¹ /mɑːnoː/ ■ *adv.* suppose, as though, as if; let it be; granted that. [S]

مانو² _____ ■ *n.f.* (*coll.*) pet cat. مانو بلّی pet cat. [Prk.]

مانوس /mɑːnuːs/ ■ *adj.* familiar (with), intimate, attached, friendly, associated; used (to); well-known. ■ *n.m.* friend, companion, associate.

مانی¹ /mɑːniː/ ■ *adj.* (*fem.* of مانا¹) accepted, admitted. مانی بات postulate. [S]

مانی² _____ ■ *n.f.* nurse; maidservant, governess. [S]

مانی³ _____ ■ *n.f.* socket. [dial.]

مانی⁴ _____ ■ *pr.n.m.* Mani, a famous Persian painter of third century A.D.

ماوا¹ /mɑːvɑː/ ■ *n.m.* **1** source, origin. **2** ferment, leaven. **3** substance. **4** dehydrated milk, *khoya* (کھویا¹). [Prk.]

ماوا² _____ ■ *n.m.* (also ماویٰ) abode, habitation, place of resort, dwelling. ماوا و ملجا **1** shelter and asylum. **2** (*fig.*) patron. [A]

ماورا /mɑːvərɑː/ ■ *adv.* (also ماوراء) besides, over and above. ■ *n.m.* what is behind or beyond. ■ *prep.* except, save, besides.

ماورائی /mɑːvərɑːiː/ ■ *adj.* transcendental.

ماوس /mɑːvəs/ ■ *n.f.* (also ماوش) (*contr.* of اماوس) last night of the lunar month which is very dark, night during which sun and moon are in conjunction and the moon is not visible.

ماہ /mɑːh/ ■ *n.m.* **1** moon. **2** month. **3** (*fig.*) beloved person. ماہ بہ ماہ monthly. ماہِ تمام رکامل رکمال full moon. ماہ جبیں ررخ ررو ر طلعت رلقا usually poetical description of a beauty or beloved. ماہِ رواں current month. ماہِ سیام رمقنع رنخشب artificial

مانڈنا /mɑ̃ːḍnɑː/ ■ *v.* **1** knead, rub, press down, flatten; tread out (corn), tread or trample on, crush; thresh. **2** stir up, excite. **3** commit; make. **4** resolve. **5** write. **6** draw; institute.

مانڈی¹ /mɑ̃ːḍiː/ ■ *n.f.* (also مانڈھی) **1** starch (made of rice-flour). **2** sap exuded from the coconut tree. [S]

مانڈی² _____ ■ *n.f.* the thigh; the knee. [dial.]

مانس¹ /mɑːnəs/ ■ *n.m.* (also مانُس) man, human being. [Prk.]

مانس² _____ ■ *n.m.* (also مانِسِک) belonging to the mind and spirit; mental; spiritual. [S]

مانع /mɑːneʔ/ ■ *n.m.* **1** hindrance, bar, impediment, obstacle, prohibition, barrier. **2** See المانع. ■ *adj.* preventive, forbidding. مانع الخیر one who prevents good to be done, forbidder of good. مانع آنا رہونا **1** forbid, obstruct, hinder, be an obstacle (in the way of), prevent. **2** object (to). مانع حمل contraceptive. (*pl.* موانع)

مانعیّت /mɑːneʔɪjjəʈ/ ■ *n.f.* prohibition; hindrance.

مانک /mɑːnək/ ■ *n.m.* (also مانِک) jewel; ruby; quartz. مانک جوڑ white-necked stork.

مانگ¹ /mɑːŋg/ ■ *n.f.* **1** parting of hair. **2** a kind of jewel placed in parting of hair. **3** (*fig.*) husband. مانگ اجڑنا be widowed. مانگ بنانا رپھاڑنا رچیرنا رنکالنا part the hair in combing. مانگ بھرنا apply red dye or golden powder to bride's parting of hair as a sign of wedded status. مانگ بھری married woman whose husband is alive. مانگ پٹی رچوٹی **1** combing and braiding the hair. **2** (*fig.*) make-up. مانگ پٹی رچوٹی میں لگا رہنا **1** be engaged in hair dressing. **2** (*fig.*) take time over make-up. مانگ ٹیکا an ornament worn on the forehead near the parting line of the hair. مانگ جلی رلٹی widow. مانگ سنوارنا comb or braid the hair. مانگ کوکھ سے ٹھنڈی رہنا (a woman) to enjoy happy married life and be blessed with children. [S]

مانگ² _____ ■ (*imper.* of مانگنا). ■ *n.f.* **1** want, request; demand. **2** betrothal; girl betrothed. مانگ تانگ کر کام چلانا live by begging or borrowing. مانگ تانگ کر کھانا beg for food, live on alms. مانگ لینا borrow. مانگ ہونا a demand to exist (for), be in demand. [Prk.]

مانگنا /mɑːŋgnɑː/ ■ *v.* **1** beg, ask for, borrow; pray, crave, solicit. **2** ask (a girl's parents) for (their) daughter's hand in marriage.

مانگے /mɑːŋgeː/ ■ *adj.* (*infl.* of مانگنا) borrowed; demanded.

insignia of state or country, insignia of honour carried in royal processions. [P]

ماہی[2] ____ ■ *adj.* **1** lunar. **2** monthly. [P]

ماہی[3] ____ ■ *n.m.* beloved. [Pj]

ماہیا /mɑ:hɪjɑ:/ ■ *n.m.* **1** (in Punjabi songs) friend; beloved. **2** a genre of Punjabi folk songs.

ماہیانہ /mɑ:hɪjɑ:nɑ:/ ■ *n.m.* monthly salary.

ماہیت /mɑ:hɪjjət/ ■ *n.f.* essence, nature, intrinsic worth or value.

ماء /mɑ:/ ■ *n.m.* **1** water, liquid, juice. **2** lustre. ماءالجبن whey. ماءالحیات water of life, elixir of life. ماءاللحم juice extracted from meat. ماءالورد rose water. ماءقوائی hydraulic; hydroelectric; of or pertaining to the energy in falling water.

مائدہ /mɑ:edɑ:/ ■ *n.m.* (also مایدہ) **1** table or tablecloth served with food. **2** victuals, diet. مائدہ مسیح **1** Divine food sent down to Jesus Christ to feed the poor. **2** (*fig.*) free and rich food.

مائع /mɑ:eʔ/ ■ *n.m.* (also مایع) liquid.

مائل /mɑ:ɪl/ ■ *adj.* (also مایل) **1** bent. **2** inclined towards, fond. **3** partial. **4** willing. مائل کرنا attract, entice, enchant, persuade. مائل ہونا incline to, turn towards.

ماؤف /mɑ:u:f/ ■ *adj.* numb; bereft of sense or sensation or feeling.

مائی[1] /mɑ:i:/ ■ *n.f.* **1** mai, mother. **2** old woman. مائی باپ **1** mother and father. **2** (*fig.*) guardian; ruler. مائی کا پوت/لال **1** dear son. **2** (*iron.*) aspirant. **3** bold or courageous person. [S]

مائی[2] ____ ■ *adj.* pertaining to water, aqueous. [A]

مایا /mɑ:jɑ:/ ■ *n.f.* **1** prosperity, riches, wealth. **2** illusion, mirage; delusion. **3** pity, mercy, compassion, kindness. **4** wisdom. **5** miracle. **6** nature. **7** world, universe. **8** soul; spirit. مایاجال web of wealth. مایاروپی illusory; fraud.

مایوس /mɑ:ju:s/ ■ *adj.* disappointed, without hope, despondent. مایوس کرنا disappoint, frustrate, let down. مایوس کن hopeless, disappointing. مایوس ہونا be disappointed, lose hope.

مایوسی /mɑ:ju:si:/ ■ *n.f.* disappointment, hopelessness, despair.

مایوں /mɑ:jõ:/ ■ *n.f.* (also مائیوں) a marriage ritual before moon made by the wizard Muqanna who lived at Nakhshab. ماہ سیما having a forehead fair like moon; lovely. ماہِ شمسی solar month. ماہِ صوم/صیام Ramazan. ماہِ عسل/عسلی honeymoon. ماہِ قمری lunar month. ماہِ کنعان/کنعانی Prophet Joseph, son of Prophet Jacob, reputed for his beauty. ماہ وش exquisitely beautiful.

ماہانہ /mɑ:hɑ:nɑ:/ ■ *adv.* & *adj.* monthly. ■ *n.m.* monthly salary or allowance.

ماہتاب /mɑ:ht̪ɑ:b/ ■ *n.m.* moon; moonlight.

ماہتابی /mɑ:ht̪ɑ:bi:/ ■ *n.f.* **1** a kind of firework. **2** a kind of citrus fruit, shaddock. **3** cloth on which pictures of heavenly bodies are pasted or printed in silver or gold.

ماہچہ /mɑ:htʃɑ:/ ■ *n.m.* (*dim.* of ماہ) crescent of gold or silver fixed on the top of standard or ensign.

ماہر /mɑ:hɪr/ ■ *adj.* **1** expert, skilful, skilled, adept. **2** au fait, well-acquainted. **3** master of any branch of science or art. ماہرِ ارضیات geologist. ماہرِ اقتصادیات/معاشیات economist. ماہرالانساب genealogist. ماہرِ السنہ/لسانیات linguist. ماہرِ تعلیم educationist. ماہرِ جُرمیات criminologist. ماہرِ حشریات entomologist. ماہرِ حیوانیات zoologist. ماہرِ ریاضیات mathematician. ماہرِ طبیعیات physicist. ماہرِ عضویات/فعلیات physiologist. ماہرِ علاجِ اشعاعی radiologist. ماہرِ علم scholar. ماہرِ علم الابدان physiologist. ماہرِ قانون jurist. ماہرِ موسمیات meteorologist. ماہرِ نباتیات botanist. ماہرِ نفسیات psychologist. ماہر ہونا be expert (in), be adept (in some art or craft). (*pl.* ماہرین)

ماہنامہ /mɑ:hnɑ:mɑ:/ ■ *n.m.* monthly magazine.

ماہوار /mɑ:hvɑ:r/ ■ *adj.* monthly.

ماہواری /mɑ:hvɑ:ri:/ ■ *adj.* monthly, of whole month. ■ *n.f.* **1** menses, periods, menstruation, monthlies, menstrual period. **2** monthly salary. ■ *n.m.* monthly salaried employee.

ماہی[1] /mɑ:hi:/ ■ *n.f.* fish. ماہیٔ بے آب **1** fish out of water. **2** (*fig.*) restless, uneasy. ماہی پروری fish farming. ماہی پشت **1** convex. **2** a kind of embroidery looking like fish-bone. ماہی تابہ/توا a kind of frying pan. ماہی خوار/خور fish-eater. ماہی دندان tooth of fish. ماہی فروش fish-seller, fishmonger. ماہی گیر fisherman. ماہی گیری fishery, fishing. ماہی مراتب certain honours, especially conferred on princes and nobles;

wedding day when brides and bridegrooms leave their outdoor activities, wear yellow clothes and stay at home. (See also مانجھا[2].)

مایہ /mɑ:jɑ:/ ■ *n.f.* **1** essence, origin. source. **2** fund; capital, wealth. **3** quantity. مایۂ افتخار رناز cause of pride. مایہ جوڑنا hoard money, amass wealth. مایہ دار رور wealthy, rich, capitalist.

مآب /məɑ:b/ ■ *n.m.* **1** place where one returns. **2** place where something is contained. **3** settled or fixed abode or dwelling-place, seat, receptacle, repository. ■ *suffix* having, endowed with; used in comp. as: عزت مآب honourable. غفران مآب benevolent.

مآثر /məɑ:sɪr/ ■ *n.m.pl.* memorable deeds (of a person or family, etc.), glorious traditions, worthy actions.

مآثم /məɑ:sɪm/ ■ *n.m.pl.* sins, wrongdoings.

مآرب /məɑ:rɪb/ ■ *n.f.pl.* necessary things, necessities.

مآل /məɑ:l/ ■ *n.m.* **1** place of return, place of refuge. **2** result, consequence. **3** end; termination. مآل اندیش prudent, farsighted; circumspect. مآل اندیشی keeping in mind the effects of some action, prudence, farsightedness. مآل خیر happy issue or tendency. مآل کار at last, eventually, ultimately, finally, after all.

مُباح /mʊbɑ:h/ ■ *adj.* lawful, permissible, allowed, proper. مباح رکھنا allow, deem legal or permissible. مباح کرنا legalize, make lawful. (*pl.* مُباحات)

مباحث /məbɑ:hɪs/ ■ *n.m.* (*pl.* of مبحث) topics of discussion.

مُباحِثہ /mʊbɑ:hɪsɑ:/ ■ *n.m.* (also مُباحثہ) debate, discussion, reasoning; argument. مباحثہ کرنا debate, discuss. (*pl.* مُباحثات)

مبادا /məbɑ:d̪ɑ:/ ■ *adv.* God forbid; be it not. ■ *conj.* lest.

مُبادِر /mʊbɑ:d̪ɪr/ ■ *adj.* hasty. ■ *n.m.* one who makes haste.

مُبادَرت /mʊbɑ:d̪ərət̪/ ■ *n.f.* **1** making haste, expedition, rising with haste, hastening (towards). **2** outstripping. **3** boldness, courage.

مُبادلہ /mʊbɑ:d̪lɑ:/ ■ *n.m.* (also مُبادلت) exchange, barter, interchange. مبادلۂ اشیا barter trade. مبادلہ کا حساب exchange transaction. مبادلہ کرنا make exchange. مبادلہ ہونا be exchanged.

مبادی /məbɑ:d̪i:/ ■ *n.m.* (*pl.* of مبدا) **1** basic principles, fundamentals. **2** beginnings, origins.

مُبادی /mʊbɑ:d̪i:/ ■ *n.m.* initiator, pioneer.

مبادیات /məbɑ:d̪ɪjɑ:t̪/ ■ *n.m.* (*ppl.* of مبدا) (*pl.* of مبادی) fundamentals of an art, science, etc.

مُباذرت /mʊbɑ:zərət̪/ ■ *n.f.* squandering.

مُبار /mʊbɑ:r/ ■ *n.m.* pudding, sausage.

مُبارِز /mʊbɑ:rɪz/ ■ *n.m.* warrior, fighter, challenger. مبارز طلبی challenge; declaration of war.

مُبارزت /mʊbɑ:rəzət̪/ ■ *n.f.* (also مبارزہ) fight, single combat; war; challenge.

مُبارک /mʊbɑ:rək/ ■ *adj.* **1** auspicious, blessed, lucky, propitious, happy. **2** august. ■ *exclam.* congratulation! مبارک باد ربادی **1** good or glad news; blessing. **2** congratulation. مبارک باد دینا رکہنا congratulate. مبارک سلامت congratulations and salutations. مبارک فال happy omen. مبارک قدم person whose coming is blessing. مبارک ہو congratulations!

مُباشرت /mʊbɑ:ʃərət̪/ ■ *n.f.* copulation, sexual intercourse.

مبالغ /məbɑ:lɪɣ/ ■ *n.m.* (*pl.* of مُبلغ) sums of money.

مُبالغہ /mʊbɑ:ləɣɑ:/ ■ *n.m.* (also مُبالغہ) **1** exaggeration, hyperbole. **2** utmost effort. مبالغہ آرائی رآمیزی رپروری رطرازی exaggeration. مبالغہ آمیز exaggerative, hyperbolical. مبالغہ کرنا exaggerate, use hyperbole.

مبانی /məbɑ:ni:/ ■ *n.m.* (*pl.* of مبنیٰ) **1** foundations, bases. **2** affairs, matters. **3** houses, buildings.

مُباہات /mʊbɑ:hɑ:t̪/ ■ *n.f.* **1** honour, pride; glory. **2** boasting; arrogance, contending for glory.

مُباہلہ /mʊbɑ:həlɑ:/ ■ *n.m.* (***Hist.***) mutual cursing, a ritual in which each opposing party says "the curse of Allah may be upon the ones of us who are wrongdoers".

مُباہی /mʊbɑ:hi:/ ■ *adj.* **1** exalted, glorious. **2** proud.

مُبتدا /mʊbt̪əd̪ɑ:/ ■ *n.m.* (also مُبتدیٰ) **1** beginning, commencement. **2** (***Gram.***) subject. مبتدا و خبر subject and predicate.

مُبتدِع /mʊbt̪əd̪ɪʔ/ ■ *n.m.* one guilty of introducing a *bid'at* (بدعت), i.e. an innovation in religion, heretic.

مُبتدی /mʊbt̪əd̪i:/ ■ *n.m.* beginner; novice.

مُبتذل /mʊbt̪əzəl/ ■ *adj.* **1** contemptible, base, vulgar. **2** hackneyed, trite, banal.

مُبتسم /mʊbt̪əsɪm/ ■ *adj.* smiling.

مُبتلا /mʊbt̪əlɑ:/ ■ *adj.* **1** involved. **2** fallen (into). **3** entangled; affected, overtaken by; suffering.

مُبتہج **/mʊbt̪əhɪdʒ/** ■ *adj.* exultant, joyful.

مبحث **/məbhəs/** ■ *n.m.* 1 point at issue, topic, subject or topic of discussion or research or inquiry. 2 place or time of discussion. (*pl.* مباحث)

مُبخّر **/mʊbəxxər/** ■ *adj.* fumigated; perfumed; vaporous.

مبدا **/məbd̪ɑ:/** ■ *n.m.* (also مبداء) beginning, origin, source, fountainhead. مبداءِ فیض fountainhead of grace and bounty, i.e. God. (*pl.* مبادی; *ppl.* مبادیات)

مُبدِع **/mʊbd̪eʔ/** ■ *n.m.* originator, producer, inventor.

مُبدّل **/mʊbəd̪d̪əl/** ■ *adj.* changed, altered, exchanged, substituted. ■ *n.m.* (***Gram.***) the word exchanged for another word.

مُبذّر **/mʊbəzzɪr/** ■ *adj.* extravagant, wasteful, prodigal. ■ *n.m.* spendthrift, extravagant person.

مبذُول **/məbzu:l/** ■ *adj.* 1 bestowed, conferred; expended, lavished, spent. 2 diverted, turning towards. مبذول کرنا attend to, divert (attention, etc.)

مُبرّا **/mʊbərrɑ:/** ■ *adj.* absolved, exonerated, free (of or from), exempted (from); guiltless, innocent.

مبرّات **/məbərrɑ:t̪/** ■ *n.f.* good deeds, pious acts. (*sing.* مبرۃ)

مُبرّد **/mʊbərrəd̪/** ■ *adj.* (also مُبرّدہ) cooled.

مُبرِّد **/mʊbərrɪd̪/** ■ *n.m.* coolant, cooler, refrigerant. (*pl.* مُبرِّدات)

مبرز **/məbrəz/** ■ *n.m.* 1 anus. 2 latrine, lavatory.

مُبرم **/mʊbrəm/** ■ *adj.* 1 inevitable, unavoidable; definitely established. 2 twisted (thread). 3 firm, strong.

مبرُور **/məbru:r/** ■ *adj.* 1 accepted into the Grace of God, accepted by God. 2 blessed (used for a dead person). 3 chosen, pure, free from sins.

مبرُوص **/məbru:s/** ■ *adj.* afflicted with vitiligo or leucoderma.

مُبرہن **/mʊbərhən/** ■ *adj.* proved, authentic; evident, manifest.

مبسوط **/məbsu:t̪/** ■ *adj.* 1 spread out; spacious, expanded, dilated, stretched. 2 explanatory, elucidative, detailed.

مُبشّر **/mʊbəʃʃər/** ■ *adj.* (of a person) been given glad tidings.

مُبشِّر **/mʊbəʃʃɪr/** ■ *n.m.* bearer or announcer of good news.

مُبصِر **/mʊbsɪr/** ■ *adj.* clear-sighted; manifest. ■ *n.m.* one who is clear-sighted.

مُبصّر **/mʊbəssər/** ■ *adj.* made clear or manifest, clear, conspicuous; perspicuous.

مُبصِّر **/mʊbəssɪr/** ■ *n.m.* observer; commentator, reviewer. ■ *adj.* discerning, penetrating, clear-sighted; perspicacious.

مُبطَل **/mʊbt̪əl/** ■ *adj.* nullified, abolished, annulled, cancelled; annihilated.

مُبطِل **/mʊbt̪ɪl/** ■ *adj.* abolishing, nullifying, falsifying, annulling; who or what invalidates. ■ *n.m.* abolisher, annuller.

مبعُوث **/məbʔu:s/** ■ *adj.* 1 exalted. 2 (*fig.*) Divinely ordained (prophet).

مبغُوض **/məbɣu:z/** ■ *adj.* hated, detested, odious, in someone's bad books.

مُبلِغ **/mʊblɪɣ/** ■ *n.m.* (also مُبلَغ) sum (of money), ready money; quantity.

مُبلّغ **/mʊbəllɪɣ/** ■ *n.m.* preacher or propagator of religious knowledge, missionary.

مبنٰی **/məbnɑ:/** ■ *n.f.* foundation, base, origin. (*pl.* مبانی)

مبنی **/məbni:/** ■ *adj.* based on, founded on, foundation. ■ *n.m.* (***Gram.***) a word which is never declined or inflected.

مُبنی **/mʊbni:/** ■ *n.m.* one who lays foundation, one who causes to build. مُبنیِ فساد instigator, ring leader, cause of mischief.

مُبہم **/mʊbhəm/** ■ *adj.* 1 ambiguous, equivocal, indistinct. 2 hidden. 3 doubtful, dubious.

مبہُوت **/məbhu:t̪/** ■ *adj.* astonished, confounded, stupefied, nonplussed, dumb-founded, struck dumb with amazement.

مبہُور **/məbhu:r/** ■ *adj.* panting.

مُبہّی **/mʊbəhhi:/** ■ *adj.* aphrodisiac, (drug) promoting libido.

مُبیّضہ **/mʊbəjjəzɑ:/** ■ *adj.* written in neat hand, fair (copy).

مبیع **/məbi:ʔ/** ■ *adj.* 1 sold. 2 purchased.

مُبین **/mʊbi:n/** ■ *adj.* clear, manifest, evident.

مُبیّن **/mʊbəjjən/** ■ *adj.* declared; explained, illustrated; made distinct or clear.

مُبیّنہ **/mʊbəjjənɑ:/** ■ *adj.* declared, stated, alleged. مبینہ طور پر allegedly, prima facie, apparently.

tablet).

مُتاعی /mʊt̪ɑ:ʔi:/ ■ *adj.* of or relating to متعہ; of temporary marriage. ■ *n.f.* (***Shiites***) temporary wife.

مُتالّف /mʊt̪əllɪf/ ■ *adj.* familiar, intimate; associated, conjoined.

مُتالّم /mʊt̪əlləm/ ■ *adj.* afflicted, pained, grieved.

مُتامّل /mʊt̪əmmɪl/ ■ *adj.* **1** hesitant, reluctant, indecisive. **2** thoughtful.

مُتانا /mʊt̪ɑ:nɑ:/ ■ *v.* make (someone) urinate.

متانت /mət̪ɑ:nət̪/ ■ *n.f.* **1** seriousness, earnestness; depth (of thought), gravity. **2** firmness, stability.

مُتاہّل /mʊt̪əhhɪl/ ■ *adj.* married and having children.

مُتبادر /mʊt̪əbɑ:d̪ɪr/ ■ *adj.* **1** making haste, taking the lead. **2** easily comprehensible.

مُتبادل /mʊt̪əbɑ:d̪ɪl/ ■ *adj.* (also مُتبادِلہ) alternate; alternative; interchanging. متبادل زاویے alternate angles.

مُتباین /mʊt̪əbɑ:ɪn/ ■ *adj.* unmatched, contrary.

مُتبحّر /mʊt̪əbəhhɪr/ ■ *adj.* very learned; erudite.

مُتبدّل /mʊt̪əbəd̪d̪ɪl/ ■ *adj.* changing alternately; changed, altered. ■ *n.m.* one who changes or substitutes.

مُتبرّک /mʊt̪əbərrək/ ■ *adj.* **1** holy, sacred, blessed; heavenly. **2** venerable.

مُتبسّم /mʊt̪əbəssɪm/ ■ *adj.* **1** smiling. **2** (*fig.*) blooming.

مُتّبع /mʊtt̪əbeʔ/ ■ *n.m.* follower, disciple. (*pl.* مُتّبعین)

مُتبنّیٰ /mʊt̪əbənnɑ:/ ■ *n.m.* adopted child. متبنّیٰ کرنا adopt a child.

متبوع /mət̪bu:ʔ/ ■ *n.m.* one who is followed, chief.

مُتجاذِب /mʊt̪əd̪ʒɑ:zɪb/ ■ *adj.* mutually pulling; alluring; absorbing.

مُتجانس /mʊt̪əd̪ʒɑ:nɪs/ ■ *adj.* homogeneous. متجانس حروف letters uttered from same position of the mouth.

مُتجاوز /mʊt̪əd̪ʒɑ:vɪz/ ■ *adj.* transgressing; exceeding limits, overstepping, overshooting, going beyond.

مُتجاہل /mʊt̪əd̪ʒɑ:hɪl/ ■ *n.m.* one who feigns ignorance.

مُتجزّیٰ /mʊt̪əd̪ʒəzzɑ:/ ■ *adj.* (also مُتجزّا) broken into pieces, in parts.

مُتجسّس /mʊt̪əd̪ʒəssɪs/ ■ *adj.* curious, inquisitive.

مُتجلّیٰ /mʊt̪əd̪ʒəllɑ:/ ■ *adj.* (also مُتجلّا) illuminated, bright; splendid.

مُتحارب /mʊt̪əhɑ:rɪb/ ■ *adj.* in a state of war, at war, fighting.

مپت /məpət̪/ ■ *n.f.* measure.

مپوانا /məpvɑ:nɑ:/ ■ *v.* cause to measure, have something measured.

مت[1] /mət̪/ ■ *n.f.* **1** intelligence, wisdom, wit, sense, understanding. **2** counsel, advice, judgement. **3** belief, creed, religion, faith; sect. **4** manner, method, way, mode; system. **5** respect, reverence. مت پلٹنا / پھرنا **1** lose one's senses. **2** change one's views or mind. مت جاتی رہنا / ماری جانا be out of one's wits; lose one's senses, become confused, act foolishly due to confusion. مت دینا advise, teach. مت مارنا confuse, confound or mislead someone. مت ماری stupid, foolish, silly. مت میں آنا **1** come to one's senses. **2** be brought round to another man's point of view. [S]

مت[2] ——— ■ *adv.* do not, don't. مت پوچھ / پوچھو don't ask me; it is indescribable! [S]

مُتابعت /mʊt̪ɑ:bəʔət̪/ ■ *n.f.* obedience, submission, following one another. (کی) متابعت (میں) in obedience to, in consonance with.

مُتاثّر /mʊt̪əəssɪr/ ■ *adj.* **1** influenced, impressed. **2** affected. **3** (*fig.*) worried.

مُتاخّر /mʊt̪əəxxɪr/ ■ *adj.* following; coming later.

مُتاخّرین /mʊt̪əəxxɪri:n/ ■ *n.m.* (*pl.* of مُتاخّر) the later people.

مُتادّب /mʊt̪əəd̪d̪əb/ ■ *adj.* well-mannered, well-bred, civil.

مُتادّی /mʊt̪əəd̪d̪i:/ ■ *adj.* **1** ready. **2** performing. ■ *n.m.* **1** performer. **2** messenger.

مُتاذّی /mʊt̪əəzzi:/ ■ *adj.* grieved; annoyed; molested; vexed; injured.

مُتاس /mʊt̪ɑ:s/ ■ *n.f.* need to urinate.

مُتاسا /mʊt̪ɑ:sɑ:/ ■ *adj.* desirous of passing urine, wanting to urinate. (*fem.* مُتاسی)

مُتاسِّف /mʊt̪əəssɪf/ ■ *adj.* repentant, regretful, sorry; grieved.

مُتاسّفانہ /mʊt̪əəssɪfɑ:nɑ:/ ■ *adv.* regretfully, with regret.

متاع /mət̪ɑ:ʔ/ ■ *n.m. & f.* assets, property, possessions. متاع بے بہا very precious thing. متاعِ جاں / حیات / زندگی / زیست / نفس / ہستی life as a very precious asset. متاع غرور (*fig.*) this world. متاع کس مخر something unsellable because of defect. متاع کم ارز something cheap. متاعِ لوح و قلم pen and paper (or writing

مُتحجّر /mut̪əhədʒdʒər/ ■ *adj.* fossil, stony, petrified.
مُتّحِد /mut̪t̪əhɪd̪/ ■ *adj.* united, integrated, allied, combined, undivided. متحدُ الخیال/الفکر unanimous, in accord, of similar thinking. متحدُ المفہوم having same meaning.
مُتحرِّق /mut̪əhərrɪq/ ■ *adj.* burning, inflamed.
مُتحرِّک /mut̪əhərrɪk/ ■ *adj.* **1** movable, moving. **2** (***Gram.***) accented with short vowels, vowelized. متحرک تصاویر/فلمیں motion pictures, movies.
مُتحضّر /mut̪əhəzzɪr/ ■ *adj.* urban.
مُتحقّق /mut̪əhəqqəq/ ■ *adj.* verified, proved, established, true, certain. متحقق کرنا prove, verify. متحقق ہونا be proved or established.
مُتحقِّق /mut̪əhəqqɪq/ ■ *n.m.* verifier, one who researches.
مُتحمِّل /mut̪əhəmmɪl/ ■ *adj.* patient, enduring, tolerant, forbearing. متحمل مزاج patient, tolerant.
مُتحیِّر /mut̪əhəjjɪr/ ■ *adj.* astonished, amazed, confounded.
مُتخاصِم /mut̪əxɑ:sɪm/ ■ *adj.* mutually contentious, contending.
مُتخاصمین /mut̪əxɑ:sɪmi:n/ ■ *n.m.* (*pl.* of مُتخاصِم) plaintiff and defendant (in a lawsuit), parties to litigation; contenders.
مُتخالف /mut̪əxɑ:lɪf/ ■ *adj.* opposite, facing each other.
مُتخصّص /mut̪əxəssɪs/ ■ *adj.* specialist.
مُتخلخل /mut̪əxəlxəl/ ■ *adj.* **1** hollow, empty. **2** pulpy, soft.
مُتخلّص /mut̪əxəllɪs/ ■ *adj.* having poetical name. متخلص بہ with poetical name... .
مُتخلِّل /mut̪əxəllɪl/ ■ *adj.* **1** interrupting, interfering. **2** (one) using a toothpick.
مُتخیّل /mut̪əxəjjɪl/ ■ *adj.* imagining, fanciful, fancying.
مُتخیّلہ /mut̪əxəjjɪlɑ:/ ■ *adj.* of or relating to imagination, imaginative. متخیلہ قوت power of imagination, thinking faculty.
مُتداخِل /mut̪əd̪ɑ:xɪl/ ■ *adj.* inserted; dovetailed; included. (*fem.* مُتداخِلہ)
مُتدارِک /mut̪əd̪ɑ:rɪk/ ■ *n.m.* **1** one who finds the lost thing. **2** (***Pros.***) name of a poetic metre.
مُتداوَل /mut̪əd̪ɑ:vəl/ ■ *adj.* current, currently in use, common, in common use, prevailing. (*fem.* مُتداولہ)
مُتدیّن /mut̪əd̪əjjɪn/ ■ *adj.* **1** religious, devout, orthodox. **2** honest, upright.
مُتذبذب /mut̪əzəbzəb/ ■ *adj.* hesitant, vacillating, wavering.
مُتذکّرہ /mut̪əzəkkɪrɑ:/ ■ *adj.* (also مُتذکرہ) mentioned, referred (to). متذکرہ بالا/صدر above-mentioned, aforesaid. متذکرہ ذیل mentioned below, hereinafter mentioned.
مِتر /mɪt̪r/ ■ *n.m.* **1** friend, companion, fellow. **2** sun.
مُترادِف /mut̪ərɑ:d̪ɪf/ ■ *adj.* synonymous. ■ *n.m.* synonym. (*pl.* مُترادِفات)
مُتراکِب /mut̪ərɑ:kɪb/ ■ *adj.* piled one upon another.
مُتراکِم /mut̪ərɑ:kɪm/ ■ *adj.* gathered, accumulated, heaped up.
مِترتا /mɪt̪rət̪ɑ:/ ■ *n.f.* friendship, company.
مُترتِّب /mut̪ərət̪t̪ɪb/ ■ *adj.* arranged, classified. ■ *n.m.* one who classifies.
مُترجِم /mut̪ərdʒɪm/ ■ *n.m.* translator, interpreter. (*pl.* مُترجمین) (*cf.* ترجمان)
مُترجمہ /mut̪ərdʒəmɑ:/ ■ *adj.* translated (by).
مُترحِّم /mut̪ərəhhɪm/ ■ *adj.* merciful, pitiful, kind.
مُتردِّد /mut̪ərədd̪ɪd̪/ ■ *adj.* anxious, perplexed, worried; wavering.
مُترشّح /mut̪ərəʃʃɪh/ ■ *adj.* **1** dripping. **2** (*fig.*) obvious, evident.
مُترصِّد /mut̪ərəssɪd̪/ ■ *adj.* watching (for), expecting, looking forward (to), vigilant.
مُترضّی /mut̪ərəzzi:/ ■ *adj.* giving satisfaction, satisfying.
مُترقِّب /mut̪ərəqqɪb/ ■ *adj.* expecting, contemplating.
مُترقّبہ /mut̪ərəqqəbɑ:/ ■ *adj.* awaited, expected.
مُترنِّم /mut̪ərənnɪm/ ■ *adj.* melodious.
متروک /mət̪ru:k/ ■ *adj.* (also متروکہ) forsaken, relinquished, given up, left, abolished; rejected; obsolete. متروکُ الاستعمال not used or practised, obsolete, out of use. متروک حدیث Hadith narrated by a liar, false Hadith. متروک مال estate of a deceased person.
مُتزاید /mut̪əzɑ:jɪd̪/ ■ *adj.* (also مُتزائد) increased, multiplied, augmented.
مُتزلزل /mut̪əzəlzəl/ ■ *adj.* shaky, shaking, tottering.
مُتساوی /mut̪əsɑ:vi:/ ■ *adj.* parallel; equal. متساویُ الاضلاع (***Geom.***) equilateral.
مُتّسع /mut̪t̪əsɪʔ/ ■ *adj.* large; wide, broad, widespread; diffused.
مُتسلسل /mut̪əsəlsəl/ ■ *adj.* continual, continued.
مُتسلّط /mut̪əsəllɪt̪/ ■ *adj.* absolute (power or sway);

despotic (command); grasping, invested with paramount authority.

مُتسلِّم /mʊt̪əsəllɪm/ ■ *adj.* receiving anything delivered; keeping in possession.

مُتسلّی /mʊt̪əsəlli:/ ■ *adj.* satisfied, comforted; sympathized.

مُتشابہ /mʊt̪əʃɑ:beh/ ■ *adj.* **1** similar, resembling. **2** doubtful; ambiguous; (a word) having indistinct meanings. متشابہ لگنا (in recitation of the Qur'an) to be misled from one place to another by similarity of verses.

مُتشابہات /mʊt̪əʃɑ:behɑ:t̪/ ■ *n.f.* (*pl.* of مُتشابہ) verses of the Qur'an whose real meanings are known only to God.

مُتشاعِر /mʊt̪əʃɑ:ʔɪr/ ■ *adj.* (one) pretending to be a poet.

مُتشدِّد /mʊt̪əʃəd̪d̪ɪd̪/ ■ *adj.* violent; of violent temper; strict, rigorous.

مُتشدِّدانہ /mʊt̪əʃəd̪d̪ɪd̪ɑ:nɑ:/ ■ *adj.* violent; strict. ■ *adv.* strictly; violently.

مُتشرِّع /mʊt̪əʃərreʔ/ ■ *adj.* observing the Sharia; religious, pious; orthodox.

مُتشکِّک /mʊt̪əʃəkkɪk/ ■ *adj.* sceptical, cynical, doubtful. ■ *n.m.* sceptic.

مُتشکِّل /mʊt̪əʃəkkɪl/ ■ *adj.* (also مُتشاکِل) **1** resembling; similar, alike. **2** formed; transformed.

مُتشکّی¹ /mʊt̪əʃəkki:/ ■ *adj.* **1** lamenting, complaining. **2** querulous. **3** afflicted, pained. [A]

مُتشکّی² ——— ■ *adj.* doubting, sceptical. [A]

مُتصادِم /mʊt̪əsɑ:dɪm/ ■ *adj.* **1** colliding, clashing. **2** (*fig.*) contradictory, contrary.

مُتصدِّع /mʊt̪əsəd̪d̪ɪʔ/ ■ *adj.* plaguing, troubling, causing pain or inconvenience.

مُتصدّی /mʊt̪əsəd̪d̪i:/ ■ *n.m.* **1** mutsuddy, scribe, secretary, clerk; accountant. **2** one who turns away the face, opposes or objects. ■ *adj.* daring; opposing. متصدی گری clerkship.

مُتصرِّف /mʊt̪əsərrɪf/ ■ *adj.* **1** extravagant. **2** possessing, occupying. **3** embezzling.

مُتّصِف /mʊt̪t̪əsɪf/ ■ *adj.* having some quality or property.

مُتّصِل /mʊt̪t̪əsɪl/ ■ *adj.* (also مُتّصِلہ) **1** adjoining, adjacent, abutting, touching, contiguous. **2** continual, successive. متصل زاویہ adjacent angle.

مُتصوَّر /mʊt̪əsəvvər/ ■ *adj.* imagined, conceived, considered. متصور ہونا be considered, or imagined.

مُتضاد /mʊt̪əzɑ:d̪/ ■ *adj.* contrary, contradictory, opposite; inconsistent.

مُتضرِّب /mʊt̪əzərrɪb/ ■ *adj.* **1** beaten. **2** agitated, uneasy.

مُتضرِّع /mʊt̪əzərrɪʔ/ ■ *n.m.* one who humbly begs for a favour or for divine grace and mercy.

مُتضمِّن /mʊt̪əzəmmɪn/ ■ *adj.* containing, comprising, inclusive. ■ *n.m.* bondsman; sponsor.

مُتطابِق /mʊt̪ət̪ɑ:bɪq/ ■ *adj.* suited, agreeable to.

مُتظلِّم /mʊt̪əzəllɪm/ ■ *adj.* oppressed; aggrieved. ■ *n.m.* plaintiff, complainant, one who complains against wrongs or oppression.

مُتعارِض /mʊt̪əʔɑ:rɪz/ ■ *adj.* opposed to each other, clashing, conflicting (reports, etc.). متعارض ہونا be in conflict with or contrary to, object to, oppose.

مُتعارِف /mʊt̪əʔɑ:rɪf/ ■ *adj.* already introduced, mutually known, widely known. متعارف کروانا introduce.

مُتعاقِب /mʊt̪əʔɑ:qɪb/ ■ *adj.* **1** following, subsequent; successive. **2** pursuing. **3** successor. ■ *adv.* afterwards.

مُتعاقِد /mʊt̪əʔɑ:qɪd̪/ ■ *adj.* joined by an agreement, leagued.

مُتعال /mʊt̪əʔɑ:l/ ■ *adj.* (also مُتعالی) exalted, lofty, high, sublime, great.

مُتعامِل /mʊt̪əʔɑ:mɪl/ ■ *adj.* reactive, reagent.

مُتعاہِد /mʊt̪əʔɑ:hɪd̪/ ■ *adj.* covenanted; confederate. ■ *n.m.* contractor.

مُتعبِّد /mʊt̪əʔəbbɪd̪/ ■ *adj.* **1** religious, devout, pious. **2** obstinate, refractory (camel).

مُتعجِّب /mʊt̪əʔədʒdʒɪb/ ■ *adj.* surprised, astonished, amazed, wonderstruck.

مُتعدِّد /mʊt̪əʔəd̪d̪ɪd̪/ ■ *adj.* many, several, numerous. متعدد بار many times, on many occasions.

مُتعدّی /mʊt̪əʔəd̪d̪i:/ ■ *adj.* **1** infectious, contagious (disease). **2** who or what passes by or from one to another. **3** (***Gram.***) transitive (verb). ■ *n.m.* cruel person; scoundrel. متعدی/المتعدی (***Gram.***) causative. متعدی بیماری/مرض infectious disease, epidemic.

مُتعذِّر /mʊt̪əʔəzzɪr/ ■ *adj.* **1** difficult; excusable; nearly impossible. **2** apologetic. ■ *n.m.* apologist, one who excuses himself.

مُتعرِّض /mʊt̪əʔərrɪz/ ■ *n.m.* opposer, hinderer. ■ *adj.* resisting, opposing.

مُتعرِّف /mʊt̪əʔərrɪf/ ■ *n.m.* (also مُتعرِّفہ) **1** one who makes oneself acquainted with. **2** one who is curious to know. **3** one who confesses.

مُتعسِّر /mʊt̪əʔəssɪr/ ■ *adj.* **1** complicated, intricate; difficult; nearly impossible. **2** hard to explain.

مُتعصِّب /mʊt̪əʔəssɪb/ ■ *adj.* prejudiced, bigoted. ■ *n.m.* bigot, biased, partisan.

مُتعفِّن /mʊt̪əʔəffɪn/ ■ *adj.* stinking, fetid, reeky.

مُتعلِّق /mʊt̪əʔəllɪq/ ■ *adj.* **1** belonging (to), relating (to), concerning, relevant; appropriate. **2** connected (with), attached (to); annexed, subjoined. **3** dependent, subordinate. **4** akin, related. متعلق ذات خاص personal, private. متعلق فعل adverb. متعلق کرنا **1** annex; enclose; apply; attach. **2** ascribe, impute. (*pl.* مُتعلِّقات، مُتعلِّقین)

مُتعلِّقین /mʊt̪ʔəllɪqi:n/ ■ *n.m.* (*pl.* of مُتعلِّق) family, relatives, children; dependents; friends.

مُتعلِّم /mʊt̪ʔəllɪm/ ■ *n.m.* student; disciple; scholar. (*fem.* مُتعلِّمہ) (*pl.* مُتعلِّمین)

مُتعہ /mʊt̪ʔɑ:/ ■ *n.m.* muta, temporary marriage valid for stipulated period only, lawful in Shiite.

مُتعہّد /mʊt̪əʔəhhɪd̪/ ■ *n.m.* **1** contractor. **2** one who enters into engagement for the revenue of tract of land. **3** one who accepts responsibility. **4** contemporary.

مُتعیّن /mʊt̪əʔəjjən/ ■ *adj.* (also مُتعیّنہ) **1** fixed. **2** appointed, assigned, deputed. **3** certain, decided. متعین کرنا appoint, depute; assign. متعین ہونا be appointed, be assigned.

مُتغایِر /mʊt̪əɣɑ:ɪr/ ■ *adj.* unmatched, separate; stranger.

مُتغلِّب /mʊt̪əɣəllɪb/ ■ *adj.* overpowering, dominant; powerful.

مُتغزِّل /mʊt̪əɣəzzɪl/ ■ *n.m.* (*lit.*) poet who composes ghazals. (*pl.* مُتغزِّلین)

مُتغیَّر /mʊt̪əɣəjjər/ ■ *adj.* changed, altered.

مُتغیِّر /mʊt̪əɣəjjɪr/ ■ *adj.* **1** changing, varying. **2** (***Math.***) variant. **3** (*fig.*) angry; worried.

مُتغیِّظ /mʊt̪əɣəjjɪz/ ■ *adj.* angry, enraged, inflamed, offended.

مُتفاوِت /mʊt̪əfɑ:vɪt̪/ ■ *adj.* (also مُتفاوِتہ) wide apart; separate; at variance with, distinct, different, diverse.

مُتفحِّص /mʊt̪əfəhhɪs/ ■ *adj.* asking, enquiring; searching, seeking. ■ *n.m.* researcher.

مُتفرِّد /mʊt̪əfərrɪd̪/ ■ *adj.* alone, odd, one; unique, matchless.

مُتفرِّع /mʊt̪əfərreʔ/ ■ *adj.* branching out.

مُتفرِّق /mʊt̪əfərrɪq/ ■ *adj.* **1** various, miscellaneous, sundry. **2** distinct; separate; dispersed, scattered. متفرق کرنا disperse, scatter; separate. متفرق ہونا be dispersed, be scattered.

مُتفرِّقات /mʊt̪əfərrɪqɑ:t̪/ ■ *n.m.* (*pl.* of مُتفرِّق) miscellaneous items, sundries.

مُتّفِق /mʊt̪t̪əfiq/ ■ *adj*. agreeing, consenting; united; unanimous, of one mind. متفق الرائے having unanimous opinion. متفق ہونا agree (with), have consensus or accord.

مُتّفِقہ /mʊt̪t̪əfiqɑ:/ ■ *adj.* (an opinion or vote) unanimous. متفقہ طور پر unanimously.

مُتفکِّر /mʊt̪əfəkkɪr/ ■ *adj.* thoughtful, concerned, pensive, anxious; perplexed; uneasy or disturbed in mind. (*pl.* مُتفکّرین)

مُتفنّی /mʊt̪əfənni:/ ■ *adj.* crafty, cunning, maleficent; mischievous, vicious.

مُتقابِل /mʊt̪əqɑ:bɪl/ ■ *n.m.* (also مُتقابِلہ) **1** opposite. **2** competitor. ■ *adv.* lying opposite.

مُتقارِب /mʊt̪əqɑ:rɪb/ ■ *adj.* near to each other, proximate, convergent. ■ *n.f.* (***Pros.***) name of a poetic metre.

مُتقاضی /mʊt̪əqɑ:zi:/ ■ *adj.* demanding. ■ *n.m.* one who exacts payment.

مُتقاطِع /mʊt̪əqɑ:t̪eʔ/ ■ *adj.* cutting, intersecting.

مُتقدِّم /mʊt̪əqəd̪d̪ɪm/ ■ *adj.* **1** ancient, preceding, anterior, prior (to). **2** better, superior.

مُتقدِّمین /mʊt̪əqəd̪d̪ɪmi:n/ ■ *n.m.* (*pl.* of مُتقدِّم) the ancients, former or ancient people.

مُتقرِّب /mʊt̪əqərrɪb/ ■ *adj.* **1** having access to; approaching. **2** allied to, near. ■ *n.m.* royal relation or favourite.

مُتقرِّر /mʊt̪əqərrɪr/ ■ *adj.* fixed, settled, established.

مُتقشِّف /mʊt̪əqəʃʃɪf/ ■ *adj.* ascetical, (one) living at bare subsistence level.

مُتّقی /mʊt̪t̪əqi:/ ■ *adj.* pious, devout, God-fearing. (*pl.* مُتّقین)

مُتّکا /mʊt̪t̪əkɑ:/ ■ *n.f.* **1** anything to recline on; support.

مُتکافی /mʊt̪əkɑːfiː/ ■ *adj.* equal; reciprocal.

2 shelter, place of refuge. متکائے ریسمانی cord or rope or twisted cloth that some dervishes tie themselves with while meditating.

مُتکبِّر /mʊt̪əkəbbɪr/ ■ *adj.* arrogant, haughty, proud.

مُتکبِّرانہ /mʊt̪əkəbbɪrɑːnɑː/ ■ *adv.* arrogantly, haughtily, proudly. ■ *adj.* See مُتکبِّر

مُتکفِّل /mʊt̪əkəffɪl/ ■ *adj.* providing, undertaking, supporting.

مُتکلِّم /mʊt̪əkəllɪm/ ■ *n.m.* **1** speaker, orator. **2** scholastic philosopher; dialectician. **3** (***Gram.***) first person. (*pl.* مُتکلِّمین)

مُتّکی /mʊt̪t̪əkiː/ ■ *adj.* **1** trusting, having confidence in. **2** leaning (upon), reclining, recumbent.

مُتلازِم /mʊt̪əlɑːzɪm/ ■ *adj.* compulsory, indispensable, inseparable.

مُتلاشی /mʊt̪əlɑːʃiː/ ■ *n.m.* seeker, searcher, inquirer.

مُتلاطِم /mʊt̪əlɑːt̪ɪm/ ■ *adj.* **1** dashing together; turbulent or stormy (usu. ocean, etc.). **2** (*fig.*) restless, disturbed.

متلانا /mət̪lɑːnɑː/ ■ *v.* feel nausea, be sick.

متلاہٹ /mət̪lɑːhət̪/ ■ *n.f.* (also متلائی) nausea.

مُتلذِّذ /mʊt̪ələzzɪz/ ■ *adj.* relishing, pleased or delighted (by), deriving pleasure (from), enjoying.

مُتلِف /mʊt̪lɪf/ ■ *adj.* consuming, ruining, destroying. ■ *n.m.* consumer, prodigal, one who wastes or squanders his wealth; destroyer, ruiner.

متلو /mət̪luː/ ■ *adj.* **1** read, recited. **2** (*fig.*) the Qur'an.

مُتلوِّن /mʊt̪ələvvɪn/ ■ *adj.* whimsical, changeable, changing, capricious, fickle. متلونُ الطبع of capricious or changeable disposition. متلون مزاج fickle-minded.

متلی /mət̪liː/ ■ *n.f.* nausea, inclination to vomit. متلی ہونا feel nausea.

مُتماثِل /mʊt̪əmɑːsɪl/ ■ *adj.* similar, identical.

مُتمادی /mʊt̪əmɑːd̪iː/ ■ *adj.* continuing, extending (time, etc.).

مُتماس /mʊt̪əmɑːs/ ■ *adj.* contiguous, in contact, touching each other.

مُتمتِّع /mʊt̪əmət̪t̪ɪʔ/ ■ *adj.* enjoying or reaping advantage; profiting, gaining.

مُتمثِّل /mʊt̪əməssɪl/ ■ *adj.* like; resembling, similar to. ■ *n.m.* **1** imitator. **2** one who retaliates.

مُتمدِّن /mʊt̪əməd̪d̪ɪn/ ■ *adj.* civilized, urbane, refined.

مُتمرِّد /mʊt̪əmərrɪd̪/ ■ *adj.* disobedient, stubborn, refractory, rebellious.

مُتمکِّن /mʊt̪əməkkɪn/ ■ *adj.* living or residing, resident; seated on or ascended to (a throne or some seat). متمکن ہونا have a seat, sit, be appointed.

مُتملِّق /mʊt̪əmællɪq/ ■ *n.m.* flatterer, fawner.

مُتمِّم /mʊt̪əmmɪm/ ■ *n.m.* **1** one who completes, finisher; perfecter. **2** (***Math.***) complement.

متمنّی /mʊt̪əmənniː/ ■ *adj.* desirous, wishing, optative.

مُتموِّج /mʊt̪əməvvɪdʒ/ ■ *adj.* billowing, wavy, moving up and down like wave, rolling like wave.

مُتموِّل /mʊt̪əməvvɪl/ ■ *adj.* wealthy, rich, affluent. متمول طبقہ rich class. متمول کرنا enrich.

مُتمیِّز /mʊt̪əmæjjɪz/ ■ *adj.* distinguished, distinct, discriminating. (*fem.* مُتمیِّزہ)

متن /mət̪n/ ■ *n.m.* text (of a book or document, etc.). (*pl.* مُتُون)

مُتنا /mʊt̪nɑː/ ■ *n.m.* bed-wetter, one who urinates in bed, especially a child.

مُتنازع /mʊt̪ənɑːzəʔ/ ■ *adj.* (also مُتنازعہ) disputed, in dispute, controversial, contested, litigious. متنازع امر subject of dispute, controversy or litigation. متنازع فیہ disputed, controversial, litigable. (*pl.* مُتنازعین)

مُتناسِب /mʊt̪ənɑːsɪb/ ■ *adj.* proportionate; similar in proportion of size, degree or amount. (*fem.* مُتناسِبہ)

مُتنافِر /mʊt̪ənɑːfɪr/ ■ *adj.* (also مُتنافِرہ) hating, disgusted.

مُتناقِص /mʊt̪ənɑːqɪs/ ■ *adj.* defective, imperfect.

مُتناقِض /mʊt̪ənɑːqɪz/ ■ *adj.* opposite, contrary, inconsistent, incompatible, contradictory. (*fem.* مُتناقِضہ)

مُتناہی /mʊt̪ənɑːhiː/ ■ *adj.* limited, finite, terminated, arrived at the utmost extreme or limit of.

مُتنبِّہ /mʊt̪ənəbbeh/ ■ *adj.* circumspect, wakeful, aware, warned, cautioned, cautious. متنبہ کرنا warn, caution. متنبہ ہونا be warned.

مُتنبّی /mʊt̪ənəbbiː/ ■ *n.m.* false prophet. ■ *pr.n.m.* name of an Arab classical poet.

مُتنجِّم /mʊt̪ənədʒdʒɪm/ ■ *n.m.* astrologer.

مُتنجن /mʊt̪əndʒən/ ■ *n.m.* a dish made of rice, meat, dry fruits and sugar. متنجن گوسپندی/گوسفندی this dish made of mutton.

in God. ■ *n.m.* one who regards someone as his/her intercessor with God.

مُتوصّل /mʊt̪əvəssɪl/ ■ *adj.* connected, united, joined; related.

مُتوطّن /mʊt̪əvət̪t̪ɪn/ ■ *adj.* inhabiting, living, residing, settled (in a place); naturalized. ■ *n.m.* native, inhabitant.

مُتوفّر /mʊt̪əvəffɪr/ ■ *adj.* many, numerous, abundant, copious, much, plentiful.

مُتوفّق /mʊt̪əvəffɪq/ ■ *adj.* successful, prosperous.

مُتوفّٰی /mʊt̪əvəffɑ:/ ■ *adj.* (also متوفی) deceased, dead person. (*fem.* متوفیہ)

مُتوقّع /mʊt̪əvəqqəʔ/ ■ *adj.* expected, hoped for.

مُتوقّع /mʊt̪əvəqqeʔ/ ■ *adj.* expecting, hopeful.

مُتوقّف /mʊt̪əvəqqɪf/ ■ *adj.* slow, dilatory; delaying, lingering.

مُتوکّل /mʊt̪əvəkkɪl/ ■ *adj.* trusting in God, resigned to the will of God; resigned to one's fate. (*pl.* مُتوکّلین)

مُتولّد /mʊt̪əvəllɪd/ ■ *adj.* born, begotten. (*fem.* مُتولّدہ)

مُتولّی /mʊt̪əvəlli:/ ■ *n.m.* **1** administrator. **2** trustee, superintendent or keeper of a shrine or mosque.

مُتوہّم /mʊt̪əvəhhɪm/ ■ *adj.* superstitious; doubtful, dubious, apprehensive.

مُتّہم /mʊt̪t̪əhɪm/ ■ *adj.* wrongly accused or charged; notorious. ■ *n.m.* an accused person. متہم کرنا accuse.

مِتی /mɪt̪i:/ ■ *n.f.* **1** date, day. **2** interest, discount. متی پُگنا ر ٗپوگنا ر پونگنا interest to be due. متی چڑھانا ر ڈالنا **1** date. **2** finish. متی کاٹا present worth and discount. متی کاٹنا discount. متی وار date-wise, periodically.

متیرا /mət̪i:rɑ:/ ■ *n.m.* a kind of small watermelon.

مُتیقّن /mʊt̪əjəqqɪn/ ■ *adj.* certain, ascertained.

متین /mət̪i:n/ ■ *adj.* **1** grave, serious. **2** strong, solid. ■ *n.m.* See المتین.

متھا /mət̪ʰt̪ʰɑ:/ ■ *n.m.* (*contr.* of ماتھا) forehead, brow.

متھانی /mət̪ʰɑni:/ ■ *n.f.* (also متھنی، مدھانی) churn, churn staff.

مُتھرا /mʊt̪ʰrɑ:/ ■ *adj.* **1** (of knife) blunt, dull, obtuse. **2** foolish. (*fem.* مُتھری)

متھنا /mət̪ʰnɑ:/ ■ *v.* **1** churn, mix liquids thoroughly in a churn, mix. **2** (*fig.*) ponder, meditate, cogitate.

متّھے /mət̪ʰt̪ʰe:/ ■ *n.m.* (*pl. & infl.* of متّھا) متھے پڑنا fall to one's lot. متھے مارنا throw back (at), return (with bad grace).

مُتنفّر /mʊt̪ənəffɪr/ ■ *adj.* hating, abhorring, detesting, disgusted, averse.

مُتنفّس /mʊt̪ənəffɪs/ ■ *adj.* breathing. ■ *n.m.* an individual, a living being.

مُتنوّع /mʊt̪ənəvveʔ/ ■ *adj.* various, varietal, varied, diversified, of different kinds, sorts or forms.

متنی /mət̪ni:/ ■ *adj.* textual, of or in the text.

مُتنی /mʊt̪ni:/ ■ *n.f.* urinary organ.

مُتواتر /mʊt̪əvɑ:t̪ɪr/ ■ *adv.* continually, repeatedly, successively.

مُتوارد /mʊt̪əvɑ:rɪd/ ■ *n.m.* the similar verse or composition separately created by two people. ■ *adj.* **1** successive, one following another. **2** repeated.

مُتوازن /mʊt̪əvɑ:zɪn/ ■ *adj.* balanced. متوازن غذا balanced diet. متوازن نشوونما balanced growth.

مُتوازی /mʊt̪əvɑ:zi:/ ■ *adj.* parallel. متوازیُ الاضلاع (***Geom.***) parallelogram.

مُتواضع /mʊt̪əvɑ:zeʔ/ ■ *adj.* **1** hospitable, entertaining. **2** humble, submissive, obedient, condescending, complaisant.

متوالا /mət̪vɑ:lɑ:/ ■ *adj.* (also متوارا) **1** drunk, intoxicated. **2** fond (of); in love (with). متوالا پن drunkenness, state of intoxication. متوالا ہونا be fond or in love. (*fem.* متوالی)

مُتوالی /mʊt̪əvɑ:li:/ ■ *adj.* successive, consecutive, recurring. متوالی مصارف recurrent expenses.

مُتوجّہ /mʊt̪əvədʒdʒeh/ ■ *adj.* turning to, attentive, paying attention. متوجہ کرنا ر کروانا call or draw (someone's) attention (to). متوجہ ہونا look towards, turn to, pay attention (to), attend (to), heed.

مُتوحّش /mʊt̪əvəhhɪʃ/ ■ *adj.* highly alarmed, agitated, scared away, terrified.

مُتورّع /mʊt̪əvərreʔ/ ■ *adj.* pious, devout, God-fearing.

مُتورّم /mʊt̪əvərrɪm/ ■ *adj.* swollen, inflamed, intumescent, tumid. متورم آنکھیں swollen eyes, especially due to excessive weeping.

مُتوڑا /mʊt̪o:ɽɑ:/ ■ *n.m.* one who wets bed in sleep, especially a child. متوڑاپن bed-wetting. (*fem.* مُتوڑی)

مُتوسّط /mʊt̪əvəssɪt̪/ ■ *adj.* medium, mean, average; middling, mediocre, moderate, intermediate. متوسطُ الحال (member) of middle class. متوسطُ المیعاد medium-term.

مُتوسّل /mʊt̪əvəssɪl/ ■ *adj.* **1** adjoining; conjoined. **2** trusting

متھیلا /mətʰi:lɑ:/ ■ *adj*. convex, bulging.

مُٹاپا /mʊʈɑ:pɑ:/ ■ *n.m.* fatness, plumpness, corpulence, obesity, portliness. مٹاپا چڑھنا/چھانا grow fat or corpulent.

مُٹ بھیڑ /mʊʈbʰe:ɽ/ ■ *n.f.* (also مُڈ بھیڑ) confrontation; chance meeting.

مِٹانا /mɪʈɑ:nɑ:/ ■ *v.* **1** erase, efface, rub out, obliterate. **2** eradicate, abolish; destroy. **3** appease, satisfy (hunger, etc.). **4** (*fig.*) sacrifice one's own life or vital interests.

مُٹانا /mʊʈɑ:nɑ:/ ■ *v.* grow fat, look big.

مٹر /məʈər/ ■ *n.f.* mattar, pea. مٹری **1** pea-sized. **2** (*fig.*) small (eyes).

مٹرگشت /məʈərgəʃt/ ■ *n.f.* a leisurely walk, ramble, stroll. مٹرگشت کرنا ramble, stroll, loof.

مُٹرمُٹر /mʊʈər mʊʈər/ ■ *n.f.* whisper, whispering.

مُٹرمُٹر /mʊʈʊr mʊʈʊr/ ■ *adv.* **1** (of children) hastily walking or watching. **2** silently. مٹرمٹر دیکھنا gaze silently or innocently.

مٹک /məʈək/ ■ *n.f.* coquetry, mincing gait. مٹک چال coquettish walk.

مٹکا /məʈkɑ:/ ■ *n.m.* large earthen pot or jar used to store water or food grain.

مٹکانا /məʈkɑ:nɑ:/ ■ *v.* **1** roll the eyes playfully, move one's eyes or body flirtatiously or playfully; ogle. **2** swing the hips while moving.

مٹکنا /məʈəknɑ:/ ■ *v.* **1** to wink, to ogle. **2** swing hips coquettishly.

مُٹکنا /mʊʈkənɑ:/ ■ *adj.* short, having short stature but attractive.

مٹکّو /məʈəkko:/ ■ *n.f.* woman who swings hips while dancing or walking.

مٹکی /məʈki:/ ■ *n.f.* (*dim.* of مٹکا) small pitcher.

مُٹلّو /mʊʈəllo:/ ■ *adj.* (also مُٹلّی) fat, plumpy (woman).

مِٹنا /mɪʈnɑ:/ ■ *v.* **1** be effaced, be rubbed off, be obliterated, be erased. **2** become extinct, be abolished, be cancelled. **3** come to end, expire. **4** be appeased or satisfied (hunger, thirst or revenge, etc.). **5** be passionately in love (with).

مٹّی /məʈʈi:/ ■ *n.f.* (also مِٹّی) **1** earth, clay, soil, dust, dirt, sand, mud, loam. **2** nature, temperament. **3** corpse, carcass; funeral. **4** refuse. ■ *adj.* dirty, dusty. مٹی اُٹھنا die. مٹی اُڑنا be ruined, be destroyed. مٹی اکارت/خراب ہونا be ruined or disgraced. مٹی پاؤ/ڈالو just leave it. مٹی پلید/خوار ہونا be in reduced or bad circumstances, be badly off; be spoiled (someone's obsequial rites). مٹی تھوپنا plaster or smear clay. مٹی ٹھکانے لگانا perform one's obsequies, bury, give proper burial. مٹی چھاننا (*fig.*) travel extensively, travel round the world. مٹی دینا bury, inter, throw handfuls of earth (on a grave). مٹی ڈالنا **1** hush up a matter, conceal the crime or fault of (a person). **2** throw earth upon. **3** forgive and forget, let go. مٹی ڈھونا carry loads of earth as a labourer. مٹی سے پھول کھلانا leave no stone unturned. مٹی عزیز کرنا give proper burial. مٹی کا of earth, earthy. مٹی کا پتلا/پنجر **1** human frame, body. **2** (*fig.*) human being. مٹی کا تیل kerosene oil. مٹی کا تھوا/تھوہا/لوندا/مادھو/مہادیو fool, dunce; dummy, nonentity. مٹی کا عطر essence of clay, a perfume with a clayey smell. مٹی کا قرض right of homeland. مٹی کا گھر/گھروندا fickle, inconstant, unstable. مٹی کا گھڑا بھی ٹھونک بجا کر لیتے ہیں a wise buyer thoroughly examines the wares before purchase. مٹی کرنا destroy, ruin, spoil, squander. مٹی کو ہاتھ لگائے/میں ہاتھ ڈالے تو سونا ہو جائے very lucky person. مٹی کی مورت **1** figure of clay, mortal frame. **2** (*fig.*) (i) dumbo. (ii) human being. مٹی کے بھاؤ/مول very cheap. مٹی لے ڈالنا pay frequent visits (to some house). مٹی میں لوٹنا roll in dust. مٹی میں مٹی ملانا bury. مٹی میں ملانا **1** spoil, mar, ruin; bring to naught; bring about the death (of). **2** disgrace. مٹی میں مل جانا/ملنا **1** be spoiled, be marred, (plans) be ruined, come to naught. **2** be disgraced. **3** die. مٹی ہو جانا **1** grow weak. **2** become worthless. **3** die. **4** be ruined.

مٹیا /məʈɪjɑ:/ ■ *adj.* **1** clayey; earthen. **2** earthwork. **3** dust-coloured. مٹیا برج **1** clay tower. **2** name of a residential area in Kolkata (Calcutta). مٹیا پھوس/پھونس decrepit, very old person. مٹیا ٹھس lazy, indolent. مٹیا محل **1** an old residential area of Delhi. **2** mud house. **3** (*fig.*) grave.

مِٹیا /mɪʈjɑ:/ ■ *n.f.* (also مٹّیا) small pitcher.

مٹیار /məʈjɑ:r/ ■ *n.f.* clayey soil. ■ *adj.* **1** dust-coloured. **2** (*fig.*) wench, young woman.

مٹیارا /məʈjɑ:rɑ:/ ■ *n.m.* rich clayey soil, arable land.

مٹیالا /məʈjɑ:lɑ:/ ■ *adj.* **1** made of earth, clayey, muddy.

grains, wine, etc.

مٹھوس /məʈʰu:s/ ■ *adj.* designedly silent; sulky.

مٹھوسا /məʈʰu:sɑ:/ ■ *n.m.* a person who designedly does not speak.

مٹھولا /məʈʰo:lɑ:/ ■ *n.m.* (also مُٹھولا) masturbation.

مٹھولے /məʈʰo:le:/ ■ *n.m.* (*pl.* & *infl.* of مٹھولا) مٹھولے لگانا/مارنا masturbate.

مٹھولیا /məʈʰo:lɪjɑ:/ ■ *n.m.* one who practises masturbation, masturbator.

مِٹّھی /mɪʈʰʈʰi:/ ■ *n.f.* kiss (esp. from a child). مٹھی دینا give a kiss. مٹھی لینا kiss.

مُٹّھی /mʊʈʰʈʰi:/ ■ *n.f.* **1** fist; clutch, grip. **2** handful. **3** massage. مٹھی باندھنا close the fist. مٹھی بھر handful. مٹھی چاپی/چپی **1** massage with a kneading action. **2** (*fig.*) flattering. مٹھی گرمانا/گرم کرنا give bribe, grease the palm. مٹھی میں ہونا be in one's hand or grip, be under one's power or influence.

مُٹھیا /mʊʈʰjɑ:/ ■ *n.m.* **1** handle, hilt, thick end of stick. **2** carder's stick or cudgel. **3** lump of sugar.

مُٹھیانا /mʊʈʰjɑ:nɑ:/ ■ *v.* **1** seize with the fist, handle, grasp. **2** press or knead the limbs of (a person).

مِثال /mɪsɑ:l/ ■ *n.f.* example, instance, specimen; model, precedent. مثال پیش کرنا/دینا give an example. (*pl.* مُثُل)

مِثالی /mɪsɑ:li:/ ■ *adj.* ideal, typical, exemplary, model.

مِثالیت /mɪsɑ:lɪjəʈ/ ■ *n.f.* **1** (***Philos.***) idealism. **2** (in art or literature) the representation of things in ideal form.

مثانہ /məsɑ:nɑ:/ ■ *n.m.* bladder. مثانۂ عَلیا gall bladder.

مثانے /məsɑ:ne:/ ■ *n.m.* (*pl.* & *infl.* of مثانہ) مثانے کی پتھری stone(s) in bladder.

مُثبت /mʊsbəʈ/ ■ *adj.* **1** positive, affirmative. **2** establishing, demonstrative. **3** (***Math.***) plus. **4** (***Elect.***) positive (charge). مثبت انداز/خیال/رو constructive approach. مثبت پہلو positive aspect or side. مثبت فکر positive thinking.

مُثبّت /mʊsəbbəʈ/ ■ *adj.* **1** fixed, assigned. **2** proved, certified, endorsed; marked; written.

مِثقال /mɪsqɑ:l/ ■ *n.m.* a former unit of weight. مثقال ذرہ weight of a particle; something very little. (*pl.* مثاقیل)

مثل /məsəl/ ■ *n.f.* adage, proverb, saying, maxim, saw.

مِثل /mɪsl/ ■ *adj.* similar, like; alike, resembling, analogous (to). ■ *n.f.* **1** likeness, similitude. **2** khaki, of the colour of soil. (*fem.* مٹیالی)

مٹیانا /məʈɪjɑ:nɑ:/ ■ *v.* **1** scour with sand or coarse earth, wash. **2** smear with mud. **3** (*fig.*) wink (at). **4** pretend not to hear; turn a deaf ear to.

مٹیلا /məʈi:lɑ:/ ■ *adj.* **1** clayey, made of earth. **2** worthless; idle, lazy.

مٹھ /məʈʰ/ ■ *n.m.* (also مٹ) Buddhist or Hindu convent, monastery or hermitage, stupa, pagoda, pagan temple. مٹھ دھاری abbot; monk; ascetic, hermit.

مُٹھ /mʊʈʰ/ ■ *n.m.* **1** clutch; handle. **2** fist; box. **3** handful. مٹھ بھیڑ confrontation, chance meeting. مٹھ لگانا/مارنا masturbate. مٹھ مرد **1** strong man. **2** (*fig.*) robber; ruffian.

مٹّھا¹ /məʈʰʈʰɑ:/ ■ *n.m.* buttermilk, a drink of yogurt mixed with sugar or salt and water. [S]

مٹّھا² ——— ■ *n.m.* sluggard, drone; dullard. ■ *adj.* indolent, sluggish, dull. مٹھاپن dullness, sluggishness. (*fem.* مٹھی) [Prk.]

مِٹّھا /mɪʈʰʈʰɑ:/ ■ *n.m.* sweet lime, a species of citrus with a bland taste. ■ *adj.* sweet.

مُٹّھا /mʊʈʰʈʰɑ:/ ■ *n.m.* **1** handful. **2** large bundle, sheaf. **3** hilt. **4** carder's cudgel.

مٹھار /məʈʰɑ:r/ ■ *n.f.* **1** style of speaking in soft tone. **2** (*fig.*) singing. مٹھار مٹھار کے (talk) with relish.

مٹھارنا /məʈʰɑ:rnɑ:/ ■ *v.* **1** knead well, press with fists. **2** hammer out a dent, give a round shape to. **3** talk prettily, coax, win over by soft speech, wheedle.

مِٹھاس /mɪʈʰɑ:s/ ■ *n.f.* sweetness.

مِٹھائی /mɪʈʰɑ:i:/ ■ *n.f.* **1** mithai, sweetmeat, confectionery. **2** (*fig.*) prize; gift. **3** (*slang*) bribe.

مِٹھڑا /mɪʈʰɽɑ:/ ■ *adj.* **1** sweet, delicious, tasty; (of song, etc.) melodious. **2** beloved. (*fem.* مٹھڑی)

مٹھڑی /məʈʰɽi:/ ■ *n.f.* a kind of saltish crispy cookie.

مِٹھڑی /mɪʈʰɽi:/ ■ *n.f.* a kind of sweet crispy cookie.

مُٹھڑیاں /mʊʈʰɽɪjɑ̃:/ ■ *n.f.pl.* infant's hiccups.

مٹّھس /məʈʰʈʰəs/ ■ *adj.* indolent, idle, slow.

مِٹھلونا /mɪʈʰlo:nɑ:/ ■ *adj.* **1** of low salt. **2** sweet and saltish. (*fem.* مٹھلونی)

مِٹّھو /mɪʈʰʈʰu:/ ■ *n.m.* **1** a term of endearment for parrots and children. **2** a parrot.

مٹھَور /məʈʰɔ:r/ ■ *n.f.* long earthen vessel for keeping

2 (also مسل) papers and records of a case, file, proceedings. مثل مرتب کرنا prepare or arrange the file of case, file the proceedings of a case.

مثلاً /məsələn/ ■ *adv.* for example, for instance, e.g.

مُثلّث /musəlləs/ ■ *n.m.* & *f.* **1** triangle. **2** trigonometry. **3** a poem of three lines. **3** a kind of wine. مثلث حادُالزاویہ acute-angled triangle. مثلث قائمُ الزاویہ right-angled triangle. مثلث متساوی الاضلاع equilateral triangle. مثلث متساوی الساقین isosceles triangle. مثلث مختلف الاضلاع scalene triangle. مثلث منفرجُ الزاویہ obtuse-angled triangle. مثلث نشین one who sits with legs respectfully folded under.

مُثلّثات /musəlləsaːt̪/ ■ *n.m.* & *f.* (*pl.* of مُثلّث) trigonometry.

مُثلّثی /musəlləsiː/ ■ *adj*. triangular, trilateral. مثلثی شیشہ prism.

مُثلّج /musəlləd͡ʒ/ ■ *adj.* icy, frozen.

مُثلہ /musləː/ ■ *n.m.* mutilation of dead bodies, pre-Islamic Arab custom of cutting off the nose and ears or limbs of a dead body of an enemy in a battle.

مُثمِر /musmɪr/ ■ *adj.* **1** fruit-bearing, fruitful, productive. **2** opulent, rich (in).

مُثمّن /musəmmən/ ■ *adj*. eight-sided, octagonal. ■ *n.m.* octagon. ■ *n.f.* **1** (***Poet.***) poem with eight-line stanzas. **2** (***Pros.***) metre with eight units. مثمن برج minaret having eight sides.

مثنوی /məsnəviː/ ■ *n.f.* a genre of Persian and Urdu poetry with rhyming couplets.

مُثنّیٰ /musənnɑː/ ■ *adj.* (also مُثنّا) duplicate; double, binary, dual. ■ *n.m.* a duplicate, a copy, the second; counterfoil. مثنیٰ بہ the original of a copy.

مج /məd͡ʒ/ ■ *n.f.* buffalo.

مُج /mud͡ʒ/ ■ *adj.* (also مُج) soft, mellow; ripe.

مُجادِل /mud͡ʒɑːdɪl/ ■ *adj.* contentious, quarrelsome.

مُجادلہ /mud͡ʒɑːd̪əlɑː/ ■ *n.m.* (also مُجادلت) **1** conflict, contention, fight. **2** enmity, hostility. (*pl.* مُجادلات)

مجاری /məd͡ʒɑːriː/ ■ *n.m.*& *f.* (*pl.* of مجریٰ) **1** places of issuance. **2** channels. **3** (***Med.***) arteries and capillaries.

مجاریہ /məd͡ʒɑːrɪjɑː/ ■ *adj.* current, enacted, in force (rule or law).

مجاز¹ /məd͡ʒɑːz/ ■ *n.m.* trope; metaphor; simile; allegory. مجاز مرسل metonymy. [A]

مجاز² ____ ■ *adj.* (also مُجاز) lawful, legally authorized. مجاز سماعت competent to hear a lawsuit. مجاز ہونا duly authorized or empowered. [A]

مجازاً /məd͡ʒɑːzən/ ■ *adv.* figuratively, metaphorically.

مجازی /məd͡ʒɑːziː/ ■ *adj.* **1** figurative; metaphorical, illusive, not real. **2** mundane, worldly. مجازی خدا (*fig.*) husband. مجازی عشق mundane love (as opposed to the divine).

مجال /məd͡ʒɑːl/ ■ *n.f.* **1** power, strength, authority; ability. **2** opportunity, room. مجال رکھنا/ہونا have the power or ability, have the gall or effrontery.

مجالِس /məd͡ʒɑːlɪs/ ■ *n.f.* (*pl.* of مجلس) assemblies, conferences.

مُجالَست /mud͡ʒɑːləsət̪/ ■ *n.f.* sitting together. مجالست رکھنا keep company with, often be in the company of.

مجامِع /məd͡ʒɑːmeʔ/ ■ *n.m.* (*pl.* of مجمع) congregations, masses, meetings; collections.

مُجامعت /mud͡ʒɑːməʔət̪/ ■ *n.f.* sexual intercourse, copulation, coitus. مجامعت کرنا copulate (with).

مُجاملت /mud͡ʒɑːmələt̪/ ■ *n.f.* kind treatment.

مُجانبت /mud͡ʒɑːnəbət̪/ ■ *n.f.* **1** being near or at the side of a person. **2** shunning or keeping away from.

مُجانست /mud͡ʒɑːnəsət̪/ ■ *n.f.* homogeneity, similarity; congeniality; being of the same kind.

مُجاوِر /mud͡ʒɑːvɪr/ ■ *n.m.* keeper of a shrine, etc.

مُجاورت /mud͡ʒɑːvərət̪/ ■ *n.f.* **1** being a neighbour, neighbourliness, office of a *mujavir*.

مجاوِری /mud͡ʒɑːvɪriː/ ■ *n.f.* occupation of a *mujavir*.

مُجاوِز /mud͡ʒɑːvɪz/ ■ *adj.* exceeding, transgressing.

مُجاہِد /mud͡ʒɑːhɪd̪/ ■ *n.m.* **1** one who exerts himself or puts in great effort, endeavourer. **2** mujahid, religious warrior, warrior in the cause of faith (esp. Islam). (*pl.* مُجاہِدین)

مُجاہدت /mud͡ʒɑːhəd̪ət̪/ ■ *n.f.* **1** effort, struggle. **2** fighting in defence of faith.

مُجاہدہ /mud͡ʒɑːhəd̪ɑː/ ■ *n.m.* **1** making an effort, great effort or struggle. **2** (***Sufism***) spiritual exercise in the form of religious obligations like prayer and fasting. مجاہدۂ نفس self-denial, self-abnegation. (*pl.* مجاہدات)

مجبور /məd͡ʒbuːr/ ■ *adj.* helpless; forced, compelled, under duress. مجبور کرنا constrain, compel; render helpless.

مجبور محض completely helpless and powerless. مجبور ہونا **1** be forced, be compelled, be constrained. **2** be helpless.

مجبوراً **/mədʒbu:rən/** ■ *adv.* perforce, under compulsion; by compulsion or force.

مجبوری **/mədʒbu:ri:/** ■ *n.f.* **1** compulsion; constraint. **2** helplessness, powerlessness.

مُجتبیٰ **/mʊdʒt̪əba:/** ■ *adj.* selected, chosen, elect. ■ *n.m.* an appellation of Prophet Muhammad and Imam Hasan (grandson of Prophet Muhammad).

مُجتمع **/mʊdʒt̪əməʔ/** ■ *adj.* **1** collected, convened, accumulated, assembled, congregated. **2** united or agreed (in opinion).

مُجتنب **/mʊdʒt̪ənəb/** ■ *adj.* shunned, scorned.

مُجتنِب **/mʊdʒt̪ənɪb/** ■ *n.m.* one who shuns or abstains from, abstainer.

مُجتہد **/mʊdʒt̪əhɪd̪/** ■ *n.m.* **1** mujtahid, religious scholar recognized as competent to interpret, derive and frame religious laws or rules, etc. **2** a Shia religious scholar. (*pl.* مُجتہدین)

مُجتہدانہ **/mʊdʒt̪əhɪd̪a:na:/** ■ *adj.* in the spirit or ways of a mujtahid.

مجحر **/mədʒhər/** ■ *n.m.* place of refuge, asylum.

مجد **/mədʒd̪/** ■ *n.m.* glory, splendour, honour.

مجدا **/mədʒd̪a:/** ■ *n.m.* mixed soil of clay and sand.

مُجدّد **/mʊdʒəd̪d̪ɪd̪/** ■ *n.m.* **1** renewer, revivalist, originator; one who has a new and striking idea. **2** (***Islam***) a renewer or revivalist of true religion.

مجذوب **/mədʒzu:b/** ■ *adj.* lost or absorbed (in). ■ *n.m.* **1** one who is wholly absorbed in divine meditation to the exclusion of all profane ideas. **2** a type of fakirs. **3** mad, mental. مجذوب کی بڑ incredible claim, senseless talk. (*pl.* مجاذیب)

مجذور **/mədʒzu:r/** ■ *n.m.* (***Arith.***) square of a number.

مجذوم **/mədʒzu:m/** ■ *adj.* leprous, suffering from leprosy. ■ *n.m.* leper.

مُجرا **/mʊdʒra:/** ■ *n.m.* **1** allowance, premium; deduction. **2** respects, obeisance, salutation; audience. **3** a party in which prostitutes dance and sing. **4** dancing and singing of prostitutes. مجرا بجالانا/عرض کرنا make obeisance. مجرا پانا **1** receive credit for something done. **2** be granted audience. مجرا دینا give credit (for a sum); allow rebate. مجرا کرنا **1** pay respect, make obeisance, wait on. **2** allow deductions. **3** present professional singing or dancing. مجرا لینا deduct (from). مجرا ہونا **1** be deducted. **2** prostitute's dance party be conducted.

مُجرائی¹ **/mʊdʒra:i:/** ■ *n.f.* credit given on account, remission of revenue; allowance, deduction. [A]

مُجرائی² ——— ■ *n.m.* **1** one who pays his respects; one who waits upon as a servant. **2** one who recites a *marsiya* (مرثیہ) or dirge. [A]

مُجرّب **/mʊdʒərrəb/** ■ *adj.* proven, proved, tested and tried, specific or efficacious (medicine). مجرب نسخہ a tried prescription.

مُجرّبات **/mʊdʒərrəba:t̪/** ■ *n.m.pl.* proven remedies, prescriptions, specifics.

مُجرّد **/mʊdʒərrəd̪/** ■ *adj.* **1** single, alone. **2** bachelor, celibate, unmarried. **3** bare. **4** (*fig.*) incorporeal, abstract. مجرد استدلال abstract argument. مجرد آرٹ abstract art. مجرد رہنا remain single or unmarried.

مُجرّداً **/mʊdʒərrəd̪ən/** ■ *adv.* solely, singly.

مُجرّدات **/mʊdʒərrəd̪a:t̪/** ■ *n.m.pl.* incorporeal beings, especially angels and spirits.

مُجرّدی **/mʊdʒərrəd̪i:/** ■ *n.f.* solitude; celibacy. (See also تجرّد.)

مُجرِم **/mʊdʒrɪm/** ■ *n.m.* criminal, offender, culprit. مجرم اشتہاری notified criminal. مجرم پختہ کار/عادی habitual criminal or offender, jailbird. مجرم ٹھہرانا/قرار دینا indict, convict. مجرم فراری absconding offender. (*fem.* مُجرِمہ)

مُجرِمانہ **/mʊdʒrɪma:na:/** ■ *adj.* criminal, culpable. مجرمانہ بے احتیاطی/غفلت accountable negligence, culpable inattention. مجرمانہ حملہ criminal assault; sexual assault, rape or attempt to rape.

مجروح **/mədʒru:h/** ■ *adj.* **1** wounded, injured, hurt. **2** (*fig.*) statement which is not acceptable. مجروح کرنا hurt or wound, etc. مجروح ہونا be hurt or wounded. (*pl.* مجروحین)

مُجرئی **/mʊdʒrəi:/** ■ *n.f.* (*contr.* of مُجرائی¹) **1** remission of revenue; credit given on account; deduction, rebate. **2** one who pays his respects as a servant; one who makes obeisance. **3** a professional singer or dancer.

مجریٰ **/mədʒra:/** ■ *n.m.* place of issuance, channel. (*pl.* مجاری)

مجریہ **/mədʒrɪja:/** ■ *adj.* issued on (date); implemented.

مُجزّا **/mʊdʒəzza:/** ■ *adj.* hacked to pieces; broken into pieces, divided into pieces.

مجزوم /mədʒzuːm/ ■ *adj.* **1** broken. **2** quiescent (letter).

مُجسّم /mʊdʒəssəm/ ■ *adj.* **1** embodied, incarnate, incorporated; corporeal. **2** corpulent, massive. **3** (***Geom.***) solid; substantial. مجسم کرنا incarnate, give a corporeal form, personify.

مُجسّمہ /mʊdʒəssəmɑː/ ■ *n.m.* (also مُجسمہ) statue, a work of sculpture. مجسمہ تراش/ساز sculptor. مجسمہ تراشی/سازی sculpture.

مُجعّد /mʊdʒəʔʔəḓ/ ■ *adj.* having curly hair or locks.

مُجلّا /mʊdʒəllɑː/ ■ *adj.* (also مُجلّیٰ) lustrous, polished, furbished, bright.

مُجلّد /mʊdʒəlləḓ/ ■ *adj.* hardcover, hardback or bound (book).

مُجلِّد /mʊdʒəllɪḓ/ ■ *n.m.* bookbinder.

مجلس /mədʒlɪs/ ■ *n.f.* **1** majlis, assembly, party, meeting, congress, congregation, convention. **2** committee, board, body, group, company, society, association. مجلسِ ادارت editorial board or committee. مجلسِ استقبالیہ reception committee. مجلسِ اقوامِ عالم League of Nations. مجلسِ اقوامِ متحدہ United Nations Organization. مجلسِ انتظامیہ/منتظمہ managing body or organizing committee. مجلسِ آئین/دستور ساز constituent assembly. مجلس (برپا) کرنا (***Shiites***) hold assembly to mourn Imam Hussain's martyrdom at Karbala. مجلس برخاست کرنا terminate or conclude a meeting. مجلس خانہ assembly hall, town hall. مجلسِ رقص و سرود dance party, ball. مجلسِ سائقہ steering committee. مجلسِ سماع a qawwali congregation. مجلسِ شوریٰ consultative or advisory committee. مجلسِ عاملہ working committee. مجلسِ علمی academic or literary association or institute. مجلسِ عمل action committee. مجلسِ قانون ساز legislative committee or assembly. مجلسِ قائمہ standing committee. مجلسِ مقننہ legislature, legislative council or assembly. مجلس میں شریک ہونا join a meeting. مجلسِ وزرا Cabinet. مجلسِ وکلا bar association.

مجلسی /mədʒlɪsiː/ ■ *adj.* social, civil. ■ *n.m.* person invited to an assembly. مجلسی آداب etiquettes, manners. مجلسی تکلفات social etiquettes, social ceremony. مجلسی حیثیت social status. مجلسی زندگی social life.

مُجلّہ /mʊdʒəllɑː/ ■ *n.m.* periodical, magazine, chronicle, booklet. مجلۂ یادگاری commemorative magazine, Festschrift.

مُجمّد /mʊdʒəmməḓ/ ■ *adj.* frozen, congealed.

مِجمر /mɪdʒmər/ ■ *n.m.* censer or incense; chafing dish. (*pl.* مجامر، مجمرات)

مجمع /mədʒməʔ/ ■ *n.m.* **1** assemblage, large assembly of people, crowd; collection. **2** place of meeting. مجمعِ احباب assembly of friends. مجمعُ البحرین **1** place where two oceans or two rivers meet. **2** (*fig.*) person in whom two streams of thoughts meet. مجمعُ الجزائر archipelago, group of islands. مجمع چھٹنا crowd to disperse, crowd to thin out. مجمعِ خلافِ قانون/ناجائز unlawful assembly or gathering. مجمعِ عام public meeting or gathering. مجمعِ مفسدان seditious or rebellious mob. (*pl.* مجامع)

مُجمل /mʊdʒməl/ ■ *adj.* **1** abridged, brief, contracted, compendious; brought together. **2** confused, requiring explanation. ■ *n.m.* an abstract, summary, compendium, abridgement, compendious statement or account. مجمل حساب abstract account. مجمل طور پر in short, shortly.

مُجملاً /mʊdʒmələn/ ■ *adv.* in substance, in the abstract, in short, in brief, summarily; cursorily; compendiously.

مجموعہ /mədʒmuːʔɑː/ ■ *n.m.* **1** collection, compendium, aggregate. **2** anthology, collection of the works of an author or poet. **3** form (in printing). **4** code, codex. ■ *adj.* assembled, collected, all, whole. مجموعۂ اضداد having contrary qualities. مجموعۂ تعزیرات the penal code. مجموعۂ ضابطہ/قانونِ دیوانی the civil procedure code. مجموعۂ قوانین code, body of laws. مجموعۂ کلام collection of poetry. (*pl.* مجموعات)

مجموعی /mədʒmuːʔiː/ ■ *adj.* collective, aggregate, total, overall. مجموعی تاثر overall impression. مجموعی طور پر on the whole, by and large. مجموعی قیمت total or aggregate value.

مُجنّس /mʊdʒənnəs/ ■ *n.m.* **1** mongrel. **2** mule.

مجنوں /mədʒnũː/ ■ *adj.* (also مجنون) **1** mad, insane. **2** (*fig.*) desperately in love. ■ *pr.n.m.* the legendary hero of the Arabic classic love story *Laila Majnun*. ■ *n.m.* lunatic, one who is demented by love.

مجنونانہ /mədʒnuːnɑːnɑː/ ■ *adv.* insanely, madly. ■ *adj.* insane.

مُجوّز /mʊdʒəvvɪz/ ■ *n.m.* proposer (of a motion or

مُجھی /mʊdʒʰi:/ ■ *pron.* (*contr.* of مُجھ ہی) only me.
مُجھے /mʊdʒʰe:/ ■ *pron.* to me, me.
مُچّا /mʊtʃʃɑ:/ ■ *n.m.* (also مُچھا) large lump of flesh or meat.
مچان /mətʃɑ:n/ ■ *n.m.* 1 machan, platform. 2 dais, raised seat. 3 (***Hunting***) hunter's shooting platform, usually upon a tree. 4 scaffold.
مچانا /mətʃɑ:nɑ:/ ■ *v.* cause; make; excite, stir up; commit.
مُچانا /mʊtʃɑ:nɑ:/ ■ *v.* cause to close or break.
مُچرّب /mʊtʃərrəb/ ■ *adj.* having much body fat, plump.
مِچکارنا /mɪtʃkɑ:rnɑ:/ ■ *v.* rinse.
مچکانا /mətʃkɑ:nɑ:/ ■ *v.* shake, move; bend.
مِچکانا /mɪtʃkɑ:nɑ:/ ■ *v.* bat or flutter the eyelids, shut and open eyes repeatedly and quickly.
مچکنا /mətʃəknɑ:/ ■ *v.* 1 shake, tremble. 2 creak (as bedstead).
مچلا /mətʃlɑ:/ ■ *adj.* refractory, wayward; stubborn, obstinate, disobedient. مچلاپن stubbornness, obstinacy. (*fem.* مچلی)
مچلانا /mətʃlɑ:nɑ:/ ■ *v.* 1 pretend ignorance; prevaricate. 2 be stubborn.
مِچلانا /mɪtʃlɑ:nɑ:/ ■ *v.* (also متلانا) nauseate.
مُچلکہ /mʊtʃəlkɑ:/ ■ *n.m.* (also مُچلکا) 1 muchalka, bond; agreement, written obligation. 2 (***Law***) a sworn statement, bond or affidavit guaranteeing good and lawful conduct; recognizance. مچلکۂ حفظِ امن bond to keep peace. مچلکہ لکھانا/لکھوانا cause to write agreement. مچلکۂ نیک چلنی bond for keeping good behaviour.
مچلنا /mətʃəlnɑ:/ ■ *v.* be obstinate, insist whiningly and tearfully, throw a tantrum, roll on the ground to show insistence.
مچمچا /mətʃmətʃɑ:/ ■ *n.m.* sexual urge. مچمچا جانا become excited. مچمچا کر in sexual frenzy. مچمچا کے لپٹنا hug tight or close, embrace lustfully.
مچمچاتا /mətʃmətʃɑ:t̪ɑ:/ ■ *adj.* 1 creaking (as bedstead). 2 young, energetic, excited.
مچمچاتی /mətʃmətʃɑ:t̪i:/ ■ *adj.* (*fem.* of مچمچاتا) مچمچاتی کھاٹ نکلے (as a curse) may he or she die young!
مچمچانا /mətʃmətʃɑ:nɑ:/ ■ *v.* be frenzied with sexual urge; be excited, be in the prime or bloom of youth.
مچمچاہٹ /mətʃmətʃɑ:hət/ ■ *n.f.* 1 lusting, lust. 2 state of heat (of an animal). 3 gritting one's jaws in passion.

proposal). (*pl.* مُجوّزان، مُجوّزین)
مُجوِّزان /mʊdʒəvvɪzɑ:n/ ■ *n.m.* (*pl.* of مُجوِّز) مجوزانِ قانون member of parliament or legislative body.
مُجوّزہ /mʊdʒəvvəzɑ:/ ■ *adj.* proposed.
مجوس /mədʒu:s/ ■ *n.m.pl.* (also *sing.*) magi, fire worshippers; followers of Zoroaster.
مجوسا /mədʒu:sɑ:/ ■ *n.m.* prop for supporting a roof.
مجوسی /mədʒu:si:/ ■ *n.m.* magus, fire worshiper; a follower of Zoroaster.
مُجوّف /mʊdʒəvvəf/ ■ *adj.* hollow, empty; vaulted, concave.
مُجوہر /mʊdʒɔ:hər/ ■ *adj.* adorned, set with gems.
مُجوہرات /mʊdʒɔ:hərɑ:t̪/ ■ *n.m.* (*pl.* of مُجوہر) jewellery adorned with gems.
مجہلہ /mədʒhəlɑ:/ ■ *n.m.* (also مجہلا) 1 a silly affair. 2 place of ignorance. 3 wrangling; dilemma; difficulty.
مجہول /mədʒhu:l/ ■ *adj.* 1 unknown. 2 ignorant, unaware, absent-minded, abstracted. 3 slow, slothful. 4 long and broad (vowel sound), having the sound of letter ے, as in ستارے or سیب and the letter و as in کو and شور. مجہول الاحوال/الحال stranger, unknown. مجہول النسب of unknown parentage. مجہولِ مطلق very indolent, useless.
مجہولی /mədʒhu:li:/ ■ *n.f.* indolence; ignorance.
مجی /mədʒi:/ ■ *n.f.* coming. مجی و ذہاب coming and going.
مُجیب /mʊdʒi:b/ ■ *adj.* responding to; consenting to; accepting. ■ *n.m.* 1 one who listens to or grants, one who responds. 2 See المجیب. مجیب الدعوات one who grants prayers, i.e. God.
مجیٹھ /mədʒi:ʈʰ/ ■ *n.f.* madder, the root of which yields a red dye.
مجید /mədʒi:d̪/ ■ *adj.* glorious, noble, exalted, high. ■ *n.m.* See المجید.
مجیدی /mədʒi:d̪i:/ ■ *n.f.* a kind of flute played by snake charmers.
مجیرا /mədʒi:rɑ:/ ■ *n.m.* (also مجیرہ) 1 small cymbal, one of the pairs of brass cymbals. 2 tinkling ornament for feet or toes.
مُجھ /mʊdʒʰ/ ■ *pron.* me. مجھ سا like me. مجھ سے from me; to me. مجھ کو to me, me. مجھ میں in me.
مجھلا /mədʒʰlɑ:/ ■ *adj.* middle. See منجھلا.
مجھولا /mədʒʰo:lɑ:/ ■ *adj.* middle, intermediate; second of three.

محاذی /mʊhɑːziː/ ■ *adj.* opposite (to), facing, fronting.
مُحارِب /mʊhɑːrɪb/ ■ *n.m.* warrior, fighter, soldier. (*pl.* مُحاربین)
مُحاربہ /mʊhɑːrəbɑː/ ■ *n.m.* fight, war, battle, combat. (*pl.* مُحاربات)
محاس /məhɑːs/ ■ *n.m.* antenna or feeler (of an insect).
مُحاسِب /mʊhɑːsɪb/ ■ *n.m.* **1** accountant; auditor. **2** calculator. محاسبِ اعلیٰ accountant-general; auditor-general. محاسبِ دیہہ village accountant.
مُحاسبہ /mʊhɑːsəbɑː/ ■ *n.m.* **1** calling to account; seeking explanation. **2** computation, settlement or audit of account, calculation, account. محاسبہ دار **1** accountant. **2** one whose accounts are under scrutiny. محاسبہ طلب demanding settlement of accounts. محاسبہ کرنا seek explanation; call to account; settle or audit account.
مُحاسِبی /mʊhɑːsɪbiː/ ■ *n.f.* accountancy, office of an accountant. محاسبی اشارہ audit note. محاسبی اعتراض audit objection. محاسبی رپورٹ audit report. محاسبی ضابطہ audit code. محاسبی ہدایات audit rules or instructions.
محاسِن /məhɑːsɪn/ ■ *n.m.* (*pl.* of حسن) virtues.
مُحاصِر /mʊhɑːsɪr/ ■ *n.m.* besieger. (*pl.* مُحاصِرین)
مُحاصرہ /mʊhɑːsərɑː/ ■ *n.m.* siege, blockade. محاصرہ اٹھانا raise siege. محاصرہ کرنا lay siege to, besiege.
مُحاصرے /mʊhɑːsəreː/ ■ *n.m.* (*pl.* & *infl.* of مُحاصرہ) محاصرے میں آجانا be besieged, be surrounded.
محاصِل /məhɑːsɪl/ ■ *n.m.* (*pl.* of محصُول) taxes, revenue; profits, proceeds, produce. محاصلِ خام gross produce.
مُحاضِر /mʊhɑːzɪr/ ■ *adj.* ready, present, (one) standing in front.
مُحافِظ /mʊhɑːfɪz/ ■ *n.m.* guard, bodyguard, one of the security personnel, protector. محافظِ جنگلات ranger or forest-guard. محافظِ حقیقی the true Protector, i.e. God. محافظ خانہ record room. محافظِ دفتر record-keeper, recorder. محافظِ محبس jailer, gaoler. (*pl.* مُحافظین)
مُحافظت /mʊhɑːfəzət/ ■ *n.f.* protection, guardianship; care.
محافِل /məhɑːfɪl/ ■ *n.f.* (*pl.* of محفل) parties, gatherings.
مُحافہ /mʊhɑːfɑː/ ■ *n.m.* a kind of litter (in which women travelled); palanquin.
محاق /məhɑːq/ ■ *n.m.* (also مُحاق) **1** waning of the moon, declining of the moon in size and brightness after the fifteenth night. **2** last three days of the lunar month when the moon does not appear. (See also اماوس.)

4 creaking.
مچنا /mətʃnɑː/ ■ *v.* **1** be caused; be made, be produced. **2** be stirred up, be excited, be raised; be noised.
مِچنا /mɪtʃnɑː/ ■ *v.* (of the eyes) be closed or shut; blink.
مُچنگ /mʊtʃəŋg/ ■ *n.m.* (also مورچنگ) Jew's harp.
مُچیٹا /mʊtʃeːʈɑː/ ■ *n.m.* quarrel.
مچھ /mətʃʰ/ ■ *n.m.* **1** fish. **2** name of the incarnation of Vishnu in the shape of fish.
مچھاکڑا /mʊtʃʰɑːkɽɑː/ ■ *n.m.* **1** very thick or long moustache. **2** See مُچھیل.
مچّھر /mətʃʰtʃʰər/ ■ *n.m.* mosquito. مچھردانی mosquito net.
مچھراند /mətʃʰrɑ̃ːd̪/ ■ *n.f.* (also مچھاند) rank, fishy smell.
مچھرنگا /mətʃʰrəŋgɑː/ ■ *n.m.* kingfisher, halcyon.
مچھلی /mətʃʰliː/ ■ *n.f.* **1** fish. **2** Pisces, the twelfth sign of the zodiac. **3** earring made in the shape of fish. **4** biceps, muscle or flesh of arm or foreleg, inside muscle of palm. مچھلی اُبھرنا have well-developed biceps. مچھلی بازار (*fig.*) place of much noise and uproar. مچھلی پکڑنا شکار کرنا fish, angle. مچھلی ٹانکا a kind of embroidery. مچھلی کا پر fin of fish. مچھلی کا تیل fish oil, cod liver oil. مچھلی کا چارہ bait. مچھلی کا سریش fish glue. مچھلی کا کانٹا fish bone; fish-hook. مچھلی کی طرح تڑپنا لوٹنا toss about like a fish out of water; writhe in agony. مچھلی والا fishmonger.
مچھندر /mʊtʃʰənd̪ər/ ■ *adj.* having long moustache. ■ *n.m.* **1** monkey-man. **2** rat. **3** dunce, dolt. **4** buffoon.
مچھوا /mətʃʰvɑː/ ■ *n.m.* **1** fisherman, fishmonger. **2** small boat.
مچّھی[1] /mətʃʰtʃʰiː/ ■ *n.f.* (*var.* of مچھلی). [S]
مچّھی[2] ——— ■ *n.f.* (also مچّی) kiss. مچھی لینا to kiss. [dial.]
مچھیرا /mətʃʰeːrɑː/ ■ *n.m.* fisherman; fishmonger. (*fem.* مچھیرن)
مُچھَیل /mʊtʃʰæːl/ ■ *n.m.* one having a long and luxuriant moustache or whiskers.
مُحابا /mʊhɑːbɑː/ ■ *n.m.* (*contr.* of مُحابات) **1** partiality for, leaning (towards). **2** lenient or gentle treatment, regard, consideration, kind behaviour. **3** help, aid. **4** fear.
محاذ /məhɑːz/ ■ *n.m.* (also مُحاذ) front; face. محاذ آرا ready to fight. محاذ آرائی fighting, war. محاذ بنانا/کھڑا کرنا **1** select war strategy. **2** conspire, raise agitation. محاذ جنگ war front, battlefield.

/mæhbu:b/ ■ *n.m.* beloved, lovey; very close friend. ■ *adj.* loved, liked. محبوب الٰہی رحق رخدا ررب العالمین رسبحانی رکبریا beloved of God, i.e. Prophet Muhammad. محبوب

/mæhbu:bɑ:nɑ:/ ■ *adv. & adj.* like that of a beloved; as a sweetheart. محبوبانہ

/mæhbu:bɑ:/ ■ *n.* (*fem.* of محبوب) beloved, mistress, darling. محبوبہ

/mæhbu:bɪjəṱ/ ■ *n.f.* (also محبوبی) lovability; being a beloved. محبوبیت

/mæhbu:s/ ■ *n.m.* captive, prisoner. ■ *adj.* imprisoned, confined, jailed, incarcerated. محبوس خانہ prison, jail, gaol. محبوس سند mittimus, warrant of commitment to prison. محبوس

/mohṱɑ:dʒ/ ■ *adj.* poor, needy, indigent, in want. ■ *n.m.* beggar, poor person; cripple. محتاج خانہ asylum, poorhouse, almshouse. محتاج کرنا impoverish, pauperize, reduce to poverty. محتاج ہونا be in the need of, be in want, be indigent, be reduced to poverty. مُحتاج

/mohṱɑ:dʒi:/ ■ *n.f.* poverty, want, need, indigence. مُحتاجی

/mohṱɑ:ṱ/ ■ *adj.* guarded, cautious, careful, circumspect. مُحتاط

/mohṱɑ:l/ ■ *adj.* subtle. ■ *n.m.* deceiver, artful or crafty person, cunning person. (*fem.* مُحتالہ) مُحتال

/mohṱədʒɪb/ ■ *adj.* hidden, concealed. مُحتجِب

/mohṱəzɪr/ ■ *adj.* careful, wary, cautious. مُحتذِر

/mohṱərɪz/ ■ *adj.* avoiding, refraining. مُحترِز

/mohṱərəq/ ■ *adj.* set on fire, burnt. مُحترق

/mohṱərəm/ ■ *adj.* honourable, honoured, respectable, revered. (*fem.* مُحترمہ) مُحترم

/mohṱəsɪb/ ■ *n.m.* 1 ombudsman, keeper of public morals, censor, an officer who supervises observance of laws and punishes offenders. 2 superintendent of weights, measures and provisions. مُحتسب

/mohṱəʃɪm/ ■ *adj.* having a large retinue, grand; powerful; respectable. مُحتشم

/mohṱəʃi:/ ■ *adj.* filled, crammed, stuffed. مُحتشی

/mohṱəqər/ ■ *adj.* vile, base, mean. مُحتقر

/mohṱəkɪr/ ■ *n.m.* hoarder; black marketeer. مُحتکر

/mohṱəlɪm/ ■ *n.m.* one having a wet dream, one subject to involuntary discharge of semen in sleep. مُحتلِم

/mohṱəməl/ ■ *adj.* suspected; conjectured; doubtful, مُحتمل

/mʊhɑ:kɑ:ṱ/ ■ *n.f.* 1 talking mutually, telling stories. 2 resembling one another. 3 copying or imitating thing or action. 4 (***Poet.***) depiction; imagery. مُحاکات

/mʊhɑ:kəmɑ:/ ■ *n.m.* 1 referring dispute to judge or referee, settling a case. 2 adjudgement. 3 evaluation, authoritative decision or verdict based on comparative study of different aspects of an affair. (*pl.* مُحاکمات) مُحاکمہ

/məhɑ:l/ ■ *n.m.* 1 (as *pl.*) places, districts, provinces, estates; wards. 2 beehive. محالِ آبکاری excise department. محال

/mʊhɑ:l/ ■ *adj.* impossible, extremely difficult; absurd; inconceivable. مُحالِ مطلق quite absurd, out of question; absolutely impossible. مُحال

/mʊhɑ:lɑ:ṱ/ ■ *n.m.* (*pl.* of مُحال) absurdities, impossibilities, impracticable things. مُحالات

/mʊhɑ:lɪf/ ■ *n.m.* sworn ally, confederate. مُحالِف

/mʊhɑ:ləfəṱ/ ■ *n.f.* alliance, signing of contract, oath. مُحالفت

/məhɑ:lɑ:/ ■ *n.m.* 1 remedy, cure. 2 company, staying together. محالہ

/məhɑ:mɪḍ/ ■ *n.m.* (*pl.* of مُمِدت) commendable qualities, virtues. محامد

/mʊhɑ:vərɑ:/ ■ *n.m.* 1 idiom; phraseology; current speech. 2 usage, practice; habit. محاورہ باندھنا ربٹھانا use idiom in poetry. محاورہ پڑنا become habit, form the habit (of), become the usage or practice. محاورہ ڈالنا habituate (someone to); introduce the usage or practice. (*pl.* مُحاورات) مُحاورہ

/mʊhɪb/ ■ *n.m.* lover; friend. محبِّ الوطن روطن patriot. محبِّ الوطنی patriotism, love of one's country. مُحِب

/mʊhəbbəṱ/ ■ *n.f.* (also محبّت) love, affection. محبت اٹھ جانا 1 love or sympathy to end. 2 become selfish. محبت انگیز رآمیز loving, affectionate; amiable, friendly. محبت رکھنا love, show affection, feel affection. محبتِ قلبی sincere affection, true love. محبت کا دم بھرنا profess love. محبت کرنا love. مُحبّت

/mʊhəbbəṱi:/ ■ *adj.* (also مُحبّتی) affectionate, loving; sincere. مُحبّتی

/mæhbəs/ ■ *n.m.* prison, jail, place of confinement, lock-up. محبس

suspicious; probable, possible.

محتملات /mohṭəmɪlɑ:t/ ■ *n.m.* (*pl.* of محتمل) possibilities; doubts, suspicions.

محتوی /mohṭəvi:/ ■ *adj.* consisting (of), comprising.

محجّر /mo:hədʒdʒər/ ■ *adj.* made of stone, stony. ■ *n.m.* stone fence.

محجوب /mæhdʒu:b/ ■ *adj.* **1** modest, bashful, shameful, abashed. **2** veiled; covered, secluded; excluded. **3** (***Physics***) insulated.

محجوبی /mæhdʒu:bi:/ ■ *n.f.* **1** modesty, bashfulness. **2** shame, repentance.

محجور /mæhdʒu:r/ ■ *adj.* prevented, prohibited, forbidden. (*fem.* محجورہ)

محدّب /mʊhəd̪d̪əb/ ■ *adj.* convex; bulging. محدب آئینہ convex mirror. محدب شیشہ convex glass, magnifying glass. محدب عدسہ convex lens. (*opp.* مُقعّر)

محدِّث /mʊhəd̪d̪ɪs/ ■ *n.m.* **1** narrator. **2** (***Islam***) compiler of Prophet Muhammad's traditions or one well-versed in them; scholar of these traditions. (*fem.* مُحدِّثہ) (*pl.* مُحدِّثین)

محدُود /mæhd̪u:d̪/ ■ *adj.* limited, bounded, restricted, finite; definite. محدود کرنا limit, bound; define.

محذُوف /mæhzu:f/ ■ *adj.* **1** omitted, cut off; taken away; rejected. **2** elided (as syllable from word). محذوف کرنا omit, delete, elide. (*pl.* محذُوفات)

محراب /mehrɑ:b/ ■ *n.f.* **1** arch; shelf; arched niche. **2** royal closet or private chamber. **3** mihrab, principal niche in the mosque from where the imam conducts the prayers. محرابِ تیغ curve of scimitar. محراب دار arched. (*pl.* محاریب)

محرابی /mehrɑ:bi:/ ■ *adj.* arched.

مُحرَّر /mʊhərrər/ ■ *adj.* written, inscribed.

مُحرِّر /mʊhərrɪr/ ■ *n.m.* moharrir, scribe; writer; amanuensis, munshi, clerk. محررِ ترسیل despatcher. محررِ تقسیم diary clerk; diarist. محررِ متعلقہ dealing clerk.

مُحرِّری /mʊhərrɪri:/ ■ *n.f.* clerkship, clerical job or work.

محرّف /mohərrəf/ ■ *adj.* transposed, inverted, perverted (language), altered in form (word), tampered with, interpolated.

مُحرِق /mohrəq/ ■ *adj.* burning, inflammatory, ardent.

محرّق /mohərrɪq/ ■ *adj.* inflamed; burning (fever). ■ *n.m.* incendiary, arsonist.

مُحرِّک /mohərrɪk/ ■ *adj.* **1** moving, motory. **2** stirring, stimulant. **3** marking consonant with vowel. ■ *n.m.* **1** mover, proposer, proponent. **2** inciter, instigator, exciter, persuader, tempter; advisor. **3** encourager, promoter. (*pl.* مُحرّکات، مُحرّکین)

محرم /mæhrəm/ ■ *n.m.* **1** (***Islam***) a woman's relative to whom marriage is forbidden and before whom she may appear unveiled. **2** spouse, consort. **3** confidant, intimate friend. **4** anyone who is admitted into women's apartments. ■ *n.f.* bodice, brassiere. ■ *adj.* **1** confidential, intimate. **2** forbidden. محرمِ اسرار/راز confidant, one who knows or is entrusted with a secret, privy to a secret. محرم کرنا entrust with a secret. محرم گوش audible. (*pl.* محارم)

مُحرّم /mʊhərrəm/ ■ *n.m.* first month of the Islamic calendar. ■ *adj.* **1** forbidden, tabooed; excluded. **2** sacred, venerable. محرمُ الحرام honourable and / or venerable month of Moharram.

مُحرّمات /mʊhərrəmɑ:t/ ■ *n.m.* & *f. pl.* **1** forbidden or prohibited things. **2** women with whom marriage is forbidden. (*sing.* مُحرّمہ)

محرمانہ /mæhrəmɑ:nɑ:/ ■ *adv.* in private; in familiar way, privately.

محرمی /mæhrəmi:/ ■ *n.f.* (also محرمیت) intimacy, trust, confidence.

محروث /mæhru:s/ ■ *adj.* ploughed (land or field).

محرور /mæhru:r/ ■ *adj.* **1** hot; hot-tempered. **2** lustful, amorous. **3** feverous.

محروس /mæhru:s/ ■ *adj.* guarded; preserved; taken care of.

محروسہ /mæhru:sɑ:/ ■ *adj.* guarded, fortified (place); garrisoned (place).

محروم /mæhru:m/ ■ *adj.* **1** deprived (of), bereft; lacking in. **2** rejected, ejected. **3** unlucky. محرومُ الارث deprived of inheritance, disinherited. محروم پھرنا go back in disappointment. محروم رکھنا keep someone deprived of (something). محروم کرنا deprive. (*pl.* محرومین)

محرومی /mæhru:mi:/ ■ *n.f.* deprivation, deprival. محرومیٔ قسمت misfortune.

محزوں /mæhzũ:/ ■ *adj.* afflicted, sad, saddened, grieved, distressed.

مختصر انفی مصوتے: بھنور ə̃ /bʰə̃vər/ — اِنچا ĩ /ĩtʃɑ:/ — کُنوارا ũ /kũvɑ:rɑ:/ — دیگر اعراب: اعلیٰ ɑ: /əʔlɑ:/ — بذاتہٖ i: /bezɑ:ṭehi:/ — اجمالاً n /ɪdʒmɑ:lən/ — لَتُّو /lətṭu:/

مُحسِن /mohsɪn/ ■ *n.m.* benefactor, patron. ■ *adj.* generous, beneficent. محسنِ اعظم great benefactor, an appellation of Prophet Muhammad. محسن سوز، کش ingrate, ungrateful, one who harms his or her patron or benefactor. (*fem.* مُحسِنہ) (*pl.* مُحسنین)

مُحسنات /mohsənɑ:ʈ/ ■ *n.f.pl.* virtues; advantages. محسناتِ شعر qualities of a verse.

محسوب /mæhsu:b/ ■ *adj.* calculated, computed, reckoned; carried to account. محسوب کرنا take into account; calculate, compute. محسوب ہونا be included in the account; be calculated or computed.

محسود /mæhsu:d̪/ ■ *adj.* envied. محسودِ خلائق envied by everyone, i.e. very fortunate and gifted person.

محسوس /mæhsu:s/ ■ *adj.* felt, perceived. محسوس کرنا feel, perceive, realize.

محسوسات /mæhsu:sɑ:ʈ/ ■ *n.m. & f.* (*pl.* of محسوس) objects of sense; perceptible things; feelings, sensations.

محشر /mæhʃər/ ■ *n.m.* **1** Judgement Day. **2** plain where judgment will be passed, place of congregation. **3** great commotion. محشر اٹھانا، برپا کرنا raise commotion. محشر خرام (*poet.*) one who walks with much grace and charm; beloved.

محشور /mæhʃu:r/ ■ *adj.* **1** congregated, collected together, assembled. **2** raised from the dead.

مُحشّٰی /mohəʃʃɑ:/ ■ *adj.* (also مُحشّا) annotated, having explanatory notes in the margin.

مُحصِّل /mohəssɪl/ ■ *n.m.* tax-gatherer, collector of revenue.

مُحصِّلانہ /mohəssɪlɑ:nɑ:/ ■ *n.m.* fees for collecting taxes.

مُحصَن /mohsən/ ■ *adj.* **1** chaste, continent. **2** preserved, guarded; married (man). (*fem.* مُحصَنہ) (*pl.* مُحصَنین)

محصور /mæhsu:r/ ■ *adj.* besieged, beleaguered, surrounded. محصور کرنا besiege, surround. محصور ہونا be besieged, be surrounded, seek refuge inside a fortified place. (*pl.* محصورین)

محصوری /mæhsu:ri:/ ■ *n.f.* besiegement, beleaguering.

محصول /mæhsu:l/ ■ *n.m.* tax, duty, excise duty, custom, postage. محصول ادا کرنا، چکانا pay duty. محصول اگاہنے والا revenue collector; tax-gatherer. محصولِ آبکاری excise duty. محصولِ آمدنی income tax. محصولِ بیع sales tax. محصولِ چنگی octroi. محصولِ درآمد customs duty, import duty. محصولِ دولت wealth tax. محصولِ ڈاک postage. محصولِ سائر miscellaneous duties. محصول لگانا levy or impose a tax. محصولِ مال برآمد export duty. (*pl.* محاصل)

محصولی /mæhsu:li:/ ■ *adj.* taxable. ■ *n.f.* revenue-paying land.

محض /mæhz/ ■ *adj.* **1** mere. **2** pure, unmixed, unalloyed. **3** simple. **4** absolute. ■ *adv.* **1** merely, solely. **2** purely. **3** absolutely; entirely, wholly. محض دستخط mere signature; blank endorsement, carte blanche. محض غلط quite wrong. محض غیر ممکن absolutely impossible. محض قید simple imprisonment. محض ناچیز a mere trifle.

محضر /mæhzər/ ■ *n.m.* **1** a place of congregation. **2** general petition. **3** document or petition attested by number of witnesses laid before a judge; public attestation. محضر خانہ **1** place of assembly; court. **2** police station. محضر کرنا present or put in petition or public attestation (of). محضر نامہ **1** muster roll; list of persons present at an assembly. **2** attested petition or plaint.

محظور /mæhzu:r/ ■ *adj.* **1** forbidden, prohibited, unlawful. **2** confined, restricted (to).

محظُوظ /mæhzu:z/ ■ *adj.* **1** pleased, delighted, contented, glad, cheerful. **2** fortunate, blessed. محظوظ ہونا be pleased or delighted (with).

محفِل /mæhfɪl/ ■ *n.f.* assembly, meeting, party, gathering; congregation; sitting-place. محفل برخاست کرنا conclude a meeting. محفل برخاست ہونا a meeting to conclude. محفل جمنا، گرم ہونا a party or meeting to be in full swing. محفلِ خوباں gathering of beautiful people. محفلِ رقص و سرود music and dance party. محفلِ سماع a gathering for qawwali. محفلِ عروسی wedding party. محفل کرنا assemble; hold or convene a meeting; arrange a music and dance party.

محفوظ /mæhfu:z/ ■ *adj.* **1** safe, protected, secure, secured, guarded, sheltered. **2** reserved. **3** immune. محفوظ رکھنا preserve, keep safe and secure. محفوظ رہنا be safe and sound, remain safe, unaffected or unsullied. محفوظ کردہ preserved.

مُحقَّر /mohəqqər/ ■ *adj.* **1** despised, contemptible. **2** poor, low.

مُحقَّق /mohəqqəq/ ■ *adj.* verified, well-established, authenticated, certain, certified, confirmed, known to be true.

مُحقّق /mohəqqiq/ ■ *n.m.* researcher, research scholar; investigator. (*fem.* مُحقّقہ) (*pl.* مُحقّقین)

مُحقّقانہ /mohəqqiqɑ:nɑ:/ ■ *adv. & adj.* investigative.

مِحک /mehək/ ■ *n.m. & f.* test, criterion, touchstone.

مُحکم /mohkəm/ ■ *adj.* **1** strong, firm, fortified, lasting, unshakeable, stable, solid, compact. **2** clear, incontrovertible, perspicuous, unambiguous, unequivocal. محکم کرنا render or make something firm, stable or strong, strengthen, fortify.

مُحکمات /mohkəmɑ:t̪/ ■ *n.f.pl.* (***Islam***) the Qur'anic verses having clear meanings.

محکمانہ /mæhkəmɑ:nɑ:/ ■ *adj.* official, of department level. ■ *adv.* officially. محکمانہ کارروائی proceeding on department level.

محکمہ /mæhkəmɑ:/ ■ *n.m.* department, bureau, section, office, court. محکمۂ ابتدائی court of original jurisdiction. محکمۂ اپیل court of appeal. محکمۂ اطلاعات information department. محکمۂ امدادِ باہمی cooperative department. محکمۂ انہار رنہر irrigation department. محکمۂ آبادکاری rehabilitation department. محکمۂ آبکاری excise department. محکمۂ آثارِ قدیمہ department of archaeology. محکمۂ بحالیِ اراضی land reclamation department. محکمۂ بھرتی recruitment department. محکمۂ پولس رپولیس police department. محکمۂ تجارت commerce department. محکمۂ تعلقاتِ عامہ public relations department. محکمۂ تعلیم department of education. محکمہ جات departments. محکمۂ جنگلات forests department. محکمۂ چنگی octroi department. محکمۂ خارجہ department dealing with the relations with other countries, foreign office, ministry of external or foreign affairs. محکمۂ خوراک food department. محکمۂ داخلہ internal affairs department. محکمۂ ڈاک وتار post and telegraph department. محکمۂ زراعت agriculture department. محکمۂ صنعت وحرفت industries department. محکمۂ عسکری رسد commissariat. محکمۂ قانون law department. محکمۂ مراسلات secretariat. محکمۂ مساحت survey department. محکمۂ مواصلات communications department. محکمۂ موسمیات meteorological department.

مُحکمی /mohkəmi:/ ■ *n.f.* strength, stability.

محکوک /mæhku:k/ ■ *adj.* erased, rubbed; cancelled.

محکوم /mæhku:m/ ■ *adj.* in subjection, under control, subject, the ruled, subordinate, subjugated (person). ■ *n.m.* (*fig.*) slave; servant.

محکومی /mæhku:mi:/ ■ *n.f.* state of subjugation, subjection.

محل /mæhəl/ ■ *n.m.* (also محلّ) **1** mahal, palace, palatial building; mansion. **2** harem, seraglio. **3** sovereign's consort. **4** time. **5** location, place. **6** position, situation. **7** occasion, opportunity. محلِ استعمال place or mode of use. محلِ خاص the principal or senior most queen. محل دار watchman of a palace; steward. محل دارنی stewardess, female attendant. محل سرا seraglio, harem. محلِ کلام رنظر point of objection; doubtful, objectionable. محلِ وقوع location; surrounding. (*pl.* محلّات)

محلّاتی /mæhəllɑ:t̪i:/ ■ *adj.* of or relating to محل. محلاتی زندگی luxurious life. محلاتی سازش internal conspiracy, palace intrigues.

مُحلِّل /mohəllɪl/ ■ *adj. & n.m.* **1** causing to dissolve. **2** (***Chem.***) solvent. (*cf.* مُحْلِل)

محلُول /mæhlu:l/ ■ *n.m.* (***Chem.***) solution.

محلّہ /məhəllɑ:/ ■ *n.m.* (also مُحلّہ) **1** mohalla, quarter or ward of a town, neighbourhood. **2** army camp, encampment. محلۂ خموشاں graveyard. محلہ دار neighbour, resident of the same ward. محلہ داری neighbourliness, good neighbourly relations.

محلّی /mæhəlli:/ ■ *n.m.* an eunuch in the service of royal family having an authority to move freely to all parts of palace.

مُحمّد /mʊhəmməd̪/ ■ *pr.n.m.* **1** Prophet Muhammad, the name of the Prophet of Islam. **2** name of a Qur'anic sura. ■ *adj.* greatly praised. ■ *n.m.* the praised one.

مَحمِدت /mæhmɪd̪ət̪/ ■ *n.f.* (also محمت) **1** praise, glorification. **2** truthfulness. (*pl.* محامد)

مُحمّدی /mʊhəmməd̪i:/ ■ *adj.* **1** of or relating to Prophet Muhammad. **2** follower of Islam.

محمِل /mæhmɪl/ ■ *n.m.* **1** camel's pillion or litter, mahmal. **2** that by which anything is supported. (*pl.* محامل)

محمود /mæhmu:d̪/ ■ *adj.* praised, eulogized, laudable, praiseworthy. ■ *pr.n.m.* Mahmud of Ghazni, who attacked India several times. محمود وایاز **1** Mahmud of Ghazni and his slave Ayaz. **2** (*fig.*) master and servant.

محمودہ /mæhmu:d̪ɑ:/ ■ *adj.* (*fem.* of محمود) praised; liked.

محمودی /mæhmu:d̪i:/ ■ *n.f.* a fine sort of muslin.

مَحمول /mæhmu:l/ ■ *n.m.* (***Logic***) predicate. ■ *adj.* 1 attributed; predicated. 2 loaded; lifted. 3 presumed, surmised, guessed. 4 bearing. محمول کرنا attribute (something to), regard something as resulting from.

مَحمولہ /mæhmu:lɑ:/ ■ *adj.* (*fem.* of محمول) 1 bearing (any meaning). 2 attributed, based on, applicable. 3 loaded.

مِحَن /mehən/ ■ *n.f.* (*pl.* of مِحنت) troubles; sufferings; trials and tribulations.

مِحن /mehn/ ■ *n.m.* test, scrutiny.

مِحنت /mehnət̪/ ■ *n.f.* hard work, labour, toil, industry, diligence. محنت اٹھانا take or undergo trouble, take pains. محنت اکارت / برباد / ضائع ہونا labour or effort be ruined. محنت ٹھکانے لگنا labour to succeed or bear fruit. محنتِ شاقہ hard labour, consistent hard work, great toil. محنت کرنا work hard, toil. محنت کش labourer, working (man). محنت کش طبقہ working class. محنت مزدوری / مشقت labour; hard work. محنت مزدوری / مشقت کرنا work as a labourer. (*pl.* مِحَن)

مِحنتانہ /mehnt̪ɑ:nɑ:/ ■ *n.m.* wages, fees or remuneration paid for work done.

مِحنتی /mehnət̪i:/ ■ *adj.* laborious, hard-working, industrious.

مَحو /mæhv/ ■ *adj.* 1 lost in thought; busy in some work; rapt; absorbed, fascinated; entranced. 2 effaced, erased, obliterated. محوِ استراحت sleeping; laid down. محوِ تبسم smiling. محوِ تکلم / گفتگو speaking. محوِ تماشا / نظارہ busy in some spectacle or show. محوِ حیرت surprised, astonished. محوِ خرام walking. محوِ رقص dancing. محوِ غمِ دوش meditating on past life or sorrows. محو کرنا efface, erase, obliterate. محو ہونا 1 be absorbed or engrossed. 2 be effaced or erased.

مِحوَر /mehvər/ ■ *n.m.* (also محور) axis, axle. محورِ ارض / زمین axis of earth. محورِ نظر ideal.

مِحوَری /mehvəri:/ ■ *adj.* of or relating to محور, axial. محوری طاقتیں the Axis powers (in the Second World War). محوری طور پر axially. محوری گردش axial rotation.

مُحوّلہ /mohəvvəlɑ:/ ■ *adj.* (also مُحوَل) 1 mentioned, referred. 2 entrusted. محولہ بالا aforementioned. محولہ ذیل mentioned below.

مَحوِیّت /mæhvɪjjət̪/ ■ *n.f.* (also محویت) absorption, engrossment, state of being absorbed or charmed. محویت طاری ہونا struck dumb with amazement.

مُحیی /mʊhi:/ ■ *adj.* (also مُحی) 1 giving life (esp. as an attribute of God). 2 reviving. ■ *n.m.* 1 giver of life. 2 See اَلمُحی. مُحیُ الدین reviver of faith. محی وممیت having the power to give life and death, attributes of God.

مُحَیِّر /mʊhəjjɪr/ ■ *n.m.* one who amazes, astonishes, bewilders. محیرُ العقل / العقول amazing, bewildering.

مُحیط /mʊhi:t̪/ ■ *adj.* encircling, surrounding, circumambient; comprehending. ■ *n.m.* 1 circumference. 2 (*fig.*) ocean. محیط ہونا circumscribe, surround, encircle.

مُحیل /mʊhi:l/ ■ *n.m.* deceiver, knave.

مُخ /mʊx/ ■ *n.m.* 1 cerebrum, brain; marrow. 2 essence; best part of anything.

مُخابرہ /mʊxɑ:bərɑ:/ ■ *n.m.* exchange of news; spread of news. (*pl.* مُخابرات)

مَخارج /məxɑ:rɪdʒ/ ■ *n.m.* (*pl.* of مخرج) 1 outlets. 2 roots, sources. 3 (***Phonetics***) places of articulation. 4 expenditure, disbursements.

مَخازن /məxɑ:zɪn/ ■ *n.m.* (*pl.* of مخزن) treasuries.

مُخاصِم /mʊxɑ:sɪm/ ■ *n.m.* enemy, foe, opponent.

مُخاصِمانہ /mʊxɑ:sɪmɑ:nɑ:/ ■ *adj.* hostile, inimical.

مُخاصمت /mʊxɑ:səmət̪/ ■ *n.f.* enmity, hostility, opposition.

مُخاصمہ /mʊxɑ:səmɑ:/ ■ *n.m.* quarrel, enmity, animosity.

مُخاطَب /mʊxɑ:t̪əb/ ■ *n.m.* 1 addressee; listener. 2 (***Gram.***) the second person. 3 titled, entitled. (*pl.* مُخاطَبین)

مُخاطِب /mʊxɑ:t̪ɪb/ ■ *n.m.* speaker, person who addresses another. مخاطب ہونا 1 address, turn (towards) in speaking. 2 talk (to). (*pl.* مُخاطِبین)

مُخاطبت /mʊxɑ:t̪əbət̪/ ■ *n.f.* converse, face to face speech, address.

مَخاطِر /məxɑ:t̪ɪr/ ■ *n.m.* places of danger or fear.

مُخاطرہ /mʊxɑ:t̪ərɑ:/ ■ *n.m.* 1 danger, peril, risk, hazard. 2 sudden thought.

مَخافت /məxɑ:fət̪/ ■ *n.f.* fear, danger, terror. (*pl.* مخافات، مخاوِف)

مُخالطت /mʊxɑ:lət̪ət̪/ ■ *n.m.* & *f.* social intercourse, friendship.

مُخالِف /mʊxɑ:lɪf/ ■ *n.m.* opponent, enemy, adversary, foe. ■ *adj.* opposite; contrary, adverse; unfavourable. (*pl.* مُخالِفین)

مُخالِفت /mʊxɑ:lɪfət̪/ ■ *n.f.* (also مُخالفت) opposition, disagreement; hostility. مخالفت کرنا oppose, dissent, go against; resist.

مُخبِر /mʊxbɪr/ ■ *n.m.* 1 informer, informant; spy. 2 reporter, one who brings news or intelligence. مخبرِ صادق bringer of true news, an appellation of Prophet Muhammad.

مُخبِری /mʊxbɪri:/ ■ *n.f.* 1 spying, espionage. 2 spying as profession. مخبری کرنا inform, act as spy.

مَخبُوط /məxbu:t̪/ ■ *adj.* unsound or mentally deranged, demented, mad, insane; incapable of rational thought, bereft of senses; confused. مخبوطُ الحواس/العقل confused, confounded; insane.

مُختار /mʊxt̪ɑ:r/ ■ *adj.* 1 authorized, competent, legally empowered, invested with the power of attorney. 2 independent, at full liberty. 3 chosen, selected. ■ *n.m.* 1 lawyer of civil court, attorney, mukhtar. 2 agent, free agent; manager; representative. مختارِ خاص special attorney or authorized agent. مختارِ عام general attorney or agent. مختارِ کار agent, authorized manager or attorney. مختارِ کُل all in all, factotum. مختارِ مقبولہ recognized agent. مختار نامہ power of attorney. مختار ہونا represent someone as attorney; have the authority to do something.

مُختاری /mʊxt̪ɑ:ri:/ ■ *n.f.* 1 independence; free will. 2 attorneyship; power, authority. 3 procuratorship.

مُختال /mʊxt̪ɑ:l/ ■ *adj.* arrogant, conceited, proud, vain.

مُختالہ /mʊxt̪ɑ:lɑ:/ ■ *n.m.* deceiver, impostor.

مُختتَم /mʊxt̪ət̪əm/ ■ *adj.* finished, concluded.

مُختتِم /mʊxt̪ət̪ɪm/ ■ *n.m.* one who finishes, finisher.

مُختَر /mʊxt̪ər/ ■ *n.m.* inventor.

مُختَرَع /mʊxt̪ərəʔ/ ■ *adj.* innovated, invented. ■ *n.m.* invention, discovery.

مُختَرِع /mʊxt̪əreʔ/ ■ *n.m.* 1 inventor; innovator, originator. 2 author.

مُختَص /mʊxt̪əs/ ■ *adj.* 1 reserved, allocated, appropriated, peculiar (to), specific. 2 chosen, selected.

مُختَصر /mʊxt̪əsər/ ■ *adj.* 1 short; succinct, abbreviated, abridged, concise. 2 small. ■ *n.m.* epitome, abstract. مختصر افسانہ short story. مختصر تصویر کشی miniature painting. مختصر طور پر shortly, in short. مختصر کرنا abridge, epitomise. مختصر نویس stenographer, shorthand writer. مختصر نویسی shorthand, stenography.

مُختَصراً /mʊxt̪əsərən/ ■ *adv.* in brief, in short, briefly.

مُختَفی /mʊxt̪əfi:/ ■ *adj.* concealed, hidden, lurking.

مُختَل /mʊxt̪əl/ ■ *adj.* confused, confounded; disturbed. مختل الحواس out of one's senses.

مُختَلِط /mʊxt̪əlɪt̪/ ■ *adj.* perplexed; mixed, blended; jumbled.

مُختَلِف /mʊxt̪əlɪf/ ■ *adj.* different, unlike; diverse, contrary; unmatched; various. مختلف الاضلاع (***Geom.***) of unequal sides, scalene. مختلف النوع of various kinds. مختلف فیہ about which there is difference of opinion.

مَختُوم /məxt̪u:m/ ■ *adj.* 1 sealed, stamped, signed. 2 concluded.

مَختُون /məxt̪u:n/ ■ *adj.* (also مُختَن) circumcised.

مُخجَل /mʊxədʒdʒəl/ ■ *adj.* ashamed, bashful.

مُخَدَّر /mʊxəd̪d̪ər/ ■ *adj.* 1 veiled, draped; sequestered. 2 numb, paralyzed.

مُخَدِّر /mʊxəd̪d̪ɪr/ ■ *adj.* benumbing, anaesthetic; narcotic.

مُخَدَّرات /mʊxəd̪d̪ərɑ:t̪/ ■ *n.f.pl.* purdah observing women; pious women.

مُخَدِّرات /mʊxəd̪d̪ɪrɑ:t̪/ ■ *n.f.pl.* narcotics.

مَخدُوش /məxd̪u:ʃ/ ■ *adj.* dangerous, perilous, risky.

مَخدُوم /məxd̪u:m/ ■ *adj.* served, waited on. ■ *n.m.* 1 master. 2 respected person, honorific hereditary title of Sufis of a certain order. (*fem.* مخدومہ)

مَخدُومی /məxd̪u:mi:/ ■ *exclam.* my lord! ■ *n.f.* lordship.

مَخذُول /məxzu:l/ ■ *adj.* contemptible, despicable, base, vile.

مُخَرِّب /mʊxərrɪb/ ■ *adj.* spoiling, destroying. مخربِ اخلاق destructive of moral character. (*pl.* مُخَرِّبات)

مَخرَج /məxrədʒ/ ■ *n.m.* 1 outlet. 2 source, root, place of issue. 3 (***Phonetics***) place of articulation. (*pl.* مَخارِج)

مَخرُوط /məxru:t̪/ ■ *n.m.* (***Geom.***) cone. ■ *adj.* 1 conical. 2 peeled, unbarked; turned in a lathe.

مَخرُوطات /məxru:t̪ɑ:t̪/ ■ *n.m.* cones, conic sections. (*sing.* مَخرُوط)

مَخرُوطی /məxru:t̪i:/ ■ *adj.* conical, pyramidal, tapering. مخروطی انگلیاں tapering fingers (considered beautiful).

مَخزَن /məxzən/ ■ *n.m.* 1 magazine, repository, treasury; storehouse, warehouse. 2 magazine (periodical, etc.). مخزنُ الادویہ pharmacopoeia, materia medica. مخزنُ العلوم encyclopaedia. (*pl.* مَخازِن)

مَخزُوم /məxzu:m/ ■ *adj.* (someone) pierced in the nose.

مَخزُونہ /məxzu:nɑ:/ ■ *adj.* 1 added in a store or treasury. 2 buried or hidden (treasure).

مَخصُوص /məxsu:s/ ■ *adj.* specific, specified, peculiar;

distinguished; appropriated; special; reserved, private. مخصوص اعضا (*fig.*) private parts. مخصوص ایام/دن menstruation period. مخصوص کرنا specify, appropriate, distinguish.

مُخضّر /muxəzzər/ ■ *adj.* verdant, lush, green.

مُخضرم /muxəzrəm/ ■ *n.m.* **1** person who has lived through several eras, especially Prophet Muhammad's contemporary who has also seen pre-Islamic era. **2** a person born of unknown father. (*fem.* مُخضرمہ)

مُخطّط /muxəṯṯəṯ/ ■ *adj.* **1** marked with lines, lined, ruled, striped. **2** having incipient beard.

مخطوب /məxṯu:b/ ■ *adj.* betrothed, engaged. (*fem.* مخطُوبہ)

مخطور /məxṯu:r/ ■ *adj.* **1** conceived, imagined, supposed, thought. **2** risky, dangerous; horrible. (*pl.* مخطُورات)

مخطوطہ /məxṯu:ṯɑ:/ ■ *n.m.* manuscript, handwritten document; unpublished book or journal. (*pl.* مخطُوطات)

مُخطی /muxṯi:/ ■ *adj.* committing error unintentionally.

مُخفّف /muxəffəf/ ■ *n.m.* abbreviation, contraction, abridgment. ■ *adj.* abridged. (*pl.* مُخفّفات)

مخفی /məxfi:/ ■ *adj.* hidden, secret; occult; private. مخفی رکھنا/کرنا hide, conceal. مخفی علوم occult sciences. مخفی نہ رہے کہ be it known.

مُخِل /muxɪl/ ■ *adj.* intruding, interrupting, disturbing. ■ *n.m.* intruder, interrupter, interferer. مخل ہونا meddle, disturb, interfere.

مُخلخل /muxəlxəl/ ■ *n.f.* part of the leg on which anklet is worn, ankle.

مُخلّد /muxəlləd̪/ ■ *adj.* eternal, permanent.

مُخلَص /muxləs/ ■ *n.f.* asylum.

مُخلِص /muxlɪs/ ■ *adj.* sincere, true, unfeigned; yours sincerely (used as complimentary closing of a letter).

مُخلِصانہ /muxlɪsɑ:nɑ:/ ■ *adv.* sincerely, truly. ■ *adj.* sincere, friendly, candid.

مخلصی /məxləsi:/ ■ *n.f.* (also مُخلصی) release, liberation, deliverance.

مُخلّط /muxəllət̪/ ■ *adj.* well-mixed.

مُخلّع /muxəlləʔ/ ■ *adj.* robed; dressed in robe of honour.

مخلوط /məxlu:t̪/ ■ *adj.* mixed, blended, amalgamated. مخلوط النسل hybrid, cross-breed. مخلوط بھاشا/زبان mixed language. مخلوط تعلیم co-education. مخلوط تہذیب multicultural civilization. مخلوط حکومت coalition government. مخلوط کاشت mixed farming. مخلوط کسر compound fraction. مخلوط معیشت mixed economy.

مخلوق /məxlu:q/ ■ *adj.* created; formed. ■ *n.f.* creature, created being; creation. مخلوقِ خدا (*fig.*) people. (*pl.* مخلُوقات)

مُخلّیٰ /muxəllɑ:/ ■ *adj.* (also مُخلّا) **1** set free, liberated. **2** empty. **3** dismissed. مخلّی بالطبع unceremonious, informal, at perfect ease.

مُخمّر /muxəmmər/ ■ *adj.* fermented, leavened.

مُخمّس /muxəmməs/ ■ *n.m.* **1** (***Poet.***) verse containing five lines. **2** pentagon. ■ *adj.* pentangular, quintuple.

مخمصہ /məxməsɑ:/ ■ *n.m.* **1** dilemma; perplexity; difficulty; wretchedness. **2** extreme hunger.

مخمصے /məxmse:/ ■ *n.m.* (*pl.* & *infl.* of مخمصہ) مخمصے میں پڑنا/پھنسنا be unable to decide, become confused, get into a difficulty, be on the horns of a dilemma.

مخمل /məxməl/ ■ *n.m.* velvet. مخمل میں ٹاٹ کا پیوند unmatched patch-up.

مخملی /məxməli:/ ■ *adj.* (also مخملیں) velvety, made of velvet; soft like velvet. مخملی گھاس soft velvety grass.

مخمور /məxmu:r/ ■ *adj.* drunk, intoxicated, inebriated. مخمور آنکھیں drooping eyes, inebriated eyes.

مُخنّث /muxənnəs/ ■ *n.m.* eunuch; impotent, effeminate person.

مخنچو /məxəntʃu:/ ■ *adj.* idiotic, stupid.

مخنوق /məxnu:q/ ■ *adj.* **1** strangled, strangulated; suffocated. **2** person who suffers from diphtheria.

مُخوّف /muxəvvəf/ ■ *adj.* terrified.

مخَول /məxɔ:l/ ■ *n.m.* joke; jest, fun, wit.

مخَولیا /məxɔ:lɪjɑ:/ ■ *n.m.* jester, joker.

مُخیّر /muxəjjɪr/ ■ *adj.* charitable, philanthropist, bountiful.

مُخیّل /muxəjjəl/ ■ *adj.* imagined, conceived; fancied.

مُخیِّل /muxəjjɪl/ ■ *n.m.* one who imagines. ■ *adj.* fancying, imagining.

مُخیّلہ /muxəjjəlɑ:/ ■ *n.m.* imagination. (*pl.* مخائل)

مُخیّم /muxəjjəm/ ■ *n.m.* place where tents are pitched. مخیم ہونا encamp.

مدّ /məd̪/ ■ *n.f.* (also مدّ) **1** mark (~) placed over *alif* (الف) to prolong its sound; prolongation; extension. **2** column. **3** head of accounts. **4** flood tide. **5** each side in an agreement or dispute. مدِ امانت head of

طویل مصوتے:						
ɑ: آنا، گانا /gɑ:nɑ:/, /ɑ:nɑ:/	æ: بیٹھنا /bæ:ṯʰnɑ:/	i: پیلا /pi:lɑ:/	e: دینا /de:nɑ:/	ɔ: پودا /pɔ:d̪ɑ:/	u: چُول /tʃu:l/	o: گول /go:l/

مدارج /məd̪ɑːrɪdʒ/ ■ *n.m.* (*pl.* of درجہ) 1 degrees, steps; stages. 2 posts, ranks; classes.

مدارچہ /məd̪ɑːrtʃɑː/ ■ *n.m.* (*dim.* of مدار[1]) small orbit.

مدارس /məd̪ɑːrɪs/ ■ *n.m.* (*pl.* of مدرسہ) schools; colleges; educational institutions. مدارسِ عالی intermediate colleges. مدارسِ وسطانیہ middle schools.

مداری[1] /məd̪ɑːriː/ ■ *n.m.* juggler, conjurer, bear-dancer or monkey-man, showman. مداری پن jugglery, trickery. [S]

مداری[2] ____ ■ *adj.* (also مداریہ) attributed to the Sufi saint Shah Madar. ■ *n.m.* a follower of Shah Madar. مداری حقہ a kind of small hookah, often smoked by dervishes. [dial.]

مُدافع /mʊd̪ɑːfeʔ/ ■ *adj.* defending.

مُدافعت /mʊd̪ɑːfəʔət̪/ ■ *n.f.* defence, resistance, repelling; warding off, averting.

مدافعتی /mʊd̪ɑːfəʔət̪iː/ ■ *adj.* defensive. مدافعتی انداز/روش/رویہ defensive policy. مدافعتی نظام immune system.

مُدام /mʊd̪ɑːm/ ■ *adj.* eternal, perpetual, everlasting.

مُدامی /mʊd̪ɑːmiː/ ■ *n.f.* eternity, continuity. ■ *adj.* 1 evergreen, perennial. 2 eternal, everlasting, continuous.

مُداوا /mʊd̪ɑːvɑː/ ■ *n.m.* cure, medical treatment, healing; redress, remedy.

مُداومت /mʊd̪ɑːvəmət̪/ ■ *n.f.* 1 continuance, perpetuity. 2 continuous use or application; assiduity. مداومتِ عمل continuity of work.

مُداہن /mʊd̪ɑːhɪn/ ■ *n.m.* flatterer; hypocrite; liar.

مُداہنت /mʊd̪ɑːhənət̪/ ■ *n.f.* 1 flattery; lying, hypocrisy. 2 laziness, indolence.

مدائن /məd̪ɑːɪn/ ■ *n.m.* (*pl.* of مدینہ) (also مداین) cities; towns. ■ *pr.n.m.* the capital of ancient Sassanid empire, situated in Iraq.

مُداین /mʊd̪ɑːjɪn/ ■ *n.m.* 1 creditor. 2 debtor.

مُدبِر /mʊd̪bɪr/ ■ *adj.* turning back; unfortunate, unlucky.

مُدبَّر /mʊd̪əbbər/ ■ *adj.* ably conducted; properly managed (business). ■ *n.m.* a slave freed upon the death of his master. (*fem.* مُدبَّرہ)

مُدبِّر /mʊd̪əbbɪr/ ■ *adj.* sagacious, prudent, ingenious, wise. ■ *n.m.* 1 statesman. 2 thinker. مدبرلغات lexicographer. (*fem.* مُدبِّرہ)

deposits. مدِ زائد/فاضل/فضول extra. مدِ مخالف opposite, opponent. مدِ مقابل opponent, antagonist. مد میں آنا come under heading, be taken into accounts. مدِ نظر/نگاہ object kept in view, in view. (کے) مدِ نظر in view of, aim. مدِ نظر/نگاہ رکھنا keep in view. (*pl.* مدّات) [A]

مد[2] ____ ■ *n.m.* 1 intoxicating drink, wine. 2 intoxication, drunkenness. 3 stinking. 4 pride, arrogance. 5 passion, desire, love, sensual enjoyment, lust; ruttishness. 6 madness, insanity. 7 joy, happiness. 8 prime of youth. 9 semen. مدبھرا intoxicating. مدماتا/ماتی intoxicated. [S]

مُدّ /məd̪d̪/ ■ *opt.* may it extend! مدظلہ (as a title suffixed to the name of a venerated man) may his shadow extend! [A]

مدّاح /məd̪d̪ɑːh/ ■ *n.m.* praiser, eulogist, panegyrist, admirer. (*pl.* مدّاحین)

مدّاحی /məd̪d̪ɑːhiː/ ■ *n.f.* praising, panegyric, eulogising.

مداخل /məd̪ɑːxɪl/ ■ *n.m.* (*pl.* of مدخل) 1 income, revenues, receipts. 2 entrances. مداخل ومخارج income and expenditures.

مُداخلت /mʊd̪ɑːxələt̪/ ■ *n.f.* 1 interference, interruption; intrusion; meddling; trespass. 2 occupancy; admission, access. مداخلت بلا مرضی intrusion. مداخلتِ بیجا trespass. مداخلت کرنا interfere, intrude, trespass; intervene.

مِداد /mɪd̪ɑːd̪/ ■ *n.f.* ink.

مدار[1] /məd̪ɑːr/ ■ *n.m.* 1 orbit, path of revolution. 2 centre; circumference. 3 seat, station. 4 dependence. 5 basis; ground. 6 a person in charge (of). مدارِ ارض/ارضی (***Geog.***) earth's orbit. مدارُالمہام prime minister; chief executive; governor; army chief. مدارِ دعویٰ ground of claim. مدارِ شمسی (***Astron.***) ecliptic. مدارِ عزت seat of glory. مدارِ کار what something depends upon. [A]

مدار[2] ____ ■ *n.m.* mudar, swallowwort or milkweed, *Calotropis procera*, any of the several vines of genus Asclepias. مدار کی بڑھیا fibril from the pod of swallowwort. (See also آک.) [S]

مُدارا /mʊd̪ɑːrɑː/ ■ *n.m.* (*contr.* of مُدارات) hospitality; politeness, civility, courtesy.

مُدارات /mʊd̪ɑːrɑːt̪/ ■ *n.f.* (also مدارت) hospitality. مدارات کرنا show hospitality.

/mʊd̪əbbɪrɑ:n/ ■ *n.m.* (*pl.* of مُدبِّر) thinkers. مُدبّران
مدبرانِ سلطنت statesmen or ministers of state.
/mʊd̪əbbɪri:/ ■ *n.f.* statesmanship. مُدبّری
/mʊd̪d̪ət/ ■ *n.f.* **1** length of time, duration. **2** interval. **3** age, period; long time. مدتُ العمر lifetime, all one's life, throughout the life. مدت تک for a long period. مدتِ حیات span of one's life. مدت سے since long. مدتِ عدت period during which Muslim widow or divorced woman cannot remarry and usually lives in seclusion. مدت کا old, antique, out of date, ancient, time-worn. مدتِ مدید long space of time, long duration. مدتِ مقررہ specified time. مدت ہوئی ages ago, long ago. مُدّت
/mʊd̪d̪ətõ:/ ■ *n.m.* (*pl.* of مُدّت). ■ *adv.* for a long period, for ages, for years. مُدّتوں
/mʊd̪əssɪr/ ■ *n.m.* **1** one who wraps himself in a shawl or sheet of cloth or cloak. **2** an appellation of Prophet Muhammad. **3** a sura of the Qur'an. مُدثِّر
/məd̪ɦ/ ■ *n.f.* (also مِدحت) **1** praise. **2** eulogy, panegyric. مدح خواں / سرا / سنج panegyrist, eulogist; bard. مدح سرائی eulogy. (*pl.* مدائح) مدح
/mɪd̪ɦət/ ■ *n.f.* praise, eulogy, commendation. مِدحت
/məd̪ɦɪjɑ:/ ■ *adj.* full of praise; panegyrical, eulogistic. مدحیہ
/məd̪xəl/ ■ *n.m.* **1** entrance, place of entry; gate; door. **2** income. **3** admission; access. **4** telephone receiver. (*pl.* مداخل) مدخل
/mʊd̪xəl/ ■ *adj.* filed; deposited; entered; instituted. مُدخل
/məd̪xən/ ■ *n.m.* chimney; flue. مدخن
/məd̪xu:l/ ■ *adj.* entered, inserted, put in. مدخُول
/məd̪xu:lɑ:/ ■ *n.f.* **1** a woman who is no longer a virgin. **2** a kept woman. مدخُولہ
/məd̪əd̪/ ■ *n.f.* **1** help, assistance, aid; relief. **2** reinforcement. **3** workers; labourers; masons, etc. **4** wages. مدد پہنچانا / دینا assist, provide assistance to. مددِ غیبی divine help. مددِ معاش living allowance. مدد
/məd̪əd̪gɑ:r/ ■ *n.m.* helper, ally, assistant; auxiliary. مددگار
/məd̪əd̪gɑ:ri:/ ■ *n.f.* assistance, help. مددگاری
/mʊd̪ɪr/ ■ *adj.* (also مُدِرّ) causing to flow. مدرِ بول diuretic, medicine helping urination. مدرِ حیض emmenagogic, medicine stimulating menstruation. مدرِ لبن medicine stimulating lactation. (*pl.* مُدرّات) مُدِر

/məd̪ɪrɑ:/ ■ *n.f.* wine, spirits, liquor. مِدرا
/məd̪rɑ:/ ■ *adj.* short, small. مدرا
/mʊd̪rɑ:/ ■ *n.f.* (*var.* of مُندرا) **1** seal; signet; ring; stamp; print. **2** coin. **3** medal. **4** earring worn by yogis. مُدرا
/mʊd̪ərrɪs/ ■ *n.m.* teacher, schoolmaster. (*pl.* مُدرّسین) مُدرّس
/mʊd̪ərrɪsɑ:nɑ:/ ■ *adj.* academical, scholastic. مُدرّسانہ
/məd̪resɑ:/ ■ *n.m.* madrasa, school; college; academy, educational institute. مدرسۂ ابتدائی / تحتانیہ primary school. مدرسۂ اطفال children's school. مدرسۃُ البنات girls' school. مدرسۃُ العلوم college. مدرسۃُ المعلّمین teacher training college. مدرسۂ بالغان adult school. مدرسۂ ثانوی secondary school. مدرسۂ جامعہ university. مدرسۂ حربیہ military school. مدرسۂ حرفت technical school. مدرسۂ خانگی private school. مدرسۂ شبینہ night school. مدرسۂ فکر school of thought. مدرسۂ فوقانیہ high school. مدرِسہ
/mʊd̪ərrɪsi:/ ■ *n.f.* teaching profession. مُدرّسی
/mʊd̪rɪk/ ■ *adj.* comprehending, conscious, perceptive; wise, intelligent, prudent. مدرکِ حقائق knowing of realities. مُدرِک
/mʊd̪rɪkɑ:/ ■ *n.m.* reason, intellectual powers, understanding. مُدرِکہ
/mʊd̪d̪əʔɑ:/ ■ *n.m.* **1** desire; purpose, purport, object. **2** claim; suit. مدعا علیہ defendant (in a lawsuit); the accused. مدعا علیہا female defendant. مدعا علیہم defendants. مُدّعا
/məd̪ʔu:/ ■ *adj.* invited. مدعو کرنا invite, request politely for something. (*pl.* مدعُوئین) مدعُو
/mʊd̪d̪əʔi:/ ■ *n.m.* **1** plaintiff, complainant, suitor. **2** (*fig.*) opponent, adversary, enemy. مدعی سست گواہ چست said on the occasion when the concerned person shows little interest in the matter while others are very keen. (*fem.* مُدّعیہ) مُدّعی
/mʊd̪ɣəm/ ■ *adj.* merged, amalgamated, blended, coalesced. مُدغم
/məd̪fən/ ■ *n.m.* (also مدفن) grave, place of burial; tomb. مدفن
/məd̪fu:n/ ■ *adj.* **1** buried, interred. **2** concealed, hidden; underground (as treasure). مدفُون
/mʊd̪əqqɪq/ ■ *adj.* observing minutely, investigating closely; subtle, meticulous, discerning. (*pl.* مُدقّقین) مُدقّق
/məd̪qu:q/ ■ *adj.* **1** consumptive, hectic. **2** weak, مدقُوق

laudable action. 2 praiser.
مدیحہ /məd̪i:hɑ:/ ■ *adj.* (*fem.* of مدیح). ■ *n.f.* 1 eulogy in verse; ode. 2 praise.
مدید /məd̪i:d̪/ ■ *adj.* 1 long (period); extensive, lengthened out. 2 tall. ■ *n.f.* (***Pros.***) a poetical metre.
مدیر /mʊd̪i:r/ ■ *n.m.* 1 editor; compiler. 2 director; manager. مدیرِ اعلیٰ chief editor. مدیرِ مخابرات news editor. مدیرِ معاون assistant editor. (*pl.* مدیران)
مدینہ /məd̪i:nɑ:/ ■ *n.m.* city; state. ■ *pr.n.m.* the city of Medina. مدینۃ العلم 1 city of knowledge. 2 title of Prophet Muhammad. مدینۃ النبی Medina, the city of Prophet Muhammad.
مدیُون /məd̪ju:n/ ■ *adj.* indebted. ■ *n.m.* debtor. مدیونِ ڈگری (***Law***) judgement debtor.
مدھ¹ /məd̪ʰ/ ■ *n.m.* (also مدھو) 1 honey. 2 juice or nectar of flowers. 3 grape wine, spirit, intoxicating liquor or drug. 4 passion; lust. 5 spring season. 6 warmly mellowing charms. 7 prime of youth. 8 pride, arrogance. مدھ بھرا drunk, intoxicated. مدھ پان کرنا drink wine. مدھ پر آنا be in the prime of one's youth. مدھ مکھی (also مدھکھی) honeybee. [S]
مدھ² ____ ■ *adj.* middle, midmost, central; intervening; intermediate; average, mean. ■ *n.m.* 1 middle, centre. 2 waist. ■ *adv.* amidst, amid, among. [S]
مدھانی /məd̪ʰɑ:ni:/ ■ *n.f.* (*var.* of متھانی) churn.
مدھر /məd̪ʰʊr/ ■ *adj.* 1 sweet; pleasant, mellifluous, melodious. 2 soft, tender. 3 attractive, charming, beautiful. مدھر بولنا speak sweetly.
مدھری /məd̪ʰʊri:/ ■ *adj.* sweet, pleasant, attractive. مدھری بانی pleasant speech, mellifluous or honeyed words. مدھری چال slow or gentle pace, attractive or seductive gait.
مدھرتا /məd̪ʰʊrt̪ɑ:/ ■ *n.f.* 1 sweetness. 2 beauty.
مدھم /məd̪ʰd̪ʰəm/ ■ *adj.* 1 dim, subdued, dull, low; light. 2 temperate, middling, moderate, medium. مدھم بیچنا undersell. مدھم پڑنا / رہنا fade, lose colour; be toned down; grow dim. مدھم روشنی dim light. مدھم سُر low note. مدھم کرنا 1 to dim (light). 2 reduce, abate; slacken; moderate.
مدھوکر /məd̪ʰu:kər/ ■ *n.m.* (also مدھکر) beetle. (See also بھونرا.)
مدھیہ /məd̪ʰjɑ:/ ■ *adj.* (also مدھیا) middle, central.

feeble, infirm. ■ *n.m.* victim of tuberculosis, hectic patient.
مدک /məd̪ək/ ■ *n.f.* mixture of opium and paan smoked as sedative.
مدِک /məd̪ɪk/ ■ *adj.* intoxicated with wealth; haughty, arrogant. ■ *n.m.* proud man.
مدکی /məd̪əki:/ ■ *n.m.* (also مدکیا، مدکچی) one addicted to madak.
مُدلّل /mʊd̪əlləl/ ■ *adj.* logical, reasonable, well-grounded; supported by proofs.
مدلُول /məd̪lu:l/ ■ *adj.* endowed with reason or argument; agreeable to reason. ■ *n.m.* meaning, implication.
مدماتا /məd̪mɑ:t̪ɑ:/ ■ *adj.* 1 drunk, intoxicated. 2 overjoyed. 3 proud, arrogant; self-centred. 4 fresh; young, youthful. 5 amorous; desirous. (*fem.* مدماتی)
مُدمّغ /mʊd̪əmməɣ/ ■ *adj.* 1 proud, haughty, conceited, vain. 2 fastidious. 3 stupid, foolish.
مدن /məd̪ən/ ■ *n.m.* 1 love; lust. 2 wine. 3 spring season. 4 honeybee. 5 beeswax. 6 (***Hinduism***) deity of love.
مُدُن /mʊd̪ʊn/ ■ *n.m.* (*pl.* of مدینہ) cities, towns.
مدنی /məd̪əni:/ ■ *adj.* 1 civic, urban. 2 of or relating to the city of Medina.
مدنیات /məd̪ənɪjja:t̪/ ■ *n.f.* civics.
مدنیّت /məd̪ənɪjjət̪/ ■ *adj.* civilized lifestyle, urbanity, civic sense.
مدّوجزر /məd̪d̪o: dʒəzər/ ■ *n.m.* 1 ebb and flow, tide. 2 (*fig.*) ups and downs (of life).
مُدوّر /mʊd̪əvvər/ ■ *adj.* 1 circular, globular, round, spherical, rotund. 2 (*fig.*) dignified, stately.
مُدوّن /mʊd̪əvvən/ ■ *adj.* (of a book) compiled; edited; arranged.
مُدوِّن /mʊd̪əvvɪn/ ■ *n.m.* compiler; editor.
مدّہ /məd̪d̪ɑ:/ ■ *n.f.* mark (~) placed over *alif* (الف). See مد¹.
مدہوش /məd̪ho:ʃ/ ■ *adj.* 1 drunk, intoxicated; senseless. 2 confounded; bewildered, befuddled, stupefied. مدہوش کن stupefacient.
مدہوشی /məd̪ho:ʃi:/ ■ *n.f.* intoxication, drunkenness.
مدّے /məd̪d̪e:/ ■ *adv.* on account of.
مدیح /məd̪i:h/ ■ *adj.* praiseworthy, admirable, praised one. ■ *n.f.* praise, applause. ■ *n.m.* 1 praiseworthy or

servant.

مُذِل /mʊzɪl/ ■ *adj.* (also مُذل) humiliating, disgracing. ■ *n.m.* 1 humiliator. 2 See المذل.

مذلّت /məzəlləṱ/ ■ *n.f.* 1 disgrace, baseness. 2 ignominy, infamy, insult, contemptibility, abjectness.

مذمّت /məzəmməṱ/ ■ *n.f.* 1 condemnation, dispraise, censure; abuse. 2 derogatory remark.

مذموم /məzmu:m/ ■ *adj.* condemnable, despicable, damnable.

مُذنِب /mʊznɪb/ ■ *n.m.* 1 sinner. 2 criminal. ■ *adj.* sinful. (*pl.* مُذنبین)

مذہب /məzhəb/ ■ *n.m.* 1 religion. 2 faith, creed. مذہب بدلنا change one's religion or faith, convert, be converted. مذہب پھیلانا spread a religion. مذہب میں لانا proselytize, convert.

مُذہّب /mʊzəhhəb/ ■ *adj.* gilded, gold plated.

مذہبی /məzhəbi:/ ■ *adj.* 1 religious, godly, pious. 2 religious minded. مذہبی جنون religious fanaticism, bigotry.

مذہبیّت /məzhəbɪjjəṱ/ ■ *n.f.* religious-mindedness, religiousness, religiosity.

مذی /məzi:/ ■ *n.f.* transparent discharge in males in sexual excitement.

مر /mər/ ■ (*imper.* of مرنا) die. مرجانا 1 die. 2 fade. 3 fall in love. مرچلنا be on the point of death. مررہنا 1 die, expire. 2 delay. 3 go to sleep. 4 live somewhere permanently. مرکربھی unthinkable. مرکھپ جانا die and be reduced to dust. مر(پیٹ) کے with great difficulty. مرمٹنا 1 fall for; fall in love. 2 be ruined. 3 toil hard.

مُر /mʊr/ ■ *n.m.* myrrh, a fragrant transparent gum-resin. ■ *adj.* bitter.

مرا /mərɑ:/ ■ *adj.* 1 dead. 2 withered, dried up. مراپٹا 1 in bad circumstances, distressed, afflicted. 2 lean, emaciated. مراجیا close relative. مراہاتھی بھی سوالاکھ کا ہوتا ہے a useful thing is always valuable. (*fem.* مری)

مِرا /mɪrɑ:/ ■ *pron.* (*contr.* of میرا) (*poet.*) my; mine.

مُرابحت /mʊrɑ:bəhəṱ/ ■ *n.f.* profit-making, gaining.

مرأة /mərəṱ/ ■ *n.f.* (also مرأت) woman; wife.

مِرأة /mɪrəṱ/ ■ *n.f.* (also مِرأت) mirror, looking-glass. مرأۃُ العروس 1 bride's mirror. 2 title of a classical Urdu novel.

مراتِب /mərɑ:ṱɪb/ ■ *n.m.* (*pl.* of مرتبہ) 1 degrees; stages.

مڈبھیڑ /mʊɖbʰe:ɽ/ ■ *n.f.* (*var.* of مُٹھ بھیڑ) encounter, a chance meeting. مڈبھیڑ ہونا encounter.

مڈھ /mʊɖʰ/ ■ *adj.* chief, head. ■ *n.m.* headman, ringleader; president; lord.

مڈّھا /mʊɖʰɖʰɑ:/ ■ *n.m.* shoulder; withers.

مڈّھی /mʊɖʰɖʰi:/ ■ *n.f.* (also مُڈی) butcher's chopping block, usually a thick piece of log.

مُذاب /mʊzɑ:b/ ■ *adj.* melted, liquefied, dissolved; liquid. مذابِ سرخ red wine.

مذاق /məzɑ:q/ ■ *n.m.* 1 taste, liking. 2 fine perception. 3 wit, joke, pleasantry. مذاق اڑانا ridicule, joke, poke fun at. مذاقِ سلیم good taste.

مذاقاً /məzɑ:qən/ ■ *adv.* humorously, facetiously, in jest, wittily, by way of a joke, jocosely, jocularly.

مذاقیہ /məzɑ:qɪjɑ:/ ■ *adj.* humorous, witty, waggish, facetious, jocular, jocose.

مُذاکرہ /mʊzɑ:kərɑ:/ ■ *n.m.* seminar, symposium, discussion, talks, parley, dialogue, negotiations. (*pl.* مُذاکرات)

مذاہب /məzɑ:hɪb/ ■ *n.m.* (*pl.* of مذہب) religions, creeds.

مذبح /məzbəh/ ■ *n.m.* 1 slaughterhouse, butchery, abattoir. 2 place of sacrifice; altar. (*pl.* مذابح)

مُذبذب /mʊzəbzəb/ ■ *adj.* 1 reluctant, wavering, hesitating. 2 uncertain, ambiguous, doubtful.

مذبُوح /məzbu:h/ ■ *adj.* 1 sacrificed, slaughtered; slain. 2 (***Islam***) halal, slaughtered according to the Islamic law.

مذبُوحی /məzbu:hi:/ ■ *adj.* like slaughtered animal.

مذبُور /məzbu:r/ ■ *adj.* written.

مُذکِر /mʊzkɪr/ ■ *n.m.* one who remembers; one who praises God.

مُذکّر /mʊzəkkər/ ■ *adj.* male, masculine. ■ *n.m.* masculine gender.

مُذکّر /mʊzəkkɪr/ ■ *n.m.* 1 rememberer; praiser, especially of God. 2 (*fig.*) (i) adviser. (ii) admonisher.

مذکُور /məzku:r/ ■ *adj.* remembered; mentioned; said, expressed, recorded, related; aforesaid. مذکورکرنا mention.

مذکُورہ /məzku:rɑ:/ ■ *adj.* (*fem.* of مذکور) مذکورہ بالا/صدر aforesaid, above-mentioned.

مذکُوری /məzku:ri:/ ■ *n.m.* 1 process server. 2 non-payroll

مُراضعت /mʊrɑːzəʔət̪/ ■ *n.f.* suckling of one's own or of another woman's child; having a foster-sibling.

مُراعات /mʊrɑːʔɑːt̪/ ■ *n.f.pl.* (also *sing.*) privileges, concessions, considerations. مراعاتُ النظیر (***Poet.***) use of related words, especially in verse.

مُراغبت /mʊrɑːɣəbət̪/ ■ *n.f.* desire, wish.

مُرافعہ /mʊrɑːfəʔɑː/ ■ *n.m.* plea, appeal against some judgement; carrying on lawsuit, action; statement of case. مرافعۂ اوّل court of first instance. مرافعۂ آخر final appeal.

مُرافقت /mʊrɑːfəqət̪/ ■ *n.f.* companionship, travelling in company.

مِراق /mɪrɑːq/ ■ *n.m.* black bile or its excess and the resultant state of mind, depression, melancholia.

مُراقِب /mʊrɑːqɪb/ ■ *n.m.* **1** meditator. **2** observer; guard, watchman.

مُراقبہ /mʊrɑːqəbɑː/ ■ *n.m.* meditation or contemplation (esp. of the Divine).

مُراقبے /mʊrɑːqəbe:/ ■ *n.m.* (*pl.* & *infl.* of مُراقبہ) مراقبے میں جانا meditate, be lost in contemplation.

مِراقی /mɪrɑːqiː/ ■ *adj.* melancholic, suffering from melancholy.

مراکز /mərɑːkɪz/ ■ *n.m.* (*pl.* of مرکز) centres.

مرام /mərɑːm/ ■ *n.m.* aim, object, purpose, goal.

مُرائی /mʊrɑːiː/ ■ *n.m.* vegetable-grower and seller, greengrocer.

مرایا /mərɑːjɑː/ ■ *n.m.* (*pl.* of مِرآۃ) mirrors.

مُربّع /mʊrəbbəʔ/ ■ *n.m.* **1** square. **2** (***Geom.***) quadrangle. **3** (***Poet.***) quatrain. **4** (***Math.***) square (number). **5** a piece of land measuring five acres on each side. ■ *adj.* square, four-sided, quadrilateral. مربع بیٹھنا sit cross-legged, squat.

مربُوط /mərbuːt̪/ ■ *adj.* **1** correlated. **2** well-knit (argument). **3** consistent (talk or composition). **4** concordant.

مُربّہ /mʊrəbbɑː/ ■ *n.m.* (also مُربا) preserved fruit, jam. مربّہ ساز confectioner.

مُربّی /mʊrəbbiː/ ■ *n.m.* patron, guardian, supporter. مربّی بننا patronize, act as a patron of a person or cause.

مُربّیانہ /mʊrəbbɪjɑːnɑː/ ■ *adv.* patronizingly. ■ *adj.* patronizing

مربھکّا /mərbʰukkɑː/ ■ *adj.* **1** starved, famished.

2 grades, ranks. مراتبِ ابتدائی preliminary stages.

مراثی /mərɑːsiː/ ■ *n.m.* (*pl.* of مرثیہ) elegies.

مُراجعت /mʊrɑːdʒəʔət̪/ ■ *n.f.* **1** return, recourse; coming back. **2** (***Astrol.***) retrograde movement. مراجعت فرمانا/کرنا return.

مُراجعہ /mʊrɑːdʒəʔɑː/ ■ *n.m.* **1** referendum, plebiscite. **2** (***Poet.***) question and answer in verse.

مراحل /mərɑːhɪl/ ■ *n.m.* (*pl.* of مرحلہ) **1** stages. **2** stopovers.

مراحم /mərɑːhɪm/ ■ *n.f.* (*pl.* of مرحمت) favours; gifts. مراحمِ خسروانہ royal favours.

مُراختہ /mʊrɑːxt̪ɑː/ ■ *n.m.* meeting for reciting only Urdu poetry.

مُراد /mʊrɑːd̪/ ■ *n.f.* what is willed or wished or intended; desire, will, purport, tenor, object, end, meaning. مراد بخش giver of one's desire. مراد بر آنا/پانا/پوری ہونا/حاصل ہونا have one's desire satisfied, attain one's object. مراد پوری کرنا grant or gratify someone's desire. مرادِ دل heart's desire. مراد رکھنا **1** imply, intend. **2** desire. مراد لینا infer (from), understand (by or from), interpret. مراد مانگنا pray for the fulfilment of desire, ask or pray for favour. مراد ماننا vow, make a vow to do something pious or votive if some desire is fulfilled. مراد ہے is meant or intended.

مُرادِف /mʊrɑːd̪ɪf/ ■ *adj.* (also مُترادف) synonymous. ■ *n.m.* synonym. (*pl.* مُرادِفات)

مُرادوں /mʊrɑːd̪õː/ ■ *n.f.* (*pl.* of مُراد) مرادوں بھری full of desires and wishes. مرادوں کے دن bloom or prime of life.

مُرادی /mʊrɑːd̪iː/ ■ *adj.* **1** favourable. **2** implied (meaning); secondary (sense), metaphorical. **3** needy, necessitous, indigent. ■ *n.f.* loose change.

مرارت /mərɑːrət̪/ ■ *n.f.* bitterness.

مُراسلت /mʊrɑːsələt̪/ ■ *n.f.* correspondence, exchange of letters.

مُراسلتی /mʊrɑːsələt̪iː/ ■ *adj.* corresponding. مراسلتی نصاب correspondence course.

مُراسلہ /mʊrɑːsəlɑː/ ■ *n.m.* dispatch, letter, epistle. مراسلۂ گشتی circular or circular letter. (*pl.* مُراسلات)

مراسم /mərɑːsɪm/ ■ *n.m.* (*pl.* of مرسوم) **1** relations; dealings. **2** customs, usages. **3** rules, regulations. مراسم ہونا have friendly relations (with).

مرتکب ہونا perpetrate, commit (a crime).

مُرتکز /mʊrt̪əkɪz/ ■ *adj.* **1** concentrated, focussed. **2** strong.

مرتل /mərt̪əl/ ■ *adj.* (also مرتیل، مرتیلیا) weak, lean, feeble, emaciated.

مُرتہن /mʊrt̪əhən/ ■ *adj.* pledged; mortgaged.

مُرتہِن /mʊrt̪əhɪn/ ■ *n.m.* mortgagee, pawnbroker. مرتہن قابض mortgagee in possession.

مرتی /mərt̪i:/ ■ *adj.* (*fem.* of مرتا) dying. مرتی کھپتی in bad shape, in great difficulty. مرتی مرجاؤں even if I die, no matter what happens, in spite of every difficulty.

مرتے /mərt̪e:/ ■ *n.m.* (*pl.* & *infl.* of مرتا) dying. مرتے جیتے one way or other, with much difficulty, anyhow. مرتے دم تک till death, till the last gasp. مرتے مرتے while at the point of one's death. مرتے مرگیا (پر) never did he; he died but... .

مرثیہ /mərsɪjɑ:/ ■ *n.m.* dirge, elegy, epicedium, especially as a genre of poetry commemorating Imam Hussain's martyrdom at Karbala. مرثیہ خواں reciter of dirge. مرثیہ خوانی reciting or chanting dirge. مرثیہ گو/نگار elegist, poet who writes elegies or dirges. مرثیہ گوئی/نگاری writing of elegiac verse.

مرج /mərdʒ/ ■ *n.m.* ruin, destruction; used in comp. with ہرج as: ہرج ومرج trouble; agitation; disorder.

مرجاد /mərdʒɑ:d/ ■ *n.f.* **1** custom, rite; norm. **2** following of custom. **3** boundary. مرجادبیل trailing water-plant with red flowers, *Ipomoea biloba*.

مرجان /mərdʒɑ:n/ ■ *n.m.* (also مرجاں) coral.

مرجانی /mərdʒɑ:ni:/ ■ *adj.* **1** of or relating to coral. **2** of red colour.

مُرجّح /mʊrədʒdʒəh/ ■ *adj.* preferred; predominant, superior.

مُرجِّح /mʊrədʒdʒeh/ ■ *adj.* preferring.

مُرجّز /mʊrədʒdʒəz/ ■ *adj.* (of prose) metrical but without rhyme.

مرجع /mərdʒəʔ/ ■ *n.m.* **1** a place to which a person or thing returns; asylum; place of refuge. **2** (***Gram.***) antecedent. مرجعِ خاص وعام/خلائق (*fig.*) one who is consulted or visited by all because of one's knowledge, generosity and other qualities, popularly liked, popularly acceptable.

مرجعیّت /mərdʒəʔɪjjət̪/ ■ *n.f.* centrality, central position; **2** gluttonous, greedy (used as a mild pejorative). (*fem.* مربھکّی)

مرتا /mərt̪ɑ:/ ■ *adj.* dying. مرتا کیا نہ کرتا perforce (I, he) had to do. مرتا ہے **1** is fond of; adores deeply; is in love. **2** is dying. (*fem.* مرتی)

مُرتاض /mʊrt̪ɑ:z/ ■ *adj.* ascetical, disciplined, trained, instructed.

مُرتّب /mʊrət̪t̪əb/ ■ *adj.* edited; compiled; classified, regulated, arranged, prepared. مرتب کرنا edit, compile, draw up, marshal, arrange, set or put in order.

مُرتِّب /mʊrət̪t̪ɪb/ ■ *n.m.* editor; compiler.

مرتبان /mərt̪əbɑ:n/ ■ *n.m.* jar, covered jar made of china, glass, porcelain or clay.

مرتبت /mərt̪əbət̪/ ■ *n.f.* degree, rank, dignity, office.

مُرتبط /mʊrt̪əbət̪/ ■ *adj.* well composed or put together, consistent.

مرتبہ /mərt̪əbɑ:/ ■ *n.m.* **1** rank, status, office. **2** order, time, turn. مرتبہ بڑھانا elevate, upgrade. مرتبۂ کمال to (or in) perfection, utmost perfection, to the utmost; perfectly, completely.

مُرتّبہ /mʊrət̪t̪əbɑ:/ ■ *adj.* edited, compiled; arranged.

مُرتد /mʊrt̪əd̪/ ■ *n.m.* apostate, recreant, one who gives up his religion. مرتد ہونا give up one's religious faith; apostatize. (*pl.* مُرتدین)

مُرتسم /mʊrt̪əsəm/ ■ *adj.* **1** impressed. **2** engraved, depicted. مرتسم کرنا depict or draw.

مُرتسِم /mʊrt̪əsɪm/ ■ *n.m.* **1** one who draws. **2** engraver.

مُرتشی /mʊrt̪əʃi:/ ■ *n.m.* one who takes bribe, briber, bribe-taker. (*cf.* راشی)

مُرتضیٰ /mʊrt̪əzɑ:/ ■ *adj.* chosen, approved; liked, agreeable. ■ *pr.n.m.* title of Hazrat Ali, the fourth Rightly Guided Caliph and cousin of Prophet Muhammad.

مُرتعب /mʊrt̪əʔɪb/ ■ *adj.* frightened, afraid, fearful; overawed, awe-struck.

مُرتعش /mʊrt̪əʔɪʃ/ ■ *adj.* trembling, quivering, shaking, shivering.

مُرتفع /mʊrt̪əfəʔ/ ■ *adj.* high, lofty, raised, elevated. مرتفع سطح plateau.

مُرتکب /mʊrt̪əkɪb/ ■ *adj.* attempting, guilty (of), committing or perpetrating (a crime). ■ *n.m.* perpetrator. مرتکب جرم guilty of a crime.

popularity.

مرجوع /mərdʒu:ʔ/ ■ *adj.* brought back, returned; referred.

مُرجی /murdʒi:/ ■ *n.m.* (also مُرجئ) **1** a procrastinator. **2** a sect of Muslims.

مرجیا /mərdʒɪja:/ ■ *adj.* (also مرجیوا) **1** half-dead. **2** crestfallen, dejected.

مُرجیہ /murdʒɪja:/ ■ *n.m.* **1** a Muslim sect which eschews formal religious law. **2** its adherent.

مُرجھانا /murdʒʰa:na:/ ■ *v.* **1** wither, fade. **2** droop. **3** faint; be dispirited.

مُرجھاہٹ /murdʒʰa:həʈ/ ■ *n.f.* droop, faintness.

مرجھلّا /mərdʒʰɪlla:/ ■ *n.m.* weak, feeble, lean; very old.

مِرچ /mɪrtʃ/ ■ *n.f.* (also مرچا، مرچی) chilli, pepper. ■ *adj.* hot; pungent, sharp. مرچ مسالہ لگانا add to a statement or narrative, exaggerate, inflate, embroider.

مُرچڑا /murtʃɪɽa:/ ■ *adj.* (also مُرچڑا) self-willed, headstrong, stubborn, obstinate. مرچڑاپن obstinacy.

مُرچنگ /murtʃəŋg/ ■ *n.f.* (also منھ چنگ، مور چنگ) Jew's harp, a small lyre-like musical instrument held between teeth and struck with a finger.

مِرچیں /mɪrtʃẽ:/ ■ *n.f.* (*pl.* of مرچ) chillies. مرچیں لگنا **1** mouth or tongue to burn due to eating chillies or peppers. **2** smart, be angered or offended, be incensed.

مرحبا /mərhəba:/ ■ *exclam.* welcome! hail! bravo! well done!

مرحلہ /mərhəla:/ ■ *n.m.* **1** stage (of a journey or a task). **2** a day's journey; a distance of twelve miles. **3** difficult stage; difficulty, crisis. **4** (*arch.*) inn, halting place or station. **5** the bastion of a fort. مرحلہ طے کرنا traverse long distance; pass through any stage. مرحلہ وار stage-wise, phased. (*pl.* مراحل)

مرحمت /mərhəməʈ/ ■ *n.f.* **1** grant, bestowal. **2** pity, benevolence; pardon, clemency. **3** favour, courtesy. مرحمت فرمانا کرنا grant, confer, bestow.

مرحوم /mərhu:m/ ■ *adj.* dead, the late, the deceased; favoured with divine mercy. (*fem.* مرحومہ)

مُرخّص /murəxxəs/ ■ *adj.* **1** permitted or allowed (to leave). **2** licensed. **3** lawful. مرخص ہونا take leave (of).

مُرخّم /murəxxəm/ ■ *adj.* **1** (of tone) soft. **2** (word) contracted by omitting the last letter. **3** marbled, adorned with marble.

مرد /mərd̪/ ■ *n.m.* **1** male, man; fellow. **2** hero, brave person. **3** husband. مرد آدمی **1** gentleman. **2** tall and well-built strong man. **3** a form of address. مردِ آہن very strong man. مرد بچہ son of a brave man, brave man. مردِ حُر free man, freedom loving man. مردِ حق pious, God-fearing, saintly man. مردِ خدا **1** pious man. **2** my good sir! مردِ کامل spiritually perfect; adept. مرد کی ذات man, the male sex. مرد کی صورت نہ دیکھنا (*fig.*) (of a woman) remain a virgin. مرد مار (عورت) bold and stout (woman). مردِ مجرد unmarried man. مردِ مومن **1** orthodox Muslim man. **2** pious. مردِ میداں **1** brave man. **2** man of action.

مُرداد /murd̪a:d̪/ ■ *n.m.* fifth month of the Persian calendar corresponding to July-August.

مُردار /murd̪a:r/ ■ *n.m.* **1** dead body; carrion. **2** a dead animal but not slaughtered, not kosher, as opposed to halal. **3** (*exclam.* and mildly *pej.*) wretch! مردار خور carrion-eater, any carrion-eating animal, vulture, hyena, carrion crow. مردار مال (*fig.*) ill-gotten (wealth). (*opp.* ذبیحہ)

مُردار سنگ /murd̪a:rsəŋg/ ■ *n.m.* (also مُرداسنگ، مُردہ سنج، مُردہ سنگ) an alloy of lead and tin, litharge, red lead, dross of lead.

مُرداری /murd̪a:ri:/ ■ *n.f.* (*women's slang*) lizard.

مُرداس /murd̪a:s/ ■ *n.f.* gangrene.

مردامردی /mərd̪a:mərd̪i:/ ■ *n.f.* forcibleness. ■ *adv.* forcibly.

مردان /mərd̪a:n/ ■ *n.m.* (*pl.* of مرد) مردانِ مرد brave people.

مردانگی /mərd̪a:nəgi:/ ■ *n.f.* **1** manliness. **2** bravery, heroism. مردانگی کے کام brave or heroic deeds.

مردانہ /mərd̪a:na:/ ■ *adj.* (also مردانا) **1** manly, of or relating to men, male. **2** (***Gram.***) masculine. **3** brave. ■ *n.m.* mardana, apartment for male members of the house. مردانہ بیت الخلاء، پائخانہ gents' toilet. مردانہ بھیس man's guise or dress, impersonation of a man. مردانہ ڈبہ gents' compartment of a train. مردانہ وار manly, heroic, heroically, bravely, courageously. (*opp.* زنانہ)

مردانی /mərd̪a:ni:/ ■ *adj.* of or for men, male, masculine, manlike. ■ *n.f.* mannish woman.

مُردّد /murəd̪d̪ɪd̪/ ■ *adj.* **1** irresolute. **2** perplexed in mind. ■ *n.m.* a repeller; one who resists.

مُردّف /murəd̪d̪əf/ ■ *adj.* (verse) having *radif* (ردیف).

مردک /mərd̪ək/ ■ *n.m.* (*dim.* of مرد) **1** manikin, dwarfish feel pride in the deeds of one's ancestors.

مُردہ /murd̪ɑ:/ ■ *adj.* **1** dead. **2** (*fig.*) weak, decrepit. ■ *n.m.* dead body, corpse. مردہ اٹھانا take or carry a dead body for burial or cremation; give proper burial (to), perform the funeral rites. مردہ باد down with! rallying condemning cry. مردہ بدست زندہ **1** one too weak to move about for himself/ herself. **2** (*fig.*) one who is abjectly dependent upon another. مردہ بھاری ہونا dead body to be heavy (supposedly owing to sins). مردہ پرست believer in the cult of the dead; idolizer of the dead. مردہ پیٹنا mourn over dead. مردہ خراب ہونا not to get a proper burial. مردہ دل dejected, dispirited, sad. مردہ زبان dead language, language that is no longer spoken as a native language. مردہ زمین unfertile or barren land. مردہ شو washer of the dead, one who washes the dead bodies prior to burial; one who professionally washes corpses as a funeral rite. (*opp.* زِندہ)

مردی /mərd̪i:/ ■ *n.f.* **1** manliness, valour. **2** virility, manhood.

مُردے /murd̪e:/ ■ *n.m.* (*pl.* & *infl.* of مُردہ) corpses, dead bodies. مردے کا مال **1** property or effects of a dead person. **2** (*fig.*) a cheap bargain.

مِردھا /mɪrd̪ʰɑ:/ ■ *n.m.* overseer; surveyor; exciseman.

مرز /mərz/ ■ *n.f.* **1** settled or cultivated land. **2** region, district. **3** confines, frontier, boundary. مرزوکشور empire, territory.

مِرزا /mɪrzɑ:/ ■ *n.m.* **1** chief, chieftain. **2** a Persian or Mogul royal or noble title. مرزا پھویا (*iron.*) nickname for a very delicate and lazy person. مرزا صاحباں a romantic Punjabi folk tale. مرزا مزاج fastidious, nice, delicate. مرزا منش of princely nature or disposition; genteel.

مِرزائی /mɪrzɑ:i:/ ■ *n.f.* (also مِرزئی) **1** princedom. **2** gentility; princeliness. **3** arrogance. ■ *n.m.* follower of Mirza Ghulam Ahmad Qadiyani. مرزائی کرنا behave arrogantly. (See also قادیانی.)

مرزبان /mərzbɑ:n/ ■ *n.m.* **1** governor of a frontier region; guard, frontier guard. **2** landowner, landlord. **3** priest or lord of fire-worshipers.

مرزبُوم /mərzbu:m/ ■ *n.m.* native land, birthplace.

مرزُوق /mərzu:q/ ■ *adj.* to whom subsistence is provided.

مِرزئی /mɪrzəi:/ ■ *n.f.* quilted jacket with loose sleeves.

man. **2** (*fig.*) a mean, despicable or cowardly man.

مُردگان /murd̪əgɑ:n/ ■ *n.m.* (*pl.* of مُردہ) deceased persons, dead bodies.

مردُم /mərd̪um/ ■ *n.m.* man; people. ■ *adj.* civil, humane. مردم آزار cruel, tormenting, persecutor, tyrant; oppressor. مردم آزاری oppression, tyranny, cruelty. مردم بیزار گریز recluse, anchorite; one who dislikes company. مردمِ چشم دیدہ pupil of the eye. مردم خوار خور **1** maneater, cannibal, anthropophagous. مردم خیز (an area) producing great or learned men. مردم دوست philanthropist. مردم شماری census. مردم شناسی perception of other's qualities, knowledge of someone's nature. مردم کُش murderer. مردم کُشی homicide, manslaughter; genocide. مردم گزیدہ man-bitten, one who is harmed by man. مردم گیاہ (***Bot.***) mandrake, a species of grass with root resembling the human head, mandragora. (*pl.* مَردُماں)

مردُمک /mərd̪umək/ ■ *n.f.* pupil of the eye.

مردُمی /mərd̪umi:/ ■ *n.f.* **1** manliness, bravery. **2** humanity. **3** man's sexual power. مردمی قوت sexual power or virility (of a male).

مِردنگ /mɪrd̪əŋg/ ■ *n.f.* **1** a small drum or tabor. **2** a drum-shaped glass shade for lamp.

مِردنگی /mɪrd̪əŋgi:/ ■ *n.m.* (also مِردنگیا) one who plays on tabor, taborer.

مُردنی /murd̪ni:/ ■ *n.f.* **1** deathly pallor. **2** gloom, despair. **3** deathly silence, stillness. مُردنی چھانا **1** become deadly pale. **2** atmosphere to become gloomy, gloom to spread.

مردُوا /mərd̪uvɑ:/ ■ *n.m.* (*women's slang*) **1** (often *deris.* or *joc.*) woman's word for a man, especially for a stranger or other than her husband. **2** husband. **3** gentleman. **4** bold and brave man. **5** mild term used for baby boy. **6** (*fig.*) lover.

مردُود /mərd̪u:d̪/ ■ *adj.* condemned, rejected, abandoned; repulsed, damned; outcast. مردود ازلی **1** condemned forever, cursed, accursed. **2** (*fig.*) Satan. مردودُالشہادت / الشہادۃ (***Isj.***) one whose testimony is unacceptable.

مُردوں /murd̪õ:/ ■ *n.m.* (*pl.* of مُردہ) مردوں سے شرط باندھ کر سونا sleep like the dead, sleep soundly. مردوں کی ہڈیاں اُکھیڑنا criticize the deeds of one's ancestors. مردوں کی ہڈیاں چچوڑنا

■ *n.m.* member of Ahmadiyya community.

مُرسَل /mʊrsəl/ ■ *n.m.* **1** messenger; apostle. **2** prophet. **3** ambassador, envoy. ■ *adj.* sent to another, especially with a message. مرسل الیہ one to whom something is sent.

مُرسِل /mʊrsɪl/ ■ *n.m.* sender, dispatcher.

مُرسلہ /mʊrsəlɑ:/ ■ *n.m.* despatch, letter, epistle. ■ *adj.* sent; despatched. (*pl.* مُرسلات)

مُرسلین /mʊrsəli:n/ ■ *n.m.* (*pl.* of مُرسل) apostles, prophets.

مَرسُوب /mərsu:b/ ■ *n.m.* sediment, matter that settles to the bottom of a liquid, dregs.

مرسوم /mərsu:m/ ■ *adj.* **1** accustomed, customary, in vogue. **2** prescribed; described; notified. **3** signed, marked; sketched out. ■ *n.m.* salary, pay, wages.

مُرشِد /mʊrshɪd̪/ ■ *n.m.* **1** murshid, instructor, guide; spiritual teacher or mentor; head of some religious or Sufi order. **2** (*iron.*) cunning fellow; knave, scoundrel. (*pl.* مُرشدان)

مُرشِدی /mʊrshɪd̪i:/ ■ *n.f.* **1** religious instruction, guidance in spiritual or religious matters. **2** (form of address) O my guide or teacher!

مرصد /mərsəd̪/ ■ *n.m.* **1** observation or waiting place. **2** (***Astron.***) observatory. **3** passage, way. **4** (*fig.*) aim, objective.

مُرصّع /mʊrəssəʔ/ ■ *adj.* **1** set or studded with jewels. **2** (prose or verse) written in rhyming and grandiose words. مرصع ساز/کار stone-setter; lapidary. مرصع سازی/کاری art of stone-setting. مرصع نگار **1** calligraphist. **2** euphuist.

مرصُوص /mərsu:s/ ■ *adj.* firm, solid, very strong; reinforced.

مرض /mərəz/ ■ *n.m.* **1** disease, sickness, ailment, illness, malady. **2** bad habit, addiction. مرضُ الموت terminal illness, mortal sickness, incurable disease. مرض پھیلنا disease to spread. مرض دفع کرنا cure, heal. مرض شناس pathologist. مرض شناسی pathology; diagnosis. مرضِ صعب grievous disease. مرضِ عارض accidental indisposition. مرضِ لادوا/لاعلاج **1** incurable disease. **2** (*fig.*) love. مرضِ متعدی infectious disease. مرضِ مزمن chronic disease. مرضِ مقامی endemic disease, local disease. مرضِ مہلک fatal disease. مرض میں مبتلا ہونا be sick, be ailing. (*pl.* امراض)

مُرضع /mʊrzeʔ/ ■ *n.f.* (also مُرضعہ) foster mother; wet nurse.

مرضی /mərəzi:/ ■ *adj.* sick, ill, indisposed, ailing.

مرضی /mərzi:/ ■ *n.f.* will, pleasure; assent, consent; choice. (اپنی) مرضی سے voluntarily, of one's own will or consent. مرضی کے موافق according to the will or pleasure; to one's satisfaction, satisfactorily. مرضی میں آنا like, wish, desire.

مَرَضیّات /mərəzɪjjɑ:t̪/ ■ *n.f.* pathology.

مرضیات /mərzɪjɑ:t̪/ ■ *n.f.* (*pl.* of مرضی) things agreeable, things one likes.

مرضین /mərzi:n/ ■ *adj.* valetudinarian.

مرضینی /mərzi:ni:/ ■ *n.f.* valetudinarianism.

مُرطِب /mʊrt̪ɪb/ ■ *adj.* humid, moist, wet; juicy.

مرطوب /mərt̪u:b/ ■ *adj.* wet, moist, damp.

مرعوب /mərʔu:b/ ■ *adj.* awe-struck, overawed; impressed.

مرعی /mərʔi:/ ■ *adj.* privileged; considered.

مرغ /mərɣ/ ■ *n.m.* **1** a kind of grass. **2** greenery. مرغ زار meadow, lea, pasture.

مُرغ /mʊrɣ/ ■ *n.m.* **1** cock, fowl. **2** murgh. **3** bird. مرغِ بادنما **1** weathercock, weathervane. **2** (*fig.*) a time-server. مرغ باز cockfighter. مرغ بازی cockfighting. مرغ بان poultry keeper. مرغ بانی poultry farming. مرغِ چمن garden bird; bulbul. مرغِ خوش الحان/آواز/نوا **1** sweet voiced bird. **2** (*fig.*) nightingale, bulbul. مرغِ دست آموز **1** domesticated bird. **2** (*fig.*) hanger-on, sponger; stooge. مرغِ روز (*fig.*) the sun. مرغِ زریں **1** pheasant. **2** (*fig.*) a person wearing garish and showy dresses. مرغِ سحر/صبح **1** harbinger of day. **2** chanticleer, cock; morning bird; bulbul. مرغِ سدرہ (*fig.*) the Archangel Gabriel. مرغِ سلیمان/شاہانہ سر hoopoe. مرغِ شب آہنگ bulbul, nightingale; owl. مرغِ عیسیٰ/مسیحا bat. مرغِ قبلہ نما bird-shaped needle or pointer of compass to show the direction of Ka'aba. مرغِ مسلّم roasted whole fowl. مرغِ مصلّی hypocritical worshipper. مرغ نامہ بر carrier pigeon. مرغِ نوگرفتار newly captured bird. مرغِ وحشی a wild bird. (*pl.* مُرغان)

مُرغا /mʊrɣɑ:/ ■ *n.m.* cock, rooster, chanticleer. مرغا بانگ نہ دے گا تو کیا صبح نہ ہوگی no one is inevitable. مرغا بنانا **1** force one into a semi-squatting posture as a punishment. **2** (*fig.*) to bring someone to heel. مرغا پھانسنا trap someone to fleece.

مُرغابی /mʊrɣɑ:bi:/ ■ *n.f.* water fowl; mallard; teal.

مُرغان /mʊrɣɑ:n/ ■ *n.m.* (*pl.* of مرغ) **1** cocks. **2** birds. مرغانِ اولی الاجنحہ **1** winged birds. **2** (*fig.*) angels. مرغانِ سدرہ (*fig.*) angels.

مرغزار /mərɣzɑ:r/ ■ *n.m.* meadow. See مرغ زار under مرغ.

مُرغک /mʊrɣək/ ■ *n.m.* **1** small bird. **2** (*deris.*) man.

مُرغّن /mʊrrəɣɣən/ ■ *adj.* (food) fatty, very rich.

مرغُوب /mərɣu:b/ ■ *adj.* **1** favourite, preferred. **2** attractive, beautiful, lovely. (*pl.* مرغُوبات)

مرغول /mərɣu:l/ ■ *n.m.* (also مرغول) **1** twisted or plated locks, curly hair. **2** modulation or rising of voice in singing. **3** crenated arch.

مرغولہ /mərɣu:lɑ:/ ■ *n.m.* (also مرغولہ) **1** curl, spiral. **2** (smoke) ring.

مُرغی /mʊrɣi:/ ■ *n.f.* **1** hen. **2** murgi, chicken (meat). مرغی انڈے کی بحث meaningless or useless discussion, pointless discussion. مرغی جان سے گئی کھانے والے کو مزہ نہ آیا sacrifice went unrewarded. مرغی خانہ henhouse, coop, poultry-farm. مرغی کا رکے (*deris.*) wretch, a mild jocular pejorative. مرغی کو تکلے کا گھاؤ کافی ہے for a poor man small loss is much. مرغی والا **1** poultryman, poulterer. **2** (*deris.*) wretch, a mildly jocular pejorative.

مُرغے /mʊrɣe:/ ■ *n.m.* (*pl. & infl.* of مُرغا) (وہی) مرغے کی ایک ٹانگ silly insistence.

مرفا /mərfɑ:/ ■ *n.m.* (also مرفہ) a kind of drum.

مِرفاع /mɪrfɑ:ʔ/ ■ *n.f.* lift, elevator.

مرفق /mərfiq/ ■ *n.m.* **1** the elbow. **2** something by which one profits.

مرفُوع /mərfu:ʔ/ ■ *adj.* **1** raised, elevated; exalted, honoured, of high estimation, highly valued. **2** (letter) with *pesh* (پیش). مرفوعُ القلم (person) not answerable for his/her crime, i.e. a madman or minor.

مُرفّہ /mʊrəffɑ:/ ■ *adj.* comfortable, prosperous, well off, affluent; happy, contented. مرفہ الحال well off, prosperous.

مرقب /mərqəb/ ■ *n.m.* **1** observatory. **2** high place of observation, watchtower.

مرقد /mərqəd̪/ ■ *n.m.* **1** sleeping place, bedroom. **2** (*fig.*) grave, tomb, sepulchre.

مُرقّع /mʊrəqqəʔ/ ■ *n.m.* (also مُرقّعہ) book of pictures, drawings or of fine penmanship, album, portfolio. مرقعِ تصویر book of pictures, album. مرقع نگار painter, artist, one who sketches personalities. مرقع بن جانا / بننا be amazed, be astonished.

مرقُوم /mərqu:m/ ■ *adj.* (also مرقُومہ) **1** written; noted, mentioned, recorded. **2** dated (letter). مرقومُ الحاشیہ noted in the margin. مرقومُ الذیل following, mentioned below. مرقوم بالا above-mentioned, above-cited, aforesaid.

مُرکانا /mʊrkɑ:nɑ:/ ■ *v.* twist, curl, bend; cause to sprain.

مرکب /mərkəb/ ■ *n.m.* anything upon which one rides or is carried, e.g. vehicle, horse, ship, means of transportation or animal.

مُرکّب /mʊrəkkəb/ ■ *adj.* compounded, combined, mixed. ■ *n.m.* **1** (***Chem.***) compound. **2** (***Gram.***) compound (sentence or word). **3** (***Math.***) composite. مرکبِ اضافی possessive case. مرکبِ توصیفی adjectival compound. مرکب عدد (***Math.***) composite number. مرکبِ عطفی conjunctive compound, copulative compound. مرکب فعل compound verb. مرکب کرنا combine, mix, compound. مرکب لفظ compound word. (*pl.* مُرکّبات)

مرکز /mərkəz/ ■ *n.m.* **1** centre. **2** upper stroke(s) of letters *kaaf* (ک) and *gaaf* (گ). مرکزِ ثقل / جاذبہ (***Physics***) centre of gravity. مرکز جُو / مائل centripetal. مرکز جُو / مائل قوت (***Physics***) centripetal force. مرکز قائم کرنا establish a centre; take (a point) as the centre. مرکز گریز قوت (***Physics***) centrifugal force. مرکزِ نظر / نگاہ centre of attention.

مرکزائی /mərkəzɑ:i:/ ■ *adj.* nuclear. مرکزائی بم nuclear bomb. مرکزائی تعامل گر / معمل nuclear reactor. مرکزائی توانائی nuclear energy. مرکزائی طبیعیات nuclear physics.

مرکزہ /mərkəzɑ:/ ■ *n.m.* **1** centre point. **2** (***Biol.***) nucleus of a cell. **3** (***Physics***) nucleus of an atom.

مرکزی /mərkəzi:/ ■ *adj.* central; pivotal. مرکزی اسمبلی central assembly. مرکزی اعصابی نظام (***Anat.***) central nervous system. مرکزی جھلّی (***Biol.***) nuclear membrane. مرکزی حکومت (***Pol. Science***) central government. مرکزی خیال central idea. مرکزی مقننہ (***Pol. Science***) central legislature. مرکزی نقطہ central point.

مرکزیت /mərkəzɪjət̪/ ■ *n.f.* **1** centricity, centrality, centralization. **2** central system.

مُرکنا /mʊrəknɑ:/ ■ *v.* be broken, be twisted; be sprained.

مرکُوز /mərku:z/ ■ *adj.* **1** fixed; implanted. **2** focused, concentrated. **3** hidden, concealed. مرکوزِ خاطر impressed

مرمّت /mərəmmət̪/ ■ *n.f.* repair, mending. مرمت شدہ mended, repaired. مرمت طلب requiring repair, out of order, out of gear; broken. مرمت کرنا **1** repair; set or put right. **2** (*fig.*) thrash.

مرمر /mərmər/ ■ *n.m.* marble.

مُرمُرا /murmura:/ ■ *n.m.* **1** swollen or parched rice; rice puff. **2** a kind of fringe made of gold or silver. ■ *adj.* crackling; crisp. (*fem.* مُرمُری)

مُرمُرانا /murmura:na:/ ■ *v.* crackle, crunch.

مرمریں /mərmərĩ:/ ■ *adj.* **1** marble-like, marmoreal. **2** fair-complexioned, white. **3** (*fig.*) soft, delicate.

مُرمّم /murəmməm/ ■ *adj.* amended; repaired.

مُرمِّم /murəmmɪm/ ■ *n.m.* one who amends or repairs.

مرموز /mərmu:z/ ■ *adj.* secret or undisclosed (matter), coded.

مَرَن /mərən/ ■ *n.m. & f.* **1** death. **2** ruin, destruction. مرن برت fast unto death. مرن جوگا fit to die, deserving death; death-worthy (an imprecation). مرن سمے the time of death, dying moment. مرن کر death duty. مرن ہار mortal, doomed to die, dying.

مرنا /mərna:/ ■ *v.* **1** die, expire, breathe one's last. **2** fade, wither; lose strength. **3** work hard, sweat and toil, suffer hardship; be in great trouble. **4** long for, desire vehemently. **5** (of water) flow down. **6** be head over heals in love. ■ *n.m.* **1** death ritual. **2** death. مرنا جینا life and death; living and dying. مرنا مارنا fight, quarrel, wrangle.

منجاں مرنج /mərəndʒɑ̃: mərəndʒ/ ■ *adj.* (also مرنجا مرنج) mild; even-tempered; accommodating; gentle, peaceful, pacific.

مُرنڈا /murənḍa:/ ■ *n.m.* a kind of sweetmeat prepared from parched wheat and jaggery.

مرنے /mərne:/ ■ *n.m.* (*pl. & infl.* of مرنا) مرنے تک کی فرصت نہ ہونا be too busy or occupied in work, not having a moment's leisure. مرنے جوگا deserving to die, a pejorative used mostly by women. مرنے کو about to die, dying. مرنے کو بیٹھا ہے is very old, is near death. مرنے کی جگہ ہے is a matter of shame. مرنے والا deceased, the late.

مروا /mərva:/ ■ *n.m.* (also مروہ) mugwort, name of a scented plant, *Artemisia vulgaris*.

مروارید /mərva:ri:ḍ/ ■ *n.m.* pearl. مروارِیدِ ناسُفتہ **1** unbored upon the mind. مرکوز ہونا **1** become attentive. **2** unite or gather at a point.

مُرکی /murki:/ ■ *n.f.* **1** a kind of earring, usually worn by men. **2** ear lobe.

مرکھنا /mərkʰəna:/ ■ *adj.* (also مرکہا) wild, untamed (animal, esp. cattle). ■ *n.m.* an untamed wild animal which kicks or gores. (*fem.* مرکھنی)

مرگ /mərg/ ■ *n.f.* death. مرگ اموت infertility. مرگِ انبوہ death en masse; death of many. مرگِ انبوہ جشنے دارد general calamity is bearable. مرگ آسا death like. مرگ پیش از مرگ **1** death before death. **2** (*fig.*) miserable life. مرگ تازہ رنو **1** new incident. **2** (*fig.*) new love affair. مرگ جوانانہ رنو جوانی death in youth. مرگ زار place of death. مرگِ طبعی natural death. مرگ مفاجات رنا گاہ رنا گہانی sudden death.

مِرگ /mɪrg/ ■ *n.m.* deer, gazelle, antelope. مرگ چرم رچھالا deer skin worn or used as bed by fakirs or dervishes. مرگ سالا رسالہ deer park. مرگ لوچنی رنینی gazelle-eyed. مرگ نابھ رنافہ bag of musk; musk.

مِرگانگ /mɪrga:ŋg/ ■ *n.m.* a fusion of gold, pearl and mercury, etc. used as a tonic.

مرگل /mərgəl/ ■ *n.m.* **1** roasted fish; slices of roasted or fried fish. **2** name of a local river fish.

مرگلا /mərgɪla:/ ■ *adj.* (also مرِ گلا، مرگھلا) weak, decrepit, thin, scrawny. (*fem.* مرِگلی)

مرگند /mərgənḍ/ ■ *n.f.* **1** death smell. **2** (*fig.*) death-like stillness; desolation.

مِرگی /mɪrgi:/ ■ *n.f.* epilepsy. مرگی کا دورہ پڑنا have an epileptic fit.

مِرگیا /mɪrgɪja:/ ■ *n.m.* epileptic.

مرگھٹ /mərgʰət̪/ ■ *n.m.* Hindu crematorium or cremation ground.

مرل /mərəl/ ■ *n.f.* an eel-like river fish without bone.

مرلہ /mərla:/ ■ *n.m.* (also مرلا) (***Surveying***) land measure equivalent to thirty square yards.

مُرلی /murli:/ ■ *n.f.* flute, fife, pipe. مرلی بجانا play on flute or fife. مرلی دھر **1** flute bearer. **2** (***Hinduism***) a poetical as well as popular title of Krishna.

مرم /mərm/ ■ *n.m.* **1** mystery, secret, secret meaning or purpose. **2** core (of anything).

مُرَم /murəm/ ■ *n.m.* crumbly rock, broken or crushed stones, gravel.

south-west India. مرہٹا گردی plundering raids by the Marathas. (*fem.* مرہٹن)

مرہٹّی /mərhəʈʈi:/ ■ *n.f.* (also مراٹھی) **1** Marathi, Sanskritic language of Marathas. **2** (***Hist.***) rule of Marathas; chaotic conditions and misrule that prevailed under the Marathas, misrule. مرہٹی کرنا، مچانا rob, plunder. مرہٹی گھس گھس lawlessness, anarchy.

مرہم /mərhəm/ ■ *n.m.* ointment, salve, unguent. مرہم اندمال healing ointment. مرہم پٹی کرنا dress a wound, apply salve or ointment. مرہم نِہ one who cures, one who applies salve or ointment.

مُرہن /murhən/ ■ *n.f.* **1** a kind of tobacco leaf. **2** dry powdered tobacco.

مرہُون /mərhu:n/ ■ *adj.* pawned, hypothecated, mortgaged. مرہونِ منت indebted (to), under obligation (to), obliged to.

مرہُونیت /mərhu:nɪjət̪/ ■ *n.f.* gratefulness, thankfulness.

مرئی /məri:/ ■ *adj.* visible; open.

مرئیات /mərɪjjɑ:t̪/ ■ *n.f.* (*pl.* of مرئی) material things that are visible, visual.

مری[1] /məri:/ ■ *adj.* (*fem.* of مرا) **1** dead, expired. **2** (*fig.*) weak, infirm. مری بھیڑ خواجہ خضر کے نام the worst stuff goes to fulfil a vow. مری جوں (*fig.*) very slow, lazy. مری مٹی dead body. مری مری **1** lifeless. **2** (*fig.*) dull, faint, feeble (voice, smile). [Prk.]

مری[2] —— ■ *n.f.* (also مرّی) plague; pestilence, epidemic. مری پڑنا animal plague or pestilence to break out. [dial.]

مِری /mɪri:/ ■ *pron.* (*contr.* of میری) (often *poet.*) mine.

مرّی /mərri:/ ■ *n.f.* gullet, alimentary canal.

مُرّی /murri:/ ■ *n.f.* knot, joint. مری پھندا a kind of stitch in embroidery.

مرے /məre:/ ■ *adj.* (*pl.* & *infl.* of مرا) used in comp. as: مرے بیٹھنا be ready, agree (upon). مرے پچے a curse phrase. مرے پر on death, after death. مرے پر سو درّے one trouble on top of another. مرے پیچھے after the death. مرے جانا be very anxious or impatient. مرے دل سے unwillingly. مرے کو مارے شاہ مدار a bully would beat the weak.

مِرے /mɪre:/ ■ *pron.* (*contr.* of میرے) (often *poet.*) mine.

مریادا /mərjɑ:d̪ɑ:/ ■ *n.f.* respect, honour; dignity.

pearl. **2** (*fig.*) virgin.

مروانا /mərvɑ:nɑ:/ ■ *v.* **1** cause to be killed or beaten, get killed. **2** (*fig.*) cause to be embarrassed, make someone suffer a loss. **3** (*offens.*) get screwed; be sodomized.

مُروّت /murəvvət̪/ ■ *n.f.* respect, regard, consideration, deference, indulgence; kindness, kindliness; affability, favour; politeness. مروت برتنا، کرنا show kindness or regard to treat kindly, behave with kindness and civility. مروت توڑنا cease to show or treat with deference. مروت والا kind, polite, generous.

مُروّتاً /murəvvət̪ən/ ■ *adv.* affably, humanely, deferentially.

مُروّج /murəvvədʒ/ ■ *adj.* (also مُروّجہ) current, prevalent, customary, in vogue, usual. مروج اقدار values in vogue. مروج کرنا make current; bring in vogue or fashion; enforce; propagate. مروج ہونا be in vogue or fashion, become prevalent, prevail.

مِروَحہ /mɪrvəhɑ:/ ■ *n.m.* fan.

مُرُور /muru:r/ ■ *n.m.* passing, passage. مرورِ ایام، زمانہ، وقت passage of time.

مروڑ /məro:ɽ/ ■ *n.f.* (also مُروڑ) **1** spasm, abdominal or intestinal spasm, gripe, dysentery; twist, contortion, cramps. **2** vanity. **3** anger. مروڑ اٹھنا **1** have gripe or intestinal spasm. **2** (*fig.*) be very impatient or worried. مروڑ باز vain person. مروڑ پھلی the screw-plant, *Helicteres isora*, the fruit of which is used as cure for gripes or colic pains.

مروڑا /məro:ɽɑ:/ ■ (*past* of مروڑنا) bent, twisted. ■ *n.m.* cramps of the bowels, gripes, dysentery.

مروڑنا /məro:ɽnɑ:/ ■ *v.* twist; bend; cause to contort.

مروڑی /məro:ɽi:/ ■ *n.f.* **1** contortion, act of twisting. **2** knot; screw; twist. **3** small ball of grime or dough rubbed off the palm. مروڑی دینا twist. مروڑی کھانا be twisted.

مُروّق /murəvvəq/ ■ *adj.* clean, pure, distilled.

مِرونا /mɪro:nɑ:/ ■ *v.* stroll, roam, make a tour.

مُرُونت /muru:nət̪/ ■ *n.f.* **1** plain and hard. **2** (***Physics***) elasticity.

مروی /mərvi:/ ■ *adj.* told, narrated; related.

مرّہ /mərrɑ:/ ■ *n.m.* one time or turn. ■ *adv.* once.

مرہٹّا /mərhəʈʈɑ:/ ■ *n.m.* (also مراٹھا، مراہٹہ) Maratha or Mahratta, a Hindu ethnic group natives of

مُڑیا /mʊɽ jɑ:/ ■ *n.f.* bald-head.

مڑھ /məɽʰ/ ■ (*imper.* of مڑھنا) used in comp. as: مڑھ دینا cover, put lid over.

مڑھا /məɽʰɑ:/ ■ *adj.* closely covered or topped (as drum, with parchment).

مڑھنا /məɽʰnɑ:/ ■ *v.* **1** cover closely or tightly with cloth, foil, leather or parchment. **2** (*fig.*) impute. (See also منڈھنا.)

مڑھوانا /məɽʰvɑ:nɑ:/ ■ *v.* get closely covered.

مڑھی /məɽʰi:/ ■ *n.f.* (also مڑھ، مڑیا) cottage, a Hindu hermit's cell; temple.

مزا /məzɑ:/ ■ *n.m.* taste. See مزہ.

مِزاج /mɪzɑ:dʒ/ ■ *n.m.* **1** nature, temperament, disposition, constitution; complexion; temper; mood; habit; humour. **2** pride; vanity. مزاج اعتدال پر رہنا temper to remain even, be even-tempered, be moderate in views or actions. مزاج آسمان پر ہونا be very arrogant. مزاج آشنا/دان/شناس perceptive, knowing someone's nature. مزاج برہم کرنا enrage, displease. مزاج برہم ہونا be upset. مزاج بگڑنا lose temper. مزاج پانا understand someone's nature or temperament. مزاج پرسی کرنا/پوچھنا inquire after someone's health. مزاج پیٹی proud; conceited (woman). مزاج تیز ہونا be hot-tempered, be easily offended or enraged. مزاج دار squeamish; hard to please; conceited, proud, haughty. مزاج داری understand someone's disposition. مزاج شریف how do you do? an expression used to inquire someone's health. مزاج کرنا **1** be proud, show temper, put on airs. مزاج کے مارے through pride. مزاجِ ملّی overall behaviour of a nation. مزاج میں آنا **1** do as one likes or feels, fit in with the humour. **2** be conceited. مزاج میں دخل رکھنا have influence on. مزاج میں ڈھالنا mould accordingly. مزاج نہ ملنا **1** be incompatible. **2** be unamendable due to pride.

مزاجاً /mɪzɑ:dʒən/ ■ *adv.* **1** temperamentally. **2** by virtue of natural disposition.

مزاجن /mɪzɑ:dʒən/ ■ *adj. fem.* (also مجاجن، مزاجو) proud and vain (woman).

مزاجی /mɪzɑ:dʒi:/ ■ *adj.* **1** natural; constitutional; habitual. **2** (*fig.*) fickle-minded. **3** squeamish.

مزاح /mɪzɑ:h/ ■ *n.m.* (also مزاح) humour, jest, joke, fun. مزاح نگار humorist. مزاح نگاری humour as a genre of

مُریب /mʊri:b/ ■ *adj.* cunning, sly, scheming, deceitful.

مریٹھا /məræ:ʈʰɑ:/ ■ *adj.* twisted; wound up; bound. ■ *n.m.* puggaree, turban.

مِرّیخ /mɪrri:x/ ■ *n.m.* the planet Mars.

مرید /məri:d̪/ ■ *adj.* rebellious; obstinate, insolent, disobedient.

مُرید /mʊri:d̪/ ■ *n.m.* murid, religious or mystic disciple, follower, believer in someone's good qualities. مرید کرنا make someone a disciple. مرید ہونا become a disciple of someone. (*pl.* مُریدین)

مُریدی /mʊri:d̪i:/ ■ *n.f.* discipleship, being disciple.

مریض /məri:z/ ■ *adj.* sick, ill, diseased, ailing. ■ *n.m.* sick man, patient. (*fem.* مریضہ)

مریضانہ /məri:zɑ:nɑ:/ ■ *adv.* **1** like sick; ill. **2** (*fig.*) unhealthy. ■ *adj.* morbid, sick, sickly. مریضانہ ذہن sick mind.

مریل /mərjəl/ ■ *adj.* **1** lean, emaciated, weak, feeble. **2** slow; lazy. مریل ٹٹو (*derog.*) very lazy and slow, weakling.

مریم /mərjəm/ ■ *pr.n.f.* Mary. ■ *adj.* **1** virgin. **2** (*fig.*) pious, devout; chaste. مریم (کا) پنجہ sweet-scented grass supposed to facilitate delivery.

مرینا /məri:nɑ:/ ■ *n.m.* (also مرینہ، ملینا) merino, cloth made from the wool of merino sheep.

مُڑ /mʊɽ/ ■ (*imper.* of مُڑنا) turn. ■ *n.f.* act of turning, bending. مڑ آنا come back. مڑ جانا turn; bend; be turned or twisted. مڑ کر نہ دیکھنا **1** not to look back. **2** have no regard (for). مڑ مڑ کر دیکھنا turn round and look again and again.

مُڑا /mʊɽɑ:/ ■ *adj.* **1** twisted, bent. **2** turned. مڑا تڑا crumpled, crushed, warped. (*fem.* مُڑی)

مُڑائی /mʊɽɑ:i:/ ■ *n.f.* **1** the act of folding. **2** charges for folding.

مڑک /məɽək/ ■ *n.f.* **1** twist, crookedness. **2** trick; strategy. **3** airs, conceit.

مڑکانا /məɽkɑ:nɑ:/ ■ *v.* (also مُڑکانا) bend, twist.

مڑکنا /məɽəknɑ:/ ■ *v.* (also مُڑکنا) **1** be twisted; get fractured. **2** show airs, behave arrogantly. **3** be sprained.

مُڑنا /mʊɽnɑ:/ ■ *v.* **1** turn. **2** bend or twist, be twisted or bent.

مُڑوانا /mʊɽvɑ:nɑ:/ ■ *v.* cause to be turned or twisted.

/məzdu:r/ ■ *n.m.* mazdoor, labourer; porter, carrier. مزدور
مزدور انجمن trade union. مزدور تحریک labour movement.
مزدور طبقہ labour class.
/məzdu:ri:/ ■ *n.f.* **1** labour, hard manual work. مزدوری
2 wages or remuneration for such work. مزدوری طاقت labour force. مزدوری کر کے پیٹ پالنا toil and labour for a living. مزدوری کرنا work for hire or wages.
/məzrəʔ/ ■ *n.m.* field; corn farm. مزرعِ آخرت رعقبیٰ **1** good deeds for the next world. **2** (*fig.*) this world. مزرع
/məzru:ʔɑ:/ ■ *adj.* sown (field), cultivated (land). مزروعہ
/muzri:/ ■ *n.m.* a kind of palm tree, leaves of which are used in making mats. مزری
/muzəʔfər/ ■ *adj.* saffron-coloured. ■ *n.m.* a sweet dish made of vermicelli and sugar with saffron as an ingredient. مزعفر
/məzʔu:mɑ:/ ■ *adj.* (also مزعوم) supposed, presumed. مزعومہ
مزعومہ بات presumption, supposition. (*pl.* مزعومات)
/muzəkkɑ:/ ■ *adj.* purified. مزکی مال (***Islam***) property on which zakat has been paid. مزکّیٰ
/muzəkki:/ ■ *n.m.* purifier. مزکّی
/məzəllət/ ■ *n.f.* slip or act of slipping. مزلّت
/mızmɑ:r/ ■ *n.f.* musical reed, pipe, flute; mouth organ, harmonica; psaltery. مزمار
/muzzəmmıl/ ■ *adj.* wrapped in sheet. ■ *pr.n.m.* **1** an epithet of Prophet Muhammad. **2** name of the seventy-third sura of the Qur'an. مزّمّل
/muzmın/ ■ *adj.* chronic; of long duration, old. مزمن
مزمن مرض chronic disease.
/məzmu:r/ ■ *n.f.* religious songs, prayers, psalms. مزمور
/muzəmmɑ:/ ■ *n.m.* bridle of a horse; rope by which a horse is tethered, heel rope or straps. مزمّہ
مزمہ لینا **1** hold or catch the heel rope. **2** (*fig.*) lay hold of; vituperate; harass.
/muzəvvər/ ■ *adj.* **1** base; counterfeit, forged. **2** oblique, crooked. مزوّر
/muzəvvır/ ■ *n.m.* knave, cheat; liar. مزوِّر
/məzɑ:/ ■ *n.m.* (also مزا) **1** taste, relish; deliciousness. **2** pleasure, fun, enjoyment. مزہ اٹھانا راڑانا enjoy oneself, revel in. مزہ آنا relish, enjoy. مزہ پڑنا رلگ جانا رلگنا **1** acquire taste. **2** fall into a habit. مزہ چکھانا **1** (*iron.*) teach someone a lesson, inflict punishment (for crime or literature. مزہ

/muzɑ:hım/ ■ *adj.* obstructing, hindering, impeding; resistant. ■ *n.m.* **1** obstacle, impediment, resistance. **2** (***Physics***) resistor. مزاحم ہونا hinder, impede; resist, obstruct. مُزاحم
/muzɑ:həmət/ ■ *n.f.* **1** impediment, obstacle, opposition, hindrance, resistance. **2** (***Physics***) resistance. مزاحمت بے جا (***Law***) unlawful obstruction. مزاحمت پیما ohmmeter. مزاحمت کرنا hinder, obstruct, oppose, resist, impede. مُزاحمت
/muzɑ:həməti:/ ■ *adj.* preventive, defensive; resistive. مُزاحمتی
/mızɑ:hi:/ ■ *adj.* of or relating to humour. مِزاحی
/mızɑ:hıjɑ:/ ■ *adj.* humorous, jocular, hilarious. مِزاحیہ
/məzɑ:r/ ■ *n.m.* mazar, shrine, tomb, grave, mausoleum. (*pl.* مزارات) مزار
/məzɑ:reʔ/ ■ *n.m.* (*pl.* of مزرعہ) places where cultivation is done. مزارِع
/muzɑ:reʔ/ ■ *n.m.* tenant, farmer. (*pl.* مزارعین) مُزارِع
/məzɑ:mi:r/ ■ *n.f.* (*pl.* of مزمار، مزمور) **1** flutes and other musical instruments played by mouth. **2** psalms; canticles. مزامیر
/muzɑ:vədʒət/ ■ *n.f.* **1** marriage. **2** alliance. مُزاوجت
/muzɑ:vələt/ ■ *n.f.* regular practice, perseverance, routine. مُزاولت
/məzɑ:jɑ:/ ■ *n.m.* (*pl.* of مزیّت) excellence, virtues, qualities. مزایا
/məzbəlɑ:/ ■ *n.m.* (also مزبل) dunghill, place where filth and sweepings of house are thrown; privy. مزبلہ
/məzbu:r/ ■ *adj.* aforesaid; said; written. مزبور
/məzdʒ/ ■ *n.m.* blending (in wine), mixing, mingling. مزج
/muzəxrəf/ ■ *n.f.* hoax, a lie presented as truth; something worthless inside but decorated outside; nonsense, something outwardly made to look like something else. ■ *adj.* nonsensical. (*pl.* مزخرفات) مُزخرف
/muzd/ ■ *n.m.* reward; remuneration, wages, compensation. مُزد
/muzdəlefɑ:/ ■ *n.m.* a place between Mina and Arafat where hajis stay for a night during Hajj. مُزدلفہ
/muzdəvədʒ/ ■ *adj.* **1** adjoining. **2** (*fig.*) in copulation. مُزدوج

مُسابقہ /musɑ:bəqɑ:/ ■ *n.m.* race; competition.

مساجد /məsɑ:dʒɪd̪/ ■ *n.f.* (*pl.* of مسجِد) mosques.

مسّاح /məssɑ:h/ ■ *n.m.* land measurer, surveyor.

مساحت /məsɑ:hət̪/ ■ *n.f.* surveying, measurement, land survey. مساحت کرنا survey or measure land.

مساحی /məsɑ:hi:/ ■ *n.f.* survey, land measuring.

مُسارعت /musɑ:rəʔət̪/ ■ *n.f.* haste, in haste, hurriedly.

مساس /məsɑ:s/ ■ *n.m.* **1** rubbing, pressing; touch; massage. **2** fondling of sexual organs. **3** coitus.

مُساعِد /musɑ:ʔɪd̪/ ■ *adj.* helping, aiding, assisting; favourable. ■ *n.m.* supporter.

مُساعدت /musɑ:ʔəd̪ət̪/ ■ *n.f.* help, support, aid, assistance.

مُساعدہ /musɑ:ʔəd̪ɑ:/ ■ *n.m.* favour, assistance.

مساعی /məsɑ:ʔi:/ ■ *n.f.* (*pl.* of سعی) (also *sing.*) efforts, endeavours. مساعی بار آور ہونا endeavours to succeed. مساعی جلیلہ great efforts. مساعی جمیلہ praiseworthy endeavours.

مسافت /məsɑ:fət̪/ ■ *n.f.* distance, space. مسافت طے کرنا/کاٹنا travel, cover or traverse some distance. (*pl.* مسافات)

مُسافح /musɑ:feh/ ■ *n.m.* fornicator, adulterer. (*fem.* مُسافحہ)

مُسافحت /musɑ:fəhət̪/ ■ *n.f.* adultery, fornication.

مُسافِر /musɑ:fɪr/ ■ *n.m.* **1** traveller, passenger, wayfarer. **2** stranger. مسافر پروری/نوازی hospitality to or taking care of travellers. مسافر خانہ inn, rest house, traveller's lodge, waiting room. مسافرِ عدم dead person. (*pl.* مُسافِران، مُسافِرین)

مُسافرانہ /musɑ:fɪrɑ:nɑ:/ ■ *adj.* traveller-like; unsettled.

مُسافرت /musɑ:fərət̪/ ■ *n.f.* **1** journey; travel. **2** foreign country.

مُسافرہ /musɑ:fɪrɑ:/ ■ *n.f.* woman passenger. (*pl.* مُسافِرات)

مُسافری /musɑ:fɪri:/ ■ *n.f.* travelling. مسافری کا اسباب luggage.

مساکت /məsɑ:kət̪/ ■ *n.f.* niggardliness, stinginess.

مساکن /məsɑ:kɪn/ ■ *n.m.* (*pl.* of مسکن) habitations, dwellings.

مساکیّت /məsɑ:kɪjət̪/ ■ *n.f.* (***Psych.***) masochism, a sexual aberration.

مساکین /məsɑ:ki:n/ ■ *n.m.* (*pl.* of مسکین) poor person, paupers, indigents, needy people.

مسالا /məsɑ:lɑ:/ ■ *n.m.* (also مسالہ، مصالحہ) **1** masala, spice, condiments; ingredients. **2** materials. **3** mixture for plastering and filling. مسالا بنانا mix the ingredients or condiments; prepare a mixture. مسالا ڈالنا to season.

some wrong); take revenge. **2** (*fig.*) cause to experience hardship; cause to suffer. مزہ چکھنا **1** sample, taste. **2** learn a lesson; face the music. مزہ کرکرا ہونا pleasure to be marred.

مزے /məze:/ ■ *n.m.* (*pl.* & *infl.* of مزہ) مزے دار delicious, tasteful, palatable, savoury. مزے کرنا enjoy oneself. مزے کی بات something pleasing or amusing. مزے لوٹنا/لینا take pleasure, enjoy oneself.

مُزیّب /muzəjjəb/ ■ *adj.* decorated, adorned.

مزیّت /məzəjjət̪/ ■ *n.f.* excellence, superiority, eminence.

مزید /məzi:d̪/ ■ *adv.* & *adj.* **1** more, additional, further. **2** greater; increased. مزید برآں / بریں moreover. مزید کرنا **1** enhance, increase. **2** finish (one's food), clear the table.

مُزیّن /muzəjjən/ ■ *adj.* adorned, decorated, embellished, bedecked.

مُزینہ /muzi:nɑ:/ ■ *n.m.* decorator, embellisher.

مُژدہ /muʒd̪ɑ:/ ■ *n.m.* good or glad news. مژدۂ جانفزا life enhancing news, good news. مژدہ رساں conveying glad tiding. مژدہ سنانا announce or give someone good news. مژدہ ہو hear the good news!

مژگاں /mɪʒgɑ̃:/ ■ *n.f.* (*pl.* of مژہ) eyelashes.

مژہ /mɪʒɑ:/ ■ *n.f.* eyelash.

مس /məs/ ■ *n.m.* **1** touch, feel, sense of touch. **2** taste for something. **3** inclination, attachment. مس رکھنا keep in touch, have some knowledge of. مس کرنا touch; feel. مس ہونا **1** touch; come in contact. **2** have taste for; feel.

مِس[1] /mɪs/ ■ *n.m.* copper. مسِ خام impure copper. مس گر coppersmith. مسِ لاطَل pure copper. [P]

مِس[2] ____ ■ *n.m.* pretence; stratagem, sham. [S]

مسا[1] /məsɑ:/ ■ *n.f.* evening. [A]

مسا[2] ____ ■ *n.f.* difficulty, in Urdu used only in comp. as: مسا کر (کے) (also مسامسا کر) with difficulty, hardly, scarcely. [S]

مسّا /məssɑ:/ ■ *n.m.* wart; fleshy growth or excrescence on the skin.

مِسّا /mɪssɑ:/ ■ *n.m.* cheap mixed grains. مسّا گنا cheap flour ground from mixed grain.

مُسابِق /musɑ:bɪq/ ■ *n.m.* competitor.

مُسابقت /musɑ:bəqət̪/ ■ *n.f.* competition; contest. مسابقت کرنا compete.

(*pl.* مسالاجات)

مسالِک /məsɑ:lɪk/ ■ *n.m.* (*pl.* of مسلک) ways, paths.

مُسالمت /mʊsɑ:ləmət̪/ ■ *n.f.* mutual peace and friendship.

مُسالمہ /mʊsɑ:ləmɑ:/ ■ *n.m.* (also مُسالِمہ) a gathering for paying tributes, especially to martyrs of Karbala.

مسالے /məsɑ:le:/ ■ *n.m.* (*pl.* & *infl.* of مسالا) مسالےدار spiced, seasoned with spices, spicy, of sharp taste.

مسام /məsɑ:m/ ■ *n.m.* **1** pore (of body), perforation. **2** (***Biol.***) stoma. مسام‌دار porous, spongy. مسام‌داری porousness, perviousness. (*pl.* مسامات)

مُسامحت /mʊsɑ:məhət̪/ ■ *n.f.* (also مُسامحہ) **1** negligence. **2** treating one gently, connivance, making things easy for someone, ignoring someone's faults.

مُسامرت /mʊsɑ:mərət̪/ ■ *n.f.* (also مُسامرہ) talking in the night; storytelling.

مسان /məsɑ:n/ ■ *n.m.* **1** crematorium, place where the Hindus burn their dead. **2** evil spirit; possession by evil spirit. **3** a disease of infancy. مسان کا روگ (*coll.*) **1** rickets. **2** whooping cough.

مسانی /məsɑ:ni:/ ■ *n.f.* **1** chickenpox, measles, scarlet fever. **2** whooping cough.

مسانیا /məsɑ:nɪjɑ:/ ■ *n.m.* **1** one who removes the remains of cremated corpses. **2** one who exorcizes an evil spirit.

مُساوات /mʊsɑ:vɑ:t̪/ ■ *n.f.* **1** equality, parity. **2** equation. **3** heedlessness; indifference; laziness, sloth. **4** everyday affair. مساواتِ تفرقی differential equation. مساواتِ تکملی integral equation. مساواتِ درجۂ اول simple or first order equation. مساواتِ درجۂ دوم quadratic equation.

مُساوِدت /mʊsɑ:vəd̪ət̪/ ■ *n.f.* contending for superiority or dominion (with); vying with.

مُساوی /mʊsɑ:vi:/ ■ *adj.* **1** equal, equivalent (to). **2** (*fig.*) synonymous. مساویُ الاضلاع (***Geom.***) an equilateral figure. مساویُ القدر equal in value. مساویُ الوزن equal in weight.

مُساوِیانہ /mʊsɑ:vɪjɑ:nɑ:/ ■ *adv.* equally, equivalently.

مُساہلت /mʊsɑ:hələt̪/ ■ *n.f.* idleness, indolence, laziness.

مُساہمت /mʊsɑ:həmət̪/ ■ *n.f.* partnership; association, collaboration.

مسائل /məsɑ:ɪl/ ■ *n.m.* (*pl.* of مسئلہ) problems.

مُسبَّب /mʊsəbbəb/ ■ *adj.* caused. ■ *n.m.* effect.

مُسبِّب /mʊsəbbɪb/ ■ *n.m.* **1** the first cause. **2** the causer. مسببُ الاسباب the cause of causes, i.e. God. مسببُ المصائب real cause of troubles, afflictions. مسببِ حقیقی the ultimate cause, the real doer of things, i.e. God.

مُسبِّت /mʊsəbbɪt̪/ ■ *adj.* inducing sleep or drowsiness, soporific. ■ *n.f.* soporific medicine.

مُسبِّح /mʊsəbbeh/ ■ *n.m.* a praiser of God.

مُسبِّحہ /mʊsəbbehɑ:/ ■ *n.f.* the first finger.

مسبِرد /məsbɪrd̪/ ■ *n.m.* fleshly excrescence or swelling; wart.

مُسبّع /mʊsəbbəʔ/ ■ *adj.* **1** having seven parts or divisions; seven-sided. **2** (***Geom.***) heptagonal. **3** a poetic genre having seven lines in each stanza.

مسبُوق /məsbu:q/ ■ *adj.* **1** former; past; earlier. **2** one who is late in joining congregational prayer. مسبوقُ الذکر aforesaid; aforenamed; aforementioned.

مست /məst̪/ ■ *adj.* **1** drunk, intoxicated; out of one's senses. **2** amorous; lustful, lascivious. **3** overjoyed. **4** absorbed, engrossed. **5** careless. **6** proud. مستِ الست drunk with Divine love. مست حال happy as one is, person who is ever happy. مست قلندر careless fellow who lost himself in Divine love. مست کھال happy despite poverty. مست ملنگ carefree person. مست مولا a drunken or careless man.

مُستاجِر /mʊst̪ɑ:dʒɪr/ ■ *n.m.* **1** tenant, farmer; lessee of agricultural land; revenue farmer. **2** contractor.

مُستاجِری /mʊst̪ɑ:dʒɪri:/ ■ *n.f.* **1** lease of land. **2** contract. مستاجری دینا **1** to lease. **2** let or hire.

مُستاخِر /mʊst̪ɑ:xɪr/ ■ *n.m.* one who is left behind; latecomer. (*pl.* مُستاخرین)

مُستاصَل /mʊst̪ɑ:səl/ ■ *adj.* uprooted; eradicated, exterminated, extirpated; destroyed.

مُستاصِل /mʊst̪ɑ:sɪl/ ■ *n.m.* uprooter; destroyer.

مُستامِن /mʊst̪ɑ:mɪn/ ■ *adj.* seeking shelter or refuge.

مستان /məst̪ɑ:n/ ■ *n.m.* madman, lunatic; drunk. مستان شاہ nickname for a mad saint.

مستانا /məst̪ɑ:nɑ:/ ■ *v.* **1** be driven into frenzy; be drunk. **2** be puffed up with conceit or pride.

مستانہ /məst̪ɑ:nɑ:/ ■ *adj.* **1** intoxicated, drunk. **2** overjoyed. ■ *adv.* drunkenly, like a drunkard. مستانہ چال staggering coquettish walk. (*fem.* مستانی)

مُستبِد /mʊsṯəbɪḏ/ ■ *adj.* (*fig.*) despotic; tyrannical.

مُستبِدانہ /mʊsṯəbɪḏɑ:nɑ:/ ■ *adv.* tyrannically. ■ *adj.* tyrannical.

مُستبصِر /mʊsṯəbsɪr/ ■ *adj.* perceptive, discerning; insightful.

مُستبعد /mʊsṯəbʔəḏ/ ■ *adj.* far-fetched, unlikely, improbable.

مستبین /mʊsṯəbi:n/ ■ *adj.* apparent, obvious, clear.

مستتر /mʊsṯəṯɪr/ ■ *adj.* concealed, veiled, hidden.

مُستثنیٰ /mʊsṯəsnɑ:/ ■ *adj.* (also مُستثنےٰ) **1** exempted, excepted, excluded; exceptional. **2** extraordinary, excellent. **3** selected. ■ *n.m.* exception. مستثنیٰ کرنا except, exempt, exclude, make an exception (of). مستثنیٰ منہ from which something has been exempted or excluded.

مُستثنیات /mʊsṯəsnɪjɑ:ṯ/ ■ *n.m. & f.* (*pl.* of مُستثنیٰ) exceptions.

مُستجاب /mʊsṯəḏʒɑ:b/ ■ *adj.* responded (to), heard, accepted, agreeable, granted. مستجاب الدعوات a person whose prayers are granted by God.

مُستجب /mʊsṯəḏʒəb/ ■ *adj.* chosen, selected; desirable.

مُستجمع /mʊsṯəḏʒməʔ/ ■ *adj.* **1** gathered. **2** (place) where all gather. مستجمع الصفات repository of attributes, paragon of virtues.

مُستجیب /mʊsṯəḏʒi:b/ ■ *n.m.* one who grants prayer, i.e. God.

مُستجیر /mʊsṯəḏʒi:r/ ■ *n.m.* protection seeker, help seeker.

مُستحب /mʊsṯəhəb/ ■ *adj.* approved, desirable. ■ *n.m.* (***Isj.***) an act for which one is awarded but is not punished for not doing it. (*pl.* مُستحبات)

مُستحسن /mʊsṯæhsən/ ■ *adj.* laudable, meritorious, commendable, appreciable, elegant; virtuous. مستحسن ہونا be approved (by).

مُستحضر /mʊsṯæhzər/ ■ *adj.* ready; called to mind, acquired; readily available, readily remembered or recalled.

مُستحضرات /mʊsṯæhzərɑ:ṯ/ ■ *n.m.* (*pl.* of مُستحضر) things which are remembered, recollections.

مُستحق /mʊsṯəhəq/ ■ *adj.* deserving, entitled to, worthy of, rightful. ■ *n.m.* (*fig.*) poor. مستحق ٹھہرانا consider someone or something deserving of something. مستحق ہونا deserve, be entitled to. (*pl.* مُستحقین)

مُستحکم /mʊsṯæhkəm/ ■ *adj.* firm, stable, established; strong.

مُستحیل /mʊsṯəhi:l/ ■ *adj.* **1** altered, changed, transmuted. **2** (*fig.*) impossible.

مُستخبر /mʊsṯəxbɪr/ ■ *n.m.* **1** one who gets information; asker of questions. **2** (*fig.*) one who provides information, informer. (*pl.* مُستخبران)

مُستخرج /mʊsṯəxrəḏʒ/ ■ *adj.* extracted, drawn out, derived, taken out.

مُستخرِج /mʊsṯəxrɪḏʒ/ ■ *adj.* drawing out, extracting.

مُستخفی /mʊsṯəxfi:/ ■ *adj.* (one) concealing oneself.

مُستخلص /mʊsṯəxləs/ ■ *n.m.* **1** purified, cleaned; selected. **2** liberated, set free.

مُستخلِص /mʊsṯəxlɪs/ ■ *n.m.* **1** a collector of tribute. **2** one who appropriates exclusively. **3** one who seeks to escape.

مُستخلِف /mʊsṯəxlɪf/ ■ *n.m.* one who appoints his successor or nominee.

مُستدام /mʊsṯəḏɑ:m/ ■ *adj.* **1** perpetual, permanent, constant. **2** (*fig.*) immemorial, old, ancient.

مُستدعی /mʊsṯəḏʔi:/ ■ *n.m.* one who requests or puts up a petition; applicant. ■ *adj.* **1** beseeching, imploring. **2** desiring, wishing. مستدعی ہونا request or apply; be an applicant.

مُستدل /mʊsṯəḏəl/ ■ *adj.* proved by argument, proven, well grounded.

مُستدیر /mʊsṯəḏi:r/ ■ *adj.* spherical, round, globular, having round or circular form.

مُستراح /mʊsṯərɑ:h/ ■ *n.m.* **1** place of rest and repose. **2** (*fig.*) lavatory, toilet.

مُسترحمانہ /mʊsṯəræhmɑ:nɑ:/ ■ *adj.* deserving pity, pitiable.

مُسترخی /mʊsṯərxi:/ ■ *adj.* loose, slack; slow.

مُسترد /mʊsṯərəḏ/ ■ *adj.* rejected, revoked, refused, overruled. مسترد کرنا reject, throw out.

مُسترشِد /mʊsṯərʃɪḏ/ ■ *adj.* seeking guidance. ■ *n.m.* (*fig.*) disciple.

مستری /mɪsṯəri:/ ■ *n.m.* skilled worker, artisan, artificer, mechanic, mason.

مُستزاد /mʊsṯəzɑ:ḏ/ ■ *adj.* increased, augmented, additional, extra, more. ■ *n.f.* a kind of poem composed of rhyming verses, each hemistich of which is followed by additional words in prose which may also rhyme. مستزادکرنا increase, add, expand.

مُستقی /mʊsṯəsqi:/ ■ *adj.* **1** craving (for water to drink), very thirsty, having insatiable thirst. **2** (***Med.***)

seeks help.

مُستغاث /mʊst̪əɣɑ:s/ ■ *adj.* called upon for aid or succour. ■ *n.m.* one to whom complaints are made for redress. مستغاث علیہ against whom complaints are made for redress, defendant.

مُستغرب /mʊst̪əɣrɪb/ ■ *n.m.* occidentalist, an oriental person expert in occidental language and culture. (*pl.* مُستغربین) (*cf.* مُستشرق)

مُستغرق /mʊst̪əɣrəq/ ■ *adj.* immersed, absorbed, engrossed in; occupied.

مُستغفر /mʊst̪əɣfɪr/ ■ *adj.* seeking forgiveness; repentant, penitent.

مُستغنی /mʊst̪əɣni:/ ■ *adj.* **1** rich, wealthy. **2** free from want, able to dispense with or to do without. **3** satisfied, content.

مُستغیث /mʊst̪əɣi:s/ ■ *n.m.* **1** complainant, plaintiff. **2** one who prays. (*fem.* مُستغیثہ)

مُستفاد /mʊst̪əfɑ:d̪/ ■ *adj.* acquired or gained.

مُستفتی /mʊst̪əft̪i:/ ■ *adj.* seeking fatwa. ■ *n.m.* seeker of verdict on religious issues.

مُستفسِر /mʊst̪əfsɪr/ ■ *adj.* inquisitive, questioning, asking for explanation or interpretation.

مُستفید /mʊst̪əfi:d̪/ ■ *adj.* profiting, gaining, acquiring. مستفید ہونا gain, benefit (from), profit by.

مُستفیض /mʊst̪əfi:z/ ■ *adj.* seeking favour, bounty or grace; obliged, favoured. مستفیض کرنا do favour, confer favours.

مُستقبل /mʊst̪əqbəl/ ■ *n.m.* a figure well delineated, a portrait; frontal picture.

مستقبِل /mʊst̪əqbɪl/ ■ *n.m.* **1** future. **2** (***Gram.***) the future tense. مستقبلِ بعید far-off future. مستقبل بینی far-sightedness. مستقبلِ تمام future perfect tense. مستقبلِ دوامی future continuous tense. مستقبلِ قریب near future. مستقبلِ مطلق future indefinite tense. مستقبلِ ناتمام future continuous tense.

مُستقبِلیت /mʊst̪əqbɪlɪjət̪/ ■ *n.f.* futurism.

مُستقر /mʊst̪əqər/ ■ *n.m.* base, permanent abode; centre (of operation), halting place.

مُستقِل /mʊst̪əqɪl/ ■ *adj.* **1** permanent, constant. **2** firm, fixed; unshaken; unshakable. **3** durable. مستقل ارادہ resolve, determination. مستقل اسامی permanent post.

dropsical, oedematous. ■ *n.m.* very thirsty person, one who asks for water to drink.

مُستشار /mʊst̪əʃɑ:r/ ■ *n.m.* one whose counsel is sought, counsellor. مستشارِ قانونی legal adviser.

مُستشرق /mʊst̪əʃrɪq/ ■ *n.m.* orientalist; western expert in oriental learning. (*pl.* مُستشرقین) (*cf.* مُستغرب)

مُستشفیٰ /mʊst̪əʃfɑ:/ ■ *n.m.* hospital, health centre, medical centre.

مُستشفی /mʊst̪əʃfi:/ ■ *n.m.* patient, sick person.

مُستضعف /mʊst̪əzʔɪf/ ■ *adj.* **1** old, frail. **2** (*fig.*) of weak faith or belief.

مستطاب /mʊst̪ət̪ɑ:b/ ■ *adj.* **1** chaste, pure. **2** pleasant, pleasing, good, excellent, agreeable, delectable.

مُستطیع /mʊst̪ət̪i:ʔ/ ■ *adj.* capable, powerful.

مُستطیل /mʊst̪ət̪i:l/ ■ *n.f.* rectangle. ■ *adj.* **1** rectangular. **2** (*fig.*) oblong; long.

مُستطرفہ /mʊst̪əzrəfɑ:/ ■ *adj.* exquisite, refined, neat, chaste.

مُستظہَر /mʊst̪əzhər/ ■ *adj.* aided, supported.

مُستظہِر /mʊst̪əzhɪr/ ■ *adj.* imploring. ■ *n.m.* one who seeks help or support.

مُستعار /mʊst̪əʔɑ:r/ ■ *adj.* borrowed, obtained as a loan.

مُستعبد /mʊst̪əʔbəd̪/ ■ *adj.* **1** difficult, impossible to attain. **2** far-off, remote.

مُستعجب /mʊst̪əʔdʒəb/ ■ *adj.* strange; perplexing.

مُستعجِل /mʊst̪əʔdʒɪl/ ■ *adj.* **1** hastening, hasty, hurried, fast, quick, moving rapidly. **2** (*fig.*) agitated, restless.

مُستعِد /mʊst̪əʔɪd̪/ ■ *adj.* ready or prepared to do some work, prompt, on the alert, quick, alert. مستعِد علم learned.

مُستعِدی /mʊst̪əʔɪd̪i:/ ■ *n.f.* readiness, promptness, alacrity.

مُستعصی /mʊst̪əʔsi:/ ■ *adj.* **1** disobedient; stubborn; rebellious. **2** sinful.

مُستعفی /mʊst̪əʔfi:/ ■ *adj.* resigning, seeking to be relieved (from) a duty or office. مستعفی ہونا to resign.

مُستعمر /mʊst̪əʔmər/ ■ *n.f.* colony. (*pl.* مُستعمرات)

مُستعمل /mʊst̪əʔməl/ ■ *adj.* **1** in use, current, in vogue; employed. **2** used, second-hand.

مُستعملات /mʊst̪əʔməlɑ:t̪/ ■ *n.m.pl.* used things; things in use.

مُستعین /mʊst̪əʔi:n/ ■ *adj.* seeking help. ■ *n.m.* one who

مستول /məstu:l/ ■ *n.m.* 1 mast (of ship or boat). 2 (*fig.*) post used for raising flag. مستول گرانا 1 lower the mast (of). 2 strike sail.

مُستولی /mustə:li:/ ■ *adj.* over and above, overcoming, taking possession (of), dominating, surmounting, predominant; powerful; paramount.

مُستوی /mustəvi:/ ■ *adj.* 1 plane, level; equal. 2 straight, direct. مستوی آئینہ levelled mirror. مستوی سطح plane surface. مستوی نقشہ plane chart.

مُستہام /mustəha:m/ ■ *adj.* astonished, distracted, perplexed.

مُستہزی /mustəhzi:/ ■ *adj.* ridiculing; sarcastic.

مستی /məsti:/ ■ *n.f.* 1 intoxication, drunkenness, ecstasy, frenzy; transport of joy. 2 lust. مستی اٹھنا/آنا/چڑھنا have sexual frenzy. مستی چھانا become intoxicated, be inebriated.

مَسَت /məsət/ ■ *adj.* quiet, silent; meditative. ■ *n.f.* silence.

مُسٹنڈا /mustənda:/ ■ *adj.* (often *derog.*) strong and robust.

مسجد /məsdʒɪd/ ■ *n.f.* masjid, mosque. مسجدِ اقصیٰ Aqsa mosque in Jerusalem. مسجدِ حرام/کعبہ Ka'aba, inviolable place of worship, the grand mosque in Makkah. مسجد شہید کرنا demolish a mosque. مسجدِ ضرار name of a mosque in Medina built by hypocrites which was later demolished. مسجدِ نبوی the mosque in Medina around Prophet Muhammad's mausoleum.

مُسجّع /musədʒdʒəʔ/ ■ *adj.* (***Pros.***) with rhyming words at the end of sentences. مسجع مقفیٰ poem with rhyming words at the end of both verses. (*cf.* مُقفّیٰ)

مُسجّل /musədʒdʒəl/ ■ *adj.* 1 authenticated, stamped or sealed (by a judge); judicially decided and recorded; registered (letter). 2 decorated.

مُسجِّل /musədʒdʒɪl/ ■ *n.m.* registrar; one who can attest.

مسجود /məsdʒu:d/ ■ *adj.* adored, worshipped. ■ *n.m.* any deity.

مسح /məsh/ ■ *n.m.* passing wet hands over the head in ablutions.

مسحور /məshu:r/ ■ *adj.* enchanted, bewitched, fascinated, charmed.

مسحوق /məshu:q/ ■ *adj.* bruised; pounded; powdered.

مسخ /məsx/ ■ *adj.* distorted, deformed, misshapen.

مسخاکہ /məsxa:ka:/ ■ *n.m.* caricature.

مستقل رہنا be firm. مستقل مزاج resolute, determined; of unshakable resolve.

مُستقِلاً /mustəqɪlən/ ■ *adv.* permanently, constantly.

مُستقِلی /mustəqɪli:/ ■ *n.f.* confirmation of an employee on his or her post.

مُستقیم /mustəqi:m/ ■ *adj.* 1 right, straight. 2 erect. مستقیم الاضلاع a rectilinear figure.

مستک /məstək/ ■ *n.f.* 1 forehead; head. 2 summit of mountain. مستک پھر جانا become mad, lose one's senses in anger, despair, frustration, worry or lust.

مُستکبِر /mustəkbɪr/ ■ *adj.* haughty, arrogant, conceited.

مُستکرہ /mustəkreh/ ■ *adj.* disagreeable, abominable.

مُستلذ /mustələz/ ■ *adj.* pleasant, savoury.

مُستلِذ /mustəlɪz/ ■ *n.m.* seeker of pleasure.

مُستلزم /mustəlzəm/ ■ *adj.* necessitated, liable.

مُستمال /mustəma:l/ ■ *adj.* 1 conciliated, soothed. 2 persuaded.

مُستمِد /mustəmɪd/ ■ *adj.* 1 asking assistance. ■ *n.m.* one who petitions for aid. 2 needy, poor person.

مُستمِر /mustəmɪr/ ■ *adj.* permanent, lasting, continuing.

مُستمَع /mustəməʔ/ ■ *adj.* heard, that which is heard.

مستمِع /mustəmeʔ/ ■ *n.m.* hearer, listener.

مُستمند /mustəmənd/ ■ *adj.* 1 sad. 2 needy, poor.

مُستنبط /mustəmbət/ ■ *adj.* extracted, drawn out, derived; selected.

مُستنَد /mustənəd/ ■ *adj.* authoritative, authenticated, genuine; reliable; certified; supported by; incontrovertible.

مُستنِد /mustənɪd/ ■ *n.m.* one who authorizes or authenticates.

مُستنصِر /mustənsɪr/ ■ *adj.* seeking help.

مُستوجِب /mustə:dʒɪb/ ■ *adj.* deserving, meriting, worthy, liable. مستوجب القتل deserving death.

مستُور /məstu:r/ ■ *adj.* covered, veiled; hidden, concealed.

مستُورہ /məstu:ra:/ ■ *adj.* (*fem.* of مستُور). ■ *n.f.* 1 purdah observing woman. 2 (*fig.*) woman. (*pl.* مستُورات)

مستُوری /məstu:ri:/ ■ *n.f.* 1 concealment. 2 (*fig.*) chastity, modesty.

مُستوفی /mustə:fi:/ ■ *adj.* paying or receiving in full (a debt). ■ *n.m.* head clerk; auditor. مستوفی گری clerkship; audit.

مُسکا /mʊskɑː/ ■ n.m. muzzle to prevent cattle from eating.
مُسکان /mʊskɑːn/ ■ n.f. smile.
مسکانا /məskɑːnɑː/ ■ v. rend, tear; split.
مُسکانا /mʊskɑːnɑː/ ■ v. smile, grin.
مُسِکت /mʊskɪt̪/ ■ adj. silencing (retort).
مُسکِر /mʊskɪr/ ■ adj. inebriating, intoxicating. ■ n.m. intoxicating liquor, drug, intoxicant. (pl. مُسکِرات)
مُسکرانا /mʊskʊrɑːnɑː/ ■ v. smile, grin.
مُسکراہٹ /mʊskʊrɑːhəʈ/ ■ n.f. smile.
مسکن /məskən/ ■ n.m. residence, dwelling, abode, habitat.
مُسَکّن /mʊsəkkɪn/ ■ n.m. tranquillizer, soothing drug, anodyne. ■ adj. sedative, tranquillizing.
مسکنا /məsəknɑː/ ■ v. to be torn or rent; (fabric) to have a run giving the appearance of a ladder, warp or weft to break or loosen due to stretching; texture of fabric be loosened.
مسکنت /məskənət̪/ ■ n.f. 1 indigence, wretchedness, poverty. 2 humility, lowliness.
مِسکوٹ /mɪskoːʈ/ ■ n.f. 1 conspiracy; intrigue, plot. 2 mess hall. [E]
مسکوڑا /məskoːɽɑː/ ■ n.m. sudden movement of changing one's side. مسکوڑا لینا/مارنا suddenly roll or turn over one's side in bed.
مسکوک /məskuːk/ ■ adj. (of a coin) stamped.
مسکون /məskuːn/ ■ adj. inhabited, populated.
مسکہ /məskɑː/ ■ n.m. (also مسکا) butter. مسکہ باز flatterer. مسکہ پالش کرنا/لگانا butter up, flatter.
مِسکین /mɪskiːn/ ■ adj. poor, miserable, indigent; meek. (pl. مساکین)
مِسکینی /mɪskiːniː/ ■ n.f. (also مِسکینیت) 1 poverty, indigence. 2 meekness, humility; submissiveness.
مسل /məsəl/ ■ (imper. of مسلنا). ■ n.f. treading, rubbing. used in comp. as: مسل ڈالنا trample or crush.
مِسل /mɪsl/ ■ n.f. file; record (of case). مسل خواں reader (of a court). مسل مرتب کرنا prepare a file; compile the records of a case.
مُسَلّح /mʊsəlləh/ ■ adj. armed; equipped. مسلح افواج armed forces.
مسلخ /məsləx/ ■ n.m. slaughterhouse, abattoir.
مُسَلسَل /mʊsəlsəl/ ■ adj. 1 continuous, constant, successive, consecutive. 2 in chains, fettered. ■ adv.

مُسَخّر /mʊsəxxər/ ■ adj. conquered, won, won over; made subservient.
مسخرہ /məsxərɑː/ ■ n.m. jester, joker, buffoon, wag. مسخرہ پن buffoonery, clownery, facetiousness.
مسخری /məsxəriː/ ■ n.f. (also مسخرگی) 1 jesting, clownishness. 2 jesting woman. مسخری کرنا make jest or fun. مسخری میں اڑانا/ٹالنا put off in joke, treat as a joke.
مُسَدّس /mʊsəddəs/ ■ adj. composed of six, six-sided, hexagonal. ■ n.m. 1 (**Poet.**) sixain, a poem comprising six-line stanzas, hexameter. 2 hexagon, six-sided figure.
مسدُود /məsduːd/ ■ adj. closed, shut; obstructed. مسدود کرنا close, obstruct. مسدود ہونا be closed or stopped; be obstructed.
مسرّت /məsərrət̪/ ■ n.f. pleasure, joy, cheerfulness, rapture, delight, gladness.
مُسرِع /mʊsreʔ/ ■ n.m. 1 one in a hurry. 2 accelerator.
مُسرِف /mʊsrɪf/ ■ adj. extravagant, prodigal, lavish, wasteful.
مسرور /məsruːr/ ■ adj. happy, glad, pleased, cheerful, delighted.
مسروقہ /məsruːqɑː/ ■ adj. (also مسرُوق) stolen, pinched, pilfered. مسروقہ مال stolen property.
مُسطّح /mʊsət̪t̪əh/ ■ adj. spread out; made even; plane, level, even. ■ n.m. an open plain. مسطح زاویہ plane angle.
مُسطّحہ /mʊsət̪t̪əhɑː/ ■ n.m. plane table; levelled ground.
مِسطر /mɪst̪ər/ ■ n.m. 1 ruler, measuring tape; strip used for measurement of length. 2 a ruled paper.
مسطُور /məst̪uːr/ ■ adj. 1 written; aforesaid. 2 lined.
مسطُول /məst̪uːl/ ■ n.m. (var. of مستُول) mast of ship or boat.
مسعُود /məsʔuːd/ ■ adj. prosperous, happy; fortunate, lucky; blessed, auspicious.
مسقط /məsqət̪/ ■ n.m. 1 place of falling. 2 place of birth. ■ pr.n.m. Muscat, capital of Oman. مسقطُ الراس (fig.) place of birth, native country.
مُسقّف /mʊsəqqəf/ ■ adj. having a ceiling or roof, roofed.
مسک /məsək/ ■ n.f. ladder or run in a cloth due to break in or loosening of; a tear, rent, pinch, squeeze. مسک جانا be torn or rent.
مُسک /mʊsk/ ■ n.m. (corr. of مُشک) musk.
مسکا /məskɑː/ ■ n.m. butter. See مسکہ.

demolished, razed, ruined. مسمار کرنا demolish.
مِسماری /mɪsmɑ:ri:/ ■ *n.f.* demolition, destruction.
مِسماع /mɪsmɑ:ʔ/ ■ *n.m.* listening device. مسماعُ الصدر stethoscope.
مُسمُسا /musmusɑ:/ ■ *adj.* having air of humility and innocence, designedly or perversely silent; cunning. (*fem.* مُسمُسی)
مسمسانا /məsməsɑ:nɑ:/ ■ *v.* **1** breath hard or heavily. **2** suppress one's sentiments from fear or awe. **3** grumble, murmur.
مُسمّن /musəmmən/ ■ *adj.* fat, obese.
مسموع /məsmu:ʔ/ ■ *adj.* heard, listened to; audible.
مسموم /məsmu:m/ ■ *adj.* poisoned, venomous.
مُسمّیٰ /musəmmɑ:/ ■ *adj.* named, denominated, entitled, called.
مُسمّی /musəmmi:/ ■ *n.m.* word used before the name of a man, as: مسمی جمیل.
مُسِن /musɪn/ ■ *adj.* aged, advanced in years, old.
مسند /məsnəd̪/ ■ *n.f.* **1** masnad, masnud, throne. **2** seat. **3** large cushion. **4** seat of honour. **5** academic chair. مسند آرا رنشین enthroned, reigning. مسند آرائی رنشینی accession to the throne or a seat of honour. مسندِ شاہی ceremonial chair for a sovereign. مسندِ فضیلت seat of honour. مسند کا گدھا puppet king, a rich fool.
مُسند /musnəd̪/ ■ *n.m.* (***Gram.***) attribute or predicate (of a sentence). ■ *adj.* attributed (to); predicated (of). مُسندالیہ that to which something is attributed; the subject (of a sentence).
مسنون /məsnu:n/ ■ *adj.* (***Islam***) as practised by Prophet Muhammad.
مِسواک /mɪsvɑ:k/ ■ *n.f.* short dry twig chewed and used to clean teeth.
مُسوّدہ /musəvvəd̪ɑ:/ ■ *n.m.* manuscript, draft, bill (of a proposed law); sketch. مسودہ کرنا make a draft.
مسور /məsu:r/ ■ *n.f.* lentil, a kind of pulse or dal. مسور کی دال lentil when husked. مسورِ مسلّم (also کھڑی مسور) this daal when unhusked.
مسوڑھا /məsu:ɽʰɑ:/ ■ *n.m.* (also مسوڑا) gum, firm area of the flesh around the roots of the teeth.
مسوڑھے /məsu:ɽʰe:/ ■ *n.m.* (*pl. & infl.* of مسوڑھا) gums. مسوڑھے پھولنا inflammation of the gums, gingivitis.

consecutively, continuously. ■ *n.f.* **1** a Hadith that contains an extra element of information about the way the Hadith is being transmitted at every link of the chain of narrators. **2** a kind of lace. مسلسل جدوجہد constant struggle, continuous effort. مسلسل عنوان running title, running head.
مُسلّط /musəllət̪/ ■ *n.m.* conquest; conqueror; governor. ■ *adj.* **1** having sway or domination (over); having mastery or overlordship. **2** conquered; subdued. **3** appointed, set (over).
مسلک /məslək/ ■ *n.m.* **1** way, path. **2** doctrine; rule of conduct. **3** tenet. **4** (***Islam***) school of jurisprudence. (*pl.* مسالک)
مُسلم /muslɪm/ ■ *n.m.* Muslim, follower of Islam. (*fem.* مُسلمہ) (*pl.* مُسلمین)
مُسلّم /musəlləm/ ■ *adj.* (also مُسلّمہ) **1** accepted, admitted, conceded, granted; undoubted. **2** preserved, kept safe. **3** full, whole, complete. **4** indisputable, true, certain. مسلّم الثبوت proven and acknowledged.
مُسلمان /musəlmɑ:n/ ■ *n.m.* Muslim, Moslem. (*pl.* مُسلمانان)
مُسلمانی /musəlmɑ:ni:/ ■ *n.f.* **1** belief in or adherence to Islam, state of being a Muslim. **2** (also مُسلمانیاں) circumcision. مسلمانی کرنا circumcise. مسلمانی ہونا be circumcised.
مُسلمہ /muslɪmɑ:/ ■ *n.f.* Muslimah, a Muslim woman.
مسلنا /məsəlnɑ:/ ■ *v.* **1** crush, rub; squeeze, press. **2** ruin, destroy.
مسلوب /məslu:b/ ■ *adj.* **1** (something) snatched, seized or spoiled. **2** (someone) deprived of. مسلوبُ الحواس of unsound mind, deprived of senses. مسلوبُ العقل dotard; deprived of understanding, mad, senile, demented.
مسلوک /məslu:k/ ■ *adj.* **1** walked, trodden, beaten (path). **2** favoured.
مسلول /məslu:l/ ■ *adj.* consumptive, suffering from tuberculosis of the lungs.
مِسلی /mɪsli:/ ■ *n.m.* notorious criminal whose name is on the police record.
مُسمّاۃ /musəmmɑ:t̪/ ■ *n.f.* woman; a word or an appellation used before the name of a woman, as: مسماۃ جمیلہ.
مِسمار /mɪsmɑ:r/ ■ *n.m. & f.* nail, peg, pin. ■ *adj.*

مسوس /məso:s/ ■ (*imper*. of مسوسنا). ■ *n.m.* twist, squeeze. مسوس کررہ جانا suffer patiently.

مسوسنا /məso:snɑ:/ ■ *v*. **1** squeeze, wring. **2** twist (heart) owing to grief, grieve, regret.

مسہری /məsæhri:/ ■ *n.f.* large bedstead, sometimes canopied.

مُسہِل /mʊshɪl/ ■ *adj.* purgative, laxative, cathartic, aperient. مسہل دینا administer a purgative. مسہل لینا take a purgative.

مسئلہ /məsəla:/ ■ *n.m.* **1** problem, issue, question, a matter or affair. **2** (***Geom.***) theorem. **3** tenet, maxim, proposition. مسئلۂ ارتقا theory of evolution. مسئلہ داں one well-versed in religious doctrines. مسئلۂ فیثاغورث Pythagoras' theorem. (*pl.* مسائل)

مسئول /məsu:l/ ■ *adj.* **1** questioned, asked. **2** responsible, answerable; one liable to be questioned.

مِسی[1] /mɪsi:/ ■ *adj.* **1** made of copper. **2** of copper colour. مسی جوش کرنا repair a vessel with a copper patch. [P]

مِسی[2] —— ■ *adj.* of inferior grain. [S]

مِسّی /mɪssi:/ ■ *n.f.* black herbal powder formerly used as tooth powder and stainer of teeth and lips. مسی جمانا apply layer of *missi* on lips and teeth. مسی کاجل کرنا apply cosmetics. مسی کی دھڑی layer or stain of *missi* on the lips and teeth.

مسیح /məsi:h/ ■ *adj.* **1** blessed. **2** (*fig.*) life giving. ■ *pr.n.m.* Christ, Messiah. مسیح موعود the promised Messiah.

مسیحا /məsi:hɑ:/ ■ *adj.* of the nature or disposition of a Messiah ■ *n.m.* **1** Messiah, healer. **2** physician, doctor. مسیحانفس **1** possessed of the healing breath like that of Jesus. **2** skilful physician.

مسیحائی /məsi:hɑ:i:/ ■ *n.f.* healing power. مسیحائی کرنا **1** heal the sick. **2** (*fig.*) give comfort or solace.

مسیحی /məsi:hi:/ ■ *n.m.* & *adj.* Christian. مسیحی آبادی Christian population.

مسیں /məsẽ:/ ■ *n.f.pl.* facial hair which appear in early youth. مسیں بھیگنا facial hair to appear.

مسینا /məsi:nɑ:/ ■ *n.m.* (also مسین) kind of cheap grain.

مُشابہ /mʊʃɑ:beh/ ■ *adj.* like, similar, resembling.

مُشابہت /mʊʃɑ:bæhət̪/ ■ *n.f.* resemblance, similarity, likeness. مشابہت رکھنا bear or have resemblance (to).

مُشاتمت /mʊʃɑ:t̪əmət̪/ ■ *n.f.* (also مُشاتمۃ) reproach, abusing, reviling, vilifying.

مُشار /mʊʃɑ:r/ ■ *adj.* signified, pointed to or at, indicated. مشارالیہ the aforesaid, related or indicated or referred to earlier.

مشارب /məʃɑ:rɪb/ ■ *n.m.* (*pl.* of مشرب) **1** drinks. **2** (*fig.*) tenets.

مشارق /məʃɑ:rɪq/ ■ *n.m.* (*pl.* of مشرق) countries or areas in the direction of east.

مُشارک /mʊʃɑ:rɪk/ ■ *n.m.* partner, sharer.

مُشارکت /mʊʃɑ:rəkət̪/ ■ *n.f.* partnership, fellowship, association.

مشّاطگی /məʃʃɑ:ʈəgi:/ ■ *n.f.* profession or occupation of a beautician; art of preparing a bride.

مشّاطہ /məʃʃɑ:ʈɑ:/ ■ *n.f.* (also ماشِطہ) **1** bride's maid; female beautician. **2** female messenger or matchmaker.

مُشاعرہ /mʊʃɑ:ʔærɑ:/ ■ *n.m.* (also مشاعِرہ) mushaira, meeting at which poets recite their poetry.

مشاغِل /məʃɑ:ɣɪl/ ■ *n.m.* (*pl.* of مشغلہ) hobbies; occupations.

مُشافِہہ /mʊʃɑ:fəhɑ:/ ■ *n.m.* one speaking face to face or speaking to one's face.

مشّاق /məʃʃɑ:q/ ■ *adj.* well-versed, expert, adept. ■ *n.m.* an adept or expert.

مشّاقی /məʃʃɑ:qi:/ ■ *n.f.* expertise, proficiency.

مشاکِل /məʃɑ:kɪl/ ■ *n.m.* (*pl.* of مُشکل) difficulties, problems.

مشام /məʃɑ:m/ ■ *n.m.* **1** the smell, sense of smelling. **2** organ of smell. مشامِ جاں (*fig.*) mind; thought.

مُشاورت /mʊʃɑ:vərət̪/ ■ *n.f.* mutual consultation.

مُشاہِد /mʊʃɑ:hɪd̪/ ■ *n.m.* observer. (*pl.* مُشاہِدین)

مُشاہدہ /mʊʃɑ:həd̪ɑ:/ ■ *n.m.* (also مُشاہدہ) **1** observation; witnessing; survey. مشاہدہ کار surveyor, observer. مشاہدہ کرنا observe, behold. (*pl.* مُشاہدات)

مُشاہرہ /mʊʃɑ:hərɑ:/ ■ *n.m.* monthly salary, emoluments, pay, wages, allowance. مشاہرہ بالقطع consolidated or fixed salary, lump sum payment.

مشاہیر /məʃɑ:hi:r/ ■ *n.m.* (*pl.* of مشہور) famous persons, celebrities.

مشائخ /məʃɑ:ɪx/ ■ *n.m.* (*pl.* of شیخ) **1** elders. **2** scholars, the learned persons. **3** patriarchs. **4** Sufis, mystics, holy persons, dervishes. **5** (as *sing.*) Sufi, religious guide.

مشائخانہ /məʃɑ:ɪxɑ:nɑ:/ ■ *adj.* & *adv.* **1** of or relating to holy persons; in the manner of holy persons. **2** like

مُشتق /mʊʃt̪əq/ ■ *adj.* derived from. ■ *n.m.* derivative. مشتق ہونا be derived. (*pl.* مُشتقات)

مُشتمِل /mʊʃt̪əmɪl/ ■ *adj.* containing, including, comprising; inclusive (of). مشتمل ہونا contain; consist (of), comprise.

مُشتہر /mʊʃt̪əhər/ ■ *adj.* advertised, made public, proclaimed, announced. مشتہر کرنا advertise, make public.

مُشتہِر /mʊʃt̪əhɪr/ ■ *n.m.* advertiser. (*pl.* مُشتہرین)

مُشتہی /mʊʃt̪əhi:/ ■ *adj.* 1 appetizing. 2 longing (for), desiring. ■ *n.m.* tonic; a medicine that promotes appetite.

مُشتی /mʊʃt̪i:/ ■ *n.f.* 1 handful; small number or quantity. 2 fine cotton or silk garment.

مُشتے /mʊʃt̪e:/ ■ *adj.* being a handful, little, a few. مشتے نمونہ از خروارے small sample (from a large mass).

مِشٹ /mɪʃʈ/ ■ *adj.* 1 sprinkled; wet, moistened. 2 sweet, sugary; pleasant. 3 savoury, dainty, delicate. ■ *n.m.* sweetmeat; dainty and savoury dish.

مِشٹان /mɪʃʈɑ:n/ ■ *n.m.* sweetmeats; delicious food.

مُشٹنڈا /mʊʃʈənɖɑ:/ ■ *adj.* (*corr.* of مُسٹنڈا) stout. (*fem.* مُشٹنڈی)

مُشجّر /mʊʃədʒdʒər/ ■ *adj.* embroidered with a pattern of trees, shrubs, leaves and flowers. ■ *n.m.* silk cloth with such patterns; tapestry.

مُشخّص /mʊʃəxxəs/ ■ *adj.* 1 specified, defined. 2 estimated. 3 individualized, stipulated or fixed for a specific person. مشخص کرنا 1 specify. 2 individualize, individuate; define, ascertain. مشخص ہونا be specified for a particular person.

مُشدّد /mʊʃəd̪d̪əd̪/ ■ *adj.* (letter) doubled, represented by the diacritical mark *tashdeed* (ّ) over it.

مِشر /mɪʃər/ ■ *n.m.* 1 title of respect (used at the end or beginning of a proper name, esp. that of scholar). 2 sir; form of address to Brahman. 3 a respectable man, gentleman. ■ *adj.* mixed, compound, mingled, blended; joined; united. (*fem.* مِشرانی)

مَشرب /məʃrəb/ ■ *n.m.* 1 place of drinking water, drinking-place. 2 way of life; belief, persuasion; religion. 3 nature, disposition. (*pl.* مشارِب)

مشربہ /məʃrəbɑ:/ ■ *n.m.* 1 drinking place. 2 banqueting-room, dining room; parlour.

elders, patriarchal.

مشائخی /məʃɑ:xi:/ ■ *n.f.* holiness, piety, sanctity.

مشّائی /məʃʃɑ:i:/ ■ *adj.* 1 Aristotelian. 2 (*literal*) peripatetic, itinerant, going from place to place. (*pl.* مشّائین)

مشایع /məʃɑ:jeʔ/ ■ *n.m.* (also مشائع) follower.

مُشایعت /mʊʃɑ:jəʔət̪/ ■ *n.f.* (also مُشائعت) 1 following, accompanying departing person to some distance. 2 going with funeral procession.

مُشبّک /mʊʃəbbək/ ■ *adj.* latticed, netted, perforated, reticulated, grated. ■ *n.m.* grated or latticed window.

مُشبّہ /mʊʃəbbɑ:/ ■ *adj.* that to which something is compared or likened. مشبہ بہ that which is compared or likened.

مُشت /mʊʃt̪/ ■ *n.f.* 1 fist; blow with the clenched fist. 2 handful. مشتِ استخواں 1 mere skeleton. 2 (*fig.*) very weak body. مشت بھر a handful. مشتِ خاک/غبار 1 handful of dust. 2 (*fig.*) man. مشت زن 1 one who strikes with the fist, boxer, bruiser, pugilist. 2 masturbator. مشت زنی 1 boxing, fisticuffs. 2 masturbation, onanism. مشت مال wrestlers' body massage.

مُشتاق /mʊʃt̪ɑ:q/ ■ *n.m.* lover. ■ *adj.* desirous, longing, yearning (for), eager, fond, keen, ardent. مشتاق ہونا be fond of, long for, be desirous (of).

مُشتاقانہ /mʊʃt̪ɑ:qɑ:nɑ:/ ■ *adv.* desiringly, eagerly; keenly, ardently.

مُشتاقی /mʊʃt̪ɑ:qi:/ ■ *n.f.* fondness; longing.

مُشتبہ /mʊʃt̪əbɑ:/ ■ *adj.* doubtful, ambiguous, dubious; obscure; suspicious. (قرضہ جات) مشتبہ الوصول (debts) of doubtful recovery. (*pl.* مُشتبہات)

مُشترک /mʊʃt̪ərək/ ■ *adj.* joint; common. مشترک اقدار common values.

مُشترِک /mʊʃt̪ərɪk/ ■ *n.m.* partner; accomplice.

مُشترکہ /mʊʃt̪ərəkɑ:/ ■ *adj.* common, joint; held in partnership. مشترکہ اعلامیہ joint communiqué. مشترکہ خاندان extended family. مشترکہ طور پر jointly.

مُشتری /mʊʃt̪əri:/ ■ *n.m.* purchaser, buyer. ■ *pr.n.m.* the planet Jupiter.

مُشتعِل /mʊʃt̪əʔɪl/ ■ *adj.* 1 flaming, blazing; kindled. 2 (*fig.*) enraged; excited. مشتعل مزاج irascible, passionate; quarrelsome. مشتعل ہجوم enraged crowd. مشتعل ہوکر under provocation. مشتعل ہونا be enraged.

مشعل راہ 1 street light. 2 (*fig.*) leader or leading rules.

مشعلچی /məʃʔəltʃi:/ ■ *n.m.* 1 mussalchee, torch-bearer. 2 one who lights a torch.

مشغلہ /məʃɣəlɑ:/ ■ *n.m.* 1 pastime, hobby. 2 occupation, vocation. (*pl.* مشاغل)

مشغول /məʃɣu:l/ ■ *adj.* occupied, busy, engaged.

مشغولیت /məʃɣu:lɪjət/ ■ *n.f.* preoccupation; being occupied (with).

مُشفِق /mʊʃfɪq/ ■ *adj.* kind, affectionate, considerate, gracious. ■ *n.m.* friend. مشفق ومہربان affectionate and kind friend.

مُشفِقانہ /mʊʃfɪqɑ:nɑ:/ ■ *adv. & adj.* kindly, affectionately; friendly; in a friendly manner.

مشق /məʃq/ ■ *n.f.* exercise, practice. مشقِ ستم cruelty, tyranny. مشقِ سخن poetry. مشق کرنا exercise; practice. مشق ہونا have practice; be skilled (in).

مِشقاب /mɪʃqɑ:b/ ■ *n.f.* (also مُشقاب) dish, large plate.

مشقت /məʃəqqət/ ■ *n.f.* (also مُشقّت) labour, toil, pains. مشقتِ شدید hard labour, rigorous labour.

مشقی /məʃqi:/ ■ *n.f.* paper or small plank for practising calligraphy. ■ *adj.* of or relating to مشق, practical. مشقی کتاب exercise book.

مشک /məʃk/ ■ *n.f.* leather bag for carrying water, water-bag.

مُشک /mʊʃk/ ■ *n.f.* (also مُسک) musk. مُشک آنست کہ خود ببوید، نہ کہ عطار بگوید self-praise is no recommendation. مشک برزخم افشاندن torture, torment. مشکِ بلّار/بلاّو/ربلّی civet, catlike nocturnal animal from which a musky perfume is obtained. مشک بو scented with musk. مشکِ تاتار/ختن/خطا musk obtained from the deer of China. مشکِ تر pure musk. مشک راکافور کرد black hair turned grey, i.e. grew old. مشک فام jet black. مشکِ نافہ pod of musk.

مُشکِّک /mʊʃəkkɪk/ ■ *adj.* sceptical; unbelieving; doubtful; incredulous; hard to convince. ■ *n.m.* sceptic.

مُشکِل /mʊʃkɪl/ ■ *adj.* hard, difficult; intricate. ■ *n.f.* difficulty, hardship; intricacy. مشکل آسان کرنا remove difficulty; solve a problem. مشکل آسان ہونا 1 difficulty be removed. 2 it is said when a person dies after suffering long agony. مشکل بچہ (***Psych.***) problem child. مشکل پڑنا difficulty to arise. مشکل پسند enjoying difficult tasks; a person who undertakes such tasks; one who

مُشرّح /mʊʃərrəh/ ■ *adj.* detailed, explained, annotated, with commentary, with exegesis.

مُشرّع /mʊʃərrəʔ/ ■ *adj.* religious, strictly observing Sharia.

مشرف /məʃrəf/ ■ *n.m.* high place; exalted rank.

مُشرِف /mʊʃrɪf/ ■ *n.m.* 1 observer, examiner, inspector. 2 clerk or officer (in treasury) who authenticates accounts and writings.

مُشرّف /mʊʃərrəf/ ■ *adj.* exalted, honoured, ennobled. مشرف بہ اسلام کرنا/ہونا convert to Islam. مشرف کرنا exalt, honour. مشرف کروانا do (one) some honour. مشرف ہونا be exalted, be honoured.

مشرق /məʃrɪq/ ■ *n.m.* the east; the orient. مشرقِ ادنیٰ Asia Minor. مشرقِ اقصیٰ/بعید Far East. مشرقِ قریب Near East. مشرقِ وسطیٰ Middle East. مشرق ومغرب the whole world. (*pl.* مشارق)

مشرقی /məʃrɪqi:/ ■ *adj.* of the east, eastern, oriental. مشرقی اقدار/روایات eastern values. مشرقی تعلیم/علوم oriental studies. مشرقی زبانیں oriental languages.

مشرقَین /məʃrɪqæ:n/ ■ *n.m.pl.* (*fig.*) the east and the west.

مُشرِک /mʊʃrɪk/ ■ *n.m.* polytheist, one who denies the unity of God; idolater. (*pl.* مُشرِکین)

مشروب /məʃru:b/ ■ *n.m.* drink, beverage. ■ *adj.* drinkable. (*pl.* مشروبات)

مشروح /məʃru:h/ ■ *adj.* 1 explained, elucidated; illustrated. 2 above-mentioned; aforesaid.

مشروط /məʃru:ṭ/ ■ *adj.* conditional, contingent. (سے) مشروط ہونا be conditional on.

مشروطاً /məʃru:ṭən/ ■ *adv.* conditionally.

مشروع /məʃru:ʔ/ ■ *adj.* 1 legal, lawful, legitimate; permissible. 2 (***Islam***) confirming to or prescribed by the Sharia. ■ *n.m.* a kind of cloth made of silk and cotton.

مشعر /məʃʔər/ ■ *n.m.* 1 external sense (as hearing or seeing). 2 place dedicated to religious ceremonies. مشعرالحرام place near Makkah where pilgrims sacrifice animals and get shaved after performing Hajj.

مُشعِر /mʊʃʔɪr/ ■ *n.m.* one who signifies, indicates, makes signs or gives information.

مشعل /məʃʔəl/ ■ *n.f.* mussal, torch, flambeau, brand. مشعل افروز torch lighter. مشعل بردار torch-bearer.

writes complex and difficult prose or poetry. مشکل پسندی fondness of difficult styles or tasks. مشکل سے hardly, scarcely; with difficulty. مشکل کُشا **1** one who removes difficulties, disperser or solver of difficulties. **2** title of Hazrat Ali, the fourth Rightly Guided Caliph. مشکل کُشائی solving or removal of difficulties. مشکل میں پڑنا get into difficulty. (*pl.* مُشکِلات)

مُشکّل /mʊʃəkkəl/ ■ *adj.* **1** embodied, incarnate. **2** (book, esp. the Qur'an) with diacritical marks on all letters. **3** formed; well-shaped.

مِشکوٰۃ /mɪʃkɑ:t̪/ ■ *n.f.* (also مِشکات) **1** lamp-stand; lantern; glass-shade of lamp; glass-chimney; chandelier. **2** (***Islam***) name of a famous book of Hadith, also known as: مشکوٰۃُ المصابیح.

مشکُور /məʃku:r/ ■ *adj.* grateful, thankful, thanked, obliged; praised; acknowledged; appreciated.

مشکُوک /məʃku:k/ ■ *adj.* doubtful, dubious; uncertain.

مُشکوے /mʊʃko:e:/ ■ *n.m.* **1** temple. **2** (*fig.*) palace.

مُشکی /mʊʃki:/ ■ *adj.* **1** of or relating to musk; musky. **2** dark like musk; dark-complexioned. ■ *n.m.* black horse. مشکی دانہ musk-scented chewing tobacco.

مشکیزہ /məʃki:zɑ:/ ■ *n.m.* small leather bag for carrying water.

مُشکیں /mʊʃkĩ:/ ■ *adj.* musky, smelling like musk.

مُشکیں /mʊʃkẽ:/ ■ *n.f.pl.* both the arms or shoulders. مشکیں باندھنا/کسنا tie the arms behind the back, pinion.

مشلُول /məʃlu:l/ ■ *adj.* dried up; withered (hand or arm), paralytic, paralysed. ■ *n.m.* a paralysed person.

مشمول /məʃmu:l/ ■ *adj.* (also مشمولہ) contained, surrounded, included in; common; counted. (*pl.* مشمولات)

مشموم /məʃmu:m/ ■ *adj.* smelled; odoriferous, fragrant, perfumed. ■ *n.m.* perfume, scent. (*pl.* مشمومات)

مشورہ /məʃvərɑ:/ ■ *n.m.* advice, consultation, counsel. مشورہ کرنا consult (with); deliberate. مشورہ لینا take advice, consult. مشورہ ہونا arrive at conclusion after discussion. مشورۂ مجرمانہ criminal conspiracy.

مُشوّش /mʊʃəvvəʃ/ ■ *adj.* anxious; disturbed, perplexed, uneasy.

مشوی /məʃvi:/ ■ *adj.* roasted.

مشہد /məʃhəd̪/ ■ *n.m.* **1** place where someone is martyred, graveyard of martyrs. **2** place of religious visitation. ■ *pr.n.m.* (also مشہدِ مقدس) a city in Iran where Imam Ali Raza is buried.

مشہود /məʃhu:d̪/ ■ *adj.* **1** proved, attested, evinced, witnessed. **2** clear, manifest.

مشہور /məʃhu:r/ ■ *adj.* famous, well known, noted, celebrated. مشہورِ روزگار/زمانہ/عالم world famous. مشہور کرنا announce, proclaim, give out, advertise, publish. مشہور و معروف reputed. مشہور ہونا become famous (or notorious), be made public. (*pl.* مشاہیر)

مشہوری /məʃhu:ri:/ ■ *n.f.* **1** fame, reputation; notoriety. **2** (*slang*) advertisement.

مُشہّی /mʊʃəhhi:/ ■ *adj.* **1** appetizing, promoting appetite. **2** provocative; lascivious.

مشی /məʃi:/ ■ *n.f.* walking, going. مشی فی النوم sleepwalking, somnambulism.

مشِیّت /məʃɪjjət̪/ ■ *n.f.* will, wish, pleasure, used particularly for divine will. مشیتِ الٰہی/ایزدی/پروردگار/حق the will of God; scheme of things as willed by God.

مشیج /məʃi:dʒ/ ■ *adj.* mixed, blended, mingled. ■ *n.m.* sperm that has fertilized an ovum.

مشیخت /məʃi:xət̪/ ■ *n.f.* **1** seniority. **2** boast, vanity, pride. مشیخت کرکری ہونا someone's pride be humbled. مشیخت آب vainglorious.

مُشیر /mʊʃi:r/ ■ *n.m.* adviser, counsellor, consultant. مشیرُ الدولہ state adviser. مشیرِ خاص privy counsellor; special consultant. مشیرِ قانونی legal adviser. مشیرِ مال financial adviser.

مشیمہ /məʃi:mɑ:/ ■ *n.f.* amnion, the membrane that envelops the foetus inside the womb.

مشین /məʃi:n/ ■ *n.f.* **1** machine; machinery; sewing or washing machine. **2** administrative body. **3** internal system of human body, human or animal body structure. [E]

مُشیّن /mʊʃəjjən/ ■ *adj.* stately, dignified, splendid.

مشینی /məʃi:ni:/ ■ *adj.* mechanical, pertaining to machine. [E]

مص /məs/ ■ *n.m.* act of sucking.

مُصابرت /mʊsɑ:bərət̪/ ■ *n.f.* patience, endurance.

مُصاحِب /mʊsɑ:hɪb/ ■ *n.m.* **1** companion. **2** attendant; courtier, aide-de-camp. (*pl.* مُصاحبین)

مُصاحبت /mʊsɑ:həbət̪/ ■ *n.f.* (also مُصاحبی) companionship, sections or chapters. **2** (***Islam***) the Qur'an. **3** the holy scriptures or books revealed from God. **4** (*fig.*) face; cheeks (of beloved). (*pl.* مُصاحف)

مصحُوب /məshu:b/ ■ *adj.* associated, accompanied.

مِصداق /mɪsd̪ɑ:q/ ■ *n.m.* proof, evidence; testimony.

مصدر /məsd̪ər/ ■ *n.m.* **1** source, origin. **2** (***Gram.***) infinitive, basic form of verb (e.g. آنا،جانا). مصدرلازم intransitive infinitive. مصدرِمتعدی transitive infinitive. (*pl.* مصادر)

مصدری /məsd̪əri:/ ■ *adj.* **1** belonging to the source, basic. **2** of or relating to infinitive, infinitive, infinitival.

مُصدِّع /mʊsəd̪d̪eʔ/ ■ *adj.* troublesome; creating headache.

مُصدّق /mʊsəd̪d̪əq/ ■ *adj.* attested, verified, authenticated.

مُصدِّق /mʊsəd̪d̪ɪq/ ■ *n.m.* verifier, affirmer.

مُصدّقہ /mʊsəd̪d̪əqɑ:/ ■ *adj.* (*fem.* of مُصدّق) مصدقہ نقل true copy, attested copy.

مصدُور /məsd̪u:r/ ■ *adj.* issued; derived; derivative.

مصدُوق /məsd̪u:q/ ■ *adj.* authenticated, proven true or genuine.

مِصر /mɪsr/ ■ *n.m.* large city. ■ *pr.n.m.* Egypt. (*pl.* اَمصار)

مُصِر /mʊsɪr/ ■ *adj.* insistent, adamant, unyielding.

مِصران /mɪsrɑ:n/ ■ *n.m.pl.* (*fig.*) the cities of Kufah and Basra in Iraq.

مُصرّح /mʊsərrəh/ ■ *adj.* elaborated, elucidated; clarified. (*fem.* مُصرّحہ)

مِصرع /mɪsrəʔ/ ■ *n.m.* (also مِصراع،مِصرعہ) single line of a poem, half of a couplet. مصرع اٹھانا **1** sing (verse) loudly. **2** repeat the reciting poet's line as a sign of appreciation. مصرعِ طرح line set for composition of verse or ghazal. مصرع لگانا complete a couplet by adding one's own line to a given line. (*pl.* مصاریع)

مصرف /məsrəf/ ■ *n.m.* **1** expense, expenditure, disbursement. **2** use, utilization; usefulness. (*pl.* مصارِف)

مُصرِف /mʊsrɪf/ ■ *adj.* prodigal, spendthrift, extravagant.

مصرُوع /məsru:ʔ/ ■ *adj.* epileptic, afflicted with or suffering from epilepsy.

مصرُوف /məsru:f/ ■ *adj.* busy, preoccupied; employed, engaged in some work, occupied. مصروف ہونا be busy, be engaged (in).

مصرُوفیت /məsru:fijət̪/ ■ *n.f.* engagement, preoccupation. society, familiarity, communion. مصاحبت کرنا be in attendance of, keep company.

مصاحِف /məsɑ:hɪf/ ■ *n.m.* (*pl.* of مُصحف) **1** books; volumes. **2** sacred books. **3** (***Islam***) sura or pages of the Holy Qur'an. **4** (*fig.*) cheeks (esp. of beloved).

مصادِر /məsɑ:d̪ɪr/ ■ *n.m.* (*pl.* of مصدر) **1** sources. **2** (***Gram.***) infinitives.

مُصادقت /mʊsɑ:d̪əqət̪/ ■ *n.f.* mutual and sincere friendship.

مُصادمت /mʊsɑ:d̪əmət̪/ ■ *n.f.* beating one another; collision.

مُصارعت /mʊsɑ:rəʔət̪/ ■ *n.f.* wrestling, any contest.

مصارِف /məsɑ:rɪf/ ■ *n.m.* (*pl.* of مصرف) expenses, expenditure; cost. مصارفِ بیجا improper or unnecessary expenses. مصارفِ قائمہ standing charges.

مصاعب /məsɑ:ʔɪb/ ■ *n.m.pl.* difficulties, hardships.

مصاف /məsɑ:f/ ■ *n.m.* **1** rows of an army. **2** (*fig.*) (i) battlefield. (ii) fight, battle.

مُصافات /mʊsɑ:fɑ:t̪/ ■ *n.f.* friendship, friendly relations.

مُصافحہ /mʊsɑ:fəhɑ:/ ■ *n.m.* handshake. مصافحہ کرنا shake hands, shake (someone) by the hand.

مصاقِل /məsɑ:qɪl/ ■ *n.m.* (*pl.* of مِصقلہ) abrasive or polishing tools used to remove rust.

مصالِح /məsɑ:leh/ ■ *n.m.* (*pl.* of مصلحت) prudences.

مُصالحت /mʊsɑ:ləhət̪/ ■ *n.f.* pacification; reconciliation, compromise, adjustment. مصالحت کرانا reconcile, effect a reconciliation. مصالحت کرنا compromise, make peace (with), become reconciled (to), adjust.

مصالِحہ /məsɑ:lehɑ:/ ■ *n.m.* (also مسالا،مصالح) **1** masala, spice; ingredients. **2** construction material, mortar. **3** material used in embroidery or for designing clothes. (*pl.* مصالحہ جات)

مصائب /məsɑ:ɪb/ ■ *n.m.* (*pl.* of مُصیبت) misfortunes, difficulties, hardships.

مِصباح /mɪsbɑ:h/ ■ *n.m.* lamp; lantern; light. (*pl.* مصابیح)

مُصبّر /mʊsəbbər/ ■ *n.f.* **1** aloes, purgative drug made from aloe juice. **2** aloe, a kind of plant with erect spikes of flowers and bitter juice.

مُصبّغ /mʊsəbbəɣ/ ■ *adj.* coloured; multicoloured.

مُصحّح /mʊsəhhɪh/ ■ *n.m.* one who revises or corrects, proofreader; verifier.

مُصحّحہ /mʊsəhhəhɑ:/ ■ *adj.* corrected; verified.

مُصحف /mʊshəf/ ■ *n.m.* **1** a book which comprises several

مِصری /mɪsri:/ ■ *adj.* Egyptian. ■ *n.m.* **1** inhabitant of Egypt. **2** a kind of cloth prepared in Egypt. ■ *n.f.* crystallized sugar; sugar candy. مصری کا کوزہ cup-shaped lump of crystallized sugar. مصری کی ڈلی **1** piece or particle of crystallized sugar. **2** (*fig.*) (i) very sweet. (ii) very interesting. مصری کی مکھی (*fig.*) flirt, unfaithful guy.

مصطبہ /məsṭəba:/ ■ *n.m.* (also مِصطبہ) **1** tavern, inn, caravanserai; pub. **2** platform; terrace; place for receiving strangers.

مُصطفوی /mʊsṭəfəvi:/ ■ *adj.* relating to Prophet Muhammad. ■ *n.m.* a Muslim.

مُصطفیٰ /mʊsṭəfɑ:/ ■ *adj.* (also مُصطفےٰ) chosen, selected. ■ *n.m.* an appellation of Prophet Muhammad.

مصطکی /məsṭəki:/ ■ *n.f.* (also مصطگی) **1** mastic; gum-mastic. **2** a kind of medicine.

مُصطلح /mʊsṭələh/ ■ *n.m.* **1** technical term, terminology. **2** idiom. (*pl.* مُصطلحات)

مُصغّر /mʊsəɣɣər/ ■ *adj.* **1** diminished, small. **2** (***Gram.***) diminutive. مصغر تصویر miniature.

مُصفّا /musəf fɑ:/ ■ *adj.* (also مُصفّیٰ) clarified, pure, clean.

مُصفّی /musəf fi:/ ■ *adj.* purifying, refining, cleaning, clarifying. ■ *n.m.* purifier, cleaner. مُصفّیِ خون (a medicine or food) blood purifier.

مِصقل /mɪsqəl/ ■ *n.m.* abrasive or polishing instrument.

مصقول /məsqu:l/ ■ *adj.* polished, furbished.

مُصلّا /musəllɑ:/ ■ *n.m.* (also مُصلّیٰ، مُصلّے) **1** prayer mat, prayer rug. **2** place of prayer; mosque.

مُصلِح /musleh/ ■ *n.m.* **1** reformer; corrector; adviser. **2** (***Med.***) antidote. مصلحِ قوم reformer of nation. (*pl.* مُصلحان، مُصلحین)

مصلحت /məsləhəṭ/ ■ *n.f.* **1** expedience, usefulness, convenience, advisability; prudence. **2** policy; diplomacy. مصلحت اندیش ربیں prudent, wise, far-seeing, diplomatic. مصلحت دیکھنا regard something advisable. مصلحت کرنا consult together. مصلحت کوشی **1** expediency. **2** cunningness. مصلحتِ ملکی politics; political policy or considerations. مصلحتِ وقت appropriate for the time being. (*pl.* مصالح)

مصلحتاً /məsləhəṭən/ ■ *adv.* as a measure of expediency; advisedly; prudently; opportunely.

مصلوب /məslu:b/ ■ *adj.* crucified, hanged.

مُصلّی /musəlli:/ ■ *n.m.* **1** one who prays. **2** a low-caste Hindu converted to Islam. **3** a horse taking second place in a race. (*fem.* مُصلّن)

مُصمِتہ /mʊsəmməṭa:/ ■ *n.m.* consonant. (*cf.* مُصوّتہ).

مُصمّم /mʊsəmməm/ ■ *adj.* determined, fixed, firm; concluded. مصمم ارادہ firm resolve, determination.

مُصنّع /mʊsənnəʔ/ ■ *adj.* artificial, fictitious.

مُصنّف /mʊsənnəf/ ■ *adj.* written; composed.

مُصنِّف /mʊsənnɪf/ ■ *n.m.* author, writer; composer; compiler; originator. مصنف علّام great knower; wise writer. (*pl.* مُصنّفین)

مُصنّفات /mʊsənnəfɑ:ṭ/ ■ *n.f.* (*pl.* of مُصنّف) books; works, writings.

مُصنّفہ /mʊsənnəfɑ:/ ■ *adj.* (*fem.* of مُصنّف) written; written by.

مُصنِّفہ /mʊsənnɪfɑ:/ ■ *n.f.* authoress, female writer.

مصنوع /məsnu:ʔ/ ■ *adj.* (also مَصنُوع) formed, created, constructed; made up; prepared; manufactured; artificial.

مصنوعات /məsnu:ʔɑ:ṭ/ ■ *n.f.* (*pl.* of مَصنُوع) products.

مصنوعی /məsnu:ʔi:/ ■ *adj.* artificial; fabricated, counterfeit, false. مصنوعی اعضا prostheses. مصنوعی ٹانگ prosthetic leg, artificial leg. مصنوعی دانت false teeth, artificial teeth, denture. مصنوعی زیورات imitation jewellery. مصنوعی سیارہ satellite. مصنوعی طور پر artificially. مصنوعی قلت (***Econ.***) artificial shortage. مصنوعی مقناطیس man-made magnet, usually an electromagnet.

مُصوّتہ /mʊsəvvəṭɑ:/ ■ *n.m.* vowel. (*cf.* مُصمّتہ)

مُصوّر /mʊsəvvər/ ■ *adj.* painted, drawn; pictorial; illustrated.

مُصوِّر /mʊsəvvɪr/ ■ *n.m.* **1** painter. **2** See المصور. مصورِ پاکستان title of Allama Muhammad Iqbal who introduced the concept of Pakistan.

مُصوّری /mʊsəvvɪri:/ ■ *n.f.* painting, drawing; graphic art.

مصُون /məsu:n/ ■ *adj.* (also مصؤن) guarded, protected; secured, safe.

مُصیبت /mʊsi:bəṭ/ ■ *n.f.* calamity, trouble, misery; misfortune, disaster. مصیبت اٹھانا/جھیلنا suffer or undergo trouble or misery. مصیبت پڑنا calamity or trouble to fall; suffer some mishap or disaster. مصیبت زدگان the afflicted people. مصیبت زدہ/مارا afflicted, miserable.

مصیبت کے دن کاٹنا pass one's days in trouble. مصیبت مول لینا invite a trouble. مصیبت میں پڑنا be afflicted, fall in trouble. مصیبتِ ناگہانی bolt from the blue, a sudden calamity. (*pl.* مصائب)

مُصَیقَل /musæ:qəl/ ■ *adj.* polished, burnished; bright.

مُضارِب /muzɑ:rɪb/ ■ *n.m.* 1 (***Isj.***) business partner who works with the capital of the other partner on profit-sharing basis. 2 combatant, fencer.

مُضاربت /muzɑ:rəbət̪/ ■ *n.f.* 1 (***Isj.***) business partnership; profit-sharing. 2 swordplay.

مُضارِع /muzɑ:reʔ/ ■ *adj.* like, resembling. ■ *n.m.* (***Gram.***) the aorist tense.

مُضاعف /muzɑ:ʔəf/ ■ *adj.* increased, doubled, multiplied.

مُضاف /muzɑ:f/ ■ *adj.* 1 added, annexed, appended. 2 related. ■ *n.m.* (***Gram.***) noun (in the possessive case); that which is possessed. مضاف الیہ possessor (in the possessive case), that which possesses (e.g. in اختر کی کتاب: کتاب is مضاف and اختر is مضاف الیہ.)

مُضافات /muzɑ:fɑ:t̪/ ■ *n.m. & f. pl.* suburbs, outskirts, environs; countrysides; surroundings.

مُضافاتی /muzɑ:fɑ:t̪i:/ ■ *adj.* suburban.

مُضافی /muzɑ:fi:/ ■ *adj.* collected, amassed.

مضامین /məzɑ:mi:n/ ■ *n.m.* (*pl.* of مضمون) 1 essays, articles; compositions. 2 subjects, topics.

مُضائقہ /muzɑ:eqɑ:/ ■ *n.m.* (also مُضایقہ) 1 harm; difficulty, inconvenience. 2 significance; consequence. (چنداں / کچھ / کوئی) مضائقہ نہیں it is of no consequence; no matter; there is no harm in it; never mind.

مضبوط /məzbu:t̪/ ■ *adj.* 1 firm, fixed, strong, solid; cogent. 2 resolute, inflexible. 3 lasting, durable.

مضبوطی /məzbu:t̪i:/ ■ *n.f.* 1 strength, solidity; cogency. 2 durability.

مُضحِک /muzhɪk/ ■ *adj.* arousing laughter or amusement, ridiculous, ludicrous, facetious, funny.

مُضحِکات /muzhɪkɑ:t̪/ ■ *n.f.pl.* jests, jokes, comedies.

مضحکہ /məzhəkɑ:/ ■ *n.m.* humour, ridicule, fun, drollery, pleasantry; bon mot. مضحکہ اڑانا ridicule, make fun of. مضحکہ خیز ridiculous, ludicrous.

مُضِر /muzɪr/ ■ *adj.* hurtful, harmful, injurious, damaging, pernicious, baleful, deleterious, detrimental.

مِضراب /mɪzrɑ:b/ ■ *n.f.* (***Music***) plectrum, a flat triangular piece to play sitar or other stringed instruments. (See also زخمہ.)

مضرّت /məzərrət̪/ ■ *n.f.* injury, hurt, harm, damage. مضرت رساں / رناک injurious, harmful, damaging, detrimental. مضرت رسانی hurting, injuring, damaging, causing pain. (*pl.* مضار)

مضروب /məzru:b/ ■ *n.m.* (***Math.***) multiplicand. ■ *adj.* 1 hurt, wounded. 2 multiplied. 3 minted, incuse. مضروب فیہ multiplier. (*fem.* مضروبہ)

مُضطَر /muzt̪ər/ ■ *adj.* 1 distressed, agitated, perturbed, restless. 2 helpless.

مُضطَرِب /muzt̪ərɪb/ ■ *adj.* agitated, perturbed, worried; alarmed. مضطربُ الحال troubled, worried. مضطرب کرنا agitate, worry, alarm. مضطرب ہونا be restless, feel uneasy, be disturbed.

مُضطَرِبانہ /muzt̪ərɪbɑ:nɑ:/ ■ *adv. & adj.* agitatedly, uneasily, in an agitated state of mind.

مُضغہ /muzɣɑ:/ ■ *n.m.* 1 lump (of flesh), gobbet, clot. 2 foetus. 3 a mouthful (of food), morsel. 4 glutton. مضغۂ گوشت / لحم lump of flesh.

مُضِل /muzɪl/ ■ *adj.* (also مُضلّ) leading astray, misleading.

مُضِلّت /muzɪllət̪/ ■ *n.f.* perversion, unbelief, going astray.

مِضمار /mɪzmɑ:r/ ■ *n.f.* racecourse, hippodrome, place where horses are exercised.

مُضمحِل /muzməhɪl/ ■ *adj.* fatigued; infirm, out of sorts, weak; loosened.

مُضمَر /muzmər/ ■ *adj.* concealed, hidden, latent.

مُضمِر /muzmɪr/ ■ *adj.* conceiving, imagining. concealing. ■ *n.m.* 1 one who conceals. 2 (***Gram.***) antecedent.

مُضمرات /muzmərɑ:t̪/ ■ *n.f.* (*pl.* of مُضمر) implications, latent aspects or meanings.

مضمضہ /məzməzɑ:/ ■ *n.m.* rinsing of mouth.

مُضمّن /muzəmmən/ ■ *adj.* contained, included, comprised.

مضموم /məzmu:m/ ■ *adj.* 1 (a letter) marked or pronounced with *pesh* (پیش). 2 added; joined; accumulated; compressed, drawn in.

مضمون /məzmu:n/ ■ *n.m.* 1 essay, article; composition. 2 branch of knowledge, subject. 3 theme of a couplet or poetical composition. 4 purport. 5 topic. مضمون آفرینی newness of idea in writing. مضمون باندھنا versify a thought. مضمون بندی versification of an idea.

مضمون چرانا plagiarize. مضمون نگار/نویس essayist, writer of an article. مضمون نگاری/نویسی article-writing, essay-writing. مضمون نما index. مضمون وار topic wise.

مضمونچہ /məzmu:ntʃɑ:/ ■ *n.m.* (*dim.* of مضمون) small essay or article.

مضی /məzɑ:/ ■ *n.m.* past. مضیٰ مامضیٰ let bygones be bygones; the past is another country.

مطا /məṭɑ:/ ■ *n.m.* 1 favour, kindness. 2 protection.

مُطابِق /muṭɑ:bɪq/ ■ *adj.* like, equal; corresponding (to), conforming (to). ■ *adv.* in accordance with, accordingly. مطابق کرنا compare with, make like. مطابق ہونا conform (to), correspond (to).

مُطابقت /muṭɑ:bəqəṭ/ ■ *n.f.* conformity, coincidence, accordance, adaptation, correspondence, analogy, accord.

مطار /məṭɑ:r/ ■ *n.m.* airport.

مُطاع /muṭɑ:ʔ/ ■ *n.m.* superior, one who is obeyed; patron.

مطاعن /məṭɑ:ʔɪn/ ■ *n.m.* (*pl.* of طعن) taunts.

مطاف /məṭɑ:f/ ■ *n.m.* 1 a place round which people walk. 2 (***Islam***) the area where the pilgrims circumambulate the Ka'aba.

مطالب /məṭɑ:lɪb/ ■ *n.m.* (*pl.* of مطلب) 1 meanings. 2 demands.

مُطالبہ /muṭɑ:ləbɑ:/ ■ *n.m.* demand, claim. (*pl.* مُطالبات)

مُطالِعہ /muṭɑ:leʔɑ:/ ■ *n.m.* 1 study, reading, perusal; contemplation. 2 research. مطالعۂ کتب reading of books. مطالعہ کرنا study, peruse, read. (*pl.* مُطالعات)

مُطاوعت /muṭɑ:vəʔəṭ/ ■ *n.f.* obedience, submission.

مُطائبہ /muṭɑ:ebɑ:/ ■ *n.m.* well-mannered jesting, joke, pleasantry. (*pl.* مُطائبات)

مطب /məṭəb/ ■ *n.m.* clinic.

مطبخ /məṭbəx/ ■ *n.m.* kitchen.

مطبخی /məṭbəxi:/ ■ *n.m.* cook. ■ *adj.* of or belonging to kitchen, culinary.

مطبع /məṭbəʔ/ ■ *n.m.* printing press, printing house; publishing house.

مطبل /məṭbəl/ ■ *n.m.* (*corr.* of مطلب).

مطبوخ /məṭbu:x/ ■ *adj.* cooked, boiled.

مطبوع /məṭbu:ʔ/ ■ *adj.* 1 printed. 2 agreeable, desired. 3 natural, innate. مطبوعِ خلائق according to the public taste.

مطبوعہ /məṭbu:ʔɑ:/ ■ *adj.* 1 printed. 2 published. 3 desired.

مطبوعات /məṭbu:ʔɑ:ṭ/ ■ *n.f.* (*pl.* of مطبوعہ) publications; books.

مطحول /məṭhu:l/ ■ *adj.* suffering from inflammation of the spleen.

مطر /məṭər/ ■ *n.m.* rain. (*pl.* امطار)

مُطرّا /muṭərrɑ:/ ■ *adj.* fresh, refreshing.

مُطرِب /muṭrɪb/ ■ *n.m.* 1 singer, songster, minstrel; musician. 2 amuser.

مُطرِبہ /muṭrɪbɑ:/ ■ *n.f.* female singer, songstress.

مُطرِبی /muṭrɪbi:/ ■ *n.f.* music; singing, minstrelsy.

مُطّرَد /muṭṭərəḍ/ ■ *adj.* universal; constantly observed (as a rule).

مُطّرِد /muṭṭərɪḍ/ ■ *adj.* 1 current, flowing or going on uninterruptedly or freely, frequent, unimpeded. 2 prosperous.

مطروح /məṭru:h/ ■ *adj.* rejected; removed; abject. ■ *n.m.* infidel.

مطروحات /məṭru:hɑ:ṭ/ ■ *n.m.* (*pl.* of مطروح) 1 discarded things, things thrown away or rejected. 2 (***Geol.***) deposited minerals.

مطعم /məṭʔəm/ ■ *n.f.* 1 eatables, victuals. 2 place of eating, restaurant, cafe.

مِطعم /mɪṭʔəm/ ■ *n.m.* glutton. (*fem.* مطعمہ)

مُطعِم /muṭʔɪm/ ■ *n.m.* one who feeds.

مطعون /məṭʔu:n/ ■ *adj.* accursed, damned, reproached, abused.

مُطلّا /muṭəllɑ:/ ■ *adj.* gilded, gilt.

مطلب /məṭləb/ ■ *n.m.* 1 sense, meaning. 2 motive, aim, object, concern, purpose. 3 question, petition. 4 wish, desire. 5 selfishness. ■ *phr.* I mean. مطلب برآری attaining one's object, gaining one's desire or objective. مطلب برآری کرنا attain one's object. مطلب پرست selfish, self-interested. مطلب رکھنا have concern, be interested; have some motive. مطلبِ سعدی دیگر است the real purpose is different. مطلب کا آشنا/دوست/ساتھی/یار a fair weather friend, selfish or time-serving person or friend. مطلب کی گھات چلنا pursue one's own object or interest. مطلب کی محبت love with a material purpose, cupboard love. مطلب نکالنا 1 attain one's object or purpose. 2 interpret. مطلب نکلنا 1 one's object to be attained. 2 mean, be interpreted. مطلب ہونا 1 mean. 2 have concern. مطلب یہ ہے the meaning or purpose is this; in short, in brief. (*pl.* مطالب)

مطلبی /məṭləbi:/ ■ *adj.* (also مطلبیا) 1 selfish, self-seeking, driven by selfish motives. 2 having an object to serve. ■ *n.m.* selfish person.

مُطّلبی /mʊṭṭələbi:/ ■ *adj.* of or relating to Hazrat Abdul Muttalib, the grandfather of Prophet Muhammad. ■ *n.m.* (*fig.*) Prophet Muhammad.

مطلع /məṭləʔ/ ■ *n.m.* 1 place of rising (of the sun, moon or stars), the east, eastern horizon. 2 sky; atmosphere. 3 (***Poet.***) opening couplet of a ghazal or qasida. مطلع ابر آلود ہونا sky or the horizon to be cloudy. مطلعِ اول first opening couplet of a ghazal. مطلعِ ثانی second opening couplet of a ghazal. مطلع صاف ہونا 1 sky or horizon to be clear. 2 (*fig.*) obstacles to be removed. مطلع صاف ہے 1 the part of the sky where the new moon will be visible is clear. 2 (*fig.*) the coast is clear, there is no obstacle in the way.

مُطّلع /mʊṭṭələʔ/ ■ *adj.* informed, intimated, aware (of), knowing. مطلع کرنا notify, inform, intimate. مطلع ہونا be informed, be aware (of).

مُطلق /mʊṭləq/ ■ *adj.* 1 absolute; pure; unqualified, unconditional. 2 free, unrestrained. مطلقُ العنان absolute (authority), autocratic, despotic (ruler).

مُطلقاً /mʊṭləqən/ ■ *adv.* absolutely; entirely, altogether.

مُطلّقہ /mʊṭəlləqɑ:/ ■ *n.f.* divorced woman, divorcee.

مطلوب /məṭlu:b/ ■ *adj.* wanted, sought, desired, longed for, demanded, required. ■ *n.m.* 1 object, purpose; quest. 2 object of one's desire or love; beloved.

مطلوبہ /məṭlu:bɑ:/ ■ *adj.* (*fem.* of مطلُوب) مطلوبہ جواب required answer. مطلوبہ معلومات required information.

مطمح /məṭməh/ ■ *n.m.* 1 aim, object. 2 place, point. 3 target, centre. مطمحِ نظر 1 point of view. 2 goal, object, objective, aim.

مطمع /məṭməʔ/ ■ *n.m.* thing desired; place wished for.

مُطمئن /mʊṭməɪn/ ■ *adj.* (also مُطمئنہ) 1 satisfied, content. 2 tranquil, at peace. 3 safe, secure. مطمئن کرنا satisfy.

مُطوّق /mʊṭəvvəq/ ■ *adj.* having a collar or chain round the neck; having a coloured ring round the neck (as a dove, pigeon or parrot).

مُطوّل /mʊṭəvvəl/ ■ *adj.* long, lengthy, tall; continued; prolonged, extended; drawn out.

مُطوِّل /məṭəvvɪl/ ■ *n.m.* one who delays payment (of debt) or the performance of promise.

مُطہّر /mʊṭəhhər/ ■ *adj.* (also مُطہرہ) cleansed, purified.

مُطہِّر /mʊṭəhhɪr/ ■ *adj.* cleansing, purifying.

مِطہرہ /mɪṭhərɑ:/ ■ *n.m.* vessel of water for ablution.

مُطیّب /mʊṭəjjəb/ ■ *adj.* aromatized, perfumed; purified.

مطیر /məṭi:r/ ■ *adj.* rained, raining, dropping, coming down in drops.

مُطیع /mʊṭi:ʔ/ ■ *adj.* obedient, submissive, subjugated, amenable, manageable, tame (animal). مُطیع کرنا make submissive or obedient, reduce to subjection, subjugate. مُطیع ہونا submit (to).

مظالم /məzɑ:lɪm/ ■ *n.m.* (*pl.* of مظلمہ) cruelties, atrocities.

مظاہر /məzɑ:hɪr/ ■ *n.m.* (*pl.* of مظہر) phenomena. مظاہر پرست animist. مظاہر پرستی animism. مظاہرِ فطرت/قدرت natural phenomena.

مُظاہر /mʊzɑ:hɪr/ ■ *n.m.* 1 demonstrator. 2 helper; coordinator. 3 protester.

مُظاہرہ /mʊzɑ:hɪrɑ:/ ■ *n.m.* 1 demonstration, public meeting, a demonstration (of popular will). 2 display of organized expression of opinion, protest.

مُظاہرین /mʊzɑ:hɪri:n/ ■ *n.m.* (*pl.* of مُظاہر) protesters.

مُظفّر /mʊzəffər/ ■ *adj.* victorious, triumphant. مظفر و منصور rendered victorious and aided (by God), triumphant.

مُظلّل /mʊzəlləl/ ■ *adj.* shaded.

مُظلِم /mʊzlɪm/ ■ *adj.* 1 dark, black. 2 hidden, concealed; mysterious. ■ *n.m.* one who walks in darkness.

مظلِمہ /məzlɪmɑ:/ ■ *n.m.* tyranny, oppression; injustice. (*pl.* مظالم)

مُظلِمہ /mʊzlɪmɑ:/ ■ *adj.* 1 dark. 2 (*fig.*) uncivilized.

مظلوم /məzlu:m/ ■ *adj.* oppressed, wronged, injured, treated cruelly, downtrodden. ■ *n.m.* one who is treated wrongly or unjustly, an oppressed person.

مظلُومیت /məzlu:mɪjəṭ/ ■ *n.f.* (also مظلُومی) state of being oppressed, being the victim of oppression.

مظنُون /məznu:n/ ■ *adj.* thought, opined; suspected.

مظِنّہ /məzɪnnɑ:/ ■ *n.m.* conjecture, opinion, suspicion.

مظہر /məzhər/ ■ *n.m.* 1 phenomenon, manifestation, spectacle, view. 2 theatre, stage. مظہرُ العجائب producer of miracles, i.e. God. (*pl.* مظاہِر)

مُظہَر /mʊzhər/ ■ *adj.* stated, declared, deposed, affirmed. (*fem.* مُظہرہ)

مُظہِر /mʊzhɪr/ ■ *adj.* exhibiting, displaying, manifesting, revealing; communicating. ■ *n.m.* 1 exhibitor, displayer; informer. 2 deponent, witness. مظہر ہونا 1 allege. 2 depose, state, reveal.

مع /məʔ/ ■ *prep.* with; together with, inclusive, along with. مع الخیر safely, safe and secure. مع ہذا with or in addition to it, besides, along with.

مِعا /mɪʔɑ:/ ■ *n.f.* (also مِعاء، مِعی) intestine, gut.

معاً /məʔən/ ■ *adv.* at once, instantaneously; instantly, all of a sudden.

معابِد /məʔɑ:bɪd̪/ ■ *n.m.* (*pl.* of معبد) places of worship.

معابِر /məʔɑ:bɪr/ ■ *n.m.* (*pl.* of معبر) places where river is crossed, fords.

مُعاتب /mʊʔɑ:t̪əb/ ■ *adj.* reproved, blamed. ■ *n.m.* blameworthy person.

مُعاتبت /mʊʔɑ:t̪əbət̪/ ■ *n.f.* reprehension, reproof, blaming, chiding, censure, rebuke; anger.

معاد /məʔɑ:d̪/ ■ *n.m.* 1 place of return. 2 life after death; the hereafter, the next world, the resurrection; the paradise.

مُعادِل /mʊʔɑ:d̪ɪl/ ■ *adj.* equal, alike, even.

مُعادلت /mʊʔɑ:d̪ələt̪/ ■ *n.f.* justice, equality, equivalence. See معدلت

معادِن /məʔɑ:d̪ɪn/ ■ *n.m.* (*pl.* of معدن) mines.

مِعادیات /mɪʔɑ:d̪ijɑ:t̪/ ■ *n.f.* eschatology, study of last or final things, e.g. death, life after death.

معاذ /məʔɑ:z/ ■ *n.f.* refuge, shelter. معاذ اللہ God forbid!

مُعارِض /mʊʔɑ:rɪz/ ■ *adj.* opposing, contending. ■ *n.m.* opponent, adversary, contender.

مُعارضہ /mʊʔɑ:rəzɑ:/ ■ *n.m.* 1 opposition, quarrel, dispute, contention, competition, rivalry, contradiction. 2 objection.

معارِف /məʔɑ:rɪf/ ■ *n.m.pl.* fields of knowledge; sciences.

معاش /məʔɑ:ʃ/ ■ *n.f.* 1 livelihood, subsistence, living, means of livelihood, food. 2 landed property. 3 life.

مُعاشرت /mʊʔɑ:ʃərət̪/ ■ *n.f.* 1 way of living, lifestyle, mode of life. 2 social condition. 3 living and eating together, mixing with, consorting (with), society; social intercourse, intimacy.

مُعاشرتی /mʊʔɑ:ʃərət̪i:/ ■ *adj.* social, societal. معاشرتی خدمات social services. معاشرتی علوم social sciences.

مُعاشرہ /mʊɑ:ʃərɑ:/ ■ *n.m.* society; living together.

مُعاشقہ /mʊʔɑ:ʃəqɑ:/ ■ *n.m.* love affair, amour.

مُعاشی /mʊʔɑ:ʃi:/ ■ *adj.* economic. معاشی نظام economic system. (See also اِقتصادی.)

مُعاشیات /mʊʔɑ:ʃijɑ:t̪/ ■ *n.f.* economics. معاشیات داں economist. (See also اِقتصادیات.)

مُعاصِر /mʊʔɑ:sɪr/ ■ *adj.* contemporary, living, occurring or originating at the same time. (*pl.* مُعاصِرین)

مُعاصِرانہ /mʊʔɑ:sɪrɑ:nɑ:/ ■ *adv.* contemporarily. ■ *adj.* of or relating to contemporaries. معاصرانہ چشمک jealousy among contemporaries.

معاصی /məʔɑ:si:/ ■ *n.m. & f.* (*pl.* of معصیت) sins.

مُعاطفت /mʊʔɑ:t̪əfət̪/ ■ *n.f.* favour, kindness, benevolence.

مُعاف /mʊʔɑ:f/ ■ *adj.* forgiven, pardoned, condoned, absolved, excused, apologized; exempted (from). معاف کرنا 1 forgive, pardon, excuse, condone. 2 remit; dispense with. معاف کرو go from here (usu. a reply to beggars), just leave. معاف کیجیے excuse me, pardon me.

مُعافی /mʊʔɑ:fi:/ ■ *n.f.* 1 forgiveness, pardon; apology. 2 exemption, remission (of a sentence, fee, tax, etc.). معافیِ استمراری/دوامی grant of land in perpetuity. معافی چاہنا/طلب کرنا/مانگنا apologize, ask for pardon; seek forgiveness. معافیِ تاحیات/حینِ حیات released or exempted for life. معافی دار holder of rent-free land. معافیِ روانہ order or permit for duty-free transit of merchandise. معافیِ مطلق complete freedom. معافیِ ناجائز illegal grant. معافی نامہ written apology, deed of immunity.

مُعافیات /mʊʔɑ:fijɑ:t̪/ ■ *n.f.* lands exempted from the payment of rent or revenue.

مُعاقبت /mʊʔɑ:qəbət̪/ ■ *n.f.* punishment, chastisement, penalty.

مُعالِج /mʊʔɑ:lɪdʒ/ ■ *n.m.* physician, doctor. (*pl.* مُعالجین)

مُعالجہ /mʊʔɑ:lədʒɑ:/ ■ *n.m.* medical treatment. معالجہ کرنا attend or treat as doctor or physician; apply remedy (to).

معالی /məʔɑ:li:/ ■ *n.m.* (*pl.* of مُعلّیٰ) highnesses, eminences; high places.

مُعاملات /mʊʔɑ:məlɑ:t̪/ ■ *n.m.* (*pl.* of مُعاملہ).

مُعاملہ /mʊʔɑ:məlɑ:/ ■ *n.m.* (also مُعاملت) 1 affair, matter.

مِعبر /meʔbər/ ■ *n.m.* 1 ferry, pontoon. 2 bridge.
مُعبِّر /mʊʔəbbɪr/ ■ *n.m.* interpreter of dreams. (*pl.* مُعبِّرین)
معبود /məʔbu:d̪/ ■ *adj.* worshipped, adored. ■ *n.m.* 1 a deity. 2 (***Islam***) Allah.
مُعتاد /moʔt̪a:d̪/ ■ *adj.* habituated, accustomed; customary; predetermined, fixed, conditioned. ■ *n.m.* 1 fixed quantity or allowance. 2 custom, habit, use.
مُعتبر /moʔt̪əbər/ ■ *adj.* reliable, trustworthy, credible, authentic; respectable. معتبر ذرائع سے from reliable sources.
مُعتد /moʔt̪əd̪/ ■ *adj.* numbered, computed, reckoned. معتدبہ sufficient, enough, considerable (quantitatively).
مُعتدِل /moʔt̪əd̪ɪl/ ■ *adj.* 1 moderate. 2 of middling sort. 3 temperate (climate). 4 calm, mild. معتدل کرنا temper, moderate, qualify.
مُعتذر /moʔt̪əzɪr/ ■ *n.m.* one who excuses himself. ■ *adj.* apologetic.
مُعترِض /moʔt̪ərɪz/ ■ *n.m.* objector, fault-finder; opposer. ■ *adj.* opposing, withstanding, resisting. معترض ہونا object to, find fault (with). (*fem.* مُعترِضہ)
مُعترِف /moʔt̪ərɪf/ ■ *n.m.* one who acknowledges or appreciates, one who admits. ■ *adj.* acknowledging, confessing, appreciative.
مُعتزِل /moʔt̪əzɪl/ ■ *n.m.* 1 separatist, dissenter. 2 (*fig.*) one who withdraws from mundane affairs, a hermit, a recluse.
مُعتزِلہ /moʔt̪əzɪla:/ ■ *n.m.* 1 non-conformist. 2 (***Hist.***) Mu'tazilite, rationalistic school of Muslim dissenters.
مُعتزِلی /moʔt̪əzɪli:/ ■ *n.m.* member of the school of مُعتزِلہ.
مُعتصِم /moʔt̪əsɪm/ ■ *adj.* 1 holding fast (to God). 2 abstaining, refraining. ■ *n.m.* one who preserves himself (from disobedience).
مُعتقِد /moʔt̪əqɪd̪/ ■ *n.m.* believer, adherent; devotee, believer in a faith, creed or person. ■ *adj.* confident, believing, adhering. معتقد ہونا believe in a creed or in the powers or qualities of someone, be a devotee of someone. (*pl.* مُعتقِدین)
مُعتقدات /moʔt̪əqəd̪a:t̪/ ■ *n.m.pl.* beliefs, articles of faith.
مُعتکف /moʔt̪əkɪf/ ■ *adj.* 1 constant in devotion. 2 (***Islam***) secluding oneself in mosque, a shrine or a

2 business, deal, transaction. 3 negotiation; contract. 4 (***Law***) cause or suit. معاملہ بندی (***Poet.***) poetical treatment of a topic, usually of love. معاملہ بندی کرنا strike or make a deal, make contract. معاملہ بننا bargain to be struck, end be gained. معاملہ پردازی transacting of business. معاملہ پڑنا 1 have to do or deal with. 2 a matter to arise. معاملہ پکا کرنا settle a matter finally. معاملۂ خارجہ irrelevant matter. معاملہ رس/شناس perceptive, having full understanding of an affair. معاملۂ سنگین serious business, grave matter. معاملۂ فاسد corrupt or dishonest transaction. معاملہ فہم perceptive, shrewd. معاملہ فہمی percipience, shrewdness. معاملہ کرنا make a deal. معاملہ لٹکانا postpone or put off a matter. معاملۂ نقدی cash transaction. معاملہ ہونا deal be made, bargain be struck.
مُعانِد /mʊʔa:nɪd̪/ ■ *adj.* 1 enemy, foe, opponent. 2 disobedient, refractory, obstinate, stubborn, rebellious. (*pl.* مُعانِدین)
مُعانقہ /mʊʔa:nəqa:/ ■ *n.m.* 1 an embrace. 2 embracing, joining together.
معانی /məʔa:ni:/ ■ *n.m.* (*pl.* of معنی) meanings.
مُعاودت /mʊʔa:vəd̪ət̪/ ■ *n.f.* return, coming back, relapse.
مُعاوضہ /mʊʔa:vəza:/ ■ *n.m.* 1 remuneration, compensation; wages. 2 return, exchange. معاوضۂ نقدی cash compensation.
مُعاوِن /mʊʔa:vɪn/ ■ *n.m.* helper, assistant. معاون جرم abetter, accessory, accomplice. معاون دریا tributary. معاون مدیر assistant editor. (*pl.* مُعاوِنین)
مُعاونت /mʊʔa:vənət̪/ ■ *n.f.* help, assistance, aid. معاونت کرنا help, assist.
مُعاہِد /mʊʔa:hɪd̪/ ■ *n.m.* one who enters into a pact or treaty. (*pl.* مُعاہِدین)
مُعاہدہ /mʊʔa:həd̪a:/ ■ *n.m.* contract, agreement, treaty, pact. (*pl.* مُعاہدات)
معائب /məʔa:ɪb/ ■ *n.m.* (*pl.* of عَیب) (also معایب) vices, faults, defects, blemishes.
مُعائنہ /mʊʔa:ena:/ ■ *n.m.* (also مُعاینہ) inspection. معائنہ کار inspector; surveyor; examiner. معائنہ کرنا inspect, examine.
معبد /məʔbəd̪/ ■ *n.m.* place of worship. (*pl.* معابِد)
معبر /məʔbər/ ■ *n.m.* place from where river is crossed, ford. (*pl.* معابِر)

not pronounced, e.g. واؤمعدولہ silent و as in خواب،خود.

معدوم /məʔd̪u:m/ ■ *adj.* extinct, non-existent. معدوم کرنا annihilate, totally destroy, eradicate. معدوم ہونا be extinct.

مِعدہ /meʔd̪ɑ:/ ■ *n.m.* stomach.

مُعذّب /mʊʔəzzəb/ ■ *adj.* **1** punished, tormented; chastised. **2** prevented, hindered.

معذرت /məʔzərət̪/ ■ *n.f.* (also معذِرت) excuse; apology; plea. معذرت چاہنا apologize. معذرت خواہ one who excuses oneself. معذرت خواہی apology, apologizing.

معذور /məʔzu:r/ ■ *adj.* **1** unable (to do something). **2** excused; excusable. **3** helpless, powerless. **4** disabled, handicapped. معذور رکھنا **1** excuse. **2** dispense with, exempt from.

معذوری /məʔzu:ri:/ ■ *n.f.* **1** inability. **2** excuse, regret. **3** disability.

مُعرّا /mʊʔərrɑ:/ ■ *adj.* (also مُعرّیٰ) **1** bare, naked. **2** without marginal notes; without translation; plain (text). ■ *n.m.* the Qur'an without translation. معرانظم (***Poet.***) blank or unrhymed verse.

مِعراج /meʔrɑ:dʒ/ ■ *n.f.* **1** Prophet Muhammad's ascension to the heavens. **2** acme, height. **3** ladder, stairs. (*pl.* معارج)

مُعرّب /moʔərrəb/ ■ *adj.* Arabized, Arabicized. معرب کرنا Arabize, Arabicize.

معرض /məʔrɪz/ ■ *n.m.* **1** field, place of meeting or happening. **2** occasion; occurrence; contingency. معرضِ التوامیں پڑنا be postponed or put off. معرضِ بحث میں آنا come under discussion. معرضِ خطرمیں پڑنا be endangered or jeopardized. معرضِ وجودمیں آنا come into existence.

مُعرّف /moʔərrəf/ ■ *adj.* **1** made known. **2** notified; marked.

مُعرِّف /moʔərrɪf/ ■ *n.m.* **1** praiser, extoller. **2** one who makes known; introducer, compère.

معرفت /məʔrɪfət̪/ ■ *n.f.* knowledge of God, insight in divine matters, mystic knowledge. ■ *adv.* through the medium of, by the hand of.

معرفہ /məʔrɪfɑ:/ ■ *n.m.* (***Gram.***) proper noun.

مُعرِّق /mʊʔərrɪq/ ■ *adj.* sudoriferous; sudorific; diaphoretic, causing sweat.

معرکہ /məʔrəkɑ:/ ■ *n.m.* (also معرکہ) **1** place where people sequestered place for prayers, especially during the last ten days of Ramazan (رمضان).

مُعتمَد /moʔt̪əməd̪/ ■ *adj.* trustworthy, reliable, confidential. ■ *n.m.* secretary. معتمدِاعزازی honorary secretary. معتمدِاعلیٰ chief secretary. معتمدِخاص personal secretary. معتمدعلیہ confidant. معتمدِعمومی general secretary.

مُعتمدی /moʔt̪əməd̪i:/ ■ *n.f.* secretaryship, secretariat, the work or office of a secretary.

مُعتمِر /moʔt̪əmɪr/ ■ *n.m.* one who performs Umrah, a pilgrim of Makkah.

معتوب /məʔt̪u:b/ ■ *adj.* cursed, object of someone's anger or displeasure. (*pl.* معتوبین)

مُعجِز /moʔdʒɪz/ ■ *adj.* miraculous, wonderful, supernatural. ■ *n.m.* miracle. معجزبیانی eloquence.

معجزانہ /moʔdʒɪzɑ:nɑ:/ ■ *adv.* miraculously. معجزانہ طور پر سے miraculously, by miraculous power.

مُعجزہ /moʔdʒəzɑ:/ ■ *n.m.* (also مُعجِزہ) miracle. (*pl.* مُعجزات)

مُعجّل /mʊʔədʒdʒəl/ ■ *adj.* **1** prompt. **2** (***Islam***) (dower) to be paid without delay.

مُعجِّل /mʊʔədʒdʒɪl/ ■ *adj.* making haste; done with haste, hasty.

مُعجم /moʔdʒəm/ ■ *n.m.* thesaurus; encyclopaedia; lexicon. ■ *adj.* dotted (letter of an alphabet).

مُعجّم /mʊʔədʒdʒəm/ ■ *adj.* Persianized (esp. Arabic words adopted to Persian usage). (*fem.* مُعجّمہ)

معجون /məʔd̪u:n/ ■ *n.f.* **1** majoun, electuary, a medicine in paste form mixed with honey or sugar. **2** (*euph.*) opium or its preparation. معجونِ مرکب (*iron.*) a person of many, sometimes conflicting, qualities.

معدِل /məʔd̪ɪl/ ■ *n.m.* equalizer. معدلُ النہار (***Geog.***) the celestial equator.

معدلت /məʔd̪ələt̪/ ■ *n.f.* (also معادلت،معدلت) justice, equity, impartiality. معدلت گستر just. معدلت گستری justice.

معدن /məʔd̪ən/ ■ *n.m.* mine; quarry. (*pl.* معادِن،معدنیات)

معدنی /məʔd̪əni:/ ■ *adj.* mineral.

معدنیات /məʔd̪ənɪjɑ:t̪/ ■ *n.f.* (*pl.* of معدن) minerals; mineralogy.

معدود /məʔd̪u:d̪/ ■ *adj.* **1** numbered, counted, computed. **2** limited. معدودے چند very few, not many.

معدولہ /məʔd̪u:lɑ:/ ■ *adj.* avoided, passed over; (in pronunciation) quiescent, silent, (a letter) written but or soldiers are gathered; battlefield; arena. **2** fight, strife. **3** dispute, quarrel. معرکہ آرا with troops marshalled; ready to fight. معرکہ آرا ہونا fight a battle; have troops marshalled. معرکہ آرائی marshalling of troops. معرکہ گیر street performers or entertainers (often wrestlers).

معرکۃ الآرا /məʔrəkəṭʊlɑ:rɑ:/ ■ *adj.* **1** sensational; much talked about, causing great diversity of opinion. **2** (*fig.*) extraordinary; magnificent.

معرکے /məʔrəke:/ ■ *n.m.* (*pl.* & *infl.* of معرکہ) معرکے کا (*fig.*) great; splendid.

معروض /məʔru:z/ ■ *n.f.* presentation, petition, submission. ■ *adj.* presented, submitted.

معروضہ /məʔru:zɑ:/ ■ *adj.* **1** presented. **2** submitted; written. ■ *n.m.* petition or submission (usu. to a superior or elder); request.

معروضی /məʔru:zi:/ ■ *adj.* objective.

معروضیت /məʔru:zɪjəṱ/ ■ *n.f.* **1** objectivity. **2** (***Philos.***) objectivism.

معروف /məʔru:f/ ■ *adj.* **1** well-known, noted, celebrated. **2** (***Gram.***) active (voice), as: واوِ معروف letter و with long vowel sound, as in پُورا and یائے معروف letter ی with long vowel sound, as in چِیل.

مُعِز /mʊʔɪz/ ■ *adj.* **1** honouring, revering. **2** (*fig.*) respectable.

مُعزّز /mʊʔəzzəz/ ■ *adj.* honourable, honoured, esteemed, dignified. (*pl.* مُعزّزین)

معزول /məʔzu:l/ ■ *adj.* deposed, dismissed, dethroned. معزول کرنا dismiss, depose. معزول ہونا be deposed or dismissed.

معزولی /məʔzu:li:/ ■ *n.f.* (also معزولیت) dismissal, dethronement.

معزی /məʔzi:/ ■ *adj.* related; betrothed.

مُعسکر /moʔəskər/ ■ *n.m.* military camp, cantonment.

معشر /məʔʃər/ ■ *n.m.* troop, party, company, group of people.

مُعشّر /mʊʔəʃʃər/ ■ *adj.* composed of ten. ■ *n.m.* ten-sided figure, decagon.

معشوق /məʔʃu:q/ ■ *adj.* & *n.m.* beloved, adored.

معشوقانہ /məʔʃu:qɑ:nɑ:/ ■ *adj.* fascinating, coquettish. ■ *adv.* like a beloved; coquettishly.

معشوقہ /məʔʃu:qɑ:/ ■ *adj.* (*fem.* of معشوق) beloved.

معشوقی /məʔʃu:qi:/ ■ *n.f.* state of being beloved.

مُعصفر /moʔəsfər/ ■ *adj.* of the colour of saffron.

مُعَصفر /moʔsəfər/ ■ *n.m.* safflower.

معصوم /məʔsu:m/ ■ *adj.* innocent, guileless, artless, sinless. ■ *n.m.* **1** innocent person. **2** child, especially an orphan. (*fem.* معصومہ)

معصومانہ /məʔsu:mɑ:nɑ:/ ■ *adv.* innocently, artlessly. ■ *adj.* innocent. معصومانہ انداز innocent behaviour.

معصومیت /məʔsu:mɪjəṱ/ ■ *n.f.* innocence, sinlessness. معصومیت سے innocently, artlessly.

معصیت /məʔsɪjəṱ/ ■ *n.f.* **1** sin. **2** disobedience. معصیت کار/کوش sinner, wrongdoer. (*pl.* معاصی)

مُعطّر /moʔəṱṱər/ ■ *adj.* perfumed, scented, fragrant.

مُعطّل /moʔəṱṱəl/ ■ *adj.* **1** suspended, in abeyance, held in abeyance. **2** disengaged; not allowed to work (as a preliminary step to punishment). **3** out of use, abandoned; rendered ineffective. معطل کرنا **1** suspend. **2** put out of employment; abolish.

مُعطّلی /moʔəṱṱəli:/ ■ *n.f.* suspension from office.

معطوف /məʔṱu:f/ ■ *adj.* **1** turned, twisted, bent. ■ *n.m.* (***Gram.***) second of two words or clauses connected by a conjunction و as دانہ in آب ودانہ. معطوف الیہ/علیہ first of two words or clauses joined by a conjunction و as: آب in آب ودانہ.

مُعطی /moʔṱi:/ ■ *adj.* donating (person). ■ *n.m.* donor, granter. معطی لہٗ (person) to whom something is granted or given, grantee.

مُعظّم /moʔəzzəm/ ■ *adj.* honoured, respected, exalted, great. (*fem.* مُعظّمہ)

مُعقّد /moʔəqqəḓ/ ■ *adj.* intricate, entangled, perplexed.

مُعقّم /moʔəqqɪm/ ■ *n.m.* sterilizer.

معقول /məʔqu:l/ ■ *adj.* **1** reasonable, proper, appropriate, pertinent, rational. **2** fair, just, plausible. **3** substantial (amount, salary). **4** wise, solemn, civil, sensible, intellectual.

معقولات /məʔqu:lɑ:ṱ/ ■ *n.m.pl.* works of philosophy and logic, rational knowledge, sciences.

معقولہ /məʔqu:lɑ:/ ■ *n.m.* intelligible, word or thing consistent with reason; that which is understood.

معقولیت /məʔqu:lɪjəṱ/ ■ *n.f.* reasonableness; rationalism.

معکوس /məʔku:s/ ■ *adj.* inverted, inversive, reversed, turned upside down. معکوس عروج retrogression.

مُعلّق /moʔəlləq/ ■ *adj.* **1** suspended, hanging; hovering. **2** pending, dangling, pendent, in limbo. معلق باغ بابل باغات the Hanging Gardens of Babylon (one of the old seven wonders). معلق پارلیمان hung parliament in which no party has a clear majority. معلق پڑا ہونا remain or be pending. معلق پل hanging bridge. معلق رکھنا keep pending. معلق زن acrobat. معلق وادی hanging valley. معلق ہونا be suspended.

مُعلَّم /moʔəlləm/ ■ *adj.* taught, instructed; trained, disciplined.

مُعلِّم /moʔəllɪm/ ■ *n.m.* teacher, instructor, tutor, pedagogue, preceptor. معلمُ الملائک رالملکوت instructor of the angels, a title of Satan because he taught angles before his exile from Heaven. معلم اول **1** first teacher, i.e. God. **2** an appellation of Aristotle. معلم ثالث Avicenna. معلم ثانی Abu Nasar Farabi. (*pl.* مُعلِّمین)

مُعلِّمانہ /mʊʔəllɪmɑ:nɑ:/ ■ *adj.* teacherly, didactic, pedagogic, preceptorial. ■ *adv.* pedagogically.

مُعلِّمہ /moʔəllɪmɑ:/ ■ *n.* (*fem.* of مُعلِّم) female teacher. (*pl.* مُعلِّمات)

مُعلِّمی /moʔəllɪmi:/ ■ *n.f.* pedagogy, teaching as profession.

مُعلِن /moʔlɪn/ ■ *n.m.* announcer, notifier; advertiser, revealer.

معلُول /məʔlu:l/ ■ *n.m.* an effect. (*cf.* علّت)

معلوم /məʔlu:m/ ■ *adj.* **1** known. **2** evident. **3** (***Geom.***) given. **4** famous, celebrated. ■ *n.m.* (***Gram.***) active voice (of verb). معلوم کرنا discover, find out; learn. معلوم نہیں it is not known, I do not know. معلوم ہوتا ہے it appears, it seems. معلوم ہونا **1** seem, appear. **2** be known (to). **3** be discovered, be found out; come to light; feel.

معلُومات /məʔlu:mɑ:t/ ■ *n.f.pl.* knowledge; information. معلوماتِ عامّہ general knowledge.

معلُوماتی /məʔlu:mɑ:t̪i:/ ■ *adj.* informative.

مُعلّیٰ /moʔəllɑ:/ ■ *adj.* exalted, elevated, high, sublime. معلّی القاب of exalted rank or dignity, having high titles, exalted. (*pl.* معالی)

مُعمّا /moʔəmmɑ:/ ■ *n.m.* (also مُعمّیٰ، مُعمّہ) **1** riddle, enigma, puzzle. **2** complicated matter, anything obscure. **3** acrostic. **4** code. معما بوجھنا رحل کرنا solve a puzzle, unravel a mystery. معما کھلنا a mystery be unravelled.

مِعمار /meʔmɑ:r/ ■ *n.m.* **1** mason, builder. **2** founder, inventor.

مِعماری /meʔmɑ:ri:/ ■ *n.f.* the work of a mason or builder, building, masonry.

مُعمّر /moʔəmmər/ ■ *adj*. aged, old.

معمل /məʔməl/ ■ *n.m.* laboratory.

معمور /məʔmu:r/ ■ *adj.* **1** full (of); teeming or replete (with). **2** inhabited, populous. **3** prosperous, delightful. **4** cultivated.

معمورہ /məʔmu:rɑ:/ ■ *n.m.* **1** populated place, inhabited place; city, town, area. **2** cultivated land. معمورۂ ہستی (*fig.*) the world.

معموری /məʔmu:ri:/ ■ *n.f.* **1** population. **2** fullness. **3** flourishing condition, happiness. **4** cultivation.

معمول /məʔmu:l/ ■ *adj.* customary, usual, routine, established. ■ *n.m.* **1** habit, routine, custom, practice, tradition. **2** fixed allowance. **3** hypnotised subject. **4** (*fig.*) menstruation. معمول بندھنا do something regularly, something to be made regular practice. معمول کے دن (*fig.*) monthly course, menstrual period. معمول کے دن ٹل جانا (*fig.*) be pregnant. معمول کے مطابق as usual, according to custom. (*pl.* معمولات)

معمولی /məʔmu:li:/ ■ *adj*. ordinary, commonplace, usual, unexceptional.

معناً /məʔnən/ ■ *adv.* as per meaning.

مُعنبر /moʔəmbər/ ■ *adj.* perfumed with amber or ambergris, scented. معنبر دام (*fig.*) beloved's tresses. معنبر سائبان (*fig.*) beloved's brows.

مِعنقہ /mɪʔnəqɑ:/ ■ *n.m.* collar or anything similar round the neck.

مُعنوَن /moʔənvən/ ■ *adj.* (of a book) dedicated.

معنوی /məʔnəvi:/ ■ *adj.* **1** real, true, essential, intrinsic. **2** significant, expressive of; implied. **3** ideal. **4** intellectual. **5** of or relating to meaning. معنوی اولاد **1** spiritual offspring, i.e. pupil, disciple, student, follower. **2** (*fig.*) creation, writings or compilations.

معنویّت /məʔnəvɪjjət̪/ ■ *n.f.* significance, meaningfulness, meaning; reality.

معنی /məʔni:/ ■ *n.m.* (also معنیٰ) **1** meaning, sense, intent;

مختصر انفی مصوتے: بھنور ə̃ /bʰə̃vər/ اِنچا ĩ /ĩtʃɑ:/ گنوارا ʊ̃ /kʊ̃vɑ:rɑ:/ دیگر اعراب: اعلیٰ ɑ: /əʔlɑ:/ بذاتہٖ i: /bezɑ:tehi:/ اجمالاً n /ɪdʒmɑ:lən/ لتّو /lət̪t̪u:/

tavern. (*pl.* مُغان)

مغارب /məɣɑ:rɪb/ ■ *n.m.* (*pl.* of مغرب) western countries or areas in the direciton of west. مغارب ومشارق all directions, i.e. the world.

مغازی /məɣɑ:zi:/ ■ *n.m.pl.* **1** battles actually fought by Prophet Muhammad. **2** narration of غزوات. (*sing.* مغزیٰ)

مغاک /məɣɑ:k/ ■ *n.m.* pit, hollow, ditch.

مُغالطہ /mʊɣɑ:ləʈɑ:/ ■ *n.m.* **1** fallacy, delusion, deception. **2** error; misunderstanding.

مُغالطے /mʊɣɑ:ləʈe:/ ■ *n.m.* (*pl.* & *infl.* of مُغالطہ) مغالطے میں ڈالنا **1** lead into fallacy, mislead. **2** cause to make mistake, cause to form a wrong notion.

مُغان /mʊɣɑ:n/ ■ *n.m.* (*pl.* of مُغ) (also مُغاں) **1** magi, fire-worshippers. **2** (as *sing.*) cup bearer, one who serves wine; tavern-keeper.

مُغائر /mʊɣɑ:ɪr/ ■ *adj.* (also مُغایر) **1** contrary, different, repugnant. **2** adverse.

مُغائرت /mʊɣɑ:ɪrəʈ/ ■ *n.f.* (also مُغایرت) **1** disagreement; estrangement; repugnance. **2** exchange. **3** enmity. مغائرت برتنا treat as an outsider or stranger.

مُغتنَم /mʊɣʈənəm/ ■ *adj.* **1** regarded as an invaluable prize. **2** (*fig.*) valuable. (*pl.* مُغتنمات)

مُغتنِم /mʊɣʈənɪm/ ■ *adj.* **1** enriched; endowed with abundance; prized. **2** enjoying, taking delight (in).

مغرب /məɣrɪb/ ■ *n.m.* **1** the west. **2** the western countries; the occident. **3** sunset, sundown, evening. **4** (***Islam***) Maghrib prayer. مغربُ الاقصیٰ extreme western part of Africa; Morocco. مغرب رُویہ **1** facing the west. **2** westerly. مغرب زدہ (*derog.*) westernized, slavishly imitating the Western culture. مغرب کی نماز evening prayer immediately after sunset. (*pl.* مغارب)

مغربی /məɣrɪbi:/ ■ *adj.* western, occidental. مغربی تعلیم Western education. مغربی تہذیب Western culture, etiquette or manners.

مغربیانا /məɣrɪbɪjɑ:nɑ:/ ■ *v.* westernize.

مغربیّت /məɣrɪbɪjjəʈ/ ■ *n.f.* (also مغرب زدگی) (*derog.*) westernization.

مغربین /məɣrɪbæ:n/ ■ *n.f.pl.* **1** both west sides, from west to west. **2** (*fig.*) whole world. **3** (***Isj.***) combined prayers of Maghrib (مغرب) and Isha (عِشا).

purport, import. **2** hidden part of anything; essence, substance; intrinsic quality. معنی آشکار/بیان کرنا explain the meaning, interpret. معنی بیگانہ new idea never before discussed or introduced (in some literary composition). معنی پہنانا/دینا mean, give the sense (of). معنی خیز meaningful. معنی رکھنا imply, denote, have the meaning or sense (of). (*pl.* معانی)

مُعوّج /moʔəvvəʤ/ ■ *adj.* curved, crooked, bent.

مُعوِّذتین /moʔəvvɪzɪʈæ:n/ ■ *n.f.pl.* the last two suras of the Qur'an beginning with the words قُل اعوذ.

معوضت /məu:zəʈ/ ■ *n.m.* thing given in exchange for something; compensation.

معون /məʔu:n/ ■ *n.m.* assistance, aid, favour, protection.

معونت /məʔu:nəʈ/ ■ *n.f.* aid, assistance.

معہود /məʔhu:d̪/ ■ *adj.* **1** agreed on, stipulated, promised, certain; resolved; established. **2** familiar, known.

مِعیٰ /mɪʔɑ:/ ■ *n.f.* intestine. See مِعا.

مِعیار /meʔjɑ:r/ ■ *n.m.* **1** standard, criterion, yardstick, measure. **2** touchstone. معیار بندی standardization. معیارِ تعلیم standard or quality of education. معیارِ زندگی living standard.

مِعیاری /meʔjɑ:ri:/ ■ *adj.* standard, of good standard. معیاری وقت standard time.

معیّت /məʔɪjjəʈ/ ■ *n.f.* company, fellowship, association, society. (کی) معیت میں in (someone's) company, with someone.

معیشت /məʔi:ʃəʈ/ ■ *n.f.* **1** economy. **2** livelihood, subsistence. **3** economic condition.

مُعِین /mʊʔi:n/ ■ *n.m.* assistant, helper; promoter.

مُعیّن /mʊʔəjjən/ ■ *adj.* fixed, settled, appointed, established. ■ *n.m.* (***Geom.***) rhombus. معین کرنا fix, appoint, establish.

مُعیّنہ /mʊʔəjjənɑ:/ ■ *adj.* fixed; predetermined. معینہ وقت appointed time, fixed time.

معیوب /məʔju:b/ ■ *adj.* **1** reprehensible, indecent, improper, opprobrious; infamous. **2** bad; defective. معیوب بات an improper thing, action or word, impropriety.

مُغ /mʊɣ/ ■ *n.m.* **1** magus, worshipper of fire. **2** tavern-keeper, publican. مُغ بچہ **1** son of a fire-worshipper. **2** boy serving wine in a

مُغرّق /muɣərrəq/ ■ *adj.* **1** immersed, sunk (in), dipped. **2** gilded or ornamented with gold or silver.

مغرور /məɣru:r/ ■ *adj.* proud, vain, arrogant, haughty, conceited.

مغز /məɣz/ ■ *n.m.* **1** the brain. **2** marrow, kernel, pith. **3** the chief substance or essence (of anything). **4** intellect. **5** pride. مغز اڑا جانا be upset. مغز اڑنا feel distracted. مغز پچانا/پھرانا talk much and foolishly; rack the brain. مغز پچی/چٹی/خراشی idle talk, useless cross conversation. مغز چاٹنا/کھانا bother (someone), pester (someone) with silly talks. مغز چٹ idle talker, garrulous person. مغز چلنا **1** be proud. **2** go mad. مغز کو چڑھ جانا affect the mind. مغز کے کیڑے اُڑانا chatter, brag; bother much. مغز کے کیڑے جھڑنا **1** be humbled; face the music. **2** be set right; come to one's senses. مغز کھانا distract; tease, worry; tax the brain. مغز کھپانا do mental work or labour; ponder deeply.

مغزی /məɣzi:/ ■ *n.f.* **1** edging, border, hem. **2** a kind of sweetmeat. ■ *adj.* of or relating to the brain or mind. مغزی لگانا hem.

مغزیات /məɣzijɑ:t̪/ ■ *n.m.pl.* **1** pulps or succulent parts of fruits. **2** nuts, like almonds, pistachio, walnut, etc.

مغسول /məɣsu:l/ ■ *adj.* washed, cleaned.

مغشوش /məɣʃu:ʃ/ ■ *adj.* **1** fictitious, fake, counterfeit. **2** compound. **3** (of writing) having words of other languages. **4** dim, fade; torn; doubtful. **5** deceitful, cheating, swindling.

مغضوب /məɣzu:b/ ■ *adj.* incurring wrath or displeasure. مغضوب علیہ **1** one against whom anger is felt; an object of displeasure. **2** (***Islam***) (in the Qur'an) an object of the Divine wrath.

مِغفر /mɪɣfər/ ■ *n.m.* helmet, mail cap worn under the helmet.

مغفرت /məɣfɪrət̪/ ■ *n.f.* (usu. Divine) pardon, remission, absolution, salvation, deliverance. مغفرت ہو may God forgive his/her sins!

مغفور /məɣfu:r/ ■ *adj.* **1** pardoned, forgiven. **2** (*fig.*) deceased, dead.

مُغل /muɣəl/ ■ *n.m.* Mogul. مغلِ اعظم the great Mogul emperor Jalaluddin Muhammad Akbar. (*pl.* مُغول)

مُغلانی /muɣlɑ:ni:/ ■ *n.f.* **1** Mogul woman. **2** attendant in harem or woman's apartment, female housekeeper, girls' instructor in household affairs. **3** needlewoman.

مُغلّظ /muɣəlləz/ ■ *adj.* **1** thick, viscous. **2** hard, rigorous, severe. **3** very foul, impure, offensive (language).

مُغلّظات /muɣəlləzɑ:t̪/ ■ *n.f.pl.* abuses; abusive language. مغلظات بکنا/سنانا use extremely foul language.

مُغلق /muɣləq/ ■ *adj.* difficult (word), abstruse, intricate; obscure (text).

مُغلِم /muɣlɪm/ ■ *n.m.* sodomite, pederast.

مغلوب /məɣlu:b/ ■ *adj.* defeated; conquered, overcome, subdued, brought low. مغلوب الجذبات very emotional, sensitive. مغلوب الغضب short-tempered, passionate, choleric, irascible. مغلوب کرنا defeat, overcome, subdue. مغلوب گماں doubtful, immersed in conjectures and delusions. مغلوب ہونا be brought low, be subdued.

مغلوبیت /məɣlu:bɪjət̪/ ■ *n.f.* state of subjugation.

مغلوق /məɣlu:q/ ■ *adj.* **1** obscured, hidden. **2** locked, closed (door).

مُغلئی /muɣləi:/ ■ *adj.* mughlai, of or relating to Moguls, of the era of Mogul empire.

مُغلی /muɣli:/ ■ *adj.* of or relating to Moguls. مغلی پھوڑا (also مغلئی پھوڑا) a kind of abscess. مغلی دکھ/روگ tetanus.

مُغلیہ /muɣlɪjjɑ:/ ■ *adj.* Mogul, of Mogul people, tribes or troops.

مغموم /məɣmu:m/ ■ *adj.* sad, saddened, grieved, sorrowful, sorrowing, mournful. مغموم ہونا be sorrowful.

مغنونہ /məɣnu:nɑ:/ ■ *adj.* (also مغنون) nasalized, uttered from the nose.

مُغنی /muɣni:/ ■ *n.m.* **1** making free from want. **2** See المغنی.

مُغنّی /muɣənni:/ ■ *n.m.* singer; musician.

مُغنّیہ /muɣənnɪjɑ:/ ■ *n.f.* female singer.

مغوی /məɣvi:/ ■ *adj.* abducted, kidnapped.

مُغوی /muɣvi:/ ■ *n.m.* **1** abductor, kidnapper. **2** one who misleads.

مغویہ /məɣvɪjɑ:/ ■ *adj.* (*fem.* of مغوی) abducted (woman).

مُغیّب /muɣəjjəb/ ■ *adj.* hidden, concealed, invisible.

مُغیث /muɣi:s/ ■ *n.m.* redresser of grievances; helper.

مُغیّر /muɣəjjər/ ■ *adj.* altered, changed.

مُغیلاں /muɣi:lɑ̃:/ ■ *n.f.* (*contr.* of اُمِّ غیلاں) a species of Acacia. (*cf.* ببول، کیکر)

مُفاجات /mufɑ:dʒɑ:t̪/ ■ *adj.* sudden, unexpected.

مُفاخرت /mʊfɑ:xərət̪/ ■ *n.f.* boasting, arrogance, pride.

مفاد /məfɑ:d̪/ ■ *n.m.* interest, benefit, gain. مفاد پرست/پسند self-interested, selfish, devoted solely to one's own interest. مفادِ پیوستہ vested interest. مفادِ عامہ common welfare. (*pl.* مفادات)

مُفارقت /mʊfɑ:rəqət̪/ ■ *n.f.* separation, alienation, forsaking, desertion. مفارقتِ دائمی death.

مفاسد /məfɑ:sɪd̪/ ■ *n.m.* (*pl.* of مُفسدہ) vices, evils, pernicious things.

مفاصل /məfɑ:sɪl/ ■ *n.m.* (*pl.* of مَفصِل) joints of the body, articulations.

مُفاصلہ /mʊfɑ:səlɑ:/ ■ *n.m.* **1** distance, remoteness. **2** space, interval, time.

مُفاوضہ /mʊfɑ:vəzɑ:/ ■ *n.m.* a letter from a superior to an inferior.

مُفاہمت /mʊfɑ:həmət̪/ ■ *n.f.* understanding, agreement.

مُفت /mʊft̪/ ■ *adj.* **1** free, free of charge, gratis, without payment; without effort. **2** useless, worthless, waste, ineffective, causeless. ■ *adv.* **1** gratuitously, unprofitably. **2** uselessly. مفت خور parasite, hanger-on, sponger. مفت میں **1** free, gratis, for nothing. **2** without cause or reason. مفت میں کام کرانا get work done for nothing, press or impress into service. مفت ہاتھ لگنا get something free of cost.

مِفتاح /mɪft̪ɑ:h/ ■ *n.f.* key. (*pl.* مفاتح، مفاتیح)

مُفتّح /mʊfət̪t̪eh/ ■ *adj.* opened; conquered.

مُفتخر /mʊft̪əxər/ ■ *adj.* honoured, eminent, dignified.

مُفتخِر /mʊft̪əxɪr/ ■ *n.m.* **1** boaster, braggart. **2** something splendid.

مُفترض /mʊft̪ərəz/ ■ *n.m.* hypothesis. (*pl.* مُفترضات)

مُفتری /mʊft̪əri:/ ■ *n.m.* **1** slanderer. **2** (*fig.*) liar; rogue.

مُفتّش /mʊfət̪t̪ɪʃ/ ■ *n.m.* investigator, examiner.

مُفتقِر /mʊft̪əqɪr/ ■ *adj.* reduced to poverty, becoming needy.

مفتوح /məft̪u:h/ ■ *adj.* **1** conquered, captured, taken, subdued. **2** (***Gram.***) letter with *zabar* (زبر). (*fem.* مفتوحہ) (*pl.* مفتوحین)

مفتون /məft̪u:n/ ■ *adj.* fascinated, enamoured, captivated, charmed, in love (with). مفتون ہونا be enamoured (of), be fascinated with.

مُفتی /mʊft̪i:/ ■ *n.m.* **1** (***Islam***) mufti, interpreter of Islamic law, one who issues religious edicts. **2** (*fig.*) judge, magistrate. مفتی گری the office or duty of mufti.

مفخر /məfxər/ ■ *n.m.* object of glory, cause of pride.

مُفخّر /mʊfəxxər/ ■ *adj.* honoured, esteemed, dignified.

مُفخّم /mʊfəxxəm/ ■ *adj.* glorious, exalted.

مفر /məfər/ ■ *n.m.* **1** place of refuge, asylum. **2** (*fig.*) escape, rescue.

مُفرِّح /mʊfərreh/ ■ *adj.* exhilarating, refreshing, pleasant; stimulating; reviving.

مُفرِّحات /mʊfərrehɑ:t̪/ ■ *n.m.pl.* **1** (***Med.***) energetic or stimulating medicines. **2** refreshments.

مُفرد /mʊfrəd̪/ ■ *adj.* **1** solitary, single, simple; sole, alone. **2** uncompounded. **3** unique. **4** (***Math.***) prime. **5** (***Gram.***) single or simple (word or vocable).

مُفردات /mʊfrəd̪ɑ:t̪/ ■ *n.m.pl.* **1** uncompounded medicines. **2** letter(s) not joined with other letters. **3** numbers from one to nine.

مُفرّس /mʊfərrəs/ ■ *adj.* (***Ling.***) Persianized (words of other languages adopted in Persian).

مُفرِط /mʊfrɪt̪/ ■ *adj.* excessive; vast; transcendent.

مفرق /məfrəq/ ■ *n.m.* (also مَفرِق) place where hair are parted in combing.

مفروح /məfru:h/ ■ *adj.* glad, joyful.

مفرور /məfru:r/ ■ *n.m.* fugitive, escapee. (*fem.* مفرورہ)

مفروری /məfru:ri:/ ■ *n.f.* flight, absconding.

مفروش /məfru:ʃ/ ■ *adj.* spread, carpeted. ■ *n.m.* article of furniture, bed, carpet. (*pl.* مفروشات)

مفروض /məfru:z/ ■ *adj.* supposed, hypothetical.

مفروضہ /məfru:zɑ:/ ■ *n.m.* hypothesis, assumption. (*pl.* مفروضات)

مفروق /məfru:q/ ■ *adj.* **1** separated. **2** subtracted. مفروق منہ quantity from which a given number is subtracted.

مُفسِد /mʊfsɪd̪/ ■ *adj.* mischievous, inciting riot, factious. ■ *n.m.* seditious person, mischief-monger, ringleader. مفسدپن seditiousness; mischief-mongering. (*pl.* مُفسدین)

مُفسدانہ /mʊfsɪd̪ɑ:nɑ:/ ■ *adv.* seditiously; mischievously.

مفسدہ /məfsəd̪ɑ:/ ■ *n.m.* riot, anything tending to disturb or corrupt. مفسدہ برپا کرنا incite riot. مفسدہ پردازی mischief-making, rioting. (*pl.* مفاسد، مفسدات)

مُفسّر /mʊfəssər/ ■ *adj.* commented on; explained,

opposing. **2** comparing, matching. **3** in opposition (to). **4** in front (of), in comparison (with), face to face. مقابل آنا to face or oppose, to come in front of, to challenge or defy.

مُقابلتاً **/muqa:bləṭən/** ■ *adv.* (also مُقابلۃً) in comparison with.

مُقابلہ **/muqa:bəla:/** ■ *n.m.* **1** comparison. **2** opposition, confronting, encounter, competition; contest; contending. مقابلۂ حسن beauty contest. مقابلہ کرنا **1** oppose, resist, contend, confront, compete. **2** compare.

مُقابلے **/muqa:ble:/** ■ *n.m.* (*pl. & infl.* of مُقابلہ) مقابلے کا امتحان competitive examination.

مُقابہ **/muqa:ba:/** ■ *n.m.* (also مُقابا) dressing box or case.

مُقاتل **/muqa:ṭɪl/** ■ *adj.* combatant, seeking to kill.

مُقاتلہ **/muqa:ṭəla:/** ■ *n.m.* slaughter, carnage; battle, fight.

مقادیر **/məqa:ḍi:r/** ■ *n.f.* (*pl.* of مِقدار) quantities. مقادیرِ مجہولہ (***Alg.***) unknown quantities.

مُقاربت **/muqa:rəbəṯ/** ■ *n.f.* **1** drawing nearer (to), approaching; approximation, showing propinquity or affinity. **2** (*fig.*) coitus.

مُقارنت **/muqa:rənəṯ/** ■ *n.f.* proximity, connection, conjunction; familiarity, companionship.

مُقاسمہ **/muqa:səma:/** ■ *n.f.* dividing, partitioning.

مقاصد **/məqa:sɪḓ/** ■ *n.m.* (*pl.* of مقصد) objectives.

مقاطع **/məqa:ṭeʔ/** ■ *n.m.* (*pl.* of مقطع) places of cutting.

مُقاطع **/muqa:ṭeʔ/** ■ *n.m.* **1** cutter. **2** (*fig.*) contractor. **3** syllable. ■ *adj.* cutting.

مُقاطعہ **/muqa:ṭəʔa:/** ■ *n.m.* **1** boycott. **2** disconnection, cutting off, separation, detachment. **3** strike. مقاطعۂ جوعی hunger strike.

مُقاعد **/muqa:ʔɪḓ/** ■ *n.m.* guardian, preserver, keeper.

مقال **/məqa:l/** ■ *n.m.* word, speech, talk, discourse.

مقالہ **/məqa:la:/** ■ *n.m.* **1** treatise, thesis, dissertation, discourse, scholarly article or paper. **2** speech; saying. (*pl.* مقالات)

مقام **/məqa:m/** ■ *n.m.* (also مُقام) **1** place, site; situation, encampment; halt. **2** occasion, opportunity. **3** status, dignity. مقامِ ابراہیم site of a stone in the precincts of the Ka'aba on which Abraham stood while building the sanctuary. مقام بولنا declare or order a halt. مقام دینا **1** give respect or status. **2** (***Hinduism***) go out to condole with. مقامِ عبدیت highest rank of humanity.

expounded.

مُفَسِّر **/mʊfəssɪr/** ■ *n.m.* **1** exegete, exegetist, writer of the Qur'anic or biblical exegesis. **2** commentator, interpreter; expounder. (*pl.* مُفسِّرین)

مَفصِل **/məfsɪl/** ■ *n.m.* joint of limb; juncture; articulation; space between the joints. (*pl.* مفاصل)

مُفَصَّل **/mʊfəssəl/** ■ *adj.* **1** analysed (as speech), explained distinctly or in detail. **2** clear, plain. **3** full, detailed. **4** division of a district. مفصل کہنا mention or describe in detail, give a detailed statement.

مُفَصّلات **/mʊfəssəla:ṭ/** ■ *n.m.* (*pl.* of مُفصّل) countryside, rural areas, outlying area of a district like village, towns or colonies.

مُفَصّلہ **/mʊfəssəla:/** ■ *adj.* explained, detailed. مفصلۂ بالا detailed as above. مفصلۂ ذیل/صدر following, as follows.

مفعول **/məfʔu:l/** ■ *n.m.* **1** (***Gram.***) object. **2** catamite. (*fem.* مفعولہ)

مفعولیّت **/məfʔu:lɪjjəṯ/** ■ *n.f.* the state of being passive.

مفقود **/məfqu:ḍ/** ■ *adj.* extinct; lost, missing, not to be found; lacking, wanting. مفقود الاثر/الاحوال/الخبر untraceable, of unknown whereabouts, of whom no information or news is forthcoming.

مُفَکِّر **/mʊfəkkɪr/** ■ *n.m.* thinker. (*pl.* مُفکّرین)

مُفلِس **/mʊflɪs/** ■ *adj.* poor, penniless, indigent, destitute. ■ *n.m.* pauper, penniless person. (*pl.* مفالیس)

مُفلسا بیگ **/mʊflɪsa: be:g/** ■ *n.m.* (*iron.*) pauper.

مُفلسی **/mʊflɪsi:/** ■ *n.f.* poverty, indigence, pauperism. مفلسی میں آٹا گیلا misfortune never comes alone.

مفلُوج **/məflu:dʒ/** ■ *adj.* paralytic, paralysed, palsied. (*pl.* مفالیج)

مفلُوک **/məflu:k/** ■ *adj.* distressed, poor, indigent. مفلوک الحال destitute, in strained circumstances, needy.

مُفَوَّضہ **/mʊfəvvəza:/** ■ *adj.* ceded, entrusted, delivered, consigned, committed to the care of assigned.

مفہوم **/məfhu:m/** ■ *n.m.* sense, tenor, meaning, connotation. (*pl.* مفاہیم)

مُفید **/mʊfi:d/** ■ *adj.* useful, beneficial, advantageous, profitable. مفید ہونا be useful.

مُفیض **/mʊfi:z/** ■ *adj.* bountiful, beneficent, helpful; useful.

مقابِر **/məqa:bɪr/** ■ *n.m.* (*pl.* of مقبرہ) tombs.

مُقابِل **/muqa:bɪl/** ■ *adj.* **1** opposite, converse, confronting, group or organization having authority.

مُقتدرین /muqt̪əd̪əri:n/ ■ *n.m.pl.* people of authority.

مُقتدی /muqt̪əd̪i:/ ■ *n.m.* **1** follower, adherent, disciple. **2** (***Islam***) a person who stands behind imam during namaz.

مُقترب /muqt̪ərɪb/ ■ *adj.* brought near, approached. ■ *n.m.* one who is brought near.

مُقتضا /muqt̪əzɑ:/ ■ *n.m.* (also مُقتضاء) **1** demands; necessity; expediency. **2** inclination. **3** exigency. ■ *adj.* needed, desired, demanded; inclined. مقتضائے حال exigency of the situation.

مُقتضی /muqt̪əzi:/ ■ *adj.* desirous, requiring; demanding; exacting. ■ *n.m.* demander; exacter; one who desires.

مقتل /məqt̪əl/ ■ *n.m.* place of slaughter, place of killing or execution. (*pl.* مقاتل)

مقتول /məqt̪u:l/ ■ *adj.* killed, slain. ■ *n.m.* one who is slain, murdered. (*fem.* مقتولہ) (*pl.* مقتولین)

مِقدار /mɪqd̪ɑ:r/ ■ *n.f.* **1** quantity, amount; measure. **2** size; dimension, magnitude. مقدارِ متغیرہ variable quantity or expression. مقدارِ مجہول unknown quantity. مقدارِ مرکب compound quantity. مقدارِ معروف known quantity. مقدارِ مقررہ fixed amount or quantity, constant quantity. مقدارِ منفی negative quantity. (*pl.* مقادیر)

مُقدّر /muqəd̪d̪ər/ ■ *n.m.* fate, destiny. ■ *adj.* **1** destined, predestined, ordained by God, preordained. **2** (***Gram.***) (word or expression) understood (not expressed), implied. مقدر آزمانا try one's luck. مقدر آزمائی trying one's luck. مقدر برگشتہ ہوجانا / پلٹنا suffer a reversal of fortune, be unlucky. مقدر جاگنا / چمکنا thrive, prosper, have a stroke of good fortune. مقدر کا ستارا good fortune. مقدر کا سکندر very lucky person.

مُقدِّر /muqəd̪d̪ɪr/ ■ *n.m.* Predestinator, God.

مقدرت /məqd̪ɪrət̪/ ■ *n.f.* ability, strength, vigour, power.

مقدِس /məqd̪ɪs/ ■ *n.m.* sacred place.

مُقدّس /muqəd̪d̪əs/ ■ *adj.* sacred, consecrated, sanctified, holy, blessed, hallowed; purified. مقدس کتاب holy book or scripture. مقدس مقامات holy places; shrines.

مُقدّم /muqəd̪d̪əm/ ■ *adj.* **1** prior, antecedent, preceding; first. **2** superior; more important; chief. ■ *n.m.* muqaddam, village headman; chief, leader. مقدم جاننا / سمجھنا / گردانا give priority (to), prefer; regard as

مقام کرنا halt, stay; encamp. مقامِ محمود **1** desired status. **2** (***Islam***) lofty station where the Prophet's Ascension took him.

مقامات /məqɑ:mɑ:t̪/ ■ *n.m.* (*pl.* of مقام) **1** places. **2** ranks. مقاماتِ محروسہ fortified areas; areas under a sovereign. مقاماتِ مقدسہ holy places, shrines.

مُقامِر /muqɑ:mɪr/ ■ *n.m.* opponent in gambling; player of dice; gambler.

مُقامرت /muqɑ:mərət̪/ ■ *n.f.* gambling.

مقامی /məqɑ:mi:/ ■ *adj.* (also مُقامی) **1** resident. **2** stationary. **3** local. مقامی بولی / زبان vernacular; dialect. مقامی حکومت local government. مقامی خبریں local news. مقامی وقت local time.

مُقاومت /muqɑ:vəmət̪/ ■ *n.f.* **1** resistance, opposition; competition. **2** (***Physics***) impedance. مقاومت کرنا oppose, withstand.

مقبرہ /məqbərɑ:/ ■ *n.m.* tomb, mausoleum, sepulchre. (*pl.* مقابر)

مُقبِل /muqbɪl/ ■ *adj.* **1** inclining towards, advancing towards, approaching. **2** favourable (fortune); looking forward.

مُقبِّل /muqəbbɪl/ ■ *n.m.* appetizer. ■ *adj.* appetizing. (*pl.* مُقبِّلات)

مقبوضہ /məqbu:zɑ:/ ■ *adj.* seized, captured, occupied, possessed, taken possession of. مقبوضہ جات conquered territories; occupied areas. (*pl.* مقبوضات)

مقبول /məqbu:l/ ■ *adj.* **1** popular, known, famous; chosen; accepted, admitted; received; pleasing; grateful. **2** beloved. مقبولِ خلائق / عام very popular. (*fem.* مقبولہ)

مقبولیت /məqbu:lɪjət̪/ ■ *n.f.* **1** popularity. **2** agreeableness, acceptability.

مُقتبَس /muqt̪əbəs/ ■ *adj.* quoted; borrowed; acquired; excerpted.

مُقتبِس /muqt̪əbɪs/ ■ *n.m.* one who borrows or quotes from the writings of others.

مُقتدا /muqt̪əd̪ɑ:/ ■ *n.m.* (also مُقتدیٰ) leader; person who leads congregational prayers. (*pl.* مُقتدین)

مُقتدر /muqt̪əd̪ɪr/ ■ *adj.* **1** powerful, strong, authoritative, invested with authority; able. **2** popular, known.

مُقتدرہ /muqt̪əd̪ɪrɑ:/ ■ *n.m.* **1** authority; personal influence, power or right to enforce obedience. **2** person or positively, certainly, undoubtedly. مقرر کرنا 1 fix, set; establish, settle. 2 appoint, employ, assign. 3 impose.

مُقرِّر /mʊqərrɪr/ ■ *n.m.* speaker, orator. (*pl.* مُقرِّرین)

مُقرّرہ /mʊqərrəra:/ ■ *adj.* 1 fixed, established; settled. 2 certain. 3 appointed. 4 usual. 5 defined, prescribed.

مُقرّری /mʊqərrəri:/ ■ *n.f.* 1 fixed stipend; fixed tenure in perpetuity. 2 fixed lease. 3 an appointment. مقرری دار fixed-rate tenure-holder.

مُقرّض /mʊqərrəz/ ■ *adj.* cut, clipped, sheared.

مقروض /məqru:z/ ■ *adj.* indebted. ■ *n.m.* debtor.

مقروق /məqru:q/ ■ *adj.* (***Law***) seized, attached, confiscated.

مقرون /məqru:n/ ■ *adj.* 1 joined, conjoined, fastened, bound together; adhering; connected, related; near, contiguous, neighbouring. 2 (***Math.***) conjugate.

مُقری /mʊqri:/ ■ *n.m.* 1 legible handwriting. 2 person who teaches the art of recital (esp. of the Qur'an).

مُقسط /mʊqsəṭ/ ■ *adj.* taken or given on instalment (generally used for loan).

مُقسِط /mʊqsɪṭ/ ■ *adj.* just, equitable, impartial. ■ *n.m.* See المقسط.

مُقسِّم /mʊqəssɪm/ ■ *n.m.* divider, distributor.

مقسوم /məqsu:m/ ■ *adj.* divided, distributed, apportioned, allotted. ■ *n.m.* 1 fate, destiny, lot. 2 portion, share, allotment. 3 (***Math.***) dividend, number to be divided. مقسوم جاگنا / چمکنا have good fortune. مقسوم علیہ (***Math.***) divisor. مقسوم کا لکھا decree of fate.

مُقشّر /mʊqəʃʃər/ ■ *adj.* barked, skinned, peeled, husked.

مقصد /məqsəḍ/ ■ *n.m.* purpose, intention, design, object; objective, aim. مقصد بر آنا attain one's object. (*pl.* مقاصد)

مقصدیّت /məqsəḍɪjjət/ ■ *n.f.* purposefulness, didacticism, idea that a work should have a didactic or moral purpose.

مُقصّر /mʊqəssər/ ■ *adj.* deficient, defective, lacking, falling short of.

مُقصِّر /mʊqəssɪr/ ■ *adj.* failing in duty, guilty.

مقصود /məqsu:ḍ/ ■ *n.m.* intent, design, object, aim, view. مقصودِ بالذات objective in itself. مقصودِ کن فکاں (*fig.*) the person for whose sake the universe was created, i.e. Prophet Muhammad. مقصودِ نظر point of view, objective.

مقصُور /məqsu:r/ ■ *adj.* abbreviated, abridged, curtailed, more important; consider preferable (to). مقدم رکھنا prefer, give preference over, place before, put first (on the list). مقدم ہونا 1 be first or most binding. 2 precede; take precedence, stand before.

مُقدّمہ /mʊqəḍḍəma:/ ■ *n.m.* 1 preface; foreword; preamble; prolegomenon. 2 lawsuit, case, dispute, controversy. مقدمہ جیتنا win a case. مقدمہ چکانا settle a dispute. مقدمہ چلانا sue, file a suit. مقدمہ دائر / کھڑا کرنا 1 file a suit, prosecute. 2 raise a matter in an assembly or conclave. مقدمۂ زندگی guideline for life. مقدمہ سننا hear or try a suit. مقدمہ ہارنا lose a case. (*pl.* مُقدّمات)

مُقدِّمہ /mʊqəḍḍɪma:/ ■ *n.m.* something that goes in front or forward. مقدمۃ الجیش vanguard of an army.

مقدوح /məqḍu:h/ ■ *adj.* objectionable, condemnable.

مقدور /məqḍu:r/ ■ *n.m.* 1 power, ability; authority. 2 means, resources. مقدور بھر to the best of one's power or ability, with all one's might; according to one's power or ability. مقدور نہ رکھنا not to have power, authority or ability, be unable (to do something), not to be in a position. مقدور ہونا have power or ability, be in a position (to do something).

مقر /məqər/ ■ *n.m.* abode, station, place of rest, dwelling, habitation.

مُقِر /mʊqɪr/ ■ *n.m.* confessor, one who pleads guilty; affirmer, one who executes a deal. ■ *adj.* 1 admitting; professing, acknowledging. 2 affirming, executing, establishing. مقر جرم ہونا plead guilty. مقر ہونا admit, confess.

مِقراض /mɪqra:z/ ■ *n.f.* scissors; shears. مقراضِ شترگردن scissors having curved blades. مقراضِ ہندی (also سروتا) a type of nutcracker for betel nuts. (See also قینچی)

مِقراضک /mɪqra:zək/ ■ *n.f.* a wrestling trick in which the adversary's neck is gripped between two legs.

مِقراضہ /mɪqra:za:/ ■ *n.m.* 1 arrow with two tips. 2 snuffer for clipping the wick of an oil lamp.

مُقرّب /mʊqərrəb/ ■ *n.m.* intimate; confidant. مقربِ بارگاہ courtier. مقربِ ملائکہ seraphim, the angels close to the empyrean. (*pl.* مُقرّبین)

مُقرّر /mʊqərrər/ ■ *adj.* fixed; set; established; settled; certain; ratified, confirmed; determined; imposed; ascertained; appointed, employed. ■ *adv.* assuredly, diminished.

مقصوره /məqsu:rɑ:/ ■ *adj.* (*fem.* of مقصور). ■ *n.m.* **1** niche or pulpit in a mosque for imam. **2** shortened *alif* (الف) as opposed to *alif mamdooda* (الف ممدوده).

مُقطّر /muqəṯṯər/ ■ *adj.* distilled, exuded in drops.

مقطع /məqṯəʔ/ ■ *n.m.* **1** last couplet of a ghazal, often with the nom de plume of the poet. **2** end; place of separation. مقطع لگانا add any comment at the end.

مُقطّع /muqəṯṯəʔ/ ■ *adj.* **1** cut. **2** well-dressed; well-shaped. **3** serious, solemn. مقطع چقطع having the style and appearance of a solemn or refined person.

مُقطّعات /muqəṯṯəʔɑ:ṯ/ ■ *n.m.pl.* **1** initial letters of some Qur'anic suras (See also حروف مقطعات). **2** pieces. **3** small cuttings (of cloth). **4** short verses or poems.

مقطوع /məqṯu:ʔ/ ■ *adj.* **1** cut into pieces. **2** separated, truncated. ■ *n.m.* **1** person who goes astray from caravan or tribe. **2** (***Math.***) intercept. مقطوع النسل one having no progeny.

مقعد /məqʔəḏ/ ■ *n.f.* (also مِقعد) **1** place of sitting; posterior; hips. **2** (*fig.*) anus, rectum.

مُقعّر /muqəʔʔər/ ■ *adj.* concave. (*opp.* مُحدّب)

مُقفّس /muqəffəs/ ■ *adj.* confined in a cage; imprisoned.

مُقفّل /muqəffəl/ ■ *adj.* locked. مقفل کرنا lock up, bolt (a door or window).

مُقفّیٰ /muqəffɑ:/ ■ *adj.* (also مُقفّا) (***Pros.***) rhymed, rhyming, measured, rhythmical. (*cf.* مُسجّع)

مُقلِّب /muqəllɪb/ ■ *adj.* turning, converting, changing. ■ *n.m.* changer, inverter, turner. مقلبُ القلوب the Converter of hearts, i.e. God.

مُقلِّد /muqəllɪḏ/ ■ *n.m.* **1** follower, imitator. **2** adherent of any one of the four Sunni Imams.

مقلوب /məqlu:b/ ■ *adj.* inverted, reversed. ■ *n.m.* palindrome.

مِقناطیس /mɪqnɑ:ṯi:s/ ■ *n.m.* (also مقناطیس) magnet, lodestone.

مِقناطیسی /mɪqnɑ:ṯi:si:/ ■ *adj.* (also مقناطیسی) magnetic. مقناطیسی دائرہ/محور/میدان magnetic field. مقناطیسی کشش magnetic attraction.

مِقناطیسیت /mɪqnɑ:ṯi:sɪjəṯ/ ■ *n.f.* (also مقناطیسیت) **1** magnetism. **2** (*fig.*) attraction; charm.

مِقنانا /mɪqnɑ:nɑ:/ ■ *v.* magnetize.

مِقنع /mɪqnəʔ/ ■ *n.m.* bridal veil worn over the head and reaching almost to the ground.

مُقنّع /muqənnəʔ/ ■ *adj.* veiled. ■ *n.m.* (***Hist.***) title of the false Veiled Prophet of Khorassan who had invented an artificial moon.

مُقنّن /muqənnɪn/ ■ *n.m.* lawmaker, legislator.

مُقنّنہ /muqənnɪnɑ:/ ■ *n.f.* legislature, a legislative body.

مِقوَد /mɪqvəḏ/ ■ *n.f.* thread; rope, hawser.

مقولہ /məqu:lɑ:/ ■ *n.m.* proverb, maxim, saying, adage, quotation, aphorism. (*pl.* مقولات)

مُقوِّم /muqəvvɪm/ ■ *n.m.* one who sets right or rectifies. ■ *adj.* setting straight, rectifying, arranging.

مُقوّیٰ /muqəvvɑ:/ ■ *adj.* (also مُقوّا) strengthened, reinforced.

مُقوّی /muqəvvi:/ ■ *adj.* strengthening; invigorating. ■ *n.f.* tonic. مقوی باہ aphrodisiac, sexual stimulant. مقوی دماغ brain tonic. (*pl.* مُقوّیات)

مقہور /məqhu:r/ ■ *adj.* **1** overcome, conquered. **2** disturbed; oppressed. **3** cursed. (*fem.* مقہورہ)

مُقئی /muqəi:/ ■ *n.m.* emetic medicine. ■ *adj.* emetic, that causes vomiting.

مِقیاس /mɪq jɑ:s/ ■ *n.m.* **1** measuring instrument, meter; gauge. **2** criterion. **3** hand of watch. مقیاس البرق galvanometer. مقیاس الحرارت thermometer. مقیاس الساعت clock. مقیاس اللبن lactometer. مقیاس الما hydrometer. مقیاس المطر rain gauge. مقیاس الموسم/الہوا barometer, meteorograph. مقیاس النبض pulsimeter. مقیاسِ ذہانت intelligence quotient, IQ.

مُقیت /muqi:ṯ/ ■ *n.m.* **1** one who provides for everyone. **2** Providence. See المقیت.

مُقیّد /muqəjjəḏ/ ■ *adj.* **1** imprisoned, confined, shackled, fettered. **2** bound, restricted.

مُقیّش /muqəjjəʃ/ ■ *n.m.* **1** brocade. **2** gold or silver thread; embroidery work with this thread.

مُقیّشی /muqəjjəʃi:/ ■ *adj.* embroidered in gold or silver thread; brocaded.

مُقیم /muqi:m/ ■ *adj.* **1** residing, stationed. **2** fixed. ■ *n.m.* **1** resident. **2** greengrocer, wholesaler of fruits and vegetables. مقیم ہونا reside, stay, halt.

مکّا /məkkɑ:/ ■ *n.f.* maize. (See also بھٹّا.)

مُکّا /mukkɑ:/ ■ *n.m.* **1** closed fist. **2** blow with fist, thump;

مُکت /mʊkt̪/ ■ *adj.* freed, released, redeemed. مکت ہونا be redeemed, get salvation.

مکتب /məkt̪əb/ ■ *n.m.* elementary school, especially religious school. مکتبُ البرید post office. مکتبِ فکر school of thought. (*pl.* مکاتب)

مکتبہ /məkt̪əbɑ:/ ■ *n.m.* **1** bookstall; library; publishing house. **2** group of like-minded people. مکتبۂ خیال/فکر school of thought.

مکتبی /məkt̪əbi:/ ■ *adj.* **1** academic; scholarly. **2** pertaining to primary or elementary school or religious school.

مُکتسب /mʊkt̪əsib/ ■ *n.m.* gainer, acquirer, achiever.

مُکتفی /mʊkt̪əfi:/ ■ *adj.* **1** having enough, satisfied, sufficient, content. **2** perfect, complete. مکتفی بالذات self-sufficient.

مکتوب /məkt̪u:b/ ■ *adj.* written. ■ *n.m.* **1** writing. **2** letter, epistle. مکتوب الیہ person written to; addressee. (*pl.* مکاتیب، مکتوبات)

مکتوم /məkt̪u:m/ ■ *adj.* hidden, concealed.

مُکتی /mʊkt̪i:/ ■ *n.f.* **1** mukti, escape; salvation. **2** deliverance of soul from further transmigration. مکتی پانا obtain deliverance or salvation. مکتی فوج salvation army.

مُکٹ /mʊkəʈ/ ■ *n.m.* (also مُکٹ) crown, tiara, crest, ornamental coronet.

مُکثّف /mʊkəssɪf/ ■ *n.m.* **1** something that makes dense or thick. **2** condenser.

مِکحل /mɪkhəl/ ■ *n.f.* (also مِکحلہ) **1** container for storing surma. **2** pencil or needle for applying surma to the eyes.

مکحول /məkhu:l/ ■ *adj.* (also مُکحّل) **1** having eyes anointed with surma. **2** (*fig.*) blinded as punishment.

مُکدّر /mʊkəd̪d̪ər/ ■ *adj.* **1** sullen, gloomy, vexed, disturbed. **2** turbid, muddy.

مُکذّب /mʊkəzzɪb/ ■ *n.m.* falsifier. (*pl.* مُکذّبین)

مکر /məkər/ ■ *n.m.* **1** constellation of Capricorn and the tenth sign of zodiac. **2** a mythical animal resembling a shark or crocodile. مکر دھوج **1** Kam Dev, the Hindu god of love. **2** an aphrodisiac medicine.

مکر /məkr/ ■ *n.m.* wile, pretence, guile imposture, artifice, pretext; deceit, cheating, fraud, trick. مکر چاندنی moonlight in early hours of morning which has the false effect of dawn. مکر چکر fraud. مکر کرنا cheat, feign, buffet, conk. مکاباز boxer. مکابازی boxing, fisticuffs. مکا مارنا give blow with fist, box, punch.

مُکابرہ /mʊkɑ:bərɑ:/ ■ *n.m.* **1** contention to establish one's supremacy; conceit. **2** contention.

مکاتِب /məkɑ:t̪ɪb/ ■ *n.m.* (*pl.* of مکتب) **1** educational institutions, schools. **2** schools of thought.

مُکاتب /mʊkɑ:t̪əb/ ■ *n.m.* slave, who has bought himself out. (*fem.* مُکاتبہ)

مُکاتبت /mʊkɑ:t̪əbət̪/ ■ *n.f.* mutual correspondence.

مکاتیب /məkɑ:t̪i:b/ ■ *n.m.* (*pl.* of مکتوب) letters, epistles.

مکّار /məkkɑ:r/ ■ *adj.* cunning, artful, crafty, sly; false. ■ *n.m.* impostor, pretender, cheat. (*fem.* مکّارہ)

مکارِم /məkɑ:rɪm/ ■ *n.m.* (*pl.* of مکرمت) virtues, noble deeds, acts of benevolence, gentleness. مکارمِ اخلاق good manners, gentility.

مکّاری /məkkɑ:ri:/ ■ *n.f.* craftiness.

مکاسِب /məkɑ:sɪb/ ■ *n.m.* (*pl.* of کسب) professions, crafts.

مُکاشفہ /mʊkɑ:ʃəfɑ:/ ■ *n.m.* revelation of secrets, intuition. (See also کشف.)

مُکافات /mʊkɑ:fɑ:t̪/ ■ *n.f.* recompense, retribution, nemesis; retaliation, requital. مکافاتِ عمل recompense of deeds (esp. of misdeeds). مکافات کو پہنچنا receive the deserved punishment, suffer for one's misdeeds.

مُکافی /mʊkɑ:fi:/ ■ *adj.* **1** equal, equivalent. **2** parabolic.

مُکالمہ /mʊkɑ:ləmɑ:/ ■ *n.m.* dialogue. (*pl.* مُکالمات)

مکان /məkɑ:n/ ■ *n.m.* **1** house, home, dwelling, abode. **2** (***Philos., Physics***) space. مکان اٹھانا/کرایہ پر دینا rent a house. مکان بیٹھنا house to collapse. مکان دار landlord, house owner. مکان کرایہ پر لینا rent or lease a house. (*pl.* مکانات) (*cf.* زمان)

مکانی /məkɑ:ni:/ ■ *adj.* spatial; of or relating to any house or dwelling.

مکائد /məkɑ:ɪd/ ■ *n.m.* (*pl.* of مکیدت) tricks, frauds, snares; artifices, strategies.

مُکبّر /mʊkəbbər/ ■ *adj.* magnified; augmentative. ■ *n.m.* (in mosque) place of announcement of prayers, pulpit.

مُکبّر /mʊkəbbɪr/ ■ *adj.* **1** magnifying. **2** repeating the formula, *Allaho Akbar* (اللہ اکبر) in prayers. ■ *n.m.* one who summons and calls for prayers. مکبرُ الصوت (آلہ) loudspeaker. مکبر شیشہ magnifying glass.

مکسور /məksu:r/ ■ *n.m.* 1 broken limb or bone. 2 (***Math.***) fraction. 3 letter with *zer* (زیر). مکسورِ اعشاریہ decimal fraction. مکسورِ عام common or vulgar fraction.

مکشوف /məkʃu:f/ ■ *adj*. revealed, disclosed, open, manifest, brought to light, discovered.

مُکعّب /mʊkəʔʔəb/ ■ *adj*. cubic, cubical. ■ *n.m.* cube. مکعب سم cubic centimetre. مکعب نما cuboid.

مکفوف /məkfu:f/ ■ *adj*. 1 having a border or margin. 2 wrapped up in clothes or sheet. 3 blind. ■ *n.f.* (***Pros.***) seven-letter metrical unit with the last letter dropped, e.g. فاعلات from فاعلاتن.

مکفول /məkfu:l/ ■ *adj*. secured (by bond); hypothecated; pledged, bailed. مکفول کرنا hypothecate, give as security.

مکفون /məkfu:n/ ■ *adj*. shrouded, coffined.

مُکلاوا /mʊklɑ:vɑ:/ ■ *n.m.* (also مُکلاوہ) (in Muslims) ritual return of the bride to parent's house after marriage; (in Hindus) after marriage first time departure of a bride for her husband's home.

مُکلّس /mʊkəlləs/ ■ *adj*. calcified.

مُکلّف¹ /mʊkəlləf/ ■ *adj*. starched (cloth). [U]

مُکلّف² ____ ■ *adj*. 1 done with great pains and care. 2 elaborate, elegant; exquisitely worked. 3 put to inconvenience. 4 responsible for one's actions. 5 under compulsion to do something. [A]

مُکلِّف /mʊkəllɪf/ ■ *adj*. putting (or one who puts) to inconvenience or trouble.

مُکلّل /mʊkəlləl/ ■ *adj*. 1 adorned with jewels; gilded. 2 (*fig.*) flashy, showy.

مُک مُکا /mʊkmʊkɑ:/ ■ *n.m.* (also مُکمُکا) (*slang*) settling a matter in an underhand way; an illegal or immoral collusion.

مُکمّل /mʊkəmməl/ ■ *adj*. complete; accomplished; perfect; full, total, entire, thorough, absolute. مکمل طور پر completely; perfectly.

مُکنت /mʊknət̪/ ■ *n.f.* (also مِکنت) power, authority; might, strength, force; ability.

مکنون /məknu:n/ ■ *adj*. 1 hidden, concealed, secret, undercover. 2 (*fig.*) precious.

مکو /məko:/ ■ *n.f.* (also مکوہ) a plant with small leaves eaten as greens, also used as medicine, small berry-like

pretend, defraud, resort to a stratagem. مکر و تزویر، حیلہ فریب cheating, fraud.

مُکر /mʊkər/ ■ (*imper.* of مُکرنا). ■ *n.m.* refusal, refutation. (صاف) مکر جانا deny altogether.

مُکرانا /mʊkrɑ:nɑ:/ ■ *v*. 1 refute. 2 prove someone to be false.

مُکرّر /mʊkərrər/ ■ *adj*. repeating, recurring. ■ *adv*. repeatedly; again, second time. ■ *exclam*. once more, encore. مکرر ارشاد say again. مکرر آں کہ postscript. مکرر سہ کرّر occurring third time or repeatedly, over and over.

مُکرّم /mʊkərrəm/ ■ *adj*. venerable, respected, revered, august, noble. (*fem.* مُکرّمہ)

مکرمت /məkrəmət̪/ ■ *n.f.* honour; respectability; grace, nobility of character. (*pl.* مکارم)

مُکرّمی /mʊkərrəmi:/ ■ *n.m.* (also مکرم بندہ) (formula of address, esp. at the beginning of a letter) My Respected Sir!

مُکرنا /mʊkərnɑ:/ ■ *v*. go back on one's words; renege, refuse to own up.

مُکرنی /mʊkərni:/ ■ *n.f.* (also کہہ مکرنی) four-line riddle based on pun or double-entendre.

مکروہ /məkru:h/ ■ *adj*. disgusting, loathsome, abominable; unpleasant; unbecoming. ■ *n.m.* (***Isj.***) unbecoming or repulsive act, though not a sin but better avoided. مکروہِ تحریم/تحریمی (***Islam***) disapproved, to the point of being forbidden. مکروہِ تنزیہی (***Islam***) act not definitely condemned but best avoided.

مکروہات /məkru:hɑ:t̪/ ■ *n.f.* (*pl.* of مکروہ) abominations, things to be avoided though not forbidden. مکروہاتِ دنیوی worldly encumbrances.

مکرہایا /məkərhɑ:jɑ:/ ■ *adj*. deceitful, given to deception. ■ *n.m.* deceiver. (*fem.* مکرہائی)

مکّڑ /məkkəɽ/ ■ *n.m.* (also مکڑا) (*aug.* of مکڑی) large spider.

مکڑی /məkɽi:/ ■ *n.f.* spider. مکڑی کا جال (*fig.*) a trap for the unwary. مکڑی کا جالا 1 spider's web, cobweb. 2 (*fig.*) anything very fine and slender. 3 (*fig.*) conspiracy.

مُکسّر /mʊkəssər/ ■ *adj*. broken. ■ *n.m.* square, cubic; measurement.

مکسوبہ /məksu:bɑ:/ ■ *adj*. (also مکسوب) earned, acquired, gained, got.

someone. 2 waste away time. مکھی پر مکھی مارنا copy blindly. مکھی چوس miser, niggard, stingy person. مکھی چھوڑنا اور ہاتھی نگلنا strain at a gnat and swallow a camel. (دودھ سے) مکھی کی طرح نکال پھینکنا get rid of without compunction. مکھی مارنا be unemployed, be idle. مکھی نگلنا land oneself in trouble; court trouble.

مکھیا /mʊkʰɪja:/ ■ *n.m.* mukhiya, village headman.

مکھّیاں /məkʰkʰɪjã:/ ■ *n.f.* (*pl.* of مکھّی) مکھیاں بھنبھنانا / بھنکنا be sordid, be disgusting or ugly. مکھیاں مارنا 1 sit idle, have nothing to do. 2 (of businessman) have slump in trade.

مکھیوں /məkʰkʰɪjõ:/ ■ *n.f.* (*pl.* of مکھّی) مکھیوں کے چھتے کو چھیڑنا stir up a hornets' nest.

مگ /məg/ ■ *n.m.* road, path, way. مگ دیکھنا to wait for.

مُگدر /mʊgd̪ər/ ■ *n.m.* Indian club, conical club for muscle-building. مگدر ہلانا / بھانجنا / پھرانا / ہلانا swing a club.

مِگڈمبر /mɪgd̪əmbər/ ■ *n.m.* 1 large wooden palanquin. 2 a kind of high tent.

مگر¹ /məgər/ ■ *conj.* but, except, save. [P]

مگر² ____ ■ *n.m.* 1 mugger, South Asian crocodile. 2 a kind of crocodile-shaped earring. مگر چودانیاں pendents in the shape of crocodile. مگر مچھ crocodile, alligator. [S]

مگرا /məgra:/ ■ *adj.* 1 proud, presumptuous. 2 obstinate, stubborn. 3 cunning, crafty. 4 slothful, lazy. مگراپن 1 haughtiness. 2 craftiness, artifice. (*fem.* مگری¹)

مگرانا /məgra:na:/ ■ *v.* 1 act arrogantly. 2 be refractory or stubborn.

مگرائی /məgra:i:/ ■ *n.f.* obstinacy; stubbornness.

مگری¹ /məgri:/ ■ *adj.* (*fem.* of مگرا). [S]

مگری² ____ ■ *n.f.* 1 raised earthen boundary of a field. 2 ridge pole. [S]

مگریلا /məgre:la:/ ■ *n.m.* small black pyramid-shaped seed of *Nigella indica*, having very pungent smell. (See also کلونجی.)

مگس /məgəs/ ■ *n.f.* fly, honey-bee. مگس راں fly-whisk; fan. مگس رانی 1 whisking away flies. 2 (*fig.*) flatter.

مگسی /məgəsi:/ ■ *adj.* 1 fly-like. 2 of fly-colour, blackish, spotted dark colour with white spots.

مگن /məgən/ ■ *adj.* 1 absorbed, engrossed. 2 self-satisfied. 3 happy, pleased, enjoying. مگن ہونا 1 be happy. 2 be fruit of this plant.

مکوڑا /məkɔ:ɽa:/ ■ *n.m.* (also مکوڑہ) large ant; insect.

مُکوکب /mʊkɔ:kəb/ ■ *adj.* starry, full of stars.

مکول /məkɔ:l/ ■ *n.f.* chalk.

مُکوّن /mʊkəvvən/ ■ *adj.* created. (*pl.* مکوّنات)

مُکوِّن /mʊkəvvɪn/ ■ *n.m.* 1 creator. 2 (electricity) generator.

مُکوّنات /mʊkəvvəna:t̪/ ■ *n.m.* (*pl.* of مکوّن) the creations and creatures.

مکّہ /məkka:/ ■ *pr.n.m.* Makkah, the famous and sacred city of Saudi Arabia, also spelt as Mecca.

مکئی /məkəi:/ ■ *n.f.* maize, corn.

مکّی /məkki:/ ■ *adj.* of or from Makkah.

مُکّی /mʊkki:/ ■ *n.f.* blow with the fist, thump or buffet. (آٹے کو) مکّی دینا knead (flour) with fists, press (dough) with fist.

مِکیال /mɪkja:l/ ■ *n.m.* vessel for measuring corn or liquid.

مُکیانا /mʊkja:na:/ ■ *v.* give blow with the fist.

مکیدت /məki:d̪ət̪/ ■ *n.f.* deceiving, cheating, ensnaring, defrauding; stratagem. (*pl.* مکائد)

مُکیّف /mʊkəjjəf/ ■ *adj.* intoxicated.

مکین /məki:n/ ■ *n.m.* 1 dweller, resident. 2 master of house. مکین ومکان 1 house and resident. 2 (*fig.*) world and its inhabitants. مکین ہونا to live.

مُکھ /mʊkʰ/ ■ *n.m.* the mouth; the face. ■ *adj.* principal, chief. مکھ منتری prime minister, chief minister.

مکھا /məkʰkʰa:/ ■ *n.m.* (*aug.* of مکھّی) large fly, horsefly, gadfly.

مکھانا /məkʰa:na:/ ■ *n.m.* 1 the plant *Euryale ferox* or its seed. 2 the dried seed of water-lily (which is fried and eaten).

مُکھڑا /mʊkʰɽa:/ ■ *n.m.* 1 beautiful and lovely face. 2 (***Music***) initial words of a song.

مکھن /məkʰkʰən/ ■ *n.m.* 1 butter; margarine. 2 (*fig.*) any white, soft and delicate thing. مکھن بازی / پالش flattery. مکھن توس bread and butter. مکھن لگانا 1 spread butter on (bread). 2 (*fig.*) flatter, fawn upon.

مکھنا /məkʰna:/ ■ *n.m.* 1 makhna, muckna, a kind of elephant having no tusks. 2 cock without spurs.

مُکھوا /mʊkʰva:/ ■ *n.m.* rouge.

مکھّی /məkʰkʰi:/ ■ *n.f.* 1 fly; honey-bee. 2 sight of a gun. مکھی اُڑانا 1 flatter or perform servile offices for engrossed or absorbed.

نمگنا /mʊgnɑ:/ ■ *v.* **1** smell like long-kept mung bean. **2** (*fig.*) stale, rotten.

مگھ /mʊgʰ/ ■ *n.m.* a trained pigeon that brings back other pigeons to roost.

مگھر /məgʰər/ ■ *n.m.* the ninth month of the Bikrami calendar corresponding to November-December.

مُگھم /mʊgʰgʰəm/ ■ *adj.* abstruse, obscure; hard to understand.

مل¹ /məl/ ■ *n.f.* **1** filth, refuse, any excrement of the body. **2** sediment. **3** foam. **4** camphor; musk. [S]

مل² ____ ■ *n.m.* **1** prizefighter, wrestler. **2** acrobat; warrior. [S]

مل³ ____ ■ (*imper.* of ملنا). ■ *n.f.* act of rubbing or applying. مل دل rubbing, grinding, pressing. مل ڈالنا crush, trample; destroy. مل مل کے دھونا wash by scrubbing. [Prk.]

مِل /mɪl/ ■ (*imper.* of مِلنا). ■ *n.f.* act of joining, meeting or taking something. مل بانٹ کے conjointly. مل بیٹھنا come and sit together; live together in harmony or unity. مل جانا **1** be found, be recovered; be received. **2** get mixed up. **3** join together, be reconciled. **4** come together, come across. مل جل کر jointly, together, with joint effort. مل چکا (*iron.*) never received; will never get (it).

مُل /mʊl/ ■ *n.f.* wine, liquor.

ملا¹ /məlɑ:/ ■ (*past* of ملنا). ■ *adj.* **1** rubbed. **2** effaced. ملا دلا badly creased (dress). [Prk.]

ملا² ____ ■ *n.m.* **1** brimful, overflowing. **2** band; group. ملاءِ اعلیٰ **1** group of angels. **2** (*fig.*) abode of angels. [A]

مِلا /mɪlɑ:/ ■ (*past* of مِلنا). ■ *adj.* **1** mixed. **2** united. **3** obtained, met with; found. ملا جلا mixed, intermixed; motley, variegated, compounded. ملا دینا mix, blend, adulterate. ملا لینا **1** win over, make someone an associate or accessory. **2** mix, combine. ملا ہوا adjacent, touching, adjoining. (*fem.* مِلی)

مُلّا¹ /mʊllɑ:/ ■ *n.m.* **1** mullah, person learned in Islamic theology and jurisprudence. **2** (*arch.*) learned person. **3** (*derog.*) one knowing only religious lore or with poor knowledge of this lore. **4** teacher in a mosque. ملا قرآنی law officer who administers oaths on the Qur'an. ملا کی دوڑ مسجد تک none can go beyond his limits. ملا گری teaching. (*fem.* مُلّانی) [A]

مُلّا² ____ ■ *n.m.* (also مُلّو) (*corr.* of مُلّواح) decoy-bird. [A]

ملابس /məlɑ:bɪs/ ■ *n.m.* (*pl.* of ملبس) dresses, clothes.

مُلابست /mʊlɑ:bəsət̪/ ■ *n.f.* **1** similarity. **2** mixing (in); the mixing together.

مِلاپ /mɪlɑ:p/ ■ *n.m.* **1** union, concord, adjustment, agreement, friendship, combination; unity. **2** peace, pacification, reconciliation. **3** intercourse, embracing. **4** connection (through any medium). ملاپ رکھنا live in harmony or concord with, be friends. ملاپ کرنا bring about agreement or harmony (between), be friends, make peace (between). ملاپ ہونا be reconciled to.

مِلاپی /mɪlɑ:pi:/ ■ *adj.* sociable, intimate, affable, civil. ■ *n.m.* friend, associate.

مُلّاٹا /mʊllɑ:t̪ɑ:/ ■ *n.m.* **1** (*derog.*) hedge-priest. **2** (*iron.*) bigot.

ملّاح /məllɑ:h/ ■ *n.m.* sailor; boatman; seaman. ملّاح کا لنگوٹا ہی بھیگتا ہے a poor person has little at stake.

ملاحت /məlɑ:hət̪/ ■ *n.f.* (also ملاحیت) **1** rich brownish complexion. **2** saltness, brackishness.

ملاحِدہ /məlɑ:hɪdɑ:/ ■ *n.m.* (*pl.* of مُلحد) (also مُلاحد) atheists, infidels.

مُلاحظہ /mʊlɑ:həzɑ:/ ■ *n.m.* (also مُلاحظہ) **1** looking. **2** review, close examination, inspection. **3** regard, consideration. ملاحظہ شد seen, examined. ملاحظہ فرمانا/کرنا **1** inspect, examine. **2** look attentively. (*pl.* مُلاحظات)

مُلاحظے /mʊlɑ:həze:/ ■ *n.m.* (*pl.* & *infl.* of مُلاحظہ) ملاحظے کا آدمی courteous person. ملاحظے میں آنا pass in review.

ملّاحی¹ /məllɑ:hi:/ ■ *n.f.* **1** business or profession of boatman, seamanship; navigation. **2** boat-fare, fare paid for crossing a river. ملاحی ہاتھ long stroke in swimming. [A]

ملّاحی² ____ ■ *n.f.* abuses (mostly used in plural). ملاحی سنانا abuse, revile. (*pl.* ملّاحیاں) [A]

ملاذ /məlɑ:z/ ■ *n.m.* **1** asylum, shelter, refuge. **2** (*fig.*) protector.

ملار /məlɑ:r/ ■ *n.f.* a kind of ragini which is sung in rainy season. (See also ملہار.)

مُلازم /mʊlɑ:zɪm/ ■ *n.m.* servant, attendant. ملازمِ خاص personal servant, valet. ملازمِ خانگی domestic servant. ملازمِ سرکاری government servant, state employee. ملازم کرنا

engage as a servant. (*pl.* مُلازمان، مُلازمین)

مُلازمت /mʊlɑ:zəmət̪/ ■ *n.f.* (also مُلازمی) **1** employment, service, duty. **2** waiting on a superior. ملازمت اختیار کرنا take service (with), to enter into the service (of). ملازمت پیشہ one who adopts service as a profession. ملازمت نامہ service book.

مُلازمہ /mʊlɑ:zemɑ:/ ■ *n.* (*fem.* of مُلازم) maid, female servant; working woman.

مُلاطفت /mʊlɑ:t̪əfət̪/ ■ *n.f.* kindness, favour, consideration.

مُلاطفہ /mʊlɑ:t̪əfɑ:/ ■ *n.m.* **1** courtesy, politeness; favour. **2** letter, correspondence. (*pl.* مُلاطفات)

ملاعب /məlɑ:ʔɪb/ ■ *n.m.* (*pl.* of لعب) sports, games.

ملاعن /məlɑ:ʔɪn/ ■ *n.m.* (*pl.* of لعن) disgusting things, objects causing aversion.

ملاعین /məlɑ:ʔi:n/ ■ *n.m.* (*pl.* of ملعُون) (also ملاعنہ) accursed persons.

مُلاقات /mʊlɑ:qɑ:t̪/ ■ *n.f.* meeting, visit, interview, encounter, introduction. ملاقاتِ بازدید return visit. ملاقات پیدا کرنا contrive a meeting or social relations. ملاقاتِ چندروزہ short acquaintance. ملاقات رکھنا be on visiting terms (with); be friends (with). ملاقات کرنا call on, pay visit, meet. ملاقات کروانا introduce, arrange a meeting between two persons.

مُلاقاتی /mʊlɑ:qɑ:t̪i:/ ■ *n.m.* (also مُلاقی) visitor, caller, an acquaintance. ■ *adj.* of or relating to مُلاقات, visiting. ملاقاتی کمرہ visiting room.

مُلاکمہ /mʊlɑ:kəmɑ:/ ■ *n.m.* boxing.

ملاگیری /məlɑ:gi:ri:/ ■ *adj.* of the colour of sandalwood.

ملال /məlɑ:l/ ■ *n.m.* **1** grief, sadness, melancholy, dejection. **2** displeasure, resentment; malice. ملال آنا/ہونا be grieved.

ملالت /məlɑ:lət̪/ ■ *n.f.* dejection, despondence; sadness.

ملامت /məlɑ:mət̪/ ■ *n.f.* (also ملام) reproach, censure, blaming, reprehension, rebuke, reproof. ملامت کرنا censure, reproach, reprove; rebuke.

ملامتی /məlɑ:mət̪i:/ ■ *adj.* reprehensible, blameable; censured (person). ■ *n.m.* a sect of fakirs who perform religious rituals in secret.

مُلامست /mʊlɑ:məsət̪/ ■ *n.f.* (also مُلامسہ) sexual relation.

مِلان /mɪlɑ:n/ ■ *n.f.* **1** comparison, adjustment (of differences). **2** reconcilement, union. **3** mingling. **4** unison, producing harmony (in music). مِلان بوجھ specific gravity. مِلان مِلانا adjust the accounts (of land under cultivation).

مِلانا /mɪlɑ:nɑ:/ ■ *v.* **1** bring together, join, unite. **2** synchronize, reconcile, adjust, fit. **3** compare (with). **4** mix, combine, blend, mingle. **5** introduce two or more people to each other.

مُلّانا /mʊllɑ:nɑ:/ ■ *n.m.* (also مُلّانہ) (*derog.*) petty religious person.

مُلّانی /mʊllɑ:ni:/ ■ *n.* (*fem.* of مُلّا) **1** wife of mullah. **2** female who teaches religious studies.

مِلاوٹ /mɪlɑ:vət̪/ ■ *n.f.* (also مِلاو) **1** mixture, admixture, amalgam, amalgamation. **2** adulteration. ملاوٹ کرنا adulterate.

ملاہی /məlɑ:hi:/ ■ *n.m.pl.* fun and sports.

ملائک /məlɑ:ɪk/ ■ *n.m.* (*pl.* of ملک) angels.

ملائکہ /məlɑ:ɪkɑ:/ ■ *n.m.* (*pl.* of ملک) ملائکۂ مقربین seraphim, the angels close to God.

مُلائم /mʊlɑ:ɪm/ ■ *adj.* (also مُلایم) soft, gentle, tender, mild. ملائم کرنا **1** soften. **2** mitigate. ملائم ہونا **1** be softened. **2** yield. **3** be assuaged.

مُلائمت /mʊlɑ:emət̪/ ■ *n.f.* (also مُلایمت) softness, tenderness; mildness.

ملائی[1] /məlɑ:i:/ ■ *n.f.* cream of milk. See بالائی. ملائی دار creamy. ملائی سا **1** cream-like. **2** (*fig.*) soft and white. [dial.]

ملائی[2] ——— ■ *n.f.* **1** massage, rubbing. **2** price paid for it. [Prk.]

مُلّائی /mʊllɑ:i:/ ■ *n.f.* (also مُلّائیت) office or profession of religious teacher or mullah.

مُلّایانہ /mʊllɑ:jɑ:nɑ:/ ■ *adj.* (that which is) according to mullah's view.

ملبا /məlbɑ:/ ■ *n.m.* (also ملبہ) debris, rubbish, dirt. ملبا خرچ village expenses, money collected by headman from the peasants for an officer's entertainment.

مُلبّب /mʊləbbəb/ ■ *adj.* brimful, brimming, full to the brim.

مُلبّس /mʊləbbəs/ ■ *adj.* **1** complicated. **2** dubious. **3** covered.

ملبُوس /məlbu:s/ ■ *adj.* clothed, dressed. ■ *n.m.* garments, dress, clothes, garb.

ملبُوسات /məlbu:sɑ:t̪/ ■ *n.m.* (*pl.* of ملبُوس) clothes, dresses.

ملت /mələt̪/ ■ *adj.* (also ملتا) worn out; faded (coin).

مِلّت /mɪllət̪/ ■ *n.f.* nation, people, community, followers of a faith or ideology. ملت بیضا **1** (*fig.*) pure and noble people. **2** (*fig.*) Muslims, the Muslims worldwide. (*pl.* مِلل)

ملتا /mɪlt̪ɑ:/ ■ *adj.* resembling, similar, used in comp. as: ملتا جلتا resembling. (*fem.* مِلتی)

مُلتانی /mʊlt̪ɑ:ni:/ ■ *n.f.* **1** inhabitant or language of Multan. **2** name of a musical raga. ■ *adj.* of or relating to the city of Multan. ملتانی مٹی fuller's earth, facial soil, Multan earth.

مُلتبِس /mʊlt̪əbɪs/ ■ *adj.* vague, unclear.

مُلتجا /mʊlt̪ədʒɑ:/ ■ *n.m.* **1** place of refuge, asylum. **2** protector.

مُلتجی /mʊlt̪ədʒi:/ ■ *adj.* beseeching, entreating, imploring. ■ *n.m.* supplicant, petitioner. ملتجی ہونا request, implore.

مُلتزِم /mʊlt̪əzɪm/ ■ *adj.* **1** constrained, compelled; necessarily following. **2** attached (to). ■ *n.m.* **1** place for prayer near southern corner of Ka'aba. **2** a toll-gatherer.

مُلتفِت /mʊlt̪əfɪt̪/ ■ *adj.* **1** turning (to or towards), attentive, having regard (for); showing kindness and courtesy. **2** showing inclination (to), inclined. ملتفت ہونا turn to or towards, attend to, show regard to, show kindness and courtesy.

مُلتمِس /mʊlt̪əmɪs/ ■ *adj.* petitioning, supplicating, begging, praying, beseeching. ■ *n.m.* petitioner, applicant. ملتمس ہونا pray, request, beg, supplicate.

مُلتوی /mʊlt̪əvi:/ ■ *adj.* postponed, put off, adjourned, delayed, pending. ملتوی رکھنا/کرنا put off, postpone, adjourn, suspend, prorogue. ملتوی رہنا be delayed or postponed, remain or be left in abeyance.

مُلتہِب /mʊlt̪əhɪb/ ■ *adj.* flaming, kindled. ملتہب ہونا be in flames.

ملٹ /mələʈ/ ■ *n.m.* thick paper, cardboard, pasteboard.

ملجا /məldʒɑ:/ ■ *n.m.* asylum, place of refuge, retreat. ملجا وماوی **1** refuge, asylum, retreat. **2** (*fig.*) security, support.

ملچھ /məlɪtʃʰ/ ■ *adj.* (*contr.* of ملیچھ) dirty, foul; filthy.

ملح /mɪlh/ ■ *n.m.* & *f.* **1** salt; brackishness. **2** (*fig.*) elegance, beauty.

مُلحِد /mʊlhɪd̪/ ■ *n.m.* atheist, one who strays away from religion, unbeliever, heretic, pagan, infidel, paynim. (*pl.* مَلاحدہ)

مُلحق /mʊlhəq/ ■ *adj.* joined, annexed, contiguous, adjoining, adjacent. ملحق کرنا include; annex, adjoin, affiliate. ملحق ہونا be annexed; be contiguous or adjoining (to).

مُلحِق /mʊlhɪq/ ■ *adj.* reaching; pursuing.

مُلحقات /mʊlhəqɑ:t̪/ ■ *n.m.* (*pl.* of مُلحقہ) **1** marginal remarks in a book or writing. **2** conquered territories. **3** adjuncts, appendages.

مُلحقہ /mʊlhəqɑ:/ ■ *n.m.* appendix, appendage.

ملحُوظ /məlhu:z/ ■ *adj.* contemplated, regarded, considered. ملحوظِ خاطر borne in mind. ملحوظ رکھنا **1** bear in mind. **2** consider. ملحوظ رہنا be taken into consideration. (*pl.* ملحُوظات)

ملخ /mələx/ ■ *n.f.* locust.

مُلخّص /mʊləxxəs/ ■ *adj.* abstracted, abridged. ■ *n.m.* gist, summary, abstract, epitome.

مُلذّذ /mʊləzzəz/ ■ *adj.* delicious, tasty, savoury.

مُلر مُلر /mʊlər mʊlər/ ■ *adv.* artlessly, innocently, helplessly. ملر ملر تکنا/منھ دیکھنا look innocently, look helplessly.

مُلزم /mʊlzɪm/ ■ *adj.* & *n.m.* accused; charged, indictee. ملزم ٹھہرانا accuse, blame, indict. (*fem.* مُلزمہ) (*pl.* مُلزمان)

ملزُوم /məlzu:m/ ■ *adj.* **1** necessitated. **2** connected; inseparable; affixed; belonging to. (*pl.* ملزُومات)

مُلصق /mʊlsəq/ ■ *adj.* affixed, attached.

مُلطِّف /mʊlət̪t̪ɪf/ ■ *n.f.* an attenuant (medicine).

ملعُون /məlʔu:n/ ■ *adj.* (also لعین) accursed, damned; execrated, excommunicated. ■ *n.m.* (*fig.*) Devil, Satan. (*fem.* ملعُونہ) (*pl.* ملاعنہ،ملاعین)

ملغوبہ /məlɣo:bɑ:/ ■ *n.m.* (also ملغوبا) **1** mash. **2** jumble, hotchpotch, hodgepodge, farrago, medley. **3** thick soup; any mashed foodstuff.

ملفُوظ /məlfu:z/ ■ *adj.* that which is spoken or uttered. ■ *n.m.* saying or utterance; saying of scholars or spiritual guides, dictum. (*pl.* ملفُوظات)

ملفُوظی /məlfu:zi:/ ■ *adj.* (letters) uttered, pronounced.

ملفُوف /məlfu:f/ ■ *adj.* **1** wrapped up, enveloped, enclosed.

طویل مصوتے:	آنا، گانا ɑ:	بیٹھنا æ:	پیلا i:	دینا e:	پودا ɔ:	چُول u:	گول o:
	/gɑ:nɑ:/, /ɑ:nɑ:/	/bæ:ʈʰnɑ:/	/pi:lɑ:/	/d̪e:nɑ:/	/pɔ:d̪ɑ:/	/tʃu:l/	/go:l/

2 (*fig.*) hidden, concealed. **3** gathered; folded. (*fem.* ملفوفہ)

ملقب /mʊləqqəb/ ■ *adj.* entitled, surnamed, nicknamed.

ملک /mələk/ ■ *n.m.* angel. ملک الموت Azrael, the angel of death. (*pl.* ملائک، ملائکہ)

مَلِک /məlɪk/ ■ *n.m.* malik; king, sovereign. ملک التجار prominent merchant, business tycoon, businessman. ملک الشعرا Poet Laureate. ملک زادہ prince. (*pl.* مُلُوک)

مِلک /mɪlk/ ■ *n.f.* property, possession. (*pl.* املاک)

مُلک /mʊlk/ ■ *n.m.* country, realm, dominion, region, territory. ملک بدر **1** exiled, banished, deported. **2** exile, deportee. ملک بدر کرنا exile, banish. ملک ستانی conquest. ملکِ خدا تنگ نیست پائے گدا لنگ نیست if you fail in a venture in one place, you can always try your luck elsewhere. ملک دشمن traitor, betrayer, fifth columnist. ملک رانی rule, sovereignty government. ملکِ عدم the existence hereafter. ملکِ عدم سدھارنا die. ملک گیری territorial acquisition or conquest, annexation of a territory. (*pl.* ممالک)

ملکانا /məlkɑːnɑː/ ■ *v.* speak coquettishly or affectedly (usu. used for girl or woman).

ملکاہٹ /məlkɑːhəʈ/ ■ *n.f.* vomiting, nausea.

مُلکٹ /mʊlkəʈ/ ■ *n.f.* cup of a brassiere.

ملکوت /mələkuːt̪/ ■ *n.f.* **1** dominion, kingdom. **2** world of angels or spirits. ملکوت السماوات heavenly kingdom.

ملکوتی /mələkuːt̪iː/ ■ *adj.* angelic. ملکوتی حسن innocent beauty, angelic beauty or innocence. ملکوتی صفات angelic qualities.

ملکہ /mələkɑː/ ■ *n.m.* expertise, command, proficiency. (*pl.* ملکات)

مَلِکہ /məlɪkɑː/ ■ *n.f.* queen. ملکہ مسور unbroken, orange lentil. ملکۂ معظّمہ exalted queen.

مِلکی /mɪlkiː/ ■ *adj.* proprietary. ■ *n.m.* **1** landed proprietor, landlord. **2** farmer.

مُلکی /mʊlkiː/ ■ *adj.* **1** indigenous, national, belonging to one's country. **2** civil; political, concerning state or government. ملکی لاٹ the viceroy or governor general.

مِلکیّت /mɪlkɪjjət/ ■ *n.f.* property, possession.

ملگجا /məlgədʒɑː/ ■ *adj.* **1** soiled. **2** faded, discoloured, dusty. **3** creased, ruffled. (*fem.* ملگجی)

ملل /mələl/ ■ *n.m.* **1** grief, sorrow. **2** trouble.

مِلل /mɪləl/ ■ *n.f.* (*pl.* of مِلّت) nations.

ملماس /məlmɑːs/ ■ *n.m.* intercalary month (in which no ceremonies are performed among Hindus.).

مُلمّع /mʊləmməʔ/ ■ *adj.* **1** plated, gilt, electroplated. **2** covered with gold or silver. ■ *n.m.* **1** gilding, coating. **2** show-off. **3** use of two languages in verse. ملمع اترجانا be found out, reality be revealed. ملمع ساز **1** gilder, plater. **2** (*fig.*) dissembler, hypocrite. ملمع سازی **1** gilding, coating, plating. **2** (*fig.*) plausible deception or imposture. ملمع کرنا gild.

ململ /məlməl/ ■ *n.f.* muslin, very fine cotton fabric.

ململانا /məlməlɑːnɑː/ ■ *v.* be tense, be uneasy or restless, be highly-strung or nervous.

ململاہٹ /məlməlɑːhəʈ/ ■ *n.f.* dejection, sadness, regret, depression.

مِلن /mɪlən/ ■ *n.m.* **1** meeting, contact, union. **2** harmony, agreement.

ملنا /məlnɑː/ ■ *v.* **1** rub, massage; apply (an ointment) by rubbing. **2** scrub. **3** knead.

مِلنا /mɪlnɑː/ ■ *v.* **1** meet, come together, have a meeting, join. **2** be found or obtained. **3** be mixed, mingled or amalgamated; be blended. **4** be joined, associate (with). **5** resemble, coincide, agree (with), suit, tally. **6** embrace. **7** reconciliation to take place. **8** get, gain. ملنا جلنا meet; have social intercourse with. ملنا ملانا **1** meet, have contact with. **2** get or receive something.

مِلنسار /mɪlənsɑːr/ ■ *adj.* sociable, affable, convivial, friendly.

مِلنساری /mɪlənsɑːriː/ ■ *n.f.* sociableness, friendliness, affability.

ملنگ /mələŋg/ ■ *n.m.* (also ملنگا، ملنگی[2]) **1** careless and inconsiderate person. **2** a dervish in ecstasy; an unorthodox mendicant, usually dancing attendance on a spiritual master or shrine. ■ *adj.* intoxicated, delirious.

ملنگی[1] /məlaŋgiː/ ■ *n.m.* salter, salt-maker.

ملنگی[2] ——— ■ *n.f.* **1** a wanton woman. **2** See ملنگ.

مِلنی /mɪlniː/ ■ *n.f.* (***Hinduism***) wedding procession, reception, meeting on wedding day between elders of both families.

مِلنے /mɪlneː/ ■ (*infl.* of مِلنا) ملنے کو جانا go to meet, visit.

ملنے والا/والے friend, visitor, caller.

ملّو /məllu:/ ■ *n.m.* 1 monkey. 2 bear.

مُلّو /mʊllu:/ ■ *n.m.* decoy-bird.

مِلواں /mɪlvɑ̃:/ ■ *adj.* 1 mixed, amalgamated. 2 twins.

ملوانا /məlvɑ:nɑ:/ ■ *v.* cause to be rubbed or massaged.

مِلوانا /mɪlvɑ:nɑ:/ ■ *v.* 1 cause (various ingredients) to be mixed. 2 introduce (one person to another); cause to be reconciled.

ملوائی /məlvɑ:i:/ ■ *n.f.* 1 the act of rubbing or scrubbing. 2 price paid for rubbing or scrubbing.

مُلوّث /mʊləvvəs/ ■ *adj.* 1 involved or implicated (in). 2 tainted, polluted, befouled, contaminated.

ملوک /məlu:k/ ■ *adj.* beautiful, handsome, delicate.

مُلوک /mʊlu:k/ ■ *n.m.* (*pl.* of مَلِک) kings, rulers.

مُلوکانہ /mʊlu:kɑ:nɑ:/ ■ *adj.* royal, regal, kingly.

مُلوکیت /mʊlu:kɪjjət̪/ ■ *n.f.* 1 monarchy. 2 (*fig.*) autocracy.

ملول /məlu:l/ ■ *adj.* sad, dejected, melancholy, displeased.

ملولا /məlu:lɑ:/ ■ *n.m.* (also ملولہ) 1 grief. 2 sorrow, regret, sadness, melancholy. ملولا آنا grieve, suffer from pangs of sorrow.

ملوم /məlu:m/ ■ *adj.* reproached, blamed, accused.

مُلوّن /mʊləvvən/ ■ *adj.* coloured, variegated.

مِلونی /mɪlɔ:ni:/ ■ *n.f.* mixture, alloy, adulteration. ملونی کرنا adulterate.

ملویّا /məlvəjjɑ:/ ■ *n.m.* one who rubs; massager, masseur.

ملہار /məlhɑ:r/ ■ *n.m.* (***Music***) a classical raga sung during the rain.

مُلہٹی /mʊlæht̪i:/ ■ *n.f.* (also مُلہٹھی، مُلیٹھی) liquorice.

مُلہَم /mʊlhəm/ ■ *adj.* inspired. ■ *n.m.* 1 an inspired person; one to whom a secret is revealed. 2 (*fig.*) a prophet. مُلہَم بالغیب one to whom something secret or hidden is revealed.

مُلہِم /mʊlhɪm/ ■ *n.m.* one who inspires, reveals.

مُلہمانہ /mʊlhəmɑ:nɑ:/ ■ *adv.* & *adj.* by or with inspiration under supernatural influence.

مِلی /mɪli:/ ■ *adj.* (*fem.* of مِلا) 1 mixed. 2 found. 3 united. مِلی بھگت conspiracy, plot, scheme to defraud (one). مِلی جلی combined, mixed.

مِلّی /mɪlli:/ ■ *adj.* national, of or pertaining to a community. مِلّی ترانہ/نغمہ national anthem.

مِلے /mɪle:/ ■ (*infl.* of مِلنا) 1 associated, attached. 2 met. 3 gained. مِلے جلے رہنا live together in harmony.

ملیامیٹ /məljɑ:me:t̪/ ■ *adj.* ruined, destroyed, effaced.

ملے پنچ /məle:pəndʒ/ ■ *adj.* 1 aged, old. 2 (a horse) over eight years old.

ملیچھ /məli:tʃʰ/ ■ *adj.* (also ملچھ) 1 dirty, foul, filthy, unclean. 2 of low caste or birth. 3 ill-mannered. 4 (*derog.*) term used by Hindus for a non-Hindu, especially Muslim.

ملیح /məli:h/ ■ *adj.* 1 of brown complexion. 2 (*fig.*) beautiful, charming. 3 saltish. (*fem.* ملیحہ)

ملیدہ /məli:d̪ɑ:/ ■ *n.m.* (also ملیدا) (*contr.* of مالیدہ) 1 pounded meal cakes mixed with butter and sugar. 2 (*fig.*) crumbled thing.

ملین /məli:n/ ■ *adj.* 1 filthy, dirty. 2 dull, dim. 3 sad, dejected.

مُلیّن /mʊləjjɪn/ ■ *adj.* 1 softening. 2 laxative; aperient. (*pl.* مُلیّنات)

ملینا /məli:nɑ:/ ■ *n.m.* merino, a fabric made of wool from Spanish merino. See مرینا.

ممات /məmɑ:t̪/ ■ *n.f.* death.

مُماثل /mʊmɑ:sɪl/ ■ *adj.* similar, alike.

مُماثلت /mʊmɑ:sələt̪/ ■ *n.f.* similarity, resemblance, likeness.

مُمارست /mʊmɑ:rəsət̪/ ■ *n.f.* 1 practice, exercise. 2 experience.

مُماس /mʊmɑ:s/ ■ *adj.* touching, adjacent. ■ *n.m.* (***Geom.***) tangent.

مُماست /mʊmɑ:sət̪/ ■ *n.f.* touch, contact.

مُماکھی /mʊmɑ:kʰi:/ ■ *n.f.* honeybee.

ممالک /məmɑ:lɪk/ ■ *n.m.* (*pl.* of مُلک) countries. ممالکِ محروسہ countries under one's rule.

ممالیک /məmɑ:li:k/ ■ *n.m.* (*pl.* of مملوک) slaves.

مُمانعت /mʊmɑ:nəʔət̪/ ■ *n.f.* prohibition, ban. ممانعت کرنا prohibit, forbid, ban. ممانعت ہونا be prohibited.

مُمانی /mʊmɑ:ni:/ ■ *n.f.* wife of mother's brother, maternal aunt.

ممتا /məmt̪ɑ:/ ■ *n.f.* (also ماتا) maternal affection, motherly love. ممتا کی ماری driven by motherly love.

مُمتاز /mʊmt̪ɑ:z/ ■ *adj.* 1 exalted; distinguished; illustrious, eminent, pre-eminent. 2 unique. ممتاز کرنا exalt, elevate; distinguish. ممتاز ہونا be distinct, be distinguished or

مملوک /məmlu:k/ ■ *adj*. possessed, owned. ■ *n.m.* 1 slave, captive. 2 Mameluke, name of a slave dynasty which ruled parts of the Middle East and Egypt. (*pl.* ممالیک)

مملوکہ /məmlu:kɑ:/ ■ *adj*. (*fem.* of مملوک). ■ *n.f.* slave girl. مملوکہ ومقبوضہ owned and possessed (by).

ممنوع /məmnu:ʔ/ ■ *adj*. forbidden, prohibited, banned, proscribed, interdicted, debarred, taboo; embargoed. ممنوعُ الاشاعت banned to publish.

ممنوعہ /məmnu:ʔɑ:/ ■ *adj*. (*fem.* of ممنوع) ممنوعہ علاقہ prohibited area, no-fly zone. (*pl.* ممنوعات)

ممنون /məmnu:n/ ■ *adj*. obliged, thankful, grateful, beholden. ممنون کرنا oblige someone. ممنون ہونا be grateful or thankful; feel obliged. (*pl.* ممنونین)

ممنونیت /məmnu:nɪjət̪/ ■ *n.f.* gratefulness, thankfulness, obligation.

ممولڑا /məmo:ɽɑ:/ ■ *n.m.* sort of severe pain in the bowels.

ممولا /məmo:lɑ:/ ■ *n.m.* (also ممولہ) wagtail. (*fem.* ممولن، ممولی)

ممیا /məmjɑ:/ ■ *prefix* denoting a maternal relationship. ممیا ساس husband's or wife's maternal aunt. ممیا سسر husbands or wife's maternal uncle.

ممیانا /mɪmjɑ:nɑ:/ ■ *v*. (also میمیانا) (of a sheep or goat) bleat; complain weakly.

مُمیت /mʊmi:t̪/ ■ *adj*. causing death, killing. ■ *n.m.* See المیت.

مِمیرا /məmi:rɑ:/ ■ *n.m.* a plant root like turmeric, useful for eyesight, golden thread root, *Coptis teeta*.

ممیرا /məme:rɑ:/ ■ *adj*. relating to maternal uncle. ممیرا بھائی son of mother's brother.

ممیری /məme:ri:/ ■ *adj*. (*fem.* of ممیرا) ممیری بہن daughter of mother's brother.

مُمیّز /mʊməjjəz/ ■ *adj*. distinct, distinguished.

مُمیّزہ /mʊməjjɪzɑ:/ ■ *adj*. discriminating, judicious.

مَن /mən/ ■ *n.m.* 1 heart; mind; spirit, soul. 2 inclination; conscience. 3 mood. من اٹکنا be in love. من اٹھنا become disaffected. من اکتانا be tired or sick of, be fed up (with). من بُرا کرنا 1 feel bad (about something). 2 become or make someone disaffected. 3 be dejected. من بسنا dwell in one's mind. من بسیا (*fig.*) beloved. من بہلانا amuse. من بھاتا / پسند / چاہا liked, favourite, cherished. من بھاتا کھاجا favourite dish.

exalted.

مُمتَحَن /mʊmt̪əhən/ ■ *n.m.* examinee.

مُمتَحِن /mʊmt̪əhɪn/ ■ *n.m.* 1 examiner, tester. 2 auditor.

مُمتحنی /mʊmt̪əhɪni:/ ■ *n.f.* office or work of an examiner.

مُمتد /mʊmt̪əd̪/ ■ *adj*. extended, stretched.

مُمتزج /mʊmt̪əzədʒ/ ■ *adj*. mixed, mingled, jumbled.

مُمتلی /mʊmt̪əli:/ ■ *adj*. brimful.

مُمتنع /mʊmt̪ənæʔ/ ■ *adj*. prohibited, forbidden. ممتنعُ الجواب / النظیر impossible to answer. ممتنعُ الحصول what cannot be obtained or brought.

مُمٹی /mʊmʈi:/ ■ *n.f.* (*var.* of گُمٹی) turret.

مُمثِّل /mʊməssɪl/ ■ *n.m.* actor. (*fem.* مُمثِّلہ) (*pl.* مُمثِّلین)

مُمِد /mʊmɪd̪/ ■ *n.m.* helper, assistant; protector. ■ *adj*. helping, assisting, helpful. مدومعاون helper, help. مدومعاون ہونا be of use or service.

ممدُوح /məmd̪u:h/ ■ *adj*. praised. ■ *n.m.* the praised one. (*fem.* ممدُوحہ) (*pl.* ممدُوحین)

ممدُودہ /məmd̪u:d̪ɑ:/ ■ *adj*. 1 elongated (vowel sound); prolonged; extended. ■ *n.m.* the long *alif* (الف) marked with the sign *madd* (~).

ممر /məmər/ ■ *n.m.* course, pass, passage, transit; ford.

ممریز /məmre:z/ ■ *n.f.* (*corr.* of مہمیز) rowel.

ممزُوج /məmzu:dʒ/ ■ *adj*. 1 mixed, blended. 2 diluted, tempered.

مُمسِک /mʊmsɪk/ ■ *n.m.* miser, niggard. ■ *adj*. 1 miserly, niggardly, stingy. 2 retentive, (medicine) promoting prolongation of sexual act in men.

ممسُوخ /məmsu:x/ ■ *adj*. metamorphosed; deformed.

ممسُوس /məmsu:s/ ■ *adj*. 1 tangible; touched. 2 furious.

مُمکن /mʊmkɪn/ ■ *adj*. possible, practicable, feasible, likely; conceivable. ممکنُ الحصول obtainable, procurable. ممکنُ الدخول accessible. ممکنُ الزراعت cultivable, arable. ممکنُ الوجود likely to exist. ممکنُ الوقوع possible to happen, likely to happen. (*fem.* مُمکنہ)

مُمکنات /mʊmkɪnɑ:t̪/ ■ *n.m.* (*pl.* of مُمکن) possibilities. ممکنات میں سے نہ ہونا be impossible. ممکنات وموجودات whatever is and is possible.

مملکت /məmləkət̪/ ■ *n.f.* (also مُملکت) kingdom, realm, country, dominion, empire, territory. مملکتِ خداداد 1 God-bestowed country. 2 (*fig.*) Pakistan.

مملُو /məmlu:/ ■ *adj*. filled, full, brimful.

to show disunion. [P]

من[5] ____ ■ *n.m.* (also مَنّ) manna, food miraculously supplied to the Israelites in the wilderness with *salva* (سلوىٰ). من وسلوىٰ **1** manna and quails. **2** a kind of dish. **3** (*fig.*) fine food, ambrosia. [A]

من[6] ____ ■ (*imper.* of منا) be agreed. من من کر بگڑنا become estranged even after repeated reconciliations. [Prk.]

من[7] ____ ■ *n.m.* hole in the middle of weighing-balance beam. [A]

مِن /mɪn/ ■ *prep.* from; of; on; out of. من بعد after this, hereafter, afterwards. من جانب from (a sender or giver). من جانب اللہ from God. من جملہ from among (many things or persons), from or out of the whole, out of all, among all, of all these. من حیث as, by, from the point of view of. من حیث القوم as a nation. من حیث المجموع on the whole, by and large. من فضلِ ربی by the grace of God. من کُلِ الوجوہ in every respect. من وجہٍ in one way, for one reason, somewhat. من وعن exactly, as it was, to the very letter.

مُنّا /mʊnnɑ:/ ■ *n.m.* baby, child. (*fem.* مُنّی)

منابع /mənɑ:beʔ/ ■ *n.m.* (*pl.* of منبع) sources, origins; founts.

منات /mənɑ:t̪/ ■ *pr.n.m.* one of the three main idols worshipped by the pre-Islamic Arabs.

مُناجات /mʊnɑ:dʒɑ:t̪/ ■ *n.f.* hymn, prayer, invocation, supplication to God. مناجات پڑھنا/کرنا sing hymn, implore to God.

مُنادیٰ /mʊnɑ:d̪ɑ:/ ■ *n.m.* **1** person called or addressed. **2** (***Gram.***) the vocative case.

منادی /mənɑ:d̪i:/ ■ *n.f.* proclamation, public announcement formerly to the beat of drum. منادی کرنا proclaim, announce.

مُنادی /mʊnɑ:d̪i:/ ■ *n.m.* herald, proclaimer, town-crier.

منار /mənɑ:r/ ■ *n.m.* (also منارہ) **1** minaret, turret. **2** watchtower, tower. **3** lamp post, lighthouse.

مُنازعہ /mʊnɑ:zəʔɑ:/ ■ *n.m.* (also مُنازعت) controversy, altercation, contest, quarrel, contention.

منازل /mənɑ:zɪl/ ■ *n.f.* (*pl.* of منزل) **1** stages in journey, halting places. **2** storeys. **3** phases. منازلِ قمر **1** phases of the moon. **2** (***Astrol.***) mansions of the moon.

مُناسب /mʊnɑ:sɪb/ ■ *adj.* appropriate, proper, suitable,

من بھاری کرنا be dejected. من (کو) بھانا (something) to give pleasure. من بھاون/بھاؤنا **1** acceptable, agreeable, pleasing. **2** (*poet.*) beloved, one who is dear to heart. من بھائے/چاہے/للچائے، منڈیا ہلائے apparent refusal despite desire. من بھر to heart's desire. من بھرنا be satisfied or satiated. من چلا/چلی **1** bold, adventurous, venturesome, enterprising. **2** wayward, wanton. من چلنا desire eagerly, long for. من سمجھوتی comforting or consoling oneself. من کا چور heart-stealer, beloved. من کا کپٹی رکھوٹا/میلا of bad or evil mind, malicious, deceitful. من کچا کرنا **1** lose heart, become discouraged. **2** break someone's heart. من کرنا desire, wish. من کی من میں رہنا **1** (a desire) to remain unfulfilled. **2** (something) left unsaid. من کی موج whim, caprice, sudden desire. من کے لڈو پھوڑنا build castles in the air. من کھٹا ہونا be fed up (with), be offended, be displeased. من گھڑت fabricated, unreal. من لگانا be attentive to, to bring or to apply the mind. من لگنا become interested or engrossed (in something), one's heart be set (upon), find someone interesting, become friendly with; fall in love. من للچانا covet, hanker after, yearn, long for. من مارنا restrain oneself, suppress desire. من مانی **1** what one likes to do. **2** wilfulness. **3** according to one's own desire. من مانی کرنا do as one likes, act according to one's wishes. من مست merry, jovial. من ملنا be of one mind. من موجی **1** capricious, whimsical; changeable. **2** merry, jovial. من موہ لینا charm, fascinate, captivate. من موہن/موہنی **1** heart-ravishing, captivating. **2** beloved, sweetheart. من میں in the heart or mind. من میں آنا come into the mind, occur to one, (an idea) to strike, have an idea or urge. من ہی من میں in one's heart of hearts, quietly. [S]

من[2] ____ ■ *n.m.* maund, former unit of weight equal to forty seers. من بھر about one maund. من بھر کا سر ہلائے ٹکے کی زبان نہ ہلائے nod rather than talk. [dial.]

من[3] ____ ■ *n.m.* (also منکا، منکہ) legendary gem supposed to be in the head or stomach of certain very old snakes, used as antidote against poisons. من اگلنا/رڈالنا/نکالنا (a snake) to disgorge its stone. [S]

من[4] ____ ■ *pron.* I, (to) me; my, mine. من آنم کہ من دانم I know my limitations. من و تو me and you, term used

/mʊnɑːqəzɑː/ ■ *n.m.* wrangling, contradiction, opposition. مُناقضہ

/mʊnɑːkəhət̪/ ■ *n.f.* marriage. مُناکحت

/mənɑːl/ ■ *n.m.* 1 profit, wealth, property. 2 manner, way, disposition. منال

/mənɑːm/ ■ *n.m.* (also منامہ) 1 bedroom. 2 sleep; dream. ■ *adj.* asleep, sleeping, dormant. (*pl.* منامات) منام

/mənnɑːn/ ■ *n.m.* 1 great benefactor. 2 See المنّان. منّان

/mənɑːnɑː/ ■ *v.* 1 persuade, bring round; prevail upon; cajole, coax, wheedle. 2 conciliate, propitiate, soothe, appease. 3 invoke. 4 celebrate. 5 commemorate. منانا

/mənɑːhɪdʒ/ ■ *n.m.* (*pl.* of منہاج) highways; roads, routes. مناہج

/mənɑːhiː/ ■ *n.f.* prohibition; prohibited things. (See also نواہی.) مناہی

/mʊnəbbət̪/ ■ *adj.* 1 grown, raised. 2 inlaid; embossed. ■ *n.f.* embossment. منبت کار inlayer, embosser. منبت کاری embossing, making raised floral pattern. مُنبّت

/mɪmbər/ ■ *n.m.* 1 minbar, pulpit, rostrum. 2 high chair; reading desk. (*pl.* منابر) منبر

/mʊmbəsɪt̪/ ■ *adj.* 1 expanded, extended, dilated. 2 (*fig.*) of open and cheerful countenance, cheerful, radiant with joy, rejoicing, exulting, exultant. مُنبسط

/məmbəʔ/ ■ *n.m.* 1 source, origin. 2 fount, spring, fountain. 3 water channel laid from canal to field. (*pl.* منابع) منبع

/mənnət̪/ ■ *n.f.* 1 vow, promise; oblation. 2 an act of prayer or devotion carried out if a wish is fulfilled. منت اتارنا / پوری کرنا observe or fulfil a vow. منت پوری ہونا a vow to be fulfilled. منت ماننا make a vow. منّت

/mɪnnət̪/ ■ *n.f.* 1 obligation; kindness. 2 entreaty, earnest and humble supplication. منت اٹھانا be under obligation. منت پذیر رودار acknowledging or confessing kindness; obliged, under an obligation. منت ساجت 1 entreaty, supplication, pleading and begging, coaxing, cajolery. منت کرنا make earnest supplication, ask a favour, beg; importune. منت کش / کشیدہ under obligation, obliged. مِنّت

/mʊnt̪ədʒ/ ■ *adj.* resultant, deduced, brought forth, drawn out from, inferred, concluded. ■ *n.m.* مُنتج

becoming, befitting, fit, expedient.

/mʊnɑːsəbət̪/ ■ *n.f.* 1 suitability, fitness, expediency, propriety. 2 relation, accordance, relevance; consistency; proportion. 3 analogy, comparison. مُناسبت

/mənɑːsɪk/ ■ *n.m.* (*pl.* of منسک) (usu. religious) rites. مناسک حج the Hajj rites. مناسِک

/mənɑːsɪb/ ■ *n.m.* (*pl.* of منصب) positions, offices, posts or ranks. مناصِب

/mʊnɑːsərət̪/ ■ *n.f.* helping, aiding, assisting one another. مُناصرت

/mənɑːzɪr/ ■ *n.m.* (*pl.* of منظر) scenes. مناظِر

/mʊnɑːzɪr/ ■ *n.m.* dialectician, polemical writer or speaker; critic, arguer, disputant. (*pl.* مُناظرین) مُناظِر

/mʊnɑːzərɑː/ ■ *n.m.* discussion, argument, debate; disputation. مُناظرہ

/mʊnɑːzəmɑː/ ■ *n.m.* a meeting for reciting poems. مُناظمہ

/mənɑːʔət̪/ ■ *n.f.* immunity. مناعت

/mʊnɑːfərət̪/ ■ *n.f.* aversion, abhorrence, hate, dislike, hatred, disgust, detestation, contempt. مُنافرت

/mʊnɑːfəsət̪/ ■ *n.f.* 1 competition, strife. 2 (*fig.*) jealousy. مُنافست

/mʊnɑːfəʔ/ ■ *n.m.* profit, gain, dividend. منافع بخش profitable. منافعِ خالص net profit. منافعِ خام gross profit. منافع خور 1 profiteer. 2 (*fig.*) usurer, one who takes interest or commission. مُنافع

/mʊnɑːfɪq/ ■ *n.m.* 1 hypocrite, dissembler. 2 (***Islam***) one who pretends to be a Muslim. (*pl.* مُنافقین) مُنافق

/mʊnɑːfɪqɑːnɑː/ ■ *adj.* hypocritical. ■ *adv.* hypocritically. مُنافقانہ

/mʊnɑːfəqət̪/ ■ *n.f.* 1 hypocrisy, dissimulation; pretence, show. 2 pretension to Islam. مُنافقت

/mʊnɑːfiː/ ■ *adj.* contrary to, negating. مُنافی

/mənɑːqɪb/ ■ *n.m.* (*pl.* of منقبت) 1 virtues; abilities. 2 (***Islam***) praises, especially of Prophet Muhammad's companions. مناقِب

/mʊnɑːqəʃɑː/ ■ *n.m.* contention, dispute; wrangling, quarrel. مُناقشہ

/mʊnɑːqɪz/ ■ *adj.* contradictory, contrary, opposite, unfavourable, inharmonious, discordant. مناقضِ ذات self-abnegating, self-denial. مُناقِض

مُنتقلی /muntǝqıli:/ ■ *n.f.* transfer, shifting.

مُنتقم /muntǝqım/ ■ *n.m.* avenger, one who takes avenge; one who punishes. ■ *adj.* avenging. منتقمِ حقیقی God as the Punisher or Avenger against cruelty. منتقم مزاج vindictive. منتقم مزاجی vindictiveness.

مُنتہا /muntǝhɑ:/ ■ *n.m.* (also مُنتہٰی) **1** extremity; end; conclusion. **2** goal. منتہائے مقصود goal, ultimate aim or purpose.

مُنتہی /muntǝhi:/ ■ *adj.* **1** having finished one's studies, learned, proficient. **2** accomplished.

منتی /mınti:/ ■ *n.f.* entreaty; beseeching. (See also بنتی.)

منثور /mǝnsu:r/ ■ *adj.* **1** unbored (pearl). **2** in prose (writing). منثورکلام prose. (*pl.* منثورات)

منجا /mǝndʒɑ:/ ■ *n.m.* (*aug.* of منجی) **1** charpoy, rope-cot, bedstead. **2** sort of throne or chair of state.

منجانب /mındʒɑ:nıb/ ■ *prep.* from (a sender). See من جانب under مِن.

منجدھار /mǝndʒdʰɑ:r/ ■ *n.m.* (also منجھدار) **1** midstream. **2** (*fig.*) storm. منجدھارمیں پڑنا **1** be in midstream. **2** be in great trouble or difficulty, be in the midst of a crisis.

مُنجذب /mundʒǝzıb/ ■ *adj.* absorbed.

منجلاب /mǝndʒǝlɑ:b/ ■ *n.m.* cesspool, sewer; sink.

مُنجلی /mundʒǝli:/ ■ *adj.* **1** apparent; conspicuous. **2** clean, spotless.

مُنجّم /munǝdʒdʒım/ ■ *n.m.* astrologer; almanac-maker.

مُنجمد /mundʒǝmıd/ ■ *adj.* **1** frozen, congealed. **2** set, solid. منجمد ہونا congeal, freeze, set.

منجملہ /mındʒumlɑ:/ ■ *adv.* among all. See مِن جملہ under مِن.

منجن /mǝndʒǝn/ ■ *n.m.* tooth powder, dentifrice.

منجنا /mə̃dʒnɑ:/ ■ *v.* **1** be cleansed; be polished. **2** (*fig.*) be trained. (See also منجھنا.)

مَنجنیق /mındʒǝni:q/ ■ *n.m.* medieval weapon for hurling stones, catapult, trebuchet, ballista, mangonel, onager.

منجی /mǝndʒi:/ ■ *n.f.* (*dim.* of منجا) charpoy, rope-cot.

منجیرا /mǝndʒi:rɑ:/ ■ *n.m.* a kind of cymbals, musical instrument consisting of two small brass cups tied together with string and played upon by striking one against the other.

منجھ[1] /mǝndʒʰ/ ■ *n.m.* middle. ■ *adj.* central. [S]

منجھ[2] —— ■ *n.f.* buffalo. [Pj]

conclusion, inference, consequence, result. منتج ہونا to result (in).

مُنتخب /muntǝxǝb/ ■ *adj.* chosen, selected; rare. ■ *n.m.* choice, selection; extracts. منتخبِ روزگار of very high quality. منتخب کرنا choose, select, elect, return (someone) in an election. منتخب ہونا be chosen or elected.

مُنتخبات /muntǝxǝbɑ:t/ ■ *n.m. & f. pl.* selections.

منتر /mǝntǝr/ ■ *n.m.* **1** mantra. **2** spell, charm, incantation; mystical or magical formula. **3** spiritual instructions. **4** (***Hinduism***) a passage of the Vedas; holy text. **5** advice. منتر پڑھنا **1** enchant; recite an incantation. **2** recite a verse from Hindu scriptures. منتر پھونکنا cast a spell. منترتنترجنتر charm, incantation; sorcery, exorcism. منتر دینا give spiritual instruction. منترسِدھ کرنا **1** recite an incantation. **2** control (someone) by a magical incantation.

منتری /mǝntri:/ ■ *n.m.* **1** minister, mantree, minister of state. **2** adviser, counsellor. **3** sorcerer, magician. منتری منڈل (***Politics***) the Cabinet.

مُنتشر /muntǝʃır/ ■ *adj.* spread, dispersed; distracted (ideas), diffused. منتشر کرنا **1** disperse (a crowd), scatter. **2** distract (mind or ideas). منتشر ہونا be dispersed; be distracted (of mind).

مُنتظَر /muntǝzǝr/ ■ *adj.* awaited, expected.

مُنتظِر /muntǝzır/ ■ *adj.* waiting, expecting, looking out for. ■ *n.f.* expectant. منتظرِحکم awaiting orders. منتظر رکھنا keep one waiting or expecting. منتظر رہنا await, wait for, expect. منتظرِفردا **1** one who waits for good fortune without making any effort. **2** (*fig.*) idle.

مُنتظِم /muntǝzım/ ■ *n.m.* **1** manager, one who manages things, master of ceremonies. **2** superintendent. **3** economizer. ■ *adj.* good at management. (*fem.* مُنتظِمہ) (*pl.* مُنتظِمین)

مُنتفع /muntǝfeʔ/ ■ *adj.* **1** profiting. **2** enjoying.

مُنتفی /muntǝfi:/ ■ *adj.* repulsed; rejected; dissipated, destroyed.

مُنتقش /muntǝqǝʃ/ ■ *adj.* having an artistic pattern; engraved, embossed; printed.

مُنتقل /muntǝqıl/ ■ *adj.* carried, transported; transferred, shifted; alienated. منتقل کرنا transfer, alienate. منتقل ہونا be transferred (to).

relaxed, slow, sluggish, flat. **2** faint (light or sound), dim; mild, gentle. **3** low price, cheap. **4** bad, ill. مندا بیچنا sell cheap. مندا پڑ جانا (market or prices) to fall, slump to occur; be or become abated or slackened; be lulled; (of business) decline. مندا تارا the planet Saturn.

مُندا /mũḏɑ:/ ■ *adj.* closed. (*fem.* مُندی)

مندِر /mənḏɪr/ ■ *n.m.* mandir, Hindu temple. (*pl.* منادِر)

مُندرا /munḏrɑ:/ ■ *n.m.* **1** glass earring worn by Hindu mendicants. **2** large ring. (*pl.* مُندرے)

مُندرج /munḏərɪdʒ/ ■ *adj.* inserted, entered; recorded. مندرج کرنا record, enter into record or file.

مُندرِجہ /munḏərɪdʒɑ:/ ■ *adj.* written; mentioned; printed. مندرجۂ بالا aforementioned, aforesaid, above-mentioned. مندرجۂ ذیل following, as follows, as under; as given below. (*pl.* مندرِجات)

مُندرِس /munḏərɪs/ ■ *adj.* **1** old, ancient. **2** trite, worn out.

مُندری /munḏri:/ ■ *n.f.* ring; earring, finger-ring.

مُندمِل /munḏəmɪl/ ■ *adj.* healed (wound).

مُندنا /mũḏnɑ:/ ■ *v.* be shut or closed.

مندُوب /mənḏu:b/ ■ *n.m.* mendoub, delegate, representative. (*pl.* مندوبین)

مندی /mənḏi:/ ■ *adj.* (*fem.* of مندا) **1** slow, dull. **2** dim. **3** cheap. ■ *n.f.* slump.

مُندی /mũḏi:/ ■ *adj.* (*fem.* of مُندا) closed (esp. eye); half-opened. مندی مندی half closed.

مِندیل /mɪnḏi:l/ ■ *n.f.* scarf to cover the head; turban woven with silk and gold thread.

مندیلا /mõḏe:lɑ:/ ■ *n.m.* small drum.

مُنڈ /munḍ/ ■ *adj.* **1** bald, shaved. **2** hornless. **3** stripped of top-leaves or branches, lopped. ■ *n.m.* **1** the head. **2** chief. منڈ چرا/ چڑا sect of mendicants who extort alms by threatening to wound themselves. منڈ مال/ مالا (***Hinduism***) necklace of human heads worn by Mahadeva.

منڈا /mõɖɑ:/ ■ *n.m.* **1** a thin cake; a kind of sweetmeat. **2** film or web on the pupil of the eye.

مُنڈا /mũɖɑ:/ ■ *adj.* **1** clean-shaven or bald-headed; tonsured. **2** leafless (tree). **3** shoes without pointed toes.

مُنڈاسا /mũɖɑ:sɑ:/ ■ *n.m.* puggaree, small loose turban-like covering for the head.

منجھ[3] ——— ■ (*imper.* of منجھنا). ■ *n.f.* act of scouring. used in comp. as: منجھ جانا be well-versed and expert (in some field). [Prk.]

منجھا /məndʒʰɑ:/ ■ *n.m.* **1** middle of a spinning wheel. **2** bedstead. (*fem.* منجھی)

منجھا /mə̃dʒʰɑ:/ ■ *adj.* (also مانجھا) rubbed, scoured.

منجھلا /məndʒʰlɑ:/ ■ *adj.* intermediate, between the eldest and youngest, middle. (*fem.* منجھلی)

منجھنا /mə̃dʒʰnɑ:/ ■ *v.* (also منجنا) **1** be cleansed, be polished. **2** become cultured; (of language) become chaste.

منجھولا /mə̃dʒʰo:lɑ:/ ■ *adj.* middle, intermediate, middling. (*fem.* منجھولی)

منجھی /mə̃dʒʰi:/ ■ *adj.* (*fem.* of منجھا) منجھی ہوئی زبان chaste language.

منجھیلا /mə̃dʒʰe:lɑ:/ ■ *n.m.* unnecessary delay. منجھیلا پڑنا delay to occur.

منچ /məntʃ/ ■ *n.m.* **1** stage, platform; dais. **2** bedstead; chair.

منچلا /məntʃəlɑ:/ ■ *adj.* bold, adventuresome. See من چلا under من[1]. (*fem.* منچلی)

مُنحرِف /munhərɪf/ ■ *adj.* deviated, turned; strayed; deviating. ■ *n.m.* **1** apostate; renegade. **2** (*fig.*) traitor. **3** (***Geom.***) trapezium. منحرف ہونا **1** renege; be disaffected, rebel (against); deviate; turn away. **2** (***Law***) (a witness) to turn hostile or withdraw his or her earlier statement, to go back on one's word.

مُنحرِفی /munhərɪfi:/ ■ *n.f.* **1** revolting; being or becoming rebel, renegade. **2** apostatism.

مُنحصِر /munhəsɪr/ ■ *adj.* **1** dependent (on), resting (on). **2** limited; besieged, confined, encompassed.

مُنحل /munhəl/ ■ *n.m.* (***Chem.***) solute. (*cf.* مُحلِّل)

مُنحنی /munhəni:/ ■ *adj.* **1** bent, crooked. **2** decrepit. **3** (*fig.*) lean, thin; humpbacked. **4** (***Goem.***) curved, arched.

منحُوس /mənhu:s/ ■ *adj.* **1** ill-omened, unlucky, ill-starred, unfortunate. **2** (*fig.*) of a despicable nature.

مِنخر /mɪnxər/ ■ *n.m.* nostril. (*pl.* مناخِر)

مند /mənḏ/ ■ *suffix* -able; -ible; -ful; having some quality; used in comp. as: عقل مند wise, sensible, intelligent. غیرت مند self-respecting, one with keen sense of honour.

مندا /mənḏɑ:/ ■ *n.m.* slump. ■ *adj.* **1** abated, dull, slack,

/mə̃ɖʰvɑ:i:/ ■ *n.f.* **1** covering. **2** cost of covering. منڈھوائی

/mə̃ɖʰi:/ ■ *n.f.* yogi's hut. منڈھی

/mə̃ɖʰe: tʃəɽʰnɑ:/ ■ *v.* **1** (of a bridegroom) ascend to the nuptial hall or bower, be married. **2** (*fig.*) a venture to succeed; flourish, prosper. منڈھے چڑھنا

/mənzɪl/ ■ *n.f.* **1** destination. **2** stage. **3** manzil, day's journey. **4** travel resort, inn. **5** storey of house. **6** (***Islam***) one of the seven parts of the Qur'an which are divided for recitation. **7** (***Astron.***) a mansion of the moon. **8** house, residence. منزلِ اوّل (*fig.*) grave. منزل بہ منزل by stages. منزل بہ منزل جانا go by stages. منزل پر پہنچنا reach one's destination. منزل دینا lay down corpse for a while on the way to the graveyard. منزل طے کرنا travel a stage; reach the journey's end. منزل کاٹنا go one stage; finish journey. منزل کٹنا journey to be completed. منزل کرنا **1** halt. **2** go one stage in journey. **3** finish a journey. منزل کو پہنچنا **1** achieve (one's) object. **2** arrive at (one's) destination. منزل کھوٹی ہونا get late. منزل گاہ destination. منزل مارنا **1** travel. **2** finish a difficult task. منزلِ مقصود destination, goal. منزلِ مقصود کو پہنچنا **1** gain one's object. **2** reach one's destination. (*pl.* منازل) منزِل

/mʊnzɪl/ ■ *adj.* **1** caused to alight or descend; sent down (from heaven). **2** (*fig.*) ejaculating semen. مُنزِل

/mənzɪləʈ/ ■ *n.f.* dignity; status; rank, station; post of honour. منزِلت

/mənzelɑ:/ ■ *n.f.* **1** station, dignity. **2** storey (of house). ■ *adj.* storeyed. منزِلہ

/mʊnzəvi:/ ■ *adj.* secluded, solitary. ■ *n.m.* recluse, hermit. مُنزوی

/mʊnəzzɑ:/ ■ *adj.* (also مُنزّہ، مُنزّیٰ) **1** pure, spotless, blameless, kept apart (from impurity). **2** free (from), exempted (from). مُنزّہ

/mənsədʒ/ ■ *n.m.* **1** weaver's shop. **2** weaver's loom. منسج

/mʊnsəreh/ ■ *adj.* easy, simple. ■ *n.f.* (***Pros.***) a poetic metre. مُنسرح

/mənsək/ ■ *n.m.* place for rites (of pilgrimage). (*pl.* مناسک) منسک

/mʊnsəlɪk/ ■ *adj.* (also مُنسلکہ) attached, appended; threaded, strung together. منسلک کرنا attach, append. مُنسلک

/mənsu:b/ ■ *adj.* **1** betrothed, engaged (for marriage). **2** related (to), connected (with), attributed, منسوب

/mũɖɑ:nɑ:/ ■ *v.* get one's head or beard shaved. مُنڈانا

/mũɖɑ:i:/ ■ *n.f.* **1** shaving or haircutting. **2** remuneration for shaving or haircut. مُنڈائی

/məndəp/ ■ *n.m.* (also منڈھپ) **1** temporary building, tent or shed, flourished with flowers and other decorative material prepared for marriage ceremony, bower. **2** temple. **3** heap of cowpat. منڈپ

/mũɖkri:/ ■ *n.f.* (also مُنڈکڑی) sitting posture with head resting on knees. منڈکری مارنا sit with this posture. مُنڈکری

/mənɖəl/ ■ *n.m.* **1** circle, circumference. **2** sphere; orb. **3** round tent or house. **4** (*fig.*) the sky. **5** the headman of village. منڈل باندھنا form a circle; form oneself into circle or ring. منڈل

/mə̃ɖlɑ:nɑ:/ ■ *v.* hang about; hover, fly round. منڈلانا

/mənɖli:/ ■ *n.f.* **1** assembly, congregation. **2** flock. **3** temple. **4** sect. **5** company of singers or actors. منڈلی

/mũɖən/ ■ *n.m.* (*contr.* of مُونڈن) **1** shaving the head; tonsure. **2** the ceremony of shaving the head of baby for the first time. مُنڈن

/mũɖnɑ:/ ■ *v.* **1** be shaved. **2** (*fig.*) be swindled. مُنڈنا

/mənɖvɑ:/ ■ *n.m.* **1** bower, shed, tent. **2** gazebo. منڈوا

/mũɖvɑ:nɑ:/ ■ *v.* get shaved, to cause to be shaved. مُنڈوانا

/mənɖi:/ ■ *n.f.* market, mart, open-air market. منڈی

/mʊnɖi:/ ■ *n.f.* **1** head, part of the body above the neck. **2** hair; hair knot. **3** bald woman. **4** (*fig.*) widow. **5** a species of creeping plant, *Sphaeranthus indicus*, used in medicine. مُنڈی

/mũɖɪjɑ:/ ■ *n.f.* (*dim.* of مُنڈی) **1** head, nob. **2** bald woman. **3** (*fig.*) widow. منڈیا رگڑنا **1** bruise or beat the head. **2** take revenge. مُنڈیا

/mə̃ɖ jɑ:nɑ:/ ■ *v.* (also منڈھیانا) use starch on clothes. منڈیانا

/mũɖe:r/ ■ *n.f.* parapet, coping or ridge of wall. مُنڈیر

/mũɖe:ri:/ ■ *n.f.* (*dim.* of مُنڈیر) small parapet or ridge of wall. مُنڈیری

/mə̃ɖʰɑ:/ ■ *n.m.* **1** temporary building or shed; open shed or hall adorned with flowers erected on festive occasions, especially marriage, nuptial bower. **2** song sung at the departure of bride. منڈھا

/mə̃ɖʰnɑ:/ ■ *v.* **1** cover (a book, drum, etc.) with cloth, paper, parchment, etc.; coat over; encase. **2** stretch over. **3** palm off, impose, intrude. منڈھنا

2 head clerk of the court of settlement or the court of district judge.

مُنصرمی /munsərmi:/ ■ *n.f.* administration.

مُنصِف /munsɪf/ ■ *n.m.* munsif, judge; arbitrator. ■ *adj.* equitable, just. منصف مزاج just, fair-minded. منصف مزاجی justice, fair play. (*pl.* مُنصِفین)

مُنصِفانہ /munsɪfɑ:nɑ:/ ■ *adj.* equitable, fair. ■ *adv.* justly, fairly.

مُنصِفی /munsɪfi:/ ■ *n.f.* 1 justice, equity. 2 judge's court. منصفی کرنا administer justice.

منصوب /mənsu:b/ ■ *adj.* 1 appointed, nominated. 2 erected, fixed, established, constituted. 3 (***Gram.***) marked with *zabar* (َ).

منصوبہ /mənsu:bɑ:/ ■ *n.m.* plan, design, scheme, project. منصوبہ باز planner; plotter, intriguer, schemer. منصوبہ باندھنا 1 plan, contrive. 2 resolve; conspire. منصوبہ بندی planning.

منصوبیا /mənsu:bɪjɑ:/ ■ *n.m.* planner; schemer.

منصور /mənsu:r/ ■ *adj.* 1 triumphant, victorious. 2 aided, succoured, helped. منصور ومظفر victorious, conquering.

منصوص /mənsu:s/ ■ *adj.* 1 thoroughly or deeply researched. 2 definite and unequivocal; manifested, declared. 3 (***Isj.***) anything clearly enunciated in the Qur'an or authenticated Hadith and not needing any further interpretation or explanation. منصوص ومعروف unequivocal and known.

منصّہ /mənəssɑ:/ ■ *n.m.* place of appearance or exhibition. منصۂ شہود place of appearance, i.e. the world.

مُنضبِط /munzəbɪt̪/ ■ *adj.* 1 regulated, controlled; determined. 2 formal, formed. 3 compact.

مُنضِج /munzɪdʒ/ ■ *adj.* 1 suppurative. 2 digestive. ■ *n.m.* 1 poultice used to dress sores. 2 anything used to hasten the ripening of fruits.

مُنطبع /munṭəbeʔ/ ■ *adj.* 1 engraved, carved. 2 (*fig.*) printed. 3 yielding, tractable, submissive; tamed, trained.

مُنطبق /munṭəbɪq/ ■ *adj.* 1 applicable; conforming (to). 2 covering. 3 coinciding (with). 4 fitting; applying to. 5 even. منطبق کرنا apply (to).

مُنطفی /munṭəfi:/ ■ *adj.* extinguished, quenched; extinct.

منطِق /mənṭɪq/ ■ *n.f.* 1 logic, reasoning. 2 articulation, ascribed, referred to. 3 surnamed. 4 allied. منسوب کرنا 1 attribute, ascribe. 2 betroth, marry. (*fem.* منسوبہ)

منسوج /mənsu:dʒ/ ■ *adj.* woven. ■ *n.m.* a variety of silken fabric. (*pl.* منسوجات)

منسوخ /mənsu:x/ ■ *adj.* cancelled, abolished, annulled, repealed, abrogated.

منسوخی /mənsu:xi:/ ■ *n.f.* cancellation, abolition, abrogation, annulment. (See also تنسیخ.)

مَنِش /mənɪʃ/ ■ *n.f.* 1 nature, disposition, temperament. 2 soul. 3 desire, wish. 4 mind; heart.

مَنُش /mənuʃ/ ■ *n.m.* 1 man, human. 2 (*fig.*) husband.

منشا /mənʃɑ:/ ■ *n.m.* & *f.* 1 object, motive, purport, drift, design, tenor, meaning. 2 source, origin. منشائے الٰہی/ایزدی God's will.

مُنشآت /munʃəɑ:t̪/ ■ *n.m.pl.* writings, publications. (*sing.* مُنشی)

مِنشار /mɪnʃɑ:r/ ■ *n.m.* 1 saw. 2 fan. 3 a wooden pronged instrument for winnowing corn.

منشِر /mənʃɪr/ ■ *n.m.* & *f.* place of relaying, especially radio or television station.

مُنشرح /munʃəreh/ ■ *adj.* 1 open, fresh. 2 (*fig.*) happy.

منشور /mənʃu:r/ ■ *n.m.* 1 charter; royal ordinance. 2 manifesto, law, constitution. 3 (***Physics***) prism. ■ *adj.* scattered, dispersed.

مُنشی /munʃi:/ ■ *n.m.* 1 munshi, writer, scribe, scrivener, clerk, secretary. 2 a teacher of Persian or Urdu. منشی ازل/قدرت God, the Creator of the universe, who wrote fate of all his creation. منشی فلک/گردوں planet Mercury. منشی گری/گیری profession of teacher or clerk.

مُنشّی /munəʃʃi:/ ■ *adj.* intoxicant. ■ *n.m.* narcotic, drug, any intoxicating substance. (*pl.* مُنشّیات)

مُنشیانہ /munʃɪjɑ:nɑ:/ ■ *adj.* of or relating to clerk, clerical. ■ *n.m.* clerical fee. منشیانہ خط firm and fine handwriting.

منصب /mənsəb/ ■ *n.m.* post, office, dignity. منصب اعلیٰ/جلیلہ high rank. منصب دار officer or official of rank, functionary. منصب سرکاری government or state post, official position.

منصبی /mənsəbi:/ ■ *adj.* of or pertaining to office, official.

مُنصرِف /munsərɪf/ ■ *adj.* 1 (***Gram.***) inflected, declined. 2 departing, deviating (from).

مُنصرِم /munsərɪm/ ■ *n.m.* 1 manager, administrator.

discourse. منطق الطّیر call of birds. منطق بگھارنا/چھانٹنا chop logic.

مِنطقہ /mɪnt̪əqɑ:/ ■ *n.m.* zone. منطقۃ البروج the zodiac. منطقۂ باردہ/منجمدہ جنوبی the South Frigid Zone, the Antarctic. منطقۂ باردہ/منجمدہ شمالی the North Frigid Zone, the Arctic. منطقۂ حارہ/محرقہ the tropics. منطقۂ معتدلہ the Temperate.

منطقی /mənt̪eqi:/ ■ *adj.* logical. ■ *n.m.* logician.

منطوق /mənt̪u:q/ ■ *adj.* uttered, spoken.

مُنطوی /mʊnt̪əvi:/ ■ *adj.* **1** rolled; enveloped. **2** (*fig.*) complicated.

منظر /mənzər/ ■ *n.m.* scene, spectacle, view, scenery, landscape. منظرِ عام public view. منظرِ عام پر لانا bring into public view, make public, display, disclose, divulge. منظر نامہ **1** scenario. **2** picture of social or political condition. **3** landscape. **4** (*fig.*) situation, state of affairs. (*pl.* مناظر)

مُنظّم /mʊnəzzəm/ ■ *adj.* **1** organized. **2** (*fig.*) united. منظم کرنا organize. منظم ہونا be organized.

منظور /mənzu:r/ ■ *adj.* **1** approved, accepted, granted, sanctioned. **2** liked, acceptable; intended. منظورِ خاطر desired. منظور کرنا grant, admit, confirm. منظورِ نظر favourite person; chosen.

منظوری /mənzu:ri:/ ■ *n.f.* sanction, approval, permission, assent, ratification. منظوری ضمناً tacit or implied consent. منظوریِ خاص special sanction or approval. منظوری دینا sanction; approve; accord sanction (to).

منظوم /mənzu:m/ ■ *adj.* versified; metrical, in verse form. منظوم کرنا versify. منظوم کلام verse, poem.

منظومات /mənzu:mɑ:t̪/ ■ *n.f.pl.* poems. (*sing.* منظومہ)

منع /mənʔ/ ■ *adj.* (also مَنع) forbidden, prohibited. منع فرمانا/کرنا prohibit, prevent, forbid. منع ہونا be forbidden, be prohibited.

مُنعدِم /mʊnʔəd̪ɪm/ ■ *adj.* **1** non-existent; lost. **2** extinct. **3** extinguished, destroyed.

مُنعطِف /mʊnʔət̪ɪf/ ■ *adj.* **1** diverted. **2** (***Physics***) refracted (light). **3** (*fig.*) attentive; inclined. (توجہ) منعطف کرانا divert or call (someone's) attention (to). (توجہ) منعطف کرنا pay or call attention (to).

مُنعقِد /mʊnʔəqɪd̪/ ■ *adj.* **1** tied, knotted. **2** performed; organized (of meeting or event, etc. منعقد کرنا hold, organize, convene; celebrate. منعقد ہونا take place, be held, be convened.

مُنعکِس /mʊnʔəkɪs/ ■ *adj.* **1** reflected (as image). **2** reversed, inverted. **3** turned upside down.

مُنعِم /mʊnʔɪm/ ■ *adj.* **1** liberal, generous, beneficent. **2** rich, wealthy. ■ *n.m.* benefactor. منعمِ حقیقی the True Benefactor, i.e. God.

مُنغّص /mʊnəɣɣəs/ ■ *adj.* (also منغَض) **1** turbid; dark. **2** (*fig.*) unhappy, dejected, depressed.

مِنفخ /mɪnfəx/ ■ *n.m.* (also مِنفاخ) blowpipe.

منفذ /mənfəz/ ■ *n.m.* **1** orifice, hole, aperture. **2** passage; exit.

مُنفرِج /mʊnfərɪdʒ/ ■ *adj.* **1** open, wide; dispersed. **2** (*fig.*) contented; happy.

مُنفرجہ /mʊnfərɪdʒɑ:/ ■ *adj.* (*fem.* of مُنفرِج) منفرجۃ الزاویہ obtuse-angled.

مُنفرِد /mʊnfərɪd̪/ ■ *adj.* **1** unique, singular. **2** apart, alone, separate.

مُنفصِل /mʊnfəsɪl/ ■ *adj.* **1** separated, divided, disjoined, detached. **2** decided, adjudged.

مُنفصِلہ /mʊnfəsɪlɑ:/ ■ *adj.* (*fem.* of مُنفصِل) منفصلہ رائے decided opinion.

منفعت /mənfəʔət̪/ ■ *n.f.* gain, profit, advantage, benefit, emolument. منفعت بخش advantageous, beneficial, profitable. (*opp.* منقصت)

مُنفعِل /mʊnfəʔɪl/ ■ *adj.* abashed, ashamed; penitent.

مُنفک /mʊnfək/ ■ *adj.* alienated, separated, dislocated.

منفی /mənfi:/ ■ *adj.* **1** negative. **2** rejected; deprived (of). **3** separated (from). **4** destructive. **5** negated. **6** (***Math.***) minus; negative. **7** (***Elect.***) negative charge. منفی استفہامی جملہ (***Gram.***) negative interrogative sentence. منفی رائے contrary opinion. منفی رویہ negativism, negative behaviour. منفی قُطب (***Elect.***) **1** negative pole (of battery, etc.) **2** negative pole of a magnet.

منفیّت /mənfijjət̪/ ■ *n.f.* negativity.

مُنقاد /mʊnqɑ:d̪/ ■ *adj.* docile, submissive, yielding, obedient; tractable, soft.

مِنقار /mɪnqɑ:r/ ■ *n.f.* beak, bird's bill, neb. منقار زیرِ پر **1** (*fig.*) cringed, cowered, in low profile. **2** silent, abashed into silence. **3** concealed, hidden. منقار کھولنا (*iron.*) say something.

مِنقاش /mɪnqɑ:ʃ/ ■ *n.f.* pincers; tweezers.

مُنکر /mʊnkər/ ■ *adj*. denied, forbidden; prohibited.
منکر نکیر (***Islam***) the two angels who come to question the spirits of the departed after the burial.
(See also نکیرَین.)

مُنکِر /mʊnkɪr/ ■ *n.m.* one who denies, denier. منکرِ خدا atheist. منکر ہونا deny, disown or recant, retract an earlier statement, unsay what was said earlier. (*pl.* مُنکرین)

مُنکرات /mʊnkəra:t̪/ ■ *n.m.* (*pl.* of منکر) (***Isj.***) forbidden things in Islam.

مُنکسِر /mʊnkəsɪr/ ■ *adj.* **1** broken. **2** defeated. **3** (*fig.*) humble, meek. منکسرُ المزاج meek, unassuming, humble, of humble disposition.

مُنکشف /mʊnkəʃɪf/ ■ *adj*. discovered, revealed, disclosed, manifest.

منکنا /mənəknɑ:/ ■ *v.* be alert or vigilant.

منکوب /mənku:b/ ■ *adj.* afflicted, miserable, in bad circumstances.

منکوح /mənku:h/ ■ *adj*. married (man or woman).

منکوحہ /mənku:hɑ:/ ■ *n.f.* legally married wife. ■ *adj.* married (woman).

منگانا /məŋgɑ:nɑ:/ ■ *v.* (also منگا بھیجنا، منگوانا) send for, call for, send someone to fetch something, place an order for something.

منگتا /məŋgt̪ɑ:/ ■ *n.m.* beggar; borrower. (*fem.* منگتی)

منگٹ /məŋgəʈ/ ■ *n.m.* wrist; ankle; pastern.

منگٹی /məŋgʈi:/ ■ *n.f.* ornament worn on the wrist.

منگٹیکا /məŋgʈi:kɑ:/ ■ *n.m.* (*contr.* of مانگ ٹیکا) ornament worn on the forehead near the parting line of the hair.

منگرا /məŋgərɑ:/ ■ *adj.* having strong joints, strong, robust, powerful.

منگرا /məŋgrɑ:/ ■ *n.m.* **1** ridge of thatch; ridgepole. **2** a kind of fish similar to shark.

منگسِر /məŋgsɪr/ ■ *n.m.* (also مگسر) the ninth month of Bikrami calendar corresponding to November-December. (See also اگھن.)

منگل /məŋgəl/ ■ *n.m.* **1** Tuesday. **2** pleasure, happiness. **3** welfare, prosperity. **4** the planet Mars. **5** good luck, auspiciousness. **6** song of pleasure. ■ *adj.* fortunate, lucky. منگل آچار، چار festivity, rejoicing, celebration, any auspicious ceremony or observance. منگل سُتر، سوتر (***Hinduism***) a kind of necklace or thread worn by

مِنقب /mɪnqəb/ ■ *n.m.* instrument with which one is tapped for dropsy, a trocar.

منقبت /mənqəbət̪/ ■ *n.f.* **1** glory, praise in verse, especially of Prophet Muhammad's companions. **2** ability, accomplishment. **3** virtue, good qualities, moral goodness.

مُنقبِض /mʊnqəbɪz/ ■ *adj.* **1** contracted, shrunken, tied up or tightly wound. **2** constipated. **3** (*fig.*) dejected, unhappy, displeased.

مُنقّح /mʊnəqqəh/ ■ *adj.* **1** made manifest or clear, refined, corrected, elucidated. **2** edited (text).

مُنقسِم /mʊnqəsɪm/ ■ *adj*. divided, apportioned, distributed; classified, categorized.

مُنقّش /mʊnəqqəʃ/ ■ *adj.* **1** painted, speckled. **2** engraved, carved. **3** printed.

منقصت /mənqəsət̪/ ■ *n.f.* (also مُنقصت) loss, depreciation, deduction. **2** (*fig.*) insult, deprecation. (*opp.* منفعت).

مُنقضی /mʊnqəzi:/ ■ *adj.* **1** past, expired, elapsed. **2** (*fig.*) completed, ended, finished.

مُنقطِع /mʊnqət̪eʔ/ ■ *adj.* **1** broken or cut off, disconnected, discontinued. **2** finished, conclusive, extinct.

منقل /mənqəl/ ■ *n.f.* brazier, stove; fireplace, grate.

مُنقلِب /mʊnqəlɪb/ ■ *adj.* **1** transformed, changed. **2** inverted, upside down. منقلب ہونا circumstances to change.

منقُوش /mənqu:ʃ/ ■ *adj.* painted, impressed, engraved, carved.

منقوط /mənqu:t̪/ ■ *adj.* (also منقوطہ) (letter) dotted or marked with diacritical point(s).

منقول /mənqu:l/ ■ *adj.* **1** transcribed; copied. **2** related, narrated, reported; recounted.

منقولہ /mənqu:lɑ:/ ■ *adj.* **1** handed down by tradition. **2** adopted or borrowed (as fundamentals of religion). ■ *n.m.* (property) that may be moved. منقولہ املاک movable property. (*pl.* منقولات)

مُنقّیٰ /mʊnəqqɑ:/ ■ *n.m.* (also مُنقا) blackcurrant, species of large raisin, dried grapes. (*cf.* مویز)

منکا[1] /mənkɑ:/ ■ *n.m.* bead, rosary. [S]

منکا[2] ____ ■ *n.m.* **1** vertebra of the neck. **2** Adam's apple, thyroid cartilage. منکا ڈھلکنا، ڈھلنا neck to turn (sign of approaching death). [S]

married women. منگل سماچار auspicious news, good tidings. منگل گانا sing song of joy or congratulation; sing in someone's praise or honour. منگل وار Tuesday.

منگلا[1] /məŋglɑ:/ ■ *n.f.* 1 faithful wife; agreeable woman. 2 (***Hinduism***) epithet of Uma (wife of Shiva). منگلا چرن worship of Deity before commencing some good work. [S]

منگلا[2] ——— ■ *n.m.* (also منگلامکھی) musician; singer, minstrel; bard. ■ *n.f.* 1 dancing girl. 2 (*fig.*) beautiful girl. [S]

منگلی /məŋgli:/ ■ *adj.* 1 rejoicing. 2 triumphant. 3 fortunate. ■ *n.m.* one born under Mars. ■ *n.f.* (*fig.*) irritable girl. منگلی لوگ people employed on occasions of rejoicing.

منگنی /məŋgni:/ ■ *n.f.* 1 betrothal, engagement (for marriage). 2 loan; thing borrowed. منگنی دینا lend. منگنی کرنا betroth, get engaged. منگنی کی انگوٹھی engagement ring. منگنی لینا take on loan, borrow.

منگوانا /məŋgvɑ:nɑ:/ ■ *v.* cause to be sent for; send for (indirectly, i.e. through someone or by mail). See منگانا.

منگوچی /məŋgo:tʃi:/ ■ *n.f.* (also منگچی، مونگچی) small fried spicy cake or ball made of paste of husked mung beans.

منگورا /məŋgo:rɑ:/ ■ *n.m.* (also منگوڑا) small fried lumps of flour of gram or chickpeas.

منگول /məŋgo:l/ ■ *n.m.* 1 Mongol. 2 a person with Down's syndrome. (See also مُغل.)

منگیتر /məŋge:t̪ər/ ■ *n.m.* fiancé. ■ *n.f.* fiancée.

منگھڑت /məŋgʰəɽət̪/ ■ *adj.* fabricated. See من گھڑت under من[1].

منم /mənəm/ ■ *phr.* I am (often uttered as a challenge). ■ *n.m.* pride, self-praise.

مِنم /mɪnəm/ ■ *adj.* backbiter, slanderer, talebearer.

مِن مِن /mɪn mɪn/ ■ *n.f.* 1 mumble; nasal tone. 2 slow working. مِن مِن کرنا 1 mumble; speak through the nose. 2 go slow in work, work slowly.

مِنمِنا /mɪnmɪnɑ:/ ■ *n.m.* one having nasal tone; mumbler. (*fem.* مِنمِنی)

مُنمُنا /mʊnmʊnɑ:/ ■ *adj.* small, short of height. (*fem.* مُنمُنی)

مِنمِنانا /mɪnmɪnɑ:nɑ:/ ■ *v.* speak indistinctly, murmur; mumble.

منموہن /mənmo:hən/ ■ *n.m.* 1 heart-ravisher. 2 (*fig.*) beloved. 3 (***Hinduism***) an epithet of Krishna.

مِنن /mɪnən/ ■ *n.f.* (*pl.* of مِنّت) 1 humble and earnest supplications, entreaties. 2 obligations; favours.

مننا /mənnɑ:/ ■ *v.* be reconciled, be propitiated. 2 be soothed, be pacified; be made to agree (with).

منو /mənu:/ ■ *n.m.* 1 man; human. 2 (***Hinduism***) name of a classical Hindu lawgiver, Manu. منوا سمرت / سمرتی / سنگھتا / شاستر collection of laws given by Manu.

مُنّو /mʊnnu:/ ■ *n.m.* name used affectionately for children.

منوا /mənvɑ:/ ■ *n.m.* (*dim.* of من[1]) heart.

مُنوا /mʊnvɑ:/ ■ *n.m.* (*dim.* of مُنّا) child, baby.

مِنوال /mɪnvɑ:l/ ■ *n.m.* 1 wooden stick on which woven cloth is wound. 2 (*fig.*) mode, manner, form; rule.

منوانا /mənvɑ:nɑ:/ ■ *v.* 1 have something accepted or agreed to. 2 cause to be conciliated; cause to agree (with); cause to admit. 3 cause to recognize. 4 get approval or consent.

منوتی /məno:t̪i:/ ■ *n.f.* 1 satisfaction. 2 acceptance; assurance.

مِنوچہر /mɪnu:tʃehr/ ■ *adj.* having a beautiful face. ■ *pr.n.m.* name of an ancient Persian king.

مُنوّر /mʊnəvvər/ ■ *adj.* illuminated, incandescent, lit up, luminous, bright; lustrous.

منورتھ /məno:rət̪ʰ/ ■ *n.m.* desire, aim, object. منورتھ پھل ہونا gain one's object.

منورنجن /məno:rəndʒən/ ■ *n.m.* enjoyment, recreation, entertainment.

مُنوّم /mʊnəvvɪm/ ■ *adj.* soporific, producing sleep; intoxicant.

مُنوّن /mʊnəvvən/ ■ *adj.* marked with تنوین. See تنوین.

منوہر /məno:hər/ ■ *adj.* 1 pleasing. 2 lovely, beautiful. ■ *n.m.* one who steals the heart.

منوی /mənvi:/ ■ *adj.* seminal. (*fem.* منویہ)

مُنہ /mũh/ ■ *n.m.* 1 mouth. 2 face. See مُنھ.

مِنہا /mɪnhɑ:/ ■ *adj.* deducted, subtracted. مِنہا کرنا deduct, subtract.

مِنہاج /mɪnhɑ:dʒ/ ■ *n.m.* (also مَنہج) 1 road, way, path. 2 open or broad road, highway, straight road. 3 modus operandi. 4 curriculum.

منہار /mənʊhɑ:r/ ■ *n.f.* what captivates the mind or charms, fascinates or delights. (See also منوہر.)

business; foreman.

مُنیت /mʊnjət̪/ ■ *n.f.* wish, desire; hope.

مُنیر /mʊni:r/ ■ *adj.* brilliant, shiny, shining.

منیع /məni:ʔ/ ■ *adj.* impregnable, inaccessible.

مُنیف /mʊni:f/ ■ *adj.* exalted, eminent, lofty, sublime, noble, high.

مُنیم /mʊni:m/ ■ *n.m.* accountant or clerk; agent.

مُنیمی /mʊni:mi:/ ■ *n.f.* clerkship, accountancy.

منیّوں /mə̃jjõ:/ ■ *adv.* (child's talk) slowly walking.

مُنہ /mũh/ ■ *n.m.* (also مُنہ) **1** mouth, lips. **2** face. **3** opening, orifice. **4** head (of wound, sore or pimple). **5** front side. **6** edge or tip of a weapon. **7** direction. **8** respect, regards. **9** courage, guts. **10** access, ability. **11** attention. **12** greed. **13** mouthful. **14** reason. منہ اتر/نکل آنا face to become thin due to weakness; lose the healthy looks; face to be drawn due to weakness, disappointment or sorrow, face to fall, show disappointment. منہ اترنا face to become gaunt (sign of illness, weakness or disappointment). منہ اٹھا کر چلنا **1** walk confidently. **2** walk carelessly. منہ اٹھانا **1** hold up one's head. **2** (*fig.*) go on a journey. منہ اٹھائے چلے جانا move ahead carelessly or fearlessly. منہ اجلا ہونا succeed, come off with flying colours. منہ اس قابل ہونا be able to (face). منہ اشکوں/آنسوؤں سے دھونا weep bitterly. منہ اندھیرے before daybreak, at dawn, in the early morning. منہ آ جانا/آنا **1** speak rudely or insolently. **2** have the thrush, suffer from mouth and throat inflammation characterized by discharge of saliva. منہ بانا **1** open the mouth, gape. **2** die or expire. **3** give a forced laugh. منہ باندھ کے بیٹھنا sit silent. منہ برا (سا) بنانا make a wry face, pout; look displeased or sour, scowl. منہ بسورنا sulk; pull a long face. منہ بگاڑنا **1** make a wry face, frown, sulk, pout, grimace. **2** spoil or disfigure the face. منہ بگڑنا **1** be displeased. **2** have a bad taste in the mouth. منہ بنانا/چڑھانا make faces, mock. منہ بند کرنا **1** hold one's tongue. **2** cork or put a stopper in a bottle. **3** close the mouth. **4** worst (someone) in argument. **5** satisfy someone's (usu. illegitimate) demand by bribe. منہ بند کلی **1** closed bud. **2** (*fig.*) virgin. منہ بنوانا prove one's fitness for a task. منہ بولا/بولی sworn or adopted (brother/sister or child). منہ بولتی lifelike (picture).

مُنہامنہ /mũhɑ:mũh/ ■ *adv.* (also مُنھامنھ) face to face; to one's face. ■ *adj.* brimful. منہامنہ بھرنا fill to the brim, stuff, overstock. منہامنہ مارنا **1** censure someone to his or her face. **2** slap someone's face.

مُنہاموہی /mũhɑ:mũ:hi:/ ■ *n.f.* (also مُنھامنھی) altercation, squabble, wrangling, dispute.

مِنہائی /mɪnhɑ:i:/ ■ *n.f.* subtraction, deduction, abatement, decrease.

مُنہدِم /mʊnhəd̪ɪm/ ■ *adj.* demolished, pulled down, destroyed.

مِنہدی /mẽhd̪i:/ ■ *n.f.* (also مہندی) **1** henna, the henna plant or its leaves used in form of paste to dye hands and feet of (esp.) women and head and beards of men. **2** a marriage custom or occasion of South Asian marriage ceremonies. **3** (***Shiites***) a representation of henna made of paper in the memory of Hazrat Qasim Ibn-e-Hassan, great-grandson of Prophet Muhammad. منہدی رچانا/لگانا apply henna.

مُنہزِم /mʊnhəzɪm/ ■ *adj.* routed, put to flight, defeated, discomfited.

مُنہضِم /mʊnhəzɪm/ ■ *adj.* digestible, digested.

مُنہمِک /mʊnhəmɪk/ ■ *adj.* engrossed, absorbed, engaged, busy.

مُنہنال /mũhnɑ:l/ ■ *n.f.* (also مُنھال) mouthpiece of a hookah.

منہی /mənhi:/ ■ *adj.* forbidden, prohibited.

منہیات /mənhɪjjɑ:t̪/ ■ *n.m.pl.* prohibited things or acts in Sharia.

مِنیٰ /mɪnɑ:/ ■ *pr.n.m.* the sacred valley on the outskirts of Makkah where hajis stay for three nights during Hajj and perform sacrifices.

منی[1] /məni:/ ■ *n.f.* **1** egotism; boasting. **2** presumption. [P]

منی[2] ____ ■ *n.f.* semen, seminal fluid. [A]

مُنی /mʊni:/ ■ *n.m.* muni, holy man, saint, ascetic; a hermit.

مُنّی /mʊnni:/ ■ *n.f.* **1** little girl (a term of endearment). **2** any small thing. ■ *adj.* small, tiny.

مُنیا /mʊnjɑ:/ ■ *n.f.* female avadavat (or amadavat), an Indian songbird akin to weaver bird.

مُنیب /mʊni:b/ ■ *n.m.* **1** one who turns to the right path. **2** deputy; vicegerent; agent; one appointed to conduct amazed, be defeated. منھ تکنا **1** to look someone for the fulfilment of some need. **2** be astonished. **3** look blank or foolish. منھ تو دیکھو just look at his face! منھ توڑ کے جواب دینا make a blunt reply. منھ تُھتھانا look annoyed or irked, show displeasure. منھ ٹیڑھا کرنا **1** make faces. **2** show displeasure. **3** treat harshly. منھ جوڑنا whisper, backbite. منھ جھٹالنا eat just a little as a matter of form. منھ جھلسنا **1** feel extreme heat. **2** burn severely. **3** pay a bribe. منھ چاٹنا **1** caress; kiss. **2** flatter. منھ چٹول caress, caressing. منھ چڑانا/ چِڑھانا make faces, mock, make fun of, pout. منھ چڑھا favourite. منھ چڑھانا show (too much) favour to someone; overindulge. منھ چڑھنا become someone's favourite. منھ چلانا **1** eat, make chewing movements. **2** speak insolently; use foul language. **3** bite, snap (usu. used for horses). منھ چلنا **1** eat all the time. **2** gabble, prattle, talk irrelevantly. منھ چور shy, reluctant to face others because of shame or shyness. منھ چوم کے چھوڑ دینا desert after achieving the objective. منھ چومنا kiss. منھ چھپانا **1** hide one's face (from), avoid meeting (someone). **2** observe purdah. منھ چھوانا pretend or make a show of one's friendship, treat with much but outward respect. منھ خراب کرنا **1** leave a bad taste in the mouth. **2** use foul language. منھ خشک ہوجانا/ سوکھ جانا have parched throat; get tired of (advising or admonishing someone). منھ در منھ **1** face to face, in the presence of. **2** boldly. منھ دکھانا **1** show one's face, to appear. **2** pay visit, meet. منھ دکھائی a ritual gift given to the bride upon her first appearance after marriage. منھ دیکھتے رہ جانا be left high and dry. منھ دیکھنا **1** see the face (of), look up to (someone). **2** expect favour from someone. منھ دیکھے کی الفت pretended friendship or affection. منھ دینا/ ڈالنا **1** hide face in something. **2** (of animal) put its mouth to its feed. **3** show undue favour to, give importance to. منھ دھو رکھنا give up all hope of. منھ ڈھانپ ڈھانپ کر رونا weep bitterly. منھ ذرا سا نکل آنا face to become drawn due to weakness. منھ رکھنا **1** show regard (for). **2** be of some status. منھ زبانی orally, oral, verbal; from memory. منھ زرد ہونا turn pale (from embarrassment or fear). منھ زور **1** headstrong, obstinate. **2** outspoken, pert; saucy, insolent. **3** untamed or restive (animal).

منھ بھرائی sop, bribe. منھ بھر آنا **1** mouth to water. **2** feel nausea. منھ بھر دینا/ بھرنا **1** fill one's mouth. **2** bribe. منھ بھر کوسنا curse soundly, heap curses. منھ بھر کے fully, completely. منھ پر to one's face, in the presence of. منھ پر آئی بات something on the point of being uttered; true words. منھ پر بات لانا **1** say something. **2** disclose a secret. منھ پر بسنت پھولنا grow pale. منھ پر چھینک مارنا fling something in someone's face; return something angrily. منھ پر تھوک دینا **1** spit on the face (of). **2** (*fig.*) disgrace or insult. منھ پر ٹھیکری رکھ لینا refuse to have any regard for, be inconsiderate. منھ پر چڑھنا **1** (of word, phrase) come easy or natural. **2** confront, contend. **3** be insolent or audacious. منھ پر دانہ نہ رکھنا starve, go without food. منھ پر زردی کھنڈ جانا grow pale or wan, become deadly pale. منھ پر شفق پھولنا face be flushed with joy. منھ پر فاختہ اُڑ جانا feel jittery, face to turn pale. منھ پر قفل/ مُہر لگنا be dumbfounded; be silent. منھ پر کہنا say something to someone's face. منھ پر لانا tell, say, utter. منھ پر لکھا ہونا be obvious by someone's looks. منھ پر مارنا return with anger. منھ پر مردنی چھانا **1** have a deathly pallor. **2** be on the point of death. منھ پر ناک نہ ہونا be shameless. منھ پر نمک ہونا face to be tanned. منھ پر نور نہ ہونا **1** look repulsive, lack the appearance of piety. **2** look unhealthy. منھ پر مُہر کرنا to seal the lips. منھ پر ہاتھ پھیرنا rub face with hand (as a threatening gesture). منھ پر ہاتھ رکھنا shut (someone's) mouth with one's palm. منھ پر ہوائیاں اڑنا be confounded, look blank or astounded. منھ پڑنا **1** be eaten. **2** be talked about. **3** have the courage (to). منھ پڑی talk of the town. منھ پسار کر رہ جانا look aghast; be wonderstruck. منھ پسارنا/ پھاڑنا gape in surprise. منھ پیٹنا slap own face in regret, rue, repent. منھ پھٹ outspoken, frank, blunt, pert. منھ پھرنا **1** turn away from. **2** be cloyed, satiated or disgusted. منھ پھلانا be annoyed, pull a long face; frown, look angry. منھ پھیر دینا **1** turn the face; change the direction. **2** defeat. **3** beat severely. منھ پھیرنا **1** turn one's face away from someone; disown, refuse to acknowledge. **2** lose spirit or courage. **3** feel shame, be ashamed. منھ پھیلانا **1** desire much. **2** show greed; gape. منھ پھیلائے agape. منھ تک آنا **1** be on the point of being uttered. **2** full to the brim. منھ تکتے/ دیکھتے رہ جانا be anger, happiness or shame. منھ لپیٹ کے پڑ رہنا lie down in a huff, protest or grief. منھ لٹکانا hang down the head, wear or pull long face. منھ لگانا show undue favour to, pamper (an inferior), favour unduly. منھ لگائی ڈومنی گاوے تال بے تال a favourite can get away with anything; a favourite's error is tolerated. منھ لگنا **1** act familiarly. **2** dispute, argue, speak out something disagreeable. **3** acquire or have a taste (for). منھ مارتے پھرنا (usu. *derog.*) try hither and thither for something. منھ مارنا (of animal) bite; feed; fall upon. منھ ماری argument, dispute, abuse, exchange of insults. منھ مانگا asked for, as desired. منھ مانگنا complain; ask for, request, wish for. منھ مانگی مراد پانا attain one's desire, obtain as wished. منھ مانگی موت بھی نہیں ملتی you cannot have everything you wish. منھ مانگے دام the price demanded (usu. high). منھ موڑنا **1** turn away. **2** abstain (from), desist (from). **3** revolt. **4** desert someone. منھ میٹھا کرانا distribute sweets to celebrate some event, give a treat. منھ میٹھا کرنا **1** eat or drink something sweet in celebration. **2** get engaged. منھ میں آنا come to one's lips, (words) about to be uttered. منھ میں بولنا mumble. منھ میں پانی بھر آنا **1** drool, mouth to water. **2** have a strong desire. منھ میں پانی چوانا trickle water into dying person's mouth. منھ میں پڑنا **1** have something to eat. **2** become talk of the town. منھ میں پڑھنا mumble, read or recite inaudibly. منھ میں تنکا لینا **1** acknowledge defeat. **2** show servility. منھ میں خاک may it never come to pass! may your words have no effect! منھ میں دانت نہ پیٹ میں آنت very old, decrepit old person. منھ میں گھنگنیاں رگھنگھنیاں ڈال کر بیٹھنا remain silent, keep quiet even when it is essential to speak. منھ میں لگام نہیں abusive, impudent. منھ نپوڑنا simper, look blank or foolish. منھ نوچ لینا scratch one's face (in anger). منھ نہ دیکھنا not to look at; not to care about, be sick of, shun. (کی طرف) منھ نہ کرنا not to go (towards); have no truck (with). منھ نہ کھلواؤ do not force me to talk! منھ نہ لگانا keep someone away or at arm's length, treat with disdain; discourage someone from being familiar. منھ ہونا **1** have regard (for). **2** dare. منھ ہی منھ میں بولنا رپڑھنا mumble.

منہیار /mənʰjɑːr/ ■ *n.m.* (also منیہار) glass bangle-maker or seller.

منھ زوری **1** obstinacy, disobedience, stubbornness. **2** insolence. منھ سکوڑنا رمچوڑنا make a wry face; show displeasure. منھ سنبھال کر بات کرنا choose one's words carefully and observe proprieties. منھ سنبھالنا talk carefully, choose one's words with care, hold one's tongue. منھ سی دینا **1** force to keep quiet, silence. **2** give hush money. منھ سی لینا keep quiet, keep mum. منھ سے by word of mouth. منھ سے بات نہ نکلنا be unable to speak, keep mum. منھ سے بولو سر سے کھیلو speak up, do not keep quiet. منھ سے بھاپ تک نہ نکالنا **1** keep quiet, not to make the slightest noise. منھ سے پھوٹنا utter, say, speak out. منھ سے پھول جھڑنا **1** speak sweetly. **2** (*iron.*) use obscenities; reproach. منھ سے دودھ ٹپکنا be innocent, have little or no sense. منھ سے نکلی کوٹھوں چڑھی secret once divulged becomes town talk. منھ فق ہونا pale, become pale with fear or alarm. منھ کا پھوہڑ disrespectful, rude, abusive. منھ کا کچا **1** unreliable. **2** tender-mouthed (horse). منھ کالا کرنا **1** disgrace, bring disgrace on. **2** have unlawful sexual relations. **3** break off all connections and go away, disappear. منھ کالا ہونا be disgraced. منھ کا میٹھا پیٹ کا کھوٹا hypocrite; fair without foul within. منھ کا نوالا رنوالہ anything easily attained. منھ کا نوالہ منھ میں، ہاتھ کا ہاتھ میں رہ گیا staggered, aghast, taken aback, stunned. منھ کرنا **1** turn one's face (towards); attend. **2** confront, tackle. **3** regard. **4** burst or open (as abscess). منھ کڑوا ہونا **1** have a bitter taste in the mouth. **2** find something unpalatable or disagreeable. منھ کو خون لگنا develop a bad habit. منھ کو کالک لگانا رلگ جانا bring disgrace upon, slander. منھ کو لگام دو shut up, keep your mouth shut, hold your tongue. منھ کو لگنا a food or drink to become a habit. منھ کی بات چھیننا say what someone else was about to say. منھ کے بل گرنا **1** suffer disgrace. **2** be defeated. منھ کی کھانا **1** fall flat. **2** fail miserably. منھ کیلنا silence someone by sorcery. منھ کھائے آنکھ لجائے one has to yield to one's benefactor. منھ کھلنا be about to say something; become foul-mouthed. منھ کھلوانا provoke someone into saying unpleasant things; make one speak out. منھ کھولنا **1** open the mouth. **2** open or uncork (a bottle or container). **3** speak. **4** reveal a secret. **5** abuse. **6** yawn. **7** unveil or uncover the face. منھ لال کرنا **1** slap someone's face to redness. **2** redden (one's lips). منھ لال ہونا flush with

مُوازنہ /mʊvɑ:zənɑ:/ ■ *n.m.* comparison; weigh, weighing.

مُوازی /mʊvɑ:zi:/ ■ *adj.* equal, equivalent. ■ *adv.* nearly, about.

مُواسات /mʊvɑ:sɑ:t̪/ ■ *n.m.* benevolence, sympathy, forgiveness.

مواشی /məvɑ:ʃi:/ ■ *n.m.pl.* (also مویشی) cattle, quadrupeds. (*sing.* ماشیہ)

مُواصلات /mʊvɑ:səlɑ:t̪/ ■ *n.m.* means of communication, means of transportation.

مُواصلت /mʊvɑ:sələt̪/ ■ *n.f.* means of conjunction, coming together; adhesion, connexion. 2 copulation.

مواضع /məvɑ:zeʔ/ ■ *n.m.* (*pl.* of مَوضع) 1 places. 2 villages, towns. (*ppl.* مواضِعات)

مُواظبت /mʊvɑ:zəbət̪/ ■ *n.f.* 1 regularity. 2 assiduity.

مواعظ /məvɑ:ʔɪz/ ■ *n.m.* (*pl.* of مَوعظت) exhortations, teachings, discourses, sermons, homilies.

مواعید /məvɑ:ʔi:d̪/ ■ *n.f.* (*pl.* of مِیعاد) 1 promises. 2 time or places of promise.

مُوافق /mʊvɑ:fɪq/ ■ *adj.* 1 fit, suitable. 2 favourable, propitious. 3 like, agreeable. موافق آنا suit, agree. موافق ہونا 1 be agreeable, be in agreement or accord with. 2 be like or similar to.

مُوافقت /mʊvɑ:fəqət̪/ ■ *n.f.* accord, concord, agreement, conformity; correspondence, consonance, affinity. موافقت رکھنا suit, agree with. موافقت کرنا 1 enter into friendship; reconcile. 2 conform. موافقت کھانا agree with.

مواقع /məvɑ:qeʔ/ ■ *n.m.* (*pl.* of مَوقع) occasions, events.

مواقِف /məvɑ:qɪf/ ■ *n.m.* (*pl.* of مَوقِف) 1 stances. 2 stations, standpoints.

مواکِب /məvɑ:kɪb/ ■ *n.m.pl.* 1 troops, armies. 2 cavalries.

مُواکلت /mʊvɑ:kələt̪/ ■ *n.f.* eating together.

مُوالات /mʊvɑ:lɑ:t̪/ ■ *n.f.* friendship; love, affection; cooperation.

موالی /məvɑ:li:/ ■ *n.m.* (*pl.* of مولیٰ) 1 lords, masters. 2 friends. 3 slaves, servants. 4 (as *sing.*) vagabond, ruffian.

موالید /məvɑ:li:d̪/ ■ *n.m.* (*pl.* of مَولُود) 1 sons, children; descendants. 2 race. 3 types of creation. موالِید ثلاثہ the three kinds or classes of creation, viz. animals, plants, and minerals.

منہیارن /mənʰjɑ:rən/ ■ *n.f.* wife of منہیار.

منہیاری /mənʰjɑ:ri:/ ■ *n.f.* (also مَنہیاری) 1 profession of glass bangle-making or selling. 2 See منہیارن.

مَو /mɔ:/ ■ *n.f.* 1 prime; bloom, bloom of youth. 2 will, wish. مو پر آنا be in the prime of youth.

مُو¹ /mu:/ ■ *n.m.* hair. موباف long tassel or ribbon for the hair, fillet. موبمو 1 hair by hair. 2 with great precision or nicety, minutely. موتراش 1 razor. 2 hairdresser, barber. موتراشی hairdressing, cutting the hair of the head. موچشم eye lashes. موشگاف hair-splitter, discerning, of penetrating intellect. موشگافی hair-splitting, discernment, nit-picking, criticism; minuteness of detail. موقلم hairbrush; painter's brush. موئے زہار رزیرناف pubes, pubic hair. موئے مبارک the hair of Prophet Muhammad as a relic. [P]

مُو² ——— ■ *n.m.* (*var.* of مُنھ). [Prk.]

مُوا /mʊvɑ:/ ■ *adj.* 1 dead, lifeless. 2 cursed, damned. 3 unfortunate, unhappy. ■ *n.m.* wretch. موابادل sponge. (*fem.* مُوئی)

موات /məvɑ:t̪/ ■ *n.m.* desert; barren land. (*pl.* مواتات)

مواثیق /məvɑ:si:q/ ■ *n.m.* (*pl.* of مِیثاق) pacts.

موّاج /məvvɑ:dʒ/ ■ *adj.* raging or stormy (sea); in spate (river).

مواجب /məvɑ:dʒɪb/ ■ *n.m.* (*pl.* of مُوجب) 1 salaries, wages. 2 requisites.

مُواجہہ /mʊvɑ:dʒəhɑ:/ ■ *n.m.* (also مُواجہ) facing, confronting, in front of.

مُواحنت /mʊvɑ:hənət̪/ ■ *n.f.* enmity; dislike, hatred.

مُواخات /mʊvɑ:xɑ:t̪/ ■ *n.m.* (also مُواخاۃ) 1 fraternity, brotherhood. 2 (***Islam***) the fraternity established by Prophet Muhammad, after Hegira, between the immigrant Muslims and Medinite Muslims.

مُواخذہ /mʊvɑ:xəzɑ:/ ■ *n.m.* (also مُؤاخذہ) accountability, impeachment. مواخذہ دار responsible, accountable. مواخذہ کرنا impeach, call to account; take to task; seek explanation.

مُواخذے /mʊvɑ:xəze:/ ■ *n.m.* (*pl.* & *infl.* of مُواخذہ) مواخذے سے بری کرنا relieve from responsibility. مواخذے سے چھڑانا (***Law***) redeem.

مواد /məvɑ:d̪/ ■ *n.m.* 1 pus. 2 matter. 3 articles. موادِ فاسد pus; bad humours of the body.

مُوانست /mʊvɑːnəsət̪/ ■ *n.f.* companionship, fellowship, friendliness, intimacy, familiarity.

موانع /məvɑːneʔ/ ■ *n.m.* (*pl.* of مانع) impediments, obstacles, hindrances. (*ppl.* موانعات)

مواہب /məvɑːhɪb/ ■ *n.m.* (*pl.* of مَوہب) gifts; donations.

مُواہبت /mʊvɑːhəbət̪/ ■ *n.f.* (also مَوہبت) benefaction, generosity.

موبد /moːbəd̪/ ■ *n.m.* (also مُوبد) **1** Zoroastrian priest. **2** rabbi. **3** sage, philosopher.

مُؤبّد /mʊəbbəd̪/ ■ *adj.* eternal.

مَوت /mɔːt̪/ ■ *n.f.* death. موت آنا **1** die. **2** suffer a misfortune, fall upon evil days. موت آنکھوں تلے/میں پھرنا feel approach of death (in times of great danger). موت پڑنا (*fig.*) shun; fear; be disagreeable. موت چاہنا **1** pray for death. **2** be disgusted with life. موت سر پر کھیلنا death to approach, be in great peril. موت کا بازار گرم ہونا deaths en masse to occur, death to be widespread. موت کا خوف fear of death. موت کا کنواں **1** well of death (at a fairground). **2** (*fig.*) place of danger. موت کے دن پورے کرنا live in very poor circumstances. موت کے گھاٹ اُتارنا kill, murder. موت نے گھر دیکھ لیا ہے death has singled out (this) house for visitation, said when there are many deaths in a family or house within a short time.

مُوت /muːt̪/ ■ *n.m.* **1** urine, piss. **2** (*fig.*) ill-bred or immoral offspring. (See also پیشاب.)

موتمر /moːt̪əmər/ ■ *n.m.* (also مؤتمر) conference, congress.

موتمن /moːt̪əmɪn/ ■ *n.m.* (also مؤتمن) person to whom something is given in trust, trustworthy, honest.

مُوتنا /muːt̪nɑː/ ■ *v.* urinate; piss, make water.

موتیٰ /mɔːt̪ɑː/ ■ *n.m.* the dead. ■ *n.f.* death.

موتی /moːt̪iː/ ■ *n.m.* **1** pearl, bead. **2** (*fig.*) (i) round shining star. (ii) tear. (iii) drop. موتی بیندھنا/پرونا **1** string pearls. **2** (*fig.*) (i) talk or speak courteously and eloquently. (ii) weep. موتی ٹھنڈے ہوئے **1** pearls became (or were) cracked. **2** (*poet.*) the dawn appeared. موتی جھارا/جھرا measles. موتی چُور **1** sparkling, especially eyes. **2** crushed pearls. موتی چُور کے لڈو a kind of sweetmeat. موتی چھیدنا **1** bore a pearl. **2** (*fig.*) deflower (a virgin), violate. موتی سے مانگ بھرنا adorn the parting of the hair with pearls. موتی کا ہار necklace of pearls. موتی کی سی آب **1** pearly lustre. **2** (*fig.*) honour, regard. موتی کی سی آب اُتر جانا **1** lustre to fade or be lost. **2** be disgraced or dishonoured. موتی کی سیپی pearl-oyster, mother-of-pearl.

موتیا /moːt̪ɪjɑː/ ■ *adj.* **1** pearly; bright as pearl. **2** pearl-coloured; cream-coloured. ■ *n.m.* **1** a species of jasmine, *Jasminum sambac*. **2** an eye disease. موتیا بند cataract, an eye disease.

موتھا /moːt̪ʰɑː/ ■ *n.m.* coco-grass, *Cyperus rotundus* and its root, which is used in medicine and perfume.

موٹ /moːʈ/ ■ *n.f.* **1** bundle. **2** leather bucket for raising water.

موٹا /moːʈɑː/ ■ *adj.* **1** fat, obese, bulky, big, corpulent, plump, gross, stout. **2** dense, thick, rough. **3** coarse, low type. **4** large (usu. capital) or bold (type size in writing, printing etc.). **5** (*fig.*) rich, wealthy. **6** obtuse, foolish. **7** clear, manifest. موٹا اناج/غلّہ coarse grain, inferior kind of cereals. موٹا پہننا wear course (usu. cheap) clothes. موٹا تازہ/تگڑا fat and strong. موٹا جھوٹا inferior, low quality, coarse.

موٹاپا /moːʈɑːpɑː/ ■ *n.m.* (also مُٹاپا) obesity, fatness, plumpness, corpulency.

موٹائی /moːʈɑːiː/ ■ *n.f.* **1** bulkiness. **2** thickness.

موٹی /moːʈiː/ ■ *adj.* (*fem.* of موٹا) موٹی اسامی wealthy client or person, rich man, client or customer. موٹی بات straight talk, plain speech that is easy to understand. موٹی سمجھ/عقل feeble-mindedness, stupidity, obtusity. موٹی کٹّی fat and strong. موٹی گالی coarse or gross abuse, very coarse oath. موٹی موٹی **1** important; basic. **2** clear, apparent.

مُوٹھ /muːʈʰ/ ■ *n.f.* **1** the closed hand or fist. **2** handle or grip (of a stick); hilt (of a sword). **3** death spell in sorcery. **4** a kind of game in gambling. موٹھ پھینکنا/چلانا cast a spell.

موٹھ /moːʈʰ/ ■ *n.f.* a kind of vetch or pulse, *Phaseolus aconitifolius*, mothbean.

مؤثّر /mʊəssɪr/ ■ *adj.* effective, efficacious; touching.

مُوثّق /mʊvəssəq/ ■ *adj.* trustful, reliable, confident.

مَوج /mɔːdʒ/ ■ *n.f.* **1** wave, surge, billow. **2** whim; caprice. **3** emotion, rapture, ecstasy. **4** abundance, plenty. موج خیز surging, billowy, stormy. موجِ صبا/نسیم waft of breeze. موج کرنا/مارنا enjoy oneself, have a good time. موج میلا enjoyment. موج میں آنا be in a fit of emotion, go into ecstasy.

مختصر مصوتے: بَن ə /bən/ بِن ɪ /bɪn/ بُن ʊ /bʊn/ مجہول مصوتے: شہر æ /ʃæhr/ سہرا e /sehrɑː/ عُہدہ o /ohd̪ɑː/

مُوجب /mu:dʒɪb/ ■ *n.m.* cause, reason, motive. موجبِ افتخار cause of pride. (*pl.* مواجب)

مُوجبہ /mu:dʒɪbɑ:/ ■ *n.m.* **1** thing of importance (whether good or bad). **2** the divine reward or punishment. **3** (***Logic***) affirmative proposition. **4** aurora australis.

مُوجِد /mu:dʒɪd̪/ ■ *n.m.* inventor. (*pl.* مُوجِدان)

مُوجز /mu:dʒəz/ ■ *n.m.* summary, epitome, compendium. ■ *adj.* abbreviated, epitomized, brief.

مَوجزن /mɔ:dʒzən/ ■ *adj.* (also مَوج زن) billowy, stormy, waving, raging. موجزن ہونا (storm or passion) to surge.

مُوَجّل /mʊvədʒdʒəl/ ■ *adj.* (also مُؤجّل) deferred. ■ *n.m.* (***Islam***) deferred dower, (of money settled on wife) payable at a later date. (*cf.* مُعَجّل)

مَوجود /mɔ:dʒu:d̪/ ■ *n.m.* that which is or exists. ■ *adj.* **1** extant, existing; present. **2** available, at hand, ready. موجود رہنا be in attendance, be present.

مَوجودات /mɔ:dʒu:d̪ɑ:t̪/ ■ *n.f.* (*pl.* of مَوجودہ) beings, existing things; creatures, the tangible or material things.

مَوجودگی /mɔ:dʒu:d̪gi:/ ■ *n.f.* presence; existence. موجودگی میں in the presence (of).

مَوجودہ /mɔ:dʒu:d̪ɑ:/ ■ *adj.* present, current, existing.

مَوجہ /mɔ:dʒɑ:/ ■ *n.m.* (*aug.* of مَوج) big wave.

مُوَجّہ /mʊvədʒdʒɑ:/ ■ *adj.* agreeable, reasonable, valid, well-founded in reason; plausible (reason).

مَوجی /mɔ:dʒi:/ ■ *n.m.* cheerful and carefree, debonair.

مَوجیں /mɔ:dʒẽ:/ ■ *n.f.* (*pl.* of مَوج) waves. موجیں مارنا (river) to be in spate, (sea) to be very choppy or stormy.

موچ /mo:tʃ/ ■ *n.f.* sprain, twist, strain. موچ آنا be sprained.

موچرس /mo:tʃrəs/ ■ *n.m.* mochras, gum of silk cotton tree, *Bombax ceiba*.

موچری /mo:tʃri:/ ■ *n.f.* a type of shoe.

موچن[1] /mo:tʃən/ ■ *n.f.* wife of cobbler. [S]

موچن[2] ____ ■ *n.m.* acquittal, release, discharge, setting free, liberating, dismissal. [S]

موچنا /mo:tʃnɑ:/ ■ *n.m.* a pair of tweezers.

موچنی[1] /mo:tʃni:/ ■ *n.f.* small forceps. [S]

موچنی[2] ____ ■ *n.f.* a kind of prickly nightshade. [S]

موچی /mo:tʃi:/ ■ *n.m.* **1** mochi, cobbler; shoemaker. **2** saddler.

مُوچھ /mu:tʃʰ/ ■ *n.f.* moustache. See مُونچھ.

مُوَحِّد /mʊvəhhɪd̪/ ■ *adj.* Unitarian, believing in one God. ■ *n.m.* one who believes in the unity of God; a Muslim.

مُوَحّدانہ /mʊvəhhɪd̪ɑ:nɑ:/ ■ *adv.* & *adj.* Unitarian, like one who believes in one God.

مُوَحّش /mʊvəhhɪʃ/ ■ *adj.* (also مُوحش) **1** dismal; dreary. **2** desolate, deserted. **3** alarming, dreadful, uninhabited, bewildering.

مُؤخّذ /muəxxəz/ ■ *adj.* **1** taken; seized, snatched. **2** called to account. **3** fascinated, captivated.

مُؤخّر /muəxxər/ ■ *adj.* posterior; consequent; delayed, deferred, postponed; put at the end. مؤخرالذکر the latter; last mentioned.

مُؤدّب /muəd̪d̪əb/ ■ *adj.* **1** respectful, reverential. **2** polite, courteous, well-mannered, civil.

مُؤدّبانہ /muəd̪d̪əbɑ:nɑ:/ ■ *adv.* respectfully, courteously, reverentially. ■ *adj.* respectful, courteous.

مُوَدّت /mʊvəd̪d̪ət̪/ ■ *n.f.* love, affection; friendship.

مودی /mo:d̪i:/ ■ *n.m.* grocer, keeper of provision store, shopkeeper, grain merchant; steward. مودی خانہ pantry; storehouse. (*fem.* مودنی)

موڈھو /mo:d̪ʰu:/ ■ *n.m.* simpleton, stupid person.

مُؤذّن /muəzzɪn/ ■ *n.m.* muezzin, person in mosque who calls the people to prayers.

مُوذی /mu:zi:/ ■ *adj.* **1** troublesome, tormenting, torturing, vexatious. **2** (disease) malignant, pernicious, wicked. **3** deadly, poisonous. ■ *n.m.* **1** tormentor. **2** (*fig.*) miser. موذی بیماری fatal or malignant disease. موذی پنا **1** noxiousness. **2** stinginess, meanness. موذی کا مال miser's property.

مَور /mɔ:r/ ■ *n.m.* bud or blossom of tree, especially of the mango. مورآنا (mango tree) to blossom.

مور[1] /mo:r/ ■ *n.m.* peacock. مورپنکھی **1** anything made of peacock's feathers. **2** pleasure boat or barge shaped like hand-held fan made of peacock feathers. مورچال **1** walking on the hands with the feet in the air. **2** a type of dance. مورکی سی گردن long and slender neck. مورمکٹ crown or crest like that of a peacock. [S]

مور[2] ____ ■ *n.m.* ant. مورخوار/خور ant-eating mammals, e.g. pangolin, echidna, anteater and armadillo. مورومار/مگس/ملخ **1** ants, locusts and bees. **2** (*fig.*) (i) insects. (ii) thick or countless as ants and locusts. [S]

مُورت /mu:rəṭ/ ■ *n.f.* (also مُورتی) **1** statue; image, picture, figure, portrait; form. **2** idol.

مُورِث /mu:rɪs/ ■ *n.m.* **1** ancestor, forefather, predecessor, person from whom inheritance is received. **2** (*fig.*) cause, reason. مورثِ اعلیٰ/اوّل predecessor, remote ancestor; lineage. مورثِ فاسد (*Isj.*) (*fig.*) maternal grandfather.

مورچال[1] /mo:rtʃɑ:l/ ■ *n.f.* line of entrenchments (for besieging a fortified place); trench (in fort). [P]

مورچال[2] ____ ■ *n.f.* See under مورا[1].

مورچنگ /mo:rtʃəŋg/ ■ *n.m.* Jew's harp, a musical instrument.

مورچہ[1] /mo:rtʃɑ:/ ■ *n.m.* (also مورچا) **1** morcha, front line in a battle. **2** trench; line of entrenchment, fortification. **3** checkpoint, check post. **4** battery. **5** (*fig.*) (i) chin. (ii) shelter. مورچہ بندی کرنا entrench. مورچہ لینا **1** capture an entrenchment or battery. **2** oppose. مورچہ مارنا **1** oppose, wrangle, bandy words (with). **2** conquer, capture a trench. **3** fight. [P]

مورچہ[2] ____ ■ *n.m.* (*dim.* of مور[2]) small ant. [P]

مورچہ[3] ____ ■ *n.m.* rust of iron. مورچہ کھانا/لگنا rust. [P]

مورچے /mo:rtʃe:/ ■ *n.m.* (*pl. & infl.* of مورچہ[1]) مورچے پر **1** facing the enemy. **2** on the front line.

مُورچھا /mu:rtʃʰɑ:/ ■ *n.f.* swoon, stupefaction, fainting, loss of consciousness. مورچھا آنا swoon; faint.

مورچھل /mo:rtʃʰəl/ ■ *n.m.* whisk or fan made of peacock's feathers.

مُؤرِّخ /muərrɪx/ ■ *n.m.* historian, chronicler. (*pl.* مُؤرِخین)

مُؤرّخہ /muərrəxɑ:/ ■ *adj.* dated, written or inscribed on (such-and-such date).

مَورِد /mo:rɪḍ/ ■ *n.m.* **1** place of descending or halting. **2** access, entrance, approach. ■ *adj.* liable (to), butt (of). موردِ الزام blamed for, butt of accusation, object of indictment. موردِ الطاف object or focus of favours. موردِ تقصیر blameworthy, at fault. (*pl.* موارد)

مُؤرّد /muərrəḍ/ ■ *adj.* (of foreign words) *Urduized*, adapted in Urdu (such as لالٹین from English word lantern).

مُورکھ /mu:rəkʰ/ ■ *adj.* foolish, stupid; ignorant. مورکھ پن/پنا folly, stupidity; ignorance.

مورنی /mo:rni:/ ■ *n.* (*fem.* of مور) **1** peahen. **2** (*fig.*) very beautiful woman. **3** a kind of earring. **4** corbel.

مَورُوثی /mɔ:ru:si:/ ■ *adj.* hereditary; ancestral; patrimonial.

موری /mo:ri:/ ■ *n.f.* (also موہری، مُہری) **1** drain, pipe or subterranean duct for water. **2** orifice. **3** lower edge of pyjama or trouser. **4** a kind of fish.

موڑ /mo:ɽ/ ■ *n.m.* **1** twist, turn, bend, curve. **2** winding (of road or river). **3** crease, pucker.

موڑنا /mo:ɽnɑ:/ ■ *v.* bend, turn, curve, twist.

مُوڑھ /mu:ɽʰ/ ■ *adj.* foolish, stupid; ignorant.

موڑھا /mo:ɽʰɑ:/ ■ *n.m.* (also مونڈھا) mora, morah, cane seat, a seat with or without back made of cane.

مَوز /mɔ:z/ ■ *n.m.* a kind of banana.

مَوزوں /mɔ:zũ:/ ■ *adj.* **1** weighed. **2** metrical. **3** proper, fit, apt, appropriate, suitable; symmetrical. موزوں طبع of a poetical bent of mind; able to compose verse. (شعر) موزوں کرنا compose measured verse. موزوں ہونا **1** (of verse) be metrical. **2** be fit, suit, be appropriate.

مَوزونیت /mɔ:zu:nɪjəṭ/ ■ *n.f.* (also مَوزونی) aptness, suitability.

موزہ /mo:zɑ:/ ■ *n.m.* (also موزا) sock, stocking. موزہ گیر horse that bites at the foot of his rider.

موزے /mo:ze:/ ■ *n.m.* (*pl. & infl.* of موزہ) موزے کا گھاؤ میاں جانے یا پاؤں the wearer knows where the shoe pinches.

مُوس /mu:s/ ■ *n.m.* (also مُوسا) rat. See مُوش.

مُؤسِّس /muəssɪs/ ■ *n.m.* founder. (*pl.* مُؤسّسین)

مُؤسّسہ /muəssəsɑ:/ ■ *adj.* based or founded. ■ *n.m.* foundation. (*pl.* مُؤسّسات)

مُوسل /mu:səl/ ■ *n.m.* long heavy iron, wooden or stone pestle for pounding grain.

مُوسلا /mu:slɑ:/ ■ *adj.* of or relating to مُوسل. ■ *n.m.* (*aug.* of مُوسل) **1** rod, stick; bolt. **2** root. موسلا دھار pelting (rain). موسلا دھار برسنا rain in torrents, rain cats and dogs.

مُوسلی /mu:sli:/ ■ *n.f.* (*dim.* of مُوسل) **1** iron rod for pounding grains. **2** root of (plant), taproot; fusiform receptacle of a many-seeded fruit.

مَوسم /mɔ:səm/ ■ *n.m.* (also مَوسِم) **1** season, time of the year, time, period. **2** weather. موسمِ برسات/برشگال rainy season, the rain. موسمِ بہار spring. موسمِ خزاں autumn. موسمِ سرما winter. موسمِ گرما summer. موسمِ گل spring.

مَوسمبی /mɔ:səmbi:/ ■ *n.f.* (also مَوسمی[2]) a variety of citrus fruit.

مَوسمی /mɔsəmi:/ ■ *adj.* (also مَوسِمی) seasonal, in season;

مختصر انفی مصوتے: بھنور ə̃ /bʰə̃vər/ اِنچا ĩ /ĩtʃɑ:/ گُنوارا ũ /kũvɑ:rɑ:/ دیگر اعراب: اعلیٰ ɑ: /əʔlɑ:/ بذاتہٖ i: /bezɑ:ṭehi:/ اجمالاً n /ɪdʒmɑ:lən/ لٹّو /ləʈʈu:/

bequest. موصیٰ لہٗ one in whose favour a will is drawn; legatee; devisee.

مُوصی /mu:si:/ ■ *n.m.* testator.

مُوصیہ /mu:sɪjɑ:/ ■ *n.f.* (*fem.* of مُوصی) testatrix.

مُوضّح /mu:zeh/ ■ *n.m.* that which explains. ■ *adj.* explanatory.

مَوضَع /mɔ:zəʔ/ ■ *n.m.* **1** village. **2** parcel of land. **3** place.

مَوضوع /mɔ:zu:ʔ/ ■ *adj.* **1** placed, situated. **2** manufactured; established. ■ *n.f.* (***Islam***) concocted or false Hadith or tradition wrongly attributed to Prophet Muhammad. ■ *n.m.* **1** subject (of speech), topic. **2** (***Philos.***) object. **3** (***Gram.***) noun or noun phrase used as subject (as opposed to predicate). **4** (***Math.***) postulate. موضوعِ بحث/سخن topic of discussion. (*pl.* مَوضوعات)

مَوضوعی /mɔ:zu:ʔi:/ ■ *adj.* **1** of or relating to subject. **2** subjective.

مَوطِن /mɔ:t̪ɪn/ ■ *n.m.* **1** home, place of birth, domicile. **2** battlefield. (*pl.* مواطن)

مَوعِد /mɔ:ʔɪd̪/ ■ *n.m.* **1** place or time of promise. **2** foretelling. (*pl.* مواعد)

مَوعِدت /mɔ:ʔɪd̪ət̪/ ■ *n.f.* promise.

مَوعِظت /mɔ:ʔɪzət̪/ ■ *n.f.* (also مَوعظہ) advice; instruction, exhortation. (*pl.* مواعظ)

مَوعُود /mɔ:ʔu:d̪/ ■ *adj.* **1** vowed, committed, promised. **2** predicted; predestined. (*pl.* مَوعُودات)

مَوفُور /mɔ:fu:r/ ■ *adj.* copious, abundant, plentiful; many, numerous.

مُوقّت /mʊvəqqət̪/ ■ *adj.* **1** fixed or restricted to a certain definite time. **2** periodic; temporary, provisional. موقت الشیوع periodically published, periodical.

مُوقّر /mʊvəqqər/ ■ *adj.* (also مُوَقّر) honoured, revered, respected, esteemed.

مَوقع /mɔ:qəʔ/ ■ *n.m.* (also مَوقعہ) **1** time; occasion, chance, opportunity. **2** site, place, situation, locality, spot. موقع بہ موقع from time to time, at times, sometimes, occasionally, as and when needed. موقع پرست opportunist, time-server. موقع جانے دینا/کھو دینا/ہاتھ سے گنوا دینا to let slip an opportunity. موقع دیکھنا look for opportunity. موقع شناس tactful. موقع ملنا get an opportunity. موقع نکل جانا opportunity to be lost.

seasonable. موسمی بخار malaria. [A]

مَوسمی² ____ ■ *n.f.* See مَوسَمبی.

مَوسمیات /mɔ:səmɪjɑ:t̪/ ■ *n.f.* **1** meteorology, climatology. **2** weather department.

مُوسنا /mu:snɑ:/ ■ *v.* **1** pilfer, steal, snatch. **2** defraud, cheat.

مَوسوم /mɔ:su:m/ ■ *adj.* **1** named, called, entitled. **2** marked, signed; branded, impressed, characterized, noted. موسوم کرنا to name; to give a name to something or someone, to call (by the name of).

مُوسوی /mu:səvi:/ ■ *adj.* Mosaic, of or belonging to Prophet Moses.

مَوسی /mɔ:si:/ ■ *n.f.* mother's sister, maternal aunt.

مُوسیٰ /mu:sɑ:/ ■ *pr.n.m.* Prophet Moses.

مُوسیقار /mu:si:qɑ:r/ ■ *n.m.* **1** musician; singer. **2** shepherd's pipe. **3** name of a legendary songbird with numerous holes in its beak, phoenix.

مُوسیقی /mu:si:qi:/ ■ *n.f.* music.

مُوسیقیات /mu:si:qɪjɑ:t̪/ ■ *n.f.* musicology.

مُوسیقیّت /mu:si:qɪjjət̪/ ■ *n.f.* musicality, melodiousness.

مُوش /mu:ʃ/ ■ *n.m.* (also مُوس) mouse, rat. موش دان mousetrap. موشِ دشتی/صحرائی field mouse, desert jerboa.

مُوشک /mu:ʃək/ ■ *n.m.* (*dim.* of مُوش) small rat, mouse; mole; squirrel. موشکِ پرّاں **1** bat. **2** squib, a kind of firework. موشک دوانی (*fig.*) seditiousness, sedition; mischief; strife, riot, disturbance. موشک دوانی کرنا stir up sedition or strife; create disturbance.

مُوشگاف /mu:ʃɪgɑ:f/ ■ *adj.* discerning. See under مُو¹.

مُوشگافی /mu:ʃɪgɑ:fi:/ ■ *n.f.* hair-splitting. See under مُو¹.

مُوصِل /mu:sɪl/ ■ *n.m.* (***Physics***) conductor, a material or device that conducts heat or electricity.

مُوصّل /mʊvəssəl/ ■ *adj.* joined, attached.

مَوصوف /mɔ:su:f/ ■ *adj.* **1** named (person). **2** praised, celebrated. **3** aforementioned. ■ *n.m.* (noun) qualified by (adjective), qualified noun. موصوف الیہ aforementioned. (*fem.* مَوصوفہ)

مَوصول /mɔ:su:l/ ■ *adj.* **1** received, obtained. **2** joined; connected; related. ■ *n.m.* (***Gram.***) the antecedent to a relative pronoun.

مُوصیٰ /mu:sɑ:/ ■ *n.m.* commanded by will, willed, bequeathed. موصیٰ الیہ executor, person appointed by a testator to administer his or her will. موصیٰ بہ/بِہا

موقعِ واردات site or scene of an incident or crime.
موقع ہاتھ سے نہ دینا not to let slip an opportunity. (*pl.* مواقع)

موقعے /mɔqəʔe:/ ■ *n.m.* (*pl.* & *infl.* of موقع) موقعے پر at the proper time; at the right place and time; on the spot. موقعے سے timely; opportune.

موقف /mɔ:qɪf/ ■ *n.m.* stance, position; point of view, opinion.

موقوف /mɔ:qu:f/ ■ *adj.* **1** stopped, abolished, ceased. **2** postponed, delayed, deferred. **3** dismissed, suspended. **4** dependent on, based on. موقوف رکھنا keep in abeyance or put off (till), postpone. موقوف کرنا **1** stop, leave off, abolish. **2** dismiss. موقوف ہونا **1** be stopped. **2** be dismissed, be suspended.

موقوفی /mɔ:qu:fi:/ ■ *n.f.* **1** dismissal; suspension. **2** abolition; stoppage.

موکب /mɔ:kɪb/ ■ *n.m.* **1** army; forces. **2** large cavalcade.

مؤکّد /muəkkəd̪/ ■ *n.m.* one compelled or pressed. ■ *adj.* stressed; emphasized.

مؤکِّد /muəkkɪd̪/ ■ *n.m.* one who compels.

مؤکّدہ /muəkkəd̪ɑ:/ ■ *adj.* stressed, emphasized. ■ *n.m.* (***Islam***) Sunnah or things that Prophet Muhammad emphatically enjoined on his followers.

موکش /mo:kʃ/ ■ *n.m.* (also مکش) **1** release, emancipation, deliverance, freedom, salvation. **2** (***Buddhism***) nirvana. **3** (*fig.*) death. **4** payment of debt.

مؤکّل /muəkkəl/ ■ *n.m.* **1** one to whom power is delegated or trust is committed; one who is appointed guardian or superintendent; trustee, guardian. **2** angel; a spiritual entity that responds to prayer or magic and carries out some assigned work.

مؤکِّل /muəkkɪl/ ■ *n.m.* **1** client of an advocate. **2** one who delegates power to another. (*fem.* مؤکّلہ)

موکھا /mo:kʰɑ:/ ■ *n.m.* **1** hole, opening; vent, air-hole; skylight, aperture. **2** drain hole. **3** pigeonhole.

موگرا /mo:grɑ:/ ■ *n.m.* **1** mallet, rammer. **2** double jasmine.

موگری /mo:gri:/ ■ *n.f.* (also موگلی) a hammer, pounder, small mallet.

مُول /mu:l/ ■ *n.m.* **1** root; origin, source. **2** generation. **3** stock or capital, principal. **4** text, the original text. **5** (***Astrol.***) name of the nineteenth lunar mansion. **6** (***Arith.***) square root. مول سے بیاج پیارا interest is dearer than the principal, i.e. grandchild (grandchildren) is (are) dearer than one's own children.

مول /mo:l/ ■ *n.m.* purchase; purchasing money, price, rate, value, worth. مول بڑھنا/چڑھنا price rise. مول تول bargain, concession, haggling; valuation. مول ٹھہرانا settle a price; value, estimate. مول دینا sell. مول لینا purchase.

مَولا /mɔ:lɑ:/ ■ *n.m.* (also مولیٰ) **1** master, owner, lord. **2** Allah. **3** (*fig.*) king, ruler. مولا بخش (*fig.*) stick, rod or cane, used to punish someone. مولا دولا simple, artless, kind person, open-hearted, jovial.

مَولانا /mɔ:lɑ:nɑ:/ ■ *n.m.* **1** (*literal*) our lord. **2** (*fig.*) person respected for religious learning, maulana, a title of respect for Muslim religious scholars.

مَولائی /mɔ:lɑ:i:/ ■ *n.f.* lordship.

مَولِد /mɔ:lɪd̪/ ■ *n.m.* birthplace, native land.

مُولِّد /muvəllɪd̪/ ■ *n.m.* generator, one who produces.

مَولسری /mɔ:lsɪri:/ ■ *n.f.* (also مولسری) Spanish cherry, the tree *Mimusops elengi* and its fruit and flower.

مُؤلَّف /muəlləf/ ■ *adj.* compiled, edited.

مُؤلِّف /muəllɪf/ ■ *n.m.* compiler (of a book). (*pl.* مؤلّفین)

مُؤلَّفہ /muəlləfɑ:/ ■ *adj.* compiled (by).

مَولُود /mɔ:lu:d̪/ ■ *adj.* born. ■ *n.m.* **1** baby, infant. **2** (also مولود شریف) celebration of the anniversary of Prophet Muhammad's birth. **3** son.

مَولُوق /mɔ:lu:q/ ■ *adj.* mad to some extent.

مَولوی /mɔ:ləvi:/ ■ *n.m.* (also مولوی) maulvi, Muslim religious scholar or learned man. مولوی معنوی title of Persian poet Jalaluddin Rumi. (*pl.* مولویان)

مُوَلّہ /muvəllɑ:/ ■ *adj.* sad, saddened; distracted, troubled with love.

مَولیٰ /mɔ:lɑ:/ ■ *n.m.* (also مولا) **1** master, lord. **2** God. (*pl.* موالی)

مُولی /mu:li:/ ■ *n.f.* mooli, radish. مولی گاجر کی طرح کاٹنا kill indiscriminately, massacre en masse.

موم /mo:m/ ■ *n.m.* wax. ■ *adj.* (*fig.*) soft, tender. موم بتی candle, candle-stick, wax-light, bougie, taper. موم جامہ wax cloth, cloth made waterproof with wax coating, oilcloth. موم دل soft-hearted. موم روغن polish made of wax and oil mixed together. موم کاری **1** made of wax. **2** (*fig.*) very soft and delicate. موم کرنا **1** make

مُوند /mũ:d̪/ ■ *n.f.* shutting, closing.

مُوندریا /mũ:d̪ərjɑ:/ ■ *n.f.* hole of a mill which receives the lower millstone.

مُوندنا /mũ:d̪nɑ:/ ■ *v.* close, shut (eyes); cover.

مُونڈ /mũ:ɖ/ ■ *n.m.* head, nob; forehead. مونڈ مونڈانا **1** get the head shaved. **2** become a fakir or sannyasi.

مُونڈن /mũ:ɖən/ ■ *n.m.* **1** (***Hinduism***) Hindu ceremony of shaving child's head for the first time. **2** (***Islam***) See عقیقہ.

مُونڈنا /mũ:ɖnɑ:/ ■ *v.* **1** shave, depilate. **2** make someone a disciple. **3** wheedle, cheat.

مُونڈی کاٹا /mũ:ɖi: kɑ:ʈɑ:/ ■ *adj.* (an expletive) beheaded; deserving beheading. (*fem.* مُونڈی کاٹی)

مونڈھا /mõ:ɖʰɑ:/ ■ *n.m.* (also مُونڈھا) **1** shoulder. **2** gusset on native coat. **3** seat made of reeds and ropes.

مونڈھوں /mõ:ɖʰõ:/ ■ *n.m.* (*pl.* of مونڈھا) مونڈھوں کے فرشتے shoulder-angels (deputed to record one's actions), the recording angels.

مُونس /mu:nɪs/ ■ *n.m.* **1** intimate friend; companion. **2** consoler. مونس تنہائی friend in loneliness. (*fem.* مُونسہ)

مُونگ /mu:ŋg/ ■ *n.m.* mung bean, a kind of pulse.

مُونگا /mu:ŋgɑ:/ ■ *n.m.* (also مونگا) coral.

مُونگ پھلی /mu:ŋg pʰəli:/ ■ *n.f.* peanut, monkey nut.

مُونگچی /mu:ŋgtʃi:/ ■ *n.f.* (also مُونگڑی) small fried ball of husked mung beans. See منگوچی.

مُونگیا /mu:ŋgɪjɑ:/ ■ *adj.* of the colour of mung bean, dark green.

مُونہہ /mũ:h/ ■ *n.m.* **1** mouth. **2** face. **3** opening. See مُنھ

مُونی[1] /mɔ:ni:/ ■ *n.m.* **1** silent person. **2** hermit, ascetic. [S]

مُونی[2] ____ ■ *n.f.* small round basket; small jar. [S]

موہ /mo:h/ ■ *n.m.* **1** charm, fascination. **2** love, affection. **3** sympathy, compassion. موہ جانا be fascinated or charmed. موہ لینا fascinate, captivate, allure. موہ مایا greed for wealth.

مُوہانہ /mu:hɑ:nɑ:/ ■ *n.f.* mouth of river.

مَوہِب /mɔ:hɪb/ ■ *n.m.* **1** donor, one who gives gift. **2** present, gift. (*pl.* مواہب)

مَوہبت /mɔ:hɪbət̪/ ■ *n.f.* gift; donation.

موہِت /mo:hɪt̪/ ■ *adj.* (also مُوہت) charmed, fascinated; infatuated (with).

موہن /mo:hən/ ■ *n.m.* **1** sweetheart. **2** an epithet of soft, soften. **2** melt. موم کی پتلی رگڑیا (*fig.*) delicate woman. موم کی ناک fickle or gullible person. موم ہونا soften; tone down.

مومن /mo:mɪn/ ■ *n.m.* **1** true believer, staunch Muslim, Muslim strictly following the principles of Islam. **2** See المومن. ■ *adj.* having complete faith. مومن مرد Muslim man having perfect faith in God. (*fem.* مومنہ) (*pl.* مومنین)

مومنانہ /mo:mɪnɑ:nɑ:/ ■ *adj.* faithful; orthodox, like a believer. ■ *adv.* faithfully.

مومی /mo:mi:/ ■ *adj.* **1** waxen, wax-like. **2** of the colour of wax. **3** (*fig.*) soft. مومی کاغذ waxed paper. مومی موتی glass bead filled with wax; imitation pearl.

مومیا /mo:mɪjɑ:/ ■ *n.m.* **1** mummy. **2** preserving medium for mummies.

مومیانا /mo:mɪjɑ:nɑ:/ ■ *v.* mummify.

مومیائی /mo:mɪjɑ:i:/ ■ *adj.* of or like a mummy. ■ *n.f.* a medicine for broken bones supposedly extracted from some rocks. مومیائی نکالنا **1** extract essence or juice. **2** (*fig.*) (i) drive like slave. (ii) beat (one) to a jelly.

مَون /mɔ:n/ ■ *adj.* silent. ■ *n.m.* silence. مون برت (***Hinduism***) a religious vow to remain silent.

مَونا /mɔ:nɑ:/ ■ *n.m.* **1** large (round) basket. **2** large jar.

مُؤنث /muənnəs/ ■ *adj.* **1** (***Gram.***) feminine; of the feminine gender. **2** female.

مُونج /mũ:dʒ/ ■ *n.f.* (also مُونجھ) munj, moonj, a species of rush or grass, *Saccharum munja* of which ropes are made. مونج کا بان rope made of this grass.

مُونچھ /mũ:tʃʰ/ ■ *n.f.* (also مُوچھ) moustache, whiskers. مونچھ مروڑا روٹی توڑا one who is proud of eating the bread of idleness. مونچھ منڈا one who shaves his moustache.

مُونچھوں /mũ:tʃʰõ:/ ■ *n.f.* (*pl.* of مُونچھ) مونچھوں پر تاؤ دینا **1** twist or curl one's moustache. **2** think no end of oneself; act the fop or swell; brag, show pride and vanity. مونچھوں پر ہاتھ پھیرنا stroke the moustache (as a gesture of pride); be proud or vain. مونچھوں کا کونڈا ceremony celebrating the onset of youth when facial hair appear.

مُونچھیں /mũ:tʃʰẽ:/ ■ *n.f.* (*pl.* of مُونچھ) مونچھیں اُکھڑوانا cause the moustache to be plucked in punishment. مونچھیں چڑھانا curl or twist the moustache upwards in vanity.

Krishna. ■ *adj.* **1** fascinating, charming; alluring, seducing. موہن بھوگ a kind of sweetmeat. موہن مالا necklace of beads, pearls and corals.

موہنا /mo:hnɑ:/ ■ *v.* fascinate, charm; allure, enchant. ■ *adj.* fascinating, charming.

موہنی /mo:hni:/ ■ *adj.* (*fem.* of موہنا). ■ *n.f.* **1** beautiful, fascinating. **2** (*fig.*) beautiful woman. **3** fascination, charm. **4** an epithet of the Hindu goddess Durga.

مَوہُوب /mɔ:hu:b/ ■ *n.m.* thing gifted or bequeathed. موہوب لہٗ donee; legatee.

مَوہُوم /mɔ:hu:m/ ■ *adj.* fancied, imagined, supposed, imaginary, unreal.

مُوئی /mu:i:/ ■ *n.* (*fem.* of مُوا) **1** dead, lifeless (woman). **2** cursed.

مویّا /mo:ɪjjɑ:/ ■ *n.m.* skein (of thread).

مُؤیَّد /muəjjəd/ ■ *adj.* **1** strengthened; aided. **2** confirmed.

مُؤیِّد /muəjjɪd/ ■ *adj.* **1** aiding, strengthening. **2** seconding; corroborative, confirmatory. ■ *n.m.* **1** one who seconds a motion, seconder. **2** helper.

مویز /məvi:z/ ■ *n.m.* blackcurrant, large-sized dried grape, raisin. مویزِ منقیٰ seedless raisin.

مویشی /məve:ʃi:/ ■ *n.m.* cattle. مویشی خانہ cattle-pen, stockyard.

مہ /mæh/ ■ *n.m.* (*contr.* of ماہ) the moon. مہ پارہ جبیں رلقا روش beauty; exquisite beauty. مہ رُو (*fig.*) beautiful. مہ وانجم moon and stars.

مِہ /meh/ ■ *adj.* great; chief, principal.

مہا /məhɑ:/ ■ *adj.* **1** great, high, supreme, illustrious. **2** mighty, strong; ample. **3** large; excessive. **4** arrant, egregious. ■ *adv.* very, extremely; very much. مہا اُوت arrant fool. مہابیر رویر very brave. مہا بھاگ highly fortunate or blessed. مہا بھاگی exceedingly fortunate person. مہا پاپ great crime; cardinal sin. مہا پرس رپرش **1** holy man. **2** (*iron.*) consummate knave; wicked person. مہا پرَلی رپرَلے doomsday. مہا تم reward of good actions. مہا جال sieve; large fishing-net. مہا دیو epithet of the Hindu god Shiva. مہا ڈول large and splendid palanquin. مہاراج **1** supreme lord or sovereign, superior. **2** form of address to Brahman. **3** (as polite form of address) My Lord! Sir! مہاراج ادھیراج king of kings, mighty sovereign. مہاراجا رراجہ maharaja, sovereign, emperor. مہارانی maharani, principal wife of maharaja, empress. مہا سبھا royal council; large meeting or organization. مہاسندر very beautiful, very handsome. مہاسندری very lovely woman; great beauty. مہاشے gentle man. مہاشیر mahseer, a large fresh water fish. مہامائی (***Hinduism***) one of the seven sisters who are goddesses of smallpox.

مہابت /məhɑ:bət̪/ ■ *n.m.* **1** fear, dread, awe. **2** greatness, authority. **3** reverence.

مہابلی /məhɑ:bəli:/ ■ *n.m.* **1** very strong and powerful. **2** Mogul emperor Akbar's title.

مہابھارت /məhɑ: bʰɑ:rət̪/ ■ *n.f.* great war. ■ *pr.n.f.* an epic poem in Sanskrit.

مہاتما /məhɑ:t̪mɑ:/ ■ *n.m.* mahatma, holy man, virtuous, pious man.

مُہاجِر /mʊhɑ:dʒɪr/ ■ *n.m.* **1** muhajir, refugee, immigrant, one who quits his native land. **2** one of those who accompanied or followed Prophet Muhammad in his Hegira. (*pl.* مُہاجرین)

مُہاجرت /mʊhɑ:dʒərət̪/ ■ *n.f.* emigration, departure from one's country and friends.

مہاجن /məhɑ:dʒən/ ■ *n.m.* mahajan, private banker; usurer.

مہاجنی /məhɑ:dʒəni:/ ■ *n.f.* banking business. مہاجنی لیکھا mercantile accounts.

مِہاد /mɪhɑ:d̪/ ■ *n.m.* chair, bed, sofa, any place on which one sits or reclines.

مہار /məhɑ:r/ ■ *n.f.* (also مُہار) string in the nose of a camel to guide it by, bridle, rein. (See also زمام رنکیل.)

مہاراج /məhɑ:rɑ:dʒ/ ■ *n.m.* supreme lord or sovereign, superior. See under مہا.

مہاراجا /məhɑ:rɑ:dʒɑ:/ ■ *n.m.* (also مہاراجہ) maharaja. See under مہا.

مہارانی /məhɑ:rɑ:ni:/ ■ *n.f.* maharani. See under مہا.

مہارت /məhɑ:rət̪/ ■ *n.f.* skill, proficiency, mastery, expertise. مہارتِ تام رکامل complete mastery. مہارت تامّہ رکاملہ full command, expertise.

مُہارنی /mohɑ:rni:/ ■ *n.f.* cacophonous chorus, as by children memorizing their lessons.

مہاسبھا /məhɑ:səbʰɑ:/ ■ *n.f.* royal council. See under مہا.

مُہاسا /mʊhɑ:sɑ:/ ■ *n.m.* (also مُنہاسا) pimple or pustule on

مِہتری /mehṭəri:/ ■ *n.f.* **1** superiority, greatness. **2** (*euph.*) sweeper's profession.

مُہتم /mohṭəm/ ■ *n.m.* anxious, concerned; serious; absorbed. مہتم بالشان **1** very important and necessary. **2** grand, tremendous, momentous.

مُہتمم /mohṭəmɪm/ ■ *n.m.* manager, superintendent, administrator, overseer; inspector. مہتمم اخبار head or manager of a newspaper. مہتمم بندوبست settlement officer.

مُہتممی /mohṭəmɪmi:/ ■ *n.f.* managership.

مہتو /mæhṭo:/ ■ *n.m.* village headman.

مہتو /məhəṭṭəv/ ■ *n.f.* significance, position; glory, pomp and show.

مُہتوِل /mohṭəvɪl/ ■ *adj.* terrified, afraid; trembling.

مہجری /mæhdʒəri:/ ■ *adj.* of or about migration; used in comp. as: مہجری ادب literature written in the wake of 1947 partition of the Indian subcontinent.

مہجور /mæhdʒu:r/ ■ *adj.* separated, cut off; forsaken (lover); rejected.

مہجوری /mæhdʒu:ri:/ ■ *n.f.* **1** separation, forsaken state; absence. **2** (*fig.*) deprivation.

مہد /mæhd̪/ ■ *n.m.* cradle, swing. (از) مہد تالحد from the cradle to the grave, from childhood till death. مہدِ عُلیا dowager queen, mother of royal successor.

مہدوم /mæhd̪u:m/ ■ *adj.* destroyed, demolished, totally ruined.

مہدی /mæhd̪i:/ ■ *n.m.* guide, spiritual guide. ■ *pr.n.m.* name of the twelfth Imam of Twelver Shiite sect.

مُہذّب /mohəzzəb/ ■ *adj.* civilized, cultured, well-mannered; well-behaved, polite, civil.

مہر /mæhr/ ■ *n.m.* (***Islam***) mehr, dower. مہر باندھنا settle dower on wife. مہر بخشنا release the husband from the payment of dower. مہر شرعی dower approved by Muslim Law. مہر کا دعویٰ claim for dower. مہر مِثل dower in force in the family, customary dower; proper dower. مہر معجّل prompt dower, that is paid before the consummation of marriage. مہر موجّل deferred dower.

مِہر /mehr/ ■ *n.m.* **1** the sun. **2** seventh month of the Persian calendar corresponding to September-October. ■ *n.f.* kindness, favour, affection; maternal affection. مہرانگیز exciting love; affectionate, friendly; the face, acne, papule, whelk. مہاسا نکلنا suffer from acne; have pimple (usu. in one's teens).

مہاسنکھ /məhɑ:səŋkʰ/ ■ *cardinal number* hundred million trillion.

مہاشیر /məhɑ:ʃe:r/ ■ *n.f.* a kind of fish. See under مہا.

مہاگنی /məhɑ:gəni:/ ■ *n.f.* **1** mahogany, a kind of wood or its tree. **2** colour of this wood.

مہال /məhɑ:l/ ■ *adj.* formidable; dreadful (usu. place).

مُہال /muhɑ:l/ ■ *n.m.* beehive, hive, apiary.

مہالِک /məhɑ:lɪk/ ■ *n.m.pl.* dangers, dangerous places. (*sing.* مُہلکہ)

مہام /məhɑ:m/ ■ *n.m.* (*pl.* of مُہم) serious affairs, dangerous and difficult ventures, enterprises.

مہان /məhɑ:n/ ■ *adj.* great, high, illustrious.

مُہانا /muhɑ:nɑ:/ ■ *n.m.* **1** mouth of a river, estuary. **2** confluence of two rivers.

مہانتا /məhɑ:nṭɑ:/ ■ *n.f.* greatness, dignity.

مہاوت /məhɑ:vəṭ/ ■ *n.m.* mahout, elephant's driver and keeper. (*fem.* مہاوتی)

مہاوٹ /məhɑ:vəṭ/ ■ *n.f.* winter rain.

مہاور /məhɑ:vər/ ■ *n.m.* (also مہاوڑ) a kind of red dye.

مہاویر /məhɑ:vi:r/ ■ *pr.n.m.* (also مہابیر) Mahavira, founder of Jainism.

مہب /məhəb/ ■ *n.m.* direction from which wind blows.

مہبِط /mæhbɪṭ/ ■ *n.m.* place of descent. مہبطِ وحی on whom revelation is made.

مہت /mæhæṭ/ ■ *n.f.* **1** great, large, big. **2** grandeur, dignity.

مہتا /mæhṭɑ:/ ■ *n.m.* **1** village headman. **2** clerk.

مہتاب /mæhṭɑ:b/ ■ *n.m.* moon. ■ *n.f.* **1** moonlight. **2** a kind of firework. مہتاب کا کھیت کرنا the moon to appear.

مہتابی /mæhṭɑ:bi:/ ■ *n.f.* **1** brocade. **2** open high terrace. **3** a kind of firework having blue light. ■ *adj.* lunar.

مُہتدیٰ /mohṭəd̪ɑ:/ ■ *adj.* directed, guided, steered (to the right or left), rightly guided.

مُہتدی /mohṭəd̪i:/ ■ *n.m.* guide, leader.

مِہتر /mehṭər/ ■ *adj.* superior, greater. ■ *n.m.* **1** mehtar, prince. **2** title of the former princely ruler of Chitral state in Pakistan. **3** (*euph.*) sweeper.

مِہترانی /mehṭərɑ:ni:/ ■ *n.f.* matranee, female sweeper.

(*fem.* مہکیلی)

مِہلا /məhɪlɑ:/ ■ *n.f.* (also مہیلا) woman, female.

مُہلت /mohləṭ/ ■ *n.f.* **1** respite; reprieve. **2** grace period. **3** deferment, postponement. **4** leisure. مہلت دینا allow time, give respite; defer; postpone, put off.

مُہلِک /mohlɪk/ ■ *adj.* fatal, lethal, mortal, deadly, vital. مہلک زخم fatal or mortal wound. مہلک ہتھیار killing or lethal weapon(s). مہلک ہونا prove fatal.

مُہم /mʊhɪm/ ■ *n.f.* **1** enterprise, exploit. **2** expedition, campaign, adventure, venture. مہم جو adventurer; fond of ventures, venturesome. مہم سر کرنا succeed in a difficult venture. (*pl.* مُہمّات)

مِہما /məhɪmɑ:/ ■ *n.f.* **1** greatness, majesty, glory. **2** might, power. **3** praise.

مُہمّاتی /mʊhɪmmɑ:ṭi:/ ■ *adj.* adventurous.

مِہمان /mehmɑ:n/ ■ *n.m.* **1** guest; visitor. **2** inmate, lodger; stranger. ■ *adj.* transitory, temporary. مہمان پرور hospitable. مہمان پروری hospitality. مہمان خانہ guest house, house or portion of house reserved for reception of guests, guest-room; inn; caravanserai. مہمانِ خصوصی chief guest. مہمان دار host. مہمان داری hospitality, entertainment. مہمان دوست hospitable. مہمان سرا inn, guest house. مہمانِ گرامی respected guest. مہمان نامہ visitors' book. مہمان نواز hospitable. مہمان نوازی hospitality.

مِہمانی /mehmɑ:ni:/ ■ *n.f.* **1** state of being someone's guest. **2** entertainment, hospitality. **3** feast. مہمانی کرنا entertain.

مُہمل /mohməl/ ■ *adj.* **1** meaningless, absurd, nonsensical. **2** silly. ■ *n.m.* (**Gram.**) meaningless word used as adjunct to a meaningful word, e.g. وانا in کھاناوانا .

مُہملات /mohməlɑ:ṭ/ ■ *n.f.* (*pl.* of مُہمل) absurdities.

مُہملہ /mohməlɑ:/ ■ *adj.* **1** vacant. **2** meaningless. ■ *n.m.* letter without dots, e.g. ح، د، س.

مہموز /mæhmu:z/ ■ *adj.* **1** defective; improper. **2** (**Ling.**) (in Arabic) (word) having hamza (ء) as a basic letter.

مہمیز /mæhme:z/ ■ *n.f.* (also مِہمیز، مَہمیز) **1** spur. **2** (*fig.*) motivation, temptation. مہمیز دینا (*fig.*) catalyse; urge. مہمیز کرنا **1** spur on. **2** to pique (curiosity, interest).

مِہنا /mehnɑ:/ ■ *n.m.* sarcasm, taunt, sneer (usu. used with طعنہ). مہنا دینا/کرنا sneer, taunt. مہنامت hue and cry, hullabaloo.

kind. مہرِ جہاں تاب world illuminating sun. مہرِ نیم روز the midday sun. مہروش (*fig.*) with a shining countenance like the sun, i.e. very radiantly beautiful. مہروماہ/مہ the sun and the moon.

مُہر /mohr/ ■ *n.f.* **1** seal. **2** stamp. **3** gold coin. مہر اُٹھنا seal to give good impression. مہر بردار keeper of the seal, seal bearer. مہر بلب with lips sealed, silent, mum. مہر دستی private seal, signet. مہر شاہی privy seal, royal seal or signet. مہر کن seal engraver. مہر کنی seal engraving. مہر لگانا seal, put the seal on something; stamp. مہر مارنا stamp, put a stamp on.

مہرا /mæhrɑ:/ ■ *n.m.* **1** palanquin-bearer. **2** an effeminate man.

مُہرا /mohrɑ:/ ■ *n.m.* **1** the front. **2** van, vanguard.

مِہران /mehrɑ:n/ ■ *pr.n.m.* the river Indus and its adjoining area.

مُہران /mohrɑ:n/ ■ *n.m.* wreath of coins.

مِہربان /mehrbɑ:n/ ■ *adj.* kind, benevolent, affectionate.

مِہربانی /mehrbɑ:ni:/ ■ *n.f.* favour, kindness. مہربانی کرنا favour, be kind (to).

مُہرہ /mohrɑ:/ ■ *n.m.* **1** vertebra; a joint of the backbone. **2** shell, cowrie. **3** piece, chessman; counter. **4** antidote, gem supposed to be gained from old snake. **5** stooge, cat's paw; agent. مہرہ باز sharper, cheater, swindler. مہرہ بازی fraud, cheating, swindling. مہرہ پشت spinal vertebra. مہرہ مارنا **1** (***Chess***) capture a piece in chess. **2** succeed. مہرۂ نماز (***Shiites***) piece of Karbala clay placed under the forehead in prostration by Shiites.

مہری /mæhri:/ ■ *n.f.* **1** wife of palanquin-bearer. **2** maid-servant. **3** wife. **4** beloved.

مُہری /mohri:/ ■ *n.f.* (also موری) **1** end or width of sleeve or leg of pair of trousers. **2** drain.

مُہرے /mohre:/ ■ *n.m.* (*pl.* & *infl.* of مُہرا) مہرے پر in the front, in the van.

مہریا /mæhrɪja:/ ■ *n.f.* woman; wife.

مہک /mæhæk/ ■ *n.f.* fragrance, odour, scent, smell.

مہکار /mæhka:r/ ■ *n.f.* fragrance.

مہکارنا /mæhka:rna:/ ■ *v.* spread fragrance.

مہکنا /mæhækna:/ ■ *v.* be fragrant.

مہکیلا /mæhki:la:/ ■ *adj.* fragrant, odoriferous, aromatic.

مُہنال /mohnɑ:l/ ■ *n.f.* (also مُنہال، مُنہنال، مُنھ نال) mouthpiece of the pipe of a hookah.

مہنت /məhənt/ ■ *n.m.* mahant, presiding head of a Hindu religious order; chief monk.

مُہنّد /mohənnəd/ ■ *adj.* (word) given Hindi form. ■ *n.f.* a sword that was made in India and was famous for it's sharpness.

مُہندس /mohəndɪs/ ■ *n.m.* **1** geometer, mathematician. **2** astrologer. **3** engineer; architect. مہندسِ فلک the planet Saturn. (*pl.* مُہندسین)

مِہندی /mehndi:/ ■ *n.f.* mehndi, henna, plant or its paste. See مِنہدی.

مہنگا /mæhŋgɑ:/ ■ *adj.* expensive, costly, dear, pricey. مہنگا سودا **1** costly purchase. **2** matter where one incurs loss. (*fem.* مہنگی) (*opp.* سستا)

مہنگائی /mæhŋgɑ:i:/ ■ *n.f.* expensiveness, price-hike, dearness, time of high prices, costliness, inflation.

مہوا /mæhvɑ:/ ■ *n.m.* (also مہوہ) mahua, tree bearing sweet flowers from which a spirituous liquor is distilled.

مُہُور /mʊhu:r/ ■ *n.m.* (*pl.* of مہر) marriage portions; dowries, etc.

مہورت /məhu:rət/ ■ *n.m.* (also مُہُورت) **1** mahurat, particular division of time equal to forty-eight minutes, twelve *chin* (چھن) or two *ghari* (گھڑی), the thirtieth part of the day; any short space of time, moment, instant. **2** an auspicious moment. مہورت دیکھنا (***Astrol.***) ascertain the auspicious moment. مہورت کرنا hold the premier of a show; commence work at an auspicious moment.

مُہوّس /mʊhəvvəs/ ■ *adj.* **1** lustful. **2** (*fig.*) avaricious, niggardly, greedy.

مُہوِّس /mʊhəvvɪs/ ■ *adj.* dementating. ■ *n.m.* alchemist.

مُہوِّسی /mʊhəvvɪsi:/ ■ *n.f.* **1** miser, niggard. **2** alchemy.

مہوَش /mæhvəʃ/ ■ *adj.* very beautiful. See مہ وش under مہ.

مہُوک /məhu:k/ ■ *n.m.* honey. مہوک کی مکھی honeybee.

مہوکا /məho:kɑ:/ ■ *n.m.* (also مہوکھا) a species of cuckoo.

مہی /məhi:/ ■ *n.f.* **1** the earth; land; soil. **2** (*fig.*) the world. مہی پال / پت / پتی **1** God. **2** landowner, land keeper. **3** king.

مُہیّا /mʊhəjjɑ:/ ■ *adj.* available; provided, supplied, arranged; prepared. مہیا کرنا supply; procure, arrange or provide. مہیا ہونا be available.

مُہیب /mʊhi:b/ ■ *adj.* formidable, terrible, dreadful, grim.

مُہیّج /mʊhəjjɪdʒ/ ■ *adj.* causing excitement or turmoil, stimulant. (*pl.* مُہیّجات)

مہیش /mahe:ʃ/ ■ *n.m.* the great lord, an epithet of the Hindu god Shiva.

مہیلا /məhe:lɑ:/ ■ *n.m.* **1** boiled gram and husk fed to horses, mash. **2** unsavoury or insipid food.

مہین /məhi:n/ ■ *adj.* **1** fine or thin, not coarse (texture); transparent. **2** feeble (voice). **3** thin (not thick). **4** very small. **5** liquid.

مِہینہ /məhi:nɑ:/ ■ *n.m.* (also مہینا) **1** calendar month. **2** monthly salary or wages. مہینہ بھاری ہونا of a month be painful or inauspicious. مہینہ بھر the whole month, during a whole month. مہینہ چڑھنا **1** be in arrears. **2** be pregnant. مہینہ دار servant paid on monthly basis. مہینہ مقرر کرنا fix monthly salary. مہینہ وار of or pertaining to month; monthly, every month. مہینہ واری monthly wages, salary or stipend. (See also ماہ.)

مہینے /məhi:ne:/ ■ *n.m.* (*pl.* & *infl.* of مہینہ) مہینے سے ہونا menstruate. مہینے کے مہینے every month, monthly.

مئی /məi:/ ■ *n.m.* May, fifth month of the Gregorian calendar.

مے /mæ:/ ■ *n.f.* wine; spirituous liquor. مے احمر red wine. مے آشام / پرست / خوار / کش / گسار / نوش lover of wine; sot; drunkard. مے آشامی / پرستی / خواری / کشی / گساری / نوشی drinking, drinking bout, carousal, drinking alcohol. مے خانہ / کدہ pub, bar, tavern. مئے دوآتشہ very strong wine. مے فروش wine merchant, tavern-keeper. مئے گلرنگ / گلفام / گلگوں red wine. مے گوں wine coloured, reddish, flushed, auburn. مئے ناب pure wine.

میّا /məjjɑ:/ ■ *n.f.* (*dim.* of ماں) **1** mother. **2** form of address for an old woman. میا مرنا (*fig.*) **1** become confused. **2** loose heart.

میان /mɪjɑ:n/ ■ *n.m.* **1** scabbard, sheath. **2** waist; loins. **3** middle, centre. ■ *adv.* between, among, in the midst of. میان بستہ **1** ready, prepared (for action). **2** with the loins girt. میان تہہ underlining. میان دار **1** sheathed, having sheath. **2** middleman, broker; mediator; procurator. میان سے باہر ہونا **1** be unsheathed (a sword). **2** go berserk, lose self-control in rage. میان سے تلوار کھینچنا draw or unsheathe sword. میان میں کرنا put into

مِیٹھی /mi:ʈʰi:/ ■ *adj.* (*fem.* of مِیٹھا) میٹھی بات/بولی sweet or honeyed words. میٹھی چتون/نظر/نگاہ amorous glance. میٹھی چتونوں/نظروں/نگاہوں سے دیکھنا look lovingly. میٹھی چھری snake in the grass, foe in friendly guise, secret enemy, treacherous friend, an enemy who feigns friendship. میٹھی عید the Muslim festival of Eid-ul-fitr. میٹھی گالی a mild inoffensive curse. میٹھی مار slow torture; contusion. میٹھی مراد good wish. میٹھی نیند sound sleep. میٹھی یادیں sweet/pleasant memories.

مِیٹھے /mi:ʈʰe:/ ■ *n.m.* (*pl.* & *infl.* of مِیٹھا) میٹھے میں سلونا ملانا make something distasteful.

مِیثاق /mi:sɑ:q/ ■ *n.m.* **1** agreement, covenant, promise, pact, compact. **2** alliance, confederacy. میثاقِ ثلاثہ the Triple Entente, the alliance of the Great Britain, France and Russia in the First World War. میثاقِ لکھنؤ Lucknow Pact of 1916 between All India Muslim League and Indian National Congress. میثاقِ ملّی national covenant. (*pl.* مواثیق)

میچک /me:tʃək/ ■ *adj.* black or dark blue.

میچکتائی /me:tʃəkt̪ɑ:i:/ ■ *n.f.* blackness, darkness.

میچنا /mi:tʃnɑ:/ ■ *v.* close (the eyes), wink.

میخ /me:x/ ■ *n.f.* (also مِخ) nail, wedge, peg, tent peg. میخ اُکھاڑنا pull out the nail or peg. میخ ٹھونکنا nail, hammer or drive nail. میخ چو mallet, hammer. میخ مارنا render powerless. (*pl.* میخیں)

مَیخانہ /mæ:xɑ:nɑ:/ ■ *n.m.* pub, bar. See مے خانہ under مَے.

مَیخوار /mæ:xɑ:r/ ■ *n.m.* drunkard. See مے خوار under مَے.

مِید /mi:d̪/ ■ *n.m.* strong musky perfume obtained from civet cat, i.e. a small cat-like flesh-eating mammal of India and Africa. (See also زباد.)

مَیدا /mæ:d̪ɑ:/ ■ *n.m.* super fine flour. See مَیدہ.

میدا /me:d̪ɑ:/ ■ *n.m.* ginger-like root used to cure fever, *Litsea sebifera*.

مَیدان /mæ:d̪ɑ:n/ ■ *n.m.* (also مَیداں) **1** maidan, plain, level tract of land, open field. **2** ground, parade ground; battlefield. **3** area, sphere. میدان جانا go to empty bowel. میدانِ جنگ/کارزار battlefield. میدان چھوڑنا retreat, take flight. میدانِ حشر/محشر place where on the day of resurrection entire mankind will assemble. میدان دینا **1** make room for, give wide berth to. **2** yield or give ground. میدان صاف ہونا **1** crowd to thin out. **2** have no scabbard, sheathe (a sword).

مِیاں /mɪjɑ̃:/ ■ *n.m.* **1** Sir, Mr. **2** master, lord. **3** husband. **4** father. **5** a formal title and family name. میاں آدمی good-natured man, gentleman. میاں بیوی husband and wife. میاں بھائی **1** elder brother, big brother. **2** (a form of address) my brother! میاں جی **1** schoolmaster. **2** a form of respectful address. میاں طبیعت good-natured, courteous. میاں مٹھو **1** poll, a talking parrot that imitates sounds. **2** (*fig.*) (i) simpleton. (ii) one who indulges in self-praise.

مِیانا /mɪjɑ:nɑ:/ ■ *n.m.* a kind of palanquin; litter.

مِیانہ /mɪjɑ:nɑ:/ ■ *adj.* middling; moderate. ■ *n.m.* **1** centre. **2** pole (of a carriage). **3** medium-sized horse. میانہ روی moderation. میانہ قد medium height.

مِیانی /mɪjɑ:ni:/ ■ *adj.* (*fem.* of مِیانہ). ■ *n.f.* gusset between the legs of pair of trousers, codpiece.

مِیاؤں /mɪjɑ:ũ:/ ■ *n.f.* mew of a cat.

مِیت[1] /mi:t̪/ ■ *n.m.* friend, companion; lover. [S]

مِیت[2] ____ ■ *n.m.* pitcher, cup, jug. [S]

مَیّت /məjjət̪/ ■ *n.f.* dead body, corpse. میت اٹھانا take out a funeral procession. میت کو کاندھا/کندھا دینا carry the bier.

میتھی /me:t̪ʰi:/ ■ *n.f.* methi, fenugreek plant, *Trigonella foenum-graecum*. میتھی دانہ fenugreek seed. میتھی کا ساگ fenugreek leaves cooked separately or with other leaves.

میٹنا /me:ʈnɑ:/ ■ *v.* efface, erase, wipe out, annihilate, eradicate.

میٹھا /mi:ʈʰɑ:/ ■ *adj.* **1** sweet; pleasant; loving. **2** mild. **3** sound and restful (sleep). **4** cunning, hypocritical. **5** slow, lazy (horse). ■ *n.m.* **1** any sweetening substance like sugar or molasses. **2** sweet lemon. **3** sweetmeat. میٹھا برس eighteenth year of life. میٹھا بول sweet words. میٹھا بولنا speak mildly or politely. میٹھا پانی **1** fresh water, distilled water. **2** lemonade. میٹھا تیل oil of sesame. میٹھا تیلیا aconite. میٹھا ٹھگ wheedler, false friend. میٹھا درد mild pain. میٹھا زہر **1** a kind of poison, arsenic. **2** (*fig.*) hypocrite. میٹھا سوڈا compound of sodium, especially sodium bicarbonate. میٹھا کنواں well of clear sweet water. میٹھا میٹھا ہپ ہپ کڑوا کڑوا تھو تھو selfishly grabbing good things to the exclusion of bad ones. میٹھا ہونا be sweet.

fear. میدانِ عمل 1 place of action. 2 (*fig.*) world. میدانِ قلم shaft or the nib of pen. میدان مارنا win, succeed in a venture; win a battle. میدان میں آنا come out to fight, come out in the open, enter the list. میدان ہاتھ ہونا win the battle. میدان ہونا (battle) to take place.

مَیدانی /mæ:ḍɑni:/ ■ *adj.* 1 level. 2 of or coming from plains. ■ *n.f.* 1 a lantern/ lamp installed in courtyard. 2 paste for preparing sweets. ■ *n.m.* proclaimer, herald, crier. میدانی جنگ ground battle.

میدنی /me:ḍni:/ ■ *n.f.* 1 party of visitors to a fair or holy place. 2 party of Hindu pilgrims going on foot.

مَیدہ /mæ:ḍɑ:/ ■ *n.m.* (also مَیدا) 1 superfine flour. 2 (*fig.*) fine powder. میدہ کرنا grind very fine.

مَیدے /mæ:ḍe:/ ■ *n.m.* (*pl. & infl.* of مَیدہ) میدے کی لوئی 1 lump of superfine flour. 2 (*fig.*) very soft and white.

مِیر /mi:r/ ■ *n.m.* 1 chief, head, leader. 2 a common title of Sayyids. 3 (***Cards***) the king. میرِ آتش chief of the artillery, master-general of ordnance. میرِ آخور master of the stable, one who is in charge of a stable. میرِ بحر 1 admiral. 2 collector of port-duty. میر بخشی paymaster-general. میرِ تزک/توزک master of the (royal) household. میرِ تشریفات master of ceremonies. میر جی a form of address for a Sayyid. میرِ حاج leader of a Hajj pilgrim party. میرِ دہ/دیہہ village headman. میرِ سامان head steward; chef. میرِ شکار chief huntsman. میرِ عدل chief justice. میرِ عرض court official who presented people's petitions before the ruler. میرِ فرش carved stone put/placed on the corner of carpet to keep it in place. میرِ قافلہ/کارواں caravan-leader. میرِ کلام eloquent speaker. میرِ مجلس/محفل 1 master of ceremonies. 2 president or chairman. میرِ محرّر head clerk. میرِ محکمہ head of a department. میرِ مشاعرہ president of a poetry recital session. میرِ مطبخ chef, chief cook. میر منشی chief secretary; head clerk.

میرا /me:rɑ:/ ■ *pron.* my, mine. میرا تیرا discord; stress on difference of ownership. میرا حلوا کھائے you may find me dead. میرا ذمہ (ہے) I take the responsibility. میرا سلام ہے I do not approve, I refuse. میرا کیا گیا how do I stand to lose? (*fem.* میری)

میراث /mi:rɑ:s/ ■ *n.f.* inheritance, patrimony, heritage, bequest; legacy, ancestral or hereditary estate or property. میراث دار mirasdar. (*pl.* مواریث)

میراثن /mi:rɑ:sən/ ■ *n.f.* 1 singing girl. 2 wife of میراثی.

میراثی /mi:rɑ:si:/ ■ *adj.* inherited. ■ *n.m.* a hereditary folk singer.

میراں /mi:rɑ̃:/ ■ *n.m.* (also میراں جی) a title of some Sufi saints. میراں جی کا چاند (*women's slang*) fourth month of the Islamic calendar when the death anniversary of saint Abdul Qadir Jilani is celebrated.

میرزا /mi:rzɑ:/ ■ *n.m.* 1 title of respect for the descendants of Moguls. 2 chieftain. 3 son of a nobleman; prince.

میرزائی /mi:rzɑ:i:/ ■ *n.f.* 1 gentility. 2 princedom. 3 pride.

میری /mi:ri:/ ■ *n.f.* topmost status, chieftainship. میری اور فقیری wealth and penury.

میری /me:ri:/ ■ *pron.* (*fem.* of میرا) میری آنکھوں سے دیکھو see it with my eyes. میری بلّی مجھی کو میاؤں my man challenging me. میری پیزار/جوتی سے I couldn't care less, I don't care. میری جوتی میرے ہی سر hoisted with my own petard.

میرے /me:re:/ ■ *pron.* (*pl. & infl.* of میرا) میرے پوت کی لمبی لمبی بانہیں every mother praises her own child. میرے لالہ/للّا کی اُلٹی ریت how perverse is my man's wit. میرے منہ پر to my face. میرے منہ پر میری تیرے منہ پر تیری hold with the hare and hunt with the hounds. میرے منہ سے for my sake.

میڑھا /me:ṛʰɑ:/ ■ *n.m.* (*corr.* of مینڈھا) ram.

میز /me:z/ ■ *n.f.* table. میز بجانا bang the table to show approval or disapproval. میز بچھانا place a table at some place. میز پوش table cover. میز چننا/لگانا lay the table. میز کرسی table and chair.

میزاب /mi:zɑ:b/ ■ *n.m.* drain, roof drain. میزابِ رحمت/زر roof drain of Ka'aba.

میزان /mi:zɑ:n/ ■ *n.m. & f.* 1 balance; pair of weighing scales. 2 total, sum total. 3 (***Math.***) addition. 4 Libra, seventh sign of the zodiac. میزان دینا/لگانا add up, total. میزان کل grand total. (*pl.* موازین)

میزانیہ /mi:zɑ:nɪjɑ:/ ■ *n.m.* budget estimate.

میزبان /me:zbɑ:n/ ■ *n.m.* host, entertainer, (in TV shows) compère, moderator.

میزبانی /me:zbɑ:ni:/ ■ *n.f.* 1 acting as a host. 2 hospitality.

مُیسّر /mʊjəssər/ ■ *adj.* available, on hand. میسر ہونا be available.

مَیسرہ /mæ:sərɑ:/ ■ *n.m.* left wing of army. (*opp.* مَیمنہ)

washerman. میل کا بیل بنانا make a mountain out of a molehill. میل کچیل dirt, filth; grime, refuse.
(دل پر) میل لانا develop ill feeling. [S]

مَیل² ___ ■ *n.m.* **1** crookedness, curve. **2** (*fig.*) inclination, aptitude, bent of mind, tendency. **3** desire, interest. میل طبعی natural inclination. [A]

مِیل¹ /mi:l/ ■ *n.m.* mile. میل بھر a full mile. میل کا پتھر milestone. میل ہا میل mile upon mile, very long distance. [E]

مِیل² ___ ■ *n.m.* small stick or needle for applying collyrium in eyes. [A]

میل /me:l/ ■ *n.m.* **1** conciliation. **2** intimacy. **3** union; connection. **4** mixture. **5** sort. **6** pairing (of animal); copulation. میل جول/ملاپ familiarity; friendly relations. میل رکھنا be on good terms (with). میل کا congenial; friendly. میل کرنا **1** get reconciled, be on good terms. **2** combine, unite, agree. **3** associate (with). میل کھانا be in harmony (with), match, be appropriate, be in accord with. میل ملاپ ہونا intimate or friendly relations to develop or exist (between).

مَیلا /mæ:lɑ:/ ■ *adj.* dirty, foul; defiled. ■ *n.m.* filth, dirt. میلا پن dirtiness, filthiness. میلا چکٹ sticky, viscous, gummy, clotted, covered with grease or dirt, greasy and black; dirty, filthy. میلا کچیلا dusty, soiled; dirty, filthy. میلا کرنا **1** dirty, foul. **2** go to stool. میلا ہونا become dirty.

میلا /me:lɑ:/ ■ *n.m.* (also میلہ) mela, fair, carnival, festival.

مِیلاد /mi:lɑ:d̪/ ■ *n.f.* birth; nativity. میلادُالنبی/شریف celebration of the birth anniversary of Prophet Muhammad.

مَیلان /mæ:lɑ:n/ ■ *n.m.* inclination, bent, tendency, proclivity. میلانِ خاطر/طبع bent of mind, penchant.

مِیلانہ /mi:lɑ:nɑ:/ ■ *n.m.* fare per mile.

مَیلاہٹ /mæ:lɑ:həʈ/ ■ *n.f.* dirtiness, filthiness.

مَیلی /mæ:li:/ ■ *adj.* (*fem.* of مَیلا) میلی آنکھ evil eye. میلی کچیلی dirty and ill-clad. میلی نظر رکھنا see (someone) with bad intentions.

میلی /me:li:/ ■ *n.m.* partaker (in), friendly or sociable person.

مَیلیا /mæ:lɪjɑ:/ ■ *n.m.* cleaner, one who cleanses.

میم /me:m/ ■ *n.f.* **1** madam, lady, ma'am. **2** European

مِیسنا /mi:snɑ:/ ■ *v.* grind, pulverize; rumple, crumple.

میسنا /me:snɑ:/ ■ *adj.* cunning, crafty, wily, devious. (*fem.* میسنی)

مَیسور /mæ:su:r/ ■ *adj.* **1** made easy, facilitated; easy. **2** prosperous. **3** successful.

مَیسورات /mæ:su:rɑ:t̪/ ■ *n.m.* (*pl.* of مَیسور) prosperous affairs; good fortune.

میش /me:ʃ/ ■ *n.m.* **1** sheep, ram, ewe. **2** the zodiac sign Aries. میش چشم **1** sheep-eyed. **2** (*fig.*) shy, sheepish.

میشا /me:ʃɑ:/ ■ *n.m.* tanned skin, soft kid leather.

میشی /me:ʃi:/ ■ *n.f.* kid leather, chamois leather; parchment; vellum.

مِیعاد /mi:ʔɑ:d̪/ ■ *n.f.* term, time, limit, duration, period, the period of promise. میعاد بڑھانا extend the period. میعاد پوری ہونا term or time limit to expire. میعاد کاٹنا serve the full sentence. میعادِ معین/مقررہ fixed term or period. (*pl.* مواعید)

مِیعادی /mi:ʔɑ:d̪i:/ ■ *adj.* lasting for a given period, limited, terminable. میعادی اجارہ terminable lease. میعادی بخار/تپ enteric fever, typhoid; intermittent fever. میعادی ہنڈی bill payable on expiry of a fixed period.

میغ /me:ɣ/ ■ *n.m.* **1** dark cloud. **2** fog, mist.

مِیقات /mi:qɑ:t̪/ ■ *n.m.* **1** arranged time or place. **2** one of the five places in Saudi Arabia where pilgrims put on the prescribed robe, ihram for Hajj and Umra. **3** semester, academic term. (*pl.* مواقیت)

مَیکا /mæ:kɑ:/ ■ *n.m.* (also مائیکہ/میکہ) wife's paternal home.

مِیکانکی /mi:kɑ:neki:/ ■ *adj.* mechanical. [E]

مِیکانیات /mi:kɑ:nɪjɑ:t̪/ ■ *n.f.* mechanics. [E]

مِیکائیل /mi:kɑ:i:l/ ■ *pr.n.m.* (also مِیکال) the archangel Michael.

مَیکدہ /mæ:kəd̪ɑ:/ ■ *n.m.* pub, tavern. See مے کدہ under مے.

مَیکش /mæ:kəʃ/ ■ *n.m.* drunkard. See مے کش under مے.

میکھ /me:kʰ/ ■ *n.m.* **1** ram. **2** the zodiac sign of Aries.

میگھ /me:gʰ/ ■ *n.m.* **1** cloud. **2** rain. میگھ پتی/راج (***Hinduism***) lord of the clouds; an epithet of Hindu god Indra. میگھ دوت (*fig.*) clouds. میگھ ملار/ملہار (***Music***) a kind of raga.

مَیل¹ /mæ:l/ ■ *n.m.* & *f.* dirt, filth, scum. میل بیٹھنا dirt to gather. میل چھانٹنا/کاٹنا clean, clarify, purify. میل خورا/خورہ **1** soap, detergent. **2** undervest; apron; saddlecloth. **3** dark-coloured, usually brown cloth. **4** (*fig.*)

has just learned to talk.

مِینا /mi:nɑ:/ ■ *n.m.* **1** decanter of wine. **2** enamel. **3** a blue stone; false gem of blue colour. **4** (*poet.*) azure vault, the sky or firmament. مینابازار fancy fair, women's fair or festival. میناکار enameller. میناکاری minakari, enamel work on jewellery.

مِینار /mi:nɑ:r/ ■ *n.m.* minar, minaret, steeple; pillar.

مَین پھل /mæ:n pʰəl/ ■ *n.m.* fruit used in medicine as emetic, colocynth.

مینجنا /mĩ:dʒnɑ:/ ■ *v.* rub, scour, scrub.

مینڈ /mẽ:ɖ/ ■ *n.f.* (also مینڈھ) **1** boundary-mound (of field); earth piled up in a line to demarcate border of land, landmark. **2** parapet. مینڈبندی record of boundaries.

مینڈک /mẽ:ɖək/ ■ *n.m.* **1** frog; toad. **2** the rump of horse.

مینڈکی /mẽ:ɖki:/ ■ *n.f.* a kind of small frog; she-frog. مینڈکی کو زکام ہونا put on airs.

مینڈھا /mẽ:ɖʰɑ:/ ■ *n.m.* (also میڑھا) **1** ram, uncastrated male sheep. **2** billow. مینڈھا اچھلنا tide to be high, (of water) be billowing.

مینڈھی /mẽ:ɖʰi:/ ■ *n.f.* thin and small plait of hair.

مینڈھیاں /mẽ:ɖʰɪjɑ̃:/ ■ *n.f.* (*pl*. of مینڈھی) مینڈھیاں گوندھنا style the hair in thin and small plaits.

مَینسل /mæ:nsɪl/ ■ *n.f.* realgar, red arsenic.

مینگنی /me:ŋgni:/ ■ *n.f.* dropping or dung of sheep, goats, deer and camels, droppings.

مینو /mi:nu:/ ■ *n.m.* **1** paradise, heaven. **2** emerald. **3** white or blue glass.

مینھ /me:h/ ■ *n.m.* rain. مینھ برسنا to rain.

میوہ /me:vɑ:/ ■ *n.m.* fruit, dry fruits, i.e. nuts. میوہ دار fruit-bearing, fructiferous. میوہ فروش fruit-seller, fruiterer.

lady. [E]

میمانسا /mi:mɑ̃:sɑ:/ ■ *n.f.* (***Hinduism***) one of the six sources of knowledge of Hindu philosophy.

میمن /me:mən/ ■ *n.m.* a Muslim businessman community of Lohana of Sindh origin.

میمنا /me:mnɑ:/ ■ *n.m.* kid, young goat.

مَیمنت /mæ:mənət/ ■ *n.f.* prosperity, felicity, good fortune; happiness. میمنت لزوم august.

مَیمنہ /mæ:mənɑ:/ ■ *n.m.* right wing of army. (*opp.* مَیسرہ)

مَیمون[1] /mæ:mu:n/ ■ *adj*. fortunate, lucky, auspicious, propitious. [A]

مَیمون[2] ____ ■ *n.m.* ape, gorilla, monkey. [P]

میمیانا /mi:mɪjɑ:nɑ:/ ■ *v.* (*var.* of ممیانا) bleat.

مین /mi:n/ ■ *n.m.* **1** fish. **2** the zodiac sign of Pisces. مین رنگ kingfisher. مین کیتن epithet of Kamdev, the Hindu god of love. مین میکھ نکالنا find faults, criticize, be hypercritical.

مَیں /mæ̃:/ ■ *pron.* I. ■ *n.f.* **1** egotism. **2** bleat. میں بھی رانی تو بھی رانی کون بھرے گا پانی this army has all generals and no soldier. میں جانوں **1** I believe; I think. **2** I am resposible. میں خوش میرا خدا خوش it is (or will be) real pleasure to me. میں کون تو کون (as soon as the interest is served) we become strangers to each other. میں میں egotism, vanity; arrogance. میں میں کرنا **1** be egotistical, be full of oneself. **2** to bleat. میں نہ مانوں a state of denial, I won't believe.

میں /mẽ:/ ■ *prep.* in, within, among, between; at. میں سے from, out of, from among; through.

مَینا /mæ:nɑ:/ ■ *n.f.* **1** common mynah, also known as Indian mynah or talking mynah, *Gracula religiosa.* **2** term of endearment addressed to children; child who

مھ /mʰə:/ ■ the forty-sixth letter of the Urdu alphabet. it is not used in the begining of anyword, but occurs in the mid, like: تُمھارا ,کُمھار, etc.

مھ

ن

/nu:n/ ■ the forty-seventh letter of the Urdu alphabet. ن
/na:/ ■ *adv.* no; never; in no case. ■ *prefix* un-, in-, dis-, نا
ir-, indicating not, lacking or the opposite of; used in
comp. as: نااتفاقی discord, disagreement, enmity. نااستوار
1 unstable, unsteady; weak. **2** confused. نااستواری
inconstancy, confusion. نااعتبار untrustworthy. نااعتباری
untrustworthiness. ناالتفاتی indifference, inattention;
disfavour. ناامید hopeless, disappointed, dejected,
despondent. ناامیدانہ **1** dejecting, disappointing.
2 hopelessly. ناامیدی hopelessness, despondency.
نااندیش **1** requiring no thought. **2** short-sighted,
improvident, thoughtless, careless, unthoughtful.
ناانصاف unjust, unfair. ناانصافی injustice, unfairness.
نااہل **1** incapable inefficient incompetent unfit,
unworthy. **2** unworthy person. ناآزمودہ **1** untried,
unproved. **2** inexperienced, callow, raw; ignorant.
ناآسودہ uncontented, unsatisfied. ناآشنا **1** unacquainted,
unknown, unfamiliar; friendless. **2** stranger.
ناآشنائی friendlessness; unfamiliarity. ناآگاہ unaware,
uninformed. ناآگاہی unawareness. ناآمیز unsocial. نابالغ
1 underage, minor. **2** (*fig.*) immature. نابالغی nonage,
minority. نابکار **1** useless, worthless, good-for-nothing.
2 vile, wicked. نابلد **1** ignorant, unaware. **2** inexpert.
3 stranger. نابینا blind, sightless. ناپاک **1** impure,
polluted, dirty, unclean, filthy. **2** lewd, defiled,
licentious. ناپاکی impurity, uncleanliness, defilement,
pollution. ناپائیدار impermanent, temporary, transitory,
not durable or lasting; unstable, unsteady, inconstant,
inconsistent; fickle, frail. ناپائیداری inconsistency,
impermanence; frailty. ناپختہ **1** raw, unripe,
incomplete. **2** (*fig.*) inexperienced, novice. ناپُرساں not
asking, not inquiring; careless, heedless, neglectful.
ناپرہیزگار incontinent; unchaste, sensual, licentious.
ناپسند disliked, disapproved. ناپسندیدگی dislike,
disapproval, rejection. ناپسندیدہ disliked; undesirable;
offensive, disagreeable, unacceptable, rejected. ناپید
1 unborn; not available; non-existent, extinct. **2** lost,
missing. ناپیداکنار unconfined, boundless, expansive,
wide, vast, limitless (river, sea or desert). ناتجربہ کار
inexperienced, callow. ناتراشیدہ **1** rough, unpared;
unshaved. **2** unsmoothed, unpolished. **3** (*fig.*)
impolite, uncivilized, boorish. ناتربیت یافتہ
1 uneducated, untrained. **2** (*fig.*) rude, uncultured,
ill-mannered; raw. ناترس **1** merciless, unfeeling,
severe, pitiless, hard-hearted. **2** fearless. ناتمام
incomplete, deficient, unfinished, imperfect. ناتواں
weak, feeble, frail, infirm, powerless. ناتوانی weakness;
inability. ناٹھیک wrong, false, incorrect. ناجائز unlawful,
illegal, wrong; not permissible; contraband. ناجنس
1 heterogeneous; of another sex, sort or species; of a
strange kind. **2** (*fig.*) ignoble, uncultured. ناچار
1 without remedy; without any alternative or option.
2 constrained, helpless. **3** destitute; forlorn;
distressed. **4** helplessly. ناچاری helplessness,
impotence, constraint. ناچاقی disagreement, discord,
strained relations, estrangement. ناحق **1** unjust, false,
untrue. **2** unjustly, falsely, wrongfully, improperly.
3 in vain, uselessly. ناخالص impure, mixed; dirty. ناخدا
1 captain of a ship or boat. **2** infidel, atheist. ناخداترس
1 not fearing God, ungodly, godless. **2** (*fig.*) cruel,
stone-hearted. ناخلف undutiful (son), disobedient
(progeny). ناخواست unasked, without desire,
undesired; without effort. ناخواندگی illiteracy. ناخواندہ
1 unread, unlettered, illiterate, uneducated, one who
cannot read; ignoramus. **2** uninvited. ناخوش unhappy,
displeased. ناخوشگوار unpleasant; disgusting;
undesirable. ناخوشی displeasure, unpleasantness.
نادانستگی ignorance; unwittingness. نادانستہ **1** unknowing,
unintentional, inadvertent. **2** unwittingly, by mistake,
undeliberately. نادرست **1** not right, wrong, false,
incorrect, untrue. **2** crooked, improper. نادہندگی state of
not paying what is due; non-payment, evasion. نادہندہ
one avoiding the payment of his/her dues or debts.
نادیدنی **1** unfit to be seen. **2** unseeable. نادیدہ **1** unseen,
hidden. **2** one who has not seen; unaware, ignorant.
3 greedy, covetous, glutton. ناراست **1** dishonest,
unjust, unfair, wrong, not right; not straightforward;
adulterated, false, untrue. **2** (*fig.*) indirect. نارسا
1 incapable of reaching the goal or attaining the

حاشیہ مصمتے: بھ bʰ پھ pʰ تھ t̪ʰ ٹھ ʈʰ جھ dʒʰ چھ tʃʰ دھ d̪ʰ ڈھ ɖʰ رھ rʰ ڑھ ɽʰ کھ kʰ گھ gʰ لھ lʰ مھ mʰ نھ nʰ unworthy. ناقابلِ تردید undeniable. ناقابلیت inability, inefficiency, incapability; unworthiness. ناقدرا inappreciative. ناقدری inappreciation, low estimation; non-recognition of merit. ناکارہ useless, worthless, good-for-nothing, unserviceable. ناکافی insufficient; not enough. ناکام **1** failed, unsuccessful. **2** dejected, depressed. **3** defeated. ناکامی failure. ناکردنی not worth doing, too bad to be done. ناکردہ not yet done, uncommitted. ناکردہ گناہ **1** innocent, faultless. **2** crime or sin not committed. ناگاہ **1** sudden, unexpected. **2** suddenly, unawares, abruptly, all of a sudden. ناگزیر inevitable, irrefrangible, indispensable, compulsory, obligatory, foregone, inescapable. ناگفتنی too bad to be described; deplorable. ناگفتہ unsaid, unuttered, untold. ناگوار **1** disagreeable, unpleasant, awkward, unpalatable; unacceptable. **2** irksome, icky, offensive. ناگواری **1** unpleasantness; annoyance. **2** offensiveness. ناگہاں **1** unexpected. **2** suddenly, all of a sudden, unexpectedly. ناگہانی unexpected, accidental. نالائق good-for-nothing, unworthy, inefficient, incapable, unfit; unqualified.

نامانوس unfamiliar, unknown. نامبارک unfortunate, inauspicious. نامحرم **1** stranger, unknown person. **2** a person with whom it is lawful for a Muslim woman to marry. نامراد **1** disappointed. **2** unfortunate, unlucky. نامرادی **1** disappointment. **2** unluckiness, misfortune. نامربوط inconsistent, unconnected, disjointed. نامرد **1** impotent, eunuch. **2** unmanly, cowardly. **3** impotent person. نامردی **1** impotency. **2** unmanliness, cowardice. نامرغوب undesirable, disliked, rejected. نامساعد unfavourable (circumstances). نامشخص undefined; unclassified. نامشروع unlawful, inadmissible, illegal, (something) against religious laws. نامطابق inconsistent (with). نامطبوع disagreeable, unpleasant; contrary to nature. نامطمئن **1** unsatisfied. **2** (*fig.*) perturbed, worried. نامعتبر **1** unreliable, undependable, untrustworthy. **2** (*fig.*) liar. نامعقول irrational, unreasonable; improper, indecent; absurd, silly, preposterous. نامعقولیت silliness, absurdity; indecency. نامعلوم unknown. نامکمل incomplete, unfinished. ناملائم **1** hard, difficult. **2** harsh or uncivil (words, attitude).

purpose. **2** of no effect, ineffectual. نارسائی inaccessibility; inability, failure. نارسیدہ **1** unripe, raw. **2** immature, not arrived (at maturity, perfection or puberty). ناروا **1** incorrect, inappropriate; improper; unsuited. **2** not allowed, unlawful, not permissible, inadmissible. نازور without strength or force, weak. نازیبا ugly, ill-shaped, ungraceful; unseemly, unsuitable, unfit, unbecoming; immoral, lewd. ناساز indisposed; out of sorts, out of tune; discordant, disagreeing. ناسازگار unfavourable, unsuitable; unfortunate; discordant. ناسازگاری discordance; misfortune. ناسازی indisposition; discordance; dissension. ناسپاس ungrateful, unthankful. ناسزاوار unsuitable, improper, inappropriate, unworthy. ناسُفتہ **1** unpierced (pearl). **2** unstrung. **3** (*fig.*) virgin. ناسمجھ **1** lacking in understanding, dull, unintelligent. **2** innocent. **3** silly, foolish. ناسمجھی ignorance; foolishness. ناسنجیدہ non-serious, unserious. ناشاد **1** unhappy, cheerless, displeased, joyless; dissatisfied. **2** low-spirited. ناشائستگی impropriety, indecency. ناشائستہ unbecoming, indecent, uncouth, uncultured, ill-mannered, improper, unfit, indecorous, unmannerly. ناشدنی **1** impossible, impracticable. **2** worthless; unpromising. **3** ill-fated. **4** not fit to exist. **5** a person who should not have been born. ناشکرا ungrateful, unthankful. ناشکری **1** unthankfulness, ungratefulness, ingratitude. **2** unthankful (woman). ناشکیبا impatient, restless, unsteady. ناشکیبائی impatience, restlessness. ناشگفتہ **1** (of flower) not blossoming, not yet open, in bud. **2** incomplete; unopened. ناشناس ignorant; incognizant; not recognizing. ناشنورشنوا **1** inattentive, not hearing. **2** deaf. ناشنیدہ unheard (of), not heard or listened (to). ناصاف unclean. ناصبور impatient, restless. ناصبوری impatience, restlessness. ناصواب **1** not right, wrong; bad. **2** sinful. ناطاقت weak, feeble, infirm. ناطاقتی weakness, debility. ناعاقبت اندیش indiscreet, improvident, lacking in foresight; precipitate, rash, impulsive. نافرمان disobedient. نافہم stupid, unintelligent, unwise, lacking sense. ناقابل unfit, unable, incapable; undeserving, unqualified,

3 improper, indecent. 4 (*fig.*) unpleasant. ناممکن impossible. نامناسب improper, inappropriate, unsuitable, unbecoming, indecorous; unfit. نامنصفانہ unjust, unfair, inequitable. نامنظور rejected, refused, turned down, disallowed, disapproved. ناموافق 1 discordant. 2 unwholesome (food). 3 unsuited; unfit, disagreeable, adverse (opinion, circumstances); uncongenial. ناموافقت disagreement, discordance. ناموزوں 1 unsuitable. 2 (***Poet.***) unmetrical. نامہذب rude, uncivilized. نامہربان unkind, unsympathetic. نامُیسّری 1 lack, non-availability. 2 poverty, penury. ناواجب improper. ناواقف 1 unacquainted with. 2 ignorant or unaware of. 3 inexperienced or unskilled in. 4 stranger. ناواقفیت 1 ignorance, unawareness. 2 being stranger. ناوقت out of time, at the wrong time or hour, untimely. ناہموار uneven, not level, irregular, rough. ناہمواری unevenness. ناہنجار 1 one who deserves or comes to a bad end. 2 wicked, rogue, rascal. 3 rude, impolite. 4 unfortunate. نایاب 1 rare, unprocurable; unobtainable, not available, scarce. 2 precious. نایافت unprocured, unobtained.

نااِتفاقی /nɑ:ɪt̪t̪efɑ:qi:/ ■ *n.f.* discord. See under نا.

نااُستوار /nɑ:ʊst̪ʊvɑ:r/ ■ *adj.* 1 unstable. 2 confused. See under نا.

نااُمّید /nɑ:ʊmmi:d̪/ ■ *adj.* (also نااُمید) hopeless. See under نا. ناامیدکرنا disappoint. ناامیدہونا be disappointed.

نااُمّیدانہ /nɑ:ʊmmi:d̪ɑ:nɑ:/ ■ *adv.* (also نااُمیدانہ) hopelessly. ■ *adj.* disappointing. See under نا.

نااُمّیدی /nɑ:ʊmmi:d̪i:/ ■ *adj.* (also نااُمیدی) hopelessness. See under نا.

نااِنصاف /nɑ:ɪnsɑ:f/ ■ *n.m.* unjust. See under نا.

نااِنصافی /nɑ:ɪnsɑ:fi:/ ■ *n.f.* injustice. See under نا.

نااہل /nɑ:æhl/ ■ *adj.* incapable. ■ *n.m.* unworthy person. See under نا.

ناآزمودہ /nɑ:ɑ:zmu:d̪ɑ:/ ■ *adj.* (also ناآزمودہ کار) 1 unproved. 2 inexperienced. See under نا.

ناآسودہ /nɑ:ɑ:su:d̪ɑ:/ ■ *adj.* uncontented. See under نا.

ناآشنا /nɑ:ɑ:ʃnɑ:/ ■ *adj.* unacquainted. ■ *n.m.* stranger. See under نا.

ناآشنائی /nɑ:ɑ:ʃnɑ:i:/ ■ *n.f.* friendlessness. See under نا.

ناب[1] /nɑ:b/ ■ *adj.* unmixed, pure, unadulterated, genuine; without water (wine); clear. [P]

ناب[2] ____ ■ *n.m.* grinder; canine tooth; tusk; fang. [A]

ناب[3] ____ ■ *n.m.* 1 channel, furrow, groove; canal. 2 fluting (of pillar); moulding; cornice. [P]

نابالغ /nɑ:bɑ:lɪɣ/ ■ *adj.* underage. ■ *n.m.* minor. See under نا. نابالغ مجرم juvenile delinquent.

نابالغی /nɑ:bɑ:lɪɣi:/ ■ *n.f.* minority. See under نا.

نابدار /nɑ:bd̪ɑ:r/ ■ *adj.* 1 grooved, indented. 2 fluted.

نابدان /nɑ:bd̪ɑ:n/ ■ *n.m.* drain, sewer, aqueduct.

نابغہ /nɑ:beɣɑ:/ ■ *n.m.* genius. نابغۂ روزگار/عصر/وقت the genius person of his/her time. (*pl.* نوابغ)

نابکار /nɑ:bəkɑ:r/ ■ *adj.* 1 useless. 2 vile. See under نا.

نابلد /nɑ:bələd̪/ ■ *adj.* 1 ignorant. 2 inexpert. See under نا.

نابُود /nɑ:bu:d̪/ ■ *adj.* 1 extinct. 2 annihilated, destroyed, vanished. ■ *n.m.* destruction, annihilation. نابودکرنا annihilate.

نابینا /nɑ:bi:nɑ:/ ■ *adj.* blind. See under نا.

نابھ /nɑ:bʰ/ ■ *n.f.* 1 the navel. 2 musk; any musk-producing animal. 3 nave of a wheel. 4 central point, focus. نابھ چھیدن cutting the umbilical cord.

نابھی /nɑ:bʰi:/ ■ *n.f.* the navel. نابھی نال the umbilical cord.

ناپ /nɑ:p/ ■ *n.m.* (also ماپ) measurement; measure. ناپ تول/جوپ/جوکھ 1 measuring and weighing. 2 (*fig.*) precaution, discretion. ناپ تول کرقدم رکھنا take steps with great care. ناپ کاپورا of full measure or height, one who measures honestly. ناپ کرنا/لینا to measure, take the measurement (of). ناپ کی اکائی a unit of measurement.

ناپاک /nɑ:pɑ:k/ ■ *adj.* 1 impure. 2 lewd, defiled. See under نا. ناپاک ارادے/عزائم foul motives, evil designs.

ناپاکی /nɑ:pɑ:ki:/ ■ *n.f.* impurity, uncleanliness. See under نا.

ناپائیدار /nɑ:pɑ:e:d̪ɑ:r/ ■ *adj.* impermanent. See under نا.

ناپائیداری /nɑ:pɑ:e:d̪ɑ:ri:/ ■ *n.f.* impermanence. See under نا.

ناپختہ /nɑ:pʊxt̪ɑ:/ ■ *adj.* 1 raw. 2 (*fig.*) inexperienced. See under نا.

ناپدید /nɑ:pəd̪i:d̪/ ■ *adj.* invisible, concealed, hidden, not to be found.

ناپسند /nɑ:pəsənd̪/ ■ *adj.* disliked. See under نا.

ناپسندیدگی /nɑ:pəsənd̪i:d̪gi:/ ■ *n.f.* dislike. See under نا.

ناپسندیدہ /nɑ:pəsənd̪i:d̪ɑ:/ ■ *adj.* disliked. See under نا. ناپسندیدہ رویہ bad behaviour. ناپسندیدہ شخصیت persona non means.

ناجنس /nɑ:dʒɪns/ ■ *adj.* heterogeneous. See under نا.

ناجی /nɑ:dʒi:/ ■ *adj.* **1** pardoned, forgiven. **2** free, liberated. **3** saved, escaped; salvaged, elect; excused. ■ *n.m.* one delivered from sins.

ناچ /nɑ:tʃ/ ■ *n.m.* nautch, dance. ناچ دکھانا dance in front of someone, caper. ناچ رنگ dance and music, festivity. ناچ گانا dance and music. ناچ گھر dancing hall, ball room. ناچ نچانا **1** make one dance. **2** tease, torment. ناچ نہ جانے آنگن ٹیڑھا a bad workman quarrels with his tools.

ناچار /nɑ:tʃɑ:r/ ■ *adj.* (also لاچار) without remedy. ■ *adv.* helplessly. See under نا.

ناچاری /nɑ:tʃɑ:ri:/ ■ *n.f.* helplessness. See under نا.

ناچاقی /nɑ:tʃɑ:qi:/ ■ *n.f.* disagreement. See under نا.

ناچنا /nɑ:tʃnɑ:/ ■ *v.* **1** dance, caper. **2** be angry, be enraged. **3** (*fig.*) act upon one's orders, dance attendance on.

ناچنے /nɑ:tʃne:/ ■ (*infl.* of ناچنا) ناچنے لگی تو گھونگھٹ کیسا strain at the gullet after swallowing the camel.

ناچیز /nɑ:tʃi:z/ ■ *adj.* of no account, of no consequence, trifling, insignificant, worthless; contemptible. ■ *n.m.* **1** (self-reference) this humble person; my humble self. **2** a trifle, a mere nothing.

ناحق /nɑ:həq/ ■ *adj.* unjust, false. ■ *adv.* **1** unjustly. **2** in vain. See under نا. ناحق شناس unjust; ungrateful; unjust or ungrateful person. ناحق کرنا act unjustly, do an injustice.

ناحیہ /nɑ:hɪjɑ:/ ■ *n.m.* **1** vicinity, territory; countryside, suburb quarter. **2** coast. (*pl.* نواح)

ناخ /nɑ:x/ ■ *n.m.* (also ناشپاتی) pear.

ناخدا /nɑ:xʊḍɑ:/ ■ *n.m.* **1** nakhoda, captain of a ship or boat. **2** infidel. See under نا.

ناخلف /nɑ:xələf/ ■ *adj.* undutiful (son). See under نا.

ناخُن /nɑ:xʊn/ ■ *n.m.* nail; talon, claw. ناخن بندی **1** service, job. **2** engagement, betrothal. ناخنِ تدبیر device, strategy. ناخن تراش/گیر nail scissors, nail parer, nail clipper, nail cutter. ناخن چبانا become embarrassed or confused. ناخن چبھانا/گڑونا dig one's nail (into). ناخن سے گوشت جدا ہونا (*fig.*) near and dear ones to become estranged. ناخنِ شمشیر edge of a sword. ناخنِ شمشیر سے **1** with the help of sword. **2** by dint of force. ناخن گڑنا have grata. ناپسندیدہ فعل unacceptable action.

ناپنا /nɑ:pnɑ:/ ■ *v.* (also ماپنا) measure; appraise.

ناپید /nɑ:pæ:d/ ■ *adj.* **1** unborn. **2** lost. See under نا.

ناپیداکنار /nɑ:pæ:dɑ:kənɑ:r/ ■ *adj.* boundless. See under نا.

ناتا /nɑ:ṭɑ:/ ■ *n.m.* (also ناتہ) relation, relationship, tie, kinship, alliance; affinity. ناتا توڑنا sever relations or ties. ناتا جوڑنا establish or form a relationship or alliance; correlate (between two events).

ناتجربہ کار /nɑ:ṭədʒrebɑ:kɑ:r/ ■ *adj.* inexperienced. See under نا.

ناتراشیدہ /nɑ:ṭərɑ:ʃi:ḍɑ:/ ■ *adj.* **1** unpared. **2** unsmoothed. See under نا.

ناتربیت یافتہ /nɑ:ṭərbɪjəṭjɑ:fṭɑ:/ ■ *adj.* untrained. See under نا.

ناتمام /nɑ:ṭəmɑ:m/ ■ *adj.* incomplete. See under نا.

ناتن /nɑ:ṭɪn/ ■ *n.f.* granddaughter, daughter's daughter.

ناتواں /nɑ:ṭəvɑ̃:/ ■ *adj.* (also ناتُواں) weak. See under نا.

ناتوانی /nɑ:ṭəvɑ:ni:/ ■ *n.f.* (also ناتُوانی) weakness. See under نا.

ناتی /nɑ:ṭi:/ ■ *n.m.* **1** grandson, daughter's son or daughter. **2** kinsman.

ناتے /nɑ:ṭe:/ ■ *n.m.* (*pl.* & *infl.* of ناتا) ناتے دار relatives, kinsmen.

ناتھ[1] /nɑ:ṭʰ/ ■ *n.m.* **1** master, lord; patron. **2** husband. **3** title borne by yogis. [S]

ناتھ[2] ____ ■ *n.f.* nose-string for beast. [S]

ناتھنا /nɑ:ṭʰnɑ:/ ■ *v.* **1** bore an animal's nose and thread a string in it. **2** bring (someone) under subjection or control, dominate, govern.

ناٹا /nɑ:ṭɑ:/ ■ *adj.* **1** dwarfish, short. **2** (*fig.*) naughty, mischievous (boy, person). (*fem.* ناٹی)

ناٹک /nɑ:ṭək/ ■ *n.m.* dramatic performance, play, drama; pantomime, comedy; theatre. ناٹک کرنا put up a show; play-act.

ناثر /nɑ:sɪr/ ■ *n.m.* prose writer.

ناج /nɑ:dʒ/ ■ *n.m.* (*contr.* of اناج) grain, corn. ناج کاٹنا reap the harvest. ناج (کی) منڈی grain market.

ناجائز /nɑ:dʒɑ:ɪz/ ■ *adj.* unlawful, illegal. See under نا. ناجائز اولاد/بچہ illegitimate child, bastard. ناجائز تعلق illegitimate relation or intimacy. ناجائز دباؤ blackmailing. ناجائز ذرائع unfair means. ناجائز طور سے unlawfully, wrongly; unjustly, by questionable control (of). ناخن لینا 1 pare the nails. 2 (of horse) trip or stumble. (ہوش کے) ناخن لینا come to one's senses; act or think sensibly.

ناخنہ /nɑ:xʊnɑ:/ ■ *n.m.* (also ناخونہ) 1 plectrum. 2 haw, an eye disease. 3 cloth made of silk and cotton.

ناخواست /nɑ:xɑ:st̪/ ■ *adj.* (also ناخواستہ) unasked, undesired. See under نا.

ناخواندگی /nɑ:xɑ̃:d̪əgi:/ ■ *n.f.* illiteracy.

ناخواندہ /nɑ:xɑ̃:d̪ɑ:/ ■ *adj.* 1 unread. 2 uninvited. See under نا. ناخواندہ مہمان uninvited guest.

ناخوش /nɑ:xʊʃ/ ■ *adj.* unhappy. See under نا.

ناخوشگوار /nɑ:xʊʃgəvɑ:r/ ■ *adj.* unpleasant. See under نا.

ناخوشی /nɑ:xʊʃi:/ ■ *n.f.* displeasure. See under نا.

ناد[1] /nɑ:d̪/ ■ *n.m.* 1 sound. 2 song. 3 roar. ناد ودیا the art of singing. [S]

ناد[2] ____ ■ *n.m.* cry for help. نادِ علی a Shiite prayer. [A]

نادار /nɑ:d̪ɑ:r/ ■ *adj.* poor, needy, penniless, insolvent, indigent. ■ *n.m.* pauper; bankrupt.

ناداری /nɑ:d̪ɑ:ri:/ ■ *n.f.* poverty, insolvency.

نادان /nɑ:d̪ɑ:n/ ■ *adj.* 1 ignorant. 2 foolish. 3 simple.

نادانستگی /nɑ:d̪ɑ:nɪst̪əgi:/ ■ *n.f.* ignorance. See under نا.

نادانستہ /nɑ:d̪ɑ:nɪst̪ɑ:/ ■ *adj.* unknowing. ■ *adv.* unwittingly. See under نا.

نادانی /nɑ:d̪ɑ:ni:/ ■ *n.f.* ignorance; foolishness.

نادِر /nɑ:d̪ɪr/ ■ *adj.* rare, uncommon, unusual, choice, singular; precious. نادرِ روزگار 1 wonder of the world. 2 unequalled. (*pl.* نوادر)

نادِرات /nɑ:d̪ɪrɑ:t̪/ ■ *n.f.pl.* rarities, curiosities.

نادرست /nɑ:d̪ʊrʊst̪/ ■ *adj.* 1 not right, wrong, false, incorrect, untrue. 2 crooked, improper.

نادِرشاہی /nɑ:d̪ɪr ʃɑ:hi:/ ■ *n.f.* oppressive government, tyrannical rule. ■ *adj.* 1 tyrannical. 2 of or relating to Nadir Shah, a tyrannical ruler and conqueror of India and Persia in eighteenth century.

نادِرہ /nɑ:d̪ɪrɑ:/ ■ *adj.* uncommon, unique; precious. ■ *n.m. & f.* any strange or unique thing. نادرہ کار one working wonders.

نادِری /nɑ:d̪ɪri:/ ■ *n.f.* 1 government of Nadir Shah. 2 (*fig.*) period of oppression and tyranny. 3 an ace of cards. نادری حکم tyrannical or categorical order.

نادِم /nɑ:d̪ɪm/ ■ *adj.* sorry, regretful, penitent, repenting; abashed; ashamed. نادم کرنا put to shame. (کیے پر) نادم ہونا be sorry for one's acts.

نادہند /nɑ:d̪ehend̪/ ■ *adj.* (also نادہندہ) non-payer.

نادہندگی /nɑ:d̪ehend̪əgi:/ ■ *n.f.* non-payment. See under نا.

نادیدنی /nɑ:d̪i:d̪əni:/ ■ *adj.* unfit to be seen. See under نا..

نادیدہ /nɑ:d̪i:d̪ɑ:/ ■ *adj.* 1 unseen. 2 unaware. 3 greedy. See under نا.

نادھنا /nɑ:d̪ʰnɑ:/ ■ *v.* 1 begin, start, proceed. 2 to yoke.

نار[1] /nɑ:r/ ■ *n.f.* fire; hellfire. نارِ جہنم، دوزخ 1 hellfire. 2 (*fig.*) hell. نارِ سعیر 1 roaring fire. 2 (*fig.*) hell. [A]

نار[2] ____ ■ *n.f.* 1 woman; girl. 2 (*fig.*) wife. [S]

نار[3] ____ ■ *n.m.* (*contr.* of انار) pomegranate. نارِ پستاں a girl who has firm round breasts; round swelling breast, in the form of a pomegranate. [P]

نار[4] ____ ■ *n.f.* 1 fibre of which rope is made. 2 the neck. 3 the large leathern thong by which the yoke of a plough is tied to the pole of the drag. [S]

نارا /nɑ:rɑ:/ ■ *n.m.* trousers string. See ناڑا.

ناراض /nɑ:rɑ:z/ ■ *adj.* offended, angry, displeased.

ناراضی /nɑ:rɑ:zi:/ ■ *n.f.* (also ناراضگی) anger, displeasure.

نارائن /nɑ:rɑ:ɪn/ ■ *n.m.* (***Hinduism***) name of Vishnu.

نارجیل /nɑ:rdʒi:l/ ■ *n.m.* 1 coconut. 2 the coconut tree.

نارد /nɑ:rəd̪/ ■ *n.m.* 1 a Hindu saint, son of Brahma. 2 (*fig.*) one who stirs up quarrel, mischief-maker.

نارسا /nɑ:rəsɑ:/ ■ *adj.* 1 incapable of reaching the goal. 2 of no effect. See under نا.

نارسائی /nɑ:rəsɑ:i:/ ■ *n.f.* inaccessibility. See under نا.

نارنج /nɑ:rəndʒ/ ■ *n.m.* orange.

نارنجی /nɑ:rəndʒi:/ ■ *adj.* orange-coloured; orange.

نارنگی /nɑ:rəŋgi:/ ■ *n.f.* orange or its tree, *Citrus aurantium*.

نارو /nɑ:ru:/ ■ *n.m.* Guinea worm. See نہارو.

ناروا /nɑ:rəvɑ:/ ■ *adj.* 1 incorrect. 2 unlawful. See under نا.

ناروَن /nɑ:rvən/ ■ *n.m.* 1 a very tall dense tree with red flowers. 2 pomegranate tree.

ناری[1] /nɑ:ri:/ ■ *adj.* 1 hellish; fiery, made up of fire; of fiery nature. 2 red like fire. 3 sinful, fit for hell. [A]

ناری[2] ____ ■ *n.f.* 1 woman. 2 (*fig.*) wife. [S]

ناریل /nɑ:rjəl/ ■ *n.m.* 1 naryal, coconut. 2 hookah made of coconut shell. 3 a type of firework. 4 (*fig.*) human head. ناریل کا تیل coconut oil.

ناڑ /nɑ:ɽ/ ■ *n.f.* (also ناڑی) 1 pulse. 2 sore. 3 throat. 4 rope.

ناڑا /nɑ:ɽɑ:/ ■ *n.m.* (also نارا) **1** cummerbund, trousers' string. **2** red thread used as offering to god by Hindus.

ناز /nɑ:z/ ■ *n.m.* **1** coquetry, amorous playfulness, feigned disdain, dalliance. **2** elegance, gracefulness. نازاٹھانا indulge, pamper, spoil, yield to the wishes or whims (of). نازآفریں coquettish. نازبردار flatterer, pamperer. نازبرداری flattering. نازپروردہ **1** delicately or tenderly nurtured. **2** spoiled. نازپیشہ coquette. نازکرنا take on airs, be proud of, act coquettishly. نازوعشوہ/غمزہ/نخرہ coquetry, dalliance, blandishment. نازونعم/نعمت **1** worldly comforts. **2** pampering, overindulgence. نازونعم/نعمت میں پلنا be brought up in comfort. نازونیاز **1** coquetry and gallantry, airs and graces. **2** a loving couple's mutual relations.

نازاں /nɑ:zɑ̃:/ ■ *adj.* **1** proud, conceited. **2** toying, sporting, strutting, swaggering.

نازبو /nɑ:zbu:/ ■ *n.m.* (also نیازبو) basil (Ocimum) or wild rue, *Ruta graveolens*.

نازش /nɑ:zɪʃ/ ■ *n.f.* pride, conceit, boasting, arrogance, haughtiness.

نازک /nɑ:zʊk/ ■ *adj.* **1** thin, slim, slender, gracile; elegant; gentle; subtle, delicate; tender; light. **2** fragile, brittle. نازک ادا of elegant and subtle manners, of graceful manners. نازک اندام thin; delicate. نازک اندامی delicacy. نازک بدن **1** slender, slim, of delicate frame. **2** a species of jujube, *Ziziphus jujuba*. نازک خیال fine and delicate perception, having fine thoughts and nice judgement. نازک خیالی delicacy or subtlety of idea or perception. نازک دماغ/طبع/مزاج haughty, arrogant; peevish. نازک زمانہ critical time or moment; a period of uncertainty or danger. نازک فرق nuance. نازک معاملہ a delicate matter. نازک وقت shadow of death; critical moment.

نازکی /nɑ:zʊki:/ ■ *n.f.* softness, tenderness, delicacy, fineness.

نازل /nɑ:zɪl/ ■ *adj.* descending, dismounting; revealed. نازل کرنا send down; reveal (scriptures). نازل ہونا **1** descend, alight, dismount, come down; arrive unexpectedly. **2** be revealed (scriptures).

نازلہ /nɑ:zɪlɑ:/ ■ *n.m.* calamity, misfortune, disaster (as descending) from heaven; disorder. ■ *adj.* descended; revealed.

نازنین /nɑ:zni:n/ ■ *n.f.* delicate and beautiful woman, belle. ■ *adj.* delicate; lovely.

نازور /nɑ:zo:r/ ■ *adj.* without strength or force. See under نا.

نازیبا /nɑ:ze:bɑ:/ ■ *adj.* ugly, immoral. See under نا.

ناس¹ /nɑ:s/ ■ *n.m.* destruction, ruin. ناس کردینا spoil, ruin, destroy. ناس مارا/ماری ruined person, one deserving ruin. (تیرا) ناس ہو/ہوجائے may you be ruined! ناس ہوجانا be spoilt, be ruined. [S]

ناس² ____ ■ *n.m.pl.* (also اناس) men, people; mankind, humans. [A]

ناس³ ____ ■ *n.f.* snuff. ناس کی چٹکی pinch of snuff. ناس لینا **1** take snuff. **2** sniff (something). [S]

ناساز /nɑ:sɑ:z/ ■ *adj.* discordant, indisposed. See under نا.

ناسازگار /nɑ:sɑ:zgɑ:r/ ■ *adj.* unfavourable. See under نا.

ناسازگاری /nɑ:sɑ:zgɑ:ri:/ ■ *n.f.* discordance. See under نا.

ناسازی /nɑ:sɑ:zi:/ ■ *n.f.* indisposition. See under نا.

ناسپاس /nɑ:sɪpɑ:s/ ■ *adj.* ungrateful. See under نا.

ناسپال /nɑ:spɑ:l/ ■ *n.m.* **1** rind of unripe pomegranate used for making dye. **2** a kind of firework.

ناسپالی /nɑ:spɑ:li:/ ■ *adj.* **1** of or relating to ناسپال. **2** greenish-yellow (colour). ناسپالی رنگ greenish-yellow colour.

ناستک /nɑ:sʈɪk/ ■ *n.m.* atheist; unbeliever; infidel. (*opp.* آستک)

ناسج /nɑ:sɪdʒ/ ■ *n.m.* **1** weaver. **2** writer; a speech writer.

ناسخ /nɑ:sɪx/ ■ *n.m.* **1** one who cancels, repeals or abolishes; one who obliterates or erases. **2** scribe, copier of a book, amanuensis. **3** a rule or order which cancels the previous rule or order. ■ *adj.* **1** annulling, abolishing. **2** cancelling the previous order.

ناسفتہ /nɑ:sʊft̪ɑ:/ ■ *adj.* unpierced (pearl). See under نا.

ناسک /nɑ:sɪk/ ■ *adj.* Godly, devout, pious. ■ *n.m.* worshipper, devotee.

ناسکا /nɑ:sɪkɑ:/ ■ *n.f.* **1** nose. **2** nostril. **3** trunk (of an elephant); proboscis.

ناسمجھ /nɑ:səmədʒ^h/ ■ *adj.* **1** lacking in understanding. **2** innocent. **3** silly. See under نا.

ناسمجھی /nɑ:səmdʒ^{h}i:/ ■ *n.f.* ignorance. See under نا.

ناسنجیدہ /nɑ:səndʒi:d̪ɑ:/ ■ *adj.* non-serious. See under نا.

ناسوت /nɑ:su:t̪/ ■ *n.f.* **1** humanity; human kind. **2** human

4 positive; decisive, definitive, final, conclusive. 5 clear, obvious. ■ *n.m.* speaker.

/nɑ:t̤eqɑ:/ ■ *n.m.* faculty of speech. ناطقہ بند کرنا to silence someone. **ناطقہ**

/nɑ:zɪr/ ■ *n.m.* 1 beholder, spectator, viewer. 2 inspector; supervisor. 3 bailiff; petty court official. 4 reader (of a book or newspaper). ■ *adj.* observing; supervising. ناظرِ تعلیم inspector of schools. (*pl.* ناظرین، نُظّار) **ناظر**

/nɑ:zerɑ:/ ■ *n.m.* 1 sight, vision. 2 reading. ناظرہ پڑھنا read (by sight; as opposed to by heart). ناظرہ خواں one who reads the Qur'an by sight. **ناظرہ**

/nɑ:zɪm/ ■ *n.m.* 1 governor. 2 administrator, manager; secretary, councillor. 3 (*rare*) poet, composer of verse. ناظمِ اعلیٰ director general. (*fem.* ناظمہ) (*pl.* نُظما) **ناظم**

/nɑ:zu:rɑ:/ ■ *adj.* 1 most respected. 2 beautiful (woman). **ناظورہ**

/nɑ:ʔɑ:qɪbət̤ ənd̤e:ʃ/ ■ *adj.* indiscreet. See under نا. **ناعاقبت اندیش**

/nɑ:ʔɪl/ ■ *adj.* wearing shoes; possessing many shoes. ■ *n.m.* wild ass, onager. **ناعل**

/nɑ:ʔɪm/ ■ *adj.* 1 soft, delicate. 2 simple. (*fem.* ناعمہ) **ناعم**

/nɑ:ʔu:rɑ:/ ■ *n.m.* Persian wheel; its vessel for water. **ناعورہ**

/nɑ:ɣɑ:/ ■ *n.m.* a gap in the routine; absence from work or duty. ناغہ کرنا break a routine, stay away from work or duty. **ناغہ**

/nɑ:f/ ■ *n.f.* 1 navel, pit of stomach; umbilicus, umbilical cord. 2 nave of wheel. 3 (*fig.*) centre. ■ *adj.* 1 middle. 2 umbilical. نافِ ارض رزمین 1 centre of the earth. 2 (*fig.*) Ka'aba. ناف ٹلنا the muscles of the navel to be displaced or ruptured. نافِ شب midnight. نافِ شہر centre of a city. نافِ ہفتہ Tuesday. **ناف**

/nɑ:fɪz/ ■ *adj.* operative, effective; issued, passed, in force; valid, having effect; passing through; reaching to. نافذ کرنا issue (orders); enforce, give effect to, implement. نافذ ہونا (of orders, etc.) be issued, be implemented, be enforced, give effect to, be put into effect. **نافِذ**

/nɑ:fɪr/ ■ *adj.* 1 scornful. 2 absconder. ■ *n.m.* 1 one who scorns or disdains. 2 escapee, absconder. 3 coward. **نافِر**

nature.

/nɑ:su:r/ ■ *n.m.* 1 ulcer, abscess, running sore, fistula. 2 (*fig.*) grief, woe, pain. ناسور بھرنا ulcer to heal. ناسور پڑنا ulcerate, running sore to form. **ناسور**

/nɑ:si:/ ■ *adj.* forgetful, oblivious. **ناسی**

/nɑ:ʃ/ ■ *n.m.* extinction, destruction, downfall. **ناش**

/nɑ:ʃɑ:d̤/ ■ *adj.* unhappy. See under نا. **ناشاد**

/nɑ:ʃɑ:ɪst̤əgi:/ ■ *n.f.* indecency. See under نا. **ناشائستگی**

/nɑ:ʃɑ:ɪst̤ɑ:/ ■ *adj.* indecent. See under نا. **ناشائستہ**

/nɑ:ʃpɑ:t̤i:/ ■ *n.f.* pear. **ناشپاتی**

/nɑ:ʃt̤ɑ:/ ■ *n.m.* (also ناشتہ) 1 breakfast; light repast. 2 empty stomach. ناشتا کرنا to breakfast. **ناشتا**

/nɑ:ʃʊd̤ni:/ ■ *adj.* 1 impossible. 2 worthless. ■ *n.m.* something not fit to exist. See under نا. **ناشُدنی**

/nɑ:ʃɪr/ ■ *n.m.* publisher, person whose trade is publishing books. (*pl.* ناشرین) **ناشر**

/nɑ:ʃʊkrɑ:/ ■ *adj.* ungrateful. See under نا. **ناشُکرا**

/nɑ:ʃʊkri:/ ■ *n.f.* unthankfulness. See under نا. **ناشُکری**

/nɑ:ʃɪke:bɑ:/ ■ *adj.* impatient. See under نا. **ناشکیبا**

/nɑ:ʃɪke:bɑ:i:/ ■ *n.f.* impatience. See under نا. **ناشکیبائی**

/nɑ:ʃɪgʊft̤ɑ:/ ■ *adj.* (also ناشگفتہ) unopened. See under نا. **ناشِگفتہ**

/nɑ:ʃɪnɑ:s/ ■ *adj.* ignorant. See under نا. **ناشِناس**

/nɑ:ʃɪnəvɑ:/ ■ *adj.* (also ناشنو) inattentive. See under نا. **ناشِنوا**

/nɑ:ʃʊni:d̤ɑ:/ ■ *adj.* unheard (of). See under نا. **ناشُنیدہ**

/nɑ:sɪb/ ■ *adj.* erecting, setting up, fixing. ■ *n.m.* 1 one who erects or sets up something. 2 (***Gram.***) particle putting word in accusative case. (*fem.* ناصِبہ) **ناصِب**

/nɑ:seh/ ■ *n.m.* adviser; sincere friend or counsellor; faithful minister. **ناصح**

/nɑ:sɪr/ ■ *n.m.* defender, supporter; helper, assistant, ally. (*fem.* ناصِرہ) **ناصر**

/nɑ:səvɑ:b/ ■ *adj.* 1 not right. 2 sinful. See under نا. **ناصواب**

/nɑ:sɪjɑ:/ ■ *n.m.* 1 forelock over the head. 2 forehead. ناصیہ دارانِ پاک 1 angels. 2 pious people. ناصیہ سا رفرسا (*fig.*) humble supplicant. ناصیہ سائی رفرسائی (*fig.*) humble imploration. **ناصِیہ**

/nɑ:t̤ɑ:qət̤/ ■ *adj.* weak, feeble. See under نا. **ناطاقت**

/nɑ:t̤ɑ:qət̤i:/ ■ *n.f.* weakness. See under نا. **ناطاقتی**

/nɑ:t̤ɪq/ ■ *adj.* 1 talking, speaking (creature). 2 lucid or perspicuous (book). 3 imperative (order or decree). **ناطق**

unsound; lacking or wanting (in). **2** useless, worthless. **3** (***Gram.***) verb of incomplete predication. ناقص الخلقت congenitally deformed, defective by birth. ناقص العقل **1** silly, of unsound mind, foolish, lacking in intelligence, deficient in understanding. **2** (*fig.*) woman, womankind. ناقص طور پر imperfectly, defectively. ناقص عیار of low standard, (a coin or gold), spurious, not genuine.

ناقِل /nɑ:qɪl/ ■ *n.m.* **1** reporter. **2** narrator. **3** painter. **4** transcriber, copier.

ناقُوس /nɑ:qu:s/ ■ *n.m.* conch; wooden gong. ناقوس بجانا strike the gong. ناقوس پھونکنا blow the conch.

ناقہ /nɑ:qɑ:/ ■ *n.f.* she-camel. ناقہ سوار camel driver or rider.

ناک¹ /nɑ:k/ ■ *n.f.* **1** the nose. **2** (*fig.*) prominent person or thing. **3** (*fig.*) honour; dignity; pride. ناک اِدھر کہ ناک اُدھر change either way would make little difference. ناک اونچی ہونا enjoy respectable status; win glory. ناک آنا/ بہنا nose to run, drivel. ناک بند nose-band (for horse). ناک بند ہونا have stuffy nose. ناک بیٹھنا/ پچکنا nose to be flattened. ناک بیندھنا pierce or bore the nose. ناک بھوں چڑھانا/ سکوڑنا turn up one's nose, be displeased, frown, scowl, express disgust. ناک پر اُنگلی رکھ کر بات کرنا **1** place one's finger on one's nose while talking. **2** be effeminate; talk like a woman. ناک پر ٹکا رکھ دینا make prompt payment, pay readily. ناک پر دیا جلا کر آنا come late, be late. ناک پر غصہ ہونا have a very short temper, be irritable. ناک پر مکھی نہ بیٹھنے دینا be intolerant; be proud. ناک توڑنا beat severely. ناک چڑھا proud, vain, conceited. ناک چڑھی رہنا be surly. ناک چنے چبوانا tease, torment, harass greatly. ناک چوٹی کاٹنا punish severely; shear the hair and cut off the nose to disgrace. ناک چوٹی میں گرفتار رہنا be preoccupied with one's own worries; be in great difficulties. ناک چھنکنا/ سنکنا blow the nose. ناک چھیدنا bore the nose. ناک دار/ والا one having self-respect; a conceited person. ناک رکھ لینا preserve (someone's) honour. ناک رگڑنا/ گھسنا express regrets very humbly; beg, implore or beseech very humbly. ناک سے لکیریں کھینچنا humbly assure someone not to repeat a mistake. ناک کا بال a favourite person, one who has influence over another. ناک کا بانسا the bridge of the nose. ناک کا بانسا پھر جانا (*fig.*) be about to die, be at the point of death.

نافرجام /nɑ:fərdʒɑ:m/ ■ *adj.* **1** unfortunate, unlucky; coming to a bad end. **2** thoughtless, indiscreet. **3** meaningless (talk). **4** useless, futile.

نافرمان /nɑ:fərmɑ:n/ ■ *adj.* disobedient. (*opp.* فرماں بردار)

نافع /nɑ:feʔ/ ■ *adj.* beneficial, useful, advantageous, profitable, good, wholesome, salutary.

نافق /nɑ:fɪq/ ■ *adj.* saleable.

نافِلہ /nɑ:fɪlɑ:/ ■ *n.m.* (***Islam***) any voluntary religious act, supererogatory prayers. (See also نفل.)

نافہ /nɑ:fɑ:/ ■ *n.m.* pod of musk, musk bag. نافۂ آہو pod of musk deer.

نافہم /nɑ:fæhm/ ■ *adj.* unintelligent. See under نا.

نافی /nɑ:fi:/ ■ *adj.* rejecting, denying; negative.

ناقابل /nɑ:qɑ:bɪl/ ■ *adj.* unfit, unable. See under نا. ناقابلِ استعمال unserviceable, unusable. ناقابلِ اصلاح irremediable, incorrigible. ناقابلِ اعتبار unreliable, untrustworthy, undependable, unstable. ناقابلِ انتقال inalienable, not transferable. ناقابلِ بازیابی irretrievable, irreclaimable. ناقابلِ برداشت intolerable, unbearable. ناقابلِ بیان unutterable. ناقابلِ تبدّل irreplaceable, irreversible. ناقابلِ تردید irrefutable, unanswerable; unassailable, incontrovertible. ناقابلِ ترمیم unamendable, immutable. ناقابلِ تسخیر unconquerable, impregnable, indomitable. ناقابلِ تصور unimaginable. ناقابلِ تلافی irreparable, irreplaceable. ناقابلِ تنسیخ irrevocable. ناقابلِ شکست unbeatable, invincible. ناقابلِ علاج incurable. ناقابلِ عمل impracticable, unpractical. ناقابلِ فہم unintelligible, weird. ناقابلِ قبول unacceptable, inadmissible. ناقابلِ کاشت uncultivable, untillable. ناقابلِ معافی unpardonable, unforgivable, irremissible, inexcusable. ناقابلِ منظوری impermissible. ناقابلِ وصولی irrecoverable. ناقابلِ یقین incredible, far-fetched, fabulous, unbelievable.

ناقابلیت /nɑ:qɑ:bɪlɪjjəʈ/ ■ *n.f.* inability. See under نا.

ناقِد /nɑ:qɪd̪/ ■ *n.m.* **1** critic; fault-finder. **2** assayer. ■ *adj.* critical, censorious. (*pl.* ناقدان، ناقِدین)

ناقِدانہ /nɑ:qɪd̪ɑ:nɑ:/ ■ *adj.* critical.

ناقدرا /nɑ:qəd̪rɑ:/ ■ *adj.* (also ناقدر) inappreciative. See under نا.

ناقدری /nɑ:qəd̪ri:/ ■ *n.f.* inappreciation. See under نا.

ناقِص /nɑ:qɪs/ ■ *adj.* **1** defective, deficient, imperfect, bad, harass; give someone a hard time, set a very difficult task; cause trouble, set a hard row to hoe, put (someone) in hot water. ناکوں ناک brimful. ناکوں ناک بھرنا stuff; cram, fill to the brim.

ناکے /nɑ:ke:/ ■ *n.m.* (*pl.* & *infl.* of ناکا[1]) ناکے میں سے نکالنا **1** pass thread through the needle-hole. **2** coerce; tease; put (someone) into corner. ناکےدار receiver of customs or transit duties.

ناگ /nɑ:g/ ■ *n.m.* snake, serpent; cobra. ناگ پنچی/پنچمیں name of Hindu festival held on fifth of Sawan (ساون). ناگ چمپا name of a tree and its yellow flower. ناگ کنیا (***Hinduism***) race of very beautiful females said to inhabit the regions under the earth. ناگ لوک abode of serpents and hydras, not being accessible to the sun and supposed to be illuminated by very bright jewels.

ناگ پھنی /nɑ:gpʰəni:/ ■ *n.f.* cactus, any succulent plant of the family *Cactaceae*, with a thick fleshy stem without leaves; the prickly pear, a prickly plant resembling the hood of snake.

ناگاہ /nɑ:gɑ:h/ ■ *adj.* (also ناگہاں) sudden. ■ *adv.* suddenly. See under نا.

ناگر[1] /nɑ:gər/ ■ *n.m.* **1** name of a tribe of Gujarati Brahmans. **2** cunning person. (*fem.* ناگرن) [S]

ناگر[2] ____ ■ *n.m.* (*var.* of ناگل) **1** central part of a wheel with a hole for the axle. **2** plough. [Prk.]

ناگربیل /nɑ:gərbe:l/ ■ *n.f.* (also ناگ بیل) betel leaf or paan creeper.

ناگرموتھا /nɑ:gərmo:ʈʰɑ:/ ■ *n.m.* a sweet smelling grass, *Cyperus pertenuis*.

ناگرک /nɑ:gərɪk/ ■ *adj.* **1** living in a town. **2** town-born, town-bred. **3** polite, gentle. **4** clever, cunning. ■ *n.m.* **1** citizen. **2** polite person. **3** superintendent of police.

ناگری /nɑ:gəri:/ ■ *n.f.* Devanagari.

ناگزیر /nɑ:gʊzi:r/ ■ *adj* inevitable. See under نا.

ناگفتنی /nɑ:gʊft̪əni:/ ■ *adj.* too bad to be described. See under نا.

ناگفتہ /nɑ:gʊft̪ɑ:/ ■ *adj.* (also نگفتہ) unsaid. See under نا. ناگفتہ بہ (something) better left unsaid, indescribable, unutterable, beyond description.

ناگل /nɑ:gəl/ ■ *n.m.* (also ناگر[2]) strap under the yoke.

ناگن /nɑ:gən/ ■ *n.f.* (also ناگِن، ناگنی) female serpent.

ناک کان کاٹنا disgrace, dishonour. ناک کٹانا bring dishonour to. ناک کی پھنگی/پھننگ tip of the nose. ناک کی سیدھ میں just in front; in straight line following the nose. ناک کی کیل/لونگ nose pin. ناک کی مکھی تک نہ اُڑانا be slothful. ناک کے پھیر سے بیان کرنا lengthen a statement unnecessarily. ناک مارنا be surly; spurn; dislike. ناک میں بولنا speak through the nose, snuffle. ناک میں تیر دینا harass. ناک میں دم آجانا be much worried or harassed. ناک میں دم کرنا to worry, harass. ناک میں دم ہونا be annoyed; be fed up. ناک میں نکیل پڑنا **1** enslave, be arrested. **2** (*fig.*) get married. ناک نقشہ visage, features of face, appearance. ناک نہ دی جانا be unable to stay somewhere on account of bad smell. [S]

ناک[2] ____ ■ *suffix* added to verbal roots and nouns to form adjective of quality: **1** effected; inflamed (with). **2** full (of); laden (with); used in comp. as: افسوس ناک sorrowful, regretful. خشم ناک wrathful. [P]

ناکا[1] /nɑ:kɑ:/ ■ *n.m.* (also ناکہ) **1** extremity or end of a road. **2** avenue; lane. **3** naka, police picket, check-post. **4** eye of needle. ناکابندی blockade, blocking of a road. ناکابندی کرنا blockade; place picket on the road. ناکا سنبھالنا man a picket. [S]

ناکا[2] ____ ■ *n.m.* alligator; crocodile. [S]

ناکارہ /nɑ:kɑ:rɑ:/ ■ *adj.* useless, worthless. See under نا. ناکارہ تسلی cold comfort.

ناکافی /nɑ:kɑ:fi:/ ■ *adj.* insufficient. See under نا.

ناکام /nɑ:kɑ:m/ ■ *adj.* failed, unsuccessful. See under نا. ناکام عاشق lovelorn.

ناکامی /nɑ:kɑ:mi:/ ■ *n.f.* failure. See under نا.

ناکتخدا /nɑ:kət̪xʊd̪ɑ:/ ■ *adj.* (also ناکدخدا) bachelor, unmarried.

ناکتخدائی /nɑ:kət̪xʊd̪ɑ:i:/ ■ *n.f.* (also ناکدخدائی) bachelorhood.

ناکردنی /nɑ:kərd̪əni:/ ■ *adj.* not worth doing. See under نا.

ناکردہ /nɑ:kərd̪ɑ:/ ■ *adj.* not yet done. See under نا. ناکردہ کار inexperienced, unknowing.

ناکڑا /nɑ:kɽɑ:/ ■ *n.m.* **1** thick or big nose. **2** inflammation or tumour in the nose.

ناکس /nɑ:kəs/ ■ *adj.* **1** nobody, mere. **2** worthless; mean; uncivilized.

ناکسی /nɑ:kəsi:/ ■ *n.f.* **1** worthlessness. **2** disgrace, disrepute.

ناکوں /nɑ:kõ:/ ■ *n.f.* (*pl.* of ناک[1]) ناکوں چنے چبوانا torment,

ناگُنا /nɑ:gʊnɑ:/ ■ *adj.* **1** without any merits or qualities, incompetent, incapable. **2** ungrateful.

ناگوار /nɑ:gəvɑ:r/ ■ *adj.* unpleasant. See under نا.

ناگواری /nɑ:gəvɑ:ri:/ ■ *n.f.* unpleasantness. See under نا.

ناگہاں /nɑ:gəhɑ̃:/ ■ *adj.* unexpected. ■ *adv.* suddenly. See under نا.

ناگہانی /nɑ:gəhɑ:ni:/ ■ *adj.* unexpected. See under نا. ناگہانی آفت a bolt from the blue. ناگہانی حالات/صورتِ حال unexpected situation.

ناگیسر /nɑ:ge:sər/ ■ *n.f.* (also ناگیشر) **1** name of a flower, *Messua ferrea*. **2** a musical instrument.

نال¹ /nɑ:l/ ■ *n.f.* **1** tube. **2** pipe, barrel of a gun. **3** stalk of the lotus. **4** (weaver's) shuttle. **5** circular ring of stone used as dumb-bell. **6** brick work of solid masonry well. [S]

نال² ____ ■ *n.f.* umbilical cord. نال گڑنا/دفن ہونا have hereditary connections (with a place). See آنول نال. [S]

نالا¹ /nɑ:lɑ:/ ■ *n.m.* **1** stream, brook; canal; furrow; ravine. **2** drain; gutter. [Prk.]

نالا² ____ ■ *n.m.* (*var.* of نالہ) lamentation. [P]

نالاں /nɑ:lɑ̃:/ ■ *adj.* complaining, lamenting; weary, sick (of).

نالائق /nɑ:lɑ:ɪq/ ■ *adj.* unworthy, inefficient. See under نا.

نالِش /nɑ:lɪʃ/ ■ *n.f.* **1** complaint, lamentation, groan. **2** suit, legal proceedings. نالش دائر کرنا file a suit. نالشِ دیوانی civil suit. نالش کرنا sue.

نالِشی /nɑ:lɪʃi:/ ■ *n.m.* plaintiff, suitor.

نالکی /nɑ:lki:/ ■ *n.f.* open palanquin.

نالِندہ /nɑ:lɪnḍɑ:/ ■ *n.m.* weeper, wailer.

نالہ /nɑ:lɑ:/ ■ *n.m.* (also نالا²) lamentation, moan. نالہ سر کرنا lament, sigh, heave a sigh, bemoan. نالۂ شب گیر lamentation at night. نالہ کرنا wail, bemoan. نالہ کش lamenter, bemoaner. نالہ کشی lamentation. نالہ وزاری/فریاد lamentation, mourning, ululation, dirge.

نالی /nɑ:li:/ ■ *n.f.* (*dim.* of نالا¹) **1** tube; pipe. **2** gutter; a small watercourse or channel; drain. **3** any tubular organ (of the body).

نام /nɑ:m/ ■ *n.m.* **1** name, appellation, title. **2** fame, good name, reputation; honour. نام اُچھالنا **1** defame. **2** make famous, give respect. نام اُچھلنا **1** be defamed. **2** win fame. نام آور famous, renowned. نام آوری fame, renown, reputation. نام باقی رہنا be immortalized. نام بدنام کرنا defame. نام بدنام ہونا/ڈوبنا be defamed. نام بُردہ the above-named. نام بڑا ہونا have great prestige. نام بکتا ہے (of something) being valuable because of its name. نام بکنا a particular brand of goods to have good market and value. نام بگاڑنا corrupt someone's name, defame. نام بگڑنا name to be corrupted. نام بہ نام by name, individually. نام پانا win name for oneself, become famous. نام پر in the name of, for the sake of; to honour (someone's) name. نام پر جان دینا be ready to lay down one's life for one's prestige. نام پر حرف آنا earn bad name, be defamed. نام پر مٹنا/مرنا **1** be deeply in love (with). **2** seek fame. نام پڑ جانا be called by another name, have an appellation. نام پکارنا call out the name (of). نام پیدا کرنا earn fame. نام جاگنا someone's fame be re-established, be rehabilitated. نام جپنا recite the name (of); talk about; be devoted (to). نام جو fame-seeker. نام چڑھنا name to be entered or recorded. نام چلنا have name (for); someone's name to be respected; name to matter. نام خاک میں مل جانا lose one's reputation. نام خدا good heavens! bravo! in God's name! نام خراب کرنا bring bad name (to), defame. نام دار (also نامدار) celebrated, famous, renowned, illustrious. نام داری (also نامداری) fame, renown. نام درج کرنا enrol, enlist. نام دھرنا **1** defame, disgrace. **2** blame, accuse. نام ڈبونا disgrace, humiliate, defame, bring dishonour, lose one's reputation. نام رکھنا **1** name (a child). **2** blame, accuse. **2** criticize. نام روشن کرنا earn honour; win fame. نام روشن ہونا become famous. نام رہ جانا be remembered afterwards. نام زبان پر پھرنا name not to be recalled immediately or fully. نام زد (also نامزد) nominated. نام زد کرنا nominate. نام زدگی nomination. نام زندہ کرنا revive someone's name or fame. نام سے by the name (of). نام سے بیزار ہونا be fed up (with), be sick (of). نام سے تپ چڑھنا/دم نکلنا be afraid (of). نام سے واقف ہونا know (someone) by name. نام کا nominal; in name and word only, just in name. نام کا ڈنکا بجنا be famous. نام کا سکہ جاری ہونا/چلنا **1** to rule, be master of. **2** be famous. نام کر جانا/کرنا **1** leave good name behind; become famous. **2** give or transfer something to someone. نام کو nominally, in name only. نام کو دھبہ لگانا

earn or give bad name, defame. نام لگانا blame, accuse (of). نام لگنا be blamed, be accused (of). نام لے کر in the name of. نام لے لے کر by name; openly. نام لینا 1 invoke the name (of); to name, call by the name of. 2 accuse falsely. 3 praise. 4 intend, think about. نام لیوا 1 follower, devotee. 2 son, heir. نام مٹنا be forgotten forever. نامِ نامی famous name. نام نکالنا 1 win fame, win a good name. 2 find an auspicious name for a child (from scriptures). 3 detect a culprit by magic. نام نکلنا 1 become famous. 2 to be notorious. 3 become a byword (for). 4 name of a culprit be found out. 5 of a name to come up in a draw. 6 win a lottery. نام نہاد so-called, nominal; not real or essential, assumed. نام نہ لینا forget all about; be disgusted (with). نام ور (also نامور) 1 famous, renowned. 2 a celebrity. نام وری (also ناموری) fame, renown, celebrity. نام ونشان whereabouts; signs, traces. نام ونشان باقی نہ رہنا be stamped out, be annihilated. نام ونمود 1 show, ostentation, pomp. 2 glory, prominence. نام ونگ honour, prestige. نام ہونا be conspicuous.

نامانوس /nɑ:mɑ:nu:s/ ■ *adj.* unfamiliar, unknown. See under نا.

نامبارک /nɑ:mʊbɑ:rək/ ■ *adj.* inauspicious. See under نا.

نامحرم /nɑ:mæhrəm/ ■ *n.m.* 1 stranger. 2 someone with whom it is lawful to marry. See under نا.

نامراد /nɑ:mʊrɑ:d̪/ ■ *adj.* disappointed. See under نا.

نامرادی /nɑ:mʊrɑ:d̪i:/ ■ *n.f.* disappointment. See under نا.

نامربوط /nɑ:mərbu:t̪/ ■ *adj.* inconsistent. See under نا.

نامرد /nɑ:mərd̪/ ■ *adj.* 1 impotent, eunuch. 2 unmanly. See under نا. نامرد کردینا 1 emasculate, castrate. 2 deprive (someone) of manliness or manly qualities.

نامردی /nɑ:mərd̪i:/ ■ *n.f.* impotency. See under نا.

نامرغوب /nɑ:mərɣu:b/ ■ *adj.* disliked. See under نا.

نامساعد /nɑ:mʊsɑ:ʔɪd̪/ ■ *adj.* unfavourable. See under نا. نامساعد ماحول unfavourable environment.

نامشخص /nɑ:mʊʃəxxəs/ ■ *adj.* undefined. See under نا.

نامشروع /nɑ:məʃru:ʔ/ ■ *adj.* unlawful. See under نا.

نامطابق /nɑ:mʊt̪ɑ:bɪq/ ■ *adj.* inconsistent (with). See under نا.

نامطمئن /nɑ:mʊt̪məɪn/ ■ *adj.* unsatisfied. See under نا.

نامعتبر /nɑ:moʔt̪əbər/ ■ *adj.* unreliable. See under نا.

نامعقول /nɑ:məʔqu:l/ ■ *adj.* irrational. See under نا.

نامعقولیت /nɑ:məʔqu:lɪjət̪/ ■ *n.f.* silliness. See under نا.

نامعلوم /nɑ:məʔlu:m/ ■ *adj.* unknown. See under نا.

نامکمل /nɑ:mʊkəmməl/ ■ *adj.* incomplete. See under نا.

نامُلائم /nɑ:mʊlɑ:ɪm/ ■ *adj.* hard, difficult. See under نا.

ناممکن /nɑ:mʊmkɪn/ ■ *adj.* impossible. See under نا.

نامناسب /nɑ:mʊnɑ:sɪb/ ■ *adj.* improper. See under نا. نامناسب برتاؤ a raw deal.

نامنصفانہ /nɑ:mʊnsɪfɑ:nɑ:/ ■ *adj.* unjust. See under نا.

نامنظور /nɑ:mənzu:r/ ■ *adj.* rejected. See under نا.

ناموافق /nɑ:mʊvɑ:fɪq/ ■ *adj.* discordant. See under نا.

ناموافقت /nɑ:mʊvɑ:fəqət̪/ ■ *n.f.* disagreement. See under نا.

نامور /nɑ:mʊvər/ ■ *adj.* (also نام ور) famous. ■ *n.m.* a celebrity. See under نام.

ناموری /nɑ:mʊvəri:/ ■ *n.f.* (also نام وری) fame, renown. See under نام.

ناموزوں /nɑ:mo:zũ:/ ■ *adj.* unsuitable. See under نا.

ناموس /nɑ:mu:s/ ■ *n.f.* 1 reputation, fame, renown. 2 chastity, modesty. 3 honour, esteem, dignity. 4 wife and other females of a family. 5 seraglio, harem. 6 laws, rules. ناموسِ اکبر the archangel Gabriel.

ناموسی /nɑ:mu:si:/ ■ *n.f.* disgrace.

نامہ /nɑ:mɑ:/ ■ *n.m.* 1 letter, writing, epistle. 2 record, written document, history. 3 treatise, book. 4 deed. نامۂ اعمال record of deeds. نامہ بر messenger; letter carrier. نامہ نگار correspondent (of a periodical or newspaper). نامہ وپیغام / پیام correspondence; exchange of letters or messages.

نامہربان /nɑ:mehrbɑ:n/ ■ *adj.* unkind. See under نا.

نامی [1] /nɑ:mi:/ ■ *adj.* 1 growing. 2 (*fig.*) vegetal. [A]

نامی [2] —— ■ *adj.* famous, renowned. نامی گرامی famous, celebrated, illustrious, well known. [P]

نامیاتی /nɑ:mɪjɑ:t̪i:/ ■ *adj.* organic. نامیاتی کیمیا organic chemistry.

نامیہ /nɑ:mɪjɑ:/ ■ *n.f.* 1 vegetation; growth. 2 creature, any created thing. ■ *n.m.* organism.

نان /nɑ:n/ ■ *n.m. & f.* nan, naan, roti, bread; loaf. نان بائی / پز baker. نان پاؤ loaf. نانِ جویں / شعیر 1 barley bread. 2 low-quality food, poor meal. نان خطائی a kind of sweet biscuit. نانِ شبینہ roti of last night. نانِ نہاری breakfast. نان ونفقہ maintenance for one's family, money for family's expenses, alimony. نان ونمک plain fare, ordinary food.

نانا /nɑ:nɑ:/ ■ *n.m.* maternal grandfather. نانادادا forefathers; elders of the family. (*fem.* نانی)

نانٹھا /nɑ̃:ʈʰɑ:/ ■ *adj.* (also ناٹھا) having no heir. (*fem.* نانٹھی)

نان خواہ /nɑ:nxɑ:h/ ■ *n.f.* species of dill used for medicinal purposes. (See also اجوائن.)

ناند /nɑ̃:ḍ/ ■ *n.f.* trough, large earthen tub.

نانْدیا /nɑ̃:ḍijɑ:/ ■ *n.m.* (***Hinduism***) the bull and vehicle of the god Shiva. نانْدیا بیل show-bull led about from door to door and taught to obey commands.

نانْدھنا /nɑ̃:ḍʰnɑ/ ■ *v.* (also نانْدنا) 1 commence, begin, start (any work esp. a story). 2 take in the hand.

نانک /nɑ:nək/ ■ *pr.n.m.* name of the founder of Sikh religion, Guru Nanak. نانک پنتھ religion of Nanak, the Sikhs' religion.

نانکار /nɑ:nkɑ:r/ ■ *n.f.* allowance of money or grant of land to zamindars for subsistence.

نانگا /nɑ:ŋgɑ:/ ■ *n.m.* (*var.* of ننگا) Hindu ascetic who shuns clothing. ■ *adj.* nude, naked.

نانگھنا /nɑ:ŋgʰnɑ:/ ■ *v.* jump over, step across; take in stride.

ناواں /nɑ̃:vɑ̃:/ ■ *n.m.* 1 due money; debt. 2 price or marked value (of anything). ناواں چکانا repay debt.

نانِہال /nɑ:nɪhɑ:l/ ■ *n.m.* (also نانھیال، ننھیال) grandmother's home; mother's family and relations.

نانی /nɑ:ni:/ ■ *n.* (*fem.* of نانا) maternal grandmother. نانی کی کہانی a cock and bull story. نانی کے آگے ننھیال کی باتیں complain to someone against his/her own kith and kin. نانی نے خصم کیا برا کیا، کر کے چھوڑ دیا اور بھی برا کیا a silly step followed by naive amends. نانی یاد آنا 1 face great trouble, experience difficulties. 2 think of one's palmy days when in trouble or in hardship.

ناواجب /nɑ:vɑ:dʒɪb / ■ *adj.* improper. See under نا.

ناواقف /nɑ:vɑ:qɪf / ■ *adj.* 1 unacquainted with. 2 ignorant or unaware of. ■ *n.m.* stranger. See under نا.

ناواقفیّت /nɑ:vɑ:qɪfijjəʈ / ■ *n.f.* (also ناواقفی) ignorance. See under نا.

ناورد /nɑ:vərḍ/ ■ *n.f.* 1 war, battle. 2 (*fig.*) competition. ناوردگاہ battlefield.

ناوقت /nɑ:vəqʈ/ ■ *adj.* out of time. See under نا.

ناوک /nɑ:vək/ ■ *n.m.* small arrow. ناوک انداز، ناوک افگن 1 archer. 2 (*fig.*) critic. 3 (*poet.*) beloved whose looks pierce the heart. ناوک اندازی 1 archery. 2 (*fig.*) harsh criticism. ناوکِ مژگاں eyelashes.

ناونا /nɑ:onɑ:/ ■ *v.* (also نوانا) 1 bend downwards, bow. 2 cause to stoop or bow.

ناہ /nɑ:h/ ■ *adv.* (*corr.* of نہ) no, not, nay.

ناہار /nɑ:hɑ:r/ ■ *n.m.* (also نہار) 1 breakfast. 2 one who has not eaten anything since morning. ■ *adj.* hungry.

ناہر /nɑ:hər/ ■ *n.m.* tiger, lion.

ناہموار /nɑ:həmvɑ:r/ ■ *adj.* uneven. See under نا.

ناہمواری /nɑ:həmvɑ:ri:/ ■ *n.f.* unevenness. See under نا.

ناہنجار /nɑ:həndʒɑ:r/ ■ *n.m.* one who deserves or comes to a bad end. ■ *adj.* wicked, rude. See under نا.

ناہید /nɑ:hi:ḍ/ ■ *n.m.* the planet Venus; the goddess of beauty and (esp. sensual) love.

ناہیں /nɑ:hĩ:/ ■ *adv.* (*var.* of نہیں) no, not, nay. ناہیں کرنا deny, refuse.

نائب /nɑ:ɪb/ ■ *n.m.* naib, deputy; assistant; delegate; vicegerent. نائبِ خدا (*fig.*) man, human being. نائب دیوان deputy treasurer or accountant. نائب قاصد petty dispatcher, peon. نائب مناب locum tenens; deputy; successor. (*fem.* نائبہ)

نائرہ /nɑ:erɑ:/ ■ *adj.* (*literal*) escaping, running away. ■ *n.m.* 1 fire; flame (of). 2 enmity, hate.

نائزہ /nɑ:ɪzɑ:/ ■ *n.m.* penis; urine duct.

نائکا /nɑ:ekɑ:/ ■ *n.f.* (also نائکہ، نایکہ) nayika, mistress of a brothel, usually an old prostitute.

نائم /nɑ:ɪm/ ■ *adj.* asleep, sleepy; quiet.

نائن /nɑ:ɪn/ ■ *n.* (*fem.* of نائی) (also ناون، ناین) 1 barber's wife. 2 woman of the barber caste.

ناؤ /nɑ:o:/ ■ *n.f.* (also ناو) boat. ناؤ خشکی میں نہیں چلتی one should be magnanimous to win honour. ناؤ کھینا row a boat. ناؤ منجدھار میں پڑنا get into difficulty. ناؤ میں خاک اُڑانا trump up false charge.

ناؤ /nɑ:u:/ ■ *n.m.* (*var.* of نائی) (*derog.*) barber.

ناودان /nɑ:o:ḍɑ:n/ ■ *n.m.* 1 aqueduct. 2 gutter.

ناؤنوش /nɑ:o:no:ʃ/ ■ *n.m.* See نائے ونوش under نائے.

نائی /nɑ:i:/ ■ *n.m.* barber, general factotum of a rich family who formerly delivered invitations, supervised cooking and also dressed hair. (*fem.* نائن)

نائے /nɑ:e:/ ■ *n.f.* (also نائے) reed, pipe; flute. نائے ونوش

veteran. نبردگاہ battlefield.

نبرہ /nəbrɑ:/ ■ *n.m.* **1** accent; stress. **2** philtrum, the shallow groove between the nose and the upper lip.

نبڑنا /nɪbəɽnɑ:/ ■ *v.* (also نبڑجانا) be accomplished, be done with, be finished, completed or concluded; come to an end; be decided, be settled.

نبسہ /nəbəsɑ:/ ■ *n.f.* daughter's son or daughter, grandson, granddaughter, grandchild.

نبض /nəbz/ ■ *n.f.* pulse. نبض پہچاننا **1** identify disease by checking pulse. **2** understand (nature or attitude). نبض چھوٹنا **1** of pulse to stop; be dead. **2** (*fig.*) be terrified, be aghast or awestruck. نبض دیکھنا feel the pulse. نبض ڈوبنا be near death.

نبل /nɪbəl/ ■ *adj.* **1** powerless, weak, feeble. **2** inferior, of little value.

نبندھ /nɪbənd^h/ ■ *adj.* affixed; ascertained, determined.

نبوت /nubʊvvət/ ■ *n.f.* prophethood, office and duties of a prophet.

نبولی /nɪbo:li:/ ■ *n.f.* (also نبوری، نمکوری، نمکولی) fruit of the neem or margosa tree.

نبوی /nəbəvi:/ ■ *adj.* of or relating to a prophet (usu. Prophet Muhammad), prophetical.

نبہرا /nɪbæhrɑ:/ ■ *n.m.* grove of neem trees.

نبی /nəbi:/ ■ *n.m.* nabi, prophet, revealer or interpreter of God's word. نبیِ آخرالزماں the last Prophet, i.e. Prophet Muhammad. نبیِ کریم Prophet Muhammad. نبیِ مرسل a Prophet to whom scriptures are revealed, i.e. Abraham, Moses, David, Jesus, and Muhammad.

نبیذ /nəbi:z/ ■ *n.f.* (also نبید) fermented beverage prepared from dates, raisins or barley; a sort of wine. نبیذِ تمر wine prepared from dates.

نبیرہ /nəbi:rɑ:/ ■ *n.m.* grandson. (*pl.* نبائر)

نبیڑنا /nəbe:ɽnɑ:/ ■ *v.* (also نبیرنا) conclude; complete or finish (an affair), wind up.

نبیسہ /nəbi:sɑ:/ ■ *n.m.* paternal grandson; son of son. (*fem.* نبیسی)

نبھا /nɪb^hɑ:/ ■ (*imper.* of نبھانا). ■ *n.m.* mutual adjustment; faithfulness to a relationship. (See also نباہ.)

نبھانا /nɪb^hɑ:nɑ:/ ■ *v.* (also نباہنا) be faithful; maintain relations, accommodate; have regard for; fulfil a promise.

feasting, eating and drinking, carousing, banqueting.

نایاب /nɑ:jɑ:b/ ■ *adj.* **1** rare. **2** precious. See under نا.

نایافت /nɑ:jɑ:ft/ ■ *adj.* unprocured. ■ *n.f.* state of being unprocured. See under نا.

نایچہ /nɑ:e:tʃɑ:/ ■ *n.m.* (also نَیچہ) **1** small reed. **2** hookah snake or pipe.

نایک /nɑ:jək/ ■ *n.m.* (also نائک، نائیک) **1** corporal, a military officer. **2** leader. **3** maestro (of music and dancing); person well-versed in dancing, singing.

نبا /nəbɑ:/ ■ *n.f.* (also نباء) news; information.

نبات[1] /nəbɑ:t̪/ ■ *n.f.* flora; vegetation; herbs; plants; vegetables. (*pl.* نباتات) [A]

نبات[2] ——— ■ *n.f.* **1** crystallized sugar, sugar candy. **2** sweetmeats. [P]

نباتی /nəbɑ:t̪i:/ ■ *adj.* vegetal, of or relating to vegetation. نباتی افزائش vegetative propagation. نباتی امراضیات plant pathology. نباتی فعلیات plant physiology.

نباتیات /nəbɑ:t̪ijɑ:t̪/ ■ *n.f.* botany.

نباڑنا /nɪbɑ:ɽnɑ:/ ■ *v.* **1** adjust, settle, decide. **2** accomplish, fulfil, carry through, end. **3** perform; manage. **4** spend. **5** separate; divide.

نباش /nəbbɑ:ʃ/ ■ *n.m.* **1** grave digger. **2** grave robber, a robber who steals shrouds.

نباض /nəbbɑ:z/ ■ *n.m.* **1** one who feels the pulse, an expert physician who diagnoses disease by just feeling the pulse. **2** (*fig.*) a perceptive person, one who understands another person's temperament or motive.

نباضی /nəbbɑ:zi:/ ■ *n.f.* art or practice of diagnosis by feeling the pulse.

نباہ /nɪbɑ:h/ ■ *n.m.* bearing or putting up with; showing a spirit of tolerance and accommodation; faithfulness to a relationship or compact; keeping faith. نباہ کرنا **1** show tolerance; be accommodating and tolerant in a relationship. **2** have regard for, fulfil promise.

نبائر /nəbɑ:ɪr/ ■ *n.m.* (*pl.* of نبیرہ) grandchildren, offspring.

نبٹانا /nɪbʈɑ:nɑ:/ ■ *v.* settle. See نپٹانا.

نبٹاؤ /nɪbʈɑ:o:/ ■ *n.m.* settlement.

نبٹنا /nɪbəʈnɑ:/ ■ *v.* deal with. See نپٹنا.

نبرد /nəbərd̪/ ■ *n.m.* battle, engagement, war; contest. نبردآزما **1** warrior. **2** brave, warlike. **3** fighting, contesting. نبردپیشہ professional warrior or soldier;

نپا /nəpɑ:/ ■ *adj.* measured. نپا تلا 1 weighed and measured. 2 exact; balanced. 3 cautious. 4 serious. 5 limited. (*fem.* نپی)

نپان /nəpɑ:n/ ■ *n.m.* 1 measuring; measurement. 2 instrument of measuring.

نپت /nəpət̪/ ■ *n.f.* (also نپائی) measurement, measuring.

نپٹ /nɪpəʈ/ ■ *adv.* quite; wholly; absolutely, exactly.

نپٹانا /nɪpʈɑ:nɑ:/ ■ *v.* (also نبٹانا، نمٹانا) settle; conclude; deal with; complete.

نپٹاؤ /nɪpʈɑ:o:/ ■ *n.m.* (also نبٹاؤ، نمٹاؤ) settlement; completion; decision.

نپٹنا /nɪpəʈnɑ:/ ■ *v.* (also نبٹنا، نمٹنا) 1 deal with (an affair or a person). 2 (a matter) to be settled or decided.

نپنا /nəpnɑ:/ ■ *v.* be measured.

نپوانا /nəpvɑ:nɑ:/ ■ *v.* get measured; have something measured.

نپوتا /nəpu:t̪ɑ:/ ■ *adj.* (also نپوتا) 1 issueless, childless (man). 2 (*fig.*) wretched or miserable (person). (*fem.* نپوتی)

نپوتری /nəpu:t̪ri:/ ■ *adj.* (*fem.* of نپوتا) (also نپوتو، نپوتی) childless or barren (woman).

نپوڑنا /nɪpo:ɽnɑ:/ ■ *v.* grin; snarl; grind or gnash the teeth.

نپی /nəpi:/ ■ *adj.* (*fem.* of نپا) نپی تلی 1 exact, balanced. 2 limited.

نت /nɪt̪/ ■ *adv.* 1 daily. 2 always, ever, eternally. ■ *adj.* eternal, perpetual; constant. ■ *n.m.* base of an obtuse-angled triangle. نت کرم رکریا daily duty or routine; constant or indispensable act or duty. نت کنواں کھودنا نت پانی پینا live from hand to mouth. نت نئی رنئے رنیا ever new or fresh; changeable; variable.

نتائج /nət̪ɑ:ɪdʒ/ ■ *n.m.* (*pl.* of نتیجہ) results, consequences, outcomes. نتائج بھگتنا رکا سامنا کرنا to take the rap.

نتائجیت /nət̪ɑ:ɪdʒɪjət̪/ ■ *n.f.* (***Philos.***) pragmatism.

نتنی /nət̪ni:/ ■ *n.f.* (also ناتی) granddaughter, daughter's daughter.

نتیجتاً /nət̪i:dʒət̪ən/ ■ *adv.* (also نتیجۃً) in the wake of, consequently, as a result.

نتیجہ /nət̪i:dʒɑ:/ ■ *n.m.* 1 result, consequence, end, outcome, inference, deduction. 2 conclusion, effect, moral (of a story). نتیجہ اخذ کرنا رنکالنا conclude, deduce, come to the conclusion. نتیجہ بھگتنا to face the music. نتیجہ خیز effective; meaningful, fruitful. نتیجۂ صریح (***Logic***) corollary. نتیجہ کار at last. نتیجہ نکلنا be deduced, be inferred; (examination result) to be declared. (*pl.* نتائج)

نتھ /nət̪ʰ/ ■ *n.f.* large nose-ring worn by women. نتھ اتارنا 1 remove nose-ring. 2 deflower, especially a virgin prostitute. نتھ بڑھانا take nose-ring off. نتھ چوڑی nose-ring and bangles (as symbols of married life).

نتھارنا /nɪt̪ʰɑ:rnɑ:/ ■ *v.* decant or pour off, purify, draw off (an infusion), distil.

نتھرا /nɪt̪ʰrɑ:/ ■ *adj.* distilled, purified, clear, decanted. (*fem.* نتھری)

نتھرنا /nɪt̪ʰərnɑ/ ■ *v.* be decanted or poured off, be drawn off, be distilled.

نتھنا /nət̪ʰnɑ:/ ■ *n.m.* nostril.

نتھنی /nət̪ʰni:/ ■ *n.f.* (*dim.* of نتھ) small nose-ring. نتھنی اترنا (of a virgin prostitute) have first sexual intercourse with a customer.

نتھنے /nət̪ʰne:/ ■ *n.m.* (*pl.* & *infl.* of نتھنا) نتھنے پھلانا be angry, be furious.

نتھو خیرا /nət̪ʰt̪ʰu: xæ:rɑ:/ ■ *n.m.* (*derog.*) a man of straw, an irrelevant person, an ordinary man.

نتھی /nət̪ʰt̪ʰi:/ ■ *adj.* attached, tagged; strung together. ■ *n.f.* 1 file. 2 tag; thread for filing. 3 act of filing. نتھی شدہ tagged together, strung together, attached; placed on file. نتھی کرنا tag, attach; place on file. نتھی ہونا 1 be tagged. 2 (*fig.*) (i) keep company. (ii) be attached.

نٹ /nəʈ/ ■ *n.m.* juggler, acrobat, rope-dancer. نٹ بدیا acrobatics. (*fem.* نٹنی) [S]

نٹ² ____ ■ *n.m.* name of a classical raga. [S]

نٹ کھٹ /nəʈkʰəʈ/ ■ *adj.* natkhat, naughty, roguish.

نٹ کھٹی /nəʈkʰəʈi:/ ■ *adj.* (*fem.* of نٹ کھٹ). ■ *n.f.* 1 artfulness. 2 naughtiness, mischief.

نٹنا /nəʈnɑ:/ ■ *v.* 1 refuse, reject. 2 say no, disallow.

نٹور /nəʈvər/ ■ *adj.* 1 naughty. 2 artful.

نٹھر /nɪʈʰʊr/ ■ *adj.* 1 harsh, obdurate; cruel, relentless. 2 indecent, coarse (talk, language).

نٹھلا /nɪʈʰəllɑ:/ ■ *adj.* idle, out of work. (*fem.* نٹھلی)

نثار /nɪsɑ:r/ ■ *n.m.* 1 scattering, strewing, dispersion. 2 sacrifice, offering. 3 money given away as alms on festive occasions. نثار کرنا scatter or throw as an offering, sacrifice. نثار ہونا be sacrificed or lay down confidential.

نجیب **/nədʒi:b/** ■ *adj.* najib, noble, generous, gentle. ■ *n.m.* **1** person of noble birth. **2** soldier, especially an Indian soldier (distinguished by a particular dress). نجیب الاصل/الجانبین/الطرفین noble on both sides (father's and mother's). (*fem.* نجیبہ) (*pl.* نُجبا)

نُچا **/nʊtʃɑ:/** ■ *adj.* scratched and plucked. ■ (*past of* نُچنا) used in comp. as: نچا کھچا **1** (*fig.*) crestfallen, dejected. **2** mortified. **3** beaten. (*fem.* نُچی)

نچان **/nɪtʃɑ:n/** ■ *n.f.* (*contr.* of نیچان) **1** slope, declivity; lowness. **2** depression, hollow. **3** depth; valley.

نچانا **/nətʃɑ:nɑ:/** ■ *v.* **1** make someone dance; spin (a doll or top). **2** annoy, torment.

نچائی **/nɪtʃɑ:i:/** ■ *n.f.* (*contr.* of نیچائی) lowness; declivity.

نچڑا **/nɪtʃʊɽɑ:/** ■ *adj.* (also نچڑا) squeezed. (*fem.* نچڑی)

نچڑنا **/nɪtʃʊɽnɑ:/** ■ *v.* (also نچڑنا) **1** trickle, ooze, drop. **2** be squeezed. **3** be clear or obvious.

نچلا **/nɪtʃlɑ:/** ■ *adj.* lower; nether. نچلا بیٹھنا to sit down calmly and nicely. نچلا جبڑا/چوبڑ the lower jaw. نچلا طبقہ riff-raff. نچلا نہ بیٹھنا be always up and about, prance, always be something. (*fem.* نچلی)

نچنا **/nətʃnɑ:/** ■ *n.m.* male dancer; professional dancer; eunuch.

نُچنا **/nʊtʃnɑ:/** ■ *v.* **1** be plucked or scratched. **2** be pinched. **3** (*fig.*) be crestfallen.

نچنت **/nɪtʃənt̪/** ■ *adj.* (*var.* of نشچنت) free from anxiety or care; carefree. نچنت ہونا be free of worries.

نچنتی **/nɪtʃənt̪i:/** ■ *n.f.* (also نچنتائی) carefreeness, unconcern.

نچوانا **/nətʃvɑ:nɑ:/** ■ *v.* make someone dance.

نُچوانا **/nʊtʃvɑ:nɑ:/** ■ *v.* cause to be scratched or plucked.

نچوڑ **/nɪtʃo:ɽ/** ■ *n.m.* **1** essence, pith, gist. **2** summary, the long and short (of).

نچوڑنا **/nɪtʃo:ɽnɑ:/** ■ *v.* **1** wring, squeeze, press out. **2** strain; extort, exact. **3** (*fig.*) drain the lifeblood (of).

نچویا **/nətʃvəjjɑ:/** ■ *n.m.* (also نچیا) (*derog.*) dancer, dancing boy; eunuch.

نچھاور **/nɪtʃʰɑ:vər/** ■ *n.m.* & *f.* **1** offering, sacrifice; giving alms. **2** propitiatory offering; money distributed as charity at marriages and on other festive occasions. نچھاور کرنا **1** shower (money or flowers). **2** sacrifice (life or wealth). one's life; show great love or regard, be devoted to.

نثار **/nəssɑ:r/** ■ *n.m.* prose writer, proser.

نثر **/nəsr/** ■ *n.f.* prose. نثر پارہ short essay; piece of prose writing. نثر عاری/معرّیٰ plain prose. نثر نگار prose writer.

نثری **/nəsri:/** ■ *adj.* prosaic. نثری نظم prose poem.

نج **/nɪdʒ/** ■ *adj.* own, personal; particular. نج کا/کی/کے personal, own, private, unofficial. نج کا حساب private account. نج کاری (also نجکاری) privatization.

نجابت **/nədʒɑ:bət̪/** ■ *n.f.* nobility of family or descent.

نجات **/nədʒɑ:t̪/** ■ *n.f.* (also نجات) salvation, deliverance, liberation, absolution; escape; freedom. نجات پانا obtain salvation or deliverance. نجات دہندہ emancipator.

نجّار **/nədʒdʒɑ:r/** ■ *n.m.* carpenter.

نجّاری **/nədʒdʒɑ:ri:/** ■ *n.f.* carpentry.

نجاست **/nədʒɑ:sət̪/** ■ *n.f.* (also نجاست) dirt, filth; something unclean or filthy. نجاستِ خفیفہ mild dirtiness. نجاستِ غلیظہ severe impurity, filth.

نُجبا **/nʊdʒəbɑ:/** ■ *n.m.* (*pl.* of نجیب) (also نُجباء، نجبہ) noblemen, high-born people, grandees, the nobility.

نجد **/nədʒd/** ■ *n.m.* high ground or land. ■ *pr.n.m.* name of a province of Saudi Arabia.

نجر **/nədʒər/** ■ *n.f.* (*corr.* of نظر) sight, vision; view, glance.

نجریا **/nədʒərjɑ:/** ■ *n.f.* (*dim.* of نجر) a short glance, a look.

نجس **/nədʒəs/** ■ *n.f.* dirt; filth; dung.

نجِس **/nədʒɪs/** ■ *adj.* dirty; filthy, impure. نجس العین unclean or impure by nature, inherently or essentially impure or unclean.

نجف **/nədʒəf/** ■ *n.m.* high ground where water cannot reach; a hillock. ■ *pr.n.m.* a city in Iraq known for the mausoleum of Hazrat Ali.

نجکاری **/nɪdʒkɑ:ri:/** ■ *n.f.* privatization.

نجم **/nədʒm/** ■ *n.m.* **1** star, planet. **2** stemless plant, any creeping plant. **3** fortune. **4** prediction from observations of the stars. نجم الثاقب shining star. نجم السحر morning star, i.e. planet Venus.

نُجوم **/nʊdʒu:m/** ■ *n.m.* (*pl.* of نجم) **1** stars. **2** astrology. (See also اِنجم.)

نُجومی **/nʊdʒu:mi:/** ■ *n.m.* astrologer.

نجویٰ **/nədʒvɑ:/** ■ *n.m.* (also نجوا) **1** whispering. **2** false accusation, slander.

نجی **/nɪdʒi:/** ■ *adj.* personal, private, unofficial,

نچھتر /nɪtʃʰətt̪ər/ ■ *n.m.* (*var.* of نکشتر) lunar mansion or constellation in the moon's path.

نچھتری /nɪtʃʰətt̪əri:/ ■ *adj.* (also نچھتری) fortunate, born under a lucky sign.

نُحاس /nʊhɑ:s/ ■ *n.m.* copper.

نحافت /nəhɑ:fət̪/ ■ *n.f.* leanness, emaciation; weakness, feebleness.

نحر /nəhr/ ■ *n.m.* **1** upper portion of chest. **2** slaughtering of camel for sacrifice.

نحس /næhs/ ■ *adj.* unlucky, ill-fated; ominous, inauspicious; portentous.

نحل /næhl/ ■ *n.f.pl.* (also used as *sing.* in Urdu) bees. (*sing.* نحلہ)

نحو /næhv/ ■ *n.f.* (***Gram.***) transformational grammar.

نُحوست /nʊhu:sət̪/ ■ *n.f.* (also نحوست) inauspiciousness, ominousness, bad presage or portent; misfortune; evil influence.

نحوی /næhvi:/ ■ *adj.* syntactical. ■ *n.m.* one skilled in syntax.

نحیف /nəhi:f/ ■ *adj.* lean, thin, meagre, weak, slender. نحیف ونزار very weak, emaciated.

نخ /nəx/ ■ *n.m.* **1** thin bangle. **2** filoselle, silk thread; raw silk. **3** a kind of carpet with long pile. **4** rank, row, or line (of soldiers).

نخاس /nəxxɑ:s/ ■ *n.m.* market for slaves and cattles; a weekly bazaar. نخاس پر بھیجنا put up for public sale. نخاس چڑھانا put up for sale in the market. نخاس کی گھوڑی **1** mare. **2** (*fig.*) whore, prostitute.

نخالص /nəxɑ:lɪs/ ■ *adj.* (also نخالص) **1** impure. **2** (*coll.*) pure.

نخچیر /nəxtʃi:r/ ■ *n.f.* **1** wild animal. **2** the chase, hunting, game, prey. **3** (*fig.*) prisoner. نخچیر گاہ place of hunting, game preserve.

نخرا /nəxrɑ:/ ■ *n.m.* (also نخرہ) coquetry, blandishment, amorous playfulness; airs; affectation, pretence.

نخرے /nəxre:/ ■ *n.m.* (*pl. & infl.* of نخرا). نخرے باز **1** affected; coquettish. **2** an affected person. نخرے بٹی coquettish woman.

نُخست /nʊxʊst̪/ ■ *n.m.* **1** beginning. **2** principal, the first. ■ *adv.* at first, first of all. نخست زاد first-born, eldest child. نخست مثال archetype; prototype.

نُخستگی /nʊxʊst̪əgi:/ ■ *n.f.* **1** first fruits. **2** priority.

نُخستین /nʊxʊst̪i:/ ■ *adj.* (also نُخستین) the first; the very first. ■ *adv.* firstly, in the first place.

نخشب /nəxʃəb/ ■ *pr.n.m.* ancient city where Muqanna, a sorcerer, is said to have created an artificial moon.

نخل /nəxl/ ■ *n.m.pl.* (also used as *sing.* in Urdu) **1** tree, any tree or plant. **2** date-tree. نخلِ ایمن رسینا رطور the bush that burst into flame when God spoke to Moses on Mount Sinai. نخل بند gardener. نخلِ تابوت carvings or paintings (of trees) on coffins.

نخلستان /nəxlɪst̪ɑ:n/ ■ *n.m.* **1** oasis. **2** date-grove.

نخلہ /nəxlɑ:/ ■ *n.m.* **1** date-grove. **2** one date-tree.

نخوت /nəxvət̪/ ■ *n.f.* pride, vanity, haughtiness, conceit.

نُخود /nʊxu:d̪/ ■ *n.m.* gram (grain). (See also چنا.)

نُخودی /nʊxu:d̪i:/ ■ *adj.* of light yellow colour; yellow; yellowish. نخودی رنگ light yellow colour.

نخیل /nəxi:l/ ■ *n.m.* **1** date palm. **2** date-grove.

ند /nəd̪/ ■ *n.f.* (*aug.* of ندی) river; stream.

نِد /nɪd̪/ ■ *n.f.* like, similar.

نِدا /nɪd̪ɑ:/ ■ *n.f.* **1** call; calling; voice; call (to prayer). **2** a call or voice from heaven. **3** (***Gram.***) vocative case/ noun.

ندارد /nəd̪ɑ:rəd̪/ ■ *adj.* **1** (*literal*) does not have. **2** (*fig.*) (i) lost. (ii) not given, absent; not present, not available, missing, gone; extinct; wanting. **3** consumed.

ندّاف /nəd̪d̪ɑ:f/ ■ *n.m.* cotton carder.

ندّافی /nəd̪d̪ɑ:fi:/ ■ *n.f.* cotton-carding.

ندامت /nəd̪ɑ:mət̪/ ■ *n.f.* repentance, regret; shame; self-reproach.

نِدائیہ /nɪd̪ɑ:ɪjjɑ:/ ■ *adj.* (also ندائی) vocative, exclamatory, ejaculatory. ■ *n.m.* (***Gram.***) exclamatory sentence or phrase.

نُدرت /nʊd̪rət̪/ ■ *n.f.* uniqueness, oddness, singularity, rareness. ندرتِ تخیل رخیال uniqueness of idea or imagination.

نُدما /nʊd̪əmɑ:/ ■ *n.m.* (*pl.* of ندیم) companions, friends.

ندولا /nəd̪o:lɑ:/ ■ *n.m.* (also نندولا) small earthen pan, trough.

ندوہ /nəd̪vɑ:/ ■ *n.m.* (also ندوۃ) assembly; association; group. ندوۃ العلما a Muslim scholars' academy in Lucknow, India.

ندوی /nəd̪vi:/ ■ *adj.* (of a scholar) educated in or belonging to Nadvatul Ulama Lucknow.

ندی /nəd̪i:/ ■ *n.f.* (also ندّی) river; rivulet, stream. ندی اترنا water level of the river to go down. ندی چڑھنا of a river to rise. ندی ناؤ (کا) سنجوگ (*fig.*) a chance meeting.

ندیا /nəd̪jɑ:/ ■ *n.f.* (*dim.* of ندی) brook, rivulet.

ندیدہ /nəd̪i:d̪ɑ:/ ■ *adj.* (also ندیدا) 1 covetous, greedy. 2 desirous, yearning. ندیدہ پن covetousness. (*fem.* ندیدی)

ندیم /nəd̪i:m/ ■ *n.m.* 1 companion, friend. 2 courtier. (*pl.* ندما)

ندیمی /nəd̪i:mi:/ ■ *n.f.* companionship.

نِدھڑک /nɪd̪ʰəɽək/ ■ *adv.* fearlessly; abruptly. ■ *adj.* fearless.

نِڈر /nɪɖər/ ■ *adj.* fearless, dauntless, intrepid. ■ *n.m.* daring person, daredevil.

نِڈھال /nɪɖʰɑ:l/ ■ *adj.* weary, worn out, too weary to move.

نذر /nəzr/ ■ *n.f.* 1 votive offering, oblation. 2 nazar, present; gift. 3 vow, promise. 4 (*fig.*) bribe. نذرِ آتش کرنا burn, deflagrate, to set (something) on fire. نذر چڑھانا make votive offerings at a shrine. نذر دینا/گزارنا/گزراننا 1 offer; present a gift (to a king or a person of rank and authority). 2 give bribe. نذر و نیاز votive offerings; gifts and oblations. (کی) نذر ہونا be sacrificed (for), be presented to, be spent on. (*pl.* نذور)

نذرانہ /nəzrɑ:nɑ:/ ■ *n.m.* 1 nazrana, gift or tribute offered to royalty or to some superior person. 2 price or bribe. نذرانۂ عقیدت complimentary words/sentences.

نذیر /nəzi:r/ ■ *n.m.* 1 one who warns; one who warns of the bad consequences. 2 (*fig.*) prophet.

نر /nər/ ■ *n.m.* male; man. ■ *adj.* masculine. نر مادگی/نر مادہ/مادین 1 male and female. 2 hinge. 3 pair of drums forming a tabla. نر ناری man and woman.

نر /nɪr/ ■ *prefix* without; lacking; un-; in-; -less; used in comp. as: نراپرادھ innocent, blameless. نربس powerless, helpless; weak, enfeebled. نربل weak, powerless; delicate. نربلائی/نربلت weakness. نربھاگ unfortunate. نربھر 1 intensely, vehemently, emphatically. 2 depending upon. نرپھل fruitless. نردئی merciless, pitiless, hard-hearted, cruel. نردھن poor, penniless, indigent. نرگن lacking in good qualities.

نرا /nɪrɑ:/ ■ *adj.* 1 unique; only, single; mere. 2 unalloyed, pure. 3 through, downright, sheer. ■ *adv.* 1 thoroughly; absolutely, wholly. 2 merely, simply. (*fem.* نری)

نراپرادھ /nɪrəprɑ:d̪ʰ/ ■ *adj.* innocent. See under نر.

نراج /nɪrɑ:dʒ/ ■ *n.m.* anarchy.

نراجی /nɪrɑ:dʒi:/ ■ *n.m.* anarchist.

نراجیت /nɪrɑ:dʒɪjəʈ/ ■ *n.f.* anarchy, anarchism.

نرادر /nɪrɑ:d̪ər/ ■ *adj.* (also نرآدر) disrespectful, rude, unceremonious, impolite. ■ *n.m.* 1 disrespect, insult. 2 contempt, scorn.

نراس /nɪrɑ:s/ ■ *adj.* (also نراسا، نراش) hopeless, despondent, disappointed. (*opp.* آس)

نراسی /nɪrɑ:si:/ ■ *adj.* (*fem.* of نراس). ■ *n.f.* despair, hopelessness, despondency.

نرالا /nɪrɑ:lɑ:/ ■ *adj.* 1 singular, rare; odd, strange, quaint. 2 distinctive, outstanding. (*fem.* نرالی)

نرانا /nɪrɑ:nɑ:/ ■ *v.* clear or weed out (a garden, etc.); reap (a harvest).

نراہار /nɪrɑ:hɑ:r/ ■ *adj.* with empty stomach, fasting.

نرائی /nɪrɑ:i:/ ■ *n.f.* (also نلائی) weeding.

نراین /nərɑ:jən/ ■ *n.m.* (***Hinduism***) title of the god Vishnu.

نرباہ /nɪrbɑ:h/ ■ *n.m.* bearing or putting up with. See نِباہ.

نرپھل /nɪrpʰəl/ ■ *adj.* fruitless.

نرت¹ /nɪrəʈ/ ■ *n.f.* dancing, dance; movement of the body in dance especially of arms and hands. نرت کار dancer. نرت کاری art of dancing. [S]

نرت² ____ ■ *adj.* busy, absorbed, engaged. [S]

نرتک /nɪrʈək/ ■ *n.m.* (also نرتک) 1 dancer. 2 actor.

نرتکی /nɪrʈəki:/ ■ *n.f.* 1 dancing girl (usu. at a temple). 2 an actress.

نرتیہ /nɪrɪʈjɑ:/ ■ *n.f.* art of dancing.

نرجل /nɪrdʒəl/ ■ *adj.* without water, dry, arid.

نرجلا /nɪrdʒəlɑ:/ ■ *n.m.* abstaining all day from water (as a religious observance in Hindus).

نرجن /nɪrdʒən/ ■ *adj.* uninhabited, deserted, without human presence or population.

نرچھل /nɪrtʃʰəl/ ■ *adj.* innocent, simple-minded, plain; artless, guileless.

نرخ /nɪrx/ ■ *n.m.* price, rate. نرخ بندی fixation or adjustment of rates; price control. نرخ نامہ price list, list of current prices.

نرخرا /nərxərɑ:/ ■ *n.m.* (also نرخرہ) the windpipe, throat, gullet, larynx.

نرخی /nɪrxi:/ ■ *n.m.* official who fixes the price.

نرد /nərd̪/ ■ *n.f.* 1 nard, board game like chess, draughts etc. 2 counter; chessman, pawn.

نردبان /nərd̪bɑ:n/ ■ *n.m. & f.* staircase, ladder; flight of steps.

نردوش /nɪrd̪o:ʃ/ ■ *adj.* blameless, unblemished, innocent.

نرسل /nərsəl/ ■ *n.m.* a kind of reed of which mats are made.

نرسنگا /nərsɪŋgɑ:/ ■ *n.m.* (also نرسنگھا) musical trumpet or horn; any wind instrument.

نرسنگیا /nərsɪŋgjɑ:/ ■ *n.m.* player of *narsinga* or trumpet.

نرسنگھ /nərsɪŋgʰ/ ■ *n.m.* (***Hinduism***) the man-lion, the fourth stage in the incarnation of Vishnu.

نرسوں /nərsõ:/ ■ *n.m.* the fourth day past or to come.

نرغہ /nərɣɑ:/ ■ *n.m.* (also نرغا) 1 ring or circle round a quarry (man or animal). 2 company, throng. 3 trouble, difficulty, danger. نرغہ کرنا form a circle (around), surround, hem in, besiege, beset; encompass.

نرغے /nərɣe:/ ■ *n.m.* (*pl. & infl.* of نرغہ) نرغے میں آنا/ہونا surrounded or beset with difficulties.

نرک /nərk/ ■ *n.m.* (also نرگ، نرکھ) hell.

نرکچور /nərkətʃu:r/ ■ *n.f.* a medicinal plant. (See also کچور.)

نرکل /nərkəl/ ■ *n.m.* (also نرسل، نرگل) a kind of reed.

نرکھنا /nɪrəkʰnɑ:/ ■ *v.* look at, view, see.

نرگاؤ /nərgɑ:o:/ ■ *n.m.* bull.

نرگس /nərgɪs/ ■ *n.f.* (also نرجس) 1 the narcissus. 2 (*fig., poet.*) the beloved's eye. نرگسِ شہلا narcissus with a eye-like black spot. نرگسِ مخمور (*fig., poet.*) the intoxicated eyes or looks of a beloved.

نرگسی /nərgɪsi:/ ■ *adj.* like narcissus, narcissistic. ■ *n.f.* 1 a kind of cloth. 2 name of a dish of eggs. نرگسی پلاؤ a rice dish, egg-pie pulao. نرگسی شخصیت narcissistic person or personality. نرگسی کباب boiled egg covered with cooked mince meat often cut lengthwise. نرگسی کوفتہ meat ball with boiled egg inside.

نرگسیت /nərgɪsɪjjət̪/ ■ *n.f.* narcissism; egotism.

نرم /nərm/ ■ *adj.* 1 soft. 2 slow, slack. 3 easy. 4 gentle, mild. 5 dull (market). نرم پڑنا 1 soften. 2 become agreeable, come round (to a point of view), be appeased; yield, give in. 3 take pity. نرم تالو soft palate. نرم چارا/چارہ 1 green pasture or grass; soft food. 2 (*fig.*) easy prey. نرم خو/دل/مزاج tender or soft-hearted, gentle. نرم رَو easy-going, considerate. نرم زبان smooth-tongued. نرم کرنا 1 soften. 2 appease. نرم گرم 1 neither very hot nor very cool. 2 the vicissitudes (of life or fortune). 3 harsh (words). نرم گرم سہنا bear up or put up with whimsical treatment, endure, brook. نرم گفتار soft-spoken. نرم گوشہ 1 soft corner (in one's heart), soft-heartedness. 2 snail. نرم نرم quite soft. نرم و نازک very soft and delicate. نرم ہونا 1 soften. 2 yield, give in; be appeased. 3 take pity.

نرما /nərmɑ:/ ■ *n.m.* 1 a kind of silk and cotton mixed cloth with floral pattern. 2 the silk-cotton tree, *Gossypium religiosum*.

نرمانا /nərmɑ:nɑ:/ ■ *v.* soften, mollify.

نرماہٹ /nərmɑ:hət̪/ ■ *n.f.* (also نرمائش، نرمائی) softness.

نرمل /nɪrməl/ ■ *adj.* (also نرملا) spotless, stainless, free from dirt or impurities.

نرملی /nɪrməli:/ ■ *n.f.* a nut *Strychnos potatorum* with which water is purified; clearing nut.

نرمہ /nərmɑ:/ ■ *n.m.* 1 (also نرمہ گوش) the earlobe. 2 soft part of anything. 3 a kind of cloth which is very soft and fine. 4 long-staple cotton.

نرمی /nərmi:/ ■ *n.f.* 1 softness. 2 mildness. 3 kindness, leniency. 4 ease. نرمی سے softly, gently.

نرمیش /nərme:ʃ/ ■ *n.m.* a ram, male sheep.

نرنجن /nɪrəndʒən/ ■ *adj.* void of passion or emotion. ■ *n.m.* an epithet of the Supreme Being.

نروان /nɪrvɑ:n/ ■ *n.m.* nirvana, salvation, emancipation; eternal life; reunion with the supreme spirit.

نروپ /nɪru:p/ ■ *adj.* formless, without form, amorphous.

نروگ /nɪro:g/ ■ *adj.* (also نروگی) free from disease, healthy.

نری /nəri:/ ■ *n.f.* tanned sheep-skin; kid (leather).

نری /nɪri:/ ■ *adj.* (*fem.* of نرا) mere, sheer. نری لفاظی gassiness, mere verbosity.

نریا /nərjɑ:/ ■ *n.f.* roof tile.

نریٹی /nəre:t̪i:/ ■ *n.f.* (also نریٹ، نریٹا) throat, windpipe. نریٹی دبانا strangle, throttle.

o: گول	u: چول	ɔ: پودا	e: دینا	i: پیلا	æ: بیٹھنا	ɑ: آنا، گانا	طویل مصوتے:
/go:l/	/tʃu:l/	/pɔ:d̪ɑ:/	/d̪e:nɑ:/	/pi:lɑ:/	/bæ:tʰnɑ:/	/gɑ:nɑ:/, /ɑ:nɑ:/	

نریش /nəre:ʃ/ ■ *n.m.* king, ruler.

نرینہ /nəri:nɑ:/ ■ *adj.* male. نرینہ اولاد male issue.

نڑ /nəɽ/ ■ *n.m.* **1** a kind of reed, *Arundo tibialis*. **2** a caste of bangle maker. **3** a kind of big flute.

نڑی /nəɽi:/ ■ *n.f.* **1** mouthpiece or pipe of hookah; reed. **2** a kind of firework.

نز /nəz/ ■ *adj.* **1** brisk, light, active. **2** sharp, intelligent, witty. ■ *n.m.* a brisk or active man.

نزار /nəzɑ:r/ ■ *adj.* (also نِزار) **1** thin, lean, slender. **2** poor.

نزاع /nɪzɑ:ʔ/ ■ *n.m.* contention, dispute, controversy; litigation. نزاعِ لفظی wordy dispute.

نزاکت /nəzɑ:kəṱ/ ■ *n.f.* delicacy, elegance; softness; neatness.

نزاہت /nəzɑ:həṱ/ ■ *n.f.* abstention from anything bad; purity of life; spotlessness.

نزد /nəzḓ/ ■ *adj.* (also نِزد) near, close, contiguous, neighbouring.

نزدات /nɪzḓɑ:ṱ/ ■ *n.m.* (also نزداد) account which is not cleared, unsettled account.

نزدیک /nəzḓi:k/ ■ *adj.* **1** near, close. **2** on the point of; almost, about. (کے) نزدیک نہ جانا not to approach or go near, keep away (from); would not touch with a bargepole.

نزدیکی /nəzḓi:ki:/ ■ *n.f.* propinquity, nearness, proximity; intimacy.

نزع /nəzʔ/ ■ *n.m.* last breath, last gasp, agony of death.

نزلہ /nəzlɑ:/ ■ *n.m.* catarrh, cold. نزلہ برعضوِ ضعیف misfortune always befalls the weak. نزلہ صدریہ روافدہ influenza. نزلہ گرنا of a trouble to befall, (of rage) be vented (on), face bad luck. نزلہ مزمن chronic flu.

نُزول /nʊzu:l/ ■ *n.m.* **1** revelation. **2** descent, alighting; arrival. **3** cataract in the eye. نزولِ اجلال/اقبال grand arrival (of some great personage). نزول الماآب **1** cataract, an eye disease. **2** hydrocele. نزولِ وحی (***Islam***) Divine revelation. (*opp.* صُعُود)

نُزولی /nʊzu:li:/ ■ *adj.* of or relating to نُزول, revelatory, descending. نزولی ترتیب descending order. (*opp.* صُعُودی)

نُزہت /nʊzhəṱ/ ■ *n.f.* **1** freshness, verdure. **2** pleasure, cheerfulness, delight. **3** pureness, innocence, chastity. **4** adornment. نزہت گاہ place of recreation and amusement.

نزیل /nəzi:l/ ■ *adj.* arriving, descending. ■ *n.m.* (*fig.*) a stranger, a visitor; guest at an inn or hostelry.

نژاد /nɪʒɑ:ḓ/ ■ *n.f.* (also نژاد) **1** race, family, descent. **2** origin, root; seed. نژادِ نو new generation.

نژادہ /nɪʒɑ:ḓɑ:/ ■ *adj.* (also نژادہ) **1** original. **2** of noble family, noble.

نژند /nəʒənḓ/ ■ *adj.* (also نِژند) **1** sad, low-spirited, cast down, dejected, drooping. **2** angry, wrathful.

نژندی /nəʒənḓi:/ ■ *n.f.* **1** sadness. **2** wrathfulness.

نس /nəs/ ■ *n.f.* blood vessel, artery, vein. نس بندی nasbandi, vasectomy. نس دار veined. نس کٹا emasculated; castrated; eunuch, effeminate. نس نس سے واقف fully aware (of someone's nature). نس نس میں بسا fully absorbed.

نِس /nɪs/ ■ *n.f.* night. نس پتی **1** master of night. **2** (*fig.*) the moon. نس چر (also نساچر) **1** night-prowler. **2** demon, goblin. **3** robber, thief. **4** night ranger. **5** nocturnal, animal that prowls and feeds by night. نس دن night and day; always.

نُس /nʊs/ ■ *n.m.* **1** the environs of the mouth. **2** understanding.

نسا /nəsɑ:/ ■ *n.m.* the sciatic nerve.

نِسا /nɪsɑ:/ ■ *n.f.pl.* (also نِساء) women, ladies, the female sex.

نسّاب /nəssɑ:b/ ■ *n.m.* genealogist.

نسّاج /nəssɑ:dʒ/ ■ *n.m.* **1** weaver. **2** (*fig.*) liar.

نساجال /nəsɑ:dʒɑ:l/ ■ *n.m.* **1** web of blood vessels. **2** tangle. **3** cobweb. **4** deception.

نسانا /nəsɑ:nɑ:/ ■ *v.* (also نِسانا) destroy, efface; squander.

نسائم /nəsɑ:ɪm/ ■ *n.f.* (*pl.* of نسیم) cool and pleasant breezes, gales.

نِسائی /nɪsɑ:i:/ ■ *adj.* of or relating to female; womanish.

نِسائیت /nɪsɑ:ɪjjəṱ/ ■ *n.f.* effeminacy, femaleness, femininity, feminineness.

نسب /nəsəb/ ■ *n.m.* genealogy, family, lineage, race; caste. نسب حسب attainments and genealogy. نسب نامہ pedigree, genealogical tree; bloodline. نسب نما (***Math.***) denominator.

نِسبت /nɪsbəṱ/ ■ *n.f.* **1** relation, connection, affinity; alliance. **2** comparison. **3** in proportion (to). **4** ratio, proportion. **5** reference. **6** betrothal, engagement. ■ *adv.* **1** with reference (to). **2** in comparison (with).

مختصر مصوتے: بَن ə /bən/ بِن ɪ /bɪn/ بُن ʊ /bʊn/ — مجہول مصوتے: شہر æ /ʃæhr/ سہرا e /sehrɑ:/ عُہدہ o /ohḓɑ:/

نسبتِ اویسی love or devotion for an unseen person; unseen love. نسبت آنا receive a proposal of marriage. نسبت بھیجنا send a marriage proposal. نسبت تناسب ratio and proportion. نسبت ٹوٹنا/چھوٹنا engagement to break up. نسبت ٹھہرنا/طے ہوجانا/قرار پانا/رہنا be engaged or betrothed. نسبت دینا compare (with); relate (to). نسبت رکھنا have a relation (with); be connected (with). نسبت سے 1 on account of, due to. 2 with ratio of. نسبت کرنا 1 refer. 2 attribute, ascribe. 3 betroth. نسبتِ معنوی spiritual relation.

نِسبتاً /nɪsbət̪ən/ ■ *adv.* (also نسبتہً) comparatively, relatively.

نِسبتی /nɪsbət̪i:/ ■ *adj.* related by marriage; in-law. نسبتی بھائی brother-in-law.

نسبی /nəsəbi:/ ■ *adj.* **1** of good family. **2** related to.

نسترن /nəst̪ərən/ ■ *n.m.* white rose of the Indian subcontinent; dog rose.

نستعلیق /nəst̪əʔli:q/ ■ *adj.* **1** cultured, well-behaved; graceful, elegant. **2** soft-spoken; eloquent. ■ *n.m.* nastaliq, Persian script with fine curved and round strokes. (*cf.* نسخ)

نسج /nəsdʒ/ ■ *n.m.* act of weaving (cloth).

نسخ /nəsx/ ■ *n.m.* **1** abolition, cancellation, abrogation, annulment, repeal. **2** transcribing. **3** transmigration. **4** Naskh, an Arabic script with square strokes. (*cf.* نستعلیق).

نُسخہ /nʊsxɑ:/ ■ *n.m.* **1** prescription. **2** recipe. **3** copy (of a book or document). نسخہ باندھنا dispense a prescription. نسخہ تجویز کرنا **1** prescribe a medicine or treatment. **2** suggest solution of any problem. (*pl.* نُسَخ)

نسر /nəsr/ ■ *n.m.* vulture. نسرِ چرخ/فلک/واقع (***Astron.***) constellation of the Lyre. نسرِ طائر (***Astron.***) constellation of the Eagle.

نسرَین /nəsræ:n/ ■ *n.m.* (***Astron.***) constellations of the Eagle and the Lyre.

نسرین /nəsri:n/ ■ *n.m.* dog rose, a kind of white wild rose.

نسق /nəsəq/ ■ *n.m.* order; system; arrangement.

نسقچی /nəsəqtʃi:/ ■ *n.m.* administrator.

نسل /nəsl/ ■ *n.f.* **1** race, pedigree, genealogy, lineage. **2** generation. نسلِ انسان/آدم humankind, human beings. نسل بڑھانا breed. نسل در نسل generation after generation. نسل کشی breeding, rearing. نسل کُشی genocide.

نسلاً /nəslən/ ■ *adv.* by descent, racially. نسلاً بعد نسلٍ generation after generation.

نسلی /nəsli:/ ■ *adj.* racial. نسلی امتیاز racial discrimination. نسلی تعصب racial prejudice, racism, racialism. نسلی فساد racial riot; ethnic violence.

نسم /nəsəm/ ■ *n.f.* **1** breathing. **2** slow blowing breeze.

نسنا /nəsnɑ:/ ■ *v.* flee, escape.

نسناس /nəsnɑ:s/ ■ *n.m.* (also نَسناس) **1** (***Myth.***) a monster race of one-legged men or demons; satyr. **2** a kind of ape, marmoset.

نِسنگ /nɪsəŋg/ ■ *adj.* **1** lone, solitary. **2** separate, apart from.

نِسوات /nɪsvɑ:t̪/ ■ *n.f.pl.* (also نُسوات) women, ladies.

نِسوار /nɪsvɑ:r/ ■ *n.f.* (also نسوار) snuff, powdered tobacco.

نِسواری /nɪsvɑ:ri:/ ■ *adj.* (also نسواری) snuffy, snuff-coloured, reddish-brown (colour); of the colour of green raisin.

نِسواں /nɪsvɑ̃:/ ■ *n.f.pl.* females, ladies.

نِسوانی /nɪsvɑ:ni:/ ■ *adj.* pertaining to females, feminine.

نِسوانیت /nɪsvɑ:nɪjət̪/ ■ *n.f.* femininity, effeminacy, womanliness. نسوانیت سے عاری mannish.

نِسوت /nɪso:t̪/ ■ *adj.* (also نِسُوت) **1** pure, distilled (esp. water). **2** (*fig.*) unfit, unskilled, novice. ■ *n.m.* broth, bouillon, watery gravy. ■ *n.f.* root of a plant used in medicines.

نسُوڑھیا /nəsu:ʈʰjɑ:/ ■ *adj.* ominous, inauspicious.

نسیاً منسیاً /nəsjəm mənsɪjən/ ■ *adj.* (also نسیاً منسیا) out of mind, forgotten; obliterated.

نسیان /nəsjɑ:n/ ■ *adj.* forgetful, oblivious.

نِسیان /nɪsjɑ:n/ ■ *n.m.* forgetfulness, oblivion; amnesia.

نِسیانی /nɪsjɑ:ni:/ ■ *n.f.* habit of forgetting, forgetfulness.

نسیب /nəsi:b/ ■ *adj.* **1** of good breeding, belong to good family. **2** parallel. **3** relating (to).

نسیٹھ /nəsi:ʈʰ/ ■ *adj.* (also نسیٹ) ill-omened.

نسیج /nəsi:dʒ/ ■ *n.m.* **1** cloth made of gold thread. **2** tissue.

نسیجیات /nəsi:dʒɪjɑ:t̪/ ■ *n.f.* histology.

نسیغ /nəsi:ɣ/ ■ *n.m.* latex.

نسیلا[1] /nəsi:lɑ:/ ■ *adj.* of good breed. [A]

نسیلا[2] —— ■ *adj.* veined; sinewy. [Prk.]

نسیم /nəsi:m/ ■ *n.f.* gentle breeze, zephyr, fragrant air. نسیمِ بحری sea breeze. نسیمِ بہار/فروردی spring breeze. نسیمِ سحر/صبح/صبح گاہی morning breeze. (*pl.* نسائم)

نسینی /nəse:ni:/ ■ *n.f.* (also نسِینی) ladder, wooden ladder.

نسیہ /nəsɪja:/ ■ *n.m.* **1** delay. **2** delay allowed for payment of money; credit, purchase or sale on credit.

نِسیہ /nɪsja:/ ■ *n.m.* forgotten thing; a thing dropped or thrown away as useless.

نشا /nəʃa:/ ■ *n.m.* starch.

نِشا /nɪʃa:/ ■ *n.m.* satisfaction, contentment. **نشا خاطر** satisfaction of mind, heart's content.

نشاتَین /nəʃa:t̪æ:n/ ■ *n.m.* (*pl.* of نشاۃ) both lives, this life and the life hereafter.

نِشاد /nɪʃa:d/ ■ *n.m.* **1** son of a Brahman by a Sudra woman. **2** the first of the seven musical notes.

نِشاستہ /nɪʃa:st̪a:/ ■ *n.m.* starch, farina; paste; thick gruel, pottage.

نِشاط /nɪʃa:t̪/ ■ *n.m.* (also نشاط) gladness, joy, pleasure, cheerfulness, sprightliness. **نشاط افزا** augmenter of pleasures. **نشاط گاہ** place of pleasure.

نِشاطیہ /nɪʃa:t̪ɪja:/ ■ *adj.* (also نشاطیہ) of or relating to نشاط, pleasing, joyful, cheerful. **نشاطیہ رجحان/رنگ** cheerfulness, gladness.

نشّاف /nəʃʃa:f/ ■ *adj.* absorbent.

نِشان /nɪʃa:n/ ■ *n.m.* **1** mark, stain, scar. **2** sign, clue, trace. **3** badge. **4** flag, emblem, ensign, standard, colours. **5** impression, imprint. **6** address. **نشانِ ابہام/انگوٹھا** thumb impression. **نشانِ امتیاز** **1** distinctive feature. **2** name of a civil award of Pakistan. **نشان بردار** standard-bearer. **نشانِ پاکستان** the highest civil award of Pakistan. **نشان پڑنا** mark to be left. **نشانِ تجارت/حرفہ/سوداگری** trademark. **نشانِ حیدر** the highest military award of Pakistan. **نشان دار** **1** marked, signed. **2** possessing armorial bearings. **نشان دہ** pointing out, indicating; one who points out. **نشان دہی** pointing out; indication. **نشان دہی کرنا** locate, indicate, point out. **نشان ڈالنا** to put a mark. **نشان زد** marked, highlighted, underlined. **نشانِ راہ/فرسخ/فرسنگ/منزل** milestone. **نشان زد کرنا** mark, highlight, underline. (*pl.* نشانات)

نِشانہ /nɪʃa:na:/ ■ *n.m.* mark, target, aim. **نشانہ انداز** **1** hitting the mark, of unerring aim. **2** marksman, a good shot. **نشانہ باز** marksman. **نشانہ باندھنا/تاکنا/لگانا/لینا** take aim. **نشانہ چوک جانا** miss the target (in shooting). **نشانہ خطا ہونا** to misfire, to miss the mark. **نشانہ مارنا** hit the mark, strike the bull's eye.

نِشانی /nɪʃa:ni:/ ■ *n.f.* **1** identity; unique trait. **2** token, souvenir, memento, keepsake. **3** mark, sign. **4** book-mark. **5** remains, relics. **6** (*fig.*) progeny, family, generation. **نشانی دے جانا** **1** give or leave something as a souvenir. **2** leave a mark. **نشانی کا چھلّا** souvenir ring.

نشاۃ /nəʃət̪/ ■ *n.f.* (also نشات) **1** creation. **2** growth; life. **نشاۃُ الاخریٰ** resurrection. **نشاۃِ اولیٰ** first creation; the creation *ex nihilo* of the universe. **نشاۃِ ثانیہ** renaissance, revival.

نِشتر /nɪʃt̪ər/ ■ *n.m.* (also نشتر) lancet. **نشتر چبھونا** prick. **نشتر لگانا/مارنا** incise, cut, lance, open (the body in a surgical operation); bleed, phlebotomize.

نشٹ /nəʃʈ/ ■ *adj.* ruined, destroyed, annihilated; lost.

نشٹا /nəʃʈa:/ ■ *n.f.* prostitute, woman of ill-repute; an abondoned woman.

نِشچِت /nɪʃtʃɪt̪/ ■ *adj.* **1** decided, settled. **2** discovered; researched.

نِشچِنت /nɪʃtʃɪnt̪/ ■ *adj.* free from care or anxiety; fearless.

نِشچے /nɪʃtʃæ:/ ■ *n.m.* **1** trust, faith. **2** investigation, inquiry.

نشَر /nəʃər/ ■ *adj.* **1** dispersed, scattered. **2** disturbed. **3** defamed.

نشر /nəʃr/ ■ *n.m.* **1** spreading; publishing or announcing (news); broadcast, telecast. **2** resuscitation, rising from the dead. ■ *adj.* on air, broadcasting. **نشر کار** announcer. **نشر گاہ** broadcasting house. **نشر و اشاعت** publication; publicity.

نشرہ /nəʃra:/ ■ *n.m.* (also نشرح) ceremony to celebrate completion of the Qur'an by a child.

نشریات /nəʃrɪjja:t̪/ ■ *n.f.* (*pl.* of نشریہ) broadcasts, broadcastings.

نشریاتی /nəʃrɪjja:t̪i:/ ■ *adj.* of or relating to broadcast.

نشریہ /nəʃrɪjja:/ ■ *n.m.* broadcast.

نِشست /nɪʃɪst̪/ ■ *n.f.* (also نشست) **1** sitting, seat, chair; sitting place. **2** session. **3** place where something is placed. **4** manner of sitting, position. **نشستِ الفاظ** selection of words and their proper use. **نشست گاہ** drawing room, parlour, sitting room, lounge; meeting hall. **نشست و برخاست** manners, etiquette.

نِشستہ /nɪʃɪsta:/ ■ *adj.* (also نشستہ) seated; sitting.

نشمردہ /nəʃmʊrd̪a:/ ■ *adj.* unnumbered, countless.

نِشنگ /nɪʃəŋg/ ■ *n.m.* connection, adhesion, attachment.

نُشُور /nuʃu:r/ ■ *n.m.* rising of the dead, resurrection.

نشوونُما /nəʃvo:numa:/ ■ *n.f.* & *m.* (also نشونَما) growth, development.

نشہ /nəʃa:/ ■ *n.m.* (also نَشہ) intoxication. نشہ اُترنا 1 come to one's senses. 2 (*fig.*) to be able to see things in their true colours. نشہ باز drunkard, drug-addict. نشہ پانی intoxicating drinks and drugs. نشہ چڑھنا become intoxicated, be inebriated. نشہ خور drunkard. نشہ فروش pusher, pedlar. نشہ کرکرا کرنا disturb someone's pleasure. نشہ کرنا use intoxicants, drink spirituous liquor, be addicted to liquor, etc. نشہ ہرن ہونا be no longer intoxicated; come to one's senses.

نشئی /nəʃəi:/ ■ *n.m.* drug-addict.

نشے /nəʃe:/ ■ *n.m.* (*pl.* & *infl.* of نشہ) نشے میں چُور ردھت intoxicated, dead drunk, tight as an owl, stoned, out of wits. نشے میں چُور ردھت ہونا be dead drunk, fuddle.

نشیب /nəʃe:b/ ■ *n.m.* descent, declivity, slope; low land. نشیب وفراز 1 (*literal*) declivity and acclivity. 2 (*fig.*) (i) ups and downs (of life), vicissitudes of (life and fortune). (ii) advantages and disadvantages of any affair.

نشیبی /nəʃe:bi:/ ■ *adj.* low-lying (land or area).

نشید /nəʃi:d̪/ ■ *n.m.* 1 song. 2 singing a verse.

نشیلا /nəʃi:la:/ ■ *adj.* intoxicating, inebriant.

نشیلی /nəʃi:li:/ ■ *adj.* (*fem.* of نشیلا) نشیلی آنکھ inebriated eye; drooping eye; sleepy-looking eye.

نشیمن /nəʃe:mən/ ■ *n.m.* 1 nest. 2 seat. 3 residence; resting place; settlement.

نشین /nəʃi:n/ ■ *adj.* & *suffix* (also نِشین,نَشیں) sitting; used in comp. as: گوشہ نشین 1 sitting in a corner. 2 recluse. مسند نشین sitting on the throne, occupying a central or commanding position.

نشینی /nəʃi:ni:/ ■ *n.f.* & *suffix* act of sitting; used in comp. as: گوشہ نشینی retirement; seclusion. مسند نشینی accession to the throne or to seat of honour.

نص /nəs/ ■ *n.m.* (also نَص) 1 text. 2 act of showing, manifesting, demonstrating and exhibiting, setting forth. ■ *n.f.* an explicit and decisive dictum (of the Qur'an or Hadith). نصِ قرآنی (***Islam***) the Quranic text; categorical Qur'anic injunction, express law of the Qur'an. (*pl.* نُصُوص)

نِصاب /nɪsa:b/ ■ *n.m.* 1 course, syllabus, curriculum. 2 root, origin. 3 capital; property; fortune. نصابِ تعلیم curriculum, syllabus. نصابِ زکوٰۃ minimum income or wealth on which zakat becomes binding. (*pl.* نِصابات)

نِصابی /nɪsa:bi:/ ■ *adj.* curricular. نصابی تعلیم education or teaching according to prescribed curriculum. نصابی کتب textbooks.

نصاریٰ /nəsa:ra:/ ■ *n.m.* (*pl.* of نصرانی) the Nazarenes, the Christians.

نصائح /nəsa:eh/ ■ *n.m.* & *f.* (*pl.* of نصیحت) pieces of advice.

نصب /nəsb/ ■ *n.m.* fixing, planting; establishment. ■ *adj.* fixed, established. نصبُ العین goal, object, aim, objective. نصب شدہ fixed, placed. نصب کرنا fix, establish, plant. نصب ہونا be fixed, be planted.

نُصح /nush/ ■ *n.f.* advice, well-wishing.

نصر /nəsr/ ■ *n.f.* 1 assistance, aid, help, succour. 2 victory.

نصرانی /nəsra:ni:/ ■ *n.m.* Christian, the Nazarene. (*fem.* نصرانیہ)

نصرانیت /nəsra:nɪjət̪/ ■ *n.f.* Christianity.

نُصرت /nusrət̪/ ■ *n.f.* 1 help, support. 2 victory. نصرتِ الٰہی Divine help.

نِصف /nɪsf/ ■ *adj.* half, mid, semi. نصف اللیل رشب midnight. نصفُ النہار 1 midday, noon, the meridian. 2 at noon. نصف بہتر better half, used for wife and also for husband. نصف دائرہ semi-circle. نصف قطر radius. نصف کرۂ ارض hemisphere. نصف کرۂ جنوبی the Southern hemisphere. نصف کرۂ شمالی the Northern hemisphere. نصف ملاقات (*fig.*) letter-writing, correspondence.

نِصفانصف /nɪsfa:nɪsf/ ■ *adv.* (*comb.* of نصف) in halves.

نِصفت /nɪsfət̪/ ■ *n.f.* justice, equity.

نِصفی /nɪsfi:/ ■ *n.f.* moiety; half. ■ *adj.* halved, half.

نصُوح /nəsu:h/ ■ *adj.* (also نُصُوح) honest, sincere.

نصیب /nəsi:b/ ■ *n.m.* fortune, lot, luck, fate, destiny. ■ *suffix* used in comp. as: بدنصیب unlucky. خوش نصیب lucky. نصیب اجڑنا ربگڑنا رپھوٹنا be unlucky. نصیبِ اعدا ردشمناں be it the lot of your enemies! (said when someone talks about an ailing friend or respected one). نصیب آزمانا رلڑانا try one's luck. نصیب پلٹنا رپھرنا رجاگنا رچمکنا have a stroke of good fortune, be fortunate. نصیبِ دوستاں may my friends be lucky! نصیب سونا be unlucky. نصیب کا لکھا fate, destiny, that which is destined. نصیب لڑنا have a stroke of good fortune. نصیب ہونا get, obtain, gain, fall to one's lot.

نصیبہ /nəsi:bɑ:/ ■ *n.m.* (also نصیبا) fortune, lot. نصیبہ ور fortunate, lucky.

نصیبوں /nəsi:bõ:/ ■ *n.m.* (*pl.* of نصیب) نصیبوں جلا/جلی unlucky, unfortunate, ill-fated. نصیبوں سے luckly. نصیبوں کو رونا curse one's fate. نصیبوں کی خوبی (*iron.*) misfortune. نصیبوں کی شامت/کھوٹ misfortune.

نصیح /nəsi:h/ ■ *n.m.* advisor. See ناصح.

نصیحت /nəsi:hət/ ■ *n.f.* 1 advice, counsel, precept, exhortation. 2 reproof, admonition. نصیحت آموز admonitory, salutary, good counsel. نصیحت آمیز full of counsel or advice. نصیحت پکڑنا/ہونا learn a lesson, be warned by experience. نصیحت دینا/کرنا give counsel, advise, admonish, exhort. نصیحت گر/گو advisor, counsellor. نصیحت نیوش one paying attention to advice.

نصیر /nəsi:r/ ■ *n.m.* helper; friend, ally.

نُصَیری /nusæri:/ ■ *n.m.* member of a sect believing in the divinity of Hazrat Ali.

نضارت /nəzɑ:rət/ ■ *n.f.* 1 freshness, verdure. 2 lustre.

نُضج /nuzdʒ/ ■ *n.m.* 1 suppuration (of a wound). 2 ripening (of fruit). 3 cooking (of food).

نضیج /nəzi:dʒ/ ■ *adj.* 1 ripe (fruit). 2 well-cooked (meat). 3 soft. 4 mature. نضیج الرائے of mature judgement.

نضیر /nəzi:r/ ■ *adj.* lustrous; fresh; lush. ■ *n.m.* silver or gold.

نِطع /nɪṭʔ/ ■ *n.m.* (also نطع) sheet of dressed leather formerly used as tablecloth for playing chess or draughts or for slaying a person.

نُطفہ /nuṭfɑ:/ ■ *n.m.* 1 semen; sperm; seed. 2 offspring. نطفہ بنت العنب illegitimate child conceived in drunken fit. نطفہ ٹھہرنا/قرار پانا become pregnant, to conceive; be conceived. نطفہ حرام/نا تحقیق illegitimate child, bastard.

نُطق /nuṭq/ ■ *n.m.* 1 power of speech. 2 language; discourse. 3 speech; articulation. نطقِ لطیف smile.

نُطول /nuṭu:l/ ■ *n.m.* fomentation by spurting lukewarm water to a sore part of the body.

نِظارت /nɪzɑ:rət/ ■ *n.f.* (also نظارت) 1 supervision, monitoring. 2 act of seeing. 3 directorate; inspectorate. نظارتِ تعلیم inspectorate of education.

نظّارگان /nəzzɑ:rgɑ:n/ ■ *n.m.pl.* viewers, spectators, observers.

نظّارگی /nəzzɑ:rəgi:/ ■ *n.f.* 1 viewing, seeing. 2 ogling. 3 observation. ■ *n.m.* a spectator who casts amorous glances; ogler.

نظارہ /nəzɑ:rɑ:/ ■ *n.m.* (also نظّارہ) 1 sight, view. 2 show; scene. نظارہ باز ogler. نظارہ بازی ogling. نظارہ کرنا 1 view; enjoy looking at. 2 observe. 3 cast amorous glances.

نظافت /nəzɑ:fət/ ■ *n.f.* purity, cleanliness, neatness.

نِظام /nɪzɑ:m/ ■ *n.m.* 1 system, set-up; order, arrangement. 2 habit, way of life, disposition, custom, practice, conduct. 3 rule, regulation. 4 title of the ruler of former princely state of Hyderabad Deccan. نظامِ اخلاق code of conduct. نظامِ اعشاری decimal or metric system. نظامِ اعصاب nervous system. نظامُ الاوقات/العمل timetable. نظامِ تعلیم education system. نظامِ تنفس respiratory system. نظامِ تولید reproductive system. نظامِ حکومت/سلطنت system of government. نظامِ حیات mode of life, way of living. نظامِ شمسی solar system. نظامِ ہضم digestive system. (*pl.* نظامات)

نِظامت /nɪzɑ:mət/ ■ *n.f.* 1 arrangement. 2 government. 3 administration of criminal justice. 4 the office of the administrator and his work. 5 the work of a compère.

نظائر /nəzɑ:ɪr/ ■ *n.m.* (*pl.* of نظیر) (also نظایر) precedents.

نظر /nəzər/ ■ *n.f.* 1 sight, vision, view, glance, look. 2 regard, care. 3 supervision. 4 reference. 5 favour. 6 influence of evil eye. 7 careful thought; observation; inspection. نظر اُتارنا ward off the effects of an evil eye. نظر اُٹھا کر دیکھنا look up at. نظر اُٹھانا look up. نظرِ التفات/عنایت kind attention. نظر انداز disregarded, thrown out of favour, rejected, ignored. نظر انداز کرنا disregard, ignore. نظر آنا seem, be seen, appear. نظر باز ogler. نظر بازی ogling. نظر باندھنا 1 show some tricks with the help of magic. 2 cause a deception of sight. نظر بٹّو/وٹّو anything to prevent the effect of evil eye, usually a black dot applied to the face. نظر بچانا avoid being seen; evade, dodge. نظرِ بد evil eye. نظر بدلنا change one's attitude from favourable to unfavourable. نظر برآں in view of the fact. نظر بند 1 under detention, under house arrest; imprisoned, confined. 2 spell, charm. نظر بندی

نظروں ہی نظروں میں 1 by exchange of looks. 2 just in front, face to face.

نظری /nəzəri:/ ■ *adj.* 1 visual; theoretical; ideological, as opposed to practical. 2 rejected. نظری بحث theoretical discussion. نظری سائنس theoretical science.

نظرے خوش گذرے /nəzre: xʊʃ gʊzre:/ ■ *phr.* a cursory glance.

نظریاتی /nəzərja:t̪i:/ ■ *adj.* ideological, theoretical. نظریاتی اختلاف رجنگ رکشکش ideological difference or confrontation. نظریاتی مملکت ideological state.

نظریں /nəzrẽ:/ ■ *n.f.* (*pl.* of نظر) eyes. نظریں گاڑنا keep staring intently, gaze steadfastly at.

نظریہ /nəzərɪjja:/ ■ *n.m.* theory; ideology. نظریہ ارتقا رارتقائیت theory of evolution. نظریہ اضافت راضافیت theory of relativity. (*pl.* نظریات)

نظم /nəzm/ ■ *n.f.* 1 organization; order; arrangement (of pearls or beads in a row). 2 poetry, verse; poem not in the form of a ghazal. نظمِ آزاد free verse. نظمِ بلا قافیہ رغیر مقفیٰ رمعریٰ unrhymed or blank verse. نظم کرنا versify, compose a poem (on). نظمِ مقفیٰ rhymed poem. نظم نگار poet. نظم وضبط discipline. نظم ونسق administration, management, governance. (*pl.* نظمیات)

نظمی /nəzmi:/ ■ *n.m.* 1 arranger. 2 composer, poet.

نظیر /nəzi:r/ ■ *n.f.* like, resembling; example, precedent. نظیرُ الراس the zenith, highest point. نظیر السمت the nadir, point opposite zenith, lowest point. نظیر بنانا exemplify, make an example; quote. نظیر دکھانا ردینا quote a precedent. (*pl.* نظائر)

نظیراً /nəzi:rən/ ■ *adv.* as an example or precedent.

نظیف /nəzi:f/ ■ *adj.* clean, neat, pure.

نِعال /nɪʔa:l/ ■ *n.m.* (*pl.* of نعل) horseshoes; shoes.

نعت /nəʔt̪/ ■ *n.f.* 1 praise. 2 (*literal*) poem in praise of Prophet Muhammad. نعت خواں one who recites verse in praise of Prophet Muhammad. (*pl.* نُعُوت).

نعتیہ /nəʔt̪ɪja:/ ■ *adj.* of or relating to نعت, full of praise. نعتیہ شاعری poetry in praise of Prophet Muhammad.

نعرہ /nəʔra:/ ■ *n.m.* slogan, a rallying cry, shout. نعرۂ تکبیر cry of *Allah-o-Akbar* (اللہ اکبر), God is Great! نعرۂ حیدری cry of *Ya Ali* (یاعلی), O Ali! نعرۂ رسالت cry of *Ya Rasool Allah* (یارسول اللہ), O Prophet of Allah. نعرہ زن رفگن رکش sloganeer, one who chants a slogan. نعرہ لگانا chant a

1 confinement, detention. 2 fascination, charm. 3 juggle; sleight of hand, legerdemain, a conjuring trick in which the spectators are made to see something other than what is real or actual. نظر بہکنا رچوکنا eye to slip, eye to miss the sight of something. نظر بھر کر دیکھنا stare, gaze, look long. نظر پر چڑھنا 1 be specially noted. 2 become someone's favourite. نظر پڑنا come into view, be seen. نظر پھر جانا be no longer favoured. نظر پھسلنا something to be very smooth or sleek. نظر پھینکنا glance around, look about. نظر ٹھہرنا be able to look fixedly. نظرِ ثانی review, revisal, revision. نظر جلانا رجھاڑنا to counter the influence of evil eye. نظر جمنا look with fixed eyes. نظر چرانا evade, look furtively, dodge. نظر چڑھنا take someone's fancy. نظر چندھیانا رخیرہ ہونا be dazzled. نظر دوڑانا look all around; scan. نظر ڈالنا glance, have a look at. نظر رکھنا keep an eye (on). نظر سے گرا دینا withdraw one's favour from. نظر سے گرنا fall in the estimation (of). نظر سے گزرنا 1 to be seen. 2 to have been read. نظر سیدھی ہونا (of someone) look with favour upon. نظر فریب charming, attractive, enticing, enamouring. نظر فریبی 1 charm, attraction. 2 unreality. نظرِ کرم kind attention, benevolence. نظر کرنا look at; pay attention, observe. نظر گاہ a place where anything is kept for view or inspection, theatre. نظر گزر influence of an evil eye. نظر لڑنا eyes to meet; come across; exchange amorous glances with someone; fall in love. نظر لگانا cast an evil eye on; look at (someone) with evil intent; look greedily at something. نظر لگنا be under the influence of an evil eye. نظر ملانا look one full in the face; eyes to meet; come face to face. نظر میں آنا 1 be seen. 2 come under the influence of an evil eye. نظر میں خار ہونا be an eyesore. نظر میں رکھنا keep in sight; keep under one's own control. نظر میں ہونا 1 be in front of. 2 be aware of. نظر ہائی woman casting malignant look or evil eye.

نظرِ ثانی /nəzəresa:ni:/ ■ *n.f.* review. See under نظر. نظرِ ثانی کرنا revise, review.

نظروں /nəzrõ:/ ■ *n.f.* (*pl.* of نظر) نظروں سے اوجھل behind the curtain; secretly, furtively. نظروں میں پھرنا remember all the time, be always in imagination. نظروں میں جچنا be liked or approved; look good or nice. نظروں میں سمانا always be in the mind's eye; be ever in the mind.

slogan, cry, shout.

نعش /nəʔʃ/ ■ *n.f.* **1** corpse. **2** (***Astron.***) Pleiades. نعش اٹھانا carry a dead for burial. (See also لاش.)

نعل /nəʔl/ ■ *n.m.* **1** horseshoe. **2** shoe; sandal, pair of slippers with wooden soles; slippers. نعل بند/ساز farrier. نعل بندی **1** shoeing a horse. **2** tribute which is paid to a ruler. نعل بہا tribute. نعل در آتش anxious, worried. (*pl.* نعال)

نعلین /nəʔlæːn/ ■ *n.f.pl.* pair of shoes. نعلینِ پاک/شریف shoes of Prophet Muhammad. نعلینِ چوبیں wooden slippers or sandals.

نعم¹ /nəʔəm/ ■ *n.m.* & *f.* affirmative answer; yes. [A]

نعم² ____ ■ *n.m.* cattle. (*pl.* اَنعام) [A]

نِعَم /nɪʔəm/ ■ *n.f.* (*pl.* of نِعمت) **1** benefits; blessings. **2** pleasures, delights.

نِعم البدل /neʔməlbəd̪əl/ ■ *n.m.* (also نِعم البدل) better alternative.

نِعمت /neʔmət̪/ ■ *n.f.* divine blessings; favour; benefit; comfort or good things of life. نعمت خانہ **1** home or abode of affluence; palace; paradise. **2** (also نیامت خانہ) cabinet for preserving food or meals. نعمتِ غیر مترقبہ windfall, unexpected good fortune. نعمت کدہ (*fig.*) paradise.

نعناع /nəʔnaːʔ/ ■ *n.m.* (also نعنع) mint.

نعُوذ /nəʔuːz/ ■ *phr.* we seek or take refuge. نعوذ باللہ we seek refuge with Allah; God preserve us!

نُعُوظ /nʊʔuːz/ ■ *n.m.* erection of the penis.

نعیم /nəʔiːm/ ■ *n.m.* **1** pleasure; luxury. **2** benefits. **3** one of the seven sections of paradise. ■ *adj.* good. نعیم الدنیا comforts of life.

نغز /nəɣz/ ■ *adj.* **1** beautiful. **2** excellent, exquisite, good. **3** nimble, swift. **4** rare; wonderful. **5** sincere. نغز گفتار/گو eloquent speaker; sweet-spoken. نغز گفتاری/گوئی eloquence.

نغزک /nəɣzək/ ■ *adj.* **1** good; excellent; fine. **2** rare; strange. ■ *n.m.* (*fig.*) mango. نغزک گوئی fine style of speaking.

نغمگی /nəɣməgiː/ ■ *n.f.* melody, modulation, rhythm.

نغمہ /nəɣmaː/ ■ *n.m.* **1** melody, modulation; musical note; song. **2** sweet voice. نغمہ الاپنا/چھیڑنا sing a song. نغمہ بار singing. نغمہ پرداز/ریز/سرا/سنج/طراز singer; warbler; musician. نغمہ پردازی/ریزی/سرائی/سنجی/طرازی singing. نغمہ ساز/نگار lyricist, song-writer, poet, composer. (*pl.* نَغَم، نغمات)

نغمیہ /nəɣmɪjaː/ ■ *n.m.* melodrama.

نفّاخ /nəffaːx/ ■ *adj.* flatulent. ■ *n.m.* emphysema.

نِفاختہ /nɪfaːxt̪aː/ ■ *n.m.* (also نِفاقتا) hypocrite.

نِفاختی /nɪfaːxt̪iː/ ■ *n.f.* (also نِفاقتی) cunning, perfidious or contemptible woman.

نفاذ /nəfaːz/ ■ *n.m.* (also نِفاذ) enforcement, promulgation. نفاذِ قانون enforcement of law.

نِفاس /nɪfaːs/ ■ *n.m.* lochia, puerperal haemorrhage.

نفاست /nəfaːsət̪/ ■ *n.f.* refinement, nicety, exquisiteness; purity. نفاست پسند **1** dainty, exquisite. **2** a person of refinement.

نفّاط¹ /nəffaːt̪/ ■ *n.m.* naphtha, bitumen or place where it is found in plenty; lamp-oil. [Greek]

نفّاط² ____ ■ *n.m.* gunner, cannoneer. [A]

نفاق /nəfaːq/ ■ *n.m.* cordiality, warmth.

نِفاق /nɪfaːq/ ■ *n.m.* **1** hypocrisy, double-dealing. **2** enmity, discord, difference. نفاق پڑنا split up. نفاقِ رائے difference of opinion. نفاق رکھنا bear enmity or malice. نفاق کا بیج بونا create enmity and difference.

نفائس /nəfaːɪs/ ■ *n.f.* (*pl.* of نفیسہ) delicate things.

نفت /nəft̪/ ■ *n.m.* naphtha, petroleum, bitumen, crude oil.

نفح /nəfh/ ■ *n.f.* (also نفحہ) fragrance, perfume. (*pl.* نفحات)

نفخ /nəfx/ ■ *n.m.* **1** breathing, blowing; diffusing. **2** inflation, puffing, flatulence; swelling.

نفر /nəfər/ ■ *n.m.* **1** one person, an individual; one hand. **2** groom. **3** servant. **4** a soldier.

نفرا /nəfraː/ ■ *n.m.* (also نفرہ) (*derog.*) menial. (*fem.* نفرانی)

نِفرام /nɪfraːm/ ■ *adj.* (*women's slang*) free from work, at leisure.

نفرت /nəfrət̪/ ■ *n.f.* hate, hatred, detestation, loathing, disgust, abhorrence. نفرت انگیز disgusting, loathsome, causing ill will. نفرت آمیز/بھرا contemptuous, abhorrent. نفرت کرنا/کھانا hate, abhor, detest, dislike, loathe.

نفری /nəfriː/ ■ *n.f.* **1** number of persons. **2** staff, persons employed on daily wages, group of workers. **3** platoon, body of troops. **4** wages. نفری میں نخرا کیا it is no favour to pay the dues.

نفرین /nəfriːn/ ■ *n.f.* curse, malediction, imprecation, reproach. نفرین بھیجنا curse, reproof, rebuke.

beneficial, advantageous, gainful. نفع خور profiteer. نفع خوری profiteering, taking too much profit from sales. نفع میں دو جوتیاں foolish bargain. نفع ونقصان profit and loss.

نفق /nəfəq/ ■ *n.m.* **1** narrow path; subterranean passage. **2** spending.

نفقہ /nəfəqɑː/ ■ *n.m.* (also نفقہ) maintenance, allowance, alimony, necessary living expenses, expenditure. نفقۂ زوجیت maintenance or allowance of wife which is responsibility of husband. (*pl.* نفقات)

نفل /nəfl/ ■ *n.f.* (also نِفل) voluntary act of religion; religious work of supererogation, the observance of which is not compulsory. نفل ماننا to make a vow to offer supererogatory prayers for attaining some purpose. (*pl.* نوافل)

نفلی /nəfliː/ ■ *adj.* supererogatory. نفلی نماز supererogatory prayer.

نُفُوذ /nʊfuːz/ ■ *n.m.* **1** penetration; influence; pervasion. **2** (***Biol.***) osmosis. **3** (***Chem.***) diffusion. نفوذ پذیر absorbent. نفوذ کرنا penetrate, be absorbed.

نفور /nəfuːr/ ■ *adj.* **1** abhorring, hating, detesting; displeased. **2** running away, fleeing.

نُفُور /nʊfuːr/ ■ *n.m.* abhorrence, aversion, detestation.

نُفُوس /nʊfuːs/ ■ *n.m.* (*pl.* of نفس) people, persons, personalities. نفوسِ قدسیہ prophets; angels; sacred persons, holy people. نفوس وعقول (*fig.*) angels.

نفی /nəfiː/ ■ *n.f.* **1** forbidding, refusing, denying. **2** (***Gram.***) negation; negative. **3** (***Math.***) subtraction, minus. نفی پسند nihilist. نفی کرنا deny, prohibit, refuse, forbid. نفی واثبات **1** subtraction, negative and affirmative. **2** (***Sufism***) negation and affirmation.

نفیر /nəfiːr/ ■ *n.f. & m.* **1** brazen trumpet. **2** hue and cry, lamentation, uproar.

نفیرچی /nəfiːrtʃiː/ ■ *n.m.* (also نفیری والا) trumpeter.

نفیری /nəf iːriː/ ■ *n.f.* (*dim.* of نفیر) small trumpet.

نفیس /nəf iːs/ ■ *adj.* fine, exquisite; nice; delicate; pure; refined. نفیس الطبع of refined temperament and disposition. (*pl.* نفائس)

نقا /nəqɑː/ ■ *n.f.* purity, cleanliness. ■ *adj.* good, virtuous.

نقاب /nəqɑːb/ ■ *n.m.* (also نِقاب) **1** niqab, veil. **2** mask. نقاب اُلٹنا lift the veil. نقاب پوش/دار **1** veiled. **2** masked.

نفَس /nəfəs/ ■ *n.m.* **1** breath, respiration; gasp. **2** moment. نفسِ بازپسیں روا پسیں the last gasp or breath. نفسِ چند few moments; very little time. (*pl.* انفاس)

نفس /nəfs/ ■ *n.m.* **1** mind; soul, spirit, psyche. **2** person, self. **3** carnal desire, sensual appetite. **4** body; flesh. **5** essence, substance. نفس الامر the essence or the fact of the matter, reality. نفسِ امارہ ربہیمی inordinate appetite; ardent desire, lust; the inner urge in man to do evil. نفس پرست sensual, voluptuary, sensualist; selfish. نفس پرستی sensuality, voluptuousness; selfishness. نفس پروری gratification of the appetite, satisfying carnal desires; selfishness. نفس سبعی irascibility, beastliness in man. نفس کا بندہ sensualist. نفس کشی mortification, self-denial, self-abnegation, penance. نفسِ لوّامہ the soul struggling against evil desires, the voice of conscience, accusing soul. نفس مارنا mortify the sensual appetite, restrain one's passions, self-denial. نفسِ مضمون رموضوع theme of the subject, the actual matter. نفسِ مطلب point of issue, real purport, substance, long and short of the matter. نفسِ مطمئنہ رملکی good conscience, the spirit of benevolence. نفسِ مُلہمہ divinely inspired conscience. نفسِ ناطقہ rational soul; reason. (*pl.* نُفُوس)

نفسانفسی /nəfsɑːnəfsiː/ ■ *n.f.* (also نفسی نفسی) each one for himself; selfishness.

نفسانی /nəfsɑːniː/ ■ *adj.* sensual, carnal; lewd, lustful.

نفسانیت /nəfsɑːnɪjət̪/ ■ *n.f.* **1** sensuality; selfishness. **2** haughtiness, pride.

نفسی /nəfsiː/ ■ *adj.* of or relating to the soul or self; psychic. ■ *n.m.* one's own self. نفسی آسودگی mental calm and comfort.

نفسیات /nəfsɪjɑːt̪/ ■ *n.f.* psychology.

نفسیاتی /nəfsɪjɑːt̪iː/ ■ *adj.* psychological. نفسیاتی تجزیہ رتحلیل psychological analysis, psychoanalysis. نفسیاتی جنگ psychological warfare. نفسیاتی علاج psychiatry. نفسیاتی مریض psycho, psychopath. نفسیاتی معالج psychiatrist.

نِفط /nɪft̪/ ■ *n.m.* (*var.* of نِفت) **1** petroleum. **2** cannon.

نِفطہ /nɪft̪ɑː/ ■ *n.m.* inflammable, combustible matter.

نفع /nəfʔ/ ■ *n.m.* (also نَفع) profit, advantage, gain. نفع اُٹھانا gain (from), reap profit or advantage, receive benefit. نفع بخش رساں profitable, conferring benefits,

نقاب ڈالنا to veil; hide the face. نقاب کشائی 1 raising the veil. 2 open or expose a secret. 3 unveiling a monument.

نقاب /nəqqɑ:b/ ■ *n.m.* housebreaker, burglar.

نقاد /nəqqɑ:d̪/ ■ *n.m.* 1 critic. 2 person who examines money and ascertains its goodness, assayer, expert detecting counterfeit coins. (*pl.* نقادان)

نِقار /nɪqɑ:r/ ■ *n.f.* malice, rancour, enmity.

نقار /nəqqɑ:r/ ■ *n.m.* (*contr.* of نقارہ) drum; usually used in comp. as: نقارخانہ 1 place where the drums are beaten at stated intervals. 2 (*fig.*) a place of much noise. نقارخانے میں طوطی کی آواز کہاں weak personality can have no hearing.

نقارچی /nəqqɑ:rtʃi:/ ■ *n.m.* drummer.

نقارہ /nəqqɑ:rɑ:/ ■ *n.m.* (also نقارا) large drum, kettledrum. نقارہ بجاتے پھرنا go on proclaiming by beat of drum. نقارہ بجا کر by beat of drum; publicly, openly, overtly. (کا) نقارہ بجنا become famous. نقارۂ خدا a commonly accepted fact.

نقارے /nəqqɑ:re:/ ■ *n.m.* (*pl.* & *infl.* of نقارہ) نقارے کی چوٹ پر by beat of drum; publicly, openly, overtly.

نقاش /nəqqɑ:ʃ/ ■ *n.m.* painter; sculptor; carver; draughtsman. نقاشِ ازل رہستی (*fig.*) God. (*fem.* نقاشہ)

نقاشی /nəqqɑ:ʃi:/ ■ *n.f.* painting; drawing; decoration.

نُقاط /nuqɑ:t̪/ ■ *n.m.* (*pl.* of نُقطہ) points, dots.

نقاع /nəqɑ:ʔ/ ■ *n.f.* wine prepared from barley and raisin.

نقال /nəqqɑ:l/ ■ *n.m.* 1 mimic, imitator; clown; actor. 2 angel who takes dead from one place to another. (*fem.* نقالن)

نقالی /nəqqɑ:li:/ ■ *n.f.* mimicry, imitation; acting; clowning.

نقاوت /nəqɑ:vət̪/ ■ *n.f.* (also نُقاوت) purity, cleanliness.

نقاوہ /nəqɑ:vɑ:/ ■ *n.m.* (also نُقاوا) essence or finest part of something.

نقاہت /nəqɑ:hət̪/ ■ *n.f.* weakness, debility, feebleness.

نقائص /nəqɑ:ɪs/ ■ *n.m.* (*pl.* of نُقص) defects, faults.

نقب /nəqb/ ■ *n.f.* (also نقب) hole made in a wall by burglars; subterraneous excavation; tunnelling. نقب زن burglar, housebreaker. نقب زنی housebreaking, burglary. نقب لگانا break into a house through the hole made in a wall by thieves. (See also سیندھ.)

نقد /nəqd̪/ ■ *n.m.* 1 ready money; currency note; cash; prompt payment. 2 wealth. 3 criticism. نقدِ جاں 1 life, soul. 2 something very dear. نقدِ دم رہنا live a single life, remain a bachelor. نقد سودا sale on prompt payment. نقد مال ready money. نقد و تبصرہ رنظر review and criticism. نقد و جنس cash and kind. (*pl.* نُقود)

نقدانقد /nəqd̪ɑ:nəqd̪/ ■ *adv.* (*comb.* of نقد) 1 promptly. 2 in cash.

نقدی /nəqd̪i:/ ■ *n.f.* cash. ■ *adj.* in cash.

نِقرِس /nɪqrɪs/ ■ *n.m.* gout, a painful disease of joints.

نُقرہ /nʊqrɑ:/ ■ *n.m.* 1 silver. 2 horse of white colour. 3 silver coin. ■ *adj.* white; silver. نقرۂ خام pure or raw silver.

نُقرئی /nʊqrəi:/ ■ *adj.* 1 made of silver. 2 silvery, silvery white. نقرئی آواز jingling voice, tinkling sound. نقرئی ورق leaf made of silver, silver foil.

نقش /nəqʃ/ ■ *n.m.* 1 print. 2 mark; stamp. 3 picture, portrait. 4 artistic work like embroidery. 5 drawing; carving; engraving. 6 something written or inscribed; impression. 7 device; idea; imagination. 8 influence. 9 map. 10 charm, amulet, talisman. نقشِ ابہام thumb impression. نقشِ اول 1 first impression (of book, etc.). 2 best creation. 3 rough sketch. نقش بٹھانا رجمانا 1 make a strong impression. 2 impress (someone) strongly. نقش بدیوار ربہ دیوار (*fig.*) thunderstruck, confounded; motionless. نقش برآب (*fig.*) evanescent; not durable or lasting. نقشِ پا footprints; footsteps. نقشِ ثانی revised version, fair copy; second impression (of book etc.). نقشِ جاوداں ردوام everlasting impression. نقشِ سویدا 1 black spot on the heart. 2 core of the heart. نقشِ فانی something perishable or transient (man or world, etc.). نقش فی الحجر رکالحجر (*fig.*) engraved on the stone; indelible. نقشِ قدم 1 footprint. 2 (*fig.*) guiding principles. نقش کرنا imprint, stamp, impress strongly upon; engrave, carve; adorn with designs. نقشِ کہن old impression, i.e. old belief, customs or buildings, etc. نقشِ ماضی past impressions, old tales. نقش و نگار 1 painted, etched or carved decorative patterns or designs. 2 visage, appearance. نقش ہونا 1 be strongly impressed, be carved, be engraved. 2 leave a strong impressions. (*pl.* نُقُوش)

نقشبند /nəqʃbənd̪/ ■ *n.m.* 1 painter; designer; delineator; embroiderer. 2 Hazrat Khwaja Bahauddin, title of the undoing; dissolution. نقضِ امن breach of peace. نقضِ عہد،معاہدہ breach of contract.

نُقط /nʊqət̪/ ■ *n.m.* (*pl.* of نُقطہ) (also *sing.*) **1** points, dots, spots. **2** drops. **3** black spots. **4** (*fig.*) mole.

نُقطہ /nʊqt̪ɑ:/ ■ *n.m.* **1** point, dot. **2** diacritical point. **3** drop. **4** centre. نقطۂ ابال/جوش/کھولاؤ boiling point. نقطۂ اعتراض (***Law***) point of order raised in a legislative body. نقطۂ انجماد freezing point. نقطۂ آغاز starting point. نقطۂ پگھلاؤ melting point. نقطۂ عروج height (of), highest point (of), acme, pinnacle, climax. نقطہ لگانا **1** to dot. **2** (*fig.*) impute fault. نقطۂ موہوم **1** hypothetical point. **2** (*fig., poet.*) beloved's mouth. نقطۂ نظر/نگاہ point of view, viewpoint.

نقل /nəql/ ■ *n.f.* **1** transporting; transmission; removal; removing. **2** duplicate, copy. **3** imitation. **4** counterpart; transcription. **5** tale, story, fable. **6** history. **7** mimicry. **8** cheating (esp. in examination). **9** plagiarism. نقل اتارنا mimic, imitate. نقل اُڑانا **1** imitate someone. **2** copy by unfair means. نقل بہی daybook, waste-book, record-book. نقلِ خلاف **1** false copy. **2** misquotation. نقلِ خون blood transfusion. نقل درنقل copy of a copy. نقلِ سکونت change of residence from one place to another. نقل کرنا **1** quote; relate. **2** copy. **3** imitate, mimic. **4** shift. **5** act, play or perform. **6** cheat in exams. نقلِ کفر،کفر نہ باشد I am only quoting, the responsibility rests with the original narrator. نقل لینا get copy (of). نقلِ مصدّقہ attested or authenticated copy. نقل مطابق اصل replica, true copy, ditto copy. نقلِ مکانی **1** change of residence from one place to another. **2** immigration, migration. نقل نویس copyist. نقل نویسی **1** copying. **2** copyist's job. نقل وحرکت movement. نقل وحمل transportation. نقلِ وطن migration.

نقل /nʊql/ ■ *n.m.* a sort of sweetmeat; a snack; a dessert taken with liquor. نُقلِ محفل laughing stock.

نقلی /nəqli:/ ■ *adj.* **1** artificial, counterfeit, false, spurious; fictitious. **2** transmitted. نقلی علوم transmitted and revealed knowledge.

نقلیات /nəqlɪja:t̪/ ■ *n.f.pl.* **1** stories, fables, tales. **2** farces; mimicries.

نِقمت /nɪqmət̪/ ■ *n.f.* **1** punishment. **2** revenge, vengeance; rancour, hatred. (*pl.* نِقَم)

نُقُود /nʊqu:d̪/ ■ *n.m.* (*pl.* of نقد) wealth in the shape of gold founder of Naqshbandi mystic order.

نقشبندی /nəqʃbənd̪i:/ ■ *n.f.* drawing, painting; designing; embroidering. ■ *n.m.* Naqshbandi mystic order or its member.

نقشہ /nəqʃɑ:/ ■ *n.m.* (also نقشا) **1** map; chart; outline, delineation; pattern. **2** design. **3** features, countenance. **4** portrait, picture. **5** plan. **6** condition; state of affairs. نقشہ اتارنا **1** make a facsimile. **2** copy a design, draw a map. نقشۂ اَمواتی/رفوتی death register; register of deaths. نقشہ آنکھوں میں پھرنا/کھنچ جانا see a vivid image. نقشہ بگاڑنا **1** upset or spoil a plan. **2** (*fig.*) beat soundly, thrash. نقشہ بگڑنا **1** a plan to go awry. **2** become out of shape or deformed. نقشہ بنانا draw or sketch a plan or map. نقشہ تیز ہونا **1** be lucky. **2** be influential. نقشہ جمنا **1** establish one's influence or authority. **2** impress people in a meeting or conclave. نقشۂ حد بست boundary map of agricultural lands. نقشہ کشی cartography. نقشہ نویس draughtsman; cartographer. نقشہ نویسی draughtsmanship.

نقشی /nəqʃi:/ ■ *adj.* (also نقشین) engraved, etched or carved; ornamented; having patterns.

نقشے /nəqʃe:/ ■ *n.m.* (*pl. & infl.* of نقشہ) used in comp. as: نقشے باز cunning, crafty, scheming, sly.

نُقص /nʊqs/ ■ *n.m.* (also نقص) **1** defect, flaw, fault. **2** blemish, injury, harm. **3** diminution, deficiency. نقصِ جسمانی bodily defect or malformation. نقصِ قطعی vital defect. نقص نکالنا find faults, point out defects. (*pl.* نقائص)

نُقصان /nʊqsɑ:n/ ■ *n.m.* **1** loss, injury, harm, damage; detriment. **2** deficiency. نقصان اُٹھانا bear loss, incur a loss; suffer a reverse. نقصان بالقصد deliberate or intentional waste or damage. نقصان بھرنا pay damages; make good a loss. نقصان پذیر liable to incur loss; suffering loss. نقصان پہنچانا to harm, inflict damage to a person or cause. نقصان دہ/رساں harmful, injurious, detrimental. نقصان دہی/رسانی causing harm or damage. نقصانِ ذاتی personal loss. نقصان کرنا cause harm, injure, damage. نقصان گوارہ کرنا bear or put up with loss. نقصان ہونا be harmed, incur or suffer a loss or damage. (*pl.* نُقصانات)

نقض /nəqz/ ■ *n.m.* breach (of contract, etc.); demolishing;

game. (*fem.* نکّی)

نِکّا /nɪkkɑ:/ ■ *adj.* **1** small, small-sized; short, little. **2** delicate. **3** incomplete. **4** dwarfish. (*fem.* نکّی)

نُکّا /nʊkkɑ:/ ■ *n.m.* (also نُکّہ) **1** pointed part of anything. **2** a pointed stick. نکّا لگانا، مارنا strike or goad with a pointed stick.

نِکات /nɪkɑ:t̪/ ■ *n.m.* (*pl.* of نکتہ) points.

نِکاح /nɪkɑ:h/ ■ *n.m.* Muslim contract of marriage; marriage, matrimony. نکاح بالجبر forced marriage. نکاحِ بیوگان remarriage of widows. نکاح پڑھانا، کرانا tie the nuptial knot, marry a couple, to solemnize a marriage (as a priest or registrar). نکاح پڑھائی fee charged for solemnizing the marriage. نکاح پڑھوانا wed, marry. نکاحِ ثانی second marriage. نکاح خواں a person who solemnizes the marriage. نکاح کر دینا marry one person to another. نکاح کی سی شرطیں باندھنا put forth binding conditions; make unreasonable arguments. نکاحِ متعہ (***Shiites***) temporary marriage. نکاح میں لانا to marry a woman, take (a woman) in marriage. نکاح نامہ marriage contract or certificate. نکاح ہونا marriage to be performed.

نِکاحی /nɪkɑ:hi:/ ■ *n.f.* woman whose marital rites have been performed, a married woman. ■ *adj.* married. نکاحی بیاہی a duly wedded woman.

نکارہ /nəkɑ:rɑ:/ ■ *adj.* (*contr.* of ناکارہ) useless.

نِکاس /nɪkɑ:s/ ■ *n.m.* outlet, spring; origin, source of water, etc. ■ *n.f.* **1** outskirts, outer boundaries of town or village, suburbs. **2** source, origin, spring.

نِکاسی /nɪkɑ:si:/ ■ *n.f.* **1** taxes or duties on goods passing out of town. **2** produce, income, profit. **3** assets. **4** discharge of water from springs or other outlets. **5** export; sale. نکاسیِ آب discharge of water; sewerage. نکاسیِ پختہ، نکاسیِ خالص net receipts or proceeds; net rents. net assets. نکاسیِ خام gross assets. نکاسیِ سالانہ annual out-turn; annual assets. نکاسی سوراخ tap-hole. نکاسی کی چٹھی certificate of clearance; passport, permit.

نکال /nəkɑ:l/ ■ *n.m.* **1** suffering, misery, pain. **2** exemplary punishment. **3** obstruction, restraint. **4** public and ignominious exposure, notoriety.

نِکال /nɪkɑ:l/ ■ *n.m.* **1** contrivance. **2** issue, discharge. **3** outlet, exit. ■ (*imper.* of نکالنا). نکال دینا turn out, drive

and silver; number of jewels.

نُقوش /nʊqu:ʃ/ ■ *n.m.* (*pl.* of نقش) marks; drawings, features.

نقوع /nəqu:ʔ/ ■ *n.m.* infusion. (*pl.* نقوعات)

نُقول /nʊqu:l/ ■ *n.f.* (*pl.* of نقل) copies, duplicates.

نقی /nəqi:/ ■ *adj.* **1** pure, clean. **2** excellent, of the finest quality. ■ *pr.n.m.* name of the tenth Shiite Imam.

نقیب /nəqi:b/ ■ *n.m.* **1** chief, leader, herald. **2** an attendant who proclaims the title of his master and announces visitors. **3** intelligent person. (*pl.* نُقبا)

نقیبانہ /nəqi:bɑ:nɑ:/ ■ *adj.* heraldic.

نقیر /nəqi:r/ ■ *n.m.* **1** trough made of hollowed palm-tree to make date wine. **2** canal; a hollow dug in the ground. ■ *adj.* (*fig.*) **1** very small; a little, a bit. **2** poor and despised; the meanest. نقیر و قطمیر **1** all the minutiae; every little particle. **2** great and small. ■ *adv.* minutely; exactly, to the point.

نقیض /nəqi:z/ ■ *adj.* opposite; contrary; adverse. ■ *n.m.* **1** demolisher (of buildings). **2** enemy. **3** opposition, contrariety. نقیضِ باہمی mutual differences or enmity.

نقیہ /nəqi:h/ ■ *adj.* (also نقیہہ) faint, feeble, weak.

نک /nək/ ■ *n.f.* (*contr.* of ناک) nose. نک بال (*fig.*) a favourite; one held in great affection. نک بہنا، بہتی one with running nose. نک توڑا **1** turning up of the nose. **2** conceit, arrogance; coquetry. **3** ironical remark, taunt. نک توڑے اُٹھانا pamper, humour someone. نک چڑھا، چڑھی ill-tempered, proud; fastidious, irritable, touchy; irascible, fretful, disdainful, hard to please; surly. نک چھکنی a herb used as sternutatory (causing sneeze); sneezewort. نک کٹی **1** dishonour, disgrace, infamy. **2** shameless women. نک گھسنی rubbing the nose on the ground (to acknowledge defeat); imploration. [S]

نک[۲] ——— ■ *n.m.* (also نکھ) **1** nail. **2** (*fig.*) heel; sole (of foot). نک سک (*fig.*) visage, form, figure; style, appearance. نک سک سے from head to toe; from beginning to the end; entirely, thoroughly. نک سک سے ٹھیک، درست beautiful from head to toe. [S]

نکّا /nəkkɑ:/ ■ *adj.* **1** nasal. **2** speaking with nasal accent. ■ *n.m.* **1** speaking through nose, a nasal twang. **2** cowries; dice. نکّا دُوا game of hazard played with cowries; odd or even. نکّا دینا twang. نکّا موٹھ name of a

/nəkəs/ ■ *n.m.* **1** breaking (promise). **2** untying a rope. نکث
/nəkər/ ■ *n.m.* alligator. نکر
/nəkera:/ ■ *n.m.* **1** ignorance. **2** (***Gram.***) common noun. (*cf.* معرفہ) نکرہ
/nʊkkəɽ/ ■ *n.m.* (also نُکڑ) corner of a street or road; projection. نُکّڑ
/nʊks/ ■ *n.m.* relapse. نکس
/nɪkəsnɑ:/ ■ *v.* come out, appear. نکسنا
/nəksi:r/ ■ *n.f.* nosebleed; a kind of disease which causes bleeding from nose. نکسیر پھوٹنا/چلنا bleeding at the nose, bleeding through nose due to rupture of vein. نکسیر
/nəkʃətər/ ■ *n.m.* (also نچھتر) **1** nakshatra, lunar mansion of constellation in the moon's path. **2** star. نکشتر مالا a ring or group of stars. نکشتر
/nɪkəl/ ■ (*imper.* of نِکلنا) used in comp. as: نکل بھاگنا to run away, escape, to get away, make off. نکل پڑنا come out. نکل جانا **1** escape, go away, get away, exile. **2** take the lead. **3** get defeat. **4** get rid of. نکل چلنا **1** escape. **2** surpass another. **3** speak much of one's talent. نِکل
/nɪkəlnɑ:/ ■ *v.* **1** issue; flow from. **2** go forth or out; exit; depart; go into exile. **3** be extracted or taken out; be taken off. **4** exceed. **5** be uttered (of a word, etc.). **6** be produced. **7** appear, come out. **8** to result; prove; turn out. **9** begin; be invented. **10** escape; slip. **11** rise, emerge. **12** grow, shoot, spring up. نِکلنا
/nɪklo:/ ■ (*imper.* of نِکلنا) go away; go out; go ahead. نِکلو
/nɪkəlvɑ:nɑ:/ ■ *v.* **1** get someone expelled, dismissed or sacked. **2** cause to come out or issue. نِکلوانا
/nɪkli:/ ■ *adj. fem.* **1** going out; leaving home. **2** get; receive. **3** published. نکلی حلق سے چلی خلق میں once uttered the word spreads. نِکلی
/nɪkəmmɑ:/ ■ *adj.* good-for-nothing, useless, worthless, incapable, lazy, indolent; poor. ■ *n.m.* idler, slothful person. نکماپن laziness, idleness. نکما کردینا render useless, spoil. نکماہوجانا become useless. (*fem.* نِکمّی) نِکمّا
/nɪko:/ ■ *adj.* (*contr.* of نیکو) (generally used as *prefix*) good; well. نکوکار doing good deeds; beneficent. نکوکاری beneficence; goodness. نکومحضر good (person). نکونام having good reputation, well spoken of, having good نِکو

out, force out, expel. نکال ڈالنا deduct; strike out; exclude. نکال لانا **1** bring something out. **2** run away with. نکال لینا **1** solve (any question or problem). **2** withdraw; take out; extract.
/nɪkɑ:lɑ:/ ■ *n.m.* banishment; withdrawal; exile; deportation; eviction. نکالا ملنا be banished or evicted. نِکالا
/nɪkɑ:lnɑ:/ ■ *v.* **1** issue; take out, withdraw, turn out; pull out, draw out; eject, drive out. **2** dismiss, discard, exclude, sack. **3** extract, distil. **4** subtract, deduct. **5** solve (an arithmetic problem). **6** publish (newspaper, journal). **7** satisfy a desire. **8** devise (a plan). **9** utter. **10** discover, search, find out, invent. **11** produce, put forth. **12** hatch. نِکالنا
/nɪkɑ:nɑ:/ ■ *v.* weed out, winnow. نِکانا
/nɪkɑ:i:/ ■ *n.f.* **1** act of weeding. **2** price paid for weeding. نِکائی
/nəkbət/ ■ *n.f.* **1** poverty, indigence; adversity. **2** calamity, misfortune. نکبتِ ایام days of poverty and adversity. نکبت
/nʊktɑ:/ ■ *n.m.* a point in argument; a subtle point; a point of wit; a witty or pithy saying; a mystical signification. نکتہ آفریں one who makes a point. نکتہ آفرینی making a point. نکتہ پرداز subtle, acute, ingenious, astute. نکتہ پردازی subtlety, ingenuity, wit; humour. نکتہ چیں **1** hypercritical. **2** captious, critic, caviller. نکتہ چینی criticism, cavilling, captiousness, fault-finding. نکتہ داں/رراں/رس/رشناس of penetrating intellect; subtle; sagacious; discerning. نکتہ سنج discriminating; having critical ability. نکتہ گیر critical; captious. نکتہ گیری criticism. نکتہ نکالنا make a point; say something ingenious; criticize or find fault; cavil (at). (*pl.* نِکات) نکتہ
/nʊktɪjɑ̃:/ ■ *n.f.* a kind of sweetmeat. (*sing.* نکتی) نُکتیاں
/nɪkəʈ/ ■ *adj.* near, close; proximate. نکٹ آنا come close. نِکٹ
/nəktɑ:/ ■ *adj.* **1** without nose, with severed nose. **2** (*fig.*) shameless, immodest, disgraced, dishonoured. ■ *n.m.* **1** one whose nose has been cut off. **2** shameless person; rogue. **3** one who has small flat nose. **4** knob-billed duck, a bird. **5** blunt knife. نکٹا بوچا سب سے اونچا shameless person would stop at nothing. (*fem.* نکٹی) نکٹا

whiten; polish (jewels, skin, complexion, etc.).

نکھت /nəkʰət̪/ ■ *n.m.* fortnight.

نِکھٹّر /nɪkʰəʈʈər/ ■ *adj.* lousy, awful, miserable.

نِکھٹّو /nɪkʰəʈʈu:/ ■ *adj.* idle, useless, good-for-nothing, worthless. ■ *n.m.* **1** one who earns nothing, idle fellow. **2** drone, male honey bee which does no work but can fertilize a queen.

نِکھد /nɪkʰəd̪/ ■ *adj.* bad, worst; worthless.

نِکھرا /nɪkʰrɑ:/ ■ *adj.* **1** fresh-looking, pure, clean, clear. **2** shining. (*fem.* نِکھری)

نِکھرانا /nɪkʰrɑ:nɑ:/ ■ *v.* clear, purify.

نِکھرنا /nɪkʰərnɑ:/ ■ *v.* look fresh, be cleaned; be bleached.

نگ /nəg/ ■ *n.m.* **1** gem, jewel, precious stone. **2** anything immovable. **3** an item, e.g. of cargo or baggage. نگ جڑنا set a gem.

نِگار /nɪgɑ:r/ ■ *n.m.* **1** painting, picture, portrait. **2** effigy; idol. **3** beautiful woman; beloved. **4** lovely pattern; decoration. **5** cinema. **6** picture gallery. ■ *suffix* doer; used in comp. as: نثرنگار prose writer. نگارِارمنی appellation of Farhad's beloved Shirin. نگار آلودہ painted; as beautiful as a work of art. نگارِسحر beauty of the morning.

نِگارخانہ /nɪgɑ:rxɑ:nɑ:/ ■ *n.m.* (also نِگارستان) studio; picture or art gallery. نگارخانہ چین beautiful and decorated picture gallery or house.

نِگارش /nɪgɑ:rɪʃ/ ■ *n.f.* writing; description; literary writing, poetry. (*pl.* نِگارشات)

نِگاری /nɪgɑ:ri:/ ■ *n.f.* work (of a painter or writer, etc.). ■ *suffix* used in comp. as: مضمون نگاری essay writing.

نِگاریں /nɪgɑ:rĩ:/ ■ *adj.* **1** decorated, adorned, lovely. **2** (hand) having henna patterns.

نِگالی /nɪgɑ:li:/ ■ *n.f.* the end of wooden pipe of hookah.

نِگاہ /nɪgɑ:h/ ■ *n.f.* **1** look, view, glance, sight. **2** care, custody. **3** favour. **4** aspect. **5** surveillance, vigilance, watching, observation; attention. نگاہ اُٹھا کر نہ دیکھنا not even to look at, show complete indifference. نگاہِ التفات/الفت/عنایت/کرم kind attention. نگاہِ بد evil eye. نگاہ بدلنا/پھیرنا give cold shoulder (to), change attitude (to an unfavourable one). نگاہ بھر کے دیکھنا look long, look attentively and fixedly. نگاہ پڑنا be seen, come into view. نگاہِ تغافل inattentiveness; indifference. نگاہ ٹیڑھی ہونا

name. نکونامی good reputation or name, credit.

نکّو /nəkku:/ ■ *adj.* **1** big-nosed. **2** degraded, disgraced; infamous; contemptible. نکو بنانا/کرنا defame, denounce. نکو بننا become infamous or contemptible.

نکوا /nəkvɑ:/ ■ *n.m.* **1** the nose. **2** a disease of the nose. **3** the point of anything. **4** eye of a needle.

نکوٹا /nəko:ʈɑ:/ ■ *n.m.* paw, claw.

نِکور /nɪko:r/ ■ *adj.* fresh, new; unused, untouched, usually used with نیا/نئی.

نکوڑا /nəko:ɽɑ:/ ■ *n.m.* (*aug.* of ناک) **1** big, ugly and thick nose. **2** noseband of horse.

نِکوڑیا /nɪkɔ:ɽɪjɑ:/ ■ *adj.* poor, penniless. (*fem.* نِکوڑی)

نِکوسنا /nɪko:snɑ:/ ■ *v.* show teeth in a grin.

نِکوہش /nɪko:hɪʃ/ ■ *n.f.* spurning, despising; reproof, chiding, reproach, blame; scorn, contempt; rejection.

نِکوہیدہ /nɪko:hi:d̪ɑ:/ ■ *adj.* **1** reproached; rejected. **2** filthy; wretched.

نِکوئی /nɪko:i:/ ■ *n.f.* piety, goodness.

نکہت /nəkhət̪/ ■ *n.f.* fragrance, perfume, odour, scent. نکہتِ بادِ بہاری fragrance of spring breeze. نکہتِ گل fragrance of flower.

نکّی /nəkki:/ ■ *adj.* (*fem.* of نکّا) speaking with nasal accent. ■ *n.f.* **1** cowries used in gambling. **2** a game of dice. نکی اُڑانا gamble. نکی مونٹھ a gambling game.

نِکّی /nɪkki:/ ■ *adj.* (*fem.* of نِکّا) small, short.

نکیانا /nəkjɑ:nɑ:/ ■ *v.* speak through nose.

نکیر /nəki:r/ ■ *n.m.* **1** (***Islam***) one of the two angels, the other being *Munkar* (مُنکر), both examine the spirits of the departed after the burial. **2** denial; objection.

نکیرَین /nəki:ræ:n/ ■ *n.m.pl.* both of *Munkar* and *Nakeer*.

نکیل /nəke:l/ ■ *n.f.* nose-halter by which camel or cattle are led; cavesson for cattle or camel. نکیل ہاتھ میں ہونا lead someone by the nose-string; get hold of.

نکیلا /nəki:lɑ:/ ■ *n.m.* one with keen sense of honour, proud person. (*fem.* نکیلی)

نُکیلا /nʊki:lɑ:/ ■ *adj.* **1** pointed; prickly. **2** (*fig.*) charming, fascinating. نکیلا پن pointedness. (*fem.* نکیلی)

نکھ /nəkʰ/ ■ *n.m.* nail of finger or toe. See نک[2]

نِکھار /nɪkʰɑ:r/ ■ *n.m.* freshness, elegance, brilliance, brightness; cleanliness.

نِکھارنا /nɪkʰɑ:rnɑ:/ ■ *v.* clear, wash, clean; brighten; bleach,

نِگلنا /nɪgəlnɑ:/ ■ *v.* swallow, gulp down, devour. (*opp.* اگلنا)

نِگم /nɪgəm/ ■ *n.m.* **1** Holy Writ, the Vedas, the Scriptures. **2** certainty, assurance. **3** town, city. نگم نواسی **1** dwelling in the Vedas. **2** an epithet of Brahma.

نگن /nəgn/ ■ *adj.* naked, nude. ■ *n.m.* **1** naked person. **2** religious mendicant who goes about naked.

نگنا /nəgnɑ:/ ■ *n.f.* wanton woman; underage girl (when she is allowed to go naked).

نِگنڈ /nɪgənḍ/ ■ *n.f.* a kind of blood purifying herb, *Vitex negandu.*

نِگندنا /nɪgənḍnɑ:/ ■ *v.* sew (quilt) with long stitches.

نِگندہ /nɪgənḍɑ:/ ■ *n.m.* (also نِگندا) **1** long stitch. **2** ornamental stitching.

نِگندے /nɪgənḍe:/ ■ *n.m.* (*pl.* & *infl.* of نِگندہ) stitches. نگندے ڈالنا put long stitches in a quilt.

نگوڑا /nɪgo:ɽɑ:/ ■ *adj.* (usu. *women's slang*) wretched. ■ *n.m.* wretch, wretched or miserable person; helpless or unfortunate person. نگوڑا ناٹھا unmarried person; one having no relative. (*fem.* نگوڑی)

نگوں /nɪgũ:/ ■ *adj.* **1** hanging down. **2** inverted; turned upside down. نگوں بخت unlucky, unfortunate. نگوں سار **1** upside down, inverted. **2** submissive; abashed. نگوں ہونا bow in submission, reverence or greeting.

نِگہ /nɪgeh/ ■ *n.f.* (*contr.* of نگاہ) sight, glance, look.

نگہبان /nɪgehbɑ:n/ ■ *n.m.* (also نگاہ بان) watchman, guard; keeper, custodian.

نگہبانی /nɪgehbɑ:ni:/ ■ *n.f.* (also نگاہ بانی) watching, guarding.

نگہت /nɪghət̪/ ■ *n.f.* (also نکہت) fragrance.

نگہداری /nɪgehd̪ɑ:ri:/ ■ *n.f.* watch, watching, guarding, protection; surveillance, vigilance.

نگہداشت /nɪgehd̪ɑ:ʃt̪/ ■ *n.f.* (also نگاہ داشت) watching over; looking after; observation; watch; custody, care, preservation.

نگینہ /nəgi:nɑ:/ ■ *n.m.* (also نگ، نگین، نگیں) **1** gem, jewel, precious stone of ring. **2** anything that fits or sets well. نگینہ جڑنا set a stone in an ornament. نگینہ سا **1** set like stone; well-set; closely fitting. **2** exact. **3** tiny. **4** good-looking, pretty. نگینہ ساز lapidary, lapicide.

نگھرا /nɪgʰərɑ:/ ■ *adj.* homeless. ■ *n.m.* waif. (*fem.* نگھری)

نل ¹ /nəl/ ■ *n.m.* **1** tube, pipe; hydrant; conduit. **2** tap, spout, faucet. **3** cylindrical case. **4** water pump; water be angry. نگاہ چرانا evade, dodge, be unable to confront; look furtively (at). نگاہِ حقارت contemptuous look. نگاہ دار guardian; conservator, curator; guard, keeper. نگاہِ دوررس far-sightedness. نگاہ دوڑانا/دوڑا ڈالنا scan, quickly look all over, let one's eyes rove. نگاہ رکھنا **1** keep eye, keep in view, observe, watch. **2** desire. **3** look after, take care (of); keep under one's eye. **4** cast amorous glances (at). نگاہ روبرو be attentive. نگاہِ غلط انداز **1** cursory glance; deceptive glance. **2** (beloved's) glance smacking of unfamiliarity. نگاہ کرنا look at, view; inspect, observe. نگاہ ملانا نگاہ لڑانا ogle, cast loving or amorous glances. look (someone) full in the face, meet the gaze of. نگاہ میں رکھنا keep in sight, keep in view; keep an eye on, watch. (کی) نگاہ میں ہونا be in front of, be aware of, be marked by someone (for good or evil). نگاہِ ناز coquettish glance or look, alluring glance. (پر) نگاہ نہ ٹھہرنا be dazzling, be very brilliant. نگاہ نیچی کرنا not to raise one's eyes in humility, shame or regret, cast down one's eyes in respect; hang down one's head in shame; be abashed. (*pl.* نگاہیں)

نگر /nəgər/ ■ *n.m.* city, town. نگر باسی citizen, inhabitant. نگر در نگر from city to city. نگر ناری **1** city woman. **2** prostitute. نگر نایک **1** chief person of town, the head banker of town. **2** chief among bards.

نِگر /nɪgər/ ■ *suffix.* beholding, seeing; used in comp. as: دست نگر needy, in want.

نِگراں /nɪgrɑ:n/ ■ *adj.* (also نِگراں) watching, looking. ■ *n.m.* **1** watcher. **2** invigilator. نگراں حکومت caretaker/ provisional government.

نِگرانی /nɪgrɑ:ni:/ ■ *n.f.* **1** vigilance, custody, security. **2** supervision, monitoring. نگرانی کرنا look after, supervise.

نگری /nəgri:/ ■ *n.f.* (*dim.* of نگر) small town; village. ■ *adj.* of or belonging to city, (person) living in city. ■ *n.m.* citizen, city dweller.

نگریا /nəgərjɑ:/ ■ *n.f.* (*dim.* of نگر) small town or village; colony.

نگُفتہ /nəgʊft̪ɑ:/ ■ *adj.* (*contr.* of ناگفتہ) unsaid, untold.

نِگل /nɪgəl/ ■ (*imper.* of نگلنا) gulp down. ■ *n.f.* act of gulping down; used in comp. as: نگل جانا gulp down something without chewing. نگل ڈالنا eat up; finish off.

prayers (in travels). نمازگزار one who regularly offers prayers.

نمازی /nəmɑːziː/ ■ *n.m.* **1** person who prays regularly. **2** (*fig.*) devout, virtuous person.

نمّام /nəmmɑːm/ ■ *n.f.* **1** calumniator, accuser. **2** backbiter.

نمّامی /nəmmɑːmiː/ ■ *n.f.* backbiting.

نمانا /nɪmɑːnɑː/ ■ *adj.* **1** poor; simple. **2** weak, meek. (*fem.* نمانی)

نُمائش /nʊmɑːɪʃ/ ■ *n.f.* (also نُمایش) **1** exhibition; appearance, show; vision; spectacle. **2** affectation. نمائش گاہ/گھر exhibition ground; museum, any place where something is displayed.

نُمائشی /nʊmɑːɪʃiː/ ■ *adj.* (also نُمایشی) artificial; only for show or display, ostensible.

نُمائندگی /nʊmɑːɪnd̪əgiː/ ■ *n.f.* (also نُمایندگی) representation, deputation.

نُمائندہ /nʊmɑːɪnd̪ɑː/ ■ *n.m.* (also نُمایندہ) representative, deputy. (*pl.* نُمائندگان)

نُمائی /nʊmɑːiː/ ■ *suffix* display, show; used in comp. as: خودنمائی self-projection; showiness.

نُمایاں /nʊmɑːjɑ̃ː/ ■ *adj.* prominent, conspicuous, salient. نمایاں ترین most prominent.

نمبر /nəmbər/ ■ *n.m.* **1** number. **2** marks or award in an examination or test. **3** special edition of a magazine, etc. نمبرایک/ون excellent, best. نمبر پانا secure marks. نمبر چھیننا/لے جانا exceed, win, overcome, excel. نمبردوکا spurious, of low or questionable quality. نمبرشماری counting. نمبرگھمانا/ملانا to dial (a phone number). نمبرنکالنا bring out special edition of a newspaper or magazine. [E]

نمبردار /nəmbərd̪ɑːr/ ■ *n.m.* village headman, lambardar.

نمبری /nəmbəriː/ ■ *adj.* **1** arrant (knave, etc.). **2** by number; bearing the number (of); numbered. نمبری بدمعاش out and out rascal.

نمت /nəmət̪/ ■ *n.f.* bowing, obeisance.

نِمت /nəmɪt̪/ ■ *adj.* bent, bowed, making salutation.

نمٹانا /nɪmʈɑːnɑː/ ■ *v.* (also نبٹانا) conclude, bring to an end; wrap up, close, deal with.

نمٹنا /nɪməʈnɑː/ ■ *v.* (also نبٹنا) **1** be dealt (with). **2** be over.

نمُچھا /nɪmʊtʃʰtʃʰɑː/ ■ *adj.* having no moustache.

نمدہ /nəmd̪ɑː/ ■ *n.m.* (also نمد، نمدا) **1** namda, felt, woollen, pipe. نل پٹی tax for keeping aqueducts and pipelines in repair; water tax. نل چلانا operate or switch on a pump. نل درنل one pipe within another. نل کنواں tube well.

نل[2] ——— ■ *n.m.* a joint of bamboo or other hollow wood. نل چلانا carry out a magical practice for the discovery of theft.

نلا /nəlɑː/ ■ *n.m.* **1** large pipe or tube. **2** urinary duct. **3** bone; the tibia; the radius of the arms. **4** a kind of firework.

نلانا /nəlɑːnɑː/ ■ *v.* weed out.

نلائی /nəlɑːiː/ ■ *n.f.* **1** weeding. **2** remuneration for weeding.

نِلجّا /nɪləd̪ʒd̪ʒɑː/ ■ *adj.* (also نِلج) shameless, bare faced; rude. (*fem.* نِلجّی)

نِلجّتا /nɪləd̪ʒd̪ʒət̪ɑː/ ■ *n.f.* shamelessness, effrontery, impudence.

نلکا /nəlkɑː/ ■ *n.m.* **1** tap. **2** handpump. **3** hydrant.

نلکی /nəlkiː/ ■ *n.f.* (*dim.* of نلکا) small tube.

نلوا /nəlvɑː/ ■ *n.m.* **1** tube for administering drug to animals. **2** a joint of a bamboo. **3** stalk, stem.

نِلوہ /nɪloːh/ ■ *adj.* **1** full, complete. **2** pure. **3** faultless; sound.

نلی /nəliː/ ■ *n.f.* (*dim.* of نل[1]) **1** tube, pipe. **2** windpipe. **3** gun barrel. **4** tibia or leg bone; shin bone; marrowbone. **5** weaver's shuttle or the little tube within the shuttle on which the weft is wound.

نم /nəm/ ■ *adj.* moist, damp, wet. ■ *n.f.* humidity; dew. نم خوردہ/رسیدہ damaged by moisture. نم دیدہ **1** wet, damp. **2** having moist eyes, weeping. نم روک waterproof; damp-proof (substance). نم گیرا canopy, awning.

نما /nəmɑː/ ■ *n.f.* (also نماء) growth, increase, augmentation.

نُما /nʊmɑː/ ■ *suffix* **1** like, resembling. **2** showing; exhibiting, pointing out; appearing; used in comp. as: جزیرہ نما peninsula. راہ نما guide.

نماز /nəmɑːz/ ■ *n.f.* namaz, the prayers prescribed by Islam. نمازِ استسقا (***Islam***) special prayer for rain. نمازِ آیات/خسوف/کسوف prayers prescribed for solar and lunar eclipses and storms. نماز بخشوانے گئے تھے روزے گلے پڑ گئے bid to seek redress brought further burden. نماز پڑھنا offer prayers. نمازِ جنازہ (***Islam***) namaz-e-janaza, funeral prayers. نمازِ ظہر afternoon prayers. نمازِ عصر late afternoon prayers. نمازِ عید/عیدین Eid prayers. نمازِ قصر reduced exaggerated or coloured account; colour highly. 3 exaggerate. 4 taunt.

نمکدان /nəməkd̪ɑ:n/ ■ *n.m.* (also نمکدانی) salt cellar.

نمکو /nɪmko:/ ■ *n.f.* a type of snack consisting of variable mixture of saltish ingredients, such as peanuts, chickpeas, etc.

نمکوڑی /nɪmkɔ:ɽi:/ ■ *n.f.* (also نبولی، نمکولی) fruit of neem tree.

نمکول /nɪmko:l/ ■ *n.m.* ORS, Oral Rehydration Solution, medicine used to make up for fluid loss in persons with diarrhoea.

نمکی /nɪmki:/ ■ *n.f.* pickled lemon.

نمکیات /nəməkɪjɑ:t̪/ ■ *n.m.* (*pl.* of نمک) salts.

نمکین /nəmki:n/ ■ *adj.* (also نمکیں) **1** salted, saltish, saline, brackish. **2** witty, sarcastic. **3** of brownish complexion; nut-brown. **4** (*fig.*) handsome, beautiful, attractive, charming.

نمکینی /nəmki:ni:/ ■ *n.f.* saltness, brackishness; piquancy.

نمگیرا /nəmgi:rɑ:/ ■ *n.m.* (also نم گیرہ) canopy, awning. نمگیرا لگانا put up a canopy.

نمل /nəml/ ■ *n.m.* ant.

نمل /nɪməl/ ■ *adj.* incongruous; comparatively of lower quality.

نملہ /nəmlɑ:/ ■ *n.m.* (also نملا) shingles, herpes zoster.

نملی /nəmli:/ ■ *adj.* **1** like ant. **2** (*fig.*) (i) weak. (ii) old. (iii) small. (iv) slow.

نمن /nəmən/ ■ *adj.* (also نمن) like, similar to.

نمناک /nəmnɑ:k/ ■ *adj.* **1** moist, damp. **2** wet with tears, tearful.

نمناکی /nəmnɑ:ki:/ ■ *n.f.* dampness, moisture, humidity.

نُمو /nʊmu:/ ■ *n.m.* & *f.* (also نمو) growth; vegetation; increase. نموپذیر growing; increasing.

نُمود /nʊmu:d̪/ ■ *n.f.* (also نمود) **1** appearance, visibleness, conspicuousness. **2** character, prestige, honour. **3** celebrity. نمودِ بے بود vanity, outward show. نمودِ سحر crack of dawn. نمود کرنا exhibit, make a show or display. نمود کی لینا boast, brag. نمود کھونا lose prestige. نمود و نمائش **1** show off. **2** fame. **3** (*fig.*) advertisement. نمود ہونا **1** be eminent, appear; become visible. **2** (of sun, etc.) rise; shine.

نُمودار /nʊmu:d̪ɑ:r/ ■ *adj.* (also نمودار) apparent, visible, conspicuous. نمودار کرنا make visible. نمودار ہونا appear, thick and coarse cloth. **2** felt carpet or rug. **3** saddlecloth. نمدہ بندھنا become bankrupt. نمدہ پوش **1** clothed in felt. **2** (*fig.*) mendicant. نمدہ مو having hair like felt.

نمر /nəmɪr/ ■ *n.m.* panther; leopard.

نمر /nəmr/ ■ *adj.* (also نمر) **1** bending, inclining. **2** courteous; humble, submissive, lowly.

نمرتا /nəmrət̪ɑ:/ ■ *n.f.* condescension; affability; tenderness, gentleness, meekness.

نمرود /nəmru:d̪/ ■ *pr.n.m.* (***Islam***) Nimrod, an infidel king who cast Prophet Abraham into a fire.

نمرہ /nəmrɑ:/ ■ *pr.n.m.* name of a place near Makkah.

نمستے /nəməst̪e:/ ■ *exclam.* (also نمسکار) namaste, namaskar, used as a greeting among Hindus.

نمش /nəmʃ/ ■ *n.m.* & *f.* a kind of ice cream made of whipped cream, sort of syllabub or sillabub.

نمط /nəmət̪/ ■ *n.f.* **1** likeness, similitude. **2** mode, way, custom, manner.

نمک /nəmək/ ■ *n.m.* **1** salt; saltish taste. **2** attraction, charm. **3** grace, elegance; beauty. **4** bread; food. **5** light brown or cafe au lait complexion. نمک بند stopped or bound up with salt (a wound). نمک پارہ/ نمک پارے **1** a kind of snacks. **2** (*fig.*) satirical literary extracts. نمک پاش **1** salt cellar. **2** (*fig.*) one who taunts. نمک پاشی **1** sprinkling salt. **2** (*fig.*) taunting. نمک پروردہ faithful (servant); one bred at another's bread or money. نمک پھوٹ پھوٹ کر نکلنا be punished for ingratitude. نمک چشی **1** salt tasting. **2** the ceremonial first tasting of salt by child. **3** custom of exchanging trays of food by the families of bridegroom and bride before marriage. نمک چکھنا **1** taste food. **2** eat at the table (of). (زخم پر) نمک چھڑکنا add insult to injury. نمک حرام treacherous, disloyal; perfidious, ungrateful; wicked. نمک حرامی treachery, perfidy, ingratitude, disloyalty. نمک حلال loyal, faithful, grateful. نمک حلالی loyalty, fidelity. نمک خوار dependent. نمک سار **1** saline. **2** salt-pit. نمک سونچر سیاہ black rock-salt. نمک کا تیزاب hydrochloric acid. نمک کا حق ادا کرنا discharge one's obligation, remain faithful. نمک کی کان salt mine. نمک کی مار پڑنا to be cursed or punished for ingratitude. نمک لگانا salt, preserve with salt. نمک مرچ لگانا **1** add relish, make tasty. **2** give an become visible; rise.

نموداری /nʊmu:d̪ɑ:ri:/ ■ *n.f.* (also نمُوداری) show, display, publicity.

نمُودی /nʊmu:d̪i:/ ■ *adj.* (also نمُودی) famous, renowned.

نموذج /nəmu:zədʒ/ ■ *n.m.* model; mould. See انموذج.

نمونتاً /nəmu:nət̪ən/ ■ *adv.* (also نمونۃً) as sample.

نمونہ /nəmu:nɑ:/ ■ *n.m.* 1 sample, model, specimen; pattern. 2 (*fig.*) laughing-stock. (*pl.* نمونہ جات)

نِموہا /nɪmu:hɑ:/ ■ *adj.* (also نمہا) 1 quiet, taciturn. 2 (*fig.*) poor; helpless. (*fem.* نموہی)

نمُوئی /nʊmu:i:/ ■ *adj.* (also نموئی) of or relating to نمُو, developmental.

نمی /nəmi:/ ■ *n.f.* 1 moisture, moistness, wetness, dampness. 2 (*fig.*) tears.

نِمّی /nɪmmi:/ ■ *adj. fem.* light; little (usu. used for smile).

نمیدہ /nəmi:d̪ɑ:/ ■ *adj.* 1 wet, moist. 2 (*fig.*) tearful.

نمیقہ /nəmi:qɑ:/ ■ *n.m.* letter, epistle; writing.

ننا /nənnɑ:/ ■ *n.f.* maternal grandmother. ■ *adj.* (*var.* of ننھا) small, tiny.

نِناْنواں /nɪnɑ̃:vɑ̃:/ ■ *adj.* 1 nameless (person). 2 ominous (person). ■ *n.m.* (*fig.*) cholera. نناواں دروازہ 1 inauspicious door. 2 (*fig.*) graveyard.

نِنّانوے /nɪnnɑ:nve:/ ■ *cardinal number* ninety-nine. نناوے کا پھیر bid to increase one's wealth; greed, avarice. نناوے کے پھیر میں پڑنا 1 be entirely absorbed in hoarding up wealth, become parsimonious. 2 face difficulties due to miserliness.

نِنّانوے واں /nɪnnɑ:nve:vɑ̃:/ ■ (also ننانواں، ننانویواں) *ordinal number* ninety-ninth.

نند /nənd̪/ ■ *n.f.* (also ننّد) husband's sister, sister-in-law.

نِندا /nɪnd̪ɑ:/ ■ *n.f.* 1 disparaging remarks; blasphemy; abuse. 2 censure; defamation, reproof, insult. نندا کرنا utter disparaging remarks against.

نِنداس /nĩd̪ɑ:s/ ■ *n.f.* drowsiness; desire to sleep; nodding.

نِنداسا /nĩd̪ɑ:sɑ:/ ■ *adj.* sleepy, drowsy. (*fem.* نِنداسی)

نندوئی /nənd̪o:i:/ ■ *n.m.* (also نندوسی) husband of husband's sister.

نِندیا /nɪndjɑ:/ ■ *n.f.* (*dim.* of نیند) sleep.

ننگ[1] /nəŋg/ ■ *adj.* (*contr.* of ننگا) naked, nude; bare; used in comp. as: ننگ دھڑنگ naked, not fully clothed. ننگ منگ (tree) without leaves. [S]

ننگ[2] ——— ■ *n.m.* 1 shame, ignominy, disgrace. 2 honour, reputation. ننگِ خاندان one who is a disgrace to one's family. ننگِ جہاں رخلائق رخلق رزماں one who is a disgrace to the mankind. ننگ و نام رناموس chastity, modesty, honour, prestige, esteem. [P]

ننگا /nəŋgɑ:/ ■ *adj.* naked, nude; bare. ننگا بھوکا 1 very poor. 2 (*fig.*) miserable; needy. ننگاپن nakedness, nudity. ننگا جھاڑا body search; frisking. ننگا جھوری رجھولی searching, frisking. ننگا سر uncovered head, bareheaded. ننگا کرنا strip (someone), lay bare, uncover; expose. ننگا مادرزاد stark naked. ننگا ناچے پھاٹے کیا one who has nothing has no fear of losing anything.

ننگی /nəŋgi:/ ■ *adj.* (*fem.* of ننگا) ننگی بچی ربُوچی unadorned (woman). ننگی تلوار 1 unsheathed sword; drawn sword. 2 (*fig.*) fearless person; outspoken person. ننگی تلوار لیے with a drawn sword. ننگی جارحیت naked aggression. ننگی نہائے گی کیا، نچوڑے گی کیا poor person does not have enough to spare.

ننگے /nəŋge:/ ■ *n.m.* (*pl. & infl.* of ننگا) ننگے پاؤں barefoot. ننگے پاؤں، ننگے سر barefoot and bareheaded; perplexed.

ننگھانا /nəŋgʰɑ:nɑ:/ ■ *v.* help someone to jump over.

نَنوِشتہ /nənəvɪʃt̪ɑ:/ ■ *adj.* unwritten.

ننّھا /nənnʰɑ:/ ■ *adj.* (also ننا) small, tiny; wee. ■ *n.m.* baby boy. ننھا بچہ 1 small child. 2 (*fig.*) (i) inexperienced. (ii) simple, guileless. ننھا کاتنا 1 spin fine yarn. 2 be niggardly. 3 talk silly. ننھا مُنا young boy or baby. ننھا مہمان newborn baby.

ننّھی /nənnʰi:/ ■ *adj.* (*fem.* of ننّھا) ننھی بننا feign ignorance, pose innocent.

ننھیال /nənʰjɑ:l/ ■ *n.f.* (also نانہال) maternal grandparent's house or family.

نَو[1] /nɔ:/ ■ *adj.* new; young; fresh; raw; recent. نوآباد newly settled, newly peopled, newly colonized. نوآبادکار colonizer, new settler (on land). نوآبادکاری colonization. نوبالا girl just at the age of maturity. نوباوہ 1 young tree. 2 young child. نوبائی new custom. نوبہار 1 early spring. 2 full bloom; full bloom of youth; young man. نوبہ نو ever fresh, ever new, up-to-date. نوچندی of new moon. نوخاستہ ردمیدہ رُرستہ 1 newly grown, fresh sprung up. 2 newly born, very fresh. 3 (*fig.*) a young man, a youth. نوخط having down on the cheeks; a youth. نوسکھیا

performer; used in comp. as: غریب‌نواز helper of the poor. مہمان‌نواز hospitable. نے‌نواز flute-player.

نوازِش /nəvɑ:zɪʃ/ ■ *n.f.* courtesy, politeness; favour, kindness, patronage. نوازش کرنا favour; patronize. نوازش‌نامہ (*euph.*) letter. (*pl.* نوازشات)

نوازنا /nəvɑ:znɑ:/ ■ *v.* **1** give, bestow; enrich. **2** cherish; comfort. **3** favour; show kindness.

نوازی /nəvɑ:zi:/ ■ *suffix* forming nouns; used in comp. as: غریب‌نوازی helping of the poor persons. مہمان‌نوازی hospitality.

نِواس /nɪvɑ:s/ ■ *n.m.* **1** dwelling, residing. **2** dwelling place, residence, abode, house. **3** passing the night. نواس کرنا reside, inhabit, dwell.

نواسہ /nəvɑ:sɑ:/ ■ *n.m.* (also نواسا) daughter's son, maternal grandson.

نواسی[1] /nəvɑ:si:/ ■ *n.f.* daughter's daughter, maternal grand daughter. [P]

نواسی[2] ____ ■ *cardinal number* eighty-nine. [S]

نِواسی /nɪvɑ:si:/ ■ *n.m.* inhabitant, resident.

نواسیر /nəvɑ:si:r/ ■ *n.m.* (*pl.* of ناسور) ulcers, abscesses.

نواصب /nəvɑ:sɪb/ ■ *n.m.* (*pl.* of ناصب) (used as *sing.*) a sect of Muslims which was against Hazrat Ali.

نوافل /nəvɑ:fɪl/ ■ *n.m.* (*pl.* of نفل) voluntary religious acts or prayers.

نواقل /nəvɑ:qɪl/ ■ *n.m.* (*pl.* of نقل) **1** things transported or carried from place to place. **2** things copied; histories; tales; traditions.

نوال /nəvɑ:l/ ■ *n.m.* & *f.* **1** gift, present; favour; benefit. **2** mode; measure. **3** dimension. **4** what is proper or convenient.

نِوالہ /nɪvɑ:lɑ:/ ■ *n.m.* (also نِوالا) morsel, mouthful. نوالہ اُٹھانا pick up a morsel. نوالہ توڑنا **1** take a morsel; start eating. **2** depend on other's pity for a living. نوالہ نہ توڑنا not to eat.

نواں /nəvɑ̃:/ ■ *ordinal number* ninth.

نِوانا /nɪvɑ:nɑ:/ ■ *v.* **1** bend down, bow; cause to submit. **2** fold, twist.

نواہی /nəvɑ:hi:/ ■ *n.m.* (*pl.* of نہی) (**Isj.**) things or actions which are prohibited or forbidden in Islam.

نوائب /nəvɑ:ɪb/ ■ *n.m.pl.* misfortunes, hardships; vicissitudes; unfortunate occurrences. (*sing.* نائبہ)

novice. نوکار new to some work, tyro, beginner. نوگرفتار **1** newly captured (person). **2** in love for the first time. نومشق new practitioner; novice, inexperienced. نوملازم new servant, recruit. نومولود newborn. [P]

نَو[2] ____ ■ *cardinal number* nine. نوتیرہ باتیں بنانا prevaricate. نودوگیارہ ہونا vamoose, run away, slip away. نورتن **1** nine kinds of jewels. **2** bracelet studded with nine jewels. **3** (*fig.*) nine wise men at the court of Mogul king Akbar and at the court of Vikramaditya. نوسوچوہے کھاکے بلّی حج کو چلی show of piety from a habitual sinner. نوکھنڈ nine divisions of the earth. نوکھنڈا **1** nine-storeyed. **2** a building of nine storeys. نومہینے a nine months period, especially of gestation. نومیں نہ تیرہ میں worthless. نونقد نہ تیرہ اُدھار a bird in hand is better than two in the bush. [S]

نوا /nəvɑ:/ ■ *n.f.* **1** voice; sound. **2** song; tune, modulation, air (music). **3** wealth, opulence; subsistence. نواپرداز،سنج one emitting a sound; singer; playing on music; singing. نواپردازی،سنجی singing; emitting of sound. نوائے سحر،سحری (*fig.*) azan for morning prayer. نوائے سروش angelic sound; angel's voice.

نواب /nəvɑ:b/ ■ *n.m.* (also نوّاب) nawab, nabob; lord, baron, ruler of a state; governor of a town or district. نوابِ بے ملک haughty person. (*pl.* نوابین)

نوابی /nəvɑ:bi:/ ■ *n.f.* (also نوّابی) **1** nawabi, deputyship, lordship, princedom. **2** vanity, pride. **3** prodigality. **4** a kind of cloth. ■ *adj.* relating to nawab, lordly. نوابی ٹھاٹھ lordly ways. نوابی کرنا live sumptuously.

نواح /nəvɑ:h/ ■ *n.m.* (*pl.* of ناحیہ) suburbs, environs, surroundings.

نواحی /nəvɑ:hi:/ ■ *adj.* suburban. نواحی بستی suburban settlement.

نواختہ /nəvɑ:xt̪ɑ:/ ■ *adj.* protected; reared, cherished.

نوادِر /nəvɑ:d̪ɪr/ ■ *n.m.* (*pl.* of نادر) rarities; rare and precious things. (*ppl.* نوادِرات)

نِواری /nɪvɑ:ri:/ ■ *n.f.* fragrant white jasmine, *Jasminum sambac*.

نِواڑ /nɪvɑ:ɽ/ ■ *n.f.* webbing, thick broad tape (used to lace cots or charpoy).

نواڑا /nɪvɑ:ɽɑ:/ ■ *n.m.* boat; a pleasure boat, barge.

نواز /nəvɑ:z/ ■ *suffix* forming adjectives and nouns, cherishing, soothing; caressing; playing on music,

نوائر /nəvɑ:ɪr/ ■ *n.m.* (*pl.* of نائرہ) **1** flames. **2** hostilities; antagonisms.

نوآبادی /no:ɑ:bɑ:d̪i:/ ■ *n.f.* colony, new settlement.

نوآبادیات /no:ɑ:bɑ:d̪ɪjɑ:t̪/ ■ *n.f.pl.* colonies.

نوآموز /no:ɑ:mo:z/ ■ *n.m.* novice, beginner, tyro, callow person.

نوآموزی /no:ɑ:mo:zi:/ ■ *n.f.* lack of experience; noviciate.

نوبت /no:bət̪/ ■ *n.f.* **1** period, time. **2** turn; opportunity, occasion; stage. **3** condition. **4** misfortune, vicissitude. **5** degree; pitch; weight. **6** kettledrum; drum beaten to announce time. نوبت آنا/پہنچنا (matters) to reach a stage. نوبت بجانا beat the drum; announce the hour with the beat of drum. نوبت بجنا (drum) to be beaten; (hour) to be announced with beat of drum. نوبت بہ نوبت by degrees. نوبت جھڑنا be sounded; (of drums or kettledrum) be beaten (at fixed hours). نوبت خانہ guardhouse; place from where time is announced with the beat of drum.

نوبتی /no:bət̪i:/ ■ *n.m.* one who beats the drum. ■ *adj.* intermittent. نوبتی بخار intermittent fever.

نوبر /no:bər/ ■ *n.f.* young girl.

نوبیاہتا /no:bɪjɑ:ht̪ɑ:/ ■ *adj.* newly married.

نوتہ /no:t̪ɑ:/ ■ *n.m.* (also نوتا) **1** monetary gift made at a wedding. **2** invitation. (See also نیوتا.)

نوتنا /no:t̪nɑ:/ ■ *v.* invite to a ceremony or feast.

نوٹنکی /no:ʈəŋki:/ ■ *n.f.* **1** a kind of drama, usually shown in fairs and festivals. **2** (*fig.*) (i) actor; mimic. (ii) fraud, trickster.

نوج /no:dʒ/ ■ *exclam.* (*women's slang*) **1** God forbid. **2** by no means, on no account.

نوجوان /no:dʒəvɑ:n/ ■ *adj.* young, youthful. ■ *n.m.* young person, a youth, one who is in the prime of one's life.

نوجوانی /no:dʒəvɑ:ni:/ ■ *n.f.* youth, youthfulness, prime of (one's) life.

نوچ /no:tʃ/ ■ (*imper.* of نوچنا) claw. ■ *n.m.* act of clawing. نوچ کھسوٹ **1** clawing. **2** (*fig.*) plundering, taking by force. نوچ لینا injure someone with nails; claw.

نوچا ناچی /no:tʃɑ:nɑ:tʃi:/ ■ *n.f.* mutual clawing, scratching and tearing.

نوچنا /no:tʃnɑ:/ ■ *v.* **1** claw, scratch. **2** pluck.

نوچندی /no:tʃəndi:/ ■ *adj.* of new moon. ■ *n.f.* (also نوچندی جمعرات) first Thursday of lunar month.

نوچہ /no:tʃɑ:/ ■ *n.m.* young man. ■ *adj.* young, minor.

نوچی /no:tʃi:/ ■ *n.* (*fem.* of نوچہ) (*slang*) young prostitute kept by a woman in charge of a brothel.

نوح /nu:h/ ■ *pr.n.m.* Prophet Noah. نوح کا طوفان the Great Deluge. نوح کی عمر (*fig.*) very long life.

نوحہ /no:hɑ:/ ■ *n.m.* lamentation, dirge, mourning over the dead; requiem. نوحہ بہ لب (*fig.*) mourner. نوحہ خواں/سرا/کناں/گر **1** mourner, one who laments. **2** writer or reciter of elegiac verse. نوحہ خوانی/سرائی/گری lamentation; mourning, lamenting, weeping.

نوخیز /no:xe:z/ ■ *adj.* **1** adolescent, youthful, young. **2** newly risen, newly sprung up.

نوخیزی /no:xe:zi:/ ■ *n.f.* **1** adolescence. **2** bloom.

نود /nəvəd̪/ ■ *cardinal number* ninety. نود بار ninety times. نود و نہ *cardinal number* ninety nine.

نود /nu:d̪/ ■ *n.m.* mulberry tree, *Morus indica*.

نودمیدہ /no:d̪əmi:d̪ɑ:/ ■ *adj.* newly sprung up. See under نو.

نودولتیا /no:d̪o:lt̪ɪjɑ:/ ■ *n.m.* (also نودولت، نودولتا، نودولتی) (*derog.*) upstart, nouveau riche, parvenu.

نودھا /no:dʰɑ:/ ■ *adj.* newly planted sapling or garden.

نور /nu:r/ ■ *n.m.* **1** light; luminosity. **2** splendour. **3** virtue. **4** eyesight. **5** (*fig.*) Prophet Muhammad. **6** name of a sura of the Qur'an. **7** see النور. نور اترنا **1** to glow or shine. **2** (of a woman with make-up, etc.) look more beautiful. نور افزا light-increasing; illuminating. نور افشاں illuminating, light diffusing. نور آگیں full of glow. نورِ تجلّی the glowing light which Moses saw on Mount Sinai, the manifestation of God's glory. نورِ جہاں light of the world. نورِ چشم/چشمی very dear (son/daughter, etc.). نور چھانا light to spread all around. نور ظہور کا تڑکا/وقت dawn, daybreak. نورِ عالمتاب world illuminating light. نور علیٰ نور **1** very luminous. **2** the best and the greatest. نورِ عین/نظر **1** light of the eye. **2** (*fig.*) son. نور کا تڑکا early morning, daybreak. نور کا گلا melodious voice. نور کا گلا پانا have melodious voice. نور کے تڑکے at dawn, at the break of the day, in the early morning. نور کے سانچے میں ڈھلنا glowing beauty, be gorgeous from head to toe. نورِ مجسّم **1** total glow. **2** (*fig.*) very virtuous man.

نورا /nu:rɑ:/ ■ *n.m.* depilatory paste made of lime and arsenic, hair-remover.

نُوراکشتی /nu:rɑ: kuʃt̪i:/ ■ *n.f.* collusive wrestling in which the outcome has been previously agreed upon, a sham contest or bout, a fixed match.

نُورانی /nu:rɑ:ni:/ ■ *adj.* **1** serene; luminous, brilliant, resplendent, bright, clear, glorious. **2** saintly; celestial. ■ *n.f.* serenity; brightness.

نُورانیّت /nu:rɑ:nɪjjət̪/ ■ *n.f.* **1** brilliance. **2** saintliness.

نُورباف /nu:rbɑ:f/ ■ *n.m.* weaver.

نُوربافی /nu:rbɑ:fi:/ ■ *n.f.* weaving.

نَورتن /nɔ:rət̪ən/ ■ *n.m.* nine kinds of jewels. (See under نو²)

نورد /nəvərd̪/ ■ *n.f.* ply; fold, twist; crease; scroll. ■ *adj.* folding up; going round or over. ■ *suffix* scouring, travelling; used in comp. as: صحرانورد one wondering in the desert; wanderer.

نُوردم /nu:rd̪əm/ ■ *adv.* early in the morning.

نوردی /nəvərd̪i:/ ■ *suffix* scouring, travelling; used in comp. as: صحرانوردی travelling in the desert.

نَورس /nɔ:rəs/ ■ *adj.* **1** young. **2** fresh (fruit); recent. **3** tender. ■ *n.m.* newly-mellowed fruit.

نَورُستہ /nɔ:rust̪ɑ:/ ■ *adj.* newly grown, freshly sprung up, newly growing or budding (plant). See under نو¹.

نَورنگ /nɔ:rəŋg/ ■ *n.m.* new style, manner or mode.

نَوروز /nɔ:ro:z/ ■ *n.m.* New Year's Day of the Persian or Zoroastrian calendar.

نَوروزی /nɔ:ro:zi:/ ■ *adj.* relating to New Year's Day.

نُوری¹ /nu:ri:/ ■ *adj.* **1** composed of light. **2** heavenly. نوری سال (***Physics, Astron.***) light year. نوری نستعلیق a *nastaliq* font used in an Urdu word processor. [A]

نُوری² ——— ■ *n.m.* lime. [dial.]

نَوڑھنا /nɔ:ʈʰnɑ:/ ■ *v.* **1** bend, stoop. **2** be obedient.

نَوزائیدہ /nɔ:zɑ:i:d̪ɑ:/ ■ *adj.* newborn.

نُوزدہم /nʊvəzd̪əhʊm/ ■ *ordinal number* nineteenth.

نَوسر /nɔ:sər/ ■ *n.m.* deception, sham, fraud. نوسرباز trickster, swindler. نوسربازی swindling, cheating.

نوش /no:ʃ/ ■ *n.m.* **1** a drink (esp. sweet, agreeable and wholesome); draught. **2** water of life, elixir. **3** present, reward. **4** antidote. ■ *suffix* drinker; used in comp. as: بادہ نوش wine drinker. نوش جان فرمانا eat or drink (used in respectful speech). نوش خند good-humoured banter. نوش دارو **1** antidote. **2** remedy. **3** treacle; electuary. نوش کرنا eat; devour, swallow; sip; drink.

نَوشاب /nɔ:ʃɑ:b/ ■ *n.m.* (also نَوشابہ) elixir, water giving immortality.

نَوشادر /nɔ:ʃɑ:d̪ər/ ■ *n.m.* ammonium chloride.

نوشانوش /no:ʃɑ:no:ʃ/ ■ *n.m.* repeated drinking, carousing.

نوِشت /nəvɪʃt̪/ ■ *n.f.* writing; document; letter; epistle. نوشت وخواند writing and reading.

نوِشتنی /nəvɪʃt̪əni:/ ■ *adj.* worth-writing, writable.

نوَشتہ /nəvəʃt̪ɑ:/ ■ *adj.* folded, wrapped.

نوِشتہ /nəvɪʃt̪ɑ:/ ■ *n.m.* **1** writing. **2** fate, destiny. **3** letter. ■ *adj.* written. نوشتۂ تقدیر/قسمت what is destined, ordained or fated. نوشتۂ دیوار **1** writing on the wall. **2** (*fig.*) something clear, manifest; something fated or unavoidable.

نَوشہ /nɔ:ʃɑ:/ ■ *n.m.* (also نَوشا) bridegroom, groom.

نوشہ /noʃɑ:/ ■ *adj.* fortunate; happy, cheerful, sweet.

نَوشہانہ /nɔ:ʃəhɑ:nɑ:/ ■ *adj. & adv.* like a bridegroom; after the manner of a bridegroom.

نَوشہی /nɔ:ʃəhi:/ ■ *n.f.* marriage; state or situation of becoming a bridegroom.

نوشی /no:ʃi:/ ■ *suffix* act of drinking; used in comp. as: بادہ نوشی wine drinking.

نَوشیرواں /nɔ:ʃe:rvɑ̃:/ ■ *pr.n.m.* Persian king famous for his justice.

نَوشین /nɔ:ʃi:n/ ■ *adj.* (also نَوشیں) **1** honey-like, sweet. **2** agreeable, pleasant.

نوشینہ /nɔ:ʃi:nɑ:/ ■ *n.m.* antidote for poison.

نوع /nɔ:ʔ/ ■ *n.f.* **1** kind, species, sort; variety; class. **2** manner, mode. **3** caste. نوعِ انسان/بشر humankind. نوع بندی classification. نوعِ دگر of different kind.

نَوعُمر /nɔ:ʔʊmr/ ■ *adj.* young; inexperienced; callow; minor.

نَوعُمری /nɔ:ʔʊmri:/ ■ *n.f.* early age; minority; childhood.

نوعی /nɔ:ʔi:/ ■ *adj.* of or relating to species, specific.

نوعیّت /nɔ:ʔɪjjət̪/ ■ *n.f.* specific or special character; speciality; particular nature; kind; quality. نوعیت بدل جانا condition or situation to change.

نوک /no:k/ ■ *n.f.* **1** end, point, tip. **2** beak, bill. **3** nib (of pen). **4** angle, corner. نوک پلک **1** beauty of features. **2** calligraphic beauty. نوک پلک سنوارنا make beautiful; remove defects; give final touches. نوک پلک سے درست beautiful all over. نوک جھوک/جھونک/چوک give and take

نومیدانہ /nɔ:mi:d̪ɑ:nɑ:/ ■ *adv.* hopelessly, despairingly.
نومیدی /nɔ:mi:d̪i:/ ■ *n.f.* hopelessness, despair, disappointment.
نَوَن /nəvən/ ■ *cardinal number* nine.
نُون /nu:n/ ■ *n.m.* **1** the letter *noon* (ن). **2** (*fig.*) a dwarfish, fat and plump man. نون غنہ nasalized form of *noon* (ں).
نون /no:n/ ■ *n.m.* (also نُون) salt. نون تیل لکڑی (*fig.*) household necessities, grocery. نون مرچ لگانا (*fig.*) exaggerate.
نَونا /nɔ:nɑ:/ ■ *v.* **1** bend down, bow, incline downwards, stoop. **2** submit, be obedient.
نونا¹ /no:nɑ:/ ■ *n.m.* earth abounding in salt; brackish soil. [S]
نونا² ____ ■ *n.m.* a species of custard apple, *Annona reticulata*. [S]
نَونگا /nɔ:nəgɑ:/ ■ *n.m.* an arm band studded with nine gems.
نونہال /nɔ:nɪhɑ:l/ ■ *n.m.* **1** young plant, sapling, shoot. **2** (*fig.*) young child; youth.
نونی /no:ni:/ ■ *n.f.* (also نُونی) efflorescence of salt (on walls).
نونیا /no:nɪjɑ:/ ■ *n.m.* (also نُونیا) dealer in salt; salter.
نَووارِد /nɔ:vɑ:rɪd̪/ ■ *n.m.* & *f.* newcomer, new arrival.
نوی /nəvi:/ ■ *adj.* **1** new, fresh, recent. **2** modern.
نوّے /nəvve:/ ■ *cardinal number* ninety.
نوید /nəvi:d̪/ ■ *n.f.* good news, happy news.
نویدن /nɪve:d̪ən/ ■ *n.m.* **1** proclamation, announcement. **2** petition. **3** address.
نویس /nəvi:s/ ■ *suffix* writer, as: اخبارنویس journalist. عرضی نویس petition-writer; scrivener.
نویسندہ /nəvi:sənd̪ɑ:/ ■ *n.m.* writer; scribe; clerk.
نویسی /nəvi:si:/ ■ *suffix* writing, as: ناول نویسی novel writing.
نویلا /nəve:lɑ:/ ■ *adj.* (usu.used with نیا) **1** new, fresh. **2** modern; innovative. **3** newly married. **4** newly born. **5** dandy, handsome, beautiful. (*fem.* نویلی)
نوین /nəvi:n/ ■ *adj.* new, fresh. ■ *n.m.* beginner, novice.
نویں /nəvĩ:/ ■ *adj.* (*fem.* of نواں) ninth. ■ *n.f.* ninth of any month.
نویں /nəvẽ:/ ■ *adj.* (*pl.* & *infl.* of نواں) ninth.
نوّیواں /nəvve:vɑ̃:/ ■ (also نوےواں) *ordinal number* ninetieth.

(in conversation); banter, light-hearted discussion or altercation. نوک دار pointed. نوک دار برما pin-drill. نوک دُم بھاگنا turn tail, flee, run away. نوکِ زباں on the tip of the tongue; memorized. نوکِ زباں کرنا memorize. نوکِ زباں ہونا be on the tip of one's tongue. نوکِ قلم پر in writing. نوکِ قلم سے by writing.
نوکا /nɔ:kɑ:/ ■ *n.f.* boat; small ship.
نوکتخدا /nɔ:kət̪xud̪ɑ:/ ■ *adj.* (*var.* of نوکدخدا) newly married.
نوکر /nɔ:kər/ ■ *n.m.* servant, attendant, valet, retainer. نوکر (کے) آگے چاکر servant entrusting his work to another. نوکر چاکر domestic servants. نوکر رکھنا engage someone as servant. نوکرشاہی (*derog.*) bureaucracy. نوکر ہونا be appointed to a job, take up service (with).
نوکرانی /nɔ:krɑ:ni:/ ■ *n.* (*fem.* of نوکر) maid.
نوکری /nɔ:kri:/ ■ *n.f.* **1** service, employment, wage-work, job; post. **2** profession. نوکری پیشہ wage-earner, one depending on service as his/her means of livelihood, salaried person.
نوکیلا /no:ki:lɑ:/ ■ *adj.* pointed, tapering. (*fem.* نوکیلی)
نوگری /nɔ:gɪri:/ ■ *n.f.* (also نوگرہی) a kind of knotted bracelet.
نَوَل /nəvəl/ ■ *adj.* **1** beautiful. **2** young. **3** novel; new. **4** rare. ■ *n.m.* sapling. نول بیاہی **1** newly married. **2** (*fig.*) bride.
نَول /nɔ:l/ ■ *n.m.* haulage; freight (for transportation of goods), passage-money (by ship or boat), hire of boats, etc.
نُول /nu:l/ ■ *n.f.* **1** beak, bill (of bird). **2** the neck or spout of a decanter, bottle or flask.
نولکّھا /nɔ:ləkʰkʰɑ:/ ■ *n.m.* a garland or necklace having worth of nine lakh rupees. ■ *adj.* of the value of nine lakh rupees.
نوم /nəvəm/ ■ *ordinal number* ninth.
نَوم /nɔ:m/ ■ *n.f.* **1** sleeping, sleep. **2** stillness (of the wind, etc.). نوم ابدی (*fig.*) death.
نومبر /nəvəmbər/ ■ *n.m.* November, the eleventh month of the Gregorian calendar.
نَومُسلم /nɔ:muslɪm/ ■ *n.m.* a Muslim convert.
نومی /nəvəmi:/ ■ *n.f.* ninth day of the lunar fortnight.
نَومی /nɔ:mi:/ ■ *adj.* sleeping.
نَومیت /nɔ:mɪjət/ ■ *n.f.* sleepiness.
نَومید /nɔ:mi:d̪/ ■ *adj.* (also نااُمید) hopeless, disappointed.

/nəhɑ:n/ ■ *n.m.* bathing; ablutions; a ceremonial bath. نہان

/nɪhɑ̃:/ ■ *adj.* latent; hidden, concealed, private, clandestine, secret. نہاں خانہ private room. نہاں

/nəhɑ:nɑ:/ ■ *v.* bathe, shower, take a bath; wash. نہانا دھونا wash oneself, bathe. نہانا

/nɪhɑ:nɑ:/ ■ *n.m.* rope for tying milch-cattle's hind legs with (when milking). ■ *v.* tie milch-cattle's hind legs (when milking). نِہانا

/nɪhɑ:ni:/ ■ *n.f.* concealment. ■ *adj.* occult, secret, private, privy, clandestine. ■ *adv.* secretly, privately. [P] نِہانی[1]

——— ■ *n.f.* (*corr.* of نہرنی) gouge; chisel. [S] نِہانی[2]

/nəhɑ:i:/ ■ *adj.* (*fem.* of نہایا) نہائی دھوئی bathed and washed; clean. نہائی

/nɪhɑ:i:/ ■ *n.f.* anvil, iron block on which metals are hammered and shaped. [S] نِہائی[1]

——— ■ *adj.* final, last, extreme. [A] نِہائی[2]

/nɪhɑ:ɪjjət̪/ ■ *n.f.* extremism. نہائیت

/nəhɑ:jɑ:/ ■ *adj.* bathed; washed. نہایا دھویا clean, tidy, washed. نہایا

/nɪhɑ:jət̪/ ■ *n.f.* **1** the extreme, extremity, end, limit. **2** boundary. **3** excess. ■ *adj.* **1** very much, excessive. **2** remarkable. ■ *adv.* **1** extremely. **2** at last; at the utmost. نہایت

/næhb/ ■ *n.m.* seizing, plunder, pillage; rapine. نہب

/nɪhət̪t̪ɑ:/ ■ *adj.* **1** unarmed. **2** (*fig.*) helpless. نہتا کرنا unarm someone. (*fem.* نہتی) نہتا

/nohət̪t̪ɑ:/ ■ *n.m.* (also نہوٹا) nail-scratch. نہتّا لگنا have nail-scratch. نہتّا مارنا scratch hard with nails. نُہتّا

/nohət̪t̪i:/ ■ *n.f.* nail cutter. نُہتّی

/næhdʒ/ ■ *n.f.* **1** road, path. **2** mode, manner. **3** the straight path. نہج پر پہنچنا arrive at some point, stage or result. نہج

/næhr/ ■ *n.f.* canal, stream or rivulet, brook. نہر کاٹنا / نکالنا take out canal from. نہر

/nehərni:/ ■ *n.f.* **1** nail cutter, nail parer. **2** chisel; shoe-maker's awl. نہرنی

/næhri:/ ■ *adj.* of or relating to canal. نہری زمین canal-irrigated land. نہری نظام canal system. نہری

/nehuɽnɑ:/ ■ *v.* **1** incline or bend downwards, stoop, bow. **2** condescend; submit, be subdued. نہوڑنا

/nɑ:/ ■ *det.* & *adv.* (also نا) no, nay, not, neither, nor. نہ آدم، نہ آدم زاد deserted, desolate, very quiet place. نہ بڑبڑ، نہ کھڑ کھڑ with no quarrel. نہ پوچھو it is indescribable. نہ تھوکنا (*fig.*) not care about. نہ جانے who knows? nobody knows, God knows. نہ جانے کون none knows who? نہ رہے بانس، نہ بجے بانسری get rid of the root of the trouble. نہ لینا نہ دینا of no use; having no connection. نہ لینے میں نہ دینے میں impartial; neutral. نہ منھ میں دانت نہ پیٹ میں آنت very old and decrepit person. نہ نو من تیل ہوگا نہ رادھا ناچے گی impossible preconditions that will never be fulfilled. نہ ہوت poverty, indigence. نہ

/nəhɑ:/ ■ (*imper.* of نہانا) used in comp. as: نہا آنا bathe, bath; wash. نہا جانا drench, be wet; soak. نہا دھوکر after a bath. نہا دھولینا bath, bathe; wash. نہا

/nehɑ:d̪/ ■ *n.f.* **1** nature, form; disposition, habit; mind; heart. **2** quality. **3** family; race. ■ *suffix* used in comp. as: نام نہاد so-called, not real or essential. نِہاد

/nəhɑ:r/ ■ *n.m.* morning; the day; diffusion of light. [A] نہار[1]

——— ■ *n.m.* (also نِہار) breakfast; light meal. ■ *adj.* & *adv.* without eating, fasting, on an empty stomach. نہار منھ without eating; on empty stomach. نہار[2]

/nɪhɑ:r/ ■ *n.f.* bit, the metal mouthpiece of a bridle. نِہار

/nɪhɑ:rnɑ:/ ■ *v.* look at, watch, spy; see, behold closely or attentively; gaze, regard. نِہارنا

/nəhɑ:rvɑ:/ ■ *n.m.* (also نارُو) Guinea worm, *Dracunculus medinensis*, a thread-like parasitic nematode worm. نہاروا

/nəhɑ:ri:/ ■ *n.f.* a kind of curry prepared during night with meat and served early in the morning as breakfast. نہاری کھانا eat breakfast. نہاری

/nəhɑ:re:nəhɑ:r/ ■ *adv.* early in the morning. نہارے نہار

/nɪhɑ:kɑ:/ ■ *n.m.* (*corr.* of ناکا) alligator. نِہاکا

/nɪhɑ:l/ ■ *adj.* (*fig.*) pleased, happy, prosperous; exalted, raised from obscurity or poverty; flourishing, thriving. ■ *n.m.* **1** sapling, bud; young plant, shoot. **2** carpet; cushion, bedding. نہال کردینا / کرنا please, make prosperous; render flourishing, enrich. نہال ہونا thrive, flourish, be happy. نِہال

/nɪhɑ:ltʃɑ:/ ■ *n.m.* (also نہالچہ) small quilt; mattress; coverlet; small bedding. نِہالچہ

culture. نئی جوانی budding youth; juvenescence. نئی جوانی چڑھنا enter into youth. نئی دنیا 1 a new world. 2 (*fig.*) the New World, America. نئی دنیا بسانا marry; start a new life. نئی روشنی (*fig.*) modern civilization. نئی ریت کرنا introduce a new custom; make an innovation. نئی ہوا (*fig.*) modern way of life.

نئے /nəe:/ ■ *n.m.* (*pl. & infl.* of نیا) new; newcomers; strangers. نئے سرے سے anew, afresh, all over again. نئے نواب آسمان پر دماغ an upstart, newly flourished person who behaves arrogantly. نئے نئے حاکم نئی نئی باتیں new master new laws.

نے [1] /næ:/ ■ *n.f.* 1 reed, tube. 2 pipe, flute. 3 pipe of hookah. نے بست bound with or made of reeds. نے ریز نواز one who plays on reed, piper, flute-player. نے زار bed of reeds or canes. [P]

نے [2] _____ ■ *adv.* no, not. نے غم دُزد نے غم کالا a penniless person has no fear of theft. [P]

نے /ne:/ ■ *prep.* following subjects with transitive verbs in the past tense (denoting agent or active case).

نیا /nəja:/ ■ *adj.* new, fresh, novel, recent, modern. نیا پھل new species of fruit; new fruit of the season. نیا جنم 1 new life; complete recovery; regeneration. 2 (***Hinduism***) rebirth. نیا راگ الاپنا 1 strike a new note. 2 create a new problem. نیا رنگ لانا (events) take new turn. نیا شوشہ mischievous hint or act. نیا فتنہ اٹھانا رگل کھلانا create new problem. نیا عہدنامہ (also عہدنامۂ جدید) the New Testament. نیا کرنا make new, renew, renovate; restore. نیا نو دن پرانا سو دن old things are more reliable. نیا نوکر ہرن مارتا ہے new broom sweeps well. نیا نویلا new; young; beautiful; untouched; unused, inexperienced. (*fem.* نئی) (*pl.* نئے)

نیّا /nəjja:/ ■ *n.f.* boat. نیا پار اترنا (*fig.*) achieve success; get over some trouble. نیا کا کھویا 1 boatsman, ferryman. 2 (*fig.*)breadwinner of family.

نیابت /nɪja:bəṱ/ ■ *n.f.* deputation, delegation; vicegerency; lieutenancy. نیابت خانہ legation. نیابت کرنا represent (someone).

نیابتاً /nɪja:bəṱən/ ■ *adv.* by way of vicegerency, by proxy; as agent. (*opp.* اصالتاً)

نیار /nɪja:r/ ■ *n.m.* fodder, food for cattle, forage.

نیارا /nɪja:ra:/ ■ *adj.* 1 uncommon, distinct, different.

نہضت /næhzəṱ/ ■ *n.f.* 1 marching (against); departure. 2 rising up; progress. نہضت کرنا depart.

نہفتگی /nehʊfṱəgi:/ ■ *n.f.* 1 concealment. 2 anything hidden.

نہفتہ /nehʊfṱa:/ ■ *adj.* hidden, concealed, private.

نہلا /næhla:/ ■ *n.m.* (***Cards***) nine of any suit.

نہلانا /næhla:na:/ ■ *v.* bathe (someone).

نہلائی /næhla:i:/ ■ *n.f.* 1 act of giving one bath. 2 fee for giving a bath.

نہلچہ /nɪhəltʃa:/ ■ *n.m.* (*contr.* of نہالچہ) small bedding.

نہلوانا /næhəlva:na:/ ■ *v.* have or get one bathed.

نہلے /næhle:/ ■ *n.m.* (*pl. & infl.* of نہلا) نہلے پہ دہلا مارنا go one better (than somebody).

نہم /nəhʊm/ ■ *ordinal number* ninth.

نہمت /nəhməṱ/ ■ *n.f.* 1 courage, boldness, bravery. 2 desire.

نہنگ [1] /nəhəŋg/ ■ *adj.* (also نہنگ) 1 naked; shameless. 2 alone, solitary, single. 3 free from care, unconcerned. نہنگ لاڈلا careless child or person. [Prk.]

نہنگ [2] _____ ■ *n.m.* (also نہنگ) 1 crocodile, alligator. 2 a sect of Sikh religion. نہنگِ اجل (*fig.*) the angel of death. [P]

نہنواد /nəhənəva:ḍ/ ■ *n.m.* child.

نہنی /nəhəni:/ ■ *n.f.* a kind of chisel, gouge.

نہوت /nəho:ṱ/ ■ *n.f.* (also نہوت) penury, poverty.

نہورا /nɪho:ra:/ ■ *n.m.* 1 flattery, coaxing. 2 begging; requesting.

نہوڑا /nɪho:ɽa:/ ■ *adj.* bent downwards.

نہوڑانا /nɪho:ɽa:na:/ ■ *v.* (also نہوڑنا، نیہوڑانا) 1 bend downwards; bow down. 2 make (one) obedient.

نہہ /nɪha:/ ■ *n.f.* (also نیہا، نیہہ) love, affection.

نہی /nəhi:/ ■ *n.f.* prohibition, forbidding, interdiction. نہی عن المنکر (***Islam***) interdicting of something forbidden in Islam. (*pl.* نواہی)

نہیب /nəhi:b/ ■ *n.m.* fear, dread, terror.

نہیں /nəhĩ:/ ■ *adv.* no, not, nay. ■ *n.f.* no, a negation; denial, disavowal. نہیں پکڑ لینا رپکڑنا insist on refusal. نہیں تو 1 indeed; not at all. 2 if not, then, otherwise; else. نہیں سہی let it be no then; never mind. نہیں کرنا say no, deny, refuse, disavow, disclaim, reject. نہیں معلوم God knows; don't know. نہیں نہیں کرنا constantly refuse.

نئی /nəi:/ ■ *adj.* (*fem.* of نیا) 1 new, modern, latest, fresh. 2 untouched. 3 strange. نئی پود رتانتی young or new generation. نئی تہذیب 1 modern culture. 2 (*fig.*) Western

نیت میں فرق آنا suddenly have an evil intention.

نیتا /ne:ṭɑ:/ ■ *n.m.* 1 leader, guide; conductor. 2 master, owner.

نیتی /ni:ṭi:/ ■ *n.f.* 1 guiding, conduct, strategy. 2 morality; moral, ethics; manner.

نیچ /ni:tʃ/ ■ *adj.* low, base, vile, mean; vulgar. نیچ اونچ 1 unevenness. 2 inequality of social status. 3 the vicissitude or ups and downs (of life). نیچ حرکت act of meanness. نیچ ذات low-caste.

نیچا /ni:tʃɑ:/ ■ *adj.* 1 down; sloping; low; low-lying. 2 less. 3 mean, base. نیچا دکھانا make someone eat humble pie, disgrace, dishonour. نیچا سُر low tune; the bass. نیچا کرنا to lower, bend down. (*opp.* اُونچا)

نیچائی /ni:tʃɑ:i:/ ■ *n.f.* (also نیچان) 1 lowness. 2 humbleness; abjectness.

نیچہ /næ:tʃɑ:/ ■ *n.m.* hookah pipe. نیچہ بند hookah pipe-maker.

نیچی /ni:tʃi:/ ■ *adj.* (*fem.* of نیچا) نیچی نظر کرنا lower one's eyes out of respect or shame. نیچی نظروں سے دیکھنا look with downcast eyes, be ashamed. نیچی نظر ہونا be ashamed. (*opp.* اُونچی)

نیچے /ni:tʃe:/ ■ *n.m.* (*pl.* & *infl.* of نیچا) assistant, helper. ■ *prep.* & *adv.* 1 under, beneath, down, below. 2 under the authority of. نیچے آنا to come down. نیچے سُروں سے گانا sing in low tune or voice. نیچے سے اوپر تک all over, from bottom to top. نیچے کا پاٹ بھاری ہونا wife to be dominant. نیچے کی سانس نیچے اوپر کی سانس اوپر رہ جانا be struck dumb, be greatly shocked, have the shock of one's life. نیچے لانا trounce; bring down.

نیر /ni:r/ ■ *n.m.* 1 water. 2 (*fig.*) tear(s).

نیّر /nəjjər/ ■ *adj.* (also نیّر) luminary, illuminating, bright. نیّرِ اصغر the lesser luminary, the moon. نیّرِ اعظم the greater luminary, the sun. نیّر تاباں 1 bright sun. 2 (*fig.*) source of knowledge and guidance. نیر و تاباں bright and shining.

نیران /ni:rɑ:n/ ■ *n.m.* (*pl.* of نار) 1 fires. 2 (*fig.*) hell.

نیرنگ /næ:rəŋg/ ■ *n.m.* (also نیرنج) 1 incantation, magic, sorcery. 2 deceit, trick. 3 miracle; anything new or strange. نیرنگِ خیال a thought wave.

نیرنگی /næ:rəŋgi:/ ■ *n.f.* 1 deceitfulness, trickery. 2 magic. 3 change; fickleness.

نیرو /ni:ru:/ ■ *n.m.* strength, power. [P]

2 apart, aloof, separate. 3 wonderful. ■ *n.m.* scoria left after refining gold or silver. (*fem.* نیاری)

نیاریا /nɪjɑ:rɪjɑ:/ ■ *n.m* one who extracts metals from the scoria. ■ *adj.* clever, prudent, cautious.

نیاز /nɪjɑ:z/ ■ *n.m.* & *f.* 1 petition; prayer. 2 an offering; thing dedicated. 3 meeting; acquaintance. 4 need; desire. 5 humility; obedience. نیاز چڑھانا dedicate, consecrate, distribute food to the needy as an offering. نیاز حاصل کرنا 1 pay one's respects (to). 2 meet someone big or new. نیاز دلوانا make offering in the name (of), give alms (to). نیازِ رسول alms given in the name of Prophet Muhammad. نیاز طینت humble. نیاز کرنا devote, dedicate; consecrate; offer. نیاز کیش humble, obedient, submissive. نیاز مند supplicant; grateful; petitioner; humble or obedient servant. نیاز مندی humbleness, obedience, humility; entreaty.

نیازبو /nɪjɑ:zbu:/ ■ *n.m.* basil. See نازبو.

نیازی /nɪjɑ:zi:/ ■ *adj.* supplicating. ■ *n.m.* 1 petitioner. 2 beloved, lover; friend.

نیاگان /nɪjɑ:gɑ:n/ ■ *n.m.pl.* ancestors.

نیام /nɪjɑ:m/ ■ *n.m.* & *f.* sheath, scabbard, case (for sword). نیام سے باہر آنا be ready for fight.

نیائش /nɪjɑ:ɪʃ/ ■ *n.f.* (also نیایش) 1 benediction, blessing. 2 praise.

نیاؤ /nejɑ:o:/ ■ *n.m.* justice, equity. نیاؤ چکانا administer justice; hear complaints; settle dispute.

نیائی /nɪjɑ:i:/ ■ *n.f.* fireplace, kiln.

نیائے /nɪjɑ:e:/ ■ *n.m.* 1 method, way. 2 justice. 3 truth.

نیب /ni:b/ ■ *n.m.* (also نیمب) neem tree. (See also نیم.)

نیبو /ni:bu:/ ■ *n.m.* (also لیمو، لیموں) lemon, lime. نیبو پانی nimbu pani. نیبو نچوڑ an uninvited guest; a parasite.

نیّت /nɪjjəṭ/ ■ *n.f.* (also نیّت) 1 intention, intent, design, purpose; desire, wish, will. 2 (***Isj.***) a vow of the intention to perform namaz. نیت باندھنا 1 resolve, determine. 2 to vow before starting the prayers. نیت بگڑنا ر پھسلنا mind to change for the worse, have an evil desire or intention. نیت بھرنا be satiated; have no more desire (for food or drink). نیت توڑنا (***Isj.***) leave namaz incomplete. نیت ثابت رکھنا stick to one's resolve. نیت کا فتور intention at night untrustworthy. نیتِ شب بخیر ر حرام bad intention. نیت لگی رہنا to keep coveting secretly.

نیرو² ____ ■ *n.m.* watery mixture of cement and sand. [dial.]

نیرو /ne:ro:/ ■ *pr.n.m.* Roman Emperor, Nero Claudius Caesar. نیرو کی بانسری بجانا fiddle while Rome burns, be involved in trivial activities in the midst of a crisis.

نیّرین /nəjjəræ:n/ ■ *n.m. pl.* two luminaries, the sun and the moon.

نیڑے /ne:ɽe:/ ■ *adv.* near, close, adjacent.

نِیز /ni:z/ ■ *adv.* 1 also; even. 2 again. 3 likewise.

نیزک /ne:zək/ ■ *n.m.* (*dim.* of نیزہ) small spear.

نیزہ /ne:zɑ:/ ■ *n.m.* 1 spear, lance, javelin. 2 reed from which pens are made. نیزہ باز lancer,spearman; jouster. نیزہ بازی jousting, tilting (at). نیزہ بردار ربردار spearman. نیزہ ہلانا handle a spear.

نَیساں /næ:sɑ̃:/ ■ *n.m.* seventh month of the old Syrian calendar corresponding to Hindi month of Visakh and April-May of Gregorian calendar.

نیست /ne:sṱ/ ■ *n.f.* (also نِیست) non-existence. ■ *adj.* ruined, destroyed. نیست کرنا abolish, annihilate, ruin, destroy. نیست ونابود کرنا demolish, ruin. نیست ونابود ہونا perish, be ruined, come to nought.

نَیستاں /nəjəsṱɑ̃:/ ■ *n.m.* (also نیستاں) 1 place where canes or reeds grow. 2 sugar plantation; field of sugar cane.

نیستی /ne:sṱi:/ ■ *n.f.* (also نِیستی) 1 non-existence, non-being; ruin, annihilation, destruction. 2 (*women's slang*) ill-luck. 3 indolence, lethargy. 4 pennilessness, poverty. نیستی پھیلانا 1 spread inauspiciousness. 2 sleep too much during day. نیستی چھانا bad luck to befall. نیستی کا مارا 1 indolent, lethargic. 2 wretched, unfortunate.

نیش /ne:ʃ/ ■ *n.m.* 1 sting. 2 lancet. 3 (*fig.*) torturing, causing pain. نیش دار stinging, having sting. نیش زن 1 stinger; incendiary, one who incites quarrels; telltale. نیش زنی 1 stinging. 2 mischief making; taunting. نیشِ عقرب رکژدم scorpion's sting.

نیشتر /ne:ʃṱər/ ■ *n.m.* (also نشتر) lancet.

نَیشکر /næ:ʃəkər/ ■ *n.m.* (also نے شکر) sugar cane.

نیفہ /ne:fɑ:/ ■ *n.f.* (also نیفا) running loop in trousers, etc. for belt or string.

نیفے /ne:fe:/ ■ *n.m.* (*pl. & infl.* of نیفہ) نیفے میں اڑسنا tuck up money, etc. in the loop of trousers.

نیک /ne:k/ ■ *adj.* 1 good; virtuous, righteous, upright, pious. 2 mannerly. 3 kind-hearted. نیک اختر fortunate; lucky. نیک اعتقادی good faith. نیک انجام having a happy end. نیک اندیش well-meaning, well-intentioned, well-disposed. نیک اندیشی good intention. نیک باز just, virtuous. نیک بخت رنصیب fortunate. نیک پاک virtuous. نیک پروین 1 pious woman. 2 (*iron.*) woman who pretends to be pious. نیک تدبیر sound in counsel or management. نیک تمنائیں رجذبات well wishes. نیک چلن رکردار of good character or habits. نیک چلنی رکرداری good conduct, good character. نیک حال well off, prosperous. نیک خصال رخصلت رخلق رخو of good disposition or habits, good natured; humane. نیک خواہ faithful, well-wishing, well-wisher. نیک دل رذات رسرشت رطینت of good disposition; gentle. نیک ساعت رگھڑی رمہورت fortunate moment, happy juncture, auspicious occasion. نیک سیرت رنفس good-natured. نیک شگون رفال good omen. نیک عہد faithful to one's words, true to his words. نیک فرجام (something or someone) with happy ending. نیک فہمی رگمانی good sense, goodness of intellect. نیک قال رگفتار well-spoken. نیک قدم auspicious, blessed, fortunate. نیک مرد good man. نیک منظر of pleasing looks, handsome, elegant. نیک نام of good repute, having a good name, of good character and repute; famous. نیک نامی حاصل کرنا earn or win good name or reputation. نیک نامی کی چٹھی certificate of good character or conduct, testimonial. نیک نہاد good-natured. نیک نیت well meaning; good-intentioned. نیک وبد good and bad.

نیکو /ne:ku:/ ■ *adj.* good, virtuous. نیکوکار pious and beneficent person.

نیکوئی /ne:ku:i:/ ■ *n.f.* benevolence, beneficence.

نیکی /ne:ki:/ ■ *n.f.* goodness, virtue. نیکی اور پوچھ پوچھ a good deed needs no counsel. نیکی آڑے آنا avoid trouble due to some good deeds of past. نیکی برباد گناہ لازم a good turn repaid by evil. نیکی کا زمانہ نہیں goodness is no more appreciated. نیکی کر اور دریا (کنویں) میں ڈال do good and seek no reward, do good for the sake of good. نیکی وبدی good and evil, weal and woe.

نیگ /ne:g/ ■ *n.m.* presents given to relations at marriages and on other festive occasions. نیگ جوگ customary presents on festive occasions. نیگ جوگ والے people with a right to wedding gifts. نیگ دینا give the customary presents at wedding. نیگ لگانا **1** make good use of. **2** waste, squander.

نَیل /næ:l/ ■ *n.m.* acquiring, acquisition, obtaining, attainment, achievement. نَیلِ مرام success.

نیل[1] /ni:l/ ■ *n.m.* **1** nil, a plant which yield the dye indigo, *Indigofera*. **2** dark blue colour. **3** weal, dark bruise caused by a blow. نیل بگڑنا **1** indigo vat to be spoiled. **2** to suffer a great loss. **3** tell a white lie. **4** suffer reverse; be unfortunate. نیل پڑ جانا be beaten black and blue. نیل کا ٹیکہ **1** slur, stigma. **2** blame, disrepute. نیل کا ماٹ indigo vat. نیل کی سلائیاں آنکھوں میں پھیرنا to blind someone. نیل گگن **1** blue sky. **2** (*fig.*) cloudless clear sky. نیل گندل stinky, having a stink of indigo. نیل گودام indigo factory. نیل گوں bluish, of blue colour. [P]

نیل[2] ____ ■ *cardinal number* ten trillion. [P]

نیل[3] ____ ■ *n.m.* (*var.* of نیر) tears. نیل ڈھلنا **1** lose all sense of shame. **2** (of dying person's eyes) run; slime. [S]

نیل[4] ____ ■ *pr.n.m.* the river Nile. [A]

نیل کنٹھ /ni:lkənʈʰ/ ■ *n.m.* Indian roller also called blue jay, a crow family bird having turquoise and blue-green streaks on neck and lower wings, *Coracias, benghalensis*.

نیل گائے /ni:lgɑ:e:/ ■ *n.m.* (also نیل گاؤ) nilgai, a large Indian antelope.

نیلا /ni:lɑ:/ ■ *adj.* blue, livid. نیلا پیلا blue and yellow. نیلا پیلا کرنا beat black and blue. نیلا پیلا ہونا be enraged, fly into passion. نیلا تو تیا/تھوتھا blue vitriol, copper sulphate; poison. نیلا ڈورا باندھنا tie a blue string to offset the evil eye. نیلا کانچ blue stone (or vitriol). (*fem.* نیلی)

نیلام /ni:lɑ:m/ ■ *n.m.* auction, public sale. نیلام چڑھنا put up for auction. نیلامِ عام general auction. نیلام کرنا to auction. نیلام گھر auction house.

نیلامچی /ni:lɑ:mtʃi:/ ■ *n.m.* auctioneer.

نیلامی /ni:lɑ:mi:/ ■ *n.f.* auction sale. ■ *adj.* of or relating to نیلام, to be sold by auction, saleable.

نیلاہٹ /ni:lɑ:həʈ/ ■ *n.f.* (also نیلائی) blueness, lividness.

نیلک /ni:lək/ ■ *adj.* blue. ■ *n.m.* a bright blue colour.

نیلگوں /ni:lgũ:/ ■ *adj.* bluish, of blue colour.

نیلم /ni:ləm/ ■ *n.m.* sapphire. نیلم پری a fictional fairy used as an allusion to a very beautiful woman.

نیلمبر /ni:ləmbər/ ■ *n.m.* sheet of dark blue silk. ■ *adj.* (face, dress) of blue colour.

نیلوفر /ni:lo:fər/ ■ *n.m.* a lotus like blue flower, *Nymphaea lotus*, water lily.

نیلوفری /ni:lo:fəri:/ ■ *adj.* dark blue.

نیلی[1] /ni:li:/ ■ *adj.* (*fem.* of نیلا) blue, azure. نیلی پوش dressed in blue (often for showing grief); mournful, lamenting. نیلی رُواق **1** blue tent-like house. **2** (*fig.*) sky. نیلی فام blue. [P]

نیلی[2] ____ ■ *n.m.* blue colour. نیلی چھتری (*fig.*) blue sky. نیلی چھتری والا allusion to God. [S]

نِیَم /nɪjəm/ ■ *n.m.* **1** vow; agreement. **2** rules; by-laws. **3** piety; religious observance. نیم دھرم **1** abstinence. **2** good conduct.

نیم[1] /ni:m/ ■ *adj.* **1** half. **2** mid, middle. نیم آستین jacket or tunic with half sleeves. نیم باز آنکھیں/پلکیں **1** half open eyes showing effects of drink. **2** expression used for beloved's beautiful eyes. نیم برشت/بریاں/سوختہ/سوز **1** (of meat) half or not fully roasted. **2** (of egg) soft-boiled; half-fried; poached. نیم بسمل mortally wounded. نیم پخت/پز half-cooked; half-baked; parboiled. نیم ٹر half informed; semi-literate. نیم جان/جاں **1** half-dead (with fear, etc.). **2** (*fig.*) lover. نیم جوش half-boiled, coddled. نیم حکیم quack, charlatan, mountebank; untrained physician. نیم حکیم خطرۂ جان، نیم ملا خطرۂ ایمان a little knowledge is a dangerous thing. نیم خواب **1** dozing, drowsy, half-asleep. **2** a half-sleep, doze. نیم خفتگی/خوابی doze, drowsiness. نیم خفتہ/خوابیدہ half-asleep. نیم خوردہ half-eaten; the remains of victuals; crusts and crumbs. نیم راضی half-willing, partially agreed. نیم رس half-ripe. نیم رسمی semi-official (a letter, etc.). نیم روز middle of the day, noon, noontide. نیم شب midnight. نیم کار worker who works with hired implements and pays part wages to owner. نیم کرۂ جنوبی the Southern hemisphere. نیم کرۂ شمالی the Northern hemisphere. نیم کش half-drawn. نیم کشتہ half-killed; wounded. نیم گرم lukewarm. نیم گفتہ half-said. نیم مدہوش half-drunk; not in complete senses. نیم مردہ half-dead; emaciated; tired, jaded. نیم مُلّا imperfectly educated person; quack; priest with a smattering of knowledge. نیم وا half-open. [P]

نیم[2] ____ ■ *n.f.* neem tree, margosa tree, *Melia azadirachta indica*. نیم کا بُھرتہ poultice made of neem a short sleep.

نیٔنو /næ:nu:/ ■ *n.m.* (also نین سکھ، نینوا) a kind of embroidered cloth, sprigged muslin.

نیو /ne:o:/ ■ *n.f.* 1 foundation. 2 (*fig.*) beginning, commencement. نیو پڑنا 1 foundation to be laid. 2 (*fig.*) work to start. نیوڈالنا/رکھنا lay the foundation (of), found.

نیوا /ni:vɑ:/ ■ *adj.* 1 content, tranquil. 2 solemn, serious.

نیوتا /ne:vt̪ɑ:/ ■ *n.m.* (also نیوت) invitation.

نیوتنا /ne:vət̪nɑ/ ■ *v.* (also نیوتانا) invite.

نیور /ne:vər/ ■ *n.m.* 1 horse's knee. 2 wound on the horse's knees.

نیوش /nɪjo:ʃ/ ■ *adj.* hearer, listener.

نیوشندہ /nɪjo:ʃənd̪ɑ:/ ■ *n.m.* hearer; eavesdropper.

نیوگ /nɪjo:g/ ■ *n.m.* appointment; deployment; any trust or appointed task.

نیولا /ne:vlɑ:/ ■ *n.m.* weasel, mongoose.

نیولی /ne:vli:/ ■ *n.f.* small money bag.

نَیہر /næ:hər/ ■ *n.m.* wife's paternal home.

نیہوڑانا /ne:ho:ɽɑ:nɑ:/ ■ *v.* submit humbly. See نہوڑانا.

نیہہ /ne:hɑ:/ ■ *n.m.* (also نیہا) affection, love.

نیہی /ne:hi:/ ■ *n.m.* friend; lover.

leaves. نیم کی نبولی fruit of the margosa tree. [Prk.]

نیمچہ /ni:mtʃɑ:/ ■ *n.m.* (also نیمچا) small scimitar or sword, dagger. نیمچہ تاننا/تولنا whip out or brandish the dagger.

نیمڑ /ni:məɽ/ ■ *adj.* rustic, uncouth or uncultured.

نیمہ /ni:mɑ:/ ■ *n.m.* half. نیمہ آستین half-sleeved jacket or tunic. نیمہ شام evening.

نیمی /nɪjəmi:/ ■ *adj.* 1 religious, pious, chaste; temperate. 2 regular, punctual.

نین /næ:n/ ■ *n.m.* (also نَیَن) the eye. نین برکھا weeping effusively. نین پٹ eyelash. نین جھروکا the eye. نین سکھ 1 appellation of blinds. 2 name of a flower. 3 nainsook, a kind of white cotton cloth. نین کٹورے/کنول beautiful big eyes. نین گنوانا lose one's sight by constant weeping. نین مُتنا weeping at the smallest excuse; irritable. نین مٹکا ogling. (*pl.* نیناں)

نیند /ni:nd̪/ ■ *n.f.* sleep. نیند اچاٹ ہونا/اڑ جانا/بھاگنا/کافور ہو جانا have one's sleep broken; be unable to sleep; sleep to vanish. نیند آنا sleep, feel sleepy. نیند بھر سونا 1 sleep soundly. 2 (*fig.*) be at ease. نیند بھگانا try to keep awake. نیند حرام کرنا disturb someone's sleep. نیند حرام ہونا be unable to sleep. نیند کا ماتا sleepy, ready to sleep. نیند کی جھپکی catnap,

نھ

نھ /nʰə:/ ■ the forty-eighth letter of the Urdu alphabet; used medially as: ننھیال، اُنھیں.

ں

ں /nu:nɣunna:/ ■ the forty-ninth letter of the Urdu alphabet; known as *noon ghunna*, written without dot as (ں), it is not used in the beginning of a word but occurs to show nasalization at the end of the word or in the middle, as in: انسانوں، آنچ، آنچل، بھنور، کنوارا، کنواں، کنول، ہاں، ماں etc.

و

و /vɑːoː/ ■ the fiftieth letter of the Urdu alphabet.

و /və/, /oː/ ■ *conj.* and; too, also; with; used in comp. as: روز و شب day and night. ■ *prep.* by (used in swearing) as: واللہ by God. واللہ علم God knows, God knows best. واللہ علم بالصواب God knows the truth.

وا[1] /vɑː/ ■ *adj.* 1 open, wide. 2 separate. ■ *adv.* 1 again. 2 back, behind. ■ *prefix* re-. واشدن open; become obvious. واکرنا open. واہونا 1 open up. 2 get rid of pain or grief, get relief. [P]

وا[2] ____ ■ *exclam.* (also وائے) expression of pain; ah! oh! o! alas! واحسرتا how unfortunate! how sad! وامصیبتا what misfortune! [A]

وا[3] ____ ■ *suffix* denoting diminution or contempt; used in comp. as: منوا heart. گھروا house. [Prk.]

وابستگی /vɑːbəst̪əgiː/ ■ *n.f.* 1 attachment, affinity. 2 connection; adherence. وابستگی رکھنا keep contact; have a close relationship or attachment.

وابستہ /vɑːbəst̪ɑː/ ■ *adj.* 1 connected, associated, related; bound together. 2 depending on, dependent, subservient. وابستہ ہونا 1 be dependent (on). 2 be attached (to), be connected (with). (*pl.* وابستگان)

واپس /vɑːpəs/ ■ *adj.* returned, gone back. واپس جانا return, go back. واپس دینا/کرنا return, give back, send back. واپس شدہ returned, refunded. واپس کنندہ returner. واپس لینا take back, withdraw. واپس ملنا obtain or get back, be restored.

واپسی /vɑːpsiː/ ■ *n.f.* (also واپَسی) 1 the act of returning, going back. 2 refund. واپسی پرواز return flight. واپسی ٹکٹ return ticket. واپسی ہونا return back, arive back.

واپسیں /vɑːpsĩː/ ■ *adj.* (also واپَسیں) last; latter, hindmost.

واثق /vɑːsɪq/ ■ *adj.* strong, robust, firm, secure.

واجب /vɑːdʒɪb/ ■ *adj.* 1 necessary, incumbent. 2 expedient, appropriate, proper, due. 3 worthy, deserving; convenient, reasonable. 4 just, right. ■ *n.m.* (***Isj.***) an act liable to divine punishment, if not performed; obligation, duty. واجب الاتباع worth following, worthy to be obeyed. واجب الاحترام/التعظیم/التکریم respectable, worthy of respect, venerable. واجب الادا due, payable; necessary to be discharged (duties). واجب الاذعان 1 necessary to be complied with, worthy of compliance. 2 obligatory. واجب الاظہار necessary and fit to be disclosed. واجب التسلیم 1 acceptable; plausible. 2 obligatory. واجب التعزیر culpable; punishable. واجب الرحم pitiable, deserving pity. واجب الرعایت pardonable, excusable; deserving attention and favour. واجب الزیارت necessary to be visited in pilgrimage. واجب العرض 1 fit to be represented. 2 written representation or petition. 3 settlement, agreement. واجب العمل 1 worth-doing. 2 obligatory. واجب القتل deserving death. واجب القتل جرم offence punishable with death. واجب الوجود self-existent, an attribute of God. واجب الوصول recoverable, realizable, receivable. واجب آنا become obligatory. واجب تھا سو عرض کیا I have submitted it because it was expedient to do so (in conclusion to a petition). واجب جاننا consider something obligatory. واجب فی العمل (*fig.*) obligatory to act upon. واجب و فرض/لازم necessary, unavoidable.

واجبات /vɑːdʒɪbɑːt̪/ ■ *n.m.* (*pl.* of واجِب) 1 dues, liabilities. 2 duties, acts that have to be done. 3 (***Econ.***) unavoidable expenditure.

واجی /vɑːdʒɪbiː/ ■ *adj.* 1 little, not much. 2 workable. 3 proper, expedient, reasonable. 4 necessary. 5 allowable. واجی بات reasonable thing. واجی صورت not very beautiful. واجی معلومات working knowledge, limited knowledge.

واجِد /vɑːdʒɪd/ ■ *n.m.* 1 finder; possessor. 2 creator. 3 See الواجد.

واچشم /vɑːtʃəʃm/ ■ *adj.* 1 having (one's) eyes open; awake. 2 (*fig.*) wakeful; wise and discerning.

واچھڑے /vɑːtʃʰəɽeː/ ■ *exclam.* bravo! well done! aha!

واحِد /vɑːhɪd/ ■ *adj.* 1 single, one, sole, alone, individual; unique. 2 (***Gram.***) singular. ■ *n.m.* See الواحد. واحدُ العصر unrivalled, incomparable. واحدُ العین one-eyed. واحِدِ حقیقی the only Being, God. واحد شاہد 1 a lone witness. 2 God is my witness. واحد شاہد (بھی) نہیں completely unaware or ignorant. واحد غائب (***Gram.***) third person singular. واحد متکلم (***Gram.***) first person singular.

واحِدیّت /vɑːhɪdɪjjət/ ■ *n.f.* oneness, singleness.

وادی[1] /vɑːdiː/ ■ *n.f.* (also واد) 1 wadi, valley, vale. 2 habit.

وارپار /vaːrpaːr/ ■ *adv.* (also آرپار) on both sides, through and through, across, on this side and that. See under وار[6].

وارث /vaːrɪs/ ■ *n.m.* 1 heir, successor, inheritor. 2 owner, master, lord. 3 supporter. 4 See الوارث. وارثِ اصلی/حقیقی/عُودی heir-apparent. وارثِ بعید distant successor. وارث تاج وتخت heir to the throne. وارثِ شرطی stipulated successor. وارثِ صُلبی heir-apparent. وارثِ قانونی heir-at-law. وارثِ قیاسی heir-presumptive. وارث ہونا inherit, succeed to, heir to.

وارثی /vaːrɪsiː/ ■ *n.m.* 1 heritage. 2 the Warisi order of Sufis or its member.

وارِد /vaːrɪd̪/ ■ *adj.* 1 alighting, descending; coming, arriving; approaching. 2 expert, skilful. ■ *n.m.* one who alights; comer. وارد وصادر 1 comer. 2 (*fig.*) (i) guest. (ii) traveller. وارد ہونا arrive, come; alight, descend, befall. (*pl.* واردان)

واردات /vaːrd̪aːt̪/ ■ *n.f.* (also واردات) 1 event, incident, occurrence. 2 criminal act. 3 ideas or thoughts coming. وارداتِ قلبی/قلبیہ some esoteric experience; spiritual observation of the Sufis. واردات کرنا commit (some) crime.

وارستگی /vaːrəst̪əgiː/ ■ *n.f.* 1 freedom, liberation, deliverance. 2 carelessness.

وارستہ /vaːrəst̪ɑː/ ■ *adj.* free; unconcerned, careless. (*pl.* وارستگان)

وارفتگی /vaːrəft̪əgiː/ ■ *n.f.* 1 being out of senses; distraction; madness. 2 infatuation.

وارفتہ /vaːrəft̪ɑː/ ■ *adj.* 1 not in (one's) senses; distracted; mad; lost, gone astray. 2 infatuated. ■ *n.m.* one who has gone astray. وارفتہ خاطر carefree by nature. وارفتہ سامانی 1 madness. 2 infatuation. وارفتہ مزاج 1 carefree, careless. 2 not in one's senses. (*pl.* وارفتگان)

وارن /vaːrən/ ■ *n.f.* 1 sacrifice. 2 giving sacrifice to ward off a trouble.

وارنا /vaːrnɑː/ ■ *v.* 1 surround, encircle, go round. 2 wave (something) over or round (someone) as a votive offering; offer (something) as sacrifice.

واری /vaːriː/ ■ *adj.* sacrificed. ■ *n.f.* sacrifice (as offering or sacrifice for someone's welfare). ■ *exclam.* my dear! my life! واری پھیری ceremony among women of

3 obstinacy, perverseness; disobedience. 4 (*fig.*) (i) forest; desert. (ii) passage, course, route. وادیِ ایمن valley at right hand side; valley of Mount Sinai where Moses had the beatific vision. وادیِ بطحا the valley of Makkah. وادی پرآنا be obstinate or perverse. وادیِ خاموشاں/خموشاں graveyard. وادیِ سینا/طُور valley of Mount Sinai. وادیِ ظلمت 1 vale of darkness. 2 (*fig.*) this world. وادی کہسار 1 mountain valley. 2 (*fig.*) wilderness. [A]

وادی[2] ____ ■ *n.m.* 1 believer or follower of any doctrine; disciple. 2 speaker. 3 claimant. 4 player (of a musical instrument). [S]

واڈھی /vaːɖʰiː/ ■ *n.f.* harvest.

وار[1] /vaːr/ ■ *n.m.* 1 blow, stroke; knock, attack, assault. 2 wound, cut, sore. 3 blame. 4 heavy load. وار او چھا پڑنا/خالی جانا a stroke or blow to miss. وار بچانا/کاٹنا parry a blow; evade an attack. وار پر وار repeated attacks. وار چلنا a play or stratagem to succeed; get an opportunity (to). وار کرنا/مارنا attack, assault. وار نہ لینے دینا allow no respite. وار ہونا be attacked. [S]

وار[2] ____ ■ *suffix* 1 forming adjectives, nouns and adverbs in the meaning of having, possessing. 2 worthy of, befitting. 3 resembling, like; according to; used in comp. as: امیدوار 1 hopeful. 2 candidate. ترتیب وار serially. خطاوار guilty, faulty. سلسلہ وار in series. [P]

وار[3] ____ ■ *n.m.* sacrifice, offering. وار پھیر an offering, usually of money waved round the heads of bride and bridegroom and given away as alms. وار پھیرنا make a propitiatory offering. [S]

وار[4] ____ ■ *n.m.* 1 opportunity; time, turn, occasion. 2 any day of a week, as: منگل وار Tuesday. وار آنا have a turn; get an opportunity. [Prk.]

وار[5] ____ ■ *n.m.* lateness. [Prk.]

وار[6] ____ ■ *adv.* on this side (of the river). وار پار on both sides. [Prk.]

وارا[1] /vaːrɑː/ ■ *n.m.* 1 benefit, gain. 2 saving; thrift. 3 offering, sacrifice. وارا کھانا something to be profitable. وارا نیارا 1 end, finish. 2 settlement of a dispute; reconciliation. 3 great benefit. [Prk.]

وارا[2] ____ ■ *n.m.* turn; opportunity. [S]

distributing money to the menials which has been passed over the head of bride or bridegroom as a sacrifice for her / his protection or welfare. واری پھیری ہونا go round someone (as a sacrifice). واری جاؤں may I die for your sake! واری صدقے جانا/ہونا be sacrificed.

وارے /vɑ:re:/ ■ *n.m.* (*pl.* & *infl.* of وارا) benefits, gains. وارے نیارے great benefit. وارے نیارے ہونا flourish, prosper, thrive, have stroke of fortune, earn great profit.

واڑا /vɑ:ɽɑ:/ ■ *n.m.* & *suffix* (also واڑہ) quarter of a city, city quarter where people of same caste or profession live, such as: کمھارواڑا، سیدواڑا .

واڑی /vɑ:ɽi:/ ■ *n.f.* (also واڑ) 1 garden. 2 enclosure. ■ *suffix* as: پھلواڑی flower garden.

واژگوں /vɑ:ʒɡũ:/ ■ *adj.* (also واژگون، واژوں) 1 inverted; upside down, topsy-turvy. 2 contrary, opposite. 3 unfortunate, unlucky. واژگوں بخت/نصیب hapless, unfortunate, unlucky.

واسِط /vɑ:sɪt̪/ ■ *n.m.* 1 the middle. 2 mediator, go-between, middleman. 3 matchmaker.

واسطہ /vɑ:st̪ɑ:/ ■ *n.m.* (also واسط) 1 concern, relation, connection. 2 sake, account, cause. 3 medium, mean. 4 mediator, middleman. واسطہ پڑنا come into contact. واسطہ پیدا کرنا find means of approach; establish contact. واسطہ دینا invoke for help or mercy. واسطہ رکھنا have to do with; bear upon; have concern (with). (*pl.* وسائط)

واسطی /vɑ:st̪i:/ ■ *n.f.* a kind of reed. واسطی قلم pen made of this reed.

واسطے /vɑ:st̪e:/ ■ *n.m.* (*pl.* & *infl.* of واسطہ) واسطے سے through, with reference.

واسع /vɑ:seʔ/ ■ *adj.* 1 ample. 2 capacious, wide, roomy. ■ *n.m.* See الواسع.

واسکٹ /vɑ:skət̪/ ■ *n.f.* waistcoat. [E]

واسوخت /vɑ:so:xt̪/ ■ *n.m.* (***Poet.***) a poetical genre characterized by impassioned style and lament of unrequited love.

واسوختہ /vɑ:so:xt̪ɑ:/ ■ *adj.* 1 inflamed. 2 impassioned.

واسوز /vɑ:so:z/ ■ *n.m.* 1 burning. 2 ardour, passion.

واشاد /vɑ:ʃɑ:d̪/ ■ *adj.* happy, cheerful.

واشُد /vɑ:ʃʊd̪/ ■ *n.f.* 1 opening of a closed thing. 2 blooming of flower. 3 stuffiness to go away.

واشُدہ /vɑ:ʃʊd̪ɑ:/ ■ *adj.* 1 opened; expanded. 2 vanished, dispersed.

واشِگاف /vɑ:ʃɪɡɑ:f/ ■ *adj.* open, evident, clear.

واصِف /vɑ:sɪf/ ■ *n.m.* extoller; eulogist.

واصِل /vɑ:sɪl/ ■ *n.m.* 1 one who is admitted to or enjoys the company of the beloved. 2 what is collected (of the public revenue). ■ *adj.* 1 joined, connected, attached; coupled. 2 arrived. 3 met. واصل باقی 1 collections and balances; account of payments. 2 schedule of collections and balances. واصل باقی کرنا state or balance account. واصل باقی نویس account keeper for collections and payments. واصل بحق /بخدا/ ملکِ عدم ہونا die; enter the kingdom of heaven. واصل جہنم کرنا kill (an infidel, etc.)

واصِلات /vɑ:selɑ:t̪/ ■ *n.m.* (*pl.* of واصل) proceeds; account of collected money; income, saving and balance.

واضح /vɑ:zeh/ ■ *adj.* evident, manifest, obvious, clear. واضح رہے/رہو be it known that; it should be clear that. واضح کرنا explain, elucidate, give in detail.

واضِع /vɑ:zeʔ/ ■ *adj.* placing; establishing. ■ *n.m.* 1 inventor. 2 founder, establisher. واضعُ الحدیث one who fabricates Hadiths. واضعِ قانون lawmaker, legislator, lawgiver. (*pl.* واضعان، واضعین)

واعِظ /vɑ:ʔɪz/ ■ *n.m.* preacher, homilist; sermonizer; adviser. (*pl.* واعظان، واعظین، وُعّاظ)

وافِر /vɑ:fɪr/ ■ *adj.* abundant, plentiful, copious; much, opulent; ample. ■ *n.f.* (***Pros.***) name of an Arabic poetical metre.

وافی /vɑ:fi:/ ■ *adj.* 1 entire, complete. 2 plentiful, abundant. 3 adequate, enough. 4 sincere. 5 honourable. وافی وشافی beneficial and enough.

واقِع /vɑ:qeʔ/ ■ *adj.* 1 befalling, occurring; arriving; appearing. 2 situated. واقع شدہ already happened. واقع میں in fact, in reality, really, actually, in point of fact. واقع ہونا happen, occur, befall.

واقعات /vɑ:qeʔɑ:t̪/ ■ *n.m.* (*pl.* of واقعہ) events. واقعاتِ نفسُ الامری factual occurrences, events that actually happened.

واقعاتی /vɑ:qeʔɑ:t̪i:/ ■ *adj.* 1 based on facts, factual. 2 circumstantial. واقعاتی شہادت circumstantial evidence.

واقعہ /vɑ:qeʔɑ:/ ■ *n.m.* 1 event, incident, occurrence; happening. 2 matter. 3 tale, story. 4 conflict, encounter. 5 day of judgement. واقعہ مابعد an event that follows another; consequence. واقعہ ماقبل antecedent. واقعہ نگار رنویس 1 news-writer, correspondent. 2 informant. 3 chronicler. واقعہ ہائلہ tragedy, sad event.

واقعۃً /vɑːqeʔət̪ən/ ■ *adv.* surely; truly, really.

واقعی /vɑːqeʔiː/ ■ *adv.* actually, in reality; certainly, verily, truly. ■ *adj.* true, real. واقعی میں in reality, in fact.

واقعیت /vɑːqeʔɪːjjət̪/ ■ *n.f.* realism. واقعیت پسند realist.

واقف /vɑːqɪf/ ■ *adj.* 1 acquainted (with). 2 aware of, knowing, conversant. 3 sensible; experienced, learned. واقف حال رکار 1 knower, one who knows; connoisseur. 2 knowing; au fait. واقف کاری 1 acquaintance. 2 knowledge; experience. واقف ہونا be in the know, be acquainted with. (*pl.* واقفان)

واقفیت /vɑːqɪfɪjjət̪/ ■ *n.f.* 1 acquaintance. 2 information, knowledge. واقفیتِ عامہ general knowledge. واقفیت نکالنا find a way to get acquainted, develop acquaintance, create familiarity.

واگذار /vɑːgʊzɑːr/ ■ *adj.* released, set free. واگذار کرانا get redeemed (property).

واگذاشت /vɑːgʊzɑːʃt̪/ ■ *n.f.* 1 leaving behind. 2 committing to release.

واگذاشتہ /vɑːgʊzɑːʃt̪ɑː/ ■ *adj.* 1 left behind. 2 released, remitted.

والا[1] /vɑːlɑː/ ■ *suffix* forming nouns and adjectives: 1 wallah; agent; keeper. 2 inhabitant. 3 master, lord, owner; used in comp. as: گھروالا 1 keeper, owner or master of the house. 2 husband. لکھنے والا writer; author. [Prk.]

والا[2] ____ ■ *adj.* exalted in dignity, high, eminent, respectable, superior. والاتبار of high and noble family. والاجاہ of exalted dignity. والاشان high in rank or dignity. والاصفات of high qualities and merits. والاقدر of high rank. والانامہ letter from a superior. [P]

والّا /vəllɑː/ ■ *phr.* or else, otherwise. وَاِلّا فلا otherwise not.

والائی /vɑːlɑːiː/ ■ *n.f.* dignity, eminence, superiority.

والِد /vɑːlɪd̪/ ■ *n.m.* father. والدِ بزرگوار رگرامی respected father. والدِ ماجد respected father. والدِ مرحوم late father.

والِدہ /vɑːlɪd̪ɑː/ ■ *n.f.* mother. والدہ ماجدہ respected mother.

والدین /vɑːled̪æːn/ ■ *n.m.pl.* parents. والدین کا سایہ سر سے اٹھ جانا parents be dead; be orphaned.

والسّلام /vəssəlɑːm/ ■ *phr.* 1 and peace be on you. 2 (*fig.*) goodbye.

واللہ /vəllɑːh/ ■ *exclam.* by God (in swearing). واللہ اعلم God knows. واللہ اعلم بِالصواب God knows the facts. واللہ اعلم بِالغیب God knows the hidden things or mysteries. واللہ بِاللہ by God.

والہ /vɑːlɑː/ ■ *adj.* 1 confounded, stupefied, astonished. 2 driven to despair. 3 distracted (with terror or grief). 4 distracted with love, madly in love. والہ وشیدا enamoured; captivated, head over heals in love.

والہانہ /vɑːlehɑːnɑː/ ■ *adj.* loving. ■ *adv.* devotedly; madly. والہانہ عقیدت great devotion.

والہیت /vɑːlɪhɪjət̪/ ■ *n.f.* love, fondness.

والی[1] /vɑːliː/ ■ *suffix* (*fem.* of والا[1]) used in comp. as: گھروالی wife. [Prk.]

والی[2] ____ ■ *n.m.* 1 ruler. 2 owner. 3 guardian. 4 supporter, ally. والیِ ریاست رسلطنت ruler, king. والی وارث parents; caretakers. [A]

وام /vɑːm/ ■ *n.m.* debt, credit, borrowing, lending. وام دینا to lend. وام کرنا رلینا borrow.

واماندگی /vɑːmɑ̃ːd̪əgiː/ ■ *n.f.* 1 tiredness, fatigue. 2 lagging behind.

واماندہ /vɑːmɑ̃ːd̪ɑː/ ■ *adj.* 1 tired, fatigued. 2 remaining behind. 3 (*fig.*) heir. (*pl.* واماندگان)

وامِق /vɑːmɪq/ ■ *adj.* loving, enamoured (of). ■ *n.m.* lover; friend. ■ *pr.n.m.* lover of the legendary Persian beauty Azra.

وان /vɑːn/ ■ *suffix* possessing; endowed with, used as: دھن وان possessing wealth.

واں[1] /vɑ̃ː/ ■ *adv.* (*poet., arch.*) there. See وہاں. [Prk.]

واں[2] ____ ■ *suffix* used with cardinal numbers to form the ordinal numbers, as: پانچواں from پانچ, دسواں from دس, also used for forming adjectives, as: گیہواں from گیہوں. [S]

وانا /vɑːnɑː/ ■ *suffix* used to make causative verbs, as: تلوانا from تلنا ; گھسوانا from گھسنا.

واویلا /vɑːvæːlɑː/ ■ *n.m.* (also وائے وَیلا) lamentation, bewailing. ■ *exclam.* alas! ah!

واوین /vɑːvæːn/ ■ *n.m.pl.* quotation marks; inverted commas (‘ ’ or “ ”).

واہ /vɑːh/ ■ *exclam.* expressing approval or (*iron.*) denial, bravo! well done! واہ بھئی واہ 1 (expression of praise) expression of grief) what bad luck!

وبا /vəbɑː/ ■ *n.f.* 1 epidemic, pestilence, pandemic, plague. 2 (*fig.*) a social evil, contagion. وبا آنا/پھوٹنا/پھیلنا epidemic to spread, outbreak of a disease.

وبال /vəbɑːl/ ■ *n.m.* 1 burden, load. 2 punishment for a sin or wrong deed, especially divine wrath. 3 plague, pestilence. 4 misfortune, curse; ruin. 5 nuisance, vexation. ■ *adj.* burdensome, troublesome. وبال بن جانا something to become troublesome or bothersome. وبالِ جان nuisance, troublesome person or thing. وبالِ دوش a heavy and onerous responsibility.

وبائی /vəbɑːiː/ ■ *adj.* epidemic, pestilent. وبائی امراض epidemics, epidemic diseases.

وتد /vətəḍ/ ■ *n.m.* 1 peg, pin. 2 stake; wooden club. 3 (***Pros.***) three-lettered word. وتدُالارض the antipodes, diametrically opposite region of earth. وتدِ مجموع/مقرون (***Pros.***) three-lettered word with the first two letters followed by vowel sounds (e.g. چَلَن /tʃələn/). وتدِ مفروق (***Pros.***) three-lettered word whose first letter, but not the second, is followed by a vowel sound. (*pl.* اوتاد)

وتر /vəṭər/ ■ *n.m.* 1 sinew, tendon. 2 (***Geom.***) the hypotenuse, diagonal. وترِ قوس string (of a bow, etc.), chord (of an arc).

وِتر /vɪṭr/ ■ *n.m.* (***Islam***) obligatory prayer after performing Isha (عِشا) prayers.

وِتنا /vɪtnɑː/ ■ *adj.* as much as that. See اُتنا.

وتیرہ /vəṭiːrɑː/ ■ *n.m.* (also وتیرا، وطیرہ) behaviour, disposition; way, mannerism, habit, especially an unacceptable one. وتیرہ باندھنا/بنا لینا/بنانا make something a habit or practice, do something regularly.

وٹ /vəʈ/ ■ *n.m.* 1 banyan or Indian fig-tree, *Ficus indica.* 2 round and small piece of rock. 3 twisted rope. 4 part, share. 5 (*slang*) (i) awe, dread, terror. (ii) anger, frown. 6 bypath, byway, track.

وٹّا /vəʈʈɑː/ ■ *n.m.* discount; deficit; deficit in exchange of money.

وٹّا سٹّا /vəʈʈɑːsəʈʈɑː/ ■ *n.m.* exchange, barter, interchange.

وٹوٹ /vəʈvəʈ/ ■ *n.f.* absurdities, nonsense; grumble.

وٹی /vəʈiː/ ■ *n.m.* 1 helper. 2 (*fig.*) servant especially one who works on farms.

وٹّے سٹّے /vəʈʈeː səʈʈeː/ ■ *n.m.* (*pl.* & *infl.* of وٹّا سٹّا) وٹّے سٹّے کی well done! 2 (expression of surprise) how strange! واہ ری/رے قسمت واہ رے bravo! well done! excellent! oh! what a good/bad luck! واہ کیا بات ہے (often *iron.*) how wonderful! واہ کیا کہنا excellent! wonderful! واہ واہ bravo! excellent! how strange! واہ وا/واہ واہ کرنا applaud, appreciate, commend, praise, ovation. واہ وا/واہ واہ ہونا become famous; be praised or applauded.

واہِب /vɑːhɪb/ ■ *n.m.* bequeather, donor, giver. ■ *adj.* liberal, generous, munificent. واہِبُ العطا/العطایا God, the Giver of all gifts. (*fem.* واہِبہ)

واہگورو /vɑːhguːruː/ ■ *n.m.* (also واہگرو، واہ گرو) name and slogan of Guru Nanak, the founder of Sikhism.

واہِم /vɑːhɪm/ ■ *adj.* thinking, having an imagination or idea, fancying; doubting.

واہِمہ /vɑːhemɑː/ ■ *n.m.* 1 fancy, imagination; whim. 2 (***Psych.***) hallucination.

واہی /vɑːhiː/ ■ *adj.* 1 broken; easily dissolved or broken; torn. 2 absurd, inept, meaningless, nonsensical. 3 lazy, sluggish; weak, feeble. 4 crazy, mad; foolish. ■ *n.m.* 1 loose character. 2 nonsense. 3 vagabond, vagrant, rake, lecher, whoremonger. واہی تباہی/تواہی 1 ruined, in broken condition or circumstances. 2 without house or home. 3 wandering, roving. 4 trivial; nonsensical, meaningless; obscene. واہی تباہی بکنا/بولنا talk nonsense, use foul language. واہی تباہی پھرنا/گھومنا wander about. واہی سمجھنا consider absurd or nonsensical. واہی ہوجانا 1 become profligate, be of loose character. 2 turn mad.

واہیات /vɑːhɪjɑːt/ ■ *n.f.* (*pl.* of واہیہ) absurdities, fiddle-faddle, nonsense. واہیات بکنا use foul language, talk nonsense.

واہیہ /vɑːhɪjɑː/ ■ *adj.* useless, nonsensical; absurd.

واؤ /vɑːoː/ ■ *n.m.* (also واو) pronunciation of letter و. واؤ عاطفہ/عطف use of و as conjunction *and.* واؤ لین pronunciation of و as in غور /ɣɔːr/. واؤ مجہول pronunciation of و as in گول /goːl/. واؤ معدولہ silent و as in خود /xʊḍ/. واؤ معروف pronunciation of و as in بُھول /bʰuːl/.

وائی /vɑːiː/ ■ *n.f.* (***Poet.***) Sindhi Sufi musical form of poetry.

وائے /vɑːeː/ ■ *exclam.* oh! alas! وائے تقدیر/قسمت (an

شادی the custom of exchange marriage.

وثاق /vəsɑ:q/ ■ *n.m.* (also وِثاق) **1** string, cord. **2** agreement.

وثاقت /vəsɑ:qəṯ/ ■ *n.f.* strength, firmness, solidity.

وثق /vəsq/ ■ *n.m.* **1** confiding or trusting (in); confidence, trust, faith. **2** strength.

وثن /vəsən/ ■ *n.m.* statue, especially of stone, idol.

وثنی /vəsəni:/ ■ *n.m.* idolater, pagan.

وثنیات /vəsənɪjɑ:ṯ/ ■ *n.f.* mythology.

وُثوق /vʊsu:q/ ■ *n.m.* **1** strength, firmness, steadfastness. **2** confidence, reliance. (پورے) وثوق سے with (full) confidence.

وثیق /vəsi:q/ ■ *adj.* firm, steady, strong.

وثیقہ /vəsi:qɑ:/ ■ *n.m.* **1** confidence, faith; firmness. **2** bond, obligation. **3** document, written agreement. **4** stipend, allowance. وثیقۂ انتقال deed of transfer. وثیقۂ جان بیمہ life insurance policy. وثیقہ دار **1** holder of bond. **2** holder of some monthly allowance in former princely states, like Hyderabad Deccan. **3** pensioner. وثیقۂ سرکاری government paper. وثیقۂ ضمانت bail bond. وثیقہ لکھوانا get a treaty signed. وثیقہ نویس deed-writer. وثیقہ نویسی deed-writing. (*pl.* وثائق)

وجاہت /vədʒɑ:həṯ/ ■ *n.f.* **1** beauty, elegance. **2** appearance; personality. **3** dignity, respectability. **4** authority, domination.

وجب /vədʒəb/ ■ *n.m.* **1** the maximum distance between the thumb and the little finger, span, a distance of about nine inches. **2** (*fig.*) very small place or thing.

وجد /vədʒḏ/ ■ *n.m.* ecstasy, rapture, overwhelming emotions; excessive love; frenzy. وجد انگیز ecstatic. وجد میں آنا / جھومنا have an ecstatic fit, be enraptured.

وِجدان /vɪdʒḏɑ:n/ ■ *n.m.* **1** intuition, intuitive capacity, perception. **2** ecstatic condition.

وجع /vədʒʔ/ ■ *n.m.* **1** pain, ache. **2** ailment, disease; affliction. **3** complaint, mourning. وجع المفاصل / مفاصل gout, rheumatism.

وُجوب /vʊdʒu:b/ ■ *n.m.* an act which is obligatory or compulsory.

وُجود /vʊdʒu:ḏ/ ■ *n.m.* existence, being; body, substance. وجود پانا come into existence. وجود میں لانا bring into existence, form, create. وجودِ نو renascence, renaissance. وجود و شہود existence and presence. وجود و عدم existence and non-existence.

وُجودی /vʊdʒu:ḏi:/ ■ *adj.* of or about existence, existing. ■ *n.m.* **1** pantheist. **2** existentialist.

وُجودیت /vʊdʒu:ḏɪjəṯ/ ■ *n.f.* **1** (***Philos.***) existentialism. **2** pantheism.

وجہ /vədʒh/ ■ *n.f.* **1** cause, reason; source. **2** mode, way. **3** face, visage. **4** allowance, pension. وجہ بیان کرنا state or set forth the reasons. وجہِ تحریک cause of or incentive to action; the motive. وجہِ تسمیہ cause of giving something particular name. وجہِ ثبوت proof, evidence. وجہِ ثبوتِ کامل conclusive proof. وجہِ ثبوتِ واقعات circumstantial evidence. وجہِ حال **1** mode of living. **2** state of circumstances. وجہِ حلال کا ٹکڑا honest pittance. وجہِ خاص special attention or favour. وجہ سے due to, becuse of, by reason of; in consequence of. وجہِ شبہ point of similitude. وجہِ قوی efficient cause. وجہِ کافی / معقول sufficient cause, ground or excuse. وجہِ کفاف means of subsistence. وجہِ مخاصمت / نالش **1** ground of complaint. **2** cause of conflict. وجہِ معاش means of subsistence, maintenance, livelihood. وجہِ مقرری fixed allowance. وجہِ موجّہ strong reason or proof. وجہِ نزاع bone of contention. (*pl.* وُجوہ; *ppl.* وُجوہات)

وِجے /vɪdʒe:/ ■ *n.m.* conquest, triumph, victory.

وجیز /vədʒi:z/ ■ *adj.* brief, laconic, short, epitomized, summarized. (*fem.* وجیزہ)

وجیہ /vədʒi:h/ ■ *adj.* (also وجیہہ) **1** handsome, graceful, of commanding personality, good-looking. **2** dignified, respectful. **3** suitable, appropriate, becoming. **4** strong.

وِچار /vɪtʃɑ:r/ ■ *n.m.* (also بچار) consideration; reflection; meditation, thought.

وچن /vətʃən/ ■ *n.m.* promise, pledge.

وحدانی /væhḏɑ:ni:/ ■ *adj.* unitary, showing oneness. وحدانی طرزِ حکومت unitary form of government. وحدانی خطوط parentheses, round brackets ( ).

وحدانیت /væhḏɑ:nɪjəṯ/ ■ *n.f.* oneness of God; monotheism or belief in the oneness of God, Unitarianism.

وحدت /væhḏəṯ/ ■ *n.f.* **1** unity, state of being one, oneness. **2** solitariness, isolation. **3** unit. وحدتِ ارادی absolute belief, without any external compulsion, in the oneness of God. وحدتُ الشہود unity of perception, apparentism, doctrine that the universe has a separate and distinct existence from God. وحدتُ الوجود unity of existence, pantheism, doctrine that the material universe and all beings are manifestations of God. وحدت پرست Unitarian, monotheist. وحدتِ ثلاثہ/سہ گانہ (***Lit.***) unity of time, place and action, Aristotle's rule regarding drama. وحدتِ خداوندی oneness of God, monotheism. وحدتِ خیال/فکر unity of ideas; community of interest. وحدتِ قہری unity of people enforced or established by fear. وحدتِ نوعی unity due to belonging to one species, e.g. all men are one unity because of being human.

وحدہٗ /vəhd̪əhu:/ ■ *phr.* He is one. وحدہٗ لاشریکَ لہٗ He is one, having no partner.

وحش /væhʃ/ ■ *n.m.* (*pl.* of وحشی) **1** wild animals. **2** (as *sing.*) wilderness.

وحشت /væhʃət̪/ ■ *n.f.* **1** fear, fright, horror, dread. **2** dreariness; solitude, loneliness. **3** barbarity, wildness, ferocity, savageness; terror. وحشت اثر frightful, ferocious. وحشت انگیز/آلود/ناک **1** terrible, frightful, horrible; bewildering; shocking. **2** desolate, dreary. وحشت برسنا terror and savageness to prevail or be manifested. وحشت پنا agitation, bewilderment; fear. وحشت زدہ/کا مارا aghast, terrified, struck with dread. وحشت ناک terrifying, frightful, dreadful. وحشت ہونا be frightened, be terrified.

وحشی /væhʃi:/ ■ *n.m.* **1** wild beast. **2** brute, savage. ■ *adj.* wild, savage, ferocious, barbarous, barbaric, uncivilized. وحشی پن/پنا wildness, ferocity.

وحشیانہ /væhʃɪja:na:/ ■ *adj.* & *adv.* beastly, brutish, savage; savagely.

وُحوش /vʊhu:ʃ/ ■ *n.m.* (*pl.* of وحش) **1** wild animals, beasts. **2** (*fig.*) uncivilized persons. وحوش وطیور beasts and birds.

وحی /vəhi:/ ■ *n.f.* Divine revelation. وحی اترنا/نازل ہونا a revelation to come down from God through the archangel Gabriel.

وحید /vəhi:d̪/ ■ *adj.* unique, unrivalled; incomparable, nonpareil; singular. وحید الدہر/روزگار unique in the world, phoenix of the time. وحید العصر/زمان nonpareil or unique of the time.

وِداد /vɪd̪a:d̪/ ■ *n.f.* (also وُداد) friendship; love, affection.

وِداع /vɪd̪a:ʔ/ ■ *n.m.* **1** farewell, adieu; bidding farewell. **2** formal departure of bride from her parents' home to her husband's home. وداع کرنا **1** bid farewell, say good bye. **2** to send off the bride to her husband's home.

وِداعی /vɪd̪a:ʔi:/ ■ *adj.* of farewell; valedictory.

وِدوان /vɪd̪va:n/ ■ *n.m.* wise and learned man, scholar.

ودُود /vəd̪u:d̪/ ■ *adj.* friendly; loving; kind. ■ *n.m.* See الودود.

وِدّیا /vɪd̪d̪ɪja:/ ■ *n.f.* **1** learning, knowledge, science; philosophy. **2** understanding, discernment. **3** skill, dexterity. **4** (***Hinduism***) epithet of the goddess Durga. ودیّا دان voluntary teaching. ودیا ساگر sea of knowledge, i.e. a great scholar.

وِدیارتھی /vɪd̪ja:rt̪ʰi:/ ■ *n.m.* **1** student, pupil, desirous of knowledge. **2** scholar. (*fem.* وِدیارتھن)

ودِیعت /vəd̪i:ʔət̪/ ■ *n.f.* deposit, trust, whatever is committed to another's charge. ودیعتِ حیات laying down (one's) life, dying; death. ودیعت کرنا entrust; bestow. ودیعت ہونا be given, entrusted or bestowed. (*pl.* ودائع)

ودھ /vəd̪ʰ/ ■ *n.m.* killing, bloodshed.

وِدھاتا /vɪd̪ʰa:t̪a:/ ■ *n.m.* **1** (***Hinduism***) Brahma. **2** arranger, manager, administrator.

وِدھوا /vɪd̪ʰva:/ ■ *n.f.* widow.

وڈّا /vəɖɖa:/ ■ *adj.* big. (*fem.* وڈّی)

وڈیرا /vəɖe:ra:/ ■ *n.m.* (also وڈیرہ) big landlord, feudal lord.

ور[1] /vər/ ■ *adj.* superior, dominant; desirable. ور رہنا be victorious. ور ہونا be superior. [S]

ور[2] —— ■ *suffix* **1** possessing, having. **2** enjoying; used in comp. as: دانش ور intellectual, scholar. دیدہ ور visionary, perceptive. نام ور famous. [P]

ور[3] —— ■ *n.m.* **1** lover; beloved; husband. **2** marriage proposal. **3** son-in-law. **4** desire; request. **5** gift; benefit. **6** famous. (See also بر[2].) [S]

ورا /vəra:/ ■ *adv.* (also وراء) beyond, behind; besides. وراءُ الورا far away, back of beyond. ورائے عقل beyond comprehension.

وِراثت /vɪra:sət̪/ ■ *n.f.* heritage, heirship, inheritance, legacy. وراثتِ مجہول (***Law***) property whose legatee is not known. وراثت نامہ deed of inheritance or heirship.

وِراثتاً /vɪra:sət̪ən/ ■ *adv.* by inheritance. وراثتاً پہنچنا devolve by inheritance.

ورع /vərʔ/ ■ *n.f.* (also وَرَع) **1** chastity; temperance. **2** fear of God.

ورغلانا /vərɣəlɑ:nɑ:/ ■ *v.* decoy, seduce, entice, tempt, coax, cajole, wheedle.

ورق /vərəq/ ■ *n.m.* **1** leaf. **2** petal of flower. **3** leaf of a book; page. **4** foil (gold or silver). **5** playing card. **6** slice; layer; crust. ورق اتارنا slice, cut very fine. ورق الٹنا/پلٹنا **1** turn over a page. **2** read (a book) desultorily. ورق الٹیے/پلٹیے please turn over, PTO. ورقُ الخیال cannabis. ورق تراشنا cut cards. ورق ساز one who beats silver or gold leaf to make a foil. ورق سازی beating of metal to make foil. ورق کوٹنا beat metal into foils. ورق کے ورق سیاہ کرنا write profusely. ورق گردانی کرنا **1** turn leaves (of book). **2** read cursorily. ورقِ گل petal. (*pl.* اَوراق)

ورقہ /vərqɑ:/ ■ *n.m.* (also وَرَقہ) **1** leaf of a book, paper. **2** letter. **3** (***Bot.***) (i) spathe. (ii) blade; long narrow leaf.

ورقی /vərqi:/ ■ *adj.* (also وَرَقی، ورقیلا) **1** leaf-like, foliate, foliated, made up of layered flakes. **2** (*fig.*) thin, slender. ورقی سموسہ flaky samosa.

ورقیہ /vərqɪjɑ:/ ■ *n.m.* **1** small page; chit. **2** announcement. **3** short manual; pamphlet.

ورلا /vərlɑ:/ ■ *adj & adv.* this, this one; on this side. (*fem.* ورلی)

ورم /vərəm/ ■ *n.m.* swelling, inflammation. ورم آلود swelled. ورم آنا swell, become swelled. ورمِ جگر hepatitis. ورم کرنا swell, cause inflammation. ورم ہونا be inflamed.

ورن /vərn/ ■ *n.m.* (also وَرَن) **1** appearance, complexion, looks. **2** race, caste. **3** dress.

ورنہ /vərnɑ:/ ■ *conj.* (also وگرنہ) and if not then, otherwise, or else.

وُرُود /vʊru:d̪/ ■ *n.m.* arrival, coming; appearing; descending, alighting. ورودِ مسعود auspicious arrival.

وریٰ /vərɑ:/ ■ *n.m.* (also ورے) men, mortals; creation.

ورے /vəre:/ ■ *adv.* **1** on that side, on that end. **2** far, far off. **3** on this side, at this end. **4** for the very first time; in the beginning.

ورید /vəri:d̪/ ■ *n.f.* vein.

وِزارت /vɪzɑ:rət̪/ ■ *n.f.* (also وزارت) ministry, the office of a minister, vizierate. وزارتِ اطلاعات ministry of

ورّاد /vərrɑ:d̪/ ■ *n.m.* gardener.

ورّاق /vərrɑ:q/ ■ *n.m.* **1** maker of thin silver or gold foil. **2** paper-maker or seller; bookbinder; stationer. (*pl.* ورّاقین)

وِرث /vɪrs/ ■ *n.m.* receiving by inheritance; succeeding as heir.

وُرثا /vʊrəsɑ:/ ■ *n.m.* (*pl.* of وارث) (also وُرثاء) heirs.

ورثہ /vɪrsɑ:/ ■ *n.m.* (also ورثہ) heritage, bequest, legacy. ورثہ بانٹنا divide the inheritance. ورثہ دار heir. ورثہ دار شریک joint heir, co-heir.

ورثے /vɪrse:/ ■ *n.m.* (*pl. & infl.* of ورثہ) (also ورثے) ورثے میں آنا descend or come as heritage.

ورد /vərd̪/ ■ *n.m.* **1** rose; flower. **2** petal.

وِرد /vɪrd̪/ ■ *n.m.* **1** habitual practice, habit. **2** continual motion. **3** recitation of the Qur'anic verse or a litany at a fixed time or in a fixed number. **4** access, approach. **5** halting place. وردِ زبان/لب learnt by heart; on the tip of (one's) tongue, under constant recitation. وردِ زبان/لب ہونا be learnt by heart; constantly recited or uttered. ورد کرنا repeat or go on repeating (a litany or verse); learn or know by heart.

وردان /vərd̪ɑ:n/ ■ *n.m.* **1** good news. **2** fulfilment of desire. **3** well wishing; prayer.

وردی /vərd̪i:/ ■ *n.f.* **1** uniform (of a soldier, etc.), livery. **2** bugle. وردی اتارنا **1** remove uniform as punishment; remove from office, dismiss. **2** leave armed forces. وردی بجانا sound the bugle for dress parade. وردی بولنا (of spy or scout) report. وردی پوش uniformed, liveried.

وِرُدھ /vɪrʊd̪^{h}/ ■ *adj.* opposed, obstructed, contrary.

ورزش /vərzɪʃ/ ■ *n.f.* **1** physical or athletic exercise. **2** exertion. **3** custom, habit. ورزش خانہ house or hall for physical exercise, gymnasium. ورزش کرنا take physical exercise.

ورزشی /vərzɪʃi:/ ■ *adj.* **1** athletic. **2** strong, solid. ورزشی بدن/جسم muscular or solid body.

ورزی /vərzi:/ ■ *suffix* practising; used in comp. as: خلاف ورزی breach, violation.

ورشا /vərʃɑ:/ ■ *n.m.* (also برکھا) rainy season; rain.

ورطہ /vərt̪ɑ:/ ■ *n.m.* **1** labyrinth, maze. **2** vortex, whirlpool. **3** perplexity. **4** situation of danger or difficulty. ورطۂ حیرت میں پڑنا be bewildered, be at one's wits' end.

/vəsɑ:rɑ:/ ■ *n.m.* (*corr.* of اُسارا) shed. وسارا

/vəsɑ:t̪ət̪/ ■ *n.f.* (also وِساطت) means, medium; mediation, interposition, intercession. (کی) وساطت سے through, through the good offices of. وساطت

/vəsɑ:lət̪/ ■ *n.f.* mediation; channel, means, medium. وسالت

/vəsɑ:vɪs/ ■ *n.m.* (*pl.* of وسوسہ) **1** evil suggestions. **2** doubts. وساوس

/vəsɑ:ɪl/ ■ *n.m.* (*pl.* of وسیلہ) ways, means, resources. وسائل

/vəsət̪/ ■ *n.m.* **1** average, moderate. **2** something exactly in the centre. **3** correct; right. وَسَط

/vəst̪/ ■ *n.m.* middle, centre. ■ *adj.* **1** middling, central. **2** suitable, just, proper. وسط گامی moderation; a middle course. وسط مدتی midterm. (کے) وسط میں in the middle of, amidst. وسط

/vəst̪ɑ:ni:/ ■ *adj.* intermediate, between two extremes. وسطانی

/vəst̪ɑ:nɪjɑ:/ ■ *n.m.* **1** (***Geom.***) median. **2** secondary school. وسطانیہ

/vəst̪i:/ ■ *adj.* centred, central, intermediate, average, middling, moderate. وسطی

/vʊst̪ɑ:/ ■ *adj.* (also وُسطےٰ) middle, central. ■ *n.f.* middle finger. وُسطیٰ

/vəst̪ɪjjət̪/ ■ *n.f.* mediocrity. وسطیّت

/vəst̪æ:n/ ■ *n.m.pl.* (***Math.***) medians. وسطَین

/vʊsʔ/ ■ *n.f.* **1** expanse. **2** capacity. **3** means. وُسع

/vʊsʔət̪/ ■ *n.f.* **1** amplitude, space, extent, expanse. **2** latitude. **3** convenience, leisure, ease; opportunity. **4** abundant, copiousness, plenteousness. وسعت بخشنا/دینا extend. وسعت پذیر expansible, extendible. وسعت رکھنا possess capacity, space or room. وسعتِ قلبی magnanimity, large-heartedness. وسعتِ نظر/نگاہ farsightedness, vision. وُسعت

/vəsmɑ:/ ■ *n.m.* hair-dye; hair darkener; leaves of indigo or henna, the extract of which is used to stain hair. وسمہ لگانا dye the hair. وسمہ

/vəsvɑ:s/ ■ *n.m.* **1** doubt, apprehension, suspense, suspicion; hesitation; dread; perplexity. **2** superstition. **3** temptation by the devil; evil inspiration. وسواس

/vəsvɑ:si:/ ■ *adj.* doubtful, apprehensive; distracting; وسواسی information. وزارتِ (امورِ) خارجہ ministry of external affairs, foreign ministry. وزارت بنانا form Cabinet. وزارتِ تجارت ministry of trade and commerce; commerce ministry. وزارتِ تعلیم ministry of education. وزارتِ خزانہ/مالیات ministry of finance. وزارتِ داخلہ ministry of internal affairs, home ministry. وزارتِ دفاع ministry of defence. وزارتِ زراعت ministry of agriculture. وزارتِ صنعت ministry of industry. وزارتِ عظمیٰ prime ministership. وزارتِ قانون law ministry. وزارتِ مال revenue ministry. وزارتِ مواصلات ministry of communications.

/vəzɑ̃:/ ■ *adj.* moving, blowing (wind). وزاں

/vʊzərɑ:/ ■ *n.m.* (*pl.* of وزیر) (also وُزراء) ministers. وُزرا

/vəzn/ ■ *n.m.* **1** weight; weighing; measure; balance. **2** (***Pros.***) metre, prosodic measure (of verse). **3** reputation, honour; value, importance, worth. **4** confidence. **5** examination. وزن دار weighty, heavy. وزن رکھنا carry weight. وزن کرنا to weigh. وزن کش weigher. وزن کشی office or duty of weigher. وزن میں ہونا (of verse) be metrically correct. وزن ہونا **1** be weighed. **2** be heavy, be weighty. (*pl.* اَوزان) وزن

/vəznɑ:/ ■ *n.m.* **1** paperweight. **2** weight or measure of weight. وزنہ

/vəzni:/ ■ *adj.* **1** heavy; weighty. **2** (*fig.*) authentic. وزنی

/vəzi:d̪ɑ:/ ■ *adj.* blowing (wind); moving. وزیدہ

/vəzi:r/ ■ *n.m.* **1** wazir, wazier, vizier, minister. **2** (***Chess***) queen. وزیرِ اعظم prime minister. وزیرِ اعلیٰ chief minister. وزیرُ الوزرا prime minister. وزیرِ بے قلمدان minister without portfolio. وزیرِ خارجہ minister of external or foreign affairs, foreign minister. وزیرِ داخلہ home / interior minister. وزیر زادہ/زادی son / daughter of minister. وزیرِ مختار plenipotentiary. وزیرِ مملکت minister of state. وزیر

/vəzi:ri:/ ■ *n.f.* office of minister, ministership, viziership. وزیری

/vəzi:n/ ■ *adj.* weighty, heavy. وزین

/vɪs/ ■ *n.m.* poison. See بِس. وِس

/vɪsɑ:d̪ɑ:/ ■ *n.m.* **1** bolster, long stuffed pillow. **2** a tuft of medicated cotton. **3** seat, chair. **4** (*fig.*) rank, office. وسادہ نشین one who presides over a meeting; reigning king. (*pl.* وسائد) وِسادہ

وصف /vəsf/ ■ *n.m.* quality, virtue, character, trait; merit; nature. وصف رکھنا possess a good quality.

وصفی /vəsfi:/ ■ *adj.* descriptive; attributive; adjectival.

وصل /vəsl/ ■ *n.m.* **1** meeting. **2** union; connection, joining. **3** intercourse. وصل کرنا **1** unite; meet. **2** paste; attach. وصل ہونا **1** be joined (to). **2** sexual intercourse to take place.

وصلت /vəslət̪/ ■ *n.f.* meeting, conjunction, joining.

وصلچہ /vəsltʃɑ:/ ■ *n.m.* shred, fragment.

وصلہ /vəslɑ:/ ■ *n.m.* **1** segment, section. **2** (***Anat.***) commissure.

وصلی /vəsli:/ ■ *adj.* conjunctive; copulative. ■ *n.f.* **1** piece of wood, pasteboard or slate on which children learn to write. **2** thick paper for practising calligraphy. وصلی سیاہ کرنا write and overwrite on the same sheet to practise calligraphy.

وصمت /vəsmət̪/ ■ *n.f.* **1** reproach, disgrace. **2** languor; torpor, lethargy; weakness. **3** fault, blemish.

وُصول /vʊsu:l/ ■ *n.m.* **1** obtaining, getting, receiving; acquisition. **2** arrival. **3** collection or realisation (of revenues, taxes, duties, etc.), recovery. وصول شدہ received, recovered. وصول طلب recoverable, to be received. وصول کرنا collect, realise, recover. وصول کنندہ recipient, receiver. وصولِ نیلام proceeds against auction; auction proceeds.

وُصولی /vʊsu:li:/ ■ *n.f.* recovery. ■ *adj.* recoverable.

وُصولنا /vʊsu:lnɑ:/ ■ *v.* collect, recover, receive.

وصی /vəsi:/ ■ *n.m.* **1** one in whose favour a will has been made; one nominated as successor in a will. **2** executor; administrator. **3** testator; guardian. **4** (***Shiites***) title of Hazrat Ali.

وصیّت /vəsɪjjət̪/ ■ *n.f.* **1** will, testament; legacy, bequest. **2** precept, advice given or will announced by a dying person. وصیتِ زبانی verbal will; nuncupative will. وصیت کرنا bequeath, make a will; advise. وصیت نامہ will, testament. (*pl.* وصایا)

وصید /vəsi:d̪/ ■ *n.f.* threshold of a house; porch before a door.

وضاحت /vəzɑ:hət̪/ ■ *n.f.* explanation, elucidation; exposition. وضاحت طلب (something) explainable, requiring explanation.

scrupulous; fastidious.

وسوسہ /vəsvəsɑ:/ ■ *n.m.* **1** evil suggestion; temptation. **2** uneasy feeling, unease; suspicion, apprehension. وسوسہ ڈالنا mislead, delude; sow the seed of doubt. (*pl.* وساوس)

وسیع /vəsi:ʔ/ ■ *adj.* extensive, large, spacious, roomy. وسیعُ الاختیار enjoying extensive powers; high powered. وسیعُ الخیال liberal; broad-minded. وسیعُ القلب large-hearted. وسیعُ القلبی large-heartedness. وسیعُ المشرب liberal-minded; enlightened, open-minded. وسیعُ النظر far-sighted, far-seeing, broad-minded, magnanimous. وسیعُ النظری far-sightedness, open-mindedness, magnanimity. وسیع تر more extensive; large. وسیع وعریض very vast, spacious, wide and expansive. وسیع وعمیق wide and deep.

وسیلہ /vəsi:lɑ:/ ■ *n.m.* **1** medium, means, resource. **2** help, support. **3** intercessor, one who recommends or speaks in favour of. **4** cause, reason. وسیلہ پیدا کرنا find out means (of); provide the means for achieving one's object. وسیلہ دار **1** client. **2** dependent. وسیلۂ ظفر **1** means of success. **2** (*fig.*) travel. وسیلۂ فاسد corrupt means. وسیلۂ ناجائز illegal means. (*pl.* وسائل)

وسیلے /vəsi:le:/ ■ *n.m.* (*pl.* & *infl.* of وسیلہ) وسیلے سے by means of, through.

وسیم /vəsi:m/ ■ *adj.* (*fig.*) handsome, comely.

وش /vəʃ/ ■ *suffix* like, resembling; used in comp. as: حوروش resembling a houri. ماہ وش **1** like moon. **2** (*fig.*) beautiful.

وِش /vɪʃ/ ■ *n.m.* (also بِس، وِس) **1** poison, **2** myrrh, *Aconitum ferox*.

وِشال /vɪʃɑ:l/ ■ *adj.* **1** huge, big, enormous, very large. **2** famous, well known. وشال بھارت all India.

وِشنو /vɪʃnu:/ ■ *n.m.* (***Hinduism***) Vishnu, the protector god.

وِشو /vɪʃv/ ■ *adj.* all, whole, universal. وشو بھارتی (of) all India.

وِشواس /vɪʃvɑ:s/ ■ *n.m.* (also وِشواش) faith, trust, belief.

وصّاف /vəssɑ:f/ ■ *n.m.* extoller, one who praises highly.

وِصال /vɪsɑ:l/ ■ *n.m.* **1** meeting, interview. **2** meeting with beloved; intercourse; union, conjunction; connection. **3** arrival; attainment. **4** death. وصال ہوجانا die, pass away, unite with God.

وصایا /vəsɑ:jɑ:/ ■ *n.f.* (*pl.* of وصیّت) wills, testaments.

وصایت /vəsɑ:jət̪/ ■ *n.f.* guardianship.

وضاحتی /vəzɑ:həṭi:/ ■ *adj.* explanatory. وضاحتی بیان explanatory statement.

وضاعت /vəzɑ:ʔəṭ/ ■ *n.f.* humility; humiliation, degradation.

وضع /vəzʔ/ ■ *n.f.* (also وَضَع) 1 making, devising, forming; invention. 2 style, fashion, design, make. 3 procedure; mode, manner. 4 situation, state, condition; position. 5 attitude, behaviour, conduct. 6 kind, type, form. 7 deduction, subtraction. وضع اصطلاحات coinage of terminologies. وضع بدلنا change dress, appearance or style, disguise oneself. وضعِ حمل childbirth, delivery. وضع دار stylish, elegant, graceful; observer of traditions or customs. وضع داری style, elegance; observance of customs and traditions. وضع قطع style of dress and behaviour. وضع کرنا 1 deduct, subtract. 2 coin (words, etc.). 3 design, make or fabricate (something). وضع ہونا be deducted. (*pl.* اَوضاع)

وُضُو /vəzu:/ ■ *n.m.* (also وُضُو) ablutions. وضو بنانا/کرنا perform ablutions. وضو تازہ کرنا perform fresh ablutions. وضو توڑنا do something necessitating renewal of ablutions. وضو ٹوٹنا/جاتا رہنا ablutions be nullified. وضو ٹھنڈا ہونا (*fig.*) lose one's enthusiasm.

وُضُوح /vuzu:h/ ■ *n.m.* 1 evidence, proof. 2 lucidity, clearness, distinctness.

وضیح /vəzi:h/ ■ *adj.* evident, manifest, distinct.

وضیع /vəzi:ʔ/ ■ *adj.* ignoble, base, low, mean. ■ *n.m.* deposit; trust. وضیع وشریف the low and the high, plebeians and nobles.

وضیمہ /vəzi:mɑ:/ ■ *n.m.* funeral meal. (*opp.* ولیمہ)

وطن /vəṭən/ ■ *n.m.* motherland, native country, homeland. وطنِ آبائی ancestral homeland. وطن پرست patriot. وطن پرستی patriotism. وطن دشمن traitor. وطن دشمنی treason. وطنِ عزیز dear country. وطنِ مالوف/مالوفہ country of residence, native land; dear country.

وطنی /vəṭəni:/ ■ *adj.* belonging to one's country, of the same country; country-made.

وطنیت /vəṭənɪjjət/ ■ *n.f.* 1 patriotism. 2 nationality. 3 nationalism.

وطی /vəṭi:/ ■ *n.f.* 1 trampling, crushing. 2 copulation.

وطیرہ /vəṭi:rɑ:/ ■ *n.m.* manner. See وتیرہ.

وظیفہ /vəzi:fɑ:/ ■ *n.m.* 1 scholarship; fellowship. 2 pension, stipend; salary. 3 land bestowed in gift for past services. 4 daily performance or task, function, duty. 5 special prayers or incantation offered for specific purpose or on specific occasion. وظیفہ خوار 1 pensioner. 2 scholarship-holder. وظیفہ دار stipendiary, pensioner. وظیفۂ زوجیت sexual intercourse with spouse. وظیفہ کرنا repeat an incantation or offer special prayers. (*pl.* وظائف)

وِعا /vɪʔɑ:/ ■ *n.m.* (also وُعا) vessel.

وعدہ /vəʔḍɑ:/ ■ *n.m.* 1 promise; assurance; vow; agreement. 2 appointment. وعدۂ الست (***Islam***) promise of submission to Allah from the humankind on the First Day of creation. وعدہ ایفا/پورا/وفا کرنا fulfil one's promise, keep one's word. وعدہ آپہنچنا (*fig.*) time of death to approach. وعدۂ باطل false promise. وعدہ ٹالنا evade; procrastinate, dilly-dally, shilly-shally. وعدہ خلاف one who does not keep his/her word. وعدہ خلاف گواہ hostile witness. وعدہ خلافی breach of promise. وعدہ شکن one who goes back on his/her words, breaker of promise. وعدہ فراموش one who forgets his/her promise. وعدہ فراموشی forgetting one's promise. وعدۂ فردا 1 future promise. 2 (*fig.*) promise which is never fulfilled. وعدہ کرنا promise. وعدہ گاہ place of appointment or assignment. وعدہ معاف گواہ approver. وعدہ وعید promise (usu. not kept), chicanery; prevarication, evading promise. (See also عہد.)

وعظ /vəʔz/ ■ *n.m.* 1 sermon, preaching, homily. 2 admonition; advice. وعظ کرنا/کہنا 1 deliver a sermon, sermonize, preach. 2 exhort, admonish. وعظ ونصیحت wise counsel, sound advice; sermonizing.

وعلیکم السلام /vəʔəlæ:kumussəlɑ:m/ ■ *phr.* "and peace be on you", reply of the Islamic formal greeting السلام علیکم.

وعی /vəʔi:/ ■ *n.f.* cavity; repository. (*pl.* اوعیہ)

وعید /vəʔi:ḍ/ ■ *n.f.* 1 admonition. 2 promise of punishment for sins.

وغا /vəɣɑ:/ ■ *n.f.* 1 war, battle. 2 tumult, clamour. وغا پرور warrior, warmonger.

وغیرہ /vəɣæ:rɑ:/ ■ *adv.* et cetera, etc., and so forth, and others. (*pl.* وغیرہُم)

وفا /vəfɑ:/ ■ *n.f.* loyalty, fidelity, faithfulness, sincerity; keeping one's promise. وفا بیگانہ faithless, uncaring for someone's love. وفا پرست/شعار/کیش faithful, sincere.

وفا پرستی / شعاری / کیشی fidelity, faithfulness, loyalty. وفا پیشہ ever-faithful, ever-sincere. وفادار faithful, sincere, loyal. وفاداری faithfulness, loyalty, allegiance, sincerity, constancy. وفا کا پتلا / پتلی loyalty incarnate, extremely loyal. وفا کرنا keep faith with, be faithful, loyal or true, keep one's promise. وفاکوشی faithfulness, loyalty, allegiance, sincerity, constancy. وفانا آشنا faithless, inconsiderate, treacherous.

وفات /vəfɑːt̪/ ■ *n.f.* death, decease, demise. وفات پانا die, pass away.

وِفاق /vɪfɑːq/ ■ *n.m.* **1** concord, harmony, unanimity. **2** (***Politics***) federation.

وِفاقی /vɪfɑːqiː/ ■ *adj.* federal. وفاقی حکومت federal government.

وِفاقیّت /vɪfɑːqɪjjət̪/ ■ *n.f.* federalism.

وِفاقیہ /vɪfɑːqɪjɑː/ ■ *n.m.* state run as a federation.

وفد /vəfd̪/ ■ *n.m.* delegation, deputation; commission, body of delegates. (*pl.* وُفود)

وفق /vəfq/ ■ *n.m.* **1** concord, congruity, accordance, agreement. **2** opportunity; convenient season.

وُفور /vʊfuːr/ ■ *n.m.* **1** multitude, plenty, abundance; surfeit, excess. **2** passion, excitement. ■ *adj.* full, complete, copious. وفورِ جذبات abundance of passion. وفورِ غم extreme sorrow, grief.

وفیات /vəfəjɑːt̪/ ■ *n.f.* (*pl.* of وفات) **1** deaths. **2** obituaries. **3** (***Poet.***) a genre of poetry in which the numerological value of letters are added up to yield the date of death.

وقاحت /vəqɑːhət̪/ ■ *n.f.* impudence, shamelessness, barefacedness.

وقّاد /vəqqɑːd̪/ ■ *adj.* **1** very shining, flaming, burning brightly. **2** (*fig.*) very intelligent.

وقار /vəqɑːr/ ■ *n.m.* **1** dignity, prestige, honour, reputation. **2** serenity, solemnity; modesty. **3** constancy, resolution. وقار مجروح ہونا be insulted, prestige to be damaged.

وِقاع /vɪqɑːʔ/ ■ *n.m.* **1** battle, onset, engagement. **2** sexual intercourse.

وقائع /vəqɑːeʔ/ ■ *n.m.pl.* (also وقایع) **1** news, events, annals; occurrences. **2** engagements, battles, incidents. وقائع عمری biography. وقائع نگار / نویس **1** annalist, chronicler, historian; biographer. **2** correspondent. (*sing.* وقیعہ)

وقت /vəqt̪/ ■ *n.m.* **1** time, hour, period; respite; term; season; opportunity. **2** hard times; adversity. **3** (*fig.*) death. وقت آ پہنچنا / آنا the days (of a person) be numbered; death to approach. وقت بروقت at all times, on the spur of the moment. وقت بوقت from time to time, now and again. وقت بے وقت in season or out of season, at all times; at random; untimely. وقت پا کر if or when (you/I) get time, at opportune time, when free, at the proper time. وقت پر / پہ in time, seasonably, at the proper time, in the nick of time; in time of need. وقت پر کام آنا stand by or be useful in time of need. وقت پر گدھے کو بھی باپ بنا لیتے ہیں one behaves indulgently towards a fool for reasons of expediency. وقت پڑنا times to be bad, suffer misfortune, be in distress. وقت پڑے پر in time of adversity, when times are bad. وقت پڑے پر جانیے کو بیری کو میت adversity is the best judge of friend and foe. وقت پورا ہو جانا die. وقت تاکنا / دیکھنا watch for an opportunity. وقت تنگ ہونا time to be short, deadline to draw very near. وقت ٹلنا time to pass off. وقت کا پابند punctual. وقت کاٹنا pass or beguile the time. وقت کا دھارا mainstream of life, requirements of time. وقت کی چیز something suited to the need of the hour; song suited to a particular hour of the day or night. وقت کھونا lose or waste time. وقتِ معلوم **1** fixed or appointed time. **2** (*fig.*) hour of death. وقتِ نازک critical moment, delicate times. وقت ناوقت occasionally, without any stated time, at all times. وقتِ نزع in the throes of death. وقت نکالنا find time (for), take time off. وقت نکل جاتا ہے بات رہ جاتی ہے bad times pass but (bad or sad) memories remain. وقت وقت کی راگنی action as situation demands. وقت یاب finding opportunity.

وقتاً فوقتاً /vəqt̪ən fəvəqt̪ən/ ■ *adv.* from time to time.

وقتی /vəqt̪iː/ ■ *adj.* provisional; transitory, ephemeral. وقتی طور پر for the time being.

وقر /vəqr/ ■ *n.m.* (also وقر) dignity, honour, character. ■ *adj.* mild, modest, sedate. وقر پانا gain honour, get rank or influence, rise in esteem (of). وقر اٹھ جانا / کھونا lose one's character or honour, suffer blow to one's prestige, disgrace oneself, make oneself cheap.

وقس علیٰ ہذا /vəqɪs ʔəlɑː hɑːzɑː/ ■ *phr.* and so on, et cetera.

وقعت /vəqʔət̪/ ■ *n.f.* **1** respect, dignity; regard; importance.

Chandragupta, a ruler of Gupta dynasty.

وکیل /vəki:l/ ■ *n.m.* vakeel, lawyer, advocate, legal advisor, barrister; pleader; attorney; counsellor. وکیلِ سرکار government or state lawyer. وکیلِ صفائی defence lawyer. وکیل کرنا engage a lawyer. وکیلِ مطلق plenipotentiary; representative or vicegerent invested with full powers. (*pl.* وُکلا)

وگرنہ /vəgərnɑ:/ ■ *conj.* & *adv.* (also ورنہ) otherwise, or else.

وِلا¹ /vɪlɑ:/ ■ *n.f.* (also وِلاء) friendship, amity, love. [A]

وِلا² ___ ■ *n.f.* (*var.* of ویلا) **1** time, season. **2** business, matter; used in comp. as: دریں ولا meanwhile; at the present time, during all this time. [P]

وِلاد /vɪlɑ:d̪/ ■ *n.m.* procreation, generation.

وِلادت /vɪlɑ:d̪ət̪/ ■ *n.f.* birth, nativity. ولادت خانہ maternity home. ولادت گاہ birthplace.

وِلایت /vɪlɑ:jət̪/ ■ *n.f.* (also وِلائت) **1** dominion, government; jurisdiction; state of being master of anything; sovereignty; control. **2** country, realm. **3** foreign country; England; Europe. **4** guardianship, tutelage. **5** closeness to God, sanctity, sainthood. ولایت پانا attain sainthood. ولایت پلٹ native who has visited Europe.

وِلایتاً /vɪlɑ:jət̪ən/ ■ *adv.* (also ولایۃً) on behalf of; as the guardian of.

وِلایتی /vɪlɑ:jət̪i:/ ■ *adj.* (also وِلائتی) **1** foreign; European; British. **2** (*fig.*) best, fine, of good quality. ■ *n.f.* sword. ولایتی بیگن tomato. ولایتی پانی soda water. ولایتی تیتر guinea fowl. ولایتی طرز European or foreign style.

وَلد /vələd̪/ ■ *n.m.* son; offspring. ولدُ الحرام/الحیض/الزنا (*offens.*) bastard, illegitimate child. ولدُ الحلال legitimate child. (*pl.* اَولاد)

ولدیّت /vələd̪ɪjjət̪/ ■ *n.f.* (also ولدیت) paternity; father's name; parentage.

ولندیزی /vələnd̪e:zi:/ ■ *adj.* of or relating to Netherlands, Dutch.

ولولہ /vəlvəlɑ:/ ■ *n.m.* **1** enthusiasm, zeal, fervour, ardour, spirit. **2** noise, outcry, tumult, uproar.

ولی /vəli:/ ■ *n.m.* **1** weli, wely, saint. **2** friend; guardian; helper. **3** prince; heir. **4** lord, master. ولیُ اللہ friend of God, saint, Sufi. ولی آدمی (*fig.*) simpleton, fool. ولی عہد heir apparent; crown prince. ولی عہدِ فرضی heir

2 weight; force. وقعت رکھنا **1** command respect; enjoy prestige. **2** carry weight. وقعت کھونا/گنوانا **1** lose respect. **2** carry weight no more.

وقف /vəqf/ ■ *n.m.* **1** stopping; standing; pause. **2** waqf, wakf, legacy; trust; charitable endowment. **3** punctuation mark. **4** devoting (one's life). **5** tranquillity; permanence, constancy; firmness. **6** understanding; intelligence. ■ *adj.* endowed. وقف علی الاولاد endowment fund created for one's children. وقف کرنا **1** make endowment; make a grant for charitable or religious purposes. **2** consecrate; dedicate to pious uses. **3** pause in the recitation of the Qur'an. وقف کنندہ one who makes a charitable endowment. وقفِ لازم (***Islam***) compulsory stop in a Qur'anic verse. وقف نامہ deed of endowment. (*pl.* اوقاف)

وقفہ /vəqfɑ:/ ■ *n.m.* pause; stop, hiatus, halt; delay, respite; interval, interlude, intermission. وقفہ بہ وقفہ at intervals, intermittently. وقفہ دینا give respite. وقفہ کرنا make a pause.

وقفی /vəqfi:/ ■ *adj.* endowed, given in charity.

وقفیت /vəqfi:ət̪/ ■ *n.f.* **1** knowledge. **2** deed of endowment.

وقفے /vəqfe:/ ■ *n.m.* (*pl.* & *infl.* of وقفہ) وقفے وقفے سے at intervals, discontinuously, intermittently.

وُقوع /vʊqu:ʔ/ ■ *n.m.* (also وُقوعہ) **1** happening, occurrence, event, incident. **2** accident. وقوع پذیر ہونا occur, take place. (*pl.* وُقوعات)

وُقوف /vʊqu:f/ ■ *n.m.* **1** (*literal*) stay. **2** understanding, sense, wisdom; experience; information. وقوف پیدا کرنا obtain knowledge. وقوفِ عرفات (***Islam***) stay at Arafat in Hajj on ninth Zilhaj (an essential rite).

وقیع /vəqi:ʔ/ ■ *adj.* esteemed, noble, lofty; important; wise.

وکالت /vəkɑ:lət̪/ ■ *n.f.* (also وِکالت) **1** practice at the bar, profession of a lawyer, advocacy. **2** agency; proxy. **3** (*fig.*) favour, support. وکالت کرنا **1** be or become a legal practitioner. **2** plead; advocate some cause. وکالت نامہ power of attorney.

وکالتاً /vəkɑ:lət̪ən/ ■ *adv.* (also وکالۃً) **1** by proxy. **2** through the agency of an advocate or legal advisor. (*opp.* اصالتاً)

وِکرم /vɪkrəm/ ■ *n.m.* strength; bravery. وکرم آدتیہ title of

وہاں پر at that place. وہاں کا of or belonging to that place; made or produced there. وہاں کا وہاں at that very place or spot. وہاں گردن مارے جہاں پانی نہ ملے deserves no sympathy.

وہبی /væhbi:/ ■ *adj.* **1** given or bestowed (by God), divine. **2** born (poet); inherent, innate. وہبی تصورات innate ideas. وہبی و کسبی inherent and acquired.

وہبیّت /væhbɪjjət̪/ ■ *n.f.* innatism.

وہم /væhm/ ■ *n.m.* superstition, illusion, delusion; fancy, whim; uneasy feeling. وہم پرست superstitious. (*pl.* اَوہام)

وہمی /væhmi:/ ■ *adj.* superstitious, fanciful, whimsical. (*fem.* وہمن)

وُہی /vʊhi:/ ■ *pron.* (also وہی) **1** himself; herself; itself. **2** the same; that very, only that; like that, like previously; like always.

وہیں /vəhĩ:/ ■ *adv.* at that very time or place; there; exactly there; then and there, immediately. وہیں کا رکے وہیں at the same place; exactly the same as before.

وَے /væ:/ ■ *pron.* (*arch.*) they; those.

ویاپار /vja:pa:r/ ■ *n.m.* (also ویوپار) business. See بیوپار.

ویاپاری /vja:pa:ri:/ ■ *n.m.* businessman. See بیوپاری.

ویاکَرَن /vja:kərən/ ■ *n.m.* grammar.

ویاکَرَنی /vja:kərəni:/ ■ *n.m.* grammarian.

وَید /væ:d̪/ ■ *n.m.* physician practising the Ayurvedic system of medicine.

وید /ve:d̪/ ■ *n.m.* **1** Veda, the most ancient sacred Hindu scripture. **2** knowledge, science.

ویدانت /ve:d̪ã:t̪/ ■ *n.m.* Vedanta, a system of Hindu philosophy based on the Vedas.

وَیدِک /væ:d̪ɪk/ ■ *adj.* of Ayurvedic medicine system.

ویدِک /ve:d̪ɪk/ ■ *adj.* of or relating to Vedas, prescribed by Vedic rituals.

وِیر /vi:r/ ■ *adj* heroic, brave, powerful. ■ *n.m.* **1** hero. **2** brother. **3** son.

وَیرا /væ:ra:/ ■ *n.m.* that which a person is forced to purchase; government goods sold to public at higher rates.

وَیراگ /væ:ra:g/ ■ *n.m.* renunciation of the world; leading life of recluse. (See also بیراگ.)

وَیراگی /væ:ra:gi:/ ■ *n.m.* recluse, hermit. (See also بیراگی.)

presumptive. ولی نعمت **1** patron; benefactor. **2** title of respect by which master or governor is addressed. (*pl.* اَولیا)

ولے /vəle:/ ■ *conj.* but.

ولیک /vəle:k/ ■ *conj.* (*contr.* of ولیکن) but.

ولیمہ /vəli:ma:/ ■ *n.m.* banquet arranged on behalf of bridegroom. (*opp.* وضیمہ)

وِمان /vɪma:n/ ■ *n.m.* **1** (***Hinduism***) carriage or chariot of the gods. **2** (*fig.*) aeroplane. **3** any carriage or vehicle; cart.

ونت /vənt̪/ ■ *suffix* forming nouns and adjectives, full of, practising, etc.; used in comp. as: بل ونت powerful. کلاونت artist. (*fem.* ونتی)

ونجھلی /vənd͡ʒʰli:/ ■ *n.f.* flute; pipe.

ونش /vənʃ/ ■ *n.m.* **1** race; clan, tribe. **2** bamboo, bamboo stick.

وُوں /vũ:/ ■ *adv.* in that manner; so. (*opp.* یُوں)

وُوئی /vu:i:/ ■ *exclam.* (*women's slang*) expressing pain or surprise. (See also اُوئی.)

وَہ /vəh/ ■ *exclam.* (*contr.* of واہ) expressing approval, well done!

وہ /voh/ ■ *pron.* that; he; she; it; them; they; those. ■ *n.m.* (*women's slang*) husband. وہ اور یہ کام he can't do it, he will not do it. وہ آنکھیں نہیں رہیں the times have changed; no longer is that earlier love evinced. وہ بھی کیا دن تھے those were the days, how good were those times. وہ تو بہت دار یا تھا he was very generous. (وہ تو (یہ کہیے it is (or was) well that. وہ دن اور آج کا دن never since then, never after. وہ دن گئے جب خلیل خاں فاختہ اڑایا کرتے تھے gone are the days of luxury and prosperity. وہ کتنے پانی میں ہے how rich, strong or righteous is he! وہ مارا well done! hurrah! bravo!

وہّاب /vəhha:b/ ■ *adj.* giver, bestower, generous. ■ *n.m.* See الوہاب.

وہابی /vəha:bi:/ ■ *n.m.* (also وہّابی) Wahhabi, follower of Sheikh Abdul Wahhab, an Arab reformer; one who is a member of a strictly orthodox Sunni Muslim sect.

وہّاج /vəhha:d͡ʒ/ ■ *adj.* brilliant, bright, lustrous.

وِہار /vɪha:r/ ■ *n.m.* **1** stroll; amusement, fun. **2** a Jain or Buddhist temple.

وہاں /vəhã:/ ■ *adv.* (also واں) there, thither; yon, yonder.

وِیران /viːrɑːn/ ■ *adj.* **1** desolate, ruined, deserted; waste. **2** sad; disturbed. ویران کرنا ruin, lay waste, depopulate.

وِیرانہ /viːrɑːnɑː/ ■ *n.m.* wilderness, wasteland, deserted place, ruins.

وِیرانی /viːrɑːniː/ ■ *n.f.* desolation; ruin.

وِیرتا /viːrṭɑː/ ■ *n.f.* bravery.

وَیرنا /væːrnɑː/ ■ *n.m.* ploughshare.

وَیسا /væːsɑː/ ■ *adv.* in that manner; so; such. ویسا ہی in the same manner, in that very way, in the same way, state or condition. (*fem.* وَیسی)

وَیسے /væːseː/ ■ *adv.* (*pl.* & *infl.* of وَیسا) thus; in that manner. ویسے تو generally, otherwise; though. ویسے کا ویسا same as before, unchanged. ویسے ہی **1** in the same manner; just by chance; without any particular object in view. **2** free; free of cost.

وَیش /væːʃ/ ■ *n.m.* Vaisya, member of the third of the four Hindu castes, engaged in agriculture or trade.

وَیشیا /væːʃjɑː/ ■ *n.f.* (also بیسوا، بیسیا، ویسیا) harlot, prostitute.

وِیوگ /vɪjoːg/ ■ *n.m.* (also بجوگ) separation (from the beloved).

ویوہار /vjoːhɑːr/ ■ *n.m.* action; line of action; act, way of doing things.

وَیہہ /væːh/ ■ *exclam.* expressing approval; well done!

ہ

ہ /he:/ ■ the fifty-first letter of the Urdu alphabet.

ہا[1] /hɑ:/ ■ *n.f.* Arabic name for letter ہ. ہائے دوچشمی رمخلوط this letter (written ھ) used for aspiration. ہائے مختفی (also ہائے غیر ملفوظ) silent ہ, as in زمانہ، تاکہ, etc. ہائے غیر مختفی (also ہائے ملفوظ) letter ہ when pronounced firmly, as in بیاہ، نباہ, etc. [A]

ہا[2] _____ ■ *exclam.* ah! alas! oh! fie! shame! [Prk.]

ہا[3] _____ ■ *suffix* forming plurals, as: ہزارہا many thousands. [P]

ہابڑ تابڑ /hɑ:bəɽ t̪ɑ:bəɽ/ ■ *adv.* hastily. See ہبڑ دھبڑ.

ہابُوڑا /hɑ:bu:ɽɑ:/ ■ *n.m.* (also ہابُوڑہ) **1** bugbear, bugaboo (to frighten children). **2** looter, freebooter.

ہابیل /hɑ:bi:l/ ■ *pr.n.m.* Abel, son of Adam and Eve, who was slain by his brother Cain. (*cf.* قابیل)

ہاپر /hɑ:pər/ ■ *n.m.* gluttonous, indiscriminate eater.

ہاتِف /hɑ:t̪ɪf/ ■ *n.m.* oracle. ہاتفِ غیبی **1** voice from heaven. **2** guardian angel; oracle.

ہاتھ /hɑ:t̪ʰ/ ■ *n.m.* (also ہات) **1** hand; arm. **2** paw. **3** cubit; half a yard. **4** possession. **5** authority, power. **6** turn. **7** effort. **8** reason. **9** skill, dexterity. **10** access. **11** slap, blow; stroke (of sword). **12** trick. **13** helper, assistant. **14** trunk (of elephant). (کے) ہاتھ through. ہاتھ اٹھا بیٹھنا get ready to beat. ہاتھ اٹھالینا keep one's hands off; abandon. ہاتھ اٹھانا **1** raise (one's) hand (for prayer). **2** salute by raising the hand to the head. **3** leave, give up; refrain from. **4** beat, slap. **5** despair, be disappointed. **6** beg, ask for alms or charity. ہاتھ اٹھنا **1** hand to be raised. **2** be ready to beat or kill. **3** bestow; give alms. ہاتھ اوٹ لینا **1** receive with both hands open and stretched forward. **2** use hand as shield. ہاتھ اوچھا پڑنا stroke to go awry; deliver a grazing blow. ہاتھ اونچا رہنا **1** have the upper hand. **2** give (alms) rather than receive. ہاتھ آنا get; come into one's hands; be gained or obtained. ہاتھ باندھنا **1** tie (someone's) hands. **2** supplicate. **3** fold one's hands (to show respect, etc.). **4** beg with folded hands; pray. ہاتھ باندھے respectfully; with folded hands. ہاتھ باندھے کھڑا رہنا wait upon in a servile manner. ہاتھ بٹانا assist, help, lend a hand, cooperate (with). ہاتھ بڑھانا **1** stretch hand to get or lift something; endeavour to get anything. **2** extend or lend a helping hand. **3** encroach. (کے) ہاتھ بکنا **1** be sold out (to). **2** be under the thumb (of), be subservient (to). ہاتھ بند ہونا **1** have no leisure; be busy in business. **2** be poor, be indigent. ہاتھ بہکنا **1** miss the aim. **2** falter. **3** mistake. ہاتھ بیٹھنا acquire perfection in any art, become deft or dextrous, acquire skill (in some manual work). ہاتھ بیچا ہے ذات نہیں بیچی though a servant, I shall not be abused. ہاتھ بھر **1** of a hand's length. **2** very trivial or unimportant. ہاتھ بھرپور پڑنا receive or give a strong blow. ہاتھ بھر جانا hands be stained or smeared. ہاتھ بھر کی زبان رللو ہونا be insolent. ہاتھ پانی لینا wash after evacuation; lave. ہاتھ پاؤں رپیر **1** hands and feet. **2** (*fig.*) (i) helping hand. (ii) stature, body, figure. ہاتھ پاؤں رپیر بچانا protect oneself; protect one's life and limbs. ہاتھ پاؤں رپیر پھول جانا lose one's calm, be unnerved, have blue funks, be jittery. ہاتھ پاؤں رپیر پھیلانا **1** extend one's pans and business. **2** begin to show oneself in one's true colours. ہاتھ پاؤں رپیر توڑ کر بیٹھنا do nothing to earn one's livelihood. ہاتھ پاؤں رپیر توڑنا maim; cripple. ہاتھ پاؤں تھرّانا tremble or shake all over. ہاتھ پاؤں رپیر ٹوٹنا **1** suffer from severe pain in the limbs. **2** become helpless. ہاتھ پاؤں رپیر ٹھنڈے ہونا **1** limbs to become cold in shock or due to cold. **2** swoon. ہاتھ پاؤں رپیر جمانا get a foothold; establish oneself. ہاتھ پاؤں رپیر جوڑنا flatter, fawn (upon). ہاتھ پاؤں رپیر چلنا be still strong enough to work. ہاتھ پاؤں رپیر چومنا kiss someone's hand and feet in reverence. ہاتھ پاؤں رپیر چھوڑ دینا lose one's courage. ہاتھ پاؤں دابنا ردبانا massage someone's limbs. ہاتھ پاؤں رپیر رہ جانا **1** become decrepit. **2** limbs be paralysed or numbed. ہاتھ پاؤں رپیر سنبھالنا **1** start preparation for some work. **2** become well-developed. **3** control oneself. ہاتھ پاؤں رپیر سے چھوٹنا enjoy normal health after childbirth. ہاتھ پاؤں رپیر مارنا **1** struggle hard, strive, endeavour, make an effort. **2** become restless. **3** be at the point of death. ہاتھ پاؤں رپیر نکالنا **1** grow strong. **2** adopt evil course of conduct. **3** become bold or overbold. ہاتھ پاؤں رپیر ہارنا limbs be enfeebled; become too tired to work, become dispirited. ہاتھ پاؤں رپیر ہلانا struggle, endeavour; work;

ہاتھ چومنا **1** kiss the hand (to show respect). **2** appreciate someone's expertise. ہاتھ چھڑانا free one's hand. ہاتھ چھوڑنا **1** free (a person's) hand. **2** (*fig.*) hit, strike. ہاتھ دانتوں سے کاٹنا rue, regret. ہاتھ دکھانا/دکھلانا **1** show the hand to a palmist. **2** ask the physician to feel the pulse. **3** display one's swordsmanship or some other skill. **4** (*fig.*) cheat, trick (someone); show one's true colours. ہاتھ دیکھنا **1** read the palm. **2** feel the pulse. **3** depend on (someone) for subsistence, look up to (someone) for support. ہاتھ دینا **1** lend a hand or helping hand; support. **2** pledge. **3** shake hands. **4** hit with the hand. ہاتھ دھرنا **1** touch with the hand. **2** swear by. **3** support. ہاتھ دھلائی barber's fee for washing the hands of the bride and the bridegroom (before the marriage feast). ہاتھ دھو بیٹھنا **1** despair. **2** give up as lost; lose all hope. ہاتھ دھو کر پیچھے پڑنا **1** make all-out efforts. **2** relentlessly pursue. **3** harass constantly, persecute. ہاتھ دھونا **1** wash one's hands. **2** be disappointed, despair (of). ہاتھ ڈالنا **1** start some work; lay one's hand (on); take upon oneself. **2** arrest. **3** meddle (with). **4** tinker (with). **5** make amorous advances, interfere (with). **6** overwhelm, overpower. **7** explore some secret. ہاتھ رنگنا **1** stain or dye the hands (with henna). **2** take bribe; pilfer; earn by unfair means. **3** take unfair advantage. ہاتھ رواں کرنا gain or get skill (in). ہاتھ رواں ہونا develop a skill, become skilful (at). ہاتھ روکنا prevent, withhold, keep back, desist (from), refrain (from). ہاتھ سادھنا learn or practise something, e.g. calligraphy. ہاتھ سانا smear one's hands (with). ہاتھ سر پر رکھنا **1** swear, take an oath. **2** patronize. **3** show affection, kindness. ہاتھ سمیٹنا withhold the hand from, be sparing of, refrain from giving. ہاتھ سُن ہو جانا hand to become numb. ہاتھ سے by hand. ہاتھ سے جاتا رہنا **1** get out of one's hands or control, lose. **2** be helpless. ہاتھ سے دینا **1** give; bestow. **2** give up, lose. ہاتھ سے کام نکالنا gain practical experience of; get it done through; get out of (someone's) hands. ہاتھ سے ہاتھ ملانا shake hands. ہاتھ سے ہاتھ ملنا wring one's hands; rue. ہاتھ شل ہو جانا hand to become numb. ہاتھ صاف کرنا (*fig.*) **1** learn, practise any art, gain skill. **2** steal (something or someone's belongings), plunder. ہاتھ قبضے پر ڈالنا **1** be about to draw sword.

do something to earn one's livelihood. ہاتھ پتھر تلے آنا find oneself helpless. ہاتھ پٹھے پر نہ رکھنے دینا **1** refuse to take counsel, refuse to listen. **2** (of a horse) be swift. **3** (*fig.*) (i) be very clever. (ii) be insolent. ہاتھ پر توتا پالنا (*fig.*) have a wound or boil on one's hand. ہاتھ پر دھرا ہونا (something) to be ready. ہاتھ پر سرسوں جمانا show one's dexterity; do something quickly. ہاتھ پر قرآن رکھنا swear by the Qur'an. ہاتھ پر گنگا جلی دھرنا swear on Ganges water. ہاتھ پر ہاتھ دھرے رہنا be idle. ہاتھ پر ہاتھ رکھنا **1** put one's hand into that of another. **2** promise, pledge oneself (to). **3** bet. **4** assure. ہاتھ پڑنا **1** come to hand, come by. **2** be hit by hand. **3** be robbed. ہاتھ پسارنا stretch the hand; beg; beg alms. ہاتھ پکڑنا **1** help, support. **2** stop, prevent, withhold. **3** marry. ہاتھ پورا پڑنا give or get a full blow. ہاتھ پہنچنا have access (to). ہاتھ پیر بندھنا become totally powerless. ہاتھ پیروں کے بل on all fours. ہاتھ پیلے کرنا get a girl married. ہاتھ پھیرنا **1** fondle, caress, stroke. **2** cheat. **3** rob, steal, pinch. **4** retrace a drawing or what is already written (as an exercise); paint or plaster. ہاتھ پھیلانا beg, ask for alms. ہاتھ پھینکنا **1** fence, wield a sword, etc. **2** eat hurriedly. **3** rob, steal. ہاتھ تکنا depend on (someone) for subsistence; look up to (someone) for support. ہاتھ تنگ ہونا be short of money, live from hand to mouth. ہاتھ تولنا raise hand to beat. ہاتھ ٹکانا give a slap. ہاتھ ٹوٹیں may your hands break! (women's curse for an offender). ہاتھ جڑنا strike with the hand, give a blow. ہاتھ جمانا slap, give a slap. ہاتھ جوڑ کر کہنا request with folded hands, ask for (something) humbly. ہاتھ جوڑنا **1** fold (one's) hands. **2** entreat, implore; beg or crave pardon, seek favour. **3** retreat, withdraw. ہاتھ جھاڑ کر کھڑے ہو جانا give away all, squander all money. ہاتھ جھاڑنا **1** strike, beat, thrash; slap. **2** be bankrupt. **3** be disappointed. ہاتھ جھٹکنا jerk away someone's hand, free one's hand. ہاتھ جُھلانا wave the hands sideways in walking. ہاتھ جُھلائی safe-passage money realized by government, landlord or highwaymen. ہاتھ جھوٹا پڑنا blow not to be struck with full force. ہاتھ جھوٹا کرنا eat just a little. ہاتھ چاٹنا (*fig.*) relish any food. ہاتھ چالاکی sleight of hand, thievery. ہاتھ چالاکی کرنا steal. ہاتھ چڑھنا gain, obtain, get. ہاتھ چلانا **1** strike; slash. **2** move or wave hands. **3** raise (one's) hand. **4** attack. ہاتھ چوکنا miss a chance.

ہاتھ مَلنا regret, rue, repent, lament. ہاتھ میں آنا to come into the hand or possession. ہاتھ میں ٹھیکرا دینا reduce someone to beggary. ہاتھ میں دے روٹی اور سر پر مارے جوتی (of someone very mean) gives alms and curses simultaneously. ہاتھ میں رکھنا **1** possess. **2** be able to influence (someone). ہاتھ میں سُمرنی بغل میں کترنی foul within fair without. ہاتھ میں لینا **1** take up, catch hold of. **2** (*fig.*) undertake. ہاتھ میں لانا ہاتھ میں کھانا live from hand to mouth. ہاتھ میں ہاتھ دینا **1** shake hands (with). **2** give one into another person's charge. **3** give away a woman in marriage. ہاتھ میں ہنر ہونا be a skilled workman. ہاتھ ننگے ہونا hands to be without any ornament or bangles. ہاتھ نہ آنا **1** not to fall into one's hands; slip out of the hands (of). **2** dodge, evade. ہاتھ نہ پڑنا be out of one's reach. ہاتھ نہ لگنا fail to obtain. ہاتھ نہ مٹھی بلبلاتی اُٹھی burning with rage without power to avenge. ہاتھ نہ ہلانا not to do a hand's turn.

ہاتھا پائی /haːʈʰɑːpɑːiː/ ■ *n.f.* scuffle. ہاتھا پائی کرنا to scuffle, to fight.

ہاتھا جوڑی /haːʈʰɑːdʒoːɽiː/ ■ *n.f.* hand-like branch of the resurrection plant or rose of Jericho, *Anastatica hierochuntica*.

ہاتھا چھانٹی /haːʈʰɑːtʃʰɑ̃ːʈiː/ ■ *n.f.* **1** embezzlement; dishonesty. **2** plundering.

ہاتھا ہاتھی /haːʈʰɑːhaːʈʰiː/ ■ *adv.* **1** from one person to another. **2** quickly, swiftly.

ہاتھوں /haːʈʰõː/ ■ *n.m.* (*pl.* of ہاتھ). ■ *adv.* with hands. (کے) ہاتھوں at the hands of; through (another person); owing to. (لگے) ہاتھوں (do this) while you are doing (the other thing), incidentally. ہاتھوں کے توتے رطوطے اُڑ جانا be confounded, be taken aback, be struck dumb, be nonplussed. ہاتھوں ہاتھ from hand to hand; quickly, expeditiously. ہاتھوں ہاتھ اُڑا لینا take away stealthily. ہاتھوں ہاتھ اُڑ رہک جانا find a ready sale; sell like hot cakes. ہاتھوں ہاتھ لینا receive (someone) cordially or respectfully; show due deference to.

ہاتھی /haːʈʰiː/ ■ *n.m.* **1** elephant. **2** (**Chess**) bishop. ہاتھی بان روان elephant keeper or driver, mahout. ہاتھی پاؤں elephantiasis, tropical disease with swelling of legs and thickening of skin. ہاتھی پھرے گاؤں گاؤں جس کا ہاتھی اُسی کا ناؤں no matter in whose possession property may

2 intend to kill. ہاتھ قلم کرنا cut off one's hand. ہاتھ کا پھپھولا ر چھالا **1** very delicate thing requiring too much care. **2** painful thing. ہاتھ کا جھوٹا رکی جھوٹی one who does not repay debts, dishonest person; liar. ہاتھ کا دیا alms, charity. ہاتھ کا دیا آڑے آنا earlier charity to pay dividends later; charity wards off troubles. ہاتھ کا سچا رکھرا one who repays debts on time, honest person. ہاتھ کا میل **1** filth of the hand, dross. **2** something that comes and goes easily. **3** (*fig.*) money, wealth. ہاتھ کان سے ننگی (of woman) without jewellery. ہاتھ کانوں پر رکھنا **1** show disinclination or denial, deny outright. **2** admit one's inability. ہاتھ کٹنا **1** hand to be amputated. **2** be shorn of power or authority; be helpless, be powerless. ہاتھ کرنا **1** attack, assault, thrust with a sword. **2** cheat. ہاتھ کمر پر رکھنا be coquettish, show delicacy. ہاتھ کنگن کو آرسی کیا obvious truths need no proof. ہاتھ کو ہاتھ پہچانتا ہے one repays him from whom one borrows. ہاتھ کو ہاتھ سجھائی نہ دینا be pitch-dark. ہاتھ کی تحریر **1** handwriting. **2** (*fig.*) written will. ہاتھ کی صفائی skill, expertise; trick. ہاتھ کی لکیریں **1** lines on the palm. **2** (*fig.*) fate. ہاتھ کی لکیریں نہیں مٹتیں fate does not change; changing destiny is beyond human endeavour. ہاتھ کے نیچے under control; subordinate. ہاتھ کے ہاتھ out of hand, immediately, at once. ہاتھ کھانا receive a blow. ہاتھ کھجلانا **1** feel itch in the palm. **2** have itch to beat someone. ہاتھ کُھلنا **1** attain skill in manual work. **2** become rich. ہاتھ کھینچنا **1** refrain, abstain; desist. **2** stop financial support. ہاتھ گاڑی barrow, handcart, pushcart; pram. ہاتھ گرم کرنا give bribe. ہاتھ گلے میں ڈالنا embrace. ہاتھ گِھسانا make useless effort, waste time and energy. ہاتھ گھنگولنا stir water by the hand and make it muddy or turbid. ہاتھ لا رلاؤ let's shake hands (as confirmation of a deal or congratulation). ہاتھ لپک light-fingered knave. ہاتھ لگانا **1** touch with hands, handle. **2** gain advantage; use. **3** strike, beat. **4** support, help, assist. **5** (*fig.*) copulate. ہاتھ لگائے کملائے someone very delicate. ہاتھ لگائے میلا ہونا be of very fair complexion; be very clean. ہاتھ لگنا come to hand; be obtained or acquired. ہاتھ مارنا **1** acquire illegally, pilfer; plunder. **2** eat gluttonously. **3** hit with the hand. ہاتھ مانگنا ask for a girl's hand in marriage, propose marriage to a woman. ہاتھ ملانا shake hands.

پالن ہار nourisher, cherisher. کرن ہار doer. [Prk.]

ہار⁴ ____ ■ *n.m.* cultivated land surrounding village; cultivated tract; plot or allotment of ground; field; pasturage. [S]

ہارا¹ /hɑ:rɑ:/ ■ *adj.* lost; defeated. [S]

ہارا² ____ ■ *suffix* forming nouns and adjectives; used in comp. as: دیکھن ہارا seer. لکڑہارا sawyer, woodcutter. [Prk.]

ہارا³ ____ ■ *n.m.* mud oven. [S]

ہارب /hɑ:rɪb/ ■ *adj.* **1** escaping; avoiding. **2** (*fig.*) weary, sick of.

ہارج /hɑ:rɪdʒ/ ■ *adj.* prohibited, forbidden. ■ *n.m.* interrupter, obstructer. ہارج ہونا be an obstacle, hinder.

ہارسنگھار /hɑ:r sɪŋgʰɑ:r/ ■ *n.m.* (also ہارسنگار) weeping nyctanthes, a plant from the flowers of which yellow and golden colour is obtained, *Nyctanthes arbor-tristis*. ہارسنگھار کی ڈنڈی tube of the corolla of this tree used for dyeing.

ہارنا /hɑ:rnɑ:/ ■ *v.* **1** be defeated, be overcome, lose (game or battle), fail. **2** be fatigued, be tired. **3** lose heart.

ہاروت /hɑ:ru:t̪/ ■ *n.m.* one of the two angles who were suspended by the feet in a well in Babylon, they are said to be teachers of magic to man. (See also ماروت.)

ہارون /hɑ:ru:n/ ■ *pr.n.m.* Prophet Aaron, brother of Prophet Moses.

ہاری /hɑ:ri:/ ■ *n.m.* (in Sindh) tenant, farmer.

ہاڑ¹ /hɑ:ɽ/ ■ *n.m.* **1** bone. **2** skeleton. **3** stature, personality. ہاڑجوڑا **1** one who sets bones. **2** the medicinal plant *Cissus quadrangularis*. ہاڑواڑ (*fig.*) graveyard. [S]

ہاڑ² ____ ■ *n.m.* fourth month of the Bikrami calendar corresponding to June-July. [dial.]

ہاڑنا /hɑ:ɽnɑ:/ ■ *v.* **1** examine the measure of weight; correct the weight. **2** match the weights.

ہاڑی¹ /hɑ:ɽi:/ ■ *n.m.* one who picks up bones, rags and other rubbish for a living, scavenger, sweeper. [S]

ہاڑی² ____ ■ *n.f.* the spring harvest. [dial.]

ہازل /hɑ:zɪl/ ■ *n.m.* one who composes indecent verses.

ہاسیہ /hɑ:sɪjɑ:/ ■ *n.m.* humour. ہاسیہ رس humour as a literary genre.

ہاشم /hɑ:ʃɪm/ ■ *pr.n.m.* appellation of great-grandfather of Prophet Muhammad.

temporarily rest, its title vests in the owner. ہاتھی جھولنا/جھومنا (*fig.*) **1** be very rich. **2** have a grown-up daughter who is yet to be married. ہاتھی دانت ivory. ہاتھی ڈباؤ enough to drown an elephant; very deep (water). ہاتھی سے گنّا کھانا snatch something from someone powerful. ہاتھی کا پاٹھا young male elephant. ہاتھی کے پاؤں میں سب کا پاؤں everybody follows a big man; a generous man's bounty is for all. ہاتھی کے دانت کھانے کے اور دکھانے کے اور all that glitters is not gold. ہاتھی نال (*arch.*) a kind of cannon. ہاتھی لٹ/مر کر بھی سوا لاکھ کا a rich man, even if ruined, has his prestige. ہاتھی نکل گیا ہے دُم رہ گئی ہے be at the tail end of some work. (*fem.* ہتھنی)

ہاتھی پیچ /hɑ:t̪ʰi: pi:tʃ/ ■ *n.f.* (also ہاتھی پچ) Jerusalem artichoke, a ginger shaped vegetable of potato taste, *Helianthus tuberosus*. [E]

ہاتھی چک /hɑ:t̪ʰi: tʃʊk/ ■ *n.m.* & *f.* (also ہاتھی چک) globe artichoke, a kind of thorny plant. [E]

ہاتھی سونڈی /hɑ:t̪ʰi: sũ:ɖi:/ ■ *n.f.* small plant with dark green leaves, and flowers resembling elephant's trunk, *Heliotropium indicum*.

ہاٹ /hɑ:ʈ/ ■ *n.f.* **1** market, bazaar. **2** market or fair held on fixed days; flea market.

ہاجی /hɑ:dʒi:/ ■ *n.m.* lampooner, satirist, one who lampoons or makes sarcastic remarks.

ہادِم /hɑ:d̪ɪm/ ■ *n.m.* one who pulls down (buildings, etc.), demolisher, destroyer. ہادمِ لذّات / ہادم اللذات (*fig.*) death.

ہادی /hɑ:d̪i:/ ■ *n.m.* **1** leader, guide, mentor. **2** director. **3** head of religious order. **4** See الہادی. ہادیِ برحق **1** true guide. **2** a title of Prophet Muhammad.

ہار¹ /hɑ:r/ ■ *n.f.* loss; defeat. ہار جانا be defeated. ہار جیت **1** winning and losing; loss and gain. **2** losing and winning in gambling. **3** gambling. ہار دینا lose, squander; gamble away. ہار کر/کرکے at last, in the end, eventually. ہار مان لینا/ماننا accept or acknowledge defeat; submit. [S]

ہار² ____ ■ *n.m.* **1** string of flowers worn round the neck, garland. **2** necklace. **3** amulet. ہار ڈالنا garland. ہار سنگار/سنگھار make-up. ہار پرونا/گوندھنا string a garland. (گلے کا) ہار ہونا pursue persistently. [Prk.]

ہار³ ____ ■ *suffix* (also ہارا) forming nouns and adjectives, denoting performer of an action; used in comp. as:

at the house of; at. [Prk.]

ہانپ /hɑ̃:p/ ■ *n.f.* pant, gasp.

ہانپنا /hɑ̃:pnɑ:/ ■ *v.* pant, gasp, breathe heavily, be out of breath.

ہانڈا /hɑ̃:ɖɑ:/ ■ *n.m.* **1** vagrant, wanderer, tramp. **2** large cooking pot.

ہانڈنا /hɑ̃:ɖnɑ:/ ■ *v.* to wander, ramble, stray about.

ہانڈی /hɑ̃:ɖi:/ ■ *n.f.* **1** handi, earthen or metal pot for cooking meal. **2** hanging lamp shade. **3** (*fig.*) food. ہانڈی اُبلنا **1** (of a pot) boil over. **2** (*fig.*) become angry. **3** become haughty or arrogant. ہانڈی پکانا **1** cook; stew. **2** (*fig.*) (i) talk, gossip. (ii) a plot to be concocted or matured. ہانڈی چڑھانا put pot on a stove. ہانڈی گرم ہونا **1** meal to be ready. **2** get free food. **3** get something dishonestly. ہانڈی وال **1** partner, confederate, sharer. **2** group of people visiting the same woman.

ہانک /hɑ:ŋk/ ■ *n.f.* **1** cry, call. **2** driving. **3** fame, popularity. **4** brag. ہانک پکار uproar, hue and cry, outcry, shout, general hubbub. ہانک پکار کر کے کہنا say loudly and openly. ہانک لگانا **1** call out loudly, shout, bawl. **2** boast, brag. **3** threat. ہانک مارنا shout for, call to.

ہانکا /hɑ:ŋkɑ:/ ■ *n.m.* (also ہاکا، ہانکہ) (***Hunting***) battue, driving of game towards hunters by beaters or shouters.

ہانکاہانک /hɑ:ŋkɑ:hɑ:ŋk/ ■ *n.f.* driving; continuous driving.

ہانکنا /hɑ:ŋknɑ:/ ■ *v.* **1** drive a carriage, etc. **2** talk nonsense, boast, brag. **3** (***Hunting***) urge on a beast by shouts; drive out or off or away.

ہانکے پکارے /hɑ:ŋke: pʊkɑ:re:/ ■ *adv.* (*fig.*) openly.

ہانگا /hɑ:ŋgɑ:/ ■ *n.m.* strength, pep.

ہانگی /hɑ:ŋgi:/ ■ *n.f.* (also ہاگی) **1** sieve. **2** piece of cloth for sifting flour.

ہانوَن /hɑ:nvən/ ■ *adj.* ignorant, unaware, lacking (in).

ہانی /hɑ:ni:/ ■ *n.f.* loss. See ہان.

ہاوَن /hɑ:vən/ ■ *n.m.* mortar. ہاون دستہ pestle and mortar.

ہاویہ /hɑ:vijɑ:/ ■ *n.m.* **1** (*literal*) a deep and dark place. **2** seventh and the lowest region of the hell.

ہاہا /hɑ:hɑ:/ ■ *exclam.* haha! ■ *n.m.* **1** laughter. **2** flattery. **3** earnest request, supplication. ■ *exclam.* expressing sorrow or grief. ہاہاٹھی chortle, chuckle, boisterous laugh. ہاہاکھانا beg earnestly, beseech, entreat; wheedle.

ہاضِم /hɑ:zɪm/ ■ *adj.* digestive.

ہاضمہ /hɑ:zemɑ:/ ■ *n.m.* digestion.

ہال /hɑ:l/ ■ *n.m.* tyre of wheel. ■ *n.f.* **1** movement, jerk. **2** attack, assault. ■ *adj.* quick, fast, brisk, active. ہال ہال چلنا walk slowly or nimbly.

ہالا[1] /hɑ:lɑ:/ ■ *n.m.* (also ہالہ) **1** halo, a corona around the sun or moon. **2** nimbus, a halo surrounding a supernatural being and saints. [S]

ہالا[2] ____ ■ *n.f.* wine; grape wine. [S]

ہالاڈولا /hɑ:lɑ: ɖo:lɑ:/ ■ *n.m.* (also ہالن ڈولن) **1** shaking, agitation. **2** earthquake.

ہالِک /hɑ:lɪk/ ■ *adj.* **1** destructive, deadly. **2** perishing, being destroyed.

ہالم /hɑ:lɪm/ ■ *n.f.* (also ہالون) a mustard-like plant, garden cress, *Lepidium sativum*.

ہالی /hɑ:li:/ ■ *n.m.* ploughman, tiller.

ہالی موالی /hɑ:li: məvɑ:li:/ ■ *n.m.pl.* (*corr.* of اہالی موالی) **1** friends, companions. **2** attendants; dependants; retinue.

ہامون /hɑ:mu:n/ ■ *n.m.* (also ہامُون) desert; forest; plain, level ground. ہامون نورد traveller in deserts.

ہامی /hɑ:mi:/ ■ *n.f.* confirmation, ratification, assurance; assent, consent; promise. ہامی بھرنا **1** accept some task, give consent, confirm. **2** believe; acknowledge, confess; allow; own.

ہان /hɑ:n/ ■ *n.f.* (also ہانی) **1** loss, harm, injury. **2** slaughter, carnage, bloodshed.

ہاں[1] /hɑ̃:/ ■ *int.* yes. ■ *n.f.* assurance; assent; permission. ہاں جی yes sir/ madam/ miss. ہاں جی کا نوکر ہونا be a yes-man. ہاں کرنا/کہنا **1** say 'yes'; assent, agree, accept, approve. **2** submit, yield. ہاں میں ہاں ملانا agree with whatever one is saying, say yes to everything, accept someone's opinion uncritically. ہاں نا yes or no; categorical reply. ہاں نا کا جواب دینا say yes or no; give categorical reply, give clear answer. ہاں نہیں کرنا evade, prevaricate; not give clear answer. ہاں ہاں yes, certainly. ہاں ہوں **1** acceptance, confession. **2** prevarication. ہاں ہوں کرنا **1** accept or agree with or accept with reservation. **2** prevaricate. [Prk.]

ہاں[2] ____ ■ *adv.* (*contr.* of یہاں) here, at this place; house; surroundings; society. (کے) ہاں at (someone's) home;

ہبنّق /həbənnəq/ ■ *adj.* (also ہبنگ، ہونّق) fool, silly, stupid.
ہُبُوب /hʊbu:b/ ■ *n.m.* blowing (of wind).
ہبُوڑا /həbu:ɽɑ:/ ■ *adj.* **1** glutton, greedy eater. **2** See ہبڑا. (*fem.* ہبُوڑن)
ہبوڑنا /həbo:ɽnɑ:/ ■ *v.* eat greedily.
ہُبُوط /hʊbu:t̪/ ■ *n.m.* downfall, fall, collapse, descent, decline, depression. ہبوطِ آدم descent of Adam from heaven to earth. ہبوط وصعود descent and ascent.
ہبہ /hɪba:/ ■ *n.m.* (also ہبا) **1** gift, present; bequest; grant. **2** (*fig.*) allowable; lawful, permissible. ہبہ استقبالی gift in future. ہبہ زبانی gift made orally. ہبہ کرنا bequeath; execute deed of gift. ہبہ نامہ deed of gift.
ہپ /həp/ ■ *n.f.* (also ہپ ہپ) **1** suddenly taking something in the mouth and gulping it; eating. **2** gulping sound. ہپ جھپ quickly. ہپ کر جانا/کرنا **1** gulp down, eat up, swallow, gobble up. **2** usurp, misappropriate. ہپ ہپ کرنا **1** devour, gobble, eat hurriedly. **2** speak or eat like a toothless person.
ہپّا /həppɑ:/ ■ *n.m.* **1** (child's talk) pap, soft or light food; rice dish. **2** female cook. ہپا دینا **1** feed a child. **2** give bribe. ہپا کرنا have meal, eat up.
ہپڑ ہپڑ /həpəɽ həpəɽ/ ■ *n.f.* sound of gulping down hurriedly.
ہپّو /həppo:/ ■ *n.f.* toothless old woman. ہپوڈائن **1** malicious woman. **2** woman addicted to opium.
ہپہپانا /həphəpɑ:nɑ:/ ■ *v.* (also ہپ ہپانا) pant, gasp.
ہت[1] /hət̪/ ■ *exclam.* be off! ہت تیرے کی begone! away! be off! [dial.]
ہت[2] ____ ■ *n.m.* (also ہتھ) (*contr.* of ہاتھ) hand; used in comp. as: ہت پھیر cunning, trickster. [S]
ہِت /hɪt̪/ ■ *n.m.* **1** friend, companion. **2** love; friendship; affection.
ہتّا /hət̪t̪ɑ:/ ■ *n.m.* handle. See ہتھا.
ہتک /hət̪ək/ ■ *n.f.* insult, disrespect, disgrace; libel, defamation; affront. ہتک آمیز libellous, defamatory, disgraceful, derogatory. ہتک سمجھنا feel insulted or affronted; consider something disgraceful. ہتکِ عزت کا دعویٰ libel suit, defamation case. ہتکِ عزت کرنا bring disgrace on, defame. ہتک کرنا disgrace, insult, defame.
ہِتکار /hɪt̪kɑ:r/ ■ *n.m.* (also ہِت کار) friend, benefactor.
ہتکڑی /hət̪kəɽi:/ ■ *n.f.* (*var.* of ہتھکڑی) handcuff.

ہاہاہو loud laughter; boisterous uproar. ہاہاہی کرنا laugh boisterously, laugh gleefully.
ہاہاکار /hɑ:hɑ:kɑ:r/ ■ *n.m.* & *f.* **1** hubbub, hue and cry. **2** anxiety, dismay; consternation. **3** lamentation, wailing. **4** exclamation of joy and happiness.
ہائل /hɑ:ɪl/ ■ *adj.* (also ہایل) **1** terrible, dreadful, fearsome, frightful. **2** difficult, hard; severe. ہائل قائل fed up; disturbed.
ہائم /hɑ:ɪm/ ■ *adj.* (also ہایم) surprised, astonished, alarmed.
ہاؤہو /hɑ:o: hu:/ ■ *n.f.* uproar, tumult, hue and cry. ہاؤہو کرنا raise hue and cry.
ہائی /hɑ:i:/ ■ *n.f.* **1** plight, condition, state. **2** manner. **3** maxim, proverb. **4** (*fig.*) defamation, slander.
ہائے /hɑ:e:/ ■ *exclam.* alas! ah! ■ *n.f.* sigh, moan, cry of pain. ہائے پڑنا be cursed; be stricken or suffer by decrees of fate. ہائے وائے/ہائے ہائے sighing, cry of pain. ہائے وائے/ہائے مچانا create furore, uproar, make noise or row. ہائے ہائے کرنا sigh, moan with pain, lament.
ہائیکو /hɑ:i:ko:/ ■ *n.f.* (also ہائکو) haiku, Japanese poetical genre of three-lined poem, also composed in Urdu.
ہائیں /hɑ:ẽ:/ ■ *exclam.* expressing warning, surprise: why? what? don't!
ہائیہ /hɑ:ɪjɑ:/ ■ *adj.* (also ہائیَہ) (***Phonetics***) (of a voice) having an audible sound of breathing. ■ *n.f.* an aspirated sound; an aspirated consonant. ہائیہ آوازیں aspirated sounds, like: بھ، پھ، تھ، جھ, etc.
ہبا /həbɑ:/ ■ *n.m.* (also ہباء) dust.
ہِبا /hɪbɑ:/ ■ *n.m.* gift. See ہبہ.
ہبّاڈبّا /həbbɑ: ɖəbbɑ:/ ■ *n.m.* (also ہباڈبہ) bronchitis, whooping cough, convulsions (in children).
ہُبابیہ /hʊbɑ:jɑ:/ ■ *n.f.* bark, skin.
ہبڑا /həbɽɑ:/ ■ *n.m.* (also ہبوڑا) ugly person; one with large teeth. (*fem.* ہبڑی)
ہبڑ دھبڑ /həbəɽ ɖʰəbəɽ/ ■ *adv.* (also ہبر دبر) in haste, hurriedly. ■ *n.f.* hurry-scurry; uproar; chaos.
ہبڑ ہبڑ /həbəɽ həbəɽ/ ■ *adv.* in haste, hurriedly.
ہبط /həbt̪/ ■ *n.m.* decline, fall, lowness.
ہبک دھبک /həbək ɖʰəbək/ ■ *n.f.* alertness in work, agility.
ہبکنا /həbəknɑ:/ ■ *v.* swallow speedily, gobble.
ہُبل /hʊbəl/ ■ *n.m.* name of an ancient and largest idol of Arabs.

ہتھیا /hət̪ʰejɑ:/ ■ *n.m.* 1 (***Astrol.***) thirteenth mansion of the moon. 2 rain in torrents. ہتھیا کی راہ the Milky Way, the Galaxy.

ہتھیار /hət̪ʰjɑ:r/ ■ *n.m.* (also ہتیار) 1 arms, weapons. 2 tool, instrument. 3 (*fig.*) penis. ہتھیار اٹھانا ready to battle; attack. ہتھیار باندھنا/سجانا arm oneself, wear arms. ہتھیار بند armed, weaponed, accoutred. ہتھیار خانہ/گھر arsenal, armoury. ہتھیار ڈال دینا/ڈالنا surrender, lay down one's arms, accept defeat. ہتھیار رکھوانا disarm, unarm.

ہتھیارا /hət̪ʰjɑ:rɑ:/ ■ *adj.* sinful; cruel. See ہتیارا. (*fem.* ہتھیارن)

ہتھیانا /hət̪ʰjɑ:nɑ:/ ■ *v.* grab, seize; take hold of, obtain by fraud.

ہتھیلی /hət̪ʰe:li:/ ■ *n.f.* (also ہتیلی) 1 the palm of the hand. 2 metacarpus. ہتھیلی پٹخانا clap. ہتھیلی پر جان/سر رکھنا risk one's life. ہتھیلی پر سرسوں جمانا do something very quickly; work wonders; astonish; surprise. ہتھیلی چکانا give bribe. ہتھیلی دینا help, succour. ہتھیلی کا پھپھولا/چھالا 1 blister on the palm. 2 (*fig.*) fragile thing. 3 cherished grievance. ہتھیلی کھجلانا 1 palm to itch. 2 have a premonition. 3 have an itch for slapping somebody. ہتھیلی میں چور پڑنا (of henna) leave some white patches; fail to dye whole palm. ہتھیلی میں چھید ہونا be spendthrift or extravagant.

ہٹ[1] /hət/ ■ *n.f.* obstinacy, obduracy, stubbornness, recalcitrance. (اپنی) ہٹ پر آنا show obstinacy. ہٹ دھرم recalcitrant, stubborn, obstinate. ہٹ دھرمی recalcitrance, stubbornness, obstinacy. ہٹ کرنا be obstinate, be stubborn. [Prk.]

ہٹ[2] —— ■ (*imper.* of ہٹنا) tut-tut; used in comp. as: ہٹ پرے get back! stand back! buzz-off. ہٹ جانا 1 slip away, go away stealthily. 2 (*slang*) take umbrage. [S]

ہٹ[3] —— ■ *n.m.* & *f.* hut. [E]

ہٹّا کٹّا /həʈʈɑ: kəʈʈɑ:/ ■ *adj.* robust, stout and active; vigorous, stalwart, hefty. (*fem.* ہٹّی کٹّی)

ہٹانا /həʈɑ:nɑ:/ ■ *v.* 1 remove, push back, move something from its place; repel, repulse, cause to retreat, cause to recede; cause to flinch; clear away. 2 put off, postpone. 3 (*slang*) vex, irritate.

ہٹاؤ[1] /həʈɑ:o:/ ■ *n.m.* 1 retiring, flinching, falling back. 2 (***Physics***) displacement. [S]

ہٹاؤ[2] —— ■ (*imper.* of ہٹانا) remove, take away. [S]

ہِٹلر /hɪʈlər/ ■ *pr.n.m.* Hitler, German Nazi dictator. ■ *n.m.*

ہتوڑا /hət̪ɔ:ɽɑ:/ ■ *n.m.* (*var.* of ہتھوڑا) sledgehammer.

ہتوڑی /hət̪ɔ:ɽi:/ ■ *n.f.* (*dim.* of ہتوڑا) small hammer.

ہتّی /hət̪t̪i:/ ■ *n.f.* (*dim.* of ہتا) small handle.

ہِتی /hɪt̪i:/ ■ *n.m.* friend; lover; well-wisher.

ہتّیا /hət̪t̪jɑ:/ ■ *n.f.* murder; slaughter.

ہتیارا /hət̪jɑ:rɑ:/ ■ *adj.* (also ہتھیارا) 1 sinful; cruel. 2 (*fig.*) murderous, bloodthirsty. ■ *n.m.* 1 murderer, assassin. 2 (*fig.*) (i) wretch. (ii) villain. (iii) sinner. (*fem.* ہتیارنی)

ہتھ[1] /hət̪ʰ/ ■ *n.m.* (*contr.* of ہاتھ) hand. ہتھ اُدھار loan advanced or taken without any security or IOU (I owe you). ہتھ باندھا غلام devoted servant. ہتھ پھول 1 a kind of firework. 2 a kind of ornament. ہتھ پھیری 1 sleight of hand; trickery. 2 borrowing. 3 caress, fondling. ہتھ پھیری کرنا 1 defraud. 2 caress, fondle. ہتھ چھٹ/چھٹ apt to hit on the slightest provocation. ہتھ رس masturbation, wank, onanism. ہتھ کٹی a slash with a sword; fencing or cudgelling blow aimed at adversary's hand. ہتھ کل/کنڈا doorknob; latch. ہتھ گاڑی barrow, handcart. ہتھ لیوا a Hindu marriage ritual in which hands of the bride and bridegroom are joined palm to palm. [S]

ہتھ[2] —— ■ *n.m.* (*contr.* of ہاتھی) elephant. ہتھ نال small cannon carried on elephant. [dial.]

ہتّھا /hət̪t̪ʰɑ:/ ■ *n.m.* (also ہتا) 1 hand. 2 handle; hilt. 3 shovel. 4 baker's peel. 5 sleeve. ہتھا مارنا pilfer, acquire illegally.

ہتھکڑی /hət̪ʰkəɽi:/ ■ *n.f.* (also ہتکڑی) handcuff, manacles. ہتھکڑی لگانا handcuff, manacle. ہتھکڑی لگنا be handcuffed.

ہتھکنڈا /hət̪ʰkɑ̃ɖɑ:/ ■ *n.m.* (also ہتکنڈا) 1 trick, trickery, deceit, deception; machination. 2 legerdemain, manual dexterity.

ہتھوڑا /hət̪ʰo:ɽɑ:/ ■ *n.m.* (also ہتوڑا) hammer, sledgehammer.

ہتھوڑی /hət̪ʰo:ɽi:/ ■ *n.f.* (*dim.* of ہتھوڑا) small hammer.

ہتّھی /hət̪t̪ʰi:/ ■ *n.f.* (*dim.* of ہتّھا) 1 small handle. 2 rest for hand.

ہتّھے /hət̪t̪ʰe:/ ■ *n.m.* (*pl.* & *infl.* of ہتّھا) ہتھے (ہی) پر ٹوکنا object to something right at the start. ہتھے چڑھنا fall into the hands (of). ہتھے سے اکھڑ جانا 1 fly off the handle, be very angry, lose one's temper. 2 be uprooted; be separated, be out of joint. 3 kite strings to be snapped.

ہچکا /hɪtʃka:/ ■ *n.m.* **1** jerk, twitch, jog, jolt, sudden blow or push. **2** shock, concussion. **3** sudden stoppage (of any business or affair). **4** hitch.

ہُچکا /hʊtʃka:/ ■ *n.m.* kite's string bobbin; spool.

ہِچکارا /hɪtʃka:ra:/ ■ *adj.* (also ہیچ کارا) useless, good-for-nothing, worthless.

ہِچکچانا /hɪtʃkɪtʃa:na:/ ■ *v.* hesitate, waver, falter; boggle, recoil.

ہِچکچاہٹ /hɪtʃkɪtʃa:hət/ ■ *n.f.* hesitation, faltering, wavering; boggling.

ہِچکچی /hɪtʃkɪtʃi:/ ■ *n.f.* **1** hesitation, doubt, wavering. **2** (also کچکچی) gritting of teeth.

ہِچکنا /hɪtʃəkna:/ ■ *v.* hesitate, draw back from, shrink; boggle; waver, be jolted.

ہچکولا /hɪtʃko:la:/ ■ *n.m.* jolt, jerk, shake. ہچکولا کھانا jolt.

ہچکی /hɪtʃki:/ ■ *n.f.* **1** hiccup. **2** convulsive sobbing or breathing; choking (in crying). ہچکی بندھ جانا have the hiccups or choke while weeping; weep bitterly. ہچکی لگنا **1** suffer from hiccup. **2** breathe spasmodically (in the agony of death); be at the point of death. ہچکی لینا hiccup.

ہچکیوں /hɪtʃkijõ:/ ■ *n.f.* (*pl.* of ہچکی) ہچکیوں سے رونا weep bitterly.

ہُچنا /hʊtʃna:/ ■ *v.* aim to go wrong, fail to hit the mark, slip away.

ہدایا /hədɑ:ja:/ ■ *n.m.* (*pl.* of ہدیہ) gifts.

ہدایت /hɪdɑ:jət/ ■ *n.f.* guidance, instruction; righteousness. ہدایت پانا get or obtain guidance; become righteous. ہدایتِ تاکیدی کرنا direct with emphasis, strictly enjoin. ہدایت دینا، کرنا guide, direct, show the path of righteousness. ہدایت کار director of film or drama. ہدایت نامہ book of instructions, guidebook. (*pl.* ہدایات)

ہدر /hədr/ ■ *n.m.* **1** permissible (killing or execution), lawful, allowed. **2** pardonable. **3** useless effort.

ہدرات /hədra:t/ ■ *n.f.* **1** tremulously shaking, quaking, trembling. **2** earthquake.

ہدرانا /hədra:na:/ ■ *v.* (also ہڑدانا) shake, agitate; cause to tremble (by shock or blow).

ہدف /hədəf/ ■ *n.m.* target, object, aim; mark, bull's-eye. ہدفِ تنقید بنانا criticize, slate. ہدف مارنا strike the mark; hit the target. (*pl.* اہداف)

ہدم /hədm/ ■ *n.m.* demolition, destruction, razing, pulling

(*fig.*) cruel person, brute.

ہِٹلرانہ /hɪtləra:na:/ ■ *adj.* despotic, tyrannical.

ہٹنا /hətna:/ ■ *v.* **1** go or fall back, get back, be driven back; retire; recede, be repulsed, retreat; flinch. **2** (of milch animal) dry up. **3** (*slang*) be vexed.

ہٹّی /hətti:/ ■ *n.f.* (*dim.* of ہاٹ) (also ہٹیا) shop; market, bazaar.

ہٹیلا /həti:la:/ ■ *adj.* (also ہٹّی، ہٹیل) stubborn, obstinate, mulish, cross-grained. (*fem.* ہٹیلی)

ہِجا[1] /hɪdʒɑ:/ ■ *n.m.* & *f.* spelling. [A]

ہِجا[2] ——— ■ *n.f.* (also ہجو) satire, lampoon. [A]

ہِجر /hɪdʒr/ ■ *n.m.* (also ہجراں) separation, parting, absence of the beloved. ہجر زدہ lonely, forlorn, abandoned.

ہُجر /hʊdʒr/ ■ *n.m.* uttering obscenities, obscene talk or words.

ہجرت /hɪdʒrət/ ■ *n.f.* **1** hegira, migration, emigration, departure from one's country and friends. **2** flight (esp. of birds and fishes). **3** Hegira, i.e. emigration of Prophet Muhammad from Makkah to Medina.

ہجری /hɪdʒri:/ ■ *adj.* of Muslim era reckoned from the date of Prophet Muhammad's migration to Medina. ہجری سنہ the Hegira year or calendar.

ہجم /hədʒm/ ■ *n.m.* **1** driving off or away; driving or forcing in; urging on; repulsing. **2** extirpation, demolition. **3** sudden attack, assault, onset.

ہجو /hədʒv/ ■ *n.f.* **1** lampoon, satire. **2** dispraise, reproach. **3** a genre of Urdu poetry for lampooning. ہجوِ قبیح vile or base satire. ہجو کرنا satirize, lampoon, revile. ہجو گو satirist. ہجوِ ملیح satire disguised as praise. (*pl.* ہجویات)

ہُجوم /hʊdʒu:m/ ■ *n.m.* **1** crowd, mob, concourse, swarm. **2** rushing upon, attacking, crowding. ہجوم کرنا **1** collect, crowd, assemble in a crowd. **2** invade, assail.

ہِجّے /hɪddʒe:/ ■ *n.m.* (*pl.* & *infl.* of ہِجا[1]) ہجے کرنا spell out (a word). ہجے کے ہجے کرنا find fault. ہجے وار according to alphabetical order.

ہچر مچر /hɪtʃər mɪtʃər/ ■ *n.m.* & *f.* dilly-dallying, excuse, cavilling, equivocation, prevarication, hesitation; quibbling. ہچر مچر کرنا hesitate, falter, draw back, make excuses, quibble, prevaricate.

ہچک /hɪtʃək/ ■ *n.f.* **1** sudden or quick jerk or twist, jolt. **2** hesitation, wavering, irresolution.

down. (See also انہدام.)

ہدہد /hʊd̪hʊd̪/ ■ *n.m.* hoopoe; woodpecker.

ہدی /həd̪i:/ ■ *n.m.* cattle carried to Makkah to be sacrificed.

ہُدیٰ /hʊd̪ɑ:/ ■ *n.m.* **1** pointing out the right way, guidance in the right way. **2** right path; way of salvation.

ہدیانا /həd̪ejɑ:nɑ:/ ■ *v.* feel shy or nervous, hesitate, shiver; become agitated or alarmed.

ہدیاہٹ /həd̪ejɑ:hət̪/ ■ *n.f.* shyness, nervousness, timidity.

ہدیہ /həd̪jɑ:/ ■ *n.m.* (also ہدیۃ) **1** present (esp. to a superior), gift, offering. **2** (*euph.*) price (of a copy of the Qur'an). ہدیۂ تبریک benediction; congratulation. ہدیۂ تبریک پیش کرنا congratulate; felicitate. ہدیہ کرنا present, make an offering; dedicate. **2** sell copy of the Qur'an. (*pl.* ہدایا)

ہڈ /həɖ/ ■ *n.m.* (*contr.* of ہڈّا، ہڈّی) **1** bone; skeleton. **2** race; family. **3** family feud. ہڈحرام (*deris.*) sponger; lazy person, good-for-nothing.

ہڈّا /həɖɖɑ:/ ■ *n.m.* (*aug.* of ہڈّی) **1** large bone. **2** spavin.

ہڈّی /həɖɖi:/ ■ *n.f.* **1** bone. **2** hard part in the centre of carrot or other similar roots. **3** (*fig.*) race, origin, pedigree. ہڈی بٹھانا set a fractured bone. ہڈی پسلی توڑنا thrash soundly. ہڈّی ٹوٹنا fracture of bone. ہڈی دیکھنا get to know the family background. ہڈی گُڈی bone and joint of bone.

ہڈیلا /həɖɖi:lɑ:/ ■ *adj.* (also ہڈیالا) bony, hard. (*fem.* ہڈّیلی)

ہڈیوں /həɖɖɪjõ:/ ■ *n.f.* (*pl.* of ہڈّی) ہڈیوں کی مالا ہو جانا be emaciated; become a bag of bones.

ہٰذا /hɑ:zɑ:/ ■ *pron.* this. ہٰذا القیاس analogous to this. ہٰذا من فضلِ ربی this is by the grace of God. (*fem.* ہٰذہٖ)

ہذر /həzr/ ■ *n.m.* **1** nonsense or frivolous talk, loquacity, raving, garrulity. **2** delirium.

ہذیان /həzjɑ:n/ ■ *n.m.* (also ہِذیان) **1** raving. **2** delirium. ہذیان بکنا talk nonsense, rave. ہذیان گوئی delirious talk.

ہذیانی /həzjɑ:ni:/ ■ *adj.* (also ہِذیانی) **1** raving. **2** delirious. ہذیانی کیفیت delirious state (of mind).

ہر¹ /hər/ ■ *adj.* & *pron.* every; each; any. ہر ایک everyone, everybody; each one. ہر ایک بلا استثنا each and every without exception. ہر آن ہر پل ہر ساعت ہر لحظہ every moment; constantly; whenever. ہر آئینہ **1** by every law or rule; in every way. **2** at all events; at every moment. **3** undoubtedly. ہر باب **1** every door. **2** every chapter. **3** every science. **4** every circumstance. ہر بابو ربابی factotum, jack of all trades. ہر بار، ہر باری every time. ہر بہارے را خزاں every rise hath fall. ہر جا، ہر جگہ everywhere, at every place; on every occasion. ہر جنس every species, all sorts and kinds; grain of all sorts. ہر چند (کہ) though, although; notwithstanding; even, even though. ہر چہ whatever, whatsoever; everything. ہر چہار طرف on all four sides. ہر چہ بادا باد let happen what will, come what may. ہر حال میں in every case or instance, in every respect, always. ہر دفعہ every time, at every turn. ہر دم، ہر نفس every moment, always. ہر دم خیالی **1** superstitious, fanciful, having wild fancy; having a fresh fancy every moment. **2** capricious, whimsical. **3** capriciousness, fickleness. ہر دو both; each other, each of the two. ہر دو جہاں، ہر دو سرا both in this world and the next world; both on earth or in sky. ہر دیگی چمچہ a sponger; a parasite; a turncoat; unprincipled; flatterer. ہر روز everyday. ہر روز عید نیست کہ حلوہ خورد کسے one cannot hope to have stroke of good luck every time. ہر سمت، ہر سو in every direction. ہر طرح in every way. ہر فن مولا jack of all trades. ہر قیمت پر at all costs. ہر کاری attending to all sorts of work or business. ہر کجا everywhere; wherever. ہر کس، ہر کوئی everybody, everyone. ہر کس و ناکس everyone high and low, all and sundry. ہر کمالے را زوال every rise hath fall. ہر کہ و مہ everyone, everybody. ہر کہیں everywhere. ہر گام at every step, everywhere. ہر گاہ **1** whenever; since. **2** whereas. ہر لحظہ all the time, always. ہر ممکن، ہر ممکنہ as much or as far as possible; to one's utmost. ہر وقت always, at all times. [P]

ہر² ____ ■ *n.m.* name of Hindu god Shiva or Mahadev. ہر بولنا (of a Hindu) die, pass away. ہر کو بھجے سو ہر کا ہوئے he who worships God becomes His devotee. ہر ہر مہادیو **1** the god of gods referring to the god Shiva. **2** a war slogan of Hindus. [S]

ہر³ ____ ■ *n.m.* (*var.* of ہل) plough. [S]

ہِر /hɪr/ ■ *n.m.* male cat, tomcat. (*fem.* ہِرّہ)

ہُر /hʊr/ ■ *n.f.* **1** fast flight of bird. **2** sound produced when bird flies. ہر ہو جانا fly away, vanish.

ہرا /hərɑ:/ ■ *adj.* **1** of green colour, green. **2** verdant, fresh. **3** unripe (fruit). **4** unsuccessful. **5** tired out. ہرا بھرا **1** fruitful. **2** lush, luxuriant. **3** prosperous, happy;

ہرجائی /hərdʒɑːiː/ ■ *adj*. unsettled; inconstant (in love or friendship); disloyal; promiscuous. ■ *n.m.* 1 gadabout, vagabond, stroller, streetwalker, vagrant. 2 flirt.

ہرجہ /hərdʒɑː/ ■ *n.m.* (also ہرجا) damages, compensation. ہرجہ تشخیص کرنا assess damages for. ہرجۂ ذاتی personal loss or damages.

ہردے /hɪrdæː/ ■ *n.m.* (also ہردا) the heart, conscience. ہردے کھلنا (heart and mind) to become enlightened.

ہردلعزیز /hərd̪ɪlʔəziːz/ ■ *adj*. (also ہردل عزیز) popular; loved by everybody, liked by all.

ہردلعزیزی /hərd̪ɪlʔəziːziː/ ■ *n.f.* (also ہردل عزیزی) popularity.

ہرزگی /hərzəgiː/ ■ *n.f.* nonsense, frivolous or loose talk, absurdity; babble, prate, twaddle.

ہرزہ /hərzɑː/ ■ *adj*. absurd, silly, nonsensical; idle, vain, frivolous, purposeless. ■ *n.m.* trifles; bagatelles. ہرزہ درا/سرا/گو idle talker; foolish prater. ہرزہ درائی/سرائی/گوئی silly talk, prattle, ramble. ہرزہ گرد roving, rambling, tramp, gadabout. ہرزہ گردی ramble, gadding; gossiping. ہرزہ گوش one who listens to nonsense or idle talk.

ہرس /hərs/ ■ *n.f.* 1 beam of plough. 2 ploughshare.

ہرسا /hərsɑː/ ■ *n.m.* stone for abrading sandalwood.

ہرسنگھار /hərsɪŋʰɑːr/ ■ *n.m.* (*contr.* of ہارسنگھار) name of a tree.

ہرش /hərʃ/ ■ *n.m.* happiness, gladness.

ہرشانا /hərʃɑːnɑː/ ■ *v.* to please or be pleased.

ہرکارہ /hərkɑːrɑː/ ■ *n.m.* hircarra, hircarrah, messenger; emissary; courier, postman.

ہرگز /hərgɪz/ ■ *adv*. (in *neg.*) 1 ever. 2 absolutely. ہرگز نہیں never ever; on no account; by no means.

ہرگنڈا /hərgʊnḍɑː/ ■ *n.m.* a species of vegetable.

ہرم /hərəm/ ■ *n.m.* 1 old age, oldness. 2 pyramid. (*pl.* اہرام)

ہرمز /hʊrmʊz/ ■ *pr.n.m.* 1 name of a Persian king who reigned in 272 AD. 2 Jupiter.

ہرمزی /hɪrmɪziː/ ■ *n.f.* a kind of red earth used for painting walls.

ہرمشٹا /hərmʊʃṭɑː/ ■ *adj*. stout, robust; active. ■ *n.m.* wicked man.

ہرمشٹی /hərmʊʃṭiː/ ■ *n.f.* robustness; stoutness.

ہرمی /hərəmiː/ ■ *adj*. pyramidal.

ہرن /hərən/ ■ *n.m.* 1 stealing, theft. 2 kidnapping.

thriving. ہرا دھنیا cilantro, coriander leaves, *Coriandrum sativum*. ہرا ہونا 1 be green, be verdant. 2 (of wound) become raw. 3 (of debt or value) be realised. 4 (of fruit) be unripe. (*fem.* ہری)

ہرّا /hərrɑː/ ■ *n.m.* an astringent nut, a kind of myrobalan, *Terminalia myrobalan.*

ہُرّا /hʊrrɑː/ ■ *n.m.* row, tumult, rush. ہرا بولنا (a flock of birds) to fly up. ہُرا ہونا (a group) to be disbanded or dispersed.

ہرّاج /hərrɑːdʒ/ ■ *adj*. fast running (horse). ■ *n.m.* auction. ہراج کرنا sell by auction.

ہِراس /hɪrɑːs/ ■ *n.m.* 1 harassment, fear, terror. 2 disappointment, despair. ہراس زدہ terror-stricken.

ہِراساں /hɪrɑːsɑ̃ː/ ■ *adj*. 1 alarmed, terror-stricken, frightened. 2 disappointed.

ہرانا /hərɑːnɑː/ ■ *v.* beat, defeat, foil; tire out; overcome; cause to lose.

ہراند /hɪrɑ̃ːḍ/ ■ *n.f.* (also ہراہند) the tang of half-cooked stew; smell of unripe fruit.

ہرانی چِتانی /hərɑːniː dʒɪṭɑːniː/ ■ *n.f.* argumentation; pestering.

ہراوَل /hərɑːvəl/ ■ *n.m.* 1 vanguard of an army. 2 (*lit.*) the avant-garde.

ہرائی /hərɑːiː/ ■ *n.f.* (also ہراوئی) greenness, verdure; freshness.

ہرپھاریوڑی /hərpʰɑːreoṛiː/ ■ *n.f.* a kind of sour fruit, *Averrhoa acida.*

ہرپھر کے /hɪr pʰɪr keː/ ■ *adv*. 1 again and again, repeatedly. 2 eventually, at last, in the end.

ہرتال /hərṭɑːl/ ■ *n.f.* (also ہڑتال) 1 a kind of yellow metal which is used in medicines, orpiment, *Aurum pigmentum*. 2 a kind of arsenic.

ہرج /hərdʒ/ ■ *n.m.* (also ہَرَج) 1 tumult; trouble, confusion. 2 loss, harm, injury. 3 interruption, impediment, delay. ہرج کرنا cause loss or damage. ہرج مرج trouble; agitation; disorder, tumult; bustle. ہرج ہونا suffer loss; face trouble. ہرج ہی کیا ہے it is of no consequence, never mind, there is no harm in it, what is the harm.

ہرجانہ /hərdʒɑːnɑː/ ■ *n.m.* (also ہرجانا) indemnity, damages, compensation. ہرجانہ ادا کرنا/بھرنا indemnify, pay the damages.

bruised wheat; pap.

/hərjəl/ ■ n.m. green pigeon, a pigeon-like bird, *Treron phoenicoptera*. ہریل

/həri:lɑ:/ ■ *adj*. green, verdant; fresh. (*fem*. ہریلی) [S] ہریلا[1]

____ ■ *n.m.* escapee, fugitive. [dial.] ہریلا[2]

/həre:lɑ:/ ■ *adj*. defeated, routed. ہریلا

/həri:vɑ:/ ■ *n.m.* a kind of parrot with long tail. ہریوا

/həɽ/ ■ *n.f.* a kind of myrobalan, *Terminalia chebula*. [Prk.] ہڑ[1]

____ ■ *n.m.* (*contr.* of ہاڑ[1]) bone; skeleton. [S] ہڑ[2]

____ ■ *n.m.* stock, a timber frame in which offenders were locked as a public punishment. [Prk.] ہڑ[3]

/həɽɑ:həɽi:/ ■ *n.f.* (also ہڑہڑی) 1 chaos, confusion. 2 hurry-scurry, haste. ہڑاہڑی

/həɽbəɽ/ ■ *n.f.* chaos, confusion, disorder, mess. ہڑبڑ

/həɽbəɽɑ: kər/ ■ *adv*. hastily; precipitately; hurriedly, in great haste. ہڑبڑاکر

/həɽbəɽɑ:nɑ:/ ■ *v*. 1 hurry, be in a hurry. 2 become rattled, to be caught by surprise. ہڑبڑانا

/həɽbəɽi:/ ■ *n.f.* 1 hurry, haste, rashness. 2 alarm; uproar; disorder, confusion, hubbub. ہڑبڑی پڑنا confusion or uproar to be created. ہڑبڑی مچانا 1 urge haste. 2 raise commotion, create disturbance or hubbub. ہڑبڑی

/həɽbəɽjɑ:/ ■ *adj*. 1 hasty. 2 easily agitated, fidgety. ■ *n.m.* nervous or irascible person. ہڑبڑیا

/həɽbo:ŋg/ ■ *n.f.* (also ہڑبوم) 1 disorder, commotion, mess, disarray. 2 chaos, anarchy. ہڑبونگ

/həɽəp/ ■ *n.m.* & *f.* act of swallowing, gobbling without chewing, devouring. ■ *adj*. 1 gobbled up. 2 (*fig*.) misappropriated. ہڑپ

/həɽəppɑ:/ ■ *n.m.* gulp; act of gulping. ہڑپا مارنا eat greedily. ہڑپا

/həɽəpnɑ:/ ■ *v*. 1 swallow. 2 seize, snatch, grab, misappropriate. ہڑپنا

/həɽɪṭɑ:l/ ■ *n.f.* (*var.* of ہرتال) a kind of yellow metal used in medicine, orpiment. ہڑتال

/həɽṭɑ:l/ ■ *n.f.* (also ہٹتال) hartal, strike. ہڑتال کرنا strike, go on strike. ہڑتال ہونا a strike to be organized. ہڑتال

/həɽdʒo:ɽɑ:/ ■ *n.m.* (also ہڑجوڑی) 1 bone-setter. 2 a ہڑجوڑا

/hɪrən/ ■ *n.m.* (also ہرن) deer, gazelle, antelope, hart. ہرن کا چوکڑی بھرنا (deer) to leap. ہرن کا گوشت venison. ہرن ہوجانا flee, run away. (نشہ) ہرن ہوجانا come to one's senses, be no longer under intoxication, intoxication to disappear. (*fem*. ہرنی) ہِرن

/hərnɑ:/ ■ *n.m.* (also ہِرنا) buck, male antelope, stag. [S] ہرنا[1]

____ ■ *v*. seize, take by force, steal, plunder. [S] ہرنا[2]

____ ■ *v*. be defeated; lose the stakes. [S] ہرنا[3]

____ ■ *n.m.* pommel of a saddle. [dial.] ہرنا[4]

/hɪrno:ṭɑ:/ ■ *n.m.* (also ہرنوٹا) fawn, roe. ہِرنَوٹا

/hɪrni:/ ■ *n.f.* (also ہرنی) 1 doe, hind. 2 (*fig*.) beautiful woman. ہِرنی

/hərvɑ:nɑ:/ ■ *v*. cause to be defeated. ہروانا

/hərvɑ:hɑ:/ ■ *n.m.* ploughman. ہرواہا

/həro:ṭɑ:/ ■ *n.m.* beginning of ploughing season. ہرَوتا

/həro:ri:/ ■ *n.f.* 1 ploughing. 2 payment for ploughing. ہرَوری

/hərvəjjɑ:/ ■ *n.m.* one who is defeated or beaten. ہرویا

/hɪrrɑ:/ ■ *n.f.* cat. ہِرّہ

/hʊrhʊr/ ■ *n.m.* the plant *Cleome viscosa*. ہُرہُر

/həri:/ ■ *adj*. (*fem*. of ہرا) green; fresh. ہری بتی green signal; permission (to go or do something). ہری بھاجی fresh vegetable. ہری بھری See ہرا بھرا under ہرا. ہری جھنڈی signal for train to proceed. ہری جھنڈی دکھانا (*fig*.) 1 refuse (to help). 2 be unfaithful; cheat. ہری چگ (*fig*.) selfish, time-server. ہری مرچ green chilli. [S] ہری[1]

____ ■ *n.m.* (***Hinduism***) name of Vishnu. [S] ہری[2]

/hərɪjɑ:/ ■ *n.m.* farmer, ploughman. ہریا[1]

____ ■ *adj*. green, verdant; fresh. ہریا[2]

/hərjɑ:lɑ:/ ■ *adj*. 1 green; verdant; grassy. 2 (*fig*.) young. ہریالا بنا ربنرا young bridegroom. ہریالا

/hərjɑ:li:/ ■ *n.f.* 1 greenness, verdure; freshness. 2 grass, vegetation. ■ *adj*. (*fem*. of ہریالا). ہریالی

/hərɪjɑ:nɑ:/ ■ *v*. become green, become verdant. ہریانا

/hərɪjɑ:vəl/ ■ *n.f.* verdure, greenness; freshness. ہریاول

/həri:dʒən/ ■ *n.m.* (***Hinduism***) Harijan, a member of the hereditary group of the lowest social and ritual status, scheduled caste, formerly known as the untouchables, Sudra. ہریجن

/həri:rɑ:/ ■ *n.m.* (*corr.* of حریرہ) a kind of porridge. ہریرا

/həri:sɑ:/ ■ *n.m.* a kind of thick porridge made of ہریسہ

ہزاروں /həza:rvɑ̃:/ ■ *ordinal number* thousandth.

ہزاروں /həza:rõ:/ ■ *n.m.* (*pl.* of ہزار) ہزاروں گھڑے پانی پڑ جانا feel greatly ashamed. ہزاروں میں in public, openly, publicly. ہزاروں میں ایک choicest of the lot, pick.

ہزارہ /həza:rɑ:/ ■ *n.m.* (also ہزارا) **1** double flower; the double poppy; many-leaved rose. **2** sprayed stream or jet; fountain. **3** name of a settled tribe in Afghanistan and Pakistan. **4** a rosary of thousand beads. **5** millennium, a period of a thousand years. ہزارہ غسل shower-bath.

ہزارہا /həza:rhɑ:/ ■ *n.m.* (*pl.* of ہزار). ■ *adj.* many, uncountable, abundant, plentiful.

ہزاری /həza:ri:/ ■ *n.f.* **1** command of thousand soldiers. **2** chiliarch, holder of a fief for thousand soldiers. ■ *adj.* respectable; having a high status. ہزاری بزاری **1** all types of people. **2** one who meets both high and low. **3** (*fig.*) (i) unreliable. (ii) mean, blackguard, scoundrel. ہزاری روزہ fasting observed on the twenty-seventh of Rajab.

ہزّال /həzzɑ:l/ ■ *adj.* very jocose. ■ *n.m.* buffoon.

ہِزبر /hɪzəbr/ ■ *n.m.* (also ہژبر) lion. ■ *adj.* thick; hard, strong.

ہزج /həzədʒ/ ■ *n.f.* **1** thunderbolt. **2** (***Pros.***) verse metre with the basic unit مفاعیلن.

ہزل /həzl/ ■ *n.f.* **1** jest, joke, buffoonery; non-sensible talk. **2** ludicrous or funny verse, obscene poem. ہزل گو **1** a composer of indecent verse. **2** joker; idle-talker. ہزل گوئی composing such poetry. (*pl.* ہزلیات)

ہزلیہ /həzlɪjɑ:/ ■ *adj.* of or relating to ہزل.

ہزم /həzm/ ■ *n.m.* putting to flight (an army); rout; flight.

ہزیمت /həzi:mət̪/ ■ *n.f.* rout, beat, defeat; flight. ہزیمت اُٹھانا be defeated, be put to rout. ہزیمت خوردگی defeat. ہزیمت خوردہ defeated, beaten, routed. ہزیمت کھانا suffer defeat, be defeated.

ہژدہ /həʒd̪əh/ ■ (also ہزدہ) *cardinal number* eighteen.

ہست[1] /həst̪/ ■ *aux.* is. ■ *n.f.* being, existence. ہست نیست yes no. ہست وبود all that is or was; the present and the past. ہست وممات life and death. ہست ہونا be born, come into existence. [P]

ہست[2] ——— ■ *n.m.* (also ہستا) **1** hand; cubit. **2** elephant; elephant's trunk. **3** thirteenth mansion of the moon.

medicinal plant used for bones' treatment, *Cissus quadrangularis*.

ہُڑدنگا /huɽdəŋgɑ:/ ■ *n.m.* vulgar, hooligan; quarrelsome, mischievous; boisterous. ہُڑدنگاپن disorderly or riotous conduct; unbridled fun and frolic; boisterousness. (*fem.* ہُڑدنگی)

ہڑک /həɽək/ ■ *n.f.* rabies, hydrophobia, a contagious disease causing madness and convulsions.

ہُڑک[1] /huɽək/ ■ *n.f.* longing, intense desire, aspiration. [S]

ہُڑک[2] ——— ■ *n.m.* small waisted drum resembling an hourglass which was sounded by palanquin bearers to clear the way. [S]

ہُڑکا[1] /huɽkɑ:/ ■ *n.m.* (also ہڑکا) feeling of deprivation or grief (of children separated from parents). [S]

ہُڑکا[2] ——— ■ *n.m.* self-propelled bolt of door. [S]

ہُڑکانا /huɽkɑ:nɑ:/ ■ *v.* **1** sadden or hurt someone (usu. children) by a refusal; tantalize. **2** turn out; drive away. **3** discourage, deter. **4** estrange. **5** stop, prevent, forbid.

ہڑکایا /həɽkɑ:jɑ:/ ■ *adj.* **1** impatient; tantalized, lustful. **2** mad; affected with rabies, hydrophobic. ہڑکایا کتا mad dog.

ہڑکائی /həɽkɑ:i:/ ■ *adj.* (*fem.* of ہڑکایا) **1** rabid, affected with rabies. **2** furious; unreasoning. ■ *n.f.* rabidity.

ہُڑکن /huɽkən/ ■ *n.f.* nostalgia.

ہُڑکنا /huɽəknɑ:/ ■ *v.* pine, long for; miss someone.

ہڑگلا /həɽgɪllɑ:/ ■ *n.m.* (also ہڑگیلا) large heron, adjutant bird, marabou stork, *Leptoptilos crumeniferus*.

ہڑواڑ /həɽvɑ:ɽ/ ■ *n.m.* & *f.* (also ہڑوار) **1** cinerarium, graveyard where ancestors' bones are buried. **2** (generally) a graveyard of Hindus.

ہڑہڑاہٹ /həɽhəɽɑ:hət̪/ ■ *n.f.* crack, crash; rumbling or shaking.

ہڑیال /həɽjɑ:l/ ■ *n.m.* (also اڑیال) ibex.

ہزار /həza:r/ ■ *cardinal number* thousand. ■ *n.m.* (*fig.*) a great many. ہزار بار on many occasions, often, time and again. ہزار پا centipede. ہزار جان سے فدا ہونا fall deeply in love (with). ہزار جتن کرنا leave no stone unturned. ہزارداستان **1** bulbul. **2** very melodious, eloquent. ہزار سالہ مدت millennium. ہزار علاج ایک پرہیز prevention is better than cure. ہزار کوس (*fig.*) very far.

ہست اکشر 1 signature, autograph. 2 handwriting. ہست کریا work done by hands, manual work. [S]

ہستنی /həst̪ɪni:/ ■ *n.f.* **1** a female elephant. **2** ugly woman, bad woman. **3** (in Hindu philosophy) lowest of the four kinds of women.

ہستی /həst̪i:/ ■ *n.f.* **1** life, being, existence; entity. **2** world. **3** worth, merit. **4** wealth, riches. **5** (*fig.*) capability. ہستیِ جاوداں eternal life. ہستیِ فانی رموہوم transitory life.

ہِسکا /hɪskɑ:/ ■ *n.m.* **1** imitation, copying, emulation. **2** contention, rivalry; vying (with). ہسکا کرنا imitate, copy, ape, emulate. ہسکا ہسکی mutual emulation or rivalry.

ہسیا /həsɪjɑ:/ ■ *n.m.* (also ہنسیا) sickle.

ہُش /hʊʃ/ ■ *exclam.* shoo, used to drive away cattle or birds.

ہشّاش /həʃʃɑ:ʃ/ ■ *adj.* cheerful, happy; laughing, smiling. ہشاش بشاش cheerful, very happy, laughing.

ہشت /həʃt̪/ ■ *cardinal number* eight. ہشت بہشت eight levels of Paradise, i.e. علیین، النعیم، ماویٰ، عدن، دارالقرار، دارالسلام، خلد and فردوس. ہشت پا octopus. ہشت پہلو رمنظری **1** eight-sided figure, octagon. **2** octagonal. ہشت گوشہ eight-cornered, octangular.

ہُشت /hʊʃt̪/ ■ *exclam.* (also ہشت) fie! be off! for shame! ہُشت مُشت wrestling, jostling; fighting and kicking.

ہشتاد /həʃt̪ɑ:d̪/ ■ *cardinal number* eighty. ہشتاد سالہ (پیر) octogenarian.

ہشتم /həʃt̪ʊm/ ■ (also ہشتمیں) *ordinal number* eighth.

ہُشدار /hʊʃd̪ɑ:r/ ■ *exclam.* (*contr.* of ہوش دار) beware!

ہُشکارنا /hʊʃkɑ:rnɑ:/ ■ *v.* (also ہُشکالنا) halloo; incite.

ہُشکانا /hʊʃkɑ:nɑ:/ ■ *v.* **1** scare away birds, shoo away. **2** incite, prompt, instigate.

ہُشیار /hʊʃjɑ:r/ ■ *adj.* (*contr.* of ہوشیار) alert.

ہُشیاری /hʊʃjɑ:ri:/ ■ *n.f.* (*contr.* of ہوشیاری) alertness.

ہضم /həzm/ ■ *n.m.* **1** digestion, assimilation. **2** (*fig.*) misappropriation, embezzlement. ہضم آور causing or aiding digestion, digestive, laxative, stomachic. ہضم صحیح sound digestion. ہضم کر بیٹھنا embezzle. ہضم کرنا **1** digest. **2** (*fig.*) embezzle. ہضم ناقص weak or bad digestion. ہضم ہونا be digested.

ہفت /həft̪/ ■ *cardinal number* seven. ہفت افلاک رآسمان seven skies. ہفت اقلیم رکشور **1** seven climes or regions. **2** the whole world. ہفت اندام **1** the great vein that runs through the arm. **2** seven parts of the body, viz. head, chest, belly, and the four limbs. ہفت اوتاد seven stars, i.e. seven stars of constellation, the Great Bear. ہفت اورنگ **1** seven stars. **2** (*fig.*) Ursa Major or Great Bear. **3** seven colours (black, white, red, green, yellow, blue, crimson). **4** seven skies. ہفت پُشت seven generations. ہفت پہلو seven-sided, heptagon. ہفت خوان **1** seven difficult stages traversed by Rustam, a Persian legendary hero. **2** Herculean task, a very difficult task. ہفت دوزخ seven levels of hell, i.e. لظیٰ، سعیر، سقر، جہنم، جحیم، حطمہ and ہاویہ. ہفت رنگی **1** seven-coloured. **2** artful, cunning, capricious. **3** versatile. ہفت روزہ **1** weekly. **2** weekly magazine. ہفت زبان رلسان master of seven languages, polyglot. ہفت عجائب seven wonders of the ancient world. ہفت قلم one who writes in seven calligraphic styles. ہفت ہزاری commander of seven thousand soldiers. ہفت (و) ہشت **1** abuse; language creating enmity or fear. **2** idle talk.

ہفتاد /həft̪ɑ:d̪/ ■ *cardinal number* seventy. ہفتاد و دو ملت seventy-two Muslim sects.

ہفتش /həft̪əʃ/ ■ *n.f.* (*contr.* of ہفت و ہشت) altercation, argument.

ہفتم /həft̪ʊm/ ■ (also ہفتمیں) *ordinal number* seventh.

ہفتہ[1] /həft̪ɑ:/ ■ *n.m.* **1** week, a period of seven days. **2** Saturday. **3** weekly allowance or bribe. ہفتہ دوست inconstant friend. ہفتہ عشرہ approximately a week to ten days, few days. ہفتہ وار weekly; once a week. [P]

ہفتہ[2] ____ ■ *n.m.* a wrestling trick by which the adversary's neck and arms are locked. ہفتہ جڑنا interlock arms (in wrestling). [S]

ہفوات /həfvɑ:t̪/ ■ *n.f.* (*pl.* of ہفوت) silly utterances, nonsense.

ہک دک /hək d̪ək/ ■ *adj.* (also ہق دق) baffled, bewildered, nonplussed.

ہکّا بکّا /həkkɑ: bəkkɑ:/ ■ *adj.* nonplussed, dumbfounded, bewildered.

ہکار /həkɑ:r/ ■ *n.f.* (also ہکاری) (***Phonetics***) aspiration; aspirated sounds.

ہٰکذا /hɑ:kəzɑ:/ ■ *adv.* similarly, likewise.

ہکلا /həklɑ:/ ■ *n.m.* stammerer, stutterer. ہکلا پن stammering, stuttering. (*fem.* ہکلی)

ہکلانا /həkla:na:/ ■ *v.* stammer, stutter.

ہکلاہٹ /həkla:həṭ/ ■ *n.f.* stammer, stutter. (See also لکنت.).

ہگاس /həga:s/ ■ *n.f.* urge or need to pass stool.

ہگاسا /həga:sa:/ ■ *n.m.* one that always feels the need to defecate. ■ *adj.* (*fig.*) cowardly.

ہگاسی /həga:si:/ ■ *adj.* (*fem.* of ہگاسا) ہگاسی بلّی **1** (*fig.*) coward. **2** restless, agitated, perturbed.

ہگانا /həga:na:/ ■ *v.* make someone to evacuate bowels.

ہگنا /həgna:/ ■ *v.* pass stool, evacuate bowels.

ہگوڑا /həgo:ṛa:/ ■ *n.m.* one going to stools very often. ■ *adj.* (*fig.*) cowardly, timid. (*fem.* ہگوڑی)

ہل /həl/ ■ *n.m.* plough. ہل جوتا ploughman, tiller. ہل جوتنا/چلانا plough. ہل چلنا be ploughed.

ہِل /hɪl/ ■ (*imper.* of ہلنا) shake, move. ہل جانا **1** be agitated; tremble with fear. **2** become intimate, have familiarity. **3** be unstable, be shaken. ہل جُل/رُڈل movement; trembling, shaking. ہل ڈول shaking; swinging; moving. ہل مل familiarity, friendly relations. ہل مل جانا mix up (with people), be intimate.

ہِلا /hɪla:/ ■ (*imper.* of ہِلانا) shake. ■ *adj.* **1** domesticated, tame. **2** familiar, intimate, attached, on good terms. ہلا جُھلا/رملا **1** domesticated, tame. **2** intimate, attached, familiar. ہلا ڈالنا **1** surprise. **2** shake rudely. **3** disturb.

ہلّا /həlla:/ ■ *n.m.* (also ہلّہ) **1** invasion, attack, riot, fight. **2** uproar, hullabaloo, tumult. ہلا بولنا invade, rush in. ہلا گلا **1** brawl, din, uproar. **2** revelry, merrymaking.

ہُلاس /hula:s/ ■ *n.f.* **1** pleasure, joy, gladness. **2** snuff. ہلاس دانی snuffbox. ہلاس لینا take snuff.

ہلاک /həla:k/ ■ *adj.* **1** killed. **2** destroyed. **3** tired, weary. ہلاک کرنا **1** kill, put to death. **2** destroy. ہلاک ہونا **1** perish, be ruined. **2** be killed, die.

ہلّاک /həlla:k/ ■ *n.m.* killer.

ہلاکت /həla:kəṭ/ ■ *n.f.* death; destruction, extermination. ہلاکت خیز deadly, destructive. ہلاکتِ لازم وملزوم justifiable homicide.

ہلاکو /həla:ku:/ ■ *adj.* deadly, destructive. ■ *n.m.* murderer, killer; ruffian. ■ *pr.n.m.* (also ہلا کو) Hulagu, a Mongol ruler, grandson of Genghis Khan.

ہلّاکی /həlla:ki:/ ■ *n.f.* carnage.

ہِلال /hɪla:l/ ■ *n.m.* crescent moon. ہلالِ احمر the Red Crescent. ہلالِ عید **1** crescent as a sign of arrival of Eid-ul-Fitr i.e. moon of Shawwal (شوال). **2** (*fig.*) good news. ہلال نما curved, arched. ہلالِ نو new moon. ہلال وصلیب the Crescent and the Cross, i.e. the Muslims and the Christians.

ہِلالی /hɪla:li:/ ■ *adj.* crescent-shaped. ہلالی پرچم flag with a crescent.

ہلالَین /hɪla:læ:n/ ■ *n.m.pl.* round brackets ( ).

ہِلانا /hɪla:na:/ ■ *v.* **1** shake, move, jerk, jolt. **2** agitate, stir. **3** tame, familiarize.

ہِلانی /hɪla:ni:/ ■ *n.f.* stirring tool for shaking any liquid.

ہلاہل /həla:həl/ ■ *adj.* deadly; mortal. ■ *n.m.* deadly poison.

ہلبل /həlbəl/ ■ *n.f.* hurry, scurry, confusion.

ہلبلا /həlbəla:/ ■ *adj.* agitated, perturbed, restless.

ہلبلانا /həlbəla:na:/ ■ *v.* **1** be upset, be confused. **2** hurry, make haste.

ہلچل /həltʃəl/ ■ *n.f.* **1** commotion, hubbub, tumult; panic, stir. **2** bustle; alarm. ہلچل مچانا create panic, cause uproar.

ہلداوا /həlda̪va:/ ■ *n.f.* (also ہلدوا) a kind of yellow timber.

ہلدی /həldi̪:/ ■ *n.f.* haldi, turmeric. ہلدی کی گرہ لے کر پنساری بن بیٹھنا boast despite meagre resources; presume a great deal. ہلدی لگا کے بیٹھنا (*fig.*) sit idly. ہلدی لگی نہ پھٹکری without any expense or labour.

ہلدیا /həldi̪ja:/ ■ *n.m.* **1** a poisonous root resembling turmeric. **2** jaundice. ■ *adj.* yellow.

ہُلڑ /hullər/ ■ *n.m.* tumult, uproar, riot, rowdiness. ہلڑ مچنا tumult to occur.

ہِلسا /hɪlsa:/ ■ *n.f.* a species of freshwater fish, *Clupea alosa*.

ہُلسانا /hulsa:na:/ ■ *v.* **1** rejoice, gladden, delight, exhilarate, cheer. **2** encourage; stir up, excite, stimulate; incite, instigate.

ہلسی /həlsi:/ ■ *n.f.* the wild shrub, *Aegiceras majus*.

ہلکا /həlka:/ ■ *adj.* **1** light in weight, colour or character. **2** mild, soft, delicate. **3** cheap, low in price. **4** mean, base. **5** easy, not difficult. **6** easily digestible, bland. **7** disgraced, degraded. ہلکاپن **1** lightness. **2** cheapness. **3** levity. ہلکا پھلکا **1** light. **2** lean. ہلکا جاننا disdain; look down upon. ہلکا کرنا **1** lighten, alleviate, assuage, ease. **2** refresh. **3** debase. ہلکا ہونا **1** become light, be relieved season.

ہُلہُلا /hʊlhʊlɑ:/ ■ *n.m.* (also ہُلہُلہ) **1** fib, something surprising. **2** vilification, lie. **3** sudden desire, spurt, exuberance, frenzy, passion. ہلہلا اُٹھنا have sudden passion for.

ہلہلانا /həlhəlɑ:nɑ:/ ■ *v.* shake, tremble, cause to shiver.

ہلہلاہٹ /həlhəlɑ:hət/ ■ *n.f.* (also ہلہلاٹ) shaking, shivering with fever or passion.

ہلیلہ /həli:lɑ:/ ■ *n.m.* (also ہلیلج) yellow myrobalan, *Terminalia chebula*.

ہم[1] /həm/ ■ *pron.* we; us; (sometimes) I. ہم بھی ہیں پانچوں سواروں میں we hounds killed the hare, quoth the lapdog. ہم تو ڈوبے ہیں صنم تم کو بھی لے ڈوبیں گے no doubt we have fallen in trouble, but you will also suffer the same fate. ہم نہ کہتے تھے didn't we advise you? didn't we intimate you? what we said has happened. ہم نے بھی دنیا دیکھی ہے we too have seen the world; we also have wide experience. [S]

ہم[2] ——— ■ *adv.* also, likewise, in the same manner; together. ■ *prefix* fellow; co-. ہم اصل of common origin or ancestry. ہم آغوش / بغل embracing, locked in each other's arms. ہم آغوشی embrace. ہم آواز **1** speaking in the same tone of voice; of the same tone, voice or note. **2** harmonious, in unison or harmony (with). **3** at one (with), agreeing together, consonant (with). ہم آوازی harmony, concord, accordance. ہم آہنگ **1** harmonious, concordant, compatible, in accord or tune. **2** agreeing, of the same mind or inclination. ہم آہنگی agreement, harmony, concord. ہم بزم **1** of the same society, associating together. **2** convivial companion or associate. ہم بستر **1** bedfellow, sharing the same bed, lying on the same bed. **2** (*fig.*) copulating, sleeping together. ہم بستر ہونا sleep together, have sex, copulate. ہم بستری sleeping together, cohabitation, copulation. ہم بستری کرنا copulate (with). ہم پا **1** companion. **2** (*fig.*) (i) attendant. (ii) protector. ہم پایہ of the same status or scale, equal in rank or dignity. ہم پلّا / پلّہ equal, match. ہم پہلو **1** adjacent, side by side. **2** spouse. **3** partner. **4** equal in dignity or rank. ہم پیالہ و ہم نوالہ **1** eating together. **2** (*fig.*) boon companion, bosom friend, very close or intimate friend, chum. ہم پیشہ of the same trade, of the same of burden. **2** be refreshed. **3** (of fever) abate. **4** to be insulted, lose prestige. (*fem.* ہلکی)

ہُلکارنا /hʊlkɑ:rnɑ:/ ■ *v.* set on, instigate, halloo.

ہلکان /həlkɑ:n/ ■ *adj.* **1** exhausted (with work). **2** overwhelmed (with grief). (جان) ہلکان کرنا labour hard. ہلکان ہونا be tired; be overwhelmed (with grief).

ہلکاؤ /həlkɑ:o:/ ■ *n.m.* **1** rabies. (See also ہڑک). **2** dilution.

ہلکائی /həlkɑ:i:/ ■ *n.f.* **1** lightness, levity. **2** meanness.

ہلکم /həlkəm/ ■ *n.f.* uproar, tumult.

ہلکورا /həlko:rɑ:/ ■ *n.m.* (also ہلکورہ، ہلورا) **1** up and down or to or fro motion. **2** ripple, wave, billow, surge. ہلکور الینا / مارنا **1** swing, move, shake, bob up and down, lurch, sway, heave. **2** to ripple.

ہلکی /həlki:/ ■ *adj.* (*fem.* of ہلکا) ہلکی آواز low sound. ہلکی پھلکی **1** light, lean. **2** light and pleasant (talk, poem, etc.). ہلکی غذا light food. ہلکی سزا lenient punishment. ہلکی شراب mild wine. ہلکی ہوا gentle breeze.

ہلکے /həlke:/ ■ *adj.* (*pl.* & *infl.* of ہلکا). ■ *adv.* slowly. ہلکے ہلکے slowly, gently.

ہِلگ /hɪləg/ ■ (*imper.* of ہِلگنا). ■ *n.f.* hanging, dangling.

ہِلگانا /hɪlgɑ:nɑ:/ ■ *v.* **1** hang, suspend. **2** make familiar.

ہِلگنا /hɪləgnɑ:/ ■ *v.* **1** hang. **2** adhere, stick. **3** be intimate or familiar.

ہل من مّزید /həl mɪn məzi:d/ ■ *phr.* is there more of it? once more! encore!

ہِلنا /hɪlnɑ:/ ■ *v.* **1** shake, move. **2** be agitated. **3** be tamed or domesticated, become attached.

ہلُّو /həllu:/ ■ *adv.* slowly, gently. ہلو ہلو slowly, gently, by slow degrees, progressively.

ہلواہا /həlvɑ:hɑ:/ ■ *n.m.* ploughman, tiller.

ہلواہی /həlvɑ:hi:/ ■ *n.f.* **1** tillage, the work of ploughing. **2** money lent (by cultivator) to ploughman, bearing no interest as long as he serves. ہلواہی کرنا plough, till.

ہِلورا /hɪlo:rɑ:/ ■ *n.m.* wave, billow, ripple. See ہلکورا.

ہِلورنا /hɪlo:rnɑ:/ ■ *v.* **1** shake, swing, stir; wave. **2** gather, collect, accumulate.

ہِلوری /hɪlo:ri:/ ■ *n.f.* wave, billow. ہلوری مارنا heave, rise (as the sea).

ہلّہ /həllɑ:/ ■ *n.m.* attack. See ہلّا.

ہُلہُل /hʊlhʊl/ ■ *n.m.* **1** a medicinal plant, *Cleome viscosa*. **2** a small culinary herb which springs up in the rainy profession; colleague. ہم جا 1 together; with. 2 (*Chem.*) isotope. ہم جائی 1 gathering. 2 (*Chem.*) isotopy. ہم جد of same genealogy. ہم جلیس constant companion. ہم جماعت/درس class-fellow, classmate, studying in the same class. ہم جنس 1 of the same kind or species, uniform, homogeneous; fellow-creature; congenial, having the same mental horizon. 2 homosexual. ہم جنس پرست homosexual, gay, lesbian, sapphic. ہم جنس پرستی homosexuality, lesbianism. ہم جنسیت homosexuality. ہم جوار of the same neighbourhood, neighbour. ہم جولی equal, peer, coeval, friend or companion of the same age as oneself; playmate. ہم چشم 1 equal, coequal, peer. 2 rival. ہم چشمی equality; rivalry. ہم چشمی کرنا contend (against); vie (with). ہم خانگی residing together; cohabitation. ہم خانہ 1 residing together, living in the same house, fellow-lodger. 2 inmate, companion, partner, comrade, chum. 3 spouse, husband and wife. 4 keep, kept woman. ہم خرما و ہم ثواب twain advantages, the best of both worlds, this world and the world hereafter. ہم خواب 1 bedfellow. 2 (*fig.*) spouse. ہم خوابہ wife; keep. ہم خیال like-minded, having same opinion. ہم داستان 1 of the same advice; telling the same story. 2 intimate friend, inseparable companion. ہم دبستان schoolfellow. ہم درد (also ہمدرد) 1 sympathetic, empathetic. 2 sympathiser, fellow sufferer, condoler. ہم دردی (also ہمدردی) fellow feeling, sympathy, empathy, condolence. ہم دردی جتانا show sympathy (sometimes used ironically). ہم دردی کرنا sympathize. ہم دست 1 companion; accomplice. 2 of equal rank or power. 3 available, obtainable; received. ہم دگر together; mutual; reciprocal; one with another. ہم دل 1 of the same inclination or mind, unanimous. 2 sympathetic; loving, cordial friend. ہم دلی 1 unanimity. 2 sympathy. ہم دم intimate companion, bosom friend. ہم دمی intimate friendship; companionship. ہم دوش shoulder to shoulder, close together; equal, like; companion. ہم دوشی being shoulder to shoulder, equality. ہم دیوار neighbour; neighbouring. ہم ذات 1 of the same caste. 2 See ہم زاد. ہم راز (also ہمراز) confidant, sharer of secret(s). ہم راہ (also ہمراہ) with, along with, together with. ہم راہی 1 fellow-travelling, companionship. 2 companion. ہم راہیانِ لشکر camp followers. ہم رتبہ/مرتبہ equal in status. ہم رکاب 1 attending; along with, in company with. 2 fellow-rider; companion. ہم رنگ 1 of the same colour. 2 of similar disposition. ہم زاد (also ہمزاد) 1 fetch, one's familiar spirit; the double; doppelgänger; a familiar spirit to be born at the moment of the birth of every child to accompany him through life. 2 cognate. 3 twin. 4 of the same age; born together; play fellow. ہم زبان 1 of the same tongue, speaking the same language. 2 of one voice, unanimous; conversing together. ہم زبان ہوکر with one voice, unanimously. ہم زلف husband of wife's sister. ہم زماں/زمانہ contemporary. ہم زمزمہ 1 fellow singer. 2 companion. ہم ساز 1 accordant, unanimous, concordant, friendly. 2 friend, confederate. ہم سائیگی neighbourship. ہم سایہ neighbour; neighbouring. ہم سبق class-fellow; schoolfellow; fellow-student. ہم سخن interlocutor, conversing or talking together. ہم سرحد sharing a boundary. ہم سر 1 equal, peer. 2 consort, spouse, wife, husband. ہم سری equality, similarity of status, matching. ہم سفر 1 travelling companion, fellow-traveller. 2 (*fig.*) spouse, husband or wife. ہم سُفرہ sitting at the same table, companion of the table; messing together, messmate. ہم سن of the same age. ہم سنگ 1 equal. 2 of the same weight. 3 of the same dignity or importance. ہم سنی equality of age. ہم شکل lookalike, of the same appearance, alike, closely resembling another, similar; analogous. ہم شہری (also ہم شہر) fellow citizen, of the same town. ہم صحبت associate. ہم صفیر 1 fellow-songster. 2 (*fig.*) comrade, companion. ہم طالع of same fortune. ہم طبق 1 messmate. 2 (*fig.*) boon companion. ہم عصر/وقت coeval, contemporary, contemporaneous. ہم عمر of the same age, coeval. ہم عنان 1 riding alongside; companion. 2 peer, equal. ہم عہد contemporary, coeval. ہم قدم 1 keeping pace (with). 2 companion, attendant; footman. ہم قسم bound together by same oath. ہم قوم of the same nation, caste or tribe; fellow-tribesman. ہم کار colleague, of the same business or craft; fellow workman; comrade. ہم کاسہ convivial or table friend, cup-companion; fellow-commoner. ہم کش of the same business, trade or profession. ہم کفو **1** of the same family, tribe or caste. **2** equal. ہم کلام **1** engaged in conversation, conversing together. **2** converser. ہم کلام ہونا converse (with). ہم کلامی mutual discourse, conversation. ہم کنار **1** embracing. **2** embracer. ہم کنار کرنا embrace. ہم مجلس of the same assembly or party; companion. ہم مدرسہ/مکتب schoolfellow, schoolmate. ہم مذہب of the same religion or creed, co-religionist. ہم مرکز having the same or common centre, concentric. ہم مشرب **1** of the same temper, disposition or belief, like-tempered; co-religionist. **2** drinking companion. ہم مشق **1** fellow-labourer. **2** class-fellow. ہم مشورت/مصلحت **1** of the same counsel, having the same object or end in view, confederated. **2** confederate, an accomplice. ہم معنی of the same meaning, synonymous, synonym. ہم نام namesake. ہم ندا singing in concord or concert, singing together. ہم نسل of the same breed. ہم نشین companion. ہم نفس friend, intimate companion. ہم نمک/نوالہ eating the same morsel; eating together; messmate. ہم نوا **1** fellow-songster. **2** having same opinion. **3** (*fig.*) friend, companion. ہم وزن of the same weight, balanced. ہم وطن of the same country, compatriot, fellow-countryman. [P]

ہم[3] _____ ■ *n.m.* (also ہمّ) **1** anxious thought, anxiety. **2** grief. **3** intention; desire. [A]

ہِم /hɪm/ ■ *n.m.* snow; hail; winter.

ہُما /hʊmɑː/ ■ *n.m.* **1** phoenix. **2** a bird of happy omen in Persian mythology.

ہمارا /həmɑːrɑː/ ■ *pron.* our, ours, of us, (often used for میرا) my, mine. ہمارا ذمہ I vouch for it. ہمارا سلام ہے I wash my hands off the whole affair. ہمارا کیا ہے who cares, why should I/ we worry.

ہماری /həmɑːriː/ ■ *pron.* (*fem.* of ہمارا) ہماری بلّی ہم ہی/ ہمیں سے میاؤں challenging one's own benefactor. ہماری بھتی کھائے may he find me dead!

ہمارے /həmɑːreː/ ■ *pron.* (*pl.* & *infl.* of ہمارا) ہمارے فرشتوں کو بھی خبر نہیں we don't know at all. ہمارے نمک میں ہی جس نہیں our kindness goes in vain or is not acknowledged. ہمارے ہاں/یہاں here; in our region, country, society, family or environment.

ہمہ شما /həmɑː ʃʊmɑː/ ■ *pron.* everybody, anybody, all and sundry.

ہمال /həmɑːl/ ■ *adj.* **1** alike, equal, like, resembling. **2** contemporary. ■ *n.m.* **1** comrade, associate, companion, friend, confidant. **2** peer.

ہِمالہ /hɪmɑːlɑː/ ■ *n.m.* (also ہمالیہ) (*literal*) ice house. ■ *pr.n.m.* Himalayas; the Himalayan Range. ہمالہ سر کرنا attain the impossible.

ہمانا /həmɑːnɑː/ ■ *n.m.* **1** opinion. **2** phantom, spectre. ■ *adj.* alike, identical. ■ *adv.* **1** suddenly. **2** again.

ہماہمی /həmɑːhəmiː/ ■ *n.f.* **1** egotism, self-conceit. **2** uproar, tumult. **3** hustle and bustle, festivity. ہماہمی کرنا **1** be egotistical; brag, boast, tall talk. **2** use force, oppress.

ہُمایوں /hʊmɑːjũː/ ■ *adj.* **1** fortunate, lucky. **2** august, auspicious. ■ *pr.n.m.* Humayun, title of the second Mogul emperor Naseeruddin Muhammad.

ہُمایونی /hʊmɑːjuːniː/ ■ *adj.* **1** imperial, royal. **2** fortunate.

ہِمّت /hɪmmət̪/ ■ *n.f.* **1** spirit, courage; enterprise; resolution. **2** mind; design, objective, aim. **3** power, ability. ہمت افزائی encouragement. ہمت باندھنا/کرنا be bold, take courage, muster courage. ہمت بڑھانا/بندھانا encourage. ہمت پڑنا take courage; dare. ہمت پست ہونا/ ٹوٹ جانا lose courage. ہمت مرداں مدد خدا God helps those who help themselves. ہمت والا courageous, spirited; enterprising. ہمت ہارنا lose spirit or courage; lose morale; be tired. (*pl.* ہمم)

ہمتا /həmt̪ɑː/ ■ *adj.* equal, peer.

ہمتائی /həmt̪ɑːiː/ ■ *n.f.* equality, similarity of status.

ہمجولی /həmdʒoːliː/ ■ *adj.* peer. See ہم جولی under ہم[2].

ہمدرد /həmd̪ərd̪/ ■ *adj.* sympathetic. See ہم درد under ہم[2].

ہمدردی /həmd̪ərd̪iː/ ■ *n.f.* sympathy. See ہم دردی under ہم[2]. ہمدردی کرنا sympathize, show compassion, console.

ہمدم /həmd̪əm/ ■ *n.m.* & *f.* intimate companion. See ہم دم under ہم[2].

ہمدمی /həmd̪əmiː/ ■ *n.f.* intimate friendship. See ہم دمی under ہم[2].

ہمراز /həmrɑːz/ ■ *n.m.* & *f.* confidant. See ہم راز under ہم[2].

ہمراہ /həmrɑːh/ ■ *adv.* with. See ہم راہ under ہم[2].

ہمراہی /həmrɑːhiː/ ■ *n.f.* fellow-travelling. See ہم راہی under ہم[2].

ہمرکاب /həmrəkɑːb/ ■ *n.m.* fellow-rider. ■ *adj.* in company

ہمہ تن/جان 1 wholly, entirely, with all (one's) might. 2 whole, entire. ہمہ تن گوش all ears. ہمہ جہت 1 in every direction, all around. 2 all-round. ہمہ داں omniscient; having great knowledge, all-wise, all-knowing, knowledgeable. ہمہ دانی omniscience. ہمہ صفت موصوف paragon of virtues, endowed with every good quality. ہمہ گیر universal. ہمہ گیری all-embracing nature; universality. ہمہ وقت/وقتی whole time, full-time.

ہمیانی /hɪmja:ni:/ ■ *n.f.* (also ہمیانی) purse.

ہمیشگی /həme:ʃəgi:/ ■ *n.f.* eternity, perpetuity.

ہمیشہ /həme:ʃa:/ ■ *adv.* always, ever, at all times, all the time; perpetually, in perpetuity. ہمیشہ بہار evergreen. ہمیشہ کے لیے for ever.

ہمیل /həme:l/ ■ *n.f.* a necklace generally of coins with a pendant.

ہمیں[۱] /həmĩ:/ ■ *adj.* this very; even this; this same. ■ *adv.* equally, in the same manner. [P]

ہمیں[۲] ____ ■ *pron.* (*contr.* of ہم ہی) we ourselves, we only. ہمیں ہم no one else, only we. [S]

ہمیں /həmẽ:/ ■ *pron.* (*pl.* of مجھے) us; to us.

ہُن /hʊn/ ■ *n.m.* 1 name of an ancient Deccan gold coin. 2 gold; wealth. ہن برسنا wealth to rain down, flourish, thrive.

ہنپانا /hə̃pa:na:/ ■ *v.* cause to pant; put out of breath.

ہنپنا /hə̃pna:/ ■ *v.* pant. See ہانپنا.

ہنجار /həndʒa:r/ ■ *n.m.* (also ہنجار) 1 true path, straight road. 2 (*fig.*) method, style, manner.

ہِند /hɪnd̪/ ■ *pr.n.m.* India.

ہندسہ /hɪnd̪sa:/ ■ *n.m.* 1 number. 2 geometry. ہندسہ داں geometrician.

ہندو /hɪnd̪u:/ ■ *n.m.* Hindu. ■ *adj.* 1 of or relating to Hinduism or Hindustan. 2 black. ہندوئے چرخ رفلک Saturn. (*fem.* ہِندنی)

ہندوانہ /hɪnd̪uva:na:/ ■ *adj.* Hindu, relating to Hinduism or Hindus. ■ *n.m.* a kind of watermelon.

ہندوانی /hɪnd̪uva:ni:/ ■ *adj.* of relating to Hindus or Hinduism.

ہندوستان /hɪnd̪ust̪a:n/ ■ *pr.n.m.* Hindustan, India.

ہندوستانی /hɪnd̪ust̪a:ni:/ ■ *adj.* of or relating to Hindustan, Indian. ■ *n.m.* inhabitant or language of Hindustan.

ہندوستانیت /hɪnd̪ust̪a:nɪjət/ ■ *n.f.* state of being an Indian.

with. See ہم رکاب under ہم[۲].

ہمرنگ /həmrəŋg/ ■ *adj.* of the same colour. See ہم رنگ under ہم[۲].

ہمزاد /həmza:d̪/ ■ *n.m.* one's familiar spirit. See ہم زاد under ہم[۲].

ہمزہ /həməza:/ ■ *n.m.* fear, doubt, suspicion.

ہمزہ /həmza:/ ■ *n.m.* hamza, the Urdu letter ء.

ہمساز /həmsa:z/ ■ *adj.* accordant. See ہم ساز under ہم[۲].

ہمسائیگی /həmsa:e:gi:/ ■ *n.f.* (also ہمسا ئگی) neighbourship. See ہم سائیگی under ہم[۲].

ہمسایہ /həmsa:ja:/ ■ *n.m.* neighbour. See ہم سایہ under ہم[۲].

ہمسر /həmsər/ ■ *adj.* equal. See ہم سر under ہم[۲].

ہمسری /həmsəri:/ ■ *n.f.* equality. See ہم سری under ہم[۲].

ہمسفر /həmsəfər/ ■ *n.m.* 1 travelling companion. 2 spouse. See ہم سفر under ہم[۲].

ہمشکل /həmʃəkl/ ■ *n.m.* & *f.* a lookalike. See ہم شکل under ہم[۲].

ہمشیرہ /həmʃi:ra:/ ■ *n.f.* sister. ہمشیرہ زادہ sister's son, nephew. ہمشیرہ زادی sister's daughter, niece.

ہمقدم /həmqəd̪əm/ ■ *n.m.* & *f.* companion. See ہم قدم under ہم[۲].

ہمکار /həmka:r/ ■ *adj.* of the same business or craft. See ہم کار under ہم[۲].

ہمکلام /həmkəla:m/ ■ *adj.* engaged in conversation. See ہم کلام under ہم[۲].

ہمکلامی /həmkəla:mi:/ ■ *n.f.* mutual discourse. See ہم کلامی under ہم[۲].

ہُمکنا /hʊməkna:/ ■ *v.* 1 assault, attack. 2 stretch forward; leap forward; (of an infant) to jump from one lap to another.

ہمکنار /həmkɪna:r/ ■ *adj.* embracing. See ہم کنار under ہم[۲].

ہمگی /həməgi:/ ■ *adj.* (also ہمگیں) all; all of. ■ *n.f.* totality, entirety, the whole.

ہمنشین /həmnəʃi:n/ ■ *n.m.* & *f.* (also ہمنشیں) companion. See ہم نشین under ہم[۲].

ہموار /həmva:r/ ■ *adj.* 1 even, level, smooth, flat. 2 consistent, equable. ہموار کرنا level, smooth.

ہموارہ /həmva:ra:/ ■ *adv.* ever, always.

ہمہ /həma:/ ■ *adj.* all, every; everyone; the whole. ہمہ از اُوست unity of perception, belief that the universe has a distinct existence from God, theory of وحدت الشہود. ہمہ اُوست pantheism, theory of وحدت الوجود.

ہنسانا /həsa:na:/ ■ *v.* cause to laugh, tickle.

ہنسائی /həsa:i:/ ■ *n.f.* **1** laughter, fun. **2** (*fig.*) ridicule.

ہنستا /həsta:/ ■ *adj.* laughing. ہنستا چغل foe in guise of friend. (*fem.* ہنستی)

ہنستے /həste:/ ■ *n.m.* (*pl.* & *infl.* of ہنستا) ہنستے بولتے cheerfully, merrily. ہنستے ہنستے پیٹ میں بل پڑ جانا have a side-splitting laughter, to be convulsed with laughter.

ہنسلی /həsli:/ ■ *n.f.* **1** collarbone. **2** gold or silver collar worn round the neck as an ornament. ہنسلی اُتر جانا collarbone to be dislocated.

ہنس مکھ /həsmʊkʰ/ ■ *adj.* cheerful, merry, jovial, blithe.

ہنسنا /həsna:/ ■ *v.* **1** laugh. **2** be merry; bloom, blossom. **3** (*fig.*) ridicule, deride. ہنسنا بولنا talk merrily; be cheerful.

ہنسوڑ /həsoɽ/ ■ *adj.* facetious, jocular, merry, cheerful.

ہنسی /həsi:/ ■ *n.f.* **1** laugh, laughter, cheerfulness, mirth; sport; fun. **2** jest, ridicule; public ridicule, easy talk. ہنسی اُڑانا ridicule, mock, deride. ہنسی اور تو پھنسی a laughing maid can be had. ہنسی ٹھٹھا laughter and jokes. ہنسی خوشی (سے) gladly, happily. ہنسی سمجھنا consider (something) a joke or regard easy. ہنسی کی بات a joke, something to laugh at. ہنسی کھیل **1** jesting, joke; fun, sport. **2** an easy task. ہنسی میں اُڑا دینا dismiss with a joke, laugh something off. ہنسی میں کھنسی taunting or deriding in the guise of joking. ہنسی ہنسی میں humorously, as a joke, in jest.

ہنسیا /həsɪja:/ ■ *n.f.* (also ہسیا) hand scythe.

ہُنکار /hʊŋka:r/ ■ *n.f.* (also ہُنکارا) sound uttered in affirmation, an affirmative grunt. ہنکار بھرنا grunt in affirmation; sound signifying "yes" in listening.

ہنکارنا /həŋka:rna:/ ■ *v.* **1** boast. **2** call. **3** challenge. **4** drive (an animal). **5** drive out, push out.

ہُنکارنا /hʊŋka:rna:/ ■ *v.* say yes.

ہنکانا /həŋka:na:/ ■ *v.* (also ہانکنا) **1** drive (a man or animal). **2** drive or shoo away.

ہنگ /həŋg/ ■ *n.m.* wisdom, understanding.

ہنگام /həŋga:m/ ■ *n.m.* season, time, period, occasion.

ہنگامہ /həŋga:ma:/ ■ *n.m.* **1** tumult, turmoil, riot, disturbance, furore, agitation. **2** assemblage, crowd. ہنگامہ آرار پرداز exciting tumult, creating disturbance, agitative, tumultuous, riotous. ہنگامہ خیز (incident) causing great excitement or riot, tumultuous, riotous.

ہِندوی /hɪnd̪vi:/ ■ *adj.* Indian. ■ *n.f.* Indian language; an old name of Urdu language.

ہِندی /hɪnd̪i:/ ■ *adj.* (also ہِندوی) Indian, relating to India. ■ *n.m.* native of India. ■ *n.f.* Hindi language. ہندی کی چندی hair-splitting, explanation of obvious fact. ہندی کی چندی کرنا رنکالنا split hairs; explain the obvious.

ہنڈا /hənɖa:/ ■ *n.m.* **1** cauldron, large earthen pot. **2** gas lantern. **3** a species of grass. ہنڈا پھوڑنا disclose a secret, let the cat out of the bag.

ہُنڈار /hʊnɖa:r/ ■ *n.m.* (also ہُنڈارا) wolf.

ہُنڈاوَن /hʊnɖa:vən/ ■ *n.m.* (also ہُنڈیاون) exchange; price paid for bill of exchange.

ہنڈکلیا /hənɖkʊlja:/ ■ *n.f.* (also ہنڈکھیا) **1** small girls' game of cooking. **2** dish prepared by small girls.

ہنڈنا /hənɖna:/ ■ *v.* roam, wander about, go around.

ہِنڈول /hĩɖo:l/ ■ *n.m.* a raga of classical music sung in the morning during spring.

ہِنڈولا /hĩɖo:la:/ ■ *n.m.* (also ہنڈولا، ہنڈولنا) **1** swing; cradle; merry-go-round. **2** song sung on a swing. ہنڈولا جھولنا swing in cradle; sit on a merry-go-round. ہنڈولا گانا sing a song on the swing.

ہُنڈی /hʊnɖi:/ ■ *n.f.* hundi, bill of exchange; draft drawn on a banker. ہنڈی بھیجنا send bill of exchange. ہنڈی پٹنا bill to be honoured. ہنڈی پر پیچ لکھنا endorse a bill, draft or cheque. ہنڈی درشنی bill payable at sight. ہنڈی سکارنا رسکھارنا honour a draft or bill of exchange. ہنڈی کرنا send money by draft. ہنڈی میعادی bill payable after a fixed period. ہنڈی والا exchange merchant.

ہنڈیا /hə̃ɖ ja:/ ■ *n.f.* (*dim.* of ہانڈی) **1** small handi. **2** food cooked in this pot. ہنڈیا پکانا **1** cook. **2** plot, conspire. ہنڈیا پکنا **1** food to be cooked. **2** (*fig.*) a plot to be hatched. ہنڈیا چڑھنا start cooking. ہنڈیا ڈوئی pots and pans, cooking utensils. ہنڈیا گرم ہونا **1** (pot) to be hot or boiling. **2** (someone) be making money fast; take bribe.

ہُنر /hʊnər/ ■ *n.m.* art, craft, skill, attainment, expertise. ہنر مند skilful, ingenious. ہنر مندی skill, craftsmanship.

ہنس /həns/ ■ *n.m.* (also ہنس راج) swan.

ہنس /hə̃s/ ■ (*imper.* of ہنسنا) used in comp. as: ہنس بول کر happily, cheerfully. ہنس پڑنا burst into laughter.

ہِنسا /hɪnsa:/ ■ *n.f.* (also ہمسا) violence; injury. (*opp.* اہنسا)

ہوگزرنا (of a dead personality) to have lived once. ہولینا go behind or after anyone, follow. ہو نہ ہو **1** definitely, of course; whatever might happen. **2** it may happen or not.

ہوا /həvɑ:/ ■ *n.f.* **1** wind; air, breeze. **2** atmosphere. **3** fart. **4** (*fig.*) (i) lust. (ii) desire, wish, longing; love. (iii) worthless thing. (iv) soul. ہوا اُڑ جانا lose credit or reputation. ہوا اُڑانا **1** spread rumour, defame, cause (someone) to lose credit. **2** fart. ہوا اُکھڑنا become weak or subdued; lose credit. ہوا آنا **1** air to come into (room). **2** desire. ہواباز airman; balloonist; aviator. ہوابازی airmanship, aviation. ہوا باندھنا boast, brag; invent. ہوا بتانا put off, disappoint. ہوا بدلنا condition or climate to change. ہوا بگڑنا be corrupted or poisoned; get a bad name. ہوابندی کرنا **1** build castles in the air. **2** give false reports about someone, calumniate. ہوا بندھنا **1** appear. **2** become well known. ہوا بھر جانا **1** be filled with air; be blown or inflated. **2** be puffed up with pride. ہوا بھرنا inflate (tyre). ہوا بھی نہ لگنے دینا keep hidden, not to expose at all, not allow to leak out. ہوا پر دماغ ہونا give oneself airs. ہوا پرست **1** given to vanity, ambition or sensuality. **2** vain, fickle. **3** lustful. **4** selfish, greedy. ہوا پلٹنا/پھرنا circumstances or condition to change. ہوا پھانکنا eat sparsely, go without food. ہوا پھر جانا circumstance to change (usu. for the better). ہوا جاننا pay no heed to; set at naught. ہوا چکّی windmill. ہوا چلنا **1** wind to blow. **2** something to come in vogue, something to be in style or fashion. ہوا چھوڑنا break wind, fart. ہوا خواہ **1** well-wisher, friend. **2** fond of pleasure. ہوا خواہی well-wishing, goodwill, friendship. ہوا خوری excursion; walk, stroll, ramble. ہوادار **1** airy, open. **2** well-wisher, affectionate friend; lover. ہواداری **1** airiness. **2** liking; affection. ہوادان/نکاس vent, ventilator. ہوا دیکھا کرنا see which way the wind blows; watch the state of affairs. ہوا دینا **1** give air (to); let in the air. **2** air (clothes, etc.). **3** blow (a fire). **4** foment (a quarrel). ہوا زدگی cold (in the head); rheum, defluxion. ہوا سا like the air, light as air; little. ہوا سے بات/باتیں کرنا (*fig.*) move very fast. ہوا سے لڑنا seek occasion for quarrel, lose temper on the slightest pretext. ہوا کا تھپڑ/تھپیڑا/جھکّڑ gust or blast of wind.

ہنگامہ خیزی tempestuousness, tumultuousness, disorder. ہنگامۂ دار و گیر tumult; chaos. ہنگامہ کرنا raise hue and cry, raise a storm. ہنگامۂ محشر **1** tumult at doomsday. **2** (*fig.*) great uproar, noise. ہنگامہ ہونا disorder or trouble to be created.

ہنگامی /həŋgɑ:mi:/ ■ *adj.* urgent; emergency; temporary. ہنگامی حالت state of emergency.

ہِنگُل /hɪŋgʊl/ ■ *n.m.* (also ہنگلو) cinnabar.

ہِنگَن /hɪŋgən/ ■ *n.m.* **1** a thorny plant and its fruit, *Balanites ageyptiaca*. **2** a kind of firework.

ہِنگوٹ /hɪŋgo:ʈ/ ■ *n.m.* the nut of the tree *Terminalia catappa*.

ہُنُود /hʊnu:d̪/ ■ *n.m.* (*pl.* of ہندو) Hindus.

ہَنُوز /hənu:z/ ■ *adv.* still, yet; hitherto. ہنوز دلی دور است the goal is still unaccomplished.

ہَنُومان /hənu:mɑ:n/ ■ *n.m.* (***Hinduism***) Hanuman, the monkey god who helped Ramchandra in his march against Ravan.

ہِنہِنانا /hɪnhɪnɑ:nɑ:/ ■ *v.* neigh.

ہُو[1] /hu:/ ■ *n.m.* (also ہو) **1** He; He is; Allah. **2** fear, dread, terror. **3** wilderness. ■ *phr.* (*contr.* of اللہ ہو) nothingness save God. ہوحق **1** God is true (as mystic's cry in ecstasy). **2** (*fig.*) (i) uninhabited, ruined. (ii) noise, tumult. ہو حق کرنا **1** raise this cry; remember God. **2** make noise. ہو (حق) ہو جانا be ruined, be annihilated. ہو کا عالم a howling wilderness. [A]

ہُو[2] ——— ■ *n.f.* **1** noise, tumult. **2** fear, dread. **3** desolation. [P]

ہو /ho:/ ■ *aux.* be. ■ (*imper.* of ہونا) be. ہو آنا return after visit to. ہو جانا **1** gain one's end, succeed. **2** come to an end. **3** (used with کچھ) come under the influence of evil spirit or disease. **4** become. **5** be born. ہو چکا **1** (*iron.*) it will not be done; leave it. **2** passed away. ہو چکنا **1** be finished, be completed. **2** fall for, be devoted to. **3** (*iron.*) be impossible (of achievement). ہو چلنا be approaching completion, be nearly finished. ہو رہنا **1** be devoted (to). **2** become, come into being. **3** take place, stay on somewhere. ہو سکنا be possible or practicable. ہو سو ہو come what may, let it be. ہو کر رہنا be destined to happen. ہوگا **1** may or might be; shall or will be; perhaps, probably, most likely. **2** I don't care.

3 idle, vain. 4 inconstant; capricious, flighty. 5 swift. 6 ambitious. ■ *n.f.* 1 licentious or vain person. 2 a kind of firework. 3 rumour, canard. 4 paring(s) (of nuts). ہوائی اڈہ/مستقر airport; airbase, aerodrome. ہوائی اُڑانا spread a rumour. ہوائی اُڑنا/چھٹنا/چھوٹنا 1 false rumours to spread. 2 face to turn pale (with fear or confusion). ہوائی آنکھ fickle lover. ہوائی بندوق airgun; popgun. ہوائی تیر 1 arrow shot in the direction of wind. 2 a kind of firework sent high up in the sky. 3 (*fig.*) guess. ہوائی جہاز aeroplane, airplane, aircraft. ہوائی چھڑکنا spread nut parings on some sweetmeat. ہوائی چھوڑنا 1 let off firework. 2 initiate a rumour. ہوائی حملہ air raid. ہوائی خبر rumour. ہوائی دیدہ insolent, inconsiderate, saucy. ہوائی روزی inconstant livelihood, usually a vocation; freelance employment. ہوائی صدری air jacket. ہوائی فوج air force. ہوائی قلعہ vain speculation; castle in the air.

ہوائیاں /həvɑːɪjɑ̃ː/ ■ *n.f.* (*pl.* of ہوائی) ہوائیاں (چہرے پر) اُڑنا/چھوٹنا look aghast or alarmed.

ہُوبہو /huːbəhuː/ ■ *adv.* exactly the same, just as it is, precisely. ہوبہو نقل facsimile, ditto copy.

ہوت¹ /hoːt̪/ ■ *n.f.* ability; wealth; (one's) power; means, (one's) resources. ہوت جوت والا rich and resourceful man. ہوت کی جوت ہے no money no joy. (*opp.* نہوت) [Prk.]

ہوت² ____ ■ *exclam.* halloo, the cry to attract attention. [S]

ہوتا /hoːt̪ɑː/ ■ (*imperfect participle & subjunctive* of ہونا) being, becoming; happening (used as conditional, e.g. اگر ایسا ہوتا had it happened). ■ *n.m.* 1 relation, relative. 2 wealth, means. ہوتا رہنا going on, continue.

ہوتے /hoːt̪eː/ ■ *adv.* (*infl.* of ہونا) in the presence of. ہوتے سوتے 1 the living and the dead. 2 relations, relatives; supporters. ہوتے ہوتے despite; gradually, in the course of time. ہوتے ہوئے in the presence of.

ہُود /huːd̪/ ■ *pr.n.m.* Prophet Hud, sent to the Aad tribe. ■ *n.f.* eleventh sura of the Qur'an.

ہَودج /hɔːd̪əd͡ʒ/ ■ *n.m.* (also ہودہ) 1 howdah, open seat on an elephant. 2 camel's pillion or litter.

ہوڑ /hoːɽ/ ■ *n.f.* 1 wager, bet. 2 agreement; bargain. ہوڑ باندھنا/بدنا 1 make agreement, stipulate, bargain. 2 bet, lay wager. ہوڑ لگانا 1 be positive. 2 be obstinate or

ہوا کا رخ بتانا prevaricate; drive away or put off; cast to the winds. ہوا کا رخ دیکھنا see which way the wind is blowing, trim one's sails according to the prevailing conditions. ہوا کرنا 1 to fan. 2 disappear, vanish. ہوا کی روٹی very thin bread. ہوا کے بولے پھوڑنا build castles in the air. ہوا کے دوش پر 1 alfresco, in the air. 2 (*fig.*) very fast. ہوا کے رخ چلنا 1 sail with the wind. 2 (*fig.*) be an opportunist. ہوا کے گھوڑے پر سوار ہونا be in great hurry. ہوا کھانا 1 take the air. 2 take a walk, stroll; go out for fresh air. 3 have taste or experience of. ہوا کھاؤ buzz off! get lost! ہوا لگنا 1 get air; feel the wind or breeze; be struck by wind or blast. 2 be affected by or adopt some trend or fashion. 3 have rheumatism or palsy. 4 become haughty. ہوا مٹھی میں بند کرنا attempt the impossible; make vain effort. ہوا میں گرہ دینا a wild goose chase, try for something unattainable. ہوا نہ دینا let no one know, keep hidden. ہوا وہوس sensuality, lust; ambition. ہوا ہو جانا 1 vanish, disappear; run away swiftly. 2 end, become a matter of the past, evaporate.

ہُوا /huɑː/ ■ (*past* of ہونا) was; became; happened. ہوا چاہتا ہے is about to take place. ہوا سو ہوا let bygones be bygones, what is done is done, the past is another country. ہوا کرے who cares.

ہوّا /həvvɑː/ ■ *n.m.* bugaboo; hobgoblin; bugbear; ogre.

ہواباز /həvɑːbɑːz/ ■ *n.m.* airman. See under ہوا.

ہوابازی /həvɑːbɑːziː/ ■ *n.f.* aviation. See under ہوا.

ہواخواہ /həvɑːxɑːh/ ■ *n.m. & f.* well-wisher. See under ہوا.

ہواخواہی /həvɑːxɑːhiː/ ■ *n.f.* well-wishing. See under ہوا.

ہواخوری /həvɑːxoːriː/ ■ *n.f.* stroll. See under ہوا.

ہوادار /həvɑːd̪ɑːr/ ■ *adj.* airy. See under ہوا.

ہواداری /həvɑːd̪ɑːriː/ ■ *n.f.* airiness. See under ہوا.

ہُوالشافی /huvəʃʃɑːfiː/ ■ *phr.* (usu. written on medical prescriptions) He (God) cures.

ہوام /həvɑːm/ ■ *n.f.pl.* reptiles; serpents, insects. ہوامِ الارض reptiles of the earth. ہوامِ ضرر رساں poisonous reptiles. (*sing.* ہامّہ)

ہواوہوس /həvɑːoːhəvəs/ ■ *n.f.* sensuality. See under ہوا.

ہِواؤ /hɪvɑːoː/ ■ *n.m.* (also ہیاؤ) 1 courage, spirit. 2 veil; purdah. 3 modesty, shyness. ہواؤ کھلنا be emboldened.

ہوائی /həvɑːiː/ ■ *adj.* 1 airy, windy. 2 aerial, wind-borne.

/hoːʃjɑːriː/ ■ *n.f.* (also ہُشیاری) 1 watchfulness, alertness. 2 cleverness, prudence, wisdom, intelligence. ہوشیاری

/huːk/ ■ *n.f.* 1 deep longing. 2 extreme sorrow causing a deep sigh of helplessness. 3 cry of pain. 4 cry of an animal, howl. ہوک اُٹھنا feel a longing or keen desire for something gone or unobtainable; heave a deep sigh. ہوک ہوک کر رونا sob and cry, weep with repeated bursts and sobs. ہُوک

/hoːkɑː/ ■ *n.m.* greed, hunger for more, covetousness, voracity, cupidity; limitless desire. ہوکا کرنا رکھائے جانا be greedy, be covetous, be voracious. ہوکا

/hoː kər/ ■ *adv.* (also ہوکے) 1 while passing. 2 from near or between. ہو کر رہنا to be inevitable. ہوکر

/huːknɑː/ ■ *v.* cry or sob from pain, pine; fret. ہُوکنا

/hɔːl/ ■ *n.m.* terror, horror, alarm, perturbation, apprehension. ہول آنا feel fear or alarm. ہول بیٹھ جانا be terror-stricken. ہول دل 1 terrified. 2 melancholy. ہول دلا 1 terrorized. 2 a timid person, coward. ہول دلی 1 stone worn on the chest as cure for palpitation. 2 timidity, cowardice. ہول زدہ alarmed, terror-stricken, terrified, frightened. ہَول

/huːl/ ■ *n.f.* 1 thrust, probe; stab. 2 attack. ہول دینا / مارنا 1 thrust; stab. 2 goad, impel, urge. ہُول

/hɔːlɑː/ ■ *adj.* restless, nervous; terror-stricken. ہولا جولی restlessness, nervousness. ہولا خبطہ not in senses, confounded, bewildered. ہَولا

/hoːlɑː/ ■ *n.m.* chickpea parched in the pod; green gram. [S] ہولا¹

_____ ■ *n.m.* Sikh festival following Hindu festival Holi. [S] ہولا²

/hɔːlnɑː/ ■ *v.* be frightened, become agitated or alarmed, be uneasy. ہَولنا

/huːlnɑː/ ■ *v.* 1 thrust. 2 goad or urge an elephant. ہُولنا

/hɔːlnɑːk/ ■ *adj.* 1 terrible, dreadful, fearful, frightful, horrible, terrifying. 2 (*fig.*) dangerous, perilous. ہَولناک

/hɔːlnɑːkiː/ ■ *n.f.* frightfulness, terror, dreadfulness. ہَولناکی

/hoːluː/ ■ *adj.* 1 stupid, foolish. 2 capricious; whimsical. ہولُو

/hoːliː/ ■ *n.f.* Holi, a Hindu festival marked with perverse. ہوڑ ہارنا lose a bet. ہولی

/həvvəz/ ■ *n.m.* the second set of the arrangement of Arabic letters according to their numerical values. ہوّز

/həvəs/ ■ *n.f.* 1 ambition; extreme desire. 2 greed, lust; inordinate appetite. 3 curiosity. ہوس بُجھنا desire to be fulfilled, greed to be satisfied. ہوس پرور lustful, lascivious. ہوس پروری lust. ہوس پکانا form or cherish vain or improper desires; be over-ambitious. ہوس پیشہ covetous, lustful. ہوس دار desirous; lustful. ہوس کرنا lust after; desire eagerly. ہوس کیش 1 greedy, covetous. 2 ambitious. 3 lustful, lascivious. ہوس نکالنا satisfy one's lust. ہوس

/həvəsnɑːk/ ■ *adj.* (also ہوس ناک) lustful; avaricious, greedy, covetous. ہوسناک

/həvəsnɑːkiː/ ■ *n.f.* (also ہوس ناکی) greed, covetousness, avarice. ہوسناکی

/huːʃ/ ■ *adj.* (*corr.* of وَحُوش) uncultured, boorish, uncouth. ہُوش

/hoːʃ/ ■ *n.m.* 1 senses; judgement; understanding, mind. 2 direction. 3 soul. ہوش اُڑانا lose one's senses. ہوش آنا رپکڑنا رسنبھالنا 1 come to oneself, collect oneself. 2 understand a situation; reach the age of matureness. ہوش باختہ / پراگندہ / کافور ہونا be out of senses, become confused. ہوش بجا رکھنا remain calm, keep oneself collected. ہوش جاتے رہنا lose one's senses; become confounded. ہوش میں آنا come to senses, recover consciousness. ہوش وحواس sense and understanding. ہوش

/hoːʃrubɑː/ ■ *adj.* (also ہوش رُبا) bewildering, mind-boggling, surprising. ہوشربا

/hoːʃmənd/ ■ *adj.* (also ہوش مند) prudent, sensible, intelligent; grown-up. ہوشمند

/hoːʃməndiː/ ■ *n.f.* (also ہوش مندی) wisdom, sense, intelligence. ہوشمندی

/hoːʃəŋg/ ■ *n.f.* intellect, prudence, wisdom. ہوشنگ

/hoːʃjɑːr/ ■ *adj.* (also ہُشیار) 1 attentive, watchful, alert, cautious, careful, awake. 2 clever, sensible, intelligent, prudent, discreet, mature, adult. ہوشیار باش be cautious! take care! watch it! ہوشیار رہنا be on one's guard, be alert. ہوشیار کرنا warn, caution; rouse. ہوشیار ہوجانا become alert, be careful or cautious. ہوشیار ہونا 1 come to one's senses. 2 reach the age of puberty. ہوشیار

/hɔ:ŋknɑ:/ ■ *v.* **1** pant; huff and puff. **2** (a lion) to roar. **ہونکنا** **3** scream, cry out.

/ho:ŋglɑ:/ ■ *n.m.* (also ہوگلا) elephant grass. **ہونگلا**

/ho:nhɑ:r/ ■ *adj.* promising, showing signs of future success or greatness; likely to succeed. ہونہار بروا کے چکنے چکنے پات precocious child shows the man inside him, precocity or intelligence is soon manifested. **ہونہار**

/hũ:hũ:/ ■ *n.m.* tumult, uproar. ■ *exclam.* **1** don't. **2** keep quiet. **ہُوں ہُوں**

/ho:ni:/ ■ *n.f.* fate, destiny, what is to happen, something fated. ہونی نہیں not possible. ہونی ہوسوہو come what may. **ہونی**

/ho:ne:/ ■ (*infl.* of ہونا) ہونے دو **1** let it be; don't stop. **2** who cares. ہونے والا/والی impending, imminent. ہونے والی بات event that had to happen; something fated. ہونے ہار about to be. **ہونے**

/huha:/ ■ *n.f.* hullabaloo, uproar, tumult, commotion; sound of laughter. **ہُوہا**

/hʊvæ:d̪ɑ:/ ■ *adj.* clear, obvious, evident, manifest, open. **ہُویدا**

/həi:/ ■ *n.f.* **1** hue and cry, noise. **2** wonder. [S] **ہئی**[1]

_____ ■ *adv.* (*contr.* of ہے ہی) (this) is so, yes, indeed. [dial.] **ہئی**[2]

/hi:/ ■ *adv.* very; even; only; exactly. **ہی**

/hæ:/ ■ *aux.* is. (*pl.* ہَیں[1]) [S] **ہَے**[1]

_____ ■ *exclam.* (*contr.* of ہائے) ah! alas! ہے ہے نہ کھے کھے no problem! [Prk.] **ہَے**[2]

/he:/ ■ *exclam.* used for calling a person; O! hey! **ہے**

/hɪjɑ:/ ■ *n.m.* **1** heart; mind; soul; life. **2** the breast; the chest. ہیاہار one who has lost heart. **ہیا**

/hɪjɑ:o:/ ■ *n.m.* heart, spirit, courage, bravery, boldness. ہیاؤ کھلنا **1** become emboldened. **2** lose sense of decorum or propriety, become rude. **ہیاؤ**

/hæ:bət̪/ ■ *n.f.* **1** awe, fear, fright, horror, dread; panic. **2** gravity; sternness, severity. **3** dignity, reverence. **4** majesty, grandeur. ہیبت دکھانا intimidate, terrify. ہیبت زدہ terror-stricken, appalled. ہیبت ناک frightful, dreadful, terrible. **ہیبت**

/he:ʈɑ:/ ■ *adj.* **1** low; inferior, insignificant. **2** cowardly. ہیٹاپن **1** lowness, inferiority, meanness. **2** cowardice. **ہیٹا**

throwing of colours, observed in February or early March.

/hɔ:le:/ ■ *adv.* (also ہولے سے، ہولے ہولے) slowly, gently, softly, gradually; in a low voice. **ہَولے**

/həvən/ ■ *n.m.* (also ہوم) **1** havan, burnt offering or sacrifice, oblation to the gods. **2** time. **ہَوَن**

/hũ:/ ■ *adv.* & *exclam.* yes! well! very well! exactly! humph! ہوں کرنا say yes; assent (to), utter 'humph'. ہوں ہاں **1** yes. **2** humming or hawing. **3** first utterance (of a baby). ہوں ہاں کرنا dilly-dally, prevaricate, assent half-heartedly. **ہُوں**[1]

_____ ■ *aux.* am. **ہُوں**[2]

/hõ:/ ■ *aux.* the aorist (مضارع) of ہونا, may. **ہوں**

/ho:nɑ:/ ■ *v.* **1** be, become; turn out. **2** happen, occur, take place, come to pass; transpire. **3** exist, be found. **4** be born. **5** belong. **6** attain (to). **7** be effected or accomplished. **8** be committed (sin, fault). **9** succeed, gain success. ہونا نہ ہونا being or not being; existence and non-existence. ہونا ہو سو ہو come what may. **ہونا**

/hõ:ʈ/ ■ *n.m.* (also ہونٹھ) the lip. ہونٹ پپڑانا lips to be parched or chapped. ہونٹ تک نہ ہلانا keep mum. ہونٹ چابنا/ چبانا/کاٹنا bite one's lips, chew the lips in anger or frustration. ہونٹ چاٹتے رہ جانا the taste of some dish to linger. ہونٹ چاٹنا relish, lick the lips. ہونٹ سی دینا to keep quiet by force or under duress. ہونٹ سی لینا keep mum. ہونٹ کٹا one whose lips are cut, cleft lipped. ہونٹ لٹکانا be sorry. ہونٹ نکالنا pout; be angry, be out of temper. ہونٹ ہلانا to move the lips; speak. **ہونٹ**

/hõ:ʈəl/ ■ *adj.* (also ہونٹھل) thick-lipped. **ہونٹل**

/hõ:ʈõ:/ ■ *n.m.* (*pl.* & *infl.* of ہونٹ) ہونٹوں پر پپڑی جمنا lips to be parched (due to thirst), have scabs on the lips. ہونٹوں پر مہر لگنا be struck dumb, keep mum, be silent. **ہونٹوں**

/hɔ̃:s/ ■ *n.f.* (also ہُونس) **1** inordinate desire; covetousness, greed. **2** ambition. **3** envy; evil eye. ہونس کرنا be jealous; cast an evil eye. ہونس لگنا be under the influence of evil eye. **ہَونس**

/hɔ̃:sɑ:/ ■ *adj.* (also ہُونسا) jealous, envious. **ہَونسا**

/hɔ̃:snɑ:/ ■ *v.* (also ہُونسنا) wish ill, cast an evil eye; feel jealousy or envy. **ہَونسنا**

/həvənnəq/ ■ *adj.* (also ہبنق) **1** stupid, silly, foolish. **2** weak, languid. **ہونق**

ہیٹی /he:ṭi:/ ■ *adj.* (*fem.* of ہیٹا). ■ *n.f.* humiliation; insult, disgrace. ہیٹی ہونا be humiliated.

ہیجا /hæ:dʒɑ:/ ■ *n.m.* war, battle; conflict.

ہیجان /hæ:dʒɑ:n/ ■ *n.m.* agitation; excitement; commotion; turbulence. ہیجان پیدا کرنا agitate, excite or stir up (anger, tumult, etc.).

ہیجڑا /hi:dʒṛɑ:/ ■ *n.m.* (also ہجڑا) eunuch, nancy, pansy; ponce. ■ *adj.* unmanly, cowardly.

ہیچ /he:tʃ/ ■ *adj.* **1** shallow, superficial. **2** insignificant, worthless, a mere trifle, nothing. ہیچ پوچ of no consequence, insignificant, useless. ہیچ جاننا consider something or someone below oneself, consider something inferior; despise, disdain. ہیچ کارا/کارہ **1** good-for- nothing, useless, worthless. **2** unsuccessful. ہیچ کس **1** somebody; nobody, useless person. **2** low, vile.

ہیچمدان /he:tʃməd̪ɑ:n/ ■ *adj.* (also ہیچ مدان) ignorant, unaware. ■ *n.m.* **1** ignoramus. **2** a polite way of referring to oneself in august company.

ہیر /hi:r/ ■ *n.m.* **1** essence, elemental part, pith, gist. **2** manure. **3** fibre of certain kinds of wood. ■ *n.f.* vigour; energy. ■ *pr.n.f.* Ranjha's beloved, in the famous Punjabi romantic folk tale *Heer Ranjha.* ■ *adj.* essential, necessary.

ہیرا /hi:rɑ:/ ■ *n.m.* **1** diamond. **2** necklace made with precious stones. ■ *adj.* **1** fine, delicate. **2** virtuous, pious. **3** unique. ہیرا کٹ diamond-cut. ہیرامن توتا/طوطا a kind of parakeet, *Psittacus sinensis*.

ہیراپھیری /he:rɑ: pʰe:ri:/ ■ *n.f.* **1** coming and going. **2** buying and returning. **3** (*fig.*) manipulation, shady or roundabout deal, wangling.

ہیرپھیر /he:r pʰe:r/ ■ *n.m.* **1** exchange, interchange. **2** (*fig.*) fraud; conspiracy. ہیرپھیر کی باتیں saying in a roundabout words, circumlocution, misleading talk. ہیرپھیر کے تولنا weigh (a thing) in both scales alternatively to test the accuracy of the scales.

ہیرنا /he:rnɑ:/ ■ *v.* **1** search for, look (something) out; spy out; peer or pry into. **2** observe, see. **3** hunt, chase, pursue. **4** stop; catch.

ہیز /hi:z/ ■ *adj.* **1** effeminate; impotent. **2** (*fig.*) pusillanimous, poor-spirited; cowardly.

ہیزم /hæ:zəm/ ■ *n.f.* wood, firewood; fuel; faggot. ہیزم فروش firewood-seller. ہیزم کش carrier of wood; woodcutter, woodman.

ہیضہ /hæ:zɑ:/ ■ *n.m.* cholera. ہیضہ پھیلنا cholera to break out. ہیضہ ہونا suffer from cholera.

ہیک /hi:k/ ■ *n.f.* disagreeable smell. ہیک آنا feel an offensive smell.

ہیکڑ /he:kəṛ/ ■ *adj.* **1** strong, robust, bulky, burly. **2** of full weight or measure. **3** wealthy. **4** bragging, boastful.

ہیکڑی /he:kṛi:/ ■ *n.f.* **1** oppression, bullying. **2** strength, force; power, authority. **3** boasting, bragging. ہیکڑی جتانا/کرنا bully; menace; oppress. ہیکڑی سے forcefully, perforce.

ہیکل /hæ:kəl/ ■ *n.f.* **1** figure, shape of body; form, face; appearance. **2** temple. **3** necklace of coins. **4** talisman. **5** palace. ہیکلِ سلیمانی Solomon's Temple in Jerusalem.

ہیگا /hæ:gɑ:/ ■ *aux.* (*arch.*) yes it is, it is available.

ہیلا¹ /he:lɑ:/ ■ *n.m.* **1** push, jolt. **2** short period. **3** idle or worthless person. **4** turn, time. **5** trend of rise in stock prices. ہیلا دینا/مارنا shove; push; launch; dash through; call; shout, cry (to); hail.

ہیلا² ____ ■ *n.f.* **1** disregard, disrespect; contempt; neglect. **2** wanton sport, amorous dalliance, manner or gesture of lovers. **3** play; pastime, pleasure, delight, amusement. **4** facility, ease.

ہیلاج /hæ:lɑ:dʒ/ ■ *n.m.* **1** time of labour or birth. **2** (***Astrol.***) sign by which the duration of life is foretold.

ہیل میل /he:l me:l/ ■ *n.m.* intimacy, familiarity; harmony, concord. ■ *adj.* intimate (friend); hand-in-glove.

ہیلنا /he:lnɑ:/ ■ *v.* swim, float; enter into water.

ہیمہ /hi:mɑ:/ ■ *n.m.* wood; firewood; fuel.

ہَیں¹ /hæ̃:/ ■ *aux.* (*pl.* of ہے¹) are. [Prk.]

ہَیں² ____ ■ *exclam.* what! why! oh! ہیں ہیں oh! oh! [Prk.]

ہینتا /hi:nṭɑ:/ ■ *n.f.* **1** abatement, deficiency, decrease, want; absence (of), state of being without; alleviation. **2** defectiveness. **3** destitution, penury.

ہینگ /hi:ŋg/ ■ *n.f.* asafoetida. ہینگ لگنا **1** suffer from dysentery. **2** be very sick and bedridden, pine away, waste away (under disease or curse). **3** be in trouble.

ہینگا /hæ:ŋgɑ:/ ■ *n.m.* harrow.

ہی ہی /hi: hi:/ ■ *exclam.* an expression of merriment or laughter; hee hee! ■ *n.f.* giggling, giggle. ہی ہی ٹھی ٹھی unmannerly laugh.

ہے ہے /hæ: hæ:/ ■ *exclam.* alas! alas the day! well-a-day!

ہیئت /hæ:əṱ/ ■ *n.f.* **1** astronomy. **2** shape, form, body of man; countenance. **3** aspect. **4** phase. **5** manner. **6** council; board. **7** mission. ہیئتِ اصلی original form. ہیئت پکڑنا take form. ہیئتِ حاکمہ governing body, authority; form of government. ہیئت داں astronomer. ہیئت کذائی despicable or ludicrous looks. ہیئتِ مجموعی collective form or mass. ہیئتِ نکاحی (***Law***) (of a woman) state of being in marriage.

ہیو /hejo:/ ■ *n.f.* cry uttered when calling cattle to turn in ploughing.

ہیولا /həju:lɑ:/ ■ *n.m.* (also ہیولیٰ) **1** wraith, spectre, apparition, a shapeless manifestation of a spirit or ghost; appearance. **2** first sketch (of picture). **3** first principle (of everything material). **4** unformed body; the fetus. **5** unpolished person. ہیولا مزاج fickle, whimsical.

ہیولانی /həju:lɑ:ni:/ ■ *adj.* **1** material, of or belonging to matter. **2** shadow-like, shadowy; vague.

ہیہات /hæ:hɑ:ṱ/ ■ *exclam.* **1** far it is from truth! away! begone! **2** (*poet.*) alas! alack-a-day!

ء

ء /həmzɑ:/ ■ the fifty-second letter of the Urdu alphabet, no word begins with this letter, it serves to form possessive compound (مرکب اضافی) and adjectival compound (مرکب توصیفی) (and is pronounced as an enclitic) such as: جذبۂ دل ardent desire. ستارۂ سحری morning star. شعلۂ سوزاں burning flame. مژدۂ جاں فزا good news that refreshes the soul.

ی ے

ی، ے /je:/ ■ the last two letters of the Urdu alphabet: 1 ی (/tʃʰo:ʈi: je:/ چھوٹی ی) the fifty-third letter of the Urdu alphabet. 2 ے (/bəɽi: je:/ بڑی ے) the fifty-fourth letter of the Urdu alphabet. (See also یا[4].)

یا[1] /jɑ:/ ■ *voc.* O! oh! you. یا اخ O brother! یا اخی O my brother! یا اللہ O God! یا الٰہی O my God! یا قسمت رنصیب oh luck or destiny! (usu. said in distress when resigning oneself to the will of God). [A]

یا[2] _____ ■ *conj.* either; or. یا تو either. [P]

یا[3] _____ ■ *suffix* denoting: **1** past, as: آیا (came), پایا (got), کھایا (ate). **2** feminine, as: بُڑھیا (old woman), چڑیا (sparrow), گُڑیا (doll). **3** qualitative, as: دودھیا (milky) گھٹیا (cheap), لہریا (wavy). **4** diminutive, as: بغیا (small garden), چٹیا (plait), ڈبیا (small box). **5** doer or agent of an action, as: بہروپیا (actor), فریبیا (cheater), مخولیا (jester). [Prk.]

یا[4] _____ ■ *n.m.* name of the letter 'ی ر ے'. یائے لین the 'ی ر ے' that is preceded by a *zabar* (زبر) and is pronounced as a diphthong /æ:/ as: بَیل (bull), پَیر (foot), خَیر (virtue). یائے مجہول the 'ی ر ے' pronounced as vowel /e:/ as: دیر (delay), شیر (tiger), کھیل (game). یائے معروف the 'ی ر ے' pronounced as vowel /i:/ as: تیر (arrow), چیل (eagle), ندیم (friend). [A]

یاب /jɑ:b/ ■ *suffix* finding, discovering; getting, receiving; used in comp. as: ظفریاب victorious. کم یاب scarce.

یابِس /jɑ:bɪs/ ■ *adj.* dry, arid.

یابِسات /jɑ:bɪsɑ:t/ ■ *n.f.* (*pl.* of یابِس) medicines that induce cicatrization and heal wounds and sores, epulotics.

یابندہ /jɑ:bɪnd̪ɑ:/ ■ *n.m.* **1** recipient; finder, discoverer. **2** payee. یابندۂ ہنڈی recipient of draft or bill.

یابُو /jɑ:bu:/ ■ *n.m.* pony.

یات /jɑ:t̪/ ■ *suffix* denoting: **1** plural form, as: غزلیات ghazals. **2** a subject of study or branch of knowledge, as: حیاتیات biology.

یاتایات /jɑ:t̪ɑ:jɑ:t̪/ ■ *n.m.* **1** coming and going; friendly relations. **2** sexual intercourse. **3** transmigration.

یاترا /jɑ:t̪rɑ:/ ■ *n.f.* (also جاترا) **1** yatra, a procession or pilgrimage, especially one with religious purpose. **2** journey, travel; march.

یاتری /jɑ:t̪ri:/ ■ *n.m.* (also جاتری) **1** pilgrim. **2** traveller, wayfarer.

یاجُوج ماجُوج /jɑ:dʒu:dʒ mɑ:dʒu:dʒ/ ■ *pr.n.m.* Gog and Magog.

یاد /jɑ:d̪/ ■ *n.f.* memory, recollection, commemoration, remembrance, reminiscence. یاد اللہ (*fig.*) acquaintance. یادِ ایام old memories, memory of days gone by, nostalgia. یاد آنا be remembered or recalled, be recollected; be missed. یاد آوری calling to mind, remembrance. یاد بود keepsake. یادداشت memory, remembrance, memo, recollection; memorandum; reminder; souvenir; note. یادداشتیں memoirs. یاددلانا remind, recall. یادده remindful; reminder. یاددہانی reminder; reminding. یاددہی putting in mind, reminiscence. یادفراموش **1** one who forgets. **2** (*poet.*) beloved. **3** name of a game. یادفرمانا **1** remember, think (of). **2** (*fig.*) send (for). یادکرنا **1** recollect, remember, call to mind, commit to memory, think (of). **2** send (for). یادکیا ہے (he / she) has sent for (you). یادگار **1** monument, memorial, remembrance. **2** token; keepsake, souvenir. ■ *adj.* memorable, commemorative. یادہونا be remembered, be borne in mind, be committed to memory, be memorized; be learnt by heart.

یادش بخیر /jɑ:d̪əʃ bəxæ:r/ ■ *phr.* whom we remember graciously; may God preserve him! (expression used when mentioning an absent friend).

یادگار /jɑ:d̪gɑ:r/ ■ *n.f.* monument, memorial. See under یاد. یادگارِزمانہ **1** memorable. **2** matchless, unparalleled.

یادگاری /jɑ:d̪gɑ:ri:/ ■ *adj.* memorable. See under یاد. یادگاری ٹکٹ commemorative stamp, issued in memory of a person or incident.

یار /jɑ:r/ ■ *n.m.* **1** yaar, friend, companion. **2** beloved, lover; paramour. یارباز wanton woman; prostitute, whore. یارباش **1** sociable or fun loving man. **2** unceremonious or frank person. یارباشی passing time with friends, friendliness, cordiality, sociability. یارِجانی fast friend, bosom friend. یاردوست friends, chums. یارزندہ صحبت باقی if alive we will meet again. یارِشاطر shrewd or clever friend. یارِغار (*fig.*) loyal friend.

یارلوگ friends; people. یارمار one who betrays a friend. یارماری betrayal of a friend. یارماری کرنا betray one's friend. یارِ وفادار sincere or loyal friend.

یارا /jɑ:rɑ:/ ■ *n.m.* power, strength, courage, capacity. یارائے ضبط نہ ہونا be unable to control or resist.

یاران /jɑ:rɑ:n/ ■ *n.m.* (*pl.* of یار) یارانِ رفتہ the dead. یارانِ سرِپل frank and close friends.

یارانہ /jɑ:rɑ:nɑ:/ ■ *n.m.* friendship. یارانہ گانٹھنا become friends with, form friendship (in self interest).

یاروں /jɑ:rõ:/ ■ *n.m.* (*pl.* of یار) یاروں کا یار a very good friend.

یارہ¹ /jɑ:rɑ:/ ■ *n.m.* **1** necessity. **2** tax; toll; revenue. **3** broad bracelet. **4** collar for the neck. **5** wrist. **6** gauntlet, glove. یارہ گیر tax-gatherer, revenue collector. [P]

یارہ² ——— ■ *n.m.* friend, dear friend. [P]

یاری /jɑ:ri:/ ■ *n.f.* **1** friendship; love. **2** assistance. یاری دینا second, help, side with, support; befriend. یاری کُٹ کرنا (child's talk) snap friendly ties. یاری کُٹ ہونا (child's talk) friendship to end.

یازدہ /jɑ:zd̪əh/ ■ *cardinal number* eleven.

یازدہم /jɑ:zd̪əhʊm/ ■ *ordinal number* eleventh.

یازہ /jɑ:zəh/ ■ *n.m.* **1** yawning; stretching oneself. **2** trembling.

یاس /jɑ:s/ ■ *n.f.* **1** despair, despondence; frustration. **2** fear, apprehension; horror. یاس انگیز causing despair. یاس پرست pessimist.

یاسر /jɑ:sɪr/ ■ *n.m.* **1** the left side. **2** gambler. ■ *adj.* kind, humane.

یاسمین /jɑ:smi:n/ ■ *n.f.* (also یاسمن) jasmine.

یاسیت /jɑ:sɪjət̪/ ■ *adj.* pessimism.

یاسین /jɑ:si:n/ ■ *pr.n.f.* a Qur'anic sura, (esp.) recited at deathbed. See یٰسین.

یافت /jɑ:ft̪/ ■ *n.f.* **1** earning, income, gains, profit, perquisite. **2** bribe. **3** accessibility, availability. یافت کی نوکری lucrative appointment.

یافتنی /jɑ:ft̪əni:/ ■ *adj.* receivable. ■ *n.f.* dues, bills, credits.

یافتہ /jɑ:ft̪ɑ:/ ■ *adj.* got, found, discovered. ■ *suffix* making adjective, as: تربیت یافتہ trained. تعلیم یافتہ educated.

یافث /jɑ:fɪs/ ■ *pr.n.m.* Japheth, Noah's third son who is considered ancestor of the Aryan race.

یاقوت /jɑ:qu:t̪/ ■ *n.m.* ruby; garnet. یاقوتِ ازرق sapphire. یاقوتِ رمّانی garnet. یاقوت لب ruby-lipped.

یاقوتی /jɑ:qu:t̪i:/ ■ *n.m.* a kind of restorative electuary. ■ *adj.* ruby-red.

یاک /jɑ:k/ ■ *n.m.* yak, large-humped bovine mammal of Tibet. یاک دان a special trunk made for loading on a yak. [E]

یال /jɑ:l/ ■ *n.f.* (*contr.* of ایال) mane (of a horse or lion).

یاں /jɑ̃:/ ■ *adv.* (*contr.* of یہاں) (esp. *poet.*) here.

یانا /jɑ:nɑ:/ ■ *adj.* simple, innocent. ■ *n.m.* mere child.

یاور /jɑ:vər/ ■ *adj.* **1** aiding, helping; friendly. **2** fortunate; successful. ■ *n.m.* assistant; helper; friend. یاورِ غریباں **1** friend of poors. **2** (*fig.*) God.

یاوری /jɑ:vəri:/ ■ *n.f.* **1** help, aid, support; friendship. **2** success, achievement. ■ *n.m.* group, class, especially of *mansabdars* (منصب دار).

یاوہ /jɑ:vɑ:/ ■ *adj.* **1** absurd, silly; vain, futile. **2** lost, ruined. یاوہ گو driveller, babbler, chatterer. یاوہ گوئی drivel, babble, meaningless or silly talk, nonsense. یاوہ گوئی کرنا talk nonsense, babble.

یاہُو /jɑ:hu:/ ■ *voc.* O God! a cry uttered by fakirs or *qalandars* (قلندر) in ecstasy. ■ *n.m.* a kind of pigeon who utters a sound like saying yahoo.

یاہُوت /jɑ:hu:t̪/ ■ *n.m.* (***Sufism***) sixth stage of mystic journey in quest of God.

یبُوست /jəbu:sət̪/ ■ *n.f.* dryness, aridity.

یتیم /jət̪i:m/ ■ *n.m.* **1** orphan; fatherless child. **2** peerless, matchless or valuable jewel. **3** (*fig.*) a great person, i.e. Prophet Muhammad. یتیم خانہ orphanage. (*pl.* ایتام، یتامیٰ)

یتیمانہ /jət̪i:mɑ:nɑ:/ ■ *adv.* like orphans. ■ *adj.* helpless.

یتیمی /jət̪i:mi:/ ■ *n.f.* orphanhood.

یثرب /jəsrəb/ ■ *pr.n.m.* (also یثرِب) ancient name of the city of Medina, Saudi Arabia.

یخ /jəx/ ■ *n.m.* snow. ■ *adj.* (*fig.*) very cold. یخ بستہ frozen, ice-bound. یخ پوش covered with snow. یخ دان icebox. یخ کا زمانہ ice age.

یخنی /jəxni:/ ■ *n.f.* gravy, broth, bouillon, soup, stew; hash. یخنی پلاؤ a kind of pilaf or pulao.

ید /jəd̪/ ■ *n.m.* **1** hand; palm. **2** handle. **3** aid, assistance. **4** power, vigour. یدُاللہ the hand of God; God's

یُسر /jʊsr/ ■ *n.m.* affluence, easy circumstances.

یُسرت /jʊsrəṭ/ ■ *n.f.* ease, comfort; prosperity.

یسُوع مسیح /jəsu:ʔ məsi:h/ ■ *pr.n.m.* Jesus Christ, Christ, the Saviour.

یسیر /jəsi:r/ ■ *adj.* **1** motherless. **2** young, not yet old. **3** easy, untroubled. **4** least, minimal. یسیر الفہم easily intelligible or comprehensible.

یٰسین /jɑ:si:n/ ■ *pr.n.f.* (also یاسین) **1** name of a sura in the Qur'an. **2** a name of the Holy Qur'an. ■ *n.m.* opening letters of a Qur'anic sura. یٰسین پڑھنا recite sura *Yaseen* (esp. at the time of death). یٰسین کا وقت time of death.

یشب /jəʃb/ ■ *n.m.* (also یشم) agate, jasper.

یعسوب /jəʔsu:b/ ■ *n.m.* **1** queen of the bees. **2** (*fig.*) (i) leader, guide. (ii) an appellation of Hazrat Ali.

یعقوب /jəʔqu:b/ ■ *pr.n.m.* Prophet Jacob.

یعنی /jəʔni:/ ■ *adv.* that is to say; that is, i.e.; namely; viz.; to wit. یعنی چہ why, which, what is meant by....

یعُوق /jəʔu:q/ ■ *n.m.* **1** act or state of stopping. **2** name of an idol resembling a horse worshipped by Prophet Noah's people.

یغما /jəɣmɑ:/ ■ *n.m.* (also یغمان) **1** plunder; pillage. **2** booty. یغما گر **1** plunderer. **2** (*fig.*) sweetheart.

یغمائی /jəɣmɑ:i:/ ■ *n.m.* plunderer. ■ *adj.* plundered.

یغوث /jəɣu:s/ ■ *n.m.* **1** help, redress, response to a supplication. **2** name of an idol resembling a lion worshipped by Prophet Noah's people.

یقین /jəqi:n/ ■ *n.m.* belief, faith; certainty, assurance; confidence, trust; positiveness. یقین اُٹھنا lose trust or faith. یقین آنا be or become assured (of); believe. یقین جاننا know for certain, be sure. یقین دلانا assure. یقین کامل complete trust. یقین کرنا believe, ascertain. یقین لانا pin (one's) faith (to). یقین ماننا regard as certain or true, be assured of. یقین مانو believe (me). یقینِ واثق strong belief or conviction.

یقیناً /jəqi:nən/ ■ *adv.* indeed, certainly, surely; truly, verily, definitely.

یقینی /jəqi:ni:/ ■ *adj.* true; sure, certain.

یقینیات /jəqi:nɪjɑ:ṭ/ ■ *n.f.pl.* realities, facts, truths, certainties (as opposed to probabilities).

یقینیت /jəqi:nɪjəṭ/ ■ *n.f.* certainty.

یک /jək/ ■ *cardinal number* one. ■ *adj.* a; an; one.

protection. یدِ الٰہی from the hand of God. یدِ بیضا **1** luminous hand. **2** the miraculous hand of Moses which shone brightly. **3** (*fig.*) miracle. یدِ طولیٰ **1** (*literal*) very long hand. **2** (*fig.*) (i) great skill, expertise, proficiency, dexterity; ability. (ii) power. یدِ طولیٰ رکھنا have great skill (in).

یدی /jəḍi:/ ■ *conj.* **1** if. **2** when. **3** since.

یُدھ /jʊḍʰ/ ■ *n.m.* war, battle. یدھ مان **1** fighting; warring. **2** warrior; soldier.

یراق /jərɑ:q/ ■ *n.m.* arms, apparatus; dart; accoutrements.

یربُوع /jərbu:ʔ/ ■ *n.m.* a kind of rat, jerboa.

یرحمک اللہ /jərhəmʊkəllɑ:h/ ■ *exclam.* may God bless you! (said in response of *Alhamdulillah* (الحمدُ للہ) when someone sneezes).

یرغمال /jərɣəmɑ:l/ ■ *n.m.* **1** hostage. **2** security; bail.

یرغمالی /jərɣəmɑ:li:/ ■ *n.m.* hostage, captive, prisoner.

یرغہ /jərɣɑ:/ ■ *n.m.* (also یرغا) swift pace of a horse.

یرقان /jərqɑ:n/ ■ *n.m.* jaundice. یرقان زدہ suffering from jaundice.

یرقانی /jərqɑ:ni:/ ■ *adj.* **1** jaundiced, affected with jaundice. **2** pale, yellow. **3** (*fig.*) unhealthy, sick.

یزداں /jəzḍɑ̃:/ ■ *n.m.* God of virtues. (*cf.* اہرمن).

یزدانی /jəzḍɑ:ni:/ ■ *adj.* divine, godly.

یزدی /jəzḍi:/ ■ *n.f.* a kind of cloth made at Yazd, a town in Persia.

یزک /jəzək/ ■ *n.m.* **1** advanced guard of an army, army scouts group. **2** night guard.

یزید /jəzi:ḍ/ ■ *pr.n.m.* Yazid, the ruler in whose reign Imam Hussain was martyred at Karbala. ■ *n.m.* (*fig.*) tyrant, cruel person.

یزیدیت /jəzi:ḍɪjəṭ/ ■ *n.f.* cruelty and oppression.

یٰس /jɑ:si:n/ ■ *pr.n.f.* See یٰسین.

یسار /jəsɑ:r/ ■ *n.m.* **1** left hand. **2** the left wing (of army). **3** the left side. **4** plenty, abundance. **5** affluence, opulence; ease. **6** unlucky person. ■ *adj.* left. یسار و یمین left and right.

یساری /jəsɑ:ri:/ ■ *adj.* of or belonging to the left.

یساوُل /jəsɑ:vʊl/ ■ *n.m.* **1** horsemen attending a man of rank. **2** state messenger; officer of parade; mace-bearer who carries the mace of state. **3** captain of the guard.

ف	ق	ک	گ	ل	م	ن	و	ہ	ی	نک	نگ
f	q	k	g	l	m	n	v	h	j	ŋk	ŋg

یک انار و صد بیمار one post and lots of candidates. یک آدھ few; one or two. یک بار/بارگی all at once, immediately; with one supreme effort; all together. یک بارہ 1 suddenly. 2 monocarpic. یک بگا/بگھا 1 horse always going to one side; pressing on one reign. 2 (*fig.*) single-minded; constant, steadfast, resolute. یک بہ یک 1 all of a sudden, suddenly. 2 one by one, one after another. یک پارہ 1 one piece, one part or segment. 2 solid, massive. 3 at one stroke, at once. یک پشتہ (of paper) printed on one side. یک تارہ guitar with a single string. یک جا in one place, together. یک جان 1 well-mixed. 2 close friend. یک جان دو قالب intimate or bosom friends. یک جدی having a common ancestor; of the same stock, collateral. یک جہتی 1 unity; unanimity, accord, agreement, singleness of purposes. 2 friendship. یک چشم blind in one eye, one-eyed. یک چند 1 some little time. 2 little, a bit. 3 somewhat. 4 for a little while. یک چندے for some time. یک چوبہ single poled. یک دانہ unique (pearl). یک در گیر و محکم بگیر 1 stick to one thing. 2 be faithful to one. یک دست 1 (someone) with one hand. 2 in one hand or prepared with one hand. 3 entire; altogether. 4 uniform, even; homogeneous. یک دگر/دیگر one another, each other; mutually. یک دل 1 unanimous, single-hearted; of one heart and mind. 2 (*fig.*) true, loyal, sincere. 3 unanimously; with one accord. یک دلی unanimity, accord, concord. یک ذات of the same tribe, sect or caste. یک رخی 1 one-sided; biased. 2 of the same appearance on both sides. 3 a kind of bow. 4 partiality. یک رخی تصویر profile. یک رنگ 1 of one colour. 2 sincere; simple. 3 uniform, invariable, never changing. 4 monotonous, lacking in variety. یک رو 1 of one face; unanimous. 2 sincere, loyal; pure. یک روزہ 1 of one day, day-old. 2 lasting for a day. 3 (*fig.*) ephemeral, transitory, transient. یک زبان of one voice or tongue; united, unanimous, uniform of opinion or speech; free from duplicity. یک زبان ہو کر with one voice; unanimously, with one accord. یک زمانی contemporaneous, of the same period or age; contemporariness. یک زوجگی monogamy. یک سار 1 plain, level. 2 the same. 3 all at once. 4 entirely, altogether. یک سالہ of one year, a-year-old. یک ساں 1 same all over, equal, alike, the same, uniform. 2 conformable. 3 even, level. یک ساں طور پر uniformly, evenly. یک سانی 1 monotony. 2 uniformity, similarity. 3 tediousness. یک سر totally; completely; all at once. یک سو 1 lying on one side. 2 settled; peaceful, undisturbed; attentive. 3 together. یک سوئی peace of mind; devotion, full attention, single-mindedness. یک صد one hundred. یک ضربی firing one shot at a time; single-barrelled (gun). یک طرف 1 on one side. 2 apart, aside, separate. یک طرفہ one-sided, ex parte. یک فردی/فصلی (land) producing only one crop annually. یک فنی skilled in one art only. یک قلم 1 at once; totally, entirely, wholly. 2 at one stroke. یک گونہ kind of, to some extent. یک لخت 1 all of a sudden, all at once, suddenly. 2 altogether; completely, entirely. یک لوتا (also اکلوتا) 1 single, solitary. 2 single child. یک لوحی sword blade made of a single piece of steel. یک مادری of one and the same mother. یک مرتبہ 1 once; one time. 2 at once. 3 at one blow. یک مشت 1 a handful. 2 lump sum. یک منزلہ 1 single-storeyed; one-storeyed (house). 2 single-decker (bus). یک منہ unanimous, with one accord, with one voice. یک نفس one moment. یک نوعی homogeneous. یک نہ شد دو شد one misfortune on the heels of another. یک نہ یک one or the other.

یکّا /jəkkɑː/ ■ *adj.* (also یکہ) single, solitary; unique, unequalled. ■ *n.m.* 1 (***Cards***) an ace. 2 one horse carriage, tonga. 3 trooper who serves alone. یکا تاز 1 brave, valiant; the phoenix or hero (of the age). 2 singly attacking (the foe). یکا و تنہا all alone.

یکایک /jəkɑːjək/ ■ *adv.* suddenly, all of a sudden, all at once, immediately.

یکبار /jəkbɑːr/ ■ *adv.* (also یکبارگی) all at once. See یک بار under یک.

یکتا /jəkt̪ɑː/ ■ *adj.* single, unique, incomparable. یکتائے زمانہ singular in one's time, unparalleled. یکتائے فن unique in the field.

یکتائی /jəkt̪ɑːiː/ ■ *n.f.* 1 unity. 2 being unique or unequalled.

یکجا /jəkdʒɑː/ ■ *adj.* in one place. See یک جا under یک. یکجا کرنا place together; bring together.

یکجان /jəkdʒɑːn/ ■ *adj.* well-mixed. See یک جان under یک.

athlete. یل شل corpulent, robust, stout, strong.

یلدا /jəlḏɑ:/ ■ n.m. longest night of the year; long night.

یلدرم /jəlḏərəm/ ■ n.m. (also یلدِرِم) lightning.

یلغار /jəlɣɑ:r/ ■ n.f. attack, raid, invasion, incursion, inroad.

یلہ /jəlɑ:/ ■ n.m. freedom, liberation. ■ n.f. wanton woman. ■ adj. liberated, freed, released.

یم ۱ /jəm/ ■ n.m. (**Hinduism**) 1 restraining oneself, limitation; hold; prohibition. 2 exactor of the soul, the angel of death. 3 yama, abstention, self mortification. 4 time. 5 death. یم دوت/راج Yama, angel of death. [S]

یم ۲ ____ ■ n.m. sea; ocean; great river. یم بہ یم from sea to sea; all over the oceans. [A]

یمانی ۱ /jəmɑ:ni:/ ■ adj. of or belonging to Yemen.

یمانی ۲ ____ ■ n.f. wife of Yama. [S]

یمدُوت /jəmḏu:ṯ/ ■ n.m. (**Hinduism**) Yama, angel of death.

یمن ۱ /jəmən/ ■ n.m. right hand or side. ■ pr.n.m. Yemen. [A]

یمن ۲ ____ ■ n.m. form of musical mode *eman* (ایمن). [S]

یُمن /jʊmn/ ■ n.m. felicity, prosperity, good luck. یمن وبرکت felicity and blessing.

یمنی /jəməni:/ ■ adj. of or belonging to Yemen, Yemenite.

یمین /jəmi:n/ ■ n.m. 1 the right hand. 2 right side; south. 3 vow, oath. 4 right wing of an army. یمین الدولہ 1 a member of government. 2 a title given to nobles by kings. یمین ویسار 1 right and left hand. 2 the right and left wings (of army).

یمینی /jəmi:ni:/ ■ adj. 1 positive. 2 rightist.

یُوحا /ju:hɑ:/ ■ adj. (also یُوحی) 1 (one) having long life; desirous for long life. 2 greedy.

یُوراج /jʊvərɑ:dʒ/ ■ n.m. heir-apparent, crown prince.

یُورش /ju:rɪʃ/ ■ n.f. assault, storm, invasion. یورش کرنا invade.

یُوز /ju:z/ ■ n.m. cheetah; leopard, especially one used in hunting deer.

یُوسُف /ju:sʊf/ ■ pr.n.m. Prophet Joseph. یوسف ثانی (fig.) very beautiful person.

یُوسُفی /ju:sʊfi:/ ■ adj. 1 (beauty) like Prophet Joseph. 2 of or relating to Prophet Joseph. ■ n.f. (fig.) beauty and grace.

یکجہتی /jəkdʒehəṯi:/ ■ n.f. unanimity, accord. See یک جہتی under یک.

یکدل /jəkḏɪl/ ■ adj. of one heart and mind. See یک دل under یک.

یکدلی /jəkḏɪli:/ ■ n.f. unanimity. See یک دلی under یک.

یکرنگ /jəkrəŋg/ ■ adj. of one colour. See یک رنگ under یک.

یکرنگی /jəkrəŋgi:/ ■ n.f. uniformity.

یکساں /jəksɑ̃:/ ■ adj. equal, alike. See یک ساں under یک.

یکسانی /jəksɑ:ni:/ ■ n.f. monotony. See یک سانی under یک.

یکسانیت /jəksɑ:nɪjəṯ/ ■ n.f. uniformity, equality, agreement.

یکسر /jəksər/ ■ adv. all at once. See یک سر under یک.

یکسو /jəksu:/ ■ adj. lying on one side. See یک سو under یک.

یکسوئی /jəksu:i:/ ■ n.f. devotion, full attention. See یک سوئی under یک.

یکشنبہ /jəkʃəmbɑ:/ ■ n.m. Sunday.

یکطرف /jəkṯərəf/ ■ adv. on one side. See یک طرف under یک.

یکطرفہ /jəkṯərfɑ:/ ■ adj. one-sided. See یک طرفہ under یک. یکطرفہ ڈگری decree ex parte. یکطرفہ طور پر one-sidedly.

یک لائی /jəklɑ:i:/ ■ adj. having single fold or breadth; single. ■ n.f. a seamless veil, cloak or sheet of one breadth.

یکلخت /jəkləxṯ/ ■ adv. all at once. See یک لخت under یک.

یکُم /jəkʊm/ ■ ordinal number first. ■ n.f. first day of a month.

یکمشت /jəkmʊʃṯ/ ■ n.m. handful; lump sum. See یک مشت under یک.

یکے /jəke:/ ■ pron. 1 someone, somebody. 2 one, a certain one. یکے بعد دیگرے one after the other; in quick succession.

یکّے /jəkke/ ■ n.m. (pl. & infl. of یکّا) یکے والا one who drives a tonga, tonga driver.

یگ /jʊg/ ■ n.m. age, period. See جگ.

یگانگت /jəgɑ:nəgəṯ/ ■ n.f. (also یگانگی) 1 union, oneness, unity, soleness. 2 kinship, relation. 3 concord, unanimity. 4 singularity, uniqueness.

یگانگی /jəgɑ:nəgi:/ ■ n.f. union, oneness, unity.

یگانہ /jəgɑ:nɑ:/ ■ n.m. 1 relation, kinsman; kindred. 2 true friend. ■ adj. 1 one, sole, single, unique, singular. 2 unrivalled, incomparable.

یل /jəl/ ■ n.m. 1 hero, brave man; warrior. 2 champion;

یوگ /jo:g/ ■ *n.m.* power or strength derived from continued abstract meditation. See جوگ.

یوگا /jo:gɑ:/ ■ *n.m.* yoga, a type of postural and breathing exercise.

یوگی /jo:gi:/ ■ *n.m.* yogi, ascetic, hermit.

یوم /jɔ:m/ ■ *n.m.* day. یوم الحساب/حساب the Day of Reckoning, Doomsday, the Judgment Day. یوم الحشر/حشر/نشور Day of Resurrection, the day of the Last Judgement, Doomsday. یوم السبت Saturday. یومِ تاسیس foundation day. یومِ تعطیل holiday. یوم منانا celebrate a particular day as an anniversary, etc. یومِ ولادت birthday. (*pl.* ایّام)

یوماً /jɔ:mən/ ■ *adv.* daily, per day. یوماً فیوماً day to day.

یومیہ /jɔ:mɪja:/ ■ *adv.* daily. ■ *n.m.* **1** daily food. **2** daily allowance, pay or wages.

یُوں /jũ:/ ■ *adv.* **1** thus; in this manner; just so. **2** for no particular reason, without just ground. یوں تو in this case; generally. یوں توں abuse, insult; rude talk; brawl. یوں توں کرنا abuse, curse. یوں دینا give free. یوں کہو/کہیے in other words; say thus. یوں گیا (the day) went away just like this. یوں گیا اور یوں آیا just coming back, will be back in no time. یوں نہ یوں neither one way nor the other; no way. یوں ہی **1** in this manner. **2** causelessly. **3** vainly, idly, to please oneself. **4** free of cost, gratuitously. **5** incidentally, accidentally. **6** easily, without difficulty. **7** speedily, quickly. یوں ہی سا slight, not worth consideration. یوں ہی سہی just as you please; be it so then.

یُونان /ju:nɑ:n/ ■ *pr.n.m.* Greece.

یُونانی /ju:nɑ:ni:/ ■ *adj.* **1** Greek, Grecian, Hellenic. **2** very wise, sagacious. ■ *n.f.* Greek language.

یُونُس /ju:nʊs/ ■ *pr.n.m.* Prophet Jonah.

یُونہی /jũ:hi:/ ■ *adv.* in this very manner. See یوں ہی under یُوں.

یونی /jo:ni:/ ■ *n.f.* **1** yoni, uterus, womb; vulva, female genitalia. **2** homeland, native place. **3** foundation. **4** reality. **5** birth; creation. یونی لنگ clitoris.

یُوہِیں /ju:hĩ:/ ■ *adv.* causelessly. See یوں ہی under یُوں.

یہ /jeh/ ■ *pron.* **1** herein, here; this; it. **2** he; she. **3** these. ■ *adv.* in this, to this degree or extent. یہ اور بات ہے this is entirely a different thing. یہ بیل منڈھے چڑھتی نظر نہیں آتی this seams impossible; there is no hope of success. یہ بھی کوئی بات ہے what an absurd suggestion! یہ بھی نہ ہوا وہ بھی نہ ہوا neither this nor that happened. یہ جا وہ جا was gone; left hurriedly. یہ قسمت کی بات ہے it is a matter of luck. یہ لو/لیجیے **1** take this. **2** now see this; how strange. یہ منہ اور مسور کی دال does not deserve this; is not capable of it. یہ نہ ہوگا this is not possible.

یہاں /jəhɑ̃:/ ■ *adv.* **1** here, hither. **2** in this place or country. یہاں تک/تلک **1** as far as this; up to this place, this far, to this degree or pitch, to this or such extent. **2** so much so (that); until, up to this time; hitherto. یہاں سے hence, from here, from this place. یہاں کا of or belonging to this place. یہاں کا باوا آدم ہی نرالا ہے everything is strange here. یہاں وہاں here and there.

یہود /jəhu:d̪/ ■ *n.m.pl.* the Jews.

یہودا /jəhu:d̪ɑ:/ ■ *pr.n.m.* **1** Judah (Prophet Jacob's son). **2** the disciple who betrayed Christ.

یہودن /jəhu:d̪ən/ ■ *n.f.* Jewish woman.

یہودی /jəhu:d̪i:/ ■ *n.m.* **1** Jew; Hebrew. **2** (*derog.*) miser. ■ *adj.* Hebraic; Jewish.

یہودیّت /jəhu:d̪ɪjjət̪/ ■ *n.f.* Judaism.

یہی /jehi:/ ■ *pron.* (*emph.*) this very one; the very same; just like this. یہی سہی well! let it be so. یہی کچھ in the same way or manner.

یہیں /jəhĩ:/ ■ *adv.* only here, here and nowhere else, in this very place, exactly here. یہیں سے from this very place. یہیں سے سلام this is last (to show disdain), good-bye (to show dislike). یہیں کہیں somewhere here, somewhere around.

یُہیں /jʊhĩ:/ ■ *adv.* (*contr.* of یُوں ہی) in this manner, like always.

یَیلا /jæ:lɑ:/ ■ *n.m.* **1** cold place for spending summer. **2** cold storage.

یَیلاق /jæ:lɑ:q/ ■ *n.m.* summer resort.

انگریزیائے گئے اردو الفاظ

Anglicized Words in Urdu

abba	ابّا
abjad	ابجد
ijtehad	اجتہاد
achar	اچار
achkan	اچکن
ihram	احرام
adda (club)	اڈّا
azan	اذان
araba	ارابا
ispaghul	اسپغول
ustad	استاد
stupa	استوپا
iftar	افطار
akhara	اکھاڑا
alap	الاپ
elaichi	الائچی
alcohol	الکحل
alkali	الکلی
imam, Imam	امام
imamate	امامت
amma	امّاں
imli	املی
umma, ummah	اُمّہ
amir, emir	امیر (سالار)
inshallah	انشاءاللہ
ankus	انکس
avatar	اوتار

om	اوم
ek dum	ایک دم
acre	ایکڑ
abdest	آبدست
abkari	آبکاری
aapa (self)	آپا
atman	آتما، آتمان
acharya	آچاریہ
astana, istana	آستانہ
asana	آسن
ashram	آشرم
aga	آغا
aloo	آلو
aloo chat	آلو چاٹ
ananda	آنند
anna	آنہ
baba	بابا
babu	بابو
baap	باپ
bajra	باجرا
badam	بادام
barasingha	بارہ سنگھا
baza	باز (پرندہ)
bazar	بازار
basmati	باسمتی (چاول)
bafta	بافتہ
balti	بالٹی

bakhsheesh	بخشش
bukshi, bukshee	بخشی
badmash	بدمعاش
videshi	بدیسی
burka	برقع
biryani, biriani	بریانی
burra (big)	بڑا
bustee	بستی
bismillah	بسم اللہ
vanaspati	بناسپتی (گھی)
bund (embankment)	بند (پشتہ)
bundobast	بندوبست
bundook	بندوق
bindi	بندی
bungalow	بنگلہ (مکان)
banyan	بنیان
bahadur	بہادر
bahu	بہو
bibi, bee bee	بی بی
bidi, biri	بیڑی (تمباکو)
begum	بیگم
bigha	بیگھا
bhaji	بھاجی
bharal	بھارل
bhasha, bahasa	بھاشا
bhajan	بھجن

bheeshti	بھشتی، بہشتی
bhakti	بھکتی
bhagwan	بھگوان
bhindi	بھنڈی
bhang	بھنگ
bhangra	بھنگڑا
bhoosa	بھوسا
bhelpuri	بھیل پوری
papar, papad	پاپڑ
papri	پاپڑی
pathshala	پاٹھ شالا
pyjamas, pajamas	پاجامہ، پائجامہ
palak	پالک
palki	پالکی
pan, paan	پان
paandaan	پاندان
panda	پانڈا (پنڈت، پجاری)
pani	پانی
panipuri	پانی پوری
pani-wallah	پانی والا
pie (coin)	پائی (سکہ)
pativrata	پتی ورتا
patka	پٹکا
patwari	پٹواری
patta	پٹّہ
puttee	پٹّی
pujari	پجاری
pachisi	پچیسی
paratha	پراٹھا
prakriti	پراکرتی
purdah	پردہ

pargana	پرگنہ
peri	پری
pasanda	پسندا
pashm	پشم
pashmina	پشمینہ
pukka	پکّا
pakora	پکوڑا
pakhal	پکھال
pakhali	پکھالی
pakhawaj	پکھاوج
pug	پگ (پاؤں کا نشان)
puggaree	پگڑی
pulao, pilaf, pilau	پلاؤ
pallu	پلُّو
punch	پنچ امرت
panchayat	پنچایت
pundit, pandit	پنڈت
punkah	پنکھا
paneer	پنیر
puja	پوجا
podina, pudina	پودینہ
puri	پُوری
peepul, pipal	پیپل (درخت)
pir	پیر (مرشد)
paisa	پیسا
peshkash	پیش کش
phut	پھٹ (آواز)
phutphuti	پھٹ پھٹی
phulkari	پھلکاری
taboot	تابوت
taj	تاج

tarkashi	تارکشی
tala	تالا (موسیقی کی اصطلاح)
tonga	تانگا، ٹانگا
tanpura	تان پُورا
tap (fever)	تپ
teapoy	تپائی
tapasya	تپسیا
tehsil	تحصیل
tehsildar	تحصیل دار
takht	تخت
tarka dal	تڑکا دال
tazia	تعزیہ
takbir	تکبیر
tikka	تِکّا
til	تل (بیج)
tulsi	تلسی
tilak	تلک
tulwar	تلوار
tamasha	تماشا
tamboo	تمبو، تنبو
tamboura	تنبورا
tandoor	تندور
tandoori	تندوری
tawa	توا
topchee	توپچی
tola	تولا (وزن کی اکائی)
tykhana	تہ خانہ
thali	تھالی
thana	تھانہ
tat	ٹاٹ
tattoo	ٹٹّو
tusser, tussore	ٹسر

topi	ٹوپی
teesoo	ٹیسو
tika	ٹیکا (زیور)
thakur	ٹھاکر
thug	ٹھگ
thuggee	ٹھگی
thumri	ٹھمری
jadoo	جادُو
jaghire, jagir	جاگیر
jeziah	جزیہ
jeldi	جلدی
jalebi	جلیبی (مٹھائی)
gymkhana	جمخانہ
jama, jumma	جمع
jummabundi	جمع بندی
jemadar	جمعدار
jinn (demon)	جن (بھوت)
jungle	جنگل
jungly	جنگلی
jowar	جوار (اناج)
jawan	جوان
jihad	جہاد
jihadi	جہادی
ji	جی (احتراماً)
jhuggi	جھگی
jhula	جھولا (جھولا پل)
chabuk	چابک
chaat	چاٹ
chador	چادر
charpoy	چارپائی
chawl	چال (کمروں کی قطار)
challan	چالان
chabutra	چبوترا
chapatti	چپاتی
chuprassy	چپراسی
chappal	چپّل
chit	چٹ
chutney	چٹنی
chiragh	چراغ
chirayta, chiretta	چرائتا
charkha	چرخا
charas (drug)	چرس
churel	چُڑیل
chick (venetian blind)	چِق
chinkara	چکارا، چنکارا
chilgoza	چلغوزہ
chamar	چمار
champac	چمپا
chana	چنا
chandoo, chandu	چنڈو
chobdar	چوبدار
churidars	چوڑی دار (پاجامہ)
chowk	چوک
choky	چوکی (نشست)
chowkidar	چوکیدار
choli	چولی
choola	چولھا
cheetah	چیتا
chital	چیتل
cheese (thing)	چیز
chela	چیلا
chagal	چھاگل
chupper, chopper	چھپّر
chatta	چھتّا (شہد کی مکھی)
chota	چھوٹا
chota hazri	چھوٹی حاضری (ناشتا)
chokra	چھوکرا
chintz	چھینٹ (کپڑا)
haji	حاجی
hafiz	حافظ
hakim	حاکم
hajj	حج
hijab	حجاب
Hadith	حدیث
haram	حرام
harem	حرم (رہائش گاہ)
hashish	حشیش
huzoor	حضور
hookah	حقہ
hikayat	حکایت
hookum, hukm	حکم
hakeem	حکیم (طبیب)
halal (food)	حلال
halva, halwa	حلوا
henna	حنا
havildar	حوالدار
haveli	حویلی
khaki	خاکی (رنگ)
khalsa	خالصہ
khan	خان
khansama	خانساماں
khidmutgar	خدمت گار
kharif	خریف

خس	khus-khus
خطبہ	khutbah
خطیب	khatib
خلّاصی	khalasi (seaman)
خلافت	khilafat
خُلع	khula
خِلعت	khilat, khelat
خلیفہ	khalifa
خنجر	khanjar
خیال (موسیقی)	khyal (music)
دادا (بڑا بھائی)	dada
داروغہ	daroga, darogha
دال (اناج)	dal, daal, dhal
دربار	durbar
دربان	darwan
درزی	durzi
درشن	darshan
درگاہ	dargah
درویش	dervish
دری (قالین)	dhurrie
دستور (زرتشتی پجاری)	dastur (Chief Priest)
دفتر	dufter
دفع دار	duffadar
دِق	dikh
دَم (طباخی)	dum
دوآبہ	doab, duab
دوپٹہ	dupatta
دوپیازہ	dopiaza
دہی (چھاچھ)	dahi
دیسی	desi, dacey
دیکھو	dekho
دیوالی	Diwali, Divali
دیوان (شعری مجموعہ)	divan
دیوان (نشست)	divan
دیوان (خزانچی)	dewan, diwan
دیودار	deodar
دیوداسی	devadasi
دیوناگری	Devanagari
دیوی	devi
دھان	dhan
دھتورہ	datura
دھرم	dharma
دھرم سالہ/شالہ	dharmsala, dharmashala
دھرنا (احتجاج)	dharna
دھنیا	dhania
دھوبی	dhobi
دھوتی	dhoti
دھیان	dhyana
ڈاکو	dacoit
ڈانڈی	dandy, dandi
ڈانگری	dungaree
ڈکیتی	dacoity
ڈولی	dooli, dooly
ڈھول	dhol
ڈھولک	dholak
ذکر (دعا، وظیفہ)	dhikr, zikr
راجا	raja
راکھی	rakhi (bracelet)
راگ	raga
راگنی	ragini
رانی	rani
راہداری	rahdari
رائتا	raita
رِبا	riba
رُباعی	rubai
رتّی	ratti
رُخ (پرندہ)	rukh, roc
رس	rasa (essence)
رسالدار	rissaldar
رستہ روکو	rasta roko
رس گُلا	rasgulla
رس ملائی	ras malai
رِشی	rishi
رضائی	razai
رعیت (کسان)	raiyat
رفیق	rafiq
رمضان	Ramazan/Ramadan
رنگولی	rangoli
روپیہ	rupee, rupiah
روٹی	roti
روغن جوش	rogan josh
رُومال	rumal
روہُو	rohu (fish)
زاویہ	zawiya
زردوزی	zardozi
زردا (میٹھے چاول)	zarda
زری (کڑھائی)	zari
زکوٰۃ	zakat
زمیندار	zamindar
زمینداری	zamindari
زنانہ (زنان خانہ)	zenana
زندہ باد	zindabad
زیارت	ziarat

زیرہ	zeera, jeera
سادھو	sadhu
سارنگی	sarangi
ساری، ساڑھی	saree, sari
ساگ	saag
سال (لکڑی)	sal
سانبھر (ہرن)	sambar
سائیس	syce
سبھا	sabha
سپاری (چھالیہ)	supari
سپاہی	sepoy, sipahi
ستار	sitar
ستو	suttoo, suttu
ستی	suttee
ستیہ گرہ	satyagraha
سرپنچ	sarpanch
سردار	sardar (leader)
سردار	sardar (Sikh)
سررشتہ دار	sheristadar
سرکار	sirkar
سرمہ	surma
سلاجیت	silajit
سلام	salaam
سلطان	sultan
سلطانہ	sultana
سماج	samaj
سمادھی	samadhi
سمرتی	smriti
سموسہ	samosa
سنا (دوا)	senna
سند	sanad, sunnud
سندور	sindoor
سنگم	sangam
سنگیت	sangeet
سنّیاسی	sannayasi
سوار	sowar
سواری	sowari
سوامی	swami
سُورت، سُورۃ (قرآن)	surah
سوم (سوم رس)	soma
سیٹھ	seth
سیر (وزن کی اکائی)	seer
سیلاب	sailab
سیمُرغ	simurgh
شاباش	shabash
شادی	shadi
شاستر	shastra
شال	shawl
شامیانہ	shamiana
شانتی	shanti
شاہ	shah
شاہین	shaheen
شربت	sherbet
شرک	shirk
شریعت	Sharia
شکار	shikar
شکارا	shikara
شکاری	shikari
شکتی	shakti
شکرا	shikra
شلوار	shalwar, salwar
شوریٰ	shura
شہادت (گواہی)	shahada
شہنائی	shahnai
شہید	shahid, shaheed
شیخ	sheikh
شیش کباب (سیخ کباب)	shish kebab
شیشم	shisham
شیشہ	shisha (glass)
شیشہ	shisha (hookah)
شیطان	Shaitan (satan)
صاحب	sahib
صراحی	surahi
صراف	sarraf
صرصر	sar sar
صندل (درخت)	sandal
صندل (لکڑی)	sandalwood
صوبہ	subah, sooba
صوبہ دار	subedar
صوبہ داری	subedari
ضلع	zilla
طبل	tabl
طبلہ	tabla
طریقت	tariqa, tarikat
طواف	tawaf
ظرف (برتن)	zarf, zurf
عادت	adat
عبایہ	abaya
عدت	iddat
عرس	urs
عزت	izzat
عفریت	afreet, afrite
علما	ulema
عمرہ	Umra
عملہ	amlah
عیدالاضحیٰ	Eid ul-Adha

Eid ul-Fitr	عیدالفطر
Ghazi	غازی
gazelle	غزال
ghazal	غزل
ghusl	غسل
gholam	غلام
goonda	غنڈا
ghoul	غُول (بھوت)
fitna	فتنہ (فساد)
fatwa	فتویٰ
fidayeen	فدائین
ferash	فراش
farsang	فرسنگ
firman	فرمان
fakir	فقیر
fana	فنا
foujdar	فوجدار
cossid, cassid	قاصد
kazi, cadi	قاضی
cafila	قافلہ
kiblah, qibla	قبلہ
Qur'an	قرآن
kist	قسط
kismet	قسمت
qasida	قصیدہ
kulfi	قلفی، قفلی
coolie	قُلی
kameez	قمیص، قمیض
qawwal	قوال
qawwali	قوالی
korma	قورمہ
cowle	قول

carat	قیراط
keema	قیمہ
caravan	کاروان
caravanserai	کارواں سرا
kafir	کافر (بے دین)
Kafir	کافر
(of Kafiristan)	
kapur	کافور کا درخت
kala-azar	کالا آزار
kaladana	کالا دانہ
kebab	کباب (پکوان)
kabaddi	کبڈی
kuteera	کتیرا (گوند)
kathakali	کتھا کلی
Kathak	کتھک
kajawah	کجاوا
kacha, kutcha	کچّا
kachori	کچوری
kohl	کحل
kirpan	کرپان
kurta	کُرتا
karma (deed)	کرم
crore	کروڑ
karela	کریلا
kara	کڑا (زیور)
karahi	کڑاہی
kisan	کسان
kastura	کستورا
Kashmiri	کشمیری
Ka'aba	کعبہ
kaftan	کفتان
kalpa	کلپ

kulcha	کلچہ
Kumbh Mela	کمبھ کا میلا
kincob	کمخواب
cummerbund	کمر بند
kum kum	کُم کُم
cumly, cumbly	کملی (چادر)
kangha	کنگھا
kotwal	کوتوال
cowrie	کوڑی (گھونگھے کا خول)
cooja	کُوزہ (برتن)
kofta	کوفتہ
koel	کوئل
koi-hai	کوئی ہے
kawi, kavi	کوی
kikar	کیکر
keora	کیوڑا
khadi	کھادی، کھدّر
khana (food)	کھانا (خوراک)
kitcharee,	کھچڑی
kedgeree	
khanda	کھنڈا (تلوار)
copra	کھوپرا
khet	کھیت
kheer	کھیر
gari, gharry	گاڑی (سواری)
ganja	گانجا
gadi, gaddi	گدّی (حکومت)
gurdwara	گردوارہ
garam masala	گرم مسالا
guru	گرو
gur	گڑ
gosain	گسائیں

گلاب جامن	gulab jamun
گملا	gumlah
گوار (سبزی)	guar
گوبر	gobar
گوبھی	gobi
گرمکھی	Gurmukhi
گوشت	gosht
گھاٹ (دریا)	ghat
گھرانا (موسیقار خاندان)	gharana
گھڑی (آلۂ وقت)	ghurry
گھڑیال (جانور)	ghariyal
گھگرا	ghaghra, ghagra
گھنٹہ (بڑی گھنٹی)	ghanta
گھونٹ	ghoont
گھی	ghee
گھیراؤ (احتجاج)	gherao
لاٹھی	lathi
لاکھ (ایک مادہ)	lac
لاکھ (عدد)	lakh, lac
لاما (بدھ پیشوا)	lama
لبلاب	lablab (tree)
لٹھ	lat
لڈّو	laddu
لسّی	lassi
لنگر (مفت خوراک)	langar
لنگوٹی	langoti
لنگور	langur
لُنگی	lungi
لُو	loo
لُوٹ (چھینا جھپٹی)	loot
لوٹا (برتن)	lota, lotah
لوکاٹ	loquat
لہنگا	lehnga
لیلا	lila
ماترا (موسیقی)	matra
ماشاءاللہ	mashallah
ماشہ	masha
مالا (ہار)	mala
مالی (باغبان)	mali
ماں	ma
مانجھی	manjee (boatman)
مائی (ماں)	mai
متصدّی	mutsuddy
متعہ	muta
مٹر (سبزی)	mattar
مٹھائی	mithai
مجاہد	mujahid
مجتہد	mujtahid
مجلس (اجتماع)	majlis
مچان	machan
مچلکہ	muchalka
محراب (مسجد)	mihrab
مُحرِّر	moharrir
محل	mahal
محلّہ	mohalla
محمل	mahmal
مختار	mukhtar
مدرسہ	madrasa
مردانہ (کمرہ)	mardana
مرشد	murshid
مرغ (گوشت)	murgh
مرغی (گوشت)	murgi
مرید	murid
مزار	mazar
مزدور	mazdoor
مسالا، مصالحہ	masala
مسجد	masjid, musseet
مسلم	Muslim
مسلمہ (مسلم خاتون)	Muslimah
مسند	masnad, masnud
مشاعرہ	mushaira
مشعل	mussal
مشعلچی	mussalchee
مُشک	musk
معجون	majoun
مغلئی	mughlai (dish)
مفتی	mufti
مُقدّم	muqaddam
مکتی	mukti
مکھنا (ہاتھی)	makhna,
	muckna
مگر (مگرمچھ)	mugger
ملّا	mullah
مِلک	malik
من (من وسلویٰ)	manna
من (وزن کی اکائی)	maund
منبر	minbar
منتر	mantra
منتری	mantree
مندِر	mandir
مندوب	mendoub
منزل	manzil (distance)
منشی	munshi,
	moonshi
منصف	munsif
مُنی	muni

موٹھ	moth, mothbean
موچرس	mochras
موچی	mochi
موذن	muezzin
مورچہ (میدانِ جنگ)	morcha
موڑھا	mora, morah
مولانا	maulana
مولوی	maulvi, moolvie
مُولی	mooli
مُونج	munj, moonj
مُونگ	mung bean
مہاتما	mahatma
مہاجر	muhajir
مہاجن	mahajan
مہاراجا	maharaja
مہارانی	maharani
مہاشیر (مچھلی)	mahseer
مہاگنی	mahogany
مہاوت	mahout
مہتر	mehtar
مہترانی	matranee
(حق) مہر	mehr
مہنت	mahant
مہندی، منہدی	mehndi
مہوا (درخت اور اس کی شراب)	mahua
مہورت	mahurat
میتھی	methi
میدان	maidan
میراث دار	mirasdar
میلا، میلہ	mela (fair)
مینا (پرندہ)	myna, mynah
مینار	minar

میناکاری	minakari
ناچ	nautch
ناخدا	nakhoda
ناریل	naryal
ناکا	naka (check post)
نان	nan, naan
نائب	naib
نائکا	nayika
نبی	nabi
نٹ کھٹ	natkhat
نجیب	najib
نذر	nazar
نذرانہ	nazrana
نرد	nard
نِروان	nirvana
نس بندی	nasbandi
نستعلیق	nastaliq
نسخ	Naskh, naskhi
نقاب	niqab
نکشتر، نچھتر	nakshatra
نماز	namaz
نمازِ جنازہ	namaz-e-janaza
نمدہ	namda
نمستے	namaste
نمسکار	namaskar
نواب	nawab, nabob
نوابی	nawabi
نیبو پانی	nimbu pani
نیل (پودا)	nil
نیل گائے	nilgai
نیم (درخت)	neem
نَین سُکھ (کپڑا)	nainsook

وادی (گھاٹی)	wadi
وزیر	wazir, wazier
وقف	waqf, wakf
وکیل	vakeel
ولی	weli, wely
ہجرت	hejira, hegira, hijra
ہراس	harass
ہرکارہ	hircarra, hircarrah
ہڑتال (احتجاج)	hartal
ہلدی	haldi
ہمزہ	hamza
ہُنڈی	hundi
ہَودج، ہَودہ	howdah
ہولی	Holi
ہوَن	havan
یاترا	yatra
یار	yaar
یوگی	yogi